Emmerich/Sonnenschein
Miete
de Gruyter Kommentar

Emmerich/Sonnenschein

Miete

——

Handkommentar
§§ 535 bis 580a des Bürgerlichen Gesetzbuches
Allgemeines Gleichbehandlungsgesetz

11., neu bearbeitete Auflage

Bearbeitet von
Volker Emmerich, Jost Emmerich, André Haug,
Christian Rolfs

DE GRUYTER

Dr. *Volker Emmerich*, em. Professor an der Universität Bayreuth, Richter am OLG Nürnberg a.D.
Jost Emmerich, Richter am Amtsgericht München
André Haug, Rechtsanwalt in Mannheim
Dr. *Christian Rolfs*, o. Professor an der Universität zu Köln

Sachregister: Dr. *Martina Schulz*, Rechtsanwältin in Pohlheim
Stand der Bearbeitung: 1. Oktober 2013

ISBN 978-3-11-031037-5
e-ISBN 978-3-11-031045-0

Bibliografische Information der Deutschen Nationalbibliothek
Die Deutsche Nationalbibliothek verzeichnet diese Publikation in der Deutschen
Nationalbibliografie; detaillierte bibliografische Daten sind im Internet
über http://dnb.d-nb.de abrufbar.

© 2014 Walter de Gruyter GmbH, Berlin/Boston
Datenkonvertierung/Satz: Werksatz Schmidt & Schulz GmbH, Gräfenhainichen
Druck: Hubert & Co. GmbH & Co. KG, Göttingen
♾ Gedruckt auf säurefreiem Papier
Printed in Germany

www.degruyter.com

MIX
Papier aus verantwor-
tungsvollen Quellen
FSC
www.fsc.org FSC® C016439

Vorwort

Im Mittelpunkt der 11. Auflage steht das Mietrechtsänderungsgesetz von 2013, das uns gezwungen hat, große Teile des Kommentars ganz neu zu bearbeiten. Weitere Änderungen ergaben sich daraus, dass es zu einem Wechsel im Kreis der Bearbeiter gekommen ist: An die Stelle von Birgit Weitemeyer ist Richter am Amtsgericht Jost Emmerich aus München getreten, da sich Frau Weitemeyer fortan auf ihre zahlreichen anderen Aufgaben konzentrieren möchte. Der Kommentar befindet sich jetzt auf dem Stand vom Oktober 2013.

Bayreuth, Mannheim, München und Köln, im Oktober 2013

Volker Emmerich, Jost Emmerich, André Haug, Christian Rolfs

Inhaltsverzeichnis

Aufteilung der Bearbeitung

BGB:

§§ 535–541	Volker Emmerich
§ 542	Christian Rolfs
§§ 543–545	Volker Emmerich
§§ 546–547	Christian Rolfs
§ 548	Volker Emmerich
§ 549	Jost Emmerich
§§ 550–553	Volker Emmerich
§ 554a	Christian Rolfs
§§ 555–555f	Volker Emmerich
§§ 556–557b	Jost Emmerich
§§ 558–559b	Volker Emmerich
§§ 560–561	Jost Emmerich
§§ 562–562d	Volker Emmerich
§§ 563–564	Christian Rolfs
§§ 565–567b	Volker Emmerich
§ 568	André Haug
§ 569	Volker Emmerich
§§ 570–573d	André Haug
§§ 574–574c	Christian Rolfs
§§ 575–576b	André Haug
§§ 577–577a	Christian Rolfs
§§ 578–579	Volker Emmerich
§§ 580–580a	Christian Rolfs

AGG:

§§ 1–5	Christian Rolfs
§§ 19–23	Christian Rolfs
§§ 31–33	Christian Rolfs

Allgemeines Schrifttum

Bamberger/Roth (Hrsg)	Kommentar zum BGB, Band 1: §§ 1–610, CISG (3. Aufl 2012); §§ 535ff von *Ehlert/Hannappel/Herrmann/Schlosser/Schüller/Wöstmann*
Barthelmess	Kommentar zum 2. Wohnraumkündigungsschutzgesetz und Miethöhegesetz (5. Aufl 1995)
Bauer/Göpfert/Krieger	Allgemeines Gleichbehandlungsgesetz (AGG), Kommentar (3. Aufl 2011)
Behrens	Beteiligung mehrerer Mieter am Mietverhältnis (1989)
Beuermann	Praxiskommentar Mietrecht (2003)
Beuermann/Blümmel	Das neue Mietrecht 2001 (2001)
Blank	Mietrecht, in: Münchener Vertragshandbuch, Bd 5, Bürgerliches Recht, 1. Halbbd (6. Aufl 2008)
Blank/Börstinghaus	Miete (3. Aufl 2008)
dies	Neues Mietrecht (2001)
Börstinghaus (Hrsg)	Mietprax (Stand Dezember 2013)
Börstinghaus (Hrsg)	Münchener Prozessformularbuch Bd 1: Mietrecht (4. Aufl 2013)
Börstinghaus/Eisenschmid	Arbeitskommentar Neues Mietrecht (2001)
Börstinghaus/Eisenschmid	Arbeitskommentar Mietrechtsänderungsgesetz (2013)
Börstinghaus/Hannig	Euro-Umstellung im Miet- und Wohnungseigentumsrecht (2000)
Bub/Treier	Handbuch der Geschäfts- und Wohnraummiete (3. Aufl 1999)
Däubler/Bertzbach	Allgemeines Gleichbehandlungsgesetz (AGG), Kommentar (3. Aufl 2013)
Eisenschmid/Wall	Betriebskosten-Kommentar (3. Aufl 2010)
Lammel	Heizkostenverordnung. Kommentar (3. Aufl 2010)
Müller-Glöge/Preis/Schmidt (Hrsg)	Erfurter Kommentar zum Arbeitsrecht (13. Aufl 2013; zitiert: ErfK/*Bearbeiter*)
Erman/Jendrek	Handkommentar zum Bürgerlichen Gesetzbuch, §§ 535ff (13. Aufl 2011)
Expertenkommission Wohnungspolitik	Wohnungspolitik auf dem Prüfstand (1995)
Fischer-Dieskau/Pergande/Schwender/Dyong/Heix	Wohnungsbaurecht. Kommentare zum Wohnungsbaurecht, Wohnungsrecht und Mietrecht (Stand Juni 2013)
Franken/Dahl	Mietverhältnisse in der Insolvenz (2. Aufl 2006)
Fritz	Gewerberaummietrecht (4. Aufl 2005)
Gerber/Eckert	Gewerbliches Miet- und Pachtrecht. Aktuelle Fragen (7. Aufl 2010)
Gramlich	Mietrecht. Bürgerliches Gesetzbuch, BetriebskostenVO, Wirtschaftsstrafgesetz, HeizkostenVO (12. Aufl 2013)
Grundmann	Mietrechtsreformgesetz (2001)
Haas	Das neue Mietrecht – Mietrechtsreformgesetz (2001)
Handkommentar-BGB/*Ebert*	§§ 535ff (7. Aufl 2012)
Hannemann/Wiegner (Hrsg)	Münchener Anwaltshandbuch Wohnraummietrecht (3. Aufl 2010)
Hannemann/Wiek/Emmert	Handbuch des Mietrechts (5. Aufl 2013)
Haug	Miet- und Pachtvertragsrecht (2. Aufl 2002)
Henssler/Willemsen/Kalb (Hrsg)	Arbeitsrecht-Kommentar (5. Aufl 2012; zitiert: HWK/*Bearbeiter*)
Herrlein/Kandelhard (Hrsg)	ZAP Praxiskommentar Mietrecht (4. Aufl 2010)
Hinz/Ormannschick/Riecke/Scheff	Das neue Mietrecht in der anwaltlichen Praxis (2001)
Horst	Praxis des Mietrechts. Wohnraum- und Geschäftsraummiete (2. Aufl 2009)

Jarass/Pieroth	Grundgesetz (GG), Kommentar (12. Aufl 2012)
Jauernig/Teichmann	Bürgerliches Gesetzbuch, §§ 535ff (14. Aufl 2011)
Joachim	Wohnraummietvertrag (2002)
Kinne/Schach/Bieber	Miete und Mietprozessrecht (7. Aufl 2013)
Kossens/von der Heide/Maaß	SGB IX. Rehabilitation und Teilhabe behinderter Menschen, Kommentar (3. Aufl 2009)
Kossmann	Handbuch der Wohnraummiete (6. Aufl 2003)
Krumscheid/Zwißler	Mietrecht. Wohnraum und Gewerberaum (3. Aufl 2008)
Lammel	Heidelberger Kommentar zum Wohnraummietrecht (3. Aufl 2007)
Langenberg	Betriebskosten- und Heizkostenrecht (6. Aufl 2012)
Luhmann/Hörndler	Das neue Mietrecht (Stand März 2007)
Lützenkirchen	Mietrecht. Kommentar (1. Aufl 2013)
Lützenkirchen (Hrsg)	Anwalts-Handbuch Mietrecht (4. Aufl 2010)
ders	Neue Mietrechtspraxis für Wohnraum- und sonstige Mietverhältnisse (2001)
ders	Wohnraummiete. Beck'sche Musterverträge (2002)
Marx/Weber	Mietrechtsreform 2001 (2001)
MünchKomm	BGB, Band 3 (6. Aufl 2012); §§ 535ff von Artz/Bieber/Häublein/Schmid
Nasemann	Wohnungsmiete (5. Aufl 2007)
Neuhaus	Handbuch der Geschäftsraummiete (4. Aufl 2011)
Neumann/Pahlen/Majerski-Pahlen	Sozialgesetzbuch IX. Rehabilitation und Teilhabe behinderter Menschen, Kommentar (12. Aufl 2010)
NK-BGB	Dauner-Lieb/Langen (Hrsg), Nomos-Kommentar zum BGB, Band 2 (2. Aufl 2012); §§ 535ff von Frommeyer/Hinz/Klein-Blenkers/Riecke/Scheff
Palandt	Bürgerliches Gesetzbuch (72. Aufl 2013)
Paschke	Das Dauerschuldverhältnis der Wohnraummiete (1991)
Pergande	Wohnraummietrecht (1968)
Pfeifer	Das neue Mietrecht 2001 (3. Aufl 2004)
Prütting/Wegen/Weinreich (Hrsg)	BGB Kommentar (8. Aufl. 2013), §§ 535ff von Elzer/Feldhahn/Riecke/Schmid
Rechberger	Mietrecht (Wien 1998)
Rips/Eisenschmid	Neues Mietrecht (2001)
Roquette	Das Mietrecht des BGB (1966)
Schmid (Hrsg)	Miete und Mietprozess. Handbuch für die anwaltliche und gerichtliche Praxis (4. Aufl 2004)
ders	Mietrecht, Kompaktkommentar (2006)
ders	Handbuch der Mietnebenkosten (13. Aufl 2013)
Schmidt-Futterer (Begr)	Mietrecht (11. Aufl 2013)
Schade/Schubart/Kohlenbach/Schultz	Wohn- und Mietrecht (Stand Mai 2011)
Soergel	Gewerberaummiete, Beck'sche Musterverträge (3. Aufl 2007)
Sonnenschein	BGB (13. Aufl 2007), §§ 535ff von Heintzmann/Kummer
ders	Die Bereinigung des Mietrechts im BGB (1985)
Spreng	Wohnraummiete. Eine Analyse des geltenden Rechts (1995)
Stabentheiner (Hrsg)	Das neue Mietrecht (4. Aufl 2006)
Staudinger/Emmerich/Rolfs/Weitemeyer	Mietrecht in Europa (1996)
Staudinger/Emmerich/Rolfs	BGB, §§ 535–562d, Mietrecht 1 (Neubearb 2011)
Sternel	BGB, §§ 563–580a, Mietrecht 2 (Neubearb 2011)
ders	Mietrecht (3. Aufl 1988)
Stoffels	Mietrecht aktuell (4. Aufl 2009)
Thomas/Putzo	AGB-Recht (2. Aufl 2009)
	Zivilprozessordnung, Kommentar (33. Aufl 2012)

Thon	Vermietermehrheiten (2003)
Ulmer/Brandner/Hensen	AGB-Recht, Kommentar (11. Aufl 2011)
Vogel	Mandatspraxis Mietrecht (2002)
Wetekamp	Kompakt-Kommentar zum BGB-Mietrecht (2. Aufl 2003)
ders	Das neue Mietrecht 2001 (2001)
Wolf/Eckert/Ball	Handbuch des gewerblichen Miet-, Pacht- und Leasingsrechts (10. Aufl 2009)
Wolters	Mietrechtlicher Bestandsschutz. Historische Entwicklung seit 1800 und geltendes Wohnraum-Kündigungsschutzrecht (1984)
Zeimes	Die Reform des Mietrechts – Kritische Auseinandersetzung mit formalen Reformbestrebungen und ausgewählten inhaltlichen Aspekten (2001)
Ziaja/Lützenkirchen	Wohnraummietrecht (2000)
Zöller	Zivilprozessordnung, Kommentar (29. Aufl 2012)

Abkürzungsverzeichnis

aaO	am angegebenen Ort
AbbauG	Gesetz über den Abbau der Wohnungszwangswirtschaft und über ein soziales Miet- und Wohnrecht
abgedr	abgedruckt
abl	ablehnend
ABl	Amtsblatt
ABlMR AmZ	Amtsblatt der Militärregierung Deutschland, Amerikanisches Kontrollgebiet (zitiert nach Ausgabe und Seite)
ABlMR BrZ	Amtsblatt der Militärregierung Deutschland, Britisches Kontrollgebiet (zitiert nach Nr und Seite)
Abs	Absatz
Abschn	Abschnitt
abw	abweichend
AcP	Archiv für die civilistische Praxis (zitiert nach Band und Seite)
aE	am Ende
ähnl	ähnlich
Änd	Änderung
ÄndG	Änderungsgesetz (zum jeweiligen Regelungskomplex)
aF	alte Fassung
AG	Amtsgericht (zitiert mit jeweiligem Ortsnamen); iVm einer Gesetzesabkürzung Ausführungsgesetz
AGB	Allgemeine Geschäftsbedingungen
AGBG	Gesetz zur Regelung des Rechts der Allgemeinen Geschäftsbedingungen
AGG	Allgemeines Gleichbehandlungsgesetz (AGG)
allgM	allgemeine Meinung
Alt	Alternative
aM	anderer Meinung
AMVO	Altbaumietenverordnung
Anh	Anhang
Anl	Anlage
Anm	Anmerkung
AO	Abgabenordnung
ArchBürgR	Archiv für Bürgerliches Recht (zitiert nach Band und Seite)
Art	Artikel
AT	Allgemeiner Teil
Aufl	Auflage
ausf	ausführlich
Az	Aktenzeichen
BAG	Bundesarbeitsgericht
BAGE	Entscheidungen des Bundesarbeitsgerichts (zitiert nach Band und Seite)
BAnz	Bundesanzeiger
BauGB	Baugesetzbuch
BaWü	Baden-Württemberg
Bay	Bayern
BayNotZ	Mitteilungen des Bayerischen Notarvereins (Bayerische Notarzeitschrift, zitiert nach Jahr und Seite)
BayObLG	Bayerisches Oberstes Landesgericht
BayObLGZ	Sammlung von Entscheidungen des Bayerischen Obersten Landesgerichts in Zivilsachen (zitiert nach Band und Seite; ab 1948/50 zitiert nach Jahr und Seite)
BB	Betriebs-Berater (zitiert nach Jahr und Seite)

BBauBl	Bundesbaublatt (zitiert nach Jahr und Seite)
Bbg	Brandenburg
Bd	Band
bearb	bearbeitet
Bearb	Bearbeitung
Begr	Begründung
Beil	Beilage
Bek	Bekanntmachung
Bem	Bemerkungen
ber	berichtigt
Berl	Berlin
Beschl	Beschluss
betr	betreffend
Betrieb	Der Betrieb (zitiert nach Jahr und Seite)
BetrKV	Verordnung über die Aufstellung von Betriebskosten (Betriebskostenverordnung – BetrKV)
BetrKUV	Betriebskostenumlageverordnung
BetrVerfG	Betriebsverfassungsgesetz
BeurkG	Beurkundungsgesetz
BezG	Bezirksgericht
BFH	Bundesfinanzhof
BFHE	Sammlung der Entscheidungen (und Gutachten) des Bundesfinanzhofs (zitiert nach Band und Seite)
BGB	Bürgerliches Gesetzbuch
BGBl I; II; III	Bundesgesetzblatt Teil I; II; III
BGH	Bundesgerichtshof
BGHSt	Entscheidungen des Bundesgerichtshofes in Strafsachen (zitiert nach Band und Seite)
BGH WarnR	Warneyer, Rechtsprechung des Bundesgerichtshofs in Zivilsachen (zitiert nach Jahr und Nr)
BGHZ	Entscheidungen des Bundesgerichtshofes in Zivilsachen (zitiert nach Band und Seite)
BJagdG	Bundesjagdgesetz
BlGBW	Blätter für Gründstücks-, Bau- und Wohnungsrecht (zitiert nach Jahr und Seite)
BM	Bundesminister, Bundesministerium (mit Kürzel für das jeweilige Ressort)
BMietG (jeweils mit entspr Ordnungszahl)	Gesetz über Maßnahmen auf dem Gebiete des Mietpreisrechtes (Bundesmietengesetz): 1/vom 27.7.1955 (BGBl I 458); 2/vom 23.6.1960 (BGBl I 389); 3/vom 24.8.1965 (BGBl I 969, 971); 4/vom 11.12.1967 (BGBl I 1251); 5/vom 20.12. 1968 (BGBl I 1411); 6/vom 19.12.1969 (BGBl I 2358); 7/vom 18.6. 1970 (BGBl I 786); 8/vom 30.10.1972 (BGBl I 2052); 9/vom 30.10.1972 (BGBl I 2054); 10/vom 17.11.1975 (BGBl I 2868); 11/vom 24.7.1979 (BGBl I 1202); 12/vom 3.8.1982 (BGBl I 1106)
BNotO	Bundesnotarordnung
BPersVertrG	Bundespersonalvertretungsgesetz
BR	Bundesrat
BR-Drucks	Bundesrats-Drucksache
BReg	Bundesregierung
Brem	Bremen
BStBl I; II; III	Bundessteuerblatt Teil I; II; III
BT	Besonderer Teil; Bundestag
BT-Drucks	Bundestags-Drucksache
BV 2	Verordnung über wohnungswirtschaftliche Berechnungen (Zweite Berechnungsverordnung)
BVerfG	Bundesverfassungsgericht
BVerfGE	Entscheidungen des Bundesverfassungsgerichts (zitiert nach Band und Seite)

BVerwG	Bundesverwaltungsgericht
BVerwGE	Entscheidungen des Bundesverwaltungsgerichts (zitiert nach Band und Seite)
bzw	beziehungsweise
ca	circa
cic	culpa in contrahendo
CR	Computer und Recht (zitiert nach Jahr und Seite)
DEMV	Deutscher Einheitsmietvertrag
Denkschr	Denkschrift; auch Denkschrift zum Entwurf eines Bürgerlichen Gesetzbuchs nebst Anlagen I bis III (Stenographische Berichte über die Verhandlungen des Reichtages, 9. Legislaturperiode – IV. Session 1895/97, Erster Anlagenband, RT-Drucks zu Nr 87; zitiert nach Seite)
ders	derselbe
dgl	desgleichen; dergleichen
DGVZ	Deutsche Gerichtsvollzieher-Zeitung (zitiert nach Jahr und Seite)
dh	das heißt
dies	dieselbe(n)
diff	differenzierend
Diss	Dissertation
DJ	Deutsche Justiz (zitiert nach Jahr und Seite)
DJT	Deutscher Juristentag
DJZ	Deutsche Juristenzeitung (zitiert nach Jahr und Spalte)
DNotZ	Deutsche Notarzeitschrift (früher Zeitschrift des Deutschen Notarvereins; zitiert nach Band und Seite)
DÖV	Die Öffentliche Verwaltung (zitiert nach Jahr und Seite)
DR	Deutsches Recht (zitiert nach Jahr und Seite)
DRiZ	Deutsche Richterzeitung (ab 1950 vereinigt mit Justiz und Verwaltung; zitiert nach Jahr und Seite)
DRpflZ	Deutsche Rechtspfleger Zeitschrift (zitiert nach Jahr und Seite)
DRspr	Deutsche Rechtsprechung (zitiert nach Leitzahl und Blatt)
DRZ	Deutsche Rechtszeitschrift (zitiert nach Jahr und Seite)
dt	deutsch(e, er)
DtZ	Deutsch-Deutsche Rechts-Zeitschrift (zitiert nach Jahr und Seite)
DVBl	Deutsches Verwaltungsblatt (zitiert nach Jahr und Seite)
DVO	Durchführungsverordnung (zum jeweiligen Regelungskomplex)
DWohnA	Deutsches Wohnungsarchiv (zitiert nach Jahr und Seite)
DWW	Deutsche Wohnungswirtschaft (zitiert nach Jahr und Seite)
E I; II; III	Entwürfe zum BGB (zitiert mit dem jeweiligen Paragraphen)
EG	Einführungsgesetz (zu einem anschließend zitierten Gesetz)
EGBGB	Einführungsgesetz zum Bürgerlichen Gesetzbuche
Einf	Einführung
EV	Vertrag zwischen der Bundesrepublik Deutschland und der Deutschen Demokratischen Republik über die Herstellung der Einheit Deutschlands vom 31.8.1990 (BGBl II 885, 889)
Einl	Einleitung
einschr	einschränkend
entspr	entsprechend
Entw	Entwurf
ErbbauRG	Gesetz über das Erbbaurecht (Erbbaurechtsgesetz)
ErbbVO	Verordnung über das Erbbaurecht (Erbbaurechtsverordnung)
Erl	Erlass, Erläuterungen
ES	Entscheidungssammlung

eV	eingetragener Verein
EWiR	Entscheidungen zum Wirtschaftsrecht (zitiert nach Paragraph und Ordnungszahl)
f, ff	folgend(e)
FamRZ	Zeitschrift für das gesamte Familienrecht. Ehe und Familie im privaten und öffentlichen Recht (zitiert nach Jahr und Seite)
FAZ	Frankfurter Allgemeine Zeitung für Deutschland (zitiert nach Datum und Seite)
Fn	Fußnote
FS	Festschrift
FWW	Die freie Wohnungswirtschaft (zitiert nach Jahr und Seite)
G	Gesetz
GBA	Grundbuchamt
GBl	Gesetzblatt
GBO	Grundbuchordnung
GE	Das Grundeigentum. Zeitschrift für die gesamte Grundstücks-, Haus- und Wohnungswirtschaft (zitiert nach Jahr und Seite)
geänd	geändert
gem	gemäß; gemeinsam
GewO	Gewerbeordnung
GG	Grundgesetz für die Bundesrepublik Deutschland vom 23.5.1949 (BGBl 1)
ggf	gegebenenfalls
GRMG	Gesetz zur Regelung der Miet- und Pachtverhältnisse über Geschäftsräume und gewerblich genutzte unbebaute Grundstücke (Geschäftsraummietengesetz)
Gruchot	Beiträge zur Erläuterung des Deutschen Rechts, begründet von Gruchot (zitiert nach Band und Seite)
GS	Großer Senat (kennzeichnet im Anschluss an das Kürzel für das Gericht seine Urheberschaft für die Entscheidung); auch Gesetzsammlung
GuT	Gewerbemiete und Teileigentum, 1.2001ff; zitiert nach Jahr und Seite
GVBl (GVOBl)	Gesetz- und Verordnungsblatt (mit Kürzel des jeweiligen [Bundes-]Staates)
GVW	Gesetz zur dauerhaften sozialen Verbesserung der Wohnungssituation im Land Berlin
GWB	Gesetz gegen Wettbewerbsbeschränkungen
GWW	Gemeinnütziges Wohnungswesen (vor 1950 Gemeinnützige Wohnungswirtschaft; zitiert nach Jahr und Seite)
H	Heft
HansGZ	Hanseatische Gerichtszeitung (zitiert nach Jahr und Seite)
HansRGZ	Hanseatische Rechts- und Gerichts-Zeitschrift (zitiert nach Jahr, Abteilung und Spalte)
HausratsVO	Verordnung über die Behandlung der Ehewohnung und des Hausrats (Sechste Durchführungsverordnung zum Ehegesetz)
HausTWG	Gesetz über den Widerruf von Haustürgeschäften und ähnlichen Geschäften vom 16.1.1986 (BGBl I 122) aufgehoben durch Gesetz vom 26.11.2001 (BGBl I 3138) mWv 1.1.2002
Hbg	Hamburg
Hdb	Handbuch
HeimG	Gesetz über Altenheime, Altenwohnheime und Pflegeheime für Volljährige (Heimgesetz)
HeizkostenVO	Verordnung über die verbrauchsabhängige Abrechnung der Heiz- und Warmwasserkosten (Verordnung über Heizkostenabrechnung)
Hess	Hessen
HEZ	Höchstrichterliche Entscheidungen. Sammlung von Entscheidungen der Oberlandesgerichte und der obersten Gerichte in Zivilsachen (zitiert nach Band und Seite)
HGB	Handelsgesetzbuch

hL	herrschende Lehre
hM	herrschende Meinung
HRR	Höchstrichterliche Rechtsprechung (zitiert nach Jahr und Nr)
hrsg	herausgegeben
Hrsg	Herausgeber
HS	Halbsatz
HuW	Haus und Wohnung (zitiert nach Jahr und Seite)
idF	in der Fassung
idR	in der Regel
iE	im Ergebnis
InsO	Insolvenzordnung
iS	im Sinne
iVm	in Verbindung mit
JA	Juristische Arbeitsblätter (zitiert nach Jahr und Seite)
JbAkDR	Jahrbuch der Akademie für Deutsches Recht (zitiert nach Jahr und Seite)
JBl	Justizblatt (mit Kürzel für den jeweiligen Oberlandesgerichtsbezirk; zitiert nach Jahr und Seite)
JFG	Jahrbuch für Entscheidungen in Angelegenheiten der freiwilligen Gerichtsbarkeit und des Grundbuchrechts (zitiert nach Band und Seite)
Jg	Jahrgang
Jh	Jahrhundert
JherJb	Jherings Jahrbücher für die Dogmatik des bürgerlichen Rechts (zitiert nach Band und Seite)
JMBl	Justizministerialblatt
JR	Juristische Rundschau (zitiert nach Jahr und Seite)
JurA	Juristische Analysen (zitiert nach Jahr und Seite)
Jura	Juristische Ausbildung (zitiert nach Jahr und Seite)
JurBüro	Das juristische Büro (zitiert nach Jahr und Spalte oder Seite)
JurJb	Juristen-Jahrbuch (zitiert nach Band und Seite)
JuS	Juristische Schulung (zitiert nach Jahr und Seite)
Justiz	Die Justiz. Amtsblatt des Justizministeriums Baden-Württemberg (zitiert nach Jahr und Seite)
JVBl	Justizverwaltungsblatt (zitiert nach Jahr und Seite)
JW	Juristische Wochenschrift (zitiert nach Jahr und Seite)
JZ	Juristenzeitung (zitiert nach Jahr und Seite)
Kap	Kapitel
KG	Kammergericht; Kommanditgesellschaft
KGBl	Blätter für Rechtspflege im Bezirk des Kammergerichts (zitiert nach Jahr und Seite)
KGJ	Jahrbuch für Entscheidungen des Kammergerichts in Sachen der freiwilligen Gerichtsbarkeit, in Kosten-, Stempel- und Strafsachen (zitiert nach Band, Abteilung und Seite)
KO	Konkursordnung
Komm	Kommission
KRABl	Amtsblatt des Kontrollrats in Deutschland (zitiert nach Jahr und Seite)
KreisG	Kreisgericht
KRG	Kontrollratsgesetz
krit	kritisch
KSchG	Kündigungsschutzgesetz
KTS	Zeitschrift für Konkurs-, Treuhand- und Schiedsgerichtswesen (zitiert nach Jahr und Seite)

LG	Landgericht (zitiert mit jeweiligem Ortsnamen)
Lit	Literatur
LM	Lindenmaier-Möhring, Nachschlagewerk des Bundesgerichtshofs (zitiert nach Paragraph und Ordnungszahl)
LPartG	Gesetz über die eingetragene Lebenspartnerschaft (Lebenspartnerschaftsgesetz – LPartG)
LS	Leitsatz
LZ	Leipziger Zeitschrift für Deutsches Recht (zitiert nach Jahr und Spalte)
m	mit
MDR	Monatsschrift für Deutsches Recht (zitiert nach Jahr und Seite)
mE	meines Erachtens
MHRG	Gesetz zur Regelung der Miethöhe (Art 3 WKSchG II) vom 18.12.1974 (BGBl I 3604), aufgehoben durch Art 10 Nr 1 MietrechtsreformG
MietRÄndG 1; 2; 3; 4	Gesetz zur Änderung mietrechtlicher Vorschriften: 1/vom 29.7.1963 (BGBl I 505); 2/vom 14.7.1964 (BGBl I 457); 3/vom 21.12.1967 (BGBl I 1248); 4/vom 21.7.1993 (BGBl I 1257)
Mietrechts- reformG	Gesetz zur Neugliederung, Vereinfachung und Reform des Mietrechts (Mietrechtsreformgesetz)
MietSchG	Mieterschutzgesetz
Mitt	Mitteilungen (zitiert iVm der jeweils herausgebenden Körperschaft)
MM	Mieter-Magazin (zitiert nach Jahr und Seite)
MMV	Mustermietvertrag 1976, hrsg vom Bundesminister der Justiz (Beil Nr 2 zum BAnz Nr 22 vom 3.2.1976)
ModEnG	Gesetz zur Förderung der Modernisierung von Wohnungen und von Maßnahmen zur Einsparung von Heizenergie (Modernisierungs- und Energieeinsparungsgesetz)
Mot	Motive zu dem Entwurfe eines Bürgerlichen Gesetzbuches für das Deutsche Reich (1888; zitiert nach Band und Seite)
MR	Militärregierung
MRVerbG	Gesetz zur Verbesserung des Mietrechts und zur Begrenzung des Mietanstiegs sowie zur Regelung von Ingenieur- und Architektenleistungen
MV	Mecklenburg-Vorpommern
mwN	mit weiteren Nachweisen
Nds	Niedersachsen
NdsRpfl	Niedersächsische Rechtspflege (zitiert nach Jahr und Seite)
NeubauMietVO	Verordnung über die Ermittlung der zulässigen Miete für preisgebundene Wohnungen (Neubaumietenverordnung)
nF	neue Fassung; neue Folge
NJ	Neue Justiz (zitiert nach Jahr und Seite)
NJW	Neue Juristische Wochenschrift (zitiert nach Jahr und Seite)
NJW-CoR	NJW-Computerreport (zitiert nach Jahr und Seite)
NJWE-MietR	NJW-Entscheidungsdienst Miet- und Wohnungsrecht (zitiert nach Jahr und Seite)
NJW-RR	NJW-Rechtsprechungs-Report Zivilrecht (zitiert nach Jahr und Seite)
Nr	Nummer
NRW	Nordrhein-Westfalen
NZG	Neue Zeitschrift für Gesellschaftsrecht (zitiert nach Jahr und Seite)
NZM	Neue Zeitschrift für Miet- und Wohnungsrecht (zitiert nach Jahr und Seite)
o	oben
OGHBrZ	Oberster Gerichtshof für die Britische Zone, auch Entscheidungen des Obersten Gerichtshofes für die Britische Zone in Zivilsachen (zitiert nach Band und Seite)
OHG	Offene Handelsgesellschaft

OLG	Oberlandesgericht (zitiert mit jeweiligem Ortsnamen)
OLGE	Die Rechtsprechung der Oberlandesgerichte auf dem Gebiete des Zivilrechts (zitiert nach Band und Seite)
OLGZ	Entscheidungen der Oberlandesgerichte in Zivilsachen einschließlich der freiwilligen Gerichtsbarkeit (zitiert nach Jahr und Seite)
OVG	Oberverwaltungsgericht
OVGE	Entscheidungen der Oberverwaltungsgerichte für das Land Nordrhein-Westfalen in Münster sowie für die Länder Niedersachsen und Schleswig-Holstein in Lüneburg mit Entscheidungen des Verfassungsgerichtshofes Nordrhein-Westfalen und des Niedersächsischen Staatsgerichtshofes (zitiert nach Band und Seite)
OWiG	Gesetz über Ordnungswidrigkeiten
PiG	Partner im Gespräch, Schriftenreihe des Evangelischen Siedlungswerkes in Deutschland
Pr, pr	Preußen, preußisch(e, er)
Prot	Protokolle der Kommission für die zweite Lesung des Entwurfs des Bürgerlichen Gesetzbuchs (1897–1899; zitiert nach Band und Seite)
RAnz	Deutscher Reichsanzeiger (zitiert nach Jahr und Seite)
RAussch	Rechtsausschuss
RE	Rechtsentscheid in Wohnraummietsachen nach § 541 ZPO
Recht	Das Recht (zitiert nach Jahr und Nr der Entscheidung bzw Seite des Aufsatzes)
RechtsVO	Rechtsverordnung
REGAmZ	Rückerstattungsgesetz Amerikanische Zone, Gesetz Nr 59: Rückerstattung feststellbarer Vermögensgegenstände (ABlMR AmZ Ausgabe G, 1 = BayGVBl 1947, 221)
REGBrZ	Rückerstattungsgesetz Britische Zone, Gesetz Nr 59: Rückerstattung feststellbarer Vermögensgegenstände an Opfer der nationalsozialistischen Unterdrückungsmaßnahmen (ABlMR BrZ Nr 28, 1169 = VOBl BrZ 152)
RegE	Regierungsentwurf
RFH	Reichsfinanzhof
RFHE	Sammlung der Entscheidungen und Gutachten des Reichsfinanzhofs (zitiert nach Band und Seite)
RG	Reichsgericht
RGBl I; II	Reichsgesetzblatt Teil I; II
RGSt	Entscheidungen des Reichsgerichts in Strafsachen (zitiert nach Band und Seite)
RG WarnR	Die Rechtsprechung des Reichsgerichts in Zivilsachen, hrsg von Warneyer (zitiert nach Jahr und Nr)
RGZ	Entscheidungen des Reichsgerichts in Zivilsachen (zitiert nach Band und Seite)
RhPf	Rheinland-Pfalz
Rn	Randnummer
Rpfleger	Der Deutsche Rechtspfleger (zitiert nach Jahr und Seite)
Rspr	Rechtsprechung
RStBl	Reichssteuerblatt (zitiert nach Jahr und Seite)
RT	Reichstag
s	siehe
S	Satz; Seite
Saarl	Saarland
Sachs	Sachsen
SachsAnh	Sachsen-Anhalt
SchlH	Schleswig-Holstein
SchlHA	Schleswig-Holsteinische Anzeigen (zitiert nach Jahr und Seite)

SchlTermG 1; 2; 3	Gesetz zur Änderung des Schlusstermins für den Abbau der Wohnungszwangswirtschaft und über weitere Maßnahmen auf dem Gebiet des Mietpreisrechts: 1/vom 4.8.1965 (BGBl I 969); 2/vom 19.1.1969 (BGBl I 2357); 3/vom 30.10.1972 (BGBl I 2051)
SchuldRAnpG	Gesetz zur Anpassung schuldrechtlicher Nutzungsverhältnisse an Grundstücken im Beitrittsgebiet (Schuldrechtsanpassungsgesetz – Art 1 des Gesetzes zur Änderung schuldrechtlicher Bestimmungen im Beitrittsgebiet)
SeuffA	Seufferts Archiv für Entscheidungen der obersten Gerichte in den deutschen Staaten (zitiert nach Band und Nr)
SeuffBl	Seufferts Blätter für Rechtsanwendung (zitiert nach Band und Seite)
SJZ	Süddeutsche Juristen-Zeitung (zitiert nach Jahr und Seite oder Spalte)
SoergRspr	Soergels Rechtsprechung zum BGB, EGzBGB, CPO, KO, GBO und RFG; wechselnde Titel, zuletzt (ab 1932): Jahrbuch des Zivil-, Handels- und Prozessrechts (zitiert nach Band und Nr oder Seite)
sog	so genannt
Sp	Spalte
Sten Ber	Stenographische Berichte
StGB	Strafgesetzbuch
str	streitig
stRspr	ständige Rechtsprechung
teilw	teilweise
Thür	Thüringen
u	und, unten
U	Umschlagseite
ua	unter anderem; und andere
uä	und ähnliches
Urt	Urteil
UStG	Umsatzsteuergesetz
UStR	Umsatzsteuerrichtlinie
usw	und so weiter
uU	unter Umständen
v	von; vom
VerbrKrG	Verbraucherkreditgesetz
VerfGH	Verfassungsgerichtshof
VerglO	Vergleichsordnung
Verh	Verhandlungen
VermG	Gesetz zur Regelung offener Vermögensfragen (Vermögensgesetz)
VersR	Versicherungsrecht. Juristische Rundschau für die Individualversicherung (zitiert nach Jahr und Seite)
VG	Verwaltungsgericht
VGH	Verwaltungsgerichtshof
vgl	vergleiche
VIZ	Zeitschrift für Vermögens- und Investitionsrecht (zitiert nach Jahr und Seite)
VO	Verordnung
VOBl	Verordnungsblatt (iVm der jeweiligen Körperschaft)
Voraufl	Vorauflage
Vorbem	Vorbemerkung
WarnJb	Warneyers Jahrbuch der Entscheidungen auf dem Gebiete des Zivil-, Handels- und Prozessrechts (wechselnde Titel; zitiert nach Jahr, Seite, Paragraph und Gesetz)
WarnR	Die Rechtsprechung des Reichsgerichts auf dem Gebiete des Zivilrechts, hrsg von Warneyer (zitiert nach Jahr und Nr)

WBewG	Wohnraumbewirtschaftungsgesetz
WEG	Gesetz über das Wohnungseigentum und das Dauerwohnrecht (Wohnungseigentumsgesetz)
WGG	Gesetz über die Gemeinnützigkeit im Wohnungswesen (Wohnungsgemeinnützigkeitsgesetz)
WiB	Wirtschaftsrechtliche Beratung (zitiert nach Jahr und Seite)
WiStG	Gesetz zur weiteren Vereinfachung des Wirtschaftsstrafrechts (Wirtschaftsstrafgesetz)
WKSchG I, II	I/Gesetz über den Kündigungsschutz für Mietverhältnisse über Wohnraum; II/Zweites Gesetz über den Kündigungsschutz für Mietverhältnisse über Wohnraum (Zweites Wohnraumkündigungsschutzgesetz)
WM	Wertpapier-Mitteilungen (zitiert nach Jahr und Seite)
WobauÄndG	WobauÄndG 1965: Gesetz zur verstärkten Eigentumsbildung im Wohnungsbau und zur Sicherung der Zweckbestimmung von Sozialwohnungen (Wohnungsbauänderungsgesetz 1965) vom 24.8.1965 (BGBl I 945); WobauÄndG 1968: Gesetz zur Fortführung des sozialen Wohnungsbaues (Wohnungsbauänderungsgesetz 1968) vom 17.7.1968 (BGBl I 821); WobauÄndG 1971: Gesetz zur Durchführung des langfristigen Wohnungsbauprogramms (Wohnungsbauänderungsgesetz 1971) vom 17.12.1971 (BGBl I 1993); WobauÄndG 1973: Gesetz zur Änderung des Wohnungsbindungsgesetzes 1965 und des Zweiten Wohnungsbaugesetzes (Wohnungsbauänderungsgesetz 1973) vom 21.12.1973 (BGBl I 1970); WobauÄndG 1980: Gesetz zur Änderung des Wohnungsbindungsgesetzes und des Zweiten Wohnungsbaugesetzes (Wohnungsbauänderungsgesetz 1980) vom 20. 2. 1980 (BGBl I 159); Gesetz zur Änderung des Zweiten Wohnungsbaugesetzes und des Wohnungsbaugesetzes für das Saarland (Wohnungsbauänderungsgesetz 1988) vom 21.2.1989 (BGBl I 242)
WobauErlG	Gesetz zur Erleichterung des Wohnungsbaus im Planungs- und Baurecht sowie zur Änderung mietrechtlicher Vorschriften (Wohnungsbau-Erleichterungsgesetz)
WoBauG 1; 2	1/Erstes Wohnungsbaugesetz; 2/Zweites Wohnungsbaugesetz (Wohnungsbau- und Familienheimgesetz)
WoBindG	Gesetz zur Sicherung der Zweckbestimmung von Sozialwohnungen (Wohnungsbindungsgesetz)
WoFG	Gesetz über die soziale Wohnraumförderung (Wohnraumförderungsgesetz – WoFG)
WoG	Wohnungsgesetz
WoVereinfG 1985	Gesetz zur Vereinfachung wohnungsrechtlicher Vorschriften (Wohnungsrechtsvereinfachungsgesetz)
WoVermittG	Gesetz zur Regelung der Wohnungsvermittlung
WPM	Wertpapiermitteilungen (zitiert nach Jahr und Seite)
WuB	Entscheidungssammlung zum Wirtschafts- und Bankrecht, hrsg von den WM
WuM	Wohnungswirtschaft und Mietrecht (zitiert nach Jahr und Seite)
WuW	Wirtschaft und Wettbewerb (zitiert nach Jahr und Seite)
WuW/E	WuW-Entscheidungssammlung zum Kartellrecht (zitiert nach Entscheidungsträger und Seite)
z	zum
ZAkDR	Zeitschrift der Akademie für Deutsches Recht (zitiert nach Jahr und Seite)
zB	zum Beispiel
ZdW Bay	Zeitschrift der Wohnungswirtschaft Bayern (zitiert nach Jahr und Seite)
ZfgWBay	Zeitschrift für das gemeinnützige Wohnungswesen in Bayern (zitiert nach Jahr und Seite)
ZGB	Zivilgesetzbuch (iVm dem jeweils erlassenden Staat)
ZGenW	Zeitschrift für das gesamte Genossenschaftswesen (zitiert nach Jahr und Seite)
Ziff	Ziffer
ZIP	Zeitschrift für Wirtschaftsrecht
ZMR	Zeitschrift für Miet- und Raumrecht (zitiert nach Jahr und Seite)
ZPO	Zivilprozeßordnung

XXI

ZRP	Zeitschrift für Rechtspolitik (zitiert nach Jahr und Seite)
zT	zum Teil
zust	zustimmend
ZVG	Gesetz über die Zwangsversteigerung und die Zwangsverwaltung (Zwangsversteigerungsgesetz)
zw	zweifelhaft

Bürgerliches Gesetzbuch
vom 19. August 1896 (RGBl 195) Zuletzt geändert
durch Gesetz vom 1. Oktober 2013 (BGBl I S. 3719)
§§ 535–580a

Buch 2. Recht der Schuldverhältnisse
Abschnitt 8. Einzelne Schuldverhältnisse
Titel 5. Mietvertrag, Pachtvertrag (§§ 535–580a)

Untertitel 1
Allgemeine Vorschriften für Mietverhältnisse

Vorbemerkung zu § 535

I. Geschichte

Schrifttum

Blumenroth Deutsche Wohnungspolitik seit der Reichsgründung (1975); *Lutz* Der Mieterschutz der Nachkriegszeit (1998); *Sonnenschein* Geschichte des Wohnraummietrechts seit 1917, PiG Bd 49 (1996) 7; *Wolter* Mietrechtlicher Bestandsschutz (1984).

1   Das Mietrecht, wie es heute in den §§ 535 bis 580a geregelt ist, weist nur noch wenige Gemeinsamkeiten mit dem ursprünglichen Mietrecht des BGB von 1900 auf. Den Grund für diese Entwicklung hat man in den zahlreichen so genannten Mietrechtsreformen der letzten Jahrzehnte zu suchen, die letztlich alle darauf zurückzuführen waren, dass das Mietrecht des BGB ursprünglich nur wenig Rücksicht auf die besondere soziale Schutzbedürftigkeit des Wohnraummieters genommen hatte. Bereits unter dem Eindruck der wachsenden Wohnungsnot während des ersten Weltkriegs waren deshalb ab 1917 die Vorschriften des BGB erstmals weithin durch das so genannte **Mietnotrecht** verdrängt worden, das nach einigem Auf und Ab in den dreißiger Jahren des vorigen Jahrhunderts zuletzt durch die hoheitliche Erfassung und Verteilung des Wohnraums, durch einen umfassenden Kündigungsschutz für den Mieter und durch eine Mietpreisbindung die Vertragsfreiheit im Mietrecht nahezu vollständig beseitigt hatte. Diese umfassende Wohnraumbewirtschaftung ist erst ab 1960 im Zuge des so genannten **Lücke-Plans** schrittweise wieder abgebaut worden. Zugleich wurde das Mietrecht des BGB in wesentlichen Punkten mit dem Ziel eines stärkeren Mieterschutzes als bisher geändert (**soziales Mietrecht**).

2   Erhebliche Mietpreissteigerungen ab Ende der sechziger Jahre veranlassten den Gesetzgeber jedoch **ab 1971** zu einer partiellen **Rückkehr zum Mieterschutz**. Die wichtigsten Schritte auf diesem Wege waren das 1. Wohnraumkündigungsschutzgesetz vom 25. November 1971[1] sowie das **2. Wohnraumkündigungsschutzgesetz vom 18. Dezem-**

---

1 BGBl I, 1839.

ber 1974,[2] dessen Kern das mittlerweile wieder außer Kraft getretene Miethöheregelungsgesetz **(MHRG)** bildete. In den folgenden Jahren kam es zu einer Fülle weiterer gesetzlicher Interventionen. Festzuhalten ist lediglich, dass es heute Beschränkungen der Miethöhe nur noch für die so genannten **Sozialwohnungen** aufgrund des Wohnungsbindungsgesetzes vom 31.1.1974[3] in der Fassung der Bekanntmachung vom 13.9.2001[4] gibt. Eine entsprechende Regelung besteht für Bedienstetenwohnungen aufgrund des § 87a des 2. WoBauG[5] sowie für andere öffentlich geförderte Wohnungen aufgrund der §§ 88, 88b und 111 des genannten Gesetzes.[6] Für die Berechnung dieser gebundenen Mieten sind vor allem die NeubaumietenVO (NMVO) v 1970 idF v 12.10.1990[7] und die 2. BerechnungsVO (2. BV) v 21.2.1975[8] in der Fassung v 12.10.1990[9] heranzuziehen[10], an deren Stelle mittlerweile in einzelnen Beziehungen die Wohnflächen- und die BetriebskostenVO vom 23.11.2003[11] getreten sind.

Der Bundestag hatte bereits 1974 die Bundesregierung ersucht, das zersplitterte Wohn- **3** raummietrecht für die Betroffenen verständlich und übersichtlich in einem Gesetz zusammenzufassen.[12] Die Bundesregierung reagierte auf diese Aufforderung jedoch ernsthaft erst im Jahre 2000 durch die Vorlage des Entwurfs eines **Mietrechtsreformgesetzes**,[13] dem der Bundestag im Sommer 2001 zustimmte. Das neue Mietrecht ist am 1. September 2001 in Kraft getreten.[14] Weitere einschneidende Änderungen brachte sodann das Mietrechtsänderungsgesetz von 2013, in Kraft getreten am 1. Mai 2013,[15] dessen Schwerpunkt auf der Erleichterung so genannte energetischen Modernisierungen liegt (§§ 555a ff).

II. Die Miete im System des BGB

1. Schuldverhältnis. Angesichts der Stellung des Mietrechts im 8. Abschnitt des **4** Zweiten Buchs des BGB („Einzelne Schuldverhältnisse") kann nicht ernstlich zweifelhaft sein, dass nach der Vorstellung jedenfalls der Verfasser des BGB der Mietvertrag ein **gegenseitiger schuldrechtlicher Vertrag** ist, durch den ein **Dauerschuldverhältnis** begründet wird. Solange dem Mieter die vermietete Sache nicht übergeben ist, hat er folglich kein Recht an dieser Sache, sondern ist auf seinen Erfüllungsanspruch gegen den Vermieter beschränkt. Drittwirkungen scheiden aus. Die Situation ändert sich erst, wenn dem Mieter die vermietete **Sache übergeben** wird. Denn von diesem Zeitpunkt ab genießt er **Besitzschutz** gegen Dritte einschließlich des Vermieters aufgrund der §§ 858ff. Außerdem ist er jetzt weitgehend gegen schuldhafte Eingriffe Dritter durch § 823 Abs 1 geschützt. All dies gilt gleichermaßen für die Grundstücks- wie für die Fahrnismiete (vgl auch §§ 986 Abs 2

---

2 BGBl I, 3603.
3 BGBl I, 137.
4 BGBl I, 2404.
5 BGBl 1994 I, 2137.
6 Zur Fortgeltung dieser Vorschriften s Art 2 des Gesetzes zur Reform des Wohnungsbaurechtes vom 13.9.2001, BGBl I, 2376.
7 BGBl I, 2203.
8 BGBl I, 570.
9 BGBl I, 2178.
10 Wegen der Einzelheiten s *Emmerich* PiG Bd 49 (1996) 71, 76ff; *Hanke* Kostenmiete, in: Der Mietzins als Gegenleistung, PiG Bd 40 (1993) 157; *Sonnenschein* Wohnraummiete, 99ff.
11 BGBl I, 2346.
12 BT-Drucks 7/2629, S 2; s zum Folgenden *Emmerich* JuS 2000, 1051 = DWW 2000, 143.
13 BT-Drucks 14/4553.
14 BGBl I, 1149.
15 BGBl I, 434.

Volker Emmerich

und 1007). Doch ändert das nichts an der **schuldrechtlichen Natur** der Miete. Was hierin allein zum Ausdruck gelangt, ist lediglich die bekannte „Verdinglichung" obligatorischer Besitzrechte durch Besitzerlangung seitens des Berechtigten.

5   Unbestreitbar ist das Gesagte (Rn 4) jedenfalls für die Fahrnismiete. Besonderheiten gelten indessen in der Tat für die **Grundstücksmiete**, da der Mieter hier nach Überlassung des Grundstücks aufgrund der **§§ 566 und 567** außerdem **Schutz gegen** eine **Veräußerung oder Belastung** des Grundstücks durch den Vermieter genießt. Die Miete ist dadurch unbestreitbar zumindest in einzelnen Beziehungen einem **dinglichen Recht angenähert** worden (s § 566 Rn 3ff). Auf der anderen Seite bleibt aber zu beachten, dass der Mieter in der Zwangsversteigerung nach wie vor nur einen schwachen Stand hat (s §§ 57ff ZVG), so dass aufs Ganze gesehen die dinglichen Züge der Miete im BGB ursprünglich doch nur schwach ausgeprägt waren. Zu Recht hat es deshalb die Praxis bisher durchweg abgelehnt, die Vermietung eines Grundstücks durch einen Nichteigentümer als **Verfügung** iS der §§ 892 und 893 anzusehen, da die Miete kein dingliches Recht ist.[16]

6   Wieder anders ist die Situation heute freilich bei der **Wohnraummiete**. Der ständig ausgebaute Kündigungsschutz, der dem Vermieter in vielen Fällen eine Kündigung praktisch unmöglich macht, sowie die Ausdehnung des Bestandschutzes bei Umwandlungen und bei Tod des Mieters (§§ 563ff) führen hier unbestreitbar dazu, dass sich Wohnraummietverhältnisse in zunehmendem Maße **dinglichen Lasten**, die auf einem Grundstück ruhen, annähern. Es passt in dieses Bild, dass das BVerfG das Besitzrecht des Mieters in jüngster Zeit wiederholt als **„Eigentum"** im Sinne des Art 14 Abs 1 GG qualifiziert hat.[17] Das BVerfG hat daraus den Schluss gezogen, dass bei der Auslegung der mietrechtlichen Vorschriften zu berücksichtigen sei, dass sich Vermieter und Mieter gleichermaßen auf das Grundrecht des Art 14 Abs 1 GG berufen könnten, so dass die „grundrechtliche Konfliktslage" in jedem Fall in der Weise zu lösen sei, dass die beiderseitigen Interessen in einen angemessenen Ausgleich gebracht werden, der dem Art 14 Abs 1 und 2 Rechnung trage.[18]

7   **2. Erscheinungsformen.** Das BGB behandelte ursprünglich die Grundstücksmiete in nahezu allen Beziehungen ebenso wie die Fahrnismiete. Erst die Einführung des sozialen Mietrechts hat hierin einen grundlegenden Wandel gebracht. Seitdem muss man sorgfältig zwischen der Fahrnis- und der Grundstücksmiete und innerhalb der letzteren weiter zwischen der reinen Grundstücksmiete, der (allgemeinen) Raummiete und der (besonderen) Wohnraummiete unterscheiden, wobei die letztere seit der Mietrechtsreform von 2001 betont im Mittelpunkt der gesetzlichen Regelung steht (s §§ 549, 578 nF).

8   **a)** Die Abgrenzung zwischen der **Wohnraummiete** und der sonstigen Raummiete richtet sich in erster Linie nach der **Zweckbestimmung** der Räume. Wohnraummiete ist nur anzunehmen, wenn zum privaten Aufenthalt von Menschen geeignete Räume gerade für diesen Zweck, dh zum Zwecke der Nutzung der Räume zu **Wohnzwecken** durch den Mieter selbst vermietet werden, wozu erforderlich ist, dass wenigstens einer der vermieteten Räume zur Übernachtung von Menschen bestimmt und geeignet ist.[19] Keine Rolle

---

16 RGZ 106, 109, 111ff; 124, 325, 327; KG JW 1929, 2893, 2894 Nr 6.
17 BVerfGE 89, 1, 5ff = NJW 1993, 2035; BGHZ 165, 75, 79 = NZM 2006, 50 Tz 12; BGHZ 179, 289. 293f = NJW 2009, 1200 Tz 14: zur Kritik s Staudinger Rn 20.
18 BVerfG NJW 2011, 1723 Tz 29 f, 35; BVerfGE 129, 78 = NJW 2011, 3428, 3432 Tz 86 ff; dagegen *Weller* JZ 2012, 881, 885.
19 RGZ 124, 4, 6; BGHZ 135, 269, 272 = NJW 1997, 1845; BGH LM Nr 4 zu Berl AltbaumietenVO = WM 1982, 390; LM Nr 1 zu § 29a ZPO = NJW 1981, 1377; NJW 2008, 3361; NZM 2011, 151; OLG Köln ZMR 2004, 31.

spielt demgegenüber die tatsächliche Nutzung der Räume im Widerspruch zu der vereinbarten Zweckbestimmung, zB als vorübergehendes Möbellager, weil der Mieter inzwischen
eine andere Wohnung bezogen hat.[20] Werden dagegen für Wohnzwecke geeignete Räume
für andere Zwecke vermietet, so handelt es sich nicht um Wohnraummiete, auch wenn
später einzelne Räume entgegen dem Vertrag doch zu Wohnzwecken genutzt werden.[21]
Wohnraummiete ist außerdem zu verneinen, wenn die Anmietung von Räumen zum
Zwecke ihrer **Weitervermietung,** zB an die Mitarbeiter des Mieters erfolgt, selbst wenn
der Mieter damit ausschließlich gemeinnützige Zwecke verfolgt.[22] Wohnraummiete ist
dagegen anzunehmen, wenn ein gemeinnütziger Verein für Wohnzwecke nutzbare Räume
anmietet, um sie *seinen* Mitgliedern für Wohnzwecke zu überlassen.[23]

Wohnraummiete liegt nach dem Gesagten (Rn 8) **zB** vor, wenn Gewerberäume zu 9
Wohnzwecken vermietet werden,[24] wenn die Räume an eine Wohngemeinschaft mit
ständig wechselnden Untermietern vermietet werden,[25] wenn die Räume zu Wohnzwecken genutzt werden und der Vertrag die Nutzung offengelassen hatte[26] sowie, wenn ein
Hotelappartement an Wohnungssuchende vermietet wird.[27] Auch durch Vertrag kann
dann nichts anderes bestimmt werden.[28] Um gewerbliche Miete handelt es sich dagegen
stets bei der Miete von Räumen durch eine **juristische Person,** weil diese keine „Wohnzwecke" verfolgen kann, selbst wenn sie von vornherein die Absicht hatte, die angemieteten Räume ihrem Geschäftsführer zu Wohnzwecken zu überlassen.[29]

b) Von **Mischmietverhältnissen** spricht man, wenn durch einen Vertrag **Wohn-** 10
räume und sonstige Räume zusammen vermietet werden wie zB bei der Vermietung
von Büros, Läden oder Gastwirtschaften in Verbindung mit der dazugehörigen Wohnung.
In diesen Fälle muss man unterscheiden: Sind die Verträge über die Wohn- und die
Geschäftsräume **nur äußerlich verbunden** mit der Folge, dass sie sich mühelos trennen
lassen, so folgt jeder Vertrag den für ihn geltenden Vorschriften.[30] Andernfalls bildet der
Vertrag eine Einheit, so dass er nur entweder ganz den besonderen Regeln für die Wohnraummiete oder den allgemeinen Regeln für die sonstige Grundstücks- und Raummiete
unterworfen werden kann, und zwar je nachdem, **worauf nach** dem **wirklichen Willen**
der Parteien der **Schwerpunkt** liegt, dh welcher Verwendungszweck für die Parteien tatsächlich im Vordergrund steht, wofür die Berechnung der Miete und die Flächenanteile
der unterschiedlich genutzten Räume lediglich **Indizien** sind.[31] Danach richtet sich dann
auch die Anwendbarkeit des § 5 WiStG sowie der §§ 557ff.[32] Soweit danach die §§ 557ff
anwendbar sind, wird jedoch überwiegend ein **Zuschlag zu der Vergleichsmiete** für die

---

20 BGH NZM 2011, 151.
21 BGH LM Nr 1 zu § 554b BGB = WM 1969, 625; OLG Düsseldorf NZM 2004, 743.
22 BGHZ 133, 142, 147 = NJW 1996, 2862; BGH LM Nr 45 zu § 249 (Bb) BGB = NJW 1988, 486, 487; BayObLGZ
1995, 265 = WuM 1995, 638; OLG Frankfurt ZMR 2011, 119, 120; aM *Gregor* WuM 2008, 435, 437f.
23 OLG Köln ZMR 2004, 31.
24 LG Berlin GE 1989, 101.
25 AG Essen WuM 1987, 88.
26 LG Essen WuM 1990, 506.
27 LG Bonn NJW-RR 1990, 1294 = WuM 1990, 505.
28 LG Berlin GE 1993, 377 = WuM 1993, 396.
29 BGH NJW 2008, 3361 Tz 12 = NZM 2008, 804.
30 OLG Hamburg ZMR 1979, 279.
31 OLG Düsseldorf ZMR 2002, 589, 590f = NZM 2002, 739; GE 2006, 647; OLG München ZMR 2007, 119; 2010,
962; KG ZMR 2010, 956; OLG Stuttgart NZM 2008, 726; OLG Karlsruhe WuM 2012, 666, 668; *Bühler* ZMR 2010,
897.
32 OLG Hamburg NJW-RR 1997, 458; OLG München ZMR 1995, 295.

Volker Emmerich

teilgewerbliche Nutzung der Räume zugelassen[33], der dann auch außerhalb der §§ 557ff erhöht werden kann.[34]

11   **Gewerbliche Miete** sind danach in der Regel die Vermietung oder Verpachtung einer Gaststätte oder eines Ladens mit Wohnung[35] oder die Vermietung einer Anwaltskanzlei oder einer Arztpraxis nebst Wohnung.[36] Der **Wohnzweck überwiegt** dagegen zB, wenn nur zwei Zimmer einer großen Wohnung gewerblich genutzt werden.[37] In derartigen Fällen handelt es sich selbst dann um Wohnraummiete, wenn die Parteien etwas anderes vereinbart haben.[38] Überhaupt ist **in Zweifelsfällen** zum Schutze des Mieters **Wohnraummiete** anzunehmen.[39] Dasselbe gilt wohl, wenn Wohnraum- und Geschäftsraummiete gleichberechtigt nebeneinander stehen.[40]

III. Abgrenzung

1. Pacht, Leihe

12   **a)** Miete, Pacht und Leihe bilden die im BGB geregelten Grundformen der Gestattungsverträge. Von einem **Gestattungsvertrag** spricht man, wenn eine Partei einer anderen entgeltlich oder unentgeltlich die Vornahme einer ihr an sich verbotenen Tätigkeit gestattet. Ist diese Tätigkeit der Gebrauch einer Sache, so handelt es sich um **Gebrauchsüberlassungsvertäge** in der Form der Miete, Pacht oder Leihe.[41] **Miete und Pacht unterscheiden** sich vor allem in zwei Punkten: Einmal darf der Pächter im Gegensatz zum Mieter die Früchte ziehen, soweit sie nach den Regeln einer ordnungsmäßigen Wirtschaft als Ertrag der Sache anzusehen sind; zum andern können Gegenstand der Pacht außer Sachen auch Rechte sein (§ 581 Abs 1 S 1). Die Abgrenzung kann im Einzelfall Schwierigkeiten bereiten,[42] vor allem, wenn sich der Vertrag auf Räume bezieht, die zur Aufnahme eines Unternehmens bestimmt und geeignet sind. **Unternehmenspacht** ist in derartigen Fällen nur anzunehmen, wenn der eigentliche Gegenstand des Vertrages gerade das (potentielle) Unternehmen ist, das in den vollständig eingerichteten Räumen betrieben werden kann.[43]

13   Wenn **mehrere Sachen** durch denselben Vertrag **teils zum Gebrauch, teils zum Fruchtgenuss** überlassen werden (zB eine Wohnung mit Nutzgarten), ist zunächst auf die Abreden der Parteien abzustellen, daneben aber auch der Schutzzweck des sozialen Mietrechts zu berücksichtigen. In erster Linie wird es deshalb darauf ankommen, welches Vertragsobjekt als die **Hauptsache** erscheint bzw welcher Vertragszweck der wesentliche, das ganze Rechtsgeschäft bestimmende ist.[44] Je nachdem ist allein Miet- oder Pachtrecht anzuwenden.[45]

---

33 S LG Berlin 1998, 165, 166; 2001, 1606; LG Hamburg WuM 1998, 491.
34 KG WuM 2006, 37 = ZMR 2006, 284.
35 OLG Hamm ZMR 1986, 11; KG GE 1995, 1205; OLG Stuttgart NZM 2008, 726; LG Berlin GE 1987, 195.
36 BGH LM Nr 106 zu § 535 BGB = NJW-RR 1986, 877; KG GE 2001, 1466; OLG Köln ZMR 2001, 963, 965.
37 LG/OLG München ZMR 2007, 119; LG Berlin GE 1987, 1217 = MDR 1988, 146.
38 LG Hamburg WuM 1988, 406; LG Frankfurt WuM 1992, 112; ZMR 1992, 542.
39 LG Berlin WuM 1989, 6.
40 OLG Schleswig WuM 1982, 266; OLG Stuttgart WuM 1986, 10; LG Frankfurt ZMR 1992, 542.
41 S BGHZ 19, 85, 93 = NJW 1956, 104.
42 Einzelheiten bei *Staudinger/Emmerich/Veit* (2005) Vorbem 22ff zu § 581.
43 BGH LM Nr 50 zu § 581 BGB = NJW-RR 1986, 1243; ZMR 1981, 306; OLG Hamm ZMR 1984, 199; OLG Düsseldorf ZMR 2009, 443; OLG Karlsruhe WuM 2012, 666, 667.
44 RGZ 108, 369; BGH LM Nr 5 zu SchuldRAnpG = NZM 1999, 312, 315 = ViZ 1999, 220.
45 OLG Köln WM 1987, 1308, 1309 = WuM 1987, 377; ZMR 2007, 114.

b) Von der **Leihe** (§ 598) unterscheidet sich die Miete allein durch ihre Entgeltlichkeit. **14** Jede **unentgeltliche Überlassung** von Sachen zum Gebrauch ist daher Leihe und nicht etwa Schenkung, da die Schenkung ein Veräußerungs-, kein Gebrauchsüberlassungsvertrag ist.[46] Selbst bei unentgeltlicher Einräumung eines lebenslänglichen Wohnrechts bedarf der Vertrag (als Leihe) folglich nicht der Schriftform des § 550 oder gar der Beurkundung nach § 516.[47] Dagegen ist, auch wenn die Miete unverhältnismäßig niedrig angesetzt wurde (sog **Gefälligkeitsmiete**), ein Mietvertrag anzunehmen, solange nur die Miete noch ernstlich als Entgelt gedacht ist. Stellt die Miete dagegen eine bloße „Anerkennungsgebühr" dar, so liegt Leihe vor.[48]

2. Verwahrung. Enge Berührungspunkte weist die Miete ferner mit der Verwahrung **15** (§§ 688ff BGB; §§ 467ff HGB) auf, da äußerlich auch bei der entgeltlichen Verwahrung die Überlassung eines Raums gegen Entgelt zum Gebrauch vorliegt. Die Interessenlage ist indessen bei der Verwahrung eine gänzlich andere als bei der Miete.[49] Denn während der Mieter die Miete dafür zahlt, dass ihm der Vermieter vorübergehend bestimmte Räume zum Gebrauch überlässt, zahlt der Hinterleger im Gegensatz dazu das Entgelt gerade dafür, dass der Verwahrer **in seinen Räumlichkeiten** bewegliche Sachen des Hinterlegers in **seine Obhut** nimmt.[50] **Miete** und nicht Verwahrung liegt danach vor, wenn Räumlichkeiten zu dem Zweck überlassen werden, darin Sachen unterzubringen, da der Vermieter hier keine Obhutspflichten über die Sachen des anderen Teils übernimmt.[51] Miete ist daher zB die Überlassung einer Pferdebox[52] oder von Park- oder Garagenplätzen,[53] während es sich bei den so genannten **Pferdeeinstellverträgen** um gemischte Verträge handeln dürfte, weil hier der Stallbetreiber auch Obhutspflichten übernimmt.[54]

3. Werkvertrag. Abgrenzungsprobleme zwischen einerseits Miete und andererseits **16** Dienst- oder Werkvertrag sind selten. Reine Miete sind insbesondere Verträge über die Ablagerung von Müll auf einer Müllkippe[55] oder die Überlassung einer Kiesgrube oder eines Steinbruchs zur Ablagerung von Abfällen[56] sowie ein so genannter Wartungsvertrag, wenn der Schwerpunkt des Vertrages auf den Nutzung eines Gegenstandes wie zB eines Kopiergerätes liegt.[57] Abgrenzungsfragen können sich lediglich bei Verträgen ergeben, die auf **Überlassung von Maschinen oder Fahrzeugen mit Bedienungspersonal** gerichtet sind. Ob solche Verträge (überwiegend) Mietverträge, Werkverträge oder gemischte Verträge, etwa mit dienstverschaffungsrechtlichen Elementen sind, hängt in erster Linie von den von den Parteien verfolgten **Zwecken** ab.[58] Beschränkt sich die Vertragspflicht des

---

46 BGHZ 82, 354, 356ff = NJW 1982, 820; BGHZ 137, 106, 109 = NJW 1992, 595; BGH LM Nr 5 zu § 598 BGB = NJW 1985, 1553; NJW 1992, 496; NJW-RR 2004, 1566; OLG Stuttgart NZM 2008, 838.
47 BGH LM Nr 5 zu § 598 BGB = NJW 1985, 1553; OLG Köln NZM 2000, 111 = NJW-RR 2000, 152.
48 BGH LM Nr 45 zu § 535 BGB = WM 1970, 853; OGHZ 2, 170 = NJW 1949, 623; OLG Dresden ZMR 2003, 250, 251; OLG Stuttgart NZM 2008, 838.
49 BGHZ 3, 200, 202 = NJW 1951, 957; LG Hamburg ZMR 1979, 246.
50 BGH (vorige Fn); BFHE 165, 428, 430; 166, 191 = NJW 1992, 2782; OLG Koblenz NJW-RR 1991, 1317 = BB 1991, 1963.
51 OLG Koblenz NJW-RR 1991, 1317 = BB 1991, 1963; BFHE 165, 428; 166, 191 = NJW 1992, 2782.
52 LG Hamburg ZMR 1979, 246.
53 BFHE 166, 191 = NJW 1992, 2782; AG Neuwied NJW-RR 1992, 204; AG Hannover ZMR 2009, 96, 97.
54 *Häublein* NJW 2009, 2982; str.
55 S BGHZ 63, 119, 123f = NJW 1975, 106.
56 BGHZ 86, 71, 75ff = NJW 1983, 679; OLG Karlsruhe BB 1988, 2130.
57 OLG Düsseldorf WM 2012, 1105 = NZM 2010, 865.
58 Staudinger Rn 37f; *Emmerich* JuS 2005, 70; *Hilgendorf* VersR 1972, 127.

Volker Emmerich

Überlassenden auf die Übergabe der Maschinen oder der Fahrzeuge sowie die Stellung des Bedienungspersonals, so ist grundsätzlich **Miete** mit untergeordneten Tätigkeitspflichten des Vermieters anzunehmen.[59] Dagegen liegt **Dienst- oder Werkvertrag** vor, wenn (ausnahmsweise) die von dem Bedienungspersonal (mittels der überlassenen Geräte) zu erbringenden Dienstleistungen oder der von ihnen herbeizuführende Erfolg für die Parteien im Vordergrund steht, insbesondere, wenn ein bestimmtes Werk geschuldet wird.[60] **Miete** sind daher **zB** Verträge über Baugeräte oder Zelte, selbst wenn der Vermieter als Nebenpflicht die Aufstellung der Geräte oder Zelte übernimmt,[61] die Überlassung eines Pferdefuhrwerks mit Kutscher für einen Betriebsausflug,[62] Verträge über die Benutzung der Geräte eines Fitness-Centers,[63] weiter die Überlassung einer großen EDV-Anlage mit Bedienung[64] sowie schließlich ein Vertrag zwischen einer Flughafengesellschaft und einem Flugzeughersteller über die Überlassung eines Flugzeugs mit Besatzung zwecks Durchführung von Roll- und Bremstests auf unterschiedlichen Belagen des Flughafens.[65]

17   **4. Wohnungsrecht**[66]. Durch die Bestellung dinglicher Rechte kann im Einzelfall wirtschaftlich dasselbe Ergebnis wie durch Abschluss eines Mietvertrages erreicht werden. In Betracht kommt hier namentlich neben der Bestellung eines Nießbrauchs die eines Wohnungsrechtes (§ 1093), zumal die Parteien in das Kausalgeschäft (idR Kauf) ohne Weiteres dieselben Abreden wie in einen Mietvertrag aufnehmen können.[67] Ob im Einzelfall die Bestellung eines Wohnungsrechts oder der Abschluss eines Mietvertrages gewollt ist, hängt vom Willen der Parteien ab. Unzulässig ist lediglich die so genannte Verdinglichung der Miete durch die zusätzliche Eintragung eines Wohnungsrechts.[68] Jedoch werden derartige Abreden, selbst wenn die Parteien von einer „Verdinglichung der Miete" sprechen sollten, in der Regel dahin auszulegen sein, dass sie sich über die Bestellung (nur) eines Wohnungsrechts geeinigt haben.[69] Außerdem können ein dingliches Wohnungsrecht und bloße Miete nebeneinander, aber unabhängig voneinander hinsichtlich derselben Räume vereinbart werden. Verbreitet ist vor allem die so genannte **Sicherungsdienstbarkeit**, die von den Parteien häufig gewählt wird, um die Position des Mieters, der dem Vermieter einen abwohnbaren Baukostenzuschuss gewährt hat, rechtlich abzusichern.[70] – Das Wohnungsrecht muss dem Berechtigten nach den §§ 1093, 1090 Abs 2 und 1019 einen **Vorteil** bieten, so dass das Recht **erlischt**, wenn seine Ausübung aus rechtlichen oder tatsächlichen Gründen dauernd **unmöglich** ist.[71] Diese Frage stellt sich vor allem, wenn der Berech-

---

59 BGH BGH LM Nr 40 zu § 535 BGB (Bl 2) = WM 1968, 620; WM 1985, 360, 361; NJW-RR 1996, 1203, 1204 = WM 1996, 1785; NJW-RR 2004, 1566 = ZMR 2004, 813; LG Hamburg NJW-RR 1997, 227, 228.
60 RGZ 82, 427, 429; RG LZ 1916, 235; JR 1926 Nr 11; BGH NJW-RR 1996, 1203, 1204 = WM 1996, 1785; NJW-RR 2004, 1566 = ZMR 2004, 813; OLG Hamburg MDR 1965, 491.
61 OLG Düsseldorf VersR 1974, 1113; OLG Hamm NJW-RR 1995, 525.
62 OLG Karlsruhe MDR 1988, 1056.
63 OLG Karlsruhe NJW-RR 1989, 243.
64 OLG Hamm NJW 1989, 2629.
65 BGH NJW-RR 2004, 1566 = ZMR 2004, 813 m Anm *Emmerich* JuS 2005, 70.
66 S dazu *Staudinger* Rn 39f; *Staudinger/Mayer* (2002) § 1093 Rn 9ff; *Haegele* Rechtspfleger, 1973, 349; *H Kroll* Das dingliche Wohnungsrecht im Verhältnis zum Mietrecht, 2004; *Roquette* NJW 1957, 525.
67 BGH LM Nr 22 zu § 1018 BGB = NJW 1974, 2123; LM Nr 11 zu § 154 BGB = NJW 1997, 2671; LM Nr 13 zu § 1093 BGB (Bl 3) = NJW-RR 1999, 376; WM 1965, 649, 651; OLG Köln WuM 1995, 590; OLG Oldenburg WuM 1995, 591; KG WuM 2006, 576; *Haegele* Rechtspfl 1973, 349.
68 OLG Hamm DNotZ 1957, 314ff; LG Wuppertal NJW 1961, 320f.
69 LG Wuppertal NJW 1961, 320.
70 LG Gießen NJWE-MietR 1996, 218 = WuM 1996, 478; BFHE 185, 379, 381ff = NJW 1998, 3143.
71 BGHZ 93, 142 = NJW 1985, 1025; BGH NJW 2007, 1884 Tz 13.

tigte in ein **Pflegeheim umziehen** muss.[72] Sie ist aber jedenfalls dann zu verneinen, wenn das Wohnungsrecht mit Erlaubnis des Eigentümers einem Dritten überlassen werden kann (§§ 1093, 1092 Abs 1 S 2).[73] – Die **Lasten** des Grundstücks muss, wenn die Parteien nichts anderes vereinbart haben, der Eigentümer tragen.[74] Trifft diese Pflicht dagegen den Berechtigten, insbesondere in Gestalt der Abwälzung der **Betriebskosten** auf ihn, so ist zu seinen Gunsten auch **§ 556 Abs 3** entsprechend anwendbar.[75] **Vorauszahlungen** auf die Betriebskosten schuldet der Berechtigten indessen nur, wenn das besonders vereinbart ist.[76] Fehlen Abreden über diesen Punkt, so ist nach dem BGH für den Regelfall, wohl im Wege der ergänzenden Vertragsauslegung, anzunehmen ist, dass der Wohnungsberechtigte auf jeden Fall die **verbrauchsabhängigen Kosten** wie Strom, Wasser und Heizung tragen muss,[77] ebenso aber auch die **anteiligen verbrauchsunabhängigen Kosten** der Unterhaltung der Anlagen.[78] Im Falle der Kollision des Wohnungsrechts mit dem Mietrecht eines Dritten gilt **§ 567**.

IV. Sonderformen

1. Automatenverträge. Verträge über Automaten können nicht einem einheitlichen **18** Vertragstypus zugeordnet werden. Das Spektrum reicht vielmehr von normalen Kaufverträgen über Mietkauf- und Mietverträge bis hin zu den eigenartigen Automatenaufstellverträgen. **Miete** ist zB anzunehmen, wenn ein Automatenhersteller einem Geschäftsinhaber entgeltlich auf Zeit Automaten überlässt, damit der letztere daraus *seine* (des Geschäftsinhabers) Waren verkaufen kann. Darin liegt zugleich der wesentliche Unterschied zu den **Automatenaufstellverträgen,** bei denen ein Gewerbetreibender, in der Regel ein Gastwirt, einem Automatenbesitzer das Recht einräumt, in seinem Betrieb einen oder mehrere Automaten aufzustellen und daraus Waren *des letzteren*, des Automatenaufstellers (und nicht solche des Wirts) zu verkaufen oder Musik- oder Vergnügungsleistungen zu erbringen.[79] Die Gegenleistung des Automatenaufstellers für die Gestattung der Aufstellung besteht gewöhnlich in einer Umsatzbeteiligung des Wirts.

Solche Verträge sind im Grunde **nicht geregelte Gestattungsverträge,**[80] auf die **19** immer nur von Fall zu Fall einzelne Vorschriften des Schuldrechts entsprechend angewandt werden können.[81] In dieselbe Richtung tendiert der **BGH**, der das Wesen der fraglichen Verträge in der Eingliederung der Automaten in den fremden gewerblichen Betrieb sieht, in dem sie aufgestellt sind.[82] Die Folge ist zB, dass für Automatenaufstellverträge – mangels Anwendbarkeit des § 550 – keine besonderen **Formerfordernisse** bestehe[83] und

---

72 S *Brückner* NJW 2008, 1111.
73 BGH NJW 2007, 1884 Tz 13; WuM 2009, 184 = NZM 2009, 904 Tz 8; NJW 2012, 3572 Tz 5 f; OLG Oldenburg ZMR 2008, 52; OLG Hamm NJW-RR 2008, 607.
74 KG WuM 2006, 576.
75 BGH NJW 2009, 3644 Tz 9, 13 ff.
76 LG Berlin GE 2010, 272.
77 BGHZ 191, 213, 215 Tz 5 = NJW 2012, 522
78 BGHZ 191, 213, 216 f Tz 7 ff
79 *v Olshausen/K Schmidt* Rn B 47ff.
80 *Roquette* § 535 Rn 166f.
81 *v Olshausen/K Schmidt* Rn B 48; *Raisch* BB 1965, 26.
82 BGHZ 47, 202, 203f = NJW 1967, 1414; BGHZ 51, 55, 56 = NJW 1969, 230; BGH NJW 2002, 3322, 3328 = NZM 2002, 924.
83 BGH (vorige Fn).

Volker Emmerich

dass der Automatenaufsteller den Besitz an den von ihm aufgestellten Automaten behält, so dass deren Entfernung durch den Gastwirt verbotene Eigenmacht darstellt.[84]

20   **2. Tankstellenverträge.** Bei den Tankstellenverträgen gibt es verschiedene Gestaltungsformen, die eine unterschiedliche rechtliche Qualifizierung erforderlich machen. Normale Grundstücksmiete liegt vor, wenn ein Grundstückseigentümer einer Mineralölgesellschaft ein Grundstück entgeltlich überlässt, damit die Gesellschaft auf diesem Grundstück selbst eine Tankstelle errichten und betreiben kann. Abgrenzungsprobleme entstehen hier erst, wenn die Mineralölgesellschaft die von ihr errichtete Tankstelle ihrerseits wieder dem Grundstückseigentümer oder einem Dritten zum Betrieb überlässt. Solche Verträge, häufig **Stationärsverträge** genannt, enthalten miet- und dienstvertragliche Elemente, wobei die dienstvertraglichen überwiegen, jedoch nicht in solchem Ausmaß, dass auf die Verträge ausschließlich Dienstvertragsrecht angewendet werden könnte; es handelt sich vielmehr um Geschäftsbesorgungsverträge, meistens **Handelsvertreterverträge, mit untergeordneten miet- oder pachtrechtlichen Elementen.**[85] Der BGH hat daraus den Schluss gezogen, dass für Stationärsverträge von Fall zu Fall auch die kurze Verjährungsfrist des § 548 entsprechend gelten kann.[86]

3. Beherbergungsverträge

Schrifttum

Ganschezian-Fink Rechtsverhältnis zwischen Gast und Gastwirt (1971); *Gitter* Gebrauchsüberlassungsverträge, §§ 7, 8 (S 175ff); *Mittelstein* Miete, 67ff; *Weimar* MDR 1963, 551; *ders* ZMR 1971, 202.

21   **a)** Die Beherbergungsverträge bieten kein einheitliches Bild. „Normaler" Mietvertrag mit anderstypischer untergeordneter Nebenleistung ist zunächst die Miete eines Raumes mit zusätzlichen Dienstleistungen des Vermieters wie zB Reinigung des Raums oder Bereitung des Frühstücks. Der **Hotelaufnahmevertrag** ist gleichfalls im Kern Raummiete, wenn auch häufig gemischt mit verschiedenen anderen Verträgen wie Kauf, Verwahrung, Dienst- und Werkvertrag. Für den Gast hat dies den Vorteil der Anwendbarkeit des § 536a.[87] Dasselbe gilt für **Pensionsverträge.**[88] Im Einzelfall kann der Vertrag auch reine Wohnraummiete sein, so etwa bei der Unterbringung von Asylanten in einem Hotel[89] oder bei der vorübergehenden Vermietung eines Hotelappartements an Wohnungssuchende.[90]

22   Der Hotelaufnahmevertag ist **zustande gekommen,** sobald der Gast telefonisch ein Zimmer reserviert hat.[91] Ein Anspruch auf Abschluss eines Hotelaufnahmevertrages besteht vorher nicht; der Hotelier ist insbesondere nicht gehindert, den Abschluss eines Vertrages mit Personen, die ihm aus irgendeinem Grunde nicht genehm sind, abzulehnen (so genanntes **Hausverbot).**[92] Sobald jedoch einmal ein Vertrag zu Stande gekommen

---

84   OLG Düsseldorf ZMR 1985, 91 = MDR 1985, 497.
85   BGHZ 52, 171, 175 = NJW 1969, 1662; BGHZ 83, 313, 316ff = NJW 1982, 1692; OLG Stuttgart NJW 1964, 2255; OLG Düsseldorf WM 1985, 727.
86   BGHZ 135, 152, 155ff = NJW 1997, 1983; s *Emmerich* Anm LM Nr 231 zu § 1004 BGB und JuS 1997, 941f.
87   RGZ 169, 84; BGHZ 63, 333, 336f = NJW 1975, 645; BGHZ 71, 175, 177 = NJW 1978, 1426; BGH LM Nr 10 zu § 537 BGB = NJW 1963, 1449; OLG Köln NZM 1998, 514.
88   BGHZ 71, 175, 177 = NJW 1978, 1426; OLG Kiel HRR 1941 Nr 588.
89   OLG Hamm ZMR 1995, 206.
90   LG Bonn NJW-RR 1990, 1294 = WuM 1990, 505.
91   OLG Braunschweig NJW 1976, 570; OLG Düsseldorf NJW-RR 1991, 1143; ZMR 1992, 532.
92   BGH NJW 2012, 1725 Tz 8, 19 ff. = NZM 2012, 397.

ist, ist auch der Hotelier daran gebunden und muss den Vertrag erfüllen.[93] Umstritten ist, unter welchen Voraussetzungen der Kunde nachträglich wieder zur **Stornierung** des Vertrags berechtigt ist.[94] Vorrang haben auf jeden Fall etwaige Abreden der Parteien.[95] Fehlen solche, so besteht nach überwiegender Meinung **kein generelles Stornierungsrecht** des Hotelgastes; vielmehr kann sich ein derartiges Recht immer nur im Einzelfall aus den Abreden der Parteien oder aus der Verkehrssitte ergeben. Andernfalls bleibt es bei der Anwendbarkeit des § 537, wenn der Hotelgast das Zimmer nicht in Anspruch nimmt.[96]

b) Bei Verträgen über die **Aufnahme von Patienten** in Sanatorien und **Kliniken** 23 stehen die Behandlung der Patienten und damit das dienstvertragliche Element ganz im Vordergrund, so dass es sich bei ihnen in erster Linie um Dienstverträge, wenn auch mit starken mietrechtlichen Elementen handelt.[97] Das gilt gleichermaßen für Kassen- wie für Privatpatienten.[98] **Internatsverträge** sind gleichfalls überwiegend Dienstverträge zugunsten der aufgenommenen Kinder. Für ihre Kündigung gelten mithin die §§ 626 und 628 und nicht etwa mietrechtliche Regeln.[99] IdR werden diese Verträge fest jedoch fest für die Dauer der Ausbildung der Kinder geschlossen.[100]

Als **Verträge über betreutes Wohnen** bezeichnet man Verträge über Plätze in Wohn- 23a heimen, bei denen der Betreiber des Heims für den Notfall zusätzlich Betreuungsleistungen vorhält. Solche Verträge sind je nachdem, worauf der Schwerpunkt liegt, **Miet- oder Dienstverträge**.[101] Sie müssen vor allem von den so genannten **Heimverträgen** unterschieden werden. Man versteht darunter Verträge über die Unterbringung insbesondere älterer und gebrechlicher Personen in Heimen. Diese Verträge hatten eine partielle gesetzliche Sonderregelung in dem **HeimG** in der Fassung von 2001 gefunden,[102] an dessen Stelle mit Wirkung vom 1. Oktober 2009 das **Wohn- und Betreuungsvertragsgesetz (WBVG)** vom 29.7.2009 getreten ist.[103] Die **Definition** des neuen Vertragstyps findet sich im Anschluss an die herkömmliche Definition der Heimverträge in § 1 des Gesetzes. Nach § 3 des Gesetzes treffen den Unternehmer vor Abschluss des Vertrages umfangreiche **Informationspflichten**. Der Vertrag bedarf der Schriftform (§ 6 aaO). Die **Leistungen** des Unternehmers entsprechen, soweit es um die Unterbringung der Verbraucher geht, denen eines Vermieters (§ 7 Abs 1 aaO)[104], auch die **Haftung** des Unternehmers bei Mängeln seiner Leistungen richtet sich nach mietrechtlichen Grundsätzen (§ 10 aaO). Bei Veräußerung des Wohnraums finden schließlich die **§§ 566 bis 567b** entsprechende Anwendung (§ 5 Abs 2 aaO).

---

93 BGH NJW 2012, 1725 Tz 10 ff. = NZM 2012, 397.
94 S *Nettesheim* BB 1986, 547; *Roth* öJBl 1991, 1.
95 OLG Köln NZM 1998, 514; OLG Frankfurt OLGR 1998, 169.
96 BGH LM Nr 18 zu § 346 (D) HGB = NJW 1977, 385; OLG Braunschweig NJW 1976, 570; OLG Düsseldorf NJW-RR 1991, 1143; OLG Frankfurt NJW-RR 1986, 1229 = WM 1986, 883.
97 RG JW 1938, 1246 Nr 12; BGHZ 2, 94, 96 = NJW 1951, 596; BGHZ 4, 138, 148ff = NJW 1952, 382; BGHZ 163, 42, 46f = NJW 2005, 2069, 2070 m Anm *Emmerich* JuS 2005, 942f.
98 BGHZ 175, 333, 338ff = NJW-RR 2008, 1426.
99 BGH LM Nr 129 zu § 823 (Dc) BGB = NJW 1980, 1744; LM Nr 27 zu § 626 BGB = NJW 1984, 2091; LM Nr 6 zu § 628 BGB = NJW 1984, 2093; LM Nr 2 zu § 620 BGB = NJW 1985, 2085; NJW 2008, 1064, 1065.
100 BGH NJW 2008, 1064, 1065.
101 BGH NJW 2005, 2008 = WuM 2005, 399; *Staudinger* Rn 53; *U Thier* NZM 2003, 264.
102 BGBl I, 2970.
103 BGBl 2009 I S 2317; s dazu *Drasdo* NJW 2010, 1174; *S Weber* NZM 2010, 337.
104 OLG Düsseldorf NJW-RR 2011, 1683.

Volker Emmerich

24   **4. Gemeinschaften.** Gemeinschaften können die gemeinsame Sache an ihre Mitglieder vermieten. Folglich kommt, wenn eine Sache aufgrund eines Beschlusses der Gemeinschaft einem der Mitglieder gegen Entgelt auf Zeit zum Gebrauch überlassen wird, ein **Mietvertrag** zwischen der Gemeinschaft und dem Mitglied zustande. Zugleich liegt dann eine **Vereinbarung** der Miteigentümer über die Benutzung des gemeinschaftlichen Gegenstandes im Sinne des § 745 Abs 1 vor, so dass von Fall zu Fall die Anwendung des Mietrechts durch die des vorrangigen Gemeinschaftsrechts verdrängt werden kann.[105] Lediglich dann, wenn einer der Miteigentümer die Sache unter Ausschluss der anderen **gebraucht, ohne** dass ein **Beschluss** der Gemeinschaft vorliegt, bestimmt sich das Rechtsverhältnis allein nach den §§ 741ff.[106] Bei der Vermietung an einen **Dritten** sind ebenfalls die **§§ 745, 749 und 754** zu beachten. Dies bedeutet, dass über den **Abschluss** und die **Kündigung** des Mietvertrags von den Miteigentümern **durch Stimmenmehrheit** entschieden werden kann, wodurch dann nach überwiegender Meinung zugleich die Befugnis der Mehrheit zur **Vertretung** der Minderheit begründet wird (§ 745 Abs 1).[107] Für die **Einziehung der Miete** gilt § 754 S 2, so dass jeder Teilhaber die gemeinschaftliche Einziehung verlangen kann.[108] Anwendbar ist außerdem **§ 432** mit der Folge, dass auch ein **einzelner Teilhaber** vom Mieter Leistung der ganzen Miete an die Gemeinschaft verlangen kann.[109] Ein einzelner Teilhaber ist außerdem befugt, den Duldungsanspruch der Vermieter aus § 555d allein gegen den Mieter zu verfolgen.[110]

25   **5. Genossenschaften.** Bei Genossenschaften kann die Überlassung der Wohnungen an die Mitglieder ihre Grundlage zwar in der Satzung finden und stellt dann ein gesellschaftsrechtliches Verhältnis dar; idR beruht sie jedoch auf dem **Abschluss eines Mietvertrages** zwischen der Gesellschaft und dem Mitglied.[111] In diesem Fall bestehen grundsätzlich **zwei selbstständige Rechtsverhältnisse** nebeneinander, die jeweils ihren eigenen Regeln folgen.[112] Deshalb kann in der Satzung einer Genossenschaft zB bestimmt werden, dass die Genossen bei Abschluss eines Mietvertrages verpflichtet sein sollen, zusätzliche Geschäftsanteile zu zeichnen; darin liegt keine Umgehung des § 551.[113] Wegen der Trennung und Unabhängigkeit der beiden Rechtsverhältnisse (Mitgliedschaft und Mietvertrag) ist die Genossenschaft nicht gehindert, von den Mitgliedern bei Abschluss des Mietvertrages zusätzlich eine **Kaution** zu verlangen.[114] Der Vertrag ist idR so lange **unkündbar**, wie der Mieter Mitglied der Genossenschaft ist.[115] **Endet die Mitgliedschaft**, so hat dies nur dann die Beendigung der Nutzung zur Folge, wenn es ausdrücklich vereinbart ist und das Nutzungsverhältnis außerdem allein gesellschaftsrechtlich bestimmt ist (§ 158 Abs 2). Wird dagegen wie in der Regel zusätzlich ein Mietvertrag zwischen der Genossenschaft und dem

---

105 BGH LM Nr 23 zu § 557 BGB = NJW 1998, 372; LM Nr 15 zu § 432 BGB = NZM 2001, 45; NZM 2010, 741; 2010, 898; OLG Hamburg NJW-RR 2002, 1165.

106 BGH LM Nr 2 zu § 745 BGB = NJW 1953, 1427; LM Nr 3/4 zu § 743 BGB = NJW 1966, 1707.

107 BGHZ 56, 47, 49ff = NJW 1971, 1265; BGH LM Nr 1 zu § 2038 BGB = RdL 1951, 87; NZM 2010, 741 = ZIP 2010, 1690 Tz 3, 9; NJW 2011, 61, 63 Tz 20 = NZG 2010, 1421.

108 BGH LM Nr 15 zu § 432 BGB = NZM 2001, 45, 46.

109 BGH LM Nr 15 zu § 432 BGB = NZM 2001, 45, 46; LM Nr 1 zu § 743 BGB = NJW 1958, 1723; LM Nr 46 zu § 387 = BGB NJW 1969, 839; NJW 2005, 3781, 3782 = NZM 2005, 941.

110 BGH NZM 2011, 849 Tz 18ff = WuM 2011, 676.

111 BGH NJW-RR 2004, 12; 2006, 1383; GE 2012, 889 Tz 10; OLG Hamburg WuM 1990, 542, 543 = ZMR 1991, 28; BayObLG NZM 1998, 369 = WuM 1998, 274 = ZMR 1998, 415.

112 Staudinger Rn 57; *Feßler/Roth* WuM 2010, 67; *Feßler/Kegel* WuM 2007, 693; *Roth* NZM 2008, 356; str.

113 LG Regensburg ZMR 2010, 368 = NZM 2010, 360; *Feßler/Kegel* WuM 2007, 693; *St Roth* NZW 2008, 356.

114 AG Kiel NZM 2012, 610 = ZMR 2010, 201; *Drasdo* NZM 2012, 585, 588f).

115 OLG Karlsruhe OLGZ 1985, 106 = WuM 1985, 77.

Mitglied abgeschlossen, so kann sich die Genossenschaft gegenüber ihrem Mitglied nicht auf eine entsprechende Vereinbarung berufen (§ 572 Abs 2); in Betracht kommt vielmehr allein eine Kündigung nach den §§ 573ff, wobei jedoch die bloße Beendigung der Mitgliedschaft grundsätzlich noch *kein berechtigtes Interesse* der Genossenschaft an der Beendigung des Mietverhältnisses mit ihrem früheren Mitglied im Sinne des § 573 Abs 1 S 1 begründet; hinzu kommen muss vielmehr noch, dass die Genossenschaft die Wohnung für andere Mitglieder benötigt.[116] In der **Insolvenz** des Mitglieds und Mieters findet § 109 Abs 1 S 2 InsO keine Anwendung; der Insolvenzverwalter kann vielmehr selbst die Mitgliedschaft nach § 66 GenG kündigen.[117] Die Mieter haben einen Anspruch auf **Gleichbehandlung**. Das ist besonders wichtig hinsichtlich der Vertragsgestaltung und der **Miethöhe**. Insoweit kommt daher eine **unterschiedliche Behandlung** der Mieter und Genossen nur in Betracht, wenn dafür ein sachlicher Grund vorliegt.[118] Jedoch muss die Genossenschaft nicht jede von der Marktlage erzwungene **Mietsenkung** bei Neuabschlüssen auch den alten Mietern einräumen,[119] während besonders niedrige Mieten nach § 313 angepasst werden können, insbesondere bei Wegfall der früheren Steuervergünstigung nach dem WGG.[120]

6. Sonstiges. Bei Besuchen von **Restaurants** tritt das Mietvertragselement meistens **26** gegenüber dem Kauf- oder Werkvertragselement ganz in den Hintergrund.[121] Verträge über die Benutzung von **Vergnügungseinrichtungen** wie Schiffschaukeln, Kegelbahnen oder Autoscootern sind dagegen in erster Linie Miete, so dass die Benutzer den Schutz des § 536a genießen.[122] Ebenso zu beurteilen sind Verträge über die Benutzung fremder Anschlussgleise oder Verträge, durch die der Grundstückseigentümer einem Dritten das Campieren auf seinem Grundstück erlaubt.[123] Mietvertrag ist schließlich auch ein Vertrag über die Bereitstellung eines Gerüstes.[124] Dagegen handelt es sich bei Verträgen von **Theatern** und vergleichbaren Einrichtungen mit den Besuchern in erster Linie um Werkverträge, freilich mit starken mietrechtlichen Einschlägen.[125] Miete und nicht Verwahrung sind schließlich noch die Tresor- oder **Schrankfachverträge**, weil die Bank dadurch ihren Kunden in erster Linie den Gebrauch einer (beweglichen) Sache gewährt.[126]

V. Verschulden bei Vertragsverhandlungen

Nach § 311 Abs 2 iVm § 241 Abs 2 trifft den **Vermieter** grundsätzlich eine **Aufklärungs-** **27** **pflicht** gegenüber dem Mieter hinsichtlich derjenigen Eigenschaften und Rechtsverhältnisse mit Bezug auf die Mietsache, die, für den Vermieter erkennbar, von besonderer Bedeutung für den Mieter sind.[127] Jedoch enthalten nach Meinung der Rechtsprechung

---

116 BGH NJW-RR 2004, 12 = NZM 2004, 25; s *Staudinger* Rn 58.
117 BGHZ 180, 185 = NZM 2009, 474; BGH NZM 2010, 359; *Keßler/Herzberg* NZM 2009, 474.
118 BGH NZM 2010, 121 Tz 12 = WuM 2009, 744 = NJW-RR 2010, 226.
119 LG Berlin NZM 2002, 289; GE 2003, 810.
120 BGH NJW-RR 2006, 1383 = NZM 2006, 693; WuM 2010, 430 Tz 6.
121 AG Burgwedel NJW 1986, 2647.
122 BGH LM Nr 5 zu § 538 BGB = NJW 1962, 908; LM Nr 19 zu § 537 BGB = MDR 1972, 411; OLG Köln NJW 1964, 2020; *Trenck-Hinterberger* JuS 1975, 501.
123 OLG Koblenz NJW 1966, 2017.
124 OLG Düsseldorf VersR 1974, 113.
125 AG Hannover NJW 1981, 1219.
126 RGZ 141, 99; OLG Oldenburg NJW 1977, 1780; OLG Koblenz NJW-RR 1997, 331 = WM 1997, 470; OLG Karlsruhe WM 2012, 1529.
127 BGH LM § 276 (Fb) BGB Nr 22 = WM 1980, 1365; LM Nr 51 zu § 537 BGB = NJW 2000, 1714, 1718; NZM 2004, 619 = ZMR 2004, 653; NJW-RR 2007, 298; 2009, 1101 Tz 12; *Emmerich* NJW 2011, 2121.

die §§ 536ff, soweit es um **Mängel** der Mietsache geht, eine die cic ausschließende **Sonderregelung**,[128] solange der Vermieter nicht geradezu vorsätzlich gehandelt hat.[129] Das soll sogar für die Vorschriften über die Rechtsmängelhaftung gelten.[130] Dem ist jedoch nicht zu folgen, weil mit den §§ 536ff keine von dem allgemeinen Leistungsstörungsrecht abweichende Regelung bezweckt war.[131] – Für den **Mieter** können sich gleichfalls bei Vertragsabschluss Aufklärungspflichten aus cic ergeben, insbesondere, wenn mit Rücksicht auf seine Arbeitslosigkeit oder ein Insolvenzverfahren abzusehen ist, dass er unter keinen Umständen in der Lage sein wird, jemals die Miete aufzubringen.[132]

28   Der **Vermieter** muss den Mieter zB unterrichten, wenn die Zwangsversteigerung oder Zwangsverwaltung des Grundstücks angeordnet ist,[133] wenn eine Straßensperrung bevorsteht, so dass der Publikumsverkehr zurückgehen wird,[134] oder wenn die vermietete Wohnung der Preisbindung aufgrund des WoBindG unterliegt, so dass dem „besserverdienenden" Mieter eine Fehlbelegungsabgabe droht.[135] Der Vermieter haftet ferner aus cic, wenn er bei dem Mieter den Eindruck eines langfristigen Mietverhältnisses erweckt, anschließend aber sofort das Haus verkauft, so dass der Erwerber wegen Eigenbedarfs kündigen kann.[136] Dagegen begründet nach Meinung des BGH entgegen einer verbreiteten Meinung die **viel zu niedrige Festsetzung** der **Betriebskostenvorauszahlungen** grundsätzlich, dh wenn keine besonderen Umstände vorliegen, keinen Vertrauenstatbestand für den Mieter, so dass der Vermieter später nicht an Nachforderungen in beliebiger Höhe gehindert ist; anders soll es sich nur verhalten, wenn er den Mieter geradezu vorsätzlich über die auf ihn vermutlich zukommende Belastung getäuscht hat.[137] Unrichtige Angaben über die bisher in den fraglichen Räumen erzielten **Umsätze oder Erträge** früherer Mieter bei der gewerblichen Miete können nach hM ebenfalls durchaus eine Haftung des Vermieters aus cic nach sich ziehen.[138] Dasselbe gilt für unzutreffende Angaben des Betreibers eines Einkaufszentrums über den schon erreichten Vermietungsstand bei Verhandlungen mit weiteren Mietern.[139] Den Mieter treffen im Ausgangspunkt dieselben Aufklärungspflichten wie den Vermieter, etwa hinsichtlich seiner Solvenz oder hinsichtlich der von ihm in Wirklichkeit beabsichtigten Nutzung der gemieteten Räume, dies vor allem dann, wenn es dem Vermieter entscheidend auf diese Punkte ankommt und der Mieter das erkennen kann. Vorrangig ist aber auch hier in jedem Fall die Prüfung, ob sich für den Mieter nicht bereits aus **Ingerenz** eine Aufklärungspflicht ergibt, weil er bei dem Vermieter durch sein ganzes Verhalten einen Irrtum erregt, zB hinsichtlich seiner Zahlungsfähigkeit, so dass er diesen Irrtum des Vermieters noch vor Abschluss des Vertrages korrigieren muss, widrigenfalls er aus c.i.c. haftet (§§ 241 Abs. 2, 242 und 311 Abs. 2).

---

128 BGHZ 136, 102, 106f = NJW 1997, 2813; BGH (vorige Fn); NZM 2004, 618 = NJW-RR 2004, 1236; LM Nr 26 zu § 537 BGB = NJW 1980, 777; NJW 2006, 2618; NJW 2008, 2771 Tz 21 = NZM 2008, 644.
129 BGH LM Nr 145 zu § 459 BGB = NJW 2002, 208, 210f.
130 BGH NJW 2008, 2771 Tz 21 = NZM 2008, 644.
131 S *Staudinger* Rn 62; MünchKomm/*Emmerich* § 311 Rn 140ff; *Emmerich* NZM 2002, 362, 363.
132 AG/LG Gießen ZMR 2001, 894; LG Bonn NJW-RR 2006, 381 = NZM 2006, 177.
133 OLG Hamburg BB 1988, 1842; OLG Hamm NJW-RR 1988, 784 = MDR 1988, 585.
134 LG Berlin GE 1996, 1303.
135 AG Osnabrück WuM 1995, 309.
136 BGH WuM 2010, 512; 2010, 575; OLG Hamm WuM 1981, 102 = OLGZ 1980, 26.
137 BGHZ 183, 299 = NJW 2010, 671 Tz 14; BGH NJW 2004, 1102 = NZM 2004, 251; NZM 2004, 619 = ZMR 2004, 653; NZM 2012, 83 Tz 14; OLG Düsseldorf GE 2012, 827.
138 BGH LM Nr 145 zu § 459 BGB = NJW 2002, 208, 210f; OLG München ZMR 2001, 708.
139 BGH LM Nr 51 zu § 537 BGB = NJW 2000, 1714, 1718.

VI. Abschluss des Mietvertrages

1. Einigung der Parteien. Der Mietvertrag ist erst zustande gekommen, sobald sich **29** die Parteien über sämtliche Punkte geeinigt haben, über die nach dem Willen einer Partei eine Einigung herbeigeführt werden soll (§ 154). Dafür genügt grundsätzlich die **Einigung über die essentialia des Geschäfts**, dh über Gegenstand und Dauer des Vertrags sowie über die Miete.[140] Anwendbar sind außerdem sowohl auf den Abschluss eines Mietvertrages als auch auf eine Vertragsänderung die **§§ 312 und 312a über Haustürgeschäft**[141] **sowie das AGG.**[142] Der Abschluss eines Mietvertrages ist ferner – entgegen § 154 Abs 1 – für den Regelfall anzunehmen, wenn bei den Verhandlungen zwar einzelne Punkte offen geblieben sind, die Parteien aber gleichwohl den Vertrag als wirksam behandeln und durchführen; die **Vertragslücke** ist dann im Wege der ergänzenden Vertragsauslegung zu schließen.[143] Haben sich die Parteien nur darauf geeinigt, dass ein Gegenstand entgeltlich vorübergehend zum Gebrauch überlassen werden soll, während eine Abrede über die **Höhe der Miete** nicht getroffen wurde, so ist es folglich in erster Linie eine Frage der Auslegung, notfalls der ergänzenden Vertragsauslegung, welche Miete gelten soll. Führt diese Auslegung nicht weiter, so ist entsprechend den §§ 612 Abs 2 und 632 Abs 2 anzunehmen, dass die ortsübliche oder angemessene Miete als vereinbart gilt.[144] Ein **konkludenter Abschluss** des Mietvertrages ist ebenso wie eine konkludente **Änderung oder Verlängerung** des Vertrages gleichfalls jederzeit möglich, wobei die Gerichte häufig im Interesse der *vertraglichen* Regelung der Beziehungen der Beteiligten sehr großzügig verfahren.[145] Ein konkludenter Abschluss ist insbesondere anzunehmen, wenn ein Gegenstand zum Gebrauch unter Umständen überlassen wird, die die Annahme der Unentgeltlichkeit des Geschäfts ausschließen.[146]

Wenn der Mieter **vorzeitig einzieht**, hängt es von den Umständen ab, wie die **30** dadurch entstehenden Rechtsbeziehungen zu beurteilen sind (§§ 133, 157, 242). Gestattet der Vermieter dem Mieter den vorzeitigen Einzug, so kann die Auslegung durchaus ergeben, dass der Mieter für den fraglichen Zeitraum bis zum Inkrafttreten des Vertrags nicht zur Zahlung einer Miete verpflichtet sein soll, gleichwohl aber schon alle Rechte aus dem Vertrag haben soll.[147] Ebenso vorstellbar ist aber auch der **Abschluss eines konkludenten Mietvertrages** für die Zwischenzeit, etwa, wenn der Mieter im Falle des Abschlusses eines aufschiebend bedingten Mietvertrages noch vor Eintritt der Bedingung in die Wohnung einzieht[148] oder wenn der Käufer von Räumen bereits vor Vertragsabschluss die Räume übernimmt.[149] Anders hingegen, wenn eine Partei ausdrücklich erklärt, die Überlassung erfolge nur vorläufig bis zum endgültigen Abschluss des Mietvertrages.[150]

---

140 BGHZ 55, 248, 249 = NJW 1971, 653; BGH NZM 2005, 704; KG NZM 2005, 537 = WuM 2005, 336.
141 OLG Koblenz WuM 1994, 259; LG Berlin ZMR 2002, 52.
142 S dazu u die Kommentierung nach § 580a.
143 BGH NZM 2005, 704, 705.
144 BGHZ 94, 98, 111 = NJW 1985, 1895; BGH LM Nr 11 zu § 154 BGB = NJW 1997, 2671; NJW-RR 1992, 517 = WuM 1992, 312; NZM 2003, 314, 315 = NJW 2003, 1317; KG ZMR 2009, 605, 606.
145 BGH NJW 2009, 433 = NZM 2008, 931; KG NZM 2008, 837; OLG Karlsruhe WuM 2012, 666; *Artz* ZMR 2006, 165; kritisch *Sternel*, in: FS Blank, 2006, S 421.
146 *Artz* NZM 2005, 367 = WuM 2005, 215; *Eisele* WuM 1997, 533; ebenso wohl BGH NJW 2003, 1317 = NZM 2003, 314.
147 KG JW 1937, 3029; DR 1940, 395 Nr 6; *Weimar* WuM 1971, 180.
148 OLG Hamburg WuM 2003, 84 = ZMR 2003, 179; LG Mannheim WuM 1996, 292.
149 OLG Köln NZM 1999, 710.
150 OLG Königsberg HRR 1941 Nr 19; 1942 Nr 625.

31   **2. Anfechtung.** 1. Mietverträge können ebenso wie anderen Verträge nach den §§ 119 bis 123 angefochten werden. **Mehrere Mieter** können das Anfechtungsrecht nur gemeinsam ausüben.[151] Die **Wirkungen** der Anfechtung richten sich nach den §§ 142 und 812ff. Unstreitig ist das freilich nur für die Zeit **vor Übergabe** des Mietobjekts,[152] während für die **Folgezeit** eine verbreitete Meinung in unterschiedlichem Umfang für die Ersetzung des Anfechtungsrechts des Mieters aus den §§ 119 Abs 2 und 123 Abs 1 durch die Gewährleistungsregeln (§§ 536ff) und die Kündigung aus wichtigem Grunde (§ 543) eintritt.[153] Dieser Meinung ist nicht zu folgen (s u § 542 Rn 82ff). Für eine Einschränkung der §§ 142 und 812ff besteht auch in der Sache kein Anlass.[154] Die Abwicklung des Vertrages richtet sich dann folgerichtig nach den **§§ 812ff**, wobei gegebenenfalls die Saldotheorie zu beachten ist.[155]

32   Der **Mieter** kann den Mietvertrag nach **§ 119 Abs 2** insbesondere anfechten, wenn er sich über eine verkehrswesentliche Eigenschaft des Vermieters oder der Mietsache geirrt hat.[156] Eine Anfechtung des **Vermieters** nach § 119 Abs 2 wird dagegen bei falschen Vorstellungen über die Zahlungsfähigkeit oder die Einkommensverhältnisse des Mieters in Betracht kommen.[157] Jede Partei kann den Vertrag ferner im Falle einer **arglistigen Täuschung** durch den anderen Teil nach § 123 Abs 1 anfechten, wobei im wesentlichen drei Fälle zu unterscheiden sind, nämlich 1. die vorsätzliche Täuschung über für den Vertrag wesentliche Punkte durch den anderen Teil, 2. die unrichtige Beantwortung zulässiger Fragen durch den anderen Teil sowie 3. die Verletzung einer Aufklärungspflicht durch den anderen Teil im Wege des Verschweigens wesentlicher Umstände.[158] Zulässig sind insbesondere Fragen nach dem Familienstand oder den Einkommensverhältnissen des Mieters.[159] Außerdem trifft den Mieter (ausnahmsweise), wie bereits ausgeführt (s o Rn 27), eine **Aufklärungspflicht** hinsichtlich seiner Einkommensverhältnisse, wenn von vornherein feststeht, dass er die Miete unter keinen Umständen selbst aufbringen können wird,[160] oder hinsichtlich der Art des von ihm in den gemieteten Räumen beabsichtigten Geschäftsbetriebes, wenn diese nach den Umständen offenbar für den Vermieter von entscheidender Bedeutung ist, etwa, weil mit heftigen Reaktionen der Öffentlichkeit auf das geplante Geschäft zu rechnen ist, so dass eine problemlose Durchführung des Vertrags nicht mehr gewährleistet ist.[161]

VII. Mehrheit von Vermietern

33   Mehrere Vermieter können in einer Bruchteils- oder Gesamthandsgemeinschaft stehen. Die **§§ 741ff** sind nur anzuwenden, wenn die Vermieter nicht eine Gesellschaft

151 LG Berlin ZMR 1992, 450; *Emmerich* PiG Bd 55 (1998) 39, 47 = NZM 1998, 692.
152 LG Trier MDR 1990, 342; LG Köln ZMR 1984, 278 = WuM 1984, 297.
153 KG GE 2001, 1131; LG Wiesbaden WuM 2004, 399; *Brox/Elsing* JuS 1976, 1, 6; *Hassold* JuS 1975, 550, 552f; *Horst* DWW 2002, 6, 17; *Köhler* JuS 1979, 647, 651; *Paschke* Dauerschuldverhältnis, 257ff.
154 RGZ 102, 225, 226; 157, 173, 174; BGHZ 178, 16, 27ff Tz 33ff = NJW 2009, 1266; BGH GE 2010, 1416 Tz 38 = NZM 2010, 786; *Emmerich* PiG Bd 55 (1998) 39, 49ff = NZM 1998, 692.
155 BGHZ 178, 16, 30f Tz 48ff = NJW 2009, 1266; *M Schmid* WuM 2009, 155.
156 *Dötsch* NZM 2011, 457; *Emmerich* PiG Bd 55 (1998) 39, 51 = NZM 1998, 692.
157 *Bub/Treier* Hdb, Rn II 666ff; *Mittelstein* Miete, 198ff.
158 S Staudinger Rn 71; *N Fischer* ZMR 2007, 157, 164 ff.
159 LG Landau WuM 1986, 133 = ZMR 1985, 127; LG Mannheim ZMR 1990, 303; *Emmerich* PiG Bd 55 (1998) 39, 52f = NZM 1998, 692.
160 LG Bonn NJW-RR 2006, 381 = NZM 2006, 177; AG/LG Gießen ZMR 2001, 894.
161 BGH NJW 2010, 3362 = NZM 2010, 786; NZM 2010, 788 „Thor Steinar I und II"; s dazu *Emmerich* NJW 2011, 2321 mN.

bilden.[162] Bei der Verwaltung der gemeinsam vermieteten Sache sind in diesen Fällen die **§§ 745, 749 und 754** zu beachten. Dies bedeutet, dass über den Abschluss und die Kündigung des Mietvertrags von den **Miteigentümern** durch Stimmenmehrheit entschieden werden kann, wodurch zugleich die Befugnis der Mehrheit zur Vertretung der Minderheit begründet wird.[163] Ebenso wird die Rechtslage in der Regel bei **Miterbengemeinschaften** beurteilt.[164]

Für die **Einziehung der Miete** gilt § 754 S 2, so dass jeder Teilhaber die gemeinschaft- 34 liche Einziehung verlangen kann.[165] Anwendbar ist außerdem **§ 432** mit der Folge, dass ein einzelner Teilhaber vom Mieter zwar nicht die Zahlung desjenigen Teiles der Miete an sich fordern kann, der seinem Anteil entspricht, wohl aber die Leistung der ganzen Miete an die Gemeinschaft.[166] Umstritten ist die Rechtslage hinsichtlich der **Kündigung**. Überwiegende Gründe sprechen dafür, im Interesse des Mieters nur eine Kündigung **durch die Vermieter gemeinsam** zuzulassen.[167] Hinsichtlich der **Vermieterpflichten** sind die Vermieter Gesamtschuldner.[168] Eine **Kündigung des Mieters** muss allen Vermietern gegenüber erklärt werden und daher allen zugehen; andernfalls ist sie unwirksam.[169]

VIII. Mehrheit von Mietern

Eine Mehrheit von Mietern kann in unterschiedlichen Rechtsbeziehungen zueinander 35 stehen. In Betracht kommen vor allem **familienrechtliche** und gesellschaftsrechtliche Gestaltungen, ersteres naturgemäß insbesondere bei Eheleuten sowie bei Lebenspartnern nach dem Gesetz von 2001.[170] In der Mehrzahl der verbleibenden Fälle dürften die Mitmieter dagegen im Innenverhältnis eine **Gesellschaft** bilden (u Rn 36ff).[171] Gleichsam auf der Grenze zwischen diesen beiden Gestaltungen stehen die nichtehelichen Lebensgemeinschaften (u Rn 44f; zu Wohngemeinschaften s u § 540 Rn 29f).

1. Gesellschaft. Keine Besonderheiten gelten zunächst, wenn die Gesellschaft der 36 Mieter eine **Außengesellschaft** darstellt, weil dann allein diese Mieterin wird (§ 124 Abs 1 HGB).[172] Anders dagegen, wenn die Mieter wie in der Regel lediglich eine **Innengesellschaft** bilden. In diesem Fall stellt das Mietverhältnis grundsätzlich eine **Einheit** dar, so dass es von den Parteien **nur einheitlich gekündigt** werden kann. Eine **Kündigung des Vermieters** nur gegenüber einem von mehreren Mietern scheidet grundsätzlich aus.[173] Durch Formularvertrag können sich die Mieter bei der Wohnraummiete auch nicht gegenseitig bevollmächtigen, eine Kündigung entgegenzunehmen oder auszusprechen.[174]

---

162 BGH WM 1983, 604; *Flume* ZHR 136 (1972), 177, 203f.
163 BGHZ 56, 47, 49ff = NJW 1971, 1265; BGH ZIP 2010, 1691 = NZG 2010, 938; OLG Düsseldorf ZMR 1998, 25, 27; OLG Hamburg NZG 1999, 1211, 1213; NZM 2002, 521, 522; str.
164 BGH NJW 2010, 765 Tz 26ff = NZM 2010, 161.
165 BGH LM Nr 15 zu § 432 BGB = NZM 2001, 45, 46.
166 BGH (vorige Fn); NJW 2005, 3781, 3782 = NZM 2005, 941.
167 OLG Celle NJW-RR 1994, 854 = ZMR 1994, 218; WuM 1996, 226; LG Heidelberg NJW-RR 2001, 155.
168 RGZ 89, 176; BGH LM Nr 4 zu § 425 BGB = WM 1961, 65.
169 BGH NJW 2005, 1715 = WuM 2005, 341.
170 BGBl I, 266.
171 BGHZ 136, 314, 323f = NJW 1997, 3437.
172 *Jacoby* NZM 2008, 111, 112f; *Streyl* NZM 2011, 377.
173 S u § 542 Rn 3ff; BGHZ 26, 102, 103ff = NJW 1958, 421; BGHZ 136, 314, 323ff = NJW 1997, 3437; BGHZ 144, 370, 379 = NJW 2000, 3133, 3135; BGH NJW 2005, 1715 = WuM 2005, 341; NZM 2010, 577 Tz 7; *Streyl* NZM 2011, 377; einschränkend *Eckert* in Gedschr Sonnenschein, 313, 325ff.
174 KG GE 2004, 753.

Volker Emmerich

Davon zu trennen ist die Frage, ob sich die Mieter einen **Kündigungsgrund**, der nur in der Person eines von ihnen vorliegt, **zurechnen** lassen müssen, so dass dann allen gegenüber die (nur einheitlich mögliche) Kündigung zulässig ist (s Rn 38). Diese Frage lässt sich nicht einheitlich beantworten; vielmehr kommt es auf die Auslegung des Vertrages sowie der jeweiligen Kündigungsvorschrift an. Im Zweifel ist die Frage jedoch zu verneinen.[175] Gesamtwirkung hat insbesondere die **Insolvenz** eines der Mieter, so dass der Verwalter nach § 109 Abs. 1 InsO das Mietverhältnis einheitlich kündigen kann.[176]

37   Die **Mieter** können gleichfalls grundsätzlich **nur gemeinsam kündigen**. Die Kündigung eines Mieters allein ist unwirksam.[177] Können sich die Mieter nicht über die Kündigung des Mietvertrages einigen, so bleibt dem kündigungswilligen Mieter idR nichts anderes übrig, als die Gesellschaft zu kündigen und auf **Auseinandersetzung** der Gesellschaft zu klagen.[178] Mangels abweichender Abreden der Parteien sind hierfür die **§§ 730ff** maßgebend.[179] Daraus soll sich nach überwiegender Meinung ein **Anspruch des kündigungswilligen Mieters gegen die anderen** ergeben, an der Kündigung des ganzen Mietvertrages mitzuwirken, wenn dem nicht ausnahmsweise berechtigte Interessen der anderen Mieter entgegenstehen.[180] Einigt sich der Vermieter allein mit dem kündigungs- und auszugwilligen Mieter über die Vertragsbeendigung, während die anderen in den Räumen verbleiben, so können sich die Letzteren nach Treu und Glauben nicht auf ihre fehlende Zustimmung zu der Kündigung berufen, sondern müssen sich so behandeln lassen, als hätten sie der Kündigung zugestimmt.[181] Für **Aufhebungsverträge** dürften dieselben Regeln gelten.[182] Der bloße **Auszug** eines der Mieter aus den gemeinsam gemieteten Räumen allein beendet dagegen den Vertrag mit ihm noch nicht.[183]

38   Hinsichtlich der **Mieterpflichten** sind die Mitmieter **Gesamtschuldner**, so dass der Vermieter nach seinem Belieben jeden Mieter auf Zahlung der Miete oder der Betriebskosten in Anspruch nehmen kann (§§ 421 und 427)[184] und **Vertragsverletzungen** grundsätzlich nur für und gegen denjenigen Mitmieter wirken, der sie begangen hat (**§ 425**).[185] Jedoch kann sich aus den Umständen etwas anderes ergeben.[186] Dies kommt insbesondere in Betracht, wenn die Ursache von Schäden an der Mietsache in der Sphäre der Mieter liegt und der Vermieter deshalb außerstande ist, diesen Schaden einem bestimmten Mieter zuzuordnen.[187] Auch hinsichtlich der **Rückgabe** der Mietsache wird häufig von einem konkludenten Ausschluss des § 425 ausgegangen, so dass dann jeder Mieter für eine schuld-

---

175   RGZ 90, 328, 331; 138, 183, 186; 141, 391, 393; BGHZ 26, 102, 104ff = NJW 1958, 421; OLG Düsseldorf NJW-RR 1987, 1369, 1370 = ZMR 1987, 422; *Eckert* aaO 313ff; anders LG Berlin GE 1995, 943; LG Darmstadt NJW 1983, 52.
176   BGH WM 2013, 809; OLG Hamburg NZM 2012, 684 mN.
177   OLG Celle ZMR 2002, 187; OLG Naumburg NJW-RR 2002, 298; *Eckert* in Gedschr Sonnenschein (2003) 313, 319ff.
178   LG Berlin NJW-RR 1999, 1387 = NZM 1999, 998; GE 2001, 929; *Eckert* in Gedschr Sonnenschein (2003) 313, 322ff.
179   LG Berlin GE 2001, 929.
180   BGH NJW 2004, 1797 = NZM 2004, 419; NJW 2005, 1715 = WuM 2005, 341.
181   BGH (vorige Fn).
182   S u § 542 Rn 4, 70ff; *Staudinger* Rn 79 m Nachw.
183   LG Berlin NJW-RR 1999, 1387 = NZM 1999, 998; s *Eckert* in Gedschr Sonnenschein (2003) 313, 322ff; *Sonnenschein* PiG Bd 57 (1999) 209 = NZM 1999, 977.
184   BGH NZM 2010, 577 Tz 7ff ; WM 2013, 809 Tz 22.
185   LG Berlin NZM 2003, 311.
186   Rn 36; OLG Celle MDR 1998, 1896, 1897; OLG Düsseldorf ZMR 2003, 96, 97; LG Berlin NJW-RR 2002, 1452; GE 2004, 236.
187   OLG Celle MDR 1998, 1896, 1897; LG Berlin NJW-RR 2002, 1452; GE 2004, 236.

hafte Verletzung der Rückgabepflicht durch einen anderen Mitmieter haften muss.[188] An dieser Rechtslage ändert grundsätzlich auch der **Auszug** eines der Mitmieter nichts, da die Rückgabepflicht des Mieters nach § 546 nicht von dem fortbestehenden Besitz des Mieters abhängt.[189] Der ausgezogene Mieter muss deshalb auf den in den Räumen verbleibenden Mieter rechtlich und tatsächlich einwirken, um ihn dazu zu bewegen, ebenfalls seiner Rückgabepflicht nachzukommen. Diese Pflicht endet erst, wenn der Vermieter mit dem wohnenbleibenden Mieter einen neuen Vertrag abgeschlossen hat.[190] Hinsichtlich der **Mieterrechte** sind die Mitmieter je nach der Gestaltung ihres Innenverhältnisses Gesamt- oder Gesamthandsgläubiger, so dass ihnen der Anspruch auf Rückzahlung der Kaution zB nur gemeinsam zusteht.[191]

2. Eheleute. Wenn Eheleute gemeinsam eine Wohnung **mieten**, gilt das über die 39 Rechtsstellung mehrerer Mieter Gesagte (o Rn 35ff) grundsätzlich ebenfalls, wenn auch mit gewissen Modifikationen (s im Einzelnen u Rn 40ff). Davon zu trennen ist der Fall, dass **nur einer** der Eheleute den Mietvertrag **abgeschlossen** hat. Was im Einzelnen vorliegt, ist eine Frage der Auslegung der Parteierklärungen.[192] Selbst wenn nur ein Ehegatte mit dem Vermieter verhandelt und abschließt, kann doch nach den Umständen ein Vertrag mit beiden Ehegatten anzunehmen sein, wenn der betreffende Ehegatte bei dem Vertragsabschluss zugleich als **Vertreter des anderen** Ehegatten tätig geworden ist;[193] eine Vermutung hierfür besteht jedoch nicht.[194] Ebenso gut vorstellbar ist auf der anderen Seite die nachträgliche Genehmigung des Vertrages, der von einem der Ehegatten ohne Bevollmächtigung des anderen abgeschlossen wurde, seitens des anderen Ehegattens oder der konkludente Beitritt eines Ehegatten zu dem von dem anderen Ehegatten abgeschlossenen Mietvertrag, wenn sich der beitretende Ehegatte unter Billigung der anderen Beteiligten über längere Zeit als Mieter geriert.[195] Für den Fall des Todes eines Ehegatten ist die Sonderregelung des § 563 zu beachten. **Kinder** sind dagegen grundsätzlich in keinem Fall Parteien des von ihren Eltern abgeschlossenen Mietvertrages, selbst wenn sie in diesem als Beteiligte erwähnt werden, weil (natürlich) die Eltern keine Haftung der Kinder für etwaige Mietschulden der Eltern begründen wollen.[196]

Schließt nur einer der Ehegatten den **Mietvertrag** ab, so wird er allein Mieter. Der 40 andere Ehegatte und die Kinder sind jedoch in den Schutzbereich des Mietvertrages einbezogen (§§ 311 Abs 3, 328, 536a).[197] Aus der Gleichberechtigung der Eheleute (Art 3 GG) folgt, dass auch derjenige Ehepartner, der nicht Mieter ist, ein **Besitzrecht** an der Ehewohnung erlangt.[198] Die notwendige Folge ist, dass – entgegen einer nach wie vor verbreiteten Meinung[199] – für die **Räumungsvollstreckung** gegen die Eheleute ein **Titel** gegen den

---

188 S § 546 Rn 6; BGHZ 65, 226, 228f = NJW 1986, 287; OLG Düsseldorf ZMR 1987, 377 = NJW-RR 1987, 1371; NJW-RR 1987, 911; LG Frankfurt ZMR 2009, 858.
189 BGHZ 131, 176, 182f = NJW 1996, 515; KG WuM 2006, 529.
190 OLG Frankfurt ZMR 2009, 603, 604.
191 BGH WM 2013, 809 Tz 22; LG Berlin ZMR 1999, 712; *Streyl* NZM 2011, 377.
192 *Streyl* NZM 2011, 377.
193 OLG Düsseldorf WuM 1989, 362; OLG Schleswig WuM 1992, 674, 675; LG Mannheim ZMR 1993, 415 = NJW-RR 1994, 274.
194 BGHZ 125, 175, 179f = NJW 1994, 1649; LG Berlin GE 2002, 189f; ZMR 1998, 347, 348; LG Osnabrück WuM 2001, 438; *Paschke* WuM 2008, 59; anders OLG Düsseldorf ZMR 2000, 210.
195 BGH NJW 2005, 2620 = NZM 2005, 659; *Paschke* WuM 2008, 59.
196 LG Berlin ZMR 2011, 463.
197 OLG Hamm FamRZ 1977, 318.
198 BGHZ 159, 383, 384f = NJW 2004, 3041.
199 S m Nachw *Schuchke* NZM 1998, 58.

Volker Emmerich

Mieterehegatten allein nicht genügt. Aufgrund seines Mitgewahrsams kann der andere Ehegatte vielmehr, wenn gegen ihn kein Titel vorliegt, gegen die Zwangsvollstreckung nach § 766 ZPO Erinnerung einlegen.[200] Der **Herausgabeanspruch** gegen ihn folgt in diesen Fällen aus dem entsprechend anwendbaren § 546 Abs 2.[201] Entbehrlich ist dagegen ein weiterer **Titel gegen etwaige Kinder** der Eheleute, die mit ihnen die Wohnung teilen, selbst wenn sie volljährig sein sollten.[202]

41   Wenn **beide Ehegatten** den Mietvertrag **abgeschlossen** haben, stehen sie ebenso wie in sonstigen Fällen des Abschlusses mit einer Mehrheit von Mietern gleichberechtigt als Vertragspartner dem Vermieter gegenüber. Daraus folgt, dass eine **Kündigung** des Mietvertrages grundsätzlich **nur von beiden** Ehegatten und **nur gegenüber beiden** Ehegatten gemeinsam erfolgen kann; eine Kündigung allein durch einen Ehegatten oder nur gegenüber einem der beiden Ehegatten ist unwirksam.[203] Bei einer intakten Ehe kann der Vermieter jedoch grundsätzlich darauf vertrauen, dass der kündigende Ehegatte mit Vollmacht des anderen Ehegatten handelt.[204] Außerdem können die Rechte aus dem Mietvertrag von jedem der beiden Mieterehegatten, freilich nur mit Antrag auf Leistung an beide gemeinsam, geltend gemacht werden.[205]

42   Kein Ehegatte kann sich einseitig durch bloßen **Auszug** aus der Wohnung aus dem Mietverhältnis lösen. Die **Aufhebung** des Mietvertrages mit einem der beiden Eheleute ist vielmehr nur im **Zusammenwirken aller drei Beteiligten** möglich.[206] Für diese Fälle favorisiert **BGH** heute eine Lösung, deren Kern darin besteht, dass der ausziehende Ehegatte nach § 242 und analog §§ 730ff gegen den anderen einen **Anspruch auf Mitwirkung bei der Kündigung** hat, sofern dem nicht dem Einzelfall überwiegende Interessen des anderen Ehegatten entgegenstehen.[207] Es wird deshalb im Ergebnis so angesehen, als hätten die Beteiligten den alten Mietvertrag durch einen neuen Vertrag allein mit dem wohnenbleibenden Mieter ersetzt, so dass fortan auch nur dieser die Miete schuldet.[208]

43   Im Falle des **Getrenntlebens** der Ehegatten richtet sich die Zuweisung der Wohnung nach **§ 1361b;** während des Scheidungsverfahrens waren außerdem zunächst bis August 2009 ergänzend die **§§ 620 Nr 7 und 621 Abs 1 Nr 7 ZPO** zu beachten. Für die Zeit **nach Scheidung** der Ehe galt ferner zunächst die im Jahre 1944 als 6. Durchführungsverordnung zum EheG erlassene **HausratsVO** fort.[209] An die Stelle dieser Vorschriften sind im Zuge der FGG-Reform die **§§ 1568a und 1568b BGB** sowie die **§§ 49ff, 200 und 266 FamFG** getreten. Wenn sich die Ehegatten nicht einigen, hat danach ein Ehegatte gegen den anderen unter bestimmten Voraussetzungen einen Anspruch auf Überlassung der Ehewohnung, über den das Familiengericht entscheidet.[210] Eine vergleichbare Regelung besteht für eingetragene **Lebenspartnerschaften** aufgrund des § 18 des Gesetzes vom 16. Februar

---

200 Geklärt durch BGHZ 159, 383, 385ff = NJW 2004, 3041; BGH NJW 2008, 1959; WuM 2008, 465 Tz 27.
201 OLG Schleswig WuM 1992, 674, 677 = ZMR 1993, 69.
202 BVerfG NJW-RR 1991, 1101; BGH NJW 2008, 1959; *Scholz* ZMR 2009, 99.
203 BayObLG WuM 1983, 107; OLG Koblenz ZMR 1984, 30, 31; LG Mönchengladbach WuM 2003, 204; *Paschke* WuM 2008, 59ff; *Streyl* NZM 2011, 377.
204 LG Mönchengladbach ZMR 1986, 438; 1986, 439; *Paschke* WuM 2008, 59ff.
205 BGH NZM 2005, 335 = WuM 2005, 237, 238.
206 LG Berlin ZMR 1986, 312; LG Mannheim WuM 1994, 539.
207 S Staudinger Rn 87; OLG Köln WuM 2006, 511; OLG Hamburg NZM 2011, 311; *Paschke* WuM 2008, 59, 61.
208 S schon o Rn 37; BGH NJW 2004, 1797 = NZM 2004, 419; NJW 2005, 1715 = WuM 2005, 341; NJW 2005, 2620, 2621; OLG Köln WuM 2006, 511, 512; OLG Frankfurt NJW-RR 2007, 887; *Paschke* WuM 2008, 59, 60f.
209 RGBl I, 256.
210 S dazu Staudinger Rn 88; *Beuermann* GE 2009, 1358; *Brudermüller* NZM 2010, 383; *Götz/Brudermüller* NJW 2010, 5.

2001[211] sowie aufgrund des Gewaltschutzgesetzes vom 11. Dezember 2001,[212] wenn bei auf Dauer angelegten Lebenspartnerschaften ein Partner gegenüber dem anderen Gewalt angewandt oder auch nur angedroht hat.

3. Sonstige Partnerschaften. Die besonderen Regeln für Eheleute (o Rn 39–43) **44** finden **keine Anwendung auf nichteheliche** Lebensgemeinschaften.[213] Es kommt bei ihnen vielmehr vor allem darauf an, **mit wem** jeweils der Mietvertrag **abgeschlossen** wurde. War dies **nur einer** der beiden Partner, so stellt sich allein die Frage, ob er nach Begründung der Partnerschaft den anderen in die Wohnung mit aufnehmen darf.[214] Nach der Aufnahme besteht zwischen den beiden Partnern grundsätzlich nur ein **tatsächliches, kein rechtliches Verhältnis**, so dass der mietende Teil von dem anderen Teil spätestens nach Beendigung der Lebensgemeinschaft jederzeit **Räumung** sowie, solange der andere Teil diesem Verlangen nicht nachkommt, die Zahlung einer Nutzungsentschädigung verlangen kann.[215] – Eine vertragliche Regelung des Verhältnisses ist zwar möglich, aber nicht zu vermuten.[216] Verlangt der Vermieter Räumung, so muss er gegebenenfalls einen **Titel** gegen beide Partner erwirken, sofern beide tatsächlich Besitz haben; dies muss vom Gerichtsvollzieher im Einzelfall konkret festgestellt werden.[217]

Wenn der Vertrag **von beiden** Partnern **abgeschlossen** wurde, gelten auch hier **44a** ergänzend die Regeln, die oben für den Fall einer Mehrheit von Mietern entwickelt wurden (o Rn 35ff). Es ist daher in erster Linie von der Anwendung gesellschaftsrechtlicher Regeln auszugehen.[218] Für den **Fall des Auszugs** eines der Partner führt dies grundsätzlich zur Anwendbarkeit der **§§ 723 und 730.** Der Auszug wird mit anderen Worten als jederzeit mögliche Kündigung der bestehenden Gesellschaft im Innenverhältnis behandelt, so dass der ausgezogene Partner von dem anderen nach § 730 die **Mitwirkung zu** der nächsten möglichen, ordentlichen **Kündigung** des Mietvertrages verlangen kann.[219] Wenn und solange dies nicht möglich ist, muss der wohnenbleibende Partner den anderen im Innenverhältnis von der Belastung mit den Mietansprüchen freistellen (§§ 426, 738).[220] Meistens ist dieser umständliche Weg jedoch entbehrlich, da der BGH in dem Auszug nur eines der Partner *mit Kenntnis* des Vermieters für den Regelfall eine Aufhebung des Mietvertrages mit diesem sieht, der der andere Partner nach Treu und Glauben nicht widersprechen kann, wenn er in der Wohnung wohnen bleibt.[221]

IX. Besondere Vertragsgestaltungen

1. Vormietrecht. Unter einem Vormietrecht versteht man das Recht einer Person, **45** in den von dem Vermieter mit einem Dritten abgeschlossenen Mietvertrag einzutreten.

211 BGBl I, 266.
212 BGBl I, 3513; s *Schach* GE 2002, 313, 314f.
213 *Staudinger* Rn 89f; *Paschke* WuM 2008, 59, 61f; *Schach* GE 2002, 313; *Schrader* NZM 2010, 257.
214 S dazu u § 540 Rn 3; *Staudinger* Rn 90.
215 BGHZ 176, 262, 267, 273f = NJW 2008, 2333.
216 BGHZ 176, 262, 268 Tz 17f = NJW 2008, 2333.
217 BGH NJW 2008, 1959 Tz 13ff.
218 LG Koblenz NJW-RR 2001, 1162.
219 OLG Düsseldorf WuM 2007, 567 = ZMR 2007, 960.
220 OLG Düsseldorf NZM 1998, 72 = NJW-RR 1998, 658; OLG Köln NZM 1999, 998 = WuM 1999, 521, 522; ZMR 2004, 42; *Staudinger* Rn 89; *Sonnenschein* NZM 1999, 977 = PiG Bd 57 (1999) 209.
221 S o Rn 37; BGH NJW 2004, 1797 = NZM 2004, 419; NJW 2005, 1715 = WuM 2005, 341.

     Volker Emmerich

Gemäß den hier entsprechend anwendbaren **§§ 463ff** über den Vorkauf[222] handelt es sich bei dem Vormietrecht um einen **doppelt aufschiebend bedingten Mietvertrag**, wobei die erste Bedingung in dem Abschluss eines Mietvertrags zwischen dem verpflichteten Vermieter und einem Dritten und die zweite Bedingung in der Ausübung des Vormietrechts durch den Begünstigten besteht.[223] Die **Ausübung des Vormietrechts** hat zur Folge, dass zwischen dem Begünstigten und dem verpflichteten Vermieter ein neuer Mietvertrag mit dem Inhalt des ersten Mietvertrages zustande kommt.[224] Voraussetzung ist, dass sich der Berechtigte vorbehaltlos zur Übernahme der Pflichten aus dem ersten Vertrag bereit erklärt.[225]

46   Aus der entsprechenden Anwendbarkeit der §§ 463ff folgt, dass der verpflichtete Vermieter dem Berechtigten den Inhalt des mit dem Dritten abgeschlossenen Vertrages unverzüglich mitzuteilen hat und dass nach der **Mitteilung** das Recht im Falle einer Grundstücksmiete binnen einer **Ausschlussfrist von zwei Monaten** ausgeübt werden muss (§ 469).[226] Weder die Begründung eines Vormietrechts noch dessen Ausübung durch den Berechtigten bedürfen der **Form** des § 550 (§ 464 Abs 1 S 2).[227] Umstritten ist, ob der durch die Ausübung des Vormietrechts mit dem Begünstigten zustandekommende **Mietvertrag** seinerseits der Form des § 550 bedarf, wenn es sich um einen langfristigen Vertrag handelt.[228] Die Frage dürfte zu bejahen sein, weil § 550 keine Ausnahme für Vormietrechte enthält.

47   **2. Optionen.** Optionen oder Optionsrechte kommen in unterschiedlichen **Erscheinungsformen** vor.[229] Optionen können zunächst dieselbe Funktion wie Vorverträge oder Anmietrechte haben. Sie begründen dann ein **Recht des Mieters, durch einseitige Erklärung einen Mietvertrag herbeizuführen**. Das kann auf verschiedene Weise geschehen. In Betracht kommen insbesondere der Abschluss eines Vorvertrags in Verbindung mit einem entsprechenden Gestaltungsrecht des Mieters, ferner der sofortige Abschluss eines aufschiebend bedingten Mietvertrages, wobei die Bedingung in dem Entschluss des Mieters zum endgültigen Vertragsabschluss besteht, außerdem der Abschluss eines so genannten Optionsvertrages sowie ein langfristig bindender Antrag des Vermieters auf Abschluss eines Mietvertrages, den der Mieter dann zu einem ihm genehmen Zeitpunkt annehmen kann.[230]

48   Von den Optionsrechten in dem genannten Sinne (o Rn 47) müssen die **Verlängerungsoptionen** unterschieden werden, worunter man das **Recht** des Mieters versteht, einen auf bestimmte Zeit abgeschlossenen Vertrag durch einseitige Erklärung für eine weitere Frist oder auch auf unbestimmte Zeit **zu verlängern**. Derartige Optionen sind **Gestaltungsrechte**, die grundsätzlich **vor Ablauf** des Mietvertrages **ausgeübt** werden

---

222 BGHZ 102, 237, 240 = NJW 1988, 703; OLG Hamm ZMR 1992, 148.
223 RGZ 123, 265; 125, 123; BGHZ 55, 71, 75ff = NJW 1971, 422; BGH LM Nr 27 zu § 535 BGB = MDR 1964, 748; WM 1967, 935, 936f; *Kania* ZMR 1976, 1; anders *Michalski* ZMR 1999, 1f.
224 BGHZ 102, 237, 240 = NJW 1988, 703; BGH LM Nr 8 zu § 1089 BGB = NJW 1983, 682; NJW 2002, 3017, 3019; WM 2003, 385, 388.
225 BGHZ 102, 237, 240 = NJW 1988, 703; BGH WM 1962, 1091.
226 BGHZ 55, 71, 75ff = NJW 1971, 422; NJW 2002, 3017, 3019 = NZM 2002, 910, 913; WM 2003, 385, 388.
227 BGHZ 55, 71, 76f = NJW 1971, 422.
228 S *Michalski* ZMR 1999, 1, 2f.
229 S *Staudinger* Rn 99ff; *Georgiades* in: FS Larenz (1973) 409; *Henrich* Vorvertrag, Optionsvertrag, Vorrechtsvertrag (1965).
230 BGHZ 47, 387, 388f = NJW 1967, 1605; BGH LM Nr 25 zu § 433 BGB = NJW 1967, 153; WM 1966, 78; 1969, 859, 861; 1970, 493; *Georgiades* in: FS Larenz, 409ff; *Henrich* Vorvertrag (vorige Fn).

Volker Emmerich

müssen, wenn nicht ausdrücklich etwas anders vereinbart ist.[231] Die formgerechte und rechtzeitige Ausübung des Optionsrechts bewirkt, dass der **alte Vertrag weiterläuft.** Es wird nicht etwa ein neuer Vertrag zwischen den Parteien abgeschlossen.[232] Die Folge ist, dass es grundsätzlich auch bei den alten Vereinbarungen, insbesondere hinsichtlich der **Höhe der Miete** bleibt.[233] Nur im Einzelfall kann die ergänzende Vertragsauslegung ergeben, dass die Verlängerungsoption allein gegen eine angemessene Erhöhung der Miete ausgeübt werden darf.[234]

Wenn für die Ausübung des Optionsrechts in dem Vertrag eine bestimmte **Frist** vor- **49** gesehen ist, muss das Recht innerhalb der Frist ausgeübt werden.[235] Enthält der Vertrag jedoch keine Regelung über die Ausübungsfrist, so kann das Recht **bis Vertragsende ausgeübt** werden,[236] während eine Ausübung nach Vertragsende grundsätzlich keine Wirkung mehr äußert, selbst wenn der Vertrag nach § 545 weiterläuft.[237] Läuft der Vertrag infolge der Ausübung des Rechts länger als ein Jahr, so bedürfen die Vereinbarung des Rechts ebenso wie seine Ausübung der **Form** des § 550.[238] Wenn § 550 bei der Vereinbarung oder der Ausübung des Rechts nicht beachtet wird, so hat dies zur Folge, dass der Vertrag auf unbestimmte Zeit weiterläuft und jederzeit gekündigt werden kann.[239]

3. Abstandszahlungen. Als Abstandszahlungen bezeichnet man in erster Linie Zah- **50** lungen des Nachmieters an den Vormieter, um diesen zur Aufgabe seiner Wohnung zu bewegen. Solche Zahlungen galten bis 1993 überwiegend als unbedenklich (§ 311 Abs 1).[240] Der Gesetzgeber des 4. Mietrechtsänderungsgesetzes von 1993[241] befürchtete jedoch von Abstandszahlungen eine übermäßige Belastung des Mieters und fügte deshalb in das Wohnungsvermittlungsgesetz von 1971 einen neuen § 4a ein, nach dem Abstandszahlungen grundsätzlich verboten sind.[242] **§ 4a Abs 1 S 1 Wohnungsvermittlungsgesetz** bestimmt seitdem, dass eine Vereinbarung unwirksam ist, die den Wohnungssuchenden oder für ihn einen Dritten verpflichtet, ein Entgelt dafür zu leisten, dass der bisherige Mieter die gemieteten Wohnräume räumt. Erlaubt ist lediglich noch der **Ersatz der** dem bisherigen Mieter nachweislich entstandenen **Umzugskosten** (§ 4a Abs 1 S 2 aaO) einschließlich zB der Kosten der Renovierung der bisherigen oder der neuen Wohnung.[243]

§ 4a Abs 2 des **Wohnungsvermittlungsgesetzes** fügt hinzu, dass Verträge, durch **51** die sich der Wohnungssuchende verpflichtet, von dem Vermieter oder dem bisherigen Mieter eine Einrichtung oder ein Inventarstück zu erwerben (sog **Ablösevereinbarungen**) im Zweifel unter der aufschiebenden Bedingung abgeschlossen sind, dass der Mietver-

---

231 S u Rn 49; RGZ 99, 155; BGHZ 94, 29, 31 = NJW 1985, 2481; BGH LM Nr 78 zu § 535 BGB = NJW 1982, 2770; LM Nr 18 zu § 566 BGB = NJW-RR 1987, 1227; KG GE 2002, 1561.
232 BGH LM Nr 18 zu § 18 1. BMG = NJW 1986, 551; LM Nr 57 zu § 535 BGB = WM 1975, 222.
233 OLG Düsseldorf ZMR 1995, 347 = WuM 1995, 433.
234 OLG Düsseldorf ZMR 2000, 172 = WuM 2000, 77; KG ZMR 2009, 605, 606.
235 OLG Düsseldorf ZMR 1991, 378; 1992, 52; OLG Hamburg WuM 1998, 160, 161.
236 OLG Düsseldorf MDR 1981, 847; ZMR 2008, 785, 786.
237 OLG Köln ZMR 1996, 433 und 495; OLG Frankfurt NZM 1998, 1006.
238 BGH LM Nr 18 zu § 566 BGB = NJW-RR 1987, 1227; OLG Hamburg WuM 1998, 160, 161; OLG Frankfurt NZM 1998, 1006; OLG Köln NZM 2006, 464; *Schultz*, in: FS Blank, 2006, S 377, 395f; – anders *Börstinghaus* 10 Jahre Mietrechtsreformgesetz, 2011, 377.
239 BGH LM Nr 18 zu § 566 BGB = NJW-RR 1987, 1227; LG Berlin GE 1991, 405.
240 BGH LM Nr 12 zu WoBindG = NJW 1982, 1040; OLG Düsseldorf NJW-RR 1992, 1428 = ZMR 1992, 388; anders aber OLG Frankfurt NJW-RR 1993, 975.
241 BGBl I, 1257.
242 Zur Kritik s *Emmerich* PiG Bd 43 (1994) 177; 185; *ders* DWW 1993, 313, 318.
243 *Blank* WuM 1993, 514.

trag zustande kommt. Die Vereinbarung über das Entgelt ist unwirksam, soweit dieses in einem auffälligen Missverhältnis zum Wert der Einrichtung oder des Inventarstücks steht (§ 4a Abs 2 HS 2 Wohnungsvermittlungsgesetz).[244] Die Regelung ist entsprechend anzuwenden auf vergleichbare Abreden, zB auf eine Vereinbarung über die Ablösung von Investitions- oder Renovierungskosten des Vormieters.[245] Die praktische Bedeutung der ganzen überflüssigen Regelungen scheint heute nur noch gering zu sein.

52 **4. Hausordnung.** In größeren Miethäusern wird vom Vermieter häufig eine so genannte Hausordnung aufgestellt, durch die das Zusammenleben der Mieter geregelt werden soll. Derartige „Hausordnungen" sind nichts anderes als **Allgemeine Geschäftsbedingungen** iS der §§ 305ff.[246] Ihre Verbindlichkeit für die Mieter ist daher nur unproblematisch, wenn der Mietvertrag auf sie Bezug nimmt (§ 305 Abs 2).[247] **Ohne Bezugnahme in dem Mietvertrag** steht dem Vermieter dagegen – entgegen einer verbreiteten Meinung[248] – weder ein Recht zur einseitigen Aufstellung noch zur einseitigen Änderung der Hausordnung zu.[249] Durch Hausordnungen dürfen ferner lediglich die **Grenzen des vertragsgemäßen Gebrauchs konkretisiert** oder präzisiert werden.[250] Dagegen ist es unzulässig, in ihnen dem Mieter neue oder zusätzliche Pflichten aufzuerlegen.[251] Soweit die Hausordnung nach dem Gesagten wirksam ist, ist außerdem anzunehmen, dass jeder Mieter nach § 328 das Recht hat, von den anderen Mietern die Einhaltung der Bestimmungen der Hausordnung zu verlangen.[252]

X. Inhaltsschranken

53 **1. Sittenwidrigkeit.** Für Mietverträge gelten – selbstverständlich – dieselben Schranken der Vertragsfreiheit wie für andere Verträge, insbesondere also die §§ 134 und 138. Hervorzuheben ist lediglich, dass **Miet- oder Pachtverträge über Bordelle** heute anders als früher[253] nur noch dann (ausnahmsweise) als sittenwidrig gelten, wenn der Mieter oder Pächter von den Prostituierten eine überhöhte Miete verlangt, sie also wirtschaftlich ausbeutet oder wenn er die Prostituierten in ihrer Selbständigkeit beeinträchtigt und sie zu ihrer Betätigung anhält, sowie schließlich dann, wenn die vereinbarte Pacht oder Miete in einem auffälligen Missverhältnis zu dem objektiven Pachtwert steht.[254]

54 **2. Gesetzliche Verbote.** Gesetzliche Verbote, deren Verletzung zur Nichtigkeit von Mietverträgen führen kann (§ 134), sind ausgesprochen selten.[255] Beispiele sind außer den beiden strafrechtlichen **Wucherverboten** (Rn 55) insbesondere Verstöße gegen gesetzliche Preisvorschriften, soweit noch vorhanden, Mietverträge zur Umgehung der Konzessi-

---

244 S dazu *Blank* WuM 1993, 503, 514; *Bub* NJW 1993, 2897, 2901.
245 BGHZ 135, 269, 275ff = NJW 1997, 1845.
246 BGHZ 157, 188, 194 = NJW 2004, 755 m Anm *Emmerich* JuS 2004, 440; *Blank* in: FS Seuß, 53, 58ff.
247 AG Frankfurt WuM 1985, 19.
248 LG Duisburg ZMR 1957, 343; *Müller* ZMR 1970, 289, 292.
249 *Blank* in: FS Seuß, 53, 54f; *Sternel* Mietrecht, Rn I 417ff.
250 BGHZ 157, 188, 194 = NJW 2004, 775.
251 LG Frankfurt WuM 1988, 120 = NJW-RR 1988, 782; LG Marburg NJW-RR 1990, 1484; LG Berlin WuM 1992, 599.
252 BGHZ 157, 188, 194 = NJW 2004, 775.
253 Zuletzt BGHZ 41, 341, 342 = NJW 1964, 1791; BGH BB 1969, 1106 = Betrieb 1969, 1742.
254 BGHZ 63, 365, 365 = NJW 1975, 638; BGH LM Nr 6 zu § 138 [Ce] BGB = NJW 1970, 1179; WM 1983, 393; OLG Karlsruhe WuM 1990, 286 = ZMR 1990, 301.
255 *Staudinger* Rn 116; *Emmerich* PiG Bd 55 (1998) 39, 46f.

onsbestimmungen der §§ 2 und 3 GaststättenG,[256] sowie Mietverträge über Räume, die für den Betrieb einer Apotheke geeignet sind, sofern damit das Verbot von Apothekenpachtverträgen aufgrund der §§ 9 und 12 ApothekenG umgangen werden soll.[257] Die meisten anderen Verbote des Abschlusses bestimmter Mietverträge werden dagegen, überwiegend wohl aus Mieterschutzerwägungen, **nicht** als **gesetzliche Verbote** im Sinne des § 134 eingestuft. Die beiden wichtigsten Fälle sind Verstöße gegen **§ 4 WoBindG** und gegen die verschiedenen **Zweckentfremdungsverbote.**[258] Dasselbe gilt für Verstöße gegen sonstige bau- oder planungsrechtliche Vorschriften sowie gegen die Steuergesetze.[259] Wieder anders behandelt werden die verschiedenen Wucherverbote (u Rn 55f).

3. Wucher

a) Unsere Rechtsordnung kennt verschiedene Wucherverbote. Die wichtigsten finden 55 sich in § 138 BGB (u Rn 56) sowie in § 5 WiStG und in § 291 StGB. Während jedoch § 138 BGB ausnahmslos für alle Mietverträge gilt, beschränkt sich der Anwendungsbereich der beiden anderen genannten Wucherverbote **(§ 5 WiStG und § 291 StGB)** auf Wohnraummietverträge. Diese Strafvorschriften sind gesetzliche Verbote im Sinne des **§ 134 BGB,**[260] so dass die Vereinbarung über die Miete nichtig ist, **soweit** sie hiernach überhöht ist, wobei der objektive Verstoß gegen die genannten Strafvorschriften für die Annahme der (Teil-)Nichtigkeit der Vereinbarung ausreicht.[261] Die maßgebliche **Grenze** liegt im Falle des § 5 WiStG bei einer Überschreitung der Vergleichsmiete um 20 %[262] sowie im Falle des § 291 StGB bei einer Überschreitung der konkreten Vergleichsmiete um 50 %.[263] Verstöße gegen **§ 138 BGB** führen dagegen, jedenfalls bei der gewerblichen Raummiete, grundsätzlich zur Nichtigkeit des Vertrages insgesamt.[264]

b) Wucher setzt nach **§ 138 Abs 2** geradezu die **Ausbeutung,** dh die bewusste Aus- 56 nutzung der schwächeren Position des Mieters voraus. Da sich dies in der Regel nicht nachweisen lässt, weichen die Gerichte seit langem wo immer möglich – unter Verstoß gegen die Systematik des Gesetzes – auf Abs 1 der Vorschrift unter dem Gesichtspunkt des **wucherähnlichen Geschäfts** aus.[265] Ein solches soll vorliegen, wenn Leistung und Gegenleistung in einem auffälligen Missverhältnis stehen (s § 138 Abs 2) *und* weitere erschwerende Umstände wie insbesondere eine verwerfliche Gesinnung des Vermieters hinzukommen. Ein **auffälliges Missverhältnis** der beiderseitigen Leistungen wird bei der **Wohnraummiete** bereits angenommen, wenn die vereinbarte Miete die ortsübliche Vergleichsmiete um rund **50 % übersteigt.**[266] Anders wird die Rechtslage dagegen bei sonstigen Mietverhältnissen, insbesondere also bei der **gewerblichen Raummiete** (§ 578)

---

256 OLG Düsseldorf NJW-RR 1987, 687; OLG Stuttgart NJW 1987, 3269, 3270.
257 OLG Freiburg NJW 1970, 1977; OLG Oldenburg NJW-RR 1990, 84f; *Saalfrank* NZM 2001, 971.
258 BGH NJW 1994, 320 = WM 1994, 218; OLG Hamm NJW 1982, 2563 = WuM 1982, 244; KG GE 1989, 941; 1991, 1195; OLG Köln WuM 1992, 67.
259 BGH NJW 2003, 2742 = NZM 2003, 716.
260 BVerfGE 90, 22, 26f = NJW 1994, 993; BGHZ 89, 316, 319 = NJW 1984, 722; s o Rn 54.
261 BGH NZM 2005, 944, 946 (unter 4a).
262 BVerfG und BGH (Fn 244); OLG Frankfurt WuM 1985, 139; 2000, 537, 538f.
263 OLG Hamburg NJW-RR 1992, 1366 = ZMR 1992, 501.
264 So ausdrücklich BGH NZM 2005, 944, 946 (unter 4a) m Nachw.
265 Berechtigte Kritik bei *Schünemann,* in: FS Brandner, 1996, S 279, 286 ff und in: FS Georgiades, 2006, S 1087, 1109 ff.
266 LG Darmstadt NJW 1972, 1244, 1245; LG Köln ZMR 1977, 148 Nr 11 = BlGBW 1977, 15; LG Wiesbaden ZMR 1980, 235f; *Emmerich* PiG Bd 49 (1996) 71, 80f; *Michalski* ZMR 1996, 1, 2ff.

Volker Emmerich

beurteilt.[267] Hier kann ein wucherähnliches Geschäft erst angenommen werden, wenn die vereinbarte Miete, und zwar im Augenblick des Abschlusses des Mietvertrages, die Vergleichsmiete **um rund 100 % überschreitet**,[268] wobei als Vergleichsmaßstab grundsätzlich nur die **Marktmiete** in Betracht kommt,[269] und zwar die Marktmiete verstanden als **empirische Größe**, die in jedem Einzelfall gesondert ermittelt werden muss.[270] Hinzu kommen müssen noch (mit Rücksicht auf § 138 Abs 2) **weitere erschwerende Umstände**.[271] Dafür genügt aber bereits die grobfahrlässige Ausnutzung der schwächeren Lage des Mieters durch den Vermieter, wofür bei Privatleuten zudem häufig eine **Vermutung** spricht, sofern zwischen den Leistungen der beiden Parteien ein auffälliges Missverhältnis besteht.[272] Anders verhält es sich angesichts der bekannten Intransparenz der meisten Miet- und Pachtmärkte insoweit jedoch häufig bei der gewerblichen Miete oder Pacht, so dass dann die verwerfliche Gesinnung des Vermieters des positivem Nachweises bedarf.[273] Die **Beweislast** trägt derjenige, der sich auf die Sittenwidrigkeit des Vertrags beruft.[274]

§ 535
Inhalt und Hauptpflichten des Mietvertrags

[1] Durch den Mietvertrag wird der Vermieter verpflichtet, dem Mieter den Gebrauch der Mietsache während der Mietzeit zu gewähren. Der Vermieter hat die Mietsache dem Mieter in einem zum vertragsgemäßen Gebrauch geeigneten Zustand zu überlassen und sie während der Mietzeit in diesen Zustand zu erhalten. Er hat die auf der Mietsache ruhenden Lasten zu tragen.

[2] Der Mieter ist verpflichtet, dem Vermieter die vereinbarte Miete zu entrichten.

Systematische Übersicht

---

267 S *Emmerich* JuS 1999, 1230.
268 BGHZ 128, 255, 260f = NJW 1995, 1019; BGHZ 141, 257, 263ff = NJW 1999, 3187; BGH NJW 2002, 55 = NZM 2001, 810 = LM Nr 17 zu § 138 (Bc) BGB; NZM 2002, 822, 823 = NJW-RR 2002, 1521; NJW 2004, 741 = ZMR 2004, 802; NJW 2004, 3553 = NZM 2004, 907, 908f; NJW 2008, 3210 Tz 21; NJW 2012, 2099 Tz 13 ff; OLG Düsseldorf GE 2011, 1369; *St Jung* Das wucherähnliche Rechtsgeschäft, 113, 191ff; *Usinger* NZM 1998, 641.
269 BGH (vorige Fn); BGHZ 154, 154, 159f = NJW 2003, 1596.
270 BGH NZM 2002, 822, 823 = NJW-RR 2002, 1521; NZM 2004, 741 = ZMR 2004, 802.
271 BGH NJW 2010, 363.
272 Ausführlich *St Jung* Das wucherähnliche Rechtsgeschäft, 113ff.
273 BGH LM Nr 17 zu § 138 (Bc) BGB = NJW 2002, 55 = NZM 2001, 810, 811; NJW-RR 2002, 8 = NZM 2001, 1077; NJW-RR 2004, 741 = ZMR 2004, 802; NJW 2004, 3553 = NZM 2004, 907, 908; NJW 2008, 3210 Tz 23; OLG Düsseldorf GE 2011, 1369; 2011, 1617.
274 BGHZ 154, 154, 164f = NJW 2003, 1596.

Alphabetische Übersicht

Volker Emmerich

1   § 535 regelt im Anschluss an die §§ 535, 536 und 546 aF und ohne sachliche Änderungen den Inhalt der Hauptleistungspflichten beider Vertragsparteien.[1] Die Vorschrift ist

---

1 S die Begr zum RegE BT-Drucks 14/4553, S40.

auf alle am 1. September 2001 bestehenden und später abgeschlossenen Mietverhältnisse anzuwenden (Art 229 § 3 EGBGB).

I. Gegenstand

Gegenstand des Mietvertrages können, wie der Vergleich des § 535 Abs 1 S 1 mit § 581 **2** zeigt, **nur Sachen** iS des § 90, dh nur körperliche Gegenstände und deren Teile sein.[2] Gleich stehen Tiere (§ 90a S 3) und **Standardsoftware**; Verträge über die Nutzung fremder Software über das Internet oder über die Bereitstellung von Speicherkapazitäten auf einem fremden Server sind folglich im Kern Mietverträge.[3] **Teile** von Sachen können ebenfalls vermietet werden, wenn an ihnen ein selbständiger Gebrauch möglich ist. Sind die vermieteten Sachen nur der Gattung nach bestimmt, so handelt es sich um eine **Gattungsschuld** (§ 243).[4] Besonderheiten gelten für derartige Verträge nicht.[5] Konkretisierung tritt ein, sobald der Mieter die Sachen abgenommen und mit ihrer Benutzung begonnen hat.[6]

Der Mietvertrag erstreckt sich, sofern die Parteien nichts anderes vereinbart haben, **3** auf die wesentlichen Bestandteile der Sache sowie (entspr § 311c) auf das **Mietzubehör**.[7] Dazu gehören bei der Raummiete zunächst die **Schlüssel**, so dass der Vermieter dem Mieter mindestens zwei Schlüssel zur Verfügung stellen muss.[8] Der Vermieter darf keine Schlüssel zurückbehalten, da er kein Zutrittsrecht zu den Räumen des Mieters hat.[9] Solange dem Mieter nicht alle geschuldeten Schlüssel übergeben wurden, hat der Vermieter seine Übergabepflicht (§ 535 Abs 1 S 1) nicht erfüllt.[10] Bei Vertragsende muss der Mieter die Schlüssel zurückgeben; sieht er sich dazu außerstande, so kann er sich **ersatzpflichtig** machen, wobei dem Mieter der Entlastungsbeweis obliegt (§ 280 Abs 1).[11] Mitvermietet sind außerdem die eingebauten **Haushaltsgeräte** wie Duschen, Öfen, Wandschränke und Warmwasserbereiter.[12] Dasselbe gilt für Hausbriefkästen[13] oder eine Einbauküche, so dass deren Entfernung durch den Vermieter eine Vertragsverletzung darstellt.[14]

Bei der Raummiete sind ferner grundsätzlich die zu den Räumen gehörigen **Zu- und 4 Abgänge** einschließlich der **Treppen und Flure** mitvermietet.[15] Denn der Vermieter muss dem Mieter und seinen Besuchern einen **jederzeit sicheren Zugang** zu dem Mietobjekt ermöglichen.[16] Der Umfang der Nutzung der fraglichen Flächen und insbesondere der Zugänge, Flure und Treppen durch einzelne Mieter hängt – mangels besonderer Abreden der Parteien – von den Umständen und damit letztlich von einer Abwägung der Interessen

---

2 BGH NJW 2003, 3322, 3323.
3 BGH NJW 2007, 2394 Tz 11, 20ff; str, s *Müller-Hengstenberg/Kirn* NJW 2007, 2370.
4 *H Roth* JuS 1999, 220, 222.
5 S *Medicus* in: FS Felgentraeger (1969) 309; MünchKomm/*Emmerich* § 243 Rn 2.
6 BGH LM Nr 238 zu § 242 (Cd) BGB = NJW 1982, 873.
7 RGZ 47, 197 BGH NJW 2007, 216 Tz 13.
8 AG Bad Neuenahr-Ahrweiler WuM 1996, 331.
9 AG Bremen WuM 1982, 275.
10 OLG Naumburg ZMR 2000, 290; OLG Düsseldorf NZM 2004, 946, 947.
11 KG ZMR 2008, 618 = NJW-RR 2008, 1245; LG Hamburg NZM 1999, 410; AG Münster NJW-RR 2003, 1230 = ZMR 2003, 583; enger AG Halle/Saale NZM 2009, 739 = NJW-RR 2009, 1526.
12 LG Köln NJW-RR 1997, 1440.
13 AG München WuM 1989, 231.
14 BGH LM Nr 13 zu § 567 ZPO = WM 1986, 800, 802.
15 RG Gruchot 48 (1901), 901; LG Lübeck WuM 1990, 336; AG Altona WuW 1990, 144; *Derleder* NJW 2007, 812; *Flatow* NZM 2007, 432.
16 BGH NJW 2007, 146 = NZM 2007, 37; OLG Düsseldorf GE 2009, 1187; LG Itzehoe ZMR 2010, 191.

Volker Emmerich

der Beteiligten ab.[17] Sofern dadurch nicht Fluchtwege versperrt oder andere Mieter übermäßig belästigt oder sogar gefährdet werden, dürfen vor allem Kinderwagen,[18] Rollstühle und Rollatoren bei Bedarf auch in den Fluren abgestellt werden. Die Zufahrt zu einem Haus muss immer offenbleiben.[19] Sind die vermieteten Räume nur über eine Privatstraße des Vermieters zu erreichen, so ergibt sich aus dem Mietvertrag zusätzlich die Berechtigung des Mieters, jederzeit diese Straße zu befahren.[20] Bei Häusern, die von mehreren Mietern genutzt werden, erstreckt sich der Vertrag außerdem auf die **gemeinschaftlich genutzten Räume** und Gebäudeteile[21]. Beispiele sind neben den zum Haus gehörigen Treppen und Fluren noch Balkone und Terrassen, Böden, Speicher und Keller, Spielplätze und Sandkästen[22] sowie Heizungskeller[23] und Waschküchen[24]. Der **Umfang der Nutzung** dieser Flächen durch einzelne Mieter hängt – mangels besonderer Abreden der Beteiligten – von den Umständen und damit letztlich von einer Abwägung ihrer Interessen ab.[25]

5   **Durchfahrten und Hofräume** sind ebenfalls grundsätzlich zur gemeinsamen Benutzung mitvermietet.[26] Jedoch darf der Hofraum grundsätzlich nur zum Be- und Entladen, zum Teppichklopfen und zum Abstellen eines Mülleimers, nach hM dagegen nicht zur **Abstellung von Kraftfahrzeugen** genutzt werden,[27] entgegen einer verbreiteten Meinung aber sehr wohl als **Kinderspielplatz**.[28] Aus der bloßen **Duldung** einer über den Vertrag hinausgehenden Nutzung des Hofs oder anderer Räume seitens des Vermieters ergibt sich kein Recht des Mieters auf Fortsetzung dieses Gebrauchs, wenn der Vermieter oder sein Rechtsnachfolger ihre Einstellung zu der Benutzung ändern.[29]

6   Bei Einfamilienhäusern gilt ein etwaiger **Garten** als mitvermietet.[30] Die **Gartenpflege** bleibt aber grundsätzlich, dh wenn nichts anderes vereinbart ist, nach § 535 Abs 1 S 2 Sache des Vermieters.[31] Übernimmt der Mieter die Gartenpflege, so ist mangels abweichender Abreden der Parteien die Gartengestaltung grundsätzlich Sache allein des Mieters.[32] Der Umfang der vom Mieter geschuldeten Arbeiten hängt ebenfalls von den Abreden der Parteien und insbesondere davon ab, ob die Parteien ausdrücklich oder konkludent auf § 2 Nr 10 der BetriebskostenVO vom 25. November 2003[33] Bezug genommen haben; ist dies nicht der Fall, so beschränken sich die vom Mieter geschuldeten Arbeiten grundsätzlich auf einfache Pflegearbeiten[34]. Die Einzelheiten der **Gartenbenutzung** kann der Vermieter regeln.[35] Ohne besondere Abrede umfasst die Gartenbenutzung aber nicht

---

17 BGH NJW 2007, 146.
18 LG Berlin GE 2012, 1377.
19 LG Lübeck WuM 1990, 336.
20 AG Hamburg WuM 1996, 534.
21 Grdl BGH NJW 2007, 146.
22 LG Freiburg ZMR 1976, 210; LG Berlin NZM 1998, 860.
23 LG Mannheim MDR 1978, 140; aM AG Lörrach WuM 1996, 215.
24 LG München I ZMR 1969, 15 Nr 11.
25 BGH NJW 2007, 146 = NZM 2007, 37; WuM 2009, 659 Tz 13 = NZM 2009, 855.
26 RG Recht 1909 Nr 245.
27 OLG Düsseldorf GE 2009, 1187; LG Berlin WuM 1969, 59; FWW 1977, 268; AG Schöneberg GE 1990, 209; *Koenig* WuM 1967, 59; großzügiger LG Berlin NJW-RR 1986, 1144 = WuM 1987, 212; AG Darmstadt WuM 1986, 211.
28 BGH NJW 2007, 146 = NZM 2007, 37, 38 Tz 9.
29 KG WuM 2007, 68; LG Berlin NZM 2000, 457.
30 OLG Köln NJW-RR 1994, 334; LG Kassel WuM 1988, 155.
31 LG Kassel WuM 1988, 155.
32 LG Köln ZMR 2011, 955.
33 BGBl I, 2346.
34 OLG Düsseldorf NJW-RR 2005, 13 = NZM 2004, 866; LG Braunschweig WuM 2009, 288; *Staudinger* Rn 10.
35 LG Berlin GE 2006, 578.

das Recht, in dem Garten dauerhaft Liegestühle, Blumenkübel oder ein großes Garten-
haus aufzustellen[36], wohl aber das Recht, einen Spielplatz anzulegen, sofern genügend
Platz vorhanden ist.[37] Jeder Mieter darf an der Außenwand außerdem Blumenkästen und
Hinweisschilder anbringen, beides indessen nur, soweit damit nicht Gefahren für Dritte
verbunden sind wie etwa bei der Anbringung von Blumenkästen an der Außenseite des
Balkons.[38] Ob sich dagegen ein Mietvertrag über gewerbliche Räume auch auf die **Außen-
flächen** des vermieteten Stockwerks oder Gebäudes erstreckt, so dass der Mieter diese für
Reklamezwecke oder zur Anbringung von Automaten nutzen kann, hängt von der Auslegung des Vertrags im Einzelfall ab (§§ 133, 157).[39] Dagegen darf jeder Mieter ohne Weiteres
an der Außenwand Blumenkästen und Hinweisschilder anbringen.[40] Dasselbe gilt nach
hM für **Plakate** und Schriftbänder politischen Inhalts.[41] Vorhandene **Fahrstühle** darf der
Mieter gleichfalls benutzen; sie gelten als mitvermietet und müssen sich deshalb in einem
verkehrssicheren Zustand befinden und an sämtlichen Tagen rund um die Uhr in Betrieb
gehalten werden; an den Kosten dürfen auch die Mieter der Erdgeschosswohnung beteiligt
werden.[42] Unzulässig ist jedoch eine ständige **Videoüberwachung** des Fahrstuhls.[43]

II. Überlassungspflicht

1. Aufgrund des § 535 Abs 1 S 1 umfasst die Verpflichtung des Vermieters zur Gewäh- 7
rung des Gebrauchs der vermieteten Sache während der Mietzeit als erstes die Verpflichtung, dem Mieter den Gebrauch der vermieteten Sache zu gewähren, dh die **Sache** zu
überlassen. Er muss deshalb die Sache dem Mieter **übergeben, soweit** dies zur Durchführung des vertragsgemäßen Gebrauchs **erforderlich** ist,[44] dh in einer Weise zur Verfügung stellen, die es dem Mieter erlaubt, ohne weiteres den vertragsgemäßen Gebrauch
der Sache auszuüben.[45] Dies muss **mit Willen des Vermieters** geschehen; es stellt keine
Erfüllung des Mietvertrages, sondern in der Regel verbotene Eigenmacht dar, wenn sich
der Mieter einseitig in den Besitz der Mietsache setzt.[46] Bei beweglichen Sachen gehört
deshalb zur Erfüllung der Überlassungspflicht idR, aber nicht notwendig die **Übergabe**,
dh die Verschaffung des unmittelbaren Besitzes iS des § 854.[47] Abweichende Abreden sind
möglich.[48] Miete ist auch die **Überlassung von Hauswänden** zur Anbringung von Reklameschriften oder Automaten,[49] die Gestattung der bloßen, vorübergehenden Benutzung

---

36 LG Berlin (vorige Fn).
37 LG Lübeck WuM 1993, 669.
38 LG Berlin GE 2011, 1230.
39 RGZ 80, 281; BGH LM Nr 10 zu § 535 BGB = ZMR 1957, 225; LM Nr 1 zu § 157 (B) BGB = BB 1954, 83; s für
Berlin KG GE 1987, 997; ferner OLG Hamm NJW 1958, 1239; OLG Düsseldorf NJW 1958, 1094; *Mittelstein* Miete,
256f; *Sonnenschein* in: Gestaltung von Mietverträgen, PiG Bd 20 (1985) 69, 93.
40 S *Hamann* ZMR 1974, 3.
41 LG Aachen WuM 1988, 53; LG Hamburg WuM 1986, 134; LG Darmstadt WuM 1983, 137 = NJW 1983, 1201;
kritisch *Staudinger* Rn 12.
42 BGH NJW 2006, 3557; 2009, 2058; OLG Frankfurt NZM 2004, 909 = NJW-RR 2004, 1667; LG Berlin GE
2007, 54.
43 KG NZM 2007, 736.
44 Mot II 369f; BGHZ 19, 85, 93f = NJW 1956, 104; OLG Naumburg ZMR 2000, 290.
45 BGH NJW-RR 2004, 1566 = ZMR 2004, 813, 814 m Anm *Emmerich* JuS 2005, 70.
46 *Flatow* PiG 83 (2008), 87, 89.
47 BGHZ 65, 137, 139ff = NJW 1976, 105; BGH NJW-RR 2004, 1566 = ZMR 2004, 813, 814; NJW 2002, 3322 =
NZM 2002, 924.
48 BFHE 165, 428, 430; OLG Düsseldorf ZMR 2003, 178, 179.
49 S o Rn 6; RGZ 141, 99, 101f.

eines Grundstücks zu bestimmten Zwecken, zB als Garageneinfahrt,[50] die Gestattung der Benutzung eines Flugplatzes durch Fluggesellschaften oder Flugschulen[51] sowie die Erlaubnis, in den Räumen des Vermieters zu bestimmten Zeiten eine Sache, etwa eine EDV-Anlage zu nutzen.[52]

8   **2.** Die Überlassung der Mietsache in einem mangelfreien Zustand ist ebenso wie die Erhaltung der Mietsache (u Rn 20ff) eine **Hauptleistungspflicht des Vermieters.** Solange der Vermieter dieser Pflicht nicht ordnungsgemäß nachgekommen ist, hat der Mieter den Erfüllungsanspruch, der während der Vertragsdauer – als Dauerverpflichtung – nicht verjähren kann.[53] Der Anspruch des Mieters erlischt jedoch, wenn seine Erfüllung dem Vermieter unmöglich ist oder unmöglich wird (§ 275). Der Mieter wird dann ebenfalls frei (§ 326 Abs 1) und kann zurücktreten (§ 326 Abs. 5). Außerdem kann der Vermieter, wenn und solange er die Verpflichtung zur mangelfreien Übergabe der Mietsache nicht erfüllt hat, von dem Mieter nicht die Zahlung der Miete verlangen (**§ 320 Abs 1**).[54] Die weiteren Rechte des Mieters hängen davon ab, ob es sich um einen Fall der (anfänglichen oder nachträglichen) **Unmöglichkeit oder** des bloßen **Verzugs** handelt.[55] Die **Abgrenzung** zwischen Unmöglichkeit und Verzug richtet sich in erster Linie danach, ob die infolge der Verzögerung der Übergabe verlorene **Zeit nachgeholt** werden kann oder nicht.[56] Ist eine Nachholung **nicht möglich,** so handelt es sich bei dem Vertrag um ein **absolutes Fixgeschäft,** bei dem eine Verzögerung der Übergabe zur Teilunmöglichkeit der Erfüllung der Zeit nach führt. Diese Annahme wird insbesondere **bei der Raummiete** häufig naheliegen.[57] Bloßer **Verzug** ist dagegen zB anzunehmen, wenn nach den Abreden der Parteien der Vertrag überhaupt erst mit der tatsächlichen Übergabe der vermieteten Räume beginnen soll oder wenn bei einem langfristigen Mietvertrag die zu Beginn der Mietzeit ausgefallene Zeit einfach am Ende „angehängt" und auf diese Weise nachgeholt werden kann.[58]

9   Im Falle bloßen **Verzugs** (o Rn 8) richtet sich die **Haftung** des Vermieters **nach den §§ 280, 281 und 286.** Seine Haftung setzt danach grundsätzlich voraus, dass er die Verzögerung zu vertreten hat (§§ 280 Abs 1 S 2, 286 Abs 4). Aus dem Vertrag kann sich jedoch eine weitergehende Haftung des Vermieters ergeben (§ 276 Abs 1 S 1).[59] In der Mehrzahl der Fälle dürfte hier jedoch von **Unmöglichkeit** oder Unvermögen auszugehen sein (o Rn 8). Um einen Fall **anfänglichen Unvermögens** handelt es sich insbesondere, wenn der Vermieter die Sache dem Mieter **nicht rechtzeitig übergeben kann,** weil der Besitzer der Sache, zB der Vormieter, nicht zu ihrer Herausgabe bereit ist.[60] In diesen Fällen muss danach unterschieden werden, ob das Unvermögen des Vermieters seinen Grund in dem vorrangigen *Recht* eines Dritten hat oder auf *tatsächlichen* Gründen beruht. In dem zuerst genannten

---

50 BGH LM Nr 120 zu § 535 BGB = NJW-RR 1989, 589; NJW 2002, 3322; OLG Karlsruhe ZMR 1988, 257.
51 OLG Düsseldorf ZMR 2002, 41, 43f = NZM 2002, 21; vgl auch BGH NJW-RR 2004, 1566 = ZMR 2004, 813, 814.
52 Mot II 369f; RGZ 141, 99, 101f; BGH NJW-RR 1993, 178.
53 BGHZ 184, 253, 257 Tz 17 f = NJW 2010, 1292.
54 OLG Düsseldorf ZMR 1983, 376; OLG Koblenz ZMR 1993, 68; *Staudinger* Rn 16ff.
55 S *Staudinger* Rn 17, Vorbem § 535 Rn 4f; *Flatow* PiG 83 (2008), 87, 94ff; *Hau/Klinck* PiG 83 (2008), 67, 81ff; *Kraemer* NZM 2004, 721.
56 *Emmerich* PiG Bd 65 (2002) 1 = NZM 2002, 362, 364; *ders* PiG Bd 46 (1995) 119, 132f; *Horst* DWW 2002, 6, 13f; *Oetker,* Das Dauerschuldverhältnis und seine Beendigung, 1994, S 327ff.
57 S u Vorbem zu § 536 Rn 10; *Emmerich* Das Recht der Leistungsstörungen (6. Aufl 2005), § 4 Rn 5f (S 52f m Nachw).
58 BGH LM Nr 47 zu § 537 BGB = NJW 1992, 3226; NJW 1988, 251, 252; OLG Düsseldorf MDR 1990, 725.
59 S BGH LM Nr 47 zu § 537 BGB (Bl 4f) = NJW 1992, 3226; *Emmerich* PiG Bd 46 (1995) 119, 133.
60 S *Emmerich* PiG Bd 46 (1995) 119, 128f.

Fall handelt es sich um einen **anfänglichen Rechtsmangel,** für den es nach den §§ 536 Abs 3 und 536a Abs 1 bei der herkömmlichen Garantiehaftung des Vermieters für anfängliches Unvermögen geblieben ist, während in den **übrigen Fällen** heute nur noch eine Verschuldenshaftung des Vermieters aufgrund der §§ 275 und 311a Abs 2 eingreift, sofern die Parteien nicht ausdrücklich oder konkludent etwas anderes vereinbart haben (§ 276 Abs 1 S 1), insbesondere in Gestalt einer **Garantie** für die Einhaltung des vereinbarten Übergabetermins. Weist die Sache bei ihrer Übergabe an den Mieter **Mängel** auf, so kann sie der Mieter außerdem **zurückweisen,** ohne in Annahmeverzug zu geraten; zugleich entfällt dann seine Verpflichtung zur Zahlung der Miete (§ 320 Abs 1).[61] Die **Beweislast** für die Mangelfreiheit der Sache bei Übergabe trägt der Vermieter, während den Mieter die Beweislast trifft, wenn er die Sache zunächst als Erfüllung angenommen hatte (§ 363).[62]

III. Erhaltungspflicht

1. Der Vermieter muss die Sache dem Mieter nicht nur in einem zum vertragsgemäßen **10** Gebrauch geeigneten Zustand überlassen (s Rn 7ff), sondern sie außerdem während der ganzen Vertragsdauer **in diesem Zustand erhalten** (§ 535 Abs 1 S 2). Die Erhaltungspflicht ist die **zweite Hauptleistungspflicht** des Vermieters, die im Austauschverhältnis mit der Mietzahlungspflicht des Mieters steht (§§ 320ff).[63] **Maßstab** der Erhaltungspflicht ist der dem Mieter nach dem Vertrag geschuldete **vertragsgemäße Gebrauch** (u Rn 18ff). Bei Verstößen des Vermieters gegen die Erhaltungspflicht hat der Mieter in erster Linie den **Erfüllungsanspruch** (§ 535 Abs 1) sowie ergänzend die sich aus den §§ 536ff ergebenden Rechte. Weitere Rechte des Mieters können sich je nach den Umständen des Falles aus den §§ 280ff und aus § 320 ergeben. Bei der Erhaltungspflicht des Vermieters handelt es sich um eine **Dauerverpflichtung,** die während der gesamten Mietdauer zu erfüllen ist, so dass die daraus resultierenden Ansprüche und Rechte des Mieters während der Vertragsdauer **nicht verjähren** können (Rn. 8). Eine weitere Folge ist, dass die Erhaltungspflicht in der **Insolvenz des Vermieters** eine Masseverbindlichkeit darstellt, und zwar ohne Rücksicht darauf, ob die fraglichen Mängel bereits vor oder erst nach Eröffnung des Insolvenzverfahrens entstanden sind (§ 55 Abs 1 Nr 2 InsO).[64]

2. Aus der Verpflichtung des Vermieters, den Mieter vor Störungen des vertragsge- **11** mäßen Gebrauchs zu bewahren (o Rn 10), ergibt sich bei der gewerblichen Miete die zusätzliche Verpflichtung, den Mieter grundsätzlich gegen Konkurrenz im selben Haus zu schützen, soweit die Parteien nichts anderes vereinbart haben (sog **vertragsimmanenter Konkurrenzschutz).**[65] Abreden der Parteien haben in jedem Fall den Vorrang, da die Parteien den Konkurrenzschutz sowohl beliebig ausdehnen als auch einschränken oder ausschließen können, und zwar auch durch Formularvertrag.[66] Fehlen Vereinbarungen, so hängt das **Ausmaß des Konkurrenzschutzes** des Mieters von den Umständen des Einzelfalles ab (§§ 133, 157, 242).[67] Dazu gehört auch die Konkurrenzsituation bei Vertrags-

---

61 BGH NZM 1998, 766 = NJW-RR 1998, 1462.
62 BGH NJW 2007, 2394 Tz 23f = NZM 2007, 379; GE 2009, 1183 Tz 11; OLG Düsseldorf NZM 2009, 435.
63 BGHZ 92, 363, 367 = NJW 1985, 480; BGHZ 108, 1, 6 = NJW 1989, 2247; BGHZ 118, 194, 198 = NJW 1992, 1759; WM 2003, 984, 985; *Sonnenschein* PiG Bd 46 (1995) 7.
64 BGH NZM 2003, 472 = ZMR 2003, 418.
65 S OLG Hamm ZMR 1997, 581; KG NZM 2007, 566; 2008, 248; 2009, 623.
66 OLG Hamm ZMR 1997, 581; KG NZM 2007, 566, 567; 2008, 248; ZMR 2008, 616, 617 = NZM 2009, 623: OLG Brandenburg GE 2009, 1122.
67 BGH NJW 2013, 44 Tz 37; NJW 2012, 844, 846 Tz 33 = NZM 2012, 196, 199; KG ZMR 2011, 30, 32.

Volker Emmerich

abschluss: Schließt der Mieter in Kenntnis einer schon bestehenden Konkurrenzsituation den Mietvertrag ab, so wird in der Regel davon auszugehen sein, dass er damit auf einen Konkurrenzschutz verzichtet.[68] **Verstößt** der **Vermieter** gegen die Pflicht, den Mieter vor Konkurrenz zu schützen, so kann der Mieter **Erfüllung** durch Unterlassung der Vermietung an den Konkurrenten verlangen (§ 535 Abs 1 S 2) und für die Zeit, während derer der Vermieter dieser Pflicht nicht nachkommt, die Miete **mindern** (§ 536).[69] Außerdem kommen Schadensersatzansprüche des Mieters in Betracht (§§ 280, 536a).

12   Mangels abweichender Abreden der Parteien[70] greift der Konkurrenzschutz nach § 242 grundsätzlich **nur** ein, **wenn** es sich um **Geschäfte mit denselben Hauptartikeln** handelt, so dass es zu einer Überschneidung der wichtigsten Tätigkeitsbereiche der beiden Geschäfte kommt.[71] Eine Überschneidung bei Randbereichen des Sortiments genügt nicht. In diesem Umfang besteht der Konkurrenzschutz, wenn die Parteien nichts anderes vereinbart haben, auch in großstädtischen Einkaufsstraßen und **in Einkaufszentren**[72] **sowie für** die **freien Berufe**, zB in einem Ärztehaus, freilich immer nur für Ärzte derselben Fachrichtung.[73] Die Verpflichtung zur Fernhaltung von Konkurrenz besteht jedoch grundsätzlich **nur für dasselbe Grundstück** iS einer wirtschaftlichen Einheit[74] und nur in Ausnahmefällen auch für demselben Vermieter gehörende Nachbargrundstücke,[75] auf keinen Fall aber, wenn der Abstand zwischen den Grundstücken 350 m beträgt.[76]

13   **3.** Der Vermieter muss den Mieter **gegen Störungen** im vertragsgemäßen Gebrauch durch Dritte einschließlich der Mitmieter **schützen**.[77] Hierher gehört insbesondere der Schutz gegen übermäßige **Lärmimmissionen**.[78] Die wichtigsten Lärmquellen, die immer wieder zu Auseinandersetzungen führen, sind die Musikausübung durch einzelne Mieter, Kinder- und Tierlärm sowie Bad- und Toilettengeräusche.[79] Der Lärm, der sich aus der Tatsache des Zusammenlebens mehrerer Menschen in einem größeren Miethaus ergibt, muss aber hingenommen werden. Beispiele sind die unvermeidlichen Geräusche des Duschens oder Badens, und zwar auch nachts[80], sowie der übliche Kinderlärm.[81] Gegen Störungen, die der Mieter nicht hinzunehmen braucht, muss der Vermieter einschreiten (§ 535 Abs 1 S 2); notfalls muss er übermäßig störenden Mitmietern **kündigen**.[82]

---

68 S OLG Frankfurt NZM 2004, 706, 707f; OLG Koblenz NJW-RR 2005, 1680 = ZMR 2005, 861, 862.
69 BGH NJW 2013, 44 Tz 50 ff.
70 S KG GE 2002, 667; ZMR 2011, 30.
71 BGHZ 70, 79, 80f = NJW 1978, 585; BGH NJW 1974, 2317; LM Nr 17 zu § 536 BGB = NJW 1979, 1404; LM Nr 25 zu § 133 (B) BGB = NJW-RR 1986, 9; OLG Hamm NZM 1998, 511 = NJW-RR 1998, 1017; OLG Köln NZM 1998, 512 = NJW-RR 1998, 1017; OLG Düsseldorf GE 2010, 411; s *Staudinger* Rn 24.
72 OLG Frankfurt NJW-RR 1988, 396; OLG Celle ZMR 1992, 448.
73 BGHZ 70, 79, 82ff = NJW 1978, 585; BGH NJW 2013, 44.
74 RGZ 131, 274; OLG Hamburg MDR 1964, 59; OLG Frankfurt NJW-RR 1988, 396.
75 OLG Celle MDR 1964, 59.
76 BGH NJW 1979, 1404 = LM Nr 17 zu § 536 BGB; OLG Rostock NZM 2006, 295; OLG Nürnberg NZM 2008, 843.
77 BGHZ 99, 182, 191f = NJW 1987, 831; BGH LM Nr 8 zu § 536 BGB = WM 1966, 763; KG GE 2001, 1603; *Börstinghaus* in: Vermieterleistungen, PiG 67 (2003), S 103.
78 S u § 536 Rn 27ff; ausführlich *Barthelmess*, in: FS Blank, 2006, S 23.
79 S dazu ausführlich mN *Barthelmess*, in: FS Blank [2006] 23; *Horst* MDR 2012, 70.
80 OLG Düsseldorf ZMR 1991, 226; LG Köln NJW-RR 1997, 1440 = WuM 1997, 323.
81 LG München I NZM 2005, 339 = NJW-RR 2005, 548; *Stollenwerk* NZM 2004, 289.
82 LG Berlin GE 1999, 380 = WuM 1999, 329; AG Bad Segeberg WuM 2000, 601ff.

IV. Insbesondere Instandhaltungs- und Instandsetzungspflicht

1. Der Vermieter ist nach § 535 Abs 1 S 2 verpflichtet, die vermietete Sache während der 14 ganzen Vertragsdauer in einem Zustand zu erhalten, der dem Mieter den vertragsgemäßen Gebrauch ermöglicht und durch den der Mieter und seine Angehörigen nicht gefährdet werden. Darin eingeschlossen ist die Pflicht zur Instandhaltung und Instandsetzung der Mietsache. Die Grenze zwischen Instandhaltung und Instandsetzung ist flüssig, die genaue Abgrenzung beider Pflichten schwierig, wichtig aber zB, wenn der Mieter nach dem Mietvertrag (nur) zur Instandhaltung, nicht dagegen auch zur Instandsetzung der Mietsache verpflichtet ist.[83] Üblicherweise wird zur Definition des Begriffs der **Instandhaltung** auf § 28 Abs 2 S 1 der II. BV zurückgegriffen, wonach die Instandhaltungskosten die Kosten sind, die während der Nutzungsdauer zur Erhaltung des bestimmungsmäßigen Gebrauchs aufgewendet werden müssen, um die durch Abnutzung, Alterung und Witterungseinwirkung entstehenden baulichen oder sonstigen Mängel ordnungsgemäß zu beseitigen. Als **Instandsetzung** bezeichnet man dagegen die Maßnahmen des Vermieters zur Beseitigung von während der Vertragsdauer auftretenden Mängeln einschließlich der Erneuerung defekter Teile und Einrichtungen, wobei jedoch nur im Einzelfall beurteilt werden kann, wieweit tatsächlich die Verpflichtung des Vermieters zur Erneuerung defekter Teile und Einrichtungen jeweils geht.[84] Die Entscheidung über die nötigen Maßnahmen obliegt allein dem Vermieter.[85] Soweit es dabei um den Schutz des Mieters vor Gefahren geht, die von einem mangelhaften Zustand der Sache drohen, spricht man auch von der **Verkehrssicherungspflicht** des Vermieters.[86] Sie bedeutet zB, dass der Vermieter alle erforderlichen und zumutbaren Maßnahmen ergreifen muss, um dem Mieter durch Einbrüche drohende Gefahren zu verhindern.[87] Die Verkehrssicherungspflicht des Vermieters erstreckt sich **auch** auf die **mitvermieteten Zu- und Abgänge**, Treppen und Flure, Fahrstühle, Keller und Böden (o Rn 4), so dass sich diese Räume und Flächen ohne Ausnahme in einem Zustand befinden müssen, der vermeidbare Gefahren für die Mieter sowie deren Angehörige und Besucher ausschließt.[88] Entsprechendes gilt für alle mitvermieteten Anlagen und Einrichtungen einschließlich zB eines Aufzugs.[89] Abweichende Bestimmungen in Formularverträgen sind nicht möglich.[90]

Keine Rolle spielen grundsätzlich die **Kosten**, die durch eine etwaige Reparatur ver- 15 ursacht werden. Ihre **Grenze** findet die Reparaturpflicht des Vermieters lediglich an **§ 275 Abs 1 und Abs 2**; die Reparaturpflicht des Vermieters entfällt folglich grundsätzlich nur bei **Unmöglichkeit** sowie im Falle der übermäßigen Leistungserschwerungen infolge der Überschreitung der so genannten **Opfergrenze**.[91] Eine **Verjährung** des Anspruchs des Mieters auf Mängelbeseitigung kommt während des Bestandes des Mietvertrages nicht in Betracht (o Rn 11). Die **Beweislast** für die Erfüllung der **Reparaturpflicht** trägt der Vermieter.[92] Ist der Vermieter nur **Wohnungseigentümer**, so ändert dies ebenfalls nichts an

---

83 S im einzelnen *J Schmidt* NZM 2011, 681.
84 *J Schmidt* NZM 2011, 681, 682 ff; *Strauch* NZM 2011, 392 f.
85 LG Hamburg ZMR 2010, 610, 611.
86 *Hitpaß* ZMR 2008, 935; *Schuschke* NZM 2006, 733.
87 BGH LM Nr 2 zu § 535 BGB = ZMR 1953, 337; LM Nr 13 zu § 3 VermG = WM 2001, 1346; OLG Hamburg NJW-RR 1988, 1481 = WuM 1989, 68.
88 BGH LM Nr 36 zu § 276 (Cc) BGB = NJW 1994, 2232; NJW 2009, 143 Tz 13; 2007, 125 f.
89 BGH NJW-RR 2004, 1596 = ZMR 2004, 898, 899.
90 OLG Celle WuM 1990, 103, 114.
91 S vor § 536 Rn 4ff; insbes BGH WuM 2010, 348 = NZM 2010, 507 = NJW 2010, 2050; *Emmerich* NZM 2010, 497.
92 OLG Hamm NJW-RR 1995, 525, 526.

dem Umfang seiner Erhaltungspflicht; notfalls muss er sich, soweit erforderlich, intensiv um die Zustimmung der anderen Wohnungseigentümer zu den erforderlichen Maßnahmen bemühen.[93]

16   2. Die Verkehrssicherungspflicht umfasst die Verpflichtung des Vermieters, die vermietete Sache in regelmäßigen Abständen daraufhin zu überprüfen, ob sie sich in einem ordnungsgemäßen Zustand befindet.[94] Die **Prüfungspflicht** darf aber **nicht überspannt** werden, um zu verhindern, dass den Vermieter im praktischen Ergebnis letztlich eine Gefährdungshaftung trifft.[95] Den Vermieter trifft insbesondere **keine Pflicht zur** regelmäßigen „**Generalinspektion**" der elektrischen Leitungen und Anlagen,[96] der Öfen und Heizungen sowie der Leitungen und Regenrinnen.[97] Anders verhält es sich erst im Falle einer **Anzeige** von Mängeln durch dem Mieter, sowie wenn **konkrete Anhaltspunkte** für Mängel bestehen, wenn es zB bereits wiederholt zu Verstopfungen oder zu Wassereinbrüchen gekommen ist.[98] Auch bei Räumen, Geräten und Installationen, die sich im Besitze der Mieter befinden, kann der Vermieter grundsätzlich darauf vertrauen, dass die Mieter ihm etwaige Mängel rechtzeitig anzeigen werden (§ 536c).[99]

17   3. Die **Reinigung und Beleuchtung** der Zu- und Abgänge sowie der Treppen und Flure bildet ebenfalls einen Teil der Verkehrssicherungspflicht des Vermieters,[100] wobei (mindestens) **zwei Rechtsgrundlagen** unterschieden werden müssen, einmal die **Wegegesetze** der Länder i.V.m. den Satzungen der Gemeinden und zum anderen die zivilrechtliche **Verkehrssicherungspflicht** auf der Grundlage des § 823 Abs 1, die hier allein interessiert. Soweit es sich um das Verhältnis des Vermieters zum Mieter handelt, ergibt sich dieselbe Verkehrssicherungspflicht noch einmal aus dem **Mietvertrag** nach § 535 Abs 1. Im Winter ergibt sich daraus die Pflicht, im Rahmen des Üblichen und Zumutbaren, dh grundsätzlich (nur) von 7 Uhr morgens bis zum Abend, aber eben nicht nachts, die Zu- und Abgänge von **Schnee und Eis** zu räumen und gegebenenfalls mit abstumpfenden Mitteln zu streuen.[101] Das gilt jedenfalls für Mehrfamilienhäuser, während bei Einfamilienhäusern idR davon auszugehen sein wird, dass die genannten Pflichten vertraglich auf den Mieter abgewälzt sind. Solche **Abwälzung** ist vertraglich immer möglich und kann auch durch Formularvertrag geschehen.[102] Voraussetzung ist aber, dass die fragliche Klausel klar und eindeutig ist (§§ 305c, 311).[103] Sind die genannten Pflichten wirksam auf den Mieter abgewälzt, so kann der Vermieter so lange auf deren ordnungsgemäße Erfüllung durch den Mieter vertrauen, wie keine konkreten Anhaltspunkte für ein vertragswidriges Verhalten

---

93   KG ZMR 1990, 336; LG Berlin GE 1989, 1113; *Briesemeister*, in: 10 Jahre Mietrechtsreformgesetz, 2011, S 98.
94   BGH VersR 1966, 81, 82; WM 1976, 537; OLG Saarbrücken NJW 1993, 3077; OLG Celle ZMR 1996, 197, 198f; *Derleder* in: Vermieterpflichten, PiG 67 (2003), S 1, 8ff.
95   BGH VersR 1966, 81, 82; LM Nr 3 zu § 586 BGB = NJW-RR 1993, 521; NJW 2009, 143 = NZM 2008, 927; KG NZM 2007, 125f.
96   BGH NJW 2009, 143 Tz 17f = NZM 2008, 927.
97   BGH WuM 2911, 465 Tz 3; OLG Düsseldorf GE 2011, 336; ZMR 2012, 851.
98   BGH NJW 2009, 143 Tz 18f = NZM 2008, 927; OLG Celle NJW-RR 2010, 308 = ZMR 2009, 683, 684.
99   OLG Frankfurt ZMR 2003, 674, 675; OLG Köln ZMR 2004, 819, 820.
100 S *Staudinger* Rn 33f; *H Fuchs-Wissemann* WuM 1988, 377; *Ketterer/Giehl/Leonhardt* Die Streupflicht (3. Aufl 1970); *Sternel* Mietrecht, Rn II 90ff (S 356ff).
101 BGH LM Nr 142 zu § 823 (Dc) BGB = NJW 1985, 484; VersR 1965, 364; KG NJW 1970, 2110; OLG Koblenz NJW-RR 2008, 1331 = NZM 2008, 687.
102 BGH NJW 2008, 1440 Tz 9 = NZM 2008, 242; OLG Köln WuM 1995, 316 = ZMR 1995, 308.
103 BGH LM Nr 142 zu § 823 [Dc] BGB = NJW 1985, 484; OLG Frankfurt WuM 1988, 399; LG Stuttgart WuM 1988, 399.

des Mieters hervortreten; bei dem Vermieter verbleibt insoweit eine **Kontroll- und Überwachungspflicht.**[104] Dieselben Regeln gelten entsprechend für das Problem der **Müllbeseitigung.**[105] Hat der Mieter wirksam die Reinigungs- und Streupflicht übernommen, so haftet er bei einer Verletzung der übernommenen Pflicht gegebenenfalls selbst gegenüber Dritten nach § 823 Abs 1.[106] Deshalb muss er für eine **Ersatzkraft** sorgen, wenn er vorübergehend verhindert ist (§ 278). Das gilt grundsätzlich auch, wenn er infolge Krankheit oder Alters darin gehindert ist, seiner Reinigungs- oder Schneeräumungspflicht nachzukommen.[107]

V. Umfang des vertragsgemäßen Gebrauchs

1. Wohnräume. Der vertragsgemäße Gebrauch ist der **Zentralbegriff des Miet-** 18 **rechts,** nach dem sich letztlich sämtliche Rechte und Pflichten der Parteien richten: Während der Vermieter bis Vertragsende alles zu tun hat, um dem Mieter den vertragsgemäßen Gebrauch zu ermöglichen (§ 535 Abs 1 S 2), muss sich der Mieter bei dem Gebrauch der Mietsache seinerseits strikt an die Grenzen des vertragsgemäßen Gebrauchs halten (§§ 538, 541). Was im Einzelnen jeweils zum vertragsmäßen Gebrauch gehört, richtet sich in erster Linie **nach den Abreden** der Parteien (§§ 311 Abs 1, 535). Ergänzend sind **Art und Lage** des Mietobjektes sowie die **Verkehrssitte** zu berücksichtigen (§§ 133, 157, 242).[108] Bei vertraglichen Regelungen des vertragsgemäßen Gebrauchs muss man vor allem zwischen individualvertraglichen und formularvertraglichen Regelungen unterscheiden. **Individualvertraglich** sind beliebige Regelungen in den Grenzen der §§ 134 und 138 zulässig, zB auch ein generelles Verbot des Rauchens in den gemieteten Räumen,[109] der Tierhaltung (Rn 28 f) oder der Musikausübung (Rn 27). Für **formularvertragliche Einschränkungen** des vertragsgemäßen Gebrauchs bestehen dagegen aufgrund des § 307 wesentlich engere Schranken, auf die bei der Erörterung der einzelnen Fragen einzugehen ist. Besonderheiten gelten, wenn sich die gemietete Wohnung in einer **Wohnungseigentumsanlage** befindet, weil es hier zu Kollisionen zwischen der Gemeinschaftsordnung und dem Mietvertrag über die einzelne Wohnung kommen kann. Grundsätzlich bindet die **Gemeinschaftsordnung** der Wohnungseigentümer den Mieter einer Wohnung nur, wenn der Mietvertrag wirksam auf sie Bezug nimmt, sonst also *nicht.* Stört der Mieter durch einen ihm an sich nach dem Vertrag erlaubten Gebrauch wie etwa die Musikausübung die anderen Wohnungseigentümer entgegen der Gemeinschaftsordnung, so können diese freilich nach den **§§ 862 und 1004** gegen den Mieter vorgehen und **Unterlassung** verlangen, so dass sich der Mieter dann nur an seinen Vermieter halten kann (§§ 535, 536 und 536a), wodurch der Vermieter in eine ausgesprochen schwierige Situation geraten kann.[110] Bei **Mängeln der vermieteten Eigentumswohnung** kann sich der Mieter ebenfalls grundsätzlich nur an seinen Vermieter halten (§§ 535 Abs 1 S 2, 536).

Sind Räume als Wohnräume vermietet, so dürfen sie grundsätzlich **nicht für gewerb-** 19 **liche Zwecke** genutzt werden.[111] Anders beurteilt werden jedoch normale **Büroarbeiten,**

---

104 BGH NJW 2008, 1440 Tz 9 = NZM 2008, 242; LG Karlsruhe ZMR 2006, 698.
105 LG Aachen NJW-RR 1988, 783.
106 BGH NJW 2008, 1440 = NZM 2008, 242.
107 LG Flensburg WuM 1987, 52 = ZMR 1988, 140 Nr 10; LG Wuppertal WuM 1987, 381; str.
108 BGH NZM 2007, 512 = WuM 2007, 381 Tz 8.
109 *Börstinghaus/Pielsticker* WuM 2012, 480, 485.
110 S *Blank* WuM 2013, 94; *Dötsch* WuM 2012, 90; *Jacoby* ZWE 2012, 70; *ders* ZMR 2012, 669, 672f; *Briesemeister*, in: 10 Jahre Mietrechtsreformgesetz, 2011, S. 98.
111 S *Beuermann* GE 1995, 1214; *Glaser* NJW 1956, 1265f; *Morath* GE 2006, 628.

Volker Emmerich

insbesondere der Angehörigen der freien Berufe, sowie sonstige gewerbliche Tätigkeiten in beschränktem Umfang, von denen keine Belästigung der anderen Mieter und keine Gefährdung des Mietobjektes zu besorgen ist, vorausgesetzt, dass der Mietvertrag nicht ausdrücklich das Gegenteil bestimmt und dass der Wohnzweck bei dem Vertrag weiterhin im Vordergrund steht.[112] Entscheidend ist mit anderen Worten, ob die **Tätigkeit** durch die Beschäftigung von Mitarbeitern oder durch den Empfang von Kunden in der Wohnung **nach außen hervortritt** oder nicht; während die Tätigkeit in dem zweiten Fall grundsätzlich erlaubt ist, ist der Vermieter in dem zuerst genannten Fall nur in Ausnahmefällen nach § 242 zur Erlaubnis verpflichtet, wobei den Mieter die Beweislast für die maßgebenden Umstände trifft.[113] **Zulässig** ist danach zB die Beaufsichtigung von höchstens zwei bis drei Kindern durch eine so genannte Tagesmutter[114]; **unzulässig** sind dagegen der Betrieb einer freiberuflichen Praxis[115] oder eines Geschäfts mit Laufkundschaft.[116]

20 **2. Gewerbliche Miete.** Sind Räume für bestimmte gewerbliche Zwecke vermietet, so stellt sich die Frage, ob eine **spätere Erweiterung oder Umstellung** des Gewerbebetriebs noch durch den vertragsgemäßen Gebrauch gedeckt ist.[117] Fehlen Abreden der Parteien über diesen Punkt, so dürfte nach den §§ 157 und 242 für den Regelfall davon auszugehen sein, dass eine bei Vertragsabschluss abzusehende **normale Erweiterung** des Gewerbebetriebs erlaubt ist. Eine Erweiterung durch die **Aufnahme neuer Geschäftszweige** kann gleichfalls zulässig sein, selbst wenn dadurch der Charakter des Gewerbebetriebs verändert wird. Maßgebend ist insoweit, ob dem Vermieter die Veränderung aufgrund der gesamten Umstände nach Treu und Glauben **zuzumuten** ist und der Mieter an ihr ein **berechtigtes Interesse** hat (§§ 157, 242). Prinzipiell dieselben Grundsätze sind bei einer **Umstellung** des bisher in den Räumen betriebenen **Geschäftes** maßgebend.[118] Als **erlaubt** wurden zB angesehen die Veränderung des Verwendungszwecks einer Gastwirtschaft[119] sowie die Umstellung einer Damenmaßschneiderei auf einen Konfektionsbetrieb.[120] Offenbar **vertragswidrig** ist dagegen zB der Verkauf von pommes frites in einer Bücherstube.[121] Ebenso **negativ** beurteilt wurden in jüngster Zeit noch die Umstellung einer fachärztlichen Praxis für Orthopädie in eine allgemeinärztliche Praxis sowie die Aufnahme des Verkaufs gefährlicher Feuerwerkskörper, die nur in die Hände von Erwachsenen gehören, in einem ausgesprochenen Kindergeschäft.[122]

21 **3. Bauliche Veränderungen.** Bauliche Veränderungen der gemieteten Räume sind dem Mieter ohne Zustimmung des Vermieters **grundsätzlich verwehrt**. Aber es gibt **Ausnahmen**. Bestimmte geringfügige Eingriffe in die Bausubstanz sind ohne weiteres durch den vertragsgemäßen Gebrauch gedeckt; bei anderen Eingriffen kann der Mieter nach

---

112 LG Frankfurt WuM 1996, 532; viel enger dagegen LG Berlin GE 2002, 465, 466f = NZM 2002, 1029 für einen Innenarchitekten.
113 BGH NJW 2009, 3153 = NZM 2009, 658 Tz 17.
114 LG Berlin WuM 1993, 39.
115 LG Berlin NZM 2002, 1029.
116 LG Schwerin WuM 1996, 214 = ZMR 1996, 1223.
117 S Staudinger Rn 38f; *Joachim* NZM 2009, 681.
118 BGH LM Nr 14 zu § 553 BGB = WM 1985, 233; LM Nr 5 zu § 2 ErbbauVO = NJW 1984, 2213; OLG Karlsruhe ZMR 1987, 419, 421.
119 BGH LM Nr 1 zu § 550 BGB = ZMR 1954, 211; LM Nr 2 zu § 550 BGB = NJW 1957, 1833.
120 BGH LM Nr 3 zu § 550 BGB = MDR 1961, 225; s auch OLG Düsseldorf ZMR 1996, 258 und WuM 1996, 410.
121 KG NZM 1999, 462, 463.
122 KG GE 2011, 481; 2011, 1083.

Treu und Glauben im Einzelfall einen Anspruch auf Erlaubnis des Vermieters haben (§ 242, Rn 22). Durch den vertragsgemäßen Gebrauch **in der Regel gedeckt** sind das Anbringen von Dübeln und Haken im normalen Rahmen, das Bohren von Löchern, der Einbau von Klingelknöpfen und Türspionen,[123] der Austausch von Fliesen im Bad,[124] die Anbringung von Briefkästen und Namensschildern[125] sowie die Verlegung von Teppichböden.[126] Ebenso zu beurteilen sind der Einbau einer Küche[127] sowie die Anbringung von Vorrichtungen zum Wäschetrocknen auf dem Balkon,[128] immer vorausgesetzt zudem, dass die Maßnahmen des Mieters nicht gegen den Denkmalschutz verstoßen.[129]

Andere baulichen Veränderungen bedürfen der **Zustimmung** des Vermieters, wobei **22** dieser jedoch von Fall zu Fall **nach Treu und Glauben zur Zustimmung verpflichtet** sein kann, wenn die fragliche Maßnahme durch legitime Interessen des Mieters gedeckt ist und Interessen des Vermieters nicht entgegenstehen (§ 242).[130] Eine gesetzliche Sonderregelung dieses Fragenkreises findet sich seit 2001 für behindertengerechte Veränderungen und Einrichtungen in § 554a. Der Vermieter darf dem Mieter außerdem nicht ohne zwingenden Grund die **Nutzung des technischen Fortschritts** unmöglich machen, so dass der Vermieter gegebenenfalls einer Modernisierung der Heizung durch den Mieter zustimmen muss.[131]

4. Anlagen des Mieters

a) Jeder Mieter von Räumen kann mangels ausdrücklicher abweichender Vereinba- **23** rungen erwarten, dass die Räume einem **Mindeststandard** genügen, der eine **zeitgemäße Nutzung** der Räume **ermöglicht**. Dazu gehört insbesondere die Bereitstellung von Anschlussmöglichkeiten für sämtliche nach heutiger Auffassung zum zeitgemäßen Wohnen erforderlichen Geräte.[132] Schon immer anerkannt war das für einen **Telefonanschluss**[133], **gilt heute aber gleichermaßen für den Anschluss von Waschmaschinen**, Trockenautomaten oder Geschirrspülmaschinen, und zwar selbst dann, wenn der Vermieter zugleich eine gemeinsame Waschmaschine im Keller anbietet.[134] Dagegen darf der Mieter einer Wohnung keine Anlagen anbringen, die in erster Linie **gewerblichen Zwecken** dienen. Beispiele sind Funksprechanlagen und Funkantennen.[135]

b) Jeder Mieter hat ein Recht auf Empfang der üblichen Hörfunk- und Fernsehpro- **24** gramme.[136] Er darf deshalb die notwendigen **Außenantennen anbringen**, wenn eine Zimmerantenne nicht ausreicht und die berechtigten Interessen des Vermieters gewahrt

---

123 LG Berlin GE 1984, 863; AG Köln NJW-RR 1995, 1226.
124 LG Berlin GE 1995, 703; 1996, 265.
125 LG Mannheim WuM 1976, 231.
126 LG Berlin WuM 1990, 421.
127 LG Konstanz WuM 1989, 67.
128 LG Nürnberg-Fürth WuM 1990, 199; 1990, 422.
129 AG Frankfurt NZM 1998, 664.
130 LG Berlin GE 2002, 533.
131 BGH LM Nr 25 zu § 535 BGB = NJW 1963, 1539; LM Nr 28 zu § 535 BGB = MDR 1964, 749; LG Berlin ZMR 1995, 594; GE 2002, 533; s außerdem Rn 23ff.
132 BGH NJW 2004, 3974 = NZM 2004, 736; NZM 2009, 855 = WuM 2009, 659 Tz 11; NZM 2010, 356 = NJW-RR 2010, 737 Tz 33f; *Staudinger* Rn 43ff.
133 RGZ 116, 93.
134 BGH (Fn 119); OLG Frankfurt WuM 1997, 609, 610 = NZM 1998, 150.
135 BayObLGZ 1981, 1 = NJW 1981, 1275; LG Heilbronn NJW-RR 1992, 10; AG Köln NZM 2000, 88.
136 S *Staudinger* Rn 45ff.

Volker Emmerich

werden. Jedoch darf der Vermieter den Standort der Außenantenne bestimmen.[137] Das Recht des Mieters zur Anbringung einer Außenantenne **entfällt** außerdem, **wenn** der Vermieter eine ausreichende **Gemeinschaftsantenne** zur Verfügung stellt. Erlaubt die Gemeinschaftsantenne dagegen nur den Empfang einzelner Programme, so behält der Mieter das Recht, die Gemeinschaftsantenne auf eigene Kosten für den Empfang weiterer Programme aufzurüsten.[138] Statt dessen kann sich der Mieter auch ohne weiteres, sofern technisch möglich, an ein **Kabelnetz** anschließen, vorausgesetzt, dass dem Vermieter daraus keine zusätzlichen Kosten entstehen.[139]

25   **c)** Der Mieter ist unter bestimmten Voraussetzungen ferner, und zwar gegebenenfalls sogar *neben* einem vorhandenen Kabelanschluss oder einer vorhandenen Gemeinschaftsantenne, zur Aufstellung einer **Parabolantenne** berechtigt.[140] Die **Voraussetzungen** ergeben sich im Einzelnen aus einer **Abwägung der Grundrechte** der Mietvertragsparteien aus den Art 5 und 14 Abs 1 GG. Daraus wird der Vorrang des Informationsinteresses des Mieters vor den Interessen des Vermieters gefolgert, wenn nur über eine Parabolantenne das **legitime Informationsinteresse** des Mieters befriedigt werden kann, ohne dass dem berechtigte Interessen des Vermieters entgegenstehen. Der Mieter hat insbesondere Anspruch auf Zustimmung des Vermieters zur Aufstellung einer Parabolantenne, wenn noch kein seinen legitimem Bedürfnissen entsprechender Breitbandkabelanschluss besteht und der Mieter sämtliche Kosten sowie die Pflicht zur Beseitigung der Antenne bei Vertragsende übernimmt; die Anbringung muss ferner durch einen Fachmann erfolgen, wobei der Vermieter das Recht zur Bestimmung des Antennenplatzes behält.[141] Einen Duldungsanspruch besitzen insbesondere **ausländische Mieter**, wenn sie über das Breitbandkabelnetz höchstens ein einziges Heimatprogramm empfangen können, während sie über eine Parabolantenne eine größere Anzahl von Programmen in ihrer Heimatsprache empfangen können.[142] Aussiedler stehen Ausländern gleich, wenn sie die Sprache ihres Herkunftslandes besser als die deutsche Sprache beherrschen.[143] Wenn aber über eine Gemeinschaftsantenne oder über das Kabelnetz, gegebenenfalls gegen eine zusätzliche Gebühr, **zwei oder drei ausländische Programme** empfangen werden können, entfällt der Anspruch auf Aufstellung einer Parabolantenne.[144] Abweichende Bestimmungen in **Formularverträgen** sind unwirksam (§ 307).[145] Ohne Zustimmung des Vermieters ist lediglich die Aufstellung einer beweglichen Antenne auf dem Balkon oder die mobile Installation in einem Fensterrahmen möglich.[146]

---

137 BayObLGZ 1981, 1 = NJW 1981, 1275.
138 AG Hamburg WuM 1990, 422.
139 LG Berlin GE 1990, 587; LG Frankfurt WuM 1990, 271, 277f; LG Heilbronn ZMR 1991, 388, 390 = NJW-RR 1992, 77.
140 S BVerfGE 90, 27 = NJW 1994, 1147; BVerfG NZM 2007, 125; BGHZ 157, 322, 326ff = NJW 2004, 937; BGH NJW-RR 2005, 596 = NZM 2005, 335; WuM 2007, 380; NZM 2007, 597 Tz 11; NJW 2008, 216 Tz 13ff.
141 BGHZ 157, 322, 326ff = NJW 2004, 937; BGH NJW 2006, 1062 = NZM 2006, 98 = WuM 2006, 28, 30f Tz 17, 25; OLG Frankfurt NJW 1992, 2490 = WuM 1992, 458; OLG Karlsruhe NJW 1993, 2818 = WuM 1993, 523; OLG Stuttgart WuM 1995, 306.
142 BVerfGE 90, 27 = NJW 1994, 1147; BGHZ 157, 322, 328; BGH NJW 2010, 436 = WuM 2010, 29 Tz 12; GE 21009, 1550; BayObLGZ 1994, 326 = NJW 1995, 337; BayObLG NJW-RR 1994, 848 = WuM 1994, 317; OLG Hamm NJW-RR 2002, 1020.
143 LG Landau NZM 1998, 474 = NJW 1998, 2147; anders AG Dortmund NZM 1999, 221.
144 BVerfG NZM 2005, 252; BGH NZM 2005, 335 = NJW-RR 2005, 596; NJW 2006, 1062 = NZM 2006, 98 = WuM 2006, 28, 31 Tz 25; WuM 2007, 380 Tz 3f; 2007, 381 Tz 15.
145 BGH NJW-RR 2007, 1243 = NZM 2007, 597 Tz 12; LG Essen WuM 1998, 341.
146 BGH NZM 2007, 597 = NJW-RR 2007, 1243 Tz 12; LG Berlin GE 2003, 1330; 2005, 1126f.

5. Die Unterbringung der Sachen des Mieters. Die Wohnung und die mitvermie- **26** teten Räume sind nicht nur zum Wohnen, sondern auch zur Unterbringung der Sachen des Mieters bestimmt.[147] Ein **Kinderwagen** oder eine **Gehhilfe** darf daher im Flur oder im Treppenhaus abgestellt werden, soweit dadurch nicht Fluchtwege versperrt oder andere Mieter übermäßig belästigt werden.[148] Angesichts der Verbreitung von **Fahrrädern** und Mopeds ist davon auszugehen, dass der Mieter, wenn nichts anderes vereinbart ist, außerdem Fahrräder in der Wohnung und Mopeds im Keller abstellen darf, sofern dort nicht leichtbrennbare Flüssigkeiten gelagert sind.[149] Erlaubt ist außerdem im Zweifel das Abstellen eines Mofas im Hof.[150] Dagegen darf der Mieter ein **Kraftfahrzeug** auf dem Grundstück des Vermieters nur aufstellen, wenn ihm dies vertraglich, zB durch Vermietung einer Garage, erlaubt worden ist, sonst jedoch nicht.[151] Einen Anspruch auf solche Erlaubnis des Vermieters hat der Mieter nicht, wenn nicht ausdrücklich das Gegenteil vereinbart ist.[152]

6. Musikausübung. Der Betrieb von Rundfunk- und Fernsehgeräten ist dem Mieter **27** ebenso wie die Musikausübung **im normalen Rahmen** gestattet; die damit unvermeidlich verbundenen Störungen müssen die Mitmieter hinnehmen.[153] Unzulässig ist dagegen eine Störung der Mitmieter während der üblichen **Ruhestunden** von 13.00 bis 16.00 Uhr und von 22.00 bis 8.00 Uhr.[154] Störungen, die den Rahmen des Normalen überschreiten, sind gleichfalls unzulässig. Beispiele sind das ständige Üben von Berufsmusikern, die Erteilung von Musikunterricht oder das Üben von besonders lauten Musikgruppen.[155]

7. Tierhaltung
a) Die Frage, ob der Wohnraummieter zur Haltung von Tieren berechtigt ist, lässt **28** sich nicht einheitlich beantworten. Eine deutlich abgegrenzte Fallgruppe bilden zunächst **Kleintiere**, von denen ihrer Art nach Störungen oder Verletzungen Dritter nicht zu befürchten sind wie zB Kleinvögel, Zierfische, Zwergkaninchen, ungefährliche Schlangen in Terrarien, harmlose kleine Echsen, Chinchillas und winzige Yorkshire-Terrier. Die Haltung derartiger Tiere ist **generell erlaubt** und kann auch nicht vertraglich untersagt oder beschränkt werden.[156] Umstritten ist, ob auch **Katzen** hierher zu rechnen sind; die Frage dürfte zu verneinen sein.[157] Die Erlaubnis der Kleintierhaltung gilt außerdem nur **im Rahmen des Üblichen** und Vertretbaren und entfällt daher bei Gefährlichkeit des Kleintieres[158] sowie in Missbrauchsfällen, zB durch Verwandelung der Mietwohnung in

---

147 LG Köln ZMR 1964, 363 Nr 6.
148 BGH NJW 2007, 146; LG Hannover WuM 2006, 189; *Derleder* NZM 2006, 893 und NJW 2007, 812.
149 AG Wedding GE 1986, 509.
150 AG Flensburg WuM 1996, 313.
151 LG Wuppertal WuM 1996, 267.
152 BGH GE 2010, 1614.
153 OLG Hamm NJW 1981, 465; OLG Frankfurt OLGZ 1984, 407 = WuM 1984, 303; LG Freiburg WuM 1993, 120; besonders großzügig BVerfG NJW 2010, 754 Tz 26ff; wegen der Einzelheiten s *Barthelmess*, in: FS Blank (2006) 23; *Horst* MDR 2012, 70.
154 BGHZ 139, 288, 293ff = NJW 1998, 3713.
155 BGHZ 139, 288, 296 = NJW 1998, 3713; OLG Frankfurt OLGZ 1984, 407 = WuM 1984, 303.
156 BGHZ 129, 329, 334 = NJW 1995, 2036; BGH LM Nr 35 zu § 9 (Bb) AGBG = NJW 1993, 1061 = WuM 1993, 109, 110; NJW 2008, 218 Tz 15 = NZM 2008, 8; ausführlich *Blank* NJW 2007, 729ff.
157 LG Berlin GE 1993, 1273.
158 AG München WuM 2005, 649.

Volker Emmerich

einen „Vogelpark" oder in ein „Tierheim".[159] Generell **verboten** ist auf der anderen Seite die Haltung **gefährlicher Tiere** einschließlich Kampfhunden.[160]

29   **b)** Jenseits der beiden genannten Fälle (Rn. 28) kann die Tierhaltung **vertraglich beliebig geregelt** werden (§ 311 Abs. 1).[161] **Fehlt** jedoch solche Regelung, so ist die Rechtslage umstritten. Nach Meinung des **BGH** kann die Frage der Zulässigkeit der Tierhaltung dann nur von Fall zu Fall aufgrund einer **Abwägung der Interessen** der Beteiligten entschieden werden, so dass der Vermieter insbesondere die Erlaubnis zur Haltung von **Hunden** nur aus sachlichen Gründen verweigern könne; durch Formularvertag könne nichts anderes bestimmt werden; wenn keine Gefahren und Störungen Dritter drohten, könne der Vermieter die Haltung insbesondere von Hunden nicht verbieten.[162] Dem ist wegen des gerade bei **Hunden** nie ganz auszuschließenden Risikos der Gefährdung oder Belästigung von Mitbewohnern oder Nachbarn *nicht zu folgen*, so dass die Hundehaltung immer nur mit Erlaubnis des Vermieters zulässig ist, über die der Vermieter nach freiem Ermessen entscheiden kann.[163] Ausnahmen gelten nur für Blindenhunde und vergleichbare Fälle.[164] Hält der Mieter ohne Erlaubnis des Vermieters einen Hund in der Wohnung, so kann der Vermieter **Unterlassung** verlangen, ohne genötigt zu sein, konkrete Störungen durch das Tier nachzuweisen (§ 541).[165] Das Urteil auf Unterlassung der Tierhaltung wird nach § 887 ZPO vollstreckt.[166]

30   Der Vermieter ist nicht gehindert, die Hundehaltung **vertraglich** auch generell **zu verbieten** oder von seiner ausdrücklichen **Genehmigung** abhängig zu machen; das kann auch durch Formularvertrag geschehen, sofern dabei die Kleintierhaltung (o Rn 28) ausdrücklich ausgenommen wird.[167] Eine derartige Abrede bedeutet grundsätzlich, dass der Vermieter **nach freiem Ermessen** über die Genehmigung der Tierhaltung entscheiden kann.[168] **Grenzen** ergeben sich lediglich aus dem Verbot des Rechtsmissbrauchs und aus dem Gleichbehandlungsgrundsatz.[169] Nur im Einzelfall kann der Genehmigungsvorbehalt die weitergehende Bedeutung haben, dass die Erlaubnis zur Tierhaltung allein aus **sachlichen Gründen** verweigert werden darf (str). In diesem Fall *muss* die Genehmigung zur Tierhaltung erteilt werden, wenn von dem fraglichen Tier keine konkreten Störungen drohen.[170] Die einmal erteilte Erlaubnis zur Tierhaltung kann später nur noch aus wichtigen Gründen **widerrufen** werden, insbesondere wenn von dem Tier konkret nachweisbare Störungen ausgehen.[171]

---

159   LG Karlsruhe NZM 2001, 891; *Hülsmann* NZM 2004, 840, 843.
160   LG München I WuM 1993, 669; LG Gießen NJW-RR 1995, 12; LG Karlsruhe NZM 2002, 246f.
161   S *Blank* NJW 2007, 727, 731; *Hülsmann* NZM 2004, 841ff m Nachw.
162   BGH NJW 2008, 218 Tz 18ff = NZM 2008, 78; NJW 2013, 1526; NZM 2013, 265; WuM 2013, 152; 2013, 220.
163   OLG Hamm OLGZ 1981, 74 = WuM 1981, 53, 54; LG Karlsruhe NZM 2002, 246 = NJW-RR 2002, 585; s *Hülsmann* NZM 2004, 841ff m Nachw.
164   LG Lüneburg WuM 1995, 704.
165   So zutreffend früher OLG Hamm OLGZ 1981, 74 = WuM 1981, 53; LG Karlsruhe NZM 2002, 246.
166   LG Hamburg ZMR 1985, 302.
167   BGHZ 129, 329, 334 = NJW 1995, 2036, 2037; BGH LM Nr 35 zu § 9 (Bb) AGBG = NJW 1993, 1061; OLG Frankfurt WuM 1992, 56, 60.
168   Wegen der umstrittenen Einzelheiten s *Blank* NJW 2007, 729, 732f; *Hülsmann* NZM 2004, 841ff.
169   LG Berlin ZMR 1999, 28; NZM 1999, 455; GE 2004, 363, 365; noch weitergehend LG Köln ZMR 2010, 533.
170   LG Mannheim NJW 1984, 59; LG München I NJW 1984, 2368; LG Berlin GE 1993, 1273.
171   LG Berlin GE 1993, 97; LG Hamburg WuM 1999, 453.

8. Heizung

a) Wenn eine Wohnung mit Heizung vermietet wird, gehört die **Versorgung mit** 31
Wärme zu dem dem Mieter geschuldeten vertragsgemäßen Gebrauch. Die vielfältigen
damit zusammenhängenden Fragen haben mittlerweile an verschiedenen Stellen eine
gesetzliche Regelung gefunden. Hervorzuheben sind die Regelung der Heizkosten bei
preisfreiem Wohnraum in den **§§ 556 und 556a**, bei preisgebundenem Wohnraum in der
Neubaumietenverordnung (**NMV**) von 1970 in der Fassung von 1990 (BGBl I 2203) sowie
für die gesamte Raummiete in der **Heizkostenverordnung** von 1989 in der Fassung von
2009 (BGBl I 3250). Wegen der Einzelheiten ist auf die Erläuterungen zu den §§ 556 und
556a zu verweisen, die freilich nur für die Wohnraummiete gelten, so dass im folgenden in
erster Linie auf die gewerbliche Miete einzugehen ist.

b) Auch wenn eine Wohnung mit Heizung vermietet ist, ist der Mieter nicht etwa ver- 32
pflichtet, tatsächlich Wärme **abzunehmen**. Er kann vielmehr auch auf die Erwärmung
seiner Räume verzichten, zB wenn er verreist ist, muss dann aber dafür Sorge tragen,
dass die Heizungsanlage keine Schäden, zB durch das Einfrieren von Röhren, nimmt. Der
Vermieter muss hingegen dafür sorgen, dass die Heizungsanlage jederzeit **betriebsbe-
reit** ist. In der Wahl der **Heizungsart** ist er dagegen ebenso frei wie in der Bestimmung
der verwandten Energie.[172] Er muss dabei aber stets das **Gebot der Wirtschaftlichkeit**
beachten (§ 556 Abs 3 S 1, s § 556 Rn 21 und 51). Jedoch folgt allein aus dem Umstand,
dass eine Heizungsanlage alt und technisch überholt ist, noch keine Verpflichtung des
Vermieters zum Einbau einer neuen und modernen Anlage.[173] Erst bei Mängeln der
Anlage wird die Reparaturpflicht des Vermieters ausgelöst (§ 535 Abs 1 S 2). Außerdem
kann der Mieter dann mindern (§ 536). – Sofern der Mieter dadurch nicht mit unnötigen
Mehrkosten belastet wird, darf der Vermieter die Anlage auch auf **neue Verfahren und
Heizmittel** wie zB Erdgas umstellen oder zum **Fremdbezug** der Energie übergehen (sog
Wärmecontracting).[174] Die Einzelheiten waren umstritten (s Voraufl Rn 32). Eine **gesetzliche Regelung** des Fragenkreises findet sich aufgrund des Mietrechtsänderungsgesetzes
von 2013 seit Mai 2013 für alle zu diesem Zeitpunkt bestehenden und neuen Wohnraummietverträge in der Vorschrift des **§ 556c**. Der Mieter hat danach die Kosten der Wärmelieferung nach der Umstellung durch den Vermieter unter bestimmten Voraussetzungen zu
tragen, durch die die Effizienz der Umstellung sichergestellt werden soll. Diese **Voraussetzungen** sind insbesondere die rechtzeitige Ankündigung sowie die Kostenneutralität der
Umstellung im Augenblick der Umstellung; die Einzelheiten sind in der auf § 556c Abs 3
gestützten Wärmelieferverordnung geregelt.[175]

c) In welchem **Umfang** und zu welchen **Zeiten** der Vermieter zur Lieferung von Wärme 33
verpflichtet ist, richtet sich in erster Linie nach den Abreden der Parteien. Ohne besondere
Abreden beschränkt sich entgegen einer verbreiteten Meinung[176] die **Heizpflicht** des Vermieters nicht etwa auf die so genannte Heizperiode von Oktober bis April; der Vermieter
muss dann vielmehr zu jeder Tages- und Nachtzeit die Heizung so betreiben, dass der
Mieter, wenn er es wünscht, in seinen Räumen die erforderliche Wärme von 20 bis 22 °C

---

172 OLG Düsseldorf ZMR 1985, 236 = MDR 1985, 586; LG Hannover NJW-RR 1991, 1355 = WuM 1991, 478.
173 LG Berlin GE 1986, 749, 751.
174 LG Berlin GE 1999, 1649; LG Chemnitz NJW-RR 2000, 81; *Schmid* NZM 2000, 25.
175 S BGBl I S. 1509; dazu *Lützenkirchen* Mietrecht, S. 2131ff; *Hinz* NZM 2012, 777, 785ff.
176 OLG München NZM 2001, 382 = NJW-RR 2001, 729.

erreichen kann.[177] In Geschäftsräumen genügt dagegen im Regelfall eine Temperatur von 18 °C.[178] Durch **Formularvertrag** kann nichts anderes bestimmt werden (§ 307).[179]

VI. Lastentragung

34   **1. Überblick.** Nach § 535 Abs 1 S 3 hat der Vermieter die auf der Mietsache ruhenden „**Lasten**" zu tragen. Eine **Definition** des Begriffs der **Lasten** im Sinne des § 535 Abs 1 S 3 enthält das BGB freilich nicht (vgl auch § 103). Deshalb ist unklar, welche Kosten im Einzelnen zu den Lasten im Sinne des § 535 Abs 1 S 3 gehören, die grundsätzlich vom Vermieter zu tragen sind.[180] In der Literatur wird der Begriff zum Teil ganz eng ausgelegt. Ein derartiges Begriffsverständnis widerspricht jedoch offenbar der Bestimmung des § 556 Abs 1 S 1, nach dem die Abwälzung der **Betriebskosten** auf den Mieter ebenso wie bei den sonstigen Lasten einer besonderen Vereinbarung bedarf, woraus folgt, dass im Sinne des § 535 Abs 1 S 3 zu den Lasten auch die Betriebskosten gehören (die eben mangels abweichender Vereinbarung vom Vermieter zu tragen sind).[181] Zu den Lasten im Sinne des Gesetzes gehören somit grundsätzlich gleichermaßen die auf der Sache selbst **ruhenden** privatrechtlichen oder öffentlich-rechtlichen **Verbindlichkeiten** wie die durch den Gebrauch der Sache entstehenden **Betriebskosten**.[182] Eine partielle gesetzliche Regelung haben die **Betriebskosten** mittlerweile für den preisfreien Wohnraum in den **§§ 556 und 556a** sowie für den preisgebundenen Wohnraum in **§ 20 NMV** gefunden. Nach § 556 Abs 1 S 1 idF von 2006 (BGBl 2006 I S 2098) können die Vertragsparteien vereinbaren, dass der Mieter Betriebskosten trägt. **Betriebskosten** sind die Kosten, die dem Eigentümer (oder Erbbauberechtigten) durch das Eigentum am Grundstück oder durch den bestimmungsmäßigen Gebrauch des Gebäudes, der Nebengebäude, Anlagen, Einrichtungen und des Grundstücks laufend entstehen (§ 556 Abs 1 S 2).[183] Die Einzelheiten regelt die fortgeltende **BetriebskostenVO** (BetrKV) vom 25. November 2003[184], die freilich unmittelbar nur für den preisgebundenen Wohnraum im Sinne des § 1 NMV vom 12. Oktober 1990 gilt.[185] – Weitere **Beispiele** für Lasten im Sinne des Gesetzes sind außer den Grundsteuern[186] die Reinigungs- und Streupflicht,[187] die Kosten der Müllabfuhr,[188] die sonstigen kommunalen Abgaben und Gebühren wie Kanalisations- und Straßenreinigungskosten[189] sowie schließlich die Kehr- und Schornsteinfegergebühren.[190] Alle genannten Lasten muss mithin nach § 535 Abs 1 S 3 grundsätzlich, dh wenn nichts anderes vereinbart ist, der **Vermieter,** der sie in die Miete einkalkulieren kann**,** (und nicht etwa der Mieter) tragen. Gesetzliche **Regel** ist mit anderen

---

177 LG Hamburg WuM 1988, 151 = ZMR 1988, 388; AG Hamburg WuM 1996, 469; AG Schwerin NZM 1998, 476 = NJW-RR 1998, 1308.
178 LG Berlin NJW-RR 1992, 518; strenger aber KG GE 2002, 730: 20° in einem Cafe.
179 BGH LM Nr 4 zu § 9 (Ca) AGBG = NJW 1991, 1750; OLG Celle WuM 1990, 103, 113; LG Frankfurt WuM 1990, 271, 275.
180 S zB *Lehmann-Richter* ZMR 2012, 837, 838.
181 Ebenso zB BGH WuM 2012, 453 Tz 13 = NZM 2012, 608; unklar und missverständlich dagegen BGH WuM 2012, 27 Tz 19.
182 Ebenso ausdrücklich die Begr zum RegE BT-Drucks 14/4553, 50.
183 Ebenso § 1 Abs 1 BetrKV und § 27 Abs 1 der II. BV, s im Einzelnen u § 556 Rn 5ff.
184 BGBl I, 2346; s u Anh zu §§ 556, 556a.
185 BGBl I, 2203.
186 OLG Hamm ZMR 1986, 198; OLG Düsseldorf NZM 2001, 588.
187 Dazu *Hurst* ZMR 1967, 67.
188 LG Marburg MDR 1978, 758, 759.
189 RG JW 1910, 105.
190 LG Aachen WuM 1976, 180.

Worten die so genannte **Bruttomiete**, sofern sich nicht im Einzelfall aus dem Gesetz (s die **HeizkostenVO**) oder den **Abreden** der Parteien etwas anderes ergibt.[191]

Eine **Aufzählung der** wichtigsten **Betriebskosten** findet sich in § 2 der Betriebskos- 35 tenV. Den **Gegensatz** zu den Betriebskosten bilden danach neben den Finanzierungskosten und den Verwaltungskosten insbesondere die Kosten der Instandsetzung und Instandhaltung der Anlage sowie einmalige Kosten, dies deshalb, weil § 556 Abs 1 S 2 zu den Betriebskosten nur „laufende" Kosten rechnet, also zwar die Kosten der regelmäßigen Prüfung der Betriebssicherheit technischer Anlagen,[192] nicht dagegen die so genannten Nutzerwechselgebühren, weil diese nur einmalig anfallen.[193]

Hinsichtlich der Verteilung der Lasten zwischen den Parteien besteht selbst bei der 36 Wohnraummiete (beschränkte) **Vertragsfreiheit** (§§ 311 Abs 1, 535 Abs 1 S 3 und 556). Vor allem die folgenden **drei Gestaltungsmöglichkeiten** kommen in Betracht: 1. die Vereinbarung einer Nettokaltmiete mit Vorauszahlungen auf die Betriebskosten oder mit einer Betriebskostenpauschale (§§ 556 Abs 2 und 560), 2. eine Teilinklusivmiete sowie 3. eine Bruttomiete, soweit mit der HeizkV vereinbar.[194] Jedoch müssen mit Rücksicht auf die gesetzliche Regel des § 535 Abs 1 S 3 **Klauseln, durch die** auf die eine oder andere Weise einzelne oder alle **Lasten** auf den Mieter **abgewälzt** werden, grundsätzlich **eng ausgelegt** werden. Außerdem müssen die abgewälzten Lasten in dem Vertrag möglichst **eindeutig bezeichnet** werden.[195] Eine bloße **Bezugnahme auf** § 556 Abs 1 S 2 BGB in Verbindung mit **§ 2 BetrKV** wird aber als ausreichend angesehen, weil sich daraus eindeutig ergebe, welche Betriebskosten der Mieter tragen muss und welche nicht.[196] Übernimmt der Mieter die „Grundbesitzabgaben", so gehört dazu auch die Grundsteuer,[197] nicht dagegen, wenn er nur die „üblichen Nebenkosten und Hausabgaben" übernommen hat.[198] Muss der Mieter nach dem Vertrag schlechthin „alle öffentlichen Lasten" tragen, so wird dies idR bedeuten, dass auch die nach Vertragsabschluss *neu* eingeführten Steuern und sonstige neue *Lasten* auf ihn abgewälzt werden können, sofern sie bei ordnungsmäßiger Wirtschaft aus den Erträgen des Grundstücks und nicht aus der Vermögenssubstanz bestritten zu werden pflegen.[199] Bei **Formularverträgen** ergeben sich weitere Schranken für die Abwälzung von Lasten und Kosten auf den Mieter aus dem **Transparenzgebot**, so dass in ihnen eine *generelle* Abwälzung der Kosten oder Lasten in der Regel schon deshalb unwirksam ist, weil die daraus für den Mieter folgende Belastung unübersehbar ist.[200] Dasselbe gilt zB für die in dem Formularvertrag eines Einkaufszentrums begründete Verpflichtung, „die Kosten des Managements oder des Center-Managements zu tragen" oder „(unbegrenzte) Beiträge zu einer Werbegemeinschaft" zu leisten,[201] während die generelle Abwälzung der „Kosten der Hausverwaltung" oder der „**Verwaltungskosten**" vom BGH unter Hinweis auf

191 BGH NZM 2006, 655 = WuM 2006, 518.
192 BGH NJW 2007, 1356 Tz 10ff.
193 BGH NJW 2008, 575 Tz 17; dagegen *Langenberg* NJW 2008, 1268, 1270.
194 S *Gather* DWW 2012, 362; *Kinne*, in: FS Blank, 2006, S 249; *M Schultz* PiG 83 (2008), 39.
195 BGH GE 2005, 1185, 1187; NJW 2006, 3057 = NZM 2006, 776 Tz 15; WuM 2012, 453 Tz 14 = NZM 2012, 608.
196 BGH LM Nr 35 zu § 9 (Bb) AGBG = NJW 1993, 1061, 1062; NZM 2004, 417, 418 = ZMR 2004, 430; GE 2005, 1185, 1187; WuM 2010, 214 Tz 5; zur Kritik s *Staudinger* Rn 66a.
197 OLG Düsseldorf NZM 2001, 588; OLG Hamm ZMR 2005, 617f.
198 OLG Celle WuM 1983, 291; OLG Jena NZM 2002, 70.
199 RGZ 119, 304, 305f; 112, 335, 339; BGHZ 6, 240, 246ff; BGH NZW 2006, 3558, 3559.
200 BGH NJW 2006, 3057; OLG Düsseldorf ZMR 2003, 109 = WuM 2003, 268; OLG Hamburg ZMR 2003, 180, 181 = WuM 2003, 268; OLG Oldenburg WuM ZMR 1997, 416; *Hinz* ZMR 2003, 77.
201 BGH NJW 2006, 3057; NZM 2012, 422 Tz 15 ff; NJW 2013, 41 = WuM 2012, 662.

die gesetzlichen Definitionen in § 26 Abs 2 der II. BV sowie in § 1 Abs 2 Nr 1 der BetriebskostenV als hinreichend bestimmt und üblich eingestuft wurde.[202]

37   Die **konkludente Abwälzung** bestimmter Lasten durch eine langjährige Übung ist
ebenfalls möglich; sofern der Mieter über mehrere Jahre hinweg widerspruchslos bestimmte
Betriebskosten bezahlt, deren Abwälzung auf ihn an sich dem Mietvertrag widerspricht,[203]
vorausgesetzt freilich, dass sich aus dem Verhalten der Parteien ein entsprechender **Änderungswille** ergibt, so dass es letztlich ganz auf die Umstände des Einzelfalles ankommt.[204]
Rechnet der Vermieter entgegen dem Vertrag jahrelang über die Betriebskosten nicht ab,
ohne dass der Mieter widerspricht, so ist auch vorstellbar, dass sich die Parteien dadurch
konkludent über die Umwandlung der Vorauszahlungen in bloße **Pauschalen** geeinigt
haben, immer vorausgesetzt, dass sich aus dem Verhalten tatsächlich eine entsprechende
Änderungswille ableiten lässt.[205] Rechnet der Vermieter längere Zeit nur über **einzelne** an
sich vom Mieter geschuldete Betriebskosten (im Gegensatz zu den anderen Betriebskosten) nicht ab, so hängt es danach gleichfalls von den Umständen ab, ob daraus auf den
Willen der Parteien geschlossen werden kann dass diese Betriebskosten fortan vom Mieter
nicht mehr geschuldet sein sollen; generelle Aussagen sind kaum möglich.[206]

38   **2. HeizkostenV.** Das Gesagte (o Rn 34ff) gilt grundsätzlich auch für die Heizkosten
(s aber u Rn 39). Gesetzliche Regel ist folglich an sich die **Warm- oder Bruttomiete**, so
dass eine Abweichung hiervon einer besonderen Vereinbarung bedarf,[207] **vorbehaltlich**
freilich der **HeizkostenVO** (VO) von 1981 in der Fassung von 1989,[208] zuletzt geändert
im Jahre 2008.[209] Diese Verordnung, die grundsätzlich für die gesamte Raummiete einschließlich der gewerblichen Miete gilt, schreibt **zwingend** die **Kaltmiete** vor (§§ 2, 3ff
VO), ohne freilich bei Verstößen der Parteien gegen diese Regel irgendwelche Sanktionen
vorzusehen.

39   Welche Folgerungen aus dieser eigenartigen Regelung bei **Vereinbarung einer
Warmmiete** zu ziehen sind, ist offen. Nach Meinung des **BGH**[210] **soll die Verordnung
generell den Vorrang** vor dem BGB und entsprechenden Vereinbarungen der Parteien
haben. Das würde bedeuten, dass in jedem Fall heute Vereinbarungen über eine Warmmiete der Verordnung angepasst werden müssten, indem der (fiktive) Heizkostenanteil
aus der Miete herausgerechnet und anschließend verbrauchsabhängig auf die Mieter
umgelegt wird.[211] Nach wie vor ist indessen nicht zu erkennen, wieso einer Verordnung der
Vorrang vor § 535 Abs 1 S 3 zukommen soll. Eine **Anpassung** ist daher, wenn überhaupt, so
nur erforderlich, wenn eine Partei dies verlangt.

---

202 BGHZ 183, 299 = NJW 2010, 671; BGHZ 184, 117 = NJW 2010, 1065 Tz 16; BGH NZM 2010, 279 Tz 9, dagegen
mN Staudinger Rn 66a.str.
203 BGH NZM 2000, 961, 962 = NJW-RR 2000, 1463; NZM 2004, 418, 419; WuM 2005, 774 = NZM 2006, 11;
NJW 2009, 987 = WuM 2009, 134 Tz 10, 17; *Staudinger* Rn 67; *Kappus* NZM 2004, 411; *Schmid* NZM 2003, 55.
204 BGHZ 184, 117 = NJW 2010, 1065 Tz 30; BGH NJW 2008, 1302 Tz 10; 2008, 283, 284; 2010, 1065 Tz 13.
205 BGHZ 184, 117 = NJW 2010, 1065 Tz 30; BGH NJW 2008, 1302 Tz 10 = NZM 2008, 276.
206 BGH 184, 117 = NJW 2010, 1065, 1066 Tz 26ff.
207 BGH WM 1970, 95; OLG Hamm WuM 1997, 538 = NZM 1998, 70; OLG Düsseldorf ZMR 1984, 20.
208 BGBl I, 115, abgedruckt u im Anschluss an das AGG.
209 BGBl 2008 I 2375; 2009 I 435; s *Staudinger* Rn 69; *Paschke* WuM 2010, 14.
210 BGH NJW-RR 2006, 1305 = NZM 2006, 652 m Anm *M. Schmidt* ZMR 2007, 15; OLG Düsseldorf NZM 2008, 524.
211 BayObLGZ 1988, 222 = NJW-RR 1988, 1293 = WuM 1988, 257.

3. Umlage der Kosten, Vorauszahlungen

a) Nach § 556a Abs 1 können die Parteien bei der Wohnraummiete vereinbaren, dass **40** Betriebskosten als **Pauschale oder als Vorauszahlungen** ausgewiesen werden. Vorauszahlungen auf die Betriebskosten und Pauschalen unterscheiden sich vor allem dadurch, dass nur bei **Vorauszahlungen** eine anschließende **Abrechnung** über die tatsächlich angefallenen Betriebskosten entsprechend § 556 Abs 3 erforderlich ist (dazu u Rn 44ff), während bei **Pauschalen** solche Abrechnung grundsätzlich entfällt. Jedoch dürfen die Heizkosten nach hM nicht in die Pauschale einbezogen werden und müssen deshalb jedenfalls im Streitfall herausgerechnet werden. In § 560 ist ergänzend bestimmt, dass (nur) bei Vereinbarung einer Betriebskosten*pauschale* der Vermieter berechtigt ist, **Erhöhungen** der Betriebskosten durch Erklärung in Textform anteilig auf den Mieter umzulegen, und auch dies lediglich dann, wenn es im Mietvertrag vereinbart ist. Hinsichtlich der **Höhe der Vorauszahlungen** ist bei der Wohnraummiete § 556 Abs 2 S 2 zu beachten; im Übrigen besteht Vertragsfreiheit. Ergibt sich bei der **Abrechnung** über die Vorauszahlungen (s § 556 Abs 3 und dazu u § 556 Rn 48ff) ein **Saldo** zu Gunsten einer Partei, so hat diese bereits aufgrund des Vertrages einen Anspruch auf Ausgleich. Umstritten ist, ob der Vermieter (auch) die *Vorauszahlungen* **erhöhen** kann, wenn sie sich nachträglich als zu niedrig erweisen. Entgegen einer verbreiteten Meinung kommt solches Erhöhungsrecht des Vermieters nur in Betracht, wenn es die Parteien vereinbart haben.[212]

b) Über die Vorauszahlungen ist grundsätzlich **binnen Jahresfrist abzurechnen** (so **41** für die Wohnraummiete § 556 Abs 3 S 2). Kommt der Vermieter dieser Verpflichtung nicht nach, so gestaltet sich die Rechtslage unterschiedlich, je nachdem, ob der Vertrag sein Ende findet oder nicht. Im ersten Fall, d.h. also bei **Beendigung** des Vertrages (nur dann), kann der Mieter sofort **Rückzahlung** aller schon erbrachten Vorauszahlungen verlangen.[213] Sobald aber der Vermieter, wenn auch verspätet, nach Vertragsende noch **abrechnet**, erlischt der (nach Meinung des BGH *aufschiebend bedingte)* Anspruch des Mieters auf Rückzahlung der Vorauszahlungen, und dies selbst dann, wenn der Mieter bereits aufgerechnet hatte oder wenn er inzwischen ein rechtskräftiges Urteil über diesen Anspruch erstritten hatte; § 767 Abs 2 ZPO findet hier keine Anwendung.[214]

Anders gestaltet sich die Rechtslage dagegen, wenn der Mietvertrag fortbesteht: In **42** diesem Fall steht dem Mieter kein Zurückbehaltungsrecht hinsichtlich der Miete zu, wenn der Vermieter nicht rechtzeitig abrechnet.[215] Dagegen werden die **Vorauszahlungen** für die nächste Periode erst **fällig, wenn** der Vermieter über die letzte Periode ordnungsgemäß und fristgerecht **abgerechnet** hat (u Rn 44f). Kommt der Vermieter dieser Pflicht nicht nach, so hat der Mieter ein **Zurückbehaltungsrecht** gegenüber den Vorauszahlungen für die nächste Periode (§ 273).[216] Mit Ablauf der Abrechnungsperiode erlischt außerdem der Anspruch des Vermieters auf **rückständige Vorauszahlungen**, weil der Vermieter jetzt endgültig abrechnen kann und muss, so dass er nur noch das Ergebnis der Abrechnung vom Mieter verlangen kann.[217]

---

212 OLG Dresden NZM 2002, 437, 438; AG Neuss ZMR 1997, 305, 306f m Nachw.

213 BGH NJW 2005, 1499 = NZM 2005, 373 m Anm *Neumann/Spangenberg* NZM 2005, 576; NJW 2006, 2552 = WuM 2006, 383, 384 Tz 11ff; NZM 2010, 781 Tz 4; NJW 2011, 143 Tz 18.

214 BGH WuM 2010, 631; 2010, 688, 691; 2011, 143.

215 OLG Düsseldorf ZMR 2002, 37, 38; WuM 2000, 678.

216 BGHZ 91, 62, 71 = NJW 1984, 2466; BGHZ 113, 188, 196 = NJW 1991, 836; BGH LM Nr 85 zu § 535 BGB = NJW 1984, 1684; NJW 2005, 1499 = NZM 2005, 373 = WuM 2005, 337, 339; WuM 2010, 630 Tz 3; GE 2010, 1534.

217 OLG Düsseldorf ZMR 2001, 882, 884; OLG Brandenburg WuM 2006, 579.

Volker Emmerich

43 **c)** Hinsichtlich des **Umlegungsmaßstabs** oder -schlüssels gilt Vertragsfreiheit (§§ 311 Abs 1, 556a). In Betracht kommt insbesondere eine Umlegung der Kosten nach der vermieteten Fläche (so genannter **Flächenmaßstab**) oder nach der Zahl der **Personen**, die auf der Mieterseite die Räume nutzt. Gesetzliche **Regel** ist mangels abweichender Vereinbarungen der Parteien und vorbehaltlich der HeizkV nach § 556a Abs 1 der Flächenmaßstab (s § 556a Rn 4, 18 und 21ff). Weicht im Falle der Maßgeblichkeit des Flächenmaßstabs die im Vertrag genannte Fläche von der tatsächlichen Mietfläche nach oben oder unten ab, so sind entsprechend die Regeln heranzuziehen, die für diesen Fall bei § 536 entwickelt wurden (u § 536 Rn 22). Soll dagegen die **Zahl der Personen** auf der Mieterseite für die Abrechnung maßgebend sein, so kommt bei einer Veränderung dieser Zahl während der Abrechnungsperiode wohl nur eine Stichtagsregelung in Betracht.[218]

4. Abrechnung

44 **a)** Nach § 556 Abs 3 S 1 ist der Vermieter bei der **Wohnraummiete** verpflichtet, über etwaige Vorauszahlungen des Mieters auf die Betriebskosten *jährlich* abzurechnen. Der **Abrechnungszeitraum** beträgt mithin bei der Wohnraummiete grundsätzlich (höchstens) **ein Jahr** (s u § 556 Rn 61ff). Die Abrechnung muss spätestens bis zum Ablauf des 12. Monats nach Ende des Abrechnungszeitraums dem Mieter mitgeteilt werden, so dass die auf den Abrechnungszeitraum folgende **Abrechnungsfrist** gleichfalls höchstens ein Jahr beträgt (§ 556 Abs 3 S 2). Dies alles gilt im Kern, weil der Natur der Sache entsprechend, **auch** für die **gewerbliche Miete**.[219] Folglich ist eine Abrechnung für eine längere Periode als ein Jahr ist nicht statthaft.[220] Entsprechendes gilt für unterjährige Teilabrechnungen.[221] Dagegen sind die besonderen Vorschriften des **§ 556 Abs 3 S 3** über den Ausschluss von Nachforderungen des Vermieters und des **§ 556 Abs 3 S 5 und 6** über den Ausschluss von Einwendungen des Mieters nach hM *nicht* auf die gewerbliche Miete übertragbar.[222] Die **Fälligkeit** des Anspruchs des Mieters auf **Abrechnung** tritt ein, sobald dem Vermieter die Abrechnung – innerhalb der Abrechnungsfrist – möglich und zumutbar ist (§§ 242, 271, 556).[223] Die **Verjährung** der beiderseitigen Ansprüche aufgrund der Abrechnung beginnt erst Ende des Jahres, in dem aufgrund einer ordnungsmäßigen Abrechnung des Vermieters die beiderseitigen Ansprüche (auf Nachzahlung von Betriebskosten oder auf Rückzahlung von Vorauszahlungen) fällig werden (§§ 195, 199).[224] Eine **Verwirkung** der Vermieteransprüche kommt nur unter engen Voraussetzungen in Betracht, etwa, wenn der Vermieter grundlos die Abrechnung über die Betriebskosten über mehrere Jahre hinweg verzögert.[225]

45 **b)** Für die Einhaltung der Abrechnungsfrist des § 556 Abs 3 S 2 ist nur erforderlich, dass die vom Vermieter vorgelegte **Abrechnung formell ordnungsgemäß** ist, während *inhaltliche Mängel insoweit*, dh für die Einhaltung der Abrechnungsfrist unschädlich sind. Dafür ist nach **§ 259** (lediglich) erforderlich 1. eine geordnete Zusammenstellung der Einnahmen und Ausgaben, dh der Gesamtkosten, 2. die Angabe und Erläuterung des zugrunde

---

218 S *Staudinger* Rn 77b; *Blank* NZM 2008, 745, 755f; *Langenberg* NJW 2008, 1269, 1273f.
219 BGHZ 184, 117 = NJW 2010, 1065 Tz 36ff; BGH NZM 2009, 274; NJW 2011, 445 Tz 19f.
220 BGH LM Nr 21 zu § 259 BGB = NJW 1982, 573; WM 1991, 2069, 2071; OLG Düsseldorf WuM 2003, 387, 388 = GE 2003, 879; ZMR 2003, 569; WuM 2006, 381.
221 BGH GE 2010, 1191 Tz 18.
222 BGHZ 184, 117 = NJW 2010, 1065 Tz 18ff; KG NZM 2008, 128; NJW 2011, 445 Tz 12.
223 LG Berlin GE 2005, 1249ff.
224 S u § 556 Rn 74; BGH NZM 2005, 13 = WuM 2005, 61; WuM 2006, 200, 202 Tz 20; LG Düsseldorf NJW 2011, 688.
225 BGHZ 184, 117 = NJW 2010, 1065 Tz 32ff; BGH NZM 2010, 243 = WuM 2010, 36 Tz 4; NZM 2012, 677 Tz 6.

gelegten Verteilerschlüssels, 3. die Berechnung der Anteile der Mieter und 4. der Abzug der Vorauszahlungen der Mieter. Der Mieter soll dadurch in die Lage versetzt werden, den Anspruch des Vermieters auf etwaige Nachforderungen **nachzuprüfen**, wobei auf das Verständnis eines durchschnittlich gebildeten, juristisch und betriebswirtschaftlich nicht geschulten Mieters abzustellen ist.[226] Eine **zusätzliche Erläuterung** der Abrechnung, zB hinsichtlich einer zwischenzeitlichen Kostensteigerung, ist entbehrlich.[227] **Unschädlich** für die Einhaltung der Abrechnungsfrist sind dagegen **inhaltliche Mängel**, die somit immer auch noch nachträglich korrigiert werden können. Für die **Abgrenzung** ist darauf abzustellen, dass zu den **formellen Mängeln** (nur) gehört, was die **Verständlichkeit** der Abrechnung, dh ihre Nachvollziehbarkeit für den Mieter, beeinträchtigt, so dass der Mieter nicht mehr in der Lage ist, die Abrechnung rechnerisch nachzuvollziehen und zu überprüfen, insbesondere, weil er die gesamten Kosten und den Verteilungsschlüssel nicht mehr zu erkennen vermag.[228] Formelle Mängel sind zB die fehlende Aufschlüsselung der Betriebskosten, ein unverständlicher Verteilungsschlüsse, fehlende Abzüge oder die fehlende Herausrechnung der nichtumlagefähigen Kosten.[229] **Inhaltliche Fehler** sind dagegen zB der Verletzung des Grundsatzes der Wirtschaftlichkeit, der auch für die Gewerbberaummiete zu beachten ist[230], die Unterlassung eines Vorwegabzuges von Kosten für gewerblich genutzte Räume[231] oder die Verwendung eines vertragswidrigen Verteilerschlüssels[232]. Bei dem Grundsatz der **Wirtschaftlichkeit**, der in der Diskussion über die Abrechnung der Betriebskosten immer größere Bedeutung erlangt, handelt es sich der Sache nach um eine **vertragliche Nebenpflicht** des Vermieters mit dem Inhalt, den Mieter nur mit solchen Betriebs- oder Nebenkosten zu belasten, die *vernünftig und angemessen* sind. Zur **Definition** dieses Grundsatzes wird meistens, und zwar auch in der Geschäftsraummiete, auf § 20 Abs 1 S 2 NMV (analog) zurückgegriffen.[233] Bei einer Verletzung dieser Nebenpflicht kann der Mieter vom Vermieter **Schadensersatz** verlangen, wofür jedoch grundsätzlich den Mieter die **Beweislast** trifft (§ 280 Abs 1).[234] Eine **Obergrenze** für die vom Mieter zu tragenden Betriebskosten besteht jenseits der verschiedenen Wucherverbote grundsätzlich nicht; der Mieter muss diese Kosten vielmehr grundsätzlich in der angefallenen Höhe tragen, vorbehaltlich des Wirtschaftlichkeitsprinzips.[235]

Für die **Erfassung der Kosten** in der Abrechnung gibt es vier verschiedene Metho- **45a** den, zwischen denen der Vermieter grundsätzlich die Wahl hat, nämlich 1. die Abgrenzung nach dem Leistungsprinzip, 2. die Abgrenzung nach dem Abflussprinzip, ferner 3. die Abgrenzung nach der Fälligkeit der Rechnungen und schließlich 4. die nach dem Eingang der Rechnungen.[236] Der Abrechnung sind grundsätzlich **Istzahlen**, nicht Sollzah-

---

226 BGH NZM 2003, 196 = WuM 2003, 216 usw bis NJW 2009, 3575 = NZM 2009, 906 Tz 5; WuM 2010, 156 Tz 11; WuM 2010, 493 Tz 13; 2010, 688 Tz 40; GE 2010, 1261 Tz 10 = WuM 2010, 741; WuM 2011, 101 Tz 8 = NZM 2011, 401; WuM 2011, 367 Tz 6ff; NZM 2012, 416 Tz 27.
227 BGH NJW 2008, 2260 Tz 11f; NJW 2010, 1198 Tz 21.
228 BGH WuM 2010, 742 Tz 18f = NZM 2010, 895; WuM 2012, 22, 24 Tz 18 f = NJW 2012, 603.
229 BGH NJW 2007, 1059, 1060 Tz 8 = NZM 2007, 244 = WuM 2007, 116; NZM 2007, 770 = WuM 2007, 575, 576; WuM 2007, 700, 702 Tz 24; WuM 2009, 42, 43 Tz 22f = NJW 2009, 283 = NZM 2009, 78; GE 2010, 1191 Tz 14; LG Berlin GE 2008, 737; 2010, 1203.
230 BGH WuM 2010, 296; 2010, 363; NJW 2010, 3645 Tz 23 = WuM 2010, 741.
231 BGH GE 2010, 1261 Tz 13 = WuM 2010, 741.
232 BGH NZM 2005, 13 = WuM 2005, 61; OLG Düsseldorf WuM 2006, 381.
233 BGH NJW 2010, 3648 Tz 18, *Gather* DWW 2012, 362, 367; *Milger* NZM 2012, 657.
234 BGH WuM 2011, 513 Tz 13, 16ff = NZM 2011, 705 = NJW 2011, 3028, sehr streitig.
235 BGH NJW 2013, 84 Tz 11.
236 BGH NJW 2008, 620 Tz 14f = NZM 2008, 520; NJW 2008, 1300 = NZM 2008, 277; NJW 2008, 1801 = NZM 2008, 403.

len zugrunde zu legen.[237] Die Kosten, die auf **leerstehende Räume** entfallen, muss der Vermieter tragen.[238] In diesem Zusammenhang bleibt zu beachten, dass bei der Abrechnung auch Gesichtspunkte der **Praktikabilität** berücksichtigt werden müssen, zumal eine absolute (punktgenaue) Verteilungsgerechtigkeit bei den Betriebskosten ohnehin nicht erreichbar ist.[239] Deshalb können z.B. Messgeräte auch dann noch verwandt werden, wenn sie nicht mehr geeicht sind. Außerdem beeinträchtigen einzelne **formelle oder materielle Fehler** die Ordnungsmäßigkeit der Abrechnung *nicht insgesamt*, wenn sie unschwer **herausgerechnet** werden können und sich aus den im übrigen einwandfreien Posten ein zumindest teilweise fälliger Anspruch des Vermieters ergibt.[240]

46   **c)** Der Mieter muss die Möglichkeit haben, die **Abrechnung** des Vermieters **nachzuprüfen** (s u § 556 Rn 67ff). Dazu gehört (nur) die **Vorlage der Belege** über die dem Vermieter entstandenen Betriebskosten (§ 259 Abs 1). Im Regelfall reicht es deshalb aus, wenn der Vermieter dem Mieter in seiner Wohnung oder an seinem Geschäftssitz die **Einsicht** in die Belege über die ihm entstandenen Betriebskosten gestattet; er ist nicht etwa verpflichtet, von allen Belegen **Kopien** zu fertigen und diese dem Mieter zu übersenden;[241] **Ausnahmen** sind aber denkbar, etwa wenn der Mieter berufsbedingt im Ausland weilt.[242] Kommt der Vermieter seiner Vorlagepflicht nicht nach, so wird dem Mieter häufig ein **Zurückbehaltungsrecht** hinsichtlich der offenen Betriebskostenforderungen des Vermieters zugebilligt,[243] freilich nur in den Grenzen der §§ 320 Abs 2 und 242.[244] Die **Beweislast** für die Richtigkeit der einzelnen Posten der Abrechnung trifft den Vermieter, außer bei der Verwendung geeichter Meßgeräte.[245] Der Mieter kann sich nicht darauf beschränken, die einzelnen Positionen der Abrechnung pauschal zu bestreiten, sondern muss konkrete Beanstandungen vorbringen und zu diesem Zweck von seinem Einsichtsrecht Gebrauch machen.[246] **Akzeptiert** der Mieter ohne Beanstandungen die **Schlussabrechnung** des Vermieters, indem er den darin geforderten Betrag vorbehaltlos zahlt, so sind bei der gewerblichen Miete damit die gegenseitigen Forderungen der Parteien grundsätzlich erledigt, weil und sofern nach den Umständen des Falles in diesem Verhalten ein **deklaratorisches Anerkenntnis** jeder Partei gesehen werden kann, das die Parteien mit den ihnen bekannten Einwendungen ausschließt.[247] Für die Wohnraummiete gilt dies jedoch nicht.[248]

---

237 S BGH NZM 2003, 196 = WuM 2003, 216 m Anm *Wall* WuM 2003, 201.
238 BGH NZM 2006, 655 und 652; NJW 2010, 3645 Tz 23.
239 BGH NJW 2010, 3643 Tz 17 = NZM 2010, 855 = WuM 2010, 685; NJW 2011, 598.
240 BGH NZM 2011, 118 Tz 14; NJW 2011, 842 Tz 13 = NZM 2011,240; OLG Köln ZMR 2010, 850.
241 BGH NJW 2006, 1419 = NZM 2006, 340 Tz 21ff; NZM 2006, 926; WuM 2006, 616, 617; NZM 2007, 35 = NJW 2007, 428 Tz 10.
242 BGH WuM 2010, 296; 2010, 363.
243 BGH NJW 2006, 1419 = NZM 2006, 340 Tz 21ff; NZM 2006, 926; NZM 2006, 200 Tz 21ff; NJW 2006, 1419; NZM 2006, 926; 2007, 35 Tz 10.
244 KG GE 2002, 129.
245 BGH WuM 2011, 21 Tz 13; LG Berlin GE 2003, 121, 122.
246 OLG Düsseldorf GE 2006, 1230, 1231; AG Spandau WuM 2006, 566.
247 OLG Hamburg NJW-RR 1987, 1495 = ZMR 1987, 421, 422; LG Heilbronn NJW-RR 2004, 660; LG Hamburg ZMR 2006, 288.
248 S dazu u § 556 Rn 85; BGH WuM 2011, 108 Tz 18 = NJW 2011, 843 = NZM 2011, 242.

VII. Miete

1. Die **Zahlung der Miete** ist die **Hauptleistungspflicht** des Mieters. Besteht die **47** Miete wie in der Regel in Geld (s u Rn 49), so handelt es sich bei dem Anspruch des Vermieters auf die Miete um eine normale **Geldforderung**, die abgetreten oder gepfändet werden kann.[249] Bei periodischer Zahlung der Miete handelt es sich bei dem Anspruch des Vermieters auf die Miete grundsätzlich um eine **befristete**, nicht nur um eine betagte **Forderung**, die folglich erst zu Beginn oder zum Ende der jeweiligen Zahlungsperiode entsteht (§§ 158 und 163).[250] Die **Fälligkeit** der Miete richtet sich mangels besonderer Vereinbarungen der Parteien nach den §§ 271, 556b und 579, die **Verjährung** nach den §§ 195 und 199 (und nicht etwa nach § 548). Eine **Verwirkung** des Anspruchs des Vermieters auf die Miete ist ebenfalls möglich, wird aber mit Rücksicht auf die kurzen Verjährungsfristen nur selten in Betracht kommen[251].

Die **§§ 320ff** sind grundsätzlich anwendbar. Umstritten ist, ob sich daraus die **47a** Berechtigung des Vermieters ergibt, bei Zahlungsverzug des Mieters die von ihm geschuldete Versorgung des Mieters mit Wasser oder Strom einzustellen (so genannte **Versorgungssperre**).[252] In dieser Frage muss man die Zeit vor und nach Beendigung des Mietvertrages unterscheiden. Während des Laufs des Mietvertrages (**vor Vertragsbeendigung**) wird ein Recht des Vermieters zur Versorgungssperre bei Zahlungsverzug des Mieters aus **§ 320 Abs 1** bisher überwiegend **verneint**, insbesondere deshalb, weil die Einrede des § 320 nur verzögerlichen Charakter hat und daher ausscheidet, wenn ein *endgültiger Zustand* herbeigeführt wird, wie es bei der Versorgungssperre des Vermieters der Fall ist.[253] Anders zu beurteilen ist dagegen die Zeit **nach wirksamer Vertragsbeendigung**. Da der Vermieter jetzt nicht mehr zur Gebrauchsüberlassung verpflichtet ist (§ 535 Abs 1), muss er jetzt auch **nicht mehr** die **Versorgung** des Mieters mit Wasser, Strom und Wärme sicherstellen; vielmehr ist der Mieter jetzt nur noch zur Räumung verpflichtet (§ 546). Kommt der Mieter dieser Pflicht nicht nach und verbleibt in den Räumen, so kann sich nur aus einer **nachwirkenden Treuepflicht (§ 242)** des Vermieters vorübergehend etwas anderes ergeben, wenn aufgrund einer umfassenden **Interessenabwägung** dem Vermieter für eine Übergangzeit die weitere Versorgung des Mieters zumutbar ist, ihm insbesondere keine weiteren Schäden drohen, weil jedenfalls die Bezahlung der weiteren Leistungen gewährleistet ist.[254]

Da Mietverträge über Grundstücke grundsätzlich von der **Umsatzsteuer befreit** sind **47b** (§ 4 Nr 12 S 1 lit a UmsStG), kann der Vermieter idR keine Umsatzsteuer auf die Miete fordern.[255] Bei der gewerblichen Miete ist der Vermieter jedoch berechtigt, für die Umsatzsteuer zu optieren (§ 9 UmsStG), und zwar nach freiem Ermessen, sofern der Mieter ebenfalls umsatzsteuerpflichtig ist.[256] Die **Abwälzung der Umsatzsteuer** auf den Mieter setzt aber auch in diesem Fall eine besondere Vereinbarung voraus, da der vereinbarte Preis

---

249 BGH NJW 2003, 2987 = NZM 2003, 716.

250 BGHZ 182, 264, 267 Tz 10 = NZM 2010, 164; BGH WM 2010, 368 Tz 21; NJW-RR 2010, 483 TZ 19.

251 OLG Düsseldorf NZM 2010, 820.

252 S dazu *Staudinger* Rn 82a; *Herrlein* NZM 2006, 527; *Neuner*, in: 10 Jahre Mietrechtsreformgesetz, 267; *Mummenhoff* DWW 2005, 312; *Scheidacker* NZM 2005, 281; 2007, 592; 2010, 437.

253 KG ZMR 2005, 951 = GE 2005, 1429; GE 2010, 60; OLG Köln NZM 2005, 67 = NJW-RR 2005, 99 = ZMR 2005, 124; OLG Celle NZM 2005, 741 = NJW-RR 2005, 1383.

254 BGHZ 180, 300, 304 ff Tz 16 ff = NJW 2009, 1947; KG NZM 2011, 778 = WuM 2011, 519; LG Koblenz WuM 2012, 140.

255 OLG Rostock NZM 2006, 898; LG Mannheim WuM 1976, 92, 93; s im Einzelnen *Staudinger* Rn 85; *Blank/Börstinghaus* § 535 Rn 400ff; *Weitemeyer* DWW 2006, 150 = NZM 2006, 881.

256 BGH LM Nr 3 zu HeizkostenVO = NJW-RR 1991, 647; NZM 2009, 237 Tz 13f.

Volker Emmerich

grundsätzlich der Bruttopreis (einschließlich MWSt) ist.[257] Das kann auch durch Formularvertrag geschehen.[258]

48   **2.** Die Miete kann in einer **einmaligen Leistung** des Mieters **oder in wiederkehrenden Leistungen** in beliebigen Zeitabschnitten bestehen.[259] Die Vereinbarung einer einmaligen Mietschuld kommt vor allem bei der so genannten **Gelegenheitsmiete** vor.[260] Von einer **Umsatzmiete** spricht man, wenn sich die Bestimmung der Miethöhe ganz oder teilweise nach den vom Mieter erzielten Umsätzen richtet. Bei derartigen Vereinbarungen handelt es sich in der Regel um **partiarische Rechtsverhältnisse**, nur ausnahmsweise um eine Gesellschaft.[261] Aufgrund des Vertrages hat der Vermieter dann im Zweifel einen Anspruch gegen den Mieter auf **Auskunft** und Rechnungslegung über die Höhe seiner Umsätze.[262] Stellt der Mieter den Gebrauch ein, so muss er nach § 537 zumindest die durchschnittliche bisherige Miete fortzahlen.[263]

49   **3.** Die Miete wird in der Regel in **Geld** bestehen. Jedoch kommen als Gegenleistung des Mieters auch beliebige **sonstige Leistungen** in Betracht.[264] Beispiele sind Dienst- und Werkleistungen des Mieters.[265] Paradigma sind die sog Hausmeisterverträge. Der Vertrag bildet auch in diesen Fällen eine **Einheit**, so dass der Vermieter nicht etwa die Leistungen des Mieters einseitig kündigen und statt dessen eine Geldleistung verlangen kann.[266]

50   **4.** Der Vermieter kann von dem Mieter ohne besondere Absprache *nicht* die Erteilung einer **Einzugsermächtigung** verlangen.[267] Durch Formularvertrag kann der Mieter außerdem nur zur Teilnahme am Einzugsermächtigungsverfahren verpflichtet werden, weil allein bei diesem eine Widerspruchsmöglichkeit besteht.[268] In allen diesen Beziehungen dürfte das neue SEPA-Lastschriftverfahren aufgrund der §§ 675f und 675x i.V.m. den neuen Sonderbedingungen der Banken für den Lastschriftverkehr im Ergebnis keine substantiellen Änderungen bringen.[269] Für die Verrechnung von **Teilleistungen** des Mieters gilt § 366, und zwar auch, wenn der Mieter mit mehreren Mietraten in Verzug ist.[270] Die Mietschuld ist grundsätzlich **Schickschuld**, nicht Bringschuld (§ 270). Der Mieter trug daher nach bisher hM zwar die Transportgefahr, *nicht* aber die **Verzögerungsgefahr**, so dass er bereits rechtzeitig geleistet hatte, wenn er den geschuldeten Betrag nur fristgemäß *abgesandt* hatte, während es keine Rolle spielte, wann der Betrag bei dem Vermieter

---

257 S BGH NZM 2001, 953; ZMR 2004, 812 = NZM 2004, 785; *M Schmid* NZM 1999, 292.
258 BGH (vorige Fn).
259 BGHZ 137, 106, 110 = NJW 1998, 595; BGH LM Nr 120 zu § 539 BGB = NJW-RR 1989, 589; LM Nr 6 zu § 567 BGB = NJW-RR 1992, 780.
260 RG WarnR 1927 Nr 52, S 77, 78 = DRiZ 1927 Nr 271.
261 RGZ 149, 88, 89f; 160, 361; BGH LM Nr 13 zu § 276 (H) BGB = NJW-RR 1988, 417.
262 S OLG Düsseldorf NJW-RR 1990, 180 = MDR 1990, 720; LG Mannheim BB 1979, 19.
263 BGH LM Nr 20 zu § 138 (Bc) BGB = ZMR 1979, 238.
264 Mot II 372; BGH LM Nr 120 zu § 535 BGB = NJW-RR 1989, 589; LM Nr 143 zu § 535 BGB = NJW-RR 1994, 971; NJW 2002, 3222, 3223 = NZM 2002, 924.
265 BGH (vorige Fn); LM Nr 2 zu § 69 KO = NJW 1976, 2264; LG Hamburg WuM 1993, 667.
266 LG Aachen WuM 1989, 382.
267 *M Schmid* ZMR 1996, 585; *Sternel* PiG Bd 60 (2001) 31, 43f.
268 BGH LM Nr 23 zu § 9 (Bm) AGBG = NJW 1996, 988; OLG Brandenburg NZM 2004, 905 = WuM 2004, 597.
269 *Horst* NZM 2011, 337.
270 BGHZ 91, 375, 379 = NJW 1984, 2404; BGH LM Nr 4 zu § 366 BGB = NJW 1965, 1373; *Beuermann* WuM 1979, 253; *Oske* WuM 1981, 49.

eintrifft.[271] Die Frage ist aber neuerdings streitig geworden (s § 543 Rn 34f). Abweichende Vereinbarungen sind jedenfalls möglich und häufig, auch bei der Wohnraummiete. Wenn der Vermieter die rückständige **Miete einklagt**, muss er diese im einzelnen substantiiert vortragen; eine bloße **Saldoklage** ist unzulässig.[272] Ebenso wenig kann der **Hausverwalter** die Rückstände im Wege der Prozessstandschaft geltend machen.[273]

5. Erfüllungsort ist grundsätzlich (§ 269) der Wohnsitz oder der Ort der gewerblichen **51** Niederlassung des *Mieters* bei Vertragsabschluss, selbst wenn das Mietgrundstück an einem anderen Ort gelegen ist; im letzteren Fall wird sich jedoch häufig aus den Abreden der Parteien etwas anderes ergeben.[274] Im Falle der **Insolvenz** einer der beiden Vertragsparteien gelten die **§§ 108 bis 112 InsO**.[275] Danach **bleibt** das **Mietverhältnis** grundsätzlich **bestehen**, sofern die Räume dem Mieter bei Eröffnung des Verfahrens bereits übergeben waren; andernfalls haben beide Parteien ein **Rücktrittsrecht**.[276] Bei **Insolvenz des Vermieters** besteht das Mietverhältnis somit fort (§ 108 InsO); der Mieter hat kein Kündigungsrecht, etwa nach § 543.[277] Bei **Insolvenz des Mieters** folgt aus § 112 InsO ebenfalls eine Kündigungssperre; Mietrückstände aus der Zeit *vor Eröffnung* des Verfahrens sind bloße Insolvenzforderungen.[278] Dagegen kann der Vermieter kündigen, wenn der Mieter *nach* der Eröffnung des Verfahrens erneut in Verzug gerät (§ 543 Abs 2 Nr 3).[279] Bei der **Wohnraummiete** kann der Verwalter das Mietverhältnis aber auch freigeben, so dass es dann nur mit dem Schuldner persönlich fortzuführen ist (§ 109 Abs 1 S 2 InsO). Die Regelung bedeutet der Sache nach, dass der Insolvenzverwalter das Mietverhältnis vom Insolvenzverfahren abtrennen, dh **freigeben** kann, so dass es dann nur mit dem Schuldner persönlich fortzuführen ist. Die **Enthaftungserklärung** des Insolvenzverwalters ist gegenüber dem Mieter und Schuldner abzugeben. Die Freigabemöglichkeit verdrängt insoweit das Kündigungsrecht des Insolvenzverwalters.[280] Die Masse haftet dann nicht mehr für die neuen Rückstände. Bei gewerblichen Mietverhältnissen bleibt es bei der gewohnheitsrechtlich anerkannten Möglichkeit zur **Freigabe** des von dem Mieter betriebenen Unternehmens (vgl § 35 Abs 2 InsO). Die Rechtsfolgen sind streitig. Teilweise wird angenommen, dass die Masse dann auch nicht mehr für die Mietzinsansprüche des Vermieters der Räume haftet, in denen das Unternehmen betrieben wird.[281] **Rückgabe** der Mietsache kann der Vermieter vom Insolvenzverwalter nur verlangen, wenn dieser überhaupt Besitz

271 RGZ 99, 257; BGH LM Nr 3 zu § 270 BGB = NJW 1959, 1176; LM Nr 1 zu § 36 VVG = NJW 1964, 499; *Derleder* WuM 2007, 599, 600.
272 AG Köln NZM 2009, 737.
273 AG Köln NZM 2009, 737.
274 RGZ 99, 257f; 140, 67, 69ff; BGH LM Nr 23 zu § 36 Ziff 3 ZPO = NJW 1988, 1914.
275 *Staudinger* Rn 90; *Börstinghaus* Die neue Insolvenzordnung und die Auswirkung auf das Mietrecht, in: Verbesserung der Vermietbarkeit, PiG Bd 57 (1999) 195; *Derleder* NZM 2004, 568 = PiG Bd 70 (2005), S 133; *Eichner* WuW 1999, 260; *Ehricke* KTS 2004, 321; *Franken/Dahl* Mietverhältnisse in der Insolvenz (2006); *Jablonski* GE 2008, 716; *Kirchhof* WM 2008 Sonderbeil zu H 50–52, S 15; *Lüke* in: PiG Bd 70 (2005) S 165; *Marotzke* KTS 1999, 269; *Pape* WuM 2004, 645 = NZM 2004, 401; *ders* ZMR 2009, 885.
276 BGHZ 173, 116, 121ff = NJW 2007, 3715; AG Köln NZM 2010, 423; *Dahl* NZM 2008, 585.
277 BGH NZM 2002, 524; 2002, 525, 526.
278 BGH GE 2009, 322 Tz 3.
279 BGHZ 151, 353, 370ff = NJW 2002, 3326.
280 BGH NZM 2012, 638 Tz 10ff; *Priebe* NZM 2010, 801, 804, 806.
281 LG Krefeld NZM 2010, 816, 817.

Volker Emmerich

an der Mietsache begründet hat.[282] Lösungsklauseln für den Fall der Eröffnung des Insolvenzverfahrens über das Vermögen des Mieters sind unwirksam (§ 119 InsO).[283]

VIII. Nebenleistungspflichten des Mieters

1. Abnahme- und Betriebspflicht

52 **a)** Den Mieter trifft grundsätzlich **keine Abnahme- und Gebrauchspflicht**.[284] Er ist zum vertragsgemäßen Gebrauch der ihm vermieteten Sache lediglich berechtigt, aber nicht verpflichtet (§ 535 Abs 1 S 1), so dass er durch die Ablehnung der Entgegennahme der Sache allein in Annahmeverzug, jedoch nicht in Schuldnerverzug gerät. An seiner Verpflichtung zur Mietzahlung ändert sich dadurch indessen nichts (§ 537). Der Mieter ist außerdem jederzeit berechtigt, die Mietsache **vor** dem ursprünglich vorgesehenen **Vertragsende zurückzugeben**.[285] Ebenso wenig trifft den Mieter eines Geschäftslokals eine Verpflichtung, das **Geschäft** tatsächlich offen zu halten und zu **betreiben**.[286]

53 **b) Abweichende Vereinbarungen** sind möglich,[287] indessen für den Mieter erheblich belastend und deshalb ungewöhnlich, so dass bei ihrer Annahme Zurückhaltung geboten ist. Gleichwohl wird es verbreitet als zulässig angesehen, dem Mieter eines Geschäfts ausdrücklich durch den Vertrag für eine **Betriebspflicht** aufzuerlegen, und zwar sogar durch **Formularvertrag**[288] und einschließlich der Verpflichtung, ein Geschäft an bestimmten Tagen und zu bestimmten Stunden, zB in einem **Einkaufszentrum**, unter allen Umständen offen zu halten.[289] Das soll selbst dann gelten, wenn zugleich ein Konkurrenzschutz zugunsten des Mieters ausgeschlossen ist.[290] Diese ganze Praxis ist durchaus problematisch, weil mit dem Leitbild der Miete kaum zu vereinbaren (§§ 138, 242, 307, 310 und 535 Abs 1).[291] Der Mieter wird nach hM von der Betriebspflicht selbst **durch die mangelnde Rentabilität** des Geschäfts **nicht befreit**.[292] Die Einzelheiten sind streitig;[293] jedenfalls bei schwerer **Krankheit** des Mieters sollte man nicht zögern, die §§ 275 Abs 3 und 313 zu Gunsten des Mieters anzuwenden.[294] Die vertragswidrige Einstellung des Geschäfts berechtigt den Vermieter zur fristlosen Kündigung (§ 543) sowie zur Forderung von Schadensersatz (§ 280).

---

282 BGH NJW 2008, 2580; GE 2009, 322 Tz 3.

283 OLG Düsseldorf ZMR 2006, 656; *Pape* NZM 2004, 401, 402f; str.

284 BGH WuM 2011, 98.

285 LG Mannheim WuM 1982, 298.

286 BGH LM Nr 8 zu § 581 BGB = BB 1954, 112; LM Nr 4 zu § 133 (A) BGB; LM Nr 20 zu § 138 (Bc) BGB = ZMR 1979, 238f; NZM 2010, 361 Tz 13ff.

287 RGZ 138, 192, 197f; 138, 202, 207f; BGH WM 1983, 531, 532; NJW-RR 1992, 1032 = ZMR 1993, 57; s *Gather*, in: FS Blank, 2006, S 169; kritisch *Lehmann-Richter* PiG 83 (2008), 181, 192ff.

288 S o Rn 48; RGZ 149, 88, 90f; 160, 361, 368f; BGH LM Nr 3 zu § 242 (Bf) BGB = BB 1954, 426; LM Nr 20 zu § 138 (Bc) BGB = ZMR 1979, 238, 239; NZM 2010, 361 Tz 13ff; OLG Düsseldorf NZM 1999, 124 = NJW-RR 1999, 305.

289 BGH NJW-RR 1992, 1032 = WM 1992, 1582; NZM 2010, 361 Tz 13ff.

290 BGH NZM 2010, 361 Tz 13ff; KG ZMR 2005, 47 = NZM 2005, 620.

291 S mN *Staudinger* Rn 92a.mN.

292 OLG Düsseldorf ZMR 2004, 508; anders für den Fall der Zahlungsunfähigkeit auch OLG Karlsruhe GE 2007, 218.

293 S *Günter* WuM 2012, 587; *Gather*, in: FS Blank, 169, 173; *Lehmann-Richter* PiG 83 (2008), 181, 195ff; *Würtenberger* NZM 2013, 12.

294 OLG Dresden NZM 2008, 131.

2. Obhutspflicht. Sobald dem Mieter die Mietsache übergeben wurde, muss er mit **54** der für ihn fremden Sache, die er nach Vertragsende in ordnungsmäßigem Zustand (§ 538) zurückzugeben hat (§ 546), **sorgfältig und pfleglich umgehen** (vgl § 536c). Diese Obhutspflicht **beginnt**, sobald ihm die Sache überlassen wurde, und zwar ohne Rücksicht darauf, ob der Vertrag zu diesem Zeitpunkt bereits begonnen hatte oder nicht, und **endet** erst mit der tatsächlichen Rückgabe der Mietsache, selbst wenn der Vertrag schon vorher abgelaufen war.[295] Sie erstreckt sich auch auf die **mitvermieteten Sachen und Räume** einschließlich der Flure und Treppen, Böden und Keller.[296] Inhaltlich geht die Obhutspflicht vor allem dahin, die genannten Sachen sorgfältig und pfleglich zu behandeln und nach Möglichkeit **vor Schäden** zu **bewahren**.[297] Besondere Sorgfaltspflichten bestehen bei der Aufstellung neuer technischer Geräte, zB bei dem Anschluss einer Waschmaschine.[298] Der Mieter ist ferner verpflichtet, für eine ausreichende **Lüftung und Säuberung** der Räume zu sorgen (s u § 536 Rn 36f). Wenn der Mieter für längere Zeit **verreist**, muss er dafür Sorge tragen, dass in der Zwischenzeit auftretende Mängel erkannt und behoben werden können.[299] Die Wohnungsschlüssel muss er deshalb einer vertrauenswürdigen Person oder dem Vermieter übergeben, vor allem, wenn Frost droht.[300]

Aus der Obhutspflicht des Mieters ergibt sich grundsätzlich nur eine **Anzeigepflicht** **55** im Falle des Auftretens von Mängeln oder Schäden (§ 536c), nicht jedoch eine Reparaturpflicht (s § 535 Abs 1 S 2; s u Rn 75). Bei **Verstößen** des Mieters gegen die Obhutspflicht kommen Schadensersatz- und Unterlassungsansprüche des Vermieters in Betracht (§§ 249, 280, 538 und 541).[301] In schwerwiegenden Fällen kann der Vermieter außerdem kündigen (§ 543).

3. Besichtigungsrecht. Die Frage, wann der Mieter eine Besichtigung der gemieteten **56** Räume durch den Vermieter dulden muss, richtet sich in erster Linie nach den Abreden der Parteien. Ohne solche Abreden kann sich ein Besichtigungsrecht des Vermieters immer nur im Einzelfall aus Treu und Glauben ergeben (§ 242). Maßgebend sind die Umstände des Einzelfalls in Verbindung mit einer sorgfältigen Abwägung der sich gegenüberstehenden grundrechtlichen Positionen der Parteien aus den Art 13 Abs 1 und 14 Abs 1 GG.[302] Im einzelnen hat man das bloße Recht des Vermieters zum *Betreten* der vermieteten Räume von dem weitergehenden *Besichtigungsrecht* zu unterscheiden. Der Vermieter hat zunächst ein Recht zum **Betreten** der Räume, wenn er dort aufgrund Gesetzes (insbesondere § 4 HeikostenV) oder nach dem Vertrag bestimmte Handlungen vornehmen muss, wenn er zB Messgeräte anbringen (§ 4 Abs 2 S 1 Halbs 2 HeikostenV) oder, um über die Betriebskosten abrechnen zu können (§ 556a), die Messgeräte ablesen muss oder wenn er Maßnahmen der Instandhaltung oder Instandsetzung vornehmen muss, die der Mieter zu dulden hat (§ 555a).[303] Der Vermieter muss dabei auf die Interessen des Mieters Rücksicht nehmen (§ 241 Abs 2), so daß er den Termin mit dem Mieter vorher abzustimmen hat. Das weitergehende **Besichtigungsrecht** des Vermieters umfasst dagegen die gesamten vermieteten Räume. In der Rechtspre-

295 BGH LM Nr 2 zu § 556 BGB = NJW 1967, 1803.
296 RGZ 59, 161; 75, 118; 106, 133; OLG Nürnberg ZMR 1960, 80, 81.
297 OLG Düsseldorf ZMR 1965, 51; LG Mannheim WuM 1982, 298.
298 LG Mannheim ZMR 1991, 441.
299 OLG Hamm WuM 1996, 470.
300 BGH LM Nr 49 zu § 535 BGB = NJW 1972, 34; LG Berlin MDR 1981, 584 = ZMR 1982, 86.
301 BGH LM Nr 2 zu § 556 BGB = NJW 1967, 1803; *Kraemer*, in: FS Blank, 2006, S 281.
302 BVerfGE 89, 1, 13 = NJW 1993, 2035; s *Blank*, in: FS Seuß, 2007, S 271, 287ff; *Herrlein* ZMR 2007, 247; *Lützenkirchen* NJW 2007, 2152; *Schlüter* NZM 2006, 681.
303 *Blank*, in: [3.] FS Seuß [2007] 277, 278 ff; *M Schmid* WuM 2011, 331, 332.

Volker Emmerich

chung wird dem Vermieter teilweise ein generelles Besichtigungsrecht zumindest in langen Abständen zugebilligt, um ihm die Möglichkeit zu geben, sich vom Zustand der Mietsache zu überzeugen.[304] Dieser Meinung ist *nicht* zu folgen, wie § 545 zeigt. Eine Pflicht des Mieters, Besichtigungen des Vermieters zu dulden, kommt vielmehr immer **nur im Einzelfall aus besonderem Gründen** in Betracht,[305] insbesondere, wenn der Sache schwere **Gefahren** drohen,[306] wenn der Verdacht eines vertragswidrigen Gebrauchs der Räume besteht, etwa durch die nach dem Vertrag verbotene Haltung großer Hunde[307], wenn der Mieter Mängel behauptet, da der Vermieter diese überprüfen können muss,[308] sowie wenn der Vermieter Reparatur- oder Modernisierungsmaßnahmen durchführen will (§ 554).[309] Kein Besichtigungsrecht besteht jedoch für Personen, die für den Mieter unzumutbar sind.[310] Abweichende Klauseln in **Formularverträgen** sind unwirksam.[311]

57   Der Vermieter ist ferner berechtigt, **Kaufinteressenten** das Grundstück zu zeigen. Dasselbe gilt für **Mietinteressenten**, sobald der Mieter gekündigt hat,[312] freilich nur in engem Rahmen, dh höchstens zwei- bis dreimal monatlich, und zu vertretbaren Zeiten sowie nach vorheriger Ankündigung, nach Möglichkeit am vorausgehenden Tag.[313] Der Mieter ist jedoch berechtigt, die Interessenten auf etwaige Mängel der Wohnung sowie auf seinen Wunsch hinzuweisen, wohnen zu bleiben.[314] Mit Gewalt darf sich der Vermieter in keinem Fall Zugang zu den Räumen verschaffen (§ 123 StGB).

IX. Schönheitsreparaturen[315]

58   **1. Begriff.** Bei den Schönheitsreparaturen geht es der Sache nach nahezu ausschließlich um die **malermäßige Beseitigung solcher Dekorationsmängel,** die auf der unvermeidlichen Abnutzung der Räume durch den vertragsgemäßen Gebrauch des Mieters beruhen. Zur näheren Umschreibung der Schönheitsreparaturen stützt man sich gewöhnlich auf die (preisrechtliche) Definition in **§ 28 Abs 4 S 3 der II. BV,** wonach die Schönheitsreparaturen das Tapezieren, Anstreichen oder Kalken der Wände und Decken, das Streichen der Fußböden und Heizkörper einschließlich der Heizungsrohre, der Innentüren sowie der Fenster und Außentüren von innen umfassen.[316] Die Beseitigung sonstiger Mängel gehört ebenso wenig zu den Schönheitsreparaturen wie die Vervollständigung der Einrichtung der vermieteten Räume, zB durch das Verlegen von Teppichböden, das Anbringen von Kacheln oder die Installation sanitärer Anlagen und elektrischer Einrichtungen.[317] Erfasst werden schließlich auch nur Schäden an den dem Mieter zum ausschließlichen

---

304 BVerfG NZM 2004, 186 = NJW-RR 2004, 440; LG Tübingen NZM 2008, 1055, 1057; LG Oldenburg ZMR 2012, 956.

305 LG München II NZM 2009, 277; AG Bonn NZM 2006, 618; AG Coesfeld WuM 2009, 112; Stx 98f.

306 LG Bremen BlGBW 1964, 159; AG Bonn NZM 2006, 618.

307 AG Rheine WuM 2003, 315.

308 AG Saarbrücken ZMR 2005, 372; AG Schöneberg GE 2004, 822.

309 AG Schöneberg GE 1987, 629.

310 AG Hamburg WuM 1987, 379.

311 LG München II NZM 2009, 277; AG Münster WuM 2009, 288; AG Coesfeld WuM 2009, 112; *Staudinger* Rn 98f.

312 RGZ 106, 270; LG Hamburg WuM 1994, 425; LG Frankfurt aM NZM 2002, 696.

313 BVerfG NJW-RR 2004, 440 = NZM 2004, 186 = WuM 2004, 80.

314 OLG Celle WuM 1991, 538; AG Hamburg WuM 1993, 603.

315 S *Emmerich,* in: FS Graf v Westphalen, 2010, S 127.

316 BGHZ 92, 363, 368 = NJW 1985, 480 usw bis BGH NZM 2009, 126 = NJW 2009, 519; NJW 2009, 1408 Tz 10 = NZM 2009, 353; NJW 2010, 674 = NZM 2010, 157; WuM 2010, 231 Tz 16.

317 BGHZ 65, 359, 364 = NJW 1976, 525.

Gebrauch überlassenen Räumen, nicht dagegen Schäden an Keller- und Wirtschaftsräumen oder an den **mitvermieteten Räumen** einschließlich der Zu- und Abgänge.[318]

Die genaue **Abgrenzung** der Schönheitsreparaturen von sonstigen Reparaturen ist **59** in zahlreichen Fallgestaltungen umstritten.[319] Leitender Gesichtspunkt sollte immer sein, ob es sich im Grunde noch um die **malermäßige Beseitigung der Folgen der normalen Abnutzung der Dekoration** infolge der vertragsgemäßen Nutzung der Räume durch den Mieter oder um weitergehende Schäden handelt (o Rn 58). Zu den Schönheitsreparaturen gehören daher **zB** noch das Streichen von Versorgungsleitungen, die auf Putz liegen,[320] der Innenanstrich von Doppelfenstern, die Beseitigung einer ungewöhnlichen oder eigenwilligen Dekoration des Mieters, zB die Beseitigung ungewöhnlicher Farben der Tapeten[321] sowie die Erneuerung einer Wandbespannung anstelle einer Tapete,[322] – dagegen **nicht** mehr der Außenanstrich der Fenster und Türen,[323] die *Beseitigung von Mängeln* einschließlich der Reparatur von Substanzschäden,[324] sowie die *Erneuerung* des Bodenbelages, zB die Erneuerung eines verschlissenen Teppichbodens oder das Abschleifen und Neuversiegeln des Fußbodens oder Parketts.[325] Umstritten ist insbesondere die zutreffende rechtliche Einordnung der **Reinigung von Teppichböden**. Sie wird zum Teil der Obhutspflicht des Mieters, zum Teil den Schönheitsreparaturen und schließlich teilweise auch der allgemeinen Instandsetzungspflicht des Vermieters aufgrund des § 535 Abs 1 S 2 zugeordnet.[326] Der **BGH** begreift die übliche oder *laufende Reinigung* von Teppichböden als Teil der Obhutspflicht des Mieters, eine *Grundreinigung* dagegen als Bestandteil der **Schönheitsreparaturen**, jedenfalls bei der Geschäftsraummiete, nicht anders aber wohl auch bei der Wohnraummiete.[327] Dies alles ist jedoch kein zwingendes Recht, so dass die Parteien – in den Grenzen des § 138 Abs 1 – **individualvertraglich** den Begriff der Schönheitsreparaturen auch beliebig **erweitern** können, bei der Wohnraummiete freilich nur in dem Rahmen, in dem überhaupt die Reparaturpflicht des Vermieters auf den Mieter abgewälzt werden kann (u Rn 75ff), während eine **formularvertragliche Erweiterung** bereits an § 307 Abs 2 scheitert.[328] Die Unwirksamkeit der Erweiterungsklausel zieht dann auch die der gesamten Abwälzung der Schönheitsreparaturen auf den Mieter in dem Formularvertrag nach sich.[329]

2. Schuldner

a) Die Erhaltung der Mietsache in einem zum vertragsgemäßen Gebrauch geeigneten **60** Zustand **obliegt** während der gesamten Vertragsdauer an sich dem **Vermieter** (§ 535 Abs 1 S 2), so dass er grundsätzlich **auch** die **Schönheitsreparaturen** tragen muss, sobald die Wohnung infolge des normalen Verschleißes Mängel aufweist.[330] § 535 Abs 1 S 2 ist jedoch kein zwingendes Recht, so dass die Parteien **abweichende Vereinbarungen** treffen

---

318 AG Langen WuM 1997, 40.
319 S im Einzelnen *Staudinger* Rn 103; *Langenberg* NZM 2000, 1125.
320 *Langenberg* Schönheitsreparaturen, 8f.
321 LG Hamburg NZM 1999, 838 = ZMR 1999, 405; *Langenberg* Schönheitsreparaturen, 23.
322 BGH ZMR 1980, 378, 380 (insoweit nicht in BGHZ 77, 301 abgedruckt).
323 BGH NJW 2009, 1408 Tz 10; 2010, 674 Tz 12.
324 BRat, Stellungnahme BT-Drucks 14/4553, S 85; AG Dortmund ZMR 2005, 129, 130.
325 BGH NJW 2010, 674 Tz 12 = ZM 2010, 157.
326 S *Lehmann-Richter* NZM 2009, 349; *Gellwitzki* NZM 2009, 881; *Langenberg*, Schönheitsreparaturen 8, 25; *Schoenemeyer* WuM 2011, 148.
327 BGH NJW 2009, 510 Tz 13, 25 ff = NZM 2009, 126 = WuM 2009, 224.
328 Rn 63; BGH WuM 2010, 231 Tz 16f.
329 BGH WuM 2010, 231 Tz 11.
330 S o Rn 10ff; *Emmerich* in: FS Bärmann und Weitnauer, 1990, S 233ff.

können. Voraussetzung ist freilich mit Rücksicht auf das abweichende gesetzliche Leitbild (§ 535 Abs 1 S 2) eine **eindeutige Vereinbarung**, für die der Vermieter beweispflichtig ist.[331] Eine **konkludente Abwälzung** der Schönheitsreparaturen auf den Mieter kommt nicht in Betracht, auch nicht bei der gewerblichen Miete.[332] **Klauseln**, die im Kern auf eine bloße Verpflichtung des Mieters **zur Rückgabe** der Sache in vertragsgemäßem Zustand hinauslaufen, enthalten gleichfalls **keine** wirksame **Überwälzung** der Schönheitsreparaturen auf den Mieter, weil sie nur wiederholen, was ohnehin aus § 538 folgt.[333] Ausreichend sind dagegen, jedenfalls nach Meinung des BGH,[334] Klauseln, die dem Mieter die Verpflichtung auferlegen, die Wohnräume in ordnungsgemäßem Zustand „zu erhalten". Der **Vermieter** ist jedoch **vorleistungspflichtig**. Weist die Wohnung Mängel auf, so muss er zunächst diese Mängel beseitigen, bevor er vom Mieter die Vornahme der Schönheitsreparaturen verlangen kann (§ 320).[335]

61   **b)** Nach überwiegender Meinung[336] können die Schönheitsreparaturen **auch durch Formularvertrag** unter bestimmten Voraussetzungen auf den Mieter **abgewälzt** werden.[337] Richtlinie hat dabei zu sein, daß die Schönheitsreparaturen – als besondere Ausprägung der Erhaltungspflicht des Vermieters – durch Formularvertrag **nicht in weiterem Umfang** auf den Mieter abgewälzt werden können, **als ohne** solche **Abwälzung** den **Vermieter** die Erhaltungspflicht und damit die Schönheitsreparaturen träfen.[338] Für die **Fälligkeit** der Schönheitsreparaturen folgt daraus, dass sie – mangels besonderer Abreden der Parteien – immer erst dann durchzuführen sind, wenn **Renovierungsbedarf** besteht, maW: wenn sich die **Räume in** einem **mangelhaften**, dh nicht mehr zur Weitervermietung geeigneten **Zustand** befinden, und zwar ganz ohne Rücksicht darauf, ob eine sog Substanzgefährdung droht oder nicht. Der Mieter kann danach insbesondere verpflichtet werden, während der Vertragsdauer entsprechend einem üblichen Wirtschaftsplan die turnusmäßig notwendigen Schönheitsreparaturen durchzuführen. Keine Rolle spielt dabei, ob die Wohnung bei ihrer Übergabe **renoviert** worden war, sofern nur die **Fristen** für die laufende Renovierung durch den Mieter erst **mit Übergabe** zu laufen beginnen. Die Wirksamkeit entsprechender formularvertraglicher Klauseln setzt ferner voraus, dass die zugrunde gelegten **Fristen nicht starr** sind und den üblichen Renovierungsfristen entsprechen (s u Rn 64), dass ein etwaiger Kostenvoranschlag eines Fachgeschäfts nicht verbindlich ist und dass dem Mieter das Recht vorbehalten bleibt, die Schönheitsreparaturen in „kostensparender Eigenleistung" gegebenenfalls selbst durchzuführen.[339]

61a   Die Schönheitsreparaturen sind, nach dem Gesagten (Rn 61) grundsätzlich durchzuführen, **wenn** sich die Räume in einem **mangelhaften**, dh nicht mehr zur Weitervermietung geeigneten **Zustand befinden**.[340] Denn erst dadurch würde auch – ohne Abwälzung

---

331 BGHZ 101, 253, 263 = NJW 1987, 2575; LG Berlin WuM 1991, 29.
332 OLG Celle WuM 1980, 185; LG Berlin WuM 1989, 232 = MDR 1989, 547.
333 OLG Düsseldorf NJW-RR 1992, 1096; WuM 2002, 545; LG Wiesbaden WuM 2001, 236.
334 WuM 2004, 529, 530 = NZM 2004, 734.
335 LG Berlin NJW-RR 1997, 265; *Gellwitzki* NZM 2009, 881, 883f; enger KG NZM 2009, 661.
336 S aber o Rn 58; anders deshalb *Emmerich* in: FS Bärmann und Weitnauer, 1990, S 233, 239ff; *ders*, in: FS Graf v Westphalen, 2010, S 127; *Kappus* in: Gedschr Sonnenschein (2003) 263ff.
337 Begr zum RegE BT-Drucks 13/4553, S 40; grdl BGHZ 92, 363, 367ff = NJW 1985, 480; BGHZ 101, 253, 261ff = NJW 1987, 2575; BGHZ 105, 71, 76ff = NJW 1988, 2790; BGH WuM 2010, 36 usw.
338 BGH NJW 2004, 2586 = NZM 2004, 653 = WuM 2004, 463, 464; NJW 2006, 2115 = WuM 2006, 308, 309 Tz 11; WuM 2006, 310, 311 Tz 11.
339 BGH NJW 2004, 2087 = NZM 2004, 497; NZM 2005, 58 = WuM 2005, 50; NJW 2005, 1426 = NZM 2005, 376.
340 Vgl BGH WuM 1982, 296, 297 = WM 1982, 333, 334; NJW 2005, 1962 = NZM 2005, 450.

der Schönheitsreparaturen auf den Mieter – die Erhaltungspflicht des Vermieters aufgrund des § 535 Abs 1 S 2 ausgelöst, an deren Stelle die Verpflichtung des Mieters zur Durchführung der Schönheitsreparaturen getreten ist.[341] Für den Regelfall gehen die Gerichte insoweit – entsprechend dem „Mustermietvertrag" des BMJ von 1976 – davon aus, dass der Mieter die Schönheitsreparaturen **nach** einem **normalen Wirtschaftsplan** durchführen muss, wobei sie – je nach Abnutzungsgrad – für die Wohnräume einen fünf- bis sechsjährigen, für Küche und Bad einen zwei- bis dreijährigen sowie für die anderen Räume einen sieben- bis achtjährigen **Renovierungsrythmus** zugrunde zu legen pflegen.[342] Bei diesen Fristen handelt es sich indessen um **bloße**, als solche unverbindliche **Richtlinien,** die im Einzelfall sowohl unterschritten als auch überschritten werden können,[343] wobei hinzukommt, dass die Fristen, die aus den sechziger Jahren des 20. Jahrhunderts stammen, ohnehin **längst überholt** sind.[344] Eine **Abkürzung** dieser Fristen durch Formularvertrag ist daher grundsätzlich **unzulässig.**[345] **Unzulässig** ist ferner die **Vereinbarung starrer Renovierungsfristen,** dh die vertragliche Fixierung (beliebiger) Fristen, zu denen (spätestens) die Renovierung durchgeführt werden muss.[346] Das soll auch bei der gewerblichen Miete gelten.[347] Deshalb muss die fragliche Klausel so abgefasst sein, dass für den durchschnittlich verständigen Mieter ohne Weiteres erkennbar ist, dass der „Fristenplan" nur den Charakter einer „Richtlinie" hat, von dem bei gutem Zustand der Räume abgewichen werden kann.[348] Nach einzelnen Urteilen genügt es bereits, wenn sich nur aus den Umständen ein Anspruch des Mieters auf Verlängerung der Fristen ergibt, sofern tatsächlich kein Renovierungsbedarf besteht.[349] Verstößt die formularvertragliche Abwälzung der Schönheitsreparaturen auch nur in einem einzigen Punkt gegen § 307, so behandeln die Gerichte idR die **Abwälzung insgesamt** als **unwirksam,** so dass es bei der gesetzlichen Regel des § 535 Abs 1 S 2 verbleibt.[350]

Unzulässig sind so genannte **Anfangs- und Endrenovierungsklauseln,** nach denen 61b der Mieter formularmäßig *zusätzlich* zu den ohnehin schon auf ihn abgewälzten laufenden Schönheitsreparaturen auch noch die Anfangs- oder Endrenovierung tragen soll, und zwar – mit Rücksicht auf den so genannten **Summierungseffekt** – selbst dann, wenn die fragliche Klausel **individualvertraglich** begründet ist.[351] Gleich stehen **Bedarfsklauseln**, da solche Klauseln ebenfalls darauf hinauslaufen, dass der Mieter letztlich auch den vorvertraglichen Renovierungsaufwand tragen muss.[352] Etwas **anderes** gilt jedoch nach Meinung des BGH, wenn die genannten Klauseln *unabhängig* von dem Formularvertrag

---

341 BGH NJW 2004, 2586 = NZM 2004, 653; NJW 2006, 2115; WuM 2006, 310, 311 Tz 11.
342 BGHZ 92, 363, 386f = NJW 1985, 480; BGH NJW 2004, 2586 = NZM 2004, 653; NJW 2005, 1188 = NZM 2005, 299; BayObLGZ 1987, 243 = WuM 1987, 344, 346.
343 BGH NJW 2004, 2586; NJW 2006, 2113, 2114.
344 S BGH NJW 2007, 3632 Tz 13; *Staudinger* Rn 108.
345 BGH NJW 2004, 2586 = NZM 2004, 653.
346 BGH NJW 2004, 2586 = NZM 2004, 653 usw bis BGH NJW 2006, 2113; NJW 2006, 2115; 2007, 3682 Tz 12; 2008, 1439 Tz 17; 2008, 936 Tz 11; 2009, 62 Tz 11.
347 OLG Düsseldorf NZM 2006, 462 = ZMR 2006, 521, 522.
348 So BGH NJW 2006, 2113, 2114 Tz 12 = WuM 2006, 377; NJW 2008, 936 Tz 11 = WuM 2008, 722.
349 BGH NZM 2005, 58 = WuM 2005, 50, 52; NJW 2005, 1426 = NZM 2005, 376; NJW 2005, 1188 = NZM 2005, 299; NJW 2005, 3416 = NZM 2005, 860; NJW 2006, 2116 = WuM 2006, 306, 307 Tz 15; NJW 2006, 2115 = WuM 2006, 308, 309 Tz 16; NJW 2006, 2113, 2114 Tz 12f = WuM 2006, 377; WuM 2006, 310, 311 Tz 17.
350 Rn 63; BGH NJW 2004, 2586 = NZM 2004, 653; NJW 2004, 3775 = NZM 2004, 901; NJW 2006, 1728 Tz 16 = NZM 2006, 459 = WuM 2006, 248, 250; NJW 2006, 2113, 2114 Tz 15 = WuM 2006, 377; OLG Düsseldorf WuM 2004, 603, 606; s *Staudinger* Rn 112.
351 BGH NJW 2003, 2234; 2003, 3192; 2005, 2006; NZM 2009, 313.
352 BGH NJW 1993, 532 = ZMR 1993, 216; OLG Stuttgart NJW-RR 1989, 520 = WuM 1989, 121 = ZMR 1989, 176; OLG Hamburg NJW-RR 1992, 10 = WuM 1991, 523 = ZMR 1991, 467.

　　　　　　　　　　　　　　　　　　　　　　　　　　　Volker Emmerich

auf einer (**„selbstständigen"**) **Individualvereinbarung** beruhen.[353] Dies alles gilt jedenfalls für die **Wohnraummiete**, während bei der **gewerblichen Miete** nach überwiegender Meinung dem Mieter (formular-)vertraglich auch die Anfangs- und die Endrenovierung auferlegt werden kann.[354] Unzulässig sind dagegen wohl auch hier die Abwälzung der laufenden Schönheitsreparaturen in Verbindung mit einer Endrenovierungsklausel oder die Vereinbarung starrer Renovierungsfristen.[355]

62   **c) Quotenklauseln** gelten als grundsätzlich unbedenklich. Man versteht darunter Bestimmungen, nach denen sich der Mieter bei Auszug vor der turnusmäßigen Fälligkeit der Schönheitsreparaturen **anteilig** an den **Kosten** der erst demnächst, dh nach seinem Auszug fällig werdenden Schönheitsreparaturen zu **beteiligen** hat, vorausgesetzt, dass die Renovierungsfristen für den Mieter erst mit seinem Einzug zu laufen beginnen.[356] Quotenklauseln sind dagegen **unzulässig**, wenn die **Fristen starr** sind[357], wenn die Klausel auch eine vollständige Haftung des Mieters vor Ablauf der Fristen (100 %) vorsieht[358] oder wenn die Klausel **intransparent** ist sowie richtiger Meinung nach bei Übergabe einer nicht renovierten Wohnung bei Vertragsanfang.[359] Die unvermeidliche Folge dieser zudem ständig weiter verschärften Restriktionen ist, dass die **Formulierung** einer Quotenklausel auf der Basis flexibler (oder weicher) Fristen – bei strenger Beachtung des Transparenzgebotes – kaum mehr möglich ist, so dass das **Ende** der Quotenklauseln absehbar ist. Unzulässig ist ferner die formularvertragliche Verpflichtung des Mieters zur **erneuten vollständigen Renovierung** der Wohnung, wenn er vor Fälligkeit der Schönheitsreparaturen auszieht (keine generelle Abwälzung der Endrenovierungspflicht).[360] Gleich steht die Verpflichtung, bei Vertragsende ohne Rücksicht auf den Zeitpunkt der letzten Schönheitsreparaturen alle Tapeten zu beseitigen (sog **Makulaturklausel**).[361] Ebenso wenig darf der **vorvertragliche** Renovierungsaufwand ausdrücklich oder konkludent, dh durch das Zusammenwirken mit anderen Klauseln, formularvertraglich auf den Mieter abgewälzt werden.[362]

63   **d)** Der Vermieter kann dem Mieter *nicht* vorschreiben, wie er *während* der Laufzeit des Vertrags zu dekorieren hat; so genannte **Farbwahlklauseln** sind unzulässig.[363] Beispiele sind die Verpflichtung, die Decken, Wände oder Fenster zu „weißen" oder „weiß zu lackieren",[364] sowie das Verbot einer Abweichung von der bisherigen Ausführungen oder

---

353 BGH NJW 2009, 1075 = NZM 2009, 233; NZM 2009, 397 = NJW-RR 2009, 947.
354 BGH NZM 2009, 397 = NJW-RR 2009, 947 Tz 19; KG GE 1995, 1011; NZM 2004, 424; 2005, 181; dagegen *Staudinger* Rn 112.
355 BGH NJW 2005, 2006; 2008, 377 Tz 2; *Emmerich* NZM 2009, 16.
356 BGHZ 105, 71, 81ff = NJW 1988, 2790; BGH NJW 2004, 2087 = NZM 2004, 497; NJW 2004, 3024 = NZM 2004, 615; NZM 2004, 903 = WuM 2004, 663; NJW 2006, 3778; s auch Rn 63.
357 BGH NJW 2006, 3778 Tz 20 = ZMR 2007, 28; NZM 2007, 355 Tz 13ff; NJW 2007, 3632 Tz 24ff; 2008, 1438 = NZM 2008, 363 Tz 15ff.
358 BGH NJW 2006, 2113.
359 S mN Staudinger Rn 110a.
360 BGH LM Nr 159 zu § 535 BGB = NJW 1998, 3140 = NZM 1998, 710; NJW 2003, 2234 = NZM 2003, 436 m Anm *Emmerich* JuS 2003, 1025; NJW 2003, 3192 = NZM 2003, 755; NJW 2005, 2006 = NZM 2005, 504.
361 BGH WuM 2006, 308, 309 Tz 12ff = NJW 2006, 2115 m Anm *Emmerich* JuS 2006, 933; WuM 2006, 310, 311 Tz 13ff.
362 BGH NJW 1993, 532 = ZMR 1993, 216; OLG Celle ZMR 1999, 469f.
363 BGH NZM 2010, 236 = WuM 2010, 142 Tz 9ff; WuM 2011, 96 = NJW 2011, 514.
364 BGH WuM 2010, 142 Tz 9 ff = NZM 2010, 236 mNw; WuM 2011, 96 Tz 3; 2011, 618 Tz 8; GE 2012, 1031 Tz 11; WuM 2012, 662 Tz 2; *D Beyer* NZM 2009, 137; *Blank* NJW 2009, 27.

ein Vorbehalt der Zustimmung des Vermieters für solche Abweichung,[365] und zwar auch bei der Geschäftsraummiete. Ausgenommen werden jedoch idR so genannte **Rückgabe-klauseln**, die die Dekoration *bei Vertragsende* regeln, jedenfalls, soweit sie dem Mieter einen „gewissen Spielraum" belassen.[366] Richtig ist daran nur, dass der Mieter bei Vertragsende nach Treu und Glauben bei der Durchführung der Schönheitsreparaturen auf den **allgemeinen Geschmack** Rücksicht nehmen muss, so dass er jetzt keine ungewöhnliche Dekoration mehr wählen darf, die eine Weitervermietung der Räume erschwerte.[367] Der Mieter kann außerdem verpflichtet werden, die Schönheitsreparaturen „**fachgerecht**", dh in mittlerer Art und Güte durchzuführen;[368] **unzulässig** sind dagegen in Formularverträgen so genannte (auch versteckte) **Facharbeitsklauseln**, weil sie dem Mieter die grundsätzlich klauselfeste Möglichkeit zu Eigenleistungen nehmen.[369]

Ohne Rücksicht auf die Abwälzung der Schönheitsreparaturen obliegt die erstma- **64** lige Dekoration der Räume, etwa nach einem Umbau, in jedem Fall dem Vermieter als Teil seiner Überlassungspflicht.[370] Erweist sich die formularvertragliche Abwälzung der Schönheitsreparaturen auf den Mieter als unwirksam, so tritt an die Stelle der unwirksamen Klausel wieder die gesetzliche Regelung des § 535 Abs 1 S 2, dh die Verpflichtung des Vermieters zur Tragung der Schönheitsreparaturen.[371] Der Vermieter kann auch nicht „zum Ausgleich" eine Erhöhung der Miete bis zur ortsüblichen Vergleichsmiete bei Tragung der Schönheitsrreparaturen durch den Vermieter verlangen, schon, weil sich solcher Zuschlag überhaupt nicht berechnen lässt.[372] Anders soll es sich freilich nach Meinung des BGH schon wieder im sozialen Wohnungsbau gem. § 28 Abs 4 der II. BV verhalten.[373] **Führt der Mieter die Schönheitsreparaturen selbst durch, ohne** hierzu vertraglich **verpflichtet** zu sein, so kann er vom Vermieter Aufwendungsersatz grundsätzlich nur unter den engen Voraussetzungen des § 536a Abs 2 Nr 1 oder der Geschäftsführung ohne Auftrag (§ 539 Abs 1) verlangen, die in aller Regel nicht vorliegen werden.[374] Möglich bleiben dagegen gemäß den §§ 684 S 1 und 812 Abs 1 S 1 Fall 2 in Verbindung mit § 818 Abs 2 **Bereicherungsansprüche** des Mieters, die sich nach Meinung des BGH auf die übliche oder angemessene Vergütung für die erbrachten Schönheitsreparaturen und hilfsweise auf den Wert der Eigenleistungen des Mieters belaufen sollen.[375] Auf die Verjährung dieser Ansprüche findet § 548 Anwendung.[376]

3. Erfüllungsanspruch. Auslegungsfrage ist es, ob der Vermieter bereits **während** **65** **des Laufs** des Vertrags einen **Erfüllungsanspruch** gegen den Mieter auf Durchführung der Schönheitsreparaturen hat. Im Zweifel ist die Frage nach herrschender Meinung zu **bejahen,** so dass der Vermieter notfalls auch im Klagewege vom Mieter die Durchführung

---

365 BGH WuM 2011, 96 Tz 6; WuM 2012, 662 Tz 3; KG NJW 2011, 1085 = NZM 2011, 246.
366 BGH NJW 2007, 1743 Tz 8f; 2008, 2499 Tz 17ff; 2009, 62 Tz 13ff; 2009, 3716; NZM 2009, 313 Tz 12; WuM 2011, 96 = NJW 2011, 514.
367 KG NJW 2005, 3150 = NZM 2005, 663; LG Lübeck NZM 2002, 485.
368 BGHZ 105, 71, 78 = NJW 1988, 2790; BGH NZM 2004, 615 = WuM 2004, 466, 467; *Langenberg* Schönheitsreparaturen, 18ff; s u Rn 64.
369 BGH WuM 2010, 476 Tz 18ff; OLG Stuttgart NJW-RR 1993, 1422 = WuM 1993, 528; LG München I NJW 2010, 161; anders freilich (ohne Begründung) für die Klausel „handwerksgerecht" BGH NJW 2009, 62.
370 BGHZ 65, 359, 364 = NJW 1976, 515; OLG Nürnberg WuM 1993, 122, 123.
371 BGH NZM 2006, 691; WuM 2006, 677, 679 Tz 27; NJW 2006, 3778 = NZM 2006, 924; *Staudinger* Rn 111; str.
372 BGHZ 177, 186, 189ff = NJW 2008, 2840; BGH WuM 2008, 487; 2010, 296; NJW 2009, 1410.
373 BGH WuM 2010, 1510 = NZM 2010, 396; WuM 2010, 750 Tz 3; 2011, 112.
374 BGHZ 181, 188, 194ff = NJW 2009, 2590; *Staudinger* Rn 104a.
375 BGHZ 181, 188, 198 = NJW 2009, 2590; fraglich, s *Emmerich* NZM 1998, 49, 52f; 2000, 761.
376 BGH NJW 2011, 1866 Tz 13ff; NJW 2012, 3031 Tz 13; *Streyl* WuM 2010, 603.

Volker Emmerich

der jeweils fälligen Schönheitsreparaturen (o Rn 61f) verlangen kann, selbst wenn noch kein Substanzschaden droht.[377] Dagegen wird dem Vermieter meistens das Recht abgesprochen, bereits während des Laufs des Mietvertrages nach den **§§ 280 und 281** vorzugehen und nach fruchtloser Fristsetzung vom Mieter Schadensersatz statt der Leistung zu verlangen; statt dessen wird dem Vermieter nur ein **Anspruch auf Vorschuss** in Höhe der erforderlichen Renovierungskosten zugebilligt, letztlich um sicherzustellen, dass die Leistungen des Mieters auch tatsächlich der Wohnung zugute kommen und nicht einfach das Vermögen des Vermieters erhöhen.[378]

66   Wenn der Mieter die geschuldeten Schönheitsreparaturen verspätet oder mangelhaft durchführt, steht seine **Ersatzpflicht** außer Frage (§§ 276, 280, 281).[379] Für den vom Mieter **geschuldeten Standard** gilt das bereits Gesagte (o Rn 63).

67   **4. Rechtslage bei Vertragsende.** Der Mieter hat alles getan, wozu er verpflichtet ist, wenn er die Schönheitsreparaturen innerhalb der vereinbarten oder angemessenen Fristen ordnungsgemäß durchgeführt hat. Zieht er nach der letzten fristgerecht durchgeführten Schönheitsreparatur aus, so treffen ihn daher jetzt **keine zusätzlichen Pflichten** mehr, ohne Rücksicht darauf, ob die (fristgerecht renovierte) Dekoration inzwischen bereits wieder (zum Teil) abgewohnt ist.[380]

68   Nach überwiegender Meinung hat es keinen Einfluss auf die Verpflichtung des Mieters zur Durchführung der Schönheitsreparaturen, wenn der Vermieter **nach Auszug** des Mieters die fraglichen **Räume umbaut** oder vom Nachmieter umbauen lässt; an die Stelle des Anspruchs auf die Schönheitsreparaturen soll dann vielmehr im Wege ergänzender Vertragsauslegung (§§ 157, 242) ein **Ausgleichsanspruch** des Vermieters treten, der sich der Höhe nach im Wesentlichen auf die **Personal- und Sachkosten** beschränkt, die der Mieter infolge der jetzt nicht mehr möglichen Durchführung der Schönheitsreparaturen tatsächlich **erspart** hat.[381] Lediglich wenn feststeht, dass der Mieter die Schönheitsreparaturen unter keinen Umständen mehr selbst durchgeführt hätte, entspricht der Ausgleichanspruch den (deutlich höheren) Kosten einer Ersatzvornahme durch Dritte.[382] Der Anspruch besteht auch bei Vereinbarung einer Quotenklausel[383] sowie bei zulässiger Abwälzung der Reparatur- oder Instandsetzungspflicht auf den Mieter[384], ist jedoch auf der anderen Seite zu kürzen, soweit infolge des Umbaus der Renovierungsaufwand, zB infolge des Wegfalls von Mauern, verringert würde.[385] Der Ausgleichsanspruch **verjährt** in

377 BGHZ 111, 301, 304 = NJW 1990, 2376; LG Hamburg WuM 2007, 69; *Staudinger* Rn 113.
378 BGHZ 111, 301, 305ff = NJW 1990, 2376; BGH NZM 2005, 450 = WuM 2005, 383; NJW 2006, 1588 Tz 17; – zur Kritik s. *Staudinger* Rn 113; *Börstinghaus* DWW 2005, 92, 94; *Derleder* in: FS Blank, 2006, S 311; *Emmerich* NZM 2006, 761; *Kraemer* PiG Bd 67 (2003) S 175, 183ff; *Weitemeyer* NZM 2005, 646.
379 LG Hamburg ZMR 1986, 56; LG Berlin GE 1989, 43; 1995, 115; 1995, 249; 1995, 1083, 1085; 1996, 1373; 1998, 247.
380 OLG Hamm MDR 1965, 548; OLG Karlsruhe WuM 1982, 291, 292f; OLG Bremen WuM 1982, 317, 318; LG Saarbrücken NZM 2000, 1179f; weitergehend offenbar früher BGHZ 49, 56, 58f = NJW 1968, 491; BGH WM 1982, 333, 334 = WuM 1982, 296, 297; LM Nr 45 zu § 558 BGB (Bl 1 R f) = NJW 1991, 2416, 2417; dagegen *Emmerich* PiG Bd 60 (2001) 105, 111f = NZM 2000, 1155; *Staudinger* Rn 114 m Nachw.
381 BGHZ 77, 301, 304f = NJW 1980, 2347; BGHZ 85, 267, 273f = NJW 1983, 446; BGHZ 92, 363, 369ff = NJW 1985, 480; BGHZ 96, 141, 145f = NJW 1986, 309; BGHZ 151, 53, 57ff = NJW 2002, 2383; BGH NZM 2005, 58 = WuM 2005, 50, 52; WuM 2006, 308, 309 Tz 17 = NJW 2006, 2115; GE 2009, 111 Tz 30; KG NZM 2009, 661.
382 BGH NZM 2005, 58 = WuM 2005, 50, 52; LG Berlin GE 2006, 1038.
383 LG Berlin GE 2004, 821.
384 BGHZ 151, 53, 59ff = NJW 2002, 2383.
385 BGH NZM 2005, 58 = WuM 2005, 50, 52.

den Fristen des § 548[386] und **entfällt** ganz, wenn der Vermieter nach Auszug des Mieters das Gebäude abreißen lässt[387], wenn der Vertrag von vornherein mit Rücksicht auf die vom Vermieter geplanten späteren Umbauten befristet war[388] oder wenn sich die vermieteten Räume in einem derart desolaten Zustand befanden, dass der Vermieter selbst schwerwiegend gegen seine Erhaltungspflicht verstoßen hatte.[389] Anders wird die Rechtslage ferner bei sonstigen vom Mieter zu beseitigenden Umbauten[390] sowie von Fall zu Fall bei der gewerblichen Miete beurteilt.[391] Diese ganze Praxis ist sachlich durch nichts zu rechtfertigen.

Die **Beendigung des Mietverhältnisses** ändert ebensowenig wie ein vorzeitiger 69 Auszug des Mieters etwas an der von ihm wirksam übernommenen Verpflichtung zur Durchführung der Schönheitsreparaturen. Der Vermieter kann folglich nach wie vor **Erfüllung** verlangen und ein etwaiges Leistungsurteil nach § 887 ZPO vollstrecken (o Rn 65). Haben die Parteien wirksam eine Abgeltungs- oder **Quotenklausel** vereinbart (o Rn 62), so wird der daraus resultierende Zahlungsanspruch des Vermieters sofort mit Auszug des Mieters fällig.[392] Soweit es um vom Mieter nicht durchgeführte, fällige Schönheitsreparaturen geht, wird der Vermieter jedoch in der Regel versuchen, zum **Schadensersatzanspruch** überzugehen. Die Voraussetzungen dafür ergeben sich aus den **§§ 280 und 281**.[393] Der Schadensersatzanspruch des Vermieters setzt folglich eine vom Mieter zu vertretende **Pflichtverletzung** (§§ 280 Abs 1, 276, Rn 70) sowie die erfolglose Bestimmung einer angemessenen **Frist** zur Leistung durch den Vermieter voraus (§§ 280 Abs 3, 281 Abs 1 S 1, Rn 71). Die **Fristsetzung** ist nur **entbehrlich**, wenn die Voraussetzungen des § 281 Abs 2 vorliegen (Rn 72). In aller Regel wird sich der Mieter dann außerdem in **Verzug** befinden, weil und sofern die Fristsetzung zugleich eine Mahnung im Sinne des § 286 Abs 1 enthält.[394] Dies bedeutet im Einzelnen:

Der Mieter muss als erstes die **Pflichtverletzung** durch Unterlassung der fälligen 70 Schönheitsreparaturen bei Vertragsende zu **vertreten** haben (§§ 280 Abs 1 S 2, 281 Abs 1 S 1, 276). Hieran fehlt es, wenn sich der Mieter (ausnahmsweise) in einem entschuldbaren Rechtsirrtum über den Umfang seiner Verpflichtungen befindet, wenn er die Einrede des nichterfüllten Vertrages hat, weil der Vermieter seinerseits seinen Verpflichtungen nicht nachgekommen ist (§ 320),[395] wenn der Anspruch des Vermieters bereits verjährt ist (§ 548) oder wenn der Vermieter den Mieter an der Durchführung der Schönheitsreparaturen hindert, indem er sich zB weigert, dem Mieter einen Schlüssel zu der Wohnung zu geben, so dass dieser sie nicht mehr betreten kann, um die nötigen Arbeiten durchzuführen.[396]

---

386 LG Duisburg ZMR 1997, 82 = NJW-RR 2000, 1231.
387 LG Berlin ZMR 1998, 428; AG Augsburg WuM 2001, 335.
388 LG Hamburg WuM 1998, 663.
389 AG Frankfurt WuM 1996, 332.
390 KG GE 1998, 354.
391 BGHZ 96, 141, 145f = NJW 1986, 309; BGH NJW 1985, 2413, 2416 = WM 1985, 1147, 1151; dagegen aber wieder BGH NZM 2002, 655f = GE 2002, 1054.
392 BGHZ 105, 71, 78f = NJW 1988, 2790; LG Köln WuM 2000, 545, 546.
393 *Staudinger* Rn 118ff; *Emmerich* NZM 2002, 362, 366; *Horst* DWW 2002, 6; *Kraemer* in: Vermieterleistungen PiG Bd 67 (2003), S 175ff.
394 *Bergerhoff* ZMR 2001, 944, 950; *Emmerich* NZM 2002, 362, 366; *Horst* DWW 2002, 6, 14.
395 KG MDR 1974, 319; LG Augsburg WuM 1983, 22.
396 LG Berlin GE 1998, 245.

71   Die zweite Voraussetzung für den Übergang des Vermieters zum Schadensersatz statt der Leistung ist nach § 281 Abs 1 der **fruchtlose Ablauf einer** dem Mieter vom Vermieter zur Durchführung der Schönheitsreparaturen **gesetzten Frist**. Die Frage, wann der Vermieter erstmals nach § 281 dem Mieter eine Frist zur Durchführung der Schönheitsreparaturen setzen kann, ist noch nicht endgültig geklärt. Die Fristsetzung ist jedenfalls spätestens **nach Fälligkeit** der Schönheitsreparaturen zum Vertragsende möglich.[397] In der Fristsetzung müssen die vom Mieter **geschuldeten Arbeiten** so **genau beschrieben** werden, dass der Mieter bereits auf den ersten Blick eindeutig zu erkennen vermag, was von ihm konkret verlangt wird.[398] Die dem Mieter gesetzte Frist muss außerdem **angemessen** sein (§ 281 Abs 1 S 1), wofür eine Frist von zwei Wochen gewöhnlich ausreicht.[399] Schließlich (drittens) muss der Vermieter, wenn der Mieter bereits ausgezogen ist, dem Mieter mit der Fristsetzung zugleich **anbieten**, ihm jetzt wieder den **Besitz** der Räume einzuräumen, sofern sich der Mieter bereit erklären sollte, während der vom Vermieter gesetzten Frist die Dekorationsmängel noch zu beseitigen; kommt der Mieter diesem Angebot nach, so ist auch kein Raum für die Anwendung des § 546a.[400]

72   Eine **Fristsetzung** (o Rn 71) ist nach **§ 281 Abs 2 entbehrlich**, so dass der Vermieter bei Vertragsende **sofort** zum Schadensersatzanspruch statt der Leistung übergehen kann (nicht muss), wenn der Schuldner die Leistung ernsthaft und endgültig verweigert oder wenn besondere Umstände vorliegen, die unter Abwägung der beiderseitigen Interessen die sofortige Geltendmachung des Schadensersatzanspruches rechtfertigen. Wichtigster Fall ist die **ernstliche und endgültige Erfüllungsverweigerung** des Mieters. Die Anforderungen an die Annahme einer Erfüllungsverweigerung sind gewöhnlich streng.[401] Erforderlich ist deshalb idR, dass der Vermieter dem Mieter zunächst eindeutig mitgeteilt hat, welche Arbeiten er von ihm überhaupt noch erwartet, und dass der Mieter daraufhin klar zu erkennen gegeben hat, dass er genau diese Arbeiten unter keinen Umständen mehr freiwillig durchführen wird.[402] Nach hM soll dafür freilich in aller Regel bereits der bloße **Auszug** des Mieters ohne vorherige Durchführung der Schönheitsreparaturen genügen.[403] Nach dem Gesagten trifft dies indessen nur zu, wenn zu dem bloßen Auszug des Mieters ohne Durchführung der Schönheitsreparaturen noch **weitere Umstände** hinzutreten, die tatsächlich einen Rückschluss auf eine ernstliche und endgültige Erfüllungsverweigerung des Mieters zulassen wie zB die Zurücklassung der Wohnung in einem völlig verwahrlosten Zustand.[404]

73   Liegen die genannten Voraussetzungen (o Rn 69–72) vor, so kann der Vermieter nach den §§ 280 und 281 in Verb mit den §§ 249 bis 252 **Schadensersatz statt der Leistung** verlangen. Als **Schaden** kommen in erster Linie in Betracht die jetzt vom Vermieter selbst aufzuwendenden **Reparaturkosten**, der ihm **entgehende Gewinn** in Gestalt des etwaigen Mietausfalls infolge der verzögerten Herrichtung der Räume (Rn 74), die Kosten eines

---

397 S *Kraemer* in: Vermieterleistung, PiG Bd 67/2003), S 171, 189ff.
398 BGH WuM 2006, 306, 308 Tz 21; OLG Düsseldorf WuM 2004, 603, 606; KG GE 2003, 952; NZM 2007, 356 = WuM 2007, 71; NJW-RR 2007, 1601; WuM 2008, 592. 593.
399 LG Berlin GE 1989, 413, 415.
400 OLG Hamburg WuM 1990, 75 = MDR 1990, 247; AG Lemgo NZM 1999, 961.
401 *Staudinger* Rn 122.
402 KG NZM 2007, 356 = WuM 2007, 71; NJW-RR 2007, 1601 = ZMR 2007, 533; WuM 2008, 592 = ZMR 2008, 956.
403 BGHZ 49, 56, 59f = NJW 1968, 491; BGHZ 104, 6, 14 = NJW 1988, 1778; BGH LM Nr 45 zu § 558 BGB = NJW 1991, 2416, 2417; LM Nr 11 zu § 326 (Dc) BGB (Bl 2) = NJW 1998, 1303 = NZM 1998, 147, 148; anders aber nach den Umständen des Einzelfalls BGH NJWE-MietR 1996, 266 = WuM 1997, 217; LG Berlin GE 2002, 1199f.
404 KG WuM 2008, 592 = ZMR 2008, 956.

Sachverständigengutachtens[405] sowie die verbleibende **Wertminderung** der Wohnung.[406] Die (objektiv erforderlichen) Renovierungskosten können auf der Basis eines Kostenvoranschlags oder auf der Grundlage der Rechnung für die tatsächlich durchgeführten Arbeiten liquidiert werden. Rechnet der Vermieter auf der Basis eines Kostenvoranschlags ab (§ 249 Abs 2 S 1), so kann er **Umsatzsteuer** nur verlangen, wenn sie tatsächlich angefallen ist, sonst nicht (§ 249 Abs 2 S 2).[407]

Hauptschadensposten wird in der Regel der **Mietausfall** des Vermieters sein.[408] Dazu **74** muss der Vermieter substantiiert vortragen, zu welchem Zeitpunkt und zu welchen Bedingungen ihm tatsächlich eine Weitervermietung im Falle der ordnungsgemäßen Durchführung der Schönheitsreparaturen seitens des Mieters möglich gewesen wäre, da unter den heutigen Marktverhältnissen in den meisten Gegenden Deutschlands, von einigen Großstädten wie etwa München abgesehen, ein Mietausfall nicht mehr einfach unterstellt werden kann.[409] Eine **abstrakte Schadensberechnung** scheidet – ebenfalls entgegen einer verbreiteten Meinung[410] – schon deshalb aus, weil Räume keine marktgängigen Waren sind, auf die sich die abstrakte Schadensberechnung beschränkt.[411] Der Ersatzanspruch des Vermieters **entfällt** – wiederum entgegen der hM[412] –, wenn es dem Vermieter gelingt, die vom ersten Mieter bei seinem Auszug pflichtwidrig nicht durchgeführten Schönheitsreparaturen **auf den Nachmieter abzuwälzen.**[413]

X. Reparaturpflicht

1. Überblick. Die Schönheitsreparaturen bilden an sich nur einen beliebigen **Aus-** **75** **schnitt** aus den dem Vermieter nach dem Gesetz (§ 535 Abs 1 S 2) grundsätzlich insgesamt obliegenden Reparaturen der Mietsache. Beide Teile der Reparaturpflicht des Vermieters werden jedoch heute – aus rein historischen, längst überholten Gründen – ganz unterschiedlich behandelt (zur Abgrenzung s schon oben Rn 58ff). Außerdem muss man hier genau zwischen der bloßen Instandhaltung und der wesentlich weitergehenden Instandsetzung der Mietsache unterscheiden (s schon o Rn 14). Die Begriffsbildung lehnt sich an verschiedene preisrechtliche Vorschriften an (s insbesondere §§ 26 Abs 2 und 28 Abs 1 S 2 der II. BV). Zu den Kosten der **Instandhaltung** gehören danach die Kosten, die während der Nutzungsdauer zur Erhaltung des bestimmungsmäßigen Gebrauchs aufgewendet werden müssen, um die durch bloße *Abnutzung, Alterung* und *Witterungseinwirkung* entstehenden baulichen und sonstigen Mängel ordnungsgemäß zu beseitigen, während es bei den **Instandsetzungskosten** um die Kosten der Reparatur und Wiederbeschaffung

---

405 BGH NJW 2004, 3042 = NZM 2004, 615.
406 BGHZ 49, 56, 60 = NJW 1968, 491; LG Berlin GE 1993, 1159.
407 S *Börstinghaus* DWW 2005, 92, 94.
408 S *Emmerich* PiG Bd 60 (2001) 105, 122f = NZM 2000, 1155.
409 BGH LM Nr 11 zu § 326 (Dc) BGB = NZM 1998, 147, 148; NJW-RR 2010, 1521 Tz 4; OLG Frankfurt ZMR 1997, 522, 526; LG Singen WuM 2000, 18; AG Kerpen WuM 2000, 19.
410 KG GE 1995, 109; LG Berlin ZMR 2001, 891, 892; GE 2001, 1675; LG Frankfurt ZMR 2000, 763 = NZM 2000, 1177.
411 LG Berlin GE 2002, 462; 2002, 734, 735; s MünchKomm/*Emmerich* Vorb 50f zu § 281.
412 BGHZ 49, 56, 61ff = NJW 1968, 491; OLG Hamburg OLGZ 1984, 106, 107 = ZMR 1984, 342.
413 OLG Hamm NJW 1964, 1373; LG Aurich WuM 1991, 342; LG Itzehoe WuM 1992, 242; *Emmerich* in: FS Bärmann u Weitnauer, 233, 247f; *Staudinger* Rn 126.

der vermieteten Sache, insbesondere durch die *Beseitigung sonstiger Mängel* geht.[414] Die **Grenze** zwischen beiden Kostenformen ist flüssig, die Grenzziehung entsprechend schwierig (Rn 28). Im Kern geht es dabei um den Gegensatz zwischen der regelmäßigen Wartung und der im Einzelfall erforderlich gewordenen Reparatur eines Gegenstandes einschließlich dessen Erneuerung, wenn eine Reparatur nicht mehr lohnt.[415] Die regelmäßig durchzuführenden Maßnahmen zur **Überprüfung der Funktionsfähigkeit** von Anlagen wie zB die regelmäßige Prüfung der Elektroanlagen oder die regelmäßige Reinigung eines Öltanks gehören nicht dazu, sondern stellen laufende *Betriebskosten* dar.[416] Den Gegensatz bilden außerdem **Verwaltungs- oder Gemeinkosten** im Sinne des § 26 Abs 2 der II. BV und des § 1 S 2 Nr 1 BetriebsKV.[417]

76   **2. Gewerbliche Miete.** Bei der gewerbliche Miete bestehen grundsätzlich keine Bedenken dagegen, dass der Mieter **individualvertraglich** die **Instandhaltungs- oder Instandsetzungspflicht** ganz oder teilweise übernimmt, selbst wenn dies im Ergebnis zu einer verschuldensunabhängigen Haftung des Mieters führt.[418] Eine generelle Abwälzung der **Instandhaltungs- oder** sogar der **Instandsetzungspflicht** durch **Formularvertrag** stößt dagegen auch bei der gewerblichen Miete auf Bedenken.[419] Die Einzelheiten sind umstritten und noch nicht endgültig geklärt, einmal wegen der großen Vielfalt der hier in Betracht kommenden Klauseln, zum andern aber auch, weil offenbar in der Geschäftsraummiete insoweit individualvertragliche Regelungen überwiegen, so dass die Rechtsprechung noch nicht häufig Gelegenheit hatte, sich zu dem Fragenkreis zu äußern.[420] Die Abwälzung durch Formularvertrag ist aber jedenfalls zulässig, soweit es um Schäden geht, die dem Mietgebrauch oder der **Risikosphäre** des Mieters zuzuordnen sind.[421] Klauseln, durch die die Reparaturpflicht oder die Reparaturkosten ganz oder partiell auf den Mieter abgewälzt werden, sind zudem im Zweifel wegen der damit verbundenen erheblichen Belastung des Mieters **eng** auszulegen.[422] Deshalb bedeutet die bloße Übernahme der *Instandhaltungspflicht* durch den Mieter nicht zugleich die Übernahme der weitergehenden *Instandsetzungspflicht*.[423]

77   **3. Wohnraummiete.** Bei der Wohnraummiete ist es ebenso wie bei der gewerblichen Miete im Grundsatz unbedenklich, **individualvertraglich** die Instandhaltungs- und Instandsetzungspflicht, zumindest in beschränktem Umfang, auf den Mieter abzuwälzen (§ 311 Abs 1).[424] **Schranken** können sich hier jedoch im Einzelfall aus zwingenden gesetz-

---

414 BGH NZM 2005, 863, 864 = NJW-RR 2006, 84; NZM 2010, 79 = WuM 2010, 34 Tz 12.
415 S im einzelnen *Lehmann-Richter* ZMR 2012, 837; *J Schmidt* NZM 2011, 680.
416 BGH NZM 2010, 79 = WuM 2010, 34 Tz 12.
417 BGH NZM 2010, 279 Tz 9.
418 BGHZ 151, 53, 62f = NJW 2002, 2383; BGH LM Nr 32 zu § 3 AnfG = NJW-RR 1990, 142; OLG Stuttgart NZM 2009, 32; OLG Rostock NJW-RR 2010, 442.
419 KG GE 2002, 1266; NZM 2003, 395 = NJW-RR 2003, 586; OLG Hamm ZMR 2002, 822; OLG Düsseldorf ZMR 2009, 45, 46; *Dose* NZM 2009, 381.
420 S im einzelnen *Dose* NZM 2009, 381; *Emmerich* PiG 35 [1992] 167; *Lehmann-Richter* ZMR 2012, 837, 840ff; *J Schmidt* NZM 2011, 680; *Strauch* NZM 2011, 392.
421 BGH NZM 2005, 863 = ZMR 2005, 844 m Anm *Joachim* NZM 2006, 368; OLG Rostock NJW-RR 2010, 442, 443; OLG Frankfurt ZMR 2013, 29, 30.
422 OLG Koblenz NJW-RR 1990, 20 = WuM 1990, 16 = ZMR 1990, 464; OLG Hamm NJW-RR 1993, 1229f; OLG Düsseldorf WuM 2002, 545, 2.
423 OLG Hamm NJW-RR 1993, 1229; OLG Düsseldorf NZM 2000, 464; KG NZM 2000, 1228, 1229; OLG Brandenburg ZMR 2003, 909, 911f.
424 BGHZ 108, 1, 8 = NJW 1989, 2247.

Volker Emmerich

lichen Regelungen ergeben. Hervorzuheben sind **§ 536 Abs 4**, nach dem die Abwälzung der Instandsetzungspflicht auf den Mieter jedenfalls dann unwirksam ist, wenn sie bei Mängeln zu einer Einschränkung des Minderungsrechts führt,[425] sowie **§ 28 Abs 3 der II. BV**.[426] Noch engere Grenzen bestehen für **Reparaturklauseln** in **Formularverträgen**.[427] Danach kann die Instandhaltungs- und die Instandsetzungspflicht des Vermieters als Hauptleistungspflicht grundsätzlich **nicht** durch Formularvertrag auf den Mieter **abgewälzt** werden (§ 307 Abs 2). Eine **Ausnahme** gilt lediglich **für** so genannte **Bagatellschäden** an solchen Teilen des Mietobjektes, die der Mieter häufig benutzt und die deshalb seinem ständigen Zugriff ausgesetzt sind (Rn 78). Die Abgrenzung richtet sich im Einzelnen nach § 28 Abs 3 S 2 der II. BV. *Nicht* erfasst werden daher Schäden an Gas-, Wasser- und Stromleitungen,[428] an Glasscheiben[429] oder an erst nachträglich angeschafften Gegenständen.[430]

Auch die Bagatellschäden (o Rn 77) sind außerdem nur **bis** zu einer **Obergrenze** von 78 50 bis 100 € abwälzbar.[431] Zusätzlich muss noch eine **Höchstgrenze** für das gesamte Jahr festgelegt werden, für die unterschiedliche Beträge in einer Größenordnung von 6 bis 8 % einer Jahresbruttomiete oder absolut 500 € genannt werden.[432] Ohne ausdrückliche Festlegung derartiger Obergrenzen ist die Abwälzung der Bagatellschäden auf den Mieter in Formularverträgen *insgesamt* unwirksam.[433] Generell **unzulässig** sind ferner so genannte **Beteiligungsklauseln**, nach denen sich der Mieter anteilig auch an großen Reparaturen oder gar an der Neuanschaffung von Geräten beteiligen muss,[434] sowie **Vornahmeklauseln**, die den Mieter dazu verpflichten, etwaige Schäden oder Mängel selbst zu beseitigen.[435]

---

425 S BGHZ 118, 194, 197 = NJW 1992, 1759.
426 S BGHZ 108, 1, 6f = NJW 1989, 2247; BGHZ 118, 194, 197 = NJW 1992, 1759.
427 BGHZ 108, 1, 8ff = NJW 1989, 2247; BGHZ 118, 194, 196 = NJW 1992, 1759; BGH LM Nr 4 zu § 9 (Ca) AGBG = NJW 1991, 1780; BayObLGZ 1997, 153 = NJW-RR 1997, 1371; OLG Hamburg WuM 1991, 358, 378 = NJW-RR 1991, 1167; OLG Frankfurt WuM 1997, 609, 611.
428 BGHZ 108, 1, 9 = NJW 1989, 2247.
429 LG Hamburg WuM 1990, 416, 417.
430 AG Charlottenburg GE 1990, 281.
431 LG Berlin GE 1993, 159, 161f; LG Landau WuM 2005, 720 = ZMR 2005, 871, 872; LG Dortmund NZM 2007, 245, 246; AG Essen NZM 2008, 247; AG Brancenburg GE 2008, 483 ff; AG Würzburg WuM 2010, 561.
432 AG Braunschweig GE 2005, 677; AG Hannover WuM 2008, 721; *Bayer* NZM 2011, 697, 700f.
433 BGHZ 108, 1, 9ff = NJW 1989, 2247; BGHZ 118, 194, 197 = NJW 1992, 1759; BGH LM Nr 4 zu § 9 (Ca) AGBG = NJW 1991, 1780; OLG Frankfurt WuM 1997, 609, 611.
434 BGHZ 108, 1, 11ff = NJW 1989, 2247; LG Potsdam ZMR 2009, 618, 619.
435 BGHZ 118, 194, 197ff = NJW 1992, 1759; OLG Frankfurt WuW 1997, 609, 611; LG Hamburg WuM 1991, 680; LG Berlin GE 1993, 159, 161f.

Volker Emmerich

Vorbemerkungen zu § 536

1 In den so genannten Gewährleistungsregeln der §§ 536 bis 536d regelt das Gesetz – vornehmlich unter dem Blickwinkel des gerade hier gebotenen, umfassenden Mieterschutzes – einzelne Aspekte der Leistungsstörungsproblematik bei der Miete, zum Teil übereinstimmend, zum Teil aber auch abweichend von den allgemeinen Leistungsstörungsregeln. Die sich daraus ergebende Konkurrenzproblematik ist noch nicht vollauf befriedigend gelöst. Im Vordergrund des Interesses stehen die Fälle der anfänglichen Leistungsstörungen (Rn 2f) sowie die Fälle der übermäßigen Leistungserschwerung (Rn 4–6).

2 **1. Anfängliche Unmöglichkeit und anfängliches Unvermögen.**[1] In den Fällen der anfänglichen objektiven oder subjektiven Unmöglichkeit geht das Gesetz heute in den §§ 275 und 311a – anders als früher (s § 306 aF) – grundsätzlich von der **Wirksamkeit** des Vertrages aus. Dieselbe Wertung liegt den §§ 536 und 536a für anfängliche Rechts- und Sachmängel zu Grunde. Jedoch unterscheiden sich beide Regelungen in charakteristischer Weise hinsichtlich der **Haftungsvoraussetzungen**: Während § 311a Abs 2 S 1 *für alle Fälle* des anfänglichen Unvermögens und der anfänglichen Unmöglichkeit zur **Verschuldenshaftung** übergegangen ist, bleibt es im Mietrecht aufgrund des § 536a Abs 1 (nur) bei anfänglichen Rechts- und Sachmängeln bei der herkömmlichen **Garantiehaftung** des Vermieters. Zusätzliche Schwierigkeiten ergeben sich daraus, dass nach überwiegender Meinung entsprechend dem Wortlaut des § 536 Abs 1 S 1 die Gewährleistungsregeln der §§ 536ff und damit auch die **Garantiehaftung** des Vermieters jedenfalls **für anfängliche Sachmängel** nach § 536a Abs 1 Fall 1 erst von der **Überlassung** der Mietsache an den Mieter an eingreifen. Nimmt man hier das Gesetz beim Wort, so wäre die Folge, dass für anfängliche **Rechtsmängel** mit Rücksicht auf § 536 Abs 3 **sofort** mit Vertragsabschluss die Garantiehaftung des Vermieters beginnt, dh gegebenenfalls auch schon *vor* Überlassung der Mietsache, während es bei anfänglichen **Sachmängeln** ebenso wie generell im Falle der Nichtexistenz der Mietsache (zunächst) bei der Verschuldenshaftung des § 311a Abs 2 bliebe.

3 Zur Auflösung dieser offenkundigen Wertungswidersprüche werden im Schrifttum unterschiedliche Wege diskutiert. Man wird unterscheiden müssen: In Fällen der **anfänglichen (objektiven oder subjektiven) Unmöglichkeit der Übergabe** der Mietsache an den Mieter kommt es zunächst auf den Grund der Unmöglichkeit an. Handelt es sich um einen **anfänglichen Rechtsmangel** (Paradigma: Unvermögen des Vermieters infolge der mehrfachen Vermietung derselben Sache), so ergibt sich die Lösung bereits unmittelbar aus § 536a Abs 1 iVm § 536 Abs 3, so dass den Vermieter eine **Garantiehaftung** gegenüber denjenigen Mietern trifft, denen er die bereits anderweitig vermietete oder übergebene

---

[1] S zum Folgenden insbesondere *Staudinger* Rn 3f; *Emmerich* NZM 2002, 362 = PiG Bd 65 (2002), 1; *Grunewald* JZ 2001, 433; *Horst* DWW 2002, 6; *Kandelhard* WuM 2003, 1; *Oechsler* NZM 2004, 881; *Timme* NZM 2003, 703.

Sache nicht (nochmals) übergeben kann. Kritisch sind dagegen die Fälle der **Unmöglichkeit** der Übergabe der Sache **aus tatsächlichen Gründen**, zB infolge der Zerstörung der Sache bereits vor Vertragsabschluss, sowie der **anfänglichen Sachmängel**. In dem zuerst genannten Fall (Zerstörung der vermieteten Sache bereits vor Abschluss des Vertrages) ist der Vertrag jedenfalls wirksam (§ 311a Abs 1). Nach § 311a Abs 2 ist der Vermieter dem Miete jedoch nur zum Schadensersatz verpflichtet, wenn er die Unmöglichkeit der Übergabe bei Vertragsabschluss kannte oder kennen musste. Hält man dieses Ergebnis für unvereinbar mit der vom Gesetz ausdrücklich angeordneten Garantiehaftung des Vermieters für anfängliche *Rechts*mängel (§§ 536 Abs 3, 536a Abs 1), so kommt als Ausweg in erster Linie die Annahme der **konkludenten Vereinbarung einer Garantiehaftung** des Vermieters in Betracht (§ 276 Abs 1 S 1). Ungelöst ist aber auch dann immer noch das Problem der Haftung des Vermieters für **anfängliche Sachmängel,** dh bereits in der Zeit vor Übergabe der Mietsache. Am meisten spricht hier dafür, auch auf diesen Fall, gegebenenfalls analog, die **§§ 536a Abs 1 und 536 Abs 1** anzuwenden. Der Wortlaut des Gesetzes steht, genau besehen, nicht entgegen.

2. Nachträgliche Unmöglichkeit
a) Die §§ 536ff enthalten **nur** insoweit eine **Sonderregelung** der Leistungsstörungs- 4 problematik, als es um die Folgen von **Sach- und Rechtsmängeln** geht. Davon zu unterscheiden ist der Fall der **Unmöglichkeit der Erfüllung** des Mietvertrages, so dass es insoweit bei der Anwendbarkeit der allgemeinen Vorschriften über Leistungsstörungen, insbesondere also der **§§ 275, 283 und 326** verbleibt. Die Rechtsfolgen richten sich daher in erster Linie danach, wer jeweils die Unmöglichkeit zu vertreten hat (u Rn 7f). Wichtigster Fall der Unmöglichkeit ist die ganze oder partielle („teilweise") **Zerstörung** der Mietsache, die somit zur Folge hat, dass das Mietverhältnis einfach erlischt, wenn keine der beiden Parteien die Unmöglichkeit zu vertreten hat (§§ 275 Abs 1 und 326 Abs 1).[2]

Von der Unmöglichkeit der Erfüllung infolge der Zerstörung der Mietsache muss ferner 5 die bloße **Beschädigung** der Mietsache unterschieden werden, weil diese grundsätzlich die **Reparaturpflicht** des Vermieters nach § 535 Abs 1 S 2 auslöst. Lange Zeit umstritten waren – jenseits der Fälle der Unmöglichkeit – die **Grenzen** der Reparaturpflicht des Vermieters, da eine gesetzliche Regelung des Fragenkreises bis 2001 fehlte, so dass in der Mehrzahl der Fälle nicht anderes übrig blieb, als eine Grenzziehung aufgrund des **§ 242** zu versuchen.[3] Die Verpflichtung des Vermieters zur Wiederherstellung der beschädigten Sache entfiel danach nur, wenn der dafür erforderliche Aufwand jenseits der **Opfergrenze** lag, dh dem Vermieter **nicht mehr zumutbar** war, weil zwischen dem Reparaturaufwand und dem Nutzen für den Mieter sowie dem Wert des Objekts ein krasses Missverhältnis bestand; gleich stand der Fall, dass die Beschädigung der Sache wirtschaftlich ihrer vollständigen Zerstörung gleichkam.[4] Ein Fall der **Teilunmöglichkeit** war zB anzunehmen, wenn (nur) einzelne von mehreren vermieteten Gebäuden abbrennen, so dass dann die Wiederaufbaupflicht des Vermieters entfiel.[5] Die Folge war (und ist), dass der Vermieter

2 LG Karlsruhe NZM 2005, 321; LG Dresden NZM 2008, 165.
3 S mN *Emmerich* NZM 2010, 497.
4 S BGH LM Nr 4 zu § 536 BGB = NJW 1957, 826; LM Nr 4a zu § 536 BGB = NJW 1959, 2300; LM Nr 15 zu § 536 BGB = NJW 1976, 506; LM Nr 44 zu § 537 BGB = NJW-RR 1991, 204; LM Nr 5 zu § 281 BGB = WM 1977, 400 = VersR 1977, 526, 527; OLG Karlsruhe NJW-RR 1995, 849 = ZMR 1995, 201 = WuM 1995, 307; OLG Hamburg OLGR 2001, 367 = WuM 2001, 542 = NZM 2002, 343.
5 BGHZ 116, 334, 336f = NJW 1992, 1036.

Volker Emmerich

auch im Falle des Wiederaufbaus der fraglichen Gebäude (zu dem er nach dem Gesagten dem Mieter gegenüber nicht verpflichtet ist) diese dem Mieter nicht erneut anbieten muss.[6] Jenseits derartiger Grenzfälle wurde jedoch eine Überschreitung der Opfergrenze durch den Reparaturaufwand bei einer Beschädigung der Mietsache von der Rechtsprechung **nur in seltenen Fällen** angenommen.[7]

6   Heute richtet sich die Lösung dieser Fälle (o Rn 5) nach **§ 275 Abs 2**,[8] nach dem der Schuldner die Leistung, hier die Wiederherstellung der beschädigten Mietsache, verweigern kann, soweit die Wiederherstellung einen Aufwand erfordert, der unter Beachtung des Inhalts des Schuldverhältnisses und der Gebote von Treu und Glauben in einem groben Missverhältnis (nur) zu dem Leistungsinteresse des Gläubigers, des Mieters steht. Das entspricht genau den bisherigen Kriterien (Rn 5). Abzustellen ist folglich in erster Linie auf das **Verhältnis zwischen** dem **Verkehrswert** der Mietsache **und dem Reparaturaufwand**; übersteigt dieser den Verkehrswert der Mietsache um das Dreifacher oder mehr (so genannter **Extremfall**), so ist grundsätzlich von der Anwendbarkeit des § 275 Abs 2 zu Gunsten des Vermieters auszugehen, sofern nicht besondere Umstände wie ein schuldhaftes oder sonstiges illoyales Verhalten des Vermieters eine andere Beurteilung erzwingen,[9] etwa, weil der Mangel letztlich auf einer unsachgemäßen Modernisierung des Gebäudes seitens des Vermieters beruht oder weil der Vermieter vertraglich eine bestimmte Beschaffenheit, zB einen bestimmten Trittschallschutz zugesagt hat, selbst wenn der Aufwand zur Herstellung des vertragsgemäßen Zustandes dann sehr hoch sein sollte.[10]

7   b) Hat der **Mieter** die Unmöglichkeit allein oder weit überwiegend **zu vertreten**, so gilt **§ 326 Abs 2**. Der Vermieter wird folglich frei (§ 275), behält aber den Anspruch auf die Gegenleistung.[11] So verhält es sich zB, wenn die Kinder des Mieters infolge mangelnder Beaufsichtigung einen Wohnungsbrand verursachen,[12] wenn das Versorgungsunternehmen die Stromversorgung unterbricht, weil der Mieter den Strom nicht bezahlt oder wenn die Arbeitnehmer des Mieters die Zerstörung der Sache zu vertreten haben (§ 278).[13] Der Mieter kann in diesem Fall weder mindern noch kündigen, da die §§ 536 und 543 nicht anwendbar ist.[14] Außerdem besteht keine Verpflichtung des Vermieters zum Wiederaufbau der zerstörten Sache.[15]

8   c) Wenn es dagegen der **Vermieter** ist, der die Unmöglichkeit **zu vertreten** hat, richten sich die Rechtsfolgen nach den **§§ 280, 281, 283 und 323**. Der Mieter kann dann **Schadensersatz** statt der Leistung ohne Fristsetzung verlangen (§§ 280, 281 und 283) oder

---

6 LG Berlin GE 2003, 125.
7 S mN *Sternel*, Mietrecht aktuell, Rn VII 97.
8 S schon o § 535 Rn 16 sowie BGH NJW 2005, 3284 = NZG 2005, 820; NJW 2010, 2050 = NZM 2010, 597; s dazu *Emmerich* JuS 2006, 81, 82 und NZM 2010, 497; *Staudinger* Rn 8; *Blank* PiG Bd 67 (2003), 21, 34ff; *Oechsler* NZM 2004, 881, 886ff.
9 BGH NJW 2010, 2050 = NZM 2010, 507 Tz 22ff; OLG Naumburg NZM 2011, 35, 36; AG Hamburg-Blankenese ZMR 2012,631; LG Dresden NZM 2008, 165; *Emmerich* NZM 2010, 497, 499.
10 OLG Naumburg NZM 2011, 35,36; AG Hamburg-Blankenese ZMR 2012, 631.
11 BGHZ 66, 349, 350 = NJW 1976, 1315; BGHZ 116, 334, 338 = NJW 1992, 1036; BGH LM Nr 15 zu § 536 BGB = NJW 1976, 1506; LM Nr 22 zu § 275 BGB = NJW-RR 1991, 267; WuM 2011, 96, 98f; LG Frankfurt ZMR 2006, 776.
12 LG Frankfurt ZMR 2006, 776.
13 RGZ 157, 363, 367; BGH BB 1969, 601f; WuM 2011, 96, 98f.
14 S u § 536 Rn 36ff.
15 BGHZ 116, 334, 338 = NJW 1992, 1036.

nach § 323 zurücktreten bzw – nach Überlassung der Sache – fristlos **kündigen**,[16] während der Vermieter weder ein Kündigungsrecht hat noch sich auf Wegfall der Geschäftsgrundlage berufen kann.[17] Dies ist insbesondere anzunehmen, wenn sich der Vermieter selbst durch den Abriss oder den völligen Umbau des Gebäudes die Erfüllung seines Mietvertrages unmöglich macht.[18] Wichtigster Anwendungsfall der Haftung des Vermieters aus den §§ 280, 281 und 283 ist jedoch die **Kündigung des Erstehers** in der Zwangsversteigerung (§ 57 ZVG) oder des Erwerbers vom Insolvenzverwalter.[19]

3. Verzögerung der Vermieterleistung. In der Zeit zwischen Vertragsabschluss und **9** Überlassung der Sache (s § 536 Abs 1) sind die allgemeinen Vorschriften über Leistungsstörungen anzuwenden (s § 535 Rn 8). Folglich gelten die **§§ 280ff und 323 bis 326, wenn** der Vermieter die Sache dem Mieter **nicht rechtzeitig übergibt**.[20] Die Rechtsfolgen richten sich dann in erster Linie danach, ob die Verzögerung der Übergabe zur **Teilunmöglichkeit** der Vermieterleistung der Zeit nach führt **oder** als bloßer **Verzug** zu behandeln ist, dh, ob es sich bei dem Vertrag um ein **absolutes Fixgeschäft** handelt, da nur bei derartigen Verträgen die Verzögerung der Leistung ohne weiteres (Teil-)Unmöglichkeit der Zeit nach zur Folge hat.[21] Ob dies der Fall ist, ist eine Frage des Einzelfalles. Selbst bei der Raummiete sind Fälle vorstellbar, in denen die Vermieterleistung in der Zeit **nachholbar** ist, so dass die Verzögerung der Übergabe der Mietsache lediglich zum Verzug führt (s o § 535 Rn 8). Bei der kurzfristigen Vermietung beweglicher Sachen kann die Annahme bloßen Verzugs bei einer Verzögerung der Übergabe gleichfalls angemessen sein.[22] **In der Mehrzahl der Fälle** dürfte jedoch jedenfalls die **Raummiete** absolutes **Fixgeschäft** sein, so dass dann eine Verzögerung der Übergabe für den vergangenen Zeitraum – mangels Nachholbarkeit der Vermieterleistung – zur Teilunmöglichkeit führt.[23] Die Rechtsfolgen richten sich mithin nach den Regeln über die anfängliche Unmöglichkeit.[24]

4. Pflichtverletzung

a) Nach **§ 280 Abs 1** kann der Gläubiger Schadensersatz verlangen, wenn der Schuld- **10** ner eine Pflicht aus dem Schuldverhältnis in zu vertretender Weise verletzt (§§ 276–278). Der Anwendungsbereich dieser Vorschrift ist im Mietrecht auf der **Vermieterseite** schmal, weil der Mieter vom Vermieter aufgrund des § 536a ohnehin schon in den meisten Fällen einer Schlechterfüllung Schadensersatz verlangen kann. Infolgedessen verbleiben als Anwendungsbereich des § 280 auf der Seite des Vermieters **nur** solche **Pflichtverletzungen**, die **keinen Mangel** der Mietsache zur **Folge** haben. Die wichtigsten Fälle sind Verstöße des Vermieters gegen seine Prüfungs-, Reinigungs- und Beleuchtungspflicht (s o § 535 Rn 10, 17f), eine grundlose Kündigung sowie die Belastung des Mieters mit unbegründeten Forderungen; gleich steht der Fall, dass der Vermieter, der das Mietobjekt eben-

---

16 BGHZ 50, 312, 315 = NJW 1969, 37; BGH LM Nr 22 zu § 571 BGB = NJW 1974, 1551; LG Frankfurt NJW 1976, 572f; LG Hamburg WuM 1977, 256.

17 BGH ZMR 2004, 248, 249.

18 BGH ZMR 2004, 248.

19 RGZ 63, 66, 68; BGH WM 1959, 120; 1960, 1125, 1128; LM Nr 33 zu § 535 BGB (Bl 2) = NJW 1966, 1703.

20 S ausführlich *Kraemer* PiG Bd 70 (2005), S 249, 258ff = NZM 2004, 721.

21 S *Emmerich* Leistungsstörungen § 4 Rn 5ff (S 52ff).

22 S BGH NJW-RR 1988, 1396 = WM 1988, 1451; OLG Frankfurt BB 1977, 13.

23 BGH LM Nr 82 zu § 249 (A) BGB = WM 1987, 1530; LM Nr 22 zu § 275 BGB = NJW-RR 1991, 267 = WuM 1991, 25, 26; *Emmerich* Leistungsstörungen, § 4 Rn 6 (S 53); *Kraemer* PiG Bd 70 (2005), 255f; *Oechsler* NZM 2004, 881, 886.

24 S o Rn 2f; *Staudinger* Rn 12.

Volker Emmerich

falls nutzt, dabei nicht mit der gebotenen Sorgfalt vorgeht, so dass der Mieter geschädigt wird.[25] **Beispiele** sind Hochwasserschäden des Mieters, die nicht auf einem Mangel der vermieteten Räume, sondern auf einer mangelhaften Aufsicht des Vermieters beruhen[26], die Verletzung von Aufklärungspflichten, vor allem bei der Vermietung gefährlicher Apparate oder Maschinen,[27] das Verlangen auf Durchführung der Schönheitsreparaturen trotz Unwirksamkeit der entsprechenden Klauseln in dem Mietvertrag[28] sowie die vom Vermieter zu vertretenden **grundlose Kündigung** des Vertrages,[29] insbesondere unter **Vorspiegelung des Eigenbedarfs** nach § 573 Abs 2 Nr 2,[30] wobei der BGH aber neuerdings offenbar bei bloßen formellen Mängeln, insbesondere also bei Verstößen gegen die §§ 568 und 573 Abs 4 eine Ausnahme machen will, weil es sich bei den genannten Vorschriften um bloße Obliegenheiten und nicht um echte Schuldnerpflichten des Vermieters handele.[31]

10a Eine Pflichtverletzung stellt es außerdem dar, wenn der Vermieter den nachträglichen Wegfall des Eigenbedarfs (der zunächst die Kündigung gerechtfertigt hatte) nicht rechtzeitig dem Mieter mitteilt.[32] Gleich steht (erst recht) ein nachfolgender, **unberechtigter Räumungsversuch** des Vermieters.[33] Der Vermieter haftet außerdem nach § 280 Abs 1, wenn er den Mieter schuldhaft durch eine Vertragsverletzung veranlasst, seinerseits den Vertrag zu kündigen.[34] Ersatz für seine frustrierten **Aufwendungen**, zB für die Anmietung oder die Herrichtung der Räume, erhält der Mieter dagegen nach **§ 284** nur unter den zusätzlichen Voraussetzungen des § 282, die hier freilich in der Regel erfüllt sein dürften.[35] Die **Beweislast** für die Pflichtverletzung des Vermieters und für die Kausalität der Pflichtverletzung für den eingetretenen Schaden trägt der Mieter (§ 280 Abs 1 S 1).[36] Wenn jedoch die Schadensursache **im Obhuts- und Gefahrenbereich** des Vermieters liegt wie etwa bei einem Brandschaden infolge von Reparaturarbeiten des Vermieters in dessen Räumen, ist es Sache des Vermieters, sich auch hinsichtlich der objektiven Pflichtverletzung zu entlasten.[37]

11 Anders als auf der Vermieterseite (o Rn 10) ist die Situation bei **Pflichtverletzungen** auf der Seite **des Mieters**, für die das Gesetz keine dem § 536a entsprechende Sonderregelung bereithält. Die Schadensersatzpflicht des Mieters richtet sich aus diesem Grund bei Pflichtverletzungen generell nach den **§§ 280 bis 283 und 311a Abs 2** sowie **§ 284**.[38] An eine Anwendung des **§ 280** wird in erster Linie bei vom Mieter zu vertretenden **Beschädigungen** der Mietsache unter Überschreitung des vertragsgemäßen Gebrauchs (§ 538) sowie bei Verletzungen der Anzeige- und Obhutspflicht des Mieters (§ 536c) zu denken

---

25 BGH NJW 2009, 142 Tz 12.
26 OLG Frankfurt WuM 1984, 78.
27 BGH VersR 1976, 1084, 1085f.
28 KG NJW 2009, 2688 = NZM 2009, 616; *Thole* AcP 209 (2009), 493.
29 BGHZ 89, 296, 302ff = NJW 1984, 1028; BGHZ 179, 238, 244f = NJW 2009, 1262 Tz 15ff; BGH LM Nr 53 zu § 91a ZPO = WuM 1988, 118 = WM 1988, 553; OLG Düsseldorf ZMR 1996, 436; 1997, 596 = WuM 1997, 556, 557; *Hinz* WuM 2009, 331; *Horst* DWW 2002, 6, 15f.
30 S dazu u § 573 Rn 92ff; BGH NJW 2005, 2395 = NZM 2005, 580; BGHZ 165, 75, 79ff = NZM 2006, 50; NJW 2009, 2059 Tz 11–14; NJW 2010, 1068 = NZM 2010, 273 Tz 12.
31 BGH NZM 2011, 119 Tz 9 ff = WuM 2011, 33; dagegen zutreffend *Sternel* NZM 2011, 688.
32 BGHZ 165, 75, 79ff = NZM 2006, 50 m Anm *Emmerich* JuS 2006, 369, 370.
33 BGHZ 89, 296, 302ff = NJW 1984, 1028; BGH LM Nr 53 zu § 91a ZPO = WuM 1988, 118 = WM 1988, 553; OLG Düsseldorf ZMR 1996, 436; 1997, 596 = WuM 1997, 556, 557; *Horst* DWW 2002, 6, 15f.
34 OLG Düsseldorf NJW-RR 2004, 660 = NZM 2004, 502.
35 S *Staudinger* Rn 14; *Emmerich* in: FS Otte (2005), S 101, 107; *ders* in: FS Blank (2006), S 145; ebenso iErg BGHZ 163, 381, 386 = NJW 2005, 2848, 2850.
36 BGH LM Nr 65 zu § 535 BGB = NJW 1978, 2197.
37 BGH NJW 2009, 142 Tz 14–17 = NZM 2009, 29.
38 Vgl schon für die Schönheitsreparaturen o § 535 Rn 69ff.

sein. Es handelt sich daher zB um einen Fall des § 280, wenn der Mieter mit der gemieteten Sache so unvorsichtig umgeht, dass der Vermieter mit Ersatzansprüchen Dritter belastet wird[39] oder wenn der Mieter, obwohl ihm nur eine teilgewerbliche Nutzung der Wohnung gestattet ist, diese vollgewerblich nutzt,[40] ferner dann, wenn der Mieter wiederholt nachts einen derartigen Lärm verursacht, dass die anderen Mieter des Hauses wegen der Störung der Nachtruhe mindern können,[41] oder wenn der Mieter in einem modernisierten Altbau so mangelhaft heizt und lüftet, dass sich Schimmel bildet. Der **Schaden** des Vermieters umfasst dann auch die Kosten für Rechtsanwälte und Sachverständige zur Abwehr der unberechtigten Schadensersatzansprüche des Mieters oder seiner grundlosen Minderung.[42]

5. Wegfall der Geschäftsgrundlage

a) Überblick. Auch bei der Miete kommt unter den in § 313 genannten Vorausset- **12** zungen ein Wegfall der Geschäftsgrundlage in Betracht.[43] Die wichtigsten Fälle sind die so genannte Zweckvereitelung (Rn 14ff) sowie die Äquivalenzstörung (Rn 18). **Vorrang hat** aber nach § 313 Abs 1 in jedem Fall die **vertragliche oder gesetzliche Risikoverteilung.** Hat der Mieter nach dem Vertrag ausdrücklich oder konkludent das **Risiko** eines bestimmten Umstandes **übernommen,** so hat es dabei sein Bewenden.[44] Die Folge ist zB, dass ein Mieter, der mit dem Vermieter eine Staffelmiete vereinbart hat, nicht später unter Berufung auf § 313 eine Absenkung der Miete verlangen kann, wenn sich die Marktmiete ganz anders als bei Vereinbarung der Staffelmiete von den Parteien angenommen entwickelt.[45] Die **gesetzliche Risikoverteilung** darf gleichfalls nicht unter Berufung auf § 313 verändert werden. Daher kann namentlich bei solchen Umständen, die – positiv oder negativ – unter die Regelung der **§§ 536ff** für **Sach- und Rechtsmängel** fallen, nicht zugleich ein Wegfall der Geschäftsgrundlage angenommen werden.[46] Die Folge ist zB, dass der Vermieter, wenn der Mieter wegen eines Mangels mindern kann, nicht „zum Ausgleich" über § 313 Abs 1 eine Anpassung der Vertragsdauer verlangen kann.[47]

Die **Rechtsfolge** eines Wegfalls der Geschäftsgrundlage besteht in erster Linie in **13** einer **Anpassung** des Vertrags an die veränderten Verhältnisse (§ 313 Abs 1). Eine **Kündigung** wegen Wegfalls der Geschäftsgrundlage kommt nach § 313 Abs 3 **nur in besonders schwer- wiegenden Fällen** in Betracht, wenn eine Anpassung des Vertrags (s § 313 Abs 1) nicht möglich oder einem Teil nicht zuzumuten ist. In diesen Fällen bleibt jedoch zu beachten, dass die **gesetzlich geregelten Kündigungsgründe** (insbes § 543), jedenfalls nach hM, gleichfalls den **Vorrang** vor dem Kündigungsrecht wegen Wegfalls der Geschäftsgrundlage haben.[48] Die Frage ist freilich umstritten; tatsächlich dürften sich die

---

39 BGHZ 116, 200, 203 = NJW 1992, 900.
40 LG Berlin NZM 1999, 503f.
41 AG Bremen NZM 2012, 383 f.
42 AG Nürtingen NZM 2011, 547.
43 Wegen der Einzelheiten s *Staudinger* Rn 17ff; *Emmerich* Leistungsstörungen §§ 27–29 (S 407ff); *Hau,* Vertragsanpassung und Anpassungsvertrag, 2003; *Hirsch* ZMR 2007, 1; *Lobinger,* Grenzen rechtsgeschäftlicher Leistungspflichten, 2004.
44 S BGH LM Nr 92 zu § 242 (Bb) BGB = NJW 1978, 2390; LM Nr 171 zu § 535 BGB = NJW 2002, 2384 = NZM 2002, 659.
45 BGH LM Nr 171 zu § 535 BGB = NJW 2002, 2384; NJW-RR 2005, 236 = NZM 2005, 63, 64.
46 RGZ 135, 339, 346; 161, 330, 337; BGH LM Nr 92 zu § 242 (Bb) BGB = NJW 1978, 2390; NJW-RR 1992, 267 = WuM 1992, 313; NZM 2008, 462; WuM 2010, 480 Tz 12; *Hirsch* ZMR 2007, 1, 3f; *Horst* DWW 2002, 6, 16f.
47 BGH NZM 2008, 462 = ZMR 2008, 523.
48 S BGHZ 24, 91, 95f = NJW 1957, 989; BGH LM Nr 92 zu § 242 (Bb) BGB = NJW 1978, 2390; WM 1973, 694, 695; 1981, 66; LG Rostock ZMR 2006, 125, 126f; *Horst* DWW 2002, 6, 16f.

Volker Emmerich

Vorschriften der §§ 313 und 543 auf unterschiedliche Tatbestände beziehen, so dass sich die Konkurrenzfrage in aller Regel gar nicht stellt.[49]

14   **b) Zweckvereitelung.** Von Zweckvereitelung oder Zweckstörung spricht man, wenn die als solche durchaus noch **mögliche Leistung** des Vermieters infolge einer nachträglichen Veränderung der Verhältnisse für den Mieter ihren **Sinn verloren** hat, weil er jetzt mit ihr seine ursprünglichen Zwecke nicht mehr zu verwirklichen vermag. In diesen Fällen ist davon auszugehen, dass nach der gesetzlichen Risikoverteilung der Vermieter (nur) dafür einzustehen hat, dass dem Mieter der vertragsgemäße Gebrauch möglich ist und bleibt (§§ 535, 536), während es allein Sache des Mieters ist, ob er durch den Gebrauch der Sache seine weiteren Zwecke zu verwirklichen vermag (§ 537). Das so genannte **Verwendungsrisiko** muss maW **grundsätzlich** der **Mieter** und nicht der Vermieter **tragen**, selbst wenn dieser die speziellen Ziele oder Verwendungszwecke des Mieters kennt.[50]

15   Die Folge ist vor allem, dass der Mieter die Miete grundsätzlich auch dann unverändert **fortzahlen** muss, ohne sich auf Wegfall der Geschäftsgrundlage berufen zu können, **wenn** er auf dem gemieteten Grundstück wider Erwarten **keine gewinnbringenden Geschäfte** betreiben kann,[51] wenn zB andere Räume in dem Gebäude, in dem er Geschäftsräume gemietet hat, entgegen seinen Erwartungen nicht ebenfalls gewerblich genutzt werden,[52] wenn der von ihm gepachtete Kiesabbau nicht Gewinn bringend möglich ist[53] oder wenn sich das gepachtete Hotel infolge einer Änderung des Publikumsgeschmacks, auf den sich der Pächter nicht rechtzeitig eingestellt hatte, als völlig unrentabel erweist.[54]

16   Im Mittelpunkt des Interesses standen insoweit in den letzten Jahren **Mietverträge über Geschäfte in** großen **Einkaufszentren,** die sich später als unrentabel herausstellten, weil es dem Vermieter nicht gelang, die anderen Geschäftslokale gleichfalls zu vermieten, so dass die Mieter versuchten, sich von den für sie untragbar gewordenen Verträgen zu lösen.[55] In derartigen Fallgestaltungen waren die Gerichte zunächst wiederholt den Mietern über die Annahme eines Wegfalls der Geschäftsgrundlage zu Hilfe gekommen.[56] Später setzte sich indessen auch hier die Maßgeblichkeit des Grundsatzes durch, dass das **Verwendungsrisiko** allein der **Mieter tragen** muss. Die Folge ist, dass die Mieter von Geschäften in Einkaufszentren in aller Regel **nicht kündigen** können, selbst wenn ihre Erwartungen hinsichtlich der Entwicklung des Einkaufszentrums enttäuscht werden. Eine andere Beurteilung kommt nur in Betracht, wenn nach den Umständen des Falles der

---

49 *Hirsch* ZMR 2007, 1, 3f.

50 BGH LM Nr 51 zu § 537 BGB (Bl 4 R f) = NJW 2000, 1714 = NZM 2000, 492; LM Nr 38 zu § 566 BGB = NZM 2000, 36, 40; NZM 2003, 62 = NJW-RR 2003, 152; NZM 2006, 54, 56 Tz 30ff; NZM 2010, 364 = WM 2010, 995 Tz 17; NZM 2010, 361 Tz 23ff; OLG Düsseldorf WuM 2003, 138, 141f; *Günter* WuM 2012, 587, 593 f; *Emmerich* Leistungsstörungen § 28 Rn 43ff (S 447ff); *Kluth/Freigang* NZM 2006, 41; *Picker* in: FS Honsell (2002) 385; *Rösler* JuS 2004, 1058, 1062ff; 2005, 27.

51 BGH NZM 2010, 364 = WM 2010, 995 Tz 17; NZM 2010, 361 Tz 23ff; OLG Düsseldorf ZMR 2011, 118; *Hirsch* ZMR 2007, 1, 8; *Horst* DWW 2002, 6, 17.

52 BGH NZM 2010, 364 = WM 2010, 995 Tz 17f.

53 BGH LM Nr 46 zu § 581 BGB = NJW 1982, 2062, 2063; OLG Düsseldorf BB 1994, 1456; ZMR 1998, 218; OLG München ZMR 1995, 295, 297.

54 BGH LM Nr 92 zu § 242 (Bb) BGB = NJW 1978, 2390; *Bub* ZMR 1995, 509, 512f.

55 S dazu *Emmerich* JuS 2000, 918; *ders* Anm LM Nr 51 zu § 537 BGB, Bl 6 Rf; *Eusani* ZMR 2003, 473; *Fritz,* in: FS Blank, 2006, S 153, 163 = NZM 2008, 825, 829f; *Hirsch* ZMR 2007, 1, 8; *Keckemeti* NZM 1999, 115; *Kluth/Freigang* NZM 2006, 41; *Waas* ZMR 2001, 493.

56 S *Staudinger* Rn 24.

Betreiber des Einkaufszentrums ausdrücklich oder konkludent das **Vermietungsrisiko übernommen** hat, wofür jedoch Voraussetzung ist, dass durch die Abreden der Parteien die Mieter in ihren unternehmerischen Entscheidungen über das übliche Maß hinaus eingeschränkt sind *und* dass ihr Geschäft deshalb nach dem äußeren Erscheinungsbild zu einem Teil einer Gesamtanlage wird.[57] Genauso wenig dürfte in aller Regel bei **Gaststättenmiet**- oder Pachtverträgen die nachträgliche Einführung des **Rauchverbots** zu einem Wegfall der Geschäftsgrundlage führen.[58] Ebenso ist es schließlich zu beurteilen, wenn infolge der Einrichtung einer verkehrsberuhigten Zone oder durch den Umbau einer Straße in eine Fußgängerzone der **Publikumsverkehr** in einem Geschäft zurückgeht.[59]

Eine Entlastung des Mieters von dem Verwendungsrisiko kommt folglich nur in **17** Betracht, wenn der **Verwendungszweck** des Mieters **ausnahmsweise Vertragsinhalt** geworden ist *oder* wenn der Vermieter den Verwendungszweck des Mieters gekannt hat und es nach seinem bisherigen Verhalten als geradezu **treuwidrig** erschiene, wenn er jetzt versuchte, den Mieter an dem Vertrag festzuhalten, obwohl der Verwendungszweck nicht mehr erreichbar ist.[60]

c) Äquivalenzstörungen[61]. In den Fällen der Äquivalenzstörung geht es um die **18** besonders bei langfristigen Mietverträgen häufig auftauchende Frage, ob der Mieter mit der weiteren Zahlung (nur) der vereinbarten Miete noch vertragsgemäß handelt, obwohl dieser Betrag mittlerweile (fast) nichts mehr wert ist. Die Gerichte unterscheiden hier meistens danach, ob in einem individuellen Vertrag aufgrund eines bestimmten Ereignisses das **Verhältnis von Leistung und Gegenleistung verschoben** wird oder ob „lediglich" aufgrund der allge**meinen Geldentwertung** die vereinbarte Miete an „innerem" Wert, dh an Kaufkraft eingebüßt hat. Im ersten Fall kommt durchaus ein Ausgleichsanspruch des Vermieters in Betracht (§ 313 Abs 1), so, wenn sich zB nachträglich herausstellt, dass eine Wohnung entgegen den Annahmen der Parteien doch nicht der gesetzlichen Preisbindung unterliegt, so dass der Vermieter dann einen Ausgleich durch Erhöhung der Miete auf das Niveau der ortsüblichen Vergleichsmiete verlangen kann (§ 313 Abs 1).[62] Dagegen wurde im zweiten Fall eine gerichtliche Aufwertung der Miete lange Zeit grundsätzlich abgelehnt,[63] während sich in jüngster Zeit auch insoweit ein Wandel abzuzeichnen beginnt, insbesondere bei langfristigen Verträgen, die ausgesprochenen Versorgungscharakter tragen.[64]

---

57 S u § 536 Rn 3; BGH LM Nr 51 zu § 537 BGB (Bl 4 Rf) = NJW 2000, 1714; LM Nr 38 zu § 566 BGB = NJW 2000, 354; LM Nr 175 zu § 242 (Bb) BGB = NZM 2000, 1005 = NJW-RR 2000, 1535; NZM 2000, 1008 Nr 6; NZM 2004, 618 = NJW-RR 2004, 1236; NZM 2006, 54, 56f Tz 30ff; NZM 2010, 361 Tz 23ff; OLG Düsseldorf NZM 2010, 477; ZMR 2011, 118; OLG Naumburg NZJM 2008, 772, 774ff.
58 Im Einzelnen str, s § 536 Rn 14 sowie *Günter* WuM 2012, 587, 593; *Leo/Ghassemi-Tabar* NZM 2008, 271; *Pascke* MZM 2008, 265, 270.
59 OLG Celle NJW-RR 1996, 1099; OLG Düsseldorf NZM 1998, 481.
60 OLG Saarbrücken NJW 2012, 3731; *Hirsch* ZMR 2007, 1, 8; *Köhler* Unmöglichkeit und Geschäftsgrundlage bei Zweckstörungen im Schuldverhältnis, 1971, S 140ff.
61 S dazu *Staudinger* Rn 27f; *Canaris* in: FS Wiedemann (2001), S 1; *Emmerich* Leistungsstörungen § 28 Rn 29ff (S 441ff); *Hirsch* ZMR 2007, 1, 8f; *Nauen* Leistungserschwerung und Zweckvereitelung (2001), S 42, 72ff; *Rösler* JuS 2004, 1058.
62 BGH NJW 2010, 1663 = NZM 2010, 398 Tz 16ff.
63 BGH LM Nr 134 zu § 242 (Bb) BGB = NJW 1991, 1478.
64 BGH LM Nr 39 und Nr 49 zu § 242 (Bb) BGB = MDR 1961, 307 und NJW 1966, 1005; s aber auch BGH LM Nr 171 zu § 535 = NJW 2002, 2384 = NZM 2002, 659 und dazu schon o Rn 12.

Volker Emmerich

§ 536

Mietminderung bei Sach- und Rechtsmängeln

[1] Hat die Mietsache zur Zeit der Überlassung an den Mieter einen Mangel, der ihre Tauglichkeit zum vertragsgemäßen Gebrauch aufhebt, oder entsteht während der Mietzeit ein solcher Mangel, so ist der Mieter für die Zeit, in der die Tauglichkeit aufgehoben ist, von der Entrichtung der Miete befreit. Für die Zeit, während der[1] die Tauglichkeit gemindert ist, hat er nur eine angemessen herabgesetzte Miete zu entrichten. Eine unerhebliche Minderung der Tauglichkeit bleibt außer Betracht.

(1a) Für die Dauer von drei Monaten bleibt eine Minderung der Tauglichkeit außer Betracht, soweit diese aufgrund einer Maßnahme eintritt, die einer energetischen Modernisierung nach § 555b Nummer 1 dient.

[2] Absatz 1 Satz 1 und 2 gilt auch, wenn eine zugesicherte Eigenschaft fehlt oder später wegfällt.

[3] Wird dem Mieter der vertragsgemäße Gebrauch der Mietsache durch das Recht eines Dritten ganz oder zum Teil entzogen, so gelten die Absätze 1 und 2 entsprechend.

[4] Bei einem Mietverhältnis über Wohnraum ist eine zum Nachteil des Mieters abweichende Vereinbarung unwirksam.

---

1 Richtig: derer

I. Mangel

1. Begriff

a) Nach § 536 wird die Miete ganz oder zT gemindert, wenn die Mietsache bei Über- **1** lassung an den Mieter mit einem Mangel behaftet ist, der ihre Tauglichkeit zum vertragsgemäßen Gebrauch aufhebt oder mindert (so genannter Sachmangel, § 536 Abs 1), wenn ihr eine zugesicherte Eigenschaft fehlt (Abs 2 aaO, Rn 19ff) oder wenn dem Mieter der vertragsgemäße Gebrauch durch das Recht eines Dritten entzogen wird (so genannter Rechtsmangel, Abs 3 aaO, Rn 23ff). **Maßstab** für das Vorliegen eines **Sachmangels** ist mithin nach § 536 Abs 1 der Zustand der Sache, der erforderlich ist, um dem Mieter den ihm zustehenden vertragsgemäßen Gebrauch (s o § 535 Rn 18ff) zu ermöglichen. Folglich sind es allein die **Vertragsparteien**, die durch die Festlegung des dem Mieter jeweils geschuldeten vertragsgemäßen Gebrauchs **bestimmen**, welchen Zustand die vermietete Sache spätestens **bei Überlassung** an den Mieter und von da ab **während der ganzen Vertragsdauer** aufweisen muss (§§ 311 Abs 1, 535 Abs 1). Das kann ausdrücklich oder **konkludent** geschehen, Letzteres zB, wenn der Mieter dem Vermieter seine Vorstellungen über den geschuldeten Zustand zu erkennen gibt und der Vermieter nicht widerspricht; bloße einseitige Vorstellungen des Mieters reichen dagegen nicht aus. **Fehlen Abreden** der Parteien über den vom Vermieter geschuldeten Zustand der Mietsache, so ist in erster Linie auf die **Verkehrssitte** zurückzugreifen und zu prüfen, welchen Zustand der Mietsache der Mieter danach billigerweise erwarten darf. In diesem Zusammenhang sind auch **technische und DIN-Normen** zu berücksichtigen, jedenfalls, soweit durch sie die Verkehrssitte, dh die

Volker Emmerich

Anschauungen vernünftiger und billig denkender Mietvertragsparteien geprägt werden.[2] Jede **negative Abweichung** des tatsächlichen Zustandes der Sache **von** der so definierten **Sollbeschaffenheit**, durch die der Mieter in der Ausübung des vertragsgemäßen Gebrauchs nicht nur unerheblich behindert wird, stellt einen Mangel dar (so genannter **subjektiver Fehlerbegriff**).[3] Kein Unterschied wird dabei zwischen der Mietsache und den **mitvermieteten Sachen und Räumen** gemacht.[4] Es spielt maW keine Rolle, ob der Mangel der vermieteten Sache selbst oder den mitvermieteten Räumen, Treppen, Fluren, Böden, Kellern oder Zugängen anhaftet.[5] Es stellt folglich zB einen Mangel dar, wenn dem Mieter entgegen dem Vertrag die Nutzung eines **Keller- oder Abstellraumes entzogen** wird.[6]

2   Unerheblich ist ferner, ob die Untauglichkeit der Sache zum Vertragszweck **auf** dem **Zustand der Sache selbst oder** auf **sonstigen** rechtlichen oder tatsächlichen **Verhältnissen beruht**, die infolge ihrer Art und Dauer nach der Verkehrsanschauung einen Einfluss auf die Brauchbarkeit der Sache auszuüben pflegen.[7] Unter § 536 fallen daher auch so genannte **Umweltfehler,** dh Störungen des Mieters im vertragsgemäßen Gebrauch, die ihre Ursache nicht in der Beschaffenheit der Mietsache selbst, sondern in sonstigen rechtlichen oder tatsächlichen Verhältnissen haben, die wie zB **Immissionen oder sonstige** außerhalb der Mietsache liegende **Gefahrenquellen** die Tauglichkeit der Mietsache zum Vertragszweck beeinträchtigen können (s u Rn 14ff). Jedoch können **allein unmittelbare Einwirkungen** auf die Gebrauchstauglichkeit der Mietsache auf diese Weise erfasst werden, nicht jedoch mittelbare und entfernte Einflüsse, wie sie immer denkbar sind und die jeder als **Teil seines Lebensrisikos** selbst tragen muss, außer wenn die Parteien ausdrücklich etwas anderes vereinbart haben.[8] Es kann deshalb zwar einen Fehler darstellen, wenn der **Zugang** zu dem gemieteten Grundstück, etwa durch Bauarbeiten, **behindert** wird, *nicht* jedoch, wenn die erwarteten Käuferströme ausbleiben, weil sich die Umgebung lediglich negativ verändert oder in einem Einkaufszentrum andere Geschäfte nicht vermietet werden können (o Vor § 536 Rn 16). Für die Annahme eines Mangels genügt es ferner bereits, wenn die Sache nur in **Befürchtung einer Gefahr** benutzt werden kann, die vermöge des Zustandes der Sache den Eintritt eines Schadens erwarten lässt.[9] Es ist nicht erforderlich, dass der Mieter von dieser Gefahr Kenntnis hat oder dass der Fehler überhaupt erkennbar ist.[10] Die Grenzziehung ist schwierig, weil Gefahren überall lauern, weshalb zum Teil nur aktuell drohende Gefahren als relevant angesehen werden.[11] **Bei-**

---

2 BGH WuM 2010, 482; NJW 2012, 2725 Tz 9 f; *Eisenschmid* WuM 2012, 658; *Gsell* WuM 2011, 491; *Rodegra* WuM 2009, 151.
3 BGH NJW 2005, 2152 = NZM 2005, 500; NJW 2006, 899 = NZM 2006, 54, 55 Tz 19; NZM 2006, 582, 583 Tz 9f; NZM 2006, 626, 627 Tz 12f; NJW 2009, 664 Tz 34; NJW 2009, 2441 Tz 9; NJW 2010, 1133 = NZM 2010, 855 Tz 11, 14; WuM 2010, 482 Tz 12; NJW 2011, 514 Tz 12; 2013, 44 Tz 30 f; NZM 2013, 27 Tz 17 f; NJW 2013, 680; *Staudinger* Rn 5ff m Nachw.
4 S o § 535 Rn 2ff; RG JW 1905, 46 Nr 13.
5 BGH LM Nr 10a zu § 538 BGB = NJW 1967, 154; LM Nr 6 zu § 538 BGB = NJW 1963, 804.
6 AG Hamburg NZM 2007, 802; AG Menden NJW-RR 2008, 25.
7 BGH LM Nr 47 zu § 535 BGB = NJW 1971, 924; LM Nr 19 zu § 537 BGB = MDR 1972, 411; LM Nr 83 zu § 823 (Bf) BGB = NJW 1983, 2935, 2936; NJW 2013, 44.
8 BGH LM § 537 BGB Nr 27 = NJW 1981, 2405 „Ihme-Zentrum"; LM Nr 51 zu § 537 BGB = NJW 2000, 1714, 1715; NJW 2006, 899 = NZM 2006, 54, 55 Tz 19; NJW 2009, 664 Tz 34 = NZM 2009, 124; NJW 2013, 44 Tz 30; NZM 2013, 27 Tz 19; OLG Rostock GE 2009, 322, 323; *Fritz* NZM 2008, 825.
9 BGH NZM 2006, 626; GE 2006, 967, 968; einschränkend BGH LM Nr 3 zu § 538 BGB.
10 BGH NJW 1968, 885 (insoweit nicht in BGHZ 49, 350 abgedruckt); LM Nr 20 zu § 537 BGB = NJW 1972, 944; WM 1977, 743, 744; LG Lübeck ZMR 2002, 431, 432; anders aber LG Heidelberg ZMR 2012, 950.
11 KG GE 2012, 1636.

spiele sind die Gefahr, dass die Decke einbricht[12] oder dass Steine aus der Decke herunter fallen,[13] sowie etwa noch Schäden an der elektrischen Installation in den Räumen des Vermieters, die sich auf den Mieter auswirken können.[14]

Bei der Konzeption des § 536 hat sich der Gesetzgeber durchweg von dem Gedanken eines umfassenden Mieterschutzes leiten lassen. Zu Recht wird deshalb der **Begriff** des Mangels in § 536 allgemein sehr **weit ausgelegt**. Lediglich eine **unerhebliche Minderung der Tauglichkeit** bleibt nach § 536 Abs 1 S 3 außer Betracht. Dadurch sollen Streitigkeiten der Mietparteien über belanglose Kleinigkeiten verhindert werden. Eine unerhebliche Minderung der Gebrauchstauglichkeit der vermieteten Sache liegt folglich (nur) vor, wenn sie bei objektiver Betrachtungsweise **nicht spürbar** ins Gewicht fällt oder wenn der Fehler **leicht erkennbar** ist und schnell und mit geringen Kosten beseitigt werden kann, so dass die Geltendmachung einer Minderung gegen Treu und Glauben verstieße, wenn zB die Zugangskontrolle zu einem Bürogebäude ohne nachweisliche Auswirkungen auf den Mietgebrauch nur geringfügig verschlechtert wird.[15] Weitere Beispiele sind bloße Sprünge in einzelnen Fenstern[16] oder das Fehlen einer blauen Tonne.[17] Gleich steht nach Meinung des BGH[18] sogar der Fall, dass der Mieter eine vorübergehende Belästigung durch Baustellenlärm bereits durch das bloße Schließen der Fenster erheblich reduzieren kann. Die **Beweislast** für diesen Ausnahmefall trägt der Vermieter.[19]

b) § 536 Abs 1 ist gleichermaßen **anwendbar, wenn** der Fehler bereits **bei Überlassung** der Sache an den Mieter vorliegt **und** wenn er erst **später** im Laufe der Mietzeit **entsteht**. Unanwendbar ist § 536 lediglich in der Zeit **vor Überlassung** der Mietsache an den Mieter, so dass in dieser Zeitspanne die allgemeinen Vorschriften über Leistungsstörungen Anwendung finden (s o Vor § 536 Rn 16). Liegen jetzt schon Mängel vor, so kann der Mieter ohne weiteres deren Beseitigung verlangen (§ 535 Abs 1 S 2). Bei einer Weigerung des Vermieters greifen die §§ 280, 281 und 323 ein.[20] Außerdem kann der Mieter nach § 320 vorgehen.

c) Die **Haftung** des Vermieters **entfällt insbesondere** in den Fällen der §§ 536b und 536c Abs 2 S 2 sowie in einer Reihe vergleichbarer Fälle (s u Rn 36ff). Der Mieter kann außerdem dann nicht mindern, wenn der **Mangel** letztlich **von ihm** selbst **zu vertreten** ist (s u Rn 36). Die Grenze der Verantwortungsbereiche beider Parteien zieht der vertragsgemäße Gebrauch. Für eine Minderung ist ferner kein Raum, wenn der Mangel dem Mieter zugleich **Vorteile bringt**, durch die die Nachteile aufgewogen werden, oder wenn es der Mieter selbst war, der die Veränderungen **gewünscht** hat, die letztlich zu dem Mangel geführt haben.[21] Dasselbe gilt schließlich, wenn der Mieter vertraglich die Beseitigung des Mangels übernommen hatte.[22]

---

12 KG GE 2012, 1636.
13 KG GE 2012, 1636.
14 OLG Celle ZMR 1996, 197 = NJW-RR 1996, 521; OLG Dresden NZM 2002, 165, 166.
15 BGH NZM 2004, 767 = NJW-RR 2004, 1450; NJW 2009, 664 Tz 18ff; LG Berlin GE 2010, 547.
16 BGH WuM 2010, 679 Tz 11.
17 AG Hamburg-Blankenese WuM 2011, 312.
18 NZM 2012, 456 Tz 6.
19 BGH NJW 2009, 664, 665 Tz 20; OLG Celle ZMR 1985, 10, 12 = WuM 1985, 9.
20 S BGH LM Nr 61 zu § 535 BGB = NJW 1978, 103.
21 BGH LM Nr 7 zu § 537 BGB = MDR 1962, 399; OLG Düsseldorf NJW-RR 1993, 976.
22 BGHZ 38, 295, 298 = NJW 1963, 341.

Volker Emmerich

5a   **d)** Nach § 536 Abs 1a, der durch das Mietrechtsänderungsgesetz von 2013 in das Gesetz eingefügt wurde, bleibt eine Minderung der Tauglichkeit (der Mietsache zum vertragsgemäßen Gebrauch) für die Dauer von drei Monaten außer Betracht, soweit diese, dh die Minderung der Tauglichkeit aufgrund einer Maßnahme eintritt, die einer energetischen Modernisierung nach § 555b Nr 1 dient. Durch diese (erstaunliche) Vorschrift sollen **energetische Modernisierungen gefördert** und erleichtert werden, während andere Erhaltungs- und Modernisierungsmaßnahmen das Minderungsrecht des Mieters unberührt lassen. Die Folge ist, dass bei einer **Verbindung verschiedener Erhaltung- und Modernisierungsmaßnahmen** die Minderung der Tauglichkeit der Mietsache zum vertragsgemäßen Gebrauch *nur insoweit keine* Mietminderung nach sich zieht, als sie gerade auf der *energetischen* Modernisierung beruht, während die Minderung der Tauglichkeit der Mietsache, die die Folge der anderen Maßnahmen ist, durchaus eine Minderung der Miete bewirkt, soweit erheblich. Die Unterscheidung wird häufig nur aufgrund eines Sachverständigengutachtens im Wege der Schätzung nach § 287 ZPO möglich sein, außer wenn die energetische Modernisierung selbst zugleich der Erhaltung der Mietsache dient, wie etwa bei der Dämmung und Erneuerung der Fassade. Ausgeschlossen wird auch nur das Minderungsrecht des Mieters bei einer (bloßen) Minderung der Tauglichkeit der Mietsache, während die Minderung wieder eingreift, wenn durch die fragliche Maßnahme die **Tauglichkeit** völlig **aufgehoben** wird. Unberührt bleiben ferner **Schadensersatz- und Aufwendungsersatzansprüche** des Mieters nach den §§ 280 und 536a Abs 1 sowie Aufwendungsersatzansprüche aufgrund der §§ 555a Abs 3 und 555d Abs 5.

5b   Der Minderungsausschluss setzt voraus, dass der Mieter die fragliche Maßnahme überhaupt nach § 555d **dulden** muss. Daran fehlt es insbesondere, wenn ihm die Maßnahmen nicht ordnungsgemäß vom Vermieter **angekündigt** werden (§ 555c), so dass er in diesem Fall Unterlassung der Maßnahmen verlangen kann (§ 535 Abs 1 S 2). Wird der Vermieter gleichwohl tätig, so hat der Mieter außerdem ein Zurückbehaltungsrecht an der Miete, und zwar (mindestens) in der dreifachen Höhe des Minderungsbetrages (Rn 34ff). Daneben ist dann offenkundig für einen Minderungsausschluss nach § 536 Abs 1a kein Raum mehr.[23] Dasselbe gilt, wenn der Mieter die Maßnahme nach § 555d Abs 2 nicht zu dulden braucht.[24]

5c   Der Minderungsausschluß **beginnt** mit dem Beginn der energetischen Modernisierung (die dem Mieter nach § 555c Abs 1 S 2 Nr 2 vom Vermieter angekündigt werden muss) und gilt **nur für die folgenden drei Monate**. Die **Berechnung** der Frist richtet sich nach den §§ 187 Abs 1 und 188 Abs 2. Die **Fortsetzung** der Arbeiten **über** den Zeitraum von **drei Monaten** hinaus, etwa infolge mangelhafter Arbeit des beauftragten Unternehmens oder wegen des Umfangs der Arbeiten, gehört allein zum Risikobereich des Vermieters, so dass das Minderungsrecht des Mieters nach Ablauf der Frist dadurch nicht mehr tangiert wird, ebensowenig wie etwa durch Umstände, aufgrund derer es, aus welchen Gründen immer, während der Frist von drei Monaten zu einem vorübergehenden Baustillstand kommt, während es an dem Minderungsausschluss wohl nichts ändert, wenn die Arbeiten während der Frist von drei Monaten höchst zögerlich und damit unnötig lange, aber eben immer noch *innerhalb* der Frist von drei Monaten durchgeführt werden. Nur wenn es infolge einer **Pflichtwidrigkeit** des Vermieters zu derartigen **Verzögerungen** kommt, kann der Mieter **Schadensersatz** für den Verlust seines Minderungsrechts verlangen, wenn er dieses bei ordnungsmäßigem Vorgehen des Vermieters behalten hätte

---

23 Anders *Hinz* NZM 2012, 777, 779 [analog § 559b Abs 2 S 2]; NZM 2013, 209, 212; wegen aller Einzelheiten s. im übrigen *Staudinger* Rn 10a–10g mN.
24 Auch insoweit anders *Hinz* NZM 2013, 209, 213.

(§§ 241 Abs 2, 242, 249 und 280 Abs 1). Hinzukommen muss noch, dass die Minderung der Tauglichkeit **erheblich** ist (§ 536 Abs 1 S 3). Daran kann es bei den ersten Vorbereitungsmaßnahmen durchaus noch fehlen. Der Minderungsausschluss setzt dann erst ein, wenn die Minderung der Tauglichkeit der Mietsache zum vertragsgemäßen Gebrauch infolge der Maßnahmen die Erheblichkeitsschwelle überschreitet. Die **Beweislast** für sämtliche Voraussetzungen des Minderungsausschlusses trägt der Vermieter, der sich darauf beruft.

2. Baumängel

a) Vermietete Räume müssen sich in einem zum vertragsgemäßen Gebrauch geeigneten Zustand befinden; andernfalls sind sie mangelhaft (o Rn 1f). Hieraus resultiert das Problem, von welchem **Standard** dabei auszugehen ist.[25] In dieser Frage hat sich mittlerweile für die Mehrzahl der Fälle (nicht für alle) weitgehend die Auffassung durchgesetzt, dass als Maßstab in erster Linie von den **Anschauungen der Parteien bei Vertragsabschluss** über die Frage auszugehen ist, welchen Anforderungen die vermieteten Räume jeweils genügen müssen (§ 311 Abs 1; so genannter **konkret-individueller Maßstab**).[26] Bei der Wohnraummiete wird dies in der Regel dazu führen, dass als Maßstab von einem Wohnstandard auszugehen ist, der der **üblichen Ausstattung** vergleichbarer Wohnungen **bei Vertragsabschluss** entspricht, so dass zB von einem nicht renovierten Altbau nicht dieselbe Ausstattung wie von einer Neubauwohnung erwartet werden kann.[27] Hinsichtlich des Standards eines Gebäudes ergibt sich daraus, dass im Zweifel von den **bei Errichtung** des Gebäudes **geltenden Maßstäben** auszugehen ist.[28] Führt der Vermieter umfassende **Modernisierungsmaßnahme** durch, so bedeutet dies zugleich, dass der Mieter jetzt nach Treu und Glauben erwarten darf, dass diese Maßnahmen den *heutigen* Maßstäbe genügen, widrigenfalls der neu geschaffene Zustand mangelhaft ist.[29] Das Gesagte gilt jedoch nur mit **zwei** wesentlichen **Einschränkungen**. Andere Maßstäbe sind zunächst anzuwenden, soweit es um konkrete **Gesundheitsgefahren** für den Mieter geht (vgl § 569 Abs 1). Denn der Mieter hat grundsätzlich **Anspruch auf** einen den jeweils **neuesten Gesundheitsstandards entsprechenden Zustand** der Mieträume, weil die Parteien in aller Regel der Auffassung sein werden, dass die Mieträume zu keinem Zeitpunkt, weder jetzt noch in Zukunft, einen Zustand aufweisen dürfen, der mit (konkreten) Gesundheitsgefahren für den Mieter verbunden ist (u Rn 7f). Werden die dafür jeweils maßgeblichen **Standards** nachträglich **verschärft**, so gilt aus diesem Grunde dasselbe für die Anforderungen an die betreffenden Mieträume mit der Folge, dass die Räume, wenn der Vermieter den neuen Standards nicht nachkommt, von dem Zeitpunkt der Verschärfung ab mangelhaft sind (§ 536 Abs 1).[30] Die zweite Einschränkung ergibt sich daraus, dass jeder Mieter einen **Mindeststandard** erwarten darf, der ein **zeitgemäßes Wohnen** überhaupt erst ermöglicht.[31]

---

25 S *Staudinger* Rn 12ff; *Emmerich* in: Miete und Umwelt, PiG Bd 31 (1989) 35, 43ff; ders in: Verbesserung der Vermietbarkeit PiG Bd 57 (1999) 163, 173f = NZM 1999, 633; *Fritz* NZM 2008, 825 = in: FS Blank, 2006, S 153; *Lames* NZM 2007, 465.

26 BGH NJW 2004, 3174 = NZM 2004, 736; NJW 2005, 218 = NZM 2005, 60; NZM 2006, 582, 583; NJW 2009, 2441 Tz 10; WuM 2010, 482 = NZM 2010, 618 Tz 13 ff.

27 BGH NJW 2004, 3174 = NZM 2004, 736.

28 BGH NJW 2005, 218 = NZM 2005, 60; NZM 2006, 582, 583; GE 2006, 967; WuM 2010, 482 = NZM 2010, 618 Tz 13 ff; NJW 2013, 2417.

29 BGH NZM 2005, 60; NJW 2009, 2441 Tz 11f; LG Hamburg WuM 2010, 147; LG Wiesbaden NZM 2012, 456 = WuM 2012, 201.

30 BVerfG NJW 1999, 519 = NZM 1999, 302; BayObLGZ 1999, 220, 223ff = NJW-RR 1999, 1533 = NZM 1999, 899, 901; OLG Hamm NZM 2003, 395f; OLG Dresden NZM 2006, 865 (gefährliche Treppe); großzügiger dagegen OLG Düsseldorf NZM 2002, 737 = ZMR 2002, 819, 820.

31 BGH NJW 2004, 3174 = NZM 2004, 736; NZM 2009, 855 Tz 11; NJW-RR 2010, 737 = NZM 2010, 356 Tz 33f.

Volker Emmerich

Es müssen deshalb wenigstens, wenn nicht das Gegenteil ausdrücklich vereinbart wird, in jeder Wohnung die nach heutigen Anschauungen unabdingbaren **Anschlüsse für Wasser und Strom** vorhanden sein, so dass ein Anschluss der üblichen Haushaltsgeräte möglich ist. Umstritten ist, ob hierher auch die energetischen Mindestanforderungen an die Ausrüstung von Gebäuden gehören, die sich heute in erster Linie aus der Energieeinsparverordnung (**EnEV**) von 2009 (BGBl I 954) ergeben.[32] Tatsächlich handelt es sich jedoch bei dieser Verordnung um eine ausschließlich öffentlich-rechtliche Regelung, aus der sich keine Folgerungen für das Privatrecht ergeben.[33]

7   **b)** Aus dem Gesagten (o Rn 6) werden in Literatur und Rechtsprechung durchaus unterschiedliche Folgerungen für die Frage gezogen, wann mit dem Mietgebrauch verbundene **konkrete Gesundheitsgefahren** für den Mieter tatsächlich die Annahme eines Mangels rechtfertigen. Besonders umstritten ist die Rechtslage, wenn die **Belastung der Räume mit Umweltgiften** nicht mehr bestimmten, in der Regel von Sachverständigen im Auftrag des Bundesumweltamtes festgelegten **Grenzwerten** oder sonstigen Standards entspricht.[34] Überwiegend wird angenommen, dass ein Mangel (nur) vorliegt, wenn nach *heutigen* Anschauungen dem Mieter aufgrund der Umweltbelastung der Räume eine **konkrete Gesundheitsgefahr droht**, während *bloße, abstrakte (theoretische) Gefahren*, gemessen an irgendwelchen Richtwerten oder Standards, sofern und solange von ihnen dem Mieter keine konkreten Gesundheitsgefahren drohen, zur Annahme eines Mangels *nicht* ausreichen.[35] Für **Mobilfunkanlagen** in der Umgebung der Mietwohnung ist daraus der Schluss zu ziehen, dass – mangels Nachweisbarkeit konkreter Gesundheitsgefahren – aus ihrer Errichtung kein Mangel gefolgert werden kann, so lange nicht die Grenzwerte der 26. Bundesimmissionsschutzverordnung (BIMSchV) überschritten werden.[36] Je nach den Umständen des Falles kommt dagegen ein **Mangel zB** in Betracht bei einer **übermäßigen Belastung des Wassers mit Blei oder Nitrat**, wobei als Maßstab vielfach die Trinkwasserserverordnung von 1990 (BGBl I, 2612) idF von 2001 (BGBl I 2370, 3044) herangezogen wird,[37] bei einer nach heutigen Anschauungen nicht mehr tragbaren **Verseuchung der Luft durch Asbest**.[38] **Strenge Maßstäbe sind insbesondere bei einer drohenden Verseuchung der Luft durch Asbest** anzulegen, weil nach heutigen Anschauungen krebserregend.[39] Besonders große Krebsgefahren bestehen bei nur schwach gebundenen Asbestprodukten, so dass eine Wohnung dann durchaus unbenutzbar sein kann,[40] während eine

---

32 S Artz WuM 2008, 259, 262f; *Eckardt/Schenderlein* WuM 2008, 179, 182f; *Schwintowski* WuM 2008, 115, 118.
33 S *Staudinger* Rn 12a mN.
34 S *Staudinger* Rn 13f; *Lames* NZM 2007, 465; *Selk/Hankammer* NZM 2008, 65; *Sternel* in: FS Derleder, S 299.
35 BGH WuM 2006, 304, 307 Tz 12; KG GE 1995, 697, 699; LG Tübingen WuM 1997, 41 = ZMR 1997, 189; LG Berlin NZM 2003, 60 = NJW-RR 2003, 300; LG Hamburg ZMR 2007, 198; WuM 2008, 692; *Fritz* NZM 2008, 825; *Herkner* WuM 2007, 662; *Hitpaß* ZMR 2007, 340; – wesentlich strenger dagegen LG Kassel ZMR 1996, 90; LG Hannover WuM 1997, 434; LG Frankfurt NJW-RR 2001, 522; LG Braunschweig NZM 2001, 582.
36 BGH NZM 2006, 504 Tz 9 = NJW-RR 2006, 879; LG Berlin NZM 2003, 60 = NJW-RR 2003, 300; GE 2005, 547, 548.
37 OLG Köln NJW 1992, 51; LG Braunschweig NZM 2001, 582.
38 KG GE 1995, 697, 699; OLG Hamm NZM 2003, 395; LG Dortmund ZMR 1994, 410 = WuM 1996, 141; LG Hannover WuM 1997, 434; LG Berlin WuM 1999, 35; GE 2011, 205.
39 KG GE 1995, 697, 699; LG Dortmund ZMR 1994, 410 = WuM 1996, 141; LG Kassel ZMR 1996, 90; LG Mannheim WuM 1996, 338 = NJW-RR 1996, 776; LG Hannover WuM 1997, 434; LG Dresden NZM 2011, 743 = NJW 2011, 3106.
40 LG Dresden NZM 2011, 743 = NJW 2011, 3106.

abweichende Beurteilung von Fall zu Fall in Betracht kommen kann, wenn die Asbest-produkte stark gebunden sind und nur bei einer mechanischen Bearbeitung der Wände freigesetzt werden können.[41] Gleich steht schließlich eine Luftverunreinigung durch eine überhöhte Perchlorethylen(PER)-, PAK-, Lindan- oder **Formaldehydkonzentration**.[42] Auch Gesundheitsgefahren für den Mieter infolge der Verseuchung der Räume mit **Ungeziefer** oder Ratten führen zur Annahme eines Mangels.[43] Dasselbe gilt für die besonders umstrittenen Fälle der Belastung der Wohnung mit **Schimmelpilz** oder mit Schwarzstaub-ablagerungen, so genanntes **Fogging**. In diesen Fällen kommt es daher ebenfalls darauf an, ob mit den genannten Vorgängen eine *konkrete Gesundheitsgefahr* für die Bewohner der befallenen Räume verbunden ist. Das ist umso eher zu bejahen, je größer die befal-lene Fläche ist. Liegt danach in den genannten Fällen ein **Mangel** vor, so muss er vom Vermieter **beseitigt** werden (§ 535 Abs 1 S 2), selbst wenn er die Folge des vertragsgemäßen Gebrauchs des Mieters sein sollte (§ 538).[44] Umstritten ist in diesen Fällen vor allem die Verteilung der **Beweislast**, wenn die Ursachen des Fogging unklar sind. Häufig werden hier dieselben Regeln wie bei Feuchtigkeitsschäden angewandt (Rn 36f). Dies bedeutet, dass die Beweislast den Mieter erst dann trifft, wenn der Vermieter nachgewiesen hat, dass Baumängel und andere von ihm zu verantwortenden Mängel der Mietsache für die aufgetretenen Schäden, insbesondere das Fogging nicht ursächlich sein können. Solange er diesen Beweis nicht erbracht hat, braucht der Mieter sich nicht für Ursachen aus seinem Gefahrenbereich zu entlasten, sondern kann mindern und Beseitigung des Mangels fordern (§§ 535 Abs 1 S 2, 536 Abs 1).[45] Verlangt der Mieter **Schadensersatz** nach § 536a Abs 1 Fall 2, so muss sich der Vermieter dagegen nach § 280 Abs 1 S 2 nur entlasten, wenn *feststeht*, dass die Ursache des Foggings in seinem Herrschaftsbereich liegt.[46]

c) Einen Mangel stellt ferner eine erhebliche **Überhitzung der Mieträume** dar, die **8** zur Folge hat, dass die Räume untauglich für den Vertragszweck, zB für den Betrieb einer ärztlichen Praxis sind; tritt der Mangel freilich nur periodisch, zB während der Sommer-monate auf, während die Räume in der übrigen Jahreszeit mangelfrei sind, so ist auch die Miete nur während der kritischen Monate gemindert, im übrigen aber nicht.[47] Nach einer verbreiteten Meinung müssen deshalb **Arbeitsräume insbesondere** den Anforderungen der **Arbeitsstättenverordnung** von 2004 (BGBl I 2174) entsprechen.[48] Dabei wird indes-sen übersehen, dass sich die genannte Verordnung allein an den *Arbeitgeber* und damit an die *Mieter* wendet, so dass daraus keine Verpflichtungen für den *Vermieter*, etwa zum Einbau einer (sehr teuren) Klimaanlage gefolgert werden können.[49] – Wenn eine Wohnung

---

41 So jedenfalls LG Berlin NZM 2011, 481, zweifelhaft.
42 OLG Nürnberg NJW-RR 1993, 1300; LG Kiel WuM 1997, 674; LG Frankfurt NJW-RR 2001, 1590; AG König-stein NZM 2000, 822; AG Frankfurt NZM 2001, 422, 423.
43 KG GE 2001, 1671; AG Bremen NJW 1998, 3282 = ZMR 1998, 234; WuM 2002, 215; AG Prün ZMR 2001, 808; AG Dülmen WuM 2013, 35.
44 BGH WuM 2007, 319 Tz 30 = NZM 2007, 434; NJW 2008, 2432 Tz 9 = NZM 2008, 607; LG Ellwangen GE 2002, 53; LG Berlin NZM 2003, 434 = ZMR 2003, 489; GE 2003, 1019; 2005, 995, 997; LG Duisburg WuM 2003, 494 = ZMR 2003, 739; *Hitpaß/Haugg* ZMR 2002, 337; *Hitpaß/Oventrop* ZMR 2005, 598; *Isenmann* WuM 2001, 428; *Moriske* NZM 2000, 894; *Streyl* WuM 2007, 365.
45 BGH NJW 2008, 2432f Tz 10ff; LG Berlin NZM 2003, 434 = ZMR 2003, 489; GE 2003, 1019; 2005, 995, 997; LG Duisburg WuM 2003, 494 = ZMR 2003, 739; AG Siegburg ZMR 2005, 543, 544.
46 S u § 536a Rn 24; BGH NJW 2006, 1061 = WuM 2006, 147.
47 BGH NJW 2011, 514 Tz Z. 13–15 = NZM 2011, 153; OLG Naumburg NZM 2011, 35 mN.
48 OLG Köln NJW-RR 1993, 446; OLG Hamm NJW-RR 1995, 143; OLG Rostock NZM 2001, 425 = NJW-RR 2001, 802; OLG Düsseldorf ZMR 2006, 518, 520; KG GE 2003, 48; *Börstinghaus* WuM 2007, 253.
49 OLG Frankfurt NZM 2007, 330; OLG Karlsruhe GE 2010, 542, 544f; *Staudinger* Rn 14 mN.

Volker Emmerich

mit **Heizung** vermietet ist, gehört die **ordnungsmäßige Beheizung** der Räume zu dem dem Mieter vom Vermieter geschuldeten vertragsgemäßen Gebrauch,[50] so dass Mängel der Heizung zu einem Mangel der vermieteten Räume führen (§ 536). Eine Heizung ist jedoch nicht schon deshalb mangelhaft, weil sie nicht mehr dem neuesten Standard entspricht.[51] Anders verhält es sich jedoch nach einer verbreiteten Meinung, wenn die Anlage, etwa wegen einer Überdimensionierung des Kessels, ganz **unwirtschaftlich** ist oder wenn der Mieter aus sonstigen Gründen, zB wegen einer mangelhaften Isolierung oder Lüftung der Räume, nur durch **übermäßiges** nicht mehr zumutbares **Heizen** Schäden vermeiden kann.[52] Das ist indessen durchaus zweifelhaft, weil die Folge eine mit dem Gesetz nicht zu vereinbarende Modernisierungspflicht des Vermieters wäre. Auch eine ältere und damit weniger wirtschaftliche Anlage entspricht vielmehr grundsätzlich dem Gesetz, so daß der Mieter nicht allein deshalb mindern kann, weil ihm höhere Heizkosten als bei Einsatz einer modernen, besonders wirtschaftlichen Anlage entstehen.[53] Ein Mangel liegt dagegen in der Tat vor, wenn die **Heizung** ganz oder teilweise **ausfällt**[54]**,** wenn die vorhandenen Öfen nicht gebrauchsfähig sind oder wenn mit der Heizung übermäßige **Lärmemissionen** verbunden sind (u Rn 15). Genauso zu beurteilen sind Mängel vergleichbarer Anlagen wie der **Warmwasserversorgung.**[55]

9   **d)** In **hochwassergefährdeten Gebieten** muss der Vermieter Vorkehrungen gegen die **Gefahr von Überschwemmungen** treffen, so dass deren Unterlassung einen Mangel der vermieteten Räume darstellt.[56] Solange er das nicht getan hat, trifft ihn bei drohender Hochwassergefahr zumindest eine **Warnpflicht** gegenüber dem Mieter, damit dieser noch rechtzeitig Schutzmaßnahmen ergreifen kann.[57] Der Vermieter muss ferner in den Abflüssen für Vorkehrungen gegen die **Gefahr eines Rückstaus** sorgen; das Fehlen oder die Funktionsuntüchtigkeit von Rückstausicherungen bildet einen Mangel.[58] Dagegen braucht der Vermieter keine Vorkehrungen gegen ganz seltene und **ungewöhnliche Naturkatastrophen** wie zB das Eindringen von Wurzeln in die Wasserleitungen zu treffen.[59]

10   **e) Gewerblich genutzte Räume** sind mangelhaft, wenn sie sich in einem Zustand befinden, der ihre bestimmungsgemäße Nutzung beeinträchtigt und zur behördlichen Schließung des Betriebs führt.[60] Werden gewerbliche Räume in einem umfangreichen **Gesamtprojekt** vermietet, so kann es ferner einen Mangel darstellen, wenn das Projekt nicht wie geplant verwirklicht wird, so dass das ursprünglich vorausgesetzte **intakte Umfeld fehlt**, die Zugänge erschwert und das Erscheinungsbild ebenso wie die Einbindung in die Infrastruktur verschlechtert werden.[61] Dasselbe gilt im Ergebnis, wenn in

---

50 S o § 535 Rn 31ff.
51 KG GE 2005, 1427; LG Hamburg NJW-RR 1988, 907 = ZMR 1989, 63; LG Konstanz WuM 1988, 353.
52 OLG Düsseldorf WuM 1984, 54; 1986, 16; LG Waldshut-Tiengen NJW-RR 1991, 592; LG Berlin GE 1996, 745; dagegen zutreffend OLG Düsseldorf GE 2011, 132.
53 KG GE 2005, 1427; ZMR 2012, 858, 859; OLG Düsseldorf GE 2011, 132.
54 OLG Dresden NZM 2002, 662; KG ZMR 2008, 790, 791f.
55 KG ZMR 2008, 790, 792; LG Heidelberg WuM 1997, 42, 43 *Staudinger* Rn 16.
56 BGH LM Nr 47 zu § 535 BGB = NJW 1971, 424; LG Köln WuM 1996, 335; LG Kassel NJW-RR 1996, 1355.
57 OLG Koblenz NJW-RR 1997, 331 = WM 1997, 470.
58 BGH ZMR 1962, 82, 84; LM Nr 33 zu § 328 BGB = NJW 1968, 402; Betrieb 1976, 817f; OLG München WuM 1991, 681, 682.
59 BGH LM Nr 47 zu § 535 BGB = NJW 1971, 424; LM Nr 33 zu § 328 BGB = NJW 1968, 402; LG Berlin GE 1999, 1497; LG Hamburg ZMR 2007, 170, 171.
60 BGH WM 1983, 660.
61 BGH NJW-RR 2004, 79, 80 = NZM 2004, 100.

einem hochpreisigen, **exklusiven Bürogebäude** nachträglich zahlreiche Räume an verschiedene Sozialbehörden vermietet werden, so dass die Zugangskontrolle wegfällt und in dem Gebäude ein nicht mehr kontrollierbarer Besucheransturm einsetzt, vorausgesetzt, daß sich daraus konkrete Unzuträglichkeiten und Störungen für die Mieter ergeben.[62] Gewerblich genutzte Räume sind außerdem mangelhaft, wenn die Fundamente und Decken der vermieteten Räume nicht die **nötige Tragfähigkeit** aufweisen, um die Geräte des Mieters aufnehmen zu können.[63] **Baumängel** sind außerdem zB noch die **Undichtigkeit** des Daches oder eines Schornsteins,[64] die Undichtigkeit der Fenster und Türen,[65] der bauordnungswidrige Zustand einer Treppe oder der fehlende Brandschutz eines Gebäudes[66], die Verursachung eines Brandes durch vom Vermieter in Auftrag gegebene Bauarbeiten,[67] die ungenügende Leistung einer Abwasserpumpe,[68] ein **mangelhafter Verputz** oder Anstrich des vermieteten Hauses,[69] insbesondere, wenn davon Feuchtigkeitsschäden in der Wohnung drohen,[70] die mangelnde Isolierung der Wasserrohre mit der Folge, dass im Winter das Wasser abgestellt werden muss,[71] sowie eine Abweichung der tatsächlichen **Fläche** der vermieteten Räume von der im Vertrag genannten Fläche um mehr als 10 % (u Rn 22). – Die (viel diskutierte) **mangelhafte Isolierung gegen Trittlärm** oder Trittschall stellt einen Mangel dar, wenn sie nicht dem jeweils anzuwendenden Standard des Lärmschutzes entspricht (s o Rn 6), so dass bei einem nicht renovierten **Altbau** nicht derselbe Lärmschutz wie bei einem Neubau erwartet werden kann.[72] Wird jedoch der Altbau von Grund auf und umfassend saniert oder **renoviert**, so muss fortan der Schallschutz den zur Zeit der Renovierung maßgeblichen Mindeststandards entsprechen.[73] Für die Annahme einer derartigen **Renovierung** genügt indessen der bloße Austausch des Bodenbelages in einer Wohnung nicht aus.[74]

3. Öffentlich-rechtliche Beschränkungen

a) Öffentlich-rechtliche Gebrauchsbeschränkungen sind ein **Mangel**, **sofern** der 11 Mieter durch sie im vertragsgemäßen Gebrauch der Mietsache behindert wird *und* sie gerade **auf** der **Beschaffenheit oder** der **Lage** der Mietsache beruhen und nicht lediglich in den persönlichen Verhältnissen des Mieters ihre Ursache haben.[75] **Gewerblich genutzte Räume** befinden sich folglich nur dann in einem zum vertragsgemäßen Gebrauch des Mieters geeigneten Zustand, wenn der Aufnahme des vertraglich vorgesehenen Gewerbebetriebs keine öffentlich-rechtlichen Hindernisse entgegenstehen.[76] Daran fehlt es zB,

---

62 OLG Stuttgart ZMR 2007, 272 = NZM 2007, 163; *Fritz* NZM 2008, 825, 830.
63 BGH LM Nr 11 zu § 537 BGB = MDR 1964, 229; LM Nr 12/13 zu § 537 BGB = MDR 1964, 915; LM Nr 6 zu § 538 BGB = NJW 1963, 804; WM 1991, 730; OLG Düsseldorf ZMR 2001, 706.
64 KG GE 1999, 569; OLG Düsseldorf GE 2008, 54, 55.
65 BGH ZMR 1962, 82, 83; LG Berlin WuM 1982, 184 = MDR 1982, 671.
66 OLG Dresden NZM 2006, 865 = ZMR 2006, 922; OLG Düsseldorf NZM 2004, 946, 947.
67 OLG Düsseldorf ZMR 2002, 41, 44f = NZM 2002, 21 „Flughafen Düsseldorf".
68 BGH ZMR 1962, 82, 83.
69 LG Hamburg WuM 1983, 290.
70 LG Berlin WuM 2009, 175.
71 KG GE 2002, 131.
72 S Rn 14f; BGH NJW 2005, 218 = NZM 2005, 60; NJW 2013, 2417; OLG Dresden NZM 2009, 703; LG Hamburg WuM 2010, 147.
73 BGH NJW 2005, 218 = NZM 2005, 60; NJW 2009, 2441 Tz 11 = NZM 2009, 580; OLG Brandenburg ZMR 2003, 909, 913; LG Berlin GE 2003, 1612; 2004, 1028.
74 BGH NJW 2009, 2441 Tz 12 = NZM 2009, 580; LG Hamburg WuM 2010, 147.
75 BGHZ 68, 294, 296 = NJW 1977, 1285; BGH LM Nr 47 zu § 537 BGB = NJW 1991, 3226; NJW-RR 1992, 267 = WM 1992, 583; ZMR 2008, 274, 275; NJW 2011, 3151 Tz 8.
76 BGH LM Nr 92 zu § 242 (Bb) BGB = WM 1978, 760; LM Nr 25 zu § 536 BGB = NJW-RR 1987, 906.

wenn die für den Betrieb einer **Gastwirtschaft** bestimmten Räume den Vorschriften über die Belüftung oder die Trittschalldämmung in Gaststätten widersprechen.[77] Der Vermieter trägt dagegen nicht das Risiko solcher Umstände, die allein in den **persönlichen Verhältnissen** des Mieters ihre Ursache haben.[78] Es bleibt auch dabei, dass der Mieter das **Verwendungsrisiko** tragen muss. Deshalb begründet zB die nachträgliche Beschränkung der Nutzungsmöglichkeit der gemieteten Räume durch die Gesetzgebung zum Schutze der Nichtraucher keinen Mangel, und zwar selbst dann nicht, wenn infolge des **Rauchverbotes** die Zahl der Gäste drastisch zurückgeht.[79]

12   Die **Schaffung der Voraussetzungen** für die behördliche Erlaubnis des dem Mieter geschuldeten vertragsgemäßen Gebrauchs **obliegt** grundsätzlich dem **Vermieter** (§ 535 Abs 1 S 2). Notfalls muss er deshalb die dafür von der Behörde vorgeschriebenen, baulichen Veränderungen durchführen.[80] Außerdem muss er sich selbst um die nötigen Genehmigungen bemühen.[81] Durch **Formularvertrag** kann nichts anderes bestimmt werden.[82] Individualvertraglich ist dagegen eine weitergehende Risikoabwälzung möglich, grundsätzlich aber eng auszulegen.[83]

13   **b)** Eine vermietete **Wohnung** ist **mangelhaft**, wenn sie **ohne Bauerlaubnis** errichtet wurde, so dass die Gefahr einer Abrissverfügung besteht,[84] oder wenn die vermieteten Räume infolge erheblicher baulicher Auflagen für den Mieter zum Vertragszweck **ungeeignet** sind.[85] Es genügt, wenn nur die ernsthafte **Gefahr eines Verbotes** der Benutzung aufgrund eines noch nicht bestandskräftigen Verwaltungsaktes besteht.[86] Das polizeiliche **Verbot einer Fabrik** führt gleichfalls zur Annahme eines Mangels.[87] Gleich steht die Untersagung des Betriebs in den gemieteten Räumen mit der Begründung, die mit dem Betrieb verbundene **Nutzungsänderung** sei nicht genehmigt, insbesondere, wenn der Vermieter die Mitwirkung bei der Beantragung der erforderlichen neuen Genehmigung verweigert.[88] Weitere hierher gehörende Beispiele sind die **Verhinderung des Zutritts** des Publikums **zu** einem **Geschäft** durch behördliche Maßnahmen oder durch staatliche Baumaßnahmen, die der Vermieter nicht verhindern kann,[89] die behördliche Verweigerung der Genehmigung für einen **Steinbruch** oder für den geplanten Kiesabbau des Pächters[90] sowie das Fehlen der erforderlichen Stellplätze bei einem Restaurant oder Hotel.[91] Ein **Mangel** ist dagegen zu **verneinen**, wenn sich das fragliche Verbot auf absehbare Zeit für den Mieter

---

77 KG GE 2004, 478; OLG Koblenz NJW 2010, 1297 = NZM 2010, 83 = NJW-RR 2010, 203.

78 S o Vorbem 14f vor § 536; *Staudinger* Rn 22.

79 S o Vorbem 16 vor § 536; BGH NJW 2011, 3151 Tz 11 ff; OLG Koblenz NJW 2010, 1297 = NJW-RR 2010, 203 = NZM 2010, 83; OLG München NZM 2010, 201.

80 RGZ 94, 138.

81 OLG Hamm ZMR 1982, 206, 207; OLG Köln WuM 1998, 152, 153 = ZMR 1998, 227, 228; OLG Düsseldorf NZM 2011, 550.

82 BGH LM Nr 40 zu § 537 BGB = NJW 1988, 2664; OLG Düsseldorf ZMR 1992, 446; GE 2002, 1261; LG Berlin NJW-RR 2002, 1450 = NZM 2002, 787.

83 BGH ZMR 1994, 253; OLG München ZMR 1995, 401, 402.

84 LG Hannover ZMR 1971, 135 Nr 20.

85 BGH BB 1973, 1236.

86 BGH LM Nr 17 zu § 537 BGB = WM 1971, 531; ZMR 2008, 274, 275; OLG Düsseldorf ZMR 2005, 707, 709.

87 RG JW 1913, 596f Nr 10.

88 BGH ZMR 2008, 274, 275.

89 Rn 17; BGH LM Nr 27 zu § 537 BGB = NJW 1981, 2405; KG NZM 2008, 526, 527 = NJW-RR 2008, 1042; *Fritz* NZM 2008, 825, 830.

90 BGH LM Nr 46 zu § 581 BGB = WM 1982, 595; NJW-RR 1992, 267 = WM 1992, 583.

91 OLG München ZMR 1995, 401, 402f.

überhaupt nicht nachteilig auswirken kann[92] oder wenn die Behörde den rechtswidrigen **Zustand duldet**.[93] Sobald aber die Behörde Maßnahmen ernsthaft androht oder gar gegen den rechtswidrigen Zustand einschreitet, kommt durchaus wieder die Annahme eines Mangels in Betracht.[94]

4. Umweltfehler

a) Unter Umweltfehlern versteht man **Störungen** des Mieters im vertragsgemäßen 14 Gebrauch **durch Einflüsse von außen**, die auf Naturereignissen oder Handlungen Dritter beruhen können. Die wichtigsten Erscheinungsformen sind neben den hier nicht weiter interessierenden Naturkatastrophen Störungen des Mieters durch Dritter in Form von **Lärmimmissionen** (Rn 15f) **oder Zugangsbehinderungen** (Rn 17). Die Abgrenzung von anderen Mängeln, insbesondere von Baumängeln ist flüssig, aber für das Ergebnis ohne Belang. Umso schwieriger gestaltet sich die **Grenzziehung zum allgemeinen Lebensrisiko** des Mieters, das nicht über § 536 auf den Vermieter abgewälzt werden darf. Zur Lösung dieses (dringenden) Problems sind im Schrifttum zahlreiche **Kriterien** entwickelt worden, deren Unterschiede zum guten Teil die Differenzen erklären, die hier in Literatur und Rechtsprechung herrschen. Nach dem **BGH** soll sich der Anwendungsbereich des § 536 grundsätzlich auf solche Umweltfehler beschränkem, durch die die **Tauglichkeit** der Mietsache zum vertragsgemäßen Gebrauch **unmittelbar beeinträchtigt** wird.[95] Die **Kriterien**, anhand derer unmittelbare und mittelbare Beeinträchtigungen der Tauglichkeit der Mietsache durch Umweltfehler unterschieden werden sollen, sind indessen **unklar** geblieben.[96] Soweit es speziell um Lärmimmissionen geht, zieht der BGH wohl deshalb heute häufig ergänzend die **TA Lärm von 1998** heran, so dass der Mieter mangels abweichender Abreden der Parteien immer nur einen Lärmschutz in diesem Rahmen verlangen kann, und zwar selbst dann, wenn bei Abschluss des Vertrages die Lärmbelastung noch geringer als jetzt war, aber immer noch im Rahmen der TA Lärm lag.[97] Maßgebend können jedoch tatsächlich nur **vertragsimmanente Kriterien** sein (§§ 311 Abs 1, 535 Abs 1). Entscheidend ist maW allein, **welcher Standard** dem Mieter nach den **Abreden der Parteien** geschuldet ist.[98] Das ist eine **Frage der Auslegung** der Parteiabreden im Einzelfall unter Berücksichtigung des Kontextes des Vertragsabschlusses, wozu insbesondere die Lage und der Zustand des Mietobjekts gehören (§§ 133, 157, 536b). Ausschlaggebende Bedeutung erlangt dadurch im vorliegenden Zusammenhang insbesondere der **Grundgedanke des § 536b**, der die Gewährleistungsrechte des Mieters für den Regelfall ausschließt, wenn dem Mieter der fragliche Mangel bei Abschluss des Vertrages **bekannt** war oder **nur infolge grober Fahrlässigkeit unbekannt** geblieben ist. Deshalb kann grundsätzlich, wer zB eine Wohnung an einer lauten Durchgangsstraße mietet, nur den bei einer *derartigen* Wohnung üblichen Standard des Lärmschutzes, nicht mehr verlangen, außer wenn

---

92 BGH WM 1968, 1306, 1307; OLG Naumburg NZM 2001, 100, 101; *Staudinger* Rn 25.

93 BGH NJW 2009, 3421 Tz 6 = NZM 2009, 815; KG GE 2002, 664; 2005, 1426, 1427.

94 OLG Düsseldorf NZM 2003, 556; ZMR 2011, 118, 865 und 867.

95 Vgl insbesondere BGH LM Nr 51 zu § 537 BGB (Bl 2 R) = NZM 2000, 492 = NJW 2000, 1714 „Einkaufszentrum"; LM Nr 19 zu § 537 BGB = MDR 1972, 411; LM Nr 61 zu § 535 BGB = NJW 1978, 103; NJW 2009, 664 Tz 34 = NZM 2004, 124; GE 2013, 261 Tz 8; OLG Düsseldorf NZM 2008, 524, 525; GE 2012, 827, 828; OLG Rostock NZM 2009, 545.

96 S *Emmerich* in: Miete und Umwelt, PiG Bd 31 (1989) 35, 41f; I *Koller* NJW 1982, 201.

97 BGH WuM 2009, 659 Tz 15ff = NZM 2009, 855; WuM 2012, 271 Tz 6 ff.

98 S o Rn 1, 10; *Staudinger* Rn 26 ff mN.

die Parteien ausdrücklich das Gegenteil vereinbaren.[99] Dabei ist vor allem zu beachten, dass den Mieter grundsätzlich **keine Prüfungspflicht** trifft, so dass an die Annahme einer Kenntnis des Mieters von Störungen aus dem Umfeld der gemieteten Räume ebenso wie an die Annahme grober Fahrlässigkeit *strenge Anforderungen* zu stellen sind (sehr str) – dies natürlich auch im Interesse eines weitgespannten Mieterschutzes. Aus den unterschiedlichen Anforderungen an die Kenntnis oder grob fahrlässige Unkenntnis des Mieters erklären sich zugleich die durchaus unterschiedlichen Ergebnisse, zu denen bisher die einschlägigen Entscheidungen gelangt sind. Im **Rechtsstreit** dürfen an den substantiierten **Vortrag** solcher Immissionen keine übertriebenen Anforderungen, etwa durch das Erfordernis eines genauen „Lärmprotokolls" gestellt werden. Es genügt vielmehr eine Beschreibung, aus der sich die Art der Belästigungen, ihre Frequenz und die Tageszeiten ergeben (Rn 42, im einzelnen str).

15 **b)** Das Zusammenleben mehrerer Menschen in einem Haus verursacht unvermeidlich gewisse Lärmbelästigungen, so dass geringfügige oder gelegentliche Beeinträchtigungen, zB durch Streitigkeiten oder Feiern, nach Meinung des **BGH** als „sozialadäquat" hinzunehmen sind.[100] Erst die Überschreitung dieser **Grenze der „Sozialadäquanz"** führt mit anderen Worten in den Anwendungsbereich des § 536. Dies bedeutet zB, dass der Vermieter insbesondere für eine ordnungsgemäße **Schallisolierung** sorgen muss. Die vermietete Wohnung ist mangelhaft, wenn die Schallisolierung nicht dem Standard entspricht, auf den der Mieter nach dem Vertrag Anspruch hat (s schon o Rn 1f, 6, 10, 14). Gemessen an diesem Standard ist die Wohnung zB mangelhaft, wenn die Isolierung gegen **Trittschall** hinter dem geschuldeten Standard zurückbleibt (s o Rn 10), wenn die **Heizung** übermäßige Klopfgeräusche verursacht[101] oder wenn der Mieter ständig durch den Aufzug gestört wird.[102] **Von Dritten ausgehende Lärmbelästigungen** können ebenfalls einen Mangel darstellen. Wichtigster Fall ist der von **Mitmietern** ausgehende übermäßige Lärm, wozu beispielsweise auch übermäßige Toilettengeräusche gehören,[103] nicht jedoch normaler Kinderlärm in einem Mehrfamilienhaus.[104] Weitere Beispiele sind Störungen durch ein **Bordell** im selben Haus oder in der Nachbarschaft,[105] der Lärm einer **Gastwirtschaft** im selben Haus[106] oder in der Nachbarschaft[107] sowie der Lärm eines benachbarten Gewerbebetriebs.[108] Das übermäßige **Bellen** von Hunden in der Nachbarschaft stellt gleichfalls einen Mangel dar.[109] Anders kann von Fall zu Fall der Lärm eines Kinderspielplatzes in der Nachbarschaft zu beurteilen sein.[110]

---

99 Ebenso im Ergebnis LG Landshut NZM 1998, 761; LG Berlin GE 2003, 392; 2006, 1295 (für eine Baustelle; s Rn 16).

100 BGH NJW 2012, 1647 Tz 11 f = NZM 2012, 381 = WuM 2012, 269.

101 LG Berlin NZM 2000, 490; LG Landshut WuM 2002, 307; AG Hamburg WuM 1996, 469 = NZM 1997, 551; WuM 1997, 551.

102 LG Hannover WuM 1994, 463f.

103 LG Berlin GE 2007, 779; LG Hamburg WuM 2010, 143.

104 AG Hamburg-Bergedorf ZMR 2009, 292.

105 BGH WM 1967, 515, 517; LG Berlin GE 2008, 671; 2009, 453; AG Osnabrück WuM 2008, 84.

106 LG Berlin GE 2005, 869f; 2005, 1126.

107 AG Braunschweig WuM 1990, 147; AG Köln WuM 1988, 56; 1991, 545; vgl auch BGH LM Nr 36 zu § 906 BGB = WM 1970, 1460; LM Nr 6 zu § 542 BGB = NJW 1974, 2233.

108 BGH LM Nr 15 zu § 823 (Ef) BGB = WM 1970, 1292; AG Gifhorn WuM 2002, 215f; anders nach den Umständen LG Hamburg WuM 2010, 248.

109 BGH NZM 2012, 760 = ZMR 2013, 24; OLG Hamm NJW-RR 1990, 335 = MDR 1990, 442; *Gaisbauer* NZM 1999, 982: *Horst* MDR 2012, 70, 74.

110 LG Berlin ZMR 1999, 763; LG Hamburg WuM 1998, 19; aM AG Frankfurt NJW 2005, 2628 = NZM 2005, 617.

Schwerwiegende Störungen des Mieters können insbesondere von **Baustellen** in **16** der Nachbarschaft ausgehen. In diesen besonders problematischen Fällen hängt letztlich alles auf die eine oder andere Weise von der in Literatur und Rechtspr. ganz unterschiedlich beantworteten Frage ab, **welcher Lärm** für den Mieter bei Abschluss des Vertrages nach den Umständen **ohne weiteres,** dh ohne grobe Fahrlässigkeit **erkennbar** war (§ 536b S 1 und 2).[111] Die Annahme eines Mangels scheidet aus, wenn der Baustellenlärm bereits bei Vertragsabschluss vorhanden oder doch unmittelbar absehbar war[112]. Jenseits solcher noch verhältnismäßig eindeutiger Fälle muss es aber dabei bleiben, dass den Mieter grundsätzlich **keine Prüfungspflicht** trifft (Rn 14) und dass man von ihm auch keine hellseherischen Fähigkeiten verlangen darf, so dass eine bei Abschluss des Vertrages nicht ohne weiteres absehbare Zunahme des Verkehrslärms oder Einrichtung neuer Baustellen durchaus die Annahme eines Mangels zu rechtfertigen vermag.[113] Dieses Ergebnis gilt vielfach als *unangemessen,* weil für den Vermieter unzumutbar, der auf die Einrichtung und den Betrieb von Baustellen in seiner Nachbarschaft nahezu keinen Einfluss hat (§ 906). Deshalb wird häufig **Kenntnis** des Mieters im Sinne des § 536b bereits angenommen, wenn der Mieter nach den Umständen nur in der (näheren oder ferneren) Zukunft mit der Einrichtung einer Baustelle *rechnen muss,* zB weil die Wohnung oder die Büroräume in einem Sanierungsgebiet oder in einem innerstädtischen Bereich mit großen Baulücken oder ständigem Sanierungsbedarf von Hochhäusern liegt.[114] Oder es wird den Parteien einfach eine *konkludente Beschaffenheitsvereinbarung* im Sinne des § 535 Abs 1 S 1 *unterstellt,* die mit Rücksicht auf die Umstände einen Lärmschutz ausschließt (§§ 133, 157).[115] Dieser Auffassung ist, weil **mit dem Gesetz** (§§ 535 Abs 1, 536 Abs 4 und 536b) **unvereinbar,** nicht zu folgen.[116]

Besonders schwierige Abgrenzungsfragen – mit der Folge sehr unterschiedliche Ergeb- **17** nisse – werfen schließlich noch **Zugangsbehinderungen** auf. Erhebliche und **andauernde** Zugangsbeschränkungen durch Maßnahmen des Verkehrswegebaus sind jedenfalls ein **Mangel**, ohne Rücksicht darauf, dass der Vermieter diese Maßnahmen dulden muss Rn 13). Dagegen gehören **vorübergehende Behinderungen**, mit denen jeder Anlieger einer Straße bei Straßenbauarbeiten rechnen muss, zum allgemeinen Lebensrisiko und müssen deshalb hingenommen werden, sofern die Parteien nicht ausdrücklich etwas anderes vereinbart haben,[117] während *erhebliche und andauernde Zugangsbeschränkungen* durch Maßnahmen des Verkehrswegebaus sicher ein Mangel sind, ohne Rücksicht darauf, dass der Vermieter diese Maßnahmen dulden muss.[118]

---

111 S *Staudinger* Rn 29; *Fritz* NZM 2008, 825, 826f, 832; *Horst* MDR 2012, 70; *Lehmann-Richter* NZM 2012, 849.

112 AG Hamburg-Blankenese ZMR 2003, 746; AG Hamburg NZM 2005, 222; LG Berlin GE 2005, 1126; 2006, 1295; ebenso für Großstädte KG/LG Berlin GE 2003, 115, 116f.

113 Sehr str, s *Staudinger* Rn 29.

114 Insbesondere BGH GE 2013, 261 Tz 12; OLG Frankfurt ZMR 1964, 271; OLG München NJW-RR 1994, 654; KG NZM 2003, 718.

115 BGH GE 2013, 261 Tz 12; LG Gießen ZMR 2011,284.

116 OLG Schleswig ZMR 2012, 726; *Blank* WuM 2012, 175, 177 f; *Lehmann-Richter* NZM 2012, 849, 852 f.

117 BGH NJW-RR 2004, 79 = NZM 2004, 100; OLG Düsseldorf NZM 1998, 481 = NJW-RR 1998, 1236; OLG Hamburg WuM 2003, 146; OLG Rostock NZM 2009, 545; LG Düsseldorf NZM 2003, 899; LG Berlin ZMR 2008, 844; *Kluth/Böckmann* NZM 2003, 882.

118 Anders ohne Begründung LG Düsseldorf ZMR 2012, 775, 776.

Volker Emmerich

18   **5. Fahrnismiete.** Ein **Kraftfahrzeug**, das mit abgefahrenen Reifen oder mangelhaften Bremsen vermietet wird, ist mangelhaft.[119] Ebenso ein vermieteter **Computer**, wenn die Anlage trotz regelmäßiger Wartung ständig gestört ist,[120] wenn die nötige Bedienungsanleitung fehlt,[121] wenn die Speicherkapazität zu knapp dimensioniert ist oder wenn die von dem Gerät ausgedruckten Rechnungen von den Adressaten nicht akzeptiert werden.[122] Das Risiko, dass technische Geräte unerwartet schnell veralten, trägt dagegen der Mieter.[123]

II. Zugesicherte Eigenschaften

19   **1. Begriff.** Nach § 536 Abs 2 gelten (nur) die S 1 und 2 des ersten Absatzes der Vorschrift entsprechend, wenn eine zugesicherte Eigenschaft fehlt oder später wegfällt. Keine Anwendung findet dagegen § 536 Abs 1 S 3, so dass eine Minderung **auch bei** einer an sich **unerheblichen Minderung** der Gebrauchstauglichkeit infolge des Fehlens zugesicherter Eigenschaften in Betracht kommt. Daneben hat der Mieter den Erfüllungsanspruch aus § 535 Abs 1 S 2 sowie die Rechte aus den §§ 536a und 543 Abs 2 Nr 1. Eine **Zusicherung** von Eigenschaften im Sinne des § 536 Abs 2 ist (nur) anzunehmen, wenn der Vermieter **in vertraglich bindender Weise** verspricht, **unbedingt** für das Vorhandensein oder Nichtvorhandensein bestimmter Eigenschaften **einstehen** zu wollen.[124] Bei einer Zusicherung handelt es sich mit anderen Worten um eine **unselbstständige Garantie** iSd § 276 Abs 1 S 1, so dass der Vermieter bei Nichterfüllung der Garantie unbedingt, dh auch ohne Verschulden, zum Schadensersatz verpflichtet ist (§§ 280 Abs 1, 536a Abs 1). Daraus folgt, dass die Annahme einer Zusicherung im Sinne des § 536 Abs 2 als erstes voraussetzt, dass die fraglichen Angaben **Vertragsinhalt** geworden sind. Dadurch unterscheidet sich die Zusicherung zunächst auf der einen Seite von allgemeinen Anpreisungen und der **bloßen Objektbeschreibung**. Man versteht darunter allgemeine Angaben des Vermieters über die Lage, die Größe und die Beschaffenheit des Mietobjekts, die *nicht* Vertragsinhalt werden, sondern lediglich das Mietobjekt näher beschreiben sollen. Eine Zusicherung ist demgegenüber nur anzunehmen, wenn sie vom Mieter **als vertragsmäßige verlangt** und vom Vermieter **in vertragsmäßig bindender Weise**, dh insbesondere in der erforderlichen **Form** (§ 550), abgegeben wird.[125] Um eine bloße Objektbeschreibungen handelt es sich danach zB bei der Feststellung in der Präambel eines Mietvertrages über Geschäftsräume in einem Einkaufszentrum, die Verkaufsflächen seien insgesamt vermietet.[126] Auf der anderen Seite muss die Zusicherung von der bloßen **vertraglichen Festlegung der** vom Vermieter **geschuldeten Beschaffenheit** der Sache unterschieden werden. Die **Abgrenzung** ist schwierig und noch nicht endgültig geklärt, vor allem, weil es sich lediglich um einen graduellen Unterschied handelt. Dieser besteht in erster Linie in den **Rechtsfolgen**, weil nur die Zusicherung eine *unbedingte* Einstandspflicht des Vermieters auslöst.

119 BGH Betrieb 1967, 118 = WarnR 1966 Nr 217; WM 1977, 743, 744; 1982, 1230, 1231; LM Nr 37 zu § 537 BGB = ZMR 1987, 51, 52 = WM 1987, 219.
120 OLG Karlsruhe Betrieb 1978, 2313.
121 BGH LM Nr 7 zu § 448 ZPO = NJW 1989, 3222 = WM 1989, 1574, 1576f.
122 BGH LM Nr 28 zu § 537 BGB = NJW 1982, 69; LM Nr 8 zu § 542 BGB = NJW 1981, 2684; LM Nr 65 zu § 139 BGB = NJW 1987, 2004.
123 OLG Karlsruhe NJW-RR 1992, 1460.
124 BGH NJW 2005, 2152 = NZM 2005, 500.
125 BGH LM Nr 26 zu § 537 BGB = NJW 1980, 777, 778; LM Nr 51 zu § 537 BGB (Bl 4) = NJW 2000, 1714; NZM 2006, 54, 56 Tz 26; OLG Frankfurt NZM 2005, 619, 620.
126 BGH NJW-RR 2004, 1236 = NZM 2004, 618; OLG Rostock NZM 2003, 282, 283.

Damit ist zugleich gesagt, dass bei der Annahme einer Zusicherung iSd § 536 Abs 2 wegen ihrer weitreichenden Folgen **Zurückhaltung** geboten ist. Die Annahme einer *Zusicherung* wird vor allem in Betracht kommen, wenn es um die vertragliche Festlegung von Anforderungen an die Qualität der Sache geht, die sich nur aus den speziellen Bedürfnissen des Mieters erklären und auf die der Mieter, für den Vermieter erkennbar und von ihm akzeptiert, besonderen Wert legt.[127]

Gegenstand einer Zusicherung können sämtliche **Eigenschaften** der vermieteten 20 Sache sein. Der Begriff der Eigenschaften wird hier grundsätzlich **weit** ausgelegt.[128] Er beschränkt sich nicht etwa auf die physische Beschaffenheit der Mietsache, sondern umfasst **auch** solche **rechtlichen und tatsächlichen Verhältnisse** der Mietsache, die vermöge ihrer Art und Dauer für die Wertschätzung oder die Brauchbarkeit der Sache von Einfluss sein können, mögen sie in der Vergangenheit oder in der Gegenwart liegen. Hinzu kommen muss aber, um eine übermäßige Ausdehnung der Haftung des Vermieters für das Fehlen zugesicherter Eigenschaften zu vermeiden, dass die fraglichen Verhältnisse ihren **Grund** gerade **in der Beschaffenheit** der Mietsache haben, von ihr ausgehen und ihr auch für eine gewisse Dauer anhaften.[129] Zugesichert werden kann daher zwar die Möglichkeit, nach einem Umbau von Räumen eine Gaststättenkonzession zu erhalten;[130] dasselbe gilt für die Lage der vermieteten Räume in einer bestimmten Gegend[131] oder für die bisherigen Umsätze einer Gaststätte.[132] *Kein* tauglicher Gegenstand einer Zusicherung sind dagegen weitere Umstände, die keinen Bezug zur Beschaffenheit der Mietsache aufweisen, wie zB die Kundenfrequenz in einem Einkaufszentrum oder dessen leichte Erreichbarkeit.[133] Keine Rolle spielt dagegen, ob die zugesicherten Eigenschaften überhaupt herbeigeführt werden können.

2. Insbesondere Fläche. Das Gesagte (Rn 20) gilt heute – nach Streichung des § 537 21 Abs 2 S 2 aF im Jahre 2001 – ohne Einschränkung auch für Flächenangaben des Vermieters im Mietvertrag. Trifft die Angabe nicht zu, so hängen die Rechtsfolgen mithin davon ab, ob es sich bei der fraglichen Angabe im Mietvertrag um eine bloße unverbindliche Objektbeschreibung, etwa in der Werbung, um eine vertraglich bindende Festlegung der geschuldeten Größe der vermieteten Räume oder (ausnahmsweise) um die Übernahme einer unselbständigen Garantie des Vermieters hinsichtlich der Größe der vermieteten Räume handelt. Die **Abgrenzung** bereitet häufig Schwierigkeiten.[134] Angaben von **Maklern** dürften – mangels Vertretungsmacht – idR eine bloße Objektbeschreibungen darstellen; anders dagegen Größenangaben des Vermieters in **Inseraten** oder sonstigen Vertragsunterlagen, jedenfalls wenn der Mieter bei den Vertragsverhandlungen darauf Bezug nimmt und der Vermieter nicht widerspricht.[135] Für die Annahme einer **Zusicherung** im Sinne des § 536 Abs 2 dürfte auf der anderen Seite hier gleichfalls nur selten Raum sein, etwa bei der

---

127 *Stangl* ZMR 2008, 14, 20; *Staudinger* Rn 34f.
128 BGH LM Nr 51 zu § 537 BGB (Bl 3 R) = NJW 2000, 1714; NZM 2006, 54, 56 Tz 27f.
129 BGH (vorige Fn).
130 KG NJW-RR 2000, 819, 820 = NZM 2000, 461, 462.
131 BGH LM Nr 51 zu § 537 BGB (Bl 3 R) = NJW 2000, 1714.
132 OLG Hamburg NJW-RR 1998, 1091.
133 BGH LM Nr 51 zu § 537 BGB (Bl 3 R) = NJW 2000, 1714; OLG Frankfurt NZM 2005, 619f; s *Staudinger* Rn 36f.
134 S *Staudinger* Rn 39.
135 BGH WuM 2010, 480ff = NJW 2010, 2648 = NZM 2010, 614; LG Osnabrück WuM 2010, 416.

Volker Emmerich

gewerblichen Miete, wenn es dem Mieter eindeutig auf eine bestimmte Fläche ankommt. Für den Regelfall dürfte dagegen heute davon auszugehen sein, dass die ausdrückliche oder konkludente Angabe der Größe der vermieteten Flächen in dem Mietvertrag eine **vertraglich bindende Beschaffenheitsvereinbarung** dargestellt, so dass – unter bestimmten zusätzlichen Voraussetzungen – ein **Mangel** anzunehmen ist, sofern die tatsächliche Größe der vermieteten Räume hinter der vereinbarten Größe zurückbleibt.[136] Auf die **Formulierung** der Flächenangabe in dem Mietvertrag kommt es dabei nicht an; vielmehr genügt jede Größenangabe in dem Vertrag, selbst wenn sie mit einschränkenden Zusätzen verbunden ist oder die Wohnfläche im Vertrag als „Mietraumfläche" bezeichnet wird.[137] Zu beachten bleibt, dass für die Frage, was die Parteien als „Wohnfläche" ansehen, **Vertragsfreiheit** besteht (§ 311 Abs 1). Die Parteien sind nicht gehindert, auch solche Flächen dazu zurechnen, die wie **Keller-, Dach- oder Hobbyräume** oder auch Terrassen normalerweise gar nicht oder nur partiell auf die Wohnfläche angerechnet werden oder die nach Baurecht **Nutzungsbeschränkungen**, etwa wegen Dachschrägen oder wegen zu geringer Höhe, unterliegen; abweichende Vereinbarungen im Einzelfall sind immer möglich.[138]

22   Für die **Berechnung** der vermieteten Fläche existiert eine gesetzliche Regelung lediglich für den preisgebundenen Wohnraum in Gestalt der Verordnung zur Berechnung der Wohnfläche, der so genannten **WohnflächenVO** vom 25 November 2003 (BGBl 2346), die im Jahr 2004 an die Stelle der früheren §§ 42–44 II. BV getreten ist. Für den preisfreien Wohnraum gibt es keine vergleichbare gesetzliche Regelung, so dass hier die Parteien in der Frage, wie sie die vermietete Fläche berechnen wollen, frei sind (§ 311 Abs 1). Wichtig ist das insbesondere für die Anrechnung von Räumen mit Dachschrägen oder in Loggien, in Kellern oder im Souterrain sowie bei Balkonen oder Terrassen.[139] Haben die Parteien jedoch wie in aller Regel keine Vereinbarung über die Frage der für die Berechnung der Fläche anzuwendenden Methode getroffen, so ist von der **lokalen Übung** (als Verkehrssitte) auszugehen (§§ 133 157). Führt auch dies zu keinem Ergebnis, so ist **im Zweifel** die **WohnflächenfürVO** anzuwenden.[140] **Voraussetzung** ist jedoch immer, dass, wie schon betont (Rn 21), die Parteien **keine abweichenden Vereinbarungen** getroffen haben, da die Parteien in dem Mietvertrag, und zwar auch konkludent, jederzeit von den Vorgaben der Wohnflächenverordnung abweichen können, etwa hinsichtlich der Berücksichtigung von Kellerräumen,[141] und zwar ohne Rücksicht auf etwaige öffentlich-rechtliche Nutzungsbeschränkungen, zB wegen zu geringer Höhe der Räume.[142]

22a   Erweist sich danach, dass die **tatsächliche Fläche** der vermieteten Räume **um 10 %** oder mehr hinter der vereinbarten Fläche **zurückbleibt**, so liegt grundsätzlich ein **Mangel** vor, selbst wenn in dem Mietvertrag die Flächenangabe mit dem Zusatz „zirka" (oder

---

136 So zuletzt zB BGH NJW 2007, 2626 Tz 13f = NZM 2007, 594; NJW 2007, 2624 Tz 12 = NZM 2007, 595; NJW 2008, 142 Tz 19 = NZM 2008, 35; NZM 2007, 477 Tz 14 = NJW 2009, 2295; NJW 2009, 3421 Tz 9; NJW 2010, 293 Tz 9; NJW 2010, 1745 Tz 8; NJW 2012, 3173 TZ 14 = NZM 2012, 726.
137 BGH NJW 2010, 1745 Tz 8 = NZM 2010, 313; NJW 2010, 293 Tz 15 = NZM 2010, 80; NJW 2012, 3173 Tz 16.
138 S zB *Dittert*, in: 10 Jahre Mietrechtsreformgesetz, S 125, 129 f; *Streyl* WuM 2011, 450).
139 BGH NJW-RR 2006, 801 = NZM 2006, 375; WuM 2009, 662 Tz 3; NJW 2007, 2624 Tz 21ff; 2009, 2880 Tz 11f; 2010, 1745 Tz 14; *Staudinger* Rn 39a.
140 So zB BGH NJW 2004, 2230; NZM 2005, 861; 2006, 375; NJW 2007, 2624 Tz 13ff; NJW 2009, 2295 Tz 19,14; NJW 2010, 293 Tz 14; NJW 2010, 292 Tz 17; NJW 2010, 1064 Tz 15; NJW 2010, 1745 Tz 9 usw.
141 BGH WuM 2012, 550 Tz 15 = NJW 2012, 3173 = NZM 2012, 726; LG Itzehoe ZMR 2007, 40.
142 BGH NJW 2009, 3121 Tz 6, 11 = WuM 2009, 661 = NZM 2009, 814; WuM 2009, 661 = NZM 2009, 814; WuM 2009, 662 TZ 4; WuM 2010, 150 Tz 20 = NJW 2010, 1064 = NZM 2010, 196; WuM 2010, 480 Tz 17.

ähnlich) versehen ist.[143] Dabei ist grundsätzlich von der **Bruttomiete** einschließlich einer Pauschale oder der Vorauszahlung für die Betriebskosten auszugehen, und zwar auch im Falle der Vermietung einer möblierten Wohnung.[144] Die **Minderung** entspricht dann prozentual grundsätzlich der Flächendifferenz, so dass zB bei einer Differenz von 15 % die Bruttomiete ebenfalls kraft Gesetzes um 15 % gemindert wird (§ 536 Abs 1; so genannte *Vertragsanpassung*). *Anders* jedoch, wenn die Flächendifferenz lediglich bei **Keller-oder sonstigen Nebenräumen** vorliegt, selbst wenn sich die Beschaffenheitsangabe im Vertrag auf diese Räume bezieht. Wegen der geringeren Bedeutung solcher Räume für die Parteien kommt auch nur eine entsprechend *niedrigere* Minderung in Betracht.[145]

Ist die **Flächendifferenz** dagegen **geringer als 10%,** so kann ein Mangel nur angenommen werden, wenn der Mieter darlegt, dass mit der geringeren Flächendifferenz für ihn doch (ausnahmsweise) eine erhebliche Minderung der Tauglichkeit der Räume zum vertragsgemäßen Gebrauch im Sinne des § 536 Abs 1 S 1 und 3 verbunden ist.[146] Dieselben Regeln gelten grundsätzlich für die **gewerbliche Raummiete**.[147] Hatte der Mieter die Räume zuvor **besichtigt**, so steht auch dies der Anwendung der genannten Regeln nicht entgegen (§ 536b)[148], soweit sich nicht aus dem Umständen ergibt, dass die Parteien im Anschluss an die Besichtigung der Räume von einer Berechungsweise der Fläche ausgegangen sind, die von der genannten Verordnung abweicht.

III. Rechtsmängel

1. Rechte Dritter. Nach § 536 Abs 3 gelten die Abs 1 und 2 der Vorschrift entsprechend, 23 wenn dem Mieter der vertragsgemäße Gebrauch der Mietsache durch das Recht eines Dritten ganz oder zum Teil entzogen wird. Entziehung des vertragsgemäßen Gebrauchs ganz oder zu einem Teil iSd § 536 Abs 3 bedeutet nichts anderes als eine **Störung des Mieters** in dem ihm zustehenden vertragsgemäßen Gebrauch.[149] In § 536 Abs 3 wendet sich das Gesetz somit (nur) gegen *Störungen* des Mieters durch Rechte Dritter. Damit ist zugleich gesagt, dass der **bloße Bestand** solcher Rechte Dritter so lange *irrelevant* ist, wie durch sie der Mieter nicht im vertragsgemäßen Gebrauch der Mietsache gestört wird.[150] Das gilt selbst dann, wenn der Vermieter (wie sehr häufig) **nicht zugleich** der **Eigentümer** der vermieteten Sache ist. Auch der Nichteigentümer erfüllt seine Verpflichtungen als Vermieter, wenn und solange er dem Mieter die Sache in einem zum vertragsgemäßen Gebrauch geeigneten Zustand überlässt.

---

143 BGH NJW 2004, 1974 = NZM 2004, 453; NZM 2004, 456 = WuM 2004, 268; NJW 2004, 2230 = NZM 2004, 454; NJW 2005, 2152 = NZM 2005, 500, 501; NJW 2005, 2773, 2774 = NZM 2005, 699; NZM 2005, 861 = WuM 2005, 712; WuM 2006, 245, 246 Tz 9 = NZM 2006, 375 = NJW-RR 2006, 801; NJW 2008, 142 Tz 19; NJW 2009, 2880 Tz 9; NJW 2010, 292 Tz 16, 19; NJW 2011, 230 Tz 14; NJW 2011, 1282 Tz 9; *Langenberg* PiG 75 (2006), 119, 126ff.
144 BGH NJW 2011, 1282 = NZM 2011, 309 = WuM 2011, 213 Tz 11; *Streyl* WM 2011, 450; 2012, 544
145 BGH WuM 2012, 550 Tz 17 ff = NJW 2012, 3173 = NZM 2012, 726.
146 BGH NJW 2008, 142 Tz 19 = NZM 2008, 35; KG NZM 2005, 865 = NJW-RR 2005, 1681; s *Wiek* WuM 2004, 487, 488; str.
147 BGH NJW 2005, 2152 = NZM 2005, 500, 501; OLG Düsseldorf NZM 2005, 378 = ZMR 2005, 450; KG GE 2009, 516, 517; *Langenberg* PiG 75 (2006), 119, 126ff.
148 BGH NZM 2004, 454 = ZMR 2004, 501.
149 Rn 26f; BGH NJW 2008, 2771 = NZM 2008, 644 Tz 9.
150 BGH NJW 2008, 2771 = NZM 2008, 644.

Volker Emmerich

24   Die Situation ändert sich erst, sobald die **Rechte Dritter geltend gemacht** werden, sofern und solange die Folge ist, dass der Vermieter seiner Verpflichtung zur Überlassung der Sache ganz oder teilweise nicht mehr nachkommen kann. (Nur) in diesem Fall stehen dem Mieter nach § 536 Abs 3 dieselben Rechte wie bei einem Sachmangel aufgrund der Abs 1 und 2 der Vorschrift zu, so dass insbesondere die Miete gemindert wird. Diese so genannte **Eviktionshaftung** des Vermieters verdrängt für ihren Anwendungsbereich die allgemeinen Vorschriften über Leistungsstörungen.[151]

25   Rechte Dritte im Sinne des § 536 Abs 3 sind allein **Privatrechte.**[152] **Öffentlich-rechtliche Beschränkungen und Verbote** fallen nicht unter § 536 Abs 3, sondern begründen entweder einen Mangel iS des § 536 Abs 1 oder führen zur Unmöglichkeit der Erfüllung.[153] *Nicht* unterschieden wird dagegen zwischen Rechten an der Sache und Rechten auf die Sache.[154] In erster Linie gehören daher hierher **dingliche Rechte Dritter**, die ein Besitzrecht gewähren. Wichtigstes Beispiel ist das **Eigentum** eines Dritten. § 536 Abs 3 greift daher zB ein, wenn der Mieter gegenüber dem Eigentümer kein Besitzrecht hat, weil sein Vermieter, mit dem er den Mietvertrag abgeschlossen hat, zur Vermietung des Grundstücks nicht befugt war.[155] Ebenso zu beurteilen ist die Rechtslage, wenn **Wohnungseigentümer** von dem Mieter einer Eigentumswohnung die Unterlassung des Mietgebrauchs verlangen können, weil sie ihn nach der Teilungserklärung nicht zu dulden brauchen.[156] Unter § 536 Abs 3 fallen ferner **auch obligatorische Rechte Dritter**, *sofern* nur durch sie der Mieter in dem ihm zustehenden vertragsgemäßen Gebrauch gestört wird.[157] Keine Rolle spielt außerdem, ob das Recht des Dritten **von Anfang an** bestand oder erst **nachträglich**, zB durch Pfändung der vermieteten Sache, begründet wurde.[158] Das Recht muss sich jedoch immer **auf** die **Sache** beziehen. Bloße **Ansprüche Dritter gegen den Vermieter** als solchen, zB aus der Abrede, einen Ladenraum nicht an einen Konkurrenten zu vermieten, sind keine Rechte Dritter iSd § 536 Abs 3, weil und sofern sie keine Wirkungen gegen den (unbeteiligten) Mieter äußern.[159] Auch **rechtswidrige Störungen** des Mieters seitens Dritter, die nicht auf einem besonderen Besitzrecht dieser Dritten beruhen, oder **tatsächliche Eingriffe Dritter** begründen keinen Rechtsmangel: Immer sind nur § 536 Abs 1 oder, sofern der Eingriff die Unmöglichkeit der Vermieterleistung zur Folge hat, die allgemeinen Vorschriften über Leistungsstörungen (§§ 275, 283, 311a) anwendbar.[160]

26   **2. Gebrauchsentziehung. Entziehung** des vertragsgemäßen Gebrauchs ganz oder zu einem Teil im Sinne des § 536 Abs 3 bedeutet **Störung** des Mieters in dem ihn zustehen-

---

151 S u Rn 26; BGHZ 63, 132, 137 = NJW 1975, 44; BGH LM Nr 27 zu § 325 BGB = NJW 1991, 3277; LM Nr 164 zu § 242 (Bb) BGB = NJW 1996, 714; OLG Düsseldorf ZMR 1988, 22; *Emmerich* in: Vertragsverletzung im Wohnraummietverhältnis, PiG Bd 46 (1995) 119, 129ff; *ders* PiG Bd 65 (2002), 1 = NZM 2002, 362, 363f.

152 BGHZ 114, 277, 280 = NJW 1991, 3280.

153 BGHZ 114, 277, 280 = NJW 1991, 3280.

154 BGHZ 114, 277, 280 = NJW 1991, 3280; s o Rn 11ff.

155 BGHZ 63, 132, 137 = NJW 1975, 44; BGH NJW 2008, 2771 = NZM 2008, 644.

156 BGH LM Nr 164 zu § 242 (Bb) BGB = NJW 1996, 714; NJW-RR 1995, 715 = ZMR 1995, 480; OLG Düsseldorf ZMR 1999, 24, 25 = WuM 1999, 37; *Briesemeister*, in: 10 Jahre Mietrechtsreformgesetz, 2011, S 98.

157 BGH LM Nr 3 zu § 541 BGB = NJW 1961, 917.

158 BGHZ 63, 132, 138 = NJW 1975, 44.

159 BGH LM Nr 3 zu § 537 BGB = BB 1954, 177.

160 OLG Frankfurt NZM 1999, 966; *Emmerich* NZM 2002, 362, 363f = PiG Bd 65 (2002), S 1.

den vertragsgemäßen Gebrauch (o Rn 24). **Jede Beeinträchtigung** des Mieters in diesem Gebrauch durch das von einem Dritten gegen ihn geltend gemachte Recht führt daher zur Anwendung des § 536 Abs 3.[161] Darunter fällt auch der Fall, dass dem Mieter die Sache mit Rücksicht auf das Recht des Dritten **von Anfang an nicht überlassen** wird.[162] Was zur **Geltendmachung** des Rechts erforderlich ist, hängt von dessen Inhalt ab. Die **klageweise Geltendmachung** wird immer genügen. Aber auch die bloße **mündliche** Geltendmachung reicht aus, sofern sie für den Mieter Anlass genug ist, daraufhin den Gebrauch einzuschränken, zu unterlassen oder aufzugeben.[163] Gleich steht der Fall, dass der wirkliche Eigentümer dem Mieter, der mit einem nichtberechtigten Dritten den Vertrag abgeschlossen hatte, das Grundstück nur zu wesentlich veränderten Bedingungen überlassen will, woraufhin der Mieter auszieht.[164]

3. Doppelmiete. Wenn eine Sache **mehrfach vermietet** wird, sind **alle Verträge** 27 **gültig** ohne Rücksicht darauf, dass der Vermieter möglicherweise nur einen erfüllen kann.[165] Die kollidierenden schuldrechtlichen Ansprüche haben **denselben Rang**, so dass *jeder* Mieter vom Vermieter Erfüllung verlangen kann (§ 535 Abs 1).[166] **Wie** der Vermieter diesen Erfüllungsansprüchen der verschiedenen ihm gegenüberstehenden Mieter nachkommen will, ist allein seine Sache. Die Rechtslage ändert sich erst, jedenfalls nach hM, **sobald** der Vermieter **einen** der verschiedenen Mietverträge tatsächlich **erfüllt hat**, weil dann die anderen Mieter gemäß § 275 ihren Erfüllungsanspruch verlieren sollen.[167] Die **Beweislast** für den Eintritt der **Unmöglichkeit** trägt aber der Vermieter. Bleiben Zweifel, ist es maW nach wie vor nicht ausgeschlossen, dass der Vermieter doch noch zur Erfüllung in der Lage sein wird, so können auch die anderen Mieter weiterhin Erfüllung verlangen.[168] Zwingend ist freilich die Annahme von Unmöglichkeit auch in diesen Fällen *nicht*.[169] Selbst nach Überlassung der Mietsache an einen der Mieter besteht kein Anlass, den anderen Mietern unter Berufung auf § 275 Abs 1 den Überlassungsanspruch (§ 535 Abs 1 S 2) zu verweigern, wie die Überlegung zeigt, dass seine Erfüllung nach wie vor möglich ist, wenn sich der Vermieter zB mit dem ersten Mieter über eine Abfindung einigt oder wenn er ihm kündigen kann. Kann dagegen der Vermieter mit Rücksicht auf das Besitzrecht des Mieters, dem er die vermieteten Räume übergeben hat, die anderen von ihm abgeschlossenen Mietverträge tatsächlich nicht mehr erfüllen, so ist er den anderen

---

161 BGHZ 63, 132, 138 = NJW 1975, 44; *Emmerich* PiG Bd 46 (1995), S 119, 131.

162 BGH LM Nr 3 zu § 541 BGB = NJW 1961, 917; LM Nr 27 zu § 325 BGB = NJW 1991, 3277.

163 BGH LM Nr 10 zu § 539 BGB (Bl 3) = NJW 1996, 46; LM Nr 33 zu § 265 ZPO = NJW 2000, 291, 294; NJW-RR 1995, 715 = ZMR 1995, 480; NJW-RR 1999, 845 = NZM 1999, 461; NJW-RR 1999, 1239, 1240; NJW 2008, 2771 Tz 9 = NZM 2008, 644; OLG Düsseldorf ZMR 2001, 344; 2012, 436.

164 BGH NJW 2008, 2771 Tz10 = NZM 2008, 644.

165 BGH LM Nr 4 zu § 541 BGB = ZMR 1962, 175; *Kluth/Grün* NZM 2002, 473; *Staudinger* Rn 47f.

166 OLG Frankfurt NJW-RR 1997, 77 = ZMR 1997, 22, 23; OLG Köln ZMR 1998, 696 = WuM 1998, 602; OLG Brandenburg OLGR 1993, 329; KG NZM 2008, 889; *Streyl* NZM 2008, 878.

167 BGH LM Nr 4 zu § 541 BGB = ZMR 1962, 175; OLG Köln ZMR 1998, 696, 697 = WuM 1998, 602; KG NZM 2008, 889 = ZMR 2009, 119.

168 KG NZM 2008, 889 = ZMR 2009, 119.

169 S AG Lichtenberg NZM 2003, 714 = ZMR 2003, 118; *Staudinger* Rn 48.

Mietern unter den Voraussetzungen der §§ 536 Abs 3 und 536a zum **Schadensersatz** verpflichtet.[170]

27a   Die geschilderte Rechtslage hat Anlaß zu der Frage gegeben, ob die konkurrierenden Mieter durch die Beantragung einer **einstweiligen Verfügung,** durch die dem Vermieter nach den §§ 935 und 938 ZPO die Überlassung der Mietsache an einen anderen Mieter untersagt wird, auf die Entscheidung des Vermieters, welchen Vertrag er erfüllen will, Einfluß nehmen können. In der Rechtsprechung wird die Frage mit Rücksicht auf die fortbestehende Entscheidungsfreiheit des Vermieters, welchen Vertrag er schließlich erfüllen will, sowie wegen der Gefahr einander widersprechender Verfügungen überwiegend **verneint.**[171] Es gibt jedoch auch **abweichende Stimmen.**[172] In der Tat ändert der Umstand, dass der Vermieter dieselben Räume gleich mehrfach vermietet hat, nichts an seiner vollen Bindung an jeden einzelnen Vertrag, so dass jedenfalls gegen einen **Unterlassungsanspruch** aus den einzelnen Verträgen keinerlei Bedenken erhoben werden können.

28   **4. Rechtsfolgen.** Der Vermieter ist auch im Falle des § 536 Abs 3 **allein bei anfänglichen Rechtsmängeln ohne Verschulden** ersatzpflichtig (§ 536a Abs 1). Entsteht der Rechtsmangel dagegen erst **nachträglich,** so steht dem Mieter ein Ersatzanspruch nur zu, wenn der Vermieter die Entstehung des Rechtsmangels **zu vertreten** hat oder wenn er in Verzug ist (§ 536a Abs 1).[173] Der wichtigste hierher gehörende Fall ist die Beendigung des Besitzrechtes des Mieters und Untervermieters durch **Kündigung des Hauptvermieters** (eines Dritten), so dass der **Untermieter** von seinem Vermieter, dem Hauptmieter, nach § 536 Abs 3 in Verbindung mit § 536a Schadensersatz (nur) verlangen kann, wenn dieser die Kündigung zu vertreten hat.[174] Dies dürfte jedenfalls bei einer Kündigung des Vermieters nach § 543 in aller Regel, wenn nicht generell der Fall sein.[175]

IV. Minderung

29   **1.** Liegt ein erheblicher Sach- oder Rechtsmangel im Sinne des § 536 Abs 1 und 3 vor oder fehlt der Mietsache eine zugesicherte Eigenschaft (§ 536 Abs 2), so ist der Mieter für die Dauer des Mangels ganz oder teilweise von der Verpflichtung zur Entrichtung der Miete befreit, ganz, wenn die Tauglichkeit der Mietsache zum vertragsgemäßen Gebrauch aufgehoben ist (S 1 des § 536 Abs 1, Rn 31), teilweise dagegen, wenn die Tauglichkeit der Mietsache zum vertragsgemäßen Gebrauch lediglich gemindert, aber nicht ganz aufgehoben ist (S 2 aaO, Rn 32). Die Minderung tritt **automatisch,** dh ohne weiteres **kraft Gesetzes**

---

170 S u Rn 28; BGH LM Nr 35 zu § 242 (Bc) BGB = NJW-RR 1987, 526; LM Nr 31 zu § 571 BGB = NJW-RR 1989, 77; LM Nr 27 zu § 325 BGB = NJW 1991, 3277; LM Nr 127 zu § 322 ZPO = NJW-RR 1990, 701; KG NZM 2003, 439f.
171 OLG Frankfurt NJW-RR 1997, 77 = MDR 1997, 137 = ZMR 1997, 22, 23; OLG Schleswig MDR 2000, 1428; OLG Brandenburg OLGR 1997, 329; OLG Hamm NJW-RR 2004, 521 = NZM 2004, 192; KG WuM 2007, 207 = NZM 2007, 518 = NJW-RR 2007, 1167; OLG Koblenz NZM 2008, 248 = ZMR 2008, 50, 51; OLG Celle ZMR 2009, 113.
172 OLG Düsseldorf NJW-RR 1991, 137 f Nr 7; AG Schöneberg ZMR 1999, 643, 644; ausführlich *Katzenstein* ZZP 116 [2003] 459, 466 ff sowie zB *Streyl* NZM 2008, 878; *Scholl* WuM 1998, 583, 584; *Wichert* ZMR 1997, 16
173 Mot II 379; BGHZ 63, 132, 139 = NJW 1975, 44; BGH LM Nr 3 zu § 541 BGB = NJW 1961, 917; OLG Düsseldorf ZMR 1999, 24, 25; OLG Frankfurt NZM 1999, 966, 967.
174 BGHZ 63, 132, 139 = NJW 1975, 44; zum Ablösungsrecht des Mieters nach § 536a Abs 2 Nr 1 s *Staudinger* Rn 50.
175 MünchKomm/*Emmerich* § 285 Rn 25 mN.

ein, sobald und solange die Gebrauchstauglichkeit der Sache aus den genannten Gründen herabgesetzt oder aufgehoben ist, und setzt **kein Verschulden** auf Seiten des Vermieters voraus, so dass der Mieter selbst dann mindern kann, wenn der Vermieter gar nicht über die Möglichkeit zur Beseitigung des Mangels verfügt. Ebenso wenig kann der Vermieter einwenden, dass die Mietsache trotz ihres Mangels ihren Preis immer noch wert ist (str) oder dass der Mieter in dem fraglichen Zeitraum ohnehin von der Mietsache keinen oder nur einen eingeschränkten Gebrauch gemacht hätte (§ 537)[176].

Die Minderung ist Ausdruck des das Schuldrecht beherrschenden **Äquivalenzprin-** 30 **zips** und hat daher die Aufgabe, die Gleichwertigkeit der beiderseitigen Leistungen sicherzustellen.[177] Da die Minderung kraft Gesetzes (von selbst) eintritt, kann sie auch **nicht verjähren**.[178] **Zeigt** der Mieter den **Mangel** dem Vermieter gem. § 536c **an** (so dass die Miete gemindert ist, wenn tatsächlich ein Mangel vorliegt), zahlt er aber gleichwohl die volle Miete weiter, so ist **§ 814** zu beachten, wenn der Mieter später die zu viel gezahlte Miete zurückfordert; anders nur, wenn sich aus seinem Verhalten ein Vorbehalt ergibt, wobei angesichts der großen Schwierigkeit, die richtige Minderungsquote zu schätzen, großzügig verfahren werden sollte.[179]

2. Ist infolge des Mangels (§ 536 Abs 1 bis 3) die **Tauglichkeit** der Mietsache zum ver- 31 tragsgemäßen Gebrauch (völlig) **aufgehoben**, so wird der Mieter für die Zeit, in der der Mangel besteht, **von** der Entrichtung der **Miete befreit** (§ 536 Abs 1 S 1). **Beispiele** sind die völlige Ungeeignetheit der Räume für den dem Mieter geschuldeten vertragsgemäßen Gebrauch,[180] die Unzugänglichkeit der vermieteten Räume für den Mieter mangels Aushändigung der Schlüssel[181], die Unbewohnbarkeit einer Wohnung infolge ihrer Überflutung[182] oder wegen Feuchtigkeit und Ratten[183], ein totaler Ausfall der Heizung im Winter,[184] die Rückgabe der Räume an den Vermieter, um diesem die Beseitigung der Mängel zu ermöglichen,[185] sowie die Entziehung des Besitzes an den Räumen durch verbotene Eigenmacht des Vermieters.[186]

3. Wird infolge des Mangels (§ 536 Abs 1 bis 3) die **Tauglichkeit** der Mietsache zum 32 vertragsgemäßen Gebrauch lediglich **gemindert**, so hat der Mieter nach § 536 Abs 1 S 2 nur eine „angemessen herabgesetzte Miete zu entrichten". Gemeint ist damit, dass sich die **Herabsetzung der Miete** nach den Umständen des Einzelfalles bemisst, in erster Linie nach der Schwere des Mangels und der dadurch bewirkten Beeinträchtigung der

---

176 BGH LM Nr 37 zu § 537 BGB = NJW 1987, 432; KG NZM 2012, 588 = WuM 2012, 142.
177 BGHZ 163, 1, 4ff = NJW 2005, 1713.
178 BGH LM Nr 8 zu PreisstopVO = NJW 1958, 785; LM Nr 3a zu § 557 BGB = NJW 1961, 916; WM 1959, 538, 542; OLG Düsseldorf NJW-RR 1994, 399, 400.
179 OLG Stuttgart ZMR 2006, 933, 935f; *Staudinger* Rn 52.
180 OLG Düsseldorf GE 2009, 1189; LG Berlin ZMR 1988, 306.
181 OLG Düsseldorf WuM 2005, 655 = ZMR 2005, 710, 711.
182 LG Leipzig NJW 2003, 2177 = NZM 2003, 510.
183 AG Potsdam WuM 1995, 534.
184 LG Berlin ZMR 1992, 302; WuM 1983, 185.
185 BGH LM Nr 37 zu § 537 BGB = NJW 1987, 432.
186 LG Berlin GE 2009, 1622.

Volker Emmerich

Gebrauchstauglichkeit der vermieteten Sache sowie der Dauer der Störung.[187] Vielfach dürfte dies ebenso wie nach dem früheren § 537 Abs 1 S 1 aF zu einer **verhältnismäßigen Herabsetzung** der Bruttomiete im Ausmaß der Gebrauchsbeeinträchtigung führen, etwa, wenn die tatsächliche **Mietfläche** um mehr als 10 % hinter der vereinbarten Fläche zurückbleibt.[188]

33   Gemindert wird nach § 536 Abs 1 S 1 und 2 die „**Miete**", und zwar (nur) für die Zeit, während derer der Mangel vorliegt, nicht darüber hinaus.[189] Der **BGH** versteht darunter die **Bruttomiete**, weil die vom Mieter geschuldete Gegenleistung immer aus sämtlichen Zahlungen des Mieters für die Gewährung des vertragsgemäßen Gebrauchs bestehe, gleichgültig, wie die Parteien kalkulatorisch diesen Betrag auf die einzelnen Leistungen des Vermieters aufteilen.[190] Dies bedeutet konkret: Haben die Parteien eine **Bruttomiete** oder eine **Nettomiete mit Betriebskostenpauschale**n vereinbart, so steht für jeden Monat die „Miete" endgültig fest, so dass die Berechnung der Minderung keine Probleme aufwerfen sollte. Bei Vereinbarung von **Vorauszahlungen** auf die Betriebskosten ist dagegen eine endgültige Abrechnung über die Minderung immer nur zusammen mit der Abrechnung über die Vorauszahlungen möglich.[191] – Im Streitfall hat das Gericht unter Berücksichtigung aller Umstände des Falles gemäß **§ 287 ZPO** zu schätzen, welche Miete mit Rücksicht auf die Schwere des Mangels und die vereinbarte Miete jetzt noch angemessen ist. Bei leichten Störungen billigt die Praxis idR nur eine Minderung von **5 bis 10 %** zu; bei erheblicher Lärmbelästigung liegt die Minderungsrate dagegen gewöhnlich zwischen **10 und 20 %**.[192] Eine noch **größere Minderung** kommt nur bei schweren Mängeln in Betracht. Beispiele sind ein längerer Ausfall der Heizung, die Durchfeuchtung der Wand des einzigen Zimmers[193] sowie die fehlende Abgeschlossenheit einer Ferienwohnung.[194] **Irrt sich** der Mieter hinsichtlich der **Höhe** der Minderung, so dass er (ein wenig) zu viel mindert, so kommt er mangels Verschuldens mit der Differenz grundsätzlich nicht in Verzug (§ 286 Abs 4), wobei wiederum großzügig zu Gunsten des Mieters verfahren werden sollte Bei der Annahme von Verzug, der Verschulden voraussetzt (§§ 286 Abs 2 und 276), ist mit anderen Worten *Zurückhaltung* geboten.[195] Umstritten ist, ob der Vermieter wegen seines Anspruchs auf die zu Unrecht geminderten Beträge oder wegen anderer Mietrückstände für die Zukunft die **Beseitigung der Mängel** unter Berufung auf **§ 320 Abs 1** verweigern kann. Neuerdings wird die Frage häufig bejaht, indem ein Gegenseitigkeitsverhältnis zwischen dem Anspruch des Vermieters auf die Mietrückstände und dem Mängelbeseitigungsanspruch des Mieters angenommen wird.[196]

187 BGH NJW 2012, 3173 Tz 18 = NZM 2012, 726; *Fritz* NZM 2008, 825, 831f.
188 Rn 21f; BGH WuM 2010, 240 Tz 12.
189 BGH NJW 2011, 514.
190 BGHZ 163, 1, 4ff = NJW 2005, 1713; BGH NJW 2011, 1806 Tz 11 ff = NZM 2011, 453; *Günter* WuM 2012, 299, 302 ff.
191 BGH NJW 2011, 1806 Tz 12 ff = NZM 2011, 453; s *Staudinger* Rn 55 mN.
192 *Fritz* NZM 2008, 825, 831f.
193 LG Dresden ZMR 2003, 840.
194 AG Bad Oeynhausen ZMR 2005, 541, 542.
195 BGH NJW 2011, 514 Tz 16 = NZM 2011, 153; LG Hannover WuM 1994, 463, 464.
196 *Bieber* NZM 2006, 683, 687; *Lehmann-Richter* NJW 2008, 1196, 1199 ff.

V. Zurückbehaltungsrecht

Durch § 536 wird der Erfüllungsanspruch des Mieters **nicht berührt** (§ 535 Abs 1 S 2), **34** so dass die Möglichkeit der Minderung die Einrede des nichterfüllten Vertrages nicht ausschließt. **§ 320** eröffnet daher dem Mieter die *zusätzliche* Möglichkeit, durch **Zurückbehaltung der fälligen Miete**, dh des von der Minderung *nicht erfassten Betrages,* einen Druck auf den Vermieter zur Erfüllung seiner Pflicht aus § 535 auszuüben.[197] Die Vorleistungspflicht (nur) des Wohnraummieters (§ 556b Abs 1 in Verbindung mit § 579) steht nicht entgegen, da das Zurückbehaltungsrecht zumindest auf die erste nach Auftreten des Mangels fällige Miete erstreckt werden kann. Jedoch setzt das Zurückbehaltungsrecht des Mieters nach Meinung des **BGH** – wohl analog § 536c Abs 2 S 2 – voraus, dass der Mieter den Mangel zuvor dem Vermieter gemäß § 536c Abs 1 **angezeigt** *oder* dass der Mangel sonst dem Vermieter **bekannt** ist, weil andernfalls das Zurückbehaltungsrecht seine Druckfunktion nicht ausüben könne.[198] Erst nach der Anzeige des Mangels kann der Mieter folglich (wieder) von seinem Zurückweisungsrecht Gebrauch machen. Das Zurückbehaltungsrecht ist jedoch **nicht zwingend**, so dass es durch Individualvereinbarung **ausgeschlossen** werden kann.[199] Durch Formularvertrag kann dagegen bei der Wohnraummiete nichts anderes bestimmt werden (§ 309 Nr 2 lit a).[200] Im **Rechtsstreit** wird das Zurückbehaltungsrecht des Mieters jedoch nur berücksichtigt, wenn der Mieter die **Einrede** ausdrücklich oder konkludent innerhalb oder außerhalb des Rechtsstreits **erhoben** hat und dies im Rechtsstreit vorgetragen wird.[201]

Da das Zurückbehaltungsrecht des Mieters auf dessen Erfüllungsanspruch beruht, **35** findet § **536c keine Anwendung** (der den Erfüllungsanspruch des Vermieters nicht betrifft), so dass ein etwaiger Ausschluss des Minderungsrechts nach dieser Vorschrift das Zurückbehaltungsrecht des Mieters unberührt lässt.[202] Das Zurückbehaltungsrecht des Mieters **entfällt** jedoch, wenn der **Vermieter wechselt**, insbesondere also bei Veräußerung des Grundstücks, weil sich gem. § 566 der Erfüllungsanspruch des Mieters und damit auch die Einrede des § 320 gegen den *Erwerber* (als neuen Vermieter) richtet,[203] wenn der Mieter den Mangel **nicht anzeigt**, so dass der Vermieter von ihm *keine* Kenntnis erhält (s auch Rn 36, 38) oder wenn der Mieter infolge seiner **Kündigung** selbst endgültig kein Interesse an der Erfüllung des Vertrages mehr hat.[204] Der **Umfang** des Zurückbehaltungsrechtes richtet sich nach § 320 Abs 1 und 2, so dass es grundsätzlich die **gesamte** von der Minderung nicht betroffene **Miete** umfasst.[205] Nur im Einzelfall kann sich gemäß

197 BGHZ 84, 42, 45 = NJW 1982, 2242; BGHZ 127, 245, 253 = NJW 1995, 254; BGH NZM 2003, 535, 536 = NJW-RR 2003, 873; NZM 2006, 696 Tz 9; NZM 2007, 484 Tz 25 = NJW-RR 2007, 1021; NJW 2008, 2254 Tz 13; NJW 2011, 514 Tz 8; NZM 2011, 197.
198 BGH NZM 2011, 197 Tz 12 = WuM 2011, 12; LG Berlin GE 2012, 818; *Timm/Raue* NZM 2011, 846.
199 OLG Naumburg ZMR 1997, 636.
200 BGH NJW-RR 2003, 873 = NZM 2003, 437.
201 BGH NJW 2008, 2254 Tz 13 = NZM 2008, 523.
202 BGH LM Nr 7 zu § 448 ZPO = NJW 1989, 3222, 3224; LM Nr 11 zu § 539 BGB = NJW 1997, 3674; NZM 2007, 484 Tz 28 = NJW-RR 2007, 1021; NZM 2011, 197 Tz 11 = WuM 2011, 12.
203 BGH NZM 2006, 696 = WuM 2006, 435; LG Berlin WuM 2006, 145, 146 m Anm *Gellwitzki* WuM 2006, 126; str, s *Staudinger* § 566 Rn 52.
204 BGH LM Nr 7 zu § 448 ZPO (Bl 4) = NJW 1989, 3222; WuM 2011, 12 Tz 12; LG Berlin GE 2007, 516; NZM 2006, 681, 687.
205 BGH NJW-RR 2003, 873 = NZM 2003, 437: NZM 2007, 1021.

Volker Emmerich

§ 320 Abs 2 je nach den Umständen des Einzelfalls aus Treu und Glauben etwas anderes ergeben, wobei der BGH im Rahmen des § 320 Abs 2 auch den Gedanken des § 536b heranziehen will.[206] In der Praxis wird deshalb der Umfang des Zurückbehaltungsrechts in der Mietpraxis häufig auf das **Drei- bis Fünffache** des **Minderungsbetrages** *oder* des jeweils zur **Reparatur** erforderlichen Betrages beschränkt.[207] Nach der Beseitigung des Mangels muss der Mieter den zurückbehaltenen Teil der Miete nachzahlen.[208]

VI. Ausschlusstatbestände

36   **1.** Eine Minderung ist zunächst bei einer energetischen Modernisierung vorübergehend nach 536 Abs 1a ausgeschlossen (Rn 5a). Eine Minderung kommt trotz Vorliegens eines Mangels außerdem nicht in Betracht, wenn der Mieter den Mangel bei Vertragsabschluss gekannt (**§ 536b S 1**) oder er seine Anzeigepflicht verletzt hat und der Vermieter infolgedessen außerstande war, Abhilfe zu schaffen (**§ 536c Abs 2 S 2 Nr 1**, s Rn 38). Weitere Ausschlusstatbestände finden sich in **§ 536b S 2 und 3**. Eine Minderung ist ferner ausgeschlossen, wenn der Mieter den Mangel **zu vertreten** hat, so dass er dann zur Fortzahlung der Miete verpflichtet bleibt (**§ 326 Abs 2**; s o Vor § 536 Rn 7). Das ist anzunehmen, wenn der Mangel letztlich der **Sphäre des Mieters** zuzurechnen ist (**§ 326 Abs 2**).[209] Ein Beispiel ist eine allein vom Mieter durch Zahlungsverzug gegenüber dem Versorgungsunternehmen verschuldete Versorgungssperre.[210] Gleich steht die Verursachung des Mangels durch Dritte, für die der Mieter nach § 278 einstehen muss, zB durch Untermieter (§ 540 Abs 2)[211] oder durch Unternehmen, die der Mieter selbst mit dem Ausbau der Räume beauftragt hatte.[212] Für eine Minderung ist daher zB kein Raum, wenn die Mängel, zB Feuchtigkeitsschäden, Schimmelbildung, Schwärzung und Stockflecken, darauf beruhen, dass der Mieter in vertragswidriger Weise **nicht ausreichend lüftet oder heizt**.[213] Ein **übermäßiges Heizen oder Lüften** der Räume, allein zu dem Zweck, Feuchtigkeitsschäden zu vermeiden, kann dagegen vom Mieter nicht verlangt werden. Die Anforderungen der Gerichte an das Lüftungsverhalten des Mieters schwanken je nach den Umständen des Falles.[214] Vielfach werden insoweit völlig übertriebene Anforderungen an das Verhalten des Mieters gestellt. Demgegenüber ist zu betonen, dass der Vermieter von dem Mieter keine Einschränkung seines Verhaltens verlangen kann, nur, um Feuchtigkeitsschäden zu vermeiden. Deshalb ist auch die Verwendung bodenlanger Vorhänge unbedenklich.[215]

---

206 BGH NZM 2003, 437 = NJW-RR 2003, 873; NZM 2007, 484, 485 Tz 29 = NJW-RR 2007, 1021.
207 OLG Naumburg NZM 2001, 100, 101f = WuM 2000, 242, 245; LG Berlin GE 2002, 55; 2005, 918, 919; – noch enger analog § 641 Abs 3 *Selk* NZM 2009, 142.
208 BGHZ 127, 245, 253 = NJW 1995, 254; LG Berlin GE 1995, 821, 823.
209 BGH NZM 2011, 97 Tz 18 = WuM 2011, 97; OLG Düsseldorf ZMR 2011, 629, 631 f; LG Frankfurt ZMR 2006, 776, 778.
210 BGH NZM 2011, 97 Tz 18 = WuM 2011, 97.
211 RGZ 157, 363, 367.
212 KG ZMR 2004, 908; OLG Düsseldorf ZMR 2011, 629, 631 f.
213 OLG Celle ZMR 1985, 10, 12 = WuM 1985, 9; LG Berlin GE 2005, 995, 997; *Blank* in: Miete und Umwelt, PiG Bd 31 (1989) 91; *Horst* NZM 2008, 145, 147ff; *Kraemer* WuM 2000, 515, 518; *Staudinger* Rn 63ff.
214 S BGH WuM 2007, 319 Tt 22 = NZM 2007, 439; *Staudinger* Rn 63 ff.
215 LG Bonn WuM 2012, 199 f; LG Münster WuM 2011, 359.

Lediglich dann, wenn der Mieter sich in ganz ungewöhnlicher Weise einrichtet, können im Einzelfall weitere Vorsichtsmaßnahmen von ihm verlangt werden (§ 242).[216]

Ein Gebäude ist **mangelhaft**, wenn in ihm nur durch wirtschaftlich unvernünftiges **36a** Verhalten Feuchtigkeitsschäden vermieden werden können.[217] Mit Rücksicht auf § 536 Abs 4 ist auch zweifelhaft, ob **vertraglich etwas anderes bestimmt** werden kann, etwa in der Art, dass dem Mieter ein bestimmtes *übermäßiges* Lüften oder Heizen vorgeschrieben oder die Aufstellung von Möbeln an bestimmten Stellen verboten wird. Auf keinen Fall sind derartige Klauseln, die sich neuerdings immer mehr durchsetzen, in Formularverträgen zulässig (§ 307). Ein Mangel, der zur Minderung berechtigt, liegt ferner vor, wenn zur Vermeidung von Feuchtigkeitsschäden **Möbelstücke** allein an bestimmten Stellen oder lediglich deutlich abgerückt von der Wand aufgestellt werden können, um eine ausreichende Luftzirkulation zu ermöglichen.[218] Der Vermieter muss den Mieter außerdem **sorgfältig** über die gebotenen **Maßnahmen** zur Vermeidung von Feuchtigkeitsschäden **belehren**, widrigenfalls er schon deshalb allein die Verantwortung für die Schäden trägt, so dass es bei § 536 bleibt.[219]

Zentrale Bedeutung kommt im vorliegenden Zusammenhang der Frage der **Beweis-** **37** **last** zu, da sich die Ursache von Feuchtigkeitsschäden später häufig nicht mehr aufklären lassen.[220] Nach überwiegender Meinung muss in derartigen Fällen zunächst der **Vermieter** diejenigen Ursachen ausräumen, die aus seinem Gefahrenbereich herrühren können, insbesondere also solche, die mit der Beschaffenheit des Gebäudes zusammenhängen.[221] Erst wenn dem Vermieter dieser **Beweis** gelungen ist, kann von der **Vermutung** ausgegangen werden, dass die Feuchtigkeitsschäden ihre Ursache jedenfalls in erster Linie in dem unsorgfältigen und deshalb schuldhaften Verhalten des Mieters bei der Belüftung oder Beheizung der Räume haben, so dass es dann **Sache des Mieters** ist, sich zu **entlasten**.[222] Verlangt der Mieter dagegen **Schadensersatz**, so sind die besonderen Regeln über die Verteilung der Beweislast im Falle des § 536a zu beachten.[223]

2. Nach § 536b S 1 ist das Minderungsrecht ausgeschlossen, wenn der Mieter den **38** **Mangel bei Vertragsabschluss kennt**. Zeigt sich ein Mangel dagegen erst **im Laufe der Mietzeit**, so büßt der Mieter nach § 536c Abs 2 S 2 Nr 1 sein Minderungsrecht nur ein, wenn er gegen seine **Anzeigepflicht** hinsichtlich der neuaufgetretenen Mängel **verstößt**. Obwohl das Gesetz somit deutlich zwischen Mängeln, die schon *bei* Vertragsabschluss vorliegen, und solchen unterscheidet, die sich erst *während* der Mietzeit zeigen, ist doch

---

216 Sehr weit gehend LG Kiel ZMR 2012, 443, 444.
217 LG Berlin GE 1989, 39; 1990, 613; LG Hamburg NZM 1998, 571 = NJW-RR 1998, 1309; AG Siegburg ZMR 2005, 543, 544 m Anm *Windisch* 545.
218 LG Berlin GE 1988, 35; 1988, 37; 1988, 1111; LG Hamburg NZM 1998, 571 = NJW-RR 1998, 1309; LG Mannheim NJW 2007, 2499, 2500; AG Osnabrück NZM 2006, 224 = NJW-RR 2006, 515; AG Hamburg-St. Georg WuM 2009, 582.
219 LG Gießen GE 2000, 1256, 1257; LG Neubrandenburg WuM 2002, 309; LG München I NJW 2007, 2500, 2501; *Blank* PiG Bd 31 (1989), S 91, 101ff.
220 S u Rn 42; *Staudinger* Rn 66; *Blank* PiG Bd 31 (1989), S 91, 99ff.
221 LG Berlin 2001, 1133f; 2003, 253, 254; LG Köln WuM 1990, 547; LG Hamburg WuM 2010, 28; AG Lüdenscheid ZMR 2007, 16; *Kraemer* WuM 2000, 515, 518.
222 Vgl OLG Celle ZMR 1985, 10, 12 = WuM 1985, 9; LG Berlin GE 2003, 243, 254; LG Braunschweig ZMR 2002, 916, 917; LG Duisburg WuM 2003, 494; AG Siegburg ZMR 2005, 543.
223 S u § 536a Rn 24; BGH NJW 2006, 1061 = WuM 2006, 147.

früher § 539 aF, der Vorläufer des jetzigen § 536b S 1, überwiegend entsprechend auch auf den Fall angewandt worden, dass der Mieter einen **Mangel erst nachträglich, dh nach Überlassung** der Mietsache **erkennt, gleichwohl** aber den Gebrauch der gemieteten Sache für eine längere Zeit, dh für ungefähr sechs Monate **vorbehaltlos fortsetzt,** insbesondere die Miete in voller Höhe weiterzahlt.[224]

39   Diesxe Praxis hat der BGH mittlerweile zu Recht für die Zeit **vom 1. September 2001 ab aufgegeben,** so dass seitdem **kein Raum mehr für** die entsprechende **Anwendung des § 536b S 1** ist, und zwar gleichermaßen bei der Wohnraummiete wie bei der gewerblichen Miete.[225] Entsprechendes gilt für das Kündigungsrecht des Mieters bei Vorliegen eines Mangels nach § 543 Abs 2 Nr 1.[226] Unberührt bleibt nach Meinung verschiedener Gerichte die Möglichkeit, dass der Mieter ausdrücklich oder konkludent auf das **Minderungsrecht verzichtet oder** dass er dieses doch **verwirkt,** wenn er sich über längere Zeit nicht auf die Minderung beruft, so dass der Vermieter sich darauf einstellt, dass der Mieter aus den Mängeln keine Rechte herleiten wird.[227] Tatsächliche ist hier indessen für einen Rückgriff auf das Rechtsinstitut der **Verwirkung** gar kein Raum da die Minderung kein subjektives Recht ist (das allein verwirkt werden könnte), sondern eine kraft Gesetzes eintretende Rechtsfolge (§ 536 Abs 1), die allenfalls von den Parteien durch eine (konkludente) Vertragsänderung korrigiert werden kann, soweit dem nicht § 536 Abs 4 entgegensteht.[228]

VII. Vertragliche Beschränkung

40   **1. Wohnraummiete.** Nach § 536 Abs 4 ist bei einem Mietverhältnis über Wohnraum eine zum Nachteil des Mieters von § 536 abweichende Vereinbarung unwirksam. Bei der Wohnraummiete darf die Minderung deshalb **weder ausgeschlossen noch eingeschränkt** werden.[229] Unzulässig sind insbesondere Klauseln, die die Minderung von zusätzlichen **Bedingungen** wie zB einer Anzeige abhängig machen, die den Mangelbegriff einschränkend definieren[230] oder durch die der Mieter auf Bereicherungsansprüche verwiesen wird.[231] Umstritten ist, was daraus für **Vereinbarungen** der Parteien **im Einzelfall aus Anlass eines konkreten Mangels** folgt. Obwohl bei Vorliegen eines Mangels die Miete dann bei der Wohnraummiete kraft Gesetzes zwingend gemindert ist (§ 536 Abs 1 und 4), sollte doch den Parteien auf dem Boden der Vertragsfreiheit die Möglichkeit verbleiben, sich im Einzelfall aus Anlass eines bestimmten Mangels über die deshalb eintretende **Minderung zu einigen.**[232]

224 Zuletzt BGHZ 156, 328, 334 = NJW 2004, 284; LM Nr 11 zu § 539 BGB = NJW 1997, 2674; LM Nr 21 zu § 542 BGB = NJW 2000, 2663; NZM 2006, 58 Tz 18.
225 BGHZ 155, 380, 388ff = NJW 2003, 2601; BGH NJW 2005, 1503; NZM 2006, 929 Tz 16f = NJW 2007, 147; OLG Koblenz NZM 2008, 405.
226 BGH NJW 2007, 147 Tz 16f.
227 BGHZ 155, 380, 391 = NJW 2003, 2601; BGH GE 2005, 662; NZM 2006, 929 Tz 17 = NJW 2007, 147; OLG Frankfurt NZM 2004, 706, 708; LG Berlin GE 2004, 480, 628 und 889; 2005, 662; 2007, 151f; 2006, 913, 915.
228 *Lehmann-Richter,* in: 10 Jahre Mietrechtsreformgesetz, S 134; *Weller* JZ 2012, 881, 890.
229 BGHZ 127, 245, 252f = NJW 1995, 254; *Lehmann-Richter* WuM 2010, 3.
230 LG Oldenburg ZMR 1995, 597, 599; LG Heidelberg WuM 1997, 42, 44.
231 BGHZ 127, 245, 252f = NJW 1995, 254; BGH NJW 2005, 2701, 2702 = NZM 2005, 661; NJW 2011, 2201 Tz 14f.
232 LG München I ZMR 2012, 192, 193 f; s auch BGH NZM 2010, 121 = WuM 2009, 744 Tz 15; *Blank* WuM 2012, 175, 177.

2. Gewerbliche Miete. Anders als bei der Wohnraummiete (o Rn 40) ist § 536 bei **41** der gewerblichen Miete **dispositiv**, so dass er **durch Individualvertrag** (in den Grenzen der §§ 536d, 138 und 242) **ausgeschlossen** oder eingeschränkt werden kann.[233] Klauseln durch die das Minderungsrecht des Mieters beschränkt wird, sind jedoch **restriktiv** auszulegen.[234] Dazu gehören auch Klauseln, durch die dem Mieter in bestimmtem Umfang die **Instandhaltungs- oder Instandsetzungspflicht** des Vermieters **aufgebürdet** wird. Soweit solche Klauseln zulässig sind (s § 535 Rn 128 f), wird dadurch im selben Umfang zugleich hinsichtlich der betreffenden Mängel das Minderungsrecht des Mieters ausgeschlossen, das gerade Ausdruck des Verstoßes des Vermieters gegen seine Pflichten aus § 535 Abs 1 S 2 ist. Nach hM bestehen grundsätzlich auch keine Bedenken gegen eine **Einschränkung** des § 536 **durch Formularvertrag**.[235] Beispiele sind die Ersetzung des Minderungsrechts durch einen Bereicherungsanspruch des Mieters[236] sowie das Erfordernis einer vorherigen Ankündigung der Minderung.[237] **Unzulässig** ist dagegen ein **völliger Ausschluss** des Minderungsrechts.[238] Dem Mieter muss auf jeden Fall der Bereicherungsanspruch bleiben, der sich ergibt, wenn er zunächst wegen der Einschränkung des Minderungsrechts die Miete trotz der Mängel in unveränderter Höhe fortgezahlt hat.[239] Dies muss außerdem **ausdrücklich** geschehen; eine Klausel über den Ausschluss des Minderungsrechts verstößt gegen § 307 Abs 1, wenn dem Mieter nicht ausdrücklich und unmissverständlich ein Bereicherungsanspruch vorbehalten wird.[240] Wegen dieses Bereicherungsanspruchs kann der Mieter außerdem gegenüber der Klage des Vermieters auf Fortzahlung der Miete Feststellungswiderklage hinsichtlich seiner Bereicherungsansprüche erheben oder aufrechnen, wenn der Anspruch unstreitig oder rechtskräftig festgestellt ist.[241]

VIII. Prozessuales

1. Beweislast. Wenn sich der **Mieter** gegenüber dem Zahlungsanspruch des Vermie- **42** ters auf Minderung beruft, trifft ihn die **Beweislast für** das Vorliegen von **Mängeln**.[242] Dazu muss der Mieter **substantiiert** vortragen, in welcher Hinsicht seiner Meinung nach Mängel vorliegen und wieso dadurch die Gebrauchstauglichkeit der Mietsache für ihn entgegen dem Vertrag beeinträchtigt wird.[243] Nach der ausgesprochen großzügigen Praxis des BGH genügt es dafür aber bereits, wenn der Mieter konkret einen Sachmangel vorträgt, durch den die Tauglichkeit der Sache zum vertragsgemäßen Gebrauch beeinträch-

---

233 BGHZ 29, 289, 295f = NJW 1959, 1425; s dazu im Einzelnen *Staudinger* Rn 72ff; Bieber NZM 2006, 683, 688f; *Blank* PiG 83 (2008), 141, 154f; *Derleder* WuM 2007, 599, 604ff; *Feldhahn* ZMR 2008, 89.
234 OLG Hamm ZMR 1982, 206, 207; OLG Düsseldorf MDR 1982, 850; OLG Hamburg ZMR 2004, 433.
235 BGHZ 94, 180, 186ff = NJW 1985, 1547; BGHZ 176, 191, 193 Tz 8 = NJW 2008, 2497; BGH NJW-RR 1993, 519 = WM 1993, 914; NJW 2008, 2254 Tz 19 f; OLG Düsseldorf ZMR 2011, 715, 717; fraglich.
236 BGHZ 176, 191, 19 Tz 18 = NJW 2008, 2497; OLG Hamburg NJW-RR 1998, 1020 = NZM 1998, 438; KG NZM 2002, 526 = NJW-RR 2002, 948; *Bieber* NZM 2006, 683, 688f; *Feldhahn* ZMR 2008, 89.
237 OLG Hamburg NJW-RR 1998, 586; KG NZM 2002, 387; GE 2002, 800.
238 BGHZ 176, 191, 195ff Tz 16ff; BGH NJW 2008, 2254 Tz 19f; OLG Karlsruhe ZMR 2003, 183; KG GE 2003, 952; NJW 2008, 526.
239 OLG Düsseldorf GE 2005, 799 = NZM 2005, 667; LG Hamburg WuM 2004, 601 = NZM 2004, 948.
240 BGHZ 176, 191, 196 Tz 20ff = NJW 2008, 2497; BGH NJW 2008, 2254 Tz 19f.
241 OLG Stuttgart GE 2007, 220; *Staudinger* Rn 73.
242 BGH LM Nr 9 zu § 59 ZPO = NJW 1999, 1405; NJW 2005, 2701 = NZM 2005, 661.
243 KG GE 2007, 445, 446; LG Berlin GE 2006, 1173; 2008, 737.

Volker Emmerich

tigt wird, wozu nicht mehr als eine **Beschreibung der Mängelerscheinungen** erforderlich ist; dagegen braucht der Mieter sich *nicht* zu den *Ursachen* des Mangels und zu der Höhe der *Minderung* zu äußern.[244] Bei **Lärmemissionen** wird daraus gefolgert, dass ein so genanntes Lärmprotokoll entbehrlich ist; es genügt die bloße Beschreibung des Lärms nach Art, Dauer, Ort, Zeit und Frequenz.[245] Es ist dann Sache des Gerichts, das Ausmaß der Minderung gegebenenfalls nach § 287 ZPO zu schätzen.[246] Dieselben Regeln gelten, wenn sich der Mieter auf sein Zurückbehaltungsrecht nach § 320 beruft.[247] Ist dagegen streitig, ob der Vermieter die Sache überhaupt die Mieter **in mangelfreien Zustand übergeben** hat, so bleibt es bei der Beweislast des *Vermieters*, weil der Schuldner, hier der Vermieter, die Erfüllung beweisen muss; anders nach § 363 erst, wenn und soweit der Mieter die Sache als Erfüllung angenommen hat.[248] Wenn der Mieter behauptet, trotz einer Reparatur des Vermieters lägen nach wie vor Mängel vor, so muss ebenfalls zunächst der **Vermieter** beweisen, dass er seiner Reparaturpflicht nachgekommen ist.[249] Beruft sich der Vermieter auf § 536 Abs 1 S 3, so trifft ihn dafür gleichfalls die Beweislast. Eine abweichende Regelung durch Formularverträge ist nicht möglich. – Verlangt der Mieter Mietminderung, so wird der **Gebührenstreitwert** nach § 9 ZPO häufig auf das Dreieinhalbfache des Jahresbetrages der vom Mieter geltend gemachten Minderung festgelegt.[250]

43   **2. Urkundenprozess.** Der Vermieter kann Mietansprüche trotz der Behauptung von Mängeln seitens des Mieters im Urkundenprozess geltend machen (§ 592 ZPO).[251] Voraussetzung ist, dass der Vermieter in der Lage ist, sämtliche anspruchsbegründenden Tatsachen durch Urkunden, insbesondere also durch Vorlage des von den Parteien unterschriebenen Mietvertrages zu beweisen. Das gilt nicht nur für die Gewerberaummiete, sondern auch für Wohnraummiete. **§ 536 Abs 4** steht nicht entgegen, selbst wenn der Mieter sich auf **Mängel** beruft, da die Beweislast dafür den Mieter trifft (Rn 42).[252] Nichts anderes gilt auch dann, wenn sich der Mieter wegen nachträglicher Mängel zusätzlich auf § 320 beruft, da der Mieter auch insoweit die Beweislast trägt.[253]

---

244   BGH NZM 2012, 109 Tz 16 = NJW 2012, 382; NJW 2012, 1647 Tz 17 = NZM 2012, 381; NZM 2012, 760 Tz 18 = ZMR 2013, 24.
245   BGH NZM 2012, 381 Tz 17; 2012, 760 Tz 18 f.
246   BVerfG NJW 2007, 311; BGH NJW-RR 1991, 779 = WuM 1991, 544; NJWE-MietR 1997, 206 = WuM 1997, 488; *Fischer* WuM 2007, 553.
247   BGH WuM 2007, 82, 83.
248   BGH GE 2009, 1183 Tz 11; OLG Düsseldorf NZM 2009, 435.
249   BGH NJW 2000, 2344 = NZM 2000, 549, 550; OLG Düsseldorf NZM 2009, 435.
250   BGH WuM 2007, 207.
251   BGH LM Nr 9 zu § 592 ZPO = NJW 1999, 1408; NJW 2005, 2701 = NZM 2005, 661; NJW 2009, 2099 Tz 19, KG WuM 2012, 333; *Blank* PiG 83 (2008), 141, 156f; *Both* NZM 2007, 156; *Späth* ZMR 2011, 354.
252   BGH NJW 2005, 2701, 2702; NJW 2007, 1061 Tz 9; NJW 2009, 3099 Tz 9.
253   BGH NJW 2007, 1061 Tz 10f; wegen weiterer Fragen s *Staudinger* Rn 75.

§ 536a
Schadens- und Aufwendungsersatzanspruch des Mieters wegen eines Mangels

[1] Ist ein Mangel im Sinne des § 536 bei Vertragsschluss vorhanden oder entsteht ein solcher Mangel später wegen eines Umstandes, den der Vermieter zu vertreten hat, oder kommt der Vermieter mit der Beseitigung eines Mangels in Verzug, so kann der Mieter unbeschadet der Rechte aus § 536 Schadensersatz verlangen.
[2] Der Mieter kann den Mangel selbst beseitigen und Ersatz der erforderlichen Aufwendungen verlangen, wenn
1. der Vermieter mit der Beseitigung des Mangels in Verzug ist oder
2. die umgehende Beseitigung des Mangels zur Erhaltung oder Wiederherstellung des Bestandes der Mietsache notwendig ist.

I. Garantiehaftung für anfängliche Mängel

§ 536a Abs 1 ordnet bei Vorliegen eines Mangels iSd § 536 Abs 1 bis 3 in drei Fällen **1** eine Verpflichtung des Vermieters zum Schadensersatz an. Der erste Fall ist der, dass ein Mangel **bereits bei Vertragsabschluss** vorhanden ist (sog **anfänglicher Mangel**). Diese Haftung ist **unabhängig von** einem etwaigen **Verschulden** des Vermieters (s u Rn 3) und wird deshalb häufig auch als **Garantiehaftung** bezeichnet. Wie die Bezugnahme auf § 536 zeigt, setzt jedoch die Anwendung der Vorschrift (nur) auf anfängliche **Sachmängel** noch zusätzlich voraus, dass die Mietsache dem Mieter *bereits überlassen* ist (s § 536 Abs 1 S 1), während für anfängliche **Rechtsmängel**, wie aus § 536 Abs 3 zu folgern ist, bereits vom Vertragsabschluss ab *unabhängig* von der Überlassung der Mietsache unbedingt nach § 536a Abs 1 gehaftet wird. Die Lösung der sich hieraus ergebenden **Konkurrenzprobleme** ist umstritten (s dazu schon im Einzelnen o Vor § 536 Rn 3).

1. Erste Voraussetzung der Garantiehaftung des Vermieters ist, dass die Mietsache **2** überhaupt mit einem **Mangel im Sinne des § 536 Abs 1 bis 3** behaftet ist. Die Garantiehaftung des Vermieters nach § 536a Abs 1 Fall 1 greift daher zwar auch ein, wenn der Mietsache schon bei Vertragsabschluss eine zugesicherte Eigenschaft fehlt, nicht dagegen, wenn es sich lediglich um die normalen Folgen der Alterungs- und Verschleißprozesse handelt, denen jede Mietsache (leider) ausgesetzt ist.[1]

---

1 BGH NJW 2010, 3152 Tz 14 ff.

       Volker Emmerich

3   2. Die Haftung des Vermieters nach § 536a Abs 1 Fall 1 für anfängliche Mängel setzt **kein Verschulden** voraus; auf die Erkennbarkeit oder Vermeidbarkeit des Mangels kommt es daher nicht an.[2] Der Vermieter trägt infolgedessen auch das **Risiko geheimer Mängel**[3], wobei es genügt, wenn in dem jeweils maßgeblichen Zeitpunkt (u Rn 4) lediglich die Ursachen der späteren Schädigung vorhanden waren.[4]

4   3. Fallen Vertragsabschluss und Beginn des Mietverhältnisses durch Übergabe der Sache auseinander, so ist **maßgebender Zeitpunkt** nach § 536a Abs 1 Fall 1 grundsätzlich der **des Vertragsabschlusses**.[5] Die Garantiehaftung des Vermieters für in diesem Augenblick schon vorhandene Mängel entfällt daher nur, wenn die Parteien etwas anderes vereinbaren.[6] Der Zeitpunkt des Vertragsabschlusses bleibt auch maßgebend im Falle der **Veräußerung** des Grundstücks (s u § 566 Rn 35). Ebenso zu beurteilen ist die Rechtslage, wenn ein **neuer Mieter** in den Mietvertrag in der Weise eintritt, dass er den alten Mietvertrag mit dem Vermieter unverändert fortsetzt. Für Mängel, die erst bei Eintritt des neuen Mieters vorliegen, haftet der Vermieter dagegen nur, wenn er sie zu vertreten hat (§ 536a Abs 1 Fall 2).[7] Wird ein zunächst formlos abgeschlossener Mietvertrag durch einen schriftlichen Vertrag ersetzt, so kommt es für die Garantiehaftung des Vermieters idR auf den Zeitpunkt des zweiten schriftlichen Vertragsabschlusses an.[8] Auch wenn der Mietvertrag über eine **erst noch herzustellende Sache** abgeschlossen wird, wendet die Rechtsprechung § 536a Abs 1 sinngemäß an, sofern nur der Mangel **bei Übergabe** der Sache vorliegt.[9]

5   4. Bei Mängeln, die auf **behördlichen Gebrauchsverboten** beruhen,[10] greift die Garantiehaftung des Vermieters aufgrund des § 536a Abs 1 Fall 1 ein, wenn die **Ursachen** dieser späteren Verbote oder Beschränkungen schon **bei Vertragsabschluss** vorlagen.[11] Voraussetzung ist freilich, dass nach den gesamten Umständen bereits bei Vertragsabschluss mit einem Einschreiten der Behörden zu rechnen war, während kein Raum für die Anwendung des § 536 Abs 1 Fall 1 ist, wenn die Behörde erst später ihre Praxis ändert.[12] Ein anfänglicher Mangel liegt **ferner zB** vor, wenn das vermietete Gebäude von Anfang an mit einem Baumangel behaftet war, der zur Folge hat, dass später Sachen des Mieters beschädigt werden,[13] wenn etwa ein Fenster mangelhaft befestigt ist und später auf den Mieter stürzt,[14] wenn eine Kegelbahn mit einem zum Schwitzen neigenden Fußbodenbe-

---

2 BGHZ 63, 333, 335 = NJW 1975, 645; BGHZ 68, 294, 296 = NJW 1977, 1285; einschränkend *Kraemer* WuM 2000, 515, 516.
3 OLG Düsseldorf NJW-RR 1993, 976; anders *Diederichsen* AcP 165 (1965) 150, 167; *Mittelstein* Miete, 306f.
4 BGH LM Nr 20 zu § 537 BGB = NJW 1972, 944; NJW 2010, 3152 = NZM 2010, 668 Tz 13ff; OLG Düsseldorf ZMR 2003, 102, 103f = WuM 2003, 146, 147.
5 *Kinne* GE 2001, 1235; *Staudinger* Rn 5f.
6 BGH NJW 1968, 885.
7 BGH LM Nr 21a zu § 535 BGB = ZMR 1960, 77; *Pieper* NJW 1961, 300f.
8 BGH NJW 1968, 885, 886; anders *Kinne* GE 2001, 1235.
9 BGHZ 9, 320 f = NJW 1953, 1180; BGHZ 56, 136, 140 = NJW 1971, 1450; BGH LM Nr 33 zu § 328 BGB = MDR 1968, 402; OLG Naumburg WuM 2000, 246; s aber *Staudinger* Rn 6.
10 S o § 536 Rn 11ff.
11 BGHZ 68, 294, 297 = NJW 1977, 1285; BGH LM Nr 6 zu § 538 BGB = NJW 1963, 804; LM Nr 17 zu § 537 BGB = MDR 1971, 294.
12 BGHZ 68, 294, 297ff = NJW 1977, 1285.
13 BGH NJW 1994, 2231, 2232; NJW 2010, 3152 = NZM 2010, 668 = ZMR 2011, 360 Tz 13 ff.
14 BGH NJW 2010, 3152 = NZM 2010, 668 = ZMR 2011, 360 Tz 13 ff.

lag vermietet wird,[15] wenn sich in den vermieteten Räumen eine unverschlossene Rauchrohröffnung befindet,[16] wenn die vermieteten Räume bereits bei Abschluss des Vertrages mit Umweltgiften belastet oder mit Ungeziefer verseucht sind,[17] sowie, wenn das Auto des Mieters in einer Garage oder auf einem Parkplatz durch herabstürzende Rohre oder Äste eines Baums beschädigt wird.[18]

II. Verschuldenshaftung für nachträgliche Mängel

Nach § 536a Abs 1 Fall 2 haftet der Vermieter dem Mieter ferner auf Schadensersatz, **6** wenn **nach Vertragsabschluss** ein **Mangel infolge eines Umstandes** entsteht, **den der Vermieter** iS der §§ 276 bis 278 **zu vertreten** hat, insbesondere, wenn er unter Verstoß gegen seine Instandhaltungs- und Instandsetzungspflicht schuldhaft einen Mangel herbeiführt oder dessen Eintritt schuldhaft nicht verhindert (s o § 535 Rn 10ff). Beispiele sind ein **Verstoß gegen** seine **Prüfungspflicht**[19] oder eine Schädigung des Mieters durch die Erfüllungsgehilfen des Vermieters (§ 278).[20] Dazu zählen nicht nur seine Angestellten, sondern auch die von ihm mit Reparaturen beauftragten Handwerker.21 Eine Haftung des Vermieters nach § 536a Abs 1 Fall 2 kommt danach **zB** in Betracht, wenn der Vermieter die gebotene regelmäßige Überprüfung eines Flachdaches unterlässt, so dass es zu Wassereinbrüchen kommt,[22] wenn sein Hauswart nichts gegen eine mangelhafte Beschaffenheit der Treppe unternimmt, wenn seine Angestellten nicht genügend heizen oder bei Glatteis nicht streuen oder wenn der Vermieter den Einbau einer Anlage duldet, bei deren Betrieb Mieter geschädigt werden.[23] Weitere **Beispiele** sind die vom Vermieter zu vertretende **Veranlassung des Mieters zur Kündigung** nach § 543 Abs 2 Nr 1, etwa durch die Einleitung von baulichen Maßnahmen, zu deren Duldung der Mieter nicht verpflichtet ist, weil sie für ihn eine unzumutbare Härte darstellten,[24] das unsachgemäße Bohnern einer Treppe durch eine Putzfrau[25] sowie nachträgliche Störungen des Mieters durch eine im selben Haus untergebrachte Gastwirtschaft.[26] Gleich steht der Fall, dass der Hauptvermieter seinem Mieter, dem Untervermieter, wegen Zahlungsverzugs kündigt (§ 543 Abs 2 Nr 3), weil dies ein Umstand ist, den der **Untervermieter** dem Untermieter gegenüber immer zu vertreten hat (§ 279 aF).[27] Umstritten ist die Rechtslage, wenn der Vermieter einer **Eigentumswohnung** Mängel der Wohnung deshalb nicht beseitigen kann, weil Voraussetzung dafür ein Beschluss der Eigentümerversammlung ist, den er wegen des Widerstandes der anderen Wohnungseigentümer nicht zu erlangen vermag. Mit der Begründung, die übrigen Wohnungseigentümer seien keine Erfüllungsgehilfen des Vermieters, wird dann verschiedentlich eine Ersatzpflicht des Vermieters verneint.[28]

---

15 BGH LM Nr 19 zu § 537 BGB = MDR 1972, 411.
16 BGH NJW 1968, 885.
17 KG GE 1995, 697, 699; AG Bremen ZMR 1998, 234.
18 BGHZ 63,333, 335ff; KG NZM 2008, 569.
19 S o § 535 Rn 16; AG Potsdam WuM 1994, 524; AG Dortmund WuM 2009, 36.
20 OLG Karlsruhe NJW-RR 1988, 528 = ZMR 1988, 52.
21 OLG Karlsruhe (vorige Fn); OLG Hamm NJW-RR 1996, 969 = ZMR 1996, 199; NZM 1999, 804.
22 AG Dortmund WuM 2009, 36.
23 BGH ZMR 1965, 207, 208f.
24 BGH WuM 2013, 37 Tz 20 ff = NZM 2013, 122 = NJW 2013, 223.
25 BGH LM Nr 10a zu § 538 BGB = NJW 1967, 154.
26 LG Hamburg WuM 1987, 218.
27 BGHZ 63, 132, 139 = NJW 1975, 44; BGH WM 1975, 897, 899.
28 So jedenfalls LG Frankfurt aM WuM 2008, 400; fraglich.

Volker Emmerich

III. Verzug

7   Eine Schadensersatzpflicht des Vermieters kommt nach **§ 536a Abs 1 Fall 3** schließlich noch in Betracht, wenn der **Vermieter mit der Beseitigung eines Mangels** (im Sinne des § 536 Abs 1 bis 3) **in Verzug** gerät. Anstatt Schadensersatz zu verlangen, kann der Mieter in diesem Fall außerdem den Mangel selbst beseitigen und vom Vermieter Ersatz der dazu erforderlichen Aufwendungen verlangen (**§ 536a Abs 2 Nr 1**; s u Rn 16f). Bedeutung hat § 536a Abs 1 Fall 3 vor allem, wenn es sich um **nachträgliche**, vom Vermieter **nicht zu vertretende Mängel** handelt und der Vermieter mit seiner **Instandsetzungspflicht** aus § 535 Abs 1 S 2 (die grundsätzlich auch die Schönheitsreparaturen umfasst) **in Verzug** gerät (§ 286).[29]

8   **Die Voraussetzungen** des Verzugs ergeben sich im Einzelnen aus **§ 286.** Der Verzug des Vermieters setzt danach im einzelnen grundsätzlich Möglichkeit der Mängelbeseitigung, Fälligkeit des Anspruchs des Mieters auf Mängelbeseitigung, Mahnung des Mieters und Verschulden des Vermieters voraus. Die **Fälligkeit des Mängelbeseitigungsanspruchs** des Mieters tritt an sich mit Auftreten des Mangels ein (§§ 271, 535 Abs 1 S 2). Doch kann der Vermieter grundsätzlich **erst nach Kenntnis** des Mangels in Verzug geraten (§ 286 Abs 4), so dass der Verzug in der Mehrzahl der Fälle eine **Mängelanzeige** des Mieters nach § 536c voraussetzt. Erforderlich ist weiter im Regelfall eine **Mahnung** des Mieters (§ 286 Abs 1 S 1), dh eine Handlung, durch die der Mieter den Vermieter bestimmt zur Beseitigung eines genau bezeichneten Mangels auffordert,[30] gewöhnlich unter Fristsetzung, so dass in der bloßen Mängelanzeige nach § 536c Abs 1 noch *keine* Mahnung im Sinne des § 286 Abs 1 S 1 gesehen werden kann.[31]

9   Nach **§ 286 Abs 2** ist eine **Mahnung** ausnahmsweise **entbehrlich**, wenn die Parteien einen bestimmten **Termin** für die Beseitigung des Mangels vereinbart haben (§ 286 Abs 2 Nr 1)[32], wenn der Vermieter sich strikt weigert, den Mangel beseitigen zu lassen (Nr 3 des § 286 Abs 2, sog **Erfüllungsverweigerung**), oder wenn der Mieter ein dem Vermieter **erkennbares**, besonders **dringendes** objektives **Interesse** an der umgehenden Beseitigung des Mangels hat, weil nur eine sofortige Leistung erhebliche Schäden von ihm abzuwenden vermag (Nr 4 des § 286 Abs 2).[33] Ist zB bei dem Mieter bereits einmal durch eine unverschlossene Kelleröffnung eingebrochen worden, so ist der Vermieter zu deren sofortigen Schließung verpflichtet, um erneute Einbrüche zu verhindern.[34] Ebenso zu beurteilen sind sonstige **unaufschiebbare Notmaßnahmen**, die ein sofortiges Handeln nötig machen,[35] zB das Verschließen von Löchern, durch die Ratten eindringen.[36] Eine Mahnung des Mieters ist schließlich noch entbehrlich in den Fällen der **Selbstmahnung** des Vermieters. Eine solche kann jedoch nur angenommen werden, wenn der Vermieter von sich aus einen festen Termin für die Beseitigung des Mangels, zB für die Reparatur der Heizung, nicht nur zu deren Überprüfung nennt.[37]

---

29   S o § 535 Rn 14ff; LG Berlin ZMR 2002, 825.
30   LG Gießen NJW-RR 1995, 462.
31   OLG Düsseldorf NJW-RR 1992, 716 = ZMR 1993, 115; LG Berlin GE 1991, 987.
32   LG Berlin NZM 2000, 458 = NJW-RR 2000, 674.
33   *Emmerich* NZM 1998, 49, 50 m Nachw.
34   RGZ 100, 42, 43; AG Frankfurt WuM 1988, 157.
35   BGH NJW 2008, 1216 Tz 17; LG Heidelberg WuM 1997, 42, 43; AG Hamburg WuM 1994, 609; *Emmerich* NZM 1998, 49, 50.
36   AG Osnabrück WuM 2004, 469, 470.
37   BGH NJW 2008, 1216 Tz 16.

IV. Schadensersatz

Nach § 536a Abs 1 kann der Mieter unter den hier genannten Voraussetzungen *„unbe-* **10** *schadet* der Rechte aus *§ 536"* Schadensersatz verlangen. Durch diese Formulierung sollte klargestellt werden, dass der Mieter **auch neben** einer **Minderung** der Miete aufgrund des § 536 immer noch, freilich nur *wegen weitergehender Schäden,* **Schadensersatz** aufgrund des § 536a verlangen kann.[38] Ebenso wenig schließt eine **Kündigung** aufgrund der §§ 543 Abs 2 Nr 1 oder 569 Abs 1 den Schadensersatzanspruch aus.[39] Eigene Schadensersatzansprüche nach § 536a stehen außerdem nicht nur dem Mieter, sondern **auch** den sonstigen in den Schutzbereich des Mietvertrages einbezogenen Dritten zu, namentlich also den **Angehörigen** und den Arbeitnehmern des Mieters (§ 311 Abs 3, 328).[40]

Unter den Voraussetzungen des § 536a Abs 1 hat der Mieter Anspruch auf **„Schadens-** **11** **ersatz"** nach den §§ 249 bis 252. Die Entstehungsgeschichte der Vorschrift zeigt, dass die Gesetzesverfasser den Begriff „Schadenersatz" hier als **Oberbegriff** für sämtliche Formen des Schadensersatzes aufgrund eines Vertrages verstanden haben, so dass darunter insbesondere auch der **Schadenersatz statt der Leistung** (oder früher: wegen Nichterfüllung) zu begreifen ist. Das ist wichtig vor allem wegen der daraus folgenden **Anwendbarkeit des § 284** im Rahmen des § 536a (Rn 14).[41] Der Mieter kann folglich verlangen, so gestellt zu werden, *wie er bei ordnungsmäßiger Erfüllung* des Vertrages seitens des Vermieters, insbesondere bei Überlassung einer mangelfreien Sache oder bei umgehender Beseitigung eines später aufgetretenen Mangels (§ 535 Abs 1), *jetzt stände.* Zwischen Mangel- **und Mangelfolgeschäden** wird nicht unterschieden, so dass nach § 536a Abs 1 auch der entgangene Gewinn sowie etwaige Gesundheitsschäden des Mieters oder der sonstigen geschützten Personen (o Rn 10) zu ersetzen sind.[42]

Ersatzfähig sind nach dem Gesagten (Rn 11) **zB** Schäden an den vom Mieter einge- **12** brachten Sachen, ferner die entgangene Untermiete oder ein Schaden, der daraus entsteht, dass das Geschäft dem Mieter verspätet übergeben wird, dass es wegen der Reparaturarbeiten geschlossen werden muss oder dass es infolge des Mangels unverkäuflich wird,[43] sowie schließlich die vertretbaren Kosten der Rechtsverfolgung. **Kündigt** der Mieter wegen des Mangels (s o Rn 10), so sind ihm außerdem zu ersetzen: die Kosten für die Suche einer anderen Wohnung, die Umzugskosten, die höhere Miete für die neue Wohnung, die Kosten für die einstweilige Unterbringung des Mobiliars in anderen Räumen sowie die Kosten für die einstweilige Anmietung mehrerer Zimmer in einem Hotel.[44] Jedoch beschränkt sich in diesen Fällen sein Ersatzanspruch auf die **Frist,** für die der Vermieter gegen seinen Willen an dem Vertrag festgehalten werden konnte, dh auf die Zeit **bis zum ersten zulässigen, ordentlichen Kündigungstermin für den Vermieter.**[45] Beseitigt der Mieter die Schäden

---

38 BGHZ 92, 177, 180 = NJW 1985, 132; BGH ZMR 1963, 107, 109.
39 BGH NJW-RR 1995, 715, 716 = ZMR 1995, 480.
40 BGHZ 2, 94, 96f = NJW 1951, 596; BGHZ 49, 350, 354 = NJW 1968, 885; BGH LM Nr 83 zu § 823 (Bf) BGB = NJW 1983, 2935; NJW 2010, 3152 = GE 2010, 1193 Tz 20; OLG Rostock NJW-RR 2007, 1092; *Neuner* JZ 1999, 126, 130.
41 *Emmerich,* in: FS Blank (2006), 145, 147.
42 BGHZ 49, 350, 355 = NJW 1968, 885; BGHZ 92, 177, 180 = NJW 1985, 132; BGH LM Nr 12/13 zu § 538 BGB = WM 1979, 1448; WM 1991, 736, 737 = NJW-RR 1991, 970; OLG Düsseldorf WuM 2003, 386, 387; *Kraemer* WuM 2000, 515, 516; *Thiele* JZ 1967, 649, 655; str., anders (nur negatives Interesse) zB *Schreindorfer,* in: 10 Jahre Mietrechtsreformgesetz, 2011, S 180, 185 ff.
43 BGH NJW-RR 1991, 970 = WM 1991, 736; NZM 1998, 666; OLG München ZMR 1996, 322, 323.
44 BGH LM Nr 12/13 zu § 537 BGB = MDR 1964, 915; LM Nr 9 zu § 538 BGB = MDR 1965, 125; LM Nr 4 zu § 554a BGB = WM 1974, 345; OLG Düsseldorf WuM 2003, 386, 387; KG GE 2004, 478.
45 BGH LM Nr 50 zu § 535 BGB = WM 1972, 335; LM Nr 12/13 zu § 537 BGB = MDR 1964, 915.

selbst, so kann er unter den Voraussetzungen des § 536a Abs 1 vom Vermieter als Schadensersatz außerdem **Ersatz der Reparaturkosten** verlangen.[46] Abs 2 des § 536a schließt insoweit nicht etwa die Anwendung des Abs 1 der Vorschrift aus, während der Mieter nach Meinung des BGH keinen über § 536a Abs 2 hinausgehenden Aufwendungsersatzanspruch verlangen kann, wenn er selbst zur Reparatur von Mängeln schreitet, ohne daß zugleich die Voraussetzungen der zuletzt genannten Vorschrift vorliegen.[47]

13   Unter den Voraussetzungen des § 536a kommt heute ferner ein **Aufwendungsersatzanspruch des Mieters** aufgrund des § 284 in Betracht.[48] Um die Bedeutung dieses Umstandes richtig würdigen zu können, muss man bedenken, dass nach § 536a Abs 1 in Verbindung mit § 249 an sich nur solche Schäden ersatzfähig sind, die **kausal auf** den **Mangel** zurückgehen, grundsätzlich also **nicht Aufwendungen**, die dem Mieter **auch bei Mangelfreiheit** der Sache entstanden wären, die er zB bereits *vor* Eintritt des Mangels oder sogar schon vor Abschluss des Vertrages getätigt hat. Eine abweichende Beurteilung kam früher nur in Betracht, soweit die so genannte **Rentabilitätsvermutung** reichte, dh soweit Grund zu der Annahme bestand, dass der Mieter bei ordnungsmäßiger Durchführung des Vertrags die Aufwendungen aus den Erträgen gedeckt hätte.[49] Mangels Anwendbarkeit der Rentabilitätsvermutung war deshalb bei der **Wohnraummiete** für einen Ersatz frustrierter Aufwendungen grundsätzlich *kein* Raum.[50] Mit Inkrafttreten des § 284 im Jahr 2001 hat sich dies grundlegend geändert. Seitdem kommt auch bei der Wohnraummiete unter den in § 284 genannten Voraussetzungen ein **Aufwendungsersatzanspruch** des Mieters in Betracht kommt, zB für infolge der Mängel einer Wohnung frustrierte Dekorations- oder Maklerkosten.

14   Die Ersatzansprüche des Mieters können nach § 254 wegen mitwirkenden Verschuldens gemindert oder ausgeschlossen sein.[51] Jedoch bleibt zu beachten, dass den Mieter grundsätzlich keine Prüfungspflicht trifft, so dass tatsächlich **nur selten** Raum für die Anwendung des § 254 sein wird. Ein **Beispiel** ist der Einsatz eines den Unfallverhütungsvorschriften widersprechenden gemieteten Fahrzeugs durch einen Arbeitgeber, wenn ein Arbeitnehmer bei dessen Einsatz verletzt wird.[52] Eine eigene **Reparaturpflicht** des Mieters kann aus den genannten Gründen aus § 254 nur unter außergewöhnlichen Umständen gefolgert werden, etwa, wenn dem Mieter die Reparatur unschwer sofort möglich ist und andernfalls dem Vermieter hohe Schäden drohen.[53]

---

46 S *Staudinger* Rn 22, 41.
47 BGH NJW 2008, 1216 = NZM 2008, 279 = WuM 2008, 147, 149 Tz 25; s Rn 22.
48 Rn 11; wegen der Einzelheiten s *Staudinger* Rn 23f sowie *Althammer* NJW 2003, 129, 132f; *Emmerich* in: FS Otte (2005), S 101; *ders* in: FS Blank (2006), S 145; *Oechsler* NZM 2004, 647; *Schaub*, in: 10 Jahre Mietrechtsreformgesetz, 2011, S 168; *Weitemeyer* AcP 205 (2005), 275.
49 So BGHZ 136, 102, 105 = NJW 1997, 2813; s im Einzelnen *Staudinger* Rn 23f; *Emmerich*, in: FS Otte (2005), S 101ff.
50 BGHZ 99, 182, 195ff = NJW 1987, 831.
51 S *Staudinger* Rn 25.
52 OLG Rostock NJW-RR 2007, 1092.
53 OLG Düsseldorf WuM 2003, 386; ZMR 2005, 707f.

V. Aufwendungsersatz nach § 536a Abs 2

Nach § 536a Abs 2 kann der Mieter in zwei Fällen den **Mangel selbst beseitigen und** 15 **Ersatz** der erforderlichen Aufwendungen vom Vermieter **verlangen,** nämlich 1. wenn der Vermieter mit der Beseitigung des Mangels in Verzug ist (u Rn 16 f), sowie 2., wenn die umgehende Beseitigung des Mangels zur Erhaltung oder Wiederherstellung des Bestands der Mietsache notwendig ist (u Rn 18 f). Der erste Fall entspricht dem früheren § 538 Abs 2, der zweite dem früheren § 547 Abs 1. Weitere Aufwendungsersatzansprüche des Mieters hinsichtlich sonstiger Aufwendungen können sich insbesondere noch aus § 539 Abs 1 sowie (unter den Voraussetzungen des § 536a Abs 1) aus § 284 ergeben (o Rn 13). Die Voraussetzungen des § 536a Abs 2 für einen Aufwendungsersatzanspruch des Mieters sind zum Schutze des Vermieters gegen aufgedrängte Bereicherungen ernst zu nehmen; ein Rückgriff auf § 326 Abs 2 S 2 kommt daher neben § 536a Abs 2 nicht in Betracht.[54]

1. Verzug des Vermieters mit der Beseitigung des Mangels (§ 536a Abs 2 Nr 1). Bei 16 Verzug des Vermieters mit der Beseitigung eines Mangels kann der Mieter nach § 536a Abs 2 Nr 1 den Mangel selbst beseitigen und vom Vermieter Ersatz der erforderlichen Aufwendungen verlangen. Bei diesem so genannten **Beseitigungsrecht** des Mieters handelt es sich um eine Art **Selbsthilferecht**, das **Verzug** des Vermieters mit der Beseitigung des Mangels nach § 286 voraussetzt (s im Einzelnen o Rn 7ff). Voraussetzung des Verzugs ist auch hier insbesondere eine **Mahnung** des Mieters, auf die nur unter den engen Voraussetzungen des **§ 286 Abs 2** verzichtet werden kann. Diese sind zB *nicht* erfüllt, wenn nicht mehr vorliegt, als dass der Mieter in seinem Geschäft unter besonderem Zeitdruck steht,[55] oder wenn der Mieter lediglich in Unkenntnis der Adresse des Vermieters ist.[56] Die Nr 1 des § 536a Abs 2 greift dagegen **zB** ein, wenn sich der Vermieter um eine defekte Heizung im Winter trotz Mahnung des Mieters überhaupt nicht kümmert[57] oder trotz Mahnung des Mieters offenbar untaugliche Reparaturversuche unternimmt,[58] wenn er mit der Bereitstellung einwandfreien Wassers in Verzug gerät[59] oder wenn er trotz Aufforderung des Mieters nichts zur Beseitigung einer übermäßigen Taubenverschmutzung unternimmt.[60] Der Verzug des Vermieters **endet** wieder, wenn der Mieter in **Annahmeverzug** gerät, indem er zB den vom Vermieter beauftragten Handwerkern den Zutritt verweigert oder eine vom Vermieter angebotene Untersuchung der Mängel abgelehnt.[61]

Aufwendungen sind **freiwillige Vermögensopfer**, die der Mieter **zum Zweck der** 17 **Mängelbeseitigung** erbringt, also nicht nur Geldleistungen, sondern auch Sachwerte, die eigene Arbeitsleistung des Mieters sowie die Belastung mit Verbindlichkeiten.[62] Die Kosten für die **Anschaffung neuer Geräte** können gleichfalls dazu gehören, sofern eine Reparatur der alten Geräte nicht mehr wirtschaftlich ist.[63] Die Ersatzpflicht des Vermieters beschränkt sich jedoch auf die **„erforderlichen" Aufwendungen.** Darunter fallen ledig-

---

54 BGH NJW 2008, 1216 Tz 18ff; OLG Düsseldorf ZMR 2008, 950, 951; str, anders zB *Artz*, in: FS Blank (2006), 5, 12ff.
55 OLG Düsseldorf ZMR 2009, 362.
56 AG Köln NJW 2007, 305.
57 LG München I NZM 2003, 152; AG Friedberg WuM 1987, 52; AG Wetzlar WuM 2005, 715.
58 AG Wetzlar WuM 2005, 715.
59 LG Köln ZMR 1991, 223.
60 AG Hamburg WuM 1990, 424.
61 LG Berlin GE 1999, 1498; 2010, 129.
62 *Weimar* ZMR 1975, 163ff.
63 LG Itzehoe WuM 1988, 87; LG München I NZM 2003, 152; AG Görlitz WuM 1996, 667; **aM** LG Hamburg WuM 1988, 87.

Volker Emmerich

lich solche Kosten, die nach vernünftiger wirtschaftlicher Betrachtungsweise nötig und zweckmäßig sind,[64] wobei sich freilich der Mieter grundsätzlich auf das Urteil eines Fachmannes verlassen darf.[65] Der Vermieter trägt danach zwar das **Risiko**, dass die vom Mieter durchgeführten oder von ihm in Auftrag gegebenen Arbeiten **Erfolg haben**, solange den Mieter kein Verschulden trifft.[66] Für eine Anwendung des § 536a Abs 2 ist dagegen *kein* Raum mehr, wenn von vornherein feststeht, dass die vom Mieter geplanten oder schon vorgenommenen Maßnahmen **zwecklos** sind, etwa, weil die Ursache der Mängel unbekannt ist.[67] Vor Durchführung der erforderlichen Arbeiten kann der Mieter vom Vermieter einen **Vorschuss** verlangen, sofern die geplanten Maßnahmen nicht von vornherein zwecklos erscheinen.[68] Der Aufwendungsersatzanspruch des Mieters **verjährt** in den kurzen Fristen des § 548 Abs 2 (s u § 548 Rn 11). Der Anspruch **entfällt** schließlich ganz, wenn der Mieter aufgrund der besonderen Beziehungen der Parteien die betreffenden Kosten selbst tragen muss.[69]

18   **2. Notwendige Aufwendungen zur Erhaltung oder Wiederherstellung des Bestands der Mietsache (§ 536a Abs 2 Nr 2).** Nach § 536a Abs 2 **Nr 2** kann der Mieter den Mangel ferner dann selbst beseitigen und Aufwendungsersatz verlangen, wenn die *„umgehende Beseitigung* des Mangels zur Erhaltung oder Wiederherstellung des Bestands der Mietsache *notwendig* ist". Die Vorschrift geht zurück auf den früheren § 547 Abs 1 S 1 aF, der bestimmt hatte, dass der Vermieter verpflichtet ist, dem Mieter die auf die Sache gemachten „notwendigen Verwendungen" zu ersetzen.[70] Der Gesetzgeber des Mietrechtsreformgesetzes hat sich damit der Auffassung angeschlossen, dass sich der Verwendungsersatzanspruch des Mieters im Grunde **auf Notmaßnahmen zur Erhaltung der Mietsache beschränkt**, in denen wegen der Dringlichkeit der Angelegenheit keine Zeit mehr bleibt, den Mangel dem Vermieter anzuzeigen (§ 536c Abs 1) und ihn durch Mahnung in Verzug zu setzen (§ 286), um anschließend nach § 536a Abs 2 **Nr 1** vorgehen zu können.[71] Dies entspricht auch der heutigen Rechtsprechung.[72]

19   **Beispiele** für derartige Notmaßnahmen sind insbesondere dringende Reparaturmaßnahmen wie die Reparatur eines Rohrbruchs oder eines auf der Straße liegengebliebenen gemieteten Fahrzeugs, das Dichten des Lecks eines gemieteten Schiffs oder die Wiederherstellung des durch Sturm beschädigten Daches, die Reparatur der mitten im Winter ausgefallenen Heizung[73] oder die unaufschiebbare Bekämpfung einer aufgetretenen Ungezieferplage.[74] Die frühere Rechtsprechung ist freilich häufig wesentlich weiter gegangen und

---

64   BGH LM Nr 86 zu § 635 BGB = NJW-RR 1989, 86; LM Nr 81 zu § 633 BGB = NJW-RR 1991, 789; WuM 2010, 348 Tz 18; OLG Brandenburg ZMR 2003, 909, 914.
65   LG Berlin GE 1991, 987, 989; *Kinne* GE 2001, 1235, 1238.
66   OLG Brandenburg ZMR 2003, 909, 914.
67   BGH WuM 2010, 348 Tz 17ff = NZM 2010, 307.
68   BGHZ 56, 136, 141 = NJW 1971, 1450; BGH WuM 2010, 348 Tz 17ff = NZM 2010, 307; KG NJW-RR 1988, 1039 = WuM 1988, 142; LG Berlin NJW-RR 1990, 23; *Kinne GE* 2001, 1235, 1238; *Staudinger* Rn 33f.
69   BGH NJW-RR 2005, 1321 = WuM 2005, 587, 588.
70   S dazu *Emmerich* NZM 1998, 49, 50ff.
71   S die Begr BT-Drucks 14/4553, S 41 (l Sp); *Emmerich* NZM 1998, 49, 52; *Palandt/Weidenkaff* § 536a Rn 16; *Staudinger* Rn 35ff.
72   BGH NJW 2008, 1216 Tz 17; AG Münster WuM; 2009, 665; AG Brandenburg GE 2012, 758.
73   BGH NJW-RR 1996, 336, 337.
74   LG München I WuM 2001, 245.

Volker Emmerich

hat das Vorliegen von notwendigen Verwendungen auch in Fällen bejaht, in denen es sich keineswegs um im Grunde unaufschiebbare Notmaßnahmen handelte.[75]

Der Begriff der **Aufwendungen**, den 536a Abs 2 jetzt anstelle des früher üblichen **20** Begriffs der *Verwendungen* (s § 547 Abs 1 S 1 aF) gebraucht, dürfte sich im Kern mit dem herkömmlichen **Verwendungsbegriff** decken, der überwiegend zum Schutze des Vermieters gegen aufgedrängte Bereicherungen möglichst **eng gefasst** wurde. Darunter fallen deshalb grundsätzlich nur solche Maßnahmen, die nach dem Willen des Mieters darauf abzielen, den Bestand der Sache als solchen zu erhalten oder wiederherzustellen. Den Gegensatz bilden insbesondere Maßnahmen, durch die die Sache verändert wird, wie vor allem die **Bebauung** eines Grundstücks.[76] Daraus wird überwiegend der Schluss gezogen, dass § 536a Abs 2 nur anwendbar ist, wenn der Mieter gerade **um der Sache willen**, dh für den Vermieter **tätig** geworden ist, während für die Anwendung dieser Vorschrift **kein Raum** ist, wenn der Mieter die fraglichen Maßnahmen nicht um der Sache willen, sondern zu ganz anderen Zwecken vorgenommen hat, insbesondere also, wenn er überwiegend **im eigenen Interesse tätig** wurde oder doch zu dem Zweck, eine (bestehende oder angenommene) Verpflichtung zu erfüllen.

Hinzukommen muss nach der Nr 2 des § 536a Abs 2 schließlich noch, dass die „**umge- 21 hende Beseitigung**" des Mangels **notwendig** ist, woraus folgt, dass der Mieter nur Aufwendungsersatz verlangen kann, wenn die fragliche Maßnahme im Grunde **keinen Aufschub** mehr duldete. Der Anwendungsbereich des § 536a Abs 2 Nr 2 beschränkt sich infolgedessen in der Tat auf **dringende Notmaßnahmen** des Mieters, bei denen keine Möglichkeit zu einer Anzeige nach § 536c oder einer Mahnung mehr besteht, um den Vermieter in Verzug zu setzen (§ 286 Abs 2).[77]

Wenn der Mieter Mängel beseitigt, **ohne** dass die **Voraussetzungen des § 536a Abs 2 22** erfüllt sind, hat er grundsätzlich **keinen Aufwendungsersatzanspruch** gegen den Vermieter.[78] Eine Ausnahme kommt nur in Betracht, wenn ausnahmsweise zugleich die Voraussetzungen des **§ 536a Abs 1** vorliegen, so dass der Mieter auch Schadensersatz fordern kann. In diesen Fällen hat der Mieter die Wahl, ob er nach Abs 1 *oder* 2 des § 536a vorgehen will (s Rn 12). Anwendbar bleiben außerdem neben § 536a Abs 2 der **§ 539**, wenn der Mieter (ausnahmsweise) als Geschäftsführer für den Vermieter tätig geworden ist,[79] sowie § 284 (Rn 13).

---

75 S *Staudinger* Rn 36f; *Emmerich* NZM 1998, 49, 52; ebenso heute noch OLG Düsseldorf WuM 2005, 194, 197 (für den Ausbau einer Fabrikhalle zu einem Bürogebäude).
76 BGHZ 41, 157, 160 = NJW 1964, 1125; BGHZ 87, 104, 106f = NJW 1983, 1479; BGHZ 109, 179, 182 = NJW 1990, 447; BGHZ 115, 162, 166f = NJW 1991, 3279, 3280; BGHZ 131, 220, 223 = NJW 1996, 921; BGH NJW-RR 1993, 522 = WM 1993, 779.
77 So ausdrücklich die Begr zum RegE BT-Drucks 14/4553, S 41 (l Sp); ebenso BGH NJW 2008, 1216 Tz 17; AG Münster WuM 2009, 665.
78 BGH NJW 2008, 1216 Tz 19ff = NZM 2008, 279; OLG Düsseldorf ZMR 2009, 362; LG Mannheim ZMR 1991, 107; LG Görlitz WuM 1996, 405, 406; LG Dresden ZMR 1996, 267; *Emmerich* NZM 1998, 49, 51.
79 OLG Düsseldorf ZMR 2008, 107 20; AG Hamburg ZMR 2009, 928; s aber u § 539 Rn 1.

VI. Abweichende Vereinbarungen

23   § 536a ist dispositiv, so dass **individualvertraglich abweichende Abreden** in den Grenzen der §§ 536d, 138 und 242 zulässig sind. § 536 Abs 4 findet hier keine Anwendung.[80] Haftungsausschlussklauseln sind jedoch grundsätzlich eng auszulegen.[81] Versteckte Mängel werden von ihnen im Regelfall nicht erfasst.[82] In **Formularverträgen** kann dagegen die Haftung des Vermieters für grobe Fahrlässigkeit und Vorsatz nicht ausgeschlossen werden (§ 309 Nr 7 lit b),[83] während der Ausschluss der **Garantiehaftung** für anfängliche Mängel nach hM unbedenklich sein soll.[84] Dasselbe gilt nach überwiegender Meinung für die Haftung des Vermieters für **leichte Fahrlässigkeit**.[85] Eine Ausnahme besteht jedoch bei der **Wohnraummiete** für Schäden an den eingebrachten Sachen des Mieters infolge von Mängeln (§ 307 Abs 2).[86] Auch die Voraussetzungen des Aufwendungsersatzanspruchs des Mieters nach § 536a Abs 2 können nicht durch Formularvertrag über das Gesetz hinaus verschärft werden.[87]

VII. Beweislast

24   Der **Mieter**, der Schadensersatz nach § 536a Abs 1 verlangt oder den Aufwendungsersatzanspruch des Abs 2 der Vorschrift geltend macht, muss grundsätzlich die Voraussetzungen dieser Ansprüche behaupten und beweisen.[88] Nur wenn der feststehende Mangel zum Risikobereich des Vermieters gehört, wird entsprechend § 280 Abs 1 S 2 die Beweislast umgekehrt, so dass sich der Vermieter entlasten muss.[89] In Formularverträgen kann nichts anderes bestimmt werden (§ 309 Nr 12).

§ 536b
Kenntnis des Mieters vom Mangel bei Vertragsschluss oder Annahme

Kennt der Mieter bei Vertragsschluss den Mangel der Mietsache, so stehen ihm die Rechte aus den §§ 536 und 536a nicht zu. Ist ihm der Mangel infolge grober Fahrlässigkeit unbekannt geblieben, so stehen ihm diese Rechte nur zu, wenn der Vermieter den Mangel arglistig verschwiegen hat. Nimmt der Mieter eine mangelhafte Sache an, obwohl er den Mangel kennt, so kann er die Rechte aus den §§ 536 und 536a nur geltend machen, wenn er sich seine Rechte bei der Annahme vorbehält.

---

80   OLG Köln NZM 2001, 812 = NJW-RR 2001, 1302; ZMR 2004, 819, 821.
81   BGHZ 63, 333, 334 = NJW 1975, 645; OLG Hamburg ZMR 1990, 11, 12 = WuM 1999, 71, 72.
82   BGH BB 1967, 118 = WarnR 1966 Nr 217.
83   OLG Hamm NJW-RR 1996, 969; NZM 1999, 804, 806; *Kinne* GE 2001, 1235ff.
84   BGH NJW-RR 1991, 74 = WuM 1992, 316; NZM 2002, 784; WM 2003, 389; GE 2010, 1193 Tz 22ff; BayObLGZ 1984, 299, 302f = NJW 1985, 1716; OLG Düsseldorf ZMR 2003, 907, 908.
85   OLG Hamburg NJW-RR 1991, 1296 = WuM 1991, 328; OLG Köln ZMR 2003, 819, 821.
86   BGHZ 149, 89, 95ff = NJW 2002, 673.
87   BGH NJW 2010, 3152 Tz 27; *Kinne* GE 2001, 1235.
88   BGH NJW 2006, 1061 = WuM 2006, 147; NZM 2006, 659; NJW 2008, 1216 Tz 24; OLG Hamm ZMR 1997, 520, 521.
89   BGH NJW 2006, 1061; LM Nr 6a zu § 536 BGB (Bl 3) = NJW 1964, 33; WM 2000, 1017, 1018; *Kinne* GE 2001, 1235, 1236.

1. Überblick. § 536b regelt **drei** verschiedene **Fälle, in denen** die Rechte des Mieters **1** aus den §§ 536 und 536a **ausgeschlossen** sind. Der erste Fall liegt vor, wenn der Mieter einen von Anfang an vorliegenden **Mangel** bereits **bei Abschluss des Vertrages** positiv **kennt** (§ 536b S 1; u Rn 3). Entsprechendes gilt (zweitens), wenn dem Mieter (bei Vertragsabschluss) der Mangel **nur infolge grober Fahrlässigkeit unbekannt** geblieben ist, es sei denn, der Vermieter habe den Mangel arglistig verschwiegen (§ 536b S 2; u Rn 6). Schließlich gehört (drittens) hierher noch der Fall, dass der Mieter eine **mangelhafte Sache annimmt**, obwohl er den Mangel positiv kennt, **außer** wenn er sich seine Rechte wegen des Mangels bei der Annahme **vorbehält** (§ 536b S 3; u Rn 8); der Haftungsausschluss greift hier selbst bei Arglist des Vermieters ein. § 536b muss vor allem im Zusammenhang mit § 536c gesehen werden: Während § 536b Mängel betrifft, die schon **bei Vertragsschluss** vorliegen, regelt § 536c den davon zu unterscheidenden Fall, dass Mängel erst **später**, dh **nach Abschluss** des Vertrages, auftreten. Eine ergänzende Regelung für das **Kündigungsrecht** des Mieters bei Mängeln (§ 543 Abs 2 Nr 1) findet sich in **§ 543 Abs 4** durch Verweis auf § 536b. Eine Ausnahme gilt jedoch für das besondere Kündigungsrecht des Wohnraummieters im Falle einer Gesundheitsgefahr nach § 569 Abs 1 S 1 und 2.

Die **§§ 536b und 543 Abs 4 betreffen lediglich** die **Gewährleistungsrechte** des **2** Mieters im Falle eines Mangels. Bedeutung haben sie mit anderen Worten allein für das Minderungs- und das Kündigungsrecht des Mieters sowie für seinen Schadensersatzanspruch. Die anderen Mieterrechte, allen voran der **Erfüllungsanspruch** aus § 535 Abs 1 S 2, bleiben dagegen **unberührt**, so dass der Mieter selbst durch die Kenntnis eines Mangels im Augenblick des Vertragsabschlusses (§ 536b S 1) nicht daran gehindert wird, vom Vermieter weiterhin *Erfüllung* durch Beseitigung des Mangels zu verlangen.[1] Das ist aber (natürlich) kein zwingendes Recht, so dass die Parteien jederzeit etwas anderes vereinbaren können, insbesondere in Gestalt einer so genannten **Beschaffenheitsvereinbarung**. Schließt der Mieter den Mietvertrag in positiver Kenntnis eines bestimmten Mangels ab, zB in Kenntnis der mangelhaften Dekoration oder bestimmter Umweltfehler, so neigen die Gerichte häufig zu der Annahme, dass er damit die genannten **Mängel in Kauf nimmt**, dass er die Mietsache maW so, wie sie ist, dh trotz ihrer Mängel als **vertragsgemäß akzeptiert**.[2] Dabei handelt es sich indessen oft um eine bloße Unterstellung, so dass bei der Annahme derartiger konkludenter Beschaffenheitsvereinbarungen zum Nachteil des Mieters große **Zurückhaltung** geboten ist.[3]

2. Kenntnis bei Vertragsabschluss. Die Gewährleistungsrechte des Mieters bei **3** Rechts- und Sachmängeln aufgrund der §§ 536 und 536a einschließlich des Kündigungsrechts des Mieters aus § 543 Abs 2 Nr 1 sind zunächst ausgeschlossen, wenn der Mieter den **Mangel bei Vertragsabschluss positiv kennt** (§ 536b S 1 in Verb mit § 543 Abs 4 S 1). § 536b S 1 ist **entsprechend anzuwenden** bei einer stillschweigenden Verlängerung des

---

1 BGH LM Nr 20 zu § 320 BGB = WM 1982, 335, 337; LM Nr 7 zu § 448 ZPO (Bl 4f) = NJW 1989, 3222; LM Nr 35 zu § 566 BGB = NZM 1999, 559, 560 = NJW 1999, 2517; NZM 2007, 484 Tz 28 = NJW-RR 2007, 1921; str.
2 S für Mängel des Dekoration BGHZ 101, 253, 269f = NJW 1987, 2575; NZM 2007, 484 Tz 28 = NJW-RR 2007, 1921; LG Berlin ZMR 1990, 420; GE 1993, 1099, 1101; für Umweltfehler *Emmerich* in: Miete und Umwelt, PiG 31 (1989) 35, 45ff.
3 *Blank* WuM 2012, 175; *Lehmann-Richter* NZM 2012, 849, 851 ff.

Volker Emmerich

Vertrages,[4] bei Ausübung einer Verlängerungsoption durch den Mieter in Kenntnis des Mangels[5] sowie bei einverständlicher Erhöhung der Miete in Kenntnis des Mangels, jedenfalls bei der gewerblichen Miete.[6] Eine Anwendung des § 536b S 1 scheidet dagegen aus, wenn sich der an sich bekannte Mangel nachträglich in unzumutbarer Weise verschlimmert.[7] Bei einer **Mehrheit von Mietern** verlieren alle jedenfalls das Kündigungsrecht aus § 543 Abs 1 Nr 1, wenn auch nur einer von ihnen den Mangel bei Vertragsabschluss kannte, weil nur alle zusammen kündigen können (§ 543 Abs 4).[8] Ein **formularmäßiges Anerkenntnis** des vertragsgemäßen Zustandes der Sache verstößt bei der Wohnraummiete und wohl auch bei der Gewerberaummiete gegen die §§ 307 Abs 1, 309 Nr 12 lit b und 310 Abs 1 und 3 Nr 2, weil es zum Nachteil des Mieters zu einer Umkehr der Beweislast führt. Wenn dagegen im **Übergabeprotokoll** bestimmte konkrete Mängel festgehalten werden, so kann in der Regel von der Kenntnis des Mieters von diesen Mängeln bei Abschluss des Vertrages ausgegangen werden.[9]

4   Die **Kenntnis** des Mieters von dem Sach- *oder* Rechtsmangel bei Vertragsabschluss muss sich auf den konkreten **Mangel sowie** auf dessen **Auswirkungen** auf die Gebrauchstauglichkeit der Sache erstrecken.[10] Sie wird nicht dadurch ausgeschlossen, dass der Mieter die tatsächliche Tragweite des Mangels unterschätzt oder die Möglichkeit einer Abhilfe überschätzt.[11] Ebenso wenig erforderlich ist die Kenntnis der sich aus dem Mangel ergebenden Rechtsfolgen.[12] Vor allem bei schon bestehenden oder erst drohenden **Lärmbelästigungen** aus der Nachbarschaft verfährt die Rechtsprechung in dieser Beziehung häufig (viel zu) «großzügig» zum Nachteil des Mieters, indem diesem einfach eine Kenntnis der möglicherweise erst in der Zukunft drohenden Lärmbelästigungen unterstellt wird. Positive Kenntnis des Mieters von einer Lärmbelästigung iSd § 536b S 1 wurde **zB** angenommm, wenn er eine Wohnung in Kenntnis des Umstandes mietet, dass sich in der Nähe eine Großbaustelle befindet oder dass in der Nähe ein Universitätsklinikum entsteht, so dass mit Hubschrauberflügen zu rechnen ist.[13] Dieser „Großzügigkeit" bei der Unterstellung der Kenntnis eines Mangels zum Nachteil des Mieters ist nicht zu folgen. Erst recht begründet die bloße **Kenntnis der tatsächlichen Umstände**, die einem Mangel wie zB einem Bauverbot zugrunde liegen, ohne Kenntnis des Mangels selbst noch keine Kenntnis.[14] Der **Kenntnis eines Mangels** steht ferner die bloße *Kenntnis der Ursachen* eines Mangels *nicht* gleich, solange der Mieter daraus nicht auch das Vorliegen des Mangels selbst folgert. Wer eine Wohnung besichtigt, kennt damit noch nicht die genaue **Größe** der Wohnung, die sich vielmehr erst aus einer genauen Vermessung der Räume ergibt, wozu häufig nur Fachleute in der Lage sind.[15] Und wer Räume in Kenntnis der groß-

---

4 OLG Köln ZMR 2001, 532, 533; OLG Düsseldorf ZMR 1994, 402, 405.
5 BGH NJW 1970, 1740, 1742; KG GE 1989, 941.
6 BGH LM Nr 9 zu § 18 1. BMG = ZMR 1961, 257, 259; LM Nr 3 zu § 539 BGB = MDR 1965, 654.
7 KG NJW-RR 2002, 224.
8 *Weitemeyer* PiG 83 (2008), 125, 135.
9 *Weitemeyer* PiG 83 (2008), 125, 136f.
10 BGH LM Nr 6 zu § 439 BGB = BB 1979, 292, 293 = WM 1979, 276; OLG Hamm ZMR 1987, 300, 303; OLG Naumburg ZMR 2001, 617, 618; OLG Düsseldorf ZMR 2006, 518, 520; 2006, 923, 924; LG Berlin GE 2006, 1295 (Baustelle); *Sternel* in: Gedschr Sonnenschein (2003) 293, 304.
11 BGH (vorige Fn); LG Düsseldorf WuM 1992, 368; LG Stendal WuM 1994, 525, 526; LG Berlin GE 2007, 55, 56.
12 LG Krefeld NZM 2012, 858, 859 = WuM 2012, 674.
13 LG Mannheim WuM 2000, 185; LG Frankfurt aM ZMR 2010, 362, fraglich.
14 BGHZ 26, 282, 290 = NJW 1958, 548; BGH WuM 2010, 495 Tz 29.
15 LG Krefeld NZM 2012, 858 = WuM 2012, 674.

flächigen Verglasung der Fassade mietet, kennt damit noch längst nicht das Problem einer **Überhitzung** der Räume im Sommer bei Sonneneinstrahlung.[16]

Bei einem **Rechtsmangel** genügt die Kenntnis der Tatsachen, aus denen der Rechts- 5 mangel folgt, gleichfalls *nicht* für die Anwendung des § 536b S 1, sofern der Mieter aus den Tatsachen falsche rechtliche Schlussfolgerungen zieht;[17] vielmehr ist für die Anwendung des § 536b S 1 erforderlich, dass der Mieter zumindest mit dem Vorliegen eines Rechtsmangels rechnet und das **Risiko**, dass diese Annahme richtig ist, **bewusst in Kauf nimmt**.[18]

3. Grobfahrlässige Unkenntnis. Nach den §§ 536b S 2 und 543 Abs 4 S 1 stehen dem 6 Mieter die Rechte aus den §§ 536 und 536a sowie aus § 543 Abs 2 Nr 1 wegen Rechts- oder Sachmängeln ferner dann nicht zu, wenn ihm **bei Vertragsabschluss** das **Vorhandensein** des fraglichen Mangels nur **infolge grober Fahrlässigkeit unbekannt** geblieben ist, es sei denn, der Vermieter habe den Mangel **arglistig verschwiegen**; gleich steht der Fall, dass der Vermieter die Abwesenheit von Fehlern oder das Vorliegen bestimmter Eigenschaften zugesichert hat (§ 442 Abs 1 S 2 entsprechend).[19] Die Frage ist zwar streitig; jedoch dürfte der Vermieter in aller Regel zumindest **arglistig** handeln, wenn er dem Mieter, dem er das Vorhandensein bestimmter Eigenschaften vertraglich zugesichert hat, später grobfahrlässige Unkenntnis entgegenhalten will, weil er auf die Zusicherung vertraut hat (§ 242).

Der **Begriff** der groben Fahrlässigkeit ist hier derselbe wie in § 277.[20] Der Mieter handelt 7 folglich grob fahrlässig, wenn er die erforderliche Sorgfalt nach den ganzen Umständen bei Abschluss des Vertrages in ungewöhnlich hohem Maße verletzt und dasjenige unbeachtet gelassen hat, was im gegebenen Fall jedem hätte einleuchten müssen, so dass seine **Sorgfaltsverletzung** als **besonders schwer** erscheint. Dabei muss beachtet werden, dass den Mieter grundsätzlich **keine Prüfungspflicht** trifft.[21] Der Mieter handelt daher in der Regel *nicht* grobfahrlässig, wenn er vor dem Vertragsabschluss keine behördlichen Auskünfte über die Eignung der gemieteten Sache zum Vertragszweck einholt[22] oder wenn er bei Besichtigung der gemieteten Räume keinen Sachverständigen hinzuzieht,[23] *wohl aber*, wenn nach den gesamten Umständen der **Verdacht** eines Mangels besonders **nahe liegt** und aus diesem Grunde von dem Mieter ohne weiteres verlangt werden konnte, die Sache zu überprüfen, *sofern* bei einer auch nur oberflächlichen Prüfung der Mangel ohne weiteres zu erkennen gewesen wäre.[24] Die Anmietung einer Wohnung ohne eine jederzeit mögliche vorherige Besichtigung dürfte daher in der Regel grob fahrlässig sein.[25] Grobe Fahrlässigkeit des Mieters wurde ferner **zB** angenommen bei Anmietung eines Gewölbes, obwohl der Boden mit Sand bedeckt war, so dass sich der Verdacht aufdrängen musste, dass der

---

16 *Lames* NZM 2007, 465, 470 mNw; ebenso fur die Verfärbung des Wassers AG Bad Segeberg WuM 1998, 280.
17 BGHZ 63, 132, 140 = NJW 1975, 44; BGH LM Nr 6 zu § 439 BGB = BB 1979, 292f = WM 1979, 236.
18 BGH LM Nr 10 zu § 539 BGB (Bl 3f) = NJW 1996, 46.
19 OLG Hamburg ZMR 2005, 856; *Staudinger* Rn 12.
20 BGH LM Nr 26 zu § 537 BGB = NJW 1980, 777; LM Nr 20 zu § 320 BGB = WM 1982, 335, 336; WM 1985, 230, 231; NZM 2007, 484 Tz 21 = NJW-RR 2007, 1021.
21 BGHZ 68, 281, 285 = NJW 1977, 1236; BGH LM Nr 26 zu § 537 BGB = NJW 1980, 777; NZM 2007, 484 Tz 21 = NJW-RR 2007, 1021.
22 RG WarnR 1918 Nr 138, S 208, 209; BGH ZMR 1962, 82, 85f = BB 1962, 73.
23 BGH ZMR 1959, 70, 71; ZMR 1962, 82, 86 = BB 1962, 73.
24 BGH LM Nr 26 zu § 537 BGB = NJW 1980, 777; LM Nr 20 zu § 320 BGB = WM 1982, 335, 336; OLG Düsseldorf GE 2005, 55, 56; LG Berlin GE 2007, 55.
25 LG Berlin GE 1996, 471, 473.

　　　　　　　　　　　　　　　　　　　　　　　　　　　　Volker Emmerich

Sand aus dem Mauerwerk gerieselt ist,[26] bei Anmietung von Räumen, deren Zustand offenkundig miserabel ist,[27] sowie schließlich bei Anmietung einer Wohnung an einer Bahnstrecke, von der allgemein bekannt ist, dass sie als ICE-Strecke ausgebaut werden soll.[28] Auch grobe Fahrlässigkeit bei Vertragsabschluss schadet die Mieter dagegen nicht, wenn der Vermieter den Mangel bei Abschluss des Vertrages **arglistig verschwiegen** hat (§ 536b S 2 Halbs 2). Die Anforderungen sind umstritten. Richtiger Meinung nach genügt für die Annahme von Arglist des Vermieters bereits **bedingter Vorsatz**, jedenfalls, wenn der Vermieter in treuwidriger Weise die Unkenntnis des Mieters ausgenutzt hat.[29]

8   **4. Vorbehaltlose Annahme.** Gewährleistungsrechte des Mieters aus den §§ 536, 536a und 543 Abs 2 Nr 1 sind nach § 536b S 3 in Verb mit § 543 Abs 4 schließlich noch ausgeschlossen, wenn er eine **mangelhafte Sache annimmt**, **obschon er** den Mangel positiv **kennt**, **ohne** sich seine **Rechte** wegen des Mangels bei der Annahme **vorzubehalten**. Dieser Ausschlusstatbestand gilt gleichermaßen für Rechts- wie für Sachmängel und grundsätzlich auch für das Fehlen zugesicherter Eigenschaften (§ 536 Abs 2); jedoch dürften in diesem Fall die Abreden der Parteien häufig dahin zu verstehen sein, dass der Vermieter sich zusätzlich verpflichtet, die zugesicherten Eigenschaften, deren Fehlen dem Mieter bei Übergabe der Sache bekannt ist, noch nachträglich zu schaffen (§§ 157, 242).

9   **Annahme** bedeutet hier dasselbe wie Überlassung in § 535 Abs 1 S 1, erfordert also grundsätzlich Besitzerwerb seitens des Mieters.[30] Kennt der Mieter in diesem Augenblick den Mangel, so kann er sich seine Gewährleistungsrechte daher nur durch den Vorbehalt seiner Rechte erhalten. Dieser **Vorbehalt** ist eine einseitige empfangsbedürftige Willenserklärung, in der der Mangel, dessentwegen sich der Mieter seine Rechte erhalten will, genau bezeichnet werden muss.[31] Ein allgemeiner unsubstantiierter Vorbehalt ist ohne Wirkung.[32] Dasselbe gilt für eine bloße Mängelrüge.[33] Eine vorbehaltlose Annahme liegt dagegen **nicht** vor, wenn der Mieter den Vermieter zur Beseitigung der genau bezeichneten Mängel auffordert,[34] wenn er lediglich einer Verschiebung der gebotenen Ausbesserung nicht widerspricht[35] oder wenn er mangels einer Alternative kurzfristig in die fraglichen Räume einzieht, bis er den Vermieter erreichen kann.[36]

10   **5. Beweislast.** Die Kenntnis des Mieters von dem Mangel oder dessen grob fahrlässige Unkenntnis muss der **Vermieter** beweisen.[37] Dagegen trifft den **Mieter** die Beweislast, wenn er sich darauf berufen will, dass der Vermieter den Mangel arglistig verschwiegen oder die Beseitigung des Mangels zugesichert hat.[38] Der Mieter muss außerdem den Vorbehalt seiner Rechte bei Annahme beweisen.

---

26 BGH NZM 2007 484 Tz 21 = NJW-RR 2007, 1021.
27 LG Berlin GE 2007, 55.
28 LG Berlin GE 2009, 53.
29 BGH NZM 2007 484 Tz 22 = NJW-RR 2007, 1021; OLG Hamburg ZMR 1995, 533 = WuM 1995, 653.
30 OG Hamburg ZMR 2005, 856.
31 OLG Hamburg (vorige Fn); LG Köln WuM 1996, 615 = NJW-RR 1997, 265.
32 *Sternel* Mietrecht, Rn II 668.
33 LG Köln WuM 1996, 615 = NJW-RR 1997, 265; AG Frankfurt NJW-RR 1992, 971.
34 RG JW 1916, 903.
35 RGZ 89, 384; 90, 65, 67; BGH ZMR 1961, 359 = BB 1961, 1070.
36 AG Bad Oeynhausen ZMR 2005, 541, 542.
37 BGH WM 1962, 1379, 1380; OLG Brandenburg ZMR 2003, 909, 913.
38 OLG Düsseldorf ZMR 2009, 752, 753.

§ 536c
Während der Mietzeit auftretende Mängel; Mängelanzeige durch den Mieter

[1] Zeigt sich im Laufe der Mietzeit ein Mangel der Mietsache oder wird eine Maßnahme zum Schutz der Mietsache gegen eine nicht vorhergesehene Gefahr erforderlich, so hat der Mieter dies dem Vermieter unverzüglich anzuzeigen. Das Gleiche gilt, wenn ein Dritter sich ein Recht an der Sache anmaßt.

[2] Unterlässt der Mieter die Anzeige, so ist er dem Vermieter zum Ersatz des daraus entstehenden Schadens verpflichtet. Soweit der Vermieter infolge der Unterlassung der Anzeige nicht Abhilfe schaffen konnte, ist der Mieter nicht berechtigt,

1. die in § 536 bestimmten Rechte geltend zu machen,
2. nach § 536a Abs 1 Schadensersatz zu verlangen oder
3. ohne Bestimmung einer angemessenen Frist zur Abhilfe nach § 543 Abs 3 Satz 1 zu kündigen.

Systematische Übersicht

1. Voraussetzungen. Gegenstand des § 536c ist die **Anzeigepflicht** des Mieters als **1** **Teil seiner Obhutspflicht.**[1] **Zweck** der Vorschrift ist es in erster Linie, den Vermieter vor Schäden an seiner Sache zu bewahren und ihm Gelegenheit zur Erfüllung seiner Erhaltungspflicht (§ 535 Abs 1 S 2) zu geben.[2] Damit verbindet sich der Gedanke, dass es als unredlich angesehen werden muss, behebbare Beeinträchtigungen zunächst stillschweigend in Kauf zu nehmen, gleichwohl aber darauf später Gewährleistungs- oder Schadensersatzansprüche zu stützen (§ 242).[3] Aus § 536c darf jedoch weder eine Reparaturpflicht noch eine Nachforschungs- oder Prüfungspflicht des Mieters gefolgert werden.[4]

Das Gesetz unterscheidet **drei Fälle** einer Anzeigepflicht. Der erste liegt vor, wenn **2** sich **im Laufe** der Mietzeit ein „Mangel" der gemieteten Sache „zeigt" (§ 536c Abs 1 S 1 Fall 1). Der **Begriff des Mangels** wird hier mit Rücksicht auf den Zweck der Vorschrift (o Rn 1) überwiegend ganz weit verstanden.[5] Anzuzeigen ist **jeder schlechte Zustand** der Sache.[6] Ein Beispiel ist das erstmalige Auftreten von Feuchtigkeitsflecken an den Wänden, die auf die Gefahr der Schimmelbildung hindeuten können.[7] Die **Ursachen** spielen keine Rolle. Ebenso wenig kommt es darauf an, ob der Mangel an der vermieteten Sache selbst oder **an den mitvermieteten** Einrichtungen, Sachen oder **Gebäudeteilen** auftritt, so dass der Mieter auch Mängel der Treppen und Zugänge dem Vermieter anzeigen muss.[8] Dagegen erstreckt sich die Anzeigepflicht grundsätzlich nicht auf Mängel an den **nicht mitvermieteten Teilen** des Hauses, zB am Dach.[9]

---

1 Mot II 400f; BGHZ 68, 281, 284f = NJW 1977, 1236; OLG Düsseldorf ZMR 2008, 952.
2 BGHZ 68, 281, 286 = NJW 1977, 1236; BGH LM Nr 10 zu § 537 BGB (Bl 3) = NJW 1963, 1449; WuM 2013, 160 Tz 33.
3 BGHZ 92, 177, 181f = NJW 1985, 132; BGH NJW-RR 2002, 515 = NZM 2002, 217.
4 BGH LM Nr 1 zu § 545 BGB = MDR 1976, 753 = WM 1976, 537; OLG Düsseldorf NJW-RR 2009, 86, 87 = NZM 2009, 23.
5 BGHZ 68, 281, 283 = NJW 1977, 1236; OLG Düsseldorf GE 2002, 1262.
6 BGHZ 68, 281, 283 = NJW 1977, 1236; OLG Düsseldorf NJW-RR 2009, 86, 87 = NZM 2009, 23.
7 LG Köln ZMR 2008, 629.
8 RGZ 59, 161; 75, 118; RG WarnR 1916 Nr 223, S 355, 357.
9 Anders offenbar OLG Düsseldorf NJW-RR 2009, 86 = ZMR 2009, 114.

Volker Emmerich

3   Zweite Voraussetzung der Anzeigepflicht ist, dass sich der Mangel gerade **im Laufe der Mietzeit**, dh *während* des Mietverhältnisses **„zeigt"**. Keine Anzeigepflicht besteht also hinsichtlich schon *bei Übergabe* der Sache vorhandener und erkennbarer Mängel (s § 536b). Der **Lauf** der Mietzeit **beginnt mit** der tatsächlichen **Übergabe** der Sache, selbst wenn zu diesem Zeitpunkt ein Mietvertrag noch nicht zustande gekommen war.[10] Folgerichtig **endet** er auch erst **mit** der tatsächlichen **Rückgabe** der Sache, so dass die Anzeigepflicht den Mieter selbst dann noch trifft, wenn er nach Vertragsende nicht räumt.[11] Voraussetzung ist aber immer, dass sich der Mangel in der fraglichen Zeit tatsächlich **„gezeigt"** hat.[12] Ein Mangel zeigt sich natürlich, wenn der Mieter ihn erkennt, während es nicht ausreicht, wenn ihm lediglich die den Mangel begründenden Tatsachen bekannt sind, er daraus aber nicht auf den schlechten Zustand der Sache schließt.[13] Nach hM genügt es auch, wenn der **Mangel** dem Mieter **nur infolge grober Fahrlässigkeit verborgen** geblieben ist, da der Mieter nicht übersehen darf, was jedermann sieht.[14] Eine Anzeigepflicht besteht daher zB, wenn trotz Reparaturversuchen des Vermieters die Mängel offenkundig fortbestehen[15] oder wenn ein Dritter die Schlösser an der Mietsache auswechselt.[16] Mangels einer Prüfungspflicht (o Rn 1) genügt der Mieter in solchen Fällen seiner Anzeigepflicht bereits, wenn er einen sich ihm aufdrängenden **Verdacht** dem Vermieter unverzüglich **mitteilt**. Dagegen braucht der Mieter zB ein Flachdach, zu dessen Instandhaltungen er nicht verpflichtet ist, auch nicht regelmäßig zu kontrollieren, so dass ihn der Vermieter nicht für Wasserschäden infolge einer Verstopfung der Abflüsse auf dem Dach nach § 536c Abs 3 S 1 haftbar machen kann.[17]

4   Der Mieter ist zweitens anzeigepflichtig, wenn eine **Maßnahme zum Schutze der Sache gegen** eine nicht vorhergesehene **Gefahr erforderlich** wird (§ 536c Abs 1 S 1 Fall 2). Dahinter steht ebenfalls das Interesse des Vermieters an der Verhütung von Gefahren, die seiner Sache drohen, so dass es hier nicht darauf ankommt, ob von der Gefahr eine Beeinträchtigung des vertragsgemäßen Gebrauchs des Mieters zu besorgen ist. Erforderlich ist nur, dass sie für beide Parteien nicht voraussehbar war, während die Ursache der Gefahr unerheblich ist. Ein solcher Fall ist zB anzunehmen, wenn in einer Gaststätte eine Brandstiftung konkret droht.[18]

5   Eine Anzeigepflicht besteht schließlich (drittens) noch, wenn sich ein **Dritter ein Recht** an der Sache **anmaßt** (§ 536c Abs 1 S 2). Darunter fällt jede Behauptung eines dinglichen oder obligatorischen Rechts durch einen Dritten hinsichtlich der vermieteten Sache (vgl § 536 Abs 3). Der Mieter braucht nicht zu prüfen, ob die Behauptung des Dritten zutrifft. Er kann vielmehr diese Prüfung ebenso wie die erforderlichen Gegenmaßnahmen dem Vermieter überlassen.

6   **2. Anzeige.** In den drei Fällen des § 536c Abs 1 (o Rn 2 bis 5) ist der Mieter verpflichtet, die fraglichen Umstände dem Vermieter unverzüglich, dh ohne schuldhaftes Zögern (§ 121), anzuzeigen. Bei dieser **Anzeige** handelt es sich um eine **bloße rechtserhebliche**

---

10 KG DR 1940, 395.
11 BGH LM Nr 2 zu § 556 BGB = NJW 1967, 1803.
12 S *Treier* Anm LM Nr 2 zu § 545 BGB.
13 BGH WuM 2010, 495, 498 Tz 29 = ZMR 2010, 948, 149.
14 BGHZ 68, 281, 284ff = NJW 1977, 1236; BGH NZM 2006, 626, 627 Tz 16; OLG Hamburg NJW-RR 1991, 1296 = WuM 1991, 328; OLG Frankfurt WuM 1992, 56, 63; OLG Düsseldorf NJW-RR 2009, 86, 87 = NZM 2009, 23.
15 OLG Düsseldorf ZMR 1987, 376; 1991, 24.
16 BGH NJW-RR 2002, 515, 516 = NZM 2002, 217f.
17 OLG Düsseldorf NJW-RR 2009, 86, 87 = NZM 2009, 23.
18 LG Berlin GE 1991, 521.

Handlung, auf die die Vorschriften über Willenserklärungen allenfalls entsprechend angewandt werden können. Geschäftsfähigkeit ist weder für die Abgabe noch für den Empfang der Anzeige erforderlich. Die Anzeige kann **mündlich** erfolgen, muss aber die **Mängel** so **genau bezeichnen**, dass der Vermieter in der Lage ist, sofort die für eine Abhilfe notwendigen Entscheidungen zu treffen. Adressat der Anzeige muss der Vermieter oder dessen Vertreter sein.[19] Insoweit ist auch Raum für die Anwendung der §§ 130ff.

Die Anzeigepflicht **entfällt** als leere Formalität, wenn der Vermieter den Mangel 7 **ohnehin** schon, gleich aus welchem Grunde, **kennt**.[20] Gleich steht die **Kenntnis Dritter**, deren Hilfe sich der Vermieter bei der Erfüllung seiner Pflichten aus dem Mietvertrag bedient (§ 278).[21] Wird zB der Vermieter von Handwerkern informiert, dass die Abflüsse auf dem Flachdach des vermieteten Gebäudes verstopft sind, so hat er die erforderliche Kenntnis des Mangels, selbst wenn er sich anschließend nicht um die Gefahr eines Wasserstaus auf dem Dach kümmert.[22] Wenn der Vermieter die Obhut über die Sachen selbst ausübt, wird eine Anzeigepflicht des Mieters daneben gleichfalls nur ausnahmsweise in Betracht kommen.[23] Einen Wegfall der Anzeigepflicht wird man ferner anzunehmen haben, wenn die **Mängel für den Vermieter offensichtlich** sind, selbst wenn er sie tatsächlich infolge gröbster Nachlässigkeit nicht erkannt hat.[24] Dagegen reicht bloße *Fahrlässigkeit* des Vermieters nicht aus, um die Anzeigepflicht des Mieters entfallen zu lassen.[25]

3. Rechtsfolgen. Nach § 536c Abs 2 zieht ein Verstoß gegen die Anzeigepflicht **zwei** 8 verschiedene **Rechtsfolgen** nach sich. Die erste Rechtsfolge ist die Verpflichtung des Mieters, dem Vermieter den aus der Unterlassung der Anzeige entstehenden Schaden zu ersetzen (§ 536c Abs 2 S 1, 280; s u Rn 9). Daneben kann ein Verstoß gegen die Anzeigepflicht nach § 536c Abs 2 S 2 noch zu verschiedenen Rechtsverlusten auf der Seite des Mieters führen, dies freilich nur, *soweit* der Vermieter gerade infolge der Unterlassung der Anzeige nicht Abhilfe schaffen konnte (s u Rn 10f).

Der Mieter ist dem Vermieter zunächst zum **Ersatz des** gerade **aus der schuldhaften** 9 **Unterlassung der Anzeige** entstehenden **Schadens** verpflichtet (§§ 536c Abs 2 S 1, 280). Gleich stehen eine schuldhafte **Verzögerung** der Anzeige (§§ 280, 286) sowie die schuldhafte Erstattung einer **unrichtigen Anzeige**. Voraussetzung ist in jedem Fall **Kausalität** zwischen der Unterlassung oder Verspätung der Anzeige und dem eingetretenen Schaden (s u Rn 11). Als zu ersetzende **Schäden** kommen insbesondere Ersatzansprüche Dritter, die bei rechtzeitiger Anzeige vermieden worden wären, sowie die zusätzlichen Kosten in Betracht, die infolge einer Verschlimmerung des Mangels durch die Unterlassung der Anzeige entstanden sind, nicht jedoch die eigentlichen Kosten der Beseitigung des Mangels, die den Vermieter ohnehin nach § 535 Abs 1 S 2 treffen. Der Ersatzanspruch verjährt nach § 548.

Eine Unterlassung der Anzeige entgegen § 536c Abs 1 hat außerdem **verschiedene** 10 **Rechtsverluste** für den Mieter zur Folge, freilich nur, „soweit" der Vermieter gerade infolge dieser Unterlassung *keine Abhilfe* schaffen konnte, (§ 536c Abs 2 S 2). Es sind dies

---

19 AG Köln MDR 1974, 47 Nr 47; *Weimar* ZMR 1964, 129, 130; **aM** *Beuermann* GE 2004, 809.
20 Mot II 401; RGZ 103, 372, 374; BGHZ 68, 281, 284 = NJW 1977, 1236; BGH NZM 1999, 461 = NJW-RR 1999, 845; NZM 2002, 217, 218 = NJW-RR 2002, 515, 516; WuM 2010, 495 Tz 30; OLG Düsseldorf NJW-RR 2009, 86, 87 = ZMR 2009, 114.
21 LG Berlin GE 1986, 1011.
22 OLG Düsseldorf NJW-RR 2009, 86, 87 = ZMR 2009, 114.
23 BGH LM Nr 10 zu § 537 BGB = NJW 1963, 1449 für Beherbergungsverträge.
24 BGH NZM 2002, 217, 218 = NJW-RR 2002, 515, 516.
25 *Staudinger* Rn 15; anders offenbar BGHZ 68, 281, 284 = NJW 1977, 1236; BGH LM Nr 10 zu § 537 BGB = NJW 1963, 1449, 1450.

Volker Emmerich

der Reihe nach 1. das **Minderungsrecht** bei Mängeln nach § 536 (Nr 1 aaO), 2. der **Schadensersatzanspruch** in den Fällen des § 536a Abs 1 (Nr 2 aaO) sowie 3. das Recht des Mieters zur außerordentlichen **Kündigung** ohne Fristsetzung nach § 543 Abs 3 S 1 (Nr 3 aaO). Stürzt der Mieter zB über Risse im Boden, deren Anzeige er schuldhaft unterlassen hatte, so kann er folglich keinen Ersatz für Schäden infolge des Sturzes verlangen.[26] Was sodann das **Kündigungsrecht** des Mieters aus § 543 angeht, so bedeutet die eigenartige Regelung des § 536c Abs 2 S 2 Nr 3 wohl, dass der Mieter auch in den Fällen des § 543 Abs 2 S 2 immer nur *nach Fristsetzung* kündigen kann. Die **sonstigen Rechte** des Mieters bleiben **unberührt**. Wichtig ist das vor allem für den **Erfüllungsanspruch** des Mieter aus § 535 Abs 1 S 2, ferner für den **Aufwendungsersatzanspruch** des Mieters nach § 536a Abs 2 sowie für **Deliktsansprüche**, insbesondere wegen Verletzung der Prüfungspflicht des Vermieters.[27] Die Verletzung der Anzeigepflicht kann in diesen Fällen nur als mitwirkendes Verschulden des Mieters gewertet werden (§ 254).[28]

11   Der **Verlust** der genannten Rechte (o Rn 10) tritt nach § 536c Abs 2 S 2 HS 1 **nicht** ein, **wenn** der **Mangel auch bei rechtzeitiger Anzeige** eingetreten wäre, weil es dann an der nötigen Kausalität zwischen der Verletzung der Anzeigepflicht und dem Mangel fehlt.[29] Mit **Abhilfe** meint das Gesetz hier die Wiederherstellung des vertragsgemäßen Zustandes gemäß § 535 Abs 1 S 2.[30] Der Vermieter kann sich folglich nur dann auf den Rechtsverlust des Mieters nach § 536c Abs 2 S 2 berufen, wenn die rechtzeitige Herstellung des vertragsgemäßen Zustandes ursprünglich möglich war und gerade *durch* die *Verletzung der Anzeigepflicht* des Mieters aus § 536c Abs 1 *verhindert* wurde;[31] andernfalls behält der Mieter seine Rechte. Das Minderungsrecht lebt außerdem wieder auf, sobald der Mieter die Anzeige nachholt.[32]

12   **4. Beweislast.** Die Beweislast für die Voraussetzungen eines Schadensersatzanspruchs nach § 536c Abs 2 S 1 wegen der Verletzung der Anzeigepflicht durch den Mieter trifft den **Vermieter.** Dazu gehören insbesondere auch die Unterlassung oder Verspätung der Anzeige sowie die Kausalität zwischen dieser Vertragsverletzung und dem Schaden.[33] Die (schwierigen) Beweissituation des Vermieters wird nur insofern etwas gemildert, als den Mieter eine sekundäre Darlegungslast trifft, so dass er gegebenenfalls substantiiert darlegen muss, wann und wie er tatsächlich seiner Anzeigepflicht nachgekommen sein will.[34] Der Vermieter trägt außerdem die Beweislast, wenn er einen Rechtsverlust des Mieters unter Berufung auf § 536c Abs 2 S 2 geltend macht.[35] Dagegen trifft den **Mieter** die Beweislast, wenn er sich auf einen der Ausnahmetatbestände beruft, in denen seine Anzeigepflicht entfällt.[36]

---

26 OLG Düsseldorf ZMR 2008, 952.
27 RGZ 165, 155, 159.
28 OLG Stuttgart MDR 1973, 588f Nr 55.
29 BGHZ 68, 281, 287 = NJW 1977, 1236; BGH LM Nr 15 zu § 9 (Bb) AGBG = NJW 1987, 1072, 1074; OLG Düsseldorf ZMR 2003, 21, 23.
30 BGH LM Nr 15 zu § 9 (Bb) AGBG (Bl 4 R) = NJW 1987, 1072, 1074.
31 BGH (vorige Fn).
32 LG Köln WuM 1966, 114 = MDR 1966, 761 Nr 60.
33 BGH WuM 2013, 160 Tz 26 ff; OLG Brandenburg ZMR 2008, 706, 707; OLG Düsseldorf NJW-RR 2009, 86, 87; streitig.
34 BGH WuM 2013, 160 Tz 36.
35 BGH LM Nr 15 zu § 9 (Bb) AGBG (Bl 4 R) = NJW 1987, 1072, 1074; OLG Düsseldorf ZMR 2003, 22, 23; LG Kiel WuM 1998, 282.
36 S o Rn 7; OLG Düsseldorf ZMR 1987, 376; LG Köln ZMR 2008, 629.

§ 536d

Vertraglicher Ausschluss von Rechten des Mieters wegen eines Mangels

Auf eine Vereinbarung, durch die die Rechte des Mieters wegen eines Mangels der Mietsache ausgeschlossen oder beschränkt werden, kann sich der Vermieter nicht berufen, wenn er den Mangel arglistig verschwiegen hat.

Systematische Übersicht

1. Überblick. Die §§ 536 und 536a sind an sich dispositiv, so dass sie vertraglich in **1** den Grenzen der §§ 138 und 242 sowie (bei AGB) der §§ 307 bis 310 abgeändert oder eingeschränkt werden können (s § 536 Rn 71ff; § 536a Rn 43f). Eine Ausnahme gilt nur für die Minderung bei der Wohnraummiete (§ 536 Abs 4; s o § 536 Rn 74ff). Eine weitere **Schranke für Ausschlussklauseln** ergibt sich aus **§ 536d,** nach dem sich der Vermieter auf eine Vereinbarung, durch die die Rechte des Mieters wegen eines Mangels der Mietsache ausgeschlossen *oder* beschränkt werden, nicht berufen kann, wenn er den Mangel **arglistig verschwiegen** hat. Das gilt gleichermaßen für Sach- wie für Rechtsmängel sowie für das Kündigungsrecht des Mieters aus § 543 Abs 2 Nr 1 (§ 543 Abs 4 S 1).[1]

2. Voraussetzungen. Der Vermieter kann sich nach § 536d auf eine Ausschlussklau- **2** sel nicht berufen, wenn er den Mangel dem Mieter arglistig verschwiegen hat. Die Voraussetzungen sind umstritten. Die hM neigt zu einer ständigen Ausweitung des Begriffs der **Arglist.** Gleichwohl ist daran festzuhalten, dass Arglist des Vermieters grundsätzlich voraussetzt, dass er den **Mangel positiv kennt und** trotz Bestehens einer **Aufklärungspflicht nicht redet** (zur Aufklärungspflicht s sogleich Rn 3). Grobe Fahrlässigkeit steht nicht gleich, wohl aber bedingter Vorsatz.[2] Kern des Vorwurfs gegen den Vermieter, der die Regelung des § 536d rechtfertigt, ist die **vorsätzliche Täuschung** des Mieters, so dass für die Anwendung der Vorschrift kein Raum ist, wenn der Mieter den Mangel gleichfalls kennt.

Eine allgemeine **Aufklärungspflicht** des Vermieters hinsichtlich etwaiger Mängel **3** der Mietsache besteht zwar nicht. Jedoch darf der Vermieter nach Treu und Glauben nicht schweigen, wenn er erkennt, dass der Mieter bei Kenntnis des Mangels den Vertrag überhaupt nicht oder jedenfalls nicht so wie geschehen abschließen würde (§ 242). Vor allem in dieser Beziehung ist zum Schutze des Mieters **Großzügigkeit** geboten. Der Vermieter muss außerdem wahrheitsgemäß Auskunft erteilen, wenn sich der Mieter nach Mängeln erkundigt. Dem arglistigen Verschweigen eines Mangels steht ferner die **arglistige Vorspiegelung** einer nicht vorhandenen Eigenschaft gleich.[3] Bei **mehreren Vermietern** genügt bereits die Arglist eines einzigen von ihnen, um der Ausschlussklausel allen gegenüber die Wirksamkeit zu nehmen.[4] Der Vermieter handelt **zB** arglistig, wenn er den Hauswart anweist, bei den Vertragsverhandlungen nichts von dem Vorhandensein eines störenden Betriebs auf dem Grundstück oder in der Nachbarschaft zu erwähnen, solange die Mietin-

---

1 Wegen der Einzelheiten s *Joachim* NZM 2003, 387.
2 BGH LM Nr 1 zu § 463 BGB.
3 S RGZ 103, 154, 160.
4 BGH WM 1976, 323.

Volker Emmerich

teressenten nicht danach fragen.[5] Dagegen ist es nicht arglistig, wenn er ein polizeiliches Benutzungsverbot verschweigt, sofern die zuständigen Behörden dessen Beachtung seit Jahren nicht durchgesetzt haben.[6]

4   **3. Rechtsfolgen.** Unter den Voraussetzungen des § 536d kann sich der Vermieter auf die Ausschlussklausel **nicht berufen.** Damit wird klargestellt, dass von der Unwirksamkeit der Klausel die Wirksamkeit des Mietvertrages im Übrigen nicht berührt wird, dass maW hier kein Raum für die Anwendung des § 139 ist.[7] Lagen bei Vertragsschluss **mehrere Mängel** vor, so ist grundsätzlich die Ausschlussklausel nur hinsichtlich derjenigen Mängel unwirksam, bezüglich derer dem Vermieter Arglist vorzuwerfen ist, im Übrigen aber wirksam.[8] Die Vorschrift ist ihrer Natur nach zwingend.[9] – Die **Beweislast** für die Arglist des Vermieters trifft den **Mieter.** Der Vermieter muss hingegen beweisen, dass er den Mangel tatsächlich dem Mieter mitgeteilt hatte oder dass diesem der Mangel doch bekannt war. Dasselbe gilt für die Behauptung des Vermieters, die Täuschung sei für den Entschluss des Mieters ohne Bedeutung gewesen.[10]

§ 537
Entrichtung der Miete bei persönlicher Verhinderung des Mieters

[1] Der Mieter wird von der Entrichtung der Miete nicht dadurch befreit, dass er durch einen in seiner Person liegenden Grund an der Ausübung seines Gebrauchsrechts gehindert wird. Der Vermieter muss sich jedoch den Wert der ersparten Aufwendungen sowie derjenigen Vorteile anrechnen lassen, die er aus einer anderweitigen Verwertung des Gebrauchs erlangt.

[2] Solange der Vermieter infolge der Überlassung des Gebrauchs an einen Dritten außerstande ist, dem Mieter den Gebrauch zu gewähren, ist der Mieter zur Entrichtung der Miete nicht verpflichtet.

---

5   RG LZ 1914, 1620; 1918, 837.
6   OLG Dresden OLGE 33, 301 = SeuffA 70 (1915) Nr 33, S 50, 51 f.
7   So die Begr zum RegE BT-Drucks 14/4553, S 42, 82, 98.
8   RGZ 62, 122, 125.
9   S die Begr aaO, S 42.
10 Vgl für den Kauf BGH BB 1969, 1412 = Betrieb 1969, 2082.

I. Anwendungsbereich

Nach § 537 Abs 1 S 1 wird der Mieter von der Entrichtung der Miete grundsätzlich nicht **1** dadurch befreit, dass er durch einen in seiner Person liegenden Grund an der Ausübung seines Gebrauchsrechts gehindert wird; anders verhält es sich nur, wenn der Vermieter nicht mehr erfüllungsbereit ist (§ 537 Abs 2). Die Vorschrift zieht letztlich die gebotenen Folgerungen aus dem Umstand, dass den Mieter **keine Abnahme- oder Gebrauchspflicht,** wohl aber das **Verwendungsrisiko** trifft. Für eine Anwendung des **§ 254** ist deshalb in den Fällen des § 531 kein Raum.[1]

§ 537 regelt verschiedene **Fälle**. Im Vordergrund des Interesses steht zunächst der Fall, **2** dass der Mieter **während der Mietzeit** aus *in seiner Person* liegenden Gründen vorübergehend oder endgültig **an der Ausübung** des ihm zustehenden Mietgebrauchs **gehindert** wird (u Rn 5). Davon zu unterscheiden ist der Fall, dass der Mieter den Mietgebrauch **von vornherein** aus persönlichen Gründen **nicht antritt,** insbesondere also die Mietsache zu dem vereinbarten Termin **nicht abnimmt.** § 537 ist nach durchaus hM auch auf diesen Fall (unmittelbar oder entsprechend) anwendbar. Das ist jedenfalls unbedenklich, wenn die Miete wie häufig **absolutes Fixgeschäft** ist, wie aus § 326 Abs 2 zu folgern ist, vorausgesetzt, dass der Mieter die Unterlassung der Abnahme zu vertreten hat.[2] § 537 Abs 1 S 1 macht jedoch deutlich, dass hierher nicht nur der Fall gehört, dass der Mieter *willentlich* auf die Abnahme oder den Gebrauch der Sache verzichtet, sondern auch der andere Fall, dass er allein *aus in seiner Person liegenden Gründen* an der Abnahme oder an der Ausübung des Gebrauchs *gehindert* wird, so dass der Vermieter (als Sachleistungsschuldner) dann gleichermaßen nach § 326 Abs 2 wie nach § 537 den Anspruch auf die Gegenleistung, die Miete, behält.[3] Es ist deshalb nur folgerichtig, hier zusätzlich auch § 537 Abs 1 S 2 und Abs 2 zumindest entsprechend anzuwenden.[4]

---

1 BGH NJW 2007, 2177 Tz 27.
2 OLG Düsseldorf ZMR 1992, 536, 537; s *Emmerich* in: Vertragsverletzung im Wohnraummietverhältnis, PiG Bd 46 (1995) 119, 134f.
3 OLG Düsseldorf ZMR 1992, 536, 537.
4 *H Köhler* Unmöglichkeit und Geschäftsgrundlage bei Zweckstörungen (1971), 33; *Mittelstein* Miete, 391.

3   Unklar ist die Rechtslage daher im Grunde nur in den wenigen verbleibenden Fällen, in denen es wegen der Nichtabnahme des Mieters lediglich zum **Annahmeverzug** kommt, weil die zunächst verlorene Mietzeit später noch nachgeholt werden kann. Nach überwiegender Meinung soll auch in diesem Fall **§ 537 Abs 1 S 1** entsprechende Anwendung finden, so dass der Mieter trotz der Nichtausübung des Mietgebrauchs die Miete zahlen muss. Obwohl dies nicht zwingend ist, hat sich diese Auffassung doch durchgesetzt.[5] Unbedenklich ist sie auf jeden Fall, wenn den Mieter eine Abnahmepflicht trifft (§§ 280, 252).[6]

4   § 537 wird ferner überwiegend auf den Grenzfall des **freiwilligen vorzeitigen Auszugs des Mieters** angewandt.[7] Dem ist nur im Ergebnis zuzustimmen, da die Verpflichtung des Mieters zur Fortzahlung der Miete in diesem Falle an sich bereits aus dem Umstand folgt, dass er grundsätzlich zum Gebrauch der Mietsache nur berechtigt, nicht jedoch verpflichtet ist. Es ist daher allein seine Entscheidung, ob er von der gemieteten Sache den vereinbarten Gebrauch machen will oder nicht. Verzichtet er darauf, so ändert dies nichts an dem Vertrag, so dass der Vermieter – ganz ohne Rücksicht auf § 537 – weiterhin Erfüllung verlangen kann.[8] – § 537 ist an sich nicht zwingend, so dass er vertraglich **abgeändert** werden kann (§ 311 Abs 1), wegen des hohen Gerechtigkeitsgehalts der Vorschrift aber wohl **nur durch Individualvereinbarung**, dagegen grundsätzlich **nicht** durch **Formularvertrag** (§ 307).[9]

II. Risikosphäre des Mieters

5   § 537 Abs 1 S 1 stellt darauf ab, ob der Mieter durch einen „in seiner Person" liegenden Grund an der Ausübung seines Gebrauchsrechts gehindert wird. Zu unterscheiden ist folglich zwischen **Hinderungsgründen aus der Person des Mieters** und **sonstigen Hinderungsgründen**, mögen sie ihre Ursache in der Person des Vermieters oder in objektiven Umständen haben.[10] Während der Mieter nach § 537 Abs 1 S 1 das Risiko von Hinderungsgründen aus seiner Person tragen muss (sog **Verwendungsrisiko**), liegt **Unmöglichkeit** vor, wenn er **durch sonstige Hinderungsgründe** an dem Gebrauch gehindert wird, so dass sich die Rechtsfolgen dann nicht nach § 537, sondern nach den allgemeinen Vorschriften richten (§§ 275, 283, 326). Für die **Abgrenzung** zwischen Unmöglichkeit und Verwendungsrisiko des Mieters verweist das Gesetz in § 537 Abs 1 S 1 letztlich auf das Kriterium der **Risikosphäre des Mieters**.[11] Bei deren Bestimmung ist in erster Linie von den **Abreden der Parteien** auszugehen.[12] Hat danach eine der beiden Parteien ein bestimmtes Risiko ausdrücklich oder konkludent übernommen, so hat es dabei sein Bewenden.[13] Bei der Wohnraummiete sind außerdem Hinderungsgründe aus der Person der Angehörigen des Mieters dessen Risikosphäre zuzurechnen (§ 278).

5 S *Staudinger* Rn 5.
6 S *Lehmann-Richter* PiG 83 (2008), 181. 197f.
7 Stellungnahme des Bundesrats BT-Drucks 14/4553, S 83; Stellungnahme der Bundesregierung BT-Drucks 14/4553, S 98; BGHZ 122, 163 = NJW 1993, 1645; OLG Hamm OLGZ 1987, 102 = NJW 1986, 2321 = WuM 1986, 201; OLG Düsseldorf NJW-RR 1986, 507 = ZMR 1986, 164.
8 BGH LM Nr 43 zu § 133 (C) BGB (Bl 3f) = NJW 1981, 43; WM 1984, 171, 172.
9 BGH NJW 2008, 1148 Tz 25 = NZM 2008, 206 f.
10 RGZ 79, 92, 95; 147, 304, 309; BGHZ 38, 295, 297 = NJW 1963, 341; OLG Frankfurt MDR 1981, 231.
11 RGZ 147, 304, 308f; BGHZ 38, 295, 297f = NJW 1963, 341; OLG Düsseldorf MDR 2001, 83; *H Köhler* Unmöglichkeit, 31, 169ff.
12 BGH LM Nr 22 zu § 275 BGB = NJW-RR 1991, 267 = WuM 1991, 25, 26.
13 BGHZ 38, 295, 298 = NJW 1963, 341; OLG Oldenburg OLGZ 1981, 315 = WuM 1981, 125.

Unter § 537 Abs 1 S 1 fallen danach **zB** Krankheit und Tod des Mieters[14] oder eines seiner 6
Angehörigen (o Rn 5), Versetzung des Mieters,[15] Verbüßung einer Freiheitsstrafe, polizeilicher Verweis aus der Ehewohnung,[16] der Antritt einer längeren Reise[17] oder der Besuch eines
Lehrgangs[18] sowie behördliche Verbote, die ihren Grund in der Person des Mieters haben
und deshalb keinen Mangel iS des § 536 darstellen.[19] § 537 greift außerdem ein, wenn dem
Mieter aus in seiner Person liegenden Gründen die erforderliche Betriebsgenehmigung oder
Konzession versagt wird[20] oder wenn gegen ihn ein Aufenthaltsverbot erlassen wird.[21] Dasselbe gilt schließlich, wenn der Mieter in einem gemieteten Saal die geplante Veranstaltung
nicht durchführen kann, weil die dafür engagierte Künstlerin erkrankt.[22]

III. Anrechnungspflicht

1. Nach § 537 Abs 1 S 2 Fall 1 muss sich der Vermieter auf den durch Abs 1 S 1 auf- 7
rechterhaltenen Erfüllungsanspruch zunächst den Wert der **ersparten Aufwendungen**
anrechnen lassen. Gemeint sind damit vor allem die *verbrauchsabhängigen* Betriebskosten, dh die Kosten für Strom, Wasser und Heizung. Den Gegensatz bilden solche Kosten,
die *verbrauchsunabhängig* sind wie Kehrgebühren, Straßenreinigungskosten oder Versicherungsprämien. Bei derartigen **Fixkosten** besteht keine Anrechnungspflicht. Abweichende Vereinbarungen sind möglich, durch Formularvertrag jedoch nur bei der gewerblichen Miete.[23]

2. Der Vermieter muss sich außerdem die **Vorteile** anrechnen lassen, die er **aus einer** 8
anderweitigen Verwertung des Gebrauchs tatsächlich erlangt hat (§ 537 Abs 1 S 2 Fall 2).
Dadurch soll verhindert werden, dass sich der Vermieter infolge der Gebrauchsverhinderung des Mieters letztlich im Ergebnis besser als bei Durchführung des Vertrags stände.[24]
Bedeutung hat diese Regelung vor allem für den Fall, dass der Mieter vorzeitig den Mietgebrauch aufgibt (o Rn 4). In diesem Fall hat der Vermieter folglich die Wahl zwischen
dem Festhalten an dem Vertrag[25] und der anderweitigen Verwertung der Sache, wobei er
sich jedoch im zweiten Fall das dadurch Erlangte auf seinen Erfüllungsanspruch anrechnen lassen. Erlangt er durch die anderweitige Verwertung nichts, so entfällt auch seine
Anrechnungspflicht aus § 537 Abs 1 S 2.[26]

Eine anderweitige Verwertung liegt auch vor, wenn der Vermieter die Sache selbst 9
gebraucht. In diesem Fall muss der Wert des **Eigengebrauchs** in Geld veranschlagt und
sodann auf den Erfüllungsanspruch des Vermieters angerechnet werden.[27] Das wichtigste
Beispiel sind umfangreiche Reparaturen oder Umbauarbeiten in der fraglichen Zeitspanne.

---

14 OLG Düsseldorf MDR 2001, 83.
15 OLG Oldenburg OLGZ 1981, 315 = WuM 1981, 125.
16 AG Ludwigsburg NZM 2005, 301.
17 KG OLGE 8, 394.
18 LG Gießen NJW-RR 1995, 395.
19 S o § 536 Rn 20ff; RGZ 79, 92, 95; OLG Düsseldorf ZMR 1992, 536.
20   OLG Hamburg OLGE 16 (1908 I), 416, 417.
21 OLG München OLGE 39 (1919 II), 150f.
22 **AM** OLG Bremen NJW 1953, 1393 „Marika Rökk-Fall"; weitere Beispiele s *Staudinger* Rn 9f.
23 KG OLGZ 1972, 4, 8.
24 Mot II 400.
25 BGH WM 1984, 171, 172; LM Nr 42 zu § 6 AbzG = NJW 1987, 842.
26 OLG Celle NdsRpfl 1964, 204; LG Kassel WuM 1989, 410; str.
27 OLG Oldenburg NJW 1959, 340, 341; LG Saarbrücken WuM 1979, 140f; LG Gießen NJW-RR 1996, 264 =
ZMR 1996, 143.

Volker Emmerich

IV. Nachfolgeklauseln[28]

10   Unter Nachfolge- oder Ersatzmieterklauseln versteht man mietvertragliche **Abreden,** aufgrund derer der Vermieter **verpflichtet** ist, den **Mieter vorzeitig** aus dem Mietvertrag **zu entlassen, wenn** dieser ihm einen oder mehrere zumutbare **Ersatzmieter** präsentiert, die vorbehaltlos bereit sind, anstelle des bisherigen Mieters in den Mietvertrag einzutreten. Im Einzelnen unterscheidet man **echte und unechte** Nachfolgeklauseln, je nachdem, ob der Mieter unter den genannten Voraussetzungen einen Anspruch auf Abschluss gerade mit dem von ihm benannten Ersatzmieter oder „nur" auf seine Entlassung aus dem Vertrag hat.[29] In jedem Fall aber besteht die Wirkung der Abrede in erster Linie darin, dass sich der **Mieter vorzeitig** von dem Vertrag **lösen** kann, wenn er dem Vermieter einen oder mehrere geeignete neue Mieter zur Auswahl vorschlägt, wobei die *Auswahl* unter den vorgeschlagenen Mietern allein dem Vermieter zusteht.[30] Der Mieter wird **frei,** wenn der Vermieter den vom Mieter vorgeschlagenen Ersatzmieter **aus unsachlichen Gründen ablehnt.** Als unsachlich gilt zB die Ablehnung eines Ersatzmieters, weil er ein Kind hat,[31] weil er Ausländer ist[32] oder weil der Nachfolger für den Pächter einer Gastwirtschaft kein Gastwirt, sondern „bloß" gelernter Kaufmann ist.[33]

Im Anwendungsbereich des **AGG** (§§ 2 Abs 1 Nr 8, 19 Abs 5) muss auch das Benachteiligungsverbot des § 19 Abs 1 bis 3 AGG berücksichtigt werden.[34] Als unzumutbar gilt dagegen ein Ersatzmieter, wenn er anders als der erste Mieter nicht zum Abschluss eines langfristigen schriftlichen Mietvertrages bereit ist.[35] Maßgebend sind letztlich die Abreden der Parteien.[36]

V. Anspruch auf Vertragsentlassung bei überwiegendem Mieterinteresse

11   Auch wenn Abreden der Parteien über die Modalitäten einer vorzeitigen Vertragsentlassung des Mieters fehlen (o Rn 10), wird dem Mieter unter bestimmten Voraussetzungen (u Rn 12ff) heute überwiegend, letztlich unter Berufung auf § 242, ein **Anspruch auf vorzeitige Entlassung** aus dem Mietvertrag zugebilligt.[37] Das gilt gleichermaßen für die Wohnraum- wie für die Geschäftsraummiete. Die Voraussetzungen im Einzelnen sind umstritten. Vor allem bei der **Wohnraummiete** tendiert aber eine verbreitete Meinung unverkennbar zu einer zunehmend großzügigeren Handhabung des Rechtsinstituts zu Gunsten des Mieters.

12   **1. Interesse des Mieters.** Der Anspruch des Mieters auf Entlassung aus dem Mietvertrag setzt nach herkömmlicher Auffassung als erstes voraus, dass er ein **dringendes berechtigtes Interesse an** einem **vorzeitigen Auszug** hat, **das** das **Interesse des Vermieters** an der Vertragsfortsetzung deutlich **überwiegt.** Bloße wirtschaftliche oder persönliche Gründe des Mieters genügen dafür allein nicht, insbesondere nicht das Inter-

---

28 S *Staudinger* Rn 17ff; *Emmerich* PiG Bd 52 (1997) 65, 71f; *Sternel* Mietrecht, Rn I 97ff (S 42ff).
29 OLG Frankfurt NJW-RR 1992, 143 = ZMR 1991, 382; *Sternel* (vorige Fn).
30 BGH NJW 2003, 1246 = NZM 2003, 277; NZM 2005, 340 = GE 2005, 607.
31 BGH (vorige Fn).
32 BGH LM Nr 44 zu § 535 BGB = WM 1970, 93.
33 BGH LM Nr 241 zu § 242 (Cd) BGB (Bl 3 R) = WM 1984, 93.
34 *Zorn* WuM 2006, 591.
35 BGH NZM 2005, 340 = GE 2005, 607.
36 S *Staudinger* Rn 19.
37 BGH NJW 2003, 1246 = NZM 2003, 277; NZM 2012, 341 = WuM 2012, 371; *Staudinger* Rn 20ff.

esse an einer günstigeren oder besseren Wohnung oder das Interesse an dem Bezug des eigenen Hauses; es muss sich vielmehr um solche Interessen des Mieters handeln, die ihm ein **Festhalten an dem Vertrag unzumutbar** machen und deren Ursachen **nicht** zu seinem **Risikobereich** (iS des § 537 Abs 1) gehören, die er vor allem nicht selbst freiwillig herbeigeführt hat.[38] Der Mieter muss dieses Interesse außerdem in seinem Antrag auf Vertragsaufhebung im Einzelnen substantiiert vortragen[39] und zugleich den oder die von ihm vorgeschlagenen Ersatzmieter dem Vermieter ausdrücklich benennen.[40] **Beispiele** sind eine schwere Erkrankung des Mieters, der dringende Umzug einer betagten Mieterin in ein Altenheim,[41] ein unaufschiebbarer Arbeitsplatzwechsel[42] oder eine nicht voraussehbare Vergrößerung oder Verkleinerung der Familie.[43] Ein Anspruch auf vorzeitige Vertragsentlassung besteht dagegen **nicht, wenn die Gründe** wie namentlich die mangelnde Rentabilität oder Eignung der Mietsache zum **Risikobereich des Mieters** gehören,[44] wenn der Mieter aus bereits bei Vertragsabschluss absehbaren Gründen ausziehen will[45] oder wenn der alte Vertrag ohnehin mit einer Frist von wenigen Monaten gekündigt werden kann.[46] Im **Schrifttum** wird demgegenüber heute, wie bereits betont (Rn 11), verbreitet eine großzügigere Handhabung des Rechtsinstituts favorisiert. Danach soll jedenfalls bei der **Wohnraummiete jedes berechtigte Interesse** des Mieters an der vorzeitigen Beendigung des Mietverhältnisses – bei Stellung eines zumutbaren Ersatzmieters – ausreichen.[47] In dieselbe Richtung weist ein Urteil des **BGH** aus dem Jahre 2003.[48] Insgesamt ist daher die **Tendenz zur Auflockerung** der Voraussetzungen des Anspruchs auf Vertragsentlassung unübersehbar. Zu beachten bleibt, dass in den letzten Jahren die ganze Materie mit Rücksicht auf die Verkürzung der Kündigungsfristen für den Mieter durch § 573c Abs 1 erheblich an praktischer Bedeutung eingebüßt hat.

2. Zumutbarer Ersatzmieter. Ein überwiegendes oder auch nur berechtigtes Interesse des Mieters an der vorzeitigen Entlassung aus dem Vertrag (o Rn 12) allein reicht noch nicht aus, um die Verpflichtung des Vermieters zu begründen, den Vertrag aufzuheben; hinzu kommen muss vielmehr noch, dass der Mieter dem Vermieter einen diesem **zumutbaren Ersatzmieter vorschlägt**, so dass der Vermieter bei Abschluss mit dem Ersatzmieter keine Nachteile infolge der vorzeitigen Entlassung des ersten Mieters aus dem Vertrag zu befürchten braucht (§§ 242, 540 Abs 2). Die Frage, ob der Ersatzmieter für den Vermieter **zumutbar** ist, beurteilt sich sowohl nach seiner **Person** als auch nach seiner **Bereitschaft** 13

---

38 OLG Karlsruhe OLGZ 1981, 354, 359ff = NJW 1981, 1741; OLG Oldenburg OLGZ 1981, 315, 317 = WuM 1981, 125; WuM 1982, 124 = ZMR 1982, 285; OLG Hamm NJW 1983, 1564 = ZMR 1983, 277; NJW-RR 1995, 1478 = ZMR 1995, 525; BayObLGZ 1985, 88 = WuM 1985, 140; OLG Hamburg ZMR 1987, 93; OLG Zweibrücken WuM 1998, 147, 148f.
39 LG Berlin GE 1996, 741.
40 LG Köln WuM 1995, 105.
41 LG Duisburg WuM 1999, 691; OLG Koblenz NJW 2004, 77 = WuM 2003, 693f.
42 LG Berlin GE 1989, 415; LG Baden-Baden NJW-RR 1997, 75.
43 OLG Karlsruhe OLGZ 1981, 354, 363 = NJW 1981, 1741 = WuM 1981, 173, 174f; BayObLGZ 1985, 88 = WuM 1985, 140; LG Osnabrück WuM 1995, 394; s *Staudinger* Rn 22f.
44 OLG Hamburg ZMR 1987, 93.
45 OLG Oldenburg OLGZ 1981, 315, 317 = WuM 1981, 125.
46 OLG Oldenburg WuM 1982, 124 = ZMR 1982, 285; LG Braunschweig ZMR 2001, 113f.
47 Insbes. *Kandelhard* Die Rechte des Wohn- und Gewerberaummieters, S 195ff; *ders* NZM 2004, 846, 847ff = WuM 2004, 249; ebenso *M Fischer* WuM 2004, 123, 124f; *Wiek* WuM 2004, 509, 511; wohl auch *Streyl* WuM 2005, 183, 186ff; zweifelnd dagegen *Hinz* NZM 2003, 669, 660f und WuM 2004, 124, 128; *Lehmann-Richter* PiG 83 (2008), 181, 186f.
48 BGH NJW 2003, 1246 = NZM 2003, 277; enger aber offenba wieder BGH NZM 2003, 711, 713 = WuM 2003, 505.

Volker Emmerich

zum Eintritt in den alten Mietvertrag.[49] Dies bedeutet, dass der Ersatzmieter zunächst **vorbehaltlos zum Eintritt in** den **laufenden Mietvertrag** anstelle des bisherigen Mieters **bereit** sein muss. Den Abschluss eines neuen Vertrages, wenn auch zu den bisherigen Konditionen, kann er grundsätzlich nicht verlangen. Lehnt der Ersatzmieter einen vorbehaltlosen Eintritt in den alten Vertrag ab, so kann ihn der Vermieter grundsätzlich zurückweisen.[50]

14   Hinzu kommen muss außerdem, dass der Ersatzmieter **seiner Person nach** für den Vermieter **zumutbar** ist. Ob dies der Fall ist, kann nur im Einzelfall **aufgrund** einer umfassenden **Interessenabwägung** unter Berücksichtigung des Benachteiligungsverbots des § 19 AGG (soweit anwendbar) sachgerecht entschieden werden, wobei jedoch **keine übertriebenen Anforderungen** gestellt werden dürfen.[51] Fernliegende Befürchtungen, bloße persönliche Antipathien oder eine objektiv nicht begründete negative Einstellung des Vermieters zu bestimmten Mieterkreisen bleiben außer Betracht, sofern der Ersatzmieter, objektiv gesehen, vertrauenswürdig und zahlungsfähig ist. Es reicht daher auch jenseits des Anwendungsbereichs des AGG grundsätzlich **nicht** als **Ablehnungsgrund** aus, dass der Ersatzmieter Ausländer ist, dass er an den ersten Mieter einen Abstand gezahlt hat[52] oder dass er Kinder hat.[53] Die Zumutbarkeit eines Ersatzmieters ist dagegen zB zu **verneinen**, wenn er nicht zur schriftlichen Abfassung eines langfristigen Mietvertrags bereit ist (§ 550)[54], wenn er anderen Mietern Konkurrenz machte oder wenn von ihm sonst Störungen drohen sowie wenn berechtigte Zweifel an seiner Zahlungsfähigkeit bestehen.[55] Einen Ablehnungsgrund stellt es außerdem dar, wenn der Ersatzmieter gewerblich oder teilgewerblich genutzte Räume allein als Wohnung nutzen oder die Branche völlig verändern will[56] oder wenn er – umgekehrt – beabsichtigt, die bisherigen Wohnräume gewerblich oder teilgewerblich zu nutzen.[57]

15   **3. Auswahl.** Die Auswahl des Ersatzmieters ist ausschließlich **Sache des Vermieters**, und zwar schon deshalb, weil er das Risiko der Zahlungsunfähigkeit des neuen Mieters tragen muss.[58] Der Mieter muss aus diesem Grunde dem Vermieter nach Möglichkeit eine ausreichende Zahl von Ersatzmietern vorschlagen, damit der Vermieter überhaupt eine Wahlmöglichkeit hat.[59] Jedoch löst auch schon der Vorschlag eines *einzigen* zumutbaren Ersatzmieters unter den genannten Voraussetzungen die Verpflichtung des Vermieters zur Entlassung des Mieters aus dem Vertrag aus. Außerdem muss der Mieter dem Vermieter eine **Überlegungsfrist** einräumen, weil anders der Vermieter den oder die vorgeschlagenen Ersatzmieter nicht überprüfen kann. In der Regel wird diese Überlegungsfrist auf zwei bis drei Monate bemessen, so dass während dieses Zeitraums der Mieter die Miete auf jeden Fall fortzahlen muss.[60]

---

49 S *Emmerich* in: Der Mieterwechsel, PiG Bd 52 (1995) 65, 74ff.
50 OLG Oldenburg WuM 1982, 124 = ZMR 1982, 285.
51 OLG Hamm NJW 1983, 1564; LG Berlin GE 2003, 457f; *Zorn* WuM 2006, 591.
52 BGH LM Nr 2 zu § 30 MSchG = NJW 1963, 1299; LM Nr 44 zu § 535 BGB = MDR 1970, 320; OLG Frankfurt NZM 2001, 586 = ZMR 2000, 607, 608.
53 BGH NJW 2003, 1246 = NZM 2003, 277; *Kandelhard* NZM 2004, 846, 848f = WuM 2004, 249; anders LG Hildesheim WuM 2005, 572 (freilich in einem besonderen Fall).
54 BGH NZM 2005, 340, 341.
55 LG Bremen ZMR 2001, 545, 546 = NZM 2002, 337.
56 LG Köln MDR 1961, 693; LG Berlin GE 1996, 187.
57 LG Gießen WuM 1996, 23, 24 = NJW-RR 1996, 462.
58 S u Rn 18; OLG München NJW-RR 2003, 77.
59 AG Halle WuM 1986, 314.
60 LG Saarbrücken WuM 1995, 314, 315; LG Gießen NJW-RR 1997, 392 = ZMR 1997, 80.

4. Eintritt des Ersatzmieters. Der Eintritt des Ersatzmieters in den Vertrag voll- **16** zieht sich idR, aber nicht notwendig durch dreiseitigen Vertrag der Beteiligten oder durch Vertrag des Ersatzmieters mit dem alten Mieter unter Zustimmung des Vermieters (s im einzelnen § 540 Rn 23ff). Der Ersatzmieter ist dann **Rechtsnachfolger des ersten Mieters**, so dass der alte Vertrag mit ihm fortgesetzt wird. Der Nachmieter übernimmt aber iZw nur die in der Zukunft entstehenden Rechte und Pflichten seines Vorgängers, nicht dagegen schon vor seinem Eintritt begründete Rechte und Pflichten oder Schulden.[61] Die Frage, ob zugleich mit dem Eintritt des Ersatzmieters in den Vertrag der **alte Mieter** aus dem Vertrag **entlassen** wird, hängt von der von den Beteiligten gewählten Konstruktion des Eintritts des neuen Mieters in den Vertrag ab und wird dementsprechend je nach Fallgestaltung in der Rechtsprechung unterschiedlich beantwortet. Nach Meinung des **BGH** handelt es sich um eine **Frage des Einzelfalles**.[62] Für den **Regelfall** sollte jedoch nach Treu und Glauben daran festgehalten werden, dass der **alte** Mieter **konkludent** als aus dem Vertrag **entlassen** gilt, sobald der neue Mieter, der Ersatzmieter, anstelle des alten Mieters in den Mietvertrag eingetreten ist oder der Vermieter mit ihm einen neuen Vertrag abgeschlossen hat.[63] Erweist sich der neue Mieter als nicht solvent, so hat der Vermieter grundsätzlich auch keinen Regressanspruch gegen den alten Mieter.[64]

Lehnt der Vermieter **ohne Grund** einen Ersatzmieter **ab** und verhindert er dadurch **17** die vorzeitige Entlassung des Mieters aus dem Vertrag, so **verletzt** er eine sich aus dem Mietvertrag ergebende **Nebenpflicht**, so dass der Mieter verlangen kann, so gestellt zu werden, als ob ihn der Vermieter rechtzeitig aus dem Vertrag entlassen hätte (§§ 162, 241 Abs 2, 249, 280 Abs 1)[65]. Der Vermieter kann folglich für die Zukunft **keine Miete mehr** von dem Mieter verlangen und muss eine etwaige Kaution zurückzahlen.[66] Gleich steht der Fall, dass der Vermieter an den Ersatzmieter ungerechtfertigte, zusätzliche Anforderungen stellt oder den Vertragsabschluss von zusätzlichen Bedingungen, zB von einer Mieterhöhung abhängig macht, da solches Verhalten im Ergebnis auf eine Ablehnung des Ersatzmieters hinausläuft.[67] – Die **Beweislast** für das eigene dringende Interesse an einem vorzeitigen Auszug und für die Bereitschaft eines akzeptablen Ersatzmieters zum Eintritt in den Vertrag trägt der **Mieter**. Dagegen muss der **Vermieter** beweisen, dass er vernünftige Gründe zur Ablehnung des Ersatzmieters hat.[68]

VI. Erfüllungsbereitschaft

1. Nach **§ 537 Abs 2** wird der Mieter von der Verpflichtung zur Fortzahlung der Miete **18** aufgrund des Abs 1 der Vorschrift frei, wenn und solange der Vermieter infolge der Überlassung des Gebrauchs an einen Dritten zur Gebrauchsgewährung außerstande ist. Der Vermieter kann folglich **nur so lange** vom Mieter **Erfüllung** durch Zahlung der Miete **verlangen, wie** er selbst zur **Erfüllung bereit und im Stande** ist.[69] Der Gebrauchsüberlas-

---

61 BGH LM Nr 5 zu § 210 BGB = ZMR 1980, 373.
62 BGH NZM 2012, 341 Tz 4 = WuM 2012, 371.
63 LG Gießen NJW-RR 1997, 1441 = ZMR 1997, 471.
64 OLG Hamburg NJW-RR 1987, 657 = ZMR 1987, 173; ebenso für einen Leasingvertrag BGH LM Nr 34 zu § 326 (A) BGB = ZMR 1997, 127, 128.
65 S *Emmerich* in: Der Mieterwechsel, PiG Bd 52 (1995) 65, 75f; *Lehmann-Richter* PiG 83 (2008), 181, 186f.
66 OLG Hamm NJW 1983, 1564 = WuM 1983, 228; OLG Düsseldorf MDR 1990, 724; OLG Koblenz NJW 2004, 77 = WuM 2003, 693, 694; vgl auch für eine Nachfolgeklausel BGH NJW 2003, 1246 = NZM 2003, 277.
67 OLG München NJW-RR 1995, 393; OLG Düsseldorf NJW-RR 1992, 657; LG Bielefeld WuM 1993, 118.
68 BGH NJW 2003, 1246, 1247 = NZM 2003, 277, 288 = WuM 2003, 204.
69 BGHZ 38, 295, 300 = NJW 1963, 341; BGHZ 122, 163, 167 = NJW 1993, 1645.

Volker Emmerich

sung an einen **Dritten** steht außerdem die **eigene Benutzung der Mietsache** durch den Vermieter gleich, sofern infolgedessen Unmöglichkeit der Erfüllung eintritt.[70] Dies ist vor allem bei über das übliche Maß hinausgehenden, umfangreichen Reparatur- und Umbauarbeiten anzunehmen.[71]

19 § 537 Abs 2 kann **insbesondere** bei einer **anderweitigen Vermietung der Sache** erfüllt sein, sofern dem Vermieter infolgedessen auf absehbare Zeit die Erfüllung des ersten Mietvertrages unmöglich wird.[72] Dagegen bleibt der Vermieter **erfüllungsbereit,** wenn er lediglich einige Gegenstände in die leere Wohnung schafft, die er auf Anforderung des Mieters jederzeit leicht wieder entfernen kann,[73] wenn er sich die jederzeitige fristlose Kündigung vorbehält[74] oder wenn er nach dem Auszug des Mieters die Räume Handwerkern als Lager- und Aufenthaltsraum überlässt, diesen Zustand aber jederzeit zu ändern vermag.[75]

20 2. Besonderheiten gelten, wenn der Mieter **vorzeitig auszieht** und fortan keine Miete mehr zahlt. Vermietet daraufhin der Vermieter, um den Schaden gering zu halten, die Räume **anderweitig zu einer niedrigeren Miete als bisher,** so muss sich der Vermieter nur die von dem zweiten Mieter tatsächlich erhaltene Miete auf seinen fortbestehenden Mietanspruch gegen den ersten Mieter anrechnen lassen (§ 537 Abs 1), so dass der erste Mieter in derartigen Fällen zur **Fortzahlung der Mietdifferenz** verpflichtet bleibt.[76] Denn im Regelfall ist es als **rechtsmissbräuchlich** anzusehen, wenn sich der Mieter auf die fehlende Erfüllungsbereitschaft des Vermieters beruft, obwohl er es selbst gewesen ist, der durch sein Verhalten den Vermieter dazu veranlasst hat, die Sache anderweitig zu vermieten, um den Schaden möglichst gering zu halten. Gleich steht der Fall, dass der Mieter vertragswidrig von vornherein in die Räume nicht einzieht, so dass sich der Vermieter nach einem anderen Mieter umsehen muss.[77]

21 Diese Regeln (o Rn 22) gelten aber nicht ausnahmslos; der Mieter kann sich vielmehr weiterhin auf die fehlende Erfüllungsbereitschaft des Vermieters (§ 537 Abs 2) berufen, wenn die **Rechtslage objektiv zweifelhaft** war, so dass er berechtigten Anlass zu der Annahme hatte, der Vertrag sei beendet.[78] Ebenso ist zu entscheiden, wenn sich der Vermieter im Vertrauen auf die Verpflichtung des Mieters zur Fortzahlung der Mietdifferenz **nicht um** die bestmögliche anderweitige **Vermietung** der Sache **kümmert** (§ 242) oder wenn er sich nicht darum bemüht, von dem neuen Mieter die Miete einzutreiben.[79] Schließlich wird der Mieter auch dann frei, wenn es der Vermieter selbst war, der ihn durch eine grundlose fristlose Kündigung zum Auszug veranlasst hatte.[80]

---

70 OLG Hamm BB 1976, 1049.
71 BGHZ 38, 295, 298 = NJW 1963, 341; LG Düsseldorf DWW 1999, 156; LG Berlin GE 2001, 1541.
72 LG Baden-Baden NJW-RR 1997, 75.
73 RG JW 1912, 859f Nr 16; AG Lüdenscheid NZM 2005, 821, 822.
74 RGZ 52, 286, 287; OLG Nürnberg OLGZ 1966, 12f.
75 LG Mannheim WuM 1971, 41 = ZMR 1971, 324 Nr 20.
76 BGHZ 122, 163, 168ff = NJW 1993, 1645; BGHZ 156, 328, 334f = NJW 2004, 284; BGH LM Nr 7 zu § 552 BGB (Bl 3) = NJW 2000, 1105 = NZM 2000, 184, 186; NJW 2008, 1148 Tz 28f = NZM 2008, 208.
77 BGH LM Nr 7 zu § 552 BGB (Bl 3) = NJW 2000, 1105 = NZM 2000, 184, 186.
78 BGHZ 122, 163, 169 = NJW 1993, 1645; BGH NJW 2008, 1148 Tz 28f; KG WuM 1996, 696, 698; GE 2001, 1539, 1540; LG Berlin GE 2001, 1540; LG Mainz NZM 2000, 714.
79 OLG Frankfurt NJW-RR 1995, 1225 = WuM 1995, 483, 484; OLG Hamm OLGZ 1987, 102 = NJW 1986, 2321.
80 BGH WM 1983, 44, 45; LG Freiburg WuM 1983, 289; LG Gießen WuM 1985, 257.

VII. Beweislast

Nach hM trifft den **Mieter** gegenüber dem Erfüllungsanspruch des Vermieters **22** (§ 537 Abs 1 S 1) die Beweislast gleichermaßen für die Ersparnis von Aufwendungen oder die Erlangung von Vorteilen durch den Vermieter (§ 537 Abs 1 S 2) wie für dessen fehlende Erfüllungsbereitschaft (§ 537 Abs 2).[81] Dabei wird jedoch übersehen, dass die Beweislast für die Erfüllung den Schuldner trifft. Deshalb muss auch im Rahmen des § 537 Abs 2 nicht der Mieter, sondern der **Vermieter** beweisen, dass er **erfüllungsbereit** ist, dass ihm maW trotz der Gebrauchshinderung auf der Seite des Mieters die Erfüllung möglich war.[82]

§ 538
Abnutzung der Mietsache durch vertragsgemäßen Gebrauch

Veränderungen oder Verschlechterungen der Mietsache, die durch den vertragsgemäßen Gebrauch herbeigeführt werden, hat der Mieter nicht zu vertreten.

Systematische Übersicht

1.	Überblick —— 1		4.	Versicherung —— 6	
2.	Erlaubte Veränderungen —— 3		5.	Erweiterung der Haftung —— 8	
3.	Unzulässige Veränderungen —— 4		6.	Beweislast —— 9	

1. Überblick. Nach § 538 hat der Mieter Veränderungen oder Verschlechterungen **1** der Mietsache infolge des vertragsgemäßen Gebrauchs nicht zu vertreten. Die Vorschrift hat ihren **Grund** letztlich darin, dass der Mieter die Mietsache in der durch Vertrag und Gesetz umschriebenen Weise vorübergehend gebrauchen und damit auch entsprechend abnutzen darf (§ 535).[1] Durch § 538 wird dies aus Gründen der Rechtssicherheit nochmals ausdrücklich klargestellt.

Ob eine Veränderung oder Verschlechterung der Mietsache vorliegt, beurteilt sich **2** nach dem **Zustand der** Sache **bei Überlassung** an den Mieter. Eine **Verschlechterung** liegt vor, wenn der jetzige Zustand der Sache negativ von dem bei Überlassung der Sache an den Mieter abweicht, während der Begriff der **Veränderungen** wertneutral ist und auch Verbesserungen der Mietsache umfasst, zB durch bauliche Maßnahmen des Mieters. Beruht die Veränderung oder Verschlechterung der Mietsache auf dem Mietgebrauch des Mieters, so kommt es für die Anwendung des § 538 und damit letztlich für die Haftung des Meters (§ 280) darauf an, ob sich der Mieter an die **Grenzen des vertragsgemäßen Gebrauchs** gehalten hat (s dazu im Einzelnen o § 535 Rn 35ff). Über die Grenzen des vertragsgemäßen Gebrauchs hinausgehende Verschlechterungen oder Veränderungen begründen, wenn vom Mieter zu vertreten, dessen **Haftung** (§§ 276, 280, 249). Für eine Anwendung der §§ 281 und 286 ist dagegen hier kein Raum, weil der Schaden bereits

---

81 OLG Oldenburg OLGZ 1981, 202 = WuM 1981, 177; KG NJW-RR 1998, 1383 = NZM 1998, 659; OLG Celle ZMR 2003, 343, 344.
82 OLG München HRR 1941 Nr 925; *Krönig* MDR 1950, 205.

1 RGZ 84, 222, 224; BGH NJW 2002, 3234, 3235 = NZM 2002, 913, 915.

　　　　　　　　　　　　　　　　　　　　　　　　Volker Emmerich

eingetreten *ist*, so dass weder eine Mahnung noch eine Fristsetzung des Vermieters Sinn machten.[2]

3   **2. Erlaubte Veränderungen.** Bei der Raummiete ist vor allem die **mit** jeder Form der **Raumnutzung unvermeidlich verbundene Abnutzung** der Räume vom Vertrag gedeckt (§§ 242, 535, 538). Beispiele sind die normale und im Wesentlichen unvermeidliche **Verschmutzung der Wände**, Tapeten und Decken, ferner die **normalen Abnutzungsspuren an den Böden** der gemieteten Räume[3] sowie etwa noch die „normale" Bodenverschmutzung bei einer Tankstelle, die folglich bei Vertragsende nicht vom Mieter, sondern vom Vermieter zu beseitigen ist.[4] Für die **Abnutzung** des Teppichbodens durch den vertragsgemäßen Gebrauch des Mieters gilt dasselbe. Abnutzungen wie zB Laufspuren oder Abdrücke von Tischen oder Stühlen sind durch § 538 gedeckt, während weitergehende Schäden wie etwa Rotwein- oder Brandspuren den Mieter ersatzpflichtig machen (§§ 281 Abs 1 und 823 Abs 1).[5] Der vertragsmäßige Gebrauch umfasst ferner die **Anbringung von Dübeln, Haken und Schrauben.** Maßgebend ist in erster Linie die Verkehrssitte. Soweit nach ihr die Anbringung von Haltevorrichtungen üblich ist, gehört dazu auch, wenn nötig, die Durchbohrung von Kacheln und Fliesen.[6] Wenn sich der Mieter an diesen Rahmen hält, ist er bei Vertragsende nicht zur Beseitigung der Dübel, Haken und Schrauben oder zur Verschließung der Dübellöcher verpflichtet. Eine Ersatzpflicht des Mieters kommt vielmehr nur in Betracht, wenn er die Grenzen des Verkehrsüblichen und nach den Umständen Vertretbaren überschreitet und zB übermäßig viele Haken und Dübel anbringt.[7] Umstritten ist heute insbesondere, was aus dem Gesagten für die Ablagerungen folgt, die das **Rauchen** in den gemieteten Räumen verursacht.[8] Sicher ist nur, dass im Ergebnis das Rauchen in den gemieteten Räumen **vertraglich nicht verboten** werden kann, schon, weil solches Verbot nicht durchsetzbar ist. Das gilt auch, wenn Mitbewohner durch das Rauchen eines Mieters, zB auf dem Balkon oder im Treppenhaus belästigt werden.[9] Ein Teil der Rechtsprechung neigt dennoch in derartigen Fällen ebenso wie bei einem übermäßigen oder exzessiven Rauchen in den gemieteten Räumen zu der Annahme, dass die Grenzen des vertragsgemäßen Gebrauchs überschritten seien.[10] Der **BGH** hält jedoch zu Recht daran fest, dass dem Mieter selbst ein starkes und übermäßiges Rauchen (was immer das heißen mag) in den gemieteten Räumen grundsätzlich **erlaubt** ist; eine **Ausnahme** soll freilich gelten, wenn durch exzessives Rauchen derartige Verschlechterungen der gemieteten Räume verursacht werden, dass sie durch die normalen Schönheitsreparaturen nicht mehr beseitigt

2 *Kraemer*, in: FS Blank (2006), 281.
3 OLG Karlsruhe NJW-RR 1997, 139 = WuM 1997, 211; OLG Düsseldorf WuM 2003, 621, 623; GE 2008, 731, 732; KG NJW 2011, 1085 = NZM 2011, 246 (Seniorenheim); AG Leipzig NJW-RR 2004, 1378 = NZM 2004, 830 (für die Spuren von Rollstühlen auf dem Parkett).
4 BGH NJW 2002, 3234, 3235 = NZM 2002, 913, 915; OLG Düsseldorf NJW-RR 1993, 712.
5 *Schönemeier* WuM 2011, 148, 149.
6 BGH LM Nr 35 zu § 9 (Bb) BGB = NJW 1993, 1061 = WuM 1993, 109, 110f; OLG Frankfurt WuM 1992, 56; AG Rheinbach NZM 2005, 822.
7 LG Göttingen ZMR 1990, 145.
8 S dazu *Staudinger* Rn 3a; *Artz* PiG 85 (2009) 229; *Derleder* NJW 2007, 812, 814; *Paschke* NZM 2008, 265; *Stapel* NZM 2000, 595; *Stangl* ZMR 2002, 734.
9 S LG Berlin GE 2009, 781.
10 LG Paderborn NJW-RR 2000, 1110 = NZM 2000, 710; LG Koblenz ZMR 2006, 288; *Stangl* ZMR 2002, 734.

werden können, sondern darüber hinausgehende Reparaturarbeiten erfordern,[11] ein Fall, der freilich kaum vorstellbar ist.

3. Unzulässige Veränderungen. Der Mieter macht sich **schadensersatzpflichtig,** 4 wenn er unter **Überschreitung des** ihm zustehenden **vertragsgemäßen Gebrauchs** schuldhaft die Mietsache verschlechtert oder verändert (§§ 538, 535, 280 Abs 1, 276, 249; s schon o Rn 2). Außerdem haftet der Mieter nach **§ 278** für seine Erfüllungsgehilfen. Als **Erfüllungsgehilfen** gelten sämtliche Personen, die auf Veranlassung des Mieters in Berührung mit der Mietsache kommen.[12] Dazu gehören außer dem Untermieter (§ 540 Abs 2) und den Familienangehörigen des Mieters insbesondere noch seine Mitarbeiter,[13] weiter die Personen, die der Mieter mit der Bewachung oder der Reinigung der Mietsache beauftragt hat,[14] ferner ein von ihm beauftragter Spediteur und dessen Leute sowie die von ihm hinzugezogenen Lieferanten und Handwerker.[15] **Keine** Erfüllungsgehilfen des Mieters sind dagegen die Leute des Vermieters[16] sowie **ungebetene Gäste** und Besucher[17] einschließlich zB des getrenntlebenden Ehemannes der Mieterin, der sich gegen ihren Willen Zugang zu der Wohnung verschafft.[18]

Besondere Sorgfalt schuldet der Mieter bei dem **Betrieb gefährlicher Geräte** wie 5 zB *Waschmaschinen.* Der Mieter haftet daher für Schäden, die darauf beruhen, dass er die Wasserzufuhr nicht rechtzeitig absperrt[19] oder dass er die Waschmaschine längere Zeit unbeaufsichtigt laufen lässt.[20] Dagegen ist es unbedenklich, wenn der Mieter einen *Wäschetrockner* ohne Aufsicht lässt.[21] Ebenso wenig braucht der Mieter damit zu rechnen, dass ein *Fernseher* in Brand gerät oder explodiert,[22] während er zB ersatzpflichtig ist, wenn er bei strenger Kälte oder bei einem plötzlichen Stromausfall keine Maßnahmen ergreift, um das Einfrieren der *Heizung* zu verhindern,[23] oder wenn es infolge der falschen Aufstellung von Öfen zu Brandschäden kommt,[24] ferner, wenn der Mieter bei einer *Rohrreinigung* unsachgemäß vorgeht, so dass ein Wasserschaden eintritt,[25] oder wenn er die Wohnung verlässt, ohne den Herd abzustellen, so dass ein Brandschaden die Folge ist.[26]

4. Versicherung. Zusätzliche Probleme entstehen, wenn der vom Mieter zu verant- 6 wortende Schaden (an sich) **durch** eine vom Vermieter genommene **Sachschadensversicherung gedeckt** ist, **deren Prämien** zusammen mit der Miete (offen oder verdeckt) auf

---

11 BGH NZM 2006, 691 = WuM 2006, 513; NJW 2008, 1439 Tz 23 = NZM 2008, 318, 319; OLG Düsseldorf ZMR 2010, 356, 358; LG Berlin GE 2009, 781; LG Köln NJW-RR 1991, 1162 = WuM 1991, 578; NZM 1999, 456; LG Baden-Baden WuM 2001, 603; LG Landau ZMR 2002, 429, 431.
12 BGH LM Nr 4 zu § 9 (Ca) AGBG = NJW 1991, 1750, 1752; NJW 2010, 2141 Tz 19.
13 RGZ 84, 222, 223f; OLG Köln VersR 1960, 860.
14 OLG Düsseldorf ZMR 1988, 222 = MDR 1988, 584; KG ZMR 2011, 33, 34.
15 BGHZ 66, 349, 354 = NJW 1976, 1315; OLG Hamburg WuM 1991, 385, 386 f.
16 KG ZMR 1976, 204.
17 OLG München NJW-RR 1989, 1499, 1500 = WuM 1989, 128, 130f; OLG Hamburg WuM 1991, 385, 386f.
18 LG Würzburg NJW-RR 2011, 951; AG Frankfurt ZMR 1987, 471 = WuM 1988, 12.
19 OLG Oldenburg ZMR 2004, 281.
20 OLG Hamm NJW 1985, 332; LG München I ZMR 1994, 478.
21 LG Saarbrücken NJW-RR 1987, 1496 = WuM 1989, 558.
22 OLG Köln WuM 1988, 278 = ZMR 1988, 381; LG Stendal WuM 1993, 597.
23 LG Münster NJW-RR 1988, 1234; AG Köln WuM 1985, 258.
24 OLG Köln VersR 1960, 860.
25 AG Gießen NJW-RR 2008, 392.
26 OLG Düsseldorf NJW-RR 2010, 695.

Volker Emmerich

dem Mieter **abgewälzt** sind.[27] Kommt es in einem derartigen Fall zu einem versicherten Schaden, so stellt sich die Frage, in welchem Umfang bei Abwälzung der Prämien auf den Mieter diesem eine Haftungsbeschränkung zugutekommt. Das Problem rührt daher, dass nach allgemeiner Meinung in den fraglichen Fällen der **Mieter nicht mitversichert** ist. Um hier gleichwohl zu einer Entlastung des Mieters zu kommen, werden vor allem eine haftungsrechtliche und eine versicherungsrechtliche Lösung diskutiert:

7   Der Kern der (heute nur noch selten für besondere Fallgestaltungen vertretenen)[28] **haftungsrechtlichen Lösung** besteht in einem konkludenten Haftungsausschluss für leichte Fahrlässigkeit **in dem Mietvertrag** zu Gunsten des Mieters. Diese Lösung wurde eine Zeitlang von der Rechtsprechung favorisiert,[29] ist jedoch mittlerweile für den Regelfall zu Gunsten der **versicherungsrechtlichen Lösung** aufgegeben, die an den **Versicherungsvertrag** anknüpft und diesem einen **Regressverzicht des Versicherers** zu Gunsten des Mieters, beschränkt auf die Fälle einfacher Fahrlässigkeit, verbunden mit der Beweislast des Versicherers für grobe Fahrlässigkeit des Mieters im Falle des Regresses entnimmt.[30] Diese Regeln gelten auch, wenn der **Mieter haftpflichtversichert** ist, so dass dann ebenfalls von einem **Regressverzicht des Versicherers** gegen den Mieter in Fällen leichter Fahrlässigkeit auszugehen ist, ergänzt freilich um einen **Ausgleichsanspruch** des Versicherers des Vermieters gegen den Haftpflichtversicherer des Mieters analog den Grundsätzen über die Doppelversicherung, und zwar grundsätzlich in Höhe der Hälfte der von ihm erbrachten Versicherungsleistungen, soweit die beiden Versicherungen denselben Schaden decken (§ 78 VVG; § 242 BGB). Für den Ausgleichsanspruch des Versicherers des Vermieters gegen den Haftpflichtversicherer des Mieters gelten dieselben **Beweislastregeln** wie für einen Anspruch des Versicherers des Vermieters gegen den Mieter. Der Ausgleichsanspruch verjährt nicht in den kurzen Fristen des § 548, sondern in der **Regelverjährungsfrist** der §§ 195 und 199.[31] *Keine* Anwendung finden diese Regeln dagegen auf eine bloße **Hausratsversicherung** des Vermieters, so dass es in diesem Fall bei der Ersatzpflicht des Mieters bleibt.[32] Kein Raum für die Anwendung dieser Grundsätze ist auch bei einer **Feuerversicherung des Mieters**; aus ihr ergibt sich kein Regressverzicht des Versicherers zu Gunsten des Vermieters.[33]

7a   Die Problematik der versicherungsrechtlichen Lösung liegt im **Verhältnis zwischen dem Vermieter** und **dem Mieter**, weil der bloße Regressverzicht des Versicherers die Schadensersatzansprüche des Vermieters gegen den Mieter unberührt lässt. Der **BGH** entnimmt deshalb dem Mietvertrag die **Nebenpflicht des Vermieters** (§ 241 Abs 2), den Mieter, wenn Versicherungsschutz besteht, **bei leichter Fahrlässigkeit** grundsätzlich *nicht* in Anspruch zu nehmen; anders soll es sich indessen verhalten, wenn der Vermieter ausnahmsweise ein **besonderes legitimes Interesse an der Inanspruchnahme des Mieters** an Stelle des Versicherers hat, etwa, weil die Rechtsverfolgung gegen den Versicherer mit übermäßigen Risiken verbunden ist oder dem Vermieter von solcher Rechtsverfolgung nicht zumutbare Nachteile in Gestalt einer Vertragskündigung oder Prämienerhö-

---

27 S dazu *Staudinger* Rn 9f mN.
28 S BGH ZMR 2009, 518, 519; LG Berlin NZM 2012, 182.
29 BGHZ 131, 288, 292ff = NJW 1996, 715; BGH LM Nr 59 zu § 67 VVG = NJW-RR 1991, 527.
30 BGH NJW-RR 2005, 381 = NZM 2005, 100; BGHZ 145, 393, 398ff = NJW 2001, 1353; BGH NZM 2008, 683; ZMR 2010, 515 = WuM 2011, 579 Tz 8; WuM 2011, 577 Tz 9; N ZM 2011, 894 Tz 6, 15; GE 2013, 209 Tz 28 f.
31 BGHZ 169, 86, 89 ff Tz 9 ff = NJW 2006, 3707; BGH NZM 2008, 683; ZMR 2010, 515 = WuM 2011, 579 Tz 9, 12, 18 f; WuM 2011, 577 Tz 9 f, 17, 20; *Bartosch-Koch* NJW 2011, 484.
32 BGHZ 169, 86, 89ff Tz 9ff = NJW 2006, 3707; NJW 2006, 3711 = WuM 2006, 624; NJW 2006, 3714 = WuM 2006, 631; NJW 2006, 3712; 2007, 292 Tz 7; NZM 2008, 683; ZMR 2010, 515.
33 BGH GE 2013, 209 Tz 28ff.

hung drohen oder weil der Vermieter mit der Versicherung einen Selbstbehalt vereinbart hat, so dass er dann in Höhe des Selbstbehalts immer noch den Mieter in Anspruch nehmen kann.[34]

5. Erweiterung der Haftung. Bei der **gewerblichen Miete** kann der Mieter durch **8** Individualvertrag in einzelnen Beziehungen auch eine **Zufallshaftung** übernehmen.[35] Bei der **Wohnraummiete** dürften dagegen derartige Abreden in der Regel an § 138 scheitern (vgl auch § 536 Abs 4). Dasselbe gilt generell für eine **formularvertragliche Ausdehnung** der Mieterhaftung auf Zufall.[36] Ebenso wenig kann durch Formularvertrag der Kreis der **Personen**, für die der Mieter einzustehen hat, auf Personen erstreckt werden, die keine Erfüllungsgehilfen im Sinne des § 278 sind.[37]

6. Beweislast. Wenn der **Vermieter** vom Mieter wegen der Verletzung seiner **9** Obhutspflicht Schadensersatz verlangt, trägt er an sich die **Beweislast für** die **objektive Pflichtverletzung** des Mieters durch einen Verstoß gegen seine Obhutspflicht, während es anschließend Sache des Mieters ist, sich zu entlasten (§§ 535, 538, 276, 280 Abs 1). Da jedoch der Vermieter, der in der Regel *keinen Einblick* in den Mietgebrauch des Mieters hat, mit dem Beweis einer objektiven Pflichtverletzung des Mieters häufig überfordert ist, wenn es durch und während des Mietgebrauchs zu einem Schaden an der Mietsache kommt, ist lange angenommen worden, dass sich die Beweislast des Vermieters auf den ordnungsmäßigen Zustand der Sache **bei Übergabe** beschränkt, während es anschließend Sache des Mieters sein sollte, sich zu entlasten.[38] Bedeutung hatte diese Beweisregel vor allem für die Fälle einer Beschädigung oder Zerstörung der gemieteten Sache durch einen **Brand während** der Zeit des **vertragsgemäßen Gebrauchs**.[39]

Diese für den Mieter überaus nachteilige Beweisregel (o Rn 9) wird heute nur noch **10** angewandt, wenn der Schaden seine **Ursache allein im Obhutsbereich des Mieters**, dh in dem von ihm bewohnten und genutzten Bereich hat.[40] Kommen dagegen **auch noch andere Ursachen** in Betracht, so bleibt es so lange bei der **Beweislast des Vermieters** (o Rn 9), wie nicht diese anderen möglichen Ursachen von ihm ausgeschlossen sind.[41] In solchen Fällen muss der Vermieter daher zunächst alle vom Mieter nicht zu vertretenden und deshalb zu seinem Gefahrenbereich gehörenden Ursachen ausschließen, bevor er gegen den Mieter mit der Folge vorgehen kann, dass sich dieser für die verbleibenden, zu seinem Gefahrenbereich gehörenden Ursachen entlasten muss (o Rn 9). Der Vermieter trägt außerdem die volle Beweislast, wenn die Schäden an der Mietsache durch **Dritte** verursacht wurden, für die der Mieter nicht nach § 278 einzustehen braucht.[42] Anders dagegen, wenn die fraglichen Dritten zu dem Kreis der **Erfüllungsgehilfen** des Mieters

---

34 LG Cottbus GE 2011, 54.
35 BGH LM Nr 1 zu § 138 (Bb) BGB = BB 1952, 386.
36 BGHZ 164, 196, 210ff = NJW 2006, 47, 49f Tz 30ff; BGH LM Nr 33 zu § 9 (Bb) AGBG = NJW 1992, 1761; KG NZM 2007, 41, 42.
37 BGH LM Nr 4 zu § 9 (Ca) AGBG = NJW 1991, 1750, 1752; OLG München NJW-RR 1989, 1499, 1500.
38 BGHZ 66, 349, 353 = NJW 1976, 1315.
39 RGZ 122, 292, 295; BGHZ 66, 349, 353f = NJW 1976, 1315; BGH WM 1982, 333, 335; OLG Hamm ZMR 1997, 21, 22; OLG Düsseldorf ZMR 2002, 583f.
40 KG GE 2010, 1267.
41 BGHZ 131, 195, 103f = NJW 1996, 321, 323; BGH LM Nr 20 zu § 542 BGB = NZM 1998, 117 = NJW 1998, 594; NJW-RR 2005, 381 = NZM 2005, 100; NJW-RR 2005, 235 = NZM 2005, 17, 18; OLG Düsseldorf GE 2012, 267; KG ZMR 2011, 33.
42 Rn 4; OLG Düsseldorf ZMR 2005, 449.

Volker Emmerich

gehören.[43] Kommt es zB zu einem Wasserschaden, weil ein Wasserhahn nicht rechtzeitig abgesperrt wurde, so muss sich der Mieter entlasten, selbst wenn der Schaden auf das Verhalten Dritter zurückzuführen sein sollte, die wie etwa ein Reinigungsunternehmen seine Erfüllungsgehilfen sind.[44] Diese Verteilung der Beweislast hat insbesondere Bedeutung für Feuchtigkeits- oder Wasserschäden, für Schäden infolge der Verstopfung von Röhren und Leitungen, für Brandschäden, für Schäden an der Heizungsanlage oder an der Schließanlage sowie für Schäden, die ihre Ursache auch in Mängeln der elektrischen Installation haben können.[45]

11   Von der geschilderten Verteilung der Beweislast (o Rn 9f) kann bei der **Wohnraummiete** durch Formularvertrag nicht abgewichen werden (§ 309 Nr 12).[46] Bei der **gewerblichen Miete** dürfte gleichfalls eine generelle Beweislastumkehr zum Nachteil des Mieters gegen § 307 verstoßen, da sie letztlich auf eine Zufallshaftung des Mieters hinausliefe. Soweit dagegen nach dem Gesagten den Mieter die Beweislast trifft, kann er die Beweislast auch nicht dadurch auf den Vermieter verschieben, indem er bei Vertragsende eine Bescheinigung über seine Freiheit von Mietschulden verlangt.[47]

§ 539
Ersatz sonstiger Aufwendungen und Wegnahmerecht des Mieters

[1] Der Mieter kann vom Vermieter Aufwendungen auf die Mietsache, die der Vermieter ihm nicht gemäß § 536a Abs 2 zu ersetzen hat, nach den Vorschriften über die Geschäftsführung ohne Auftrag ersetzt verlangen.

[2] Der Mieter ist berechtigt, eine Einrichtung wegzunehmen, mit der er die Mietsache versehen hat.

---

43 OLG Naumburg WuM 2011, 574; OLG Düsseldorf ZMR 2005, 449.
44 KG ZMR 2011, 33.
45 Vgl für Bodenverunreinigungen BGH LM Nr 19 zu § 286 (G) ZPO = NJW 1994, 1880; für Feuchtigkeits- oder Wasserschäden BGH NJW-RR 2005, 381 = NZM 2005, 100; NJW-RR 2005, 235 = NZM 2005, 17, 18; KG GE 2010, 1267; für Verstopfungen der Leitungen OLG Hamm WuM 1982, 201, 202f = NJW 1982, 2005; OLG Karlsruhe NJW 1985, 142 = WuM 1984, 267, 269; für Brandschäden BGH LM Nr 7 zu § 548 BGB = NJW 1994, 2019; OLG Hamburg ZMR 1988, 300; OLG Düsseldorf ZMR 1987, 460; für Heizungsschäden LG Berlin ZMR 1992, 302, 303 = GE 1993, 263, 265; für etwaige Mängel der elektrischen Anlagen OLG München NJW-RR 1997, 1031, für den Befall des Hauses mit Ungeziefer AG Wedding GE 1995, 1015 sowie für Mängel an der Schließanlage AG Halle/Saale NZM 2009, 739.
46 OLG Hamm NJW 1982, 2005; OLG Stuttgart NJW-RR 1987, 143, 144; OLG München NJW-RR 1989, 1499.
47 BGH WuM 2009, 647, 649 Tz 17 = NZM 2009, 853.

I. Ersatz sonstiger Aufwendungen

1. Begriff. Nach § 539 Abs 1 (= § 547 Abs 2 aF) kann der Mieter vom Vermieter Auf- **1** wendungen auf die Mietsache, die der Vermieter ihm nicht schon gemäß § 536a Abs 2 zu ersetzen hat, nach den Vorschriften über die Geschäftsführung ohne Auftrag ersetzt verlangen. **§ 536a Abs 2** regelt zwei Fälle, in der Nr 1 die Aufwendungen des Mieters zur Beseitigung von Mängeln, mit deren Beseitigung der Vermieter in Verzug ist, und in der Nr 2 diejenigen Aufwendungen, die zur Erhaltung oder Wiederherstellung des Bestandes der Mietsache notwendig sind (s o § 536a Rn 16, 18ff). Alle andere Aufwendungen des Mieters auf die Mietsache sind folglich **sonstige Aufwendungen** im Sinne des § 539 Abs 1 (s die Überschrift der Vorschrift). Innerhalb dieser sonstigen Aufwendungen hat man weiter zwischen nützlichen und Luxusaufwendungen zu unterscheiden (Rn 2). Fallen wie häufig die Voraussetzungen des § 539 Abs 1 und des § 536a Abs 2 zusammen, so wird vielfach dem § 536a Abs 2 – zum Schutze des Vermieters gegen aufgedrängte Bereicherungen – der **Vorrang** vor § 539 Abs 1 zugebilligt.[1] Dazu besteht jedoch kein Anlass (s § 536a Rn 22).

Nützliche Aufwendungen sind solche, durch die der Verkehrswert der Sache **objek- 2 tiv** gesteigert wird, während mit **Luxusaufwendungen** für den Vermieter kein „Gewinn" verbunden ist. Die Folge ist, dass bei den letzteren in der Regel eine Ersatzpflicht nach den §§ 677ff und 812, 818 ausscheiden wird, so dass sich der Sache nach der Anwendungsbereich des **§ 539 Abs 1** im Wesentlichen auf sonstige **nützliche Aufwendungen** beschränkt. Darunter fallen **Erhaltungs-, Wiederherstellungs- und Verbesserungsmaßnahmen** des Mieters, sofern nicht geradezu „notwendig", dh ganz dringend und unaufschiebbar iSd § 536a Abs 2 Nr 2 (s o § 536a Rn 18ff), weiter die an sich dem Vermieter obliegenden Schönheitsreparaturen (§ 535 Abs 1 S 2) sowie sonstige Investitionen des Mieters bis hin zu Aus- und Umbauten.[2] **Beispiele** sind der Ausbau einer Scheune zu Geschäftsräumen,[3]

---

1 BGH NJW 2008, 1216 Tz 20ff = NZM 2008, 279.
2 *Derleder* WuM 2006, 175; *Emmerich* NZM 1998, 49, 53.
3 BGH NZM 1999, 19 = ZMR 1999, 93.

Volker Emmerich

sonstige Anbauten,[4] der Einbau einer Heizung oder eines Bades[5] sowie überhaupt **Investitionen** des Mieters oder Pächters.[6]

3   **2. Geschäftsführung ohne Auftrag.** Das Gesetz verweist in § 539 Abs 1 für die Verpflichtung des Vermieters zum Ersatz nützlicher Aufwendungen (o Rn 2) in erster Linie auf die Vorschriften über die Geschäftsführung ohne Auftrag, dh auf die **§§ 677 bis 687.** Dabei handelt es sich um eine **Rechtsgrundverweisung,**[7] so dass der Mieter nur dann Aufwendungsersatz verlangen kann, wenn er mit **Fremdgeschäftsführungswillen** gehandelt hat (u Rn 4) *und* die Vornahme der Verwendungen dem **Interesse und** dem wirklichen oder mutmaßlichen **Willen des Vermieters** entspricht (§§ 677, 683 S 1, 670; Rn 5). Der entgegenstehende Wille des Vermieters ist allein im Falle des § 679 unbeachtlich. Liegen die Voraussetzungen der §§ 679 und 683 nicht vor, so kommt ein Aufwendungsersatzanspruch des Mieters nach den Regeln der GoA immer noch in Betracht, wenn der Vermieter die **Geschäftsführung genehmigt** (§ 684 S 2); andernfalls ist der Mieter auf **Bereicherungsansprüche** verwiesen (§ 648 S 1 iVm den §§ 812ff; Rn 6ff). Jeder Anspruch **entfällt** schließlich in den Fällen des § 685 Abs 1, dh, wenn der Mieter von vornherein nicht die Absicht hatte, vom Vermieter Ersatz zu verlangen:[8]

4   **a)** Die wichtigste Voraussetzung eines Ersatzanspruchs des Mieters für nützliche Aufwendungen aufgrund des § 539 Abs 1 (o Rn 2f) ist gemäß § 683 S 1 der so genannte **Fremdgeschäftsführungswille.** Dies bedeutet, dass der Mieter *bei der Vornahme*[9] *der fraglichen Aufwendungen (o Rn 2) (tatsächlich) den Willen gehabt haben muss, gerade für* den *Vermieter* um der Sache willen *tätig* zu werden (§ 677). Eine Ersatzpflicht des Vermieters scheidet dagegen aus, wenn der Mieter die Aufwendungen **nur für seine Zwecke und in seinem eigenen Interesse gemacht** hat, ferner, wenn er sich (zu Recht oder zu Unrecht) zu den fraglichen Maßnahmen für verpflichtet hielt (str), sowie unter den Voraussetzungen des § 685.[10] Das **Risiko,** dass die Voraussetzungen der §§ 539 Abs 1, 677 und 683 für einen Aufwendungsersatzanspruch des Mieters vorliegen, trägt allein der Mieter; bloße Gutgläubigkeit des Mieters insoweit genügt nicht, so dass er bei der Vornahme von Aufwendungen ohne vorherige Absprache mit dem Vermieter letztlich auf eigene Gefahr gehandelt,[11] – mit der weiteren Folge, dass in der heutigen Praxis auf § 539 Abs 1 gestützte Aufwendungsersatzansprüche des Mieters nur selten Erfolg haben. Für einen Ersatzanspruch des Mieters aufgrund der §§ 683, 670 ist außerdem kein Raum, wenn die Verwendungen einen **Teil der** vom Mieter geschuldeten **Gegenleistung** darstellen,[12] wenn der Mieter zu ihrer **Beseitigung** bei Vertragsende **verpflichtet** ist (§ 546) sowie, wenn er die Notwendigkeit der Maßnahmen selbst verschuldet hat. Besondere Bedeutung hat das Gesagte in jüngster Zeit in Fällen erlangt, in denen der Mieter **Schönheitsreparaturen ohne Verpflichtung** hierzu durchgeführt hat, etwa, weil ihm die Unwirksamkeit der formularvertraglichen Abwäl-

---

4   OLG Köln WuM 1996, 269 = NJWE-MietR 1996, 199.
5   LG Mannheim NJW-RR 1996, 1357; LG Düsseldorf WuM 2002, 491.
6   OLG München ZMR 1997, 235; 1997, 236, 238.
7   BGH NZM 2009, 541 Tz 16 = WuM 2009, 395; OLG Düsseldorf GE 2010, 907; *Staudinger* Rn 5.
8   BGH LM Nr 5 zu § 598 BGB (Bl 2f) = WM 1984, 1613, 1615; LG Mannheim WuM 1996, 143, 144.
9   S LG Dortmund ZMR 2008, 376, 377.
10   BGH NZM 1999, 19 = ZMR 1999, 93; NZM 2007, 682 = NJW-RR 2007, 1049; WuM 2009, 395, 397 = NZM 2009, 541 Tz 18f; OLG Düsseldorf GE 2010, 907; *Emmerich* NZM 1998, 49, 53.
11   OLG Düsseldorf ZMR 2008, 127.
12   BGH LM Nr 28 zu § 662 BGB (Bl 2 R) = NJW 1982, 1752; LM Nr 11 zu § 558 BGB (Bl 1 R) = NJW 1959, 2163; NJWE-MietR 1996, 33 = ZMR 1996, 122, 123.

zung der Schönheitsreparaturen auf ihn bei Durchführung der Schönheitsreparaturen nicht bekannt war (s schon o § 535 Rn 60).

b) Hat der Mieter ausnahmsweise (s o Rn 4) einmal mit Fremdgeschäftsführungswillen 5 gehandelt, so ist **weiter erforderlich**, dass die Aufwendungen dem **Interesse und** dem wirklichen oder mutmaßlichen **Willen des Vermieters** entsprechen (§ 683 S 1). Dadurch soll der Vermieter vor allem gegen aufgedrängte Bereicherungen geschützt werden. An eine Bejahung der Voraussetzungen des § 683 S 1 sind deshalb *strenge Anforderungen* zu stellen.[13] Sie sind aber zB erfüllt, wenn der Mieter im Interesse des Vermieters und mit dessen Zustimmung eine Heizung in die Wohnung einbaut,[14] nicht aber, wenn sich die Parteien schon bei Vornahme der Maßnahmen über diese nicht zu einigen vermochten.[15] Jenseits der genannten Fälle kommt ein Aufwendungsersatzanspruch des Mieters schließlich noch in Betracht, wenn der Vermieter die Maßnahmen **nachträglich genehmigt** (§ 684 S 2). Bei der Annahme einer derartigen **Genehmigung** des Vermieters ist nach dem Gesagten gleichfalls *Zurückhaltung* geboten; insbesondere genügt dafür seine bloße Zustimmung zu den in der fraglichen Maßnahme liegenden baulichen Veränderungen grundsätzlich noch nicht.[16] Eine Genehmigung der Aufwendungen des Mieters iS des § 684 S 2 kann vielmehr nur angenommen werden, wenn der Vermieter mit seiner Erklärung zugleich zum Ausdruck bringt, dass die fraglichen Maßnahmen vom Mieter **auch in seinem**, des Vermieters **Interesse** vorgenommen werden. Das wird insbesondere in Betracht kommen, wenn es sich um Einbauten oder Installationen handelt, die bei Auszug des Mieters nicht ohne weiteres wieder beseitigt werden können *und* aus denen der Vermieter bleibenden Nutzen ziehen kann. **Beispiele** sind der Einbau einer Heizung durch den Mieter mit Billigung des Vermieters[17] sowie der aufwendige Umbau einer Scheune zu Geschäftsräumen nach Absprache mit dem Vermieter.[18] Eine Genehmigung ist außerdem anzunehmen, wenn der Vermieter bei einem Mieterhöhungsverlangen nach § 558 von dem infolge der Mieteraufwendungen gesteigerten Wohnwert des Gebäudes ausgeht.[19] Der **Aufwendungsersatzanspruch** des Mieters **entsteht** in diesen Fällen mit der Vornahme der Aufwendungen, so dass er sich gegen diejenige Person richtet, die in diesem Augenblick Vermieter ist, nicht dagegen auch gegen einen etwaigen späteren **Erwerber** des Grundstücks (§ 566).[20] Die **Verjährung** des Anspruchs richtet sich nach § 548 Abs 2.

3. Bereicherungsanspruch. Aufwendungsersatzansprüche des Mieters können sich 6 außerdem – jenseits der erwähnten Fälle (o Rn 1ff) – von Fall zu Fall noch aus Bereicherungsrecht ergeben. Im Einzelnen handelt es sich dabei um **unterschiedliche Fallgestaltungen**.[21] Der erste Fall ergibt sich aus der Verweisung des § 539 Abs 1 auf § 684 S 1 (u Rn 7). Daneben kommen Aufwendungsersatzansprüche des Mieters aus Bereicherung vor allem

---

13 BGH NJW-RR 1993, 522 = WM 1993, 797; NZM 1999, 19, 20 = ZMR 1999, 93; OLG Düsseldorf ZMR 2008, 127; LG Duisburg WuM 1999, 112, 113; *Emmerich* NZM 1998, 49, 53.
14 LG Berlin GE 1986, 501, 503.
15 BGH LM Nr 3 zu § 683 BGB = BB 1955, 241; NZM 1999, 19, 20 = ZMR 1999, 93.
16 BGH LM Nr 3 zu § 683 BGB = BB 1955, 241; LM Nr 6 zu § 547 BGB = NJW 1959, 2163; NZM 1999, 19, 20 = ZMR 1999, 93; OLG Karlsruhe NJW 1972, 2224, 2225 = ZMR 1974, 47f; OLG Düsseldorf GE 2010, 907; LG Dortmund ZMR 2008, 376, 377.
17 Vgl LG Berlin GE 1986, 501, 503.
18 BGH NZM 1999, 19 = ZMR 1999, 93.
19 LG Münster WuM 1999, 515; *Emmerich* NZM 1998, 49, 53; *Lente* DWW 1982, 175, 177.
20 S *Staudinger* Rn 8.
21 Übersicht bei *Emmerich* NZM 1998, 49, 53f.

Volker Emmerich

noch in den Fällen des § 951 (u Rn 9), der vorzeitigen Beendigung langfristiger Verträge, aufgrund derer der Mieter bereits umfangreiche Investitionen getätigt hat (u Rn 8), sowie dann in Betracht, wenn der Mieter unabhängig vom Mietvertrag in der vom Vermieter gebilligten Erwartung eines späteren Eigentumserwerbs Aufwendungen auf die Mietsache tätigt und sich später die Pläne der Parteien zerschlagen (§ 812 Abs 1 S 2 Fall 2; u Rn 10).

7 **a)** § 539 Abs 1 verweist auch auf **§ 684 S 1**, nach dem der Vermieter, selbst wenn die Voraussetzungen einer berechtigten Geschäftsführung ohne Auftrag nicht vorliegen (o Rn 3ff), verpflichtet ist, dem Mieter alles, was er durch dessen Maßnahmen erlangt hat, nach Bereicherungsrecht herauszugeben (§§ 812 Abs 1 S 1, 818 Abs 2). Nach überwiegender Meinung handelt es sich dabei um eine **Rechtsfolgenverweisung**.[22] Die durchaus problematische Konsequenz ist aber, dass der Mieter für sonstige Aufwendungen im Sinne des § 539 Abs 1 vom Vermieter grundsätzlich *in jedem Fall* **zumindest Wertersatz** nach § 818 Abs 2 verlangen kann – trotz der damit für den Vermieter verbundenen Belastungen. Die Problematik wird deutlich, wenn man bedenkt, dass das Gesagte im Grunde **für** alle denkbaren **Investitionen** des Mieters auf die Mietsache einschließlich umfangreicher Umbaumaßnahmen oder des Ersatzes unbrauchbarer Geräte gilt.[23] Berechnet wird der vom Vermieter geschuldete Wertersatz in der Regel auf der Basis der durch die sonstigen Aufwendungen des Mieters eingetretenen **objektiven Wertsteigerung** der Mietsache.[24] **Zum Schutze** des Vermieters **gegen aufgedrängte Bereicherungen entfällt** der **Anspruch** jedoch, wenn der Mieter vom Vermieter von vornherein für seine Maßnahmen keinen Ersatz verlangen wollte (§ 685 Abs 1),[25] wenn er aufgrund des Vertrags zur Vornahme der fraglichen Maßnahmen verpflichtet war,[26] sowie, wenn er bei Vertragsende zur Beseitigung der Maßnahmen verpflichtet ist, weil er die Mietsache in unverändertem Zustand zurückzugeben hat (§ 546).[27]

8 **b)** Selbst wenn der Mieter zur Vornahme der fraglichen Maßnahmen aufgrund des Vertrags verpflichtet war, so dass er für sie grundsätzlich keinen Ersatz verlangen kann (o Rn 7), kommt doch ausnahmsweise immer noch ein Aufwendungsersatzanspruch in Betracht, wenn das **Vertragsverhältnis vorzeitig endet**, so dass der Vermieter *früher* als vereinbart *in den Genuss* der Aufwendungen des Mieters gelangt. Es wird dann so angesehen, als sei der Vermieter durch eine Leistung des Mieters vorzeitig ohne Grund um den erhöhten Ertragswert der Sache bereichert (§§ 812 Abs 1, 818 Abs 2), freilich nur für die **Zeitspanne**, während derer der Vermieter tatsächlich vorzeitig in den Genuss des erhöhten Ertragswertes der Sache kommt, nicht dagegen für die nachfolgende Zeit.[28]

---

22 RG HRR 1934 Nr 1669; BGH WM 1976, 1056, 1060; OLG Hamm NJW-RR 1991, 1303, 1304; *Staudinger* Rn 12; anders *Sternel* Mietrecht, Rn II 615 (S 527f).
23 LG Rostock ZMR 2004, 911, 912; LG Berlin GE 1991, 47.
24 LG Berlin GE 2004, 1233, 1234; zur Kritik s *Emmerich* NZM 1998, 49, 54.
25 BGH LM Nr 5 zu § 598 BGB (Bl 2f) = NJW 1985, 313; OLG München ZMR 1997, 235, 236; 1995, 406, 407.
26 S o Rn 4; BGH LM Nr 75 zu § 812 BGB = NJW 1967, 2255; LM Nr 32 zu § 3 AnfG = NJW-RR 1990, 142, 143; OLG Düsseldorf NZM 2007, 463; GE 2010, 907, 908.
27 *Bub/Treier/Scheuer* Hdb, Rn V 407 (S 1287f); *Lente* DWW 1982, 175, 177; *Sternel* Mietrecht, Rn II 606, 616 (S 522, 528).
28 RGZ 158, 394, 401f, 404; BGHZ 180, 293, 297 = NJW 2009, 2174; BGH NZM 1999, 19 = ZMR 1999, 93; NJW-RR 2006, 294 = NZM 2006, 15, 16f; NZM 2009, 783 Tz 11 = NJW-RR 2010, 86; OLG Düsseldorf NZ 2007, 643; ZMR 2009, 950, 952; *Staudinger* Rn 13f; *Emmerich* NZM 1998, 49, 54; *Eckert* NZM 2009, 768.

Das gilt auch bei vorzeitiger Kündigung des Vertrages nach § 550 oder bei einer Kün- **8a** digung in der Zwangsversteigerung.[29] Die Folge ist, dass der Mieter, wenn der Vertrag **jederzeit ordentlich kündbar** ist, einen „**Investitionsschutz**" nach § 812 Abs 1 nur für die Dauer der ordentlichen Kündigungsfrist genießt, sofern der Vertrag vor Ablauf dieser Frist sein Ende findet.[30] Der Anspruch des Mieters bemisst sich in diesem Fall idR **nach der erhöhten Miete**, die der Vermieter bei der erneuten Vermietung der Sache erzielt.[31] Maßgebend ist mit anderen Worten der erhöhte Mietwert des Grundstücks.[32] Der Anspruch **entsteht** erst mit der vorzeitigen Beendigung des Vertrages und unterliegt auch nicht der kurzen Verjährungsfrist des § 548.[33] Im Falle der zwischenzeitlichen Grundstücksveräußerung trifft die Verpflichtung daher den **neuen Eigentümer** (§ 566).[34] Das gilt auch in der Zwangsversteigerung des Grundstücks.[35]

c) Wenn der Mieter auf dem gemieteten Grundstück ein **Gebäude** errichtet, geschieht **9** dies im Zweifel zu einem vorübergehenden Zweck, so dass er nach § 95 Abs 1 S 1 **Eigentümer** des Gebäudes **bleibt**. Für eine Anwendung des § 951 ist in diesem Fall kein Raum. Anders verhält es sich lediglich dann, wenn der Mieter bereits bei Errichtung des Gebäudes (ausnahmsweise) die **Absicht der Übereignung** an den Vermieter hatte. Dafür kann es insbesondere sprechen, dass der Vermieter nach dem Vertrag das Recht oder die Pflicht hat, bei Vertragsende das Gebäude zu übernehmen.[36] Der Bereicherungsanspruch des Mieters aus § 951 entsteht in diesen Fällen **mit Vollendung** des Gebäudes.[37] Der **Höhe** nach richtet er sich in erster Linie nach der Erhöhung des Ertragswerts des Grundstücks durch die Bebauung des Mieters.[38] Vorrang haben aber in jedem Fall die **Abreden der Parteien**. Kann der Vermieter danach zB die Beseitigung des Gebäudes bei Vertragsende verlangen, so scheidet ein Anspruch des Mieters aufgrund des § 951 aus.[39]

d) Die Rechtsprechung billigt dem Mieter ferner die **condictio ob rem des § 812 Abs 1** **10** **S 2 Fall 2** zu, wenn er – unabhängig vom Mietvertrag – in der vom Vermieter gebilligten Erwartung eines späteren Eigentumserwerbs Verwendungen auf die Mietsache vornimmt, insbesondere das gemietete Grundstück bebaut und sich später die Pläne der Parteien zerschlagen, so dass der mit der Bebauung verfolgte Zweck der Parteien nicht mehr erreicht werden kann.[40] Tatsächlich ist der Mieter indessen in diesen Fällen aufgrund des Vertrages und damit *nicht grundlos* tätig geworden, so dass die Lösung nicht über § 812, sondern

---

29 BGHZ 180, 293, 297 = NJW 2009, 2174 Tz 8, 11; BGH NZM 2009, 783 = NJW-RR 2010, 86.
30 OLG Düsseldorf ZMR 2008, 950, 952.
31 BGH (Fn 29); GE 2006, 1224, 1227.
32 BGHZ 180, 293, 299.
33 BGH NJW-RR 2006, 294 = NZM 2006, 15, 16f; OLG Rostock NZM 2005, 666.
34 BGHZ 180, 293 Tz 12; BGH NJW-RR 2006, 294 = NZM 2006, 15, 16f; str.
35 BGHZ 180, 293 Tz 12 = NJW 2009, 2174; BGH NJW-RR 2010, 86 = NZM 2009, 783 Tz 12f.
36 RGZ 106, 49, 51f; 158, 394, 400; BGHZ 8, 1, 7 = NJW 1953, 137; BGHZ 10, 171, 175f = NJW 1953, 1466; BGHZ 23, 57, 58 = NJW 1957, 457; BGHZ 90, 70, 73f = NJW 1984, 2878; BGHZ 104, 298, 301f = NJW 1988, 2798; BGH LM Nr 25 zu § 95 BGB (Bl 2 R) = NZM 1998, 679.
37 BGHZ 105, 197, 199f = NJW 1952, 697; BGH LM Nr 6 zu § 946 BGB = NJW 1954, 265; LM Nr 16 zu § 951 BGB = NJW 1962, 2293; WM 1967, 1147; *Emmerich* NZM 1998, 49, 53.
38 BGH WM 1976, 1147, 1149.
39 BGH LM Nr 54 zu § 535 BGB = NJW 1974, 1463; WM 1966, 765.
40 BGHZ 108, 256, 261ff = NJW 1989, 2745, 2746f; BGH NJW 2001, 3118 = WM 2001, 1909, 1910f; OLG Koblenz NJW 1990, 126.

Volker Emmerich

auf dem Wege über die ergänzende Vertragsauslegung und hilfsweise nach § 313 zu suchen ist.[41]

11   **4. Baukostenzuschüsse.** § 539 ist nicht zwingend, so dass die Parteien **abweichende Regelungen** treffen könne.[42] Für seine Anwendung ist infolgedessen kein Raum, wenn bauliche Maßnahmen des Mieters nach den Abreden der Parteien eine **Mietvorauszahlung oder** einen **Baukostenzuschuss** darstellen. An die Stelle des § 539 Abs 1 treten dann die Regeln über Mietvorauszahlungen (§ 547) und über Baukostenzuschüsse.[43] Wichtige Anhaltspunkte für eine derartige Umqualifizierung der Aufwendungen sind Unverzinslichkeit, Unkündbarkeit und Verrechnung der Leistungen mit der Miete.[44]

12   **5. Verfallklauseln.** Der Bereicherungsanspruch bei vorzeitiger Vertragsbeendigung (o Rn 8) kann durch Vertrag ausgeschlossen werden. Derartige Verfallklauseln stellen der Sache nach **Vertragsstrafeversprechen** im Sinne der §§ 343 und 555 dar. Die Anwendung des **§ 343** hat hier zur Folge, dass der Mieter gegebenenfalls doch noch wenigstens einen partiellen Aufwendungsersatz erhält.[45]

II. Wegnahmerecht

13   Nach **§ 539 Abs 2** ist der Mieter berechtigt, eine Einrichtung wegzunehmen, mit der er die Mietsache versehen hat. Ergänzend zu berücksichtigen sind die §§ 552 und 578 Abs 2 für die Raummiete einschließlich insbesondere der Wohnraummiete. Nach **§ 552 Abs 1**, der gem. § 578 Abs 2 auch für die sonstige Raummiete gilt, ist der Vermieter befugt, das Wegnahmerecht des Mieters unter bestimmten Voraussetzungen durch Zahlung einer angemessenen Entschädigung abzuwenden. **§ 552 Abs 2** fügt hinzu, dass bei der Wohnraummiete eine Vereinbarung, durch die das Wegnahmerecht ausgeschlossen wird, nur wirksam ist, wenn ein angemessener Ausgleich vorgesehen ist. – § 539 Abs 2 enthält eine **Sonderregelung** für das **Wegnahmerecht des Mieters**, die anderen Regelungen einschließlich des § 985 grundsätzlich vorgeht.[46] Die Vorschrift besagt dagegen nichts darüber, **ob** der **Mieter** überhaupt **berechtigt** ist, an der Mietsache eine Einrichtung anzubringen; diese Frage beurteilt sich allein nach dem **Vertrag** und den sich daraus ergebenden Grenzen des vertragsgemäßen Gebrauchs (§ 535). Ebenso wenig lässt sich dem § 539 Abs 2 etwas für die Frage entnehmen, ob der Mieter zur **Beseitigung** der Einrichtungen **verpflichtet** ist, so dass dafür ebenfalls ausschließlich der Vertrag und § 546 maßgebend sind.[47] Wenn Einrichtungen im Sinne des § 539 Abs 2 zugleich sonstige Aufwendungen im Sinne des § 539 Abs 1 darstellen, sind schließlich beide Vorschriften nebeneinander anwendbar.[48]

---

41 *Emmerich* NZM 1998, 49, 54.
42 Ein Beispiel in BGH NZM 2007, 682 Tz 12 = NJW-RR 2007, 1049.
43 OLG Frankfurt ZMR 1986, 358, 359; OLG Düsseldorf ZMR 1992, 110; s § 547 Rn 2, 10ff.
44 BGHZ 54, 347, 350 = NJW 1970, 2289; BGH LM Nr 8 zu § 818 Abs 2 BGB = NJW 1959, 872, 873; WuM 2012, 301; 2012, 303; kritisch zB *Dötsch* NZM 2012, 296 mN.
45 BGH LM Nr 6 zu § 339 BGB = NJW 1960, 1568; LM Nr 13 zu § 339 BGB (Bl 1 R) = NJW 1968, 1625; OLG Karlsruhe NJW-RR 1986, 1394.
46 BGHZ 81, 146, 152 = NJW 1981, 2564; BGHZ 101, 37, 48 = NJW 1987, 2861.
47 BGHZ 81, 146, 150 = NJW 1981, 2564; BGH WM 1966, 765f.
48 Anders offenbar BGH LM Nr 5 zu § 76 VVG (Bl 2) = NJW 1991, 3031; s *Schopp* ZMR 1969, 257; *Sternel* Mietrecht, Rn IV 619.

1. Einrichtungen

a) Unter einer Einrichtung iS des § 539 Abs 2 versteht man in der Regel **bewegliche** 14
Sachen, die vom Mieter **mit** der **Mietsache körperlich verbunden** werden *und* die dazu
bestimmt sind, dem wirtschaftlichen **Zweck** der Mietsache als Hauptsache **zu dienen**.[49]
Einrichtungen sind danach vor allem solche **Nebensachen,** deren Zweck darin besteht,
eine bessere wirtschaftliche Nutzung der Hauptsache zu ermöglichen. **Keine** Einrichtungen sind dagegen *selbständig* bleibende bewegliche Sachen sowie diejenigen Sachen, die
in die Mietsache *eingefügt* werden, um diese überhaupt erst in einen zum vertragsgemäßen Gebrauch geeigneten Zustand zu versetzen, oder durch die die Mietsache *verändert*
wird (u Rn 16).

Da die Verbindung einer Einrichtung mit der Mietsache gewöhnlich nur zu einem vor- 15
übergehenden Zweck erfolgt, bleibt der **Mieter meistens,** aber nicht notwendig **Eigentümer** der Einrichtung (§ 95).[50] In diesem Fall erstreckt sich auch das **Vermieterpfandrecht**
auf die Einrichtungen des Mieters, so dass der Vermieter ihre Wegnahme so lange nicht zu
dulden braucht, wie er der Entfernung der Sache nach den §§ 562b und 562c widersprechen kann.[51] Einrichtungen liegen aber auch dann vor, wenn die vom Mieter angebrachten
beweglichen Sachen zu **wesentlichen Bestandteilen** der Mietsache werden und deshalb
in das Eigentum des Vermieters übergehen (§§ 947 Abs 2, 94). In diesem Fall umfasst dann
das Wegnahmerecht ein **Aneignungsrecht** des Mieters.[52]

b) Einrichtungen im Sinne des § 539 Abs 2 sind **zB** eine Kinoeinrichtung,[53] eine 16
Heizungsanlage,[54] Bade- und Kücheneinrichtungen,[55] Apparate und Maschinen, Telefon-
und EDV-Anlagen sowie Klimaanlagen,[56] im Garten eingepflanzte Bäume, Sträucher und
Blumen,[57] vom Mieter verlegte Anschlussgleise[58] sowie ein vom Mieter verlegter Teppich-
boden.[59] **Keine Einrichtungen** sind dagegen (als **bauliche Veränderungen**) die Einziehung von Böden oder Zwischendecken oder die Errichtung neuer Wände.[60] Dasselbe gilt
grundsätzlich für **feste Gebäude**, die der Mieter auf dem gemieteten Grundstück errichtet hat.[61] Ebenso wenig werden **bewegliche Sachen**, die der Mieter auf das Grundstück
gebracht hat, Einrichtungen (o Rn 14). Beispiele sind die Möbel des Mieters, das sonstige
bewegliche Inventar oder eine Einbauküche.[62]

Die geschilderte weite Auslegung des Begriffs der Einrichtungen (Rn 14 f) kann zu 16a
Überschneidungen des Anwendungsbereichs des § 539 Abs 2 **mit Abs 1** der Vorschrift

---

49 RGZ 106, 49, 51f; BGHZ 101, 37, 41f = NJW 1987, 2861; BGH LM Nr 14 zu § 276 (Hb) BGB = NJW 1969, 40;
MDR 1969, 1001 = ZMR 1969, 340; OLG Düsseldorf NZM 1999, 668 = ZMR 1999, 386; NZM 1998, 1020, 1021; LG
Hamburg ZMR 2012, 871, 872.
50 RGZ 106, 49, 51f; OLG Düsseldorf MDR 1972, 147.
51 BGHZ 101, 37, 44 = NJW 1987, 2861.
52 BGHZ 81, 146, 150 = NJW 1981, 2564; BGH LM Nr 5 zu 76 VVG (Bl 2) = NJW 1991, 3031.
53 BGHZ 101, 37, 41f = NJW 1987, 2861; LG Hamburg ZMR 2012, 871, 872.
54 BGH LM Nr 3 zu § 547 BGB = NJW 1958, 2109f; LM Nr 14 zu § 276 (Hb) BGB = NJW 1969, 40; ZMR 1969,
340 = MDR 1969, 1001.
55 BGH (vorige Fn).
56 LG Hamburg ZMR 2012, 871, 872.
57 OLG Köln ZMR 1994, 509, 510 = WuM 1995, 268; OLG Düsseldorf NZM 1998, 1020, 1021 = NJW-RR 1999,
160, 161.
58 BGH LM Nr 3 zu § 7 Allg KriegsfolgenG = WM 1966, 371; KG OLGE 10, 251.
59 KG ZMR 1972, 80, 81.
60 OLG Celle NdsRpfl 1969, 283, 284 = MDR 1969, 845; LG Duisburg MDR 1956, 35.
61 RG DR 1944, 490, 491; BGH LM Nr 6 zu § 946 BGB = NJW 1954, 265.
62 BGH LM Nr 5 zu § 76 VVG (Bl 3R) = NJW 1991, 3031; OLG Düsseldorf ZMR 1999, 386 = NZM 1999, 1668.

führen, sofern es sich bei den fraglichen Maßnahmen **zugleich** um **sonstige Aufwendungen** im Sinne des § 539 Abs 1 handelt. Vorstellbar ist dies insbesondere bei umfangreichen Sanierungs- oder Modernisierungsmaßnahmen, die der Mieter durchführt, wie zB bei einer Sanierung der Bäder oder bei dem Einbau einer neuen Heizungsanlage oder Küche. Dann stellt sich die Frage, ob etwa die neuen Heizkörper oder Küche und Sanitäreinrichtungen unter Abs 1 oder Abs 2 der Vorschrift fallen oder ob der Mieter sogar die Wahl hat, nach welcher Vorschrift er vorgehen will. Der Fragenkreises ist wenig geklärt. Meistens wird zur **Abgrenzung** in erster Linie auf die **Willensrichtung des Mieters** abgestellt und eine *Einrichtung* (nur) angenommen, wenn der Mieter offenbar die Absicht hatte, die fraglichen Gegenstände *allein für die Dauer seines Besitzrechts* mit der Mietsache zu verbinden.[63] In solchen Fällen ist dann wohl **allein Abs 2** der Vorschrift entsprechend ihrem Zweck, den Vermieter gegen aufgedrängte Bereicherungen zu schützen, anzuwenden.[64] Bei **komplexen und umfangreichen baulichen Maßnahmen** wird es sich dagegen nach der Verkehrsanschauung in der Regel um sonstige *Aufwendungen* handeln, die einheitlich nach § 539 Abs 1 zu beurteilen sind und nicht künstlich aufgegliedert werden können.

2. Ausübung

17   **a)** § 539 Abs 2 begründet ein **Wegnahmerecht im Sinne des § 258**, so dass der Vermieter, sobald er die Sache zurückerhalten hat, auf Verlangen des Mieters lediglich verpflichtet ist, diesem die Wegnahme der Einrichtung zu gestatten (§ 258 S 2 HS 1; sog **Duldungsanspruch**), während den Mieter im Falle der Wegnahme die Pflicht trifft, die Mietsache auf seine Kosten in den vorigen Stand zurückzuversetzen (§ 258 S 1). Erweist sich die Wiederherstellung des früheren Zustandes nach Wegnahme der Einrichtung als unmöglich oder unzumutbar, so muss der Mieter Schadensersatz leisten.[65]

18   **b)** Das Wegnahmerecht kann nach § 539 Abs 2 **nur einheitlich hinsichtlich** der **gesamten Einrichtungen** einschließlich ihrer wesentlichen Bestandteile ausgeübt werden.[66] Der Duldungsanspruch des Mieters aufgrund seines Wegnahmerechts wird zwar überwiegend als **dinglicher Anspruch** behandelt.[67] Dies ändert indessen nichts daran, dass der Anspruch nach § 398 **abtretbar** ist und dass jede schuldhafte Verletzung des Wegnahmerechts des Mieters durch den Vermieter zu dessen **Haftung** aus Verzug oder wegen Pflichtverletzung führt (§§ 280, 286).[68] Nach Vertragsende **verjährt** der Duldungsanspruch des Mieters gegen den Vermieter in der kurzen Frist des § 548.[69] Danach ist der Vermieter nicht mehr verpflichtet, die Wegnahme der Einrichtungen zu dulden, selbst wenn sie im Eigentum des Mieters stehen, so dass er ein **Besitzrecht** an den Einrichtungen des Mieters erwirbt.[70] Die Folge ist, dass der Mieter vom Vermieter auch **keinen Nutzungsersatz** nach dem §§ 987ff verlangen kann; ebenso wenig stehen ihm Schadensersatz- oder

---

63 LG Hamburg ZMR 2012, 871, 872.
64 BGH LM Nr 5 zu § 76 VVG [Bl 2] = NJW 1991, 3031; s *Schopp* ZMR 1969, 257; *R Weimar* ZMR 1964, 69.
65 OLG Frankfurt ZMR 1986, 358, 359.
66 BGH LM Nr 3 zu § 7 Allg KriegsfolgenG = WM 1966, 371; LM Nr 3 zu § 997 BGB (Bl 3) = NJW 1970, 754.
67 S *Staudinger* Rn 33.
68 BGH LM Nr 14 zu § 276 (Hb) BGB = NJW 1969, 40; LM Nr 5 zu § 76 VVG (Bl 2) = NJW 1991, 3031; OLG München ZMR 1997, 235.
69 BGHZ 81, 146, 151 = NJW 1981, 2546; BGHZ 101, 37, 43 = NJW 1987, 2861; OLG Düsseldorf ZMR 2006, 923; 2008, 948.
70 RGZ 109, 128, 129, 131; BGHZ 81, 146, 151 = NJW 1981, 2564; BGHZ 101, 37, 42f = NJW 1987, 2861; OLG Düsseldorf ZMR 2006, 923, 925; 2010, 959, 960.

Bereicherungsansprüche gegen den Vermieter zu, wenn sein Eigentum an den von ihm zurückgelassenen Einrichtungen später untergeht.[71]

c) Wird das vermietete **Grundstück** nach Anbringung der Einrichtungen **veräußert,** 19 so ändert dies zunächst nichts an dem aus dem Wegnahmerecht folgenden Trennungsrecht des Mieters.[72] Sein **Wegnahmerecht** richtet sich fortan **gegen** den **Erwerber,** weil der Anspruch auf Duldung der Wegnahme überhaupt erst mit Rückgabe der Sache an den (neuen) Vermieter fällig wird (§ 566 Abs 1).[73]

d) Wenn der Mieter seinen Wegnahmeanspruch **gerichtlich geltend** machen will, 20 muss er **auf Duldung der** Wegnahme, nicht auf Herausgabe **klagen.**[74] **Das Urteil wird nach § 890 ZPO vollstreckt. Der Streitwert** richtet sich nicht nach dem Gebrauchswert der eingebauten Sachen, sondern nach deren wesentlich geringeren Wert nach dem Ausbau, der sich gewöhnlich dem Materialwert der Sachen nähern wird.[75] Die **Beweislast** für die Voraussetzungen des Wegnahmeanspruchs trägt der Mieter.

§ 540
Gebrauchsüberlassung an Dritte

[1] Der Mieter ist ohne die Erlaubnis des Vermieters nicht berechtigt, den Gebrauch der Mietsache einem Dritten zu überlassen, insbesondere sie weiter zu vermieten. Verweigert der Vermieter die Erlaubnis, so kann der Mieter das Mietverhältnis außerordentlich mit der gesetzlichen Frist kündigen, sofern nicht in der Person des Dritten ein wichtiger Grund vorliegt.
[2] Überlässt der Mieter den Gebrauch einem Dritten, so hat er ein dem Dritten bei dem Gebrauch zur Last fallendes Verschulden zu vertreten, auch wenn der Vermieter die Erlaubnis zur Überlassung erteilt hat.

---

71 BGHZ 101, 37, 42f = NJW 1987, 2861; OLG Düsseldorf ZMR 2006, 923, 925.
72 BGH LM Nr 8 zu § 558 BGB (Bl 3f) = NJW 1965, 1225.
73 BGH LM Nr 5 zu § 76 VVG (Bl 4) = NJW 1991, 3031; LM Nr 29 zu § 571 BGB = NJW 1988, 705.
74 RGZ 109, 128, 129; BGHZ 81, 146, 150 = NJW 1981, 2564; BGHZ 101, 37, 42 = NJW 1987, 2861.
75 KG ZMR 1972, 80, 81.

Volker Emmerich

Alphabetische Übersicht

I. Gebrauchsüberlassung an Dritte

1   Gegenstand der gesetzlichen Regelung in § 540 ist die Gebrauchsüberlassung an einen Dritten einschließlich der praktisch besonders bedeutsamen Untermiete. § 540 Abs 1 macht solche Gebrauchsüberlassung an einen Dritten von einer Erlaubnis des Vermieters abhängig, weil nach der Vorstellung der Gesetzesverfasser die Miete ein persönliches, von gegenseitigem Vertrauen getragenes Rechtsverhältnis ist, so dass sich der Vermieter nicht gegen seinen Willen einen anderen Mieter aufdrängen zu lassen brauche.[1] § 540 Abs 2 fügt hinzu, dass der Mieter im Falle der Gebrauchsüberlassung an einen Dritten ein dem Dritten bei dem Gebrauch zur Last fallendes Verschulden in jedem Fall zu vertreten hat. Eine ergänzende Regelung für die Wohnraummiete findet sich in **§ 553,** nach dem der Mieter, anders als im Regelfall aufgrund des § 540, einen **Anspruch auf Erlaubnis** der Überlassung des Gebrauchs an einen Dritten hat. Weitere ergänzende Vorschriften finden sich in den **§§ 543 Abs 2 Nr 2, 546 Abs 2 und 565.**

---

1 S Prot II 182ff; BGH LM Nr 34 zu § 399 BGB = NJW-RR 1994, 558.

1. § 540 Abs 1 wendet sich nur dagegen, dass der Mieter einem „Dritten" (s u Rn 3f) die **2** Mietsache **zum Gebrauch überlässt**. Darunter fällt jede **auf** eine **gewisse Dauer ange-legte Überlassung** der Sache **an Dritte** ganz oder partiell **zu** einem selbständigen *oder* unselbständigen **Mietgebrauch**.[2] Keine Gebrauchsüberlassung ist dagegen die Umwand-lung oder Verschmelzung des Mieters in oder mit einem anderen Unternehmen (s u Rn 28).

2. „**Dritter**" im Sinne des § 540 Abs 1 S 1 ist grundsätzlich jeder mit Ausnahme der Ver- **3** tragsparteien.[3] **Ausgenommen** sind mit Rücksicht auf Art 6 Abs 1 GG lediglich die **nächs-ten Angehörigen** und die **Bediensteten** des Mieters, die einen Teil seines Hausstands bilden. Ihre Aufnahme in die Wohnung bildet einen Teil des grundsätzlich unentziehba-ren vertragsgemäßen Gebrauchs.[4] Dasselbe gilt für die vorübergehende Aufnahme von **Besuchern**.[5] Zu den **Angehörigen** in diesem Sinne gehören insbesondere der Ehegatte, die Kinder, die Stiefkinder und die Enkel sowie gegebenenfalls die Eltern und bei kranken und pflegebedürftigen Mietern die Pflegepersonen.[6] Keine Rolle spielt bei Kindern und Enkel deren **Alter** oder Schutzbedürftigkeit. Auch die Aufnahme volljähriger und wirt-schaftlich selbstständiger Kinder und Enkel gehört zum unentziehbaren vertragsgemäßen Gebrauch des Mieters.[7] Den Ehegatten stehen außerdem in diesem Zusammenhang so genannte Lebenspartner nach dem Gesetz von 2001 (BGBl. I 266) gleich. **Keine Angehö-rigen** sind dagegen Verlobte und sonstige Lebensgefährten des Mieters,[8] der Bruder des Mieters[9] oder der Verlobte oder Freund der Tochter.[10] Zieht der Mieter aus, so verlieren die aufgenommenen Angehörigen ihr **Besitzrecht**, so dass der Vermieter auch von ihnen Räumung verlangen kann (§ 985). Ist er nicht zugleich Eigentümer, so wird man hier § 546 Abs 2 entsprechend anwenden können.

3. Das Recht des Mieters zur Aufnahme seiner Angehörigen findet seine **Grenze** **4** zunächst **an der Überbelegung** der Räume (s § 553 Abs 1 S 2). Als Maßstab können die Wohnungsaufsichtsgesetze der Länder herangezogen werden,[11] nach denen für jede Person grundsätzlich 6 bis 9 qm zur Verfügung stehen müssen. Ist die Wohnung danach überbelegt, so kann der Vermieter **nach § 543 Abs 2 Nr 2 kündigen**.[12] Eine weitere Zuläs-sigkeitsgrenze für die Aufnahme von Angehörigen ergibt sich daraus, dass von einer Aufnahme in der Wohnung *neben* dem *Mieter* keine Rede mehr sein kann, wenn den Angehörigen die Räume zu **selbständigem Gebrauch** (unter Verdrängung des Mieters)

2 BGHZ 157, 1, 5 = NJW 2004, 56; BGH WuM 2010, 30 Tz 9; BayObLGZ 1983, 285, 287ff = WuM 1984, 13; BayObLGZ 1997, 292 = NJW 1998, 1324; *Fischer*, in: 10 Jahre Mietrechtsreformgesetz, 2011, S 244, 248 ff.
3 BGHZ 157, 1, 5 = NJW 2004, 56.
4 BGHZ 157, 1, 5 = NJW 2004, 56; BGHZ 40, 252, 254 = NJW 1964, 403; BGH LM Nr 4 zu § 9 (Ca) AGBG = NJW 1991, 1750, 1751; BayObLGZ 1983, 228, 229f = NJW 1984, 60; BayObLGZ 1983, 285, 287ff = WuM 1984, 13.
5 BGHZ 157, 1, 5 = NJW 2004, 56; *Fischer*, in: 10 Jahre Mietrechtsreformgesetz, 2011, S 244, 251.
6 BGHZ 40, 252, 254 = NJW 1964, 403; BGHZ 157, 1, 5ff = NJW 2004, 56; BayObLGZ 1997, 292 = NJW 1998, 1324.
7 LG Potsdam WuM 2012, 612; *Fischer*, in: 10 Jahren Mietrechtsreformgesetz, S 246, 248 f.
8 BGHZ 157, 1, 5ff = NJW 2004, 56 m Anm *Emmerich* JuS 2004, 625; BGH LM Nr 4 zu § 9 (Ca) AGBG = NJW 1991, 1750, 1751; OLG Hamm OLGZ 1982, 481 = NJW 1982, 2876; LG Berlin GE 2005, 1554f.
9 BayObLGZ 1983, 285, 287ff = WuM 1984, 13; LG Berlin GE 1995, 569.
10 LG Berlin GE 1988, 409.
11 LG Berlin GE 1991, 625.
12 S u § 543 Rn 19ff; BGHZ 123, 233, 238ff = NJW 1993, 2528; BayObLGZ 1963, 228, 229f = NJW 1984, 60; OLG Karlsruhe WuM 1987, 180 = ZMR 1987, 263.

Volker Emmerich

überlassen werden.[13] Nach Treu und Glauben kann der Vermieter außerdem eine **Anzeige** der Aufnahme von Angehörigen in die Wohnung verlangen.[14]

II. Erlaubnis des Vermieters

5   **1.** Nach § 540 Abs 1 S 1 ist der Mieter ohne Erlaubnis des Vermieters nicht zur Überlassung des Gebrauchs der gemieteten Sache an einen Dritten (o Rn 3) berechtigt. Einen **Anspruch** auf Erteilung der Erlaubnis hat der Mieter kraft Gesetzes **nur bei** der **Wohnraummiete** unter den Voraussetzungen des **§ 553**. Jenseits des Anwendungsbereichs dieser Vorschrift tritt an die Stelle des Anspruchs auf Erlaubniserteilung das **Sonderkündigungsrecht** des Mieters nach § 540 Abs 1 (u Rn 9ff). § 540 Abs 1 stellt damit klar, dass mangels abweichender Abreden der Parteien der **vertragsgemäße Gebrauch** grundsätzlich **nicht** die **Überlassung** der Sache **an einen Dritten umfasst**. Eine gleichwohl erfolgte Überlassung der Sache an einen Dritten verstößt gegen den Vertrag (§§ 541, 543 Abs 2 Nr 2). Hat der Vermieter jedoch seine Erlaubnis erteilt, so wird dem Eingriff die Rechtswidrigkeit genommen. Die **Wirkung** der Erlaubnis besteht folglich in der **Erweiterung des vertragsgemäßen Gebrauchs** des Mieters durch einseitige Erklärung des Vermieters.[15] Bestimmt der **Mietvertrag**, dass eine Untervermietung nur mit Erlaubnis des Vermieters zulässig sein soll, so handelt es sich um eine bloße Wiederholung des § 540, so dass daraus – entgegen einer verbreiteten Meinung – ebenfalls kein Anspruch des Mieters auf Erteilung der Erlaubnis nach pflichtgemäßem Ermessen des Vermieters hergeleitet werden kann.[16]

6   **2.** Die **Einholung** der Erlaubnis ist allein **Sache des Mieters**.[17] Solange der Mieter in dieser Frage nicht tätig geworden ist, ist auch der Vermieter zu keiner Reaktion verpflichtet, so dass seinem Verhalten in dieser Zeitspanne insbesondere grundsätzlich keine Verweigerung der (noch gar nicht beantragten) Erlaubnis zur Untervermietung entnommen werden kann.[18] Da der Mieter keinen Anspruch auf generelle Erlaubnis der Untervermietung hat, kann er die Erlaubnis **immer nur für einen bestimmten Fall** nachsuchen,[19] so dass er dem Vermieter grundsätzlich den **Dritten benennen muss**, dem er den Gebrauch überlassen will, um dem Vermieter überhaupt eine Entscheidung über die Erlaubnis zu ermöglichen.[20] Jedenfalls **bei der gewerblichen Miete** kann der Vermieter außerdem von dem Mieter, der die Erlaubnis zur Untervermietung beantragt, genaue **Auskunft** über die wirtschaftlichen Verhältnisse des Untermieters und die Bedingungen der Untermiete verlangen, insbesondere, wenn den Mieter eine Betriebspflicht trifft.[21] Weitergehende **Aufklärungsrechte** hat der Vermieter nicht. Hat er einmal aufgrund der gebotenen Infor-

---

13 LG Frankfurt WuM 2002, 92; LG Cottbus ZMR 1995, 30, 31 = NJW-RR 1995, 524; LG Hamburg NZM 2000, 379 = WuM 1999, 687; ZMR 2005, 298.
14 *Fischer*, in: 10 Jahren Mietrechtsreformgesetz, S 246, 249.
15 BGH LM Nr 13 zu § 549 BGB = NJW 1987, 1692; BayObLGZ 1995, 162, 166 = NJW-RR 1995, 969; *Ohly* Volenti non fit iniuria (2003), 282ff; *Mittelstein* Miete, 616f.
16 *Bieber* PiG 79 (2007), 119, 132f; *Stapenhorst* NZM 2007, 795, 797f; – anders zB OLG Hamburg WuM 1993, 737.
17 BGH NJW 2007, 288 Tz 15 = NZM 2007, 127; NZM 2008, 728 Tz 18; OLG Koblenz WuM 2012, 613 = ZMR 2013, 65.
18 OLG Koblenz WuM 2012, 613 = ZMR 2013, 35.
19 BGH NJW 2007, 288, 289 Tz 15 = NZM 2007, 127; BayObLGZ 1995, 162, 166 = NJW-RR 1995, 969; KG NJW-RR 1992, 1229 = ZMR 1992, 382; OLG Celle ZMR 2003, 344, 345 = NZM 2003, 396.
20 BGH, BayObLG, OLG Celle und KG (vorige Fn).
21 BGH NJW 2007, 288, 289 Tz 18ff = NZM 2007, 127; OLG Nürnberg NZM 2007, 567; KG NZM 2008, 287; *Pauly* NZM 2008, 320, 332; *Stapenhorst* NZM 2007, 795.

mationen des Mieters seine Erlaubnis zur Untervermietung erteilt, so hat es damit sein Bewenden; er kann jetzt nicht noch zusätzlich von dem Mieter **nachträglich** Informationen über die Konditionen des von ihm mit einem Dritten abgeschlossenen Untermietvertrages oder über die Einnahmen des Mieters aus der Untervermietung verlangen.[22] – Die **Erlaubnis** bezieht sich nur auf die Person desjenigen Dritten, für die sie eingeholt wurde. Sie deckt weder eine weitere Untervermietung noch die vollständige Überlassung der gemieteten Räume an den Dritten.[23] Eine besondere **Form** ist für die Erlaubnis nicht vorgeschrieben. Die Erlaubnis kann auch mündlich oder konkludent erteilt werden.[24] Formularvertraglich kann nichts anderes bestimmt werden.[25] Bloßes **Schweigen des Vermieters** auf ein Schreiben des Mieters, mit dem er die Erlaubnis zur Gebrauchsüberlassung an einen Dritten beantragt, stellt grundsätzlich keine Erklärung des Vermieters, insbesondere keine Erlaubnis zur Gebrauchsüberlassung dar.[26]

3. Die Erlaubnis kann auch allgemein oder doch für eine bestimmte Art von Untermietern erteilt werden. Eine derartige **allgemeine Erlaubnis** ist insbesondere anzunehmen, wenn der Vermieter weiß, dass der Mieter die gemietete Sache in seinem Gewerbebetrieb weitervermieten will.[27] Dasselbe kann sich aus der Ortssitte ergeben, zB in Kurorten oder Universitätsstädten, wo die Untervermietung allgemein gebräuchlich ist. In derartigen Fällen ist § 540 als vertraglich abgeändert anzusehen. Die einmal im Voraus erteilte Erlaubnis bindet dann auch den Grundstückserwerber (§ 566).[28] Aber eine Untervermietung zu anderen Zwecken, als sie dem Mieter selbst gestattet sind, wird auch von der allgemeinen Erlaubnis grundsätzlich nicht gedeckt.[29] **7**

4. Sobald sich der Mieter dem Dritten gegenüber wirksam zur Überlassung der Räume verpflichtet hat, ist die einmal erteilte Erlaubnis mangels abweichender Abreden der Parteien[30] mit Rücksicht auf die schutzwürdigen Interessen des Mieters **nur** noch **aus wichtigem Grunde widerruflich**.[31] Ein wichtiger Grund liegt zB vor, wenn der Mieter dem Untermieter einen weitergehenden Gebrauch gestatten will, als ihm selbst nach dem Mietvertrag erlaubt ist,[32] oder wenn der Mieter auf Dauer auszieht, so dass es sich in Wirklichkeit nicht mehr um eine Gebrauchsüberlassung an einen Dritten, sondern um eine Weitervermietung handelt.[33] (Nur) bei der gewerblichen Miete können die Parteien auch vereinbaren, dass die Erlaubnis vom Vermieter (frei) **widerruflich** erteilt wird. Das ist jedoch nur individualvertraglich möglich.[34] **8**

---

22 OLG Düsseldorf ZMR 2013, 28 = NZM 2013, 34.
23 OLG Hamm NJW-RR 1992, 783; LG Berlin GE 1993, 267.
24 BGH LM Nr 4 zu § 9 (Ca) AGBG = NJW 1991, 1750, 1751.
25 BGH (vorige Fn); BGHZ 130, 50, 54 = NJW 1995, 2034.
26 LG Berlin GE 1995, 1277.
27 RG Recht 1922 Nr 1551; OLG Hamburg OLGE 10, 166 (1905 I).
28 AG Köln MDR 1953, 360.
29 BGHZ 89, 308, 313 = NJW 1984, 1032; zum Widerruf s u Rn 8.
30 S *Staudinger* Rn 13.
31 BGH LM Nr 13 zu § 549 BGB = NJW 1987, 1692; LG Berlin ZMR 1994, 330; str.
32 BGHZ 89, 308, 313ff = NJW 1984, 1032; LG Berlin (vorige Fn).
33 AG Tiergarten GE 1992, 391.
34 BGHZ 130, 50, 54 = NJW 1995, 2034; BGH LM Nr 13 zu § 549 BGB = NJW 1987, 1692.

Volker Emmerich

III. Kündigungsrecht des Mieters

9   Bei Verweigerung der Erlaubnis (u Rn 10) kann der Mieter nach § 540 Abs 1 S 2 das Mietverhältnis außerordentlich mit der gesetzlichen Frist kündigen (u Rn 11f), sofern nicht in der Person des Dritten ein wichtiger Grund vorliegt (u Rn 13). Hat der Mieter einen **Anspruch** auf Erlaubnis der Untervermietung, so steht ihm im Falle der Verweigerung der Erlaubnis durch den Vermieter ein **Wahlrecht** zu: Er kann entweder versuchen, seinen Anspruch auf Erlaubnis der Untervermietung gerichtlich durchzusetzen, oder einfach von seinem Kündigungsrecht Gebrauch machen (§§ 540 Abs 1 S 2, 543 Abs 2 Nr. 1). Schließlich kann der Mieter auch, wenn der Vermieter die Verweigerung der Erlaubnis zu vertreten hat, nach § 280 Abs 1 Schadensersatz verlangen.[35]

10   **1. Verweigerung der Erlaubnis.** Die Einholung der zur Untervermietung grundsätzlich erforderlichen Erlaubnis des Vermieters (§ 540 Abs 1 S 1) ist Sache des Mieters (o Rn 6). **Beantragt** der Mieter die **generelle Erlaubnis** der Untervermietung, ohne einen bestimmten Dritten zu benennen, dem er den Gebrauch der Mietsache überlassen will, so **braucht** der Vermieter darauf **nicht zu antworten**; sein bloßes Schweigen stellt in diesem Fall selbst dann keine Verweigerung der Erlaubnis im Sinne des § 540 Abs 1 S 2 dar, wenn ihm der Mieter zusätzlich eine Frist gesetzt hatte.[36] Umstritten ist die Rechtslage dagegen, wenn der Mieter zugleich einen **Mietinteressenten** benennt oder der Vermieter (ohne Verpflichtung hierzu) auf eine derartige Anfrage des Mieters hin **generell die Erlaubnis** der Untervermietung **verweigert**. Nach überwiegender Meinung wird auch in diesem Fall das **Sonderkündigungsrecht** des Mieters aus § 540 Abs 1 S 2 ausgelöst.[37] Dies ist indessen zweifelhaft, weil hier unverkennbar die Gefahr eines provozierten Sonderkündigungsrechts besteht.[38] Deshalb ist anzunehmen, dass das Sonderkündigungsrecht des Mieters in diesem Fall nur ausgelöst wird, wenn sich aus der Anfrage des Mieters wenigstens **Anhaltspunkte** für eine vom Mieter beabsichtigte Untervermietung ergeben, die so konkret sind, dass sie dem Vermieter ein Urteil über die Erlaubniserteilung ermöglichen.[39] Der Mieter kann dem Vermieter für die Erteilung der Erlaubnis ferner eine angemessene **Frist** von ungefähr zwei Wochen **setzen**.[40] Die Kündigung des Mieters nach § 540 ist missbräuchlich, wenn der (angebliche) Mietinteressent tatsächlich nie eine Nutzungsabsicht hatte, sondern vom Mieter offenbar nur vorgeschoben wurde.[41] Lässt der Vermieter die ihm vom Mieter wirksam gesetzte Frist fruchtlos verstreichen, so stellt auch dies eine **Verweigerung** der Erlaubnis im Sinne des § 540 Abs 1 S 2 dar. Ebenso ist es anzusehen, wenn der Vermieter die Erlaubnis zur Untervermietung von **zusätzlichen**, durch § 540 oder den Vertrag nicht gedeckten **Bedingungen** abhängig macht[42] oder wenn dem Mieter die Untervermietung hinsichtlich eines Teiles der Räume überhaupt verboten wird.[43] Auf Anfrage des Mieters hin ist der Vermieter nach Treu und Glauben außerdem verpflichtet,

---

35 OLG Düsseldorf GE 2011, 336.
36 OLG Koblenz NJW 2001, 1948; OLG Celle NJW-RR 2003, 728, 729 = NZM 2003, 396; KG NZM 2008, 287 = NJW-RR 2008, 680; LG Berlin GE 2006, 1004.
37 BGHZ 59, 3, 10 = NJW 1972, 1167; BGH NJW 2007, 288, 290 Tz 21 = NZM 2007, 127; KG ZMR 1996, 648, 649; GE 2012, 825; LG Lüneburg ZMR 2012, 446, 447; LG Berlin NZM 2001, 231; ZMR 2001, 969.
38 *Schönleber* NZM 1998, 948.
39 OLG Celle NJW-RR 2003, 728, 729 = NZM 2003, 936; *Staudinger* Rn 16.
40 OLG Köln WuM 2000, 597 = NZM 2001, 39; KG NJW-RR 2008, 680 = NZM 2008, 287.
41 BGH NJW-RR 2010, 306 Tz 12 = WuM 2010, 20.
42 RGZ 74, 176, 179; BGHZ 59, 3, 7f = NJW 1972, 1267; LG Berlin GE 2006, 1405, 1406.
43 BGH WM 1973, 383, 384.

die **Gründe** für seine Entscheidung **mitzuteilen**, damit sich der Mieter darüber im klaren werden kann, ob er zur Kündigung berechtigt ist (§ 242).

2. Kündigung

a) Im Falle der Verweigerung der Erlaubnis zur Gebrauchsüberlassung an einen **11** Dritten (o Rn 10) kann der Mieter nach § 540 Abs 1 S 2 das Mietverhältnis außerordentlich mit der gesetzlichen Frist kündigen, sofern nicht in der Person des Dritten ein wichtiger Grund vorliegt (u Rn 13). Wegen der **Kündigungsfristen** verweist das Gesetz damit auf die **§§ 573d Abs 2, 575a Abs 3 und 580a Abs 4**.[44] Die Kündigung braucht nicht zum ersten möglichen Termin erklärt zu werden; der Mieter kann vielmehr eine **Überlegungsfrist** in Anspruch nehmen.[45] Das Kündigungsrecht des Mieters erlischt aber, wenn der Vermieter die Untervermietung genehmigt, bevor der Mieter die Kündigung ausgesprochen hat.[46] Wenn der Mieter einen **Anspruch** auf Erlaubnis der Untervermietung hat und der Vermieter zu Unrecht der Untervermietung widerspricht, kann der Mieter statt dessen auch nach **§ 543 Abs 2 Nr 1** kündigen.[47] Im Einzelfall kann die Ausübung des Kündigungsrechts durch den Mieter nach den Umständen des Falles auch missbräuchlich sein (Rn 10).

b) § 540 ist **dispositiv**, so dass das Kündigungsrecht des Mieters bei Verweigerung der **12** Erlaubnis an sich vertraglich **ausgeschlossen** oder beschränkt werden kann. Das gilt jedoch nur für die **gewerbliche Miete** und auch hier allein für Individualvereinbarungen, während bei der Wohnraummiete jede Einschränkung des § 540 bereits an § 553 Abs 3 scheitert.[48]

3. Wichtiger Grund.

Die Kündigung ist nach § 540 Abs 1 S 2 ausgeschlossen, wenn in **13** der Person des Dritten ein wichtiger Grund vorliegt, der die Verweigerung der Erlaubnis zur Gebrauchsüberlassung an diesen Dritten als berechtigt erscheinen lässt. Wie § 553 Abs 1 S 2 zeigt, ist dies in erster Linie anzunehmen, wenn die **Räume** durch die Gebrauchsüberlassung an den Dritten **übermäßig belegt** würden oder wenn dem Vermieter die **Überlassung** aus sonstigen Gründen **nicht zugemutet** werden kann.[49] Ein wichtiger Grund liegt danach insbesondere vor, wenn der Mieter dem Untermieter einen **weitergehenden Gebrauch** einräumen will, als ihm selbst gestattet ist,[50] oder wenn die Gebrauchsüberlassung an den Dritten zu einer **Änderung des Verwendungszwecks** der Sache führte.[51] **Beispiele** sind die Untervermietung gewerblich genutzter Räume als Wohnung[52] oder zur Unterbringung von Asylanten,[53] die Untervermietung eines Supermarktes an eine Spielhalle[54] sowie die völlige Veränderung der **Branche** des in den Räumen betriebenen Geschäfts.[55] Ein wichtiger Grund kann außerdem vorliegen, wenn von dem Untermieter eine **Konkurrenz** für den Vermieter oder andere Mieter zu befürchten ist,[56] wenn infolge

---

44 S die Begr zum RegE BT-Drucks 14/4553, S 43; OLG Düsseldorf WuM 2000, 549.
45 BGHZ 59, 3, 9f = NJW 1972, 1267.
46 LG Berlin GE 2006, 1405, 1406.
47 BGHZ 89, 308, 312 = NJW 1984, 1032.
48 S o Rn 6; BGHZ 130, 50, 56f = NJW 1995, 2034; OLG Düsseldorf GE 2005, 988f.
49 Ebenso Prot II 285; KG DR 1941, 2570 Nr 11; OLG Köln NJW-RR 1997, 204 = ZMR 1997, 298; OLG Dresden NZM 2004, 461, 462; LG Bonn NJW-RR 2003, 1234, 1235 = NZM 2003, 397; s im Übrigen u § 553 Rn 8f.
50 OLG Düsseldorf ZMR 2008, 783, 784.
51 BGHZ 89, 308, 313ff = NJW 1984, 1032; KG GE 2003, 1490, 1491.
52 OLG Koblenz NJW-RR 1986, 1343 = MDR 1986, 496.
53 LG Berlin GE 1994, 51, 53.
54 OLG Celle OLGZ 1990, 88, 94.
55 OLG Hamburg ZMR 2003, 180 = WuM 2003, 268, 269; OLG Düsseldorf WuM 2003, 136f.
56 BGH LM Nr 24 zu § 157 (C) BGB = WM 1981, 1224, 1225; LG Oldenburg NJW-RR 1989, 81.

Volker Emmerich

der Untervermietung an die Stelle eines Mieters eine Vielzahl von Untermietern träte[57] oder wenn der Untermieter mit dem Vermieter oder mit anderen Mietern persönlich verfeindet ist.[58] Die bloße **Zahlungsunfähigkeit** des Dritten stellt dagegen allein noch **keinen** wichtigen **Grund** dar, da für die Miete ohnehin allein der Mieter haftet.[59] Anders freilich, wenn den Mieter eine Betriebspflicht trifft, weil deren Erfüllung bei einer Zahlungsunfähigkeit des Dritten nicht mehr gewährleistet ist.[60]

IV. Untermiete

1. Mietvertrag

14   **a)** Der Untermietvertrag ist ein normaler Mietvertrag iS der §§ 535ff.[61] Seine **Gültigkeit** ist insbesondere unabhängig von der Erlaubnis des Vermieters.[62] Auch die Dauer des Untermietvertrages ist von der des Hauptmietvertrages unabhängig.[63] Die Parteien sind jedoch nicht gehindert, die **Erlaubniserteilung** seitens des Vermieters zur **aufschiebenden Bedingung** für das Inkrafttreten des Untermietvertrages zu machen (§ 158). Eine entsprechende **auflösende Bedingung** scheitert dagegen nach hM bei der Wohnraummiete an § 572 Abs 2.[64] Tatsächlich verwehrt indessen richtiger Meinung nach § 572 Abs 2 S 2 lediglich dem Vermieter, hier also dem Hauptvermieter und Untervermieter, die Berufung auf die auflösende Bedingung, während der Untermieter sich sehr wohl darauf berufen kann (s u § 572 Rn 3). Wird der Mieter später zum Eigentümer, so verwandelt sich der Untermietvertrag in einen normalen Mietvertrag.[65] Für den **Abschluss** eines langfristigen Untermietvertrages gilt § 550.[66] Die **Kündigung** des Untermietvertrages seitens des Mieters (und Untervermieters) richtet sich nach den §§ 542, 568 und 573ff. Jedoch ist ein berechtigtes Interesse des Mieters und Untervermieters an der Beendigung des Untermietverhältnisses im Sinne des § 573 **nicht** schon dann anzunehmen, **wenn ihm** selbst von seinem Vermieter wirksam **gekündigt** wurde.[67] Die Frage der **Mangelhaftigkeit** der dem Untermieter überlassenen Räume beurteilt sich allein nach dem Untermietvertrag (§ 536), so dass diese Frage für die beiden Mietverträge, den Unter- und den Hauptmietvertrag durchaus unterschiedlich zu beurteilen sein kann.[68] Im Falle des § 569 Abs 1 dürften jedoch in der Regel beide Verträge kündbar sein.[69] Scheitert infolgedessen eine rechtzeitige Kündigung auch des Untermietvertrages, so dass der Mieter, nachdem ihm wirksam gekündigt wurde, die Mietsache dem Vermieter nicht zurückgeben kann, so greift § 546a ein.[70]

15   Der **Herausgabeanspruch** des Mieters gegen den Untermieter bei Beendigung der Untermiete ergibt sich aus § 546.[71] Gibt der Untermieter die Sache direkt an den Hauptver-

---

57   KG DR 1940, 1430.
58   RGZ 74, 176, 179.
59   LG Berlin NZM 2002, 947, 948.
60   BGH NJW 2007, 288 Tz 18f = NZM 2007, 127.
61   BGHZ 157, 233, 238 = NJW 2004, 848; *Staudinger* Rn 25ff.
62   RGZ 81, 59, 60f; BGH NZM 2006, 699 Tz 31 = NJW-RR 2006, 1185; GE 2007, 1627 Tz 11; OLG Düsseldorf ZMR 2003, 102, 103.
63   OLG Düsseldorf GE 2011, 1370, 1371.
64   OLG Bremen ZMR 2007, 363; dagegen *Pauly* WuM 2008, 230.
65   OLG Hamburg OLGE 22, 248.
66   BGHZ 81, 46, 50 = NJW 1981, 2246; BGH WM 1982, 431.
67   BGH LM Nr 42 zu § 286 BGB (Bl 2 R) = NJW 1996, 1886, 1887; s u § 573 Rn 4ff.
68   BGH NJW-RR 2004, 1450 = NZM 2004, 776.
69   BGHZ 157, 233, 237ff = NJW 2004, 848.
70   BGHZ 90, 145, 149f = NJW 1984, 1527.
71   OLG München NJW-RR 1989, 524.

mieter heraus, weil zugleich der Hauptmietvertrag beendet worden ist, so wird dadurch auch der Hauptmieter von seiner Herausgabepflicht gegenüber dem Vermieter befreit.[72] Wenn dagegen der Untermieter nach Kündigung seitens des Untervermieters und Hauptmieters nicht räumt, hat der letztere doch nicht einen Anspruch aus § 546a gegen den Untermieter, wenn ihm ebenfalls von seinem Vermieter gekündigt ist.[73]

2. Verhältnis zum Vermieter

a) Zwischen Vermieter und Untermieter bestehen **keine vertraglichen Beziehun-** 16 **gen.**[74] Ebenso wenig geht es an, den Untermieter in den Schutzbereich des Hauptmietvertrages einzubeziehen.[75] Aus denselben Gründen ist grundsätzlich auch kein Raum für die **Erstreckung der Rechtskraft** eines zwischen Vermieter und Mieter ergangenen Feststellungsurteils über den Fortbestand des Hauptmietvertrages auf den Untermieter.[76] Anders nur nach § 325 Abs 1 ZPO, wenn der Untermieter den Besitz an der streitbefangenen Sache erst nach Eintritt der Rechtshängigkeit der Klage des Vermieters gegen den Mieter erlangt hat. Von diesem Ausnahmefall abgesehen, scheidet eine Vollstreckung aus einem gegen den Mieter vom Vermieter erstrittenen Räumungsurteil gegen den Untermieter aus (§ 750 Abs 1 ZPO).[77] Wenn der Hauptmietvertrag, aus welchen Gründen immer, **endet**, erlangt der Vermieter jedoch einen quasi-vertraglichen **Herausgabeanspruch** gegen den Untermieter (**§ 546 Abs 2**), soweit nicht § 565 eingreift (s § 546 Rn 25ff, § 565 Rn 2ff). Die Folge ist, dass der Untermieter mit dem Ende des Hauptmietvertrages ohne Rücksicht auf seinen eigenen Vertrag sein **Besitz- und Nutzungsrecht** einbüßt.[78] Deshalb kann der Untermieter vom (Haupt-)Vermieter jetzt selbst dann keinen Schadensersatz mehr für den Verlust des Besitzes verlangen, wenn ihm der Vermieter den Besitz der Sache durch verbotene Eigenmacht entzieht.[79] Der Herausgabeanspruch des Vermieters gegen den Untermieter kann nach hM in aller Regel nicht durch einstweilige Verfügung durchgesetzt werden.[80]

b) Räumt der Untermieter trotz der Beendigung des Hauptmietverhältnisses **nicht**, 17 so kommt er (soweit nicht § 565 eingreift) unter den Voraussetzungen des § 286 mit seiner Herausgabepflicht aus § 546 Abs 2 in **Verzug**, so dass der (Haupt-)Vermieter von ihm **Schadensersatz** verlangen kann (§ 280 Abs 2).[81] Außerdem kommen Ansprüche des Vermieters aus **Bereicherung** in Betracht (§§ 812 Abs 1 S 1 Fall 2, 818 Abs 1 und 2).[82] In der Rechtsprechung wird statt dessen häufig auf die Beziehungen *zwischen* dem *Hauptvermieter und* dem jetzt nicht mehr zum Besitz berechtigten *Untermieter* die Regelung der **§§ 987ff** unmittelbar oder entsprechend angewandt und dem Vermieter deshalb (anstelle des Bereicherungsanspruchs) ein Anspruch auf **Nutzungsersatz** aus den §§ 987 und 989, 991 oder auch aus § 988 zugebilligt.[83]

---

72 BGH LM Nr 10 zu § 539 BGB (Bl 2 R) = NJW 1996, 46.
73 OLG Saarbrücken NJW-RR 2006, 515f.
74 BGHZ 70, 327, 328 = NJW 1978, 833; BGHZ 79, 232, 235 = NJW 1981, 865; BGHZ 84, 90, 96 = NJW 1982, 1696; BGH LM Nr 9 zu § 69 ZPO = NZM 2001, 286; NJW RR 2006, 1185 = NZM 2006, 699, 700 Tz 31.
75 BGHZ 70, 327, 329f = NJW 1978, 833; BGH WM 1979, 307, 308; NZM 2010, 699; ZIP 2013, 77 Tz 9.
76 BGH NJW-RR 2006, 1385 = NZM 2006, 699, 700 Tz 29ff; NZM 2010, 353 Tz 9 mN.
77 BGH NJW-RR 2003, 1450 = WuM 2003, 577; NJW 2008, 3287 Tz 9.
78 BGHZ 79, 232, 235f = NJW 1981, 865.
79 BGHZ 79, 232, 236f = NJW 1981, 865.
80 OLG Düsseldorf NZM 2009, 818f.
81 BGHZ 131, 95, 100 = NJW 1996, 321, 323.
82 Vgl BGH LM 2 zu § 597 BGB = NJW 1968, 197.
83 BGH LM Nr 10 zu § 987 BGB = WM 1968, 1370 = MDR 1969, 128; OLG Hamburg WuM 1997, 223 = NJWE-

Volker Emmerich

18   **c)** Die Untervermietung **ohne Erlaubnis** des Vermieters ist eine **Vertragsverletzung**, die den **Mieter** zum **Schadensersatz** verpflichtet (§ 280 Abs 1). Gleichwohl verweigert die Rechtsprechung dem Vermieter einen Anspruch auf **Herausgabe der** vom Mieter zu Unrecht bezogenen **Untermiete**, da der Vermieter insoweit mangels eigener Möglichkeit zur Untervermietung nicht geschädigt sei.[84] Anders wird nur nach Rechtshängigkeit des Herausgabeanspruchs des Vermieters gegen den Mieter (§ 546 Abs 1) entschieden, weil dann Raum für die Anwendung der §§ 292 Abs 2 und 987 sei und weil zu den danach herauszugebenden Nutzungen auch die vom Mieter tatsächlich noch eingezogene Untermiete sowie eine etwaige Entschädigung für die vorzeitige Entlassung des Untermieters aus dem Untermietvertrag gehörten.[85] Demgegenüber bleibt festzuhalten, dass hier zumindest eine entsprechende Anwendung des **§ 816 Abs 1 S 1** in Betracht kommt.[86]

19   **3. Haftung des Mieters und Untervermieters.** Der Untermietvertrag ist ein normaler Mietvertrag (o Rn 14), so dass sich die **Haftung** des Mieters und Untervermieters **nach den §§ 536ff** richtet.[87] Folglich haftet er dem Untermieter nach **§ 536 Abs 3** in Verb **mit § 536a wegen** eines **anfänglichen Rechtsmangels**, wenn die Erlaubnis zur Untervermietung bei Abschluss des Untermietvertrages (noch) nicht vorliegt, der Hauptvermieter auch später die Erlaubnis zu Recht verweigert und stattdessen nach § 986 Abs 1 S 2 Rückgabe der Sache an den Mieter verlangt. Dasselbe gilt, wenn der Hauptmietvertrag endet, so dass der Vermieter auch von dem Untermieter Herausgabe verlangen kann (§§ 546 Abs 2, 985).[88] Der **Schadensersatzanspruch des Untermieters** wird in dem ersten Fall (entgegen § 536b S 1) auch nicht durch die **Kenntnis des Untermieters** davon ausgeschlossen, dass die Erlaubnis des Vermieters noch nicht vorliegt, weil in dem Abschluss eines Untermietvertrages unter solchen Umständen im Regelfall die **Garantie des Mieters** liegt, dass er die Erlaubnis des Vermieters beibringen kann.[89] – Ein Schadensersatzanspruch des Untermieters (wegen **nachträglichen Rechtsmangels**) kommt in Betracht, wenn der Herausgabeanspruch des Vermieters nachträglich entsteht, weil dieser den Mietvertrag mit dem Mieter wirksam **gekündigt** hat, **sofern** der **Mieter** die **Kündigung** zu **vertreten** hat (§§ 536 Abs 3, 536a Abs 1 Fall 2); das ist jedenfalls dann anzunehmen, wenn der Vermieter dem Mieter (und Untervermieter) nach § 543 Abs 2 Nr 2 und 3 kündigt.[90] Der Untermieter kann außerdem dann selbst nach § 543 Abs 2 Nr 1 kündigen.[91] Der Mieter (und Untervermieter) haftet dem Untermieter nach den §§ 536 und 536a Abs 1 Fall 2 ferner, wenn er es ist, der den Mietvertrag kündigt mit der Folge, dass der Vermieter vom Untermieter Räumung verlangt.[92] Auf den eigenartigen Fall einer mehrfach gestuften Untermiete (sog **Unteruntervermietung**) können diese Regeln nur mit erheblichen Modifikationen übertragen werden.[93]

MietR 1997, 298; WuM 1999, 289f = NZM 1999, 1052; OLG Brandenburg ZMR 1999, 102, 104; dagegen zutreffend OLG Düsseldorf ZMR 1994, 215f = NJW-RR 1994, 596; LG Freiburg WuM 1989, 287; s *Staudinger* Rn 30.

84 BGHZ 131, 297, 305ff = NJW 1996, 838; BGH NJW-RR 2009, 1522 = NZM 2009, 701 Tz 30; NJW 2012, 3572 Tz 9.

85 BGH NJW-RR 2009, 1522 = NZM 2009, 701 Tz 23ff.

86 *Staudinger* Rn 31; **aM** BGHZ 167, 312, 320 Tz 36 = NJW 2006, 2323.

87 S *Staudinger* Rn 32f.

88 BGHZ 63, 132, 138 = NJW 1975, 44; BGH LM Nr 10 zu § 539 BGB = NJW 1996, 46; OLG Düsseldorf WuM 2004, 18, 19 = ZMR 2004, 669.

89 BGH LM Nr 1 zu § 542 BGB = ZMR 1960, 10; LM Nr 10 zu § 539 BGB = NJW 1996, 46; str.

90 BGHZ 17, 127, 129 = NJW 1955, 948; BGHZ 63, 132, 139 = NJW 1975, 44; LG Hamburg WuM 1995, 160ff.

91 OLG München NZM 2006, 578 Nr 6.

92 OLG Düsseldorf ZMR 1989, 417.

93 S dazu OLG Düsseldorf WuM 2004, 18, 19 = ZMR 2004, 669; *Staudinger* Rn 33.

4. Bestandsschutz. Die Rechtsstellung des Untermieters ist nach dem Gesagten **20**
(o Rn 16ff) insgesamt **schwach**, so dass in Literatur und Rechtsprechung verbreitete
Bemühungen um eine Verbesserung des Bestandsschutzes zu Gunsten des Untermieters
festzustellen sind.[94] In einer Reihe von Fällen weist hier seit 1993 **§ 565** (= § 549a aF) (nur)
bei der Wohnraummiete einen Ausweg. In den nicht geregelten Fällen ist neben der von
Fall zu Fall möglichen entsprechenden Anwendung des § 565 (s § 565 Rn 3ff) zunächst an
die Anwendung der **§§ 826 und 853** zu denken, wenn Vermieter und Mieter zusammenwirken, um den Untermieter gemeinsam durch die Aufhebung des Mietvertrages (ganz
oder zum Teil) zu verdrängen.[95] Indessen ist auf diesem Wege ein Bestandsschutz zugunsten des Untermieters nur in Ausnahmefällen möglich. Deshalb nahm der **BGH** einen **Missbrauch** später auch dann an, wenn der Vermieter, in erster Linie durch Einschaltung eines
gewerblichen Vermietungsunternehmens, den Untermieter selbst in diese Rolle gedrängt
hatte, **ohne ihn** hierüber ordnungsgemäß **aufzuklären**.[96] Noch einen Schritt weiter ging
sodann das **BVerfG** durch die Annahme, es **verstoße gegen Art 3 Abs 1 GG**, (nur) **im Falle
der gewerblichen Zwischenvermietung** den Untermieter von Wohnraum schlechter als
einen normalen Mieter zu behandeln; beide Gruppen von Mietern müssten vielmehr prinzipiell gleichbehandelt werden.[97] Gültigkeit soll diese Aussage freilich nur für die genannten Fälle der gewerblichen Zwischenvermietung von Wohnraum haben, nicht dagegen für
andere Fälle der Untermiete, in denen daher weiter von § 546 Abs 2 auszugehen sei.[98] Das
gilt insbesondere für die **gewerbliche** Miete.[99] In diesen Fällen bleibt es mithin bei dem
eingeschränkten Bestandsschutz zugunsten des Untermieters auf der Basis der bisherigen
Praxis, soweit nicht im Einzelfall (ausnahmsweise) Raum für eine entsprechende Anwendung des § 565 ist.[100]

V. Haftung des Mieters für den Dritten

Nach **§ 540 Abs 2** hat der Mieter nach Überlassung des Gebrauchs an einen Dritten **21**
ein dem Dritten bei dem Gebrauch der Sache zur Last fallendes Verschulden auch dann zu
vertreten, wenn der Vermieter die Erlaubnis zur Überlassung erteilt hat. **Bei berechtigter
Gebrauchsüberlassung** an den Dritten wird folglich der **Dritte** als **Erfüllungshilfe des
Mieters** behandelt (§ 278), so dass der Mieter aus Mängeln, die der Untermieter zu vertreten hat, keine Rechte gegenüber dem Vermieter herleiten kann (§§ 326 Abs 2, 278),[101]
sondern seinerseits dem Vermieter zum Schadensersatz verpflichtet ist (§§ 278, 280, 538),
zB bei einer vom Untermieter begangenen Brandstiftung.[102] Ist die Gebrauchsüberlassung
dagegen mangels Erlaubnis des Vermieters **unberechtigt**, so liegt bereits in der **Überlassung** des Gebrauchs an dem Dritten eine schuldhafte Vertragsverletzung, die den Mieter
für die daraus entstehenden Schäden ersatzpflichtig macht (§§ 276, 280); diese „Zufalls-

---

94 S *Staudinger* Rn 34ff und § 546 Rn 65ff.
95 BGHZ 84, 90, 95 = NJW 1982, 1696; KG ZMR 1988, 137; OLG Hamm WuM 1982, 49; OLG Karlsruhe WuM
1981, 249, 250; 1983, 251.
96 BGHZ 84, 90, 96ff = NJW 1982, 1676; BGHZ 114, 96, 101ff = NJW 1991, 1815.
97 BVerfGE 84, 197, 199ff = NJW 1991, 2272; BVerfG NJW-RR 1993, 332; NJW 1993, 2601, 2602; BGH NJW 2003,
3054 = NZM 2003, 759.
98 BVerfG NJW 1994, 848; OLG Hamburg WuM 1993, 249.
99 BVerfG NJW 1993, 2601; NJW-RR 1993, 1162.
100 S u § 565 Rn 3f; BGH NJW 2003, 3054 = NZM 2003, 759.
101 RGZ 158, 363, 367f.
102 BGHZ 112, 307, 309f = NJW 1991, 489; OLG München NJW-RR 1987, 727; OLG Düsseldorf NJW-RR 1997,
1097.

Volker Emmerich

haftung" entfällt nur, wenn der Mieter nachweisen kann, dass der Schaden auch ohne die Gebrauchsüberlassung an den Dritten entstanden wäre.[103] § 540 Abs 2 findet keine, auch keine entsprechende Anwendung auf die behördliche **Einweisung eines Obdachlosen** in seine bisherige Wohnung nach deren Kündigung; etwaige Ersatzansprüche des Vermieters wegen Beschädigung der Wohnung richten sich dann vielmehr allein nach öffentlichem Recht.[104]

VI. Die Übertragung der Mieterrechte

22   **1. Abtretung.** Aus dem Grundgedanken des § 540 (s o Rn 1) wird allgemein der Schluss gezogen, dass auf die Abtretung der Mieterrechte aus § 535 die **§§ 399 und 540** sowie **§ 553** entsprechend anzuwenden sind. Die Abtretung ist folglich **nur mit Zustimmung** des Vermieters möglich; bei grundloser Verweigerung der Zustimmung hat der Mieter jedoch das Kündigungsrecht des § 540 Abs 1 S 2.[105] Die Zustimmung des Vermieters zur Abtretung der Mieterrechte (§ 399) kann auch schon im Voraus erklärt werden, so dass die Mieterrechte dann partiell oder ganz **abtretbar** sind. Nur soweit dies der Fall ist, sind sie zugleich pfändbar (§ 851 ZPO).[106]

2. Eintritt eines neuen Mieters

23   **a)** Von der bloßen Abtretung einzelner Mieterrechte (o Rn 22) muss der *Eintritt* eines neuen Mieters *neben oder an Stelle* des bisherigen Mieters in den Mietvertrag unterschieden werden. Man spricht dann von **Vertragsübernahme oder Vertragsbeitritt**, wofür, neben der jederzeit möglichen Aufhebung des alten Vertrages unter gleichzeitigem Abschluss eines neuen Vertrages, vor allem die **beiden** folgenden **Konstruktionen** in Betracht kommen:[107] Der **alte Mieter kann** zunächst **mit** dem **neuen** Mieter **mit Zustimmung des Vermieters** (§§ 182ff) einen **Vertrag** des Inhalts abschließen, dass der neue Mieter anstelle des alten Mieters in den Mietvertrag eintreten soll.[108] Auf den Vertrag zwischen dem alten und dem neuen Mieter ist dann § 550 entsprechend anzuwenden, wenn der Mietvertrag noch länger als ein Jahr laufen soll.[109] Es genügt aber, wenn der Eintrittsvertrag auf den ursprünglichen Mietvertrag Bezug nimmt.[110] Die Zustimmung des Vermieters zu der Vertragsübernahme ist dagegen gemäß **§ 182 Abs 2** formlos und daher auch **konkludent** möglich.[111]

24   Als weiterer Weg für den Eintritt eines neuen Mieters kommt das vertragliche Zusammenwirken aller drei Beteiligten in Betracht. Erforderlich ist hier ein **dreiseitiger Ver-**

---

103 Mot II 397.
104 BGH NJW-RR 2006, 802, 803 Tz 8f; noch offen gelassen in BGHZ 131, 163, 165 = NJW 1996, 315.
105 OGHZ 3, 298 = NJW 1950, 502; BGH LM Nr 13 zu § 399 BGB = NJW 1972, 2036; LM Nr 34 zu § 399 BGB = NJW-RR 1994, 558; NZM 2003, 716, 717.
106 KG NJW 1968, 1882f; OLG Düsseldorf NJW 1988, 1676.
107 S insbes BGHZ 72, 394, 396 = NJW 1979, 369; BGHZ 95, 88, 93f = NJW 1985, 2528; BGHZ 96, 302, 308ff = NJW 1986, 918; BGHZ 137, 255, 259f = NJW 1998, 531; BGH LM Nr 9 zu § 127 BGB = DtZ 1996, 56 = WM 1996, 128, 131; NJW-RR 2005, 958, 959; WuM 2010, 365 Tz 18; *Staudinger* Rn 42ff; *Eisenschmid* PiG Bd 52 (1997), S 77; *Emmerich* PiG Bd 70 (2005), S 95, 98ff.
108 BGHZ 72, 394, 396 = NJW 1979, 369; BGHZ 96, 302, 308ff = NJW 1986, 918; BGHZ 137, 255, 259 = NJW 1998, 531; OLG Düsseldorf ZMR 1988, 304, 306; ZMR 2008, 122; *Emmerich* JuS 1998, 495, 496f.
109 BGHZ 65, 49, 52 = NJW 1975, 1653; BGHZ 72, 394, 397f = NJW 1979, 369; BGH LM Nr 251 zu § 242 (Cd) BGB = WM 1984, 93; NZM 2005, 340, 341; OLG Düsseldorf GE 2010, 980.
110 BGH (vorige Fn).
111 BGHZ 154, 171, 179f = NJW 2003, 2158 m Anm *Emmerich* JuS 2003, 918; BGHZ 160, 97, 104 = NJW 2004, 2962; BGH NJW-RR 2005, 958, 959 = NZM 2005, 584; WuM 2010, 365 Tz 10.

tragsabschluss, für den ebenfalls § 550 gilt.[112] Auf dieselbe Weise (o Rn 23f) ist schließlich auch der **Beitritt** eines neuen Mieters **neben** dem alten Mieter zu dem Mietverhältnis möglich.[113] Für derartige Abreden gilt wiederum § 550.[114] Die beiden Mieter werden dann Gesamtschuldner.[115]

b) In den genannten Fällen (o Rn 23f) ist im Zweifel anzunehmen, dass der **alte Miet-** 25 **vertrag** mit dem neuen Mieter **unverändert** fortgesetzt werden soll, so dass auch für die Garantiehaftung des Vermieters aus § 536a weiterhin auf den Zeitpunkt des Vertragsabschlusses mit dem *alten* Mieter abzustellen ist.[116] Der neue Mieter haftet jedoch nicht ohne weiteres für die Verbindlichkeiten des alten Mieters. Solche **Haftung** kommt vielmehr nur aufgrund besonderer Abreden in Betracht.[117] Wählen die Parteien den Weg eines **dreiseitigen** Vertragsschlusses, so ist gleichfalls mangels besonderer Abreden davon auszugehen, dass der alte Mieter für die während seiner Mietzeit begründeten Mietschulden forthaftet, während ihn keine Haftung für die späteren Mietschulden des neuen Mieters trifft.[118]

Eine **Bürgschaft,** die ein Dritter für die Forderungen des Vermieters gegen den alten 26 Mieter übernommen hatte, erstreckt sich nicht automatisch auf die Forderungen des Vermieters gegen den neuen Mieter, während eine **Kaution** in der Regel bei dem Vermieter verbleiben wird. Eine **Vertragsverletzung,** derer sich der alte Mieter schuldig gemacht hat, braucht sich der neue grundsätzlich nicht zurechnen zu lassen. Hatte der alte Mieter jedoch die Miete **gemindert,** so bleibt es dabei auch nach dem Mieterwechsel, bis der Mangel behoben wird.[119] Für den Beginn der **Verjährungsfristen** ist entsprechend § 548 Abs 1 und 2 jeweils auf den Zeitpunkt des Mieterwechsels abzustellen.[120]

3. Unternehmensbezogene Verträge
a) Wenn ein **Einzelkaufmann** sein Geschäft in gemieteten Räumen betreibt, ist im 27 Falle der Veräußerung des Geschäfts der Eintritt des Erwerbers in den Mietvertrag nur unter Mitwirkung des Vermieters möglich (o Rn 22ff). Für eine entsprechende Anwendung der §§ 25 und 28 HGB ist hier kein Raum.[121] Die Zustimmung des Vermieters zu dem Eintritt des Geschäftserwerbers in den Mietvertrag kann jedoch schon im Voraus im Mietvertrag erklärt werden. Diese Annahme liegt vor allem nahe bei so genannten **unternehmensbezogenen Mietverträgen,** bei denen für den Vermieter weniger die Person des Mieters als das von diesem betriebene Unternehmen im Vordergrund steht.[122] Zustimmungsbedürftig sind außerdem, weil die Person des Mieters wechselt, die **Aufnahme eines Gesellschaf-**

112 BGHZ 72, 394, 397f = NJW 1979, 369; BGHZ 95, 98, 93f = NJW 1985, 2528; BGHZ 96, 302, 308ff = NJW 1986, 918; BGHZ 137, 255, 259 = NJW 1998, 531; *Pieper* Vertragsübernahme, 199ff; dagegen *Dörner* NJW 1986, 2916, 2918.
113 BGH NJW 2005, 2620, 2621 = NZM 2005, 659.
114 BGHZ 72, 394, 397f = NJW 1979, 369; BGH LM Nr 31 zu § 649 BGB = NJW-RR 1998, 594.
115 BGH LM Nr 9 zu § 559 BGB (Bl 2f) = NJW 1995, 1350, 1351.
116 BGH LM Nr 21a zu § 535 = ZMR 1960, 77; LM Nr 4 zu § 437 BGB = NJW 1970, 556; WM 1963, 217, 218; 1967, 796, 797; Betrieb 1978, 1690 = WM 1978, 1017; *Emmerich* PiG Bd 70 (2005), S 95, 105ff.
117 BGHZ 137, 255, 265 = NJW 1998, 531; OLG Frankfurt WuM 1988, 13; OLG Düsseldorf GE 2003, 183; LG Berlin WuM 1991, 675.
118 BGHZ 65, 49, 52f = NJW 1975, 1653; BGH LM Nr 16 zu § 581 BGB = MDR 1985, 90; WM 1970, 195, 196; OLG Brandenburg DtZ 1996, 323, 326.
119 S *Staudinger* Rn 47ff; *Eisenschmid* PiG Bd 52 (1997), S 77, 89f; *Emmerich* PiG Bd 70 (2005), S 95, 106f.
120 *Eisenschmid* (vorige Fn), S 92; *Emmerich* (vorige Fn), S 107f; *Staudinger* Rn 49.
121 BGH LM Nr 19 zu § 549 BGB (Bl 1 R f) = NJW 2001, 2251 m Anm *Emmerich* JuS 2001, 918; str.
122 OGHZ 3, 298 = NJW 1950, 502, 503; BGH LM Nr 17 zu § 705 BGB = NJW 1967, 821; *Brandner* NJW 1960, 127; *Emmerich* PiG Bd 70 (2005) S 95, 102f; *Roquette* Betrieb 1965, 281; *Sonnenschein* PiG Bd 20 (1985) 69, 83ff.

Volker Emmerich

ters in das bisherige einzelkaufmännische Geschäft,[123] die **Einbringung** des Geschäfts in eine schon bestehende OHG oder KG,[124] die Veräußerung des Geschäfts einer OHG an einen Einzelkaufmann[125] sowie die Übertragung des Geschäfts auf eine vom Mieter gegründete und beherrschte GmbH. Im neueren Schrifttum stößt diese Praxis auf wachsende Kritik, die ihre Ursache vor allem in den zT abweichenden Wertungen des UmwG hat.

28   **b)** Ist eine **Gesellschaft** Mieterin, so bleiben gesellschaftsinterne Vorgänge, die keinen Einfluss auf die Identität der Gesellschaft besitzen, ohne Einfluss auf den Mietvertrag.[126] Das gilt gleichermaßen für den **Ein- und Austritt** von Gesellschaftern wie für **Umwandlung** und Verschmelzung, da in allen diesen Fällen, sofern nicht schon die Identität der Gesellschaft unverändert bleibt, zumindest Gesamtrechtsnachfolge eintritt.[127] Der **BGH**[128] hat bereits anerkannt, dass weder die Umwandlung noch die Verschmelzung des Unternehmens des Mieters in oder mit einem anderen Unternehmen eine Gebrauchsüberlassung im Sinne des § 540 darstellt. Beispiele sind insbesondere die **Änderung der Rechtsform** einer Personengesellschaft oder ihre **Umwandlung** in eine GmbH nach dem UmwG. In jedem Fall ist daher eine der Zustimmung des Vermieters entbehrlich.[129] Auch sonstige gesellschaftsinterne Vorgänge sind ohne Einfluss auf den Mietvertrag und geben daher dem Vermieter grundsätzlich keinen Kündigungsgrund.[130]

28a   Selbst für den eigentlichen kritischen Fall der **Ausgliederung eines Unternehmens** aus dem Vermögen eines Einzelkaufmanns wird man mit Rücksicht auf die §§ 152, 155 und 131 UmwG kaum anders entscheiden können.[131] Zu erwägen ist lediglich, im Einzelfall zum Schutze des Vermieters gegen eine für ihn unzumutbare Veränderung auf der Seite des Mieters die §§ 540 Abs 1 und 543 Abs 2 Nr 2 unmittelbar oder entsprechend anzuwenden. Zu einem **Mieterwechsel** ohne Mitwirkung des Vermieters kommt es nach dem Gesagten ferner etwa im Falle der **Übertragung sämtlicher Gesellschaftsanteile** an einer Personengesellschaft auf einen oder mehrere Erwerber sowie bei Ausscheiden aller Gesellschafter bis auf einen, da in allen genannten Fällen heute (analog § 140 Abs 1 S 2 HGB) Gesamtrechtsnachfolge angenommen wird, so dass das Gesellschaftsvermögen (einschließlich der bestehenden Verträge) auf den oder die neuen Inhaber oder Gesellschafter übergeht.[132] Erst recht ohne Einfluss auf den Bestand eines Mietvertrages ist die **Auflösung** einer Gesellschaft, zB durch den Tod eines Gesellschafters (§ 727; § 131 Abs 3 Nr 1 HGB); der Vertrag wird vielmehr mit der fortbestehenden Gesellschaft (§ 730 Abs 2), in die die Erben eintreten, fortgesetzt.[133]

---

123 BGH (vorige Fn); LM Nr 19 zu § 549 BGB (Bl 1 R f) = NJW 2001, 2251 = NZM 2001, 621; KG GE 2006, 780 = ZMR 2006, 611.
124 RG JW 1931, 2946, 2947; KG OLGE 5, 369.
125 RG (vorige Fn).
126 BGHZ 93, 29, 38 = NJW 1985, 623; *Staudinger* Rn 51 ff; *Börstinghaus* PiG Bd 70 (2005) S 65, 71f; *Häublein* PiG Bd 70 (2005), S 39, 47ff; *Kraemer* NZM 2002, 465 = WuW 2002, 459; *Sick* ZMR 2011, 438; *Sonnenschein* in: Gestaltung von Mietverträgen, PiG Bd 20 (1985) 69, 81ff; *Weitemeyer* in: Gedschr Sonnenschein (2003), 431 = ZMR 2004, 153.
127 Vgl BGH WM 1962, 10; 1975, 99, 100.
128 BGHZ 150, 365, 367 f = NJW 2002, 2168; BGH ZIP 2010, 377 Tz 23 = NZM 2010, 280.
129 BGH WM 1962, 10; 1975, 99, 100; LM Nr 17 zu § 705 BGB = NJW 1967, 281; ZIP 2010, 377 Tz 17, 19 = NZM 2010, 280; OLG Düsseldorf BB 1992, 2173 = GmbHR 1993, 222.
130 OLG Düsseldorf MDR 1989, 641.
131 Ebenso KG NJW-RR 2007, 590, 591; OLG Karlsruhe NZM 2009, 84 = NJW-RR 2008, 1698; *Staudinger* Rn 51a; *K Schmidt,* in: FS Medicus, 555, 569 ff; *Staudinger* Rn 51a.
132 KG NJW-RR 2007, 590, 591; *K Schmidt,* in: Gedschr Sonnenschein, 497, 505 f.
133 OLG Brandenburg NZG 2008, 506, 507.

Das Gesagte gilt seit Anerkennung der partiellen Rechtsfähigkeit der **BGB-Außen-** 28b
gesellschaft auch für den **Gesellschafterwechsel** bei einer derartigen Gesellschaft, und
zwar gleichgültig, ob die Gesellschaft die Rolle des Vermieters oder des Mieters einnimmt:
In jedem Fall bleibt ein Gesellschafterwechsel wegen der heutigen weitgehenden Verselbständigung der BGB-Außengesellschaft gegenüber den Gesellschaftern **ohne Einfluss auf**
einen von der Gesellschaft abgeschlossenen **Mietvertrag**, so dass der Wechsel – immer
vorbehaltlich der entsprechenden oder unmittelbaren Anwendung der §§ 540 Abs 1 S 1 und
543 Abs 2 Nr 2 in den genannten Fällen der Unzumutbarkeit für den Vermieter (Rn 28a) –
nicht der **Zustimmung** des Vertragspartners des Mietvertrages bedarf.[134] Dagegen können
diese Regeln können jedoch weder auf eine **BGB-Innengesellschaft** noch auf eine **Erbengemeinschaft** als Mieterin übertragen werden.[135] Außerdem können die Parteien etwas
anderes vereinbaren, insbesondere in Gestalt einer **Change of Control-Klausel**, nach
der der Vermieter bei einem Wechsel der Gesellschafter der Mieter ein besonderes Kündigungsrecht haben soll.[136] Solche Klauseln können jedoch wegen ihrer einschneidenden
Wirkungen **nur in engen Grenzen** anerkannt werden (§§ 138, 307), nämlich allein *in* **Individualvereinbarungen** und auch dies nur in Fallgestaltungen, in denen die Vereinbarung eines Zustimmungsvorbehalts für den Gesellschafterwechsel überhaupt sinnvoll ist,
so dass der Vermieter bei Abwägung der beiderseitigen Interessen ein **legitimes Interesse**
an der Klausel hat (§§ 138, 242 und 307).

4. Wohngemeinschaften. Als Wohngemeinschaften bezeichnet man lockere Zusam- 29
menschlüsse von zwei oder mehr Personen zwecks gemeinsamer Nutzung einer Wohnung
oder eines Hauses.[137] Wie sich bei derartigen Wohngemeinschaften der in der Regel von
Anfang an ins Auge gefasste häufige **Mieterwechsel** vollzieht, hängt in erster Linie von
der von den Parteien gewählten rechtlichen Konstruktion ab. Haben sie die so genannte
Untermietlösung gewählt, bei der nur **ein** Mieter den Hauptmietvertrag mit dem Vermieter abschließt, wobei ihm zugleich die Bildung einer Wohngemeinschaft mit mehreren Untermietern gestattet wird, so finden die **§§ 540 und 553** Anwendung,[138] so dass
der Wechsel der Untermieter dann grundsätzlich der Zustimmung des Vermieters bedarf
(§ 540 Abs 1 S 1). Häufig wird die Auslegung jedoch ergeben, dass der Vermieter konkludent mit einem ständigen Wechsel der Mitglieder der Wohngemeinschaft einverstanden
ist. Unberührt bleibt aber auch in diesem Fall sein Recht, entsprechend § 553 Abs 1 S 2 dem
Wechsel einzelner Mitglieder zu **widersprechen**, wenn die neuen Mitglieder der Wohngemeinschaft für ihn unzumutbar sind.[139] Voraussetzung ist natürlich, dass der Vermieter
von dem Mieterwechsel überhaupt erfährt, so dass sich in diesem Fall aus den Abreden der
Parteien konkludent auch die **Verpflichtung** der Mitglieder der Wohngemeinschaft ergibt,
dem Vermieter den **Wechsel** der Mitglieder unverzüglich **anzuzeigen** (§§ 241 Abs 2, 242).[140]

---

134 BGHZ 138, 82, 84 ff = NJW 1998, 1220; BGHZ 140, 157, 177 f = NJW 1999, 715; BGHZ 146, 341, 345 = NJW
2001, 1056; BGH NJW 2002, 1207 = NZG 2002, 322; NZG 2003, 119 Nr 2; WuM 2005, 791; NJW 2007, 2845 Tz 11,
17 = NZM 2007, 679.
135 BGH NJW 2002, 3389, 3390 = NZM 2002, 950; NJW 2006, 3715 Tz 7.
136 BGHZ 93, 29, 38ff = NJW 1985, 623; *Staudinger* Rn 51c; *Disput* NZM 2008, 305; *Jacobs* NZM 2008, 111;
Mielke/Nguyen-Viet DB 2004, 2515, 2517ff.
137 LG Karlsruhe WuM 1997, 429.
138 *Eisenschmid* PiG Bd 31 (1993) 21, 27.
139 BVerfG WuM 1993, 104 = WM 1993, 573; BVerfG/LG Karlsruhe WuM 1992, 45; LG Karlsruhe WuM 1997,
429.
140 LG Berlin GE 2012, 1379, 1380.

Volker Emmerich

30   Statt dessen sind aber auch **gesellschaftsrechtliche Konstruktionen** möglich, bei denen **alle Mitglieder** der Wohngemeinschaft den Mietvertrag mit dem Vermieter **abschließen**. In diesem Fall dürfte in der Regel zwischen den Mitgliedern der Wohngemeinschaft ausdrücklich oder konkludent ein **BGB-Innengesellschaft** zustande kommen (§ 705), so dass sie gesamtschuldnerisch für die Mietschulden haften (§§ 714, 427).[141] Stattdessen ist aber natürlich auch die Gründung einer **BGB Außengesellschaft** zwischen den Mitgliedern der Wohngemeinschaft möglich. Die Abgrenzung richtet sich danach, mit wem der Mietvertrag zu Stande kommt. Eine Außengesellschaft liegt (ausnahmsweise) nur vor, wenn der Mietvertrag mit der **Wohngemeinschaft** als solcher abgeschlossen wird, so dass nur diese Vertragspartner sein soll.[142] Der Vorteil dieser Konstruktion liegt in der wesentlichen Erleichterung des Mieterwechsels (Rn 28b). Der Nachteil besteht in der strengen Haftung der Mitglieder analog dem Recht der OHG (§§ 128, 130 und 160 HGB), so dass die Beteiligten tatsächlich nur selten diesen Weg wählen dürften. Entscheiden sie sich deshalb für eine **Innengesellschaft**. So bedarf der **Ein- und Austritt** neuer Mitglieder der Wohngemeinschaft der Mitwirkung des Vermieters, auch wenn die Beteiligten den Weg der Vertragsübernahme wählen.[143] Jedoch kann die Auslegung ergeben, dass der Vermieter zur **Zustimmung verpflichtet** ist, wenn keine sachlichen Gründe wie zB mangelnde Solvenz gegen die neuen Mitglieder sprechen,[144] oder dass der Vermieter doch die Mitglieder der Wohngemeinschaft generell oder unter bestimmten Voraussetzungen bevollmächtigt hat, in seinem Namen die nötigen Verträge über den Ein- oder Austritt neuer Mitglieder abzuschließen. **Ziehen** sämtliche Mitglieder der Wohngemeinschaft **bis auf eine einzige Person aus**, so haftet diese für die gesamte Miete, hat aber gegebenenfalls entsprechend § 553 Abs 1 einen Anspruch auf Zustimmung des Vermieters zur Untervermietung an andere Personen oder zur Begründung einer neuen Wohngemeinschaft.[145]

VII. Anhang: Vermieterwechsel

31   Für die **Übertragung des Mietvertrages** auf einen neuen **Vermieter** gelten dieselben Regeln wie für den Mieterwechsel (o Rn 23ff). Erforderlich ist also entweder ein Vertrag zwischen dem alten und dem neuen Vermieter mit **Zustimmung** des Mieters *oder* ein **dreiseitiger Vertrag** zwischen allen drei Beteiligten.[146] Handelt es sich um einen langfristigen Mietvertrag, so gilt für die Vereinbarung über die Vertragsübernahme § 550 entsprechend, wobei es jedoch für die Wahrung der gesetzlich vorgeschriebenen Form ausreicht, wenn die Urkunde über die Vertragsübernahme auf den Ursprungsvertrag Bezug nimmt.[147] Soweit ein Beteiligter der Vertragsübernahme zustimmen muss, ist diese **Zustimmung** auch formlos möglich (§ 182 Abs 2).[148] § 401 ist entsprechend anwendbar, so dass eine **Mietbürgschaft** iZw auch die Mietansprüche des neuen Vermieters sichert.[149] Die Ver-

---

141   KG WuM 1992, 323; LG Frankfurt/M WuM 2012, 192, 193 f; *Staudinger* Rn 53.
142   *Jacobs* NZM 2008, 111, 112; *Jacoby* ZMR 2001, 409, 410.
143   LG Frankfurt/M WuM 2012, 192, 193 f; *Emmerich* PiG Bd 70 (2005), S 95, 109; *Jacobs* NZM 2008, 111, 113f; *Jacoby* ZMR 2001, 409, 415.
144   LG Frankfurt/M WuM 2012, 192, 193 f.
145   LG Mainz WuM 1982, 191; LG Wiesbaden WuM 1985, 86.
146   BGHZ 95, 88, 93ff = NJW 1985, 2528; BGHZ 96, 302, 307ff = NJW 1986, 918; insbes BGHZ 154, 171, 178ff = NJW 2003, 2158; NZM 2009, 701 Tz 19; OLG Düsseldorf GE 2011, 1168; ZMR 2011, 735; OLG Hamburg ZMR 2012, 100; *Staudinger* Rn 55–58.
147   BGHZ 154, 171, 178; BGH NJW 2005, 340, 341.
148   KG ZMR 2003, 835, 836.
149   BGHZ 95, 88, 96ff = NJW 1985, 2528.

tragsübernahme wirkt grundsätzlich nur **ex nunc,** so dass schon entstandene Ansprüche bei dem bisherigen Vermieter verbleiben, der auch für bereits begründete Gegenforderungen des Mieters forthaftet. Für die Rückzahlung einer Kaution haftet der neue Vermieter gleichfalls nur, wenn sie ihm übergeben wird.[150] **Gesetzliche** Fälle des Vermieterwechsels finden sich vor allem in den §§ 565 und 566. Fehlt jedoch die Zustimmung des Mieters, so kann die deshalb unwirksame Übertragung des Mietvertrages auf einen neuen Vermieter immer noch von Fall zu Fall als **Abtretung** der Vermieterrechte (soweit übertragbar) aufrechterhalten werden (§§ 139, 140 und 398).[151]

Die **Zustimmung** des Mieters zu dem Wechsel des Vermieters kann auch schon **im** 32 **Voraus** im Mietvertrag erklärt werden, so dass dann der Mietvertrag frei übertragbar ist. Durch **Individualvereinbarung** ist dies jederzeit möglich. Anders verhält es sich dagegen mit einer entsprechenden formularvertraglichen **Vertragsübertragungsklausel.** Gegen Klauseln der fraglichen Art bestehen verbreitete **Bedenken,** so dass ihre Zulässigkeit letztlich von einer Interessenabwägung im Einzelfall abhängt (§§ 307, 310).[152]

§ 541
Unterlassungsklage bei vertragswidrigem Gebrauch

Setzt der Mieter einen vertragswidrigen Gebrauch der Mietsache trotz einer Abmahnung des Vermieters fort, so kann dieser auf Unterlassung klagen.

Systematische Übersicht

1.	Vertragswidriger Gebrauch —— 1		3.	Fortsetzung des Gebrauchs —— 5
2.	Abmahnung —— 3		4.	Unterlassungsanspruch —— 7

1. Vertragswidriger Gebrauch. § 541 stellt klar, dass der Anspruch des Vermieters 1 auf Unterlassung eines vertragswidrigen Gebrauchs der Mietsache durch den Mieter eine vorherige Abmahnung des Mieters voraussetzt. Dadurch soll der Mieter vor einem schikanösen Vorgehen des Vermieters bei einmaligen Vertragsverstößen geschützt werden.[1] Der Mieter soll maW durch die Abmahnung eine **letzte Gelegenheit** zu vertragstreuem Verhalten erhalten, bevor der Vermieter zu den scharfen Rechtsbehelfen der §§ 541 und 543 Abs 2 Nr 2 greifen darf. Wegen dieser ausgesprochen **mieterschützenden Funktion** wird dem § 541 auch der **Vorrang vor § 1004** zugebilligt, so dass der Vermieter, selbst wenn er zugleich Eigentümer der Mietsache ist, gegen den Mieter wegen vertragswidrigen Verhaltens immer nur nach § 541 und damit gegebenenfalls erst nach einer Abmahnung vorgehen kann.[2] Ist der Vermieter lediglich **Wohnungseigentümer,** so können freilich die *übrigen* Wohnungseigentümer bei Verstößen des Mieters gegen die Gemeinschaftsordnung, zB über das Verbot der Musikausübung außerhalb der in der Gemeinschaftsordnung festgelegten Zeiten, ihrerseits nach § 1004 gegen die Mieter vorgehen.[3]

---

150 *Blank/Börstinghaus* § 535 Rn 192.
151 BGH NZM 2009, 701 Tz 19; OLG Düsseldorf ZMR 2011, 715, 716; *Eckert,* in: FS Blank (2006), 129.
152 BGH NJW 2010, 3708 Tz 23 ff = NZM 2010, 705; OLG Düsseldorf ZMR 2011, 715, 716; zust *Disput* NZM 2010, 886; *Hübner* ZMR 2011, 615; kritisch *Leo/Ghassemi-Tabar* NJW 2010, 3710.

1 RGZ 104, 26.
2 BGH NZM 2007, 481 = WuM 2007, 387 Tz 6; NJW 2008, 216 Tz 11 = NZM 2008, 37.
3 LG Hamburg ZMR 2012, 354, 155.

Volker Emmerich

2   Der Unterlassungsanspruch des Vermieters aus § 541 hat **drei Voraussetzungen**, nämlich (1.) einen vertragswidrigen Gebrauch der Mietsache durch den Mieter, (2.) eine Abmahnung des Vermieters (u Rn 3f) sowie (3.) die Fortsetzung des vertragswidrigen Gebrauchs trotz der Abmahnung seitens des Vermieters (u Rn 5f). Erste und wichtigste Voraussetzung des Unterlassungsanspruchs des Vermieters ist nach § 541 ein **vertragswidriger Gebrauch** der Mietsache durch den Mieter, und zwar auch noch nach und trotz Abmahnung (u Rn 5f). **Maßstab** für die Vertragswidrigkeit des Gebrauchs der Mietsache ist der dem Mieter jeweils nach Gesetz, Vertrag und Verkehrssitte zustehende **vertragsgemäße Gebrauch (§ 535 Abs 1).**[4] **Jede Überschreitung** des Gebrauchsrechts des Mieters stellt eine **Vertragsverletzung** iS des § 541 dar, deren Unterlassung der Vermieter verlangen kann. Verschulden ist nicht erforderlich (s u Rn 5). Gleich steht der vertragswidrige Gebrauch der Sache durch einen **Dritten**, der die Sache mit Wissen und Willen des Mieters gebraucht (§ 278). Ein Fall des § 541 ist deshalb **zB** anzunehmen, wenn der Mieter die gemieteten Räume durch Einbauten beschädigt oder gefährdet, wenn er sie total vernachlässigt[5] oder wenn die Wohnung überbelegt ist.[6] Ebenso zu beurteilen sind die vom Vermieter nicht erlaubte Tierhaltung, übermäßige Lärm- und Geruchsbelästigungen des Vermieters oder der Mitmieter,[7] die Anbringung von Blumenkästen an der Außenseite eines Balkons, so dass die Gefahr des Herunterfallen besteht,[8] die Lagerung gefährlicher Stoffe in den gemieteten Räumen,[9] die Nutzung von zu gewerblichen Zwecken vermieteten Räumen als Wohnung[10] sowie die unberechtigte Untervermietung.[11] Gleich steht schließlich der **vertragswidrige Nichtgebrauch,** wenn den Mieter (ausnahmsweise) eine Gebrauchspflicht trifft.[12] Erforderlich ist aber in jedem Fall eine **konkrete Gefahr** für bestimmte Rechtsgüter aufgrund des vom Vermieter beanstandeten Gebrauchs der Mietsache durch den Mieter; eine bloße abstrakte und fernliegende Gefährdung genügt nicht. Der Vermieter kann deshalb zB dem Mieter nicht die ordnungsmäßige, insbesondere behördlich genehmigte Lagerung von Sportwaffen und Munition in der Wohnung untersagen.[13] Außerdem ist ein Mieter, der über mehrere Wohnungen verfügt, durchaus berechtigt, in einer Wohnung lediglich umfangreichen Hausrat zu lagern, um ihn zu verkaufen, da den Mieter keine Benutzungspflicht trifft.[14] Von einem vertragswidrigen Gebrauch im Sinne des § 541 kann ferner keine Rede (mehr) sein, wenn der Mieter einen **Anspruch auf Zustimmung** des Vermieters zu dem betreffenden Verhalten hat, weil sich der Vermieter nicht zur Rechtfertigung seines Unterlassungsanspruchs auf das Fehlen einer von ihm zu Unrecht verweigerten Zustimmung, zB zur Anbringung einer Parabolantenne durch den Mieter, berufen kann (§ 242).[15]

---

4 BGH NJW 2008, 1303 = NZM 2008, 277 Tz 7; BayObLG WuM 1984, 12; *Pauly* WuM 2011, 447; wegen aller Einzelheiten s deshalb o § 535 Rn 19ff.

5 BGH LM Nr 54 zu § 535 BGB = NJW 1974, 1463; LG Bad Kreuznach WuM 1990, 292; AG Frankfurt NJW-RR 1998, 1465.

6 AG Duisburg ZMR 1990, 183.

7 *Staudinger* Rn 3 mN.

8 LG Berlin ZMR 2013, 42.

9 BGHZ 110, 313, 315ff = NJW 1990, 2058.

10 OLG Düsseldorf ZMR 1987, 423.

11 BGH LM Nr 34 zu BJagdG (Bl 2 R f) = NJW-RR 2000, 717.

12 RG JR 1925 Sp 1258f Nr 1742 = DRiZ 1926 Nr 23; s o § 535 Rn 52f.

13 LG Hannover ZMR 2011, 211, 212.

14 BGH NZM 2011, 151 Tz 14 f = WuM 2011, 98, 99.

15 BGH NJW 2006, 1062 = WuM 2006, 28, 30 Tz 14.

2. Abmahnung

a) Zweite regelmäßige Voraussetzung des Unterlassungsanspruchs des Vermieters **3** ist nach § 541 eine **vorherige Abmahnung** des Mieters seitens des Vermieters. Bei dieser Abmahnung handelt es sich um eine **rechtsgeschäftsähnliche Handlung,** auf die die meisten Vorschriften über einseitige empfangsbedürftige Willenserklärungen entsprechend anzuwenden sind.[16] Sie muss vom **Vermieter** ausgehen. Handelt ein Vertreter, so ist § 174 entsprechend anwendbar.[17] Als **Adressat** kommen allein der oder die **Mieter** in Betracht, denen die Abmahnung daher zugehen muss (§ 130); Zugangsfiktionen in Mietverträgen reichen dafür nicht aus.[18] Eine besondere **Form** ist für die Abmahnung nicht vorgeschrieben. Die Abmahnung besteht aus **zwei Bestandteilen:** Sie muss einmal den beanstandeten Gebrauch so **genau bezeichnen,** dass der Mieter ohne weiteres zu erkennen vermag, gegen welche Handlungen sich der Vermieter als vertragswidrig wendet; sie muss zum anderen nach § 541 die **unbedingte Aufforderung** des Vermieters an den Mieter enthalten, das bezeichnete, als vertragswidrig beanstandete Verhalten zur Vermeidung weiterer Konsequenzen aufzugeben oder zu ändern.[19] Eine **Fristsetzung** und die Androhung bestimmter Folgen sind dagegen nicht nötig.[20] Die **Funktion** der Abmahnung erschöpft sich maW darin, als Voraussetzung für die Begründetheit einer nachfolgenden Unterlassungsklage des Vermieters zu dienen. Weitergehende rechtliche Folgen hat sie nicht. Sie erspart insbesondere dem Vermieter nicht in einem nachfolgenden Rechtsstreit die Beweislast für die Vertragswidrigkeit des von ihm beanstandeten Verhaltens des Mieters. Der Mieter kann sich deshalb gegen eine von ihm als grundlos angesehene Abmahnung **weder** mit der **Unterlassungsklage noch** mit der **Feststellungsklage** wehren.[21]

b) In bestimmten Fällen ist die Abmahnung, weil sinnlos, analog den §§ 281 Abs 2, **4** 286 Abs 2, 323 Abs 2 und 543 Abs 3 S 2 Nr 1 **entbehrlich** (§ 242);[22] so verhält es sich insbesondere, wenn das Fehlverhalten des Mieters die Vertrauensgrundlage zwischen den Parteien in so schwerwiegender Weise erschüttert hat, dass diese auch durch eine erfolgreiche Abmahnung nicht wieder hergestellt werden könnte,[23] sowie dann, wenn der Mieter endgültig und ernstlich die **Erfüllung** durch Einhaltung der Grenzen des vertragsgemäßen Gebrauchs **verweigert.**[24]

3. Fortsetzung des Gebrauchs

a) Der Unterlassungsanspruch des Vermieters setzt nach § 541 schließlich (drittens) **5** noch voraus, dass der Mieter den vertragswidrigen **Gebrauch „trotz"** der **Abmahnung** des Vermieters, dh **in deren Kenntnis fortsetzt.** Dies bedeutet, dass der Mieter in den

---

16 BGH NJW 2008, 1303 = NZM 2008, 277 Tz 7; OLG Koblenz WuM 1997, 482; s *Schläger* ZMR 1991, 41.

17 OLG Celle WuM 1982, 206 = MDR 1982, 410; LG Gießen WuM 1981, 232.

18 LG Berlin GE 1995, 569.

19 BGH LM Nr 24 zu BJagdG (Bl 2 R f) = NJW-RR 2000, 717; NJW 2008, 1303 Tz 7 = NZM 2008, 277 = WuM 2008, 217.

20 LG Hamburg WuM 1994, 536.

21 BGH NJW 2008, 1303 Tz 7 = NZM 2008, 277; str.

22 OLG Koblenz WuM 1997, 482; *Staudinger* Rn 8.

23 BGH LM Nr 24 zu BJagdG (Bl 3) = NJW-RR 2000, 717; LM Nr 35 zu § 89a HGB = NJW-RR 1999, 1481, 1483.

24 BGH LM Nr 13 zu § 553 = WM 1975, 365; LM Nr 24 zu BJagdG (Bl 3) = NJW-RR 2000, 717.

Volker Emmerich

Fällen des § 541 regelmäßig *vorsätzlich* handeln wird (§ 276 Abs 1). Jedoch darf daraus nicht der Schluss gezogen werden, dass der Unterlassungsanspruch hier anders als in vergleichbaren Fällen generell ein Verschulden des Mieters voraussetzte.[25] § 541 greift vielmehr auch ein, wenn den Mieter trotz der Abmahnung ausnahmsweise kein Verschulden trifft, etwa weil er sich in einem entschuldbaren Rechtsirrtum befand.[26] Der **Unterlassungsanspruch entfällt** dagegen, wenn der Mieter nach der Abmahnung den vertragswidrigen Gebrauch einstellt.

6   Der Unterlassungsanspruch besteht **auch, wenn Dritte**, denen der Mieter den Gebrauch überlassen hat, trotz der Abmahnung des Vermieters den vertragswidrigen **Gebrauch fortsetzen.** Der Anspruch des Vermieters geht hier auf **Abhilfe durch** den **Mieter**, vor allem also auf Unterbindung eines etwaigen vertragswidrigen Gebrauchs des Untermieters (§§ 540 Abs 2, 541). Haben **mehrere Personen** gemeinsam dieselbe Sache gemietet, so sind sie Gesamtschuldner.[27] Folglich gilt für ihr Verhältnis zum Vermieter **§ 425**, so dass ein vertragswidriger Gebrauch durch einen Mieter den anderen grundsätzlich, dh mangels abweichender Vereinbarungen, nicht zugerechnet werden kann.[28] Jedoch dürften hier abweichende Vereinbarungen, die auch konkludent möglich sind, häufig sein.

4. Unterlassungsanspruch

7   **a)** Der Anspruch auf Unterlassung des vertragswidrigen Gebrauchs trotz Abmahnung ist der normale **Erfüllungsanspruch** des Vermieters. Er setzt weder eine Wiederholungsgefahr noch eine erhebliche Verletzung oder Gefährdung der Rechte des Vermieters, sondern allein die Fortsetzung des vertragswidrigen Gebrauchs trotz Abmahnung (Rn 5f) voraus; der Vermieter kann daher **auch geringfügige Vertragsverletzungen** des Mieters unterbinden. Für die Verjährung gilt § 195, nicht § 548.[29] Der **Anspruch** ist gerichtet **auf Unterlassung** des vertragswidrigen Gebrauchs; dazu gehört auch die **Beseitigung** eines vom Mieter geschaffenen vertragswidrigen Zustandes, insbesondere die Beseitigung unzulässiger baulicher Veränderungen.[30] Kommt der Mieter dieser Beseitigungspflicht nicht nach, so kann der Vermieter selbst tätig werden und anschließend vom Mieter Aufwendungsersatz aus Geschäftsführung ohne Auftrag verlangen (§§ 677, 683, 670 BGB).[31]

8   **b)** Der Anspruch kann durch **Klage oder** durch **einstweilige Verfügung** durchgesetzt werden (§§ 253, 935 ZPO). Beide Rechtsbehelfe setzen keine Wiederholungsgefahr (o Rn 7), sondern lediglich die Fortsetzung des vertragswidrigen Gebrauchs trotz Abmahnung voraus. Ohne vorherige Abmahnung ist die Klage dagegen unbegründet, nicht etwa unzulässig. Die Abmahnung muss deshalb dem Mieter vor Klagezustellung zugegangen sein.[32] Die Klage muss sich außerdem gerade auf die in der Abmahnung bezeichneten **Beschwerdepunkte** beziehen.[33] Die **Beweislast** trägt der Vermieter. Die **Vollstreckung** richtet sich nach § 890 ZPO.

---

25 So *Roquette* § 550 Rn 25.
26 RG JW 1920, 377 Nr 6 = WarnR 1920 Nr 75; s u Rn 8.
27 S o Vorbem 35ff zu § 535.
28 *Niendorff* Mietrecht, 240; **aM** OLG Düsseldorf ZMR 1987, 423, 425.
29 *Palandt/Weidenkaff* § 541 Rn 4.
30 BGH LM Nr 54 zu § 535 BGB = NJW 1974, 1463; NJW 2006, 1062 Tz 13 = NZM 2006, 98.
31 BGHZ 110, 313, 315ff = NJW 1990, 2058.
32 BGH NJW 2007, 481 Tz 7 = WuM 2007, 387.
33 RG JW 1920, 377 Nr 6 = WarnR 1920 Nr 75; OLG Colmar OLGE 13, 367.

§ 542

Ende des Mietverhältnisses

[1] Ist die Mietzeit nicht bestimmt, so kann jede Vertragspartei das Mietverhältnis nach den gesetzlichen Vorschriften kündigen.
[2] Ein Mietverhältnis, das auf bestimmte Zeit eingegangen ist, endet mit dem Ablauf dieser Zeit, sofern es nicht
1. in den gesetzlich zugelassenen Fällen außerordentlich gekündigt oder
2. verlängert wird.

Schrifttum

App Kündigungssperre für Mietverträge nach der Insolvenzordnung – Auswirkungen auf die Rechtsposition von Vermietern, MDR 2000, 628; *Baron* Zur Frage, wann in der Erhebung einer Räumungsklage zugleich eine materiell-rechtliche Kündigungserklärung erblickt werden kann, ZMR 1998, 683; *Bauer/Diller* Kündigung durch Einwurf-Einschreiben – ein Kunstfehler!, NJW 1998, 2795; *Bausch* Mieters Anspruch auf ordnungsgemäße Briefzustellung im liberalisierten Postmarkt, NZM 2006, 917; *Becker* Gestaltungsrecht und Gestaltungsgrund, AcP 188 (1988) 24; *Behrens* Beteiligung mehrerer Mieter am Mietverhältnis (1989); *Blank* Die vorzeitige Mietaufhebung, in: FS Seuß (1987) 35; *Bub* Ansprüche der Wohnungseigentümer gegen Miteigentümer auf Beendigung von Mietverhältnissen, in: PiG Bd 26 (1987) 137; *ders* Gewerberaummietvertrag und AGB-Gesetz, NZM 1998, 789; *Buchmann* Zur Wirksamkeit der hilfsweisen ordentlichen Kündigung bei fristloser Kündigung gem § 554 BGB nach Befriedigung des Vermieters oder Übernahmeerklärung innerhalb der Monatsfrist nach Klagezustellung, WuM 1996, 78; *Bydlinski* Die Übertragung von Gestaltungsrechten (1986); *Calonge/Wacke* Kündigungsgründe für die Wohnraummiete im europäischen Recht seit Caracallas Reskript vom Jahre 214 nChr, ZEuP 1997, 1010; *Derckx* Vereinbarungen über den Kündigungsausschluss im neuen Mietrecht, NZM 2001, 826; *Derleder* Der „mitgekaufte" Mieter, NJW 2008, 1189; *Derleder/Pellegrino* Die Anbahnung des Mietverhältnisses, NZM 1998, 550; *Dötsch* Anfechtung wegen Eigenschaftsirrtums gem. § 119 II BGB im Mietrecht – Konkurrenz zum Gewährleistungsrecht?, NZM 2011, 457; *Eckert* Neues im Insolvenzrecht der Wohnraummiete, NZM 2001, 260; *ders* Kündigung von Mietverhältnissen mit mehreren Mietern, in: Gedschr Sonnenschein (2002) 313; *ders* Im Überblick: Die Schuldnerwohnung im Verbraucherinsolvenzverfahren, NZM 2006, 803; *ders* Mietverträge über bewegliche Sachen in der Schwebephase zwischen Eröffnung des Insolvenzverfahrens und Ausübung des Insolvenzverwalterwahlrechts, NZM 2007, 829; *Elshorst* Die Kündigung gem § 567 BGB bei Mietverträgen über mehr als 30 Jahre, NZM 1999, 449; *Emmerich* Nichtigkeit und Anfechtung von Mietverträgen, NZM 1998, 692; *Fischer* Anfechtung von Willenserklärungen im Mietrecht, NZM 2005, 567 und WuM 2006, 3; *ders* Zur Frage der Anfechtung im Mietrecht, ZMR 2007, 157; *Flatow* Typische Fehler bei der Kündigungserklärung, NZM 2004, 281 und WuM 2004, 316; *Franke* Der Mietaufhebungsvertrag, DWW 1999, 201; *Gather* Die Neuregelungen des Wohnungsbau-Erleichterungsgesetzes, DWW 1990, 190; *ders* Die Beendigung des Mietverhältnisses über Gewerberaum, DWW 1998, 193; *Gemeinhardt* Der Vermieter in der Insolvenz, GE 2007, 408; *Gröschler* Zur Frage der einvernehmlichen Fortsetzung erloschener Verbindlichkeiten: Wiederherstellung oder Neubegründung?, NJW 2000, 247; *Großfeld/Gersch* Zeitliche Grenzen von privaten Schuldverträgen, JZ 1988, 937; *Häublein* Ordentliche Kündigung von Zeitmietverträgen – Ein Beitrag zur Auslegung der Zeitmietabrede im Wohnraummietrecht, ZMR 2004, 1; *Hannemann* Im Überblick: Risiken des Zeitmietvertrages bei der Wohnraummiete, NZM 1999, 585; *Heile* Ersatzmietergestellung bei Wohn- und Geschäftsraummiete, ZMR 1990, 249; *Hille* Zur Anfechtung des Mietvertrages wegen arglistiger Täuschung und zu den vorvertraglichen Informationspflichten des Mieters, WuM 1984, 292; *Hirsch* Die Geschäftsgrundlage im Mietrecht, ZMR 2007, 1; *ders* Kündigung aus wichtigem Grund oder Geschäftsgrundlagenstörung bei Wegfall des Anmietinteresses, NZM 2007, 110; *Hosenfeld* Zugangsnachweise für miet- und wohnungseigentumsrechtliche Erklärungen, NZM 2001, 93; *Hülsmann* Ehegattenauszug und Mietvertragskündigung, NZM 2004, 124; *Jendrek* Formularvertragliche Befristungen von Mietverträgen über Funkstandorte, NZM 2005, 241; *Jenisch* Möglichkeiten und Grenzen der Auslegung beim Zusammentreffen von Vertragsverlängerungs- und Optionsklausel in AGB, ZMR 2007, 77; *Joachim* Risikozurechnungen im gewerblichen Miet- und Pachtrecht, BB 1988, 779; *Jung* Wohnraummietvertrag mit Dienstleistungspflicht des Mieters, ZMR 1989, 363; *Kandelhard* Aufhebungsvertrag und Ersatzmieterstellung, NZM 2004, 846 und WuM 2004, 249;

Christian Rolfs

Keßler/Herzberg Kündigung der Mitgliedschaft in einer Wohnungsgenossenschaft durch den Insolvenzverwalter, NZM 2009, 474; *Kinne* Folgen des Auszugs eines Ehegatten aus der gemeinsamen Wohnung, GE 2006, 1450; *Kluth/Freigang* Wirtschaftliches Risiko und Äquivalenzstörung – Zum Wegfall der Geschäftsgrundlage bei langfristigen Gewerberaummietverträgen, NZM 2006, 41; *Leverenz* Gestaltungsrechtsausübungen durch und gegen Personenmehrheiten (1995); *Leyendecker* Die Teilkündigung im Mietrecht, GE 1983, 1132; *Mayer* Der Eintritt des Grundstückserwerbers in bestehende Miet- und Pachtverhältnisse, ZMR 1990, 121; *Medicus* Die Lösung vom unerwünschten Schuldvertrag, JuS 1988, 1; *Mertens* Die Reichweite gesetzlicher Formvorschriften im BGB, JZ 2004, 431; *Michalski* Recht zur fristlosen Kündigung bei vorausgegangener unwirksamer Kündigung durch den Vermieter/Verpächter, ZMR 1996, 364; *Minuth/Wolf* Kündigung und Gestaltung von Mietverträgen im Hinblick auf die Insolvenzordnung, NZM 1999, 289; *Nettesheim* Rückgängigmachung der Bestellung von Hotelzimmern oder Ferienwohnungen, BB 1986, 547; *ders* Können Reisebüros die Bestellung von Hotelzimmern und Ferienwohnungen rückgängig machen?, BB 1989, 1136; *Neuvians/Mensler* Die Kündigung durch Einschreiben nach Einführung der neuen Briefzusatzleistungen, BB 1998, 1206; *Nies* Fallstricke bei Abgabe von Willenserklärungen bei Personenmehrheit und Stellvertretung: Abmahnung, einseitige Willenserklärung, Mieterhöhung, NZM 1998, 221; *Otto* Mietvertragliche Regelungen über die Beendigung eines Geschäftsraummietverhältnisses, DWW 1984, 63; *ders* Ablehnung eines Ersatzmieters, GE 1995, 971; *Paschke* Gescheiterte Beziehungen im Blickfeld des Mietrechts, WuM 2008, 59; *Peters* Zahlungsvereinbarungen zwischen Vermieter und Nachmieter, JR 1992, 225; *Riebandt-Korfmacher* Verkauf „gemeinnütziger" Wohnungen auf dem Prüfstand – Schutz der Mieter, WuM 1986, 127; *Riecke* Rechtsfolgen für bereits bestehende Mietverhältnisse und für die Verwaltung aus der Umwandlung in Wohnungseigentum. – Zugleich Besprechung des Beschlusses des Hanseatischen Oberlandesgerichts Hamburg vom 18.7.1996 (WuM 1996, 637) und des Urteils des Landgerichts Hamburg vom 19.11.1996 (WuM 1997, 47) –, WuM 1997, 88; *Schleusener* Die unpünktliche Mietzahlung des Sozialamts als Mieterverschulden nach § 554a BGB, NZM 1998, 992; *Schmid* Die Verwirkung im Mietrecht, DWW 1982, 259; *ders* Zur Anfechtung von Wohnraummietverträgen, DWW 1985, 302; *ders* Anfechtung von Mietverträgen, WuM 2009, 155; *Scholz* Kündigung nach Vermieterwechsel. Zur Frage, inwieweit der Erwerber nach Veräußerung des Grundstücks die Kündigung eines Mietverhältnisses auf Umstände stützen kann, die vor dem Eigentumsübergang eingetreten sind, WuM 1983, 279; *ders* Der Grundstückskäufer vor Eigentumsübergang. Zur Frage, inwieweit der Erwerber einer vermieteten Wohnung Vermieterrechte vor der Grundbucheintragung geltend machen kann, ZMR 1988, 285; *Schopp* Verkürzung der gesetzlichen Kündigungsfrist in der Wohnraummiete bei Kündigung durch den Vermieter, DWW 1992, 74; *Schrader* Die Beendigung einer Wohngemeinschaft von Partnern einer nichtehelichen Lebensgemeinschaft, NZM 2010, 257; *Schultz* Mietvertragsklauseln und AGB-Recht, ZMR 1987, 41; *Schulz* „Parteistellen" bei der Geschäftsraummiete?, ZMR 1985, 8; *Simon* Begründung und Weiterveräußerung vermieteten Wohnungseigentums – eine Gefahrenquelle für die Rechtsstellung der Mieter?, NZM 2000, 848; *Sonnenschein* Kündigung, Ablauf der Mietzeit, Aufhebungsvertrag und sonstige Beendigungstatbestände des Mietverhältnisses, in: PiG Bd 26 (1987) 45; *ders* Die Beendigung des Mietverhältnisses, ZfgWBay 1988, 23; *ders* Minderjährige und Mietrecht, in: FS Bärmann und Weitnauer (1990) 623; *ders* Kündigungsprobleme bei Rechtsnachfolge, in: PiG Bd 37 (1992) 95; *ders* Kündigung und Rechtsnachfolge, ZMR 1992, 417; *Spangenberg* Die Kündigung von Wohnraummiete im Prozess, MDR 1983, 807; *Steinbeck* Die Übertragbarkeit von Gestaltungsrechten (1994); *Steinig* Formelle Anforderungen an Vermieter-Erklärungen: nur überflüssiger Formalismus?, GE 1996, 1328; *Sternel* Die Beendigung des Wohnraummietverhältnisses. Ein Überblick über die Rechtsentwicklung unter besonderer Berücksichtigung der Rechtsentscheide, ZMR 1986, 181 und ZMR 1988, 201; *ders* Die Pflicht zur Begründung der Kündigung im Mietrecht, in: FS Seuß (1987) 281; *ders* Wohnraummietvertrag und AGB-Gesetz, NZM 1998, 833; *ders* Schlüssiges Verhalten im Mietrecht, in: FS Blank (2006) 421; *Streyl* Das Recht auf vorzeitige Vertragsbeendigung bei der Miete von Wohn- und Geschäftsräumen – Mögliche Auswege aus einem Kündigungsausschluss, WuM 2005, 183; *ders* Vorzeitige Vertragsbeendigung bei der Miete von Wohn- und Geschäftsräumen, NZM 2005, 361; *ders* Mietermehrheiten, NZM 2011, 377; *Wegener* Kündigung und Kündigungsfristen bei noch nicht vollzogenem Mietverhältnis, WuM 1989, 405; *Weitemeyer* Die Gesellschaft bürgerlichen Rechts als Vermieterin, in: Gedschr Sonnenschein (2002) 431; *dies* Auswirkungen der Rechtsprechung des BGH zur Gesellschaft bürgerlichen Rechts auf deren Vermieterstellung, ZMR 2004, 153; *Wetekamp* Bericht: Kündigung des Mietvertrages, NZM 1999, 485; *Wichardt* „Ersatzmieter" und Kündigungsfristen, ZMR 1982, 161; *Wiek* Nochmals: Abstandszahlungen zwischen Vormieter und Nachmieter, ZMR 1982, 356; *ders* Teilkündigung von Wohnräumen?, WuM 1997, 654.

Christian Rolfs

Christian Rolfs

I. Allgemeines

Die Vorschrift des § 542 gilt für **Mietverhältnisse jeder Art**. Sie bestimmt in Abs 1, 1 dass ein auf unbestimmte Zeit eingegangenes Mietverhältnis von jedem Teil nach den gesetzlichen Vorschriften (§§ 543, 568ff, 580f) gekündigt werden kann. Abs 2 normiert, dass ein auf bestimmte Zeit eingegangenes Mietverhältnis regelmäßig mit dem Ablauf der Zeit endet, für die es eingegangen ist. Die Vorschrift ist unvollständig. Mit Anfechtung, Rücktritt, Aufhebungsvertrag, Eigentums- oder Nießbrauchserwerb des Mieters, Erlöschen eines Dauerwohnrechts oder Dauernutzungsrechts und auflösender Bedingung gibt es weitere Gründe, die das Mietverhältnis beenden können.

II. Beendigung durch Kündigung (Abs 1)

1. Allgemeines. Nach § 542 Abs 1 kann jeder Teil das Mietverhältnis nach den gesetz- 2 lichen Vorschriften kündigen, wenn die Mietzeit nicht bestimmt ist. Ein auf unbestimmte Zeit eingegangenes Mietverhältnis kann demnach durch ordentliche oder außerordentliche Kündigung beendet werden. Darüber hinaus spielt die außerordentliche Kündigung bei den auf bestimmte Zeit abgeschlossenen Mietverhältnissen eine Rolle. Die Kündigung ist schon zulässig, bevor die Mietsache überlassen worden ist.[1]

2. Rechtsnatur der Kündigung
a) Einseitige, empfangsbedürftige Willenserklärung
aa) Erklärung der Kündigung. Die Kündigung des Mietverhältnisses ist eine **einsei- 3 tige, empfangsbedürftige Willenserklärung**. Alle Vorschriften über einseitige Rechtsgeschäfte, etwa die §§ 111, 174, 180, 182 Abs 3, sind anwendbar. Zur Kündigung berechtigt sind die Parteien des Mietverhältnisses. Partei ist derjenige, der diese Stellung bei Abschluss des Mietvertrags oder später durch vertragliche Vereinbarung oder kraft Gesetzes übernommen hat. Jede Partei kann die Kündigung gegenüber der anderen erklären. Vorschriften über die Geschäftsfähigkeit müssen beachtet werden. Das Gesetz geht als selbstverständlich davon aus, dass ein einheitliches Mietverhältnis, an dem **mehrere Personen** als Mieter oder Vermieter beteiligt sind, nur von allen oder gegenüber allen anderen Beteiligten gekündigt werden kann.[2] Die von einem einzelnen Vermieter erklärte Kündigung ist wirkungslos, wenn er nicht von den anderen bevollmächtigt worden ist (Rn 7) und bei der Kündigung zum Ausdruck kommt, dass sie im Namen aller Mitvermieter ausgesprochen wird.[3] Die Kündigung muss nicht in einer einheitlichen Erklärung erfolgen. Ist ein zeitlicher Zusammenhang gewahrt, reicht auch die getrennte Erklärung jedes Beteiligten. Die Mitberechtigung kann zB darauf beruhen, dass Miteigentümer gemeinsam vermietet haben.[4] Da der BGH einer (Außen-)GbR die Rechtsfähigkeit zuerkannt hat[5] ist hier nur die GbR selbst Vermieterin. Eine Mehrheit von Vermietern kann auch dadurch entstehen, dass ein Haus oder Gebäudekomplex in Eigentumswohnungen umgewandelt wird. Der BGH hat sich va aus praktischen Erwägungen in diesen Fällen für eine Anwendung des § 566 Abs 1 ausgesprochen, soweit der mit dieser Vorschrift bezweckte Mieterschutz dies

1 BGHZ 73, 350, 351ff = NJW 1979, 1288; BGHZ 99, 54, 60 = NJW 1987, 948; OLG Düsseldorf WuM 1995, 438.
2 BGHZ 144, 370, 379 = NJW 2000, 3133; LG Köln WuM 2002, 671; *Palandt/Weidenkaff* § 542 Rn 18.
3 BGH NJW 2009, 3506; LG Berlin GE 1995, 309; *Bamberger/Roth/Ehlert* § 542 Rn 20a; *Prütting/Wegen/Weinreich/Riecke* § 542 Rn 10.
4 OLG Celle WuM 1995, 193; LG Berlin WuM 1979, 25; LG Gießen WuM 2007, 863.
5 BVerfG NZM 2002, 986; BGHZ 146, 341, 343ff = NJW 2001, 1056.

Christian Rolfs

erfordert. Der Erwerber des Sondereigentums erlangt danach die (alleinige) Vermieterstellung auch insoweit, als der Mieter Räume oder Gemeinschaftseinrichtungen aufgrund des Mietvertrages in Allein- oder Mitbesitz hat. Er ist folglich berechtigt, allein und ohne rechtsgeschäftliche Beteiligung der übrigen Miteigentümer ein Mietverhältnis auch insoweit zu kündigen, als es Gemeinschaftseigentum betrifft.[6] Eine Ausnahme vom Erfordernis einer einheitlichen Kündigung durch alle Vermieter kann für den Fall der Kündigung durch eine Erbengemeinschaft bestehen. Da die Erbengemeinschaft im Gegensatz zur GbR nicht selbst rechtsfähig ist,[7] sind die Erben gemeinsam Vermieter. Sie können ein Mietverhältnis über eine zum Nachlass gehörende Sache gem § 2038 Abs 1 S 2 wirksam mit Stimmenmehrheit kündigen, wenn sich die Kündigung als Maßnahme der ordnungsgemäßen Verwaltung darstellt.[8] Dasselbe gilt nach § 745 Abs 1 für eine Bruchteilsgemeinschaft.[9] Besteht das Mietverhältnis mit mehreren Mietern,[10] muss die Kündigung von allen gemeinsam erklärt werden. Eine Vertretung bei Abgabe der Kündigungserklärung ist zulässig (Rn 7). Anderenfalls ist die Kündigung nur eines Mitmieters wirkungslos.[11] Dies ist auch anzunehmen, wenn einer der Mitmieter aus der Wohnung auszieht.[12] Eine solche Kündigung beendet das Mietverhältnis auch nicht teilweise, beschränkt auf die Person des Kündigenden.[13] Eine **Ausnahme** vom Prinzip der einheitlichen Kündigung ist zu machen, wenn ein weiterer Mieter unter Verstoß gegen § 550 formlos in einen bestehenden, schriftlich auf längere Zeit als ein Jahr abgeschlossenen Mietvertrag eingetreten ist. Zu beachten ist, dass auch ein Mietvertrag, der nur aufgrund einer Parteivereinbarung schriftlich abgefasst ist, nicht ohne weiteres sämtliche Mitmieter vollständig aufzählt. Dies ergibt sich etwa bei einem späteren formlosen Beitritt,[14] so vor allem bei Mietverträgen in den neuen Bundesländern, die noch unter der Geltung des ZGB-DDR abgeschlossen worden sind. Auch wenn nur ein Ehegatte den Vertrag abgeschlossen hat, sind nach § 100 Abs 3 ZGB beide Ehegatten Mieter einer Wohnung.[15]

4   Ob für den einzelnen Beteiligten eine **Pflicht zur Mitwirkung bei der Kündigung** besteht, richtet sich nach dem Innenverhältnis, in erster Linie also nach Gesellschaftsrecht,[16] Gemeinschaftsrecht,[17] Familienrecht (§§ 1353, 1361b)[18] oder dem Recht der Miterbengemeinschaft.[19] Haben die Partner einer nichtehelichen Lebensgemeinschaft gemeinsam eine Wohnung gemietet und zieht einer von ihnen aus, weil die Lebensgemeinschaft beendet ist, so wird ihm entsprechend §§ 730ff ein Anspruch gegen

6 BGHZ 141, 239, 243ff = NJW 1999, 2177 m Anm *Derleder* JZ 2000, 260; dazu auch *Drasdo* DWW 2000, 6ff; *Simon* NZM 2000, 848ff.
7 BGH NJW 2002, 3389.
8 BGHZ 183, 131, 138ff = NJW 2010, 765; vgl auch BGH NZM 2010, 741; **aM** *Müßig* JZ 2011, 481, 483f.
9 BGH v. 20.10.2010 – XII ZR 25/09, NJW 2011, 61.
10 Dazu ausführlich *Eckert* Gedschr Sonnenschein (2002) 313, 322ff.
11 RGZ 90, 328, 330; RGZ 141, 391, 392; BGH WuM 1972, 136; BGH NZM 1998, 22; BGH NJW 2009, 3781; OLG Düsseldorf GE 2006, 325.
12 LG Gießen WuM 1996, 273; AG Charlottenburg FamRZ 1990, 532; AG Mannheim DWW 1995, 353.
13 LG Köln WuM 1996, 266.
14 Vgl BGH NJW 2005, 2620; LG Berlin NZM 2002, 119.
15 Vgl BGH NJW-RR 2005, 1258; *Staudinger/Rolfs* (2003) Art 232 § 2 EGBGB Rn 4.
16 OLG Hamburg NZM 2001, 640.
17 OLG Hamburg WuM 1996, 637, dazu *Riecke* WuM 1997, 88; OLG Hamburg NZM 2002, 521.
18 OLG Köln WuM 2006, 511; näher *Hülsmann* NZM 2004, 124ff; *Sonnenschein* NZM 1999, 977, 979.
19 BGHZ 183, 131, 135 = NJW 2010, 765.

den in der Wohnung verbliebenen Partner eingeräumt, an der gemeinsamen Kündigung mitzuwirken.[20] Das Gleiche wird bei aufgelösten Wohngemeinschaften angenommen.[21]

Bei einem **Parteiwechsel** geht das Kündigungsrecht mit dem gesamten Mietverhält- 5 nis auf den Nachfolger über. Das Kündigungsrecht steht der neuen Vertragspartei erst zu, wenn die Nachfolge rechtlich vollendet ist. Dies ist bei der Veräußerung eines vermieteten Grundstücks der Zeitpunkt des Eigentumserwerbs durch Auflassung und Grundbucheintragung. Eine vorher ausgesprochene Kündigung des Erwerbers ist mangels ausdrücklicher (aber zulässiger[22]) Ermächtigung unwirksam und wird durch den nachfolgenden Eintritt in das Mietverhältnis nicht geheilt.[23] Die auf den Veräußerer und Erwerber beschränkte schuldrechtliche Abrede, dass die Rechte und Pflichten aus dem Mietverhältnis schon früher übergehen sollen, ändert hieran nichts.[24] Da das Kündigungsrecht jedoch nicht nur eine Frage der Erklärung ist, sondern häufig auch vom Bestehen eines Kündigungsgrundes abhängt, ist danach zu unterscheiden, ob die Kündigung bereits vor dem Parteiwechsel oder erst später erklärt worden ist und ob sie auf Gründe gestützt wird, die in der Person des Vorgängers oder des Nachfolgers erfüllt sind.[25]

Vom Parteiwechsel ist die Übertragung einzelner Rechte zu unterscheiden. Die vom 6 BGH offen gelassene Frage nach der Zulässigkeit einer **isolierten Abtretung des Kündigungsrechts**[26] wird von der hM zu Recht verneint.[27] Demgegenüber hat der BGH eine Ermächtigung zur Kündigung entgegen einer verbreiteten Auffassung[28] für zulässig gehalten.[29] Eine Ermächtigung ist systematisch mit der Vollmacht verwandt, die unbestritten bei der Ausübung unselbständiger Gestaltungsrechte wirksam erteilt werden kann. Während nach einer wirksamen Abtretung des Kündigungsrechts der Zessionar anstelle des Zedenten frei entscheiden könnte, ob er die Kündigung erklärt oder nicht, führt sowohl der von einem Vertragspartner Bevollmächtigte als auch der von diesem Ermächtigte seine Befugnis auf eine Erlaubnis des eigentlich Berechtigten zurück, die auch im Falle der Ermächtigung regelmäßig bis zur Vornahme des Rechtsgeschäfts nach § 183 widerruflich ist.[30]

Nach § 164 Abs 1 ist **Stellvertretung bei Abgabe der Kündigungserklärung** zuläs- 7 sig. Hierdurch kann bei einer Mehrheit von Beteiligten das Erfordernis einer gemeinsamen Kündigung erfüllt werden, das sich aus der Einheitlichkeit des Mietverhältnisses ergibt. Eine gesetzliche Vertretung greift nach den §§ 1626, 1629, 1793, 1902 und § 1915 iV mit § 1793 für Parteien ein, die geschäftsunfähig oder in der Geschäftsfähigkeit beschränkt sind oder die ihre Angelegenheiten aus bestimmten Gründen nicht selbst besorgen können. Für Bruchteilsgemeinschaften ist § 744 maßgebend.[31] Bei den Gesamthandsgemeinschaften bestimmt sich die gesetzliche Vertretung nach den jeweiligen Bestimmungen. Die Schlüs-

---

20 KG WuM 1992, 323; OLG Düsseldorf WuM 2007, 567; OLG Köln NZM 1999, 998; LG Berlin ZMR 2002, 751; LG Berlin GE 2004, 1456; *Sonnenschein* NZM 1999, 977, 979.
21 OLG Köln WuM 1999, 521; LG Köln NJW-RR 1993, 712; **aM** AG Berlin-Neukölln NJW-RR 1993, 133.
22 BGH NJW 1998, 896; BGH NJW 2002, 3389; OLG Celle NZM 2000, 93 und unten Rn 6; übersehen vom LG Flensburg WuM 2007, 634.
23 OLG Hamm NJW-RR 1993, 273; LG Berlin GE 1998, 617.
24 AG Hamburg-Altona WuM 1993, 124; AG Waldbröl WuM 1993, 121.
25 *Scholz* WuM 1983, 279, 280; *Sonnenschein* ZMR 1992, 417, 418.
26 BGH NJW 1998, 896; dazu auch OLG Düsseldorf ZMR 2000, 170.
27 LG Augsburg NJW-RR 1992, 520; LG Hamburg WuM 1993, 48; LG München I WuM 1989, 282; *Schmidt-Futterer/Blank* § 542 Rn 36.
28 LG Augsburg NJW-RR 1992, 520; LG Hamburg WuM 1977, 260; LG Hamburg WuM 1993, 48; LG Kiel WuM 1992, 128; LG München I WuM 1989, 282; *Scholz* ZMR 1988, 285, 286f.
29 BGH NJW 1998, 896; *Bamberger/Roth/Ehlert* § 542 Rn 18; *Sternel* Mietrecht aktuell Rn X 32.
30 BGH NJW 1998, 896; OLG Celle NZM 2000, 93; zum Nachweis der Ermächtigung *Beuermann* GE 1999, 84.
31 LG Berlin WuM 1979, 25.

Christian Rolfs

selgewalt des § 1357 reicht für die Kündigung nicht aus.[32] Ähnliches gilt für die Abwesenheitspflegschaft, bei der auch der Kündigungsgegner einwenden kann, dass sie die Kündigung des Mietverhältnisses nicht decke.[33] Eine rechtsgeschäftliche Vertretung beruht auf einer Vollmacht nach § 167 Abs 1. Die Erklärung bedarf nach § 167 Abs 2 nicht der Form, die für das Rechtsgeschäft bestimmt ist, auf das sich die Vollmacht bezieht. Der Vertreter kann deshalb zur Kündigung eines Mietverhältnisses über Wohnraum, die nach § 568 Abs 1 der schriftlichen Form bedarf, und ebenso bei rechtsgeschäftlich vereinbartem Formzwang der Kündigung durch formlose Erklärung bevollmächtigt werden. Im Übrigen gelten für die Vollmacht die allgemeinen Grundsätze über einseitige, empfangsbedürftige Rechtsgeschäfte. Problematisch ist die formularmäßige Bevollmächtigung zur Kündigung eines Mietverhältnisses.[34] Als Kündigungsvollmacht ist eine Klausel nach § 307 Abs 1 unwirksam, weil sie die einseitige Kündigung eines Mitmieters ohne Wissen und Wollen des anderen zulassen würde und damit die Mieter entgegen den Geboten von Treu und Glauben unangemessen benachteiligt.[35] Wirksam ist die Klausel nur, wenn sie nach § 305 Abs 1 S 3 zwischen den Vertragsparteien im Einzelnen ausgehandelt ist.

8   Die Kündigung fällt als einseitiges, empfangsbedürftiges Rechtsgeschäft unter § 174. Legt der Bevollmächtigte keine **Vollmachtsurkunde** vor, kann der Empfänger die Kündigung aus diesem Grunde unverzüglich zurückweisen. Da das Gesetz auf den Bevollmächtigten abstellt, gilt die Vorschrift nicht bei gesetzlicher Vertretung.[36] Die **Zurückweisung mangels Vollmachtsurkunde** hat zur Folge, dass die Kündigung unwirksam ist.[37] Die Unwirksamkeit kann nicht dadurch geheilt werden, dass die Urkunde nachgereicht wird.[38] Die Urkunde braucht sich nicht ausdrücklich auf die Kündigung zu beziehen, wenn es sich um eine allgemeine, das gesamte Mietverhältnis umfassende Vollmacht handelt.[39] Eine beglaubigte Abschrift der Vollmachtsurkunde ist unzureichend.[40] Die Kündigung muss unverzüglich iSd § 121 Abs 1 S 1 zurückgewiesen werden.[41] Dem Empfänger ist eine ausreichende Zeitspanne einzuräumen, um Rechtsrat einzuholen.[42] Hierfür sind zehn Tage anerkannt worden,[43] während zwei Wochen[44] und mehr als ein Monat[45] als zu lang beurteilt wurden, wenn nicht besondere Umstände (Urlaub, Krankheit) den Gekündigten an einem früheren Widerspruch gehindert haben.[46] Verspätet ist die Zurückweisung jedenfalls, wenn sie über die Geschäftsstelle des Gerichts geleitet wird und deshalb dem Kündigenden erst nach einem Monat zugeht, weil dies ein unnötiger Umweg ist.[47] Die Zurückweisung ist nach § 174 S 2 ausgeschlossen, wenn der Vollmachtgeber den anderen Teil von der

---

32 BGH NJW 1951, 309.
33 OLG Köln ZMR 1997, 227.
34 Dazu *Wetekamp* NZM 1999, 485, 486.
35 OLG Frankfurt/M WuM 1992, 57; OLG Hamburg BlGBW 1961, 334; LG Berlin MDR 1983, 757; LG Hannover WuM 1988, 259; AG Charlottenburg FamRZ 1990, 532; **aM** LG Mönchengladbach ZMR 1986, 438; vgl auch OLG Celle WuM 1990, 103.
36 RGZ 74, 263, 265; BGH NJW 2002, 1194; *Bamberger/Roth/Ehlert* § 542 Rn 22a; *Bub/Treier/Grapentin* Rn IV 5.
37 BGH NJW 2002, 1194; LG Berlin WuM 1986, 331; LG Berlin GE 2004, 481.
38 AG Bonn WuM 1989, 380; AG Düsseldorf DWW 1986, 247; AG Oberndorf WuM 1977, 168; *Bamberger/Roth/Ehlert* § 542 Rn 22b.
39 Vgl LG München II NJW-RR 1987, 1164.
40 BGH NJW 1981, 1210; BGH NJW 1994, 1472.
41 OLG München NJW-RR 1997, 904; *Nies* NZM 1998, 221, 222.
42 LG Hamburg WuM 1998, 725.
43 LG München II WuM 1995, 478.
44 LG Hagen WuM 1991, 79.
45 OLG Hamburg WuM 1978, 120.
46 OLG München NJW-RR 1997, 904.
47 LG Hagen WuM 1991, 79.

Christian Rolfs

Bevollmächtigung in Kenntnis gesetzt hatte. Auch hierfür ist keine Form vorgeschrieben.[48] In Ausnahmefällen ist die Zurückweisung nach § 242 unbeachtlich, wenn der Kündigungs-empfänger den Kündigenden bereits früher als Vertreter anerkannt hatte.[49] Die Kündigung durch einen Vertreter ohne Vertretungsmacht ist nach § 180 S 1 unzulässig. Hat der Kündi-gungsempfänger die behauptete Vertretungsmacht nicht beanstandet oder ist er mit dem Handeln ohne Vertretungsmacht einverstanden gewesen, so finden nach S 2 die Vorschrif-ten der §§ 177ff über Verträge entsprechende Anwendung. Die Kündigung ist entsprechend § 177 Abs 1 durch den unberechtigt Vertretenen mit Rückwirkung genehmigungsfähig.[50]

bb) Zugang der Kündigung. Als empfangsbedürftige Willenserklärung wird die **9** Kündigung nach § 130 durch **Zugang** beim Empfänger wirksam.[51] Sind Empfangsvorrich-tungen wie ein Briefkasten vorhanden, geht die Kündigung mit dem Einwurf zu, sobald nach der Verkehrsanschauung mit der nächsten Entnahme gerechnet werden kann. Da hierfür ein objektiver Maßstab gilt, kann die Kündigung auch während einer urlaubsbe-dingten Abwesenheit des Empfängers zugehen.[52] Ist die Kenntnisnahme zu erwarten, geht auch eine unter der Tür durchgeschobene Erklärung zu.[53] Kann eine Kündigung durch Übergabe-Einschreiben wegen der Abwesenheit des Empfängers nicht zugestellt werden, wird der Zugang nicht durch den Benachrichtigungszettel der Post ersetzt, sondern tritt erst ein, wenn der Brief bei der Post abgeholt wird.[54] Der Erwerber muss analog § 407 eine dem Veräußerer gegenüber erklärte Kündigung des Mieters gegen sich gelten lassen, wenn der Mieter nicht über den Wechsel des Eigentums und damit nach § 566 seines Vertrags-partners unterrichtet worden ist.[55] Wer eine Kündigung erklärt hat und sich auf einen bestimmten Kündigungstermin beruft, hat zu beweisen, dass die Erklärung rechtzeitig zugegangen ist.[56]

Soll die Kündigung gegenüber einer **nicht voll geschäftsfähigen Person** erklärt **10** werden, wird sie nach § 131 nicht wirksam, bevor sie dem gesetzlichen Vertreter zugeht. Wenn ein Prozesspfleger bestellt ist, muss ihm die Kündigung zugehen.[57] Die Prozessvoll-macht ermächtigt den Pfleger aber nicht ohne weiteres zum Empfang einer außerprozessu-alen Kündigung.[58] Ist für eine volljährige Person nach § 1896 ein Betreuer bestellt worden, muss die Kündigung an den Betreuer gerichtet werden. Unter den Voraussetzungen des § 132[59] kann der Zugang der Kündigung ersetzt werden, indem die Erklärung nach den §§ 192ff ZPO durch Vermittlung eines Gerichtsvollziehers oder nach den §§ 192, 191, 185ff ZPO öffentlich zugestellt wird.

Die Kündigung wird wirksam, wenn sie der anderen **Partei als Empfänger** zugeht. **11** Vertretung auf Seiten des Empfängers ist zulässig. Ist die andere Partei eine Einzelper-son, so müssen ihr gegenüber sämtliche Voraussetzungen des Zugangs erfüllt sein (Rn 9).

---

48 OLG Frankfurt/M NJW-RR 1996, 10.
49 OLG München ZMR 1996, 557; OLG München NJW-RR 1997, 904; LG Düsseldorf WuM 1991, 588.
50 RGZ 66, 430, 432; *Staudinger/Schilken* (2009) § 180 Rn 6; *Palandt/Ellenberger* § 180 Rn 1; **aM** OLG Celle ZMR 1999, 237.
51 RGZ 144, 289, 292; BGHZ 67, 271, 275 = NJW 1977, 194.
52 BGH NJW 2004, 1320; LG Duisburg WuM 1987, 85.
53 AG Bergisch Gladbach WuM 1994, 193.
54 KG ZMR 2010, 954; AG Donaueschingen WuM 2008, 289; LG Göttingen WuM 1989, 183; *Bamberger/Roth/ Ehlert* § 542 Rn 12; *Palandt/Ellenberger* § 130 Rn 7.
55 LG Duisburg NJW-RR 1997, 1171; ebenso BGH NZM 2002, 291 zur Ausübung eines Optionsrechts.
56 AG Aachen WuM 1988, 111 (LS); *Bamberger/Roth/Ehlert* § 542 Rn 12c.
57 LG Frankfurt/M WuM 1993, 60.
58 LG Hamburg WuM 1993, 60.
59 Zu ihnen BGH WuM 2007, 712.

Christian Rolfs

Handelt es sich um eine Mehrheit von Beteiligten, so wird die Kündigung nur wirksam, wenn sie jedem Beteiligten gegenüber erklärt[60] und zugegangen ist. Wie bei der Erklärung der Kündigung (Rn 3) ist auch beim Zugang zu beachten, dass der Mietvertrag nicht immer sämtliche Vermieter oder Mieter vollständig aufzählt. Bei der Kündigung gegenüber einer OHG oder KG genügt es nach § 125 Abs 2 S 3 HGB, dass die Erklärung gegenüber einem vertretungsberechtigten Gesellschafter abgegeben wird. Dies gilt auch für die GbR, bei der nach dem Gesetz Gesamtvertretung gilt (§§ 709, 714).[61] Gehen den einzelnen Beteiligten getrennte Kündigungserklärungen zu, muss ein enger zeitlicher Zusammenhang gewahrt sein.[62] Grundsätzlich ist die Kündigung auch gegenüber einem bereits ausgezogenen Mitmieter zu erklären.[63]

12   Die Erklärung kann durch Zugang bei einem **Empfangsboten oder Empfangsvertreter** wirksam werden. Empfangsbote ist eine Person, die vom Empfänger zur Entgegennahme von Willenserklärungen bestellt worden ist oder nach der Verkehrsanschauung als bestellt anzusehen ist, ohne bevollmächtigt zu sein.[64] Hierzu gehören vor allem Angehörige und sonstige Haushaltsangehörige, die mit der Vertragspartei zusammenwohnen,[65] und zwar auch dann, wenn ihnen die Kündigung außerhalb der Wohnung – zB am Arbeitsplatz – überreicht wird.[66] Empfangsvertreter ist derjenige, der aufgrund einer entsprechenden Vertretungsmacht berechtigt ist, Willenserklärungen für einen anderen entgegenzunehmen. Die einem Rechtsanwalt zur Abwehr einer Räumungsklage erteilte Prozessvollmacht schließt regelmäßig die Befugnis zum Empfang einer im Zusammenhang mit dem Rechtsstreit erklärten Kündigung ein. Anders ist dies zu beurteilen, wenn die Parteien nicht um die Beendigung des Mietverhältnisses, sondern um andere Fragen (zB Betriebskostenabrechnungen, Mieterhöhungen) streiten und eine Kündigung bei der Erteilung des Mandats nicht im Raume stand. Eine im Innenverhältnis beschränkte Vollmacht wirkt im Außenverhältnis mangels Offenlegung unbeschränkt.[67]

13   Wie bei der Erklärung der Kündigung (Rn 7) wirft auch die **formularmäßige Bevollmächtigung zum Empfang einer Kündigung** Probleme auf. In Anlehnung an § 14 Abs 2 des Deutschen Einheitsmietvertrags[68] wird verbreitet die Klausel verwendet, dass es für die Wirksamkeit von Erklärungen des Vermieters genügt, wenn sie gegenüber einem von mehreren Mitmietern abgegeben werden und dass die Mieter zur Entgegennahme solcher Erklärungen als gegenseitig bevollmächtigt gelten. Auch wenn solche Klauseln bei Mieterhöhungen für wirksam gehalten werden,[69] kann dieses Ergebnis nicht unbesehen auf die Kündigung übertragen werden. Eine solche Klausel benachteiligt den Mieter in unangemessener Weise und ist deshalb nach § 307 Abs 1 unwirksam, weil Umfang und Bedeutung der Vollmacht nicht eindeutig zu erkennen sind.[70] Anders liegen die Dinge jedoch, wenn die gegenseitige Bevollmächtigung der Mieter zur Entgegennahme von Erklärungen

---

60 BGH NJW-RR 2005, 1258; BGH v. 4.5.2011 – VIII ZR 146/10, NJW 2011, 2886; LG Berlin GE 2000, 281; zu Ausnahmen nach Treu und Glauben (§ 242) BGH NZM 2010, 815.
61 BGH v. 23.11.2011 – XII ZR 210/09, ZMR 2012, 261; OLG Düsseldorf WuM 1996, 706; OLG Hamburg WuM 1978, 120; zweifelnd OLG Rostock NZM 2001, 46.
62 OLG Düsseldorf ZMR 1987, 422; LG Cottbus WuM 1995, 38; AG Hamburg WuM 1991, 36.
63 LG Berlin GE 1995, 311; zu Ausnahmen nach Treu und Glauben (§ 242) BGH NZM 2010, 815.
64 LG Leipzig NJW 1999, 2975; *Palandt/Ellenberger* § 130 Rn 9.
65 AG Mannheim DWW 1995, 118.
66 BAG v. 9.6.2011 – 6 AZR 687/09, NJW 2011, 2604.
67 BGH NZM 2000, 382.
68 DJ 1934, 304.
69 KG WuM 1985, 12; OLG Hamm WuM 1984, 20; OLG Schleswig NJW 1983, 1862.
70 OLG Frankfurt/M WuM 1992, 56; OLG Hamburg BlGBW 1961, 334; LG Hannover WuM 1988, 259; *Derleder* JurBüro 1994, 1; *Herrlein/Kandelhard/Kandelhard* § 542 Rn 16.

Christian Rolfs

nach dem Vorbild des § 16 Abs 2 Mustermietvertrag 1976 ausdrücklich auch die Kündigung erfasst. Eine solche Klausel verstößt auch in Formularmietverträgen weder gegen § 308 Nr 6 noch gegen § 307.[71] Eine formularmäßige Fiktion des Zugangs einer Kündigung verstößt hingegen gegen § 308 Nr 6.[72]

Bei einer **Verhinderung des Zugangs** der Kündigung kommt es darauf an, ob der **14** Empfänger hierzu berechtigt ist. Die Annahme eines Briefes wird zu Recht verweigert, wenn er nicht ausreichend frankiert ist und der Postbote die Zahlung einer Einziehungsgebühr verlangt[73] oder wenn bei mehrdeutiger Anschrift eine Verwechslungsgefahr besteht.[74] Verweigert der Empfänger die Annahme eines Briefes grundlos, muss er sich nach § 242 so behandeln lassen, als sei ihm die Kündigung im Zeitpunkt der Annahmeverweigerung zugegangen.[75] Das Gleiche gilt, wenn der Empfänger bei der Zustellung nicht angetroffen wird und er trotz einer Benachrichtigung den bei der Post niedergelegten Brief[76] oder das dort aufbewahrte Übergabe-Einschreiben[77] nicht abholt.[78] Als Zeitpunkt des Zugangs kann in diesem Fall nur der Tag angenommen werden, an dem der Empfänger den Brief unter normalen Umständen bei der Post hätte abholen können, also am nächsten Werktag.[79] Auch unverschuldete Zugangshindernisse können dem Empfänger mit der Folge zuzurechnen sein, dass die Kündigung als zugegangen gilt.[80] Das Mietverhältnis allein begründet allerdings noch nicht die Pflicht, sich jederzeit für den Empfang einer Kündigung bereit zu halten oder einen Empfangsvertreter zu bestellen.[81]

b) Ausschluss des Kündigungsrechts

aa) Ein **gesetzlicher Ausschluss** des Kündigungsrechts findet sich in unterschiedli- **15** chen Formen. Am weitesten gehen gesetzliche Vorschriften, die eine auf bestimmte Gründe gestützte Kündigung auf Dauer ausschließen. So ist die Kündigung eines Mietverhältnisses über Wohnraum zum Zwecke der Mieterhöhung nach 573 Abs 1 S 2 ausgeschlossen. Eine andere Regelungsform schließt das Kündigungsrecht für eine im Gesetz mit bestimmten kalendermäßigen Daten angegebene Zeit aus, wie etwa in den §§ 23, 38, 49 und 52 Schuld-RAnpG.[82] Eine weitere Form liegt darin, die Kündigung aus gewissen Gründen für eine gesetzlich festgelegte Zeit auszuschließen, die von einem bestimmten Ereignis an berechnet wird. Dies gilt für die Wartefristen, die nach § 577a für die Kündigung wegen Eigenbedarfs oder Hinderung angemessener wirtschaftlicher Verwertung einzuhalten sind, nachdem die in eine Eigentumswohnung umgewandelte Mietwohnung veräußert worden ist.[83] Das Kündigungsrecht kann im Einzelfall aus einem ganz bestimmten Grund entfallen. Dies gilt nach § 543 Abs 4 S 1 iV mit § 536b bei Kenntnis des Mieters von einem Mangel. Demgegenüber ist § 57c ZVG, der früher die Kündigung sog „Aufbaumieter" durch den

---

71 BGHZ 136, 314, 321ff = NJW 1997, 3437; *Streyl* NZM 2011, 377, 385.
72 *Gather* DWW 1992, 353, 357.
73 *Palandt/Ellenberger* § 130 Rn 16.
74 Vgl RGZ 125, 68, 75.
75 OLG Düsseldorf WuM 1995, 585; vgl BGH NJW 1983, 929.
76 BGHZ 67, 271, 277 = NJW 1977, 194.
77 OLG Hamburg WuM 1978, 183; LG Aachen WuM 1989, 250; LG Mannheim DWW 1997, 190.
78 **AM** KG ZMR 2010, 954; s aber auch AG Hannover v. 11.8.2011 – 436 C 4112/11, ZMR 2012, 107 zum streitigen Zugang des Benachrichtigungsscheins.
79 LG Freiburg NZM 2004, 617; AG Donaueschingen WuM 2008, 289.
80 OLG Hamburg WuM 1978, 120; LG Mannheim DWW 1997, 190.
81 LG Berlin ZMR 2000, 295; LG Göttingen WuM 1989, 183; *Weimar* WuM 1968, 6, 7; **aM** LG Berlin WuM 1973, 161.
82 AG Nordhausen GE 1995, 1087.
83 *Staudinger/Rolfs* (2011) § 577a Rn 17ff.

Christian Rolfs

Ersteher eines Grundstücks (§ 57a ZVG) ausschloss, seit dem 1.2.2007 außer Kraft.[84] Der Mieter ist darauf beschränkt, vom Ersteigerer Bereicherungsausgleich für seine Investitionen zu beanspruchen.[85] Schließlich ist die Regelungsform zu unterscheiden, die den §§ 573ff im Übrigen zugrunde liegt. Das freie Kündigungsrecht des Vermieters wird kraft Gesetzes auf Dauer ausgeschlossen. Die ordentliche Kündigung ist nur zulässig, wenn sie auf bestimmte Gründe (vgl § 573 Abs 2: „insbesondere") gestützt wird.

16   **bb)** Ein **vertraglicher Ausschluss** des Rechts zur ordentlichen Kündigung kann innerhalb der Grenzen vereinbart werden, die das Gesetz der Vertragsfreiheit zieht.[86] Dem stehen weder § 573c Abs 4 noch § 575 entgegen.[87] Das Kündigungsrecht kann vertraglich nur auf **bestimmte Zeit** ausgeschlossen werden, auch wenn der Mietvertrag unbefristet ist. Ein Ausschluss auf Dauer stünde in Widerspruch zu § 543 und wäre mit dem Wesen des Mietvertrags unvereinbar, der nur ein vorübergehendes Gebrauchsrecht einräumen soll.[88] Dies zeigt auch die Vorschrift des § 544, nach der ein Mietvertrag, der für eine längere Zeit als dreißig Jahre geschlossen ist, von jedem Teil nach dreißig Jahren unter Einhaltung der gesetzlichen Frist gekündigt werden kann.[89] In **einzelvertraglichen Vereinbarungen** über **andere Gegenstände als Wohnräume** kollidiert ein Kündigungsausschluss bis zur Dreißig-Jahres-Grenze des § 544 idR auch nicht mit § 138. Dies gilt selbst dann, wenn die Bindung einseitig nur einer Vertragspartei auferlegt ist.[90] Demgegenüber dürfte bei **Wohnraummietverträgen** angesichts der Rechtsprechung des BVerfG, nach welcher der Selbstbestimmung des Einzelnen im Rechtsleben ein angemessener Betätigungsraum eröffnet sein und bleiben muss,[91] die höchstzulässige Bindungsdauer für den Mieter bei acht bis zehn Jahren anzusiedeln sei. Ein Kündigungsausschluss für die Dauer von fünf Jahren ist aber ohne Weiteres für zulässig erachtet worden.[92] Für die Vereinbarung, das Kündigungsrecht auszuschließen, sind eindeutige Willenserklärungen beider Parteien erforderlich. Beiläufige Äußerungen eines Vertragsteils genügen nicht, wenn sie der andere Teil nicht als verbindliche Erklärung verstehen musste oder wenn es sich um einen einseitig gebliebenen Wunsch handelt.[93] Wird jedoch auf Nachfrage eine dahin gehende Erklärung abgegeben, kann sie idR als bindend verstanden werden.[94] Bestimmt der Vermieter im Testament, dass dem Mieter das Wohnrecht bis zum Lebensende erhalten bleibe, so kann in dieser Bestimmung und der konkludenten Annahme durch den Mieter ein befristeter Ausschluss des Kündigungsrechts für den Vermieter gesehen werden. Eine solche Vereinbarung bedarf nach § 550 der schriftlichen Form.[95] Auch ohne ausdrückliche Vereinbarung nimmt eine verbreitete Meinung an, bei einem unbefristeten Mietverhältnis sei das Recht des Vermieters zur ordentlichen Kündigung vertraglich ausgeschlossen, wenn der Mieter einen abwohnbaren Finanzierungsbeitrag zum Bau, Umbau oder der Renovierung

---

84 Art 11 Nr 5 2. JuMoG vom 22.12.2006, BGBl I S 3416; zu Altfällen noch BGH NJW 2009, 2312; BGH WuM 2009, 590.
85 BGH NJW-RR 2006, 294; BGHZ 180, 293, 297ff = NJW 2009, 2374.
86 Überblick bei *Derckx* NZM 2001, 826ff.
87 Näher *Staudinger/Rolfs* (2011) § 573c Rn 48ff, § 575 Rn 14f; **aM** LG Krefeld NJW 2003, 1464; AG Itzehoe WuM 2003, 213.
88 LG Berlin WuM 1991, 498; LG Karlsruhe WuM 1979, 192; *Fink* ZMR 1994, 353, 355.
89 Dazu OLG Frankfurt/M NZM 1999, 419; *Elshorst* NZM 1999, 449f.
90 Vgl BGH NJW 2001, 3480 zu einer zwanzigjährigen Bindung in einem Mietvertrag über Gewerberaum.
91 BVerfGE 89, 214, 231ff = NJW 1994, 36.
92 BGH NJW 2004, 1448.
93 BGH NJW-RR 2009, 927; OLG Köln WuM 1996, 266.
94 LG Lübeck WuM 1990, 300.
95 LG Berlin WuM 1991, 498.

der Wohnung geleistet habe. Dies wird im Wege der Auslegung aus der Verrechnungsabrede geschlossen.[96]

Den Parteien eines Mietverhältnisses über Geschäftsräume oder sonstige Räume steht **17** nach dem Gesetz ein freies ordentliches Kündigungsrecht zu. Sie können aber eine vertragliche **Beschränkung des Kündigungsrechts auf bestimmte Gründe** vereinbaren. Greift der Kündigungsschutz des sozialen Mietrechts bei einem Mietverhältnis über Wohnraum kraft Gesetzes ein, können die Parteien das Kündigungsrecht des Vermieters vertraglich noch weiter einschränken, indem die Kündigung wegen Eigenbedarfs nach § 573 Abs 2 Nr 2 ausgeschlossen wird.[97] Eine solche Vereinbarung bedarf, wenn sie die Eigenbedarfskündigung für eine längere Dauer als ein Jahr ausschließen will, analog § 550 S 1 der Schriftform.[98] Noch weiter eingeschränkt wird das Kündigungsrecht des Vermieters in den Dauernutzungsverträgen der Genossenschaften, nach denen eine Kündigung nur in besonderen Ausnahmefällen erklärt werden darf, wenn wichtige berechtigte Interessen der Genossenschaft eine Beendigung des Mietverhältnisses notwendig machen.[99] Auf der anderen Seite kann auch das freie Kündigungsrecht des Mieters von Wohnraum vertraglich auf bestimmte Gründe beschränkt werden. Zu seinem Schutz ist deshalb die schriftliche Form des § 550 einzuhalten, wenn sich die vertragliche Beschränkung auf bestimmte Gründe über mehr als ein Jahr erstreckt.[100]

Eine **formularmäßige Vereinbarung**, durch die das Kündigungsrecht für eine **18** begrenzte Zeit ausgeschlossen oder auf bestimmte Gründe beschränkt wird, ist wirksam, wenn der Vermieter als Verwender der AGB selbst diese Einschränkungen auf sich nimmt, wie es bei den Dauernutzungsverträgen der Genossenschaften der Fall ist (Rn 17). Für den anderen Vertragsteil ist die Wirksamkeit der Klauseln vor allem im Hinblick auf § 305c Abs 1 und 2, § 307 Abs 1 zu beurteilen.[101] Für eine zeitliche Beschränkung des Kündigungsrechts ist **außerhalb des Wohnraummietrechts** davon auszugehen, dass eine dreißigjährige Bindung der Parteien nach Maßgabe des § 544 grundsätzlich die äußerste Grenze bildet[102] und dass ein formularmäßiger Ausschluss auf so lange Zeit grundsätzlich unangemessen und damit nach § 307 Abs 1 unwirksam ist.[103] Demgegenüber ist eine Bindung für zwanzig Jahre in einem Gewerberaummietvertrag nach Überzeugung des BGH selbst dann zulässig, wenn sie nur für eine Vertragspartei gilt.[104] Auch im Ausschluss einzelner Kündigungsgründe durch einen Formularmietvertrag liegt nicht ohne weiteres eine unangemessene Benachteiligung.[105] Problematisch im Hinblick auf § 307 und im Zweifel unwirksam sind alle einseitigen Belastungen des anderen Vertragsteils, indem etwa sein Kündigungsrecht ausgeschlossen wird, während der Verwender das Mietverhältnis jederzeit kurzfristig kündigen kann.[106] Für das **Wohnraummietrecht** sind nur deutlich kürzere Bindungsfristen anzuerkennen. Hier kann der Vorschrift des § 557a Abs 3 S 1, die

---

96 OLG München DWW 1964, 158; OLG Stuttgart ZMR 1959, 325; LG Gießen ZMR 1997, 187; *Soergel/Heintzmann* § 542 Rn 16; **aM** OLG Celle NJW 1956, 1281.
97 BGH NJW 2007, 1742; LG Berlin NJWE-MietR 1996, 221; LG Düsseldorf DWW 1992, 245.
98 BGH NJW 2007, 1742; BGH v. 24.1.2012 – VIII ZR 235/11, NZM 2012, 502.
99 OLG Karlsruhe WuM 1985, 77; LG Kaiserslautern MDR 1983, 56; LG Trier WuM 1993, 192; näher *Staudinger/Rolfs* (2011) § 573 Rn 187ff.
100 LG Berlin WuM 1991, 498; **aM** LG Lübeck WuM 1990, 300; LG Mannheim ZMR 1978, 54.
101 BGH NJW 2001, 3480; *Bub* NZM 1998, 789, 795; *Derckx* NZM 2001, 826, 827.
102 OLG Hamm NZM 1999, 753.
103 OLG Celle MDR 1990, 154.
104 BGH NJW 2001, 3480.
105 LG Berlin GE 1990, 537.
106 OLG Hamm DWW 1991, 307; vgl BGH NJW 1986, 3134; **aM** BGH NJW 2001, 3480.

Christian Rolfs

in Staffelmietverträgen einen Kündigungsausschluss zu Lasten des Mieters für maximal vier Jahre zulässt, ein „wesentlicher Grundgedanke" iS von § 307 Abs 2 Nr 1 entnommen werden. Dementsprechend sind formularmäßige Vereinbarungen, die das Kündigungsrecht des Mieters für einen längeren Zeitraum auszuschließen oder zu beschränken versuchen, unwirksam,[107] während beiderseitige Bindungen bis zu vier Jahren einschließlich den Mieter noch nicht unangemessen benachteiligen.[108] Anders sind die Dinge aber zu beurteilen, wenn der Ausschluss des Kündigungsrechts einseitig nur zu Lasten des Mieters vereinbart worden ist.[109] Wenn eine Partei das Mietverhältnis trotz eines gesetzlichen oder vertraglichen Ausschlusses kündigt, ergibt sich als Rechtsfolge die Unwirksamkeit der Kündigung. Bei Verschulden und Eintritt eines Schadens ist der Kündigende aus § 280 zum Schadensersatz verpflichtet.[110]

c) Einwilligung eines Dritten

19   **aa)** Die Wirksamkeit der Kündigung eines Mietverhältnisses kann daran gebunden sein, dass ein Dritter einwilligt. Durch das **Gesetz** wird in § 1907 Abs 1 S 1 vorgeschrieben, dass der Betreuer zur Kündigung eines Mietverhältnisses über Wohnraum, den der Betreute gemietet hat, der Genehmigung des Betreuungsgerichts bedarf. Unter der Genehmigung ist die Einwilligung als vorherige Zustimmung iS der §§ 182, 183 zu verstehen, nicht die nachträgliche Zustimmung der §§ 182, 184. Kündigt der Betreuer das Mietverhältnis ohne die Einwilligung des Betreuungsgerichts, ist die Kündigung nach § 1908i Abs 1 S 1 iVm § 1831 S 1 unwirksam.[111] Weitere Fälle einer gesetzlich erforderlichen Einwilligung finden sich in § 87 Abs 1 Nr 9 BetrVG, § 75 Abs 2 Nr 2 BPersVG und den entsprechenden Vorschriften der Personalvertretungsgesetze der Länder.[112]

20   **bb)** Die Parteien können die Kündigung durch **Vertrag** von der Einwilligung eines Dritten abhängig machen. Ein solches Erfordernis wurde früher häufig in Verträgen zur Förderung von werksfremden Werkwohnungen zwischen Arbeitgeber und Vermieter vereinbart.[113] Die Kündigung ist unwirksam, wenn die erforderliche Einwilligung im Zeitpunkt des Zugangs der Erklärung noch nicht erteilt ist.

21   **d) Pflicht zur Kündigung.** Eine **öffentlich-rechtliche Pflicht** zur Kündigung kann sich aus § 4 Abs 8 S 1 WoBindG bei anfänglich fehlbelegter Sozialwohnung ergeben. Dagegen begründet die ordnungsbehördliche Verfügung, die Benutzung einer nicht genehmigten baulichen Anlage zu unterlassen, zwar ein außerordentliches Kündigungs*recht* der Mieter,[114] aber keine Kündigungs*pflicht*. Im Einzelfall kann auch eine **privatrechtliche Pflicht** gegenüber Dritten begründet sein, ein Mietverhältnis zu kündigen. Ein derartiger Fall ist beispielsweise anzunehmen, wenn der Hauptmieter die Mietwohnung unzulässigerweise untervermietet hat und vom Vermieter aufgefordert wird, den alsbaldigen Auszug der Untermieter herbeizuführen.[115] Der Mieter in einem Mehrfamilienhaus hat aber keinen Anspruch gegen den Vermieter, einem anderen Mieter des Hauses wegen

---

107 BGH NJW 2005, 1574; BGH NJW 2006, 1059.
108 BGH NJW 2006, 1056; BGH NZM 2006, 579; näher *Staudinger/Rolfs* (2011) § 573c Rn 51f.
109 BGH NJW 2009, 912; LG Duisburg NZM 2003, 354; näher *Staudinger/Rolfs* (2011) § 573c Rn 51f.
110 BGH MDR 1984, 571; BGH NZM 1998, 718; LG Hamburg NZM 1998, 263.
111 LG Berlin NZM 2001, 807.
112 Zu § 72 Abs 2 Nr 2 LPVG NW OVG Münster WuM 2000, 136.
113 Vgl LG Hamburg ZMR 1966, 217; AG Dortmund DWW 1961, 170.
114 AG Plettenberg NZM 1998, 862.
115 LG Berlin NZM 1999, 407.

Christian Rolfs   **180**

ständiger, unerträglicher Lärmbelästigung oder anderer schwer wiegender Vertragsverletzungen zu kündigen.[116]

3. Inhalt der Kündigungserklärung

a) Erklärungsinhalt im Allgemeinen. In der Kündigungserklärung muss eindeutig 22
zum Ausdruck kommen, dass der Erklärende das Mietverhältnis beenden will. Das Wort
„Kündigung" braucht nicht verwendet zu werden.[117] Die Kündigung kann auch in einer
Klage auf Herausgabe der Mietsache oder in begleitenden Schriftsätzen[118] sowie in der
Berufung gegen ein klageabweisendes Urteil liegen.[119] Für den Beklagten muss mit hinreichender Deutlichkeit der Wille des Klägers erkennbar sein, dass die Prozesshandlung nicht
nur der Durchsetzung einer bereits außerprozessual erklärten Kündigung dienen, sondern
daneben auch eine materiell-rechtliche Willenserklärung enthalten soll.[120] Die Kündigung
kann in einer konkludenten Handlung liegen, soweit nicht gesetzlich nach § 568 Abs 1[121]
oder durch Parteivereinbarung eine besondere Form vorgeschrieben ist (Rn 39f).

b) Angabe des Kündigungstermins. Die Angabe des Kündigungstermins ist kein 23
notwendiger Bestandteil der Kündigungserklärung. Das Gesetz enthält für ein solches
Erfordernis auch in Form einer Sollvorschrift keinen Anhaltspunkt. Fehlt die Angabe eines
bestimmten Kündigungstermins, so macht dies die Kündigung **nicht unwirksam**.[122] Die
Kündigung wird zum nächsten zulässigen Termin wirksam.[123] Das Gleiche gilt, wenn die
Kündigungserklärung für den angegebenen Termin wegen der nach §§ 573c, 580a einzu-
haltenden Fristen verspätet ist[124] und der Kündigende das Mietverhältnis auf jeden Fall
beenden will und dieser Wille dem anderen Vertragsteil genügend erkennbar ist.[125] Die
Kündigung kann auch für einen späteren als den nächstzulässigen Termin erklärt werden.
Hat eine Partei hiervon Gebrauch gemacht, steht es jedem Vertragsteil grundsätzlich frei,
durch eine neue Erklärung bereits zu einem früheren Zeitpunkt zu kündigen, wenn die
dafür maßgebliche Kündigungsfrist noch einzuhalten ist.

c) Angabe des Kündigungsgrundes

aa) Außerhalb des Wohraummietrechts besteht weder für die ordentliche noch für 24
die außerordentliche Kündigung eine Begründungspflicht.[126] Unschädlich ist es deshalb,
wenn ein unzutreffender Grund angegeben wird.[127] Entscheidend ist allein, dass im Zeitpunkt der Kündigungserklärung tatsächlich ein Grund vorliegt, der die außerordentliche

---

116 **AM** LG Berlin GE 1999, 329.
117 LG Frankfurt/M ZMR 1968, 85.
118 BGH ZMR 1957, 264; BGH NJW-RR 1997, 203; ausführlich *Baron* ZMR 1998, 683; **aM** AG Köln WuM 1974,
105.
119 LG Bückeburg WuM 1976, 123.
120 BGH NJW 2003, 3265; BayObLG NJW 1981, 2197; OLG Hamm NJW-RR 1993, 273; LG Berlin GE 1998, 1341;
Spangenberg MDR 1983, 807, 808.
121 *Staudinger/Rolfs* (2011) § 568 Rn 6ff.
122 RG JW 1908, 270 Nr 4.
123 OLG Frankfurt/M NJW-RR 1990, 337; LG Braunschweig BlGBW 1969, 137; *Soergel/Heintzmann* § 542 Rn 9;
Schmidt-Futterer/Blank § 542 Rn 22.
124 OLG Hamburg OLGE 36, 64; LG Bonn WuM 1993, 464; LG Wiesbaden WuM 1994, 430; *Schmid/Riecke*
§ 542 Rn 22; ebenso BAG AP Nr 55 zu § 4 KSchG 1969 = NZA 2006, 791; **aM** LG Göttingen WuM 1991, 266.
125 OLG Hamburg OLGE 36, 64; LG Wiesbaden WuM 1994, 430.
126 Vgl BGH WuM 1959, 538; BGH NJW 1980, 777; BGH NJW 1987, 432; OLG Karlsruhe NJW 1982, 2004; LG
Lübeck NZM 1998, 190; *Becker* AcP 188 (1988) 24, 37; *Bub/Treier/Grapentin* Rn IV 9.
127 RG HRR 1934, Nr 318.

Christian Rolfs

Kündigung rechtfertigt. Sind die Voraussetzungen einer fristlosen Kündigung bei der Abgabe noch nicht erfüllt, etwa der Umfang des Zahlungsrückstands nach § 543 Abs 2 Nr 3, wohl aber beim Zugang der Erklärung, so ist dieser Zugang maßgeblich, da die Erklärung nach § 130 Abs 1 S 1 erst in diesem Zeitpunkt wirksam wird und damit auch ihre Voraussetzungen für diesen Zeitpunkt erfüllt sein müssen.[128] Fällt der Kündigungsgrund zwischen Abgabe und Zugang weg, ist die Kündigung unwirksam.[129] Wird die Kündigung von dem angegebenen Grund nicht gestützt, so können grundsätzlich nicht bekannt gegebene Gründe mit der Wirkung nachgeschoben werden, dass sie die Kündigung rechtfertigen, sofern sie im Zeitpunkt des Zugangs der Erklärung bereits bestanden haben.[130]

25   **bb)** Für das **Wohnraummietrecht** gelten besondere gesetzliche Vorschriften. Bei der ordentlichen Kündigung des Vermieters sind dessen Gründe gemäß § 573 Abs 3 bzw § 573a Abs 3 in dem Kündigungsschreiben anzugeben. Die Angabe der Gründe bildet eine Voraussetzung für die Wirksamkeit der Kündigung. Das Nachschieben von Gründen setzt deshalb eine von Anfang an wirksame Kündigung voraus.[131] Nach § 574 Abs 3 können bei einem Widerspruch des Mieters gegen die Kündigung grundsätzlich nur die in dem Kündigungsschreiben angegebenen Gründe zur Würdigung der Interessen des Vermieters herangezogen werden. Der Vermieter muss deshalb zur Wahrung seiner eigenen Belange sämtliche Kündigungsgründe angeben. Die ordentliche Kündigung des Mieters kann ohne Begründung erfolgen. Die außerordentliche fristlose Kündigung eines Wohnraumes bedarf demgegenüber nach § 569 Abs 4 in jedem Falle der Begründung.[132]

26   **cc)** Die Angabe eines Grundes ist kraft **vertraglicher Bestimmung** erforderlich, wenn die Parteien vereinbart haben, dass die Kündigung nur aus bestimmten Gründen zulässig sein soll,[133] und wenn der Parteiwille auf ein dahin gehendes Erfordernis gerichtet ist. Wird der Kündigungsgrund in einem solchen Fall nicht angegeben, so liegt ein Mangel hinsichtlich des als notwendig vereinbarten Inhalts der Erklärung vor, der die Unwirksamkeit der Kündigung zur Folge hat.

27   **dd)** Aus der Einheitlichkeit des Mietverhältnisses bei einer **Mehrheit von Beteiligten** ergibt sich nicht, dass ein Kündigungsgrund, der nur in der Person eines von mehreren Mietern oder Vermietern eingetreten ist, die andere Vertragspartei berechtigt, das Mietverhältnis mit Wirkung für und gegen alle anderen, nicht betroffenen Beteiligten zu kündigen. Dies richtet sich nach der gesetzlichen Vorschrift, auf die das Kündigungsrecht gestützt wird, und nach der Ausgestaltung des einzelnen Vertragsverhältnisses.[134] Deshalb ist keine allgemein gültige Aussage möglich. Wegen der überragenden Bedeutung der Gesundheit kann aber gemäß § 544 gesondert durch einen Beteiligten[135] oder einheitlich das gesamte Mietverhältnis gekündigt werden. Für die Kündigung nach § 543 Abs 2 Nr 1 oder nach § 573 Abs 2 Nr 1 ist anzunehmen, dass das vertragswidrige Verhalten nur eines Mitmieters ausreicht, um das gesamte Mietverhältnis zu beenden, weil das Ver-

---

128 LG Köln WuM 1991, 263.
129 AG Hamburg-Bergedorf ZMR 2008, 465.
130 BGH WuM 1959, 538; BGH NJW 1987, 432; BGH NJW 1998, 374; *Bamberger/Roth/Ehlert* § 542 Rn 13; *Bub/Treier/Grapentin* Rn IV 9; vgl aber auch OLG Hamm NJW-RR 1998, 706.
131 *Staudinger/Rolfs* (2011) § 573 Rn 222.
132 *Blank/Börstinghaus/Blank* § 569 Rn 5; *Flatow* NZM 2004, 281, 285f.
133 *Palandt/Weidenkaff* § 542 Rn 14.
134 BGHZ 26, 102, 104 = NJW 1958, 421.
135 AG Bergheim WuM 1981, 231; *Sonnenschein* NJW 1981, 1249, 1251.

schulden den Mitmietern zuzurechnen ist.[136] Stirbt einer von mehreren Mitmietern, steht seinen Erben wegen der Einheitlichkeit des Mietverhältnisses nicht das Kündigungsrecht aus § 564 zu, wenn die Parteien im Mietvertrag nicht etwas anderes bestimmt haben.[137]

4. Bedingte und befristete Kündigung
a) Bedingte Kündigung

aa) Nach hM ist eine bedingte Kündigung grundsätzlich **ausgeschlossen**.[138] Aller- 28 dings wird die Kündigung nicht schlechthin als bedingungsfeindlich angesehen. Hängt der Eintritt des zukünftigen ungewissen Ereignisses wie bei der Potestativbedingung allein vom Willen des Empfängers ab, so ist eine derart bedingte Kündigung zulässig.[139] Zulässig sind daneben Rechtsbedingungen.[140]

bb) Da die grundsätzliche Bedingungsfeindlichkeit der Kündigung allein dem Inte- 29 resse des anderen Teils dient, ist eine Bedingung zulässig, wenn der zu Kündigende ihr zustimmt.[141] Es macht keinen Unterschied, ob der andere Teil vorher oder nachträglich zustimmt, da die Wirksamkeit der Kündigung in jedem Fall vom Willen des Empfängers abhängt. Schließlich kann auch die Entstehung des Kündigungsrechts vereinbarungsgemäß vom Eintritt eines ungewissen zukünftigen Ereignisses abhängig gemacht werden.[142]

cc) Besondere praktische Bedeutung hatte früher die Kündigung zwecks Mieterhö- 30 hung. Da sie nach § 573 Abs 1 S 2 bei Mietverhältnissen über Wohnraum kraft Gesetzes ausdrücklich ausgeschlossen ist, beschränkt sich ihr Anwendungsbereich auf diejenigen Mietverhältnisse, die dem Anwendungsbereich des § 573 nicht unterliegen. Soweit eine derartige Kündigung zum Zwecke der Mieterhöhung zulässig ist, kann sie bedingt oder unbedingt erklärt werden. Maßgebend ist der Parteiwille.

b) Befristete Kündigung. Einer differenzierten Betrachtung bedürfen Kündigungen, 31 die mit einer Befristung iS des § 163 erklärt worden sind. Von bedingten Kündigungen unterscheiden sie sich dadurch, dass das Ereignis, bei dessen Eintritt die Kündigung wirksam werden soll, nach den Vorstellungen des Kündigenden mit Sicherheit eintreten wird und ggf lediglich der Zeitpunkt ungewiss ist, während bei der Bedingung nicht einmal sicher ist, ob sie überhaupt erfüllt werden wird.[143] Befristete Kündigungen sind zulässig, wenn der Zeitpunkt, zu dem sie erklärt werden, auch für den Kündigungsempfänger von Beginn an sicher feststeht, wie dies zB bei einer außerordentlichen Kündigung mit kalendermäßig fixierter Auslauffrist der Fall ist. Sie sind dagegen ebenso wie Bedingungen zu beurteilen

---

136 OLG Düsseldorf ZMR 1987, 423; LG Darmstadt NJW 1983, 52; LG Gießen WuM 1996, 273.
137 RGZ 90, 328, 330f; s auch *Staudinger/Rolfs* (2011) § 564 Rn 12.
138 RG WarnR 1915, Nr 103; OLG Düsseldorf NJW-RR 1990, 1469; OLG Hamburg NZM 2001, 131; *Schmidt-Futterer/Blank* § 542 Rn 16.
139 BGHZ 97, 264, 267 = NJW 1986, 2245; BGHZ 156, 328, 332 = NJW 2004, 284; OLG Hamburg NZM 2001, 131; *Bamberger/Roth/Ehlert* § 542 Rn 17; *Buchmann* WuM 1996, 78, 79; *Flatow* NZM 2004, 281, 284f; *Sternel* Mietrecht aktuell Rn 17.
140 *Herrlein/Kandelhard/Kandelhard* § 542 Rn 7; *Schmidt-Futterer/Blank* § 542 Rn 16.
141 RGZ 91, 307, 309; *Bub/Treier/Grapentin* Rn IV 10; *Palandt/Weidenkaff* § 542 Rn 17.
142 *Soergel/Heintzmann* § 542 Rn 12.
143 Vgl BGHZ 122, 211, 222 = NJW 1993, 1976; BAG AP Nr 103 zu § 620 BGB Befristeter Arbeitsvertrag = NZA 1987, 238.

Christian Rolfs

und folglich grundsätzlich unzulässig, wenn der Termin bei Zugang der Kündigungserklärung für den anderen Teil nicht bestimmt oder bestimmbar ist.[144]

5. Teilkündigung

32 **a) Nebenabreden.** Eine Teilkündigung von Nebenabreden wird allgemein für **unzulässig** gehalten.[145] Dies gilt für alle einseitig nicht abtrennbaren Teile der vertraglichen Abreden, etwa die teilweise Entrichtung der Miete durch Dienstleistungen,[146] die Betreuung des Mieters in einer nicht dem HeimG unterfallenden Einrichtung für betreutes Wohnen,[147] das Verbot der Aufrechnung,[148] den Anschluss für das Kabelfernsehen,[149] die Erlaubnis zur Untervermietung,[150] zur Anbringung einer Satellitenantenne,[151] eine Waschmaschine aufzustellen oder Tiere zu halten. Da die Teilkündigung ausgeschlossen ist, können die Parteien eine einzelne Nebenabrede nur einvernehmlich durch einen Änderungsvertrag aufheben. Sie können die Zulässigkeit der Teilkündigung allerdings auch von Anfang an vereinbaren.[152] Für wesentliche Vertragsbestandteile wie die Höhe der Miete gilt dies aber nicht, da mit einer insoweit beschränkten Kündigung doch der ganze Vertrag hinfällig würde.

33 **b) Teile der Mietsache im Allgemeinen.** Es ist grundsätzlich unzulässig, die Kündigung auf einen Teil der durch einen einheitlichen Vertrag vermieteten Sache zu beschränken, selbst wenn diese aus mehreren selbständigen Sachen besteht.[153] Unerheblich ist, ob die verschiedenen Teile der Mietsache objektiv trennbar sind und ob die Miete gesondert berechnet ist,[154] wenn sie als zusammengehörig vermietet worden sind. Aus der in § 573b vorgesehenen Teilkündigung von Nebenräumen und Grundstücksteilen kann nicht auf eine allgemeine Zulässigkeit der Teilkündigung geschlossen werden.

34 Hiernach kann eine Teilkündigung **im Einzelnen** ausgeschlossen sein bei der Miete von Wohn- und Geschäftsräumen,[155] Wohnung und Garage oder Stellplatz,[156] Wohnung und Hofraum,[157] Garten,[158] Dachboden,[159] Keller[160] und bei einzelnen Räumen einer Wohnung.[161] Die Kündigung eines Teils der Wohnung ist auch nicht deshalb für zulässig zu

---

144 BGHZ 156, 328, 332f = NJW 2004, 284.
145 OLG Rostock v. 3.11.2011 – 3 U 36/11, GE 2012, 1229; *Bamberger/Roth/Ehlert* § 542 Rn 16; *Bub/Treier/Grapentin* Rn IV 12; *Leyendecker* GE 1983, 1132, 1133; *Schmidt-Futterer/Blank* § 542 Rn 87.
146 LG Aachen WuM 1989, 383; AG Schleiden WuM 1989, 382; krit *Jung* ZMR 1989, 363.
147 BGH NZM 2004, 22; BGH NJW 2006, 1276.
148 LG Berlin III GrdstW 1932, 55.
149 AG Münster ZMR 2007, 707.
150 KG GE 1929, 841; LG Berlin III GE 1929, 868; LG Essen MDR 1966, 420.
151 AG Plauen WuM 1994, 18.
152 LG Heidelberg NJW-RR 1987, 658.
153 BGH v. 12.10.2011 – VIII ZR 251/10, NJW 2012, 224; OLG Düsseldorf NZM 2007, 799; MünchKomm/*Bieber* § 542 Rn 15; *Soergel/Heintzmann* § 542 Rn 15.
154 LG Baden-Baden WuM 1991, 34; LG Mannheim WuM 1980, 134.
155 BGH NJW 1953, 1391; OLG Schleswig NJW 1983, 49.
156 BayObLG WuM 1991, 78; OLG Düsseldorf NZM 2007, 799; OLG Karlsruhe NJW 1983, 1499; LG Köln WuM 2002, 671; LG Wuppertal WuM 1996, 621.
157 AG Gelsenkirchen ZMR 1978, 341.
158 LG Frankfurt/M ZMR 1992, 542; LG Hamburg WuM 1989, 497; LG Hannover WuM 1982, 83 (LS).
159 AG Nürnberg WuM 1983, 144.
160 LG Berlin GE 2007, 723.
161 AG Havelberg WuM 1993, 265; *Palandt/Weidenkaff* § 573 Rn 23; *Schmidt-Futterer/Blank* § 542 Rn 87; **aM** OLG Karlsruhe WuM 1997, 202 mit Bespr *Wiek* WuM 1997, 654; LG Bochum NZM 1999, 902; LG Duisburg NJW-RR 1996, 718.

erklären, weil die Kündigung des Mietvertrags über die gesamte Wohnung wegen der Geltendmachung überhöhten Eigenbedarfs rechtsmissbräuchlich wäre, oder wenn von zwei zusammen vermieteten Wohnungen nur eine benötigt wird.[162]

aa) Da die Einheitlichkeit des Mietverhältnisses über mehrere Sachen allein vom Par- **35** teiwillen abhängt, können die Parteien durch eine **vertragliche Regelung** die gesonderte Beendigung für zulässig erklären. Dies ist im Wege des Änderungsvertrags auch nachträglich möglich; freilich muss sich eine Formularabrede am Maßstab der §§ 307ff messen lassen.[163] Im Übrigen kann das Mietverhältnis einvernehmlich durch Aufhebungsvertrag hinsichtlich einzelner Teile der Mietsache beendet werden.

bb) Getrennte Mietverhältnisse können die Parteien jeweils gesondert kündigen.[164] **36** Ob getrennte Mietverhältnisse vorliegen, ist eine Frage des Parteiwillens. Häufig ist nur aus den gesamten Umständen zu schließen, ob getrennte Verträge vereinbart sind. So ist eine Trennung anzunehmen, wenn über zwei Wohnungen, die derselbe Mieter zu unterschiedlichen Zeitpunkten gemietet hat, zwei Verträge bestehen[165] oder wenn die Gartennutzung später und gesondert von dem Mietvertrag über die Wohnung vereinbart worden ist.[166]

c) Nebenräume und Teile des Grundstücks im Besonderen. Vom Gesetz aus- **37** drücklich zugelassen wird die Teilkündigung einzelner Teile der durch einen einheitlichen Vertrag vermieteten Sache in § 573b.[167] Da sich die Ausnahmeregelung im Wohnraummietrecht befindet, ergibt sich bei wörtlicher und systematischer Auslegung, dass die Teilkündigung nur bei einem Mietverhältnis über Wohnraum zulässig ist.[168] Dies widerspricht dem Zweck der Regelung, die Herstellung neuen Wohnraums zu ermöglichen. Deshalb ist im Wege der erweiternden Auslegung der §§ 573b, 578 Abs 1 auch die Teilkündigung eines Mietverhältnisses über Grundstücke, Geschäftsräume oder sonstige Räume für zulässig zu halten.

6. Form der Kündigung

a) Formfreiheit. In den allgemeinen Bestimmungen ist für die Kündigung eines **38** Mietverhältnisses keine bestimmte Form vorgeschrieben. Sonderregelungen gelten nur für die Wohnraummiete (§ 568). Bei anderen Mietverhältnissen ist die Kündigung formfrei wirksam und kann deshalb mündlich erklärt werden. Damit ist auch eine Kündigung durch schlüssiges Verhalten möglich, wenn aus diesem Verhalten unmissverständlich auf einen Kündigungswillen der Partei geschlossen werden kann.

b) Gesetzlicher Formzwang. Die Kündigung eines **Mietverhältnisses über Wohn- 39 raum** bedarf nach § 568 der schriftlichen Form.[169] Der gesetzliche Formzwang gilt für beide Parteien und jede Art der Kündigung. Wird gegen den gesetzlichen Formzwang ver-

---

162 BVerfGE 89, 237, 241ff = NJW 1994, 308; s auch *Staudinger/Rolfs* (2011) § 573 Rn 94; LG Mannheim WuM 1997, 104; **aM** OLG Karlsruhe WuM 1997, 202; LG Bochum NZM 1999, 902.
163 AG Menden ZMR 1999, 263.
164 BGH v. 12.10.2011 – VIII ZR 251/10, NJW 2012, 224.
165 AG Hamburg WuM 1992, 373.
166 LG Görlitz WuM 1995, 388.
167 *Staudinger/Rolfs* (2011) § 573b Rn 7ff.
168 *Gather* DWW 1990, 190, 196.
169 *Staudinger/Rolfs* (2011) § 568 Rn 6ff.

Christian Rolfs

stoßen, ist die Kündigung nach § 125 S 1 unheilbar nichtig. Sie kann nach § 141 Abs 1 nur durch Neuvornahme unter Einhaltung der Form und ohne Rückwirkung bestätigt werden.

40   **c) Vertraglicher Formzwang.** Die Parteien können für die Kündigung vertraglich eine bestimmte Form vereinbaren, wie dies für das Gewerberaummietrecht in der Praxis die Regel ist.[170] Ist schriftliche Form vereinbart, muss das Kündigungsschreiben von dem Kündigenden eigenhändig durch Namensunterschrift oder mittels notariell beglaubigten Handzeichens unterzeichnet oder in der elektronischen Form des § 126a abgegeben werden (§ 127). Hierfür gilt grundsätzlich das Gleiche wie bei der gesetzlich vorgeschriebenen Schriftform.[171] Allerdings genügt bei der gewillkürten Schriftform nach § 127 Abs 2 – anders als bei der gesetzlichen des § 126 – die telekommunikative Übermittlung der schriftlichen Willenserklärung und damit ein Telefax[172] oder Telegramm ebenso wie die Aushändigung einer Fotokopie des Kündigungsschreibens.[173] Der Mangel der vertraglich bestimmten Form hat nach § 125 S 2 im Zweifel gleichfalls Nichtigkeit zur Folge.[174] Haben die Parteien eine Kündigung mittels eingeschriebenen Briefs vereinbart, so ist die Erklärung nicht unwirksam, wenn sie nur als einfacher Brief zugeht, weil durch die Vereinbarung einer bestimmten Übersendungsform im Zweifel nicht eine besondere Wirksamkeitsvoraussetzung aufgestellt, sondern nur eine Beweiserleichterung geschaffen werden soll.[175] In Formularverträgen kann die Kündigung nach § 309 Nr 13 nicht an eine strengere Form als die Schriftform oder an besondere Zugangserfordernisse gebunden werden; dies gilt nach § 310 Abs 1, § 307 Abs 1 auch für den Fall, dass der Vertragspartner des Verwenders Unternehmer ist.[176]

7. Arten der Kündigung
41   **a) Ordentliche Kündigung.** Die ordentliche Kündigung ist das rechtliche Mittel zur normalen Beendigung eines unbefristeten Mietverhältnisses. Sie findet auch dann Anwendung, wenn ein ursprünglich nur befristetes Mietverhältnis nach § 545 fortgesetzt worden ist.[177] Ihre Wirkung ist davon abhängig, dass bestimmte Kündigungsfristen eingehalten werden. Bei einem Mietverhältnis über Wohnraum hängt die Wirksamkeit der Kündigung durch den Vermieter davon ab, dass die Voraussetzungen der §§ 573ff, 577a erfüllt sind.

b) Außerordentliche Kündigung
42   **aa)** Die **außerordentliche befristete Kündigung** wird gerechtfertigt durch eine **wesentliche Veränderung der tatsächlichen Verhältnisse** gegenüber der Zeit des Vertragsabschlusses. Es handelt sich um eine Reihe von gesetzlich abschließend geregelten Fällen. Dies ist va bedeutsam für ein auf bestimmte Zeit eingegangenes Mietverhältnis, dessen vertragliche Dauer noch nicht abgelaufen ist, ferner für ein Mietverhältnis auf unbestimmte Zeit, bei dem die ordentliche Kündigung vertraglich oder gesetzlich für eine gewisse Zeit ausgeschlossen ist (Rn 15) oder für das nach § 573c Abs 1 S 2[178] oder nach dem

---

170 *Fischer-Dieskau* u a/*Franke* § 542 Anm 10.1.
171 Näher *Staudinger/Rolfs* (2011) § 568 Rn 6ff.
172 BGH NJW-RR 1996, 866; BGH NJW 2004, 1320.
173 Vgl BAG AP Nr 5 zu § 127 BGB = NJW 1999, 596.
174 KG WuM 2006, 193.
175 RGZ 77, 70, 70; BGH v. 21.1.2004 – XII ZR 214/00, NJW 2004, 1320; BGH v. 23.1.2013 – XII ZR 35/11, NZM 2013, 271; *Soergel/Heintzmann* § 568 Rn 11; **aM** LG Berlin III JW 1923, 778 Nr 5.
176 OLG Naumburg NZM 2000, 90.
177 MünchKomm/*Bieber* § 542 Rn 4.
178 *Staudinger/Rolfs* (2011) § 573c Rn 19ff.

Vertrag eine längere als die normale gesetzliche Frist maßgebend ist. Bei Mietverhältnissen über Wohnraum sind zusätzlich § 573d und § 580a Abs 4 zu beachten. Die außerordentliche befristete Kündigung ist für folgende **Fälle** gesetzlich geregelt:

§ 540 Abs 1 – Kündigungsrecht des Mieters bei Verweigerung der Erlaubnis zur Untervermietung; § 544 S 1 – Kündigungsrecht beider Vertragsteile bei Mietvertrag über mehr als dreißig Jahre; § 555e Abs 1 – Kündigungsrecht des Mieters bei Erhaltungs- oder Modernisierungsarbeiten; § 561 – Kündigungsrecht des Mieters bei Mieterhöhung mit besonderen Fristen; § 563 Abs 4 – Kündigungsrecht des Vermieters bei Eintritt von Familienangehörigen in das Mietverhältnis bei Tod des Mieters; § 563a Abs 2 – Kündigungsrecht der verbleibenden Mieter bei Tod eines Mitmieters; §§ 564, 580 – Kündigungsrecht der Erben und des Vermieters bei Tod des Mieters; § 1056 Abs 2 – Kündigungsrecht des Eigentümers bei Vermietung durch den Nießbraucher über die Dauer des Nießbrauchs hinaus;[179] § 2135 – Kündigungsrecht des Nacherben bei Vermietung durch Vorerben über die Dauer der Vorerbschaft hinaus; § 30 Abs 2 ErbbVO – Kündigungsrecht des Grundstückseigentümers bei Erlöschen des Erbbaurechts; § 109 Abs 1 S 1 InsO – Kündigungsrecht des Insolvenzverwalters in der Insolvenz des Mieters, der kein Wohnraummieter ist; § 57a ZVG – Kündigungsrecht des Erstehers in der Zwangsversteigerung;[180] § 31 Abs 3, § 37 Abs 3 S 2 WEG – Kündigungsrecht des Erwerbers eines Dauernutzungsrechts oder Dauerwohnrechts in der Zwangsvollstreckung.

bb) Die **außerordentliche fristlose Kündigung** ist zulässig, wenn ein **wichtiger** 43 **Grund** vorliegt, bei welchem dem Kündigenden unter Berücksichtigung aller Umstände des Einzelfalls und unter Abwägung der beiderseitigen Interessen die Fortsetzung des Mietverhältnisses bis zum Ablauf der Kündigungsfrist oder bis zur sonstigen Beendigung des Mietverhältnisses nicht zugemutet werden kann (§ 543). Sie kommt sowohl bei Mietverhältnissen auf bestimmte[181] als auch bei solchen auf unbestimmte Zeit in Betracht. Mit Ausnahme der Wohnraummiete können die Parteien die Voraussetzungen weiter fassen oder für gesetzlich nicht vorgesehene Gründe ein Kündigungsrecht einführen. Die außerordentliche fristlose Kündigung steht nach § 242 unter dem Vorbehalt der unzulässigen Rechtsausübung.[182] Das Kündigungsrecht kann verwirkt werden, wenn der Berechtigte den anderen Vertragsteil unverhältnismäßig lange darüber im Zweifel lässt, ob er kündigen wird.[183]

Die außerordentliche fristlose Kündigung ist für folgende **Fälle** gesetzlich geregelt: 44

§ 543 Abs 2 Nr 1 – Kündigungsrecht des Mieters wegen Nichtgewährung oder Entzug des Gebrauchs der Mietsache; § 543 Abs 2 Nr 2 – erhebliche Verletzung der Rechte des Vermieters durch den Mieter infolge Sorgfaltspflichtverletzung oder unbefugter Überlassung an Dritte; § 543 Abs 2 Nr 3 – erheblicher Verzug des Mieters mit der Entrichtung der Miete; § 543 Abs 1 – sonstige wichtige Gründe; § 569 Abs 1 – Kündigungsrecht des Mieters wegen Gesundheitsgefährdung; § 569 Abs 2 – Kündigungsrecht des Vermieters bei Störung des Hausfriedens durch den Mieter.

---

179 Dazu BGH v. 20.10.2010 – XII ZR 25/09, NJW 2011, 61; einschränkend BGH v. 20.10.1989 – V ZR 341/87, BGHZ 109, 111, 113ff = NJW 1990, 443; BGH v. 12.10.2011 – VIII ZR 50/11, NZM 2012, 558; OLG Koblenz NZM 2002, 293; LG Stuttgart NJW-RR 1989, 1171.
180 Dazu KG v. 8.11.2010 – 8 U 43/10, NZM 2012, 304.
181 BGH NJW 2000, 354; OLG Koblenz NZM 1998, 229.
182 OLG Düsseldorf WuM 2010, 1337; *Schmid* DWW 1982, 259, 260.
183 RGZ 82, 50, 55f; RGZ 82, 363, 373; BGH NJW 2000, 354; BGH NJW 2000, 2663.

Christian Rolfs

8. Wirkung der Kündigung

45   **a) Wirksamkeit.** Sind die tatbestandlichen Voraussetzungen erfüllt, wird das Mietverhältnis jeweils nach Art der Kündigung fristlos oder nach Ablauf der maßgebenden Kündigungsfrist beendet. Ob der Tatbestand erfüllt ist, wird grundsätzlich für den Zeitpunkt beurteilt, in dem die Kündigungserklärung durch Zugang wirksam wird (Rn 9). Ändern sich die Kündigungsgründe später oder fallen sie weg, so ist das im Allgemeinen unerheblich. Dies gilt auch, wenn sich die Sachlage noch vor Ablauf der Kündigungsfrist ändert. Wird die Kündigung auf ein berechtigtes Interesse des Vermieters iS des § 573 Abs 2 Nr 2 oder 3 gestützt, kann ein Wegfall dieser Interessen dazu führen, dass die Berufung auf eine bereits ausgesprochene Kündigung als unzulässige Rechtsausübung zu beurteilen oder dem Mieter ein Anspruch auf Fortsetzung des Vertrages einzuräumen ist.[184] Auch ein bereits gekündigtes Mietverhältnis, bei dem die Kündigungsfrist noch läuft, kann durch dieselbe oder die andere Partei erneut gekündigt werden, wenn diese Kündigung zu einem früheren Zeitpunkt möglich ist.[185]

46   **b) Unwirksamkeit.** Sind die tatbestandlichen Voraussetzungen nicht erfüllt, ist die Kündigung unwirksam und beendet das Mietverhältnis nicht. Sie kann allerdings in eine andere Art der Kündigung umzudeuten sein (Rn 47) oder einer Abmahnung gleichstehen, die vor einer erneuten fristlosen Kündigung erforderlich ist.[186] Im Übrigen entfaltet die Kündigung keine Wirkung, wenn sie nach § 242 als unzulässige Rechtsausübung zu beurteilen ist (Rn 43). Mit einer unwirksamen Kündigung machen sich die Parteien das Gebrauchsrecht oder den Mietanspruch in unberechtigter Weise streitig. Darin liegt eine Vertragsverletzung, die bei Verschulden gemäß § 280 zum Schadensersatz verpflichtet. Dies gilt vor allem bei einer Kündigung, für die kein berechtigtes Interesse iS des § 573 besteht.[187]

47   **c) Umdeutung.** Auf der Grundlage des § 140 ist es zulässig, eine **unwirksame außerordentliche fristlose Kündigung** in eine ordentliche Kündigung umzudeuten.[188] Hierfür ist entscheidend, ob die fristlose Kündigung den inneren und äußeren Erfordernissen einer ordentlichen Kündigung entspricht und ob diese Rechtsfolge vom Willen des Kündigenden umfasst wird.[189] Eine unwirksame fristlose Kündigung kann auch in ein Angebot zum Abschluss eines Aufhebungsvertrags umgedeutet werden, wenn sich der Erklärende bei Abgabe der Kündigung bewusst war, dass sie als einseitige Gestaltungserklärung nicht wirksam werden könnte.[190] Zustande kommt der Aufhebungsvertrag aber auch dann nur, wenn der andere Teil nicht nur die Kündigungserklärung „akzeptiert" oder ihren Empfang quittiert hat, sondern sich seinerseits bewusst gewesen ist, eine rechtsgeschäftliche Willenserklärung abgeben zu können und zu wollen. Das setzt voraus, dass er die Unwirksamkeit der Kündigung erkannt hat, diese als Angebot zur Vertragsaufhebung werten konnte und diesem mutmaßlichen Willen des Kündigenden zu entsprechen bereit war.[191]

---

184 Näher *Staudinger/Rolfs* (2011) § 573 Rn 121ff.
185 LG Hamburg NJW-RR 1999, 664; LG Berlin ZMR 2000, 673; AG Frankfurt/M WuM 1989, 580.
186 OLG Hamm NJW-RR 1993, 1163.
187 S *Staudinger/Rolfs* (2011) § 573 Rn 227ff.
188 BGH NJW 1981, 976; BGH WuM 2005, 584; OLG Düsseldorf DWW 1990, 304; OLG Hamburg NZM 1998, 333; OLG Köln ZMR 1998, 91.
189 *Sternel*, Mietrecht aktuell Rn 40.
190 BGH NJW 1981, 43; BGHZ 89, 296, 303 = NJW 1984, 1028; LG Aachen ZMR 1997, 25; LG Mosbach NJW-RR 1995, 1417; **aM** AG Offenbach/M WuM 1989, 7; AG Sankt Blasien WuM 1985, 257.
191 Vgl BAG AP Nr 7 zu § 1 TVG Tarifverträge: Einzelhandel = NZA 1986, 28; *Bamberger/Roth/Ehlert* Rn 27; *Sternel*, Mietrecht aktuell Rn 43.

Im Auszug des Mieters aus der Wohnung kann nicht ohne weiteres eine solche Annahme zu erblicken sein, weil er möglicherweise in der Kündigung eine unzumutbare Störung des Mietverhältnisses erblickt und ihre Unwirksamkeit nicht erkannt hat.[192]

Seitdem § 569 Abs 4 für das Wohnraummietrecht auch die fristlose Kündigung dem **48** Begründungszwang unterwirft,[193] kommt eine **Umdeutung einer unwirksamen ordentlichen in eine außerordentliche Kündigung** jedenfalls dann nicht mehr in Betracht, wenn die Wirksamkeit der ordentlichen Kündigung an der nicht ausreichenden Begründung scheitert.[194] Dagegen kann sie auch weiterhin zu erwägen sein, wenn die ordentliche Kündigung aus anderen Gründen, etwa ihres vertraglichen Ausschlusses, unwirksam ist.[195]

9. Widerruf der Kündigung

a) Einseitiger Widerruf. Der einseitige Widerruf einer Kündigung ist nach § 130 Abs 1 **49** S 2 nur möglich, wenn er vorher oder gleichzeitig mit der Kündigungserklärung zugeht. Im Übrigen können die Rechtsfolgen einer durch Zugang wirksam gewordenen Kündigung von dem Kündigenden nicht einseitig durch Widerruf oder Rücknahme der Erklärung beseitigt werden.[196]

b) Einvernehmliche Aufhebung. Die Parteien können den Eintritt der Rechtsfolgen **50** einer bereits wirksam gewordenen Kündigung einvernehmlich beseitigen.[197] Das Angebot zum Abschluss eines dahin gehenden Vertrags kann in dem Widerruf der Kündigung gesehen werden. Der Kündigungsempfänger kann dieses Angebot stillschweigend annehmen.[198] Das Einverständnis des Empfängers kommt aber nicht schon darin zum Ausdruck, dass er auf den Widerruf der Kündigung schweigt.

Heben die Parteien eine Kündigung **vor Ablauf der Kündigungsfrist** einvernehmlich **51** auf, so schließen sie damit einen Vertrag des Inhalts, dass sie sich gegenseitig so behandeln wollen, als wenn die Kündigung nicht erfolgt wäre. Der gekündigte Vertrag bleibt damit in Kraft.[199] Daraus folgt, dass die Schriftform nach § 550 nicht gewahrt zu werden braucht.[200]

Nach der Beendigung des Mietverhältnisses scheidet eine Fortsetzung des früheren Vertragsverhältnisses aus. Eine Einigung der Parteien führt unter solchen Umständen **52** folglich zur Begründung eines neuen Mietverhältnisses, das idR denselben Inhalt hat wie das frühere.[201] Hierbei können sie eine rückwirkende Fortsetzung des Mietverhältnisses vereinbaren. Dies ist die gleiche Situation, wie sie bei einer Fortsetzung aufgrund eines

---

192 *Sternel*, in: FS Blank (2006) 421, 440.
193 Dazu näher *Staudinger/Emmerich* (2011) § 569 Rn 57.
194 Weitergehend *Schmidt-Futterer/Blank* § 542 Rn 24.
195 Vgl BGH WuM 2005, 584.
196 BGHZ 139, 123, 127 = NJW 1998, 2664; BayObLG NJW 1981, 2197; OLG Koblenz v. 15.2.2012 – 5 U 1159/11, NZM 2012, 865; *Bamberger/Roth/Ehlert* § 542 Rn 12d; MünchKomm/*Bieber* § 542 Rn 16; *Soergel/Heintzmann* § 542 Rn 13.
197 BGHZ 139, 123, 127ff = NJW 1998, 2664; BayObLG NJW 1981, 2197; OLG Düsseldorf NZM 2001, 1125; OLG Karlsruhe NJW 1982, 391.
198 LG Mannheim WuM 1978, 139.
199 BGH NJW 1974, 1081; BGHZ 139, 123, 128 = NJW 1998, 2664; OLG Karlsruhe NJW 1982, 391; *Schmidt-Futterer/Blank* § 542 Rn 89.
200 BGHZ 139, 123, 128f = NJW 1998, 2664.
201 BGHZ 139, 123, 129 = NJW 1998, 2664; einschränkend OLG Düsseldorf NZM 2001, 1125; **aM** *Gröschler* NJW 2000, 247, 248f.

Christian Rolfs

Widerspruchs gegen die Kündigung nach §§ 574, 574a besteht.[202] Ein solcher Vertrag bedarf entgegen einer früher verbreiteten Auffassung[203] unter den Voraussetzungen des § 550 der Schriftform.[204] Die Schriftform kann ggf dadurch gewahrt werden, dass die Parteien den früheren Mietvertrag unter neuem Datum erneut mit ihrer Unterschrift versehen.

53 **10. Kündigung in der Insolvenz.** Die Insolvenz eines Vertragspartners führt nicht automatisch zur Beendigung des Mietverhältnisses.[205] Sie kann aber auf seinen Bestand unterschiedliche Auswirkungen haben. Im **Grundsatz** steht dem Insolvenzverwalter das Wahlrecht des § 103 InsO zu, das es ihm ermöglicht, entweder anstelle des Schuldners den Vertrag zu erfüllen und vom anderen Teil die Erfüllung zu verlangen (§ 103 Abs 1 InsO), oder die Erfüllung abzulehnen und den Vertragspartner auf den Schadensersatz wegen Nichterfüllung zu verweisen, in Bezug auf den er lediglich einfacher Insolvenzgläubiger ist (§ 103 Abs 2 S 1 InsO). Von diesem Grundsatz normiert § 108 Abs 1 InsO jedoch praktisch weit reichende **Ausnahmen** für die Fälle, dass entweder unbewegliche Gegenstände oder Räume vermietet sind oder dass der Schuldner der Vermieter war und das Mietverhältnis sonstige Gegenstände betrifft, die einem Dritten, der ihre Anschaffung oder Herstellung finanziert hat, zur Sicherheit übertragen wurden. In diesen beiden Fällen besteht das Mietverhältnis ungeachtet der Insolvenz des einen Vertragspartners fort und kann lediglich vom Insolvenzverwalter nach Maßgabe des § 109 InsO gekündigt werden.

54 **a) Insolvenz des Vermieters.** In der Insolvenz des Vermieters eines unbeweglichen Gegenstandes oder Raumes steht nach Überlassung der Mietsache weder dem Insolvenzverwalter noch dem Mieter ein besonderes Kündigungsrecht zu.[206] Der Verwalter hat den Vertrag in gleicher Weise wie der Schuldner zu erfüllen und kann ihn lediglich unter den allgemeinen Voraussetzungen, bei Wohnraum also insb des § 573, kündigen. War die Mietsache allerdings bei Eintritt des Insolvenzereignisses noch gar nicht an den Mieter überlassen worden, besteht das Mietverhältnis nicht mit Wirkung für die Insolvenzmasse fort. § 108 Abs 1 S 1 InsO bedarf insoweit einer teleologischen Reduktion.[207]

b) Insolvenz des Mieters

55 **aa)** Steht dem Verwalter das Wahlrecht des § 103 InsO nicht zu, sondern besteht das Mietverhältnis nach § 108 InsO fort, kann der Insolvenzverwalter **vor Überlassung der Mietsache** vom Vertrag zurücktreten (§ 109 Abs 2 InsO).

56 **bb) Nach Überlassung des unbeweglichen Gegenstands oder Geschäftsraumes** kann das Mietverhältnis **vom Insolvenzverwalter** ohne Rücksicht auf eine vereinbarte Vertragsdauer unter Einhaltung der gesetzlichen Frist **gekündigt** werden (§ 109 Abs 1 S 1 InsO). Dadurch wird eine übermäßige Belastung der Masse, aus der die Miete für die Zeit nach der Insolvenzeröffnung zu begleichen ist (§ 55 Abs 1 Nr 2 InsO), vermieden. Die Kündigungsfrist beträgt drei Monate zum Monatsende (§ 109 Abs 1 S 1 InsO), wenn nicht nach § 580a eine kürzere Frist maßgeblich ist (vgl § 580a Abs 4). Auch wenn nur einer von mehreren Mitmietern in die Insolvenz fällt, kann der Insolvenzverwalter das ganze Mietver-

---

202 *Staudinger/Rolfs* (2011) § 574a Rn 6.
203 So wohl auch OLG Hamm ZMR 1979, 249.
204 BGHZ 139, 123, 129ff = NJW 1998, 2664.
205 BGH NJW 2007, 1594 mit Bespr *Eckert* NZM 2007, 829ff; ausführlich *Dahl* NZM 2008, 585f.
206 BGH NJW-RR 2002, 946.
207 BGHZ 173, 116, 120ff = NJW 2007, 3715 m Anm *Marotzke* JZ 2008, 206ff.

Christian Rolfs

hältnis auch mit Wirkung gegenüber den nicht insolventen Mitmietern kündigen.[208] Übt er das Kündigungsrecht aus, so kann der Vermieter wegen der vorzeitigen Beendigung des Vertragsverhältnisses oder wegen der Folgen der Erklärung als Insolvenzgläubiger Schadensersatz verlangen (§ 109 Abs 1 S 3 InsO).

Ist Gegenstand des Mietverhältnisses die **Wohnung** des Schuldners, so tritt an die 57 Stelle der Kündigung das Recht des Insolvenzverwalters zu erklären, dass Ansprüche, die nach Ablauf der gesetzlichen Kündigungsfrist (§ 573d Abs 2, also idR drei Monate zum Monatsende abzüglich der Karenzfrist von drei Werktagen) fällig werden, außerhalb des Insolvenzverfahrens geltend gemacht werden können (§ 109 Abs 1 S 2 InsO).[209] Damit wird va im Bereich der Verbraucherinsolvenz vermieden, dass der Insolvenzverwalter zur Vermeidung eigener Haftung (§§ 60, 61 InsO) selbst angemessene Wohnraummietverträge des Schuldners kündigt.[210] Eine analoge Anwendung dieses Kündigungsverbots auf die Mitgliedschaft in einer Wohnungsgenossenschaft kommt aber nicht in Betracht; diese Mitgliedschaft kann also vom Insolvenzverwalter beendet werden.[211] Das Auseinandersetzungsguthaben aus der Kündigung des Genossenschaftsanteils fällt in die Insolvenzmasse, sodass der Schuldner keine Auskehrung an sich verlangen kann.[212]

Demgegenüber ist die **Kündigung des Vermieters** in der Insolvenz des Mieters gesetz- 58 lich beschränkt. Allein auf die Insolvenz eines Mieters kann sie ohnehin nicht gestützt werden.[213] Auf diese Weise wird, wenn aufseiten des Mieters mehrere Personen stehen, zugleich der Schutz der vertragstreuen und nicht insolventen Mitmieter gewährleistet.[214] Im Übrigen kann die Kündigung nach dem Antrag auf Eröffnung des Insolvenzverfahrens gemäß § 112 InsO weder darauf gestützt werden, dass der Mieter mit der Entrichtung der Miete in der Zeit vor dem Eröffnungsantrag in Verzug geraten war, noch darauf, dass sich seine Vermögensverhältnisse verschlechtert haben. Unberührt bleibt aber eine ordentliche (§ 573 Abs 2 Nr 1) oder außerordentliche Kündigung (§ 543 Abs 2 Nr 3) wegen Zahlungsrückständen, die nach dem Antrag eingetreten sind.[215] Denn § 112 InsO mutet dem Vermieter oder Verpächter äußerstenfalls einen (weiteren) Ausfall der Nutzungsentschädigung für zwei Monate zu. Die nach dem Eröffnungsantrag fällig werdenden Raten müssen dagegen aus dem Schuldnervermögen wieder vertragsgerecht gezahlt werden, wenn die Nutzungsmöglichkeit für die Insolvenzmasse erhalten bleiben soll.

III. Beendigung durch Zeitablauf (Abs 2)

1. Mietverhältnis auf bestimmte Zeit

a) Ein Mietverhältnis endet nach § 542 Abs 2 durch Zeitablauf, wenn es auf eine 59 bestimmte Zeit eingegangen ist. Die Dauer der Mietzeit muss im Vertrag genau bestimmt oder aufgrund des Vertragsinhalts hinreichend bestimmbar sein. Eine **bestimmte Mietzeit** kann dadurch vereinbart werden, dass in den Mietvertrag kalendermäßig festgelegte

---

208 RGZ 141, 391, 392; BGH v. 13.3.2013 – XII ZR 34/12, NZM 2013, 366; OLG Düsseldorf ZMR 1987, 422; OLG Hamburg v. 29.3.2012 – 8 U 78/11, NZM 2012, 684; *Eckert* NZM 2001, 260, 261; *Eichner* WuM 1999, 260, 262; *Vallender/Dahl* NZI 2000, 246, 247.
209 Dazu *Eckert* NZM 2001, 260, 262f.
210 *Andres/Leithaus* InsO (2011) § 109 Rn 1.
211 BGHZ 180, 185, 187ff = NJW 2009, 1820; dazu *Keßler/Herzberg* NZM 2009, 474ff; BGH NZM 2010, 359.
212 BGH v. 2.12.2010 – IX ZB 120/10, WuM 2011, 40.
213 *Eckert* NZM 2001, 260, 263; *Minuth/Wolf* NZM 1999, 289, 291.
214 Vgl AG Köln NZM 2010, 473.
215 BGHZ 151, 353, 370 = NJW 2002, 3326; LG Neubrandenburg WuM 2001, 552; *Andres/Leithaus* InsO (2011), § 112 Rn 6.

Christian Rolfs

Daten für den Beginn und das Ende aufgenommen werden (Zeitbefristung). Bei widersprüchlichen Angaben über die Mietzeit ist es eine Frage der Auslegung, ob ein befristetes oder ein unbefristetes Mietverhältnis gewollt war.[216] Im Zweifel ist von einem unbefristeten Vertrag auszugehen,[217] wobei in Formularverträgen Unklarheiten nach § 305c Abs 2 zu Lasten des Verwenders gehen.[218] Die Mietzeit ist ferner bestimmt, wenn eine feste Frist vereinbart wird, die nach Zeiteinheiten wie Tagen, Monaten oder Jahren bemessen ist und sich nach dem Beginn des Mietverhältnisses richtet. Ausreichend ist eine Fristbestimmung in der Form, dass der Gegenstand des Mietverhältnisses für die Dauer einer bestimmten Saison, einer Messe oder eines sonstigen, nach der Verkehrssitte bestimmbaren Zeitraums an den Mieter überlassen wird.[219] Die Mietzeit ist auch dann bestimmt, wenn ein ursprünglich auf unbestimmte Zeit eingegangenes Mietverhältnis im Wege einer frei vereinbarten Vertragsänderung oder auf der Grundlage der §§ 574a, 574c bis zu einem bestimmten Termin verlängert wird.[220] Schließlich endet das Mietverhältnis ohne Kündigung, wenn es zwar nicht für eine kalendermäßig bestimmte Zeit eingegangen ist, die Mietzeit sich aber nach einem von vornherein zeitlich begrenzten Gebrauchszweck des Mieters richtet (Zweckbefristung).[221] Die Dauer des Studiums ist wegen der allzu großen zeitlichen Schwankungsbreite kein in dieser Weise fest bestimmbarer Zeitraum.[222]

60   **b)** Eine bestimmte Mietzeit ist auch dann vereinbart, wenn sie bis zum **Eintritt eines bestimmten Ereignisses** dauern soll. Die Parteien können auf diese Weise die Dauer des Mietverhältnisses an ein beliebiges zukünftiges Ereignis binden, dessen Eintritt gewiss ist.[223]

61   Es handelt sich um eine **Zeitbestimmung** iS des § 163 und damit um ein Mietverhältnis auf bestimmte Zeit, wenn die Parteien für dessen Dauer vertraglich den Eintritt eines zukünftigen gewissen Ereignisses als Endtermin festgelegt haben, selbst wenn der genaue Zeitpunkt noch nicht feststeht. Ist dagegen ungewiss, ob das zukünftige Ereignis überhaupt eintreten wird, so liegt eine auflösende Bedingung vor.[224] Haben die Parteien unterschiedliche Vorstellungen darüber, ob der Eintritt des Ereignisses gewiss oder ungewiss ist, so ist nach Auslegung gemäß §§ 133, 157 der Inhalt der Willenserklärung maßgeblich.[225] Dabei kann auch ein Ereignis wie die Fertigstellung eines Neubaus[226] Grundlage einer Zeitbestimmung sein.

62   Wie ein **Mietverhältnis auf die Lebenszeit** einer Person einzuordnen ist, wird nicht einheitlich beurteilt. Im Hinblick auf das Vertragsende wird zT angenommen, das Mietverhältnis auf die Lebenszeit einer Person sei unbefristet und müsse deshalb durch Kündigung beendet werden.[227] Die hM nimmt in Übereinstimmung mit § 163 ein auf bestimmte Zeit eingegangenes Mietverhältnis an, da der Tod der betreffenden Person mit Gewissheit

216 AG Bad Hersfeld WuM 1996, 706; AG Hamburg-Blankenese WuM 1973, 7.
217 OLG Köln NZM 1999, 1142; *Bamberger/Roth/Ehlert* § 542 Rn 6.
218 LG Berlin GE 1997, 189; LG Gießen NJW-RR 1996, 1293; LG Gießen WuM 1999, 115; LG Kassel WuM 1997, 679; AG Bad Homburg WuM 1999, 114.
219 *Bamberger/Roth/Ehlert* § 542 Rn 6; *Schmidt-Futterer/Blank* § 542 Rn 163.
220 LG Lübeck WuM 1996, 705.
221 *Hannemann* NZM 1999, 585, 586.
222 LG Berlin WuM 1989, 632.
223 MünchKomm/*Bieber* § 542 Rn 21; *Soergel/Heintzmann* § 542 Rn 23.
224 *Palandt/Weidenkaff* § 542 Rn 9.
225 AG Dresden ZMR 1994, 411.
226 AG Dresden ZMR 1994, 411.
227 AG Bruchsal WuM 1983, 142.

eintreten werde und nur der Tag noch ungewiss sei. Damit fehle der für eine Bedingung charakteristische Schwebezustand.[228] Da das Mietverhältnis nach § 544 nicht ordentlich gekündigt werden kann, geht es bei der Streitfrage im Grunde nur um den Bestandsschutz bei der Wohnraummiete. Insoweit ist es nicht erforderlich, von der Regel des § 163 abzuweichen. Das Eintrittsrecht nach §§ 563, 563b besteht auch bei einem befristeten Mietverhältnis. Problematisch sind die Fälle, in denen das Mietverhältnis beim Tod des Vermieters oder eines Dritten enden soll. Durch den Tod des Vermieters oder eines Dritten soll die Wohnung dem Mieter nicht verloren gehen, weshalb ihm entsprechend § 575 Abs 3 S 2 ein Anspruch auf Fortsetzung des Mietverhältnisses zusteht.

c) Die Parteien können eine **Verbindung von befristetem und unbefristetem Miet-** 63 **verhältnis** herstellen, indem sie eine feste Mietzeit vereinbaren, diese aber mit einem Kündigungsrecht oder auch einer Verlängerungsmöglichkeit verknüpfen. Hierzu gehört der Mietvertrag mit Verlängerungsklausel (Rn 68). Die Parteien können eine feste Mietzeit auch als Höchstdauer vereinbaren, dem einen Teil aber ein ordentliches Kündigungsrecht einräumen, um den Vertrag vorzeitig beenden zu können.[229] Umgekehrt können die Parteien auch eine Mindestdauer vereinbaren, im Übrigen den Vertrag aber auf unbestimmte Zeit abschließen. Dann handelt es sich um ein unbefristetes Mietverhältnis, bei dem lediglich die ordentliche Kündigung für eine bestimmte Zeit ausgeschlossen ist (Rn 16). Erst recht wird der Vertrag nicht befristet, wenn nur einzelne Kündigungsgründe ausgeschlossen werden.[230] Ein Mietverhältnis auf bestimmte Zeit liegt hingegen vor, wenn eine Mindest- und eine Höchstdauer vereinbart werden. In der Zwischenzeit ist das Mietverhältnis ordentlich zu kündigen, endet aber auf jeden Fall durch Zeitablauf, wenn die Höchstdauer erreicht ist.

d) Die Beendigung des befristeten Mietverhältnisses durch Zeitablauf steht nach § 242 64 unter dem **Vorbehalt der unzulässigen Rechtsausübung.** So ist es als rechtsmissbräuchlich beurteilt worden, dass sich der Vermieter auf die Beendigung beruft, wenn er den Mieter zuvor durch sein Verhalten davon abgehalten hat, rechtzeitig den Anspruch auf Fortsetzung des Mietverhältnisses nach § 575 Abs 3 geltend zu machen.[231] Treuwidrig kann es sein, wenn sich ein Vertragsteil auf eine Befristung beruft, zu deren Vereinbarung er den anderen Teil arglistig veranlasst hat.[232]

2. Außerordentliche Kündigung (Abs 2 Nr 1). Ein befristetes Mietverhältnis kann, 65 wie § 542 Abs 2 Nr 1 klarstellt, außerordentlich gekündigt und damit vorzeitig beendet werden. In Betracht kommt sowohl die **außerordentliche befristete Kündigung** nach § 540 Abs 1, § 544 S 1, § 555e Abs 1, §§ 561, 563 Abs 4, § 563a Abs 2, §§ 564, 580, 1056 Abs 2, § 2135, § 30 Abs 2 ErbbVO, § 109 Abs 1 S 1 InsO, § 57a ZVG, § 31 Abs 3, § 37 Abs 3 S 2 WEG (oben Rn 42) als auch die **außerordentliche fristlose Kündigung** unter den Voraussetzungen der § 543 Abs 1 und 2, § 569 Abs 1 und 2.[233] Die ordentliche Kündigung eines

---

228 BayObLG WuM 1993, 523; LG Frankfurt/M WuM 1990, 82; LG Mannheim WuM 1987, 353; *Bub/Treier/ Grapentin* Rn IV 260; *Schmidt-Futterer/Blank* § 542 Rn 163; *Soergel/Heintzmann* § 542 Rn 23.
229 OLG Hamm ZMR 1988, 386; LG Lübeck WuM 1991, 80; AG Bremen-Blumenthal WuM 1987, 395.
230 AG Freiburg WuM 1990, 433.
231 AG Frankfurt/M WuM 1987, 321.
232 AG Neubrandenburg WuM 1994, 374.
233 Oben Rn 42f; vgl LG Bonn WuM 1992, 16; LG Frankfurt/M DWW 1986, 45.

Christian Rolfs

befristeten Mietverhältnisses ist dagegen nur zulässig, soweit sie ausdrücklich oder kongludent[234] vereinbart worden ist.[235]

3. Verlängerung befristeter Mietverhältnisse (Abs 2 Nr 2)

66   **a) Verlängerung kraft Vereinbarung.** Ein befristetes Mietverhältnis endet trotz Fristablaufs nicht, wenn es verlängert wird, wie § 542 Abs 2 Nr 2 klarstellt. Die Verlängerung kann sowohl auf einer vertraglichen Vereinbarung zwischen den Parteien als auch auf einem gesetzlichen Verlängerungsanspruch des Mieters beruhen.[236] Die **vertragliche Verlängerung** kann dabei auf unterschiedliche Weise erfolgen.

67   **aa)** Ein **Mietvertrag mit Optionsrecht** ist ein auf bestimmte Zeit abgeschlossener Vertrag, der die Vereinbarung enthält, dass eine Partei berechtigt ist, das Mietverhältnis durch einseitige Erklärung zu verlängern.[237] Ein solcher Vertrag endet nach § 542 Abs 2 durch Zeitablauf, wenn die Partei nicht rechtzeitig von ihrem Optionsrecht Gebrauch macht.[238] Dies muss auf jeden Fall vor Beendigung der Mietzeit durch ausdrückliche Erklärung geschehen.[239] Für die Ausübung des Optionsrechts wird meist eine Frist vor Ablauf der Mietzeit vereinbart, oder eine solche Frist ist dem Vertrag im Wege der Auslegung zu entnehmen.[240] Ist keine Frist bestimmt, kann die Option bis zum Ablauf der Mietzeit ausgeübt werden.[241]

68   **bb)** Ein **Mietvertrag mit Verlängerungsklausel** ist ein auf bestimmte Zeit abgeschlossener Vertrag, der sich auf bestimmte oder auf unbestimmte Zeit verlängert, wenn nicht ein Vertragsteil innerhalb einer bestimmten Frist vor Ablauf des Mietverhältnisses die weitere Fortsetzung ablehnt.[242] In Mietverträgen ist insoweit häufig von Kündigung die Rede. Doch handelt es sich hierbei um eine untechnische Formulierung, mit der eine Willenserklärung des Inhalts gemeint ist, eine Fortsetzung des Mietverhältnisses werde abgelehnt (Nichtfortsetzungserklärung).[243] Wird eine dahin gehende Willenserklärung rechtzeitig abgegeben, endet das Mietverhältnis nach § 542 Abs 2 durch Zeitablauf.[244] Gibt keine der Parteien eine Erklärung ab, wird das Mietverhältnis fortgesetzt. Insoweit ist umstritten, ob ein neuer inhaltsgleicher Vertrag zustande kommt[245] oder ob das Mietverhältnis identisch ist.[246] Der Streit hat Auswirkungen auf die Nachhaftungsbegrenzung des § 160 HGB.[247]

---

234 LG Koblenz NZM 1998, 859.
235 BGH NJW 2000, 354; BGH NJW 2007, 2177; BGH WuM 2009, 48; *Bamberger/Roth/Ehlert* § 542 Rn 10; **aM** *Häublein* ZMR 2004, 1, 3.
236 *Blank/Börstinghaus/Blank* § 542 Rn 8; *Derleder* NZM 2001, 649, 657.
237 BGH NJW 2008, 2041; *Derleder/Pellegrino* NZM 1998, 550, 555; *Gather* DWW 1991, 69; *Schmid/Riecke* § 542 Rn 99; vgl OLG Hamburg NZM 1998, 507.
238 Vgl auch OLG Hamburg NJW-RR 1998, 807.
239 BGH WuM 1967, 935; BGH NJW 1982, 2770; OLG Frankfurt/M NZM 1998, 1006; OLG Köln NJWE-MietR 1996, 200; *Bamberger/Roth/Ehlert* § 542 Rn 9.
240 OLG Düsseldorf DWW 1992, 79; OLG Düsseldorf ZMR 1992, 52.
241 OLG Düsseldorf MDR 1981, 847; AG Hamburg-Blankenese ZMR 1986, 17.
242 *Gather* DWW 1991, 69; vgl LG Berlin NZM 1998, 374; zur AGB-rechtlichen Zulässigkeit derartiger Vereinbarungen BGH NZM 2006, 294 (LS); *Jenisch* ZMR 2007, 77ff; *Sternel* NZM 1998, 833, 847.
243 RGZ 86, 60, 62; BGH NJW 1975, 40; OLG Düsseldorf DWW 1993, 101; OLG Düsseldorf WuM 1993, 673; *Bamberger/Roth/Ehlert* § 542 Rn 8; **aM** LG Gießen ZMR 1977, 157.
244 OLG Düsseldorf WuM 1993, 673.
245 RGZ 86, 60, 62; RGZ 97, 79, 81; BGH NJW 1975, 40.
246 BGHZ 150, 373, 375 = NJW 2002, 2170.
247 Vgl BGHZ 150, 373, 375 = NJW 2002, 2170.

b) Verlängerung kraft Gesetzes. Ein **gesetzlicher Verlängerungsanspruch** kann 69
in den Fällen des § 545 – stillschweigende Verlängerung bei Fortsetzung des Mietgebrauchs, des § 575 Abs 3 S 1 – verspäteter Eintritt des Befristungsgrundes und des § 575
Abs 3 S 2 – Wegfall des Befristungsgrundes bestehen. Dagegen verlängert der Widerspruch
des Zeitmieters gegen eine außerordentliche Kündigung mit gesetzlicher Frist nach § 575a
Abs 2, §§ 574a, 574c das Mietverhältnis höchstens bis zum Ablauf des ursprünglich vereinbarten Zeitpunkts.

IV. Beendigung aufgrund sonstiger Umstände

1. Aufhebungsvertrag

a) Zulässigkeit. Die Parteien können ein Mietverhältnis, das auf bestimmte oder 70
auf unbestimmte Zeit eingegangen ist, zu jedem beliebigen Zeitpunkt durch einen Aufhebungsvertrag beenden.[248] Dieser Vertrag ist gesetzlich nicht ausdrücklich geregelt.

b) Pflicht zum Vertragsabschluss. Die Parteien können im Mietvertrag vereinbaren, 71
unter welchen Voraussetzungen sie sich verpflichten wollen, einen Aufhebungsvertrag
abzuschließen. So kann der Vermieter dem Mieter vertraglich das Recht einräumen, sich
durch Benennung eines angemessenen Ersatzmieters von dem Mietvertrag zu lösen.[249]
Ob eine solche **Ersatzmieterklausel** eine entsprechende Pflicht des Vermieters begründet, hängt von ihrem Inhalt ab.[250] Ohne vertragliche Ersatzmieterklausel ist der Vermieter
grundsätzlich nicht verpflichtet, den Mieter vorzeitig aus dem Mietverhältnis zu entlassen.[251] Eine gesetzliche Pflicht zum Abschluss eines Aufhebungsvertrags kann sich jedoch
aus Treu und Glauben nach § 242 ergeben, wenn der Mieter ein erhebliches berechtigtes
Interesse hat, das Mietverhältnis vorzeitig zu beenden.[252] Dieses Interesse kann insbesondere aus beruflichen[253] oder persönlichen Gründen[254] resultieren. Es begründet jedoch
eine Abschlusspflicht aufseiten des Vermieters nur, wenn es dessen Interesse am Fortbestand des Mietverhältnisses gegenüber dem Beendigungsinteresse des Mieters weit überwiegt und als vorrangig anzusehen ist.[255] Im Einzelnen ergibt sich bei der erforderlichen
Interessenabwägung, die ohne bestimmte gesetzliche Vorgaben erfolgen muss, eine Fülle
von Einzelproblemen (näher § 537 Rn 11 ff).

c) Zustandekommen

aa) Nach den allgemeinen Vorschriften müssen sich die **Parteien** des Mietvertrags 72
darüber einigen, das Mietverhältnis vorzeitig aufzuheben. Bei einer Mehrheit von Beteiligten müssen alle Mieter und Vermieter rechtsgeschäftlich zusammenwirken.[256] Haben Ehe-

---

248 *Blank* in: FS Seuß (1987) 35; *Franke* DWW 1999, 201.
249 BGH NZM 2003, 277; *Schmid/Riecke* § 542 Rn 108.
250 KG WuM 1992, 8; OLG München NZM 2003, 23; LG Berlin MDR 1984, 55; vgl zur Auslegung entsprechender Erklärungen auch BGH NZM 2005, 340.
251 OLG Koblenz NJW 2004, 77; OLG Naumburg WuM 2002, 537.
252 BGH NJW 2003, 1246.
253 *Kandelhard* NZM 2004, 846, 847f.
254 AG Steinfurt WuM 2007, 126; *Kandelhard* NZM 2004, 846, 848f.
255 OLG Düsseldorf WuM 1995, 391; OLG Hamburg DWW 1987, 71; OLG Hamm WuM 1995, 577; OLG Karlsruhe NJW 1981, 1741; OLG München NJW-RR 1995, 393; OLG München NZM 2003, 23; OLG Oldenburg WuM
1981, 125; OLG Oldenburg WuM 1982, 124; LG Berlin ZMR 2000, 26; LG Berlin GE 2004, 1529; *Heile* ZMR 1990,
249, 251; *Otto* GE 1995, 971; *Röchling* NJW 1981, 2782, 2783f; **aM** *Hinz* NZM 2003, 659, 660, der jedes berechtigte
Interesse des Mieters ausreichen lassen will.
256 KG NZM 1999, 462; LG Berlin WuM 1995, 105; **aM** LG Krefeld ZMR 2003, 575.

Christian Rolfs

gatten den Mietvertrag gemeinsam abgeschlossen, kann einer von ihnen nur mit Zustimmung des anderen aus dem Mietverhältnis ausscheiden.[257] Stellvertretung beim Abschluss eines Aufhebungsvertrags ist zulässig (Rn 7).

73   **bb)** Der Abschluss des Aufhebungsvertrags setzt **übereinstimmende Willenserklärungen** voraus. Angebot und Annahme zur einvernehmlichen Aufhebung des Mietverhältnisses müssen den zweifelsfreien rechtsgeschäftlichen Willen zur Vertragsbeendigung enthalten.[258] Aus einem schlüssigen Verhalten muss sich dieser Wille eindeutig ergeben.[259] Daran fehlt es, wenn die Vertragsparteien über rechtlich oder wirtschaftlich wesentliche Aspekte noch keine Einigung erzielt haben.[260] Der Auszug des Mieters vor dem durch eine Kündigung des Vermieters bestimmten Ende des Mietverhältnisses unter Zusendung der Schlüssel führt nicht zu einem Aufhebungsvertrag, wenn es an übereinstimmenden Willenserklärungen fehlt.[261] Anders können die Dinge liegen, wenn der Mieter verstorben ist, seine in das Mietverhältnis eingetretenen Erben (§ 564) die Wohnung räumen und dem Vermieter den Schlüssel übergeben. Besteht der Vermieter dann nicht auf der Einhaltung der Kündigungsfrist und macht er auch bei der Entgegennahme des Schlüssels sonst keinerlei Vorbehalte, etwa in Bezug auf die Miete, können die Erklärungen der Parteien als konkludente Aufhebung des Mietvertrages zu interpretieren sein.[262] Eine **Vertragsübernahme** kann in der Weise vereinbart werden, dass das Mietverhältnis zwischen den bisherigen Parteien durch Aufhebungsvertrag zwischen dem alten Mieter und dem Vermieter beendet und ein neues Mietverhältnis mit dem Inhalt des bisherigen durch einen weiteren Vertrag mit dem neuen Mieter geschlossen wird.[263] Eine unwirksame Kündigung kann grundsätzlich in einen **Antrag** zum Abschluss eines Aufhebungsvertrags umgedeutet werden (Rn 47). Das Angebot, einen Aufhebungsvertrag abzuschließen, kann in vielfältigen Verhaltensweisen liegen. Die Neuvermietung durch den Vermieter nach einer unwirksamen Kündigung durch den Mieter führt nicht ohne Weiteres zu einem Mietaufhebungsvertrag.[264] Der Aufhebungsvertrag kommt mit der Annahme des Antrags durch den anderen Vertragsteil zustande. Die Annahmefrist richtet sich nach Lage des Einzelfalls.[265] Die Annahme kann ausdrücklich oder nach § 151 stillschweigend erklärt werden.[266] Das bloße Schweigen des anderen Vertragsteils reicht in aller Regel nicht aus, zumal etwa der Empfänger einer unwirksamen Kündigung nicht zu einer Antwort verpflichtet ist.[267] Zurückhaltung ist auch bei einem rein tatsächlichen Verhalten geboten.[268] So kann zwar das Einverständnis mit einem Räumungstermin, die Rüge unterbliebener Räumung[269] oder die Räumung im

---

257 Offen gelassen von BGH NZM 2004, 419.
258 *Sternel* in: FS Blank (2006) 421, 439.
259 OLG Naumburg WuM 1998, 283; LG Freiburg WuM 1989, 7; LG Rottweil WuM 1989, 182; AG Bergheim WuM 1999, 218.
260 KG NZM 2005, 946.
261 LG Düsseldorf DWW 1996, 279; LG Düsseldorf DWW 1996, 281; LG Mannheim ZMR 2010, 194.
262 LG Gießen v. 18.4.2012 – 1 S 11/12, WuM 2012, 604.
263 BGHZ 137, 255, 258 = NJW 1998, 531; KG ZMR 2003, 835.
264 LG München I NJWE-MietR 1997, 25.
265 LG Berlin GE 1990, 317; LG Berlin ZMR 1998, 776; LG Düsseldorf WuM 1991, 673.
266 AG Bonn v. 4.8.2011 – 201 C 34/11, NZM 2012, 343: Unbehelligtlassen des ausgezogenen Ehegatten über einen Zeitraum von 27 Jahren.
267 BGH NJW 1981, 43; LG Berlin GE 1990, 317; LG Mosbach NJW-RR 1995, 1417; **aM** LG Freiburg WuM 1984, 129; LG Kaiserslautern WuM 1990, 288.
268 OLG Karlsruhe NJW 1982, 54.
269 OLG Hamm NJW-RR 1997, 264.

Prinzip als Annahme beurteilt werden. Dies gilt aber nicht, wenn der Mieter nur unter dem vermeintlichen Druck der unwirksamen Kündigung räumt.[270]

cc) Der Aufhebungsvertrag kann **formfrei** abgeschlossen werden, auch wenn der **74** Mietvertrag nach § 550 formbedürftig war.[271] Haben die Parteien für den Abschluss und etwaige Änderungen des Mietvertrags die schriftliche Form vertraglich vereinbart, ist anzunehmen, dass dies grundsätzlich auch für einen Aufhebungsvertrag gelten soll.[272] Sie können hiervon einvernehmlich abweichen, wenn sie sich der rechtsgeschäftlichen Änderung der Schriftformklausel bewusst sind.[273] Aus der Vorschrift des § 568 lässt sich kein Formzwang herleiten, da zwischen der einseitigen Kündigung und dem einvernehmlichen Aufhebungsvertrag hinsichtlich der Schutzbedürftigkeit der Parteien ein grundlegender Unterschied besteht.[274] Formbedürftig ist hingegen unter den Voraussetzungen des § 550 eine Vereinbarung, durch die ein Ersatzmieter an die Stelle des bisherigen Mieters tritt.[275]

dd) Ein **Widerrufsrecht** nach §§ 312, 355 steht dem Mieter in aller Regel nicht zu. Das **74a** gilt selbst dann, wenn der Mieter als Mieter von Wohnraum Verbraucher iS des § 13 ist. Zum einen fehlt es an der situationstypischen Voraussetzung des § 312 Abs 1 Nr 1 selbst dann, wenn der Mieter durch mündliche Verhandlungen im Bereich seiner Privatwohnung zum Vertragsabschluss bestimmt worden ist. Denn der Aufhebungsvertrag ist keine „besondere Vertriebsform". Zudem finden die Vertragsverhandlungen und der Vertragsabschluss gerade nicht an einem für den Mieter und für das abzuschließende Rechtsgeschäft fremden, atypischen Ort statt. Die Wohnung ist vielmehr typischerweise der Ort, an dem die das Mietverhältnis betreffenden Fragen besprochen und geregelt werden. Demnach fehlt es grundsätzlich am situationstypischen Überraschungsmoment. Der Mieter muss und wird in seiner Wohnung damit rechnen, dass der Vermieter mit ihm Fragen und Probleme seines Mietverhältnisses bespricht und gegebenenfalls rechtsgeschäftlich regeln will.[276] Schließlich würde die „Entgeltlichkeit" voraussetzen, dass sich die Räumungsverpflichtung des Mieters als Gegenleistung für eine vom Vermieter übernommene Verpflichtung darstellt;[277] dass der Mietvertrag selbst ein entgeltliches Geschäft und der Aufhebungsvertrag actus contrarius zu ihm ist, genügt nicht.[278]

d) Inhalt
aa) Inhaltlich muss der Aufhebungsvertrag auf eine **vorzeitige Beendigung** des Miet- **75** verhältnisses gerichtet sein. Teilweise wird verlangt, die Parteien müssten einen bestimmten Zeitpunkt für das Ende des Mietverhältnisses benennen.[279] Dies ist jedoch keine Voraussetzung für die Wirksamkeit des Aufhebungsvertrags, weil sich der Zeitpunkt neben einer ausdrücklichen Bestimmung aus den gesamten Umständen ergeben kann. In Ermangelung einer anderweitigen Vereinbarung der Parteien ist der aus dem Aufhebungsvertrag

---

270   BGH ZMR 1963, 274; AG Heidelberg WuM 1975, 67; AG Kerpen WuM 1981, U 7.
271   *Mertens* JZ 2004, 431, 434.
272   LG Mannheim ZMR 1968, 302; AG Hamburg-Harburg WuM 1980, 254 (LS).
273   KG GE 2001, 278; OLG Düsseldorf NZM 2001, 591; LG Aachen WuM 1993, 734; AG Münster WuM 1994, 424; *Schmidt-Futterer* MDR 1971, 13.
274   *Horst* Rn 1388; **aM** AG Köln WuM 1993, 119.
275   BGHZ 72, 394, 397 = NJW 1979, 369.
276   Vgl BAG AP Nr 1 zu § 312 BGB = NZA 2004, 597.
277   AG Halle/Saale WuM 2009, 651; *Drygala* NJW 1994, 3260, 3263.
278   **AM** LG Heidelberg WuM 1993, 397; AG Stuttgart WuM 1996, 467; AG Waiblingen WuM 1996, 137.
279   LG Düsseldorf DWW 1996, 279; AG Leverkusen WuM 1986, 252.

Christian Rolfs

resultierende Räumungs- und Herausgabeanspruch des Vermieters entsprechend § 271 Abs 1 sofort fällig.[280] Muss ein Ersatzmieter gestellt werden, soll das bisherige Mietverhältnis in dem Zeitpunkt enden, in dem der Ersatzmieter neue Vertragspartei wird.[281] Hierfür ist dem Vermieter eine angemessene Frist zur Überlegung und Auswahl zuzubilligen,[282] die auf drei Monate bemessen wird.[283]

76   **bb)** Als Inhalt des Aufhebungsvertrags kann eine **Bedingung** iS des § 158 vereinbart werden. Sie kann aufschiebend[284] oder auflösend abgefasst werden. Meistens soll die Wirksamkeit des Vertrags davon abhängen, dass eine Wiedervermietung gelingt,[285] wobei idR der Mieter die Pflicht übernimmt, einen Ersatzmieter zu stellen.[286] Wenn der Vermieter den Eintritt der Bedingung wider Treu und Glauben verhindert, gilt sie nach § 162 Abs 1 als eingetreten, so dass der Aufhebungsvertrag wirksam wird.[287] Häufig stellt sich das Problem, ob es dem Vermieter als treuwidrige Vereitelung der Wiedervermietung zuzurechnen ist, wenn der Vertrag mit dem Ersatzmieter deshalb scheitert, weil der Vermieter nur zu geänderten Vertragsbedingungen, vor allem zu einer höheren Miete abschließen will. Diese Frage kann nicht generell beurteilt werden, da es auf die Umstände des Einzelfalls ankommt.

77   **cc)** Im Rahmen des Aufhebungsvertrags können die Parteien **sonstige Vereinbarungen** treffen, mit denen sie die Rechte und Pflichten ändern, die sich aus dem Gesetz oder dem Mietvertrag für den Fall der Beendigung des Mietverhältnisses ergeben. Häufig werden solche Vereinbarungen schon vorsorglich im ursprünglichen Mietvertrag getroffen. Weit verbreitet ist die formularmäßige Klausel, durch die sich der Vermieter eine pauschale Abgeltung seiner erhöhten Kosten für die vorzeitige Beendigung des Mietverhältnisses vom Mieter versprechen lässt. Die Klausel wird überwiegend für wirksam gehalten. Wird dem Mieter jedoch durch die Formulierung der Klausel der Nachweis eines geringeren Aufwands abgeschnitten, liegt ein Verstoß gegen § 309 Nr 5 lit b und § 307 vor.[288] Ebenso wird der Mieter durch eine Vertragsbestimmung unangemessen benachteiligt, durch die er zur Zahlung einer Ablösesumme in größerer Höhe als einer Monatsmiete verpflichtet wird. Teilweise wird ein solcher Verstoß aber auch generell angenommen.[289] Zulässig ist es demgegenüber, im Aufhebungsvertrag zu vereinbaren, dass der Mieter dem Vermieter Ausgleichszahlungen leistet, falls bei der Wiedervermietung des Objekts nur eine geringere Miete erzielt werden kann.[290]

78   **e) Wirkung.** Der Aufhebungsvertrag beendet das Mietverhältnis vorzeitig. Der Zeitpunkt hängt von den Vereinbarungen ab. Die formularmäßige Klausel, dass der ausscheidende Mieter neben dem Ersatzmieter weiterhin für die Miete haftet, stellt eine nach § 307

---

280 *Horst* Rn 1394.
281 LG Berlin WuM 1988, 271; LG Mannheim DWW 1977, 42.
282 LG Oldenburg WuM 1997, 491; AG Steinfurt WuM 1997, 45.
283 LG Gießen ZMR 1997, 80.
284 LG Saarbrücken NJW-RR 1997, 968.
285 LG Saarbrücken NJW-RR 1997, 968.
286 Vgl BGH NJW 2003, 1246.
287 OLG Düsseldorf DWW 1992, 242; LG Hannover WuM 1995, 697.
288 OLG Karlsruhe WuM 2000, 236; LG Berlin GE 1996, 607; LG Frankfurt/M WuM 1994, 605.
289 LG Itzehoe WuM 1989, 176; AG Berlin-Neukölln WuM 1992, 186.
290 Vgl BGH v. 8.12.2010 – XII ZR 86/09, NZM 2011, 201.

unangemessene Benachteiligung dar.[291] Das Mietverhältnis kann sich trotz der Beendigung durch einen Aufhebungsvertrag nach § 545 durch Fortsetzung des Gebrauchs verlängern, wenn die Parteien die Geltung dieser Vorschrift nicht in zulässiger Weise vertraglich ausgeschlossen haben.[292]

2. Auflösende Bedingung. Der Fortbestand eines Mietverhältnisses kann vertraglich 79
von einer auflösenden Bedingung abhängig gemacht werden. So kann zB in einem Untermietvertrag über Gewerberaum vereinbart werden, dass das Untermietverhältnis höchstens so lange besteht, wie auch das Hauptmietverhältnis Bestand hat.[293] Mit dem Eintritt des zukünftigen ungewissen Ereignisses endet das Mietverhältnis nach § 158 Abs 2. Dieser Grundsatz wird durch § 572 Abs 2 für Mietverhältnisse über Wohnraum eingeschränkt.

3. Rücktritt
a) Vertragliches Rücktrittsrecht. Die Vorschriften der §§ 346ff sind bei einem ver- 80
traglich vereinbarten Rücktrittsrecht uneingeschränkt anwendbar, solange die Mietsache dem Mieter noch nicht überlassen worden ist. Das Rücktrittsrecht kann sich aus einem Handelsbrauch ergeben.[294] Haben die Vertragsparteien jedoch ausdrücklich eine anderslautende Vereinbarung iS eines längeren oder kürzeren Stornierungszeitraums getroffen, geht diese abweichende Vereinbarung dem Handelsbrauch vor.[295] Nach der Überlassung der Mietsache kann sich der Vermieter von Wohnraum nach § 572 Abs 1 auf ein vereinbartes Rücktrittsrecht nicht mehr berufen. Bei einem Rücktritt des Wohnraummieters und bei allen anderen Mietverhältnissen gelten die §§ 346ff auch nach Überlassung der Mietsache.

b) Gesetzliches Rücktrittsrecht. Vor der Überlassung der Mietsache gelten die Vor- 81
schriften der §§ 323, 324 uneingeschränkt. Nach der Überlassung der Mietsache wird ein Rücktrittsrecht aus den §§ 323, 324, 326 Abs 5 generell durch ein Recht zur außerordentlichen fristlosen Kündigung verdrängt.

4. Anfechtung
a) Anfechtbarkeit und Wirkung der Anfechtung. Ein Mietvertrag ist nach § 142 82
Abs 1 als von Anfang an nichtig anzusehen, wenn er angefochten wird und ein Anfechtungsgrund besteht.[296] Vor Überlassung der Mietsache ist die **Zulässigkeit der Anfechtung** uneingeschränkt anzunehmen.[297] Der BGH hat sich zutreffend für eine Anfechtbarkeit der auf den Vertragsabschluss gerichteten Willenserklärung auch nach Überlassung der Mietsache – und sogar nach infolge Kündigung bereits wieder beendetem Mietverhältnis – entschieden.[298] Anfechtungs- und Kündigungsgründe sind gänzlich unterschiedlicher Natur. Während die Anfechtungsgründe die Beseitigung einer fehlerhaften Willensbildung bei Vertragsabschluss zum Gegenstand haben, dient die Kündigung der Beseitigung des Vertrages wegen aktueller Leistungsstörung.[299] Diese konzeptionellen Unterschiede

---

291 AG Dannenberg ZMR 1985, 417.
292 Zur Wirksamkeit eines formularmäßigen Ausschlusses des § 545 OLG Frankfurt/M NZM 2000, 130.
293 OLG Bremen ZMR 2007, 363.
294 OLG Frankfurt/M BB 1986, 1187; *Nettesheim* BB 1989, 1136, 1137; vgl BGH NJW 1977, 385.
295 OLG Köln NZM 1998, 514.
296 Ausführlich *Emmerich* NZM 1998, 592, 594ff; *Fischer* NZM 2005, 567ff.
297 LG Köln WuM 1984, 297; AG Bremerhaven DWW 1987, 364.
298 BGHZ 178, 16, 28f = NJW 2009, 1266; noch offen lassend zuvor BGHZ 137, 255, 266 = NJW 1998, 531; **aM** früher LG Mannheim ZMR 1965, 185; LG Wuppertal WuM 1999, 39.
299 Vgl BAG AP Nr 46 zu § 123 BGB = NZA 1998, 1052 zur entsprechenden Frage bei § 626.

Christian Rolfs

verbieten es, das Anfechtungsrecht nach Überlassung der Mietsache als durch das Recht zur außerordentlichen Kündigung vollständig verdrängt anzusehen.[300] Mit überzeugender Begründung hat der XII. Zivilsenat auch die Ex-tunc-Wirkung der Anfechtung (§ 142 Abs 1) anerkannt. Anders als im Gesellschaftsrecht gebe es keine Gründe des Verkehrsschutzes, eine Anfechtung lediglich mit zukunftsgerichteter Wirkung zuzulassen. Jedenfalls für die Anfechtung durch den Mieter und für das gesamte Gewerberaummietrecht gebe es zudem – anders als im Arbeitsrecht – auch keine Aspekte des sozialen Schutzes, die eine Rechtsfortbildung contra legem zuließen.[301] Die notwendige Rückabwicklung erfolgt über § 812 Abs 1 und 2 mit Hilfe der Saldotheorie.[302]

83   **b) Anfechtungsgründe.** Ein Inhaltsirrtum nach § 119 Abs 1 liegt vor, wenn die Mietpartei bei Abschluss des Vertrags objektiv etwas anderes erklärt, als sie subjektiv erklären will, so etwa hinsichtlich der Höhe der Miete.[303] Ein Irrtum über verkehrswesentliche Eigenschaften nach § 119 Abs 2[304] kann praktisch bedeutsam werden in Bezug auf die Person des Mieters,[305] während ein Irrtum über die Mietsache idR vom Gewährleistungsrecht erfasst wird.[306] Größere praktische Bedeutung hat die **arglistige Täuschung** nach § 123 Abs 1 Alt 1.[307] Sie kann sowohl durch positive Erregung eines Irrtums (Behauptungen, Entstellungen von Tatsachen durch mündliche oder schriftliche Mitteilungen oder bloße – konkludente – Tathandlungen) als auch dadurch erfolgen, dass eine gebotene Aufklärung unterlassen wird (Verschweigen von Tatsachen). Eine Anfechtung wegen arglistiger **Täuschung durch positives Tun** ist begründet, wenn der Mieter bei den Vertragsverhandlungen wider besseres Wissen vorsätzlich falsche Angaben über seine finanzielle Lage und sein Arbeitsverhältnis[308] oder bei der gewerblichen Miete über das Warensortiment des Mieters[309] macht.[310] Arglistig täuscht zB derjenige, der bei Vertragsabschluss vorspiegelt, ein breit gemischtes Sortiment führen zu wollen, in Wahrheit aber nur den Verkauf von Artikeln einer einzigen Marke plant.[311] Eine arglistige Täuschung durch den Vermieter ist möglich, wenn er falsche Angaben über die bauordnungsrechtlich zulässige Nutzung der vermieteten Räume macht[312] oder die Ertragslage des geschäftlichen Mietobjekts übertrieben günstig angibt.[313] Beruht die Täuschung auf Fragen des Vermieters, ist sie nur zu berücksichtigen, wenn die Fragen zulässig waren. Eine etwaige Täuschungshandlung ist nicht in jedem Fall für den Vertragsabschluss kausal.[314] Tatsachen, die für das Mietverhältnis unerheblich sind, begründen keine Anfechtung wegen arglistiger Täuschung.[315] Eine

---

300   Insoweit ebenso *Emmerich* NZM 1998, 692, 694f.
301   BGHZ 178, 16, 27ff = NJW 2009, 1266.
302   BGHZ 178, 16, 30f = NJW 2009, 1266.
303   AG Köln WuM 1981, 228.
304   *Emmerich* NZM 1998, 692, 695f; *Fischer* NZM 2005, 567, 571ff.
305   *Weimar* ZMR 1982, 196.
306   **AM** RG v. 10.3.1938 – IV 254/37, RGZ 157, 173, 174; *Dötsch* NZM 2011, 457, 458ff.
307   *Emmerich* NZM 1998, 692, 696; *Fischer* NZM 2005, 567, 573ff.
308   OLG Koblenz NZM 2008, 800; LG Köln WuM 1984, 297; LG Mannheim ZMR 1990, 303; LG München I GE 2009, 1317; AG Bonn WuM 1992, 597.
309   OLG Naumburg ZMR 2009, 914; LG Magdeburg ZMR 2008, 461.
310   LG Kiel WuM 1990, 62; LG Landau/Pfalz WuM 1986, 133; AG Hannover WuM 1983, 142.
311   Vgl OLG Dresden v. 27.7.2012 – 5 U 68/12, NZM 2012, 727 („Thor Steinar"), dort allerdings zur außerordentlichen Kündigung.
312   BGHZ 178, 16, 23f = NJW 2009, 1266.
313   OLG Düsseldorf ZMR 1988, 462.
314   LG Berlin GE 1990, 711.
315   AG Kaiserslautern v. 29.1.1987 – 4 C 20/87, WuM 1987, 378.

Täuschung durch Unterlassen rechtfertigt die Anfechtung nur, wenn der eine Teil dem anderen gegenüber – auch ungefragt – zur Aufklärung über die verschwiegene Tatsache verpflichtet war. Allerdings besteht bei Vertragsverhandlungen keine allgemeine Rechtspflicht, den anderen Teil über alle Einzelheiten und Umstände aufzuklären, die dessen Willensentschließung beeinflussen könnten. Vielmehr ist grundsätzlich jeder Verhandlungspartner für sein rechtsgeschäftliches Handeln selbst verantwortlich und muss sich deshalb die für die eigene Willensentscheidung notwendigen Informationen auf eigene Kosten und eigenes Risiko selbst beschaffen.[316] Anders liegen die Dinge dagegen, wenn der eine Teil nach Treu und Glauben unter Berücksichtigung der Verkehrsanschauung (§ 242) redlicherweise die Mitteilung von Tatsachen erwarten durfte, die für seine Willensbildung – für den anderen Teil offensichtlich – von ausschlaggebender Bedeutung sind.[317] Davon wird insbesondere bei solchen Tatsachen ausgegangen, die den Vertragszweck vereiteln oder erheblich gefährden können. Eine Tatsache von ausschlaggebender Bedeutung kann auch dann vorliegen, wenn sie geeignet ist, dem Vertragspartner erheblichen wirtschaftlichen Schaden zuzufügen.[318] Befindet sich zB der Mietinteressent in besonders schlechter finanzieller Lage oder ist er gar zahlungsunfähig, besteht für ihn eine Aufklärungspflicht gegenüber dem Vermieter.[319] Der unter Betreuung stehende Mieter muss dies dem Vermieter nicht offenbaren.[320] Ein Arzt, der Praxisräume für seine Psychiatrie und Psychotherapie anmietet, muss den Vermieter nicht darauf hinweisen, dass zwei Fünftel seiner Patienten Drogenabhängige sind oder waren und ihn wegen einer Substitutionsbehandlung aufsuchen.[321] Demgegenüber soll ein gewerblicher Mieter verpflichtet sein, vor Vertragsabschluss darüber aufzuklären, dass sein Warensortiment **politische Extremisten als Kunden** anzieht.[322]

5. Unmöglichkeit der Gewährung des vertragsmäßigen Gebrauchs. Bis zur 84 Reform des Schuldrechts am 1.1.2002 war anerkannt, dass ein Mietverhältnis nach § 275 Abs 1 aF, § 323 Abs 1 aF sein Ende findet, wenn es dem Vermieter ohne Verschulden einer der Parteien unmöglich wird, dem Mieter den vertragsmäßigen Gebrauch zu gewähren.[323] Die amtliche Begründung des Entwurfs eines Gesetzes zur Modernisierung des Schuldrechts spricht heute eher gegen ein automatisches Erlöschen des gesamten Dauerschuldverhältnisses. Damit stimmt überein, dass schon bis zum 31.12.2001 das Mietverhältnis bei *zu vertretender Unmöglichkeit* fortbestand und Schadensersatzansprüche oder ein Rücktrittsrecht auslösen konnte[324] und § 275 jetzt nicht mehr zwischen zu vertretender und nicht zu vertretender Unmöglichkeit unterscheidet. Das Mietverhältnis besteht auch dann fort, wenn der Mieter für die Unmöglichkeit der Gebrauchsüberlassung allein oder weit überwiegend verantwortlich ist oder die Unmöglichkeit aus einem vom Vermieter nicht zu vertretenden Umstand zu einer Zeit eintritt, zu welcher der Mieter im Verzug der Annahme ist.

---

316 BGH NJW 2010, 3362.
317 RGZ 111, 233, 234; BGH NJW 2000, 1714; BGHZ 168, 168, 172 = NJW 2006, 2618.
318 BGH NJW 2010, 3362; s aber auch OLG Köln NJW 2011, 314.
319 AG Frankfurt/M WuM 1989, 620; AG Stuttgart-Bad Cannstadt WuM 1986, 331.
320 BVerfGE 84, 192, 195f = NJW 1991, 2411.
321 OLG Köln v. 12.11.2010 – 1 U 26/10, NJW 2011, 314.
322 BGH NJW 2010, 3362; BGH NZM 2010, 788; KG NZM 2009, 784; LG Berlin ZMR 2009, 121; **aM** LG Nürnberg-Fürth v 12.6.2009 – 14 O 139/09, NZM 2009, 584; vgl auch OLG Dresden v. 27.7.2012 – 5 U 68/12, NZM 2012, 727.
323 RGZ 146, 60, 64; OGHBrZ HEZ 2, 245, 248; LG Frankfurt/M NJW 1976, 572.
324 BGH NJW 1974, 1551; BGH NJW 1976, 1506.

Christian Rolfs

85   **6. Störung der Geschäftsgrundlage (§ 313).** Bei einer Störung der Geschäftsgrundlage kann für gewöhnlich nur eine Anpassung des Vertrages verlangt werden, soweit einem Teil unter Berücksichtigung aller Umstände des Einzelfalles, insbesondere der vertraglichen oder gesetzlichen Risikoverteilung, das Festhalten am unveränderten Vertrag nicht zugemutet werden kann (§ 313 Abs 1, 2). Nur ausnahmsweise, wenn nämlich eine Anpassung des Vertrages nicht möglich oder einem Teil nicht zumutbar ist, kann der benachteiligte Teil das Mietverhältnis kündigen, § 313 Abs 3.[325] Umstände, die in den Risikobereich einer Partei fallen, sind hierfür unzureichend.[326] Dabei trägt im Verhältnis zwischen Vermieter und Mieter grundsätzlich der Mieter das Verwendungsrisiko bezüglich der Mietsache.[327]

86   **7. Sonstige Gründe.** Wenn keine besonderen Vereinbarungen mit Dritten bestehen, hat der Eigentümer oder **Nießbraucher** für das ihm kraft Gesetzes zustehende Gebrauchsrecht an niemanden etwas zu zahlen. Damit erlischt ein Mietverhältnis, wenn der Mieter das Eigentum oder den Nießbrauch an der Mietsache erwirbt.[328] Stirbt der Nießbraucher, erlischt der von ihm mit einem Mieter abgeschlossene Vertrag nicht. Sein Erbe wird Rechtsnachfolger im Mietverhältnis. Wenn ein **Dauerwohnberechtigter** oder Dauernutzungsberechtigter die seinem Recht unterliegenden Gebäude- oder Grundstücksteile vermietet oder verpachtet hat, erlischt das Miet- oder Pachtverhältnis kraft Gesetzes nach den § 31 Abs 3, § 37 Abs 1 WEG zugleich mit dem Dauerwohnrecht oder Dauernutzungsrecht. Bei Veräußerung oder Heimfall des Rechts gilt nach § 31 Abs 3, § 37 Abs 2 und 3 S 1 WEG die Regelung der §§ 566 bis 566e. Da der **Erwerber eines vermieteten Grundstücks** nach § 566 kraft Gesetzes aufgrund selbständigen Rechts und nicht als Rechtsnachfolger des Vermieters in ein bestehendes Mietverhältnis eintritt,[329] erlischt grundsätzlich das Mietverhältnis mit dem bisherigen Vermieter. Für gewisse Ansprüche des Mieters haftet der frühere Vermieter weiterhin. Mit dem **Erlöschen einer juristischen Person** ist das Mietverhältnis beendet, soweit keine Gesamtrechtsnachfolge stattfindet.[330] Nach § 61 BauGB kann ein Mietverhältnis im Umlegungsverfahren aufgehoben werden. Weitere Möglichkeiten bestehen nach § 182 BauGB im Sanierungsverfahren[331] und nach § 183 BauGB bei Festsetzung der anderweitigen Nutzung eines unbebauten Grundstücks durch den Bebauungsplan.[332] Die Rechte aus einem Mietverhältnis können auch im **Enteignungsverfahren** nach § 86 Abs 1 Nr 3 BauGB oder anderen enteignungsrechtlichen Vorschriften[333] entzogen werden.

---

325 Vgl BGH ZMR 1973, 378; BGH NZM 2000, 492; BGH NJW-RR 2000, 1535; OLG München NJW-RR 1999, 1532; OLG Schleswig NZM 2008, 341.
326 BGH NZM 2000, 492; BGH NJW-RR 2000, 1535; *Hirsch* ZMR 2007, 1, 6; *Kandelhard* BB 1995, 2596, 2597.
327 OLG Düsseldorf ZMR 2009, 25.
328 RGZ 49, 285, 286.
329 BGH NJW 1962, 1388.
330 RG HRR 1942, Nr 257.
331 Dazu VGH Kassel NZM 1999, 325.
332 Dazu OVG Lüneburg NZM 2004, 268.
333 BGH WuM 1993, 114.

Christian Rolfs

§ 543

Außerordentliche fristlose Kündigung aus wichtigem Grund

[1] Jede Vertragspartei kann das Mietverhältnis aus wichtigem Grund außerordentlich fristlos kündigen. Ein wichtiger Grund liegt vor, wenn dem Kündigenden unter Berücksichtigung aller Umstände des Einzelfalls, insbesondere eines Verschuldens der Vertragsparteien und unter Abwägung der beiderseitigen Interessen die Fortsetzung des Mietverhältnisses bis zum Ablauf der Kündigungsfrist oder bis zur sonstigen Beendigung des Mietverhältnisses nicht zugemutet werden kann.

[2] Ein wichtiger Grund liegt insbesondere vor, wenn

1. dem Mieter der vertragsgemäße Gebrauch der Mietsache ganz oder zum Teil nicht rechtzeitig gewährt oder wieder entzogen wird,

2. der Mieter die Rechte des Vermieters dadurch in erheblichem Maße verletzt, dass er die Mietsache durch Vernachlässigung der ihm obliegenden Sorgfalt erheblich gefährdet oder sie unbefugt einem Dritten überlässt oder

3. der Mieter

 a) für zwei aufeinander folgende Termine mit der Entrichtung der Miete oder eines nicht unerheblichen Teils der Miete in Verzug ist oder

 b) in einem Zeitraum, der sich über mehr als zwei Termine erstreckt, mit der Entrichtung der Miete in Höhe eines Betrages in Verzug ist, der die Miete für zwei Monate erreicht.

Im Fall des Satzes 1 Nr 3 ist die Kündigung ausgeschlossen, wenn der Vermieter vorher befriedigt wird. Sie wird unwirksam, wenn sich der Mieter von seiner Schuld durch Aufrechnung befreien konnte und unverzüglich nach der Kündigung die Aufrechnung erklärt.

[3] Besteht der wichtige Grund in der Verletzung einer Pflicht aus dem Mietvertrag, so ist die Kündigung erst nach erfolglosem Ablauf einer zur Abhilfe bestimmten angemessenen Frist oder nach erfolgloser Abmahnung zulässig. Dies gilt nicht, wenn

1. eine Frist oder Abmahnung offensichtlich keinen Erfolg verspricht,

2. die sofortige Kündigung aus besonderen Gründen unter Abwägung der beiderseitigen Interessen gerechtfertigt ist oder

3. der Mieter mit der Entrichtung der Miete im Sinne des Absatzes 2 Nr 3 in Verzug ist.

[4] Auf das dem Mieter nach Absatz 2 Nr 1 zustehende Kündigungsrecht sind die §§ 536b und 536d entsprechend anzuwenden. Ist streitig, ob der Vermieter den Gebrauch der Mietsache rechtzeitig gewährt oder die Abhilfe vor Ablauf der hierzu bestimmten Frist bewirkt hat, so trifft ihn die Beweislast.

Systematische Übersicht

Volker Emmerich

Alphabetische Übersicht

I. Überblick

§ 543 idF von 2001 regelt für beide Parteien die **Kündigung aus wichtigem Grunde.** 1 Eine ergänzende Regelung für Wohnraummietverhältnisse findet sich in § 569, dessen Abs 1 und 2 (anders als Abs 2a von 2013) sodann in § 578 Abs 2 auf sonstige Raummietverhältnisse erstreckt werden. Eine entsprechende Regelung für alle Dauerschuldverhältnisse findet sich seit 2002 in **§ 314 Abs 1.** Daraus ergibt sich für die gesetzliche Systematik folgendes Bild:

Die Generalklausel des § 314 ist nach dem Willen der Gesetzesverfasser **subsidiär,** 2 so dass für ihre Anwendung kein Raum ist, wenn wie bei der Miete in Gestalt der §§ 543 und 569 in Verb mit § 578 eine als abschließend gedachte gesetzliche Regelung vorliegt.[1] **Grundtatbestand** der fristlosen Kündigung aus wichtigem Grunde ist daher bei der Miete **allein § 543 Abs 1.** Daneben kann auf § 314 nur zurückgegriffen werden, *soweit* § 314 allgemeine Regeln für die Kündigung aus wichtigem Grunde enthält, die über § 543 hinausgehen (s insbesondere § 314 Abs 4). In den **§§ 543 Abs 2 und 569 Abs 1, 2 und 2a** (in Verbindung mit § 578 Abs 2 S 1 und 2) benennt das Gesetz sodann insgesamt **sechs Fälle** eines wichtigen Grundes, bei deren Vorliegen der Mieter oder der Vermieter **immer aus wichtigem Grunde fristlos kündigen** kann, **ohne** dass es noch zusätzlich des Rückgriffs auf die Generalklausel des **§ 543 Abs 1** bedürfte.[2]

Unberührt von § 543 bleibt das Rechtsinstitut des **Wegfalls der Geschäftsgrundlage** 3 **(§ 313).**[3] Eigenständige Bedeutung hat § 313 neben § 543 vor allem in Fällen, in denen der Kündigungsgrund **aus der eigenen Risikosphäre des Kündigenden** herrührt, weil auf solche Gründe in aller Regel eine Kündigung nach § 543 nicht gestützt werden kann (s Rn 5).

II. Allgemeine Kündigung aus wichtigem Grund (§ 543 Abs 1)

1. Begriff. Nach § 543 Abs 1 S 1 kann jede Vertragspartei das Mietverhältnis aus wich- 4 tigem Grunde außerordentlich fristlos kündigen. Ein **wichtiger Grund** in diesem Sinne liegt nach S 2 der Vorschrift vor, wenn dem Kündigenden unter Berücksichtigung aller

---

1 S die Begr z RegE BT-Drucks 14/6040, S 177 (r Sp); *Häublein* NZM 2005, 1; *Kraemer* NZM 2001, 552, 557.
2 BGH NZM 2006, 929 Tz 10 = NJW 2007, 147; NJW 2009, 2297 = NZM 2009, 431 Tz 15f.
3 S die Begr z RegE BT-Drucks 14/6040, S 177 (r Sp).

　　　　　　　　　　　　　　　　　　　　　　　　　　Volker Emmerich

Umstände des Einzelfalls, insbesondere eines Verschuldens der Vertragsparteien, und unter Abwägung der beiderseitigen Interessen die **Fortsetzung** des Mietverhältnisses bis zum Ablauf der Kündigungsfrist oder bis zur sonstigen Beendigung des Mietverhältnisses **nicht zugemutet** werden kann (vgl § 314 Abs 1 S 1). Das ist insbesondere anzunehmen, wenn das gegenseitige **Vertrauensverhältnis** der Parteien so sehr **erschüttert** ist, dass eine gedeihliche Zusammenarbeit der Parteien nicht mehr erwartet werden kann.[4] Diese so genannte **Zerrüttungskündigung** setzt in der Regel gemäß § 543 Abs 3 S 2 Nr. 2 auch keine vorherige Abmahnung des Kündigenden voraus.[5]

5   Obwohl es bei der Anwendung des § 543 Abs 1 wegen der Notwendigkeit einer umfassenden **Interessenabwägung** letztlich immer auf die Umstände des Einzelfalles ankommt, gibt es doch eine Reihe allgemeiner **Grundsätze**, die bei der Anwendung der Vorschrift zu beachten sind. Der wichtigste dieser Grundsätze ist, dass eine fristlose Kündigung im Regelfall **nicht** auf Umstände gestützt werden kann, die **zum Risikobereich des Kündigenden** gehören.[6] Die **Kündigungsgründe** müssen vielmehr in der **Person des Kündigungsgegners** liegen oder jedenfalls **aus dessen Risikobereich** stammen. Rühren sie dagegen aus dem Risikobereich des Kündigenden selbst her oder werden sie aus Umständen hergeleitet, auf die der Kündigungsgegner keinen Einfluss hat, so kommt eine fristlose Kündigung aus wichtigem Grunde nur unter den zusätzlichen Voraussetzungen in Betracht, unter denen sonst ein **Wegfall der Geschäftsgrundlage** angenommen wird.[7] Aus der Formulierung des § 543 Abs 1 folgt ferner, dass die fristlose Kündigung eines Vertrages aus wichtigem Grunde **umso eher** möglich ist, **je länger** der Vertrag noch läuft, und umso schwerer, je leichter einer Partei die ordentliche Kündigung ist.[8] Deshalb ist anzunehmen, dass speziell bei der **Wohnraummiete** der **Mieter** mit Rücksicht auf die erleichterte Kündigungsmöglichkeit nach § 573c Abs 1 S 1 nur noch in besonders gelagerten Fällen fristlos aus wichtigem Grund nach § 543 Abs 1 kündigen kann.[9]

6   Das Gesetz betont in § 543 Abs 1 besonders das regelmäßige **Erfordernis eines Verschuldens des Kündigungsgegners**. Die Formulierung des Gesetzes stellt jedoch zugleich klar, dass ebenso wie früher das Verschulden des Kündigungsgegners **nur ein Umstand** unter anderen ist, der bei der Interessenabwägung berücksichtigt werden muss, so dass in Ausnahmefällen eine Kündigung auch dann möglich ist, wenn den Kündigungsgegner **kein Verschulden** trifft,[10] während bei **Überwiegen des Verschuldens des Kündigenden** eine Kündigung aus wichtigem Grunde grundsätzlich nicht mehr in Betracht kommen dürfte.[11] In Ausnahmefällen ist folglich eine Kündigung aus wichtigem Grund selbst **gegenüber** einem **geisteskranken Wohnraummieter** nach § 543 Abs 1 möglich, wenn er zB die Miete nicht zahlt oder den Hausfrieden nachhaltig stört, indem er die übrigen Mieter oder den Vermieter belästigt oder angreift.[12]

---

4 BGH LM Nr 3 zu § 589 BGB = NJW 2002, 2168; NZM 2002, 524 = NJW-RR 2002, 946; NZM 2002, 525, 526 = NJW-RR 2002, 947; ZMR 2011, 89 Tz 11 = NZM 2010, 901; OLG Celle ZMR 2009, 192, OLG Düsseldorf ZMR 2012, 183, 184
5 S Rn 52f; BGH NZM 2010, 901 Tz 21 = ZMR 2011, 89; OLG Düsseldorf ZMR 2012, 183, 184.
6 BGH NJW 2005, 1360, 1361f; NZM 2009, 908 Tz 14; OLG Dresden NZM 2003, 356; *Häublein* ZMR 2005, 1, 3.
7 Rn 3; BGH LM Nr 164 zu § 242 (Bb) BGB = NJW 1996, 714 = ZMR 1996, 309, 311; OLG Düsseldorf ZMR 1998, 218; NZM 2001, 669; OLG Dresden NZM 2002, 165; WuM 2003, 32, 33 = NZM 2003, 356.
8 *Häublein* ZMR 2005, 1; *Kraemer* NZM 2001, 553, 558f.
9 *Kraemer* NZM 2001, 553, 558f.
10 Ebenso der Ausschussbericht BT-Drucks 14/5663, S 76 (r Sp); *Häublein* ZMR 2005, 1, 2.
11 *Kraemer* NZM 2001, 553, 558f.
12 BGH NZM 2005, 300 = WuM 2005, 125, 126; LG Berlin NZM 2002, 733; AG Braunschweig ZMR 2005, 369; AG Bernau WuM 2009, 735; AG Berlin-Schöneberg GE 2011, 759.

2. Beispiele

a) Die wichtigsten **Fallgruppen**, in denen nach den bisherigen Erfahrungen eine 7
fristlose Kündigung des **Vermieters** aus wichtigem Grunde in Betracht kommt, sind
Aufklärungs- oder Treuepflichtverletzungen des Mieters, insbesondere in Gestalt der
ernstlichen und endgültigen **Erfüllungsverweigerung**,[13] sowie eine schwerwiegende
Gefährdung der vermieteten Sache durch den Mieter.[14] Der Vermieter kann danach **zB**
fristlos kündigen, wenn der Mieter ihn bewusst im unklaren darüber lässt, mit wem der
Vertrag überhaupt abgeschlossen wurde,[15] weiter, wenn der Mieter den Vermieter vorsätzlich täuscht, zB über die Ursache eines Mangels[16] oder über die Höhe eines bei Modernisierungsmaßnahmen nach § 555d Abs 6 erforderlichen Vorschusses für die Aufwendungen
des Mieters infolge der fraglichen Maßnahmen,[17] ferner, wenn er ihn nach einer weitreichenden *Veränderung der Gesellschaftsverhältnisse* nicht über die neue Rechtsfolge informiert oder wenn er bei Vereinbarung einer Umsatzmiete den Vermieter über seine *Umsätze*
täuscht.[18] Gleich stehen die Anforderung hoher Vorschüsse für die Beseitigung von
Mängeln, ohne dass der Mieter nach Zahlung der Vorschüsse Anstalten macht, mit den
Reparaturarbeiten überhaupt zu beginnen,[19] sowie der Betrieb einer ganz anderen Praxis
in den gemieteten Räumen durch einen Arzt als nach dem Vertrag vorgesehen.[20] Weitere
hierher gehörende Fallgestaltungen sind schwere **Beleidigungen oder Tätlichkeiten** des
Mieters, sofern es sich um schwere und unzumutbare Vorgänge handelt.[21] eine unheilbare
Feindschaft zwischen den Parteien,[22] die Unzumutbarkeit der Fortsetzung eines Vertrages
bei Verbindung des Mietvertrages mit anderen inzwischen beendeten Verträgen[23] sowie
idR leichtfertige Strafanzeigen des Mieters oder dessen Ehefrau gegen den Vermieter.[24]
Weitere **Beispiele** aus jüngster Zeit sind eine totale Vermüllung der Wohnung trotz wiederholter Versuche zur Abhilfe,[25] wiederholte Störungen der Nachtruhe der Mitmieter durch
lautstarke nächtliche Auseinandersetzungen,[26] die Nutzung des Balkons trotz Abmahnung in einer Weise, durch die Passanten gefährdet werden,[27] sowie ein Stromdiebstahl
des Mieters, wenn der Vermieter dadurch geschädigt wird.[28]

Dagegen ist ein wichtiger Kündigungsgrund **für** den **Vermieter** in der bisherigen 8
Praxis zB **verneint** worden, wenn die persönliche Feindschaft zwischen den Parteien die
Durchführung des Vertrages nicht gefährdet,[29] wenn sich der Vermieter bei Verbindung
mehrerer Verträge nur von dem ihm besonders lästigen Mietvertrag zu lösen versucht,
an den anderen Verträgen aber festhält,[30] wenn der Mieter den Vermieter wegen Betrugs

---

13 BGH ZMR 1987, 51, 53; NJW 2005, 2552, 2553f = NZM 2005, 538, 539f; KG NZM 2013, 124, 126; LG Berlin
ZMR 2011, 550.
14 S *Staudinger* Rn 7ff; *Blank/Börstinghaus* § 543 Rn 7–41.
15 BGH LM Nr 24 zu § 242 (Bc) BGB = NJW 1978, 416; OLG Celle BB 1978, 576, 577.
16 OLG Düsseldorf ZMR 2012, 183.
17 LG Berlin WuM 2011, 220 ff.
18 OLG Düsseldorf NZM 2001, 1033 f; LG Berlin GE 2011, 610.
19 BGH ZMR 2012, 610.
20 KG GE 2011, 481.
21 OLG Düsseldorf NZM 2006, 295; ZMR 2011, 282, 283.
22 AG Gelsenkirchen-Buer ZMR 1997, 360, 361f.
23 BGH LM Nr 21 zu § 242 (Bc) BGB = MDR 1972, 861; OLG Düsseldorf NJW-RR 1995, 867, 868.
24 BGH LM Nr 6 zu § 553 BGB = ZMR 1961, 103; BVerfG WuM 2002, 22, 23; KG GE 2002, 1265.
25 AG Rheine WuM 2008, 218.
26 LG Berlin GE 2010, 488.
27 LG Berlin GE 2010, 203.
28 KG WuM 2004, 721, 722 = NZM 2005, 254.
29 BGH WarnR 1965 Nr 183 = ZMR 1965, 213.
30 BGH LM Nr 21 zu § 242 (Bc) BGB = MDR 1972, 861.

Volker Emmerich

anzeigt, nachdem der Vermieter zuvor selbst unzulässige Forderungen gestellt hatte,[31] sowie, wenn sich aus dem Alter oder der Krankheit des Mieters für den Vermieter lediglich Unannehmlichkeiten ergeben.[32] Selbst schwere **Beleidigungen** des Vermieters durch den Mieter stellen nicht notwendig und nicht immer einen wichtigen Grund im Sinne des § 543 Abs 1 dar, sofern das Verhalten des Mieters nach den Umständen noch entschuldbar ist[33] oder wenn sich ein entsprechender Ton zwischen den Parteien eingebürgert hat.[34] Ebenso wenig genügen bloße Zweifel an der Zahlungsfähigkeit des Mieters für eine fristlose Kündigung nach § 543 Abs 1, solange der Mieter seinen Zahlungspflichten noch nachkommt,[35] oder die Absicht des Vermieters, das Gebäude abreißen zu lassen, weil es unrentabel ist.[36]

9   **b)** Auch auf der Seite des **Mieters** sind die wichtigsten **Fallgruppen,** in denen eine fristlose Kündigung nach § 543 Abs 1 in Betracht kommt, **Treuepflichtverletzungen**, insbesondere in Gestalt einer Erfüllungsverweigerung des Vermieters, **Täuschungen** des Mieters sowie Drohungen und **Beleidigungen** seitens des Vermieters. Dagegen reicht der bloße Vermögensverfall des Vermieters für eine Kündigung nicht aus, solange er noch seine Verpflichtungen erfüllt,[37] während ein Kündigungsrecht des Mieters zu bejahen ist, wenn infolge des Vermögensverfalls des Vermieters die Erfüllung dessen Pflichten ganz unsicher geworden ist.[38] Der Mieter kann folglich nach § 543 Abs 1 **zB** fristlos kündigen, wenn er von dem Vermieter bei den Vertragsverhandlungen **arglistig getäuscht** wurde, insbesondere hinsichtlich der Höhe der Nebenkosten,[39] wenn ihn der Vermieter bei der Abrechnung der Betriebskosten betrügt,[40] wenn der Vermieter eine Videoüberwachung des Mieters installiert,[41] wenn der Vermieter ultimativ eine **Mieterhöhung durchsetzen** will[42] sowie, wenn er sonst einseitig schwerwiegende **Vertragsänderungen** vornimmt.[43] Einen wichtigen Grund für die fristlose Kündigung des Mieters stellt es ferner dar, wenn der Vermieter zu Unrecht Schlüssel einbehält und sich damit Zutritt zu den gemieteten Räumen verschafft,[44] wenn er die Schlösser an den vermieteten Räumen austauscht, etwa um sein Pfandrecht zu sichern, außer wenn es sich um einen einmaligen, sofort korrigierten Vorgang handelt,[45] ferner, wenn sich der Vermieter grundlos weigert, an der Herbeiführung der Genehmigung einer Nutzungsänderung mitzuwirken, sofern für den Mieter mit der Erfüllung der Auflagen für die bisherige Nutzung ein erheblicher Aufwand verbunden ist,[46] sowie wenn er dem Mieter den weiteren Betrieb seines Geschäfts unmöglich macht, zB durch die Hinderung der Mitarbeiter des Mieters an dem Zugang zu dem Betriebsgelände und durch die grundlose Inanspruchnahme eines Pfandrechts an der

---

31 LG Wuppertal WuM 1970, 60.
32 LG Mannheim ZMR 1969, 241.
33 LG Leipzig NZM 2002, 247.
34 LG Berlin ZMR 2009, 207.
35 OLG München ZMR 1997, 458, 459; LG Berlin ZMR 2005, 789, 790.
36 OLG Dresden WuM 2003, 32, 33f = NZM 2003, 356.
37 BGH NZM 2002, 524 = NJW-RR 2002, 946; NZM 2002, 525, 526 = NJW-RR 2002, 947.
38 OLG Düsseldorf ZMR 2000, 173.
39 S aber o Vorbem 28 zu § 535; LG Hamburg ZMR 2003, 683; *Bütter* ZMR 2003, 644.
40 LG Berlin GE 2003, 1081.
41 OLG Düsseldorf GE 2006, 575f.
42 OLG Düsseldorf DWW 1969, 205, 206.
43 OLG Köln WuM 1981, 103.
44 OLG Celle WuM 2007, 201.
45 KG ZMR 2010, 111 = NZM 2009, 820; LG Berlin GE 2005, 238.
46 BGH GE 2008, 120 Tz 18.

Ware des Mieters,[47] oder indem er grundlos das Geschäft des Mieters verleumdet.[48] Bei der *Untermiete* kommt eine Anwendung des § 543 außerdem in Betracht, wenn es dem Hauptmieter und Untervermieter nicht gelingt, die Erlaubnis des Hauptvermieters beizubringen.[49] Ein Kündigungsrecht des Mieters aus wichtigem Grunde ist dagegen zu **verneinen**, wenn sich der gepachtete Betrieb lediglich als unrentabel erweist,[50] wenn der Mieter schwer erkrankt[51] sowie, wenn nicht mehr vorliegt, als dass die Parteien zerstritten sind.[52]

3. Frist, Fristsetzung. Der Kündigung aus wichtigem Grunde nach § 543 Abs 1 muss **10** unter den Voraussetzungen des § 543 Abs 3 S 1 **(Pflichtverletzung)** die fruchtlose Setzung einer **Abhilfefrist** oder eine erfolglose **Abmahnung** vorausgehen (s u Rn 45ff). Etwas anderes gilt nur in den Ausnahmefällen des S 2 des § 543 Abs 3, insbesondere in manchen Fällen einer ernstlichen und endgültigen Erfüllungsverweigerung.[53]

Für die Kündigung aus wichtigem Grunde besteht keine feste **Ausschlussfrist**. Dies **11** ändert jedoch nichts daran, dass die Kündigung jedenfalls bei der Geschäftsraummiete **binnen angemessener Frist** ausgesprochen werden muss (**§ 314 Abs 3**),[54] während die Anwendung des § 314 Abs 3 bei der Wohnraummiete (merkwürdigerweise) noch umstritten ist.[55] Das Kündigungsrecht ist außerdem **verwirkt**, wenn der Berechtigte mit der Kündigung übermäßig lange zuwartet, wenn er zB die Vertragsverletzungen des anderen Teils zunächst jahrelang widerspruchslos hinnimmt, bevor er auf einmal aus diesem Grunde kündigt.[56]

4. Abweichende Vereinbarungen. Das Kündigungsrecht aus wichtigem Grunde **12** (§ 543 Abs 1) ist **im Kern zwingend**, so dass es vertraglich **nur** in einzelnen Beziehungen **eingeschränkt**, jedoch **nicht völlig ausgeschlossen** werden kann.[57] Zulässig ist aber die vertragliche *Beschränkung* der Kündigungsgründe *auf grobes Verschulden*.[58] Auf der anderen Seite scheitert auch eine vertragliche **Erweiterungen des Kündigungsrechts** aus wichtigem Grunde bei Wohnraummietverträgen bereits an § 569 Abs 5 (s u § 569 Rn 37). Aber auch bei anderen Mietverträgen kann dem Vermieter nicht das Recht zur fristlosen Kündigung aus beliebigen Gründen eingeräumt werden, die an sich keinen wichtigen Grund in dem genannten Sinne (o Rn 3ff) darstellen,[59] weil dadurch die Bindung an den Vertrag selbst in Frage gestellt würde (§ 311 Abs 1), so dass das Kündigungsrecht lediglich in einzelnen Beziehungen individualvertraglich über § 543 hinaus erweitert werden kann.

---

47 OLG Frankfurt ZMR 2012, 943 ff.
48 BGH ZMR 2011, 29 Tz 13 ff = NZM 2010, 901.
49 BGH LM Nr 1 zu § 542 BGB = ZMR 1960, 10; LM Nr 35 zu § 242 (Bc) BGB = NJW-RR 1987, 526; WM 1963, 382, 383.
50 S o Vor § 536 Rn 14; LG Düsseldorf ZMR 1998, 218.
51 OLG Düsseldorf ZMR 2001, 106 = NZM 2001, 669; ZMR 2009, 25 = NZM 2008, 807.
52 OLG München ZMR 1996, 496.
53 BGH NZM 2005, 538 = WuM 2005, 401, 403.
54 BGH NZM 2010, 522.
55 Deshalb offen gelassen in BGH NZM 2011, 32 Tz 5.
56 BGH LM Nr 2 zu § 242 (Ba) BGB = NJW 1951, 836; LM Nr 31 zu § 305 BGB = NJW 1985, 1895.
57 BGHZ 118, 351, 355 = NJW 1992, 2628, 2629; BGH LM Nr 9 zu § 9 (Ci) AGBG = NJW 1986, 3134; NJW 2001, 3480, 3482.
58 BGH LM Nr 2 zu § 242 (Ba) BGB = NJW 1951, 836; LM Nr 24 zu § 581 BGB = ZMR 1963, 233.
59 BGH NJW 2001, 3480, 3482; ebenso BGHZ 112, 279, 285f = NJW 1991, 102 für Leasingverträge.

III. Kündigung wegen Nichtgewährung oder Entzugs des vertragsgemäßen Gebrauchs (§ 543 Abs 2 Nr 1)

13   Nach § 543 Abs 2 Nr 1 (= § 542 Abs 1 aF) liegt ein wichtiger Grund (nur für den Mieter, s Rn 14) im Sinne des § 543 Abs 1 „insbesondere" vor, wenn dem Mieter der vertragsgemäße Gebrauch der Mietsache ganz oder zum Teil nicht rechtzeitig gewährt oder wieder entzogen wird. Ergänzende Regelungen finden sich in **§ 543 Abs 3 und 4 i.V.m. §§ 536b und 536d** (Rn 48ff). Einen Sonderfall des § 543 Abs 2 Nr 1 regelt schließlich noch für die Raummiete **§ 569 Abs 1** in Verb mit § 578 Abs 2 S 2. Im Einzelnen unterscheidet das Gesetz in § 543 Abs 2 Nr 1 die Fälle der Nichtgewährung (u Rn 15f) und der Entziehung des Gebrauchs (u Rn 17f), jeweils ganz oder teilweise.

14   § 543 Abs 2 Nr 1 begründet **ausschließlich** ein **Kündigungsrecht des Mieters**, das – abweichend von § 536 Abs 1 – auch **nicht** die **Überlassung** der Sache an den Mieter **voraussetzt**, wie gerade der Fall der Nichtgewährung des vertragsgemäßen Gebrauchs zeigt. In der Zeit **vor Überlassung** der Mietsache an den Mieter konkurriert daher § 543 Abs 2 Nr 1 mit den allgemeinen Vorschriften über **Leistungsstörungen** (Rn 15). Weist die Sache bei Übergabe Mängel auf, so kann der Mieter folglich die Sache zurückweisen, ohne in Annahmeverzug zu geraten, und nach § 543 Abs 2 Nr 1 fristlos kündigen sowie gegebenenfalls Schadensersatz verlangen.[60]

15   **1. Nichtgewährung des Gebrauchs.** Der Mieter kann nach § 543 Abs 2 Nr 1 zunächst fristlos kündigen, wenn ihm der vertragsgemäße Gebrauch der Mietsache *ganz oder teilweise* nicht rechtzeitig gewährt wird. Fälle der bloßen **Teilerfüllung** durch den Vermieter fallen also ebenso unter § 543 Abs 2 Nr 1 wie solche der vollständigen **Nichterfüllung**.[61] **Maßstab** ist in beiden Fällen allein der dem Mieter aufgrund des Vertrags zustehende **vertragsgemäße Gebrauch** (§ 535 Abs 1; s o § 535 Rn 18ff). Jedes Zurückbleiben der Leistung des Vermieters hinter diesem Standard rechtfertigt daher eine Kündigung des Mieters aufgrund des § 543 Abs 2 Nr 1. **Keine Rolle spielt** der **Grund** der Nichterfüllung. § 543 Abs 2 Nr 1 greift auch ein, wenn der Vermieter den Kündigungsgrund nicht zu vertreten hat.[62] Bildet den **Grund** für die vollständige oder partielle Nichtgewährung des Gebrauchs ein (erheblicher) **Sach- oder Rechtsmangel** iS des § 536, so hat der Mieter die **Wahl**, auf welche Vorschriften er sich stützen will. Die Geltendmachung der Rechte aus den §§ 536 und 536a Abs 1 für die Vergangenheit schließt nicht etwa eine Kündigung für die Zukunft nach den §§ 543 Abs 2 Nr 1 und 569 aus – und umgekehrt, so dass der Mieter, der wegen der Entziehung des vertragsgemäßen Gebrauchs kündigt, zugleich Schadensersatz nach § 536a Abs 1 Fall 2 verlangen kann.[63] Der Anwendungsbereich des § 543 Abs 2 Nr 1 beschränkt sich indessen nicht auf diese Fälle. Als weitere Gründe kommen noch **Unmöglichkeit oder Verzug** des Vermieters in Betracht (Rn 14); gleich steht der Fall der **Erfüllungsverweigerung**.[64] Das Kündigungsrecht des Mieters aus § 543 Abs 2 Nr 1 konkurriert dann mit den allgemeinen Vorschriften über Leistungsstörungen (§§ 275, 280, 282, 286, Rn 14). Keinen Schutz genießt jedoch der **vertragswidrige Gebrauch**. Will der Mieter die Räume zu einem derartigen Gebrauch in Besitz nehmen, so kann er bei Vorenthaltung der Räume nicht kündigen; ebenso steht es, solange der Mieter aus Gründen, die in seiner

---

60 BGH NJW-RR 2007, 884 = NZM 2007, 401 Tz 23.
61 Vgl BGH LM Nr 27 zu § 536 BGB = NJW 1988, 204.
62 RGZ 98, 101, 103; BGH LM Nr 6 zu § 542 BGB = NJW 1974, 2233; NJW 2007, 2474 Tz 10 = NZM 2007, 561.
63 BGH WuM 2013, 37, 40 Tz 35 = NJW 2013, 223 = NZM 2013, 122; zur Notwendigkeit der Erheblichkeit des Mangels s u Rn 19.
64 OLG Köln ZMR 1997, 230, 232.

Person liegen, **am Mietgebrauch gehindert** ist (§ 537), insbesondere, wenn feststeht, dass der Mieter die Mietsache nicht oder nicht mehr nutzen will oder kann (§ 242).[65]

Der Mieter kann **zB** kündigen, wenn sich bei der Übergabe der Räume herausstellt, **16** dass diese in gravierender Weise von den Plänen abweichen, so dass sie für den Mieter nicht mehr brauchbar sind,[66] wenn bei Verpachtung einer Gastwirtschaft die bauordnungsrechtlichen Voraussetzungen für die Gaststättenkonzession fehlen, so dass diese dem Mieter vorerst nicht erteilt wird,[67] sowie, wenn der Mieter aus öffentlich-rechtlichen Gründen an dem ihm zustehenden vertragsgemäßen Gebrauch der Mietsache gehindert wird.[68] Die Fälle der **Doppelmiete** gehören ebenfalls hierher (§ 536 Rn 27).

2. Gebrauchsentziehung. Der Nichtgewährung des Gebrauchs steht die vollständige **17** oder partielle Entziehung des Gebrauchs gleich (§ 543 Abs 2 Nr 1). Abgesehen davon, dass die Gebrauchsentziehung begrifflich voraussetzt, dass dem Mieter der Gebrauch zuvor bereits einmal überlassen war, gilt für die Entziehung des Gebrauchs in jeder Hinsicht dasselbe wie für die Nichtgewährung des Gebrauchs (s o Rn 15). **Maßstab** ist auch hier allein der **vertragsgemäße Gebrauch** (§ 535 Abs 1; s o § 535 Rn 18ff). **Jede Störung** des Mieters in diesem Gebrauch, insbesondere in Gestalt des **nachträglichen Auftretens eines Sach- oder Rechtsmangels** ist folglich eine die fristlose Kündigung nach § 543 Abs 2 Nr 1 rechtfertigende Entziehung des Gebrauchs, sofern sie nur von einiger Erheblichkeit ist.[69] Die bloße **Befürchtung einer zukünftigen Entziehung des Mietgebrauchs** steht nur gleich, wenn die Gefahr so ernst ist, dass dadurch bereits **jetzt** der Gebrauch der gemieteten Sache beeinträchtigt wird; Beispiele sind eine ernsthafte Einsturz- oder Feuergefahr oder ein unmittelbar drohender Widerruf der Gaststättenerlaubnis[70] oder der absehbare **Beginn umfangreicher Baumaßnahmen**, durch die dem Mieter der vertragsgemäße Gebrauch entzogen werden wird, ohne dass der Mieter die Baumaßnahmen nach § 555b dulden müsste.[71]

Einen wichtigen Grund bilden **zB** die Unterlassung der erforderlichen Aus- **18** besserungen,[72] umfangreiche, lang andauernde Bau- oder Instandsetzungsmaßnahmen,[73] Feuchtigkeit oder eine ungenügende Heizung der Räume,[74] die Undichtigkeit des Daches,[75] die nachträgliche Untersagung der vertragsgemäßen Nutzung der gemieteten Räume durch die zuständige Aufsichtsbehörde oder durch den Vermieter selbst,[76] erhebliche Geruchsbelästigungen durch eine Gastwirtschaft in der Nachbarschaft,[77] Rattenbefall,[78]

---

65 OLG Celle ZMR 2002, 187, 188; OLG Hamm NZM 2011, 277; LG Münster ZMR 2009, 761.
66 OLG Düsseldorf ZMR 2001, 346.
67 OLG Düsseldorf OLGZ 1988, 482 = NJW-RR 1988, 1424; LG Berlin GE 1992, 553.
68 RGZ 88, 96, 99; 98, 101, 103; OLG Hamburg ZMR 1995, 533.
69 S u Rn 19; BGH WM 1983, 660, 661; NJW 2007, 2472 Tz 10 = NZM 2007, 561.
70 OLG Düsseldorf NZM 2000, 620f; LG Frankfurt NZM 2000, 1053.
71 BGH WuM 2013, 37, 40 Tz 30 f, 36 = NJW 2013, 223 = NZM 2013, 122.
72 Mot II 419.
73 BGH WuM 2013, 37, 40 Tz 30 f, 36 = NJW 2013, 223 = NZM 2013, 122; LG Berlin WuM 2006, 375f.
74 RGZ 75, 354; BGH WarnR 1969 Nr 347, S 792, 793; NJW 2007, 2472 Tz 10 = NZM 2007, 561; LG Köln ZMR 2012, 625, 626.
75 BGH NZM 2006, 929 Tz 10; NJW 2007, 2472 Tz 10 = NZM 2007, 561; KG ZMR 2008, 790, 791; LG Stuttgart NZM 1998, 483.
76 BGH GE 2008, 120 Tz 11; LG Itzehoe ZMR 2012, 555.
77 LG Stuttgart WuM 1998, 724; OLG Düsseldorf MDR 1988, 866; LG Augsburg WuM 1986, 137; Gegenbeispiel in AG München WuM 2006, 621.
78 OLG Düsseldorf NJW-RR 2003, 1017.

Volker Emmerich

eine erhebliche, wenn auch vorübergehende Behinderung des Zugangs oder der Zufahrt,[79] die vertragswidrige Vermietung der Park- und Ladeflächen eines gewerblichen Mieters an andere gewerbliche Mieter[80] sowie der ständige Ausfall einer EDV-Anlage.[81] **Störungen** des Mieters **durch übermäßigen Lärm** der Mitmieter, durch Baustellen in der Umgebung oder aus anderen Quellen gehören gleichfalls hierher.[82] § 543 Abs 2 Nr 1 greift schließlich noch ein, wenn wenn der Vermieter vertragswidrig die Erlaubnis zur Untervermietung verweigert,[83] sowie (zugunsten des Untermieters), wenn der (Haupt-)Vermieter nach Kündigung des Mietvertrages gemäß § 546 Abs 2 **vom Untermieter Herausgabe verlangt**, selbst wenn der Untermieter zunächst wohnen bleibt.[84]

19   **3. Erheblichkeit.** Nach § 542 Abs 2 aF war die Kündigung wegen einer Hinderung oder Vorenthaltung des Gebrauchs nur zulässig, wenn die **Störung erheblich oder** die Kündigung durch ein **besonderes Interesse** des Mieters gerechtfertigt war. Eine vergleichbare Regelung fehlt in § 543. Für den Regelfall ist aber davon auszugehen, dass **jede Störung** des Mieters in dem ihm zustehenden vertragsgemäßen Gebrauch **erheblich** ist. Zu beachten bleibt indessen, dass es sich bei dem Kündigungsrecht des Mieters aus § 543 Abs 2 Nr 1 nur um einen besonderen **Anwendungsfall des** allgemeinen Kündigungsrechts aus wichtigem Grunde nach **§ 543 Abs 1** handelt, das nur in schwerwiegenden Fällen eingreift, **nicht** jedoch **in Bagatellfällen**; dasselbe folgt aus dem zumindest entsprechend anwendbaren § 536 Abs 1 S 3.[85] Um einen derartigen Bagatellfall (in dem folglich ausnahmsweise für eine Kündigung nach § 543 kein Raum ist) handelt es sich zB, wenn sich die Überlassung der Sache nur um eine kurze Frist verzögert, wenn lediglich einzelne Fenster schlecht schließen, wenn dem Mieter nur ein kleiner Raum vorenthalten wird oder wenn aus einer Wohnung nur verhältnismäßig geringfügige Gerüche in andere Wohnungen eindringen.[86]

IV. Vertragswidriger Gebrauch (§ 543 Abs 2 Nr 2)

20   **1. Überblick.** Nach § 543 Abs 2 Nr 2 liegt ein wichtiger Grund (diesmal für den *Vermieter*) vor, wenn der Mieter die Rechte des Vermieters dadurch in erheblichem Maße verletzt, dass er die **Mietsache** durch Vernachlässigung der ihm obliegenden Sorgfalt erheblich **gefährdet** (u Rn 21f) **oder** sie unbefugt einem **Dritten überlässt** (s u Rn 23ff). In **anderen Fällen** der Verletzung von Vermieterrechten, durch die nicht zugleich die Mietsache erheblich gefährdet wird, bleibt nur der Rückgriff auf die Generalklausel des **§ 543 Abs 1**.[87] Beispiele für die Anwendung des Abs 1 des § 543 sind danach insbesondere Fälle einer unerlaubten Tierhaltung oder der vertragswidrige Nutzung der gemieteten Räume.

21   Da es sich in den Fällen des § 543 Abs 2 Nr 2 durchgängig um **Pflichtverletzungen** des Mieters handeln wird, ist ergänzend **Abs 3** der Vorschrift zu beachten, so dass die

---

79 OLG Köln NJW 1972, 1814; LG Berlin NZM 2000, 710 = ZMR 2000, 176.
80 OLG Düsseldorf NZM 2011, 154 f.
81 OLG Karlsruhe BB 1979, 1372f.
82 OLG Hamburg MDR 1972, 953; LG Hamburg WuM 1986, 313; LG Duisburg WuM 1988, 264; AG Schöneberg NJW-RR 1998, 370; AG Ahrensburg ZMR 2005, 197, 198.
83 BGHZ 89, 308, 312 = NJW 1984, 1031; OLG Düsseldorf WuM 1995, 585, 586.
84 BGHZ 63, 132, 138 = NJW 1975, 44; BGH WM 1975, 897.
85 BGH NJW 2007, 147 = NZM 2006, 929, 930 Tz 20; KG GE 2005, 1426, 1427; LG Stuttgart NZM 1998, 483, 484; *Häublein* ZMR 2005, 1, 4; *Kraemer* NZM 2001, 553, 559f.
86 BGH LM Nr 3 zu § 542 BGB = NJW 1970, 1791; AG München WuM 2006, 621.
87 Ebenso *Blank* NZM 2001, 9, 10; *Kraemer* NZM 2001, 553, 560f.

Volker Emmerich

Kündigung grundsätzlich erst **nach erfolglosem Ablauf einer** dem Mieter vom Vermieter zur Abhilfe bestimmten angemessenen **Frist oder nach** erfolgloser **Abmahnung** zulässig ist (§ 543 Abs 3 S 1; s u Rn 46ff). Daraus darf jedoch nicht der Schluss gezogen werden, die Kündigung des Vermieters setze außerdem ein Verschulden des Mieters voraus; vielmehr ist es nahezu allgemeine Meinung, dass, schon mit Rücksicht auf den Wortlaut des Gesetzes, die Kündigung des Vermieters nach § 543 Abs 2 Nr 2 – ebenso wie unter dem früheren § 553– **kein Verschulden des Mieters** voraussetzt. Die Folge ist freilich ein nur schwer überbrückbarer **Wertungswiderspruch** zu § 543 Abs 1 (der das Verschuldenserfordernis besonders betont, Rn 6) sowie insbesondere zu § 573 Abs 2 Nr 1.[88] Daraus ist der Schluss zu ziehen, dass insbesondere bei der Anwendung des § 543 Abs 2 Nr 2 auf schuldlos handelnde Mieter **Zurückhaltung** geboten ist.[89] Bei einer **Mehrzahl von Mietern** genügt schließlich nach hM (entgegen § 425) für die Anwendung des § 543 Abs 2 Nr 2 bereits der vertragswidrige Gebrauch nur *eines* von ihnen.[90]

2. Gefährdung der Sache. Der Vermieter kann nach § 543 Abs 2 Nr 2 in Verbindung **22** mit Abs 3 zunächst fristlos kündigen, wenn der Mieter die Rechte des Vermieters dadurch in erheblichem Maße verletzt, dass er trotz Fristsetzung oder Abmahnung die Mietsache durch Vernachlässigung der ihm obliegende Sorgfalt erheblich gefährdet. Die Kündigung hat somit **zwei** genau zu beachtende **Voraussetzungen**, einmal eine erhebliche Gefährdung der Sache, und zwar gerade durch die Vernachlässigung der dem Mieter obliegenden Sorgfalt, zum anderen eine erhebliche Verletzung der Rechte des Vermieters durch die Gefährdung der Sache. Für die Annahme einer „**Gefährdung**" der Sache genügt es dabei, wenn ein Schaden lediglich für die nächste Zukunft aufgrund konkreter Umstände objektiv *droht*.[91] Ob diese Voraussetzungen erfüllt sind, kann nur im Einzelfall aufgrund einer **Interessenabwägung** nach Treu und Glauben entschieden werden,[92] wobei, auch im Interesse des gebotenen Mieterschutzes, **Zurückhaltung** geboten ist (s schon Rn 21), so dass eine fristlose Kündigung des Vermieters nach § 543 Abs 2 Nr 2 tatsächlich **nur in gravierenden Fällen** vertragswidrigen Verhaltens in Betracht kommen dürfte.[93] Die Rechtsprechung stellt vor allem darauf ab, ob durch das fragliche Verhalten des Mieters die **Substanz** der Mietsache **gefährdet oder Mitmieter** erheblich **belästigt** werden.[94]

Die **Vernachlässigung der** dem Mieter obliegenden **Sorgfalt** kann in der **Verletzung 23 der** ihn kraft Gesetzes treffenden **Obhuts- und Anzeigepflicht** (§ 536c) oder in der Verletzung einer von ihm vertraglich übernommenen **Instandhaltungs- oder Instandsetzungspflicht** wie zB der Pflicht zur Durchführung der Schönheitsreparaturen bestehen. **Beispiele** sind die Anbringung oder Duldung gefährlicher Installationen, wiederholte Wasserschäden,[95] die mangelhafte Lüftung der Räume mit der Folge erheblicher Schäden,[96] die Lagerung gefährlicher Stoffe in einer Wohnung[97] sowie die Unterlassung jeglicher Vorsichtsmaßnahmen gegen Frost oder Diebstahl oder die Verwendung gefährlicher Geräte. In dem besonders kritischen Fall der „**Vermüllung**" oder Verwahrlosung einer Wohnung

---

88 S *Staudinger* Rn 29.
89 Ebenso *Häublein* ZMR 2005, 1, 4, 6; s auch Rn 22.
90 OLG Düsseldorf NJW-RR 1987, 1370, 1371 = ZMR 1987, 423, 425.
91 LG Frankfurt/M ZMR 2012, 352.
92 BGHZ 123, 233, 239 = NJW 1993, 2528; OLG Stuttgart ZMR 1989, 377.
93 BVerfG NJW 1994, 41.
94 LG Berlin ZMR 2011, 873.
95 AG Wiesbaden NJW-RR 1992, 76.
96 AG Hannover WuM 2005, 767.
97 KG OLGE 22, 262, 265; anders nach den Umständen OLG Stuttgart ZMR 2005, 953, 954.

hängt deshalb alles von den Umständen des Einzelfalles ab. Solange durch solches Verhalten des Mieters die Bausubstanz nicht gefährdet und auch die Mitmieter, etwa durch üble Gerüche oder durch das vermehrte Auftreten von Ungeziefer, nicht belästigt werden, ist *kein* Raum jedenfalls für die Anwendung des § 543 Abs 2 Nr. 2; anders aber, sobald der Bausubstanz Gefahren drohen, etwa von verstopften Bädern oder Toiletten, oder wenn die Mitmieter erheblich belästigt werden.[98] Gleich steht eine konkrete Gefährdung der Mietsache durch die systematische **Behinderung notwendiger Reparaturen** seitens des Mieters.[99] Die **bloße Vernachlässigung** der Wohnung oder des mitvermieteten Gartens[100] begründet dagegen – mangels einer erheblichen Gefährdung der Mietsache – ebenso wenig wie die Verursachung eines Wasserschadens in Höhe von lediglich € 325 ein Kündigungsrecht des Vermieters.[101] – Weitere Beispiele einer erheblichen Gefährdung der Mietsache sind die **Überbelegung** der Wohnung in einem Ausmaß, dass dadurch die Sache erheblich gefährdet wird,[102] die Nutzung eines Kaffees als Asylbewerberheim,[103] die Benutzung einer Wohnung zur Beherbergung ständig wechselnder Belegschaftsangehöriger,[104] der eigenmächtige Umbau oder Ausbau der Mietwohnung,[105] der Missbrauch einer Wohnung für umfangreiche kriminelle Geschäfte[106] sowie die Benutzung einer Wohnung als Absteigequartier[107] dagegen zB nicht die Ausdehnung der beruflichen Tätigkeit eines Arztes auf neue Betätigungsfelder, die zum Berufsbild des betreffenden Arztes gehören, selbst wenn damit ein erheblicher Publikumsverkehr verbunden ist.[108]

24   **3. Unbefugte Überlassung der Mietsache an einen Dritten.** Nach § 543 Abs 2 Nr 2 kann der Vermieter ferner aus wichtigem Grunde fristlos kündigen, wenn seine Rechte dadurch in erheblichem Maße verletzt werden, dass der Mieter die Mietsache unbefugt einem Dritten überlässt. Die Auslegung dieser Vorschrift ist umstritten. Es geht dabei vor allem um die Frage, ob im Falle der unbefugten Gebrauchsüberlassung an einen Dritten immer noch eine **erhebliche Verletzung der Rechte** des Vermieters **hinzukommen** muss, um ein Kündigungsrecht des Vermieters zu begründen[109] oder ob im Falle der unbefugten Gebrauchsüberlassung an einen Dritten das **Kündigungsrecht** des Vermieters **immer** eingreift, weil darin zugleich stets eine erhebliche Rechtsverletzung zu sehen ist.[110]

25   Jedoch dürfte beides (unbefugte Gebrauchsüberlassung und erhebliche Rechtsverletzung) in der Regel **zusammenfallen**, wie aus der Regelung des § 540 Abs 1 und des § 553 Abs 1 zu folgern ist. Anders verhält es sich lediglich in dem eigentlich umstrittenen

98 LG Berlin ZMR 2011, 873; LG Frankfurt/M ZMR 2012, 352, 153; AG Berlin-Schöneberg GE 2009, 1501; AG Hamburg-Harburg ZMR 2011, 644f.
99 LG Berlin ZMR 2011, 873.
100 AG Euskirchen ZMR 1968, 86; AG Frankfurt NJW-RR 1999, 596; besonders weitgehend AG München NJW-RR 2003, 944 = NZM 2003, 475, 476.
101 AG Köln WuM 1972, 141.
102 BGHZ 123, 233, 238ff = NJW 1993, 2528; zustimmend BVerfG NJW 1994, 41; OLG Hamm WuM 1993, 31; LG Kempten NJW-RR 1996, 264 = WuM 1997, 371; AG Hanau WuM 1997, 556.
103 OLG München ZMR 2001, 347.
104 LG München WuM 1963, 39.
105 OLG Düsseldorf WuM 1996, 410 = ZMR 1996, 651; LG Gießen NJW-RR 1994, 1102; LG Hamburg WuM 1992, 190; AG Schöneberg ZMR 2000, 685f.
106 LG Berlin GE 1990, 255; AG Berlin-Mitte GE 1994, 813.
107 LG Frankfurt ZMR 1970, 237; weitere Beispiele s *Staudinger* Rn 37f.
108 OLG Köln NZM 2011, 76 ff.
109 So *Blank/Börstinghaus* § 543 Rn 76, 79; *Kraemer* NZM 2001, 553, 560; *Schmidt-Futterer/Blank* § 543 Rn 68, 70.
110 So wohl MünchKomm/*Bieber* § 543 Rn 40; *Palandt/Weinkauff* § 543 Rn 20, 22.

Grenzfall, dass der Mieter einen **Anspruch auf Erlaubnis** der Untervermietung hat, sei es aufgrund des Vertrages, sei es nach § 553 Abs 1. In diesem Fall stellen die Gerichte heute meistens ganz auf die Umstände des Einzelfalles ab,[111] womit zugleich gesagt ist, dass im Regelfall *keine Rede* von einer erheblichen Verletzung der Rechte des Vermieters sein kann, wenn der Mieter zur Untervermietung schreitet, ohne die Erteilung der Erlaubnis seitens des Vermieters abzuwarten, dies jedenfalls dann, wenn er die Erlaubnis rechtzeitig beantragt hatte; auch der BGH hält in diesem Fall selbst eine ordentliche Kündigung aufgrund des § 573 Abs 2 Nr. 1 für **rechtsmissbräuchlich.**[112] Für § 543 Abs 2 Nr 2 kann dann (erst recht) nichts anderes gelten.[113]

V. Zahlungsverzug (§ 543 Abs 2 Nr 3)

Das mit Abstand wichtigste Kündigungsrecht des Vermieters ist sein außerordentli- **26** ches Kündigungsrecht bei Zahlungsverzug des Mieters nach den §§ 543 Abs 2 Nr 3 und 569 Abs 3. **Zweck** dieses Kündigungsrechts ist in erster Linie (natürlich) der **Schutz des Vermieters**, der häufig auf den regelmäßigen Eingang der Mieten zur Bedienung der Grundpfandrechte angewiesen ist. Daneben bezweckt die Regelung aber auch (mit gleichem Gewicht) den **Schutz des Mieters** vor der Gefahr, bereits bei geringfügigen oder nur vorübergehenden Zahlungsrückständen insbesondere seine Wohnung zu verlieren (vgl § 569 Abs 3). Eine weitere Sonderregelung für den Verzug (nur) des Wohnraummieters mit der **Sicherheitsleistung** im Sinne des § 551 enthält das Gesetz seit 2013 in **§ 569 Abs 2a** (s dazu u § 569 Rn ••ff). § 543 Abs 2 Nr 3 geht für seinen Anwendungsbereich den allgemeinen Vorschriften über den Verzug vor (§§ 280, 286, 323). In der Insolvenz des Mieters sind die Schranken des Kündigungsrechts zu beachten, die sich aus **§ 112 InsO** ergeben (s o § 535 Rn 51). Keine Rolle spielt, zu welchen Terminen die Miete zu zahlen ist.

1. Ersatzansprüche des Vermieters. § 543 Abs 2 Nr 3 regelt allein das Kündigungs- **27** recht des Vermieters bei Zahlungsverzug des Mieters. Die **übrigen Rechtsfolgen** des Zahlungsverzugs des Mieters richten sich nach den allgemeinen Vorschriften (§§ 280 Abs 2, 281 und 286 sowie § 314 Abs 4). Der Vermieter kann folglich trotz einer Kündigung des Mietvertrages aufgrund des § 543 Abs 2 Nr 3 immer noch unter den Voraussetzungen der §§ 280 Abs 2, 281 und 286 **Ersatz des** ihm **durch den Zahlungsverzug** des Mieters und die deshalb ausgesprochene Kündigung des Mietvertrages **entstandenen Schadens** verlangen.[114] Der Ersatzanspruch setzt, auch soweit der Vermieter **Ersatz für** die ihm in der **Zukunft entgehende Miete** infolge der vorzeitigen fristlosen Kündigung des Vertrags nach § 281 verlangt, keine **Fristsetzung** voraus (§ 281 Abs 2).[115]

Der **Schadensersatzanspruch** des Vermieters **umfasst sämtliche Schäden**, die ihm **28** durch den Zahlungsverzug des Mieters *und* die darauf fußende Kündigung entstehen, insbesondere also die ihm **entgehende Miete** für die vereinbarte feste Vertragsdauer oder bis

---

111 Insbesondere BGH NJW 2011, 1065 Tz 20 ff = NZM 2011, 275 = WuM 2011, 169; LG Berlin GE 2011, 1159.
112 BGH NJW 2011, 1065 Tz 22 = NZM 2011, 275 = WuM 2011, 169.
113 OLG Düsseldorf WuM 2002, 673 = ZMR 2003, 177; LG Berlin GE 2003, 880 f; LG Hamburg ZMR 2001, 973, 974; *Kraemer* NZM 2001, 553, 560.
114 Ebenso schon RGZ 76, 367, 368f; BGHZ 82, 121, 129f = NJW 1982, 870; BGHZ 95, 39, 43ff = NJW 1985, 2253; BGH LM Nr 23 zu § 557 BGB = NJW 1998, 372, 374; NZM 1998, 234, 236 = NJW-RR 1998, 1125.
115 BGH NZM 2005, 340, 341; OLG München WuM 2002, 492, 493; OLG Düssseldorf GE 2011, 1681, str.

Volker Emmerich

zu dem Zeitpunkt, zu dem der Mieter erstmals ordentlich kündigen konnte.[116] Gelingt dem Vermieter die erneute Vermietung der Räume nur zu einer niedrigeren Miete als bisher, so schuldet der erste Mieter auch **Ersatz der Mietdifferenz**, freilich nur bis zu dem genannten Zeitpunkt.[117] Der Vermieter kann außerdem **Ersatz der Kosten für** die **Suche** eines neuen Mieters sowie gegebenenfalls Ersatz der **Rechtsverfolgungskosten** verlangen,[118] Rechtsanwaltskosten indessen nur, soweit nach den Umständen überhaupt erforderlich und zweckmäßig, nicht also zB ein Großvermieter, der einfache Kündigungen ohne Weiteres auch selbst auszusprechen vermag.[119] Die **Auslagerung** der Mahnabteilung auf rechtlich selbständige Tochtergesellschaften ändert hieran nichts.[120] Dasselbe sollte grundsätzlich für die Einschaltung von Inkassounternehmen oder **Inkassobüros** gelten, weil dadurch nur unnötige Kosten zulasten des Mieters generiert werden, die ohne weiteres bei der Inanspruchnahme des staatlichen Mahnverfahrens vermieden werden können.[121] Der Mieter haftet ferner für etwaige **Zahlungsausfälle** des Vermieters bei dem Nachmieter.[122] Der Vermieter muss sich jedoch nach § 254 darum bemühen, den Schaden, notfalls durch anderweitige Vermietung, möglichst gering zu halten.[123] Daraus folgt aber nicht die Verpflichtung, sofort um jeden Preis weiter zu vermieten.[124] Die **Beweislast** für ein mitwirkendes Verschulden des Vermieters trägt der Mieter.[125]

29   **2. Verzug an zwei aufeinander folgenden Terminen (§ 543 Abs 2 Nr 3 lit a).** Der Vermieter kann nach § 543 Abs 2 Nr 3 zunächst fristlos kündigen, wenn der Mieter für zwei aufeinander folgende Termine mit der Entrichtung der Miete oder eines nicht unerheblichen Teils davon in Verzug ist. Für die Wohnraummiete ist ergänzend **§ 569 Abs 3 Nr 1** zu beachten, nach dem hier der rückständige Teil der Miete grundsätzlich nur dann als nicht unerheblich anzusehen ist, wenn er die Miete für einen Monat übersteigt. Eine **Fristsetzung** oder **Abmahnung** ist in diesem Fall grundsätzlich **nicht Voraussetzung** der Kündigung (§ 543 Abs 3 S 2 Nr 3). Der Vermieter kann vielmehr **sofort kündigen**, wenn die Voraussetzungen des § 543 Abs 2 Nr 3 erfüllt sind.[126] Maßgebender **Zeitpunkt**, in dem die Kündigungsvoraussetzungen erfüllt sein müssen, ist der des **Zugangs der Kündigung** beim Mieter,[127] *nicht* der frühere Zeitpunkt der Abgabe der Kündigungserklärung,[128] so dass das Kündigungsrecht des Vermieters zum Schutze des Mieters entfällt, wenn der Vermieter in der Zwischenzeit befriedigt wird.[129] Dies folgt unmittelbar aus § 543 Abs 2 S 2 (s u Rn 40).

---

116 BGHZ 82, 121, 129f = NJW 1982, 870; BGHZ 95, 39, 44, 47 = NJW 1985, 2253; BGH LM Nr 23 zu § 557 BGB = NJW 1998, 372, 374; NZM 2004, 733 = WuM 2004, 542, 543; NZM 2005, 340, 341; OLG Düsseldorf ZMR 2008, 711; WM 2009, 449, 453.
117 BGH NZM 1998, 234, 236 = NJW-RR 1998, 1125.
118 BGH NZM 1998, 234, 236 = NJW-RR 1998, 1125; LM Nr 11 zu § 554 BGB = MDR 1984, 572; WM 1990, 2043; AG Ansbach ZMR 2011, 642.
119 BGH WuM 2010, 740; NZM 2012, 607 Tz 4; OLG Düsseldorf ZMR 2012, 186.
120 AG Dortmund WuM 2012, 492; *Streyl/Wietz* WuM 2012, 475.
121 *Streyl/Wietz* WuM 2012, 475.
122 OLG Düsseldorf GE 2001, 345; WuM 2001, 608; KG GE 2002, 329.
123 BGH WM 1984, 171, 172; NZM 2005, 340, 341 = GE 2005, 607.
124 OLG Düsseldorf NJW-RR 1991, 1353, 1354; WuM 2001, 608; KG GE 2001, 1402; ZMR 2010, 112, 113.
125 OLG Düsseldorf WuM 2001, 608; WM 2009, 449, 453; OLG Koblenz ZMR 2009, 282, 283.
126 BVerfGE 80, 48 = NJW 1989, 1917; BGH LM Nr 1 zu § 554 BGB = NJW 1959, 766; zu Ausnahmen s u Rn 35.
127 LG Lüneburg WuM 1995, 708; AG Hamburg-Blankenese ZMR 2005, 846; AG-Halle/Saale WuM 2009, 651; wohl auch BGH NJW 2007, 3210 Tz 32f; str.
128 So LG Duisburg WuM 2006, 257; LG Köln ZMR 2002, 126, 127; *Winkler* ZMR 2006, 420, 422.
129 AG Dortmund WuM 2004, 720f.

a) Nur der Rückstand des Mieters gerade mit der Bezahlung der **„Miete"** gibt dem 30
Vermieter das Kündigungsrecht des § 543 Abs 2 Nr 3. Der Gesetzgeber hatte dabei in erster
Linie, wenn auch nicht ausschließlich, **periodische**, dh regelmäßig wiederkehrende
Leistungen des Mieters im **Gegensatz** zu **einmaligen Zahlungen** im Auge.[130] „Miete" iSd
§ 543 Abs 2 Nr 3 ist folglich die periodisch fällig werdende **Grundmiete zuzüglich der
Betriebskostenvorauszahlungen und – pauschalen**, weil und sofern es sich dabei um
regelmäßige Zahlungen handelt,[131] nicht jedoch **Nachforderungen** des Vermieters aufgrund der Betriebskostenabrechnung.[132]

Keine Miete im Sinne des § 543 Abs 2 Nr 3 sind **einmalige Leistungen** des Mieters 31
wie Baukostenzuschüsse, Mietvorauszahlungen, **Kautionen** (s aber § 569 Abs 2a), Schadensersatzleistungen, Kostenerstattungen oder Zinsen.[133] Dasselbe gilt für Forderungen
des Vermieters aufgrund der Betriebskostenabrechnung,[134] aufgrund einer rückwirkenden
Mieterhöhung[135] oder aufgrund eines Vergleichs über die rückständige Miete.[136] In allen
genannten Fällen ist folglich für die Anwendung des § 543 Abs 2 Nr 3 kein Raum; bei einem
Verzug des Mieters mit der Zahlung dieser einmaligen Beträge bleibt es vielmehr bei der
Anwendbarkeit der allgemeinen Regeln über die Zahlungsverzögerung (§§ 280, 281, 286
und 323). An die Stelle des gemäß § 323 nach Fristsetzung möglichen Rücktritts tritt indessen bei der Miete *nach Überlassung* der Mietsache an den Mieter weiterhin die **Kündigung**,
jetzt freilich unter den deutlich engeren Voraussetzungen der **§§ 314 und 543 Abs 1**,[137] und
zwar insbesondere bei einer **beharrlichen Zahlungsverweigerung**, wobei im einzelnen
streitig ist, wie hoch die rückständige Betrag sein muss, um eine Anwendung des § 543
Abs 1 zu rechtfertigen; nahe liegt eine Orientierung an § 543 Abs 2 Nr 3 lit a.

b) Eine fristlose Kündigung kommt nach **§ 543 Abs 2 Nr 3 lit a** zunächst in Betracht, 32
wenn der Mieter die Miete (o Rn 30f) ganz oder teilweise an **zwei aufeinander folgenden Terminen nicht gezahlt** hat. Mit Terminen sind hier die **Fälligkeiten** der Miete iS
der §§ 556b und 579 gemeint. Der Gesetzgeber hatte dabei offenkundig allein die übliche
monatliche Zahlungsweise der Miete im Auge (s § 569 Abs 3 Nr 1 S 1). Der Anwendungsbereich der Vorschrift beschränkt sich indessen nicht auf diesen Regelfall, sondern umfasst
auch andere Zahlungsweisen, zB eine wöchentliche, vierteljährliche oder jährliche
Mietzahlung.[138] In diesen Fällen ist dann die lit a des § 543 Abs 2 Nr 3 entsprechend anzuwenden, so dass zB bei jährlicher Mietzahlung der Rückstand nur mit einem Jahresbetrag
– ungeachtet dessen absoluter Höhe – für eine Kündigung nach § 543 Abs 2 Nr 3 lit a allein
nicht ausreicht.[139]

c) Das Kündigungsrecht des Vermieters nach § 543 Abs 2 Nr 3 lit a setzt weiter voraus, 33
dass der Mieter mit einem **„nicht unerheblichen Teil"** der Miete in Verzug ist. Für die
Wohnraummiete fügt **§ 569 Abs 3 Nr 1 S 1** hinzu, dass der rückständige Teil der Miete nur
dann als erheblich anzusehen ist, wenn er die **Miete für einen Monat übersteigt**. Daraus

---

130 OLG Koblenz NJW 1984, 2369 = ZMR 1984, 351; LG Köln WuM 1993, 191.
131 BGH WM 1975, 897, 899; NJW 2007, 3210 Tz 31.
132 OLG Koblenz NJW 1984, 2369; LG Hamburg NJW-RR 1992, 1429.
133 OLG Köln ZMR 2000, 459, 461f; OLG Düsseldorf ZMR 2009, 275; LG Köln WuM 1994, 207.
134 OLG Koblenz NJW 1984, 2369; AG München ZMR 2009, 696; *Hinz* NZM 2010, 57; str.
135 LG Hamburg NJW-RR 1992, 1429; LG Köln WuM 1993, 191, str.
136 OLG München NZM 2003, 454.
137 *Lammel* § 543 Rn 96.
138 BGH LM Nr 55 zu § 242 (Cd) BGB = MDR 1958, 766; NJW-RR 2009, 29 Tz 15 = NZM 2009, 30.
139 BVerfG/LG Wuppertal WuM 1992, 668.

Volker Emmerich

folgt, dass es für die Frage der Erheblichkeit des Rückstandes immer auf die **Gesamthöhe der Rückstände** ankommt, wobei ein Rückstand, der höher als eine Monatsmiete ist, und sei es auch nur um einen Euro, in jedem Fall als erheblich zu gelten hat.[140] Schwierigkeiten bereitet vor allem die genaue **Abgrenzung der lit a** des § 543 Abs 2 Nr 3 (der auf den Verzug an zwei aufeinanderfolgenden Terminen abstellt) **von** der **lit b** der Vorschrift, die den Fall im Auge hat, dass sich der Verzug auf mehr als zwei Termine erstreckt.[141] Der **BGH** hat die Auffassung vertreten, dass die **lit a** nur anwendbar sei, wenn der kritische Rückstand von mehr als einer Monatsmiete gerade aus *zwei aufeinanderfolgenden* Terminen herrühre, während kein Raum für die Anwendung der Vorschrift sei, wenn sich dieser Rückstand aus einem längeren Zeitraum ergeben habe, selbst wenn er dann an zwei aufeinanderfolgenden Terminen bestehe[142]; in solchen Fällen komme vielmehr allein die Anwendung der **lit b** des § 543 Abs 2 Nr 3 in Betracht, die aber weitergehend einen Verzug mit mindestens zwei Monatsmieten voraussetze. Das ist keineswegs zwingend;[143] schon seinem Wortlaut nach erfasst die lit a des § 543 Abs 2 Nr 3 jeden Fall des Dauerverzugs, während die lit b ergänzend insbesondere in den gefürchteten Fällen des „Springens" eingreift (s Rn 37).

34   **d)** Das Kündigungsrecht des Vermieters nach § 543 Abs 2 Nr 3 lit a setzt schließlich noch voraus, dass der Mieter mit den Mietrückständen in **Verzug** ist. Die Voraussetzungen des Verzugs richten sich nach **§ 286**. Die Mietschuld ist in aller Regel **Geldschuld**. Geldschulden galten früher allgemein nach den §§ 269 und 270 als **Schickschulden** mit der Besonderheit, dass der Mieter zwar die Verlust- oder Transportgefahr, nicht jedoch die **Verzögerungsgefahr** tragen musste. Daraus ist bislang überwiegend der Schluss gezogen worden, dass der Mieter selbst dann **rechtzeitig** gezahlt hat, wenn er das Geld erst am letzten Tag der Frist **abgesandt** hat, sofern es nur überhaupt bei dem Gläubiger, wenn auch möglicherweise „verspätet", eintrifft.[144] Die Frage ist indessen heute mit Rücksicht auf die abweichende Rechtsprechung des **EuGH**[145] **zur Zahlungsverzugsrichtlinie von 2000**[146] **streitig.**[147] Auszugehen ist davon, dass die Zahlungsverzugs-Richtlinie allein *für den Verkehr zwischen Unternehmen* gilt, so dass auch nur in diesem Rahmen jetzt feststeht, dass es für die Rechtzeitigkeit der Mietzahlung auf den *Eingang* der geschuldeten Beträge bei dem Vermieter ankommt. Das ist inzwischen unstreitig, umstritten dagegen nach wie vor, ob aus der Richtlinie in der Auslegung des Gerichtshofs weitergehende Folgerungen insbesondere auch für die **Wohnraummiete** zu ziehen sind. Vielfach wird, und zwar auch in der Rechtsprechung angenommen, dass Geldschulden einschließlich der Mietschulden jetzt generell als **modifizierte Bringschulden** anzusehen seien, so dass der Mieter bereits in Verzug gerate, wenn der geschuldete Betrag nicht rechtzeitig bei dem Gläubiger, dh dem Vermieter eingeht.[148] Es finden sich jedoch auch nach wie vor abweichende Stimmen.[149] In

---

140   BGH LM Nr 18 zu § 554 BGB = NJW-RR 1987, 903; NJW 2008, 3210 Tz 30; OLG Düsseldorf ZMR 2006, 927, 928; str.
141   *Blank* NZM 2009, 113.
142   BGH NJW 2007, 3210 = NZM 2007, 770, 771 Tz 34–36 = WM 2007, 1980.
143   *Blank* NZM 2009, 113.
144   BGHZ 44, 178, 179f = NJW 1966, 46; BGH LM Nr 17 zu § 284 BGB = NJW 1969, 875; LM Nr 1 zu § 36 VVG = NJW 1964, 499; OLG Naumburg WuM 1999, 160.
145   Slg 2008, I-1939 = NJW 2008, 1935 Tz 23ff „DTK".
146   ABl 2000 Nr L 200/35.
147   S *Staudinger* Rn 54 f.
148   OLG Düsseldorf ZMR 2010, 958; LG Wuppertal NZM 2011, 855; AG Kassel NZM 2011, 856; *Herresthal* NZM 2011, 833, 837 ff.
149   *Eisenhardt* WuM 2011, 408; im Ergebnis auch *M Schwab* NJW 2011, 1833.

der Tat sollte nach Möglichkeit im Interesse des Mieter- und Schuldnerschutzes jedenfalls für die Wohnraummiete an dem herkömmlichen Verständnis der Mietschuld als **qualifizierte Schickschuld** festgehalten werden.

Vertragliche Regelungen des ganzen Fragenkreises haben in jeden Fall den Vorrang. **34a** Das wichtigste Beispiel sind sog **Rechtzeitigkeitsklauseln,** nach denen der Mieter nur dann rechtzeitig geleistet hat, wenn innerhalb der vorgeschriebenen Frist der geschuldete Betrag beim Vermieter eintrifft.[150] Ganz anders dagegen, wenn der Vermieter aufgrund des Vertrages über eine **Einzugsermächtigung** verfügt oder wenn die Parteien die Teilnahme am Lastschrift-Abbuchungsverfahren vereinbart haben, weil die Geldschuld dann zur **Holschuld** wird, so dass es *allein Sache des Vermieters* ist, sich um den rechtzeitigen Eingang der geschuldeten Beträge zu bemühen; macht er von dieser Möglichkeit keinen Gebrauch, so hat er sich die Zahlungsverzögerung des Mieters selbst zuzuschreiben, während der Mieter diese nicht zu vertreten hat und damit auch nicht in Verzug gerät, jedenfalls, wenn sein Konto eine ausreichende Deckung aufweist (str), es sei denn, das Verhalten des Mieters sei als ernstliche und endgültige Erfüllungsverweigerung zu qualifizieren.[151] – Zahlt anstelle des Mieters das **Sozialamt** die Miete, so ist umstritten, ob sich der Mieter eine etwaige Zahlungsverzögerung seitens des Sozialamtes zurechnen lassen muss (§ 278). Entgegen der hM[152] **verneint** dies der **BGH**[153] mit der Begründung, staatliche Stellen, die im Rahmen der Daseinsvorsorge tätig werden, könnten *nicht* als Erfüllungsgehilfen des Mieters angesehen werden.[154] § 543 Abs 2 Nr 3 bleibt dagegen anwendbar, wenn das Sozialamt ohnehin nur einen *Teil* der Miete (verspätet) zahlt und der Mieter auch mit dem von ihm geschuldeten Rest ständig in Verzug gerät.[155]

Eine **Mahnung** ist zur Verzugsbegründung grundsätzlich **nicht erforderlich** (§§ 286 **35** Abs 2 Nr 1, 556b Abs 1, 579). Jedoch gibt es **Ausnahmen** (§ 242). Zunächst steht es den Parteien frei, vertraglich den Verzug des Mieters von einer Mahnung des Vermieters oder von der Übersendung einer Rechnung oder eines Kontoauszuges abhängig zu machen.[156] Außerdem gibt es Fälle, in denen auch ohne solche Absprache auf eine Mahnung nicht verzichtet werden kann.[157] So verhält es sich zB, wenn der Vermieter über längere Zeit gegen den Zahlungsverzug des Mieters oder eine grundlose Minderung nichts unternimmt[158] oder wenn die Miethöhe nur aufgrund einer komplizierten Berechnung nach den für die Kostenmiete maßgeblichen Grundsätzen oder anhand einer Wertsicherungsklausel ermittelt werden kann (§ 557b). In derartigen Fällen muss dem Mieter außerdem eine **Überlegungsfrist** zur Prüfung der Berechnung zugebilligt werden.[159]

Der Mieter kommt ferner *nicht* in Verzug, wenn er die **Zahlungsverzögerung nicht 35a** zu **vertreten** hat (§ 286 Abs 4), zB weil er unzurechnungsfähig ist und keinen gesetzlichen Vertreter hat (§ 278).[160] Ebenso ist es zu beurteilen, wenn der Vermieter in Annahmever-

---

150 BGHZ 139, 123, 126 = NJW 1998, 2664 (für Kaufleute).
151 KG ZMR 2009, 30, 31; OLG Stuttgart ZMR 2008, 967, 968 ff; *Eisenhardt* WuM 2011, 408, 411; *Herresthal* NZM 2011, 833).
152 LG Karlsruhe ZMR 1989, 421 = WuM 1989, 629; LG Berlin NZM 2002, 289 Nr 4; ZMR 2002, 824; GE 2004, 1172, 1173; *Kraemer* NZM 2001, 553, 561; *Schleusner* NZM 1998, 992.
153 BGH NJW 2009, 3781 Tz 30 = NZM 2010, 37; KG GE 1998, 120; NJW 1998, 2455, 2456f = NZM 1998, 110; LG Berlin ZMR 2013, 121.
154 S dazu *Paschke* GE 2010, 102; *Schach* GE 2009, 1586; *Wiek* WuM 2010, 204.
155 AG Bernau WuM 2010, 31.
156 BGH LM Nr 10 zu § 554 BGB = WM 1972, 1250.
157 OLG Düsseldorf NZM 2004, 786.
158 BGH WuM 2012, 323 Tz 39; OLG München ZMR 1996, 376, 377.
159 BGH WM 1970, 1141 = WarnR 1970 Nr 191, S 445f = ZMR 1971, 27, 28; LG Itzehoe WuM 1990, 548.
160 LG Hamburg NJW-RR 1996, 139 = WuM 1996, 271.

zug gerät (§§ 293ff), wenn die Höhe der Mietforderung erst durch Beweisaufnahme geklärt werden kann,[161] wenn der Mieter die Erben des Vermieters nicht kennt und auch nicht zu ermitteln vermag,[162] sowie, wenn nach einer Veräußerung des Grundstücks (§ 566) der neue Eigentümer nicht bereit ist, ihm sein Eigentum nachzuweisen, sofern der Mieter darauf hin die Miete hinterlegt.[163] Auch wenn sich der Mieter in einem **entschuldbaren Rechtsirrtum** über seine Zahlungspflicht befindet, gerät er nicht in Verzug (§§ 286 Abs 4, 276), wobei jedoch zu beachten ist, dass in der Regel an die Entschuldbarkeit eines Rechtsirrtums *strenge Anforderungen* gestellt werden. Umstritten ist freilich, ob dasselbe zu gelten hat, wenn sich der Mieter über den Bestand oder die Höhe eines **Minderungsrechts** aufgrund des § 536 irrt und deshalb (zu Unrecht) die Miete kürzt. In diesem Fall wird häufig argumentiert, der Mieter müsse in der Lage sein, ein Minderungs- oder Zurückbehaltungsrecht geltend zu machen, ohne befürchten zu müssen, bei einer unzutreffenden Beurteilung der Rechtslage sofort seine Wohnung infolge des Kündigungsrechts des Vermieters aufgrund des Verzugs zu verlieren.[164] Dem ist der **BGH** indessen nicht gefolgt, der keinen Anlass für eine derartige Privilegierung des Wohnraummieters sieht, zumal der Mieter bei Zweifeln über den Bestand und die Höhe seines Minderungsrechts ohne weiteres unter Vorbehalt zahlen könne, um sich seine Rechte zu erhalten (§§ 812 Abs 1 S 1, 814).[165] Der Mieter hat die Zahlungsverzögerung ferner zu vertreten, wenn er zwar **rechtlichen Rat** eingeholt hat, dieser Rat aber auf einem zu vertretenden **Rechtsirrtum seines Beraters** einschließlich des Mietervereins beruht.[166] Außerdem muss der Mieter für seine finanzielle **Leistungsfähigkeit** einstehen. Weder Arbeitslosigkeit noch Krankheit vermögen ihn im Regelfall zu entschuldigen.[167]

36   Der Mieter gerät nicht in Verzug, wenn ihm ein **Einrederecht** zusteht, insbesondere, wenn er ein Zurückbehaltungsrecht oder die Einrede des nichterfüllten Vertrages hat (§§ 273, 320).[168] Gleich steht die **irrtümliche Annahme** eines Einrederechtes, sofern der Rechtsirrtum des Mieters ausnahmsweise entschuldbar ist.[169] Auf **verjährte Mietrückstände** kann gleichfalls keine Kündigung mehr gestützt werden.[170] Wenn der Mieter wegen Mängeln der Sache **mindern** kann, spielt es außerdem keine Rolle, ob er den Minderungsbetrag richtig oder zu hoch schätzt, weil und sofern er wegen des weitergehenden Betrages ein Zurückbehaltungsrecht hat (§ 273).[171]

37   **3. Verzug mit zwei Monatsraten an mehr als 2 Terminen (§ 543 Abs 2 Nr 3 lit b).** Seit 1963 kann der Vermieter ferner fristlos kündigen, wenn sich der Mieter in einem Zeitraum, der sich über **mehr als zwei Termine** erstreckt, mit der Entrichtung der Miete in Höhe eines Betrages in Verzug befindet, der die **Miete für zwei Monate** erreicht (**§ 543 Abs 2 Nr 3 lit b).** Der Verzug muss sich hier folglich bei monatlicher Zahlungsweise über einen Zeitraum von **mehr als zwei Monaten**, idR also, aber nicht notwendig, von *drei Monaten* erstrecken, während eine Obergrenze nicht besteht. Erforderlich ist nur, dass der

---

161 LG Köln WuM 1976, 182.
162 BGH LM Nr 35 zu § 581 BGB = MDR 1973, 404; NJW 2006, 51 = NZM 2006, 11 = WuM 2005, 769, 770.
163 LG Kaiserslautern WuM 1985, 223.
164 S insbesondere *Blank* NZM 2007, 788 = WuM 2007, 655; *ders* WuM 2012, 501.
165 BGH NZM 2007, 35 ff Tz 14 f, 22 f, 27 f = NJW 2007, 428; NZM 2012, 323, 325 Tz 31; NJW 2012, 2882 Tz 18 f = NZM 2012, 637; zustimmend *Hinz* NJW 2013, 337.
166 BGH NJW 2007, 428 = NZM 2007, 35; NJW 2012, 2882 Tz 22.
167 RGZ 76, 367, 368; BGH NZM 2005, 334 = WuM 2005, 250, 251; WuM 2006, 193, 196 Tz 26.
168 S MünchKomm/*Emmerich* § 320 Rn 39, 46.
169 *Blank* NZM 2007, 788; *Staudinger* Rn 56.
170 LG Berlin MDR 1983, 843.
171 LG Kiel WuM 1975, 169; LG Berlin GE 1994, 403; 1994, 1381.

Mieter **während des gesamten** fraglichen **Zeitraums in Verzug** war, so dass das Kündigungsrecht erlischt, wenn der Verzug zwischenzeitlich einmal entfallen war.[172] Außerdem müssen während dieses Verzugszeitraums **Rückstände in Höhe von** insgesamt **zwei Monatsraten** aufgelaufen sein. Rückstände in Höhe von zwei Monatsraten müssen nur im **Augenblick des Zugangs** der Kündigung vorliegen; nicht erforderlich ist, dass Rückstände in dieser Höhe während des ganzen Zeitraums von mehr als zwei Monaten vorgelegen haben.[173] Die Höhe der einzelnen Rückstände spielt keine Rolle. Es kann sich dabei auch um geringfügige Beträge handeln. Bei andauerndem Verzug mit geringeren Beträgen kommt außerdem noch ein Kündigungsrecht nach § 543 Abs 1 in Betracht (s unten Rn 43ff). Bei **anderer als monatlicher Zahlweise** gilt § 543 Abs 2 Nr 3 lit b entsprechend (o Rn 25). Durch diese Regelung wollte der Gesetzgeber der gefürchteten Praxis des „Springens" begegnen, charakterisiert dadurch, dass der Mieter vermeidet, an zwei *aufeinanderfolgenden* Terminen in Verzug zu geraten (worauf die lit a des § 543 Abs 2 Nr 3 abstellt, so genannter **Dauerverzug**), sondern zB nur in jedem dritten oder vierten Monat unbegründete Abzüge vornimmt oder gar nicht zahlt.

4. Ausschlusstatbestände. Nach **§ 543 Abs 2 S 2 und 3** ist eine Kündigung wegen **38** Zahlungsverzugs des Mieters nach § 543 Abs 2 Nr 3 in zwei Fällen ausgeschlossen. Weitere Fälle ergeben sich für die Wohnraummiete aus § 569 Abs 3 Nr 2 sowie generell aus § 242. Der erste Fall liegt vor, wenn der Vermieter noch vor der Kündigung rechtzeitig wegen seiner offenen Forderungen befriedigt wird (S 2 des § 543 Abs 2; dazu u Rn 40), der zweite, wenn sich der Mieter von seiner Schuld durch Aufrechnung befreien konnte und er unverzüglich nach der Kündigung die Aufrechnung erklärt (S 3 aaO; s u Rn 41f). Ein weiterer (dritter) Ausschlussgrund findet sich speziell für die Wohnraummiete in **§ 569 Abs 3 Nr 2,** nach dem die Kündigung auch dann unwirksam wird, wenn der Vermieter spätestens bis zum Ablauf von zwei Monaten nach Eintritt der Rechtshängigkeit des Räumungsanspruchs hinsichtlich der fälligen Miete und der fälligen Entschädigung nach § 546a Abs 1 befriedigt wird *oder* sich eine öffentliche Stelle zur Befriedigung verpflichtet (so genanntes **Nachholrecht** binnen einer Schonfrist von zwei Monaten, s u § 569 Rn 25f). Schließlich kann (viertens) noch die Kündigung des Vermieters im Einzelfall treuwidrig sein (§ 242; s u Rn 39).

a) Selbst wenn die Voraussetzungen des § 543 Abs 2 Nr 3 an sich erfüllt sind, ist die **39** Kündigung doch unwirksam, wenn ihr Ausspruch im Einzelfall **treuwidrig** ist (§ 242). Dies kommt namentlich **bei arglistigem oder widersprüchlichem Verhalten** des Vermieters in Betracht,[174] wenn sich der Vermieter zB ohne weiteres aus einer Kaution oder aus sonstigen vom Mieter gestellten Sicherheiten zu befriedigen vermag.[175] Bei langfristigen Verträgen darf der Vermieter von seinem Kündigungsrecht nach Treu und Glauben außerdem nur in einer Weise Gebrauch machen, die dem Mieter die **Möglichkeit der Abwehr** erhält.[176] Auch wenn der Vermieter eine **unpünktliche Zahlungsweise** des Mieters (u Rn 43ff) längere Zeit nicht beanstandet hat, kann er nicht plötzlich und unerwartet seine Haltung ändern und unvermittelt nach § 543 Abs 2 Nr 3 kündigen. In derartigen Fällen muss er vielmehr nach Treu und Glauben den Mieter vor Ausspruch der Kündigung darauf hinweisen,

---

172   S *Staudinger* Rn 58.
173   LG Berlin ZMR 1992, 24; 2002, 428, 429.
174   OLG München ZMR 1998, 632, 633.
175   Anders freilich BGH LM Nr 50 zu § 535 BGB = WM 1972, 335 = MDR 1972, 411.
176   RGZ 150, 232, 238ff; LG Frankfurt WuM 1975, 55.

Volker Emmerich

dass er fortan auf pünktlicher Zahlung bestehen und andernfalls von seinem Kündigungs-recht Gebrauch machen werde (sog **Abmahnung**).[177]

40 **b)** Durch Verzug begründete Gestaltungsrechte erlöschen, sofern sie **nicht** rechtzeitig noch **vor Heilung des Verzugs ausgeübt** werden. Heilung des Verzugs tritt ein, wenn der Schuldner *vollständig* leistet, wenn er die Leistung dem Gläubiger in einer Annahmeverzug begründenden Weise anbietet oder wenn nachträglich die Voraussetzungen des Verzugs entfallen, zB weil der Schuldner ein Einrederecht erwirbt.[178] Die Folgerungen hieraus zieht § 543 Abs 2 S 2 durch die Bestimmung, dass die Kündigung ausgeschlossen ist, wenn der Vermieter **vor ihrer Wirksamkeit durch Zugang** beim Mieter **befriedigt** wird (s schon o Rn 29). Der Befriedigung des Vermieters steht die Verzugsheilung in sonstiger Weise gleich. Voraussetzung ist **vollständige Befriedigung** des Gläubigers **vor** Wirksamwerden der Kündigung durch Zugang beim Mieter (o Rn 29); Teilzahlungen stehen nicht gleich,[179] wohl aber eine Leistung unter Vorbehalt.[180] Für die Rechtzeitigkeit der Erfüllung kommt es jedenfalls bei der Wohnraummiete weiterhin auf die bloße Rechtzeitigkeit der **Erfül-lungshandlung** an.[181] Nicht erforderlich ist, dass der Mieter zugleich die Zahlung eines etwaigen Verzögerungsschadens und von Verzugszinsen anbietet, schon, weil der Mieter die Höhe dieser Beträge gar nicht kennen kann.[182] Gleich stehen die Erfüllungssurrogate einschließlich der Aufrechnung (s auch u Rn 41f).

41 **c)** Nach § 543 Abs 2 S 3 wird die Kündigung ferner unwirksam, wenn sich der Mieter (schon *vor der Kündigung*) von seiner Schuld durch Aufrechnung befreien konnte und **unverzüglich nach der Kündigung** tatsächlich die **Aufrechnung erklärt**,[183] während der bloße Bestand einer Aufrechnungslage ohne Bedeutung ist, solange der Mieter nicht von seinem Aufrechnungsrecht Gebrauch macht. In der Aufrechnungserklärung muss die **Gegenforderung** des Mieters **genau bezeichnet** werden, damit der Vermieter die Berech-tigung der Aufrechnung des Mieters überprüfen kann.[184] Diese Regelung erklärt sich durch die rückwirkende Kraft der Aufrechnung (§ 389). Besonderheiten gelten aufgrund des § 569 Abs 3 Nr 2 S 1 wiederum für die **Wohnraummiete**. Der **Rechtsgrund** der Gegen-forderung des Mieters spielt keine Rolle. Voraussetzung ist nur, dass die Gegenforderung schon **vor der Kündigung** bestand *und* fällig war (§§ 387, 390). Abs 2 S 3 ist dagegen nicht anwendbar, wenn die Gegenforderung des Mieters erst *nach* der Kündigung entstanden ist oder fällig wurde.[185] Daher kann der Mieter mit einem Anspruch auf Rückzahlung der Kaution nicht aufrechnen, weil und sofern der Anspruch erst längere Zeit *nach* Vertrags-beendigung fällig wird. Die Aufrechnung beseitigt die Kündigung außerdem nur, wenn die Gegenforderung die **gesamten Rückstände** des Mieters deckt.[186]

42 Die Aufrechnung muss nach § 543 Abs 2 S 3 **unverzüglich**, dh ohne schuldhaftes Zögern erklärt werden (s § 121 Abs 1 S 1). Unverzüglich bedeutet nicht: sofort; vielmehr ist

177 BGH WM 1971, 1439, 1440 = ZMR 1972, 306; WM 1971, 1020, 1021; OLG Karlsruhe NJW-RR 2003, 945, 947f = NZM 2003, 513, 515; OLG Düsseldorf ZMR 2004, 570.
178 S *Emmerich* Leistungsstörungen § 16 Rn 72ff (S 257ff); *Staudinger* Rn 63ff.
179 BGH WarnR 1970 Nr 191, S 415, 417; LG Berlin ZMR 1997, 143, 144.
180 LG Frankfurt WuM 1987, 318; *Nies* NZM 1998, 398, 399; str.
181 Rn 34, BGH WuM 2006, 193, 194 Tz 10 = NZM 2006, 338 = NJW 2006, 1585.
182 OLG Celle WuM 1990, 103, 109f.
183 BGH WuM 2010, 484 Tz 43.
184 OLG Celle GE 2007, 1257.
185 BGH LM Nr 1 zu § 3 MSchG = NJW 1959, 2017; LG Aachen WuM 1989, 294.
186 OLG Köln ZMR 1998, 763, 768 = WuM 1998, 23.

dem Mieter eine angemessene Prüfungs- und Überlegungsfrist zu belassen, für die sich in der Praxis als Faustformel eine Dauer von maximal **zwei Wochen** herausgebildet hat.[187] Die Aufrechnung hat zur **Folge**, dass die Kündigung unwirksam wird und das Mietverhältnis infolgedessen wieder auflebt. Gerät der Mieter anschließend wieder in Verzug, so muss der Vermieter gegebenenfalls erneut nach § 543 Abs 2 Nr 3 kündigen.[188]

5. Ständige unpünktliche Zahlung. Bei Zahlungsverzug des Mieters kann der Ver- 43 mieter nach § 543 Abs 2 Nr 3 *nur* in den hier genannten Fällen kündigen, *nicht* dagegen, wenn der Mieter „lediglich" **ständig unpünktlich zahlt,** wiederholt unbegründete Abzüge macht oder über längere Zeiträume hinweg mit Beträgen in Rückstand gerät, die nicht die Grenze des § 543 Abs 2 Nr 3 und des § 569 Abs 3 Nr 1 erreichen. In derartigen Fällen wurde früher dem Vermieter ein zusätzliches außerordentliches Kündigungsrecht nach **§ 554a S 1 aF** zugebilligt, während heute nach Streichung dieser Vorschrift im Jahre 2001 eine Kündigung des Vermieters in den genannten Fällen nur noch möglich ist, wenn zugleich ein **wichtiger Grund** im Sinne **des § 543 Abs 1 S 2** vorliegt oder die Voraussetzungen des **§ 573 Abs 2 Nr 1** erfüllt sind (zu § 573 Abs 2 Nr 1 s u § 573 Rn 19, besonders 24ff).

Eine fristlose Kündigung des Vermieters nach **§ 543 Abs 1** kommt **nur in gravieren-** 44 **den Fällen** in Betracht, wenn angesichts des Verhaltens des Mieters das Vertrauensverhältnis zwischen den Parteien völlig zerrüttet ist, weil der Vermieter unter den gegebenen Umständen auch in Zukunft nicht mehr mit einer ordnungsgemäßen Erfüllung seitens des Mieters rechnen kann. Bloße einmalige oder gelegentliche Zahlungsrückstände genügen dafür nicht; es muss sich vielmehr um **wiederholte Vorgänge** handeln, die deutlich machen, dass der Mieter nicht zu einer ordnungsmäßigen Vertragserfüllung bereit ist. Die Voraussetzungen, unter denen diese Annahme gerechtfertigt ist, sind umstritten. Der **BGH** stellt in der Regel darauf ab, ob der Mieter **ungeachtet** einer **Abmahnung** des Vermieters nach § 543 Abs 3 an seiner vertragswidrigen Verhaltensweise festhält, wofür grundsätzlich auch schon eine **einmalige Wiederholung** der unpünktliche Zahlungsweise *nach* der Abmahnung als ausreichend angesehen wird; Ausnahmen, etwa in Bagatellfällen, sind jedoch denkbar.[189] In der Mietpraxis wird häufig darauf abgestellt, ob der Mieter vor der Abmahnung in einem Zeitraum von 9 oder 12 Monaten ungefähr sechsmal unpünktlich gezahlt hat, um eine fristlose Kündigung aufgrund einer weiteren unpünktlichen Zahlung nach einer Abmahnung des Vermieters zu rechtfertigen.[190] Anders kann es aber nach den Umständen des Einzelfalls zu beurteilen sein, wenn der Vermieter zuvor das vertragswidrige Verhalten des Mieters über längere Zeit hinweg widerspruchslos hingenommen hatte.[191] Entscheidend ist also letztlich das Verhalten des Mieters nach der Abmahnung, gesehen im Lichte der vorausgegangenen Pflichtverletzungen.[192]

Der Begriff der **Abmahnung** ist hier derselbe wie in § 541 und in Abs 3 des § 543 44a (s deshalb u Rn 51). In der **Abmahnung** muss insbesondere auch die fristlose Kündigung nach § 543 Abs 1 angedroht werden (sogenannte **qualifizierte Abmahnung**),[193] vor allem, wenn der Vermieter das vertragswidrige Verhalten des Mieters zunächst über längere Zeit

---

187 BGH LM Nr 18 zu § 554 BGB = NJW-RR 1987, 903; WM 1971, 1020, 1021; OLG Köln ZMR 1998, 763, 765 = WuM 1998, 23, 24; LG Hamburg ZMR 2011, 129.
188 LG Berlin ZMR 2000, 296.
189 BGHZ 170, 369, 372 Tz 9, 377 Tz 23 = NJW 2007, 1353; BGH WuM 2009, 228, 230 Tz 21ff = NZM 2009, 315; NJW 2011, 22011 Tz 18 ff; NJW 20111, 2570 Tz 14 ff; WuM 2011, 674 Tz 124 f.
190 LG München I ZMR 2010, 968; LG Frankfurt/M NZM 2011, 152.
191 BGH NJW 2011, 2201 Tz 21 f = NZM 2011, 579.
192 LG Berlin GE 2011, 1621.
193 *Blank/Börstinghaus* § 543 Rn 131; *Schmidt-Futterer/Blank* § 543 Rn 174 m Nachw.

Volker Emmerich

geduldet hatte, daraus nunmehr aber rechtliche Folgerungen ziehen will.[194] Unter den genannten Voraussetzungen können auch vorausgegangene fristlose Kündigungen wegen der unpünktlichen Zahlungsweise des Mieters als Abmahnung gewertet werden, selbst wenn die Kündigungen als solche noch unwirksam gewesen sein sollte.[195] Nach der Abmahnung darf der Vermieter außerdem nicht übermäßig lange mit der Kündigung **zuwarten** (maximal 6 Monate), widrigenfalls sein Kündigungsrecht erlischt.[196] – Eine Anwendung des § 543 Abs 1 kommt von Fall zu Fall außerdem noch in anderen vergleichbaren Fällen in Betracht. Hervorzuheben ist bei der **gewerblichen Miete** die **Unterlassung der pünktlichen Zahlung der Kaution**, jedenfalls bei einem besonderen Sicherungsbedürfnis des Vermieters, wobei es jedoch ganz auf die Umstände des Einzelfalles ankommt.[197] Bei der Wohnraummiete ist seit 2013 die Sonderregelung des § 569 Abs 2a zu beachten.

45 Das Kündigungsrecht des Vermieters **entfällt**, wenn der Mieter wieder zur pünktlichen Zahlungsweise zurückkehrt, bevor der Vermieter kündigt,[198] insbesondere, wenn er nach Abmahnung des Vermieters fortan pünktlich zahlt.[199] Sobald aber der Vermieter einmal gekündigt hat, hat es dabei sein Bewenden, selbst wenn jetzt der Mieter umgehend die Rückstände tilgt und die pünktliche Zahlungsweise wieder aufnimmt. § 543 Abs 2 S 2 kann nicht, auch nicht entsprechend angewandt werden.[200]

VI. Fristsetzung und Abmahnung (§ 543 Abs 3)

46 **1. Überblick, Anwendungsbereich.** Nach § 543 Abs 3 S 1 ist eine Kündigung aufgrund des § 543 grundsätzlich erst **nach** erfolglosem Ablauf einer zur Abhilfe bestimmten angemessenen **Frist oder** nach erfolgloser **Abmahnung** zulässig, **wenn** der wichtige Grund in der **Verletzung einer Pflicht** aus dem Mietvertrag besteht. Etwas **anderes gilt** nur in den Fällen des **§ 543 Abs 3 S 2 Nrn 1 bis 3** sowie im Falle des § 569 Abs 1 (s dazu § 569 Rn 2ff). Keine Anwendung findet § 543 Abs 3 ferner bei einer ordentlichen Kündigung wegen Pflichtverletzungen nach § 573 Abs 2 Nr 1.[201] Bei der **Abmahnung** hat das Gesetz, wie der Vergleich mit § 541 zeigt, in erster Linie Fälle einer andauernden Störung seitens des Mieters im Auge, in denen der Mieter jederzeit sofort oder nach einer kurzen Prüfungsfrist die Störung auf einen entsprechenden Hinweis des Vermieters hin einstellen kann, so dass der Schwerpunkt der Abmahnung bei den Fällen eines vertragswidrigen Gebrauchs durch den Mieter iSd § 543 Abs 2 Nr 2 liegen dürfte, während es bei der **Fristsetzung** darum geht, den anderen Teil, vor allem wohl den Vermieter zu veranlassen, durch eigenes aktives Tun einen vertragswidrigen Zustand, zB einen Mangel zu beseitigen (vgl §§ 535 Abs 1 S 2, 536c Abs 1), so dass der Anwendungsbereich der Fristsetzung im wesentlichen die Fälle des § 543 Abs 2 Nr 1 sein werden.

47 Fristsetzung und Abmahnung sind in den genannten Fällen (Rn 46) *nur* erforderlich, wenn der wichtige Grund gerade in der **Verletzung einer Pflicht** aus dem Mietvertrag

---

194 BGH WuM 2006, 193, 195; 2009, 228, 230 Tz 20 = NZM 2009, 315; OLG Oldenburg ZMR 1991, 427 = NJW-RR 1992, 79; OLG Hamm NJW-RR 1993, 1163; ZMR 1994, 560, 561; OLG München ZMR 1996, 376, 379; NJW-RR 2002, 631, 632; KG GE 2005, 236, 237 = ZMR 2005, 946.

195 BGH NJW 2011, 2570 Tz 15 = NZM 2011, 625

196 BGH WuM 2012, 323 Tz 34.

197 BGH NZM 2007, 400 Tz 18; 2007, 401 f Tz 16 f.

198 LG Ravensburg WuM 1984, 297; LG Braunschweig WuM 1987, 201.

199 BGH WuM 2006, 193, 195 Tz 15 = NJW 2006, 1585 = NZM 2006, 338.

200 BGH LM Nr 42 zu § 242 (Cd) BGB = NJW-RR 1988, 77; WuM 2006, 193, 194 Tz 13 = NJW 2006, 1585 = NZM 2006, 338.

201 S schon Rn 44 sowie noch BGH NJW 2008, 508 Tz 22ff = NZM 2008, 121.

besteht (S 1 des § 543 Abs 3). Darunter fällt freilich jeder von dem Kündigungsgegner zu vertretende Verstoß gegen eine Haupt- oder Nebenleistungspflicht aus dem Mietvertrag im weitesten Sinne und damit wohl die Masse der Fälle eines wichtigen Grundes im Sinne des **§ 543 Abs 1 und 2 Nrn 1 und 2**, wobei zu bedenken ist, dass sich bei Auftreten eines schweren Mangels infolge eines vom Vermieter nicht zu vertretenden Umstandes die Pflichtverletzung zumindest aus der Unterlassung der Mängelbeseitigung trotz rechtzeitiger Anzeige des Mieters nach § 536c ergibt.[202] Durch *Formularvertrag* kann § 543 Abs 3 nicht zum Nachteil des Mieters abgeändert werden (§ 307).[203]

2. Fristsetzung. Eine vorherige Fristsetzung seitens des Mieters ist vor allem in den **48** Fällen der **Gebrauchsentziehung** nach § 543 Abs 2 Nr 1 die regelmäßige Voraussetzung der Kündigung (Rn 46). Fristsetzung bedeutet daher die Aufforderung des Mieters an den Vermieter zur Beseitigung einer Vertragsstörung, verbunden mit der Setzung einer Frist dafür.[204] Durch diese Regelung soll dem Vermieter eine letzte Gelegenheit zur Erfüllung gegeben werdedn.[205]

a) Die Fristsetzung erfolgt durch **formlose empfangsbedürftige Willenserklärung.** **49** Sie ist möglich, **sobald** die **Störung** ernstlich **droht,** nicht schon vorher und insbesondere nicht bereits im Vertrag selbst.[206] In der Erklärung müssen die drohende oder zu beseitigende **Störung und** die dafür gesetzte **Frist** so **genau** wie möglich **bezeichnet** werden.[207] Entbehrlich ist dagegen in der Regel die zusätzliche Ankündigung einer Kündigung für den Fall des fruchtlosen Ablaufs der Frist (so genannte **qualifizierte Fristsetzung**).[208] Die bloße Mängelanzeige nach § 536c Abs 1 ersetzt nicht die Fristsetzung.[209] Die **Länge der** dem Vermieter zu setzenden **Frist** hängt von den Umständen und insbesondere davon ab, wie viel Zeit der andere Teil für die Abhilfe selbst bei Anspannung aller Kräfte benötigt. Wenn kurzfristige Abhilfe möglich oder nötig ist, weil der Vermieter zB mangelhaft heizt oder das Dach undicht ist, genügt auch das Verlangen nach **sofortiger** oder unverzüglicher **Abhilfe**.[210] Ist die vom Kündigenden gesetzte **Frist zu kurz,** so tritt an die Stelle der zu kurzen Frist die angemessene Frist, die notfalls durch Urteil bestimmt werden muss.[211]

b) Letzte Voraussetzung des Kündigungsrechts einer Partei, in erster Linie also des **50** Mieters nach § 543 Abs 2 Nr 1, ist der **fruchtlose Ablauf der** dem Vermieter gesetzten **Frist.** Das Kündigungsrecht hängt mithin davon ab, ob die Störung bis zum Ende der Frist vollständig behoben wurde oder sonst entfällt; eine nur partielle Behebung der Störung beseitigt das Kündigungsrecht nicht.[212] Sorgt der Kündigungsgegner erst **nach** Ablauf der Frist, aber noch **vor** Ausspruch der Kündigung für Abhilfe, so bleibt nach hM dieser Umstand

---

202 *Kraemer* NZM 2001, 553, 559.
203 KG NZM 2007, 41.
204 KG NZM 2007, 41, 42.
205 Prot II 229.
206 KG NZM 2007, 41, 43; LG Kassel WuM 1987, 122; anders offenbar BGH NJW 2007, 2474 Tz 11 = NZM 2007, 561.
207 OLG Naumburg WuM 2000, 246; LG Berlin GE 1999, 45, 46.
208 BGH NJW 2007, 2174 Tz 11 = NZM 2007, 561.
209 RG WarnR 1916/18 Nr 74, S 109, 110; LG Berlin GE 1999, 45, 46.
210 RGZ 75, 354; OLG Düsseldorf ZMR 1999, 26; KG GE 2004, 478.
211 RG HRR 1934 Nr 1444; LG Berlin GE 1986, 37; LG Frankfurt WuM 1987, 55.
212 RGZ 98, 101, 103; 98, 286, 287; BGH LM Nr 6 zu § 542 BGB = NJW 1974, 2233; WM 1967, 515, 517; KG GE 2003, 98, 99; LG Berlin WuM 2003, 208, 209 = GE 2003, 670.

Volker Emmerich

ohne Einfluss auf das einmal entstandene Kündigungsrecht, so dass der andere Teil – trotz Beseitigung der Störung – immer noch kündigen kann.[213]

51   **3. Abmahnung.** Das Erfordernis einer Abmahnung hat nach dem Gesagten (Rn 44) sein Schwergewicht bei den Fällen des **§ 543 Abs 2 Nr 2 (vertragswidriger Gebrauch des Mieters).**[214] Das Gesetz nimmt mit dieser Regelung Bezug auf **§ 541.** Wegen der Einzelheiten kann daher auf § 541 verwiesen werden (s o § 541 Rn 3f). Hier genügt die Bemerkung, dass die Abmahnung ebenso wie in § 541 eine **rechtsgeschäftsähnliche Handlung** ist, die von allen Vertragsteilen, insbesondere von allen Vermietern ausgehen und an alle Vertragsgegner gerichtet sein muss.[215] In ihr muss außerdem das **vertragswidrige Verhalten** des anderen Teils, des Mieters, so **genau bezeichnet** werden, dass sich dieser danach richten kann.[216] Dem Mieter soll dadurch noch eine **letzte Chance** zur Änderung seines Verhaltens und damit zur Erhaltung des Vertrags durch Rückkehr zu vertragsgemäßem Verhalten gegeben werden.[217] Umstritten ist, ob in der Abmahnung außerdem die Kündigung für den Fall der Erfolglosigkeit der Abmahnung angedroht werden muss (sog **qualifizierte Abmahnung**). Für den Regelfall dürfte die Frage zu verneinen sein; eine Ausnahme gilt jedoch für die Kündigung aus wichtigem Grunde wegen ständiger unpünktlicher Zahlung (o Rn 44) sowie dann, wenn von dem Mieter nach Treu und Glauben nicht erwartet werden kann, dass er den beanstandeten vertragswidrigen Gebrauch sofort einstellt, ihm vielmehr eine angemessene **Abhilfe- und Prüfungsfrist** eingeräumt werden muss.[218] Paradigma ist die unberechtigte Untervermietung.

4. Entbehrlichkeit

52   **a)** Fristsetzung oder Abmahnung (o Rn 48f, 51) sind nur die regelmäßigen Voraussetzungen einer fristlosen Kündigung aus wichtigem Grunde nach § 543 Abs 1 und Abs 2 Nrn 1 und 2. **Ausnahmen** gelten nach § 543 Abs 3 S 2 in zwei Fällen, die sich vielfach überschneiden. Die Notwendigkeit von Fristsetzung oder Abmahnung **entfällt zunächst,** wenn beide offensichtlich **keinen Erfolg** versprechen (**§ 543 Abs 3 S 2 Nr 1**). Dies ist anzunehmen, wenn ein endgültiger Zustand geschaffen worden ist oder wenn sonst eine Beseitigung der Störung während einer angemessenen Frist aus rechtlichen oder tatsächlichen Gründen *unmöglich* erscheint *oder* doch dem anderen Teil *nicht zuzumuten* ist.[219] So verhält es sich zB, wenn die Heizung oder ein Computer trotz wiederholter Reparaturversuche immer wieder ausfällt,[220] wenn eine **Abhilfe** von vornherein mit Rücksicht auf die Art der Störung **nicht möglich** ist,[221] etwa, weil die vermietete Fläche um mehr als 10 % hinter der im Mietvertrag genannten Fläche zurückbleibt,[222] wenn die Abhilfe eine übermäßige, dem Mieter nicht zumutbare Zeit in Anspruch nähme oder wenn sie mit für den

---

213 OLG Düsseldorf OLGZ 1988, 485 = MDR 1988, 866; NJW-RR 1995, 1353 = ZMR 1995, 351; anders *Staudinger* Rn 76.
214 Beispiele in KG NZM 2005, 254 Nr 3 = WuM 2004, 721 (erhebliche Stromentnahme); LG Halle NZM 2003, 309, 310 (Kinderlärm); AG München NZM 2002, 654; *Lammel* § 543 Rn 148f.
215 OLG Koblenz GE 1997, 1101, 1105 = WuM 1997, 482; LG Heidelberg NZM 2001, 91 = NJW-RR 2001, 155.
216 BGH LM Nr 24 zu BJagdG (Bl 2 R f) = NJW-RR 2000, 717 = NZM 2000, 241, 242; OLG Frankfurt ZMR 2011, 121; *Häublein* ZMR 2005, 1, 5 f.
217 BGH WuM 2006, 193, 195 Tz 13 = NJW 2006, 1585 = NZM 2006, 338; WuM 2011, 676 Tz 12; OLG Frankfurt ZMR 2011, 121.
218 BGH WuM 2006, 193, 195 Tz 16 = NZM 2006, 338 = NJW 2006, 1585.
219 LG Frankfurt/M ZMR 2012, 352, 354.
220 BGH WarnR 1969 Nr 347, S 792, 793; OLG Hamm NJW 1989, 2629, 2630; LG Saarbrücken WuM 1995, 159.
221 BGH LM Nr 26 zu § 537 BGB = NJW 1980, 777; WM 1967, 515, 517; OLG Karlsruhe ZMR 1988, 223, 224.
222 BGH GE 2009, 709 Tz 14.

Mieter unzumutbaren Belästigungen verbunden wäre.[223] Ebenso ist es zu beurteilen, wenn der Vermieter von vornherein eine Abhilfe **ernstlich und endgültig verweigert,**[224] wenn er zB mit Baumaßnahmen, die der Mieter nicht zu dulden braucht, beginnt und er auch keine Bereitschaft zu einer Verschiebung oder zur Unterlassung erkennen lässt,[225] oder wenn durch das Fehlverhalten des anderen Teils die **Vertrauensgrundlage** zwischen den Parteien so schwerwiegend **erschüttert** ist, dass sie auch durch eine erfolgreiche Abmahnung nicht wiederhergestellt werden kann,[226] zB wegen einer massiven Bedrohungen des Vermieters oder der von ihm in einem Prozess mit dem Mieter benannten Zeugen.[227]

b) Fristsetzung und Abmahnung sind außerdem entbehrlich, wenn die **sofortige** 53 **Kündigung aus besonderen Gründen** unter **Abwägung** der beiderseitigen Interessen **gerechtfertigt** ist (**Nr 2** des § 543 Abs 3 S 2). Der Gesetzgeber hatte hier Fälle im Auge, in denen wegen der Schwere der Vertragsverletzung und ihrer Folgen für den betroffen Vertragsteil nur eine sofortige Vertragsbeendigung in Betracht kommt.[228] Beispiele sind ein schwerer Stromdiebstahl zum Nachteil des Vermieters[229] sowie der Handel mit Heroin aus den gemieteten Räumen heraus.[230] Gleich steht der Fall, dass die Vertragsverletzung des Vermieters so schwerwiegend ist, dass sich der Mieter genötigt sieht, sich sofort andere Räume zu besorgen.[231] Die **Beweislast** für das Vorliegen eines der Ausnahmetatbestände des § 543 Abs 3 S 2 trägt derjenige Vertragsteil, der unter Berufung auf die genannte Vorschrift ohne Fristsetzung oder Abmahnung sofort aus wichtigem Grunde kündigt.[232]

VII. Ausschlusstatbestände (§ 543 Abs 4 S 1)

Nach § 543 Abs 4 findet auf das dem Mieter nach **Abs 2 Nr 1** zustehende **Kündigungs-** 54 **recht wegen Gebrauchsentziehung** (o Rn 13ff) die Regelung der **§§ 536b und 536d** entsprechende Anwendung. Das Kündigungsrecht des Mieters aus **§ 543 Abs 2 Nr 1** ist folglich insbesondere ausgeschlossen in Fällen eines wirksamen vertraglichen **Haftungs-ausschlusses (§ 536d)** sowie bei **Kenntnis** des Mieters von dem fraglichen Mangel bereits **bei Vertragsabschluss (§ 536b)**. Ebenso ist es zu beurteilen, wenn der **Mieter** die Störung **allein** oder doch überwiegend **zu vertreten** hat (§ 326 Abs 2)[233] oder wenn er den Vermieter vertragswidrig an der Abhilfe hindert (§ 242).[234] Anders ist es dagegen zu beurteilen, wenn der Mieter nur **nachträglich** einen **Mangel erfährt** und gleichwohl zunächst die Miete unverändert fortzahlt. Entgegen der früheren Praxis findet in diesem Fall § 536b *keine* entsprechende Anwendung, so dass der Mieter weiterhin nach § 543 Abs 2 Nr 1 kündigen kann, außer wenn ausnahmsweise die Voraussetzungen einer Verwirkung erfüllt sind.[235]

---

223 S RGZ 94, 29.
224 BGH LM Nr 22 zu § 537 BGB = ZMR 1976, 46, 47.
225 BGH WuM 2013, 37, 40 Tz 34 = NJW 2013, 223.
226 BGH LM Nr 35 zu § 89a HGB = NJW-RR 1999, 1481, 1483; LM Nr 24 zu BJagdG (Bl 3) = NJW-RR 2000, 717 = NZM 2000, 241; NJW-RR 2004, 873, 874; GE 2010, 1413 Tz 21.
227 LG München I NZM 2013, 25, 26.
228 *Häublein* ZMR 2005, 1, 6.
229 KG NZM 2005, 254 = WuM 2004, 721; AG Berlin-Neukölln GE 1995, 501.
230 AG Pinneberg NZM 2003, 552.
231 *Häublein* ZMR 2005, 1, 6.
232 Rn 66; BGH NJW 2007, 2177 Tz 14 = NZM 2007, 439.
233 RGZ 98, 286, 287f; BGHZ 66, 349, 350 = NJW 1976, 1315; BGH LM Nr 20 zu § 542 BGB = NJW 1998, 594.
234 RG JW 1911, 359 Nr 5.
235 BGH NJW 2007, 147 = WuM 2007, 72 = NZM 2006, 929, 930.

Volker Emmerich

VIII. Kündigung

55   **1. Form.** Besondere Formvorschriften für die Kündigung aus wichtigem Grunde nach § 543 bestehen nur **bei** der **Wohnraummiete** (§§ 568 Abs 1 und 569 Abs 4). Jenseits der Wohnraummiete ist eine fristlose Kündigung aus wichtigem Grunde **formlos** möglich, insbesondere durch mündliche Erklärung. Auch eine **Begründung** der Kündigung ist hier grundsätzlich nicht erforderlich. Die Kündigung ist aber **bedingungsfeindlich.**[236] Ausgenommen sind lediglich **Potestativbedingungen,** dh solche, deren Eintritt allein von dem Willen des Kündigungsgegners abhängig ist. Möglich ist deshalb zB eine fristlose Kündigung des Vermieters wegen Zahlungsverzugs unter der auflösenden Bedingung, dass die Rückstände binnen einer bestimmten Frist gezahlt werden.[237] Ebenso kann die **Kündigung** des Mieters nach § 543 Abs 2 Nr 1 mit der Fristsetzung gemäß § 543 Abs 3 S 1 für den Fall ihres fruchtlosen Ablaufs verbunden werden.[238]

56   Unter den Voraussetzungen des § 543 *können* die Parteien fristlos kündigen, müssen dies aber natürlich nicht tun. Deshalb steht es zB im Falle des § 543 Abs 2 Nr 1 dem Mieter auch frei, **mit Frist zu kündigen.** An die gesetzlichen **Kündigungsfristen** ist er dabei nicht gebunden. Der Vermieter muss ebenfalls nicht fristlos kündigen, sondern kann dem Mieter eine (beliebig bemessene) **Räumungsfrist** zubilligen. Bei der Wohnungsmiete wird er hierzu sogar idR nach Treu und Glauben verpflichtet sein, wobei die Mindestfrist eine Woche betragen dürfte.

57   **2. Teilkündigung.** Unter einer Teilkündigung versteht man eine auf Teile der Mietsache beschränkte Kündigung unter Aufrechterhaltung des Vertrages hinsichtlich des Restes der Mietsache. Eine derartige Teilkündigung gilt grundsätzlich als **unzulässig.**[239] Wichtig ist das insbesondere im Falle der Vermietung eines Hauses zusammen mit einem Garten oder einer Garage, weil der Mietvertrag dann grundsätzlich eine **Einheit** bildet, so dass er auch nur einheitlich gekündigt werden kann; abweichende Vereinbarungen sind aber jederzeit möglich, auch konkludent.[240] Maßgebend sind die Umstände des Einzelfalls. Die Einheitlichkeit des Mietvertrages wird **vermutet,** wenn sich Haus oder Wohnung und Garage auf *demselben Grundstück* befinden und sie auch durch *einen* Vertrag vermietet wurden, während zwei getrennte Verträge zu vermuten sind, wenn sich Haus oder Wohnung und Garage auf *verschiedenen Grundstücken* befinden und über sie auch verschiedene Verträge abgeschlossen wurden.[241]

58   **3. Frist.** § 543 enthält keine Regelung der Frage, **binnen welcher Frist** der Kündigungsberechtigte, der Vermieter oder der Mieter, von seinem Kündigungsrecht aus § 543 Gebrauch machen muss. Jedoch bestimmt **§ 314 Abs 3** allgemein für die Kündigung aus wichtigem Grunde, dass der Berechtigte nur innerhalb einer angemessenen Frist kündigen kann, nachdem er von dem Kündigungsgrund Kenntnis erlangt hat. Die Kündigung muss folglich immer, auch bei der Wohnraummiete, **binnen angemessener Frist** nach Kenntniserlangung erfolgen.[242] Die Frist **beginnt,** sobald der Kündigungsberechtigte – bei

---

236 BGHZ 156, 328, 332 f = NJW 2004, 284.
237 KG GE 2003, 740.
238 OLG Hamburg NZM 2001, 131 = ZMR 2001, 25, 26.
239 S 542 Rn 21 ff; BGH NJW 2012, 224 Tz 11
240 OLG Düsseldorf NZM 2007, 799 = WuM 2007, 65; AG Fürstenfeldbruck NZM 2010, 139; *Wiek* WuM 1997, 654.
241 BGH NJW 2012, 224 Tz 13, 16 .
242 OLG Düsseldorf GE 2008, 54, 55; OLG Hamm NZM 2011, 277, 278; LG Itzehoe ZMR 2010, 363, 364; str.

§ 543 Abs 2 Nr 1 zB der Mieter – von dem Kündigungsgrund Kenntnis erlangt hat. Im Falle der ständigen unpünktlichen Zahlung des Mieters (§ 543 Abs 1) gehört dazu zB auch die Kenntnis des Vermieters von der Fortsetzung des vertragswidrigen Verhaltens des Mieters nach der Abmahnung seitens des Vermieters.[243] Die Angaben über die **Angemessenheit der Frist** schwanken.[244] In der Regel wird dem Kündigungsberechtigten wohl eine Überlegungsfrist von **2 bis 3 Monaten** zugebilligt.[245] Maßgebend sind immer die Umstände des Einzelfalls. Verzögert der Kündigungsberechtigte die Erklärung der Kündigung in treuwidriger Weise, so **verwirkt** er sein Kündigungsrecht.[246]

Dieselben Grundsätze gelten insbesondere auch bei einer Kündigung des Vermieters **59** wegen Zahlungsverzugs des Mieters nach **§ 543 Abs 2 Nr 3**: Wird die Kündigung nicht binnen angemessener Frist nach Kenntniserlangung des Vermieters von den Voraussetzungen des Kündigungsrechts erklärt, so **verwirkt** der Vermieter sein Kündigungsrecht.[247] Bei der Annahme von Verwirkung ist jedoch gerade im Falle der Kündigung wegen Zahlungsverzugs des Mieters **Zurückhaltung** geboten, um zu verhindern, dass dem Vermieter auf einmal seine Rücksichtnahme auf den Mieter zum Nachteil gereicht.[248] Ebenso verhält es sich ferner bei einer auf **§ 543 Abs 2 Nr 2** gestützten Kündigung des Vermieters. Die Kündigungsfrist wird hier ebenfalls meistens auf zwei bis drei Monate nach Kenntnisnahme von der Beendigung des Kündigungsgrundes bemessen. Wartet der Vermieter mit der Kündigung noch länger zu, so **verwirkt** er das Kündigungsrecht.[249]

4. Umdeutung, Widerruf. Die Kündigung wird nur **wirksam**, wenn **im Augenblick 60 ihres Zugangs** (§ 130) sämtliche Tatbestandsmerkmale des § 543 Abs 2 Nr 2 vorliegen; andernfalls geht sie ins Leere. Sobald aber die Kündigung einmal durch ihren Zugang bei dem anderen Teil **wirksam** geworden ist und damit den Vertrag beendet hat, kann sie nicht mehr **widerrufen** werden; vielmehr ist jetzt nur noch ein Neuabschluß des Vertrages möglich.[250]

Auch eine auf § 543 Abs 2 Nr 1 gestützte Kündigung des Mieters ist **unwirksam**, wenn **61** die Voraussetzungen des § 543 bei Zugang der Erklärung (§ 130) nicht erfüllt sind. In diesem Fall stellt sich die Frage, ob die (als solche unwirksame) außerordentliche Kündigung des Mieters in eine **ordentliche Kündigung oder** doch in einen **Antrag auf Aufhebung** des Vertragsverhältnisses **umgedeutet** werden kann (§ 140). Beides ist grundsätzlich möglich, wird jedoch von der Praxis nur selten angenommen. Voraussetzung ist vor allem, dass sich aus der fristlosen Kündigung der eindeutige Wille des Kündigenden ergibt, das Vertragsverhältnis in jedem Fall zum nächstmöglichen Termin zu beenden, und sei es auch im Falle der Unwirksamkeit der Kündigung notfalls durch Abschluss eines Aufhebungsvertrages.[251]

---

243 BGH GE 2007, 711, 713 Tz 21.
244 S *Hinz* NZM 2004, 681, 692 f.
245 S BGH GE 2007, 711, 713 Tz 21: 4 Wochen; OLG Düsseldorf GE 2008, 54, 55: 4 Monate; LG Itzehoe ZMR 2010, 363, 364: 4 bis 5 Monate.
246 *Ghassemi-Tabar* NZM 2013, 129; *Hinz* NZM 2004, 681, 692; *Wiek*, in: Artz/Börstinghaus, 10 Jahren Mietrechtsreformgesetz (2011), 281, 285 ff.
247 BGH NZM 2005, 703 = ZMR 2005, 776; WuM 2010, 352 Tz 5; NZM 2010, 552 Tz 13 f; OLG Nürnberg ZMR 2010, 524, 526.
248 BGH WuM 2009, 231, 232 Tz 18 f = NZM 2009, 314; OLG Bremen ZMR 2007, 688; *Hinz* NZM 2004, 681, 693.
249 BGH NZM 2009, 30, 31 Tz 16 = NJW-RR 2009, 71; OLG München NJW-RR 2002, 631, 632.
250 OLG Koblenz NZM 2012, 865 = ZMR 2012, 349.
251 BGH NJW 2003, 3053, 3054 = NZM 2003, 801; WuM 2005, 584, 585; NJW 2007, 1269, 1270 Tz 14; NJW-RR 2004, 873, 874.

         Volker Emmerich

IX. Abweichende Vereinbarungen

62 Die Kündbarkeit von Dauerschuldverhältnissen einschließlich der Miete aus wichtigem Grund ist ein allgemeines Gerechtigkeitspostulat, das nicht zur Disposition der Parteien steht (§§ 138, 242, 314). § 543 Abs 1 enthält deshalb im Kern zwingendes Recht, so dass insbesondere eine vertragliche Einschränkung des Kündigungsrechts aus wichtigem Grunde nicht möglich ist.[252] Die nähere Ausprägung des Kündigungsrechts durch § 543 Abs 2–4 kann dagegen durchaus in einzelnen Beziehungen in den Grenzen der §§ 138, 242, 307, 310 und 569 Abs 5 modifiziert werden. Dies wird für die **Wohnraummiete** bestätigt durch § 569 Abs 5, nach dem § 543 bei dieser (nur) zu Gunsten des Mieters **zwingend** ist, sodass hier durch Vertrag weder § 543 Abs 2 Nr 1 zum Nachteil des Mieters eingeschränkt oder ausgeschlossen noch § 543 Abs 2 Nrn 2 oder 3 zu seinem Nachteil erweitert werden können (s § 569 Rn 37). Bei der **gewerblichen Raummiete** ist § 543 dagegen in einzelnen Beziehungen sehr wohl **dispositiv**. Aber auch hier kann dem Vermieter nicht über § 543 Abs 2 Nrn 2 und 3 hinaus vertraglich ein unbeschränktes außerordentliches fristloses Kündigungsrecht eingeräumt werden, weil damit seine Bindung an den Vertrag selbst in Frage gestellt würde (§ 311 Abs 1); die fristlose Kündigung setzt vielmehr immer voraus, dass dem Vermieter die Fortsetzung des Vertragsverhältnisses nicht mehr zuzumuten ist.[253] Auch § 543 Abs 3 S 1 kann nicht durch Formularvertrag ausgeschlossen werden.[254]

63 Verbreitet sind bei der gewerblichen Miete insbesondere **vertragliche Abänderungen** der Kündigungsvoraussetzungen **im Falle des Zahlungsverzugs** des Mieters (§ 543 Abs 2 Nr 3), und zwar auch durch Formularvertrag (§§ 307 und 310). Insbesondere kann bestimmt werden, dass bereits geringfügige Rückstände mit nur einer einzigen Rate oder die bloße Drohung einer Verschlechterung der Vermögensverhältnisse ein Recht des Vermieters zur fristlosen Kündigung auslösen sollen.[255] Abänderungen des § 543 Abs 2 Nr 3 **zum Nachteil des Mieters** sind jedoch grundsätzlich **eng zu interpretieren**; soweit § 543 Abs 2 Nr 3 nicht ausdrücklich abgeändert ist, bleibt er anwendbar.[256] Durch **Formularvertrag** kann zudem weder auf das Verschuldenserfordernis als Voraussetzung des Verzugs noch auf die Kündigung als dessen Rechtsfolge verzichtet werden (§ 309).[257]

X. Schadensersatzansprüche

64 **1. Mieter.** Durch die Kündigung nach § 543 Abs 2 Nr 1 wird das Recht des Mieters, für die Vergangenheit die ihm aus den **§§ 280 Abs 1, 536** und **536a** zustehenden Rechte geltend zu machen, nicht berührt.[258] So verhält es sich zB, wenn ihn der Vermieter durch den Beginn von Baumaßnahmen, die der Mieter nicht zu dulden braucht und durch die seine wirtschaftliche Existenz bedroht wird, zur fristlosen Kündigung veranlasst.[259] Der **Schadensersatzanspruch des Mieters nach § 536a Abs 1** umfaßt insbesondere sämtliche Schäden, die ihm gerade erst durch die vom Vermieter zu vertretende Kündigung und

---

252 BGH GE 2012, 889 Tz 27.
253 Ebenso für Leasingverträge BGHZ 112, 279, 283 = NJW 1991, 102; LG Kiel NJW-RR 2010, 518.
254 KG NZM 2007, 41.
255 BGHZ 96, 182, 190ff = NJW 1986, 424; BGH LM Nr 11 zu § 9 (Bm) AGBG = NJW 1985, 1705; LM Nr 291 zu § 242 (Cd) BGB = NJW 1987, 2506; OLG Düsseldorf GE 2003, 186, 187; LG Kiel NJW-RR 2010, 518.
256 RGZ 150, 232, 238ff; BGH LM Nr 55 zu § 242 (Cd) BGB = ZMR 1959, 8; WM 1970, 1141, 1142 = ZMR 1971, 27, 28; LM Nr 18 zu § 554 BGB = NJW-RR 1987, 903; *Staudinger* Rn 102.
257 KG NZM 2007, 41.
258 BGH NZM 2007, 401 Tz 28ff = NJW-RR 2007, 884; NJW 2007, 2174 Tz 9 = NZM 2007, 561; NJW 2013, 223 Tz 35 = NZM 2013, 122 = WuM 2013, 37.
259 BGH NJW 2013, 223 Tz 35 = NZM 2013, 122 = WuM 2013, 37.

infolge der Kündigung entstehen, zB einen ihm entgangenen Gewinn (§§ 249, 252).[260] In den Fällen der §§ 280 Abs 1 und 536a kann der Mieter folglich **Ersatz jeden Schadens** verlangen, der kausal mit den die Kündigung auslösenden und vom Vermieter zu vertretenden Umständen zusammenhängt (§§ 314 Abs 4, 249, 252). Keine Rolle spielt, wann der Schaden eingetreten ist, so dass die Ersatzpflicht des Vermieters auch die dem Mieter erst durch und nach der Kündigung entstehenden Schäden umfasst.[261] **Beispiele** sind die höhere Miete für eine Ersatzwohnung[262] sowie die Umzugs- und Maklerkosten,[263] während sich die Ersatzfähigkeit frustrierter **Aufwendungen** nach § 284 richtet (s o § 536 Rn 14).

2. Vermieter. Der Vermieter kann im Falle des § 543 Abs 2 Nr 2 gleichfalls neben **65** der Kündigung nach **§ 280 Abs 1** Schadensersatz vom Mieter verlangen (§ 314 Abs 4).[264] Anders als die Kündigung setzt der Ersatzanspruch des Vermieters nicht eine vorherige Androhung der Forderung voraus.[265] Der Ersatzanspruch des Vermieters umfasst insbesondere den **Schaden**, der ihm gerade erst **durch die Kündigung** entsteht (§§ 249, 252). In Betracht kommen ein etwaiger Mietausfall sowie die Kosten für die Suche eines neuen Mieters.[266] Der Ersatzanspruch wegen des Mietausfalls wird jedoch immer erst in dem Zeitpunkt **fällig**, in dem auch die Mietforderung nach dem Vertrag fällig geworden wäre, nicht etwa schon vorher mit der Kündigung.[267] Der Mieter muss die Mietdifferenz dem Vermieter ferner nur bis zu dem Termin ersetzen, zu dem er selbst frühestens ordentlich kündigen konnte.[268]

XI. Beweislast

Diejenige Vertragspartei, die nach § 543 Abs 1 oder Abs 2 **fristlos kündigt, trägt** die **66** **Beweislast** für alle Voraussetzungen ihres Kündigungsrechts.[269] Stützt der **Mieter** seine Kündigung nach § 543 Abs 2 **Nr 1** zB auf Mängel der Mietsache, so trägt er die Beweislast für das Vorliegen dieser **Mängel**, sobald er die Sache als Erfüllung angenommen hat,[270] sowie außerdem für die **Fristsetzung** nach § 543 Abs 3 S 1 bzw für die Umstände, aufgrund derer nach S 2 des § 543 Abs 3 eine Fristsetzung entbehrlich ist (Rn 53). Den **Vermieter** trifft dagegen nach **§ 543 Abs 4 S 2** die Beweislast dafür, dass er den Gebrauch der Sache rechtzeitig gewährt oder vor Fristablauf Abhilfe geschaffen habe. Dasselbe gilt, wenn streitig ist, ob die Störung erheblich oder unerheblich ist.[271]

---

260 BGH NJW 2013, 223 Tz 35 = NZM 2013, 122 = WuM 2013, 37.
261 BGH WM 1975, 897, 899; OLG Karlsruhe ZMR 1988, 223, 225.
262 BGH NJW 2013, 223 Tz 35 = NZM 2013, 122 = WuM 2013, 37.
263 BGH NJW 2013, 223 Tz 35 = NZM 2013, 122 = WuM 2013, 37.
264 RGZ 76, 367, 368ff; BGH LM Nr 6 zu § 249 (H) BGB = MDR 1955, 216; LM Nr 18 zu § 196 BGB = NJW 1968, 692.
265 BGH LM Nr 26 zu § 242 (Bc) BGB = NJW 1981, 1264, 1265.
266 OLG Düsseldorf ZMR 1985, 297; KG GE 2001, 624.
267 BGH LM Nr 20 zu § 249 (Ha) BGB = ZMR 1964, 139; LM Nr 70 zu § 535 BGB = ZMR 1979, 351, 352.
268 BGH LM Nr 6 zu § 249 (Ha) BGB = MDR 1955, 216; LG Aachen WuM 1986, 315.
269 BGH LM Nr 6 zu § 9 (Bb) AGBG = NJW 1985, 2328.
270 BGH (vorige Fn).
271 BGH LM Nr 22 zu § 537 BGB = NJW 1976, 796.

Volker Emmerich

§ 544

Vertrag über mehr als 30 Jahre

Wird ein Mietvertrag für eine längere Zeit als 30 Jahre geschlossen, so kann jede Vertragspartei nach Ablauf von 30 Jahren nach Überlassung der Mietsache das Mietverhältnis außerordentlich mit der gesetzlichen Frist kündigen. Die Kündigung ist unzulässig, wenn der Vertrag für die Lebenszeit des Vermieters oder des Mieters geschlossen worden ist.

Systematische Übersicht

1   **1. Überblick.** Nach § 544 ist jeder Mietvertrag spätestens dreißig Jahre nach Überlassung der Mietsache außerordentlich mit der gesetzlichen Frist kündbar, außer wenn er für die Lebenszeit einer Vertragspartei abgeschlossen wurde. Durch diese Regelung sollte die vertragliche Schaffung einer **Erbmiete** oder vergleichbarer Verhältnisse verhindert werden.[1] Daraus folgt zugleich, dass § 544 **zwingend** ist.[2] Ein **Verstoß** gegen § 544 hat jedoch nicht zur Folge, dass der Miet- oder Pachtvertrag nichtig ist, da § 544 kein gesetzliches Verbot im Sinne des § 134 ist (u Rn 5). Der Vertrag ist vielmehr **wirksam und kann lediglich** gemäß § 544 S 1 spätestens nach dreißig Jahren **gekündigt** werden.[3] Aus dem Zweck der gesetzlichen Regelung ist außerdem zu folgern, dass eine Vertragsdauer von dreißig Jahren **nur durch Individualvereinbarung**, nicht dagegen durch Formularvertrag begründet werden kann.[4]

2   § 544 gilt für sämtliche Miet- und Pachtverträge (§§ 581 Abs 2, 594b). Ein Beispiel ist ein Mietvertrag über einen Stellplatz in einer Tiefgarage, der nach Sinn und Zweck des Vertrages für die gesamte Dauer des Eigentums des Mieters an einem benachbarten Hausgrundstück gelten soll.[5] § 544 wird außerdem mit Rücksicht auf seinen Zweck (o Rn 1) **entsprechend auf miet- oder pachtähnliche Rechtsverhältnisse** angewandt.[6] Beispiele sind Verträge über die Leihe von Gemälden an Museen,[7] über die Gestattung des Ausschanks von Getränken in einer Markthalle[8] oder über die Verpflichtung zur unentgeltlichen Duldung einer Stromleitung zu einem Unternehmen, solange dieses betrieben wird.[9]

3   **2. Abschluss für eine längere Zeit als dreißig Jahre.** § 544 S 1 gilt nur für Mietverträge, die für eine längere Zeit als dreißig Jahre abgeschlossen sind. Ob ein derartiger

---

1 Mot II 413; BGH LM Nr 7 zu § 567 BGB = NJW 1996, 2028; NJW 2004, 1523 = NZM 2004, 190, 191.
2 BGH LM Nr 2 zu § 581 BGB (Bl 2f) = BB 1951, 974; LM Nr 31 zu § 581 BGB (Bl 4R) = MDR 1968, 233; MDR 1986, 736; NJW 2012, 3162 Tz 16; OLG Karlsruhe ZMR 2008, 533 = WuM 2008, 552.
3 BGH LM Nr 2 zu § 581 BGB (Bl 2f) = NJW 1951, 974.
4 OLG Celle MDR 1990, 154 = NdsRpfl 1990, 10; LG Kassel NJW-RR 1995, 269; **aM** OLG Hamm NJW-RR 1992, 270 = ZMR 1992, 153, 154.
5 OLG Karlsruhe ZMR 2008, 533 = WuM 2008, 552.
6 RGZ 121, 11, 13; BGH LM Nr 24 zu VerwR-Allg (öffentlich-rechtliche Verpflichtungen) (Bl 4) = MDR 1986, 736; LM Nr 6 zu § 567 BGB = NJW-RR 1992, 780.
7 OLG Celle NJW-RR 1994, 1473.
8 BGH LM Nr 31 zu § 581 BGB = WM 1968, 7.
9 BGH LM Nr 6 zu § 567 BGB = NJW-RR 1992, 780.

Vertrag vorliegt, beurteilt sich nach der **Situation im Augenblick des Vertragsabschlusses**; von diesem Zeitpunkt aus ist also durch einen Blick in die Zukunft zu beurteilen, ob der fragliche Vertrag nach seinem Sinn und Zweck (§§ 133, 157) für eine längere Zeit als dreißig Jahre abgeschlossen wurde.[10] Für die Anwendung des § 544 ist dagegen *kein* Raum, wenn die Parteien **nacheinander mehrere rechtlich selbständige Verträge** vereinbaren, sofern nicht in Wirklichkeit die Verträge nach ihrem Willen eine Einheit bilden sollen (sog **Kettenmietverträge**).[11] Dies beurteilt sich danach, ob die Parteien rechtlich und wirtschaftlich **in der Entscheidung** über den Anschlussvertrag **frei bleiben**. Unanwendbar ist § 544 außerdem auf Verträge, die auf unbestimmte Zeit abgeschlossen sind, selbst wenn der Vertrag tatsächlich länger als dreißig Jahre läuft.[12] Wird ein **Vertrag** von den Parteien durch Vertrag geändert oder **verlängert**, so läuft die Frist des § 544 von diesem Zeitpunkt ab.[13] Änderungen kraft Gesetzes oder der Eintritt einer neuen Partei kraft Gesetzes (s insbesondere §§ 565 und 566) stehen nicht gleich und führen daher nicht zur Anwendung des § 544.[14]

Ein Vertragsabschluss für eine längere Zeit als dreißig Jahre liegt auch vor, wenn der 4 Vertrag zwar nur auf dreißig Jahre abgeschlossen ist, dem Mieter jedoch eine **Verlängerungsoption** für weitere Jahre eingeräumt ist.[15] Entsprechend dem Zweck der Vorschrift gilt dasselbe, wenn nur das **Kündigungsrecht** einer Partei, zB des Vermieters, für mehr als dreißig Jahre oder sogar für immer **ausgeschlossen** wurde.[16] § 544 wird ferner auf solche Mietverträge angewandt, deren Beendigung an den **Eintritt eines** zukünftigen **ungewissen Ereignisses** geknüpft ist, sofern es nur möglich ist, dass der Eintritt dieses Ereignisses länger als dreißig Jahre dauern wird wie zB bei der Gestattung des Ausschanks von Getränken in einer Markthalle für die Zeit des Betriebs dieser Halle[17] oder bei Abschluss eines Pachtvertrages für die Dauer einer behördlichen Genehmigung.[18] Ebenso ist es schließlich zu beurteilen, wenn eine **ordentliche Kündigung** des Vertrags **erst nach Ablauf von 30 Jahren** möglich sein soll[19] oder nach Eintritt eines Ereignisses, das auch erst später als nach 30 Jahren eintreten kann.[20] Es stellt ferner eine **Umgehung** des § 544 S 1 dar, wenn die Kündigung eines Vertrages von **Bedingungen oder Verpflichtungen** abhängig gemacht wird, deren Erfüllung unmöglich ist oder doch eine übermäßige wirtschaftliche Erschwerung der Kündigung darstellt.[21]

3. Rechtsfolge

a) Ein Verstoß gegen § 544 S 1 hat nur zur Folge, dass der Vertrag **nach dreißig** 5 **Jahren**, dh **außerordentlich**, und zwar **mit gesetzlicher Frist kündbar** ist (s o Rn 1). Das Gesetz verweist damit auf § 575a für die Wohnraummiete und auf § 580a Abs 4 für sonstige Raummietverhältnisse. Daraus folgt zugleich, dass bei **Wohnraum** die Kündigung des Vermieters nach dreißig Jahren zusätzlich ein berechtigtes Interesse im Sinne des § 573

---

10 OLG Hamm NZM 2002, 218, 219 = ZMR 2002, 194; OLG Karlsruhe ZMR 2008, 533 = WuM 2008, 552.
11 BGH LM Nr 7 zu § 567 BGB = NJW 1996, 2078; NJW 2004, 1523 = NZM 2004, 190, 191; OLG Karlsruhe ZMR 2008, 533 = WuM 2008, 552; *Elshorst* NZM 1999, 449.
12 *Sternel* Mietrecht, Rn IV 532.
13 BGH LM Nr 7 zu § 567 BGB = NJW 1996, 2028, 2029; OLG Hamm NZM 2002, 218, 219 = ZMR 2002, 196; *Elshorst* NZM 1999, 449.
14 OLG Karlsruhe ZMR 2008, 533 = WuM 2008, 552.
15 BGH NJW 2004, 1523 = NZM 2004, 190, 191.
16 OLG Hamm NZM 1999, 753; *Elshorst* NZM 1999, 449, 450.
17 BGH LM Nr 31 zu § 581 BGB (Bl 4 R) = WM 1968, 7; OLG Hamm NZM 1999, 753.
18 BGH LM Nr 7 zu § 567 BGB = NJW 1996, 2028.
19 OLG Frankfurt NJW-RR 1999, 955 = NZM 1999, 419.
20 OLG Hamburg ZMR 1998, 28.
21 BGH NJW 2004, 1523 = NZM 2004, 190, 191.

Volker Emmerich

voraussetzt, wie aus der Bezugnahme auf § 573 in § 575a Abs 1 zu folgern ist. Dies gilt auch dann, wenn die Parteien das Kündigungsrecht aufgrund des § 544 S 1 ausdrücklich ausgeschlossen hatten: Immer ist der Vertrag nach dreißig Jahren, dh vorzeitig, kündbar.[22]

6   **b)** Die Kündigung ist gemäß § 544 S 1 erstmals **dreißig Jahre nach Überlassung** möglich. Eine vorherige Kündigung ist unwirksam.[23] Die Frist **beginnt** nicht mit Vertrags- abschluss, sondern **mit Überlassung** der Sache an den Mieter.[24] Eine Frist für die Aus- übung des Kündigungsrechts ist nicht vorgeschrieben. Die Kündigung kann vielmehr zu einem beliebigen Termin, jedoch nur unter Einhaltung der gesetzlichen Kündigungsfristen der §§ 575a und 580a Abs 4 erklärt werden.[25] Die Ausübung des Kündigungsrechts ist, weil sie auf Gesetz beruht, grundsätzlich **nicht missbräuchlich.**

4. Vertragsabschluss auf Lebenszeit

7   **a)** Von dem Verbot einer längeren Bindung als auf dreißig Jahre macht § 544 S 2 eine Ausnahme für Verträge, die für die Lebenszeit des Vermieters oder des Mieters abgeschlos- sen sind. Bei Wohnraummietverhältnissen dürfte § 544 S 2 den **Vorrang vor § 575** haben, weil andernfalls die Regelung des § 544 S 2 für Wohnraummietverhältnisse keinen Sinn mehr machte (§ 542 Rn 55). Dem Abschluss des Vertrages auf die Lebenszeit einer Partei steht der Fall gleich, dass das **Kündigungsrecht** des einen Teils **für die Lebenszeit** des anderen **ausgeschlossen** wird.[26] § 544 S 2 ist entsprechend anzuwenden, wenn die Ver- tragsbeendigung von dem **Eintritt eines** zukünftigen ungewissen **Ereignisses** gerade **in der Person** einer Partei, zB von der Versetzung eines Beamten abhängig sein soll, weil auch dann der Vertrag höchstens für die Lebenszeit dieser Person laufen kann.[27] Bei **meh- reren Mietern oder Vermietern** kommt es, wenn die Parteien nichts anderes vereinbart haben, auf die Lebenszeit des zuletzt Versterbenden an.[28] Verträge für die Lebenszeit einer Partei sind nach § 550 S 1 **formbedürftig.**[29] Sonstige **sehr langfristige Verträge**, zB auf 99 Jahre, stehen nicht gleich und fallen deshalb unter § 544 **S 1.**[30] § 544 S 2 findet außerdem keine Anwendung, wenn das Kündigungsrecht des Vermieters für immer ausgeschlossen sein soll.[31] Auch auf juristische Personen kann § 544 S 2 nicht angewandt werden.[32]

8   **b)** Verträge auf Lebenszeit einer Partei sind **wirksam**, auch wenn sie länger als dreißig Jahre unkündbar bestehen.[33] Die Berufung des Mieters darauf ist selbst bei dringendem Eigenbedarf des Vermieters nicht treuwidrig.[34] Mietverträge auf die Lebenszeit des **Mieters** sind **auflösend befristet**, so dass sie grundsätzlich mit dem Tode des Mieters enden (§ 544 Abs 2).[35] § 563 gilt hier nicht (str).

---

22 RGZ 130, 143, 146; RG BayZ 1927, 290 Nr X; BGH LM Nr 2 zu § 581 BGB (Bl 2f) = BB 1951, 974.
23 OLG Celle NJW-RR 1994, 1473, 1474.
24 OLG Düsseldorf ZMR 2002, 189, 190.
25 OLG Hamm NZM 1999, 753, 754.
26 *Niendorff* Mietrecht, 341f.
27 LG Stuttgart NJW-RR 1992, 908 = WuM 1992, 438; str.
28 *Blank/Börstinghaus* § 544 Rn 24.
29 BGH LM Nr 1 zu § 567 BGB = NJW 1958, 2062, 2063.
30 OLG Frankfurt OLGR 1994, 146.
31 OLG München HRR 1942 Nr 852.
32 *Weimar* BlGBW 1974, 43, 44.
33 BGHZ 64, 288, 290 = NJW 1975, 1268; *Weimar* BlGBW 1974, 43, 44.
34 LG Hannover WuM 1991, 349; AG Hannover WuM 1965, 99.
35 BayObLGZ 1993, 272 = NJW-RR 1993, 1164.

§ 545

Stillschweigende Verlängerung des Mietverhältnisses

Setzt der Mieter nach Ablauf der Mietzeit den Gebrauch der Mietsache fort, so verlängert sich das Mietverhältnis auf unbestimmte Zeit, sofern nicht eine Vertragspartei ihren entgegenstehenden Willen innerhalb von zwei Wochen dem anderen Teil erklärt. Die Frist beginnt
1. **für den Mieter mit der Fortsetzung des Gebrauchs,**
2. **für den Vermieter mit dem Zeitpunkt, in welchem er von der Fortsetzung Kenntnis erhält.**

Systematische Übersicht

1.	Überblick —— 1		3.	Widerspruch —— 5
2.	Gebrauchsfortsetzung —— 4		4.	Rechtsfolgen —— 9

1. Überblick

a) § 545 (= § 568 aF) regelt die Frage, was geschehen soll, wenn der Mieter trotz Been- **1** digung des Mietverhältnisses den Gebrauch der Sache fortsetzt, vor allem also wohnen bleibt, und zwar durch die Anordnung, dass das Mietverhältnis dann grundsätzlich auf unbestimmte Zeit verlängert wird, außer wenn eine der beiden Vertragsparteien rechtzeitig widerspricht. Während jedoch § 568 aF zur Erreichung dieses Ziels den Weg einer **Fiktion** gewählt hatte,[1] ordnet § 545 jetzt einfach die Verlängerung des Mietverhältnisses unter den hier genannten Voraussetzungen **kraft Gesetzes** an. Eine sachliche Änderung ist mit diesem Wechsel in der gesetzlichen Konstruktion nicht verbunden, sodass es dabei bleibt, dass der Eintritt der in § 545 S 1 angeordneten Rechtsfolge vom Willen der Parteien unabhängig ist.[2] Ein **Irrtum** der Parteien über die durch § 545 an ihr Verhalten geknüpften Rechtsfolgen ist folglich unbeachtlich (§ 119 Abs 1).[3] Der Wille der Parteien ist nur insofern erheblich, als beide durch einen **Widerspruch** die Verlängerung des Mietverhältnisses verhindern können (§ 545 S 1). Deshalb setzt die Anwendung des § 545 S 1 Geschäftsfähigkeit der Parteien voraus.[4]

b) § 545 gilt **für alle Miet- und Pachtverhältnisse** ohne Ausnahme, nicht nur für die **2** Grundstücks- oder Wohnraummiete, sondern auch für die Fahrnismiete und für Kleingartenpachtverträge (§ 581 Abs 2),[5] nicht jedoch für Landpachtverträge (s § 594). **Unerheblich** ist ferner die **Art der Beendigung** des Vertragsverhältnisses. Es spielt keine Rolle, ob der Mietvertrag durch Ablauf der vertraglich vereinbarten Mietdauer, durch ordentliche oder außerordentliche Kündigung oder durch Aufhebungsvertrag endet: Immer ist Raum für die Anwendung des § 545.[6] Im Falle der Beendigung des Vertrages durch einen **Aufhebungsvertrag** verhält es sich nur dann anders, wenn der Vertrag zugleich die Bedeutung haben soll, dass mit dem in ihm festgesetzten Endtermin das Mietverhältnis unter allen Umständen enden soll, also auch dann, wenn der Mieter vertragswidrig den Gebrauch

---

1 BGHZ 113, 290, 297 = NJW 1991, 1348.
2 RGZ 140, 314, 316f; BayOblGZ 1981, 300 = NJW 1981, 2749; OLG Koblenz WuM 2002, 552, 555.
3 OLG Koblenz WuM 2002, 552, 555.
4 *Staudinger* Rn 3.
5 BGHZ 113, 290, 297 = NJW 1991, 1348, 1350.
6 RAGE 15, 281, 283; BGH LM Nr 22 zu § 305 BGB = NJW 1980, 1577, 1578f; OLG Köln ZMR 1996, 24, 25.

Volker Emmerich

fortsetzt.[7] Ebenso, wenn sich die Parteien über die Bedingungen einer Vertragsfortsetzung nicht zu einigen vermögen.[8]

3   Für die Anwendung des § 545 ist ferner Raum, wenn das Mietverhältnis durch einen gerichtlichen **Vergleich** beendet wurde, der Mieter aber trotzdem wohnen bleibt,[9] es sei denn, dem Mieter sei lediglich eine Räumungsfrist bewilligt worden.[10] § 545 kann dagegen nicht, auch nicht entsprechend, auf den „umgekehrten" Fall angewandt werden, dass der Vermieter mit der **Vollstreckung eines Räumungsurteils übermäßig lange wartet**. In solchem Fall kann die verspätete Vollstreckung des Urteils vielmehr lediglich im Einzelfall als missbräuchlich zu qualifizieren sein (§ 242). Außerdem kann in dem Verhalten der Parteien von Fall zu Fall der konkludente Abschluss eines neuen Mietvertrages zu sehen sein.[11]

4   **2. Gebrauchsfortsetzung.** Die gesetzliche Vertragsverlängerung setzt nach § 545 S 1 voraus, dass der Mieter trotz Beendigung des Mietverhältnisses rein tatsächlich den bisherigen **Mietgebrauch** nach Art und Umfang über den Zeitraum der Beendigung des Vertrages hinaus **fortsetzt**.[12] Gebrauchsfortsetzung ist mehr als bloße Vorenthaltung des Besitzes iS des § 546a.[13] Sie erfordert idR, dass der Mieter die **Sache** (selbst oder durch einen Dritten) **behält und** weiterhin entsprechend dem an sich beendeten Mietvertrag **gebraucht**. Hatte der Mieter die Räume untervermietet, so greift § 545 ein, wenn der **Untermieter** den Gebrauch der gemieteten Räume ungeachtet der Beendigung des Hauptmietverhältnisses **fortsetzt**, wobei es ebenfalls auf den Willen der Beteiligten nicht ankommt.[14] Ebenso unerheblich ist, ob der Gebrauch, den der Mieter von der Mietsache macht, nach dem Vertrag erlaubt ist oder nicht.[15]

3. Widerspruch

5   **a)** Trotz Fortsetzung des Gebrauchs durch den Mieter nach Beendigung des Mietverhältnisses wird eine Verlängerung des Mietverhältnisses nicht fingiert, wenn der Vermieter *oder* der Mieter ihren **entgegenstehenden Willen** binnen einer Frist von zwei Wochen dem anderen Teil gegenüber **erklärt** (§ 545 S 1). Dieser **Widerspruch** ist eine einseitige empfangsbedürftige Willenserklärung, aus der sich eindeutig ergeben muss, dass der Erklärende mit einer Fortsetzung des Mietverhältnisses zu den bisherigen Bedingungen nicht einverstanden ist.[16] Bei einer **Mehrheit** von Mietern oder Vermietern genügt wegen der Einheitlichkeit des Mietverhältnisses bereits der Widerspruch eines von ihnen, um § 545 auszuschließen.[17] Eine besondere **Form** ist für den Widerspruch nicht vorgeschrieben, so dass er **auch konkludent** erklärt werden kann.[18]

---

7   BGH WM 1965, 411, 413 = ZMR 1966, 117, 241.
8   RAG HRR 1933 Nr 311; OLG Düsseldorf NZM 2011, 154.
9   LG Münster WuM 1966, 27 = ZMR 1966, 108 Nr 14; str.
10   S u Rn 6; OLG Breslau JW 1929, 3265 Nr 8; LG Essen WuM 1984, 252, 253.
11   OLG Hamm WuM 1981, 257; LG Essen WuM 1984, 252; LG Hamburg WuM 1989, 32; AG Pinneberg NJW-RR 1995, 76.
12   BGH LM Nr 42 zu § 535 BGB (Bl 3 R) = WM 1969, 298; LM Nr 2 zu § 568 BGB = NJW 1986, 1020; LM Nr 3 zu § 568 BGB = NJW-RR 1988, 76; BayObLGZ 1981, 300 = NJW 1981, 2759.
13   *Weimar* ZMR 1963, 65f; 1965, 3f.
14   BGH LM Nr 42 zu § 535 BGB (Bl 3 R) = WM 1969, 298; LM Nr 2 zu § 568 BGB = NJW 1986, 1020.
15   BGH LM Nr 3 zu § 568 (Bl 2) = NJW-RR 1988, 76.
16   BayObLGZ 1981, 300 = NJW 1981, 2759; OLG München OLGR 1994, 63; LG Berlin NJW-RR 2001, 513 = NZM 2001, 40.
17   OLG Rostock NZM 2004, 423, 424 = WuM 2004, 470; *Wolf/Eckert/Ball* Hdb Rn 791 (S 280).
18   BGHZ 113, 290, 297 = NJW 1991, 1348, 1350; BGH NZM 2006, 699, 700 Tz 25 = NJW-RR 2006, 1385.

Ein **konkludenter Widerspruch** ist **zB** anzunehmen, wenn der Vermieter nach Kün- **6** digung des Mietverhältnisses Abweisung der Klage des Mieters auf Feststellung des Fortbestandes des Vertrages trotz der Kündigung beantragt.[19] Ebenso zu beurteilen sind die Erhebung der **Räumungsklage**, das **Verlangen sofortiger Räumung**, die Stundung des Herausgabeverlangens oder die Gewährung einer Räumungsfrist.[20] Nach überwiegender Meinung genügt für die Annahme eines Widerspruchs in der Regel ferner die Erklärung einer Partei, zu einer Verlängerung des Vertrags nur bei einer **Veränderung der Miete** bereit zu sein.[21]

b) Die **Widerspruchsfrist** von zwei Wochen (§ 545 S 1) **beginnt** nach S 2 des § 545 **7** **für** den **Mieter mit der Fortsetzung des Gebrauchs** (Nr 1 aaO) und für den **Vermieter** mit dem Zeitpunkt, in dem er von der Fortsetzung **Kenntnis** erlangt (Nr 2 aaO). Innerhalb dieser Frist muss folglich der Widerspruch grundsätzlich dem Gegner *zugehen* (§ 130). Liegt der Widerspruch gegen die Gebrauchsfortsetzung des Mieters in der Erhebung der **Räumungsklage**, so ist es zur Fristwahrung erforderlich, dass dem Mieter die Klage binnen der Zweiwochenfrist des § 545 zugestellt wird.[22] Die Fristberechnung richtet sich nach den §§ 187 Abs 1, 188 Abs 2 und 193. Für den **Mieter** läuft die Frist grundsätzlich von dem Augenblick ab, in dem das Mietverhältnis endet (Nr 1 des § 545 S 2). Es ist *nicht* erforderlich, dass der Mieter von der Beendigung des Mietverhältnisses Kenntnis hat.[23] Beim **Vermieter** setzt der Fristbeginn dagegen gemäß § 545 S 2 Nr 2 **positive Kenntnis** von der Fortsetzung des Gebrauchs durch den Mieter voraus. Bloßes Kennenmüssen genügt ebenso wenig wie die Kenntnis davon, dass der Mieter die Sache noch nicht zurückgegeben hat. Dem Vermieter muss vielmehr bekannt sein, dass der Mieter obendrein den vertraglich vorgesehenen Gebrauch fortsetzt. Bei einer *Mehrheit* von Vermietern müssen **alle Kenntnis** von der Gebrauchsfortsetzung durch den Mieter haben, um den Lauf der Frist auszulösen.[24]

Der Widerspruch kann auch schon **vor Fristbeginn** ausgesprochen werden kann, **8** wobei der **BGH**[25] **jetzt offenbar sogar – abweichend von der bisher herrschenden Meinung**[26] **– auf einen engen** zeitlichen und sachlichen **Zusammenhang** mit der Vertragsbeendigung und dem Fristbeginn **verzichten** will. Deshalb ist es auch ohne weiteres möglich, den **Widerspruch mit der Kündigung** zu **verbinden**.[27] Das kann sogar konkludent geschehen (o Rn 6). Besonders nahe liegt solche Annahme bei einer **fristlosen Kündigung** wegen einer schweren Vertragsverletzung aufgrund der §§ 543 und 569,[28] ist aber auch bei einer **ordentlichen Kündigung** nicht ausgeschlossen.[29]

---

19 BGHZ 113, 290, 297 (vorige Fn).
20 S o Rn 3; OLG Schleswig NJW 1982, 449, 450f = WuM 1982, 65, 66; OLG Hamm NJWE-MietR 1997, 268.
21 RGZ 140, 314, 317; BGH LM Nr 42 zu § 535 BGB (Bl 3 R f) = WM 1969, 298; NJW-RR 2006, 1385 = NZM 2006, 699 Tz 25.
22 OLG Stuttgart NJW-RR 1987, 788 = ZMR 1987, 179; LG Berlin NZM 2001, 40.
23 BGH LM Nr 22 zu § 305 BGB = NJW 1980, 1577, 1578f.
24 BayObLGZ 1981, 300 = NJW 1981, 2759.
25 BGH NJW 2010, 2124 = NZM 2010, 510.
26 BGH LM Nr 42 zu § 535 BGB (Bl 4f) = WM 1969, 298; LM Nr 2 zu § 568 BGB = NJW 1986, 1020; NZM 2006, 699 = NJW-RR 2006, 1385, 1386; OLG Düsseldorf ZMR 2002, 589, 591.
27 BGH LM Nr 3 zu § 568 BGB = NJW-RR 1988, 76; NJW 2010, 2124 = NZM 2010, 510; OLG Hamm NJWE-MietR 1997, 268; OLG Rostock NZM 2004, 423, 424 = WuM 2004, 470.
28 BGH LM Nr 3 zu § 568 BGB = NJW-RR 1988, 76; NJW 2010, 2124 = NZM 2010, 510.
29 BGH NJW 2010, 2124 = NZM 2010, 510 Tz 11; LG Bonn WuM 1992, 617.

Volker Emmerich

4. Rechtsfolgen

9   **a)** Setzt der Mieter nach Beendigung des Mietverhältnisses den Gebrauch der Sache fort, ohne dass eine der Parteien rechtzeitig widerspricht, so wird **kraft Gesetzes** das Mietverhältnis **auf unbestimmte Zeit** verlängert (§ 545 S 1; s o Rn 1), so dass (nur) die bisherigen Abreden der Parteien über die Vertragsdauer, die Kündigungsfristen und über eine etwaige Verlängerung des Vertrages einschließlich einer Verlängerungsoption gegenstandslos werden.[30] An die Stelle dieser Abreden treten die **gesetzlichen Kündigungsfristen der §§ 573c, 580a**. Im Übrigen bleibt der **Vertrag unverändert**.[31] Für **Bürgen** kann das jedoch nicht gelten; ihnen gegenüber muss vielmehr zu ihrem Schutz das fortgesetzte Mietverhältnis im Zweifel als neues angesehen werden.[32] Die Unterlassung des Widerspruchs bewirkt **keine Präklusion** des Vermieters mit seinen Kündigungsgründen, so dass er jederzeit die Kündigung des kraft Gesetzes (§ 545 S 1) verlängerten Mietverhältnisses wiederholen kann, sofern der Kündigungsgrund jetzt noch vorliegt und nicht etwa durch die inzwischen verstrichene Zeit seine Bedeutung eingebüßt hat.[33]

10   **b)** § 545 ist **nicht zwingend**, so dass abweichende **Individualvereinbarungen** zulässig sind.[34] Für **Formularverträge** gilt nach heute hM nichts anderes, da § 545 in erster Linie eine Klarstellungsfunktion hat.[35] Die Klausel muss jedoch klar und verständlich sein, wofür der bloße Verweis auf § 545 nicht ausreicht.[36]

11   **c)** Wer sich auf die Verlängerung des Mietverhältnisses nach § 545 beruft, braucht nur die Fortsetzung des Gebrauchs durch den Mieter zu **beweisen**. Demgegenüber muss dann der andere Teil den Nachweis führen, dass er rechtzeitig widersprochen hat. Beruft sich der Mieter jedoch darauf, dass der Vermieter schon früher Kenntnis von der Fortsetzung des Gebrauchs erlangt hatte, so trifft die Beweislast dafür wieder ihn.[37]

§ 546

Rückgabepflicht des Mieters

[1] Der Mieter ist verpflichtet, die Mietsache nach Beendigung des Mietverhältnisses zurückzugeben.

[2] Hat der Mieter den Gebrauch der Mietsache einem Dritten überlassen, so kann der Vermieter die Sache nach Beendigung des Mietverhältnisses auch von dem Dritten zurückfordern.

---

30 OLG Köln ZMR 1996, 433.
31 RGZ 140, 314, 316f; RAGE 15, 281, 283f; LG Stuttgart ZMR 1967, 340, 341.
32 LG Gießen ZMR 1995, 33, 34; str.
33 *Blank/Börstinghaus* § 545 Rn 26; **aM** LG Bochum ZMR 1971, 56; AG Tempelhof-Kreuzberg MDR 1988, 146.
34 BGH LM Nr 4 zu § 9 (Ca) AGBG = NJW 1991, 1750; WM 1965, 411, 413 = ZMR 1966, 117, 241.
35 BGH LM Nr 4 zu § 9 (Ca) AGBG = NJW 1991, 1750; WM 1965, 411, 413 = ZMR 1966, 117, 241; OLG Koblenz WuM 2002, 552, 554.
36 OLG Schleswig NJW 1995, 2858 = WuM 1996, 85; OLG Düsseldorf NZM 2011, 154; LG Frankfurt WuM 2000, 15; **aM** OLG Rostock NZM 2006, 584 = ZMR 2006, 692.
37 LG Köln WuM 1975, 85f.

Schrifttum

Artzt/Schmidt Räumungsvollstreckung bei Lebensgemeinschaften, ZMR 1994, 90; *Bartsch* Probleme der Zwischenmietverhältnisse über Wohnraum, ZMR 1983, 256; *Bindokat* Vollstreckungsschutz gegen sittenwidrige Zwangsräumung wegen Krankheit und Alters, NJW 1992, 2872; *Blank* Der Räumungsprozess, in: PiG Bd 26 (1987) 93; *Boiczenko* Probleme des Unvermögens zur Herausgabe der Mietsache, MDR 1983, 895; *Börstinghaus* Auswirkungen der Schuldrechtsreform auf das Mietrecht, ZGS 2002, 102; *Bosch* Räumung des Mieters im Wege der „Selbstjustiz", NZM 2009, 530; *Breckerfeld* Schlüsselrücknahmepflicht vor Beendigung des Mietverhältnisses, NZM 2000, 533; *Brosette* Kostentragungspflicht bei der Zwangsräumung von Wohnräumen, NJW 1989, 963; *Brunn* Das Vertragsverhältnis des Untermieters nach Beendigung des gewerblichen Hauptmietvertrages, WuM 1988, 386; *ders* Die Zwangsräumung von Wohnraum, NJW 1988, 1362; *Brunner/Jung* Lückenloser Mieterschutz. Die Rechtsbeziehung zwischen Eigentümer und Endmieter nach Ende des gewerblichen Zwischenmietverhältnisses – Konsequenzen aus dem Beschluss des BVerfG vom 11.6.1991, ZMR 1992, 177; *Crezelius* Untermiete und Mieterschutz, JZ 1984, 70; *Cymutta* Die Herausgabe der Schuldnerwohnung in der Mieterinsolvenz, WuM 2008, 582; *Derleder* Der Kündigungsschutz des Wohnraummieters bei Einschaltung eines Zwischenvermieters, WuM 1991, 641; *ders* Die Rechtsstellung der Wohnraummieter bei Vermögensverfall von Zwischenvermietern, ZIP 1988, 415; *Dötsch* Wider Dokumentationspflichten des Gerichtsvollziehers bei der „Berliner Räumung" à la Mietrechtsänderung 2012, NZM 2012, 73; *Eckert* Räumung, Rückgabe und Aussonderung im Mieterinsolvenzverfahren, NZM 2006, 610; *Eisenhardt* Haupt- und Nebenpflichten des Mieters bei Rückgabe der Mieträume, WuM 1998, 447; *Eisenschmid* Die Abwicklung des Mietverhältnisses bei Ende der Mietzeit, in: PiG Bd 26 (1987) 73; *ders* Die Abwicklung des Wohnungsmietverhältnisses bei Ende der Mietzeit, WuM 1987, 243; *Fallak* Durchsetzung der Räumung gegen einen Gewahrsamsinhaber, der nicht Titelschuldner ist, ZMR 2003, 803; *Fischer* Zivilprozessuale Räumungsvollstreckung und bürgerlich-rechtliches Vermieterpfandrecht, WuM 2011, 403; *ders* Auswirkungen der „Mietrechtsänderung" auf Räumungsverfahren und -vollstreckung, NZM 2013, 249; *Flatow* Mietrechtsänderungsgesetz 2013, NJW 2013, 1185; *Fleindl* Das geplante Mietrechtsreformgesetz – Ein Überblick über die wesentlichen Änderungen, NZM 2012, 57; *Fritz* Gewerbliche Zwischenvermietung – Rechtsprobleme der Untervermietung, WuM 1991, 13; *Gärtner* Wohnungsmietrechtlicher Bestandsschutz auf dem Weg zu einem dinglichen Recht?, JZ 1994, 440; *Gather* Beendigung des Hauptmietverhältnisses bei gewerblicher Zwischenvermietung, in: PiG Bd 26 (1987) 149; *ders* Die Beendigung des Wohnraummietvertrages in der höchst- und obergerichtlichen Rechtsprechung, DWW 1991, 162; *ders* Mietrechtliche Fragen bei der gewerblichen Zwischenvermietung, DWW 1988, 131; *ders* Überblick über das gewerbliche Mietrecht, DWW 1993, 121; *ders* Der Wechsel des Vermieters – Ein Überblick über die Rechtslage, DWW 1992, 37; *ders* Die verspätete Rückgabe von Wohn- oder Geschäftsräumen, GE 2004, 148; *Gursky* Kündigungsschutz zwischen Wohnungseigentümer und Untermieter?, JR 1983, 265; *Hagmann* Nochmals: Mieterschutz und gewerbliche Zwischenvermietung, NJW 1989, 822; *Henssler* Die Klage auf künftige Leistung im Wohnraummietrecht, NJW 1989, 138; *Hille* Bauherrenmodell gegen Mieterschutz?, WuM 1983, 46; *Hornick* Kündigungsschutz des Untermieters bei gewerblicher Zwischenvermietung, ZMR 1992, 224; *Horst* Selbsthilfemöglichkeiten bei der Abwicklung beendeter Mietverhältnisse, NZM 1998, 139; *ders* Mietrechtsnovelle 2013 – Vereinfachte Räumung von Wohnraum, MDR 2013, 249; *Jost* Zwangskauf als Schadensersatz?, in: FS Otte (2005) 145; *Jung* Die Vorschrift des § 765a ZPO und seine Anwendung im Mietrecht, DWW 1991, 139; *Kaiser* Räumung und Vollstreckungsschutz bei Suizidgefahr, NJW 2011, 2412; *Karst* Auswirkungen des § 556a BGB auf die Zulässigkeit einer Klage auf künftige Räumung gem § 259 ZPO, ZMR 1988, 453; *Katzenstein/Hüftle* „Zwangskauf" im Mietrecht?, NZM 2004, 601; *Klimesch* Der Trick mit dem Untermieter – Zwangsräumung vor dem Aus?, ZMR 2009, 431; *Kluth/Grün* Die Räumungsverfügung nach § 940 ZPO bei gewerblicher Miete, NZM 2001, 1015; *Krenek* Mieterschutz bei der gewerblichen Zwischenvermietung, Jura 1993, 79; *Kummer* Zur formularmäßigen „Vertragsübertragung" in der Wohnraummiete, WuM 1991, 240; *Landvoigt* Die mietrechtlichen Probleme mit Haus- und Wohnungsschlüsseln, GE 2007, 1301; *Langenberg* Herausgabeanspruch des Eigentümers gegen den Endmieter bei Zwischenmietverhältnissen, MDR 1993, 102; *ders* Rechtsbeziehungen zwischen Eigentümer und Endmieter nach Beendigung des Zwischenmietverhältnisses, MDR 1993, 602; *Lehmann-Richter* Räumung des Mieters im Wege der „Selbstjustiz", NZM 2009, 177; *ders* Die Schadenshaftung des Gläubigers bei der beschränkten Räumung neuen Rechts, NZM 2013, 260; *ders/Keinert* Erstattung eines Drittschadens bei Verletzung der Rückgabepflicht aus § 546 BGB, ZMR 2011, 523; *Luckey* Räumung – verbotene Eigenmacht oder zulässige Eigenvollstreckung?, GE 2008, 28; *Matthies* Mieterschutz und gewerbliche Zwischenvermietung, NJW 1988, 1631; *Meyer* Rechtsprobleme bei der gemeinsamen Nutzung einer Wohnung, ZMR 1990, 444; *v Morgen* Mieterschutz um jeden

Christian Rolfs

Preis? Dogmatik und Interessenabwägung im Fall der gewerblichen Zwischenvermietung, JZ 1989, 725; *H-D Müller* Nur scheinbar ein Routineproblem: Die Gewährung einer Räumungsfrist, GE 1988, 703; *Münch* Der vollstreckbare Anwaltsvergleich als Räumungsvergleich, NJW 1993, 1181; *Münzberg* Die Fristen für Anträge des Räumungsschuldners gemäß § 721 Abs 2 S 1, Abs 3 S 2, § 794a Abs 1 S 2 ZPO, WuM 1993, 9; *Mutter* Anmerkungen zum Schutz von Wohnraummietern bei gewerblicher Zwischenmiete, ZMR 1993, 209; *ders* Wann ist eine Mietsache zurückzugeben?, ZMR 1991, 329; *ders* Zum Recht des Mieters auf vorzeitige Rückgabe der Mietsache, ZMR 1989, 132; *Nassal* Zum Einwand des Rechtsmissbrauchs beim Räumungsverlangen nach § 556 Abs 3 BGB, ZMR 1984, 182; *ders* Kündigungsschutz zwischen Vermieter und Untermieter?, MDR 1983, 9; *ders* Die Untermiete im Spiegel der Rechtsprechung, ZMR 1983, 333; *Oske* Die Aufrechnung im Räumungsprozess, WuM 1984, 178; *Otto* Ansprüche bei Miet- oder Pacht-Ende schnell wahrnehmen, DWW 1983, 222; *ders* Mietvertragliche Regelungen über die Beendigung eines Geschäftsraummietverhältnisses, DWW 1984, 64; *Pauly* Die Räumungsvollstreckung gegen nicht am Mietvertrag beteiligte Personen, ZMR 2005, 337; *Pütz* Der Zeitpunkt der Rückgabe in § 546 BGB nF (§ 556 BGB aF), WuM 2002, 414; *Reinelt* Der Räumungsschutz des gutgläubigen Untermieters, NJW 1984, 2869; *Riecke* Geiz ist geil" oder: Ein „zeitgeistiges", aber trügerisches Motto bei der Räumungsvollstreckung?, NZM 2006, 919; *ders* Die „Hamburger Räumung" als kreative Alternative oder positives „Minus" gegenüber der „preußischen Standard-Zwangsräumung", in: FS Blank (2006) 563; *Ruthe* Der verlorene Haustürschlüssel, NZM 2000, 365; *Salje* Verletzung der Rückgabepflicht als Rechtsproblem beim „Verleih" von Videofilmkassetten, DB 1983, 2453; *Schach* Die „Chancen" der BGH-Rechtsprechung, WuM 2006, 1145; *Scheffler* Räumungsklage bei gewerblicher Zwischenvermietung, NJW 1992, 477; *Schläger* Von der fristlosen Kündigung des Wohnraum-Mietvertrages (§ 554 BGB) bis zur Räumung, ZMR 1986, 421; *Scholz* Räumungsklage gegen Mitmieter, der bereits ausgezogen ist?, WuM 1990, 99; *ders* Zwangsräumung und Vollstreckungsschutz – Rechtsprobleme bei der Vollstreckung von Räumungsurteilen über Wohnraum, ZMR 1986, 227; *Schopp* Wohnungsmiete bei gewerblicher Zwischenvermietung, ZMR 1993, 4; *Schüren* Gewerbliche Zwischenvermietung und Bestandsschutz, JZ 1992, 79; *Schuschke* Räumungsvollstreckung gegen Mitbewohner der Wohnung des Titelschuldners, NZM 1998, 58; *ders* Die Räumungsvollstreckung gegen Mitbesitzer einer Mietwohnung, NZM 2005, 10; *ders* Lebensschutz contra Eigentumsschutz – Zu den Grenzen des § 765a ZPO in der Räumungsvollstreckung, NJW 2006, 874; *ders* Reichweite und Grenzen gerichtlicher Fürsorge gegenüber suizidgefährdeten Schuldnern im Lichte des Grundgesetzes, NZM 2011, 304; *ders* Die „Berliner Räumung" bei der Vollstreckung aus einem Zuschlagsbeschluss gem. § 93 ZVG, NZM 2011, 685; *ders* Aktuelle Probleme zur Räumungsvollstreckung, NZM 2012, 209; *Schwab* Neues Schuldrecht: Ende des Mieterschutzes? – Wider die Theorie vom Zwangsverkauf an den bei Mietende nicht weichenden Mieter, NZM 2003, 50; *ders/Novokmet* Ungelöste Fragen des „Zwangsverkaufs" vermieteter Immobilien, ZGS 2004, 187; *Sick* Die Einweisung unbekannter Dritter im Zuge der Räumungsvollstreckung – aktuelle Probleme auf Vermieterseite, ZMR 2010, 493; *Sonnenschein* Von der Wohnraummiete über die Geschäftsraummiete zur Pacht – und zurück, in: FS Seuß (1987) 253; *Sternel* Die Beendigung des Wohnraummietverhältnisses – Ein Überblick über die Rechtsentwicklung unter besonderer Berücksichtigung der Rechtsentscheide, ZMR 1988, 201; *Walker* Rechtsfragen beim Verlust des Haus- und Wohnungsschlüssels durch den Mieter, MDR 1987, 981; *ders/Gruß* Räumungsschutz bei Suizidgefahr und altersbedingter Gebrechlichkeit, NJW 1996, 352; *Wetekamp* Probleme der gewerblichen Zwischenvermietung, GE 1986, 415; *Winderlich* Die Räumungsvollstreckung gegen den nicht am Mietvertrag beteiligten Ehegatten des Schuldners, ZMR 1990, 125.

Systematische Übersicht

Alphabetische Übersicht

I. Allgemeines

Die Vorschrift des § 546 Abs 1 regelt die Rückgabe der Mietsache nach Beendigung **1** des Mietverhältnisses. Die Pflicht zur Rückgabe ist eine selbständige Leistungspflicht des Mieters, die außerhalb des synallagmatischen Zusammenhangs steht.[1] Es handelt sich um eine **Abwicklungspflicht vertraglicher Natur**.[2] Dadurch wird dem Vermieter unabhängig von Eigentumsrechten ein vertraglicher Anspruch auf Verschaffung des Besitzes an der Mietsache gewährt.

II. Rückgabe der Mietsache (Abs 1)

1. Voraussetzungen

a) Mietverhältnis. Zwischen den Parteien muss ein **Mietverhältnis** bestanden **2** haben. Es kann sich um die Miete beweglicher oder unbeweglicher Sachen handeln. Der Anwendungsbereich des § 546 umfasst nicht die Überlassung von Wohnraum auf Grund dinglicher Wohnrechte nach § 1093 und den §§ 31ff WEG oder auf Grund öffentlich-rechtlicher Bestimmungen wie bei der Obdachloseneinweisung. Insoweit kommt aber eine ent-

---

1 MünchKomm/*Bieber* § 546 Rn 1; *Prütting/Wegen/Weinreich/Feldhahn* § 546 Rn 1.
2 *Larenz* II 1 § 48 II b aE, VII a.

Christian Rolfs

sprechende Anwendung der von der Rechtsprechung zu § 546 entwickelten Grundsätze über den Inhalt der Rückgabepflicht in Betracht.[3]

3   **b) Beendigung.** Das Mietverhältnis muss **beendet** sein. Der Grund und die Art und Weise der Beendigung sind unerheblich.[4] Als Beendigungsgrund kommen ua die Kündigung, der Zeitablauf, der Aufhebungsvertrag oder der Verwaltungsakt in Betracht. Der Zeitpunkt, in dem das Mietverhältnis endet, ergibt sich aus § 542. Dies ist bei Mietverhältnissen auf bestimmte Zeit der Zeitpunkt, zu dem die vertraglich vereinbarte Mietzeit abläuft. Ist die Mietzeit nicht bestimmt, endet das Mietverhältnis in dem Zeitpunkt, zu dem der Mieter oder Vermieter wirksam gekündigt hat. Dieser Zeitpunkt bestimmt sich danach, ob es sich um eine ordentliche oder außerordentliche befristete bzw fristlose Kündigung handelt. Ein Aufhebungsvertrag beendet das Mietverhältnis zu dem vereinbarten Zeitpunkt. Ist insoweit keine ausdrückliche Vereinbarung getroffen worden, muss durch Auslegung ermittelt werden, ob das Mietverhältnis sofort oder zu einem späteren Zeitpunkt enden soll; im Zweifel gilt § 271 Abs 1 BGB. Weil auch bei einem Mietverhältnis die Anfechtung mit rückwirkender Vernichtung nach § 142 Abs 1 zugelassen wird (§ 542 Rn 82), scheidet ein Rückgabeanspruch nach § 546 aus.[5]

2. Rechtsfolgen

4   **a) Gläubiger und Schuldner. Gläubiger** des Rückgabeanspruchs ist der Vermieter, im Falle der Zwangsverwaltung der Zwangsverwalter.[6] Es kommt nicht darauf an, ob der Vermieter auch Eigentümer der Mietsache ist.[7] Die Regelung des Abs 1 gilt deshalb auch im Verhältnis zwischen Haupt- und Untermieter.[8] Anders als der Anspruch aus § 985 ist der Anspruch auf Rückgabe aus § 546 Abs 1 abtretbar.[9] Einmal entstanden und fällig geworden verbleibt er trotz späteren Eigentumswechsels beim früheren Eigentümer.[10] **Schuldner** des Rückgabeanspruchs ist der Mieter. Dies gilt unabhängig davon, ob er unmittelbarer oder mittelbarer Besitzer ist oder ob sich die Mietsache überhaupt in seinem Besitz befindet.[11] Dies hat lediglich Einfluss darauf, ob und wie er den Rückgabeanspruch erfüllen kann.

5   **b) Art und Weise der Rückgabe.** Der Anspruch auf Rückgabe richtet sich grundsätzlich auf **Einräumung des unmittelbaren Besitzes**, erfordert also eine Veränderung der Besitzlage.[12] Das bedeutet zum einen, dass der Vermieter in die Lage versetzt werden muss, sich durch Ausübung der unmittelbaren Sachherrschaft ungestört ein umfassendes Bild von den Mängeln, Veränderungen und Verschlechterungen der Mietsache zu machen. Zum anderen ist eine vollständige und unzweideutige Besitzaufgabe des Mieters erforderlich.[13] Der Anspruch setzt nicht voraus, dass der Mieter noch unmittelbarer oder mittelba-

---

3 *Blank/Börstinghaus/Blank* § 546 Rn 2.
4 *Bamberger/Roth/Ehlert* § 546 Rn 4.
5 RGZ 85, 133, 137.
6 Vgl LG Berlin GE 1999, 112; AG Köln ZMR 2000, 30.
7 LG Kassel WuM 1957, 117.
8 OLG München NJW-RR 1989, 524.
9 BGH NJW 1983, 112; *Blank/Börstinghaus/Blank* § 546 Rn 6.
10   OLG München ZMR 1996, 375.
11   BGH NJW 1996, 515.
12   BGH NJW 1991, 2416; BGH NJW 2000, 3203; BGH NZM 2004, 98.
13   BGH NZM 2004, 98; OLG Brandenburg NZM 2000, 463.

rer Besitzer der Mietsache ist.[14] Der Vermieter braucht sich vom Mieter nicht darauf verweisen zu lassen, er könne selbst den besitzenden Dritten unmittelbar auf Herausgabe in Anspruch nehmen.[15] Ob die Rückgabepflicht durch Übertragung des Besitzes an den Vermieter erfüllt worden ist, richtet sich nach den besitzrechtlichen Regeln. Da der Vermieter bei der Rückübertragung des Besitzes mitwirken muss, um Besitz zu erlangen, genügt die bloße Besitzaufgabe durch den Mieter auch unter Zurücklassung oder Übersendung der Schlüssel im Allgemeinen nicht.[16]

Mehrere **gemeinschaftliche Mieter** haften für die Rückgabe als Gesamtschuldner **6** nach den §§ 427, 431. Der Anspruch kann gegen alle gemeinsam oder gegen jeden Schuldner gesondert geltend gemacht werden.[17] Die Gesamtschuldner haben wechselseitig auf die Erfüllung hinzuwirken.[18] Bestand das Mietverhältnis mit einer KG, so schuldet neben der Gesellschaft der inzwischen ausgeschiedene persönlich haftende Gesellschafter nach Maßgabe des § 160 HGB Herausgabe.[19] Einer von mehreren Mitmietern kann selbst dann noch auf Rückgabe in Anspruch genommen werden, wenn er die gemeinsame Wohnung verlassen hat und es ihm nicht gelungen ist, die anderen Mitmieter zum Auszug zu bewegen.[20] Unerheblich ist, ob er den unmittelbaren Besitz tatsächlich aufgegeben hat.[21] Entscheidend ist, ob ihm als Gesamtschuldner die Rückgabe möglich ist, sei es auch durch Einwirkung auf den in der Wohnung zurückgebliebenen anderen Gesamtschuldner, gegebenenfalls durch gerichtliche Maßnahmen.[22] Deshalb fehlt das Rechtsschutzbedürfnis für eine Räumungsklage gegen einen ausgezogenen Mitmieter auch dann nicht, wenn der Mitmieter den Besitz an der Wohnung endgültig aufgegeben hat.[23] Das Gleiche ist anzunehmen, wenn der Mitmieter gar nicht erst in die Wohnung eingezogen ist und der Vermieter hiervon Kenntnis hatte.[24] Anders liegen die Dinge erst, wenn der Vermieter mit den in der Wohnung verbliebenen Mietern neue Vereinbarungen trifft, die diese zum Verbleib im Mietobjekt bewegen.[25] Personen, die sich nach dem Auszug des Mieters noch in der Wohnung aufhalten und nicht Mitmieter sind, müssen aus § 546 Abs 2 oder aus § 985 auf Herausgabe in Anspruch genommen werden.[26] Wenn die Rückgabepflicht zweier Mieter vertragsgemäß nur durch Mitwirkung des einen Mieters erfüllt werden kann, weil er zB einziger Führerscheininhaber bei der Miete eines PKW ist, so haftet dieser als Gesamtschuldner auch für die schuldhafte Verletzung der Rückgabepflicht durch den anderen.[27]

---

14 BGHZ 56, 308, 310f = NJW 1971, 2065; BGHZ 119, 300, 304 = NJW 1993, 300; BGH NJW 1996, 515.
15 BGHZ 56, 308, 311 = NJW 1971, 2065; OLG Düsseldorf NJW-RR 1987, 911; *Herrlein/Kandelhard/Kandelhard* § 546 Rn 8.
16 OLG Düsseldorf DWW 1987, 330; OLG Düsseldorf NJW-RR 1987, 911; vgl aber LG Mannheim DWW 1995, 86; großzügiger KG v. 30.1.2012 – 8 U 192/10, ZMR 2012, 693; **aM** *Herrlein/Kandelhard/Kandelhard* § 546 Rn 9; *Schmidt-Futterer/Streyl* § 546 Rn 27.
17 RGZ 89, 203, 207; *Bamberger/Roth/Ehlert* § 546 Rn 11; MünchKomm/*Bieber* § 546 Rn 13; *Soergel/Heintzmann* § 546 Rn 6.
18 KG ZMR 2006, 526; OLG Düsseldorf DWW 1987, 330.
19 BGH NJW 1987, 2367.
20 BGH NJW 1991, 2416; KG ZMR 2006, 526; OLG Düsseldorf ZMR 1987, 423; *Schmidt-Futterer/Streyl* § 546 Rn 64; **aM** OLG Schleswig NJW 1982, 2672; LG Koblenz ZMR 1976, 48.
21 OLG Celle NZM 2000, 866; OLG Düsseldorf NJW-RR 1987, 911.
22 OLG Hamburg ZMR 2009, 603; LG Berlin GE 2000, 281.
23 KG WuM 2006, 529; vgl auch LG Hannover ZMR 1999, 407 im Anschluss an BGH NJW 1996, 515 zum Vorlagebeschluss des OLG Stuttgart WuM 1995, 385; LG Berlin ZMR 2004, 516 m Besprechung *Körner* GE 2004, 342; anders noch LG Berlin GE 1995, 567.
24 LG München II WuM 1989, 181.
25 OLG Hamburg ZMR 2009, 603.
26 OLG Schleswig WuM 1992, 674; LG Frankfurt/M WuM 1989, 295.
27 BGHZ 65, 226, 227ff = NJW 1976, 287.

Christian Rolfs

7   Die Mietsache ist an den **Vermieter oder an eine von diesem zum Empfang ermäch-tigte Person** zurückzugeben. Dies gilt auch dann, wenn der Vermieter nicht Eigentümer ist und die Sache unbefugt vermietet hat.[28] Der Mieter kann nicht aus § 536 Abs 3 das Recht ableiten, die Rückgabe an den Vermieter zu verweigern, weil ein Dritter Eigentümer der Mietsache ist.[29] Mit einer Rückgabe der Mietsache (oder der Schlüssel) an eine andere Person als den Vermieter erfüllt der Mieter den Anspruch aus § 546 nicht, wenn die Emp-fangszuständigkeit des Dritten nicht zumindest konkludent vereinbart war.[30] Bei anderen Mietern im Hause ist regelmäßig von einer Beauftragung nicht auszugehen, sodass die Übergabe der Schlüssel an einen Nachbarn keine Rückgabe der Wohnung darstellt.[31] Aus-reichend ist dagegen die Übergabe an einen Besitzmittler des Vermieters, der zur Rück-nahme der Mietsache beauftragt ist. Dies kann unter Umständen beim Hauswart der Fall sein.[32]

8   Mit der gemieteten Sache ist das **Zubehör** zurückzugeben. Der Mieter hat deshalb sämtliche Haus- und Wohnungsschlüssel abzuliefern, die er erhalten hat.[33] Unzureichend ist es, die Schlüssel ohne Kenntnis des Vermieters in der Wohnung zurückzulassen[34] oder sie ohne Einverständnis des Vermieters dem mit der Suche eines Nachmieters beauf-tragten Makler zu überlassen.[35] Wenn der Mieter sich auf eigene Kosten weitere Schlüs-sel beschafft hat, erstreckt sich die Herausgabepflicht auch hierauf,[36] da der Vermieter sonst nicht ungestört über die Räume verfügen kann.[37] Gibt der Mieter nicht sämtliche Schlüssel zurück, so hängt die Erfüllung der Rückgabepflicht davon ab, ob der Vermieter in einer anderweitigen Verwendung der Räume beeinträchtigt ist.[38] Verhindert der Ver-mieter durch sein Verhalten die vom Mieter angebotene Rückgabe der Schlüssel, gilt die Mietsache analog § 162 Abs 1 trotz verspäteter Schlüsselübergabe als rechtzeitig zurückge-geben.[39] Für fehlende Schlüssel ist der Mieter bei Verletzung einer Sorgfaltspflicht ersatz-pflichtig.[40] Muss der Mieter Ersatz leisten, kann dies die Kosten für eine neue Schließ-anlage umfassen,[41] was allerdings voraussetzt, dass die Gefahr einer missbräuchlichen Verwendung des Schlüssels besteht.[42] Vermietetes Mobiliar ist ebenfalls zurückzugeben. Ist dies dem Mieter schuldhaft unmöglich geworden, ist er wegen Verletzung der Rückga-bepflicht nach § 280 schadensersatzpflichtig.[43] Eine verschuldensunabhängige Haftung des Mieters verstößt bei Formularmietverträgen gegen § 307.[44]

---

28 Vgl zur Schadensersatzproblematik LG Wiesbaden ZMR 1960, 205.
29 RG JW 1925, 472 m Anm *Raape*; *Herrlein/Kandelhard/Kandelhard* § 546 Rn 37 mwN.
30 LG Berlin GE 2003, 1431.
31 AG Köln WuM 1988, 111 (LS).
32 KG GE 2001, 1059; vgl auch AG Köln WuM 1997, 43.
33 OLG Düsseldorf NZM 2003, 397; OLG Hamburg WuM 2004, 471; OLG Hamm NZM 2003, 26; OLG Köln ZMR 2006, 859; *Bamberger/Roth/Ehlert* § 546 Rn 12.
34 OLG München ZMR 1985, 298; MünchKomm/*Bieber* § 546 Rn 17; NK-BGB/*Klein-Blenkers* § 546 Rn 9.
35 OLG Hamm NZM 2003, 26.
36 MünchKomm/*Bieber* § 546 Rn 6; NK-BGB/*Klein-Blenkers* § 546 Rn 9; *Soergel/Heintzmann* § 546 Rn 3.
37 LG Wuppertal WuM 1986, 316.
38 OLG Düsseldorf DWW 1987, 129; LG Köln WuM 2001, 512; **aM** OLG Düsseldorf NJW-RR 1996, 209, LG Düs-seldorf WuM 1992, 191; AG Spandau GE 2007, 723.
39 LG Mannheim WuM 1974, 202; **aM** OLG Düsseldorf WuM 1997, 218.
40 Vgl AG Hamburg WuM 1999, 687; zur gesamten Problematik *Ruthe* NZM 2000, 365.
41 LG Münster WuM 1989, 508; AG Neuss WuM 1991, 679.
42 LG Berlin ZMR 2000, 535; LG Köln WuM 1982, 2 (LS); einschränkend LG Wiesbaden NZM 1999, 308 bei Geltendmachung des Anspruchs erst drei Jahre nach dem Auszug des Mieters.
43 AG Köln WuM 1992, 91.
44 *Walker* MDR 1987, 981, 983.

Grundsätzlich braucht der Mieter die Sache nur in dem **Zustand** zurückzugeben, in **9** dem sie sich zur Zeit der Beendigung des Mietverhältnisses befindet.[45] Daraus folgt, dass die Rückgabepflicht auch dann erfüllt wird, wenn der Mieter die Mietsache in verändertem oder schlechtem Zustand zurückgibt[46] bzw angebrachte Einrichtungen (Rn 11) oder bauliche Änderungen (Rn 12) nicht beseitigt.[47] Der Vermieter kann die Rücknahme deshalb nicht verweigern, ohne sich den Folgen des Gläubigerverzugs auszusetzen, falls der Mieter ihm die Sache in einem nicht ordnungsgemäßen Zustand anbietet.[48] Schadensersatzansprüche aus § 280 bleiben davon unberührt (§ 546a Rn 29). Ob wegen des Zurücklassens von Gegenständen unter Umständen eine unzulässige Teilräumung anzunehmen ist, muss im Einzelfall geklärt werden (Rn 13). Unabhängig von der Erfüllung der Rückgabepflicht muss der Mieter den früheren Zustand wiederherstellen, wenn im Mietvertrag nicht Abweichendes vereinbart ist.[49] Auch zu einem späteren Zeitpunkt, insbesondere im zeitlichen Zusammenhang mit der Beendigung des Mietverhältnisses, können die Parteien abweichende vertragliche Regelungen treffen, zB dergestalt, dass der Vermieter gegen Zahlung eines Geldbetrages auf die Räumung des Grundstücks verzichtet,[50] oder sogar dem ausziehenden Mieter von diesem eingebrachtes Zubehör abkauft. Im Übrigen ist der Zustand bei Beginn des Mietverhältnisses zu beachten. Dies bedeutet zunächst, dass der Mieter sämtliche Sachen, die er bei der Miete von Räumen eingebracht hat, entfernen muss, soweit der Vermieter nicht ihre Zurücklassung auf Grund eines Vermieterpfandrechts beansprucht.[51] Auf Sachen, die ein Vormieter in den Räumen zurückgelassen hat, erstreckt sich diese Verpflichtung nur dann, wenn der Mieter diese etwa durch Zahlung eines Betrages an den Vormieter übernommen oder darauf verzichtet hat, dass diese durch den Vormieter entfernt wurden.[52] Bescheinigt der Vermieter im **Wohnungsabnahmeprotokoll** die Mangelfreiheit der Wohnung, so kann er wegen später festgestellter Schäden keine Ansprüche mehr geltend machen.[53] Auf die Erstellung eines solchen Protokolls hat aber keine Partei Anspruch.[54]

Der Mieter hat **Veränderungen oder Verschlechterungen** der Mietsache, die durch **10** den vertragsmäßigen Gebrauch eingetreten sind, nach § 538 nicht zu vertreten. Er braucht sie deshalb vor der Rückgabe nicht zu beseitigen.[55] Räume sind besenrein zu übergeben.[56] Grobe Verunreinigungen darf der Mieter nicht zurücklassen, während zB durch das Rauchen in der Wohnung verursachte Nikotinablagerungen auf Fenstern etc nicht beseitigt zu werden brauchen, es sei denn, dass dem Mieter das Rauchen in der Wohnung vertraglich untersagt war.[57] Gibt er die Mietsache in beschädigtem Zustand zurück, muss er

---

45 BGHZ 86, 204, 209ff = NJW 1983, 1049 m Anm *Haase* JR 1983, 364; BGH NZM 2002, 913; BezG Cottbus WuM 1994, 146.
46 OLG Düsseldorf GE 2005, 796.
47 BGHZ 104, 285, 289 = NJW 1988, 2665.
48 BGH WuM 1974, 260; BGHZ 86, 204, 208ff = NJW 1983, 1049; OLG Düsseldorf NZM 2002, 742.
49 OLG Düsseldorf v. 19.7.2011 – 24 U 200/10, GE 2011, 1681.
50 OLG Düsseldorf v. 6.2.2012 – I-24 U 227/11, GE 2012, 547.
51 KG NZM 2005, 422; OLG Düsseldorf GE 2006, 189; LG Mannheim WuM 1978, 141; *Schmidt-Futterer/Streyl* § 546 Rn 40.
52 Vgl auch *Herrlein/Kandelhard/Kandelhard* § 546 Rn 17ff.
53 OLG Düsseldorf GE 2004, 813; AG Lörrach WuM 1997, 218; AG Münster WuM 1990, 201.
54 LG Frankenthal/Pfalz WuM 2006, 700; AG Neustadt/Weinstraße WuM 2006, 700; vgl auch BGH NJW 2010, 1135.
55 OLG Düsseldorf ZMR 2004, 573; *Bamberger/Roth/Ehlert* § 546 Rn 17.
56 MünchKomm/*Bieber* § 546 Rn 11; *Schmid/Schmid* § 546 Rn 13; **aM** *Bamberger/Roth/Ehlert* § 546 Rn 14: nur bei entsprechender Vereinbarung.
57 BGH NJW 2006, 2915 m Bespr *Schach* GE 2006, 1145f.

Christian Rolfs

beweisen, dass er den Schaden nicht zu vertreten hat.[58] Dies gilt aber nur, wenn feststeht, dass die schadenstiftende Handlung in dem durch den Mietgebrauch begrenzten Bereich stattgefunden hat.[59] Eine formularmäßige Verschiebung der Beweislast zum Nachteil des Mieters ist nach § 309 Nr 12 unwirksam. Soweit § 538 nicht eingreift, hat der Mieter dagegen einen ordnungsgemäßen Zustand wiederherzustellen. Der frühere Zustand muss im Zeitpunkt der Beendigung des Mietverhältnisses wiederhergestellt sein.[60] Die Wirksamkeit der Rückgabe wird indessen nicht dadurch beeinträchtigt, dass der Mieter seine Pflicht zur Wiederherstellung nicht erfüllt.[61] Macht der Vermieter wegen der nicht vertragsgemäßen Rückgabe einen Mietausfallschaden gemäß § 280 Abs 1 geltend, so muss er diesen anhand der Wohnungsmarktlage darlegen.[62] Besondere Probleme werfen **Schönheitsreparaturen** nicht nur während der Dauer des Mietverhältnisses auf, sondern vor allem bei seiner Beendigung.

11 **Einrichtungen,** mit denen der Mieter die gemietete Sache versehen hat, müssen grundsätzlich entfernt werden.[63] Zu den Einrichtungen gehören Sachen, die mit der Mietsache verbunden und dazu bestimmt sind, dem wirtschaftlichen Zweck der Mietsache zu dienen,[64] zB Maschinen, Lichtanlagen, Wandschränke, Parabolantennen[65] oder Sträucher im Garten. Der Verpflichtung, Einrichtungen zu beseitigen, entspricht das Wegnahmerecht nach § 539. Das Anbohren von Kacheln und das Setzen von Dübeln ist als vertragsmäßiger Gebrauch in den Grenzen des verkehrsüblichen Maßes zulässig.[66] Einrichtungen, die der Mieter vom Vormieter übernommen hat, sind ebenfalls zu beseitigen,[67] es sei denn, dass sich im Mietvertrag kein Hinweis hierauf findet und der Mieter annehmen darf, die Einrichtungen seien Teil der Mietsache.[68] Eine Verpflichtung zur Beseitigung besteht jedoch nicht, wenn es sich um eine notwendige Einrichtung handelt, durch die erst der vertragsmäßige Gebrauch der Mietsache möglich wird[69] oder wenn der Vermieter zugestimmt hat, dass die Einrichtung mit der Mietsache verbunden wurde.[70] Zustandsverändernde Maßnahmen muss der Mieter auch dann nicht beseitigen, wenn er sie im Rahmen seiner Verpflichtung zur Vornahme von Schönheitsreparaturen durchgeführt hat.[71]

12 **Bauliche Änderungen** durch den Mieter sind ohne Rücksicht auf die dadurch entstehenden Kosten grundsätzlich zu beseitigen.[72] Dies gilt auch bei der Errichtung von Gebäuden durch den Mieter.[73] Veränderungen, die zur Ermöglichung eines behindertengerechten Wohnens vorgenommen worden waren, müssen ebenfalls beseitigt werden, wie sich mittelbar aus § 554a Abs 2 S 1 ergibt.[74] Ein fest verklebter Fußbodenbelag einschließlich

---

58 BGHZ 66, 349, 35f = NJW 1976, 1315; BGH VersR 1978, 522.
59 BGH NJW 1994, 2019.
60 OLG München NJW-RR 1986, 443.
61 OLG Düsseldorf DWW 1987, 129.
62 LG Siegen WuM 2000, 18; AG Kerpen WuM 2000, 19.
63 BGHZ 81, 146, 150 = NJW 1981, 2564; BGHZ 104, 285, 288 = NJW 1988, 2665.
64 BGH WuM 1969, 1114.
65 LG Hagen DWW 1996, 52.
66 BGH NJW 1993, 1061.
67 OLG Hamburg WuM 1990, 390; OLG Köln NZM 1998, 767; *Katzenstein* NZM 2008, 594, 598.
68 LG Berlin GE 1989, 999; AG Schöneberg GE 2000, 814.
69 AG Dortmund WuM 1992, 125.
70 OLG Düsseldorf ZMR 1990, 218; LG Mannheim WuM 1975, 50; s auch LG Mannheim WuM 1974, 202.
71 BGH NJW 2006, 2115.
72 KG GE 2003, 46; KG WuM 2007, 194; OLG Düsseldorf GE 2007, 222; *Katzenstein* NZM 2008, 594, 598.
73 BGH NJW 1966, 1409; BGH WuM 1971, 389.
74 *Blank/Börstinghaus/Blank* § 554a Rn 19.

Christian Rolfs

der Klebereste muss vom Mieter beim Auszug auf seine Kosten beseitigt werden,[75] ebenso Betonfundamente auf gemieteten Freiflächen.[76] Grundsätzlich ist der Mieter zur Beseitigung baulicher Änderungen selbst dann verpflichtet, wenn der Vermieter seine Zustimmung erteilt hat[77] oder die Einrichtungen zwar vom Vormieter angebracht worden waren, der Mieter sie jedoch übernommen hatte.[78] Wurde jedoch bei einer auf Dauer angelegten Baumaßnahme die Zustimmung erteilt, so ist darin in der Regel der Verzicht auf das Recht zur Beseitigung zu sehen,[79] es sei denn, es handelt sich um eine äußerst ungewöhnliche Baumaßnahme[80] oder sie verstößt gegen bauordnungsrechtliche Vorschriften.[81] Eine **Ausnahme von der Rückbaupflicht** gilt in den neuen Ländern dann, wenn es sich um bauliche Veränderungen handelt, die der Mieter vor dem 3.10.1990 getätigt hat und wenn diese nach ZGB-DDR zulässig waren.[82] Dies gilt unabhängig davon, ob die Baumaßnahme vor oder nach dem Inkrafttreten des ZGB 1976 durchgeführt worden ist (§ 2 Abs 2 S 2 EGZGB).[83] Das dem Vermieter vertraglich eingeräumte Recht, bei Ablauf des Vertrags die Wiederherstellung des alten Zustands der vom Mieter für seine Zwecke umgebauten Räume verlangen zu können, entfällt jedoch, wenn der Vermieter die Räume nach der Beendigung des Mietverhältnisses in einer Weise umbauen will, dass die Wiederherstellungsarbeiten des Mieters wieder beseitigt werden müssten. Pauschale Wiederherstellungsklauseln in Formularverträgen können den Mieter unbillig benachteiligen und deshalb nach § 307 unwirksam sein.[84] Ist nach einer unberechtigten baulichen Änderung ein neuer Mietvertrag abgeschlossen worden, ohne dass der Vermieter deren Beseitigung ausbedungen hat, so ist ein dahin gehendes Recht entfallen, weil die Mieträume in der geänderten Gestalt Gegenstand des Mietvertrags geworden sind.[85]

Teilleistungen des Mieters sind nach § 266 grundsätzlich unzulässig.[86] Eine **unzuläs- 13 sige Teilräumung** ist zB gegeben, wenn der Mieter nur einen Teil der gemieteten Räume zurückgibt,[87] insbesondere weil er einen Untermieter zurücklässt,[88] wenn er Einrichtungen pflichtwidrig nicht beseitigt,[89] einen nicht unerheblichen Teil der Möbel[90], zB eine Einbauküche,[91] nicht mitnimmt oder den Keller nicht leer räumt.[92] Eine nur teilweise Räumung ist hingegen nicht anzunehmen, wenn der Mieter einzelne geringwertige, leicht zu transportierende Sachen zurücklässt, die den Vermieter nicht hindern, die Mietsache in Besitz zu nehmen und weiterzuvermieten.[93] Ob eine Wohnung erst dann vollständig

---

75 LG Düsseldorf WuM 1977, 49; LG Köln WuM 1982, 170 (LS); LG Mannheim DWW 1974, 238.
76 KG GE 2003, 46.
77 BGH NZM 1999, 478; OLG Köln ZMR 1998, 699.
78 OLG Düsseldorf ZMR 2009, 843.
79 OLG Frankfurt/M WuM 1992, 54; LG Potsdam WuM 1997, 621.
80 LG Berlin GE 2001, 1604.
81 AG Warendorf WuM 2001, 488.
82 BGH NZM 1999, 478; BGH NZM 1999, 679.
83 BGH NZM 1999, 478; BGH NZM 1999, 679; vgl auch BGHZ 134, 170, 175 = DtZ 1997, 118.
84 OLG Frankfurt/M WuM 1992, 56.
85 KG JW 1934, 847.
86 *Bamberger/Roth/Ehlert* § 546 Rn 18; MünchKomm/*Bieber* § 546 Rn 7.
87 LG Mannheim MDR 1965, 140.
88 AG Miesbach WuM 1983, 151 (LS).
89 BGHZ 104, 285, 288 = NJW 1988, 2665; OLG Düsseldorf ZMR 2009, 843.
90 KG v. 10.3.2011 – 8 U 187/10, GE 2011, 690; LG Köln NJW-RR 1996, 1480; vgl auch OLG Düsseldorf GE 2005, 796; OLG Koblenz NZM 2006, 181.
91 LG Hamburg ZMR 2008, 454.
92 KG v. 30.1.2012 – 8 U 192/10, ZMR 2012, 693.
93 OLG Düsseldorf ZMR 1988, 175; OLG Düsseldorf GE 2005, 299; OLG Düsseldorf v. 19.7.2011 – 24 U 200/10, GE 2011, 1681; OLG Köln DWW 1996, 189; LG Braunschweig WuM 1996, 272; LG Erfurt ZMR 1999, 641.

Christian Rolfs

geräumt ist, wenn auch darin verbliebener **Müll und Unrat** hinausgeschafft sind, ist umstritten.[94] Ausgangspunkt der Überlegungen muss sein, dass der Mieter dem Vermieter zwar nach Beendigung des Mietverhältnisses nicht nur die tatsächliche Gewalt an der Mietsache verschaffen, sondern diese auch räumen muss, dass aber der Zustand der Mietsache bei der Rückgabe grundsätzlich ohne Bedeutung ist. Daher kann allein darin, dass der Mieter dem Vermieter die Räume in verwahrlostem Zustand oder mit von ihm zu beseitigenden Einrichtungen versehen überlässt, an sich keine Vorenthaltung gesehen werden.[95] Nur wenn sich aus Art und Umfang der zurückgelassenen Gegenstände ergibt, dass dem Vermieter eine Inbesitznahme nicht möglich ist, liegt eine Rückgabe nicht vor.[96]

14   **c) Zeitpunkt der Rückgabe.** Abweichend vom Wortlaut des Abs 1 entsteht die Rückgabepflicht nicht „nach", sondern „bei" Beendigung des Mietverhältnisses, also mit **dem Zeitpunkt oder Tag seiner Beendigung**[97] und ist am letzten Tag der Mietzeit fällig,[98] sodass ohne Mahnung Schuldnerverzug eintreten kann. Fällt dieser Tag auf einen Sonnabend, Sonntag oder auf einen am Leistungsort (Rn 15) staatlich anerkannten allgemeinen Feiertag, so tritt nach § 193 an die Stelle eines solchen Tages der nächste Werktag.[99] Dies gilt nicht für Hotelzimmer, Ferienwohnungen oder Ähnliches.[100] Nach § 242 kann es geboten sein, dass der Vermieter bei unverschuldeter Verzögerung der Rückgabe nicht gleich zwangsweise gegen den Mieter vorgeht. Da eine fristlose Kündigung mit dem Zugang das Mietverhältnis beendet, hat der Vermieter dem Mieter regelmäßig eine kurze Räumungsfrist von mindestens einer Woche zuzubilligen.[101] Der Zeitpunkt der Rückgabe kann abweichend durch eine Vereinbarung der Parteien nach § 311 Abs 1, durch gerichtliche Festsetzung einer Räumungsfrist nach den §§ 721, 794a ZPO oder durch Verwaltungsakt der Ordnungsbehörde[102] bestimmt werden.[103] Das Mietverhältnis bleibt damit grundsätzlich beendet. Der Eintritt des Verzugs wird durch Gewährung einer gerichtlichen Räumungsfrist nicht ausgeschlossen.[104] Der Mieter ist grundsätzlich zur Rückgabe der Sache vor Beendigung des Mietverhältnisses berechtigt.[105] Dies gilt nach § 271 Abs 2 aber nur im Zweifel. Der Mieter ist trotz vorzeitiger Rückgabe verpflichtet, die Miete bis zum Ende der Mietzeit zu entrichten.[106] Der Vermieter muss auch nicht jederzeit noch während des bestehenden Mietverhältnisses zur Rücknahme der Schlüssel bereit sein.[107]

---

94 Bejahend AG Berlin-Neukölln DGVZ 1980, 42; **aM** *Herrlein/Kandelhard/Kandelhard* § 546 Rn 25 mwN.

95 BGH NZM 2010, 815.

96 KG GE 2010, 1201; LG Berlin GE 2003, 880; vgl auch BGHZ 86, 204, 209ff = NJW 1983, 1049.

97 BGH NJW 1989, 451.

98 *Blank/Börstinghaus/Blank* § 546 Rn 13; *Erman/Jendrek* § 546 Rn 10; *Mutter* ZMR 1991, 329, 331; *Schmidt-Futterer/Streyl* § 546 Rn 74; **aM** AG Berlin-Lichtenberg GE 2005, 807; AG Köln WuM 1985, 265 (LS); *Bub/Treier/Scheuer* Rn V 3; MünchKomm/*Bieber* § 546 Rn 15; *Pütz* WuM 2002, 414; *Soergel/Heintzmann* § 546 Rn 4.

99 OLG Hamm WuM 1981, 40.

100 *Blank/Börstinghaus/Blank* § 546 Rn 13.

101 LG München II WuM 1989, 181; weitergehend LG Hannover NJW-RR 1992, 659.

102 Vgl BayVGH ZMR 2009, 488; LG Wiesbaden ZMR 1956, 11.

103 Vgl *Schmidt-Futterer/Streyl* § 546 Rn 76.

104 BGH NJW 1953, 1586; OLG Celle MDR 1967, 1013; *Müller* MDR 1971, 253, 254; *Palandt/Weidenkaff* § 546 Rn 10; aM *Bub/Treier/Scheuer* Rn V 4.

105 OLG Dresden NZM 2000, 827; BezG Cottbus WuM 1994, 146; einschr *Mutter* ZMR 1989, 132; **aM** MünchKomm/*Bieber* § 546 Rn 16.

106 KG NZM 2000, 92 m Anm *Breckerfeld* NZM 2000, 533; OLG Hamm ZMR 1995, 525; LG Berlin MDR 1989, 1103; LG Kassel WuM 1989, 410; **aM** AG Osnabrück WuM 1980, 63 (LS); AG Wuppertal WuM 1983, 235 (LS).

107 BGH v. 12.10.2011 – VIII ZR 8/11, NZM 2012, 21.

Christian Rolfs

d) Ort der Rückgabe. Unbewegliche Sachen, insbesondere Grundstücke und 15
Räume, können nur an dem Ort zurückgegeben werden, an dem sie sich befinden. Der Erfüllungsort ist nach § 29 Abs 1 ZPO für den Gerichtsstand maßgebend. **Bewegliche Sachen**
sind grundsätzlich am Wohnsitz des Vermieters zurückzugeben. Es handelt sich also um
eine Bringschuld.[108] Dies ist idR nicht erst aus der Natur der Rückgabepflicht nach § 269
Abs 1 als einem vertraglichen Rückgewährschuldverhältnis zu schließen, sondern kann
schon den zumindest konkludenten vertraglichen Vereinbarungen entnommen werden.
Der Erfüllungsort kann im Vertrag abweichend geregelt oder einer späteren Bestimmung
durch eine Partei vorbehalten werden.[109] Er kann sich auch aus den Umständen ergeben.
So ist ein gemietetes Kfz in Ermangelung einer abweichenden Parteivereinbarung regelmäßig dort zurückzugeben, wo es dem Mieter überlassen worden ist.[110]

e) Nichterfüllung des Anspruchs auf Rückgabe. Der Anspruch des Vermieters auf 16
Herausgabe der Mietsache nach Beendigung des Mietverhältnisses steht nicht im Gegenseitigkeitsverhältnis. Die Rechtsfolgen einer Nichterfüllung des Anspruchs richten sich
nach den §§ 280, 281, 286. Hieraus können sich für den Vermieter bei Unmöglichkeit oder
verzögerter Rückgabe Schadensersatzansprüche ergeben. Streitig ist, ob der Vermieter
Schadensersatz statt der Leistung (§ 280 Abs 1 und 3, § 281) beanspruchen, zugleich
auf die Leistung (Rückgabe der Mietsache) selbst verzichten und damit die Mietsache
dem Mieter „aufdrängen" kann. Teilweise wird angenommen, dem Vermieter stehe dieses
Recht zu, er müsse dem Mieter lediglich gemäß § 255 Zug um Zug gegen Erhalt des Schadensersatzes das Eigentum an der Mietsache verschaffen.[111] Dem wird freilich entgegengehalten, dass der Substanzwert der Mietsache nicht das Äquivalent des Rückforderungsanspruch sei[112] und der Mieter, solange er noch im Besitz der Sache sei, Schadensersatz
statt der Leistung nur wegen Vorenthaltung des Besitzes und daher auch aus § 281 nur
den Ersatz des Verzögerungsschadens schulde. Der Gesetzgeber hat das Problem gesehen,
auf eine Regelung aber mangels praktischen Bedürfnisses gleichwohl verzichtet, da kaum
jemals ein Vermieter nach § 281 vorgehe. Missbräuchen könne mit Hilfe des § 242 begegnet
werden.[113] Jedenfalls für das **Wohnraummietrecht** dürfte § 571 wegen des mit ihm verfolgten sozialen Schutzzwecks die abschließende Regelung darstellen, die einen Rückgriff
auf Schadensersatzansprüche statt der Leistung verbietet.[114] Auch darüber hinaus lässt
sich die Wertung des § 571 Abs 1 fruchtbar machen mit der Folge, dass dem Schuldner der
Einwand des Rechtsmissbrauchs aus § 242 zur Seite gestellt werden kann, wenn nicht die
Billigkeit eine Schadloshaltung des Vermieters gebietet.[115]

3. Durchsetzung des Rückgabeanspruchs
a) Wenn der Anspruch auf Rückgabe der Mietsache begründet ist, darf sich der Ver- 17
mieter nicht gegen den Willen des Mieters mit Gewalt oder auf sonstige Weise den unmittelbaren Besitz verschaffen. Darin würde eine nach § 858 **verbotene Eigenmacht** liegen,
deren sich der besitzende Mieter nach § 859 erwehren darf und die ihn verschuldensunab-

---

108 *Palandt/Weidenkaff* § 546 Rn 10.
109 BGH NJW 1982, 1747; OLG Düsseldorf DWW 1990, 272.
110 OLG Düsseldorf ZMR 2008, 125.
111 *Emmerich* NZM 2002, 362, 367; *Gsell* JZ 2004, 110, 111f; *Palandt/Grüneberg* § 281 Rn 4; vgl auch BGHZ 56, 308, 312 = NJW 1971, 2065.
112 *Katzenstein/Hüftle* NZM 2004, 601, 602ff; *Schwab* NZM 2003, 50; *Schwab/Novokmet* ZGS 2004, 187, 188.
113 BT-Drucks 14/6040, S 139.
114 *Gruber* WuM 2002, 252, 253; *Jost* in: FS Otte (2005) 145, 150; *Palandt/Grüneberg* § 281 Rn 4.
115 *Jost* in: FS Otte (2005) 145, 154; **aM** *Schwab* NZM 2003, 50, 52ff.

Christian Rolfs

hängig nach § 231 zum Schadensersatz berechtigt.[116] Selbst der rechtskräftig zur Räumung verurteilte Mieter ist vor verbotener Eigenmacht geschützt.[117] Selbsthilfe ist auch dann nicht zulässig, wenn der Aufenthaltsort des Mieters unbekannt ist.[118] Für diese Fälle hält das Prozessrecht mit der öffentlichen Zustellung gemäß § 185 ZPO und der Räumungsklage ein Instrument bereit. Der Vermieter darf aber die tatsächliche Gewalt ergreifen, wenn der Mieter seinen Besitz erkennbar aufgegeben hat.

18   **b)** Der Vermieter muss seinen Anspruch auf Rückgabe im Wege der **Klage** durchsetzen, wenn der Mieter nicht freiwillig erfüllt.[119] Wenn der Vermieter mit der gerichtlichen Durchsetzung seines Herausgabeanspruchs mehrere Monate zuwartet, darf ihm daraus kein Nachteil erwachsen, indem etwa der Anspruch als verwirkt angesehen würde.[120] Die sachliche Zuständigkeit des Gerichts im Allgemeinen richtet sich nach § 23 Nr 1 und § 71 Abs 1 GVG. Hiernach sind die Amtsgerichte zuständig, wenn der Wert des Streitgegenstandes die Summe von fünftausend Euro nicht übersteigt. Im Übrigen ist die Zuständigkeit der Landgerichte begründet. Ohne Rücksicht auf den Wert des Streitgegenstandes ist nach § 23 Nr 2 lit a GVG ausschließlich das **Amtsgericht** zuständig, wenn die Herausgabe von Wohnraum beansprucht wird. Für die örtliche Zuständigkeit ist im Allgemeinen nach § 29 ZPO der Gerichtsstand des Erfüllungsortes maßgebend, wobei im Rahmen der gesetzlichen Bestimmungen Parteivereinbarungen zulässig sind. Für Rückgabeansprüche aus Miet- oder Pachtverhältnissen über Räume ist gemäß § 29a ZPO das Gericht ausschließlich zuständig, in dessen Bezirk sich die Räume befinden. Damit sind Gerichtsstandsvereinbarungen nach § 40 Abs 2 ZPO ausgeschlossen. Der Vermieter muss in der Klage die Mietsache so genau bezeichnen, dass ein unbeteiligter Dritter und insbesondere der Gerichtsvollzieher sie anhand des Titels identifizieren kann. Die Klage ist gegen den Schuldner des Anspruchs zu richten, wobei zweckmäßigerweise alle Personen verklagt werden, die vollstreckungsrechtlichen Gewahrsam haben.[121] Das **Rechtsschutzbedürfnis** für eine Herausgabeklage ist auch gegeben, wenn der Mieter nur mittelbarer Besitzer ist, weil er den unmittelbaren Besitz wiedererlangen kann und dann doch noch eine Klage gegen ihn zu erheben wäre.[122] Es entfällt auch nicht dadurch, dass ein ausgezogener Mitmieter erklärt, er werde nicht wieder in die Wohnung einziehen.[123]

19   Ob ein **Versäumnisurteil** auf Räumung auch schon vor Ablauf der Schonfrist des § 569 Abs 3 S 1 Nr 2 ergehen darf, ist streitig, aber zu bejahen. Im Hinblick auf das Gebot effektiven Rechtsschutzes darf dem Mieter nicht durch das Verfahrensrecht ein befristetes materielles Recht genommen werden.[124] Der **Streitwert** der Räumungsklage wird nach der Bruttomiete berechnet.[125]

---

116 BGH WuM 1971, 943; BGH NJW 2010, 3434; KG v. 14.7.2011 – 12 U 149/10, ZMR 2011, 859.
117 OLG Celle DWW 1994, 117.
118 *Horst* NZM 1998, 139, 140.
119 Einzelheiten bei *Blank* in: PiG Bd 26 (1987), 93ff.
120 BGH WuM 1988, 125; vgl auch *Bub/Treier/Scheuer* Rn V 51.
121 Vgl LG Regensburg WuM 1998, 235 bzgl in Trennung lebender Ehegatten.
122 Vgl BGHZ 119, 300, 304 = NJW 1993, 55.
123 LG Berlin GE 2004, 352; **aM** LG Berlin GE 2003, 529.
124 OLG Hamburg ZMR 1988, 225; **aM** LG Hamburg NZM 2003, 432; LG Kiel WuM 2002, 149; LG Stuttgart DWW 2002, 340; *Feuerlein* GE 2005, 524, 528; *O'Sullivan* ZMR 2002, 250, 253.
125 KG NZM 2001, 590; OLG Hamm ZMR 1995, 359; LG Mainz WuM 2003, 643; offen gelassen von BGH NZM 1999, 794; differenzierend BGH NJW 1955, 1633; **aM** LG Dortmund WuM 2001, 450; LG Göttingen WuM 2003, 643.

Christian Rolfs

In der **Insolvenz** des Mieters ist der Anspruch des Vermieters auf **Räumung** eines **19a** vor der Insolvenzeröffnung beendeten Mietverhältnisses regelmäßig einfache Insolvenzforderung (§ 38 InsO), die nur zur Tabelle angemeldet, deren Erfüllung aber nicht klageweise vom Insolvenzverwalter verlangt werden kann.[126] Die Masse hat nämlich für Veränderungen der Mietsache, eingetretene Verschmutzungen oder das Ansammeln störender Gegenstände nur einzustehen, wenn der Insolvenzverwalter persönlich oder durch ihm selbst zuzurechnende Handlungen den vertragswidrigen Zustand verursacht hätte. Der im Räumungsanspruch enthaltene, in der Sache aber hinter ihm zurückbleibende Anspruch auf **Herausgabe** der Mietsache kann ebenfalls nur dann gegen den Verwalter verfolgt werden, wenn die Masse aus ihm verpflichtet ist. Das setzt jedoch voraus, dass der Insolvenzverwalter den Besitz daran innehat[127] oder zumindest das Recht für sich in Anspruch nimmt, die Mietsache für die Masse zu nutzen und darüber zu entscheiden, ob, wann und in welcher Weise er sie an den Vermieter zurückgibt.[128] Um das Entstehen einer Masseverbindlichkeit zu verhindern, muss der Insolvenzverwalter in diesen Fällen den Vermieter von dessen Überlassungspflicht „freistellen", indem er ihm die weitere Nutzung der Mietsache anbietet. Ist die Rückgewähr des unmittelbaren Besitzes wegen einer fortdauernden Unter- oder Weitervermietung nicht möglich, so ist die Übergabe des mittelbaren Besitzes anzubieten. Dazu gehört auch das Recht, die Untermiete einzuziehen.[129] Demgegenüber genügt es nicht, dass der Insolvenzverwalter einzelne Sachen in der Wohnung des Schuldners belässt. Die bloße sichere Aufbewahrung der im Besitz des Schuldners befindlichen Sachen kann auch ohne Besitzergreifungswillen,[130] zB fremdnützig für den jeweiligen Eigentümer erfolgen.[131]

Wenn die Geltendmachung des Anspruchs auf Räumung eines Grundstücks oder **19b** eines Raumes, der anderen als Wohnzwecken dient, an den Eintritt eines Kalendertages geknüpft ist, kann der Vermieter nach § 257 ZPO Klage auf künftige Räumung, in allen Fällen nach § 259 ZPO Klage auf künftige Leistung erheben. Die **Klage auf künftige Räumung** ist auch vor Ablauf der Widerspruchsfrist des § 574[132] zulässig, wenn der Mieter der Kündigung bereits mit der Begründung widersprochen hat, der geltend gemachte Kündigungsgrund liege nicht vor[133] oder wenn er unmissverständlich erklärt hat, er werde nach Ablauf der Kündigungsfrist nicht räumen.[134] Anderenfalls ist die Klage unzulässig.[135]

c) Die **Zwangsvollstreckung** zur Erwirkung der Herausgabe richtet sich je nach Art **20** der Mietsache. Bewegliche Sachen sind dem Mieter vom Gerichtsvollzieher nach § 883 ZPO wegzunehmen und dem Vermieter zu übergeben. Bei unbeweglichen Sachen hat der Gerichtsvollzieher gemäß § 885 ZPO den Mieter aus dem Besitz zu setzen und den Vermieter in den Besitz einzuweisen. Als Vollstreckungstitel kommen in erster Linie Urteile

---

126 BGH NJW 2007, 1591; LG Mannheim NZM 2007, 443.

127 BGHZ 148, 252, 260f = NJW 2001, 2966; BGH NJW 2008, 2580.

128 BGHZ 127, 156, 161 = NJW 1994, 3232; BGH NJW 2008, 2580.

129 BGHZ 154, 358, 364ff = NJW 2003, 2454; BGH NJW 2007, 1594.

130 Zu dessen Notwendigkeit BGHZ 27, 360, 362 = NJW 1958, 1286; BGHZ 101, 186, 187f = NJW 1987, 2812.

131 BGHZ 130, 38, 48f = NJW 1995, 2783; BGHZ 148, 252, 260f = NJW 2001, 2966.

132 *Staudinger/Rolfs* (2011) § 574b Rn 10ff.

133 OLG Karlsruhe NJW 1984, 2953; *Karst* ZMR 1988, 453ff.

134 LG Aschaffenburg DWW 1989, 363; LG Berlin GE 1998, 1089 LG Bochum WuM 1983, 56; LG Bonn NJW 1971, 433; LG Kempten WuM 1993, 45.

135 LG Berlin WuM 1980, 135; LG Heidelberg WuM 1997, 446; LG Kempten WuM 1993, 45; LG Köln WuM 1993, 542; **aM** *Karst* ZMR 1988, 453ff.

Christian Rolfs

gemäß § 704 ZPO, Prozessvergleiche nach § 794 Abs 1 Nr 1 ZPO[136] und Anwaltsvergleiche in Betracht. Durch **einstweilige Verfügung** darf die Räumung der Wohnung nur wegen verbotener Eigenmacht oder bei einer konkreten Gefahr für Leib oder Leben angeordnet werden (§ 940a Abs 1 ZPO), wenn Räumungsklage wegen Zahlungsverzugs erhoben ist, auch dann, wenn der Beklagte einer Sicherungsanordnung (§ 283a ZPO) im Hauptsacheverfahren nicht Folge leistet (§ 940a Abs 3 ZPO)[137]. Für die gewerbliche Miete gilt diese Vorschrift zwar nicht, doch ist die Praxis mit dem Erlass einstweiliger Verfügungen auch hier zurückhaltend. Weder der Ablauf des Mietvertrages noch die Uneinbringlichkeit der Mietrückstände sollen für einen Verfügungsgrund ausreichen.[138]

21 Die Durchsetzung des Herausgabeanspruchs hängt entscheidend davon ab, dass im **Vollstreckungstitel der richtige Schuldner bezeichnet** ist. Selbst wenn der Verdacht besteht, dass der Mieter einem Dritten den Besitz nur zum Zwecke der Vereitelung der Zwangsvollstreckung überlassen hat, darf der Gerichtsvollzieher die Räumungsvollstreckung nicht gegen den Dritten betreiben, der weder im Vollstreckungstitel noch in der diesem beigefügten Vollstreckungsklausel namentlich bezeichnet ist.[139] Jedoch kann ein weiterer Titel gegen einen Dritten im Wege des einstweiligen Rechtsschutzes nach § 940a Abs 2 ZPO erlangt werden, wenn diese Person ohne Kenntnis des Vermieters Besitz an den Räumen begründet hat.[140] Dadurch wird ein missbräuchliches Hinauszögern der Räumung verhindert, indem Untermieter in die Wohnung aufgenommen werden, die dem Vermieter unbekannt sind und gegen die daher zunächst keine Räumungstitel beantragt und erlassen wurden.[141] Unabhängig davon, ob beide Ehegatten oder nur einer von ihnen Mieter ist, bedarf es eines Räumungstitels gegen beide in der Wohnung lebenden Ehegatten.[142] Das Gleiche gilt für den Lebensgefährten des Mieters, der nicht Vertragspartei geworden ist.[143] Aus einem Räumungstitel gegen den Mieter kann der Gläubiger nämlich nicht gegen einen im Titel nicht aufgeführten Dritten vollstrecken, wenn dieser Mitbesitzer ist.[144] Allerdings bedarf im Einzelfall der Prüfung, ob der Lebensgefährte tatsächlich vom Mieter für ein längeres Zusammenleben unter entsprechender Herrichtung der bewohnten Wohnung zu diesem gemeinsamen Zweck aufgenommen worden ist, weil nur in einem solchen Fall Mitbesitz angenommen werden kann. Bei lediglich kurzer oder vorübergehender Aufnahme kann dagegen statt Mitbesitz bloße Besitzdienerschaft des Lebensgefährten anzunehmen sein, die keinen eigenständigen Räumungstitel erfordert.[145] Ein Räumungstitel gegen die Eltern hingegen wirkt auch gegen die minderjährigen Kinder.[146] Gegen volljährige Kinder des Mieters ist ein eigenständiger Räumungstitel nur erforderlich, wenn sie Mitbesitz an der Wohnung erlangt haben.[147] Daran fehlt es regelmäßig, wenn sie schon als Minderjäh-

---

136 Vgl im Einzelnen *Thomas/Putzo/Hüßtege* Vorbem § 704 ZPO Rn 15; *Münch* NJW 1993, 1181ff.

137 *Fischer* NZM 2013, 249, 250ff; *Flatow* NJW 2013, 1185, 1191.

138 OLG Düsseldorf ZMR 2009, 444.

139 BGH NJW 2008, 3287; anders *Klimesch* ZMR 2009, 431, 432.

140 S hierzu auch *Fleindl* NZM 2012, 57, 64f.

141 RegE MietRÄndG BT-Drucks 17/10485, S 34; dazu *Horst* MDR 2013, 249, 250f.

142 BGHZ 159, 383, 385f = NJW 2004, 3041; OLG Frankfurt/M WuM 2003, 640; LG Trier NZM 2005, 599; *Artzt/ Schmidt* ZMR 1994, 90, 91f; AG Hamburg v. 10.2.2009 – 48 C 456/08, ZMR 2009, 928; **aM** OLG Hamburg WuM 1992, 70; OLG Schleswig WuM 1992, 674.

143 BGH NJW 2008, 1959; LG Kiel WuM 1991, 507; *Artzt/Schmidt* ZMR 1994, 90, 92; **aM** LG Darmstadt DGVZ 1980, 110; LG Freiburg WuM 1989, 571.

144 BGHZ 159, 383, 385f = NJW 2004, 3041; BGH NJW 2008, 3287; vgl *Schuschke* NZM 2012, 209, 210.

145 LG Wuppertal ZMR 2007, 457.

146 BGH NJW 2008, 1959; LG Lüneburg NZM 1998, 232; AG Augsburg NZM 2005, 480; AG Berlin-Mitte NZM 2007, 264.

147 AG Berlin-Lichtenberg NZM 2006, 120.

rige mit ihren Eltern in der Wohnung gewohnt haben und das Zusammenleben über ihren 18. Geburtstag hinaus unverändert fortsetzen.[148] Gegen den **Untermieter** ist auf jeden Fall ein besonderer Vollstreckungstitel erforderlich,[149] zumal sich auch die **Rechtskraft** eines Räumungstitels gegen den Hauptmieter nicht auf den Untermieter erstreckt, sodass dieser im Räumungsrechtsstreit gegen den Untervermieter dessen Herausgabepflicht leugnen kann.[150] Hat der Gerichtsvollzieher eine Zwangsräumung durchgeführt und den Vermieter in den Besitz der Mieträume eingewiesen, so ist dadurch auch der Herausgabeanspruch gegen einen Mitmieter erfüllt, der die Mieträume nicht mehr in Mitbesitz hat.[151]

§ 885a Abs 1 ZPO ermöglicht es dem Vermieter, seinen Vollstreckungsauftrag darauf zu beschränken, den Mieter aus dem Besitz zu setzen und ihn in den Besitz einzuweisen (§ 885 Abs 1 ZPO). Der Gerichtsvollzieher hat dann im Vollstreckungsprotokoll die frei ersichtlichen beweglichen Sachen zu dokumentieren, die er bei der Vornahme der Vollstreckungshandlung vorfindet. Ob dem **Vermieter** ein **Pfandrecht** an den Sachen zusteht, ist – anders als nach der „**Berliner Räumung**"[152] unerheblich.[153] Der Vermieter kann bewegliche Sachen, die nicht Gegenstand der Zwangsvollstreckung sind, jederzeit wegschaffen und hat sie zu verwahren. Bewegliche Sachen, an deren Aufbewahrung offensichtlich kein Interesse besteht, kann er jederzeit **vernichten** (§ 885a Abs 3 S 2 ZPO). Hinsichtlich dieser Maßnahmen hat er nur Vorsatz und grobe Fahrlässigkeit zu vertreten (§ 885a Abs 3 S 3 ZPO). Fordert der Schuldner die Sachen beim Gläubiger nicht binnen eines Monats nach der Einweisung des Gläubigers in den Besitz ab, kann der Gläubiger die Sachen nach Maßgabe der §§ 372 bis 380, 382, 383 und 385 **verwerten**. Eine Androhung der Versteigerung findet nicht statt. Sachen, die nicht verwertet werden können, können vernichtet werden (§ 885a Abs 4 ZPO). Allerdings sind unpfändbare und solche Sachen, bei denen ein Verwertungserlös nicht zu erwarten ist, auf Verlangen des Schuldners jederzeit ohne Weiteres herauszugeben. Die vereinfachte Räumung erspart dem Vermieter insbesondere den Kostenvorschuss für die hohen Transport- und Lagerkosten des Räumungsguts[154] und kann vor allem in Fällen insolventer Räumungsschuldner und vermuteter Verwahrlosung der Räume die schnellste und kostengünstigste Lösung sein.[155] Zudem können die Kosten des Wegschaffens, der Einlagerung, Vernichtung und Verwertung nach § 788 Abs 2 ZPO festgesetzt werden, da sie als Kosten der Zwangsvollstreckung gelten (§ 885 Abs 7 ZPO)[156]. Der Gläubiger kann auch einen zuvor auf die Herausgabe beschränkten Vollstreckungsauftrag auf eine sog klassische Räumung der Wohnung durch den Gerichtsvollzieher erweitern.[157] **Einwendungen**, die den durch das Urteil festgestellten Herausgabeanspruch selbst betreffen, kann der Mieter im Wege der Vollstreckungsabwehrklage nach § 767 ZPO

---

148 BGH NJW 2008, 1959 m Anm *Bruns* ZMR 2008, 697 f.
149 BGH v. 15.7.1998 – XII ZR 185/98, NZM 1998, 665; BGH v. 18.7.2003 – IXa ZB 116/03, NZM 2003, 802; BGH v. 12.7.2006 – XII ZR 178/03, NZM 2006, 699; BGH v. 14.8.2008 – I ZB 39/08, NJW 2008, 3287; *Schläger* ZMR 1986, 421, 423.
150 BGH v. 12.7.2006 – XII ZR 178/03, NZM 2006, 699; BGH v. 21.4.2010 – VIII ZR 6/09, NJW 2010, 2208.
151 BayObLG WuM 1989, 489.
152 Dazu *Both* GE 2007, 192ff; *Horst* MDR 2006, 549, 551; *Körner* GE 2005, 536ff; *Schuschke* NZM 2005, 681, 684f.
153 RegE MietRÄndG BT-Drucks 17/10485, S 31; *Dötsch* NZM 2012, 73, 73; *Fleindl* NZM 2012, 57, 66.
154 RegE MietRÄndG BT-Drucks 17/10485, S 3.
155 RegE MietRÄndG BT-Drucks 17/10485, S 15: *Horst* MDR 2013, 249, 252.
156 Überholt daher AG Hannover v. 25.8.2010 – 703 M 35462/10, NZM 2011, 96.
157 RegE MietRÄndG BT-Drucks 17/10485, S 15.

Christian Rolfs

geltend machen, wie etwa den Abschluss eines neuen Mietvertrags[158] oder den Wegfall des im Räumungsprozess geltend gemachten Eigenbedarfs des Vermieters.[159]

23   **d)** Soweit die Herausgabepflicht als solche nicht in Frage steht, kann der Mieter noch durch verschiedene **Instrumente des Vollstreckungsschutzes** einen Aufschub erreichen. So kann er auch noch beim Rechtsmittelgericht nach den §§ 707, 719 ZPO die einstweilige Einstellung der Zwangsvollstreckung beantragen.[160] Bei einem Räumungsurteil oder Räumungsvergleich über Wohnraum kann das Gericht auf Antrag oder von Amts wegen nach §§ 721, 794a ZPO dem Mieter eine den Umständen nach angemessene Räumungsfrist von höchstens einem Jahr gewähren. Beide Vorschriften sind nicht anwendbar bei Zeitmietverträgen iS des § 575 und bei Mietverhältnissen nach § 549 Abs 2 Nr 3. Auch bei einer einstweiligen Verfügung nach § 940a ZPO darf keine Räumungsfrist gewährt werden, weil sonst keine besondere Dringlichkeit vorliegen würde.[161] Vollstreckungsaufschub ist insbesondere bei der Gefahr erheblicher gesundheitlicher oder lebensbedrohender Schäden wie auch bei Selbstmordgefahr für den Schuldner geboten.[162] Die einstweilige Einstellung der Räumungsvollstreckung nach § 765a ZPO kann, insbesondere im Falle der Suizidgefahr, von Auflagen abhängig gemacht werden, etwa derart, dass sich der Schuldner einer ärztlichen Behandlung unterziehen muss.[163]

24   **4. Konkurrenzen.** Der Anspruch auf Herausgabe der Mietsache nach § 546 Abs 1 beruht auf dem Mietvertrag. Ist der Vermieter Eigentümer der Sache oder steht ihm hieran ein dingliches Recht nach § 1065, § 34 WEG oder § 11 ErbbVO zu, so hat er auch einen Herausgabeanspruch aus § 985. Dieser dingliche Anspruch wird durch den schuldrechtlichen Herausgabeanspruch nicht ausgeschlossen. Vielmehr stehen beide in **Anspruchskonkurrenz** nebeneinander. Allerdings reicht der vertragliche Anspruch aus § 546 Abs 1 weiter als der Vidikationsanspruch des Eigentümers: Nach § 985 BGB hat der Besitzer dem Eigentümer grundsätzlich nur den unmittelbaren Besitz an der Sache zu verschaffen, insbesondere den Zugang zu ermöglichen und die Wegnahme zu dulden. Dagegen erstreckt sich die Herausgabepflicht des rechtsgrundlosen Besitzers nicht auf die Wegnahme von Einrichtungen oder die Beseitigung von Veränderungen.[164] Ist der Eigentümer nicht Partei des Mietvertrags, hat er den Herausgabeanspruch aus § 985, sofern der Mieter ihm gegenüber kein Recht zum Besitz iS des § 986 hat.[165] Steht dem Mieter ein gesetzliches Recht zum Besitz zu, so kann er dies zwar dem vertraglichen Rückgabeanspruch aus § 546 Abs 1 nicht entgegenhalten.[166] In der Regel wird der Mieter aber den Einwand des Rechtsmissbrauchs („dolo agit") erheben können.[167] Bei **Nichtigkeit oder Anfechtung** des Mietvertrags ist der Eigentümer oder dinglich Berechtigte auf Herausgabeansprüche aus § 985 und § 812

---

158 LG Düsseldorf MDR 1979, 496; LG Hamburg WuM 1989, 32; vgl aber AG Hohenschönhausen GE 1999, 114.
159 BVerfG NJW 1990, 3259.
160 Vgl aber BGH NZM 1998, 863; BGH NJW-RR 2000, 746.
161 LG Hamburg DWW 1993, 238.
162 BVerfGE 52, 214, 219ff = NJW 1979, 2607; BVerfG WuM 1992, 6; BVerfG WuM 1992, 104; BVerfG NZM 1998, 21; BVerfG NZM 1998, 431; BVerfG NJW 2007, 2910; BGH NJW 2006, 505; BGH NJW 2006, 508; BGH NJW 2007, 3719; BGH NJW 2008, 586.
163 BVerfG NJW 1998, 295; BVerfG NJW 2004, 49; BGHZ 163, 66, 76 = NJW 2005, 1859; BGH NZM 2009, 41; BGH v. 20.1.2011 – I ZB 27/10, NJW-RR 2011, 300.
164 BGHZ 148, 252, 255 = NJW 2001, 2966; BGH NZM 2011, 75.
165 AG Stuttgart BlGBW 1979, 179 m abl Anm *Moritz* BlGBW 1979, 213; *Henseler* ZMR 1964, 36.
166 BGH NZM 1998, 779.
167 BGH NZM 1998, 779.

angewiesen. Ist der Vermieter weder Eigentümer noch dinglich Berechtigter, so bleibt ihm bei Nichtigkeit des Mietvertrags nur ein Bereicherungsanspruch aus § 812.

III. Herausgabeanspruch gegen einen Dritten (Abs 2)

1. Allgemeines. Nach Abs 2 steht dem Vermieter nach der Beendigung des Miet- 25 verhältnisses ein unmittelbarer Herausgabeanspruch gegen einen Dritten zu, dem der Mieter den Gebrauch der Sache überlassen hat. Dies gilt für bewegliche und unbewegliche Sachen in gleicher Weise. Dieser unmittelbare Anspruch wurde **aus praktischen Gründen** geschaffen, da zB mit der Beendigung des Hauptmietverhältnisses nicht notwendig gleichzeitig das Untermietverhältnis beendet ist (Prot II 190). Dabei ist aber eindeutig, dass durch die Vorschrift zwischen Hauptvermieter und Untermieter kein Vertragsverhältnis begründet wird.[168] Gleichwohl lässt die vertragliche Grundlage des Anspruchs zu, dass der besitzende Dritte grundsätzlich alle Einwendungen geltend macht, die sich aus dem Vertrag zwischen Hauptvermieter und Hauptmieter ergeben.[169] Er kann sich aber nicht darauf berufen, dass er dem Hauptmieter gegenüber zum Besitz berechtigt sei.[170] Etwas anderes gilt, wenn sich der Untermieter von Wohnraum gegenüber dem Hauptvermieter auf die Kündigungsschutzbestimmungen berufen kann, die ihm gegen seinen Untervermieter zustehen.[171] Ist der Hauptvermieter im Falle der gewerblichen Zwischenvermietung nach § 565 Abs 1 in die Rechte und Pflichten aus dem bis dahin bestehenden Untermietverhältnis eingetreten, so hat der bisherige Untermieter eigene vertragliche Besitz- und Kündigungsschutzrechte gegen den früheren Hauptvermieter.

2. Voraussetzungen
a) Hauptmietverhältnis. Es muss ein Hauptmietverhältnis bestanden haben (Rn 2). 26 Da die Pflicht des Dritten zur Herausgabe ihre Grundlage in dem Hauptmietvertrag findet, muss dieser Vertrag wirksam gewesen sein. Der Herausgabeanspruch aus § 546 Abs 2 besteht deshalb nicht, wenn der Hauptmietvertrag von Anfang an nichtig war, wenn er nach § 142 Abs 1 wirksam angefochten ist[172] oder wenn er rückwirkend aus sonstigen Gründen, wie etwa bei einem Rücktritt,[173] aufgehoben worden ist.[174] In diesen Fällen kommen nur dingliche Ansprüche des Hauptvermieters gegen den besitzenden Dritten in Betracht. Bei der Beendigung anderer Nutzungsverhältnisse ist die Vorschrift nicht entsprechend anwendbar.[175]

b) Überlassung des Gebrauchs der Mietsache an einen Dritten. Der Mieter muss 27 den Gebrauch der Mietsache **einem Dritten überlassen** haben. Dritte sind nur solche Personen, die nicht schon als Angehörige des Mieters dessen Gebrauchsrecht mit ausüben. Die Herausgabe der Mietsache durch solche Personen wird von dem Anspruch gegen den Mieter aus § 546 Abs 1 erfasst. Der Dritte muss die Sache mit Wissen und mindestens mit Duldung des Mieters in Gebrauch genommen haben. Es genügt, dass einer von mehreren

168 RGZ 110, 124, 126; RGZ 156, 150, 153; BGH NZM 2001, 286.
169 *Erman/Jendrek* § 546 Rn 13; *Schmid/Schmid* § 546 Rn 24; *Soergel/Heintzmann* § 546 Rn 11.
170 RG HRR 1941, Nr 263; NK-BGB/*Klein-Blenkers* § 546 Rn 24; *Soergel/Heintzmann* § 546 Rn 11.
171 *Staudinger/Rolfs* (2011) § 546 Rn 78ff.
172 RGZ 85, 133, 137.
173 RGZ 136, 33, 33; *Soergel/Heintzmann* § 546 Rn 12.
174 *Schmidt-Futterer/Streyl* § 546 Rn 90.
175 OLG Schleswig WuM 1990, 194.

Christian Rolfs

Mietern dem Dritten den Gebrauch der Sache überlassen hat.[176] Unerheblich ist, ob der Mieter inzwischen seinen Besitz aufgegeben und den Untermieter allein in der Wohnung zurückgelassen hat.[177] Der Dritte muss die Sache nicht mehr im Besitz haben.[178]

28   Die Mietsache muss dem Dritten zum **Gebrauch** überlassen sein. Entscheidend kommt es darauf an, ob der Dritte auf Grund der Überlassung durch den Mieter Besitzer oder Mitbesitzer der Mietsache geworden ist, weil er nur dann die Herausgabe schulden kann. Dies setzt nach den besitzrechtlichen Regeln eine gewisse Dauer der Überlassung voraus. Der typische Fall einer Gebrauchsüberlassung ist die Untermiete. Der Herausgabeanspruch ist jedoch nicht hierauf beschränkt, sondern kann entsprechend auf andere Fälle der Gebrauchsüberlassung ausgedehnt werden, soweit hierfür ein praktisches Bedürfnis besteht, weil es anders als bei der Leihe nach § 604 Abs 3 an einer entsprechenden Sonderregelung fehlt.[179] Unerheblich ist, ob zwischen dem Mieter und dem besitzenden Dritten ein wirksames Rechtsverhältnis besteht. Es kommt nicht darauf an, ob der Mieter zur Untervermietung berechtigt war. Ein Anspruch des Hauptvermieters gegen den Untermieter entfällt, wenn dieser die Mietsache bereits an den Hauptmieter herausgegeben hat.[180]

29   **c) Beendigung des Hauptmietverhältnisses.** Das Hauptmietverhältnis muss beendet sein (Rn 3). Entscheidend ist die **rechtliche Beendigung** des Mietverhältnisses mit dem Hauptmieter. Auf den Zeitpunkt, zu dem der Hauptmieter die tatsächlichen Beziehungen zu der Mietsache aufgibt, kommt es nicht an.[181] Zur rechtlichen Beendigung muss die Verpflichtung des Hauptmieters zur Räumung und Herausgabe hinzukommen. Wurde dem Mieter eine Räumungsfrist gewährt, kann der Vermieter die Mietsache nicht zurückfordern.[182] Der Räumungsanspruch gegen den Untermieter erlischt bei Abschluss eines neuen Hauptmietverhältnisses über die gesamte Wohnung mit einem Dritten, der mit dem Verbleib des Untermieters einverstanden ist.[183]

30   **d) Geltendmachung.** Aus dem unterschiedlichen Wortlaut in Abs 1 und Abs 2 wird im Allgemeinen geschlossen, weitere Voraussetzung für die Entstehung des Herausgabeanspruchs sei dessen **Geltendmachung** gegenüber dem Dritten.[184] Besser ist es hier, bei § 286 Abs 2 anzusetzen und nach § 242 der Eintritt des Verzugs ohne Mahnung für eine Leistung abzulehnen, deren Fälligkeit der Untermieter gar nicht kennen kann. Die Aufforderung, die von der hM als Tatbestandsmerkmal für die Entstehung des Herausgabeanspruchs vorausgesetzt wird, ist auf dieser Grundlage nach § 286 Abs 1 als Mahnung für den Eintritt des Verzugs erforderlich.

3. Rechtsfolgen
31   **a) Gläubiger und Schuldner.** Der Herausgabeanspruch aus Abs 2 steht dem Hauptvermieter als Gläubiger zu, auch wenn er nicht Eigentümer der Mietsache ist. Schuldner

---

176 AG Stuttgart ZMR 1975, 305.
177 LG Frankfurt/M WuM 1989, 295.
178 OLG München MDR 1997, 833.
179 *Soergel/Heintzmann* § 546 Rn 17.
180 OLG München NJW-RR 1989, 524; LG Hamburg WuM 1980, 199.
181 RGZ 156, 150, 153.
182 OLG Hamm WuM 1981, 40; AG Aachen WuM 1990, 150; *Schmidt-Futterer/Streyl* § 546 Rn 91; *Herrlein/ Kandelhard/Kandelhard* § 546 Rn 60.
183 LG Berlin ZMR 1992, 395; LG München WuM 1964, 118.
184 RGZ 156, 150, 153f; LG Köln NJW-RR 1990, 1231; *Bamberger/Roth/Ehlert* § 546 Rn 8; *Bub/Treier/Scheuer* Rn V 41; *Palandt/Weidenkaff* § 546 Rn 20; *Schmidt-Futterer/Streyl* § 546 Rn 102f.

ist der Dritte, dem der Hauptmieter den Gebrauch der Sache überlassen hat. Der Anspruch des Hauptvermieters tritt neben den Herausgabeanspruch des Hauptmieters aus Abs 1 gegen den Untermieter, wenn auch das Untermietverhältnis beendet ist. Der Anspruch des Hauptmieters geht nach seiner Wahl auf Herausgabe an ihn oder an den Hauptvermieter.[185] Hauptmieter und besitzender Dritter sind hinsichtlich der Rückgabepflicht nach § 431 Gesamtschuldner, wie sich aus dem Wort „auch" in Abs 2 ergibt.[186]

b) Inhalt der Herausgabepflicht. Inhaltlich entspricht die Herausgabepflicht des **32** Dritten, der die Mietsache besitzt, im Wesentlichen der Rückgabepflicht des Hauptmieters (Rn 5ff).[187] Ebenso wie der Mieter (Rn 5) kann sich der Dritte nicht durch die bloße Besitzaufgabe seiner Rückgabepflicht entziehen. Der Anspruch des Hauptvermieters erlischt jedoch, wenn der Dritte die Sache dem Untervermieter zurückgibt.[188] Aus Vereinbarungen zwischen Hauptmieter und Untermieter kann der Hauptvermieter keine eigenen Rechte herleiten, so etwa bei Übernahme der Schönheitsreparaturen durch den Untermieter. Unterschiede gibt es zB hinsichtlich des Leistungsortes, weil der Anspruch aus Abs 1 bei beweglichen Sachen eine Bringschuld ist (Rn 15), es sich bei Abs 2 aber um eine Holschuld handelt.

c) Nichterfüllung des Herausgabeanspruchs. Wenn der Dritte den Herausgabean- **33** spruch des Hauptvermieters aus Abs 2 nicht erfüllt, können sich Schadensersatzansprüche aus den §§ 280, 286 ergeben.[189] Bleibt der Untermieter im Besitz der Mietsache, so darf der Hauptvermieter ihn auffordern, unmittelbar an ihn die Untermiete zu entrichten.[190] Ansprüche auf Nutzungsentschädigung aus § 546a kommen nicht in Betracht, da diese Vorschrift im Verhältnis von Hauptvermieter und Drittem nicht anwendbar ist (§ 546a Rn 6). Der Dritte schuldet dem Eigentümer nur unter den Voraussetzungen der §§ 987, 990, 991 eine Nutzungsentschädigung von dem Zeitpunkt ab, in dem er von der Beendigung des Hauptmietverhältnisses Kenntnis erlangt.[191]

4. Durchsetzung des Herausgabeanspruchs. Für die Durchsetzung des Heraus- **34** gabeanspruchs aus Abs 2 gilt im Wesentlichen das Gleiche wie bei dem Anspruch nach Abs 1 (Rn 17ff). So darf sich auch der Hauptvermieter nicht den Besitz durch verbotene Eigenmacht gegen den Dritten verschaffen. Anderenfalls macht er sich nach § 823 Abs 1 und § 823 Abs 2 iV mit § 858 schadensersatzpflichtig. Die Schadensersatzpflicht umfasst aber nicht den Nutzungsschaden, der infolge der verbotenen Eigenmacht in der Beeinträchtigung der Möglichkeit liegt, die Sache zu gebrauchen.[192] Hauptmieter und Dritter können wegen ihrer gesamtschuldnerischen Haftung gleichzeitig auf Herausgabe verklagt werden.[193] Dies ist für den Hauptvermieter vor allem deshalb von Bedeutung, weil ein gegen den Hauptmieter erstrittenes Urteil nicht ohne weiteres gegen den Untermieter voll-

---

185 OLG München NJW-RR 1989, 524.
186 OLG Celle NJW 1953, 1474; AG Potsdam NZM 2000, 743; *Larenz* II 1 § 48 VII a.
187 Einschränkend *Katzenstein* NZM 2008, 594, 599.
188 OLG München NJW-RR 1989, 524.
189 Vgl OLG Hamm WuM 1981, 40.
190 OLG Hamm WuM 1987, 346; LG Mannheim WuM 1988, 361.
191 LG Düsseldorf WuM 1988, 163; LG Kiel WuM 1995, 540; AG Kempten WuM 1996, 34.
192 BGHZ 79, 232, 236ff = NJW 1981, 865.
193 LG Hamburg MDR 1958, 431; *Palandt/Weidenkaff* § 546 Rn 24; **aM** LG Berlin BlGBW 1960, 111; *Bub/Treier/Scheuer* Rn V 51.

Christian Rolfs

streckbar ist (§ 325 Abs 1 ZPO).[194] Hinsichtlich des Vollstreckungsschutzes ergeben sich bei der Durchsetzung des Anspruchs aus Abs 2 keine Unterschiede gegenüber Abs 1 (Rn 23ff). Insbesondere kann dem Dritten eine eigene Räumungsfrist gewährt werden.[195]

35   **5. Konkurrenzen.** Der Anspruch aus § 546 Abs 2 kann mit anderen Herausgabeansprüchen konkurrieren.[196] Hierfür gilt das Gleiche wie bei Abs 1 (Rn 24).

IV. Verjährung

36   Die Ansprüche auf Herausgabe der Mietsache nach Abs 1 und 2 unterliegen nach § 195 der Verjährungsfrist von **drei Jahren.** Dies gilt in gleicher Weise, soweit sich der Anspruch auf die Rückgabe von Zubehör erstreckt, das der Mieter bei der Rückgabe der Mietsache noch in seinem Besitz behält.[197] Die Verjährungsfrist beginnt gemäß § 199 Abs 1 Nr 1 mit dem Schluss des Jahres, in dem der Herausgabeanspruch entstanden ist und gemäß Nr 2 der Vermieter Kenntnis von den den Herausgabeanspruch begründenden Umständen sowie der Person des Mieters erlangt hat. Zur Person des Schuldners gehört auch dessen Anschrift.[198] Ohne Rücksicht auf die Kenntnis verjährt der Herausgabeanspruch gemäß § 199 Abs 4 spätestens in 10 Jahren von seiner Entstehung an.

§ 546a
Entschädigung des Vermieters bei verspäteter Rückgabe

[1] Gibt der Mieter die Mietsache nach Beendigung des Mietverhältnisses nicht zurück, so kann der Vermieter für die Dauer der Vorenthaltung als Entschädigung die vereinbarte Miete oder die Miete verlangen, die für vergleichbare Sachen ortsüblich ist.
[2] Die Geltendmachung eines weiteren Schadens ist nicht ausgeschlossen.

Schrifttum

Börstinghaus Auswirkungen der Schuldrechtsreform auf das Mietrecht, ZGS 2002, 102; *Boiczenko* Probleme des Unvermögens zur Herausgabe der Mietsache, MDR 1983, 895; *Eisenschmid* Abwicklung des Mietverhältnisses bei Ende der Mietzeit, in: PiG, Bd 26 (1987) 73; *ders* Die Abwicklung des Wohnungsmietverhältnisses bei Ende der Mietzeit, WuM 1987, 243; *Frisch* Nutzungsentschädigung bei nicht rechtzeitiger Rückgabe der Mieträume, GE 1989, 113; *Gather* Die Schadensersatzansprüche des Vermieters, DWW 1990, 322; *ders* Die verspätete Rückgabe der Mietsache, DWW 2001, 78; *Greiner* Direktansprüche zwischen Eigentümer und Untermieter, ZMR 1998, 403; *Hinz* Mietrechtsänderung im Rechtsausschuss, NZM 2012, 777; *Horst* Selbsthilfemöglichkeiten bei der Abwicklung beendeter Mietverhältnisse, NZM 1998, 139; *ders* Mietrechtsnovelle 2013 – Vereinfachte Räumung von Wohnraum, MDR 2013, 249; *Lützenkirchen* Die Sicherungsanordnung nach § 283a ZPO-E, ZMR 2012, 604; *Salje* Verletzung der Rückgabepflicht als Rechtsproblem beim „Verleih" von Videofilmkassetten, DB 1983, 2453; *K Schmidt* Unternehmensbezogene Mietverhältnisse, Unternehmens-

---

194 BGH NJW-RR 2003, 1450; OLG Celle NJW-RR 1988, 913; LG Köln WuM 1991, 507.
195 LG Stade WuM 1987, 62; LG Stuttgart NJW-RR 1990, 654.
196 *Bamberger/Roth/Ehlert* § 546 Rn 5b.
197 BGHZ 65, 86, 87ff = NJW 1975, 2103.
198 BGH NJW 1998, 988; *Börstinghaus* ZGS 2002, 102, 105 mwN.

umstrukturierung und Unternehmensveräußerung, in: Gedschr Sonnenschein (2002) 497; *Waas* Der Entschädigungsanspruch des Vermieters bei verspäteter Rückgabe der Mietsache durch den Mieter, ZMR 2000, 69; *Wiek* Teure Renovierung?, WuM 1988, 384; *Zehelein* Das Mietrechtsänderungsgesetz in der gerichtlichen Praxis, WuM 2013, 133.

I. Allgemeines

In § 546a sind Ansprüche des Vermieters für den Fall geregelt, dass der Mieter die **1** Mietsache nach der Beendigung des Mietverhältnisses nicht oder nicht rechtzeitig zurückgibt. Die Vorschrift bezweckt, die Nutzungsentschädigung des Vermieters auf einen **Mindestbetrag** festzusetzen, soweit ihm der Mieter die Mietsache nach Beendigung des Mietverhältnisses vorenthält und die Voraussetzungen für eine stillschweigende Verlängerung nach § 545 nicht erfüllt sind. Durch das Wahlrecht zwischen der ursprünglich vereinbarten und der ortsüblichen Miete soll der Vermieter davor bewahrt werden, sich bei einem Anstieg des Mietpreisniveaus für einen langen Zeitraum mit einer nicht mehr angemessenen, niedrigen Nutzungsentschädigung begnügen zu müssen.[1]

---

[1] BT-Drucks V/2317, 4.

      Christian Rolfs

II. Rechtsfolgen der Vorenthaltung der Mietsache

2   Mit der Beendigung des Mietverhältnisses erlöschen alle vertraglichen Rechte und Pflichten. Auf der Grundlage der Vorenthaltung der zurückzugebenden Mietsache entsteht zwischen den Parteien ein **gesetzliches Schuldverhältnis**. Neben der Nutzungsentschädigung nach § 546a Abs 1 ergeben sich hieraus weitere Rechte und Pflichten, die vor allem dann bedeutsam werden, wenn der frühere Mieter die Mietsache weiterhin nutzt.

3   Der **Vermieter von Räumen** ist verpflichtet, dem Mieter einen gefahrlosen Zugang zu ermöglichen und alle Gefahren zu beseitigen, die vom Besitz der Mietsache ausgehen können. Zu weitergehenden Instandhaltungsarbeiten ist er nicht verpflichtet.[2] Jedenfalls bei Wohnräumen sind Versorgungsleistungen und Gemeinschaftseinrichtungen aus § 242 insoweit zur Verfügung zu stellen, als sie erforderlich sind, um eine Gesundheits- oder ähnlich bedeutsame Beeinträchtigung des ehemaligen Mieters zu vermeiden[3] und nicht einen mittelbaren Druck zwecks Räumung auf den Mieter entstehen zu lassen.[4] Demgegenüber ist bei **Geschäftsräumen** eine Versorgungssperre zulässig. § 546a verpflichtet den Vermieter nicht dazu, dem ehemaligen Mieter den Zugang zu Gas, Strom, Wasser und anderen Leistungen zu ermöglichen.[5] Auch Treu und Glauben (§ 242) begründen eine solche Verpflichtung jedenfalls dann nicht, wenn der Vermieter wegen Zahlungsrückständen gekündigt hat und Gefahr läuft, die von ihm verauslagten Versorgungskosten nicht eintreiben zu können. Die jüngere Rspr tendiert schließlich dazu, dem Vermieter auch keine verbotene Eigenmacht (§ 858 Abs 1) mehr vorzuwerfen, wenn er nach Ablauf der vereinbarten Mietzeit oder der Kündigungsfrist die Wärmeversorgung des Mieters einstellt und diesen somit „ausfriert".[6]

4   Der **Mieter** ist zur Obhut über die dem Vermieter vorenthaltene Mietsache verpflichtet. Diese Pflicht besteht naturgemäß sowohl für bewegliche als auch für unbewegliche Sachen. Weiterhin hat der Mieter diejenigen Pflichten zu erfüllen, die neben der Zahlungspflicht als Entgelt im weiteren Sinne anzusehen sind.[7] Deshalb hat der Mieter von Wohnraum jedenfalls dann die vertraglich vereinbarten Schönheits- oder Kleinreparaturen zu übernehmen, wenn der Vermieter die Zahlung der vereinbarten Miete wählt, da jene als Teil der vereinbarten Miete anzusehen sind.[8]

III. Nutzungsentschädigung (Abs 1)

1. Voraussetzungen
a) Mietverhältnis

5   **aa)** Zwischen den Parteien muss ein Mietverhältnis **bestanden** haben. Unerheblich ist, ob der Gegenstand der Miete eine bewegliche oder eine unbewegliche Sache war.[9]

---

2 LG Berlin MDR 1992, 478; LG Hamburg NJW-RR 1986, 441; LG Hamburg WuM 1987, 390; zT **aM** *K Müller* MDR 1971, 253, 255.
3 BGHZ 180, 300, 304 = NJW 2009, 1947.
4 KG v. 16.5.2011 – 8 U 2/11, NZM 2011, 778; LG Berlin MDR 1992, 478; LG Darmstadt WuM 1985, 256 (LS); AG Melsungen WuM 1997, 114; AG Schöneberg v. 26.4.2010 – 5 C 49/10, NZM 2011, 72; *Schmid* DWW 1986, 140, 142; *Blank/Börstinghaus/Blank* § 546a Rn 51; vgl aber LG Freiburg WuM 1997, 113.
5 BGHZ 180, 300, 307ff = NJW 2009, 1947.
6 BGHZ 180, 300, 307ff = NJW 2009, 1947; KG GE 2004, 622; KG NZM 2005, 65; KG NZM 2007, 923; **aM** KG NZM 2010, 321; OLG Hamburg WuM 1978, 169; OLG Köln NZM 2005, 67.
7 *Blank/Börstinghaus/Blank* § 546a Rn 53.
8 Weitergehend *Blank/Börstinghaus/Blank* § 546a Rn 53; *Bub/Treier/Scheuer* Rn V 94; *K Müller* MDR 1971, 253, 256.
9 *Bamberger/Roth/Ehlert* § 546a Rn 3.

Überlässt der Vermieter dem Mietinteressenten die Mietsache, ohne dass ein Mietvertrag zu Stande gekommen ist, so ist der vermeintliche Mieter zum Ersatz nach § 812 Abs 1 S 1, § 818 Abs 1 verpflichtet.[10] § 546a ist ebenfalls dann nicht anwendbar, wenn ein Miteigentümer den übrigen die Alleinnutzung des gemeinschaftlichen Grundstücks gegen Entgelt überlassen hat und die Benutzungsvereinbarung später kündigt.[11] Als Mietverhältnis kommt im Rahmen des § 546a Abs 1 auch ein **Leasingvertrag** in Betracht.[12] Macht ein Leasinggeber nach fristloser Kündigung wegen Nichtzahlung der Raten seinen Schaden durch Abzinsung der noch ausstehenden Raten geltend,[13] kann er nicht zusätzlich vom Leasingnehmer Nutzungsentgelt wegen Weiternutzung verlangen.[14] Bilden ein Franchise- und ein Mietvertrag eine rechtliche Einheit, so bewirkt der Widerruf des **Franchisevertrages** auch die Unwirksamkeit des Mietvertrages.[15]

bb) Die Vorschrift gilt nicht im Verhältnis zwischen Hauptvermieter und Untermieter, **6** da insoweit keine mietvertraglichen Beziehungen bestehen.[16] Wenn ein **Untermieter** die Wohnung auf Grund einer gewerblichen Zwischenvermietung nutzt und das Hauptmietverhältnis beendet wird, besteht für einen Entschädigungsanspruch des Hauptvermieters gegen den Untermieter wegen § 565 Abs 1 S 1 kein Bedürfnis, weil der Hauptvermieter kraft Gesetzes in das frühere Untermietverhältnis eintritt und damit einen Mietanspruch aus § 535 Abs 2 hat (§ 565 Rn 7). Wird dieses neue Mietverhältnis beendet, ist § 546a anwendbar, es sei denn, die unmittelbare Rechtsbeziehung endet nach § 565 Abs 1 S 2, weil der Vermieter erneut einen Zwischenvermieter einschaltet. Soweit in den Fällen nicht gewerblicher Zwischenvermietung oder typischer Untermiete ein Bestandsschutz auf der Grundlage der Missbrauchslösung eingeräumt wird, ist der Vergütungsanspruch des Vermieters für die weitere Nutzung durch den bisherigen Untermieter auf § 242 zu stützen.[17] Ansonsten schuldet der Untermieter dem Eigentümer von dem Zeitpunkt der Kenntnis vom Wegfall des Hauptmietverhältnisses an eine Nutzungsentschädigung nach den §§ 987, 990, 991,[18] sofern er nicht dem Zwischenvermieter gegenüber noch zur Zahlung der Miete verpflichtet ist.

b) Beendigung des Mietverhältnisses. Das Mietverhältnis muss beendet sein (§ 546 **7** Rn 3). Der Zeitpunkt der Beendigung ergibt sich aus § 542. Es muss auch beendet bleiben. Die Regelung des § 546a ist deshalb nicht anwendbar, wenn das Mietverhältnis von den Parteien durch ausdrückliche Parteivereinbarung, stillschweigend oder durch Fortsetzung

---

10 BGH NZM 2000, 183; AG Burgsteinfurt WuM 1974, 223; vgl auch BGH NZM 2000, 566; **aM** OLG Köln NZM 1999, 710.
11 BGH NJW 1998, 372.
12 BGHZ 71, 196, 205 = NJW 1978, 1432; BGH NJW 1982, 1747; BGH WuM 1982, 7; BGH NJW 2007, 1594; OLG Köln NJW-RR 1993, 121 m Anm *Tiedtke* JZ 1993, 742; vgl aber LG Hannover NJW-RR 1994, 739.
13 Dazu näher *Staudinger/Stoffels* (2004) Leasing Rn 323ff.
14 OLG Karlsruhe NJW-RR 1997, 1004.
15 OLG Nürnberg NZM 1998, 375.
16 OLG Hamburg NZM 1999, 1052; LG Köln NJW-RR 1990, 1231; LG Tübingen WuM 1990, 217; MünchKomm/ *Bieber* § 546a Rn 8; **aM** OLG Köln NJW 1961, 30; dazu *Bub/Treier/Scheuer* Rn V 235.
17 BGHZ 84, 90, 99 = NJW 1982, 1696.
18 BGH WuM 1968, 1370; OLG Düsseldorf v. 26.11.2009 – 24 U 91/09, ZMR 2010, 755; OLG Hamburg GE 1997, 489; LG Kiel WuM 1995, 540; LG Köln WuM 1997, 46.

Christian Rolfs

des Gebrauchs nach § 545 verlängert wird. Auch eine Fortsetzung des Mietverhältnisses nach den §§ 574 bis 574c schließt die Anwendbarkeit des § 546a aus.

8   **c) Vorenthaltung der Mietsache.** Eine Vorenthaltung liegt nur dann vor, wenn der Mieter die Sache nicht zurückgibt, obwohl ihm das möglich wäre, und wenn dieses Verhalten des Mieters dem Willen des Vermieters widerspricht.[19]

9   **aa) Nichtrückgabe der Mietsache.** Der Rückgabeanspruch aus § 546 ist grundsätzlich darauf gerichtet, dass der Mieter dem Vermieter den **unmittelbaren Besitz an der Mietsache** verschafft (§ 546 Rn 5ff). Eine Vorenthaltung setzt deshalb zunächst voraus, dass der Mieter dem Vermieter die tatsächliche Gewalt über die Sache nach § 854 Abs 1 nicht einräumt, der Rückgabeanspruch also nicht erfüllt wird. Dies ist vor allem der Fall, wenn der Mieter die Sache in **Besitz** behält.[20] Eine Fortsetzung des Gebrauchs ist allerdings grundsätzlich nicht notwendig, um den Anspruch auf Nutzungsentschädigung zu begründen.[21] Entscheidend ist, dass der Vermieter die Mietsache nicht selbst oder durch Weitervermietung nutzen kann.[22] Macht der Mieter einer beweglichen Sache ein Zurückbehaltungsrecht geltend, so entsteht für die Dauer der Ausübung dieses Rechts kein Anspruch auf Nutzungsentschädigung, soweit sich der Mieter auf die bloße Zurückbehaltung beschränkt.[23] Bei der Miete eines Grundstücks ist die Geltendmachung eines Zurückbehaltungsrechts nach §§ 570, 578 ausgeschlossen (§ 570 Rn 3).

10   **Teilleistungen** des Mieters sind bei Erfüllung der Rückgabepflicht nach § 266 grundsätzlich unzulässig (§ 546 Rn 13). Dies hat idR zur Folge, dass die gesamte Mietsache dem Vermieter vorenthalten wird.[24] Etwas anderes gilt aber, wenn die Teilleistung für den Vermieter zumutbar (§ 546 Rn 13) bzw für ihn von eigenständigem Interesse ist.[25] Wenn der Mieter nur einzelne Sachen zurücklässt, ist der Vermieter nicht daran gehindert, die Mietsache in Besitz zu nehmen, wenn der Mieter mit dem Zurücklassen keinen Eigenbesitzwillen an der ganzen Mietsache äußert.[26]

11   Eine Vorenthaltung ist nicht gegeben, wenn der Mieter die Mietsache zwar zurückgibt, aber seine **weiteren Pflichten** nicht erfüllt, die im Rahmen der Rückgabepflicht bestehen. Dies gilt etwa für unterbliebene Schönheitsreparaturen, Wegnahme von Einrichtungen und Beseitigung von Schäden,[27] es sei denn, der Vermieter wird an einer anschließenden Nutzung vollständig gehindert.[28] Anderenfalls kommen Schadensersatzansprüche nach § 280 in Betracht.

12   **bb) Möglichkeit der Rückgabe.** Die Mietsache wird dem Vermieter nur vorenthalten, wenn ihre Rückgabe nicht **objektiv unmöglich** ist. Ist die Mietsache im Zeitpunkt der

---

19 BGH NJW 1983, 112; BGHZ 90, 145, 148 = NJW 1984, 1527; BGH NZM 2006, 12; BGH NJW 2007, 1594; BGH NZM 2010, 815.
20 OLG Hamburg WuM 1977, 73; LG Köln MDR 1966, 239; *Bamberger/Roth/Ehlert* § 546a Rn 6.
21 RGZ 99, 230, 231f; *Erman/Jendrek* § 546a Rn 4; *Schmid/Schmid* § 546a Rn 4.
22 OLG Düsseldorf NJW-RR 1996, 209; LG Mannheim WuM 1968, 163; AG Hannover NZM 1999, 415; zur Erfüllung der Rückgabepflicht im Einzelnen siehe § 546 Rn 5ff.
23 BGHZ 65, 56, 59 = NJW 1975, 1773 m Anm *Haase* JR 1976, 22; *Schmidt-Futterer/Streyl* § 546a Rn 41.
24 BGHZ 104, 285, 289 = NJW 1988, 2665; LG Berlin GE 2003, 880.
25 OLG Hamburg MDR 1996, 790.
26 BGHZ 104, 285, 289 = NJW 1988, 2665; OLG Düsseldorf DWW 1987, 129; OLG Düsseldorf DWW 1988, 142.
27 RG JW 1910, 939 Nr 15; BGH WuM 1974, 260; BGHZ 86, 204, 209 = NJW 1983, 1049; BGHZ 104, 285, 289 = NJW 1988, 2665; OLG Hamburg WuM 1977, 73; OLG Hamburg WuM 1990, 75; *Schmidt-Futterer/Streyl* § 546a Rn 47.
28 OLG Brandenburg ZMR 1997, 584.

Beendigung des Mietverhältnisses untergegangen oder geschieht dies später, so entsteht der Anspruch auf Nutzungsentschädigung nicht oder endet in dem späteren Zeitpunkt.[29] Hat der Mieter den Untergang zu vertreten, schuldet er insoweit nach den allgemeinen Grundsätzen Schadensersatz.[30]

Streitig ist, ob die Mietsache dem Vermieter auch dann vorenthalten wird, wenn ihre **13** Rückgabe dem Mieter **subjektiv unmöglich** ist. Dieses Problem stellt sich vor allem, wenn der Mieter aus der Wohnung auszieht, aber ein Mitmieter[31] oder Untermieter zurückbleibt. Teilweise wurde durch die instanzgerichtliche Rechtsprechung in der Vergangenheit ein Anspruch aus § 546a ausgeschlossen, da die subjektive Unmöglichkeit der objektiven Unmöglichkeit gleichzustellen sei.[32] Die hM in der Literatur[33] geht mit dem BGH[34] davon aus, dass in den Fällen der subjektiven Unmöglichkeit der Rückgabe eine Vorenthaltung anzunehmen ist. Der Mieter habe die Ursache für die Unmöglichkeit der Rückgabe gesetzt und müsse auch das daraus folgende Risiko tragen.[35] Dass der Vermieter den Herausgabeanspruch aus § 546 Abs 2 gegenüber dem Untermieter geltend machen könne, stehe dem Anspruch aus § 546a nicht entgegen und führe nicht zu einer Kürzung des Anspruchs gemäß § 254, da jene Vorschrift dem Hauptvermieter einen zusätzlichen Herausgabeanspruch gebe. Nach anderer Auffassung[36] soll § 546a deshalb anwendbar sein, weil die Zurechnung im Rahmen des § 546a schadensrechtlichen Kriterien folge und sich folglich der Mieter die widerrechtlichen Handlungen des Untermieters zurechnen lassen müsse. Daraus ergebe sich aber auch, dass der Vermieter sich ein *Mitverschulden* anrechnen lassen muss. Entscheidend für die Lösung des Problems ist, welcher Inhalt dem Begriff des Unvermögens beigemessen wird. Allein durch den Verlust der tatsächlichen Gewalt über die Mietsache wird dem Mieter die Rückgabe nicht subjektiv unmöglich, wenn er sich die Sache von dem besitzenden Dritten wiederbeschaffen kann.[37] Entscheidend ist allein, ob dem Mieter die Rückgabe möglich ist, auch wenn er sich die Sache zunächst selbst wiederbeschaffen muss.

cc) Rücknahmewille des Vermieters. Ein weiteres Merkmal für den Tatbestand der **14** Vorenthaltung ist die Willensrichtung des Vermieters.[38] Ausreichend ist der grundsätzliche Rücknahmewille des Vermieters.[39] Eine Vorenthaltung ist deshalb zu bejahen, wenn dem Mieter gerichtlich eine Räumungsfrist nach den §§ 721, 794a ZPO oder Vollstreckungsschutz nach § 765a ZPO eingeräumt worden ist.[40] Das Gleiche gilt, wenn vertraglich eine Räumungsfrist vereinbart wird, solange der Vermieter nicht zu einer Verlängerung des Mietverhältnisses bereit ist.[41] Unterlässt aber der Vermieter trotz eines erstrittenen Räu-

---

29 RGZ 99, 230, 232; OLG Hamm ZMR 1977, 372; OLG Köln DWW 1994, 83; LG Hamburg MDR 1959, 214; LG Köln MDR 1959, 762; *Boiczenko* MDR 1983, 895, 897; *Bub/Treier/Scheuer* Rn V 74.
30 RGZ 99, 230, 232.
31 KG NJW 2006, 2561; LG Kassel WuM 1977, 255.
32 LG Düsseldorf MDR 1954, 419; LG Hamburg ZMR 1960, 44.
33 *Bub/Treier/Scheuer* Rn V 66.
34 BGHZ 90, 145, 149f = NJW 1984, 1527.
35 BGHZ 90, 145, 149f = NJW 1984, 1527.
36 *Herrlein/Kandelhard/Kandelhard* § 546a Rn 16.
37 BGH NJW 1993, 55; AG Schöneberg GE 2008, 413.
38 BGH NZM 2004, 354; BGH NZM 2010, 815; KG GE 2003, 46; OLG Brandenburg GE 2004, 1026; OLG Düsseldorf GE 2006, 327.
39 BGH NJW 1983, 112.
40 OLG Celle ZMR 1967, 270; LG Dortmund ZMR 1967, 79; *Bamberger/Roth/Ehlert* § 546a Rn 7; *Blank/Börstinghaus/Blank* § 546a Rn 17; *Palandt/Weidenkaff* § 546a Rn 8.
41 BGH NJW 1983, 112; *Schmidt-Futterer/Streyl* § 546a Rn 48.

Christian Rolfs

mungstitels über längere Zeit jedwede Vollstreckungsmaßnahme, kann daraus auf einen fehlenden Rücknahmewillen zu schließen sein.[42] Unerheblich ist, etwa nach einer Abtretung des Anspruchs, an wen der Mieter die Sache herauszugeben hat.[43]

15 **Keine Vorenthaltung** der Mietsache ist gegeben, wenn der Vermieter dem Mieter zu erkennen gibt, dass er das Mietverhältnis wegen angeblicher Unwirksamkeit der Kündigung nicht oder wegen Missachtung der Kündigungsfrist erst zu einem späteren Zeitpunkt als beendet ansieht[44], wenn er die Mietsache deshalb nicht zurücknehmen will, weil er mit dem Mieter einen neuen Mietvertrag abschließen will[45] oder weil der Vermieter den Mieter noch zur Erledigung von Schönheitsreparaturen für verpflichtet hält.[46] Ebenso wenig ist eine Vorenthaltung anzunehmen, wenn der Mieter nach der Beendigung des Mietverhältnisses nach Aufforderung des Vermieters noch Schönheitsreparaturen in den Mieträumen durchführt[47] oder wenn der Vermieter im Annahmeverzug ist.[48] Eine Vorenthaltung ist auch dann nicht gegeben, wenn der Vermieter mit einem Beweissicherungsverfahren zur Mängelfeststellung ausdrücklich einverstanden ist.[49] Wenn der Mieter ein Grundstück oder eine Wohnung nur deshalb nicht vollständig räumen kann, weil der Vermieter unter Berufung auf seine Rechte aus den §§ 562, 562b einen Teil der eingebrachten Sachen zurückbehält, fehlt es ebenfalls an einer Vorenthaltung.[50] Wenn der Vermieter Räume, die ihm der bisherige Mieter vorenthalten hat, weitervermietet und wenn der neue Mieter mit dem bisherigen Mieter einen Untermietvertrag abschließt, scheidet eine weitere Vorenthaltung durch den bisherigen Mieter aus.[51]

16 **dd) Dauer der Vorenthaltung.** Die Vorenthaltung beginnt mit dem Zeitpunkt, in dem der Mietvertrag beendet ist[52] und endet, sobald der Mieter seine Rückgabepflicht erfüllt, auch wenn dies vor Ablauf einer Räumungsfrist geschieht.[53] Sie dauert nur bis zum Auszug, längstens bis zu dem Zeitpunkt, in dem der Vermieter von dem Auszug erfährt.[54] Für den weiteren Verlauf der bereits angebrochenen Abrechnungsperiode steht dem Vermieter deshalb keine Nutzungsentschädigung nach Abs 1 zu,[55] sondern ggf ein Schadensersatzanspruch aus Schuldnerverzug nach Abs 2 iV mit § 280 Abs 1, § 286 wegen entgangenen Gewinns.[56] Liegen die Voraussetzungen des Schuldnerverzugs nicht vor, kommt ein Anspruch aus § 280 Abs 1 iV mit § 241 Abs 2 in Betracht, wenn der Mieter den Vermieter nicht rechtzeitig über den vorgesehenen Auszugstermin informiert und somit eine Neben-

---

42 OLG Düsseldorf GE 2006, 189.
43 BGH NJW 1983, 112.
44 BGH NJW 1960, 909; BGH WuM 1973, 383; BGH NZM 2004, 354; BGH NZM 2006, 12; OLG Brandenburg GE 2004, 1026; OLG Düsseldorf WuM 1991, 264; OLG Hamm NJW-RR 1997, 264; OLG Hamm NZM 2003, 517; OLG München WuM 2003, 279; LG Lüneburg v. 29.10.2008 – 6 S 96/08, ZMR 2010, 765.
45 KG ZMR 1971, 321; *Blank/Börstinghaus/Blank* § 546a Rn 18.
46 BGH NZM 2010, 815.
47 OLG Hamburg WuM 1990, 75; AG Lemgo NZM 1999, 961.
48 OLG Köln WuM 1993, 46; LG Osnabrück WuM 1984, 2 (LS); **aM** OLG Düsseldorf WuM 1997, 218.
49 AG Neuss WuM 1994, 382.
50 KG NZM 2005, 422; OLG Düsseldorf ZMR 2006, 927; OLG Hamburg WuM 1990, 77; OLG Rostock WuM 2007, 509; MünchKomm/*Bieber* § 546a Rn 6; NK-BGB/*Klein-Blenkers* § 546a Rn 6; *Palandt/Weidenkaff* § 546a Rn 9.
51 BGHZ 85, 267, 272 = NJW 1983, 446.
52 *Schmidt-Futterer/Streyl* § 546a Rn 72.
53 LG Mönchengladbach DWW 1992, 215.
54 OLG München ZMR 1985, 298.
55 BGH NZM 2006, 52; OLG Köln ZMR 1993, 77; OLG München DWW 1987, 124 m Anm *Kellerhals*; **aM** OLG Düsseldorf GE 2002, 1428; OLG Hamburg ZMR 1984, 342.
56 BGH NZM 2006, 52; AG Duisburg-Hamborn ZMR 2000, 101; AG Lüdenscheid WuM 1989, 295.

pflicht aus dem Vertrag verletzt hat.[57] Auch ein vertraglicher Anspruch ist in Betracht zu ziehen, wenn der Vermieter dem Mieter auf dessen Bitten hin eine Räumungsfrist gewährt, die dann aber nicht ausgeschöpft wird.[58] Hat der Mieter die Wohnungsschlüssel dem mit der Suche nach einem Nachmieter beauftragten Makler übergeben, endet die Entschädigungspflicht aus § 546a, sobald der Vermieter Kenntnis davon erlangt und so in den Stand gesetzt wird, sich ohne weiteres Zugang zur Wohnung zu verschaffen.[59]

2. Rechtsfolgen
a) Allgemeines. Für die Dauer der Vorenthaltung der Mietsache (Rn 16) nach Beendi- **17** gung des Mietverhältnisses entsteht zwischen den früheren Vertragsparteien ein **gesetzliches Schuldverhältnis**.[60] Hieraus ergibt sich in erster Linie der Anspruch des Vermieters auf Nutzungsentschädigung (Rn 20ff). Hierbei handelt es sich nach zT vertretener Ansicht um einen reinen Schadensersatzanspruch[61] oder um einen schadensersatzähnlichen Anspruch,[62] während andere einen vertraglichen Abwicklungsanspruch[63] oder einen vertraglichen Anspruch eigener Art annehmen.[64] Jedenfalls handelt es sich um eine Entgeltforderung iS der Vorschriften über den Verzug (§ 286 Abs 3) und die Verzinsung (§ 288 Abs 2)[65]. Die **Höhe** dieses Anspruchs ist nicht davon abhängig, ob der Vermieter aus der Vorenthaltung der Mietsache einen Schaden erlitten hat, ob er den Willen hat, die Sache in Zukunft zu nutzen[66] oder ob der Mieter die vorenthaltene Mietsache noch tatsächlich genutzt hat.[67] Der Vermieter kann als Mindestschaden immer die vereinbarte Miete oder die ortsübliche Vergleichsmiete verlangen. Soweit der Nutzungsentschädigung nicht die Rechtsnatur eines Schadensersatzanspruchs beigemessen wird, ist folgerichtig eine Kürzung der Entschädigung nach § 254 abzulehnen.[68] Gleichwohl stellt sich va bei beweglichen Sachen die Frage, ob der Ersatzanspruch aus § 546a nicht entsprechend § 254 zu begrenzen ist, wenn der Mieter die Sache nicht verspätet, sondern gar nicht zurückgibt. Es erscheint vielfach unangemessen, dem Vermieter einer uU geringwertigen Sache (Videokassette, DVD) auf Dauer die Nutzungsentschädigung zu gewähren, obwohl er zu einer Ersatzbeschaffung in der Lage und die dadurch für den Mieter entstehenden Kosten deutlich geringer wären.[69] Da die in § 254 normierten Regeln über das Mitverschulden eine Ausprägung des Grundsatzes von Treu und Glauben darstellen, finden die zu dieser Vorschrift entwickelten Regeln im Rahmen des § 242 entsprechende Anwendung, wenn kein Schadensersatz, sondern eine Entschädigung in Rede steht.[70] Aus dem gesetzlichen

---

57 Rn 30; LG Mönchengladbach DWW 1992, 215.
58 AG Schöneberg GE 2009, 120.
59 OLG Hamm NZM 2003, 26.
60 LG Wiesbaden WuM 1968, 164; *Schmid/Schmid* § 546a Rn 6; **aM** *Busch* MDR 1960, 359.
61 BGH NJW 1961, 916; OLG Frankfurt/M DB 1987, 2195; OLG Frankfurt/M ZMR 1987, 177; OLG Karlsruhe ZMR 1987, 261.
62 LG Göttingen MDR 1959, 928.
63 LG Stuttgart ZMR 1987, 153.
64 BGHZ 68, 307, 310 = NJW 1977, 1335; BGHZ 90, 145, 151 = NJW 1984, 1527; BGHZ 104, 285, 290 = NJW 1988, 2665; BGH NJW-RR 1998, 803; BGH NZM 2003, 231.
65 OLG Köln ZMR 2006, 772.
66 OLG München ZMR 1993, 466.
67 RG WarnR 1934, Nr 176; BGH NJW 1961, 916; KG HRR 1934, Nr 855.
68 BGHZ 90, 145, 150 = NJW 1984, 1527; BGHZ 104, 285, 290 = NJW 1988, 2665; MünchKomm/*Bieber* § 546a Rn 7; *Schmid/Schmid* § 546a Rn 6; **aM** LG Köln NJW-RR 1988, 1248.
69 LG Bielefeld NZM 2004, 199.
70 Vgl BGHZ 110, 313, 317 = NJW 1990, 2058; BGH NJW 1997, 2234.

Christian Rolfs

Schuldverhältnis ergeben sich für die Parteien weitere Rechte und Pflichten, die insbesondere dann relevant werden, wenn der Mieter die Sache weiterhin nutzt (Rn 2ff).

18 Die Ansprüche aus § 546a stehen bei einem **Wechsel der Parteien** nach § 566 Abs 1 dem Grundstückserwerber vom Zeitpunkt seiner Eintragung im Grundbuch an zu,[71] auch wenn der Mietvertrag vor dem Eigentumswechsel aufgrund einer noch vom Veräußerer erklärten Kündigung beendet worden ist.[72] Ein Parteiwechsel kann auch auf der Mieterseite stattfinden. So haftet der Erwerber eines Handelsgeschäfts nach § 25 HGB für die Verpflichtung des Veräußerers des Handelsgeschäfts, des bisherigen Mieters, zur Zahlung von Nutzungsentschädigung.[73] Demgegenüber soll der Eintritt eines Gesellschafters in den Betrieb eines Einzelkaufmanns und die Fortführung des Geschäfts durch die neu gegründete Gesellschaft nicht dazu führen, dass die Gesellschaft kraft Gesetzes Vertragspartei eines zuvor von dem Einzelkaufmann abgeschlossenen Mietvertrags über die weitergenutzten Geschäftsräume wird, sodass der in die Gesellschaft neu Eingetretene nicht nach § 28 HGB die Nutzungsentschädigung nach § 546a zu entrichten hat.[74]

19 Bei einer **Insolvenz des Mieters** ist zu differenzieren: Der Anspruch des Vermieters auf Nutzungsentschädigung ist einfache Insolvenzforderung (§ 38 InsO), wenn das Mietverhältnis, aus dem er folgt, die Eröffnung des Insolvenzverfahrens nicht überdauert hat. Denn hier muss der Vermieter die ihm obliegende Gebrauchsüberlassung nach Maßgabe des § 109 Abs 2 InsO nach Insolvenzeröffnung zur Masse nicht fortgewähren.[75] Dasselbe gilt, wenn der Insolvenzverwalter den Besitz der Mietsache nicht ergreift, und zwar selbst dann, wenn beim Vermieter der (nicht zurechenbare) Rechtsschein der Besitzergreifung erzeugt worden ist.[76] Nur wenn der Verwalter die Mietsache nach Verfahrenseröffnung weiter nutzt und den Vermieter dabei gezielt vom Besitz ausschließt, wird der Nutzungsentschädigungsanspruch Masseforderung (§ 55 Abs 1 Nr 2 InsO). Er tritt als vertragsähnlicher Anspruch an die Stelle des ursprünglichen Mietanspruchs.[77]

b) Vereinbarte Miete

20 **aa)** Der Vermieter kann nach § 546a Abs 1 als **Mindestentschädigung** die vereinbarte Miete verlangen, die vertraglich zur Zeit der Beendigung des Mietvertrags zu entrichten war.[78] Bei einem Leasingvertrag stellen die Leasingraten die vereinbarte Miete dar.[79] Das Verlangen des Leasinggebers, die Leasingraten in der vereinbarten Höhe fortzuzahlen, kann aber gegen Treu und Glauben verstoßen.[80]

21 **bb)** Die vereinbarte Miete kann durch Mängel **gemindert** sein, die während der Mietzeit aufgetreten sind und bei Beendigung des Mietverhältnisses noch vorliegen. Dies gilt auch, wenn die Parteien den Umfang der Minderung vor Beendigung des Mietverhältnis-

---

71 OLG Düsseldorf ZMR 2007, 33.
72 BGHZ 72, 147, 149f = NJW 1978, 2148 m abl Anm *Haase* JR 1979, 111.
73 BGH NJW 1982, 577.
74 BGH NJW 2001, 2251; dazu *K Schmidt* in: Gedschr Sonnenschein (2002) 497ff.
75 BGH NJW 1984, 516; BGHZ 130, 38, 48f = NJW 1995, 2783; OLG Hamm ZIP 1992, 1563.
76 BGHZ 148, 252, 260f = NJW 2001, 2966; BGH NJW 2007, 1591; BGH NJW 2007, 1594; OLG Düsseldorf v. 14.4.2011 – 10 U 160/10, ZMR 2012, 13.
77 BGHZ 90, 145, 150f = NJW 1984, 1527 m Anm *Eckert* ZIP 1984, 615; BGH NJW 2007, 1591; BGH NJW 2007, 1594.
78 *Bub/Treier/Scheuer* Rn V 97; NK-BGB/*Klein-Blenkers* § 546a Rn 7; *Schmidt-Futterer/Streyl* § 546a Rn 54.
79 OLG Frankfurt/M DB 1987, 2195.
80 BGH NJW-RR 1993, 121 m Anm *Tiedtke* JZ 1993, 742.

ses vertraglich vereinbart haben.[81] Eine im Zeitpunkt der Vertragsbeendigung geminderte Miete bleibt aber dann nicht maßgebend, wenn die Mängel während der Vorenthaltung der Mietsache beseitigt werden. Haben die Parteien ein Minderungs- oder Aufrechnungsverbot vereinbart, so gilt dies auch für die Nutzungsentschädigung.[82] Die Möglichkeit, einen Teil der Miete zur Durchsetzung des Anspruchs auf Mangelbeseitigung zurückzuhalten, ist ausgeschlossen.[83] Hat sich die Mietsache erst **nach Beendigung des Mietverhältnisses erstmalig oder weiter verschlechtert**, kommt eine Minderung der Miete nicht in Betracht. Den Vermieter trifft nach dem Ende des Mietverhältnisses keine Pflicht zur Überlassung des Gebrauchs mehr, sodass ihm auch nicht zum Nachteil gereichen kann, wenn er einen erst zu diesem Zeitpunkt auftretenden oder sich verstärkenden Mangel der Mietsache nicht behebt.[84]

cc) Die Nutzungsentschädigung umfasst die **Betriebskosten** für Leistungen, die der 22
Mieter weiterhin in Anspruch nimmt. Hat er sich an diesen Kosten nach dem ursprünglichen Mietvertrag zu beteiligen, so gehören sie zur vereinbarten Miete,[85] wobei es nicht darauf ankommt, ob die Kosten pauschal oder nach dem tatsächlichen Verbrauch abgerechnet werden.

dd) Die **Fälligkeit** bestimmt sich grundsätzlich nach der Regelung, die der Mietver- 23
trag für die Fälligkeit der Miete vorsah. Hierfür sind die Ähnlichkeit beider Ansprüche und das Bestreben maßgebend, weder den Vermieter noch den Mieter zu benachteiligen.[86]

ee) Eine **Erhöhung** der Nutzungsentschädigung aufgrund gesetzlicher Vorschriften 24
über die im Zeitpunkt der Beendigung des Mietverhältnisses vereinbarte Miete hinaus kann der Vermieter verlangen, wenn die Möglichkeit einer Mieterhöhung im Mietvertrag zulässigerweise als Staffel- (§ 557a) oder als Indexmiete (§ 557b) vereinbart wurde.[87] Der Mieter, der die Mietsache dem Vermieter vorenthält, darf nicht besserstehen als ein rechtmäßig besitzender Mieter.[88] Im Rahmen der gesetzlichen Möglichkeiten der §§ 8, 10 WoBindG kann der Vermieter auch bei preisgebundenem Wohnraum die Nutzungsentschädigung erhöhen. Eine **Verminderung** der Nutzungsentschädigung gegenüber der vereinbarten Miete ist geboten, wenn dem Mieter nach Beendigung des Mietverhältnisses Nebenräume, Gemeinschaftseinrichtungen und ähnliche Leistungen des Vermieters nicht mehr zur Verfügung stehen, auf die ein entsprechender Teil der Miete entfiel[89] oder wenn

---

81 BGH WuM 1990, 246.
82 BGH NJW-RR 2000, 530; OLG Düsseldorf WuM 1995, 392; OLG Karlsruhe ZMR 1987, 261; *Palandt/Weidenkaff* § 546a Rn 4.
83 LG Berlin WuM 1998, 28.
84 OLG Düsseldorf DWW 1992, 52; OLG Düsseldorf ZMR 2006, 927; *Schmid/Schmid* § 546a Rn 8; **aM** *Herrlein/Kandelhard/Kandelhard* § 546a Rn 21; MünchKomm/*Bieber* § 546a Rn 10; *Schmidt-Futterer/Streyl* § 546a Rn 69.
85 MünchKomm/*Bieber* § 546a Rn 10; *Schmid/Schmid* § 546a Rn 8.
86 BGH NJW 1974, 556; BGH NJW 2007, 1594; *Palandt/Weidenkaff* § 546a Rn 10; **aM** LG Bonn ZMR 1968, 114. Fehlt eine ausdrückliche Fälligkeitsvereinbarung, gelten § 556b Abs 1, § 579 (*Bub/Treier/Scheuer* Rn V 100; *Schmidt-Futterer/Streyl* § 546a Rn 70).
87 BGH ZMR 1973, 238; OLG Celle NJW 1964, 1027; *Bamberger/Roth/Ehlert* § 546a Rn 13; *Bub/Treier/Scheuer* Rn V 101, *Herrlein/Kandelhard/Kandelhard* § 546a Rn 22.
88 *Bub/Treier/Scheuer* Rn V 101.
89 *K Müller* MDR 1971, 253, 254 Fn 12.

Christian Rolfs

die teilweise Rückgabe der Mietsache entgegen § 266 ausnahmsweise als zulässige Teilleistung anzuerkennen ist.[90]

25   **ff)** Die **Verjährung** des Anspruchs auf Nutzungsentschädigung richtet sich nach § 195 und beträgt also drei Jahre.[91]

26   **c) Ortsübliche Vergleichsmiete.** Anstelle der vereinbarten Miete kann der Vermieter nach § 546a Abs 1 als Nutzungsentschädigung grundsätzlich die ortsübliche Vergleichsmiete verlangen (vgl auch Rn 4). Aus der Formulierung „an Stelle" nahm die **früher hM** an, dass der Vermieter als Gläubiger eine Ersetzungsbefugnis habe, die es ihm erlaube, die für ihn günstigere Entschädigung zu wählen.[92] Das sich hieraus ergebende Gestaltungsrecht müsse der Vermieter durch eine einseitige, empfangsbedürftige Willenserklärung ausüben mit der Folge, dass die Entschädigung nicht rückwirkend für die Vergangenheit verlangt werden könne.[93] Der **BGH** ist dieser Meinung nicht gefolgt, da sie auf einem falschen Verständnis des § 546a beruhe.[94] Der Vermieter habe vielmehr nach Beendigung des Mietverhältnisses von vornherein einen Anspruch auf Zahlung einer Nutzungsentschädigung mindestens in Höhe der vereinbarten Miete *oder*, wenn die ortsübliche Miete höher ist, einen Anspruch auf diese. Aus der Entstehungsgeschichte des § 557 aF ergebe sich, dass der Anspruch auf Zahlung der ortsüblichen Miete in keiner Weise von einer Gestaltungserklärung abhängig sein sollte. § 546a Abs 1 soll dem Vermieter die Durchsetzung seiner Rechte gegen den Mieter, der ihm rechtswidrig die Sache vorenthält, erleichtern.[95] In welcher Form der Vermieter das ihm zustehende Wahlrecht zwischen vereinbarter und ortsüblicher Miete ausüben muss, wurde vom Gesetzgeber nicht bestimmt.[96]

27   Der **Umfang** der Nutzungsentschädigung für Wohnraum nach der ortsüblichen Vergleichsmiete richtet sich in Anlehnung an § 558 Abs 2 nach dem konkreten Vergleich mit der Miete, die in der Gemeinde für Räume vergleichbarer Art, Größe, Ausstattung, Beschaffenheit und Lage üblicherweise gezahlt wird.[97] Dabei ist die ortsübliche Vergleichsmiete iS des § 546a nicht im Bereich der Bestandsmieten, sondern eher unter den Wiedervermietungsmieten zu suchen.[98] Dies gilt auch für bewegliche Sachen. Für Wohnungen, die objektgebunden dem WoBindG unterliegen, ist zu beachten, dass die preisrechtlich zulässige Kostenmiete auf jeden Fall eine Obergrenze bildet.[99]

27a   **3. Prozessuales.** Die Nutzungsentschädigung kann in einer Summe („**Saldoklage**") gerichtlich geltend gemacht werden, eine Aufschlüsselung nach einzelnen Monaten ist zur Erfüllung der Voraussetzungen des § 253 Abs 2 Nr 2 ZPO nicht erforderlich.[100] Ist eine Räumungsklage wegen Zahlungsverzugs erhoben, kann auf Antrag des klagenden Ver-

---

90 LG Mannheim ZMR 1965, 211.
91 BGHZ 179, 361, 365 = NJW 2009, 1488; *Börstinghaus* ZGS 2002, 102, 104.
92 So noch heute *Schmid/Schmid* § 546a Rn 10.
93 LG Berlin WuM 1993, 351; LG Freiburg WuM 1993, 671.
94 BGH NJW 1999, 2808.
95 *Emmerich* NZM 1999, 929, 931.
96 Vgl *Herrlein/Kandelhard/Kandelhard* § 546a Rn 24ff.
97 *Bub/Treier/Scheuer* Rn V 109; *Schmidt-Futterer/Streyl* § 546a Rn 60.
98 *Herrlein/Kandelhard/Kandelhard* § 546a Rn 23; **aM** *Blank/Börstinghaus/Blank* § 546a Rn 31; *Bub/Treier/Scheuer* Rn V 109; *MünchKomm/Bieber* § 546a Rn 13; *Schmidt-Futterer/Streyl* § 546a Rn 60, die nur § 558 heranziehen und damit die Bestandsmieten zugrunde legen.
99 OLG Celle ZMR 1963, 312; LG Mannheim WuM 1970, 203; *Blank/Börstinghaus/Blank* § 546a Rn 31; *Palandt/Weidenkaff* § 546a Rn 11.
100 BGH v. 9.1.2013 – VIII ZR 94/12, NJW 2013, 1367.

mieters eine Sicherungsanordnung nach Maßgabe des § 283a ZPO erlassen werden.[101] Da der Vermieter auch dann weiter leistungspflichtig bleibt, wenn der Mieter seine Zahlungspflicht verletzt, und sich so seine Forderungen im Verlauf des Prozesses erhöhen, ist er in besonderer Weise der Gefahr der Zahlungsunfähigkeit des Mieters ausgesetzt. Die Sicherungsanordnung sichert den Zahlungsanspruch des Vermieters, ohne dass eine konkrete Gefährdung des Vollstreckungserfolges dargelegt werden muss.[102] Befolgt der Mieter eine im Prozess erlassene Sicherungsanordnung nicht, kann der Vermieter nach § 940a Abs 3 ZPO die Wohnung im Wege des einstweiligen Rechtsschutzes zwangsweise räumen lassen.[103]

IV. Weitergehender Schadensersatz (Abs 2)

Die nachfolgend skizzierten Grundsätze gelten uneingeschränkt nur bei der Vermie- **28** tung von **beweglichen Sachen, Grundstücken und sonstigen Räumen.** Bei Wohnräumen sind hingegen die Einschränkungen des § 571 zu beachten. Nach Abs 2 ist es nicht ausgeschlossen, dass der Vermieter neben der Nutzungsentschädigung einen weiteren **Schaden** geltend macht. Hierbei handelt es sich nicht um eine selbständige Anspruchsgrundlage. Die Vorschrift stellt nur klar, dass weitere Schadensersatzansprüche, die sich aus den allgemeinen Vorschriften ergeben, neben der Mindestentschädigung unberührt bleiben.[104]

1. Hierzu gehören in erster Linie Ansprüche wegen **Schuldnerverzugs** nach § 280 **29** Abs 1, § 286.[105] Der Mieter kommt nach § 286 Abs 2 Nr 1 oder 2 ohne Mahnung in Verzug, wenn er die Mietsache nach der Beendigung des Mietverhältnisses nicht zurückgibt, weil es sich hierbei um einen kalendermäßig feststehenden Zeitpunkt handelt.[106] Eine **gerichtliche Räumungsfrist** beeinflusst die materiellen Rechtsbeziehungen der Parteien nicht und schließt damit auch den Verzug des Mieters nicht aus.[107] Bei einem Mietverhältnis über Wohnraum ist allerdings die Sonderregelung des § 571 Abs 2 zu beachten, wenn eine gerichtliche Räumungsfrist bewilligt worden ist. Bewilligt der Vermieter von Gewerberaum dem Mieter, der aufgrund eines vorläufig vollstreckbaren Urteils zur Räumung und Herausgabe verurteilt ist, einseitig oder in einem außergerichtlichen Vergleich eine Räumungsfrist, so ist im Wege der Auslegung zu ermitteln, ob damit die Herausgabe gestundet sein soll.[108] Haben die Parteien vereinbart, dass der Mieter mit seiner Verpflichtung zur Räumung so lange nicht in Verzug kommt, als ihm Vollstreckungsschutz gewährt wird, ist ein Schadensersatzanspruch für die Dauer der Räumungsfrist ausgeschlossen.[109] Das Gleiche gilt bei der Bewilligung einer vertraglichen Räumungsfrist durch den Vermieter von Wohnraum, da § 571 Abs 2 in diesem Fall nicht anwendbar ist.

101 Hierzu *Lützenkirchen* ZMR 2012, 604; *Zehelein* WuM 2013, 133, 135ff; kritisch *Börstinghaus* NZM 2012, 697, 703ff.
102 RegE MietRÄndG BT-Drucks 17/10485, S 28.
103 Hierzu kritisch *Hinz* NZM 2012, 777, 793f; *Horst* MDR 2013, 249, 251f; die Verfassungsmäßigkeit anzweifelnd *Zehelein* WuM 2013, 133, 142f.
104 *Blank/Börstinghaus/Blank* § 546a Rn 37; NK-BGB/*Klein-Blenkers* § 546a Rn 10.
105 BGH WuM 1965, 205; OLG Düsseldorf MDR 1990, 725; *Bamberger/Roth/Ehlert* § 546a Rn 139; *Blank/Börstinghaus/Blank* § 546a Rn 38.
106 BGH WuM 1965, 205; AG Münster WuM 1983, 22; **aM** AG Fulda WuM 1982, 51 m Anm *Wepler*.
107 RGZ 116, 382, 383; RG JW 1927, 580; BGH NJW-RR 1987, 907; *Schmid/Schmid* § 546a Rn 18.
108 BGH NJW-RR 1987, 907 m Anm *Haase* JR 1987, 507.
109 OLG Celle NJW 1964, 1027.

Christian Rolfs

30 **2.** Weitere Schadensersatzansprüche des Vermieters können sich aus § 280 Abs 1 wegen **Schlechtleistung** bzw iV mit § 241 Abs 2 wegen Verletzung einer **Nebenpflicht** ergeben.[110] Ein solcher Anspruch kommt in Betracht, wenn sich der Mieter nicht um Ersatzwohnraum bemüht[111] oder wenn er nicht rechtzeitig mitteilt, dass er die Mietsache demnächst zurückgeben werde.[112] Ist der Vermieter seinerseits, weil er die Mietsache im Vertrauen auf die rechtzeitige Rückgabe erneut vermietet hat, wegen der fehlenden Räumung Schadensersatzansprüchen ausgesetzt, so kann er in der Höhe dieser Ansprüche gegenüber dem Mieter Schadensersatz geltend machen.[113]

31 **3.** Schadensersatzansprüche aus § 280 Abs 1 setzen ein **Verschulden** des Mieters nach § 276 voraus (§ 280 Abs 1 S 2). Kann der Mieter die Mietsache aus Gründen, die eine gerichtliche Räumungsfrist gerechtfertigt hätten, nicht zurückgeben, so liegt kein Verschulden vor.[114]

32 **4.** Der **Umfang** des zu ersetzenden Schadens richtet sich nach den §§ 249ff. Damit wird nach § 252 in erster Linie der entgangene Gewinn erfasst. Es handelt sich um die Nutzungen, die der Vermieter bei rechtzeitiger Rückgabe hätte erzielen können.[115] Ferner ist ein entgangener Gewinn zu ersetzen, wenn der Vermieter die Möglichkeit eines Gewinn bringenden Verkaufs der Mietsache verloren hat.[116] Ist der Mieter mit der Entrichtung der Nutzungsentschädigung in Verzug, so kann dem Vermieter daraus ein Anspruch auf Verzugszinsen und Ersatz eines weiteren Schadens erwachsen.[117] Als weitere Schäden kommen auch Vermögenseinbußen in Betracht, die in einem Schadensersatzanspruch bestehen, die der Nachfolgemieter wegen der verzögerten Gebrauchsüberlassung gegen den Vermieter geltend macht.[118] Zu ersetzen sind ferner Veränderungen und Verschlechterungen der Mietsache während der Vorenthaltung, selbst wenn sie sich im Rahmen des § 538 halten.[119] Im Unterschied zur Mindestentschädigung nach § 546a Abs 1 hat der Vermieter in allen Fällen einen weiteren Schaden darzulegen und im Streitfall zu beweisen.[120]

33 **5.** Der Mieter kann gegenüber den Schadensersatzansprüchen des Vermieters iS des § 546a Abs 2 nach § 254 den **Einwand mitwirkenden Verschuldens** geltend machen.[121] So kann dem Vermieter ein Mitverschulden etwa dadurch zur Last fallen, dass er die Neuvermietung wegen unterbliebener Schönheitsreparaturen verzögert, obwohl der Nachmieter bereit wäre, sie selbst durchzuführen, oder wenn er die Wohnung bereits zu einem Zeitpunkt an den Nachmieter weitervermietet, zu dem der bisherige Mieter sie erkennbar nicht räumen kann.[122] Gegenüber dem Anspruch auf Nutzungsentschädigung aus Abs 1 ist der Einwand des Mitverschuldens ausgeschlossen (Rn 17).

---

110 LG Augsburg WuM 1967, 27; *Palandt/Weidenkaff* § 546a Rn 16.
111 LG Mannheim WuM 1962, 120.
112 LG Mönchengladbach DWW 1992, 215.
113 *Blank/Börstinghaus/Blank* § 546a Rn 41; vgl zu Ansprüchen des Erwerbers OLG Düsseldorf WuM 1998, 219.
114 LG Hamburg WuM 1996, 341.
115 *Schmid/Schmid* § 546a Rn 19.
116 *Bub/Treier/Scheuer* Rn V 119.
117 BGH NJW 1989, 1730.
118 OLG Celle WuM 1993, 400; OLG Düsseldorf MDR 1990, 725; *Blank/Börstinghaus/Blank* § 546a Rn 41.
119 Vgl LG Berlin GE 2001, 210; LG Berlin GE 2001, 926.
120 LG Frankfurt/M WuM 1989, 295; AG Köln WuM 1982, 251 (LS).
121 OLG Celle WuM 1993, 400; OLG München ZMR 1989, 224; *Bamberger/Roth/Ehlert* § 546a Rn 21; vgl LG Göttingen MDR 1959, 928; *Bub/Treier/Scheuer* Rn V 123.
122 *Schmid/Schmid* § 546a Rn 20.

Christian Rolfs

V. Konkurrenzen

Nach hM bleiben die Vorschriften über die Herausgabe einer ungerechtfertigten Berei- **34**
cherung[123] und der vom Mieter als nichtberechtigtem Besitzer gezogenen Nutzungen[124] uneingeschränkt neben § 546a anwendbar. Die Gegenmeinung beruft sich darauf, dass § 546a
als **Sonderregelung** die Vorschriften der §§ 812ff und §§ 987ff ausschließe.[125] Es ist mit der
hM davon auszugehen, dass es keine überzeugenden Anhaltspunkte für einen derartigen
Zweck des § 546a gibt. Die Einschränkung des § 571 betrifft ausdrücklich nur weitergehende Schadensersatzansprüche.[126] Umgekehrt kann der Mieter während der Dauer der
Vorenthaltung Nutzungen gezogen haben, die die von ihm zu entrichtende Miete deutlich
übersteigen, beispielsweise bei einer Untervermietung gegen eine höhere Miete.[127]

§ 547

Erstattung von im Voraus entrichteter Miete

**[1] Ist die Miete für die Zeit nach Beendigung des Mietverhältnisses im Voraus
entrichtet worden, so hat der Vermieter sie zurückzuerstatten und ab Empfang zu
verzinsen. Hat der Vermieter die Beendigung des Mietverhältnisses nicht zu vertreten, so hat er das Erlangte nach den Vorschriften über die Herausgabe einer ungerechtfertigten Bereicherung zurückzuerstatten.**
**[2] Bei einem Mietverhältnis über Wohnraum ist eine zum Nachteil des Mieters
abweichende Vereinbarung unwirksam.**

Schrifttum

Eisenschmid Abwicklung des Mietverhältnisses bei Ende der Mietzeit, in: PiG Bd 26 (1987) 73; *ders* Die
Abwicklung des Wohnungsmietverhältnisses bei Ende der Mietzeit, WuM 1987, 243; *Sternel* Mietermoderni-
sierung, WuM 1984, 287 u 315.

Systematische Übersicht

---

123 BGH NJW 1966, 248; BGH NJW 1977, 1335; BGH NJW 2000, 382 BGH NZM 2009, 701.
124 BGH ZMR 1954, 236; BGH NZM 2000, 183; BGH NZM 2009, 701; OLG Düsseldorf WuM 1994, 280; *Bub/
Treier Scheuer* Rn V 127.
125 LG Düsseldorf WuM 1967, 134; LG Mannheim NJW 1970, 1881.
126 *Bub/Treier/Scheuer* Rn V 124.
127 BGH NZM 2009, 701.

Christian Rolfs

I. Allgemeines

1   Die Vorschrift regelt den Umfang der Rückzahlungspflicht des Vermieters für die im Voraus erhaltene Miete, wenn das Mietverhältnis beendet wird und die Mietvorauszahlung noch nicht abgewohnt ist. Sie gilt für alle Mietverhältnisse und enthält den **allgemeinen Rechtsgedanken**, dass derjenige, der den Rücktritt nicht zu vertreten hat, nur nach Bereicherungsrecht haftet.[1] Bei Mietverhältnissen über Wohnraum sind nach § 547 Abs 2 abweichende Vereinbarungen zum Nachteil des Mieters unwirksam.

II. Voraussetzungen (Abs 1 S 1)

1. Mietvorauszahlungen

2   **a)** Voraussetzung für einen Rückerstattungsanspruch ist zunächst, dass die **Miete im Voraus** für eine Zeit nach der Beendigung des Mietverhältnisses entrichtet worden ist. Für Mietverhältnisse über Räume ist die Vorausentrichtung der Miete der gesetzliche Regelfall. In § 556b Abs 1 wird bestimmt, dass die Miete für Wohnräume zu Beginn, spätestens bis zum dritten Werktag der einzelnen Zeitabschnitte zu entrichten ist. § 579 Abs 2 verweist für Räume, die keine Wohnräume sind, ebenfalls auf diese Vorschrift, so dass auch hier grundsätzlich von einer Vorauszahlungspflicht auszugehen ist. Für bewegliche Sachen, Grundstücke und Schiffe ist demgegenüber gemäß § 579 Abs 1 die Miete grundsätzlich am Ende der Mietzeit oder bei abschnittsweiser Bemessung nach Ablauf der einzelnen Zeitabschnitte zu entrichten. Eine Vorausentrichtung der Miete kann sich hier jedoch aus einer abweichenden vertraglichen Vereinbarung ergeben. Entscheidend ist, dass die Miete im Voraus für eine Zeit entrichtet wird, in der das Mietverhältnis wegen vorzeitiger Beendigung nicht mehr besteht.

3   **b)** Die Vorschrift des § 547 erfasst nicht nur die reine Miete, sondern das **gesamte Entgelt** für den Gebrauch der Mietsache. Zu den Mietvorauszahlungen ist deshalb jede Mieterleistung zu rechnen, die nach dem Vertrag in Beziehung zur Miete steht und mit ihr innerlich verbunden ist. Dies kann auch ein Nachlass auf den ursprünglichen Kaufpreis sein, den der Veräußerer eines Grundstücks, der dieses zugleich zur Fortführung seines Betriebes vom Erwerber pachtet, mit der Maßgabe einräumt, dass sich zum Ausgleich hierfür die Pacht für einen bestimmten Zeitraum ermäßigt.[2] § 547 gilt auch für Umlagen und sonstige **Betriebskosten** für die Inanspruchnahme besonderer Einrichtungen oder Leistungen des Vermieters.[3] Als Mietvorauszahlung ist auch ein Verwendungsersatzanspruch des Mieters auf Grund von Einbauten zu behandeln, wenn die Parteien die Unverzinslichkeit und Unkündbarkeit während der Dauer des Mietverhältnisses sowie die Verrechnung mit den monatlichen Mietraten vereinbaren.[4] Auch Mietermodernisierungen können hierunter fallen.[5] Da es keinen Unterschied macht, ob der Mieter oder der Vermieter Baumaßnahmen trifft, Ein- oder Umbauten vornimmt, sofern sie nur vom Mieter finanziert werden, können auch Mieterdarlehen, Baukostenzuschüsse und ähnliche Baufinanzierungsbeiträge des Mieters als Mietvorauszahlungen beurteilt werden, sofern durch eine Verrechnungsabrede die Abwohnbarkeit und damit die Beziehung zur Miete hergestellt worden ist.[6]

---

1   *Herrlein/Kandelhard/Kandelhard* § 547 Rn 1.
2   BGH NZM 2000, 761.
3   *Schmidt-Futterer/Streyl* § 547 Rn 12.
4   BGHZ 54, 347, 349f = NJW 1970, 2289; OLG Düsseldorf ZMR 1992, 110.
5   *Sternel* WuM 1984, 287, 289.
6   BGHZ 6, 202, 206f = NJW 1952, 867; BGH NJW 1985, 313; BGH NJW 2003, 1317; OLG München NJW-RR 1993,

c) Für Mietverhältnisse über Wohnraum ist die Rückerstattung **verlorener Baukosten-** 4
zuschüsse abschließend in Art VI des Gesetzes zur Änderung des WoBauG 2, anderer wohnungsbaurechtlicher Vorschriften und über die Rückerstattung von Baukostenzuschüssen vom 21.7.1961,[7] zuletzt geändert durch das Mietrechtsreformgesetz vom 19.6.2001,[8] geregelt. Sie sind grundsätzlich nach Maßgabe des § 347 zurückzuerstatten, soweit sie noch nicht durch die Dauer des Mietverhältnisses als getilgt anzusehen sind. Wird das Mietverhältnis infolge eines Umstandes beendet, den der Vermieter nicht zu vertreten hat, so hat der Mieter einen Anspruch auf Rückzahlung des noch nicht abgewohnten Teils nach den §§ 812ff. Die an den Vermieter für besondere Einrichtungsgegenstände geleistete Abstandszahlung ist ein verlorener Baukostenzuschuss, wenn die Gegenstände nicht in das Eigentum des Mieters übergehen und auch nicht seinem Wegnahmerecht unterliegen sollen.[9] Ebenso sind Zahlungen des Mieters zur Errichtung einer Gemeinschaftsantenne wie ein verlorener Baukostenzuschuss zurückzuzahlen.[10] Bei vorzeitiger Beendigung sonstiger Mietverhältnisse sind verlorene Zuschüsse nach den §§ 812ff abzuwickeln.[11]

2. Beendigung des Mietverhältnisses. Das Mietverhältnis muss beendet sein (§ 546 5
Rn 3). Die Regelung des § 547 gilt für alle **Arten der Beendigung** eines Mietverhältnisses.[12]

3. Vertretenmüssen des Vermieters

a) § 547 Abs 1 unterscheidet danach, ob der Vermieter den Umstand, der zur Beendi- 6
gung des Mietverhältnisses führt, zu vertreten hat oder nicht. Zu vertreten hat der Vermieter den Beendigungsgrund, wenn ihm ein Verschulden nach den §§ 276ff anzulasten ist. Dies ist der Fall, wenn er einen Kündigungstatbestand nach § 543, § 569 schuldhaft gesetzt hat. Es braucht aber keineswegs ein wichtiger Grund vorzuliegen, der den Mieter zu einer fristlosen Kündigung berechtigen würde. Auch eine ordentliche Kündigung des Mieters kann durch Umstände veranlasst sein, die der Vermieter zu vertreten hat.[13] Die ordentliche Kündigung durch den Vermieter führt nicht allein deshalb, weil sie die Beendigung des Mietverhältnisses verursacht, dazu, dass der Vermieter die Beendigung zu vertreten hat.[14]

b) Nicht zu vertreten hat der Vermieter den Beendigungsgrund, wenn der Grund 7
vom Mieter selbst gesetzt worden ist oder wenn der Mieter von vornherein damit rechnen musste, weil sich dies schon aus dem Mietvertrag ergibt. Das gilt, wenn das Mietverhältnis durch **Zeitablauf, Eintritt einer auflösenden Bedingung oder Nichtausübung einer Option**[15] endet. Bei einem auflösend bedingten Wohnraummietverhältnis ist zu beachten, dass sich gemäß § 572 Abs 2 nur der Mieter auf den Eintritt der Bedingung berufen kann. Bei einer ordentlichen Kündigung ist es unerheblich, ob der Mieter oder der Ver-

---

655; *Bamberger/Roth/Ehlert* § 547 Rn 7; *Schmidt-Futterer/Streyl* § 547 Rn 9; **aM** OLG Düsseldorf NZM 2001, 1093.

7 WoBauG2ÄndG; BGBl I 1041.

8 BGBl I 1149.

9 LG Köln WuM 1990, 485; *Schmidt-Futterer/Streyl* § 547 Rn 13.

10 AG Aachen WuM 1986, 336; *Schmidt-Futterer/Streyl* § 547 Rn 13 Fn 42.

11 *Bub/Treier/Scheuer* Rn V 348.

12 OLG Celle MDR 1978, 492; *Bamberger/Roth/Ehlert* § 547 Rn 5; *Blank/Börstinghaus/Blank* § 547 Rn 2; *Erman/Jendrek* § 547 Rn 6; *Prütting/Wegen/Weinreich/Feldhahn* § 547 Rn 3; **aM** für die vertragliche Aufhebung *Strutz* NJW 1968, 1955, 1956.

13 *Pergande* § 557a Anm 3d.

14 *Erman/Jendrek* § 547 Rn 9; **aM** *Herrlein/Kandelhard/Kandelhard* § 547 Rn 9.

15 *Bamberger/Roth/Ehlert* § 547 Rn 13; *Bub/Treier/Scheuer* Rn V 331.

Christian Rolfs

mieter gekündigt hat. Entscheidend ist allein, dass der Vermieter den Umstand, der zu seiner eigenen Kündigung oder der des Mieters geführt hat, nicht zu vertreten hat. Der Vermieter hat es ferner grundsätzlich nicht zu vertreten, wenn das Mietverhältnis durch eine außerordentliche befristete Kündigung beendet wird oder wenn er von seinem Recht zur außerordentlichen fristlosen Kündigung nach § 543 Abs 2 Nrn 2 und 3 oder nach § 543 Abs 1 Gebrauch macht.[16]

III. Rechtsfolgen

8   **1. Allgemeines.** Der Anspruch ist **vertraglicher Natur,** da er sich unmittelbar aus dem Mietverhältnis ergibt. Die Verweisung auf Bereicherungsrecht stellt eine Rechtsfolgeverweisung dar, die den Umfang der Haftung des Vermieters bestimmt.[17] Der Rückerstattungsanspruch entsteht mit der Beendigung des Mietverhältnisses und wird, wenn abweichende Vereinbarungen fehlen, sofort fällig.[18] Die Verjährung richtet sich nach den allgemeinen Vorschriften der §§ 195, 199 und beträgt drei Jahre. Der Inhalt der Verpflichtung hängt von der Art der Miete ab. Bestand diese nicht in der Leistung von Geld, so braucht der Vermieter sie nicht in jedem Fall in Geldeswert zurückzuerstatten, sondern nur dann, wenn eine Rückerstattung der empfangenen Leistung nicht mehr möglich ist.

9   **2. Verschärfte Haftung des Vermieters (Abs 1 S 1).** § 547 geht hinsichtlich der Rechtsfolgen für den **Umfang der Verpflichtung** auch nach der Mietrechtsreform von dem Regelfall aus, dass der Vermieter verschärft nach Rücktrittsrecht haftet. Zwar ist ein Verweis auf das Rücktrittsrecht im Gesetzestext nicht mehr vorhanden, sondern es wird stattdessen die Rechtsfolge im Klartext genannt. In der Sache hat sich dadurch jedoch nichts geändert. Insbesondere bleibt es dabei, dass sich der Vermieter nicht auf Entreicherung gemäß § 818 Abs 3 berufen kann.[19] Aus der Vergleichbarkeit der in § 547 angeordneten Rechtsfolge mit dem Rücktrittsrecht folgt, dass in den wenigen Fällen, in denen die Miete nicht in einer Geldleistung, sondern in nunmehr zurückzugebenden Sachen bestanden hat (Rn 8), das Rückgewährschuldverhältnis analog § 346 Abs 2 Nr 3 abzuwickeln ist. Die im § 347 aF enthaltene Verweisung auf das Eigentümer-Besitzer-Verhältnis ist durch die Schuldrechtsreform entfallen.[20] Gemäß § 547 Abs 1 hat der Vermieter die für eine spätere Zeit im Voraus erhaltene Miete bereits von der Zeit des Empfangs an zu verzinsen. Die verschärfte Haftung beginnt also nicht erst, wenn der Vermieter Kenntnis von der Beendigung des Mietverhältnisses oder von dem Eintritt der dazu erforderlichen Voraussetzungen erhält.[21] Der Zinssatz beträgt 4 % gemäß § 246, erst im Verzug des Vermieters erhöht er sich auf den nach § 288 einschlägigen Zinssatz.

3. Haftung des Vermieters nach Bereicherungsrecht (Abs 1 S 2)
10   **a)** Die Verweisung auf die §§ 812ff hat für den **Umfang der Verpflichtung** zur Folge, dass der Vermieter nach § 818 Abs 1 grundsätzlich das Erlangte an den Mieter herausgeben muss. Diese Verpflichtung entfällt nach § 818 Abs 3, wenn der Vermieter nicht mehr bereichert ist. Dies hängt nur davon ab, ob die empfangene Mietvorauszahlung wirtschaftlich

---

16 *Blank/Börstinghaus/Blank* § 547 Rn 18.
17 BGHZ 54, 347, 351 = NJW 1970, 2289; *Bub/Treier/Scheuer* Rn V 336; NK-BGB/*Klein-Blenkers* § 547 Rn 7.
18 *Bub/Treier/Scheuer* Rn V 326; **aM** *Blank/Börstinghaus/Blank* § 547 Rn 10.
19 *Fischer-Dieskau* u a/*Franke* § 547 Anm 7.2.
20 Vgl *Palandt/Grüneberg* Einf v § 346 Rn 3.
21 BGH NJW 1963, 709.

gesehen noch im Vermögen des Vermieters vorhanden ist oder nicht.[22] Die Haftung des Vermieters nach Bereicherungsrecht wird nicht dadurch ausgeschlossen, dass der Mieter die Beendigung des Mietverhältnisses seinerseits zu vertreten hat.[23]

b) Umstritten ist, worin die Bereicherung des Vermieters besteht, der eine noch **nicht** 11 **abgewohnte Mietvorauszahlung** erhalten hat. Die Rechtsprechung hat hinsichtlich der Baukostenzuschüsse die Auffassung entwickelt, dass die Bereicherung in dem Vorteil bestehe, den der Vermieter daraus ziehen könne, dass er in der Lage sei, die Mieträume durch anderweitige Vermietung günstiger zu nutzen.[24] Diese Auffassung der Rechtsprechung ist im Schrifttum auf Widerspruch gestoßen.[25] Bereicherungsgegenstand könne nur der noch nicht abgewohnte Baukostenzuschuss sein. Die gegenteilige Auffassung der Rechtsprechung hinsichtlich einer ratenweisen Rückgewähr nach Maßgabe der vereinbarten Abwohnquoten entbehre einer gesetzlichen Grundlage und führe außerdem zu einer ungerechtfertigten Begünstigung des Vermieters, weil der Finanzierungsbeitrag mit der Auflösung des Mietvertrags seine Rechtsgrundlage verliere. Die Beendigung des Mietverhältnisses darf andererseits den Vermieter nicht über Gebühr belasten, da er sie nicht zu vertreten hat. Der Vermieter sollte daher nicht das Risiko tragen müssen, ob überhaupt eine Abzahlung des Zuschusses in Zukunft zu erreichen ist, was jedenfalls in den Fällen interessengerecht wäre, in denen die Baumaßnahme erheblich im Interesse des Mieters lag und beide Parteien von einem langen Mietverhältnis ausgingen.

c) Eine **Verzinsung** des Rückzahlungsanspruchs nach § 818 Abs 1 setzt voraus, dass 12 der Bereicherungsschuldner tatsächlich Nutzungen gezogen hat.[26] Der Rückzahlungsanspruch kann jedoch nach § 288 zu verzinsen sein, wenn der Vermieter mit der Beendigung des Mietverhältnisses nach § 286 Abs 2 in Schuldnerverzug gerät. Darüber hinaus kann der Zinsanspruch grundsätzlich auf § 818 Abs 4, §§ 819, 292 Abs 2, § 987 Abs 2 gestützt werden, wenn der Vermieter im Zeitpunkt der Beendigung des Mietverhältnisses Kenntnis von seiner Rückzahlungsverpflichtung hat oder wenn Rechtshängigkeit eingetreten ist.[27]

4. Wechsel der Parteien
a) Vermieter. Bei einem Wechsel des Vermieters durch **Einzel- oder Gesamtrechts-** 13 **nachfolge** treffen die Pflichten aus § 547 den neuen Vermieter. Anders ist es, wenn ein Erwerber in Anwendung der §§ 566, 578 an Stelle des bisherigen Vermieters in die sich aus dem Mietverhältnis ergebenden Rechte und Pflichten eintritt. Dies gilt auch für die Pflichten aus § 547.[28] Hierbei handelt es sich um einen Eintritt kraft Gesetzes als Folge des Eigentumserwerbs, so dass in der Person des Erwerbers ein neues Mietverhältnis mit dem gleichen Inhalt wie bisher entsteht. Eine Vorauszahlung der Miete ist dem Erwerber gegenüber nur in den durch die §§ 566c, 578 gesteckten engen Schranken wirksam,[29] so dass er bei einer Beendigung des Mietverhältnisses vom Mieter nur in diesem Rahmen nach § 547

---

22 BGHZ 54, 347, 351f = NJW 1970, 2289 m Anm *Weimar* WuM 1971, 202.
23 LG Mönchengladbach WuM 1989, 78; AG Grevenbroich WuM 1989, 78.
24 BGHZ 29, 289, 297f = NJW 1959, 1424; BGH NJW 1967, 2255; BGH NJW 1985, 313.
25 *Bachmann* ZMR 1961, 33, 37; *Wunner* NJW 1966, 2285, 2288.
26 RGZ 72, 152, 153; BGHZ 35, 356, 360 = NJW 1961, 2205.
27 *Hadding* in: FS Mühl (1981), 225, 238.
28 BGHZ 16, 31, 36 = NJW 1955, 302; OLG Frankfurt/M ZMR 1970, 181.
29 *Bub/Treier/Scheuer* Rn V 345; *Schmidt-Futterer/Streyl* § 547 Rn 28.

Christian Rolfs

in Anspruch genommen werden kann. Im Übrigen muss sich der Mieter an den früheren Vermieter halten.[30]

14   **b) Mieter.** Im Hinblick auf Mietvorauszahlungen, insbesondere abwohnbare Baukostenzuschüsse, wird für den Fall eines Mieterwechsels häufig eine **Nachfolgeklausel** vereinbart. Hierdurch wird es dem bisherigen Mieter möglich, sich Ersatz für den noch nicht abgewohnten Teil der Mietvorauszahlung bei seinem Nachfolger zu verschaffen. Derartige Nachfolgeklauseln ermöglichen grundsätzlich einen völligen oder teilweisen Ausschluss des Rückerstattungsanspruchs aus § 547 gegen den Vermieter.[31] Bei einem Mietverhältnis über Wohnraum ist nach § 547 Abs 2 zu beachten, dass eine zum Nachteil des Mieters von den vorangehenden Vorschriften abweichende Vereinbarung unwirksam ist (Rn 15ff). In diesem Fall kann eine Nachfolgeklausel den Vermieter nur insoweit von Ansprüchen des Mieters aus § 547 befreien, als der Mieter von seinem Nachfolger tatsächlich das erhält, was ihm nach § 547 gegen den Vermieter zustehen würde. Der neue Mieter tritt hinsichtlich der Mietvorauszahlung an die Stelle des bisherigen Mieters, den er abgefunden hat. Endet auch dieses Mietverhältnis vorzeitig, kann nunmehr der neue Mieter die Ansprüche aus § 547 gegen den Vermieter geltend machen.[32]

IV. Abweichende Vereinbarungen (Abs 2)

15   **1. Mietverhältnis über Wohnraum.** Nach § 547 Abs 2 ist bei einem Mietverhältnis über Wohnraum unabhängig von seiner Art eine zum Nachteil des Mieters von der Regelung des Abs 1 abweichende Vereinbarung **unwirksam.** Danach ist eine Vereinbarung, durch die der Rückerstattungsanspruch des Mieters von Wohnraum ganz ausgeschlossen oder nachteilig gegenüber der gesetzlichen Regelung modifiziert wird, ausgeschlossen. Dies gilt etwa für Vereinbarungen, dass der Vermieter stets nur nach Bereicherungsrecht haften soll. Auch ist es ausgeschlossen, im Mietvertrag zu vereinbaren, bei vorzeitiger Beendigung des Mietverhältnisses solle eine nicht abgewohnte Mietvorauszahlung als Mietkaution oder Darlehen behandelt werden.[33] Unwirksam ist ferner eine abweichende Vereinbarung zugunsten des späteren Erwerbers der vermieteten Wohnräume.

16   **Wirksam** sind abweichende Vereinbarungen, wenn die Rechtsstellung des Mieters gegenüber § 547 Abs 1 verbessert wird. Dies gilt in gewissen Grenzen für Nachfolgeklauseln (Rn 14) und für eine Vereinbarung, dass der Vermieter stets verschärft haften oder den Erstattungsbetrag mit einem über 5 vH über dem jeweiligen Basiszinssatz liegenden Zinssatz verzinsen soll. Zulässig ist es auch, wenn Mieter und Vermieter bei oder nach der Beendigung des Mietverhältnisses abweichende Vereinbarungen, etwa eine längerfristige Stundung des gesamten Erstattungsbetrags oder eine Rückzahlung in Raten, vereinbaren.[34]

17   **2. Sonstige Mietverhältnisse.** Generell zulässig sind abweichende Vereinbarungen auch zum Nachteil des Mieters bei allen anderen Mietverhältnissen.[35]

---

30   BGH NJW 1966, 1703.
31   BGH NJW 1964, 37.
32   BGH NJW 1966, 1705; *Palandt/Weidenkaff* § 547 Rn 9.
33   Vgl LG Mannheim ZMR 1968, 203; s auch Rn 17.
34   AG Tiergarten GE 1998, 1345.
35   *Blank/Börstinghaus/Blank* § 547 Rn 21; *Erman/Jendrek* § 547 Rn 2; *Prütting/Wegen/Weinreich/Feldhahn* § 547 Rn 2.

§ 548

Verjährung der Ersatzansprüche und des Wegnahmerechts

[1] Die Ersatzansprüche des Vermieters wegen Veränderungen oder Verschlechterungen der Mietsache verjähren in sechs Monaten. Die Verjährung beginnt mit dem Zeitpunkt, in dem er die Mietsache zurückerhält. Mit der Verjährung des Anspruchs des Vermieters auf Rückgabe der Mietsache verjähren auch seine Ersatzansprüche.

[2] Ansprüche des Mieters auf Ersatz von Aufwendungen oder auf Gestattung der Wegnahme einer Einrichtung verjähren in sechs Monaten nach der Beendigung des Mietverhältnisses.

[3] (aufgehoben)

I. Überblick, Anwendungsbereich

§ 548 Abs 1 und 2 ordnet für die wichtigsten beiderseitigen Ansprüche der Mietvertrags- **1** parteien (nur) wegen Veränderungen oder Verschlechterungen gerade der Mietsache eine kurze Verjährungsfrist von sechs Monaten an, um „zeitnah zur Rückgabe der Mietsache eine **möglichst schnelle Klarstellung** über bestehende Ansprüche im Zusammenhang mit dem Zustand der Mietsache zu erreichen".[1] Weitgehend übereinstimmende Regelung enthalten § 591b für die Landpacht, § 606 für die Leihe und § 1057 für den Nießbrauch. Den genannten Vorschriften kann ein **allgemeiner Rechtsgrundsatz** entnommen werden, der entsprechend auf vergleichbare Rechtsverhältnisse anwendbar ist.[2] Wichtig ist das insbesondere bei **Leasingverträgen** für Ersatzansprüche des Leasinggebers wegen einer Beschädigung der Leasingsache.[3] **Keine Anwendung** findet § 548 dagegen auf **andere** als die hier erwähnten **Ansprüche** der Parteien. Hervorzuheben sind die beiderseitigen **Erfüllungsansprüche** aus § 535 und die zugehörigen **Ersatzansprüche** der Parteien nach den §§ 280 ff (Rn 9f). Die Verjährung dieser Ansprüche richtet sich– mangels mietrechtlicher Sondervorschriften – nach den allgemeinen Bestimmungen der **§§ 195 und 199**.[4]

In den Anwendungsbereich des § 548 fallen ferner **gemischte Verträge** mit über- **2** wiegend mietvertraglichem Charakter.[5] Er gilt deshalb zB auch für Ersatzansprüche des

---

1 So die Begr von 2000, BT-Drucks 14/4553 S 45 (r Sp) sowie BGH NJW 2006, 1588 Tz 10; NJW 2010, 2652; 2011, 2717 Tz 12.
2 BGH LM Nr 58 zu § 558 BGB = NJW 2002, 1336.
3 BGHZ 97, 65, 72f = NJW 1986, 1335.
4 S Rn 9 f sowie zB *Feuerlein* WuM 2008, 305; *Klimke/Lehmann-Richter* WuM 2006, 653, 655; St *Roth* PiG 83 [2008] 213; *Witt* NZM 2012, 545, 546; *ders*, in: 10 Jahre Mietrechtsreformgesetz, 360; kritisch *Eckert*, in: 10 Jahre Mietrechtsreformgesetz, 326 ff.
5 BGH LM Nr 58 zu § 558 BGB = NJW 2002, 1336; NZM 2002, 605.

Volker Emmerich

Gastwirts wegen der Beschädigung seines Hauses,[6] für Ansprüche des Grundstückseigentümers gegen die Bahn auf Rückbau einer Gleisanlage auf seinem Grundstück nach Beendigung des Vertrages[7] sowie für Ansprüche des Filmverleihers wegen einer Beschädigung der dem Entleiher überlassenen Kopien.[8] Weitere hierher gehörende Verträge sind Mietverträge über eine Kiesgrube zur Ablagerung von Abfällen[9] sowie Tankstellenpachtverträge.[10] Erfasst werden ferner **gesetzliche Ansprüche**, die sich **aus vergleichbaren Rechtsverhältnissen** ergeben. Hervorzuheben sind Ansprüche aus **cic** (§ 311 Abs 2, 3)[11] sowie Ansprüche des Vermieters gegen einen vollmachtlosen Vertreter des Mieters aus **§ 179 Abs 1**.[12] Es spielt auch keine Rolle, ob der Mietvertrag **wirksam oder** etwa wegen der Minderjährigkeit des Mieters **unwirksam** ist (§ 107).[13] § 548 wird schließlich noch entsprechend auf die Überlassung eines Kraftfahrzeugs zu einer **Probefahrt** an einen Kaufinteressenten angewandt.[14]

II. Vermieteransprüche

3   **1. Ersatzansprüche.** Nach § 548 Abs 1 S 1 gilt die kurze Verjährungsfrist von sechs Monaten zunächst für Ersatzansprüche des Vermieters **wegen Veränderungen oder Verschlechterungen** (nur) der **Mietsache**. Der so umschriebene Anwendungsbereich des § 548 Abs 1 wird allgemein mit Rücksicht auf den Zweck der Regelung (Rn 1) weit ausgelegt.[15] Gemeint sind damit sämtliche Ansprüche des Vermieters, die ihren Grund gerade darin haben, dass der Mieter die Mietsache zwar *zurückgeben* kann, aber *nicht in dem geschuldeten Zustand*, insbesondere, weil er sie beschädigt oder vertragswidrig umgebaut (verändert) hat. Den **Gegensatz** bilden auf der einen Seite der **Erfüllungsanspruch** des Vermieters (Rn 1, 9), auf der anderen Seite Ansprüche des Vermieters wegen der völligen **Zerstörung** der Mietsache (u Rn 10). Soweit es um Ansprüche wegen der Verschlechterung oder Veränderung der Mietsache geht, wird nicht danach unterschieden, ob der Vermieter den **Wiederherstellungs- oder den Zahlungsanspruch** verfolgt.[16] Keine Rolle spielt die **Art der** vom Mieter **verletzten Pflicht**, sofern nur die Folge eine **Veränderung oder Verschlechterung** der Mietsache ist. § 548 Abs 1 erfasst daher zB auch Ansprüche des Vermieters wegen einer Verletzung der **Obhutspflicht** des Mieters,[17] wegen der **Unterlassung der Anzeige** von Mängeln (§ 536c), wegen der Beeinträchtigung des Goodwills eines verpachteten Unternehmens[18] sowie wegen der vertragswidrigen Unterlassung des Abschlusses einer Feuerversicherung. Ebenso unerheblich ist, ob sich der Vermieter auf **Vertrag oder**

---

6 BGHZ 71, 175, 177f = NJW 1978, 1426.
7 BGH NZM 2002, 605, 606.
8 OLG Celle NJW 1965, 1667.
9 OLG Karlsruhe BB 1988, 2130.
10 BGHZ 135, 152, 155ff = NJW 1997, 1983.
11 BGHZ 47, 53, 56 = NJW 1967, 80; BGHZ 98, 235, 238 = NJW 1987, 187.
12 BGH NJW 2004, 774 = NZM 2004, 98.
13 BGHZ 47, 53, 57 = NJW 1967, 980.
14 BGHZ 54, 264, 265, 266f = NJW 1970, 1736; BGHZ 66, 315, 320 = NJW 1976, 1505; BGHZ 119, 35, 38f = NJW 1992, 2413; *Staudinger* Rn 3.
15 BGH NJW 2006, 509 Tz 11; 2010, 2652 Tz 12; 2011, 2217 Tz 12.
16 BGHZ 86, 71, 77ff = NJW 1983, 679; BGHZ 128, 74, 79 = NJW 1995, 252; BGH NJW 2010, 2652 Tz 12, 18; *Witt* NZM 2011, 547.
17 LG Darmstadt DWW 1976, 259: Beschädigung des Fußbodens; LG Köln VersR 1979, 415f: Brandschaden.
18 BGH LM Nr 191 zu § 675 BGB = ZMR 1993, 458.

Delikt stützt (§ 823),[19] und zwar selbst bei Vorsatz des Mieters außer im Falle des § 826.[20] Gleich stehen Ansprüche des Vermieters aus **§ 22 WHG** wegen einer Verseuchung des Grundwassers,[21] aus § 7 StVG[22] sowie aus dem Haftpflichtgesetz,[23] *nicht* dagegen Ansprüche aus § 24 des Bodenschutzgesetzes wegen einer Verseuchung des vermieteten Grundstücks.[24]

§ 548 Abs 1 erfasst auch solche Ansprüche des Vermieters auf Schadensersatz oder auf 4 Umgestaltung der Mietsache, die auf **besonderen Abreden** der Parteien beruhen, selbst wenn durch sie die Haftung des Mieters über den gesetzlichen Rahmen hinaus erweitert wird. Ein Beispiel sind Ansprüche des Vermieters wegen der Verletzung einer vertraglich übernommenen Erhaltungs- oder Reparaturpflicht.[25] § 548 Abs 1 findet außerdem Anwendung, wenn der Mieter die Sache aufgrund des Vertrags umgestalten durfte, bei Vertragsende sie jedoch wieder in den früheren Zustand zurückversetzen muss.[26] Selbst eine nachträgliche **vergleichweise Regelung** der Vermieteransprüche steht grundsätzlich der Anwendung des § 548 nicht entgegen, weil durch einen Vergleich der Mietvertrag grundsätzlich nur geändert und nicht umgestaltet wird, so dass Raum für die Anwendung des § 548 auf die durch den Vergleich begründeten oder geänderten Ersatzansprüche des Vermieters verbleibt.[27]

2. Schönheitsreparaturen. Wichtigster Anwendungsfall des § 548 ist der Ersatzan- 5 spruch des Vermieters wegen unterlassener oder mangelhaft ausgeführter Schönheitsreparaturen.[28] Jedoch bleibt zu beachten, dass die beiderseitigen Erfüllungsansprüche von § 548 nicht erfasst werden (Rn 1, 9), woraus sich erhebliche **Abgrenzungsprobleme** ergeben. Auszugehen ist davon, dass der Anspruch des Mieters auf Durchführung der Schönheitsreparaturen aus § 535 Abs 1 S 2 und deshalb auch (nach vertraglicher Abwälzung) der Anspruch des Vermieters auf Durchführung der Schönheitsoperatoren gegen den Mieter **Erfüllungsansprüche** (und nicht Ersatzansprüche) sind, auf die folglich – entgegen der durchaus hM – § 548 *keine* Anwendung finden kann; maßgebend sind vielmehr die §§ 195 und 199, so dass der Anspruch des Vermieters durchaus schon *während* des Laufs des Mietvertrages verjähren kann.[29] Dasselbe muss dann ferner – wieder entgegen der überwiegenden Meinung – für den **Vorschussanspruch** des Vermieters und für **Ersatzansprüche aus § 281** gelten (§ 217). Zweifelhaft ist die Rechtslage dagegen in der Tat, wenn der Vermieter **nach Rückgabe** der Mietsache die Durchführung der Schönheitsreparaturen von dem Mieter verlangt. Obwohl er auch dann an sich den Erfüllungsanspruch verfolgt, lässt sich doch zum Schutze des Mieters – diesmal mit der hM – hier die entsprechende **Anwendung des § 548** rechtfertigen. Gleich stehen Ansprüche des

---

19 BGHZ 151, 71, 76 = NZM 2002, 698 = NJW-RR 2002, 1203; BGHZ 178, 137, 146 = NJW 2009, 139 Tz 26; BGH NJW 2006, 2399 Tz 15; 2010, 2652 Tz 12, 18; 2011, 639 Tz 12.
20 BGH LM Nr 191 zu § 675 BGB = ZMR 1993, 458; LM Nr 6 zu § 591b BGB = NJW 2001, 2253.
21 BGHZ 98, 235, 238 = NJW 1987, 187; OLG Karlsruhe ZMR 1994, 161; s *Gerauer* ZMR 1991, 413.
22 BGHZ 61, 227, 229 = NJW 1973, 2059; BGHZ 89, 235, 238 = NJW 1987, 187.
23 OLG Karlsruhe ZMR 1994, 161, 162.
24 BGHZ 178, 137, 145 = NJW 2009, 139; BGH NJW 2012, 3777 Tz 19.
25 BGH LM Nr 36 zu § 558 BGB = NJW 1987, 2072; OLG Koblenz WM 1991, 2001, 2005.
26 BGH LM Nr 41 zu § 581 BGB = NJW 1988, 1778; NJW-RR 1997, 1216 = ZMR 1997, 568; NJW 2002, 605, 606; 2010, 2652.
27 BGH NJW 2010, 2652 Tz 15 = NZM 2010, 621.
28 ZB BGH NJW 2006, 1588 Tz 8; *Staudinger* Rn 10 ff sowie etwa *Eckert*, in: 10 Jahre Mietrechtsreformgesetz, 2011, S 326; *Feuerlein* WuM 2008, 385; *Klimke/Lehmann-Richter* WuM 2006, 653; *St Roth* PiG 83 (2008), 213; *Skrobek* ZMR 2007, 664.
29 Anders offenbar BGH NJW 2006, 1588 Tz 12 = NZM 2006, 503.

Volker Emmerich

Vermieters auf Wiederherstellung des früheren Zustandes,[30] Ansprüche auf Bezahlung anteiliger Kosten aufgrund einer Quotenklausel,[31] Ansprüche auf Ersatz der Kosten eines Gutachtens zur Feststellung der Schäden[32] sowie Schadensersatzansprüche, die daraus hergeleitet werden, dass der Mieter entgegen dem Vertrag jegliche Instandhaltung der Sache unterlassen und sie in völlig verwahrlostem Zustand zurückgegeben hat.[33]

6   **3. Mietsache.** Zu der „Mietsache" im Sinne des § 548 Abs 1 S 1 gehören **auch** die **mit-vermieteten Sachen und Sachteile** wie zB die Treppen, Flure und Eingänge, so dass Ersatzansprüche wegen Schäden an diesen Sachen gleichfalls unter § 548 Abs 1 fallen.[34] Mit Rücksicht auf seinen weit gespannten Zweck (o Rn 1) wird § 548 Abs 1 ferner ange-wandt, wenn der Vermieter **zugleich Ersatzansprüche wegen Schäden an nicht mit-vermieteten Sachen** oder Sachteilen verfolgt, selbst wenn diese Ansprüche allein auf Delikt gestützt werden, sofern es sich um dasselbe Grundstück handelt und die fragli-chen Sachen im unmittelbaren Besitz des Vermieters stehen.[35] Voraussetzung ist freilich ein enger **Bezug zur Mietsache**, der aber jedenfalls dann gewahrt ist, wenn es sich um *dasselbe Grundstück* handelt und die fraglichen Sachen im unmittelbaren Besitz des Vermieters stehen.[36] Unter diesen Voraussetzungen gilt § 548 dann auch, wenn es sich um Ansprüche des Vermieters handelt, die erst **nach Ablauf des Vertrages entstanden** sind.[37] Beispiele sind Ansprüche wegen einer **Verschlechterung** der Sache **nach Ver-tragsende**, aber vor ihrer Rückgabe,[38] Ansprüche auf Wiederherstellung des früheren Zustandes nach **Wegnahme einer Einrichtung** (§§ 539 Abs 2, 258) sowie Schadensersatz-ansprüche wegen unterlassener oder wegen vertragswidriger Wegnahme einer Einrich-tung.[39] Wo dagegen der **Bezug** zur Mietsache nur noch ganz locker ist oder sogar völlig **fehlt**, ist *kein* Raum mehr für die Anwendung des § 548 Abs 1.[40] Eine Anwendung des § 548 scheidet daher insbesondere aus, wenn **allein** solche **Sachen** des Vermieters beschädigt wurden, die **nicht mitvermietet** sind, vor allem, wenn sich diese Sachen auf anderen Grundstücken befinden.[41]

4. Ansprüche Dritter

7   **a)** Der Vermieter muss nicht mit dem Eigentümer identisch sein. In solchen Fällen lässt sich der Zweck des § 548 (o Rn 1) nur erreichen, wenn nicht nur die vertraglichen und gesetzlichen Ansprüche des Vermieters, sondern auch die **konkurrierenden delik-tischen Ersatzansprüche des** vom Vermieter **verschiedenen Eigentümers** (§ 823) im

---

30 BGH NJW 2006, 1588 Tz 12 = NZM 2006, 503 Tz 8; NJW 2010, 2652 Tz 12.
31 LG Lüneburg ZMR 2001, 713; LG Berlin NZM 2002, 121.
32 OLG Köln MDR 1970, 593 Nr 60.
33 BGH LM Nr 7 zu § 558 BGB = NJW 1965, 151.
34 BGHZ 61, 227, 229 = NJW 1973, 2059; BGH NJW 2006, 2399, 2400.
35 BGHZ 61, 227, 230 = NJW 1973, 2059; BGHZ 98, 59, 64 = NJW 1986, 2103; BGHZ 124, 186, 189f = NJW 1994, 251; BGH LM Nr 34 zu § 558 BGB = NJW 1986, 2103; LM Nr 57 zu § 558 BGB (Bl 3 R) = NJW 2000, 3203; NJW 2010, 2652 Tz 12, 18.
36 BGHZ 124, 186, 189 f = NJW 1994, 251; BGH NJW 2006, 2399 Tz 15 = NZM 2006, 624, 625 Tz 15; NJW 2010, 2652 Tz 12, 18 = NZM 2010, 623; *Witt* NZM 2012, 545, 548; kritisch *Eckert*, 10 Jahre Mietrechtsreformgesetz, 326, 328 ff.
37 BGHZ 54, 34, 36f = NJW 1970, 1182.
38 OLG München OLGZ 1968, 134, 135f.
39 BGHZ 54, 34, 36f = NJW 1970, 1182; BGH NJW 2006, 1588 Tz 8.
40 BGH LM Nr 57 zu § 558 BGB (Bl 4 R) = NJW 2000, 3203.
41 BGHZ 86, 71, 81 = NJW 1983, 679; BGHZ 124, 186, 190ff = NJWW 1994, 251; BGH LM Nr 57 zu § 558 BGB (Bl 3 R) = NJW 2000, 3203.

Falle einer Beschädigung der Mietsache durch den Mieter oder Untermieter der kurzen Verjährungsfrist des § 548 unterworfen werden,[42] jedenfalls, wenn der Eigentümer mit der Vermietung seiner Sache durch einen Dritten, insbesondere mit der Untervermietung, einverstanden war[43] oder wenn Vermieter und Eigentümer wirtschaftlich eng verbunden sind, wenn etwa Eigentümer die Muttergesellschaft des Vermieters ist.[44] Bei Vermietung einer **Eigentumswohnung** wird der Anwendungsbereich des § 548 dagegen *nicht* auf konkurrierende Deliktsansprüche der übrigen Wohnungseigentümer bei einer Beschädigung des gemeinsamen Eigentums erstreckt.[45]

b) Ansprüche des Vermieters gegen Dritte werden ferner dann in dem Anwendungsbereich des § 548 einbezogen, **wenn der Mieter** nach dem Inhalt des Mietvertrages bei der Ausübung des vertragsgemäßen Gebrauchs **Dritte hinzuziehen** oder den **Gebrauch durch Dritte** ausüben lassen darf, so dass die deliktischen Ersatzansprüche des Vermieters gegen diese Dritten dann ebenfalls in der kurzen Frist des § 548 Abs 1 verjähren.[46] § 548 gilt daher zB für Ersatzansprüche des Vermieters aus § 823 gegen in den Schutzbereich des Vertrages einbezogene **Arbeitnehmer des Mieters,** die die Mietsache beschädigt haben.[47] Damit wird vor allem erreicht, dass dem Mieter nicht der Schutz des § 548 auf dem Umweg über Rückgriff- oder Freistellungsansprüche seiner Arbeitnehmer entzogen werden kann. Zu beachten bleiben freilich die sich aus der eigenartigen Regelung des **Verjährungsbeginns** in § 548 Abs 1 S 2 ergebenden zusätzlichen Probleme (Rn 13 ff). In der Tat darf diese Regelung nicht dazu führen, dass die Verjährung der Ersatzansprüche gegen die genannten Dritten, zB bei Beschädigungen der Mietsache durch den Untermieter schon geraume Zeit vor Rückgabe der Mietsache an den Vermieter, länger als nach den §§ 195 und 199 dauert, die deshalb subsidiär anwendbar bleiben.[48]

5. Ausnahmen

a) Die Anwendung des § 548 Abs 1 setzt voraus, dass es sich gerade um **Ersatzansprüche** des Vermieters wegen einer Veränderung oder Verschlechterung der Mietsache handelt (o Rn 3ff). **Andere Vermieteransprüche** verjähren daher in der Regelverjährungsfrist des § 195 von drei Jahren (s § 199).[49] **Keine Bedeutung** hat § 548 Abs 1 deshalb zunächst **für** den **Erfüllungsanspruch** des Vermieters einschließlich des Anspruchs auf die **Miete.**[50] Gleich stehen der Entschädigungsanspruch aus § 546a, konkurrierende Ansprüche aus Bereicherung oder Geschäftsführung[51] sowie der Anspruch des Vermieters aus § 326 Abs 2 auf Fortzahlung der Miete im Falle der vom Mieter zu vertretenden Zerstörung der Mietsache.[52] § 548 gilt ferner *nicht* für den **Rückgabeanspruch** des Vermieters aus § 546 (vgl

8

9

---

42 *Palandt/Weidenkaff* § 548 Rn 5.
43 BGHZ 135, 152, 160f = NJW 1997, 1983; BGHZ 151, 71, 76 = NJW-RR 2002, 1203.
44 BGHZ 116, 293, 296 = NJW 1992, 1821; BGH NJW 2011, 2717 Tz 13.
45 BGH NJW 2011, 2717 Tz 17 ff = NZM 2011, 639; *Witt* NZM 2012, 545, 547.
46 BGHZ 49, 278, 280f = NJW 1968, 694; BGHZ 61, 227, 233f = NJW 1973, 2059; BGHZ 71, 175, 177ff = NJW 1978, 1426; BGH LM Nr 22 zu § 558 BGB = NJW 1976, 1843; LM Nr 6 zu § 591b BGB = NJW 2001, 2253 = NZM 2001, 668, 669; NJW 2006, 2399 = NZM 2006, 624.
47 BGH LM Nr 25 zu § 823 (L) BGB = NJW-RR 1988, 1358; vgl auch OLG Köln NJW-RR 1991, 1292 = WuM 1991, 394.
48 Meistbegünstigungsprinzip, *Peters,* in: 10 Jahre Mietrechtsreformgesetz, S. 353, 358 f.
49 *Witt* NZM 2011, 545, 550 ff.
50 RGZ 152, 100, 104; BGHZ 65, 86, 87 = NJW 1975, 2103; BGH LM Nr 164 zu § 535 BGB = NJW-RR 2000, 1303.
51 BGHZ 68, 307, 310 = NJW 1977, 1335; BGH NJW-RR 1991, 1033, 1034.
52 BGHZ 97, 65, 76 = NJW 1986, 1335.

Volker Emmerich

§ 548 Abs 1 S 3),[53] für seinen **Unterlassungsanspruch** aus § 541, für Rückgriffansprüche des Vermieters gegen den Mieter, wenn der Vermieter von Dritten aus § 836 in Anspruch genommen wird,[54] sowie für Ersatzansprüche des Vermieters nach § 280 Abs 1 wegen sonstiger Pflichtverletzungen des Mieters, zB wegen des entgangenen Gewinns infolge der Minderung seitens anderer Mieter, weil der betreffende Mieter die anderen Mieter durch übermäßigen Lärm gestört hatte (§§ 535 Abs 1, 280 Abs 1).[55]

10 **b)** § 548 Abs 1 erfasst außerdem *nicht* etwaige **Ersatzansprüche** des Vermieters **wegen** einer vollständigen **Zerstörung** der Mietsache, schon, weil dann eine Rückgabe der Sache ausscheidet.[56] Abgrenzungskriterium ist allein, ob der Mieter überhaupt **noch etwas zurückgeben kann**, sodass eine Wiederherstellung der Sache möglich erscheint.[57] Ist dies der Fall, so bleibt es, mag die Sache auch noch so schwer beschädigt sein, ohne Rücksicht auf die Höhe der Reparaturkosten bei der Anwendung des § 548.[58]

III. Mieteransprüche

11 **1.** Die kurze Verjährungsfrist von sechs Monaten gilt nach § 548 Abs 2 außerdem für zwei Ansprüche des Mieters, zunächst für seine **Ansprüche auf Ersatz von Aufwendungen**. Das Gesetz nimmt damit Bezug auf die **§§ 536a Abs 2 und 539** in Verb mit § 258.[59] Keine Rolle spielt, ob die Ansprüche des Mieters auf **Gesetz oder Vertrag** gestützt werden; gleich behandelt werden außerdem konkurrierende Ansprüche des Mieters aus **Geschäftsführung oder Bereicherung**, immer vorausgesetzt, dass die Ansprüche **vor Vertragsende** entstanden sind.[60] Ansprüche des Mieters wegen **Aufwendungen nach Vertragsende** verjähren dagegen in den für die jeweilige Anspruchsgrundlage maßgebenden Fristen.[61] **Umstritten** ist die Behandlung der Aufwendungsersatzansprüche des Mieters aus den **§§ 555a Abs 3 und 555d Abs 6** im Gefolge von Erhaltungs- oder Modernisierungsmaßnahmen des Vermieters. Entgegen einer verbreiteten Meinung ist auch hier nach Sinn und Zweck der Regelung Raum für die Anwendung des § 548 Abs 2.[62] Bei den außerdem noch in § 548 erwähnten Ansprüchen **auf Gestattung der Wegnahme einer Einrichtung** hat das Gesetz Mieteransprüche aus **§ 539 Abs 2** in Verb mit § 258 im Auge, wobei nicht zwischen dem Wegnahmeanspruch selbst aus § 539 Abs 2 und dem Anspruch auf Duldung der Wegnahme nach Beendigung des Mietverhältnisses aus § 258 S 2 unterschieden wird.[63]

---

53 BGHZ 65, 86 = NJW 1975, 2103.
54 OLG Dresden NJW-RR 2007, 1603 = NZM 2007, 803.
55 AG Bremen WuM 2011, 362, 363.
56 RGZ 96, 300, 301; BGH LM Nr 17 zu § 675 BGB = ZMR 1993, 458; NJW 2006, 2399, 2400 = NZM 2006, 624 = WuM 2006, 437; *Staudinger* Rn 18.
57 BGH LM Nr 25 zu § 823 (L) BGB = NJW-RR 1988, 1358; LM Nr 26 zu § 558 BGB = NJW 1981, 2406; NJW 2006, 2399, 2400 (vorige Fn); OLG Düsseldorf ZMR 2006, 276, 278.
58 BGH LM Nr 29 zu § 558 BGB = NJW 1984, 289.
59 RGZ 152, 100, 102; BGH LM Nr 3/4 zu § 558 BGB = WM 1963, 1322; LM Nr 31 zu § 558 BGB = NJW 1986, 254; OLG Hamm ZMR 1996, 653 = WuM 1996, 474.
60 BGHZ 151, 71, 76f = NZM 2002, 698, 699 = NJW-RR 2002, 1203; BGH LM Nr 22 zu § 538 BGB = NJW 1974, 743; NJW 2006, 2256 Tz 10–14 = NZM 2006, 519.
61 BGHZ 54, 34, 36 = NJW 1970, 1182; BGH LM Nrt 11 zu § 558 BGB = NJW 1968, 888; LM Nr 5 zu § 76 VVG (Bl 3) = NJW 1991, 3031.
62 *Roth* PiG 83 (2008), 213, 222.
63 OLG Bamberg NZM 2004, 342 = WuM 2004, 20; *Staudinger* Rn 21.

2. Nicht erfasst werden **sonstige Ansprüche** des Mieters. Das gilt zunächst für den 12
Erfüllungsanspruch des Mieters aus § 535 Abs 1 S 2 einschließlich des Anspruchs auf
Beseitigung von Mängeln (§ 536) und auf Vornahme der Schönheitsreparaturen sowie insbesondere für **Schadensersatzansprüche** des Mieters **wegen anderer Vertragsverletzungen** des Vermieters. Alle genannten Ansprüche des Mieters verjähren folglich nach
den **§§ 195 und 199. Beispiele** sind Schadensersatzansprüche des Mieters aus **§ 536a
Abs 1,**[64] aus cic (§ 311 Abs 2) und aus § 280 Abs 1 wegen sonstiger Pflichtverletzungen des
Vermieters (s o Vor § 536 Rn 9f), etwa wegen einer Täuschung durch den Vermieter über
die Wirksamkeit des Vertrages[65] sowie wegen einer unberechtigten Kündigung.[66] Gleich
stehen ferner Ansprüche des Mieters auf **Rückzahlung überzahlter Miete** oder zu hoher
Vorschüsse auf die Betriebskosten[67] sowie auf § 536a Abs 1 gestützte Aufwendungsersatzansprüche nach § 284 (s o § 536a Rn 14). § 548 Abs 2 gilt ferner *nicht* für Ansprüche des
Mieters aus § 547, für Aufwendungsersatzansprüche des Mieters, sofern die Parteien vereinbart haben, dass die Aufwendungen wie Mietvorauszahlungen behandelt werden sollen,[68]
sowie für Bereicherungsansprüche, die darauf gestützt werden, dass der Vermieter vorzeitig in den Genuss der Aufwendungen des Mieters gelangt ist.[69] Keine Anwendung findet §
548 Abs 2 schließlich auch auf Entschädigungsansprüche des Pächters nach § 11 Abs 1 S 1
Bundeskleingartengesetz.[70] Probleme ergeben sich daraus insbesondere bei Ansprüchen
des Mieters auf **Erstattung einer überzahlten,** dh in dieser Höhe nicht geschuldeten
Kaution: Auch der Anspruch auf Erstattung des überzahlten Teils der Kaution verjährt
nach dem Gesagten als Bereicherungsanspruch nach den §§ 195 und 139 – und kann
deshalb bei langfristigen Mietverträgen durchaus bereits vor Vertragsende verjährt sein;
dies ändert indessen nichts daran, dass dem Mieter bei Vertragsende (wieder) der **vertragliche Anspruch** auf Rückzahlung der Kaution, und zwar einschließlich des überzahlten
Betrages, zusteht, da der Vermieter (natürlich) nicht den zu Unrecht empfangenen Teil der
Kaution im Gegensatz zu dem zulässigen Teil behalten darf.[71]

IV. Beginn der Verjährung der Vermieteransprüche

1. Die Verjährung der Ersatzansprüche des Vermieters (s o Rn 3ff) beginnt nach § 548 13
Abs 1 S 2 in dem Augenblick, in dem er die Sache „**zurückerhält**". Die Verjährung endet
jedoch spätestens mit der Verjährung des Rückgabeanspruchs des Vermieters (§ 548 Abs 1
S 3 iVm §§ 546, 195 und 199). § 548 Abs 1 S 2 enthält mit der Bestimmung des Zeitpunktes,
in dem der Vermieter die Sache zurückerhält, als Verjährungsbeginn eine Sonderregelung des Verjährungsbeginns iSd § 200 S 1, nach dem die Verjährungsfrist von Ansprüchen, die wie die Ersatzansprüche des Vermieters nach § 548 Abs 1 nicht der regelmäßigen Verjährungsfrist des § 195 unterliegen, abweichend von § 199 mit der Entstehung des
Anspruchs beginnt, soweit nicht ein anderer Verjährungsbeginn bestimmt ist. Die Folge
ist die Anwendbarkeit des § 548 Abs 1, auch wenn der Vermieter von dem Mieter Schadensersatz wegen unterlassener oder mangelhaft ausgeführte Schönheitsreparaturen oder

---

64 OLG Düsseldorf ZMR 1989, 417, 418.
65 OLG Hamm MDR 1988, 585, 586 = BB 1988, 1842.
66 LG Bielefeld WuM 1985, 120.
67 *Roth* PiG 83 (2008), 213, 222.
68 BGHZ 54, 347, 350 = NJW 1970, 2289; BGH NJW 2006, 2256 Tz 11f = NZM 2006, 519.
69 S o § 539 Rn 14.
70 S BGHZ 151, 71, 77 = NJW-RR 2002, 1203, 1204; s *Staudinger* Rn 19–21.
71 S BGH NJW 2011, 2570 Tz 19 f = NZM 2011, 625; *Börstinghaus* NJW 2011, 3545; *Peters* NZM 2011, 803;
M Schmid WUM 2011, 499; *Witt* NZM 2012, 545, 552.

Volker Emmerich

wegen anderer Reparaturen nach § 281 verlangt (s o § 535 Rn 69ff), und zwar selbst dann, wenn der Schadensersatzanspruch an sich erst nach fruchtloser Fristsetzung seitens des Vermieters entsteht (§ 281 Abs 1).[72] Das gilt selbst dann, wenn der Vertrag rechtlich erst **später endet**.[73] Die Frage war früher umstritten und ist erst im Zuge der Schuldrechtsreform durch den neuen § 200 S 1 gelöst worden.

14   Die Folge dieser eigenartigen Regelung kann freilich sein, dass, wenn der Mieter die Sache **mehr als sechs Monate vor Vertragsende zurückgibt**, die Ersatzansprüche des Vermieters bereits verjährt sind, obwohl sie gegebenenfalls erst mit oder nach Vertragsende fällig werden (§ 281 Abs 1).[74] Der Vermieter kann dem vorbeugen, indem er rechtzeitig Feststellungsklage oder Leistungsklage auf Vornahme der Schönheitsreparaturen erhebt, womit auch die Verjährung der Ersatzansprüche gehemmt wird (§§ 213, 204 Abs 1 Nr 1), oder durch die vertragliche Verlängerung der Verjährungsfrist gem. § 202 Abs 2. Den geschilderten positiven Effekten des § 548 Abs 1 S 2 für den Mieter stehen freilich auch gewichtige **negative Effekte** für ihn (und entsprechend positive Effekte für den Vermieter) gegenüber. Das wird besonders deutlich bei Ersatzansprüchen des Vermieters wegen einer Beschädigung der Mietsache **bei langfristigen Verträgen** aus einer Zeit vor Vertragsende und Rückgabe der Mietsache durch den Mieter. Dann entstehen zwar die Ersatzansprüche des Vermieters aufgrund der §§ 280 Abs 1 und 823 Abs 1 bereits ebenso lange vor Vertragsende und können vom Vermieter auch verfolgt werden (§ 271); aber die Verjährung beginnt zum Nachteil des Mieters erst mit Rückerhalt der Sache durch den Vermieter zu laufen (§ 548 Abs 1 S 2).[75]

15   **2.** Das Gesetz stellt in § 548 Abs 1 S 2 für den Beginn der Verjährung der Vermieteransprüche auf den Zeitpunkt ab, in dem der Vermieter die Mietsache „zurückerhält". Nach dem Zweck der Regelung (o Rn 1) ist damit grundsätzlich der Zeitpunkt gemeint, in dem der Vermieter die **unmittelbare Herrschaft** über die Mietsache in einer Weise (zurück-) erlangt, die ihm die **Möglichkeit** verschafft, **Mängel der Sache**, und sei es auch nur durch einen Bevollmächtigten, **festzustellen**, während es keine Rolle spielt, ob er in der kurzen Verjährungsfrist des § 548 Abs 1 S 2 *tatsächlich* Kenntnis von seinen Ansprüchen erlangt oder nicht.[76] Dazu wird zwar in aller Regel die **körperliche Rückgabe** der Sache an den Vermieter erforderlich sein; unbedingt notwendig ist dies jedoch nicht.[77] Hinzu kommen muss noch, dass der Mieter nach diesem Zeitpunkt keine Möglichkeit mehr besitzt, auf die Sache einzuwirken, sowie die **Kenntnis** des Vermieters, dass der Mieter den Besitz nicht fortsetzt, weil der Vermieter sich erst dann umfassend ein **Bild von dem endgültigen Zustand** der Mietsache verschaffen kann.[78]

---

72 BGH NJW 2005, 739 = NZM 2005, 176 m Anm *Emmerich* NZM 2005, 248; NZM 2005, 534 = WuM 2005, 381, 382; NJW 2006, 1588 Tz 9 = WuM 2006, 319; NJW 2006, 2199 Tz 20; OLG Saarbrücken NZM 2009, 485 = NJW-RR 2009, 1024; str.

73 BGH NZM 2006, 866 = ZMR 2006, 925; s Rn 16.

74 BGH NJW 2006, 1588 = NZM 2006, 503f Tz 11f; NJW 2006, 2399 Tz 20; NZM 2012, 212 Tz 14; *Witt* NZM 2012, 545, 548 f.

75 *Peters*, in: 10 Jahre Mietrechtsreformgesetz, S. 353 ff.

76 BGH LM Nr 18 zu § 281 BGB = NJW-RR 2001, 194.

77 BGHZ 125, 270, 280f = NJW 1994, 1858.

78 BGHZ 125, 270, 280f = NJW 1994, 1858; BGH LM Nr 57 zu § 558 BGB = NJW 2000, 3203; NJW 2004, 774 = NZM 2004, 98, 99; NJW-RR 2004, 1566 = ZMR 2004, 813, 816; NZM 2005, 534 = WuM 2005, 381, 382; NJW 2006, 2399, 2400f = NZM 2006, 624.

Erforderlich ist somit grundsätzlich eine **Veränderung der Besitzverhältnisse** zu 16 Gunsten des Vermieters, die dem Vermieter eine ungestörte Untersuchung der Mietsache erlaubt und den Mieter von jeder weiteren Einflussnahme auf die Sache ausschließt, **sowie** die **Kenntnis** des Vermieters von dieser Veränderung der Besitzverhältnisse.[79] Der Rückerhalt der Sache seitens des Vermieters setzt dagegen **nicht notwendig** voraus, dass der Vertrag zugleich **rechtlich** sein **Ende** findet.[80] § 548 Abs 1 S 2 findet vielmehr auch Anwendung, wenn der Mieter dem Vermieter die Mietsache noch **während des Laufs** des Mietvertrages ganz oder zum Teil zurückgibt, etwa, weil sie teilweise zerstört wurde und der Vermieter sie wiederherstellen muss.[81] Umstritten ist die Rechtslage, wenn der Mieter den **Besitz** der Mietsache **einseitig aufgibt**.[82] Richtiger Meinung nach sollte man hier mit Rücksicht auf den Zweck der Regelung (Rn 1) allein darauf abstellen, ob der Vermieter von der einseitigen Besitzaufgabe des Mieters Kenntnis erlangt und außerdem die Möglichkeit erhält, die Sache wieder ungestört in Besitz zu nehmen und zu untersuchen, insbesondere, weil ihm der Mieter zugleich die Schlüssel zurückgegeben hat oder der Vermieter noch über einen Schlüssel verfügt.[83] Das gilt auf jeden Fall, wenn sich der Vermieter in **Annahmeverzug** befindet.[84]

3. Die Voraussetzungen des § 548 Abs 1 S 2 sind insbesondere erfüllt, wenn der Mieter 17 **nach Kündigung und Auszug** dem Vermieter **die Schlüssel** zu den gemieteten Räumen **zurückgibt**.[85] Für den Verjährungsbeginn reicht es daher **zB** aus, wenn der Mieter die Schlüssel an den Hauswart als Besitzdiener des Vermieters zurückgibt[86] oder wenn er die Schlüssel in den Briefkasten des Vermieters einwirft, sobald nur der Vermieter hiervon in zumutbarer Weise Kenntnis erhält.[87] Die **Zurückbehaltung einzelner Schlüssel** durch den Mieter steht dem Verjährungsbeginn ebenso wenig entgegen wie eine etwaige unberechtigte Ablehnung der Schlüssel durch den Vermieter.[88] Gleich steht die Vereinbarung eines Begehungstermins durch die Parteien nach Auszug des Mieters.[89] Schließt der Vermieter sofort nach Auszug des Mieters einen **neuen Vertrag mit** dem **Untermieter** ab, sodass dieser wohnen bleibt, so hat er die Sache iS des § 548 Abs 1 S 2 ebenfalls zurückerhalten, sobald der erste Mietvertrag endet.[90] Ebenso ist schließlich zu entscheiden, wenn

---

79   BGH NJW 2006, 2399 Tz 21 = NZM 2006, 624, 625 = WuM 2006, 937; OLG Düsseldorf NZM 2006, 866 = ZMR 2006, 925; NZM 2008, 554, 555; *Krapf*, in: 10 Jahre Mietrechtsreformgesetz, 2011, S. 344, 351 f; *Witt* NZM 2012, 545, 547 f.
80   BGHZ 125, 270, 280f = NJW 1994, 1858.
81   BGHZ 98, 59, 63f = NJW 1986, 2103; BGH NJW 2006, 1588 Tz 9 = WuM 2006, 319; NZM 2006, 866 = ZMR 2006, 925; OLG Düsseldorf WuM 1993, 272.
82   S *Krapf*, in: 10 Jahre Mietrechtsreformgesetz, S. 344, 347 ff; *Pauly* NZM 2012, 553, 555 f; *Witt* NZM 2012, 545, 548 f.
83   OLG Düsseldorf MDR 1987, 937; NZM 2006, 866; OLG Hamm ZMR 1996, 372, 374 f; wohl auch BGH NZM 2012, 12 Tz 14.
84   OLG München WuM 2003, 279; ZMR 2010, 285, 286; KG ZMR 2005, 455, 456.
85   BGH NZM 2005, 534 = WuM 2005, 381, 382.
86   LG Berlin GE 1987, 1111, 1113.
87   LG Berlin MDR 1987, 937.
88   KG GE 1985, 249, 251; OLG Hamm ZMR 1986, 200; 1996, 372, 374; LG Berlin GE 1990, 825; 1995, 1083, 1085; LG Saarbrücken NZM 1998, 811f; OLG Düsseldorf NZM 2008, 554; ZMR 2009, 753, 754.
89   OLG München ZMR 2010, 285, 286.
90   BGH LM Nr 13 zu § 558 BGB = NJW 1968, 2241; OLG Düsseldorf GE 2002, 1196; OLG München ZMR 1997, 178, 179; OLG Saarbrücken NZM 2009, 485 = NJW-RR 2009, 1024.

Volker Emmerich

mit Zustimmung des Vermieters der **Mieter wechselt** oder wenn durch Vertrag mit allen Beteiligten ein neuer Hauptmieter in den Untermietvertrag eintritt.[91]

18   **4.** Zusätzliche Schwierigkeiten entstehen, wenn der Mieter die Mietsache **nur teilweise zurückgibt**.[92] Auch in solchen Fällen ist darauf abzustellen, ob der Vermieter ohne weiteres in der Lage ist, die Mietsache zu untersuchen, weil der Mieter seinerseits den Mietbesitz endgültig aufgibt.[93]

19   **5.** Nach **§ 548 Abs 1 S 3** verjähren (spätestens) mit der **Verjährung** des Anspruchs des Vermieters auf **Rückgabe** der Mietsache (§ 546) auch die Ersatzansprüche des Vermieters. Die Vorschrift bringt zum Ausdruck, dass mit der Verjährung des Rückgabeanspruchs des Vermieters in der Regelverjährungsfrist des § 195 auch alle Ersatzansprüche im Sinne des § 548 Abs 1 S 1 endgültig verjähren (§ 217).[94]

V. Beginn der Verjährung der Mieteransprüche

20   **1.** Nach **§ 548 Abs 2** verjähren die Ansprüche des Mieters (o Rn 11f) in sechs Monaten nach der Beendigung des Mietverhältnisses. Beendigung meint hier die **rechtliche**, nicht die tatsächliche **Beendigung** des Verhältnisses der Parteien.[95] Die Besitzlage spielt keine Rolle. Der Mieter kann den Beginn der Verjährungsfrist für seine Ansprüche gegen den Vermieter nicht dadurch hinausschieben, dass er vertragswidrig nach Vertragsende nicht auszieht.[96] Dagegen beginnt die Verjährungsfrist **nicht** zu laufen, **wenn der Mietvertrag** trotz wirksamer Kündigung von den Parteien stillschweigend nach § 545 oder nach den §§ 574ff **verlängert** wird oder wenn die Parteien die Fortsetzung des Vertrages bis zu einem bestimmten Termin vereinbaren.[97] Zu beachten ist, dass § 548 Abs 2 nur den *Ablauf* der Verjährungsfrist der hier genannten Ansprüche des Mieters (sechs Monate nach Vertragsende) regelt, während er (anders als in Abs 1 S 2 der Vorschrift, Rn 13ff) nichts über den **Beginn** der Verjährungsfrist sagt.[98] Gleichwohl hat sich wegen der naheliegenden Parallele zu § 548 Abs 1 S 2 mittlerweile weitgehend die Auffassung durchgesetzt, dass § 548 Abs 2 ebenfalls als **Regelung des Beginns der Verjährung** zu verstehen ist. Die Verjährung insbesondere der Aufwendungsersatzansprüche des Mieters **beginnt** somit bei Bestand des Mietverhältnisses *nicht* wie im Regelfall mit ihrer Entstehung, sondern erst **mit Beendigung** des Mietverhältnisses, um dieses nicht unnötig zu belasten.[99] Abs 2 des § 548 erweist sich damit in der Tat ebenso wie Abs 1 S 2 der Vorschrift als **Sonderregelung** des Verjährungsbeginns **iSd § 200 S 1** – mit der Folge, dass die **Verjährung** der Ansprüche des Mieters auf Ersatz von Aufwendungen grundsätzlich **erst mit der rechtlichen Been-**

---

91 BGH LM Nr 46 zu § 558 BGB = NJW 1992, 687; BGHZ 125, 270, 280f = NJW 1994, 1858 = WM 1994, 1084, 1087; OLG Karlsruhe ZMR 1994, 161, 163.
92 *Staudinger* Rn 32.
93 BGH NJW 2006, 2399, 2401 Tz 23; OLG Hamm ZMR 1996, 372, 374; KG ZMR 2005, 455.
94 S *Blank/Börstinghaus* § 548 Rn 21; *Staudinger* Rn 38.
95 RGZ 128, 191, 193f; BGH NJW 2008, 2256 Tz 15 = NZM 2008, 519; OLG Bamberg NJW-RR 2004, 227 = NZM 2004, 342; *Staudinger* Rn 33; *Witt* NZM 2012, 545, 550.
96 *Bub/Treier/Gramlich* Hdb, Rn VI 49 (S 1480).
97 BGH LM Nr 2 zu § 558 BGB = NJW 1959, 1629.
98 *Eckert* NZM 2008, 313.
99 BGH NJW 2008, 2256 Tz 16 = NZM 2008, 519, 520 = WuM 2008, 402; ebenso schon [beiläufig] BGH LM Nr 8 zu § 558 BGB = NJW 1965, 1225.

digung des Mietverhältnisses **beginnt**. Die wichtigste Konsequenz ist, dass die Aufwendungsersatzansprüche des Mieters *nicht* bereits *während des Laufs* des Vertrags vor dessen Ende nach den §§ 195 und 199 verjähren können.[100]

2. Vergleichbare Probleme stellen sich bei dem in § 548 Abs 2 außerdem erwähnten **21** **Anspruch des Mieters** auf **Gestattung der Wegnahme einer Einrichtung** nach den §§ 539 Abs 2 und 258 S 2 HS 1, da dieser Anspruch nicht mit Vertragsende, sondern erst mit der in der Regel wohl nach Vertragsende liegenden **Rückgabe** der Mietsache an den Vermieter entsteht.[101] Auch hier ist streitig, welche Konsequenzen sich daraus für § 548 Abs 2 ergeben.[102] Nach dem Gesagten (o Rn 20) dürfte die Lösung hier gleichfalls in der konsequenten **Anwendung der §§ 548 Abs 2 und 200 S 1** liegen, sodass die Verjährung der fraglichen **Ansprüche** durchgängig **mit** der **rechtlichen Beendigung** des Mietverhältnisses beginnt.

3. Probleme ergeben sich ferner bei einer **Veräußerung der Mietsache (§ 566)**. In **22** diesem Fall endet das Mietverhältnis mit dem Veräußerer mit Eigentumsübergang, so dass zugleich die **Verjährungsfrist für** die **Aufwendungsersatzansprüche** des Mieters zu laufen beginnt.[103] Im Interesse des Mieters wird man hier jedoch noch zusätzlich **Kenntnis** des **Mieters** von der Veräußerung verlangen müssen.[104] Voraussetzung des Verjährungsbeginns ist außerdem, dass die **Verwendungsersatzansprüche** des Mieters in diesem Augenblick bereits **fällig** sind (§ 200 S 1).[105] Tritt dagegen nach den Abreden der Parteien die Fälligkeit der Mieteransprüche erst später, etwa bei Vertragsende ein, so richten sich die Ansprüche des Mieters gegen diejenige Person, die in diesem Augenblick Vermieter ist, dh hier gegen den Erwerber, sodass die Verjährung dann erst mit Vertragsende zu laufen beginnt.[106] Ebenso ist zu entscheiden in den Fällen des **Vermieterwechsels nach § 565**.[107]

VI. Allgemeines zur Verjährung

1. Hat der Vermieter **mehrere Ersatzansprüche**, so läuft für jeden einzelnen **23** Anspruch eine gesonderte Verjährungsfrist, die gegebenenfalls auch gesondert gehemmt werden muss.[108] Dasselbe gilt, wenn der Vermieter zunächst den **Erfüllungsanspruch** auf Beseitigung von Einrichtungen und sodann den **Schadensersatzanspruch** aus den §§ 280 und 281 geltend macht.[109] Anwendbar ist außerdem § 217, so dass zB mit den Ersatzansprüchen des Vermieters auch die Ansprüche auf Ersatz eines etwaigen Verzugsschadens verjähren.[110] Anwendbar ist ebenso der **Grundsatz der Schadenseinheit**, der zur Folge

---

100 Anders *Eckert* NZM 2008, 313.
101 S o § 539 Rn 17 sowie u Rn 22.
102 S *Staudinger* Rn 36 m Nachw.
103 BGH LM Nr 8 zu § 558 BGB = NJW 1965, 1225; NJW 2008, 2256 Tz 17f = NZM 2008, 519.
104 BGH NJW 2008, 2256 Tz 17f = NZM 2008, 519 Tz 18; LG Koblenz WuM 1977, 257; *Blank/Börstinghaus* § 548 Rn 29.
105 *Treier* in: FS Bärmann und Weitnauer, 670, 680f.
106 BGH LM Nr 29 zu § 571 BGB = NJW 1988, 705.
107 *Schmitt-Futterer/Gather* § 548 Rn 84; *Gather* PiG Bd 52 (1997) 93, 102f; anders *Derleder/Bartels* JZ 1997, 981, 988.
108 OLG Düsseldorf NJW-RR 1988, 202 = ZMR 1988, 57.
109 BGH LM Nr 53 zu § 581 BGB = NJW 1989, 1854.
110 BGHZ 128, 74, 77, 81 = NJW 1995, 252; OLG Köln WuM 1993, 538 = ZMR 1993, 470.

Volker Emmerich

hat, dass die Ansprüche wegen aller aus einem Schadensereignis folgenden Schäden einheitlich in der kurzen Frist des § 548 Abs 1 verjähren.[111] Wichtig ist dies insbesondere für **Mietausfallschäden**, die der Vermieter aus der Unterlassung vertraglich geschuldeter Schönheitsreparaturen herleitet. Der Vermieter ist deshalb genötigt, neben der Zahlungsklage in solchem Fall Feststellungsklage zu erheben, wenn er rechtzeitig die Verjährung auch wegen zukünftiger Mietausfälle hemmen will.[112]

24   **2.** Zu einem **Neubeginn der Verjährung** kommt es heute nach § 212 nur noch in zwei Fällen, nämlich 1. wenn der Schuldner dem Gläubiger gegenüber dem Anspruch durch Abschlagszahlung, Zinszahlung, Sicherheitsleistung oder in anderer Weise anerkennt oder 2. wenn eine gerichtliche oder behördliche Vollstreckungshandlung vorgenommen oder beantragt wird. Ebenso wie früher (s § 208 aF) genügt dafür auch ein deklaratorisches **Anerkenntnis des Schuldners**. Als solches wird es meistens bereits zu werten sein, wenn sich der Mieter vom Vermieter die Wohnungsschlüssel zurückgeben lässt, um die von dem letzteren verlangten Schönheitsreparaturen durchzuführen.[113]

25   **3.** Von dem Neubeginn der Verjährung (o Rn 24) muss deren **Hemmung** unterschieden werden (§§ 203 bis 211). Hervorzuheben sind die Hemmung der Verjährung durch Klageerhebung (§§ 204 Abs 1 Nr 1) sowie durch Zustellung des Mahnbescheides im Mahnverfahren (§ 204 Abs 1 Nr 3). Die Verjährung ist nach § 203 außerdem gehemmt, **wenn** zwischen dem Schuldner und dem Gläubiger **Verhandlungen** über den Anspruch oder die den Anspruch begründenden Umstände schweben, und zwar so lange, bis der eine oder andere Teil die Fortsetzung der Verhandlungen verweigert.[114] Für die Annahme von Verhandlungen genügt **jeder echte Meinungsaustausch** zwischen den Parteien über Stand oder Umfang der Ansprüche des Vermieters.[115] Die Verhandlungen enden erst, wenn sie eindeutig von einer Seite *abgebrochen* werden.[116]

VII. Abweichende Vereinbarungen

26   § 548 ist an sich **nicht zwingend**, sodass es grundsätzlich möglich ist, die Verjährung vertraglich abweichend von § 548 zu regeln. Grenzen für solche Abreden ergeben sich nur aus **§ 202**, nach dem die Verjährung durch Rechtsgeschäft nicht über eine Verjährungsfrist von dreißig Jahren hinaus erschwert werden kann (§ 202 Abs 2).[117] Welche Folgerungen für § 548 daraus zu ziehen sind, ist umstritten.[118] Auszugehen ist davon, dass **individual-**

111 BGH LM Nr 11 zu § 326 (Bc) BGB = NJW 1998, 1303; *Mansel* NJW 2002, 89, 91.
112 OLG Saarbrücken NZM 2009, 485; *Blank/Börstinghaus* Rn 52.
113 LG Berlin GE 1990, 825.
114 S dazu die Begr z RegE BT-Drucks 14/6040, S 111f; *Mansel* NJW 2002, 89, 98f.
115 BGH LM Nr 36 zu § 558 BGB = NJW 1987, 2072; LM Nr 59 zu § 67 VVG = NJW-RR 1991, 527; OLG Karlsruhe ZMR 1994, 161, 163; OLG Düsseldorf ZMR 1991, 174; 2006, 276, 278f; OLG Koblenz NJW-RR 1999, 706 = ZMR 1999, 250, 251.
116 BGH Nr 46 zu LM § 558 BGB = NJW 1992, 687; LM Nr 59 zu § 67 VVG = NJW-RR 1991, 527; OLG Köln NJW 1997, 1157, 1158f.
117 *Fritz* NZM 2002, 713, 719; *Kandelhard* NZM 2002, 929, 931ff; *ders* NJW 2002, 3291, 3295; *Mansel* NJW 2002, 89, 96ff.
118 S *Staudinger* Rn 45; *Gruber* WuM 2002, 252, 255; *Mansel* NJW 2002, 89, 97; *Kandelhard* NZM 2002, 929, 931ff; *Roth* PiG 83 (2008), 213, 219f; *Scheffler* ZMR 2008, 512.

vertraglich die Verjährung – in den Grenzen der §§ 138 und 202 – **beliebig** abweichend von § 548 geregelt werden kann, insbesondere auch durch Verlängerung der Verjährungsfrist oder Hinausschiebung des Verjährungsbeginns,[119] während **formularvertragliche Erschwerungen** des § 548, vor allem durch Verlängerung der Verjährungsfrist für die Ersatzansprüche des Vermieters (§ 548 Abs 1), – entgegen der hM – grundsätzlich an § 307 Abs 2 Nr 1 scheitern dürften, auf jeden Fall, wenn die Regelung nur einseitig zum Nachteil des Mieters von § 548 abweicht.[120]

---

119 BGH NJW 2006, 1588, 1589 Tz 13.
120 LG Frankfurt/M NZM 2011, 546; AG Detmold WuM 2012, 142; *Gruber* WuM 2002, 252, 255.

Volker Emmerich

Untertitel 2

Mietverhältnisse über Wohnraum

Kapitel 1

Allgemeine Vorschriften

§ 549

Auf Wohnraummietverhältnisse anwendbare Vorschriften

[1] Für Mietverhältnisse über Wohnraum gelten die §§ 535 bis 548, soweit sich nicht aus den §§ 549 bis 577a etwas anderes ergibt.

[2] Die Vorschriften über die Mieterhöhung (§§ 557 bis 561) und über den Mieterschutz bei Beendigung des Mietverhältnisses sowie bei der Begründung von Wohnungseigentum (§§ 568 Abs 2, §§ 573, 573a, 573d Abs 1, §§ 574 bis 575, 575a Abs 1 und §§ 577, 577a) gelten nicht für Mietverhältnisse über

1. Wohnraum, der nur zum vorübergehenden Gebrauch vermietet ist,
2. Wohnraum, der Teil der vom Vermieter selbst bewohnten Wohnung ist und den der Vermieter überwiegend mit Einrichtungsgegenständen auszustatten hat, sofern der Wohnraum dem Mieter nicht zum dauernden Gebrauch mit seiner Familie oder mit Personen überlassen ist, mit denen er einen auf Dauer angelegten gemeinsamen Haushalt führt,
3. Wohnraum, den eine juristische Person des öffentlichen Rechts oder ein anerkannter privater Träger der Wohlfahrtspflege angemietet hat, um ihn Personen mit dringendem Wohnungsbedarf zu überlassen, wenn sie den Mieter bei Vertragsschluss auf die Zweckbestimmung des Wohnraums und die Ausnahme von den genannten Vorschriften hingewiesen hat.

[3] Für Wohnraum in einem Studenten- oder Jugendwohnheim gelten die §§ 557 bis 561 sowie die §§ 573, 573a, 573d Abs 1 und §§ 575, 575a Abs 1, §§ 577, 577a nicht.

Schrifttum

Bühler Zur rechtlichen Behandlung von Mischmietverhältnissen, insbesondere in der höchst- und obergerichtlichen Rechtsprechung, ZMR 2010, 897; *Eckert* Zur Rechtsnatur von Mietverträgen mit Studentenwohnheimen. Unter Berücksichtigung der Entscheidung des BVerfG zur Frage der freien Mitarbeiter (1 BvR 848/77 ua), WuM 1982, 255; *Gellwitzki* Die Mietrechtsreform – die Neuregelungen zur Fälligkeit der Miete und Pacht – Zur Bedeutung der Neuregelungen und deren Auswirkungen auf die Rechte des Mieters, WuM 2001, 373; *Götz/Brudermüller* Wohnungszuweisung und Hausratteilung. Aufhebung der HausratsVO und Neuregelung im BGB, NJW 2008, 3025; *Grundmann* Die Mietrechtsreform. Wesentliche Inhalte und Änderungen gegenüber der bisherigen Rechtslage, NJW 2001, 2497; *Hinz* Kündigungsverzicht bei Studentenwohnraum und andere Fragen der „studentischen Miete", ZMR 2010, 245; *Igl* Das Wohnen im Heim und der Heimvertrag, in: Gedächtnisschrift Sonnenschein (2002) 479; *Junker* Mitbestimmung des Betriebsrats bei Werkswohnungen – Status Quo und Gestaltungsoptionen, in: Festschrift Kreutz (2009) 171; *Lammel* Mietrechtsreform – Zurück zum BGB?!, ZMR 2000, 133; *Martinek* Der Student als Mieter vor und nach der Mietrechtsreform 2001 – praktische und rechtliche Betrachtungen zur studentischen Wohnraum-Miete, in: Gedächtnisschrift Sonnenschein (2002) 359 = NZM 2004, 6; *ders* Kündigungsrechtsausschluss in „Studentenbuden" – Mietvertrag, NJW 2009, 3613; *Rinke* Grundrechtlich geschützter Wohnraumbesitz bei Mischmietverhältnissen, ZMR 2003, 13; *Schüren* Mietrechtlicher Kündigungsschutz für Wohngemeinschaften, JZ 1989, 385; *M Schultz*

Nochmals: Erhöhung von Garagenmiete, ZMR 1988, 81; *Sieweke* Zum (rechtswidrigen) Missbrauch von § 549 Abs 3 BGB, WuM 2009, 86; *Sonnenschein* Die erleichterte Kündigung von Einliegerwohnungen, NZM 2000, 1; *ders* Überlegungen der Expertenkommission Wohnungspolitik zum Einfluß des Mietrechts auf den Wohnungsmarkt, ZMR 1996, 109; *ders* Wohnraummiete. Eine Analyse des geltenden Rechts (1995) = BT-Drucks 13/159, 379 ff; *ders* Von der Wohnraummiete über die Geschäftsraummiete zur Pacht – und zurück, in: FS Seuß (1987) 253; *Sprau* Mietrechtsreform im Rechtsausschuss, NZM 2001, 220; *Stieper* Die Scheinbestandteile (2002); *Sternel* Probleme des neuen Mietrechts (Teil II), ZMR 2002, 1; *Weitemeyer* Das Mieterhöhungsverfahren nach künftigem Recht, NZM 2001, 563 = WuM 2001, 171; *dies* Die Auswirkungen der Rechtsprechung des BGH zur Gesellschaft bürgerlichen Rechts auf deren Vermieterstellung, ZMR 2004, 153; *Wolter* Mietrechtlicher Bestandsschutz (1984) 238 ff; *Zimmermann* Kündigungsschutz für Zweitwohnungen und Wochenendhäuser, WuM 1989, 1.

Systematische Übersicht

I. Allgemeines

1   Das Mietrechtsreformgesetz vom 19.6.2001[1] fasste die nur für Mietverhältnisse über Wohnraum geltenden Vorschriften des Mieterschutzes im zweiten Untertitel zusammen und regelt damit erstmals seit dem Inkrafttreten des BGB die speziellen Vorschriften über Wohnraummietverhältnisse im Zusammenhang. Die Vorschrift stellt klar, dass die Bestimmungen des ersten Untertitels über Allgemeine Vorschriften für Mietverhältnisse auch für Wohnraummietverhältnisse gelten und unterwirft die Mietverhältnisse über Wohnraum zugleich den besonderen Mieterschutzvorschriften der §§ 550 bis 577a. Die in § 549 Abs 2 und 3 aufgeführten Mietverhältnisse sind dagegen von dem Schutz des sozialen Mietrechts, insbesondere von bestimmten Vorschriften über den Kündigungsschutz des Mieters und von Beschränkungen bei der Mieterhöhung, weitgehend ausgenommen. Ebenfalls nur für Wohnraummietverhältnisse gelten die §§ 536 Abs 4, 547 Abs 2. Für Mietverhältnisse über Grundstücke und Räume, die keine Wohnräume sind, insbesondere also für Mietverträge über Geschäftsräume, wird in den §§ 578f teilweise auf Vorschriften des Wohnraummietrechts verwiesen. Keine ausdrückliche Ausnahmeregelung besteht mehr für den vor dem Inkrafttreten des Mietrechtsreformgesetzes in dem früheren § 10 Abs 3 Nr 1 MHRG von

---

1 BGBl I 1149.

den Vorschriften über Mieterhöhungen ausgenommenen **preisgebundenen Wohnraum.** Soweit eine Preisbindung auf Grund der Vorschriften des sozialen Wohnungsbaus noch besteht, ergibt sich unmittelbar aus diesen Spezialvorschriften, dass und inwieweit andere Regelungen für die Mieterhöhung gelten.[2] Mit der Umstellung der Förderung des sozialen Wohnungsbaus durch das Wohnraumförderungsgesetz (WoFG) vom 13.9.2001[3] gilt auch für diese Wohnungen das Mieterhöhungsrecht des BGB mit Sondervorschriften. Ausdrücklich angeordnet ist die Geltung der Vorschriften über die Umlage von Betriebskosten nach den §§ 556, 556a, 560 in § 28 Abs 4 Nr 1 WoFG (Einzelheiten § 556 Rn 2).

Die Vorschrift des § 549 mit ihren Änderungen hinsichtlich des Anwendungsbe- 2
reichs des sozialen Mietrechts in § 549 Abs 2 und 3 ist nach Art 11 Mietrechtsreformgesetz seit dem 1.9.2001 anwendbar. Das bedeutet im Grundsatz, dass sämtliche Neuregelungen auf die zu diesem Zeitpunkt bereits abgeschlossenen **Altverträge** ebenso wie auf die danach geschlossenen Mietverträge anzuwenden sind.[4] Nach Art 2 Mietrechtsreformgesetz werden in Art 229 § 3 EGBGB Ausnahmen von diesem Grundsatz geregelt, die vor allem die Vorschriften zum Schutz des Mieters betreffen. Die Auswirkungen dieser **Übergangsvorschriften** werden bei den jeweiligen Vorschriften erläutert. Grundsätzlich gelten die Übergangsvorschriften trotz des missverständlichen Wortlauts für die Mietverhältnisse, bei denen der **Mietvertrag** vor dem Inkrafttreten des Mietrechtsreformgesetzes am 1.9.2001 geschlossen worden ist.[5] Für die mit dem Mietrechtsreformgesetz entfallene Sonderregel des § 564b Abs 7 Nr 4 aF über die erleichterte Kündigung von **Ferienhäusern und Ferienwohnungen** ist in Art 229 § 3 Abs 2 EGBGB bestimmt, dass ein am 1.9.2001 bestehendes Mietverhältnis in diesem Sinne bis zu einer Übergangsfrist zum 31.8.2006 nach § 564b Abs 7 aF gekündigt werden konnte. Eine Besonderheit besteht bei der Ausnahme vom Mieterschutz für die **Weitervermietung an Personen mit dringendem Wohnbedarf** durch einen anerkannten privaten Träger der Wohlfahrtspflege nach § 549 Abs 2 Nr 3. Da der Tatbestand voraussetzt, dass der Mieter vor Vertragsschluss auf den fehlenden Mieterschutz hingewiesen worden ist (s Rn 22), wird dieser Vermieterkreis einen entsprechenden Hinweis regelmäßig erst nach Inkrafttreten des Mietrechtsreformgesetzes erteilt haben. Die Vorschrift ist aber auf früher abgeschlossene Verträge anwendbar, wenn der Vermieter im Vorgriff auf die Reform auf die Ausnahme vom Mieterschutz hingewiesen hat.[6]

II. Anwendungsbereich der §§ 549 ff (Abs 1)

1. Wohnraummietverhältnis

a) Mietverhältnis über Räume. Die speziellen Vorschriften der §§ 549 bis 577a gelten 3
für Mietverhältnisse über Wohnraum. Das Mietverhältnis über Wohnraum bildet einen Sonderfall des Mietverhältnisses über Räume. Unter einem Raum versteht man einen allseits umschlossenen Teil eines festen Gebäudes, der so groß ist, dass sich ein Mensch darin aufhalten kann. Als Gebäude gilt jedes unbewegliche, mit dem Erdboden fest ver-

---

2 Begr zum RegE BT-Drucks 14/4553, 52.
3 BGBl I 2376.
4 *Franke* ZMR 2001, 951, 952; *Haas* Einführung Rn 70; *Hinz/Ormanschick/Riecke/Scheff* § 1 Rn 32; *Lützenkirchen* PiG 65 (2002) 21, 22f; *Schmidt-Futterer/Blank* Rn 3; *Weitemeyer* NZM 2001, 563, 565 = WuM 2001, 171, 173; **aM** *Beuermann* GE 2001, 902; Einzelheiten *Staudinger/Weitemeyer* (2011) Rn 10.
5 BGH NZM 2006, 927; AG Nordhorn NZM 2002, 654; *Grundmann* NJW 2001, 2497, 2499; *Jansen* NJW 2001, 3151, 3152; *Lützenkirchen* PiG 65 (2002) 21, 23f; *Stürzer* NZM 2001, 825; *ders* WuM 2001, 423; *Staudinger/Weitemeyer* (2011) Rn 11.
6 Enger *Haas* § 549 Rn 11.

bundene Bauwerk, das zum Aufenthalt von Menschen bestimmt und geeignet ist. Kein Raum- und damit auch kein Wohnraummietverhältnis stellt daher zB die Vermietung von Schiffen, Wohn- oder Eisenbahnwagen zum Wohnen dar. Die Raummiete ist ein Sonderfall der Grundstücksmiete (§ 578 Rn 3). Die Vermietung eines unbebauten Grundstücks begründet jedoch kein Wohnraummietverhältnis. Ebenso wenig liegt ein Mietverhältnis über Wohnraum vor, wenn ein unbebautes Grundstück vermietet wird und der Mieter hierauf ein Wohngebäude errichtet, das als Scheinbestandteil iS des § 95 in seinem Eigentum steht und nicht in den Mietvertrag einbezogen worden ist.[7] Um Miete und nicht um einen Vertrag eigener Art handelt es sich, wenn einer von zwei Erbbauberechtigten dem anderen Miteigentümer eine Wohnung gegen Entgelt überlässt.[8]

4   **b) Mietverhältnis über Wohnraum.** Die **Abgrenzung** zwischen einem Mietverhältnis über Wohnräume und über andere Räume, insbesondere über Geschäftsräume, richtet sich danach, ob Vertragsgegenstand Räume sind, die nach dem von den Parteien vereinbarten Zweck zum Wohnen durch den Mieter selbst bestimmt sind. Dabei entscheidet der wahre, das Rechtsverhältnis prägende Vertragszweck, also das, was dem tatsächlichen und übereinstimmenden Willen der Parteien entspricht (Vorbem zu § 535 Rn 10),[9] so dass auch ein sog verdeckter Wohnraummietvertrag unter die §§ 549ff fällt. Unerheblich ist, ob die Räumlichkeiten als Wohnung geeignet sind.[10] Dies wird auch deutlich an der besonderen Regelung der durch das Mietenüberleitungsgesetz vom 6.6.1995[11] als § 11 Abs 1 S 1 Nr 2 in das MHRG eingefügten Vorschrift, welche die Geltung des MHRG für Wohnraummietverhältnisse im Beitrittsgebiet angeordnet hatte, soweit der Wohnraum seit dem 3.10.1990 aus Räumen wiederhergestellt wurde, die auf Dauer zu Wohnzwecken nicht mehr benutzbar waren. Daraus ergibt sich, dass es für die Anwendung der Mieterschutzvorschriften auf Wohnraum im Normalfall gerade nicht auf die Bewohnbarkeit ankommt. Im Übrigen fallen alle **Arten** von Wohnraummietverhältnissen unter den Schutz der §§ 549 bis 577a. Dazu gehören zB zeitlich befristete oder sonst unkündbare Mietverträge, Untermietverträge (Rn 6), Verträge über möblierte Wohnungen, Einliegerwohnungen (mit der Ausnahme vom Kündigungsschutz in § 573a), Mietverhältnisse, die nach dem früheren § 5 HausratsVO vom 21.10.1944 (RGBl I 256), heute § 1568a BGB[12] begründet worden sind,[13] Verträge über Lastenausgleichswohnungen, über Bundesmietwohnungen[14] sowie die Verträge über Wohnungen der früher sog gemeinnützigen Wohnungsunternehmen.[15] Erfasst wird auch der Dauernutzungsvertrag mit einer Wohnungsgenossenschaft.[16] Während der Mietdauer unterfällt auch der Mietkauf einer Wohnimmobilie durch eine Bank oder andere Erwerber vom Eigentümer mit anschließender Rückvermietung und dem Angebot einer Kaufoption unter das Wohnraummietrecht.[17] Die Vorschriften der §§ 549ff gelten auch

7 BGHZ 92, 70 = NJW 1984, 2878 m Anm *Sonnenschein* JZ 1985, 45; BGHZ 131, 368 = NJW 1996, 916 zur Errichtung eines Geschäftshauses.
8 BGH NZM 2010, 898.
9 BGH NJW-RR 1986, 877; OLG Düsseldorf NZM 2002, 739; OLG Frankfurt aM ZMR 2009, 198; ZMR 2011, 119; LG Berlin GE 2001, 771, 772 mwN; LG München II u OLG München ZMR 2007, 119; Einzelheiten *Staudinger/Emmerich* (2011) Vorbem 24ff zu § 535; s auch Rn 29.
10 *Schmidt-Futterer/Blank* vor § 535 Rn 3; **aM** *Staudinger/Emmerich* (2011) Vorbem 24 zu § 535.
11 BGBl I 748.
12 Hierzu *Götz/Brudermüller* NJW 2008, 3025 ff.
13 S aber BayObLGZ 1973, 227 u 240 = NJW 1973, 2295 u 2299.
14 KG GE 1987, 341.
15 S *Staudinger/Sonnenschein/Weitemeyer* (1997) § 10 MHRG Rn 56.
16 BayObLG WuM 1998, 274; BGH NZM 2004, 25; Drasdo NZM 2012, 585.
17 *Biermann-Ratjen* DNotZ 2007, 788.

für Werkmietwohnungen,[18] allerdings mit Ausnahmen vom Kündigungsschutz nach den §§ 576, 576a.[19] Insbesondere kann ein Mitbestimmungsrecht des Betriebsrats bestehen.[20] Auf Werkdienstwohnungen, bei denen der Arbeitsvertrag die Grundlage für die Überlassung des Wohnraums bildet, sind die §§ 535ff auf die Rechte und Pflichten hinsichtlich der Raumnutzung anwendbar, solange das Arbeitsverhältnis besteht.[21] Keine Anwendung findet das private Wohnraummietrecht auf Dienstwohnungen von Beamten, Richtern oder Soldaten, wenn das Verhältnis öffentlich-rechtlich ausgestaltet ist.[22] Allerdings können die Vorschriften des Mieterschutzes kraft behördlicher Anordnung Anwendung finden.[23] Unanwendbar ist das Mietrecht insgesamt auf dingliche Wohnrechte iS des § 1093, selbst wenn eine Nutzungsentschädigung vereinbart ist,[24] während nach § 1056 fortgesetzte Wohnraummietverträge unter die Vorschriften zum Wohnraummietrecht fallen.[25]

2. Mischmietverhältnis. Wenn die vermieteten Räume nach dem Vertragszweck 5 sowohl zum Wohnen als auch anderen Zwecken dienen sollen, handelt es sich um ein Mischmietverhältnis. Beispiele sind die Vermietung von Wohnräumen mit Geschäftsräumen, mit einem Garten oder mit Garagen. Sind die unterschiedlichen Mietobjekte untrennbar zusammen vermietet, richtet sich die Einordnung des Mietverhältnisses nach dem vorherrschenden Vertragszweck (Vorbem zu § 535 Rn 10).[26] Bei getrennt vermieteten Sachen folgt jeder Teil den für ihn geltenden Vorschriften (§ 535 Rn 10).

3. Gemischter Vertrag. Auf gemischte Verträge, die sich aus Elementen verschie- 6 denartiger Vertragstypen zusammensetzen, ist Wohnraummietrecht anzuwenden, wenn nach dem Vertragszweck der Schwerpunkt auf der Miete von Wohnräumen liegt. Dies gilt etwa für den Hotelaufnahmevertrag, wenn die Vermietung nicht nur zu vorübergehendem Gebrauch erfolgt und für Heimpflegeverträge, soweit dort nicht dienstvertragliche Elemente überwiegen.[27] Das Heimgesetz idF des Dritten Änderungsgesetzes vom 5.11.2001[28] enthält besondere Vorschriften zum Entgelt und seiner Erhöhung.[29] Um einen gemischten Vertrag mit einem Schwerpunkt im Wohnraummietverhältnis handelt es sich hingegen bei einer Senioren-Wohngemeinschaft, die keinen Versorgungscharakter aufweist.[30]

---

18 AG Passau WuM 1989, 578; *Röther* MDR 1982, 276.
19 S *Staudinger/Rolfs* (2011) §§ 576–576a.
20 *Junker*, in: FS Kreutz 171 ff.
21 S *Staudinger/Rolfs* (2011) § 576b Rn 4.
22 Zur Kündigung s *Staudinger/Rolfs* (2011) § 576b Rn 6.
23 VG Oldenburg WuM 1986, 193.
24 LG Mannheim WuM 1975, 170.
25 AG Münster WuM 1994, 477.
26 BGH NJW-RR 1986, 877; KG GE 2002, 796; ZMR 2010, 956; OLG Karlsruhe ZMR 2013, 338; WuM 2012, 666; OLG Düsseldorf NZM 2002, 739; ZMR 2006, 685; OLG Köln ZMR 2001, 963; ZMR 2007, 114; OLG München ZMR 2010, 962; OLG Rostock NZM 2001, 46, 47; LG Karlsruhe ZMR 2005, 870; *Bühler* ZMR 2010, 897; *Gather* DWW 2002, 54; zur Streitwertberechnung BGH NZM 2004, 460 m Anm *Bister* 896; gegen eine derartige „Übergewichtstheorie" und für die Anwendung des Wohnraummietrechts auf den Wohnanteil des Mietverhältnisses AG Fürth WuM 2001, 599; *Rinke* ZMR 2003, 13; Einzelheiten s *Staudinger/Emmerich* (2011) Vorbem 27ff zu § 535; speziell zur Mitmiete von Garagen BayObLG WuM 1991, 78; OLG Düsseldorf WuM 2007, 65; OLG Karlsruhe WuM 1983, 166; LG Berlin GE 2004, 625; LG Stuttgart DWW 2001, 136.
27 Einzelheiten s *Staudinger/Emmerich* (2011) Vorbem 49, 53 zu § 535; zur Koppelung des Miet- und des Servicevertrags s BGH NJW 2006, 1276.
28 BGBl I 2970, zul geänd durch Art 3 Satz 2 des Gesetzes v 29.7.2009, BGBl I 2319.
29 *Igl*, in: Gedschr Sonnenschein (2002) 479, 483ff.
30 Vgl zur Abgrenzung VG Frankfurt aM v 23.3.2009, Az 3 L 417/09, Quelle Juris; VG Stade Sozialrecht aktuell 2009, 149.

Jost Emmerich

7   **4. Gestuftes Mietverhältnis.** Kein Wohnraummietverhältnis besteht im Verhältnis zwischen dem Vermieter und dem Mieter, wenn dieser die Räume zum Zwecke der **Weitervermietung** etwa an seine Mitarbeiter oder an bedürftige Personen anmietet.[31] Auf dieser Sichtweise beruhen die §§ 549 Abs 2 Nr 3 und 565.[32] Dagegen handelt es sich um Wohnraummiete, wenn ein rechtsfähiger Verein[33] oder eine Wohngemeinschaft als rechtsfähige Gesellschaft bürgerlichen Rechts[34] Wohnraum anmietet, um ihn unmittelbar ohne weitere Untermietverträge ihren Mitgliedern zum Wohnen zur Verfügung stellen. Bei der **Untervermietung** einzelner Teile der gemieteten Wohnräume liegt der vertragsmäßige Gebrauch in der Nutzung als Wohnraum durch den Mieter und teilweise in der Weitervermietung. Unabhängig von den Größenverhältnissen der selbst genutzten und der vermieteten Teile des Wohnraums ist auf das Hauptmietverhältnis Wohnraummietrecht anzuwenden, wenn der Zweck dieses Vertrags auf das eigene Wohnen des Hauptmieters ausgerichtet ist.[35]

III. Ausnahmetatbestände (Abs 2 und 3)

8   Die in § 549 Abs 2 und 3 aufgeführten Mietverhältnisse sollen von dem Schutz des sozialen Mietrechts, insbesondere von bestimmten Vorschriften zum Kündigungsschutz des Mieters und von Beschränkungen der Mieterhöhung, ausgenommen sein.[36] Die Gründe für die Ausnahmen von der Geltung des sozialen Mietrechts sind recht unterschiedlich. Für den Mieter von **Wohnraum** der Fallgruppe des Abs 2 Nr 1, der **nur zum vorübergehenden Gebrauch** vermietet ist, besteht kein Schutzbedürfnis, weil dieser Wohnraum nicht seinen Lebensmittelpunkt darstellt.[37] Das Nutzungsrecht des Vermieters von Wohnraum der Fallgruppe des Abs 2 Nr 2, der einen **Teil der von ihm selbst bewohnten Wohnung** darstellt, wird gegenüber dem Interesse des Mieters an dem Erhalt seines Lebensmittelpunktes als vorrangig bewertet.[38] Das Mietrechtsreformgesetz erweitert die Rückausnahme für Wohnraum, der dem Mieter zum dauernden Gebrauch mit seiner Familie überlassen ist, um den Fall, dass der Wohnraum dem Mieter mit Personen überlassen ist, mit denen er einen auf Dauer angelegten gemeinsamen Haushalt führt. Damit sollen neben den klassischen Lebensgemeinschaften Ehe und Familie weitere Formen des dauerhaften Zusammenlebens geschützt werden.[39] Die Ausnahme des Abs 2 Nr 3 dient dem wohnungspolitischen Anliegen, in Zeiten der Wohnungsknappheit durch die Ausnahmen bei der **Weitervermietung durch juristische Personen des öffentlichen Rechts oder anerkannte private Träger der Wohlfahrtspflege** zusätzlichen Wohnraum bereitzustellen, der dem Markt sonst nicht zugeführt würde. Wenn eine juristische Person des öffentlichen Rechts Wohnraum anmietet, um ihn an Wohnungsuchende in Notfällen weiterzuvermieten, hat der Eigentümer zwar einen sicheren Hauptmieter, nach den allgemeinen Vorschriften des

---

31 BGH NZM 2004, 776; NJW 2003, 3054; OLG Düsseldorf WuM 2003, 151; OLG Frankfurt aM ZMR 2010, 119; OLG Köln ZMR 2004, 31; LG Karlsruhe ZMR 2005, 870; s *Staudinger/Emmerich* (2011) Vorbem 25 zu § 535; Darstellung der Entwicklung bei *Sonnenschein* NZM 2002, 1, 3ff.
32 Hierzu: *Sonnenschein* NZM 2002, 1, 7ff; Einzelheiten s *Staudinger/Emmerich* (2011) § 565 Rn 4ff; *Staudinger/Rolfs* (2011) § 546 Rn 75ff.
33 OLG Köln ZMR 2004, 31.
34 Hierzu *Weitemeyer* ZMR 2004, 153.
35 LG Stuttgart NJW 1986, 322; AG Essen WuM 1987, 83; *Sonnenschein*, in: FS Seuß 253, 266; s *Staudinger/Rolfs* (2011) § 573 Rn 11; **aM** LG Hamburg NJW-RR 1986, 441.
36 Begr zum RegE BT-Drucks 14/4553, 45.
37 Begr zum RegE eines WKSchG II BT-Drucks 7/2011, 7.
38 Begr zum RegE eines WKSchG II BT-Drucks 7/2011, 7.
39 Begr zum RegE BT-Drucks 14/4553, 37, 46, 61.

Mietrechts aber nicht die Gewähr, den Wohnraum zu dem gewünschten Zeitpunkt zurück-zuerhalten. Das Mietverhältnis mit dem Endmieter ist deshalb durch das WoBauErlG vom 17.5.1990[40] vom Kündigungsschutz ausgenommen worden. Damit soll sichergestellt werden, dass die juristische Person als Zwischenvermieterin dieses Mietverhältnis frist-gerecht beenden kann.[41] Die bisherige Fallgruppe der „in Ausbildung befindlichen Perso-nen" ist weggefallen. Für diese Sonderregelung bestehe kein Schutzbedürfnis, weil dieser Personenkreis zum großen Teil bereits nach Abs 3 vom sozialen Mietrecht ausgenommen ist und auch von Abs 2 Nr 3 erfasst ist, soweit dringender Wohnbedarf besteht.[42] Die Erwei-terung der Ausnahmetatbestände um den Fall des jetzigen Abs 3 für Mietverhältnisse über **Wohnraum, der Teil eines Studenten- oder Jugendwohnheims ist,** erfolgte durch das Gesetz zur Erhöhung des Angebots an Mietwohnungen vom 20.12.1982[43] und sollte die Schwierigkeiten lösen, in die die Träger von Studenten- und Jugendheimen im Hinblick auf das Rotationsprinzip geraten waren. Zunehmend setzte sich nämlich in der Praxis die Meinung durch, die Vermietung von Wohnraum für die Dauer eines Studiums sei keine Überlassung zu nur vorübergehendem Gebrauch und auch der Status des Mieters als Stu-dierender rechtfertige es nicht, einen nur kurzfristigen Gebrauch anzunehmen.[44] Wegen des zu geringen Bestandes an Wohnheimplätzen für Studierende, Schüler und Lehrlinge hielt der Gesetzgeber die Fluktuation der Belegung aus Gründen der Gleichbehandlung für notwendig. Derartige Mietverhältnisse wurden deshalb generell vom Schutz des § 564b aF und des MHRG ausgenommen (allerdings nicht von der Sozialklausel des § 556a aF), weil die Vereinbarung kürzerer Mietzeiten für etwa zwei bis vier Semester den studentischen Mieter erheblich belasten würde, ohne letztlich sicherzustellen, dass eine solch kurzfris-tige Überlassung als zu nur vorübergehendem Gebrauch anerkannt werde.[45]

1. Fallgruppen des Abs 2
a) Wohnraum zu nur vorübergehendem Gebrauch (Abs 2 Nr 1)
aa) Der **Begriff** des Wohnraums, der zu nur vorübergehendem Gebrauch vermietet 9 ist, ist aus § 564b Abs 7 aF und dem früheren § 10 Abs 3 Nr 2 MHRG übernommen worden. Isoliert betrachtet, ist der Begriff unergiebig, weil der dem Mieter überlassene Gebrauch in jedem Fall nur vorübergehender Natur ist.[46] Die Mieterschutzvorschriften sollen den Mieter vor einem Verlust des Wohnraums und vor voraussetzungslosen Mieterhöhungen schützen, um dem Mieter die Wohnung als seinen Lebensmittelpunkt zu erhalten. Deshalb setzt die Anwendung des Mieterschutzes voraus, dass der Mieter den Wohnraum auf eine gewisse Dauer zum Mittelpunkt seines Lebens gemacht hat und die Beendigung in abseh-barer Zeit nicht von vornherein beabsichtigt. Neben der zeitlichen Beschränkung, die nicht mit einer Befristung zu verwechseln ist, muss ein besonderer Anlass für die kurzfris-tige Überlassung bestehen.[47] Der bloße Wunsch des Vermieters, ein Mietverhältnis kurz zu befristen, kann nur in den Grenzen des Zeitmietvertrags des § 575 verwirklicht werden.[48] Ein Mietvertrag auf unbestimmte Zeit kann dabei ein Anhaltspunkt für einen nicht nur

---

40 BGBl I 926.
41 Begr zum RegE 11/6508, 12, 19f.
42 Begr zum RegE 14/4553, 46.
43 BGBl I 1912.
44 Nw bei *Staudinger/Sonnenschein* (1997) § 564b aF Rn 14.
45 Bgr zum Gesetzentw BT-Drucks 9/2079, 11.
46 *Roquette* § 556a aF Rn 5.
47 OLG Bremen WuM 1981, 8; OLG Frankfurt a M NJW-RR 1990, 268; OLG Hamm WuM 1986, 217; LG Köln WuM 1991, 190; AG Schöneberg GE 2012, 756; *Schmidt-Futterer/Blank* Rn 4.
48 *Haas* § 549 Rn 2.

vorübergehenden Gebrauch sein. Andererseits ist ein Mietvertrag auf bestimmte Zeit nicht ohne weiteres ein Indiz für eine vorübergehende Überlassung, insbesondere wenn die Wohnung zum Mittelpunkt der Lebensführung des Mieters werden soll und damit der Schutz des sozialen Mietrechts geboten ist.

10   **bb)** Als typisches **Beispiel** einer kurzfristigen Gebrauchsüberlassung ist die Vermietung von Hotelzimmern an Durchreisende und von Privatunterkünften oder Ferienwohnungen an Feriengäste[49] oder Besucher zu nennen. Anlass kann die Notwendigkeit einer einmaligen Übernachtung oder eines längeren Aufenthaltes für die Dauer eines Urlaubs, eines Kuraufenthaltes, einer Messe oder eines Jahrmarkts sein. Auch der Aufenthalt eines auswärtigen Arbeitnehmers zur Erledigung eines Auftrags oder andere geschäftliche Gründe zählen hierzu. Längere Zeiträume kommen in Betracht, wenn eine Notunterkunft wegen eines Brandes, einer Überschwemmung oder anderer Naturkatastrophen gewährt wird, wenn wegen einer beruflichen Versetzung am neuen Wohnort vor Anmietung einer endgültigen Wohnung zwischenzeitlich ein Quartier genommen wird oder wenn eine vorübergehende Unterkunft vor Fertigstellung eines Neubaus erforderlich wird. Auch die Miete eines Studentenzimmers für ein Semester oder der Aufenthalt eines auswärtigen Wissenschaftlers bis zur Erledigung eines bestimmten Forschungsprojekts gehören hierher.[50]

11   **cc) Nicht vorübergehend** ist die Vermietung von Wohnraum an Studenten für die Dauer des gesamten Studiums[51] bzw für längere Zeit als ein Semester[52] oder an einen Mieter bis zur Fertigstellung eines erst für die fernere Zukunft geplanten Neubaus. Das Gleiche gilt für die Aufnahme in ein Alters- oder Pflegeheim, sofern auf einen solchen Vertrag die Vorschriften über Wohnraummiete anzuwenden sind,[53] für den wiederholten Abschluss eines befristeten Mietverhältnisses[54] und für einen von vornherein nicht auf Dauer vorgesehenen Mietvertrag über ein Hotelzimmer, wenn dadurch die Obdachlosigkeit des Mieters vermieden werden soll.[55] Ebenso wenig handelt es sich um eine Vermietung zu nur vorübergehendem Gebrauch, wenn der Vermieter den Verkauf des Grundstücks zu einem späteren ungewissen Zeitpunkt beabsichtigt[56] oder wenn er den Wohnraum aufgrund von Sanierungsplänen nur für eine Übergangszeit vermieten will.[57] Ist eine **Ferienwohnung** langfristig an einen Mieter vermietet, der sie ständig, wenn auch in unregelmäßigen Abständen, nutzt, so handelt es sich nicht um Wohnraum zu nur vorübergehendem Gebrauch, weil die Wohnung für gewisse Zeiten den Mittelpunkt der Lebensführung darstellt. Befindet sich der Lebensmittelpunkt in einer anderen Wohnung, handelt es sich um eine Vermietung zu nur vorübergehendem Gebrauch.[58] Da der Gesetzgeber die Anwendbarkeit der Mieterschutzvorschriften nicht davon abhängig gemacht hat, wie intensiv der Mieter den Wohnraum nutzt, kann auch das Mietverhältnis über eine Ferienwohnung oder eine sonstige **Zweitwohnung**, die nur zeitweise, aber immer wieder den Mittelpunkt der

---

49 OLG Hamburg MDR 1993, 43.
50 LG Hannover WuM 1971, 170; *Schmidt-Futterer/Blank* Rn 5.
51 OLG Bremen WuM 1981, 8; OLG Hamm NJW 1981, 290 m Anm *Borowsky* WuM 1981, 6; **aM** *Palandt/Weidenkaff* Rn 15.
52 LG Köln WuM 1992, 251; MünchKomm/*Bieber* Rn 14; *Schmidt-Futterer/Blank* Rn 5.
53 LG Berlin WuM 1974, 265; s Rn 5.
54 OLG Frankfurt a M WuM 1991, 17.
55 LG Bonn WuM 1990, 505; **aM** LG Karlsruhe DWW 1982, 276.
56 LG Köln WuM 1991, 190.
57 LG Freiburg WuM 1991, 172.
58 AG Viechtach NJW-RR 1987, 787.

Lebensführung bildet, erfasst werden.[59] Die Eigenschaft als Zweitwohnung kann aber bei der Frage eine Rolle spielen, ob die Beendigung des Mietverhältnisses für den Mieter eine ungerechtfertigte Härte iS des § 574 bedeuten würde.[60] Ob **Wohnheimplätze** zu nur vorübergehendem Gebrauch vermietet sind, kann nicht generell entschieden werden. Die vorübergehende Natur der Ausbildung kann auch den Charakter des Mietverhältnisses prägen. Gleichwohl ist die Vermietung von Wohnraum in einem Studenten-, Lehrlings- oder Schülerheim nicht schon regelmäßig als Überlassung zu nur vorübergehendem Gebrauch zu beurteilen.[61] Vor allem wenn die Ausbildungszeit im Einzelnen noch nicht feststeht, auf jeden Fall aber mehrere Jahre betragen wird und der Heimplatz den Mittelpunkt der Lebensführung des Bewohners bildet, besteht auch im Hinblick auf ein Rotationssystem bei der Vergabe der Plätze kein Grund, ohne ausdrückliche Anordnung des Gesetzgebers derartige Mietverträge von dem sozialen Mietrecht auszunehmen. Diese Anordnung erfolgt durch § 549 Abs 3 nur für Studenten- und Jugendwohnheime (Rn 8, 26).

b) Möblierter Wohnraum als Teil der vom Vermieter bewohnten Wohnung (Abs 2 Nr 2)

aa) Mietverhältnisse über möblierten Wohnraum sind nach Abs 2 Nr 2 von der Geltung **12** der Vorschriften des Mieterschutzes ausgenommen, wenn der Raum ganz oder überwiegend vom Vermieter mit Einrichtungsgegenständen auszustatten ist, Teil der vom Vermieter selbst bewohnten Wohnung ist und nicht zum dauernden Gebrauch für den Mieter mit seiner Familie oder Personen überlassen ist, mit denen er einen auf Dauer angelegten Haushalt führt. Die Vorschrift geht auf die §§ 556a Abs 8, 564b Abs 7 Nr 2 aF und § 10 Abs 3 Nr 3 MHRG zurück. Maßgebend für die **Verpflichtung** des Vermieters und deren Umfang, **den Wohnraum mit Einrichtungsgegenständen auszustatten,** sind die vertraglichen Vereinbarungen. Die Verpflichtung des Vermieters kann von Anfang an bestehen. Sie kann durch Vertragsänderung auch erst später begründet oder aufgehoben werden. Stellt sich für den Mieter unmöblierten Wohnraums heraus, dass er sich etwa mangels finanzieller Mittel nicht die erforderlichen Möbel beschaffen kann, und vereinbart er deshalb mit dem Vermieter eine entsprechende Möblierung, so fällt das Mietverhältnis unter Abs 2. Entscheidend ist, dass für die spätere Möblierung eine Rechtspflicht begründet wird, der Vermieter also nicht nur aus reiner Gefälligkeit einige Möbel zur Verfügung stellt. Die Änderung der Miethöhe kann dafür einen Anhaltspunkt bieten. Umgekehrt kann die Ausstattungsverpflichtung von den Parteien später im Wege der Vertragsänderung aufgehoben werden, so dass nunmehr die Mieterschutzvorschriften eingreifen.[62]

Bei **Abweichungen zwischen Parteiwille, Vertragswortlaut und tatsächlichen 13 Verhältnissen** gilt: Behält sich der Vermieter insgeheim vor, die Möblierung nicht zu wollen, so ist dies nach § 116 S 1 unbeachtlich. Kennt der Mieter den Vorbehalt, so ist der Vertrag nach § 116 S 2 insoweit nichtig.[63] Vereinbaren die Parteien die Möblierung nur zum Schein, tritt Nichtigkeit nach § 117 Abs 1 ein. In jedem Fall beschränkt sich die Nichtigkeit auf die Möblierungspflicht und ergreift nicht den ganzen Vertrag. Denn ohne

59 OLG Hamburg WuM 1992, 634; LG Hanau MDR 1980, 849; LG Lübeck WuM 1989, 632; *Haake* NJW 1985, 2935; *Schmidt-Futterer/Blank* Rn 5; *Staudinger/Rolfs* (2011) § 574 Rn 8.
60 S *Staudinger/Rolfs* (2011) § 574 Rn 8.
61 OLG Bremen WuM 1981, 8; OLG Hamm NJW 1981, 290 m Anm *Borowsky* WuM 1981, 6; WuM 1986, 217; NJW-RR 1986, 810; LG Aachen WuM 1986, 252; LG Dortmund WuM 1982, 276; AG Gießen NJW-RR 1990, 653.
62 *Schmidt-Futterer/Blank* Rn 12.
63 MünchKomm/*Bieber* Rn 17.

Jost Emmerich

die Möblierung fällt der Vertrag unter die zwingenden Regelungen des Mieterschutzes, so dass dieser Teil wegen der Natur der das soziale Mietrecht beherrschenden Schutzbestimmungen entgegen § 139 aufrechtzuerhalten ist. Bei einem Scheingeschäft lässt sich dieses Ergebnis auch auf § 117 Abs 2 stützen. Im Einzelfall kann allerdings § 242 der Anerkennung des gesamten Vertrags entgegenstehen, wenn etwa der Vermieter nur möbliert vermieten wollte und erst auf Drängen des Mieters die Möblierung herausnimmt und ein Scheingeschäft über möblierten Wohnraum abschließt. Veranlasst umgekehrt der Vermieter ein solches Scheingeschäft, bleibt der Mieter, der sich meist notgedrungen darauf einlassen wird, schutzbedürftig, so dass der Vertrag als Mietverhältnis über unmöblierten Wohnraum einzuordnen ist. Nach § 549 Abs 2 Nr 2 kommt es nur auf die Verpflichtung an, den Wohnraum zu möblieren. Unerheblich ist, ob der Vermieter seine Verpflichtung bereits erfüllt hat.[64] Das Gleiche gilt, wenn eine der Parteien einzelne oder alle Einrichtungsgegenstände eigenmächtig entfernt.[65]

14   **bb)** Der Wohnraum muss vom Vermieter überwiegend mit Einrichtungsgegenständen auszustatten sein. Maßgebend für den **Umfang der Möblierung** ist, was die Parteien im Mietvertrag vereinbart haben. Überwiegend auszustatten ist der Wohnraum, wenn der Vermieter mehr als die Hälfte der bei voller Möblierung benötigten Einrichtungsgegenstände zu stellen hat.[66] Zu den Einrichtungsgegenständen gehören die für eine normale Ausstattung erforderlichen Möbel sowie Herd, Spüle, Beleuchtungskörper und Teppiche. Auch fest eingebaute Gegenstände wie sanitäre Einrichtungen und Einbaumöbel sind zu berücksichtigen. Nicht entscheidend ist, ob die tatsächlich zur Verfügung gestellten Gegenstände mangelhaft sind. Wenn im Vertrag nur von der Vermietung eines „möblierten Wohnraums" die Rede ist, kommt es für die Anwendbarkeit des Abs 2 Nr 2 darauf an, ob der Vermieter zumindest den überwiegenden Teil der Einrichtungsgegenstände zur Verfügung zu stellen hat. Hiervon kann bei einer solchen Formulierung nach der Verkehrsauffassung idR ausgegangen werden. Die Miete eines Leerzimmers fällt nicht deshalb unter Abs 2 Nr 2, weil der Mieter im Rahmen einer Wohngemeinschaft ein möbliertes Zimmer mitbenutzen darf.[67]

15   **cc)** Der Wohnraum muss **Teil der vom Vermieter selbst bewohnten Wohnung** sein. Der möblierte Wohnraum muss in einem engen räumlichen und wirtschaftlich-funktionalen Zusammenhang mit der Wohnung des Vermieters stehen.[68] Entscheidend ist, dass der Mieter darauf angewiesen ist, den Wohnbereich des Vermieters in Anspruch zu nehmen.[69] Dies ist der Fall, wenn dem Mieter ein einzelner Raum innerhalb der abgeschlossenen Wohnung des Vermieters überlassen wird. Dabei macht es keinen Unterschied, ob es sich um eine Etagenwohnung oder um ein Einfamilienhaus handelt. Erfasst werden auch Wohnräume wie Mansarden, Souterrainräume oder sonstige vom Treppenhaus separat zugängliche Räume, die außerhalb der abgeschlossenen Wohnung des Vermieters liegen,

---

64 *Schmidt-Futterer/Blank* Rn 12.
65 *Schmidt-Futterer/Blank* Rn 12.
66 AG Köln WuM 1971, 156; *Schmidt-Futterer/Blank* Rn 11.
67 AG Münster WuM 1987, 323.
68 AG Königswinter WuM 1994, 689; AG Münster WuM 1987, 323; AG Tübingen WuM 1988, 59; *Kinne* ZMR 2001, 599 ff.
69 *Sonnenschein* NZM 2000, 1, 6.

aber mit dessen Wohnbereich wegen der gemeinschaftlichen Benutzung von Küche, Bad oder Toilette noch einen räumlichen Zusammenhang aufweisen.[70] Es reicht aus, dass das möblierte Zimmer im Bereich der Wirtschaftsräume des Vermieters liegt, die dieser regelmäßig aufsucht.[71] Die Vorschrift ist nicht anwendbar, wenn die Mietvertragsparteien in verschiedenen Stockwerken des Gebäudes wohnen und nur im Treppenhaus zusammentreffen können[72] oder wenn sie zwar auf derselben Etage wohnen, das Zimmer aber einen eigenen Eingang vom Treppenhaus hat.[73] Der Vermieter muss die Hauptwohnung selbst bewohnen, da es sonst nicht gerechtfertigt ist, den Mieterschutz einzuschränken. Ein ständiger Aufenthalt ist nicht erforderlich, sofern nur die Gefahr besteht, dass sich die Parteien gegenseitig beeinträchtigen.[74]

dd) Der Wohnraum darf **nicht zum dauernden Gebrauch für eine Familie über-** 16 **lassen** sein. Diese Einschränkung ist Ausdruck einer Rücksichtnahme auf den von Art 6 Abs 1 GG geforderten besonderen Schutz der Familie durch den Staat.[75] Unter Familie ist die Gesamtheit der durch Ehe, Verwandtschaft und Schwägerschaft verbundenen Personen zu verstehen, ohne dass es auf einen bestimmten Grad ankommt.[76] Maßgebend ist vielmehr die darauf beruhende enge Beziehung der Personen, die darin zum Ausdruck kommt, dass der Wohnraum den Mittelpunkt der gemeinsamen Lebensführung bildet. Ein solches Verhältnis kann zB zwischen einer allein stehenden Mutter und ihrem Kind, Geschwistern, Großelternteil und Enkel, Tante und Nichte bestehen, aber auch zwischen Verschwägerten, so etwa zwischen einem Elternteil und der Schwiegertochter. Auch ein kinderloses Ehepaar bildet eine Familie.[77] Der Lebenspartner gilt gem § 11 Abs 1 LPartG vom 16.2.2001[78] als Familienangehöriger. Anders als in den §§ 563, 574 Abs 1, 577 Abs 4 und in der zweiten Alternative dieser Vorschrift (Rn 17) wird bei der Überlassung an eine Familie die Führung eines gemeinsamen Haushalts nicht vorausgesetzt.

ee) Die Streitfrage, ob auch die Partner einer nichtehelichen Lebensgemeinschaft als 17 Familie zu beurteilen sind und damit den Ausnahmetatbestand ausschließen,[79] hat das Mietrechtsreformgesetz in der Weise gelöst, dass es ausreicht, wenn der Wohnraum dem Mieter mit Personen überlassen ist, mit denen er einen **auf Dauer angelegten gemeinsamen Haushalt führt**. Nichteheliche Lebensgemeinschaften sind ebenso umfasst wie auf Dauer angelegte Partnerschaften zwischen gleichgeschlechtlichen Personen und dauerhafte Partnerschaften ohne geschlechtliche Beziehungen, etwa zwischen alten Menschen. Voraussetzung ist nach der Vorstellung des Gesetzgebers, dass die Lebensgemeinschaft auf Dauer angelegt ist, keine weiteren Bindungen gleicher Art zulässt und innere Bindungen aufweist, die ein gegenseitiges Einstehen füreinander begründen und über die reine

---

70 Begr zum RegE BT-Drucks 7/2011, 9.
71 AG Tübingen WuM 1988, 59.
72 AG Konstanz WuM 1989, 573.
73 LG Detmold NJW-RR 1991, 77; AG Schöneberg GE 2012, 756.
74 LG Berlin ZMR 1980, 144; *Schmidt-Futterer/Blank* Rn 10.
75 Begr zum RegE BT-Drucks 7/2011, 9.
76 *Palandt/Weidenkaff* Rn 10.
77 AG Hannover WuM 1971, 170.
78 BGBl I 266.
79 S *Staudinger/Sonnenschein* (1995) § 556a aF Rn 104.

Wohn- und Wirtschaftsgemeinschaft hinausgehen.[80] Bei dem dauerhaften Zusammenleben älterer Menschen soll das gegenseitige Füreinandereinstehen etwa durch wechselseitige Vollmachten dokumentiert werden können.[81] Problematisch ist, dass sich diese einengenden Voraussetzungen dem Wortlaut des Gesetzes nicht entnehmen lassen.[82] Sie gehen auf die Rspr des BGH zu den eheähnlichen Gemeinschaften zurück.[83] Der Gesetzgeber scheint davon ausgegangen zu sein, dass für **Einzelpersonen** der Wohnraum, der nicht oder nur geringfügig mit eigenen Einrichtungsgegenständen auszustatten ist, nicht den Mittelpunkt der Lebensführung bildet und deshalb auch keines besonderen Schutzes bedarf.[84] Eine derart generelle Annahme ist rechtspolitisch und verfassungsrechtlich im Hinblick auf Art 3 Abs 1 GG bedenklich.[85]

18   **ff)** Die Vorschrift stellt in der Gesetzesfassung durch das Mietrechtsreformgesetz nicht mehr allein auf den Vertragszweck ab, wenn sie voraussetzt, dass der Wohnraum dem Mieter zum dauernden Gebrauch „mit" seiner Familie oder „mit" den weiteren Personen des geschützen Personenkreises überlassen ist. Entgegen der Formulierung in § 564b Abs 7 aF ist nicht mehr erforderlich, dass der Wohnraum zum dauernden Gebrauch „für" eine Familie überlassen sein muss, sodass es nicht allein auf die vertragliche Bestimmung ankommt.[86] Dem Zweck des Schutzes von Ehe und Familie entspricht es vielmehr, wenn man auf die **tatsächlichen Verhältnisse im Zeitpunkt der Geltendmachung der Mieterschutzvorschriften** abstellt, allerdings mit der Einschränkung, dass sie vertragsgemäß sein müssen.[87] Damit ist dem Interesse des Vermieters an einem unbegrenzten Zuzug weiterer Personen und einer Ausweitung des Mieterschutzes ausreichend Rechnung getragen. Zieht daher nach Vertragsschluss ein Familienmitglied zu, gelten auch im Fall des möblierten Wohnraums iS des § 549 Abs 2 Nr 2 die Vorschriften des Mieterschutzes, wenn die Aufnahme des Familienmitglieds vom vertragsgemäßen Gebrauch umfasst ist. Das Gleiche gilt für die Aufnahme der Personen, mit denen der Mieter einen auf Dauer angelegten Haushalt führt.

c) Weitervermietung an Personen mit dringendem Wohnbedarf (Abs 2 Nr 3)

19   **aa)** Die Bestimmungen des Mieterschutzes gelten nach Abs 2 Nr 3 nicht für Mietverhältnisse über Wohnraum, den eine juristische Person des öffentlichen Rechts oder ein anerkannter privater Träger der Wohlfahrtspflege angemietet hat, um ihn Personen mit dringendem Wohnungsbedarf zu überlassen, wenn der Mieter vom Vermieter bei Vertragsschluss auf die Zweckbestimmung des Wohnraums und die Ausnahme von den in Abs 2 genannten Vorschriften hingewiesen wurde. Mit dem Begriff der **juristischen Person des öffentlichen Rechts** sind in erster Linie die Gebietskörperschaften wie die Gemeinden und Gemeindeverbände sowie Landkreise, aber auch sonstige Gebietskörperschaften gemeint. Das Mietrechtsreformgesetz strich den bisherigen Zusatz „im Rahmen der ihr durch Gesetz zugewiesenen Aufgaben". Im Hinblick auf die gesetzliche Zielrichtung der Vorschrift, bestimmten Personengruppen mit dringendem Wohnbedarf Wohnraum zur Verfügung zu stellen, soll es nicht mehr darauf ankommen, dass diese Aufgaben gesetzlich

---

80 Begr zum RegE BT-Drucks 14/4553, 38.
81 Begr zum RegE BT-Drucks 14/4553, 38.
82 *Sprau* NZM 2001, 220, 222.
83 BGHZ 121, 116 = NJW 1993, 254.
84 *Roquette* § 556a aF Rn 6.
85 *Staudinger/Sonnenschein* (1995) § 556a aF Rn 103f; *Martinek*, in: Gedschr Sonnenschein (2002) 359, 368.
86 *Staudinger/Sonnenschein* (1997) § 565 aF Rn 80 mwNw zur Streitfrage.
87 *Schmidt-Futterer/Blank* Rn 14.

verankert sind, sondern dass die Zwischenvermietung tatsächlich diesen Zielen dient.[88] Darüber hinaus kommen Körperschaften ohne gebietliche Zuständigkeit in Betracht, insbesondere Kirchen, kirchliche Organisationen und Anstalten des öffentlichen Rechts wie viele Studentenwerke. Soweit einzelne Studentenwerke als privatrechtliche Vereine organisiert sind, müssen sie einen öffentlichen Rechtsträger zur Übernahme einer Zwischenvermietung veranlassen, falls der private Verein nicht ein anerkannter Träger der Wohlfahrtspflege (Rn 20) ist. Das Gleiche gilt für privatrechtlich organisierte Wirtschaftsunternehmen der öffentlichen Hand, etwa die kommunalen Wohnungsgesellschaften, die ihre Trägerkörperschaft einschalten können.[89] Dies ist rechtlich nicht dem Fall gleichzustellen, dass der öffentliche Rechtsträger selbst Eigentümer des Wohnraums ist, was den Ausnahmetatbestand nicht erfüllt. Die Ausnahme vom Kündigungsschutz war eingefügt worden, um Wohnraum zu mobilisieren, den Eigentümer aus Angst vor dem Kündigungsschutz nicht vermieten wollen.[90] Diese Bedenken treten bei öffentlich-rechtlich organisierten Eigentümern in den Hintergrund.

bb) Die Ausnahmen vom Mieterschutz sind für die Vermietung durch **anerkannte** **20** **private Träger der Wohlfahrtspflege** durch das Mietrechtsreformgesetz erweitert worden, da die soziale Aufgabe der Unterbringung bedürftiger Personen zunehmend von privaten Einrichtungen der Wohlfahrtspflege erfüllt wird.[91] Eine nähere Definition des Begriffs erfolgte nicht. Allgemein versteht man unter freier Wohlfahrtspflege im Sozialrecht die Betreuung sozial benachteiligter Personen, die nicht aus Gewinnerzielungsabsicht, sondern zum Wohle der Allgemeinheit ausgeübt wird. Die Gemeinnützigkeit iS der §§ 51ff AO ist ein Indiz. Frei ist die Wohlfahrtspflege, wenn sie nicht von Gebietskörperschaften erbracht wird.[92] Diese Begriffsbestimmung kann auch zur Erläuterung der Vorschrift des § 549 Abs 2 Nr 3 herangezogen werden.

cc) Die Anmietung des Wohnraums muss erfolgen, um ihn **Personen mit dringen-** **21** **dem Wohnungsbedarf** zu überlassen. Durch die Weitervermietung an diesen Personenkreis wird der Zweck des Hauptmietverhältnisses bestimmt. Es kommt allein auf den tatsächlichen dringenden Bedarf an, etwa bei älteren Menschen, Alleinerziehenden, Familien, Studenten, Obdachlosen oder Asylbewerbern. Dieser Personenkreis ist jedoch nur für den Zweck des Hauptmietverhältnisses maßgebend. Der Gesetzeswortlaut verlangt nicht, dass der Untermieter tatsächlich hierzu gehört.[93] Dies ist vom Zweck der Regelung her auch sinnvoll, damit der Wohnraum aus Gründen der Kostendeckung auch anderweitig vermietet und durch Beendigung des Mietverhältnisses ohne Kündigungsschutz alsbald verfügbar gemacht werden kann, wenn ein tatsächlicher Bedarfsfall auftritt. Ebenso wenig wird der Ausnahmetatbestand dadurch ausgeschlossen, dass der Untermieter einen dringenden Wohnungsbedarf nur vortäuscht.

dd) Der Vermieter muss dem Mieter spätestens bei Abschluss des Mietvertrags den **22** gesetzlich vorgeschriebenen **Hinweis** auf die besondere Zweckbestimmung des Wohnraums und auf die Ausnahme von den in § 549 Abs 2 genannten Vorschriften erteilt haben,

---

88 Begr zum RegE BT-Drucks 14/4553, 46.
89 Begr zum RegE BT-Drucks 11/6508, 19.
90 Begr zum RegE BT-Drucks 11/6508, 12.
91 Begr zum RegE BT-Drucks 14/4553, 46.
92 *Münder* Lehr- und Praxiskommentar Sozialgesetzbuch XII (8. Aufl 2008), § 5 Rn 10.
93 *Schilling* ZMR 1990, 281, 283; *Schmidt-Futterer/Blank* Rn 24.

Jost Emmerich

damit dieser nicht später von den Ausnahmen überrascht wird.[94] Die Hinweispflicht erstreckt sich auf alle ausgenommenen Regelungen. Eine Aufnahme in den Vertrag oder eine besondere Form sind nicht vorgesehen. Ebenso wenig kann eine ausdrückliche Wiederholung des Gesetzeswortlauts erwartet werden. Ausreichend ist der Hinweis auf den Ausschluss des Kündigungsschutzes und der Vorschriften über die Mieterhöhung.

d) Katalog der ausgenommenen Vorschriften

23   **aa)** Die Fallgruppen des § 549 Abs 2 sind **nach dieser Vorschrift** von der Geltung der Bestimmungen über die Mieterhöhung (§§ 557 bis 561), über den Mieterschutz bei Beendigung des Mietverhältnisses nach § 568 Abs 2, §§ 573 bis 573a, § 573d Abs 1, §§ 574 bis 574c, § 575, § 575a Abs 1 sowie über den Mieterschutz bei der Begründung von Wohnungseigentum nach § 577 und § 577a ausgenommen. Einvernehmliche Mieterhöhungen sind zulässig, wie es § 557 Abs 1 klarstellt.[95] Haben die Parteien dies vereinbart, kann der Vermieter auch die Mieterhöhungsverfahren nach den §§ 557aff durchführen.[96] Neu in den Katalog der Ausnahmevorschriften aufgenommen wurde durch das Mietrechtsreformgesetz das **Vorkaufsrecht** nach § 577. Es erschien dem Gesetzgeber nicht sachgerecht, bei den Mietverhältnissen, die keinem Bestandsschutz unterliegen, den Mieter in Zusammenhang mit einem Verkauf der Wohnung durch die Einräumung eines Vorkaufsrechts gegen eine Verdrängung zu schützen.[97] Die Vorschrift des § 573b über die **Teilkündigung** des Vermieters hinsichtlich der nicht zum Wohnen bestimmten Nebenräume oder Teile eines Grundstücks gilt anders als bisher seit dem Mietrechtsreformgesetz auch für die in § 549 Abs 2 und 3 genannten Verträge über Wohnraummietverhältnisse.[98] Ein **Zeitmietvertrag** kann ohne die Beschränkung des § 575 vereinbart werden. Allerdings kann wegen des Näheverhältnisses zwischen Vermieter und Mieter bei Vermietung eines möblierten Zimmers in der Wohnung des Vermieters die Vereinbarung eines befristeten Kündigungsausschlusses gegen § 307 Abs 2 verstoßen (vgl auch Rn 27).[99] Dies steht nicht im Widerspruch zu dem auch auf Wohnraummietverhältnisse iS des § 549 Abs 2 und 3 anwendbaren § 573c. Der zu Lasten des Mieters nicht abdingbare § 573c verbietet nur eine Verkürzung der Kündigungsfristen des Vermieters und eine Verlängerung der Kündigungsfristen des Mieters. Wie gerade der systematische Zusammenhang mit den §§ 549 Abs 2, 575 zeigt, kann jedoch das Recht des Mieters zur ordentlichen Kündigung insgesamt ausgeschlossen werden.[100] Die Sozialklausel der §§ 574 bis 574c ist auf Mietverhältnisse iS des § 549 Abs 2 nicht anwendbar, auch, wenn ein Zeitmietvertrag geschlossen wurde, obwohl der Verweis in § 575a Abs 2 auf die entsprechende Anwendung der Sozialklausel bei Zeitmietverträgen in den Katalog der Ausnahmevorschriften in § 549 Abs 2 nicht aufgenommen wurde.[101]

24   **bb)** Gegenüber der bisherigen Rechtslage ist das **Schriftformerfordernis** für die Kündigung von Wohnraum gem § 568 Abs 1 durch das Mietrechtsreformgesetz auf die Fallgruppen der Mietverhältnisse über Wohnraum zu nur vorübergehendem Gebrauch und über möblierten Einliegerwohnraum ausgedehnt worden. Aus Gründen der Klarheit und Rechtssicherheit sollen alle Mietverhältnisse über Wohnraum einheitlich nur schriftlich

---

94 Ausschussbericht zum WoBauErlG BT-Drucks 11/6636, 33.
95 *Schmidt-Futterer/Blank* Rn 28.
96 *Staudinger/Weitemeyer* (2011) Rn 42.
97 Begr zum RegE BT-Drucks 14/4553, 45f.
98 Begr zum RegE BT-Drucks 14/4553, 46.
99 AG Hamburg WuM 2006, 668 m Anm *Blank*.
100 Einzelheiten s *Staudinger/Rolfs* (2011) § 573c Rn 50ff.
101 *Staudinger/Weitemeyer* (2011) Rn 46.

gekündigt werden.[102] Für die Fallgruppe der Vermietung von Wohnraum zu nur vorübergehendem Gebrauch, etwa in einem Hotel, stellt das Schriftformerfordernis für die Kündigung jedoch eine unsinnige Erschwernis dar, so dass eine konkludente Kündigung einer
völlig unzureichenden Unterkunft durch sofortige Abreise unwirksam ist.[103]

cc) Weitere Regelungen für die Fallgruppen des § 549 Abs 2 finden sich in den **Son-** 25
dervorschriften § 573c Abs 2 und 3, § 575a Abs 3 S 1 HS 2, § 569 Abs 3 Nr 1 S 2 sowie in § 721
Abs 7 S 1, § 794a Abs 5 S 1 ZPO.

2. Studenten- oder Jugendwohnheim (Abs 3)

a) Begriff. Ein **Studentenwohnheim** liegt vor, wenn Wohnraum in einem hierfür 26
bestimmten und geeigneten Gebäude an Studenten vermietet wird und der Vermieter
dabei ein Belegungskonzept anwendet, das an studentischen Belangen ausgerichtet ist
und im Interesse der Versorgung vieler Studenten mit Wohnheimplätzen eine Rotation
nach abstrakt-generellen Kriterien praktiziert.[104] Nach allgemeiner Auffassung kommt
es auf die öffentliche Trägerschaft nicht an, so dass grundsätzlich auch private Wohn-
heime unter die Ausnahmevorschrift fallen können.[105] Dies ist angesichts der Gesetzesbegründung bedenklich,[106] da der Gesetzgeber davon ausging, dass die Mieter in diesen
Heimen angesichts der Wohnheimträger und der öffentlich-rechtlichen Kontrolle, der
die Träger ganz überwiegend unterworfen seien, keine unangemessenen Nachteile erleiden würden.[107] Der Auffassung, die Fremdnützigkeit solle den Verzicht auf eine eigene
Gewinnerzielungsabsicht erfordern,[108] hat sich der BGH nicht angeschlossen.[109] Angesichts des Zwecks der Vorschrift, dem Vermieter das Rotationsprinzip zu ermöglichen
(Rn 8), muss die Vermietung auf Grundlage eines abstrakt – generellen, aber auch sozialen
Förderkonzepts des Wohnheimträgers erfolgen, das Konzept des Vermieters muss sich mit
hinreichender Deutlichkeit aus Rechtsnormen, entsprechender Selbstbindung oder einer
tatsächlichen Übung ergeben.[110] Ein **Jugendwohnheim** ist ein Heim, das der Unterbringung von Jugendlichen etwa zwischen 14 und 21 Jahren dient.[111] Wie die Begründung zu
einem früheren Gesetzesvorschlag im Rahmen des WKSchG II zeigt, sind unter Jugendwohnheimen auch Schüler- und Lehrlingswohnheime zu verstehen.[112]

b) Katalog der ausgenommenen Vorschriften. Die Vermietung von Wohnraum in 27
Studenten- oder Jugendwohnheimen unterfällt nach Abs 3 nicht den Vorschriften über die
Mieterhöhung (§§ 557 bis 561; s aber Rn 23), den §§ 573, 573a, § 573d Abs 1, den §§ 575
(Rn 23), 575a Abs 1, den §§ 577 (Rn 23) und 577a. Eine Teilkündigung ist ebenso wie nach
Abs 2 gem § 573b möglich (Rn 23). Da die ausgenommenen Vorschriften anders als nach

---

102 Stellungnahme des BR BT-Drucks 14/4553, 83.
103 AG Bad Oeynhausen ZMR 2005, 541.
104 BGH WuM 2012, 447 = NJW 2012, 2881 = NZM 2012, 606; vgl *Sieweke* WuM 2009, 86.
105 AG Konstanz WuM 1989, 573.
106 Krit auch *Martinek*, in: Gedschr Sonnenschein (2002) 359, 373 mwN.
107 Ausschussbericht BT-Drucks 9/2284, 3.
108 LG Koblenz WuM 1995, 539; AG Freiburg WuM 1987, 128; AG München WuM 1992, 133; *Bamberger/Roth/
Ehlert* Rn 23; *Kinne* ZMR 2001, 599; AG Köln Info M 2009, 468 m zust Anm *Börstinghaus* jurisPR-MietR 6/2010
Anm 3.
109 BGH WuM 2012, 447 = NJW 2012, 2881 = NZM 2012, 606.
110 LG Heidelberg WuM 2011, 167; bestätigt von BGH WuM 2012, 447 = NJW 2012, 2881 = NZM 2012, 606.
111 *Börstinghaus/Eisenschmid* 148; *Schmidt-Futterer/Blank* Rn 38: nur bis 18 Jahre.
112 Anrufung des Vermittlungsausschusses durch den BR BT-Drucks 7/2775, 2.

Jost Emmerich

Abs 2 und entsprechend der bisherigen Rechtslage nicht das Widerspruchsrecht des Mieters nach den §§ 568 Abs 2, 574 bis 574b (Sozialklausel) umfassen,[113] wurde die Fallgruppe des Wohnraums in Studenten- und Jugendwohnheimen in einem eigenen Absatz geregelt.[114] Die Ausnahme von der Pflicht zur Verzinsung der Mietsicherheit besteht nach § 551 Abs 3 S 5 entsprechend der Rechtslage vor Inkrafttreten des MietrechtsreformG fort. Der mit einer Verzinsungspflicht verbundene Verwaltungsaufwand stehe angesichts der üblicherweise kurzen Mietdauer und der geringen Mieten zu der Höhe der Zinserträge für den einzelnen Mieter außer Verhältnis.[115] Im Übrigen gelten die allgemeinen Vorschriften über Mietverhältnisse. Jedoch kann die Besonderheit des Mietverhältnisses, insbesondere das Mobilitätsbedürfnis der Studenten, den sonst wirksamen beiderseitigen Ausschluss des ordentlichen Kündigungsrechts gem § 307 Abs 1 S 1 unwirksam sein lassen.[116] Bei der Fallgruppe des § 549 Abs 3 sollte dies hingegen jedenfalls für eine überschaubare Zeitdauer möglich sein, weil der Mieter sich hierdurch einen sonst nach § 549 Abs 3 nicht bestehenden Kündigungsschutz „erkauft".[117]

28   **3. Beweislast.** Die Beweislast für das tatsächliche Vorliegen der Voraussetzungen der Ausnahmefallgruppen trägt der Vermieter, weil sie Ausnahmetatbestände vom Grundsatz des § 549 Abs 1 darstellen.[118]

IV. Abweichende Vereinbarungen

29   In § 549 fehlt eine Bestimmung, dass die Vorschrift zu Lasten des Mieters nicht abdingbar ist. Dies ist wegen der eher technischen Verweisungsfunktion der Vorschrift im Grundsatz nicht schädlich. Bezüglich der Voraussetzungen der Anwendbarkeit der Mieterschutzvorschriften und deren Gegenausnahmen fehlt damit aber gegenüber der Rechtslage vor Inkrafttreten des Mietrechtsreformgesetzes eine Bestimmung, die diese Voraussetzungen der Vereinbarung entzieht. Nach der alten Rechtslage wurde etwa eine vom Vermieter entgegen dem Vertragszweck durchgesetzte Klausel im Mietvertrag, dass es sich nur um eine „vorübergehende Benutzung" handele, als unwirksam angesehen.[119] Ebenso konnten die Parteien nicht entgegen der Zweckbestimmung, die sich bei objektiver Auslegung anhand der vorgesehenen tatsächlichen Nutzung durch eine Familie ergibt, vereinbaren, der Wohnraum solle nicht zum dauernden Gebrauch für eine Familie überlassen sein.[120] Diese Einschränkung ist nach neuem Recht aus dem Sinn und Zweck der Mieterschutzvorschriften zu entnehmen. So kommt es bei der Bestimmung eines Wohnraummietverhältnisses unabhängig von der Vereinbarung nach alter wie nach neuer Rechtslage auf den „wahren" Vertragszweck an (Rn 4).[121]

---

113 AG Bonn NJW-RR 1991, 1037.
114 Begr zum RegE BT-Drucks 14/4553, 47.
115 Ausschussbericht BT-Drucks 14/5663, 77.
116 Vgl BGH NJW 2009, 3506 m zust Anm *Martinek* NJW 2009, 3506 und *Häublein* ZJS 2009, 723 zum Kündigungsausschluss bei einem Studentenzimmer.
117 *Martinek* NJW 2009, 3613.
118 *Palandt/Weidenkaff* Rn 14.
119 OLG Frankfurt aM WuM 1991, 17, 18; OLG Hamm NJW 1981, 290, 291; LG Berlin GE 1990, 1083; LG Köln WuM 1992, 251, 252.
120 *Staudinger/Sonnenschein* (1997) § 565 aF Rn 83.
121 LG Berlin GE 2001, 771, 772.

§ 550

Form des Mietvertrags

Wird der Mietvertrag für längere Zeit als ein Jahr nicht in schriftlicher Form geschlossen, so gilt er für unbestimmte Zeit. Die Kündigung ist jedoch frühestens zum Ablauf eines Jahres nach Überlassung des Wohnraums zulässig.

I. Überblick

1. Nach § 550 S 1 gilt ein Mietvertrag, der für längere Zeit als ein Jahr nicht in schriftlicher Form abgeschlossen wird, für unbestimmte Zeit; jedoch ist nach S 2 der Vorschrift die Kündigung frühestens zum Ablauf eines Jahres nach Überlassung des Wohnraums zulässig. § 550 S 1 wird – trotz seiner Formulierung – überwiegend dahin verstanden, dass er **Schriftform** iSd § 126 für langfristige Mietverträge anordnet.[1] Die Vorschrift hat infolgedessen **erhebliche praktische Bedeutung**, freilich im wesentlichen nur bei der gewerblichen Miete, weniger dagegen mit Rücksicht auf die kurzen Kündigungsfristen des § 575 bei der Wohnraummiete, weil in der Praxis verbreitet Versuche festzustellen sind, sich unter Berufung auf angebliche Formmängel von lästig gewordenen Mietverträgen über das Sonderkündigungsrecht nach § 550 S 2 zu lösen.[2] Im Rechtsstreit ist § 550 **von Amts wegen zu berücksichtigen**, auch wenn sich keine Partei auf den Formmangel beruft.[3]

§ 550 muss vor allem im **Zusammenhang mit § 566** gesehen werden. Dann zeigt sich, **2** dass der **Zweck** der Vorschrift in erster Linie darin besteht, dem **Grundstückserwerber**, der nach § 566 in bestehende Mietverträge eintreten muss, die Möglichkeit zu verschaffen, sich über den Umfang der auf ihn übergehenden Bindungen zu **unterrichten**.[4] Dafür ist (nur) erforderlich, dass er aus einer Urkunde zu ersehen vermag, in welche Verträge er gegebenenfalls eintreten muss, sofern sie bei Eigentumsübergang tatsächlich noch bestehen sollten.[5] § 550 bezweckt dagegen nicht etwa weitergehend eine **umfassende Information** des Grundstückserwerbers über die auf ihn übergehenden Verpflichtungen, da

---

1 *Blank/Börstinghaus*, 550 Rn 26; *Heile* NZM 2002, 505; *Treier* in: Gedschr Sonnenschein, 141, 142; str.
2 S *Staudinger* Rn 2; *Blank/Börstinghaus* § 550 Rn 3; *Luckey* GE 2004, 285.
3 OLG Düsseldorf NJW-RR 2005, 1538 = NZM 2005, 823.
4 BGHZ 160, 97, 104 = NJW 2004, 2962; BGHZ 176, 301, 304ff = NJW 2008, 2178; BGH NJW 2009, 2195 Tz 25; 2010, 1518 Tz 14.
5 BGHZ 160, 97, 104f = NJW 2004, 2962 = NZM 2004, 738.

Volker Emmerich

häufig auch aus einer dem § 550 entsprechenden Urkunde nicht zu ersehen ist, ob der Vertrag wirksam zu Stande gekommen ist und ob er gegebenenfalls noch besteht oder verlängert wurde.[6] Daneben verfolgt § 550 noch den Zweck, die **Beweisbarkeit** langfristiger Abreden zwischen den Parteien sicherzustellen[7] und die **Parteien** vor der unbedachten Eingehung übermäßig langer Bindungen zu **schützen.**[8]

II. Anwendungsbereich

3   **1.** Der Anwendungsbereich der §§ 550, 578 beschränkt sich auf **Miet- und Pachtverträge** (§ 581 Abs 2) **über Grundstücke,** Teile von Grundstücken, Wohnräume und sonstige **Räume;** gleich stehen Untermiet- und Unterpachtverträge,[9] nicht jedoch Unternehmenspachtverträge.[10] Eine vergleichbare Vorschrift für Landpachtverträge enthält **§ 585a** (vgl auch für Betriebspachtverträge § 293 Abs 3 AktG). Keine Rolle spielt die Höhe der vereinbarten Miete.[11] Wenn die Miete Teil eines **gemischten Vertrages** ist, können **andere Formvorschriften vorgehen.** Das gilt insbesondere für **§ 311b Abs 1,** wenn mit dem Mietvertrag ein Kaufvertrag über ein Grundstück verbunden ist. Die Form des § 311b Abs 1 muss außerdem beachtet werden, wenn in dem Mietvertrag dem Mieter ein **Vorkaufs- oder Ankaufsrecht** eingeräumt wird. In diesen Fällen führt der Verstoß gegen § 311b über § 550 S 2 hinaus grundsätzlich zur **Nichtigkeit** der gesamten Abreden der Parteien einschließlich des Mietvertrages (§ 125 S 1).[12] Anwendbar ist dann aber auch **§ 311b Abs 1 S 2,** so dass in diesem Fall (ausnahmsweise) durch Auflassung und Eintragung des Erwerbers ins Grundbuch der Formmangel des langfristigen Mietvertrages geheilt werden kann.[13] Außerdem wird hier **häufig § 139** zur Aufrechterhaltung des Mietvertrages führen, insbesondere bei Vereinbarung einer salvatorischen Klausel.[14]

4   **2.** § 550 gilt entsprechend seinem Zweck (o Rn 2) **nicht** für **Vorverträge,** weil an solche Verträge der Grundstückserwerber nach § 566 nicht gebunden ist. Formbedürftig ist dagegen die Abrede, durch die ein Vorvertrag zum endgültigen Vertrag erhoben wird.[15] Aus dem Vorvertrag ergibt sich außerdem ein Anspruch beider Parteien auf Abschluss eines derartigen formgerechten Hauptvertrages, und zwar selbst dann, wenn der Vorvertrag selbst nicht der Formvorschrift des § 550 genügt.[16] Die Begründung eines **Vormietrechts** bedarf gleichfalls nicht der Form des § 550 (s Vor § 535 Rn 46).[17]

---

6 BGHZ 176, 301, 304f Tz 14ff = NJW 2008, 2178.
7 BGHZ 81, 46, 50ff = NJW 1981, 2246; BGHZ 136, 357, 370 = NJW 1998, 58; BGHZ 176, 301, 305ff = NJW 2008, 2178.
8 BGH NJW 2010, 1518 Tz 23.
9 BGHZ 81, 46, 50 = NJW 1981, 2246; OLG Rostock NZM 2001, 27, 28.
10 BGH WM 1982, 433.
11 BGH LM Nr 45 zu § 535 BGB = WM 1970, 853, 855.
12 RGZ(GS) 72, 385, 389ff; 97, 219, 220ff; 148, 105, 108; BGH LM Nr 29 zu § 139 BGB = ZMR 1963, 206, 207; OLG Düsseldorf ZMR 2005, 194, 195.
13 RGZ 97, 219, 220ff; 103, 381, 382f; BGH WM 1967, 935, 936.
14 BGH NJW-RR 1992, 654 = WM 1992, 798, 800; NJW-RR 2004, 1596 = NZM 2004, 916; NJW 2005, 2225 = NZM 2005, 502, 503; NJW 2008, 2771 Tz 16f; ZMR 2009, 273, 274.
15 BGH LM Nr 6 zu § 566 BGB = ZMR 1962, 177; LM Nr 19 zu § 566 BGB = NJW 1970, 1596.
16 BGH NJW 2007, 1817 = NZM 2007, 445, 446 Tz 14.
17 Zur Form des Vertragsbeitritts Dritter oder zur Vertragsübernahme seitens Dritter s o § 540 Rn 24.

III. Abschluss für längere Zeit als ein Jahr

1. Die Anwendung des § 550 setzt voraus, dass der Grundstücksmietvertrag für längere 5
Zeit als ein Jahr geschlossen wird, wobei die **Jahresfrist vom vertragsgemäßen Beginn**
des Mietverhältnisses **an gerechnet** wird, nicht schon vom Vertragsabschluss ab. Nicht
maßgebend ist der Zeitpunkt der tatsächlichen Gebrauchsüberlassung.[18] Nur bei noch
nicht in Vollzug gesetzten Mietverhältnissen kommt es, weil kein anderer Zeitpunkt zur
Verfügung steht, auf den des Vertragsabschlusses an.[19] § 550 ist danach anwendbar, wenn
die Vertragsdauer vom Beginn des Mietverhältnisses ab nach dem Willen der Parteien
mindestens **einen Tag länger als ein Jahr** dauern soll. Gleich steht der Fall, dass die **Kündigungsfrist** so lange bemessen ist, dass der Vertrag erstmals für einen Zeitpunkt nach
Ablauf des ersten Mietjahres gekündigt werden kann oder wenn der Vermieter von vornherein oder nachträglich für eine längere Zeit als ein Jahr auf sein Kündigungsrecht verzichtet.[20] Ebenso behandelt werden ferner **Verlängerungsklauseln** oder **Optionen**, die dem
Mieter die Möglichkeit eröffnen, einseitig den Vertrag über ein Jahr hinaus zu verlängern.[21]

2. § 550 muss ferner beachtet werden, wenn die **Dauer** des Vertrages **von** einem 6
zukünftigen ungewissen Ereignis abhängig gemacht wird, sofern nach den Vorstellungen der Parteien der Vertrag danach auch länger als ein Jahr laufen kann. So verhält
es sich insbesondere bei **Abschluss** eines Mietvertrages **auf Lebenszeit** des Mieters (s o
§ 544 Rn 7) sowie bei Vereinbarung einer **auflösenden Bedingung**. Verträge, in denen
sich der Mieter zur Leistung eines Baukostenzuschusses oder einer **Mietvorauszahlung**
verpflichtet, bedürfen gleichfalls der Form des § 550, sofern die Zeit, während derer diese
Leistungen auf die Miete angerechnet werden, ein Jahr übersteigt, da für dieselbe Zeit
regelmäßig das ordentliche Kündigungsrecht des Vermieters ausgeschlossen ist.[22]

IV. Schriftliche Form

1. § 126 BGB. § 550 S 1 verlangt für langfristige Mietverträge **Schriftform** im Sinne 7
des § 126. Dies bedeutet, dass der Mietvertrag **von beiden Parteien eigenhändig auf
derselben Urkunde unterschrieben** werden muss (§ 126 Abs 1 und Abs 2 S 1), bei einer
Mehrheit von Beteiligten daher grundsätzlich von allen Mietern oder Vermietern.[23] Die so
umschriebene Schriftform kann nach § 126 Abs 3 nF durch die elektronische Form im Sinne
des § 126a nF sowie nach § 126 Abs 4 durch notarielle Beurkundung des Vertrags ersetzt
werden (s §§ 127a, 128), nicht jedoch durch die bloße Textform des § 126b.[24] Den Erfordernissen des § 126 ist grundsätzlich nur genügt, wenn die **Unterschriften beider** Parteien
den **gesamten Text decken**.[25] Werden über den Vertrag mehrere gleichlautende Urkunden aufgenommen, so genügt es jedoch auch, wenn jede Partei die für die andere Partei
bestimmte Urkunde unterzeichnet (§ 126 Abs 2 S 2).[26] Nicht ausreichend ist dagegen eine

---

18 *Staudinger* Rn 8.
19 *Blank/Börstinghaus* § 550 Rn 11.
20 BGH LM Nr 5 zu § 566 BGB = ZMR 1960, 144, 145; LM Nr 41 zu § 812 BGB = ZMR 1960, 141; NJW-RR 2007,
1329 = NZM 2008, 687.
21 BGH LM Nr 28 zu § 566 BGB = NJW-RR 1987, 1227; WM 1963, 172, 173 = ZMR 1963, 82, 83.
22 BGH LM Nr 41 zu § 812 BGB = ZMR 1960, 141.
23 BGH NZM 2010, 280 = ZIP 2010, 377 Tz 26.
24 *Mankowski* ZMR 2002, 481; *Staudinger* Rn 17.
25 RGZ 105, 60, 62; BGH LM Nr 30 zu § 566 BGB = NJW-RR 1990, 518; *Jacoby* NZM 2011, 1, 6 f.
26 BGHZ 176, 301, 310f Tz 34 = NJW 2008, 2178.

Volker Emmerich

„Unterzeichnung" über oder neben dem Text,[27] während es genügt, wenn eine Partei unter das schriftliche Angebot der anderen ihre Unterschrift, mit oder ohne den Zusatz „einverstanden" setzt, weil auch dann die Unterschriften beider Parteien auf derselben Urkunde den gesamten Text decken.[28] **Ändern oder ergänzen** die Parteien den beurkundeten **Text**, so werden die Änderungen und Ergänzungen durch die Unterschriften nur gedeckt, wenn sie in den ursprünglichen Text eingefügt werden.[29] Unschädlich ist es, wenn die Vertragsurkunde später **zerstört** wird; die Erfordernisse der §§ 126 und 550 müssen lediglich **im Augenblick** des Vertragsabschlusses oder der Änderungsvereinbarung erfüllt sein.[30]

8 § 126 Abs 2 S 1 verlangt die **Unterzeichnung derselben Urkunde** durch beide Parteien. Anders als bei der gewillkürten Schriftform (§ 127) genügt deshalb ein bloßer **Briefwechsel** für die Erfüllung der gesetzlich vorgeschriebenen Schriftform **nicht**.[31] Nach § 126 Abs 3 kann die schriftliche Form aber durch die **elektronische Form** im Sinne des § 126a ersetzt werden. In diesem Fall müssen nach § 126a Abs 2 beide Mietvertragsparteien ein gleich lautendes Dokument in der in § 126a Abs 1 bezeichneten Weise elektronisch signieren.[32]

9 **2. Vertreter.** Wird für eine Partei ein **Vertreter** tätig, so muss sich zumindest **aus den Umständen**, dh aus dem gesamten Inhalt der Urkunde in Verbindung mit den Umständen des Vertragsabschlusses ergeben, dass die betreffende Person als **Vertreter** und nicht selbst als Partei tätig geworden ist, weil es andernfalls an einer Unterzeichnung durch die „Vertragspartei" fehlt (§§ 126 Abs 1, 164 Abs 1 S 2 und Abs 2). Entgegen einer verbreiteten Meinung bedeutet dies aber *nicht*, dass deshalb ein ausdrücklicher „**Vertreterzusatz**" erforderlich wäre, sofern sich nur aus den Umständen die Vertretereigenschaft der betreffenden Person ergibt.[33] Wird in dem Vertrag eine natürliche Person als Partei bezeichnet und unterschreibt eine andere natürliche Person den Vertrag, so genügt bereits dies dem § 164 Abs 2, weil die fragliche Person, die unterschrieben hat, dann offenbar nur als Vertreter der anderen Person tätig geworden sein kann.[34] Davon zu trennen ist die Frage, ob der Vertreter **Vertretungsmacht** hatte. Dies spielt für die Einhaltung der Schriftform keine Rolle, da auch ein Vertreter ohne Vertretungsmacht formwirksam einen Mietvertrag abschließen kann; die zusätzlich erforderliche Genehmigung des Vertretenen ist dann formlos möglich (§§ 177, 182 Abs 1).[35]

10 **3. Personenmehrheiten[36].** Ist an dem Vertrag auf einer oder beiden Seiten eine **Gesellschaft** beteiligt, so muss sich aus der Urkunde zunächst die **genaue Bezeichnung der Gesellschaft** ergeben, wofür bei den Handelsgesellschaften grundsätzlich nur ihre

---

27 BGHZ 113, 48, 51f = NJW 1991, 487; BGH LM Nr 8 zu § 416 ZPO = NJW 1992, 829, 830; NZM 2000, 712, 713 = NJW-RR 2000, 1108.
28 BGHZ 160, 97, 102ff = NJW 2004, 2962; BGH NJW-RR 2000, 1108 = NZM 2000, 712, 713.
29 BGH LM Nr 30 zu § 566 BGB = NJW-RR 1990, 518; NJW 2009, 2195 Tz 32.
30 BGHZ 176, 301, 307 Tz 23, 311 Tz 35 = NJW 2008, 2178.
31 RGZ 59, 245, 246; 95, 83, 84; BGHZ 160, 97, 102 = NJW 2004, 2962; BGH LM Nr 45 zu § 535 BGB (Bl 2) = WM 1970, 853; LM Nr 40 zu § 566 BGB; NJW 2001, 221 = LM Nr 40 zu § 566 BGB m Anm *Emmerich*.
32 S das Signaturgesetz vom 16. Mai 2001, BGBl I S 876.
33 BGHZ 125, 175, 178f = NJW 1994, 1649; BGH NJW 2004, 1103 = NZM 2004, 97; NJW 2005, 2225 = NZM 2005, 502, 503; NJW 2007, 288, 290; NJW 2007, 288 Tz 23; NJW 2008, 3 1346 Tz 11f; NZM 2010, 280 = ZIP 2010, 377 Tz 27; NZM 2010, 319 = GE 2010, 53 Tz 15f; *Jacoby* NZM 2011, 1; *Weitemeyer* NZG 2006, 10.
34 BGHZ 176, 301, 308f Tz 28 = NJW 2008, 2178; BGH GE 2010, 53, 54 Tz 15 f.
35 BGHZ 160, 97, 105 = NJW 2004, 2962; BGH NJW 2005, 2225 = NZM 2005, 502; NJW 2007, 288, 290 Tz 23; 2008, 3346 Tz 13; GE 2010, 53 = NZM 2010, 319; *Jacoby* NZM 2011, 3; *Späth* ZMR 2011, 633 Tz 10.
36 S dazu *Staudinger* Rn 13 ff; *Emmerich*, in: FS Spellenberg (2010), 3; *Jacoby* NZM 2011, 1; *Späth* ZMR 2011,

Firma (§ 17 HGB), bei der BGB-Außengesellschaft ihr Name oder die Namen aller Gesell-schafter und bei den sonstigen Personenmehrheiten einschließlich der BGB-Innengesell-schaft die Namen der Beteiligten in Betracht kommen. Außerdem muss der Urkunde zu entnehmen sein, ob diejenigen Personen, die unterschrieben haben, die Gesamtheit der Gesellschafter bilden *oder* für diese als **Vertreter** auftreten wollen (§§ 126, 164 Abs 1 S 2).[37] Dabei muss man zwischen den Gesellschaften, für die **Registerpublizität** besteht, und den sonstigen Personenmehrheiten unterscheiden. Im ersten Fall, also bei Registerpubli-zität reicht es auf jeden Fall aus, wenn sich aus dem Vertrag eindeutig ergibt, dass er für die betreffende Gesellschaft, zB für eine GmbH, eine AG oder eine OHG abgeschlossen werden soll *und* dass die den Vertrag unterschreibende Person für diese Gesellschaft tätig werden will. Weitere Angaben sind *nicht* erforderlich, da hier aus dem Handelsregister entnom-men werden kann, ob die betreffende Person Vertretungsmacht hat oder nicht.[38] Unstreitig ist dies freilich nur, wenn nach der gesetzlichen Regelung wie bei der **OHG** und KG **Einzel-vertretungsmacht** besteht (§ 125 HGB) und einer der vertretungsberechtigten Gesellschaf-ter unterschrieben hat. Umstritten ist die Rechtslage dagegen schon wieder, wenn nach der gesetzlichen Regelung **Gesamtvertretungsmacht** der Vorstandsmitglieder oder der Geschäftsführer angeordnet ist wie insbesondere bei der **AG und** bei der **GmbH** (§ 78 Abs 2 S 1 AktG, § 35 Abs 2 GmbHG, § 25 Abs 1 GenG), da nach anderen Entscheidungen in diesem Fall derjenige Vertreter, der *allein* den Vertrag unterschreibt, dabei zugleich durch einen **Vertreterzusatz** deutlich machen muss, dass er auch für den oder die anderen Gesamtver-treter tätig wird.[39] Dieser Rechtsprechung ist nicht zu folgen: Falls lediglich *eine* Person, sei es ein Geschäftsführer oder ein Vorstandsmitglied, sei es ein sonstiger Vertreter, ohne jeden Zusatz den Vertrag für eine AG oder GmbH unterschreibt, nimmt sie damit eine Einzelvertretungsmacht in Anspruch, – womit die Schriftform gewahrt ist, mag sie nun Vertretungsmacht haben oder nicht. Mehr ist nicht erforderlich. In jedem Fall ergibt sich dann aus den Umständen mit hinreichender Deutlichkeit, dass die genannten Personen *in ausreichender Zahl* als Vertreter tätig geworden sind (§ 164 Abs 1 S 2). Auch hier muss die Frage, ob die gesetzliche Form eingehalten wurde, von der Frage getrennt werden, ob die Gesellschaft wirksam vertreten wurde, so dass jedenfalls die Form gewahrt ist, wenn von mehreren Vertretern nur einer den Vertrag ggf mit Zusatz unterschreibt.[40]

Weitergehende Anforderungen gelten nach einer verbreiteten Meinung auch für die **10a** **BGB-Außengesellschaft** wegen der hier fehlenden Registerpublizität. Mit Rücksicht darauf ist nach hM das Schriftformerfordernis bei Abschluss eines langfristigen Mietver-trages nur erfüllt, wenn **entweder alle Gesellschafter** den Mietvertrag unterschreiben *oder* sich aus einem **Zusatz zu der Unterschrift eines oder einzelner Gesellschafter** oder sonst aus der Urkunde ergibt, dass diese zugleich als Vertreter für die anderen Mitge-sellschafter tätig werden.[41] Diese Rechtsprechung überzeugt *nicht*[42] Denn sie trennt nicht

---

633; *Weitemeyer* NZG 2006, 10; *dies* in: GedSchr Sonnenschein (2003) 431, 446ff; dies ZMR 2004, 153; 2006, 10.

37 *Staudinger* Rn 13f; *Emmerich*, in: FS Spellenberg (2010), 3.
38 BGHZ 176, 301, 308 f Tz 28 = NJW 2008, 2178; BGH NJW 2005, 2225 = NZM 2005, 502, 503; NJW 2007, 3346 Tz 11; KG ZMR 2007, 962.
39 BGH NJW 2010, 1453 = NZM 2010, 82 Tz 18f; s dazu *Günter* WuM 2012, 587, 588 f; *Kuckein* NZM 2010, 148.
40 BGHZ 176, 301, 309 Tz 29, 31; BGH NJW 2007, 3346 = ZIP 2007, 2079, 2080f Tz 13.
41 BGH NJW 2003, 3053 = NZM 2003, 801, 802; ZIP 2003, 667, 669f; NJW 2004, 1103 = NZG 2004, 97; NJW 2007, 3346 Tz 12; NZM 2010, 280 = ZIP 2010, 377 Tz 27; OLG Jena NZG 2008, 572, 574; OLG Hamm NZM 2011, 584; s dazu *Staudinger* Rn 13c mN.
42 Ebenso OLG Koblenz WuM 2012, 616 = ZMR 2013, 33; *Späth* ZMR 2011, 633; *Schultz*, in: FS Bub 377, 390 f;

Volker Emmerich

in der gebotenen Weise zwischen der bloßen *Verlautbarung* des Handelns als Vertreter und dem *Bestehen* von Vertretungsmacht. Für die Erfüllung der Formvorschrift der §§ 126 und 550 kommt es nur auf das Erstere, d.h. die bloße Verlautbarung des Handelns als Vertreter, an; und dieses Erfordernis ist in den fraglichen Fällen in der Regel offenbar erfüllt. – Bei sonstigen **Personenmehrheiten**, insbesondere bei einer Erbengemeinschaft oder auch bei Eheleuten ist darüber hinaus zu fordern, dass sämtliche Mitglieder der Personenmehrheit im Vertrag genannt werden und außerdem klargestellt wird, dass die unterzeichnende Person für diese Mitglieder der Personenmehrheit tätig wird.[43] Ein Mietvertrag kann daher nicht „im Namen" einer **Erbengemeinschaft**, sondern immer nur im Namen der, dh aller Miterben abgeschlossen werden.[44] Eine zusammenfassende **Bezeichnung** mehrerer Erben als „Erbengemeinschaft X" genügt dagegen nicht den Erfordernissen der §§ 126 und 550;[45] im Vertrag müssen vielmehr als Partei sämtliche Miterben bezeichnet werden (§§ 126, 164).[46] Daraus folgt zugleich, dass der Vertrag entweder **von allen** Miterben oder **von einzelnen** Miterben **unter** Offenlegung ihrer Vertretereigenschaft (so genannter **Vertreterzusatz**) unterschrieben werden muss.[47] Entsprechendes gilt für sonstige Personenmehrheiten ohne eigene Rechtspersönlichkeit und damit insbesondere für **Eheleute**.[48] Zu beachten ist, dass es auch hier nicht darauf ankommt, ob die (ordnungsgemäß verlautbarte) Vertretungsmacht tatsächlich besteht.

11   **4. Annahmeerklärung.** Bei Erklärungen unter Abwesenden muss man zwischen der **Abgabe** und dem **Zugang** der Willenserklärung unterscheiden (§ 130). Das Schriftformerfordernis des § 550 S 1 gilt für beides, auch für den Zugang der Willenserklärung,[49] so dass zB ein **Telegramm** oder ein Telefax dem gesetzlichen Schriftformerfordernis nicht genügt.[50] Wenn eine Partei die von ihr unterschriebene Erklärung der anderen zusendet, kommt folglich der **Vertrag** nicht bereits durch Unterzeichnung seitens der anderen Partei, sondern **erst durch Zugang** dieser zweiten formgerechten Erklärung bei der antragenden Partei binnen der Frist des § 147 **zustande**, wenn nicht § 151 eingreift.[51] Daraus ergeben sich erhebliche Schwierigkeiten in den Fällen der **modifizierten oder verspäteten Annahme** eines formgerechten Antrages auf Abschluss eines Mietvertrage, weil dann nämlich das Gesetz von einem *neuen* Angebot ausgeht (§§ 147 Abs 2, 150).[52] Man muss wohl unterscheiden: Was zunächst eine **modifizierte Annahme** angeht, so tendiert die Rechtsprechung hier offenbar dahin, erneut einen formgerechten Vertragsabschluss iSd §§ 126

Weitemeyer NZG 2006, 10 mNw; dagegen wie die Rechtsprechung offenbar *Jacoby* NZM 2011, 1; *Neuhaus* ZMR 2011, 1.
43 BGHZ 125, 175, 178f = NJW 1994, 1649; BGH NJW 2002, 3389 = NZM 2002, 950, 952; NZM 2006, 699 Tz 2; 2007, 26.
44 BGH NJW 2006, 3715 = NZM 2006, 944.
45 BGH NJW 2006, 140, 141 Tz 19 = NZM 2006, 104.
46 BGH NJW 2002, 3389 = NZM 2002, 950 = WuM 2002, 601; NJW 2006, 1385 = NZM 2006, 699 Tz 23; *Schultz*, in: FS Bub, 377, 389.
47 BGHZ 176, 301, 308 Tz 25f = NJW 2008, 2178.
48 S Vorb § 535 Rn 39ff; BGHZ 125, 175, 178f = NJW 1994, 1649; BGH NZM 2010, 280 = ZIP 2010, 377 Tz 28; LG Hamburg ZMR 2009, 535, 536.
49 RGZ 61, 414, 415; BGHZ 160, 97, 101 = NJW 2004, 2962; BGH LM Nr 7 zu § 566 BGB = NJW 1962, 1388; OLG Dresden ZMR 1999, 104, 105; *Emmerich* NJW 1980, 1363, 1366.
50 BGHZ 121, 224, 229ff = NJW 1993, 1126.
51 BGHZ 40, 255, 261 = NJW 1964, 395; BGHZ 160, 97, 101 = NJW 2004, 2962.
52 S dazu *Dillberger/Dorner* ZMR 2011, 263; *Dittert*, in: 10 Jahre Mietrechtsreformgesetz, 2011, 401; *Jacoby* NZM 2011, 1; *Lindner-Figura*, in: FS Blank, 301; *Pleister/Ehrich* ZMR 2009, 818; *Schultz*, in: FS Bub, 377; *ders* NZM 2007, 509.

und 550 zu verlangen, so dass der andere Vertragsteil der modifizierten Annahme **nur unter Beachtung des § 126 zustimmen** kann, während eine bloße konkludente Zustimmung dazu führt, dass dem Vertrag fortan die erforderliche Schriftform fehlt.[53] Das ist keinesfalls zwingend, sondern im Gegenteil durchaus zweifelhaft.[54] Anders auf jeden Fall bei **verspäteter Annahme.** Hier genügt auch eine konkludente Annahme des neuen Antrags, der in der verspäteten, aber formgerechten Annahme liegt (§ 150 Abs 1), weil dann nämlich in der Tat eine den §§ 126 und 550 entsprechende Urkunde über einen wirksamen Vertrag vorliegt. Mehr ist nach dem Zweck des § 550 (Rn 2) nicht erforderlich.[55] Ist der Vertrag zunächst formlos abgeschlossen worden, so können die Parteien die **Beurkundung** jederzeit nach Vertragsabschluss **nachholen** (s u Rn 31). Der Vertrag gilt dann von Anfang an als in der gesetzlich vorgeschriebenen Form abgeschlossen.[56]

V. Einheitlichkeit der Urkunde

1. Aus § 126 Abs 2 S 1 (Unterzeichnung „auf derselben Urkunde") wird das Erfordernis **12** der sogenannten Einheitlichkeit der Urkunde gefolgert. Dies bedeutet, dass die **eine** von den Parteien unterzeichnete **Urkunde** (Rn 11) grundsätzlich **alle wesentlichen Abreden** der Parteien enthalten muss.[57] Diesem Erfordernis ist auf jeden Fall genüge getan, wenn der Vertrag aus einem einzigen Blatt besteht, das alle wesentlichen Abreden enthält und das von beiden Parteien unterschrieben ist (§§ 550 S 1, 126 Abs 2 S 1). Auf der anderen Seite ist das Schriftformerfordernis ebenso sicher verletzt, wenn die Parteien den Vertragstext auf mehrere Urkunden aufteilen, die in keinem Zusammenhang stehen.[58] Die Einzelheiten sind jedoch umstritten:

2. Wenn der Vertrag aus **mehreren Blättern** besteht und die Parteien die Urkunde **13** erst auf dem letzten Blatt am Ende des Textes unterschreiben, reicht es für die Annahme der Einheitlichkeit der Urkunde ferner (unstr) aus, wenn die „losen Blätter" entsprechend dem Willen der Parteien **körperlich fest verbunden** sind, insbesondere durch Heften oder Leimen.[59] Ebenso ausreichend ist es aber auch, wenn die **Einheit** der aus mehreren losen Blättern bestehenden Urkunde **auf andere Weise** als durch feste körperliche Verbindung der Blätter **sichergestellt** ist, wobei insbesondere an eine fortlaufende Paginierung der Seiten, eine durchlaufende Nummerierung des Textes und ähnliche Merkmale zu denken ist (sog **Loseblatt-Rechtsprechung**).[60] Schließen die Parteien gleichzeitig **mehrere Verträge ab**, die jedoch nach ihrem Willen zusammen den (einen) Mietvertrag bilden sollen (§ 139), so muss auch in diesem Fall die unverzichtbare Einheitlichkeit der Urkunde

53 BGHZ 160, 98 = NJW 2004, 2962; insb BGH LM Nr 40 zu § 566 = NJW 2001, 221.
54 S *Staudinger* Rn 14a.
55 BGH NJW 2010, 1518 = GE 2010, 614 Tz 22ff.
56 BGHZ 160, 97, 101 = NJW 2004, 2962; *Lindner-Figura*, in: FS Blank (2006), 301, 320; *Wichert* ZMR 2006, 257.
57 S BGHZ 176, 301, 306 Tz 18 = NJW 2008, 2117; *Bernath* Formbedürftige Rechtsgeschäfte (1979) 84, 129 ff; *Neuhaus* ZMR 2011, 1 ff.
58 BGH NJW 2005, 2225 = NZM 2005, 502, 503.
59 RGZ 105, 289, 292; BGHZ 40, 255, 2623ff = NJW 1964, 395; BGHZ 50, 39, 41 = NJW 1968, 1229.
60 BGHZ 136, 357, 368ff = NJW 1998, 58; BGHZ 142, 158, 160f = NZM 1999, 761; BGHZ 154, 171, 178 = NJW 2003, 2158; BGHZ 176, 301, 306 Tz 20 = NJW 2008, 2117; BGH NJW 2005, 884, 885; NJW 2005, 2225 = NZM 2005, 502, 503; NJW 2008, 2181 Tz 24; 2009, 2195 Tz 22.

Volker Emmerich

(wenigstens) durch **wechselseitige Bezugnahme** oder durch andere, eine zweifelsfreie Zuordnung ermöglichende, äußere oder inhaltliche Merkmale hergestellt werden.[61]

14   **3.** Bei **Anlagen** zu dem Mietvertrag muss man zwei Fallgestaltungen unterscheiden: Überhaupt **keine Bedeutung hat § 550 S 1** für solche Anlagen, die wie insbesondere **Grundstücks- und Baupläne** die **Abreden** der Parteien lediglich verdeutlichen, **konkretisieren** oder präzisieren, *vorausgesetzt*, dass schon alle wesentlichen Abreden in der dem Schriftformerfordernis genügenden, von den Parteien unterschriebenen, einheitlichen Urkunde (o Rn 12) enthalten sind *und* die Bezugnahme eindeutig ist, so dass gegebenenfalls die Mietsache, zB die Lage der vermieteten Räume in einem erst noch zu errichtenden Gebäude, *bereits anhand des Vertrages*, dh *ohne* Zuhilfenahme der in Bezug genommenen *Anlagen* ermittelt werden könnte. Dasselbe gilt für solche Anlagen, durch die die bereits im Vertrag auf den Mieter abgewälzten **Nebenkosten** weiter **präzisiert** und Einzelheiten der Abrechnung festgelegt werden, sowie für eine **Hausordnung**, in der nur Nebensächlichkeiten geregelt sind.[62]

15   **Anders** werden dagegen **Anlagen** behandelt, **die** so genannte **wesentliche Vertragsbestimmungen enthalten**, wobei insbesondere an die Abreden über die Parteien, den Gegenstand, die Vertragsdauer und die Höhe der Miete zu denken ist. Für solche Anlagen bleibt es bei dem **Erfordernis der Einheitlichkeit der Urkunde**, woraus heute jedoch nicht mehr auf die Notwendigkeit einer körperlichen Verbindung des Vertrages und der Anlagen geschlossen wird; vielmehr genügen auch insoweit **andere Umstände, aus denen** sich zweifelsfrei die **Einheitlichkeit** des Vertrags und der Anlagen ergibt,[63] so dass es grundsätzlich **ausreicht**, wenn in dem Vertrag eindeutig auf bestimmte, klar bezeichnete Anlagen **Bezug genommen** wird **oder** wenn sich die Einheitlichkeit von Vertrag und Urkunde aus **anderen Umständen** (zweifelfrei) ergibt, wobei vor allem an eine durchlaufende Paginierung der Seiten oder an eine fortlaufende Nummerierung des Textes zu denken ist; gleich steht der Fall, dass die im Vertrag in Bezug genommenen Anlagen zusätzlich von den Parteien unterschrieben oder doch paraphiert werden.[64] Die **Bezugnahme** muss aber **eindeutig** sein; die Anlagen müssen mit anderen Worten in der Haupturkunde so eindeutig bezeichnet werden, dass eine **zweifelsfreie Zuordnung** möglich ist, während eine **Rückverweisung** aus den Anlagen auf die Haupturkunde entbehrlich ist.[65] Sind diese Voraussetzungen erfüllt, so bedarf es insbesondere nicht einer zusätzlichen Unterzeichnung oder Paraphierung der Anlagen.[66] Je nach den Umständen des Falles kann es aber auch genügen, wenn lediglich die Anlagen von den Parteien unterschrieben werden.[67] *Nicht* ausreichend ist es dagegen zB, wenn in dem Vertrag auf nicht näher bezeichnete (beliebige) „Anlagen" (welche?) Bezug genommen wird.[68] oder wenn

61 BGH NJW 2005, 2225 = NZM 2005, 502, 503.
62 BGHZ 142, 158, 161ff = NJW 1999, 2591; BGHZ 176, 301, 306 Tz 18 = NJW 2008, 2178; BGH NZM 2002, 823 = NJW-RR 2002, 1377; NJW 2005, 884, 885; *Lindner-Figura*, in: FS Blank (2006), 301, 309; *Schultz*, in: FS Blank (2006), 377, 397; *Treier* in: Gedschr Sonnenschein, S 141, 145ff.
63 S o Rn 12; BGHZ 176, 301, 306 Tz 20; BGH NZM 2005, 61, 62 = WuM 2004, 666, 667; NJW 2005, 884, 885; NJW 2007, 288 Tz 25; NZM 2007, 399 Tz 20; NJW 2008, 2 1181 Tz 24; NJW 2009, 2195 Tz 22; GE 2010, 973 Tz 21f; *Neuhaus* ZMR 2011, 1.
64 BGH LM Nr 34 zu § 566 BGB = NJW 1999, 1104 = NZM 1999, 310; LM Nr 38 zu § 566 BGB = NJW 2000, 354; NZM 2000, 907, 908; 2001, 43, 44; 2001, 1077, 1078; 2002, 20; NZM 2003, 281 = NJW-RR 2003, 1248; NZM 2005, 61, 62 = WuM 2004, 666, 667.
65 BGH NJW 2003, 1248 = NZM 2003, 281, 282; WuM 2004, 151, 152; NZM 2005, 61, 62 = WuM 2004, 666, 667.
66 BGH NZM 2005, 61, 62 = WuM 2004, 666, 667.
67 KG KGR 1998, 154; 1998, 405; GE 1999, 569; ZMR 1999, 705, 706.
68 BGH NZM 2007, 399 = WuM 2007, 272, 273f Tz 21.

die in Bezug genommenen Urkunden dem Vertrag tatsächlich gar nicht beigefügt sind, so dass im Augenblick des Vertragsabschlusses keine vollständige, den §§ 126 und 550 entsprechende Urkunde vorlag; die spätere einseitige Beifügung beliebiger Anlagen ist ohne Bedeutung.[69] Eine fortlaufende Paginierung des Vertrags und der Anlagen ist ferner nicht ausreichend, wenn nicht klar wird, wo der Vertrag aufhört und welche Anlagen überhaupt zu dem Vertrag gehören.[70] – Bei Erklärungen unter **Abwesenden** müssen die Anlagen (als Teil der Willenserklärung) zusammen mit dieser dem anderen Vertragsteil zugehen (§ 130), wenn nicht ein Fall des § 151 vorliegt.[71]

VI. Umfang

1. Grundsätzlich alle Abreden. Das Erfordernis der Schriftform (§ 550 S 1 in Verb **16** mit § 126) gilt grundsätzlich für **sämtliche Abreden**, aus denen sich nach dem Willen der Parteien der Vertrag zusammensetzen soll, dh für den **gesamten Vertragsinhalt** einschließlich aller Nebenabreden, weil und sofern für einen etwaigen Grundstückserwerber bedeutsam sind. Zu den Punkten, die hiernach in aller regel (zu etwaigen Ausnahmen s Rn 17) beurkundet sein müssen, gehören insbesondere die Festlegung der **Vertragsparteien**,[72] die Abreden über **Gegenstand** und **Dauer** des Vertrages,[73] die Vereinbarungen über die Höhe der **Miete**,[74] eine vom Gesetz abweichende Regelung der **Fälligkeit** der beiderseitigen Leistungen,[75] der **Verzicht** des Vermieters **auf** einen der gesetzlichen **Kündigungsgründe**,[76] die Einräumung einer Verlängerungsoption und die Bedingungen der Ausübung der Option,[77] eine etwaige Zusicherung von Eigenschaften[78] sowie die *generelle* Erlaubnis oder das generelle Verbot der **Untervermietung** im Gegensatz zur Erlaubnis der Untervermietung im Einzelfall, die stets formlos möglich ist (s o § 540 Rn 6), schließlich noch der Eintritt eines neuen Mieters so wie die Fortgeltung des Vertrages bei Austausch des Mietobjekts.[79] **Ausreichend** ist aber die bloße **Bestimmbarkeit** dieser Punkte anhand der Urkunde nach den üblichen Auslegungsregeln (u Rn 19). Auch hinsichtlich des **Vertragsgegenstandes** ist die erforderliche Schriftform gewahrt, wenn der Gegenstand des Vertrages, das sogenannte **Mietobjekt**, zumindest im Wege der Auslegung anhand der Vertragsurkunde, und zwar im Augenblick des Vertragsabschlusses bzw. der Errichtung der Urkunde, gegebenenfalls in Verbindung mit weiteren Umständen, *bestimmbar* ist. Dazu gehören bei der Vermietung eines Grundstücks die genaue Angabe der **Größe und** der **Lage** des Grundstücks sowie ggf die genaue Bezeichnung der vermieteten **Räume**; fehlt es daran sowohl im Vertrag wie in den wirksam in Bezug genommenen Anlagen, so ist die gesetzliche Schriftform nicht gewahrt.[80] Das gilt auch für die **mitver-**

---

69 BGH NZM 2007, 127, 128f Tz 24f = NJW 2007, 288; OLG Düsseldorf ZMR 2011, 629.

70 BGH NZM 2003, 281 = NJW-RR 2003, 1248; OLG Dresden ZMR 1998, 420.

71 BGHZ 160, 97, 101 = NJW 2004, 2962; BGH NZM 2000, 866 (l Sp); s o Rn 9.

72 BGH NJW 2002, 3389, 3391 = NZM 2002, 950; NZM 2006, 139; GE 2010, 614 Tz 11.

73 BGH NJW-RR 2002, 1377 = NZM 2002, 823; NJW 2006, 139; insbes NJW 2007, 288, 290; NZM 2010, 704 Tz 21ff; NZM 2012, 704 Tz 21.

74 BGH LM Nr 2 zu § 566 BGB = NJW 1954, 425; LM Nr 1 zu § 567 BGB = NJW 1958, 2062.

75 BGH NJW 2008, 365, 366 Tz 12ff = NZM 2008, 84.

76 BGH NJW 2007, 1742 = NZM 2007, 399 Tz 20; NZM 2012, 502 Tz 3.

77 KG GE 2007, 1486; *Börstinghaus*, in: 10 Jahre Mietrechtsreformgesetz, 2011, S. 377, 379.

78 RG JW 1937, 675, 676 Nr 2.

79 BGH NZM 2012, 502 Tz 3.

80 BGH NJW 2006, 140, 141 Tz 20f = NZM 2006, 104; WuM 2007, 290, 191 Tz 19 = NJW 2007, 1661 = NZM 2007, 362; NJW 2009, 2195, 2196 f Tz 26 = NZM 2009, 515; NZM 2010, 704 Tz 21; 2012, 502 Tz 6.

Volker Emmerich

mieteten Räume wie insbesondere Kellerräume, Stellplätze und Garten.[81] Freilich kann die nähere Bestimmung etwa der vermieteten Kellerräume (unter mehreren in Betracht kommenden Räumen) ebenso wie die der Parkflächen oder einer Garage nach § 315 (als bloße Nebensache, Rn 17) auch dem Vermieter überlassen werden; es reicht daher aus, wenn sich die Parteien lediglich über die Zuweisung eines (beliebigen) Kellerraumes oder eines Parkplatzes oder einer Garage durch den Vermieter einig sind.[82]

16a   Es genügt ferner, wenn ein etwaiger Grundstückserwerber **anhand des Vertrages in Verbindung mit** ordnungsgemäß in Bezug genommenen **Anlagen** und den tatsächlichen Verhältnissen **feststellen** kann, welches Grundstück und welche Räume tatsächlich vermietet sind.[83] Nimmt der Vertrag auf Pläne oder Grundrisse Bezug, die tatsächlich *nicht* beigefügt sind, so ist auch dies unschädlich, wenn sich aus der Vertragsurkunde bereits mit hinreichender Deutlichkeit die vermieteten Räume ergeben, während die in Bezug genommenen Anlagen lediglich Beweiszwecken dienen sollten.[84] Aus dem Gesagten haben sich insbesondere bei der vieldiskutierten **„Vermietung vom Reißbrett"** gleich in mehrerer Hinsicht Probleme ergeben.[85] Auch hier gilt, daß der **Vertragsgegenstand**, das Mietobjekt, anhand der Vertragsurkunde in Verbindung mit etwaigen Anlagen und den späteren tatsächlichen Verhältnissen für einen etwaigen Grundstückserwerber zumindest **bestimmbar** sein muss, so dass zB die bloße Angabe der Größe der vermieteten (zukünftigen) Räume ebensowenig wie sonstige unbestimmte Angaben den §§ 550 und 126 genügen.[86] In aller Regel wird aber hinsichtlich der bloßen Bestimmbarkeit der Räume ausgesprochen großzügig verfahren. Die Parteien hindert in diesem Fall auch nichts, eine bestimmte **Vertragsdauer vom „Übergabetermin"** an zu vereinbaren.[87] Denn zu den Essentialia des Vertrags, deren Beurkundung unabdingbar ist, gehören schließlich noch der **Beginn und** die **Dauer** des Vertrages einschließlich eines etwaigen Verzichts des Vermieters auf einzelne Kündigungsgründe.[88]

17   **2. Ausnahmen.** Ausgenommen von dem Schriftformerfordernis werden – in erster Linie aus praktischen Überlegungen – **Abreden** der Parteien, die sich mittlerweile **erledigt** haben, sowie Abreden **über** (für sie) **unwesentliche Punkte.** Das wird insbesondere angenommen, wenn die fraglichen Abreden im Kern nicht über das hinausgehen, was bereits im Vertragstext selbst seinen Niederschlag gefunden hat, sowie für Bestimmungen, die den Inhalt nicht modifizieren, sondern lediglich erläutern oder veranschaulichen oder die doch nur von vorübergehender Bedeutung sind.[89] **Beispiele** sind Abreden über Punkte, die sich bereits aus dem Gesetz ergeben wie zB die Mitvermietung des Zubehörs analog § 314 BGB,[90] oder über Punkte, deren Gültigkeitsdauer **weniger als**

---

81 OLG Rostock NZM 2008, 646 = NJW 2009, 445.
82 BGH WuM 2008, 290, 291 Tz 19ff = NJW 2008, 1661 = NZM 2008, 362; OLG Frankfurt ZMR 2007, 532, 533; *Neuhaus* ZMR 2011, 1, 6.
83 BGH NJW 2009, 2195, 2196 Tz 26; OLG Rostock NJW 2009, 445 = NZM 2008, 646 f.
84 BGH ZMR 2009, 273 = NZM 2009, 198.
85 S *Ahlt*, in: 10 Jahre Mietrechtsreformgesetz, 372; *Boettcher/Menzel* NZM 2006, 284; *Günter* WuM 2012, 687; *Hau* DWW 2008, 82; *Neuhaus* ZMR 2011, 1, 5 ff; *Schede/Rösch* NZM 2005, 447.
86 BGH NZM 2010, 704 Tz 21 ff; KG NZM 2007, 248.
87 BGH NJW 2006, 139, 140f Tz 10f; NJW 2007, 1812 Tz 12; NJW 2007, 3273 Tz 20ff; NJW 2009, 2195 Tz 28; NJW 2010, 1518 Tz 11.
88 BGH NJW 2007, 1742 = NZM 2007, 399 = WuM 2007, 292, 293 Tz 18; NJW 2010, 1518 = GE 2010, 614 Tz 11.
89 BGHZ 142, 158, 161f = NJW 1999, 2591; BGHZ 161, 241, 245 = NJW 2005, 884; BGH LM Nr 37 zu § 566 BGB (Bl 2) = NJW 1999, 3257; LM Nr 38 zu § 566 BGB = NJW 2000, 354; NJW 2005, 884, 885; KG NZM 2005, 457, 458.
90 BGH LM Nr 38 zu § 566 BGB = NJW 2000, 354.

ein Jahr beträgt,[91] ferner Abreden über **einmalige Leistungen** bei Vertragsabschluss als bloße Gegenleistung für die Bereitschaft zum Vertragsabschluss, es sei denn, die betreffende Leistung stelle in Wirklichkeit die Miete dar,[92] sowie schließlich noch **Abreden mit Dritten** aus Anlass des Vertragsabschlusses oder der Veräußerung des Grundstückes.[93] **Formlos** möglich sind ferner **selbständige Nebenabreden**, die nach dem Willen der Parteien keinen Bestandteil des Mietvertrages bilden sollen.[94] Jederzeit formfrei möglich ist ferner die **Abrede nachträglicher Beurkundung** des zunächst formlos abgeschlossenen Vertrages.[95]

3. Auslegung. Sind die wesentlichen Bestimmungen beurkundet worden, so ist eine **18** Auslegung des Vertrags aufgrund anderer Urkunden oder mündlicher Abreden der Parteien zulässig, sofern nur der Wille der Parteien **in der Urkunde andeutungsweise zum Ausdruck gelangt** ist, sodass der Inhalt der wesentlichen Abreden der Parteien anhand der Urkunde in Verb mit weiteren Umständen zumindest **bestimmbar** ist, hinsichtlich des **Mietobjekts** gegebenenfalls sogar erst in Verbindung mit den tatsächlichen Verhältnissen.[96] Fehlt es auch hieran, so ist die Schriftform nicht eingehalten, zB wenn der Vertrag **widersprüchliche Angaben** über die Vertragsdauer enthält und sich nicht klären lässt, welche Abrede den Vorrang haben soll.[97]

VII. Änderungen und Ergänzungen des Vertrages

1. Das Erfordernis der Schriftform (§§ 550 S 1 und 126 Abs 2) gilt für sämtliche (wesent- **19** lichen) Abreden der Parteien, aus denen sich nach ihrem Willen der Vertrag zusammensetzen soll (s o Rn 17f). Deshalb bedürfen Ergänzungen oder Änderungen des Mietvertrages gleichfalls der **Schriftform, sofern** sie für die Parteien **wesentliche Punkte** betreffen. Den Gegensatz bilden **unwesentliche Änderungen**, dh Änderungen, die bloße Nebenpunkte ohne Gewicht betreffen und insbesondere für einen etwaigen Grundstückserwerber, der in dem Mietvertrag eintreten muss (§ 566), allenfalls von marginaler Bedeutung sind.[98] Eine **Abgrenzung** ist nur von Fall zu Fall möglich.[99]

Zu den **wesentlichen Änderungen** in dem genannten Sinne (o Rn 19) gehören außer **20** dem **Eintritt eines neuen Mieters** neben oder anstelle des bisherigen Mieters (s o § 540 Rn 23ff) **zB** noch eine **Verlängerung** des Vertrages über ein Jahr hinaus,[100] die Erhöhung oder Herabsetzung der **Miete**, jedenfalls wenn die Änderung mehr als 10 % beträgt,[101] die

---

91 In diesem Sinne wohl BGHZ 163, 27, 29ff = NZM 2005, 456, 457.
92 RGZ 123, 171, 173; BGH LM Nr 1 zu § 567 BGB = NJW 1958, 2062; OLG Hamm NZM 1998, 720, 721.
93 BGH LM Nr 3 zu Abbaugesetz = NJW 1966, 250.
94 BGH LM Nr 1 zu § 1136 BGB (Bl 2R) = MDR 1966, 756.
95 RGZ 104, 131, 132f; BGH LM Nr 11 zu § 566 BGB = WM 1964, 184 = ZMR 1964, 79; *Schlemminger* NJW 1992, 2249, 2255; *Häsemeyer* Form, 114ff; *Wichert* ZMR 2006, 257; s u Rn 32.
96 S o Rn 16; BGH LM Nr 2 zu § 566 BGB = NJW 1954, 425; LM Nr 7 zu § 126 BGB = ZMR 1969, 339, 340; NJW 2006, 139, 140 Tz 7ff; NJW 2006, 140f = NZM 2006, 104; OLG München ZMR 2009, 611, 612.
97 OLG Köln WuM 1999, 521 = ZMR 1999, 760; OLG Rostock ZMR 2001, 27, 29 = NZM 2001, 426.
98 BGHZ 99, 54, 58 = NJW 1987, 948; BGHZ 161, 241, 244f = NJW 2005, 884; BGHZ 163, 27, 29ff = NZM 2005, 456.
99 S *Börstinghaus*, in: 10 Jahre Mietrechtsreformgesetz, 377.
100 RGZ 105, 60, 62; BGH WM 1963, 172, 173 = ZMR 1963, 82, 83; NJW-RR 1992, 654 = WM 1992, 798; KG GE 1995, 812.
101 BGHZ 50, 39, 44 = NJW 1968, 1229; BGH WM 1970, 1480; OLG Karlsruhe GE 2001, 694; KG NZM 2005, 457, 458; OLG Jena NZM 2008, 572, 575f.

Volker Emmerich

Umstellung der Umsatzpacht auf Festpacht,[102] jede Änderung der **Mietfläche oder** des **Vertragsbeginns,**[103] die Änderung der Fälligkeit der Miete zum Nachteil des Mieters,[104] die Zusammenfassung verschiedener Räume in einem neuen einheitlichen Mietvertrag[105] sowie schließlich die **Anpassung** des Vertrages an veränderte Verhältnisse, die nachträgliche Zusicherung von Eigenschaften, die nachträgliche generelle Erlaubnis der Untervermietung und die Änderung der Abreden über die Grenzen des vertragsgemäßen Gebrauchs. Den Gegensatz bilden **kurzfristige und unwesentliche Änderungen**, die in aller Regel auch formlos möglich sind, ohne dass der Vertrag dadurch die nötige Schriftform einbüßte (u Rn 21ff).

21   **2. Formlos** möglich sind dagegen alle **unwesentlichen** Änderungen, insbesondere **kurzfristige Änderungen** des Vertrags, dh solche, deren Laufzeit nicht über ein Jahr hinausgeht.[106] Gleich steht eine Herabsetzung der Miete, die der Vermieter jederzeit widerrufen kann,[107] und zwar einfach deshalb, weil dann auch ein etwaiger Grundstückserwerber an die Mietsenkung nicht gebunden ist (§ 566). Eine bereits **erfolgte Kündigung** kann *während des Laufs* der Kündigungsfrist noch formlos von den Parteien *rückgängig* gemacht werden, während nach Eintritt der Kündigungswirkung nur noch der Abschluss eines *neuen* Vertrages in Betracht kommt, wenn auch schuldrechtlich möglicherweise mit Rückwirkung, wofür § 550 gilt.[108]

22   Beispiele für **unwesentliche Änderungen** sind ferner eine geringfügige Erweiterung der vermieteten Räume, eine nicht ins Gewicht fallende Erhöhung der Miete,[109] der Verzicht auf Gewährleistungsansprüche wegen eines bestimmten, bereits eingetretenen Mangels[110] sowie die Änderung sonstiger Nebenpunkte,[111] außerdem ein Vergleich über Mietrückstände[112] sowie die **nachträgliche Aufhebung** des gesamten Mietvertrages,[113] während eine *partielle* Aufhebung des Vertrages auf eine Änderung des Vertragsinhalts hinausläuft und deshalb formbedürftig ist.

23   **Formlos** möglich sind außerdem zB noch die nachträgliche Verpflichtung des Vermieters, nach Ablauf des Vertrages mit dem Mieter einen neuen Mietvertrag abzuschließen,[114] sowie die Vereinbarung einer Ersatzmieterklausel.[115] Die Schriftform ist ferner entbehrlich für solche Abreden der Parteien, an die der Erwerber, weil sie keinen Bestandteil des Mietvertrages bilden, nach § 566 nicht gebunden ist.[116]

24   **3.** Soweit nach dem Gesagten für Änderungen und Ergänzungen des Vertrages das **Schriftformerfordernis** des § 550 S 1 gilt (o Rn 19ff), reicht es zur Erfüllung des Schrift-

---

102 OLG München NJW 1963, 1619.
103 BGHZ 99, 54, 58f = NJW 1987, 948; OLG Düsseldorf GE 2003, 251; OLG Brandenburg NZM 2008, 406.
104 BGH NJW 2008, 365, 366 Tz 12 ff = NZM 2008, 84.
105 LG Stuttgart ZMR 2012, 959.
106 OLG Hamburg OLGR 2003, 153; wohl auch BGHZ 163, 27 = NZM 2005, 456, 457.
107 BGHZ 163, 27 = NZM 2005, 456, 457.
108 BGHZ 139, 123, 128f = NJW 1998, 2664.
109 KG NZM 2005, 457, 458.
110 BGHZ 163, 27 = NZM 2005, 456, 457.
111 BGHZ 99, 54, 58 = NJW 1987, 948; BGH LM Nr 38 zu § 566 BGB = NZM 2000, 36, 39 = NJW 2000, 354; OLG Düsseldorf NJW-RR 2002, 1451 = NZM 2002, 824.
112 RG HRR 1934 Nr 1014.
113 RGZ 108, 105, 107f; BGHZ 65, 49, 55 = NJW 1975, 1653; BGH WM 1981, 121, 122.
114 RG WarnR 1919 Nr 163, S 252, 253.
115 OLG Düsseldorf ZMR 2002, 510 = NJW-RR 2002, 1451 = NZM 2002, 824.
116 BGH NJW-RR 1992, 654 = WM 1992, 798.

formerfordernisses aus, wenn die **Zusatzabrede** deutlich **auf** den **Ursprungsvertrag Bezug nimmt,** vorausgesetzt, dass sie ihrerseits den Anforderungen der §§ 550 S 1 und 126 genügt **und** außerdem durch die Bezugnahme **klargestellt** wird, dass es *im Übrigen* bei dem ursprünglichen Vertrag verbleiben soll. Setzt sich der ursprüngliche Vertrag aus **mehreren Urkunden** zusammen, so muss freilich in der Zusatzabreden lückenlos auf alle danach maßgeblichen Urkunden verwiesen werden; fehlt in der Bezugnahme eine wesentliche Urkunde, so wird das Schriftformerfordernis verfehlt.[117] Ausreichend ist es dagegen wieder, wenn der **Zusatzvertrag selbst** bereits alle wesentlichen Abreden der Parteien enthält.[118] Besonderheiten gelten für so genannte **reine Verlängerungsverträge**, deren Inhalt sich auf die Verlängerung der Laufzeit des ursprünglichen Vertrages beschränkt; bei derartigen Verträgen beschränken sich die Folgen eines Formverstoßes (§ 550 S 2) auf den Verlängerungsvertrag, während der ursprüngliche Vertrag nicht tangiert wird.[119] Die Folge ist, dass das vorzeitige Kündigungsrecht aufgrund des § 550 S. 2 allein während des Verlängerungszeitraums (nicht vorher) besteht.[120]

VIII. Rechtsfolgen

1. Abschluss für unbestimmte Zeit
a) Nach § 550 S 1 hat ein Verstoß gegen das Erfordernis der Schriftform (nur) zur Folge, **25** dass der Vertrag als **für unbestimmte Zeit geschlossen** gilt; eine ordentliche Kündigung des Vertrages ist jedoch nach S 2 der Vorschrift frühestens zum Ablauf eines Jahres nach Überlassung der Mietsache zulässig. Vorausgesetzt ist dabei, dass die Parteien überhaupt einen **wirksamen Vertrag abgeschlossen** haben; fehlt es daran, zB infolge der fehlenden Einigung der Parteien über wesentliche Vertragspunkte (Dissens), so ist auch kein Raum für die Anwendung des § 550 S 2. Ebenso ist die Rechtslage im Ergebnis, wenn mit § 550 andere **weitergehende Formvorschriften** wie insbesondere § 311b zusammentreffen oder wenn die Parteien **Schriftform** vereinbart haben und diese Abrede (ausnahmsweise) **konstitutive** Bedeutung hat (s §§ 125 S 2, 127, 154 Abs 2).[121] Jedoch ist in den zuletzt genannten Fällen häufig die Annahme gerechtfertigt, dass der Vertrag mit Unterzeichnung einer beliebigen Urkunde zustande kommt, weil die Parteien damit die von ihnen vereinbarte Schriftform als erfüllt ansehen. Fortan ist dann wieder (nur) § 550 anzuwenden, mit der weiteren Folge, dass der Vertrag gegebenenfalls als auf unbestimmte Zeit abgeschlossen gilt, sofern die Urkunde nicht gleichzeitig die Erfordernisse des § 126 erfüllt.[122]

b) Bei § 550 S 1 handelt es sich um eine **gesetzliche Fiktion**, die den §§ 125 S 1 und 139 **26** vorgeht.[123] Selbst wenn feststeht, dass die Parteien unter keinen Umständen bei Nichtigkeit der Abrede über die Vertragsdauer einen Vertrag auf unbestimmte Zeit abgeschlossen hätten, bleibt es daher bei der Regel des § 550 S 1. Diese Rechtsfolge kann auch nicht, da sie **nicht** auf dem Willen der Parteien, sondern auf Gesetz beruht, durch **Anfechtung**

---

117 BGH NJW 2008, 484, 485 Tz 27 = NJW 2008, 2181; OLG Rostock ZMR 2010, 682.
118 BGHZ 52, 25, 28f = NJW 1969, 1063; BGHZ 55, 248, 250f = NJW 1971, 653; BGHZ124, 175, 177 = NJW 1994, 1649, 1650; BGHZ 160, 97, 101f = NJW 2004, 2962; BGHZ 161, 241, 244f = NJW 2005, 884, 885.
119 BGHZ 50, 39, 43 = NJW 1968, 1229; BGHZ 125, 175, 181 = NJW 1994, 1649.
120 BGHZ 125, 175, 181 f = NJW 1994, 1649.
121 BGH BB 1966, 1081 = WM 1966, 979, 980; OLG Düsseldorf ZMR 1988, 54; OLG Brandenburg ZMR 2010, 23; *Lindner-Figura*, in: FS Blank (2006), 301, 315.
122 BGH LM Nr 38 zu § 566 BGB (Bl 4) = NJW 2000, 354; NZM 2000, 548.
123 *Michalski* WM 1998, 1993, 2005ff.

Volker Emmerich

beseitigt werden.[124] Das Gesagte (o Rn 25f) gilt ferner bei **Vertragsänderungen** unter Verstoß gegen § 550 S 1 (o Rn 19ff).

2. Kündigung

27 **a)** Ein Mietvertrag für längere Zeit als ein Jahr, der nicht in schriftlicher Form abgeschlossen ist, gilt nach § 550 S 1 für unbestimmte Zeit (o Rn 25f). Die Kündigung ist jedoch nach S 2 der Vorschrift frühestens zum Ablauf eines Jahres nach Überlassung der Mietsache zulässig (s § 578 Abs 1 und 2). Die abweichenden **Abreden** der Parteien **über die Vertragsdauer sind unwirksam**. Dazu gehören auch etwaige Kündigungsbeschränkungen, Verlängerungsklauseln und Optionen. An die Stelle der vertraglichen Kündigungsfristen treten die **gesetzlichen Fristen der §§ 573c und 580a**, jedenfalls, wenn die vereinbarten Kündigungsfristen länger als die gesetzlichen sind,[125] während kürzere Kündigungsfristen wohl wirksam bleiben.[126] § 550 S 2 begründet jedoch **kein** besonderes **Kündigungsrecht**; vielmehr kommt bei Wohnraummietverhältnissen eine Kündigung seitens des Vermieters unter Berufung auf § 550 S 2 nur unter den zusätzlichen Voraussetzungen des § 573 in Betracht.

28 **b)** Die **Jahresfrist**, während derer eine Kündigung trotz des Formverstoßes ausgeschlossen ist, beginnt nach § 550 S 2 mit der **Überlassung** der Mietsache (s § 578). Nach Meinung der Gesetzesverfasser soll diese Regelung auch für den **Fall eines noch nicht vollzogenen Mietvertrages** gelten.[127] Im Gesetzeswortlaut kommt dies jedoch nicht zum Ausdruck, so dass insoweit an der bisherigen Auffassung festzuhalten sein dürfte, dass dann der Zeitpunkt des Vertragsabschlusses und bei Änderungsvereinbarungen der des Abschlusses dieser Vereinbarungen maßgebend ist.[128]

3. Treuwidrigkeit der Berufung auf den Formmangel

29 **a)** Eine Partei handelt **grundsätzlich nicht treuwidrig**, wenn sie sich auf einen Formverstoß beruft und daraus die für sie günstigen Rechtsfolgen herleitet, selbst wenn die Parteien den Vertrag zuvor schon jahrelang durchgeführt haben (§ 550 S 2).[129] Es gibt jedoch **Ausnahmen**, in denen die Berufung auf den Formmangel treuwidrig ist (§ 242). In der Regel wird dies angenommen, sofern die Nichtanerkennung des Vertrages nicht nur zu einem harten, sondern zu einem **schlechthin untragbaren Ergebnis** führte.[130] Dies kommt vor allem **in zwei Fällen** in Betracht, einmal, wenn die Berufung auf den Formverstoß die Existenz des anderen Vertragsteils gefährdete, zum anderen, wenn die Berufung auf den Formverstoß eine **schwere Treuepflichtverletzung** gegenüber dem anderen Teil darstellt, insbesondere, wenn die betreffende Partei den anderen Vertragsteil zuvor selbst schuldhaft von der Beobachtung der gesetzlich vorgeschriebenen Form abgehalten hatte.[131] Bei der Anwendung dieser Grundsätze ist jedoch **Zurückhaltung** geboten,

124 RGZ 86, 30, 33f; 118, 105, 108; OLG Nürnberg ZMR 1999, 255, 256.
125 BGH LM Nr 39 zu § 566 BGB = NZM 2000, 545, 547.
126 *Staudinger* Rn 37; *Blank/Börstinghaus* § 550 Rn 63.
127 S die Begr z RegE BT-Drucks 14/4553 S 47 (r Sp).
128 S *Staudinger* Rn 38 m Nachw; OLG Düsseldorf GE 2003, 251.
129 BGH NJW 2004, 1103 = NZM 2004, 97, 98; NZM 2007, 730 Tz 22f; OLG Düsseldorf ZMR 2010, 756; *Neuhaus* ZMR 2011, 1, 10 f.
130 Vgl BGHZ 99, 54, 61 = NJW 1987, 948; BGH NJW 2006, 140, 141 Tz 23 f; OLG Rostock NJW 2009, 445; OLG Naumburg NJW 2012, 3587; *Neuhaus* ZMR 2011, 1, 10 f.
131 BGHZ 99, 54, 61 = NJW 1987, 948; BGH LM Nr 30 zu § 566 BGB (Bl 2 R) = NJW-RR 1990, 518; OLG Düsseldorf GE 2003, 251.

weil hier der Vertrag – anders als in sonstigen Fällen eines Gesetzesverstoßes – zunächst *wirksam* und lediglich vorzeitig kündbar ist, nicht dagegen wie sonst von Anfang an nichtig (§ 125).[132] Anders als in den Fällen des § 311b steht es daher der Berufung auf § 550 insbesondere *nicht* entgegen, wenn eine Partei zunächst über **längere Zeit Vorteile** aus dem (wirksamen) Vertrag gezogen hat und sich dann erst später unter Berufung auf § 550 S 2 von dem Vertrag lösen will.[133] Außerdem muss die Partei, die sich auf § 242 beruft, überhaupt **schutzwürdig** sein. Daran fehlt es in der Regel, wenn sie den **Formverstoß kannte** oder nur infolge grober Fahrlässigkeit verkannte.[134] Der Mieter kann sich außerdem dann nicht auf den Formmangel berufen, wenn dieser gerade die Folge einer zu seinen Gunsten mit dem Vermieter vereinbarten Vertragsänderung, zB einer formlosen Herabsetzung der Miete ist.[135] Dasselbe gilt im umgekehrten Fall einer formlosen Mieterhöhung auf Wunsch des Vermieters.[136]

b) Der Einwand der Arglist (o Rn 29) wirkt grundsätzlich nur zwischen den Vertrags- **30** parteien, im Regelfall jedoch **nicht gegenüber** dem **Grundstückserwerber**, der nach § 566 in den Mietvertrag eintritt. Der Erwerber kann sich deshalb selbst dann auf den Formmangel berufen, wenn dies dem Vermieter nach § 242 verwehrt wäre.[137] Ausnahmen sind freilich je nach den Umständen des Einzelfalles denkbar.[138]

IX. Schriftformklauseln[139]

1. Konstitutive Bedeutung. Schriftformklauseln in dem ursprünglichen Mietvertrag **31** können deklaratorische oder konstitutive Bedeutung haben. Im zweiten Fall ist für die Anwendung des § 550 kein Raum. Der Vertrag ist vielmehr **nichtig**, wenn die vereinbarte Form (**§ 127**) nicht eingehalten wurde (§§ 125 S 2, 154 Abs 2).[140] **Überlässt** in einem derartigen Fall der Vermieter dem Mieter die gemieteten **Räume** bereits **vor Abschluss** eines formwirksamen Vertrages, so kann darin entweder eine jederzeit mögliche konkludente Aufhebung der konstitutiven Schriftformklausel liegen;[141] oder es kommt zwischen den Parteien ein **weiterer Mietvertrag** zustande.[142] Das Gesetz vermutet zwar für den Regelfall die *konstitutive* Bedeutung der Schriftformabrede (§§ 125 S 2, 154 Abs 2). Dies erscheint jedoch bei Mietverträgen wenig interessengerecht, so dass hier **im Zweifel** von der bloß **deklaratorischen Bedeutung** der Schriftformabrede auszugehen ist.[143]

---

132 BGH NJW 2004, 1103 = NZM 2004, 97, 98; *Schraufl* NZM 2005, 443, 445f.
133 BGH NZM 2004, 97, 98 = NJW 2004, 1103; GE 2006, 1095, 1096 Tz 24; 2008, 805, 807 Tz 28; OLG Brandenburg NZM 2008, 406, 407.
134 OLG Brandenburg NZM 2008, 406, 407.
135 BGHZ 65, 49, 55 = NJW 1975, 1653; BGH NJW 2007, 288, 290 Tz 22; 2008, 365 Tz 16.
136 OLG Koblenz NZM 2002, 291; LG Kassel ZMR 1999, 715.
137 BGHZ 40, 255, 261 = NJW 1964, 395; BGH LM Nr 7 zu § 566 (Bl 3) = NJW 1962, 1388.
138 S *Lindner-Figura*, in: FS Blank (2006), 3012, 319; *Schraufl* NZM 2005, 443, 446.
139 S dazu *Staudinger* Rn 43–49 sowie zB *R Breiholdt*, in: 10 Jahre Mietrechtsreformgesetz, 385; *R Breiholdt/ B Breiholdt*, in: 10 Jahre Mietrechtsreformgesetz, 391; *Emmerich*, in: FS G Roth (2011) 103; *Leo* NZM 2006, 815; *Leo/Ghassemi-Tabar*, in: 10 Jahre Mietrechtsreformgesetz, 428; *Lindner-Figura/Schnieders*, in: 10 Jahre Mietrechtsreformgesetz,436; *Kreikenbom/Niederstetter* NJW 2009, 406; *Scheer-Hennigs/Quart* ZMR 2009, 180; *Schultz*, in: FS Bub 377; *Streyl* NZM 2009, 261, *Timme/Hülk* NZM 2008, 764.
140 BGH LM Nr 38 zu § 566 BGB (Bl 4) = NJW 2000, 354; NZM 2000, 548; *Staudinger* Rn 44.
141 So BGH NJW 2009, 433 = NZM 2008, 931, 932 Tz 28.
142 S o Vorbem vor § 535 Rn 30; KG OLGE 33, 313; OLG Düsseldorf ZMR 1988, 54.
143 OLG Naumburg WuM 2000, 671, 672; OLG München ZMR 1997, 293, 294.

2. Deklaratorische Bedeutung

32 **a)** Deklaratorische Schriftformklauseln (von denen bei Mietverträgen nach dem Gesagten im Zweifel auszugehen ist, Rn. 31), dienen nach dem Willen der Parteien allein **Beweiszwecken**. Das hat zur Folge, das es bei langfristigen Mietverträgen bei § 550 verbleibt, während § 154 Abs. 2 keine Anwendung findet. Das zentrale Problem, dass solche Schriftformklauseln aufwerfen, besteht in der Frage, ob aufgrund derartiger Klauseln eine Partei die Nachholung der Beurkundung des Vertrages verlangen kann, wenn dies zunächst versäumt wurde, und ob sie außerdem unter Berufung auf die Verpflichtung der anderen Partei zur Nachholung der Beurkundung eine auf § 550 gestützte Kündigung der anderen Partei als treuwidrig zurückweisen kann (§ 242).

33 Zu dieser Frage werden in Literatur und Rechtsprechung sehr unterschiedliche Auffassungen vertreten.[144] Nicht ausreichend zur Begründung des Einwandes unzulässiger Rechtsausübung sind jedenfalls die verbreiteten **einfachen salvatorischen Klauseln.**[145] Denn solche Klauseln bezwecken lediglich eine Umkehr der Vermutung des § 139 bei Teilnichtigkeit eines Vertrages sowie die Schließung der Vertragslücke, die sich bei Nichtigkeit einzelner Bestimmungen ergeben kann. Um beides geht es hier indessen nicht. Zweifelhaft ist die Rechtslage dagegen in der Tat bei Vereinbarung einer **qualifizierten Schriftform-** oder auch **Schriftformheilungsklausel**, durch die im Ergebnis eine **Verpflichtung** der Vertragsparteien **zur Nachholung der** gesetzlich vorgeschriebenen **Schriftform** begründet werden soll, wenn diese im Einzelfall verfehlt wurde. Bei dieser Klausel ist sowohl die Bindung der Vertragsparteien als auch, bei Bejahung einer Bindung der Parteien, die zusätzliche Bindung eines etwaigen Grundstückserwerbers über § 566 umstritten.

34 Was zunächst eine Bindung der ursprünglichen Vertragsparteien angeht, so wird sie bisher jedenfalls in **Individualvereinbarungen** überwiegend bejaht, da sich die Parteien auch außerhalb des Mietvertrages jederzeit zur Beurkundung des Vertrages verpflichten könnten. Daraus wird dann überwiegend der Schluss gezogen, dass eine vor Erfüllung dieser Vereinbarung auf § 550 gestützte Kündigung einer Partei idR gegen § 242 verstößt (**Verbot des widersprüchlichen Verhaltens.**[146]

35 Die Problematik dieser Praxis ist indessen unübersehbar, so dass in jüngster Zeit die Bedenken wachsen, ob an ihr festgehalten werden kann.[147] Sie haben ihren Grund vor allem in der **zwingenden Natur des § 550**, die schwerlich auf dem Wege über derartige Schriftformklauseln beiseite geschoben werden kann. Daraus folgt, dass jedenfalls in **Formularverträgen** solche Klauseln wegen des offenkundigen Widerspruchs zu dem Zweck und dem Grundgedanken der gesetzlichen Regelung unwirksam sind (§§ 307 Abs 2 Nr 1, 310 Abs 1 S 2, 550). Für **Individualvereinbarungen** wird zwar bisher noch meistens anders entschieden, aber die Zweifel wachsen; und auf jeden Fall scheidet eine **Bindung des Grundstückserwerbers** an derartige Klauseln aus.[148] Dasselbe gilt generell für so

---

144 Übersicht z.B. bei *R Breiholdt*, in: 10 Jahre Mietrechtsreformgesetz, 385; *R Breiholdt/B Breiholdt*, in: 10 Jahre Mietrechtsreformgesetz, 391, 395 ff; *Emmerich*, in: FS G Roth (2011) 103; *Lindner-Figura/Schnieders*, in: 10 Jahre Mietrechtsreformgesetz, 436.
145 BGH NZM 2002, 823 = NJW-RR 2002, 1377; NJW 2007, 3202 = NZM 2007, 730 f Tz 24–31; OLG Jena NZM 2008, 572, 573; OLG Rostock NZM 2008, 646, 647 = NJW 2009, 445.
146 BGH NZM 2005, 502, 503 f = NJW 2005, 2225; KG GE 2003, 1155; OLG Düsseldorf NZM 2004, 143 = ZMR 2004, 508; NZM 2005, 147 = ZMR 2004, 749; OLG Celle NZM 2005, 219, 220; OLG Naumburg NJW 2012, 3587 = NZM 2012, 808, 809;
147 OLG Rostock NJW 2009, 445 = NZA 2008, 646, 648; *Leo/Ghassemi-Tabar*, in: 10 Jahre Mietrechtsreformgesetz, 428, 432 ff.
148 OLG Rostock NJW 2009, 445 = NZM 2008, 646, 648 f; *R Breiholdt/B Breiholdt*, in: 10 Jahre Mietrechtsreformgesetz, 391, 399; *Leo* NZM 2006, 815, 816; *Timme/Hülk* NJW 2007, 3313, 3316.

genannte **Vorsorgeklauseln**, durch die im Wege eines vertraglichen Verbots der Kündigung unter Berufung auf § 550 schlicht der zwingende Charakter dieser Vorschrift beiseitegeschoben werden soll.[149]

b) Zusätzliche Probleme werfen Schriftformklauseln auf, durch die bestimmt wird, **36** daß **Änderungen und Ergänzungen** der Schriftform bedürfen. Durch derartige Klauseln soll vor allem verhindert werden, daß ordnungsgemäß beurkundete langfristige Mietverträge nachträglich durch mündliche Zusatzabreden die gesetzlich vorgeschriebene Schriftform einbüßen und infolgedessen vorzeitig kündbar werden (§ 550). Im einzelnen hat man zwischen einfachen und so genannten qualifizierten oder besser: doppelten Schriftformklauseln zu unterscheiden. Während sich **einfache Schriftformklauseln** darauf beschränken, „einfach" für Änderungen und Ergänzungen des Vertrages die Schriftform vorzuschreiben, sehen die **doppelten** Schriftformklauseln für die nachträgliche Aufhebung der Schriftformklausel selbst wiederum Schriftform vor.

In **Individualvereinbarungen** sind jedenfalls **einfache Schriftformklauseln** unbe- **37** denklich, aber nahezu ohne praktische Bedeutung, da sie jederzeit formlos von den Parteien auch wieder aufgehoben werden können.[150] Für Schriftformklauseln in **Formularverträgen** gilt dasselbe erst recht. Richtiger Meinung nach verstoßen derartige Klauseln bereits gegen die §§ 305b und 307 (str). Auf jeden Fall aber können solche Klauseln jederzeit von den Parteien auch wieder **mündlich aufgehoben** und der Vertrag infolgedessen formlos abgeändert werden, selbst wenn die Folge ist, daß der Vertrag infolgedessen die gesetzlich vorgeschriebene Schriftform des § 550 S 1 einbüßt und daher mit gesetzlicher Frist kündbar ist. Das folgt unmittelbar aus den §§ 305b, 307 und 311 Abs 1. Die Abänderung kann auch **konkludent** erfolgen.[151]

Durch eine **doppelte Schriftformklausel** wird auch für die nachträgliche Aufhe- **38** bung der Klausel selbst Schriftform vorgeschrieben, um konkludente Abänderungen des Vertrages zu verhindern, durch die die Schriftform des Vertrages insgesamt gefährdet wird – mit der Folge der Anwendbarkeit des § 550. Derartige doppelte Schriftformklauseln werden bisher wohl überwiegend **individualvertraglich zwischen Kaufleuten** als zulässig angesehen, weil die Parteien ein legitimes Interesse daran haben könnten, die Schriftform eines langfristigen Vertrages unter allen Umständen sicherzustellen.[152] Das ist indessen durchaus **zweifelhaft**, weil solche Klauseln im Grunde etwas rechtlich Unmögliches vorschreiben (§ 275 Abs 1). Auf jeden Fall muss dies für doppelte Schriftformklauseln in **Formularverträgen** gelten. Jede andere Auffassung liefe darauf hinaus, dem Aufsteller des Formularvertrages – das kann der Vermieter oder der Mieter sein – die Befugnis einzuräumen, *einseitig* und gegebenenfalls sogar gegen den Willen des anderen Teils über das Gesetz hinaus beliebige neue Formvorschriften einzuführen.[153]

149 *R Breiholdt/B Breiholdt*, in: 10 Jahre Mietrechtsreformgesetz, 391, 398; *Emmerich*, in: FS G Roth (2011) 103, 105; *Leo* NZM 2006, 815, 816; *Schulz*, in: FS Bub, 377, 400; *Streyl* NZM 2009, 261.
150 BGH NZM 2008, 931, 932 Tz 30 = NJW 2009, 433.
151 BGHZ 164, 133 = NJW 2006, 138; BGH LM Nr 5 zu § 4 AGBG (Bl 2) = NJW 1986, 1807; NZM 2008, 931, 932 Tz 30 = NJW 2009, 433; OLG Düsseldorf ZMR 2007, 35; KG NZM 2010, 583 = ZMR 2010, 359.
152 BGHZ 66, 378, 381 f = NJW 1976, 1395; BGHZ 164, 133 = NJW 2006, 138.
153 BGHZ 164, 133, 137 f =NJW 2006, 138; BAG NJW 2009, 316; OLG Düsseldorf ZMR 2007, 35; GE 2010, 907; OLG Rostock NJW 2009, 3376; OLG Brandenburg GE 2012, 1375, 1376; *Emmerich*, in: FS G Roth, 103, 107; *Blank/Börstinghaus* § 550 Rn 84; *Palandt/Ellenberger* § 125 Rn 19; *Schultz*, in: FS Bub 377, 401 f.

Volker Emmerich

X. Beweislast

39   Eine über einen Mietvertrag aufgenommene Vertragsurkunde hat die **Vermutung der Vollständigkeit und Richtigkeit** für sich. Deshalb trägt derjenige die Beweislast, der behauptet, dass neben den beurkundeten Abreden noch zusätzliche mündliche Abreden getroffen wurden.[154] Wer behauptet, die Urkunde enthalte nicht die wirklichen Vereinbarungen der Parteien, trägt bei einer eindeutigen Urkunde ebenfalls die Beweislast, dass der übereinstimmende Wille der Parteien ein anderer war. Umgekehrt ist die Lage, wenn die Parteien unstreitig mündliche Abreden getroffen haben und eine Partei deren Gültigkeit mit der Behauptung bestreitet, die Parteien hätten **Schriftform vereinbart**. Dann trägt die Beweislast derjenige, der sich auf die Schriftformklausel beruft.[155]

§ 551
Begrenzung und Anlage von Mietsicherheiten

[1] Hat der Mieter dem Vermieter für die Erfüllung seiner Pflichten Sicherheit zu leisten, so darf diese vorbehaltlich des Absatzes 3 Satz 4 höchstens das Dreifache der auf einen Monat entfallenden Miete ohne die als Pauschale oder als Vorauszahlung ausgewiesenen Betriebskosten betragen.

[2] Ist als Sicherheit eine Geldsumme bereitzustellen, so ist der Mieter zu drei gleichen monatlichen Teilzahlungen berechtigt. Die erste Teilzahlung ist zu Beginn des Mietverhältnisses fällig. Die weiteren Teilzahlungen werden zusammen mit den unmittelbar folgenden Mietzahlungen fällig.

[3] Der Vermieter hat eine ihm als Sicherheit überlassene Geldsumme bei einem Kreditinstitut zu dem für Spareinlagen mit dreimonatiger Kündigungsfrist üblichen Zinssatz anzulegen. Die Vertragsparteien können eine andere Anlageform vereinbaren. In beiden Fällen muss die Anlage vom Vermögen des Vermieters getrennt erfolgen und stehen die Erträge dem Mieter zu. Sie erhöhen die Sicherheit. Bei Wohnraum in einem Studenten- oder Jugendwohnheim besteht für den Vermieter keine Pflicht, die Sicherheitsleistung zu verzinsen.

[4] Eine zum Nachteil des Mieters abweichende Vereinbarung ist unwirksam.

I. Überblick

1   § 551 regelt unter Beschränkung auf Wohnraummietverhältnisse (§§ 549, 578) (nur) eine Reihe der mit Mietsicherheiten oder Mietkautionen zusammenhängenden Fragen.

---

154 BGH LM Nr 24 zu § 242 (Be) BGB (Bl 1 R) = MDR 1970, 756; OLG Rostock NZM 2008, 646, 647.
155 Vgl OLG Rostock NZM 2002, 955, 956.

Ergänzende Regelungen zu § 551 finden sich in § 554a Abs 2 und in § 563b Abs 3, nach denen der Vermieter unter bestimmten Voraussetzungen die Leistung einer zusätzlichen Sicherheit verlangen kann, in § 566a, der das Schicksal einer Sicherheitsleistung des Mieters im Falle der Veräußerung des vermieteten Grundstücks regelt, seit 2013 außerdem in **§ 569 Abs 2a**, nach dem der Vermieter gemäß § 543 Abs 1 unter bestimmten Voraussetzungen fristlos kündigen kann, wenn der Mieter mit seiner Sicherheitsleistung in Verzug ist, sowie für preisgebundenen Wohnraum in § 9 Abs 5 S 1 WoBindG. Für die **gewerbliche Miete** gelten die genannten Vorschriften, von § 566a abgesehen (s § 578 Abs 1), nicht, so dass insoweit Vertragsfreiheit besteht. Die Folge ist zB, dass der Vermieter ohne besondere Vereinbarung nicht zur Verzinsung der Kaution verpflichtet ist.[1]

Mit § 550b von 1982, dem Vorläufer des § 551, hatte der Gesetzgeber in erster Linie den **2** **Zweck** verfolgt, die verbreitete **Rechtsunsicherheit**, die früher hinsichtlich der Leistung von Mietsicherheiten bestand, für Wohnraummietverhältnisse durch Einführung einer zwingenden Regelung zu **beseitigen**. Außerdem sollten die Mieter unter Anerkennung des Sicherungsbedürfnisses des Vermieters vor übermäßigen Belastungen durch Kautionen geschützt werden.[2]

II. Art der Sicherheitsleistung

§ 551 beschränkt sich auf die Regelung einiger Fragen, die mit der Leistung einer **3** Sicherheit bei der Wohnraummiete zusammenhängen. Hinsichtlich aller anderen, nicht geregelten Fragen besteht **Vertragsfreiheit** (§ 311 Abs 1). Das betrifft insbesondere die Art der gesicherten Forderungen sowie die **Art der Sicherheitsleistung. Gesichert** sind im Zweifel, dh wenn die Parteien nichts anderes vereinbart haben, *sämtliche* Vermieterforderungen einschließlich der Betriebskosten. Der Anspruch des Vermieters auf die vereinbarte Sicherheitsleistung **verjährt** nach den §§ 195 und 199; wobei die Verjährungsfrist mit der Fälligkeit des Anspruchs auf Sicherheitsleistung zu laufen beginnt.[3] § 548 findet keine Anwendung.[4]

Die häufigste Form der Mietsicherheit dürfte die **Barkaution** sein. Die Rechtsnatur ist **3a** umstritten: Behält der **Mieter** das **Eigentum** an dem dem Vermieter übergebenen Geldbetrag, den der Vermieter lediglich zweckgebunden zu verwahren hat, so spricht am meisten für die Annahme einer **Verpfändung** der Geldscheine. Geht dagegen das Eigentum an dem Geld auf den Vermieter über, so wird die Barkaution meistens als **irreguläres Pfandrecht** qualifiziert;[5] der Sache nach handelt es sich aber wohl eher um ein **treuhänderisch gebundenes Darlehen**, da die Sicherheit des Vermieters in erster Linie darin besteht, dass er gegen den (aufschiebend bedingten) Rückzahlungsanspruch des Mieters aus § 488 Abs 1 S 2 mit den jeweils gesicherten Forderungen aufrechnen kann (Rn 22f). – Als weitere Form der Sicherheitsleistung kommt die **Verpfändung oder Abtretung von Sparforderungen** gegen eine Bank an den Vermieter in Betracht.[6] Die **Aufhebung** der Verpfändung bei Vertragsende erfolgt durch formlosen Vertrag (§ 311 Abs. 1), z.B. konkludent durch die Rückgabe des Sparbuchs seitens des Vermieters; einer Anzeige an die Bank bedarf es

---

1 S dazu BGH WuM 2010, 330 Tz 9; u Rn 26f.
2 Begr z RegE BT-Drucks 9 (1982)/2079, S 10, 13f; BGHZ 107, 210, 213 = NJW 1989, 1853; BGHZ 111, 361, 363 = NJW 1990, 2380; BGHSt 41, 224 = NJW 1996, 65.
3 BGH NZM 2011, 156 = WuM 2011, 57; KG NZM 2009, 743.
4 LG Duisburg WuM 2006, 250 = ZMR 2006, 333, 334.
5 BGH WuM 2010, 330 Tz 6; *Staudinger* Rn 5, str.
6 OLG Nürnberg NJW-RR 1998, 1265; LG Dortmund WuM 2007, 73.

Volker Emmerich

dafür nicht.[7] Gegen den Anspruch auf Rückgabe des Sparbuchs bei Vertragsende kann der Vermieter – mangels Gleichartigkeit – auch nicht mit noch offenen Zahlungsansprüchen aufrechnen (§ 387).[8] Der Anspruch des Mieters auf Freigabe des Sparbuchs unterliegt der regelmäßigen Verjährung (§§ 194, 195, 199.[9]

4   Die dritte offenbar besonders verbreitete Form von Mietsicherheiten sind so genannte **Mietbürgschaften Dritter.** Auch für sie gilt – neben den §§ 765ff – § 551, wobei zu beachten ist, dass die Anwendung des § 551 nicht voraussetzt, dass der Vermieter den Vertragsabschluss von der Sicherheitsleistung des Mieters abhängig macht; erfasst werden vielmehr auch freiwillige Sicherheitsleistungen Dritter. Der **BGH** will freilich für freiwillige Bürgschaften Dritter eine **Ausnahme** machen, vorausgesetzt, dass der Mieter durch die Bürgschaft „nicht erkennbar belastet wird", dh dass ihm keine Rückgriffsansprüche des Bürgen aus dem Vertrag oder aus § 774 drohen.[10] Für diese Ausnahme bietet jedoch der Gesetzeswortlaut keinen Anhalt.[11] Ergibt sich die Verpflichtung des Mieters zur Beibringung der Bürgschaft eines Dritten aus einem **Formularvertrag**, so kann der Vermieter in diesem Vertrag nicht zusätzlich die Bedingung aufstellen, dass der Bürge (entgegen § 770 Abs 2) auf die Einrede der Aufrechenbarkeit verzichtet; auf die Unwirksamkeit einer derartigen Klausel kann sich dann nicht nur der Bürge, sondern auch der Mieter selbst berufen.[12] Durch Formularvertrag ein außerdem nicht die Verpflichtung des Mieters zur Beibringung einer (überaus gefährlichen) **Bürgschaft auf erstes Anfordern** begründet werden (§§ 305c, 307 Abs 1).[13]

5   Nach § 551 Abs 1 ist die **Höhe der Bürgschaft** auf das Dreifache einer Monatsmiete beschränkt. Verstößt der Bürgschaftsvertrag dagegen, so ist er, (nur) *soweit* die Grenze des § 551 Abs 1 überschritten wird, nichtig (§§ 134, 139, 768).[14] Maßgebend ist insoweit allein die **Miethöhe bei Abschluss** des Bürgschaftsvertrages.[15] Eine ursprünglich nicht vorgesehene Ausdehnung oder Verlängerung des Mietvertrages führt ohne Zustimmung des Bürgen nicht zu einer entsprechenden Ausweitung der Bürgschaft (§§ 765 Abs 2, 767 Abs 1 S 3).[16] Sind die **Ansprüche des Vermieters** nach § 548 **verjährt**, so kann sich der Bürge nach § 768 darauf berufen.[17] Die Mietbürgschaft ist **kündbar, wenn** ein **wichtiger Grund** vorliegt (§ 314). Die Einzelheiten sind umstritten.[18] Überwiegend wird eine Kündigung allein bei **unbefristeten**, nicht dagegen bei befristeten **Mietverträgen** zugelassen[19] und auch dies nur frühestens zu dem ersten Termin, zu dem auch der Vermieter seinerseits erstmals ordentlich kündigen kann (§ 314).[20] Als wichtiger Grund wird es insbesondere anzusehen sein, wenn in den Vermögensverhältnissen des Mieters eine erhebliche

---

7   AG/LG Augsburg WuM 2011, 366.
8   KG WuM 2011, 171, str.
9   LG Berlin WuM 2013, 106 mA *Streyl* WuM 2013, 107.
10 So BGHZ 111, 361, 363 = NJW 1990, 238; LG Mannheim ZMR 2010, 367.
11 *Derleder* WuM 2002, 239, 241; *ders* NZM 2006, 601; *Siedler* ZMR 2003, 41; *Tiedtke* ZMR 1990, 401.
12 KG ZMR 2006, 524.
13 *Derleder* PiG 75 [2006] 59, 64 f = NZM 2006, 601; *Leo/Ghassemi-Tabar* NZM 2011, 97;-anders zT die Rechtsprechung.
14 BGHZ 107, 110, 212f = NJW 1989, 1853; OLG Hamburg NZM 2001, 375, 376 = ZMR 2001, 887; LG Leipzig NJW-RR 2005, 1250, 1251 = NZM 2006, 157; Rn 7.
15 *Derleder* WuM 2002, 239, 241.
16 OLG Düsseldorf ZMR 2005, 784, 786; OLG Frankfurt NZM 2006, 700.
17 BGHZ 138, 49, 52ff = NJW 1998, 981.
18 *Derleder* PiG 75 [2006] 59, 78 f = NZM 2006, 601.
19 KG ZMR 2007, 961 = GE 2007, 1147.
20 OLG Düsseldorf NJW 1999, 3128 = ZMR 2000, 89; LG Berlin NZM 2001, 1075 Nr 2; AG Iserlohn WuM 2004, 544; *Kraemer* NZM 2001, 737, 740.

Verschlechterung eintritt (§§ 321, 490) oder wenn der Mietvertrag in einer Weise geändert wird, die zu einer erheblichen **Erhöhung des Risikos** für den Mieter (und damit zugleich für den Bürgen) führt. Im Falle der Mieterhöhung, der Verlängerung des Vertrages oder des Vertragsendes kann der Mieter wegen des Fortfalls des Sicherungszwecks **Rückgabe der Bürgschaftsurkunde** (§ 766) **an** den **Bürgen** verlangen; der Vermieter ist nicht berechtigt, wegen anderer, nicht gesicherter Forderungen gegen den Mieter die Rückgabe zu verweigern.[21]

III. Höhe der Sicherheitsleistung

Nach § 551 Abs 1 darf die Sicherheitsleistung vorbehaltlich des Abs 3 S 4 (Erhöhung **6** der Sicherheit durch die Zinsen) **höchstens** das **Dreifache der** auf einen Monat entfallenden **Miete ohne** die als Pauschale oder als Vorauszahlung „ausgewiesenen" **Betriebskosten** betragen. **Maßstab** ist die Miete, die der Mieter **in dem Augenblick** schuldet, in dem er sich mit dem Vermieter über die Leistung einer Kaution **einigt,** so dass spätere **Mieterhöhungen** nicht berücksichtigt werden (§ 551 Abs 4).[22] Im Mietvertrag kann auch nicht im Voraus für den Fall einer Mieterhöhung eine automatische Anpassung der Sicherheitsleistung vereinbart werden.[23] Eine **Minderung** bleibt gleichfalls grundsätzlich außer Betracht;[24] anders verhält es sich nur, wenn die Miete wegen unbehebbarer Mängel gemindert wird.[25] Treten nachträglich unbehebbare Mängel auf, so kann im Einzelfall mit einem Schadensersatzanspruch gegen den Vermieter geholfen werden (§ 536a Abs 1); grundsätzlich bleibt es dann jedoch bei der vereinbarten Höhe der Sicherheitsleistung.[26] – Das **Dreifache** der so definierten Miete bildet die **Obergrenze für jede Form der Sicherheit,** also nicht nur für die Barkaution, sondern ebenso zB für Bürgschaften (Rn 5) oder für die Hinterlegung von Wertpapieren. *Mehrere Sicherheiten* sind zusammenzurechnen (so genanntes **Kumulationsverbot**), so dass der Vermieter, wenn er zB bereits eine Barkaution in der höchstzulässigen Höhe erhalten hat, vom Mieter keine weiteren Sicherheiten, etwa in der Form der Bürgschaft eines Dritten, verlangen kann.[27] **Ausnahmen** von § 551 Abs 1 finden sich lediglich in **§ 554a Abs 2** sowie in **§ 563b Abs 3.** Soweit in der Rechtsprechung außerdem Ausnahmen von § 551 Abs 1 zugelassen werden, wenn der Vermieter nachträglich **baulichen Veränderungen** im Interesse des Mieters zustimmt,[28] kann dem mit Rücksicht auf den abschließenden Charakter der gesetzlichen Regelung nicht zugestimmt werden.[29]

§ 551 Abs 1 enthält, soweit er die Kautionshöhe begrenzt, ein **gesetzliches Verbot 7** **(§ 134).** Die sich daraus ergebenden **rechtlichen Konsequenzen** sind umstritten (s u Rn 10, 25). Soweit sich der Verstoß auf die Überschreitung der Obergrenze des § 551 Abs 1 beschränkt, ist nach hM mit Rücksicht auf den Willen der Beteiligten (entgegen § 139) davon auszugehen, dass die Vereinbarung über die Sicherheitsleistung im Zweifel **nur partiell,** dh *nur, soweit* die Obergrenze des § 551 Abs 1 überschritten wird, **nichtig** ist

---

21 OLG Frankfurt NZM 2006, 900; ZMR 2012, 863.
22 S o Rn 4; BGH NJW 2005, 2773, 2774 = NZM 2005, 699.
23 Anders *Börstinghaus* NZM 2008, 558 m Nachw.
24 BGH NJW 2005, 2773, 2774 = NZM 2005, 699.
25 BGH NJW 2005, 2773, 2774 = NZM 2005, 699; LG Berlin WuM 2005, 454; *Derleder* PiG 75 (2006), 59 = NZM 2006, 601.
26 S *Staudinger* Rn 9; *Börstinghaus* NZM 2008, 558; *Derleder* NZM 2006, 601.
27 BGHZ 107, 210, 212, 213 = NJW 1989, 1853; BGH NJW 2004, 3045 = NZM 2004, 613.
28 OLG Karlsruhe WuM 1993, 525, 527 = NJW 1993, 2818; zustimmend OLG Hamm WuM 1993, 659, 660; OLG Hamburg WuM 1993, 527; OLG Stuttgart WuM 1995, 306.
29 S *Staudinger* Rn 10.

Volker Emmerich

(§§ 134, 139).[30] Hat der Mieter die zusätzliche, nach dem Gesagten (o Rn 6) nicht geschuldete Sicherheitsleistung bereits erbracht, so kann er sie **kondizieren** (§§ 134, 812 Abs 1 S 1).[31] Der Anspruch ist sofort **fällig**, also auch schon vor Vertragsende (§ 271) und **verjährt** in der Regelverjährungsfrist der §§ 195 und 197.[32] Lässt der Mieter den Bereicherungsanspruch verjähren, so ist offen, wie dann zu verfahren ist.[33] Am meisten spricht hier dafür, den überzahlten Betrag fortan ebenfalls als Sicherheitsleistung zu behandeln, so dass der Vermieter insbesondere verpflichtet ist, diesen Betrag ebenfalls nach Vertragsende zurückzuzahlen. Die **Bürgschaft** eines Dritten ist, soweit sie allein oder bei Berücksichtigung anderer Kautionen die durch § 551 Abs 1 gezogene Grenze überschreitet, gleichfalls insoweit nichtig (§ 134; Rn 5).

IV. Fälligkeit

8 **1. a)** Die Fälligkeit der Sicherheitsleistung des Mieters richtet sich in erster Linie nach den **Abreden der Parteien**; hilfsweise gilt § 271. Eine gesetzliche Sonderregelung findet sich lediglich für die **Barkaution** in § 551 Abs 2 idF von 2013, nach dem der Mieter, wenn eine Geldsumme bereitzustellen ist, zu **drei gleichen monatlichen Teilzahlungen** berechtigt ist, wobei die erste Teilzahlung zu Beginn des Mietverhältnisses fällig ist, während die weiteren Teilzahlungen zusammen mit den unmittelbar folgenden Mietzahlungen fällig werden. Dadurch sollte klargestellt werden, dass die Fälligkeit der weiteren Kautionsraten nach Zahlung der ersten Rate mit den zeitlich unmittelbar nachfolgenden Mietzahlungen eintritt.[34] In unmittelbarem Zusammenhang mit dieser Regelung steht der neue § 569a Abs. 2, nach dem ein wichtiger Grund zur **fristlosen Kündigung** im Sinne des § 543 Abs. 1 auch vorliegt, wenn der Mieter mit einer Sicherheitsleistung in Höhe eines Betrages in Verzug ist, der der zweifachen Monatsmiete entspricht. § 551 Abs 2 gilt auch für die Hinterlegung einer Geldsumme sowie für die Anlage eines Kautionskontos auf den Namen des Mieters und dessen anschließende Verpfändung an den Vermieter.[35] In allen diesen Fällen ist der Mieter mithin nach § 551 Abs 2 zur **Ratenzahlung** berechtigt, wobei die **erste Rate zu Beginn** des Mietverhältnisses, dh **bei Einzug** und damit grundsätzlich mit der ersten Miete fällig ist (§ 271), während die folgenden beiden Raten mit den unmittelbar folgenden Mietzahlungen fällig werden. Diese Regelung ist unabhängig davon anzuwenden, ob die Miete zu Beginn oder am Ende eines Monats geschuldet ist. § 286 Abs 3 S. 1 findet keine Anwendung.[36] Nach Ablauf der ersten drei Mietmonate ist dann die Barkaution auf einmal fällig.[37] Die Quotelung greift auch ein, wenn die Barkaution niedriger als drei Monatsmieten ist. Sie gilt entsprechend, wenn eine andere als monatliche Zahlung der Miete vereinbart ist, zB eine vierteljährliche Zahlung.

9 **b)** Kommt der Mieter seiner Verpflichtung zur Leistung einer Sicherheit nicht nach, so kann der Vermieter die **Leistung der Sicherheit** während der gesamten Mietzeit und

30 BGHZ 107, 210, 212ff = NJW 1989, 1853; BGH NJW 2004, 1240 = NZM 2004, 217; NJW 2004, 3045 = NZM 2004, 613; LG Berlin GE 2007, 1633; *Heinrichs* WuM 2005, 155, 164; *Kraemer* NZM 2001, 737, 738; **aM** *Kießling* JZ 2004, 1145, 1149.
31 BGHZ 107, 210, 212 = NJW 1989, 1853.
32 BGH NJW 2011, 2570 Tz 19 ff = NZM 2011, 624; *Witt* NZM 2012, 645, 652, str.
33 S *Peters* NZM 2011, 803; M *Schmid* WuM 2011, 499; *Witt* NZM 2012, 645, 652.
34 *Hinz* ZMR 2012, 153, 160.
35 Begr z RegE BT-Drucks 9/2079, S 13; AG Hamburg NZM 2001, 1032.
36 *Börstinghaus*, in: FS Blank (2006) 77 = NZM 2008, 558 38; *Schmidt-Futterer/Blank* Rn 64.
37 *Blank/Börstinghaus* Rn 38.

ebenso noch **nach Beendigung des Mietverhältnisses** verlangen, sofern er schlüssig darlegt, dass er noch offene Forderungen gegen den Mieter hat, über die er im Augenblick noch nicht abrechnen kann; der Anspruch **erlischt** jedoch, sobald feststeht, dass der Vermieter keine Ansprüche gegen den Mieter mehr hat.[38] Bei **Verzug** des Mieters mit der Sicherheitsleistung kann der Vermieter außerdem Ersatz seines Verzugsschadens verlangen (§§ 280 Abs 2, 286) sowie gegebenenfalls fristlos nach § 569 Abs. 2a kündigen. § 288 findet dagegen zum Schutze des Wohnraummieters keine Anwendung.[39]

2. Entgegen einer verbreiteten Meinung[40] braucht der Vermieter **im Mietvertrag** die **10** **Fälligkeitsregelung** des § 551 Abs 2 **nicht** zu **wiederholen**, da die gesetzliche Regelung eindeutig ist, und zwar auch nicht in Formularverträgen. Eine andere Frage ist, welche **Rechtsfolgen** eingreifen, wenn unter **Verstoß gegen § 551 Abs 2** ein *früherer* Fälligkeitstermin als gesetzlich zulässig bestimmt wird. Nach überwiegender Meinung ist dann **lediglich** die **Fälligkeitsabrede** wegen Verstoßes gegen § 551 Abs 2 **nichtig** (§ 134), während es im Übrigen bei der Verpflichtung des Mieters zur Leistung einer Sicherheit (in drei Raten ab Beginn des Mietverhältnisses) bleibt.[41]

3. Eine gesetzliche Regelung über die **Fälligkeit der sonstigen Sicherheitsleistun-** **11** **gen** (mit Ausnahme der Barkaution) fehlt (s o Rn 8). Insoweit besteht mithin **Vertragsfreiheit (§§ 271, 311)**, so dass die Parteien auch vereinbaren können, dass die Sicherheitsleistung sofort in voller Höhe bei Vertragsabschluss fällig ist.[42] Ein Recht des Mieters auf Teilleistungen besteht hier nicht. Der Vermieter ist außerdem nicht gehindert, bereits den Vertragsabschluss selbst von der vorherigen Leistung der Sicherheit, zB von der Übernahme einer Mietbürgschaft durch einen Dritten, abhängig zu machen.

4. Nach überwiegender Meinung steht dem Mieter **kein Zurückbehaltungsrecht** an **12** der Sicherheitsleistung **bis zur Beseitigung etwaiger Mängel** zu.[43] Anders verhält es sich aber, wenn die Mängel **bereits bei Übergabe** der Mietsache vorliegen, da der Mieter dann auch die Abnahme der Mietsache insgesamt ablehnen kann.[44] Der Mieter hat außerdem das Recht zur Verweigerung der Zahlung bereits der ersten Rate bis zur **Benennung eines insolvenzfesten Kontos**.[45] Ein Zurückbehaltungsrecht hinsichtlich der *weiteren* Raten steht dem Mieter ferner zu, wenn der Vermieter gegen den Anspruch des Mieters auf ordnungsmäßige Anlage der bereits geleisteten Raten nebst Zinsen verstößt (§ 551 Abs 3 S 1).[46]

V. Anlage der Barkaution

1. Art der Anlage
a) Nach S 1 und S 3 des § 551 Abs 3 muss (nur) eine dem Vermieter als Sicherheit über- **13** lassene **Geldsumme**, eine so genannte Bar- oder Geldkaution, grundsätzlich **bei** einem **Kreditinstitut zu** dem für Spareinlagen mit dreimonatiger Kündigungsfrist **üblichen**

---

38 BGH LM Nr 43 zu § 581 BGB = NJW 1981, 976; NZM 2012, 156; OLG Düsseldorf ZMR 2000, 211, 212f.
39 OLG Düsseldorf GE 2000, 602.
40 OLG Hamburg WuM 1991, 416; LG Berlin GE 2001, 1468; AG Homburg NZM 2001, 1032.
41 BGH NJW 2003, 2899 = NZM 2003, 754; NJW 2004, 3045 = NZM 2004, 613; NJW 2011, 59 Tz 14.
42 AG Homburg NZM 2001, 1032.
43 BGH NZM 2007, 401 Tz 25 = NJW-RR 2007, 884; KG GE 2003, 525; dagegen *Staudinger* Rn 16.
44 *Kraemer* NZM 2001, 737, 739.
45 BGH NJW 2011, 59 Tz 18 = NZM 2011, 28; NZM 2013, 145 = WuM 2013, 103 Tz 6 ff.
46 S u Rn 15; BGH NJW 2008, 1152 Tz 8; NZM 2009, 815 Tz 10.

Volker Emmerich

Zinssatz, und zwar getrennt vom Vermögen des Vermieters angelegt werden. Als Kreditinstitute kommen alle Banken im Sinne des KWG mit Sitz in der Europäischen Union in Betracht, und zwar einschließlich z.b. der Genossenschaften mit Spareinrichtungen.[47] Die Anlage muss jedoch **getrennt vom Vermögen des Vermieters** erfolgen (§ 551 Abs 3 S 3), um den Mieter vor einem Zugriff der Gläubiger des Vermieters (einschließlich des Kreditinstituts selbst, bei dem die Anlage erfolgt) auf den fraglichen Betrag zu schützen. Das ist nur möglich, wenn die Anlage des Betrags **offen** auf einem **Treuhandkonto** erfolgt, und zwar durch einen entsprechenden Vermerk bei Kontoeröffnung, da durch die Leistung der Barkaution ein **Treuhandverhältnis** zwischen den Parteien begründet wird.[48] Der Mieter hat einen **Anspruch auf** eine dem Gesetz **entsprechende Anlage** seines Kautionsbetrages[49] und deshalb nach § 273 ein **Zurückbehaltungsrecht**, bis der Vermieter diesem Verlangen nachkommt, und zwar bereits hinsichtlich der ersten Rate der Kaution.[50] In der **Zwangsverwaltung** treffen diese Pflichten auch den Zwangsverwalter, selbst wenn er die Kaution vom Vermieter nicht erhalten hat (§ 152 Abs 2 InsO).[51] Zulässig ist aber nach hM die Anlage der Kautionen mehrerer Mieter auf **einem Sammelkonto.**

14   Erzielt der Vermieter eine **höhere Verzinsung als üblich**, so stehen auch die zusätzlichen Zinsen dem Mieter zu (§ 551 Abs 3 S 3). Wenn ein Kreditinstitut dem Vermieter für die Anlage der Sicherheitsleistung auf einem Konto bei diesem Institut eine **Provision** zahlt, handelt es sich der Sache nach um eine zusätzliche Verzinsung, so dass dieser Betrag nach § 551 Abs 3 S 4 ebenfalls dem Mieter zusteht.[52]

15   Der Mieter kann vom Vermieter **Auskunft** darüber verlangen, ob dieser seiner Verpflichtung zur getrennten Anlage der Barkaution nachgekommen ist.[53] Solange der Vermieter den Nachweis der ordnungsmäßigen Anlage der Barkaution nicht erbracht hat, hat der Mieter ein **Zurückbehaltungsrecht** hinsichtlich der *weiteren* Raten der Kaution sowie hinsichtlich der Miete, jedenfalls in Höhe der Kaution.[54] Die Pflicht zur Anlage einer Barkaution auf einem Treuhandkonto gilt nach Treu und Glauben heute auch für die **gewerbliche Miete**, wenn die Parteien nicht ausdrücklich etwas anderes vereinbart haben.[55] Ist der Vermieter dieser Pflicht nachgekommen, so kann der Mieter bei einer Pfändung des Betrags durch einen Gläubiger des Vermieters nach **§ 771 ZPO** intervenieren; in der Insolvenz des Vermieters hat er ein **Aussonderungsrecht** (§ 47 InsO).[56] Das Aussonderungsrecht ist unabhängig davon, ob der fragliche Betrag unmittelbar aus dem Vermögen des Mieters stammt oder erst nachträglich vom Vermieter auf das Treuhandkonto eingezahlt wurde.[57] Kommt dagegen der Vermieter seiner Verpflichtung zur getrennten Anlage der Barkaution (§ 551 Abs 3 S 3) *nicht* nach, zahlt er zB den Betrag der Kaution auf einem allgemeinen **Girokonto** ein, so macht er sich zwar schadensersatzpflichtig (Rn 17); der Mieter

---

47 *Feßler*, in: 10 Jahre Mietrechtsreformgesetz, 448, 453.
48 BGH NJW 2009, 1673 = N ZM 2009, 481 Tz 9; BGHSt 52, 182 = N JW 2008, 1827 Tz 9.
49 BGHSt 41, 224, 228f = NJW 1996, 65f.
50 BGH NJW 2011, 59 = NZM 2011, 28 = WuM 2010, 752 Tz 18 f; NZM 2013, 145 Tz 6 ff = WuM 2013, 103; früher str.
51 BGH WuM 2009, 289 Tz 8.
52 S *Derleder* WuM 1997, 651.
53 BayObLGZ 1988, 109 = NJW 1988, 1796.
54 S schon Rn 12, 13; BGH NJW 2008, 1152 Tz 8 = NZM 2008, 203; *Blank* NZM 2002, 58; *Kraemer* NZM 2001, 737, 739.
55 KG NJW-RR 1999, 738 = NZM 1999, 376.
56 Rn 14; BGH NJW 2008, 1152 Tz 8 = NZM 2008, 203; NJW 2011, 59 Tz 18 ff = NZM 2011, 28; BGHSt 41, 224, 227ff = NJW 1996, 65f; BayObLGZ 1988, 109 = NJW 1988, 1796.
57 BayObLGZ 1988, 109 = NJW 1988, 1796.

genießt dann jedoch gegenüber den Gläubigern des Vermieters weder den Schutz des § 771 ZPO in der Einzelvollstreckung noch in der Insolvenz des Vermieters den des § 47 InsO.[58]

b) Die Anlage einer Kaution bei einem Kreditinstitut zu dem für Spareinlagen mit **16** dreimonatiger Kündigungsfrist üblichen Zinssatz (§ 551 Abs 3 S 1) ist kein zwingendes Recht, da die Parteien nach S 2 der Vorschrift einverständlich **auch** eine **andere Anlageform wählen** können, wobei insbesondere an eine Anlage in Sparkassenbriefen,[59] ebenso aber auch an hochspekulative sonstige Anlagen zu denken ist.[60] Eine derartige Vereinbarung ist indessen **nur durch Individualvereinbarung**, nicht durch Formularvertrag möglich. Zu beachten ist, dass S 3 des § 551 Abs. 3 auch für eine von den Parteien gewählte andere Anlage gilt, so dass diese ebenfalls **vom Vermögen des Vermieters getrennt** erfolgen muss und dass die **Erträge** (im weitesten Sinne) dem Mieter zustehen (Rn. 18). Als Mittel zur Absicherung des Mieters gegen das **Insolvenzrisiko** des Vermieters werden im Schrifttum insbesondere die Beibringung einer Bankbürgschaft sowie eine Kautionsversicherung diskutiert.[61] Außerdem muss der Vermieter bei dieser Gelegenheit den Mieter sorgfältig über die entstehenden zusätzlichen Risiken aufklären, widrigenfalls er aus **c.i.c.** haftet (§§ 241 Abs 2, 311 Abs 2). Der Vermieter ist schadensersatzpflichtig, wenn er später, wenn sich eine Verlustgefahr abzeichnet, nicht unverzüglich zur Rettung des Betrages tätig wird (§§ 241 Abs 2, 242, 280 Abs 1).

c) Ein **Verstoß** gegen § 551 Abs 3 S 3 macht den Vermieter aus Vertrag (§ 280) und aus **17** § 823 Abs 2 **schadensersatzpflichtig**, da § 551 ein Schutzgesetz zugunsten des Mieters ist.[62] Handelt der Vermieter **vorsätzlich**, so kann zugleich der Untreuetatbestand des **§ 266 StGB** erfüllt sein.[63] Der Vermieter macht sich ferner schadensersatzpflichtig, wenn er *während* des Bestandes des Mietverhältnisses ohne Berechtigung dazu über die ihm vom Mieter als Geldkaution zur Verfügung gestellten Beträge *verfügt* oder diese nicht verzinslich oder getrennt von seinem Vermögen anlegt.[64]

2. Erträge. Nach § 551 Abs 3 S 3 und 4 stehen die **Erträge** der gewählten Anlage der **18** Geldkaution **dem Mieter** zu und **erhöhen** deshalb die **Sicherheit**. Die Zinsen und die sonstigen Erträge müssen daher auf dem Kautionskonto stehen bleiben und der Kaution gutgeschrieben werden; der Vermieter darf über sie nicht verfügen. **Beispiele** sind die Zinsen und die Zinseszinsen im Falle der Anlage des Betrags bei einer Bank, Dividenden und sonstige Gewinnanteile, selbst bei hochspekulativen Anlagen, sowie schließlich die vom Vermieter ersparten Sollzinsen, wenn er unter Verstoß gegen § 551 Abs 3 die Geldkaution zur Tilgung eigener Schulden verwendet.[65] Eine Ausnahme von der Verzinsungspflicht gilt nach § 551 Abs 3 S 5 aus praktischen Gründen lediglich für die Vermieter von Wohnraum in einem **Studenten- oder Jugendwohnheim**, woraus häufig der Schluss

---

58 § 566a Rn 17; BGH NJW 2008, 1152 Tz 7 f = NZM 2008, 203 = WuM 2008, 149; OLG Hamburg NJW-RR 1990, 213; OLG München ZMR 1990, 413; LG Berlin GE 2006, 1481.
59 LG Kassel WuM 2001, 550f.
60 S kritisch *Drasdo* NZM 2000, 1109, 1112f; *Kraemer* NZM 2001, 737, 739; *Steinig* GE 2001, 906, 907.
61 S *Feßler*, in: 10 Jahre Mietrechtsreformgesetz, 448, 456 ff.
62 OLG Frankfurt WuM 1989, 138 = ZMR 1990, 9; ZMR 1990, 342; LG Hamburg ZMR 2002, 598; NJW-RR 2004, 1530 = NZM 2005, 255; *Staudinger* Rn 22.
63 BGHSt 41, 224, 228f = NJW 1996, 65f; BGHSt 52, 182 = NJW 2008, 1827 Tz 9 f, 25ff; OLG Zweibrücken ZMR 2007, 863 m Nachw, str.
64 LG Gießen ZMR 1996, 609, 610 = NJW-RR 1996, 1293; LG Hamburg (vorige Fn).
65 LG Marburg ZMR 2001, 460 = WuM 2001, 238; *Derleder* WuM 1997, 651.

Volker Emmerich

gezogen wird, dass für die Heimbetreiber auch die Pflicht zur treuhänderischen Anlage und Verwahrung der Kaution entfalle.[66]

19 Sämtliche Erträge stehen – von dem Ausnahmefall des § 551 Abs 3 S 5 abgesehen (o Rn 18) – dem Mieter zu und müssen deshalb **vom Mieter versteuert** werden.[67] Die (komplizierten) Einzelheiten richteten sich zunächst nach einem Schreiben des Bundesministers der Finanzen vom 9.5.1994.[68] Dieses Schreiben ist durch das **StÄndG von 2008** überholt. Seit Übergang zum Vorsteuerabzug muss der Steuerbetrag stattdessen von der Bank abgeführt werden. Die Bank muss außerdem eine Steuerbescheinigung ausstellen, deren Aushändigung die Mieter vom Vermieter verlangen kann.[69]

VI. Die Sicherheitsleistung während des Vertrages

20 **1.** Solange der Mietvertrag läuft, hat der Mieter lediglich einen durch das Vertragsende und den Ablauf der Abrechnungsfrist (u Rn 22) **aufschiebend bedingten Anspruch auf Rückzahlung** der Kaution zuzüglich etwaiger Erträge.[70] Etwas anderes gilt nur, wenn der Sicherungszweck des Vermieters schon während des Laufs des Vertrages endgültig entfallen ist und weitere Ansprüche nicht mehr entstehen können, etwa, weil ihm selbst die Erfüllung des Vertrages unmöglich geworden ist.[71] Im Regelfall besteht dagegen während des Laufs des Vertrages **kein Aufrechnungsrecht** des Mieters, weil sein Rückzahlungsanspruch noch nicht fällig ist (§ 387).[72]

21 **2.** Der Vermieter ist nur ein **Treuhänder** der wirtschaftlich dem Mieter zustehenden Mietsicherheit, so dass er die §§ 662 ff beachten muss (Rn 13ff). Daraus wird überwiegend gefolgert, dass der Vermieter jedenfalls bei der Wohnraummiete wegen offener Forderungen auf die Sicherheit **nur zugreifen** darf, **wenn** seine **Forderungen rechtskräftig festgestellt, unstreitig oder** unmittelbar **liquide**, dh sofort beweisbar sind, nicht dagegen in anderen Fällen und daher insbesondere nicht, wenn die Forderung des Vermieters vom Mieter substantiiert bestritten wird.[73] Eine **Verpflichtung** des Vermieters **zum Zugriff** auf die Sicherheit besteht jedoch **in keinem Fall**; auch in den genannten Fällen kann er statt dessen den Mieter auf Zahlung in Anspruch nehmen und bei Verzug gegebenenfalls nach § 543 Abs 2 Nr 3 kündigen.[74] Der Vermieter ist außerdem in der Wahl frei, wie er **verschiedene Sicherheiten** auf die offenen Forderungen verrechnet; er braucht insbesondere keine Rücksicht auf einen Mietbürgen zu nehmen.[75] Greift er zur Begleichung offener Forderungen auf die Sicherheit zu, so kann er ferner die **Wiederauffüllung** der Sicherheit auf die vereinbarte Höhe **verlangen**, und zwar grundsätzlich auch noch nach Vertragsende während des Abrechnungszeitraums.[76] Voraussetzung ist aber, dass der Vermieter schlüs-

---

66 *Blank/Börstinghaus* § 551 Rn 39.
67 LG Berlin NJW-RR 2000, 1537 = NZM 2001, 618.
68 NJW 1994, 2600; *Staudinger* Rn 25.
69 LG Berlin NJW-RR 2000, 1537 = NZM 2001, 618.
70 BGHZ 84, 345, 349 = NJW 1982, 2186; BGH NZM 2013, 145 = WuM 2013, 103 Tz 18.
71 AG Schöneberg GE 1990, 425.
72 BGH LM Nr 50 zu § 535 BGB = WM 1972, 335.
73 LG Mannheim WuM 1996, 269; LG Wuppertal NJW-RR 2004, 1309 = NZM 2004, 298; LG Darmstadt ZMR 2005, 193, 194; AG Hamburg-Altona ZMR 2013, 47 (Minderung); str.
74 LG München I WuM 1996, 541; *Kraemer* NZM 2001, 737, 741.
75 OLG Düsseldorf ZMR 2000, 602; 2008, 714, 715; LG Köln ZMR 2002, 274.
76 OLG Düsseldorf ZMR 2006, 606, 80; 2006, 923; KG GE 2008, 670; OLG Karlsruhe NZM 2004, 742.

sig vorträgt, noch offene Forderungen zu haben.[77] Der Anspruch des Vermieters auf Auffüllung der Kaution **verjährt** nach § 195.[78] Verschlechtern sich die Vermögensverhältnisse des Vermieters während des Laufs des Vertrags erheblich, so ist **§ 321** entsprechend anzuwenden.[79] Nach § 242 ist dem Mieter außerdem in solchen Fällen zu gestatten, trotz mangelnder Fälligkeit sofort mit seinem Rückzahlungsanspruch gegen die Miete aufzurechnen.[80]

VII. Die Sicherheitsleistung nach Vertragsende

1. Der Anspruch des Mieters auf Rückgewähr der Mietsicherheit (§ 667) entsteht bereits **22** mit Vertragsabschluss, indessen **aufschiebend bedingt** durch die Beendigung des Vertrages (o Rn 20) *sowie* **durch den Ablauf der** dem Vermieter üblicherweise zusätzlich zugebilligten **Abrechnungsfrist**, so dass der Rückgewähranspruch des Mieters erst mit Ablauf dieser Frist **fällig** wird.[81] Auch die **Verjährung für** den **Rückgewähranspruch** des Mieters beginnt erst mit diesem Zeitpunkt zu laufen (§§ 195, 199); mit der Verjährung des Rückgewähranspruchs des Mieters verjährt dann auch dessen Anspruch auf Abrechnung.[82] Aus alledem folgt, dass der Vermieter nach Vertragsende **unverzüglich** über die Mietsicherheit in einer dem § 259 entsprechenden Weise **abrechnen** muss, insbesondere durch eine übersichtliche Gegenüberstellung der beiderseitigen Forderungen (§ 666). Die **Dauer der Abrechnungsfrist** hängt von den Umständen ab. Bei einfachen Verhältnissen dürfte in der Regel bereits eine Abrechnungsfrist von **zwei bis drei Monaten** als ausreichend anzusehen sein.[83] In der großen Mehrzahl der Fälle betrachten die Gerichte dagegen eine Abrechnungsfrist von **sechs Monaten** als Obergrenze, die nur bei ganz besonders komplizierten Abrechnungsverhältnissen überschritten werden darf.[84] Werden die genannten Fristen deutlich überschritten, so wird der Rückgewähranspruch des Mieters ohne weiteres fällig,[85] so dass die Mieter dann auch mit seinem Rückgewähranspruch gegen noch offene Forderungen des Vermieters aufrechnen kann, Gleichartigkeit der beiderseitigen Leistungen vorausgesetzt (§ 387). In der **Zwangsverwaltung** treffen die genannten Pflichten den Verwalter, selbst wenn der Vermieter die Sicherheitsleistung nicht an ihn herausgegeben hat. Notfalls muss der Verwalter die Sicherheitsleistung noch vom Mieter einfordern, wenn dies bisher nicht geschehen ist.[86]

Ergibt die vom Vermieter beschleunigt durchzuführende **Abrechnung**, dass dem **22a** Vermieter noch Ansprüche gegen den Mieter zustehen, so erwirbt er nunmehr endgültig das **Recht auf Zugriff** auf die Mietsicherheit. Die Art des Zugriffs hängt von der Art der Sicherheit ab (Rn 3). Bei einer **Barkaution** (Rn 3) wird idR eine Verrechnung in Betracht kommen, bei der es sich der Sache nach in der Mehrzahl der Fälle um eine **Aufrechnung** des Vermieters gegen den Rückzahlungsanspruch des Mieters handeln dürfte (§§ 387, 488),

---

77 OLG Düsseldorf ZMR 2006, 686, 687; 2006, 923.

78 LG Duisburg NZM 2006, 774.

79 S *Staudinger* Rn 28; *Derleder* WuM 1986, 39.

80 *Blank* NZM 2002, 58; *Kießling* JZ 2004, 1146, 1155; wohl auch LG Darmstadt NJW-RR 2002, 155 = NZM 2002, 19f.

81 BGHZ 101, 244, 250f = NJW 1987, 2372; BGH NJW 2006, 1422 = WuM 2006, 197, 198 Tz 8f; NZM 2009, 853 = WuM 2009, 647 Tz 19.

82 BGH NZM 2013, 29 Tz 19; OLG Düsseldorf NZM 2005, 783, 784.

83 OLG Köln WuM 1998, 154 = ZMR 1998, 345, 346.

84 BGH LM Nr 50 zu § 535 BGB = WM 1972, 335; NJW 2006, 1422; OLG Hamburg NJW-RR 1988, 651 = WuM 1988, 124; OLG Düsseldorf ZMR 2000, 602; OLG Hamm NJW-RR 1992, 1036; AG Bremen WuM 2012, 16, 18 f; AG Hamburg-Blankenese ZMR 2012, 783, 784 .

85 OLG Düsseldorf ZMR 2008, 708: 33 Monate.

86 BGH WuM 2007, 698, 699f Tz 19 = NZM 2008, 100, 101f.

freilich zum Schutze des Mieters nur in dem Umfang, in dem die Forderungen des Vermieters rechtskräftig festgestellt, unstreitig oder unmittelbar liquide sind, während der Vermieter bei streitigen Forderungen auf den **Klageweg** zu verweisen ist.[87] Nach Treu und Glauben hat der Vermieter wegen streitiger Forderungen lediglich ein **Zurückbehaltungsrecht** an einem entsprechenden Teil der Sicherheitsleistung bis zur rechtskräftigen Entscheidung des Rechtsstreits (§§ 242, 273). Dagegen kann der Vermieter *kein* Zurückbehaltungsrecht auf **sonstige**, zwar mögliche, von ihm aber bisher nicht genau bezifferte, lediglich **pauschal behauptete Gegenforderungen** aufgrund einer noch ausstehenden Abrechnung oder noch nicht bezifferter Schäden stützen.[88] Soweit danach überhaupt eine Aufrechnungsmöglichkeit des Vermieters besteht, gilt diese gem. § 215 selbst dann noch, wenn die Gegenforderungen des Vermieters mittlerweile nach § 548 **verjährt** sind.[89] Mit **sonstigen Forderungen** und insbesondere mit Forderungen aus anderen Rechtsverhältnissen kann der Vermieter nicht aufrechnen, sofern die Parteien nicht ausnahmsweise etwas anderes vereinbart haben.[90]

23   **2.** (Erst) **mit Ablauf** der Abrechnungsfrist (o Rn 22) erwirbt der Mieter einen **unbedingten und fälligen Rückgewähranspruch**, so dass er jetzt auch zur **Aufrechnung** gegenüber etwaigen Vermieterforderungen befugt ist.[91] **Mehrere Mieter**, insbesondere also Eheleute, sind nach hM **Mitgläubiger** iSd § 432, so dass jeder Mieter die Rückgewähr der Sicherheit, aber nur an alle Mieter zusammen verlangen kann.[92] Der Mieter kann jetzt außerdem **Klage** auf Rückzahlung einer etwaigen Kaution erheben. Ist er im Unklaren über Bestand und Höhe der Gegenforderungen des Vermieters sowie über die Höhe der Erträge, so kommt eine Klage auf Abrechnung oder eine **Stufenklage** auf Auskunft oder Abrechnung und Zahlung in Betracht.[93] Durch Der **Streitwert** der Klage auf Rückzahlung der Kaution richtet sich nach dem Kautionsbetrag zuzüglich der in der Zwischenzeit aufgelaufenen Zinsen und Erträge. Bei anderen Sicherheiten muss der **Antrag** der Art der Sicherheitsleistung angepasst werden.[94] Bei einer **Bürgschaft** kommt daher ein Anspruch auf Rückgabe der Bürgschaftsurkunde an den Bürgen in Betracht.[95] Verpfändete **Sparbücher** müssen freigegeben, zur Sicherheit abgetretene Ansprüche zurückabgetreten werden.[96] Auf Mahnung des Mieters hin kommt der Vermieter jetzt außerdem in **Verzug**, so dass er gegebenenfalls Schadensersatz leisten und Verzugszinsen zahlen muss (§§ 280, 286, 288).[97]

24   **3.** Aus der geschilderten Rechtslage (o Rn 22f) ergeben sich für den Vermieter Probleme, wenn bei Ablauf der üblichen Abrechnungsfrist (o Rn 22) möglicherweise noch Forderungen wegen **Betriebskosten offen** sind, über die er im Augenblick noch nicht

---

87 LG Halle NZM 2008, 685; – anders aber OLG Karlsruhe NZM 2009, 817 = NJW-RR 2009, 504 10.
88 OLG Düsseldorf GE 2008, 926, 927; LG Mannheim WuM 1988, 362; LG Hamburg WuM 1991, 95; AG Bonn WuM 1992, 123; wegen Ausnahmen s Rn 24.
89 BGHZ 101, 244, 251f = NJW 1987, 2372; BGHZ 136, 49, 54 = NJW 1998, 981; OLG Düsseldorf ZMR 2002, 658 = WuM 2002, 495; LG Berlin ZMR 2002, 271 und 425; GE 2010, 693.
90 BGH NJW 2012, 3300 Tz 9 = NZM 2012, 678; OLG Düsseldorf ZMR 2008, 47; 2008, 708.
91 BGH LM Nr 51 zu § 535 BGB = NJW 1972, 721; WM 1967, 515; LG Berlin GE 1990, 317, 319.
92 LG Flensburg ZMR 2009, 449; str, anders zB KG ZMR 2012, 695.
93 OLG Karlsruhe NJW-RR 2010, 585 f; *Blank/Börstinghaus* Rn 83.
94 LG Kaiserslautern WuM 2003, 630.
95 OLG Hamm NJW-RR 1992, 1036; LG Saarbrücken NJW-RR 2000, 822; LG Kiel WuM 2001, 238; LG Frankfurt NZM 2001, 619.
96 LG Berlin GE 2002, 596.
97 OLG Celle NZM 2003, 763.

abrechnen kann. Nach überwiegender Meinung ist der Vermieter in diesem Fall berechtigt, trotz Ablaufs der Abrechnungsfrist zumindest einen **Teil der** vom Mieter geleisteten **Sicherheit bis** zur beschleunigt durchzuführenden **Abrechnung über die Betriebskosten zurückzubehalten (§ 273).**[98] Für solche Großzügigkeit ist indessen bei der Wohnraummiete grundsätzlich kein Raum.[99]

VIII. Abweichende Vereinbarungen

Zum *Nachteil* des Wohnraummieters von § 551 abweichende Vereinbarungen sind **25** unwirksam **(§ 551 Abs 4).** Beispiele sind der Ausschluss der Verzinsung der Barkaution oder die Festlegung übermäßig langer Abrechnungsfristen.[100] Vereinbarungen, nach denen die Mietsicherheit bei vorzeitigem Vertragsende ganz oder teilweise verfallen soll, verstoßen außerdem gegen § 555.[101] Der **Verstoß** einer Vereinbarung gegen § 551 führt zu ihrer **Unwirksamkeit, soweit sie gegen § 551 verstößt**; im Übrigen bleibt nach hM der Vertrag in seiner Gültigkeit unberührt (§§ 551 Abs 4, 134, 139).[102]

IX. Gewerberaummiete

Der Anwendungsbereich des § 551 beschränkt sich auf Wohnraummietverhältnisse **26** (§§ 549, 578). Auf **andere Mietverhältnisse** kann er nicht, auch nicht entsprechend angewandt werden, so dass hier nach wie vor **Vertragsfreiheit** besteht (§§ 232, 311 Abs 1).[103] Das gilt gleichermaßen für die **Höhe** wie für die **Fälligkeit** der Sicherheitsleistung. Eine Vermögensbetreuungspflicht iSd § 266 StGB wird daher hier durch die Sicherheitsleistung des Mieters nur in Ausnahmefällen begründet. In den von den Parteien nicht geregelten Fragen wächst jedoch die Tendenz, zum Schutze des Mieters die zu § 551 entwickelten Regeln wenigstens in ihren Grundzügen auch auf die gewerbliche Miete **entsprechend** anzuwenden.[104] Bei der gewerblichen Raummiete ist deshalb gleichfalls von dem **treuhänderischen Charakter** des durch eine Sicherheitsleistung des Mieters begründeten Verhältnisses zum Vermieter auszugehen, so dass dieser hier ebenso wie nach § 551 Abs 3 S 3 grundsätzlich zu einer von seinem Vermögen **getrennten Anlage** der Sicherheit verpflichtet ist, um zu verhindern, dass seine Gläubiger oder seine Bank auf die Sicherheit, die wirtschaftlich dem Mieter gehört, zugreifen können.[105] Eine Pflicht des Vermieters zur **Verzinsung** der vom Mieter gestellten Kaution besteht indessen nur, wenn sie vereinbart ist.[106] Soweit die Sicherheitsleistung danach zu verzinsen ist, stehen die Zinsen bei der gewerblichen Miete ebenso wie bei der Wohnraummiete dem **Mieter** zu. Bei **Vertragsende** entspricht die Rechtslage bei der gewerblichen Miete gleichfalls in ihren Grundzügen der bei der Wohnraummiete (s deshalb o Rn 22ff).

---

98 S schon Rn 22; BGH NJW 2006, 1422 = WuM 2006, 197, 198 Tz 12f ; AG Hamburg-Brambeck WuM 2010, 153.
99 LG Berlin ZMR 1999, 257 = NZM 1999, 960; GE 2002, 462, 463; 2005, 433, 435; *Staudinger* Rn 31.
100 S *Staudinger* Rn 33.
101 AG Karlsruhe WuM 1989, 73.
102 S o Rn 7, 10; LG Hamburg WuM 1989, 138; LG Berlin GE 1990, 817, 819; ebenfalls fraglich, s *Staudinger* Rn 34.
103 LG Bonn NJW-RR 1997, 1099; LG Stuttgart ZMR 1997, 472; *Heintzmann* WiB 1995, 569.
104 *Heintzmann* (vorige Fn).
105 KG NJW-RR 1999, 738 = NZM 1999, 376; offengelassen aber in KG GE 2004, 233, 234.
106 BGH WuM 2010, 330 Tz 9, str.

§ 552

Abwendung des Wegnahmerechts des Mieters

[1] Der Vermieter kann die Ausübung des Wegnahmerechts (§ 539 Abs 2) durch Zahlung einer angemessenen Entschädigung abwenden, wenn nicht der Mieter ein berechtigtes Interesse an der Wegnahme hat.
[2] Eine Vereinbarung, durch die das Wegnahmerecht ausgeschlossen wird, ist nur wirksam, wenn ein angemessener Ausgleich vorgesehen ist.

Systematische Übersicht

1. Abwendungsrecht des Vermieters

1   **a)** Nach § 552 Abs 1 kann der Vermieter die **Ausübung des Wegnahmerechts** des Mieters aus § 539 Abs 2 durch die Zahlung einer angemessenen Entschädigung **abwenden**, wenn nicht der Mieter ein berechtigtes Interesse an der Wegnahme hat. Dies gilt gleichermaßen für die Wohnraummiete wie für die gewerbliche Miete (§ 578 Abs 2). Keine Anwendung findet § 552 auf die reine Grundstücksmiete, so dass der Vermieter eines Grundstücks zB die Wegnahme von Pflanzen, die der Mieter gepflanzt hatte, nicht nach § 552 Abs 1 abwenden kann.

2   Das Abwendungsrecht des Vermieters entspricht dem Wegnahmerecht des Mieters aus § 539 Abs 2. Der Vermieter hat daher ein **Abwendungsrecht nur, wenn und solange** dem **Mieter** das **Wegnahmerecht** zusteht, sodass das Abwendungsrecht grundsätzlich nur akut wird, wenn der Vermieter den Besitz der vermieteten Räume zurückerlangt hat (s o § 539 Rn 13ff). Sobald dies der Fall ist, kann der Vermieter den Mieter nach § 552 Abs 1 an der Ausübung seines Wegnahmerechts (nur) durch **„Zahlung"** einer angemessenen Entschädigung hindern. Nach Sinn und Zweck der Regelung muss aber auch das **Angebot einer angemessenen Entschädigung** in **Annahmeverzug** begründender Weise ausreichen (§ 294).[1] Der Mieter ist nach dem Gesetz **nicht verpflichtet**, dem Vermieter rechtzeitig seine **Absicht mitzuteilen**, Einrichtungen abzutrennen oder wegzunehmen, ebenso wenig wie er verpflichtet ist, vor Ausübung des Wegnahmerechts seine Einrichtungen dem Vermieter zur Übernahme gegen Entschädigung anzubieten.[2] Jedoch können individualvertraglich derartige Pflichten des Mieters ohne weiteres begründet werden; § 552 Abs 2 steht auch bei der Wohnraummiete nicht entgegen (Rn 5).

3   **b)** Bei der Ermittlung der **Angemessenheit der Entschädigung** ist nach hM vom **Zeitwert der Einrichtung** im Augenblick ihrer Verbindung mit der Mietsache auszugehen. Gemeint ist damit der Anschaffungspreis, jedoch abzüglich des Wertverlustes durch die zwischenzeitliche Abnutzung. **Abzuziehen** sollen ferner sein der durch die Trennung entstehende **Wertverlust** sowie die vom Mieter ersparten Kosten für die Wiederherstellung des früheren Zustandes (§ 258), weil nur um den danach noch verbleibenden Betrag der Vermieter auf Kosten des Mieters bereichert sei.[3] Durch diese Meinung wird der Mieter

---

1   KG MDR 2001, 984 = GE 2001, 850f; AG Aachen WuM 1987, 123.
2   OLG Köln ZMR 1994, 509, 510 = WuM 1995, 268; vgl *Burkhardt* BB 1964, 771.
3   BGH WM 1969, 1114 = ZMR 1969, 340, 342 = MDR 1969, 1001; LG Hamburg WuM 1977, 141, 142; AG/LG Köln WuM 1998, 345.

indessen erheblich benachteiligt.[4] Deshalb ist anzunehmen, dass als „angemessen" nur eine Entschädigung angesehen werden kann, die von dem **Wert** der vom Mieter zurückgelassenen Einrichtungen **für** den **Vermieter** ausgeht, der in seinem Interesse Sachen des Mieters in Anspruch nimmt.[5] So erklärt es sich zugleich, dass die Entschädigungspflicht des Vermieters **entfällt, wenn der Mieter einfach** unter Zurücklassung der Einrichtungen **auszieht**[6] oder wenn es der Vermieter dem Mieter freistellt, ob er sein Wegnahmerecht ausüben oder die Einrichtungen zurücklassen will, und der Mieter darauf hin untätig bleibt.[7] Denn in allen diesen Fällen sind die Einrichtungen für den Vermieter nicht nur letztlich *wertlos*, sondern belasten ihn möglicherweise sogar.

c) Das Abwendungsrecht des Vermieters entfällt, wenn der Mieter ein **berechtigtes** 4 **Interesse an der Wegnahme** hat (§ 552 Abs 1). Als solches Interesse kommen **alle vernünftigen, sachlichen Gründe** des Mieters für die Wegnahme in Betracht. Der Mieter hat zB ein berechtigtes Interesse an der Wegnahme, wenn es sich bei der Einrichtung um ein wertvolles und unersetzliches Erbstück handelt, wenn die Einrichtung auf dem Markt nicht mehr erhältlich ist oder wenn die Kosten der Wegnahme gering, die Kosten der Anschaffung einer neuen Einrichtung jedoch erheblich sind. Nicht ausreichend ist dagegen das bloße Interesse des Mieters, die Einrichtung an einen Nachfolgemieter zu veräußern.[8]

2. Abweichende Vereinbarungen

a) Nach § 552 Abs 2 setzt (nur) **bei** der **Wohnraummiete** eine Vereinbarung, durch die 5 das **Wegnahmerecht ausgeschlossen** wird, voraus, dass ein **angemessener Ausgleich** vorgesehen ist; fehlt solcher Ausgleich, so tritt an die Stelle der unzulässigen Klausel einfach die gesetzliche Regelung des § 552. Unberührt bleibt die Möglichkeit von Vereinbarungen, durch die das Abwendungsrecht des Vermieters lediglich **modifiziert** wird, ohne geradezu auf einen Ausschluss des Wegnahmerechts des Mieters hinauszulaufen.[9] Beispiele sind Abreden über eine Anzeigepflicht des Mieters (Rn 2), über die Berechnung der Entschädigung (Rn 3) sowie über das berechtigte Interesse des Mieters (Rn 4). Auch eine Verbesserung der Rechtsstellung des Mieters ist (natürlich) immer möglich. Bei einer Ausschlussvereinbarung braucht der **Ausgleich** auch nicht in einer Geldentschädigung zu bestehen; vielmehr kann ein **sonstiges Entgegenkommen des Vermieters** in der Gestaltung der vertraglichen Beziehungen gleichfalls als angemessener Ausgleich zu werten sein. Beispiele sind eine vorzeitige Entlassung des Mieters aus dem Vertrag sowie die Vereinbarung einer besonders langen Vertragsdauer oder einer besonders niedrigen Miete, immer vorausgesetzt, dass nach dem Willen der Parteien dieses Entgegenkommen die **Gegenleistung** für den Ausschluss des Wegnahmerechts sein soll.

b) Für die **sonstige Raummiete** gilt § 552 Abs 2 nicht (§ 578 Abs 2), sodass hier in 6 jeder Hinsicht von § 552 Abs 1 abweichende Vereinbarungen möglich sind, zB Abreden über die Höhe der Entschädigung oder über die Modalitäten des Wegnahmerechts. Auch

---

4 S *Staudinger* Rn 7; *Scholl* WuM 1998, 327.
5 *Eisenschmid* WuM 1987, 243, 247; *Schmidt-Futterer/Langenberg* § 552 Rn 9ff.
6 *Blank/Börstinghaus* § 552 Rn 6.
7 *Blank/Börstinghaus* § 552 Rn 6; *Sternel*, Mietrecht Rn IV 621 (1357 f).
8 *Blank/Börstinghaus* § 552 Rn 7.
9 S schon o Rn 2; *Staudinger* Rn 10.

Volker Emmerich

der völlige **Ausschluss** dieses Rechts kommt hier in Betracht. Eine derartige Abrede stellt jedoch der Sache nach die Vereinbarung einer (grundsätzlich zulässigen) Vertragsstrafe dar (§ 339).[10] Steht die Verfallklausel im Zusammenhang mit einer vertraglichen Mindestdauer, so erwirbt der Mieter **bei vorzeitiger Beendigung** des Mietverhältnisses einen **Bereicherungsanspruch**, wenn der Vermieter infolgedessen grundlos in den verfrühten Genuss werterhöhender Einrichtungen gelangt.[11]

§ 553
Gestattung der Gebrauchsüberlassung an Dritte

[1] Entsteht für den Mieter nach Abschluss des Mietvertrages ein berechtigtes Interesse, einen Teil des Wohnraums einem Dritten zum Gebrauch zu überlassen, so kann er von dem Vermieter die Erlaubnis hierzu verlangen. Dies gilt nicht, wenn in der Person des Dritten ein wichtiger Grund vorliegt, der Wohnraum übermäßig belegt würde oder dem Vermieter die Überlassung aus sonstigen Gründen nicht zugemutet werden kann.
[2] Ist dem Vermieter die Überlassung nur bei einer angemessenen Erhöhung der Miete zuzumuten, so kann er die Erlaubnis davon abhängig machen, dass der Mieter sich mit einer solchen Erhöhung einverstanden erklärt.
[3] Eine zum Nachteil des Mieters abweichende Vereinbarung ist unwirksam.

Systematische Übersicht

1   **1. Überblick.** § 553 begründet bei Wohnraummietverhältnissen unter bestimmten Voraussetzungen einen **Anspruch** des Mieters **auf Erlaubnis der Gebrauchsüberlassung** an einen Dritten, in erster Linie also auf Erlaubnis der Untermiete. Die Vorschrift muss **im Zusammenhang mit § 540 Abs 1 S 1** gesehen werden, nach dem der Mieter grundsätzlich *nicht* berechtigt ist, ohne Erlaubnis des Vermieters den Gebrauch der Mietsache ganz oder teilweise einem Dritten zu überlassen, insbesondere sie weiter zu vermieten. Diese Regel wird durch § 553 zu Gunsten des Mieters durch *Begründung eines Anspruchs* auf Erlaubnis der Gebrauchsüberlassung abgeändert, wenn für ihn *nach* Abschluss des Mietvertrages ein *berechtigtes Interesse* entsteht, einen *Teil* des Wohnraums einem Dritten zum Gebrauch zu überlassen. **Bezweckt** wird mit dieser Regelung, im Interesse des Bestandschutzes das Mietverhältnis auch dann aufrechtzuerhalten, wenn der Mieter den Wohnraum teilweise einem anderen zum Gebrauch überlassen möchte.[1] Der **wichtigste Anwendungsfall** der Vorschrift ist die **Untermiete**. Der Anwendungsbereich des § 553 beschränkt sich indessen nicht auf diesen Fall, sondern umfasst auch **jede sonstige Überlassung eines Teils** der

---

10   BGH LM Nr 3 zu § 547 BGB = NJW 1958, 2109; LM Nr 9 zu § 547 BGB = NJW 1967, 1233; str.
11   S o § 539 Rn 8; BGH NJWE-MietR 1996, 33 = ZMR 1996, 122, 123f; OLG Hamburg MDR 1974, 584; *Emmerich* NZM 1998, 49, 53f.

1   BGHZ 92, 213, 217 = NJW 1985, 130.

Wohnung an einen Dritten zu einem selbständigen oder unselbständigen Gebrauch und daher auch die nicht nur vorübergehende Aufnahme von Freunden und Besuchern.[2]

2. Berechtigtes Interesse

a) Der Anspruch des Wohnraummieters auf Genehmigung der Untervermietung (oder 2 der sonstigen Gebrauchsüberlassung) (nur) eines Teils des Wohnraumes setzt nach § 553 Abs 1 S 1 vor allem voraus, dass der Mieter ein **berechtigtes Interesse** daran erst **nach Abschluss** des Mietvertrages erlangt hat. Dafür ausreichend ist **jeder vernünftige Grund** des Mieters im weitesten Sinne, der sich im Rahmen der bestehenden Rechts- und Sozialordnung hält, sofern er nur *nach* Vertragsabschluss entstanden ist. Es braucht sich nicht gerade um rechtliche Interessen zu handeln; vielmehr genügen auch wirtschaftliche oder persönliche Gründe einschließlich höchstpersönlicher Erwägungen. Bei mehreren Mietern reicht es zudem aus, wenn ein derartiges Interesse nur in der Person eines Mieters vorliegt.[3] Immer aber muss es sich um ein **nachträglich entstandenes,** dh nicht bereits bei Vertragsabschluss vorliegendes **Interesse** gerade **des Mieters selbst** handeln, so dass allgemeine humanitäre Erwägungen nicht ausreichen.[4]

Das Interesse des Mieters muss sich ferner auf die **Überlassung eines Teils des** 3 **Wohnraums** an einen Dritten beziehen, während die Überlassung der **ganzen Wohnung** an einen Dritten nicht mehr unter § 553, sondern ausschließlich unter § 540 Abs 1 fällt. Die Grenzziehung ist schwierig.[5] Im Schrifttum werden unterschiedliche **Kriterien** diskutiert.[6] Teilweise werden quantitative Merkmale in den Vordergrund gerückt. Um die bloße Überlassung eines Teils der Wohnung an einen Dritten handelt es sich danach jedenfalls dann, wenn **weniger als** die **Hälfte** der Wohnfläche untervermietet wird.[7] Nach anderen ist hingegen darauf abzustellen, ob die Wohnung letztlich der **Lebensmittelpunkt** des Mieters bleibt.[8] oder der Mieter doch noch in der Lage ist, die **Sachherrschaft** über die Wohnung auszuüben.[9] Die Frage hat Bedeutung vor allem in den Fällen einer **längeren Abwesenheit** des Mieters. Die Rechtsprechung ist nicht einheitlich. Der **BGH** hat im Interesse der Mietermobilität entschieden, dass der Mieter nach § 553 auch dann einen Anspruch auf Erlaubnis der Untervermietung haben kann, wenn die **Wohnung fortan nicht** mehr seinen **Lebensmittelpunkt** bildet.[10] Dies ändert indessen nichts an der fortbestehenden Notwendigkeit, mit Rücksicht auf den insoweit eindeutigen Wortlaut des § 553 Abs 1 S 1 zwischen der bloßen Überlassung eines *Teils* des Wohnraums und der der *gesamten* Wohnung zu unterscheiden. Die **Abgrenzung** ist wohl nur **negativ** möglich, wobei nach der Rechtsprechung des BGH ein großzügiger Maßstab zu Gunsten des Mieters anzulegen sein dürfte. Danach scheidet eine Anwendung des § 553 Abs 1 nur aus, wenn der Mieter der Sache nach die **Wohnung** zu Gunsten eines anderen **insgesamt endgültig aufgibt,** wenn er, wie es heute meistens ausgedrückt wird, die Sachherrschaft endgültig und vollständig aufgibt, wobei gleichermaßen quantitative wie qualitative Kriterien Anwendung finden

---

2 S o § 540 Rn 2ff; BGHZ 157, 1, 5 = NJW 2004, 56; OLG Hamm OLGZ 1982, 481 = NJW 1982, 2876.
3 BGHZ 92, 213, 218ff = NJW 1985, 130; BGHZ 157, 1, 8 = NJW 2004, 56; BGH NZM 2006, 220 = WuM 2006, 147, 148 Tz 8; *Sonnenschein* PiG Bd 23 (1986) 167, 178f.
4 LG Berlin WuM 1994, 326; **aM** *Derleder* WuM 1994, 305.
5 S *Staudinger* Rn 6.
6 Übersicht bei *Blank/Börstinghaus* Rn 6.
7 S LG Mannheim WuM 1997, 263.
8 LG Berlin GE 2005, 126.
9 *Blank/Börstinghaus* Rn 7.
10 BGH NJW 2006, 1200 = WuM 2006, 147, 148 Tz 7 ff = NZM 2006, 220.

Volker Emmerich

können, so dass selbst die nur kurzfristige Überlassung der gesamten Wohnung an einen anderen von § 553 Abs 1 S 1 gedeckt sein kann, zB während eines vorübergehenden Auslands- oder Krankenhausaufenthalts. Diese Kriterien sind auch bei Überlassung des Wohnraums an **nahe Angehörige** anzuwenden, weil das Gesetz insoweit nicht unterscheidet.[11] Die wichtigsten **Fallgruppen**, in denen danach die Bejahung eines berechtigten Interesses des Mieters in Betracht kommt, sind eine nachträgliche Veränderung seiner persönlichen Verhältnisse (Rn 4), eine Verschlechterung seiner finanziellen Verhältnisse sowie von Fall zu Fall auch eine berufliche oder krankheitsbedingte längere Abwesenheit des Mieters (Rn 5), immer vorausgesetzt, das es für ihn unter diesen Umständen angezeigt sein kann, einen Teil des Wohnraums Dritten zu überlassen. Die **Beweislast** dafür, dass die Voraussetzungen des § 553 für einen Anspruch auf Erlaubnis der Untermiete vorliegen, trägt der Mieter.[12] Außerdem muss er die **Person des Dritten benennen**, dem der Gebrauch eines Teils der Räume überlassen werden soll, sowie die **Art der** von dem Dritten **geplanten Nutzung** im Einzelnen darlegen (Rn 8). Die **Auswahl** des Untermieters bleibt aber allein Sache des Mieters; der Vermieter darf darauf keinen Einfluss nehmen.[13]

4   **b)** Ein berechtigtes Interesse des Mieters an der Gebrauchsüberlassung an Dritte kann sich nach den Gesagten (Rn 3) zunächst aus einer **Veränderung seiner persönlichen Verhältnisse** *nach* Vertragsabschluss ergeben. Die Folge ist, dass das Interesse bei der **Aufnahme** dem Mieter **nahestehender Personen** in die Wohnung meistens zu bejahen sein wird.[14] **Beispiele** sind die Aufnahme der Eltern,[15] des Bruders oder der Schwester des Mieters,[16] die Aufnahme von Verlobten, Freunden und sonstigen Lebensgefährten,[17] und zwar selbst dann, wenn der Vermieter die Lebensgemeinschaft moralisch missbilligt, sofern nicht besondere Umstände hinzukommen, die die Situation für ihn ausnahmsweise unzumutbar machen,[18] sowie schließlich die Bildung einer Wohngemeinschaft mit einem Dritten, und zwar auch durch Eheleute.[19]

5   **c)** Ein berechtigtes Interesse des Mieters an der Gebrauchsüberlassung eines Teils der Räume an einen Dritten im Sinne des § 553 Abs 1 S 1 kann ferner dadurch begründet werden, dass er wegen einer **nachträglichen Verringerung seiner Einkünfte** auf die Untervermietung **aus finanziellen Gründen angewiesen** ist, um die Miete noch tragen zu können.[20] Beispiele sind die **Verkleinerung der Familie** durch den Tod oder den Auszug einzelner Familienangehöriger,[21] die **Trennung** von Eheleuten,[22] vor allem, wenn der in der Wohnung verbleibende Teil einen neuen Partner aufnehmen will,[23] wenn er wegen seiner geringen Einkünfte fortan auf die Untervermietung angewiesen ist[24] oder wenn der

---

11 *Pauly* WuM 2008, 320f.
12 *Staudinger* Rn 7.
13 KG DR 1941, 2337.
14 BGHZ 157, 1, 8f = NJW 2004, 56.
15 BayObLGZ 1997, 292 = NJW 1998, 1324.
16 LG Kassel WuM 1989, 72; LG Berlin GE 1991, 879; 1991, 881, 883.
17 BGHZ 94, 213, 218ff = NJW 1985, 130; BGHZ 157, 1, 8f = NJW 2004, 56.
18 OLG Hamm NJW 1992, 513 = WuM 1991, 668; LG Aachen NJW 1992, 2897.
19 OLG Hamm (vorige Fn); LG Berlin NJW-RR 1992, 13.
20 OLG Hamburg WuM 1993, 737; LG Hamburg ZMR 2001, 973, 974; LG Freiburg WuM 2002, 371.
21 AG Friedberg WuM 1981, 231; AG Tiergarten GE 1987, 523.
22 LG Frankfurt WuM 1981, 39; AG Hamburg WuM 1985, 87.
23 LG Berlin WuM 1987, 221.
24 LG Berlin GE 1986, 505.

Untermieter zusätzlich die Betreuung der Kinder des Mieters übernehmen soll,[25] sowie noch der Auszug eines Mitmieters.[26] Auch in Fällen einer längeren **beruflich oder krankheitsbedingten Abwesenheit** des Mieters kann ein berechtigtes Interesse des Mieters iSd § 553 Abs 1 bejaht werden, wozu nicht erforderlich ist, dass die Wohnung weiterhin in jeder Hinsicht seinen Lebensmittelpunkt bildet,[27] sofern er nur die Sachherrschaft über die Wohnung auch in Zukunft auszuüben vermag, weil ihm in absehbarer Zeit die Rückkehr in die Wohnung möglich bleibt.[28]

d) Unter den Voraussetzungen des § 553 Abs 1 S 1 hat der Mieter in erster Linie einen 6 **Anspruch auf** Erteilung der **Erlaubnis** zur Gebrauchsüberlassung an einen Dritten (§ 540 Abs 1 S 1) gegen den Vermieter (s o § 540 Rn 5ff). Der Anspruch muss notfalls durch **Leistungsklage** durchgesetzt werden; eine einstweilige Verfügung kommt nur in Ausnahmefällen in Betracht.[29] Der Anspruch besteht auch immer nur *im Einzelfall* unter den in § 553 Abs 1 genannten Voraussetzungen und mit Bezug auf einen ganz bestimmten Untermieter; aus § 553 Abs 1 kann kein Anspruch auf eine *generelle* Erlaubnis der Untermiete abgeleitet werden.[30] Der Mieter ist jedoch nicht auf diesen Rechtsbehelf beschränkt, sondern kann im Falle der grundlosen Erlaubnisverweigerung stattdessen **auch gemäß § 540 Abs 1 S 2 oder** (nach Fristsetzung) **gemäß § 543 Abs 2 Nr 1 kündigen**.[31] Die grundlose Erlaubnisverweigerung stellt außerdem eine **Vertragsverletzung** des Vermieters dar (§ 280 Abs 1), sodass der Mieter ferner **Schadensersatz** verlangen kann, wobei als Schaden in erster Linie die ihm entgehende Untermiete in Betracht kommt (§§ 553 Abs 2, 249, 252).[32]

3. Ausschlussgründe

a) Ein **Anspruch** des Mieters auf Erteilung der Erlaubnis (o Rn 6) **entfällt** nach § 553 7 Abs 1 S 2 **in drei Fällen**, nämlich (1.) wenn in der Person des Dritten ein wichtiger Grund vorliegt (u Rn 9), (2.) wenn der Wohnraum übermäßig belegt würde sowie (3.) wenn dem Vermieter die Überlassung der Räume an den Dritten aus sonstigen Gründen **nicht zugemutet** werden kann (u Rn 10). Letztlich entscheidend ist somit die **Unzumutbarkeit** der Gebrauchsüberlassung an den Dritten, so dass es im Ergebnis darauf ankommt, ob die legitimen Interessen des Vermieters durch die Untervermietung in einer Weise tangiert werden, die es ihm, auch bei voller Würdigung der grundsätzlich vorrangigen Interessen des Mieters, **schlechthin unzumutbar** machen, der Gebrauchsüberlassung zuzustimmen.[33] Vom Gesetz selbst hervorgehobene **Beispiele** der Unzumutbarkeit der Untervermietung sind das Vorliegen eines wichtigen Grundes in der Person des Dritten sowie die übermäßige Belegung der fraglichen Wohnräume (u Rn 8). Weitere Beispiele sind die Veränderung des Verwendungszwecks der Räume durch den Dritten[34] sowie die von dem Untermieter geplante Hundehaltung, sofern dem Mieter die Hundehaltung

---

25 LG Berlin ZMR 2002, 49; AG Büdingen WuM 1991, 585.
26 LG Berlin NJW-RR 1990, 457.
27 BGH NJW 2006, 1200 = WuM 2006, 147, 148 Tz 8; AG Stuttgart ZMR 2012, 366; s im einzelnen *Staudinger* Rn 9a.
28 LG Berlin GE 2007, 783.
29 LG Hamburg NJW 2013, 548 = ZMR 2013, 192 mAnm *Waßman*.
30 BGH GE 2012, 825.
31 *Sonnenschein* PiG Bd 23 (1986) 167, 183.
32 RG JW 1934, 31923; LG Berlin GE 2005, 619.
33 OLG Hamm OLGZ 1982, 481 = NJW 1982,2876; NJW 1992, 513 = WuM 1991, 668; *Sonnenschein* PiG Bd 23 (1986) 167, 180f.
34 KG DR 1941, 2570 Nr 11.

Volker Emmerich

vertraglich untersagt ist.[35] Ebenso ist es zu beurteilen, wenn der Dritte mit dem Mieter oder mit anderen Mietern verfeindet ist, wenn von ihm eine Störung oder Belästigung des Vermieters oder anderer Mieter oder eine Beschädigung der Mietsache zu befürchten ist[36] oder wenn er sich strafbarer Handlungen schuldig gemacht hat. **Nicht ausreichend** ist dagegen im Regelfall die mangelnde Solvenz des Untermieters sowie der Umstand, dass der Untermieter einen Abstand an den Mieter gezahlt hat,[37] dass er Ausländer ist,[38] dass er mit der Mieterin in einem eheähnlichen Verhältnis zusammenlebt oder dass eine Wohngemeinschaft entsteht.[39]

8   **b)** Der Vermieter kann die Erlaubnis außerdem verweigern, wenn der Wohnraum infolge der Gebrauchsüberlassung an einen Dritten **übermäßig belegt** würde (§ 553 Abs 1 S 2 Fall 2). Dafür kommt es in erster Linie auf das Verhältnis der Personenzahl von Mietern und Untermietern zur Gesamtfläche der Wohnung sowie zur Zahl der vorhandenen Räume an.[40] Die **Größenangaben** schwanken; meistens wird davon ausgegangen, dass heute für jede Person mindestens ein Raum *und* eine Nutzfläche von sechs bis neun qm zur Verfügung stehen müssen.[41]

9   **c)** Um dem Vermieter die Prüfung zu ermöglichen, ob die Voraussetzungen für eine Versagung der Erlaubnis nach § 553 Abs 1 S 2 vorliegen, muss ihm der **Mieter** die **Gründe darlegen**, aus denen er ein *nach* Vertragsabschluss entstandenes berechtigtes *Interesse* an der Untervermietung herleitet; außerdem muss er dem Vermieter den **Namen** des **Dritten benennen**, an den er untervermieten will, weil sonst dem Vermieter die Überprüfung nicht möglich ist.[42] Demgegenüber ist es sodann Sache des **Vermieters**, die Gründe darzulegen und gegebenenfalls zu beweisen, aus denen sich für ihn ausnahmsweise die **Unzumutbarkeit** der Untervermietung ergibt.[43]

4. Untermietzuschlag

10   **a)** Nach § 553 Abs 2 kann der Vermieter die Erlaubnis zur Gebrauchsüberlassung von dem Einverständnis des Mieters mit einer angemessenen **Erhöhung der Miete** abhängig machen, *wenn* ihm die Überlassung *nur* unter dieser Voraussetzung *zuzumuten* ist. Eine Sonderregelung für preisgebundenen Wohnraum findet sich in § 26 Abs 3 NMV. Diese Regelung bedeutet *nicht*, dass der Vermieter unter den Voraussetzungen des § 553 Abs 2 bei Erlaubnis der Gebrauchsüberlassung automatisch einen Anspruch auf eine angemessene Mieterhöhung hätte; vielmehr setzt die Mieterhöhung in jedem Fall das **Einverständnis des Mieters** voraus (§§ 311 Abs 1, 557 Abs 1). Stimmt jedoch der Mieter der Vertragsänderung durch Anpassung der Miete nicht zu, so gilt die Erlaubnis als verweigert.[44] Die Folge ist das Kündigungsrecht des Mieters nach § 540 Abs 1 S 2 (str).

---

35 LG Berlin MDR 1967, 405.
36 LG Bamberg WuM 1974, 197, 198.
37 BGH LM Nr 2 zu § 30 MSchG = NJW 1963, 1299.
38 LG Köln WuM 1978, 50.
39 OLG Hamm OLGZ 1982, 482 = NJW 1982, 2876.
40 *Sternel* Mietrecht, Rn II 256 (S 337f); *Bub/Treier/Kraemer* Hdb, Rn III 1023 (S 883f).
41 KG DR 1940, 1430; OLG Hamm WuM 1982, 323; 1993, 31 = ZMR 1993, 109; LG Berlin WuM 1987, 221, 222.
42 BGHZ 92, 213, 220f = NJW 1985, 130; KG NJW-RR 1992, 1229 = ZMR 1992, 382; *Pauly* WuM 2008, 320; *Wiek* WuM 2003, 69.
43 BGHZ 92, 213, 220f = NJW 1985, 130.
44 BGHZ 131, 297, 301 = NJW 1996, 838; *Pauly* WuM 2008, 320.

b) Das Gesagte (Rn 10) gilt nur, **wenn** die Gebrauchsüberlassung an den Dritten für 11
den Vermieter **ohne** solchen „**Zuschlag" unzumutbar** ist (§ 553 Abs 2).[45] Nach überwiegender Meinung ist dies nur der Fall, wenn der Vermieter durch die Gebrauchsüberlassung an einen Dritten **vermehrt belastet** wird, insbesondere durch höhere Betriebskosten oder durch eine stärkere Abnutzung der Räume.[46] **Maßstab** sollte in erster Linie die ortsübliche Miete für Wohnungen mit Untermieterlaubnis sein; stattdessen wird häufig als angemessen auch ein **Zuschlag von 20 %** der Untermiete im Falle einer echten Untervermietung bezeichnet.[47] Die Änderung des Vertrages durch die Erhöhung der Miete bleibt auch in Kraft, wenn die Gebrauchsüberlassung später endet, es sei denn, die Vertragsänderung sei von vornherein entsprechend befristet worden.[48]

5. Abweichende Vereinbarungen. Nach § 553 Abs 3 sind (nur) bei der Wohnraum- 12
miete von § 553 zum Nachteil des Mieters abweichende Vereinbarungen unzulässig. **Beispiele** sind das Verbot der Untermiete trotz Vorliegens eines berechtigten Interesses des Mieters, die Vereinbarung der freien Widerruflichkeit der Erlaubnis, die Verpflichtung zur generellen Zahlung eines im Voraus festgelegten Untermietzuschlags,[49] besondere Formvorschriften für die Erlaubniserteilung sowie die Vereinbarung, dass der Anspruch auf Erteilung der Erlaubnis von in § 553 nicht genannten Voraussetzungen abhängen soll.

(§ 554 weggefallen)

§ 554a

Barrierefreiheit

[1] Der Mieter kann vom Vermieter die Zustimmung zu baulichen Veränderungen oder sonstigen Einrichtungen verlangen, die für eine behindertengerechte Nutzung der Mietsache oder den Zugang zu ihr erforderlich sind, wenn er ein berechtigtes Interesse daran hat. Der Vermieter kann seine Zustimmung verweigern, wenn sein Interesse an der unveränderten Erhaltung der Mietsache oder des Gebäudes das Interesse des Mieters an einer behindertengerechten Nutzung der Mietsache überwiegt. Dabei sind auch die berechtigten Interessen anderer Mieter in dem Gebäude zu berücksichtigen.
[2] Der Vermieter kann seine Zustimmung von der Leistung einer angemessenen zusätzlichen Sicherheit für die Wiederherstellung des ursprünglichen Zustandes abhängig machen. § 551 Abs 3 und 4 gilt entsprechend.
[3] Eine zum Nachteil des Mieters von Absatz 1 abweichende Vereinbarung ist unwirksam.

---

45 OLG Hamm WuM 1983, 108, 111.
46 Vgl *Bub/Treier/Kraemer*, Hdb Rn III 1024 (S 884); *Sonnenschein* PiG Bd 23 (1986) 167, 182; – anders *Pauly* WuM 2008, 320.
47 *Pauly* WuM 2008, 320.
48 AG Kiel WuM 1985, 262; *Sonnenschein* PiG Bd 23 (1986) 167, 182; – anders *Pauly* WuM 2008, 320.
49 OLG Celle WuM 1990, 103, 105; LG Mainz WuM 1982, 191; LG Hannover WuM 1983, 236; s o Rn 11.

Volker Emmerich/Christian Rolfs

Schrifttum

Decker Die privatrechtliche Stellung behinderter Menschen im Wohnraummietrecht (Diss Augsburg 2005); *Derleder* „Rollatoren-Park" im Mietshaus oder: Der Anspruch auf „Barrierefreiheit" der „restmobilen Altenbewohnerschaft", NZM 2006, 893; *Drasdo* Die Barrierefreiheit im Sinne des § 554a BGB, WuM 2002, 123; *Eisenschmid* Das Mietrechtsreformgesetz, WuM 2001, 215; *Hager* Zur Neufassung der Regelungen über das barrierefreie Bauen, VBlBW 2002, 71; *Mersson* Behindertengerechtes Wohnen – die „Barrierefreiheit" im BGB, ZMR 2001, 956; *ders* Barrierefreiheit – doch nicht hindernisfrei!, NZM 2002, 313; *Rips* Barrierefreiheit gemäß § 554a BGB (Diss Bremen 2003); *ders* Die Rechte von Menschen mit Behinderungen in Bestandsmietverhältnissen gemäß § 554a BGB, in FS Derleder (2005) 289; *Sternel* Probleme des neuen Mietrechts (Teil II) ZMR 2002, 1.

I. Allgemeines

1   Die Vorschrift geht auf die sog „Treppenliftentscheidung" des BVerfG zurück.[1] § 554a ermöglicht es dem Mieter, trotz einer Behinderung die uU seit Jahren gemietete Wohnung weiter nutzen zu können. Dadurch wird den Betroffenen die zu einer Behinderung hinzu tretende Beeinträchtigung durch einen Wohnungswechsel erspart.[2] Durch eine ausdrückliche Norm im BGB soll für mehr Rechtsklarheit und Rechtssicherheit gesorgt sowie die Verhandlungsposition behinderter Menschen gegenüber dem Vermieter gestärkt und ein Signal gesetzt werden.[3] Andererseits sollte durch § 554a Abs 2 klargestellt werden, dass das finanzielle Risiko der Maßnahme beim Mieter liegen muss. Über den unmittelbaren Anwendungsbereich des § 554a hinaus ist die in der Vorschrift zum Ausdruck kommende Wertentscheidung auch dann zu berücksichtigen, wenn die Rechte und Pflichten eines behinderten Mieters im Rahmen der §§ 535, 242 zu ermitteln sind. Deshalb stellt es keinen vertragswidrigen Gebrauch der Mietsache dar, wenn der gehbehinderte Mieter an geeigneter Stelle im Eingangsbereich eines Mietshauses den von ihm benötigten Rollator abstellt.[4]

---

1 BVerfG NJW 2000, 2658.
2 Vgl LG Duisburg ZMR 2000, 463.
3 BT-Drucks 14/5663, S 78; *Erman/Jendrek* § 554a Rn 2; *Herrlein/Kandelhard/D Both* § 554a Rn 4; NK-BGB/*Riecke* § 554a Rn 1.
4 LG Hannover NZM 2007, 245; AG Hannover NJW 2006, 3359 m Bespr *Derleder* NZM 2006, 893f; vgl auch BGH NJW 2007, 146 m Bespr *Flatow* NZM 2007, 432ff.

II. Zustimmungspflicht des Vermieters (Abs 1)

1. Voraussetzungen (Abs 1 S 1). Der Anspruch aus § 554a besteht für alle Mieter von **2** Wohnraum. Unerheblich ist, ob das Mietverhältnis nach § 549 Abs 2 oder 3 vom Mieterschutz bei der Beendigung des Mietverhältnisses ausgenommen ist oder nicht. Gegenüber dem allgemeinen, aus § 535 resultierenden Recht des Mieters, ohne Genehmigung des Vermieters Einrichtungen in der Wohnung anzubringen, die zum vertragsgemäßen Gebrauch der Mietsache erforderlich sind, ist § 554a subsidiär.[5] Mieter von **Gewerberäumen** und Grundstücken können keine Zustimmung von ihrem Vermieter zum behindertengerechten Umbau beanspruchen, da § 578 nicht auf § 554a verweist.[6]

a) Behinderung des Mieters oder eines Haushaltsangehörigen. Aus der Entste- **3** hungsgeschichte und dem Umstand, dass das BVerfG seine Entscheidung tragend mit dem Eigentumsschutz des Mieters aus Art 14 Abs 1 GG[7] begründet hat[8] folgt, dass entweder der Mieter selbst oder ein Haushaltsangehöriger **behindert** sein muss.[9] Der letztgenannte Personenkreis ist mit demjenigen der Haushaltsangehörigen iS von § 549 Abs 2 Nr 2 identisch.[10] Dabei kann das berechtigte Interesse auch dadurch begründet sein, dass eine behinderte Person zwar noch nicht zum Haushalt des Mieters gehört, aber demnächst in den Haushalt aufgenommen werden soll. Behinderte Besucher gehören demgegenüber nicht zum Personenkreis der Haushaltsangehörigen.[11] Die **Art der Behinderung** ist unerheblich.[12] Denkbar sind auch Maßnahmen zugunsten eines geistig Behinderten.[13] Ob eine Behinderung im technischen Sinne des § 3 BGG oder des § 2 SGB IX vorliegt, ist unerheblich.[14] Der Zeitpunkt, zu dem die Behinderung auftritt, ist unbeachtlich. Daher besteht ein Zustimmungsanspruch auch dann, wenn die Behinderung bereits vor Beginn des Mietverhältnisses bestand und der Mieter deshalb von Vertragsbeginn an die bauliche Veränderung plante.[15] Der Mieter muss aber den Vermieter über sein Vorhaben aufklären, wenn er nicht Gefahr laufen will, im Rahmen der Interessenabwägung des § 554a Abs 1 S 2 und 3 (vgl Rn 6ff) zu unterliegen.

b) Bauliche Veränderung oder sonstige Einrichtung. Die Zustimmung muss zu **4** einer **baulichen Veränderung** verlangt werden. Darunter ist jeder erhebliche Eingriff in die bauliche Substanz zu verstehen, der nicht ohne Zustimmung des Vermieters zulässig und der regelmäßig mit einer Überschreitung des vertragsgemäßen Gebrauchs iS des § 535 verbunden ist.[16] Als bauliche Veränderungen kommen innerhalb der Wohnung zB der Umbau von Badezimmern durch den Einbau behindertengerechter Duschen, Wannen und Toiletten, die Verbreiterung von Türen, das Neuverlegen von Leitungen sowie das Ver-

---

5 *Erman/Jendrek* § 554a Rn 2.
6 *Blank/Börstinghaus/Blank* § 554a Rn 3; MünchKomm/*Bieber* § 554a Rn 3; NK-BGB/*Riecke* § 554a Rn 5.
7 BVerfGE 89, 1, 5ff = NJW 1993, 2035.
8 BVerfG NJW 2000, 2658.
9 BT-Drucks 14/5663, S 78.
10 *Palandt/Weidenkaff* § 554a Rn 5.
11 *Blank/Börstinghaus/Blank* § 554a Rn 7; **aM** *Herrlein/Kandelhard/D Both* § 554a Rn 15.
12 *Bamberger/Roth/Ehlert* § 554a Rn 5; *Blank/Börstinghaus/Blank* § 554a Rn 7.
13 *Blank/Börstinghaus/Blank* § 554a Rn 7; *Mersson* NZM 2002, 313, 314; *Schmidt-Futterer/Eisenschmid* § 554a Rn 9.
14 BT-Drucks 14/5663, S 78; *Erman/Jendrek* § 554a Rn 5; *Palandt/Weidenkaff* § 554a Rn 5.
15 *Herrlein/Kandelhard/D Both* § 554a Rn 13; *Rips* S 99; *Schmid/Harsch* § 554a Rn 4.
16 *Bamberger/Roth/Ehlert* § 554a Rn 7; NK-BGB/*Riecke* § 554a Rn 11; *Schmidt-Futterer/Eisenschmid* § 554a Rn 5.

Christian Rolfs

setzen von Lichtschaltern in Betracht[17] oder Maßnahmen an den Balkonen, Terrassen oder mitvermieteten Nebenräumen. § 554a Abs 1 S 1 stellt weiter klar, dass der Mieter auch die Zustimmung zu Umbaumaßnahmen für den barrierefreien Zugang zu der Wohnung beanspruchen kann wie zB die Beseitigung von Treppen im Hauseingangsbereich und deren Ersatz durch Auffahrrampen. Neben der Zustimmung zu einer baulichen Veränderung kann der betroffene Mieter auch die Zustimmung zu einer sonstigen Einrichtung verlangen. Der Begriff einer Einrichtung ist identisch mit dem Einrichtungsbegriff des § 539.[18] Darunter fallen also va diejenigen Maßnahmen, die, obwohl sie keine erheblichen Eingriffe in die Bausubstanz darstellen, doch den Rahmen eines vertragsgemäßen Gebrauchs sprengen[19] wie etwa das Anbringen von Stützstangen im Badezimmer oder entlang der Wände, ein rutschsicherer Bodenbelag oder die Sicherung von Fenstern zum Schutz geistig behinderter Mieter.[20]

5   **c) Erforderlichkeit der Maßnahme.** Die bauliche Veränderung bzw die sonstige Einrichtung muss für die behindertengerechte Nutzung der Mietsache **erforderlich** sein, dh sie muss mit der konkreten Behinderung in einem direkten Zusammenhang stehen und das Leben des Mieters oder das eines behinderten Haushaltsangehörigen in der Wohnung überhaupt erst möglich machen oder zumindest erleichtern.[21] Ohne sie muss seine Lebensqualität oder Teilnahme am gesellschaftlichen Leben merklich eingeschränkt sein, denn § 554a will die gleichberechtigte Teilhabe am Leben in der Gesellschaft und damit eine selbstbestimmte Lebensführung ermöglichen.[22] Umbaumaßnahmen, die allein der Bequemlichkeit dienen, scheiden folglich aus,[23] ebenso solche, die lediglich der Sicherung oder der Verhinderung von Vandalismus dienen.[24] Zum anderen kann der Mieter nur diejenige bauliche Veränderung beanspruchen, die mit dem geringsten Eingriff in die Substanz des Gebäudes, die Interessen des Vermieters und der übrigen Mieter verbunden ist.[25]

2. Interessenabwägung (Abs 1 S 2 und 3)

6   **a)** Der Vermieter darf nach § 554a Abs 1 S 2 die Zustimmung zur geplanten Maßnahme des Mieters verweigern, wenn sein Interesse an der Unversehrtheit der Mietsache gegenüber dem Interesse des Mieters an der Durchführung der Maßnahme überwiegt. Zusätzlich sind die berechtigten Interessen anderer Mieter zu berücksichtigen, Abs 1 S 3. Bei der Interessenabwägung sind zunächst das Eigentumsrecht des Vermieters – wenn er auch Eigentümer ist – und das Besitzrecht des Mieters (beide aus Art. 14 Abs 1 S 1 GG) zu berücksichtigen.[26] Weiterhin ist zugunsten des Mieters Art 3 Abs 3 S 2 GG zu beachten, der verbietet, dass jemand wegen seiner Behinderung benachteiligt wird. Das Verbot der Benachteiligung behinderter Menschen fließt als Teil der objektiven Wertordnung in die Auslegung

---

17 Vgl *Mersson* NZM 2002, 313, 314; NK-BGB/*Riecke* § 554a Rn 11; *Schmid/Harsch* § 554a Rn 6.
18 *Blank/Börstinghaus/Blank* § 554a Rn 5; *Palandt/Weidenkaff* § 554a Rn 7; **aM** *Mersson* NZM 2002, 313, 314.
19 Vgl BT-Drucks 14/5663, S 78.
20 *Blank/Börstinghaus/Blank* § 554a Rn 6.
21 LG Hamburg ZMR 2004, 914.
22 *Schmidt-Futterer/Eisenschmid* § 554a Rn 7; vgl auch *Braun* MDR 2002, 862, 863.
23 *Herrlein/Kandelhard/D Both* § 554a Rn 18; *Palandt/Weidenkaff* § 554a Rn 8; *Prütting/Wegen/Weinreich/ Riecke* § 554a Rn 7; *Schmidt-Futterer/Eisenschmid* § 554a Rn 28; **aM** *Blank/Börstinghaus/Blank* § 554a Rn 6; *Rips* S 84.
24 KG WuM 2009, 738: Videoüberwachung des im Hof abgestellten „Missionsmobils".
25 *Blank/Börstinghaus/Blank* § 554a Rn 10; *Mersson* NZM 2002, 313, 315.
26 BVerfGE 89, 1, 5ff = NJW 1993, 2035.

des Privatrechts ein,[27] es ergibt sich zudem aus § 19 Abs 1 AGG. Das sich aus Art 14 Abs 1 S 1 GG ergebende Nutzungsrecht des Mieters ist daher im Lichte der grundgesetzlichen Bestimmung des Art 3 Abs 3 S 2 GG zu sehen.[28]

b) Im Einzelnen sind **aufseiten des Mieters** Art, Dauer und Schwere der Behinde- 7
rung zu berücksichtigen.[29] Steht zu erwarten, dass sich der Gesundheitszustand weiter verschlechtern wird, können umfangreichere Eingriffe in die Bausubstanz erforderlich sein, als wenn sich die Behinderung auf einem bestimmten Niveau bereits stabilisiert hat. Je schwerer die Behinderung ist, desto mehr Maßnahmen sind vom Vermieter zu akzeptieren und umgekehrt. Nicht ohne Belang ist auch die Dauer des Mietverhältnisses, wie sich aus den gestaffelten Kündigungsfristen des § 573c Abs 1 S 2 ergibt.

c) Zugunsten des Vermieters sind va der Umfang der Bauarbeiten, die Intensität des 8
mit ihnen verbundenen Eingriffs in die Bausubstanz und die durch sie bewirkte Veränderung des Gebäudes zu berücksichtigen.[30] Außerdem ist von Bedeutung, wie lange die voraussichtliche Bauzeit dauern wird und ob die bauliche Veränderung oder Einrichtung ohne weiteres bei Vertragsende beseitigt werden kann.[31] Unter Umständen braucht dem Mieter die Zustimmung nur unter entsprechenden Auflagen gewährt zu werden.[32] Zugunsten des Vermieters zu berücksichtigen ist auch, ob der Mieter bereits bei Vertragsabschluss behindert war.[33] Zwar wird der Anspruch nicht dadurch verwirkt, dass der Mieter über längere Zeit trotz seiner Behinderung ohne die nunmehr begehrten baulichen Änderungen oder Einrichtungen ausgekommen ist. Die Interessenabwägung hat aber zB zu berücksichtigen, ob der Mieter die Veränderungen schon bei Vertragsschluss plante und dies dem Vermieter verschwiegen hat (vgl § 241 Abs 2). Dass auf dem Markt behindertengerechte Wohnungen erhältlich sind, kann wegen des eigentumsrechtlichen Schutzes des Mieters nur ausnahmsweise eine Rolle spielen.[34] Der Anspruch des Mieters findet seine objektive Grenze in den zwingenden Normen des öffentlichen Rechts, namentlich des Bauordnungsrechts.[35] Maßnahmen, die einer behindertengerechten Nutzung der Wohnung dienen, dürfen auch nicht gegen denkmalschutzrechtliche Vorschriften verstoßen.[36]

d) Nach § 554a Abs 1 S 3 sind auch die berechtigten Interessen **anderer Mieter** in 9
dem Gebäude zu berücksichtigen. Dies gilt vor allem für Baumaßnahmen außerhalb der Wohnung, die uU den Gebrauch der Mietsache durch die übrigen Mieter beeinträchtigen können, aber auch für solche innerhalb der Wohnung, wenn zB der Schallschutz zwischen den Wohnungen beeinträchtigt wird. Bloß optische Beeinträchtigungen sind aber hinzunehmen.[37] Nicht ausdrücklich erwähnt hat der Gesetzgeber die Interessen **anderer**

---

27 BVerfGE 99, 341, 356 = NJW 1999, 1853; BayObLG NZM 2002, 26; *Jarass/Pieroth* GG, Art 3 Rn 142; vgl auch BayObLG NZM 2002, 298.
28 *Bamberger/Roth/Ehlert* § 554a Rn 10.
29 *Bamberger/Roth/Ehlert* § 554a Rn 11; *Schmidt-Futterer/Eisenschmid* § 554a Rn 34.
30 *Erman/Jendrek* § 554a Rn 7; *Herrlein/Kandelhard/D Both* § 554a Rn 18.
31 *Bamberger/Roth/Ehlert* § 554a Rn 12.
32 BVerfG NJW 2000, 2658; LG Duisburg ZMR 2000, 464.
33 *Blank/Börstinghaus/Blank* § 554a Rn 4; **aM** *Schmidt-Futterer/Eisenschmid* § 554a Rn 19.
34 BVerfG NJW 2000, 2658; *Palandt/Weidenkaff* § 554a Rn 9.
35 LG Hamburg NZM 2001, 767; **aM** OLG München NZM 2005, 707.
36 *Drasdo* WuM 2002, 123, 125; MünchKomm/*Bieber* § 554a Rn 11; NK-BGB/*Riecke* § 554a Rn 28; *Schmidt-Futterer/Eisenschmid* § 554a Rn 40.
37 *Schmidt-Futterer/Eisenschmid* § 554a Rn 47.

Christian Rolfs

im Haus wohnender Eigentümer. Sie sind, soweit sie nicht nach Maßgabe des WEG die Maßnahme ohnehin verhindern können, mindestens in gleicher Weise schutzwürdig wie die Mieter; ihre Interessen sind also analog Abs 1 S 2 gleichfalls zu berücksichtigen.[38]

3. Rechtsfolgen

10   **a)** Hat der Mieter ein berechtigtes Interesse an der Durchführung einer Maßnahme und kann der Vermieter kein eigenes oder aus den Belangen der übrigen Mieter resultierendes berechtigtes Interesse entgegensetzen, ist er verpflichtet, die Zustimmung zu erteilen, muss also eine entsprechende **Willenserklärung** abgeben. Einen Anspruch auf Vornahme der Arbeiten durch den Vermieter hat der Mieter nicht.[39] Für die Abgabe der Willenserklärung gelten die allgemeinen Vorschriften. Sie ist formlos möglich.[40] „Zustimmung" ist nicht im technischen Sinne von § 182 zu verstehen, weil der Mieter nicht die Zustimmung zu einem Vertrag oder einem einseitigen Rechtsgeschäft, sondern zu einem Realakt begehrt. Sie erfasst also insbesondere nicht die nachträgliche Genehmigung. Ist der **Vermieter nicht selbst Eigentümer** der Wohnung, muss er ggf seinerseits dessen Einwilligung einholen, bevor er sie selbst erteilen kann.[41] Darauf hat er im gleichen Umfang wie der Mieter einen Rechtsanspruch, der allerdings nicht unmittelbar auf § 554a (der Vermieter ist ja nicht behindert), sondern nur auf § 242 gestützt werden kann.

11   **b)** Der Mieter hat, auch wenn der Vermieter grundsätzlich zur Abgabe der Zustimmung verpflichtet ist, nicht stets einen Anspruch darauf, dass genau die von ihm gewünschte Maßnahme durchgeführt wird. Es ist dem Mieter grundsätzlich zumutbar, eine teurere Baumaßnahme durchzuführen, wenn diese die Belange des Vermieters und der übrigen Mieter weniger beeinträchtigt.[42] Auch kann der Vermieter seine Zustimmung unter den Vorbehalt stellen, dass die baulichen Veränderungen nach den anerkannten Regeln der Technik von einem **Fachhandwerker** durchgeführt werden.[43] Insbesondere in denjenigen Fällen, in denen statische Probleme auftreten können, wäre es unverantwortlich, wenn nicht ein Fachmann die Durchführbarkeit der Maßnahme überprüft und ihre ordnungsgemäße Durchführung kontrolliert. Die Auswahl des konkreten Handwerkers obliegt dem Mieter.[44]

12   **4. Folgen der Durchführung der Umbaumaßnahmen.** Durch den behindertengerechten Umbau können in Form laufender **Betriebskosten** wie Wartungs- und Energiekosten weitere Kosten entstehen. Diese sind nach Sinn und Zweck des § 554a allein vom Mieter zu tragen.[45] Auch Reparaturen sind anders als bei sonstigen Einrichtungen des Hauses vom Mieter durchzuführen und zu bezahlen. Da aus der verfassungsrechtlich durch Art 14 Abs 1 GG geschützten Besitzposition der (übrigen) Mieter folgt, dass sie zugleich im Umgang mit ihrem „Eigentum" in gleicher Weise wie der Vermieter der Sozialpflichtigkeit unterworfen sind (Art 14 Abs 2 GG)[46], steht ihnen bei baulichen Veränderun-

---

38 *Schmidt-Futterer/Eisenschmid* § 554a Rn 45.
39 KG WuM 2009, 738; *Mersson* NZM 2002, 313, 315.
40 *Herrlein/Kandelhard/D Both* § 554a Rn 20.
41 Vgl *Schmidt-Futterer/Eisenschmid* § 554a Rn 18, 69.
42 *Mersson* NZM 2002, 313, 315f.
43 MünchKomm/*Bieber* § 554a Rn 15; vgl OLG Frankfurt/M NJW 1992, 2490.
44 *Mersson* NZM 2002, 313, 315.
45 *Schmidt-Futterer/Eisenschmid* § 554a Rn 44.
46 *Mersson* NZM 2002, 313, 318.

gen im Rahmen des § 554a kein Minderungsrecht zu.[47] Will der Vermieter bei Vertragsende die Umbauten behalten, steht dem Mieter nach Maßgabe der allgemeinen Vorschriften von § 539 Abs 2, § 552 ein Wegnahmerecht zu.

5. Prozessuales. Erteilt der Vermieter seine Zustimmung nicht, muss der Mieter den **13** Vermieter auf Erteilung der Zustimmung verklagen. Da mit Rechtskraft des Urteils gemäß § 894 ZPO nur die Zustimmung als erteilt gilt, der Vermieter also nur zur Duldung der Maßnahmen verpflichtet ist, benötigt der Mieter **zusätzlich einen Duldungstitel.** Der vollständige Klageantrag sollte daher auf Erteilung der Erlaubnis und Duldung der konkreten Baumaßnahme lauten;[48] ggf sind der Klageschrift die Baupläne beizufügen.[49]

III. Mietsicherheit (Abs 2)

Muss der Vermieter gemäß § 554a Abs 1 S 1 die Zustimmung zu baulichen Maßnah- **14** men oder Einrichtungen erteilen, so kann er dies von der Leistung einer angemessenen **zusätzlichen Sicherheit** abhängig machen. Der Begriff der Sicherheit ist der Gleiche wie in § 551 Abs 1. Die Sicherheit muss angemessen sein. Dies setzt voraus, dass sie die Kosten deckt, die durch die Entfernung der Maßnahme voraussichtlich entstehen werden. Der Vermieter braucht sich nicht darauf verweisen zu lassen, dass die Hersteller von Treppenliften diese typischerweise bei Beendigung des Mietverhältnisses kostenlos wieder ausbauen und zurücknehmen, weil ihm dann das Insolvenzrisiko dieser Unternehmen überbürdet wurde.[50] Um die Angemessenheit der Sicherheitsleistung zu ermitteln, sollte ein Kostenvoranschlag eingeholt werden.[51] Aus dem Sinn und Zweck der Kautionsregelung des § 554a Abs 2 ergibt sich weiter, dass der Mieter die Kosten für die Ermittlung der Höhe einer angemessenen Sicherheitsleistung zu tragen hat.

IV. Anwendbarkeit des § 554a bei Eigentumswohnungen

Da der Mieter einer im Wohnungseigentum stehenden Wohnung einerseits nicht **15** gegenüber den übrigen Mietern benachteiligt werden soll, andererseits nicht mehr Rechte haben kann als der Eigentümer der Wohnung, wird man im Rahmen des § 554a davon ausgehen müssen, dass der Mieter solche Maßnahmen zur behindertengerechten Nutzung durchsetzen kann, zu deren Durchführung auch der Eigentümer die Zustimmung der übrigen Miteigentümer verlangen könnte.[52] Dabei kann es sich wegen § 554a Abs 2 nur um rückbaufähige Maßnahmen handeln.[53]

Prozessual muss der Anspruch auf Duldung durch die Wohnungseigentümer vom **16** Vermieter (Miteigentümer) gegenüber der Gemeinschaft im streitigen Verfahren nach § 43 WEG durchgesetzt werden. Der Mieter ist an diesem Verfahren nicht beteiligt (§ 46 Abs 1, § 48 WEG). Ein zwischen ihm und dem Vermieter parallel anhängiges streitiges Verfahren über dessen Zustimmungspflicht sollte gemäß § 148 ZPO bis zur Entscheidung

---

47 *Schmidt-Futterer/Eisenschmid* § 554a Rn 50; **aM** *Blank/Börstinghaus/Blank* § 554a Rn 21.
48 *Bamberger/Roth/Ehlert* § 554a Rn 25; vgl auch *Blank/Börstinghaus/Blank* § 554a Rn 24.
49 *Rips* S 167.
50 AG Pankow-Weißensee v. 11.10.2012 – 3C 181/12, GE 2013, 555.
51 BT-Drucks 14/5663, S 78.
52 Vgl LG Hamburg NZM 2001, 767; *Drasdo* WuM 2002, 123, 128f mwN; MünchKomm/*Bieber* § 554a Rn 16; *Palandt/Weidenkaff* § 554a Rn 3.
53 Vgl AG Hamburg ZMR 2005, 821.

Christian Rolfs

im WEG-Verfahren ausgesetzt werden.[54] Allerdings können sich die Mietvertragsparteien auch darauf verständigen, dass der Mieter den Anspruch des Vermieters gegenüber der Eigentümergemeinschaft im Wege der gewillkürten Prozessstandschaft geltend macht. Der Mieter hat wegen § 554a das hierfür erforderliche[55] eigene rechtsschutzwürdige Interesse.[56] Umgekehrt kann die Gemeinschaft der Wohnungseigentümer von einem Mieter, der ohne die erforderliche Zustimmung eine bauliche Maßnahme durchgeführt hat, deren Beseitigung jedenfalls insoweit verlangen, als sie zur Duldung nicht verpflichtet ist.[57]

V. Abweichende Vereinbarung (Abs 3)

17 Vereinbarungen, die zum Nachteil des Mieters von § 554a Abs 1 abweichen, sind unwirksam. Daraus folgt, dass es nicht möglich ist, im Mietvertrag festzulegen, dass im Falle einer Behinderung der Mieter nicht von seinem Recht auf Erteilung der Zustimmung zu baulichen Veränderungen und sonstigen Einrichtungen Gebrauch macht.

§ 555

Unwirksamkeit einer Vertragsstrafe

Eine Vereinbarung, durch die sich der Vermieter eine Vertragsstrafe vom Mieter versprechen lässt, ist unwirksam.

Systematische Übersicht

1.	Anwendungsbereich —— 1		3.	Verfallklausel —— 3
2.	Begriff —— 2		4.	Pauschalen —— 4

1 **1. Anwendungsbereich.** § 555 verbietet die Vereinbarung einer Vertragsstrafe (Rn 2). **Zweck** der Vorschrift ist es in erster Linie, den Wohnraummieter als den in der Regel schwächeren Vertragsteil gegen eine Übervorteilung seitens des Vermieters zu schützen. Dies zwingt von vornherein zu einer **ganz weiten Auslegung** der Vorschrift. Dem entspricht es, dass sich der Anwendungsbereich des § 555 auf **Wohnraummietverträge** beschränkt (§ 578). Bei **Mischmietverhältnissen** hängt seine Anwendbarkeit richtiger Meinung nach davon ab, *worauf* sich die betreffende, durch die Vertragsstrafe gesicherte Pflicht des Mieters bezieht, so dass hier ohne Rücksicht auf die Einstufung des Vertrags als Wohnraummiete oder gewerbliche Miete § 555 anzuwenden ist, wenn die durch die Vertragsstrafe gesicherte Mieterpflicht *(auch) Wohnräume* zum Gegenstand hat. Weitere **Schranken** für Vertragsstrafenversprechen können sich für Formularverträge aus **§ 308 Nr 7 und** aus **§ 309 Nrn 5 und 6** sowie für preisgebundenen Wohnraum aus **§ 9 WoBindG** ergeben.

2 **2. Begriff.** Eine **Vertragsstrafe** liegt nach **§ 339** vor, wenn der Schuldner eine Leistung für den Fall verspricht, dass er seine Verbindlichkeit nicht oder nicht in gehöriger Weise erfüllt. **Beispiele** sind die Verpflichtung des Mieters, bei Unterlassung der Schön-

---

54 NK-BGB/*Riecke* § 554a Rn 45; *Prütting/Wegen/Weinreich/Riecke* § 554a Rn 18; *Schmidt-Futterer/Eisenschmid* § 554a Rn 70.
55 BGHZ 96, 151, 152f = NJW 1986, 850; BGH NJW 2000, 738; BGH NJW 2009, 1213.
56 BayObLG NZM 2000, 678; *Blank/Börstinghaus/Blank* § 554a Rn 25.
57 Vgl AG München v. 25.11.2010 – 453 C 27330/10, NZM 2011, 206.

heitsreparaturen oder bei einem Verstoß gegen ein Konkurrenzverbot vier Monatsmieten an den Vermieter zu zahlen,[1] sowie die Bestimmung, dass der Mieter bei einem Verstoß gegen die Anzeigepflicht (§ 536c) sämtliche Reparaturkosten tragen muss.[2] Den Gegensatz bildete eine „Belohnung" des Mieters für ein Verhalten, auf das der Vermieter an sich keinen Anspruch hat, zB in Gestalt einer „Abfindung" für die Bereitschaft des Mieters zur vorzeitigen Vertragsauflösung; muss sich der Mieter jedoch zugleich zur Rückzahlung der Abfindung verpflichten, wenn er länger als vereinbart wohnen bleibt, so findet wieder § 555 Anwendung.[3] Die **Abgrenzung der Vertragsstrafe** von vergleichbaren Abreden wie der Schadenspauschalierung, dem selbständigen Strafgedinge, den Verfall- und Verwirkungsklauseln sowie dem Reugeld bereitet häufig Schwierigkeiten. Die Rechtsprechung ist uneinheitlich. Mit Rücksicht auf den mieterschützenden Zweck der Vorschrift (o Rn 1) sollte jedoch § 555 *generell* auch auf die genannten vergleichbaren Abreden angewandt werden (u Rn 3f).

3. Verfallklauseln. Am nächsten stehen den Vertragsstrafenabreden (o Rn 2) die Verwirkungs- oder Verfallklauseln. Ihr Kern besteht darin, dass für den Fall der Verletzung einer bestimmten Pflicht zum Nachteil des Mieters ein **Rechtsverlust vorgesehen** wird, zB bei einem vorzeitigen Auszug der „Verfall" einer Kaution oder einer Vorauszahlung. Derartige Abreden werden im Rahmen des **§ 555** allgemein den Vertragsstrafenabreden **gleich gestellt**.[4] Wegen Verstoßes gegen § 555 unwirksam ist daher zB der „Verzicht" des Mieters auf Verwendungsersatzansprüche oder auf die Rückzahlung eines dem Vermieter gewährten Darlehens, eines Baukostenzuschusses oder einer Mietvorauszahlung für den Fall eigener Vertragsuntreue oder der vorzeitigen Vertragsaufhebung.[5] Keine Bedenken hat der BGH jedoch gegen eine Verfallklausel in einem Räumungsvergleich, sofern der Vermieter auf seinen an sich begründeten Räumungsanspruch nur für den Fall verzichtet, dass der Mieter seiner Verpflichtung zur Zahlung der rückständigen Miete pünktlich nachkommt.[6]

4. Pauschalen

a) Vertragsstrafenversprechen werden von Abreden über eine Pauschalierung von Schadensersatzansprüchen in der Regel danach unterschieden, ob die Abrede in erster Linie die Durchsetzung des Erfüllungsanspruchs sicherstellt (dann Vertragsstrafe) *oder* die Erlangung von **Schadensersatz erleichtern** soll (dann „bloße" Schadenspauschale).[7] Eine exakte **Abgrenzung** zwischen den dem § 555 unterliegenden Vertragsstrafenversprechen und Schadenspauschalen ist indessen auf diese Weise offenkundig **nicht möglich**. Gleichwohl tendiert die **Rechtsprechung** zur Unanwendbarkeit des § 555 auf Schadenspauschalen, in der Regel mit der Begründung, dass keineswegs jede Schadenspauschale den Zweck habe, eine Vertragsverletzung des Mieters zu sanktionieren.[8] Ein Beispiel ist eine Abrede, nach der der Vermieter nach Eintritt des Zahlungsverzugs des Mieters für

3

4

---

1 AG Köln MDR 1971, 929.
2 LG Stuttgart WuM 1987, 254, 255.
3 AG Hamburg-Blankenese ZMR 2008, 300.
4 BGH LM Nr 6 zu § 339 BGB = NJW 1960, 1568; LM Nr 13 zu § 339 BGB = NJW 1968, 1625; NJW 2010, 859 Tz 11 = NZM 2008, 39.
5 *Mersson* NZM 2002, 773, 774f.
6 BGH NJW 2010, 859 = NZM 2010, 39, fraglich.
7 BGHZ 49, 84, 89 = NJW 1968, 149; BGHZ 63, 256, 259f = NJW 1975, 163; *Beuthien* in: FS Larenz (1973) 495.
8 OLG Hamburg NJW-RR 1990, 909 = WuM 1990, 244; s im Übrigen u Rn 5.

Volker Emmerich

jedes Mahnschreiben eine „Kostenpauschale" von 6 € verlangen kann, die der BGH als (somit grundsätzlich zulässige) Schadenspauschale (iSd § 309 Nr 5) behandelt hat.[9] Dieser großzügigen Behandlung von Schadenspauschalen ist jedoch mit Rücksicht auf den Zweck des § 555 (o Rn 1) angesichts der Schwierigkeit einer exakten Grenzziehung zwischen Schadenspauschalen und Vertragsstrafen *nicht* zu folgen; § 555 ist vielmehr bei der Wohnraummiete **auf jede Schadenspauschale anzuwenden**.[10]

5   **b)** Die Auseinandersetzung über die zutreffende Einordnung der Schadenspauschalen (o Rn 4) setzt sich bei der Beurteilung der **Aufwandspauschalen** fort, insbesondere in Gestalt der Verpflichtung des Mieters zum Ersatz der zusätzlichen Kosten des Vermieters **im Falle einer vorzeitigen Vertragsaufhebung oder des Mieterwechsels**.[11] Soweit sich die Pauschalen im Rahmen des Vertretbaren halten, dh in einer Größenordnung von ein bis zwei Monatsmieten, neigt die **Rechtsprechung** dazu, von der grundsätzlichen **Zulässigkeit** solcher Pauschalen auszugehen, namentlich, wenn der Wunsch zur vorzeitigen Vertragsaufhebung oder zum Mieterwechsel vom Mieter ausgeht.[12] Soweit solche Klauseln in **Formularverträgen** enthalten sind, wird jedoch häufig ein Verstoß gegen die §§ 305c, **307 und 309 Nrn 5 und 6** angenommen.[13] Demgegenüber ist daran festzuhalten, dass die Vereinbarung derartiger weithin fiktiver Gebühren gleichfalls **generell Strafcharakter** hat und daher gegen § 555 verstößt.[14] Das gilt insbesondere für die Vereinbarung überhöhter Pauschalen für Verzugszinsen und Mahngebühren.[15]

---

9 BGH NJW 2006, 1056 = NZM 2006, 256, 258 Tz 24.
10 AG Neuß WuM 1989, 555; AG Frankfurt WuM 1990, 195; AG Siegburg ZMR 1997, 359, 360; *Sternel* Mietrecht, Rn III 289; *Blank/Börstinghaus* § 555 Rn 4; *Schmidt-Futterer/Blank* § 555 Rn 4.
11 *Mersson* NZM 2002, 773, 775f.
12 OLG Hamburg NJW-RR 1990, 909 = WuM 1990, 244; wohl auch BGH NJW 1978, 1053; NZM 2006, 256, 258; KG OLGZ 1972, 4, 8; LG Lübeck WuM 1985, 114; LG Berlin GE 1987, 135.
13 Insbes BGH NZM 2006, 256, 258 Tz 24; OLG Karlsruhe NZM 2000, 708f = NJW-RR 2000, 1538, 1539; LG Berlin GE 1996, 607.
14 Ebenso LG Lübeck WuM 1981, 104; AG Neukölln WuM 1992, 186; *Sternel* Mietrecht, Rn III 289.
15 S *Staudinger* Rn 8; ebenso im Ergebnis BGH NZM 2006, 256, 258 Tz 24.

Kapitel 1a

Erhaltungs- und Modernisierungsmaßnahmen

§ 555a

Erhaltungsmaßnahmen

(1) Der Mieter hat Maßnahmen zu dulden, die zur Instandhaltung oder Instandsetzung der Mietsache erforderlich sind (Erhaltungsmaßnahmen).

(2) Erhaltungsmaßnahmen sind dem Mieter rechtzeitig anzukündigen, es sei denn, sie sind nur mit einer unerheblichen Einwirkung auf die vermieteten Räume verbunden oder ihre sofortige Durchführung ist zwingend erforderlich.

(3) Aufwendungen, die der Mieter infolge einer Erhaltungsmaßnahme machen muss, hat der Vermieter in angemessenem Umfang zu ersetzen. Auf Verlangen hat er Vorschuss zu leisten.

(4) Eine zum Nachteil des Mieters von den Absätzen 2 bis 4 abweichende Vereinbarung ist unwirksam.

I. Überblick

§ 555a ist erst durch das Mietrechtänderungsgesetz von 2013 (BGBl I 434; Begr BT- **1** Drucks 17/10485) mit Wirkung vom Mai 2013 ab ins Gesetz eingefügt worden. Er entspricht, soweit es um die Pflicht des Mieters zur Duldung von Erhaltungsmaßnahmen geht, unter Hinzufügung einer Definition der Erhaltungsmaßnahmen dem früheren § 554 Abs 1. Auch die Abs 3 und 4 der Vorschrift sind aus § 554 aF übernommen worden. Dagegen findet sich jetzt die früher ebenfalls in § 554 Abs 2 aF geregelte Pflicht des Mieters zur Duldung von Modernisierungsmaßnahmen in den neuen §§ 555b bis 555f, die zusammen mit § 555a das neue Kapitel 1a „Erhaltung- und Modernisierungsmaßnahmen" bilden. **Zweck** der Neuregelung ist in erster Linie die Verstärkung und Präzisierung der Duldungspflicht des Mieters bei energetischen Modernisierungen im Sinne des § 555b Nr 1. Die Vorschrift gilt auch für die sonstige Raummiete[1] sowie für den preisgebundenen Wohnraum.[2] Eine **Übergangsregelung** enthält der neue Art 229 § 29 EGBGB. Danach findet § 555a auch auf am 1. Mai 2013 bereits bestehende Mietverhältnisse Anwendung. **Weitergehende Duldungspflichten** des Mieters können sich im Einzelfall **aus Sondervorschriften** ergeben. Hervorzuheben sind § 4 Abs 2 S 1 HS 2 HeizkostenVO, § 18 AVB-Fernwärme, §§ 175 ff BauGB.[3] das zT landesrechtlich geregelte Hammerschlags- und Leitungsrecht,[4] sowie die landesrechtlichen Vorschriften über die Pflicht zum Einbau von Rauchwarnmeldern.[5]

---

1 BGH LM Nr 1 zu § 541a BGB = NJW 1972, 723.
2 BayObLGZ 1996, 267 = NJW-RR 1997, 266.
3 *Franke* DWW 2009, 15, 16.
4 *Franke* DWW 2009, 15, 16
5 *Wahl* WuM 2013, 3–15.

2   Ein besonderes Problem stellte unter dem früheren Recht die gesetzlich nicht geregelte die Duldungspflicht des Mieters bei **anderen baulichen Maßnahmen dar**, die der
Vermieter aufgrund von Umständen durchführen mußte, die er **nicht zu vertreten** hat,
wobei vor allem an Baumaßnahmen aufgrund gesetzlicher Verpflichtungen oder hoheitli-
cher Anordnungen zu denken war. Seit 2013 haben diese Fälle ebenfalls eine gesetzliche
Regelung in § 555b Nr 6 gefunden (s § 555b Rn 22ff), – mit der eigenartigen Folge, dass
jetzt – anders als früher – auch bei diesen Maßnahmen (zu denen der Vermieter gesetzlich
verpflichtet ist) Raum für die Anwendung der **Härteklausel** des § 555d Abs 2 ist.

II. Erhaltungsmaßnahmen

3   **1. Begriff.** Nach § 555a Abs 1 muss der Mieter ebenso wie früher schon (§ 554 Abs 1
aF) Erhaltungsmaßnahmen des Vermieters dulden, wobei das Gesetz jetzt zur „Klarstellung" in Übereinstimmung mit der früheren Rechtslage hinzufügt, das darunter Instand-
haltungs- und Instandsetzungsmaßnahmen des Vermieters zu verstehen sind. Das Gesetz
nimmt damit Bezug auf die **Pflichten des Vermieters aus § 535 Abs 1 S 2** (s deshalb
wegen der Einzelheiten o § 535 Rn 14ff). Die im Einzelfall häufig nicht einfache Abgrenzung zwischen der Instandhaltungs- und Instandsetzungspflicht des Vermieters spielt im
vorliegenden Zusammenhang keine Rolle, weil das Gesetz beide Pflichten in Bezug auf die
Duldungspflicht des Mieters gleichbehandelt. **Bezweckt** wird mit § 555a, dem Vermieter
die **Erfüllung seiner** aus § 535 Abs 1 S 2 folgenden **Erhaltungspflicht** zu **ermöglichen**.
Urheber der Maßnahme muss der **Vermieter** sein, weil nur ihm gegenüber eine vertragliche Duldungspflicht des Mieters besteht. Daraus ergeben sich insbesondere Probleme,
wenn es sich um eine vermietete **Eigentumswohnung** handelt und die Gemeinschaft
der Wohnungseigentümer Erhaltungs- oder Modernisierungsmaßnahme beschließt. Zu
erwägen ist, dann die §§ 555a ff entsprechend anzuwenden, um eine Duldungspflicht des
Mieters gegenüber derartigen Maßnahmen der Gemeinschaft der Wohnungseigentümer
begründen zu können.[6]

4   Aus dem Zusammenhang zwischen § 535 Abs 1 S 2 und § 555a Abs 1 folgt, dass unter
Erhaltungsmaßnahmen allein Maßnahmen zur **Verhinderung oder Beseitigung** drohender oder schon entstandener **Schäden oder Mängel** an der Mietsache zu verstehen
sind.[7] Darunter fallen auch Maßnahmen zur Beseitigung des normalen Verschleißes einschließlich der Schönheitsreparaturen. Voraussetzung ist aber immer, dass die fraglichen
Maßnahmen gerade zur **Sicherung** der Sache **in ihrem ursprünglichen Bestand** objektiv
erforderlich sind. Die Erhaltungsmaßnahmen müssen deshalb vor allem von den **Verbesserungsmaßnahmen** des § 555b sowie von sonstigen **Veränderungen** der Mietsache
unterschieden werden, durch die jeweils ein **neuer Bestand** geschaffen wird. Erhaltungsmaßnahmen sind demgegenüber nur solche Maßnahmen, die den *ursprünglichen* Zustand
der Mietsache erhalten oder wiederherstellen sollen. Keine Rolle spielt dagegen, ob die
Notwendigkeit zur Vornahme solcher Maßnahmen an den vermieteten Räumen, an mitvermieteten Räumen oder Gebäudeteilen oder an sonstigen Gebäudeteilen entstanden
ist. Immer ist der Mieter zur Duldung verpflichtet, vorausgesetzt ferner, dass die erforderlichen Maßnahmen überhaupt mit einer **Beeinträchtigung seines vertragsgemäßen
Gebrauchs** verbunden sind. Maßnahmen an entfernten Gebäudeteilen, die ohne jeden

---

6 *Lehmann-Richter* WuM 2013, 82.
7 LG Berlin GE 2003, 1615, 1617; WuM 2010, 564, 565; *Blank* PiG Bd 60 (2001) 79f; *Franke* DWW 2009, 15, 16.

Einfluss auf den vertragsgemäßen Gebrauch des Mieters bleiben, sind nicht relevant unter dem Gesichtspunkt einer Duldungspflicht des Mieters.

Die Erhaltungsmaßnahmen im Sinne des § 555a Abs 1 (o Rn 4) müssen ferner von **5** Maßnahmen zur sog **„Substanzerhaltung"** unterschieden werden, die nicht unter § 555a fallen. Man versteht darunter Maßnahmen zur **Verbesserung der Wirtschaftlichkeit** der Mietsache **insgesamt**, mit denen jedoch keine Vorteile für den einzelnen Mieter verbunden sind. Beispiele sind die Verschönerung der Fassade oder die Verlegung von Leitungen zwecks Ausbaus anderer Wohnungen. Hier kann sich eine Duldungspflicht des Mieters **nur im Einzelfall aus § 242** ergeben (str, s im einzelnen u § 555b Rn 14). Ebenso zu behandeln sind (erst recht) Maßnahmen des Vermieters **an anderen Gebäuden** auf demselben oder auf einem benachbarten, ihm gleichfalls gehörenden Grundstück.

Umstritten ist die Rechtslage, wenn dieselbe **Maßnahme gleichzeitig** der **Erhaltung 6 wie** der **Verbesserung** der Mieträume dient, wenn zB die notwendig gewordene Ersetzung alter verrotteter Fenster dazu genutzt wird, zugleich die Fenster spürbar zu vergrößern (sog Instand- oder Instandsetzungsmodernisierung). In derartigen Fällen wird auf unterschiedliche **Kriterien** abgestellt. Richtigerweise wird man zum Schutze des Mieters anzunehmen haben, dass sich seine Duldungspflicht in diesen Fällen **allein** nach **§ 555d** richtet, um zu verhindern, dass über eine Verbindung von Erhaltungs- und Verbesserungsmaßnahmen die Duldungspflicht des Mieters künstlich ausgedehnt wird.[8] Für die ebenfalls umstrittenen Fälle, dass eine mitvermietete **Einrichtung durch** eine **andere ersetzt** wird (Paradigma: Ersetzung eines Gasofens durch einen Elektroherd),[9] folgt daraus, dass § 555a hier nur anwendbar ist, wenn die beiden Einrichtungen gleichwertig sind.

Zur Begründung der Duldungspflicht des Mieters gegenüber Erhaltungsmaßnahmen **7** (o Rn 4 ff) muss nach § 555a Abs 1 noch hinzukommen, dass die Maßnahmen **zur Erhaltung** der Räume oder des Gebäudes auch tatsächlich **erforderlich** sind,[10] wobei davon auszugehen ist, dass die Entscheidung, auf welchem Wege etwaige Mängel zu beseitigen sind, allein Sache des Vermieters ist, solange nur mit den Maßnahmen keine Veränderung der Mietsache verbunden ist.[11] In diesem Rahmen setzt die Duldungspflicht des Mieters voraus, dass die Maßnahme **tatsächlich objektiv** zur Erhaltung der Mietsache **erforderlich** ist. Offenkundig nutzlose oder übermäßige Einwirkungen braucht der Mieter nach § 555a nicht zu dulden, sofern auch weniger belastende Maßnahmen in Betracht kommen. Werden **mehrere Wohnungen** betroffen, so kann der Vermieter frei wählen, bei welcher er anfängt.[12] **Unerheblich** ist, auf welche **Ursache** die Schäden letztlich zurückgehen. § 555a Abs 1 ist selbst dann anwendbar, wenn der Vermieter oder der Mieter die fraglichen Schäden zu vertreten hat. Der Mieter ist deshalb zur Duldung von Erhaltungsmaßnahmen auch dann verpflichtet, wenn die Schäden, deren Beseitigung mit den Maßnahmen bezweckt wird, auf vorausgegangenen anderen Erhaltungs- oder Modernisierungsmaßnahmen des Vermieters beruhen, die der Mieter ihrerseits nach § 555a und § 555d dulden musste.[13]

---

8 S u Rn 9ff; LG Köln WuM 1993, 608; *Blank* PiG Bd 60 (2001) 79, 81ff; *Franke* DWW 2009, 15, 16.
9 S LG Berlin GE 1997, 185.
10 LG Berlin WuM 2010, 565.
11 LG Berlin GE 2007, 65.
12 LG Hannover DWW 1980, 99.
13 BGH NZM 2008, 883 Tz 9, 34 = NJW 2008, 3630 = WuM 2008, 667.

Volker Emmerich

8   **2. Beispiele.** Zu den Erhaltungsmaßnahmen iS des § 555a gehören zunächst **Instand-haltungsmaßnahmen**, zu denen der Vermieter nach § 535 Abs 1 S. 2 verpflichtet ist. Eine gesetzliche Definition findet sich in § 28 Abs 1 S. 2 der II. BV, wonach die Instandhaltungs-kosten die Kosten sind, die während der Vertragsdauer zur Erhaltung des bestimmungs-mäßigen Gebrauchs aufgewendet werden müssen, um die durch Abnutzung, Alterung und Witterungseinwirkung entstandenen baulichen oder sonstigen Mängel ordnungsge-mäß zu beseitigen. Gemeint sind damit in erster Linie *Sicherungsmaßnahmen* gegen dro-hende Schäden, zB der vorbeugende Austausch alter Leitungen, bei denen jederzeit mit einem Schaden zu rechnen ist.[14] Gleich steht der Ersatz alter Bleirohre, selbst wenn im Augenblick der Bleigehalt des Wassers noch nicht gegen die Trinkwasserverordnung vom 21.5.2001 (BGBl I 959) verstößt, aber in Zukunft angesichts der kontinuierlichen Herab-setzung der Grenzwerte mit einem derartigen Verstoß zu rechnen ist. Neben derartigen Instandhaltungsmaßnahmen bilden **Instandsetzungsmaßnahmen** den zweiten Anwen-dungsbereich des § 555a Abs 1. Man versteht darunter die Maßnahmen des Vermieters zur *Beseitigung von* während der Vertragsdauer aufgetretenen *Mängeln* einschließlich der Erneuerung defekter Teile und Einrichtungen, soweit vom Vermieter nach § 535 Abs 1 S. 2 geschuldet. **Beispiele** sind der Anschluss des Hauses an die Kanalisation,[15] die Erneue-rung der Wasserinstallation,[16] die Ersetzung schadhafter Fenster[17] oder einer schadhaften Gemeinschaftsantenne durch einen Kabelanschluss mit derselben Leistung,[18] die Erneu-erung defekter Gasöfen, bei denen Explosionsgefahr besteht,[19] ferner die Beseitigung von Schwammbefall[20] sowie der Einbau einer einbruchhemmenden Tür.[21] **Keine Duldungs-pflicht nach § 554 Abs 1** besteht dagegen zB, wenn der Vermieter alte Holzkastendoppel-fenster durch isolierverglaste Fenster mit Kunststoffrahmen[22] oder eine unwirtschaftliche, aber noch nicht mangelhafte Heizungsanlage durch eine moderne Anlage ersetzen will[23] oder wenn er aus ästhetischen Gründen die Fassade vereinheitlichen möchte.[24] Sofern die Maßnahmen **zugleich** unter § 555b fällt, wird außerdem nur diese Vorschrift angewandt (o Rn 6). Sind auch deren Voraussetzungen nicht erfüllt, so kann sich eine Duldungspflicht des Mieters nur im Einzelfall aus § 242 ergeben.

III. Duldungspflicht

9   Bei Erhaltungsmaßnahmen in dem genannten Sinne (o Rn 4 ff) ist der Mieter bei der Raummiete nach § 555a Abs 1 iVm § 578 Abs 2 S 1 **grundsätzlich** zur **Duldung** der Maß-nahmen und der von ihnen ausgehenden Einwirkungen (s § 541a aF) **verpflichtet**, wobei vor allem an die mit den Maßnahmen verbundenen **Störungen** oder Einwirkungen zu denken ist, durch die der vertragsgemäße Gebrauch des Mieters beeinträchtigt wird. Vor-aussetzung ist, dass die Maßnahme dem Mieter rechtzeitig angekündigt wurde oder dass die Ankündigung ausnahmsweise entbehrlich war (§ 555a Abs 2; s dazu u Rn. 11 f). Die Dul-

---

14 LG Hamburg WuM 1995, 267.
15 AG Miesbach WuM 1984, 198.
16 LG Berlin ZMR 1992, 546; GE 1997, 245; 1997, 1473.
17 AG Neuß NJW-RR 1986, 891.
18 KG WuM 1985, 248.
19 AG Münster WuM 1987, 256.
20   AG Frankfurt WuM 1992, 12.
21 LG Köln WuM 1993, 608.
22 S o Rn 3; LG Berlin WuM 1987, 384.
23 AG Köln WuM 1987, 385.
24 LG Berlin ZMR 1988, 180.

dungspflicht des Mieters wird entsprechend dem Wortlaut des § 555a Abs 1 allgemein **weit interpretiert**.[25] **Beispiele** für danach grundsätzlich zu duldende Störungen oder „Einwirkungen" auf die Mietsache sind Belästigungen des Mieters durch Lärm, Erschütterungen und Schmutz sowie die Entziehung von Licht und Luft, etwa durch den Bau von Gerüsten. Der Mieter **muss jede Hinderung** der Arbeiten **unterlassen** sowie dem Vermieter und den von ihm beauftragten Leuten den **Zugang** zu seiner Wohnung zur Planung und Durchführung der Arbeiten **gewähren**.[26] In Ausnahmefällen kann er sogar verpflichtet sein, vorübergehend die vermieteten Räume zu **verlassen**, sofern nur dann die erforderlichen Maßnahmen durchgeführt werden können.[27] Die Duldungspflicht trifft auch diejenigen Personen, die sich rechtmäßig in den fraglichen Räumen aufhalten, insbesondere also die **Angehörigen** und die Mitarbeiter des Mieters sowie etwaige Untermieter.[28]

§ 555a Abs 1 begründet **lediglich** eine **Duldungs-**, dagegen **keine Handlungspflicht**, **10** insbesondere **keine Mitwirkungspflicht** des Mieters bei den Erhaltungsmaßnahmen, zB durch Umstellen der Möbel oder Ausräumen einzelner Zimmer, durch Abnahme der Dekoration, durch Zusammenrollen der Teppiche, Sicherung der Möbel und dergl mehr.[29] Alle diese Maßnahmen kann der Mieter vielmehr dem Vermieter überlassen, muss dann aber auch die Vornahme durch den Vermieter dulden.[30] Damit ist zugleich gesagt, daß der Vermieter nach Beendigung der Maßnahmen die Mietsache auf seine Kosten in den **früheren** ordnungsmäßigen **Zustand zurückversetzen** muß; sind Sachen des Mieters beschädigt worden, so ist er außerdem zum **Schadensersatz** verpflichtet (§§ 280 Abs 1, 536a Abs 1 Fall 2).[31] Selbst wenn die Maßnahme lediglich Mängel der Dekoration zur Folge hat und der Mieter die Schönheitsreparaturen tragen muss, gilt nichts anderes, außer wenn die Schönheitsreparaturen zu dem fraglichen Zeitpunkt ausnahmsweise bereits fällig gewesen sein sollten, im Regelfall also nicht.[32] **Schranken** für die Duldungspflicht des Mieters können sich nur im Einzelfall aus den **§§ 226 und 242** ergeben, da Unzumutbares vom Mieter in keinem Fall verlangt werden darf.[33] Bei der Duldungspflicht aufgrund des § 555a Abs 1 handelt es sich um eine **vertragliche Pflicht**, bei deren Verletzung der Vermieter nicht nur Erfüllung, sondern gegebenenfalls auch **Schadensersatz** verlangen kann, sofern der Mieter schuldhaft seine Duldungspflicht verletzt hat (§§ 276, 280 Abs 1).[34]

IV. Ankündigung

Nach § 555a Abs 2 sind Erhaltungsmaßnahmen (im Sinne des Abs 1 der Vorschrift) **11** dem Mieter rechtzeitig anzukündigen. Ausgenommen sind nur Maßnahmen, die lediglich mit einer unerheblichen Einwirkung auf die Mietsache verbunden sind oder deren sofortige Durchführung zwingend erforderlich ist. Die Vorschrift ist neu, regelt aber der Sache nach nur, was schon früher aus § 242 gefolgert wurde.[35] Auf besondere **Form- oder**

---

25 *Franke* DWW 2009, 15, 17 f.
26 KG WuM 2010, 46, 47; LG Berlin GE 1997, 245.
27 OLG Braunschweig DWW 1965, 85.
28 *Franke* DWW 2009, 15.
29 LG Berlin GE 1996, 1115; WuM 1996, 143 = NJW-RR 1996, 1163; s *Blank* PiG Bd 60 (2001) 79, 90; *Hummel* ZMR 1970, 65; *Marschollek* ZMR 1985, 1; 1986, 346; *Schläger* ZMR 1985, 193; 1986, 348; str.
30 LG Berlin GE 1996, 1115; WuM 1996, 143 = NJW-RR 1996, 1163.
31 *Blank* NZM 2011, 508; *Franke* DWW 2009, 15, 18.
32 *Blank* NZM 2011, 508. 509 f.
33 LG Kassel WuM 1981, 26; *Blank* PiG Bd 60 (2001) 79, 89f; *Emmerich* PiG Bd 16 (1989) 43, 50.
34 LG Saarbrücken ZMR 2008, 974; *Franke* DWW 2009, 15, 18.
35 BGH NJW 2009, 1736 = NZM 2009, 394 = WuM 2009, 290, 292 Tz 16; AG Hamburg ZMR 2004, 825.

Volker Emmerich

Fristvorschriften haben die Gesetzesverfasser verzichtet und sich statt dessen mit der Bestimmung begnügt, dass die (jederzeit formlos mögliche) Ankündigung **„rechtzeitig"** vor Beginn der Erhaltungsmaßnahmen erfolgen müsse. Maßgebend sind die Umstände des Einzelfalls sowie das, was unter den gegebenen Umständen je nach Art und Dringlichkeit der Maßnahme nach Treu und Glauben im Verhältnis zwischen vernünftigen Menschen geboten und dem Mieter zumutbar ist, damit der Vermieter seiner Erhaltungspflicht nachkommen und der Mieter sich darauf einrichten kann.

12   Die Pflicht zur vorherigen Ankündigung der Maßnahmen **entfällt** nach § 555a Abs 2 HS 2 nur in zwei Fällen, einmal, wenn die Maßnahme lediglich mit einer unerheblichen Einwirkung auf die Mietsache verbunden ist (vgl § 555c Abs 4 und dazu u § 555c Rn 9), zum andern, wenn die sofortige Durchführung der Maßnahme zwingend erforderlich ist, insbesondere um Schäden von der Mietsache oder den Mietern abzuwenden. **Beispiele** sind Rohrbrüche, ein Heizungsausfall im Winter oder Sturmschäden am Dach. Unklar sind die **Rechtsfolgen** bei Verstößen des Vermieters gegen die Ankündigungspflicht. Am meisten spricht hier für die Annahme, dass die Duldungspflicht des Mieters dann **nicht fällig** ist; wird der Vermieter gleichwohl tätig, so kann der Mieter **Unterlassung** verlangen, sofern durch die Maßnahme der vertragsgemäße Gebrauch beeinträchtigt wird (§§ 535 Abs 1 S. 2, 280, 249 und 862; s § 555d Rn 3).[36] Nach rechtzeitiger Ankündigung kann der Vermieter dagegen Maßnahmen ohne weiteres beginnen, insbesondere ohne zuvor einen **Duldungstitel** gegen den Mieter erwirken zu müssen, jedenfalls bei Maßnahmen außerhalb der Wohnung des Mieters,[37] während es sich von selbst versteht, dass sich der Vermieter nicht etwa auch gewaltsam Zutritt zu der Wohnung des Mieters verschaffen darf (§ 862).[38] Auf der anderen Seite macht sich der Mieter selbst **schadensersatzpflichtig**, wenn er den Vermieter entgegen § 555a an der Durchführung von Erhaltungsmaßnahmen hindert (§ 280 Abs 1).

V. Aufwendungsersatz

13   Nach § 555a Abs 3 (= § 554 Abs 4 aF) kann der Mieter für Aufwendungen, die er infolge einer Erhaltungsmaßnahme machen musste, **Aufwendungsersatz** in angemessenem Umfang und gegebenenfalls einen Vorschuß darauf verlangen (wegen der Einzelheiten s u § 555d Rn 14 ff). Weitergehende Rechte des Mieters können sich von Fall zu Fall aus den §§ 535 Abs 1 S 2, 536 und 536a Abs 1 Fall 2 ergeben: Der Mieter kann zunächst gemäß § 535 Abs 1 S 2 **Wiederherstellung des ordungsgemäßen Zustandes** der Mietsache verlangen, und zwar auch, wenn er vertraglich die Schönheitsreparaturen übernommen hatte. Der Mieter kann ferner, wenn und soweit er durch die fraglichen Maßnahmen in dem ihm zustehenden Gebrauchsrecht beeinträchtigt worden ist, **mindern** (§ 536 Abs 1).[39] Der neue Minderungsausschluss durch § 536 Abs 1a betrifft nicht Maßnahmen nach § 555a. Wegen seiner Kosten und Aufwendungen hat er einen **Schadensersatzanspruch** aus § 536a Abs 1 Fall 2, da der Vermieter die Erhaltungsmaßnahmen im Sinne der genannten Vorschrift zu vertreten hat. Drohen dem Mieter Schäden, so hat er ferner ein **Zurückbehaltungsrecht**, bis der Vermieter deren Ersatz zusagt und gegebenenfalls Sicherheit leistet (§§ 242, 273,

---

36 LG Berlin WuM 2012, 213 = NZM 2012, 859; WuM 2012, 554 = ZMR 2013, 113 f.
37 *Lehmann-Richter* NZM 2011, 572, 574.
38 *Lehmann-Richter* NZM 2011, 572, 574.
39 *Franke* DWW 2009, 15, 18; LG Mannheim DWW 1978, 45; AG Köln ZMR 1980, 87.

554 Abs 4). Daneben kann in Ausnahmefällen noch ein Kündigungsrecht des Mieters aus § 543 Abs 2 Nr 1 in Betracht kommen (s auch u § 555e Rn 1 ff).

VI. Abweichende Vereinbarungen

Nach § 555a Abs 4 ist eine von § 555a Abs 2 und 3 zum Nachteil des Mieters abwei- **14** chende Vereinbarung unwirksam. Weder durch Individualvereinbarung noch durch Formularvertrag kann somit bei Erhaltungsmaßnahmen des Vermieters im Sinne des § 555a Abs 1 auf eine vorherige Ankündigung der Maßnahme als Voraussetzung ihrer Fälligkeit verzichtet werden; ebenso wenig möglich ist eine Einschränkung des Aufwendungsersatzanspruchs des Mieters über den Rahmen des Gesetzes hinaus. Eine Verbesserung der Rechtstellung des Mieters ist dagegen möglich, z.B. durch eine Einschränkung der Duldungspflicht, durch die Aufstellung zusätzlicher Voraussetzungen oder die Bestimmung von Form und Frist der Ankündigung.

§ 555b

Modernisierungsmaßnahmen

Modernisierungsmaßnahmen sind bauliche Veränderungen,
1. **durch die in Bezug auf die Mietsache Endenergie nachhaltig eingespart wird (energetische Modernisierung,**
2. **durch die nicht erneuerbare Primärenergie nachhaltig eingespart oder das Klima nachhaltig geschützt wird, sofern nicht bereits eine energetischen Modernisierung nach Nr 1 vorliegt,**
3. **durch die der Wasserverbrauch nachhaltig reduziert wird,**
4. **durch die der Gebrauchswert der Mietsache nachhaltig erhöht wird,**
5. **durch die die allgemeinen Wohnverhältnisse auf Dauer verbessert werden,**
6. **die aufgrund von Umständen durchgeführt werden, die der Vermieter nicht zu vertreten hat, und die keine Erhaltungsmaßnahmen nach § 555a sind, oder**
7. **durch die neuer Wohnraum geschaffen wird.**

                                       Volker Emmerich

I. Überblick

1   § 555b enthält im Anschluss an § 554 Abs 2 aF eine **Legaldefinition** des Begriffs der Modernisierungsmaßnahmen im Sinne der §§ 555b bis 555f. Das Gesetz kennt danach sieben verschiedene Formen von Modernisierungsmaßnahmen, von energetischen Modernisierungen bis zur Schaffung neuen Wohnraums (Nr. 1 und 7 des § 555b), wobei es sich aber in jeden Fall um „**bauliche Maßnahmen**" im weitesten Sinne handeln muß. Mit der Neuregelung wird in erster Linie **bezweckt**, dem Vermieter über die frühere Rechtslage hinaus die Vornahme „energiesparender und klimaschützender Modernisierung" durch die Verstärkung der Duldungspflicht des Mieters zu erleichtern (Begründung von 2012, BT-Drucks 17/19480, 14 [l Sp o]). Die Einzelheiten regelt das Gesetz, wiederum im Anschluss an das frühere Recht (§ 554 Abs 2–5 aF), in den neuen §§ 555c bis 555f.

II. Bauliche Veränderungen

2   **1. Begriff.** Modernisierungsmaßnahmen im Sinne des § 555b sind nur „bauliche Veränderungen", die bestimmte zusätzliche Merkmale erfüllen, die im einzelnen in der Nr 1–7 der Vorschrift aufgezählt sind. Der Begriff entspricht dem der „baulichen Maßnahmen" in § 559 Abs 1 aF und soll nach dem Willen der Gesetzesverfasser ebensoweit ausgelegt werden wie dieser, so dass der Begriff neben Eingriffen in die bauliche Substanz z.B. auch Veränderungen der Anlagentechnik eines Gebäudes umfasst. Die Annahme einer baulichen Veränderung im Sinne des § 555b setzt maW nicht zwingend eine Veränderung der Bausubstanz voraus.[1] Aber es muss doch in jedem Fall in bezug auf die Mietwohnung, das Haus oder das ganze Grundstück ein **neuer baulicher Zustand** geschaffen werden, der in sachlichem Zusammenhang mit dem Mietgebrauch steht.[2] Die bloße Änderung der Zweckbestimmung eines Raumes genügt daher für die Annahme einer baulichen Veränderung ebensowenig wie zB die Aufteilung eines Gebäudes in Wohneigentum, dies deshalb, weil in beiden Fällen kein neuer baulicher Zustand geschaffen wird. Die fraglichen Maßnahmen müssen außerdem **während des Laufs** des Mietverhältnisses vorgenommen werden; frühere Maßnahmen scheiden aus.[3]

3   Die baulichen Maßnahmen müssen sich nicht unbedingt auf die betreffende Wohnung selbst beziehen, sondern können sich auch auf **Gebäudeteile außerhalb der Wohnung**, auf Nebengebäude oder auf das Grundstück und auf dessen unmittelbare **Umgebung** erstrecken, immer vorausgesetzt, daß sie der Wohnung des Mieters wenigstens mittelbar zugute kommen (§ 5 Abs 5 ModEnG aF). Hierher gehören daher **zB** auch die Anlage und

---

1 *Mersson* DWW 2009, 122.
2 *Langenberg* PiG 40 (1993) 59, 72.
3 AG Bad Segeberg WuM 1992, 197.

der Ausbau von *Kinderspielplätzen,* Grünanlagen, Stellplätzen und anderen *Verkehrsanlagen* (§ 4 Abs 2 ModEnG aF). Weitere **Beispiele** sind die Befestigung einer Hoffläche,[4] die Anlage einer Grundstückszufahrt oder die Aufstellung von festen Müllboxen,[5] immer vorausgesetzt, dass zugleich die Voraussetzungen einer der Nr 1 bis Nr 7 des § 555b erfüllt sind. Keine Rolle spielt, ob der Vermieter zu den fraglichen Maßnahmen aufgrund Gesetzes oder Verwaltungsakts *verpflichtet* war oder nicht (s § 555b Nr 6 und dazu u Rn 22 f). Der Vermieter muß aber **wirtschaftlich vorgehen** und einen unnötigen Aufwand vermeiden.[6] Dies bedeutet freilich nicht, daß der Vermieter verpflichtet wäre, immer gerade die billigste und einfachste Lösung zu wählen. Lediglich **Luxusmaßnahmen** wie der Einbau eines Hallenbades oder einer Sauna werden nicht von § 555b erfasst.[7] Die Grenzziehung ist schwierig und wohl nur im Einzelfall anhand des Maßstabs des bonus pater familias möglich.

Keine bauliche Maßnahmen sind bloße **Einrichtungen** und Ausstattungen, jedenfalls, wenn und solange sie frei beweglich sind oder doch jederzeit wieder entfernt werden können, weil es dann an einem **neuen baulichen Zustand fehlt.** Auf die Unterscheidung zwischen wesentlichen Bestandteilen (§§ 93 f) und Scheinbestandteilen (§ 95) kommt es insoweit nicht an; entscheidend ist vielmehr allein, ob ein neuer *baulicher* Zustand geschaffen wird, worunter von Fall zu Fall auch solche Einrichtungen fallen können, die, rechtlich gesehen, Scheinbestandteile im Sinne des § 95 darstellen wie zB eine auf die speziellen Verhältnisse der Wohnung zugeschnittene Einbauküche. § 559 gilt daher **zB nicht** für die bloße Anbringung von Energiesparlampen und ebensowenig für die *Auswechslung* einzelner Gasgeräte[8] oder sonstiger *technischer Geräte,* selbst wenn die neuen Geräte leistungsfähiger als die alten sind, und auch nicht für die Aufstellung transportabler Küchenmöbel oder Duschkabinen oder für die Verlegung von Teppichböden.

2. Instandhaltung- und Instandsetzungsmaßnahmen. Die Modernisierungsmaßnahmen iS des § 555b müssen vor allem von bloßen Instandhaltungs- und Instandsetzungmaßnahmen unterschieden werden, schon, weil die letzteren allein der vom Vermieter geschuldeten *Erhaltung* und nicht der Verbesserung des bestehenden Zustandes im Sinne der § 555b dienen (§ 535 Abs 1 S 2). Derartige Maßnahmen fallen selbst dann nicht unter § 555b, wenn zugleich durch die Anwendung neuerer Verfahren oder Materialien der Gebäudewert erhöht wird; denn damit trägt der Vermieter nur in dem gebotenen Maße dem technischen Fortschritt Rechnung.[9] Oder anders gewendet: Alles, was Mängelbeseitigung iSd §§ 535 Abs 1 S 2 und 536 ist und deshalb vom Mieter nach § 555a (und nicht etwa nach § 555b) geduldet werden muß, kann nicht zugleich Modernisierung (im Sinne der Schaffung eines neuen und besseren baulichen Zustandes als bisher) sein. Damit ist zugleich gesagt, daß hier derselbe **Maßstab** wie bei § 536 hinsichtlich des vom Vermieter geschuldeten baulichen Zustandes Anwendung findet (s deshalb im einzelnen o § 536 Rn 1 f, 14). Soweit sich der Vermieter bei seinen Maßnahmen im Rahmen des danach von ihm geschuldeten baulichen Zustandes bewegt, kommt er nur seinen Verpflichtungen aus § 535 Abs 1 S 2 nach, so daß für die Annahme einer Modernisierung kein Raum ist.

---

4 LG Hildesheim WuM 1985, 340.
5 *Langenberg* PiG 40 [1993] 59, 72.
6 BGH NJW 2009, 839 Tz 19 = NZM 2009, 150.
7 AG Wuppertal WuM 1979, 128.
8 AG Kiel WuM 1977, 171; AG Görlitz WuM 1993, 264.
9 LG Oldenburg WuM 1980, 86; AG Kiel WuM 1989, 18; AG Görlitz WuM 1993, 264; *Mersson* DWW 2009, 122, 125 f.

Volker Emmerich

6   Instandsetzungs- und Verbesserungsmaßnahmen können **im Einzelfall auch zu-sammenfallen** (sog **Instand-** oder **Instandsetzungsmodernisierung**; vgl § 16 Abs 3 S 2 WoFG; § 3 Abs 3 ModEnG aF). Voraussetzung ist, daß mit der Instandsetzung **zugleich** ein **Modernisierungseffekt** verbunden ist, insbesondere, indem durch sie der *Wohnwert* über den bisherigen (mangelfreien) Zustand hinaus nachhaltig *verbessert* wird. Die **Abgrenzung** kann im Einzelfall schwierig sein. Der **Maßstab** ist hier wieder derselbe wie bei § 536 (s deshalb schon o Rn 5). Eine Modernisierung liegt infolgedessen nur vor, wenn der Vermieter über den nach § 535 Abs 1 S 2 und § 536 geschuldeten Zustand hinaus einen neuen und besseren *baulichen Zustand* zu Gunsten des Mieters schafft. So verhält es sich etwa, wenn der Vermieter auch ohne weiteres in der Lage gewesen wäre, sich bei der Instandsetzung mit dem früheren Zustand zu begnügen oder wenn für ihn die Verbesserung ganz im Vordergrund steht. **Beispiele** für mögliche Instandsetzungsmodernisierungen sind danach etwa die Reparatur der Fassade in Verbindung mit der Aufbringung einer neuen Wärmedämmung[10] und schließlich die Ersetzung alter einfacher Fenster durch eine moderne Isolierverglasung[11] sowie einer alten Heizungsanlage durch eine moderne Zentralheizung. Die zutreffende rechtliche Behandlung dieser Fälle ist umstritten. Wie bereits ausgeführt (§ 558a Rn 6 f), spricht am meisten für die einheitliche rechtliche Behandlung solcher Maßnahmen nach den *§ 555b und 559*. Der Vermieter kann außerdem – zum Schutz des Mieters – nur die *zusätzlichen* Kosten, die auf die Wertverbesserung entfallen, auf die Mieter umlegen (§ 559 Abs 3 nF).

III. Energetischen Modernisierung (§ 555b Nr 1)

7   Nach § 555b Nr 1 versteht das Gesetz unter einer energetischen Modernisierung bauliche Veränderungen (der Mietsache), durch die in Bezug auf die Mietsache Endenergie nachhaltig eingespart wird. Die Begriffe **„Endenergie"** und **„Primärenergie"** sind neu und nur auf dem Hintergrund des neuen Energierechts zu verstehen, wobei die EnEV von 2007 (BGBl I 1515 mit späteren Änderungen) vor allem ins Auge zu fassen ist. Zum Verständnis der gesetzlichen Regelung genügt es, sich folgendes zu vergegenwärtigen: Man unterscheidet drei Formen von Energie, die Nutzenergie, die Endenergie und die Primärenergie. **Nutzenergie** ist diejenige Energie, gemessen üblicherweise in Kilowattstunden (kWh), die in einem Gebäude für Wärme, Licht und Bewegung (Stichwort: Fahrstuhl), insbesondere also für Heizzwecke benötigt wird. Die **Endenergie** umfasst neben der Nutzenergie noch die Leitungs- und Umwandlungsverluste in einem Gebäude; sie wird gemessen an der Übergabestelle des Gebäudes. Die **Primärenergie** setzt sich schließlich zusammen aus der Endenergie und derjenigen Energie, die für die Förderung, die Aufbereitung, den Transport und die Umwandlung der Energie bis zur Übergabestelle an einem Gebäude erforderlich ist, wobei man zwischen erneuerbarer und nicht erneuerbarer Primärenergie unterscheidet. **Erneuerbare Primärenergie** sind Sonne und Windkraft sowie noch Biomasse und Holz, **nicht erneuerbare** dagegen die „klassischen" fossilen Energieträger wie Kohle, Öl und Erdgas. Der Verbrauch an Primärenergie wird in der Regel anhand der in der Anl. I Nr 2.1.2. der EnEV genannten **Primärenergiefaktoren** gemessen, die von 0,0 (für erneuerbare Energien) bis 2,6 (für Strom) reichen, in ihrer Bedeutung aber naturgemäß umstritten sind.

---

10   LG Berlin ZMR 1998, 166.
11   AG Mannheim WuM 1979, 98; AG Hannover ZMR 1979, 251; AG Detmold WuM 1979, 248 f.

Energie kann auf allen genannten Stufen, von der Primärenergie bis zur Nutzener- **8**
gie **gespart** werden, insbesondere durch Verringerung der erforderlichen Nutzenergie
z.B. für die Heizung eines Gebäudes oder durch die Verringerung der Umwandlungs- und
Transportverluste. Für die Anwendung der Nr 1 des § 555b muss aber im jeden Fall noch
hinzukommen, dass die Ersparnis an Energie einen **„Bezug auf die Mietsache"** aufweist, d.h. der Mietsache und damit letztlich auch dem Mieter, insbesondere durch die
Senkung dessen Energiekosten einschließlich der Heizkosten zugute kommt Maßnahmen
zur Einsparung von Primärenergie, die *keinen Bezug* zur Mietsache mehr aufweisen, fallen
allein unter die **Nr 2** des § 555b. Paradigma ist die Montage einer **Fotovoltaikanlage** auf
dem Dach des Gebäudes, wenn der Strom nicht in dem betreffenden Gebäude verwandt,
sondern in das allgemeine Netz eingespeist wird.[12]

Eine gesetzliche Regelung des Fragenkreises fand sich früher schon in den später **9**
wieder aufgehobenen **§ 3 und 4 ModEnG**. **§ 4 Abs 3** dieses Gesetzes enthielt eine **Aufzählung energiesparender Maßnahmen**. Die wichtigsten **Beispiele** für energiesparende
Maßnahmen waren danach die Verbesserung der Wärmedämmung von Fenstern, Türen,
Wänden und Decken, die Optimierung der Heizungsanlage, die Umstellung auf Fernwärme
sowie der Einbau von Wärmepumpen und Solaranlagen. Im Anschluss an diese Regelung
hatte die **Rechtsprechung** daran festgehalten, dass jedenfalls die bloße **Einsparung von
Primärenergie durch Anschluß** einer Wohnung **an** das durch Anlagen der Kraft-Wärme-
Koppelung gespeiste **Fernwärmenetz** unter § 554 Abs 2 aF fiel, selbst wenn damit für den
Mieter *keine* Energieeinsparung und damit auch keine Ersparnis von Heizkosten verbunden sind; im übrigen hatte der BGH die Frage, ob die Einsparung von Primärenergie allein
zur Anwendung des § 554 Abs 2 aF ausreichte, ausdrücklich offengelassen.[13] Die überwiegende Meinung in Literatur und Rechtsprechung tendierte aber deutlich zur Bejahung
der Frage. **Beispiele** für energiesparende Maßnahmen waren – unter den genannten Voraussetzungen – Maßnahmen zur Verbesserung der Wärmedämmung einschließlich einer
neuen Fassadenverkleidung,[14] der Einbau von Doppelisolierglasfenstern,[15] der Ersatz einer
alten Heizungsanlage durch einen modernen Niedrigtemperatur-Heizkessel,[16] die Rückge-
winnung von Wärme durch Wärmepumpen sowie die Einrichtung von Solaranlagen zur
Gewinnung von Energie und schließlich noch der Einbau moderner Erfassungsgeräte,[17]
nicht dagegen der bloße Austausch einer Gasetagenheizung gegen eine Zentralheizung[18]
oder die bloße Montage einer Photovoltaikanlage, deren Strom ins Netz eingespeist wird.[19]

IV. Einsparung nicht erneuerbarer Primärenergie (§ 555b Nr 2).

Nach der Nr 2 des § 555b zählen zu den Modernisierungsmaßnahmen im Sinne des **10**
Gesetzes ferner bauliche Veränderungen der Mietsache, durch die nicht erneuerbare Primärenergie (zum Begriff s Rn 7) nachhaltig eingespart oder durch die das Klima nachhaltig
geschützt wird, sofern nicht bereits eine energetische Modernisierung nach der Nr 1 vorliegt
(dazu o Rn. 7 ff). Die Gesetzesverfasser hatten hier vor allem solche Maßnahmen zur Einsparung von Primärenergie im Auge, bei denen wie etwa bei der Einrichtung einer Fotovol-

---

12 Begründung von 2012, 19 f; *Hinz* NZM 2012, 777, 782; ebenso schon OLG Bamberg NZM 2009, 859.
13 BGH NJW 2008, 3630 Tz 22; kritisch dazu *D Beyer* GE 2009, 944, 945.
14 BGH NJW 2008, 1218 Tz 24f; LG Berlin GE 1987, 521; 1987, 1219, 1221.
15 LG Berlin GE 1991, 189.
16 AG Rheine WuM 2008,491.
17 AG Frankfurt aM NZM 2006, 537; **aM** LG Duisburg NZM 2006, 818.
18 LG Berlin GE 2007, 294.
19 OLG Bamberg NZM 2009, 859.

Volker Emmerich

taikanlage auf dem Dach der **Bezug zur Mietsache fehlt**, weil der erzeugte Strom in das allgemeine Netz eingespeist wird. Durch die weite Formulierung des Tatbestandes sollte außerdem sichergestellt werden, dass auch zukünftige **neue Techniken des Klimaschutzes** erfasst werden können. In den Ausschussberatungen wurde zugleich klargestellt, dass die Nr 2 des § 555b **subsidiär** gegenüber der Nr 1 ist, so dass es in dem genannten Beispiel bei der Anwendung der vorrangigen Nr 1 des § 555b verbleibt, wenn der mit der Anlage erzeugte Strom im Haus eingesetzt wird, um den Bedarf an Nutzenergie zu verringern. Die Einsparung von Primärenergie (bzw. der Gewinn für den Klimaschutz) müssen aber **nachhaltig** sein. Dieses zusätzliche Merkmal hat das Mietrechtsreformgesetz von 2013 aus § 559 Abs 1 aF übernommen. In der Rechtsprechung war der Begriff der Nachhaltigkeit zuletzt *ganz weit* ausgelegt worden. Es genügte danach für die Bejahung der Nachhaltigkeit der Energie- oder Wassereinsparung bereits, wenn die **Einsparung** überhaupt **messbar und dauerhaft** ist, während eine bestimmte Mindestgröße der Energie- oder Wassereinsparung (entgegen einer verbreiteten Meinung) nicht erforderlich war.[20] Die enge Formulierung der Nr 1 und 2 des § 555b hat zur Folge, dass heute eine Reihe energetischer Modernisierungsmaßnahmen nur noch mit Mühe unter das Gesetz subsumiert werden können; hier ist von Fall zu Fall an eine Anwendung der Nr 2 des § 555b unter dem Gesichtspunkt des Klimaschutzes zu denken.

V. Reduzierung des Wasserverbrauchs (§ 555b Nr 3)

11 Modernisierungsmaßnahmen sind nach der Nr 3 des § 555b weiter bauliche Veränderungen, durch die der Wasserverbrauch in der Mietsache nachhaltig reduziert wird. § 555b Nr 3 erfasst sämtliche Maßnahmen, die der Kontrolle oder der Reduzierung des Wasserverbrauchs dienen.[21] Der Begriff der **Wassereinsparung** ist umstritten.[22] Hier muss die weitere Entwicklung abgewartet werden.

VI. Erhöhung des Gebrauchswerts (§ 555b Nr 4)

12 **1. Begriff.** Als Modernisierungsmaßnahmen gelten außerdem bauliche Veränderungen (s dazu Rn 3 ff), durch die der Gebrauchswert der Mietsache nachhaltig erhöht wird. Das Mietrechtsänderungsgesetz von 2013 folgt auch insoweit dem Vorbild des § 559 Abs 1aF, so dass zur weiteren Präzisierung des Begriffs vornehmlich an die Rechtsprechung zu § 559 aF anzuknüpfen ist. Eine Erhöhung des Gebrauchswerts der Mietsache ist danach anzunehmen, wenn durch die fragliche bauliche Veränderung seitens des Vermieters **objektiv** der **Gebrauchs- oder Substanzwert** der Räume oder Gebäudeteile im Rahmen ihres Zwecks erhöht und eine bessere Benutzung ermöglicht wird.[23] Das ist der Fall, wenn der Mietgebrauch erleichtert, verbessert oder vermehrt wird, insbesondere, wenn das Wohnen in den fraglichen Räumen angenehmer, bequemer, sicherer, gesünder oder weniger arbeitsaufwendig als zuvor wird.[24] **Maßstab** ist der Zustand der Miet-

---

20 BGHZ 150, 277, 282 ff = NJW 2002, 2036; BGH WuM 2004, 155, 156 = NZM 2004, 252; LG Berlin GE 2005, 1191, 1493; *Kinne* ZMR 2003, 396, 397.
21 S AG Hamburg-Blankenese ZMR 2003, 269, 270; *Blank* PiG 60 [2001] 79, 88; ders WuM 1993, 503, 506; *Franke/Geldmacher* ZMR 1993, 548, 550.
22 S *Staudinger* Rn 15 f, *Börstinghaus*, Hdb Kap 9 Rn 63 ff; *Franke* DWW 2009, 138, 145; ders/*Geldmacher* ZMR 1993, 548, 550; *Mersson* DWW 2009, 122, 123 ff.
23 BGH NJW 2008, 1218 = NZM 2008, 283, 284 Tz 21; NJW 2011, 3514 Tz 23 = NZM 2011, 804; NJW 2012, 2954 Tz 14, 16 = NZM 2012, 679.
24 KG WuM 1985, 248 = NJW 1985, 2031; WuM 1985, 335 = NJW 1986, 137; NJW-RR 1988, 1420 = WuM 1988, 389; *Blank*, in: Interessenkonflikt PiG 60 [2001] 79, 83 ff; *Franke* DWW 2009, 138, 139; *Sternel* NZM 2001, 1058.

sache vor der Durchführung der baulichen Veränderung seitens des Vermieters, so dass – entgegen der früher hM – auch vorausgegangene Verbesserungen oder Erhöhungen des Gebrauchswerts durch **bauliche Maßnahmen des Mieters** *mit Zustimmung* des Vermieters zu berücksichtigen sind; unberücksichtigt bleiben lediglich etwaige vom gegenwärtigen Mieter *vertragswidrig* vorgenommene bauliche Veränderungen.[25]

Der Begriff ist **objektiv zu bestimmen**, dh unabhängig von den Auswirkungen auf das   13 bestehende Mietverhältnis sowie davon, ob die vom Vermieter aufzuwendenden Kosten oder die zu erwartende Erhöhung der finanziellen Belastung für den Mieter in einem angemessenen Verhältnis zur Verbesserung stehen.[26] Der **Maßstab**, nach dem beurteilt werden muß, ob der Wohnwert verbessert wird, ist allein der **Verkehrsanschauung** zu entnehmen; entscheidend ist mit anderen Worten, ob allgemein in den für das Mietobjekt in Betracht kommenden **Mieterkreisen** der Maßnahme die Bedeutung einer **Wohnwertverbesserung** zugemessen wird, so dass die fraglichen Räume nach ihrer Durchführung leichter als vorher vermietet werden können.[27] Der Vermieter ist dabei nicht an den gegenwärtigen durchschnittlichen Standard gebunden, sondern kann die Attraktivität der von ihm zu vermietenden Räumen auch durch eine überdurchschnittliche Ausstattung erhöhen – bis zur Grenze der unvernünftigen Luxusmodernisierung.[28] Zur **Mietsache** in diesem Sinn gehören auch die **mitvermieteten Teile** sowie das Gebäude und die **Außenanlagen** insgesamt.[29] Die Anlage oder Umgestaltung eines **Gartens** fällt daher ebenso wie die Anlage eines Spielplatzes oder von Stellplätzen unter § 554 Abs 2.[30] Keine Rolle spielt das Ausmaß der Beeinträchtigung des Mieters durch die fraglichen Baumaßnahmen; sie erlangt erst im Rahmen der Härteklausel des § 555d Abs 2 Bedeutung.[31]

Die Verbesserungsmaßnahmen im Sinne des § 555b stehen im **Gegensatz zu** den   14 **Erhaltungsmaßnahmen** des § 555a, deren Zweck lediglich darin besteht, den *vorhandenen* Bestand zu erhalten, sowie zu bloßen **Veränderungen** der Mietsache, die einen neuen Bestand schaffen. Die **Grenzziehung** ist häufig schwierig und letztlich nur im Einzelfall möglich, wobei in erster Linie darauf abzustellen sein dürfte, ob bei der fraglichen Maßnahme noch die Verbesserung insbesondere der Wohnverhältnisse des Mieters (dann Erhöhung des Gebrauchswerts im Sinne des § 555b Nr 4) oder die im Interesse des Vermieters liegende marktkonforme Umgestaltung der Mietsache im Vordergrund steht (dann bloße Veränderung).[32] **Beispiele für Veränderungen** der Mietsache (im Gegensatz zu deren Verbesserung) sind der Umbau eines Balkons in einen Wintergarten,[33] der Austausch eines Balkons gegen eine Terrasse[34] (im Gegensatz zum erstmaligen Anbau eines Balkons oder der Anlage eine Terrasse[35]), ferner die Überdachung der Terrasse,[36] die bloße

---

25 BGH NJW 2012, 2954 Tz 14 f = NZM 2012, 679 = WuM 2012, 448; WuM 2012, 677 Tz 8; WuM 2012, 678 Tz 8.
26 BGH NJW 2005, 2995 = WuM 2005, 576, 577 = NZM 2005, 697.
27 BGH NJW 2005, 2995 = NZM 2005, 697; NJW 2008, 1218 = NZM 2008, 283, 284 Tz 21; NJW 2011, 3514 Tz 23 = NZM 2011, 804; NJW 2012, 2954 Tz 14, 16 = NZM 2012, 679.
28 BGH NJW 2005, 2995 = NZM 2005, 697.
29 KG NJW-RR 1988, 1420 = WuM 1988, 389; LG Berlin WuM 1986, 138; GE 1994, 927.
30 *Franke* DWW 2009, 138, 139 f.
31 BGH NJW 2008, 1218 Tz 16.
32 Ebenso für den kritischen Grenzfall der Änderung des Grundrisses und des Wegfalls eines Raumes BGH NJW 2008, 1218 = NZM 2008, 283, 284 Tz 23.
33 LG Berlin NJW-RR 1998, 300 = NZM 1998, 189; LG Hamburg WuM 2018, 27, 29.
34 AG Konstanz WuM 1997, 553.
35 *Franke* DWW 2009, 138, 140.
36 LG Gießen WuM 1998, 278 = MDR 1998, 790.

Volker Emmerich

Veränderung des Grundrisses der Wohnung durch Versetzung einer Mauer,[37] während die Veränderung des Grundrisses einer Wohnung zwecks Schaffung eines separaten WC durchaus eine Verbesserung sein kann,[38] weiter eine Vergrößerung des Hauses[39] sowie der Umbau einer alten Dachwohnung in ein Luxusappartement.[40]

14a *Keine* Modernisierungsmaßnahmen sind ferner sog **Substanzverbesserungen,** worunter man Maßnahmen versteht, die zwar objektiv den Wert der Mietsache und insbesondere deren Vermietbarkeit erhöhen, jedoch für den einzelnen Mieter keine Verbesserung mit sich bringen. Die Unterscheidung von den Verbesserungsmaßnahmen iSd § 555b Nr 4 ist hier besonders schwierig und unklar. Maßgebend ist daher allein, dass es sich dabei ebenso wie bei den sonstigen Veränderungen um Baumaßnahmen handelt, die nicht unter § 555a und § 555b fallen, so dass sich bei ihnen eine **Duldungspflicht** des Mieters **nur im Einzelfall aus § 242** ergeben kann (str). Voraussetzung ist, dass ohne die Durchführung der geplanten Maßnahmen die Wirtschaftlichkeit des Grundbesitzes gefährdet oder sogar dessen Verlust zu befürchten wäre und die Duldung der fraglichen Maßnahmen dem Mieter außerdem nach den Umständen des Falles zumutbar ist.[41] Maßnahmen der **Substanzverbesserung** sind zB die Schaffung der Voraussetzungen für eine Abgeschlossenheitsbescheinigung,[42] Maßnahmen zur Verschönerung der Fassade,[43] die Abhängung von Zimmerdecken zur Verdeckung von Leitungen,[44] großflächige Sanierungsmaßnahmen einschließlich des Abrisses überflüssigen Wohnraums, um den restlichen Wohnraum (wieder) vermietbar zu machen,[45] weiter der Austausch eines einwandfreien Gasherdes gegen einen Elektroherd[46] sowie noch ein vollständiger Umbau des Hauses, der zur Beseitigung einzelner Wohnungen führt.[47]

15 Hinzu kommen muss, dass die **Erhöhung** des Gebrauchswerts der Mietsache durch die fragliche Baumaßnahme des Vermieters auch **„nachhaltig"** ist. Die Erhöhung des Gebrauchswerts muss folglich von **Dauer** sein (s § 555b Nr 5) **und** objektiv ein gewisses **Ausmaß** aufweisen.[48] Es muss sich mit anderen Worten um eine **spürbare, eindeutig feststellbare, dauerhafte, positive Veränderung des Wohnwerts** handeln, während unerhebliche, dh geringfügige oder nur vorübergehende Erhöhungen des Gebrauchswerts keine Duldungspflicht begründen.[49] Erfasst wird folglich **jede feststellbare und dauerhafte Erhöhung des Gebrauchswerts.** Daran fehlt es bei bloß vorübergehenden Maßnahmen oder zB dann, wenn sich der Vermieter darauf beschränkt, die Holzrahmen der Fenster gegen kunststoffbeschichtete Rahmen auszutauschen[50] sowie bei geringfügigen Veränderungen wie zB einer geringen Vergrößerung eines Balkons, durch die dem Mieter keine neuen Nutzungs- oder Gebrauchsmöglichkeiten eröffnet werden.[51]

---

37 AG Charlottenburg GE 1998, 1403.
38 BGH NJW 2008, 1218 = NZM 2008, 283, 284 Tz 23.
39 LG Göttingen ZMR 1990, 59 = WuM 1990, 205; LG Köln WuM 1993, 40 = NJW-RR 1993, 1163.
40 AG Köln WuM 1984, 220.
41 BGH LM Nr 1 zu § 541a BGB = NJW 1972, 723; LG Göttingen ZMR 1990, 59 = WuM 1990, 205; LG Köln WuM 1993, 40; LG Berlin GE 1993, 801, 803; LG Essen WuM 1998, 278, 279.
42 LG Karlsruhe WuM 1992, 121; LG Stuttgart WuM 1992, 13.
43 AG Köln WuM 1987, 31.
44 VG Berlin GE 1991, 1103.
45 *Both* NZM 2001, 78.
46 LG Berlin GE 1997, 185.
47 BayObLGZ 1983, 271 = NJW 1984, 372.
48 Rn 10; LG Frankfurt NZM 2012, 760, 761.
49 LG Frankfurt NZM 2012, 760, 761; *Sonnenschein* PiG 13 [1983] 65, 72; *Sternel* NZM 2001, 1058.
50 LG Hamburg MDR 1978, 935.
51 LG Frankfurt NZM 2012, 760, 761.

Nutznießer der baulichen Veränderungen muß die **Mieterseite** sein. Folglich fallen 16
Maßnahmen, mit denen lediglich eine Erleichterung oder eine Kostensenkung für den
Vermieter verbunden ist, nicht unter § 555b, so dass es für sich genommen *keine* Verbesserungsmaßnahme darstellt, wenn eine *Koksheizung* auf Öl oder eine Stadtgasheizung
auf Erdgas *umgestellt* wird, sofern der Betrieb dem Vermieter obliegt (und sofern nicht im
Einzelfall die Nr 6 des § 555b eingreift).[52] Anders dagegen, wenn durch die Umstellung die
Bedienung für den *Mieter* erleichtert oder verbilligt wird oder wenn sie zur *Einsparung*
von Energie oder Wasser führt. Der Gebrauchswert einer Wohnung wird auch *nicht* allein
dadurch erhöht, dass die **Nutzfläche** der Wohnung **vergrößert** wird; vielmehr handelt es
sich dabei um eine bloße Änderung des Vertragsgegenstandes, die nicht nach den § 555b,
sondern nach § 242 zu beurteilen ist.[53]

2. Beispiele. Eine Aufzählung der wichtigsten hierher gehörenden Modernisierungs- 17
maßnahmen fand sich bis 1986 in **§ 4 Abs 1 ModEnG aF.** Modernisierungsmaßnahmen
waren danach insbesondere Maßnahmen zur Verbesserung des Zuschnitts der Wohnung,
der Belichtung und Belüftung, des Schallschutzes, der Energieversorgung, der Wasserversorgung und der Entwässerung, der sanitären Einrichtungen, der Beheizung und der Koch-
möglichkeiten, der Funktionsabläufe in der Wohnung sowie der Sicherheit vor Diebstahl
und Gewalt. Auch ein Anbau konnte dazu gehören, soweit er zur Verbesserung der sanitären Einrichtungen oder zum Einbau eines notwendigen Aufzugs erforderlich war (§ 4 Abs 1
S 2 ModEnG aF). In der Rechtsprechung zu den §§ 554 und 559 aF finden sich zahlreiche
Beispiele für derartige Modernisierungsmaßnahmen. Zu den **Verbesserungsmaßnahmen** gehört danach **zB** im Regelfall die Anbringung einer **Gemeinschaftsantenne** oder
der **Anschluss an** das **Kabelfernsehnetz.**[54] Das gilt auch für den Anschluss einer Wohnanlage an ein rückkanalfähiges Breitbandkabelnetz, selbst wenn in dem betreffenden Gebiet
bereits das terrestrische Digitalfernsehen eingeführt wurde, weil mit dem Anschluss auf
jeden Fall erhebliche technische Verbesserungen verbunden sind.[55] Das Vorhandensein
einer Antennenanlage steht dieser Beurteilung nicht entgegen.[56] Unerheblich ist auch, ob
der einzelne Mieter von dem Kabelanschluss überhaupt Gebrauch macht.[57] Wenn freilich
die Empfangsmöglichkeiten des Kabelanschlusses hinter denen der bisherigen Antennenanlage zurückbleiben, muss diese neben dem Kabelanschluss beibehalten werden.[58] Als
Verbesserungsmaßnahme gilt weiter im Regelfall der **Einbau einer zentralen Heizungsanlage.**[59] Die wichtigsten Fälle sind der Einbau einer Nachtstromspeicherheizung,[60] die
Umstellung der Heizung von Einzelöfen auf eine Gasetagenheizung[61] sowie insbesondere
der Einbau einer Zentralheizung[62] oder deren Umstellung auf ein modernes System.[63]
Der Einbau einer Zentralheizung gehört selbst dann hierher, wenn der Mieter zuvor *ohne*

---

52 KG OLGZ 1966, 149 f; LG Hamburg MDR 1974, 494 = WuM 1974, 158.
53 LG Kiel WuM 1977, 120 f; 1977, 125; *Sternel* PiG 41 [1993] 45, 49 f.
54 BGH LM Nr 4 zu § 9 (Ca) AGBG = NJW 1991, 1750, 1754; NJW 2005, 2995 = NZM 2005, 697; NJW 2007, 3060
Tz 27; s *Blank* PiG Bd 60 (2001) 79, 84; *Franke* DWW 2009, 138.
55 BGH LM Nr 4 zu § 9 (Ca) AGBG = NJW 1991, 1750, 1754; NJW 2005, 2995 = NZM 2005, 697; NJW 2007,
3060 Tz 27.
56 Anders LG Berlin WuM 1984, 82; GE 1984, 1125.
57 BGH NJW 2007, 3060 Tz 27.
58 LG Tübingen ZMR 1986, 203; LG Berlin NJW-RR 1986, 890; GE 1987, 573, 577; 1992, 1045.
59 *Franke* DWW 2009, 138, 141f; *Kinne* GE 2001, 1181.
60 LG Frankfurt WuM 1986, 312.
61 LG Berlin GE 1998, 615; 2003, 394; ZMR 2003, 488; GE 2004, 236.
62 LG Berlin GE 1998, 615; 2003, 394.
63 AG Köln WuM 1986, 313.

Volker Emmerich

Zustimmung des Vermieters Nachtstromspeicheröfen aufgestellt hatte.[64] Gleich steht der Einbau einer Warmwasserversorgungsanlage.[65] Voraussetzung ist jedoch immer, dass mit der Maßnahme überhaupt eine (spürbare) Verbesserung für den Mieter verbunden ist. Fehlt es daran wie etwa bei der bloßen Umstellung der Heizungsart oder der Umstellung einer Etagenheizung auf eine Zentralheizung, so ist für eine Anwendung des § 554 Abs 2 kein Raum.[66]

18   Modernisierungsmaßnahmen können außerdem je nach den Umständen des Falles **zB** sein der Einbau eines Duschbades,[67] die Zusammenlegung eines kleinen Duschraums mit dem Bad und dessen Verfliesung,[68] selbst wenn dadurch zugleich die Küche verkleinert wird,[69] die Wandverkachelung des Bades,[70] der Einbau eines Drehstromzählers als Voraussetzung für den Anschluss an eine elektrische Heizung,[71] der Einbau einer neuen Elektroinstallation,[72] weiter die Verstärkung der Steigeleitungen oder der Wasserleitungen sowie der Einbau einer Wechselsprechanlage,[73] der Einbau neuer isolierverglaster Fenster,[74] außerdem der Einbau von Zwischenwänden, Türen, Fenstern und sanitären Anlagen jeder Art,[75] der Einbau eines Fahrstuhls[76] oder der Anbau eines Balkons.[77] die Ausstattung der Küche mit modernen Geräten,[78] die Verbesserung des Schallschutzes[79] sowie schließlich die Schaffung einer abgeschlossenen Wohnung, zB durch Bau einer besonderen Treppe für den Mieter.[80] Gleich stehen Maßnahmen zum Schutz gegen Diebstahl oder Gewalt,[81] der Einbau von Lüftungsanlagen, der behindertengerechte Ausbau der Flure und Treppen,[82] die Anlage eines Garten oder eines Spielplatzes sowie der Anbau einer Terrasse,[83] *nicht* dagegen, wenn schon ein großer Wintergarten vorhanden ist.[84]

19   Das Vorliegen von Verbesserungsmaßnahmen wurde dagegen **verneint** bei der bloßen Vergrößerung eines Zimmers auf Kosten eines anderen[85] sowie bei dem Einbau isolierverglaster Fenster, wenn danach mit Rücksicht auf die Art des Gebäudes Feuchtigkeitsschäden drohen.[86] Mit Rücksicht auf die Situation des Mieters können darüber hinaus auch solche Maßnahmen *nicht* als Verbesserung anerkannt werden, die eine **Beeinträchtigung des** dem Mieter zustehenden **vertragsgemäßen Gebrauchs** zur Folge haben, etwa

---

64 S o Rn 12; anders früher LG Berlin ZMR 2003, 488; GE 2003, 394.
65 LG Berlin GE 1985, 141; 1989, 99; AG Hamburg WuM 1991, 30.
66 *Franke* DWW 2009, 138 142; str.
67 LG Berlin GE 1990, 255; 1992, 39.
68 LG Berlin GE 1997, 1373.
69 KG GE 2007, 907, 908.
70 LG Hamburg WuM 1994, 217.
71 AG Leonberg WuM 1984, 216.
72 KG GE 1984, 757.
73 LG Berlin NZM 1999, 1036; GE 2003, 1615.
74 LG Berlin GE 1992, 101.
75 LG Mannheim WuM 1987, 385; LG Berlin GE 1989, 90.
76 BGH WuM 2011, 225 Tz 12; LG Berlin NJW-RR 1997, 520; GE 2002, 930; 2010, 1121; 2011, 483.
77 LG Wiesbaden WuM 2003, 564, 565; LG Berlin ZMR 2004, 193; GE 2010, 908.
78 LG Berlin GE 1989, 99.
79 LG Berlin NZM 1999, 1036.
80 AG Schöneberg GE 1991, 195.
81 *Franke* DWW 2009, 138, 141.
82 *Franke* DWW 2009, 138, 140.
83 LG Berlin WuM 2008, 85.
84 LG Berlin WuM 2007, 322.
85 KG GE 1985, 757.
86 LG Hamburg NJW-RR 1995, 1101, 1102.

durch eine Verringerung der Zimmerzahl oder der Wohnfläche[87] oder durch Umgestaltung einer Loggia in einen Wintergarten.[88]

VII. Verbesserung der Wohnverhältnisse (§ 555b Nr 5)

Zu den Modernisierungsmaßnahmen im Sinne des Gesetzes zählen nach der Nr 5 **20** des § 555b ferner bauliche Veränderungen, durch die die allgemeinen Wohnverhältnisse auf Dauer verbessert werden. Der Tatbestand der Verbesserung der Wohnverhältnisse ist ebenfalls aus § 559 Abs 1 aF übernommen worden. Bei der Auslegung des § 555b Nr 5 ist daher an Literatur und Rechtsprechung zu § 559 aF anzuknüpfen. Die **„allgemeinen"** **Wohnverhältnisse** iS des § 555b Nr 5 stehen danach im Gegensatz zu den besonderen Wohnverhältnissen des einzelnen Mieters, so daß das Gesetz hier in erster Linie bauliche Veränderungen im Auge hat, die den *Mietern* (nur) *insgesamt* zugute kommen, auch wenn der *einzelne* Mieter nach seinen individuellen Verhältnissen tatsächlich davon keinen Vorteil hat (Rn 21). In der Mehrzahl der Fälle dürften jedoch tatsächlich alle Mieter von den fraglichen Maßnahmen profitieren, so daß die **eigenständige Bedeutung** dieser Alternative **gering** ist. Eine Aufzählung von Beispielen enthielt früher **§ 4 Abs 2 ModEnG aF** (s u Rn 21). Ergänzend bestimmte noch § 3 Abs 5 ModEnG aF, daß sich solche Maßnahmen **auch auf Gebäudeteile außerhalb der Wohnung,** auf zugehörige Nebengebäude, auf das Grundstück sowie auf dessen unmittelbare **Umgebung** erstrecken können, sofern sie nur zugleich den einzelnen Wohnungen zugute kommen.

Das Gesetz hat nach dem Gesagten (Rn 20) hier in erster Linie die **Anlage und** den **21** **Ausbau der nicht öffentlichen Gemeinschaftsanlagen** von Wohnhäusern im Auge (s **§ 4 Abs 2 ModEnG aF**). Dahinter steht die Überlegung, daß die Erhöhung des Wohnwerts eines Hauses und seiner Umgebung durchweg auch den einzelnen Wohnungen zugute kommen wird (s § 3 Abs 5 ModEnG aF). Die **Verbesserung** muß zwar nach § 555b abweichend von den anderen Alternativen der Vorschrift nicht nachhaltig, aber doch **von Dauer** sein; indessen bedeutet dies sachlich keinen ins Gewicht fallenden Unterschied.[89] Ob diese Voraussetzungen vorliegen, ist ebenso wie bei § 555b Nr 4 (o Rn 12 ff) nach **objektiven Kriterien**, dh vom Standpunkt eines durchschnittlichen, vernünftigen Mieters aus zu beurteilen, wobei Maßstab allein der ursprünglich vertraglich geschuldete Zustand der Mietsache ist. Als **Beispiele** für bauliche Maßnahmen, die die allgemeinen Wohnverhältnisse verbessern, nannte **§ 4 Abs 2 ModEnG aF** insbesondere die Anlage und den Ausbau von nichtöffentlichen Gemeinschaftsanlagen wie *Kinderspielplätzen,* Grünanlagen, Stellplätzen und anderen *Verkehrsanlagen.*[90] Ferner kommen hier zB in Betracht die Befestigung des Hofes,[91] die Installierung von Müllboxen,[92] der Anschluß an die *Kanalisation* oder an Versorgungsleitungen, der Einbau eines *Fahrstuhles,* der Bau von Garagen, die Errichtung einer Fahrradhalle, der Einbau einer Waschküche, eines Trockenraumes oder eines Hobbykellers, die Beleuchtung der Wege, die Beseitigung störender Nebengebäude oder Mauern sowie der Einbau sonstiger Vorrichtungen zur Erhöhung der Sicherheit des Gebäudes wie zB einer einbruchhemmenden Haustür. Dass in den genannten Fällen

---

87 *Emmerich* PiG Bd 33 (1991) 55, 61ff.
88 AG Hamburg-Altona ZMR 2008, 814; fraglich.
89 *Mersson* DWW 2009, 122, 123; *Sonnenschein* PiG 13 [1983] 65, 72.
90 AG Hamburg-Altona WuM 2005, 778.
91 LG Hildesheim WuM 1985, 340.
92 LG Hannover WuM 1982, 83.

Volker Emmerich

häufig, wenn nicht sogar in der Regel zugleich die Voraussetzungen der Nr 4 des § 555b erfüllt sind, spielt keine Rolle.

VIII. Vom Vermieter nicht zu vertretende Umstände (§ 555b Nr 6)

22   Nach der Nr 6 des §§ 555b gehören zu den Modernisierungsmaßnahmen im Sinne des Gesetzes (§§ 555c ff, 559) weiter bauliche Veränderungen die (vom Vermieter) aufgrund von Umständen durchgeführt werden, die er nicht zu vertreten hat und die auch keine Erhaltungsmaßnahmen nach § 555a, d.h. keine Instandhaltungs- oder Instandsetzungsmaßnahmen sind. Der Tatbestand ist (erweitert um einen klarstellenden Hinweis auf den vorrangigen § 555a) aus § 559 Abs 1 aF übernommen worden, der freilich allein das Recht des Vermieters zur Mieterhöhung betraf. Einen entsprechenden Tatbestand für die Duldungspflicht des Mieters kannte das Gesetz dagegen in § 554 Abs 1 aF nicht. § 555b Nr 6 HS 2 stellt zugleich klar, dass **Erhaltungsmaßnahmen** im Sinne des § 555a keine Modernisierungsmaßnahmen im Sinne des § 555b sind, weil sich dann die Duldungspflicht des Mieters bereits aus § 555a ergibt.

23   § 555b Nr 7 stellt die Frage, wann die Umstände, die zu baulichen Veränderungen geführt haben, vom Vermieter nicht zu vertreten sind. § 555b Nr 6 ist eine zivilrechtliche Vorschrift, so dass für die Frage des **Vertretenmüssens** von § 276 auszugehen ist. Der Vermieter hat folglich nur solche baulichen Veränderungen nicht zu vertreten, zu deren Vornahme er nach dem Vertrag nicht verpflichtet war und die er auch weder voraussehen noch vermeiden konnte, vor allem, weil sie auf **technischen Änderungen** oder **unerwarteten gesetzlichen oder behördlichen Anordnungen** beruhen. Paradigma ist der Einbau von Wasserzählern oder Rauchwarnmeldern aufgrund einer entsprechenden neuen, landesrechtlichen Vorschrift.[93] Auch energetische Maßnahmen, zu denen der Vermieter aufgrund der **EnEV** von 2009 unbedingt oder bedingt verpflichtet ist, gehören richtiger Meinung nach wohl in erster Linie hierher (str). Den Gegensatz bilden bauliche Maßnahmen, die der Vermieter bei Anwendung der nötigen Sorgfalt vermeiden oder doch voraussehen und infolgedessen von vornherein in der Miete berücksichtigen konnte. **Zu vertreten** sind daher insbesondere solche **Maßnahmen**, zu deren Vornahme der Vermieter vertraglich verpflichtet ist oder die auf baupolizeilichen oder wohnungspflegerischen Anordnungen zur **Instandhaltung oder Instandsetzung** beruhen und die deshalb jetzt ausdrücklich vom Anwendungsbereich des § 555b Nr 6 ausgeklammert sind.[94] Ein vertrags- oder ordnungswidriger Zustand ist vom Vermieter immer zu vertreten (§ 276 Abs 2).

24   Die wichtigsten **Beispiele** aus der jüngsten Zeit sind neben der **EnEV** von 2009 (Rn 23) die **Heizkostenverordnung** in der Fassung von 1989 (BGBl I 115) sowie die **Heizanlagenverordnung** ebenfalls in der Fassung von 1989 (BGBl I 120).[95] Denn erst durch diese Verordnungen wurden nachträglich, ohne daß dies jemand voraussehen konnte, die Ausstattung der Räume mit Geräten zur Verbrauchserfassung sowie der Einbau von Einrichtungen zur Steuerung und Regelung von Heizungsanlagen vorgeschrieben; dazu gehören sowohl zentrale Steuergeräte als auch Thermostatventile.[96] Weitere **Beispiele** sind der gesetz-

---

93 BGH NJW 2009, 839 Tz 15 = NZM 2009, 150; *Wall* WuM 2013, 3, 15 ff.
94 OLG Hamburg WuM 1975, 196 = MDR 1975, 493; LG Hamburg WuM 1974, 225 = MDR 1974, 759; LG Hildesheim WuM 1985, 340; LG Berlin GE 1996, 131; *Langenberg* PiG 40 [1993] 59, 74 f; *Kinne* ZMR 2003, 396, 397; *Sternel* PiG 41 [1993] 45, 53.
95 S *Kinne* ZMR 2003, 396, 397.
96 LG Halle ZMR 2003, 35, 37; *Kinne* ZMR 2003, 396, 397

lich vorgeschriebene Einbau von Wasserzählern (Rn 11) oder von Rauchwarnmeldern,[97] die **Umstellung** von Stadtgas auf Erdgas,[98] die Änderung von Freileitungen in Erdleitungen aufgrund behördlicher Anordnungen, der nachträgliche, gesetzlich vorgeschriebene **Einbau von Sicherheitstüren** in Aufzügen, idR auch der nachträgliche Anschluß an die **Kanalisation.**[99] weiter der Einbau von Grenzwertgebern in Öltanks sowie Maßnahmen aufgrund der Verschärfung von Immissionsschutzgesetzen oder aufgrund von denkmalschutzrechtlichen Anordnungen.

IX. Schaffung neuen Wohnraums (§ 555b Nr 7)

Als letzten Fall von Modernisierungsmaßnahmen im Sinne des Gesetzes nennt § 555b **25** Nr 7 bauliche Veränderungen, durch die neuer Wohnraum geschaffen wird. Dieser Tatbestand ist „in der Sache unverändert" aus § 554 Abs 2 aF übernommen worden. Bedeutung hat der fraglich Tatbestand allein im Rahmen des § 555d (Duldungspflicht des Mieters). Die §§ 536 Abs 1a und 559 finden dagegen im Falle der Schaffung neuen Wohnraums keine Anwendung. Die Schaffung neuen Wohnraums durch bauliche Veränderungen im Sinne der Nr 7 des § 555b setzt voraus, dass durch die fragliche Maßnahme in dem betreffenden Gebäude, gleichgültig wie, *neuer,* bisher *nicht vorhandener Wohnraum* geschaffen wird.[100] Ebenso wird der Begriff in **§ 16 Abs 1 Nrn 2 bis 4 WoFG** verstanden. Der neue Wohnraum braucht nicht zur Vermietung bestimmt zu sein; es genügt auch, wenn der Vermieter zur Deckung seines *eigenen Wohnbedarfs* tätig wird. **Beispiele** sind die Vergrößerung vorhandener Wohnungen,[101] Anbauten oder die Aufstockung von Gebäuden, der Ausbau von Nebenräumen zu Wohnungen sowie der Ausbau des Dachgeschosses.[102] In dem zuletzt genannten Fall führt § 555b Nr 7 zB dazu, dass der Mieter einer unter dem Dachgeschoss gelegenen Wohnung deren Betreten durch Handwerker oder die Verlegung von Leitungen dulden muss, soweit dies für den Dachausbau nötig ist.[103]

§ 555c
Ankündigung von Modernisierungsmaßnahmen

(1) Der Vermieter hat dem Mieter eine Modernisierungsmaßnahme spätestens drei Monate vor ihrem Beginn in Textform anzukündigen (Modernisierungsankündigung). Die Modernisierungsankündigung muss Angaben enthalten über:
1. **die Art und den voraussichtlichen Umfang der Modernisierungsmaßnahme in wesentlichen Zügen,**
2. **den voraussichtlichen Beginn und die voraussichtliche Dauer der Modernisierungsmaßnahme,**
3. **den Betrag der zu erwartenden Mieterhöhung, sofern eine Erhöhung nach § 559 verlangt werden soll, sowie die voraussichtlichen künftigen Betriebskosten.**

---

97 *Wall* WuM 2013, 3.
98 LG Berlin GE 1995, 429, 431; 1996, 131.
99 LG Wiesbaden WuM 1982, 77; LG München II WuM 1985, 66.
100 *Franke* DWW 2009, 138, 145.
101 AG Berlin-Pankow NZM 2008, 769.
102 LG Duisburg NZM 2000, 1000.
103 LG Berlin GE 1994, 455; *Blank* WuM 1993, 573; *Franke/Geldmacher* ZMR 1993, 548, 550 f.

Volker Emmerich

(2) Der Vermieter soll den Mieter in der Modernisierungsankündigung auf die Form und die Frist des Härteeinwands nach § 555d Absatz 3 Satz 1 hinweisen.

(3) In der Modernisierungsankündigung für eine Modernisierungsmaßnahme nach § 555b Nummer 1 und 2 kann der Vermieter insbesondere hinsichtlich der energetischen Qualität von Bauteilen auf allgemein anerkannte Pauschalwerte Bezug nehmen.

(4) Die Absätze 1 bis 3 gelten nicht für Modernisierungsmaßnahmen, die nur mit einer unerheblichen Einwirkung auf die Mietsache verbunden sind und nur zu einer unerheblichen Mieterhöhung führen.

(5) Eine zum Nachteil des Mieters abweichende Vereinbarung ist unwirksam.

I. Überblick

1   § 555c, der erst durch das Mietrechtsänderungsgesetz von 2013 in das Gesetzes eingefügt wurde, regelt im Anschluss an § 554 Abs 3 S 1 und 3 aF die so genannte Modernisierungsankündigung, durch die dem Mieter Gelegenheit gegeben werden soll, sich auf die bevorstehende Modernisierungsmaßnahme einzustellen und sich darüber klar zu werden, ob er den Härteeinwand des § 555d Abs 3 erheben oder von seinem Sonderkündigungsrecht aufgrund des § 555e Gebrauch machen soll.[1] Grundlage dieser Ankündigungspflicht sind letztlich die §§ 241 Abs 2 und 242, so dass auch bei der gewerblichen Miete, selbst wenn die Parteien im übrigen den § 555c abbedungen haben (Rn 10), von einer Ankündigungspflicht des Vermieters auszugehen ist.[2] Sachliche Änderungen waren mit der Neuregelung nur insoweit bezweckt, als die Anforderungen an die Modernisierungsankündigung in einzelnen Beziehungen im Interesse der Erleichterung bestimmter Modernisierungsmaßnahmen herabgesetzt wurden. Die vollständige und rechtzeitige **Erfüllung der Modernisierungsankündigungspflicht** des § 555c durch den Vermieter stellt in erster Linie eine **Voraussetzung für** die **Fälligkeit der Duldungspflicht** des Mieters aus § 555b dar.[3]

II. Adressat, Form, Frist

2   Die Mitteilung muss **von allen Vermietern ausgehen**[4] **und an sämtliche Mieter** gerichtet sein. Im Falle der **Veräußerung** des vermieteten Grundstücks (§ 566) ist der Erwerber zur Mitteilung und damit zur Begründung der Duldungspflicht des Mieters erst nach seiner Eintragung im Grundbuch befugt; er kann jedoch vom Vermieter schon vorher zur Mitteilung ermächtigt werden.[5] Für die Mitteilung genügt die **Textform des § 126b**.[6] Eine Aufteilung der Mitteilung auf **mehrere Schreiben** ist möglich, sofern jedes Schrei-

---

1   BGH NZM 2003, 313, 314 = NJW-RR 2003, 584; NJW 2011, 1499 Tz 14 = NZM 2011, 858 = WuM 2011, 293; NZM 2011, 849 = WuM 2011, 676 Tz 3 ff.
2   BGH NZM 2003, 313, 314 = NJW-RR 2003, 584.
3   BGH NZM 2011, 849 Tz 19 = WuM 2011, 676; *Sternel* NZM 2001, 1058.
4   LG Berlin GE 1986, 383.
5   BGH NJW 2008, 1218 Tz 26.
6   S *Kinne* GE 2001, 1181, 1184.

ben auf die vorherigen Bezug nimmt, um die nötige Einheitlichkeit der Mitteilung sicher-zustellen, und außerdem die Dreimonatsfrist gewahrt wird.[7] Die **Dreimonatsfrist** wird vom Beginn der Arbeiten an zurückgerechnet.[8] Nicht maßgebend für den Fristbeginn sind bloße Vorbereitungsmaßnahmen, soweit sie keine Auswirkungen auf den vertragsgemä-ßen Gebrauch des Mieters haben.[9] Die **Fristberechnung** richtet sich nach den §§ 187 und 188. Der Mieter ist durch § 554 Abs 5 nicht gehindert, *nachträglich* im Einzelfall auf die Einhaltung der Frist zu **verzichten**, da mit der Frist allein sein Schutz bezweckt ist.

III. Inhalt

1. Der Vermieter muss dem Mieter nach § 555c Abs 1 S 2 Nr 1 als erstes die **Art und** 3 den voraussichtlichen **Umfang** der Modernisierungsmaßnahme „in wesentlichen Zügen" mitteilen. Gemeint sind damit der **Gegenstand der Maßnahme** und die von ihr zu erwar-tenden **Auswirkungen** auf die Wohnung des Mieters. Gerade in diesem Punkt gingen die Anforderungen der Praxis früher häufig **sehr weit**.[10] Bei Einbau einer neuen **Heizung** wurden vielfach genaue Angaben über die Anzahl, die Bauart, die Heizleistung und den Ort der Aufstellung der Heizkörper sowie über die vermutlichen zusätzlichen Heizkosten, nach Möglichkeit unter Beifügung genauer Baupläne, gefordert.[11] Das Erfordernis derart detaillierter Angaben war jedoch bereits unter § 554 Abs 3 S 1 aF zuletzt verbreitet als über-trieben **kritisiert** worden, weil dem Vermieter dadurch ohne Not sinnvolle Modernisie-rungen erschwert würden.[12] Es muss daher nicht jede Einzelheit der beabsichtigten Maß-nahme beschrieben und jede mögliche Auswirkung mitgeteilt werden; es genügt vielmehr, wenn der Mieter erfährt, in welcher Weise die Wohnung durch die fragliche Maßnahme verändert wird und wie sich diese Maßnahme auf den Mietgebrauch einschließlich etwa-iger Verwendungen des Mieters sowie auf die Höhe der Miete auswirken wird.[13] Exakte Angaben zum Zeitpunkt und zur Abfolge der einzelnen Arbeiten und Arbeitsschritte sind ebenfalls nicht erforderlich.[14] Es genügt, wenn die **Zielrichtung der Maßnahmen** in einer Weise **beschrieben** wird, dass der Mieter erkennen kann, was auf ihn zukommt, ohne dass jedes Detail genannt zu werden bräuchte.[15] Noch geringere Anforderungen an die Mitteilung gelten bei Maßnahmen außerhalb der Wohnung wie zum Beispiel bei dem Einbau eines Fahrstuhls.[16] Im Falle des Anschlusses an das Fernwärmenetz einer Stadt genügt sogar die bloße Mitteilung dieser Tatsache, weil sich bereits daraus die Einspa-rung von Primärenergie ergibt, ohne dass es zusätzlich erforderlich wäre, auf das Ausmaß der Einsparung im Einzelnen einzugehen.[17] Auch eine Wärmebedarfsrechnung dürfte (im vorliegenden Zusammenhang) in der Regel entbehrlich sein (str). **Ändert** der Vermieter später seine **Pläne**, soll zB anstatt der angekündigten Gaszentralheizung eine Ölzentral-

---

7 LG Berlin GE 1987, 1219, 1221; 1990, 765.
8 *Lammel* § 554 Rn 75.
9 *Palandt/Weidenkaff* § 554 Rn 26.
10 S *Staudinger* Rn 44ff; *Blank* PiG Bd 60 (2001) 79, 95; *Kinne* GE 2001, 1181, 1183f; *Sternel* PiG Bd 62 (2002) 89, 105ff.
11 LG Hamburg WuM 1990, 18; 1992, 121; LG Berlin GE 2010, 694.
12 Insbesondere BGH NZM 2011, 849 Tz 28 ff = WuM 2011, 677; KG GE 2007, 907; LG Berlin GE 2012, 605, 606; *Hinz* NZM 2012, 777, 778.
13 BGH NZM 2011, 849 Tz 30.
14 BGH NZM 2011, 849 Tz 32; *D Beyer* GE 2009, 944, 947 f.
15 KG GE 2007, 907; LG München I ZMR 2009, 453; LG Berlin GE 2001, 853; 2005, 915.
16 LG Hamburg ZMR 2009, 208.
17 LG Hamburg NZM 2006, 536 Nr 4.

Volker Emmerich

heizung eingebaut werden, so ist eine erneute Mitteilung erforderlich.[18] Um klarzustellen, dass derartige reduzierte Anforderungen an die Modernisierungsankündigung mit dem Gesetz vereinbar sind, hat das Mietrechtsreformgesetz von 2013 ausdrücklich hinzugefügt, dass Art und Umfang der Maßnahme nur **„in wesentlichen Zügen"** mitgeteilt werden müssen (§ 555c Abs 1 S 2 Nr 1).

4 **2.** Nach § 555c Abs 1 S 2 Nr 2 sind außerdem der voraussichtliche **Beginn und** die voraussichtliche **Dauer** der Maßnahmen mitzuteilen. Diese Angaben müssen so **genau** sein, **wie es** spätestens drei Monate vor Beginn der Maßnahmen **möglich** ist, so dass bloße ungefähre Angaben nicht genügen.[19] Jedoch sollte es ausreichen, wenn dem Mieter mitgeteilt wird, in welcher **Kalenderwoche** mit dem Beginn der Maßnahmen zu rechnen ist und bis zu welcher Kalenderwoche sie vermutlich dauern werden.[20] **Verzögern sich die Maßnahmen**, so ist eine erneute vollständige Mitteilung erforderlich,[21] außer wenn die Verzögerung allein auf der gerichtlichen Durchsetzung des Duldungsanspruchs des Vermieters beruht.[22] Bei **mehreren** getrennten **Gewerken** sind die genannten Angaben für jedes einzelne der verschiedenen Gewerke erforderlich.[23]

5 **3.** Mitzuteilen sind schließlich noch nach der Nr 3 des § 555c Abs 1 S 2 der Betrag der zu erwartenden **Mieterhöhung**, (nur) sofern eine Erhöhung nach § 559 verlangt werden soll, sowie die voraussichtlichen künftigen **Betriebskosten**. Diese beiden Posten bleiben freilich bei der Abwägung im Rahmen der Duldungspflicht außer Betracht und sind nur bei einer Mieterhöhung nach § 559 Abs 4 und 5 zu berücksichtigen (§ 555d Abs 2 S 2). Jedoch verschiebt sich die Fälligkeit der Mieterhöhung um sechs Monate, wenn die tatsächliche Mieterhöhung nach § 559 die angekündigte um mehr als 10 % übersteigt.

6 Eine Mieterhöhung ist nur mitzuteilen, wenn überhaupt eine Erhöhung nach § 559 verlangt werden soll (§ 555c Abs 1 S 2 Nr 3). Hinsichtlich der theoretisch immer möglichen Mieterhöhung nach **§ 558** besteht generell *keine* Ankündigungspflicht.[24] Davon zu unterscheiden ist der Fall, dass der Vermieter lediglich versäumt, auf die Mieterhöhung in der Modernisierungsankündigung hinzuweisen. In diesem Fall dürfte von § 559b Abs 2 Nr 1 auszugehen sein (bloße Verschiebung der Fälligkeit der Mieterhöhung um sechs Monate). Die Ankündigung der geplanten Mieterhöhung muß **so genau wie** spätestens drei Monate vor Beginn der Maßnahmen **möglich** sein; die Anforderungen der Praxis unter § 554 aF schwankten. In der Mehrzahl der Fälle wurde es *nicht* als ausreichend angesehen, wenn nur eine Spanne oder ein Prozentsatz genannt wird; vielmehr musste der **neue Endbetrag** der Miete möglichst genau **beziffert** werden, gegebenenfalls unter Hinzufügung des Betrags, um den sich der Endbetrag äußerstenfalls noch erhöhen oder ermäßigen kann.[25] Davon dürfte auch nach neuem Recht auszugehen sein, weil mit § 555c keine sachliche Änderung gegenüber der früheren Rechtslage bezweckt ist.

7 Neu ist das Erfordernis, dass in der Modernisierungsankündigung außerdem die voraussichtlichen künftigen **Betriebskosten** mitzuteilen sind. Die Frage war unter der

---

18 *Kinne* GE 2001, 1181, 1182.
19 LG Berlin ZMR 1999, 554; GE 2011. 1085; LG Hamburg WuM 1992, 121; 2005, 60; *Blank* PiG Bd 60 (2001) 79, 95; *Blümmel/Kinne* DWW 1988, 302; *Kinne* GE 2001, 1181, 1183f; *Sternel* PiG Bd 62 (2002) 89, 108f.
20 AG Berlin-Mitte GE 2004, 1234, 1235.
21 LG Berlin GE 1989, 415, 417.
22 LG Berlin GE 1994, 455.
23 AG Berlin-Mitte GE 2005, 1133; str.
24 BGH NJW 2008, 3630 = NZM 2008, 883 Tz 13, 15.
25 Vgl LG Fulda NJW-RR 1992, 658 f = WuM 1992, 243; *Kinne* GE 2001, 1181, 1184.

früheren Rechtslage umstritten, weil die Höhe der Betriebskosten wesentlich von dem Verhalten des Mieters, der nicht voraussehbaren Entwicklung der Energiepreise sowie einer Fülle weiterer weithin unbekannter Faktoren abhängt, so dass man wohl von dem Vermieter insoweit nur eine **grobe Schätzung** verlangen kann, die dem Mieter gewisse erste Anhaltspunkte von dem vermitteln soll, was auf ihn möglicherweise zukommt. Eine schuldhaft falsche Prognose macht den Vermieter jedoch **schadensersatzpflichtig**, vorausgesetzt, dass dem Mieter überhaupt ein Schaden entstanden ist, – woran es häufig fehlen wird (§§ 280 Abs 1, 249).

4. Eine **Erleichterung** der Anforderungen an eine Modernisierungsankündigung **8** ergibt sich aus der neuen Vorschrift des § 555c Abs 3. Danach kann der Vermieter in der Ankündigung für eine Modernisierungsmaßnahme nach § 555b Nr 1 und 2 insbesondere hinsichtlich der energetischen Qualität von Bauteilen auf allgemein anerkannte Pauschalwerte Bezug nehmen. Die Gesetzesverfasser haben diese eigenartige Regelung damit begründet, dass bei den genannten Maßnahmen grundsätzlich die **erstrebte Energieeinsparung** in der Ankündigung **genannt** werden müsse, deren Berechnung indessen häufig schwierig sei; deshalb solle der Vermieter befugt sein, auf allgemein anerkannte **Pauschalwerte** insbesondere für die Wärmedurchgangskoeffizienten in Regelwerken wie der Bekanntmachung des Bundesministers für Verkehr, Bau und Stadtentwicklung vom 30. Juli 2009 über „Regeln der Datenaufnahme und Datenverwendung im Wohngebäudebestand" Bezug zu nehmen.[26] –

In den Ausschussberatungen ist der Inhalt der Modernisierungsankündigung nach **8a** dem Vorbild des § 568 Abs 2 noch um einen **Hinweis auf Form und Frist des Härteeinwands** nach § 555d Abs 3 S. 1 erweitert worden. Bei einem Verstoß des Vermieters (nur) gegen diese Hinweispflicht entfällt lediglich die Frist des § 555d Abs 3 S. 1 für die Erhebung des Härteeinwands (§ 555d Abs 5 S. 1), wodurch die Rechtsstellung des Mieters verbessert werden sollte.

IV. Bagatellklausel

Die Pflicht des Vermieters zur Modernisierungsankündigung (o Rn 4 ff) *entfällt* nach **9** der Bagatellklausel des § 555c Abs 3 (= § 554 Abs 3 S 3 aF), wenn es sich um Maßnahmen handelt, die nur mit einer unerheblichen Einwirkung auf die Mietsache verbunden sind *und* nur zu einer unerheblichen Mieterhöhung führen. Beide Voraussetzungen müssen folglich zusammentreffen, wenn die Bagatellklausel eingreifen soll.[27] Eine **unerhebliche Einwirkung** auf die vermieteten Räume wird lediglich bei ganz unbedeutenden Maßnahmen angenommen, durch die der normale Lebensablauf in den Räumen des Mieters nicht nennenswert gestört wird. Beispiele sind der Einbau eines Wasserzählers mit einer Mieterhöhung von rund 3 €,[28] die bloße Auswechselung der Heizkörperventile,[29] der Einbau einer Klingelanlage,[30] der Anschluss der Wohnung an das Breitbandkabelnetz[31] sowie bloße Maßnahmen an der Fassade, dem Treppenhaus oder den Außenanlagen.[32] Hinzu

---

26 Begründung von 2012, 20 f; kritisch *Horst* MDR 2013, 189, 190; *Zehelein* WuM 2012, 418, 419.
27 LG Köln NZM 2005, 741, 742.
28 BGH NJW 2011, 1499 Tz 18 = NZM 2011, 358.
29 LG Berlin ZMR 1986, 444.
30 AG Charlottenburg GE 1989, 683.
31 AG Hamburg WuM 1990, 498f.
32 S o Fn 30; LG Köln NZM 2005, 741 und 742.

Volker Emmerich

kommen muss noch, dass mit der Maßnahme nur eine **unerhebliche Mieterhöhung** verbunden ist. Dies wird bereits verneint, wenn die Mieterhöhung relativ mehr als 5% der bisherigen Miete[33] oder absolut mehr als 5,– bis 10,– € beträgt.[34]

V. Abweichende Vereinbarungen

10   Nach § 555c Abs 5 sind von § 555c Abs 1 bis 4 zum Nachteil des Mieters abweichende Vereinbarungen unwirksam. Wieder durch Individualvereinbarung noch durch Formularvertrag kann somit im Voraus bei Modernisierungsmaßnahmen im Sinne des § 555b auf eine Modernisierungsankündigung entsprechend § 555c verzichtet werden. Ebenso wenig möglich ist eine Einschränkung der Anforderungen an eine Modernisierungsankündigung über den gesetzlichen Rahmen der Abs 1 bis 4 des § 555c hinaus. Das gilt freilich nur für die Wohnraummiete, während bei der **gewerblichen Raummiete** in jeder Hinsicht abweichende Vereinbarungen möglich sind (§ 578 Abs 2 S. 2; s schon o Rn. 1). Unbedenklich sind ferner auch bei der Wohnraummiete **Erweiterungen** der Mieterrechte, z.B. durch die Verlängerung der Ankündigungsfrist, durch strengere Formanforderungen an die Ankündigung sowie durch die Erweiterung der jeweils mitzuteilenden Tatsachen.

§ 555d
Duldung von Modernisierungsmaßnahmen, Ausschlussfrist

(1) Der Mieter hat eine Modernisierungsmaßnahme zu dulden.

(2) Eine Duldungspflicht nach Absatz 1 besteht nicht, wenn die Modernisierungsmaßnahme für den Mieter, seine Familie oder einen Angehörigen seines Haushalts eine Härte bedeuten würde, die auch unter Würdigung der berechtigten Interessen sowohl des Vermieters als auch anderer Mieter in dem Gebäude sowie von Belangen der Energieeinsparung und des Klimaschutzes nicht zu rechtfertigen ist. Die zu erwartende Mieterhöhung sowie die voraussichtlichen künftigen Betriebskosten bleiben bei der Abwägung im Rahmen der Duldungspflicht außer Betracht; sie sind nur nach § 559 Absatz 4 und 5 bei einer Mieterhöhung zu berücksichtigen.

(3) Der Mieter hat dem Vermieter Umstände, die eine Härte im Hinblick auf die Duldung oder die Mieterhöhung begründen, bis zum Ablauf des Monats, der auf den Zugang der Modernisierungsankündigung folgt, in Textform mitzuteilen. Der Lauf der Frist beginnt nur, wenn die Modernisierungsankündigung den Vorschriften des § 555c entspricht.

(4) Nach Ablauf der Frist sind Umstände, die eine Härte im Hinblick auf die Duldung oder die Mieterhöhung begründen, noch zu berücksichtigen, wenn der Mieter ohne Verschulden an der Einhaltung der Frist gehindert war und er dem Vermieter die Umstände sowie die Gründe der Verzögerung unverzüglich in Textform mitteilt. Umstände, die eine Härte im Hinblick auf die Mieterhöhung begründen, sind nur zu berücksichtigen, wenn sie spätestens bis zum Beginn der Modernisierungsmaßnahme mitgeteilt werden.

---

33 LG Berlin ZMR 1987, 337 = WuM 1987, 386; LG Detmold WuM 1990, 121; ebenso für die gewerbliche Miete LG Köln (vorige Fn).
34 LG Berlin (vorige Fn); AG Charlottenburg GE 1991, 255.

Volker Emmerich

(5) Hat der Vermieter in der Modernisierungsankündigung nicht auf die Form und die Frist des Härteeinwands hingewiesen (§ 555c Absatz 2), so bedarf die Mitteilung des Mieters nach Absatz 3 Satz 1 nicht der dort bestimmten Form und Frist. Absatz 4 Satz 2 gilt entsprechend.
> **(6) § 555a Absatz 3 gilt entsprechend.**
> **(7) Eine zum Nachteil des Mieters abweichende Vereinbarung ist unwirksam.**

I. Überblick

§ 555d regelt im Anschluss an § 554 Abs 2 aF die Pflicht des Mieters zur Duldung von **1** Modernisierungsmaßnahmen des Vermieters im Sinne des § 555b. Die Regelung gilt entsprechend für die gewerbliche Miete (§ 578 Abs 2 S. 2). Grundsatz ist ebenso wie früher die Duldungspflicht des Mieters (§ 555d Abs 1). Eine Ausnahme besteht nur unter den engen Voraussetzungen der Härteklausel des § 555d Abs 2 S. 1. Eine Neuerung gegenüber § 554 aF stellt insbesondere die Einführung verschiedener **Ausschlussfristen** für die Erhebung des Härteeinwands dar. Bezweckt ist damit, dem Vermieter möglichst schnell Klarheit darüber zu verschaffen, ob er die geplanten Modernisierungsmaßnahmen durchführen kann oder, möglicherweise sogar auf unbestimmte Zeit, aufschieben muss.

II. Duldungspflicht

Modernisierungsmaßnahmen iS des § 555b hat der Mieter nach § 555d Abs 1 grund- **2** sätzlich zu dulden. Etwas anderes gilt nach S 2 des § 555d Abs 2 nur dann, wenn die Maßnahme für ihn, seine Familie oder einen anderen Angehörigen seines Haushalts eine Härte bedeutete, die auch unter Würdigung der berechtigten Interessen sowohl des Vermieters als auch anderer Mieter in dem Gebäude sowie von Belangen der Energieeinsparung und des Klimaschutzes nicht zu rechtfertigen ist (Rn 4 ff). Bei der danach erforderlichen **Abwägung** waren früher nach S 3 des § 554 Abs 2 aF „insbesondere" die vorzunehmenden Arbeiten, die baulichen Folgen der Maßnahmen, vorausgegangene Aufwendungen des Mieters sowie die zu erwartende Erhöhung der Miete (s § 559) zu berücksichtigen. Diese Aufzählung von **Abwägungsgründen** ist im Jahre 2013 gestrichen worden, um die Norm

„sprachlich zu straffen"; eine sachliche Änderung der Regelung war damit jedoch nicht bezweckt, so dass die genannten Gründe – freilich mit einer wesentlichen Ausnahme – bei der Abwägung weiterhin zu beachten sind. Anders als früher bleiben jedoch die zu erwartende Mieterhöhung sowie die künftigen Betriebskosten hier außer Betracht; sie werden erst bei der Prüfung der Zumutbarkeit der Mieterhöhung nach § 559 Abs 4 unter bestimmten Voraussetzungen berücksichtigt (§ 555d Abs 2 S 2).

3   Der **Umfang** der Duldungspflicht ist derselbe wie bei den Erhaltungsmaßnahmen des § 555a Abs 1 (s o § 555a Rn 11f). Der Vermieter kann daher insbesondere auch Dritte, zB einen Architekten oder Handwerker **bevollmächtigen**, in seinem Namen die Duldung der Baumaßnahmen von dem Mieter zu verlangen.[1] Hat der Vermieter das Grundstück veräußert, so kann er den Käufer außerdem bereits vor dessen Eintragung im Grundbuch **ermächtigen**, von dem Mieter im eigenen Namen die Duldung der von ihm, dem Käufer geplanten Modernisierungsmaßnahmen zu fordern und den Duldungsanspruch notfalls durch Klage im Wege der Prozessstandschaft durchzusetzen.[2] In jedem Fall trifft den Vermieter aber weiterhin die Pflicht, für eine zügige Durchführung der Arbeiten im Interesse des Mieters zu sorgen (§§ 241 Abs 2, 242, 278, 280 Abs 1).[3] Eine **Mitwirkungspflicht** des Mieters wird auch hier nicht begründet.[4]

III. Härteeinwand

4   **1.** Die Duldungspflicht des Mieters (o Rn 2 f) gegenüber Modernisierungsmaßnahmen des Vermieters **entfällt** nach § 555d Abs 2 S 1 **nur, wenn** die fragliche Maßnahme für den Mieter, seine Familie oder einen anderen Angehörigen seines Haushalts (u Rn 5) eine **Härte** bedeutete, die auch unter Würdigung der berechtigten Interessen des Vermieters und anderer Mieter in dem Gebäude nicht zu rechtfertigen ist. Entscheidend ist mit anderen Worten, **ob die Duldung** der fraglichen Modernisierungsmaßnahmen für den Mieter oder die ihm gleichstehenden Personen ausnahmsweise **unzumutbar** ist. Diese Frage kann nur **aufgrund einer Interessenabwägung** im Einzelfall entschieden werden.[5] Seit 2013 fügt des Gesetz noch hinzu, dass bei der Abwägung auf der Seite des Vermieters die Belange der Energieeinsparung und des Klimaschutzes (Rn 7), nicht dagegen auf der Seite des Mieters die finanziellen Auswirkungen der fraglichen Maßnahmen in Gestalt einer Erhöhung der Miete nach § 559 oder der Betriebskosten zu berücksichtigen sind (§ 555d Abs 2 S 1 und 2 HS 1). Dagegen hatte das Gesetz früher noch ausgeführt, dass bei der Abwägung „insbesondere die vorzunehmenden Arbeiten, die baulichen Folgen (und) die vorausgegangenen Aufwendungen des Mieters" zu berücksichtigen sind (§ 554 Abs 2 S 3 aF). Diese Abwägungsgründe sind nach wie vor – trotz ihrer Streichung aus sprachlichen Gründen – zu berücksichtigen (Rn 3). Die **Beweislast** für das Vorliegen der maßgeblichen Umstände trägt der Mieter (Rn 20).

5   **2.** Auszugehen ist bei der Interessenabwägung (o Rn 4) nach § 555d Abs 2 S 1 von den **Interessen des Vermieters**, denen bei einer Wohnungseigentumsanlage die der anderen Wohnungseigentümer gleichstehen. Gemeint ist das von der Rechtsordnung mit

---

1 BGH NJW 2008, 1218 = NZM 2008, 283, 285 Tz 26.
2 BGH NJW 2008, 1218 = NZM 2008, 283, 285 Tz 13, 26; *Horst* ZMR 2009, 655, 660.
3 BGH NJW 2008, 1218 = NZM 2008, 283, 285 Tz 28.
4 S § 555a Rn 10.
5 BGH NJW 2008, 3630 Tz 30ff; KG OLGZ 1981, 462 = NJW 1981, 2307; WuM 1982, 298 = ZMR 1982, 318; WuM 1983, 128; 2011, 225 Tz 16; NJW 2013, 229 Tz 25 ff.

§ 555b, 555d und § 559 prinzipiell als förderungswürdig anerkannte Interesse des Vermieters (und der anderen Eigentümer) an der Verbesserung der von ihnen am Markt angebotenen Räume, um wettbewerbsfähig zu bleiben;[6] ausgenommen ist lediglich das bloße Interesse des Vermieters an einer Mieterhöhung. Nach § 555d Abs 2 S 1 sollen auf der Seite des **Vermieters** außerdem die **Interessen anderer Mieter** (nur) desselben Gebäudes zu berücksichtigen sein. Die Bedeutung dieser Regelung beschränkt sich darauf sicherzustellen, dass bei der ohnehin erforderlichen Interessenabwägung (in Ausnahmefällen) auch die Interessen der anderen Mieter Berücksichtigung finden, und zwar zugunsten des *Vermieters*.

Auf der **Seite des Mieters** sind neben seinen eigenen Interessen nach § 555d Abs 2 S 1 **6** auch die **Interessen seiner Familie** sowie die anderer **Angehöriger** seines Haushalts zu berücksichtigen. Gemeint sind damit alle ihm nahe stehenden Personen, die zusammen mit ihm einen Hausstand in der fraglichen Wohnung bilden, in erster Linie also die Partner nichtehelicher Lebensgemeinschaften, Pflegekinder oder die Kinder des „Lebenspartners" (vgl auch § 16 Abs 2 WoFG).[7] Nicht erforderlich ist, dass die genannten Personen dauerhaft dem Haushalt des Mieters angehören, so dass hier (ausnahmsweise) auch die Interessen der **Mitarbeiter** des Mieters oder **häufiger Besucher** Berücksichtigung finden können.[8]

Die bei der Interessenabwägung zu berücksichtigenden Umstände beschränken sich **7** seit der Reform von 2013 nicht mehr auf die Interessen der genannten Personen auf der Seite des Vermieters und des Mieters, sondern umfassen heute nach der neuen Vorschrift des § 555d Abs 2 S 1 auch bestimmte **öffentliche Interessen**, nämlich (nur) die Belange der **Energieeinsparung** und des **Klimaschutzes**. Das ist in einer privatrechtlichen Vorschrift, die das Verhältnis zwischen gleichberechtigten Vertragspartnern regelt, ein nur schwer zu rechtfertigender **Systembruch**, der zudem das Ergebnis der jeweiligen Interessenabwägung nahezu unvoraussehbar macht. Aus der Regelung darf daher nicht ein genereller Vorrang energiesparender Maßnahmen gefolgert werden.

3. Statt der problematischen öffentlichen Belange (Rn 7) zählte **§ 554 Abs 2 S 2 aF** **8** früher noch die wichtigsten auf der Seite des Mieters zu berücksichtigenden Abwägungsgründe auf. Es waren dies (neben der Mieterhöhung) „insbesondere" die vorzunehmenden Arbeiten, die baulichen Folgen sowie die vorausgegangenen Aufwendungen des Mieters. Wie schon ausgeführt (Rn 4), ist die Aufzählung lediglich aus sprachlichen Gründen gestrichen worden, jedoch der Sache nach nach wie vor zu berücksichtigen. **Weitere Abwägungsgründe** sind deshalb mit von Fall zu Fall unterschiedlichem Gewicht das Alter und der Gesundheitszustand des Mieters, dessen Belastung durch besondere Umstände oder ein unmittelbar bevorstehender Umzug des Mieters, der es rechtfertigen kann, den Beginn der Modernisierungsarbeiten kurzfristig aufzuschieben[9] sowie bei einer freiberuflichen Praxis (§ 578 Abs 2 S 2) eine existenzbedrohende Situation, weil infolge der umfangreichen Modernisierungsmaßnahmen die Praxis längere Zeit völlig geschlossen werden muss, so dass ein Verlust sämtlicher Mandanten droht.[10] Eine Duldungspflicht des Mieters ist ferner zB zu verneinen, wenn die vom Vermieter beauftragten Handwerker für ihn nicht zumutbar sind, etwa, weil er ihnen zuvor nach einem Streit ein Hausverbot

---

6 BGH NJW 2005, 2995, 2996 = NZM 2005, 697
7 S die Begr zum RegE BT-Drucks 14/4553, S 37, 49.
8 *Sternel* PiG Bd 62 (2002) 89, 101f = NZM 2001, 1058.
9 S KG WuW 1985, 248, 250; *Degen* WuM 1983, 278; *Sternel* NZM 2001, 1058.
10 BGH NJW 2013, 229 Tz 25 ff = NZM 2013, 122.

　　　　　　　　　　　　　　　　　　　　　　　Volker Emmerich

erteilt hat.[11] Als grundsätzlich **zumutbar** gilt dagegen der **Anschluss an das Breitband-kabelnetz**[12] sowie der Anschluss an ein aus Anlagen der Kraft-Wärme-Koppelung gespeistes **Fernwärmenetz.**[13]

9   Die Duldungspflicht des Mieters kann ferner wegen der **mit** den vorzunehmenden **Arbeiten verbundenen Beeinträchtigungen** für ihn oder die gleichstehenden Personen (o Rn 6) entfallen (§ 554 Abs 2 S 3 aF). Hier ist in erster Linie zu prüfen, ob infolge der Beeinträchtigungen, die mit der Art und Weise, der Dauer, dem Umfang und dem Ort der Arbeiten verbunden sind, die Durchführung der Maßnahmen für den Mieter oder seine Angehörigen eine **nicht mehr hinnehmbare Härte** darstellte, etwa, weil infolge der zu erwartenden Verschmutzung oder des Baulärms die **erhebliche Verschlimmerung einer Erkrankung** des Mieters oder einer der anderen genannten Personen ernsthaft zu befürchten ist und diesen auch ein vorübergehender anderweitiger Aufenthalt nicht zugemutet werden kann.[14]

10   Bei der Interessenabwägung mussten früher nach § 554 Abs 2 S 3 aF weiter die **baulichen Auswirkungen der Modernisierungsmaßnahme** berücksichtigt werden. Daran hat sich in der Sache nichts geändert. Die Auswirkungen stellen zB dann eine besondere Härte für den Mieter oder seine Familie dar, wenn die Wohnfläche,[15] die Zahl der Räume oder die Raumeinteilung[16] so verändert werden, dass die Wohnung fortan den Bedürfnissen des Mieters nicht mehr gerecht wird.[17] Zu berücksichtigen sind ferner die Auswirkungen der Modernisierungsmaßnahmen auf **vorausgegangene Aufwendungen** des Mieters. Insoweit kommt es vor allem darauf an, ob der Vermieter den Maßnahmen des Mieters zugestimmt hatte, welches Gewicht sie hatten und ob sie inzwischen abgewohnt sind, wobei idR ein Betrag in Höhe einer Jahresmiete als in vier Jahren abgewohnt gilt.[18]

IV. Ausschlussfrist

11   Nach § 555d Abs 3 S. 1 hat der Mieter dem Vermieter Umstände, auf die er einen Härteeinwand stützen will, bis zum Ablauf des Monats, der auf den Zugang der Modernisierungsankündigung folgt, in Textform mitzuteilen. Der Lauf der Ausschlussfrist beginnt jedoch nur, wenn die Modernisierungsankündigung des Vermieters dem § 555c entspricht (§ 555d Abs 3 S 1). Versäumt der Mieter diese Frist, so ist er mit neuen persönlichen oder sachlichen Härteeinwänden grundsätzlich ausgeschlossen; anders verhält es sich nur, wenn er ohne Verschulden an der Einhaltung der Frist gehindert war *und* er dem Vermieter die Umstände, d.h. den neuen Härteeinwand sowie die Gründe der Verzögerung unverzüglich mitteilt. Die Ausschlussfrist des § 555d Abs 3 S. 1 **beginnt** mit Zugang der ordnungsgemäßen, d.h. dem § 555c entsprechenden Modernisierungsankündigung und **endet** mit Ablauf des auf den Zugang der Ankündigung folgenden Monats, bei einem Zugang der Ankündigung im Januar also Ende Februar. Die Frist ist **gewahrt**, wenn der Mieter innerhalb dieser Frist dem Vermieter die Gründe mitteilt, auf die er einen Härteeinwand nach § 555d Abs 3 stützen will; erforderlich ist der **Zugang** der Mitteilung zumindest in Text-

---

11 AG Hamburg-Blankenese ZMR 2007, 866, 868.
12 BGH NJW 2005, 2995, 2997 [r Sp o unter III] = NZM 2005, 697.
13 BGH NJW 2008, 3630 = NZM 2008, 883, 885 Tz 30 ff.
14 BVerfG WuM 1992, 106, 107.
15 LG Frankfurt WuM 1986, 138.
16 LG Hamburg WuM 1989, 174.
17 S o Rn 10; LG Berlin GE 1990, 255; *Emmerich* PiG Bd 33 (1991) 55, 63f.
18 LG Berlin NZM 1999, 1036 = ZMR 1999, 554, 555; *Sternel* PiG Bd 62 (2002) 89, 102f = NZM 2001, 1058.

form (§ 126b) *vor Ablauf* der Frist bei dem Vermieter (§ 130), in dem Beispiel also bis zum 28. Februar 24 Uhr. Es spielt keine Rolle, ob der Mieter die Mitteilung in einem einzigen Schreiben vornimmt oder auf mehrere Schreiben aufteilt.

Entspricht die **Modernisierungsankündigung** nicht den Anforderungen des § 555c, **12** so **beginnt** die Ausschlussfrist *nicht* zu laufen, so dass der Mieter auch noch später, und zwar selbst noch nach Beginn der Modernisierungsmaßnahme einen Härteeinwand vorbringen kann. Dasselbe gilt (erst recht), wenn der Vermieter ganz auf eine A**nkündigung verzichtet** und sofort mit Modernisierungsmaßnahmen beginnt. Anders verhält es sich nur, wenn sich der Mieter gegen die Zumutbarkeit der **Mieterhöhung** nach § 559 wendet. Ein darauf gestützter Härteeinwand muss wohl in jedem Fall, also auch, wenn die Modernisierungsankündigung nicht dem § 555c entspricht, bis zum Beginn der Maßnahme dem Vermieter mitgeteilt werden; danach ist der Mieter (nur) mit einem auf die Mieterhöhung gestützten Härteeinwand präkludiert, selbst wenn die Modernisierungsankündigung nicht dem § 555c entsprach oder sogar ganz fehlte (str). In den zuletzt genannten Fall muss dem Mieter aber auf jeden Fall eine **Überlegungsfrist** zugebilligt werden (§ 242); der Vermieter kann dem Mieter nicht durch einen überfallartigen Beginn der Modernisierungsmaßnahmen den auf die zu erwartende Mieterhöhung gestützten Härteeinwand abschneiden.[19] Unklar wird häufig zudem sein, wann von einem „**Beginn**" der Modernisierungsmaßnahmen im Sinne des § 555d Abs 4 S 2 überhaupt die Rede sein kann; klar ist nur, dass bloße Vorbereitungsmaßnahmen nicht genügen; entscheidend ist vielmehr der Zeitpunkt, zu dem erstmals der Mietgebrauch durch die Maßnahmen des Vermieters spürbar tangiert wird.

Nach Fristablauf ist eine neuer Härteeinwand nur dann noch möglich, wenn der **13** Mieter **ohne Verschulden** (§ 276) an der Einhaltung der Frist **gehindert** war und er die Mitteilung der neuen Abwägungsgründe für den Härteeinwand unverzüglich, d.h. ohne schuldhaftes Zögern, in Textform nachholt (§§ 555d Abs 4 S 1, 121 Abs 1 S 1 und 126b). Paradigma ist eine **schwere Erkrankung** des Mieters *nach* Fristablauf, nach der Meinung der Gesetzesverfasser freilich mit Rücksicht auf die jetzt besonders gewichtigen Interessen des Vermieters an der Durchführung der unmittelbar bevorstehenden oder bereits begonnenen Maßnahmen nur noch, wenn Leben oder Gesundheit des Mieters oder der ihm gleichstehenden Personen (Rn 6) konkret gefährdet sind. Die Regelung ist § 556 Abs 3 S 6 nachgebildet. Für die Frage, wann der Mieter die Fristversäumnis nicht zu vertreten hat, kann daher auf die Ausführungen zu der genannten Vorschrift verwiesen werden (§ 556 Rn 79ff). Besonderheiten gelten ferner bei einer Verletzung der **Hinweispflicht** des Vermieters aus § 555c Abs 2. Nach dieser Vorschrift soll der Vermieter den Mieter in der Modernisierungsankündigung auf die Form und die Frist des Härteeinwands nach § 555d Abs 3 S 1 hinweisen (s § 555c Rn 8a). Bei einem **Verstoß** des Vermieters gegen diese Hinweispflicht oder besser: Obliegenheit finden die Ausschlussfrist und die Formvorschrift des § 555d Abs 3 S 1 keine Anwendung (§ 555d Abs 5 S 1). Dies bedeutet, dass ein Härteeinwand auch noch *nach* Fristablauf und zudem *formlos* möglich ist. Es bleibt aber bei der Anwendung des § 555d Abs 4 S 2 für einen speziell auf die drohende Mieterhöhung gestützten Härteeinwand; er ist im jeden Fall nur bis zum Beginn der Modernisierungsmaßnahme möglich (§ 555d Abs 5 S 2 i.V.m. Abs 4 S 2).

---

19 S *Hinz* NZM 2012, 777, 784.

V. Aufwendungsersatz

14   Nach Abs 6 des § 555d gilt § 555a Abs 3 entsprechend. Die zuletzt genannte Vorschrift bestimmt, dass der Vermieter Aufwendungen, die der Mieter infolge einer Erhaltungsmaßnahme machen muss, in angemessenem Umfang zu ersetzen hat; auf Verlangen des Mieters hat der Vermieter außerdem Vorschuss zu leisten (s § 555a Rn. 14). Die Pflicht des Vermieters zum Aufwendungsersatz und zur Vorschussleistung besteht folglich auch, wenn der Mieter Modernisierungsmaßnahmen im Sinne des § 555b nach § 555d Abs 1 dulden muss. Die Regelung entspricht dem früheren § 554 Abs 4. Sie ist entsprechend anzuwenden, wenn sich der Mieter auf Wunsch des Vermieters über das Gesetz hinaus zur Duldung weiterer Maßnahmen verpflichtet.[20]

15   **Aufwendungen** sind freiwillige Vermögensopfer, die der Mieter erbringt, um den Störungen im Mietgebrauch durch die Modernisierungsmaßnahmen zu begegnen oder damit verbundene Nachteile abzuwenden. Voraussetzung für die Ersatzfähigkeit solcher Aufwendungen ist nur, daß sie gerade **durch** die fraglichen **Maßnahmen veranlasst** sind; Die Aufwendungen müssen mit anderen Worten im Zusammenhang mit der Erfüllung der Duldungspflicht des Mieters entstehen.[21] Aufwendungen z.B. für einen **Umzug**, die dem Mieter dadurch entstehen, dass er wegen der Modernisierungsmaßnahmen kündigt (§§ 543 Abs 2 Nr 1, 555e), gehören folglich nicht hierher; jedoch kann der Mieter dafür gegebenenfalls Schadensersatz nach § 536a Abs 1 Fall 2 verlangen.[22] Die nötige **Kausalität** zwischen der Duldungspflicht des Mieters und dessen Aufwendungen fehlt ferner, wenn es sich um Schönheitsreparaturen handelt *und* diese ohnehin fällig waren. Hinzu kommen muss noch, dass die Aufwendungen des Mieters **angemessen**, d.h. objektiv erforderlich und nach der Art der Arbeiten des Vermieters und dem Lebenszuschnitt des Mieters wirtschaftlich vernünftig und vertretbar sind; ein übertriebener Aufwand auf Kosten des Vermieters ist dem Mieter durch § 555d Abs 6 nicht gestattet.[23] § 555d Abs 6 hat insoweit den Vorrang vor § 536a Abs 2. **Beispiele** sind die Kosten für die vorübergehende Unterbringung in einem Hotel oder Pflegeheim abzüglich der ersparten Unterhaltskosten,[24] die Kosten für die vorübergehende Auslagerung der Möbel, für die Erneuerung und für die Änderung der Dekoration,[25] und zwar ohne Rücksicht darauf, ob der Mieter die Schönheitsreparaturen übernommen hat oder nicht,[26] sowie die Kosten der Reinigung der Räume[27] oder neuer Möbelstücke.[28] Führt der Mieter die erforderlich gewordenen Arbeiten selbst durch, so kann er auch Ersatz für die eigene **Arbeitsleistung** verlangen, soweit es sich nicht um geringfügige Leistungen handelte, die ihm ohne weiteres zumutbar sind (§ 242).[29] Die Aufwendungen des Mieters sind mit 4 % jährlich zu **verzinsen** (§§ 246, 256). Der Aufwendungsersatzanspruch des Mieters unterliegt der kurzen **Verjährungsfrist** des § 548 Abs 2.[30] Wenn der Mieter vorübergehend eine ihm vom Vermieter angebotene **Ersatzwohnung** bezieht, kommt nach dem Gesagten nicht etwa ein neuer zweiter Mietvertrag zustande; es handelt sich vielmehr weiter um den

---

20   BGH WuM 2010, 565 Tz 8 f.
21   BGH WuM 2013, 37 Tz 18 = NJW 2013, 223 = NZM 2013, 122.
22   BGH WuM 2010, 565 Tz 10; WuM 2013, 37 Tz 220 f = NJW 2013, 223 = NZM 2013, 122.
23   LG Hamburg ZMR 2011, 638; AG Dortmund NZM 2005, 664 = WuM 2006, 94, 95; AG Frankfurt ZMR 2010, 861; AG Hamburg-Harburg ZMR 2011, 300f; *Blank* PiG Bd 60 (2001) 79, 99f.
24   OLG Köln WuM 1995, 151; AG Hamburg-St Georg WuM 2007, 262; AG Hamburg-Harburg (vorige Fn).
25   LG Essen WuM 1981, 87.
26   OLG Nürnberg WuM 1993, 122, 123; LG Hamburg WuM 1993, 399.
27   LG Hamburg WuM 1987, 386.
28   LG Essen WuM 1981, 87.
29   LG Hamburg WuM 1987, 386; AG Braunschweig WuM 1990, 340.
30   S o § 548 Rn 11; anders *Lammel* § 554 Rn 90.

einen einheitlichen Mietvertrag.[31] Die Beweislast für das Gegenteil, d.h. für den Abschluss eines neuen Mietvertrages, trägt der Vermieter.[32]

Vor Durchführung der Verbesserungsmaßnahmen kann der Mieter für seine voraus- **16** sichtlichen Aufwendungen, zB für die Anmietung von Lagerraum, vom Vermieter einen **Vorschuss** verlangen (§ 555d Abs 6 iVm § 555a Abs 3 S 2). Solange der Vermieter diesen Vorschuss nicht geleistet hat, hat der Mieter ein **Zurückbehaltungsrecht** (§ 273 Abs 1). Nach Abschluss der Maßnahmen muss der Mieter über den Vorschuss abrechnen.[33] Der vom Vermieter geleistete Aufwendungsersatz gehört nach dem BGH zu den Modernisierungskosten iS des § 559 (s § 559 Rn 10).

VI. Abweichende Vereinbarungen

Nach **§ 555d Abs 7** (= § 554 Abs 5 aF) ist eine zum Nachteil des Mieters von den **Abs 1** **17** **bis 6** der Vorschrift abweichende Vereinbarung unwirksam. Das gilt jedoch **nur für** die **Wohnraummiete**, während bei der sonstigen Raummiete abweichende Vereinbarungen zulässig bleiben (§ 578 Abs 2 S 1). § 555d Abs 7 bedeutet in erster Linie, dass bei der Wohnraummiete iS des § 549 die **Duldungspflicht** des Mieters **weder einzelvertraglich noch durch Formularvertrag im voraus** über den Rahmen des § 555d Abs 2 und 6 hinaus **erweitert** werden kann. Dadurch soll verhindert werden, dass (nur) der *Abschluss* eines Mietvertrages von der Zustimmung des Mieters zu bestimmten Modernisierungsmaßnahmen abhängig gemacht werden kann (Rn 18). Weder individualvertraglich noch durch Formularvertrag kann daher zB eine **generelle Duldungspflicht** des Mieters gegenüber bestimmten Verbesserungsmaßnahmen wie etwa dem Anschluss an das Kabelfernsehnetz eingeführt werden, da es bei § 555d Abs 2 immer auf eine Interessenabwägung *im Einzelfall* ankommt.[34] Unzulässig ist ferner eine vertragliche Einschränkung des Aufwendungsersatzanspruchs des Mieters (§ 555d Abs 6).[35]

Unbedenklich ist eine vertragliche **Erweiterung der Mieterrechte**, zB durch eine **18** Beschränkung der Duldungspflicht oder der Mieterhöhung über das Gesetz hinaus. Derartige Abreden sind auch konkludent oder durch Formularvertrag möglich, wobei indessen Zurückhaltung geboten ist, weil der Vermieter durch sie erheblich belastet wird.[36] Unabhängig von § 555d steht es dem Mieter außerdem jederzeit frei, **im Einzelfall** einer bestimmten Maßnahme des Vermieters **zuzustimmen**, selbst wenn die Voraussetzungen des § 555d nicht erfüllt sind (§ 311 Abs 1), so dass der Vermieter dann auch zur Mieterhöhung nach § 559 berechtigt ist, sofern nicht die Parteien ausdrücklich etwas anderes vereinbaren (§ 557 Abs 3).[37]

VII. Prozessuales

1. Der Duldungsanspruch des **Vermieters** kann grundsätzlich nur durch Klage, **nicht** **19** durch **einstweilige Verfügung** durchgesetzt werden (§§ 935, 940 ZPO). Eine abweichende

---

31 BGH WuM 2010, 565 Tz 11; WuM 2013, 165, 167 f Tz 15, 20 ff = NZM 2013; OLG Köln WuM 1995, 151.
32 BGH WuM 2013, 165, 167 f Tz 15, 20 ff = NZM 2013.
33 *Blank* PiG Bd 60 (2001) 79, 99f.
34 BGH LM Nr 4 zu § 9 [Ca] AGBG = NJW 1991, 1750, 1754; OLG Celle WuM 1990, 103, 106 f; OLG Frankfurt WuM 1992, 56, 59 f.
35 LG Berlin GE 1986, 609 = MDR 1986, 589; LG Stuttgart WuM 1987, 252; AG Kassel WuM 2012, 552, 553.
36 BGH ZIP 2008, 116 Tz 5; NJW 2008, 1218 Tz 17 ff; KG WuM 2009, 39; LG Hamburg ZMR 2007, 455; LG Berlin GE 2011, 57.
37 KG NJW-RR 1988, 1420 = ZMR 1988, 422.

Beurteilung ist nur in Fällen dringender Gefahr für Leben oder Gesundheit von Menschen oder für erhebliche Sachwerte möglich, die anders nicht abgewendet werden kann.[38] Anders ist die Rechtslage auf der Seite des **Mieters**. Wenn Erhaltungs- oder Modernisierungsmaßnahmen drohen, die der Mieter nicht dulden will oder bei denen der Vermieter seiner Mitteilungspflicht nicht nachgekommen ist, ist er nicht auf die Unterlassungsklage beschränkt, sondern kann, Eilbedürftigkeit vorausgesetzt, auch den Erlass einer einstweiligen Verfügung beantragen, sofern der Mieter im Besitz gestört wird und der Vermieter keinen Duldungstitel hat; der Anspruch aus § 555d begründet kein Eingriffsrecht (§§ 858, 862, 864).[39] Anders nur bei Maßnahmen außerhalb der Wohnung des Mieters, durch die dieser allenfalls marginal beeinträchtigt werden kann.[40]

20   **2.** Die **Beweislast** für die Voraussetzungen des Duldungsanspruchs trägt der **Vermieter**.[41] Der **Mieter** muss dagegen beweisen, dass die Duldung der Verbesserungsmaßnahmen ausnahmsweise für ihn oder seine Familie eine nicht zu rechtfertigende **Härte** bedeutete (§ 554 Abs 2 S 2 und 3).[42] Er trägt außerdem die Beweislast für etwaige **Gegenrechte** einschließlich eines Aufwendungs- oder Schadensersatzanspruches.[43]

21   **3.** Der **Streitwert** einer Klage des Vermieters auf Duldung von Modernisierungsmaßnahmen **(§ 555d)** berechnet sich nach der dadurch ermöglichten Mieterhöhung, nicht nach den Kosten der Maßnahme (§ 3 ZPO).[44] Umstritten ist, ob dabei von dem einfachen oder dem dreifachen Jahresbetrag der etwaigen Mieterhöhung auszugehen ist.[45] Richtig dürfte es sein, hier unter entsprechender Anwendung des § 41 GKG von dem **einfachen** Jahresbetrag auszugehen.[46]

§ 555e

Sonderkündigungsrecht des Mieters bei Modernisierungsmaßnahmen

(1) Nach Zugang der Modernisierungsankündigung kann der Mieter das Mietverhältnis außerordentlich zum Ablauf des übernächsten Monats kündigen. Die Kündigung muss bis zum Ablauf des Monats erfolgen, der auf den Zugang der Modernisierungsankündigung folgt.
(2) § 555c Absatz 4 gilt entsprechend.
(3) Eine zum Nachteil des Mieters abweichende Vereinbarung ist unwirksam.

---

38 LG Frankfurt WuM 1993, 418, 419; LG Berlin GE 1997, 245.
39 LG Hamburg ZMR 2010, 530; LG Berlin NZM 2012, 859; 2013, 465; WuM 2012, 554; sehr str, s *Staudinger* Rn 27f.
40 LG Hamburg ZMR 2009, 208, 209.
41 LG Essen ZMR 1983, 131, 132 = WuM 1983, 139, 140; AG Neukölln WuM 1985, 262.
42 BGH NJW 2008, 1218 Tz 16.
43 BGH LM Nr 27 zu § 138 ZPO = NJW 1990, 453, 454.
44 LG Mannheim WuM 1976, 131f.
45 Für den **einfachen** Jahresbetrag LG Hannover WuM 1989, 433; LG Hamburg 1993, 570; LG Köln WuM 1991, 563; LG Berlin GE 1995, 563, 565; für den **dreifachen** Betrag LG Hamburg WuM 1987, 61; LG Berlin ZMR 1985, 343; WuM 1989, 433; 1995, 547f; GE 1991, 151; 1996, 129f; NZM 1998, 304; LG Hildesheim WuM 1989, 579; LG Fulda WuM 1992, 243f.
46 KG WuM 2010, 46.

I. Sonderkündigungsrecht

Nach § 555e Abs 1 S. 1 (= § 554 Abs 3 S 2, 3 aF) kann der Mieter das Mietverhältnis 1
nach Zugang einer Modernisierungsankündigung außerordentlich zum Ablauf des übernächsten Monats kündigen; jedoch muss die Kündigung nach S 2 der Vorschrift bis zum
Ablauf des Monats erfolgen, der auf den Zugang der Ankündigung folgt. Eine Ausnahme
gilt lediglich unter den Voraussetzungen der **Bagatellklausel** des § 555c Abs 4 nach § 555e
Abs 2, d.h. im Falle von Modernisierungsmaßnahmen, die nur mit einer unerheblichen
Einwirkung auf die Mietsache verbunden sind und nur zu einer unerheblichen Mieterhöhung führen (s dazu schon o § 555c Rn 9). § 555e findet auch auf die gewerbliche Raummiete Anwendung (§ 578 Abs 2 S. 1). Anders als bei der Wohnraummiete (§ 555e Abs 3) ist
die Regelung jedoch bei der gewerblichen Raummiete nicht zwingend. Dem Mieter wird
durch das **Sonderkündigungsrecht** die Möglichkeit eröffnet, sich kurzfristig aus dem
Mietverhältnis zu lösen, wenn er die Modernisierungsmaßnahmen an sich dulden müsste,
das Mietverhältnis jedoch unter diesen Umständen nicht fortsetzen möchte. Das Kündigungsrecht ist deshalb unabhängig davon, ob der Mietvertrag auf bestimmte oder unbestimmte Zeit eingegangen ist oder ob durch den Vertrag das Kündigungsrecht des Mieters
sonst ausgeschlossen ist.

Das Kündigungsrecht kann **nur bis** zu dem **Ablauf desjenigen Monats, der auf den** 2
Zugang der Modernisierungsankündigung nach § 555c **folgt,** ausgeübt werden (§ 555e
Abs 1 S 2). Die Kündigung wird dann mit Ablauf des folgenden Monats wirksam (§ 555e
Abs 1 S 1).[1] Die Kündigungsfrist korrespondiert mit der Frist des § 559b Abs 2 S 1 für die
Fälligkeit der erhöhten Miete aufgrund des § 559 im Falle einer Modernisierung.

Obwohl das Gesetz hierüber schweigt, muss das Kündigungsrecht auch dann eingrei- 3
fen, wenn der Vermieter seiner **Mitteilungspflicht nicht nachgekommen** ist oder wenn
der Mieter an sich **nicht zur Duldung** der fraglichen Maßnahmen **verpflichtet** ist; die
Kündigungsfrist beginnt in diesem Fall mit dem Zeitpunkt, in dem der Mieter von der Aufnahme der Arbeiten Kenntnis erhält.[2] Häufig wird sich in diesen Fällen ein Kündigungsrecht des Mieters **außerdem** aus **§ 543 Abs 2 Nr 1** ergeben (s u Rn 7).

Macht der Mieter von seinem Sonderkündigungsrecht Gebrauch, so darf der Vermieter 4
mit der Durchführung der **Modernisierungsmaßnahmen nicht vor Ablauf** der Mietzeit
beginnen (s § 541b Abs 2 S 3 aF). Damit ist zugleich gesagt, dass etwaige **Umzugskosten**
des Mieters, der von seinem Sonderkündigungsrecht Gebrauch gemacht hat, nicht auf der
Duldung der (noch gar nicht begonnenen) Modernisierungsmaßnahmen beruhen können,
so dass der Mieter für sie auch *keinen* Aufwendungsersatz nach § 555d Abs 6 verlangen
kann (§ 555d Rn 14). Anders aber, wenn der Mieter nur vorübergehend während der Baumaßnahmen unter Fortbestand des Vertrages in andere Räume zieht.[3]

Nach § 555e Abs 3 ist eine zum Nachteil des Mieters von § 555e **abweichende Ver-** 5
einbarung unwirksam. Weder durch Individualvereinbarung noch durch Formularvertrag
kann somit das Sonderkündigungsrecht des Mieters *im Voraus* bereits bei Abschluss des
Vertrages eingeschränkt oder ausgeschlossen werden. *Nach Vertragsschluss* sind dagegen
entsprechende Abreden unbedenklich möglich (§§ 311 Abs 1, 555f).

---

1 *Sternel* PiG 62 [2002] 89, 110 = NZM 2001, 1058.
2 LG Essen WuM 1990, 513; *Blank* PiG 60 [2001] 79, 98.
3 BGH WuM 2010, 565 Tz 11.

Volker Emmerich

II. Weitere Mieterrechte

6 § 555e lässt die **§§ 535 ff unberührt.** Die Duldungspflicht des Mieters gegenüber Modernisierungsmaßnahmen des Vermieters ändert insbesondere nichts an der **Erhaltungspflicht des Vermieters** (§ 535 Abs 2 S 1), so dass dieser verpflichtet bleibt, nach Durchführung der Modernisierungsmaßnahmen die hiermit verbundenen Beeinträchtigungen des vertragsgemäßen Gebrauchs des Mieters wieder zu beseitigen.[4] Der Anspruch ist sofort fällig (§ 271) und unabhängig davon, ob der Mieter die Schönheitsreparaturen übernommen hat oder nicht. § 555e ändert ferner nichts an dem **Minderungsrecht** des Mieters (§ 536).[5] Etwas anderes gilt lediglich in den Fällen des § 555b Nr 1 und 2 (§ 536 Abs 1a).

7 Offen ist, ob der Mieter, der Modernisierungsmaßnahmen nach § 555d dulden muss, **Schadensersatz** nach § 536a Abs 1 Fall 2 verlangen kann. Die Frage ist jedenfalls zu bejahen, wenn der Mieter durch die **mangelhafte oder verspätete Ausführung** der Arbeiten geschädigt wird (§§ 280, 276, 278).[6] Aber auch wenn dem Vermieter keine Pflichtverletzung bei der Ausführung der Maßnahmen vorzuwerfen ist, liegen die Voraussetzungen für einen Schadensersatzanspruch nach § 536a Abs 1 Fall 2 vor, weil die Modernisierungsmaßnahmen ebenso wie die von ihnen ausgehende Schädigung des Mieters **in jedem Fall vom Vermieter zu vertreten** sind (§ 276).[7] Schließlich kann der Mieter noch nach **§ 543 Abs 2 Nr 1** kündigen; sein Sonderkündigungsrecht aufgrund des § 555e schließt die Anwendung des § 543 Abs 2 Nr 1 nicht aus.[8] Dasselbe gilt (erst recht), wenn der Vermieter durch den unmittelbar bevorstehenden Beginn von Modernisierungsmaßnahmen, die der Mieter an sich nicht zu dulden braucht, den Mieter zur Kündigung nach § 543 Abs 2 Nr 1 veranlasst; für den Schaden, der dem Mieter durch solche Kündigungen entsteht, kann er auf jeden Fall nach § 536a Abs 1 Fall 2 Schadensersatz verlangen.[9]

§ 555f
Vereinbarungen über Erhaltungs- und Modernisierungsmaßnahmen

Die Vertragsparteien können nach Abschluss des Mietvertrages aus Anlass von Erhaltungs- oder Modernisierungsmaßnahmen Vereinbarungen treffen, insbesondere über die
1. **zeitliche und technische Durchführung der Maßnahmen,**
2. **Gewährleistungsrechte und Aufwendungsersatzansprüche des Mieters,**
3. **künftige Höhe der Miete.**

1 § 555f von 2013 gestattet den Mietvertragsparteien, *nach* Abschluss des Mietvertrages von den §§ 555a bis 555e abweichende Vereinbarungen aus Anlass von Erhaltungs- oder Modernisierungsmaßnahmen zu treffen. Dies war auch schon unter der früheren Rechts-

---

4 LG Hamburg WuM 1985, 262; LG Bonn WuM 1990, 388; LG Berlin GE 1997, 1341.
5 LG Mannheim WuM 1978, 95; 1986, 139; LG Hannover WuM 1986, 311; AG Hamburg-Altona WuM 1986, 245; *Sternel* PiG 62 [2002] 89, 111 f.
6 BGH LM Nr 27 zu § 138 ZPO = NJW 1990, 453, 454; LG Hamburg WuM 1989, 173.
7 **aM** LG Berlin GE 1997, 619; *Blank* PiG 60 [2001] 79, 100.
8 LG Berlin GE 1997, 555, 557; 1997, 619; **aM** LG Berlin GE 2001, 993.
9 BGH NJW 2013, 223 Tz 20, 29 ff = WuM 2013, 37, 39 = NZM 2013, 127.

lage anerkannt, so dass § 555f lediglich **klarstellende Bedeutung** hat. § 555f gilt nach § 578 Abs 2 S. 2 auch für die **gewerbliche Raummiete**.

In den **Nrn 1 bis 3** zählt die Vorschrift des § 555f **mögliche Gegenstände** nachträg- 2 licher, von den §§ 555a bis 555e und von § 559 abweichender Vereinbarungen auf. Es sind dies der Reihe nach die zeitliche und technische Durchführung der Maßnahmen (Nr 1 des § 555f), die Gewährleistungsrechte und die Aufwendungsersatzansprüche des Mieters (Nr 2 des § 555f) sowie die künftige Höhe der Miete (Nr 3 des § 555f). Die Aufzählung ist **nicht abschließend.** vorausgesetzt immer, dass die Vereinbarung tatsächlich erst **nach Abschluss** des wirksamen Mietvertrages getroffen wird. Voraussetzung ist außerdem, dass die fragliche Vereinbarung tatsächlich „**aus Anlass**" einer *konkreten* Erhaltungs- oder Modernisierungsmaßnahmen getroffen wird (§ 555f). Den Gegensatz bilden *generelle* von den §§ 555a bis 555e und von § 559 *abweichende Regelungen* durch entsprechende Änderungen des Mietvertrages, und zwar auch für *zukünftige*, noch nicht konkret ins Auge gefasste Maßnahmen. Solche Vertragsänderungen bleiben *unzulässig*. Nahe liegende **Umgehungsversuche**, etwa durch einen zeitlich gestreckten Abschluss des Mietvertrages, scheitern an dem zwingenden Charakter der gesetzlichen Regelung in den §§ 555a bis 555f und in § 559 (§ 134).

§ 555f regelt nicht die Zulässigkeit und den Inhalt von **Modernisierungsvereinba-** 3 **rungen** mit dem Mieter, in denen sich der **Mieter** (und nicht der Vermieter) zur Durchführung von Modernisierungsmaßnahmen, etwa als Gegenleistung für eine Vertragsverlängerung bereit erklärt. Derartige Vereinbarungen sind grundsätzlich zulässig (§ 311 Abs 1), soweit sie die §§ 535 ff beachten.

Volker Emmerich

Kapitel 2
Die Miete

Unterkapitel 1
Vereinbarungen über die Miete

§ 556
Vereinbarungen über Betriebskosten

[1] Die Vertragsparteien können vereinbaren, dass der Mieter Betriebskosten trägt. Betriebskosten sind die Kosten, die dem Eigentümer oder Erbbauberechtigten durch das Eigentum oder das Erbbaurecht am Grundstück oder durch den bestimmungsmäßigen Gebrauch des Gebäudes, der Nebengebäude, Anlagen, Einrichtungen und des Grundstücks laufend entstehen. Für die Aufstellung der Betriebskosten gilt die Betriebskostenverordnung vom 25. November 2003 (BGBl I S. 2346, 2347) fort. Die Bundesregierung wird ermächtigt, durch Rechtsverordnung ohne Zustimmung des Bundesrates Vorschriften über die Aufstellung der Betriebskosten zu erfassen.

[2] Die Vertragsparteien können vorbehaltlich anderweitiger Vorschriften vereinbaren, dass Betriebskosten als Pauschale oder als Vorauszahlung ausgewiesen werden. Vorauszahlungen für Betriebskosten dürfen nur in angemessener Höhe vereinbart werden.

[3] Über die Vorauszahlungen für Betriebskosten ist jährlich abzurechnen; dabei ist der Grundsatz der Wirtschaftlichkeit zu beachten. Die Abrechnung ist dem Mieter spätestens bis zum Ablauf des zwölften Monats nach Ende des Abrechnungszeitraums mitzuteilen. Nach Ablauf dieser Frist ist die Geltendmachung einer Nachforderung durch den Vermieter ausgeschlossen, es sei denn, der Vermieter hat die verspätete Geltendmachung nicht zu vertreten. Der Vermieter ist zu Teilabrechnungen nicht verpflichtet. Einwendungen gegen die Abrechnung hat der Mieter dem Vermieter spätestens bis zum Ablauf des zwölften Monats nach Zugang der Abrechnung mitzuteilen. Nach Ablauf dieser Frist kann der Mieter Einwendungen nicht mehr geltend machen, es sei denn, der Mieter hat die verspätete Geltendmachung nicht zu vertreten.

[4] Eine zum Nachteil des Mieters von Absatz 1, Absatz 2 Satz 2 oder Absatz 3 abweichende Vereinbarung ist unwirksam.

Fassung des Abs 1 bis 31.12.2006:

[1] Die Vertragsparteien können vereinbaren, dass der Mieter Betriebskosten im Sinne des § 19 Abs. 2 des Wohnraumförderungsgesetzes trägt. Bis zum Erlass der Verordnung nach § 19 Abs. 2 Satz 2 des Wohnraumförderungsgesetzes ist hinsichtlich der Betriebskosten nach Satz 1 § 27 der Zweiten Berechnungsverordnung anzuwenden.

Jost Emmerich

Schrifttum

Abramenko Zur vertraglichen Bindung des Mieters an die Betriebskostenabrechnung des Wohnungseigentumsverwalters, ZMR 1999, 676; *Ahlt* Übertragbarkeit der Rechtsprechung des VIII. Zivilsenats des Bundesgerichtshofs auf Gewerberaummietverträge – Minderungsausschluss, Betriebskosten, Flächenabweichungen, Schönheitsreparaturen, DWW 2005, 96; *Artz* Vermieterhaftung bei unzureichender Nebenkosten-Vorauszahlungsabrede, NZM 2004, 328; *Bausch* Umlagefähigkeit der Kosten für das Baumfällen im Rahmen der Betriebskosten für die Gartenpflege, NZM 2006, 366; *Becker* Betriebskostenabrechnung bei Mietminderung. Mietminderungsberechnung bei Bruttomiete, GE 2005, 1335; *Beyer* Eine Klarstellung für die Praxis: Betriebskostenabrechnung, Belegeinsicht und Fotokopien – was kann der Mieter verlangen? WuM 2011, 399; Aktuelle Aspekte des Grundsatzes der Wirtschaftlichkeit im Wohnraummietrecht, NZM 2007, 1; *ders* Der Betrieb unwirtschaftlicher Anlagen und die Auswirkungen auf die Betriebskosten, GE 2008, 1472; *ders* Die Umlegung sonstiger Betriebskosten – Ein mietrechtliches Minenfeld?, GE 2007, 950; *ders* Noch einmal: Falsch vermessen?, WuM 2010, 614; *Blank* Anforderungen an die Betriebskostenabrechnung nach der Rechtsprechung des BGH, NZM 2008, 745; *ders* Anspruchsgrundlage und Einwendungen bei Betriebskostenabrechnungen, DWW 2009, 91; *ders* Verteilungseffizienz und Verteilungsgerechtigkeit bei Betriebskosten, PiG 85 (2009) 43; *Blöcker/Pistorius* Die Betriebskosten in der Wohnungswirtschaft (4. Aufl 2004); *Blum* Unwirksame Betriebskostenumlage durch Bezugnahme auf Anlage 3 zu § 27 Abs 1 II. BV nach Inkrafttreten der Betriebskostenverordnung, WuM 2010, 13; *ders* Betriebskostenabrechnung: Kalendermethode contra kaufmännische Berechnungsmethode, WuM 2011, 69; *Börstinghaus* Aktuelle Fragen zur Betriebskostenabrechnung, PiG 88 (2010) 129; *ders* Anforderungen an die Ordnungsgemäßheit der mietrechtlichen Betriebskostenabrechnung, in: Weimarer Immobilienrechtstage 2004, 47; *ders* Umlage und Grenzen der betriebskostenrechtlichen Ausschlussfrist, NZM 2005, 250; *ders/Lange* Das Gebot der Wirtschaftlichkeit, WuM 2010, 538; *Bongard* Auswirkungen auf Betriebskosten. Mietminderung auf Bruttomiete und Minderfläche, GE 2005, 1338; *Both* Betriebskostenlexikon (2. Aufl 2007); *ders* Die Geltendmachung der Betriebskosten im Urkundsprozess, PiG 83 (2008) 199; *Breiholdt* Umlagefähigkeit von Wartungskosten, ZMR 2002, 180; *Briesemeister* Zur Frage der Änderung des Abrechnungsstufen für Heizkosten durch Öffnungsklausel, GE 2008, 1244; *Brückner* Fristen und Zeiträume bei der Abrechnung von Betriebskostenvorauszahlungen, GE 2006, 1590; *Bub* Flächenabweichungen im Mietrecht, PiG 88 (2010) 45; *ders/Bernhard* Die Rechtsprechung des BGH zur Nutzerwechselgebühr und ihre Auswirkungen auf die Abrechnungspraxis von Ableseunternehmen und Wohnungsvermietern, NZM 2008, 513; *Bütter* Sonderkündigungsrecht im Gewerbemietrecht bei wesentlicher Überschreitung der vereinbarten Betriebskostenvorauszahlungen (sog „Betriebskostenfalle"), ZMR 2003, 644; *Derckx* Aufschlüsseln der Position Hauswartkosten in Betriebskostenabrechnung – Schätzung von Heizungsstrom, NZM 2008, 394; *ders* Betriebskostenvorauszahlungen – Sorgenkind „Zweite Miete"?, NZM 2004, 321 ff; *ders* Frist für Einwendung fehlender Vereinbarung über Betriebskostenposition – Stillschweigende Mietvertragsänderung, NZM 2008, 239; *ders* Unechte Gesamtkosten in Betriebskostenabrechnungen und ihre Folgen nach BGH; NZM 2007, 244, NZM 2007, 385; *ders* Wohnraumbetriebskosten nach den Entscheidungen des BGH im Jahr 2004, ZMR 2005, 86; *Dickersbach* Die Anwendung des § 174 BGB auf die Betriebskostenabrechnung, WuM 2008, 439; *ders* Die betriebskostenrechtliche Einwendungsausschlussfrist im öffentlich geförderten Wohnraum, NZM 2006, 281; *ders* Der Umfang des betriebskostenrechtlichen Einwendungsausschlusses, ZMR 2008, 355; *Dittmer* Zur Betriebskostenabrechnung bei unterschiedlichen Abrechnungszeiträumen für Heizkosten und „kalte" Betriebskosten, WuM 2009, 459; *Drasdo* Die Abrechnung der Betriebskosten durch den Zwangsverwalter, in: FS Seuß (2007) 291; *ders* Umsatzung von WEG-Beschlüssen im Mietverhältnis nach der WEG-Reform, ZMR 2008, 421; *Eckert* Zur Kondiktion der Betriebskostennachzahlung durch den Mieter bei verspäteter Abrechnung, ZfIR 2006, 365; *Eisenschmid* Die Betriebskostenabrechnung im Lichte der Minderung der Bruttomiete, in: FS Bub (2007) 327; *ders* Die Mietminderung nach der Bruttomiete, WuM 2005, 491; *ders/Wall* Betriebskosten-Kommentar (3. Aufl 2010); *Elzer* Die Kostenverteilung bei Instandhaltungen und Instandsetzungen sowie bei modernisierenden Instandsetzungen, ZWE 2008, 153; *Emmert* Zum mietrechtlichen Wirtschaftlichkeitsgebot bei dem Abschluss von Wärmelieferungsverträgen, CuR 2008, 12; *Flatow* Auswirkungen der EnEV 2007/2009 auf Miet-, Kauf- und Werkverträge, NJW 2008, 2886; *dies* Die Behandlung von Verbindlichkeiten des Wohnraummieters in der Mieterinsolvenz, in: Festschrift Blank (2006) 513; *dies* Die energetischen Anforderungen an das Wohnen heute und morgen, NZM 2008, 785; *dies* Korrektur von Betriebskostenabrechnungen, WuM 2010, 606; *Gather* Umlage der Nebenkosten auf Mieter von Gewerberaum, DWW 2007, 364; *Gebhardt* Herabsetzung der Gegenleistung nach culpa in contrahendo (2001); *Heider/Zur Nieden* Vor der Beschlagnahme vereinnahmte, aber nicht verbrauchte Betriebskostenvorauszahlungen – Herausgabeverpflichtung des Vermieters an den Zwangsverwalter, NZM 2010, 601; *Herrlein* Kontrollrechte des Vermieters und des Mieters, ZMR 2007, 247; *ders* Die Rechtsprechung zur Wohnraummiete, NJW 2006, 3393; 2007, 1249; 2007, 2828; 2008, 1279; 2008, 2823; 2009, 1250; 2009, 2863; 2010, 1256; 2010, 2856; 2011, 1189; 2011, 2858; 2012, 1185; 2012, 2927; 2013, 1045; *ders* Versorgungssperre im Mietrecht: Possessorischer Besitzschutz als Legitimation offensichtlich rechtsmissbräuchlichen Mieterverhaltens?, NZM 2006, 527; *Hinz* Das betriebskostenrechtliche Wirtschaftlichkeitsgebot in Darlegungs- und Beweislast, NZM 2012, 137; Außergerichtliche und prozessuale Darlegungspflichten bei Betriebskostenstreitigkeiten, NZM 2009, 97; *Horst* Öffentliches Bau- und Nachbarrecht versus Mietrecht im Spannungsfeld energetischer Gebäudesanierungen, DWW 2010, 133; *ders* Das mietrechtliche Verständnis neuer Technologien, zur energetischen Instandsetzung und Modernisierung von Wohnraum, NZM 2010, 761; *Jablonski* Betriebskostenabrechnung nach Sollvorschüssen: Noch längst nicht alle Fragen sind geklärt, GE 2010, 28; *Jaeger* Anmerkung zur Rechtsprechung des Bundesgerichtshofs über die Frage der Anwendbarkeit der Ausschlussfristregelung des § 556 Abs 3 Satz 3 BGB im Gewerberaummietrecht, ZfIR 2010, 327; *Kahlen* Wohneigentum und Steuern (2006); *Kappus* Schweigen ist Gold – Betriebskostenüberbürdung im Stillen?, NZM 2004, 411; *Kinne* Anmerkung zur Rechtsprechung über Einwendungen des Mieters gegen eine Betriebskostenabrechnung, GE 2010, 447; *ders* Der Fahrstuhl im Mietrecht, GE 2007, 494; *ders* Einzelne Mietvertragsklauseln, in: Festschrift Blank (2006) 249; *ders* Pflicht zur Mitteilung des Ableseergebnisses, GE 2009, 692; *ders* Umlage auf Wohn- und Gewerberaum – die aktuelle Rechtsprechung und ihre Konsequenzen, GE 2008, 896; *ders* Unwirksamkeit droht: Bei Teilkostenumlage sind zwingend auch die Gesamtkosten anzugeben, GE 2007, 1358; *Klühs* Die Pflicht des Zwangsverwalters zur Abrechnung von Betriebskosten und Auszahlung entsprechender Mieterguthaben, Rpfleger 2006, 640; *Körber/Suchfort* Zur Umlagefähigkeit der Kosten der Wärmelieferung im Mietrecht, CuR 2009, 131; *Langenberg* Nochmals: Zur Durchsetzung des Wirtschaftlichkeitsgebots im Betriebskostenrecht, NZM 2013, 169; Kosten der Wartung einer Gastherme, NZM 2013, 138; Zur formellen Wirksamkeit von Betriebskostenabrechnungen nach der Rechtsprechung des BGH, NZM 2011, 677; Zum vorbehaltlosen Ausgleich des Saldos von Betriebskostenabrechnungen, in: FS Bub (2007) 339; *ders* Die Betriebskosten der vermieteten Eigentumswohnung, NZM 2004, 361 = WuM 2004, 583; *ders* Betriebskosten und Schönheitsreparaturen. Aktuelle Rechtsprechung des BGH in Anmerkungen, NZM 2005, 51 ff; *ders* Betriebskostenrecht der Wohn- und Gewerberaummiete (5. Aufl 2009); *ders* Ungelöste Fragen der Umlage und Abrechnung von Betriebskosten, NJW 2008, 1269; *ders* Verspäteter Zugang der Betriebskostenabrechnung wegen unbekannter neuer Anschrift des Mieters, WuM 2010, 115; *Lehmann-Richter* Änderung der mietvertraglichen Geschäftsgrundlage aufgrund von Wohnungseigentümerbeschlüssen, PiG 85 (2009) 229; *Leo/Ghassemi-Tabar* Verjährungsrisiken beim Gewerberaummieter am Mietende bezogen auf Betriebskosten, NZM 2009, 185; *Ludley* Verwertbarkeit von Betriebskostenspiegeln im Prozess, NZM 2011, 417; Folgen des vorbehaltlosen Ausgleichs eines Betriebskostensaldos, NZM 2008, 72; *ders* Grünes Licht für Betriebskostenabrechnungen nach Sollauszahlungen?, ZMR 2009, 426; *ders* Verjährung und andere V-Fragen im Betriebskostenrecht, NZM 2007, 585; *Lützenkirchen* Anforderungen an Klauseln zur Umlage von Verwalterkosten im Gewerberaummietvertrag, GE 2006, 614; *ders* Berechnung und Anrechnung der Mietminderung, insbesondere mit Blick auf die Betriebskosten, NZM 2006, 8; *ders* Was sind Betriebskosten im Sinne von § 16 Abs 3 WEG?, GE 2008, 1306; *ders* Flächenabweichungen bei der Betriebskostenabrechnung, ZMR 2009, 895; *ders* Unwirksamkeit der formularmäßigen Umlage von Hausverwaltungskosten, ZMR 2008, 452; *ders/Johns* Mietnebenkosten von A–Z: Begriffe, Musterbriefe, Berechnungsbeispiele, Checklisten (5. Aufl 2009); *Meyer* Zum Streit-/Geschäftswert einer Überprüfung von Betriebs-/Mietnebenkostenabrechnungen, JurBüro 2008, 519; *Milger* Praktische Probleme bei der Durchsetzung des Wirtschaftlichkeitsgebots, NZM 2012, 657; Die Ausschlussfristen für Mieter und Vermieter in § 556 BGB, DMT-Bilanz 2011, 542; Ausgewählte Fragen des Betriebskostenrechts – dargestellt anhand aktueller Entscheidungen des Bundesgerichtshofs, PiG 83 (2008) 235; *dies* Mindestanforderungen an die Betriebskostenabrechnung, NJW 2009, 625; *dies* Probleme der Abrechnung von Wasserkosten und des Abflussprinzips, NZM 2008, 757; *dies* Rückerstattung vorbehaltloser Betriebskostennachzahlung, NZM 2009, 497; *Mummendorf* Das Verhältnis von Gebrauchsrecht und Besitzschutz im Mietrecht, DWW 2005, 312; *Mühlemeier* Betriebsnebenkosten und Versicherungen, WuM 2007, 111; *Neuhaus* Versicherungsprämien als Betriebskosten, ZMR 2011, 845; Terrorversicherung und mietrechtliches Wirtschaftlichkeitsgebot, NZM 2011, 65; *Neumann/Spangenberg* Abrechnungsversäumnis des Vermieters und Rückzahlung erhaltener Betriebskostenvorschüsse im beendeten Mietverhältnis, NZM 2005, 576; *Paefgen* Haftung für mangelhafte Aufklärung aus culpa in contrahendo (1999); *Pfeifer* Kabelfernsehen und neue Medien im Mietrecht, in: Festschrift Blank (2006) 349; *Pistorius* Sind die Kosten der Anmietung von Rauchwarnmeldern Betriebskosten? ZMR 2011, 934; *Rahm/Frey* Die eigenständig gewerbliche Lieferung von Wärme und/oder Warmwasser zur Versorgung von Wohngebäuden im öffentlichen Wohnungsrecht, NZM 2006, 47; *Rave* Anforderungen an die Begründung der mietrechtlichen Nebenkostenabrechnung, ZMR 2008, 779; *Riecke* Besonderheiten bei Betriebskostenabrechnungen für vermietetes Wohnungseigentum, ZMR 2001, 77; *ders* Verspätete Nebenkostenabrechnung einer vermieteten Eigentumswohnung, ZMR 2007, 289; *Ritzmann* Der Begriff der Nachforderung in § 556 III 3 BGB, WuM 2006, 487; *Ruff* Wie können Kommunalabgaben auf die Mieter umgelegt oder als Werbungskosten geltend gemacht werden? Teil II, DWW 2004, 79, 81; *ders* Zur rechtzeitigen Zahlung durch Überweisung, ZKF 2009, 224; *Schach* Anmerkung zur Rechtsprechung des Bundesgerichtshofs über die Geltendmachung einer Nachforderung aus einer Betriebskostenabrechnung nur gegenüber einem von mehreren Mietern, GE 2010, 723; *ders* Die „sonstigen Betriebskosten": Müssen sie in der Abrechnung aufgeschlüsselt und erläutert werden?, GE 2010, 161; *ders* Umrechnung Brutto- in Nettomiete, GE 2006, 548; *ders* Der Vermieter muss auch die mit einem Wärmecontractor abgeschlossenen Verträge vorlegen, GE 2010, 513; *Schläger* Anmerkung zur Rechtsprechung des BGH über die Frage der zusammengefassten Abrechnung verschiedener Kostenpositionen in einer Betriebskostenabrechnung, ZMR 2010, 267; *M J Schmid* Kostenverteilung nach der Heizkosten-Verordnung bei verbundenen Anlagen, ZMR 2012, 764; Straßenreinigung – Kostenumlegung und Mieterleistung, ZMR 2012, 337; „Abrechnung" ohne Vorauszahlungen auf Betriebskosten?, NZM 2012, 855; Anpassung von Betriebskostenvorauszahlungen oder: Wenn der VIII. Zivilsenat des BGH glaubt, seine Rechtsprechung zu ändern, NZM 2012, 674; „Vorbereitungshandlungen" zur Herabsetzung der vereinbarten Betriebskostenpauschale, NZM 2012, 444; Verbrauchsabhängige Abrechnung von Grundgebühren?, NZM 2011, 235; Die Abrechnung nach dem Abflussprinzip, DWW 2008, 162; *ders* Zur Abrechnung von Mietnebenkosten nach der Änderung des WEG, ZMR 2008, 261; *ders* Konkludente Abwälzung von Mietnebenkostenvereinbarungen, in: Festschrift Blank (2006) 375; *ders* Änderung der Heizkostenverteilung nach § 16 Abs 3 WEG nF, ZMR 2007, 844; *ders* Stillschweigende Änderung einer Vereinbarung zu Mietnebenkosten, ZMR 2008, 110; *ders* Anforderungen an die Verwirkung von Mietnebenkostennachforderungen, GE 2010, 306; *ders* Anmerkung zur Rechtsprechung des Bundesgerichtshofs zur Frage der Abrechnung der Versicherungen in einem einheitlichen Kostenpunkt in einer Betriebskostenabrechnung, ZMR 2010, 102; *ders* Anmerkung zur Rechtsprechung über die Abrechnungsmethode von Wasserkosten eines gemischt-genutzten Gebäudes, ZMR 2010, 283; *ders* Anspruch auf Vorauszahlung auf Betriebskosten nach Abrechnung bzw Eintritt der Abrechnungsreife, NZM 2007, 555; *ders* Aufzugskosten in der Betriebskostenabrechnung, GE 2009, 757; *ders* Aufwendungen für die Sicherheit – auf den Mieter umlegbar?, ZMR 2008, 98; *ders* Die Auswahl der Verteilungsmaßstäbe für die Heizkosten, GE 2007, 38–40; *ders* Beschlusskompetenz der Wohnungseigentümer für die Verteilung von Betriebskosten, MDR 2007, 989; *ders* Verspätete Betriebskostenabrechnung: Nach- und Rückforderung, GE 2008, 455; *ders* Betriebskostenabrechnung zu Silvester – Fristwahrung, DWW 2006, 59; *ders* Beweislastfragen in Mietnebenkostenprozessen, ZMR 2009, 335; *ders* Einwendungen des Mieters gegen die Betriebskostenabrechnung, GE 2008, 516; *ders* Zu den Einwendungen gegen eine Betriebskostenabrechnung, ZMR 2009, 917; *ders* Erläuterung der Betriebskostenabrechnung und Darlegung im Prozess, GE 2008, 1298; *ders* Folgen der Novelle des Wohnungseigentumsgesetzes für die Betriebskostenabrechnung mit dem Mieter, GE 2007, 1094; *ders* Formelle Anforderungen an die Betriebskostenabrechnung, NZM 2010, 264; *ders* Zur Frage der Korrektur einer erteilten Betriebskostenabrechnung nach Ablauf der Abrechnungsfrist, NJW 2008, 1151; *ders* Handbuch der Mietnebenkosten (11. Aufl 2009); *ders* Häufige Fehler der Mietnebenkostenabrechnung und ihre Vermeidung, DWW 2010, 14; *ders* Kosten für den Hauswart: Die fehlerträchtigste Position der Betriebskostenabrechnung, GE 2009, 1472; *ders* Mietnebenkostenabrechnung während des Prozesses, WuM 2010, 65; *ders* Minderung nach der Bruttomiete – Auswirkungen auf die Nebenkostenabrechnung, MDR 2005, 971; *ders* Müssen die Mieter die Beseitigung von Sperrmüll bezahlen?, MDR 2010, 362; *ders* Novellierung der HeizkostenVO, NZM 2009, 104; *ders* Keine Umlagefähigkeit von Leasingkosten für Brenner und Öltank nach HeizKV, BetrKV und BGB?, ZMR 2009, 357; *ders* Umlegung von Instandsetzungskosten auf den Gewerberaummieter in Wohnungseigentumsanlagen, DWE 2009, 114; *ders* Zur Umlegung von Kosten des Aufzugs im anderen Gebäudeteil und weiterer Betriebskosten, ZMR 2009, 676; *ders* Die Umlegung von Nutzerwechselgebühren auf den Wohnraummieter, NZM 2008, 762; *ders* Urkundenprozess für Mietnebenkosten und Wohngeldzahlungen, DWW 2007, 324; *ders* Das Verhältnis von Betriebs- und Verwaltungskosten bei Nebenkosten der Geschäftsraummiete, ZMR 2010, 353; *ders* Vereinbarungen zur Abrechnungsfrist bei der Gewerberaummiete, DWW 2010, 90; *ders* Verjährungsfragen bei den Mietnebenkosten, GE 2009, 298; *ders* Verstoß gegen Wirtschaftlichkeitsgrundsatz – Schadensersatz oder Beschränkung der Kostenumlegung?, ZMR 2007, 177; *ders* Wer zahlt die Verbrauchsanalyse?, GE 2009, 27; *M Schmidt* Energieeffizienz im Mietrecht – Der neue Energieausweis,

ZUR 2008, 463; *M Schultz* Erhöhung der Teilinklusivmiete, PiG 83 (2008) 39; *ders* Verwaltungskostenumlage bei Gewerberaummiete, PiG 85 (2009) 105; *J B Schumacher* Einbau und Wartung von Rauchmeldern, NZM 2005, 641; *Selk* Anmerkung zur Rechtsprechung über die Frage der Wirkung der Aufrechnung des Mieters gegen den Vermieter auf Rückzahlung der Nebenkostenvorauszahlungen, ZMR 2010, 438; *Serwe* Anforderungen an die Ordnungsmäßigkeit einer Betriebskostenabrechnung, WuM 2009, 273; *Springer* Zur Einhaltung des Wirtschaftlichkeitsgebot bei Umstellung des Gebäudeversicherungstarifs als Betriebskostenposition, WuM 2007, 129; *Stangl* Umlagefähigkeit einzelner Betriebskostenpositionen bei Wohnraum, ZMR 2006, 95; *Sternel* Sind Betriebskostenabrechnungen in der Wohn- und Geschäftsraummiete durch vorbehaltlose Zahlung wirklich erledigt?, ZMR 2010, 81; *ders* Zur Umlage verbrauchsabhängiger Betriebskosten bei Leerständen, NZM 2006, 811; *ders* Schlüssiges Verhalten im Mietrecht, in: Festschrift Blank (2006) 421; *Streyl* Die Hürden der Darlegungs- und Beweislast bei behaupteter Verletzung des Wirtschaftlichkeitsgebots, NZM 2013, 97; *Verspäteter* Zugang von Betriebskostenabrechnungen wegen unbekannter neuer Anschrift des Mieters, ZMR 2011, 188; Abrechnung der Betriebskosten nach dem Abfluss- oder dem Leistungsprinzip, WuM 2010, 545; *ders* Darlegungs- und Beweislast bei Verletzung des Wirtschaftlichkeitsgebots, NZM 2008, 23; *ders* Das Einstellen der Versorungsleistungen durch den Vermieter, WuM 2006, 234; *ders* Formell oder materiell – Mieters Prüfpflichten bei Erhalt der Betriebskostenabrechnung, NZM 2007, 324; *ders* Grundsatz der Wirtschaftlichkeit in der Betriebskostenabrechnung, NZM 2006, 125; *ders* Pflicht des Mieters, Einwendungen gegen formell unwirksame Nebenkostenabrechnungen zu erheben, NZM 2009, 809; *Tholl* Rückforderung der Betriebskostenvorauszahlung nach Beendigung des Wohnraummietverhältnisses – neue Probleme? WuM 2011, 3; *Timme* Aufzugskosten für den Mieter im Erdgeschoss?, NZM 2007, 29; *Ulrici* Liefersperren als verbotene Eigenmacht, ZMR 2003, 895; *Walter* Übersendung von Abrechnungsbelegen der Betriebskostenabrechnung als Kopie, MDR 2006, 803; *Warnecke* Die Notwendigkeit der Modernisierung des Mietrechts am Beispiel energetischer Sanierungen, DWW 2007, 282; *Weitemeyer* Die Auswirkungen der Rechtsprechung des BGH zur Gesellschaft bürgerlichen Rechts auf deren Vermieterstellung, ZMR 2004, 153; *dies* Der Einfluß der geplanten Betriebskostenverordnung auf das Mietrecht des BGB, NZM 2003, 423; *dies* Der Eintritt des Erwerbers in das Mietverhältnis nach § 566 BGB – ein Rechtsinstitut auf dem Weg zum Sukzessionsschutz, in: Festschrift Blank (2006) 445; *dies* Neueste Entwicklungen der Umsatzbesteuerung bei der Vermietung von Grundstücken, DWW 2006, 150; *dies* Die Gesellschaft bürgerlichen Rechts als Vermieterin, in: Gedächtnisschrift Sonnenschein (2003) 431; *dies* Probleme der Vermietung von Eigentumswohnungen. Der Eintritt des Erwerbers in das Mietverhältnis nach der Begründung von Wohnungseigentum, NZM 1998, 169; *Zur Nieden* Umlagefähigkeit von „Selbstbehalten" in der Gebäudeversicherung, NZM 2013, 369.

Systematische Übersicht

Jost Emmerich

Alphabetische Übersicht

Jost Emmerich

I. Allgemeine Kennzeichnung

1   **1. Überblick.** Die Vorschrift betrifft Betriebskosten für vermieteten Wohnraum. In Abs 1 wird klargestellt, dass die Parteien dem Mieter entgegen der Grundregel des § 535 Abs 1 S 3 die Betriebskosten der Mietsache auferlegen können. Daraus ergibt sich zugleich, dass die Übernahme der Betriebskosten durch den Mieter immer einer Vereinbarung der Parteien bedarf[1]. Diese Vereinbarung ist begrenzt durch den Katalog der Betriebskosten, wie er sich aus der im Zuge der Föderalismusreform aus dem früheren § 19 Abs 2 des Wohnraumförderungsgesetzes (WoFG) vom 13.9.2001[2] in Abs 1 übernommenen Definition der Betriebskosten ergibt. Abs 1 S 2 ordnet an, dass die auf der Grundlage von § 19 Abs 2 S 2 WoFG erlassene Betriebskostenverordnung (BetrKV, s Rn 5f) fortgilt, soweit die

---

1 Begr z RegE BT-Drucks 14/4553, 50; Ausschussbericht BT-Drucks 14/5663, 79.
2 BGBl I 2376.

Bundesregierung von ihrer in Abs 1 S 3 erteilten Verordnungsermächtigung nicht anderweitig Gebrauch macht.[3] Abs 2 S 1 stellt klar, dass der Mieter die Betriebskosten in Form einer Pauschale oder von Vorauszahlungen auf eine nach Abs 3 vorzunehmende jährliche Abrechnung zahlen kann. Die Höhe der Vorauszahlungen muss nach Abs 2 S 2 angemessen sein. Abs 3 regelt die Anforderungen an die Betriebskostenabrechnung. Mit Ausnahme der Regelung des Abs 2 S 1 ist die gesamte Vorschrift nicht zu Lasten des Mieters abdingbar.[4] Die Vorschrift wird ergänzt durch § 556a über den Abrechnungsmaßstab für Betriebskosten und durch § 560 über die Veränderungen von Betriebskosten. Neu eingefügt durch das Mietrechtreformgesetz vom 19.6.2001[5] wurde eine Ausschlussfrist für die Nachforderung von Betriebskosten, wenn der Vermieter nicht bis zum Ablauf des zwölften Monats nach Ende des Abrechnungszeitraums über die Vorauszahlungen abrechnet (Abs 3 S 3). Für den Mieter wurde eine entsprechende Frist zum Ausschluss mit Einwendungen gegen die Abrechnung in Abs 3 S 5 und 6 eingeführt. Der Einwendungsausschluss diene der Rechtssicherheit, da dadurch in absehbarer Zeit nach einer Betriebskostenabrechnung Klarheit über die wechselseitig geltend gemachten Ansprüche bestehe.[6]

2. Sachlicher Anwendungsbereich. Die Vorschrift ist nach § 549 Abs 1 auf **Wohn-** **2** **raummietverhältnisse** (§ 549 Rn 3ff) anwendbar, auch soweit diese nach § 549 Abs 2 und 3 vom Anwendungsbereich des sozialen Mietrechts ausgenommen sind. Mit der Umstellung der Mietbindung im **geförderten Wohnungsbau** von der Kostenmiete auf vereinbarte Mietobergrenzen durch das WoFG vom 13.9.2001 (Rn 3) gilt ausdrücklich nach § 28 Abs 4 Nr 1 WoFG auch für diese Wohnraummietverhältnisse § 556. Durch die Föderalismusreform wurde die soziale Wohnraumförderung auf die Länder übertragen, die nunmehr unterschiedliche Regelungen treffen können. Art 11 des Föderalismusreform-Begleitgesetzes[7] stellt die seit dem 1.1.2002 in dem früheren § 19 Abs 2 WoFG geregelte Definition der Betriebskosten mit Wirkung vom 1.1.2007 unmittelbar in § 556 Abs 1 S 2 ein. Damit gilt im allgemeinen privaten Wohnraummietrecht ein einheitlicher Betriebskostenbegriff.[8] Die Länder können für den ihrer Förderung unterliegenden Wohnraum abweichende Regelungen treffen. Die Länder Bayern und Hamburg haben Übergangsregelungen geschaffen, mit denen sie an die bisherige Geltung der Betriebskosten nach der II. Berechnungsverordnung anknüpfen[9], während in Schleswig-Holstein die Regelung der §§ 556, 556a zugrunde gelegt wird[10]. Für **Geschäftsraummietverhältnisse** gilt die Vorschrift des § 556 nicht. Jedoch wird dort häufig die Umlage der Betriebskosten auf den Mieter unter Rückgriff auf den Begriff der Betriebskosten vereinbart, so dass auf die Auslegung des Betriebskostenbegriffs nach § 556 Abs 1 zurückgegriffen werden kann.[11] Hierauf wird in den Erläuterungen hingewiesen.[12]

---

3 S Anhang zu §§ 556, 556a.
4 S aber HeizkostenVO, Anhang zu §§ 556, 556a.
5 BGBl I 1149.
6 Stellungnahme des BR BT-Drucks 14/4553, 87; Ausschussbericht BT-Drucks 14/5663, 79.
7 Föderalismusreform-Begleitgesetz v 5.9.2006, BGBl I 2098.
8 Begr 2 Gesetzesantrag BR-Drucks 179/06, 39, 42.
9 BayWoBindG v 23.7.2007, GVBl 2007, 562; HmbWoBindG v 19.2.2008, HmbGVbl 74, 81.
10 SHWoFG v 25.4.2009, GVoBl 2009, 19.
11 OLG Celle NZM 1999, 501, 502.
12 S auch die Übersichtsaufsätze von *Fritz* NJW 2006, 742; NJW 2008, 1045; NJW 2009, 959; NJW 2010, 1050; *Ahlt* DWW 2005, 96 zur Übertragbarkeit der Rspr des BGH in Wohnraummietsachen auf Gewerberaummietverträge; *M Schultz* PiG 85 (2009) 105; *M J Schmid* ZMR 2010, 353; *ders* DWW 2010, 90.

Jost Emmerich

3   **3. Übergangsregelung.** Die Vorschrift ist nach Art 11 **Mietrechtsreformgesetz seit dem 1.9.2001** anwendbar. Das bedeutet nach allgemeinen Grundsätzen, dass sämtliche Neuregelungen auf die zu diesem Zeitpunkt bereits abgeschlossenen Mietverträge anzuwenden sind (§ 549 Rn 2). Hinsichtlich der Abrechnung über Vorauszahlungen für Betriebskosten besteht Vertrauensschutz für Mieter und Vermieter nach Art 229 § 3 Abs 9 EGBGB für die bereits vor dem 1.9.2001 abgeschlossenen Abrechnungszeiträume, auch wenn die Abrechnung dem Mieter noch nicht zugegangen ist, indem die strengeren Vorschriften über die Abrechnung in § 556 Abs 3 S 2 bis 6 sowie die Bestimmung über den Vorrang des verbrauchsabhängigen und des Flächenmaßstabs für die Umlage der Betriebskosten nach § 556a Abs 1 nicht anzuwenden sind.[13] Dagegen findet die neue Regelung auf noch laufende Abrechnungsperioden Anwendung.[14] Die Übergangsvorschriften des **Schuldrechtsmodernisierungsgesetzes** vom 26.11.2001 zur Anwendung des neuen Schuldrechts auf Dauerschuldverhältnisse ab dem 1.1.2003 haben daran nichts geändert, da sich dieses Gesetz nicht auf die durch die Mietrechtsreform geänderten Vorschriften bezieht.[15] § 556 gilt auch in den **neuen Bundesländern**. Die §§ 11 bis 17 MHRG sind entfallen. Nach Art 229 § 3 Abs 1 Nr 2 EGBGB ist für bestehende Mietverhältnisse auf vor dem 1.9.2001 zugegangene Erklärungen über die Abrechnung von Betriebskosten § 14 MHRG anzuwenden.[16] Spätere gesetzliche Änderungen traten jeweils ohne Übergangsvorschriften in Kraft,[17] so § 19 Abs 2 WoFG am 1.1.2002,[18] die BetrKV zum 1.1.2004[19] und § 556 Abs 1 nF zum 1.1.2007.[20]

II. Übernahme der Betriebskosten durch den Mieter (Abs 1)

4   **1. Gestaltung des Mietvertrags.** Die Frage, welche Partei des Mietvertrags die Betriebskosten trägt, regelt § 556 Abs 1 nicht. Die Vorschrift stellt klar, dass die Parteien entgegen der Grundregel des § 535 Abs 1 S 3 dem Mieter die Betriebskosten übertragen können. Es steht den Parteien frei, welche Art von Miete sie vereinbaren wollen.[21] Am häufigsten findet sich die Abrede, dass der Mieter die tatsächlich entstandenen Betriebskosten trägt und dass über die Höhe der Betriebskosten abgerechnet wird. Für diese **Nettomiete** bestimmt Abs 2 S 2, dass dann, wenn die Parteien zusätzlich Vorauszahlungen auf die später abzurechnenden Betriebskosten vereinbart haben, die Vorauszahlungen angemessen sein müssen und nach Abs 1 S 3 eine jährliche Abrechnung zu erfolgen hat. Sind Betriebskosten im Mietvertrag nicht oder nur zum Teil erwähnt, ist nach der gesetzlichen Grundregel des § 535 Abs 1 S 3 davon auszugehen, dass der Vermieter die gesamten oder die nicht genannten Betriebskosten trägt und sie mit einer **Brutto-** oder **Inklusivmiete** abgegolten sind. In diesem Fall können die Betriebskosten auch nach § 560 Abs 1 S 1 nicht einseitig erhöht werden, selbst wenn sich der Vermieter diese Möglichkeit im Mietvertrag vorbehalten hat (§ 560 Rn 6). Allerdings ist eine Umstellung auf eine Nettomiete mit verbrauchsabhängiger Abrechnung nach § 556a Abs 2 möglich (§ 556a Rn 36). Wenn der

---

13 Begr z RegE BT-Drucks 14/4553, 77; BGH NJW 2005, 1499; *Franke* ZMR 2001, 951, 955; *Schach* GE 2001, 1662; **aM** AG Berlin Mitte GE 2001, 1541.
14 *Jansen* NJW 2001, 3151, 3154.
15 BGH NJW 2005, 1572, 1573; **aM** AG Speyer WuM 2004, 86 mwN.
16 Hierzu BGH NJW 2003, 2900; NZM 2007, 38 = WuM 2006, 686; LG Stendal, ZMR 2004, 42.
17 Zu Übergangsproblemen *Staudinger/Weitemeyer* (2011) Rn 9.
18 Art 28 des Gesetzes zur Reform des Wohnungsbaurechts v 13.9.2001, BGBl I 2376.
19 Art 5 der Verordnung zur Berechnung der Wohnfläche, über die Aufstellung von Betriebskosten und zur Änderung anderer Verordnungen v 25.11.2003, BGBl I 2346.
20 Art 22 des Föderalismusreform-Begleitgesetzes v 5.9.2006, BGBl I 2098.
21 Begr zum RegE BT-Drucks 14/4553, 50; Ausschussbericht BT-Drucks 14/5663, 79.

Mieter dagegen ausdrücklich Betriebskosten in einer bestimmten Höhe übernimmt, über die nicht abgerechnet wird, liegt eine **Betriebskostenpauschale** iS des § 556 Abs 2 S 1 vor. In diesem Fall ist nach § 560 Abs 1 S 1 eine Erhöhung durch den Vermieter möglich, soweit dies im Mietvertrag vereinbart ist. Auch hier ist eine Umstellung nach § 556a Abs 2 möglich (§ 556a Rn 36). Möglich ist auch eine Kombination dieser Vereinbarungen, etwa wenn bestimmte Betriebskosten mit der Miete abgegolten sein sollen, während andere, etwa verbrauchsunabhängige Kosten, ohne Abrechnung und Vorauszahlungen auf den Mieter umgelegt und über verbrauchsabhängige Betriebskosten nach § 556 Abs 3 abgerechnet wird. Im Anwendungsbereich der HeizkostenV [22] muss der Vermieter gem §§ 4, 6 HeizkostenV die Kosten für Heizung und Warmwasser bei zentraler Heizungs- und Warmwasseranlage oder bei der Fernlieferung von Wärme und Warmwasser verbrauchsabhängig messen und auf die Nutzer umlegen (§ 556a Rn 8). Für die Berechnung einer **Mietminderung** ist die Mietstruktur unerheblich. Die Minderungsquote wird einheitlich nach der Summe von Nettomiete und Betriebskosten berechnet (§ 536 Rn 30).[23] Die Auswirkungen auf die Betriebskostenabrechnung sind noch nicht geklärt. Damit alle Mietverhältnisse gleich behandelt werden, muss die Minderung nicht nur bei den laufenden Vorauszahlungen, sondern auch bei der abschließenden Betriebskostenabrechnung so berücksichtigt werden, als hätte der Mieter in Höhe der Minderungsquote geringere Betriebskosten zu leisten.[24]

2. Betriebskosten
a) Begriff

aa) Abs 1 S 2 bestimmt, dass die Vereinbarung über die Abwälzung der Betriebskos- 5
ten auf den Mieter begrenzt ist auf die Betriebskosten, die dieser Definition entsprechen. Die Vorschrift ersetzt die unübersichtliche Verweisungstechnik auf die früheren § 19 Abs 2 WoFG und § 27 BV 2 (s *Emmerich/Sonnenschein*, 8. Aufl 2003, Anhang zu §§ 556, 556a). Die zu § 19 Abs 2 WoFG erlassene BetrKV (s Anhang zu §§ 556, 556a) trat am 1.1.2004 in Kraft. Sie gilt nach Wegfall des § 19 Abs 2 WoFG gem § 556 Abs 1 S 3 unverändert fort.

bb) Unter den Begriff der Betriebskosten fallen nach Abs 1 S 2 die Kosten, die dem 6
Eigentümer bzw Erbbauberechtigten durch das Eigentum am Grundstück bzw Erbbaurecht oder durch den bestimmungsmäßigen Gebrauch des Gebäudes, der Nebengebäude, Anlagen, Einrichtungen und des Grundstücks laufend entstehen. Gleich gestellt sind nach dem weitergeltenden § 1 Abs 1 S 2 BetrKV **Sach- und Arbeitsleistungen des Eigentümers**[25] bzw Erbbauberechtigten. Damit ist eine alte Streitfrage in dem Sinne geklärt worden, dass auch der Vermieter preisfreien Wohnraums eigene Arbeitsleistungen umlegen darf. Umfasst sind auch die von juristischen Personen durch eigene Angestellte und bei öffentlich-rechtlichen Trägern durch Regiebetriebe erledigte Arbeiten.[26] Die Arbeitsleistungen sind nach § 1 Abs 1 S 2 BetrKV mit den üblichen Fremdkosten abzüglich der bei Binnenumsätzen nicht anfallenden Umsatzsteuer anzusetzen.[27] Es darf sich aber nicht um Kosten

---

22 Verordnung über Heizkostenabrechnung idF vom 5.10.2009, BGBl I 2009, 3250.
23 BGHZ 163, 1 = NJW 2005, 1713 für Geschäftsräume; BGH NJW 2005, 2773; KG WuM 2004, 17 für Wohnraummietverhältnisse.
24 BGH WuM 2011, 284; *Bieber* NZM 2006, 683, 685f; *Blank*, in: FS Bub, 271; *Lützenkirchen* NZM 2006, 8.
25 Zu Untermieterverhältnissen s *Lüth* NZM 2004, 241.
26 Begr z BetrKV BR-Drucks 568/03, 28 = WuM 2003, 678, 681; vgl BGH WuM 2013, 44 = NJW 2013, 456.
27 BGH WuM 2013, 44 = NJW 2013, 456; vgl *Langenberg* NZM 2004, 41, 46; *Staudinger/Weitemeyer* (2011) Rn 12.

der eigenen Geschäftsführungstätigkeit des Vermieters handeln.[28] Um Betriebskosten iS des Abs 1 S 2 handelt es sich nur, wenn diese laufend entstehen. Auf die Bedeutung dieses **Grundsatzes der Periodizität** wird bei der Erläuterung zu den einzelnen Betriebskostenarten eingegangen. Durch die frühere Bezugnahme auf § 27 Abs 1 BV 2 war für den Vermieter auch ohne ausdrückliche vertragliche Vereinbarung die Möglichkeit eröffnet, eine **Wirtschaftseinheit** zur Grundlage der Abrechnung zu machen.[29] In der Definition der Betriebskosten in § 19 Abs 2 WoFG aF war die Berechnung nach Wirtschaftseinheiten nicht mehr vorgesehen, weil sich die Bedeutung dieses Begriffs auf die Aufstellung von Wirtschaftlichkeitsberechnungen beschränke. Die für öffentlich geförderte Wohnungen des sog 1. Förderwegs geltende Kostenmiete wurde auf der Grundlage der Ursprungskosten eines Wohnobjekts in einer durch spezielle Rechtsvorschriften vorgegebenen Wirtschaftlichkeitsberechnung ermittelt. Nach der Reform des sozialen Wohnungsbaus wird die Kostenmiete durch die Vereinbarung von Miethöchstgrenzen ersetzt, daher entfallen die Vorschriften über die Berechnung der Wirtschaftlichkeit.[30] Damit fehlt es seit der Geltung des § 19 Abs 2 WoFG aber an einer Regelung, die es dem Vermieter erlaubt, die Betriebskosten nicht nur einzelner Gebäude, sondern auch ganzer Wirtschaftseinheiten zusammenzufassen. Dabei hat der Gesetzgeber wohl nicht bedacht, dass sich das Prinzip der Umlage der Betriebskosten im BGB weiterhin an Kostengesichtspunkten orientiert und eine Abrechnung nach Wirtschaftseinheiten bei größeren Wohnanlagen mit mehreren Gebäuden sinnvoll sein kann. Nach der Begründung zur BetrKV, die die Definition des § 19 Abs 2 WoFG übernommen hat, sei dadurch keine Änderung der Rechtslage bewirkt, insbesondere werde keine Verpflichtung zur Abrechnung nach kleinstmöglichen Einheiten begründet.[31] Jedenfalls wenn die Abrechnung nach Wirtschaftseinheiten mietvertraglich vorgesehen ist, wird man diesen Abrechnungsmodus weiterhin als zulässig ansehen können. Darüber hinaus ist die Abrechnung nach Wirtschaftseinheiten im Rahmen des einseitigen Bestimmungsrechts des Vermieters nach § 315 hinsichtlich der Umlage der Betriebskosten (s § 556a Rn 7) möglich, soweit sie mietvertraglich nicht eingeschränkt worden ist[32] oder wegen gemeinsam genutzter Anlagen unvermeidlich ist[33]. Dies ist auch der Fall, wenn nur für einzelne Kosten ein unabweisbares Bedürfnis besteht.[34] Eine unzulässige Abrechnung nach Wirtschaftseinheiten führt jedoch nur zur materiellen Unwirksamkeit.[35] Wegen der Anforderungen an den Maßstab s § 556a Rn 23.

---

28 KG ZMR 2011, 35.
29 Vgl zur alten Rechtslage OLG Koblenz WuM 1990, 268 m Anm *Pfeifer* DWW 1990, 173; LG Köln NZM 2001, 617; zu Einzelheiten der Abrechnung s Rn 49 sowie § 556a Rn 23.
30 Begr z RegE BR-Drucks 249/01, 102, 147.
31 Begr z BetrKV, WuM 2003, 130, 133 = NZM 2003, 271, 275.
32 So jetzt BGH NJW 2011, 368; *Weitemeyer* NZM 2003, 423, 424; offen gelassen von BGH NJW 2005, 3135 für Altfall; einschr LG Itzehoe ZMR 2004, 198; AG Pinneberg WuM 2004, 537; WuM 2006, 379; ZMR 2006, 939; Schmidt-Futterer/*Langenberg* § 556a Rn 61; *Langenberg* NZM 2004, 41, 46; *Eisenschmid/Rips/Wall*, Betriebskosten-Kommentar Rn 1265.
33 ZB Blockheizkraftwerk, so BGH NJW 2005, 3135 = NZM 2005, 737 = WuM 2005, 579; BGH NJW 2010, 3229; NJW 2011, 368; WuM 2011, 159; LG Frankfurt aM ZMR 2010, 853; LG Itzehoe WuM 2011, 17; WuM 2011, 26; AG Frankfurt aM ZMR 2011, 136.
34 BGH NJW 2011, 368.
35 BGH NJW 2010, 3228.

b) Einzelne Betriebskostenarten

aa) Zu den Betriebskosten des § 2 BetrKV gehören nach Nr 1 die **laufenden öffentli-** 7
chen Lasten des Grundstücks. Darunter fällt vor allem die Grundsteuer.[36] Kosten für Stra-
ßenausbaubeiträge sind nicht umfasst.[37]

bb) Betriebskosten sind nach § 2 Nr 2 BetrKV die Kosten der **Wasserversorgung.** 8
Hierzu gehören neben den ausdrücklich genannten Positionen des Wasserverbrauchs usw
die Kosten einer behördlichen Untersuchung eines Trinkwasserbrunnens zur Wohnungsversorgung.[38] Durch Art 8 Nr 5 des Gesetzes zur Reform des Wohnungsbaurechts (Rn 3)
wurde der Katalog durch die Klarstellung ergänzt, dass Wartungskosten von Wassermengenreglern zu den Betriebskosten zählen.[39] Die Wartungskosten für Wassermengenzähler
sind umlagefähig.[40] Die Kosten für einen Austausch von Warm- und Kaltwasserzählern
können erst seit der Aufnahme der Eichkosten in § 2 Nr 2 BetrKV umgelegt werden, da
der Austausch von Messgeräten häufig wirtschaftlicher als eine Nacheichung ist.[41] Zu den
Kosten einer Wasseraufbereitungsanlage gehören auch Aufbereitungsstoffe zur Verbesserung der Genuss- und Gebrauchsfähigkeit des Wassers wie Mittel zur Entkalkung.[42] Für
eine Unterscheidung danach, ob die Wasseraufbereitung auch dem Mieter zugute kommt
oder wie bei Korrosionsmitteln zur Vermeidung von Lochfraß an den Rohren nur dem
Vermieter, gibt die Vorschrift nichts her, so dass alle Maßnahmen zur Aufbereitung von
Wasser umlagefähig sind.[43]

cc) Unter § 2 Nr 3 BetrKV fallen die Kosten der **Entwässerung.** Darunter sind die 9
öffentlichen Gebühren für die Haus- und Grundstücksentwässerung, also auch der Abfüh-
rung des Niederschlagswassers,[44] oder die Kosten einer entsprechenden privaten Anlage
wie einer hauseigenen Kläranlage[45] und die Kosten einer Entwässerungspumpe zu verstehen. Aus der Präzisierung des Begriffs der Entwässerungskosten ist zu entnehmen, dass
die Kosten der Reinigung und Wartung der Dachrinnen nicht als Entwässerungskosten
verstanden werden.[46]

dd) § 2 Nr 4 BetrKV umfasst die **Heizungskosten.** Das sind je nach Art der Heizung 10
entweder die Kosten der zentralen Heizungsanlage einschließlich der verbrauchten
Brennstoffe, einer zentralen Brennstoffversorgungsanlage, die von einem zentralen Vor-
ratsbehälter aus die Wohnungen mit Brennstoff versorgt, der eigenständigen gewerblichen Lieferung von Wärme (Fern- und Nahwärme) oder die Kosten von Etagenheizungen.
Im Geltungsbereich der HeizkostenV gilt mit § 7 Abs 2 HeizkostenV eine (fast); identische
Regelung. § 7 Abs 2 HeizkostenV ist im Gegensatz zu § 3 Nr 4 BetrKV insofern zwingend,
als der Vermieter die verbrauchsabhängigen Heizkosten auf die Mieter umlegen muss

---

36 OLG Frankfurt aM ZMR 1983, 374; OLG Hamm ZMR 1986, 198; OLG Karlsruhe NJW 1981, 1051.
37 AG Greiz WuM 1999, 65; WuM 1999, 133; s auch OLG Hamm WuM 1983, 287.
38 AG Wesel WuM 1990, 443.
39 Begr z RegE BR-Drucks 249/01, 215.
40   AG Steinfurt WuM 1999, 721.
41 Begr z BetrKV BR-Drucks 568/03, 29f = WuM 2003, 678, 681; zur alten Rechtslage *Staudinger/Weitemeyer*
(2011) Rn 20.
42 AG Steinfurt WuM 2004, 567; *Langenberg* Betriebskostenrecht A Rn 76.
43 AG Dresden NZM 2001, 708; **aM** AG Lörrach WuM 1995, 593; *Langenberg* Betriebskostenrecht A Rn 77.
44 OLG Düsseldorf WuM 2000, 591; GE 2001, 488, 490 zur Auslegung eines gewerblichen Mietvertrags.
45 AG Greiz WuM 1999, 65.
46 BGH NZM 2004, 292; NZM 2004, 417; s auch Rn 16.

Jost Emmerich

(§ 556a Rn 8).[47] Die Heizungskosten umfassen in erster Linie den verbrauchten Brennstoff,[48] die Kosten der Lieferung des Brennstoffs, des Betriebsstroms, der Bedienung, der Überwachung, Pflege und Wartung der Anlage[49] sowie die Eichkosten (Rn 8). Investitionskosten sind nicht umfasst.[50] **Bedienungskosten** können nicht nur bei koks- oder kohlebefeuerten Anlagen entstehen, sondern auch bei automatischen Heizungsanlagen, die mit Öl, Gas oder Strom betrieben werden.[51] Sie müssen allerdings konkret angefallen sein.[52] Es ist streitig, ob bei der Lieferung von Brennstoffen gezahlte **Trinkgelder** zu den Betriebskosten zählen. Obwohl diese Kosten auf Kulanz des Vermieters beruhen, können sie einer ordnungsgemäßen Bewirtschaftung des Gebäudes entsprechen, wenn sie üblich sind.[53] Eine Umlage scheitert in der Regel aber daran, dass sie kaum nachgewiesen werden können. Die Kosten der **Reinigung eines Heizöltanks** sind Betriebskosten, da sie regelmäßig, wenn auch im Abstand mehrerer Jahre anfallen (zu aperiodischen Kosten § 556a Rn 26). Instandhaltungs- oder **Wartungskosten** sind zwar grundsätzlich vom Vermieter zu tragen und von der Miete umfasst. Sie sind aber in den in § 2 BetrKV ausdrücklich genannten Fällen umlagefähige Betriebskosten.[54] Deshalb sind insbesondere die Tankreinigungskosten umlegbar.[55] Zu den Kosten der Bedienung, Überwachung und Pflege der Heizungsanlage und der Abgasanlage iS von § 2 Nr 4 BetrKV und § 7 Abs 2 HeizkostenV zählen als Wartungskosten die Kosten kleinerer Instandhaltungsarbeiten wie der Austausch von verschleißanfälligen Kleinteilen, zB für Dichtungen, Filter und Düsen, nicht aber die Kosten der Reparatur einer defekten Heizungspumpe.[56] Wartungkosten der zentralen Rauchabzugsanlage sind ebenfalls umlegbar, ebenso wie die Kosten der Dichtigkeitsprüfungen von Gasleitungen[57] sowie die Kosten der Überwachung eines Flüssiggasbehälters durch den TÜV.[58] Bei der Vereinbarung der Umlage der Wartungskosten von Gasthermen als Betriebskosten muss keine Obergrenze für die Kosten vorgesehen sein.[59] **Immissionsschutzmessungen** verursachen ebenfalls Betriebskosten.[60] Die Kosten einer Schornsteinreinigung sind auf alle Mieter umlegbar, auch wenn ein Teil der Wohnungen mit Fernwärme versorgt wird, weil die Überprüfung der Abgasanlage dem allen Mietern zugute kommenden Brandschutz dient.[61] Unter den Kosten der eigenständigen gewerblichen Lieferung von Wärme **(Fern- oder Nahwärme)** sind nicht nur die reinen Verbrauchskosten zu verstehen, sondern alle Kosten, die der Wärmelieferant dem Vermieter als bei der Wärmeerzeugung

---

47 Im Einzelnen Anhang zu §§ 556, 556a HeizkostenV.
48 LG Wuppertal WuM 1979, 141 m Anm *Goch*.
49 AG Arnsberg DWW 1993, 48.
50 LG Erfurt WuM 2002, 317 zu § 7 Abs 2 HeizkostenV.
51 AG Mannheim DWW 1979, 68; *Lammel*, HeizkostenV § 7 Rn 56; **aM** AG Hamburg WuM 1986, 323; AG Kassel WuM 1982, 310.
52 AG Nordhausen WuM 1999, 486.
53 *Lammel*, HeizkostenV § 7 Rn 50 mwN; **aM** *Schmid* HdB Rn 1058.
54 *Langenberg* Betriebskostenrecht A Rn 32; AG Waiblingen WuM 2003, 480 nach Vereinbarung.
55 BGH NJW 2010, 226; AG Karlsruhe DWW 2006, 119; *Langenberg* Betriebskostenrecht K Rn 52; **aM** LG Landau/Pfalz WuM 2005, 720; AG Ahrensburg WuM 2002, 117; AG Friedberg/Hessen WuM 2000, 381; AG Hamburg WuM 2000, 332; AG Rendsburg WuM 2002, 232.
56 OLG Düsseldorf NZM 2000, 762 für Gewerbemiete.
57 AG Bad Wildungen WuM 2004, 669 m Anm *Schach* GE 2005, 334; **aM** AG Kassel NZM 2006, 537; AG Königstein/Ts WuM 1997, 684 für andere Gasleitungen.
58 **AM** AG Rheine WuM 1985, 345.
59 BGH WuM 2013, 31 = NJW 2013, 597; aM noch BGH NJW 1991, 1750, 1752.
60 AG Bochum DWW 1990, 24; AG Braunschweig WuM 1985, 345; AG Dortmund WuM 1983, 325; AG Karlsruhe DWW 1988, 211.
61 AG Charlottenburg GE 2001, 775.

entstanden berechnet (§ 556a Rn 35 und § 556c).[62] Ob die Wärmelieferung im Mietvertrag als Nah- oder Fernwärme bezeichnet wird, ist unerheblich, solange nur die Kostenübernahme grundsätzlich vereinbart wurde.[63] Befinden sich im Haus zwei Heizungsanlagen, sind nur die Kosten des Betriebs der Anlage abzurechnen, an welche die Wohnung angeschlossen ist.[64]

Die Kosten von **Einzelöfen** waren in Nr 4 der Anlage 3 zu § 27 BV 2 nicht erwähnt.[65] **11** Die dadurch bedingten Betriebskosten, vor allem die Kosten der Wartung, waren nur durch eine ausdrückliche vertragliche Vereinbarung auf den Mieter umzulegen.[66] Nach Einfügung der **Gaseinzelfeuerstätten** in § 2 Nr 4 BetrKV sind diese Kostenarten jetzt aber erfasst.

Die Kosten für das Ablesen von **Wärmemessgeräten** und die Ersetzung der Verduns- **12** tungsröhrchen stehen dem Betrieb der Heizung näher als dem allgemeinen, nicht umlagefähigen Verwaltungsaufwand (Rn 25). Sie werden daher grundsätzlich vom Betriebskostenbegriff umfasst.[67] Dies gilt nicht, wenn wegen fehlerhafter Verbrauchswerte nicht nach dem tatsächlichen Verbrauch abgerechnet wird.[68] Die Kosten der Erstellung der Abrechnung selbst und ihrer Versendung sind dagegen nicht umlagefähige Verwaltungskosten, soweit sie nicht in der Berechnung einer externen Heizkostenverteilerfirma enthalten sind.[69] Betragen die Kosten der Abrechnung des Abrechnungsunternehmens einschließlich der Kosten für die Anmietung der Erfassungsgeräte einen erheblichen Teil der gesamten Heizkosten, entspricht die Betriebskostenumlage nicht dem Gebot der Wirtschaftlichkeit (s Rn 51).[70] Während die **Miete** oder die **Leasingkosten**[71] sowie die Wartung und Eichung[72] von Geräten zur Verbrauchserfassung Betriebskosten sind, ist der Austausch dieser Geräte eine nicht umlagefähige Instandhaltungsmaßnahme, soweit dies nicht der Eichung dient (Rn 8). Die Mietkosten der Erfassungsgeräte sind im Anwendungsbereich der HeizkostenV[73] nur umlegbar, wenn die Mieter vor der Anmietung belehrt wurden.[74]

ee) Betriebskosten sind gem § 2 Nr 5 BetrKV die Kosten der zentralen Warmwasserver- **13** sorgungsanlage, der Fernanlieferung von **Warmwasser** und der Reinigung und Wartung von Warmwassergeräten. Ebenso wie bei den Heizungskosten gehören dazu die Kosten der Wartung und der Eichung der Warmwasserzähler,[75] auch durch Austausch (Rn 8).

---

62 Einzelheiten Anhang zu §§ 556, 556a HeizkostenV.
63 LG Berlin GE 2009, 1319.
64 AG Hamburg WuM 1987, 89.
65 *Staudinger/Weitemeyer* (2006) Rn 27; **aM** AG Berlin-Köpenick GE 1998, 803 m zust Anm *Muratori* GE 1998, 772; *Langenberg* NZM 2004, 41, 46.
66 **AM** *Willingmann/Kuschel* NJ 2001, 123, 125.
67 AG Bad Vilbel WuM 1987, 275 (LS); AG Hamburg WuM 1982, 310 (LS).
68 LG Hannover WuM 1991, 540.
69 AG Köln WuM 1982, 279 (LS); *Lammel* HeizkostenV § 7 Rn 73; Einzelheiten Anhang zu §§ 556, 556a HeizkostenV.
70 LG Berlin WuM 2004, 340 m Anm *Wall*; LG Köln NZM 2005, 453; AG Bersenbrück NZM 2000, 863; AG Hamburg WuM 1994, 695; AG Münster WuM 2001, 499; *Wall* WuM 2002, 130, 133: 15 % der Brennstoffkosten; aber großzügiger, wenn mit Energiekostenanstieg zu rechnen ist OLG Köln WuM 2007, 86; **aM** AG Lüdinghausen WuM 2001, 499.
71 AG Hamburg WuM 1994, 694; AG Coesfeld DWW 1987, 238.
72 AG Steinfurt WuM 1999, 721; AG Tecklenburg WuM 1999, 365; AG Überlingen NJW-RR 1995, 268; AG Warendorf WuM 2002, 339.
73 Anhang zu §§ 556, 556a HeizkostenV.
74 LG Berlin GE 2006, 1041; AG Coesfeld DWW 1987, 238; AG Neuss WuM 1995, 46; AG Tecklenburg WuM 1999, 365; AG Warendorf WuM 2002, 339.
75 AG Bremerhaven WuM 1987, 33.

Jost Emmerich

Im Übrigen gilt das Gleiche wie bei den Heizungskosten (Rn 10ff). Nach § 2 Nr 6 BetrKV werden ergänzend die Kosten erfasst, die bei gemeinsamer Herstellung oder Lieferung von Heizung und Warmwasser anfallen.

14 **ff)** Als Betriebskosten umlegbar sind gem § 2 Nr 7 BetrKV die Kosten des Betriebs des **maschinellen Personen- oder Lastenaufzugs** (zur Umlage auf den Erdgeschossmieter s § 556a Rn 17, 22). Dazu gehören die Kosten einer Notbereitschaft,[76] nicht aber die Prämien für die Versicherung der Gegensprechanlage im Aufzug (Rn 20). Besteht für die Aufzugs-anlage ein Wartungsvertrag mit einer Fahrstuhlwartungsfirma, können die in deren Rech-nungen enthaltenen Beträge für die Instandhaltung nicht umgelegt werden. Sind diese Beträge nicht einzeln aufgeführt, ist die Rechnung entsprechend den tatsächlichen Antei-len um etwa 20 bis 50 vH zu kürzen[77] und ist dies nachvollziehbar zu erläutern.[78]

15 **gg)** § 2 Nr 8 BetrKV nennt die Kosten der **Straßenreinigung und Müllbeseitigung**. Nach allgemeinen Auslegungsgrundsätzen ist davon auch die Abfuhr von Kompostabfäl-len erfasst.[79] Die BetrKV (s Anhang §§ 556, 556a) wählt den Begriff *„Müllbeseitigung"* statt *„Müllabfuhr"*, um die Umlage der Kosten für den Betrieb von Müllkompressoren, Müll-schluckern, Müllabsauganlagen und Anlagen zur Erfassung der Müllmengen ohne aus-drückliche Vereinbarung nach Nr 17 zu ermöglichen, die namentlich genannt werden.[80] Es liegt noch im normalen Gebrauch der Mietsache und führt daher zu allgemein umleg-baren Müllabfuhrkosten, wenn ein ausziehender Mieter eine größere Menge Haushalts-müll in den Müllbehältern entsorgt.[81] Kosten der **Sperrmüllabfuhr** sind dagegen nur dann Betriebskosten, wenn sie regelmäßig anfallen, etwa weil die Mieter immer wieder Sperrmüll in allgemein genutzten Gebäudeteilen abstellen,[82] oder weil es dem Vermieter nicht zumutbar ist, den Verantwortlichen zu ermitteln.[83] Das Gebot der Wirtschaftlichkeit (Rn 51ff) verpflichtet den Vermieter, überflüssige Müllbehälter abzubestellen,[84] eine kos-tengünstige Mülltrennung zu ermöglichen[85] und die Befreiung vom Anschluss- und Benut-zungszwang zur Müllentsorgung für ihren Bio-Abfall selbst entsorgende Mieter zu bean-tragen.[86] Unter Beachtung des Wirtschaftlichkeitsgrundsatzes etwa zur Kosteneinsparung können auch Kosten für ein externes Müllmanagement umgelegt werden.[87]

---

76 Begr z BetrKV BR-Drucks 568/03, 31 = WuM 2003, 678, 682; LG Gera WuM 2001, 615; AG Frankfurt **aM** WuM 2001, 615; AG Hamburg WuM 1987, 127.

77 LG Aachen DWW 1993, 41; LG Berlin GE 1987, 89; GE 1988, 464; GE 2002, 931; LG Duisburg WuM 2004, 717; LG Düsseldorf DWW 1999, 354 m Anm *Geldmacher*; LG Essen WuM 1991, 702; LG Hamburg NZM 2001, 806; AG Spandau MM 2010, 111.

78 LG Berlin GE 1999, 777; GE 2002, 931; GE 2003, 257; *Geldmacher* DWW 1999, 356, 357.

79 **AM** AG Uelzen NZM 1998, 75 m abl Anm *Börstinghaus* NZM 1998, 62.

80 Begr z BetrKV BR-Drucks 568/03, 31 = WuM 2003, 678, 682; zur Anwendung auf Altverträge *Langenberg* NZM 2004, 41, 47.

81 AG Nürnberg NZM 2002, 655.

82 LG Berlin GE 1995, 941; GE 1989, 681; GE 2000, 126; GE 2001, 65; NZM 2002, 65, 66; GE 2002, 595; AG Neukölln GE 2000, 415; AG Trier WuM 1999, 551; **aM** AG Köln WuM 1999, 551.

83 BGH NJW 2010, 1198; LG Berlin GE 1986, 1121, 1125; GE 2002, 595; AG Neukölln GE 2000, 415; **aM** LG Tübingen WuM 2004, 497; Überblick bei *Kinne* GE 2007, 274.

84 AG Dannenberg WuM 2000, 379; AG Dortmund WuM 2002, 54.

85 AG Dortmund WuM 2002, 54; AG Frankfurt aM WuM 2001, 631.

86 LG Neubrandenburg WuM 2001, 130.

87 AG Mainz WuM 2003, 450; LG Berlin GE 2009, 1254; AG Berlin-Mitte WuM 2005, 393 m Anm *Wall*.

hh) Betriebskosten sind nach § 2 Nr 9 BetrKV die Kosten der **Gebäudereinigung** und 16
Ungezieferbekämpfung. Die Gebäudereinigung umfasst nach dieser Bestimmung nur
die Säuberung der von den Bewohnern gemeinsam genutzten Gebäudeteile. Bei der Reinigung der Fassade, etwa von **Graffiti,**[88] und der **Dachrinne**[89] handelt es sich demgegenüber
um Maßnahmen an Gebäudeteilen, die von den Mietern nicht benutzbar sind. Allerdings
sind die Kosten als sonstige Betriebskosten nach § 2 Nr 17 BetrKV vertraglich umlegbar
(Rn 24). Die Kosten der Anschaffung von Reinigungsgeräten sind keine Betriebskosten,[90]
sondern Investitionen. Bei der Abrechnung innerhalb einer Wirtschaftseinheit sind die
Reinigungskosten nach dem Arbeitsanfall auf die einzelnen Häuser aufzuschlüsseln.[91]
Das **Gebot der Wirtschaftlichkeit** verpflichtet den Vermieter, darzulegen, warum mehr-
mals in der Woche vorgenommene Hausreinigungen erforderlich sind.[92] Ist der Mieter zur
Gebäudereinigung verpflichtet, können die Kosten einer anderweitigen Reinigung nur als
Schadensersatz verlangt werden, wenn der Mieter seiner Pflicht nicht nachkommt. Ein
Ansatz als Betriebskosten ist damit aber vertraglich ausgeschlossen.[93] Kosten der **Ungezieferbekämpfung** sind nur umlegbar, wenn sie regelmäßig, etwa zur Prophylaxe, anfallen. Die Kosten der Bekämpfung eines besonderen Ungezieferbefalls trägt der Vermieter[94]
oder der Mieter, wenn er diesen zu vertreten hat.[95]

ii) Umlagefähige Betriebskosten sind gem § 2 Nr 10 BetrKV die Kosten der **Garten-** 17
pflege. Ist der Garten nicht mitvermietet, können die Kosten nur umgelegt werden, wenn
er als Ziergarten der optischen Verschönerung dient,[96] nicht wenn allein der Vermieter, ein
Dritter oder ein einzelner Mieter ein Nutzungsrecht hat.[97] Die Pflege der Dachbegrünung
ist keine Gartenpflege,[98] wenn das Dach nicht als Dachgarten dient. Baumpflegearbeiten
sind Betriebskosten.[99] Zu den Gartenpflegekosten gehören nicht die Kosten für die erstmalige Anlage eines Gartens,[100] sondern nur die Kosten für die laufende Pflege wie etwa für
einen Heckenschnitt[101] oder die Erneuerung von Pflanzen und Gehölzen. Darunter ist das
unter dem Gesichtspunkt der Gartenpflege notwendige Auswechseln eines vorhandenen

---

88 AG Hamburg WuM 1995, 652; AG Köln WuM 2001, 515; s auch Begr z BetrKV BR-Drucks 568/03, 32 = WuM
2003, 678, 682.
89 BGH NZM 2004, 292; NZM 2004, 417.
90 AG Lörrach WuM 1996, 628; *Schmid* Hdb Rn 5193.
91 AG Köln WuM 1982, 195 (LS); s § 556a Rn 23.
92 LG Hamburg NZM 2001, 806; LG Regensburg WuM 2006, 10; vgl auch AG Köln WuM 1998, 692; WuM
1999, 237.
93 AG Kerpen WuM 1997, 471; AG Köpenick GE 2009, 1558; AG Magdeburg ZMR 2003, 45; AG Frankfurt/O
WuM 1997, 432; AG Stuttgart WuM 2004, 475.
94 Begr z BetrKV BR-Drucks 568/03, 32 = WuM 2003, 678, 682; KG GE 2002, 801; LG Berlin GE 2002, 595; LG
München I WuM 2001, 245; LG Hamburg GE 2001, 991; LG Siegen WuM 1992, 630; AG Freiburg WuM 1997, 471;
AG Hamburg WuM 1993, 619; WuM 1999, 485; WuM 2002, 265; AG Köln WuM 1992, 630; AG Oberhausen WuM
1996, 714; **aM** AG Offenbach NZM 2002, 214.
95 AG Hamburg WuM 2002, 265; AG Köln WuM 2000, 213.
96 BGH NZM 2004, 545; LG Berlin GE 2002, 931; LG Hannover WuM 2003, 450; LG Mainz WuM 2003, 624;
aM LG Karlsruhe WuM 1996, 230 passim; LG Potsdam WuM 1997, 677; AG Köln WuM 1992, 630; AG Nordhorn
WuM 1998, 604; AG Sankt Goar DWW 1990, 152.
97 BGH NZM 2004, 545; LG Berlin GE 1998, 1339; LG Wuppertal WuM 1999, 342; AG Hamburg WuM 1995, 652;
AG Köln WuM 1992, 630; AG Löbau WuM 1994, 163.
98 KG NZM 2006, 296; LG Karlsruhe WuM 1996, 230.
99 LAG Frankfurt aM WuM 1992, 545.
100 OLG Düsseldorf NZM 2000, 762; LG Berlin GE 1999, 909; GE 1999, 1129; GE 2002, 860.
101 AG Steinfurt WuM 2007, 41.

Bestandes gegen eine neue Bepflanzung zu verstehen,[102] etwa wenn der Rasen neu ange-legt wird[103] oder Bäume zu entasten sind.[104] Das Fällen von Bäumen gehört zur Garten-pflege, wenn es durch natürliche Vorgänge ausgelöst wird[105], etwa durch einen Sturm,[106] oder wenn einzelne Bäume zu beseitigen sind.[107] Anders ist es, wenn in größerem Umfang Bäume gefällt werden, weil sie Nachbarn die Sicht nehmen oder deren Grundstück ver-schatten oder verkehrsunsicher sind.[108] Aufwendungen für das Fällen von Bäumen sind wegen Verstoßes gegen den Grundsatz der Wirtschaftlichkeit (Rn 51) nicht umlegbar, wenn sie fällig wurden, weil die Gartenpflege vernachlässigt worden war.[109] Wird der Garten nach einer längeren Vernachlässigung jedoch wieder gepflegt, sind die normalen Kosten der Grundpflege umlagefähig.[110] Nicht umlagefähige Instandhaltungskosten sind die Auf-wendungen zur Erneuerung von Gehwegplatten[111] und die Kosten der Anschaffung von Gartengeräten.[112] Hat der Mieter die Gartenpflege selbst übernommen, trägt er die Kosten einer Fremdbeauftragung nur als Schadensersatz oder bei Gefahr in Verzug.[113]

18   **kk)** Umgelegt werden können nach § 2 Nr 11 BetrKV die Kosten der **Beleuchtung**. Hierzu gehören die Kosten der Beleuchtung der Außenanlagen und der gemeinsam genutzten Gebäudeteile,[114] während die Stromkosten in den einzelnen Wohnungen vom Mieter regelmäßig direkt mit den Stromlieferanten abgerechnet werden. Voraussetzung der Umlage ist, dass sich die Beleuchtung nicht auf öffentlichen Straßen befindet.[115] Die Kosten der Garagenbeleuchtung können nur auf die Mieter umgelegt werden, die die Garage gemeinsam nutzen.[116] Die Kosten für das Auswechseln von Lampen und Glüh-birnen sind dagegen nicht umlagefähige Instandhaltungskosten.[117] Andere Stromkosten, etwa für die Belüftungs- oder die Klingelanlage, sind hiervon nicht umfasst.[118] Die bloße

---

102 AG Neuss DWW 1993, 296; AG Steinfurt WuM 1999, 721.

103 LG Hamburg WuM 1989, 191.

104 Begr z BetrKV BR-Drucks 568/03, 32 = WuM 2003, 678, 682; LAG Frankfurt aM WuM 1992, 545; LG Lands-hut DWW 2004, 126.

105 Offengelassen durch BGH NZM 2009, 27.

106 LG Hamburg WuM 1989, 640; diff AG Mönchengladbach ZMR 2003, 198; *Langenberg* Betriebskosten-recht A Rn 146; **aM** LG Berlin GE 1988, 355; AG Königstein/Ts WuM 1993, 410; AG Spandau GE 2005, 1255; *Bausch* NZM 2006, 366.

107 AG Düsseldorf WuM 2002, 498; AG Köln NZM 2001, 41; **aM** LG München 12.2.2008, Az 12 S 3615/07 Quelle Juris; LG Tübingen WuM 2004, 669; LG Krefeld WuM 2010, 357; AG Dinslaken WuM 2009, 115; AG Schöneberg NZM 2010, 473; AG Gelsenkirchen/Buer DWW 2005, 205; AG Hamburg WuM 1989, 641; AG Reut-lingen WuM 2004, 95.

108 LG Berlin GE 1988, 355; AG Düsseldorf WuM 2002, 498; AG Hamburg-Wandsbek WuM 1986, 123 (LS); AG Neustadt Weinstraße NZM 2010, 41 = ZMR 2009, 456; AG Oberhausen WuM 1990, 556.

109 LG Hamburg WuM 1994, 695; LG Tübingen WuM 2004, 669; AG Schöneberg GE 1996, 477; ZMR 2003, 198; AG Neustadt Weinstraße NZM 2010, 41 = ZMR 2009, 456; AG Potsdam WuM 2009, 548; s Rn 89 ff.

110 AG Münster WuM 1992, 258.

111 AG Stuttgart-Bad Cannstatt WuM 1996, 481.

112 AG Laufen WuM 2005, 605; AG Lichtenberg GE 2004, 96; AG Starnberg NZM 2002, 910; **aM** LG Berlin GE 2000, 539; s auch Rn 25.

113 BGH NZM 2009, 27; OLG Düsseldorf NZM 2004, 866; LG Frankfurt aM NZM 2005, 338.

114 Parkplatz: AG Neuss WuM 1997, 471; Keller: AG Gera WuM 2002, 285; Allgemeinstrom: AG Suhl WuM 2005, 669.

115 LG Aachen DWW 1993, 41, 42.

116 LG Aachen DWW 1993, 41, 44; s aber § 556a Rn 19.

117 OLG Düsseldorf NZM 2000, 762; s Rn 25.

118 AG Frankfurt aM WuM 2010, 92; AG Leipzig WuM 2007, 576.

Jost Emmerich

Bezeichnung als Strom- statt als Beleuchtungskosten begründet noch keinen formellen Fehler der Abrechnung.[119]

ll) Die Kosten der **Schornsteinreinigung** können nach § 2 Nr 12 BetrKV umgelegt **19** werden, wenn sie nicht bereits in den Heizungskosten (Rn 10) enthalten sind. Unerheblich ist, ob die Wohnung des Mieters an den Schornstein angeschlossen ist.[120]

mm) Umlegbar sind gem § 2 Nr 13 BetrKV die Kosten der **Sachversicherung** des **20** Gebäudes gegen Feuer-, Sturm- und Wasserschäden und Glasbruch sowie die **Haftpflichtversicherung** für das Gebäude, den Öltank und den Aufzug.[121] Da es sich um eine beispielhafte Aufzählung handelt, was aus der Verwendung des Wortes „namentlich" deutlich wird, sind andere Sachversicherungen umlegbar, soweit sie dem Schutz des Gebäudes sowie seiner Bewohner und Besucher dienen, wie beispielsweise eine Versicherung gegen Schwamm und Hausbock.[122] Ausdrücklich mit aufgenommen wurden in die BetrKV die Elementarschädenversicherungen gegen Folgen von Naturereignissen. Durch den Wirtschaftlichkeitsgrundsatz[123] ist die Umlage derartiger Versicherungen jedoch begrenzt, wenn das versicherte Risiko in der Gegend fern liegt.[124] Nach diesen Maßstäben kann der Abschluss einer Terrorversicherung bei gefährdeten Gebäuden wirtschaftlich geboten sein.[125] Weil sie andere Risiken, nämlich vorrangig die finanzielle Leistungsfähigkeit des Vermieters abdecken, sind nicht umlagefähig die Kosten einer Versicherung für die Gegensprechanlage,[126] einer Reparaturversicherung,[127] einer Rechtsschutzversicherung[128] oder einer Mietverlustversicherung.[129] Bei Abschluss einer Sammelversicherung müssen die umlegbaren Kosten in der Betriebskostenabrechnung nachvollziehbar aufgeteilt werden.[130] Wegen des Grundsatzes der Wirtschaftlichkeit kann eine Erhöhung der Prämien einer Versicherung gegen Leitungswasserschäden nicht umgelegt werden, wenn sie auf den mangelhaften Zustand der Wasserrohre zurückgeht.[131] Die Umlage der Kosten der Gebäudeversicherung auf den Mieter hatte nach der Rspr des VIII. Senats des BGH zur Folge, dass damit stillschweigend die **Haftung des Mieters** gegenüber dem Vermieter etwa bei Brandschäden auf Vorsatz und grobe Fahrlässigkeit beschränkt wurde,[132] so dass der Versicherer beim Mieter keinen Regress nehmen konnte. Dies galt in gleicher Weise für gewerbliche Mietverhältnisse.[133] Inzwischen hat der für Versicherungsrecht zuständige

---

119 **aM** AG Köln ZMR 2009, 933.
120 LG Düsseldorf DWW 1999, 354 m zust Anm *Geldmacher;* s Rn 10.
121 OLG Brandenburg NZM 2000, 572: entsprechende Auslegung einer Klausel bei Gewerbemietverhältnis.
122 LG Hamburg WuM 1989, 191; AG Hamburg WuM 1998, 352.
123 Spez. zu Versicherungen *Mühlemeier* WuM 2007, 111.
124 Begr z BetrKV BR-Drucks 568/03, 33 = WuM 2003, 678, 682.
125 BGH NJW 2010, 3647 mit diff Anm *Horst* NZM 2011, 65; AG Pankow-Weißensee GE 2009, 57; AG Spandau GE 2005, 1255; *Lattka* ZMR 2008, 929, 933; Schmidt-Futterer/*Langenberg* Rn 173; weitergehend für jedes Gebäude OLG Stuttgart NZM 2007, 247.
126 LG Berlin WuM 1986, 187; **aM** LG Berlin GE 1987, 517.
127 AG Hamburg WuM 2004, 200; AG Köln WuM 1990, 556.
128 OLG Düsseldorf WuM 1995, 434.
129 OLG Düsseldorf NZM 2001, 588.
130 Einzelheiten bei *Schmid* ZMR 2001, 587.
131 AG Hamburg WuM 1986, 346; AG Köln WuM 2000, 37.
132 BGHZ 131, 288 = NJW 1996, 715 m Anm *Sonnenschein* EWiR 1996, 295; OLG Hamm NZM 1998 682; NZM 2000, 573, 574 mwN; OLG Düsseldorf ZMR 2001, 179.
133 BGH NZM 2000, 688; OLG Celle NZM 1998, 731; OLG Düsseldorf ZMR 1997, 228; NZM 1998, 728 selbst bei vertragswidriger Nutzung zu Wohnzwecken.

Jost Emmerich

IV. Senat des BGH, dem sich der VIII. Senat angeschlossen hat,[134] durch ergänzende Vertragsauslegung des Gebäudeversicherungsvertrags einen konkludenten **Regressverzicht** des Versicherers für die leicht fahrlässige Schadensverursachung durch den Wohnungsmieter angenommen, der unabhängig davon besteht, ob der Mieter sich zur Zahlung der Prämien verpflichtet hat oder diese Beträge in der Grundmiete enthalten sind. Damit muss der Versicherer die Voraussetzungen für den Regress und das Vorliegen von Vorsatz oder grober Fahrlässigkeit beim Mieter beweisen.[135] Der VIII. Senat hat dies dahingehend ergänzt, dass der Vermieter im Schadensfall verpflichtet ist, zunächst den Versicherer und dann erst den Mieter in Anspruch zu nehmen.[136] Der Mieter hat für Dritte nicht nach § 278 einzustehen sondern nur für seinen Repräsentanten.[137] Die Grundsätze zum Regressverzicht gelten aber nicht für die Hausratsversicherung des Vermieters.[138]

21   **nn)** Die Kosten für den **Hauswart** sind Betriebskosten nach § 2 Nr 14 BetrKV. Dazu gehören die Lohnzahlungen, die Lohnnebenkosten und die pauschale Lohnsteuer[139] einschließlich des Weihnachtsgeldes und der Kosten für eine Urlaubsvertretung[140] sowie die fiktive Miete für eine mietfrei überlassene Wohnung[141] und Telefonauslagen des Hausmeisters.[142] Ausdrücklich ausgenommen ist nach Nr 14 die Hausmeistervergütung, die nicht umlagefähige Arbeiten betrifft, wie Instandhaltungen und Instandsetzungen, Erneuerungen, Schönheitsreparaturen oder Hausverwaltertätigkeiten. Zur Hausverwaltung gehören die Beauftragung anderer Unternehmen, die Geltendmachung von Gewährleistungsansprüchen, die Übernahme von Schönheitsreparaturen,[143] Maklertätigkeiten,[144] Vermietungen, die Übergabe und Abnahme von Wohnungen, die Erstellung der Übergabe- und Abnahmeprotokolle, die Führung der Schlüsselregistratur und der Hausmeisterkasse.[145] Umlagefähige Aufgaben des Hausmeisters sind die Haus-, Treppen- und Straßenreinigung einschließlich der Schneeräumung, die Gartenpflege und die Bedienung der Heizungs- und Warmwasseranlage und des Fahrstuhls.[146] Kleinere Reparatur- und Instandhaltungsarbeiten wie das Auswechseln einer Glühlampe oder die Reparatur eines tropfenden Wasserhahns gehören als typische Hausmeistertätigkeiten ebenfalls dazu;[147] alle darüber hinausgehenden Instandhaltungen und Instandsetzungen sind allenfalls als sonstige Betriebskosten umlegbar.[148] Die Kosten für Hausmeistertätigkeiten, die auch als andere Betriebskostenarten umlegbar wären, dürfen den Mieter nicht doppelt belasten. Nr 14 der Anlage 3 ordnet an, dass entsprechende Arbeitsleistungen aus Gründen der Klarheit und

---

134 BGH NZM 2001, 638, 639.
135 BGHZ 145, 393 = VersR 2001, 94 m Anm *Lorenz* u *Wolter*; NZM 2002, 795; BGHZ 169, 86 = NJW 2006, 3707; BGH NJW 2006, 3711; NZM 2008, 782 = WuM 2008, 502; BGHZ 184, 148 = NZM 2010, 450 = ZMR 2010, 515; OLG Köln NZM 2005, 293; OLG Düsseldorf WuM 2002, 489; OLG Hamm NZM 1998, 682.
136 BGH NZM 2005, 100; NZM 2007, 88, 89; *Prölls* ZMR 2005, 241; zum Regress der Haftpflichtversicherung des Mieters s *Bartosch-Koch* NJW 2011, 484.
137 BGH NJW 2006, 3712.
138 BGH NJW 2006, 3714.
139 AG Tempelhof-Kreuzberg WuM 2004, 476.
140 LG Lüneburg WuM 1986, 262 (LS).
141 AG Köln WuM 1997, 273; s *Ricke* WuM 2003, 663.
142 AG Hannover WuM 1994, 435.
143 LG Köln WuM 1992, 258.
144 AG Neumünster WuM 1994, 284.
145 LG Köln DWW 1996, 51; AG Köln WuM 1995, 120.
146 LG Köln WuM 1992, 258; AG Köln WuM 1986, 323 (LS).
147 LG München I WuM 2000, 258; **aM** AG Köln WuM 1995, 120; AG Köpenick GE 2010, 915; AG Wuppertal ZMR 1994, 372; *Schmid* Hdb Rn 5288.
148 BGH NJW 2007, 1356.

Überprüfbarkeit der Abrechnung nur bei den Hauswartskosten anzusetzen sind. Gehören zum Aufgabenbereich des Hausmeisters nicht umlagefähige Tätigkeiten, hat der Vermieter den Umfang der umlagefähigen und der nicht umlagefähigen Aufgaben darzulegen, so dass diese Kosten herausgerechnet werden können.[149] Ergeben sich Zweifel, ob der Hauswart umlagefähige Arbeiten durchführt, ist der **Vermieter beweispflichtig** für deren Umfang.[150] Ein Abzug für diese Tätigkeiten kann uU geschätzt werden.[151] Sind umgekehrt die nicht abzugsfähigen Kosten von ganz geringem Gewicht, ist ein Abzug nicht erforderlich.[152] Dem Vermieter steht es frei, statt eines angestellten Hausmeisters einen Gebäudedienstleister mit der Durchführung der Hausmeistertätigkeiten zu beauftragen, soweit die Vertragsbedingungen dem Gebot der Wirtschaftlichkeit entsprechen.[153] Auch hierbei ist der Teil des Entgelts abzuziehen, der auf nicht umlagefähige Leistungen entfällt.[154] In größeren Hausanlagen kann es erforderlich sein, den Hausmeister **Überwachungs- und Pförtnerdienste** durchführen zu lassen, wenn der bestimmungsgemäße Gebrauch der Mietsache durch Vandalismus, Obdachlose oder Drogensüchtige gestört wird. Diese Tätigkeiten sind dann noch als Hausmeistertätigkeiten umlegbar, wie auch der Begriff „Hauswart" in Nr 14 andeutet.[155] Diese Aufgaben können nach ausdrücklicher Vereinbarung als sonstige Betriebskosten auch einem außenstehenden Unternehmen übertragen werden (Rn 24). Auch die Hausmeisterkosten müssen dem **Grundsatz der Wirtschaftlichkeit** entsprechen, so dass überhöhte Lohnkosten nicht geltend gemacht werden können.[156] Bei größeren Anlagen können zwei Hausmeister erforderlich sein.[157] Die Höhe der angemessenen Kosten hängt im Einzelfall von den notwendigen Aufgaben des Hausmeisters ab.[158] Sie werden mit 0,12,[159] 0,25[160] bis max. 0,50 €[161] pro Quadratmeter Wohnfläche angegeben. Ergeben sich erhebliche Abweichungen zu den Durchschnittswerten, hat der Vermieter darzulegen, dass die konkret abgerechneten Kosten angemessen sind.[162]

149 BGH NZM 2007, 770; NZM 2008, 403; NJW 2008, 1801; NJW 2010, 1198; AG Brandenburg GE 2010, 915; AG Köpenick GE 2010, 915; *Wolbers* ZMR 2009, 417; LG Berlin GE 1999, 1127; GE 2001, 923; GE 2002, 931; GE 2003, 257; LG Bonn NZM 1998, 910; LG Düsseldorf DWW 1999, 354; LG Köln DWW 1996, 51; LG München I WuM 2000, 258; LG Wuppertal WuM 1999, 342; AG Berlin Mitte NZM 2002, 523; AG Kerpen WuM 2000, 37; AG Köln WuM 1999, 235; WuM 2000, 37; WuM 2002, 615.
150 BGH NJW 2008, 1801; AG Köpenick GE 2010, 915; LG Karlsruhe WuM 1996, 230; AG Köln WuM 2002, 615; AG Ulm WuM 1999, 402; AG Wuppertal ZMR 1994, 336.
151 BGH NJW 2008, 1801: 10 % ungenügend; 20 % Abzug LG Köln ZMR 2010, 966 bei Gewerbemiete; LG Berlin GE 2002, 860; LG Frankfurt aM WuM 1996, 561; LG Neuruppin WuM 2004, 50; AG Köln WuM 2002, 615; AG Charlottenburg GE 2005, 997; AG Köpenick GE 2006, 855; **aM** LG Potsdam GE 2003, 743; AG Osnabrück WuM 2004, 368.
152 AG Köpenick GE 2010, 915; AG Schöneberg GE 2008, 1631.
153 LG Berlin GE 2002, 736; AG Köln WuM 1999, 466; AG Regensburg WuM 2006, 110; *Westphal* WuM 1998, 329.
154 LG Gera WuM 2001, 615; LG Wuppertal WuM 1999, 342; AG Köln WuM 1999, 466.
155 Begr z BetrKV BR-Drucks 568/03, 33 = WuM 2003, 678, 682; LG Köln WuM 1997, 230; *Langenberg* Betriebskostenrecht G Rn 158; **aM** LG Berlin GE 2005, 237; LG Potsdam GE 2003, 743; AG Berlin Mitte GE 2001, 1541; AG Köln WuM 2002, 338.
156 AG Hamburg WuM 1988, 308.
157 LG Wiesbaden NZM 2002, 944.
158 AG Köln WuM 2000, 680 bei Vandalismus.
159 LG Berlin GE 2001, 63; AG Frankfurt aM WuM 2001, 615; AG Köln WuM 2001, 515.
160 AG Köln WuM 1997, 273; AG Suhl WuM 2003, 452; AG Wetzlar WuM 2004, 339.
161 LG München I NZM 2002, 286; LG Wuppertal WuM 1999, 342; AG Erfurt WuM 2003, 358 bereits überhöht; AG Köln NZM 1998, 305; s auch AG Köln WuM 2006, 568.
162 AG Frankfurt aM WuM 2002, 376; AG Köln NZM 1998, 305; AG Annaberg WuM 2007, 131; weitergehend AG Düren WuM 2003, 153.

Jost Emmerich

22   **oo)** Die Kosten des Betriebs einer **Gemeinschafts-Antennenanlage** und der mit einem **Breitbandkabelnetz** verbundenen privaten Verteilanlage sind nach § 2 Nr 15 BetrKV Betriebskosten.[163] Auf die Nutzung durch den Mieter kommt es nicht an.[164] Die Umlage der durch die Errichtung einer Sammelantennenanlage zum direkten Empfang über Satelliten nach dem neuen § 20b Urheberrechtsgesetz entstehenden Verwertungsgebühren als Kosten der Gemeinschafts-Antennenanlage ist erst nach einer ausdrücklichen Aufnahme in § 2 Nr 15 der BetrKV (s Anhang §§ 556, 556a) zulässig.[165] Aus der Umlage der Kosten für eine nachträglich errichtete Gemeinschaftsantenne folgt die konkludente Änderung des Mietvertrags, dass sich der Vermieter zur Bereitstellung der Antenne verpflichtet.[166]

23   **pp)** Betriebskosten sind nach § 2 Nr 16 BetrKV die Kosten des Betriebs der **Einrichtungen für die Wäschepflege**. Darunter fallen Waschmaschinen, Trockner, Schleudern und Bügelautomaten.[167] Die Kosten der Wascheinrichtung dürfen nicht umgelegt werden, wenn sie bereits über einen Münzeinwurf gedeckt sind.[168] Ebenfalls nicht umlegbar sind die Verwaltungskosten, die durch die Abrechnung zur Verteilung der Kosten der maschinellen Wascheinrichtung entstehen. Die Vorschrift in Nr 16 enthält keine Erweiterung der umlagefähigen Kosten auf die Verwaltungskosten wie bei den Heizkosten.[169]

24   **qq)** § 2 Nr 17 BetrKV nennt als letzte Betriebskostenart **sonstige Betriebskosten**. Dabei muss es sich um Kosten handeln, die dem allgemeinen Betriebskostenbegriff (Rn 6) entsprechen. Deshalb sind Kosten der Instandhaltung und Instandsetzung (Rn 25) auch nicht vertraglich als Betriebskosten umlegbar.[170] Außerdem kann sich aus der Aufzählung der ausdrücklich aufgeführten Betriebskosten ergeben, dass andere Kosten von der Umlage ausgeschlossen sind. Hinsichtlich der **Wartungskosten** ist danach zu differenzieren, ob es sich wie bei den in der Anlage 3 ausdrücklich genannten Wartungskosten um solche handelt, die der regelmäßigen, **vorbeugenden Instandhaltung** dienen, etwa der regelmäßigen Reinigung der Dachrinnen von Laub, nicht der Beseitigung bereits eingetretener Schäden (Instandsetzung) oder der aufgrund besonderer Anlässe notwendigen Instandhaltung, etwa Beseitigung einer bereits eingetretenen Verstopfung des Abflusses.[171] Darunter fallen Wartungskosten für Elektroanlagen[172] oder TÜV-Gebühren für die Wartung einer Blitzschutzanlage,[173] nicht aber die Instandhaltungskosten für eine Gegensprechanlage.[174] Die Installation von Feuerlöschern betrifft eine Investition und ist daher ebenfalls nicht den Betriebskosten zuzuordnen,[175] die Wartungskosten für Feuerlöscher können dagegen kraft ausdrücklicher Vereinbarung als sonstige Betriebskosten auf den Mieter umgelegt werden.[176] Umstritten ist, ob Kosten für die Bewachung von Wohnan-

---

163 LG Frankfurt aM ZMR 2000, 763.
164 AG Schöneberg GE 2004, 1595.
165 Begr z BetrKV BR-Drucks 568/03, 34 = WuM 2003, 678, 683; zur bisherigen Rechtslage *Hess/Lationovic* NZM 1999, 341.
166 AG Osnabrück WuM 1999, 34.
167 Begr z BetrKV BR-Drucks 568/03, 34 = WuM 2003, 678, 683; *Langenberg* NZM 2004, 41, 47.
168 LG Berlin GE 1999, 1131; s auch AG Hamburg WuM 2003, 565.
169 AG Mülheim/Ruhr NZM 2001, 335.
170 BGH NZM 2004, 417; NZM 2004, 418; *Derckx* WuM 2005, 690; *ders* NZM 2005, 807.
171 BGH NZM 2004, 417; NZM 2004, 418; NJW 2007, 1356.
172 BGH NJW 2007, 1356.
173 BGH NJW 2007, 1356; AG Bremervörde WuM 1987, 198.
174 AG Hamburg WuM 1988, 308.
175 LG Berlin GE 2005, 237; AG Sankt Goar DWW 1990, 152.
176 LG Berlin GE 2000, 1185; GE 2001, 63; AG Hamburg WuM 1998, 352.

lagen als Hausmeisterkosten oder als sonstige Betriebskosten auf den Mieter umgelegt werden können. Soweit die Überwachung der Anlage nicht durch einen Hauswart im Rahmen seiner Tätigkeit miterledigt wird und damit nach Nr 14 umfasst ist (Rn 21), können die Kosten für einen eigenständigen Überwachungsdienst etwa durch eine **Wach- und Schließgesellschaft** bei einer ausdrücklichen Vereinbarung nach Nr 17 als sonstige Betriebskosten umgelegt werden, soweit dies wegen Belästigungen durch andere Personen zur ordnungsbemäßen Nutzung des Gebäudes durch die Mieter erforderlich ist, nicht zur allgemeinen vorbeugenden Sicherung des Eigentums des Vermieters.[177]

c) Keine Betriebskosten

aa) Wegen der Regelung in § 556 Abs 4 ist ganz überwiegender Auffassung nach auch 25 die **vertragliche Übernahme** von Nebenkosten, die nicht unter die Betriebskosten iS des § 556 Abs 1 iVm der BetrKV fallen, unwirksam.[178] Dazu gehören die Kosten der **Hausverwaltung**.[179] **Instandsetzungskosten** betreffen Reparaturen und sind ebenfalls nicht umlegbar.[180] **Instandhaltungskosten** (zur Abgrenzung s Rn 24) sind nicht umlegbar, wenn nicht die Vorschrift des § 2 BetrKV bei einzelnen Betriebskostenarten ausdrücklich die Umlage von derartigen Kosten als Wartungskosten vorsieht.[181] Nicht umlegbare Instandhaltungs- und Instandsetzungsmaßnahmen sind etwa die Beschichtung des Heizöltanks,[182] die Spülung der Fußbodenheizung,[183] die Druckprüfung der nicht zur zentralen Heizungsanlage gehörenden Gasleitungen[184] und die Wartung der Türschließanlage.[185] Unwirksam ist auch eine Vertragsbestimmung, nach der die Kosten der Installation einer Gemeinschaftsantenne als Betriebskosten umgelegt werden können, da es sich insofern um Modernisierungskosten handelt.[186] Keine Betriebskosten sind die Mietzinsen für einen Gastank, weil auch die **Investitionsaufwendungen** beim Kauf des Tanks nicht umlegbar wären.[187] Nicht umlegbare Investitionen sind auch die Kosten für die Anschaffung einer Schneekehrmaschine, selbst wenn ihr Einsatz auf Dauer gesehen geringere Kosten als die Beauftragung eines Fremdunternehmens verursacht.[188] Keine Betriebskosten sind **Kapitalkosten** wie Erbbauzinsen.[189] Im Gewerberaummietrecht gilt § 556 Abs 1 nicht; hier prüft die Rspr aber die Angemessenheit entsprechender Formularklauseln (Rn 29).

---

177 BGH NZM 2005, 452; KG GE 2004, 234 u OLG Celle NZM 1999, 501 für Geschäftsraummiete; LG Köln WuM 2004, 400; AG Berlin-Mitte GE 2006, 1041; AG Köln WuM 2002, 615, 616; ZMR 2003, 684; **aM** LG Hamburg ZMR 1997, 358; AG Berlin Mitte GE 2001, 1541; GE 2005, 129; AG Köln WuM 2002, 338; großzügiger für Gewerberaummiete OLG Frankfurt aM NZM 2006, 660.
178 Begr z RegE BT-Drucks 14/4553, 50.
179 BGH NJW 1993, 1061, 1062; OLG Karlsruhe WuM 1988, 204; OLG Koblenz NJW 1986, 995; LG Berlin GE 1998, 1339; LG Bonn WuM 1988, 398; LG Braunschweig WuM 1991, 339; LG Bremen WuM 1988, 397; LG Hannover ZMR 1987, 58; LG Hildesheim WuM 1987, 50; LG Siegen WuM 1990, 523.
180 BGH NZM 2004, 417; NZM 2004, 418.
181 Zum Problem der Divergenz von Ermächtigungsgrundlage und BetrKV *Staudinger/Weitemeyer* (2006) Rn 46; *Langenberg* NZM 2004, 41, 46.
182 LG Frankenthal/Pfalz WuM 1990, 32.
183 AG Köln WuM 1999, 235.
184 AG Königstein/Ts WuM 1997, 684.
185 AG Schöneberg GE 1998, 1343.
186 LG Köln WuM 1989, 24.
187 LG Bonn WuM 1989, 398; AG Bad Kreuznach WuM 1989, 310.
188 *Langenberg* Betriebskostenrecht A Rn 70; **aM** AG Schöneberg NJW-RR 2001, 1379; LG Berlin GE 2000, 539.
189 LG Osnabrück WuM 1987, 267; AG Frankfurt aM WuM 1983, 149; AG Hannover WuM 2002, 233.

Jost Emmerich

26 **bb)** Nicht umlegbare **Nebenkosten** können allerdings **als Teil der Grund- bzw Nettomiete** vom Mieter getragen werden, eine Erhöhung ist dann nur im Rahmen des Mieterhöhungsverlangens nach § 558 möglich.[190] Das setzt aber voraus, dass die nicht umlagefähigen Nebenkosten nicht ausdrücklich als Teil der Betriebskosten vereinbart sind, weil dann bereits die Überwälzung auf den Mieter unwirksam ist. Die Abgrenzung ist schwierig. Die Überwälzung auf den Mieter als Teil der Grundmiete setzt voraus, dass ein bestimmter unveränderlicher Betrag als fester Anteil der Grundmiete deutlich von den Betriebskosten getrennt vereinbart wurde.[191] Die Vereinbarung in einem Formularmietvertrag ist zulässig.[192] Denn wenn die Vereinbarung eindeutig von den umzulegenden Betriebskosten abgegrenzt ist, bestehen auch keine Probleme hinsichtlich des Transparenzgebots nach § 307 Abs 1.

27 **cc)** Die **Umsatzsteuer** auf die Betriebskosten, die ein gewerblicher Zwischenvermieter abzuführen hat, kann nicht als Teil der Betriebskosten auf die Mieter umgelegt werden. Anders als die von dritten Lieferanten dem Eigentümer in Rechnung gestellte Umsatzsteuer, die ohne weiteres zu den Betriebskosten zählt,[193] sind diese Steuerbeträge nicht durch das Eigentum oder dessen bestimmungsgemäßen Gebrauch entstanden.[194] Für Wohnraummietverhältnisse hatte diese Rechtsfrage nach der Neufassung des § 9 Abs 2 UStG durch das Missbrauchsbekämpfungs- und Steuerbereinigungsgesetz vom 21.12.1993[195] nur noch für eine Übergangsfrist Bedeutung.[196] Für Geschäftsraummietverhältnisse mit Umsatzsteueroption nach § 9 UStG gilt einheitlich für die auf die Grundmiete und den Betriebskostenanteil anfallende Umsatzsteuer des Vermieters, dass ihre Abwälzung auf den Mieter einer besonderen Vereinbarung bedarf.[197] In diesem Fall umfasst die gesetzliche Umsatzsteuerpflicht die gesamten Betriebskosten.[198]

28 **dd)** Zu Unrecht erhobene Nebenkosten kann der Mieter nach Bereicherungsrecht zurückfordern. Der Anspruch auf **Rückzahlung nicht umlegbarer Betriebskosten** aus § 812 Abs 1 S 1 1. Fall verjährt nach den Änderungen der Vorschriften über die Verjährung durch das Gesetz zur Modernisierung des Schuldrechts vom 26.11.2001[199] mit der regelmäßigen Verjährungsfrist des § 195 von drei Jahren. Verjährungsbeginn ist gem § 199 der Schluss des Jahres, in dem die Abrechnung durch den Vermieter erstellt und vorgelegt wird.[200]

---

190 BGH NJW 1993, 1061, 1062; OLG Karlsruhe WuM 1988, 204; OLG Koblenz NJW 1986, 995; LG Berlin GE 1996, 1051; NZM 1999, 405; GE 1999, 1648; LG Frankfurt aM NZM 2001, 332; LG Mannheim NZM 2000, 490 m Anm *Löhlein* 487; *Schmid* DWW 1998, 142, 143.
191 LG Berlin GE 2002, 1063f; LG Bonn WuM1988, 398; LG Düsseldorf DWW 1996, 123; LG Frankfurt aM WuM 1985, 367; LG Mannheim NZM 2000, 490 m Anm *Löhlein* 487; LG Siegen WuM 1990, 523; LG Wiesbaden ZMR 1999, 409.
192 LG Berlin GE 1999, 1648; LG Mannheim NZM 2000, 490 m Anm *Löhlein* 487; **aM** LG Braunschweig WuM 1991, 339; WuM 1996, 283; LG Bremen WuM 1988, 387; LG Göttingen ZMR 1989, 95 m abl Anm *Katlein*.
193 *Schmid* NZM 1999, 292, 294; *Westphal* ZMR 1998, 262, 263.
194 LG Nürnberg-Fürth WuM 1989, 398; AG Nürnberg WuM 1988, 51; *Schmid* NZM 1999, 292, 293.
195 BGBl I 2310.
196 S *Staudinger/Weitemeyer* (2003) § 556 Rn 48.
197 *Staudinger/Emmerich* (2006) § 535 Rn 85 mwN; allg zur Umsatzbesteuerung der Grundstücksmiete *Weitemeyer* DWW 2006, 15 u NZM 2006, 681.
198 LG Hamburg ZMR 1998, 294; *Schmid* NZM 1999, 292, 294; *Westphal* ZMR 1998, 262, 264; **aM** OLG Schleswig ZMR 2001, 619.
199 BGBl I 3138.
200 *Horst* DWW 2002, 6, 20; *Wiek* GuT 2003, 13.

3. Vereinbarung der Übernahme der Betriebskosten durch den Mieter
a) Allgemeines

aa) Sowohl die Umlage der Betriebskosten als Vorauszahlung mit jährlicher Abrech- **29** nung gem § 556 Abs 3 als auch als Pauschale mit oder ohne Erhöhungsvorbehalt nach § 560 Abs 1 setzen neben der grundsätzlichen Umlagefähigkeit der Betriebskostenart (Rn 6) die **klare und eindeutige Vereinbarung** voraus, der Mieter solle die jeweiligen Betriebskosten tragen, sonst sind sämtliche oder die nicht genannten Nebenkosten mit der Miete abgegolten.[201] Dies gilt allerdings nicht für diejenigen Kosten, die üblicherweise direkt vom Mieter an den Leistungserbringer gezahlt werden wie die Kosten für Strom und Gas.[202] Bei **Gewerberaum** ist die Nebenkostenvereinbarung zwar nicht an § 556 Abs 1 gebunden. Gleichwohl müssen auch diese vertraglichen Vereinbarungen bestimmt sein und den Wirksamkeitsvoraussetzungen von Formularverträgen, insbesondere dem Transparenzgebot des § 307 Abs 1 S 2 entsprechen.[203] Für die vertragliche Übernahme der Betriebskosten durch den Mieter reicht es daher im Grundsatz für alle Mietverhältnisse nicht aus, dass im Mietvertrag geregelt ist, der Mieter habe alle oder alle gesetzlich zulässigen Neben- oder Betriebskosten zu tragen, weil es einen allgemein anerkannten Begriff der Neben- und Betriebskosten nicht gibt.[204] Zu unbestimmt ist auch die Vereinbarung, dass der Mieter Hausgebühren oder -abgaben zahlen soll.[205] Nach Auffassung des OLG Düsseldorf kann allerdings die Vereinbarung in einem Geschäftsraummietvertrag, dass Nebenkosten ohne Beschränkung auf den Katalog der Anlage 3 zu § 27 BV 2 (jetzt § 2 BetrKV) vom Mieter zu tragen sind, so ausgelegt werden, dass damit zumindest die in Anlage 3 genannten Betriebskosten und darüber hinaus die im Mietvertrag ausdrücklich bezeichneten Kosten umgelegt werden können.[206] Auch die Umlage aller im Rahmen einer Eigentümergemeinschaft abgerechneten Nebenkosten[207] (nicht aber aller Wohngeldkosten[208]) und der Verwaltungskosten[209] auf den gewerblichen Mieter soll noch bestimmt genug sein und der Klarheitsregel des § 307 Abs 1 S 2 entsprechen. Unklar ist aber die Vereinbarung der Umlage von Kosten für ein Gebäudemanagement und der im Betriebskostenanteil versteckten Raummiete weiterer Nebenräume bei einem gewerblichen Mietverhältnis[210]

---

201 BGH WuM 2012, 453 = NZM 2012, 608; Begr z RegE BT-Drucks 14/4553, 50; Ausschussbericht BT-Drucks 14/5663, 79; s Rn 5.
202 Begr z BetrKV BR-Drucks 568/03, 28 = WuM 2003, 678, 681; LG Stuttgart WuM 1996, 626; AG Lörrach WuM 2000, 328; auch Wasserkosten bei Einfamilienhaus: LG Saarbrücken NZM 1999, 458; AG St Wendel WuM 1998, 722.
203 BGHZ 183, 299 = NJW 2010, 671; KG GE 2004, 234; OLG Hamburg NZM 2002, 388; OLG Köln NZM 2008, 366; **aM** OLG Rostock NZM 2005, 507.
204 OLG Düsseldorf ZMR 1984, 20; NJW-RR 1991, 1354; NZM 2002, 700; ZMR 2003, 109; OLG Jena NZM 2002, 70; LG Aachen NZM 2001, 707; LG Berlin GE 2002, 1063; GE 2010, 849; LG Itzehoe ZMR 2010, 191; **aM** KG GE 2007, 845 = NZM 2008, 128 „Bewirtschaftungs- und sonstige Verbraucherabgaben"; OLG München ZMR 1997, 233; LG Saarbrücken NZM 1999, 458 bei Einfamilienhaus; OLG Karlsruhe ZMR 2009, 849 zur „Heilung" durch nachgelegte Betriebskostenkataloge der Abrechnungen von Mitmietern; offen gelassen von BGH WuM 2012, 453 = NZM 2012, 608.
205 OLG Celle WuM 1983, 291; LG Stuttgart WuM 1987, 161.
206 OLG Düsseldorf ZMR 2001, 882, 885; *Schulz* PiG 60 (2001) 63, 67.
207 OLG Frankfurt aM WuM 1985, 91; OLG München ZMR 1997, 233.
208 OLG Düsseldorf NZM 2002, 700; AG u LG Karlsruhe GuT 2002, 177 m Anm *Pfeilschifter* GuT 2002, 163.
209 BGHZ 183, 299 = NJW 2010, 671 „Kosten der kaufmännischen und technischen Hausverwaltung"; NZM 2010, 279; OLG Köln NZM 2008, 366, 367; OLG Hamburg NZM 2002, 388; ZMR 2003, 180; LG Mannheim NZM 2000, 490 m Anm *Löhlein* 487; **aM** OLG Rostock NZM 2005, 507; GuT 2008, 200; *Langenberg* Betriebskostenrecht B Rn 59.
210 BGH NZM 2005, 803; NZM 2002, 954; NJW 2010, 67 = GE 2010, 261.

Jost Emmerich

oder die Kostenübernahme für das „Center-Management"[211] oder für die „kaufmännische und technische Objektbetreuung", da dies über die Hausverwaltung hinaus geht.[212] Die Betriebskostenvereinbarung kann nachträglich im Einvernehmen der Parteien konkretisiert werden.[213]

30   **bb)** Es reicht aber sogar in **Formularverträgen** aus, wenn die Parteien inhaltlich **auf die Anlage 3 zu § 27 BV 2** oder heute auf die BetrKV (s Anhang zu §§ 556, 556a) **Bezug nehmen,** auch wenn deren Text nicht beigefügt ist.[214] Da der Begriff der Betriebskosten dem Mieter im Allgemeinen verständlich ist, ist der Verweis auf eine geltende Rechtsverordnung ausreichend. Voraussetzung für die Erfüllung des in § 307 Abs 1 S 2 ausdrücklich genannten Transparenzgebots ist aber weiter, dass der Mieter weiß, in welcher ungefähren Höhe Nebenkosten auf ihn zukommen, so dass entweder ein bestimmter Betrag als Pauschale oder Vorauszahlung vereinbart werden muss,[215] der Vertrag die wesentlichen Positionen nennt,[216] oder die BetrKV oder ihre Vorgängerregelung dem Mietvertrag beigefügt ist.[217] Nachdem durch das Föderalismusreform-Begleitgesetz (Rn 2) mit Wirkung vom 1.1.2007 die Definition der Betriebskosten nebst Fundstelle der diese näher ausgestaltenden BetrKV in § 556 Abs 1 eingestellt wurde, dürfte eine vertragliche Verweisung auf diese Norm jetzt ohne weitere betragsmäßige Angaben ausreichen.[218] Zur Wirksamkeit ist nicht erforderlich, dass in einer Aufzählung der Betriebskosten einzelne oder alle Kostenarten durch den Auswurf von Einzelbeträgen für die Vorauszahlungen gekennzeichnet werden.[219] Werden aber bestimmte Betriebskosten im Vertrag ausdrücklich aufgeführt, kommt dem die Bedeutung zu, dass alle anderen, nur formularmäßig genannten Nebenkosten nicht umgelegt werden sollen.[220] Auch wenn in einem Formularmietvertrag für einzelne Betriebskosten Einzelbeträge für Vorauszahlungen eingetragen sind, für andere dagegen nicht, kann davon ausgegangen werden, dass die nicht genannten Betriebskostenarten nicht vom Mieter gesondert getragen werden sollen.[221] Nach der BetrKV (s Anhang zu §§ 556, 556a) ersetzt diese seit dem 1.1.2004 ohne Übergangsregelungen die Anlage 3 zu § 27 BV 2. Dadurch wird der formularvertragliche Verweis auf die frühere Verordnung in Altverträgen nicht intransparent, weil es auf die Wirksamkeit im Zeitpunkt des Vertragsschlusses ankommt. Zudem entspricht die BetrKV in wesentlichen Teilen wörtlich der Anlage 3 zu § 27 BV 2.

---

211 BGH NZM 2012, 24 = NJW 2012, 54.
212 LG Köln ZMR 2010, 966.
213 OLG Karlsruhe ZMR 2009, 849; LG Koblenz WuM 1990, 312; AG Schöneberg GE 1999, 1499; s Rn 34.
214 BGH WuM 2012, 453 = NZM 2012, 608; NJW 2010, 1198; WuM 2010, 294 auch für preisgebundenen Wohnraum; so bereits obiter dictum BGH NZM 2004, 417; OLG Rostock NZM 2006, 584; LG Berlin GE 2002, 1063; *Fritz* NZM 2002, 713, 715; **aM** LG Hamburg WuM 1982, 86 (LS); LG München I WuM 1984, 106; *Pfeilschifter* WuM 2002, 73, 75ff; *Schumacher* NZM 2003, 13, 16; *Willingmann/Kuschel* NJ 2001, 123, 124; für preisgebundenen Wohnraum ergibt sich Angabepflicht aus § 20 Abs 1 S 3 NMV; OLG Oldenburg WuM 1997, 609.
215 BGH NJW 2010, 1198; WuM 2010, 294; BayObLG WuM 1984, 104.
216 Unter dieser Voraussetzung OLG Karlsruhe WuM 1986, 9; ohne Einschränkungen *Fritz* NZM 2002, 713, 715; enger: *Heinrichs* WuM 2002, 643, 646f = NZM 2003, 6; *Hinz* ZMR 2003, 77; *Schmidt* NZM 2003, 505, 506; *Schumacher* NZM 2003, 13.
217 Unter dieser Voraussetzung BGH NZM 2005, 863, 864.
218 Vgl auch BGHZ 183, 299 = NJW 2010, 671; NZM 2010, 279; *Staudinger/Weitemeyer* (2011) Rn 51.
219 LG Augsburg ZMR 1989, 307.
220 LG Braunschweig WuM 1985, 373 (LS); LG Frankfurt aM WuM 1986, 93 (LS); AG Freiburg WuM 1990, 84; AG München WuM 1990, 32; AG Münster DWW 1996, 283.
221 LG Berlin ZMR 2003, 427; AG Bad Mergentheim WuM 1997, 439; AG Freiburg WuM 1990, 84; AG Schöneberg GE 1991, 787; **aM** AG Neuss DWW 1987, 298; AG Schwetzingen WuM 1987, 31.

cc) Welche **Rechtsfolgen** die ganz oder teilweise unwirksame Vereinbarung einer 31
Betriebskostenumlage auf den Mieter hat, ist umstritten. Das OLG Dresden[222] belässt es bei
der Unwirksamkeit der Vereinbarung und billigt dem Mieter einen Rückzahlungsanspruch
auf die gezahlten Vorauszahlungen wegen Zweckverfehlung nach § 812 Abs 1 S 2 zu. Nach
anderer Auffassung behält der Vermieter in dem Fall, dass die Umlage eines bestimmten Betrags vereinbart wurde, seinen Anspruch auf regelmäßige Zahlung dieses Betrags,
jedoch nicht als Vorauszahlung auf eine Abrechnung, sondern als Betriebskostenpauschale mit der Erhöhungsmöglichkeit nach § 560.[223] Für die vom OLG Dresden geäußerte
Auffassung spricht, dass anders als in dem Fall, in dem die Parteien die Zahlung eines
bestimmten Betrags für bestimmte als Betriebskosten an sich nicht umlegbare Nebenkosten vereinbart haben (Rn 26), bei einer Vorauszahlungsvereinbarung für nicht oder zu
unbestimmt bezeichnete Betriebskosten die Parteien gerade nicht davon ausgehen, dieser
Betrag werde in jedem Fall vom Mieter geschuldet. Denn damit wird dem Mieter die Chance
genommen, bei verbrauchsabhängigen Betriebskosten durch sparsamen Verbrauch eine
Rückzahlung zu erreichen; bei den nicht verbrauchsabhängigen Betriebskosten kommt
häufig eine Rückzahlung in Betracht, weil der Vermieter einen Sicherheitszuschlag ein-
kalkuliert hat.[224] Es bleibt damit nur die Möglichkeit, die vereinbarte Netto- als Bruttomiete zu behandeln und eine Erhöhung dieser Bruttomiete nach § 558, allerdings nur im
Rahmen der Kappungsgrenze, zu ermöglichen (s § 558 Rn 9ff). Etwas anderes gilt, wenn
die Bezeichnung der umzulegenden Betriebskosten bestimmt genug ist, aber Unklarheit
über die Vereinbarung als Vorauszahlung oder als Pauschale besteht (Rn 38).

dd) Die Vereinbarung über die Betriebskosten bei einem auf bestimmte Zeit mit einer 32
längeren Dauer als einem Jahr geschlossenen Mietvertrag muss nach § 550 S 1 in schriftlicher **Form** geschlossen werden, sonst gilt der Mietvertrag für unbestimmte Zeit. Vereinbarungen über Nebenkosten betreffen nämlich regelmäßig keine unwesentlichen Nebenpunkte, die ohne Folgen für die Wahrung der Form mündlich getroffen werden können
(s auch § 550 Rn 16).[225]

b) Vereinbarungen über einzelne Betriebskostenarten
aa) Der Begriff **„Grundbesitzabgaben"** ist nicht durch Gesetz, Verkehrssitte oder 33
Handelsbrauch bestimmt, so dass er ohne weitere vertragliche Konkretisierung grundsätzlich zu unbestimmt für die Überwälzung von Betriebskosten auf den Mieter ist.[226]
Jedenfalls die Kosten für die Grundsteuern sind davon allerdings umfasst.[227] Ist vereinbart, dass die Kosten für Heizung, Abwasser, Strom und **Wasser** umgelegt werden dürfen,
zählen zu den Wasserkosten nur die Kosten für Frischwasser, nicht für die Warmwasserbereitung.[228] Sind die Kosten der Wasserversorgung in der Bruttomiete enthalten, können
sie nicht als Teil der Warmwasserbereitung umgelegt werden.[229] In den Kosten des Was-

222 NZM 2000, 827 m abl Anm *Langenberg* 801 u *Schmid* 1041; LG Berlin ZMR 2005, 957; vgl auch LG Mannheim DWW 1997, 152.
223 OLG Düsseldorf NZM 2002, 526; LG Saarbrücken NZM 1999, 757, 758; AG München NZM 1999, 415; AG
Neuss ZMR 1997, 305; *Langenberg* Betriebskostenrecht B Rn 75.
224 Vgl auch AG Lingen WuM 1996, 714.
225 LG Duisburg WuM 1997, 671, 672; *Schmid* NZM 2002, 483; vgl auch BGH NZM 1999, 501; **aM** OLG Koblenz
NZM 2002, 293.
226 LG Aachen WuM 1997, 647; AG Aachen WuM 1999, 305; AG Köln WuM 1998, 419 m abl Anm *Sommerfeld*.
227 Offen gelassen von OLG Düsseldorf NZM 2001, 588 für gewerblichen Mietvertrag.
228 AG Köln WuM 1984, 90 (LS).
229 AG Charlottenburg GE 2006, 59.

Jost Emmerich

serverbrauchs sind auch die Kosten für eine behördliche Untersuchung des Trinkwasserbrunnens enthalten.[230] Ändert die Gemeinde die bloße Bezeichnung und Berechnung der Abwassergebühr, hat der Mieter die neue Gebühr zu tragen.[231] Die **Entwässerungskosten** können auf den Mieter umgelegt werden, wenn vereinbart ist, dass der Vermieter die öffentlichen Abgaben trägt, weil Entwässerungskosten Gebühren und damit öffentliche Abgaben sind.[232] Unter den vertraglichen Begriff des Wassergeldes oder der Wasserkosten fallen auch die Kosten der Entwässerung, da diese mindestens zum Teil vom Verbrauch abhängen und eine weitere Spezifizierung nicht verlangt werden kann.[233] Mit Ausnahme der Kosten der Brennstoffe und deren Bereitstellung soll der Vermieter zur Umlage der weiteren **Heizkosten** nur berechtigt sein, wenn sich dies dem Mietvertrag, etwa durch eine ausdrückliche Aufzählung oder eine Verweisung auf § 7 Abs 2 HeizkostenV oder auf den gleich lautenden § 2 Nr 4 BetrKV (Anlage 3 zu § 27 BV 2 aF), entnehmen lässt.[234] Die Kosten der **Feuerlöscherprüfung**[235] und der **Immissionsschutzmessung** sind ebenfalls nur durch ausdrückliche vertragliche Vereinbarung umlagefähig, wenn nicht auf § 2 Nr 4 BetrKV oder die HeizkostenV verwiesen wird.[236] Sie sind nicht von dem Begriff der **Kaminreinigung** umfasst.[237] Gleiches gelte für die Kosten des Ablesens und Erstellens der **Heizkostenabrechnung** durch eine Heizkostenverteilerfirma, weil es sich um eigentlich vom Vermieter zu tragende Verwaltungskosten handele.[238] Da die Kosten der Abrechnung und der Immissionsschutzmessung in § 2 Nr 4 BetrKV ausdrücklich als umlagefähig genannt sind, reicht es aber auch insoweit aus, wenn darauf verwiesen wird (Rn 12). Die Regelung, dass die Mieter die Kosten der **Straßenreinigung** tragen, ist auch dann eindeutig, wenn damit nur die Aufwendungen für die Reinigung des öffentlichen Fußweges gemeint sind.[239] Sieht der Mietvertrag vor, dass die Mieter selbst Schnee zu beseitigen haben, kann der Vermieter die Kosten der Fremdbeauftragung nur als Schadensersatz auf den Mieter umlegen.[240] Es ist nicht erforderlich, ausdrücklich zu vereinbaren, dass zu den Kosten des Hausmeisters auch die Schneebeseitigung gehört,[241] weil es sich dabei um typische Hauswartsaufgaben handelt (Rn 21). Wird vereinbart, dass der Mieter die **Abfallgebühren** zu tragen hat, ist dies eng auszulegen.[242] **Sonstige Betriebskosten** iS des § 2 Nr 17 BetrKV müssen auch in Individualmietverträgen jeweils ausdrücklich genannt werden, wenn sie auf den Mieter abgewälzt werden sollen, weil dieser Begriff zu unbestimmt ist.[243] Allerdings soll die ausdrücklich Übernahme von Betriebskosten nach Auffassung des BGH auch durch zehnjährige Zahlung des Abrechnungssaldos durch den Mieter verein-

---

230 AG Wesel WuM 1990, 443.
231 LG Hannover NZM 2004, 373.
232 OLG Köln WuM 1991, 357.
233 LG Berlin GE 1996, 125; AG Arnsberg DWW 1988, 150; **aM** LG Köln WuM 1988, 307; AG Dortmund WuM 1987, 359.
234 LG Kiel WuM 1987, 360; *Lammel* HeizkostenV § 7 Rn 36 mwN; weitergehend BayObLG WuM 1985, 18; anders bei Einzelöfen: AG Schwäbisch Hall WuM 1997, 118; s auch Rn 11.
235 AG Steinfurt WuM 1993, 135.
236 AG Braunschweig WuM 1985, 345; AG Dortmund WuM 1983, 325; AG Karlsruhe DWW 1988, 211.
237 AG Heilbronn WuM 1989, 261.
238 AG Bergheim WuM 1983, 123 (LS); AG Köln WuM 1982, 279 (LS); WuM 1983, 239 (LS); AG Schleiden WuM 1983, 62 (LS).
239 AG Hannover WuM 1987, 275 (LS).
240 LG Karlsruhe WuM 1992, 367.
241 **AM** AG Aachen ZMR 1986, 315 m abl Anm *Sauren*.
242 LG Neuruppin WuM 2003, 153.
243 BGH NJW 1993, 1061; NZM 2004, 417; NZM 2004, 418; OLG Oldenburg WuM 1995, 430; auch für Gewerbemiete KG NZM 2006, 19; **aM** für Gewerbemiete OLG Celle NZM 1999, 501.

Jost Emmerich

bart werden können, wenn in den Abrechnungen die Kostenarten ausdrücklich aufgeführt waren (Dachrinnenreinigung).[244]

c) Änderung der Betriebskostenvereinbarung

aa) Die Parteien können nachträglich die Vereinbarung über die Betriebskosten 34 ändern.[245] Der **Änderungsvertrag** unterfällt dem Widerrufsrecht bei Haustürgeschäften nach § 312[246] und bedarf im Fall des § 550 der Beachtung der Form (Rn 32). Die Änderungsvereinbarung muss bestimmt genug sein.[247] Täuscht der Vermieter über die zukünftige Mietbelastung, kann der Mieter die Änderungsvereinbarung anfechten.[248] In der bloßen, auch wiederholten Zahlung nicht geschuldeter einzelner Betriebskostenarten anlässlich einer Betriebskostenabrechnung oder von Vorauszahlungen liegt regelmäßig keine **konkludente Vertragsänderung**, weil es meist sowohl für ein Vertragsangebot des Vermieters als auch für die Annahme durch den Mieter aus der Sicht des Erklärungsempfängers an dem objektiven Tatbestand einer Willenserklärung fehlt, die einen Rechtsbindungswillen erkennen lässt.[249] Anders liegt es, wenn nicht einzelne Betriebskosten erstmalig umgelegt werden, sondern der Mieter bei ausdrücklicher Vereinbarung einer Nettomiete mit separaten Betriebskosten, die noch nicht ausreichend bestimmt genug waren, auf die Betriebskostenabrechnungen des Vermieters jahrelang Nachzahlungen leistet oder Guthaben entgegennimmt.[250] Das Gleiche gilt, wenn der Mieter auf einen nach § 312 widerrufenen Vertrag über die Änderung der Mietstruktur dann doch über mehrere Jahre Vorschüsse zahlt, über die abgerechnet wird[251] oder auf ein Schreiben, das als Vertragsänderung formuliert ist, vorbehaltlos zahlt.[252] Auch in der Zahlung von bisher nicht geschuldeten Nebenkosten über eine Dauer von sechs Jahren im Anschluss an Abrechnungen über diese neuen Betriebskostenarten, nachdem ein neuer Hauptvermieter in den Mietvertrag eingetreten ist, kann mit dem BGH eine Einverständniserklärung des Mieters gesehen werden.[253] In all diesen Fällen muss der Mieter nach objektiver Betrachtung der Erklärung des Vermieters davon ausgehen, dass ihm ein Angebot auf Änderung des Mietvertrags unterbreitet wird. Die frühere, auch höchstrichterliche Rspr ging davon aus, eine jahrelange Zahlung nicht geschuldeter Betriebskosten oder die Entgegennahme von Guthaben aus der Abrechnung durch den Mieter bewirke eine konkludente Vertragsänderung, zB hinsichtlich der Umlage

---

244 BGH NZM 2004, 418 m krit Anm *Kappus* NZM 2004, 411 u *Schumacher* WuM 2004, 507; s auch Rn 34.
245 AG Trier WuM 2000, 690 zur Auslegung einer mündlichen Abrede.
246 LG Berlin ZMR 2002, 52; AG Löbau WuM 2004, 610; s § 557 Rn 10ff.
247 LG Berlin GE 2000, 1622; AG Neumünster WuM 1997, 272.
248 AG München NZM 2004, 421.
249 Vgl OLG Hamburg WuM 1988, 347; LG Bückeburg DWW 2007, 117; LG Darmstadt WuM 1989, 582; LG Detmold WuM 1991, 701 bei einmaliger Zahlung; LG Hagen WuM 1987, 161; LG Hamburg WuM 1991, 676; LG Karlsruhe GuT 2002, 177 selbst bei jahrelanger Zahlung; LG Kassel WuM 1990, 159; DWW 1996, 312; WuM 1999, 705; LG Kiel WuM 1987, 360; LG Kleve WuM 2001, 29; LG Landau WuM 2001, 613; LG Mannheim NZM 1999, 365 selbst bei jahrelanger Zahlung; DWW 2006, 68; LG Marburg WuM 2000, 680; LG Offenburg NZM 1999, 171; LG Wuppertal WuM 1982, 300; AG Alsfeld NZM 2001, 707; AG Mannheim DWW 2002, 36; **aM** LG Heilbronn NZM 2004, 459; LG Potsdam GE 2001, 1199; AG Koblenz NZM 2000, 238; AG Leonberg WuM 1990, 227; AG Wuppertal WuM 1985, 343; AG Nürnberg WuM 1999, 405; *Sternel*, in: FS Blank, 421, 432ff.
250 LG Aachen NJW-RR 2002, 442; LG Berlin GE 2001, 552; GE 2002, 1566; LG Mannheim NZM 2003, 398; LG Saarbrücken NZM 1999, 408; wohl auch LG Frankfurt/O NZM 1999, 1037; AG Schöneberg GE 1999, 1499; auch bei Bruttomiete: LG Berlin GE 1999, 1286; *Schmid* NZM 2003, 55, 57.
251 LG Berlin NZM 2002, 940.
252 OLG Hamburg WuM 1988, 347; LG Berlin GE 1996, 1489; ZMR 1998, 165; GE 2002, 737: nicht bloße Entgegennahme des Guthabens; LG Kassel NJWE-MietR 1997, 126.
253 BGH NZM 2000, 961; bestätigt als Ausnahmefall durch BGH NJW 2010, 1065; mit dieser Einschränkung zust LG Landau ZMR 2001, 457; krit *Schmid* NZM 2003, 55.

Jost Emmerich

der sonstigen Betriebskosten.[254] Auch in der jahrelangen Übung eines bestimmten **Umlageschlüssels** sollte eine Vereinbarung liegen, die sogar die Schriftformklausel aufhebt.[255] Diese Auslegung ist abzulehnen, weil der Vermieter durch die Einstellung der betreffenden Betriebskosten in die Abrechnung zu verstehen gibt, dass er zur Umlage bereits berechtigt ist, nicht aber, dass er damit zur Vertragsänderung auffordert.[256] Eine Zustimmung durch Zahlung kann nur angenommen werden, wenn das Schreiben des Vermieters als Angebot zur Vertragsänderung aufgefasst werden kann. Daran fehlt es in den Fällen der Betriebskostenabrechnung aber regelmäßig. Unklar ist auch, nach welcher Zeitdauer von einer einverständlichen Vereinbarung auszugehen ist (s § 557 Rn 4). Die Nachzahlung des Mieters auf eine Betriebskostenabrechnung oder die Entgegennahme des Guthabens aus der Abrechnung kann allenfalls unter dem Gesichtspunkt der **Verwirkung** oder des **Schuldanerkenntnisses** dazu führen, dass Einwendungen gegen die Abrechnung mit Wirkung für die Vergangenheit nicht mehr geltend gemacht werden können (s Rn 85, 90). Andererseits ist darin, dass der Vermieter einzelne, als umlagefähig vereinbarte Betriebskosten selbst jahrelang nicht geltend macht, kein Verzicht und keine Vertragsänderung zu sehen.[257] Auch wenn jahrelang über Betriebskosten überhaupt nicht abgerechnet wurde, führt dies regelmäßig wenn überhaupt nur zu einer Verwirkung für die Vergangenheit (Rn 90).

35   **bb)** Der Vermieter kann sich vertraglich vorbehalten, **neue Betriebskosten** umzulegen. Die vertragliche Abwälzung durch eine meist formularvertraglich vereinbarte **Mehrbelastungsklausel** setzt allerdings voraus, dass die Kostenart grundsätzlich umlegbar ist.[258] Außerdem muss aus der Klausel eindeutig hervorgehen, welche zukünftigen Kosten der Mieter tragen soll.[259] Die Umlage neuer Betriebskostenarten, über die nach § 556 Abs 3 abgerechnet wird, bedarf nicht der besonderen Voraussetzungen des § 560 Abs 1 bis 3 über die Erhöhung der Betriebskostenpauschale (s § 560 Rn 5). Soweit sich der Vermieter die spätere Umlage neuer Betriebskosten daher bestimmt genug vertraglich vorbehalten hat, muss die Neueinführung von Betriebskosten lediglich den Grundsatz der Wirtschaftlichkeit entsprechen (s auch Rn 72).[260] In Sonderfällen kann der Mieter nach ergänzender Vertragsauslegung verpflichtet sein, neue Betriebskosten zu übernehmen, wenn diese bei einem Wechsel der Heizungsanlage oder aus anderen Gründen andere Betriebskosten ersetzen.[261] Nach einer verbreiteten Auffassung auch des BGH soll der Vermieter berechtigt sein, auch **ohne eine**

---

254 BGH NZM 2004, 418 Dachrinnenreinigung; OLG Frankfurt aM NZM 2006, 660 [LS] = OLGR Frankfurt 2006, 712; OLG Düsseldorf DWW 2006, 21 Vorauszahlungen; LG Darmstadt NZM 2006, 136; LG Heilbronn NZM 2004, 459; LG Potsdam GE 2001, 1199; AG Pinneberg ZMR 2005, 371; **aM** AG Bad Dürkheim WuM 2005, 648; *Artz* NZM 2005, 367 = ZMR 2006, 165, 170; *Börstinghaus* NZM 2004, 801, 806; *Kappus* NZM 2004, 411; *Langenberg* NZM 2005, 51, 52f; *Schmid* NZM 2003, 55; *Schmidt-Futterer/Langenberg* Rn 58ff; *Schumacher* WuM 2004, 507.
255 BGH NZM 2006, 11; LG Darmstadt NZM 2005, 453 m abl Anm *Wall* WuM 2005, 645.
256 LG Landau WuM 2001, 613; LG Mannheim NZM 1999, 365; so auch BGH NZM 2004, 253 zur Erhöhung einer Teilinklusivmiete und BGH WuM 2008, 225.
257 LG Mannheim DWW 2006, 68; AG Dachau DWW 1998, 181; AG Neuss WuM 1990, 85; DWW 1996, 284; AG Speyer NZM 2001, 708; AG Wesel WuM 1988, 309; **aM** AG Uelzen WuM 1989, 309; AG Gießen NZM 2004, 217 unter Berufung auf BGH NZM 2004, 418.
258 LG Hamburg ZMR 1997, 358.
259 BGH NZM 2004, 417 zu Hauswartkosten; NJW 2006, 3558; AG Neukölln GE 2007, 455; **aM** noch LG Frankfurt aM WuM 1999, 46; LG Karlsruhe WuM 1992, 367; AG Hamburg WuM 1987, 323; WuM 1989, 522.
260 BGH NJW 2006, 3558; BGH NZM 2004, 417 – Dachrinnenreinigung; BGH NZM 2004, 253; Parallelsache WuM 2004, 151; *Schmidt-Futterer/Langenberg* § 560 Rn 21.
261 LG Hannover NZM 2004, 343; AG Bochum DWW 1990, 24; vgl auch AG Tempelhof-Kreuzberg GE 2005, 1357.

vertragliche Grundlage neu entstandene Betriebskosten auf den Mieter umzulegen, wenn diese Folge einer vom Mieter nach § 554 aF (jetzt: § 555d) zu duldenden **Modernisierungs-maßnahme** sind.[262] Diese Auffassung steht jedoch im Widerspruch zur Vertragsfreiheit, die es den Parteien überlässt, welche Betriebskosten der Mieter zu tragen hat. Lediglich wenn eine bestimmte Betriebskostenart nach dem Mietvertrag wirksam vom Mieter übernommen wurde, und sich die durch die Modernisierungsmaßnahme ausgelösten Betriebskosten ebenfalls unter diese Betriebskostenart subsumieren lassen, ist ein „Austausch" unter dem Gesichtspunkt ergänzender Vertragsauslegung möglich. Das Gleiche gilt, wenn bestimmte Betriebskosten bereits geschuldet sind, aber erst nach der Modernisierungsmaßnahme anfallen. Nach § 560 Abs 4 besteht dann das Recht, die Vorauszahlungen zu erhöhen (§ 560 Rn 25ff). Die Betriebskosten für einen nach Vertragsschluss angelegten **Kabelanschluss** als Ersatz für eine Gemeinschaftsantenne können nur aufgrund einer Vertragsänderung umgelegt werden, etwa wenn der Mieter den Anschluss wünscht.[263]

cc) Ist eine Inklusiv- oder Teilinklusivmiete vereinbart, hat der Vermieter keinen **36** Anspruch auf die spätere **Änderung der Mietstruktur**, zB durch eine Aufteilung in eine Kaltmiete und umlegungsfähige Betriebskosten.[264] Eine Ausnahme gilt nach § 556a Abs 2 für die verbrauchsabhängigen Kosten. Die Vereinbarung eines einseitigen Umstellungs-rechts im Mietvertrag durch den Vermieter kann nach § 557 Abs 3 unwirksam sein, wenn sich aus der Umstellung von der Brutto- zur Nettomiete eine Mieterhöhung ergibt,[265] und bedarf der genauen Formulierung.[266] Auch nach Wegfall der Preisbindung können Betriebskosten, die in der Kostenmiete enthalten waren, nur im Rahmen einer vertragli-chen Vereinbarung umgelegt werden.[267]

III. Betriebskostenpauschale oder Vorauszahlungen auf Betriebskosten (Abs 2)

1. Vereinbarung von Pauschalen oder Vorauszahlungen (Abs 2 S 1)

a) Begriff der Vorauszahlung. Eine Vorauszahlung liegt vor, wenn der Mieter die **37** konkret angefallenen Kosten auf der Grundlage einer späteren Abrechnung tragen soll und einen bestimmten Betrag im Voraus an den Vermieter zahlt.[268] Die Vorauszahlung muss nicht in regelmäßigen Beträgen erfolgen, auch wenn sie normalerweise monatlich gezahlt wird.[269] Verpflichtet sich der Mieter dagegen unabhängig vom tatsächlichen Ver-brauch zur Zahlung regelmäßiger Beiträge für die Betriebskosten, so dass eine spätere

---

262 BGH NJW 2007, 3060; LG Berlin WuM 1992, 444 passim; ZMR 2005, 192 m Anm *Riebl*; AG Hamburg WuM 2000, 82; *Langenberg* Betriebskostenrecht E Rn 4; *Sternel* III Rn 323; diff *v Seldeneck*, Betriebskosten Rn 2715 mwN; **aM** LG Chemnitz NZM 2004, 138 auf der Grundlage von § 14 MHRG.
263 BGH NJW 2007, 3060 bei duldungspflichtiger Modernisierung; AG Freiburg WuM 1996, 285; AG Hanau WuM 1989, 189; *Heitgress* WuM 1983, 244, 246; *Pfeilschifter* WuM 1987, 279, 289; **aM** AG Lörrach WuM 2005, 579; AG Münster WuM 1989, 190; *Pfeifer*, in: FS Blank, 349; Einzelheiten s *Staudinger/Weitemeyer* (2006) Rn 65.
264 LG Hamburg WuM 1985, 314; LG Köln WuM 1985, 313; AG Charlottenburg MM 2000, 135; AG Tiergarten NZM 1998, 191; GE 2000, 208.
265 AG Hamburg-Blankenese WuM 1998, 418.
266 LG München WuM 1999, 46.
267 OLG Oldenburg WuM 1984, 274; LG Aachen WuM 1995, 545; LG Dortmund WuM 1983, 201; LG Mainz ZMR 1985, 129 m Anm *Holland-Cunz*; AG Aachen DWW 1994, 85; AG Dortmund NJW-RR 1989, 1042; AG Neuss DWW 1990, 154 m Anm *Geldmacher*; AG Nürnberg WuM 1999, 405; *Oehme* ZMR 1986, 45; *Jung* ZMR 1986, 427; Einzelheiten s *Staudinger/Weitemeyer* (2006) Rn 66.
268 Begr z RegE BT-Drucks 14/4553, 50.
269 Vgl Begr z RegE aaO; s auch Rn 41.

Jost Emmerich

Abrechnung unterbleibt, liegt eine Betriebskostenpauschale vor (Rn 38). Den Vermieter trifft die **Beweislast** dafür, dass Vorauszahlungen auf Betriebskosten vereinbart sind, wenn er diese oder eine Nachforderung einklagt.[270]

b) Begriff der Betriebskostenpauschale

38   **aa)** Von den Vorauszahlungen zu unterscheiden ist eine Betriebskostenpauschale, zu deren Zahlung sich der Mieter unabhängig vom tatsächlichen Verbrauch und den tatsächlich angefallenen Kosten verpflichtet und bei der deshalb eine spätere Abrechnung unterbleibt.[271] Von der Bruttomiete unterscheidet sich die Betriebskostenpauschale dadurch, dass die Betriebskosten überhaupt getrennt von der Grundmiete betragsmäßig besonders ausgewiesen sind.[272] Die Bruttomiete kann nur nach § 558 erhöht werden (§ 560 Rn 6). Änderungen der Nettomiete mit Betriebskostenpauschale erfolgen nach § 560 (dort Rn 8). Es ist eine Frage der **Vertragsauslegung**, ob Pauschalen oder Vorauszahlungen vereinbart sind. Die Abrundung des Betrags ist kein sicheres Indiz. Werden monatliche Pauschalen oder feste Beträge vereinbart, ist gleichzeitig aber eine Abrechnung über diese Zahlungen vorgesehen, handelt es sich um Vorauszahlungen.[273] Haben die Parteien eine Pauschale vereinbart, die nach einer Änderung der Bezugspreise, nicht aber des tatsächlichen Verbrauchs, geändert werden kann, liegt eine Pauschale mit Erhöhungsvorbehalt (§ 560 Rn 5) vor.[274] Im Zweifel ist eine Betriebskostenklausel als Pauschale anzusehen.[275] Bei formularvertraglichen Abreden gehen Unklarheiten nach § 305c Abs 2 zu Lasten des Verwenders. Auch dies führt regelmäßig zur Annahme einer Pauschale.[276] Hat der Mieter ein Interesse an einer Abrechnung, kann die Unklarheit auch zu Lasten des Vermieters für Vorauszahlungen sprechen.[277] Für die Abgrenzung kann die bisherige Übung einen Anhaltspunkt bilden, so dass von Pauschalen ausgegangen werden kann, wenn jahrelang überhaupt nicht abgerechnet wird.[278] Sind aber eindeutig Vorauszahlungen mit jährlicher Abrechnung vereinbart worden, liegt allein in der Tatsache, dass jahrelang über die Betriebskosten nicht abgerechnet worden ist, mangels eindeutigen Parteiwillens keine Vereinbarung, die Vorauszahlungen als Pauschale zu behandeln.[279]

39   **bb)** Anders als Vorauszahlungen (Rn 41) müssen Betriebskostenpauschalen nicht in **angemessener Höhe** vereinbart werden.[280] Dies ergibt sich auch daraus, dass in § 560 Abs 3 eine Herabsetzung einer Betriebskostenpauschale nur bei einer Ermäßigung der Betriebskosten selbst vorgesehen ist, während bei Vorauszahlungen nach § 560 Abs 4 ein Anspruch auf Anpassung auf eine angemessene Höhe besteht. Eine Grenze bilden der Wucher nach § 138 Abs 2 und § 291 StGB sowie § 5 WiStG. Aus einer schuldhaften Pflichtverletzung des Mietvertrags nach § 280 Abs 1 kann sich allerdings ein Anspruch des Vermieters auf Zahlung

---

270 LG Mannheim DWW 1976, 188; AG Neuss ZMR 1997, 305; AG Rheine WuM 1980, 42.
271 Begr z RegE BT-Drucks 14/4553, 50.
272 Begr z RegE aaO.
273 LG Berlin GE 2002, 803; AG Landsberg DWW 1986, 19; AG Neumarkt i d OPf WuM 1986, 240.
274 LG Berlin NZM 2000, 333.
275 KrsG Cottbus WuM 1994, 66; AG Neuss ZMR 1997, 305.
276 LG Berlin ZMR 2001, 188; LG Wiesbaden WuM 1987, 274; *Langenberg* Betriebskostenrecht E Rn 14.
277 LG Mannheim DWW 1997, 152; AG Lingen WuM 1996, 714.
278 AG Gelsenkirchen ZMR 2001, 459 m Anm *Rau*; auch in BGH WuM 2012, 453 wird zur Auslegung die jahrelange Übung herangezogen.
279 LG Frankfurt aM NZM 2001, 667; LG Stuttgart NJW-RR 1991, 782; AG Hamburg ZMR 2005, 873.
280 *Horst* MDR 2001, 724; *Langenberg* WuM 2001, 523, 530; *ders* Betriebskostenrecht B Rn 83: nur § 5 WiStG anwendbar; **aM** *Schmid* WuM 2001, 424; *ders*, Hdb Rn 2046.

der tatsächlich verbrauchten Betriebskosten ergeben, wenn der Mieter durch außergewöhnlich hohe Verbräuche die angesetzte Pauschale um ein Vielfaches übersteigt.[281]

2. Inhalt der Vorauszahlungspflicht

a) Vereinbarung. Der Mieter ist zu Vorauszahlungen auf die Betriebskosten nur **40** verpflichtet, wenn dies vereinbart ist.[282] Dies setzt zunächst voraus, dass die betreffenden Betriebskosten umlegbar sind (Rn 7ff) und dass sich der Mieter zur Übernahme der Betriebskosten verpflichtet hat (Rn 29). Weiter muss vereinbart sein, dass der Mieter auf diese Betriebskosten Vorauszahlungen zu leisten hat. Der frühere § 4 Abs 1 MHRG[283] räumte dem Vermieter ebenso wenig wie heute § 556 Abs 2 einen gesetzlichen Anspruch auf Vorauszahlungen ein. Diese Verpflichtung kann auch nicht ohne weiteres durch ergänzende Vertragsauslegung begründet werden[284] oder durch die bloße Zahlung der Beträge entstehen.[285] Auch aus der HeizkostenV ergibt sich keine Pflicht zur Leistung von Vorauszahlungen. Die Fassung des § 560 Abs 4 bestätigt diese schon bisher vorherrschende Auffassung dadurch, dass es für das gesetzlich eingeräumte Recht auf Anpassung der Höhe der Vorauszahlungen zur Voraussetzung gemacht wird, dass Vorauszahlungen auf Betriebskosten überhaupt vereinbart worden sind.

b) Angemessene Höhe (Abs 2 S 2). Vorauszahlungen dürfen nur in angemessener **41** Höhe vereinbart werden. Angemessen sind Vorauszahlungen, wenn sie an der Höhe der tatsächlich zu erwartenden Betriebskosten ausgerichtet werden.[286] Es kann von den Erfahrungswerten der vergangenen Jahre ausgegangen werden, wobei diese Werte wegen möglicher Kostensteigerungen etwas überschritten werden können.[287] Die Vorauszahlungen müssen nicht innerhalb einer Abrechnungsperiode gleich hoch sein.[288] Die Höhe der Vorauszahlungen muss nicht im Voraus eindeutig festgelegt sein. Es genügt, wenn der Betrag bestimmbar ist.[289] Geht aus dem Mietvertrag nicht hervor, wie sich die Vorauszahlungen für Betriebskosten im Einzelnen zusammensetzen, hat der Mieter einen Auskunftsanspruch auf Aufschlüsselung der einzelnen Kostenarten, um zu prüfen, ob die Vorauszahlungen angemessen hoch sind.[290]

aa) Eine Vereinbarung **unangemessen hoher Vorauszahlungen** ist nach § 556 Abs 2 **42** S 2 unwirksam. Ebenso wie bei einem Verstoß gegen Vorschriften über die Mietpreisüberhöhung[291] ist es gerechtfertigt, insoweit eine teilweise Nichtigkeit anzunehmen, weil sich diese Vorschrift nur gegen den unangemessenen Teil der Vorauszahlungen richtet. Sind die Vorauszahlungen von Anfang an unangemessen hoch, braucht der Mieter den übersteigenden Teil folglich nicht zu zahlen. Dabei ist jedoch zu bedenken, dass geringfügig zu hohe Vorauszahlungen einschließlich eines Sicherheitszuschlags (Rn 41) noch nicht

---

281 LG Oldenburg NZM 2002, 337.
282 AG Daun WuM 1999, 434.
283 LG Hamburg WuM 1978, 242; AG Arnsberg DWW 1988, 150; AG Köln WuM 1978, 83.
284 OLG Düsseldorf ZMR 1988, 97; OLG Potsdam GE 2004, 690 für Gewerberaum; *Geldmacher* DWW 1997, 7.
285 **AM** OLG Düsseldorf DWW 2006, 21 für Gewerberaum; s auch Rn 34.
286 Begr z RegE BT-Drucks 7/2011, 12.
287 BayObLG WuM 1995, 694; AG Karlsruhe ZMR 1989, 67; *Geldmacher* DWW 1997, 7f; *Schmidt-Futterer/Langenberg* Rn 275; vgl aber BGH NJW 2011, 3642 zur Erhöhung.
288 LG Kassel WuM 1986, 345.
289 LG Kassel WuM 1986, 345.
290 AG Wuppertal WuM 1983, 239 (LS).
291 *Staudinger/Emmerich* (2006) Vorbem zu § 535 Rn 118.

Jost Emmerich

unangemessen sind. Werden die Vorauszahlungen erst im Verlauf des Mietverhältnisses wegen einer Verringerung der Betriebskosten zu hoch, ist die Vereinbarung wirksam, weil es allein darauf ankommt, ob die Klausel zur Zeit ihrer Vereinbarung wirksam war.[292] Der Mieter hat dann ein Recht auf Senkung der Vorauszahlungen (§ 560 Rn 36ff). Fallen Leistungen wie die Heizung, auf die sich die Vorauszahlungen beziehen, hingegen komplett weg, darf der Mieter die Vorauszahlungen nach § 242 von sich aus kürzen.[293]

43   **bb) Zu niedrige Vorauszahlungen** können die Parteien vereinbaren, da keine Pflicht besteht, überhaupt Vorauszahlungen zu leisten. Eine erhebliche Nachzahlung aufgrund der Abrechnung soll daher grundsätzlich nicht ausgeschlossen sein.[294] Allerdings schreibt das Gesetz ausdrücklich vor, dass die Vorauszahlungen angemessen sein müssen. Vielfach werden deshalb im Fall einer erheblichen Betriebskostennachzahlung die Voraussetzungen eines Schadensersatzanspruchs aus § 280 Abs 1, wenn der Mieter bei einer Änderung des Mietvertrags,[295] oder aus den §§ 280 Abs 1, 311 Abs 2 (culpa in contrahendo) vorliegen, wenn er bei Abschluss des Vertrags vom Vermieter durch die Vereinbarung von erheblich unter den tatsächlich anfallenden Betriebskosten über deren Höhe arglistig getäuscht wurde. Selbst wenn man wie der BGH die Angemessenheitsgrenze des Abs 2 S 2 nur auf überhöhte Vorauszahlungen bezieht,[296] trifft den Vermieter aus Treu und Glauben eine Aufklärungspflicht über die ungefähre Höhe der Betriebskosten, wenn er überhaupt Vorauszahlungen vereinbart. Eine **arglistige Täuschung** liegt vor, wenn der Vermieter aufgrund der Abrechnung des Vorjahres weiß, dass die Vorauszahlungen zur Deckung der Betriebskosten bei weitem nicht ausreichen, er den Mieter darüber nicht aufklärt und billigend in Kauf nimmt, dass der Mieter durch die geringe Höhe der Vorauszahlungen zum Vertragsabschluss bewegt wird.[297] Da ein Anspruch aus Verschulden bei Vertragsschluss auch auf Fahrlässigkeit beruhen kann, kommt auch bei fahrlässiger Unkenntnis des Vermieters ein Schadensersatzanspruch in Betracht.[298] Eine danach erforderliche Missachtung der im Verkehr erforderlichen Sorgfalt nach § 276 Abs 2 liegt aber erst bei einer erheblichen Unterschreitung der tatsächlichen Betriebskosten vor, wenn sich für den Vermieter aus den vorhergehenden Abrechnungen oder den vorliegenden Rechnungen aufdrängen musste, dass die Vorauszahlungen zu niedrig vereinbart waren.[299] Darüber hinaus soll den Vermieter sogar eine Aufklärungspflicht darüber treffen, dass ihm mangels eigener Kenntnis eine genaue Kalkulation der zu erwartenden Betriebskosten nicht möglich ist.[300]

---

292 BayObLG WuM 1995, 694, 696.
293 KG ZMR 2011, 279; Schmidt-Futterer/*Langenberg* Rn 275ff.
294 BGH NJW 2004, 1102; NJW 2004, 2674; WuM 2004, 235; OLG Hamm NZM 2003, 171; OLG Stuttgart NJW 1982, 2506 m abl Anm *Lechner* WuM 1983, 5; LG Berlin GE 1990, 653; GE 1999, 907; GE 2000, 893; GE 2002, 1492, 1493; LG Lübeck WuM 1981, 45; AG Hamburg ZMR 2001, 628; AG Jena DWW 2000, 336; AG Spandau WuM 2000, 678; *Geldmacher* DWW 1997, 7, 9; krit AG Hamburg-Bergedorf ZMR 2002, 675 m Anm *Schmid*.
295 LG Berlin GE 1996, 322; AG Leverkusen WuM 1990, 63.
296 BGH NJW 2004, 1102.
297 OLG Düsseldorf WuM 2000, 591; LG Arnsberg NJW-RR 1988, 397; LG Berlin GE 1999, 907; WuM 1999, 66; GE 2000, 893; NZM 2002, 212; LG Celle DWW 1996, 192; LG Karlsruhe WuM 1998, 479; LG München II ZMR 2001, 760; AG Dachau ZMR 2002, 758; AG Frankfurt aM WuM 1987, 252; AG Hamburg ZMR 2002, 758; AG Hannover WuM 2001, 448; AG München ZMR 2000, 620 m Anm *Dobmeier* u abl Anm *Geldmacher* ZMR 2000, 837; AG Rendsburg NJW-RR 1988, 398; AG Spandau WuM 2000, 678.
298 *Emmerich* NZM 2002, 362, 363; aM *Artz* NZM 2004, 328; *Derckx* NZM 2004, 321; *Eisenschmid* WuM 2004, 201; *Lehmann-Richter* WuM 2004, 254; *Schumacher* WuM 2004, 507, 509.
299 OLG Naumburg NZM 2002, 387: achtfach höhere Kosten; LG Frankfurt aM NZM 2002, 485 u LG Hamburg WuM 2002, 117: Betrag über 20 vH Mehrkosten verweigerbar; AG Hannover WuM 2003, 327: 90 vH höhere Kosten; AG Wismar ZMR 2004, 200: 100 vH.
300 LG Frankfurt aM NZM 2002, 465.

Der BGH bejaht eine Pflichtverletzung des Vermieters dagegen **nur bei ausdrücklicher Zusicherung der Höhe der Betriebskosten**[301] und bei **arglistiger Täuschung,**[302] dh also insbesonders nicht bei einer Erstvermietung. Im Ergebnis unterscheiden sich beide Ansätze kaum. Der **Schadensersatzanspruch** geht auf Freistellung von den Betriebskosten, die die Vorauszahlungen übersteigen. Dieser Anspruch kann einer Betriebskostennachzahlung ohne weiteres entgegengehalten werden.[303] Nach anderer Auffassung soll der Mieter einen Schadensersatzanspruch nur haben, wenn er darlegen kann, dass er entsprechende Mieträume unter Einschluss der Betriebskosten billiger hätte anmieten können.[304] Zum Teil wird ein Schaden des Mieters ganz verneint, weil die Betriebskosten tatsächlich angefallen sind und die Gegenleistungen dem Mieter zugute gekommen sind. Nach dieser Auffassung bleibt dem Mieter nur ein Anspruch auf Kündigung[305] und auf Ersatz des Vertrauensschadens, dh der für die angemietete Wohnung getroffenen Aufwendungen.[306] Grundsätzlich muss der Geschädigte zwar einen konkreten Schaden nachweisen. Für vergleichbare Fälle der Vertrauenshaftung aus culpa in contrahendo gewährt der BGH allerdings ebenfalls einen Anspruch auf Herabsetzung der Gegenleistung statt auf Aufhebung des zu ungünstigen Bedingungen zustande gekommenen Vertrags, wenn ein Vertragspartner Aufklärungs- und Informationspflichten über den Vertragsgegenstand und die Höhe der Gegenleistung verletzt hat und der Geschädigte an dem Vertrag festhält.[307] Diese Rechtsfolge ist auch für Mietverträge angemessen, weil es dem Mieter nicht zuzumuten ist, den gesamten Vertrag aufzuheben, wozu er anderenfalls aber gezwungen sein könnte, wenn er die höheren Betriebskosten nicht aufbringen kann. Damit der Mieter nicht besser steht, als er bei ordnungsgemäßer Aufklärung stehen würde, ist der Vermieter nicht auf die gezahlten Vorauszahlungen beschränkt,[308] sondern kann Nachforderungsansprüche insoweit geltend machen, als sich die Betriebskosten gegenüber den tatsächlich anfallenden Kosten des dem Vertragsschluss vorangegangenen Abrechnungsjahres erhöht haben.[309]

c) Änderung der Vorauszahlungen

aa) Erweist sich der vereinbarte Vorauszahlungsbetrag später als zu niedrig, hatte der 44 Vermieter nach der Rechtslage vor der Mietrechtsreform ohne einen vertraglichen Vorbehalt kein einseitiges Erhöhungsrecht.[310] Nur bei extremen Kostensteigerungen kam eine Erhöhung im Wege der Vertragsanpassung nach den Grundsätzen über den Wegfall der

---

301 BGH NJW 2004, 1102; NJW 2004, 2674; LG Berlin ZMR 1999, 637; GE 2000, 893; MM 2003, 340; AG Hannover WuM 2003, 327.
302 BGH NJW 2004, 1102; NJW 2004, 2674; KG ZMR 2007, 963; OLG Rostock GE 2009, 324 für gewerbl Mietverhältnis; *Schmid* DWW 2004, 288; **aM** *Artz* NZM 2004, 328; *Derckx* NZM 2004, 321; *Eisenschmid* WuM 2004, 201; *Lehmann-Richter* WuM 2004, 254; *Schumacher* WuM 2004, 507, 509.
303 OLG Hamm NZM 2003, 717; LG Berlin GE 1996, 322; NZM 2002, 212; LG Celle DWW 1996, 192; LG Frankfurt aM NZM 2002, 485; LG München II ZMR 2001, 760; LG Hamburg WuM 2002, 117; LG Karlsruhe WuM 1998, 479; AG München ZMR 2000, 620; AG Spandau WuM 2000, 678.
304 LG Berlin GE 1999, 907; GE 2000, 893; AG Spandau WuM 2000, 678; AG Wismar ZMR 2004, 254; *Derleder/Pellegrino* NZM 1998, 550, 551; *Geldmacher* DWW 1997, 7, 9f; *ders* ZMR 2000, 837, 838; *Lehmann-Richter* WuM 2004, 254.
305 Hierzu LG Hamburg ZMR 2003, 683 m Anm *Bütter* 644.
306 OLG Dresden NZM 2004, 68; LG Düsseldorf NZM 2002, 604.
307 BGHZ 114, 87, 94 = NJW 1991, 1819; NJW 1999, 2032, 2034; NJW 2001, 2875, 2876; NJW 2006, 3139; enger BGH NJW 1998, 2900; krit *Palandt/Heinrichs* § 311 Rn 59 mwN; *Lorenz* NJW 1999, 1001.
308 So aber AG München ZMR 2000, 620; *Langenberg* Betriebskostenrecht G Rn 214.
309 AG Rendsburg WuM 1990, 63.
310 S *Staudinger/Weitemeyer* (2003) Rn 76 mwN.

Jost Emmerich

Geschäftsgrundlage (§ 313) in Betracht.[311] Erst die Mietrechtsreform hat in § 560 Abs 4 das Recht geschaffen, die Vorauszahlungen nach Abrechnung über die Betriebskosten angemessen zu erhöhen.[312]

45   **d) Entstehung und Fälligkeit.** Entstehung und Fälligkeit der Vorauszahlungen hat das Gesetz den Parteivereinbarungen überlassen. Hierfür kann die Zahlweise der Miete maßgeblich sein, was mangels ausdrücklicher Regelung als stillschweigend vereinbart gelten darf. Der Bemessungszeitraum für die Höhe der Vorauszahlungen darf gem Abs 3 S 1 HS 1 nicht länger als ein Jahr sein, kann aber auch einen kürzeren Zeitraum umfassen. Es kann vereinbart werden, dass die Vorauszahlungen monatlich oder in längeren Abständen fällig werden, so dass für ein Vierteljahr, ein halbes oder ein ganzes Jahr im Voraus zu zahlen ist.[313] Da diese Zeiträume wiederum die Höhe der Vorauszahlungen beeinflussen, sind solche Regelungen durch das Gebot der Angemessenheit begrenzt. Zieht der Mieter vor der Beendigung des Mietverhältnisses aus, bleibt seine Pflicht zur Zahlung der Betriebskostenvorauszahlungen grundsätzlich unberührt, da Überzahlungen in der Abrechnung berücksichtigt werden.[314] Eine Ausnahme ist nach § 242 und dem Rechtsgedanken aus § 537 Abs 1 S 2 insoweit geboten, als verbrauchsabhängige Nebenkosten nach dem Auszug des Mieters nicht mehr entstehen können.[315] Kann der Vermieter nach § 546a Abs 1 eine Entscheidung für die Vorenthaltung der Mietsache verlangen, sind die vereinbarten Betriebskostenvorauszahlungen weiter zu leisten. Bei einem unwirksamen Mietvertrag sind dagegen nur die ortsüblichen Nebenkosten nach § 818 Abs 2 zu zahlen.[316]

46   **e) Vorauszahlungszeitraum.** Im Hinblick auf die in Abs 3 S 1 vorgesehene jährliche Abrechnung ist davon auszugehen, dass der Vorauszahlungszeitraum ein Jahr nicht übersteigen darf. **Rückständige Vorauszahlungen** kann der Vermieter daher nicht mehr verlangen, wenn er bereits zur Abrechnung über den betreffenden Zeitraum verpflichtet ist (Rn 61).[317] Dies gilt für Wohnraum- und Geschäftsraummietverhältnisse gleichermaßen.[318] Der Vermieter kann die Einwendung gegen die Zahlung rückständiger Vorauszahlungen nach verbreiteter Auffassung nicht dadurch umgehen, dass er diese Beträge als **Sollvorschüsse** in die Abrechnung einstellt, um die Vorauszahlungen neben dem Saldo aus der Abrechnung zu fordern.[319] Dies soll auch gelten, wenn aufgrund der Teilzahlungen des Mieters die Bestimmung der Beträge, die auf die Grundmiete und auf die Betriebskosten-

---

311 AG Darmstadt WuM 1982, 307 (LS); *Geldmacher* DWW 1997, 7, 10.

312 Begr z RegE BT-Drucks 14/4553, 59; s § 560 Rn 36ff.

313 **AM** *Palandt/Weidenkaff* Rn 7: max Vierteljahr sei angemessen.

314 OLG Düsseldorf DWW 2004, 87; AG Braunschweig DWW 1996, 373.

315 LG Gießen WuM 1997, 264; AG Arnsberg DWW 1988, 213; AG Dortmund DWW 1989, 205; *Geldmacher* DWW 1997, 7, 9; offen gelassen von BGH NJW 2003, 1246, 1248; **aM** *Langenberg* Betriebskostenrecht E Rn 69; vgl KG GE 2001, 624.

316 KG GE 2005, 482.

317 BGH WuM 2010, 490 = NZM 2010, 736.

318 BGH NZM 2003, 196 = WuM 2010, 490; VerfGH Berlin NZM 2001, 1124; OLG Brandenburg DWW 1997, 305; OLG Düsseldorf DWW 2000, 86; ZMR 2001, 882; ZMR 2002, 37; GE 2006, 255; OLG Frankfurt aM NZM 2000, 186; OLG Hamburg WuM 1989, 150; OLG Koblenz WuM 1995, 154; GuT 2002, 43; LG Berlin GE 1990, 317; GE 1990, 659; GE 1996, 1051; GE 2002, 595; GE 2002, 803; LG Düsseldorf DWW 1999, 156; DWW 1999, 352; LG Frankfurt aM ZMR 2000, 763; LG Frankfurt/O NZM 1999, 311; LG Hamburg WuM 1990, 150; AG Köpenick GE 2006, 195; *Geldmacher* NZM 2001, 921, 922.

319 VerfGH Berlin NZM 2001, 1124; LG Berlin GE 2001, 206; AG Duisburg-Ruhrort WuM 2004, 203; *Schmid* Hdb Rn 3211; **aM** LG Berlin GE 2000, 1623; GE 2001, 492; GE 2001, 1268; GE 2003, 257; GE 2006, 1409; *Jablonski* GE 2002, 1182; *Kretzer* ZMR 2004, 82; *Langenberg* NZM 2001, 786; *Schach* GE 2001, 471, 475.

vorauszahlungen anzurechnen sind (Rn 48), schwierig ist und die Abrechnungsfrist abzu-laufen droht.[320] Eine Betriebskostenabrechnung nach Soll-Vorschüssen entspricht aber einer ordnungsgemäßen, nachvollziehbaren Abrechnung, wenn der Mieter zum Zeitpunkt der Erteilung der Abrechnung für den Abrechnungszeitraum keinerlei Vorauszahlungen erbracht hat, die offenen Vorauszahlungsansprüche vom Vermieter bereits eingeklagt sind und auch noch keine Abrechnungsreife nach Abs 3 S 2 eingetreten ist.[321] Der BGH akzep-tiert darüber hinaus jetzt allgemein Soll-Vorschüsse noch als formell ordnungsgemäßen Abrechnungsinhalt.[322] Ob die angesetzten Vorauszahlungen den tatsächlich gezahlten entsprechen, ist allein eine Frage der inhaltlichen Richtigkeit der Abrechnung.[323] Tritt die Abrechnungsreife im laufenden Prozess ein, muss der Vermieter die Klage auf Zahlung aus dem Abrechnungssaldo ändern.[324] Erklären die Parteien die Klage auf Zahlung rückstän-diger Vorschüsse nach Eintritt der Abrechnungsreife für erledigt[325], stehen dem Vermieter bis zum Eintritt der Abrechnungsreife Verzugszinsen auf die nicht gezahlten Vorschüsse zu.[326]

f) Abtretung, Pfändung, Aufrechnung und Zurückbehaltungsrecht. Die Voraus- 47 zahlungen auf Betriebskosten sind nicht nach § 399 zweckgebundene Leistungen und damit abtretbar und nach § 851 Abs 1 ZPO pfändbar.[327] Der Gefahr, dass der Mieter trotz Zahlung der Betriebskostenvorschüsse nicht in den Genuss der Versorgungsleistungen gelangt, ist durch Pfändungsschutz nach § 851b ZPO zu begegnen. Vollstreckungsschutz nach §§ 811, 850ff ZPO besteht nicht.[328] Da die Vorauszahlungen nach Abrechnungsreife nicht mehr geltend gemacht werden können (Rn 46), bieten sie eine geringere Sicherheit, so dass eine Verrechnung mit Teilzahlungen des Mieters gem § 366 Abs 2 zuerst auf die Betriebs- oder Heizkostenvorschüsse vorzunehmen ist.[329] Das gleiche gilt analog § 366 Abs 2 auch bei der Aufrechnung mit dem Anspruch auf Rückzahlung der Mietkaution gegen die Miete, wenn der Aufrechnende keine Bestimmung trifft.[330] Eine Bestimmung des Aufrechnenden und desjenigen, der Teilleistungen erbringt, geht nach § 366 Abs 1 aber immer vor.[331] Die Energieversorgungsunternehmen sind berechtigt, die zentrale Gas-, Strom- und Wasserzufuhr im Haus auch gegenüber den Mietern einzustellen, wenn der Vermieter mit seinen Zahlungen an das Unternehmen in Verzug ist.[332] Der Mieter kann in diesen Fällen von seinem Vermieter Weiterversorgung verlangen,[333] kündigen,[334] die Miete mindern, ein Zurückbehaltungsrecht an der Miete geltend machen[335] und selbst die

---

320 *Kinne* GE 2003, 444; *Schmid* Hdb Rn 3211b.
321 BGH WuM 2003, 216 m Anm *Wall* 201 = ZMR 2003, 334 m Anm *Schmid*; LG Berlin GE 2005, 303.
322 BGH NJW 2011, 2786 = WuM 2011, 420; NJW 2009, 3575.
323 BGH aaO.
324 BGH GE 2010, 1051 = WuM 2010, 490; NZM 2003, 196; OLG Düsseldorf ZMR 2001, 882; LG Frankfurt/O NZM 1999, 311.
325 OLG Naumburg NZM 2002, 957.
326 OLG Düsseldorf ZMR 2000, 287.
327 *Langenberg* Betriebskostenrecht E Rn 55ff mwN; *Schmid* ZMR 2000, 144; **aM** OLG Celle ZMR 1999, 687 mwN u Anm *Lützenrath*.
328 BGHZ 161, 371 = NJW 2005, 681.
329 KG ZMR 2006, 928; OLG Düsseldorf ZMR 2006, 685; GE 2006, 255; LG Berlin GE 2000, 205; GE 2001, 929; GE 2002, 1336; GE 2005, 433; *Beuermann* GE 2000, 1301, 1302; *Schmid* NZM 2001, 705.
330 OLG Düsseldorf NZM 2001, 1125; **aM** AG Görlitz NZM 2001, 336.
331 *Beuermann* GE 2000, 1301; *Schmid* NZM 2001, 705; **aM** AG Görlitz NZM 2001, 336.
332 Str, vgl *Staudinger/Weitemeyer* (2011) Rn 80 mwN.
333 AG Leipzig NZM 1998, 716; AG Ludwigsburg NZM 1999, 122.
334 OLG Düsseldorf DWW 2006, 331.
335 LG Frankfurt aM NZM 1998, 714; *Hempel* WuM 1998, 646, 655.

Jost Emmerich

Zahlungsrückstände zahlen und mit dem daraus folgenden Anspruch auf Aufwendungs-ersatz gegen die Miete und die Betriebskostenvorauszahlungen aufrechnen.[336] Der Ver-mieter kann hingegen keine **Versorgungssperre** gegen seinen Mieter durchsetzen, wenn dieser die Miete nicht zahlt, sondern ist auf den Rechtsweg verwiesen.[337] Das gilt auch nach Beendigung des Mietvertrages.[338] Jedoch ist der Vermieter nicht verpflichtet, die Ver-sorgungsleistungen selbst zu zahlen.[339] Für Gewerberaummietverhältnisse hat der **BGH** allerdings entschieden, dass der Vermieter nach Beendigung des Mietverhältnisses und bei stetig wachsendem Schaden die Versorgungsleistungen einstellen darf.[340]

IV. Abrechnung über Vorauszahlungen (Abs 3)

1. Inhalt

48   **a) Rechenschaftslegung.** Der Vermieter muss nach § 556 Abs 3 S 1 über die Voraus-zahlungen jährlich abrechnen. Sind keine Vorauszahlungen vereinbart, sind die Rege-lungen des Abs 3 über die Abrechnungsfrist nicht anwendbar.[341] Die Abrechnung ist eine Rechenschaftslegung iS des § 259.[342] Die Abrechnung muss in ihren Einzelangaben und insgesamt allgemeinverständlich und nachvollziehbar sein.[343] Abzustellen ist auf das durchschnittliche Verständnisvermögen eines juristisch und betriebswirtschaftlich nicht geschulten Mieters.[344] Der BGH hat in seiner jüngeren Rspr das Bestreben, die Anforde-rungen an eine **formell ordnungsgemäße Abrechnung** zu begrenzen. Hierzu ist Fol-gendes erforderlich: Die Abrechnung muss eine **Zusammenstellung der Gesamtkos-ten** enthalten, es muss der **Umlageschlüssel** angegeben und gegebenenfalls erläutert und der **Anteil des Mieters** abzüglich der **Vorauszahlungen** berechnet werden.[345] Die Größe eines Mietobjekts rechtfertigt zwar keine Erleichterung dieser Anforderungen.[346] Die Anforderungen an die formelle Ordungsmäßigkeit der Abrechnung dürfen aber nicht überspannt werden. Dabei können sogar statt der tatsächlich geleisteten Voraus-zahlungen, sog **Sollvorschüsse** in die Abrechnung eingestellt werden (Rn 46). Auch das Abrechnen von Kostenpositionen, die nach dem Mietvertrag nicht umlegbar sind[347], und das **Fehlen von Angaben** zu den **Vorauszahlungen** stellt keinen formellen Mangel der

---

336 LG Frankfurt/O NJW-RR 2002, 803, 805; LG Gera NZM 1998, 715; AG Flensburg WuM 2004, 32; AG Jena NZM 1999, 123; AG Münster WuM 1995, 699; vgl auch BGH NZM 1998, 713; weitergehend *Derleder* NZM 2000, 1098, 1108f.

337 OLG Köln NZM 2005, 67 für Gewerberaum; KG ZMR 2005, 951 für Mischmietverhältnis; LG Göttingen WuM 2003, 626; AG Greifswald WuM 2003, 265; AG Görlitz WuM 2006, 143 m Anm *Pfeifer*; AG Königstein NZM 2003, 106; diff *Herrlein* NZM 2006, 527; *Mummenhoff* DWW 2005, 312; *Scheidacker* NZM 2005, 281.

338 OLG Köln NZM 2005, 67 für Gewerberäume; LG Berlin GE 2007, 150; AG Berlin-Schöneberg NZM 2011, 72; *Streyl* WuM 2006, 234; *Ulrici* ZMR 2003, 895; aM KG GE 2004, 622; NZM 2005, 65 für Gewerberäume; AG Bergheim ZMR 2005, 53 für Wohnräume m Anm *Keppeler*; *Herrlein* NZM 2006, 527; AG Lahnstein NZM 2011, 72 bei Dauerlüften des Mieters.

339 LG Münster WuM 2007, 274.

340 BGHZ 180, 300 = NJW 2009, 1947.

341 AG Potsdam ZMR 2011, 48.

342 BGH NJW 1982, 573; WPM 1991, 2069; NZM 2003, 196; NJW 2005, 3135; NJW 2008, 2260; NJW 2008, 2258; NZM 2009, 78; NJW 2010, 3363; NJW 2010, 3570.

343 BGH NJW 1982, 573.

344 BGH NJW 1982, 573; NJW 2005, 3135.

345 BGH NJW 1982, 573; NZM 2003, 196; NJW 2005, 219 m Anm *Langenberg* NZM 2006, 641; NJW 2005, 3135; WuM 2005, 200; NJW 2008, 2260; NZM 2009, 78; NJW 2008, 2260; instruktiv *Milger* NJW 2009, 625; NJW 2008, 2258; NJW 2010, 3363; NJW 2010, 3570.

346 BGH NJW 1982, 573.

347 BGH WuM 2011, 420 = NJW 2011, 2786 = NZM 2011, 627.

Abrechnung dar.[348] Aus der Abrechnung muss hervorgehen, für welchen **Zeitraum** die Kosten abgerechnet werden.[349] Der **Umlagemaßstab** ist anzugeben, etwa die Gesamtfläche oder die Gesamtzahl der Personen, die in die Berechnung einbezogen sind.[350] Dies gilt nicht, wenn entsprechende Kenntnisse beim Mieter nach dem Mietvertrag oder aufgrund früherer Abrechnungen vorausgesetzt werden können[351] oder es wie bei der Grundsteuer für Eigentumswohnungen keine Gesamt-, sondern nur Einzelkosten gibt.[352] Soweit der VIII. Zivilsenat in der Vergangenheit einen zur **formellen Ordnungsmäßigkeit** einer Betriebskostenabrechnung gehörenden weitergehenden Erläuterungsbedarf angenommen hat, stellt er nunmehr ausdrücklich fest,[353] sei es dabei vor allem um Fallgestaltungen gegangen, bei denen entweder der Verteilerschlüssel als solcher aus sich heraus nicht verständlich war[354] oder bei denen vor Anwendung des Verteilerschlüssels die über ihn zu verteilenden Gesamtkosten noch durch einen internen Rechenschritt um nicht umlagefähige Kosten zu bereinigen waren, ohne dass dieser Rechenschritt offen gelegt war und durch eine dadurch hergestellte Transparenz vom Mieter nachvollzogen werden konnte.[355] Nur in diesen Fällen sei der Mieter also allein schon mangels Verständlichkeit des Schlüssels oder Kenntnis der internen Rechenschritte, durch die die Gesamtkosten außerhalb der dann erteilten Abrechnung vorab bereinigt worden sind, außerstande gewesen, die getätigte Abrechnung aus sich heraus gedanklich und rechnerisch nachzuvollziehen.[356] Die Wahl eines Flächenmaßstabs ist ebenfalls in der Regel aus sich heraus verständlich. Weichen die **Flächengrößen** von Vorjahren ab, betrifft dies allein die materielle Rechtmäßigkeit.[357] Werden die **Gesamtpersonenanzahl** mit einem Bruchteil sowie die Anzahl der Nutzer der abgerechneten Personen angegeben, beruht dies auf der zeitanteiligen Erfassung der Nutzer und ist erst auf der Ebene der materiellen Wirksamkeit zu überprüfen.[358] Auch muss die Änderung eines Verteilerschlüssels nicht erläutert werden, um die formellen Anforderungen an die Betriebskostenabrechnung zu erfüllen.[359] Weicht der angegebene vom vereinbarten **Verteilerschlüssel** ab, ist die Abrechnung ebenfalls nur materiell fehlerhaft.[360] Ebenfalls nur materiell fehlerhaft ist die Abrechnung, wenn ein wegen gemischter Nutzung notwendiger **Vorwegabzug** der gewerblichen Kosten unterlassen wurde.[361] Die Gesamtkosten sind aber notwendigerweise anzugeben.[362] Die vom Vertrag abweichende Zuordnung einer Position zu einem anderen **Abrechnungskreis** ist kein formeller Mangel der Abrechnung.[363] Nach überwiegender Auffassung führen auch unverständliche **Abkürzungen** für die Verteilerschlüssel oder für andere Angaben sowie

---

348 BGH NJW 2012, 1502 = WuM 2012, 278 = NZM 2012, 416.
349 LG Berlin GE 1998, 1151; GE 1999, 1428; Teilabrechnungen über Zeiträume von weniger als einem Jahr sind grundsätzlich formell wirksam, s Rn 71.
350 LG Berlin GE 2005, 739.
351 BGH NJW 1982, 573.
352 BGH WuM 2013, 358; WuM 2011, 684 = NZM 2012, 96; LG Hamburg WuM 2011, 23.
353 BGH NJW 2008, 2260.
354 BGH NJW 2008, 2258 „Quadratmeter Wohnfläch × Monate."
355 BGH NJW 2008, 142; NJW 2007, 1059.
356 BGH NJW 2008, 2260; WuM 2008, 407.
357 BGH NJW 2008, 2260.
358 BGH NJW 2010, 3570; LG Krefeld WuM 2010, 361 Rev zurückgenommen nach Beschl des BGH v 18.1.2011, Az VIII ZR 89/10, Quelle Juris.
359 LG Berlin GE 2010, 487.
360 BGH NJW 2005, 219 = WuM 2005, 200; vgl auch OLG Düsseldorf WuM 1993, 441; GE 2006, 327; **aM** LG Potsdam WuM 2004, 670; *Langenberg* WuM 2003, 670, 673.
361 BGH NJW 2006, 1419; NZM 2011, 118 = WuM 2010, 741.
362 BGH NJW 2010, 3363; auch NZM 2007, 770 zu Hausmeisterkosten; LG Berlin GE 2010, 413 u 414.
363 BGH ZMR 2012, 345 = WuM 2012, 98.

　　　　　　　　　　　　　　　　　　　　　Jost Emmerich

insgesamt intransparente Berechnungen („Heizkostenquiz") noch nicht zur formellen Mangelhaftigkeit. Hierbei ist auch zu beachten, dass die komplizierte Abrechnungsmethode durch die HeizkostenV vorgegeben sein kann.[364] Wenn die Abrechnung formell ordnungsgemäß ist, ist der Anspruch des Mieters auf Rechnungslegung erfüllt. Ob die Abrechnung inhaltlich materiell richtig ist, ist im Wege der Klage auf Nachzahlung oder Rückerstattung von Betriebskosten zu entscheiden. Betrifft die formelle Unwirksamkeit nur einzelne Kostenpositionen, bleibt die Abrechnung im Übrigen unberührt, wenn die jeweiligen Einzelpositionen unschwer herausgerechnet werden können.[365] Dies hat eine besondere Bedeutung für die Einhaltung der Ausschlussfrist nach § 556 Abs 3 S 3.

b) Notwendige Erläuterungen

49   **aa)** Verschiedene **Kostenarten** dürfen nicht unter einem Begriff zusammengefasst werden,[366] sofern es sich nicht um ganz geringfügige Beträge handelt oder die Kosten zu einer eng verwandte Kostenart gehören wie Sach- und Haftpflichtversicherungen[367] und einheitlich erfasst werden, zB Frisch- und Schmutzwasser.[368] Die Zusammenfassung etwa der Kosten für Strom, Wasser, Entwässerung und Müllabfuhr unter der Position „Stadtwerke" ist formell nicht ordnungsgemäß[369], ebenso wenig wie „Wasser/Strom", „Straßenreinigung/Müllbeseitigung/Schornsteinreinigung".[370] Die Rechtsprechung hat vereinzelt verlangt, dass die den Betriebskosten zugrunde liegenden **Rechnungen mit Betrag und Datum** angegeben werden, so dass die Einsichtnahme in die Belege nur noch zur Kontrolle erforderlich ist.[371] Diese Anforderung überspannt die Pflicht zur Spezifizierung der Betriebskosten.[372] Die entgegenstehende Auffassung einiger Kammern des LG Berlin ist seit dem Rechtsentscheid des KG überholt und wurde inzwischen ausdrücklich aufgegeben.[373] Die Abrechnung erfordert **keine Gegenüberstellung** mit den Kosten des vorangegangenen Abrechnungszeitraums.[374] Auch Schwankungen im Verbrauch müssen nicht erläutert werden.[375] Heizkosten und andere Betriebskosten müssen nicht getrennt abgerechnet werden.[376] Bei den **Brennstoffkosten** müssen Anfangs- und Endbestand nicht genannt werden. Die summenmäßige Angabe der Verbrauchswerte reicht aus.[377] Die Abrechnung nach **Wirtschaftseinheiten** (s auch Rn 6, § 556a Rn 23) ist unzulässig,

364 BGH ZMR 2012, 345 = WuM 2012, 98; NJW 2010, 1198; NJW 2005, 3135 = NZM 2005, 737 = HansOLG Hamburg ZMR 2005, 452; LG Bochum ZMR 2005, 863; LG Dortmund NZM 2005, 583; ZMR 2005, 865; NZM 2005, 584 **aM** LG Itzehoe ZMR 2003, 267; AG Dortmund NZM 2004, 220; AG Neuruppin WuM 2004, 538; AG Pinneberg ZMR 2003, 267; WuM 2004, 537; AG Witten ZMR 2005, 209.
365 BGH NJW 2007, 1059; NZM 2011, 118 = WuM 2010, 741; WuM 2011, 101; OLG Köln ZMR 2010, 850.
366 BGH NJW 1982, 573; NJW 2011, 143, 145; OLG Dresden NZM 2002, 437; OLG Hamburg WuM 2003, 268; LG Berlin GE 2001, 63.
367 BGH NJW 2009, 3575.
368 BGH NZM 2009, 698; NJW 2010, 3228.
369 LG Mannheim Info M 2009, 322.
370 BGH NJW 2011, 143, 145.
371 LG Berlin GE 1990, 653; WuM 1995, 717; WuM 1996, 154; NJWE-MietR 1997, 222; GE 1997, 687; ZMR 1998, 166; Verfassungsbeschwerde aus formalen Gründen nicht angenommen BVerfG WuM 1994, 141.
372 KG NZM 1998, 620 m Anm *Schmid* 630; OLG Düsseldorf ZMR 2001, 882; LG Berlin GE 1996, 1247; GE 1998, 1339; GE 1999, 909; GE 1999, 1428; GE 2000, 539; GE 2002, 736; LG Hamburg WuM 1997, 120; LG Neubrandenburg WuM 2002, 339; AG Tempelhof-Kreuzberg GE 1990, 1141; GE 1998, 1465; AG Schöneberg GE 1995, 569; AG Weißwasser WuM 1996, 627.
373 LG Berlin GE 1999, 110; GE 1999, 1286.
374 LG Berlin WuM 1991, 121; AG Tempelhof-Kreuzberg GE 1990, 1141.
375 BGH NJW 2008, 2260.
376 LG Berlin GE 2006, 849.
377 BGH NZM 2010, 315; **aM** LG Berlin GE 2008, 995 f.

wenn sie den allgemeinen Anforderungen an die Betriebskostenabrechnung widerspricht. Es ist daher anzugeben, welche Kosten auf die gesamte Wirtschaftseinheit entfallen und wie sie verteilt werden, sowie welche Kosten nur für das Gebäude angefallen sind, in dem die Mieter wohnen.[378] Es müssen auch sämtliche zu einer Wirtschaftseinheit gehörende Häuser genannt werden.[379] Eine getrennte Abrechnung ist erforderlich, wenn durch die Zusammenfassung einer Vielzahl von Gebäuden zu einer Wirtschaftseinheit die Umlegung der Kosten für den Mieter nicht mehr nachvollziehbar und eine Nachprüfung unzumutbar ist.[380] Genauere Erläuterungen hierzu betreffen aber nur die materielle Unrichtigkeit.[381] Der Mieter einer **Eigentumswohnung** kann auf die vom Hausverwalter für den Eigentümer erstellte Abrechnung nur verwiesen werden, wenn diese den Anforderungen des § 259 entspricht.[382] Erst durch den Beschluss über die Jahresabrechnung nach § 28 Abs 5 WEG werden die einzelnen Verbindlichkeiten der Wohnungseigentümer auf Zahlung der Nebenkosten verbindlich. Der Beschluss ist daher auch Voraussetzung für die Umlage dieser Kosten auf den Mieter.[383] Zudem muss die Abrechnung in Einklang mit den §§ 556, 556a stehen, dh es dürfen nur die mietrechtlich zulässigen Kosten nach einem angemessenen Umlagemaßstab (§ 556a Rn 11) und nach dem Leistungsprinzip oder dem Abflussprinzip (Rn 72) umgelegt werden.[384] Der Umlagemaßstab nach Miteigentumsanteilen ist zulässig und aus sich heraus verständlich.[385] Zur unterschiedlichen Kostenverursachung durch Wohnungen und Gewerbe und zur Erforderlichkeit und zur Darstellung eines sog **Vorwegabzugs** s § 556a Rn 28. Ausreichend können auch Erläuterungen des Vermieters außerhalb der Abrechnung, etwa im Mietvertrag, in einer vorangegangenen Abrechnung oder auf Nachfrage sein.[386]

c) Beweislast. Die Beweislast für den Anfall der Betriebskosten trägt der Vermieter. **50** Dies gilt auch, wenn der Mieter überzahlte Betriebskosten zurückfordert, falls die Bezahlung der Betriebskosten unter Vorbehalt erfolgt ist.[387]

2. Grundsatz der Wirtschaftlichkeit (Abs 3 S 1 2. HS)
a) Allgemeines. Bereits nach alter Rechtslage konnten Kosten für überflüssige oder **51** unangemessen aufwendige Maßnahmen oder für solche, die durch eine Vernachlässigung der Mietsache verursacht wurden, nicht auf den Mieter umgelegt werden. Diese Einschränkung ist durch das Mietrechtsreformgesetz als Grundsatz der Wirtschaftlichkeit ausdrücklich in § 556 Abs 3 S 1 2. HS und § 560 Abs 5 angeordnet worden. Damit sollte vor dem Hintergrund der immer stärker steigenden Betriebskosten und zum Schutz der Umwelt durch einen sparsamen Umgang mit Energieressourcen klargestellt werden, dass

---

378 VerfGH Berlin WuM 2006, 300; BGH NJW 2005, 3135; NJW 2010, 3228; LG Berlin GE 1999, 907; GE 2002, 1627; LG Darmstadt WuM 2000, 311; LG Köln WuM 2001, 496.
379 AG Schöneberg GE 2010, 489.
380 AG Leipzig WuM 1999, 467 für 107 Gebäude; vgl auch LG Mannheim Info M 2009, 428; noch nachvollziehbar 203 Wohnungen BGH NJW 2010, 3228.
381 BGH NZM 2010, 781; NZM 2010, 895; WuM 2011, 159; WuM 2012, 345.
382 BGH NJW 1982, 573; OLG Braunschweig WuM 1999, 173; LG Düsseldorf DWW 1990, 207 m Anm *Geldmacher*; AG Neuss DWW 1996, 284; *Langenberg* NZM 2004, 361.
383 OLG Düsseldorf ZMR 2000, 452 m abl Anm *Schmid*; **aM** LG Itzehoe ZMR 2003, 38; *Jennißen* NZM 2002, 236, 238; *Riecke* WuM 2003, 309, 310.
384 LG Wiesbaden ZMR 1999, 409; AG Forchheim DWW 1999, 326; *Schmid* DWW 1990, 351; **aM** *Blank*, in: FS Bärmann u Weitnauer (1990) 29ff.
385 BGH NJW 2009, 283.
386 BGH NZM 2009, 78; NZM 2011, 118 = WuM 2010, 741.
387 AG Hamburg-Harburg NJW-RR 2000, 747; vgl auch Rn 85.

Jost Emmerich

der Vermieter bei der Bewirtschaftung das Gebot der Wirtschaftlichkeit zu beachten hat[388] und die bisherige Rechtslage bestätigt werden.[389]

52   **b) Inhalt.** Der Grundsatz der Wirtschaftlichkeit verpflichtet den Vermieter, bei der Bewirtschaftung seines Eigentums im Rahmen eines gewissen **Ermessensspielraums** möglichst wirtschaftlich, dh mit Blick auf ein angemessenes Kosten-Nutzen-Verhältnis, vorzugehen.[390] Das bedeutet, dass der Vermieter nicht immer die günstigste Lösung wählen muss.[391] Vor allem die Grundentscheidung zur Wahl etwa einer bestimmten Beheizungsart (Gas- oder Ölheizung, eigenes Blockkraftwerk oder Nah- oder Fernwärme) ist derart komplex und die Kosten können sich in der Zukunft unplanbar entwickeln, so dass der Grundsatz der Wirtschaftlichkeit nicht zur Wahl einer bestimmten Versorgungs-art zwingt.[392] Zur Ermittlung des günstigsten Anbieters muss der Vermieter nicht in jedem Fall Vergleichsangebote einholen oder gar die Leistungen ausschreiben.[393] Dies ist ganz eine Frage des Einzelfalls, die sich etwa nach dem Umfang der zu übertragenden Aufgaben, dem Vorhandensein langjähriger Geschäftsbeziehungen zu einem bestimmten Vertragspartner und der Größe des Wohnungsbestandes richtet.[394] Die Vornahme von Gasdichtigkeitsprüfungen oder ähnlichen Wartungsmaßnahmen in engeren Abständen als allgemein üblich ist unwirtschaftlich.[395] Die **Zahlung nicht geschuldeter Beträge**, etwa von Trinkgeldern, kann üblich sein und damit der ordnungsgemäßen Bewirtschaftung entsprechen, die Umlage scheitert aber regelmäßig am fehlenden Nachweis (Rn 10). Soweit die Rechnung eines Drittlieferanten nicht offenkundig falsch ist, ist der Vermieter nicht verpflichtet, unklare Einzelheiten auf dem Rechtswege zu klären, bevor er die Kosten umlegt.[396] Unwirtschaftliche Versorgungsverträge begründen keinen Verstoß gegen das Wirtschaftlichkeitsgebot, wenn sie bereits vor Beginn des Mietverhältnisses bestanden. Der Vermieter ist nicht gezwungen, ungünstige Verträge mit Versorgern im Wege der Kulanz aufheben zu lassen, sondern kann das Ende des Liefervertrags abwarten.[397]

c) Verletzung des Wirtschaftlichkeitsgrundsatzes

53   **aa)** Wird der Grundsatz der Wirtschaftlichkeit nicht beachtet, folgt daraus nicht ohne Weiteres eine Minderung der Abrechnung um die überhöhten Kosten,[398] weil diese Rechts-folge etwa wie bei der Minderung oder der Mietpreisüberhöhung ausdrücklich angeordnet sein müsste. Die Verletzung des Gebots der Wirtschaftlichkeit führt vielmehr zu einem **Scha-densersatzanspruch** des Mieters aus §§ 280 Abs 1, 241 Abs 2 wegen der Verletzung mietver-

---

388 Ausschussbericht BT-Drucks 14/5663, 79; ausführlich *Streyl* NZM 2006, 125.
389 Ausschussbericht BT-Drucks 14/5663, 79, 81.
390 Ausschussbericht BT-Drucks 14/5663, 79.
391 LG Hannover WuM 2003, 450; *Derleder* WuM 2000, 3, 9; *v Seldeneck*, Betriebskosten im Mietrecht Rn 2618ff; *ders* NZM 2002, 545, 547.
392 BGH NJW 2008, 142; LG Berlin GE 2008, 1561.
393 *Gärtner* GE 1999, 1176, 1188; *Schmid* Hdb Rn 1068; **aM** *Emmert* WuM 2002, 467, 468; *Langenberg* WuM 2001, 523, 531; *ders* Betriebskostenrecht H Rn 25; *v Seldeneck* Betriebskosten im Mietrecht Rn 2670.
394 *Klas* ZMR 1995, 5, 7; *Schmid* GE 2000, 160, 161.
395 AG Köln ZMR 2011, 222.
396 AG Pankow/Weißensee ZMR 2006, 48.
397 BGH NZM 2007, 563 = WuM 2007, 393; NJW 2008, 440 = WuM 2008, 29 für Wohnraummiete; KG WuM 2010, 295 für Gewerbemiete.
398 **AM** *Schmid* Hdb Rn 1076; *ders* GE 2000, 160, 167; *ders* ZMR 2007, 177; für preisgebundenen Wohnraum *v Seldeneck* Betriebskosten im Mietrecht Rn 2644.

traglicher Nebenpflichten.[399] Gem § 280 Abs 1 S 2 ist dafür ein Verschulden des Vermieters erforderlich. Ein Fahrlässigkeitsvorwurf folgt in den meisten Fällen bereits daraus, dass die im Verkehr erforderliche Sorgfalt iSd § 276 Abs 2 nicht beachtet wurde, wenn die Bewirtschaftung nicht dem Gebot der Wirtschaftlichkeit entspricht. Das Erfordernis eines Verschuldens kann aber auch eine eigenständige Bedeutung haben, etwa wenn es dem Mieter und nicht dem Vermieter oblegen hätte, für seine vielköpfige Familie einen Ermäßigungsantrag für die Abfallgebühren zu stellen[400] oder für die Frage, ob der Vermieter verpflichtet ist, die Gewährung eines Sprengwasserabzugs zu beantragen[401] oder Überkapazitäten zur Hausmüllentsorgung zu beseitigen.[402] Da der Schaden in der Belastung mit den betreffenden Betriebskosten besteht, ist der Anspruch nach § 249 S 1 auf **Freihaltung** von den unnötigen Kosten gerichtet.[403] Dieser eigenständige Schadensersatzanspruch muss nicht im Wege des Zurückbehaltungsrechts nach § 273 Abs 1 vom Mieter geltend gemacht werden, sondern wird als Ausprägung des Grundsatzes von Treu und Glauben nach § 242 von Amts wegen berücksichtigt.[404]

bb) Diese Grundsätze gelten auch, wenn die überhöhten Kosten durch eine **unwirt-** 54 **schaftliche** schadhafte **Anlage** oder Einrichtung in der Wohnung des Mieters oder in dem Gebäude verursacht worden sind. Der daraus folgende Anspruch aus §§ 280 Abs 1, 241 Abs 2 muss nicht durch Aufrechnung gegenüber dem Nachzahlungsanspruch geltend gemacht werden.[405] Daneben kann eine derartige fehlerhafte Anlage auch einen Mangel der Mietsache mit der Folge eines Schadensersatzanspruchs des Mieters nach § 536a begründen. Ein Mangel im Sinne dieser Vorschrift setzt aber voraus, dass die Tauglichkeit der Mietsache zu dem vertraglichen Gebrauch aufgehoben oder gemindert ist. Das ist etwa der Fall, wenn die Heizungsanlage nicht mehr die erforderliche Wärme liefert. Nicht zum Umfang des vertraglichen Gebrauchs gehört die Beschaffenheit der Anlage insoweit, ob sie angemessene Betriebskosten verursacht. Dies würde den Begriff des Mangels in §§ 536, 536a zu stark ausweiten, denn es besteht keine Modernisierungs-, sondern nur eine Instandhaltungspflicht des Vermieters.[406] Das bedeutet auch, dass die Unwirtschaftlichkeit einer Anlage allein nicht zu einem Schadensersatzanspruch nach § 536a Abs 1[407] oder § 556 Abs 3 S 1 2. HS iVm § 280 Abs 1 führt[408] oder nach § 536 zur Minderung der Miete um die überhöhten Kosten berechtigt.[409]

d) Darlegungs- und Beweislast. Die Darlegungs- und Beweislast für eine Verletzung 55 des Grundsatzes der Wirtschaftlichkeit bei der Abrechnung der Betriebskosten durch den

---

399 BGH NJW 2008, 440; AG Dortmund NZM 2004, 26; AG Frankfurt aM WuM 2002, 376; AG Lichtenberg GE 2010, 985; *Langenberg* WuM 2001, 531.
400 AG Gummersbach WuM 2000, 381.
401 AG Schöneberg GE 1998, 1343.
402 AG Wennigsen WuM 2003, 90.
403 AG Frankfurt aM WuM 2002, 376; AG Lichtenberg GE 2010, 985; *Klas* ZMR 1995, 5, 6; *Langenberg* Betriebskostenrecht H Rn 102; *ders* WuM 2001, 523, 531.
404 Vgl BGHZ 116, 200, 202f = NJW 1992, 900; *Palandt/Heinrichs* § 242 Rn 52.
405 LG Frankfurt aM WuM 1987, 119; **aM** LG Darmstadt NJW-RR 1987, 787; LG Köln WuM 1989, 310; AG Brühl WuM 1989, 310.
406 BGH NJW 2008, 142 = NZM 2008, 35; NZM 2010, 739; NJW 2571; *Horst* NZM 2010, 761. *Börstinghaus/ Lange* WuM 2010, 538; *Staudinger/Emmerich* § 536 Rn 15 mwN; *Palandt/Weidenkaff* § 536 Rn 16.
407 AM OLG Hamm ZMR 1987, 300, 302; LG Münster WuM 2000, 354 im konkreten Fall verneint; *v Seldeneck*, Betriebskosten im Mietrecht Rn 2654.
408 BGH NJW 2008, 142 = NZM 2008, 35; NZM 2010, 739; zust *Horst* NZM 2010, 761.
409 AM OLG Düsseldorf MDR 1983, 229; OLG Hamm ZMR 1987, 300, 302; LG Berlin WuM 1996, 156; LG Waldshut-Tiengen WuM 1991, 479; *Eisenschmid* PiG 65 (2002) 147, 155f.

Vermieter trägt der Mieter.[410] Es reicht dabei nicht aus, dass Mieter als Beleg für die Überhöhung der vom Vermieter verlangten Kosten auf Mietspiegel, Heiz- und sonstige Betriebskostenspiegel Bezug nimmt.[411] Nach Auffassung des BGH hat der Mieter konkret zu einer Pflichtverletzung des Vermieters vorzutragen. Den Vermieter trifft grundsätzlich auch keine sekundäre Darlegungslast für die tatsächlichen Grundlagen der Kostenentstehung, da der Mieter das Recht hat, die für die Betriebskostenabrechnung maßgebenden Belge einzusehen.[412] Diese Rechtsprechung stellt für den Mieter, der sich vor der Umwälzung vermutlich unwirtschaftlicher und darum überhöhter Betriebskosten schützen will, sehr hohe Hürden auf.[413]

3. Anspruchsverpflichteter und -berechtigter

56 **a) Mehrheit von Mietern und Vermietern.** Zur Erstellung der Abrechnung ist der Vermieter verpflichtet. Die Abrechnung muss vom Vermieter stammen und an alle Mieter gerichtet sein.[414] Bei einer Mehrheit von Vermietern müssen alle die Abrechnung erteilen.[415] Stellvertretung ist nach den allgemeinen Grundsätzen möglich, so dass Vertretungsmacht vorliegen und es für den Mieter erkennbar sein muss, dass im Namen des Vermieters oder im Falle der Vermietermehrheit im Namen aller Vermieter gehandelt wird.[416] Mehreren Mietern muss die Abrechnung nicht gemeinsam zugehen oder an sie gerichtet sein, da sie als Gesamtschuldner gem §§ 421, 427 auch einzeln auf Nachzahlung in Anspruch genommen werden können.[417]

b) Vermieterwechsel

57 **aa)** Bei einem Vermieterwechsel nach Veräußerung des Grundstücks tritt der Erwerber gem § 566 in die sich während der Dauer seines Eigentums aus dem Mietverhältnis ergebenden Rechte und Pflichten ein. Maßgebend für die Verpflichtung und Berechtigung des bisherigen und des neuen Eigentümers ist die **Fälligkeit der jeweiligen Ansprüche**. Vor Eigentumsübergang fällig gewordene Ansprüche richten sich gegen den Voreigentümer, danach fällig werdende gegen den Erwerber (s § 566 Rn 31). Da die Pflicht zur Abrechnung über die Betriebskosten erst nach Ablauf der Abrechnungsperiode fällig wird (Rn 61), muss der Erwerber und nicht der Voreigentümer über die gesamten Vorauszahlungen abrechnen, wenn der **Eigentumswechsel innerhalb einer Abrechnungsperiode** stattfindet.[418] Aus der Pflicht zur jährlichen Abrechnung ergibt sich, dass der Mieter eine Zwischenabrechnung nicht zu dulden braucht.[419] Der Erwerber kann Nachzahlungen fordern[420] und ist zur Erstattung überzahlter Vorauszahlungen verpflichtet, unabhängig davon, ob er Vor-

---

410   BGH NJW 2011, 3028 = WuM 2011, 513 = NZM 2011, 705.
411   BGH NJW 2011, 3028.
412   BGH NJW 2011, 3028.
413   *Milger* NZM 2012, 657; *Streyl* NZM 2013, 97; *Langenberg/Zehelein* NZM 2013, 169; *Hinz* NZM 2012, 137; *Peters* NZM 2012, 145.
414   LG Berlin GE 2001, 141.
415   LG Berlin GE 1998, 245.
416   LG Berlin GE 1998, 245; s auch *Staudinger/Weitemeyer* (2006) § 557a Rn 16.
417   BGH NJW 2010, 1965; LG Frankfurt aM ZMR 2009, 365, 366; *Schmidt-Futterer/Langenberg* Rn 423; **aM** LG Berlin GE 2000, 1032; GE 2001, 141; GE 2006, 1235; MM 2010, 73; AG Köpenick GE 2010, 550; *Eisenhardt* WuM 2011, 143; *Schach* GE 2000, 1677, 1680.
418   BGH NZM 2001, 158, 159; LG Lüneburg WuM 1992, 380; AG Coesfeld WuM 1992, 379; AG Hamburg WuM 1992, 380; *Börstinghaus* PiG 70 (2005) 65; *Langenberg* Betriebskostenrecht G Rn 24; *Schmid* Hdb Rn 3359; *Sternel* Rn III 365.
419   BGH NZM 2001, 158, 159.
420   BGH NZM 2001, 158, 159.

auszahlungen erhalten hat. § 566a gilt nicht entsprechend.[421] Deshalb richtet sich auch ein Anspruch auf Rückzahlung der Vorauszahlungen bei unterlassener Abrechnung (Rn 91) gegen den neuen Vermieter.[422] Hinsichtlich der **vor dem Eigentumsübergang abgelaufenen Abrechnungsperioden** bleibt der bisherige Vermieter berechtigt und verpflichtet, wenn der Anspruch auf Abrechnung im Zeitpunkt seiner Eigentumsberechtigung bereits fällig war.[423] Tritt die Fälligkeit nach dem Eigentumswechsel ein, ist der Erwerber zur Erstellung der Abrechnung verpflichtet. Da der Anspruch aus der Abrechnung erst mit Erstellung der Abrechnung fällig wird (Rn 74), kann der Fall eintreten, dass der Veräußerer die Abrechnung erstellen muss, der Erwerber hingegen Gläubiger oder Schuldner des Saldos aus der Abrechnung wird.[424] Nach herrschender Auffassung hingegen sind die Betriebskosten für abgeschlossene Abrechnungsperioden wegen der daraus folgenden Schwierigkeiten ungeachtet eines späteren Eigentumsübergangs allein zwischen den bisherigen Mietvertragsparteien abzurechnen und etwaige Nachzahlungen oder Erstattungen überzahlter Beträge nur zwischen diesen Parteien abzuwickeln (s § 566 Rn 36).[425] Nach dieser Auffassung ist nicht die Fälligkeit, sondern das Entstehen eines Anspruchs auf Abrechnung das entscheidende Abgrenzungskriterium. Das hat bei einem Eintritt des Erwerbers in den Mietvertrag nach § 566 allerdings anders als bei einer gesetzlich angeordneten Vertragsübernahme etwa nach dem VermG[426] für den Mieter den Nachteil, dass er gegenüber dem neuen Eigentümer kein Zurückbehaltungsrecht nach § 273 hinsichtlich der Vorauszahlungen der laufenden Abrechnungsperiode hat, wenn der Voreigentümer nicht abrechnet. Diese Rechtsfolge tritt zwar auch nach der hier vertretenen Lösung hinsichtlich der Abrechnungsperioden ein, die weiter zurückliegen.[427] Eine dahingehende Differenzierung nach der Fälligkeit der Abrechnung ist aber gerechtfertigt, weil der Mieter einen fälligen Abrechnungsanspruch aus weiter zurückliegenden Abrechnungszeiträumen bereits gegenüber dem früheren Eigentümer geltend machen und insbesondere die laufenden Vorauszahlungen auf die Betriebskosten zurückhalten konnte. Im Hinblick auf einen noch nicht fälligen Anspruch konnte er diese Gegenrechte dagegen nicht geltend machen, so dass es nicht gerechtfertigt erscheint, ihm diese Rechte durch den Vermieterwechsel abzuschneiden, zumal auch eine Analogie zu § 404 überwiegend abgelehnt wird.[428]

bb) Das **Innenverhältnis** zwischen Veräußerer und Erwerber steht rechtsgeschäft- 58 lichen Vereinbarungen über die Betriebskostenabrechnung offen.[429] Zudem besteht die kaufvertragliche Nebenpflicht, dass Veräußerer und Erwerber bei der Erstellung der Abrechnung zusammenwirken. Dies kann dazu führen, dass der neue Eigentümer dem alten Eigentümer Vertretungsmacht hinsichtlich der Erstellung der Abrechnung erteilt

---

421 LG Berlin GE 2001, 142; AG Hamburg WuM 1992, 380; **aM** *Beuermann* GE 1999, 749, 752.
422 **AM** LG Lüneburg WuM 1992, 380.
423 OLG Naumburg NZM 1998, 806; AG Köln WuM 1994, 218; *Schenkel* NZM 1999, 5ff.
424 OLG Naumburg NZM 1998, 806.
425 BGH NZM 2001, 158 u ZOV 2001, 317: für Eigentumsübergang nach dem VermG; NZM 2004, 188; NZM 2005, 17; OLG Düsseldorf NJW-RR 1994, 1101; LG Lüneburg WuM 1992, 380; LG Osnabrück WuM 1990, 357; *Beuermann* GE 1999, 749, 751; *Börstinghaus* NZM 2004, 481, 486; *Langenberg* NZM 1999, 52, 57ff; *Schmidt-Futterer/Langenberg* § 566 Rn 442, MünchKomm/*Häublein* § 566 Rn 42.
426 Hierzu BGH NZM 2001, 158.
427 LG Berlin NZM 1999, 616; *Langenberg* NZM 1999, 52, 58f.
428 LG Berlin NZM 1999, 616; s auch BGH WuM 2006, 435; **aM** *Weitemeyer*, in: FS Blank, 445 mwN.
429 Zu weitgehend AG Coesfeld WuM 1998, 348, das diesen Vereinbarungen Außenwirkung zuspricht.

Jost Emmerich

und ihm seine nach außen zustehenden künftigen Ansprüche aus der Abrechnung abtritt, sofern diese nach dem Innenverhältnis dem alten Eigentümer zustehen.[430]

59　**c) Zwangsverwaltung, Insolvenz.** Unterliegt das Grundstück der **Zwangsverwaltung,**[431] trifft den Verwalter die Abrechnungspflicht nach § 152 Abs 1 ZVG für laufende sowie für zurückliegende Abrechnungszeiträume, wenn eine etwaige Nachzahlungsforderung von der Beschlagnahme erfasst wird,[432] also nicht, wenn der Nachforderungsanspruch des Vermieters vor der Anordnung der Zwangsverwaltung nach § 556 Abs 3 S 3 ausgeschlossen ist.[433] Die Mieter haben aber nach § 152 Abs 2 ZVG einen dahingehenden Anspruch.[434] Das gilt aber nicht für vor der Zwangsverwaltung beendete Mietverhältnisse.[435] Nach Beendigung der Zwangsverwaltung ist der Verwalter nur noch für deren Abwicklung zuständig. Die Abrechnung über die Betriebskosten gegenüber den Mietern fällt nicht darunter,[436] sondern trifft den bisherigen Vermieter oder den Erwerber in der Zwangsversteigerung. Nach der Eröffnung des **Insolvenzverfahrens** über das Vermögen des Vermieters ist der Insolvenzverwalter gem § 80 InsO zur Abrechnung über die Betriebskosten verpflichtet und zwar unabhängig davon, ob der Abrechnungszeitraum vor oder nach Insolvenzeröffnung liegt.[437]

60　**4. Form.** Eine besondere Form ist für die Abrechnung nicht vorgeschrieben. Im Allgemeinen wird eine schriftliche Abrechnung verlangt.[438] Dem ist insoweit zuzustimmen, als eine Abrechnung verständlich und nachvollziehbar sein muss (Rn 48), was in aller Regel nur bei schriftlicher Niederlegung der Fall sein wird.[439] Die Schriftform des § 126, insbesondere eine eigenhändige Unterschrift, ist aber nicht erforderlich,[440] so dass auch eine Übermittlung durch Telefax oder E-Mail möglich ist.

5. Fälligkeit der Abrechnung
61　**a) Abrechnungsfrist (Abs 3 S 2).** Der Vermieter muss innerhalb einer angemessenen Frist nach dem Ende der Abrechnungsperiode abrechnen. Erst nach Ablauf dieser Frist wird der Anspruch auf Abrechnung fällig. Die **Dauer der Frist** ist in Abs 3 S 2 ausdrücklich

---

430 BGH NZM 2001, 158, 160.
431 Allg *Drasdo* NJW 2005, 1549, 1552; *Walke* WuM 2004, 185.
432 BGH NJW 2003, 2320; NJW 2006, 2626; OLG Rostock NZM 2006, 520; LG Berlin GE 2003, 51; AG Neukölln WuM 2003, 117; LG Lichtenberg GE 2005, 493; *Börstinghaus* in: FS Merle 65, 69ff; **aM** LG Berlin GE 1990, 1083; AG Charlottenburg GE 1990, 1089; AG Neukölln GE 1989, 947; GE 1992, 271; AG Schöneberg GE 1990, 1091; *Reismann* WuM 1998, 387, 390; *Schmid* Hdb Rn 3365; zur Auszahlung eines Guthabens aus der Abrechnung s Rn 73.
433 BGH NJW 2006, 2626.
434 BGH NJW 2006, 2626; OLG Hamburg WuM 1990, 10; LG Berlin GE 2003, 51; AG Neukölln WuM 2003, 117; **aM** AG Lichtenberg GE 2005, 493.
435 BGH NJW 2006, 680 zur Mietkaution.
436 LG Berlin GE 1998, 743; GE 2003, 52, GE 2004, 691; AG Wedding GE 1998, 360; AG Bergisch Gladbach WuM 1990, 230; *Schmid* Hdb Rn 3369; **aM** LG Potsdam WuM 2001, 289, 290.
437 *Schmid* Hdb Rn 3370; Einzelheiten s *Franken/Dahl*, Mietverhältnisse in der Insolvenz, 2. Aufl 2006; zur Aufrechnung mit Betriebskostenguthaben BGH NZM 2007, 162.
438 LG Berlin GE 1998, 1025; LG Düsseldorf WuM 1980, 164 (LS); *Blank* DWW 1992, 65; *Geldmacher* NZM 2001, 921, 922; *Langenberg* Betriebskostenrecht H Rn 109; *Palandt/Weidenkaff* § 556 Rn 9; *v Seldeneck* Betriebskosten im Mietrecht Rn 3400.
439 **AM** *Herrlein/Kandelhard/Both* § 556 Rn 66; *Lützenkirchen* DWW 2002, 200: auch Diktat des Vermieters an den Mieter.
440 LG Berlin GE 1998, 1025; AG Schöneberg GE 2000, 475; *Langenberg* Betriebskostenrecht H Rn 110; *Schmid* Hdb Rn 5058.

vorgeschrieben. Die Abrechnung ist spätestens bis zum Ablauf des zwölften Monats nach Ende des Abrechnungszeitraums dem Mieter mitzuteilen. Der Gesetzgeber wollte damit die bisherige Rechtsprechung festschreiben.[441] Ab dem Zeitpunkt der sog Abrechnungsreife hat der Vermieter keinen Anspruch mehr auf Leistung von Vorauszahlungen. Dieser Anspruch wandelt sich in einen Anspruch auf Ausgleich des Abrechnungssaldos.[442] Auch für die **Geschäftsraummiete** hat der BGHentschieden, dass die Jahresfrist als spätester Fälligkeitstermingilt.[443] Der Ablauf der Frist hat dort aber nur zur Folge, dass der Mieter die Abrechnung fordern und weitere Vorauszahlungen verweigern kann. Ein Nachforderungsausschluss gem § 556 Abs 3 S 3 wie bei der Wohnraummiete folgt hieraus nicht.[444] Die **abweichende Vereinbarung** einer kürzeren Fälligkeitsfrist wird den Mieter in der Regel nicht benachteiligen, weil er ein Interesse an der Überprüfung des Verbleibs seiner Vorauszahlungen hat und ihm eine kürzere Frist die Rechtsverfolgung erleichtert. Auch wenn sich im Einzelfall eine längere Frist für denjenigen Mieter vorteilhaft auswirkt, der einen Betrag nachzuzahlen hat, ist die Vereinbarung einer kürzeren Frist aus diesen Gründen nach Abs 4 zulässig,[445] die Vereinbarung einer längeren Frist als ein Jahr dagegen nicht. Eine derartige vertragliche Festlegung ist idR nicht als **Ausschlussfrist** zu verstehen.[446]

b) Ausschluss von Nachforderungen (Abs 3 S 3)

aa) Mit der Mietrechtsreform von 2001 ist die Ausschlussfrist in Abs 3 S 3 für Nach 62
zahlungsansprüche des Vermieters eingeführt worden, die der Gesetzgeber in Anlehnung an § 20 Abs 3 S 4 NMV geschaffen hat. **Zweck** der Vorschrift ist es, dem Mieter Sicherheit über den Verbleib seiner Vorauszahlungen zu geben und Streit über lange zurückliegende Abrechnungszeiträume zu vermeiden.[447] Nach Ablauf der Jahresfrist des Abs 3 S 2 ist der Vermieter mit Nachzahlungsansprüchen aus der Betriebskostenabrechnung ausgeschlossen, es sei denn, er hat die verspätete Geltendmachung nicht zu vertreten (Rn 65). Eine korrespondierende Ausschlussfrist für die Einwendungen des Mieters gegen die Abrechnung findet sich in Abs 3 S 5 und 6 (Rn 79ff). Auf gewerbliche Mietverhältnisse ist die Vorschrift nicht anwendbar.[448] Zu Recht verneint der BGH das Vorliegen einer planwidrigen Regelungslücke, da die Norm ausdrücklich für Wohnraummietverhältnisse geschaffen worden ist.[449]

bb) Die Frist beginnt mit dem Ende des Abrechnungszeitraums. **Fristbeginn** ist gem 63
§ 187 Abs 1 der erste Tag, der dem letzten Tag der Abrechnungsperiode folgt. Maßgebend ist der vertraglich vereinbarte oder der übliche Abrechnungszeitraum. Da nach § 556 Abs 3 S 1 jährlich abzurechnen ist, wird das Ende der Abrechnungsperiode durch den Ablauf des zwölften Monats nach der vertraglich vereinbarten oder vom Vermieter vorgenommenen letztmaligen Abrechnung über die vorhergehende Abrechnungsperiode bestimmt. **Frist-**

441 Begr z RegE BT-Drucks 14/4553, 51.
442 BGH WuM 2010, 490; NZM 2003, 196.
443 BGH NJW 2010, 1065; NJW 2011, 445.
444 BGH NJW 2010, 1065.
445 LG Limburg WuM 1997, 120; AG Diez DWW 1994, 25; zweifelnd *Langenberg* NZM 2001, 783, 785.
446 LG Limburg WuM 1997, 120; AG Tempelhof-Kreuzberg GE 2000, 1543; OLG Düsseldorf NZM 2001, 383 u DWW 2006, 198 für Gewerbemietverhältnisse; **aM** AG Diez DWW 1994, 25.
447 Begr z RegE BT-Drucks 14/4553, 37.
448 BGH NJW 2010, 1065; NJW 2011, 445; OLG Düsseldorf DWW 2006, 198; GE 2006, 847; KG ZMR 2007, 449; Schmidt-Futterer/*Langenberg* Rn 6 u 458; **aM** Münchkomm/*Schmid* Rn 1. OLG Köln ZMR 2007, 115; **aM** AG Wiesbaden NZM 2006, 140.
449 BGH NJW 2010, 1065; NJW 2011, 445.

ende ist der Ablauf des zwölften Monats nach dem Ende des Abrechnungszeitraums. Es berechnet sich nach § 188 Abs 2 und 3. Die Frist beträgt auch nach dem Auszug des Mieters ein Jahr.[450] Die Frist ist gewahrt, wenn die Abrechnung dem Mieter innerhalb dieser Frist mitgeteilt wird. Daher ist nicht die rechtzeitige Absendung der Abrechnung ausreichend, sondern sie muss dem Mieter innerhalb dieser Frist zugegangen sein.[451] Für die Fristwahrung ist die Vorlage der Belege nicht erforderlich.[452] Entsprechend § 130 ist maßgebend, ob die Abrechnung so in den Machtbereich des Vermieters gelangt ist, dass unter normalen Umständen mit der Kenntnisnahme zu rechnen ist, so dass der Einwurf an einem Feiertag oder an Silvester nach den üblichen Postaustragzeiten verspätet ist.[453] Kein Zugang liegt vor, wenn die Abrechnung an die nicht mehr aktuelle Adresse des Mieters gesandt wird.[454] Lässt sich ein Zugang überhaupt nicht beweisen, trägt der Vermieter die Beweislast hierfür.[455] Bedient sich der Vermieter der Post, wird diese nach allgemeinen Grundsätzen als Erfüllungsgehilfe tätig, so dass er sich überlange Postlaufzeiten als eigenes Verschulden nach § 278 S 1 zurechnen lassen muss.[456] Billigt man mit dem BGH zu, dass der Vermieter die Abrechnung nur gegenüber einem von mehreren Mietern mitteilen darf (Rn 97, 118), wird die Ausschlussfrist hierdurch aber aus dem Rechtsgedanken des § 425 Abs 2 auch nur gegenüber diesem Mieter gewahrt.[457] Dies ist problematisch, wenn der zahlende Gesamtschuldner von den anderen Mitmietern nach § 426 Abs 1 Regress verlangen kann, weil der Ausschluss dann doch nicht gegenüber den anderen Mitmietern wirkt. Dies liegt jedoch in der Konsequenz der Einzelwirkung nach § 425 Abs 2 analog, so dass wie auch in anderen Fällen des Versäumens einer Ausschlussfrist der Ausgleichsanspruch unter den Mietern nach § 426 Abs 1 hiervon unberührt bleibt, der nach § 426 Abs 2 übergangene Regressanspruch jedoch wie der Hauptanspruch nicht mehr geltend gemacht werden kann.[458] Die Fristdauer bemisst sich nach dem normalen Abrechnungszeitraum von einem Jahr, wobei unerheblich ist, ob der Mieter vorher ausgezogen ist.[459] Nach dem Zweck der Vorschrift, Streit nach Ablauf der Frist zu vermeiden, ist das Vorliegen einer formell ordnungsgemäßen Abrechnung erforderlich. Sonst könnte der Fristablauf allzu leicht dadurch umgangen werden, dass zunächst irgendeine Abrechnung erteilt wird. Auf die materielle Richtigkeit kommt es für die Einhaltung der Frist nicht an.[460] Die Frist läuft nicht entsprechend

---

450 AG Wetzlar NZM 2006, 260.
451 Begr z RegE BT-Drucks 14/4553, 51; LG Düsseldorf WuM 2007, 132; *Geldmacher* NZM 2001, 921, 922; *Schmid* ZMR 2001, 761, 766; Einzelheiten s *Staudinger/Weitemeyer* (2011) Rn 108.
452 LG Aachen 23.7.2009 2 S 50/09 Quelle Juris.
453 LG Waldshut-Tiengen Info M 2009, 378; AG Köln NJW 2005, 2930; AG Oldenburg ZMR 2005, 204; AG Ribnitz-Damgarten WuM 2007, 18; **aM** AG Hamburg-St Georg NJW 2006, 162 m Anm *Schmid* DWW 2006, 59; s auch AG Siegburg WuM 2005, 775.
454 AG Siegburg WuM 2005, 775 = ZMR 2005, 204; **aM** AG Lichtenberg GE 2009, 1503; AG Neukölln GE 2009, 1323.
455 AG Duisburg-Ruhrort WuM 2004, 203.
456 BGH NZM 2009, 274; LG Berlin GE 2008, 411; LG Düsseldorf NZM 2007, 328; AG Meißen WuM 2007, 628; **aM** LG Berlin GE 2005, 1355; GE 2006, 1407; GE 2007, 1317; LG Potsdam GE 2005, 1357; AG Leipzig ZMR 2006, 47; AG Oldenburg ZMR 2005, 204, 205; vgl auch LG Hamburg ZMR 2010, 188 zur Rechtzeitigkeit der Klageeinreichung nach § 558b Abs 2 sowie VerfGH Berlin NZM 2009, 429 und JR 2009, 57: Verletzung des Rechts auf den gesetzlichen Richter, wenn Gericht diese Frage nicht wegen Divergenz zur Berufung zulässt.
457 Vgl *Staudinger/Noack* § 426 Rn 9 mwN.
458 *Staudinger/Noack* § 426 Rn 9 mwN.
459 AG Wetzlar NZM 2006, 260.
460 BGH NJW 2005, 219; GE 2005, 360 m Anm *Bieber* WuM 2005, 448; NJW 2007, 1059; LG Potsdam WuM 2004, 670; AG Potsdam WuM 2003, 456; *Gies* NZM 2002, 514, 515; *Langenberg* NZM 2001, 783, 785f; *Schmid* ZMR 2001, 761, 767; AG Köln WuM 2001, 290 zu § 20 NMV; **aM** AG Leipzig ZMR 2004, 120; *Sternel* ZMR 2001, 937, 939; s aber Rn 66.

§ 212 Abs 1 Nr 1 bei einem Anerkenntnis des Mieters neu[461] und wird nicht entsprechend **§ 204 Abs 1 Nr 1** gehemmt[462], wenn dem Mieter innerhalb der Jahresfrist eine formell unwirksame Abrechnung zugeht und es noch innerhalb der Abrechnungsfrist zur Einleitung eines gerichtlichen Verfahrens kommt. Zum einen sieht das Gesetz diese Einschränkungen nicht vor. Zum anderen soll der Mieter insofern Abrechnungssicherheit genießen, dass er mit anderen als den innerhalb eines Jahres formell ordnungsgemäß abgerechneten Betriebskosten nicht mehr belastet wird.[463] Härten für den Vermieter ist besser dadurch zu begegnen, dass die Anforderungen an die formelle Wirksamkeit der Abrechnung auf ein sinnvolles Maß beschränkt werden (Rn 48f).

cc) Nach Ablauf der Frist kann der Vermieter eine Nachzahlung aus der Betriebskos- 64 tenabrechnung nur noch verlangen, wenn er die verspätete Geltendmachung nicht zu vertreten hat. **Vertretenmüssen** ist iS des § 276 als Vorsatz und Fahrlässigkeit zu verstehen. Damit richten sich die vom Vermieter vorzunehmenden Anstrengungen gem § 276 Abs 2 nach den verkehrsüblichen Anforderungen.[464] Der Vermieter muss eine neue Anschrift des Mieters selbst ermitteln oder öffentlich zustellen.[465] Nach § 278 hat der Vermieter auch ein Fehlverhalten seines Personals, des Abrechnungsunternehmens[466] oder des Wohnungseigentumsverwalters[467] zu vertreten, nicht aber eine verspätete Beschlussfassung der Versammlung der Wohnungseigentümer.[468] Nicht zu vertretende Verspätungen können ihre Ursache etwa darin haben, dass Versorgungsunternehmen ihre Abrechnungen erst lange nach Ablauf des Abrechnungszeitraums erstellen oder Grundsteuern und Abgaben rückwirkend festgesetzt werden, so dass die Frist nicht mehr eingehalten werden kann.[469] In diesen Fällen handelt der Vermieter nicht sorgfaltswidrig, wenn er keine Teilabrechnung erstellt, sondern abwartet, bis die Unterlagen vollständig sind. Dies stellt Abs 3 S 4 klar.[470] Eine persönliche Verhinderung durch Krankheit und ähnliches entschuldigt nicht, in diesen Fällen ist die Abrechnung einer anderen Person zu übertragen. Einen überlangen Postlauf hat der Vermieter nach § 278 zu vertreten (s Rn 63). Den Vermieter kann es auch nicht entlasten, wenn er eine formell nicht ordnungsgemäße Abrechnung erst nach Ablauf der Ausschlussfrist im Laufe eines Rechtsstreits nachbessert, selbst wenn er eine überlange Verfahrensdauer nicht zu vertreten hat.[471] Dass der Vermieter die Verspätung nicht zu vertreten hat, muss er darlegen und beweisen.[472] Fällt der Hinderungsgrund weg, hat der Vermieter die Abrechnung zeitnah nachzuholen, sonst hat er die verspätete Geltend-

---

461 BGH NJW 2008, 2258.
462 BGH NJW 2009, 282.
463 BGH NJW 2009, 282.
464 AG Tempelhof-Kreuzberg WuM 2004, 476 verspätete Zahlung der Sozialversicherungsabgaben für Hauswart.
465 *Streyl* ZMR 2011, 188, 189; **aM** wenn Mieter die Anschriftenänderung mitteilen muss AG Bad Neuenahr-Ahrweiler NZM 2008, 25 m zust Anm *Schmid* WuM 2010, 338.
466 AG Wuppertal NZM 2010, 901.
467 BGH NJW 2005, 1499; AG Potsdam WuM 2003, 456; *Drasdo* NZM 2004, 372 mwN; hieraus folgt aber nicht ohne Weiteres eine Haftung des Verwalters: OLG Düsseldorf ZMR 2007, 287; OLG Brandenburg NZM 2007, 773; LG Mönchengladbach Info M 2006, 191.
468 *Sternel* ZMR 2001, 937, 940.
469 Begr zum RegE BT-Drucks 14/4553, 51; BGH NZM 2013, 84 = WuM 2013, 108; *Eisenschmid* WuM 2001, 215, 221.
470 Begr zum RegE aaO; s auch Rn 110.
471 *Langenberg* NZM 2001, 783, 786; **aM** *Gies* NZM 2002, 514, 515; zu Untermietverhältnissen s *Lüth* NZM 2004, 241.
472 *Gies* NZM 2002, 514; *Palandt/Weidenkaff* Rn 12; *Langenberg* NZM 2001, 783, 785; *ders* WuM 2001, 523, 527.

Jost Emmerich

machung wiederum zu vertreten. Der BGH stellt auf die Dreimonatsfrist des § 560 Abs 2 und § 4 Abs 8 S 2 2. HS NMV ab, da der Mieter bei dieser längeren Frist ohnehin begünstigt werde.[473] Ist der **Zwangsverwalter** für die Abrechnung zuständig (Rn 101), so lässt eine kurze Einarbeitungsfrist vor Ablauf der Frist sein Verschulden nicht entfallen.[474]

65   **dd)** In § 556 Abs 3 S 4 ist klargestellt, dass der Vermieter zu **Teilabrechnungen** nicht verpflichtet ist. Eine gesonderte Abrechnung einzelner Betriebskostenarten kann jedoch vereinbart werden.[475] Der Vermieter kann berechtigt sein, getrennte Abrechnungen, etwa über die Heizkosten und die übrigen Betriebskosten, vorzunehmen, so dass unterschiedliche Fristen laufen (Rn 63) und für die Frage des Verschuldens einer verspäteten Abrechnung auf das Vorliegen der Unterlagen für den jeweiligen Abrechnungskreis abzustellen ist.[476]

66   **ee)** Die **Rechtsfolge** des Ablaufs der Ausschlussfrist besteht darin, dass der Vermieter **keine Nachforderungen** aus der Betriebskostenabrechnung mehr verlangen kann. Eine Nachforderung stellt nicht nur der die Vorauszahlungen übersteigende Betrag, sondern auch der das Ergebnis einer bereits erteilten Abrechnung übersteigende Betrag dar.[477] Der Vermieter kann eine bereits erteilte Abrechnung nach Ablauf der Abrechnungsfrist nicht mehr zum Nachteil des Mieters ändern.[478] Damit ist die Rückforderung eines durch den Vermieter bereits ausgezahlten **Guthabens** ausgeschlossen.[479] Der BGH läßt im Einzelfall eine Korrektur dieser Grundsätze nach Treu und Glauben zu.[480] Bereits geleistete Nachzahlungen kann der Mieter nach Bereicherungsrecht gem § 812 Abs 1 S 1 1. Fall zurückfordern. Die **Rückforderung** des gleichwohl gezahlten Ausgleichsbetrags ist nicht in entsprechender Anwendung des § 214 Abs 2 S 1 (Ausschluss der Rückforderung bei Leistung auf verjährte Schuld) ausgeschlossen.[481] Die Rückforderung ist durch die vorbehaltlose Zahlung auf die verspätete Abrechnung regelmäßig auch nicht deswegen ausgeschlossen, weil hierin ein deklaratorisches Schuldanerkenntnis zu sehen wäre (s Rn 85). Ein solches Schuldanerkenntnis schließt nämlich nur Einwendungen des Mieters aus, die dieser bei Abgabe der Erklärung kannte oder mit denen er zumindest rechnete.[482] Macht der Mieter daher in einem Begleitschreiben Einwendungen deutlich[483] oder wusste er schlicht nicht, dass der Vermieter bereits wegen Fristversäumnis mit der Nachforderung ausgeschlossen war, ist dieser Einwand nicht ausgeschlossen.[484] Darüber hinaus hat der BGH inzwischen entschieden, dass in dem vorbehaltlosen Ausgleich des Saldos aus der Betriebskostenabrechnung kein deklaratorisches Schuldanerkenntnis zu sehen ist, weil dies die Einwendungsfrist des Mieters aus Abs 3 S 5 und 6 verkürzen würde und der Mieter durch die Aus-

---

473 BGH NZM 2006, 740 mwN; LG Krefeld WuM 2010, 361; **aM** LG Berlin GE 2006, 1098; AG Berlin-Mitte GE 2006, 193: 2 Wochen; AG Tübingen WuM 2004, 342.
474 AG Dortmund NZM 2010, 239; *Börstinghaus* in: FS Merle 65, 71.
475 *Schmid* ZMR 2001, 761, 767.
476 *Langenberg* NZM 2001, 783, 787.
477 BGH NJW 2008, 204 = WuM 2008, 150.
478 BGH NJW 2008, 204 = WuM 2008, 150.
479 AG Mettmann NZM 2004, 784.
480 BGH NJW 2011, 1957.
481 BGH NJW 2006, 903; **aM** LG Hagen DWW 2005, 238; AG Schönberg GE 2006, 515; *Langenberg* Betriebskostenrecht I Rn 40.
482 BGHZ 69, 328 = NJW 1978, 44; NJW 1998, 348.
483 LG Bayreuth NJW 2005, 2563.
484 BGH NJW 2006, 903.

schlussfrist hinreichend geschützt sei.[485] Hat der Vermieter die Unvollständigkeit nicht zu vertreten, kann sich aus dem vorbehaltlosen Ausgleich des Abrechnungssaldos gleichwohl ein Ausschluss mit weiteren Forderungen ergeben (s Rn 85). Darüber hinaus kommen bei einer Verletzung der Abrechnungspflicht weitere Rechtsfolgen in Betracht (s Rn 86 ff). Der Vermieter ist allerdings auch nach Ablauf der Ausschlussfrist **verpflichtet**, eine Abrechnung zu erstellen, da sich daraus auch ein Guthaben des Mieters ergeben kann.[486] Eine materielle Korrektur **zu Gunsten des Mieters** nach Ablauf der Frist ist daher möglich.[487] Erstellt der Vermieter innerhalb der Frist eine formell ordnungsgemäße Abrechnung, die materielle Fehler aufweist, kann er diese nach Ablauf der Ausschlussfrist korrigieren.[488] Formelle Fehler kann der Vermieter hingegen nach Ablauf der Frist nicht mehr korrigieren.[489] Allerdings kann die Abrechnung nur **teilweise** formell unwirksam sein, wenn die Fehler begrenzt sind.[490] Zu Lasten des Mieters ist die Korrektur allerdings uneingeschränkt nur möglich, wenn die Fristversäumnis vom Vermieter nicht zu vertreten ist. Denn die Ausschlussfrist führt zu einer **Plafondierung** der vom Vermieter höchstens zu fordernden Nachzahlung auf den Saldo der ursprünglichen fehlerhaften Abrechnung und damit *insoweit* zu einem Ausschluss späterer materieller Korrekturen.[491] Diese Beschränkung erfasst allerdings nicht den Betrag, um den der Mieter zurückliegende Vorauszahlungen schuldig geblieben ist, weil der Ausschlusstatbestand nur einen Saldo zu Gunsten des Vermieters auf der Grundlage **vertragsgemäß geleisteter Vorauszahlungen** betrifft.[492]

6. Abrechnungsunterlagen
a) Einsichtnahme

aa) Der Vermieter muss nach § 259 Abs 1 die der Betriebskostenabrechnung zugrunde liegenden **Originalrechnungen und -belege** vorlegen, wenn der Mieter dies verlangt.[493] Der Vermieter braucht dem Mieter die Belege nicht auszuhändigen, sondern muss die ausreichend ausgiebige Einsichtnahme gestatten.[494] Das Einsichtsrecht erstreckt sich auf alle Unterlagen, auf denen die Abrechnung beruht. Es müssen Originalbelege vorgelegt werden, selbst erstellte Belege reichen für Zahlungen an Dritte nicht aus.[495] Auch auf **eingescannte Unterlagen** oder auf Unterlagen beim Rechnungsaussteller darf nicht verwiesen werden.[496] Die von dem Ableser dem Vermieter zu übergebende Quittung über den Tag und die Ergebnisse der Zwischenablesung der Heizkostenverteiler nach Auszug des

67

485 BGH WuM 2011, 108.
486 *Geldmacher* NZM 2001, 921, 922 Fn 15.
487 So zu § 20 NMV LG Berlin GE 2001, 923; GE 2005, 1353; zur Nachbesserung s auch *Kinne* GE 2004, 1572.
488 BGH NJW 2005, 219; GE 2005, 360 = WuM 2005, 200 [LS] m Anm *Bieber* 448; AG Witten ZMR 2005, 209; einschr LG Itzehoe WuM 2005, 539 = ZMR 2005, 539 m Anm *Schmid*; **aM** LG Berlin NZM 2004, 339; LG Potsdam WuM 2004, 670; LG Leipzig NZM 2005, 102.
489 **AM** AG Dortmund NZM 2004, 782; AG Pinneberg NZM 2005, 16.
490 *Flatow* WuM 2010, 606, 609; *Milger* NJW 2009, 625, 626.
491 BGH NJW 2005, 219; WuM 2005, 200 m Anm *Bieber* 448; NJW 2008, 204; LG Bochum ZMR 2005, 863; *Börstinghaus* NZM 2005, 250 mwN; *Gies* NZM 2002, 514, 515; *Langenberg* WuM 2001, 523, 527; *ders* WuM 2005, 502, 505; *Schmid* ZMR 2001, 761, 767; **aM** AG Pinneberg GE 2005, 16.
492 BGH NJW 2005, 1499, 1503 m abl Anm *Ritzmann* WuM 2006, 487; NJW 2007, 142; LG Berlin GE 2005, 57; GE 2005, 741; GE 2005, 1353; *Geldmacher* NZM 2001, 921, 923; *Sternel* ZMR 2001, 937, 939; **aM** *Hinkelmann* PiG 65 [2002] 247, 260.
493 OLG Düsseldorf ZMR 2001, 882; LG Düsseldorf DWW 1999, 181; LG Hamburg WuM 1997, 500; LG Hanau WuM 1985, 346; LG Hannover WuM 1985, 346; LG Kiel WuM 1996, 631; LG Mannheim WuM 1996, 630.
494 AG Köln WuM 1982, 114 (LS); AG Mönchengladbach DWW 2003, 338; AG München NZM 2006, 929.
495 LG Kiel WuM 1996, 631.
496 AG Hamburg WuM 2002, 499; WuM 2002, 499, 500; **aM** LG Hamburg WuM 2004, 97; AG Mainz ZMR 1999, 114 m zust Anm *Schmid*; *ders* ZMR 2003, 15; *Villena y Scheffer/Petrick* NZM 2003, 544.

Jost Emmerich

Mieters gehört zu den Abrechnungsunterlagen, die der Mieter einsehen darf,[497] nicht aber Lieferscheine[498] und Zahlungsnachweise.[499] Soweit es zur Überprüfung der Abrechnung notwendig ist, kann der Mieter auch Unterlagen einsehen, die andere Wohnungen betreffen. Gründe des Datenschutzes müssen zurücktreten.[500] Der Mieter kann Dritte mit der Einsichtnahme beauftragen.[501]

68   **bb)** Bei einer vermieteten **Eigentumswohnung** ist die Einsicht in die Teilungserklärung zu gestatten, wenn diese zum Maßstab des Verteilungsschlüssels gemacht wird.[502] Der Mieter hat aber nach Auffassung des BGH keinen Anspruch auf Einsicht in die Beschlüsse der Wohnungseigentümergemeinschaft.[503] Die Vorlage der durch den Hausverwalter für den Wohnungseigentümer erstellten Abrechnung reicht aber nicht aus, weil der Mieter einer Eigentumswohnung sonst ungerechtfertigt benachteiligt würde. Der Vermieter muss sich die entsprechenden Originalbelege verschaffen, wenn der Mieter dies verlangt.[504] Eine andere Auffassung will eine Bindung des Mieters an die Verwalterabrechnung zulassen, weil sie anstelle der Einzelrechnungen von Dritten beim Einzelmieter stehe.[505] Zumindest soll eine derartige Gestaltung individualvertraglich möglich sein.[506] Diese Auffassung ist abzulehnen, weil sie den Schutz des Mieters einer Eigentumswohnung verkürzt. Denn selbst wenn die Abrechnung in allen Einzelheiten den Anforderungen der §§ 556, 556a an die Betriebskostenumlage gegenüber dem Mieter entsprechen sollte, begibt sich der Mieter durch den Verzicht auf die Einsichtnahme in die Originalbelege seines Rechts, die Betriebskostenabrechnung nachzuprüfen. Dieses Recht ist als Hilfsanspruch zu dem Anspruch auf Rechnungslegung nach Abs 3 ebenfalls von dem Verbot der Abdingbarkeit in Abs 4 umfasst.

69   **cc)** Der **Leistungsort** für die Vorlage der Belege richtet sich nach § 269, nicht nach § 811.[507] Nach § 269 Abs 1 und Abs 2 ist am Wohnort oder Geschäftssitz des Vermieters als Schuldner der Abrechnungspflicht zu leisten, wenn sich nicht aus dem Vertrag oder den Umständen etwas anderes ergibt. Umstritten ist demgemäß, ob der Wohn- oder Geschäfts-

---

497 AG Münster WuM 1999, 405; *Schuhmacher* WuM 2005, 509.

498 AG München ZMR 1984, 168 m abl Anm *Frisch.*

499 LG Düsseldorf DWW 1999, 354 m Anm *Geldmacher; Blank* NZM 2004, 365, 369.

500 LG Berlin GE 2006, 849; GE 2010, 546; LG Frankenthal/Pfalz WuM 1985, 347; AG Charlottenburg GE 2005, 805; AG Dortmund WuM 1986, 378; AG Garmisch-Partenkirchen WuM 1996, 155; AG Münster WuM 2000, 198; *Schmid* Hdb Rn 3288a; *Weichert* WuM 1993, 723, 727f.

501 LG Hamburg WuM 1985, 400; AG Hamburg WuM 1991, 282; *Römer* WuM 1996, 392, 393; *Schmid* Hdb Rn 3311.

502 LG Düsseldorf DWW 1988, 210.

503 BGH WuM 2011, 684 = NZM 2012, 96.

504 LG Düsseldorf DWW 1990, 207, 208 m insoweit zust Anm *Geldmacher*; LG Frankfurt aM WuM 1997, 52; AG Hamburg ZM 2004, 593; *Langenberg* Betriebskostenrecht H Rn 289; *Riecke* ZMR 2001, 77, 79; *Schmid* Hdb Rn 3290.

505 LG Mannheim WuM 1996, 630 m abl Anm *Windisch.*

506 LG Düsseldorf DWW 1990, 207, 208; *Abramenko* ZMR 1999, 676: auch durch Formularvertrag; **aM** *Schmid* DWW 1990, 352.

507 LG Hanau WuM 1981, 102; AG Wiesbaden WuM 2000, 312; *Kleffmann* ZMR 1984, 109; *Römer* WuM 1996, 392; *Schmid* Hdb Rn 3303; Einzelheiten s *Staudinger/Weitemeyer* (2006) Rn 114; **aM** LG Berlin GE 2002, 860; AG Arnsberg DWW 1988, 52; AG Delmenhorst WuM 2003, 657; AG Oldenburg WuM 1993, 412.

---

sitz des Vermieters oder seiner Hausverwaltung[508] oder die Wohnung des Mieters maßgebend ist, weil Nebenpflichten regelmäßig am Leistungsort der Hauptpflicht des Vermieters, nämlich der Überlassung der Mietwohnung, zu erbringen seien.[509] Haupt- und Nebenpflichten sind jedoch nicht notwendig an demselben Leistungsort zu erfüllen, wenn es für die Nebenpflicht ihrer Natur nach bei der Grundregel des § 269 Abs 1 bleiben kann. Das ist bei der Pflicht zur Vorlage der Belege der Fall, zumal es für den Vermieter einer Vielzahl von Wohnungen einen unverhältnismäßigen Aufwand bedeuten würde, jedem Mieter die Belege in dessen Wohnung zu präsentieren. Ist der Sitz des Vermieters vom Ort des Mietobjekts weit entfernt, entspricht es jedoch Treu und Glauben, dass der Vermieter dem Mieter die Einsicht am Ort der Mietsache, etwa bei einer Hausverwaltung oder dem Hausmeister, gewährt[510] oder Kopien zusendet (Rn 70).

b) Erstellung von Kopien. Die ältere Instanzenrechtsprechung gewährte dem Mieter **70** neben der Einsichtnahme das Recht, entprechend § 29 Abs 2 NMV wahlweise gegen Übernahme angemessener Kosten die **Übersendung** von Kopien zu verlangen.[511] Der BGH schränkte dies in seinem berechtigten Bemühen, die formellen Anforderungen an die Erstellung und Begründung einer Betriebskostenabrechnung zu begrenzen, dahingehend ein, dass ein Anspruch auf Übersendung von Kopien der Rechnungsbelege nach § 242 nur besteht, wenn es dem Mieter wegen Umzugs oder Aufenthalts im Ausland nicht zumutbar ist, am Wohnsitz oder am Sitz der Geschäftsleitung des Vermieters Einsicht zu nehmen.[512] Die Frage der Zumutbarkeit ist Tatfrage und hängt auch von der Entfernung vom Ort der Einsichtnahme ab.[513] Hat der Mieter Kopien erhalten, kann er die Originale nur einsehen, wenn er die Richtigkeit der Kopien anzweifelt.[514] Die Höhe der Kopierkosten wird überwiegend mit umgerechnet etwa 25 bis 50 Cent pro Kopie angesetzt.[515] Eigene Kopien bzw gescannte Daten darf der Mieter erstellen.[516] Sagt der Vermieter die Übersendung von

508 So BGH NJW 2006, 1419; WuM 2006, 616; NZM 2010, 857; LG Berlin GE 2002, 860; GE 2003, 253; LG Hamburg WuM 2000, 197; WuM 2002, 55; AG Berlin Mitte GE 1999, 987; AG Hagen ZMR 1984, 119 wenn Vermieter im selben Haus wohnt; AG Hannover WuM 1987, 275 (LS); AG Jena DWW 2000, 336.

509 LG Hanau WuM 1985, 346; LG Hannover WuM 1985, 346; AG Berlin-Mitte GE 1999, 987; AG Langenfeld/Rhld WuM 1996, 426; AG Weißwasser WuM 2002, 233; AG Wiesbaden WuM 2000, 312; *Röchling* ZMR 1979, 161; *Römer* WuM 1996, 392; *Schmid* Hdb Rn 3303.

510 BGH NJW 2006, 1419; WuM 2006, 616; NZM 2010, 857; LG Frankfurt aM ZMR 1999, 764 m Anm *Rau*; LG Hamburg WuM 2000, 197; AG Frankfurt aM DWW 1999, 158 m Anm *Abramenko*.

511 LG Berlin GE 2003, 253; GE 2010, 1205 alternativ abphotographieren durch Mieter; LG Duisburg WuM 2002, 31; LG Leipzig ZMR 2006, 288; LG Neubrandenburg WuM 2002, 339; AG Delmenhorst WuM 2003, 657; AG Diez WuM 2001, 560.

512 BGH NJW 2006, 1419; NZM 2006, 926; WuM 2010, 296; NZM 2010, 857; NJW 2010, 2288; KG GE 2004, 423; LG Berlin WuM 2005, 49; LG Berlin GE 2003, 1492; LG Düsseldorf ZMR 1998, 167; LG Frankfurt aM NZM 2000, 27 = WuM 1999, 576 = ZMR 1999, 764 m abl Anm *Rau*; LG Gera WuM 2003, 457; LG Hamburg WuM 2000, 197; LG Köln NZM 2001, 617 = ZMR 2001, 624; LG Zwickau WuM 2003, 271; AG Ahaus WuM 1992, 696; AG Brandenburg GE 2003, 55; AG Frankfurt aM DWW 1999, 158 m Anm *Abramenko*; AG Gelsenkirchen WuM 1996, 349; AG Köln WuM 1996, 629.

513 BGH NJW 2010, 2288; LG Münster WuM 2011, 30.

514 LG Hannover WuM 1985, 346.

515 LG Berlin GE 2002, 1563; LG Hamburg WuM 2000, 197; LG Landshut WuM 1987, 389; AG Aachen WuM 2003, 220; AG Ahaus WuM 1997, 696; AG Brandenburg GE 2003, 55; AG Diez aaO; AG Hamburg-Wandsbek WuM 2001, 362; AG Köln WuM 1996, 426; WuM 1999, 550; WuM 2000, 332; AG Neubrandenburg WuM 1994, 531; AG Neuruppin WuM 2000, 437; AG Niebüll aaO; AG Tiergarten MM 2000, 91; AG Wuppertal WuM 1983, 208; **aM** LG Berlin GE 2000, 409 u AG Langenfeld WuM 1996, 426: 1 DM zu hoch; AG Oldenburg WuM 1993, 413 u AG Pankow/Weißensee NZM 2002, 655: 5 bis 10 Cent.

516 LG Berlin GE 2010, 1205; AG München NJW 2010, 78.

Jost Emmerich

Kopien zu, ist er hieran nach § 242 gebunden,[517] nicht aber, wenn er lediglich einzelne Kopien aus Gefälligkeit zusendet.[518]

7. Abrechnungszeitraum

71   **a) Dauer.** Die Länge des Abrechnungszeitraums beträgt gem Abs 3 S 1 grundsätzlich ein Jahr. Längere Zeiträume können gem Abs 4 durch die Parteien nicht vereinbart werden. Eine einmalige einvernehmliche Verlängerung zum Zweck der Umstellung des Abrechnungszeitraumes ist jedoch möglich.[519] Eine Abrechnung für kürzere Zeiträume ist gestattet, da dies für den Mieter nicht nachteilig ist.[520] Dies muss aber vertraglich vereinbart werden, da sonst ein Verstoß gegen § 556 Abs 3 S 1 mit dem Jährlichkeitsprinzip vorliegt.[521] Eine Aufteilung der Gesamtabrechnung wegen eines Eigentümerwechsels oä in zwei Zeitabschnitte ist aber zulässig und in der Regel auch nicht zu unübersichtlich.[522] Der Vermieter ist nicht verpflichtet, in kürzeren Abständen abzurechnen, auch nicht bei einem Mieterwechsel (§ 556a Rn 27). Der Abrechnungszeitraum braucht nicht mit dem **Kalenderjahr** übereinzustimmen, in Betracht kommen auch das Mietjahr oder der Jahreszeitraum, innerhalb dessen regelmäßig die Jahresabrechnungen der Versorgungsträger erstellt werden.[523] Eine Umstellung des bisherigen Abrechnungszeitraums auf das Kalenderjahr kann der Vermieter aus vernünftigen Gründen vornehmen.[524] Dies darf aber nicht dazu führen, dass der zwölfmonatige Abrechnungszeitraum im Jahr der Umstellung wesentlich überschritten wird.[525] Unterschiedliche Betriebskosten können zu verschiedenen Zeitpunkten abgerechnet werden, etwa die Heizkosten und die übrigen Betriebskosten.[526] Eine Verpflichtung hierzu besteht aber nicht. Etwas anderes kann sich nur aus einer dahingehenden Vereinbarung ergeben, die jedoch in der Regel nicht vorliegt. Vielmehr folgt aus der Zahlung einheitlicher Vorauszahlungen auch eine einheitliche Abrechnungsfrist, weil sonst nicht bestimmbar wäre, welcher Teil der Vorauszahlungen für welchen Abrechnungskreis geleistet worden ist.[527]

72   **b) Leistungs- oder Abflussprinzip.** Grundsätzlich sind nur diejenigen Betriebskosten in die Abrechnung einzustellen, die in dem Abrechnungszeitraum tatsächlich angefallen sind. Maßgebend wäre hiernach der Verbrauch, nicht das Rechnungsdatum[528] oder die Bezahlung durch den Vermieter.[529] Es galt daher nach lange hM das Leistungsprinzip und nicht das Prinzip des Zu- oder Abflusses der betreffenden Rechnungsbeträge beim Vermie-

---

517   AG Mainz WuM 2006, 619 m Anm *Wall* WuM 2007, 119.
518   BGH NZM 2006, 926.
519   BGH NJW 2011, 2878 = WuM 2011, 511.
520   LG Berlin GE 2005, 433; *Langenberg* Betriebskostenrecht G Rn 103; *Schmid* Hdb Rn 3151b; **aM** LG Darmstadt Info M 2006, 77; AG Waldshut-Tiengen WuM 1985, 349.
521   BGH GE WuM 2010, 493; OLG Düsseldorf NZM 2001, 1125; *Schmidt-Futterer/Langenberg* Rn 302.
522   BGH NJW 2010, 3228.
523   BGH NJW 2008, 2328; AG Waiblingen WuM 1987, 323.
524   LG Berlin GE 2002, 1627.
525   AG Köln WuM 1997, 232.
526   BGH NJW 2008, 2328.
527   BGH NJW 2008, 2328.
528   So aber *Blank* DWW 1992, 65.
529   AG Tiergarten GE 2006, 1045; **aM** v *Seldeneck* Betriebskosten im Mietrecht Rn 3020; zur Kürzung von Gasrechnungen *Arndt* WuM 2006, 479.

ter.[530] Im Anwendungsbereich der HeizkV ist das Leistungsprinzip zwingend.[531] Der BGH hat jedoch für die übrigen Betriebskosten auch die Abrechnung nach dem Rechnungsdatum oder der Zahlung durch den Vermieter (Abflussprinzip) für zulässig erachtet.[532] Damit sind auch die Probleme gelöst, die sich daraus ergeben, dass dritte Leistungserbringer uU zu anderen Zeiträumen die Verbrauchsdaten messen als es der Abrechnungspflicht entspricht[533], und die Wohnungsverwaltung **vermieteter Eigentumswohnungen** in der Abrechnung nach § 28 Abs 3 WEG, die nach dem Zufluss- und Abschlussprinzip erstellt wird, andere Beträge zugrunde legt.[534] Der Wohnungseigentumsverwalter ist ohne gesonderte Vereinbarung nicht verpflichtet, für die vermietete Wohnung eine Einzeljahresabrechnung zu erstellen.[535] Auch die **vertragliche Vereinbarung** zwischen den Mietvertragsparteien, die Betriebskosten nach dem Abflussprinzip abzurechnen, ist zulässig.[536] Soweit das Leistungsprinzip auch bei der **Nachforderung von Betriebskosten**, etwa bei vertraglichen Vereinbarungen hinsichtlich der Grundsteuer gilt, können Betriebskostenabrechnungen für vergangene Abrechnungsperioden geändert werden, wenn die Grundsteuer rückwirkend erhöht wird (s Rn 85). Bezieht sich die Änderung auf mehrere Abrechnungszeiträume, müssen die einzelnen Abrechnungen korrigiert werden, wenn in dieser Zeit **Mieterwechsel** stattgefunden haben, weil dem einzelnen Mieter nur die in seiner Mietzeit angefallenen Leistungen auferlegt werden können.[537] Anders als bei der Erhöhung der Betriebskostenpauschale (s § 560 Rn 21) kann die Abrechnung auch noch nach der Beendigung des Mietverhältnisses korrigiert werden.[538] Ebenso ist grundsätzlich bei einem Mieterwechsel eine verbrauchs- und verursachungsgenaue Abrechnung nach dem Leistungsprinzip vorzunehmen.[539] Das Gleiche gilt nach § 242, wenn der Versorgungslieferant in einer Abrechnung die Kosten für zwei Jahre in einem Betrag nachfordert.[540] Es ist entsprechend der Mietzeit taggenau aufzuteilen.[541]

8. Abrechnungssaldo
a) Anspruchsinhaber und Anspruchsgegner
aa) Die **Parteien** der Ansprüche aus dem Abrechnungssaldo sind der Mieter und der   **73** Vermieter (zum Vermieterwechsel Rn 57). Sind mehrere Vermieter oder Mieter in einer Gesellschaft bürgerlichen Rechts verbunden, müssen sie den Anspruch auf den Abrechnungssaldo grundsätzlich gemeinsam geltend machen.[542] Bei einer bloßen Mietermehr-

---

530 LG Berlin GE 1988, 463; GE 2000, 813; GE 2005, 1249; LG Hamburg WuM 2000, 197; NZM 2001, 806 AG Nürnberg NJW-RR 2002, 1589 für Gewerbemiete; *Eisenschmid* WuM 2001, 215, 221; offen gelassen von BGH NZM 2006, 740; **aM** LG Berlin MM 2004, 374; LG Wiesbaden NZM 2002, 944; AG Charlottenburg GE 2007, 453; bei geringem Überhang LG Dortmund ZMR 2005, 865; wenn Mehrbelastung ausgeschlossen ist: LG Berlin GE 2006, 725; GE 2007, 368; GE 2007, 451.
531 BGH NJW 2012, 1141 = WuM 2012, 143.
532 BGH NJW 2008, 1300; NJW 2008, 1801; NJW 2008, 2328; AG Bremen WuM 2009, 671; noch offengelassen von BGH NZM 2006, 740.
533 BGH NJW 2008, 1300.
534 LG Wiesbaden NZM 2002, 944; zum Problem *Blank* NZM 2004, 365.
535 BayObLG ZMR 2005, 564.
536 BGH NJW 2008, 1300; OLG Schleswig WuM 1991, 333 obiter dictum; OLG Düsseldorf GuT 2003, 1 für Gewerbemiete.
537 LG Berlin GE 2005, 1249; *Ruff* WuM 2003, 379, 383 mwN.
538 LG Berlin GE 2005, 737.
539 Offengelassen durch BGH NJW 2008, 1300; hierzu *Streyl* WuM 2010, 545, 549.
540 AG Bremen WuM 2009, 671.
541 *Blum* WuM 2011, 69.
542 LG Berlin NZM 1999, 998; s zur GbR auch *Kraemer* NZM 2002, 564; *Sonnenschein*, in: FS Kraft, 607; *Weitemeyer* in: Gedächtnisschrift Sonnenschein (2003), 431; *dies* ZMR 2004, 153.

Jost Emmerich

heit haben ebenfalls alle Mieter einen Anspruch auf Auszahlung eines Guthabens aus dem Saldo, da sie in der Gesamtheit die Überzahlung erbracht haben.[543] Der Vermieter kann aber einen von mehreren Mitmietern auf die Nachzahlung aus dem Saldo in Anspruch nehmen, da die Mieter die Miete sowie die Betriebskosten als Gesamtschuldner schulden, §§ 421, 427.[544] Der Mieter kann auch dann ein Guthaben aus der Betriebskostenabrechnung verlangen, wenn das Sozialamt die Vorauszahlungen entrichtet hat.[545] Von einer **Zwangsverwaltung** können Betriebskostenvorauszahlungen als auch Nachzahlungen erfasst sein (Rn 59). In diesem Fall ist der Zwangsverwalter zur Erstattung eines Guthabens aus einem bei Anordnung der Zwangsverwaltung angebrochenen Abrechnungszeitraum verpflichtet, auch wenn ihm die Vorauszahlungen vom Vermieter nicht ausgehändigt worden sind.[546] Vereinnahmte, aber nicht verbrauchte Vorauszahlungen sind an den Zwangsverwalter heraus zu geben.[547] In einem laufenden **Insolvenzverfahren** gegen den Vermieter hat der Mieter nach § 80 Abs 1 InsO alle Zahlungen an den Insolvenzverwalter zu entrichten.[548] Ein Guthaben aus der Betriebskostenabrechnung ist eine einfache Insolvenzforderung nach den §§ 108 Abs 2, 38 InsO, wenn die Abrechnungsperiode vor Eröffnung des Verfahrens bereits abgeschlossen war.[549] Ansprüche aus nach Eröffnung des Insolvenzverfahrens begonnenen Abrechnungsperioden sind bevorrechtigte Masseansprüche gem § 55 Abs 1 InsO.[550] Ansprüche aus dem Abrechnungszeitraum, in dem die Insolvenz eröffnet wurde, sind aufzuteilen.[551] Wird der **Mieter insolvent**, kann der Vermieter gegen eine Forderung auf Auskehrung eines Guthabens aus der Betriebskostenabrechnung gem § 95 Abs 1 S 1 InsO mit Mietforderungen aufrechnen, selbst wenn er erst nach der Insolvenzeröffnung abrechnet.[552] Der Anspruch auf Zahlung der Nebenkostennachforderung gegen den insolventen Mieter ist eine einfache Insolvenzforderung, wenn sie sich auf einen Zeitraum vor Insolvenzeröffnung bezieht. Auf die Erstellung der Abrechnung kommt es nicht an.[553]

b) Fälligkeit
74 **aa)** Die Fälligkeit eines Rückzahlungs- oder Nachzahlungsanspruchs tritt **frühestens nach ordnungsgemäßer Abrechnung** ein.[554] Voraussetzung ist, dass die Abrechnung

543 BGH WuM 2005, 257; NJW 2010, 1965; *Schmidt-Futterer/Langenberg* Rn 424; **aM** *Schach* GE 2000, 1677, 1680.
544 BGH NJW 2010, 1965; LG Frankfurt aM ZMR 2009, 365, 366; *Schmidt-Futterer/Langenberg* Rn 423; **aM** LG Berlin GE 2000, 1032; GE 2006, 1235; *Schach* GE 2000, 1677, 1680.
545 AG Braunschweig WuM 1990, 556; **aM** AG Frankfurt aM WuM 1992, 446.
546 BGH NJW 2003, 2320; NJW 2006, 2626; OLG Hamburg NJW 1990, 151 m Anm *Geldmacher* DWW 1990, 84; LG Berlin GE 2003, 51; LG Zwickau WuM 2003, 271; AG Neukölln WuM 2003, 117; *Reismann* WuM 1998, 387, 390.
547 BGH NZM 2008, 100, 101; **aM** *Heider/zur Nieden* NZM 2010, 601, 604.
548 *Schmid* Hdb Rn 3371.
549 *Börstinghaus* DWW 1999, 205, 207; *Schmid* Hdb Rn 3373f; s auch AG Saarbrücken ZMR 2006, 49.
550 *Börstinghaus* aaO; *Schmid* Hdb Rn 3376; weitere Einzelheiten bei *Franken*, Mietverhältnisse in der Insolvenz (2002); *Staudinger/Weitemeyer* (2011) Rn 120.
551 *Flatow*, in: FS Blank, 513, 516; **aM** *Schmid* Hdb Rn 3375; Einzelheiten s *Franken/Dahl*, Mietverhältnisse in der Insolvenz (2. Aufl 2006); *Priebe* NZM 2010, 801ff.
552 BGH NZM 2005, 342 m Anm *Eckert* 330; ebenso bei Vermieterinsolvenz BGH NZM 2007, 162; **aM** insoweit LG Berlin GE 2006, 513 f.
553 BGH v 13.4.2011 Az VIII ZR 295/10, Quelle Juris.
554 BGHZ 113, 188 = NJW 1991, 836; BGH NZM 2001, 158; NZM 2005, 342; NJW 2005, 1499; NJW 2006, 1419 m Anm *Lützenkirchen* WuM 2006, 156 u *Schmid* ZMR 2006, 341 sowie *Rau/Dötsch* 362; OLG Düsseldorf ZMR 2003, 252, 254; OLG Hamm WuM 1982, 72; NZM 1998, 568; OLG Koblenz WuM 1995, 154; NZM 2002, 436; LG Gießen NJW-RR 1996, 1163; LG Köln WuM 1989, 28; LG Mühlhausen DtZ 1995, 375; LG Regensburg ZMR 1984, 307; LG Wiesbaden ZMR 1985, 273.

formell ordnungsgemäß, dh nachvollziehbar und verständlich ist. Inhaltlich richtig muss die Abrechnung nicht sein (Rn 48).[555] Ist die Abrechnung nur teilweise formell fehlerhaft, tritt Teilfälligkeit ein, wenn sich die betreffende Position unschwer heraus rechnen lässt.[556] Auch materielle Fehler berühren die Fälligkeit unter dieser Voraussetzung nicht.[557] Die Fälligkeit tritt beim Zugang nur gegenüber einem von mehreren Mietern (s Rn 56) nur diesem gegenüber ein.

bb) Die Fälligkeit einer Nachforderung setzte nach früher hM weiter eine **angemessene Zeit zur Überprüfung** der Abrechnung für den Mieter voraus,[558] während ein Guthaben zugunsten des Mieters sofort mit Zugang fällig wird.[559] Der BGH verneint inzwischen eine Prüffrist und geht von sofortiger Fälligkeit nach § 271 Abs 1 aus.[560] Die Vereinbarung einer einwöchigen Prüfungsfrist in einem Formularvertrag ist auf dieser Grundlage wirksam.[561] Der Mieter gerät aber nicht in Verzug, wenn er sich eine angemessene Zeit zur Prüfung nimmt.[562] Darüber hinaus wird eine Betriebskostennachzahlung nicht fällig, wenn der Vermieter die **Einsicht** in die Abrechnungsunterlagen (Rn 67) nicht gewährt oder gegen angemessene Kostenerstattung keine **Kopien** übersendet, sowie er nach der neuen Rechtsprechung ein Recht hierauf hat (Rn 70).[563] Dem Mieter lediglich ein Zurückbehaltungsrecht bis zur Einsicht in die Belege zu gewähren,[564] reicht nicht aus, weil dies nach § 274 Abs 1 nur zu einer Verurteilung Zug um Zug führen würde. Dadurch könnte das Ziel, die Abrechnung vor einer Zahlung zu überprüfen, nicht erreicht werden.[565] 75

c) Einwendungen und Einreden

aa) Die **Verjährung** der Ansprüche des Vermieters auf Nachzahlung[566] und des Mieters auf Rückzahlung des Saldos aus der Betriebskostenabrechnung richtet sich nach § 195, so dass alle Forderungen aus dem Mietverhältnis grundsätzlich in der regelmäßigen Frist von drei Jahren (Ausnahme § 548) verjähren. Der Beginn der Frist richtet sich nach § 199 Abs 1, dh sie beginnt mit dem Schluss des Jahres, in dem der Anspruch entstanden 76

---

555 OLG Düsseldorf ZMR 2004, 27; AG Köln WuM 1997, 648; vgl auch OLG Düsseldorf NJW-RR 2000, 279 u OLG Hamm NZG 2001, 73.
556 BGH NJW 2007, 1059; OLG Düsseldorf WuM 2003, 387; AG Wetzlar WuM 2001, 30; *Schmid* HdB Rn 3329.
557 OLG Schleswig WuM 1991, 333; LG Berlin GE 1995, 941; GE 1997, 687; LG Hamburg NJW-RR 1988, 907; WuM 1989, 28; AG Menden DWW 1990, 212; AG Neuss WuM 1995, 46; AG Wetzlar WuM 2001, 30; *v Seldeneck* Betriebskosten im Mietrecht Rn 3666; *Sternel*, Mietrecht aktuell Rn 806.
558 OLG Hamm WuM 1982, 72; AG Büdingen WuM 1996, 715; AG Eschweiler WuM 1996, 99; AG Gelsenkirchen-Buer WuM 1994, 549; AG Köln WuM 1996, 629; AG Potsdam NZM 2001, 378; *Geldmacher* DWW 1990, 208; *Sternel* Rn III 374; offen gelassen von BGHZ 113, 188 = NJW 1991, 836.
559 AllgM, vgl *Langenberg* Betriebskostenrecht I Rn 10.
560 BGH NJW 2006, 1419 m Anm *Lützenkirchen* WuM 2006, 156 u *Schmid* 481.
561 **AM** noch LG Frankfurt aM WuM 1990, 271, 274.
562 *Schmid* WuM 1996, 319; *ders* Hdb Rn 3336; diff *Langenberg* Betriebskostenrecht I Rn 11 ff; *v Seldeneck* Betriebskosten im Mietrecht Rn 3679f.
563 LG Berlin GE 2000, 409; LG Düsseldorf DWW 1990, 207 m zust Anm *Geldmacher*; DWW 1999, 181, 183; LG Duisburg WuM 2002, 32, 33; LG Essen DWW 1996, 371; AG Bonn WuM 1996, 629; AG Dinslaken WuM 2001, 497 m Anm *Goch*; AG Hamburg WuM 2002, 499f; AG Köln WuM 1996, 426; AG Langenfeld/Rhld WuM 1996, 426; AG Oldenburg WuM 1993, 412; AG Siegburg WuM 1991, 598 I; *Schmidt-Futterer/Langenberg* § 556 Rn 432ff u 493.
564 So aber BGH WuM 2012, 276; NJW 2006, 1419 = ZMR 2006, 358 m Anm *Schmid* 341 u *Rau/Dötsch* 362 u m Anm *Lützenkirchen* WuM 2006, 156; LG Frankfurt aM WuM 1997, 52.
565 Vgl auch *Langenberg* Betriebskostenrecht I Rn 15 ff; AG Dortmund WuM 2011, 31: Zurückbehaltungsrecht, aber ohne Verpflichtung zur Zug-um-Zug-Leistung des Mieters.
566 BGHZ 113, 188 = NJW 1991, 836; OLG Koblenz NZM 2005, 540.

Jost Emmerich

ist und der Gläubiger von den anspruchsbegründenden Umständen Kenntnis erlangt oder ohne grobe Fahrlässigkeit Kenntnis erlangen müsste. Das ist der Fall, wenn der Anspruch aus dem Saldo nach dem Zugang der Abrechnung beim Mieter fällig wird (Rn 75).[567] Nach § 199 Abs 4 ist die Verjährung auf längstens zehn Jahre begrenzt.[568] Bei der nachträglichen Korrektur einzelner Positionen beginnt für die diese Position betreffende Nachforderung die Verjährung auch erst mit Kenntnis des Vermieters der anspruchsbegründenden Umstände, und nicht schon mit der Erteilung der ersten Abrechnung.[569]

77   **bb)** Eine **Aufrechnung** mit während der Abrechnungsperiode verjährten anderweitigen Ansprüchen kann der Vermieter nicht gem § 390 S 2 gegen den Anspruch des Mieters auf Auszahlung eines Guthabens aus der Betriebskostenabrechnung vornehmen. Denn dieser Rückzahlungsanspruch ist vor Ablauf des Abrechnungszeitraums nicht entstanden.[570] Da der Anspruch des Mieters auf Rückzahlung überzahlter Vorschüsse aus einem Treuhandverhältnis stammt, soll der Vermieter im Übrigen nur mit konnexen Forderungen aufrechnen können, zB mit dem Anspruch auf Nachzahlung anderer Betriebskosten, etwa von Heizkosten oder solchen aus einer anderen Abrechnungsperiode.[571] Diese Einschränkung lässt sich dem Gesetz jedoch nicht entnehmen und wird vom BGH daher zu Recht gar nicht erwogen.[572] Dem Vermieter steht an der **Mietkaution** nach einer verbreitet vertretenen Ansicht ein **Zurückbehaltungsrecht** wegen möglicher, aber mangels Abrechnung noch nicht bezifferbarer und noch nicht fälliger Betriebskostennachzahlungen des Mieters nur bis zum Ablauf der etwa halb- bis dreivierteljährigen Prüfungsfrist hinaus zu.[573] Richtigerweise darf die Kaution darüber hinaus solange zurückbehalten werden, wie die Abrechnung noch offen bleiben darf und eine Nachforderung zu erwarten ist, da der Vermieter nur jährlich abrechnen muss.[574]

78   **cc)** Bei **Teilleistungen** des Mieters wird nach § 366 Abs 2 die dem Mieter lästigere Forderung zuerst getilgt, wenn er keine Bestimmung nach § 366 Abs 1 trifft. Dies ist der Anspruch auf die Grundmiete und Betriebskostenvorschüsse (Rn 47) und erst dann der Saldo aus der Betriebskostenabrechnung, weil ein Verzug mit diesem Anspruch eine Kündigung nach § 543 Abs 2 nicht begründet.[575]

d) Einwendungsausschluss (Abs 3 S 5 und 6)

79   **aa)** Gem Abs 3 S 5 und 6 ist der Mieter mit Einwendungen gegen die Betriebskostenabrechnung ausgeschlossen, wenn er dem Vermieter die Einwendungen nicht bis zum Ablauf des zwölften Monats nach Zugang der Abrechnung mitgeteilt hat. Der **Zweck**

---

567   Vgl BGHZ 113, 188 = NJW 1991, 836.
568   Einzelheiten s *Franke* DWW 2002, 86; *Gruber* WuM 2002, 252, 254; *Horst* DWW 2002, 6, 19ff.
569   BGH NZM 2013, 84 = WuM 2013, 108.
570   AG Eschweiler WuM 1996, 99; AG Oberndorf WuM 1986, 253; vgl auch BGH NZM 2005, 342 und NZM 2007, 162.
571   LG Berlin NZM 1999, 414; AG Hohenschönhausen GE 1997, 191; **aM** LG Berlin GE 1995, 1085, AG Schöneberg GE 1999, 649; ausdrücklich aufgegeben durch LG Berlin WuM 1999, 343.
572   BGH NZM 2005, 342.
573   LG Berlin NZM 1999, 960; GE 2005, 433, 435; AG Coesfeld WuM 1998, 348; AG Flensburg WuM 2000, 598; AG Hannover WuM 2005, 739; AG Köln WuM 2000, 674; AG Neunkirchen NZM 2001, 192, 193; AG Schöneberg GE 1999, 1431; *Staudinger/Emmerich* (2006) § 551 Rn 31.
574   BGH NJW 2006, 1422; AG Hamburg-Barmbek WuM 2010, 153; AG Köln WuM 2004, 609; AG Langen WuM 1996, 31; AG Steinfurt WuM 2005, 657; *Kießling* JZ 2004, 1146, 1154; *Goetzmann* ZMR 2002, 566, 571 mwN.
575   OLG Koblenz NJW 1984, 2369; BayObLG DWW 2001, 275; AG Gelsenkirchen ZMR 2001, 279; *Beuermann* GE 2000, 1301, 1302.

der Regelung besteht darin, aus Gründen der Ausgewogenheit dem Nachforderungsausschluss des Vermieters (Rn 62) einen Einwendungsausschluss des Mieters gegenüberzustellen[576] und Beweisschwierigkeiten zu vermeiden.[577] Bei einer **Mietermehrheit** reicht es aus, wenn nur einer der Mieter Einwendungen erhebt.[578] Anders als bei vertragsgestaltenden Erklärungen wie etwa einer Kündigung geht es beim Einwendungsausschluss nur um die Erhaltung der Rechte des Mieters, also um eine bloße Obliegenheit. Für diesen Zweck ist es ausreichend, wenn der Vermieter überhaupt vor Ablauf der Frist Einwendungen erhält, zumal nach der Rspr des BGH auch der Ausschlussfrist des § 556 Abs 3 S 3 nur Einzelwirkung zukommt (Rn 56).

bb) Fristbeginn und **Fristdauer** berechnen sich ebenso wie bei der Ausschlussfrist 80 für den Vermieter (Rn 63). Die Frist beginnt mit dem Zugang einer formell ordnungsgemäßen Abrechnung beim Mieter und endet mit dem Ende des entsprechenden Kalendermonats in dem auf den Zugang der Abrechnung folgenden Jahres.[579] Die Frist kann aber für hiervon zu trennende Kostenpositionen zu laufen beginnen.[580] Die Frist ist gewahrt, wenn dem Vermieter innerhalb dieser Frist die Einwendungen des Mieters zugehen.[581] Erstellt der Vermieter eine neue Abrechnung, beginnt die Frist erneut zu laufen. Bei einer Änderung der Abrechnung gilt dies für den Umfang der Änderung.[582]

cc) Die Ausschlussfrist betrifft nur **Einwendungen gegen die Abrechnung.** Der 81 Mieter ist also nicht gehindert, Einwendungen und Einreden gegen den Nachzahlungsanspruch **aus der Abrechnung** gegenüber dem Vermieter auch nach Ablauf der Einwendungsfrist geltend zu machen, etwa Erfüllung einzuwenden oder die Einrede der Verjährung zu erheben.[583] Der Einwendungsausschluss erfasst auch den Einwand einer fehlenden Umlagevereinbarung.[584] Die in diesem Sinn vertragswidrige Abrechnung stellt keinen formellen Mangel der Abrechnung dar.[585] Da eine formell nicht wirksame Abrechnung die Ausschlussfrist nicht in Gang setzt, können aber Einwendungen gegen die formelle Ordnungsgemäßheit nicht von Abs 3 S 5 und 6 ausgeschlossen werden. Damit der Zweck der Vorschrift nicht umgangen werden kann, muss der Mieter seine Beanstandungen hinreichend konkret fassen, so dass erkennbar ist, welche Posten der Betriebskostenabrechnung aus welchen Gründen beanstandet werden.[586] Allerdings dürfen nicht zu hohe Anforderungen an die Einwendungen des Mieters gestellt werden. Konkrete Einwendungen sind aber für jede Betriebskostenabrechnung gesondert zu erheben; es reicht daher

---

576 Beschlussempfehlung und Bericht BT-Drucks 14/5663, 79.

577 Stellungnahme des BR BT-Drucks 14/4553, 87; Beschlussempfehlung und Bericht BT-Drucks 14/5663, 79.

578 **AM** AG Charlottenburg MM 2010, 75.

579 BGH NJW 2008, 283; NJW 2008, 1521; WuM 2011, 281; WuM 2011, 101 mwN zur **aA**; LG Berlin GE 2009, 1127; LG Frankfurt aM WuM 2011, 100; *Hinz* NZM 2010, 770, 772; *Lützenkirchen* NZM 2002, 512; *Sternel* ZMR 2001, 937, 939; zum Fristende: LG Frankfurt (Oder) WuM 2013, 40.

580 BGH WuM 2011, 101.

581 *Lützenkirchen* NZM 2002, 512, 513; *Schmid* Hdb Rn 3258; *ders* ZMR 2002, 727, 730.

582 *Schmid* Hdb Rn 3257.

583 *Schmid* ZMR 2002, 727, 728.

584 BGH WuM 2012, 229; NJW 2011, 842 = WuM 2011, 158.

585 BGH NJW 2011, 2786 = NZM 2011, 627; WuM 2012, 229.

586 LG Bochum ZMR 2005, 863; *Börstinghaus/Eisenschmid* Anm zu § 556; *Hinz/Ormanschick/Ricke/Scheff* § 4 Rn 31; *Langenberg* NZM 2001, 787; *Lützenkirchen* Neue Mietrechtspraxis Rn 149; *ders* NZM 2002, 512, 513; *Streyl* WuM 2005, 505; **aM** *Schmid* Hdb Rn 3261; *ders* ZMR 2002, 727, 730.

Jost Emmerich

nicht aus, wenn der Mieter die gleichen Einwände bereits im Vorjahr erhoben hat.[587] Nach verbreiteter Auffassung soll der Einwendungsausschluss nicht den Ansatz von Kosten erfassen, die keine Betriebskosten iS der § 556 Abs 1, § 27 BV 2 bzw § 19 Abs 2 WoFG sind.[588] Da derartige Einwendungen jedoch eine Vielzahl von Beanstandungen gegen die Betriebskostenabrechnung im Detail ausmachen, würde die Befriedungsfunktion der Norm unterlaufen werden, nähme man derartige Einwendungen aus dem Anwendungsbereich des Einwendungsausschlusses heraus.[589] Das Gleiche gilt für an sich umlagefähige Betriebskosten, deren Umlage aber nicht vereinbart worden war.[590] Eine bestimmte Form ist für die Einwendungen nicht vorgeschrieben.[591] Fällt ein Hinderungsgrund für die Erhebung der Einwendungen weg, trifft den Mieter ebenso wie den Vermieter hinsichtlich dessen Ausschlusses mit Nachforderungen nach § 556 Abs 3 S 3 die Pflicht, die Einwendungen innerhalb von drei Monaten nachzuholen.[592]

82   **dd)** Der Fristablauf ist ohne Folgen, wenn der Mieter die **Verspätung nicht zu vertreten** hat. Die Beweislast für sein mangelndes Verschulden trägt der Mieter. Beispiel ist eine plötzliche Krankheit des Mieters, während er für eine längere Abwesenheit Vorsorge treffen muss.[593] Nicht zu vertreten hat der Mieter die Verspätung auch, wenn der Vermieter ihm innerhalb der Frist nicht oder verspätet die Ausübung seiner Kontrollrechte (Rn 67ff) ermöglicht. Weiter wird der Fall genannt, dass der Vermieter bewusst eine unrichtige Abrechnung erstellt, in der er etwa unzutreffende Kostenansätze verschleiert. In diesem Fall soll es der Mieter nicht zu vertreten haben, wenn er die Ansätze nicht in Frage stellt und auf die Einsicht in die Belege verzichtet.[594] Eine derartige Differenzierung nach dem Grad des Verschuldens des Vermieters ist jedoch problematisch.[595] Grundsätzlich sind dem Mieter die Einwendungen nach § 276 Abs 2 bereits dann abgeschnitten, wenn er aus leichter Fahrlässigkeit nicht erkannt hat, dass solche vorliegen. Leicht fahrlässig würde aber bereits derjenige Mieter handeln, der keine Einsicht in die Belege nimmt und deshalb von dem Bestehen der Einwendungen nichts weiß.[596] Damit sich der Zweck der Vorschrift, Rechtssicherheit und Rechtsfrieden zu gewährleisten, damit aber nicht in ihr Gegenteil verkehrt, weil jeder Mieter gezwungen ist, vorsorglich Einsicht in die Abrechnungsbelege zu nehmen, sollte die Vorschrift des § 199 Abs 1 Nr 2 entsprechend angewandt werden, so dass der Grad des Verschuldens bezüglich der Kenntnis vom Vorliegen von Einwendungen auf Vorsatz und grobe Fahrlässigkeit beschränkt ist.

83   **ee)** Die **Rechtsfolge** des Fristablaufs besteht darin, dass der Mieter mit Einwendungen gegen die Betriebskostenabrechnung ausgeschlossen ist. Dabei stellt sich die Frage, wie weit der Ausschluss reicht, wenn der Mieter nur einzelne Posten der Betriebskostenabrechnung innerhalb der Frist gerügt hat. Aus der Genese der Regelung ergibt sich, dass

---

587 BGH NJW 2010, 2275; ausreichend auch konkludenter Einwand durch Zurückbehaltung konkreter Summe *Hinz* NZM 2010, 770, 772.
588 *Langenberg* Betriebskostenrecht H Rn 269; *Lützenkirchen* NZM 2002, 512, 513.
589 LG Berlin GE 2006, 651; *Schmid* Hdb Rn 3262a; *ders* ZMR 2002, 727, 729f; *Sternel* ZMR 2001, 937, 939.
590 BGH WuM 2012, 229; NJW 2011, 842 = WuM 2011, 158; NJW 2008, 283; NJW 2008, 1521; *Schmid* ZMR 2002, 727, 730.
591 *Schmid* ZMR 2002, 727, 730.
592 LG Krefeld WuM 2010, 361, rkr.
593 *Langenberg* Betriebskostenrecht H Rn 258.
594 *Langenberg* Betriebskostenrecht H Rn 258; *Sternel* ZMR 2001, 937, 940.
595 *Schmid* Hdb Rn 3264b; *ders* ZMR 2002, 727, 730; *Lützenkirchen* NZM 2002, 512, 513.
596 **AM** *Sternel* ZMR 2001, 937, 940: idR nicht fahrlässig, keine Einsicht zu nehmen.

der Mieter lediglich mit denjenigen Einwendungen ausgeschlossen ist, die er nicht rechtzeitig erhoben hat. Andererseits reicht eine Einwendung gegen einen abgrenzbaren Teil der Abrechnung nicht aus, um sich die Einwendungen gegen die gesamte Abrechnung zu erhalten.[597] Nach Ablauf der Frist hat der Mieter keinen Anspruch auf eine neue Abrechnung oder auf Rückzahlung zu viel entrichteter Vorauszahlungen. Die Abrechnung ist für ihn verbindlich.[598]

ff) Abweichende Vereinbarungen zu Lasten des Mieters sind nach Abs 4 unwirk- **84** sam. Eine kürzere Überlegungsfrist kann daher nicht vereinbart werden. Zu Gunsten des Mieters kann der Einwendungsausschluss ganz ausgeschlossen oder die Überlegungsfrist verlängert werden.[599]

gg) Ein **vorbehaltloser Ausgleich** des Saldos, der sich aus der Abrechnung ergibt, **85** führt nicht zu der Annahme eines deklaratorischen Schuldanerkenntnisses, das einer späteren Nach- oder Rückforderung entgegensteht.[600] Nach Einführung des Einwendungsausschlusses des Abs 3 S 5 und 6 ist für die Annahme eines deklaratorischen Schuldanerkenntnisses zu Lasten des Mieters kein Raum mehr, weil ein vorbehaltloser Ausgleich der Nachforderung aus der Betriebskostenabrechnung durch den Mieter vor Ablauf der Jahresfrist des Abs 3 S 6 diese Frist verkürzen würde.[601]

9. Verletzung der Abrechnungspflicht
a) Anspruch auf Abrechnung. Rechnet der Vermieter innerhalb einer angemesse- **86** nen Frist (Rn 61) nicht ab, hat der Mieter einen selbständig einklagbaren Anspruch auf Vorlage einer formell ordnungsgemäßen Abrechnung.[602] Die Klage ist auf die Vornahme einer unvertretbaren Handlung gerichtet und wird gem § 888 ZPO vollstreckt.[603] Der BGH begründet diese Einordnung damit, dass nicht nur eine Abrechnung auf der Grundlage vorhandener Unterlagen erstellt werden müsse, sondern verbindliche Erklärungen des Vermieters aufgrund seiner besonderen Kenntnisse erforderlich seien.[604] Die Abrechnungspflicht entfällt nicht dadurch, dass die erforderlichen Unterlagen verloren gegangen sind[605] oder der Verpflichtete Erinnerungslücken hat.[606] Hat der Vermieter eine formell ordnungsgemäße Abrechnung (Rn 48) erteilt, ist der Anspruch auf Rechnungslegung erfüllt. Über materielle Berichtigungen ist dann nur noch im Wege der Klage auf Nachzah-

---

597 S Stellungnahme des BR BT-Drucks 14/4553, 87; *Staudinger/Weitemeyer* (2011) Rn 131; **aM** *Schmid* Hdb Rn 3263, der allg Beanstandungen ausreichen lässt.
598 *Schmid* ZMR 2001, 761, 768; *ders* ZMR 2002, 727, 729; **aM** *Lützenkirchen* NZM 2002, 512, 514.
599 *Lützenkirchen* NZM 2002, 512, 514; *Schmid* Hdb Rn 3266.
600 BGH WuM 2011, 108 = NJW 2011, 843 = NZM 2011, 242.
601 BGH WuM 2011, 108; *Langenberg* NZM 2001, 783, 787f; *ders* ZMR 2002, 727, 731; *Sternel* ZMR 2001, 937, 940; *ders* in: FS Blank (2006) 436 f.
602 Begr z RegE BT-Drucks 14/4553, 51; BGHZ 91, 62, 71 = NJW 1984, 2466, 2468 mwN; OLG Koblenz WuM 1995, 154; LG Kiel WuM 1990, 312.
603 BGH NJW 2006, 2706 m Anm Timme 2668; KG NZM 2002, 671; OLG Braunschweig ZMR 1999, 694; LG Saarbrücken WuM 1997, 234; *Schmid* Hdb Rn 7066; *ders* GE 2000, 851, 858; *v Seldeneck* Betriebskosten im Mietrecht, Rn 3640; **aM** § 887 ZPO: OLG Hamm NZM 1998, 568; LG Dortmund WuM 1986, 350; LG Münster NZM 2001, 333; LG Rostock NZM 2003, 40; LG Wuppertal ZMR 2001, 200; WuM 2002, 273; vgl auch BayObLG NZM 2002, 489, 490; diff *Schmidt/Gohrke* WuM 2002, 593, 594.
604 BGH NJW 2006, 2706.
605 AG Kassel WuM 1984, 90 (LS).
606 Vgl BayObLG NZM 1999, 1147.

Jost Emmerich

lung oder auf Rückerstattung von Betriebskosten zu entscheiden.[607] Rechnet der Vermieter nicht oder falsch ab, kann der Mieter uU ein Kündigungsrecht aus § 543 haben.[608] Verzugszinsen kann er nicht verlangen.[609]

87   **b) Rückständige Vorauszahlungen.** Nach Fälligkeit des Anspruchs auf Erstellung der Abrechnung (Rn 61) kann der Vermieter rückständige Vorauszahlungen für den betreffenden Abrechnungszeitraum nicht mehr verlangen (Rn 46). Das gilt unabhängig von der in Abs 3 S 3 geregelten Ausschlussfrist für Nachforderungen des Vermieters aus der Betriebskostenabrechnung. Da sich diese Frist aber nur auf die Nachforderung aus einem sich aus der Abrechnung ergebenden Saldo bezieht, kann der Vermieter auch nach Ablauf der Ausschlussfrist noch abrechnen und dann wenigstens die rückständigen Vorauszahlungen verlangen (Rn 66 aE).

88   **c) Zurückbehaltungsrecht an den Vorauszahlungen.** Außerdem hat der Mieter ein Zurückbehaltungsrecht nach § 273 Abs 1 gegenüber dem Anspruch auf weitere Betriebskostenvorauszahlungen des laufenden Abrechnungszeitraums,[610] allerdings in der Höhe begrenzt auf die im nicht abgerechneten Zeitraum geleisteten Vorauszahlungen.[611] Das Zurückbehaltungsrecht endet mit der Vorlage einer formell ordnungsgemäßen Abrechnung.[612]

89   **d) Zurückbehaltungsrecht an der Grundmiete.** Zur Zurückbehaltung der Grundmiete ist der Mieter hingegen nicht berechtigt, wenn der Vermieter keine oder keine ordnungsgemäße Abrechnung erteilt.[613] Zwischen dem Anspruch auf die Miete und dem Anspruch auf Erteilung der Abrechnung besteht keine hinreichende Konnexität iS des § 273 Abs 1.

90   **e) Verwirkung.** Der Anspruch auf eine Nachzahlung unterliegt der Verwirkung, wenn der Vermieter über die Abrechnungsfrist hinaus (Rn 61) nicht abrechnet und der Mieter darauf vertrauen konnte, nicht mehr in Anspruch genommen zu werden.[614] Nach Einführung der Ausschlussfrist für den Vermieter hat die Verwirkung allerdings nur noch eine geringe Bedeutung und betrifft vor allem Fälle, in denen die verspätete Abrechnung vom Vermieter nicht zu vertreten war. Weiterhin von Bedeutung ist die Frage aber für **gewerbliche Mietverhältnisse,** bei denen die Ausschlussfrist nicht eingreift (Rn 62).[615] In jedem Fall wirkt die Verwirkung nur für die Vergangenheit.[616] Für eine Verwirkung reicht es nicht aus, allein nach längerem Ablauf der Abrechnungsfrist die Abrechnung nicht vorzulegen oder einen Nachzahlungsanspruch nicht geltend zu machen. Erforderlich ist neben diesem **Zeitmoment** ein weiteres **Umstandsmoment**, das das Vertrauen des Verpflich-

---

607 LG Berlin GE 2000, 541; LG Hamburg NZM 1999, 408; AG Tempelhof-Kreuzberg GE 2002, 932; AG Wedding GE 2004, 353.
608 VerfGH Berlin GE 2005, 294; LG Berlin GE 2003, 1081.
609 BGH WuM 2013, 168 = NZM 2013, 188; aA noch AG Berlin-Mitte GE 2005, 805; *Schmid* GE 2005, 905.
610 BGH WuM 2006, 383 = NJW 2006, 2552; BGHZ 91, 62, 71 = NJW 1984, 2466, 2468 mwN; BGH NJW 1984, 1684; NJW 2006, 2552; KG GE 2004, 423; OLG Düsseldorf ZMR 2002, 37; OLG Hamm NZM 1998, 568; OLG Koblenz GuT 2002, 43.
611 KG GE 2002, 129.
612 KG GE 2004, 423; LG Berlin GE 1999, 1286; LG Itzehoe ZMR 2003, 494; AG Pinneberg ZMR 2003, 494.
613 OLG Düsseldorf WuM 2000, 678; ZMR 2002, 37; OLG Koblenz WuM 1995, 154; **aM** LG Wuppertal WuM 1982, 142 (LS).
614 BGHZ 91, 62, 71 = NJW 1984, 2466, 2468; BGH NJW 1984, 1684; WuM 2010, 27.
615 Vgl hierzu BGH NJW 2011, 445.
616 AG Hagen DWW 2011, 14.

Jost Emmerich

teten rechtfertigt, der Berechtigte werde seinen Anspruch nicht mehr geltend machen.[617] Eine Nachforderung kann verwirkt sein, wenn der Vermieter über Jahre auf Beanstandungen des Mieters nicht reagiert und die Nachforderungsansprüche verjähren lässt,[618] wenn der Vermieter sie erstmals längere Zeit nach der Beendigung des Mietverhältnisses geltend macht[619] oder die Mietkaution vorbehaltlos zurückgibt, ohne Abrechnung einbehält oder nach Abrechnung teilweise zurückzahlt.[620] Verwirkung wurde angenommen, wenn der Vermieter für eine spätere Abrechnungsperiode bereits abgerechnet und diese mit Klage eingefordert hat für die vorhergehende[621], wenn er jahrelang gar keine Vorauszahlungen gefordert hat,[622] wenn trotz einer Einigung über die Umstellung der Mietstruktur auf eine Nettomiete zehn Jahre lang nicht abgerechnet wurde,[623] wenn die Nachforderung mangels ordnungsgemäßer Abrechnung rechtskräftig abgewiesen wurde und der Vermieter nicht alsbald eine neue Abrechnung erstellt,[624] wenn der Mieter bereits erfolglos die Zwangsvollstreckung auf Durchsetzung des Abrechnungsanspruchs betrieben hatte,[625] wenn das Mietverhältnis beendet ist und eine Auseinandersetzung über die Betriebskosten bereits zwei Jahre zurückliegt[626] oder wenn der Vermieter 14 Jahre lang nur die Heizkosten[627] oder gegenüber dem gewerblichen Zwischenvermieter von Wohnraum jahrelang nicht abrechnet.[628]

f) Rückzahlung aller Vorauszahlungen. Rechnet der Vermieter nach Fälligkeit des **91** Anspruchs auf Abrechnung (Rn 61) über die Vorauszahlungen nicht ab, kann der Mieter, wenn das Mietverhältnis beendet ist, im Grundsatz die Rückzahlung aller Vorauszahlungen für die betreffende Abrechnungsperiode verlangen.[629] Die Rückzahlungspflicht umfasst sowohl die verbrauchten als auch die nicht verbrauchten Betriebskosten. Aus dem Mietvertrag folgt die Pflicht, nicht verbrauchte Vorauszahlungen zurückzuzahlen. Der Anspruch wird grundsätzlich mit der Erteilung der Abrechnung fällig. Für den Fall, dass der Vermieter nicht innerhalb angemessener Frist abrechnet, gesteht der BGH dem Mieter im Wege der ergänzenden Vertragsauslegung einen Erstattungsanspruch zu, da der Ver-

617 BVerfG GE 2006, 438; VerfGH Berlin GE 2006, 638; BGH WuM 2012, 317 = NZM 2012, 677; BGHZ 91, 62, 71 = NJW 1984, 2466, 2468; BGHZ 113, 188, 196f = NJW 1991, 836; BGH NJW 2008, 1302; WuM 2010, 36; NJW 2010, 1065; NJW 2011, 445; KG GE 2001, 693, 694; OLG Düsseldorf WuM 2003, 151; ZMR 2003, 252; NZM 2005, 379; OLG Frankfurt aM ZMR 1983, 410; OLG Hamburg WuM 1991, 598; WuM 1992, 76; OLG Hamm WuM 1982, 72; OLG Koblenz GuT 2002, 43; OLG Köln NZM 1999, 170; weitere Einzelheiten s *Staudinger/Weitemeyer* (2011) Rn 139; **aM** LG Braunschweig ZMR 2002, 917 bei dreizehnjähriger Unterlassung einer Abrechnung; LG Mühlhausen DtZ 1995, 375; AG Dortmund DWW 1995, 118 bei zehnjähriger Unterlassung einer Abrechnung; AG Potsdam WuM 1995, 545.
618 BGH WuM 2012, 317 = NZM 2012, 677.
619 LG Berlin NZM 2005, 377.
620 LG Berlin GE 1990, 657; LG Essen WuM 1989, 399; LG Hannover WuM 1991, 599; LG Mannheim ZMR 1990, 378; AG Charlottenburg GE 2000, 427; AG Köln WuM 2000, 152; AG Königstein/Ts WuM 1990, 122; vgl auch OLG Düsseldorf NZM 2001, 893; **aM** LG Berlin GE 2000, 893.
621 BGH WuM 2010, 36.
622 LG Berlin GE 1999, 188.
623 LG Hamburg NZM 2005, 216.
624 AG Hildesheim WuM 1989, 399.
625 LG Düsseldorf DWW 1999, 377.
626 LG Berlin NZM 2002, 286.
627 LG Hamburg WuM 2005, 719.
628 AG Neuss WuM 1997, 121; **aM** OLG Düsseldorf WuM 2003, 151.
629 BGH WuM 2005, 337 = NJW 2005, 1499 = NZM 2005, 373 = ZMR 2005, 439; WuM 2006, 383 = NJW 2006, 2552.

Jost Emmerich

mieter andernfalls die Fälligkeit nach Belieben hinauszögern könnte.[630] Der Mieter muss nicht zunächst auf Abrechnung klagen. Der BGH bejaht einen Rückzahlungsanspruch des Mieters nur bei **beendetem Mietverhältnis,** weil er in diesem Fall auf das Druckmittel des Zurückbehaltungsrechts nicht mehr zurückgreifen könne.[631] Im bestehenden Mietverhältnis ist der Mieter dagegen allein auf sein Recht zur Geltendmachung eines Zurückbehaltungsrechts an den laufenden Vorauszahlungen angewiesen.[632] Dies gilt ebenso, wenn lediglich keine Einsicht in die Abrechnungsunterlagen gewährt wird[633], sowie für gewerbliche Mietverhältnisse.[634] Der Anspruch auf Rückzahlung der Betriebskosten nach Beendigung des Mietverhältnisses ist ausgeschlossen, wenn der Mieter die Möglichkeit gehabt hätte, seinen Anspruch auf Abrechnung durch ein Zurückbehalten der laufenden Vorauszahlungen durchzusetzen.[635]

92   Der Mieter kann im beendeten Mietverhältnis sofort auf Rückzahlung klagen, der Vermieter ist jedoch auch nach Rechtskraft einer dahingehenden Klage nicht gehindert, eine Abrechnung vorzulegen und Vollstreckungsgegenklage nach § 767 ZPO zu erheben.[636] Die nachträgliche Abrechnung soll sogar die Aufrechnung mit dem Anspruch auf Rückzahlung der Betriebskosten ex nunc entfallen lassen, da der Rückforderungsanspruch unter der auflösenden Bedingung der späteren Abrechnung steht.[637]

93   **g) Rückzahlung überzahlter Vorauszahlungen.** Der Mieter kann die Rückzahlung überzahlter Vorauszahlungen verlangen, wenn sich dies aus der Abrechnung ergibt (Rn 91) oder auch die Abrechnung inhaltlich falsch ist. Trägt der Mieter substantiiert[638] vor, dass er mehr an Nebenkosten bezahlt hat, als er zu zahlen verpflichtet gewesen wäre, ist der Vermieter beweispflichtig dafür, dass er nichts zurückzahlen muss.[639] Dafür hat der Mieter regelmäßig Einsicht in die Berechnungsunterlagen zu nehmen.[640]

94   **10. Abweichende Vereinbarungen.** Die Abrechnungspflicht des Abs 3 S 1 kann nach Abs 4 nicht durch abweichende Vereinbarungen zum Nachteil des Mieters eingeschränkt werden. Wird eine Abrechnung ganz abbedungen, handelt es sich in der Sache nicht mehr um Vorauszahlungen auf Betriebskosten, sondern um eine zulässige Betriebskostenpauschale (Rn 8), auf die § 556 Abs 3 nicht anwendbar ist. Die Vereinbarung eines längeren

---

630 BGH WuM 2005, 337 = NJW 2005, 1499 = NZM 2005, 373 = ZMR 2005, 439.
631 BGH WuM 2006, 383 = NJW 2006, 2552; WuM 2010, 630 = NZM 2010, 857; *Neumann/Spangenberg* NZM 2005, 373 zur Verjährung; vgl auch *Kraemer* NZM 2004, 721, 727; *Tholl* WuM 2011, 3, 5 wegen der Rechtskraft des Urteils die den Vermieter mit einer nachgeholten formell wirksamen Abrechnung ausschließt.
632 BGH NJW 2006, 2552; NZM 2010, 857 = WuM 2010, 630.
633 BGH NZM 2010, 857 = WuM 2010, 630; WuM 2012, 276 = ZMR 2012, 542.
634 OLG Düsseldorf ZMR 2008, 890; MDR 2009, 1333; OLG Köln Info M 2010, 68 u 69; KG GE 2010, 764; ZMR 2010, 600.
635 WuM 2012, 620 = NJW 2012, 3508.
636 BGH NJW 2005, 1499; NZM 2010, 783 = WuM 2010, 631; hierzu *Milger* NZM 2009, 497; *Tholl* WuM 2011, 3; BGH NJW 2011, 143, 145.
637 BGH NJW 2011, 143; OLG Düsseldorf MDR 2009, 1333; OLG Nürnberg NJW-RR 2002, 1239; OLG Karlsruhe NJW 1994, 593.
638 LG Berlin GE 2000, 539; NZM 2002, 65; GE 2002, 860; GE 2002, 1492; GE 2003, 253; GE 2003, 257; LG Düsseldorf DWW 1992, 26; LG Hannover WuM 1990, 228; AG Langenfeld/Rhld ZMR 1999, 33; AG Tiergarten GE 1999, 1651; AG Wedding GE 2002, 536; ebenso für Gewerberaummietverhältnis OLG Düsseldorf NZM 2000, 762.
639 LG Offenburg WuM 1989, 29; AG Freiburg WuM 1991, 121; AG Hamburg-Harburg NJW-RR 2000, 747; **aM** LG Hannover ZMR 1989, 97; LG Köln WuM 1989, 28.
640 KG GE 2006, 1231; OLG Düsseldorf GE 2003, 878; GE 2006, 1230; LG Berlin GE 2003, 253; GE 2003, 257; GE 2003, 1492; AG Aachen WuM 2004, 611.

Abrechnungszeitraums als ein Jahr ist unwirksam.[641] Ein kürzerer Abrechnungszeitraum ist zulässig.[642] Die Parteien können auch eine kürzere Ausschlussfrist für die Betriebskostenabrechnung vereinbaren.[643]

11. Prozessuales. Der auf Rückzahlung von Betriebskostenvorauszahlungen in **95** Anspruch genommene Vermieter ist vorbehaltlich einer prozessualen Verspätung nicht gehindert, eine ordnungsgemäße Abrechnung noch im Prozess[644] und in der Berufungsinstanz vorzulegen.[645] Die nachträgliche Erläuterung einzelner Positionen reicht aber nicht aus. Es muss eine vollständige Abrechnung vorgelegt werden.[646] Ist die Abrechnung erfolgt, hat der Mieter die Klage auf Rückerstattung überzahlter Nebenkosten zu ändern, soweit einzelne Positionen vom Mieter beanstandet werden sollen.[647] Stellt sich die Klage dann als unbegründet heraus, können dem Vermieter nach Erledigung der Hauptsache gem § 91a ZPO die Prozesskosten auferlegt werden.[648] Der Streitwert einer Klage auf Abrechnung der Betriebskosten bemisst sich nicht nach der Summe der abzurechnenden Vorauszahlungen, sondern nach dem erfahrungsgemäß denkbaren Rückzahlungsanspruch des Mieters.[649] Die Ansprüche der Betriebskostenumlage gegen den Mieter können im Urkundsprozess geltend gemacht werden.[650] Das gilt aber nur für aus dem Mietvertrag ersichtliche Vorauszahlungen oder Pauschalen, nicht für den Anspruch aus der Abrechnung.[651]

§ 556a
Abrechnungsmaßstab für Betriebskosten

[1] Haben die Vertragsparteien nichts anderes vereinbart, sind die Betriebskosten vorbehaltlich anderweitiger Vorschriften nach dem Anteil der Wohnfläche umzulegen. Betriebskosten, die von einem erfassten Verbrauch oder einer erfassten Verursachung durch die Mieter abhängen, sind nach einem Maßstab umzulegen, der dem unterschiedlichen Verbrauch oder der unterschiedlichen Verursachung Rechnung trägt.
[2] Haben die Vertragsparteien etwas anderes vereinbart, kann der Vermieter durch Erklärung in Textform bestimmen, dass die Betriebskosten zukünftig abweichend von der getroffenen Vereinbarung ganz oder teilweise nach einem Maßstab umgelegt werden dürfen, der dem erfassten unterschiedlichen Verbrauch oder der

641 LG Bremen WuM 2006, 199; AG Düsseldorf ZMR 1979, 20; AG Waiblingen WuM 1987, 323.
642 LG Berlin GE 2005, 433; *Langenberg* Betriebskostenrecht G Rn 41; *Schmid* Hdb Rn 31516; **aM** LG Darmstadt Info M 2006, 77.
643 AG Spandau GE 2007, 297.
644 LG Berlin GE 2002, 995; LG Gießen WuM 1994, 694; WuM 1995, 442; LG Hamburg WuM 1997, 380; AG Brühl WuM 1996, 631.
645 OLG Dresden NZM 2002, 437; **aM** LG Berlin GE 1999, 1497.
646 LG Berlin GE 1999, 907.
647 LG Hamburg WuM 1997, 380.
648 LG Hamburg aaO; AG Brühl WuM 1996, 631; *Geldmacher* DWW 1995, 105.
649 LG Landau/Pfalz WuM 1990, 86; ähnl LG Frankfurt aM NZM 2000, 759.
650 Allgemein zu Mietforderungen BGH NJW 2005, 2701 m Anm *Fischer* WuM 2006, 554; NJW 2007, 1061 m Anm *Both* 156; NJW 2009, 3099; AG Berlin ZMR 2007, 42; AG Hannover ZMR 2003, 271.
651 LG Bonn Info M 2010, 146; *Blank* NZM 2000, 1083; **aM** KG ZMR 2011, 116; AG Berlin-Mitte ZMR 2007, 42; AG Hannover ZMR 2003, 271; *Both* NZM 2007, 156; *ders* PiG 83 (2008) 199; *Schmid* DWW 2007, 324.

Jost Emmerich

erfassten unterschiedlichen Verursachung Rechnung trägt. Die Erklärung ist nur vor Beginn eines Abrechnungszeitraums zulässig. Sind die Kosten bislang in der Miete enthalten, so ist diese entsprechend herabzusetzen.

[3] Eine zum Nachteil des Mieters von Absatz 2 abweichende Vereinbarung ist unwirksam.

Schrifttum

Allgemeines Schrifttum zu Betriebskosten s bei § 556; *Beyer* Die Anpassung des Mietvertrags an erhebliche und unerhebliche Flächenabweichungen, NZM 2010, 417; *ders* Eigenverantwortung und Schutz des Mieters, in: FS Blank (2006) 57; *Blank* Das Mietrecht in der Schnittstelle zum WEG, WuM 2000, 523; *ders* Verteilungseffizienz und Verteilungsgerechtigkeit bei Betriebskosten, PiG 85 (2009) 43; *Börstinghaus* Aktuelle Fragen zur Betriebskostenabrechnung, PiG 88 (2010) 129; *Breiholdt* Unwirksamkeit einer formularvertraglichen Klausel zur Betriebskostenabrechnung, ZMR 2009, 290; *Bub* Flächenabweichungen im Mietrecht, PiG 88 (2010) 45; *Derckx* Kostenumlage bei Heizungsumstellung auf Fernwärme unter reformierter II. Berechnungsverordnung, NJW 2007, 3061; *Derleder* Falsch Vermessen, WuM 2010, 202; *Eisenschmid* Die Wohnfläche als Abrechnungsmaßstab für die Betriebskosten, in: Weimarer Immobilienrechtstage 2004, 137; *Heix* Die Rechtsprechung des Bundesgerichtshofs im Labyrinth der Wohnfläche, WuM 2009, 706; *Herrlein* Kontrollrechte des Vermieters und des Mieters, ZMR 2007, 247; *Kinne* Unwirksamkeit droht: Bei Teilkostenumlage sind zwingend auch die Gesamtkosten anzugeben, GE 2007, 1358; *Langenberg* Zur Aufteilung von Wasserkosten anhand eines Zwischenzählers, NZM 2010, 186; *ders* Betriebskostenabrechnung bei Leerständen, WuM 2002, 589; *ders* Betriebskostenrecht der Wohnraummiete im BGB nF, NZM 2001, 783; *ders* Ungelöste Fragen der Umlage und Abrechnung von Betriebskosten, NJW 2008, 1269; *Lehmann-Richter* Änderungen der mietvertraglichen Geschäftsgrundlage aufgrund von Wohnungseigentümerbeschlüssen, ZWE 2009, 345; *Lützenkirchen* Änderung der Beheizungsart der Mietwohnungen im Lichte von Verbotsnormen, NZM 2008, 160; *ders* Flächenabweichungen bei der Betriebskostenabrechnung, ZMR 2009, 895; *Maass* Zur Betriebskostenabrechnung und Vertragsanpassung bei Wohnungsleerstand, ZMR 2006, 760; *Rave* Mietflächenvereinbarung im Rahmen der Betriebskostenabrechnung – wirklich ein Vertrag zulasten Dritter?, ZMR 2010, 830; *Schickedanz* Über Wohnungswasserzähler, ZMR 2007, 597; *Schläger* Mieterhöhung bei Wohnungsmodernisierung durch Wasserzählereinbau – Grundlagen und Grenzen, ZMR 2009, 353; *M J Schmid* Verbrauchsabhängige Abrechnung von Grundgebühren? NZM 2011, 235; Änderung des Abrechnungsmaßstabs wegen Leerstands bei der Wohnraummiete nach § 313 Abs. 1 BGB, WuM 2011, 453; Die Anbringung und Verwendung von Verbrauchszählern in Mietwohnungen, WuM 2011, 331; Anmerkung zur Rechtsprechung über die Abrechnungsmethode von Wasserkosten eines gemischt-genutzten Gebäudes, ZMR 2010, 283; *ders* Betriebskostenabrechnung und Eichrecht, DWW 2008, 242; *ders* Beweislastfragen in Mietnebenkostenprozessen, ZMR 2009, 335; *ders* Folgen der Novelle des Wohnungseigentumsgesetzes für die Betriebskostenabrechnung mit dem Mieter, GE 2007, 1094; *ders* Grundsätze für Heizkostenabrechnung nach fehlerhafter Verbrauchserfassung, ZMR 2008, 42; *ders* Die Kosten der Wärmelieferung im Lichte der neueren BGH-Rechtsprechung, ZMR 2008, 25; *ders* Mietnebenkostenumlegung bei vermieteten Eigentumswohnungen, in: Weimarer Immobilienrechtstage 2004, 83; *ders* Rechtsprechung zur Versorgungsänderung Heizung und Fernsehempfang durch den Vermieter, ZfIR 2007, 671; *ders* Vereinbarungen zu Abrechnungsmaßstäben über Mietnebenkosten, DWW 2010, 242; *Schultz-Süchting/Tegtmeyer* Nachhaltige Immobilien: Der Grüne Mietvertrag, ZfIR 2010, 396; *Sternel* Leerstand und Betriebskosten, in: Weimarer Immobilienrechtstage 2004, 119; *Streyl* Wie groß ist das Haus? WuM 2011, 450.

Schrifttum zur HeizKV

Beyer Eigenverantwortung und Schutz des Mieters, in: FS Blank (2006) 57; *ders* Wärmecontracting – Was sagt der Bundesgerichtshof dazu?, GE 2006, 826; *Börstinghaus* Die Problematik der Heizkostenabrechnung bei fehlenden Erfassungsgeräten, die Modernisierungspflicht bei unwirtschaftlichen Heizungsanlagen und die Auswirkungen falscher Flächenangaben im Mietvertrag, LMK 2008, 256336; *Bohlen/Hainz* Die Umlagefähigkeit des Wärmelieferungsentgeltes unter Berücksichtigung des Urteils des BGH vom 16.7.2003 (VIII ZR 286/02), ZMR 2004, 469; *Bosecke* Das Integrierte Energie- und Klimaprogramm der Bundesregierung, EurUP 2008, 122; *Derleder* Die mietvertragsrechtlichen Voraussetzungen des Wärmecontracting, NZM 2003, 737ff; *Drasdo* Das Boarding-House-System, NJW-Spezial 2007, 561; *ders* Wärmecontracting im laufenden Mietverhältnis, NJW-Spezial 2008, 257; *Glause* Die Kosten der Wärmelieferung nach Umstellung von Ofen- auf Zentralheizung – Zugleich Anmerkung zu BGH, Urteil vom 16.7.2003 – VIII ZR 286/02 – WM 2003, 501 –, WuM 2004, 323; *Gramlich* Mietrecht. Bürgerliches Gesetzbuch, HeizkostenVO, Zweite BerechnungsVO (10. Aufl 2007); *Hack* Mieter- statt Klimaschutz beim Contracting? Zum Umgang mit Konzepten zur effizienten Energieversorgung im Betriebskostenrecht, NJW 2005, 2039; *Hopfensperger/Noack/Onischke* EnEV-Novelle 2009 und neue Heizkostenverordnung (2009); *Keyhanian* Rechtliche Instrumente zur Energieeinsparung (2008); *Kinne* Auch für Dienstwohnungen zwingend?, GE 2009, 959; *ders* Einbau von Wärmezählern bis Ende 2013: Duldungspflicht und Umlagemöglichkeit, GE 2009, 492; *ders* Pflicht zur Mitteilung des Ableseergebnisses, GE 2009, 692; *Kreuzberg/Wien* Handbuch der Heizkostenabrechnung (7. Aufl 2010); *Lammel* Heizkostenverordnung (3. Aufl 2010); *ders* HeizkostenV, in: *Schmidt-Futterer*, Mietrecht (10. Aufl 2011); *ders* Das Rätsel der Formeln in § 9 II 2, 4 HeizkostenVO, NZM 2010, 116; *Langenberg* Betriebskostenrecht der Wohn- und Gewerberaummiete (5. Aufl 2009); *ders* Zur Umlage der Wärmelieferungskosten beim Nahwärme-Contracting, WuM 2004, 375; *Mohr* Gewerberaummiete: Gesteigerte Kosteneffizienz durch Änderung der Nebenkostenumlage, ZfIR 2009, 230; *Paschke* Wichtige Neuerungen der Heizkostenverordnung, WuM 2010, 14; *Peruzzo* Heizkostenabrechnung nach Verbrauch (6. Aufl 2009); *Peters* Handbuch zur Wärmekostenabrechnung (14. Aufl 2010); *Pfeifer* Die ab 1. Januar 2009 geltenden Änderungen der Heizkostenverordnung, GE 2009, 156; *ders* Contracting. Der Hauseigentümer zwischen Wärmelieferant und Mieter, DWW 2004, 323; *ders* Der neue § 9 HeizkostenV – eine selbsterklärende Vorschrift?, DWW 2010, 172; *Rahm/Frey* Die eigenständige gewerbliche Lieferung von Wärme oder Warmwasser zur Versorgung von Wohngebäuden im öffentlichen Wohnungsrecht. Voraussetzungen und Folgen einer Umstellung von Eigenerzeugung auf Fremdbezug im laufenden Mietverhältnis, NZM 2006, 47; *M J Schmid* Anmerkung zur Rechtsprechung über die Abrechnungsmethode von Wasserkosten eines gemischt-genutzten Gebäudes, ZMR 2010, 283; *ders* Handbuch der Mietnebenkosten (11. Aufl 2009); *ders* Kostenaufteilung bei verbundenen Anlagen, WuM 2004, 643; *ders* Novellierung der HeizkostenVO. Darstellung des neuen Rechts und kritische Analyse, NZM 2009, 104; *ders* Novellierung der Heizkostenverordnung zum 1.1.2009, ZMR 2009, 172; *ders* Outsourcing nach der BGH-Rechtsprechung zum Wärmecontracting, WuM 2005, 553; *ders* Die beheizten Räume nach der HeizkostenV, ZMR 2006, 665; *ders* Keine Umlagefähigkeit von Leasingkosten für Brenner und Öltank nach HeizKV, BetrKV und BGB?, ZMR 2009, 357; *ders* Wärmecontracting in der BGH-Rechtsprechung, NZM 2004, 890; *ders* Wer zahlt die Verbrauchsanalyse?, GE 2009, 27; *Schubart/Kohlenbach/Bohndick* Wohn- und Mietrecht, Teil I/1 Soziales Miet- und Wohnrecht, Anhang B HeizkostenV (Stand Juni 2010); *Voppen/Schubert* Klimawandel im Immobilienrecht, AnwBl 2009, 439; *Wall* Die neue Heizkostenverordnung, WuM 2009, 3.

Jost Emmerich

Alphabetische Übersicht

I. Allgemeines

1   **1. Überblick.** Die Vorschrift regelt den Abrechnungsmaßstab, wenn die Parteien nach § 556 Abs 1 die Umlage der Betriebskosten auf den Mieter vereinbart haben. Auf die Berechnung der Erhöhung oder Ermäßigung einer Betriebskostenpauschale nach § 560 Abs 1 bis 3 kann die Vorschrift entsprechend angewandt werden (§ 560 Rn 13). Abs 1 schreibt für die Abrechnung über Vorauszahlungen auf Betriebskosten nach § 556 Abs 3 als vorrangigen Maßstab die Umlage nach dem Anteil der Wohnfläche vor, bei den verbrauchsabhängigen oder in unterschiedlicher Weise verursachten Betriebskosten einen Maßstab, der dem unterschiedlichen Verbrauch oder der unterschiedlichen Verursachung Rechnung trägt. Nach Abs 2 kann der Vermieter durch Erklärung in Textform einen dahingehenden Abrechnungsmaßstab einseitig bestimmen, auch wenn vorher eine Brutto- oder Inklusivmiete oder eine Betriebskostenpauschale vereinbart war. Die Regelungen des Abs 2 sind zu Lasten des Mieters nicht abdingbar. Die Vorschrift des Abs 1 ist durch das Mietrechtsreformgesetz vom 19.6.2001[1] neu in das Gesetz eingefügt worden. Hatten die Parteien nach der alten Rechtslage einen Umlagemaßstab für die Betriebskosten nicht vereinbart, konnte der Vermieter den Maßstab nach billigem Ermessen bestimmen. Abs 1 legt bei fehlender vertraglicher Bestimmung demgegenüber den Umlagemaßstab fest. Damit sollte die bisher bestehende Rechtsunsicherheit vermieden werden, die das einseitige Bestimmungsrecht des Vermieters nach billigem Ermessen gem §§ 315, 316 mit sich brachte.[2] Eine ähnliche Bestimmung wie Abs 2 bestand gem § 4 Abs 5 Nr 1 MHRG. Danach konnte der Vermieter durch eine einseitige schriftliche Erklärung bestimmen, dass die Kosten der Wasserversorgung, der Entwässerung und der Müllabfuhr verbrauchsabhängig auf den Mieter umgelegt werden. Die Mietrechtsreform erweiterte diese Möglichkeit auf alle verbrauchs- und verursachungsabhängig erfassten Betriebskosten. Diese Regelung soll den sparsamen Umgang mit Energie fördern, darüber hinaus aber auch Vermietern, deren Bruttomieten durch steigende Betriebskosten nicht mehr wirtschaftlich waren, mehr Kostengerechtigkeit bringen.[3] Die früher in § 4 Abs 5 Nr 2 MHRG aF bestehende Möglichkeit der einseitigen Umstellung der Abrechnung der Betriebskosten durch den Vermieter auf eine direkte Abrechnung zwischen dem Mieter und den Erbringern dieser Leistungen wurde gestrichen. Einvernehmlich können die Parteien derartige Vereinbarungen aber treffen (Rn 39).

2. Sachlicher Anwendungsbereich. Die Vorschrift ist nach § 549 Abs 1 auf **Wohn-** **2** **raummietverhältnisse** (§ 549 Rn 3ff) anwendbar, auch soweit diese nach § 549 Abs 2 und 3 vom Anwendungsbereich des sozialen Mietrechts ausgenommen sind. Mit der Umstellung der Mietbindung im geförderten sozialen Wohnungsbau von der Kostenmiete auf vereinbarte Mietobergrenzen durch das WoFG vom 13.9.2001[4] gilt auch für diese Wohnungen das Mieterhöhungsrecht des BGB mit Sondervorschriften. Die Geltung der Vorschriften über die Umlage von Betriebskosten nach den §§ 556, 556a, 560 ist in § 28 Abs 4 Nr 1 WoFG ausdrücklich angeordnet. Für preisgebundenen Wohnraum auf der Grundlage der ursprünglichen Förderwege gelten die §§ 20ff NMV. Für **Geschäftsraummietverhältnisse** gilt die Vorschrift des § 556a nicht. Hier kann der Vermieter weiterhin den Umlagemaßstab nach billigem Ermessen gem § 315 bestimmen, wenn die Parteien keine Vereinbarung darüber getroffen haben.[5]

3. Übergangsregelung. Die Vorschrift ist nach Art 11 Mietrechtsreformgesetz seit **3** dem 1.9.2001 anwendbar. Das bedeutet nach allgemeinen Grundsätzen, dass sämtliche Neuregelungen auch auf die zu diesem Zeitpunkt bestehenden Mietverhältnisse anzuwenden sind.[6] Für vor dem 1.9.2001 zugegangene Betriebskostenabrechnungen ist gem Art 229 § 3 Abs 1 Nr 4 EGBGB die frühere Vorschrift des § 4 Abs 5 S 1 Nr 2 MHRG über die Direktabrechnung anzuwenden. Hinsichtlich der Abrechnung über Vorauszahlungen für

---

1 BGBl I 1149.
2 Begr z RegE BT-Drucks 14/4553, 51.
3 Begr z RegE BT-Drucks 14/4553, 51.
4 BGBl I 2376.
5 *Herrlein/Kandelhardt/Both* Rn 2.
6 BGH NJW 2012, 226 = WuM 2011, 682; Begr z RegE BT-Drucks 14/4553, 75; s § 549 Rn 2.

Jost Emmerich

Betriebskosten wird der Vertrauensschutz für den Vermieter nach Art 229 § 3 Abs 9 EGBGB darüber hinaus auf bereits vor dem 1.9.2001 abgeschlossene Abrechnungszeiträume erweitert, auch wenn die entsprechende Abrechnung dem Mieter noch nicht zugegangen ist, indem die strengeren Vorschriften über die Abrechnung in § 556 Abs 3 S 2 bis 6 sowie die Bestimmung über den Vorrang des verbrauchsabhängigen und des Flächenmaßstabs für die Umlage der Betriebskosten nach § 556a Abs 1 nicht anzuwenden sind (§ 556 Rn 3). Dagegen findet die neue Regelung auf noch laufende Abrechnungsperioden Anwendung.[7] § 556a gilt auch in den **neuen Bundesländern** mit der Übergangsvorschrift des Art 229 § 3 Abs 1 Nr 4 EGBGB (§ 556 Rn 3).

II. Umlagemaßstab (Abs 1)

1. Gesetzliche Bestimmung

4 **a) Grundsatz.** Haben die Parteien keine andere Vereinbarung getroffen, schreibt Abs 1 S 1 den Flächenmaßstab vor. Der Gesetzgeber zieht den Flächenmaßstab der Umlage nach der Personenzahl vor, weil dieser leichter handhabbar sei, da sich die Personenzahl häufig ändern könne und dies für den Vermieter kaum nachvollziehbar sei.[8] Betriebskosten, die verbrauchsabhängig oder nach der Verursachung erfasst werden, sollen nach Abs 1 S 2 vorrangig nach diesem Maßstab umgelegt werden. Dies erhöhe die Abrechnungsgerechtigkeit und bedeute für den Mieter einen erheblichen Anreiz zur Energieeinsparung.[9] Die Vorschrift verpflichtet den Vermieter aber nicht zur Verbrauchserfassung und zum Einbau entsprechender Geräte.[10]

5 **b) Bedeutung der Billigkeitskontrolle nach neuem Recht.** Haben die Parteien keinen Umlagemaßstab festgelegt, steht dem Vermieter anders als nach der Rechtslage vor der Mietrechtsreform kein einseitiges Bestimmungsrecht nach § 315 zu, sondern wird der Maßstab durch das dispositive Gesetzesrecht festgelegt. Auf die früher häufig problematische Frage, ob der Vermieter sein Bestimmungsrecht gem den §§ 315, 316 nach billigem Ermessen ausgeübt hat,[11] kommt es für diese Fälle nicht mehr an. Sie bleibt aber bedeutsam für die genaue Ausgestaltung der verbrauchsabhängigen Umlage, die der Gesetzgeber nicht im Einzelnen vorgibt (Rn 11ff), und bei der Ausfüllung eines vertraglich vorbehaltenen Änderungsrechts (Rn 9). Außerdem ist eine formularvertragliche Vereinbarung nach § 307 unangemessen, wenn der Mietvertrag dem Vermieter eine freie Wahl des Umlageschlüssels erlaubt und nicht erkennen lässt, dass die Wahl nach billigem Ermessen auszuüben ist.[12] In diesen Fällen lässt das Bestimmungsrecht dem Vermieter begriffsnotwendig einen bis an die objektiven Grenzen der Billigkeit reichenden Ermessensspielraum bei der Wahl der in Betracht kommenden Verteilungsschlüssel.[13] Deshalb trägt der Mieter grundsätzlich die Darlegungs- und Beweislast dafür, dass die getroffene Leistungsbestimmung nicht der Billigkeit entspricht.[14]

---

7 *Bösche* WuM 2001, 367, 370; *Franke* ZMR 2001, 951, 955; *Jansen* NJW 2001, 3151, 3154; s auch Rn 7.
8 Begr z RegE BT-Drucks 14/4553, 51.
9 Begr z RegE BT-Drucks 14/4553, 37.
10 Begr z RegE BT-Drucks 14/4553, 51; s auch Rn 30.
11 Hierzu BGH NJW 1993, 1061; OLG Düsseldorf NZM 2001, 383; OLG Hamm NJW 1984, 984; OLG Koblenz NJW-RR 1990, 1038; LG Berlin GE 2000, 539; NZM 2002, 66; s *Staudinger/Sonnenschein/Weitemeyer* (1997) § 4 MHRG Rn 50 mwN.
12 BGH NJW 1993, 1061; KG GE 2002, 327; **aM** *Kinne* ZMR 2000, 793, 798; s Rn 7.
13 OLG Düsseldorf NZM 2001, 383; OLG Hamm NJW 1984, 984.
14 OLG Düsseldorf NZM 2001, 383.

2. Vereinbarung

a) Vertragliche Regelung. Die Regelung über den Umlagemaßstab für Betriebskos- **6** ten in Abs 1 gilt nur, soweit die Parteien nichts anderes vereinbart haben.[15] Vertragliche Regelungen gehen der dispositiven Vorschrift vor. Da Abs 1 in Abs 3 nicht erwähnt ist, kann die vertragliche Vereinbarung auch zu Lasten des Mieters von der gesetzlichen Regelung abweichen. Die Vereinbarung kann, soweit keine Schriftform vorgeschrieben ist, auch stillschweigend getroffen werden. Darüber hinaus kann die Auslegung einer Schriftformklausel ergeben, dass die Parteien gleichwohl das mündlich Vereinbarte gelten lassen wollen. Diese Auslegung ist der Tatsacheninstanz vorbehalten.[16] Allein die Zahlung von Betriebskosten durch den Mieter ist allerdings nicht als Einverständnis mit dem zugrunde liegenden Umlagemaßstab zu beurteilen (s auch § 556 Rn 34).[17] In Altfällen ist jedoch zu beachten, dass bereits die einseitige Bestimmung durch den Vermieter den Umlagemaßstab verbindlich festlegt.[18] Die vertragliche Vereinbarung unterliegt nicht der Inhaltskontrolle nach § 315, sondern nur nach den §§ 305ff, wenn es sich um eine formularvertragliche Klausel handelt, sowie nach § 138 bei krasser Benachteiligung des Mieters durch den gewählten Umlagemaßstab. Zudem kommt je nach Einzelfall ein Anspruch aus §§ 280 Abs 1, 311 Abs 2 (culpa in contrahendo) in Betracht, wenn der Vermieter den Mieter über die nachteiligen Folgen einer Umlagevereinbarung hätte aufklären müssen. Auch formularvertragliche Vereinbarungen über bestimmte Umlagemaßstäbe unterliegen daher nicht der Billigkeitskontrolle nach §§ 315, 316,[19] weil diese Vorschriften voraussetzen, dass dem Vermieter ein einseitiges Bestimmungsrecht eingeräumt wurde; nur diesen Fall betraf BGH NJW 1993, 1061. In diesem Rahmen können die Mietvertragsparteien einer vermieteten Eigentumswohnung daher auch einen mit § 315 nicht vereinbaren Umlagemaßstab wählen, der dem Maßstab in der Verwalterabrechnung über das Wohneigentum entspricht und die Abrechnung erleichtert.[20]

b) Einseitiges Bestimmungsrecht. Darüber hinaus kann sich die anderweitige ver- **7** tragliche Bestimmung auch darauf beschränken, dass der Vermieter ein einseitiges Bestimmungsrecht erhält.[21] In diesem Fall sind die Anforderungen der §§ 315, 316 zu beachten.[22] Nach anderer Auffassung soll die vertragliche Regelung nur insoweit vorgehen, als sie einen bestimmten Umlagemaßstab enthält, weil sonst das Ziel des Gesetzgebers, Streit über den Umfang des billigen Ermessens im Hinblick auf das Bestimmungsrecht des Vermieters zu vermeiden, nicht errreicht werden könnte.[23] Diese Einschränkung der Privatautonomie lässt sich angesichts des weiten Wortlauts der Vorschrift, die nur eingreift, wenn die Parteien nichts anderes vereinbart haben, nicht rechtfertigen. Der angestrebte Gesetzeszweck wird zum einen bereits dadurch teilweise verwirklicht, dass das dispositive Recht jedenfalls dann eingreift, wenn keine Regelung getroffen wurde, sowie dadurch,

---

15 Ausführlich *Schmid* DWW 2010, 242 ff.

16 BGH NZM 2006, 11.

17 LG Hannover WuM 1978, 123 m Anm *Schopp* MDR 1979, 57; **aM** BGH NZM 2006, 11; LG Darmstadt NZM 2005, 453 m abl Anm *Wall* WuM 2005, 645; vgl den Tatbestand in NZM 2006, 136.

18 Diesen Fall betraf BGH NZM 2006, 11, vgl den Tatbestand in LG Darmstadt NZM 2005, 453.

19 **AM** KG GE 2002, 327; LG Freiburg WuM 2000, 614; *Herrlein/Kandelhard/Both* Rn 4.

20 LG Düsseldorf DWW 1988, 210; AG Frankfurt aM DWW 1999, 158; weitergehend *Blank* WuM 2000, 523; s auch § 556 Rn 49, 68; z Problem *Drasdo* NZM 2001, 13.

21 *Schmid*, Hdb Rn 4076; *ders* DWW 2010, 242.

22 BGH NJW 1993, 1061; KG GE 2002, 327; *Schmid*, Hdb Rn 4076; s Rn 8.

23 AG Oberhausen DWW 2003, 231; *Blank/Börstinghaus* Neues Mietrecht § 556a Rn 15, 24.

Jost Emmerich

dass die Regelung eine Richtung für die Ausfüllung des Ermessen vorgibt.[24] Die Bestimmung eines Umlagemaßstabs durch den Vermieter auf der Grundlage eines einseitigen Bestimmungsrecht vor der Regelung durch die Mietrechtsreform stellt eine anderweitige Vereinbarung nach Abs 1 dar.[25]

8　**3. Anderweitige Vorschriften.** Anderweitige Vorschriften gehen der Regelung in Abs 1 und entgegen dem missverständlichen Wortlaut auch einem vereinbarten Umlagemaßstab vor.[26]

Für die gesamte Raummiete (s § 578) enthält die **Heizkostenverordnung (HeizkostenV)** vom 23.2.1981 (BGBl I 261) in der Fassung der Bekanntmachung vom 20.1.1989 (BGBl I 115), novelliert durch Art 3 der Verordnung zur Änderung der VO über Heizkostenabrechnung vom 2.12.2008[27] mit Wirkung zum 1.1.2009 eine gesetzliche Sonderregelung für die Umlage der Heizungs- und Warmwasserkosten. Die HeizkostenV regelt die Umlage der Kosten für den Betrieb zentraler Heizungsanlagen und zentraler Warmwasserversorgungsanlagen sowie für die Lieferung von Fernwärme und -warmwasser (§ 1 Abs 1 HeizkostenV). Ihr Anwendungsbereich ergibt sich im Einzelnen aus den §§ 1 bis 3 und 11 HeizkostenV. Er umfasst danach die gesamte Raummiete einschließlich namentlich des preisgebundenen Wohnraums (§ 1 Abs 4 HeizkostenV) sowie des Wohnungseigentums (§ 3 HeizkostenV). Die HeizkostenV gilt also sowohl für **Wohnraummietverhältnisse** als auch für **gewerbliche Mietverhältnisse**.[28] Verschiedene Ausnahmen finden sich jedoch in § 11 HeizkostenV. Aufgrund der HeizkostenV ist heute die sog Kaltmiete die gesetzliche Regel, und zwar kraft zwingenden Rechts, da die HeizkostenV den Vorrang vor den Vereinbarungen der Parteien hat (§ 2 HeizkostenV). Die HeizkostenV in der Fassung seit dem 1.1.2009 soll dazu dienen, den Verbrauch fossiler Brennstoffe zu verringern und durch die Ausnahme von der Anwendung der Verbrauchserfassungspflicht einen Anreiz zur Erreichung eines Passivhausstandards schaffen.[29]

Für **Wohnungen des sozialen Wohnungsbaus** sind für künftige Förderungen gem § 28 Abs 4 WoFG vom 13.9.2001 (Rn 2) die Vorschriften der §§ 556, 556a und § 560 maßgeblich. Für die auf der Grundlage des bisherigen Rechts öffentlich geförderten Wohnungen gilt weiterhin die NMV,[30] die in den §§ 20 NMVff besondere Bestimmungen für die Betriebskostenumlage trifft. Durch die Föderalismusreform wurde die soziale Wohnraumförderung auf die Länder übertragen, die für die ihnen nunmehr obliegende Wohnraumförderung hiervon abweichende Bestimmungen treffen können (s § 556 Rn 2).

4. Änderung des Umlagemaßstabs

9　**a) Vereinbarter Maßstab.** Der Vermieter ist **ohne einen vertraglichen Änderungsvorbehalt** nicht berechtigt, den vereinbarten Umlagemaßstab einseitig zu ändern, etwa durch Aushang eines Rundschreibens oder durch Vornahme in der Abrechnung.[31] Das

---

24 S *Staudinger/Weitemeyer* (2011) Rn 9.
25 *Blank/Börstinghaus* Miete § 556a Rn 3; *Bösche* WuM 2001, 367, 370; *Franke* ZMR 2001, 951, 955; *Horst* MDR 2001, 721, 723; *Langenberg* NZM 2001, 783, 789; *Schmid* Hdb Rn 4070a.
26 *Blank/Börstinghaus* Miete Rn 6.
27 BGBl I 2375; hierzu *Schmid* NZM 2009, 104.
28 OLG Düsseldorf GE 2002, 1427.
29 Vorblatt BR-Drucks 570/08 unter B; krit hierzu *Schmid* NZM 2009, 104.
30 *Schubart/Kohlenbach/Bohndick* NMV Einf aE.
31 BGH NZM 2004, 580; LG Köln WuM 1978, 93, 95; AG Halle-Saalkris WuM 2004, 24; AG Köln WuM 1998, 692.

gilt auch, wenn sich der vereinbarte Maßstab als unzweckmäßig herausstellt.[32] Eine Ausnahme gilt gem Abs 2 (Rn 37). Selbst wenn der größere Teil der Mieter mit der Änderung einverstanden ist, bleibt gegenüber einem nicht zustimmenden Mieter die bisherige Regelung bestehen.[33] Allein die **vorbehaltlose Zahlung** des Mieters auf eine Abrechnung mit einem einseitig geändertem Umlagemaßstab führt nicht zu einer konkludenten Vertragsänderung.[34] Auch der Mieter hat bei einem vereinbarten Umlageschlüssel grundsätzlich keinen Anspruch auf Änderung.[35] Ein grundlegender Wandel der tatsächlichen Verhältnisse kann den einmal gewählten Maßstab jedoch unbillig werden lassen, so dass aus dem Gesichtspunkt der Störung der Geschäftsgrundlage (§ 313) eine Vertragsanpassung gefordert werden kann.[36] Davon geht auch der Gesetzgeber aus.[37] Die Änderung des Umlagemaßstabs kann grundsätzlich nur für die Zukunft verlangt werden.[38] Hat sich der Vermieter das **Recht zur Änderung des Umlagemaßstabs** vertraglich vorbehalten, setzt die Änderung einen sachlichen Grund voraus.[39] Das kann der Fall sein, wenn alle Mieter die Abrechnung verbrauchsabhängiger Kosten nach einem Personenschlüssel verlangen.[40] Eine vereinbarungsgemäß dem Grunde nach zulässige einseitige Änderung des Umlagemaßstabs ist nur für die Zukunft möglich.[41] Nur mit diesen Einschränkungen kann sich der Vermieter eine Änderung auch in einem Formularvertrag vorbehalten.[42] Das vertraglich eingeräumte einseitige Änderungsrecht des Vermieters besteht nur im Rahmen des billigen Ermessens nach den §§ 315, 316 (Rn 5).[43]

b) Gesetzlicher Maßstab. Haben die Parteien keinen Umlagemaßstab vereinbart, **10** besteht anders als nach der bisherigen Rechtslage wegen der dispositiven Vorschrift des Abs 1 grundsätzlich kein Recht und keine Pflicht des Vermieters zur Änderung des Maßstabs aus einem Bestimmungsrecht nach §§ 315, 316. Soweit jedoch innerhalb des gesetzlichen Rahmens der Maßstab im Einzelnen noch bestimmt werden kann (Rn 5, 7), besteht auch ein Änderungsanspruch beider Parteien, sollte diese Bestimmung im Einzelfall nicht mehr billigem Ermessen entsprechen. Darüber hinaus kann sich aus § 313 ein Recht zur Vertragsanpassung bei erheblicher Änderung der Geschäftsgrundlage ergeben, auch wenn der Umlagemaßstab gesetzlich bestimmt ist.[44] Denn § 556a Abs 1 trifft zwar eine gesetzliche Risikozuweisung der vertragstypischen Risiken hinsichtlich der Umlage der Betriebskosten. Eine solche normative Risikozuweisung tritt im Rahmen der Lehre vom Wegfall der Geschäftsgrundlage aber dann zurück, wenn das typische Vertragsrisiko ein-

---

32 BGH NZM 2004, 580; **aM** LG Berlin ZMR 2003, 738.
33 LG Bonn WuM 1988, 220; AG Gummersbach WuM 1979, 27.
34 BGH NZM 2008, 276; LG Bautzen WuM 2001, 288 zu § 2 BetrKUV; LG Leipzig NZM 2002, 486; **aM** noch BGH NZM 2006, 11; s auch Rn 6 u § 556 Rn 34.
35 LG Berlin NZM 2001, 707 (LS); s auch LG Wuppertal WuM 1989, 520; AG Hamburg WuM 1988, 171.
36 BGH NJW 2006, 2771 iE bei Leerstand aber abgelehnt; LG Bautzen WuM 2001, 288 zu § 2 BetrKUV; LG Berlin GE 2000, 1685: nicht allein bei schwieriger Abrechnung bei Eigentumswohnung; GE 2005, 1069; AG Charlottenburg GE2005, 623; GE 2005, 1065; GE 2005, 1067; AG Hamburg WuM 2000, 331.
37 Begr z RegE BT-Drucks 14/4553, 51: Änderung nach § 242.
38 LG Bonn NZM 1998, 910; LG Düsseldorf WuM 1996, 777; LG Bautzen WuM 2001, 288; AG Lippstadt WuM 1995, 594; AG Moers WuM 1996, 96, 97.
39 BGH NJW 1993, 1061, 1062; LG Berlin GE 1999, 907; LG Hamburg ZMR 1998, 36, 98; vgl LG Bonn WuM 1988, 220.
40 AG Weimar WuM 1997, 119.
41 OLG Frankfurt aM ZMR 2004, 182; OLG Hamburg WuM 1992, 76; AG Göppingen DWW 1986, 320 m Anm *Pfeifer;* AG Hamburg WuM 1983, 2 (LS).
42 BGH NJW 1993, 1061; LG Hamburg ZMR 1998, 36.
43 *Langenberg* Betriebskostenrecht F Rn 16.
44 Begr z RegE BT-Drucks 14/4553, 51; **aM** *Herrlein/Kandelhard/Both* Rn 13; *Pfeifer* GE 2000, 576.

　　　　　　　　　　　　　　　　　　　　　　Jost Emmerich

deutig überschritten ist.[45] Wann das der Fall ist, ist eine Frage des Einzelfalls, sie wurde etwa bei der Entwertung von Erbbauzinsen bei langfristigen Mietverträge bei einem Wertverlust von 60 % angenommen,[46] nicht aber bei der Abrechnung der Gebühren für das Kabelfernsehen nach der Wohnfläche.[47]

5. Einzelne Umlagemaßstäbe
a) Verbrauchsabhängiger Maßstab

11   **aa)** Soweit die Parteien keine abweichende Vereinbarungen getroffen haben, sind nach Abs 1 S 2 diejenigen Betriebskosten, die von einem **erfassten Verbrauch** oder einer **erfassten Verursachung** durch die Mieter abhängen, nach einem Maßstab umzulegen, der dem unterschiedlichen Verbrauch oder der unterschiedlichen Verursachung (Rn 17) Rechnung trägt. Der verbrauchsabhängige Maßstab geht dem Flächenmaßstab vor.[48] Voraussetzung ist, dass der Vermieter den Verbrauch tatsächlich erfasst. Allein die Umlage nach der Personenzahl ist kein verbrauchsabhängiger Maßstab iS des Abs 1 und 2 (Rn 34). Erfasst der Vermieter die Betriebskosten schon nicht verbrauchsabhängig, tritt die gesetzliche Regelung nicht ein. Sie setzt voraus, dass bei allen Mietern der Verbrauch erfasst wird.[49] Ist dies der Fall, ist es aber unerheblich, ob der Vermieter oder die Mieter Verbrauchserfassungsgeräte einbauen.[50] Da die Umlage dem unterschiedlichen Verbrauch nur Rechnung tragen muss, können insbesondere Energie- und Wasserkosten auch teilweise verbrauchsabhängig verteilt werden, wenn Grundkosten wie die Zählermiete, Grundgebühren oder Abwassergebühren unabhängig von dem tatsächlichen Verbrauch anfallen.[51]

12   **bb)** Wird nach dem gemessenen Verbrauch abgerechnet, muss die **Ermittlung des tatsächlichen Verbrauchs** der Versorgungsleistungen ordnungsgemäß sein. Der Verbrauch muss durch eine Ablesung der Verbrauchserfassung festgestellt werden, so dass sich die Abrechnung nicht auf Abschlagszahlungen, die an das Versorgungsunternehmen gezahlt werden, stützen darf (s auch § 556 Rn 72).[52] Ist die Ablesung der Wärmemesser unbrauchbar, etwa weil Zuleitungsrohre unisoliert durch weitere Wohnungen gelegt worden sind,[53] die Verdunstungsröhrchen der Heizkostenverteiler fehlerhaft montiert sind[54] oder der Ablesetermin weit nach der Beendigung der Abrechnungsperiode lag,[55] begründet die Abrechnung insoweit keine Nachzahlungsforderung. Das Gleiche gilt für die Ermittlung eines exorbitant hohen Wasserverbrauchs eines Mieters ausschließlich aufgrund von Wasserzählern in den anderen Wohnungen. Entsprechende Beweisanträge

---

45 *Palandt/Heinrichs* § 313 Rn 21.
46 BGHZ 111, 214, 216 = NJW 1990, 2620.
47 AG Wedding GE 2005, 1493.
48 *Palandt/Weidenkaff* Rn 4.
49 *Langenberg* NZM 2001, 783, 790; *Palandt/Weidenkaff* Rn 4; vgl AG Wedding GE 2002, 536 z alten Recht; **aM** AG Köpenick WuM 2006, 272; AG Tiergarten GE 2003, 396.
50 AG Köpenick WuM 2006, 272; AG Tiergarten GE 2003, 396.
51 *Blank/Börstinghaus* Miete Rn 19; *Haas* Rn 1; MünchKomm/*Schmid* Rn 32.
52 LG Wiesbaden WuM 2000, 37; AG Duisburg-Hamborn WuM 2006, 36; AG Prenzlau WuM 1997, 231; *Schmid* GE 2001, 679; **aM** Abrechnung nach dem Abflussprinzip: *v Seldeneck* Betriebskosten im Mietrecht Rn 3016 ff.
53 LG Meiningen WuM 2003, 453; zu Einrohrheizungssystemen s AG Brandenburg NZM 2010, 900 mwN; AG Halle-Saalkreis ZMR 2006, 546 m Anm *Haake* 499 mwN; AG Neukölln WuM 2003, 325.
54 AG Jülich WuM 1987, 397.
55 LG Osnabrück NZM 2004, 95; AG Köln WuM 2000, 213; AG Nordhorn WuM 2003, 326.

des Mieters muss das Gericht berücksichtigen.[56] Der Mieter muss allerdings Zweifel an der Richtigkeit der Verbrauchserfassung substantiiert vortragen.[57] Sind die Messgeräte im Zeitpunkt der Verbrauchserfassung nicht mehr geeicht, muss der Vermieter beweisen, dass die Kosten gleichwohl zutreffend erfasst worden sind.[58] Schätzt der Vermieter die Verbrauchskosten der Heizung, weil die Anbringung weiterer Heizkostenverteilern notwendig gewesen wäre, muss er dies genauestens erläutern (s auch Rn 14).[59] Lässt der Vermieter die Skalenkodierung der Heizkostenverteiler ohne nachvollziehbaren Grund ändern, muss er in der vorhergehenden Abrechnung, der die alten Einheiten zugrundelagen, erläutern, dass dieser Maßstab nicht bereits zu diesem Zeitpunkt unbrauchbar war.[60] Beruht der Wasserverbrauch nicht auf einer ordnungsgemäßen Bewirtschaftung, sondern auf einem Wasserrohrbruch, darf die dabei entwichene Wassermenge nicht in Rechnung gestellt werden.[61] Eine Vorerfassung ist für die Kosten der Wasserversorgung und Entwässerung notwendig, die auf eine Münzwascheinrichtung entfallen.[62]

Haben die Parteien die Abrechnung der Heizkosten nach dem Prinzip der Verduns- **13** tergeräte vereinbart, kommt es allerdings auf die normalen bei diesem Messprinzip auftretenden **Messungenauigkeiten** nicht an.[63] Insbesondere bei Kaltwasserzählern kommt es häufig zu Messdifferenzen zwischen dem genaueren Hauptwasserzähler und den ungenaueren Einzelzählern in den Wohnungen. Überschreitet die vom Hauptwasserzähler gemessene Verbrauchsmenge die Summe der durch die Einzelzähler angezeigten Mengen um bis zu 20 %, kann der Vermieter die Differenz nach dem Verhältnis der Anzeige der Wohnungszähler umlegen.[64] Eine Messdifferenz über 20 % lässt hingegen auf eine unwirtschaftliche Bewirtschaftung schließen und schließt daher grundsätzlich die Umlage der Kosten für die Unterschiedsmenge aus.[65]

Unterlässt der Vermieter die Ablesung der Heizkostenverteilung, etwa weil er den **14** Ablesetermin nicht rechtzeitig angekündigt hat, und lässt sich die Erfassung auch nicht mehr nachholen, kommt eine **Schätzung** der Verbrauchskosten durch eine Vergleichsrechnung wie der Gradtagszahlmethode gem § 9a HeizkostenV in Betracht, unabhängig davon, ob der Vermieter den Ablesefehler zu vertreten hat, weil dadurch die ökologisch sinnvolle Einzelumlage der Heizkosten weitestgehend durchgeführt werden kann.[66] Dem

---

56 BVerfG WuM 1997, 27.
57 AG Halle-Saalkreis ZMR 2006, 212.
58 BGH NJW 2011, 598; OLG München WuM 2011, 130; AG Spandau GE 2007, 1127; **aM** keine verbrauchsabhängige Abrechnung zulässig BayObLG WuM 2005, 479 f; LG Saarbrücken GE 2006, 1557; AG Löbau WuM 2008, 486; AG Esslingen WuM 2008, 301; Nachweis im Prozess verspätet AG Neubrandenburg WuM 2010, 91.
59 AG Köln WuM 2001, 449; AG Leipzig WuM 2004, 24.
60 LG Saarbrücken WuM 1989, 311.
61 AG Lichtenberg MM 2000, 178.
62 LG Berlin GE 1999, 1131; AG Pinneberg ZMR 2003, 121.
63 BGH WuM 1986, 214, 216; OLG Schleswig WuM 1986, 346; LG Berlin GE 2000, 539; LG Hamburg NJW-RR 1987, 1493.
64 **AM** LG Kassel WuM 2006, 273: Umlage nur der halben Differenz.
65 LG Berlin GE 2002, 193; LG Braunschweig WuM 1999, 294; LG Darmstadt WuM 2001, 515; LG Duisburg WuM 2006, 199; AG Hamburg WuM 2000, 213; AG Köpenick GE 2006, 855; AG Münster WuM 2000, 152; AG Salzgitter WuM 1996, 285; AG Dortmund DWW 1992, 180 u AG Schöneberg GE 2000, 1623: bis zu 25 %; AG Ibbenbühren WuM 2000, 83; *Schmid* GE 2001, 679, 681; *Peters* NZM 2000, 696, 699 bis 30 %; *Wall* WuM 1999, 63, 69: 20 bis 25 %.
66 BGH NZM 2006, 102 m Anm *Schmid* ZMR 2006, 347; AG Tempelhof-Kreuzberg MM 2003, 47; *Lammel* HeizkostenV § 9a Rn 8ff; **aM** LG Berlin ZMR 2003, 679; LG Madgeburg ZMR 2006, 289; LG Osnabrück NZM 2004, 95; AG Aschersleben ZMR 2005, 714; AG Brandenburg NZM 2005, 257.

Jost Emmerich

Mieter steht das Kürzungsrecht aus § 12 Abs 1 S 1 HeizkostenV nicht zu, da die Gradtags-zahlungsmethode in der HeizkostenV ausdrücklich vorgesehen ist.[67] Sind keine Ablese-vorrichtungen vorhanden, kann der Vermieter auch nach § 7 Abs 1 oder § 9a HeizkostenV nach dem Flächenmaßstab abrechnen.[68] Hier greift das Kürzungsrecht nach § 12 Abs 1 S 1 HeizkostenV aber ein, allerdings getrennt für die Heizungs- und Warmwasserkosten.[69] Für Wohnungen ohne regulierbare Zentralheizkörper in den neuen Bundesländern, die vor dem 1.1.1991 fertig gestellt worden sind, entfallen die Pflicht zur Verbrauchserfassung und das Kürzungsrecht.[70] Im Übrigen darf das Kürzungsrecht nicht abbedungen werden.[71] Außerhalb des Anwendungsbereichs der HeizkostenV kommt bei Erfassungsmängeln, etwa wegen von den Versorgungsunternehmen falsch abgelesener Werte, eine Schätzung der angefallenen Kosten nach den §§ 286, 287 ZPO in Betracht.[72] In solch einem Fall kann aber auch nach Wohnfläche abgerechnet werden. Wird dadurch eine vertragliche Verein-barung, die die verbrauchsabhängige Umlage vorsieht, verletzt, kann der Betrag analog § 12 HeizkostenV um 15% gekürzt werden.[73]

15   Nach früher verbreiteter Auffassung mussten die Kosten der Brennstoffe, etwa von Heizöl, nach dem tatsächlichen Verbrauch, nicht nach den Preisen und den Mengen des Zukaufs innerhalb einer Abrechnungsperiode festgestellt werden. Hierzu sollte der **Anfangs- und** der **Endbestand** der Brennstoffe ermittelt werden.[74] In seinem Bemühen, die Anforderungen an die Betriebskostenabrechnung handhabbar zu machen, entschied der BGH, dass bei Brennstoffkosten Anfangs- und Endbestand nicht mehr genannt werden muss; die summenmäßige Angabe der Verbrauchswerte und der dafür angefallenen Kosten reicht aus.[75]

16   Der Vermieter darf nur die tatsächlich angefallenen Kosten umlegen, so dass er **Skonti und Rabatte**, die er durch den Einkauf größerer Mengen an Verbrauchsstoffen erhält, an die Mieter weitergeben muss.[76] Der Grundsatz der Wirtschaftlichkeit kann den Vermieter auch verpflichten, im Voraus größere Mengen zu ordern, um Rabatte in Anspruch nehmen zu können und günstige Saisonpreise auszunutzen.[77]

17   **b) Maßstab der unterschiedlichen Verursachung.** Wird die unterschiedliche Verursachung von Betriebskosten durch die Mieter vom Vermieter erfasst, kommt eine Umlage nach diesem Maßstab in Betracht. Die Umlage nach der Personenzahl ist kein verbrauchsabhängiger Maßstab iS der Vorschrift (s Rn 34). Die Kosten eines Aufzugs

---

67 BGH NZM 2006, 102; AG Tempelhof-Kreuzberg MM 2003, 47; *Schmid* NZM 1998, 499, 500; **aM** AG Köln WuM 1997, 273.
68 BGH NJW 2007, 142.
69 BGH NZM 2005, 908 m Anm *Lammel* WuM 2005, 762; NJW 2007, 142; AG St Blasien NZM 2003, 394.
70 BGH NJW 2004, 285; LG Halle ZMR 2003, 428.
71 LG Hamburg WuM 2005, 721; **aM** LG Hamburg WuM 1995, 192.
72 AG Bergisch-Gladbach WuM 1998, 109; **aM** LG Saarbrücken WuM 2005, 606; AG Leipzig ZMR 2004, 595; *Schmid* NZM 1998, 499: nur Mindestwerte.
73 BGH WuM 2012, 36 = ZMR 2012, 615 zu Wasserkosten.
74 OLG Koblenz WuM 1986, 282; LG Berlin GE 2008, 995 f; LG Aachen WuM 1983, 62 (LS); LG Hamburg WuM 1989, 522; LG Köln WuM 1985, 303 (LS); LG Saarbrücken WuM 1990, 229; LG Wuppertal WuM 1979, 141 m Anm *Goch;* AG Lemgo ZMR 1982, 185 m abl Anm *Schopp;* AG Wittlich WuM 2002, 377; *Schmid* Hdb Rn 6258; **aM** LG Köln WuM 1982, 277 bei einem Studentenwohnheim; AG Hamburg-Altona WuM 1982, 58 (LS) bei Verzicht des Mieters.
75 BGH 25.11.2009 VIII ZR 322/08, VIII ZR 323/08, VIII ZR 324/08, alle NZM 2010, 315.
76 *Kinne* GE 1999, 481 mwN.
77 OLG Koblenz WuM 1986, 282; **aM** LG Berlin GE 1985, 483.

können nach der durch Chipkarten erfassten Inanspruchnahme umgelegt werden.[78] Bei den Kosten der Müllabfuhr kommt eine verbrauchsabhängige Kostenumlage vor allem bei Systemen zur Erfassung des Mülls in Betracht, bei denen jedem Mieter ein nummeriertes Abfallgefäß zur Verfügung steht und der Entsorgungsbetrieb die Gebühren nach dem tatsächlichen Müllaufkommen berechnet.[79] Der Vermieter kann aber auch jedem Mieter eine Restmülltonne zur Verfügung stellen,[80] soweit dies nicht unwirtschaftlich ist. Wird die Bestimmung des Umlagemaßstabs vertraglich dem Vermieter überlassen, so dass der Maßstab nach § 315 überprüfbar ist, folgt aus dem gesetzlichen Vorrang der verursachungsbedingten Abrechnung eine Wertung in der Weise, dass der Mieter nicht mit Kosten belastet werden darf, an deren Entstehung er keinen Anteil hat. Danach hat bei diesem Umlageschlüssel etwa der Mieter einer Erdgeschosswohnung die Kosten eines Aufzugs nicht zu tragen (s aber Rn 22).[81]

c) Flächenmaßstab

aa) Eine Verteilung der Betriebskosten nach dem Flächenmaßstab entsprach schon **18** nach altem Recht auch für die verbrauchsabhängigen Kosten grundsätzlich der **Billigkeit.**[82] Dies folgt daraus, dass dieser Maßstab an feste Größen anknüpft und die Wohnungsgröße regelmäßig in einem bestimmten Verhältnis zu der Anzahl der in der Wohnung lebenden Personen steht, während sich die Personenzahl innerhalb des Abrechnungszeitraums verändern kann, sie schwer feststellbar ist und dieser Maßstab bei größeren Wohneinheiten zu einem unvertretbaren Verwaltungsaufwand führt. Der Gesetzgeber des Mietrechtsreformgesetzes hat daher den Flächenmaßstab als gesetzlichen Regelfall geschaffen.[83] Die Frage, ob der Flächenmaßstab gleichwohl eine grob unbillige Verteilung der Betriebskosten bewirkt, stellt sich daher nicht mehr (s Rn 5, 10). Im Einzelfall kann aber bei einer erheblichen Störung der Geschäftsgrundlage nach § 313 ein Recht auf Vertragsanpassung bestehen (Rn 10). Führt etwa die Abrechnung der verbrauchsabhängigen Betriebskosten nach der Größe der Wohnungen gegenüber einer Verteilung nach der Personenzahl, nach dem Verbrauch oder der Verursachung zu einer erheblichen Mehrbelastung einzelner Mieter, kann der Umlagemaßstab zu ändern sein. Dazu müssen gegenüber der bisherigen Rechtslage aber ganz erhebliche Mehrbelastungen auftreten.[84] Das Vorhandensein einer Wasseruhr in der Wohnung eines Mieters, wenn bei den anderen Mietern noch keine Messgeräte vorhanden sind, spricht als solches noch nicht gegen den Flächenmaßstab (s auch Rn 11).[85] Selbst die an sich auf einzelne Wohnungen fallende Grundsteuer darf

---

78 *Langenberg* Betriebskostenrecht F Rn 22; zum technischen System GE 2003, 1010.

79 AG Moers WuM 1996, 96; *Blank/Börstinghaus* Neues Mietrecht Rn 9; *Langenberg* Betriebskostenrecht F Rn 23; zu weiteren Möglichkeiten s *Both* NZM 1998, 457, 460.

80 AG Brandenburg a d Havel GE 2004, 1485.

81 *Langenberg* NZM 2001, 783, 790.

82 OLG Hamm NJW 1984, 984; LG Aachen WuM 1991, 503; WuM 1993, 410; LG Berlin GE 1998, 1339; LG Bonn NZM 1998, 910; LG Frankfurt aM NZM 1999, 1003; LG Hamburg WuM 1987, 89; LG Mannheim NZM 1999, 365; LG Siegen WuM 1991, 281; LG Wuppertal WuM 1993, 685; AG Duisburg WuM 1994, 549; AG Köln ZMR 1997, 30; AG Siegburg WuM 1995, 120; AG Wuppertal WuM 1993, 685; *Pfeifer* GE 2000, 576; **aM** AG Halle-Saalkreis ZMR 2006, 212 für Abfallgebühren.

83 S auch Begr z RegE BT-Drucks 14/4553, 51.

84 Vgl zur alten Rechslage: LG Aachen WuM 1991, 503 u WuM 1993, 410: erheblich über 50 vH liegende Mehrbelastung; LG Düsseldorf WuM 1994, 30: mehr als 50 vH; LG Mannheim NZM 1999, 365 nicht allein wg verschiedener Wohnungsgrößen; LG Wuppertal WuM 1993, 685; AG Lippstadt WuM 1995, 594: 50 vH bei absoluter Differenz von mehr als 1000 DM; AG Weimar WuM 1997, 119; AG Wuppertal WuM 1993, 685.

85 **AM** LG Berlin GE 1999, 1052.

Jost Emmerich

nach der Wohnfläche verteilt werden.[86] Der Maßstab der Wohnfläche erlaubt auch eine generalisierende Betrachtungsweise hinsichtlich der Grundsteuer, die auf nur an einige Mieter vermietete Parkplätze fällt.[87]

19   **bb)** Regelmäßig ist die im Mietvertrag vereinbarte **Wohnungsgröße** der Betriebskostenabrechnung zugrunde zu legen.[88] Weicht die tatsächliche Wohnungsgröße davon ab, ist die tatsächliche Fläche maßgebend.[89] Auch der BGH geht im Rahmen des Mieterhöhungsverlangens nach § 558 davon aus und gewährt dort bei Zugrundelegung einer zu hohen Wohnfläche eine Korrektur nach § 313 sowie einen bereicherungsrechtlichen Ausgleich.[90] Während sich hierfür und für die Frage der Mangelhaftigkeit der Wohnung die Flächendifferenz erst ab einer Wohnflächenunterschreitung von mehr als 10% auswirkt (§ 558 Rn 19), gibt es eine derartige Erheblichkeitsschwelle für die Umlage von Betriebskosten an sich nicht.[91] Aus praktischen Gründen ist es aber zulässig, wenn der BGH auch für die Betriebskostenabrechnung eine Abweichung von bis zu 10% als unerheblich ansieht.[92] Denn geringfügige Unterschiede in der Flächenermittlung sind unvermeidlich und daher hinzunehmen.[93] Etwas anderes kann sich aber ergeben, wenn eine bestimmte Größe ausdrücklich vereinbart war und sich die Änderung zu Lasten des Mieters auswirken würde.[94] Dann kann nämlich eine Ausschlussvereinbarung im Hinblick auf die weitere Wohnfläche vorliegen.[95] Der Mieter muss substantiiert darlegen, dass die Quadratmeterzahlen unrichtig sind.[96] Bei einer Eigentumswohnung kann die in der Teilungserklärung angegebene Fläche maßgebend sein.[97] Solange ein einheitlicher Maßstab für alle Wohnungen gewählt wird, ist es unerheblich, ob Balkon- und Terrassenflächen ganz, zum Teil oder gar nicht den Wohnungsflächen hinzugerechnet werden.[98]

20   **cc)** Die Betriebskosten, die bei einem **Leerstand** auf unvermietete Wohnungen oder nicht vermietete Garagen entfallen, trägt der Vermieter.[99] Dies gilt für **verbrauchsun-**

---

86   BGH NZM 2004, 580; **aM** KG GE 2001, 850 für gewerbliches Mietverhältnis.

87   AG Mönchengladbach ZMR 2003, 198; s auch Rn 22.

88   OLG Düsseldorf DWW 2000 193; LG Hannover WuM 1990, 228; LG Köln WuM 1993, 362.

89   OLG Düsseldorf DWW 2000 193; LG Freiburg WuM 1988, 263; AG Hamburg WuM 1996, 778; LG Trier WuM 2006, 617; AG Trier WuM 2006, 90; WuM 2006, 168; *Kraemer* NZM 1999, 156, 162; Betriebskostenrecht F Rn 82; *Sternel* Rn III 408; *Vehslage* DWW 1998, 227, 228; *Wiese* ZMR 1990, 81, 85; **aM** LG Köln WuM 1993, 362.

90   BGH NJW 2004, 3115 mwN; NJW 2009, 2739; LG Hamburg NZM 2000, 1221; **aM** OLG Hamburg NZM 2000, 654; LG Berlin GE 2005, 993; LG Hamburg NZM 2000, 84, 85; ZMR 2001, 191; ZMR 2001, 193 m Anm *Schläger*.

91   AG Holzminden WuM 2007, 197; *Beyer* in: FS Blank (2006), 66 Fn 56; *ders* WuM 2010, 614.

92   BGH NJW 2007, 142; **aM** OLG Düsseldorf DWW 2000, 193; LG Hannover WuM 1990, 228; *Langenberg*; weitergehend auch bei Vereinbarung zu großer Wohnfläche LG Berlin GE 2005, 617; mit Ausnahme der Heizkosten KG NZM 2006, 296; LG Hannover WuM 1990, 228; LG Berlin GE 2000, 539.

93   LG Berlin GE 2000, 539; LG Mannheim NZM 2003, 393.

94   OLG Düsseldorf DWW 2000 193; LG Berlin GE 2005, 617; KG NZM 2006, 296 mit Ausnahme der Heizkosten; weitergehend auch bei ca-Angabe LG Hannover WuM 1990, 228.

95   Vgl *Staudinger/Emmerich* (2011) § 558 Rn 32.

96   LG Hannover WuM 1990, 228; LG Köln DWW 1996, 51.

97   LG Düsseldorf DWW 1988, 210; s auch Rn 6.

98   LG Hannover WuM 1990, 228; LG Köln WuM 1987, 359; DWW 1996, 51; ähnl *Staudinger/Emmerich* (2011) § 558 Rn 32 für die Vergleichsmiete; **aM** *Langenberg* NZM 2001, 783, 791.

99   BGH NJW 2003, 2902; NZM 2004, 254; NJW 2006, 2771 = WuM 2006, 440 m Anm *Wall* = ZMR 2006, 758 m Anm *Maaß* = NZM 2006, 655 m Anm *Sternel* 811; OLG Hamburg WuM 2001, 343; LG Berlin GE 2002, 736; ZMR 2005, 713; GE 2005, 1069; LG Krefeld WuM 2010, 357; AG Charlottenburg ZMR 2005, 872; GE 2005, 1065; GE 2005, 1067; AG Görlitz WuM 2006, 143; AG Köln WuM 2000, 37; AG Rathenow WuM 2004, 342; AG Zwickau NZM 2001, 467 = ZMR 2002, 205 m Anm *Maaß*; *Maciejewski* MM 2000, 61; *Schmid* ZMR 1998, 608 mwN;

abhängige Betriebskosten[100] ebenso wie für **verbrauchsabhängige** Nebenkosten, die mangels Erfassung nach der Fläche abgerechnet werden.[101] Eine dahingehende Klausel, dass nach dem Verhältnis der vermieteten Wohnflächen umzulegen ist, kann nicht so ausgelegt werden, dass nach Wegfall eines Mieters die Kosten unter den verbleibenden Mietern umgelegt werden.[102] Auch in Individualvereinbarungen sind Vereinbarungen, dass der Mieter die Kosten des Leerstandes trägt, als Verstoß gegen § 557 Abs 4 unwirksam.[103] Soweit es sich um verbrauchsabhängige Kosten handelt, die nur durch die verbleibenden Mieter verursacht worden sind, wie die Kosten der Müllabfuhr und des tatsächlichen Wasserverbrauchs, ist ein Abzug für leer stehende Wohnungen aber in der Regel nicht vorzunehmen.[104] Einen Anspruch des Vermieters unter dem Gesichtspunkt der Störung der Geschäftsgrundlage (§ 313) auf Änderung des vereinbarten Flächenmaßstabs dahingehend, dass die verbrauchsabhängigen Betriebskosten von den verbleibenden Mietern zu tragen sind, hat der BGH abgelehnt.[105] Dagegen sprach, dass es sich nur um geringe Leerstände handelte, deren Risiko der Vermieter trägt, dass es der Vermieter durch den Einbau von Erfassungsgeräten in der Hand hat, auf die Umlage nach Abs 2 auszuweichen, und dass die Abrechnung durch die Berücksichtigung der Leerstände sehr unübersichtlich werden würde.[106] Probleme ergeben sich, wenn die Vereinbarung eines anderen Maßstabs als des Flächenmaßstabs, etwa nach der Anzahl der Nutzer oder nach Verbrauch, dazu führt, dass die auf die leer stehenden Wohnungen entfallenden Kosten ganz oder **in Höhe der verbrauchsunabhängigen Grundkosten** zum Teil von den anderen Mietern getragen werden. Dies ist grundsätzlich nicht zulässig[107] und kann formularvertraglich auch nicht vereinbart werden.[108] Bei einer Umlage nach Anzahl der Nutzer kann es erforderlich sein, fiktive Personen anzusetzen. Ebenso sind bei verbrauchsabhängigen Kosten wie zB für Wasser die Kosten in Grund- und Verbrauchskosten aufzuteilen, um den Vermieter an den Leerstandskosten zu beteiligen.[109] Weil der Vermieter damit grundsätzlich das Risiko des Leerstands trägt, ergibt die ergänzende Vertragsauslegung eines Wärmelieferungsvertrags zwischen dem Vermieter und dem Energieversorgungsunternehmen, das normalerweise direkt mit den Mietern abrechnet, dass die auf leerstehende Wohnungen entfallenden Grundkosten vom Vermieter zu zahlen sind.[110]

Sonnenschein NJW 1980, 1713, 1718; diff *Stellwaag* DWW 1987, 36; *Sternel* in: Weimarer Immobilienrechtstage 2004, 119.
100 BGH NJW 2003, 2902; NZM 2004, 254.
101 BGH NJW 2006, 2771 = WuM 2006, 440 m Anm *Wall* = ZMR 2006, 758 m Anm *Maaß* = NZM 2006, 655 m Anm *Sternel* 811; KG ZMR 2011, 35; **aM** AG Charlottenburg GE 2005, 623; AG Zwickau ZMR 2002, 205; *Schach* GE 2002, 375; diff *Schmidt-Futterer/Langenberg* Rn 34 ff.
102 OLG Hamburg WuM 2001, 343; LG Bautzen WuM 2001, 288; AG Görlitz WuM 1997, 648; ZMR 2003, 269.
103 *Langenberg* WuM 2002, 589; **aM** *Schmid* Hdb Rn 4010a.
104 AG Zwickau NZM 2001, 467 = ZMR 2002, 205 m Anm *Maaß*; *Langenberg* WuM 2002, 589, 590f; AG Halle-Saalkreis ZMR 2005, 201 zum „Mitheizen" der leeren Wohnungen.
105 BGH NJW 2006, 2771 = WuM 2006, 440 m Anm *Wall*; LG Braunschweig ZMR 2003, 490; LG Berlin GE 2005, 1069; AG Charlottenburg ZMR 2005, 872; **aM** AG Charlottenburg ZMR 2005, 623 m Anm *Schach* 593.
106 BGH NJW 2006, 2771.
107 BGH NZM 2004, 254; NJW 2010, 3645; LG Krefeld WuM 2010, 357; AG Köln WuM 2000, 37; WuM 2002, 285; AG Medebach DWW 2003, 190; AG Rathenow WuM 2004, 342; *Langenberg* WuM 2002, 559, 590f; eingehend *Sternel* WuM 2003, 243, 245 ff; **aM** LG Berlin ZMR 2005, 713.
108 BGH NJW 2010, 3645.
109 BGH WuM 2013, 227 = NZM 2013, 264.
110 BGH NJW 2003, 2902 m Anm *Langenberg* NZM 2005, 51.

Jost Emmerich

21   **d) Anzahl der Nutzer.** Zulässig ist es, die verbrauchsabhängigen Betriebskosten wie den Wasserverbrauch nach der Personenzahl abzurechnen.[111] Dabei ist grundsätzlich von der Kopfzahl der Mieter und der Personen auszugehen, die ständig in den Haushalt einer Mietpartei aufgenommen werden. Kurzfristige Änderungen der Wohnungsbelegung bleiben außer Betracht.[112] Dieser Verteilungsschlüssel ist bei einer größeren Anzahl von Wohnungen unpraktikabel, weil der Vermieter darlegen muss, wie viele Personen insgesamt im Abrechnungszeitraum unabhängig vom Melderegister in der Wohneinheit gewohnt haben.[113] Die Angabe der Personenzahl pro Monat Wohndauer als Bruchzahl ist zulässig und führt nicht zur formellen Unwirksamkeit.[114] Vor allem aus diesem Grund hat der Gesetzgeber den Flächenmaßstab dem Maßstab nach der Personenzahl in § 556 Abs 1 vorgezogen,[115] so dass mit dieser gesetzlichen Regelung keine Wertung über die Billigkeit dieses Maßstabs im Übrigen verbunden ist. Die Umlage verbrauchsunabhängiger Betriebskosten nach der Anzahl der Personen ist ebenfalls möglich.[116]

22   **e) Anzahl der Mietobjekte.** Die Umlage nach der Anzahl der Mietobjekte ist für diejenigen Kosten sachgerecht, deren Nutzen für jede Wohnung unabhängig von seiner Fläche gleich ist, etwa die Kosten für die Antenne oder den Kabelempfang der Rundfunkgeräte.[117] Das Gleiche gilt auch für die Grundsteuer für die einzige Eigentumswohnung des Vermieters in einer Wohnungseigentumsanlage (s aber Rn 18 aE).[118] In diesem Fall ist der Maßstab auch mit der erfassten Verursachung iS des Abs 1 S 2 identisch. In Betracht kommt dieser Umlagemaßstab für die Aufzugskosten. Umlagefähig bleiben Fahrstuhlkosten auch dann, wenn ein Mieter den Aufzug nicht benutzt.[119] Auch die Vereinbarung, dass der im Erdgeschoss wohnende Mieter an den Betriebskosten eines Fahrstuhls beteiligt wird, ist wirksam. Selbst in Formularverträgen verstößt diese Abrede nicht gegen § 307 Abs 1, weil sich in § 24 Abs 2 NMV eine entsprechende Vorschrift findet und bei der Umlage der nicht verbrauchsabhängigen Betriebskosten aus Gründen der Praktikabilität eine generalisierende Betrachtungsweise erforderlich ist.[120] Etwas anderes gilt, wenn der Mieter auf seiner Etage gar keinen Zugang zum Fahrstuhl hat.[121] Für diejenigen Kosten, deren Höhe von der Anzahl der Mieter beeinflusst wird, wie etwa die Kosten für den Hauswart, ist eine Umlage nach dem Flächenmaßstab der Umlage nach der Anzahl der Wohnungen vorzuziehen.[122]

---

111 KrsG Löbau WuM 1992, 681; AG Hamburg WuM 1987, 359; AG Weimar WuM 1997, 119; AG Wuppertal DWW 1988, 282.
112 AG Ahaus WuM 1997, 232; AG Hamburg WuM 1987, 359; AG Karlsruhe DWW 1993, 21.
113 BGH NJW 1982, 573; NZM 2008, 242; AG Bad Iburg WuM 1986, 234 (LS).
114 BGH NZM 2011, 546 = WuM 2011, 367.
115 Begr z RegE BT-Drucks 14/4553, 51.
116 AG Karlsruhe DWW 1993, 21; s aber AG Neuss WuM 1988, 131.
117 LG Berlin GE 2002, 1492.
118 LG Berlin WuM 2006, 35.
119 LG Augsburg WuM 2003, 270; AG Wiesbaden WuM 1988, 66 (LS); OLG Düsseldorf DWW 2000, 54 m Anm *Geldmacher* für gewerbl Pachtvertrag.
120 BGH NJW 2006, 3557 m Anm *Timme* NZM 2007, 29 u *Dötsch* ZMR 2006, 921; KG NZM 2002, 954; LG Augsburg WuM 2003, 270; LG Berlin GE 1995, 567; LG Duisburg WuM 1991, 597; LG Hannover WuM 1990, 228; AG Freiburg WuM 1993, 745; AG Köln WuM 1998, 233; vgl BGHZ 92, 18 = NJW 1984, 2576; vgl auch *Kinne* GE 2007, 494; OLG Celle NZM 2007, 217 u OLG Düsseldorf NJW-RR 1986, 95 zu § 16 WEG; **aM** AG Augsburg ZMR 2002, 827; AG Braunschweig WuM 1996, 284; AG Hamburg WuM 1988, 170; AG Kiel NZM 2001, 92.
121 BGH NJW 2009, 2058; LG Berlin GE 2005, 1489; AG Frankfurt/O NZM 2000, 906; AG Verden WuM 1994, 385; OLG Celle NZM 2007, 217 für Sondereigentum; **aM** LG Berlin GE 2007, 54.
122 LG Berlin GE 2002, 1492.

Jost Emmerich   468

f) Wirtschaftseinheit. Auch außerhalb des sozialen Wohnungsbaus kann der Ver- 23
mieter im **Grundsatz** nach Wirtschaftseinheiten abrechnen (§ 556 Rn 6). Eine Wirtschaftseinheit ist nach § 2 Abs 2 S 3 BV 2 eine Mehrheit von Gebäuden, die demselben Eigentümer
gehören,[123] in örtlichem Zusammenhang stehen und deren Errichtung ein einheitlicher
Finanzierungsplan zugrunde gelegt worden ist. Eigentümer und Vermieter der gesamten
Anlage müssen identisch sein.[124] Für die Zusammenfassung der Kosten nach Wirtschaftseinheiten ist im preisfreien Wohnraummietrecht weiter erforderlich, dass der Mietvertrag
dem nicht entgegensteht, die Gebäude einheitlich verwaltet werden, sie im unmittelbaren
örtlichen Zusammenhang stehen und keinen wesentlichen Unterschied im Wohnwert aufweisen sowie gleichartiger Nutzung dienen.[125] Denn der Gesetzgeber wollte an der Abrechnung nach Wirtschaftseinheiten, die nach früherem Recht unter diesen Voraussetzungen
zulässig war, nichts ändern (§ 556 Rn 6). Für den örtlichen Zusammenhang reicht es nicht
aus, dass die Gebäude alle im Stadtgebiet gelegen sind.[126] Nur wenn die Parteien die
Abrechnung nach Wirtschaftseinheiten ausgeschlossen haben, kann der Vermieter nicht
im Rahmen seines Bestimmungsrechts gem §§ 315, 316 (Rn 5ff) nachträglich festlegen,
dass nach Wirtschaftseinheiten abzurechnen ist.[127] Ansonsten kann der Vermieter unter
den allgemeinen Voraussetzungen Abrechnungseinheiten auch im Laufe des Mietverhältnisses bilden.[128] Die Abrechnung nach der Wirtschaftseinheit ist mietvertraglich nicht
schon dadurch ausgeschlossen, dass als Mietobjekt allein das Hausgrundstück genannt
ist, in dem die vermietete Wohnung liegt.[129] Die Umstellung des bisherigen Modus auf
kleinere Abrechnungseinheiten ist deshalb ohne weiteres möglich.[130] Die Kosten eines
Fahrstuhls können nicht auf die Mieter einer Wirtschaftseinheit umgelegt werden, in
deren Häusern sich keine Fahrstühle befinden.[131] Auf der anderen Seite kann es auch bei
unterschiedlicher Nutzung einem berechtigten Interesse des Vermieters entsprechen, nur
einzelne Betriebskostenarten nach Wirtschaftseinheiten zu berechnen.[132] Das unzulässige Zusammenfassen mehrerer Gebäude zu einer Wirtschaftseinheit an sich[133], die nicht
ganz eindeutige Zuordnung der Gesamtflächenangabe zu den einzelnen Gebäuden einer
Wirtschaftseinheit[134] oder das Fehlen einzelner Hausnummern bei der Bezeichnung einer
Wirtschaftseinheit führen nicht zur formellen Unwirksamkeit einer Abrechnung nach
Wirtschaftseinheiten.[135]

g) Miteigentumsanteile. Die Betriebskosten einer vermieteten Eigentumswohnung 24
können nach dem gleichen Verteilungsschlüssel umgelegt werden, den die Eigentümer-

---

123 AG Aachen WuM 2003, 501.
124 KG DWW 1987, 153; AG Aachen WuM 2003, 501.
125 BGH NJW 2005, 3135; NJW 2010, 3229; NJW 2011, 368; OLG Düsseldorf GUT 2003, 14 für Gewerbemiete;
OLG Koblenz DWW 1990, 171 m Anm *Pfeifer*; LG Bautzen WuM 2002, 497; LG Berlin GE 2001, 625; LG Hamburg
WuM 2004, 498; LG Köln NZM 2001, 617; AG Schöneberg GE 2005, 58.
126 AG Siegen WuM 1996, 426.
127 OLG Koblenz DWW 1990, 171; LG Berlin NZM 2002, 66; AG Schöneberg GE 1989, 251.
128 BGH WuM 2011, 684 = NZM 2012, 96; NZM 2010, 895 = NJW 2011, 368.
129 BGH NJW 2005, 3135; NJW 2011, 368; WuM 2011, 159.
130 AG Köln WuM 1997, 232.
131 AG Köln WuM 1982, 195 (LS); AG Pankow-Weißensee ZMR 2006, 48; AG Trier NJW-RR 1989, 1170; vgl auch
BGH NJW 2009, 2058 = WuM 2009, 351; LG Berlin GE 2005, 1489 u Rn 22.
132 LG Bonn NZM 1998, 910; LG Köln NZM 2001, 617; AG Berlin-Hohenschönhausen GE 2001, 197.
133 BGH WuM 2012, 97.
134 BGH WuM 2011, 367.
135 BGH WuM 2012, 345; WuM 2012, 405.

Jost Emmerich

gemeinschaft zur Ermittlung ihres jeweiligen Anteils an den Kosten vereinbart hat, etwa nach Miteigentumsanteilen, soweit jener Verteilungsschlüssel der Billigkeit entspricht.[136] Das ist insbesondere der Fall, wenn das Verhältnis der Miteigentumsanteile und der Wohnflächen identisch ist.[137] Auf der Grundlage vertraglicher Vereinbarungen sind weitergehende Unterschiede in den Grenzen der § 138, §§ 305ff zulässig (Rn 6).

25   **h) Andere Umlagemaßstäbe.** Darüber hinaus sind andere Umlagemaßstäbe kaum als der Billigkeit entsprechend denkbar. Allein durch eine langdauernde Übung kann eine ungewöhnliche Klausel nicht zulässig werden.[138]

26   **6. Aperiodische Kosten.** Aperiodisch anfallende Kosten, wie Tankreinigungskosten und Eichkosten für Messgeräte, sind auf die den Turnus ihres Anfalls abdeckende Abrechnungsperioden zu verteilen, weil sonst derjenige Mieter benachteiligt wird, der vor Ablauf des Nutzungszeitraums auszieht.[139] Der BGH hingegen lässt auch eine 100 %ige Umlage im Zeitpunkt der Entstehung zu[140] und die Frage offen, ob dies in besonderen Ausnahmefällen bei außergewöhnlich hohen Kosten im Fall des Mieterwechsels anders zu sehen wäre.[141]

27   **7. Mieterwechsel.** Bei einem Mieterwechsel innerhalb der Verbrauchsperiode müssen die Kosten möglichst genau aufgeteilt werden. Hierfür ist bei Betriebskosten, die nach dem Verbrauch abgerechnet werden, regelmäßig eine **Zwischenablesung** erforderlich, auf die der Mieter einen Anspruch hat, selbst wenn § 9b HeizkostenV nicht anwendbar ist.[142] Im Anwendungsbereich der HeizkostenV (Rn 8 ff) ist nach dieser seit 1989 geltenden Vorschrift[143] für die nach dem erfassten Verbrauch zu verteilenden Kosten eine Aufteilung aufgrund einer Zwischenablesung vorgeschrieben.[144] Die weiteren Kosten des Wärmeverbrauchs können nach Gradtagszahlen oder zeitanteilig, die übrigen Kosten müssen zeitanteilig aufgeteilt werden.[145] Der Bestand an Brennstoffen ist nicht zu ermitteln. Die Parteien können einvernehmlich auch auf eine Zwischenablesung verzichten.[146] Die Kosten einer von dem gewerblichen Ablesedienst vorgenommenen Zwischenablesung bei einem Mieterwechsel sind nach Auffassung des BGH keine umlegbaren Betriebskosten, die auf alle Mieter anteilig umgelegt werden können[147], sondern vom Vermieter zu tragende **Verwaltungskosten.**[148] Die Kosten hat daher nicht der ausziehende[149] und erst Recht nicht der

---

136 OLG Braunschweig WuM 1999, 173, 174; LG Berlin GE 2005, 617; LG Düsseldorf DWW 1988, 210; AG Düsseldorf DWW 1991, 373; AG Frankfurt aM DWW 1999, 158 m Anm *Abramenko*.
137 LG Berlin GE 2002, 860; **aM** LG München I ZMR 2003, 431: generell unangemessen.
138 **AM** AG Menden ZMR 1999, 34: Personen- und Zimmerzahl.
139 LAG Frankfurt aM WuM 1992, 545; AG Gießen WuM 2003, 358; AG Hamburg WuM 2000, 332; AG Karlsruhe WuM 1992, 139; AG Langenfeld WuM 1983, 123 (LS); *Lammel* HeizkostenV § 7 Rn 77; s auch § 556 Rn 72.
140 BGH NJW 2009, 1356; NJW 2010, 226; *Langenberg* Betriebskostenrecht G Rn 134.
141 BGH NJW 2010, 226.
142 AG Offenbach ZMR 2005, 960; *Langenberg* Betriebskostenrecht H Rn 189.
143 Überholt daher LG Hamburg WuM 1985, 370; NJW-RR 1988, 907; LG Mannheim WuM 1988, 405.
144 AG Charlottenburg WuM 2006, 36; AG Offenbach ZMR 2005, 960 m Anm *Walz*.
145 LG Berlin NZM 2001, 707.
146 AG Hamburg ZMR 2006, 132.
147 **AM** noch AG Hamburg WuM 1996, 562; AG Oberhausen DWW 1994, 24; AG Rheine WuM 1996, 715; *Schmid* Hdb Rn 6243; *ders* WuM 1992, 291; *Ropertz* WuM 1992, 292; *Staudinger/Weitemeyer* (2011) 33.
148 BGH NJW 2008, 575; AG Augsburg WuM 1996, 98; AG Rendsburg WuM 1981, 105.
149 AG Charlottenburg WuM 2006, 36: Nutzerwechselgebühr; **aM** AG Coesfeld WuM 1994, 696; AG Köln WuM 1997, 648.

einziehende Mieter[150] zu tragen. Unpraktikabel ist es auch, nach der Vertragstreue des Mieters oder nach dem Kündigungsgrund des Mieters oder Vermieters zu differenzieren.[151] In der Konsequenz der Einordnung als Verwaltungkosten liegt es, dass diese auch nicht vertraglich dem ausziehenden Mieter auferlegt werden können.[152] Nicht umlegbar sind Sonderkosten, die eine Abrechnungsfirma in Rechnung stellt, wenn ein Mieter einen Ablesungstermin aus nachvollziehbaren Gründen abgesagt hat, weil zwei Ablesetermine ohne erneute Kostenpflicht des zweiten Termins angeboten werden müssen.[153] Eine **Zwischenabrechnung** ist nicht zu erstellen.[154] Verbrauchsunabhängige, jahresweise anfallende Betriebskosten hat der ausziehende Mieter zeitanteilig zu tragen. Bei festen, quartalsweise oder in anderen Abständen erhobenen Gebühren kommt es darauf an, ob der Fälligkeitstermin noch in die Dauer seines Mietverhältnisses fällt.[155]

8. Gemischt gewerbliche Nutzung. Bei einer gemischten Nutzung des Grundstücks **28** sind die Betriebskosten hinsichtlich der Wohnräume und der Gewerberäume aufzuteilen, falls die auf die unterschiedliche Nutzung entfallenden Kosten zu einer ins Gewicht fallenden Mehrbelastung durch die gewerbliche Nutzung führen.[156] Nur wenn der Mieter darlegt, dass die gewerbliche Nutzung zu höheren Kosten führt, ist eine Aufteilung erforderlich.[157] Der Vorwegabzug muss in diesen Fällen durch Angabe der Gesamtbeträge und der Einzelbeträge offengelegt werden.[158] Fehler führen insoweit aber nur zur materiellen, nicht zur formellen Unrichtigkeit der Abrechnung.[159] Das gilt auch für eine Teilnutzung durch ein Wohnheim.[160] Entgegenstehende Klauseln in einem Formularvertrag sind unwirksam.[161] Die Aufteilung hat in der Regel im Wege der Vorwegerfassung der auf den gewerblichen Teil entfallenden Betriebskosten zu erfolgen. Nur ausnahmsweise ist ein pauschaler Abzug[162] oder eine Schätzung zulässig.[163] Dies gilt auch und gerade für die Grundsteuer, deren Aufteilung aus dem Grundsteuermessbescheid herausgerechnet

---

150 AG Münster WuM 1996, 231; WuM 2001, 631.
151 So aber LG Berlin GE 2003, 121; AG Münster WuM 1999, 405; AG Lörrach WuM 1993, 68; AG Schopfheim WuM 2000, 331; *Harsch* WuM 1991, 521 mwN; *Lammel* HeizkostenV § 9b Rn 11 ff mwN.
152 **AM** LG Berlin GE 1999, 1129; GE 2003, 121; GE 2005, 433; AG Münster WuM 1999, 405; AG Schopfheim WuM 2000, 331; AG Wetzlar WuM 2003, 456.
153 LG München I NZM 2001, 465; AG Hamburg WuM 1996, 348.
154 LG Hamburg NJW-RR 1988, 907; AG Neuss WuM 1991, 547; AG Oberhausen DWW 1994, 24; AG Wetzlar NZM 2006, 260; *Horst* GE 1997, 341.
155 AG Olpe DWW 1987, 79.
156 BGH NJW 2006, 1419 = WuM 2006, 200 m Anm *Fenn* = ZMR 2006, 358 m Anm *Schmid* 341 u *Rau/Dötsch* 362; NZM 2011, 118 = WuM 2010, 741; KG ZMR 2006, 928; enger noch früher LG Aachen WuM 2005, 720; LG Berlin GE 2000, 541; GE 2000, 1032; GE 2001, 65; GE 2002, 736; GE 2002, 1124; GE 2002, 1492; GE 2003, 190; GE 2005, 1553; LG Braunschweig ZMR 2003, 114; LG Frankfurt aM NJW-MietR 1997, 26; LG Hamburg NZM 2001, 806; LG Hanau WuM 2000, 250; LG Köln WuM 2001, 496; LG Lübeck WuM 1989, 83; LG München I NZM 2002, 286; enger LG Aachen WuM 2006, 615 m Anm *Lammel* WuM 2007, 118.
157 BGH NJW 2006, 1419; NJW 2007, 211; NJW 2010, 3363; ZMR 2010, 282; NZM 2011, 118 = WuM 2010, 741; KG ZMR 2006, 928; LG Berlin GE 2007, 223; AG Köln WuM 2006, 568; AG Wedding GE 2007, 525: Hundesalon.
158 BGH NJW 2007, 1059; ZMR 2010, 282; NZM 2011, 118 = WuM 2010, 741.
159 BGH NJW 2010, 3363 = NZM 2010, 784 = WuM 2010, 627; NZM 2011, 118 = WuM 2010, 741; WuM 2012, 22 für preisgebundenen Wohnraum.
160 LG Berlin GE 2005, 1553.
161 LG Freiburg WuM 2000, 614; LG Hamburg NZM 2001, 806; *Sternel* ZMR 2001, 937, 939.
162 LG Berlin GE 2000, 1686; LG Düsseldorf DWW 1999, 354; LG München I NZM 2002, 286, 287; AG Osnabrück WuM 2004, 668; AG Stolberg ZMR 2002, 360.
163 AG Wedding GE 2002, 536; weitergehend AG Köln WuM 2002, 636 (LS).

Jost Emmerich

werden muss.[164] Geringe Kostenunterschiede sind jedoch hinzunehmen.[165] Der durch den fehlenden Vorwegabzug begünstigte Gewerbemieter kann sich gegenüber einem Nachzahlungsanspruch nicht darauf berufen, der Wohnungsmieter werde benachteiligt.[166]

29   **9. Grundsatz der Gleichbehandlung.** Der Maßstab für die Umlage der Betriebskosten muss für alle Räume einheitlich bestimmt werden.[167] Ausnahmen sind zu machen, wenn erhöhte Betriebskosten auf schadhafte Anlagen,[168] auf die unterschiedliche Beschaffenheit von Heizkörperverkleidungen,[169] auf den Energieverlust durch nicht isolierte Steigleitungen,[170] auf eine stark unterschiedliche Sonneneinstrahlung[171] oder auf Modernisierungsmaßnahmen eines bestimmten Mieters zurückzuführen sind.[172] In derartigen Fällen hat nur die betroffene Partei die Mehrbelastung zu tragen, soweit sie in ihren Verantwortungsbereich fällt. Dies ist etwa der Fall für Kosten der Garagen, die nur einzelne Mieter angemietet haben.[173] Lassen sich die Kosten nicht bestimmten Mietern zuordnen, muss der Vermieter diesen Betrag übernehmen.[174] So kann der Vermieter die Kosten für einen erheblich erhöhten Wasserverbrauch, soweit er sich einzelnen Mietern nicht zuordnen lässt, nicht umlegen (s auch Rn 13 und 20 zum Leerstand).[175] Das gilt auch für ein erhöhtes Restmüllaufkommen wegen fehlender Mülltrennung.[176]

30   **10. Abweichende Vereinbarungen.** Die Vereinbarung eines Umlagemaßstabs ist nach Abs 1 und Abs 3 den Parteien überlassen. Ein vertraglich vereinbarter Umlagemaßstab wird nicht an § 315 gemessen (Rn 6), so dass sich nicht etwa aus dem gesetzlichen Vorrang des Flächenmaßstabs bei fehlender Vereinbarung ergibt, dass andere Vereinbarungen unwirksam sind.[177] Fraglich ist, ob auch über die verbrauchs- und verursachungsabhängige Abrechnung nach § 556a Abs 1 S 2 eine anderweitige Vereinbarung getroffen werden kann, so dass der Vermieter zwar den Verbrauch erfasst, aber nicht auf dieser Grundlage abrechnet. Dies ist grundsätzlich möglich, da § 556a Abs 3 die Regelung in Abs 1 als Ganzes nicht erfasst.[178] Eine derartige Vorgehensweise kann durchaus sinnvoll sein, etwa weil für die Umstellung der Beginn einer neuen Abrechnungsperiode abgewartet werden soll.

III. Einseitige Änderung des Umlagemaßstabs (Abs 2)

31   **1. Allgemeines.** Die Regelung in Abs 2 gibt dem Vermieter das Recht, durch einseitige, empfangsbedürftige Willenserklärung den Maßstab für die Umlage der Kosten, bei denen der Verbrauch oder die Verursachung durch die einzelnen Mieter erfasst wird, zu ändern.

---

164 LG Frankfurt aM NZM 1998, 434; LG Köln WuM 1997, 648; *Langenberg* Betriebskostenrecht F Rn 203; *Ruff* WuM 2003, 379, 381; **aM** AG Frankfurt aM ZMR 1997, 244.
165 BGH NJW 2006, 1419; NJW 2010, 3363; LG Braunschweig ZMR 2003, 114.
166 OLG Düsseldorf ZMR 2005, 943.
167 LG Köln; DWW 1996, 51; AG Dülmen WuM 1983, 325.
168 LG Frankfurt aM NJW-RR 1987, 659; AG Bergisch Gladbach WuM 1984, 230 (LS).
169 AG Hamburg DWW 1989, 113.
170 LG Essen WuM 1989, 262.
171 Zu weitgehend AG Papenburg GWW 1988, 347 m abl Anm *Riebandt-Korfmacher*.
172 *Sternel* WuM 1984, 287, 291.
173 LG Aachen DWW 1993, 41; s aber Rn 19.
174 LG Siegen WuM 1992, 630.
175 AG Dortmund DWW 1992, 180; AG Salzgitter WuM 1996, 285; s auch Rn 13.
176 AG Münster WuM 2006, 192.
177 **AM** *Langenberg* NZM 2001, 783, 790.
178 *Langenberg* NZM 2001, 783, 790.

Darüber hinaus kann der Vermieter einseitig eine Änderung der Mietstruktur herbeiführen. Bei einer bisherigen Brutto-/Inklusivmiete oder bei der Vereinbarung einer Betriebskostenpauschale ist der Vermieter berechtigt, die in Abs 2 genannten Betriebskosten aus der Bruttomiete oder der Pauschale herauszurechnen und künftig entsprechend dem tatsächlichen Verbrauch nach § 556 Abs 3 umzulegen. Das Änderungsrecht des Vermieters ist begrenzt durch das Gebot der Wirtschaftlichkeit, wenn die Kosten der Verbrauchserfassung unangemessen hoch sind.[179] Das Änderungsrecht wirkt nur in die Zukunft.[180]

2. Erfasste Betriebskosten. Die Möglichkeit zur einseitigen Änderung des Mietver- **32** trags nach Abs 2 besteht nur für bestimmte Betriebskostenarten, nämlich für die Kosten, bei denen der Verbrauch oder die Verursachung durch die einzelnen Mieter erfasst wird (Rn 11, 17). Der Umfang dieser Kosten ergibt sich aus § 556 Abs 1 iVm der BetrKV (§ 556 Rn 5; s Anhang zu §§ 556, 556a). Für die Kosten der zentralen Heizung und der Warmwasserbereitung gilt bereits mit der HeizkostenV ein verbrauchsabhängiger Maßstab (Rn 8).

3. Änderung des Umlagemaßstabs
a) Änderungsrecht. Abs 2 erlaubt die einseitige Änderung des Umlagemaßstabs **33** durch den Vermieter für bestimmte Betriebskostenarten (Rn 32), wenn der Vermieter diese Kosten bisher gem § 556 Abs 3 verbrauchsunabhängig auf die Mieter umgelegt hat. Damit gewährt die Bestimmung ein Recht zur Änderung des Mietvertrags. Die Mietrechtsreform erweiterte das frühere Änderungsrecht nach § 4 Abs 5 MHRG auf alle Betriebskostenarten, die sich verbrauchsabhängig bestimmen lassen. Auch die Änderungsbefugnis nach Abs 2 unterliegt jedoch der Grenze der Billigkeit nach den §§ 315, 316. Der Vermieter kann den Umlagemaßstab daher nur ändern, wenn der neue Maßstab angemessener ist als der bisherige.[181] Möglich ist auch nur eine teilweise Ausübung des Rechts, so dass eine Kombination zwischen einem Festanteil und einer verbrauchsabhängigen Abrechnung zulässig ist.[182]

b) Umlagemaßstab. Abs 2 schreibt den neuen Umlagemaßstab insofern vor, als er **34** verbrauchsabhängig oder von der erfassten Verursachung abhängig zu sein hat (Rn 11, 17). Eine Änderung kommt vor allem in Betracht, wenn diese Kosten bisher nach einem verbrauchsunabhängigen Maßstab wie der Wohnungsgröße verteilt worden waren. Die Umstellung des Maßstabs der Wohnflächen auf eine Verteilung nach der Kopfzahl ist grundsätzlich nicht möglich, da die Umlage nach der Personenzahl gerade nicht an einem erfassten Verbrauch ansetzt.[183] Auch der Flächenmaßstab ist kein verbrauchsabhängiger Maßstab.[184]

c) Umlage bei Wärmecontracting. In jüngerer Zeit besteht die Tendenz, dass Ver- **35** mieter zentrale Anlagen zur Versorgung mit Heizung und Warmwasser nicht mehr selbst betreiben, sondern diese Aufgabe auf einen dritten Betreiber übertragen, der es übernimmt, die Hausanlage zu bewirtschaften[185] oder entsprechende Leistungen zu liefern

---

179 *Schmid* ZMR 2001, 761, 762; s § 556 Rn 12.
180 OLG Frankfurt aM ZMR 2004, 182 für Gewerbemiete.
181 AG Münster WuM 1994, 613.
182 *Schmid* ZMR 2001, 761, 762.
183 LG Hamburg ZMR 1998, 36 u 98; AG Münster WuM 1994, 619; MünchKomm/*Schmid* Rn 31; *Both* NZM 1998, 457; *Schmid* ZMR 2001, 761, 762.
184 LG Augsburg WuM 2004, 148; **aM** AG Augsburg WuM 2003, 566.
185 Wärmecontracting, auch Nahwärme, hierzu *Schauer* ZMR 2001, 83; *Schmid* ZMR 2001, 690.

Jost Emmerich

(Fernwärme). Die Umstellung auf Wärmelieferung ist nunmehr in § 556c geregelt.[186] Probleme ergeben sich aber aus der daraus in der Regel folgenden höheren Umlage der Betriebskosten für Heizung und Warmwasser. Nach den §§ 1 Abs 1 Nr 2, 7 Abs 4 HeizkostenV ebenso wie nach § 2 Nr 4 c) BetrKV können bei der Umlage der Heizkosten im Fall der Lieferung der Wärme durch einen Dritten auch die in dessen Abrechnungen enthaltenen kalkulatorischen Kosten für Instandhaltungen, Abschreibungen, Kapital und Gewinn auf den Nutzer umgelegt werden, weil zu den **Kosten der Wärmelieferung** das gesamte Entgelt für die Wärmelieferung gehört.[187] Denn eine Unterscheidung nach den reinen Betriebskosten und den kalkulatorischen Kosten für Kapital und Gewinn trifft weder § 2 Nr 4 c) BetrKV und Nr 4 c) der früheren Anlage 3 zu § 27 BV 2 noch § 7 Abs 4 HeizkostenV. Eine andere Auslegung würde dazu führen, dass der Vermieter nur mit Wärmelieferanten abschließen dürfte, die auf Gewinn verzichten.[188] Dies gilt auch für die Kosten der Hausanschlussstation (Wärmetauscher), soweit der Wärmelieferant den Betrieb dieser Anlage übernommen hat.[189] Der **BGH** steht betreffend die bisherige Rechtslage auf dem Standpunkt, die Übertragung der Heizungsanlage auf einen Dritten im Wege des Wärmecontracting bedarf der Zustimmung des Mieters, wenn eine ausdrückliche Regelung im Mietvertrag hierzu fehlt und dem Mieter durch die Umstellung zusätzliche Kosten auferlegt werden. Fehle es an einer Zustimmung, können die Wärmekosten nur iS des § 7 Abs 2 HeizkostenV umgelegt werden, nicht aber die Investitionskosten.[190] Die Begründung, der Vermieter habe durch die Bereitstellung einer bestimmten Heizungsanlage den Mietvertrag hierauf konkretisiert und könne die Anlage daher nur im Einvernehmen mit dem Mieter umstellen, schränkt die Entscheidungsfreiheit des Vermieters im Hinblick auf den Mietgegenstand über Gebühr ein. Der BGH hat die Zulässigkeit der Umlage von Kosten der Nah- und Fernwärme daher schon zur bisherigen Rechtslage zu Recht dahingehend erweitert, dass die Übernahme von Heizkosten nach der Anlage 3 zur II. BV (heute BetriebskostenV, s § 556 Rn 3, 18), die die Kosten der Nah- und Fernwärme ausdrücklich nennt, eine ausreichende vertragliche Vereinbarung enthält.[191] Eine mietvertragliche Konkretisierung auf eine bestimmte Heizungsanlage besteht mE auch im Übrigen nur, wenn der Mieter sich quasi selbst versorgt und vertraglich eine Kohle- oder Ölheizung oder Etagenheizung in seiner Wohnung vorgesehen ist.[192] War das Gebäude schon bei Beginn des Mietverhältnisses an die Fernwärmeversorgung angeschlossen oder ist die Umstellung vertraglich vereinbart, gelten diese Einschränkungen sowieso nicht. Es können dann alle Wärmelie-

---

186 Vgl die Kommentierung dort.
187 BGH WuM 1979, 175 zu § 22 Abs 1 NMV aF; NJW 1984, 971, 972 zu § 27 BV 2; NJW 2003, 2900 zu § 14 MHRG; NJW 2007, 3060; NJW 2008, 2105; KG NZM 2006, 19.
188 BGH WuM 1979, 175; NJW 1984, 971, 972.
189 *Schmid* ZMR 2001, 691; **aM** LG Gera WuM 2000, 681 = ZMR 2001, 350 m abl Anm *Burmeister/Kues*.
190 BGH NJW 2005, 1776 = DWW 2005, 195 m Anm *Pfeifer* 229 = WuM 2005, 387 m Anm *Derleder*; WuM 2005, 456; NJW 2006, 2185 = DWW 2006, 234 m Anm *Pfeifer*; GE 2006, 838 m Anm *Beyer* 826 = WuM 2006, 256; WuM 2006, 409; WuM 2007, 445; LG Köln WuM 2004, 400; krit *Hack* NJW 2005, 2039; s auch *Beyer*, in: FS Blank 57, 71; *Derleder* ZMR 2005, 387; *Langenberg* WuM 2004, 375; *Pfeifer*, in: FS Seuß 311; *Rahm/Frey* NZM 2006, 47; *Schmid* WuM 2005, 553.
191 BGH NZM 2007, 563; NJW 2007, 3060; NJW 2008, 2008, 2105; **aM** *Blank* WuM 2008, 311, 318f.
192 So im Fall von BGH WuM 2005, 456; LG Bonn NZM 2006, 536.

ferungskosten umgelegt werden.[193] Diese Kostenumlage kann mit davon **abweichenden Vereinbarungen** der Mietvertragsparteien kollidieren, wenn etwa nur die Überwälzung der reinen Energiekosten vereinbart worden war. In einem derartigen Fall war gleichwohl eine einseitige Änderung derartiger Klauseln durch den Vermieter für die Zukunft möglich, weil die Heizkostenverordnung die Umlage dieser Kosten vorsieht.[194] Die HeizkostenV regelt nicht nur die Modalitäten des Umrechnungsmaßstabs für die Umlage der Heizungskosten auf den Nutzer, sondern auch das Ob der Umlage dieser Kosten auf den Nutzer und geht damit rechtsgeschäftlichen Vereinbarungen vor. Wenn die HeizkostenV nämlich zur verbrauchsabhängigen Umlegung der dort genannten Kosten auf die Nutzer verpflichtet, berechtigt sie den Vermieter nach § 2 HeizkostenV gerade auch bei einer anderen Vertragsgestaltung, nach der der Mieter die Heizkosten nicht (gesondert) trägt, zur Änderung der Mietstruktur (s Rn 8d mwN). Damit ermöglicht die Vorschrift auch die Umlage der aufgezählten Kostenarten auf den Mieter, auch wenn diese im Einzelnen von der vertraglichen Regelung abweichen, weil dies ein Weniger im Verhältnis zur gesamten Kostenumlage entgegen der mietvertraglichen Vereinbarung darstellt.[195] Genauso wie bei der Umstellung von einer Bruttomiete auf eine Nettokaltmiete mit Abrechnung über die Betriebskosten muss auch eine Senkung der Grundmiete vorgenommen werden. Ob hiervon nur die in den Entgelten für Wärmelieferungen enthaltenen Investitionskosten[196] oder auch die Kapitalkosten und der Gewinn umfasst sind und wie zu verfahren ist, wenn die Heizungskosten durch die Umstellung sinken[197], ist für die Altfälle, für die § 556c noch nicht anwendbar ist, noch ungeklärt (vgl Rn 8d).

4. Änderung der Mietstruktur
a) Abrechnung durch den Vermieter
aa) Nach Abs 2 ist daneben eine **einseitige Änderung** der Mietstruktur von einer **36** Brutto-/Inklusivmiete oder von der Vereinbarung einer Betriebskostenpauschale auf eine verbrauchsabhängige Abrechnung nach Abs 3 zulässig.[198] Der Vermieter hat eine nach billigem Ermessen gem den §§ 315, 316 auszuübende Befugnis, den Mietvertrag in diesem Punkt zu ändern. Auch in diesem Fall ist die Umstellung auf einen Flächenmaßstab nicht möglich, da es sich hierbei nicht um einen verbrauchsabhängigen Maßstab handelt (s Rn 34).[199]

---

193 LG Berlin GE 2005, 57; AG Berlin-Mitte GE 2005, 1253; AG Düsseldorf ZMR 2005, 959; offengelassen von BGH NJW 2005, 1176 für entsprechende Formularklauseln.

194 LG München II GE 1999, 111; *Schmid* GE 1999, 1202; *ders* NZM 2000, 25; *Gärtner* GE 1999, 1176: aufgrund ergänzender Vertragsauslegung; vgl auch LG Frankfurt/O WuM 1999, 403; **aM** LG Essen NZM 2001, 90; LG Köln WuM 2004, 400.

195 **AM** LG Essen NZM 2001, 90; *Irrgeher* WuM 2000, 198, 199.

196 *Beuermann* GE 2000, 1224, 1227; *Schmid* DWW 2000, 1521.

197 *Gärtner* GE 1999, 1176.

198 LG Augsburg WuM 2004, 148; *Blank* WuM 1993, 503, 508.

199 **AM** AG Augsburg WuM 2003, 566 m Anm *Schulte* 625 u *Stürzer* 626.

Jost Emmerich

37   **bb)** Voraussetzung ist nach Abs 2 S 3, dass zugleich die bisherige Miete oder die Betriebskostenpauschale um den verbrauchsabhängig umzulegenden Betrag gekürzt wird. Der Vermieter kann nicht etwa von der **Herabsetzung der Miete** absehen, weil sich andere Betriebskosten, die mit der Miete noch abgegolten sind, erhöht haben.[200] Herauszurechnen sind die tatsächlichen bisherigen Aufwendungen für diese Kosten[201] im Zeitpunkt der Umstellung. Diese lassen sich erst bei der ersten verbrauchsabhängigen Abrechnung genau feststellen. Eine Änderungserklärung, in der diese Herabsetzung der Miete fehlt, ist unwirksam.[202] Voraussetzung für die Umstellung auf eine Nettomiete mit Abrechnung ist aber nicht, dass der Vermieter über alle Betriebskosten abrechnet, er kann also auch eine Teilumstellung vornehmen.[203]

38   **cc)** Die Vorschrift des Abs 2 sagt nichts darüber, ob der Vermieter infolge der Umstellung auf eine verbrauchsabhängige Abrechnung statt der bisherigen Pauschalen oder der bisherigen Bruttomiete nunmehr berechtigt ist, **Vorauszahlungen** auf die Betriebskosten zu verlangen. Lediglich die Pflicht und das Recht zur **Änderung** der Höhe der Vorauszahlungen für die betreffenden Betriebskosten ergibt sich aus § 560, soweit bislang die Erhebung von Vorauszahlungen überhaupt vereinbart war. Fehlt es hieran, ergibt sich aus § 556a Abs 2 aber zugleich das Recht zur Erhebung von Vorauszahlungen,[204] weil der Vermieter nach S 3 dieses Absatzes gezwungen ist, die bisher in der Bruttomiete enthaltenen Kosten herauszurechnen.

39   **b) Direkte Abrechnung durch den Leistungserbringer.** Eine direkte Abrechnung bestimmter Versorgungsleistungen zwischen dem Erbringer der Leistungen und dem Mieter kann der Vermieter anders als nach dem früheren § 4 Abs 5 Nr 2 MHRG nicht mehr herbeiführen (zum Übergangsrecht Rn 3). Die Parteien können aber einvernehmlich entsprechende Vereinbarungen treffen.[205] In diesem Fall scheidet der Vermieter als Vertragspartner der Versorgungsunternehmen aus und diese schließen entsprechende Verträge direkt mit den Mietern, wie es etwa bei der Versorgung mit Strom und Gas bereits allgemein üblich ist.[206] In der Regel kommt das Vertragsverhältnis bereits durch das Angebot des Versorgungsunternehmens und die Annahme des Mieters in Form der tatsächlichen Inanspruchnahme der Leistungen zustande.[207] Das Versorgungsunternehmen ist grundsätzlich aber nicht verpflichtet, Versorgungsverträge mit den Mietern unter Entlassung des Vermieters aus dem Vertragsverhältnis abzuschließen.[208] Da die frühere gesetzliche Regelung, die dem Vermieter einseitig das Recht auf einen Übergang zur Direktabrechnung einräumte, eine Vielzahl von Problemen im Verhältnis zwischen Mieter, Vermieter

---

200 *Langenberg* NZM 2001, 783, 791.
201 *Palandt/Weidenkaff* Rn 9.
202 AG Münster WuM 1994, 613; *Schmid* ZMR 2001, 761, 762.
203 **AM** AG Augsburg WuM 2003, 566; AG Köln ZMR 2004, 119.
204 *Langenberg* NZM 2001, 783, 791; *Palandt/Weidenkaff* Rn 9; *Schmid* ZMR 2001, 761, 762.
205 Begr z RegE BT-Drucks 14/4553, 52.
206 Für Abfallentsorgung s OLG Naumburg ZMR 2003, 260; zur gewerblichen Wärmelieferung *Schreiber* NZM 2002, 320.
207 BGH NZM 2010, 314 zum alten § 4 Abs 5 Nr 2 MHRG mwN.
208 BGH NJW 2003, 3131; WuM 2003, 458.

und Leistungserbringer mit sich brachte,[209] ist eine entsprechende formularvertragliche Klausel unwirksam.[210]

5. Geltendmachung der Vertragsänderung

a) Form. Die Änderung des Umlageschlüssels und der Abrechnungsmethode erfolgt **40** durch eine einseitige, empfangsbedürftige Willenserklärung des Vermieters. Die Erklärung bedarf nach § 556a Abs 2 S 1 der **Textform** des § 126b. Die Schriftform umfasst die Anforderungen an die Textform.[211] Bei mehreren Mietern ist die Erklärung gegenüber jedem Mieter abzugeben. Hinsichtlich der Formvorschrift des § 550 ist zu beachten, dass eine wesentliche Vertragsänderung wie die Veränderung der Betriebskosten der Schriftform bedarf, sonst gilt der auf bestimmte Zeit geschlossene Mietvertrag als auf unbestimmte Zeit geschlossen.[212]

b) Inhalt. Die Erklärung muss als Gestaltungsrecht hinreichend bestimmt sein. Sie **41** muss festlegen, dass der Vermieter nach Abs 2 den Umlageschlüssel ändern will. Waren die entsprechenden Leistungen mit der Miete oder einer Betriebskostenpauschale abgegolten, muss der Vermieter erklären, dass und wie die Miete gem Abs 2 S 3 gesenkt wird. Ohne diese Bestimmung ist die Erklärung unwirksam (Rn 37). Zudem muss die Erklärung den Zeitpunkt angeben, von dem an die Änderung des Vertrags eintreten soll (Rn 42). Eine weitere Begründung oder Berechnung ist nach dem Wortlaut der Vorschrift nicht erforderlich. Sie ist deshalb entbehrlich, weil bereits die nachfolgende verbrauchsabhängige Abrechnung über die Betriebskosten gem § 556 Abs 3 der Erläuterung bedarf.

6. Wirkungseintritt der Änderung. Die Erklärung wird gem § 130 mit dem Zugang **42** beim Mieter wirksam. Davon zu unterscheiden ist der Zeitpunkt, von dem an sich der Vertrag ändern soll. Diesen Zeitpunkt muss der Vermieter bestimmen. Die Erklärung ist gem § 556a Abs 2 S 2 nur vor Beginn eines Abrechnungszeitraums zulässig. Diese Formulierung enthält keine Änderung gegenüber der früheren Rechtslage.[213] Das bedeutet, dass die Änderung mit dem Beginn der nächsten Abrechnungsperiode wirksam wird, wenn die Erklärung vor ihrem Beginn zugegangen ist. Rechnete der Vermieter bislang nicht ab, sondern waren Betriebskosten in einer Inklusivmiete oder einer Betriebskostenpauschale enthalten, passt diese zeitliche Bestimmung nicht. Der Vermieter kann in diesem Fall irgendeinen zukünftigen Zeitpunkt für die Änderung der Betriebskostenvereinbarung wählen.[214] Nennt der Vermieter einen unzulässigen Zeitpunkt, ist die Erklärung gem § 139 nur teilweise unwirksam, soweit sie sich sinnvoll aufteilen lässt. So ist beispielsweise für eine zurückliegende Abrechnungsperiode eine rückwirkende Vertragsänderung unwirksam. Die Änderung tritt dann mit dem Beginn des nächsten Abrechnungszeitraums ein.[215]

---

209 Vgl BVerwG WuM 1997, 685; OVG Greifswald LKV 1997, 422; *Both/Harms* DWW 1999, 274; *Bub* Beil zu WuM 12/2000, 16 = NZM 2001, 458; *Brüning* ZMR 1999, 213; *Derleder* NZM 1999, 729; *Eisenschmid* WuM 1998, 449; *Röhl* NZM 1999, 101; *Schmid* WuM 1998, 709; *Staudinger/Sonnenschein/Weitemeyer* (1997) § 4 MHRG Rn 124.
210 *Langenberg* NZM 2001, 783, 791; **aM** LG Hamburg WuM 2006, 96.
211 *Börstinghaus/Eisenschmid* Arbeitskommentar Neues Mietrecht 287; *Nies* NZM 2001, 1071, 1072; Einzelheiten s § 560 Rn 15.
212 *Nies* NZM 2001, 1071; s § 556 Rn 32.
213 *Langenberg* NZM 2001, 783, 791.
214 *Blank* WuM 1993, 503, 508.
215 *Herrlein/Kandelhard/Both* § 556a Rn 16.

Jost Emmerich

43   **7. Abweichende Vereinbarungen.** § 556a Abs 2 ist nach Abs 3 insoweit zwingend, als zum Nachteil des Mieters keine abweichenden Vereinbarungen getroffen werden können. Die Parteien können daher nicht im Mietvertrag festlegen, dass der Vermieter das Gestaltungsrecht zu Lasten des Mieters unter weitergehenden Voraussetzungen ausüben kann. Es muss ein tatsächlich erfasster Verbrauch oder eine tatsächlich erfasste Verursachung Grundlage für die Änderung sein, so dass Schätzungen nicht ausreichen.[216] Auch der Vorbehalt, die Änderung für abgelaufene Abrechnungsperioden vornehmen zu können, ist unwirksam,[217] ebenso wie die vorherige Vereinbarung, dass die Herabsetzung der Miete nach § 556a Abs 2 S 3 ausgeschlossen ist.[218]

Anhang I zu §§ 556, 556a

Verordnung zur Berechnung der Wohnfläche, über die Aufstellung von Betriebskosten und zur Änderung anderer Verordnungen

vom 25.11.2003 (BGBl I 2346)

...

Artikel 2
Verordnung über die Aufstellung von Betriebskosten (Betriebskostenverordnung – BetrKV)

§ 1 Betriebskosten

(1) Betriebskosten sind die Kosten, die dem Eigentümer oder Erbbauberechtigten durch das Eigentum oder das Erbbaurecht am Grundstück oder durch den bestimmungsgemäßen Gebrauch des Gebäudes, der Nebengebäude, Anlagen, Einrichtungen und des Grundstücks laufend entstehen. Sach- und Arbeitsleistungen des Eigentümers oder des Erbbauberechtigten dürfen mit dem Betrag angesetzt werden, der für eine gleichwertige Leistung eines Dritten, insbesondere eines Unternehmers, angesetzt werden könnte; die Umsatzsteuer des Dritten darf nicht angesetzt werden.

(2) Zu den Betriebskosten gehören nicht:

1. die Kosten der zur Verwaltung des Gebäudes erforderlichen Arbeitskräfte und Einrichtungen, die Kosten der Aufsicht, der Wert der vom Vermieter persönlich geleisteten Verwaltungsarbeit, die Kosten für die gesetzlichen oder freiwilligen Prüfungen des Jahresabschlusses und die Kosten für die Geschäftsführung (Verwaltungskosten),

2. die Kosten, die während der Nutzungsdauer zur Erhaltung des bestimmungsgemäßen Gebrauchs aufgewendet werden müssen, um die durch Abnutzung, Alterung und Witterungseinwirkung entstehenden baulichen oder sonstigen

---

216 *Langenberg* NZM 2001, 783, 791f.
217 *Langenberg* NZM 2001, 783, 791f.
218 *Haas* § 556a Rn 2.

Mängel ordnungsgemäß zu beseitigen (Instandhaltungs- und Instandsetzungskosten).

§ 2 Aufstellung der Betriebskosten[219]

Betriebskosten im Sinne von § 1 sind:

1. **die laufenden öffentlichen Lasten des Grundstücks;**
   hierzu gehört namentlich die Grundsteuer *[jedoch nicht die Hypothekengewinnabgabe]*;
2. **die Kosten der Wasserversorgung;**
   hierzu gehören die Kosten des Wasserverbrauchs, die Grundgebühren, die Kosten der Anmietung oder anderer Arten der Gebrauchsüberlassung von Wasserzählern sowie die Kosten ihrer Verwendung einschließlich der *Kosten der Eichung sowie* der Berechnung und Aufteilung, die Kosten der Wartung von Wassermengenreglern, die Kosten des Betriebs einer hauseigenen Wasserversorgungsanlage und einer Wasseraufbereitungsanlage einschließlich der Aufbereitungsstoffe.
3. **die Kosten der Entwässerung;**
   hierzu gehören die Gebühren für die Haus- und Grundstücksentwässerung, die Kosten des Betriebs einer entsprechenden nicht öffentlichen Anlage und die Kosten des Betriebs einer Entwässerungspumpe;
4. **die Kosten**
   a) des Betriebs der zentralen Heizungsanlage einschließlich der Abgasanlage;
      hierzu gehören die Kosten der verbrauchten Brennstoffe und ihrer Lieferung, die Kosten des Betriebsstroms, die Kosten der Bedienung, Überwachung und Pflege der Anlage, der regelmäßigen Prüfung ihrer Betriebsbereitschaft und Betriebssicherheit einschließlich der Einstellung durch eine *Fachkraft*, der Reinigung der Anlage und des Betriebsraums, die Kosten der Messungen nach dem Bundesimmissionsschutzgesetz, die Kosten der Anmietung oder anderer Arten der Gebrauchsüberlassung einer Ausstattung zur Verbrauchserfassung sowie die Kosten der Verwendung einer Ausstattung zur Verbrauchserfassung einschließlich der *Kosten der Eichung sowie der* Berechnung und Aufteilung;
      oder
   b) des Betriebs der zentralen Brennstoffversorgungsanlage;
      hierzu gehören die Kosten der verbrauchten Brennstoffe und ihrer Lieferung, die Kosten des Betriebsstroms und die Kosten der Überwachung sowie die Kosten der Reinigung der Anlage und des Betriebsraums;
      oder
   c) der eigenständig gewerblichen Lieferung von Wärme, auch aus Anlagen im Sinne des Buchstabens a;
      hierzu gehören das Entgelt für die Wärmelieferung und die Kosten des Betriebs der zugehörigen Hausanlagen entsprechend Buchstabe a;
      oder

---

219 Die Änderungen der Aufstellung der Betriebskosten in § 2 BetrKV gegenüber der früheren Anlage 3 zu § 27 BV 2 sind kursiv hervorgehoben.

    d) der Reinigung und Wartung von Etagenheizungen *und Gaseinzelfeuerstätten*; hierzu gehören die Kosten der Beseitigung von Wasserablagerungen und Verbrennungsrückständen in der Anlage, die Kosten der regelmäßigen Prüfung der Betriebsbereitschaft und Betriebssicherheit und der damit zusammenhängenden Einstellung durch *eine Fachkraft* sowie die Kosten der Messungen nach dem Bundes-Immissionsschutzgesetz;

5. die Kosten

    a) des Betriebs der zentralen Warmwasserversorgungsanlage; hierzu gehören die Kosten der Wasserversorgung entsprechend Nummer 2, soweit sie nicht dort bereits berücksichtigt sind, und die Kosten der Wassererwärmung entsprechend Nummer 4 Buchstabe a; oder

    b) der eigenständig gewerblichen Lieferung von Warmwasser, auch aus Anlagen im Sinne des Buchstabens a; hierzu gehören das Entgelt für die Lieferung des Warmwassers und die Kosten des Betriebs der zugehörigen Hausanlagen entsprechend Nummer 4 Buchstabe a; oder

    c) der Reinigung und Wartung von Warmwassergeräten; hierzu gehören die Kosten der Beseitigung von Wasserablagerungen und Verbrennungsrückständen im Innern der Geräte sowie die Kosten der regelmäßigen Prüfung der Betriebsbereitschaft und Betriebssicherheit und der damit zusammenhängenden Einstellung durch *eine Fachkraft.*

6. die Kosten verbundener Heizungs- und Warmwasserversorgungsanlagen

    a) bei zentralen Heizungsanlagen entsprechend Nummer 4 Buchstabe a und entsprechend Nummer 2, soweit sie nicht dort bereits berücksichtigt sind; oder

    b) bei der eigenständig gewerblichen Lieferung von Wärme entsprechend Nummer 4 Buchstabe c und entsprechend Nummer 2, soweit sie nicht dort bereits berücksichtigt sind; oder

    c) bei verbundenen Etagenheizungen und Warmwasserversorgungsanlagen entsprechend Nummer 4 Buchstabe d und entsprechend Nummer 2, soweit sie nicht dort bereits berücksichtigt sind;

7. die Kosten des Betriebs des maschinellen Personen- oder Lastenaufzuges;

hierzu gehören die Kosten des Betriebsstroms, die Kosten der Beaufsichtigung, der Bedienung, Überwachung und Pflege der Anlage, der regelmäßigen Prüfung ihrer Betriebsbereitschaft und Betriebssicherheit einschließlich der Einstellung durch *eine Fachkraft* sowie die Kosten der Reinigung der Anlage;

8. die Kosten der Straßenreinigung und Müllbeseitigung;

zu den Kosten der Straßenreinigung gehören die für die öffentliche Straßenreinigung zu entrichtenden Gebühren *und* die Kosten entsprechender nicht öffentlicher Maßnahmen; zu den Kosten der Müllbeseitigung gehören namentlich die für die Müllabfuhr zu entrichtenden Gebühren, die Kosten entsprechender nicht öffentlicher Maßnahmen, *die Kosten des Betriebs von Müllkompressoren, Müllschluckern, Müllabsauganlagen und Müllerfassungsanlagen einschließlich der Kosten der Berechnung und Aufteilung*;

9. die Kosten der Gebäude**reinigung und Ungezieferbekämpfung;**

zu den Kosten der *Gebäude*reinigung gehören die Kosten für die Säuberung der von den Bewohnern gemeinsam genutzten Gebäudeteile, wie Zugänge, Flure, Treppen, Keller, Bodenräume, Waschküchen, Fahrkorb des Aufzuges;

10. **die Kosten der Gartenpflege;**
   hierzu gehören die Kosten der Pflege gärtnerisch angelegter Flächen einschließlich der Erneuerung von Pflanzen und Gehölzen, der Pflege von Spielplätzen einschließlich der Erneuerung von Sand und der Pflege von Plätzen, Zugängen und Zufahrten, die dem nicht öffentlichen Verkehr dienen;

11. **die Kosten der Beleuchtung;**
   hierzu gehören die Kosten des Stroms für die Außenbeleuchtung und die Beleuchtung der von den Bewohnern gemeinsam *genutzten* Gebäudeteile, wie Zugänge, Flure, Treppen, Keller, Bodenräume, Waschküchen;

12. **die Kosten der Schornsteinreinigung;**
   hierzu gehören die Kehrgebühren nach der maßgebenden Gebührenordnung, soweit sie nicht bereits als Kosten nach Nummer 4 Buchstabe a berücksichtigt sind;

13. **die Kosten der Sach- und Haftpflichtversicherung;**
   hierzu gehören namentlich die Kosten der Versicherung des Gebäudes gegen Feuer-, Sturm- und Wasser- *sowie sonstige Elementar*schäden, der Glasversicherung, der Haftpflichtversicherung für das Gebäude, den Öltank und den Aufzug;

14. **die Kosten für den Hauswart;**
   hierzu gehören die Vergütung, die Sozialbeiträge und alle geldwerten Leistungen, die der Eigentümer oder Erbbauberechtigte dem Hauswart für seine Arbeit gewährt, soweit diese nicht die Instandhaltung, Instandsetzung, Erneuerung, Schönheitsreparaturen oder die Hausverwaltung betrifft; soweit Arbeiten vom Hauswart ausgeführt werden, dürfen Kosten für Arbeitsleistungen nach den Nummern 2 bis 10 *und 16* nicht angesetzt werden;

15. **die Kosten**
   a) des Betriebs der Gemeinschafts-Antennenanlage;
   hierzu gehören die Kosten des Betriebsstroms und die Kosten der regelmäßigen Prüfung ihrer Betriebsbereitschaft einschließlich der Einstellung durch *eine Fachkraft* oder das Nutzungsentgelt für eine nicht *zu dem Gebäude* gehörende Antennenanlage *sowie die Gebühren, die nach dem Urheberrechtsgesetz für die Kabelweitersendung entstehen*;
   oder
   b) des Betriebs der mit einem Breitbandkabelnetz verbundenen privaten Verteilanlage;
   hierzu gehören die Kosten entsprechend Buchstabe a, ferner die laufenden monatlichen Grundgebühren für Breitbandanschlüsse;

16. **die Kosten des Betriebs der *Einrichtungen für die Wäschepflege*;**
   hierzu gehören die Kosten des Betriebsstroms, die Kosten der Überwachung, Pflege und Reinigung der Einrichtung, der regelmäßigen Prüfung ihrer Betriebsbereitschaft und Betriebssicherheit sowie die Kosten der Wasserversorgung entsprechend Nummer 2, soweit sie nicht dort bereits berücksichtigt sind;

17. **sonstige Betriebskosten;**
   hierzu gehören Betriebskosten im Sinne des § 1, die von den Nummern 1 bis 16 nicht erfasst sind ...

Artikel 6

Inkrafttreten

Diese Verordnung tritt am 1. Januar 2004 in Kraft.

Anhang II zu §§ 556, 556a

Verordnung über die verbrauchsabhängige Abrechnung der Heiz- und Warmwasserkosten

(Verordnung über Heizkostenabrechnung – HeizkostenV)

§ 1 Anwendungsbereich

[1] Diese Verordnung gilt für die Verteilung der Kosten
1. des Betriebs zentraler Heizungsanlagen und zentraler Warmwasserversorgungsanlagen,
2. der eigenständig gewerblichen Lieferung von Wärme und Warmwasser, auch aus Anlagen nach Nummer 1, (Wärmelieferung, Warmwasserlieferung) durch den Gebäudeeigentümer auf die Nutzer der mit Wärme oder Warmwasser versorgten Räume.

[2] Dem Gebäudeeigentümer stehen gleich
1. der zur Nutzungsüberlassung in eigenem Namen und für eigene Rechnung Berechtigte,
2. derjenige, dem der Betrieb von Anlagen im Sinne des § 1 Absatz 1 Nummer 1 in der Weise übertragen worden ist, dass er dafür ein Entgelt vom Nutzer zu fordern berechtigt ist,
3. beim Wohnungseigentum die Gemeinschaft der Wohnungseigentümer im Verhältnis zum Wohnungseigentümer, bei Vermietung einer oder mehrerer Eigentumswohnungen der Wohnungseigentümer im Verhältnis zum Mieter.

[3] Diese Verordnung gilt auch für die Verteilung der Kosten der Wärmelieferung und Warmwasserlieferung auf die Nutzer der mit Wärme oder Warmwasser versorgten Räume, soweit der Lieferer unmittelbar mit den Nutzern abrechnet und dabei nicht den für den einzelnen Nutzer gemessenen Verbrauch, sondern die Anteile der Nutzer am Gesamtverbrauch zu Grunde legt; in diesen Fällen gelten die Rechte und Pflichten des Gebäudeeigentümers aus dieser Verordnung für den Lieferer.

[4] Diese Verordnung gilt auch für Mietverhältnisse über preisgebundenen Wohnraum, soweit für diesen nichts anderes bestimmt ist.

§ 2 Vorrang vor rechtsgeschäftlichen Bestimmungen

Außer bei Gebäuden mit nicht mehr als zwei Wohnungen, von denen eine der Vermieter selbst bewohnt, gehen die Vorschriften dieser Verordnung rechtsgeschäftlichen Bestimmungen vor.

§ 3 Anwendung auf das Wohnungseigentum

Die Vorschriften dieser Verordnung sind auf Wohnungseigentum anzuwenden unabhängig davon, ob durch Vereinbarung oder Beschluss der Wohnungseigentümer abweichende Bestimmungen über die Verteilung der Kosten der Versorgung mit Wärme und Warmwasser getroffen worden sind. Auf die Anbringung und Auswahl der Ausstattung nach den §§ 4 und 5 sowie auf die Verteilung der Kosten und die sonstigen Entscheidungen des Gebäudeeigentümers nach den §§ 6 bis 9b und 11 sind die Regelungen entsprechend anzuwenden, die für die Verwaltung des gemeinschaftlichen Eigentums im Wohnungseigentumsgesetz enthalten oder durch Vereinbarung der Wohnungseigentümer getroffen worden sind. Die Kosten für die Anbringung der Ausstattung sind entsprechend den dort vorgesehenen Regelungen über die Tragung der Verwaltungskosten zu verteilen.

§ 4 Pflicht zur Verbrauchserfassung

[1] Der Gebäudeeigentümer hat den anteiligen Verbrauch der Nutzer an Wärme und Warmwasser zu erfassen.

[2] Er hat dazu die Räume mit Ausstattungen zur Verbrauchserfassung zu versehen; die Nutzer haben dies zu dulden. Will der Gebäudeeigentümer die Ausstattung zur Verbrauchserfassung mieten oder durch eine andere Art der Gebrauchsüberlassung beschaffen, so hat er dies den Nutzern vorher unter Angabe der dadurch entstehenden Kosten mitzuteilen; die Maßnahme ist unzulässig, wenn die Mehrheit der Nutzer innerhalb eines Monats nach Zugang der Mitteilung widerspricht. Die Wahl der Ausstattung bleibt im Rahmen des § 5 dem Gebäudeeigentümer überlassen.

[3] Gemeinschaftlich genutzte Räume sind von der Pflicht zur Verbrauchserfassung ausgenommen. Dies gilt nicht für Gemeinschaftsräume mit nutzungsbedingt hohem Wärme oder Warmwasserverbrauch, wie Schwimmbäder oder Saunen.

[4] Der Nutzer ist berechtigt, vom Gebäudeeigentümer die Erfüllung dieser Verpflichtungen zu verlangen.

§ 5 Ausstattung zur Verbrauchserfassung

[1] Zur Erfassung des anteiligen Wärmeverbrauchs sind Wärmezähler oder Heizkostenverteiler, zur Erfassung des anteiligen Warmwasserverbrauchs Warmwasserzähler oder andere geeignete Ausstattungen zu verwenden. Soweit nicht eichrechtliche Bestimmungen zur Anwendung kommen, dürfen nur solche Ausstattungen zur Verbrauchserfassung verwendet werden, hinsichtlich derer sachverständige Stellen bestätigt haben, dass sie den anerkannten Regeln der Technik entsprechen oder dass ihre Eignung auf andere Weise nachgewiesen wurde. Als sachverständige Stellen gelten nur solche Stellen, deren Eignung die nach Landesrecht zuständige Behörde im Benehmen mit der Physikalisch-Technischen Bundesanstalt bestätigt hat. Die Ausstattungen müssen für das jeweilige Heizsystem geeignet sein und so angebracht werden, dass ihre technisch einwandfreie Funktion gewährleistet ist.

[2] Wird der Verbrauch der von einer Anlage im Sinne des § 1 Absatz 1 versorgten Nutzer nicht mit gleichen Ausstattungen erfasst, so sind zunächst durch Vorerfassung vom Gesamtverbrauch die Anteile der Gruppen von Nutzern zu erfassen, deren Verbrauch mit gleichen Ausstattungen erfasst wird. Der Gebäudeeigentümer kann auch bei unterschiedlichen Nutzungs- oder Gebäudearten oder aus anderen sachgerechten Gründen eine Vorerfassung nach Nutzergruppen durchführen.

Jost Emmerich

§ 6 Pflicht zur verbrauchsabhängigen Kostenverteilung

[1] Der Gebäudeeigentümer hat die Kosten der Versorgung mit Wärme und Warmwasser auf der Grundlage der Verbrauchserfassung nach Maßgabe der §§ 7 bis 9 auf die einzelnen Nutzer zu verteilen. Das Ergebnis der Ablesung soll dem Nutzer in der Regel innerhalb eines Monats mitgeteilt werden. Eine gesonderte Mitteilung ist nicht erforderlich, wenn das Ableseergebnis über einen längeren Zeitraum in den Räumen des Nutzers gespeichert ist und von diesem selbst abgerufen werden kann. Einer gesonderten Mitteilung des Warmwasserverbrauchs bedarf es auch dann nicht, wenn in der Nutzeinheit ein Warmwasserzähler eingebaut ist.
[2] In den Fällen des § 5 Absatz 2 sind die Kosten zunächst mindestens zu 50 vom Hundert nach dem Verhältnis der erfassten Anteile am Gesamtverbrauch auf die Nutzergruppen aufzuteilen. Werden die Kosten nicht vollständig nach dem Verhältnis der erfassten Anteile am Gesamtverbrauch aufgeteilt, sind
1. die übrigen Kosten der Versorgung mit Wärme nach der Wohn- oder Nutzfläche oder nach dem umbauten Raum auf die einzelnen Nutzergruppen zu verteilen; es kann auch die Wohn- oder Nutzfläche oder der umbaute Raum der beheizten Räume zu Grunde gelegt werden,
2. die übrigen Kosten der Versorgung mit Warmwasser nach der Wohn- oder Nutzfläche auf die einzelnen Nutzergruppen zu verteilen. Die Kostenanteile der Nutzergruppen sind dann nach Absatz 1 auf die einzelnen Nutzer zu verteilen.
[3] In den Fällen des § 4 Absatz 3 Satz 2 sind die Kosten nach dem Verhältnis der erfassten Anteile am Gesamtverbrauch auf die Gemeinschaftsräume und die übrigen Räume aufzuteilen. Die Verteilung der auf die Gemeinschaftsräume entfallenden anteiligen Kosten richtet sich nach rechtsgeschäftlichen Bestimmungen.
[4] Die Wahl der Abrechnungsmaßstäbe nach Absatz 2 sowie nach § 7 Absatz 1 Satz 1, §§ 8 und 9 bleibt dem Gebäudeeigentümer überlassen. Er kann diese für künftige Abrechnungszeiträume durch Erklärung gegenüber den Nutzern ändern
1. bei der Einführung einer Vorerfassung nach Nutzergruppen,
2. nach Durchführung von baulichen Maßnahmen, die nachhaltig Einsparungen von Heizenergie bewirken oder
3. aus anderen sachgerechten Gründen nach deren erstmaliger Bestimmung.

Die Festlegung und die Änderung der Abrechnungsmaßstäbe sind nur mit Wirkung zum Beginn eines Abrechnungszeitraumes zulässig.

§ 7 Verteilung der Kosten der Versorgung mit Wärme

[1] Von den Kosten des Betriebs der zentralen Heizungsanlage sind mindestens 50 vom Hundert, höchstens 70 vom Hundert nach dem erfassten Wärmeverbrauch der Nutzer zu verteilen. In Gebäuden, die das Anforderungsniveau der Wärmeschutzverordnung vom 16. August 1994 (BGBl. I S. 2121) nicht erfüllen, die mit einer Öl- oder Gasheizung versorgt werden und in denen die freiliegenden Leitungen der Wärmeverteilung überwiegend gedämmt sind, sind von den Kosten des Betriebs der zentralen Heizungsanlage 70 vom Hundert nach dem erfassten Wärmeverbrauch der Nutzer zu verteilen. In Gebäuden, in denen die freiliegenden Leitungen der Wärmeverteilung überwiegend ungedämmt sind und deswegen ein wesentlicher Anteil des Wärmeverbrauchs nicht erfasst wird, kann der Wärmeverbrauch der

Nutzer nach anerkannten Regeln der Technik bestimmt werden. Der so bestimmte Verbrauch der einzelnen Nutzer wird als erfasster Wärmeverbrauch nach Satz 1 berücksichtigt. Die übrigen Kosten sind nach der Wohn- oder Nutzfläche oder nach dem umbauten Raum zu verteilen; es kann auch die Wohn- oder Nutzfläche oder der umbaute Raum der beheizten Räume zu Grunde gelegt werden.

[2] Zu den Kosten des Betriebs der zentralen Heizungsanlage einschließlich der Abgasanlage gehören die Kosten der verbrauchten Brennstoffe und ihrer Lieferung, die Kosten des Betriebsstromes, die Kosten der Bedienung, Überwachung und Pflege der Anlage, der regelmäßigen Prüfung ihrer Betriebsbereitschaft und Betriebssicherheit einschließlich der Einstellung durch eine Fachkraft, der Reinigung der Anlage und des Betriebsraumes, die Kosten der Messungen nach dem Bundes-Immissionsschutzgesetz, die Kosten der Anmietung oder anderer Arten der Gebrauchsüberlassung einer Ausstattung zur Verbrauchserfassung sowie die Kosten der Verwendung einer Ausstattung zur Verbrauchserfassung einschließlich der Kosten der Eichung sowie der Kosten der Berechnung, Aufteilung und Verbrauchsanalyse. Die Verbrauchsanalyse sollte insbesondere die Entwicklung der Kosten für die Heizwärme- und Warmwasserversorgung der vergangenen drei Jahre wiedergeben.

[3] Für die Verteilung der Kosten der Wärmelieferung gilt Absatz 1 entsprechend.

[4] Zu den Kosten der Wärmelieferung gehören das Entgelt für die Wärmelieferung und die Kosten des Betriebs der zugehörigen Hausanlagen entsprechend Absatz 2.

§ 8 Verteilung der Kosten der Versorgung mit Warmwasser

[1] Von den Kosten des Betriebs der zentralen Warmwasserversorgungsanlage sind mindestens 50 vom Hundert, höchstens 70 vom Hundert nach dem erfassten Warmwasserverbrauch, die übrigen Kosten nach der Wohn- oder Nutzfläche zu verteilen.

[2] Zu den Kosten des Betriebs der zentralen Warmwasserversorgungsanlage gehören die Kosten der Wasserversorgung, soweit sie nicht gesondert abgerechnet werden, und die Kosten der Wassererwärmung entsprechend § 7 Absatz 2. Zu den Kosten der Wasserversorgung gehören die Kosten des Wasserverbrauchs, die Grundgebühren und die Zählermiete, die Kosten der Verwendung von Zwischenzählern, die Kosten des Betriebs einer hauseigenen Wasserversorgungsanlage und einer Wasseraufbereitungsanlage einschließlich der Aufbereitungsstoffe.

[3] Für die Verteilung der Kosten der Warmwasserlieferung gilt Absatz 1 entsprechend.

[4] Zu den Kosten der Warmwasserlieferung gehören das Entgelt für die Lieferung des Warmwassers und die Kosten des Betriebs der zugehörigen Hausanlagen entsprechend § 7 Absatz 2.

§ 9 Verteilung der Kosten der Versorgung mit Wärme und Warmwasser bei verbundenen Anlagen

[1] Ist die zentrale Anlage zur Versorgung mit Wärme mit der zentralen Warmwasserversorgungsanlage verbunden, so sind die einheitlich entstandenen Kosten

des Betriebs aufzuteilen. Die Anteile an den einheitlich entstandenen Kosten sind bei Anlagen mit Heizkesseln nach den Anteilen am Brennstoffverbrauch oder am Energieverbrauch, bei eigenständiger gewerblicher Wärmelieferung nach den Anteilen am Wärmeverbrauch zu bestimmen. Kosten, die nicht einheitlich entstanden sind, sind dem Anteil an den einheitlich entstandenen Kosten hinzuzurechnen. Der Anteil der zentralen Anlage zur Versorgung mit Wärme ergibt sich aus dem gesamten Verbrauch nach Abzug des Verbrauchs der zentralen Warmwasserversorgungsanlage. Bei Anlagen, die weder durch Heizkessel noch durch eigenständige gewerbliche Wärmelieferung mit Wärme versorgt werden, können anerkannte Regeln der Technik zur Aufteilung der Kosten verwendet werden. Der Anteil der zentralen Warmwasserversorgungsanlage am Wärmeverbrauch ist nach Absatz 2, der Anteil am Brennstoffverbrauch nach Absatz 3 zu ermitteln.

[2] Die auf die zentrale Warmwasserversorgungsanlage entfallende Wärmemenge (Q) ist ab dem 31. Dezember 2013 mit einem Wärmezähler zu messen. Kann die Wärmemenge nur mit einem unzumutbar hohen Aufwand gemessen werden, kann sie nach der Gleichung

$$Q = 2{,}5 \cdot \frac{kWh}{m^3 \cdot K} \cdot V \cdot (t_w - 10\ °C)$$

bestimmt werden. Dabei sind zu Grunde zu legen

1. das gemessene Volumen des verbrauchten Warmwassers (V) in Kubikmetern (m^3);
2. die gemessene oder geschätzte mittlere Temperatur des Warmwassers (t_w) in Grad Celsius (°C).

Wenn in Ausnahmefällen weder die Wärmemenge noch das Volumen des verbrauchten Warmwassers gemessen werden können, kann die auf die zentrale Warmwasserversorgungsanlage entfallende Wärmemenge nach folgender Gleichung bestimmt werden

$$Q = 32 \cdot \frac{kWh}{m^2 \cdot A_{Wohn}} \cdot A_{Wohn}$$

Dabei ist die durch die zentrale Anlage mit Warmwasser versorgte Wohn- oder Nutzfläche (A_{Wohn}) zu Grunde zu legen. Die nach den Gleichungen in Satz 2 oder 4 bestimmte Wärmemenge (Q) ist
1. bei brennwertbezogener Abrechnung von Erdgas mit 1,11 zu multiplizieren und
2. bei eigenständiger gewerblicher Wärmelieferung durch 1,15 zu dividieren.

[3] Bei Anlagen mit Heizkesseln ist der Brennstoffverbrauch der zentralen Warmwasserversorgungsanlage (B) in Litern, Kubikmetern, Kilogramm oder Schüttraummetern nach der Gleichung

$$B = \frac{Q}{H_i}$$

zu bestimmen. Dabei sind zu Grunde zu legen

1. die auf die zentrale Warmwasserversorgungsanlage entfallende Wärmemenge (Q) nach Absatz 2 in kWh;

2. der Heizwert des verbrauchten Brennstoffes (H_i) in Kilowattstunden (kWh) je Liter (l), Kubikmeter (m³), Kilogramm (kg) oder Schüttraummeter (SRm). Als H_i-Werte können verwendet werden für

Leichtes Heizöl EL	10 kWh/l
Schweres Heizöl	10,9 kWh/l
Erdgas H	10 kWh/m³
Erdgas L	9 kWh/m³
Flüssiggas	13 kWh/kg
Koks	8 kWh/kg
Braunkohle	5,5 kWh/kg
Steinkohle	8 kWh/kg
Holz (lufttrocken)	4,1 kWh/kg
Holzpellets	5 kWh/kg
Holzhackschnitzel	650 kWh/SRm.

Enthalten die Abrechnungsunterlagen des Energieversorgungsunternehmens oder Brennstofflieferanten Hi-Werte, so sind diese zu verwenden. Soweit die Abrechnung über kWh-Werte erfolgt, ist eine Umrechnung in Brennstoffverbrauch nicht erforderlich.

[4] Der Anteil an den Kosten der Versorgung mit Wärme ist nach § 7 Absatz 1, der Anteil an den Kosten der Versorgung mit Warmwasser nach § 8 Absatz 1 zu verteilen, soweit diese Verordnung nichts anderes bestimmt oder zulässt.

§ 9a Kostenverteilung in Sonderfällen

[1] Kann der anteilige Wärme- oder Warmwasserverbrauch von Nutzern für einen Abrechnungszeitraum wegen Geräteausfalls oder aus anderen zwingenden Gründen nicht ordnungsgemäß erfasst werden, ist er vom Gebäudeeigentümer auf der Grundlage des Verbrauchs der betroffenen Räume in vergleichbaren Zeiträumen oder des Verbrauchs vergleichbarer anderer Räume im jeweiligen Abrechnungszeitraum oder des Durchschnittsverbrauchs des Gebäudes oder der Nutzergruppe zu ermitteln. Der so ermittelte anteilige Verbrauch ist bei der Kostenverteilung anstelle des erfassten Verbrauchs zu Grunde zu legen.

[2] Überschreitet die von der Verbrauchsermittlung nach Absatz 1 betroffene Wohn- oder Nutzfläche oder der umbaute Raum 25 vom Hundert der für die Kostenverteilung maßgeblichen gesamten Wohn- oder Nutzfläche oder des maßgeblichen gesamten umbauten Raumes, sind die Kosten ausschließlich nach den nach § 7 Absatz 1 Satz 5 und § 8 Absatz 1 für die Verteilung der übrigen Kosten zu Grunde zu legenden Maßstäben zu verteilen.

§ 9b Kostenaufteilung bei Nutzerwechsel

[1] Bei Nutzerwechsel innerhalb eines Abrechnungszeitraumes hat der Gebäudeeigentümer eine Ablesung der Ausstattung zur Verbrauchserfassung der vom Wechsel betroffenen Räume (Zwischenablesung) vorzunehmen.

Jost Emmerich

[2] Die nach dem erfassten Verbrauch zu verteilenden Kosten sind auf der Grundlage der Zwischenablesung, die übrigen Kosten des Wärmeverbrauchs auf der Grundlage der sich aus anerkannten Regeln der Technik ergebenden Gradtagszahlen oder zeitanteilig und die übrigen Kosten des Warmwasserverbrauchs zeitanteilig auf Vor- und Nachnutzer aufzuteilen.

[3] Ist eine Zwischenablesung nicht möglich oder lässt sie wegen des Zeitpunktes des Nutzerwechsels aus technischen Gründen keine hinreichend genaue Ermittlung der Verbrauchsanteile zu, sind die gesamten Kosten nach den nach Absatz 2 für die übrigen Kosten geltenden Maßstäben aufzuteilen.

[4] Von den Absätzen 1 bis 3 abweichende rechtsgeschäftliche Bestimmungen bleiben unberührt.

§ 10 Überschreitung der Höchstsätze

Rechtsgeschäftliche Bestimmungen, die höhere als die in § 7 Absatz 1 und § 8 Absatz 1 genannten Höchstsätze von 70 vom Hundert vorsehen, bleiben unberührt.

§ 11 Ausnahmen

[1] Soweit sich die §§ 3 bis 7 auf die Versorgung mit Wärme beziehen, sind sie nicht anzuwenden
1. auf Räume,
    a) in Gebäuden, die einen Heizwärmebedarf von weniger als 15 kWh/(m^2 · a) aufweisen,
    b) bei denen das Anbringen der Ausstattung zur Verbrauchserfassung, die Erfassung des Wärmeverbrauchs oder die Verteilung der Kosten des Wärmeverbrauchs nicht oder nur mit unverhältnismäßig hohen Kosten möglich ist; unverhältnismäßig hohe Kosten liegen vor, wenn diese nicht durch die Einsparungen, die in der Regel innerhalb von zehn Jahren erzielt werden können, erwirtschaftet werden können;
       oder
    c) die vor dem 1. Juli 1981 bezugsfertig geworden sind und in denen der Nutzer den Wärmeverbrauch nicht beeinflussen kann;
2. a)   auf Alters- und Pflegeheime, Studenten- und Lehrlingsheime,
    b) auf vergleichbare Gebäude oder Gebäudeteile, deren Nutzung Personengruppen vorbehalten ist, mit denen wegen ihrer besonderen persönlichen Verhältnisse regelmäßig keine üblichen Mietverträge abgeschlossen werden;
3. auf Räume in Gebäuden, die überwiegend versorgt werden
    a) mit Wärme aus Anlagen zur Rückgewinnung von Wärme oder aus Wärmepumpen- oder Solaranlagen oder
    b) mit Wärme aus Anlagen der Kraft-Wärme-Kopplung oder aus Anlagen zur Verwertung von Abwärme, sofern der Wärmeverbrauch des Gebäudes nicht erfasst wird;

4. auf die Kosten des Betriebs der zugehörigen Hausanlagen, soweit diese Kosten in den Fällen des § 1 Absatz 3 nicht in den Kosten der Wärmelieferung enthalten sind, sondern vom Gebäudeeigentümer gesondert abgerechnet werden;
5. in sonstigen Einzelfällen, in denen die nach Landesrecht zuständige Stelle wegen besonderer Umstände von den Anforderungen dieser Verordnung befreit hat, um einen unangemessenen Aufwand oder sonstige unbillige Härten zu vermeiden.

[2] Soweit sich die §§ 3 bis 6 und § 8 auf die Versorgung mit Warmwasser beziehen, gilt Absatz 1 entsprechend.

§ 12 Kürzungsrecht, Übergangsregelung

[1] Soweit die Kosten der Versorgung mit Wärme oder Warmwasser entgegen den Vorschriften dieser Verordnung nicht verbrauchsabhängig abgerechnet werden, hat der Nutzer das Recht, bei der nicht verbrauchsabhängigen Abrechnung der Kosten den auf ihn entfallenden Anteil um 15 vom Hundert zu kürzen. Dies gilt nicht beim Wohnungseigentum im Verhältnis des einzelnen Wohnungseigentümers zur Gemeinschaft der Wohnungseigentümer; insoweit verbleibt es bei den allgemeinen Vorschriften.

[2] Die Anforderungen des § 5 Absatz 1 Satz 2 gelten bis zum 31. Dezember 2013 als erfüllt

1. für die am 1. Januar 1987 für die Erfassung des anteiligen Warmwasserverbrauchs vorhandenen Warmwasserkostenverteiler und
2. für die am 1. Juli 1981 bereits vorhandenen sonstigen Ausstattungen zur Verbrauchserfassung.

[3] Bei preisgebundenen Wohnungen im Sinne der Neubaumietenverordnung 1970 gilt Absatz 2 mit der Maßgabe, dass an die Stelle des Datums „1. Juli 1981" das Datum „1. August 1984" tritt.

[4] § 1 Absatz 3, § 4 Absatz 3 Satz 2 und § 6 Absatz 3 gelten für Abrechnungszeiträume, die nach dem 30. September 1989 beginnen; rechtsgeschäftliche Bestimmungen über eine frühere Anwendung dieser Vorschriften bleiben unberührt.

[5] Wird in den Fällen des § 1 Absatz 3 der Wärmeverbrauch der einzelnen Nutzer am 30. September 1989 mit Einrichtungen zur Messung der Wassermenge ermittelt, gilt die Anforderung des § 5 Absatz 1 Satz 1 als erfüllt.

[6] Auf Abrechnungszeiträume, die vor dem 1. Januar 2009 begonnen haben, ist diese Verordnung in der bis zum 31. Dezember 2008 geltenden Fassung weiter anzuwenden.

§ 13 (Berlin-Klausel)

§ 14 (Inkrafttreten)

§ 556b
Fälligkeit der Miete, Aufrechnungs- und Zurückbehaltungsrecht

[1] Die Miete ist zu Beginn, spätestens bis zum dritten Werktag der einzelnen Zeitabschnitte zu entrichten, nach denen sie bemessen ist.
[2] Der Mieter kann entgegen einer vertraglichen Bestimmung gegen eine Mietforderung mit einer Forderung aufgrund der §§ 536a, 539 oder aus ungerechtfertigter Bereicherung wegen zu viel gezahlter Miete aufrechnen oder wegen einer solchen Forderung ein Zurückbehaltungsrecht ausüben, wenn er seine Absicht dem Vermieter mindestens einen Monat vor der Fälligkeit der Miete in Textform angezeigt hat. Eine zum Nachteil des Mieters abweichende Vereinbarung ist unwirksam.

Schrifttum

Beuermann Schranken für Aufrechnung und Zurückbehaltungsrecht des Mieters mit Gegenansprüchen, GE 1994, 1206; *ders* Nicht jede (Vorfälligkeits-)Klausel unwirksam, GE 1996, 644; *Blank* Zur Rechtzeitigkeit der Mietzahlung, WuM 1995, 567; *Börstinghaus* Der BGH zur Unwirksamkeit von Vorauszahlungsklauseln in Wohnraummietverträgen, MDR 1995, 241; *Both* Die Klage auf zukünftige Leistungen im Mietrecht, DWW 2010, 82; *Eisenhardt* Rechtzeitigkeit der Mietzahlung und Richtlinie 2000/35/EG, WuM 2011, 408; *Gellwitzki* Zur Wirksamkeit der Mietvorauszahlungs- und Aufrechnungsankündigungsklauselkombination in Wohn- und Gewerberaummietverträgen, WuM 1998, 198; *Häublein* Aufrechnungs- und Zurückbehaltungsverbote in Wohnraummietverträgen – Das Verhältnis von § 556b Abs 2 BGB zu §§ 305ff BGB, in: FS Blank (2006) 207; *Hannemann* Vorauszahlungs- und Aufrechnungsklauseln in Wohnraummietverträgen, WuM 1995, 8; *Herresthal* Fälligkeit der Miete unter dem neuen Recht des Zahlungsverkehrs, NZM 2011, 833; *Kielholz* Zum Verhältnis von Vorfälligkeitsklausel und Zurückbehaltungsrecht in einem AGB-bestimmten Wohnraummietvertrag, ZMR 2000, 265; *Lammel* Zur Einrede des nicht erfüllten Vertrages bei gleichzeitiger Minderung im Wohnraummietrecht, in: Gedschr Sonnenschein (2002) 275; *Meist* Die Fälligkeit des Mietzinses unter besonderer Berücksichtigung des § 193 BGB, ZMR 1999, 801; *Möller/Rupietta* Abtretungsverbote in Gewerbemietverträgen, NZM 2009, 22; *Rave* Heilung innerhalb der Schonfrist-Chance oder Risiko?, GE 2007, 628; *M Schultz* Die neue Vorfälligkeitsregelung und ihre Auswirkungen auf die Mieterrechte, in: PiG 65 (2002) 263; *Sternel* Der Einfluß der Mietrechtsreform auf Minderung und Zurückbehaltung der Miete durch den Mieter, in: Gedschr Sonnenschein (2002) 293, *ders* Minderung und Zurückbehaltung der Miete – Durchsetzung und Ausschluß im bestehenden Mietverhältnis, WuM 2002, 244; *Wagner* Unwirksamkeit der Vorfälligkeitsklausel in Wohnraummietverträgen bei Zusammentreffen mit einer Aufrechnungsklausel?, WuM 1995, 241; *Wolst* Die Zuständigkeit des Bundesgerichtshofs für Verfahren aus dem Recht der Wohnraummiete, in: FS Blank (2006) 475.

I. Allgemeines

1. Überblick

a) Fälligkeit der Miete (Abs 1). Die Vorschrift des § 556b Abs 1 regelt die Fälligkeit **1**
der Miete. Nach § 551 aF war der Vermieter vorleistungspflichtig. In der Praxis hat hingegen die vertraglich vereinbarte Vorfälligkeit der Miete überwogen. Die Vereinbarung von
Vorauszahlungsklauseln im Mietrecht war auch formularvertraglich zulässig, soweit dies
nicht in Verbindung mit Einschränkungen der Aufrechnung und der Geltendmachung von
Zurückbehaltungsrechten den Mieter benachteiligte.[1] Entsprechend dieser Vertragspraxis
bestimmt § 556b Abs 1 in der Fassung durch das Mietrechtsreformgesetz vom 19.6.2001[2]
die Vorfälligkeit der Miete nun als Regelfall. Die bloße Erteilung einer Ermächtigung zur
Abbuchung der Miete zu Beginn des Monats durch den Mieter ist allerdings noch nicht als
eine derartige Vereinbarung zu werten.[3] Welche Bedeutung die gesetzliche Einführung der
Vorfälligkeit der Miete auf die Angemessenheit von Klauselkombinationen (Rn 2) hat, ist
noch nicht abschließend geklärt (Rn 13).

b) Aufrechnungs- und Zurückbehaltungsrecht (Abs 2). Abs 2 schließt vertragli- **2**
che Regelungen aus, nach denen die Möglichkeit der Aufrechnung oder der Ausübung
eines Zurückbehaltungsrechts gegenüber Forderungen nach §§ 536a, 539 sowie wegen
überzahlter Miete nach Bereicherungsrecht im Wohnraummietrecht ausgeschlossen oder
beschränkt werden sollen. Die Regelung modifiziert die frühere Vorschrift des § 552a aF.
Nach dieser Vorschrift war die Unabdingbarkeit der Aufrechnungs- und Zurückbehaltungsrechte des Mieters auf dessen Forderungen aus § 538 aF (§ 536a) beschränkt gewesen.[4]
§ 552a aF war aber für **Formularverträge** weithin durch die strengeren Bestimmungen
des § 11 Nr 2 und 3 AGBG aF (§ 309 Nr 2 und 3) verdrängt worden. Weitergehende Schranken für Aufrechnungsverbote in Formularverträgen ergaben sich aus § 9 AGBG aF (§ 307
Abs 2). Danach war im Wohnraummietrecht die **Kombination** der Vorauszahlungsklausel mit einer Klausel, die die Aufrechnung mit Gegenforderungen des Mieters beschränkt,
unwirksam. Das galt auch für die bloße Beschränkung der Aufrechnung durch das Erfordernis einer einmonatigen Ankündigungsfrist.[5] Denn dadurch wird die Aufrechnung mit
bereicherungsrechtlichen Rückforderungsansprüchen wegen zu viel gezahlter Miete für
einen Monat, in dem eine gesetzliche Mietminderung eintrat, ausgeschlossen, so dass der
Mieter jedenfalls für den ersten Monat der Minderung den Betrag nur im Wege der Klage
geltend machen kann. Jedoch ist die Vereinbarung einer Vorfälligkeitsklausel mit einem
Aufrechnungsverbot für Forderungen aus dem Mietverhältnis, soweit sie nicht unbestritten, rechtskräftig festgestellt oder entscheidungsreif sind, keine unangemessene Benachteiligung, soweit dies nicht für die wegen der Vorfälligkeit der Miete im laufenden Monat
bereits entstandenen Minderungen gilt und mit diesen in den Folgemonaten aufgerechnet
werden kann. Zwar könne der Mieter hierdurch ebenfalls uU eine Mietminderung erst nach
Ablauf von bis zu zwei Monaten durch Aufrechnung durchsetzen, wenn zB noch Daueraufträge geändert werden müssen. Anders als in der Entscheidung BGHZ 127, 245, 252f sei der

---

1 BGHZ 127, 245, 252f = NJW 1995, 254; NJW 2006, 1585; LG Berlin ZMR 2006, 864 m Anm *Schläger*; *Stau-
dinger/Emmerich* (1995) § 551 aF Rn 5ff.
2 BGBl I 1149.
3 **AM** LG Berlin ZMR 2006, 864 m Anm *Schläger*.
4 Vgl Bericht zu BT-Drucks IV/2195, 4.
5 BGHZ 127, 245, 252f = NJW 1995, 254, 255; BGH NJW 2009, 1491; KG WuM 2006, 37; LG Hamburg ZMR
2007, 199; LG Berlin GE 2003, 529 jeweils f Altfälle; diff *Staudinger/Emmerich* (1995) § 551 aF Rn 5ff mwN.

Jost Emmerich

Mieter aber auch für zurückliegende Monate nicht darauf verwiesen, die Minderungsrechte im Klagewege durchzusetzen. Die bloße zeitliche Verzögerung sei der Minderung immanent und daher hinzunehmen.[6] Der Anwendungsbereich des § 552a aF, der dem Mieter die Aufrechnung trotz entgegenstehender Vereinbarungen erhielt, beschränkte sich deshalb im Wesentlichen auf **Individualverträge**.[7] Die Mietrechtsreform von 2001 erweiterte die geschützten Forderungen des Mieters auch für Individualverträge über die Schadensersatz- und Aufwendungsersatzansprüche aus § 536a hinaus auf die Ansprüche des Mieters auf Aufwendungsersatz nach § 539 Abs 1, sowie auf die Ansprüche aus ungerechtfertigter Bereicherung wegen zu viel gezahlter Miete, um dem Mieter die Aufrechnung mit diesen Ansprüchen unabhängig von dem Zeitpunkt der Fälligkeit der Miete zu erhalten.[8]

3   **2. Sachlicher Anwendungsbereich.** Die Fälligkeitsregelung in Abs 1 gilt für **Wohnraummietverhältnisse** (§ 549 Rn 13ff) sowie nach § 579 Abs 2 für Mietverhältnisse über andere Räume, also insbesondere **Geschäftsräume**. Die Fälligkeit der Miete bei Grundstücken und beweglichen Sachen richtet sich nach § 579 Abs 1. Die Vorschrift in Abs 2 gilt nur für Wohnraummietverhältnisse, so dass Vereinbarungen von Beschränkungen der Aufrechnung und der Ausübung eines Zurückbehaltungsrechts bei anderen Mietverhältnissen in den Grenzen der §§ 305 ff (Rn 13) zulässig sind.[9]

4   **3. Übergangsregelung.** Gem Art 229 § 3 Abs 1 Nr 7 EGBGB gilt § 551 aF hinsichtlich der Fälligkeit der Miete für die am 1.9.2001 bereits bestehenden Mietverhältnisse weiter, so dass **Abs 1** auf diese Mietverhältnisse nicht anzuwenden ist. Bei **Altverträgen** bestimmt sich die Fälligkeit der Miete zunächst nach der Vereinbarung, sodann nach der früheren Gesetzeslage, nach der die Miete am Ende der jeweiligen Zahlungsperiode fällig war. Maßgebend ist der Abschluss des Mietvertrags, nicht der vereinbarte Beginn des Mietverhältnisses (§ 549 Rn 2).[10] Dies hat vor allem eine Bedeutung für die **formularvertraglich unzulässige Kombination** einer vertraglichen Vorauszahlungsklausel mit dem Verbot der Aufrechnung und der Ausübung eines Zurückbehaltungsrechts hinsichtlich streitiger Forderungen (Rn 2). Nach alter Rechtslage war die gesamte Vereinbarung nichtig, so dass die Miete erst am Ende der jeweiligen Zeitabschnitten fällig wurde. Nach der neuen Rechtslage kann die Vorfälligkeit als dem gesetzlichen Leitbild entsprechend nicht mehr nach § 307 als unwirksam angesehen werden. Die Unwirksamkeit dürfte sich dann nur noch auf die Vereinbarung des Verbots der Aufrechnung und der Geltendmachung des Zurückbehaltungsrechts beziehen, so dass es bei der Vorfälligkeit bleibt. Für die Beurteilung derartiger Klauseln in Altverträgen wird überwiegend zu Recht entsprechend der zu § 556b Abs 1 getroffenen Übergangsregelung auf das vorher geltende gesetzliche Leitbild der Fälligkeit nach dem Ende der jeweiligen Zeitabschnitte abgestellt, so dass diese alten Kombinationsklauseln auch nach dem 1.9.2001 insgesamt unwirksam bleiben.[11] Dies gilt auch, wenn die Vertragsparteien nach Inkrafttreten des Mietrechtsreformgesetzes die Miete weiter zu Monatsbeginn zahlen, weil darin im Normalfall keine konkludente Ver-

---

6 BGH WuM 2008, 152, 153 für einen Altfall; **aM** LG Berlin WuM 2007, 13.
7 OLG Celle WuM 1990, 103, 111; LG Berlin ZMR 1986, 168; GE 1986, 909; LG Mannheim WuM 1987, 317.
8 Begr zum RegE BT-Drucks 14/4553, 52.
9 OLG Nürnberg MDR 1977, 231.
10 Vgl auch BGH WuM 2008, 152.
11 BGH NJW 2009, 1419; LG Berlin GE 2003, 529, 530; LG Hamburg ZMR 2007, 199; AG Köln WuM 2007, 40; AG Saarbrücken WuM 2004, 657; AG Wetzlar WuM 2002, 307; *Blank/Börstinghaus*, Miete Rn 42; *Eisenschmid* WuM 2001, 215, 218; *Gellwitzki* WuM 2001, 373, 383; MünchKomm/*Artz* Rn 17; nicht entscheidungsrelevant in BGH WuM 2008, 152; **aM** AG Charlottenburg GE 2004, 629.

tragsänderung zu sehen ist.[12] Die Regelung in **Abs 2** gilt nach allgemeinen Grundsätzen seit dem 1.9.2001 auch für bereits bestehende Mietverhältnisse (§ 549 Rn 2). Entgegenstehende formularvertragliche Vereinbarungen (Rn 2) bleiben jedoch unwirksam, weil es auf den Zeitpunkt der Vornahme des Rechtsgeschäfts ankommt.[13]

II. Fälligkeit der Miete (Abs 1)

1. Zeitpunkt der Fälligkeit

a) Dauer der Zeitabschnitte. Hinsichtlich des Zeitpunkts der Fälligkeit ist zwischen 5 der Einmalmiete und der Miete für einzelne Zeitabschnitte zu unterscheiden: Ist für die gesamte Mietzeit eine Festmiete vereinbart (so genannte **Einmalmiete**), so ist dieser Betrag am Anfang der gesamten Mietzeit fällig.[14] Bei der Einmalmiete handelt es sich um einen einzigen Zeitabschnitt im Sinne des § 556b. Eine derartige Einmalmiete liegt häufig bei kurzfristigen Vermietungen, etwa von Ferienwohnungen oder Hotelzimmern, vor. Allerdings wird in diesen Fällen meist die abweichende Vereinbarung getroffen, wonach die Miete erst nach Ablauf des Aufenthalts gezahlt wird. Diese Abrede kann auch stillschweigend getroffen werden. Wenn die Miete nach **einzelnen Zeitabschnitten** (Tage, Wochen, Monate, Vierteljahre oder Jahre) bemessen ist, so ist sie gem Abs 1 grundsätzlich jeweils zu Beginn der einzelnen Zeitabschnitte fällig. Dies betrifft die Grundmiete ebenso wie Betriebskostenvorauszahlungen oder -pauschalen.[15] Auch hier können abweichende Vereinbarung vorliegen, etwa wenn ein Hotelzimmer tageweise vermietet wird und die Miete deshalb nach der gesetzlichen Regelung täglich im Voraus zu entrichten wäre.[16] Problematisch ist, dass es mit der Regelung möglich ist, eine Vorauszahlung der Miete für längere Zeiträume als einen Monat zu vereinbaren.[17]

b) Bestimmung der Zeitabschnitte. Die Fälligkeit tritt jeweils am dritten Werktag 6 der jeweiligen Zeitabschnitte ein, für die eine gesonderte Mietzahlung vorgesehen ist. Dabei ist auf die Mietwoche, den Mietmonat oder das Mietjahr, nicht hingegen auf die Kalenderwoche, den Kalendermonat oder das Kalenderjahr abzustellen. Ist der Mietbeginn nicht mit dem Beginn etwa des Kalendermonats identisch, soll die Fälligkeit aber gleichwohl am dritten Werktag eines **Kalendermonats** eintreten, muss dies vertraglich vereinbart werden.[18] Fraglich ist die Rechtslage, wenn der dritte Tag eines Monats auf einen Sonnabend fällt, da der **Begriff des Werktags** umstritten ist. Zweifelsohne sind Werktage nicht Sonn- und Feiertage. Wegen der Bestimmung des § 193 ist es aber zweifelhaft, ob Sonnabende zu den Werktagen zählen. Nach bisher hM war der Begriff des Werktags in vertraglichen Fristvereinbarungen wie der Vereinbarung über die Fälligkeit der Miete unter Einschluss des Sonnabends auszulegen, da § 193 nur den Fall regelt, dass eine Leistung an einem bestimmten Tag vorzunehmen ist oder der letzte Tag einer Frist auf einen Sonnabend fällt.[19] Der BGH hat sich dieser Argumentation für die Karenzzeit bei der

---

12 AG Köln WuM 2007, 40; großzügiger aber LG Berlin ZMR 2006, 864.
13 *Schultz* PiG 65 (2002) 263, 275.
14 Vgl Begr zum RegE BT-Drucks 14/4553, 53.
15 BGH NJW 1991, 836.
16 *Herrlein/Kandelhard/Both* § 556b Rn 6.
17 *Gellwitzki* WuM 2001, 373; *Schultz* PiG 65 (2002) 263, 269.
18 *Blank/Börstinghaus*, Miete Rn 6.
19 BGH NJW 1978, 2594; LG München I WuM 1995, 103; LG Wuppertal WuM 1993, 450; *Meist* ZMR 1999, 801, 802f mwN; **aM** LG Berlin GE 1989, 509; LG Hamburg WuM 1981, 181; *Bottenberg/Kühnemund* ZMR 1999, 221.

Jost Emmerich

Kündigungsfrist des § 573c angeschlossen.[20] Für die Fälligkeit der Miete gilt dies jedoch nicht. Um den Mieter in den vollen Genuss der Frist von drei Tagen kommen zu lassen, zählt bei der Mietzahlung der Sonnabend in der Fristberechnung nicht mit und wird mithin nicht als Werktag gewertet. Da nicht alle, aber viele Banken am Sonnabend keine Buchungen vornehmen, bestehe sonst für den Mieter, der erst am Ende des Monats sein Gehalt beziehe und für den Anfang des nächsten Monats die Mietzahlung veranlasse, ein erhebliches Risiko des verspäteten Zahlungseingangs beim Vermieter mit der Gefahr der Kündigung wegen Zahlungsverzugs.[21] Diese Sichtweise gilt für die Auslegung des § 556b wie für die gleichlautenden vertraglichen Klauseln von Neu- wie von Altverträgen vor der Mietrechtsreform des Jahres 2001 gleichermaßen[22], weil sich sowohl an der maßgeblichen Interessenlage als auch an den üblichen Vorauszahlungsklauseln insofern nichts geändert hat.[23] Der BGH hat bislang offen gelassen, ob entsprechend den §§ 270 Abs 4, 269 in der richtlinienkonformen Auslegung durch den EuGH[24] in Bezug auf die **Rechtzeitigkeit der Leistung** generell, also auch außerhalb des Anwendungsbereichs der Richtlinie 2000/35/EG des Europäischen Parlaments und des Rates vom 29.6.2000 zur Bekämpfung von Zahlungsverzug im Geschäftsverkehr[25], nicht mehr auf die Erbringung der Leistungshandlung, sondern auf den **Erhalt der Leistung** abzustellen ist.[26]

7   **2. Wirkung der Fälligkeitsregelung.** Die Fälligkeit tritt nach der gesetzlichen Regelung erst am dritten Werktag der jeweiligen Zeitabschnitte ein. Diese Dreitagesfrist ist also **keine bloße Karenzzeit**, sondern bestimmt den Fälligkeitszeitpunkt.[27] Diese Auslegung wird durch die amtliche Überschrift gestützt, wonach die Regelung des § 556b Abs 1 die Fälligkeit bestimmt. Die fristgerechte Entrichtung der Miete stellt eine Hauptleistungspflicht des Mieters dar[28], was bei wiederholten Verstößen zu einer fristlosen Kündigung berechtigen kann.[29] Umstritten ist, ob die Regelung zur Fälligkeit dazu führt, dass der Mieter vorleistungspflichtig iS des § 320 Abs 1 S 1 wird[30] oder ob dadurch entsprechend der bisherigen Rspr zu vertraglichen Vorfälligkeitsklauseln[31] lediglich der Zahlungszeitpunkt festgelegt wird.[32] Der letztgenannten Auffassung ist beizupflichten, so dass der Mieter nicht etwa in der Weise vorleistungspflichtig ist, dass er seine Leistung zu erbringen hat, bevor ihm der Vermieter den Gebrauch der Wohnung überlässt. Der Mieter hat lediglich am Anfang der Bemessungszeiträume zu zahlen. Es handelt sich nur um eine *unselbständige Vorleistungspflicht* des Mieters. Unselbständig ist die Vorleistungspflicht, wenn für

---

20   BGH NJW 2005, 2154; hierzu *Wolst* in: FS Blank 475, 481.
21   BGH NJW 2010, 2879, 2881; NJW 2010, 2882; ebenso bereits LG Berlin GE 2009, 198; *Sternel* Mietrecht aktuell Rn III 87.
22   BGH NJW 2010, 2879, 2881.
23   BGH NJW 2010, 2882.
24   EuGH NJW 2008, 1935, Rn 23, 28 – 01051 Telecom GmbH/Deutsche Telekom AG.
25   ABl EG Nr L 200, 35.
26   So LG Wuppertal NZM 2011, 855; AG Kassel WuM 2010, 92; *Schmidt-Futterer/Langenberg* Rn 8; *Gsell* GPR 2008, 165; *Herresthal* NZM 2011, 833; **aM** *Eisenhardt* WuM 2011, 408.
27   AG Frankfurt aM WE 2007, 185; MünchKomm/*Artz* Rn 6.
28   MünchKomm/*Häublein* § 535 Rn 153.
29   Einzelheiten *Staudinger/Rolfs* (2011) § 543 Rn 68.
30   So LG Bonn ZMR 2009, 529; *Herrlein/Kandelhard/Both* Rn 3; *Lammel* Wohnraummietrecht § 536 Rn 6, § 556b Rn 23; *ders* Gedächtnisschrift Sonnenschein (2006) 275, 289ff; *Langenberg* WuM 2001, 523, 526; *Lützenkirchen* Neue Mietrechtspraxis Rn 102; *Palandt/Weidenkaff* Rn 4.
31   BGHZ 84, 42 = NJW 1982, 2242.
32   So *Bamberger/Roth/Ehlert* Rn 2, 6; *Blank/Börstinghaus*, Miete Rn 7; *Eisenschmid* WuM 2001, 215, 218; *Gellwitzki* WuM 2001, 373; *Haas* Rn 2; MünchKomm/*Artz* Rn 7; *Schmidt-Futterer/Langenberg* Rn 3; *Schultz* PiG 65, 263, 273; *Sternel* WuM 2002, 244, 247; *ders* Gedächtnisschrift Sonnenschein (2006) 293, 301.

Leistung und Gegenleistung lediglich verschiedene Fälligkeitszeitpunkte bestehen und die Erfüllung der Leistung des Vorleistungsberechtigten nicht davon abhängt, dass der Vorleistungsverpflichtete seine Leistung vorher erbringt.[33] Dass der Mieter von Wohnraum trotz Nichtzahlung der Miete einen Anspruch auf Gebrauchsüberlassung hat, ergibt sich auch aus den Wertungen der §§ 543 Abs 2 S 1 Nr 3, 569 Abs 3. Denn erst der Verzug mit der Miete für zwei aufeinander folgende Termine oder in der Höhe von zwei Monatsmieten eröffnet dem Vermieter ein Kündigungsrecht, mit dem seine Pflicht zur Gebrauchsüberlassung endet. Mit dem Beginn des ersten Tages des jeweils vereinbarten Mietzeitraums wird daher auch die Leistung des Vermieters sukzessive fällig. Daher kann der Vermieter die Wohnung nicht zurückhalten, wenn der Mieter die erste Miete nicht vorausgezahlt hat. Entsprechende formularvertragliche Klauseln, die die Fälligkeit der Miete auf den ersten Tag des Mietverhältnisses verlegen und dem Mieter eine Vorleistungspflicht auferlegen, sind nach § 307 unwirksam (Rn 13).[34]

3. Abweichende Vereinbarungen. Die Regelung des Abs 1 ist insgesamt nicht zwin- **8** gend. Die Parteien können daher abweichende Vereinbarungen treffen. Dies bietet sich insbesondere bei Hotelzimmern oder Ferienwohnungen an.[35] Eine konkludente Änderung kann auch durch die Erteilung einer Ermächtigung zum Bankeinzug erfolgen.[36] Auch die Vereinbarung, dass die Miete bereits am ersten Tag des jeweiligen Mietzeitraums zu zahlen ist, ist zulässig.[37] Dies gilt jedoch nicht für Formularverträge.[38] Insofern kommt § 556b Abs 1 mit der Fälligkeit am dritten Werktag eine gesetzliche Leitbildfunktion iSd § 307 Abs 2 Nr 1 zu, mit dem Ziel, trotz Gehaltseingang zum Monatsende und gewisser Bearbeitungszeiten der Banken die fristgerechte Mietzahlung zu gewährleisten (vgl hierzu Rn 6).

III. Aufrechnungs- und Zurückbehaltungsrecht (Abs 2)

1. Reichweite des Schutzes
a) Geschützte Rechte des Mieters. Die Vorschrift des Abs 2 erhält dem Mieter seine **9** Rechte zur Aufrechnung und zur Geltendmachung eines Zurückbehaltungsrecht gegenüber den Mietforderungen. Die Bestimmung greift nur ein, wenn eine wirksame Vereinbarung über die Einschränkung der Mieterrechte geschlossen worden ist. Fehlt es daran, etwa weil die Vereinbarung gem § 307 unwirksam ist, kann der Miete seine Rechte ohne die Voraussetzungen des Abs 2 ausüben. Die Vorschrift des § 556b Abs 2 über die **Erhaltung des Aufrechnungsrechts** betrifft nur bestimmte Ansprüche des Mieters. Dazu gehören seine Schadensersatzansprüche aus § 536a Abs 1 wegen Mängeln der Mietsache. Erfasst sind auch Aufwendungsersatzansprüche aus § 536a Abs 2, wenn der Mieter einen Mangel selbst beseitigt, und aus § 539 Abs 1 wegen Aufwendungen auf die Mietsache, die nicht unter § 536a fallen. Mit dieser Erweiterung sollen Abgrenzungsschwierigkeiten zwischen den Aufwendungsersatzansprüchen aus § 536a und § 539 vermieden werden.[39] Schließlich sind Ansprüche des Mieters aus ungerechtfertigter Bereicherung wegen zu viel gezahlter Miete erfasst (s Rn 2). Eine entsprechende Anwendung der Vorschrift auf andere Ansprü-

---

33 *Staudinger/Otto* (2004) § 320 Rn 6.
34 **AM** LG Bonn ZMR 2009, 529.
35 Begr zum RegE BT-Drucks 14/4553, 52; s Rn 5.
36 LG Berlin ZMR 2006, 864.
37 LG Bonn ZMR 2009, 529.
38 **AM** LG Bonn ZMR 2009, 529.
39 Begr zum RegE BT-Drucks 14/4553, 52.

che ist nicht möglich.[40] Unabdingbar ist nach § 556b Abs 2 außer dem Recht zur Aufrechnung mit Gegenansprüchen des Mieters aus §§ 536a, 539, 812 auch ein darauf gestütztes **Zurückbehaltungsrecht.** Die Reichweite dieser Bestimmung ist eng, weil es sich bei den aus §§ 536a, 539, 812 hergeleiteten Forderungen des Mieters in aller Regel um Geldforderungen handeln wird, bei denen die Ausübung eines Zurückbehaltungsrechts gegenüber anderen Geldforderungen wie der Miete grundsätzlich als Aufrechnung zu behandeln ist. In Betracht kommt die Geltendmachung eines Zurückbehaltungsrechts wegen einer der geschützten Forderungen des Mieters dann, wenn die Mietforderung des Vermieters nicht in Geld besteht, sondern der Mieter etwa bei Hausmeisterverträgen Dienst- oder Werkleistungen erbringen muss. Weitere Beispiele sind Ansprüche auf Naturalrestitution bei Schadensersatzansprüchen des Mieters. Nicht erfasst ist das Zurückbehaltungsrecht nach § 320 an der Miete, mit dem der Mieter über die Höhe der angemessenen Mietminderung hinaus die Beseitigung eines Mietmangels erzwingen will. Wegen der enumerativen Aufzählung ist eine analoge Anwendung der Vorschrift auf andere Ansprüche des Mieters nicht möglich. Daher bleiben in diesen Fällen die §§ 305 ff bedeutsam (Rn 13).

10   **b) Vertragsdauer.** Die gesetzliche Schutzvorschrift des § 556b Abs 2 geht über die Dauer des Mietvertrags hinaus. Ein zulässiges vertragliches Aufrechnungsverbot verliert seine Wirksamkeit nämlich grundsätzlich nicht mit dem Ende des Mietvertrages, auf dem es beruht.[41] Die Vereinbarung, wonach die Aufrechnung oder die Geltendmachung eines Zurückbehaltungsrechts an die vorherige Ankündigung geknüpft ist, verliert dagegen nach der Beendigung des Mietverhältnisses und Rückgabe der Mieträume ihren Sinn und Zweck.[42] In diesen Fällen ist Abs 2 einschränkend auszulegen, so dass es keiner Ankündigung bedarf.[43] Die bloße Kündigung ohne Rückgabe der Mietsache lässt diese Klausel dagegen unberührt.[44]

11   **c) Mietforderungen.** § 556b Abs 2 erhält dem Mieter das Aufrechnungs- und Zurückbehaltungsrecht nur gegenüber der Mietforderung des Vermieters, nicht hingegen gegenüber anderen Vermieteransprüchen, daher zB nicht gegenüber Forderungen auf Schadensersatz wegen Verletzung der Obhutspflicht. Zu Mietforderungen iS der Vorschrift gehören auch die Ansprüche des Vermieters wegen der Betriebs- und Nebenkosten, zB eine Heizkostenpauschale oder sonstige Umlagen.[45] Das Gleiche gilt für Nachzahlungsansprüche aus der Betriebskostenabrechnung.[46] Da derartige Nachzahlungsansprüche fällig werden, ohne dass der Mieter den Zeitpunkt der Fälligkeit im Voraus kennt, ist bei diesen Ansprüchen aber eine Einschränkung der Anzeigepflicht (Rn 12) angebracht, weil der Mieter sonst bezüglich dieser Nachzahlungsansprüche sein Aufrechnungs- und Zurückbehaltungsrecht nicht ausüben könnte.[47]

---

40 LG Berlin WuM 1986, 187; *Lammel* Wohnraummietrecht § 556b Rn 36.

41 BGH NZM 2000, 336; KG OLGE 22, 249; OLG Düsseldorf NJW-RR 1995, 850; NZM 2002, 953; GE 2004, 886; *Schmidt-Futterer/Langenberg* Rn 34; **aM** OLG Celle OLGZ 1966, 6, 7 für Mietkaution; LG Mannheim WuM 1974, 145.

42 BGH NJW-RR 1988, 329; NZM 2000, 336; OLG Düsseldorf ZMR 2001, 447; ZMR 2004, 576; ZMR 2005, 450; MünchKomm/*Artz* Rn 10.

43 *Staudinger/Weitemeyer* (2011) Rn 20.

44 OLG Düsseldorf NZM 2002, 953.

45 *Staudinger/Weitemeyer* (2011) Rn 21.

46 *Schmidt-Futterer/Langenberg* Rn 40; *Staudinger/Weitemeyer* (2011) Rn 21; **aM** *Lammel* Wohnraummietrecht Rn 39; *Sternel* III Rn 128.

47 *Blank/Börstinghaus*, Miete Rn 25; *Gellwitzki* WuM 2001, 373, 378; *Staudinger/Weitemeyer* (2011) Rn 21.

3. Anzeige. Trotz eines (individual-)vertraglichen Aufrechnungsverbots kann der **12** Mieter mit Gegenforderungen aus §§ 536a, 539 und 812 aufrechnen oder ein Zurückbehaltungsrecht ausüben, wenn er diese Absicht dem Vermieter mindestens einen Monat vor der Fälligkeit der Miete schriftlich angezeigt hat. Aus der Anzeige muss sich eindeutig die Absicht des Mieters ergeben, mit einer bestimmten Forderung aufgrund der genannten Vorschriften gegen eine genau bezeichnete Vermieterforderung aufzurechnen. Der allgemeine Hinweis auf die Schadensersatzpflicht des Vermieters genügt nicht.[48] Für die Anzeige ist die **Textform** vorgeschrieben (§ 126b), so dass eine mündliche Anzeige unwirksam ist (§ 125 S 1). Die Monatsfrist ist eine Mindestfrist, deren Berechnung sich nach den §§ 187 Abs 1 und 188 Abs 2 und 3 richtet. Ist die Miete vertraglich am Ersten eines Monats fällig, so muss deshalb die Anzeige spätestens am Ersten des vorhergehenden Monats dem Vermieter zugehen. Eine verspätete Anzeige wirkt zum nächsten zulässigen Termin. Wirksam wird die Anzeige mit Zugang beim Vermieter (§ 130).

4. Formularverträge. Für Formularverträge wird § 556b Abs 2 im Wesentlichen **13** durch die strengeren Vorschriften der §§ 307, 309 Nr 2 und 3 verdrängt (Rn 2). Daraus folgt zB, dass ein generelles **Aufrechnungsverbot** in Formularverträgen, das sich auch auf unbestrittene, entscheidungsreife oder rechtskräftig festgestellte Forderungen erstreckt, ebenso unwirksam ist wie die Beschränkung der Aufrechnungsmöglichkeit auf konnexe Gegenforderung. Dies alles dürfte grundsätzlich auch für den **Geschäftsverkehr zwischen Unternehmern** gelten.[49] Alle derartigen Abreden können außerdem nicht durch eine sog geltungserhaltende Reduktion auf einen gerade noch zulässigen Kern beschränkt werden, sondern sind in vollem Umfang unwirksam, so dass der Mieter ohne Rücksicht auf sie mit allen Gegenforderungen uneingeschränkt gegen jede Vermieterforderung aufrechnen kann.[50] Die Formulierung, dass die Aufrechnung mit „nicht anerkannten Gegenforderungen" ausgeschlossen ist, soll nach der Rechtsprechung wirksam sein, weil darunter bestrittene Forderungen zu verstehen seien.[51] Im Geschäftsverkehr zwischen Unternehmern ist der Ausschluss des **Zurückbehaltungsrechts** formularvertraglich nur zulässig, sofern er sich nicht auf unbestrittene entscheidungsreife oder rechtskräftig festgestellte Forderungen bezieht.[52] Die nach der alten Rechtslage formularvertraglich unzulässige **Kombination der Vorfälligkeitsklausel mit einem Verbot der Aufrechnung** (Rn 2) ist auf der Grundlage des § 556b jetzt anders zu beurteilen, weil die Vorfälligkeit nun zum gesetzlichen Leitbild gehört, so dass die Klauselkontrolle nach § 307 Abs 3 eingeschränkt ist. Die gesetzliche Regelung der Fälligkeit der Miete zu Beginn der Mietzeit oder der einzelnen Zeitabschnitte kann daher auch formularvertraglich mit einem Aufrechnungsverbot in den Grenzen des nach § 556b Abs 2 und § 309 Nr 2 Erlaubten verbunden werden.[53] Die bloße Vereinbarung des Erfordernisses einer vorherigen **Ankündigung** durch den Mieter, dass er von seinen Rechten auf Aufrechnung und Ausübung des Zurückbehaltungsrechts

---

48 AG Coesfeld WuM 1974, 148; *Schmidt-Futterer/Langenberg* Rn 43.
49 BGHZ 91, 375, 383 = NJW 1984, 2404; 92, 312 = NJW 1985, 319; BGH NJW 1992, 575, 577; ZMR 1993, 320, 321; NJW 2007, 3421; NJW 2009, 2254; KG GE 2003, 952; OLG Düsseldorf GE 2004, 886; GE 2006, 255; ZMR 2008, 890; großzügiger zB OLG Düsseldorf ZMR 2006, 685; LG Berlin GE 1986, 745; ausführl *Möller/Rupietta* NZM 2009, 225.
50 AM *Häublein*, FS Blank (2006) 207, 216ff, der in § 556b Abs 2 die Anordnung einer geltungserhaltenden Reduktion an sich unwirksamer formularvertraglicher Klauseln sieht.
51 BGH NJW 1981, 2257; **aM** *Sternel* II Rn 131; *Schmidt-Futterer/Langenberg* Rn 31.
52 BGHZ 115, 324, 327 = NJW 1992, 575; BGH NZM 2003, 437; OLG Düsseldorf DWW 2004, 190; OLG Köln Info M 2010, 68; vgl auch OLG Düsseldorf GE 2009, 1432; NZM 2010, 582; KG GE 2010, 766.
53 *Häublein*, FS Blank (2006) 207, 216ff; MünchKomm/*Artz* Rn 13; **aM** *Gellwitzki* WuM 2001, 373, 381ff.

Gebrauch machen will, ist keine unangemessene Benachteiligung des Mieters.[54] In Verbindung mit der Vorfälligkeit der Miete ist diese Klausel jedoch ein Verstoß gegen § 307, § 536 Abs 4 (Rn 2). Die formularvertragliche Einschränkung des Zurückbehaltungsrechts gegenüber **Verbrauchern** ist in § 309 Nr 2 dagegen umfassend verboten, so dass auch eine vorherige Ankündigung nicht verlangt werden kann.[55] Soweit die Klauseln unwirksam sind, bleibt es aber anders als nach alter Rechtslage bei der gesetzlich angeordneten Vorfälligkeit.[56]

14   **5. Beweislast.** Der Vermieter, der sich gegenüber der Aufrechnung des Mieters auf ein Aufrechnungsverbot beruft, muss dessen Vereinbarung beweisen. Demgegenüber obliegt dem Mieter der Nachweis, dass trotz des Aufrechnungsverbots aufgrund des § 556b Abs 2 eine Aufrechnung möglich ist, namentlich, dass er rechtzeitig dem Vermieter eine dem § 556b Abs 2 entsprechende Anzeige zugesandt hat und diese zugegangen ist.

15   **6. Abweichende Vereinbarungen.** Unabdingbar ist für den Mieter von **Wohnraum** nur das Recht zur Aufrechnung mit Ansprüchen aufgrund des § 536a, dh mit den Ansprüchen auf Schadensersatz und auf Aufwendungsersatz wegen Fehlern der Mietsache, aufgrund des § 539 Abs 1 wegen eines darüber hinausgehenden Aufwendungsersatzanspruchs sowie aus § 812 wegen zu viel gezahlter Miete. Hinsichtlich der in § 556b Abs 2 genannten Ansprüche ist jede Einschränkung der Aufrechnungsmöglichkeit, zB durch Beschränkung der Wirkung der Aufrechnung auf einen bestimmten Teil der Mietforderung, verboten. Erforderlich ist lediglich eine rechtzeitige Anzeige der Aufrechnungsabsicht (Rn 12). Gegen § 556b Abs 2 verstoßende Aufrechnungsverbote sind jedoch nicht unwirksam, sondern erstrecken sich einfach kraft Gesetzes nicht auf die geschützten Ansprüche des Mieters aus §§ 536a, 539 und 812. Eine entsprechende Anwendung des § 556b Abs 2 auf andere Forderungen des Mieters ist nicht möglich, so dass hinsichtlich weiterer Ansprüche eine einschränkende Regelung in den Grenzen der §§ 307ff (Rn 2, 13) getroffen werden kann.

§ 556c
Kosten der Wärmelieferung als Betriebskosten, Verordnungsermächtigung

(1) Hat der Mieter die Betriebskosten für Wärme oder Warmwasser zu tragen und stellt der Vermieter die Versorgung von der Eigenversorgung auf die eigenständig gewerbliche Lieferung durch einen Wärmelieferanten (Wärmelieferung) um, so hat der Mieter die Kosten der Wärmelieferung als Betriebskosten zu tragen, wenn
1. die Wärme mit verbesserter Effizienz entweder aus einer vom Wärmelieferanten errichteten neuen Anlage oder aus einem Wärmenetz geliefert wird und

---

54 Für Gewerbemiete: BGH NJW 1988, 1201 (LS) = NJW-RR 1988, 329; KG NZM 2002, 387; OLG Düsseldorf NZM 2002, 953; ZMR 2005, 450; OLG Rostock NZM 1999, 1006; für Wohnraummiete: OLG Hamm NJW-RR 1993, 710; LG Lüneburg ZMR 1999, 175; MünchKomm/*Artz* Rn 14; *Schmidt-Futterer/Langenberg* Rn 33; **aM** AG Aachen ZMR 1999, 32; LG Berlin GE 1997, 621; GE 2000, 206; ZMR 2000, 296; *Gellwitzki* WuM 2001, 373, 383.
55 OLG Celle WuM 1990, 103, 111; LG Berlin GE 1994, 403; GE 1995, 757; GE 1996, 679; ZMR 1998, 33, 34; NZM 2001, 1030; LG Hamburg WuM 1990, 115; LG Mannheim WuM 1987, 317; LG Osnabrück WuM 1989, 370; *Schmidt-Futterer/Langenberg* Rn 37; **aM** *Häublein*, FS Blank (2006) 207, 216ff.
56 *Schmidt-Futterer/Langenberg* Rn 14; *Staudinger/Weitemeyer* (2011) Rn 26.

2. die Kosten der Wärmelieferung die Betriebskosten für die bisherige Eigenversorgung mit Wärme oder Warmwasser nicht übersteigen.

Beträgt der Jahresnutzungsgrad der bestehenden Anlage vor der Umstellung mindestens 80 Prozent, kann sich der Wärmelieferant anstelle der Maßnahmen nach Nummer 1 auf die Verbesserung der Betriebsführung der Anlage beschränken.

(2) Der Vermieter hat die Umstellung spätestens drei Monate zuvor in Textform anzukündigen (Umstellungsankündigung).

(3) Die Bundesregierung wird ermächtigt, durch Rechtsverordnung ohne Zustimmung des Bundesrates Vorschriften für Wärmelieferverträge, die bei einer Umstellung nach Absatz 1 geschlossen werden, sowie für die Anforderungen nach den Absätzen 1 und 2 zu erlassen. Hierbei sind die Belange von Vermietern, Mietern und Wärmelieferanten angemessen zu berücksichtigen.

(4) Eine zum Nachteil des Mieters abweichende Vereinbarung ist unwirksam.

Schrifttum

Beyer Contracting in der Wohn- und Gewerberaummiete, CuR 2012, 48; *Börstinghaus/Eisenschmid* Mietrechtsänderungsgesetz 2013 – Arbeitskommentar (2013); *Derleder* Die mietrechtlichen Voraussetzungen des Wärmecontracting, NZM 2003, 737; *Herlitz* Contracting nach dem Mietrechtsänderungsgesetz, DWW 2013, 47; *Hinz* Referentenentwurf eines Mietrechtsänderungsgesetzes, ZMR 2012, 153; *Hinz* Mietrechtsänderung im Rechtsausschuss, NZM 2012, 777; *Horst* Mietrechtsnovelle 2013 – Energetische Modernisierung und Wärmecontracting, MDR 2013, 189; *Milger* Die Umlage von Kosten der Wärmelieferung unter besonderer Berücksichtigung des Wirtschaftlichkeitsgebotes, NZM 2008, 1; *Rahm/Frey* Die eigenständig gewerbliche Lieferung von Wärme und/oder Warmwasser zur Versorgung von Wohngebäuden im öffentlichen Wohnungsrecht, NZM 2006, 47; *Schmid* Geplante Neuregelung des Übergangs zur gewerblichen Wärmelieferung, CuR 2011, 52; *Schmid* Der Übergang zum Wärmecontracting im Gewerberaummietverhältnis, GuT 2013, 3.

Jost Emmerich

I. Allgemeines

1 **1. Überblick.** Die durch das MietRÄndG[1] neu eingefügte Vorschrift regelt die Voraussetzungen, unter denen der Vermieter nach einer Umstellung von Eigenversorgung auf Wärmelieferung deren Kosten auf den Mieter umlegen kann. Energieeinsparung und Klimaschutz sind neben anderen die mit dem MietRÄndG verfolgten Ziele[2]. Der Reformgesetzgeber ging davon aus, dass durch Contracting oder – in Worten des Gesetzes – durch Wärmelieferung die **Energieeffizienz** bei der Wärmeerzeugung verbessert wird. Grundlage ist die Annahme, dass der Wärmelieferant bestehende Anlagen besser betreibt oder in neue, effizientere Anlagen investiert[3]. Eine Anlage arbeitet effizienter, wenn für die gleiche Menge Nutzenergie weniger Endenergie und damit auch weniger Primärenergie aufgewandt werden muss. In vielen Fällen führt Contracting zu einer Verbesserung des Jahresnutzungsgrads von rund 20 %[4].

2 Ein weiteres Ziel der gesetzlichen Neuregelung ist die angemessene Berücksichtigung aller bei der Wärmelieferung Beteiligten, nämlich Vermieter, Mieter und Wärmelieferant, in einem einheitlichen rechtlichen Rahmen. Bei der **bisherigen Rechtslage** wurde ein Ungleichgewicht zu Lasten der Mieter kritisiert, die mit der Umstellung auf Contracting auch Instandhaltungs- und Verwaltungskosten, Abschreibungen und die Gewinnmarge des Contractors tragen mussten, ohne dass dem zwingend eine Energieeinsparung gegenüberstand. Zudem war der Wohnungsmarkt aufgrund verschiedener vertraglicher Gestaltungen zweigeteilt. Der Vermieter konnte die Kosten der Wärmelieferung schon bisher als Betriebskosten umlegen, sofern der Mietvertrag eine Verweisung auf Anlage 3 zu § 27 Abs. 1 der II. BV in der Fassung vom 01.03.1989 oder jünger oder auf die Betriebskostenverordnung enthielt[5]. Ältere, statische Verweise im Mietvertrag auf die II. BV in der Fassung vor dem 01.03.1989 ließen eine Umlage nicht zu[6] und erforderten eine Zustimmung des Mieters[7]. Eine vertragliche Grundlage war auch dann erforderlich, wenn die Umstellung auf Contracting bereits vor Abschluss des Mietvertrages erfolgt war[8].

3 In Absatz 1 sind die materiellen Voraussetzungen für die Kostenumlage enthalten, Absatz 2 regelt die Umstellungsankündigung und Absatz 4 beinhaltet die Sozialklausel. Mit Absatz 3 hat der Reformgesetzgeber eine Verordnungsermächtigung geschaffen, um durch Verordnung die technischen Einzelheiten zu regeln. Mit der „Verordnung über die Umstellung auf gewerbliche Wärmelieferung für Mietwohnraum (Wärmelieferverordnung – WärmeLV)" vom 7. Juni 2013 hat der Gesetzgeber von dieser Ermächtigung Gebrauch gemacht (s Anhang). Sie regelt im wesentlichen den Wärmeliefervertrag sowie die Anforderungen an die Vergleichsberechnung zwischen bisherigen Kosten und den Kosten der Wärmelieferung und an die Umstellungsankündigung.

4 **Contracting** ist die gewerbliche Wärmelieferung für Gebäude durch spezialisierte Unternehmen. Der Vermieter überträgt die Aufgabe der Versorgung des Gebäudes mit Wärme für Heizung und/oder für Warmwasser auf den Contractor. Im Verhältnis zum Mieter bleibt dabei stets der Vermieter selbst verpflichtet. Es werden verschiedene Modelle

---

1 Gesetz über die energetische Modernisierung von vermietetem Wohnraum und über die vereinfachte Durchsetzung von Räumungstiteln v 11.03.2013, BGBl I 434.
2 Begr z RegE BT-Drucks 17/10485, 17.
3 Begr z RegE BT-Drucks 17/10485, 19.
4 *Herlitz* DWW 2013, 47.
5 BGH WuM 2003, 501 = NJW 2003, 2900 = NZM 2003, 757; NJW 2007, 3060 = WuM 2007, 571 = NZM 2007, 769.
6 BGH WuM 2006 = NJW 2006, 2185 = NZM 2006, 534.
7 BGH NJW 2005, 1776 = WuM 2005, 387 = NZM 2005, 450.
8 BGH WuM 2007, 445 = ZMR 2007, 97.

des Contracting praktiziert[9]. Häufig errichtet der Contractor eine neue Anlage und übernimmt auch den Brennstoffeinkauf und die Wartung und die Instandhaltung der Anlage. Die vom Contractor eingebaute Anlage verbleibt als Scheinbestandteil nach § 95 BGB in seinem Eigentum[10]. Beim sog Betriebsführungs-Contracting beschränkt sich der Contractor auf die Verbesserung des Wirkungsgrades der bestehenden Anlage, etwa durch Wartung und Steuerung. Auch hier wird der Brennstoff vom Contractor beschafft.

Der Contractor verkauft die erzeugte Wärme zum **Wärmepreis** an den Gebäudeeigen- 5 tümer. Im Verhältnis zum Gebäudeeigentümer berechnet der Contractor den Wärmepreis nach dessen beiden Elementen: dem **Grundpreis**, der die Vorhaltekosten abdecken soll, und dem **Arbeitspreis**, der sich nach der Wärmeabnahme berechnet.[11] Der Wärmepreis wird einheitlich gem § 7 Abs 3 und 4 HeizkostenV umgelegt.

Eine Pflicht des Mieters zur Duldung der mit der Umstellung auf die Wärmelieferung 6 einhergehenden Baumaßnahmen ergibt sich nicht aus § 556c BGB[12]. Der Anspruch des Vermieters gegen den Mieter auf Duldung richtet sich nach den allgemeinen Vorschriften für Erhaltungs- und Modernisierungsmaßnahmen.

2. Sachlicher Anwendungsbereich. Die Vorschrift gilt für alle Wohnraummietver- 7 hältnisse, § 549 Abs 1 BGB, auch für diejenigen, bei denen der Anwendungsbereich des sozialen Mietrechts nach § 549 Abs 2 und 3 BGB eingeschränkt ist. Die Vorschriften über Betriebskosten finden in § 549 Abs 2 und 3 BGB keine Erwähnung. Sie gelten damit auch für die dort genannten Mietverhältnisse.

Bei preisgebundenen Wohnungen ist § 556c BGB nicht anwendbar. Die Berechnung 8 der Kostenmiete nach einer Umstellung auf Contracting richtet sich nach § 5 Abs 3 NMV.

Nach dem mit dem MietRÄndG neu eingefügten § 578 Abs 2 S 2 BGB sind § 556c Abs 1 9 und 2 BGB und die auf Grund des § 556c Abs 3 BGB erlassene Verordnung auf gewerbliche Mietverhältnisse entsprechend anwendbar.

3. Übergangsregelung. Gemäß Art 9 Abs. 2 MietRÄndG traten § 556c Abs 3 BGB am 10 Tag nach der Verkündung und damit am 19.03.2013 und § 556c Abs 1, 2 und 4 BGB am 01.07.2013 in Kraft. Die Regelungen gelten ab diesen Zeitpunkten für alle bestehenden Vertragsverhältnisse.

II. Umlage der Contractingkosten nach Umstellung (Abs 1)

1. Überblick. In Abs 1 wird der Anwendungsbereich der Vorschrift bestimmt und es 11 werden die materiellen Voraussetzungen für die Umlage der Kosten der verschiedenen Contractingmodelle festgelegt. Die Vorschrift kommt nach Abs 1 nur zur Anwendung, wenn 1. der Mieter schon bisher die Betriebskosten für Wärme oder Warmwasser zu tragen hat, 2. die bisherige Versorgung durch Eigenversorgung durch den Vermieter erfolgt und 3. es sich um eine Umstellung handelt. Der Eigentümer und Vermieter kann mit dem Contractor vereinbaren, dass im Gebäude eine vollständig neue Zentralheizung oder auch nur eine Anlage zur Warmwasserversorgung errichtet wird oder dass die Wärmeversorgung durch Anschluss an eine Wärmenetz erfolgen soll (Anlagen- oder Energielieferungscontracting). Materielle Voraussetzungen sind in beiden Fällen, dass die Wärme im Vergleich

---

9 Begr z RegE BT-Drucks 17/10485, 19.
10 *Herlitz* DWW 2013, 47.
11 *Schmidt-Futterer/Lammel* Rn 5.
12 Begr z RegE BT-Drucks 17/10485, 33.

Jost Emmerich

zu der bisherigen Situation mit verbesserter Effizienz geliefert wird (Abs 1 S 1 Nr 1) und dass die durch das Contracting entstehenden und umlegbaren Kosten die Kosten der bisherigen Eigenversorgung nicht übersteigen (Abs 1 S 1 Nr 2). Um dies festzustellen, bedarf es einer Vergleichsberechnung. Wie diese vorzunehmen ist, bestimmen die §§ 8, 9 und 10 WärmeLV. Die Voraussetzung der sog Warmmietenneutralität gilt auch für das in Abs 1 S 2 geregelte Betriebsführungscontracting. Dabei beschränkt sich der Contractor auf eine verbesserte Führung der bisherigen Anlage. Diese darf aber nicht eine zu schlechte Effizienz aufweisen. Der sog Jahresnutzungsgrad der Anlage muss schon vor der Umstellung mindestens 80 % betragen.

2. Anwendungsbereich

12   **a) Mietstruktur.** Die Vorschrift betrifft nur Vertragsverhältnisse, bei denen der Mieter die Kosten für Wärme oder Warmwasser zu tragen hat. Der Mietvertrag muss also eine Mietstruktur vorsehen, bei der der Mieter neben der Miete Zahlungen für Heizung und/ oder Warmwasser zu leisten hat. Dies ist unproblematisch gegeben bei dem Regelfall, dass neben der Grundmiete monatliche Vorauszahlungen vom Mieter zu leisten sind, über die gemäß den §§ 3ff HeizKV abzurechnen ist. Diese Voraussetzung liegt nicht bei den Fällen vor, bei denen zulässigerweise aufgrund der Ausnahmevorschriften in den §§ 2, 11 HeizKV eine Warmmiete vereinbart ist[13]. Problematisch sind die Fälle, in denen die vertraglichen Vereinbarungen aufgrund von § 2 HeizKV nicht anzuwenden sind. Der Mieter hat in diesen Fällen aufgrund der gesetzlichen Regelung in der HeizKV und nicht aufgrund der vertraglichen Vereinbarung, die nicht anzuwenden ist, die Kosten für Wärme oder Warmwasser zu tragen. Abs 1 S 1 unterscheidet nicht nach der Grundlage der Kostentragungspflicht. Eine Umlage der Kosten ist nach der Umstellung also möglich, auch wenn aus Sicht der Parteien damit eine Änderung der Mietstruktur einhergeht.

13   Haben die Parteien eine Pauschale neben der Grundmiete vereinbart, die auch die Kosten der Wärme oder des Warmwassers enthält, ist die Vorschrift anwendbar, unabhängig davon, ob die Vereinbarung der Pauschale nach § 2 HeizKV wirksam ist oder nicht. Denn in jedem Fall hat der Mieter neben der Grundmiete Zahlungen für Wärme oder Warmwasser zu leisten.

14   **b) Bisherige Versorgungsweise.** Das Gesetz nennt hier nur den Begriff der Eigenversorgung. Gemeint ist damit die Eigenversorgung durch den Vermieter. Der Ersatz von Einzelöfen, Etagenheizungen oder anderer Versorgungsformen durch den Mieter selbst durch Anschluss an die Fernheizung oder an die Nahwärmeversorgung fällt damit nicht in den Anwendungsbereich der Vorschrift[14], sondern unter § 555b.[15]

15   **c) Umstellung.** Die Vorschrift nennt nur die Voraussetzungen für die Umlage der Kosten bei der **erstmaligen Umstellung** auf Contracting im laufenden Mietverhältnis. Die Vorschrift findet keine Anwendung auf den Abschluss neuer Mietverträge und auf die Mietverhältnisse, bei denen schon auf Contracting umgestellt wurde. Für diese Fälle sind keine Änderungen eingetreten.

16   Für die **Neuvermietung** ist die Vorschrift nicht anwendbar. Bei Vertragsschluss können die Parteien vereinbaren, ob und in welchem Umfang, Kosten der Wärmelieferung

---

13 Begr z RegE BT-Drucks 17/10485, 34.
14 *Börstinghaus/Eisenschmid* § 556c Rn 16.
15 *Schmidt-Futterer/Lammel* Rn 21.

auf den Mieter umgelegt werden können. Enthält der Mietvertrag einen Verweis auf die BetrKV, sind die Wärmelieferkosten in vollem Umfang umlegbar.

Bei einer **Vertragsverlängerung** mit dem Contractor oder dem Abschluss eines Wär- **17** meliefervertrages mit einem neuen Contractor, wenn bereits auf Contracting umgestellt war, ist die Vorschrift auch nicht anwendbar. Läuft der bisherige Vertrag mit dem Contractor aus und schließt der Vermieter einen neuen Vertrag über Contracting, handelt es sich nicht um eine Umstellung von Eigenversorgung auf Wärmelieferung. Die Vermieter, die durch die mietvertragliche Gestaltung mit einem Verweis auf eine ältere Fassung der II. BV oder durch ein Nichteinhalten der Voraussetzungen des § 556c BGB daran gehindert waren, die Kosten der Wärmelieferung aus dem bisherigen Wärmeliefervertrag als Betriebskosten umzulegen, können sich bei Abschluss eines neuen Contracting-Vertrages nicht darauf berufen, dass die übrigen Voraussetzungen des § 556c BGB nunmehr eingehalten seien und die Wärmelieferkosten des neuen Vertrages umlegen. Der Wortlaut ist eindeutig. Lagen die Voraussetzungen für eine Umlage nach altem Recht nicht vor und waren die Voraussetzungen des § 556c BGB bei der Umstellung nicht gegeben, kann der Vermieter die Wärmelieferkosten weiterhin nicht umlegen. Es erscheint auch nicht möglich, in diesen Konstellationen, den Kostenvergleich nach §§ 8–10 WärmeLV vorzunehmen.

Für den Vermieter, der bereits auf Contracting umgestellt hat und diese Kosten auf- **18** grund eines Verweises im Mietvertrag auf eine neuere Fassung der II. BV oder auf die BetrKV umlegen kann, ändert sich durch die Vorschrift nichts.

Der Vermieter hat keinen Anspruch gegen den Mieter, dass dieser unmittelbar einen **19** Vertrag mit dem Contractor abschließt (Full-Contracting[16] oder **Direktcontracting**[17]). Der Vermieter schließt in diesen Fällen einen Rahmenvertrag mit dem Contractor, der die Grundlage für die Einzelverträge der Mieter mit dem Contractor bildet. Dies ist keine Umstellung auf Wärmelieferung. Das Gesetz regelt die Möglichkeit der Umlage der Wärmekosten bei gewerblicher Wärmelieferung. Das setzt voraus, dass die Kosten auch nach der Umstellung zunächst beim Vermieter anfallen. Einen Anspruch gegen die Mieter auf den Abschluss von Direktverträgen schafft das Gesetz nicht.

3. Lieferung aus neuer Anlage oder Wärmenetz. Materielle Voraussetzung für die **20** Umlage der Kosten der Wärmelieferung ist, dass mit der Umstellung von Eigenversorgung auf Contracting die Wärme mit verbesserter Effizienz entweder aus einer vom Wärmelieferanten errichteten neuen Anlage oder aus einem Wärmenetz geliefert wird, Abs 1 S 1 Nr. 1. Mit dem Begriff des Wärmenetzes sollen sämtliche Formen dieser Energieversorgung erfasst werden: von der klassischen Fernwärme bis zu Nahwärmenetzen und Quartierslösungen[18]. Die Effizienz wird im Verhältnis zur bisherigen Wärmeversorgung verbessert, wenn Endenergie eingespart wird. Nur kurzfristig erzielbare Einspareffekte erfüllen den Tatbestand nicht, auch wenn im Gesetz der Begriff der Nachhaltigkeit nicht enthalten ist. Ein Nachweis eines Effizienzgewinnes im konkreten Einzelfall durch den Vermieter ist nicht erforderlich, sofern die Voraussetzungen im übrigen vorliegen. Denn es wird davon ausgegangen, dass die Errichtung einer neuen Anlage oder durch den Anschluss an ein Wärmenetz regelmäßig zu Effizienzgewinnen führt[19].

---

16 *Horst* MDR 2013, 189.
17 *Hinz* ZMR 2012, 153.
18 Begr z RegE BT-Drucks 17/10485, 34.
19 Begr z RegE BT-Drucks 17/10485, 34.

Jost Emmerich

21   **4. Warmmietenneutralität.** Die zweite materielle Voraussetzung für die Umlage der Kosten der Wärmelieferung ist die sog. Warmmietenneutralität, ein Begriff den das Gesetz selbst nicht verwendet. Nach Absatz 1 Satz 1 Nr. 2 dürfen die Kosten der Wärmelieferung die Kosten der Eigenversorgung nicht übersteigen. Ein etwaiges Ungleichgewicht der bisherigen Rechtslage soll damit behoben, der Mieter vor überteuerten Wärmepreisen geschützt werden. Dieses Ziel kann durch die Vorschrift in den Fällen nicht erreicht werden, in denen der Mieter schon für die bisherige Eigenversorgung durch den Vermieter zu viel zahlt[20].

22   Der Vermieter muss einen **Kostenvergleich** erstellen oder erstellen lassen, den er dem Mieter bei der Umstellungsankündigung mitzuteilen hat, § 11 Abs 2 Nr. 3 WärmeLV. Nach § 8 WärmeLV sind bei dem Kostenvergleich den bisherigen Kosten der Eigenversorgung die Kosten gegenüberzustellen, die der Mieter zu tragen gehabt hätte, wenn er die den bisherigen Betriebskosten zugrunde liegende Wärmemenge im Wege der Wärmelieferung bezogen hätte. In den §§ 9 und 10 WärmeLV ist geregelt, wie die in den Kostenvergleich einzustellenden Kosten zu berechnen sind.

23   Wie dargelegt sind bei einer Vertragsverlängerung mit einem Contractor die Voraussetzungen der Vorschrift nicht mehr zu prüfen. Lagen die Voraussetzungen zum Zeitpunkt der Umstellung vor, hat der Mieter die Wärmelieferkosten auch bei den Folgeverträgen zu tragen. Der Abschluss von Contractingverträgen mit unüblich kurzer **Vertragsdauer**, bei denen der Vermieter bspw bereits nach zwei Jahren einen neuen Vertrag abschließt, wären ein verbotenes Umgehungsgeschäft. Der Gefahr, dass die Kosten in den Folgejahren zu stark ansteigen, will § 3 WärmeLV begegnen[21]. Danach sind Preisänderungsklauseln nur wirksam, wenn sie § 24 Abs 4 S 1, 2 AVBFernwärmeV entsprechen.

24   **5. Betriebsführungscontracting.** Beim Betriebsführungscontracting erfolgt die Wärmeversorgung auch nach der Umstellung weiterhin durch die schon bestehende Anlage. Der Vermieter überträgt nur die sog Betriebsführung der Heizungsanlage auf den Contractor, der diese lediglich verbessert. Voraussetzung für eine Umlage der Wärmelieferkosten ist neben der auch hier erforderlichen Warmmietenneutralität, dass der bisherige Jahresnutzungsgrad mindestens 80 % beträgt. Der Weiterbetrieb von Anlagen mit einem schlechteren Jahresnutzungsgrad läuft den klimapolitischen Zielen zuwider[22]. Der **Jahresnutzungsgrad** beschreibt das Verhältnis der Nutzenergie zur Endenergie, die in dem Anwesen verbraucht werden.[22a] Vornehmlich aufgrund der Anlagenverluste kommt immer nur ein Teil der in dem Anwesen erzeugten oder dorthin gelieferten Endenergie als Nutzenergie beim Verbraucher an.

25   In § 10 Abs 2 WärmeLV ist festgelegt, wie der Jahresnutzungsgrad zu berechnen ist. Die Vorschrift gilt unmittelbar nur für die für den Kostenvergleich nach § 8 WärmeLV anzustellende Berechnung. Sie findet aber ebenso für das Betriebsführungscontracting Anwendung.

6. Rechtsfolgen
26   **a) Bei Vorliegen der Voraussetzungen.** Sind die materiellen Voraussetzungen des Abs 1 gegeben, hat der Mieter die Kosten der Wärmelieferung als Betriebskosten zu tragen. Die Verteilung der Wärmelieferungskosten für den Abrechnungszeitraum erfolgt nach § 7

---

20 *Börstinghaus/Eisenschmid* § 556c Rn 20.
21 *Hinz* NZM 2012, 777.
22 Begr z RegE BT-Drucks 17/10485, 34.
22a Die Berechnung erfolgt nach VDI 2067; vgl *Schmidt-Futterer/Lammel* Rn 23.

Abs 3, 1 HeizkostenV. Die Kosten sind ab der Umstellung zu tragen und nicht erst ab Beginn des nächsten Abrechnungszeitraumes. Es liegt kein Fall des § 6 Abs 4 HeizkostenV vor.[23]

b) Bei Nichteinhaltung der Voraussetzungen. Der Vermieter kann die Kosten der **27** Wärmelieferung nicht als Betriebskosten auf den Mieter umlegen, wenn die Vorschrift nicht für die bisherigen Gegebenheiten anwendbar ist oder die materiellen Voraussetzungen nicht vorliegen. Er kann dann nur den Teil der Wärmelieferkosten umlegen, der sich aus den Bestandteilen des Wärmelieferpreises zusammensetzt, die den nach § 7 Abs 2 und § 8 Abs 2 HeizKV umlegbaren Kosten entsprechen. Der Vermieter hat nach § 5 WärmeLV gegen den Contractor einen Auskunftsanspruch auf Ausweisung der den umlegbaren Kosten entsprechenden Kostenbestandteile. Diese Auskunft hat den Anforderungen der §§ 556, 259 BGB zu entsprechen. Sie ist Grundlage für die Heizkostenabrechnung gegenüber dem Mieter.

III. Umstellungsankündigung (Abs 2)

Nach Abs 2 hat der Vermieter dem Mieter die Umstellung spätestens drei Monate **28** zuvor in Textform anzukündigen. In **§ 11 Abs 2 WärmeLV** ist geregelt, welche Angaben die Umstellungsankündigung zu enthalten hat. Danach hat die Umstellungsankündigung Angaben zu enthalten zur Art der künftigen Wärmelieferung (1.), zur voraussichtlichen energetischen Effizienzverbesserung (2.), zum Kostenvergleich nach § 8 WärmeLV (3.), zum geplanten Umstellungszeitpunkt (4.) und zu den im Wärmeliefervertrag vorgesehenen Preisen und den gegebenenfalls vorgesehenen Preisänderungsklauseln (5.).

Nach dem Willen des Gesetzgebers stellt die Umstellungsankündigung **keine mate-** **29** **rielle Voraussetzung** der Umstellung dar[24]. Einzige im Gesetz vorgesehene Folge einer fehlenden oder fehlerhaften Umstellung ist gemäß § 11 Abs 3 WärmeLV, dass die Frist für Einwendungen gegen die Abrechnung nach § 556 Abs 3 S 5 BGB frühestens beginnt, wenn der Mieter eine ordnungsgemäße Umstellungsankündigung erhalten hat. Das noch in dem Entwurf der WärmeLV vorgesehene Kürzungsrecht des Mieters ist in der endgültigen Fassung nicht mehr enthalten. Der Mieter hat jedoch ein **Zurückbehaltungsrecht** jedenfalls gegenüber einem eventuellen Anspruch auf Ausgleich eines Saldos aus der Betriebskostenabrechnung. Darüberhinaus kann er auch ein Zurückbehaltungsrecht an den laufenden Vorauszahlungen für Heizung und Warmwasser haben bis der Vermieter seiner Verpflichtung aus Abs 2 nachkommt.

Der Vermieter ist darlegungs- und beweispflichtig für die Zulässigkeit der Umlage der **30** Wärmelieferkosten. Ein konkretes Bestreiten von Seiten des Mieters ist nur erforderlich, soweit der Vermieter die erforderlichen Informationen mit der Umstellungsankündigung mitgeteilt hat. Ansonsten kann der Mieter mit Nichtwissen bestreiten, dass die Voraussetzungen des § 556c BGB vorliegen.

Stellt sich nachträglich heraus, dass die Voraussetzungen nach Abs 1 nicht vorlagen, **31** kann der Mieter vom Vermieter die Erstattung der nicht geschuldeten Kostenanteile verlangen.

---

23 **AM** *Schmidt-Futterer/Lammel* Rn 21.
24 Begr z RegE BT-Drucks 17/10485, 34.

Jost Emmerich

IV. Verordnungsermächtigung (Abs 3)

32   Mit Abs 3 wird die Bundesregierung ermächtigt, eine Verordnung zu erlassen, die Vorschriften für Wärmelieferverträge enthält und Einzelheiten zu den Abs 1 und 2 regelt. Die Bundesregierung hat von dieser Ermächtigung mit der WärmeLV Gebrauch gemacht[25]. Mit Abs 3 S 2 wird dem Verordnungsgeber aufgegeben, dabei die Interessen der Vermieter, Mieter und Wärmelieferanten zu berücksichtigen.

V. Abweichende Vereinbarungen (Abs 4)

33   Die Vorschrift enthält die übliche Sozialklausel in Abs 4. Diese Einschränkung gilt nur für den Bereich der Wohnraummiete. In gewerblichen Mietverhältnissen sind abweichende Vereinbarungen möglich[26]. Die Verweisung in § 578 Abs 2 S 2 BGB nimmt nur Bezug auf die Absätze 1 bis 3.

Anhang zu § 556c

Verordnung über die Umstellung auf gewerbliche Wärmelieferung für Mietwohnraum (Wärmelieferverordnung – WärmeLV)

vom 7. Juni 2013

Auf Grund des § 556c Absatz 3 des Bürgerlichen Gesetzbuchs, der durch Artikel 1 des Gesetzes vom 11. März 2013 (BGBl. I S. 434) eingefügt worden ist, verordnet die Bundesregierung:

---

25 Verordnung über die Umstellung auf gewerbliche Wärmelieferung für Mietwohnraum (Wärmelieferverordnung) v 07.06.2013, BGBl I 1509; vgl Anhang.
26 *Horst* MDR 2013, 189.

Abschnitt 1

Allgemeine Vorschriften

§ 1 Gegenstand der Verordnung

Gegenstand der Verordnung sind
1. Vorschriften für Wärmelieferverträge, die bei einer Umstellung auf Wärmelieferung nach § 556c des Bürgerlichen Gesetzbuchs geschlossen werden, und
2. mietrechtliche Vorschriften für den Kostenvergleich und die Umstellungsankündigung nach § 556c Absatz 1 und 2 des Bürgerlichen Gesetzbuchs.

Abschnitt 2

Wärmeliefervertrag

§ 2 Inhalt des Wärmeliefervertrages

(1) Der Wärmeliefervertrag soll enthalten:
1. eine genaue Beschreibung der durch den Wärmelieferanten zu erbringenden Leistungen, insbesondere hinsichtlich der Art der Wärmelieferung sowie der Zeiten der Belieferung,
2. die Aufschlüsselung des Wärmelieferpreises in den Grundpreis in Euro pro Monat und in Euro pro Jahr und den Arbeitspreis in Cent pro Kilowattstunde, jeweils als Netto- und Bruttobeträge, sowie etwaige Preisänderungsklauseln,
3. die Festlegung des Übergabepunkts,
4. Angaben zur Dimensionierung der Heizungs- oder Warmwasseranlage unter Berücksichtigung der üblichen mietrechtlichen Versorgungspflichten,
5. Regelungen zum Umstellungszeitpunkt sowie zur Laufzeit des Vertrages,
6. falls der Kunde Leistungen vorhalten oder Leistungen des Wärmelieferanten vergüten soll, die vom Grund- und Arbeitspreis nicht abgegolten sind, auch eine Beschreibung dieser Leistungen oder Vergütungen,
7. Regelungen zu den Rechten und Pflichten der Parteien bei Vertragsbeendigung, insbesondere wenn für Zwecke des Wärmeliefervertrages eine Heizungs- oder Warmwasseranlage neu errichtet wurde.
(2) Der Wärmelieferant ist verpflichtet, in seiner Vertragserklärung
1. die voraussichtliche energetische Effizienzverbesserung nach § 556c Absatz 1 Satz 1 Nummer 1 des Bürgerlichen Gesetzbuchs oder die energetisch verbesserte Betriebsführung nach § 556c Absatz 1 Satz 2 des Bürgerlichen Gesetzbuchs anzugeben sowie
2. den Kostenvergleich nach § 556c Absatz 1 Satz 1 Nummer 2 des Bürgerlichen Gesetzbuchs und nach den §§ 8 bis 10 durchzuführen sowie die ihm zugrunde liegenden Annahmen und Berechnungen mitzuteilen.
(3) Die Vereinbarung von Mindestabnahmemengen oder von Modernisierungsbeschränkungen ist unwirksam.

§ 3 Preisänderungsklauseln

Preisänderungsklauseln in Wärmelieferverträgen sind nur wirksam, wenn sie den Anforderungen des § 24 Absatz 4 Satz 1 und 2 der Verordnung über Allgemeine Bedingungen für die Versorgung mit Fernwärme in der jeweils geltenden Fassung entsprechen.

§ 4 Form des Wärmeliefervertrages

Der Wärmeliefervertrag bedarf der Textform.

§ 5 Auskunftsanspruch

Hat der Mieter nach einer Umstellung auf Wärmelieferung die Wärmelieferkosten nicht als Betriebskosten zu tragen, weil die Voraussetzungen des § 556c Absatz 1 des Bürgerlichen Gesetzbuchs nicht erfüllt sind, so kann der Kunde vom Wärmelieferanten verlangen, diejenigen Bestandteile des Wärmelieferpreises als jeweils gesonderte Kosten auszuweisen, die den umlegbaren Betriebskosten nach § 7 Absatz 2 und § 8 Absatz 2 der Verordnung über Heizkostenabrechnung entsprechen.

§ 6 Verhältnis zur Verordnung über Allgemeine Bedingungen für die Versorgung mit Fernwärme

Soweit diese Verordnung keine abweichenden Regelungen enthält, bleiben die Regelungen der Verordnung über Allgemeine Bedingungen für die Versorgung mit Fernwärme unberührt.

§ 7 Abweichende Vereinbarungen

Eine von den Vorschriften dieses Abschnitts abweichende Vereinbarung ist unwirksam.

Abschnitt 3

Umstellung der Wärmeversorgung für Mietwohnraum

§ 8 Kostenvergleich vor Umstellung auf Wärmelieferung

Beim Kostenvergleich nach § 556c Absatz 1 Satz 1 Nummer 2 des Bürgerlichen Gesetzbuchs sind für das Mietwohngebäude gegenüberzustellen
1. die Kosten der Eigenversorgung durch den Vermieter mit Wärme oder Warmwasser, die der Mieter bislang als Betriebskosten zu tragen hatte, und
2. die Kosten, die der Mieter zu tragen gehabt hätte, wenn er die den bisherigen Betriebskosten zugrunde liegende Wärmemenge im Wege der Wärmelieferung bezogen hätte.

§ 9 Ermittlung der Betriebskosten der Eigenversorgung

(1) Die bisherigen Betriebskosten nach § 8 Nummer 1 sind wie folgt zu ermitteln:
1. Auf der Grundlage des Endenergieverbrauchs der letzten drei Abrechnungszeiträume, die vor der Umstellungsankündigung gegenüber dem Mieter abgerechnet worden sind, ist der bisherige durchschnitt- liche Endenergieverbrauch für einen Abrechnungs- zeitraum zu ermitteln; liegt der Endenergieverbrauch nicht vor, ist er aufgrund des Energiegehalts der ein- gesetzten Brennstoffmengen zu bestimmen.
2. Der nach Nummer 1 ermittelte Endenergieverbrauch ist mit den Brennstoffkosten auf Grundlage der durchschnittlich vom Vermieter entrichteten Preise des letzten Abrechnungszeitraums zu multiplizieren.
3. Den nach Nummer 2 ermittelten Kosten sind die sonstigen abgerechneten Betriebskosten des letzten Abrechnungszeitraums, die der Versorgung mit Wärme oder Warmwasser dienen, hinzuzurechnen.
(2) Hat der Vermieter die Heizungs- oder Warmwasseranlage vor dem Übergabepunkt während der letzten drei Abrechnungszeiträume modernisiert, so sind die Betriebskosten der bisherigen Versorgung auf Grundlage des Endenergieverbrauchs der modernisierten Anlage zu berechnen.

§ 10 Ermittlung der Kosten der Wärmelieferung

(1) Die Kosten der Wärmelieferung nach § 8 Nummer 2 sind wie folgt zu ermitteln: Aus dem durchschnittlichen Endenergieverbrauch in einem Abrechnungszeitraum nach § 9 Absatz 1 Nummer 1 ist durch Multiplikation mit dem Jahresnutzungsgrad der bisherigen Heizungs- oder Warmwasseranlage, bestimmt am Übergabepunkt, die bislang durchschnittlich erzielte Wärmemenge zu ermitteln.
(2) Sofern der Jahresnutzungsgrad nicht anhand der im letzten Abrechnungszeitraum fortlaufend gemessenen Wärmemenge bestimmbar ist, ist er durch Kurzzeitmessung oder, sofern eine Kurzzeitmessung nicht durchgeführt wird, mit anerkannten Pauschalwerten zu ermitteln.
(3) Für die nach Absatz 1 ermittelte bisherige durchschnittliche Wärmemenge in einem Abrechnungszeitraum sind die Wärmelieferkosten zu ermitteln, indem der aktuelle Wärmelieferpreis nach § 2 Absatz 1 Nummer 2 unter Anwendung einer nach Maßgabe von § 3 vereinbarten Preisänderungsklausel auf den letzten Abrechnungszeitraum indexiert wird.

§ 11 Umstellungsankündigung des Vermieters

(1) Die Umstellungsankündigung nach § 556c Absatz 2 des Bürgerlichen Gesetzbuchs muss dem Mieter spätestens drei Monate vor der Umstellung in Textform zugehen.
(2) Sie muss Angaben enthalten
1. zur Art der künftigen Wärmelieferung,
2. zur voraussichtlichen energetischen Effizienzverbesserung nach § 556c Absatz 1 Satz 1 Nummer 1 des Bürgerlichen Gesetzbuchs oder zur energetisch verbesser-

ten Betriebsführung nach § 556c Absatz 1 Satz 2 des Bürgerlichen Gesetzbuchs; § 555c Absatz 3 des Bürgerlichen Gesetzbuchs gilt entsprechend,

3. zum Kostenvergleich nach § 556c Absatz 1 Satz 1 Nummer 2 des Bürgerlichen Gesetzbuchs und nach den §§ 8 bis 10 einschließlich der ihm zugrunde liegenden Annahmen und Berechnungen,

4. zum geplanten Umstellungszeitpunkt,

5. zu den im Wärmeliefervertrag vorgesehenen Preisen und den gegebenenfalls vorgesehenen Preisänderungsklauseln.

(3) Rechnet der Vermieter Wärmelieferkosten als Betriebskosten ab und hat er dem Mieter die Umstellung nicht nach den Absätzen 1 und 2 angekündigt, so beginnt die Frist für Einwendungen gegen die Abrechnung der Wärmelieferkosten (§ 556 Absatz 3 Satz 5 des Bürgerlichen Gesetzbuchs) frühestens, wenn der Mieter eine Mitteilung erhalten hat, die den Anforderungen nach den Absätzen 1 und 2 entspricht.

§ 12 Abweichende Vereinbarungen

Eine zum Nachteil des Mieters von den Vorschriften dieses Abschnitts abweichende Vereinbarung ist unwirksam.

Abschnitt 4

Schlussvorschriften

§ 13 Inkrafttreten

Diese Verordnung tritt am 1. Juli 2013 in Kraft.

Unterkapitel 2
Regelungen über die Miethöhe

Vorbem zu § 557

Schrifttum

Börstinghaus Miethöhe-Handbuch; *ders* Die Entwicklung des Mietpreisrechts in Deutschland, in: FS Bub (2007) 283; *Both* Stößt das Vergleichsmietensystem bei stagnierenden Mieten an seine Grenzen?, PiG 85 (2009) 73; *Busz* Die Äquivalenz im freifinanzierten Wohnraummietrecht. Eine Untersuchung zum „gerechten Preis" und den Grenzen normativer Steuerung (2002); *Dopfer* Der westdeutsche Wohnungsmarkt. Ein dynamisches Teilmarktmodell (2000); *Eekhoff* Wohnungspolitik (2. Aufl 2002); *Expertenkommission Wohnungspolitik* Wohnungspolitik auf dem Prüfstand (1995) = BT-Drucks 13/159, 3 ff; *Fessler* Die Zersplitterung der Regelungen über den geförderten Wohnungsbau nach der Föderalismusreform, WuM 2010, 267; *ders/ Roth* Wirksamkeit einer Kostenmieterhöhung bei öffentlich gefördertem Wohnraum wegen unwirksamer Schönheitsreparaturklausel, WuM 2009, 560; *Gies* Streitwerte in Mietsachen, NZM 2003, 886; *Hau* Vertragsanpassung und Anpassungsvertrag (2003); *Hinkelmann* Die ortsübliche Miete (1998); *Hofacker* Preisvorschriften für sogenannten preisfreien Wohnraum. Eine juristische sowie preis- und allokationstheoretische Untersuchung (2000); *Hügemann* Die Geschichte des öffentlichen und privaten Mietpreisrechts vom Ersten Weltkrieg bis zum Gesetz zur Regelung der Miethöhe von 1974 (1998); *Kerner* Wohnraumzwangswirtschaft in Deutschland: Anfänge, Entwicklung und Wirkung vom Ersten bis zum Zweiten Weltkrieg (1996); *Kofner* Die Formation der deutschen Wohnungspolitik nach dem Zweiten Weltkrieg, DWW 2003, 246 u 284; *Kunze/ Tietzsch* Miethöhe und Mieterhöhung (2006); *Lutz* Der Mieterschutz der Nachkriegszeit – Einfluß des Mietrechts auf den Wohnungsbau (1998); *Sonnenschein* Wohnraummiete (1995) = BT-Drucks 13/159, 379 ff; *Weitemeyer* Das soziale Mietrecht und die Finanzkrise, NZM 2010, 605; *Wulff* Kündigungsschutz und Mietzins im englischen und französischen Gewerberaummietrecht, NZM 2001, 1018; *ders* Kündigungsschutz und Mietzins im Gewerbemietrecht Europas (2001).

Systematische Übersicht

1. Geschichtliche Entwicklung des Rechts der Miethöhe

a) MHRG. Vorbild für die Regelungen über die Miethöhe bei Wohnraummietverhältnissen in den §§ 557 bis 561 war das Gesetz zur Regelung der Miethöhe (MHRG) vom 18.12.1974,[1] das durch das 2. Wohnraumkündigungsschutzgesetz (WKSchG II)[2] vom gleichen Tag eingeführt worden war. Vorausgegangen war das **WKSchG I** vom 25.11.1971,[3] das nach der stufenweisen Freigabe des Mietwohnungsmarktes durch das Gesetz über den Abbau der Wohnungszwangswirtschaft und über ein soziales Miet- und Wohnrecht vom **1**

---

1 BGBl I 3603.
2 BGBl I 3603.
3 BGBl I 1839.

23.6.1960[4] zu einer erneuten Regulierung des Mietwohnungsmarktes führte. Die Regelungen des WKSchG I wurden durch das WKSchG II in Dauerrecht verwandelt. In der Folgezeit kam es in Deutschland zu einem starken Rückgang des Mietwohnungsbaus, der wenigstens zum Teil auf die Beschränkung der Vermieterrechte durch das MHRG zurückgeführt wurde. Die Bundesregierung entschloss sich deshalb zu einer partiellen Rückkehr zu marktwirtschaftlichen Prinzipien. Durch das **Gesetz zur Erhöhung des Angebots an Mietwohnungen** vom 20.12.1982[5] wurde aus diesem Grund das MHRG in wichtigen Punkten geändert. Ziel der Änderungen des MHRG war es auf der einen Seite, dem Vermieter die Durchsetzung einer marktorientierten Miete nach Möglichkeit zu erleichtern, auf der anderen Seite wurde jedoch zugleich, um zu verhindern, dass die dadurch ermöglichten Mietsteigerungen in „Einzelfällen ein zu starkes Ausmaß" annehmen,[6] erstmals eine sogenannte **Kappungsgrenze** eingeführt, indem die Mieterhöhungen in einem Zeitraum von drei Jahren auf (seinerzeit) maximal 30 % des Ausgangsmiete beschränkt wurden. Durch Art 2 Nr 3a) des Gesetzes wurde als § 10 Abs 2 MHRG die Möglichkeit einer Staffelmiete geschaffen (§ 557a). Durch das **4. Mietrechtsänderungsgesetz** vom 21.7.1993[7] wurde das MHRG erneut in wesentlichen Punkten geändert. Hervorzuheben sind die **Absenkung der Kappungsgrenze** für die Masse der Mietwohnungen auf 20 % sowie die Wiederzulassung von Mietanpassungsvereinbarungen durch § 10a MHRG (§ 557b). Die Absenkung der Kappungsgrenze wurde von der Bundesregierung damit begründet, die Mietpreisbildung solle zwar weiterhin grundsätzlich am Markt ausgerichtet bleiben; jedoch sei im oberen Bereich der Mietpreisskala eine Absenkung der Kappungsgrenze erforderlich, um vorübergehend besonders starke Mietsteigerungen zu begrenzen.[8]

2   **b) Mietrechtsreformgesetz.** Das **Gesetz zur Neugliederung, Vereinfachung und Reform des Mietrechts** (Mietrechtsreformgesetz) vom **19.6.2001**[9] fasste das private Wohnraummietrecht im BGB zusammen. Das betrifft in erster Linie die Regelungen des MHRG über Mieterhöhungen, die als §§ 557 bis 561 innerhalb des Unterkapitels 2 „Regelungen über die Miethöhe" in den Untertitel 2 „Mietverhältnisse über Wohnraum" und dort in das Kapitel 2 mit der Bezeichnung „Die Miete" übernommen worden sind. Mit dem Begriff „Miete" wird entsprechend dem heute überwiegenden allgemeinen Sprachgebrauch durchgängig die vom Mieter zu entrichtende Gegenleistung bezeichnet, die bisher im BGB mit „Mietzins" benannt war. Das bislang in § 1 S 1 MHRG enthaltene Verbot der Kündigung zum Zwecke der Mieterhöhung (Änderungskündigung) ist jetzt in § 573 Abs 1 S 2 geregelt. Wie die früheren §§ 1 S 2 und 10 Abs 1 HS 1 MHRG schließt § 557 Abs 3 andere als die gesetzlich vorgeschriebenen Verfahren zur Mieterhöhung aus. Gem Art 10 Nr 1 des Mietrechtsreformgesetzes wurde das MHRG aufgehoben. Es bleiben nur das Mieterhöhungsverlangen in § 558 und die Mieterhöhung wegen Modernisierung in § 559 und wegen der Erhöhung der Betriebskosten nach § 560 erhalten. Weggefallen ist die Mieterhöhung wegen gestiegener Kapitalkosten nach **§ 5 MHRG**. Nach Art 6 Mietrechtsreformgesetz ist der bisherige § 6 MHRG über die Mieterhöhung bei öffentlich gefördertem oder steuerbegünstigtem Wohnraum nach dem Wohnungsbaugesetz für das Saarland als § 29a in jenes Gesetz eingestellt worden, weil sie als regional begrenzte Ausnahmevorschrift dort besser

---

4   BGBl I 389. Sog Lücke-Plan, s *Staudinger/Emmerich* (1995) Vorbem 17ff zu §§ 535, 536.
5   BGBl I 1912.
6   Begr zum RegE, BT-Drucks 9/2079.
7   BGBl I 1257.
8   Begr zum RegE BT-Drucks 12/3254, 11ff, 29f.
9   BGBl I 1149.

aufgehoben ist.[10] Inzwischen wurde dieses Gesetz durch Art 3 des Gesetzes zur Reform des Wohnungsbaurechts vom 13.9.2001 (BGBl I 2376) aufgehoben und in das Gesetz über die soziale Wohnraumförderung vom gleichen Tag (WoFG – dort § 49) überführt. Entfallen ist auch das Mieterhöhungsrecht des **§ 7 MHRG** für die von der Ruhrkohle AG bewirtschafteten Bergmannswohnungen.[11] Die bisher in **§ 8 MHRG** geregelte Erleichterung an die Schriftform wurde durch das Gesetz zur Anpassung der Formvorschriften des Privatrechts und anderer Vorschriften an den modernen Rechtsgeschäftsverkehr vom 13.7.2001[12] bei den einzelnen Mieterhöhungsrechten zugunsten der Textform des § 126b aufgegeben. Der Anwendungsbereich der Formerleichterung wurde auf die bisher noch nicht einbezogene Indexmiete[13] und auf die in Zusammenhang mit der Erhöhung der Miete wegen Modernisierung stehenden schriftlichen Erklärungen über die Ankündigung von Modernisierungen nach § 554 Abs 3[14] ausgedehnt.

2. Mieterhöhungen im Wohnraummietrecht. Das Hauptziel des Gesetzgebers des **3** MHRG und seines Vorläufers im WKSchG I (Rn 1) war die Wiedereinführung des Kündigungsschutzes für die Mieter (Art 1 § 1 WKSchG I, dann § 564b aF, jetzt §§ 573–573c). Dieses Ziel ließ sich jedoch ohne gleichzeitige gesetzliche Regelung der Mieterhöhung nicht verwirklichen. Denn man kann die Kündigungsmöglichkeiten des Vermieters nur beschränken, wenn man ihm gleichzeitig die Möglichkeit eröffnet, auch ohne Kündigung in angemessenen Abständen die Miete zu erhöhen. Zu diesem Zweck entschied sich der Gesetzgeber für die Bindung der Mieterhöhungen an das Niveau der **ortsüblichen Vergleichsmiete**, weil er der Meinung war, dass sie immer noch am meisten mit marktwirtschaftlichen Grundsätzen vereinbar sei. Das Vergleichsmietenverfahren hat sich im Kern bewährt und wird in den mehr als 35 Jahren seiner Geltung als Kompromiss zwischen den Interessen der Vermieter und der Mieter weitgehend akzeptiert.[15] Der durch das Vergleichsmietverfahren und den Kündigungsschutz im Wohnraummietrecht erreichte Ausgleich der Interessen von Mieter und Vermieter bewirkt eine Stabilität auf dem Wohnungsmarkt und hat dazu beigetragen, dass sich die weltweite Finanzkrise der Jahre 2008/2009 in Deutschland weit weniger ausgewirkt hat, da sich kein überhitzter Immobilienmarkt aufgebaut hat.[16] Kern der gesetzlichen Regelung über die Mieterhöhung ist die Begrenzung der Entgelte für Mietverhältnisse über Wohnraum durch § 558 Abs 1 S 1 auf das Niveau der ortsüblichen Vergleichsmiete. Damit stellt der Gesetzgeber dem Vermieter das Instrument eines **gesetzesgestützten Änderungsvertrags** zur Verfügung, um nicht dem Mieter die unbeschränkte Kontrolle über die Miethöhe während der Vertragslaufzeit zu überlassen.[17] Die Vergleichsmiete wird ermittelt an Hand der Mieten für hinsichtlich des **Wohnwerts** vergleichbare Wohnungen. Der Gesetzgeber ist bei dieser Regelung davon ausgegangen, dass sich die Miete am Markt im Spiel von Angebot und Nachfrage in erster Linie nach dem Wohnwert richtet.[18] Diese Vorstellung trifft indessen nicht zu, wie neuere

---

10 Begr zum RegE BT-Drucks 14/4553, 78f.
11 Einzelheiten *Staudinger/Weitemeyer* (2003) Rn 10.
12 BGBl I 1542; zum Problem der Rückwirkung BVerfG NZM 2003, 896.
13 *Emmerich/Sonnenschein/Weitemeyer*, Miete (8. Aufl.) § 10a MHRG Rn 14 mwN.
14 AG Löbau WuM 1997, 229; *Staudinger/Emmerich* (1995) § 541a, 541b aF Rn 73.
15 Begr zum RegE BT-Drucks 14/4553, 36; zur Kritik an der Kappungsgrenze *Staudinger/Weitemeyer* (2006) § 557 Rn 5; s auch Entw eines G zur Liberalisierung des Wohnraummietrechts, BR-Drucks 513/06.
16 *Weitemeyer* NZM 2010, 605.
17 *Hau* Vertragsanpassung und Anpassungsvertrag, 245ff, 265f.
18 Begr z RegE BT-Drucks 7/2011, 10.

Jost Emmerich

Untersuchungen gezeigt haben.[19] Dies wird vor allem daran deutlich, dass Wohnungen, die, gemessen an den Wohnwertmerkmalen des § 558 Abs 2, an sich „schlechter" als andere Wohnungen einzustufen sind, häufig tatsächlich teurer als die anderen „besseren" Wohnungen sind, ua weil es Teilmärkte für bestimmte sozial unterprivilegierte Mieter gibt (sogenannte soziale Überformung des Mietmarktes). Die Wohnwertmerkmale wie namentlich Alter, Lage und Ausstattung der Wohnungen vermögen tatsächlich nur in einem verhältnismäßig geringen Umfang die vorhandenen Mietpreisdifferenzen zu erklären, so dass auf dem Markt offenbar noch eine Vielzahl anderer Faktoren für die Mietpreisentwicklung wirksam sein muss. Auch die Vorstellung des Gesetzgebers, auf dem Mietwohnungsmarkt gebe es immer nur den einen Marktpreis, der sich im Spiel von Angebot und Nachfrage für vergleichbare Wohnungen herausbildet und der, wie immer, mit zumutbarem Aufwand ermittelt werden kann, hat sich als brüchig erwiesen. Denn feststellen lässt sich immer nur eine oft erstaunlich große **Spanne**, innerhalb derer sich die am Markt jeweils erzielten und durchgesetzten Preise bewegen. Gleichwohl ist nach Auffassung des BGH eine Einzelvergleichsmiete festzustellen, wobei aber Schätzungen nach § 287 ZPO zulässig sind.[20] Der Gesetzgeber sieht einen Ausweg aus den angedeuteten Problemen vor allem in der vermehrten Aufstellung von **Mietspiegeln** durch die Gemeinden.[21] Die Gerichte ziehen heute gleichfalls Mietspiegel, wo immer möglich, jedem anderen Verfahren zur Ermittlung der ortsüblichen Vergleichsmiete vor. Hierüber darf jedoch nicht übersehen werden, dass tatsächlich auch die Aufstellung von Mietspiegeln mit so vielen nur schwer lösbaren Problemen belastet ist, dass sie häufig nur ein verhältnismäßig grobes Abbild der hochkomplexen Verhältnisse auf dem Wohnungsmarkt zu geben vermögen.[22] Auch die durch die Mietrechtsreform eingeführte Vermutungswirkung eines **qualifizierten Mietspiegels** (§ 558d Abs 3) und das neu eingeführte Begründungsmittel der **Mietdatenbank** (§ 558e) dürften an diesem Befund grundlegend nichts geändert haben.[23] Die ortsübliche Vergleichsmiete erweist sich vielmehr als normativer Begriff, weil in ihre Festlegung notwendigerweise auf allen Ebenen des Erkenntnisprozesses rechtliche Wertungen einfließen.[24]

3. Sachlicher Anwendungsbereich

4 **a) Wohnraummietverhältnisse.** Die Vorschriften der §§ 557 bis 561 gelten nach § 549 Abs 1 nur für Wohnraummietverhältnisse (§ 549 Rn 3 ff) mit Ausnahme der in § 549 Abs 2 und 3 vom sozialen Mietrecht weitgehend ausgenommenen Mietverhältnisse (§ 549 Rn 8 ff).

5 **b) Preisgebundener Wohnraum.** Keine ausdrückliche Ausnahmeregelung besteht mehr für den in dem früheren § 10 Abs 3 Nr 1 MHRG von den Vorschriften über Mieterhöhungen und über die Berechnung und Umlage der Betriebskosten ausgenommenen preisgebundenen Wohnraum. Soweit eine Preisbindung auf Grund der Vorschriften des sozialen Wohnungsbaus besteht, ergebe sich unmittelbar aus diesen Spezialvorschriften, dass und inwieweit andere Regelungen für die Mieterhöhung gelten. Zudem hätte ein derartiger Hinweis zu Missverständnissen führen können, da er im Umkehrschluss auch für andere

---

19 *Emmerich*, in: *Gather* ua, Mietpreisermittlung 46ff; *Hinckelmann* Die ortsübliche Miete (1999), 83ff; *Sonnenschein* Wohnraummiete (1995) 62ff.
20 BGH NJW 2005, 2074 = WuM 2005, 394 m abl Anm *Thomma*; NJW 2005, 2621.
21 Bericht der Bundesregierung BT-Drucks 8/2610, 18f; Begr zum RegE BT-Drucks 7/5160; Begr zum RegE BT-Drucks 9/2079, 8f, 17.
22 *Emmerich* FWW 1988, 35.
23 *Weitemeyer* NZM 2001, 563, 568f = WuM 2000, 171 mwN.
24 *Börstinghaus* NZM 2000, 1087, 1089f; *Hinckelmann* Die ortsübliche Miete (1999) 89ff, 119.

Vorschriften die Frage des Geltungsbereichs hätte aufwerfen können.[25] Die Anwendbarkeit der §§ 557 ff ist daher den jeweiligen speziellen Vorschriften zur Wohnraumförderung zu entnehmen. Die ursprünglichen Vorschriften zur Förderung des Mietwohnungsbaus sahen zur Sicherung des Förderzwecks ua eine **gesetzliche Mietpreisbindung** vor.[26] Die unterschiedlichen Förderwege wurden durch das Gesetz zur Reform des Wohnungsbaurechts vom 13.9.2001[27] durch die Förderung nach dem Gesetz über die soziale Wohnraumförderung (WoFG) ersetzt. Die bestehenden Regelungen sind noch für eine Übergangszeit anwendbar.[28] Nach § 28 Abs 3 WoFG sind nunmehr auch für geförderte Wohnungen die Regelungen über Mieterhöhungen nach den §§ 557 ff anwendbar. Zur Sicherung der mit der Förderung verfolgten Ziele sehen § 28 Abs 3 und 5 WoFG vor, dass der Vermieter keine höhere Miete als die in der Förderzusage bestimmte Miethöhe verlangen kann. Es handelt sich dabei um die Miete ohne Betriebskosten, für welche nach § 28 Abs 4 WoFG ebenfalls das Mietrecht des BGB und § 19 Abs 2 WoFG gelten (§ 556 Rn 2). Anders als nach dem bisherigen Instrumentarium einer nur vertraglich zwischen Vermieter und Förderer geltenden Mietpreisbindung[29] kann sich der Mieter nun gem § 28 Abs 5 WoFG gegenüber dem Vermieter auf die Bestimmung der Förderzusage über die höchstzulässige Miete berufen.[30] Entgegenstehende mietvertragliche Vereinbarungen sind nach § 28 Abs 6 WoFG unwirksam. Nach jahrzehntelangen unwirksamen Kostenmieterhöhungen ist aber eine Vertragsanpassung nach § 313 möglich.[31] Durch das Föderalismusreform-Begleitgesetz vom 5.9.2006[32] wurde die **Gesetzgebungskompetenz für die soziale Wohnraumförderung** den Ländern übertragen. Inzwischen haben die Länder Bayern, Bremen, Hamburg, Niedersachsen und Nordrhein-Westfalen das Bundesrecht weitgehend unverändert in Landesrecht überführt, während Baden-Württemberg und Schleswig-Holstein die Kostenmieten in das Vergleichsmietensystem überführen, wobei aber wie nach § 28 Abs 5 WoFG Höchstmieten mit unmittelbarer Geltung für den Mieter festgesetzt wurden.[33] Nach dem **Ende einer gesetzlichen Mietpreisbindung**, die die Mieterhöhungsverfahren der §§ 557a ff ausschließt, kann der Vermieter die Miete nur unter den Voraussetzungen der §§ 557 ff erhöhen.[34] Das Landeswohnraumförderungsgesetz in Baden-Württemberg vom 11.12.2007[35] sieht die Überleitung in das Vergleichsmietensystem zum 1.1.2009 vor und schafft hierzu genaue Regelungen.[36] Nach § 32 Abs 2 LWoFG Baden-Württemberg gilt seit dem 1.1.2009 die Miete, die für die geförderten Wohnungen zum 31.12.2008 als Kostenmiete geschuldet war, als die vertraglich vereinbarte Miete. Die gleiche Regelung entnimmt der BGH ohne spezielle Rechtsgrundlage allgemeinen Erwägungen.[37] Ausgangspunkt für künftige Mieterhöhungen durch das Vergleichsmietensystem ist daher nicht die gesetzlich zulässige höchste Kostenmiete,

---

25 Begr zum RegE BT-Drucks 14/4553, 52.
26 Einzelheiten s *Emmerich/Sonnenschein/Weitemeyer*, Miete, 7. Aufl, § 10 MHRG Rn 30ff; zur Anwendbarkeit der §§ 557ff bei Ende der gesetzlichen Preisbindung s *Staudinger/Weitemeyer* (2003) § 557 Rn 26.
27 BGBl I 2376.
28 §§ 46ff des Gesetzes zur Reform des Wohnungsbaurechts; zu den Besonderheiten im Saarland s Rn 2; zur früheren Mietbindung in Berlin s *Staudinger/Sonnenschein/Weitemeyer* (1997) § 10 MHRG Rn 54; zur Entwicklung in den neuen Bundesländern s *Staudinger/Emmerich* (1997) § 11 MHRG Rn 2ff.
29 *Staudinger/Sonnenschein/Weitemeyer* (1997) § 10 MHRG Rn 56f.
30 *Söfker* WuM 2002, 291, 293.
31 BGH ZMR 2010, 944.
32 BGBl I 2098.
33 *Fessler* WuM 2010, 267, 269ff.
34 LG Heidelberg WuM 1983, 202.
35 GBl Baden-Württemberg Nr 20 vom 14.12.2007.
36 *Fessler* WuM 2010, 267, 270 ff.
37 BGH WuM 2010, 490.

sondern nur diejenige zulässige Kostenmiete, wie sie der Vermieter tatsächlich erhoben hat.[38] Das Verfahren einer Mieterhöhung nach diesen Vorschriften kann schon **während der Dauer der Preisbindung eingeleitet** werden, wenn der Vermieter damit die Erhöhung der Miete für die Zeit nach Beendigung der Preisbindung erreichen will.[39] Auch kann bereits bei Vertragsschluss über eine Wohnung im **Beitrittsgebiet** eine Vereinbarung über eine höhere Miete nach Ablauf der sich aus Art 2 § 2 MüG, § 11 Abs 2 MHRG ergebenden Preisbindung erfolgen.[40] Auch wenn die Parteien anderweitig eine **vertragliche Preisbindung** vereinbart haben, was auch durch Vertrag zugunsten Dritter geschehen kann,[41] ist das allgemeine Mieterhöhungsrecht der §§ 557ff anwendbar.[42] Möglich ist aber, vertraglich eine bestimmte Miete zu vereinbaren, die bei Vorlage eines Wohnberechtigungsscheines um den jeweils gültigen Förderbetrag sinkt.[43] Eine vertragliche Vereinbarung, dass die Wohnung preisgebunden ist, steht bei **Scheinsozialwohnungen** einer Rückforderung der in der Vergangenheit gezahlten Kostenmieterhöhungen entgegen. Die Vereinbarung einer Kostenmiete sei gegenüber dem Vergleichsmieteverfahren in der Regel günstiger und deshalb zugunsten des Mieters vereinbar.[44] Zudem kann hierin die konkludente Vereinbarung liegen, Mieterhöhungen nur bis zur Höhe der Kostenmiete verlangen zu dürfen.[45] Ob die mit Dritten vereinbarte Mietpreisbindung gem § 557 Abs 3 HS 2 einer Mieterhöhung entgegengehalten werden kann, ist eine Frage des Einzelfalls (§ 557 Rn 18).

4. Prozessuales

6 **a) Zuständigkeit.** Für Klagen aufgrund der §§ 558 bis 560 ist sachlich und örtlich ausschließlich das Amtsgericht zuständig, in dessen Bezirk sich der Wohnraum befindet. Dies folgt aus § 29a ZPO in der Neufassung durch Bekanntgabe vom 5.12.2005[46] und § 23 Nr 2 lit a GVG in der Fassung vom 30.7.2009[47]. Für Fälle mit Auslandsberührung gilt seit der Änderung des § 119 GVG zum 01.09.2009 keine Besonderheit mehr.[48]

7 **b) Streitwert.** Bei Klagen des Vermieters aufgrund von Mieterhöhungen berechnet sich der **Gebührenstreitwert** nach § 41 Abs 5 GKG. Für die Streitwertberechnung bei Ansprüchen auf Erhöhung der Miete für Wohnraum ist höchstens der Jahresbetrag des zusätzlich geforderten Mietbetrages maßgebend. Dabei ist immer von der Differenz zwischen der bisherigen und der geforderten Miete auszugehen. Für den **Beschwerdewert** für Berufungen ist von § 9 ZPO auszugehen. Die Anwendung des § 9 ZPO führt mit dem dreieinhalbfachen jährlichen Differenzbetrag zu wesentlich höheren Streitwerten als die

---

38 *Fessler* WuM 2010, 267, 270, anders die Regelung in Schleswig-Holstein.
39 OLG Hamm NJW 1981, 234 m Anm *Köhler;* KG NJW 1982, 2077; WuM 1994, 455; MünchKomm/*Artz* Rn 51; Schmidt-Futterer/*Börstinghaus* Vor §§ 557–557b Rn 54 f; einschr LG Berlin GE 2003, 591 m abl Anm *Schach* 558; *Staudinger/Weitemeyer* (2011) Rn 26; weitere Einzelheiten s *Staudinger/Emmerich* § 558 Rn 9, 15 f, 23, 48, 51, 54 f.
40 BGH NJW 2004, 511; WuM 2007, 440, 441.
41 OLG Hamm WuM 1986, 169, 170.
42 Ebenso noch zum MHRG: OLG Hamm WuM 1986, 169, 170; LG Essen WuM 1974, 32; LG Frankfurt a M WuM 1974, 184; AG Hamburg WuM 2001, 558; **aM** LG Freiburg WuM 2003, 696 m abl Anm *Harsch*.
43 AG Berlin-Mitte GE 2008, 1267; AG Pankow-Weißensee GE 2009, 1629, 1630.
44 LG Berlin GE 2004, 1299; Rev nicht angenommen BGH GE 2005, 1418.
45 Vgl auch BGH NZM 2004, 378.
46 BGBl I 3202.
47 BGBl I 2449.
48 Zur aF vgl: BGH NZM 2009, 409; Gellwitzki GuT 2008,3.

früher vertretene Anwendung der § 3 ZPO und § 41 Abs 5 GKG. Den Mietern würde bei der Annahme niedriger Beschwerdewerte in vielen Fällen die Möglichkeit der Berufung genommen.[49] Bei einer Feststellungsklage ist nach allgemeinen Grundsätzen ein Abschlag von 20 % vorzunehmen.[50]

5. Übergangsregelung. Die Vorschrift des § 557 ist nach Art 11 Mietrechtsreformgesetz **8** seit dem 1.9.2001 anwendbar. Das bedeutet nach allgemeinen Grundsätzen, dass sämtliche Neuregelungen auf die zu diesem Zeitpunkt abgeschlossenen Mietverträge anzuwenden sind (§ 549 Rn 2). Nach Art 2 Mietrechtsreformgesetz ist in Art 229 § 3 Abs 1 Nr 2 EGBGB für die am 1.9.2001 bestehenden Mietverhältnisse eine Übergangsregelung getroffen. Ein Mietverhältnis besteht im diesem Sinne, wenn der Vertrag geschlossen ist (§ 549 Rn 2). Im Fall einer vor dem 1.9.2001 zugegangenen Erklärung über die Mieterhöhung sind die §§ 2, 3, 5, und 7 MHRG in der bis zu diesem Zeitpunkt geltenden Fassung anzuwenden.[51]

§ 557
Mieterhöhungen nach Vereinbarung oder Gesetz

(1) Während des Mietverhältnisses können die Parteien eine Erhöhung der Miete vereinbaren.

(2) Künftige Änderungen der Miethöhe können die Vertragsparteien als Staffelmiete nach § 557a oder als Indexmiete nach § 557b vereinbaren.

(3) Im Übrigen kann der Vermieter Mieterhöhungen nur nach Maßgabe der §§ 558 bis 560 verlangen, soweit nicht eine Erhöhung durch Vereinbarung ausgeschlossen ist oder sich der Ausschluss aus den Umständen ergibt.

(4) Eine zum Nachteil des Mieters abweichende Vereinbarung ist unwirksam.

Schrifttum

Artz Änderung des Mietvertrags durch konkludentes Verhalten, NZM 2005, 367 = ZMR 2006, 165; *Blank* Zum Ausschluss von Mieterhöhungen bei Mietverhältnissen auf bestimmte Zeit mit festem Mietzins, WuM 1994, 421; *ders* Der Ausschluss der Mietzinserhöhung nach § 1 S 1 MHRG, in: PiG 40 (1993) 143; *Börstinghaus* Mieterhöhung bei Übersteigen der tatsächlichen von der im Mietvertrag vereinbarten Wohnfläche, NJW 2007, 2627; *ders* Wohnflächenabweichung und Mieterhöhung, WuM 2009, 461; Die Wohnwertmerkmal-Abrede, NZM 2013, 1; *Brock* Mietobergrenzen in Berliner Sanierungsgebieten. Ohne Rechtsgrundlage und Kompetenz?, NZM 2001, 887; *Bub* Flächenabweichungen im Mietrecht, PiG 88 (2010) 45; *Dercks/Wolberts* Rückforderungsansprüche nach § 812 Abs 1 Satz 1, 1. Alternative BGB für Modernisierungszuschlag trotz vorbehaltloser Zahlung nach Erhalt einer unwirksamen Mieterhöhungserklärung gemäß § 3 MHG?, ZMR 1999, 733; *Drygala* Wohnungsmietverträge als Haustürgeschäft?, NJW 1994, 3260; *Dyroff* Mietobergrenzen in städtebaulichen Verträgen, GE 2006, 1082; *Engels* Zur Anwendbarkeit des „Haustürwiderrufsgesetzes" auf Verträge über Miete und Pacht von Immobilien, WuM 1991, 321; *Heilmann* Der Abschluss von Modernisierungsvereinbarungen, GE 2005, 42; *Herr* Mieterschutz durch das Haustürwiderrufsgesetz, WuM 1999, 607; *Herrlein* Die Rechtsprechung zur Wohnraummiete, NJW 2009, 1250; 2009, 2863; 2010, 1256; 2010, 2856; 2011,

---

49 BGH NZM 2004, 617 (LS) = AnwBl 2003, 597; WuM 2007, 32.
50 BGH NZM 2004, 617 (LS) = AnwBl 2003, 597.
51 BGH NZM 2004, 735 (LS); NZM 2004, 545.

1189; 2011, 2858; 2012, 1185; 2012, 2927; 2013, 1045; *Hong* Zur Zulässigkeit von Mietobergrenzen als Auflagen zu Sanierungsgenehmigungen gem § 145 Abs 4 S 1 BauGB iVm § 36 Abs 1 Alt 2 VwVfG, ZMR 2001, 857; *Kraemer* Mietfläche und Mietpreis. Zum negativen Rechtsentscheid des OLG Hamburg vom 5. Mai 2000, NZM 2000, 1121; *Krautschneider* Mieterhöhungen bei Genossenschaftswohnungen als Ausgleich für Mietminderungen, WuM 2006, 184; *Mersson* Jahresfrist und Mieterwechsel bei der Staffelmiete, ZMR 2002, 732; *Michaelis* Sind an der Wohnungstür gegebene Zustimmungen zu Mieterhöhungen wirksam?, WuM 1989, 2; *Reih* Begrenzung der Mieterhöhung durch unwirksame Staffelmietvereinbarung bei Wohnraummiete?, ZMR 1999, 804; *Riecke* Mieterhöhungen während eines Räumungsprozesses, ZMR 2008, 543; *de Riese* Zur Anwendbarkeit des HWiGes auf Hausbesuche zur Mieterhöhung, ZMR 1994, 449; *Roth* Weitergeltung vertraglicher Kostenmietklauseln bei Wegfall der Gemeinnützigkeit, NZM 1999, 688; *Sternel* Schlüssige Verhalten im Mietrecht, FS Blank (2006) 421; *Wiek* Bereicherungsrechtliche Nachholung einer Mieterhöhung?, WuM 1999, 559.

Systematische Übersicht

I. Allgemeines

1   Die Vorschrift des § 557 stellt in Abs 3 HS 1 den Grundsatz auf, dass der Vermieter Mieterhöhungen nur nach Maßgabe der §§ 558 bis 560 verlangen kann. Damit wird das Prinzip der Vertragsfreiheit ebenso wie in anderen Bestimmungen des sozialen Mietrechts zum Schutz des Mieters eingeschränkt. Eine Ausnahme lässt Abs 1 für den Fall zu, dass der Mieter während des Bestehens des Mietverhältnisses einer Mieterhöhung zustimmt. Eine weitere Ausnahme findet sich in Abs 2, der die Vereinbarung einer Staffelmiete und einer Indexmiete nach §§ 557a, b für zulässig erklärt. Abs 3 HS 2 stellt klar, dass die Parteien diese Mieterhöhungsrechte zugunsten des Mieters ausschließen können. Vereinbarungen, die zum Nachteil des Mieters von diesen Vorschriften abweichen, sind nach Abs 4 unwirksam.[1]

II. Vertragliche Mieterhöhung (Abs 1)

1. Voraussetzungen

a) Änderungsvertrag. Durch § 557 Abs 1 hat der Gesetzgeber klargestellt, dass freiwillige Vereinbarungen über Mieterhöhungen abweichend von den gesetzlichen Vorschriften durch die Mietvertragsparteien getroffen werden können. Ein Änderungsvertrag kann auf drei verschiedene Arten zustande kommen. Die Parteien können sich unabhängig von den Mieterhöhungsverfahren der §§ 558ff einigen (Rn 3). Der Mieter kann einem Mieterhöhungsverlangen nach §§ 558, 558b zustimmen und damit einen Änderungsvertrag schließen, da ein solches Erhöhungsverlangen, auch ein unwirksames, in aller Regel einen wirksamen Antrag auf Vertragsänderung enthält.[2] Schließlich können die einseitigen Erhöhungserklärungen des Vermieters nach den §§ 559 und 560 im Einzelfall so ausgelegt werden, dass darin zugleich ein Angebot auf Abschluss eines Änderungsvertrages liegt, das der Mieter annehmen kann.[3] Die allgemeinen Vorschriften über den Vertragsschluss nach den §§ 145ff werden in den beiden letzten Fällen teilweise von den Besonderheiten der §§ 558ff überlagert. Wegen der besonderen Fristenregelung des § 558b Abs 2 können die in einem Zustimmungsverlangen liegenden Vertragsangebote abweichend von § 147 bis zum Ablauf der Überlegungsfrist[4] und der Klagefrist des § 558b Abs 2[5] angenommen werden. In der Zustimmung des Mieters nach Ablauf der Frist ist nach § 150 Abs 2 ein neuer Antrag zu sehen, den der Vermieter gem § 151 annehmen kann.[6] Aufgrund der Besonderheiten der §§ 558ff kann der Mieter der Mieterhöhung auch teilweise zustimmen, ohne dass dies nach § 150 Abs 2 als Ablehnung, verbunden mit einem neuen Antrag, anzusehen wäre (s jetzt § 558b Abs 1). Die Wartefrist des § 558 Abs 1 S 1 wird allerdings erst ausgelöst, wenn die Klagefrist abläuft, ohne dass der Vermieter Klage auf Zustimmung zu der restlichen Mieterhöhung erhoben hat,[7] das weitergehende Verlangen des Vermieters unbegründet oder unwirksam war oder der Vermieter mit der Teilzustimmung einverstanden war (Rn 15). Eine teilweise Zustimmung ist auch bei den einseitigen Mieterhöhungserklärungen der §§ 559, 560 möglich, sofern darin ein Vertragsangebot liegt.[8] Eine Zustimmung des Mieters unter Vorbehalt oder Bedingungen ist nach § 150 Abs 2 eine Ablehnung des Angebots, verbunden mit einem neuen Antrag,[9] Die Erklärungen sind auch bei vereinbarter Schriftform in Textform vorzunehmen.[10] (s aber Rn 3). Im Übrigen kommt es auf die materiellen und formellen Voraussetzungen der §§ 558ff nicht an.[11]

---

1 Zum insofern maßgeblichen Zeitpunkt bei Änderung von Gesetzen s *Staudinger/Weitemeyer* (2003) Rn 72.
2 BGH NJW 1998, 445; s auch BGH NZM 2005, 736; **aM** AG Donaueschingen WuM 2004, 609.
3 LG Berlin WuM 1987, 158; LG Potsdam WuM 2001, 197; *Hau* Vertragsanpassung und Anpassungsvertrag, 325.
4 LG Hannover WuM 1990, 222; *Bub/Treier/Schultz* Rn III 533.
5 LG Berlin GE 1996, 263; GE 1996, 865; *Bub/Treier/Schultz* Rn III 533; weitergehend LG Berlin WuM 1985, 311.
6 AG Köln WuM 1985, 67 (LS).
7 *Staudinger/Emmerich* (2011) § 558 Rn 7 mwN, § 558b Rn 8.
8 AM LG Görlitz WuM 2001, 28.
9 LG Hamburg WuM 1987, 86; AG Hohenschönhausen GE 1996, 869.
10 BGH NJW 2011, 245.
11 LG Aachen WuM 1988, 280; LG Berlin WuM 1987, 158; GE 1996, 1551; LG Braunschweig WuM 1986, 142; LG Frankfurt aM WuM 1990, 224; AG Münster WuM 1990, 442.

3   **b) Allgemeine Voraussetzungen des Änderungsvertrags.** Im Übrigen gelten für den Abschluss eines Änderungsvertrags die **allgemeinen Grundsätze.** Wurde der Mieter zur Abgabe der Zustimmungserklärung durch eine arglistige Täuschung des Vermieters über die Einordnung in den Mietspiegel getäuscht, kann er seine Zustimmung gem §§ 123, 142 anfechten.[12] Bei bloß fahrlässigen Falschangaben kommt die Mieterhöhungsvereinbarung aber wirksam zustande.[13] Die Vereinbarung einer Mieterhöhung nach Modernisierung durch Ersatz der Ofenheizung hat auch dann Bestand, wenn der Vermieter die Heizungsanlage später an einen Wärmecontractor verpachtet.[14] Unabhängig von den Mieterhöhungsverfahren der §§ 558ff können sich die Parteien auf eine höhere Miete unter den Voraussetzungen des § 557 Abs 1 einigen. In diesem Fall gelten die §§ 145ff uneingeschränkt, ohne dass es auf die Sonderregelungen der §§ 558ff ankommt (Rn 2). Soweit nicht vertraglich oder gesetzlich nach § 550 Formbedürftigkeit besteht, sind die Erklärungen formlos wirksam.[15] Wenn bei der Vereinbarung über die Miete bei einem Vertrag, der für längere Zeit als ein Jahr geschlossen wird, nicht die Schriftform des § 550 beachtet wird, hat das zur Folge, dass der gesamte Vertrag fortan auf unbestimmte Zeit läuft, wenn die Mieterhöhung eine wesentliche Änderung darstellt.[16] Bei einem Verstoß gegen § 550 kann es dem durch die Mieterhöhung begünstigten Vermieter aber nach § 242 verwehrt sein, sich auf die Formunwirksamkeit zu berufen.[17]

c) Konkludenter Änderungsvertrag

4   **aa) In der vorbehaltlosen Zahlung.** des verlangten Erhöhungsbetrags kann eine konkludente Annahmeerklärung des Mieters liegen. Dies ist eine Frage der Auslegung, nämlich ob der Tatbestand dieser Erklärung aus der Sicht des objektiven Empfängers einen Rechtsbindungswillen erkennen lässt. An diesem objektiven Tatbestand einer Willenserklärung wird es regelmäßig fehlen, wenn der Vermieter die erhöhte Miete aufgrund einer Einziehungsermächtigung vom Bankkonto des Mieters einzieht.[18] Dagegen ist in der mehrmonatigen Zahlung der erhöhten Miete eine Zustimmung des Mieters zu einem Mieterhöhungsverlangen iS des § 558 zu sehen,[19] allerdings mE nur wenn dieses so formuliert ist, dass der Mieter **zur Zustimmung aufgefordert** wird.[20] Davon geht im Grundsatz auch der BGH aus,[21] der allerdings zT ein konkretes Erhöhungsverlangen recht großzügig als ein Angebot auf Abschluss eines Änderungsvertrags ausgelegt hat.[22] Überwiegend wird auch die ein- oder zweimalige Zahlung auf ein solches Zustimmungsver-

---

12 LG Hamburg ZMR 2010, 448; AG Hamburg-Wandsbek ZMR 2010, 47.
13 LG Hamburg ZMR 2010, 448 entgegen AG Hamburg-Wandsbek ZMR 2010, 47.
14 BGH WuM 2005, 456.
15 LG Hannover WuM 1990, 222; *Bub/Treier/Schultz* Rn III 208; s aber BGH NJW 2003, 2742: § 134 bei mündl Nebenabrede über die Miete wegen Steuerhinterziehung.
16 KG NZM 2005, 457; OLG Karlsruhe DWW 2001, 273; LG Gießen ZMR 2002, 272; *Staudinger/Emmerich* (2011) § 550 Rn 29.
17 OLG Koblenz NZM 2002, 293; OLG Karlsruhe NZM 2003, 513, 517f Gewerbemiete.
18 LG Göttingen WuM 1991, 280; LG München I WuM 1996, 44; AG Hamburg-Harburg WuM 2000, 359; *Artz* NZM 2005, 367, 369; *Hau* Vertragsanpassung und Anpassungsvertrag, 170; MünchKomm/*Artz* Rn 31; **aM** *Herrlein/Kandelhard/Both* § 557 Rn 17.
19 BGH NJW 1998, 445; NZM 2005, 736; NZM 2005, 735; LG Aachen WuM 1988, 280; LG Berlin WuM 1985, 311; WuM 1987, 266; LG Düsseldorf DWW 1999, 377; AG Bad Hersfeld WuM 1996, 708; nur bei wirksamen Mieterhöhungsverlangen: *Hau*, Vertragsanpassung und Anpassungsvertrag, 328; **aM** *Artz* NZM 2005, 367, 370 = ZMR 2006, 165, 170.
20 Ausführl *Staudinger/Weitemeyer* (2011) Rn 33.
21 BGH NZM 2005, 736; NZM 2005, 735.
22 BGH NZM 2005, 736; krit auch *Lammel* WuM 2005, 701; *Börstinghaus* MietPrax AK § 557 Nr 4 u 5, s auch § 556 Rn 34.

Jost Emmerich

langen hin als Vertragsannahme ausgelegt.[23] Dem ist beizupflichten. Fordert der Vermieter den Mieter ausdrücklich auf, dem Mieterhöhungsverlangen zuzustimmen, kann der Vermieter im Regelfall in der exakten Zahlung der geforderten höheren Miete die konkludente Zustimmung erblicken, zumal diese keiner besonderen Form bedarf. Der Einwand des Mieters, er sei sich nicht bewusst gewesen, gesetzliche Schutzrechte einzubüßen, wenn das Angebot des Vermieters nicht mit den formellen und materiellen Voraussetzungen der §§ 558ff übereinstimmt, ist als Irrtum über die mittelbare Rechtsfolge ebenso unerheblich[24] wie die als Motivirrtum zu wertende Vorstellung, dass der Vermieter einen Anspruch auf Zustimmung habe.[25] Ein Fall des fehlenden Erklärungsbewusstseins, der nach hM zur Anfechtung analog § 119 berechtigt, wenn wie in den vorstehenden Fällen regelmäßig der Mieter eine rechtsgeschäftliche Deutung seiner Erklärung nach Treu und Glauben hätte erkennen müssen liegt nur vor, wenn der Mieter die Vorstellung gehabt hat, bereits das Zustimmungsverlangen des Vermieters löse die Mieterhöhung aus, so dass seine Zahlung selbst keinerlei Erklärungswert habe. Dies wird kaum ein Mieter einwenden können.[26] Erklärt der Vermieter dagegen **einseitig** die Erhöhung der Miete nach den §§ 559 und 560, ist regelmäßig in der vorbehaltlosen Zahlung durch den Mieter keine Vertragsannahme zu sehen. Hier fehlt es meist schon an einem für einen objektiven Empfänger erkennbaren Vertragsangebot des Vermieters. Auch ist nicht ersichtlich, dass der Mieter den Vertrag ändern und nicht nur dem vermeintlichen einseitigen Erhöhungsrecht des Vermieters Folge leisten wollte.[27] Dies gilt selbst dann, wenn die erhöhte Miete über einen längeren Zeitraum gezahlt wird.[28] Eine Umdeutung in ein Angebot auf Abschluss eines Änderungsvertrags kommt nicht in Betracht.[29] Selbst wenn der Mieter eine preisrechtlich überhöhte Miete, die er für zulässig hält, während oder über die Dauer der Preisbindung hinaus zahlt, liegt darin nicht die Vereinbarung einer Mieterhöhung.[30] Auch **Verwirkung** tritt durch eine längere vorbehaltlose Zahlung nicht ohne weiteres ein.[31] Ausschließlich für die in den neuen Bundesländern gelegenen Wohnungen des Altbestandes bestand seit dem MÜG von 1995 die Sonderregelung des § 12 Abs 6 Nr 2 MHRG, dass eine zweimalige Mietzahlung oder eine zweimalige widerspruchslose Abbuchung als Zustimmung zur Mieterhöhung nach § 2 MHRG galt.[32] Ebenso ist die Zahlung einer unwirksamen **Staffel-**

---

23 LG Berlin GE 1992, 207; AG Leipzig NZM 2002, 20; nicht bei Teilzahlung: LG Frankfurt aM WuM 1990, 224; *Staudinger/Emmerich* (2011) § 558b Rn 6; **aM** LG Berlin ZMR 1990, 180; LG Düsseldorf DWW 1999, 377; *Hau* Vertragsanpassung und Anpassungsvertrag 328; *Artz* NZM 2005, 367, 370 f; *ders* ZMR 2006, 165, 170; MünchKomm/*Artz* Rn 40 f.
24 LG Aachen WuM 1988, 280.
25 LG Berlin GE 1992, 207.
26 AM *Beuermann* GE 1990, 84, 86; AG Oberhausen ZMR 1973, 191.
27 OLG Karlsruhe WuM 1986, 166, 168; LG Aachen WuM 1995, 545; LG Bautzen WuM 2002, 297; LG Berlin GE 1996, 470; LG München I WuM 1992, 490; *Artz* NZM 2004, 609, 611; *ders* NZM 2005, 367, 370; *Hau*, Vertragsanpassung und Anpassungsvertrag, 170, 325f; *Eisenschmid* WuM 1995, 363, 374; **aM** LG Leipzig GE 2001, 1671.
28 BGH NZM 2005, 735; LG Berlin NZM 2000, 1049; GE 2003, 807; LG Hamburg WuM 1989, 580; LG Mannheim WuM 2000, 308; WuM 2004, 481 m zust Anm *Börstinghaus* WuM 2005, 192; AG München NJW-RR 1994, 973; AG Tempelhof-Kreuzberg GE 1999, 1653; *Staudinger/Emmerich* (2011) § 558b Rn 6; **aM** LG Berlin WuM 1987, 158; LG Duisburg WuM 1989, 192 m Anm *Schultz*; LG Leipzig ZMR 1999, 767; ZMR 2001, 548; AG Charlottenburg GE 1997, 369; *Beuermann* GE 1990, 84; iE *Dercks/Wolberts* ZMR 1999, 733.
29 BGH NZM 2005, 735; LG Mannheim WuM 2004, 481; *Artz* NZM 2004, 609, 610f; *ders* NZM 2005, 367, 370; diff *Hau* Vertragsanpassung und Anpassungsvertrag, 326; **aM** LG Leipzig ZMR 1999, 767, 768; ZMR 2001, 548.
30 LG Berlin GE 2009, 1319; LG Hamburg WuM 1976, 115; WuM 1978, 130.
31 AG Hamburg-Harburg WuM 2000, 359; *Artz* ZMR 2006, 165, 170; **aM** LG Berlin NZM 2000, 1049; LG Frankfurt aM NZM 2001, 467; AG Potsdam GE 1996, 1305.
32 LG Berlin NJW-RR 1997, 842; AG Hamburg-Harburg WuM 2000, 359; Einzelheiten s *Staudinger/Weitemeyer* (2011) Rn 33f; **aM** AG Tiergarten GE 1995, 1279.

Jost Emmerich

miete keine Willenserklärung, weil der Mieter in diesem Fall regelmäßig davon ausgehen wird, ein Vertrag sei schon geschlossen (§ 557a Rn 10). Allerdings bedarf die nachträgliche konkludente Zustimmung zu einer einzelnen Staffel nach § 557 Abs 1 gerade nicht der Schriftform des § 557a Abs 1.[33] Auch die unwirksame Erhöhung einer Indexmiete wird nicht durch vorbehaltlose Zahlung wirksam.[34] Wegen der mit der vorbehaltlosen Zahlung verbundenen Unsicherheiten kann eine Klage auf schriftliche Zustimmung der Mieterhöhung trotz Zahlung begründet sein.[35]

5   **d) Fehlendes Rechtsschutzbedürfnis.** Unabhängig davon, ob in der Zahlung der erhöhten Miete eine Zustimmung liegt, kann einer Zustimmungsklage das Rechtsschutzbedürfnis fehlen, wenn der Mieter vorbehaltlos zahlt und der Vermieter vor Klageerhebung nicht nachfragt, warum dem Erhöhungsverlangen nicht ausdrücklich zugestimmt wurde.[36]

6   **e) Mieterhöhung.** Die Vereinbarung muss eine Mieterhöhung betreffen. Hierfür kommen neben § 558, der schon gesetzlich eine Zustimmungserklärung des Mieters voraussetzt, die §§ 559 und 560 in Betracht, die eine einseitige Mieterhöhung zulassen. Nach Sinn und Zweck der Ausnahmeregelung werden auch die Wartefrist des § 558 Abs 1 S 1 und der Zeitpunkt des Wirkungseintritts einer Mieterhöhung erfasst, soweit sie sich auf eine konkrete einvernehmliche Mieterhöhung während des Bestehens des Mietverhältnisses beziehen und nicht für alle zukünftigen Erhöhungsverfahren gelten sollen.[37] Nicht unter den Begriff der Mieterhöhung fallen abweichende Vereinbarungen über Kündigungsvorschriften nach § 561, über eine Mietherabsetzung nach § 560 Abs 3 und über Betriebskostenvorauszahlungen nach § 560 Abs 4. Solche Vereinbarungen sind, sofern sie nachteilig sind, selbst dann ausgeschlossen, wenn sie mit einer Mieterhöhung verbunden werden.[38] Vertragsfreiheit besteht darüber hinaus, soweit es um eine **Senkung** der Miete oder um eine **Beschränkung** des Rechts des Vermieters zur Mieterhöhung geht, wie § 557 Abs 3 HS 2 nochmals klarstellt (Rn 18 ff).

7   **f) Während des Bestehens des Mietverhältnisses.** Die Vereinbarung muss während des Bestehens des Mietverhältnisses getroffen werden. Damit sind alle abweichenden Vereinbarungen vor oder bei Abschluss des Mietvertrags, auch als Zusatzvereinbarung, ausgeschlossen.[39] Nur so ist gewährleistet, dass sich der Mieter nicht einer entsprechenden Klausel unterwirft, um die Wohnung überhaupt vermietet zu bekommen.[40] Auf den Zeitpunkt der Überlassung des Wohnraums kommt es nicht an.[41] Allerdings kann eine Vereinbarung, die dem Vertragsschluss noch vor der Wohnraumüberlassung unmittelbar folgt, eine unzulässige Umgehung sein. Auch aufschiebend bedingte Mieterhöhungen bei Abschluss des Mietvertrags sind unwirksam, etwa bei der Vereinbarung eines bestimmten

---

33 **AM** LG Berlin GE 2003, 325.
34 **AM** OLG Karlsruhe NZM 203, 513, 517f Gewerbemiete.
35 LG Berlin ZMR 2007, 196.
36 LG München II DWW 1987, 18; AG Bad Dürkheim ZMR 1990, 150; AG Solingen WuM 1996, 279; AG Spandau GE 1988, 893.
37 LG Hamburg NJW 1973, 1287; LG Köln WuM 1973, 172.
38 Diff *Barthelmess* § 10 MHRG Rn 37.
39 BGH NZM 2004, 136.
40 Begr zum RegE BT-Drucks 7/2011, 14.
41 MünchKomm/*Artz* Rn 25; *Schmidt-Futterer/Börstinghaus* Rn 31.

Zuschlags für den Fall des Einzugs einer weiteren Person im Mietvertrag.[42] Zulässig ist die Vereinbarung einer einmaligen zukünftigen Mieterhöhung, soweit dies nach Vertragsschluss vereinbart wird.[43] Eine solche Vereinbarung ist aber noch nicht konkludent darin zu sehen, dass die Parteien wegen öffentlicher Förderung eine niedrigere Miete vereinbaren, so dass nach Wegfall der Förderung nicht die erhöhte Miete geschuldet wird.[44] Der Grundstückserwerber kann eine Mieterhöhungsvereinbarung erst nach Vollendung des Erwerbs treffen, weil er erst dann in die Vermieterstellung einrückt,[45] allerdings ist eine dreiseitige Vereinbarung zwischen dem Veräußerer, dem Erwerber und dem Mieter bereits vorher wirksam, wenn die Mieterhöhung erst im Zeitpunkt des Eintritts des Erwerbers in das Mietverhältnis wirken soll.[46]

g) Erhöhungsbetrag

aa) Die Parteien müssen anders als nach dem früheren § 10 Abs 1 MHRG nicht mehr **8** eine Mieterhöhung um einen bestimmten Betrag vereinbaren. Das nahm man an, wenn der Erhöhungsbetrag ohne fremde Hilfe und außerhalb des Mietvertrags liegender Umstände zu berechnen ist. Der Betrag musste sich aus der Vereinbarung selbst ergeben oder auch durch Bezugnahme auf einen bestimmten Prozentsatz der bisherigen Miethöhe zu ermitteln sein.[47] Diese Einschränkung ist mit der Mietrechtsreform entfallen, weil die gelegentlich vorkommenden Mieterhöhungen, die nicht in Geld erfolgen, sonst ausgeschlossen sein würden.[48] Es liegt auf der Hand, dass eine Einmal- oder Umsatzmiete ebenso wenig wie Dienstleistungen des Mieters nach § 558 auf das Niveau der ortsüblichen „Vergleichsmiete" erhöht werden können. Für diese Gegenleistungen hat der Gesetzgeber folglich am Grundsatz der Vertragsfreiheit festgehalten, so dass hierüber einvernehmliche Vereinbarungen getroffen werden dürfen.[49] Eine einseitige Änderung derartiger Mieten ist damit aber auch durch eine vorherige Vereinbarung im Mietvertrag nicht möglich, weil Abs 3 iVm der Unabdingbarkeitsklausel des Abs 4 für alle Arten von Mieterhöhungen gilt. Auch prozentuale Erhöhungen werden jetzt übereinstimmend für zulässig erachtet.[50]

bb) Zweifelhaft ist damit geworden, ob nun anders als nach der alten Rechtslage die **9** **genaue Bestimmung** der wie auch immer gearteten Miete einer späteren Berechnung des Vermieters[51] oder eines Dritten, wie etwa eines Sachverständigen[52] oder eines Schiedsgutachters, vorbehalten werden kann. Da in diesen Fällen die Bestimmung der erhöhten Miete der Vereinbarung durch den Mieter zumindest teilweise entzogen ist, bleiben derartige Klauseln weiterhin unzulässig.[53] Voraussetzung ist aber nach allgemeinen Grundsätzen, dass durch die Vereinbarung bereits die essentialia negotii des Änderungsvertrags festgelegt sind. Fehlt es daran, ist keine einvernehmliche Mieterhöhung zustande gekommen.[54]

---

42 **AM** LG Köln WuM 1990, 219 m abl Anm *Blank*.
43 AG Berlin-Mitte GE 1999, 1651; AG Tiergarten GE 1999, 1651; s Rn 17.
44 LG Berlin GE 2009, 1319.
45 AG Schwelm WuM 1985, 303 (LS); AG Köln WuM 2007, 577.
46 LG Duisburg WuM 2004, 231, 232; AG Köln WuM 2007, 577; MünchKomm/*Artz* Rn 25.
47 *Bub/Treier/Schultz* Rn III 206; **aM** LG Görlitz WuM 1999, 340; *Beuermann* § 10 MHRG Rn 12.
48 Stellungnahme des BR BT-Drucks 14/4553, 87.
49 Stellungnahme des BR aaO; Ausschussbericht BT-Drucks 14/5663, 80; *Schmidt-Futterer/Börstinghaus* Rn 47.
50 *Blank/Börstinghaus*, Miete, Rn 9 *Herrlein/Kandelhard/Both* Rn 21; MünchKomm/*Artz* Rn 27.
51 Hierzu LG Karlsruhe WuM 1989, 335; LG Osnabrück WuM 1978, 10.
52 Hierzu LG Freiburg WuM 1987, 267; AG Waldbröl WuM 1993, 358.
53 LG Hamburg WuM 2000, 193 mwN; *Haas* Rn 1; MünchKomm/*Artz* Rn 27.
54 AG Leipzig WuM 1999, 434.

Jost Emmerich

Unzulässig bleibt daher etwa die Vereinbarung einer nicht näher bestimmten ortsüblichen Vergleichsmiete.[55] Dasselbe gilt für Mietanpassungsklauseln, soweit sie zum Nachteil des Mieters von § 557b abweichen. Selbst wenn solche Klauseln während des Bestehens eines Mietverhältnisses getroffen werden (Rn 37) und bestimmte Beträge ausgewiesen sind, ist die Freiheit des Mieters in Zukunft nicht mehr gewährleistet. Zulässig sind daher nach § 557 Abs 1 nur jeweils einmalige Mieterhöhungen.

10   **2. Widerrufsrecht bei Haustürgeschäften gem § 312.** Seit Inkrafttreten des Gesetzes über den Widerruf von Haustürgeschäften und ähnlichen Geschäften (HausTWG) vom 16.1.1986,[56] durch Art 1 des Schuldrechtsmodernisierungsgesetz vom 26.11.2001[57] als § 312 in das BGB übernommen, ist umstritten, ob gem § 557 Abs 1 zulässige einvernehmliche Mieterhöhungen dieser Regelung unterfallen. Nach überwiegender Ansicht (Rn 11ff) ist dies zu bejahen, wenn der Vermieter dabei geschäftsmäßig handelt. Wenn der Vermieter den Mieter in diesem Fall in seiner Wohnung aufsucht, um ihm eine Mieterhöhung anzubieten, muss er sein Angebot mit einer schriftlichen Widerrufsbelehrung versehen. Anderenfalls kann der Mieter seine Zustimmung zur Mieterhöhung gem § 312 Abs 1 S 1 unbegrenzt lange widerrufen, denn die Widerrufsfrist von zwei Wochen nach § 355 Abs 1 beginnt gem § 355 Abs 3 erst zu laufen, wenn der Kunde über sein Widerrufsrecht belehrt wurde. Der Vertrag ist bis zur Ausübung des Widerrufsrechts schwebend wirksam.[58] Bei einer unter § 312 fallenden Mieterhöhung ist nur die Erhöhungsvereinbarung rückabzuwickeln, so dass sich die streitige Frage nach einem Wertersatz für die empfangene Leistung wohl nicht stellt.[59]

11   **a) Einfluss des Europarechts.** Umstritten ist insbesondere, ob Europarecht der Anwendung des Widerrufsrechts auf Wohnraummietverträge entgegensteht. Nach Art 3 Abs 2 a) der Richtlinie des Rates vom 20.12.1985 betreffend den Verbraucherschutz im Falle von außerhalb von Geschäftsräumen geschlossenen Verträgen[60] gilt die Richtlinie nicht für Mietverträge über Immobilien.[61] § 312 Abs 1 fordert dagegen lediglich einen Vertrag über eine entgeltliche Leistung. Daraus, dass das HausTWG die europäische Richtlinie umsetzen sollte, wird teilweise gefolgert, auch der deutsche Gesetzgeber wollte Mietverträge vom Anwendungsbereich des HausTWG ausschließen.[62] Da die Richtlinie in Art 8 den Mitgliedstaaten ausdrücklich erlaubt, weitergehende Verbraucherschutzbestimmungen zu treffen, besteht dagegen nach der zutreffenden herrschenden Meinung ein gegenüber der Richtlinie günstigerer Verbraucherschutz, der Mieter von Immobilien einbezieht.[63]

---

55 *Schmidt-Futterer/Börstinghaus* Rn 45.
56 BGBl I 122.
57 BGBl I 3138.
58 MünchKomm/*Artz* Rn 36; die Entscheidung BGH NJW 1996, 57 ist seit dem Schuldrechtsmodernisierungsgesetz überholt; zur Verwirkung vgl OLG Braunschweig NZM 1999, 996; LG Görlitz WuM 2000, 542; LG Köln NZM 2002, 62.
59 *Staudinger/Weitemeyer* (2011) Rn 40.
60 85/577/EWG, ABlEG Nr L 372/31 vom 31.12.1985.
61 EuGH NZM 1999, 580.
62 LG Berlin GE 1990, 711; LG Frankfurt aM WuM 1989, 824; LG Hannover WuM 1989, 189; *De Riese* ZMR 1994, 449, 450.
63 OLG Braunschweig NZM 1999, 996; OLG Koblenz NJW 1994, 1418; LG Berlin GE 2001, 1676; LG Braunschweig WuM 1991, 671; LG Heidelberg WuM 1993, 397; LG Karlsruhe WuM 1992, 363; LG Wiesbaden WuM 1996, 698, 699; LG Zweibrücken NZM 1999, 306; *Blank/Börstinghaus*, Miete Rn 67; *Drygala* NJW 1994, 3260; *Engels* WuM 1991, 321, 323; *Hau*, Vertragsanpassung und Anpassungsvertrag, 198; *Herr* WuM 1999, 607; *Staudinger/Thüsing* (2005) § 312 Rn 20.

b) Entgeltliche Leistung. Fraglich ist, ob der auf eine Mieterhöhung während des 12 Bestehens eines Mietverhältnisses gerichtete Änderungsvertrag zu einem Abschluss eines Vertrages über eine entgeltliche Leistung iS des § 312 Abs 1 führt. Das Gesetz ist jedenfalls anwendbar, wenn die Mieterhöhung aufgrund eines neuen Mietvertrages zustande kommt oder die Vertragsänderung einem Neuabschluss gleichzustellen ist.[64] Einer Einschränkung auf bedeutende Änderungen bedarf es jedoch nicht,[65] weil auch abändernde Verträge, soweit sie nicht unter die Bagatellgrenze des § 312 Abs 3 Nr 2 fallen, vom Wortlaut und Schutzzweck der Vorschrift umfasst werden. Auch ein Änderungsvertrag wird „geschlossen". Das Widerrufsrecht beschränkt sich dann auf die Vertragsänderung (Rn 10). Der auf eine Mieterhöhung gerichtete Vertrag ist entgeltlich, obwohl meist nur der Mieter erhöhte Leistungen erbringt.[66] Bei einem Änderungsvertrag kommt es darauf an, ob der Vertrag insgesamt einen entgeltlichen Inhalt hat.[67] Insofern kommt auch eine Mietherabsetzung in Verbindung mit einer Vertragsbefristung in Betracht[68] sowie ein Mietaufhebungsvertrag mit dem Verzicht auf die Rückzahlung der Mietkaution.[69] Durch diese Auslegung verbleibt § 557 Abs 1 weiterhin ein weiter Anwendungsbereich, da viele Mieterhöhungsverlangen schriftlich übersandt und nicht in einer Wohnung abgeschlossen werden.[70]

c) Privatwohnung. Situative Voraussetzung des Widerrufsrechts ist, dass die münd- 13 lichen Verhandlungen über den Vertrag in einer Privatwohnung stattfinden. Dabei muss es sich nicht um die Wohnung des Mieters handeln, auch die von Dritten reicht aus. Allerdings besteht nach Auffassung des BGH die spezifische Gefahr, vor der das Widerrufsrecht bei Haustürgeschäften schützen will, nicht, wenn der Kunde den Geschäftspartner in dessen Privatwohnung aufsucht.[71] Teilweise wird die Anwendung des Widerrufsrechts auf Mieterhöhungen abgelehnt, weil eine die Gefahr der Überrumpelung bergende Situation, vor der das Gesetz schützen soll, bei einem persönlichen Gespräch zwischen Mieter und Vermieter nicht gegeben sei.[72] Die Gefahr, dass bei Vertragsverhandlungen in Privatwohnungen eine psychologische Sperre besteht, einfach aufzustehen und die Verhandlungen abzubrechen,[73] droht bei einem Gespräch zwischen den Mietparteien in einer Wohnung mindestens in gleicher Weise wie zwischen anderen Vertragsparteien.[74] Ein Umgehungsgeschäft kann vorliegen, auf das die Vorschriften des HausTWG nach § 312f S 2 ebenfalls anwendbar sind, wenn der Vermieter den Mieter in einer Gaststätte[75] oder in dem Kfz

---

64 LG Karlsruhe WuM 1992, 363; LG Köln NZM 2002, 62; LG Konstanz WuM 1999, 666.
65 OLG Koblenz NJW 1994, 1418; AG Hamburg WuM 1991, 561; *Eisenschmid* WuM 1995, 363, 375.
66 LG Köln WuM 2009, 730.
67 OLG Koblenz NJW 1994, 1418; vgl auch LG Hildesheim WuM 2001, 27; *Heilmann* GE 2005, 42; einschr *Hau*, Vertragsanpassung und Anpassungsvertrag, 205f nur bei Belastung für den Mieter.
68 LG Görlitz WuM 2000, 542.
69 AG Tempelhof-Kreuzberg GE 2007, 523; anders für Übernahme der Räumungsverpflichtung AG Halle WuM 2009, 651.
70 OLG Koblenz NJW 1994, 1418; AG Berlin-Neukölln GE 1989, 1235; AG Hamburg WuM 1991, 561; *Engels* WuM 1991, 321, 323; *Drygala* NJW 1994, 3260, 3264; *Hau*, Vertragsanpassung und Anpassungsvertrag, 198; *Herrlein/Kandelhard/Both* § 557 Rn 20; MünchKomm/*Artz* Rn 34; **aM** LG Hamburg WuM 1988, 169; AG Halle WuM 2009, 651, 653 obiter.
71 BGHZ 144, 133, 136 = NJW 2000, 3498, 3499; MünchKomm/*Artz* Rn 33; **aM** *Staudinger/Thüsing* (2005) § 312 unter Hinw auf BGH ZIP 2005, 67; anders hingegen, wenn Verbraucher die Wohnung des Geschäftspartners zunächst aus privatem Anlass aufgesucht hat, BGH NZM 2006, 748.
72 *De Riese* ZMR 1994, 449; *Drygala* NJW 1994, 3260, 3265f.
73 Vgl BGH NJW 1996, 55.
74 OLG Koblenz NJW 1994, 1418 = WuM 1994, 257; AG Frankfurt aM WuM 1988, 169; AG Hofgeismar WuM 1989, 186; *Engels* WuM 1991, 321; *Michaelis* WuM 1989, 2.
75 LG Wiesbaden WuM 1996, 698 mwN.

Jost Emmerich

eines Dritten[76] zur Mieterhöhung bewegt. Der Vermieter trägt die Beweislast dafür, dass der Mieter ihn in seine Wohnung bestellt hat,[77] was den Tatbestand nach § 312 Abs 3 Nr 1 entfallen lässt.[78]

14   **d) Unternehmer.** § 312 Abs 1 S 1 setzt voraus, dass der Vermieter Unternehmer ist. Die Definition folgt aus § 14 Abs 1. Die Verwaltung von Vermögen durch einen Vermieter stellt dann eine unternehmerische Tätigkeit dar, wenn der Vermieter im Wettbewerb mit anderen planmäßig Leistungen gegen Entgelt anbietet.[79] Nach dem früheren § 6 Nr 1 HausTWG musste der Vermieter lediglich geschäftsmäßig handeln. Nach diesem Merkmal war erforderlich, dass der Vermieter den Abschluss bestimmter Geschäfte zu wiederholen beabsichtigt und diese Tätigkeit zum dauernden oder wiederkehrenden Bestandteil seiner Beschäftigung machen will. Dementsprechend handelte ein Vermieter geschäftsmäßig, wenn er mehrere Wohnungen vermietet,[80] mehrere ähnliche Vereinbarungen kurz hintereinander trifft[81] oder sich einer geschäftsmäßig handelnden Hausverwaltung bedient.[82] Das Vermieten einer einzigen Wohnung dürfte in keinem Fall ausreichen.[83] Die Unternehmereigenschaft des Vermieters nach § 14 Abs 1 ist enger. Der BGH versteht hierunter die planmäßige und auf Dauer angelegte wirtschaftliche selbständige Tätigkeit unter Teilnahme am Wettbewerb. Die bloße Verwaltung eigenen Vermögens wie bei einer Bauherrengemeinschaft ist danach nicht unternehmerisch.[84] Das soll auch für die nicht gewerbliche Vermietung gelten.[85] Die Verwaltung von mehr als 40 Wohnungen soll unternehmerisch sein.[86] Unternehmerisch ist bereits die Existenzgründung.[87]

15   **3. Rechtsfolgen der Vereinbarung.** Eine Vereinbarung, die zum Nachteil des Mieters von den §§ 558ff abweicht, ist unter den Voraussetzungen des § 557 Abs 1 dennoch wirksam. Eine Grenze bilden die Vorschriften des § 5 WiStG zur Mietpreisüberhöhung und des § 291 StGB zum Mietwucher. Wenn der Mieter einer Mieterhöhung auf der Grundlage einer zu hohen Quadratmeterzahl der Wohnung zugestimmt hat, sind eine nachträgliche Korrektur nach den Grundsätzen der Störung der Geschäftsgrundlage (§ 313) und ein bereicherungsrechtlicher Ausgleich möglich.[88] Auch bei jahrzehntelanger fehlerhafter Erhöhung der Kostenmiete ist eine Vertragsanpassung nach § 313 möglich.[89] Darüber hinaus wirkt

---

76 LG Köln WuM 2000, 194; zu weitgehend AG Löbau WuM 2004, 610: im Hausflur.
77 Nicht, wenn der Vermieter sich eingeladen hat, vgl LG Münster WuM 2001, 610.
78 LG Görlitz WuM 2000, 542; AG Köln WuM 1999, 324.
79 *Palandt/Heinrichs* § 14 Rn 2.
80 **Nicht ausreichend** zwei Wohnungen: BayObLG NJW 1993, 2121; AG Magdeburg DWW 1997, 155; AG Quedlinburg WuM 2002, 48; **ausreichend**: LG Braunschweig WuM 1991, 671: fünf Wohnungen; LG Karlsruhe WuM 1992, 363, 364: Eigentümer mehrerer Mietshäuser; AG Frankfurt aM WuM 1998, 418: sechs Wohnungen; AG Mülheim/Ruhr WuM 1995, 431: dreizehn Wohnungen; AG Quedlinburg aaO: drei Wohnungen; vgl auch AG Köln WuM 2007, 123 Erwerb eines Sechsfamilienhauses.
81 LG Heidelberg WuM 1993, 397.
82 Vgl OLG Koblenz NJW 1994, 1418; LG Wiesbaden WuM 1996, 698.
83 *Blank/Börstinghaus*, Miete Rn 61; *Hau* Vertragsanpassung und Anpassungsvertrag, 199; **aM** AG Stuttgart WuM 1996, 467; *Pfeilschifter* WuM 2003, 543, 545.
84 BGHZ 149, 80 = NJW 2002, 368.
85 *Schmidt-Futterer/Börstinghaus* Rn 26; *Martis* MDR 2003, 961; LG Waldshut-Tiengen ZMR 2009, 372: 8 Wohnungen; **aM** OLG Düsseldorf NZM 2004, 866 bei zwei Einfamilienhäusern und einer Wohnung; LG Köln WuM 2009, 730: 7 Wohnungen; *Palandt/Heinrich* § 14 Rn 2.
86 OLG Frankfurt aM WuM 2003, 630.
87 BGH NJW 2005, 1273.
88 BGH NJW 2004, 3115 mwN; LG Hamburg NZM 2000, 1221; **aM** LG Berlin GE 2005, 993.
89 BGH ZMR 2010, 944.

der nach Abs 1 geschlossene Änderungsvertrag auf die Vorschriften der §§ 558ff zurück. Im Anschluss an eine einvernehmliche Mieterhöhung ist ein Kündigungsrecht durch den Mieter nach § 561 grundsätzlich nicht gegeben (Ausnahmen § 561 Rn 8). Auch einvernehmliche Mieterhöhungen bleiben bei der Berechnung der Kappungsgrenze nach § 558 Abs 3 unberücksichtigt, wenn sie auf den in §§ 559, 560 genannten Gründen beruhen.[90] Ein Änderungsvertrag löst die einjährige Wartefrist des § 558 Abs 1 S 1 aus. Bei teilweiser Zustimmung des Mieters (Rn 2) kann dies aber nur gelten, wenn die Klagefrist abläuft, ohne dass der Vermieter Klage auf Zustimmung zu der restlichen Mieterhöhung erhoben hat,[91] wenn das weitergehende Verlangen des Vermieters unbegründet ist oder der Vermieter mit der Teilzustimmung einverstanden ist.[92] Hat der Mieter einem Vertragsangebot des Vermieters iS des § 557 Abs 1 nicht zugestimmt, das völlig unabhängig von dem Mieterhöhungsverfahren der §§ 558ff gemacht wurde, wird die Klagefrist des § 558b Abs 2 nicht ausgelöst, da es sich nicht um ein Erhöhungsverlangen iS dieser Vorschrift handelt.[93]

4. Beweislast. Die Beweislast für einen Änderungsvertrag nach § 557 Abs 1 trägt derjenige, der sich darauf beruft; dies wird meist der Vermieter sein.[94] **16**

III. Künftige Änderungen der Miethöhe (Abs 2)

Die Vorschrift des § 557 Abs 2 schränkt die Vertragsfreiheit der Parteien dahingehend **17** ein, dass künftige Änderungen der Miethöhe nur als Staffelmiete nach § 557a oder als Indexmiete nach § 557b vereinbart werden können. Diese Regelung entspricht der Rechtslage vor der Mietrechtsreform. Unerheblich ist, ob die Vereinbarung bei Abschluss des Mietvertrags oder später erfolgt. Darüber hinaus können sich die Parteien während des Bestehens des Mietverhältnisses nach Abs 1 jederzeit über eine Änderung der Miethöhe verständigen (Rn 2ff). Diese Vereinbarung betrifft regelmäßig auch künftige Mieterhöhungen, wenn ein bestimmtes Datum in der nahen Zukunft als Anfangstermin der erhöhten Miete vereinbart wird. Denn bei dem Änderungsvertrag nach Abs 1 bestimmen die Parteien auch den Beginn der Mieterhöhung (Rn 6). Die Abgrenzung zu der Vereinbarung einer Staffelmiete mit ihren weiteren Voraussetzungen ist schwierig, da diese auch nur eine Staffel aufweisen kann (§ 557a Rn 12). Da eine einmalige Änderung nach Abs 1 zulässig ist, ist die Einschränkung in Abs 2 so zu verstehen, dass darunter nur Mieterhöhungsvereinbarungen bei oder vor Abschluss des Mietvertrags fallen sowie Vereinbarungen während des Bestehens des Mietverhältnisses über mehr als eine zukünftige Mieterhöhung. Es kommt dagegen nicht darauf an, ob die einmalige Mieterhöhung sofort oder demnächst fällig wird,[95] weil es den Mieter weniger belastet, wenn die Vertragsänderung erst später fällig wird. Die §§ 557 regeln abschließend die Möglichkeiten zur Mieterhöhung, so dass für eine Aufwertung der Miete nach § 313 grundsätzlich kein Raum ist.[96] Dies gilt auch für die

---

90 BGH NJW 2004, 2088 = WuM 2004, 344 m Anm *Glause* 708.
91 *Staudinger/Emmerich* (2011) § 558b Rn 8 mwN.
92 LG Berlin GE 1996, 1551; LG Hamburg WuM 1987, 86; **aM** *Bub/Treier/Schultz* Rn III 213.
93 LG Mannheim WuM 1977, 142.
94 BGH NJW 1998, 445.
95 So aber *Blank/Börstinghaus*, Miete Rn 8; MünchKomm/*Artz* Rn 26.
96 BGH NZM 2005, 144; **aM** aber für verhinderte Mieterhöhungen in den neuen Bundesländern BGH aaO sowie für unwirksame Kostenmieten über Jahre hinweg max bis zur ortsüblichen Vergleichsmiete BGH NJW 2010, 1663.

Jost Emmerich

massenhaft aufgetretenen Fälle, dass die Überwälzung der Schönheitsreparaturen auf den Mieter sich als unwirksam erwiesen hat.[97] Ist jedoch eine Kostenmiete vereinbart, darf der Vermieter nach § 28 Abs 4 II BV einseitig einen Zuschlag für diesen Kostenblock erheben.[98]

IV. Ausschluss der Mieterhöhung (Abs 3 HS 2)

1. Vertraglicher Ausschluss

18   **a) Vereinbarung.** Gem § 557 Abs 3 kann der Vermieter eine Mieterhöhung nach den §§ 557a bis 560 nicht verlangen, wenn und solange dies durch Vereinbarung ausgeschlossen ist oder der Ausschluss sich aus den Umständen ergibt. Die Vorschrift stellt klar, dass es den Parteien auf dem Boden der Vertragsfreiheit freisteht, das Recht des Vermieters zur Erhöhung der Miete nach den §§ 557a ff in beliebigem Umfang, ganz oder partiell, auf Dauer oder zeitlich beschränkt vertraglich auszuschließen. Ob und in welchem Umfang die Parteien tatsächlich eine solche Ausschlussvereinbarung getroffen haben, ist allein eine Frage der Auslegung des jeweiligen Mietvertrages nach Maßgabe der §§ 133, 157 und 242, so dass sich dafür allgemeine Regeln nur beschränkt aufstellen lassen. Die Vereinbarung kann mit dem Mietvertrag verbunden werden oder selbständig sein, sie kann bei Abschluss des Mietvertrages wie noch nachträglich getroffen werden. Sie muss aber mit Rechtsbindungswillen erklärt sein.[99] Selbst in Verträgen mit Dritten, etwa in Vereinbarungen über die Förderung von Sozialwohnungen,[100] ist sie als Vertrag zugunsten des Mieters ohne weiteres möglich, an die ein Erwerber der Wohnung aber nicht gebunden ist,[101] außer sie ist in den Mietvertrag aufgenommen worden.[102] Die zwischenvermietende Gemeinde kann sich auf einen derartigen Vertrag zugunsten der Wohnungsmieter nicht berufen.[103] Bei **Scheinsozialwohnungen** steht nach Auffassung des BGH die vertragliche Vereinbarung einer Kostenmiete einer Rückforderung der in der Vergangenheit gezahlten Mieterhöhungen der Kostenmiete entgegen, da die Vereinbarung der Kostenmiete als für den Mieter gegenüber dem Vergleichsmieteverfahren günstigere Abrede zulässig sei.[104] Gleichwohl ist in diesen Fällen zu beachten, dass mangels gesetzlicher Preisvorschriften die Mieterhöhung nur nach den §§ 557ff zulässig ist, so dass die Kostenmiete lediglich die Höhe der Mieterhöhung begrenzt, die formellen und materiellen Voraussetzungen der §§ 557ff aber gleichwohl vorliegen müssen.[105] Die Vereinbarung einer einseitigen Erhöhung der Miete auf die Kostenmiete ist bei Scheinsozialwohnungen auch nicht als für den Mieter vorteilhaft wirksam gem § 557 Abs 4, weil die Kostenmiete durchaus höher als die ortsübliche Vergleichsmiete sein kann und dem Mieter die Vorteile des Vergleichsmietverfahrens genommen würden.[106] Auf der gleichen Linie liegt die Rspr, die Kostenmietklau-

---

97 BGHZ 177, 186 = NJW 2008, 2840; s auch Staudinger/*Emmerich* (2011) § 558 Rn 15.

98 BGHZ 185, 114 = NJW 2010, 1590; NZM 2011, 31; WuM 2010, 635; wN bei *Fessler/Roth* WuM 2009, 560 ff.

99 LG Berlin GE 1997, 617; AG Hohenstein-Ernstthal NZM 1999, 499.

100 VerfGH Berlin NZM 2001, 228; LG Berlin GE 2000, 1540.

101 BGH NJW 1998, 445; LG Berlin WuM 2001, 612; vgl aber VerfGH NZM 2001, 228; zu Konfusion von Gläubiger und Schuldner LG Köln NZM 2002, 288.

102 BGH NJW 2003, 3767.

103 OLG Dresden NZM 2006, 292.

104 BGH NZM 2004, 378; vgl auch BGH GE 2005, 1418.

105 BGH NZM 2007, 283; LG Berlin 23.1.2006 Az 67 S 335/05 MM 2008, 298; *Blank/Börstinghaus* Miete Rn 14.

106 BGH NZM 2007, 283.

seln in Mietverträgen der ehemaligen **gemeinnützigen Wohnungsunternehmen** auch nach Auslaufen des Wohnungsgemeinnützigkeitsgesetzes zum 1.1.1990 als Ausschlussvereinbarung angesehen hat.[107] Da die Vertragsparteien bei Vereinbarung der Kostenmiete aber davon ausgehen durften, das Wohnungsgemeinnützigkeitsgesetz schreibe dies vor, ergibt sich aus ergänzender Vertragsauslegung, dass die Klausel nach dem Wegfall des Gesetzes und der damit verbundenen Steuervergünstigungen nicht mehr gelten soll.[108] Diese Rechtsfolge ist auch ausdrücklich im § 32 Abs 2 LWoFG BW[109] für den Übergang der Kostenmieten in das Vergleichsmietensystem festgelegt worden. Um eine Begrenzung der Miethöhe handelt es sich auch bei einem „vorläufigen Mietverzicht" im Mietvertrag infolge öffentlicher Förderung.[110] Die zwischenvermietende Gemeinde kann sich auf einen derartigen Vertrag zu Gunsten der Wohnungsmieter nicht berufen.[111] Keine vertragliche Einschränkung stellt die interne Verwaltungsvorschrift dar, die Miete bei Bundesbedienstetenwohnungen nur bis zur unteren Grenze der ortsüblichen Vergleichsmiete zu erhöhen.[112] Der Mieter trägt grundsätzlich die **Beweislast**, wenn er sich auf eine Ausschlussvereinbarung beruft.[113]

b) Inhalt. Wieweit im Einzelfall das Recht des Vermieters zur Mieterhöhung nach den 19 §§ 557a ff tatsächlich ausgeschlossen sein soll, richtet sich nach den Abreden der Parteien.[114] Der Ausschluss kann daher umfassend sein oder dem Umfang oder der Zeit nach beliebig beschränkt werden. So ist es zB möglich, vertraglich allein das Recht des Vermieters zur Mieterhöhung nach § 558 auszuschließen, so dass Mieterhöhungen nach den §§ 559 und 560 weiterhin möglich bleiben. Ebensogut vorstellbar ist es aber auch, dass, etwa bei umfangreichen Modernisierungsarbeiten des Mieters, als Gegenleistung lediglich das Recht des Vermieters zur Erhöhung der Miete nach § 558 ausgeschlossen wird.

c) Form. Eine besondere Form ist für die Ausschlussvereinbarung nicht vorgeschrie- 20 ben; eine Ausnahme gilt nur unter den Voraussetzungen des § 550. Bei lediglich vertraglich vereinbarter Schriftform ist eine zusätzliche mündliche Ausschlussvereinbarung regelmäßig wirksam.[115]

2. Befristete Mietverhältnisse
a) Überblick. Nach der Vorgängervorschrift des § 1 S 3 MHRG war eine Ausschluss- 21 vereinbarung „insbesondere" anzunehmen, wenn die Parteien ein Mietverhältnis auf bestimmte Zeit mit festem Mietzins vereinbart haben. Befristete Mietverträge galten danach als wichtigster Beispielsfall für eine Ausschlussvereinbarung. Streitig war auf der Grundlage der früheren Regelung, ob allein die Vereinbarung eines Zeitmietvertrags,

---

107 BVerfG WuM 1987, 78; BayObLG WuM 1998, 274; LG Berlin GE 2001, 555; GE 2002, 803.
108 BGH NZM 2006, 693 = WuM 2006, 520 m Anm *Börstinghaus* 501; WuM 2010, 430.
109 Gesetz vom 11.12.2007 GBl BW Nr 20 vom 14.12.2007.
110 BGH NZM 2004, 136.
111 OLG Dresden NZM 2006, 292.
112 BayObLG NZM 2000, 488; aber Selbstbindung der Verwaltung: BayObLGZ 1998, 345 = NZM 1999, 215; zu Mietobergrenzen durch Sanierungsverordnung *Brock* NZM 2001, 887; *Dyroff* GE 2006, 1082ff; *Hong* ZMR 2001, 857.
113 OLG Karlsruhe WuM 1996, 18, 19.
114 OLG Karlsruhe WuM 1996, 18.
115 S § 305b; *Staudinger/Emmerich* (2011) § 550 Rn 46.

Jost Emmerich

wenn etwa kein Erhöhungsvorbehalt oder keine Staffelmiete vorgesehen ist, bereits einen solchen Vertrag mit einem festen Mietzins darstellt oder ob die Parteien ausdrücklich oder konkludent zusätzlich einen festen Mietzins vereinbaren müssen.[116] Die überwiegende Ansicht sprach der Vorschrift den Charakter einer gesetzlichen Vermutung zu, so dass allein die Vereinbarung eines Zeitmietvertrags zum Ausschluss des Mieterhöhungsrechts führte.[117] Dieser Auslegung ist der Gesetzgeber der Mietrechtsreform von 2001 insofern entgegengetreten, indem er die angebliche Vermutungsregelung entfallen ließ. Diese Streichung führe nicht zu einer inhaltlichen Änderung, weil die bisherige Vorschrift lediglich klarstellenden Charakter gehabt habe, indem sie den Zeitmietvertrag mit fester Miete als Beispiel für einen Ausschluss des Mieterhöhungsrechts anführte. Maßgebend seien allein die Umstände des Einzelfalls.[118] Die neue Vorschrift überlässt die Frage der **Auslegung** der vertraglichen Gestaltungen in stärkerem Maße der Rechtsprechung im Einzelfall. Maßgeblich ist vor allem die Länge der Befristung. Bei einem kurzfristigen Vertrag spricht mehr dafür, dass Mieterhöhungen ausgeschlossen sein sollen als bei einem längerfristigen Mietverhältnis.[119] Nach anderer Auffassung spricht der Abschluss eines Zeitmietvertrags weiterhin für einen Ausschluss von Mieterhöhungen.[120]

22   **b) Verlängerungsklauseln.** Bei befristeten Mietverträgen mit Verlängerungsklauseln gilt die Ausschlussvereinbarung grundsätzlich nur für die ursprünglich vorgesehene Vertragsdauer, hingegen im Zweifel nicht für den Verlängerungszeitraum, mag der Vertrag auf bestimmte oder unbestimmte Zeit verlängert werden.[121] In diesem Fall kann der Vermieter eine Erhöhung der Miete nach § 558 schon vor Ablauf der ursprünglich vereinbarten festen Vertragsdauer für die Zeit danach verlangen, so dass die Fristen des § 558b Abs 1 und 2 sofort, dh mit Zugang des Erhöhungsverlangens und noch vor Ablauf der festen Vertragsdauer, zu laufen beginnen.[122] Für die Wartefrist des § 558 Abs 1 S 1 hat der BGH freilich anders entschieden.[123]

23   **c) Erhöhungsvorbehalt.** Bei befristeten Mietverträgen ergibt die Auslegung lediglich unter bestimmten Umständen (Rn 21f), dass dadurch Mieterhöhungen nach den §§ 557aff für die vereinbarte Vertragsdauer ausgeschlossen sein sollen. Die Parteien können aber auch ausdrücklich klarstellen, dass Mieterhöhungen nicht ausgeschlossen sein sollen, indem sie einen sogenannten **Mieterhöhungsvorbehalt** in den Vertrag hineinnehmen. Ein bestimmter Wortlaut ist dafür nicht vorgeschrieben. In der Regel stellte die Praxis auf der Grundlage der früheren gesetzlichen Vermutungsregel strenge Anforderungen an die Eindeutigkeit des Vorbehalts, so dass unklare und unbestimmte Formulierungen wie etwa

---

116 So OLG Stuttgart WuM 1994, 420.
117 OLG Karlsruhe WuM 1996, 18; *Blank* WuM 1994, 421f; *Staudinger/Emmerich* (1997) § 1 MHRG Rn 15f mwN.
118 Begr zum RegE BT-Drucks 14/4553, 52.
119 *Haas* Rn 3; *Derleder* NZM 2001, 170, 172, spricht sich für die Aufnahme einer dahin gehenden gesetzlichen Vermutung bei einer Befristung von bis zu drei Jahren aus; **aM** LG Berlin GE 2000, 1032; LG Lübeck WuM 1972, 58; LG Mannheim WuM 1987, 353; AG Trier WuM 1993, 196 für Verträge auf Lebenszeit; *Blank/Börstinghaus*, Neues Mietrecht § 557 Rn 15; *Derleder* NZM 2001, 649, 655.
120 *Blank/Börstinghaus*, Miete Rn 16, *Derleder* NZM 2001, 649, 655; MünchKomm/*Artz* Rn 46.
121 Zum alten Recht: OLG Frankfurt WuM 1983, 73; OLG Hamm NJW 1982, 829; OLG Karlsruhe WuM 1996, 18; OLG Zweibrücken OLGZ 1982, 213 = WuM 1981, 273; OLGZ 1981, 347 = NJW 1981, 162; LG Mannheim ZMR 1996, 35; AG Friedberg WuM 1994, 261.
122 OLG Frankfurt WuM 1983, 73; OLG Hamm NJW 1982, 829; *Staudinger/Emmerich* (1997) § 1 MHRG Rn 19.
123 BGHZ 123, 37 = NJW 1993, 2109 = LM Nr 7 zum MHRG m Anm *Emmerich*.

ein allgemeiner Hinweis auf die gesetzlichen Vorschriften für die Annahme eines Erhöhungsvorbehaltes nicht ausreichen.[124] Nach Wegfall der gesetzlichen Regelvermutung kommt es jetzt jedoch auch in dieser Hinsicht stärker auf die Umstände des Einzelfalls an. Umstritten war auf der Grundlage der früheren gesetzlichen Vermutung, ob zum Ausschluss des § 557 Abs 3 auch ein **formularvertraglicher** Erhöhungsvorbehalt ausreicht[125] oder ob hierfür in jedem Fall eine (ausdrückliche) Individualabrede erforderlich ist.[126] Da § 557 Abs 3 die Frage allein der vertraglichen Vereinbarung überlässt, kann der Erhöhungsvorbehalt jetzt auch formularvertraglich vereinbart werden.

d) Mietanpassungsvereinbarungen. Auch aus anderen Abreden kann sich ergeben, 24 dass dem Vermieter Mieterhöhungen – trotz der Vereinbarung einer festen Vertragsdauer – möglich sein sollen. Das wichtigste Beispiel ist die Vereinbarung einer Indexmiete nach § 557 b, und zwar ohne Rücksicht auf ihre Wirksamkeit, da sich aus ihnen selbst im Falle ihrer Unwirksamkeit doch der Wille der Parteien entnehmen lässt, dass dem Vermieter Mieterhöhungen möglich sein sollen.[127] Herrschender, richtiger Auffassung nach ist eine Mieterhöhung nach dem Vergleichsmieteverfahren durch derartige Klauseln grundsätzlich nicht ausgeschlossen.[128] Ergibt sich aber aus den Klauseln im Einzelfall, dass die Parteien zB wegen einer kurzen Vertragsdauer Mieterhöhungen nur in bestimmten Grenzen zulassen[129] oder eine längere, nicht durch besonders hohe Steigerungsraten erkaufte Stillhaltefrist vereinbaren wollten,[130] kann die Auslegung ergeben, dass Mieterhöhungen begrenzt werden sollen.

3. Baukostenzuschüsse. Ein weiterer Umstand, aus dem sich je nach dem Willen 25 der Parteien ein totaler oder partieller Ausschuss von Mieterhöhungen ergeben kann, ist die Vereinbarung von Baukostenzuschüssen oder vergleichbaren Finanzierungshilfen des Mieters. Wieweit dies jedoch tatsächlich der Fall ist, hängt ganz von der Auslegung der Parteiabreden ab. Deshalb ist namentlich umstritten, ob die Vereinbarung eines Baukostenzuschusses zumindest eine Vermutung begründet, dass damit zugleich (konkludent) eine Ausschlussvereinbarung zustande gekommen ist. Der Fragenkreis war schon zur Zeit der Geltung des § 19 BMietG I, des wichtigsten Vorläufers des früheren § 1 S 3 MHRG, umstritten gewesen. Die Rechtsprechung hatte unter der Geltung des BMietG I in der Vereinbarung eines anrechenbaren Baukostenzuschusses sowie in ähnlichen Abreden durchweg nicht mehr als ein bloßes Indiz für einen vertraglichen Ausschluss der Mieterhöhung gesehen, so dass immer noch weitere Umstände hinzukommen mussten, um einen konkludenten Ausschluss späterer Mieterhöhungen annehmen zu können. Maßgebend

---

124 LG Köln WuM 1992, 622; AG/LG Bonn WuM 1992, 254f; AG Braunschweig WuM 1982, 299; AG Rastatt WuM 1997, 177.
125 So LG Kiel WuM 1992, 623; *Blank* PiG 40 (1994) 143, 149f.
126 So die bislang hM, zB LG Köln WuM 1991, 352; AG Neumünster WuM 1991, 352; AG Braunschweig WuM 1982, 299; AG Tettnang WuM 1993, 406; *Staudinger/Emmerich* (1997) § 1 MHRG Rn 22.
127 Begr zum RegE BT-Drucks 7/2011, 10; LG Berlin ZMR 1985, 59; LG Frankfurt aM WuM 1976, 31; ZMR 1982, 117, 118; WuM 1998, 603; LG Köln ZMR 1980, 151, 152; AG/LG Bonn NJW-RR 1992, 455.
128 OLG Koblenz OLGZ 1981, 459 = WuM 1981, 207; OLG Schleswig NJW 1981, 1964; LG Berlin WuM 1992, 198; GE 1993, 95; GE 1996, 471; NZM 1998, 859; GE 2000, 604; WuM 2001, 612; GE 2002, 468; LG Hamburg WuM 1975, 194; WuM 2000, 193; *Mersson* ZMR 2002, 732; *Reih* ZMR 1999, 804; **aM** LG Bonn WuM 1992, 199; LG Frankfurt aM WuM 1998, 603; LG Görlitz WuM 1997, 684.
129 LG Berlin WuM 1992, 198.
130 AK-BGB/*Derleder* § 10 MHRG Rn 2; ähnlich AG Pinneberg WuM 1981, 191.

Jost Emmerich

sollten vor allem die Höhe des Baukostenzuschusses, die Langfristigkeit eines Darlehens, seine etwaige Unverzinslichkeit und seine niedrige Amortisation sein.[131] Nach heutiger Rechtslage spricht einiges dafür, dass Baukostenzuschüsse und ähnlichen Abreden einen Ausschluss jedenfalls von Mieterhöhungen nach § 558 zur Folge haben, wenn und solange während des Anrechnungszeitraums eine ordentliche Kündigung des Vermieters ausgeschlossen ist.[132]

26   **4. Weitere Einzelfälle.** Ein Ausschluss von Mieterhöhungen nach Abs 3 kann sich noch aus zahlreichen **anderen Abreden** der Parteien ergeben. Beispiele sind die ausdrückliche Vereinbarung einer Festmiete[133] oder einer Umsatzmiete in Verbindung mit einer Mindestmiete,[134] die Vereinbarung andersartiger Gegenleistungen des Mieters, bei denen eine Erhöhung aufgrund der §§ 558ff von vornherein ausscheidet (Rn 8), sowie die Vereinbarung einer besonders niedrigen Miete (**Gefälligkeitsmiete**), vorausgesetzt, dass die Parteien bewusst deutlich unter dem Marktpreis geblieben sind, etwa aufgrund familiärer oder freundschaftlicher Beziehungen[135] oder bei Werkwohnungen,[136] auch bei Vermietung an ehemalige Mitarbeiter.[137] Aus der Vereinbarung einer Kostenmiete kann sich ebenso wie aus der Bezugnahme auf die Gemeinnützigkeit des Vermieters oder auf das frühere Gemeinnützigkeitsgesetz im Einzelfall eine Ausschlussvereinbarung ergeben (Rn 18). Dasselbe kann anzunehmen sein, wenn in dem Vertrag die Wohnungsgröße niedriger, als sie tatsächlich ist, festgesetzt wird.[138] Mietobergrenzen in Sanierungssatzungen, soweit sie überhaupt zulässig sind,[139] begrenzen die Mieterhöhungen nach den §§ 557ff nicht.[140] Der BGH stimmt dem nur für den Fall zu, dass die Flächenabweichung unter 10 % bleibt und macht damit einen Marginalitätsvorbehalt.[141] Dieser Gedanke passt an sich aber nur für die Frage, ob eine Flächenabweichung einen unwesentlichen Mangel darstellt.[142] Überschreitet die Flächendifferenz die Höhe von 10 %, soll der Vermieter nach den Grundsätzen des Wegfalls der Geschäftsgrundlage gemäß § 313 berechtigt sein, die Miete auf der Grundlage der tatsächlichen Wohnfläche zu erhöhen, weil er sich anders als bei sonstigen Fällen des Kalkulationsirrtums nicht durch Kündigung von dem Wohnraummietverhältnis lösen könne.[143] Diese Lösung ist mit dem Grundgedanken des Vergleichsmietensystems und des sozialen Wohnraummietrechts jedoch nicht zu vereinbaren. Den

---

131   Grdleg BGHZ 26, 310, 317ff = NJW 1958, 586; BGHZ 31, 63, 72 = NJW 1960, 382; BGH NJW 1960 386f; ZMR 1969, 272, 275; MDR 1964, 142; MDR 1969, 659; WPM 1968, 536; WPM 1978, 274, 275; OLG München WuM 1968, 182; LG Hagen ZMR 1968, 324.
132   So zu § 1 MHRG: LG Bonn WuM 1981, 108f; LG Frankfurt aM WuM 1974, 220; LG Hannover WuM 1979, 168, 169; WuM 1980, 57, 58; *Blank* PiG 40 (1994) 143, 155; *Staudinger/Emmerich* (1997) § 1 MHRG Rn 27.
133   Vgl aber BGH MDR 1964, 142.
134   BGH NJW 1969, 1383.
135   LG Freiburg WuM 1981, 212; AG Hamburg-Blankenese WuM 1989, 395; *Blank* PiG 40 (1994) 143, 153f.
136   Vgl BayObLG NZM 2001, 373; RE abgelehnt WuM 2001, 484.
137   BGH NJW 2004, 2751.
138   OLG Düsseldorf GE 2002, 1335; LG Berlin NZM 2002, 947; LG Braunschweig WuM 1999, 205; LG Frankfurt aM WuM 1990, 157; LG Zweibrücken NZM 1998, 71; AG Hamburg WuM 2001, 496; *Blank* PiG 40 (1994) 143, 153; *Staudinger/Emmerich* (2011) § 558 Rn 32; **aM** OLG Rostock WuM 2002, 576 bei bloßer Objektbeschreibung; LG Hamburg ZMR 2001, 712.
139   Hierzu BVerwG NZM 2006, 903 = GE 2006, 977 m Anm *Dyroff* 1082; OVG Berlin NZM 2004, 750.
140   *Dyroff* GE 2004, 605.
141   BGH NJW 2007, 2626; NJW 2009, 2739.
142   *Bub* PiG 88 (2010) 45, 51.
143   BGH NJW 2007, 2626; weitergehend ohne Überschreiten der 10 %-Grenze *Bub* aaO.

Mieter, der seinen Finanzbedarf in der Regel an der Quadratmetermiete ausrichtet, auf die Möglichkeit der Kündigung nach einer Mieterhöhung auf der Grundlage der tatsächlich höheren Wohnfläche zu verweisen[144], verkennt, dass es in der Risikosphäre des Vermieters liegt, die Wohnung zutreffend zu vermessen. Allerdings wird man wohl im Regelfall die rechtsgeschäftlichen Vereinbarungen der Mietvertragsparteien überstrapazieren, nähme man im Fall der zu geringen Wohnfläche im Mietvertrag bereits eine Ausschlussvereinbarung iSd § 557 Abs 3 an. Da der Vermieter aber die falsche Flächenangabe gem § 280 Abs 1 regelmäßig wenigstens fahrlässig zu vertreten hat, stehen dem Mieter Schadensersatzansprüche aus culpa in contrahendo zu, die etwa die Umzugskosten abdecken.

5. Werkförderungsverträge. Ein Ausschluss des Vermieterrechts auf Mieterhöhung **27** kann sich auch aus Verträgen mit **Dritten** zugunsten des Mieters nach § 328 Abs 1 ergeben. Bedeutung hat das namentlich für Werkförderungsverträge mit dem Arbeitgeber des Mieters oder mit der öffentlichen Hand,[145] da in solchen Verträgen häufig Mieterhöhungen zum Schutze der Mieter ausgeschlossen oder von der Zustimmung des Darlehensgebers abhängig gemacht werden. Die Folge ist dann, dass der Vermieter, solange der Darlehensgeber nicht zugestimmt hat, die Miete nicht aufgrund der §§ 558a bis 560 gegenüber dem Mieter erhöhen kann. Dies gilt grundsätzlich für die gesamte Zeit, während derer dem Darlehensgeber ein Belegungs- oder Besetzungsrecht zusteht, und zwar selbst bei vorzeitiger Rückzahlung des Darlehens.[146] Solange hiernach eine Mieterhöhung ausgeschlossen ist, ist ein gleichwohl gestelltes Erhöhungsverlangen des Vermieters gegenüber dem Mieter unwirksam.[147]

VI. Abweichende Vereinbarungen (Abs 4)

1. Allgemeines
a) Zweck. Vereinbarungen, die zum Nachteil des Mieters von § 557 abweichen, sind **28** nach Abs 4 unwirksam. Während die Vorgängervorschrift des § 10 Abs 1 HS 1 MHRG die Unwirksamkeit nachteiliger Vereinbarungen für alle Mieterhöhungsrechte regelte, wird dies aus Gründen der besseren Verständlichkeit seit der Mietrechtsreform bei jeder der einzelnen Vorschriften der §§ 557aff wiederholt. Da abweichende Vereinbarungen der einzelnen Mieterhöhungsrechte jedoch gemeinsame Fragen aufwerfen, wird dieser Fragenkreis insoweit ergänzend zur einzelnen Kommentierung im Folgenden im Zusammenhang behandelt.

b) Nachteiligkeit für den Mieter. Eine Vereinbarung ist für den Mieter nachteilig, **29** wenn der Vermieter objektiv eine günstigere Rechtsstellung erhält, als sie ihm in formeller oder materieller Hinsicht durch das Gesetz eingeräumt wird.[148] Ist eine Klausel generell geeignet, die Rechtsstellung des Mieters zu verschlechtern, kommt es nicht darauf an, ob

---

144 So BGH und *Bub* aaO.
145 *Staudinger/Emmerich* (2011) Vorbem 54f zu § 535.
146 OLG Hamm OLGZ 1987, 319, 327 = WuM 1986, 169.
147 BGH NJW 1957, 1436; MDR 1970, 411; MDR 1968, 402; MDR 1969, 1002; NJW 1960, 382; OLG Hamm OLGZ 1987, 319, 323ff = NJW-RR 1986, 808.
148 OLG Stuttgart WuM 1989, 552.

Jost Emmerich

sich der Mieter im Einzelfall aufgrund der Klausel auch einmal besserstehen könnte.[149] Wirksam bleiben Klauseln, die zugunsten des Mieters von den Regelungen über die Mieterhöhung abweichen (Rn 35ff) und solche, die einen anderen Regelungsbereich betreffen und daher mangels eines Konkurrenzverhältnisses neutral sind. So liegt in der Bevollmächtigung eines Mitmieters, Willenserklärungen des Vermieters und damit auch Mieterhöhungserklärungen mit Wirkung für und gegen alle Mitmieter entgegenzunehmen, kein Verstoß gegen zwingende Regelungen zur Mieterhöhung, weil hierbei Vorschriften des allgemeinen Zivilrechts über Zugang und Bevollmächtigung betroffen sind.[150] Ob eine Klausel bei späterer Änderung der tatsächlichen Umstände unwirksam ist, beurteilt sich nach den Umständen im Zeitpunkt ihrer Vereinbarung.[151] Im Übrigen kommt es nicht darauf an, ob die nachteilige Klausel bei Vertragsschluss oder später als Vertragsänderung vereinbart wird, wie § 557 Abs 1 zeigt.[152]

2. Einzelne nachteilige Vereinbarungen

30   **a) Mieterhöhung nach § 558.** Eine von der Mieterhöhung im Wege des Vergleichsmieteverfahrens nach § 558 zum Nachteil des Mieters abweichende Vereinbarung ist ausgeschlossen (§ 558 Abs 6, § 558a Abs 5, § 558b Abs 4). Enthält ein Mietvertrag über Wohnraum eine Vereinbarung, nach der bei einer Nutzung zu anderen als Wohnzwecken ein vom Vermieter festzusetzender Zuschlag zu zahlen ist, liegt in der Abrede zugleich eine Änderung der Rechtsnatur des Vertrags für den Fall der anderweitigen Nutzung. Da der Vertrag anschließend nach § 549 Abs 1 nicht mehr unter die §§ 557ff fällt, ist die Vereinbarung wirksam.[153] Die Vereinbarung in einem befristeten Mietvertrag, nach Ablauf des Mietverhältnisses eine neue Miethöhe auszuhandeln, ist unwirksam, weil dadurch § 558 und § 575 Abs 1 umgangen würden.[154] Die einjährige Wartefrist des § 558 Abs 1 S 1 darf nicht verkürzt werden. Das gilt auch für den Fall, dass durch den Eintritt eines weiteren Mieters in das Mietverhältnis die Wartefrist neu zu laufen beginnt.[155] Die Überlegungsfrist des § 558b Abs 1 kann weder einseitig durch den Vermieter noch durch Vereinbarung in der Weise verlängert werden, dass die sich daran anschließende Klagefrist ebenfalls zeitlich verschoben wird.[156] Die Fälligkeit der erhöhten Miete kann nicht entgegen § 558b Abs 1 schon im Mietvertrag zum Nachteil des Mieters vorverlegt werden. Allerdings können die Parteien nachträglich und im Einzelfall nach § 557 Abs 1 die Mieterhöhung zu einem früheren Zeitpunkt in Kraft treten lassen (Rn 2). Die Parteien können über die Maßstäbe, nach denen die Wohnung in eine Mietspiegeltabelle einzugruppieren ist, nur für den Einzelfall einer beabsichtigten Mieterhöhung nach § 557 Abs 1 eine verbindliche Regelung treffen.[157] Eine solche Regelung ist bei nachfolgenden Mieterhöhungsverlangen wirkungslos.[158] Unzulässig ist auch die Vereinbarung einer überhöhten Quadratmeterzahl der Wohnung, soweit es sich nicht um die Zustimmung zu einer Mieterhöhung im Einzelfall nach § 557 Abs 1 han-

149 OLG Koblenz OLGZ 1981, 459 = WuM 1981, 207; OLG Schleswig NJW 1981, 1964; LG Hamburg WuM 1975, 194; LG Saarbrücken WuM 1983, 145, 146; s auch Rn 24.
150 KG WuM 1985, 12; OLG Hamm WuM 1984, 20.
151 BayObLG WuM 1995, 694, 696.
152 OLG Karlsruhe WuM 1988, 204.
153 BayObLG WuM 1986, 205.
154 AG Frankfurt aM WuM 1986, 556; vgl auch LG Hamburg WuM 2000, 193.
155 LG Berlin GE 1997, 185; s aber *Staudinger/Emmerich* (2011) § 558 Rn 8.
156 LG Kiel WuM 1994, 547; LG München I WuM 1994, 383.
157 Vgl *Börstinghaus* NZM 2013, 1.
158 LG Essen WuM 1984, 110; AG Hamburg WuM 2001, 287.

delt.[159] Unwirksam ist ferner die Vereinbarung, dass im Falle des Einzugs einer weiteren Person ein bestimmter zusätzlicher Mietbetrag zu zahlen sei, weil die Möglichkeiten zur Mieterhöhung auf die §§ 558ff begrenzt sind.[160] Eine Schiedsgutachterklausel nach § 317 ist für eine Mehrzahl von künftigen Mieterhöhungen (Rn 17) unwirksam, wenn der Mieter dadurch im Voraus einer Leistungsbestimmung durch den Gutachter zustimmt.[161] Gleiches gilt für entsprechende Klauseln in Verträgen über so genannte **Scheinsozialwohnungen,** bei denen mangels Erfüllung der gesetzlichen Voraussetzungen die Kostenmiete gesetzlich nicht angehoben werden darf. Auch die entsprechende vertragliche Vereinbarung zur einseitigen Mieterhöhung stellt einen Nachteil gegenüber dem Vergleichsmieteverfahren dar.[162]

b) Ablauf der Preisbindung. Unwirksam ist die Vereinbarung in einem der Miet- **31** preisbindung unterliegenden Vertrag, dass nach Ablauf der Preisbindung ein bestimmter höherer Betrag geschuldet sein soll.[163] Ebenfalls gegen die Vorschriften der §§ 557ff verstößt es, wenn für die Zeit nach Ablauf der Preisbindung eine höhere Miete gegenüber der während der Mietpreisbindung um Aufwendungszuschüsse und -darlehen verminderten Kostenmiete vereinbart wird.[164] Diese Vereinbarungen können uU als Staffelmiete aufrechterhalten werden.[165]

c) Mietanpassungsklauseln. Für Mietanpassungsklauseln ist neben dem Vergleichs- **32** mieteverfahren grundsätzlich kein Raum. Ausnahmen gelten gem § 557a für die Staffelmiete und für die Indexmiete gem § 557b. Darüber hinaus sind nach § 557 Abs 4, § 557a Abs 4 und § 557b Abs 4 unwirksam Wertsicherungsklauseln,[166] Spannungsklauseln (§ 557b Rn 18) und Leistungsvorbehalte (§ 557b Rn 8). Eine andere Frage ist es, ob die unwirksame Klausel daneben die Vereinbarung enthält, die Miete in dieser Höhe zu begrenzen (Rn 24). Ebenfalls unwirksam sind sog umgekehrte Staffelmietverträge, bei denen eine höhere Grundmiete vereinbart wird, von der im Laufe der Zeit abnehmende Abschläge vorgenommen werden, soweit die Voraussetzungen des § 557a nicht erfüllt sind.[167]

d) Mieterhöhung nach § 559. Die Parteien können nicht zum Nachteil des Mieters **33** von den Voraussetzungen der §§ 559ff für Mieterhöhungen wegen Modernisierung abweichen. Es dürfen weder einzelne materielle noch formelle Voraussetzungen modifiziert werden. Die vor Beginn des Mietverhältnisses getroffene Vereinbarung, wonach der Mieter

---

159 OLG Hamburg NZM 2000, 654; *Behr/Hörrmann* DWW 1999, 105, 106; *Kraemer* NZM 2000, 1121, 1124 mwN.
160 **AM** LG Köln WuM 1990, 219 m abl Anm *Blank*; unwirksam gem § 549 Abs 2 S 3 aF: AG Langenfeld/Rhld WuM 1992, 477.
161 LG Frankfurt aM WuM 1974, 156; LG Freiburg WuM 1987, 267; LG Hamburg MDR 1981, 848; **aM** LG Wiesbaden ZMR 1974, 148.
162 BGH NZM 2007, 283; zur Unwirksamkeit nach § 307 Abs 2 Nr 1 BGB BGH NZM 2009, 511; AG Lichtenberg 29.8.2007 Az 3 C 183/07 MM 2007, 335.
163 BGH NZM 2004, 378; NZM 2007, 283; OLG Stuttgart WuM 1989, 552; LG Berlin 23.1.2006 Az 67 S 335/05 MM 2008, 298; **aM** KG WuM 1991, 155.
164 AM KG WuM 1991, 155; *Bub/Treier/Schultz* Rn A 254.
165 S *Staudinger/Weitemeyer* (2011) § 557a Rn 8.
166 OLG Koblenz OLGZ 1981, 459 = WuM 1981, 207; LG Münster ZMR 1977, 248; LG Saarbrücken WuM 1983, 146; AG Charlottenburg GE 1990, 377.
167 OLG Stuttgart WuM 1989, 552; LG Hamburg WuM 1990, 443.

Jost Emmerich

einen verlorenen Zuschuss zur Renovierung der Fenster und für den Einbau einer Heizung leisten soll, ist deshalb ebenso unwirksam[168] wie ein einseitiges Leistungsbestimmungsrecht nach einer Modernisierung, das über die §§ 559ff hinausgeht.[169] Da die Installation eines Breitbandkabelanschlusses nach hM eine Modernisierungsmaßnahme iS des § 559 ist,[170] ist eine vor der Installation des Anschlusses getroffene Vereinbarung, dass der Mieter die gesamten Kosten der Maßnahme in einem Betrag erstatten werde[171] oder dass mehr als 11 vH der Kosten umgelegt werden,[172] unwirksam. Gleiches gilt für eine Vereinbarung, dass der Vermieter aufgrund von vor Abschluss des Mietvertrages abgeschlossenen Modernisierungsmaßnahmen zur Mieterhöhung berechtigt ist.[173]

34   **3. Vorteilhafte Vereinbarungen.** Vereinbarungen, die zum Vorteil für den Mieter von den Vorschriften der §§ 557 bis 560 abweichen, sind zulässig. Vorteilhaft ist es für den Mieter, wenn vereinbart wird, die Mieterhöhung soll einen bestimmten oder bestimmbaren Betrag, der unter der Vergleichsmiete des § 558 liegt, nicht überschreiten.[174] Ebenso kann die Kappungsgrenze des § 558 Abs 3 zugunsten des Mieters niedriger bemessen werden. Es ist möglich, die Wartefrist des § 558 Abs 1 S 1[175] und die Überlegungsfrist des § 558b Abs 1 zu verlängern oder die Mieterhöhung an die Zustimmung eines Dritten zu binden.[176] Vorteilhaft ist es, wenn die Mieterhöhung wegen baulicher Änderungen nach § 559 Abs 1 unter der Grenze von 11 vH der aufgewendeten Kosten bleiben soll. Es ist ferner zulässig, den Wirkungseintritt der Mieterhöhung vertraglich über den gesetzlich vorgeschriebenen Zeitpunkt hinauszuschieben. Vorteilhaft sind auch Vereinbarungen über die Senkung der Miete. Bei all diesen Vereinbarungen ist § 550 zu beachten.[177]

4. Rechtsfolgen

35   **a) Unwirksamkeit.** Als Rechtsfolge bestimmen die jeweiligen Vorschriften zu den einzelnen Mieterhöhungsrechten der §§ 557a ff die Unwirksamkeit einer zum Nachteil des Mieters hiervon abweichenden Vereinbarung. Damit ist Nichtigkeit von Anfang an gemeint. Die Parteien können sich aber im Einzelfall auf eine Mieterhöhung um einen bestimmten Betrag nach § 557 Abs 1 einigen (Rn 2ff). Der Mietvertrag bleibt von der Unwirksamkeit einer einzelnen Bestimmung grundsätzlich unberührt. Dies folgt daraus, dass nach dem Zweck der Verbotsnormen eine Vertragspartei vor nachteiligen Klauseln geschützt werden soll und § 139 in diesem Fall restriktiv auszulegen ist. Der Mieterschutz wäre hinfällig, würde der Mieter insgesamt vertragslos gestellt, wenn er die Unwirksamkeit einzelner Klauseln geltend macht.[178]

---

168 AG Freiburg WuM 1985, 364 (LS); *Eisenschmid* WuM 1995, 363, 374.
169 LG Karlsruhe WuM 1989, 335.
170 *Staudinger/Emmerich* (2011) § 554 Rn 22.
171 AG Köln WuM 1991, 159.
172 LG Köln WuM 1989, 24.
173 AG Bad Segeberg WuM 1992, 197.
174 LG Münster DWW 1977, 20; s Rn 18ff.
175 LG Hamburg MDR 1981, 848.
176 LG Düsseldorf WuM 1981, 286.
177 Zur Reichweite dieser Vorschrift bei Senkung der Miete BGH NJW 2005, 1861; NJW 2006, 138.
178 Ausschussbericht BT-Drucks IV/1323, 2; Ausschussbericht zum Entw eines MietRÄndG 2 BT-Drucks IV/2195, 2; BGH MDR 1964, 495; OLG Celle OLGZ 1982, 219; LG Hamburg MDR 1981, 848; LG Mönchengladbach WuM 1992, 200; **aM** *Korff* DWW 1975, 63.

b) Rückzahlung. Soweit der Mieter aufgrund einer unwirksamen Vereinbarung über 36
die Miethöhe oder einer nichtigen einseitigen Erhöhungserklärung nach den §§ 559 oder
560 eine erhöhte Miete gezahlt hat, ist der Vermieter nach den Vorschriften der §§ 812ff
über die ungerechtfertigte Bereicherung zur Rückzahlung verpflichtet.[179] Während nach
unwirksamen Mieterhöhungsverlangen bei preisgebundenem Wohnraum eine Bereicherung ausgeschlossen sein kann, wenn die materiellen Voraussetzungen einer Mieterhöhung vorliegen, es aber allein an den formellen Voraussetzungen fehlt, weil der Vermieter
einen gesetzlichen Anspruch auf die Kostenmiete hat,[180] ist dies nach den Mieterhöhungen
gem §§ 557aff nicht der Fall. Denn die formellen Voraussetzungen der Mieterhöhungsverfahren nach den §§ 557aff begründen überhaupt erst den Anspruch des Vermieters auf die
höhere Miete.[181] Zweifelhaft ist aber, ob eine vertragliche Vereinbarung, dass die Wohnung
preisgebunden ist, bei **Scheinsozialwohnungen** einer Rückforderung der in der Vergangenheit gezahlten Kostenmieterhöhungen entgegensteht.[182] Der BGH hat inzwischen
aber klargestellt, dass diese Einschränkung der bereicherungsrechtlichen Rückforderung
allenfalls bei jahrelangen vorbehaltlos gezahlten Mieterhöhungsbeträgen nach Treu und
Glauben gem § 242 ausgeschlossen sein kann.[183] Nur positive Kenntnis des Mieters vom
Nichtbestehen der Schuld schließt nach § 814 den Bereicherungsanspruch aus.[184]

§ 557a

Staffelmiete

**[1] Die Miete kann für bestimmte Zeiträume in unterschiedlicher Höhe schrift-
lich vereinbart werden; in der Vereinbarung ist die jeweilige Miete oder die jeweilige Erhöhung in einem Geldbetrag auszuweisen (Staffelmiete).**
**[2] Die Miete muss jeweils mindestens ein Jahr unverändert bleiben. Während
der Laufzeit einer Staffelmiete ist eine Erhöhung nach den §§ 558 bis 559b ausgeschlossen.**
**[3] Das Kündigungsrecht des Mieters kann für höchstens vier Jahre seit
Abschluss der Staffelmietvereinbarung ausgeschlossen werden. Die Kündigung ist
frühestens zum Ablauf dieses Zeitraumes zulässig.**
[4] Eine zum Nachteil des Mieters abweichende Vereinbarung ist unwirksam.

Schrifttum

Beisbart Stellvertretung bei Abschluss von Mietverträgen und Schriftform, NZM 2004, 293; *Beuermann* Mietpreiserhöhung durch nachträglich sinkendes Mietniveau?, GE 1997, 582; *ders* Vergessene Überleitungsvorschriften im Mietrechtsreformgesetz, GE 2001, 902; *ders* Kündigungsrecht des Mieters auch bei

---

179 BGH NZM 2005, 735; NZM 2007, 283; LG Hildesheim WuM 1987, 50; LG Kiel WuM 2000, 308; LG Mannheim WuM 2004, 481; LG Mönchengladbach ZMR 1988, 266; LG Stuttgart WuM 1988, 84 m Anm *Lang* DWW
1988, 17.
180 BGH NJW 1982, 1587; NJW 2004, 1598; LG Berlin GE 1997, 687; **aM** LG Berlin WuM 2000, 307; GE 2003,
957.
181 *Wiek* WuM 1999, 559; **aM** LG Essen ZMR 1999, 557; RE abgelehnt OLG Hamm NZM 1998, 300.
182 So LG Berlin ZMR 2005, 125; Rev nicht angenommen BGH GE 2005, 1418.
183 BGH NZM 2007, 283, 284.
184 BGH NZM 2005, 735; OLG Karlsruhe WuM 1986, 166, 168; LG Siegen WuM 1990, 523; LG Frankfurt aM
NZM 2001, 467; AG Königstein NJW-RR 1989, 270.

Staffelmiete nicht ausschließbar?, GE 2003, 929; *Bohnert* Ordnungswidrige Staffel- und Indexmiete, JZ 1994, 605; *Börstinghaus* Kündigungsausschlussvereinbarungen in der Wohnraummiete nach der Rechtsprechung des BGH, ZGS 2009, 221; *ders* Kündigungsrechtsausschlussvereinbarung in der Wohnraummiete, NJW 2009, 1391; *Derleder* Der sicherste Weg der Vertragspraxis bei der Vereinbarung von Mietzeitbegrenzungen und Kündigungsausschlüssen, NZM 2001, 1025; *Disput* Schriftform und Wirksamkeit des langfristigen Mietvertrages, ZMR 2010, 827; *Gather* Der neue Zeitmietvertrag als Danaergeschenk, GE 2002, 516; *Gellwitzki* Mit welchen Fristen kann ein Zeitmietvertrag mit Verlängerungsklausel und mit eventueller Staffelmiete gekündigt werden?, WuM 2005, 575; *Häublein* Zur Wirksamkeit eines formularmäßigen Kündigungsausschlusses bei der Wohnraummiete, ZJS 2009, 723; *Jacoby* Die gesetzliche Schriftform bei Abschluss und Änderung von Gewerberaummietverträgen, NZM 2011, 1; *Kinne* Mietpreisüberhöhung (§ 5 WiStG) – alte Fragen, neue Antworten?, ZMR 1998, 473; *ders* Unbefristete Mietverträge und befristeter Ausschluss des Kündigungsrechts, GE 1998, 776; *ders* Schriftform – immer aktuell, GE 2006, 231; *Lützenkirchen* Probleme der Überleitungsvorschriften im neuen Miet- und Schuldrecht, PiG 65 (2002) 21; *Mersson* Jahresfrist und Mieterwechsel bei der Staffelmiete, ZMR 2002, 732; *Müther* Die Heilung unwirksamer Staffelmietvereinbarungen, WuM 1996, 391; *Nies* Schrift- oder Textform im Mietrecht. Fallen für Vermieter, NZM 2001, 1071; *Schach* Die Schriftformfalle beim Mietvertrag, GE 2004, 1280; *Schraufl* Schriftform bei GbR als Partei eines Langzeitmietvertrags, NZM 2005, 443; *M Schultz* Gesetzliche Schriftform in der Geschäftsraummiete, in: FS Bub (2007), 377; *Söfker* Zum Gesetz über die Reform des Wohnungsbaurechts, WuM 2002, 291; *Weitemeyer* Die Schriftform bei der Vertretung einer Gesellschaft bürgerlichen Rechts, NZG 2006, 10; *Wiek* Zum einseitigen Kündigungsverzicht des Mieters bei Staffelmietvereinbarung, WuM 2009, 46.

Systematische Übersicht

I. Allgemeines

1   **1. Überblick.** Die Vorschrift des § 557a erlaubt den Vertragsparteien als Ausnahme zum Verbot künftiger Mieterhöhungen gem § 557 Abs 2 eine Staffelmiete, dh die schriftliche Vereinbarung unterschiedlicher Miethöhen für bestimmte Zeiträume. Voraussetzung ist nach Abs 1, dass die jeweilige Miete oder der Erhöhungsbetrag betragsmäßig ausgewiesen sind. Zudem muss die Miete gem Abs 2 mindestens ein Jahr unverändert bleiben. Die Regelung über die Staffelmiete wurde durch Art 2 Nr 3a) des Gesetzes zur Erhöhung des Angebots an Mietwohnungen vom 20.12.1982[1] als § 10 Abs 2 MHRG geschaffen. Das Mietrechtsreformgesetz vom 19.6.2001[2] schuf für die Staffelmiete die eigenständige Vorschrift des § 557a. Die Voraussetzungen für die Vereinbarung einer gestaffelten Miete sind weitgehend unverändert geblieben. Entgegen der bisherigen Rechtslage ist die Staffelmietvereinbarung aber nicht mehr auf zehn Jahre beschränkt, sondern kann zeitlich unbeschränkt

---

1 BGBl I 1912.
2 BGBl I 1149.

vereinbart werden. Die Vereinbarung einer Staffelmiete stellt eine Ausnahme von dem Verbot der Vereinbarung künftiger Mieterhöhungen nach § 557 Abs 2 dar. Zur Erleichterung von Investitionen im Wohnungsbau sollte für den Vermieter die Möglichkeit geschaffen werden, ohne die Unsicherheiten des Vergleichsmieteverfahrens regelmäßige Steigerungen der Miete zu vereinbaren.[3]

2. Sachlicher Anwendungsbereich. Die Vorschrift des § 557a gilt nach § 549 Abs 1 **2** nur für **Wohnraummietverhältnisse** (§ 549 Rn 3ff) mit Ausnahme der in § 549 Abs 2 und 3 vom sozialen Mietrecht weitgehend ausgenommenen Mietverhältnisse. Dort ist die Vereinbarung einer Staffelmiete ohne weiteres zulässig. Auch die Begrenzung des Kündigungsausschlusses auf vier Jahre ist bei **gewerblichen Mietverhältnissen** nicht erforderlich.[4] Dort ist es eine Frage der Auslegung, ob eine Staffelmiete vereinbart worden ist.[5] Überwiegt bei Mischmietverhältnissen der Wohnanteil, muss auch die für den gewerblichen Teil isoliert vereinbarte Staffelmiete den Anforderungen des § 557a entsprechen.[6] Keine ausdrückliche Ausnahmeregelung besteht mehr für den nach dem früheren § 10 Abs 3 Nr 1 MHRG von den Vorschriften über Mieterhöhungen ausgenommenen **preisgebundenen Wohnraum.** Soweit eine Preisbindung auf Grund der Vorschriften des sozialen Wohnungsbaus besteht, ergibt sich unmittelbar aus diesen Spezialvorschriften, dass und inwieweit andere Regelungen für die Mieterhöhung gelten.[7] Nach der Umstellung der bisherigen Förderwege des sozialen Wohnungsbaus durch das am 1.1.2002 in seinen wesentlichen Teilen in Kraft getretene Gesetz zur Reform des Wohnungsbaurechts vom 13.9.2001[8] auf eine Förderung nach dem Gesetz über die soziale Wohnraumförderung (WoFG) sind nunmehr auch für geförderte Wohnungen das allgemeine Wohnraummietrecht der §§ 535ff und gem § 28 Abs 3 WoFG insbesondere die Regelungen über Mieterhöhungen nach den §§ 557ff anwendbar. Auch eine Staffelmiete kann vereinbart werden.[9] Zur Sicherung der mit der Förderung verfolgten Ziele sieht § 28 Abs 3 und 5 WoFG vor, dass der Vermieter keine höhere Miete als die in der Förderzusage bestimmte Miethöhe verlangen kann. Staffelmieten sind daher vereinbar, es sei denn, einzelne oder alle Staffeln liegen über der in der Preisbindung vorgegebenen Miethöhe.[10] Außerdem müssen die allgemeinen Voraussetzungen der Staffelmiete selbstverständlich erfüllt sein.[11]

3. Übergangsregelung. Die Vorschrift des § 557a ist nach Art 11 Mietrechtsreform- **3** gesetz seit dem 1.9.2001 anwendbar. Das bedeutet nach allgemeinen Grundsätzen, dass sämtliche Neuregelungen auf die zu diesem Zeitpunkt abgeschlossenen Mietverträge anzuwenden sind (§ 549 Rn 2). Für die Beurteilung, ob die Vereinbarungen wirksam sind, kommt es jedoch auf den Zeitpunkt ihres Abschlusses an. Damit sind die neuen Regelungen auf Staffelmietvereinbarungen anwendbar, die ab dem 1.9.2001 getroffen worden sind.

---

3 Begr zum Gesetzentw BT-Drucks 9/2079, 9.
4 BGH NZM 2005, 63.
5 OLG Hamm v 21.12.2010, Az 7 U 33/10, Quelle Juris.
6 LG Berlin GE 2003, 425.
7 Begr zum RegE BT-Drucks 14/4553, 52.
8 BGBl I 2376.
9 *Söfker* WuM 2002, 291, 295; zur Staffelmiete bei Kostenmiete s OLG Hamm DWW 1993, 78; LG Berlin GE 1996, 981; *Gaul* GE 1988, 210.
10 *Blank/Börstinghaus,* Miete Rn 3; MünchKomm/*Artz* Rn 4; *Schmidt-Futterer/Börstinghaus* Rn 13f. Zur Vereinbarung überhöhter Staffelmieten bei preisgebundenen Wohnungen nach dem Kostenmietesystem s BGH NJW 2004, 511 u *Staudinger/Weitemeyer* (2011) Rn 8 mwN.
11 LG Wuppertal WuM 1998, 292LG Berlin MM 2008, 298; GE 2009, 1494.

Jost Emmerich

Vorher getroffene Vereinbarungen, die nach bisherigem Recht unwirksam waren, bleiben dies auch, soweit sie nicht nach § 141 bestätigt oder neu abgeschlossen werden.[12] Jedoch führt die Überschreitung der früheren Zehnjahresfrist nur zur Teil-Unwirksamkeit der Staffelmietvereinbarung über die zehn Jahre hinaus.[13]

II. Vereinbarung einer Staffelmiete (Abs 1, Abs 2 S 1)

1. Gestaffelte Miethöhe

4 **aa)** Die Miete kann für bestimmte Zeiträume in unterschiedlicher Höhe vereinbart werden. Eine derart gestaffelte Miethöhe muss **betragsmäßig ausgewiesen** sein. Die frühere Streitfrage, ob es dafür ausreicht, bestimmte Steigerungsbeträge anzugeben[14] oder ob die für jeden Zeitraum insgesamt zu zahlende Miete genannt werden muss,[15] hat der Gesetzgeber durch das MietRÄndG 4 (Rn 1) dahin entschieden, dass auch die Angabe des jeweiligen Erhöhungsbetrags ausreicht. Diese Möglichkeit ist in § 557 Abs 1 HS 2 ausdrücklich erwähnt. Vor dem Inkrafttreten des MietRÄndG 4 am 1.9.1993 getroffene Staffelmietvereinbarungen, in denen allein die Erhöhungsbeträge angegeben waren, bleiben nach der hier vertretenen Auffassung wirksam.[16] Die bloße Angabe eines Prozentsatzes verstößt gegen Abs 1.[17] Die Vereinbarung ist **nur teilweise nichtig**, wenn sie für die Erhöhung nicht nur Prozentsätze angibt, sondern im übrigen entsprechend Abs 1 die Erhöhungsbeträge ausweist.[18] Das Gleiche gilt für Quadratmetermieten.[19] Zulässig ist es aber, die Miethöhe **zusätzlich auf die ortsübliche Vergleichsmiete** zu begrenzen.[20]

5 **bb)** Die **Vereinbarung eines einzigen Steigerungsbetrags** reicht aus.[21] Wird eine derartige Vereinbarung während des Bestehens eines Mietverhältnisses getroffen, handelt es sich allerdings bereits um eine einvernehmliche Mieterhöhung nach § 557 Abs 1, so dass diese Staffelung ohne die weiteren Beschränkungen des § 557a vereinbart werden kann (§ 557 Rn 17). § 557a bleibt aber anwendbar, wenn zugleich eine neue Ausgangsmiete und eine weitere Staffel vereinbart werden.[22] Die einzelnen Beträge können unterschiedlich hoch sein. Die Vorschrift ist auf eine Staffelmiete zugeschnitten, die sich stufenweise erhöht. Eine gestaffelte **Senkung** der Miete wird nicht erfasst und ist ohne Weiteres als eine für den Mieter günstige Abweichung von den §§ 557ff zulässig. Anwendbar ist § 557a

---

12 BGH NJW 2004, 511; NZM 2004, 736; NZM 2005, 782; NZM 2006, 12 = GE 2006, 121 m Anm *Kinne*; LG Berlin GE 2002, 468; GE 2003, 325; GE 2004, 625; *Beuermann* GE 2001, 902, 905; *Blank/Börstinghaus*, Miete Rn 12; *Haas* Rn 5; **aM** *Lützenkirchen* PiG 65 (2002) 21, 27f.

13 BGH NZM 2009, 154; WuM 2009, 587; LG Berlin GE 1991, 781; **aM** LG Berlin GE 2004, 625; GE 2003, 325; LG Gießen WuM 1994, 693.

14 So AG Neuss DWW 1989, 398 mwN; *Emmerich/Sonnenschein/Weitemeyer* Miete, 7. Aufl, § 10 MHRG Rn 20.

15 So OLG Braunschweig WuM 1985, 213 m abl Anm *Pfeifer* DWW 1985, 179; OLG Karlsruhe WuM 1990, 9; wN bei *Staudinger/Sonnenschein/Weitemeyer* (1997) § 10 MHRG Rn 44.

16 LG Hamburg MDR 1995, 467; *Staudinger/Sonnenschein/Weitemeyer* (1997) § 10 MHRG Rn 44 mwN; **aM** LG Berlin GE 1996, 471; iE LG Gießen WuM 1996, 391; *Beuermann* § 10 MHRG Rn 31b; *Blank* WuM 1993, 503, 509; *Müther* WuM 1996, 391.

17 Begr zum RegE BT-Drucks 12/3254, 14; BGH NJW 2012, 1502 = WuM 2012, 278.

18 BGH NJW 2012, 1502 = WuM 2012, 278.

19 LG Berlin GE 2002, 468, 469; MM 2009, 75; AG Hamburg-St. Georg WuM 2010, 37.

20 BGH NZM 2009, 355; **aM** LG Berlin MM 2007, 111.

21 BGH NZM 2006, 12 = GE 2006, 121 m Anm *Kinne*; AG Rheinbach WuM 1987, 362; *Sternel* Rn III 427.

22 Vgl BGH NZM 2006, 12 = GE 2006, 121 m Anm *Kinne*.

jedoch bei der **umgekehrten Staffelmiete**, bei der abnehmende Abschläge von einer höheren Ausgangsmiete vorgenommen werden.[23]

cc) Die Vergleichsmiete bildet keine Grenze für die **Höhe** der gestaffelten Miete, **6** sondern nur die Verbote des Mietwuchers nach § 291 StGB und der Mietpreisüberhöhung nach § 5 WiStG. Wird bei einer festen Miete die Grenze des § 5 WiStG überschritten, ist die Vereinbarung über die Miethöhe nur in Höhe des übersteigenden Teils nichtig.[24] Das Gleiche gilt für einen Staffelmietvertrag, so dass jede für einen bestimmten Zeitraum vereinbarte gestaffelte Miete teilnichtig sein kann.[25] Ist bereits die Anfangsmiete überhöht, führt dies nicht zum Wegfall der zukünftigen Mietstaffeln, diese sind im Hinblick auf die ortsübliche Vergleichsmiete im Zeitpunkt des jeweils bestimmten Anfangstermins zu beurteilen.[26] Durch einen nachträglichen Wegfall des Tatbestandsmerkmals des geringen Angebots an Mietwohnungen endet die Teilnichtigkeit hinsichtlich künftiger Mietansprüche nicht.[27] Dagegen kann ein nachträgliches Absinken der ortsüblichen Vergleichsmiete nicht zur Unwirksamkeit einer späteren Mietstaffel führen, weil es dann an der erforderlichen Kausalität der Mangellage für den Vertragsschluss fehlte.[28] Für **Geschäftsraummietverhältnisse**, bei denen § 5 WiStG nicht gilt, hat der BGH eine Anpassung der Staffelmiete bei sinkender Vergleichsmiete nach den Grundsätzen des Wegfalls der Geschäftsgrundlage (§ 313) abgelehnt.[29]

2. Erhöhungszeitraum. Die Miete muss nach § 557a Abs 2 S 1 jeweils mindestens **7** ein Jahr unverändert bleiben, um den Mieter nicht kurzfristig ständigen Mieterhöhungen auszusetzen. Die Staffelmietvereinbarung ist insgesamt unwirksam, wenn kürzere Erhöhungsbeträge vereinbart worden sind, so dass nur die Ausgangsmiete, also uU die erste Staffelmiete, geschuldet ist und nicht die ortsübliche Vergleichsmiete.[30] In besonderen Fällen kann es dem Mieter aber nach Treu und Glauben gem § 242 verwehrt sein, sich auf die Unwirksamkeit zu berufen, etwa wenn sich der Mietvertragsbeginn nachträglich um einen kurzen Zeitraum verschoben hat und die Parteien die daraus erwachsenden Folgen für die Staffelmietvereinbarung übersehen haben.[31] Die Erhöhungszeiträume müssen **bestimmt** sein.[32] Fraglich ist, ob nach dem Wegfall der Begrenzung der Staffelmietvereinbarung auf zehn Jahre (Rn 1) dieses Erfordernis erfüllt ist, wenn das Ende der letzten Staffel nicht feststeht. Dies ist eine Frage der Auslegung, die auch dahin gehen kann, dass die Staffelmietvereinbarung dann bis zum Ende des Mietverhältnisses besteht und ander-

---

23 *Schmidt-Futterer/Börstinghaus* Rn 20.
24 BGH NJW 1984, 68; RE abgelehnt OLG Frankfurt aM DWW 2001, 245 mwN; *Staudinger/Emmerich* (2011) Vorbem 118 zu § 535 mwN.
25 BGH NJW 2004, 1740.
26 KG NZM 2001, 283; OLG Hamburg NZM 2000, 233; LG Berlin ZMR 1995, 77; ZMR 2001, 278; LG Frankfurt aM WuM 1996, 425; *Emmerich* NZM 2001, 690, 692; *Kinne* ZMR 1998, 473, 479; *Lammel* NZM 1999, 989, 991; *Sternel* Rn III 432; **aM** LG Freiburg ZMR 1998, 781; LG Hamburg NZM 1999, 401; AG Gießen WuM 1998, 356; *Beuermann* GE 1997, 582, 584; *Bohnert* JZ 1994, 605, 608.
27 OLG Hamburg NZM 1999, 363; LG Hamburg NZM 1998, 622; *Emmerich* NZM 2001, 690, 692.
28 KG NZM 2001, 283; ZMR 2002, 116; LG Berlin GE 2003, 671, 672f; **aM** LG Berlin ZMR 2001, 278; krit *Emmerich* NZM 2001, 690, 692.
29 BGH NJW 2002, 2384; NZM 2005, 63; *Börstinghaus* NZM 2003, 829, 835.
30 LG Berlin GE 1995, 369; GE 1999, 1428; GE 2000, 345; WuM 2001, 612; GE 2004, 625; LG Hamburg NZM 1999, 957 = ZMR 1999, 339 m Anm *Bottenberg*; LG Nürnberg-Fürth WuM 1997, 438;.
31 LG Hamburg NZM 1999, 957; LG Berlin GE 1995, 369; GE 2006, 453; AG Berlin-Lichtenberg GE 1997, 321; **aM** LG Berlin NZM 2002, 941.
32 OLG Stuttgart WuM 1989, 552; LG Berlin GE 2003, 394.

Jost Emmerich

weitige Mieterhöhungen gem Abs 2 ausschließt.[33] Bei dem vertraglichen Eintritt eines Nachmieters in einen bestehenden Mietvertrag darf sich der neue Mieter auf eine erste an sich zu kurze Mietstaffel nicht berufen.[34]

8   **3. Vereinbarung.** Die gestaffelte Miete kann bei Neuabschluss eines Mietvertrags vereinbart werden. In gleicher Weise steht es den Parteien frei, eine dahin gehende Vereinbarung später im Wege eines Änderungsvertrags zu treffen (s auch § 557 Rn 17). Unerheblich ist dabei, ob es sich um ein Mietverhältnis auf bestimmte oder unbestimmte Zeit handelt.

9   **4. Form.** Für die Vereinbarung ist die Schriftform des § 126 vorgeschrieben.[35] Haben die Parteien für den Fall des Schriftformmangels eine Nachholpflicht vereinbart, ist die Berufung auf den Formmangel nach § 242 treuwidrig.[36] Soweit ein Mietvertrag auf die Dauer von mehr als einem Jahr abgeschlossen wird, ergibt sich der Formzwang auch aus § 550. Dabei reicht es für die Wirksamkeit der Staffelmietvereinbarung aus, wenn diese der Schriftform entspricht. Sie kann auch unabhängig von einem nach § 550 der Schriftform bedürfenden Mietvertrag ohne ausreichende Bezugnahme auf diesen Vertrag geschlossen werden.[37] Das kann aber zur Folge haben, dass der gesamte Mietvertrag nicht mehr die Schriftform erfüllt und sich nach § 550 in ein unbefristetes Mietverhältnis umwandelt.[38] Bei einer Stellvertretung muss erkennbar sein, für wen der Vertreter handelt, was gelegentlich von Wohnungsverwaltungen nicht beachtet wird.[39] Bei der Stellvertretung von Personenverbänden sind die besonders hohen Anforderungen des BGH an die Offenlegung der Vertretungsverhältnisse im Rahmen des Schriftformerfordernisses zu beachten.[40]

III. Rechtsfolgen

10   **1. Mieterhöhung.** Nach Ablauf des jeweils bestimmten Zeitraums tritt die maßgebende Mieterhöhung aufgrund der vertraglichen Vereinbarung ein. Weitere Erklärungen der Parteien sind nicht erforderlich. Eine Verwirkung kommt aber in Betracht, wenn der Vermieter den erhöhten Betrag trotz im Voraus erteilter Einzugsermächtigung über längere Zeit hinweg nicht einzieht.[41] Der reine Zeitablauf reicht nach allgemeinen Grundsätzen aber nicht aus.[42] Ist die Zeitspanne, für die eine gestaffelte Miete vereinbart worden ist, insgesamt abgelaufen, gilt die am Ende erreichte Miethöhe weiter, bis eine Mieterhöhung aufgrund der §§ 558ff vorgenommen oder eine neue Vereinbarung über eine Staffelmiete getroffen wird. Sind die Voraussetzungen für eine Staffelmietvereinbarung nicht erfüllt, wird die Unwirksamkeit der Vereinbarung nicht allein durch die Zahlung des erhöhten Betrags behoben. In der bloßen Zahlung der erhöhten Miete kann keine nachträgliche Zustimmung zur Mieterhöhung um einen bestimmten Betrag nach § 557a gesehen werden,

---

33   **AM** *Mersson* ZMR 2002, 732.
34   *Mersson* ZMR 2002, 732, 733.
35   Zu Schriftformproblemen bei der Vertretung von Personenmehrheiten ausf *Staudinger/Weitemeyer* (2011) Rn 16 mwN; *dies* NZG 2006, 10; *Beisbart* NZM 2004, 293; *Jacoby* NZM 2011, 1 ff; *Schraufl* NZM 2005, 443.
36   LG Berlin GE 2007, 1052.
37   LG Berlin GE 1998, 857.
38   *Nies* NZM 2001, 1071.
39   LG München I NZM 2004, 220; AG Charlottenburg ZMR 2006, 129; AG Köpenick GE 2005, 621; LG Hamburg ZMR 2013, 348 zur Erbengemeinschaft.
40   Einzelheiten *Staudinger/Weitemeyer* (2011) Rn 16.
41   LG München I WuM 2002, 517 = ZMR 2003, 431.
42   KG WuM 2004, 348; LG Osnabrück WuM 2004, 368.

weil der Mieter regelmäßig davon ausgeht, bereits aufgrund der Staffelmietvereinbarung zur Zahlung verpflichtet zu sein.[43] Wenn allerdings eine Vereinbarung nach § 557 Abs 1 über die Zahlung einer höheren Miete zustande kommt, bedarf diese nicht der Schriftform des § 557a Abs 1.[44]

2. Ausschluss anderweitiger Mieterhöhungen (Abs 2 S 2). Gem § 557a Abs 2 S 2 **11** ist für die Dauer einer Staffelmietvereinbarung eine Erhöhung der Miete nach den §§ 558 bis 559b ausgeschlossen.[45] Eine Kombination der Staffelmiete mit diesen Formen der Mieterhöhung ist dem Vermieter verwehrt. Ist eine derartige Kombination im Mietvertrag vereinbart, ist die Staffelmietvereinbarung unwirksam.[46] Ausgenommen ist nur eine Mieterhöhung wegen gestiegener Betriebskosten nach § 560 (s aber § 560 Rn 14). Soweit die Voraussetzungen der einjährigen Wartefrist des § 558 Abs 1 S 1 nach Eintritt der letzten Erhöhungsstufe eingehalten werden, kann das Vergleichsmietverfahren auch schon vor dem Ende der Staffelmietzeit eingeleitet und die Fristen des § 558b Abs 1 und 2 in Gang gesetzt werden.

3. Beschränkung eines Ausschlusses des Kündigungsrechts (Abs 3)
a) Allgemeines. Obwohl es unerheblich ist, ob das Mietverhältnis auf bestimmte oder **12** unbestimmte Zeit eingegangen wird, geht der Gesetzgeber davon aus, dass die Vermieter zur Absicherung ihrer Kalkulation den Mietern Verträge vorlegen werden, in denen neben der Vereinbarung einer Staffelmiete auch das Kündigungsrecht des Mieters für längere Zeit ausgeschlossen ist.[47] Unter Berücksichtigung der möglichen Zwangslage der Wohnungssuchenden beim Abschluss eines Mietvertrags ist deshalb bei der Vereinbarung einer Staffelmiete der Ausschluss des Kündigungsrechts des Mieters auf vier Jahre begrenzt worden.[48] Ist das Mietverhältnis unbefristet, kann sich der Mieter gegenüber der Eigenbedarfskündigung des Vermieters nicht darauf berufen, er habe aufgrund einer Staffelmietvereinbarung auf eine längere Vertragszeit vertraut.[49]

b) Kündigungsbeschränkung. Die Vereinbarung eines **befristeten Mietverhältnis- 13 ses** ist nach Inkrafttreten des Mietrechtsreformgesetzes nur noch als qualifizierter Zeitmietvertrag nach § 575 Abs 1 zulässig. Auch der **befristete Ausschluss einer ordentlichen Kündigung**, der für ein ansonsten auf unbestimmte Zeit abgeschlossenes Mietverhältnis vereinbart wird, ist nach § 557a Abs 3 unwirksam, wenn er länger als vier Jahre beträgt.[50] Ein solcher Fall liegt etwa vor, wenn die Vertragsparteien nach altem Recht zulässigerweise die Kündigungsfristen entgegen der gesetzlichen Regelung verlängert haben, so dass der Mieter nach Ablauf von vier Jahren nur noch jährlich kündigen konnte.[51] Auch ein auf längere Zeit als vier Jahre befristetes Mietverhältnis kann wegen der darin liegen-

---

43 LG Berlin GE 1999, 1428; GE 2003, 325; LG Braunschweig WuM 1990, 159; LG Düsseldorf DWW 1990, 308; LG Kiel WuM 2000, 308; AG Bergisch Gladbach WuM 1991, 700; AG Neumünster WuM 2000, 611; s auch § 557 Rn 4; **aM** LG Berlin GE 2002, 804.
44 **AM** LG Berlin GE 2003, 325.
45 LG Berlin NZM 2002, 947.
46 LG Berlin GE 1997, 555; AG Frankfurt **aM** WuM 1989, 400.
47 Zur Wirksamkeit von Zeitmietverträgen nach neuem Recht s *Derleder* NZM 2001, 1025, 1026; *Staudinger/Rolfs* (2011) § 575 Rn 1ff.
48 Begr zum Gesetzentw BT-Drucks 9/2079, 18.
49 *Staudinger/Rolfs* (2011) § 573 Rn 84.
50 BGH NJW 2005, 1056; WuM 2006, 445, 446; *Brock/Lattka* NZM 2004, 730.
51 BGH NZM 2004, 736; LG Berlin GE 2003, 1495.

Jost Emmerich

den Kündigungsbeschränkung nach Ablauf von vier Jahren vom Mieter ordentlich gekündigt werden.[52] Wegen des durch die Mietrechtsreform eingefügten Verbots der Vereinbarung längerer Kündigungsfristen für den Mieter als drei Monate nach § 573c Abs 4 und der Abschaffung des einfachen Zeitmietvertrags ist es umstritten, ob das Kündigungsrecht des Mieters überhaupt für eine bestimmte Zeit ausgeschlossen werden kann. Der BGH lässt dahingehende **individualvertragliche Vereinbarungen zu**.[53] Bei **formularvertraglichen Vereinbarungen** stellt er auf den Gleichlauf mit der Vierjahresfrist des § 557a Abs 3 ab,[54] so dass ein Ausschluss des Kündigungsrechts für eine Dauer von mehr als vier Jahren gem § 307 Abs 1 S 1 unwirksam ist.[55] Zudem ist der Mieter nach § 307 Abs 1 unangemessen benachteiligt, wenn der Kündigungsausschluss nur **einseitig** den Mieter belastet.[56] Hiervon macht der BGH eine **Ausnahme**, falls eine derartige Vereinbarung **zusammen mit einer zulässigen Staffelmiete** getroffen worden ist und der Kündigungsausschluss eine Dauer von vier Jahren seit dem Abschluss der Staffelmietvereinbarung nicht überschreitet.[57] Zu Recht betont der BGH zwar, dass § 557a Abs 3 nach seinem Wortlaut und Sinn nicht darauf abstellt, ob nur der Mieter in seinem Kündigungsrecht eingeschränkt ist oder auch der Vermieter. Die gesamte Argumentation krankt jedoch daran, dass § 557a Abs 3 nicht eine nach anderen Gesichtspunkten unzulässige Vereinbarung erlauben will, sondern eine sonst wirksame, angemessene Klausel oder eine Individualvereinbarung einschränkt.[58] Gleichwohl ist nicht zu verkennen, dass der Gesetzgeber mit § 557a das Bedürfnis nach einem Ausschluss des Kündigungsrechts für maximal vier Jahre anerkennt und insofern ein auch für § 307 Abs 1 S 1 gesetzliches Leitbild geschaffen hat. Nach früherem Recht war die Vereinbarung einer längeren Bindung des Mieters nicht unwirksam, der Mieter konnte sich lediglich zum Ablauf der Vierjahresfrist aus dem Vertrag lösen.[59] Dies ergab sich aus der Formulierung „soweit". Deshalb blieb auch der Vermieter für die gesamte Vertragszeit gebunden. Auch nach dem heutigen Gesetzeswortlaut geht der BGH vom Sinn und Zweck der Schutzrichtung nur von Teilnichtigkeit aus,[60] während wegen des Verbots der geltungserhaltenden Reduktion in **Formularverträgen** die gesamte Ausschlussvereinbarung nichtig ist.[61] Für eine individuell ausgehandelte Kündigungsbeschränkung gelte die bisherige Rechtslage weiter, da Sinn und Zweck der Vorschrift nur ein Festhalten des Mieters an der Staffelmietvereinbarung für mehr als vier Jahre erfordern.[62] Dem ist zuzustimmen, da im Interesse der Vertragsfreiheit die Vereinbarungen der Parteien nur insoweit beschränkt werden dürfen, wie dies vom Gesetzgeber für erforder-

---

52 *Kinne* GE 1998, 776, 777.
53 BGH NJW 2004, 1448; NZM 2011, 28; AG Hamburg-Bergedorf ZMR 2003, 745; **aM** LG Krefeld NJW 2003, 1464.
54 BGH NJW 2005, 1574; NJW 2006, 254 = WuM 2006, 152 m Anm *Wiek*; NZM 2006, 579; **aM** LG Braunschweig WuM 2004, 158.
55 BGH NJW 2005, 1574; NJW 2006, 1056; WuM 2006, 152 m Anm *Wiek*; NJW 2006, 1059; NZM 2006, 579; NJW 2009, 353; NJW 2009, 3506; NJW 2011, 597; KG WuM 2009, 667; **aM** LG Braunschweig WuM 2004, 158.
56 BGH NZM 2009, 47; LG Duisburg NZM 2003, 354; *Häublein* ZMR 2004, 252, 254; *Hinz* WuM 2004, 126, 128; *Wiek* WuM 2005, 369; offengelassen von BGH NJW 2006, 1056.
57 BGH NJW 2006, 1056; WuM 2006, 220; NJW 2009, 353; LG Waldshut-Tiengen WuM 2007, 449.
58 *Börstinghaus* GE 2006, 898; MünchKomm/*Artz* Rn 16 mwN; *Schmidt-Futterer/Börstinghaus* Rn 59 ff; *Staudinger/Rolfs* (2011) § 573c Rn 84 ff.
59 BGH NZM 2005, 782; LG Berlin GE 2000, 207.
60 BGH NJW 2006, 2697 = WuM 2006, 445 m abl Anm *Wiek*.
61 BGH NJW 2006, 1059; NZM 2006, 579; NJW 2006, 2697; NJW 2011, 597; **aM** LG Schwerin WuM 2003, 268.
62 BGH NJW 2006, 2696; NJW 2006, 2697; WuM 2006, 445, 446 f m abl Anm *Wiek*.

---

lich angesehen worden ist. Das Sonderkündigungsrecht kann nicht durch eine Verlängerungsklausel umgangen werden.[63]

c) Frist. Die Frist begann auch nach altem Recht mit der **Vereinbarung der Staffel-** 14 **miete**, nicht mit dem Abschluss des Mietvertrags oder dem Beginn der Pflicht zur Zahlung der gestaffelten Miethöhe.[64] Durch das Mietrechtsreformgesetz ist diese Auslegung durch den ausdrücklichen Zusatz bestätigt worden, dass die Frist mit dem Abschluss der Staffelmietvereinbarung zu laufen beginnt, um die Frage eindeutig iS der bisher herrschenden Meinung zu regeln.[65] Die Dauer der Frist beträgt taggenau vier Jahre vom Beginn der Vereinbarung bis zu dem Zeitpunkt, zu dem der Mieter der Vertrag erstmals beenden kann, also einschließlich einer eventuellen Kündigungsfrist.[66] Die Regelung des § 557a Abs 3 kann nicht durch teleologische Reduktion dahingehend eingeschränkt werden, dass es auf den Beginn der Zahlung der ersten Mietstaffel ankommt, wenn die Staffelmietvereinbarung **rückwirkend** getroffen wurde, weil für den rückwirkenden Zeitraum die Unsicherheit über die Entwicklung der Mietentwicklung nicht mehr besteht.[67]

d) Zeitpunkt der Kündigung. § 557a Abs 3 S 2 hebt klarstellend hervor, dass der 15 Mieter bereits vor Ablauf der Frist von vier Jahren unter Einhaltung der jeweiligen gesetzlichen Kündigungsfrist zum Ablauf jener Frist ordentlich kündigen kann. Damit ist diese vor der Mietrechtsreform umstrittene Frage iS der bisher hM[68] gesetzlich geklärt.[69] Die normale Kündigungsfrist muss der Mieter aber einhalten, weil die Vorschrift kein Sonderkündigungsrecht enthält.[70]

IV. Abweichende Vereinbarungen (Abs 4)

Abweichende Vereinbarungen zu Lasten des Mieters sind nach Abs 4 unwirksam. Der 16 Erhöhungszeitraum muss mindestens ein Jahr betragen (Rn 7) und der Zeitpunkt der einzelnen Mietstaffeln muss bestimmt sein (Rn 7). Die Vereinbarung, dass eine Staffelmiete nicht die Mieterhöhung nach den §§ 558 bis 559b ausschließt, ist unwirksam (Rn 11).

§ 557b

Indexmiete

[1] Die Vertragsparteien können schriftlich vereinbaren, dass die Miete durch den vom Statistischen Bundesamt ermittelten Preisindex für die Lebenshaltung aller privaten Haushalte in Deutschland bestimmt wird (Indexmiete).

[2] Während der Geltungs einer Indexmiete muss die Miete, von Erhöhungen nach den §§ 559 bis 560 abgesehen, jeweils mindestens ein Jahr unverändert

---

63 BGH NJW 2006, 1059; LG Berlin NZM 2000, 1051; **aM** LG Berlin GE 1998, 801.
64 BGH NZM 2005, 782; NJW 2006, 2697; **aM** LG Görlitz GE 2005, 307.
65 Begr zum RegE BT-Drucks 14/4553; BGH NZM 2006, 579; NJW 2006, 2697; **aM** LG Berlin GE 2005, 1435.
66 BGH NZM 2006, 579; NJW 2011, 597; **aM** LG Berlin GE 2005, 1435; LG Krefeld WuM 2010, 305.
67 LG Berlin ZMR 2003, 572; *Blank/Börstinghaus* Miete Rn 16; **aM** AG Charlottenburg GE 2000, 1033.
68 BGH NZM 2005, 782; OLG Hamm WuM 1989, 485; LG Bonn ZMR 1989, 13; LG Nürnberg-Fürth WuM 2001, 341; *Staudinger/Sonnenschein/Weitemeyer* (1997) § 10 MHRG Rn 51 mwN.
69 Begr zum RegE BT-Drucks 14/4553, 53.
70 OLG Hamm WuM 1989, 485; LG Nürnberg-Fürth WuM 2001, 341.

Jost Emmerich

bleiben. **Eine Erhöhung nach § 559 kann nur verlangt werden, soweit der Vermieter bauliche Maßnahmen auf Grund von Umständen durchgeführt hat, die er nicht zu vertreten hat. Eine Erhöhung nach § 558 ist ausgeschlossen.**
[3] **Eine Änderung der Miete nach Absatz 1 muss durch Erklärung in Textform geltend gemacht werden. Dabei sind die eingetretene Änderung des Preisindexes sowie die jeweilige Miete oder die Erhöhung in einem Geldbetrag anzugeben. Die geänderte Miete ist mit Beginn des übernächsten Monats nach dem Zugang der Erklärung zu entrichten.**
[4] **Eine zum Nachteil des Mieters abweichende Vereinbarung ist unwirksam.**

Schrifttum

Aufderhaar/Jaeger Praxisrelevante Probleme im Umgang mit Preisklauseln im Gewerberaummietrecht, NZM 2009, 564; *Bohnert* Ordnungswidrige Staffel- und Indexmiete, JZ 1994, 605, 609; *Dürkes* Wertsicherungsklauseln (10. Aufl 1992); *Eisenschmid* Miethöherecht der Mietrechtsreform, NZM 2001, 11; *Emmerich* Flexibilisierung des Mietzinses bei der Wohn- und Geschäftsraummiete, NZM 2001, 690; *Gothe* Überproportional wirkende Indexmieten und § 557b BGB, NZM 2002, 54; *Hamm* Möglichkeiten und Grenzen der neuen Indexmiete, DWW 1993, 321; *Hellner/Rousseau* Preisklauseln in der Legal Due Diligence, NZM 2009, 301; *Klingmöller/Wichert* Änderungen bei den Preisindizes des Statistischen Bundesamtes zum Januar 2003 und ihre Bedeutung für Wertsicherungsklauseln im Gewerberaummietrecht, ZMR 2003, 797; *Lützenkirchen* Wegfall der Preisindizes für spezielle Haushaltstypen ab 1.1.2003, NZM 2001, 835; *Mankowski* Textform und Formerfordernisse im Miet- und Wohnungseigentumsrecht, ZMR 2002, 481; *Nehlep/Huperz* Die Entwicklung von Wertsicherungsklauseln im Mietrecht, ZfIR 2009, 126; *Nies* Schrift- oder Textform im Mietrecht. Fallen für Vermieter, NZM 2001, 1071; *Rademacher* Vertragsgestaltung im Gewerberaummietrecht, MDR 2000, 57; *ders* Wertsicherungsklauseln in Mietverträgen über Gewerberaum nach dem Euro-Einführungsgesetz, ZMR 1999, 218; *Rasch* Preisindex für die Lebenshaltung Basis 1995, DNotZ 1999, 467; *ders* Wertsicherungsklausel und Preisindex für die Lebenshaltung, DNotZ 1991, 646; *Ruff* Vereinbarung einer Indexmiete im Wohnraummietrecht, WuM 2006, 543; *Samm* Mietverträge und Indexumstellungen, GE 1996, 216; *ders* Wertsicherungsklauseln in Wohnraummietverträgen – Viertes Mietrechtsänderungsgesetz –, GE 1993, 1110; *ders/Hafke* Grundbesitz und Wertsicherungsklauseln (2. Aufl 1988); *Schimmel/Ingendoh* Wertsicherungsklauseln: Alle (5) Jahre wieder Mieterhöhung von Gewerberäumen, GE 2009, 427; *Schmidt-Ränsch* Wertsicherungsklauseln nach dem Euro-Einführungsgesetz, NJW 1998, 3166; *Schönleber* Sonderkündigungsrecht für Wohnraummieter bei Mieterhöhung gemäß § 10a MHG? – Eine Erwiderung zum Aufsatz von Rechtsanwalt Dr. Günter Nies, Köln, in WM 1995, 376 –, WuM 1995, 575; *M Schulz* Die Umstellung von Wertsicherungsklauseln, GE 2003, 721; *ders* Wertsicherung im Gewerberaummietrecht, NZM 2000, 1135; *ders* Wertsicherung in Gewerberaummietverträgen nach Wegfall des § 3 WährG durch das EuroEG, NZM 1998, 905; *ders* Wertsicherung oder Renditesteigerung, Mietänderungsklauseln in der Geschäftsraummiete, FS Blank (2006) 397; *ders* Stolperstein Wertsicherung, NZM 2008, 425; *Söfker* Zum Gesetz über die Reform des Wohnungsbaurechts, WuM 2002, 291; *Stapel* Wertsicherungsklauseln in Miet- und Pachtverträgen nach dem Preisangaben- und Preisklauselgesetz (PaPkG) sowie nach der Preisklauselverordnung (PrKV), WuM 1999, 204; *Steinig* Indexmiete – Was ist das eigentlich?, GE 1995, 586; *Thaler/Hosenfeld* „Mietzins auf Risiko" oder Open-Book-Verfahren? – Investitionskostenmiete bei gewerblichen Mietverträgen, NZM 2001, 224; *Usinger* Zulässige und unzulässige Wertsicherungsklauseln in Gewerbemietverträgen, NZM 2009, 297; *Vogler* Indexierungsverbot nach § 2 Preisangaben- und Preisklauselgesetz, NJW 1999, 1236; *ders* Das neue Preisangabenrecht (1998); *Weitemeyer* Das Gesetz zur Regelung der Miethöhe und die Vertragsfreiheit, NZM 2000, 313; *dies* Das Mieterhöhungsverfahren nach künftigem Recht, NZM 2001, 563 = WuM 2001, 171.

I. Allgemeines

1. Überblick. Als Ausnahme vom Verbot der Mietanpassungsklauseln gem § 557 Abs 3 **1**
lässt § 557 Abs 2 die schriftliche Vereinbarung einer Indexmiete unter den Voraussetzungen
des § 557b zu. Die Vorschrift des § 557b Abs 1 legt als zulässigen Maßstab für die Mieterhöhung den Preisindex für die Lebenshaltung aller privaten Haushalte in Deutschland fest.
Während der Geltungsdauer einer Mietanpassungsvereinbarung sind Mieterhöhungen
nach § 558 ausgeschlossen, solche nach § 560 zulässig und solche nach § 559 nur, wenn der
Vermieter den Grund der baulichen Maßnahme nicht zu vertreten hat. Die Miete wird gem
Abs 3 S 1 durch Erklärung in Textform geändert. Auch der Mieter kann eine Änderung der
Höhe der Miete verlangen, wenn der Preisindex für die Lebenshaltung sinkt. Die ursprüngliche Bestimmung wurde durch Art 1 Nr 6 MietRÄndG 4 vom 21.7.1993[1] als § 10a MHRG in
das MHRG eingefügt. Damit waren Wertsicherungsklauseln im Geltungsbereich des MHRG
seit dem Inkrafttreten des WKSchG II vom 18.12.1974,[2] das die Möglichkeiten zur Mieterhöhung abschließend regelte und damit derartige Klauseln ausschloss, erstmals wieder
zulässig. § 10a MHRG idF des MietRÄndG 4 hatte die Wirksamkeit der Vereinbarung an
die nach § 3 S 2 Währungsgesetz (WährG) vom 20.6.1948[3] erforderliche Genehmigung der
Deutschen Bundesbank gebunden. Durch Art 9 des Gesetzes zur Einführung des Euro vom
9.6.1998 (EuroEG)[4] wurde § 3 WährG aufgehoben. Weil im Wohnraummietrecht die freie
Vereinbarkeit von Wertsicherungsklauseln aber als zu weitgehend angesehen wird, wurde
§ 10a MHRG durch Art 10 EuroEG in der Weise geändert, dass die bisherige, den Genehmigungsgrundsätzen der Deutschen Bundesbank entsprechende Rechtslage im Wesentlichen in den Text des § 10a MHRG übernommen und eine Mindestlaufzeit des Mietvertrags
vorgeschrieben wurde.[5] Die geltende Fassung beruht auf dem Mietrechtsreformgesetz
vom 19.6.2001.[6] Nach Abs 1 ist nur noch der Preisindex für die Lebenshaltungskosten aller
privaten Haushalte in Deutschland zugelassen, da das Statistische Bundesamt die früher

---

1 BGBl I 1257.
2 BGBl I 3603.
3 WiGBl Beilage Nr 5, 1, BGBl III 7 Nr 7600 – 1–a, abgedr bei *Staudinger/Sonnenschein/Weitemeyer* (1997)
§ 10a MHRG Rn 18.
4 BGBl I 1242.
5 Begr zum RegE BT-Drucks 13/9347, 55f.
6 BGBl I 1149.

Jost Emmerich

zulässigen weiteren Verbraucherpreisindizes für drei verschiedene Haushaltstypen nicht mehr ausweist. Sie stehen ab dem 1.1.2003 nicht mehr zur Verfügung.[7] Die Mindestlaufzeit für die Indexmiete wurde aufgegeben, da sie nach Wegfall des Genehmigungserfordernisses durch das EuroEG aus währungspolitischen Gründen nicht mehr erforderlich sei und auch Mieter und Vermieter eines dahingehenden Schutzes nicht bedürfen.[8] Im Änderungsschreiben muss nach § 557b Abs 3 S 2 nunmehr nicht nur die eingetretene Indexsteigerung, sondern auch die geänderte Miete oder der Erhöhungsbetrag angegeben werden, damit der Mieter eine größere Rechtssicherheit genießt.[9]

2   **2. Sachlicher Anwendungsbereich.** Die Vorschrift des § 557b gilt nach § 549 Abs 1 nur für **Wohnraummietverhältnisse** (§ 549 Rn 3ff) mit Ausnahme der in § 549 Abs 2 und 3 vom sozialen Mietrecht weitgehend ausgenommenen Mietverhältnisse. Keine ausdrückliche Ausnahmeregelung besteht mehr für den vor dem Inkrafttreten des Mietrechtsreformgesetzes in § 10 Abs 3 Nr 1 MHRG von den Vorschriften über Mieterhöhungen ausgenommenen **preisgebundenen Wohnraum.** Nach der Umstellung der bisherigen Förderwege des sozialen Wohnungsbaus durch das am 1.1.2002 in seinen wesentlichen Teilen in Kraft getretene Gesetz zur Reform des Wohnungsbaurechts vom 13.9.2001[10] auf die Förderung nach dem Gesetz über die soziale Wohnraumförderung (WoFG) sind nunmehr auch für geförderte Wohnungen das allgemeine Wohnraummietrecht der §§ 535ff und gem § 28 Abs 3 WoFG insbesondere die Regelungen über Mieterhöhungen nach den §§ 557ff anwendbar. Auch eine Indexmiete kann vereinbart werden.[11] Zur Sicherung der mit der Förderung verfolgten Ziele sieht § 28 Abs 3 und 5 WoFG vor, dass der Vermieter keine höhere Miete als die in der Förderzusage bestimmte Miethöhe verlangen kann. Daneben ist für die noch unter die ursprünglichen Vorschriften zur Preisbindung fallenden Wohnraummietverhältnisse in § 4 Abs 8 NMV die Zulässigkeit einer Gleitklausel vorgesehen, nach der die gesetzlich jeweils zulässige Miete als vereinbart gilt.[12] Bei **Geschäftsraummietverhältnissen** ist die freie Vereinbarung von Wertanpassungsklauseln weiterhin nach § 2 Preisangaben- und Preisklauselgesetz vom 3.12.1984[13] und die dazu erlassene Preisklauselverordnung (PrKV) vom 23.9.1998[14] in dem bisherigen Umfang wie auf der Grundlage des Genehmigungsverfahrens der Bundesbank beschränkt. Wird ein „Index für gewerbliche Mieten" vereinbart, ist davon auszugehen, dass die örtliche Preisentwicklung zugrunde gelegt werden soll.[15] Anders als bei der Wohnraummiete kann eine automatisch wirkende Anpassung der Miete vereinbart werden.[16] Auch kann eine Staffelmiete in Kombination mit einer Indexmiete vereinbart werden.[17] Altverträge aus der Zeit vor dem Preisklauselgesetz sind ohne Weiteres wirksam, wenn sie die Voraussetzungen für zulässige Klauseln nach § 3 Preisklauselgesetz erfüllen.[18] Haben die Parteien als Grundlage einen Index vereinbart, der nicht mehr ermittelt werden

---

7 Begr zum RegE BT-Drucks 14/4553, 53.
8 Begr zum RegE aaO.
9 Begr zum RegE aaO.
10 BGBl I 2376.
11 *Söfker* WuM 2002, 291, 295.
12 Hierzu BGH NJW 2004, 1598; NZM 2004, 379; WuM 2004, 288.
13 BGBl I 1429, geändert durch Art 8 des Gesetzes vom 22.7.1997, BGBl I 1870, und Art 9 EuroEG, BGBl I 1242, 1253.
14 BGBl I 3043.
15 BGH NZM 2003, 107.
16 OLG Celle GuT 2002, 41; AG Koblenz ZMR 2006, 451.
17 OLG Brandenburg NJW 2010, 876.
18 OLG Brandenburg NJW 2010, 876; LG Köln Info M 2010, 282.

kann oder nach dem Preisklauselgesetz nicht mehr zulässig ist, ist der Vertrag gem §§ 133, 157 in ergänzender Vertragsauslegung dahin auszulegen, dass ein entsprechender neuer, zulässiger Index gilt.[19] Zuständig ist das Bundesamt für Wirtschaft und Ausfuhrkontrolle.[20]

3. Übergangsregelung. Mietanpassungsvereinbarungen iS des § 557b können erst **3** seit dem Inkrafttreten der Vorschrift am 1.9.1993 nach Art 7 **MietRÄndG 4** (Rn 1) wirksam geschlossen werden. Vorher getroffene Mietanpassungsvereinbarungen blieben nach dem früheren § 10 Abs 1 MHRG unwirksam, wenn sie nicht nach Inkrafttreten des § 10a MHRG durch die Parteien gem § 141 bestätigt oder erneut vereinbart worden waren.[21] Ebenso wenig leben Mietanpassungsvereinbarungen aus der Zeit vor dem Inkrafttreten des WKSchG II, die durch dieses Gesetz unwirksam wurden, wieder auf.[22] Die Vorschrift des § 10a MHRG trat in der Fassung des **EuroEG** (Rn 1) am 1.1.1999 in Kraft. Aus dem Fehlen von Übergangsvorschriften ergaben sich Probleme im Hinblick auf die zeitliche Anwendung. Ist die Genehmigung einer Mietanpassungsklausel bis zum 31.12.1998 von der Deutschen Bundesbank unanfechtbar abgelehnt worden, ist die Klausel von Anfang an nichtig. Sie bleibt aus Gründen der Rechtssicherheit auch nach dem Wegfall des Genehmigungserfordernisses unwirksam.[23] Wurde die Genehmigung noch nicht erteilt oder noch nicht unanfechtbar abgelehnt, kann der Fall eintreten, dass sie nach den bisherigen Genehmigungsgrundsätzen erteilt worden wäre, die engeren gesetzlichen Voraussetzungen der Neuregelung des § 10a MHRG aber nicht erfüllt sind. Eine solche Klausel ist mangels Genehmigung bis zum 31.12.1998 schwebend unwirksam und wird mit dem 1.1.1999 mangels Übergangsregelung endgültig unwirksam. Wurde bereits eine Genehmigung erteilt, bleibt die Mietanpassungsvereinbarung wirksam.[24] Vereinbarungen, die die Voraussetzungen des § 10a MHRG erfüllen sowie der Nachfolgevorschrift der Genehmigungsfiktion des § 4 PrKV oder § 3 PrKV unterfallen, werden auch ohne Genehmigung mit dem 1.1.1999 rückwirkend wirksam, solange die Genehmigung noch nicht unanfechtbar abgelehnt worden ist.[25] Die Voraussetzungen der Genehmigungsfiktion nach § 4 PrKV sind nach Wegfall eines Genehmigungserfordernisses durch die Zivilgerichte im Zahlungsrechtsstreit inzident zu klären.[26] Erteilt das Bundesamt für Wirtschaft auf Antrag der Parteien einen Negativattest, sind hieran auch die Zivilgerichte gebunden.[27] Die Vorschrift des § 557b ist nach Art 11 **Mietrechtsreformgesetz** seit dem 1.9.2001 anwendbar. Das bedeutet nach allgemeinen Grundsätzen, dass sämtliche Neuregelungen auf die zu diesem Zeitpunkt abgeschlossenen Mietverträge

---

19 BGH NZM 2009, 398; LG Köln Info M 2010, 282; AG Mönchengladbach NZM 2005, 742; weitere Einzelheiten bei *Hellner/Rousseau* NZM 2009, 301; *Bartholomäi* in: Lindner-Figura/Opreé/Stellmann, Geschäftsraummiete, 2. Aufl (2008) Kap 10; *Neuhaus* Handbuch der Geschäftsraummiete, 4. Aufl (2011); *Usinger* NZM 2009, 297.
20 Mit Hinweisen auf seiner Homepage.
21 *Hamm* DWW 1993, 321, 323; *Staudinger/Karsten Schmidt* (1997) Vorbem D 282 zu §§ 244ff; *Sternel* Mietrecht aktuell Rn A 112.
22 Begr zum RegE BT-Drucks 12/3254, 15; *Blank* WuM 1993, 503, 511; *Bub* NJW 1993, 2897, 2900; *Hamm* DWW 1993, 321, 323.
23 Vgl Begr zum RegE BT-Drucks 13/9347, 55.
24 Vgl § 8 S 1 PrKV für gewerbliche Mietverhältnisse; *Palandt/Weidenkaff* Rn 6; *Schmidt-Räntsch* NJW 1998, 3166, 3170.
25 Vgl Begr zum RegE BT-Drucks 13/9347, 55; Stellungnahme des BR BT-Drucks 13/9347, 62; ebenso OLG Brandenburg NJW 2010, 876; OLG Rostock NZM 2006, 742 m Anm *Gerber* EWiR 2006, 697; LG Köln Info M 2010, 282; AG Koblenz ZMR 2006, 451.
26 OLG Rostock NZM 2005, 506; NZM 2006, 742.
27 OLG Rostock GE 2002, 1331; NZM 2006, 742; **aM** *Gerber/Eckert* Gewerbliches Miet- und Pachtrecht, 6. Aufl Rn 136.

Jost Emmerich

anzuwenden sind.[28] Auch zu den durch die Mietrechtsreform geschaffenen Erleichterungen der Vereinbarung einer Indexmiete ist keine Übergangsvorschrift geschaffen worden. Entsprechend dem zur Änderung durch das EuroEG Gesagten gelten die allgemeinen Grundsätze zur Wirksamkeit von Rechtsgeschäften. Damit sind die neuen Regelungen auf alle Indexvereinbarungen anwendbar, die ab dem 1.9.2001 getroffen worden sind.[29] Vorher getroffene Vereinbarungen, die nach bisherigem Recht unwirksam waren, bleiben dies auch, soweit sie nicht nach § 141 bestätigt werden. Sie müssen neu abgeschlossen werden.[30] Nach bisherigem Recht zulässige Klauseln bleiben unverändert wirksam.[31]

II. Indexmiete (Abs 1)

4   **1. Bedeutung der Vorschrift.** Die ursprüngliche Regelung der Indexmiete hatte wegen der erforderlichen zehnjährigen Bindung des Vermieters keine große praktische Bedeutung erlanget. 1995 wurden bundesweit 5178 Wohnraummietverträge zur Genehmigung gem § 3 S 2 WährG vorgelegt.[32] Dieser Nachteil ist im geltenden Recht aufgehoben worden. Ein weiterhin bestehender Nachteil für den Vermieter liegt darin, dass Mieterhöhungen nach § 558 ganz und nach § 559 zum Teil ausgeschlossen sind (Rn 25ff). Gegenüber der Mieterhöhung nach § 558 besteht allerdings der Vorteil des einfacheren Verfahrens. Steigen die ortsüblichen Vergleichsmieten stärker als der Preisindex für die Lebenshaltung, wie dies seit 1982 der Fall ist, allerdings mit neuerdings wieder gegenläufiger Tendenz,[33] erlaubt eine Indexmiete bei einer anfänglich über der Vergleichsmiete liegenden Miete die stetige Mieterhöhung in den ersten Jahren, während dies nach § 558 nicht möglich wäre. Gegenüber der Staffelmiete ist es vorteilhaft, dass die künftige Miete nicht im Voraus bestimmt werden muss.

5   **2. Vereinbarung.** Die Indexmiete kommt durch einen Vertrag zwischen Mieter und Vermieter nach den §§ 145ff zustande. Die Vereinbarung kann entweder als Teil eines neuen Mietvertrags abgeschlossen oder bei einem bestehenden Vertrag durch dessen Änderung getroffen werden.

3. Inhalt
a) Begriff der Indexmiete

6   **aa)** Eine Indexmiete ist nach der Legaldefinition des § 557b Abs 1 eine vertragliche Klausel mit dem Inhalt, dass die Miete durch den vom Statistischen Bundesamt ermittelten **Preisindex für die Lebenshaltung aller privaten Haushalte** in Deutschland bestimmt wird (regelmäßige Veröffentlichungen in NJW, WuM und durch das Statistische Bundesamt, www.destatis.de). Allgemein werden derartige Klauseln auch als Wertsicherungs- oder Gleitklauseln bezeichnet. Der Index für die Lebenshaltung aller privaten Haushalte wird regelmäßig gemeint sein, wenn in Mietanpassungsvereinbarungen ungenau von dem Preisindex für die Lebenshaltung die Rede ist. Nach § 557b Abs 1 ist eine Wertsicherungsklausel bei Wohnraummietverhältnissen nur wirksam, wenn dieser Index zugrunde gelegt

---

28 Begr zum RegE BT-Drucks 14/4553, 75; § 549 Rn 2.
29 *Blank/Börstinghaus* Neues Mietrecht Rn 8; *Börstinghaus/Eisenschmid* 262.
30 *Beuermann* GE 2001, 902, 905; *Blank/Börstinghaus* Neues Mietrecht Rn 8; *Börstinghaus/Eisenschmid* 262; *Haas* Rn 3; **aM** *Lützenkirchen* PiG 65 (2002) 21, 28.
31 *Palandt/Weidenkaff* Rn 6.
32 Auskunft der Landeszentralbank in der Freien und Hansestadt Hamburg, in Mecklenburg-Vorpommern und Schleswig-Holstein vom 21.1.1997.
33 S *Hamm* DWW 1993, 321, 325f; GE 2001, 512.

wird. Die Vereinbarung muss bestimmt genug sein. Sie darf etwa nicht allgemein auf die Kaufkraft der Deutschen Mark, auf die Entwicklung der wirtschaftlichen Verhältnisse, der Wirtschaftslage oder des Preisgefüges abstellen.[34]

bb) Nach § 10a MHRG konnten noch weitere Indizes gewählt werden. Diese **früheren 7 Bezugsgrößen** sind seit dem 1.9.2001 für Wohnraummietverhältnisse nicht mehr anwendbar.[35] Vertragliche Vorsorge sollte für den Fall getroffen werden, dass der Preisindex für die Gesamtlebenshaltung nicht mehr weitergeführt und auf einen gesamteuropäischen Waren- und Dienstleistungskorb auf der Grundlage des Euro umgestellt wird. Im Zweifel wird eine Klausel so auszulegen sein, dass der ähnlichste Index weitergelten soll.[36]

b) Nicht erfasste Klauseln
aa) Nicht von § 557b umfasst und deshalb nach der Systematik des Gesetzes für Wohn- 8 raummietverhältnisse weiterhin gem § 557 Abs 2 unwirksam sind **Leistungsvorbehalte**. Dabei handelt es sich um Abreden, nach denen die Miete nicht durch den Preisindex für die Lebenshaltung nach § 557b Abs 1 bestimmt wird, sondern nach denen im Fall der Veränderung der Vergleichsgröße die Höhe der Leistung durch die Parteien oder Dritte mit einem gewissen Ermessensspielraum neu festgesetzt werden soll, ohne dass die Änderung der Vergleichsgröße automatisch die der Miete bewirkt.[37] Der Gesetzgeber hielt Leistungsvorbehalte im Wohnraummietrecht für schwer umsetzbar und unpraktikabel und hatte diese daher schon nach der Vorgängervorschrift ausgeschlossen.[38] Um diese Klauseln auch nach dem Wegfall der Genehmigungsbedürftigkeit durch das EuroEG (Rn 1) im Wohnraummietrecht auszuschließen, ist die in § 557a Abs 1 übernommene Regelung aufgenommen worden, dass das Ausmaß der Mieterhöhung durch den Preisindex bestimmt sein muss.[39] Zulässig sind daher nur solche Gleitklauseln, nach denen sich die Höhe der Miete ohne einen Verhandlungsspielraum mit der Änderung der von den Parteien gewählten Bezugsgröße verändern soll.[40]

bb) Ebenfalls unzulässig bleiben nach § 557 Abs 2 alle anderen Wertsicherungsklau- 9 seln als die in § 557b geregelte Indexmiete. Darunter fallen **Spannungsklauseln**, bei denen wesentlich gleichartige oder vergleichbare Leistungen verbunden werden.[41] Um eine Spannungsklausel handelt es sich etwa, wenn auf ein bestimmtes Mietspiegelfeld des örtlichen Mietspiegels Bezug genommen wird. Grund für die Ablehnung derartiger Klauseln war, dass sie auf die vertragliche Vereinbarung der Vergleichsmiete als Änderungsmaßstab hinauslaufen und dadurch die Form- und Verfahrensvorschriften der §§ 558ff unterlaufen würden.[42] Nach § 557b ist nunmehr als allein zulässige Bezugsgröße der Preisindex für die gesamte Lebenshaltung vorgeschrieben.

---

34 *Barthelmess* § 10a MHRG Rn 31; *Dürkes* Rn C 84f.
35 Zur Übergangsregelung s Rn 3, zur Umstellung *Schultz* GE 2003, 721; zu gewerblichen Mietverhältnissen s DWW 2002, 349; GE 2002, 1103; GE 2003, 28.
36 BGH NZM 2009, 398; OLG Sachsen-Anhalt 15.11.2005 9 U 67/05 juris; OLG Rostock NZM 2006, 742; LG Koblenz ZMR 2007, 121; LG Köln Info M 2010, 282; AG Koblenz ZMR 2006, 451 u AG Mönchengladbach NZM 2005, 742 jeweils f Gewerbemiete; *Rasch* DNotZ 1991, 646, 648.
37 OLG Hamm NJWE-MietR 1996, 226 mwN.
38 Begr zum RegE BT-Drucks 12/3254, 15.
39 Begr zum RegE BT-Drucks 13/9347, 55f.
40 Vgl BGH ZMR 1969, 141; *Blank* WuM 1993, 503.
41 *Staudinger/Emmerich* (1995) Vorbem 316 zu §§ 535, 536.
42 Begr zum RegE BT-Drucks 12/3254, 15.

Jost Emmerich

10   **cc)** Nicht zulässig sind gem § 557 Abs 2 weiterhin **Kostenelementeklauseln**, dh Vereinbarungen, die den Vermieter berechtigen, die Miete zu erhöhen, wenn sich der Preis der unmittelbar für die Herstellung und Unterhaltung des Mietobjekts maßgeblichen Faktoren ändert.[43] Der Gesetzgeber wollte derartige Vereinbarungen ausschließen, weil damit steigende Verwaltungs- und Instandhaltungskosten an den Mieter weitergegeben werden könnten. Dies würde dem Gedanken der beim preisfreien Wohnungsbau erzielbaren Marktmiete widersprechen.[44]

11   **dd)** Von der Vorschrift des § 557b nicht erfasst sind **Aufwandsersatzregelungen**, wonach bei einem Untermietverhältnis der Hauptmieter eine zwischen ihm und dem Vermieter geschlossene Mietgleitkausel an seinen Untermieter unter denselben Voraussetzungen lediglich weitergibt.[45] Nach der Systematik des Gesetzes müsste sie daher an sich nach § 557 Abs 2 unwirksam sein. Es ist jedoch nicht einzusehen, warum eine solche Klausel anders zu behandeln sein soll als eine nur im Untermietvertrag geschlossene Indexierung oder eine vom Hauptmietvertrag abweichende Klausel, die beide zulässig wären. Eine identische Indexklausel im Untermietvertrag ist daher in entsprechender Anwendung von § 557b zulässig.[46]

c) Voraussetzungen im Einzelnen
12   **aa)** Nach § 557b Abs 1 muss die Vereinbarung dahin gehen, dass die **Miethöhe durch den Preisindex bestimmt** (s auch Rn 8) wird. In welcher Weise dies zu erfolgen hat, ist nicht ausdrücklich geregelt. Nach dem früheren § 10a Abs 1 S 2 HS 2 MHRG waren Mietanpassungsvereinbarungen ausdrücklich unwirksam, bei denen das Ausmaß der Mieterhöhung über die prozentuale Indexänderung hinausgeht. Damit sollte klargestellt werden, dass bisher nach den Genehmigungsgrundsätzen der Deutschen Bundesbank nicht genehmigungsfähige überproportional wirkende Klauseln auch künftig unzulässig sind.[47] Mietanpassungsklauseln waren nur genehmigt worden, wenn sich das Steigen und Sinken des Wertmessers in gleichem Maße in einem Anstieg und einer Senkung der Miete auswirkte. Verboten war zB die Gleichsetzung von Indexpunkten mit dem prozentualen Anstieg der Miete.[48] Ein entsprechendes ausdrückliches Verbot fehlt in § 557b. Da die Vorschrift aber im Grundsatz an die alte Regelung anknüpfen soll,[49] ist davon auszugehen, dass derartige vertragliche Vereinbarungen weiterhin unwirksam sein sollen, zumal es sich bei der entfallenden Einschränkung lediglich um eine Klarstellung gehalten hat.[50] Deshalb ist die Veränderung der Miethöhe nur iS des § 557b Abs 1 von dem Preisindex bestimmt, wenn die Veränderung des Indizes der der Miethöhe direkt entspricht. Nicht durch die Entwicklung des Indizes bestimmt ist die Miete auch, wenn sich aus einer Veränderung der Bezugsgröße lediglich ein Anspruch auf eine Einigung über die Neufestsetzung ergibt, wie dies im gewerblichen Mietrecht üblich ist.[51]

---

43 *Staudinger/Emmerich* (1995) Vorbem 318 zu §§ 535, 536.
44 Begr zum RegE BT-Drucks 12/3254, 15.
45 *Beuermann* § 10a MHRG Rn 21; *Samm* GE 1993, 1110, 1120.
46 *Emmerich* NZM 2001, 690, 695; zum MHRG: *Beuermann* § 10a MHRG Rn 21; *Samm* GE 1993, 1110, 1120.
47 Begr zum RegE BT-Drucks 13/9347, 56.
48 *Barthelmess* § 10a MHRG Rn 31; *Samm/Hafke* 38.
49 Begr zum RegE BT-Drucks 14/4553, 53.
50 *Emmerich* NZM 2001, 690, 694; *Grothe* NZM 2002, 54; *Schmidt-Futterer-Börstinghaus* Rn 19; *Staudinger/Weitemeyer* (2011) Rn 21.
51 Vgl OLG Celle NZM 2001, 468; OLG Frankfurt am Main NZM 2001, 526.

bb) In der Indexvereinbarung muss vereinbart werden, welche **Veränderung der** 13 **Bezugsgröße** eine Anpassung der Miethöhe ermöglicht. Anknüpfungspunkt sollte aus praktischen Gründen die Nettokaltmiete oder eine konstante Betriebskosten enthaltende Teilinklusivmiete sein.[52] Fehlt eine derartige Vereinbarung, richtet sich die Bezugsgröße im Zweifel nach der vereinbarten Mietstruktur.[53] Die Veränderung der Preisindizes lässt sich in Punkten (zB von 120 auf 132 um 12 Punkte) oder in Prozenten ausdrücken (im Beispiel = 10 vH)[54]. In der Mietanpassungsvereinbarung ist klar zu stellen, welche Bezugsgröße gemeint ist. Es kann vereinbart werden, dass nicht jede Veränderung der Bezugsgröße ein Recht zur Mieterhöhung begründet.[55] In diesem Fall sollte klargestellt werden, ob bei Überschreitung des Schwellenwertes eine Mieterhöhung im Verhältnis zur gesamten Erhöhung der Bezugsgröße möglich ist.

cc) Weiter sollte vertraglich festgehalten werden, von welchem Preisindex zu Beginn 14 der Vereinbarung ausgegangen wird. Die Statistischen Ämter beziehen ihre Berechnungen auf Basisjahre, die etwa alle fünf Jahre wechseln. Seit dem 1.1.2003 war das **Basisjahr 2000**,[56] seit dem 1.1.2008 war das **Basisjahr 2005**[57] und seit dem 01.01.2013 ist das **Basisjahr 2010**. Bei einer bestehenden Anpassungsvereinbarung auf der Grundlage eines alten Basisjahres kann die Veränderung, bezogen auf dieses Jahr, durch Multiplikatoren der aktuellen Indexzahlen auf der alten Basis errechnet werden[58] oder der Vertrag kann auf das neue Basisjahr umgestellt werden.[59] Für die Zeit zwischen dem neuen Basisjahr und der erst später erfolgenden Berechnung und Veröffentlichung der auf dieses Jahr bezogenen Werte können Unterschiede hinsichtlich der alten und der neuen Berechnungsart entstehen.[60] Eine nachträgliche Umstellung auf das neue Basisjahr für die Zwischenzeit und eine darauf gestützte Mietänderung ist gem § 557b Abs 3 S 3 ausgeschlossen, weil die Veränderung der Miete jeweils nur für die Zukunft durch ausdrückliche Erklärung der Vertragspartei eintritt.

4. Form. Die Indexmietvereinbarung muss gem § 557b Abs 1 schriftlich abgefasst 15 sein. Die Schriftform bestimmt sich nach § 126 (s auch § 557 Rn 3). Das Formerfordernis besteht für die Klausel unabhängig davon, ob der gesamte Vertrag kraft rechtsgeschäftlicher Vereinbarung oder gem § 550 der Schriftform bedarf.[61] Wenn die Indexvereinbarung unabhängig von einem nach § 550 der Schriftform bedürfenden Mietvertrag ohne ausreichende Bezugnahme auf diesen Vertrag geschlossen wurde, führt dies aber dazu, dass der gesamte Mietvertrag nicht mehr die Schriftform erfüllt und sich nach § 550 in ein unbefristetes Mietverhältnis umwandelt.[62]

---

52 *Barthelmess* § 10a MHRG Rn 18.
53 *Schmidt-Futterer/Börstinghaus* Rn 11.
54 *Rasch* DNotZ 1991, 646, 654.
55 *Barthelmess* § 10a MHRG Rn 26; *Hamm* DWW 1993, 321, 323.
56 GE 2003, 28.
57 Hierzu *Schimmel/Ingendoh* GE 2009, 427.
58 *Samm* GE 1996, 216, 222.
59 *Schultz* GE 2003, 721.
60 *Klingmöller/Wichert* ZMR 2003, 797; *Samm* GE 1996, 216, 218; *Schultz* GE 2003, 721; Hilfestellung durch das Statistische Bundesamt s WuM 2003, 134 und www.destatis.de.; Beispielsrechnung s auch AG Koblenz ZMR 2006, 451.
61 *Mankowski* ZMR 2002, 481.
62 OLG Karlsruhe DWW 2001, 273; *Nies* NZM 2001, 1071; wg der Einzelheiten zur Anforderung an die Verbindung von Anlagen s BGH NJW 2003, 1248; Einzelheiten s Erläuterungen zu § 550.

Jost Emmerich

III. Änderung der Miete (Abs 3)

1. Änderungserklärung
a) Allgemeines

16   Mieter oder Vermieter müssen nach § 557b Abs 3 S 1 die Änderung der Miete durch Erklärung in Textform nach § 126b geltend machen. Anders als bei den im gewerblichen Mietrecht üblichen Klauseln[63] tritt die Erhöhung der Miete nicht automatisch mit der Änderung der in der Indexvereinbarung bestimmten Bezugsgröße ein. Aus Rücksicht auf den weniger erfahrenen Wohnraummieter sollte diesem die ständige Kontrolle der Entwicklung der Indizes erspart bleiben.[64] Es handelt sich um eine einseitige, empfangsbedürftige Willenserklärung, die unmittelbar eine Änderung der Miethöhe herbeiführt, wenn sich die Bezugsgröße entsprechend der Vereinbarung verändert hat. Die Änderungserklärung wird gem § 130 Abs 1 durch den Zugang beim Empfänger wirksam. Entsprechend der Entwicklung der Bezugsgröße kann sowohl der Vermieter als auch der Mieter eine Erhöhung oder eine Herabsetzung der Miete verlangen. Eine Senkung der Miete setzt nicht eine vorherige Erhöhung voraus. Die Parteien müssen von ihrem Mieterhöhungsrecht nicht Gebrauch machen. Möglich ist auch eine Mieterhöhung, die unter der Veränderung der Bezugsgröße bleibt.[65] Macht der Vermieter jedoch wiederholt von einer Anpassung der Miete keinen Gebrauch, kann bei Hinzutreten weiterer Umstandsmomente das Erhöhungsrecht verwirkt sein.[66]

17   **b) Inhalt.** Die Änderungserklärung muss zum Inhalt haben, dass sich die Miete auf einen bestimmten Betrag erhöht oder ermäßigt. Nach § 557b Abs 3 ist die Angabe des Erhöhungsbetrags oder der erhöhten Miete notwendig. Die Angabe eines Prozentsatzes der ursprünglichen Miete reicht nicht aus. Außerdem muss die eingetretene Änderung des Preisindexes genannt werden. Erforderlich ist die Angabe des Ausgangswertes der Bezugsgröße zum Zeitpunkt des Beginns des Mietverhältnisses oder der letzten Anpassung und des aktuellen Wertes der Bezugsgröße.[67] Fehlen diese Angaben, ist die Erklärung unwirksam. Ein Nachschieben von Gründen ist nicht möglich.[68] Weitere Informationen, wie etwa die Berechnung der Änderung der Bezugsgröße, oder irgendeine Form der Beweisführung durch die Nennung der Quelle für die Veränderung des Wertmessers sind nicht vorgeschrieben, aber zweckmäßig. Rechenfehler machen die Erklärung unrichtig, aber nicht unwirksam. Der Vertragspartner schuldet dann nur die geänderte Miete in der richtigen, aus Gründen der Rechtssicherheit aber maximal in der geforderten Höhe. Ein häufiger Rechenfehler liegt in der Gleichsetzung der Änderung von Indexpunktzahlen und Prozentsätzen (zur Berechnung Rn 13).

18   **c) Form.** Die Änderungserklärung bedarf der Textform des § 126b (§ 560 Rn 15). Einigen sich die Parteien auf eine Mieterhöhung entsprechend der Indexveränderung, ist zu beachten, dass dadurch die Schriftform des § 550 verletzt sein kann.[69] Für die einseitige Erhöhung der Indexmiete gilt dies aber nicht.

---

63 Vgl KG GE 1995, 563 (LS).
64 Begr zum RegE BT-Drucks 12/3254, 15.
65 OLG Koblenz NJWE-MietR 1997, 131 zu gewerbl Mietverhältnis.
66 OLG Celle GuT 2002, 41; OLG Düsseldorf NZM 1998, 480; NZM 2001, 892 zu gewerbl Mietverhältnis.
67 *Blank* WuM 1993, 503, 510.
68 *Beuermann* § 10a MHRG Rn 30.
69 OLG Karlsruhe DWW 2001, 273 bei gewerbl Mietverhältnis; LG Gießen ZMR 2002, 272; *Nies* NZM 2001, 1071; *Palandt/Weidenkaff* § 550 Rn 15ff; *Staudinger/Emmerich* (2011) § 550 Rn 29.

Jost Emmerich

2. Wartefrist (Abs 2 S 1). Vor der ersten und jeder weiteren Änderung der Miete **19** aufgrund der Indexklausel muss die Miete nach § 557b Abs 2 S 1 mindestens ein Jahr unverändert gewesen sein. Ausnahmen bilden Mieterhöhungen nach den §§ 559 bis 560 (Rn 27f). Einvernehmliche Änderungen der Miete nach § 557 Abs 1 lösen die Wartefrist dagegen aus (Rn 29). Die Wartefrist ist eine gesetzliche Voraussetzung für die Wirksamkeit einer Änderungserklärung. Sie muss daher nicht vertraglich vereinbart werden. Die Parteien können sich auf eine längere als die einjährige Wartefrist einigen. Sie können auch länger als ein Jahr mit der Änderungserklärung warten, um etwa einen größeren Änderungsbetrag durchzusetzen.[70] Ohne Hinzutreten weiterer Umstände liegt darin keine **Verwirkung** des Änderungsrechts. Ein solches Zuwarten mit der Änderungserklärung hat grundsätzlich lediglich zur Folge, dass die jeweilige Vertragspartei auf einen Teil der Miete verzichtet, weil eine später abgegebene Änderungserklärung nicht zurückwirkt (s aber Rn 16). Entscheidungen aus dem Gewerbemietrecht können hierfür nicht herangezogen werden, soweit dort die Verwirkung damit begründet worden ist, dass der Vermieter eine dort vereinbare automatische Mieterhöhung nicht geltend macht.[71] Die Wartefrist beginnt mit der ersten Festsetzung der Miete bei Vertragsbeginn oder mit dem Wirksamwerden einer Änderung der Miethöhe während des Bestehens des Mietverhältnisses. Das einjährige Änderungsverbot gilt nicht nur für Mieterhöhungen durch den Vermieter,[72] da auch eine Herabsetzung der Miete zu finanziellen Einschnitten führt, auf die sich der Vermieter rechtzeitig einstellen können muss.

Umstritten war nach der bisherigen Rechtslage, ob die Frist im Zeitpunkt des Zugangs **20** der Änderungserklärung abgelaufen sein muss oder in dem Zeitpunkt, zu dem die geänderte Miete geschuldet ist (Rn 21). Teile des Schrifttums hielten in Übereinstimmung mit der zur Wartefrist des früheren § 2 Abs 1 S 1 Nr 1 MHRG ergangenen Entscheidung des BGH[73] eine vor Ablauf der Wartefrist abgegebene Änderungserklärung für unwirksam.[74] Die Begründung des BGH zu § 2 Abs 1 S 1 Nr 1 MHRG kann auf die Wartefrist des früheren § 10a MHRG aber ebenso wenig übertragen werden wie auf die identische Regelung des § 557b Abs 2 S 1. Anders als bei der Wartefrist des früheren § 2 MHRG (§ 558) löst die Änderungserklärung keine weiteren Fristen aus. Die Wartefrist ist als materielle Voraussetzung gestaltet, so dass die Erklärung vor Ablauf der Frist zugehen kann, wenn die Änderung der Miete nach Ablauf der Frist eintreten soll.[75] Nachdem der Gesetzgeber mit dem Mietrechtsreformgesetz die dahingehende Rechtsprechung des BGH ausdrücklich in den Wortlaut des § 558 Abs 1 übernommen hat,[76] eine entsprechende Regelung in § 557b jedoch unterblieben ist, spricht für eine an § 558 angelehnte Auslegung nichts mehr.[77]

3. Rechtsfolgen
a) Wirkungseintritt der Mietänderung. Gem § 557b Abs 3 S 3 ist die geänderte Miete **21** vom Beginn des auf die Erklärung folgenden übernächsten Monats an zu zahlen. Diese Regelung soll es dem Mieter ermöglichen, die Mietzahlungen termingerecht zu erhöhen

---

70 Begr zum RegE BT-Drucks 12/3254, 16.
71 Vgl OLG Celle GuT 2002, 41; OLG Düsseldorf NZM 1998, 480; NZM 2001, 892.
72 **AM** *Blank* WuM 1993, 503, 511.
73 BGHZ 123, 37 = NJW 1993, 2109.
74 *Blank* WuM 1993, 503, 510.
75 *Beuermann* § 10a MHRG Rn 26; *Bub* NJW 1993, 2897, 2900; *Hamm* DWW 1993, 321, 323; *Steinig* GE 1995, 586; *Sternel*, Mietrecht aktuell Rn A 109.
76 Begr zum RegE BT-Drucks 14/4553, 54.
77 MünchKomm/*Artz* Rn 9; *Schmidt-Futterer/Börstinghaus* Rn 34.

Jost Emmerich

und Daueraufträge umzustellen.[78] Fristbeginn ist der Zugang der Änderungserklärung. Die Frist verkürzt sich nicht gem § 193, wenn der letzte Tag vor Ablauf der Frist, die für eine Mieterhöhung zum übernächsten Monat notwendig wäre, kein Werktag ist (s auch § 556b Rn 6).[79] Die Vertragsparteien können einen längeren als den in Abs 3 S 2 festgelegten Zeitraum vereinbaren oder der Erklärende kann einseitig eine längere Frist bestimmen.[80] Bei zu kurz bemessener Frist in der Änderungserklärung gilt die gesetzliche Frist,[81] es sei denn, die Erklärung geht vor Ablauf der Wartefrist des § 557b Abs 2 S 1 zu und das Fristende liegt vor Ablauf der Wartefrist (Rn 20).

22   **b) Höhe der Miete.** Die Höhe der Miete richtet sich nach der Änderung der Bezugsgröße. Auch die indexierte Miete unterliegt den allgemeinen Begrenzungen der Miethöhe wie den Vorschriften über die Mietpreisüberhöhung nach § 5 WiStG und über den Mietwucher nach § 291 StGB.[82] Zu einer überhöhten Miete kann es kommen, wenn die Preise für die Lebenshaltung stärker steigen als die Vergleichsmiete. Meist wird es aber an dem Kausalzusammenhang zwischen einem geringen Wohnungsangebot und der überhöhten Miete fehlen, weil die überhöhte Miete auf der Steigerung der Lebenshaltungskosten und nicht auf einer Zwangslage bei Vertragsschluss beruht.[83]

23   **c) Kein Kündigungsrecht des Mieters.** Wird die Miete aufgrund der Anpassungsvereinbarung erhöht, ist für den Mieter in § 561 kein Sonderkündigungsrecht vorgesehen. Ist der Mietvertrag auf bestimmte Zeit geschlossen, hat der Mieter keine Möglichkeit, das Mietverhältnis einseitig zu beenden, wenn er die erhöhte Miete nicht mehr tragen kann. In der Literatur wurde zu der Vorgängervorschrift erwogen, dem Mieter entsprechend § 9 Abs 1 MHRG (§ 561)[84] oder § 10 Abs 2 S 6 MHRG (§ 557a Abs 3) nach vierjähriger Dauer der Indexmiete[85] ein Sonderkündigungsrecht zu gewähren. Dem ist jedoch nicht zu folgen.[86] Aus den Materialien ergibt sich, dass der Gesetzgeber ein vorzeitiges Kündigungsrecht bewusst nicht geregelt hat, so dass es an der planwidrigen Gesetzeslücke als Voraussetzung für eine Analogie fehlt.[87] Hinzu kommt, dass der Gesetzgeber des Mietrechtsreformgesetzes ebenfalls ein Sonderkündigungsrecht nach Vorbild von § 561 nicht vorgesehen hat.

24   **d) Rückzahlung bei Unwirksamkeit.** Beruhen die erhöhten Mietzahlungen des Mieters auf einer unwirksamen Indexvereinbarung oder einer unwirksamen Geltendmachung der Erhöhung, ist der Mieter nach § 812 Abs 1 S 1 1. Fall zur Rückzahlung der geleisteten Beträge berechtigt (§ 557 Rn 37).

25   **4. Beendigung des Mietverhältnisses.** Einigen sich die Parteien auf eine Fortsetzung des Mietvertrags nach seiner Beendigung, gilt die Indexklausel weiter, wenn die Parteien

78   Begr zum RegE BT-Drucks 12/3254, 15.
79   *Schmidt-Futterer/Börstinghaus* Rn 43; **aM** *Palandt/Weidenkaff* Rn 13.
80   *Schilling* 173.
81   *Blank* WuM 1993, 503, 510.
82   *Bohnert* JZ 1994, 610f; *Hamm* DWW 1993, 321, 324.
83   *Blank/Börstinhaus*, Miete Rn 17; *Schmidt-Futterer/Börstinghaus* Rn 56.
84   *Nies* WuM 1995, 376.
85   *Barthelmess* § 10a MHRG Rn 60.
86   AG Hamburg WuM 2000, 494; *Blank/Börstinghaus*, Miete Rn 15; *Eisenschmid* NZM 2001, 11; *Grothe* NZM 2002, 54, 56; MünchKomm/*Artz* Rn 13; *Schmidt-Futterer/Börstinghaus* Rn 50; *Staudinger/Weitemeyer* (2011) Rn 32.
87   *Schönleber* WuM 1995, 575f.

sie ausdrücklich oder konkludent übernehmen.[88] Wurde das Mietverhältnis beendet, gibt der Mieter den Wohnraum aber nicht zurück, kann der Vermieter für die Dauer der Vorenthaltung nach § 546a Abs 1 eine Entschädigung verlangen, die die vereinbarte Miete oder die ortsübliche Vergleichsmiete umfasst. Die Indexklausel gilt fort, da der Vermieter nicht schlechter stehen darf als bei Fortsetzung des Vertrags.[89] Eine Fortsetzung des Gebrauchs nach Beendigung des Mietverhältnisses führt unter den Voraussetzungen des § 545 dazu, dass das Mietverhältnis als auf unbestimmte Zeit verlängert gilt. Eine Indexklausel, die zeitlich nicht begrenzt war, gilt deshalb ebenfalls fort.[90]

IV. Verhältnis zu anderen Mieterhöhungsverfahren (Abs 2)

1. Verhältnis zu § 558. Während der Geltungsdauer einer Indexklausel ist gem § 557b **26** Abs 2 S 3 eine Mieterhöhung nach § 558 ausgeschlossen. Für die Mieterhöhung im Vergleichsmieteverfahren sah der Gesetzgeber neben der Indexklausel kein Bedürfnis.[91] Der Ausschluss ist gesetzlich geregelt und muss nicht in die Mietanpassungsvereinbarung aufgenommen werden.

2. Verhältnis zu § 559. Der Vermieter kann gem § 557b Abs 2 S 2 während der Dauer **27** einer Indexvereinbarung eine Mieterhöhung wegen Modernisierung nach § 559 nur verlangen, wenn er die Baumaßnahmen aus Gründen durchgeführt hat, die er nicht zu vertreten hatte.[92] Darunter fallen verbindliche gesetzliche und behördliche Anordnungen zu baulichen Maßnahmen.[93] Diese Mieterhöhungen rechnen auch für die Wartefrist des Abs 2 S 1 nicht mit. Ebenso wenig lösen alle anderen Fälle einer Mieterhöhung nach § 559, wenn sie vor Beginn der Geltungsdauer der Indexklausel noch wirksam verlangt werden konnten, die Wartefrist aus, weil in Abs 2 S 1 und S 2 zwischen der Wartefrist und der Zulässigkeit von Mieterhöhungen unterschieden wird. Verlangt der Vermieter trotz des Bestehens einer Indexmiete eine Mieterhöhung wegen Modernisierung nach § 559, ist dieses Mieterhöhungsverlangen unwirksam und die bereits gezahlten Beträge können gem § 812 Abs 1 S 1 1. Fall zurückgefordert werden.[94]

3. Verhältnis zu § 560. Durch die Vereinbarung der Indexmiete wird der Vermieter **28** gem § 557b Abs 2 S 1 nicht in seinem Recht beschränkt, Erhöhungen der Betriebskosten nach Maßgabe des § 560 Abs 1 auf den Mieter umzulegen (s aber § 560 Rn 14). Gleiches gilt für das Recht zur Änderung der Vorauszahlungen auf die Betriebskosten nach § 560 Abs 4, weil es sich hierbei schon nicht um eine Mieterhöhung handelt.

4. Einvernehmliche Mieterhöhung nach § 557 Abs 1. Eine einvernehmliche Miet- **29** erhöhung nach § 557 Abs 1 ist während der Dauer einer Mietanpassungsvereinbarung zulässig.[95] Der Gesetzgeber wollte damit vor allem für Modernisierungsmaßnahmen partnerschaftliche Lösungen zulassen. Das gilt selbst dann, wenn sich die Parteien über eine

---

88 *Staudinger/Weitemeyer* (2011) Rn 34 unter Hinweis auf BGH NJW 1998, 2664, 2666 u mwN.
89 *Blank* WuM 1993, 503, 510; *Blank/Börstinghaus* Miete Rn 16; *Schmidt-Futterer/Börstinghaus* Rn 52f.
90 *Beuermann* § 10a MHRG Rn 24; **aM** *Barthelmess* aaO; *Blank* aaO.
91 Begr zum RegE BT-Drucks 12/3254, 15.
92 AG Hamburg ZMR 2006, 781.
93 Beispiele bei *Staudinger/Emmerich* (2011) § 559 Rn 36f.
94 AG Hamburg ZMR 2006, 781.
95 Begr zum RegE BT-Drucks 12/3254, 15; *Blank* WuM 1993, 503, 510; *Hamm* DWW 1993, 321, 324; *Samm* GE 1993, 1110, 1116.

Erhöhung der Miete einigen, die der Vermieter auch einseitig nach § 559 hätte durchsetzen können.[96] Entscheidend ist allein, ob der Mieter einer Mieterhöhung zustimmt. Ebenso wie bei § 558[97] lösen einvernehmliche Mieterhöhungen aber die Wartefrist des § 557b Abs 2 S 1 aus.

30   **5. Verhältnis zu § 557a.** Obwohl § 557b die Staffelmiete des § 557a nicht ausdrücklich nennt, entspricht es allgemeiner Auffassung, dass sich die Vereinbarung einer Staffel-miete und einer Indexklausel gegenseitig ausschließen.[98] Eine im Gewerberaummietrecht gebräuchliche indexierte Staffelmiete ist nicht zulässig. Möglich ist lediglich, beide Erhö-hungsverfahren zeitlich nacheinander zu vereinbaren.

V. Abweichende Vereinbarungen (Abs 4)

31   Nach § 557b Abs 4 sind Vereinbarungen, die zum Nachteil des Mieters von der Rege-lung des § 557b abweichen, unwirksam. Unwirksam ist daher eine **Einseitigkeitsklausel**, nach der nur der Vermieter die Anpassung der Miete verlangen kann oder eine Anpas-sung etwa nur bei einer Erhöhung der Bezugsgröße erfolgen soll, da die Vorschrift nicht auf die Erhöhung der Miete beschränkt ist (Rn 12).[99] Diese schon nach der bisherigen Rechtslage unwirksame Klausel weicht zu Lasten des Mieters von § 557b Abs 1 ab[100], da die Vorschrift nicht auf die Erhöhung der Miete beschränkt ist. Das Gleiche gilt für **Mindest-klauseln**, die besagen, dass die Miete überhaupt nicht, nicht unter den Ausgangsbetrag oder nicht unter einen bestimmten anderen Betrag sinken soll, weil sowohl der Vermieter als auch der Mieter eine Anpassung verlangen können.[101] Eine bei Gewerbemietverträgen gebräuchliche indexierte Staffelmiete, bei der die jeweils geschuldete Miete zusätzlich an die Entwicklung eines Wertmessers gebunden wird, ist unzulässig (Rn 30). Für Miet-senkungen sind für den Mieter günstige Vereinbarungen gegenüber dem Verfahren nach § 557b zulässig.

§ 558

Mieterhöhung bis zur ortsüblichen Vergleichsmiete

[1] Der Vermieter kann die Zustimmung zu einer Erhöhung der Miete bis zur ortsüblichen Vergleichsmiete verlangen, wenn die Miete in dem Zeitpunkt, zu dem die Erhöhung eintreten soll, seit 15 Monaten unverändert ist. Das Mieterhöhungs-verlangen kann frühestens ein Jahr nach der letzten Mieterhöhung geltend gemacht werden. Erhöhungen nach den §§ 559 bis 560 werden nicht berücksichtigt.
[2] Die ortsübliche Vergleichsmiete wird gebildet aus den üblichen Entgelten, die in der Gemeinde oder einer vergleichbaren Gemeinde für Wohnraum vergleich-barer Art, Größe, Ausstattung, Beschaffenheit und Lage einschließlich der energe-tischen Ausstattung und Beschaffenheit in den letzten vier Jahren vereinbart oder,

---

96   **AM** *Barthelmess* § 10a MHRG Rn 41.
97   S *Staudinger/Emmerich* (2011) § 558 Rn 6.
98   *Barthelmess* § 10a MHRG Rn 56; *Samm* GE 1993, 1110, 1120f.
99   *Emmerich* NZM 2001, 690, 694.
100   AG Neubrandenburg WuM 2010, 453; *Emmerich* NZM 2001, 690, 694.
101   *Emmerich* NZM 2001, 690, 69.

von Erhöhungen nach § 560 abgesehen, geändert worden sind. Ausgenommen ist Wohnraum, bei dem die Mieterhöhung durch Gesetz oder im Zusammenhang mit einer Förderzusage festgelegt worden ist.

[3] Bei Erhöhungen nach Absatz 1 darf sich die Miete innerhalb von drei Jahren, von Erhöhungen nach den §§ 559 bis 560 abgesehen, nicht um mehr als 20 vom Hundert erhöhen (Kappungsgrenze). Der Prozentsatz nach Satz 1 beträgt 15 vom Hundert, wenn die ausreichende Versorgung der Bevölkerung mit Mietwohnungen zu angemessenen Bedingungen in einer Gemeinde oder einem Teil einer Gemeinde besonders gefährdet ist und diese Gebiete nach Satz 3 bestimmt sind. Die Landesregierungen werden ermächtigt, diese Gebiete durch Rechtsverordnung für die Dauer von jeweils höchstens fünf Jahren zu bestimmen.

[4] Die Kappungsgrenze gilt nicht,

1. wenn eine Verpflichtung des Mieters zur Ausgleichszahlung nach den Vorschriften über den Abbau der Fehlsubventionierung im Wohnungswesen wegen des Wegfalls der öffentlichen Bindung erloschen ist und

2. soweit die Erhöhung den Betrag der zuletzt zu entrichtenden Ausgleichszahlung nicht übersteigt.

Der Vermieter kann vom Mieter frühestens vier Monate vor dem Wegfall der öffentlichen Bindung verlangen, ihm innerhalb eines Monats über die Verpflichtung zur Ausgleichszahlung und über deren Höhe Auskunft zu erteilen. Satz 1 gilt entsprechend, wenn die Verpflichtung des Mieters zur Leistung einer Ausgleichszahlung nach den §§ 34 bis 37 des Wohnraumförderungsgesetzes und den hierzu ergangenen bundesrechtlichen Vorschriften wegen Wegfalls der Mietbindung erloschen ist.

[5] Von dem Jahresbetrag, der sich bei einer Erhöhung auf die ortsübliche Vergleichsmiete ergäbe, sind Drittmittel im Sinne des § 559a abzuziehen, im Falle des § 559a Abs 1 mit 11 vom Hundert des Zuschusses.

[6] Eine zum Nachteil des Mieters abweichende Vereinbarung ist unwirksam.

Volker Emmerich

I. Überblick

1   Nach § 558 Abs 1 (= § 2 MHRG) kann der Vermieter vom Mieter jährlich einmal unter bestimmten Voraussetzungen eine Vertragsänderung durch Zustimmung zu einer Erhöhung der Miete bis zur ortsüblichen Vergleichsmiete verlangen (sog **Vergleichsmietensystem**). § 558 gilt allein für die **Wohnraummiete** (s die §§ 549, 578) mit Ausnahme der in § 549 Abs 2 aufgezählten Mietverhältnisse.

2   **Zweck** des § 558 ist es, dem Vermieter einen „angemessenen" marktorientierten Ertrag zu garantieren und zugleich den Mieter vor „überhöhten" Mietforderungen des Vermieters zu schützen, die nur aufgrund einer Mangellage am Markt durchsetzbar wären.[1] Das **Verfahren**, das der Vermieter einhalten muss, wenn er seinen Anspruch auf Anpassung der Miete an die ortsübliche Vergleichsmiete durchsetzen will, ist in den §§ 558a bis 558e geregelt. Unberührt bleibt das Recht der Parteien, **einverständlich** die Miete beliebig – in den Grenzen der verschiedenen Wucherverbote (§ 138; § 5 WiStG; § 291 StGB) – zu **ändern** (§§ 557 Abs 1, 311 Abs 1). Die geltende Fassung des § 558 beruht auf dem Mietrechtsänderungsgesetz von 2013. Durch dieses Gesetz wurde einmal Abs 2 um die Merkmale der energetischen Ausstattung und Beschaffenheit der Wohnung ergänzt und zum anderen in Abs 3 die Landesregierung ermächtigt, nach dem Vorbild des § 577a Abs 2 in bestimmten Gebieten die Kappungsgrenze vorübergehend zum Schutze der Mieter gegen übermäßige Mietsteigerungen auf 15 % zu reduzieren.

---

1 BVerfGE 37, 132, 145, 148 = NJW 1974, 1499; BVerfGE 49, 244, 247f, 250f = NJW 1979, 3; BGH NJW 2007, 2546 Tz 11.

II. Fristen

1. Überblick. Nach S 1 des § 558 Abs 1 kann der Vermieter von dem Mieter die Zustim- **3** mung zu einer Erhöhung der Miete nur verlangen, wenn die Miete in dem Zeitpunkt, zu dem die Erhöhung eintreten soll, seit fünfzehn Monaten unverändert ist. Von dieser sogenannten **Wartefrist** muss man die **Sperrfrist** des S 2 des § 558 Abs 1 unterscheiden, da **das Mieterhöhungsverlangen frühestens ein Jahr nach** der letzten **Mieterhöhung** (zu dem soeben genannten zukünftigen Zeitpunkt) geltend gemacht werden kann (u Rn 8). **Bezweckt** wird mit dieser Regelung, eine gewisse Kontinuität in die Mietentwicklung zu bringen und den Mieter vor allzu rasch aufeinander folgenden Mieterhöhungen zu schützen.[2] Das Mieterhöhungsverlangen löst seinerseits eine weitere Frist von maximal drei Monaten aus, allgemein **Zustimmungs- oder Überlegungsfrist** genannt, mit deren Ablauf die vom Vermieter gewünschte Mieterhöhung fällig wird, sofern der Mieter der dazu erforderlichen Änderung des Mietvertrages zustimmt oder er dazu rechtskräftig verurteilt wird (§ 558b Abs 1; s § 558b Rn 8ff). Die Sperrfrist von 12 Monaten und die Zustimmungs- oder Überlegungsfrist von idR, aber nicht notwendig drei Monaten ergeben zusammen ebenfalls im Regelfall die Wartefrist von 15 Monaten, die nach der gesetzlichen Regelung zwischen zwei Mieterhöhungen aufgrund des § 558 liegen müssen (sofern nicht die Parteien etwas anderes vereinbaren, §§ 311 Abs 1, 557 Abs 1). Zu beachten ist, dass die Wartefrist von 15 Monaten eine **Mindestfrist** ist, die auf jeden Fall zusätzlich zur Sperrfrist eingehalten werden muss, auch wenn die Verbindung von Sperrfrist und Zustimmungs- oder Überlegungsfrist eine frühere Fälligkeit der Mieterhöhung erlaubte, etwa, weil nach den Abreden der Parteien die letzte Mieterhöhung *während* eines Monats fällig wurde. (Nur) in diesen eigenartigen Fällen hat folglich die Wartefrist **eigenständige Bedeutung**, während sie sich im Regelfall aus einer einfachen Addition der Sperrfrist und der anschließenden Zustimmungs- oder Überlegungsfrist ergibt.

2. Insbesondere Sperrfrist

a) Die Sperrfrist wird nach § 558 Abs 1 S 2 von dem **Zeitpunkt ab gerechnet, zu dem 4 die Miete zum letzten Mal verändert wurde, dh entweder vom Vertragsabschluss ab**, sofern nämlich die Miete seitdem nicht verändert wurde,[3] *oder* sonst von der erstmaligen **Fälligkeit der letzten Mieterhöhung** ab, sei es durch Vereinbarung der Parteien, sei es nach § 558, wobei es keine Rolle spielt, ob der Vermieter einen Anspruch auf eine Mieterhöhung hatte und ob das Mieterhöhungsverlangen wirksam war; es genügt vielmehr die bloße Tatsache der vereinbarten Mieterhöhung.[4] Im Falle einer Mieterhöhung nach § 558 beginnt die Sperrfrist daher mit dem Zeitpunkt, zu dem die erhöhte Miete nach § 558b Abs 1 fällig wird.[5] Einigen sich die Parteien auf eine **rückwirkende Mieterhöhung**, so läuft die Sperrfrist von dem rückdatierten Fälligkeitszeitpunkt ab.[6] Entsprechendes gilt im Falle der Vereinbarung einer Staffel- oder Indexmiete nach den §§ 557a und 557b: Immer ist Fristbeginn die **Fälligkeit der letzten Mieterhöhung**.[7] Bei Zugang des neuen Mieterhöhungsverlangens bei dem Mieter muss maW in jedem Fall „ein Jahr" seit Fälligkeit der

---

2 OLG Oldenburg OLGZ 1981, 197 = WuM 1981, 83; WuM 1982, 105.
3 LG Görlitz WuM 1997, 378f; AG Erfurt WuM 1995, 717.
4 BGH NJW-RR 2004, 945 = NZM 2004, 545.
5 BGH NJW-RR 2004, 945 = NZM 2004, 545; BayObLGZ 1989, 277, 280 = NJW-RR 1989, 1172.
6 BGH NJW-RR 2004, 945 = NZM 2004, 545.
7 BGH NJW-RR 2004, 945 = NZM 2004, 545.

Volker Emmerich

letzten Mieterhöhung abgelaufen sein (§ 558 Abs 1 S 2). Daran schließt sich die **Zustimmungs- oder Überlegungsfrist** des § 558b von maximal drei Monaten an. Beide Fristen *zusammen* ergeben idR, aber nicht immer und nicht notwendig die **Wartefrist** des § 558 Abs 1 S 1 (Rn 3), weil die Zustimmungs- oder Überlegungsfrist des § 558 b Abs 1 keine starre Frist von drei Monaten ist, sondern je nach den Umständen des Falles auch kürzer sein kann, nämlich mindestens zwei Monate plus einen Tag.

5 **b)** Wenn der Mieter dem Mieterhöhungsverlangen des Vermieters nur **teilweise zustimmt** (s § 558b Abs 1), muss man unterscheiden: War das **Mieterhöhungsverlangen** des Vermieters **formell wirksam**, so hat der Vermieter jetzt die **Wahl**, ob er wegen des *Restes*, dem der Mieter nicht zugestimmt hat, die Zustimmungsklage erheben will oder nicht.[8] Tut er dies nicht so kommt eine entsprechende **Vereinbarung** der Parteien **über** eine bloße **Teilerhöhung** der Miete zustande, die auch die Sperrfrist auslöst.[9] Wenn das Mieterhöhungsverlangen des Vermieters dagegen wegen Verstoßes gegen die §§ 558 bis 558e **formell unwirksam** war, stellt die Teilzustimmung des Mieters lediglich einen **neuen Antrag** im Sinne des § 150 Abs 2 dar, so dass der Vermieter jetzt die Wahl hat, ob er den neuen Antrag annehmen oder ablehnen will.[10] **Nimmt er an**, so wird wiederum an sich die Sperrfrist ausgelöst (§ 558 Abs 1 S 1); nach Meinung des BGH wird der Vermieter dadurch indessen nicht gehindert, rechtzeitig Klage wegen des Restes zu erheben, wobei er die Mängel des ersten Mieterhöhungsverlangens immer noch während des Rechtsstreits gemäß § 558b Abs 3 S 1 korrigieren kann, ohne dass dem die Sperrfrist oder die Wartefrist entgegenständen.[11] **Lehnt der Vermieter** dagegen **ab**, so kann und muss er das (ganze) Mieterhöhungsverlangen wiederholen.[12]

6 **c)** Bei **Eintritt eines neuen Mieters** in den Mietvertrag **an Stelle des bisherigen** Mieters **läuft** die letzte Sperrfrist wegen der Identität der beiden Mietverhältnisse grundsätzlich weiter; eine neue Sperrfrist beginnt mit Eintritt des neuen Mieters nur, wenn aus diesem Anlass zugleich die Miete erhöht wird.[13] Bei einer **Beendigung der gesetzlichen Preisbindung** aufgrund des WoBindG beginnt die Wartefrist ebenfalls grundsätzlich mit der letzten Mieterhöhung zu laufen, selbst wenn sie noch in die Zeit der gesetzlichen Preisbindung fällt; anders verhält es sich nur, wenn es sich um eine Mieterhöhung im Sinne der §§ 559 oder 560 handelte.[14] Unerheblich sind dagegen **Mietsenkungen**. Nach dem Zweck der ganzen Regelung ist hier kein Raum für die Auslösung der Frist.

7 **d)** Die Fristen des § 558 Abs 1 werden **rückwärts** von dem Zeitpunkt der Fälligkeit der neuen Miete ab **gerechnet,** und zwar nach den §§ 187 Abs 1, 188 Abs 2 und 193. Das neue Mieterhöhungsverlangen kann nach 558 Abs 1 S 2 frühestens **ein Jahr nach** der letzten Mieterhöhung, dh nach dem **Fälligkeitszeitpunkt** der letzten Mieterhöhung geltend gemacht werden. Ein **vorzeitiges Erhöhungsverlangen** ist unwirksam und löst auch nicht die Fristen des § 558b aus, so dass eine nachfolgende Klage des Vermieters

---

8 BGH WuM 2010, 161 Tz 19ff.
9 BayObLGZ 1989, 277 = NJW-RR 1989, 1172; LG Mannheim ZMR 1994, 516f; LG Berlin GE 1996, 1551.
10 LG Mannheim ZMR 1994, 516f; AG Hamburg NZM 1998, 574.
11 BGH WuM 2010, 161 Tz 19f.
12 LG Mannheim aaO; LG Köln ZMR 2001, 356; **aM** LG Mainz WuM 1992, 136.
13 *Blank/Börstinghaus* § 558 Rn 14; *Sternel* Mietrecht, Rn III 608; **aM** LG Berlin GE 1997, 185.
14 OLG Hamm ZMR 1994, 513, 514 = WuM 1994, 455; WuM 1995, 263 = ZMR 1995, 247; LG Berlin GE 2003, 592; *Kinne* ZMR 2001, 775, 777f; **aM** LG München I WuM 1989, 634.

auf Zustimmung des Mieters als unzulässig abzuweisen ist. Das gilt selbst dann, wenn das Erhöhungsverlangen ausdrücklich erst für einen Zeitpunkt nach Ablauf der Wartefrist Gültigkeit haben soll.[15] Im **Mieterhöhungsverlangen** braucht die Einhaltung der Sperrfrist nicht dargelegt zu werden. Bei einer Zustimmungsklage ist jedoch ein entsprechender Vortrag Voraussetzung der Schlüssigkeit der Klage.

e) Nach § 558 Abs 1 S 3 werden **Mieterhöhungen nach den §§ 559 bis 560** aufgrund **8** von Modernisierungsmaßnahmen oder wegen Veränderungen von Betriebskosten nicht berücksichtigt; derartige Mieterhöhungen lösen, anders gewendet, die Sperrfrist des § 558 Abs 1 S 2 nicht aus. Ebenso nach Meinung des BGH aber auch, **wenn** sich die **Parteien** anlässlich einer Modernisierungsmaßnahme des Vermieters oder mit Rücksicht auf gestiegene Betriebskosten über eine entsprechende **Mieterhöhung einigen** (§ 558 Abs 1), vorausgesetzt, dass der Vermieter aufgrund der §§ 559 bis 560 auch befugt gewesen wäre, einseitig vorzugehen.[16] Lagen dagegen die engen Voraussetzungen des § 560 für eine Erhöhung des Betriebskostenanteils an der Miete bei Vereinbarung einer **Teilinklusivmiete** nicht vor, so wird die Sperrfrist auch dann ausgelöst, wenn sich die Parteien aus Anlass der Steigerung der Betriebskosten über eine Mieterhöhung einigen.[17] Umstritten ist die Rechtslage, wenn der Mieter lediglich eine gegen die §§ 559 bis 560 verstoßende einseitige Mieterhöhungserklärung des Vermieters hinnimmt. Während nach einer verbreiteten Meinung dann von § 558 Abs 1 S 3 auszugehen ist (dh: keine Berücksichtigung der Mieterhöhung),[18] ist in solchem Falle richtiger Meinung nach eine einverständliche Mieterhöhung anzunehmen, die die Fristen des § 558 Abs 1 auslöst.[19]

III. Ausgangsmiete

§ 558 Abs 1 S 1 begründet unter bestimmten Voraussetzungen einen Anspruch des Ver- **9** mieters auf Zustimmung des Mieters zu einer Erhöhung der „Miete" bis zur ortsüblichen Vergleichsmiete. Die Ermittlung des Erhöhungsbetrages hat folglich bei der **Feststellung der bisherigen „Miete"**, der so genannten **Ausgangsmiete**, zu beginnen. Das ist der Betrag, auf den sich die Parteien als Gegenleistung im Vertrag oder später geeinigt haben und den der Mieter nach § 535 Abs 2 schuldet, wobei es sich – je nach den Abreden der Parteien und vorbehaltlich des § 2 HeizkostenVO – um eine **Nettomiete**, eine **Teilinklusiv- oder** eine **Inklusivmiete** (Bruttomiete) handeln kann. Haben sie eine **Inklusiv- oder Teilinklusivmiete** vereinbart, so ist daher diese Miete *insgesamt* nach § 558 durch Vergleich mit der ortsüblichen Inklusiv- oder Teilinklusivmiete zu erhöhen. Einer vorherigen Herausrechnung der Betriebskosten bedarf es dann nicht, – **vorbehaltlich** freilich des **§ 2 der HeizkostenVO**, da der BGH aus dieser Vorschrift folgert, dass im Mieterhöhungsverfahren **Inklusivmieten** in jedem Fall in eine Teilinklusivmiete in Verbindung mit der gesonderten Abrechnung über die Heiz- und Warmwasserkosten **aufzuspalten** ist, mit der weiteren Folge, dass anschließend allein die Teilinklusivmiete nach § 558 erhöht werden

---

15 BGHZ 123, 37, 41ff = NJW 1993, 2109; BGH NJW-RR 2004, 945 = NZM 2004, 545 = WuM 2004, 345, 346.
16 BGH NJW 2007, 3122 = NZM 2007, 727f, Tz 11f, 15ff; NJW 2008, 2031 = NZM 2007, 441, 442 Tz 10–13; *M Schultz* PiG 83 (2008) 39, 46.
17 *M Schultz* PiG 83 (2008) 39, 46.
18 So wohl BGH NJW 2007, 3128 Tz 18 = NZM 2007, 727.
19 LG Potsdam GE 2001, 61, 63.

Volker Emmerich

kann[20]. Die heraus gerechneten Warmwasser- und Heizkostenanteile sind in diesem Fall als **Vorauszahlungen** auf die später abzurechnenden Heiz- und Warmwasserkosten zu behandeln.[21] Umgekehrt kann eine **Nettomiete** nur mit Nettomieten verglichen werden,[22] *nicht* dagegen mit Inklusivmieten,[23] während den Vermieter (natürlich) nichts hindert, im Falle der Vereinbarung einer Inklusivmiete sich mit dem Vergleich mit einer Nettomiete zu begnügen, weil dadurch der Mieter nur begünstigt werden kann.[24]

10   Aus dem Gesagten (o Rn 9) ergeben sich bei **Vereinbarung einer (Teil-)Inklusivmiete** häufig deshalb Schwierigkeiten, weil **Mietspiegel** in der Regel (angeblich) nur Nettomieten ausweisen, so dass ein direkter Vergleich der vereinbarten (Teil-)Inklusivmiete mit den Mietspiegelwerten nicht in Betracht kommt. Will der Vermieter in solchem Fall gleichwohl die Miete unter Berufung auf die Mietspiegelwerte erhöhen, so bleibt ihm in der Regel nichts anderes übrig, als die vereinbarte (Teil-)Inklusivmiete durch Ausscheidung des (geschätzten) Betriebskostenanteils an der Miete **auf** die (hypothetische) **Grundmiete umzurechnen**, wobei von dem **jetzigen tatsächlichen Betriebskostenanteil** für die fragliche Wohnung bei Abgabe der Erhöhungserklärung, entnommen der letzten Abrechnung über die Betriebskosten, auszugehen ist.[25] Diese tatsächlichen Betriebskosten können dann aus der (Teil-)Inklusivmiete nach dem Vertrag heraus gerechnet oder der Nettomiete des Mietspiegels zugeschlagen werden, um die Vergleichbarkeit herzustellen.[26] Die **Beweislast** für alle diese Größen trägt der Vermieter,[27] während in der **Begründung** des Mieterhöhungsverlangens (§ 558a) auch mit pauschalen oder Durchschnittswerten operiert werden kann.[28] – Dem Mieter steht ein **Einsichtsrecht** in die Unterlagen des Vermieters zu.[29] – Keine Rolle spielt die **Höhe der Ausgangsmiete**. § 558 gilt auch, wenn diese besonders *niedrig* war, außer wenn die Parteien ausdrücklich oder konkludent eine Ausschlussvereinbarung iSd § 557 Abs 3 getroffen haben.[30] Der Mieter, dem es gelingt, bei den Vertragsverhandlungen eine besonders niedrige Miete durchzusetzen, tut also gut daran, zugleich auf einer Vereinbarung nach § 557 Abs 3 zu bestehen. – **Mieterhöhungen nach § 559** wegen Modernisierungsmaßnahmen des Vermieters bilden später einen Bestandteil der Ausgangsmiete und unterliegen anschließend zusammen mit der restlichen Miete *einheitlich* dem Vergleichsmietensystem der §§ 558 ff; ihre gesonderte Behandlung ist nicht möglich (§ 558 Abs 6).[31]

11   Während bei einer echten Brutto- oder **Inklusivmiete** die von der HeizkV „erzwungene" **Aufspaltung** der Miete (Rn 9) als **endgültig** anzusehen ist, hat bei einer **Teilinklusivmiete** die weitere Abspaltung sonstiger Betriebskosten lediglich rechnerische Bedeutung für die Ermittlung der Ausgangsmiete im Mieterhöhungsverfahren; im Übrigen bleibt

---

20   BGH NJW-RR 2006, 1305 = NZM 2006, 652 Tz 19; LG Berlin GE 2009, 1499; *Staudinger* Rn 13.
21   BGH (vorige Fn).
22   LG Berlin GE 1996, 57, 59.
23   LG Berlin GE 1997, 1467; LG Köln WuM 2001, 244.
24   BGH NJW 2008, 848 Tz 11 = WuM 2007, 707.
25   BGH NZM 2006, 101 = WuM 2006, 39, 40 Tz 15ff; NZM 2006, 864 = WuM 2006, 569; NJW 2008, 848 Tz 9 = N ZM 2008, 124; ZMR 2009, 102; NJW-RR 2010, 725 Tz 13f = WuM 2010, 161; NZM 2012, 80 = WuM 2012, 27 Tz 19.
26   BGH (vorige Fn).
27   BGH NJW-RR 2006, 1599 = NZM 2006, 864; WuM 2010, 161 Tz 12ff.
28   BGH NJW-RR 2006, 1599 = NZM 2006, 864; NJW 2008, 848 Tz 10.
29   LG Berlin GE 2006, 723, 725.
30   BGH NJW 2007, 2546 = NZM 2007, 639, 640 Tz 10, 13ff.
31   BGH NJW 2008, 848 = NZM 2008, 124, 125 Tz 16.

es bei dem (zulässigen) Mietvertrag und damit bei der Teilinklusivmiete.[32] Dies schließt aber nicht aus, dass es zu einer entsprechenden **konkludenten Änderung** des Mietvertrages kommen kann, etwa, wenn der Mieter über längere Zeit hinweg die Aufspaltung und gesonderte Abrechnung der Betriebskosten akzeptiert.[33] – Ebenso wie bei einer Teilinklusivmiete ist sodann die Ausgangsmiete mit der ortsüblichen Vergleichsmiete zu vergleichen, um den Erhöhungsbetrag zu ermitteln, der anschließend wieder um die ausgeschiedenen oder zugeschlagenen Beträge zu korrigieren ist.

IV. Vergleichsmiete

1. Begriff. Das Gesetz „definiert" die Vergleichsmiete in § 558 Abs 2 S 1 als die „übli- 12 chen Entgelte", die in der Gemeinde oder in vergleichbaren Gemeinden für Wohnraum vergleichbarer Art, Größe, Ausstattung, Beschaffenheit und Lage einschließlich der energetischen Ausstattung und Beschaffenheit in den letzten vier Jahren vereinbart oder, von Erhöhungen nach § 560 abgesehen, geändert worden sind. Bei dieser Definition ist der Gesetzgeber davon ausgegangen, dass sich die **Preisbildung** auf den Wohnungsmärkten in erster Linie **nach** den genannten **Wohnwertmerkmalen** richtet. Bei der Einteilung der zum Vergleich heranzuziehenden Wohnungen dürfen daher nur die genannten Wohnwertmerkmale zugrunde gelegt werden, während im Rahmen des § 558 so genannte **Teilmärkte** für privilegierte oder besonders benachteiligte Mietergruppen **keine Anerkennung** finden; für sie alle richtet sich vielmehr im Falle einer Mieterhöhung die maßgebliche Vergleichsgröße allein nach der entsprechend § 558 Abs 2 ermittelten ortsüblichen Vergleichsmiete.[34] Daraus folgt ebenso wie aus der durch das Gesetz vorgeschriebenen Berücksichtigung der sogenannten Bestandsmieten, dass die Vergleichsmiete **nicht mit** der **aktuellen Marktmiete verwechselt** werden darf, die durchaus höher oder niedriger als die Vergleichsmiete sein kann, je nach Preisentwicklung in den letzten Jahren. Bei der Vergleichsmiete handelt es sich vielmehr um einen im Hinblick auf den konkreten Einzelfall korrigierten **Durchschnittswert**, ermittelt an Hand der in der Regel sehr unterschiedlichen Mieten **für einen repräsentativen Querschnitt** von (nur) nach Wohnwertmerkmalen vergleichbaren Wohnungen.[35] Dieser Durchschnittswert kann in der Regel in einem Mietspiegel nur in Gestalt einer **Mietspanne** abgebildet werden, weil die am Markt gezahlten Mieten durchweg um einen nur rechnerisch zu ermittelnden Mittelwert schwanken. Für die Ermittlung dieser Spannen werden die bei einer möglichst repräsentativen Datenerhebung ermittelten **Mieten** für die nach Wohnwertmerkmalen vergleichbaren Wohnungen in verschiedener Weise **aufbereitet**. Wichtig ist insbesondere die Ausscheidung so genannter **Ausreißer- und Diskriminierungsmieten**, wobei in der Praxis in der Regel nach der so genannten **2/3-Regel** verfahren wird; gemeint ist damit die Ausscheidung von je einem Sechstel der obersten und untersten Werte.[36] Aber auch die Eliminierung von 20 % der oberhalb und unterhalb des arithmetischen Mittels der erhobenen Daten liegenden

---

32 OLG Hamburg WuM 1983, 49, 50; OLG Frankfurt NZM 2001, 418, 419 = ZMR 2001, 449; LG Berlin GE 2002, 737.
33 LG Itzehoe NZM 2010, 168; LG Hamburg ZMR 2010, 118; wohl auch BGH NZM 2010, 734 Tz 12f.
34 BayObLGZ 1981, 105 = NJW 1981, 1219; OLG Hamm WuM 1983, 78 = ZMR 1983, 207; WuM 1983, 108; LG Lübeck WuM 1995, 189, 192.
35 BVerfGE 53, 352, 358 = NJW 1980, 1617; BGH NJW 2005, 2074 = NZM 2005, 498; NJW 2005, 2621 = WuM 2005, 516, 517.
36 BGH NJW 2012, 281 = NZM 2012, 339 = WuM 2012, 281 Tz 18 ff; *Blank* ZMR 2013, 170, 173 f; *Börstinghaus* WuM 2012, 244, 248 f.

Volker Emmerich

Werte hat der BGH bereits gebilligt.[37] Auszuklammern sind weiter nach § 558 Abs 2 S 1 noch solche Bestandsmieten, bei denen innerhalb der letzten vier Jahre die **Miete lediglich nach § 560** wegen einer Veränderung der Betriebskosten **geändert** wurde, ferner, weil nicht „üblich" und damit nicht repräsentativ, auf **Teil- und Sondermärkten** gezahlte Mieten sowie schließlich **einmalige Mieten** (Stichwort: Schlossmieten). Sehr wohl zu berücksichtigen sind dagegen Staffel- und Indexmieten (§§ 557a und 557b) sowie Mietsenkungen, weil und sofern sie zur Marktsituation gehören, die durch die Vergleichsmiete widergespiegelt werden soll.

13   Eine weitere Vorgabe für die bei der Ermittlung der Spanne zu berücksichtigenden Daten ergibt sich aus § 558 Abs 2 S 1. Danach sind bei der Ermittlung der Vergleichsmiete nur solche Entgelte vergleichbarer Wohnungen zu berücksichtigen, die **in den letzten vier Jahren vereinbart oder**, von Erhöhungen nach § 560 abgesehen, **geändert** wurden. Durch diese eigenartige Regelung soll verhindert werden, dass durch eine zu starke Berücksichtigung von Altverträgen das Niveau der Vergleichsmiete künstlich übermäßig unter das der aktuellen Marktmiete gedrückt wird (so genannte **Aktualisierung** des Vergleichsmietenbegriffs). Der fragliche Zeitraum von vier Jahren ist **von** dem Zeitpunkt des **Zugangs** des Mieterhöhungsverlangens beim Mieter aus **zurückzurechnen**.[38]

14   Aus dem Vierjahreszeitraum (o Rn 13) sind nach § 558 Abs 2 S 2 ferner nur solche nach Wohnwertmerkmalen vergleichbare Wohnungen zu berücksichtigen, bei denen die Miethöhe **nicht durch Gesetz oder im Zusammenhang mit einer Förderzusage festgelegt** wurden. Gemeint ist damit jede Form von Wohnraum, bei dem die Mietpreisbildung *nicht nach den Gesetzen des Marktes*, sondern nach anderen Regeln unter staatlichem Einfluss erfolgt. Darunter fallen nicht nur solche Mieten, die einer gesetzlichen Preisbindung, insbesondere aufgrund des **WoBindG**, unterliegen, sondern überhaupt **alle öffentlichen Fördertatbestände**, die zu Festlegungen der Miethöhe führen.[39] Die wichtigsten Fälle sind die so genannten **Sozialwohnungen** des ersten und des zweiten Förderweges (§§ 24ff, 88ff II. WoBauG), Wohnungen, deren Mieten nach Modernisierungsmaßnahmen durch Vertrag oder Sanierungssatzungen begrenzt wurden (s § 142 BauGB), sowie wohl auch Werkdienst- und Werkmietwohnungen iSd §§ 576 bis 576b, weil sich auch bei ihnen die Mietpreisbildung häufig nicht nach den Marktgesetzen, sondern nach anderen Regeln richtet.[40] Auch wenn die gesetzliche **Preisbindung** nach dem WoBindG **endet**, darf dieser Wohnraum daher nur berücksichtigt werden, wenn nach Ablauf der Preisbindung die Miete vertraglich oder aufgrund des § 558 innerhalb des Vierjahreszeitraums geändert wurde.

15   Unterstellt man kontinuierlich steigende Mieten, so wird die Vergleichsmiete, zumindest tendenziell, um so höher sein, je größer das Gewicht der berücksichtigten **Neuvertragsmieten** ist, und um so niedriger, je stärker das Gewicht des älteren Datenmaterials, der sog **Bestandsmieten**, ist. Daher rührt der Streit, in welchem **Verhältnis** das **Datenmaterial** aus den verschiedenen Jahren bei der Berechnung der Vergleichsmiete zu berücksichtigen ist. Das Gesetz lässt die Frage im Grunde offen, so dass sich die Gerichte auf den Standpunkt zurückgezogen haben, erforderlich sei ein „**repräsentatives Verhältnis**" von Bestands- und Neuvertragsmieten im Sinne eines ausgewogenen Verhältnisses

---

37 BGH NJW 2012, 1351 = NZM 2012, 339 = WuM 2012, 281 Tz 20.

38 BGH NJW 2012, 1351 Tz 30 = NZM 2012, 339; BayObLGZ 1992, 314 = NJW-RR 1993, 202; *Börstinghaus* WuM 2012, 244, 249.

39 S die Begr zum RegE BT-Drucks 14/4553, S 54 (l Sp); *Gerster* WuM 2005, 498.

40 LG München I WuM 1999, 465; NZM 2012, 802; **aA** LG Göttingen WuM 1985, 154.

zwischen beiden Datengruppen.[41] Welche Folgerungen daraus zu ziehen sind, ist offen.[42] Für den Regelfall geht man, wohl in erster Linie aus Erwägungen der Praktikabilität, von einem Mischungsverhältnis zwischen Bestands- und Neuvertragsmieten von 50 : 50 aus.

Anhand des auf die geschilderte Weise aufbereiteten Datenmaterials ist sodann nach **15a** dem gegenwärtigen Stand der Rechtsprechung[43] die so genannte **Einzelvergleichsmiete** zu ermitteln. Gemeint ist damit die „übliche" Miete für konkret vergleichbare Wohnungen innerhalb der im Mietspiegel ausgewiesenen Spanne. Das kann (ausnahmsweise) ein **Punktwert** sein; im Regelfall wird sich aber die konkrete Einzelvergleichsmiete innerhalb einer gewissen **Bandbreite** (nicht zu verwechseln mit der im Mietspiegel genannten Spanne) bewegen. Diese Bandbreite wird fixiert durch die **Üblichkeit**, d.h. die Verbreitung von Mieten (innerhalb der Spanne) für konkret vergleichbare Wohnungen, wobei offenbar die Vorstellung ist, dass die Bandbreite die große Mehrzahl (über 60 %) der Mieten für Wohnungen der fraglichen Art umfassen muss, sofern das vorhandene Datenmaterial überhaupt jemals derartige Aussagen zulässt. Jede Miete *innerhalb der Bandbreite* ist dann die „übliche Miete" im Sinne des Gesetzes, so dass der Vermieter mit seinem Mieterhöhungsverlangen immer bis zum oberen Rand der *Bandbreite* (nicht der Spanne !) gehen darf.[44] Solche Vorgehensweise hat freilich **Voraussetzungen**, die nur selten erfüllt sein dürften, nämlich ein umfangreiches wissenschaftlich aufbereitetes, repräsentatives statistisches Material und profunde statistisch-mathematische Kenntnisse des Gerichts. Beides wird meistens fehlen. Dann bleibt nur als Ausweg der beliebte Hinweis auf **Sachverständigengutachten**, sofern kein qualifizierter Mietspiegel vorliegt,[45] – als ob die genannten Voraussetzungen auch nur bei der Mehrheit der Sachverständigen erfüllt wären.[46]

Besonders kritisch zu sehen ist die von der Rechtsprechung durchweg gebilligte Ein- **15b** ordnung der konkreten Wohnung innerhalb der (grob) durch bestimmte Wohnwertmerkmale definierten Spannen der Mietspiegel anhand der den Mietspiegeln von ihren Verfassern häufig beigegebenen so genannten **Orientierungshilfen**. Die Orientierunghilfen werden zu diesem Zwecke als „von Fachleuten aufgestellte **Erfahrungssätze**" behandelt, die im Wege der freien Beweiswürdigung bei der ohnehin nach § 287 ZPO erforderlichen Schätzung der Einzelvergleichsmiete berücksichtigt werden könnten; eine Bindung der Gerichte an eine Vereinbarung der Parteien über die Bewertung einzelner Merkmale soll dabei zwar nicht bestehen; es sei aber Sache der Parteien, die jeweils für sie günstigen Merkmale vorzutragen und gegebenenfalls zu beweisen.[47] Dies kann schon deshalb nicht richtig sein, weil die sogenannten Orientierungshilfen **ohne jeden Erkenntniswert** sind, da sie von den Aufstellern der Mietspiegel in aller Regel *ausgehandelt* werden, und zwar ohne Rücksicht auf irgendwelche empirischen Erhebungen.[48] Liegen keine besonderen

---

41 BGH LM Nr 34a zu § 319 BGB (Bl 2f) = NZM 1998, 196, 197 (beiläufig); NJW 2012, 1351 = NZM 2012, 339 Tz 31; BayObLGZ 1981, 105 = NJW 1981, 1219.
42 S *Börstinghaus* WuM 2012, 244, 249 f.
43 Überblick bei *Blank* ZMR 2013, 170, 172 f; *Börstinghaus* WuM 2011, 338; 2012, 244, 246 ff.
44 Grdl. BGH NJW 2012, 1351 = NZM 2012, 339 = WuM 2012, 281 sowie insbesondere noch BGH NJW 2005, 2074; 2005, 2621; 2011, 2284; NZM 2013, 138 = WuM 2013, 110 Tz 13; wegen der Einzelheiten s *Blank* ZMR 2013, 170; *Börstinghaus* WuM 2011, 338; 2012, 244; *Bühler* ZMR 2012, 531.
45 BGH NJW 2011, 2284 Tz 20 = NZM 2011, 511.
46 *Börstinghaus* WuM 2012, 244, 248.
47 KG WuM 2009, 407, 408; LG Berlin ZMR 2010, 37; GE 2010. 61; 2011, 411; 2012, 549.
48 S LG Bonn WuM 2009, 466.

Volker Emmerich

Umstände vor, so geht die Praxis häufig, wenn nicht idR, einfach von dem Mittelwert der Spanne aus – faute de mieux.[49]

16 Der Vermieter kann vom Mieter die Zustimmung zur Erhöhung der Miete nur verlangen, wenn die vereinbarte Miete hinter der Vergleichsmiete zurückbleibt (§ 558 Abs 2 S 1). Daraus wird allgemein geschlossen, dass **Stichtag** für die Berechnung der konkreten Vergleichsmiete der Zeitpunkt des **Zugangs des Erhöhungsverlangens** ist.[50] Die notwendige Folge ist freilich, dass Mietspiegel, das in der Praxis am meisten verbreitete Instrument zur Ermittlung der Vergleichsmiete (§ 558c), im Grunde bei ihrer Anwendung durchweg schon veraltet sein werden, da sie, wenn überhaupt, allein das Mietpreisniveau im Augenblick ihrer Aufstellung widerspiegeln können. Zum Ausgleich ist (nur) das Gericht berechtigt, im Falle einer nachweisbaren Steigerung des Mietpreisniveaus zwischen dem Zeitpunkt der Aufstellung des Mietspiegels und dem des Zugangs des Mieterhöhungsverlangens (sog **Stichtagsdifferenz**) im Rechtsstreit **Zuschläge** zu den Mietspiegelwerten zu berechnen (§ 287 ZPO).[51]

2. Wohnwertmerkmale

17 **a) Überblick.** Nach S 1 des § 558 Abs 2 ist die **Vergleichbarkeit** der berücksichtigten Wohnungen (o Rn 12ff) grundsätzlich **allein an Hand der Wohnwertmerkmale** Art, Größe, Ausstattung, Beschaffenheit und Lage einschließlich der energetischen Ausstattung und Beschaffenheit zu beurteilen, da die Gesetzesverfasser der Meinung waren, nach den genannten Merkmalen richte sich die Mietpreisbildung am Markt. Unklar ist der relative Einfluss der einzelnen Wohnwertmerkmale, die sich zudem vielfältig überschneiden. Das zwingt zu großer **Vorsicht gegenüber** den üblichen „**Erfahrungssätzen**", etwa, dass die Miete von Einfamilienhäusern stets höher als die von Wohnungen sei.[52] Aus diesen Gründen muss es genügen, wenn die jeweils verglichenen (und zudem in den Mietspiegeln obendrein noch zu Gruppen zusammengefassten) Wohnungen hinsichtlich der im Gesetz genannten Merkmale nur im Wesentlichen, dh **im Großen und Ganzen** (annähernd) miteinander **vergleichbar** sind. Unterschiede in Einzelheiten spielen keine Rolle, während größere Unterschiede gegebenenfalls durch **frei zu schätzende Zu- und Abschläge** auszugleichen sind (§ 287 ZPO).[53] Beispiele sind Zuschläge für einmalige und Luxuswohnungen sowie für teilgewerblich genutzte und für möblierte Wohnungen, sofern nicht ohnehin von vornherein aus dem relevanten Datenmaterial ausgeschieden (oben Rn 12). Die Berechnung derartiger **Zuschläge** ist freilich gleichfalls schwierig und umstritten.[54] Bei möblierten Wohnungen orientiert man sich zB meistens an der Verzinsung des für die Möblierung erforderlichen Kapitals.

17a § 558 Abs. 2 ist ebenso wie der ganze § 558 zu Gunsten des Mieters **zwingend** (§ 558 Abs 6, u Rn 35). Durch den Mietvertrag können deshalb nicht einzelne Wohnwertmerkmale abweichend von der Wirklichkeit zum Nachteil des Mieters festgeschrieben werden, z.B. durch die Bestimmung, dass die Wohnung trotz des Vorhandenseins von Einzelöfen

---

49 LG Dortmund WuM 2010, 633.
50 BGH NJW 2012, 1351 Tz 30 = NZM 2012, 339 = WuM 2012, 281; BayObLGZ 1992, 314 = NJW-RR 1993, 202; OLG Stuttgart NJW-RR 1994, 334 = WuM 1994, 58.
51 S u § 558a Rn 18; OLG Stuttgart NJW-RR 1994, 334 = WuM 1994, 58; OLG Hamm NJW-RR 1997, 142, 143 = WuM 1996, 610.
52 So BGH NJW-RR 2009, 86 = NZM 2009, 27 Tz 12; LG Berlin GE 2011, 411; dagegen zutreffend LG Krefeld NJW-RR 2008, 1044; *Börstinghaus* NZM 2009, 115.
53 BGH LM Nr 6 zu § 24 BMietG I = NJW 1964, 656; LG Berlin ZMR 1995, 77, 78.
54 S *Staudinger* Rn 33.

als mit Zentralheizung ausgestattet gelten solle, weil dadurch für den Vermieter Spielräume für Mieterhöhungen über das Gesetz hinaus eröffnet würden.[55] Das gilt – entgegen der Rechtsprechung – auch für die Wohnungsgröße (Rn. 19).

b) Die einzelnen Merkmale. Unter der **Art des Wohnraums** versteht man die **Struk-** 18 **tur** des Hauses und des Wohnraums. Gemeint sind Merkmale wie **Altbau oder Neubau,** Baujahr (soweit dadurch der Wohnwert beeinflusst wird), die Zahl der Räume, die Art des Hauses als Einfamilienhaus, Reihenhaus oder Mehrfamilienhaus oder die Eigenschaft des Wohnraums als Keller- oder Dachgeschosswohnung oder „Beletage".

Mit der **Größe** ist neben der **Zimmerzahl** vor allem die in Quadratmetern messbare 19 **Wohnfläche** der eigentlichen Wohnräume gemeint. Für die Berechnung ist umstritten wird meistens die **Wohnflächenverordnung** vom 25. November 2003[56] zugrunde gelegt. Probleme ergeben sich daraus, wenn die so ermittelte Wohnungsgröße von der im Mietvertrag vereinbarten Größe **abweicht.**[57] **Der BGH** zieht hier eine Parallele zu der Problematik der Flächendifferenz bei § 536 (s dazu o § 536 Rn 22) und hat daraus abgeleitet, dass **Differenzen unter 10 %** (nach unten oder nach oben) grundsätzlich **irrelevant** sind, so dass auch im Rahmen des § 558 dann weiter von der im Vertrag angegebenen, wenn auch falschen Größe auszugehen ist, während **Differenzen über 10 %** zu einer Anpassung nach den Regeln über den Wegfall der Geschäftsgrundlage führen sollen (§ 313). Die Folge soll sein, dass dem Mieter aus § 812 Abs 1 S 1 ein **Rückzahlungsanspruch** zusteht, wenn sich die Parteien nach § 558 auf eine Mieterhöhung geeinigt haben, bei der sie von einer Größe der Wohnung ausgegangen sind, die um mehr als 10 % die tatsächliche Größe der Wohnung *übersteigt,* während im umgekehrten Fall der Vermieter für die Zukunft eine **Anpassung** der im Vertrag angegebenen an die tatsächliche Größe der Wohnfläche im Rahmen des § 558 verlangen könne, weil ihm auf die Dauer nicht zugemutet werden könne, an der zu *niedrigen* Flächenangabe im Vertrag festgehalten zu werden.[58] Diese Praxis **widerspricht** dem § 557 Abs 3 und Abs 4 sowie dem § 558 Abs 6.[59] **Übersteigt** die **tatsächliche** Größe **die vereinbarte,** so ist danach von der *vereinbarten* Größe auszugehen, jedenfalls, sofern deren vertragliche Fixierung als Ausschlussvereinbarung hinsichtlich der zusätzlichen Wohnfläche (§ 557 Abs 3) zu interpretieren ist.[60] Im umgekehrten Fall, wenn also die **tatsächliche** Größe **hinter** der **vereinbarten** zurückbleibt, kann für die Ermittlung der Vergleichsmiete schon wegen § 557 Abs 4 und § 558 Abs 6 nur die *tatsächliche* Größe maßgebend sein.[61] Abweichende Vereinbarungen scheitern an den §§ 557 Abs 4 und 558 Abs 6 (Rn 35).

Unter der **Ausstattung** versteht man alles, was vom Vermieter zur ständigen Benut- 20 zung des Mieters ohne besonderes Entgelt eingebaut ist. Beispiele sind die Heizung, sanitäre Einrichtungen, besondere Böden, eine Gemeinschaftsantenne, die Kücheneinrich-

---

55 Rn 35, *Börstinghaus* NZM 2013, 1.
56 BGBl I S 2346.
57 *Börstinghaus* WuM 2011, 338, 342 f; *Wiek* WuM 2004, 487.
58 BGH NJW 2004, 3115 = NZM 2004, 699; NJW 2007, 2626 = NZM 2007, 594f Tz 16ff; NZM 2009, 613 Tz 10 = NJW 2009, 2739; LG Berlin GE 2008, 1259f.
59 Rn 17a, dagegen BGH WuM 2009, 460, 461 Tz 12 = NZM 2009, 613 = NJW 2009, 2739 ohne Begründung.
60 S LG Aachen WuM 1981, 501; LG Frankfurt WuM 1990, 157; LG Hamburg ZMR 2001, 172f; AG Aachen WuM 2012, 556, 558; anders auch für den Fall der nachträglichen Vergrößerung der Wohnung AG Köln ZMR 2013, 206, 207 f; wie hier wohl auch *Börstinghaus* WuM 2011, 338, 342 f.
61 OLG Hamburg NZM 2000, 654, 655 = WuM 2000, 348, 349; LG Berlin WuM 2004, 613; GE 2005, 617; 2005, 619; – **aA** BGH WuM 2009, 460, 461 Tz 10, 12 = NZM 2009, 613.

tung, Raumteiler, besondere Isolierungen uäm.[62] Die **Fülle der hier relevanten Faktoren** ist im Grunde unübersehbar, so dass in der Praxis, zumal in Mietspiegeln, die Berücksichtigung aller dieser Faktoren von vornherein ausgeschlossen erscheint – mit der Folge, dass hier die Einteilung der Wohnungen nach der Art der **Heizung** und nach dem Vorhandensein und der Ausstattung der **sanitären Einrichtungen** ganz im Vordergrund steht, während die übrigen Faktoren, auch aus Mangel an statistischem Material, weitgehend ausgeblendet bleiben. Stammt die Ausstattung vom **Mieter**, so ist sie **nicht** zugunsten des Vermieters zu **berücksichtigen**, nach Meinung des BGH selbst dann nicht, wenn sich der Mieter zur Vornahme der fraglichen Maßnahmen im Mietvertrag verpflichtet hatte; anders soll es sich nur verhalten, wenn die Parteien etwas anderes vereinbart haben oder wenn die Investitionen des Mieters vereinbarungsgemäß durch eine vorübergehende Kürzung der Miete abgewohnt wurden.[63] Das gilt auch bei einem späteren Wechsel des Vermieters (§ 566).[64]

21 Mit der **Beschaffenheit** der Wohnung meint das Gesetz einmal Zuschnitt, Zustand und Zahl der Räume einschließlich der mitvermieteten Hausteile, zum anderen Art und Gestaltung der ganzen Umgebung im weitesten Sinne. Überschneidungen mit Ausstattungsmerkmalen sind unvermeidlich, aber unschädlich. **Beispiele** für Beschaffenheitsmerkmale sind außer der Raumeinteilung noch der Zustand von Fenstern und Böden sowie von Nebenräumen, Kellern, Bodenräumen und Treppenhäusern, das Vorhandensein einer Garage oder eines Gartens, der Erhaltungszustand der Fassade und des Dachs.

21a Seit 2013 fügt das Gesetz noch hinzu, dass im Rahmen der Merkmale Ausstattung und Beschaffenheit auch die **energetische Ausstattung und Beschaffenheit der Wohnung** zu berücksichtigen seien, worunter in erster Linie die Art der Energieversorgung und die Qualität der Wärmedämmung zu verstehen sein sollen.[65] Die Frage war schon zuvor umstritten gewesen; überwiegend wurde es jedoch bereits unter dem früheren Recht als zulässig angesehen, den energetischen Zustand eines Hauses im Rahmen der Wohnwertmerkmale zu berücksichtigen.[66] In einigen Gemeinden ist dies auch tatsächlich bei der Aufstellung von **Mietspiegeln** geschehen, sofern ausnahmsweise das nötige statistische Material vorhanden war. Für die große Mehrzahl der Fälle trifft dies freilich bisher nicht zu, so dass sich die praktische Bedeutung der Gesetzesänderung von 2013 in engen Grenzen halten dürfte, zumal ohnehin zweifelhaft ist, ob am Markt auf die energetische Ausstattung und Beschaffenheit einer Wohnung überhaupt Gewicht gelegt wird. Doch kann sich dies mit Rücksicht auf die steigenden Energiekosten ändern; und dann wird auch die Ergänzung des § 558 Abs 2 um die Merkmale der energetischen Ausstattung und Beschaffenheit (vielleicht) relevant werden.

22 Weist die Wohnung **Mängel** auf, so ist die Miete für die Wohnung (unabhängig von § 558) nach § 536 zu mindern.[67] Für die Ermittlung der ortsüblichen Vergleichsmiete spielt dieser Umstand so lange **keine Rolle**, wie die Mängel **behebbar** sind **und** der Vermie-

---

62 BayObLGZ 1981, 214 = NJW 1981, 2259; LG Lübeck WuM 1995, 189, 191.
63 BGH WuM 2010, 569 Tz 12, 14f = NJW-RR 2010, 1384; BayObLGZ 1981, 214 = NJW 1981, 2259; LG Berlin GE 2011, 1052.
64 LG Köln WuM 1985, 326.
65 Begr von 2012, BT-Drucks 17/10485, S 24.
66 Für die Berücksichtigung schon die Begr von 2001 BT-Drucks 14/4553, S 54 (l Sp u); LG Hamburg NZM 2009, 857; *Börstinghaus* WuM 2009, 631; 2011, 338, 341; *ders* NZM 2011, 641; dagegen insbes *Blank* WuM 2011, 195.
67 OLG Düsseldorf NJW-RR 1994, 399, 400.

ter zu ihrer Beseitigung **verpflichtet** ist (§ 535 Abs 1 S 2).[68] Der Mieter hat jedoch bis zur Beseitigung der Mängel ein **Zurückbehaltungsrecht nach § 273**, das er auch dem Erhöhungsverlangen des Vermieters entgegensetzen kann, so dass er gegebenenfalls nur Zug um Zug gegen Beseitigung der Mängel zur Zustimmung zur Mieterhöhung zu verurteilen ist (§ 274 BGB).[69] **Anders** ist die Rechtslage nur, wenn es sich um **unbehebbare Mängel** oder um solche Mängel handelt, zu deren Beseitigung der Vermieter aus anderen Gründen (zB nach § 536b) nicht verpflichtet ist. In derartigen Fällen bleibt nichts anderes übrig, als mit freigeschätzten Abschlägen zu arbeiten.[70]

Unter das Wohnwertmerkmal **Lage** fällt gleichermaßen die Lage in einem bestimmten **23** Ortsteil wie die in demselben Haus, so dass nur Wohnungen in gleichen oder doch in im Wesentlichen ähnlichen Wohngebieten vergleichbar sind. Die Mietspiegel unterscheiden insofern idR zwischen schlechten, einfachen, mittleren und guten Wohnlagen.

3. Gemeinde. Wohnungen, die hinsichtlich der genannten Merkmale (oben Rn 17ff) **24** an sich miteinander vergleichbar sind, dürfen bei dem Vergleich grundsätzlich doch nur berücksichtigt werden, wenn sie **in derselben Gemeinde** liegen. Der Begriff der Gemeinde dürfte in diesem Zusammenhang nicht iS der politischen Gemeinde, sondern **iS eines einheitlichen Wohngebietes** zu verstehen sein, so dass hierzu bei Ballungsgebieten auch mehrere rechtlich selbständige Gemeinden gehören können, sofern sich nur unter ihnen ein einheitlicher Wohnungsmarkt herausgebildet hat.[71] Auf vergleichbare Wohnungen in **Nachbargemeinden** ist nur abzustellen, wenn in derselben Gemeinde keine vergleichbaren Wohnungen zu finden sind. Dabei ist vorauszusetzen, dass die Wohnungsmärkte der beiden Gemeinden im Wesentlichen dieselben Merkmale aufweisen.[72]

V. Kürzungsbeträge

1. Voraussetzungen. Nach Modernisierungsmaßnahmen hat der Vermieter die **25** **Wahl**, ob er nach § 558 oder nach § 559 vorgehen will. Wählt er den Weg über § 558, so sind **nach Abs 5 des § 558** von dem Jahresbetrag, der sich bei einer Erhöhung der Miete nach § 558 Abs 1 ergäbe, **Drittmittel** im Sinne des § 559a **abzuziehen**, im Falle des § 559a Abs 1 mit 11 % des Zuschusses. § 558 Abs 5 enthält eine **Rechtsgrundverweisung**, so dass, da § 559a seinerseits unmittelbar auf § 559 aufbaut, einer Anrechnung von Drittmitteln allein bei **Modernisierungsmaßnahmen** des Vermieters **iS des § 559 Abs 1** in Betracht kommt. Durch diese komplizierte Regelung soll erreicht werden, dass die Fördermittel letztlich dem Mieter zugutekommen.[73] Das Ergebnis der Regelung kann durchaus sein, dass der ganze Erhöhungsbetrag wieder aufgezehrt wird.[74] Verbleibt jedoch ein Erhöhungsbetrag, so ist erst auf diesen die **Kappungsgrenze** anzuwenden.[75]

---

68 OLG Celle WuM 1982, 180; LG Mönchengladbach ZMR 1997, 600 = NZM 1997, 301, 302; LG Berlin NZM 1999, 368, 369f; *Sternel* Mietrecht, Rn III 598f.
69 LG Itzehoe WuM 1990, 157; AG Hamburg-Altona WuM 1991, 279; AG Schöneberg GE 1990, 769; anders aber OLG Frankfurt NZM 1999, 795 = WuM 1999, 629; LG Konstanz WuM 1991, 279; LG Hamburg WuM 1991, 593.
70 LG Saarbrücken WuM 1989, 578; LG Berlin GE 1990, 547.
71 AG Bad Segeberg WuM 1994, 485.
72 OLG Stuttgart OLGZ 1982, 255 = WuM 1982, 108; LG München II WuM 1986, 259; AG Warendorf WuM 1993, 455.
73 BGH NJW 2009, 1737 = NZM 2009, 393 Tz 11.
74 AG Hamburg WuM 1984, 283; AG Tiergarten GE 1989, 885.
75 S *Emmerich* PiG Bd 43 (1994) 177, 191 = Wohnen 1994, 491; *Blank* WuM 1993, 503, 506.

25a   Die Anrechnung setzt voraus, dass an sich alle **Voraussetzungen** für eine Mieterhöhung **nach § 559** erfüllt sind (Rn 25). Dazu gehört vor allem, dass gerade der **Vermieter** tatsächlich der **Bauherr** ist und er zugleich derjenige ist, der die fraglichen Fördermittel, zB
die öffentlichen **Zuschüsse, erhalten** hat.[76] Keine Anwendung findet die Regelung daher,
wenn es sich bei den öffentlichen Mitteln der Sache nach um für den Mieter bestimmte
Mietzuschüsse handelt, die lediglich aus Gründen der Verfahrensvereinfachung direkt
an den Vermieter ausgezahlt werden; wenn diese Zuschüsse später gekürzt werden, steigt
entsprechend die Miete für den Mieter, und zwar ohne Rücksicht auf § 558.[77] Aus dem
Gesagten folgt ferner, dass im Falle der **Veräußerung** des Grundstücks den **Erwerber**,
der in den Mietvertrag nach § 566 eintritt, **keine** entsprechende **Kürzungspflicht** nach
§ 558 Abs 5 trifft, weil er nicht Bauherr ist und auch keine öffentlichen Zuschüsse erhalten
hat, vorausgesetzt freilich, dass nicht der Veräußerer bereits nach § 559a die Miete erhöht
hatte.[78] Anders indessen auch, wenn der Vermieter die Anrechnungspflicht zusätzlich in
dem Mietvertrag übernommen hatte (§ 566).[79] Wird die Wohnung nach ihrer Modernisierung **erneut vermietet**, so brauchen bei der Berechnung der neuen Miete die §§ 558 Abs 5,
559 und 559a nicht beachtet zu werden, da es um einen **Neuabschluss** geht, der nicht dem
Regime der §§ 558ff untersteht.[80] **Erhöht** der Vermieter (und Bauherr) **später** die Miete,
so ist freilich streitig, ob § 558 Abs 5 wieder angewandt werden soll. Während nach der
einen Meinung in diesem Fall *kein* Raum für ein Wiederaufleben der Anrechnungspflicht
ist,[81] überwiegt heute im Interesse eines weit gespannten Mieterschutzes die gegenteilige
Auffassung.[82] Keine Anwendung findet die Regelung dagegen auf **Instandsetzungszu-
schüsse**, die nur dem Vermieter zugutekommen sollen.[83] Sie brauchen deshalb dann auch
nicht in dem Mieterhöhungsverlangen genannt zu werden (Rn 26a).[84]

26   In den Verordnungen und Richtlinien, die den verschiedenen **Förderprogrammen**
der Länder und Gemeinden zugrunde liegen, ist häufig bestimmt, dass sich die **Vermieter** bei Inanspruchnahme der Fördermittel in unterschiedlichem Umfang **verpflichten
müssen,** auf **Mieterhöhungen** nach der Modernisierung zu **verzichten** sowie bei dem
Neuabschluss von Mietverträgen bestimmte *Obergrenzen* für die Miete einzuhalten. Diese
Absprachen zwischen der Förderstelle und dem Vermieter werden überwiegend als **Verträge zu Gunsten der Mieter** qualifiziert (§ 328), die den **Vorrang vor den §§ 558 Abs 5
und 559a** haben sollen.[85] Dem ist jedoch nur zuzustimmen, **wenn** durch die Absprachen
im Ergebnis die **Rechtsstellung** des Mieters gegenüber der gesetzlichen Regelung **verbessert** wird, *nicht* dagegen, wenn sie verschlechtert wird (§§ 134, 557 Abs 4, 558 Abs 6). Im
Falle der **Veräußerung** des Grundstücks kann sich der Mieter auf die genannten Richtlinien und Verordnungen dem Erwerber gegenüber zudem nur berufen, wenn sie zugleich
Bestandteil des Mietvertrages sind (§ 566 Abs 1).[86]

---

76 KG NJW-RR 1998, 296 = NZM 1998, 107; *Börstinghaus* PiG Bd 55 (1998) 209, 223ff; Bd 70 (2005) 65, 83ff.
77 BGH NZM 2011, 692 Tz 15 = WuM 2011, 516.
78 BGH LM Nr 35 zu § 571 BGB (Bl 5) (m Anm *Emmerich)* = NJW 1998, 445; NJW 2003, 3767 = NZM 2003,
973; LG Berlin WuM 2001, 612; GE 2011, 339; *Börstinghaus* MDR 1998, 933, 934; *ders* PiG Bd 70 (2005) 65, 84f;
wegen Ausnahmen s LG Berlin GE 2003, 591.
79 LG Berlin GE 2011, 339.
80 *Börstinghaus* PiG 70 (2005) 65, 83.
81 LG Berlin GE 1997, 238, 239; wohl auch LG Duisburg ZMR 1998, 94, 95.
82 KG GE 2002, 259; LG Berlin GE 2004, 297; 2004, 289; *C Kunze/Tietzsch* WuM 2003, 423.
83 BGH NZM 2011, 309 = WuM 2011, 110 Tz 16, 19; WuM 2011, 165 Tz 117 f; LG Berlin GE 2002, 862; 2011, 886.
84 LG Berlin GE 2011, 886.
85 LG Berlin GE 1997, 239; 2000, 677; AG Pankow-Weißensee GE 2009, 1629; *Gester* WuM 2005, 498.
86 BGH NJW 2003, 3767 = NZM 2003, 973.

2. Berechnung. Bei der schwierigen Berechnung der Kürzungsbeträge ist grund- **26a** sätzlich davon auszugehen, dass zunächst ermittelt werden muss, in welcher Höhe die verschiedenen Zuschüsse jeweils (absolut gesehen) zu einer **Zinsersparnis** bei dem Vermieter führen. Der jährliche Betrag dieser Zinsersparnis ist sodann von dem nach § 558 ermittelten **jährlichen Erhöhungsbetrag abzuziehen.**[87] Bei den **Aufwendungszuschüssen,** worunter man Zuschüsse der öffentlichen Hand zu den laufenden Kapital- und Bewirtschaftungskosten des Vermieters versteht, wird der ersparte Betrag ebenfalls von dem jährlichen Erhöhungsbetrag nach § 558 abgezogen. Anders zu verfahren ist nur bei **Baukostenzuschüssen,** die nach § 558 Abs 5 in Verb mit § 559a Abs 1 in Höhe von **11 % jährlich** von dem Erhöhungsbetrag **abzuziehen** sind. Ungeregelt ist die Frage der **Dauer** solcher Abzüge. Bei **Zinszuschüssen** beschränkt sie sich auf die Dauer der staatlichen Förderung.[88] Bei **Baukostenzuschüssen** beträgt der Anrechnungszeitraum grundsätzlich **zwölf Jahre;** bei den sonstigen Förderprogrammen ist gleichfalls grundsätzlich von einem Anrechnungszeitraum von zehn bis zwölf Jahren auszugehen, jeweils ausgehend von der mittleren Bezugsfertigkeit des geförderten Objekts.[89]

3. Mieterhöhungsverlangen. Um dem Mieter eine **Nachprüfung** der unter den Vor- **26b** aussetzungen des § 558 Abs 5 gebotenen Kürzung der Mieterhöhung zu ermöglichen, muss **in** der **Begründung** des Mieterhöhungsverlangens nach § 558a Abs 1 auch auf die **Kürzungsbeträge** und die aus ihnen abgeleitete Kürzung des Erhöhungsbetrages eingegangen werden;[90] das soll selbst dann gelten, wenn der Vermieter in dem Mieterhöhungsverlangen auf Fördermittel hingewiesen hat, obwohl er tatsächlich gar keine erhalten hat.[91] Die besondere Begründungspflicht entfällt auch nicht etwa deshalb, weil schon in einem vorausgegangenen Mieterhöhungsverlangen die Anrechnung der Kürzungsbeträge im Einzelnen erläutert worden war.[92] Wenn aber die **Anrechnungsfrist abgelaufen** ist, brauchen die Fördermittel in dem Mietererhöhungsverlangen nicht mehr genannt zu werden (Rn 26a).[93] Eine Mieterhöhung ist anschließend grundsätzlich wieder nur unter Beachtung der §§ 558ff zulässig; abweichende Vereinbarungen sind nicht möglich (§ 558 Abs 6).[94]

VI. Kappungsgrenze

1. Anwendungsbereich. Nach **§ 558 Abs 3** darf sich die Miete bei Mieterhöhungen **27** nach Abs 1 des § 558 innerhalb von drei Jahren, von Erhöhungen nach den §§ 559 bis 560 abgesehen, **nicht** um **mehr als 20 %** erhöhen. In bestimmten Fällen, die im einzelnen in Abs. 4 der Vorschrift aufgezählt sind, findet die Regelung jedoch keine Anwendung (u Rn 31 f). Auf der anderen Seite gibt es seit 2013 auch Fälle, in denen sich die Kappungs-

---

87 BGH NJW 2009, 1737 Tz 13 = NZM 2009, 353.
88 LG Berlin GE 2004, 297, 298 und 298f.
89 BGH NZM 2004, 655 = WuM 2004, 484, 485; NJW-RR 2004, 947 = NZM 2004, 380; NJW 2009, 1737 Tz 12 = NZM 2009, 373; NJW 2012, 3090 Tz 20 ff = NZM 2012, 857 = WuM 2012, 503.
90 BGH NJW-RR 2004, 947 = NZM 2004, 380; NJW-RR 2004, 1159 = NZM 2004, 581; NJW 2009, 1737 Tz 10 = NZM 2009, 373; WuM 2011, 110 Tz 16f= NZM 2011, 309; NJW 2012, 3090 Tz 16 f = NZM 2012, 857; LG Berlin WuM 2012, 382 und 622; AG Köpenick GE 2010, 1750.
91 So jedenfalls BGH NJW-RR 2004, 1159 = NZM 2004, 581.
92 BGH NJW 2009, 1737 = NZM 2009, 373 Tz 14.
93 BGH NZM 2004, 655 = WuM 2004, 484, 485 [r Sp 5. Abs]; NJW 2009, 1737 Tz 12 = NZM 2009, 373; NJW 2012, 3090 Tz 18 f = NZM 2012, 857.
94 LG Berlin GE 2009, 1319; weitergehend AG Pankow-Weißensee GE 2009, 1629.

Volker Emmerich

grenze auf 15 % ermäßigt, wenn dies im Interesse des Mieterschutzes geboten erscheint (§ 558 Abs 3 S 2 und 3 in der Fassung von 2013, dazu u Rn 30a).

28 Die Kappungsgrenze greift auch ein, wenn sich der Vermieter bislang mit einer besonders **niedrigen Miete** begnügt hatte und jetzt erstmals die Miete auf das Niveau der ortsüblichen Vergleichsmiete anheben will. Im Falle des **Wechsels des Vermieters nach** den **§§ 565 oder 566** ist das Mietverhältnis als **Einheit** anzusehen, so dass die Dreijahresfrist des § 558 Abs 3 ohne Rücksicht auf den Vermieterwechsel zu berechnen ist.[95] Anders verhält es sich bei **Abschluss eines neuen Vertrages** mit dem Mieter sowie bei Eintritt eines **neuen Mieters** in den Mietvertrag; in diesen Fällen läuft ab Abschluss des neuen Vertrages oder Eintritt des neuen Mieters eine neue Dreijahresfrist. Für **Mehrleistungen** kann der Vermieter ohne Rücksicht auf § 558 eine zusätzliche Miete vereinbaren.[96] Daher werden auch ein etwaiger **Untermietzuschlag** oder ein Zuschlag für die **teilgewerbliche Nutzung** der Räume auf die Kappungsgrenze nicht angerechnet,[97] während die Kappungsgrenze bei **Beendigung einer** gesetzlichen oder vertraglichen **Preisbindung** für die Wohnung sehr wohl zu beachten ist, sobald der Vermieter infolgedessen zur frei vereinbarten Miete übergeht.[98] Ausgangsmiete ist in diesem Fall **die Kostenmiete**, die drei Jahre vor dem Mieterhöhungsverlangen geschuldet wurde, nicht etwa die letzte Kostenmiete vor Beendigung der Preisbindung.[99] Sind seit Abschluss des Mietvertrages weniger als drei Jahre vergangen, so ist Ausgangsmiete für die Rechnung der Kappungsgrenze im Falle einer Mieterhöhung nach § 558 die vereinbarte ursprüngliche Miete.[100]

29 **2. Berechnung.** Die Kappungsgrenze beträgt nach § 558 Abs 3 seit dem 1. September 2001 im Regelfall **20 % in drei Jahren**, wobei jedoch von Mieterhöhungen nach den §§ 559 und 560 abgesehen wird. Lediglich unter den besonderen Voraussetzungen des § 558 Abs 3 S 2 und 3 ermäßigt sich die Kappungsgrenze auf 15 % (Rn. 30a). In beiden Fällen ist für die Berechnung der Kappungsgrenze zu prüfen, wie hoch die **Miete vor drei Jahren** war (so genannte **Ausgangsmiete**), da der Vermieter diese nur maximal um **20 %** bzw 15 % **erhöhen** darf, selbst wenn die Vergleichsmiete höher liegen sollte. Maßgebender **Zeitpunkt**, von dem ab die Dreijahresfrist zurückzurechnen ist, ist der des Wirksamwerdens des Erhöhungsverlangens nach § 558b Abs 1.[101] **Ausgangsmiete** ist folglich die Miete, die drei Jahre vor diesem Zeitpunkt tatsächlich gezahlt oder besser: geschuldet wurde.[102] Die Ausgangsmiete ist nur dann niedriger als die vor drei Jahren maßgebende Miete, wenn es in der Zwischenzeit ausnahmsweise zu **Mietsenkungen** gekommen ist, wobei freilich Mietminderungen nach § 536 unberücksichtigt bleiben.[103]

30 **20 % (oder in Ausnahmefällen 15 %) der Ausgangsmiete** (o Rn 29) sind der dem Vermieter **in drei Jahren** für § 558 maximal zur Verfügung stehende **Erhöhungsspielraum**. Bei einer Ausgangsmiete von 1000 € beträgt der Erhöhungsspielraum mithin im Regelfall (der im folgenden zunächst allein berücksichtigt werden soll, zu den Ausnahmen

---

95 *Blank/Börstinghaus* § 558 Rn 67.
96 LG Hamburg WuM 1989, 307.
97 LG München I WuM 1999, 575.
98 BVerfGE 71, 230 = NJW 1986, 1669; BGH NJW-RR 2004, 945 = NZM 2004, 545; WuM 2010, 490 = NZM 2010, 736 Tz 13.
99 BGH WuM 2010, 490 = NZM 2010, 736 Tz 13; LG Köln WuM 1996, 276; LG Hamburg WuM 1996, 277; LG Berlin GE 1996, 1371.
100 LG Berlin GE 2002, 1433.
101 OLG Celle NJW-RR 1996, 331 = ZMR 1996, 194 = WuM 1996, 86.
102 LG Hannover WuM 1990, 517; LG Berlin WuM 1998, 231.
103 OLG Hamburg NJW-RR 1996, 908 = WuM 1996, 322; LG Köln WuM 2000, 24.

s Rn 30a) in drei Jahren 200 €. Hat der Vermieter diesen Erhöhungsspielraum schon ganz oder teilweise, zB in Höhe von 150 €, durch zwischenzeitliche andere Mieterhöhungen nach den §§ 557a, 557b und 558 oder durch Vereinbarungen mit dem Mieter ausgeschöpft, so steht ihm jetzt nur noch ein entsprechend verminderter oder gar kein Erhöhungsspielraum mehr zur Verfügung, in dem Beispiel also nur noch in Höhe von 50 €, selbst wenn die ortsübliche Vergleichsmiete wesentlich höher als 1200 € sein sollte. **Ausgenommen** sind jedoch gemäß § 558 Abs 3 **Mieterhöhungen nach den §§ 559 und 560**, soweit sie in dem Dreijahreszeitraum angefallen sind, dagegen nicht frühere Erhöhungen nach den genannten Vorschriften, die in voller Höhe in die Ausgangsmiete eingehen.[104] Gleich stehen **einverständliche Mieterhöhungen**, die solchen nach den §§ 559 bis 560 entsprechen, also etwa die Vereinbarung eines Mietzuschlags wegen einer zwischenzeitlichen Modernisierung.[105] Ebenso zu behandeln sind **Mieterhöhungen** nach Modernisierungen **aufgrund des § 558**, so dass sie gleichfalls nicht auf die Kappungsgrenze anzurechnen sind.[106] Mieterhöhungen wegen gestiegener **Kapitalkosten** nach dem WoBindG stehen jedoch mit Rücksicht auf die Streichung des früheren § 5 MHRG nicht gleich und sind daher in die Berechnung der Kappungsgrenze einzubeziehen.[107] All dies gilt ohne Rücksicht darauf, ob die Parteien eine **Netto-**, eine **Inklusiv- oder** eine **Teilinklusivmiete** vereinbart haben.[108] Die notwendige Folge ist, dass der Erhöhungsspielraum für den Vermieter bei Vereinbarung einer Inklusivmiete größer als bei einer Nettomiete ist.[109] Hatte der Vermieter bei Vereinbarung einer Inklusivmiete die Betriebskosten heraus gerechnet, um die Vergleichsmiete anhand eines Mietspiegels ermitteln zu können (oben Rn 10), so hat diese Rechenoperation keinen Einfluss auf die Berechnung der Kappungsgrenze, der daher weiterhin die Inklusivmiete zugrundezulegen ist (str).

Seit Mai 2013 ermäßigt sich aufgrund der neuen Vorschriften des **§ 558 Abs 3 S 2 und 3**   **30a** die Kappungsgrenze unter zwei Voraussetzungen auf **15 %**. Erste Voraussetzung ist, dass in bestimmten Gebieten die ausreichende Versorgung der Bevölkerung mit Mietwohnungen zu angemessenen Bedingungen in einer Gemeinde oder einem Teil einer Gemeinde gefährdet ist; hinzu kommen muss noch als zweite Voraussetzung, dass das fragliche Gebiet durch Rechtsverordnung einer Landesregierung aufgrund der Ermächtigung in S 3 des § 558 Abs 3 für die Dauer von jeweils höchstens fünf Jahren bestimmt wurde. Die Vorschrift ist erst während der Ausschussberatungen nach dem **Vorbild des § 577a Abs 2** in das Gesetz eingefügt worden, so dass zur Auslegung des § 558 Abs 3 S 2 und 3 auf Literatur und Rechtsprechung zu § 577a Abs. 2 zurückgegriffen werden kann.[110] Wegen der Einzelheiten kann daher unbedenklich auf die Erläuterungen zu der zuletzt genannten Vorschrift verwiesen werden (s § 577a Rn 8 f).

3. Unanwendbarkeit der Kappungsgrenze nach § 558 Abs 4. Nach § 558 Abs 4 S 1   **31** ist die gesetzliche Regelung über die **Kappungsgrenze** (§ 558 Abs 3 und dazu o Rn 27ff) in bestimmten Fällen des Übergangs zur Vergleichsmiete **nach Beendigung der gesetzlichen Preisbindung** aufgrund des WoBindG nicht anwendbar. Voraussetzung ist, dass der Mieter aufgrund des Gesetzes zum Abbau der Fehlsubventionierung im Wohnungswesen

---

104 LG Berlin NZM 1998, 50.
105 BGH NJW 2004, 2088 = NZM 2004, 456 = WuM 2004, 344, 345; LG Berlin WuM 2003, 568, 569; früher str.
106 *Staudinger* Rn 52.
107 BGH NJW-RR 2004, 945 = NZM 2004, 545; WuM 2004, 348; WuM 2010, 490 = NZM 2010, 736.
108 BGH NJW 2004, 1380 = NZM 2004, 218; LG Berlin GE 2006, 391.
109 LG Berlin (vorige Fn); LG Hanau NZM 2003, 267; str.
110 So der Ausschußbericht, BT-Drucks 17/11894, S 33.

Volker Emmerich

(**AFWoG**) **von 1981**[111] zu einer Ausgleichszahlung, einer so genannten **Fehlbelegungs-abgabe** verpflichtet war **und** dass die **Mieterhöhung** nach § 558 Abs 1 den Betrag der **Fehlbelegungsabgabe nicht übersteigt** (§ 558 Abs 4 S 1 Nr 1 und 2). Gleich steht seit 2002 der Fall, dass die Verpflichtung des Mieters zur Leistung einer Ausgleichszahlung nach den **§§ 34 bis 37 WoFG wegen Wegfalls der Mietbindung** erloschen ist (S 3 des § 558 Abs 4). Durch diese Regelung soll verhindert werden, dass der Wegfall der Fehlbelegungs-abgabe infolge des Auslaufens der Preisbindung nach den genannten Gesetzen letztlich aufgrund der Anwendung der Kappungsgrenze sogar zu einer Miet*senkung* führte.[112] Zu diesem Ergebnis könnte es kommen, wenn der Abstand zwischen der maßgeblichen Kos-tenmiete und der Vergleichsmiete mehr als 20 % beträgt, weil dann bei Anwendung der Kappungsgrenze (§ 558 Abs 3) das Niveau der ortsüblichen Vergleichsmiete nicht erreicht werden könnte, so dass sich der Mieter jetzt *besser als zuvor* stände, vorausgesetzt, dass die Ausgleichszahlung höher als die bei Berücksichtigung der Kappungsgrenze mögliche Mieterhöhung war. Deshalb bleibt in diesem Fall die Kappungsgrenze außer Betracht (§ 558 Abs 4 S 1). Die Mieterhöhung ist mit anderen Worten bis zur Grenze der ortsüblichen Vergleichsmiete möglich, *soweit* sie die Ausgleichszahlung nicht übersteigt. **Übersteigt** dagegen der **Erhöhungsbetrag** aufgrund des § 558 Abs 1 die **Fehlbelegungsabgabe**, so findet hinsichtlich der Differenz die **Kappungsgrenze** wieder Anwendung.[113] Als **Ausgangsmiete** ist dann die Kostenmiete *ohne* Fehlbelegungsabgabe der Berechnung der Kappungsgrenze zugrunde zu legen. Die Folge dieser Regelung ist, dass der Vermieter nach Beendigung der gesetzlichen Preisbindung aufgrund des WoBindG oder des WoFG die Miete ohne Rücksicht auf die Kappungsgrenze auf jeden Fall *bis zur Höhe der* bisheri-gen *Fehlbelegungsabgabe* des Mieters erhöhen kann, *vorausgesetzt*, dass die ortsübliche Vergleichsmiete mindestens ebenso hoch ist, und zwar auch mehrfach.[114]

32   Um beurteilen zu können, ob nach Wegfall der Preisbindung die Kappungsgrenze des § 558 Abs 3 Anwendung findet, muss der Vermieter wissen, ob und in welcher Höhe der Mieter eine Fehlbelegungsabgabe gezahlt hat. Deshalb bestimmt **S 2 des § 558 Abs 4**, dass der **Mieter** dem Vermieter auf dessen Verlangen, das frühestens vier Monate vor dem Wegfall der Preisbindung gestellt werden kann, innerhalb eines Monats hierüber **Auskunft erteilen** muss.[115] Formvorschriften bestehen dafür nicht.[116] Ein verfrühtes Aus-kunftsverlangen ist aber unwirksam. Zweifelt der Vermieter an der Richtigkeit und Voll-ständigkeit der vom Mieter erteilten Auskunft, so kann er nur nach **§ 260** vorgehen. Eine **Auskunftsklage** kommt lediglich in Betracht, wenn der Mieter eine Auskunft ganz ver-weigert. Wenn dem Vermieter infolge dieses Verhaltens des Mieters ein **Schaden** entsteht, so kann er vom Mieter dessen **Ersatz** verlangen (§ 280).[117] Nicht angängig ist es, in solchem Fall einfach die höchste mögliche Fehlbelegungsabgabe zu unterstellen, um dem Vermie-ter eine erneute Auskunftsklage zu ersparen.[118] Es bleibt dann vielmehr, weil die Voraus-setzungen des § 558 Abs 4 nicht feststehen, bei der Anwendbarkeit des § 558 Abs 1–3 und damit bei der Maßgeblichkeit der Kappungsgrenze.[119]

---

111 BGBl I 1158.
112 Bericht BT-Drucks 12/5110, S 16f; BGH WuM 2010, 490 Tz 19 = NZM 2010, 736.
113 *Blank/Börstinghaus* § 558 Rn 74.
114 AG Köln WuM 1996, 480; 1996, 624; AG Krefeld NJW-RR 1997, 139.
115 S *Kinne* ZMR 2001, 775, 779.
116 *Kinne* ZMR 2001, 775, 779.
117 *Blank* WuM 1993, 503, 506; *Kinne* ZMR 2001, 775, 779.
118 So aber LG Köln ZMR 1998, 783 = WuM 2000, 255, 256.
119 *Börstinghaus* Handbuch, Kap 5 Rn 182.

4. Mieterhöhungsverlangen

Das Mieterhöhungsverlangen ist nach § 558a zu begründen. Die **Begründung** muss **33** sich grundsätzlich **nicht** auf die **Einhaltung der Kappungsgrenze** erstrecken, zumal der Mieter dies in aller Regel (20 % oder 15 % der Miete vor drei Jahren) mühelos selbst überprüfen kann (str); dasselbe gilt, wenn der Vermieter nach § 558 Abs 4 von der Unanwendbarkeit der Kappungsgrenze ausgeht.[120] Eine **falsche Berechnung** der Kappungsgrenze durch den Vermieter hat nicht die Unwirksamkeit des Erhöhungsverlangens zur Folge, sondern bewirkt lediglich, dass dieses im Ausmaß der Überschreitung der Kappungsgrenze unwirksam ist, im Übrigen aber wirksam bleibt.[121] Deshalb ist es auch ohne Einfluss auf die Wirksamkeit des Erhöhungsverlangens, wenn der Vermieter bei seiner Berechnung von einer falschen Ausgangsmiete ausgeht, über die die Parteien im Zeitpunkt des zweiten Erhöhungsverlangens noch vor Gericht streiten.[122]

Die **Dreijahresfrist** für die Berechnung der Kappungsgrenze (§ 558 Abs 3) ist **keine 34 zusätzliche Warte- oder Sperrfrist**. Der Vermieter darf daher ein **Mieterhöhungsverlangen** bereits **vor Ablauf** der Dreijahresfrist für die Zeit nach deren Ablauf stellen, wodurch dann bereits der Lauf der Zustimmungsfrist ausgelöst wird.[123] Die Folge ist, dass in diesem Fall die Miete sofort nach Ablauf der Dreijahresfrist in vollem Umfang erhöht werden kann.

VII. Abweichende Vereinbarungen

Nach § 558 Abs 6 ist eine von Abs 1 bis 5 des § 558 zum Nachteil des Mieters abwei- **35** chende Vereinbarung unwirksam. § 558 Abs 6 wiederholt die Vorschrift des § 557 Abs 4, um die zentrale Bedeutung des Mieterschutzes im vorliegenden Zusammenhang nochmals zu unterstreichen (s deshalb auch § 557 Rn 28ff). § 558 kann weder durch Individualvereinbarung noch durch Formularvertrag zum *Nachteil* des Mieters abgeändert werden, während Verbesserungen der Rechtsstellung des Mieters auch in Formularverträgen unbedenklich sind. Unzulässig ist insbesondere eine Abrede, nach der der Vermieter die Miete ohne Rücksicht auf § 558 **einseitig erhöhen** können soll,[124] oder eine für den Mieter nachteilige Abrede über die Wohnwertmerkmale (Rn 17a). Daraus folgt auch die Unzulässigkeit der vertraglichen **Vereinbarung der Kostenmiete** an Stelle der Vergleichsmiete des § 558. Die Kostenmiete kann lediglich als *zusätzliche* vertragliche Obergrenze für eine Mieterhöhung nach § 558 vereinbart werden (§ 557 Abs 3).[125] Vergleichbare **Beschränkungen** des Rechts des Vermieters zur Mieterhöhung aufgrund des § 558 sind auch auf andere Weise möglich, zB durch die Bestimmung, dass die Miete immer einen bestimmten Abstand zur ortsüblichen Vergleichsmiete einhalten muss,[126] oder durch Bezugnahme des Mietvertrages auf Förderrichtlinien der öffentlichen Hand, aus denen sich eine entsprechende Beschränkung der Miethöhe ergibt.[127]

---

120 BayObLGZ 1988, 70, 74 = NJW-RR 1988, 721; OLG Celle GE 1996, 119, 121; LG Saarbrücken WuM 1997, 626, 627; LG Berlin GE 2002, 331; 2002, 1433.
121 OLG Celle GE 1996, 119, 121.
122 KG NZM 1998, 107, 108 = NJW-RR 1998, 296.
123 BayObLGZ 1988, 70, 75f = NJW-RR 1988, 721.
124 BGH NJW-RR 2004, 518 = NZM 2004, 136.
125 BGH WuM 2007, 133, 134 Tz 15ff = NJW-RR 2007, 667 = NZM 2007, 283.
126 BGH WuM 2009, 463, 464f Tz 11ff = NZM 2009, 734.
127 AG Lichtenberg WuM 2009, 392f.

Volker Emmerich

§ 558a

Form und Begründung der Mieterhöhung

[1] Das Mieterhöhungsverlangen nach § 558 ist dem Mieter in Textform zu erklären und zu begründen.

[2] Zur Begründung kann insbesondere Bezug genommen werden auf

1. einen Mietspiegel (§§ 558c, 558d),
2. eine Auskunft aus einer Mietdatenbank (§ 558e),
3. ein mit Gründen versehenes Gutachten eines öffentlich bestellten und vereidigten Sachverständigen,
4. entsprechende Entgelte für einzelne vergleichbare Wohnungen; hierbei genügt die Benennung von drei Wohnungen

[3] Enthält ein qualifizierter Mietspiegel (§ 558d Abs 1), bei dem die Vorschrift des § 558d Abs 2 eingehalten ist, Angaben für die Wohnung, so hat der Vermieter in seinem Mieterhöhungsverlangen diese Angaben auch dann mitzuteilen, wenn er die Mieterhöhung auf ein anderes Begründungsmittel nach Absatz 2 stützt.

[4] Bei der Bezugnahme auf einen Mietspiegel, der Spannen enthält, reicht es aus, wenn die verlangte Miete innerhalb der Spanne liegt. Ist in dem Zeitpunkt, in dem der Vermieter seine Erklärung abgibt, kein Mietspiegel vorhanden, bei dem § 558c Abs 3 oder § 558d Abs 2 eingehalten ist, so kann auch ein anderer, insbesondere ein veralteter Mietspiegel oder ein Mietspiegel einer vergleichbaren Gemeinde verwendet werden.

[5] Eine zum Nachteil des Mieters abweichende Vereinbarung ist unwirksam.

I. Überblick

§ 558a regelt **Form und Begründung des Mieterhöhungsverlangens** des Vermie- **1** ters, das der Sache nach nichts anderes als ein (besonders formalisierter) **Antrag iS des § 145** auf Abschluss eines **Änderungsvertrages** nach § 311 Abs 1 ist.[1] Die Besonderheit dieses Antrags besteht lediglich darin, dass durch ihn (nur) unter den Voraussetzungen der §§ 558 und 558a ein eigenartiges **Vorverfahren ausgelöst** wird, um dem Mieter die Möglichkeit zu geben, innerhalb der **Fristen** des § 558b Abs 2 die Berechtigung des Vermieterverlangens zu überprüfen. Stimmt der Mieter darauf hin dem Erhöhungsverlangen des Vermieters zu, so kommt es zu der gewünschten Vertragsänderung, so dass sich die **Zustimmung** des Mieters im Sinne des § 558b Abs 1 bei Lichte besehen als **Annahme des Antrags** des Vermieters auf Vertragsänderung erweist (§§ 145ff, 311 Abs 1, 557 Abs 1).[2] Aus dem Gesagten folgt zugleich, dass allein ein dem § 558a entsprechendes, insbesondere **ordnungsgemäß begründetes Mieterhöhungsverlangen** die beiden Fristen des § 558b Abs 2, d.h. die Zustimmungs- ebenso wie die sich anschließende Klagefrist auszulösen vermag (s § 558b Rn 8, 11 ff). Oder anders gewendet: Entspricht das Mieterhöhungsverlangen nicht dem § 558a, so beginnt weder die Zustimmungs- noch die Klagefrist zu laufen – mit der weiteren Folge, dass eine etwaige **Klage** des Vermieters auf Zustimmung des

---

1 BayObLGZ 1989, 277, 281 = NJW-RR 1989, 1172; BayObLGZ 1992, 314 = NJW-RR 1993, 202; str, anders offenbar (ohne Begründung) BGH NZM 2011, 117 Tz 14 = WuM 2011, 32.
2 OLG Frankfurt NZM 2001, 418, 419 = WuM 2001, 231.

Volker Emmerich

Mieters zu der gewünschten Mieterhöhung **unzulässig** ist, weil der Klage keine Zustimmungsfrist vorausgegangen ist (§ 558b Abs. 2).

2 Wegen der vom Gesetz in § 558b bereits an den bloßen Zugang des Mieterhöhungsverlangens geknüpften Rechtsfolgen ist es gerechtfertigt, **auf das Mieterhöhungsverlangen** die Vorschrift des **§ 174** entsprechend **anzuwenden**, so dass der Mieter das Erhöhungsverlangen binnen einer kurzen Frist von maximal ein bis zwei Wochen zurückweisen kann, wenn ein etwaiger **Bevollmächtigter** des Vermieters dabei nicht eine Vollmachtsurkunde vorlegt.[3] Die Vollmacht muss sich auf Mieterhöhungen nach § 558 beziehen,[4] so dass eine bloße Prozessvollmacht dafür in der Regel ebensowenig ausreicht wie die typische Vollmacht eines Verwalters von Eigentumswohnungen.[5] Keine Anwendung finden diese Grundsätze jedoch auf die **Prozessvollmacht des Beklagten** in einem Mieterhöhungsrechtsstreit, so dass diese in der Regel auch die Befugnis umfasst, ein erneutes Erhöhungsverlangen des Klägers entgegenzunehmen, wobei kein Raum für die Anwendung des § 174 ist.[6]

II. Beteiligte

3 **1. Mehrere Parteien.** Der Antrag auf Vertragsänderung in Form des Erhöhungsverlangens (o Rn 1) muss vom Vermieter gegenüber dem Mieter als seinem Vertragspartner gestellt werden (§ 145). Sind an dem Mietvertrag auf einer oder beiden Seiten **mehrere Personen beteiligt**, so muss das Erhöhungsverlangen von allen Vermietern ausgehen[7] und allen Mietern zugehen,[8] es sei denn, ein Vermieter oder Mieter sei von den anderen, gegebenenfalls formularmäßig, entsprechend bevollmächtigt worden.[9] Selbst in diesem Fall muss jedoch das Erhöhungsverlangen immer noch rechtlich gesehen **von allen Vermietern** ausgehen und **an sämtliche Mieter** gerichtet sein, *wenn auch* durch einen der Vermieter oder Mieter *vertreten*, auf der Seite der Mieter auch deshalb, weil die Mieter die Zustimmung zu der Mieterhöhung als Gesamtschuldner, und zwar als unteilbare Leistung, schulden (§ 431).[10] Die hM folgert daraus, dass die Mieter im Prozess **notwendige Streitgenossen** sind und deshalb gemeinsam verklagt werden müssen. In der Praxis haben sich aus dieser Annahme erhebliche **Unzuträglichkeiten** ergeben. Deshalb ist anzunehmen, dass diejenigen Mieter, die dem Mieterhöhungsverlangen des Vermieters zugestimmt haben, nicht mitverklagt werden müssen; für eine Klage gegen sie fehlt das Rechtsschutzbedürfnis, selbst wenn man mehrere Mieter als notwendige Streitgenossen ansehen wollte (s u § 558b Rn 18).[11] Eine Klage nur gegen einen einzelnen Mieter ist dagegen unzulässig.[12] Dies alles gilt auch, wenn **Eheleute** Mieter sind, so dass das Mieterhöhungsverlangen gleichfalls an **beide** gerichtet werden muss. Wenn jedoch ein Ehegatte mittlerweile endgültig aus der Ehewohnung **ausgezogen** ist, so genügt es, wenn der Vermieter sein Erhöhungsverlangen an den allein in der Wohnung verbliebenen anderen Ehegatten richtet (§ 242).[13]

---

3 OLG Hamm NJW 1982, 2076 = WuM 1982, 204; *Kinne* ZMR 2001, 775, 778.

4 LG München II ZMR 1987, 152.

5 LG München I NZM 2004, 220.

6 BGH NJW 2003, 963 = NZM 2003, 229, 230f.

7 KG WuM 1997, 101, 103 = ZMR 1997, 139, 140; OLG Hamburg ZMR 2010, 109; LG Marburg NZM 2003, 394.

8 BGHZ 136, 314, 323 = NJW 1997, 3437.

9 BGHZ 136, 314, 324f = NJW 1997, 3437.

10 BGHZ 136, 314, 324f = NJW 1997, 3437, BayObLGZ 1983, 30 = WuM 1983, 107.

11 *Börstinghaus* Handbuch Kap 8 Rn 7f.

12 BGH NJW 2004, 1797 = NZM 2004, 419; KG NJW-RR 1986, 439 = ZMR 1986, 117.

13 BGH NJW 2004, 1797 = NZM 2004, 419.

Wenn Vermieter eine **Gesellschaft** oder eine sonstige Personengemeinschaft ist, **4** müssen außerdem die jeweiligen **Vertretungsregelungen** beachtet werden. Für rechtsfähige oder teilrechtsfähige Gesellschaften einschließlich der BGB-Außengesellschaft müssen daher die **vertretungsberechtigten Gesellschafter** tätig werden.[14] Außerdem muss in diesen Fällen in dem Mieterhöhungsverlangen zum Schutze des Mieters offen gelegt werden, wer tatsächlich, und zwar gerade als Vertreter für die Gesellschaft tätig wird (§ 164 Abs 2).[15] Bei anderen Personengemeinschaften wie zB einer **Bruchteilsgemeinschaft** oder einer **Erbengemeinschaft** kommt mangels einer gesetzlichen Vertretungsregelung nur eine Bevollmächtigung eines der Mitglieder oder eines Dritten im Einzelfall in Betracht. Ohne solche Bevollmächtigung müssen dagegen **alle Mitglieder** der Gemeinschaft tätig werden, widrigenfalls das Erhöhungsverlangen unwirksam ist.

2. Abtretung, Ermächtigung. Eine **Abtretung** des Vermieteranspruchs auf Zustim- **5** mung des Mieters zur Vertragsänderung durch Mieterhöhung ist **nicht möglich**, weil es sich dabei um ein unselbständiges Nebenrecht aus dem Vertrag handelt (§ 399).[16] Der Zessionar des Mietanspruchs kann daher das Erhöhungsverlangen nur bei entsprechender **Bevollmächtigung** im Namen des Vermieters stellen; eine Klage im Wege der Prozessstandschaft scheitert an der mangelnden Übertragbarkeit des Rechts.[17] Im Falle der **Veräußerung** des vermieteten Grundstücks kann der Erwerber ein Erhöhungsverlangen im eigenen Namen gleichfalls erst **nach** seiner **Eintragung** im Grundbuch stellen, weil er erst in diesem Augenblick in das Mietverhältnis eintritt.[18] Hat der Veräußerer das Erhöhungsverlangen noch vor dem Eigentumsübergang gestellt, so wirkt es freilich auch für den Erwerber (§ 566 Abs 1).[19] Dagegen bleibt der Veräußerer aktivlegitimiert, wenn es erst während des Rechtsstreits zum Eigentumsübergang kommt.[20]

Auch die **Ermächtigung** eines Dritten zur Geltendmachung des Mieterhöhungsver- **6** langens im eigenen Namen scheidet grundsätzlich aus.[21] Die gegenteilige Auffassung,[22] die sich zumindest für den Fall der Abtretung der Mietforderungen und der Offenlegung der Ermächtigung des Erwerbers in dem Mieterhöhungsverlangen auf die Rechtsprechung des BGH zur Kündigung stützt,[23] vermag nicht zu überzeugen, zumal dann wohl auch eine **Prozessstandschaft** zugelassen werden müsste.[24]

III. Form

Das Mieterhöhungsverlangen ist wie jeder Vertragsantrag eine **einseitige empfangs-** **7** **bedürftige Willenserklärung**, die erst mit Zugang beim Mieter wirksam wird (§ 130). Für das Mieterhöhungsverlangen war früher Schriftform vorgeschrieben, die jedoch durch

---

14 LG Berlin NJW-RR 2002, 1378 = NZM 2002, 780; AG Königstein NJW 2001, 1357; AG Hamburg ZMR 2010, 108.
15 LG Berlin GE 2003, 1156, 1157; LG Hamburg NZM 2005, 255 = ZMR 2004, 680.
16 KG GE 1990, 1257; WuM 1997, 101 = ZMR 1997, 139.
17 BGH LM Nr 4 zu § 1092 BGB = NJW 1964, 2296; KG (vorige Fn); LG Berlin NZM 2002, 780 = NJW-RR 2002, 1378, str, s Rn 6.
18 OLG Celle WuM 1984, 193, 194; LG München I WuM 1989, 282.
19 LG Kassel WuM 1996, 417ff.
20 LG Köln NZM 2002, 288; *Börstinghaus* PiG Bd 70 (2005) 65, 83.
21 AG Charlottenburg GE 2000, 412; *Staudinger* Rn 10 m Nachw.
22 LG Berlin GE 1999, 777; 2004, 483; 2007, 1489; *Kinne* ZMR 2001, 775, 780.
23 BGH LM Nr 43 zu § 185 BGB = NJW 1998, 896.
24 So in der Tat wohl BGH NJW 2008, 1218 Tz 13; dagegen schon o Rn 5.

Volker Emmerich

das Mietrechtsreformgesetz von 2001 zu Gunsten der **Textform des § 126b** abgeschafft wurde.[25] Das Formerfordernis gilt nur für das eigentliche Erhöhungsverlangen, nicht jedoch für die dem Erhöhungsverlangen lediglich als Anlagen beigefügten **Begründungsmittel** wie Mietspiegel oder Sachverständigengutachten.[26] Die gesetzliche Regelung ist nur schwer mit § 550 in Einklang zu bringen, der für **langfristige Mietverträge** an dem Schriftformerfordernis, und zwar auch für Vertragsänderungen, festhält, so dass bei langfristigen Verträgen für eine Mieterhöhung nach § 558 das **Schriftformerfordernis** weiterhin beachtet werden muss, jedenfalls bei einer Mieterhöhung von mehr als 10 %, widrigenfalls der Vertrag vorzeitig kündbar ist (§ 550 Rn 20). Entsprechendes gilt, wenn der Vertrag eine **Schriftformklausel** enthält, und diese (ausnahmsweise) konstitutive Bedeutung hat (§ 550 Rn 32 ff). Die abweichende Rechtsprechung[27] ist, weil unvereinbar mit der Rechtsnatur der Mieterhöhung als bloßer Vertragsänderung (Rn 1), nicht zu folgen. Im Ergebnis bestehen zwischen den beiden Meinungen freilich nur geringe Unterschiede, da die Parteien eine vertragliche Schriftformklausel jederzeit, auch konkludent, wieder aufheben können, zB durch eine formlose Einigung auf eine Mieterhöhung (s im einzelnen § 550 Rn 31f).

IV. Inhalt

8   **1.** Das Erhöhungsverlangen muss – als Antrag auf Vertragsänderung (§§ 145ff, 311; o Rn 1) – die gewünschte Vertragsänderung, dh vor allem die **Höhe** der neuen Miete oder den **Erhöhungsbetrag,** genau bezeichnen, dass Verlangen **begründen** (§ 558a Abs 1, Rn 10) **und** die **Aufforderung** an den Mieter enthalten, der Vertragsänderung zuzustimmen.[28] Das Mieterhöhungsverlangen ist an sich **bedingungsfeindlich,**[29] Unbedenklich sind aber **Potestativ- und Rechtsbedingungen.** So kann der Vermieter durchaus ein Mieterhöhungsverlangen an den Mieter für den Fall richten, daß sich eine von ihm zuvor ausgesprochene Kündigung oder eine vorausgegangene andere Mieterhöhung im Rechtsstreit als unwirksam erweisen sollte.[30] Verlangt der Vermieter zugleich eine **Änderung des Mietvertrages** in *anderen* Punkten, so muss das Mieterhöhungsverlangen aufgrund des § 558 ferner deutlich von den anderen Änderungswünschen, zB durch Übergang von der Inklusivmiete zur Nettomiete, getrennt werden, weil insoweit *kein* Anspruch des Vermieters auf Zustimmung des Mieters besteht.[31]

9   **2.** Der **Erhöhungszeitpunkt** ergibt sich aus dem Gesetz (§ 558b Abs 1) und braucht deshalb in dem Erhöhungsverlangen **nicht** genannt zu werden.[32] Deshalb ist es auch unschädlich, wenn der Vermieter einen **zu frühen** Erhöhungszeitpunkt nennt; es gilt dann einfach der gesetzliche Erhöhungszeitpunkt (§ 558b Abs 1).[33] Nennt er dagegen einen **späteren** Zeitpunkt, so ist er daran gebunden.[34] Abweichend von den §§ 145, 147 und 148 ist der Vermieter im Übrigen **nicht** an das Mieterhöhungsverlangen **gebunden,**

---

25 *Kinne* ZMR 2001, 775, 780.
26 KG WuM 1984, 101 = ZMR 1984, 168.
27 BGH NZM 2011, 117 Tz 14 = WuM 2011, 32; dagegen zutreffend *Bloching/Ortolf* NZM 2012, 334, 336 f.
28 BGHZ 26, 310, 314 = NJW 1958, 586; BGH LM Nr 32 zu § 125 BGB = MDR 1971, 479; KG NZM 1998, 107 = WuM 1997, 605.
29 S *Riecke* ZMR 2005, 369; 2008, 543.
30 LG Berlin GE 2010, 271; *Riecke* ZMR 2005, 369; anders LG Hamburg ZMR 2005, 367.
31 BGH NJW 2008, 848 Tz 13; WuM 2010, 502 Tz 14; NZM 2010, 734 Tz 12 ff.
32 OLG Koblenz NJW 1983, 1861; BayObLG WuM 1984, 240, 241 = ZMR 1984, 356.
33 OLG Hamm NJW 1983, 1861; LG Berlin GE 1990, 545, 547.
34 *Lammel* § 558a Rn 18.

sondern kann dieses jederzeit zurücknehmen oder ermäßigen (§ 242). Unbedenklich ist ferner regelmäßig die **Umdeutung** eines nichtigen, weil in einzelnen Beziehungen gegen die §§ 558 f verstoßenden Erhöhungsverlangens **in** einen materiellrechtlichen **Antrag** auf Abschluss eines Änderungsvertrages, dem der Mieter jederzeit ohne Rücksicht auf die §§ 558 ff zustimmen kann (§§ 311 Abs 1, 557 Abs 1), insbesondere, indem er einfach die vom Vermieter gewünschte höhere Miete wiederholt zahlt (s u § 558b Rn 2f).

V. Begründung

Das Mieterhöhungsverlangen muss nach § 558a Abs 1 schriftlich oder in Textform **10** begründet werden. Damit wird der **Zweck** verfolgt, dem Mieter **erste Hinweise auf die sachliche Berechtigung** des Erhöhungsverlangens des Vermieters zu geben, damit ihm während der anschließenden Zustimmungsfrist des § 558b Abs 2 S 1 eine **Nachprüfung** möglich ist und er sich ein eigenes Bild von der Sachlage machen kann, um sich darüber schlüssig zu werden, ob er dem Verlangen des Vermieters als sachlich fundiert nachkommen soll oder nicht.[35] Dafür genügt es, wenn dem Mieter die **Tatsachen mitgeteilt** werden, die er benötigt, um die Berechtigung oder besser: **Plausibilität** des Vermieterverlangens **beurteilen** zu können. Fehlt es hieran, so liegt kein ordnungsmäßiges Mieterhöhungsverlangen im Sinne des § 558a vor – mit der wichtigen Folge, dass durch das (mangelhafte) Mieterhöhungsverlangen die beiden Fristen des § 558b Abs 2, dh die Zustimmungs- und die Klagefrist nicht ausgelöst werden, so dass eine etwaige nachfolgende Klage des Vermieters auf Zustimmung des Mieters zu der gewünschten Mieterhöhung als unzulässig abgewiesen werden muss (s Rn 1). So verhält es sich zB, wenn der Vermieter ganz auf eine Begründung verzichtet hat, wenn er lediglich eine solche „Begründung" gibt, die schon auf den ersten Blick kein Mieterhöhungsverlangen nach § 558 zu rechtfertigen vermag, weil sie von falschen Voraussetzungen ausgeht, oder wenn die Begründung unverständlich, unvollständig und widersprüchlich ist.[36] Möglich bleibt aber auch dann immer noch die **Umdeutung** in einen normalen Antrag auf Abschluss eines Änderungsvertrages (§§ 145, 311 Abs 1, 557 Abs 1).

Keine Rolle spielen dagegen im vorliegenden Zusammenhang bloße **inhaltliche 11 Fehler** der Begründung. **Beispiele** sind die Bezugnahme auf einen überholten oder veralteten Mietspiegel (sd § 558a Abs 4 S 2),[37] die unzutreffende Einordnung der fraglichen Wohnung in den Mietspiegel,[38] die Überschreitung der Mietspanne des Mietspiegels, die fehlerhafte Aufgliederung einer Teilinklusivmiete zu dem Zweck, die vereinbarte Miete mit den in einem Mietspiegel ausgewiesenen Nettomieten vergleichbar zu machen,[39] sowie sonstige Verstöße gegen § 2 HeizkostenVO.[40] Derartige inhaltliche Fehler der Begründung führen **nicht** zur **Unwirksamkeit** des Erhöhungsverlangens.[41] **Beispiele** sind Übertrie-

---

35 BVerfGE 49, 244, 249f = NJW 1979, 31; BGHZ 84, 392, 395f = NJW 1982, 2867; BGHZ 89, 284, 291ff = NJW 1984, 1032; BGH WuM 2006, 39 = NZM 2006, 101; NJW 2008, 573 Tz 12 = NJM 2008, 164; WuM 2010, 502 Tz 9; NZM 2010, 576 Tz 10; NZM 2010, 734 Tz 9.

36 BGH NJW-RR 2004, 947 = NZM 2004, 380; NJW 2008, 573 Tz 12 = NZM 2008, 164; OLG Hamburg NJW-RR 2000, 1321; LG München I NZM 2012, 802, 805.

37 Rn 12, 15, 19 f; BGH NZM 2011, 743 Tz 7 = WuM 2011, 517.

38 BGH NJW 2008, 573 Tz 15 f = NJM 2008, 164; NZM 2011, 743 Tz 7 = WuM 2011, 517.

39 BGH NJW 2008, 848 Tz 10, 18 = NZM 2008, 124 = WuM 2007, 707.

40 BGH NZM 2006, 652 = WuM 2006, 518, 519f Tz 15f.

41 BGH NJW 2004, 1379 = NZM 2004, 219; NJW-RR 2004, 947 = NZM 2004, 380; NZM 2006, 652 = WuM 2006, 518, 519f Tz 15ff; NJW 2008, 848 Tz 9, 18.

bene Anforderungen sind hier fehl am Platze.[42] Die Begründung des Erhöhungsverlangens darf insbesondere **nicht** mit dem **Beweis** der ortsüblichen Vergleichsmiete im Rechtsstreit verwechselt werden; beides sind vielmehr grundverschiedene Dinge.[43]

VI. Mietspiegel

12   **1. Voraussetzungen.** In dem Mieterhöhungsverlangen kann zur Begründung nach § 558a Abs 2 Nr 1 insbesondere auf einen Mietspiegel Bezug genommen werden. **Mietspiegel** sind Übersichten über die ortsübliche Vergleichsmiete, die von einer Gemeinde oder von Interessenvertretern der Vermieter und Mieter gemeinsam erstellt oder anerkannt worden sind (§ 558c Abs 1; s im Einzelnen u § 558c Rn 2ff). Das Gesetz kennt, wie aus den §§ 558a Abs 3 und 558d folgt, **zwei** verschiedene **Formen von Mietspiegeln,** für die sich die Bezeichnungen **einfacher und qualifizierter** Mietspiegel eingebürgert haben. Der Unterschied zwischen beiden liegt vor allem in der allein mit **qualifizierten Mietspiegeln** nach § 558d Abs 3 verbundenen **Vermutungswirkung** (s u Rn 35ff und u § 558d Rn 8ff). Für die Zwecke der Begründung nach § 558a Abs 2 Nr 1 stehen dagegen beide Formen von Mietspiegeln gleich, sofern sie nur die grundlegenden **Anforderungen des § 558c** erfüllen. Daran fehlt es lediglich, wenn der „Mietspiegel" so schwere **Mängel** aufweist, dass er überhaupt nicht mehr als Mietspiegel im Sinne des § 558c angesprochen werden kann. Die wichtigsten Fälle sind „Mietspiegel", die von einem falschen, dh dem § 558 Abs 2 widersprechenden Vergleichsmietenbegriff ausgehen, zB durch Berücksichtigung preisgebundenen Wohnraums (entgegen § 558 Abs 2 S 2), sowie solche Mietspiegel, die nicht von den in § 558c Abs 1 genannten Gebietskörperschaften und Verbänden, sondern zB von Maklern, Maklerverbänden oder Landkreisen oder nur von einem Verband der Mieter oder der Vermieter allein aufgestellt wurden.[44] Stammt der Mietspiegel dagegen von den im Gesetz genannten Gebietskörperschaften und Verbänden, so beeinträchtigen **Mängel bei seiner Ausstellung oder seine zeitliche Überholung** seine Eignung als Begründungsmittel grundsätzlich nicht (§ 558a Abs 4 S 2).[45]

13   **b)** Die **Eignung** eines Mietspiegels als Begründungsmittel im Sinne des § 558a Abs 2 Nr 1 setzt ferner voraus, dass er überhaupt **verwertbare Aussagen für die fragliche Wohnung** enthält. Ein Mietspiegel ist folglich als Begründungsmittel ungeeignet, wenn das betreffende **Rasterfeld leer** ist oder tatsächlich nur mit einer so geringen Zahl von Vergleichswohnungen belegt ist, dass die Aussage des Mietspiegels insoweit nicht mehr repräsentativ ist. Die **Schließung solcher Lücken** in Mietspiegeln im Wege der Interpolation verbietet sich von selbst.[46] Legt sich der Mietspiegel selbst nur einen **beschränkten** räumlichen oder sachlichen **Geltungsbereich** bei, so kann er aus denselben Erwägungen heraus nicht für andere Gemeindeteile oder für anderen Wohnraum herangezogen werden, z.B. durch Ausklammerung von Einfamilien- und Zweifamilienhäusern oder von Doppelhäusern oder durch die generelle Ausklammerung von Großwohnungen über

---

42 BGH NJW 2008, 573 Tz 12 = NZM 2008, 164.
43 BVerfGE 100, 262 = NJW 1996, 2046; BVerfG NJW 1999, 735, 737; LG Dortmund NZM 2006, 134.
44 AG Aachen WuM 1991, 277; AG Wipperfürth WuM 1992, 138.
45 S Rn 11 sowie zB noch LG Bonn WuM 1980, 31; LG Bochum WuM 1982, 18.
46 LG Berlin GE 2005, 675f; 2008, 1492; LG Köln WuM 1994, 333 für besonders große Wohnungen; str.

150 m².[47] Schließlich bleibt zu beachten, dass Mietspiegel ihrer ganzen Anlage nach, wenn überhaupt, **allein** Aussagen über die Vergleichsmieten für solche **Wohnungen** enthalten können, die sich **in größerer Zahl am Markt** befinden. Dazu können zwar auch so genannte Adressenlagen gehören,[48] **nicht** jedoch ganz **einmalige Wohnungen** wie Schlosswohnungen, Luxuswohnungen oder Wohnungen in einmaliger „unbezahlbarer" Lage,[49] sowie, weil in Mietspiegeln gewöhnlich nicht berücksichtigt, Wohnungen, die auf **besonderen Märkten** angeboten und nachgefragt werden wie etwa **möblierte Wohnungen** oder untervermietete Wohnungen. Wie in derartigen Fällen zu verfahren ist, ist umstritten. Vielfach wird einfach unterstellt, dass die Mieten für derartige Wohnungen stets *höher* als die in Mietspiegeln ausgewiesenen (durchschnittlichen) Vergleichsmieten seien,[50] so dass auch ein Mieterhöhungsverlangen etwa für freistehende Einfamilienhäuser durchaus mit einem Mietspiegel begründet werden kann, wenn der Vermieter mit seinem Erhöhungsverlangen nicht über die Mietspiegelwerte hinausgeht.

2. Bezugnahme, Einordnung, Spannen. Das Gesetz verlangt in § 558a Abs 2 Nr 1 **14** in dem Mieterhöhungsverlangen lediglich eine **„Bezugnahme"** auf den Mietspiegel. Was darunter zu verstehen ist, ist im Einzelnen umstritten.[51] Man muss unterscheiden: Es geht einmal um die **Zugänglichkeit oder Verfügbarkeit des Mietspiegels** in seiner Gesamtheit für den Mieter, zum anderen um die Frage der Kennzeichnung der Wohnung des Mieters in dem (dem Mieter zugänglichen) Mietspiegel. Hinsichtlich der allgemeinen Zugänglichkeit oder Verfügbarkeit des Mietspiegels für den Mieter verfolgt die Rechtsprechung grundsätzlich eine großzügige Linie. Danach genügt grundsätzlich bereits der **bloße Verweis** auf den im Augenblick des Zugangs des Mieterhöhungsverlangens in Kraft befindlichen Mietspiegel, sofern nur der Mietspiegel allgemein zugänglich ist.[52] Als **allgemein zugänglich** gilt der Mietspiegel bereits, wenn er im **Amtsblatt** der betreffenden Gemeinde veröffentlicht ist; gleich steht wohl die vollständige Veröffentlichung des Mietspiegels im **Internet**.[53] Als ausreichend wird es ferner angesehen, wenn der Vermieter dem Mieter die **Einsichtnahme** in den Mietspiegel in seinem „Kunden-Center" anbietet oder wenn der Mietspiegel bei den aufstellenden Interessenverbänden gegen eine geringe „Schutzgebühr" von 3 bis 5 € bezogen werden kann.[54] Nur wenn es hieran ausnahmsweise fehlt, muss der Mietspiegel dem Mieterhöhungsverlangen **beigefügt** werden.[55] Die Berechtigung dieser Praxis ist umstritten und in der Tat zweifelhaft, soweit bereits das bloße Angebot zur Einsichtnahme in den Mietspiegel in den Räumen des Vermieters als ausreichend angesehen wird oder die Forderung einer „Schutzgebühr" nicht beanstandet wird.[56]

---

47 S zB LG Berlin ZMR 2013, 143; LG Heidelberg ZMR 2012, 355, 356; LG Frankfurt/M NZM 2012, 342 = ZMR 2011, 953.
48 LG Hamburg WuM 1990, 441.
49 AG Straubing WuM 1985, 326; AG Hamburg-Blankenese ZMR 1998, 568.
50 So zB für Einfamilienhäuser BGH NJW-RR 2009, 86 = NZM 2009, 27 Tz 12; LG Berlin GE 2010, 985; ZMR 2011, 463.
51 S *Dietrich* NJW 2012, 567; *Kern* NZM 2008, 712; *Reschke* WuM 2008, 228.
52 ZB BGH WuM 2010, 693 Tz 2.
53 KG NZM 2010, 703.
54 So BGH NJW 2008, 573 = NZM 2008, 164 Tz 12, 15f; WuM 2009, 239, 240 Tz 8 = ZMR 2009, 521; NJW 2009, 667 = NZM 2009, 395; NJW-RR 2009, 1021 = NZM 2009, 429; NJW 2010, 275 = NZM 2010, 40 Tz 10f; NZM 2011, 120 Nr 5.
55 OLG Braunschweig WuM 1982, 272; LG Berlin WuM 1990, 519; GE 1991, 521; AG Köln NJW-RR 2005, 310 = NZM 2005, 146; ein Beispiel in AG Wetter/Ruhr NJWE-MietR 1997, 246, 247.
56 *Staudinger* Rn 26.

Volker Emmerich

15 Von der Frage der Zugänglichkeit oder Verfügbarkeit des Mietspiegels für den Mieter (Rn 14) ist die Frage zu trennen, wieweit der Vermieter die **Wohnung** des Mieters in dem Mieterhöhungsverlangen **beschreiben** muss, damit der Mieter in die Lage versetzt wird, sie selbst richtig in den Mietspiegel einzuordnen.[57] Auszugehen ist von dem Zweck des Begründungserfordernisses, dem Mieter eine erste Überprüfung des Mieterhöhungsverlangens des Vermieters auf seine Plausibilität zu ermöglichen (Rn 10). Deshalb genügt die **Kennzeichnung des** nach Meinung des Vermieters einschlägigen **Feldes** des Mietspiegels, wenn dieses selbst bereits alle relevanten Informationen enthält, die dem Mieter eine erste Überprüfung des Mieterhöhungsverlangens ermöglichen.[58] Anders dagegen, wenn der Mietspiegel nur eine grobe Einteilung der Wohnungen anhand unbestimmter Merkmale enthält. Dann setzt bereits die Ordnungsmäßigkeit der Begründung eine weitere Konkretisierung der maßgebenden Kriterien in dem Mieterhöhungsverlangen des Vermieters voraus, widrigenfalls das Mieterhöhungsverlangen nicht den Anforderungen des § 558a genügt, so dass die Fristen des § 558b Abs 2 nicht ausgelöst werden.[59] Der Vermieter muss dann mit anderen Worten in dem Erhöhungsverlagen seine **Wohnung** an Hand der Unterscheidungsmerkmale des Mietspiegels so **genau beschreiben**, dass der Mieter die betreffende Gruppe und Untergruppe des Mietspiegels auf Anhieb finden und daraus ablesen kann, ob das Verlangen des Vermieters berechtigt erscheint oder nicht. Darauf kann nur verzichtet werden, wenn dem Mieter die maßgeblichen **Merkmale** ohnehin genau **bekannt** sind.[60] **Ordnet** der Vermieter die fragliche Wohnung selbst **falsch** in das Rasterfeld des Mietspiegels **ein**, so ist dies jedenfalls so lange **unschädlich**, wie der Mieter den Fehler unschwer zu erkennen vermag[61] oder wenn sich der Vermieter in einem entschuldbaren Irrtum befindet.[62] Anders dagegen, wenn der Vermieter vorsätzlich handelt oder wenn der Fehler für den Mieter nicht ohne weiteres erkennbar ist.[63] Zusätzlich zu beachten ist im jeden Fall **§ 558a Abs 3**.

16 Weist der Mietspiegel wie in der Regel **Mietspannen** aus, so setzt die Wirksamkeit des Erhöhungsverlangens keine weitere Begründung für die Einordnung der geforderten Miete in die jeweiligen Spanne voraus **(§ 558a Abs 4 S 1)**. Der Vermieter kann in diesem Fall in seinem Mieterhöhungsverlangen ohne weiteres **bis zur Obergrenze der Mietspanne** gehen,[64] und zwar selbst dann, wenn der Mietspiegel „**Orientierungshilfen**" für die Einordnung der konkreten Miete innerhalb der jeweiligen Mietspanne enthält. Das gilt freilich nur für die Frage der formellen Wirksamkeit der Begründung des Erhöhungsverlangens, nicht für die Frage dessen materieller Berechtigung, da der BGH insoweit jetzt einen **Einzelmietvergleich** innerhalb der Spanne anhand der Orientierungshilfen verlangt, die sich zwar auch innerhalb einer gewissen Bandbreite bewegen kann, wobei aber zu beachten bleibt, dass diese Bandbreite grundsätzlich nicht mit der in der Regel wesentlich größeren Mietspanne zusammenfällt (§ 558 Rn 12). Eine **Überschreitung der Mietspanne**

---

57 Ausführlich *Dietrich* NJW 2012, 567.

58 So für den Berliner Mietspiegel BGH NJW 2008, 573 Tz 15 f = NZM 2008, 164; ebenso BGH NJW 2009, 667 = NZM 2009, 395 = WuM 2009, 293; WuM 2009, 239, 240 Tz 8 = ZMR 2009, 521.

59 Rn 10 f; *Dietrich* NJW 2012, 567, 570 f.

60 Vgl BGH NJW 2004, 1379; 2008, 573 Tz 15; LG München I WuM 1993, 67; LG Berlin GE 1992, 383; 1995, 812; LG Köln WuM 1994, 691f.

61 S Rn 11 sowie noch LG Berlin ZMR 1998, 347; GE 1990, 1257, 1259; 2005, 305; 2005, 307; 2007, 1635; 2009, 843.

62 AG/LG Hamburg WuM 1996, 419f.

63 LG Berlin ZMR 1998, 347; GE 2005, 305.

64 LG Berlin 1990, 255; LG München I NZM 2003, 974; ebenso sogar für Sachverständigengutachten BGH NJW 2010, 149 Tz 15; anders AG München WuM 2010, 507.

begründet gleichfalls nicht die Unwirksamkeit des Erhöhungsverlangens, sondern führt lediglich zum Fehlen einer Begründung, *soweit* das Erhöhungsverlangen über die Mietspanne hinausgeht.[65]

3. Zu- und Abschläge. In bestimmten Fällen kann die Vergleichbarkeit der fraglichen **17** Wohnung mit den im Mietspiegel berücksichtigten Wohnungen aufgrund besonderer Merkmale der Wohnung nur durch frei zu schätzende Zu- oder Abschläge auf die Mietspiegelwerte hergestellt werden. So verhält es sich insbesondere, wenn die Parteien für die Gestattung der **Untervermietung** oder der **teilgewerblichen Nutzung** einen **Zuschlag** vereinbart haben (s § 553 Abs 2). Derartige Zuschläge stehen *außerhalb* des Vergleichsmietensystems (§ 557 Abs 1).[66] Will der Vermieter die Miete nach den §§ 558ff erhöhen, so bleibt daher in diesen Fällen nichts anderes übrig, als die genannten Zuschläge rechnerisch aus der Miete auszuscheiden, die verbleibende Grundmiete mit den Mietspiegelwerten zu vergleichen und die Zuschläge anschließend dem Erhöhungsbetrag wieder hinzuzurechnen.[67] Lehnt der Vermieter solche Vorgehensweise ab oder will er gerade die Zuschläge erhöhen, so ist kein Raum für die Anwendung der §§ 558ff. Es bleibt dann allein der Weg der einverständlichen Mieterhöhung durch Vertragsänderung auf der Basis der §§ 311 Abs 1 und 557 Abs 1.

Besonderheiten gelten nach hM ferner bei einer nachweislichen **Steigerung des 18 Mietniveaus** zwischen dem Zeitpunkt, der der Aufstellung des Mietspiegels zugrunde liegt, und dem Zeitpunkt des Mieterhöhungsverlangens. In diesem Fall soll zwar **im Mieterhöhungsverlangen** *kein Raum* für Zuschläge wegen der Steigerung des Mietpreisniveaus sein, weil dem Gesetz solche Begründung des Erhöhungsverlangens fremd sei (§ 558a Abs 2);[68] indessen soll im anschließenden **Rechtsstreit** das *Gericht* nichts hindern, die geforderte Miete gemäß § 287 ZPO unter Hinweis auf den Mietspiegel iVm Zuschlägen wegen der zwischenzeitlichen Steigerung des Mietpreisniveaus (sogenannte **Stichtagsdifferenz**) gerade für die betreffenden Vergleichswohnungen zuzusprechen, sofern beantragt.[69] Unterstellt wird dabei, dass der Vermieter zuvor sein Mieterhöhungsverlangen auf andere Weise, also nicht durch Bezugnahme auf einen Mietspiegel (zuzüglich Zuschlägen) **wirksam begründet** hatte, in erster Linie wohl durch Beifügung eines Sachverständigengutachtens (§ 558a Abs 2 Nr 3).

4. Aktualität, Nachbargemeinden. Mietspiegel müssen möglichst **aktuell** sein, **19** weshalb sie nach den §§ 558c Abs 3 und 558d Abs 2 grundsätzlich **im Abstand von zwei Jahren** der Marktentwicklung **angepasst** werden sollen. Gleichwohl werden nicht immer Mietspiegel zur Verfügung stehen, die die nötige Aktualität aufweisen. Für solche Fälle bestimmt **§ 558a Abs 4 S 2,** dass der Vermieter, *wenn* in dem Zeitpunkt, in dem er seine Erklärung abgibt, kein aktueller Mietspiegel vorhanden ist (§ 558c Abs 3 oder § 558d Abs 2), als Begründungsmittel auch einen anderen, insbesondere einen **veralteten Mietspiegel** verwenden kann. Liegt jedoch ein aktueller Mietspiegel vor, so darf nur dieser verwandt werden, selbst wenn er für den Vermieter ungünstiger als ein älterer Mietspiegel

---

65 Rn 11; BGH NJW 2004, 1379 = NZM 2004, 219.
66 BayObLGZ 1986, 78 = NJW-RR 1986, 892; LG Berlin ZMR 1998, 165, 166.
67 S *Staudinger* Rn 30.
68 OLG Stuttgart OLGZ 1982, 255 = WuM 1982, 108; OLG Hamburg NJW 1983, 1803; 1983, 1805.
69 S o § 558 Rn 16; OLG Stuttgart WuM 1994, 58 = NJW-RR 1994, 334; OLG Hamm WuM 1996, 610 = NJW-RR 1997, 142; LG Berlin GE 2002, 192; *Bub* in: Der Mietzins als Gegenleistung, PiG Bd 40 (1993) 41, 56f.

ist.[70] Wechselt der Mietspiegel nach Zugang des Mieterhöhungsverlangens beim Mieter, so müssen die Parteien folglich ihren Vortrag dem neuen Mietspiegel anpassen, sofern jetzt nur dieser neue Mietspiegel die ortsübliche Vergleichsmiete bei Zugang des Mieterhöhungsverlangens beim Mieter wiedergibt.[71] Im Übrigen bleiben im Rechtsstreit spätere Mietspiegel unberücksichtigt.[72]

19a   (Nur) bei Fehlen eines aktuellen Mietspiegels ist außerdem (ausnahmsweise) die Verwendung des **Mietspiegels einer vergleichbaren Gemeinde** erlaubt (§ 558a Abs 4 S 2). Dasselbe gilt (erst Recht), wenn es in der betreffenden Gemeinde überhaupt keinen Mietspiegel gibt.[73] Über den Wortlaut des Gesetzes hinaus ist jedoch erforderlich, dass es sich um **Nachbargemeinden** handelt, weil weiter entfernte Gemeinden wohl immer zu einem *anderen* Markt gehören werden, so dass Mietspiegel für solche entfernten Gemeinden ohne Aussagekraft sind.[74] In der Frage der Vergleichbarkeit der Gemeinden verfährt die Rechtsprechung in der Regel **großzügig**. Es genügt eine Vergleichbarkeit der Gemeinden in groben Zügen; auch daran fehlt es indessen, wenn zB eine große Universitätsstadt mit einer kleinen Landgemeinde verglichen werden soll, wobei immer auf die Gemeinden insgesamt, nicht nur auf einzelne Ortsteile abgestellt werden darf.[75] In dem Mieterhöhungsverlangen braucht sich der Vermieter nicht zur Vergleichbarkeit der betreffenden Gemeinden zu äußern.[76] Begründet ist sein Erhöhungsverlangen freilich nur, wenn ihm im Rechtsstreit der (schwierige) Nachweis gelingt, dass die beiden verglichenen Gemeinden ihrer Struktur nach tatsächlich so weit übereinstimmen, dass sie vergleichbar sind, dh zum selben räumlichen Markt gehören.[77]

VII. Sachverständigengutachten

20   **1. Auswahl.** Nach § 558a Abs 2 Nr 3 kann zur Begründung des Erhöhungsverlangens ferner auf ein mit Gründen versehenes **Gutachten eines öffentlich bestellten und vereidigten Sachverständigen iS des § 36 GewO** Bezug genommen werden. Solche Gutachten haben dieselbe **Aufgabe** wie ein Mietspiegel und sollen deshalb lediglich – als Mittel zur Begründung des Erhöhungsverlangens des Vermieters – dieses für den Mieter **plausibel** machen(Rn 10, 24). Kommt es zum **Rechtsstreit**, so hat das vom Vermieter zur Begründung seines Erhöhungsverlangens vorgelegte Sachverständigengutachten nur die Bedeutung eines **Parteigutachtens**, dessen Beweiswert vom Gericht frei zu würdigen ist (§ 286 ZPO). Von Sachverständigengutachten zur Begründung eines Mieterhöhungsverlangens müssen deshalb etwaige **gerichtliche Gutachten** zur Ermittlung der ortsüblichen Vergleichsmiete aufgrund der §§ 402 ff ZPO sorgfältig unterschieden werden. An derartige gerichtliche Gutachten werden in der Rechtsprechung *völlig andere Anforderungen* gestellt als an Sachverständigengutachten nach § 558a Abs 2 Nr 3. Gerichtliche Gutachten müssen insbesondere auf der „Grundlage einer ausreichend großen repräsentativen Stichprobe vergleichbarer Wohnungen" beruhen, das Datenmaterial nach wissenschaftlichen Grundsätzen aufbereiten und daraus nach den Regeln der Statistik die Bandbreite der ortsübli-

---

70   S schon Rn 11 sowie zB noch LG Berlin GE 2004, 626.
71   KG GE 2008, 834; LG Frankfurt aM WuM 2010, 570.
72   KG GE 2007, 1629; WuM 2009, 748.
73   LG Heidelberg ZMR 2012, 355, 356.
74   LG Itzhoe ZMR 2012, 556, 557.
75   LG Potsdam GE 2004, 593; LG Itzhoe ZMR 2012, 556, 557.
76   OLG Stuttgart OLGZ 1982, 255 = WuM 1982, 108; LG Nürnberg-Fürth NJW-RR 1988, 400 = WuM 1988, 279; **aA** LG Düsseldorf WuM 2006, 100, 101 = ZMR 2006, 448.
77   LG Köln NJW-RR 1992, 339; LG Mönchengladbach WuM 1993, 197.

chen Vergleichsmiete ableiten (§ 558 Rn 10 f).[78] Tatsächlich dürften freilich nur die wenigsten gerichtlichen Gutachten diesen strengen Anforderungen genügen.[79]

Als Begründungsmittel zugelassen sind nach § 558a Abs 2 Nr 3 grundsätzlich **nur** 21 **Gutachten** gerade **öffentlich bestellter und vereidigter Sachverständiger** iS des § 36 GewO.[80] Hinzu kommen muss noch, dass der Sachverständige speziell **für** ein **Gebiet** bestellt ist, in das (unter anderem, auch) die **Mietbewertung** fällt.[81] Beispiele sind Gutachten von Sachverständigen für Grundstücks- und Gebäudeschätzungen.[82] Nicht erforderlich ist dagegen, dass der Sachverständige zudem von derjenigen Industrie- und Handelskammer bestellt wurde, in deren **Bezirk** die fragliche Wohnung liegt.[83]

Gutachten anderer Personen und Stellen (o Rn 21) sowie Gutachten von Sachver- 22 ständigen für andere Gebiete lehnen die Gerichte mit Rücksicht auf den Wortlaut des § 558a Abs 2 Nr 3 in der Regel als Mittel zur Begründung von Erhöhungsverlangen ab.[84] Dabei wird jedoch übersehen, dass solche Gutachten und Auskünfte auf jeden Fall **als sonstige Begründungsmittel** in Betracht kommen (s u Rn 35).[85]

Das Gutachten muss dem **Erhöhungsverlangen** grundsätzlich **als Anlage beigefügt** 23 werden, weil anders dem Mieter die Nachprüfung der Vermieterforderung nicht möglich ist; das bloße Angebot der Einsichtnahme genügt nicht.[86] Eine andere Beurteilung kommt nur in Betracht, wenn der Mieter aufgrund eines früheren Verfahrens bereits im Besitz des Gutachtens ist.[87]

2. Begründung. Das Gutachten muss nach § 558a Abs 2 Nr 3 „mit Gründen verse- 24 hen" sein. Das Ausmaß der deshalb gebotenen **Begründung des Gutachtens** richtet sich nach dem Zweck des Begründungserfordernisses (o Rn 10, 20). Folglich reicht es aus, wenn die Begründung dem Mieter in einer für ihn nachvollziehbaren Weise Aufschluss über die Vergleichsmiete vermittelt, so dass ihm eine erste **Überprüfung der Berechtigung** oder besser: **Plausibilität des Vermieterverlangens** auf Mieterhöhung möglich ist. Übertriebene Anforderungen sind fehl am Platze.[88] Das Gutachten braucht insbesondere noch *keinen Beweis* für die Berechtigung des Mieterhöhungsverlangens des Vermieters zu erbringen; es genügt vielmehr grundsätzlich, wenn das Gutachten erkennen lässt, dass der Sachverständige von einem zutreffenden Begriff der ortsüblichen Vergleichsmiete ausgegangen ist, dass er ordentlich und gründlich unter Beachtung der Denkgesetze gearbeitet hat, objektiv und neutral vorgegangen ist und seinen spezifischen Sachverstand richtig angewandt hat, indem er versucht hat, die konkrete Wohnung unter Berücksichtigung ihrer Besonderheiten in das ihm bekannte örtliche Mietpreisgefüge einzuordnen.[89] Daraus wird mit Recht gefolgert, dass sich der Sachverständige in Gemeinden, in denen ein **aktueller Mietspiegel** existiert, grundsätzlich mit diesem auseinander setzen muss, da im Regelfall nicht davon ausgegangen werden kann, dass der Sachverständige über

---

78 So BGH 2012, 1351 Tz 18 ff = NZM 2012, 339 = WuM 2012, 281; s Rn 25a sowie u § 558b Rn 20 ff.
79 So *Börstinghaus* WuM 2012, 244, 248 f.
80 S den Ausschussbericht BT-Drucks 14/5653, S 18 (l Sp).
81 BGHZ 83, 366, 369ff = NJW 1982, 1701.
82 BGH (vorige Fn).
83 BayObLGZ 1987, 260 = NJW-RR 1987, 1302.
84 OLG Oldenburg OLGZ 1981, 196 = WuM 1981, 55.
85 AG Kehlheim NZM 1999, 309; *Bub/Treier/Schultz*, Hdb Rn III 424; *Sternel* Mietrecht, Rn III 672.
86 OLG Braunschweig WuM 1982, 272.
87 LG München II WuM 1983, 147; LG Kiel WuM 1998, 228.
88 BVerfG NJW 1987, 313 = WuM 1986, 237; WuM 1986, 239.
89 BVerfG NJW 1987, 313 = WuM 1986, 237; WuM 1986, 239; BGH NJW-RR 2010, 1162 Tz 10 = NZM 2010, 576.

umfangreicheres Datenmaterial als die Aufsteller von Mietspiegeln verfügt. Das Gutachten ist deshalb unverwertbar, wenn der Sachverständige ohne nachvollziehbare Begründung von dem Mietspiegel für die betreffende Gemeinde abweicht.[90]

25   In aller Regel wird der Sachverständige außerdem die fragliche **Wohnung besichtigen** müssen, bevor er über ihre zutreffende Einordnung in das örtliche Mietpreisgefüge ein fundiertes Gutachten abgeben kann. Der Vermieter hat deshalb gegen den Mieter einen Anspruch darauf, dem Sachverständigen den **Zutritt** zu der Wohnung **zu gewähren** (§§ 241 Abs 2, 242). Lehnt der Mieter ohne Grund eine Besichtigung der Wohnung durch den Sachverständigen ab, so macht er sich **schadensersatzpflichtig** (§ 280 Abs 1). Als Schaden kommt insbesondere der Mietverlust in Betracht, der sich ergibt, wenn sich infolge des Verhaltens des Mieters die Durchsetzung des Anspruchs des Vermieters auf eine Mieterhöhung (§ 558 Abs 1) grundlos verzögert (§§ 286, 249, 252). Eine Besichtigung der Wohnung ist nur dann entbehrlich, wenn es zahlreiche Wohnungen gleicher Art gibt und der Sachverständige eine andere entsprechende Wohnung bereits besichtigt hat.[91] Derartige **Typ-Gutachten** spielen vor allem bei Plattenbauten in den neuen Bundesländern eine Rolle, in denen es durchweg eine große Zahl völlig identischer Wohnungen gibt.[92]

25a   Das Gesetz schreibt dem Sachverständigen nicht im einzelnen vor, **wie** er **vorzugehen** hat. Die Art der Materialsammlung und das Verfahren bei der Materialauswertung sind vielmehr dem Sachverständigen überlassen, sofern er nur eine **vertretbare Methode** zugrunde legt.[93] Daraus wird überwiegend der Schluss gezogen, dass der Sachverständige in seinem Gutachten **nicht** bestimmte **Vergleichsobjekte** in identifizierbarer Weise oder allgemein bezeichnen muss, sondern sich mit dem pauschalen Hinweis auf ihm bekannte Vergleichsobjekte und dafür gezahlte Mieten begnügen kann, sofern er nur angibt, dass ihm solche Wohnungen bekannt sind, wie er sie ermittelt hat, an Hand welcher Kriterien er die Vergleichbarkeit der Wohnungen beurteilt hat und wie danach die betreffende Wohnung in das allgemeine Mietpreisgefüge einzuordnen ist.[94] Soweit die Gerichte demgegenüber bei begründeten Zweifeln an der Richtigkeit des Gutachtens eine **Offenlegung der Befundtatsachen** gefordert haben, betrifft dies die Gutachten **gerichtlicher Sachverständiger**[95], so dass diese Grundsätze nicht auf bloße Gutachten zur Begründung eines Mieterhöhungsverlangens übertragen werden dürfen.[96] Erforderlich ist jedoch, dass das Gutachten **möglichst aktuell** ist, schon, weil sich das Mietpreisgefüge am Markt ständig ändert. Umstritten ist, welche Konsequenzen sich daraus ergeben, dh von welchem Alter ab das Gutachten nicht mehr verwertbar ist. Im Schrifttum wird zum Teil § 558c Abs 3 entsprechend angewandt und daraus eine Zweijahresfrist als Obergrenze abgeleitet.[97] § 558c Abs 3 hat jedoch vornehmlich fiskalische Gründe, so dass man richtigerweise davon ausgehen sollte, dass Gutachten, die **älter als** ungefähr **ein Jahr** sind, nicht mehr verwertet werden können.[98]

---

90 LG Düsseldorf WuM 1996, 421; LG Kiel WuM 1999, 292; LG Freiburg ZMR 2002, 667, 668; LG Potsdam WuM 2004, 671, 672; LG Frankfurt aM WuM 2010, 570.
91 BGH NJW RR 2010, 1162 = NZM 2010, 576; OLG Oldenburg OLGZ 1981, 200 = WuM 1981, 150; OLG Celle WuM 1982, 180.
92 BGH NJW RR 2010, 1162 = NZM 2010, 576.
93 BayObLGZ 1987, 260 = NJW-RR 1987, 1302.
94 ZB LG Berlin NZM 2013, 143, 144.
95 BVerfGE 91, 176, 181ff = NJW 1995, 40; BGHZ 116, 47, 58 = NJW 992, 1817, 1819; BGH LM Nr 9 zu § 412 ZPO = NJW 1994, 2899; NJW-RR 1995, 1225 = WuM 1995, 650.
96 Anders LG Freiburg ZMR 2002, 667.
97 *Börstinghaus* Handbuch Kap 6 Rn 168f.
98 LG Berlin NZM 1998, 508 = WuM 1998, 222; AG Bonn WuM 1993, 66.

3. Kosten. Die Begründung des Erhöhungsverlangens ist gemäß § 558a Sache des **26** Vermieters, so dass er auch die damit verbundenen Kosten einschließlich der Kosten eines Sachverständigengutachtens tragen muss. Dabei bleibt es auch, wenn es anschließend zum Rechtsstreit kommt, weil es sich bei den Kosten des Erhöhungsverlangens nicht um die Kosten der unmittelbaren Vorbereitung des Rechtsstreits handelt (§ 91 ZPO).[99]

VIII. Vergleichsobjekte

1. Bezeichnung. Nach **§ 558a Abs 2 Nr 4** reicht zur Begründung des Erhöhungsver- **27** langens ferner die **Bezugnahme auf** entsprechende **Entgelte für mindestens drei vergleichbare Wohnungen** aus, wobei es sich auch um *eigene* Wohnungen des Vermieters handeln kann (s u Rn 30). Mit dieser (eigenartigen) Regelung wird einerseits der **Zweck** verfolgt, dem Vermieter die als grundsätzlich nötig angesehene Begründung seines Mieterhöhungsverlangens so weit wie möglich zu erleichtern, zugleich aber immer noch dem Mieter eine Überprüfung des Verlangens des Vermieters zu ermöglichen. Daraus folgt unmittelbar, dass die Vergleichswohnungen in dem Erhöhungsverlangen nur **in einer Weise bezeichnet** zu werden brauchen, die es dem Mieter **erlaubt, sie selbst aufzufinden**, um sie auf ihre Vergleichbarkeit überprüfen zu können (Rn 28), während zusätzliche Angaben zu den Wohnwertmerkmalen oder zu den Namen der Vertragsparteien im Regelfall entbehrlich sind.[100] Dasselbe gilt für Angaben über die Größe der Vergleichswohnungen oder über die Betriebskosten.[101] Weitergehende Angaben sind nur erforderlich, wenn die Vergleichswohnungen bereits auf den ersten Blick **Besonderheiten aufweisen**, die Zweifel an ihrer Vergleichbarkeit begründen.[102]

Erforderlich sind somit in der Regel lediglich die **Angabe der Adresse**, des **Geschos- 28 ses** und des **Quadratmeterpreises** der Vergleichswohnungen, weil dies gewöhnlich ausreicht, um dem Mieter die Auffindung und anschließend die Überprüfung der vom Vermieter benannten Vergleichswohnungen zu ermöglichen. Nur wenn es sich um ein **Mehrfamilienhaus** mit zahlreichen Wohnungen auf derselben Ebene handelt, sind zusätzliche Angaben über den **Namen** des Mieters, über die Wohnungsnummer oder über die genaue Lage der Vergleichswohnung auf der betreffenden Ebene erforderlich, damit der Mieter in der Lage ist, die Angaben des Vermieters zu überprüfen.[103] Keine Rolle spielt, ob die Mieter der Vergleichswohnungen überhaupt deren **Besichtigung** durch den Mieter gestatten.[104]

2. Zahl. Wenn der Vermieter sein Erhöhungsverlangen mit der Miete von Vergleichs- **29** wohnungen begründet, so genügt dafür nach § 558a Abs 2 Nr 4 Hs 2 die Benennung von **(mindestens) drei vergleichbaren Wohnungen.** Vermag der Vermieter nicht wenigstens drei Vergleichswohnungen zu finden, so muss er sein Mieterhöhungsverlangen auf andere Weise begründen (str). Eine **Obergrenze** für die Zahl der zu benennenden Vergleichswohnungen besteht dagegen nicht. Der Vermieter kann sich die erforderlichen Daten daher auch über eine Datenzentrale beschaffen (s § 558a Abs 2 Nr 2).[105] Legt der Vermieter dem

---

99 LG Bonn WuM 1985, 331; LG Köln WuM 1997, 269; *G Meier* ZMR 1984, 149; *Sternel* Mietrecht, Rn V 78.
100 BVerfGE 49, 244, 249f = NJW 1979, 31; BGHZ 84, 392, 395ff = NJW 1982, 2867; BGH NZM 2003, 229f = NJW 2003, 963; NZM 2012, 415 Tz 14 = WuM 2012, 283.
101 BVerfG WuM 1982, 146; NJW-RR 1993, 1485 = WuM 1994, 137.
102 BVerfGE 79, 80 = NJW 1989, 969.
103 BGHZ 84, 392, 395ff = NJW 1982, 2867; BGH NJW 2003, 963 = NZM 2003, 229.
104 OLG Schleswig NJW 1984, 245 = WuM 1984, 23; str.
105 S u Rn 34; BGHZ 84, 392, 397 = NJW 1982, 2867; BayObLGZ 1991, 348 = NJW-RR 1992, 455.

Volker Emmerich

Mieter jedoch eine Liste mit einer Vielzahl schon auf den ersten Blick nicht vergleichbarer Wohnungen vor, so fehlt es an einer ordnungsmäßigen Begründung des Erhöhungsverlangens.[106]

30 Nicht erforderlich ist, dass es sich bei den Vergleichswohnungen um solche „anderer Vermieter" handelt. Der Vermieter kann sein Erhöhungsverlangen vielmehr auch durch die Benennung von lediglich drei Wohnungen aus dem **eigenen Bestand** (sog **Bestandswohnungen**) begründen.[107] Das gilt selbst dann, wenn die vom Vermieter benannten Wohnungen im selben Haus liegen.[108] Zulässig ist es außerdem, als Begründung drei **Vergleichswohnungen eines einzigen anderen Vermieters** zu benennen.[109]

31 **3. Vergleichbarkeit.** Die vom Vermieter benannten Wohnungen müssen nach § 558a Abs 2 Nr 4 mit der Wohnung des Mieters „vergleichbar" sein. Das Gesetz nimmt mit dieser Formulierung Bezug auf § 558 Abs 2 S 1, so dass sich die Vergleichbarkeit der Wohnungen (allein) **nach** den in § 558 Abs 2 genannten **Wohnwertmerkmalen** richtet, wobei es bereits genügt, wenn die fraglichen Wohnungen **im großen und ganzen**, dh ungefähr vergleichbar sind, dh **zum selben Teilmarkt** gehören, wobei es auf eine „Gesamtschau" der Wohnwertmerkmale ankommt.[110] Das Erhöhungsverlangen ist nur dann nicht ordnungsgemäß begründet, wenn die Wohnungen schon auf den ersten Blick nichts miteinander gemein haben, sondern **offenbar verschiedenen Märkten angehören**. Keine Rolle spielen dagegen Unterschiede, die im Rahmen der Wohnwertmerkmale des § 558 Abs 2 keine Berücksichtigung finden, zB eine unterschiedliche Verteilung der Schönheitsreparaturen bei den verglichenen Wohnungen.[111]

32 Wohnungen **aus** einer **anderen Gemeinde** als der, in der die Wohnung des Mieters liegt, kommen als Vergleichswohnungen nur in Betracht, wenn in der fraglichen Gemeinde überhaupt keine Vergleichswohnungen anzutreffen sind.[112] Die für die Vergleichswohnungen gezahlte **Miete** muss außerdem mindestens **ebenso hoch** wie die vom Vermieter in dem Erhöhungsverlangen geforderte Miete sein. Bleibt die Miete bei einer oder mehreren der genannten drei Vergleichswohnungen **hinter** der **geforderten** neuen Miete **zurück**, so ist in der Höhe der Differenz das Erhöhungsverlangen nicht ausreichend begründet, bleibt jedoch im Übrigen wirksam.[113] Unschädlich ist es aber, wenn bei einer größeren Zahl von Vergleichswohnungen nur einzelne aus dem durch das Erhöhungsverlangen bestimmten Rahmen herausfallen, immer vorausgesetzt, dass wenigstens drei vergleichbare Wohnungen übrig bleiben, bei denen die Miete mindestens ebenso hoch wie die vom Vermieter geforderte Miete ist.[114]

33 **Vergleichbar** sind zB Einfamilienhäuser und Doppelhaushälften, weil sie zum selben Markt gehören.[115] **Nicht vergleichbar** sind dagegen Wohnungen mit mehreren Zimmern und Einzimmer-Appartements,[116] überhaupt Wohnungen sehr unterschiedlicher

---

106 BayObLG (vorige Fn).
107 BVerfG NJW 1993, 2039 = WuM 1994, 139; BGH NJW-RR 2010, 1162 Tz 12 = NZM 2010, 576.
108 OLG Frankfurt WuM 1984, 123 = ZMR 1984, 250; OLG Karlsruhe NJW 1984, 2167 = WuM 1984, 188.
109 BGHZ 84, 392, 399f = NJW 1982, 2867; KG WuM 1984, 73.
110 LG Berlin GE 2004, 1206 90; 2010, 985; LG Potsdam WuM 2012, 103.
111 LG Berlin NZM 2001, 1029 = ZMR 2001, 349; – anders LG Hannover WuM 2010, 421.
112 LG München II WuM 1982, 131; AG Augsburg WuM 1990, 221.
113 OLG Karlsruhe WuM 1984, 21; BayObLG WuM 1984, 275 = ZMR 1984, 355; WuM 1984, 279 = ZMR 1985, 24; LG Berlin ZMR 2001, 349, 350 = NZM 2001, 1029.
114 BGH NZM 2012, 415 Tz 10 ff = WuM 2012, 283.
115 LG Berlin GE 2004, 1396.
116 LG Heidelberg WuM 1982, 214; AG Köln WuM 1988, 60, 61f.

Größe, vorausgesetzt, dass die verglichenen Wohnungen infolgedessen zu unterschiedlichen Teilmärkten gehören, wofür in der Regel auf eine Flächendifferenz von ungefähr 30 % gegenüber der fraglichen Wohnung abgestellt wird,[117] Wohnungen in guter und in ganz schlechter Lage,[118] normale Wohnungen und Dachgeschosswohnungen mit lauter Schrägen,[119] Mietwohnungen und gewerblich genutzte Räume[120] sowie Wohnungen, bei denen die Mieten erhebliche Differenzen aufweisen.[121]

IX. Mietdatenbank, sonstige Begründungsmittel

1. Als weiteres Begründungsmittel nennt das Gesetz in § 558a Abs 2 Nr 2 schließlich **34** noch die **Auskunft** einer Mietdatenbank. Was unter einer Mietdatenbank zu verstehen ist, sagt **§ 558e**. Es handelt sich danach um zwecks Ermittlung der ortsüblichen Vergleichsmiete fortlaufend geführte Sammlungen von Mieten, die von der Gemeinde oder von Interessenvertretern der Vermieter und der Mieter gemeinsam geführt oder anerkannt werden und aus denen Auskünfte gegeben werden, die für einzelne Wohnungen einen Schluss auf die ortsübliche Vergleichsmiete zulassen.[122]

2. Das Gesetz zählt in § 558a Abs 2 Mietspiegel, Auskünfte einer Mietdatenbank, Sach- **34a** verständigengutachten und Vergleichswohnungen **nur** als **Beispiele** möglicher Begründungsmittel auf, so dass der Vermieter das Mieterhöhungsverlangen **auch noch auf jede beliebige andere Weise begründen** kann, sofern nur die Angaben für den Mieter nachprüfbar und ihrer Art nach geeignet sind, das Erhöhungsverlangen **ebenso gut** wie die im Gesetz genannten Begründungsmittel zu begründen, indem sie dem Mieter erste verwertbare Hinweise auf die sachliche Berechtigung des Mieterhöhungsverlangens des Vermieters geben und ihm zugleich eine Nachprüfung des Verlangens auf seine Plausibilität erlauben. **Beispiele** sind die Mietpreisübersichten der Finanzämter,[123] Mietwertgutachten eines Gutachterausschusses aufgrund des Baugesetzbuches,[124] Gutachten oder Urteile über vergleichbare Wohnungen,[125] die amtliche Wohngeldstatistik[126] sowie die Offenkundigkeit der Ortsüblichkeit einer bestimmten Miete.[127] **Ungeeignet** als sonstiges Begründungsmittel sind dagegen häufig, wenn nicht regelmäßig die „Gutachten" sonstiger Stellen, Verbände oder „Sachverständigen", sofern nicht (ausnahmsweise) deren Unabhängigkeit und Sachkunde außer Frage stehen.

X. Qualifizierter Mietspiegel

Das Gesetz kennt **zwei Formen** von Mietspiegeln, für die sich die Bezeichnungen **35** **einfacher und qualifizierter Mietspiegel** eingebürgert haben (s schon o Rn 12f). Die Besonderheit qualifizierter Mietspiegel besteht in der mit ihnen verbundenen **Vermutungswirkung** des § 558d Abs 3. Mit dieser Regelung hängt unmittelbar der hier allein

---

117 LG Potsdam WuM 2012, 103; AG Hannover WuM 2012, 145 f.
118 LG Kassel WuM 1984, 227.
119 AG Wolfenbüttel WuM 1986, 334; **aM** LG Hannover WuM 1992, 255.
120 LG Berlin GE 1995, 499.
121 LG Berlin GE 1988, 411.
122 Wegen der Einzelheiten s u die Erläuterungen zu § 558e.
123 AG Büdingen WuM 1989, 81; **aM** LG Aurich WuM 1990, 222; LG Limburg WuM 1987, 29.
124 LG München II ZMR 1994, 22.
125 LG Nürnberg-Fürth NJW-RR 1991, 13 = WuM 1990, 518.
126 LG Hamburg WuM 1978, 134; 1978, 146ff.
127 LG Aurich WuM 1990, 222.

Volker Emmerich

interessierende **§ 558a Abs 3** zusammen, nach dem der Vermieter, wenn ein (aktueller) qualifizierter Mietspiegel im Sinne des § 558d Abs 1 und 2 Angaben über die fragliche Wohnung enthält, in seinem Mieterhöhungsverlangen die genannten **Angaben des qualifizierten Mietspiegels** über seine Wohnung auch dann **mitteilen** muss, wenn er die Mieterhöhung auf ein anderes Begründungsmittel nach Abs 2 des § 558a, zB auf ein Sachverständigengutachten oder auf Vergleichswohnungen stützt.

36   § 558a Abs 3 **erweitert** folglich unter bestimmten Voraussetzungen die **Begründungspflicht** des Vermieters. **Erste Voraussetzung** ist, dass überhaupt ein aktueller **qualifizierter Mietspiegel** im Sinne des § 558d Abs 1 und 2 für die betreffende Gemeinde vorliegt. Hinzu kommen muss **zweitens**, dass dieser Mietspiegel auch **Angaben über** die betreffende **Wohnung** enthält, und zwar konkret solche Angaben, die tatsächlich die Vermutungswirkung des § 558d Abs 3 auslösen. Daran kann es zB fehlen, wenn das betreffende Rasterfeld des Mietspiegels leer ist, wenn der Mietspiegel keine Angaben über Wohnungen der fraglichen Art enthält oder wenn das betreffende Rasterfeld nur mit so wenigen Daten belegt ist, dass der qualifizierte Mietspiegel jedenfalls **insoweit** nicht den Anforderungen des § 558d Abs 1 genügt.

37   Sind die genannten Voraussetzungen (s o Rn 36) erfüllt, so hat der Vermieter in der Begründung seines Mieterhöhungsverlangens (§ 558a Abs 1) die **Angaben** des qualifizierten Mietspiegels **über** die fragliche **Wohnung** dem Mieter **mitzuteilen**. Keine Rolle spielt, dass sein Mieterhöhungsverlangen dadurch widersprüchlich wird, wenn er, gestützt auf eines der anderen Begründungsmittel des § 558a Abs 2, eine *höhere* Miete als im qualifizierten Mietspiegel ausgewiesen anstrebt. Der Mieter soll durch diese vom Gesetz verlangte *widersprüchliche Begründung* gerade Gelegenheit zu der Prüfung erhalten, ob er unter diesen Umständen dem Mieterhöhungsverlangen des Vermieters überhaupt noch zustimmen will oder ob er es nicht besser angesichts des qualifizierten Mietspiegels und der von diesem ausgehenden **Vermutungswirkung** (§ 558d Abs 3) auf einen Rechtsstreit ankommen lässt, in dem dann den Vermieter die **Beweislast** dafür trifft, dass die Angaben des qualifizierten Mietspiegels in seinem speziellen Fall (ausnahmsweise) unzutreffend sind.

38   Ein **Verstoß** des Vermieters gegen die besondere Mitteilungspflicht aus § 558a Abs 3 führt zur **Unwirksamkeit** des Mieterhöhungsverlangens.[128] Der Vermieter kann jedoch einwenden, dass der fragliche Mietspiegel nicht die Voraussetzungen eines qualifizierten Mietspiegels nach § 558d Abs 1 erfüllt oder dass er doch keine verwertbaren Aussagen zu seiner Wohnung enthält (Rn 36). In beiden Fällen muss über die Behauptung des Vermieters, sofern hinreichend substantiiert, Beweis erhoben werden, wenn davon die Ordnungsmäßigkeit des Mieterhöhungsverlangens trotz des unterbliebenen Hinweises auf den qualifizierten Mietspiegel entgegen § 558a Abs. 3 abhängt, wobei die Beweislast den Vermieter trifft.[129] Außerdem kann der Mangel immer noch im Rechtsstreit nachgebessert werden (§ 558b Abs 3).

XI. Abweichende Vereinbarungen

39   Nach § 558a Abs 5 ist eine zum Nachteil des Mieters von § 558a Abs 1 bis 4 abweichende „Vereinbarung" unwirksam. Das Gesetz wendet sich hier nur gegen Vereinbarungen, dh Verträge zwischen den Mietvertragsparteien, durch **die im Voraus die Anforderungen**

---

128   LG München I NZM 2002, 781 = NJW 2002, 2885; WuM 2002, 496, 497.
129   BGH NJW 2013, 775 Tz 18 ff = NZM 2013, 138.

an die Form oder die Begründung eines Mieterhöhungsverlangens gegenüber der gesetzlichen Regelung in § 558a Abs 1 bis 4 zum Nachteil des Mieters **herabgesetzt** werden. Unberührt bleibt die Befugnis der Parteien, sich im Einzelfall auf eine Mieterhöhung zu einigen (§§ 557 Abs 1, 311 Abs 1).

§ 558b

Zustimmung zur Mieterhöhung

[1] **Soweit der Mieter der Mieterhöhung zustimmt, schuldet er die erhöhte Miete mit Beginn des dritten Kalendermonats nach dem Zugang des Erhöhungsverlangens.**

[2] **Soweit der Mieter der Mieterhöhung nicht bis zum Ablauf des zweiten Kalendermonats nach dem Zugang des Verlangens zustimmt, kann der Vermieter auf Erteilung der Zustimmung klagen. Die Klage muss innerhalb von drei weiteren Monaten erhoben werden.**

[3] **Ist der Klage ein Erhöhungsverlangen vorausgegangen, das den Anforderungen des § 558a nicht entspricht, so kann es der Vermieter im Rechtsstreit nachholen oder die Mängel des Erhöhungsverlangens beheben. Dem Mieter steht auch in diesem Fall die Zustimmungsfrist nach Absatz 2 Satz 1 zu.**

[4] **Eine zum Nachteil des Mieters abweichende Vereinbarung ist unwirksam.**

I. Zustimmung des Mieters

1. Form. § 558b regelt die wichtigsten Fragen, die mit der Zustimmung des Mieters **1** zu der vom Vermieter nach den §§ 558 und 558a geforderten Mieterhöhung zusammenhängen. Auszugehen ist davon, dass die Zustimmung des Mieters zu dem Mieterhöhungsverlangen des Vermieters, um die es in § 558b geht, nichts anderes als die **Annahme des Antrags des Vermieters** auf Vertragsänderung durch Erhöhung der Miete ist,[1] so dass mit Zugang der Zustimmung des Mieters beim Vermieter die gewünschte Vertragsänderung (ganz oder teilweise) zustande kommt (§§ 130, 146f, 311 Abs 1, 557 Abs 1). Für diese Willenserklärung gelten die **allgemeinen Regeln** über das Zustandekommen von Verträgen, soweit nicht die §§ 558 ff **Besonderheiten** enthalten.[2] **Täuscht** zB der **Vermieter** den Mieter bei Abschluss der Änderungsvereinbarung (§ 558) über die Baualtersklasse der Wohnung, so kann der Mieter seine Zustimmung anfechten (§ 123) und, bei Fahrlässigkeit

---

1 S o § 558a Rn 1; ebenso wohl BGH WuM 2011, 423 Tz 8 = ZMR 2011, 790; NZM 2011, 117 Tz 14 = WuM 2011, 32; *Blosching/Ortolf* NZM 2012, 334, 337, str.
2 OLG Frankfurt NZM 2001, 418, 419 = WuM 2001, 231; *Artz* NZM 2005, 367.

Volker Emmerich

des Vermieters, Schadensersatz aus cic verlangen (§§ 241 Abs 2, 311 Abs 2, 280 Abs 1 und 249).[3] Keine Rolle spielt, ob das Mieterhöhungsverlangen des Vermieters den §§ 558 und 558a entspricht oder nicht, da ein gegen diese Vorschriften verstoßendes und deshalb als solches **unwirksames Erhöhungsverlangen** doch immer noch einen **wirksamen Antrag** auf Vertragsänderung enthält (s o § 558a Rn 8), den der Mieter (ganz ohne Rücksicht auf das komplizierte Verfahren der §§ 558ff) jederzeit annehmen kann (§§ 145ff, 311 Abs 1).[4] Ob dies der Fall ist, ist allein eine Frage der Auslegung der Parteierklärungen im Einzelfall (§§ 133, 157).

2   Das Gesetz enthält für die Zustimmung des Mieters – anders als für den Antrag des Vermieters auf Vertragsänderung (s § 558a Abs 1) – **keine** besonderen **Formvorschriften**, so dass der Mieter dem Antrag des Vermieters grundsätzlich auch konkludent zustimmen kann. Eine **konkludente Zustimmung** des Mieters kann vor allem – je nach den Umständen des Falles – in der einmaligen oder wiederholten vorbehaltlosen Zahlung der geforderten höheren Miete durch den Mieter liegen,[5] wobei grundsätzlich bereits die **einmalige vorbehaltlose Zahlung** der erhöhten Miete seitens des Mieters aufgrund des Mieterhöhungsverlangens des Vermieters ausreichen sollte, um eine konkludente Zustimmung des Mieters annehmen zu können.[6] Etwas **anderes** gilt lediglich dann, wenn der Mieter nur **unter Vorbehalt zahlt oder** wenn er die weitere Zahlung der erhöhten Miete **von Bedingungen abhängig macht**, zB von der Beseitigung bestimmter Mängel, es sei denn, er lasse den Vorbehalt oder die Bedingung später ersichtlich wieder fallen, indem er einfach die erhöhte Miete ohne Einschränkung fortzahlt.[7] Die Annahme einer konkludenten Zustimmung des Mieters durch Zahlung der erhöhten Miete scheidet ferner aus, wenn der Vermieter einfach einseitig entgegen dem Vertrag die höhere Miete von dem Konto des Mieters abbucht, ohne dass dieser sofort widerspricht,[8] oder wenn der Mieter das Schreiben des Vermieters als **Inanspruchnahme eines einseitigen Mieterhöhungsrechts** seitens des Vermieters verstehen musste und daraufhin zahlt.[9] Ebenso ist es schließlich zu beurteilen, wenn der Vermieter den Mieter um eine ausdrückliche oder schriftliche Zustimmung gebeten hatte.[10]

3   Die Zustimmung des Mieters zu dem Erhöhungsverlangen des Vermieters bedarf ausnahmsweise der **Schriftform**, wenn die Parteien Schriftform für Vertragsänderungen **vereinbart** haben[11] **oder** wenn die Voraussetzungen des § 550 vorliegen. In diesen Fällen ergibt sich aus § 558 zusätzlich ein Anspruch des Vermieters auf Erteilung der Zustimmung gerade in der jeweils erforderlichen Form.[12] Zwar findet sich neuerdings vielfach die Auffassung, die **§§ 558ff** enthielten eine auch dem § 550 vorgehende **Sonderregelung**, so

3 AG Hamburg-Wandsbek ZMR 2010, 47.
4 BGH LM Nr 35 zu § 571 BGB (Bl 3 R) = NJW 1998, 445; NZM 2005, 736 = WuM 2005, 518; NJW-RR 2005, 1464 = NZM 2005, 735; **aA** Artz NZM 2005, 367, 370f; Paschke NZM 2008, 705, 708.
5 BGH LM Nr 35 zu § 571 BGB (Bl 3 R) = NJW 1998, 445; NZM 2005, 736 = WuM 2005, 518; NJW-RR 2005, 1464 = NZM 2005, 735.
6 Emmerich in: FS Lüke (1997) 65, 68f.
7 LG Wuppertal NJWE-MietR 1997, 266.
8 LG Stuttgart NZM 2011, 854 = ZMR 2012, 197, 198.
9 BGH NJW-RR 2005, 1464 = NZM 2005, 735 = WuM 2005, 581, 582; OLG Hamburg ZMR 1985, 237 = WuM 1986, 82.
10 AG Schöneberg GE 1988, 893; 1988, 1055.
11 Anders offenbar BGH NZM 2011, 117 Tz 14 = WuM 2011, 32; dagegen zutreffend Blosching/Ortolf NZM 2012, 334, 337.
12 LG Wiesbaden WuM 2000, 195; LG Berlin GE 2007, 196; Blosching/Ortolf NZM 2012, 334, 337.

dass in jedem Fall, auch unter den Voraussetzungen des § 550, eine formlose Zustimmung des Mieters ausreiche.[13] Dafür fehlt indessen jede Begründung.

Davon zu trennen ist die Frage, ob der Vermieter auch jenseits der Fälle des § 550 **4** und ohne Vereinbarung einer Schriftformklausel nach Treu und Glauben im Interesse der Rechtssicherheit eine ausdrückliche oder **schriftliche Zustimmung** des Mieters verlangen kann (§ 242), wie es neuerdings gleichfalls gelegentlich angenommen wird.[14] Dies trifft jedoch nur zu, wenn der Mieter – trotz vorbehaltloser Zahlung der geforderten erhöhten Miete – im Rechtsstreit weiterhin die Berechtigung des Vermieters zur Mieterhöhung bestreitet (§ 242).[15] Jenseits derartiger Sonderfälle geht es aber wohl kaum an, über § 242 nach Belieben eine eindeutige gesetzliche Regelung (§§ 550, 558a/b) außer Kraft zu setzen.

2. Teilannahme. Nach § 558b Abs 1 schuldet der Mieter die erhöhte Miete von dem **5** hier bestimmten Zeitpunkt ab, „soweit" er der Mieterhöhung zustimmt. Damit wird klargestellt, dass abweichend von § 150 Abs 2 **auch** eine **Teilannahme** des Mieterhöhungsverlangens des Vermieters möglich ist.[16] Wegen der damit zusammenhängenden Fragen ist auf die Ausführungen zu § 558 zu verweisen (s § 558 Rn 5). Zu beachten ist, dass **§ 150 Abs 2** nur insoweit verdrängt wird, wie § 558b Abs 1 tatsächlich eine Sonderregelung enthält; im Übrigen bleibt § 150 Abs 2 anwendbar. Wichtig ist dies insbesondere, wenn der Mieter seine Zustimmung von **Bedingungen**, zB von der vorherigen Beseitigung von Mängeln oder von der Zustimmung des Vermieters zu weiteren Änderungen des Vertrags zu Gunsten des Mieters abhängig macht. Geht der Vermieter darauf nicht ein, so gilt die bedingte Zustimmung des Mieters gemäß § 150 Abs 2 als Ablehnung des Antrags des Vermieters, verbunden mit einem neuen Antrag des Mieters, so dass dem Vermieter jetzt nur noch der Weg der Zustimmungsklage bleibt (§ 558b Abs 2).

3. Wirksamkeit, Fälligkeit, Verzug. Der Zeitpunkt, zu dem die Vertragsänderung **6** durch Erhöhung der Miete in Kraft tritt, richtet sich in erster Linie nach den **Abreden** der Parteien (§§ 311 Abs 1, 557 Abs 1). Der Vermieter ist insbesondere nicht gehindert, eine Mieterhöhung erst zu einem **späteren** als dem im Gesetz für den Regelfall bestimmten **Zeitpunkt** (§ 558b Abs. 1) zu verlangen (§ 311 Abs. 1).[17] Nur wenn die Parteien keine besonderen Abreden über diese Frage getroffen haben, greift **§ 558b Abs 1** ein, nach dem der Mieter die erhöhte Miete von dem Beginn des dritten Kalendermonats ab schuldet, der auf den Zugang des Erhöhungsverlangens folgt, dh im Regelfall konkret: vom Ende der Zustimmungsfrist ab (s § 558b Abs 2 S 1), so dass **zwischen** dem **Zugang** des Erhöhungsverlangens **und** der **Wirksamkeit** der Vertragsänderung in der Regel mindestens **zwei Monate** (+ ein Tag) liegen. Dies gilt auch, wenn es der Mieter auf einen Prozess ankommen lässt und in dem Tenor des der Klage stattgebenden Urteils (§ 894 ZPO) nicht der Monat genannt wird, von dem ab der Mieter die erhöhte Miete (im Wege der Vertragsänderung) schuldet.[18]

Von der Frage der Wirksamkeit der Vertragsänderung durch Erhöhung der Miete im **6a** Wege der Vertragsänderung (§ 558 i.V.m. § 894 ZPO, Rn 6) ist die Frage der **Fälligkeit der erhöhten Miete** zu trennen. Diese richtet sich wiederum vorrangig nach den Abreden

---

13 AG Berlin-Schöneberg NJW-RR 2008, 1695 = NZM 2009, 123; AG Hannover ZMR 2010, 290; *M Schmid* ZMR 2007, 514; wohl auch BGH NZM 2011, 117 Tz 14 = WuM 2011, 32; LG Itzehoe WuM 2009, 741, 742.
14 LG Berlin ZMR 2007, 196; GE 2008, 605f; AG Schöneberg GE 1988, 893; 1988, 1055.
15 LG Berlin NJW-RR 2009, 1615.
16 BGH WuM 2010, 161 Tz 19 = NZM 2010, 436, 437.
17 BGH WuM 2011, 423 Tz 11 = ZMR 2011, 790.
18 BGH WuM 2011, 423 Tz 11 = ZMR 2011, 790.

Volker Emmerich

der Parteien, hilfsweise nach **§ 556b Abs 1**.[19] Die Fälligkeit der erhöhten Miete kann aber natürlich nicht vor der Wirksamkeit der Vertragsänderung in Gestalt der Mieterhöhung eintreten. Besonderheiten gelten deshalb, wenn der Mieter auf Klage des Vermieters hin **zur Zustimmung** zur Mieterhöhung **verurteilt** wird. In diesem Fall muss sich grundsätzlich aus dem Tenor des Urteils ergeben, von wann ab die erhöhte Miete geschuldet wird (Rn 6); entsprechend ist bereits der **Antrag** des Vermieters zu formulieren. Unklar ist die Rechtslage, wenn der Vermieter **keinen** entsprechenden **Antrag** stellt und sich auch nicht aus seinem sonstigen Vortrag ergibt, von wann ab er (unter Berücksichtigung des frühestmöglichen Termins aufgrund des § 558b Abs 1) eine Vertragsänderung durch Erhöhung der Miete beantragt.[20] Entgegen einer verbreiteten Meinung[21] bleibt es auch dann nach Meinung des BGH bei der gesetzlichen Regel des §§ 558b Abs. 1.[22]

7   Im Falle einer **längeren Dauer des Rechtsstreits** kann die Regelung des § 558b Abs 1 zur Folge haben, dass der Mieter im Augenblick der Zustimmung oder Verurteilung bereits mit erheblichen Beträgen im Rückstand ist. Deshalb billigt das Gesetz in **§ 569 Abs 3 Nr 3** dem Mieter eine **zusätzliche Schonfrist von zwei Monaten** ab Rechtskraft des Urteils zu, binnen derer eine **Kündigung** des Vermieters (nur) nach § 543 Abs 2 Nr 3 ausgeschlossen ist. Möglich bleibt aber von Fall zu Fall eine Kündigung des Vermieters nach § 543 Abs 1 oder § 573 Abs 2 Nr 1, wobei jedoch die Wertungen des § 569 Abs 2 Nr 3 zu berücksichtigen sein dürften, so dass es sich dabei um ausgesprochene Ausnahmefälle handeln wird.[23]

7a   Davon zu trennen ist die Frage, ob der Mieter bei Verlust des Rechtsstreits **mit den rückständigen Beträgen in Verzug** gerät, so dass er zusätzlich Verzugszinsen schuldet (§§ 286, 288).[24] Man muss hier unterscheiden zwischen dem **Verzug** des Mieters **mit** der unter den Voraussetzungen der §§ 558ff geschuldeten **Zustimmung** zu dem Mieterhöhungsverlangen des Vermieters **und** einem etwaigen Verzug mit der schließlich festgesetzten höheren **Miete**. Die vom Mieter tatsächlich geschuldete höhere *Miete* ergibt sich aus dem Urteil, so dass der Mieter mit diesem zusätzlichen Betrag erst **ab Rechtskraft** des Urteils in Verzug geraten kann mit der Folge, dass er für die vorausgegangene Zeitspanne keine Verzugszinsen schuldet.[25] Dagegen kann der Mieter von Fall zu Fall durchaus mit der **geschuldeten Zustimmung** zu dem Mieterhöhungsverlangen des Vermieters auf Mahnung hin **in Verzug** geraten, freilich immer erst nach Ablauf der Zustimmungsfrist des § 558b Abs 2 S 1, so dass hier auch Raum für die Anwendung des § 280 Abs 2 in Verb mit § 286 ist, nicht dagegen für die Anwendung des § 288.[26] Als ersatzfähiger **Schaden** des Vermieters kommen dann insbesondere ein Zinsverlust oder zusätzliche Rechtsverfolgungskosten in Betracht (§§ 249 und 252).

8   **4. Zustimmungsfrist.** Das Gesetz hat in **§ 558b Abs 2 S 1** dem Mieter für die Entscheidung über die Annahme des Antrags des Vermieters auf Mieterhöhung (§ 558a) eine **besondere Frist** eingeräumt, um ihm die Möglichkeit zu eröffnen, sich über die Berechtigung des Mieterhöhungsverlangens des Vermieters anhand der vom diesem dafür gegebenen Begründung (§ 558a) klar zu werden. Die Frist beträgt **mindestens zwei (volle) Kalendermonate**. Sie beginnt mit Zugang des Mieterhöhungsverlangens beim Mieter und

---

19 Begr zum RegE BT-Drucks 14/4553, S 55 (r Sp u).
20 Ausführlich *Börstinghaus* Miethöhe-Hdb, Kap 8 Rn 14 (S 387f).
21 *Börstinghaus* (vorige Fn); *Schmidt-Futterer/Börstinghaus* § 558b Rn 45ff; str
22 BGH WuM 2011, 423 Tz 8 f = ZMR 2011, 790.
23 S *Börstinghaus* NZM 2007, 788, 794.
24 S dazu *Lehmann-Richter* NZM 2006, 849; *P Meier* WuM 1990, 531; *Staudinger* Rn 10.
25 BGH NJW 2005, 2310 = NZM 2005, 496; NZM 2005, 582 = WuM 2005, 458, 460.
26 BGH NJW 2005, 2310 = NZM 2005, 496; NZM 2005, 582 = WuM 2005, 458, 460.

läuft danach gemäß § 558b Abs 2 S 1 bis zum Ablauf des zweiten, dh des übernächsten Kalendermonats. Bei einer **Mehrheit von Mietern** kommt es auf den Zugang bei dem letzten Mieter an. Die **Fristberechnung** richtet sich im Einzelnen nach den §§ 187ff, so dass auch § 193 Anwendung findet.[27]

Die **Bedeutung der Zustimmungsfrist** für das Mieterhöhungsverfahren beruht vor **9** allem darauf, dass erst ihr fruchtloser Ablauf nach § 558b Abs 2 S 2 den Lauf der **Klagefrist** von weiteren drei Monaten **auslöst.** Eine vorher erhobene Klage ist grundsätzlich unzulässig, so dass die Einhaltung der Zustimmungsfrist vor Klageerhebung eine **Prozessvoraussetzung** darstellt.[28] Etwas anderes gilt nur, wenn der Mieter bereits vor Ablauf der Zustimmungsfrist **jede Mieterhöhung bestimmt und endgültig verweigert,** weil in derartigen Fällen das Festhalten an der vollen Zustimmungsfrist als Prozessvoraussetzung eine bloße Formalität wäre.[29] Gleich steht der Fall, dass der anwaltlich vertretene Mieter während des Rechtsstreits endgültig jede Mieterhöhung ablehnt, nachdem der Vermieter im Rechtsstreit ein wirksames Erhöhungsverlangen nachgeholt hatte (§ 558b Abs 3).[30]

Für die **Zustimmung** des Mieters selbst hat der Ablauf der Zustimmungsfrist dagegen **10** keine unmittelbare Bedeutung, da eine Zustimmung des Mieters zu dem Mieterhöhungsverlangen des Vermieters jederzeit und insbesondere auch noch **während** der sich anschließenden **Klagefrist** möglich ist.[31] Erhebt der Vermieter binnen der Klagefrist tatsächlich **Klage** auf Zustimmung des Mieters, so **verlängert** sich die **Annahmefrist** erneut, diesmal bis zum Abschluss des Rechtsstreits (s im Übrigen u Rn 14). Der Rechtsstreit **erledigt** sich, soweit der Mieter dem Mieterhöhungsverlangen des Vermieters während des Rechtsstreits zustimmt. Erhebt der Vermieter dagegen **keine Zustimmungsklage,** so stellt die Zustimmung des Mieters *nach* Ablauf der Klagefrist einen **neuen Antrag** des Mieters dar (§ 150 Abs 2), dem der Vermieter in aller Regel zustimmen dürfte (s § 151, Rn 14). Die Zustimmungsfrist kann zwar nicht vertraglich verkürzt, wohl aber **verlängert** werden (§ 558b Abs 4), und zwar wohl auch einseitig durch den Vermieter in dem Mieterhöhungsverlangen, weil der Mieter dadurch nur begünstigt wird;[32] jedoch wird dadurch nichts an der Regelung des § 558b Abs 2 S 1 geändert, so dass die gesetzliche Klagefrist auf jeden Fall mit Ablauf der gesetzlichen Zustimmungsfrist des § 558b Abs 2 S 1 zu laufen beginnt.[33]

II. Zustimmungsklage

1. Zulässigkeit. Wenn der Mieter dem Mieterhöhungsverlangen des Vermieters nicht **11** binnen der Frist des § 558b Abs 2 S 1 zustimmt, muss der Vermieter innerhalb der sich anschließenden Klagefrist des § 558b Abs 2 S 2 Klage auf Zustimmung erheben, wenn er seinen Anspruch auf Mieterhöhung aus § 558 gegen den Mieter gerichtlich durchsetzen will. Diese Klage ist eine normale **Leistungsklage**, gerichtet auf Abgabe einer Willenserklärung (u Rn 19). Die **Zuständigkeit** richtet sich nach § 29a Abs 1 ZPO und nach § 23 Nr 2 lit a GVG, die **Vollstreckung** nach § 894 ZPO (s u Rn 19). **Streitgegenstand** ist die Zustim-

---

27 S *Börstinghaus* Miethöhe-Hdb, Kap 7 Rn 67, Kap 8 Rn 31f (S 376, 396ff).
28 BGH NJW-RR 2004, 1159 = NZM 2004, 581; NZM 2006, 652 = WuM 2006, 518 f Tz 6; BayObLGZ 1982, 78, 83ff = NJW 1982, 1292; *Emmerich* in: FS Lüke (1997) 65, 72ff.
29 KG OLGZ 1981, 83 = WuM 1981, 54; OLG Celle NJWE-MietR 1996, 76 = WuM 1996, 20, 21; LG Mannheim NZM 1999, 957.
30 OLG Celle NJWE-MietR 1996, 76 = WuM 1996, 20, 21.
31 LG Hannover WuM 1990, 222, 223; LG Berlin ZMR 1996, 267, 268.
32 BGH WuM 2011, 423 Tz 11 = ZMR 2011, 790.
33 S LG München I WuM 1994, 383, 384; LG Kiel WuM 1994, 547.

mung des Mieters zur Erhöhung der Miete aus einem bestimmten Mietverhältnis um einen Betrag zu einem bestimmten Zeitpunkt.[34]

12   Die **Zulässigkeit** der Zustimmungsklage setzt nur voraus, dass ihr ein **formell wirksames Erhöhungsverlangen** vorausgegangen ist (o Rn 9) und dass die Klage während der **Klagefrist** des § 558b Abs 2 S 2 erhoben wird (u Rn 13f). Es genügt, wenn diese Prozessvoraussetzungen **im Augenblick der letzten mündlichen Verhandlung** vorliegen, selbst wenn sie bei Klageerhebung noch nicht erfüllt waren. Eine vorzeitig erhobene Klage wird daher durch Fristablauf während des Rechtsstreits (nachträglich) zulässig.[35]

13   Die **Klagefrist** beträgt nach § 558b Abs 2 S 2 **drei Monate**. Die Frist beginnt am ersten Tag nach Ablauf der Zustimmungsfrist (§ 187 Abs 2; s o Rn 11) und endet am letzten Tag des zweiten folgenden Kalendermonats (§ 188 Abs 2, 3, 193 ZPO; wegen § 193 BGB s schon Rn 8). Sie ist eine **Ausschlussfrist**, gegen deren Versäumung es **keine Wiedereinsetzung** in den vorigen Stand gibt (§ 233 ZPO); eine **verspätete Klage** ist daher als *unzulässig* abzuweisen.[36] Für eine entsprechende Anwendung des § 558b Abs 3 ist kein Raum, so dass eine **Heilung** *dieses* Mangels **nicht möglich** ist.[37]

14   Die **Klagefrist** wird **nur durch** rechtzeitige **Erhebung der Klage** auf Zustimmung des Mieters vor Ablauf der Frist **gewahrt**. Erforderlich ist dafür grundsätzlich, dass die Klage dem Mieter vor Ablauf der Frist zugestellt wird (§ 253 Abs 1 ZPO). Erhebung der Klage durch Telefax oder Computerfax reicht aus.[38] Gemäß **§ 167 ZPO** genügt es außerdem, wenn die Klage lediglich vor Fristablauf eingereicht wird, sofern nur die **Zustellung „demnächst"** erfolgt, vorausgesetzt, dass der Vermieter alles getan hat, um eine alsbaldige Zustellung der Klage zu ermöglichen. Die Erhebung einer Zahlungs- oder Feststellungsklage reicht zur Wahrung der Klagefrist nicht aus. Mit **Ablauf der Frist** erlischt das Erhöhungsverlangen, so dass ihm der Mieter jetzt nicht mehr zustimmen kann (s o Rn 8). Erklärt der Mieter jetzt noch seine „Zustimmung", so gilt dies als neuer Antrag, jetzt des Mieters (§ 150 Abs 1, s Rn 8).

2. Heilung von Mängeln

15   **a) Nachholung.** Nach **§ 558b Abs 3** kann der Vermieter, wenn der Klage ein Erhöhungsverlangen vorausgegangen ist, das nicht den Anforderungen des § 558a entspricht, dieses im Rechtsstreit nachholen *oder* die Mängel des Verlangens beheben, dh nachbessern. Auch in diesem Fall steht jedoch dem Mieter gemäß § 558b Abs 3 S 2 die Zustimmungsfrist des § 558b Abs 2 S 1 zu. Zum Verständnis dieser Regelung muss man sich vergegenwärtigen, dass **nur** ein **formell wirksames Erhöhungsverlangen** die Zustimmungs- und die **Klagefrist auslöst**, so dass ohne vorausgegangenes formell wirksames Erhöhungsverlangen eine nachfolgende **Klage unzulässig** ist (o Rn 9, 12). § 558b Abs 3 S 1 zeigt jedoch, dass dieser **Mangel** durch Nachholung eines wirksamen Erhöhungsverlangens *oder* durch Behebung des Mangels im Rechtsstreit **geheilt** werden kann. Diese Regelung ist (nur) anwendbar auf sämtliche **formellen Mängel** des Erhöhungsverlangens, wie sie sich insbesondere aus einem Verstoß gegen die §§ 558 Abs 1 und 558a ergeben können. **Kostennachteile** drohen dem Mieter von ihr nicht, weil er nach Behebung des Mangels sofort den Antrag anerkennen oder dem Mieterhöhungsverlangen zustimmen kann – mit

---

34 LG Berlin ZMR 1985, 130.
35 KG OLGZ 1981, 83 = WuM 1981, 54; BayObLGZ 1982, 78 = NJW 1982, 1292; BayObLGZ 1982, 173 = WuM 1982, 154.
36 Begr zum RegE BT-Drucks 14/4553, S 56 (l Sp o); LG Berlin GE 1996, 1549; LG Hamburg ZMR 2010, 188.
37 LG Frankenthal NJW 1985, 273; LG Duisburg WuM 2005, 457.
38 BGHZ 144, 160, 164f = NJW 2000, 2340.

der Folge, dass dann der Vermieter die Kosten des Rechtsstreits tragen muss (§§ 93, 91a ZPO).[39]

Die Behebung etwaiger formeller Mängel des Mieterhöhungsverlangens (o Rn 15) ist **16** zunächst dadurch möglich, dass der Vermieter ein **wirksames Mieterhöhungsverlangen** im Rechtsstreit **nachholt** (§ 558b Abs 3 S 1). In diesem Fall ist die **erneute Vornahme** eines wirksamen, insbesondere dem § 558a entsprechenden Erhöhungsverlangens **erforderlich**. Der Vermieter muss also, wenn er (ausnahmsweise) diesen Weg wählt, etwa, weil er sein Mieterhöhungsverlangen jetzt auf eine andere Begründung stützen will, ein vollständiges, neues Erhöhungsverlangen an den Mieter richten, das als solches, dh für sich *allein* den Anforderungen des § 558a genügt.[40] Eine **Bezugnahme** auf das erste unwirksame Erhöhungsverlangen, etwa hinsichtlich der Begründung, ist in diesem Fall nicht möglich.[41]

Die Nachholung kann **außerhalb des Rechtsstreits oder in diesem** geschehen. Will **17** der Vermieter das Mieterhöhungsverlangen im Rechtsstreit in einem **Schriftsatz** nachholen, so ist freilich erforderlich, dass die Natur des Schriftsatzes als Nachholung des materiell-rechtlichen Erhöhungsverlangens eindeutig klargestellt wird.[42] Die beglaubigte Abschrift eines Schriftsatzes reicht dafür nur aus, wenn die Beglaubigung vom Prozessvertreter des Vermieters stammt; außerdem muss in diesem Fall § 174 beachtet werden.[43] Es handelt sich dabei um eine **Klageänderung**, die jedoch nach dem Zweck des § 558b Abs 3 jedenfalls im ersten Rechtszug in aller Regel als sachdienlich zuzulassen ist (§§ 263, 267 ZPO).[44] Im zweiten Rechtszug ist die Nachholung des Mieterhöhungsverlangens gleichfalls grundsätzlich möglich, soweit die darin liegende Klageänderung zugelassen wird.[45]

b) Nachbesserung. Neben der Nachholung eines Mieterhöhungsverlangens im **18** Rechtsstreit (o Rn 15f) ist auch die **Behebung etwaiger Mängel** des Erhöhungsverlangens **noch im Rechtsstreit** im Wege der sogenannten Nachbesserung des Erhöhungsverlangens möglich. Gedacht ist dabei in erster Linie an die nachträgliche Beseitigung formeller Mängel, dh von Mängeln der Form oder der Begründung des Erhöhungsverlangens (s § 558a Abs 1).

Erkennt das Gericht im Rechtsstreit die Heilungsmöglichkeit, so stellt sich die Frage, **18a** ob das Gericht nach § 139 ZPO verpflichtet ist, die Parteien auf die Heilungsmöglichkeit hinzuweisen. Bejaht man eine derartige **Hinweispflicht** des Gerichts, so kommen je nach den Umständen des Falles (nach dem Hinweis aufgrund des § 139 ZPO) im Falle der Nachbesserung des Mieterhöhungsverlangens die Wiedereröffnung der mündlichen Verhandlung (§ 156 ZPO), die Einräumung einer Schriftsatzfrist gemäß § 139 Abs 5 ZPO sowie eine entsprechende Terminierung nach § 227 ZPO in Betracht, so dass nach der Nachbesserung des Vermieters auch noch Zeit für den Ablauf der Zustimmungsfrist des Mieters verbleibt (s § 558b Abs 3 S 2).[46] Die Anerkennung einer Hinweispflicht des Gerichts nach § 139 ZPO in Verbindung mit einer Prozessgestaltung, die eine Sachentscheidung nach Ablauf der durch die Nachbesserung des Mieterhöhungsverlangens ausgelösten neuen Zustim-

39 S die Begr z RegE BT-Drucks 14/4553, S 56; ebenso KG WuM 1984, 101, 103; LG Augsburg WuM 1991, 597; *Hinz* NZM 2002, 633, 638f; *Paschke* NZM 2008, 705, 709.

40 OLG Oldenburg NZM 2000, 31, 32; LG Berlin GE 2010, 63; AG Solingen ZMR 2011, 649, 650.

41 LG Dortmund WuM 1992, 197; 1992, 255.

42 LG Fulda NJW-RR 1988, 912.

43 LG Karlsruhe WuM 1985, 320; *Staudinger* Rn 22.

44 BGH NZM 2003, 229, 230 = NJW 2003, 963 (unter 2b); LG Berlin GE 2010, 63; *Paschke* NZM 2008, 705, 706.

45 BayObLGZ 1989, 277 = NJW-RR 1989, 1172; LG Berlin WuM 1998, 229, 230; *Paschke* NZM 2008, 705, 710.

46 Im Einzelnen str, s *Börstinghaus* Hdb Kap 6 Rn 225ff; *Hinz* NZM 2002, 633; *Paschke* NZM 2008, 705.

mungsfrist ermöglicht (§§ 156, 227 ZPO), setzt sich freilich nur langsam durch,[47] während die wohl hM darauf beharrt, dass in den genannten Fällen das Gericht nicht gehindert ist, die Klage – trotz der Heilungsmöglichkeit – ohne weiteres als unzulässig abzuweisen.[48] Dies erscheint nur wenig angemessen (§ 139 ZPO).

19   **3. Antrag.** Die Klage auf Erteilung der Zustimmung des Mieters ist eine **Leistungsklage**, gerichtet auf Abgabe einer Willenserklärung. Die Vollstreckung eines der Klage stattgebenden Urteils richtet sich daher nach **§ 894 ZPO.**[49] Sind auf einer oder beiden Seiten **mehrere Personen** an dem Vertrag beteiligt, so müssen sie grundsätzlich gemeinsam klagen oder verklagt werden, da sie **notwendige Streitgenossen** sind (wegen möglicher Ausnahmen s § 558a Rn 3). Der **Antrag** muss **bestimmt** sein, so dass der Vermieter in der Klage genau angeben muss, um welchen **Betrag** die Miete von wann ab erhöht werden soll; außerdem muss der **Endbetrag** der nach Meinung des Vermieters fortan geschuldeten Miete benannt werden; andernfalls ist der Antrag unzulässig (§ 253 ZPO).[50] Der Vermieter sollte ferner grundsätzlich den **Zeitpunkt** angeben, von dem ab seiner Meinung nach die Mieterhöhung in Kraft treten soll; fehlt solche Angabe, so ist nach der Rechtsprechung entgegen einer verbreiteten Meinung von § 558b Abs. 1 auszugehen (s Rn 6). Schließlich ist noch erforderlich, dass das **Mietverhältnis identifiziert** und der **Grund** des Erhöhungsverlangens entsprechend den Merkmalen des § 558 wenigstens in groben Zügen angegeben wird. Weitergehende Angaben sind zur Wahrung der Klagefrist durch die Klage nicht erforderlich. Eine Verbindung der Zustimmungsklage mit der Zahlungsklage im Wege der **Stufenklage** wird überwiegend mit guten Gründen abgelehnt (§ 259 ZPO).[51] Anders ist aber im zweiten Rechtszug zu entscheiden, wenn die Verurteilung des Mieters zur Zustimmung zu der vom Vermieter geforderten Mieterhöhung mittlerweile rechtskräftig geworden ist.[52]

20   **4. Beweis.** Der **Vermieter** trägt die **Beweislast** für die Voraussetzungen des von ihm behaupteten Anspruchs auf Zustimmung des Mieters zu der gewünschten Vertragsänderung nach § 558.[53] Das gilt auch, wenn der Mieter den Zugang des Erhöhungsverlangens bestreitet.[54] Lediglich, wenn der Mieter behauptet, er habe rechtzeitig, dh noch vor Klageerhebung dem Erhöhungsverlangen des Vermieters zugestimmt, verschiebt sich die Beweislast auf ihn.

21   Im Rechtsstreit kann sich der Vermieter zum Beweis für seine Behauptungen auf **jedes zulässige Beweismittel** stützen, ohne dabei an das für die Begründung des Erhöhungsverlangens gewählte Mittel gebunden zu sein. Eine Klageänderung liegt darin nicht.[55] Das Gericht ist gleichfalls bei der Auswahl seiner Erkenntnisquellen frei und nicht etwa auf die-

---

47 LG Berlin GE 2008, 995; *Paschke* NZM 2008, 705, 707ff.
48 LG München I NJW-RR 2004, 523, 524 = NZM 2004, 420; AG Pinneberg ZMR 2003, 583, 584; AG Berlin-Charlottenburg GE 2004, 693; *Hinz* NZM 2002, 633, 635ff.
49 BayObLGZ 1989, 277, 281 = NJW-RR 1989, 1172; OLG Frankfurt NZM 2001, 418, 419 = WuM 2001, 231.
50 LG Berlin GE 2003, 669.
51 *Börstinghaus* NZM 1999, 881, 888; *Eckert/Rauh* ZMR 1999, 335ff; anders LG Duisburg NJW-RR 1999, 12 = NZM 1998, 764; offen gelassen in BGH NJW-RR 2005, 1169 = NZM 2005, 582.
52 BGH (vorige Fn).
53 *Emmerich* PiG Bd 13 (1983) 51, 61; *Sternel* Mietrecht, Rn III 754.
54 BGHZ 70, 232, 234 = NJW 1978, 886; BGHZ 101, 49, 54f = NJW 1987, 2235.
55 BVerfGE 37, 123, 149 = NJW 1974, 1499; BVerfGE 53, 352 = NJW 1980, 1617; BGH LM Nr 3 zu § 24 1. BMietG = NJW 1960, 1248; LG Dortmund WuM 2005, 723, 725.

jenigen beschränkt, auf die sich der Vermieter stützt (§ 286 ZPO).[56] In Betracht kommen als Beweismittel an sich in erster Linie **Sachverständigengutachten**. Ein derartiges *gerichtliches* Sachverständigengutachten darf nicht mit einem Sachverständigengutachten zur Begründung eines Mieterhöhungsverlangens nach § 558a Abs 2 Nr 3 verwechselt werden, da an gerichtliche Gutachten wesentlich *höhere* Anforderungen als an Gutachten nach § 558a Abs 2 Nr 3 gestellt werden, denen Gutachten in der Praxis tatsächlich nur selten genügen (s im einzelnen o § 558a Rn 20). Deshalb haben die Gerichte, nicht zuletzt aus Kosten- und Zeitgründen, bereits vor Einführung des qualifizierten Mietspiegels deutlich **Mietspiegel** als Erkenntnismittel für die Höhe der ortsüblichen Vergleichsmiete gegenüber Sachverständigengutachten **bevorzugt**.[57] Diese Bevorzugung von Mietspiegeln ist an sich, wenn überhaupt, nur berechtigt, wenn der Mietspiegel auf einem breiten Datenmaterial beruht und nach anerkannten empirisch-statistischen Verfahren aufgestellt ist, dh den Anforderungen eines **qualifizierten Mietspiegels** im Sinne des § 558d genügt, so dass Raum für die Vermutungswirkung des § 558d Abs 3 ist (s u § 558d Rn 12). Gleichwohl billigt der **BGH einfachen Mietspiegeln**, selbst wenn sie nur von den Interessenvertretern der Vermieter und der Mieter erstellt wurden, gleichfalls zumindest eine **Indizwirkung** zu, so dass sich die Gerichte für die Ermittlung der ortsüblichen Vergleichsmiete auch auf einfache Mietspiegel stützen können, vorausgesetzt, dass der Mietspiegel wenigstens den Anforderungen des § 558c Abs. 1 genügt, worüber dann gegebenenfalls Beweis erhoben werden muss,[58] – wofür freilich wieder nur teure Sachverständigengutachten in Betracht kommen dürften.

Beschränkt sich der Streit der Parteien auf die Frage, **wie** die fragliche **Wohnung** **22** **in den Mietspiegel einzuordnen** ist, so kommen als Beweismittel in erster Linie eine Augenscheinseinnahme und hilfsweise ein Sachverständigengutachten in Betracht. Entsprechendes gilt, wenn die Parteien über die Frage streiten, wie die fragliche Wohnung in die **in** einem Mietspiegel ausgewiesene **Spanne einzuordnen** ist. Soweit der Mietspiegel mit „Orientierungshilfen" verbunden ist, haben diese keine normative Bedeutung und binden deshalb das Gericht nicht. Der abweichenden Praxis ist nicht zu folgen (s o § 558 Rn 12).

5. Streitwert. Der **Gebührenstreitwert** richtet sich nach **§ 41 Abs 5 GKG**, nach **23** dem für die Streitwertberechnung höchstens der *Jahresbetrag* des *zusätzlich* geforderten Mietbetrags maßgebend ist; keine Rolle spielt dabei, ob sich der Vermieter auf einen oder auf mehrere Mieterhöhungsverlangen stützt und ob die Parteien im Rechtsstreit einen Vergleich abschließen.[59] Umstritten ist, ob § 41 Abs 5 GKG entsprechend **auch für** den **Beschwerdewert** für Berufungen zu gelten hat. Die Entscheidung hängt davon ab, ob insoweit von § 3 ZPO oder von den §§ 8 und 9 ZPO auszugehen ist. Nachdem sich in diesem Streit das BVerfG und der **BGH** für die Anwendung der §§ 8 und 9 ZPO entschieden haben,[60] sollte der Streit eigentlich entschieden sein, so dass der Streitwert grundsätzlich auf das **Dreieinhalbfache des jährlichen Differenzbetrages** festzusetzen ist.[61]

---

56 BVerfG WM 1992, 707, 708; LG Bochum NJW-RR 1991, 1039; LG Potsdam WuM 2004, 671.

57 Zustimmend BVerfG WM 1992, 707, 708; s u § 558c Rn 3.

58 BGH WuM 2010, 505, 506 Tz 12ff = NJW 2010, 2946 = NZM 2010, 665; NJW 2013, 775 Tz 16 ff = NZM 2013, 138.

59 LG Berlin NZM 2013, 233 = WuM 2012, 511; anders aber für eine Feststellungsklage hinsichtlich der zukünftigen Miete KG NJW-RR 2010, 371.

60 BVerfG NJW 1996, 1531 = WuM 1996, 321; BGH WuM 2007, 32 Tz 4 = ZMR 2007, 107.

61 Ebenso zB LG Freiburg ZMR 2002, 667; LG Nürnberg-Fürth WuM 1996, 158; *Börstinghaus* NZM 1999, 881, 888; *Gärtner* WuM 1997, 160.

Volker Emmerich

§ 558c

Mietspiegel

[1] Ein Mietspiegel ist eine Übersicht über die ortsübliche Vergleichsmiete, soweit die Übersicht von der Gemeinde oder von Interessenvertretern der Vermieter und der Mieter gemeinsam erstellt oder anerkannt worden ist.

[2] Mietspiegel können für das Gebiet einer Gemeinde oder mehrerer Gemeinden oder für Teile von Gemeinden erstellt werden.

[3] Mietspiegel sollen im Abstand von zwei Jahren der Marktentwicklung angepasst werden.

[4] Gemeinden sollen Mietspiegel erstellen, wenn hierfür ein Bedürfnis besteht und dies mit einem vertretbaren Aufwand möglich ist. Die Mietspiegel und ihre Änderungen sollen veröffentlicht werden.

[5] Die Bundesregierung wird ermächtigt, durch Rechtsverordnung mit Zustimmung des Bundesrates Vorschriften über den näheren Inhalt und das Verfahren zur Aufstellung und Anpassung von Mietspiegeln zu erlassen.

I. Begriff

1   § 558c regelt die Aufstellung und Fortschreibung (Aktualisierung) von (einfachen) Mietspiegeln. Die Vorschrift steht in engem Zusammenhang mit § 558d, aus dem sich die zusätzlichen Anforderungen an qualifizierte Mietspiegel ergeben. In § 558d Abs 5 enthält das Gesetz ergänzend eine **Ermächtigung** der Bundesregierung, durch **Rechtsverordnung** Vorschriften über den näheren Inhalt und das Verfahren zur Aufstellung und Anpassung von Mietspiegeln zu erlassen. Eine derartige Rechtsverordnung ist indessen nicht in Sicht.[1] Die **Bundesregierung** hat sich stattdessen bisher darauf beschränkt, wiederholt durch Berichte, Richtlinien oder Hinweise zur Aufstellung von Mietspiegeln Stellung zu nehmen.[2] Eine aktualisierte Fassung dieser **Hinweise** ist im Herbst **2002** erschienen.[3] – Momentan gibt es in **knapp 500** Gemeinden und Städten **Mietspiegel.**[4] Wo dies der Fall ist, wird die große Mehrzahl der Mieterhöhungsverlangen unter Hinweis auf den betreffenden Mietspiegel begründet. Auch die Gerichte ziehen meistens Mietspiegel sämtlichen anderen Verfahren zur Ermittlung der ortsüblichen Vergleichsmiete vor (Rn 5).

2   Ein **einfacher Mietspiegel** ist nach § 558c Abs 1 eine Übersicht über die ortsübliche Vergleichsmiete im Sinne des § 558 Abs 2 S 1 und 2, soweit die Übersicht entweder von der Gemeinde *oder* von Interessenvertretern der Vermieter und der Mieter gemeinsam erstellt

---

1 S die Begr zum RegE BT-Drucks 14/4553 S 57 (l Sp); WuM 2001, 479.
2 S den Bericht BT-Drucks 7 [1976] 5160; BBauM, Fortschreibung der Hinweise für die Aufstellung von Mietspiegeln, WuM 1980, 165; Bundesministerium für Raumordnung, Bauwesen und Städtebau, Hinweise zur Aufstellung von Mietspiegeln (1997).
3 Bundesministerium für Verkehr, Bau- und Wohnungswesen, Hinweise zur Erstellung von Mietspiegeln 2002, abgedruckt bei *Börstinghaus/Clar*, Mietspiegel, Erstellmg und Anwendung, 2. Aufl 2013; S 401 ff.
4 Zusammenstellung der Gemeinden bei *Börstinghaus/Clar*, Mietspiegel S 471 ff.

oder anerkannt worden ist. Eine Übersicht über Mietpreise muss folglich **zwei Voraussetzungen** erfüllen, wenn sie als (einfacher) Mietspiegel im Sinne der §§ 558ff anerkannt werden soll: Es muss sich einmal um eine **Übersicht** über die ortsübliche Vergleichsmiete im Sinne des § 558 Abs 2 handeln; diese Übersicht muss zum anderen **von einer Gemeinde oder von Interessenvertretern** der Vermieter und der Mieter gemeinsam entweder **erstellt oder doch anerkannt** worden sein (s u Rn 5ff). Mietpreisübersichten, die diesen Anforderungen nicht genügen, sind keine Mietspiegel im Sinne des Gesetzes, können aber von Fall zu Fall (entgegen der hM) durchaus als sonstige Begründungsmittel im Sinne des § 558a Abs 2 Verwendung finden (§ 558a Rn 34a).

Mietspiegel haben vor allem **zwei Aufgaben:** Nach dem Gesetz (§ 558a Abs 2 Nr 1) **3** dienen sie vor allem als **Begründungsmittel** für Mieterhöhungsverlangen des Vermieters (s dazu o § 558a Rn 12ff). In der Praxis ist ihnen daneben die zweite Aufgabe zugewachsen, in Mieterhöhungsverfahren als **Mittel zur Feststellung der Vergleichsmiete** zu dienen, obwohl Mietspiegel – an sich – im Sinne des Beweismittelrechts der ZPO nichts anderes als **Parteigutachten** darstellen, die wie der gesamte Parteivortrag vom Gericht frei zu würdigen sind (§ 286 ZPO).[5] Gleichwohl ziehen die Gerichte seit langem, vielfach unter Berufung auf § 287 ZPO, Mietspiegel, iS des § 558c jedem anderen Mittel zur Feststellung der Vergleichsmiete vor. Mietspiegeln wird maW eine **Indizwirkung** zugebilligt, auf die sich die Gerichte im Mieterhöhungsverfahren stützen können, um die ortsübliche Vergleichsmiete zu ermitteln.[6]

Über die **Rechtsnatur** von Mietspiegeln gibt es unterschiedliche Auffassungen.[7] Man **4** muss in dieser Frage vor allem zwischen den einfachen Mietspiegeln des § 558c und den qualifizierten des § 558d unterscheiden (zu den letzteren s u § 558d Rn 5). Für die **einfachen Mietspiegel** ist daran festzuhalten, dass es sich bei ihnen aus prozessualer Sicht um **bloße Parteigutachten** handelt (s o Rn 3). Ihre Aufstellung ist daher selbst bei den Gemeinden lediglich eine schlichtverwaltende Tätigkeit (u Rn 5), so dass für eine **Anfechtung** einfacher Mietspiegel vor den Verwaltungsgerichten **kein Raum** ist.[8] Die Überprüfung ihrer Verwertbarkeit im Rechtsstreit ist vielmehr allein Sache der ordentlichen Gerichte im Mieterhöhungsverfahren.[9]

II. Aufstellung[10]

Das Gesetz unterscheidet in § 558c die Erstellung (oder besser: Aufstellung) und die **5** Anerkennung von Mietspiegeln. Unter der **Aufstellung von Mietspiegeln** versteht man die Erhebung und Auswertung von Daten für einen Mietspiegel. Für das dabei zu **beobachtende Verfahren** lässt sich mit Bezug auf die einfachen Mietspiegel des § 558c Abs 1 dem Gesetz lediglich entnehmen, dass sie eine **Übersicht** über die ortsübliche Vergleichsmiete im Sinne des § 558 Abs 2 enthalten *und* von Gemeinden *oder* von Interessenvertretern der Vermieter *und* der Mieter gemeinsam entweder **erstellt oder** doch **anerkannt** sein müssen. Eine bestimmte **Methode** ist dagegen für die Aufstellung **nicht vorgeschrieben;** erforderlich ist lediglich, dass dabei der Begriff der ortsüblichen Vergleichsmiete, wie er

---

5 KG GE 1991, 341, 343; *Börstinghaus/Clar,* Mietspiegel S 31 f.
6 S o § 558b Rn 21; BGH WuM 2010, 505, 506 Tz 12ff = NZM 2010, 665; NJW 2013, 775 Tz 16 f = NZM 2013, 138.
7 S *Börstinghaus* NZM 2003, 377, 384; *Brüning* NZM 2003, 921; *P Huber* ZMR 1992, 469.
8 BVerwGE 100, 262 = NJW 1996, 2046; BVerwG NJW 1999, 735, 737; zu den qualifizierten Mietspiegeln s u § 558d Rn 5.
9 BGH NJW 2013, 775 Tz 18 = NZM 2013, 138.
10 Dazu ausführlich *Börstinghaus/Clar* Mietspiegel, 151 ff.

durch § 558 Abs 2 bestimmt wird, beachtet wird. Dazu gehört zB, dass in dem Mietspiegel kein Wohnraum berücksichtigt wird, bei dem die Miethöhe durch Gesetz oder im Zusammenhang mit einer Förderzusage festgelegt wurde (§ 558 Abs 2 S 2).

6   Sind die genannten Mindestvoraussetzungen für die Aufstellung eines (einfachen) Mietspiegels erfüllt (o Rn 5), so **taugt** der fragliche „Mietspiegel" jedenfalls **als Begründungsmittel** für ein Mieterhöhungsverlangen nach § 558a Abs 2 Nr 1, gleichgültig, wie im Übrigen bei seiner Aufstellung verfahren wurde. Dementsprechend finden sich in der Praxis **sehr unterschiedliche Mietspiegel** bis hin zu solchen, die der Sache nach von den Gemeinden mit den Interessenvertretern oder von diesen allein aufgrund weithin beliebigen Materials letztlich „ausgehandelt" wurden.[11] In besonderem Maße gilt das für die sogenannten **Orientierungshilfen,** die neuerdings häufig Mietspiegeln beigefügt werden, um die Einordnung einer Wohnung in die meistens ausgewiesenen Mietspannen zu erleichtern[12], so dass die Bedeutung, die die Rechtsprechung heute vielfach derartigen Orientierungshilfen beimisst, verfehlt ist (s o § 558 Rn 12). Nur in wenigen Städten sind bislang wirklich repräsentative Erhebungen durchgeführt worden, wobei die Ergebnisse überwiegend in **Tabellenform,** gelegentlich aber auch in Rechenformeln entsprechend der **Regressionsmethode** ausgewertet werden, wogegen nach hM keine Bedenken bestehen sollen.[13]

III. Aufsteller

7   Das Gesetz lässt – als Begründungsmittel und als Basis für qualifizierte Mietspiegel (s §§ 558a Abs 2 Nr 1, 558d) – nur Mietspiegel zu, die entweder von den Gemeinden (Rn 8f) *oder* von den Interessenvertretern der Vermieter *und* der Mieter (Rn 10) gemeinsam entweder erstellt *oder* anerkannt wurden (§ 558c Abs 1). Mit dieser Regelung wird bezweckt, den Mietspiegeln eine möglichst große **Akzeptanz** zu sichern.

8   **1. Gemeinden.** Das **Gesetz bevorzugt** deutlich die Aufstellung oder Anerkennung von Mietspiegeln durch **Gemeinden, ohne** dass deshalb doch den von Gemeinden aufgestellten oder anerkannten Mietspiegeln rechtlich gesehen ein **Vorrang** vor anderen Mietspiegeln zukäme. **Konkurrieren** infolgedessen in einer Gemeinde **mehrere Mietspiegel,** zB Mietspiegel einer Gemeinde *und* von Interessenvertretern, so sind sie zwar alle als Begründungsmittel geeignet (§§ 558a Abs 2 Nr 1, 558c Abs 1); in einem Mieterhöhungsrechtsstreit kommt ihnen indessen in diesem Fall kein Erkenntniswert mehr zu.[14] Zu beachten ist, dass das Gesetz in § 558c Abs 1 zwischen der **Erstellung und** der **Anerkennung** von Mietspiegeln unterscheidet. Beides, die eigene Aufstellung wie die Anerkennung eines von anderer Seite aufgestellten Mietspiegels seitens der Gemeinde führt also zur Annahme eines einfachen Mietspiegels im Sinne des § 558c. Der Regelfall dürfte die **Anerkennung eines von einem Dritten,** zB einem sozialwissenschaftlichen Forschungsinstitut, im Auftrag der Gemeinde **erstellten Mietspiegels** seitens der auftraggebenden Gemeinde sein (s § 558d Abs 1). Die Auftragserteilung ist in diesem Fall ebenso wie die Anerkennung ein **rechtsgeschäftlicher Akt,** der von dem nach der jeweiligen Kommunalverfassung zuständigen **Vertretungsorgan der Gemeinde** ausgehen muss. Ob das Vertretungsorgan der Gemeinde dazu der Zustimmung des Gemeinderats bedarf, beurteilt

---

11   *Börstinghaus* NZM 1999, 433; 2000, 1087; 2003, 380f.
12   S *Blümmel* GE 2005, 625.
13   S *Staudinger* Rn 8 m Nachw.
14   *Börstinghaus* NZM 1999, 113; anders *Brüning* NZM 2003, 921, 926f.

sich nach Kommunalrecht und ist für die Anwendung des § 558c ohne Belang.[15] § 558c Abs 4 fügt hinzu, dass Gemeinden Mietspiegel erstellen „sollen", wenn hierfür ein Bedürfnis besteht und dies mit einem vertretbaren Aufwand möglich ist. Eine **Verpflichtung** zur Aufstellung von Mietspiegeln folgt daraus indessen **nicht**.[16]

Nach § 558c Abs 4 S 2 sollen Mietspiegel und ihre Änderungen **veröffentlicht** werden. **9** Deshalb müssen Mietspiegel jedenfalls in **Schriftform** vorliegen[17]; nicht erforderlich ist dagegen eine rechtsförmliche Veröffentlichung wie bei Rechtsnormen[18], vielmehr genügen auch andere Formen der **Publikation** des Mietspiegels. Zu denken ist hier in erster Linie an einen Abdruck in der Tagespresse, an die Verteilung des Mietspiegels bei allen Mieter- und Vermieterhaushalten oder an die Auslage des Mietspiegels an für jedermann zugänglichen Stellen. Die Veröffentlichung ist **keine Wirksamkeitsvoraussetzung** des Mietspiegels; ein gemeindlicher Mietspiegel tritt vielmehr „in Kraft", sobald er von dem Vertretungsorgan der Gemeinde aufgestellt oder anerkannt ist.

2. Verbände. Als Aufsteller von Mietspiegeln kommen nach § 558c Abs 1 ferner Inte- **10** ressenvertreter der Vermieter *und* der Mieter „gemeinsam" in Betracht. Auch bei ihnen genügt die gemeinsame Anerkennung eines von einem Dritten, zB einem Forschungsinstitut, aufgestellten Mietspiegels; gleich steht die Anerkennung eines von der einen Seite aufgestellten Mietspiegels durch Interessenvertreter der anderen Seite. Die **Rechtsnatur** dieser „gemeinsamen Feststellung oder Anerkennung" eines Mietspiegels seitens der beteiligten Verbände ist bisher kaum erörtert worden. Es dürfte sich dabei um einen **vergleichsähnlichen**, nicht geregelten **Feststellungsvertrag** handeln, auf den in einzelnen Beziehungen § 779 entsprechend angewandt werden kann. Besondere **Anforderungen an die Größe und die Zahl** der mitwirkenden „Interessenvertreter der Vermieter und der Mieter", dh der Vermieter- oder Mieterverbände stellt das Gesetz nicht. Es genügt vielmehr, wenn nur überhaupt irgendein Verband jeder der beiden Seiten mitgewirkt hat, selbst wenn ein wesentlich größerer Verband seine Mitwirkung ablehnt.[19] Ein von Verbänden aufgestellter Mietspiegel ist ohne Rücksicht auf seine Veröffentlichung (o Rn 9) **existent**, sobald er von den Vertretern der Verbände gemeinsam anerkannt oder aufgestellt ist.[20] § 558c Abs 4 S 2 des § 558c gilt zwar auch für die von Interessenvertretern erstellten oder anerkannten Mietspiegel; die **Veröffentlichung** ist hier jedoch ebenso wenig eine Wirksamkeitsvoraussetzung des Mietspiegels wie bei den gemeindlichen Mietspiegeln (o Rn 9).

IV. Gebiet

Mietspiegel können nach § 558c Abs 2 nicht nur für das Gebiet einer Gemeinde, **11** sondern auch für das **Gebiet mehrerer Gemeinden** oder nur für **Teile von Gemeinden** erstellt werden, um es den Aufstellern zu ermöglichen, Gemeinden oder Gemeindeteile, die stark im Einzugsgebiet einer größeren anderen Gemeinde liegen und mit dieser zusammen einen einheitlichen Wohnungsmarkt bilden, in einen gemeinsamen Mietspiegel einzubeziehen.[21] Diese Regelung ist *nicht unproblematisch*, vor allem, weil sie nur schwer mit

15 S *Börstinghaus/Clar*, Mietspiegel 157.
16 S die Begr zum RegE BT-Drucks 14/4553, S 57 (l Sp).
17 *Blank* PiG Bd 62 (2002), 17, 18f.
18 S die Begr zum RegE BT-Drucks 14/4553, S 37.
19 OLG Hamm WuM 1990, 538; *Börstinghaus/Clar*, Mietspiegel 159 f.
20 LG Essen ZMR 1996, 88 = NJW-RR 1996, 1416.
21 Begr zum RegE BT-Drucks 14/4553, S 56 (r Sp u); *Börstinghaus/Clar*, Mietspiegel 157.

Volker Emmerich

der Definition der ortsüblichen Vergleichsmiete in § 558 Abs 2 zu vereinbaren ist, die auf die Durchschnittsmieten in *einer*, nicht in mehreren Gemeinden abstellt. Deshalb ist es auf jeden Fall unerlässlich, in einem etwaigen gemeinsamen Mietspiegel für mehrere Gemeinden die Vergleichsmieten für jede Gemeinde gesondert auszuweisen.[22]

V. Fortschreibung

12   Mietspiegel können ihre primäre Aufgabe, als Begründungsmittel für Mieterhöhungsverlangen zu dienen (§ 558a Abs 2 Nr 1), nur erfüllen, wenn sie **möglichst aktuell** sind, weil sich das Mietpreisgefüge wie alle Marktdaten im Zeitablauf ständig ändert. Deshalb bestimmt § 558c Abs 3, dass Mietspiegel **im Abstand von zwei Jahren** der Marktentwicklung **angepasst** werden „sollen". Eine **Verpflichtung** hierzu besteht aber **nicht**.[23] Auch für das bei der **Anpassung** des Mietspiegels an die Marktentwicklung zu beobachtende **Verfahren** enthält das Gesetz keine Vorgaben, so dass der jeweilige Aufsteller des Mietspiegels in der Wahl der „Fortschreibungskriterien" frei ist.[24] *§ 558d Abs 2 S 2* bezieht sich nur auf qualifizierte Mietspiegel; ihm kann aber entnommen werden, dass als **Fortschreibungsmittel** insbesondere Stichproben sowie die Entwicklung des Preisindexes für die Lebenshaltung aller privaten Haushalte in Betracht kommen, daneben aber auch andere geeignete Kriterien.[25] Der Erkenntniswert derartiger „angepasster" Mietspiegel nimmt jedoch im Laufe der Zeit ab, so dass über kurz oder lang doch eine Neuaufstellung des Mietspiegels erforderlich wird, wenn er noch eine gewisse Aussagekraft über die ortsübliche Mietpreissituation besitzen soll (vgl § 558d Abs 2 S 3).[26]

VI. Beendigung[27]

13   Ein Mietspiegel verliert seine Gültigkeit, wenn der Aufsteller zu erkennen gibt, dass er den Mietspiegel fortan **nicht mehr „anerkennt"**, sowie bei Erstellung oder **Anerkennung eines neuen Mietspiegels** (§ 558c Abs 1). Dies ändert indessen nichts an der Wirksamkeit eines mit dem alten, seinerzeit in Kraft befindlichen Mietspiegel begründeten Mieterhöhungsverlangens.[28] Ebenso wenig bestehen Bedenken gegen die **Verwertbarkeit des neuen Mietspiegels** im anschließenden Rechtsstreit als zusätzliches Erkenntnismittel, sofern nur der neue Mietspiegel Aussagen für den fraglichen Zeitraum enthält, etwa, weil sein Datenmaterial diesen Zeitraum mit umfasst.[29]

---

22 *Blank* PiG Bd 62 (2002) 17, 19.
23 S die Begr zum RegE BT-Drucks 14/4553, S 56 (r Sp u); *Börstinghaus/Clar,* Mietspiegel 193; s schon o Rn 8.
24 Begr (vorige Fn).
25 *Blank/Börstinghaus* § 558c Rn 20.
26 Ebenso *Börstinghaus* NZM 2003, 377, 381f; str.
27 Einzelheiten bei *Börstinghaus/Clar,* Mietspiegel 190 ff.
28 S BVerfG WuM 1992, 48; LG Berlin GE 2004, 626.
29 LG Berlin GE 1996, 1110; 2004, 626; LG Lübeck WuM 2001, 82, 83.

§ 558d

Qualifizierter Mietspiegel

[1] Ein qualifizierter Mietspiegel ist ein Mietspiegel, der nach anerkannten wissenschaftlichen Grundsätzen erstellt und von der Gemeinde oder von Interessenvertretern der Vermieter und der Mieter anerkannt worden ist.

[2] Der qualifizierte Mietspiegel ist im Abstand von zwei Jahren der Marktentwicklung anzupassen. Dabei kann eine Stichprobe oder die Entwicklung des vom Statistischen Bundesamt* ermittelten Preisindexes für die Lebenshaltung aller privaten Haushalte in Deutschland zugrunde gelegt werden. Nach vier Jahren ist der qualifizierte Mietspiegel neu zu erstellen.

[3] Ist die Vorschrift des Absatzes 2 eingehalten, so wird vermutet, dass die im qualifizierten Mietspiegel bezeichneten Entgelte die ortsübliche Vergleichsmiete wiedergeben.

1. Überblick. § 558d regelt in seinen beiden ersten Absätzen zunächst die **Voraus-** **1** **setzungen,** die ein (einfacher) Mietspiegel im Sinne des § 558c *zusätzlich* erfüllen muss, um als qualifizierter Mietspiegel iS des Gesetzes zu gelten (u Rn 3ff), sowie sodann in Abs 3 die wichtigste **Rechtsfolge,** die das Gesetz an das Vorliegen eines qualifizierten Mietspiegels knüpft, nämlich die **Vermutung,** dass die im qualifizierten Mietspiegel bezeichneten Entgelte die ortsübliche Vergleichsmiete wiedergeben (u Rn 8ff). Eine weitere Rechtsfolge ist die **Mitteilungspflicht des § 558a Abs 3,** nach dem in einem Mieterhöhungsverlangen, gleichgültig, wie es begründet wird, bei Vorliegen eines qualifizierten Mietspiegels immer *auch* auf die Werte dieses Mietspiegels hingewiesen werden muss, vorausgesetzt nur, dass der qualifizierte Mietspiegel überhaupt Angaben über die betreffende Wohnung enthält (s o § 558a Rn 35ff).

Mit der Einführung qualifizierter Mietspiegel im Jahre 2001 wurde **bezweckt,** Mieter- **2** höhungsstreitigkeiten auf eine (vermeintlich) „objektive" Basis zu stellen.[1] Im Schrifttum ist die Einführung qualifizierter Mietspiegel wegen der an sie geknüpften, weitgehenden Rechtsfolgen (§§ 558a Abs 3, 558d Abs 3) (zu Recht) auf verbreitete **Kritik** gestoßen.[2]

2. Voraussetzungen. Ein **einfacher Mietspiegel,** dh ein solcher, der die Vorausset- **3** zungen des § 558c erfüllt (s dazu o § 558c Rn 2ff), muss nach **§ 558d Abs 1 zusätzlich** die folgenden **beiden Voraussetzungen** erfüllen, um als qualifizierter Mietspiegel im Sinne des Gesetzes zu gelten: Erforderlich ist zunächst, dass der Mietspiegel nach **wissenschaftlichen Grundsätzen** erstellt wurde (§ 558d Abs 1; dazu u Rn 4). Hinzu kommen muss noch, dass dieser (nach wissenschaftlichen Grundsätzen erstellte) Mietspiegel **von**

---

* Im BGBl: „Bundesamtes" (wohl Redaktionsversehen).
1 S die Begr z RegE BT-Drucks 14/4553, S 36, 57.
2 S *Staudinger* Rn 4.

                                Volker Emmerich

der **Gemeinde oder von Interessenvertretern** der Vermieter und der Mieter **anerkannt** wurde (dazu u Rn 5):

4   **a) Erstellung nach anerkannten wissenschaftlichen Grundsätzen. Erste Vorausset-zung** für die Annahme eines qualifizierten Mietspiegels ist, dass der fragliche Mietspiegel (iS des § 558c) nach „anerkannten wissenschaftlichen Grundsätzen" erstellt wurde (§ 558d Abs 1). Damit ist gemeint, dass der Mietspiegel den Grundsätzen der **Gültigkeit,** der **Zuverlässigkeit** und der **Repräsentativität** genügen muss.[3] Wichtig ist vor allem, dass die erhobenen Daten **möglichst repräsentativ** sind und dass die **Datenauswertung** wissenschaftlichen Grundsät-zen entspricht.[4] Dadurch soll gewährleistet werden, dass er ein möglichst realistisches Abbild des Wohnungsmarktes liefert.[5] Wird aus Kostengründen auf eine Erhebung aller Daten ver-zichtet und stattdessen lediglich eine **Stichprobe** durchgeführt, so müssen zumindest sämtli-che Teilmärkte in der Stichprobe entsprechend ihrem Anteil an der Grundgesamtheit vertreten sein. Dies bedeutet insbesondere, dass bei Aufstellung des Mietspiegels in Tabellenform jedes Feld mit **mindestens 30 Wohnungen** belegt ist. Fehlt es daran bei einzelnen Feldern, so stellt der Mietspiegel insoweit lediglich einen einfachen Mietspiegel im Sinne des § 558c dar, dem insbesondere nicht die Vermutungswirkung des § 558d Abs 3 zukommt (wohl aber gegebe-nenfalls hinsichtlich der übrigen Felder, die mit einer ausreichenden Zahl von Wohnungen belegt sind).[6] Für die **wissenschaftliche Auswertung** der erhobenen Daten stehen nach dem jetzigen Stand der statistischen Wissenschaft in erster Linie die **Tabellen- und** die (nicht unproblematische) **Regressionsmethode** zur Verfügung. Hinzukommen muss noch, dass die Anwendung der betreffenden **Methode** einschließlich der Datensammlung und -auswertung ausreichend **dokumentiert** wird, um ihre Nachprüfung zu ermöglichen.[7]

5   **b) Anerkennung. Zweite Voraussetzung** für die Annahme eines qualifizierten Miet-spiegels im Sinne der §§ 558a ff ist, dass der nach wissenschaftlichen Grundsätzen erstellte Mietspiegel (o Rn 4) von der Gemeinde oder von den Interessenvertretern der Vermieter *und* der Mieter anerkannt wurde. Diese Anerkennung ist ebenso wie im Falle des § 558c Abs 1 eine **Willenserklärung** der Gemeinde oder der Verbände, so dass für ihre Abgabe das jeweils vertretungsberechtigte Organ zuständig ist.[8] Wieweit dieser Erklärung bei den Gemeinden ein Beschluss der Gemeindevertretung vorausgehen muss, ist eine Frage der Kommunalverfassung und im vorliegenden Zusammenhang daher ohne Belang.[9] Obwohl das Gesetz dies nicht sagt, dürfte außerdem § 558c Abs 4 S 2 entsprechend anzuwenden sein, so dass die Anerkennung eines Mietspiegels als qualifizierter zu veröffentlichen ist, wobei die **Veröffentlichung** hier auch als Wirksamkeitsvoraussetzung der Anerkennung des Mietspiegels als qualifizierter zu behandeln ist. Kommt es zur Anerkennung unter-schiedlicher Mietspiegel seitens einer Gemeinde und der Verbände, so kann im Ergebnis keiner der sich widersprechenden Mietspiegel als qualifizierter behandelt werden.

---

3 S dazu Bundesministerium für Bau- und Wohnungswesen, Hinweise zur Erstellung von Mietspiegeln (2002), abgedruckt bei *Börstinghaus/Clar* Mietspiegel S 401; *Börstinghaus* NZM 2000, 1087, 1089f; 2002, 273, 274f; 2003, 377; *Börstinghaus/Clar* Mietspiegel S 167 ff.
4 Bundesministerium für Bau- und Wohnungswesen, Hinweise zur Erstellung von Mietspiegeln (2002); LG Berlin GE 2004, 1296; *Börstinghaus/Clar* Mietspiegel S 170 ff; *Börstinghaus* NZM 2003, 377, 385ff.
5 S die Begr zum RegE BT-Drucks 14/4553, S 57 (r Sp).
6 KG NZM 2009, 544 = NJW-RR 2009, 1165.
7 Begr zum RegE BT-Drucks 14/4553, S 57 (r Sp); Stellungnahme der Bundesregierung BT-Drucks 14/4553 S 100 (r Sp u); Ausschussbericht BT-Drucks 14/5663 S 80 (r Sp); *Börstinghaus/Clar* Mietspiegel S 176 ff.
8 AG Dortmund WuM 2003, 35f; *Börstinghaus* NZM 2003, 377, 384f.
9 S AG Dortmund WuM 2003, 35f; *Börstinghaus* NZM 2002, 273, 274; *Börstinghaus/Clar* Mietspiegel S 180.

c) Rechtsschutz. Wegen der weitreichenden Rechtsfolgen qualifizierter Mietspiegel **5a** (s insbesondere §§ 558a Abs 3 und 558d Abs 3) stellt sich die Frage des Rechtsschutzes der Betroffenen und insbesondere der Vermieter. Ursprünglich wurde vielfach die Auffassung vertreten, zumindest die Anerkennung eines qualifizierten Mietspiegels durch eine Gemeinde müsse verwaltungsgerichtlich überprüft werden können, wobei klagebefugt (als unmittelbar in seinen Rechten betroffen) jeder Vermieter von Wohnraum sei (§ 42 VwGO).[10] Dem hat sich indessen die verwaltungsgerichtliche Rechtsprechung nicht angeschlossen,[11] so dass ein **Rechtsschutz** gegen qualifizierte Mietspiegel allein in einem Mieterhöhungsverfahren durch die **ordentlichen Gerichte** möglich ist.[12] Diese müssen folglich, wenn substantiierte Einwände gegen die Eigenschaft eines Mietspiegels als qualifizierter erhoben werden, dem im Rechtsstreit nachgehen, wenn es darauf, etwa für die Anwendung der Vermutung des § 558d Abs. 3, ankommt.[13] Die ordentlichen Gerichte werden dadurch vor sehr schwierige Aufgaben gestellt, denen im Regelfall wohl nur durch die Einholung teurer und zeitaufwendiger Sachverständigengutachten begegnet werden kann. Nur in wenigen Fällen wird stattdessen die Einholung amtlicher Auskünfte oder die Anhörung sachverständiger Zeugen genügen.[14] Dass dadurch die Vermutungswirkung des § 558d Abs. 3 deutlich relativiert wird, ist hinzunehmen (s Rn 8, 9a).

3. Anpassung. Mietspiegel müssen, wenn sie ihre verschiedenen Funktionen (Rn 1) **6** sachgerecht erfüllen sollen, möglichst **aktuell** sein. Deshalb bestimmt bereits § 558c Abs 3 für *alle* Mietspiegel (einschließlich der einfachen), dass sie im Abstand von zwei Jahren der Marktentwicklung angepasst werden „sollen" (s dazu o § 558c Rn 12). § 558d Abs 2 S 1 fügt (nur) für qualifizierte Mietspiegel hinzu, dass sie **im Abstand von zwei Jahren** der Marktentwicklung (nur einmal) **angepasst** werden **müssen**, widrigenfalls sie ihre Eigenschaft als qualifizierte Mietspiegel einbüßen. Der Anpassung kann nach S 2 des § 558d Abs 2 (nur) eine **Stichprobe oder die Entwicklung des** vom Statistischen Bundesamt ermittelten **Preisindexes** für die Lebenshaltung aller privaten Haushalte in Deutschland (seit der ersten Datenerhebung) zugrunde gelegt werden. Eine Fortschreibung auf anderen Wegen ist nicht zulässig.[15] Spätestens **nach vier Jahren** ist der qualifizierte Mietspiegel schließlich **neu** zu erstellen, um seine Aktualität und damit seine Qualität zu gewährleisten (S 3 des § 558d Abs 2). Beide **Fristen** sind von der Anerkennung des Mietspiegels ab zu berechnen, weil erst dadurch der Mietspiegel zum qualifizierten wird.[16] Durchgeführt werden muss die Anpassung entweder von einer **Gemeinde oder von Interessenvertretern** der Vermieter und der Mieter **gemeinsam**, weil nur diese zur Erstellung und damit auch zur Anpassung von Mietspiegeln befugt sind (§ 558d Abs 1 und 2). Nicht notwendig ist freilich, dass der Ersteller und derjenige, der den Mietspiegel anpasst, identisch sind.

Mit der **Indexierung** des qualifizierten Mietspiegels wird **bezweckt**, das Niveau der **7** ortsüblichen Miete nach zwei Jahren entsprechend der Rate der allgemeinen Geldentwertung zu ändern.[17] Dabei wird stillschweigend (kontrafaktisch) unterstellt, dass das Miet-

---

10 LG Berlin GE 2004, 1296; *Blank* PiG Bd 62 (2002) 17, 30; *Brüning* NZM 2003, 921, 927ff = WuM 2003, 303; *Hinz* NZM 2001, 264, 269; *Kniep/Gratzel* WuM 2008, 645, 646.
11 OVG Münster WuM 2006, 623; VG Minden ZMR 2004, 226, 227f.
12 BGH NJW 2013, 775 Tz 18 = NZM 2013, 138, 140 = WuM 2013, 110.
13 BGH NJW 2013, 775 Tz 13ff = NZM 2013, 138, 140 = WuM 2013, 110; dazu ausführlich *Börstinghaus/Clar* Mietspiegel S 237 ff.
14 BGH NJW 2013, 775 Tz 19–25 = NZM 2013, 138, 140 = WuM 2013, 110.
15 S die Begr z RegE, BT-Drucks 14/4553, S 57.
16 Str, s *Börstinghaus/Clar* Mietspiegel S 197f; *Staudinger* Rn 13.
17 Begr (o Fn 14).

Volker Emmerich

preisniveau mit der Rate der Geldentwertung korreliert, wovon tatsächlich keine Rede sein kann.[18] Die Anpassung erfolgt prozentual durch Änderung der Mietspiegelwerte um so viele Prozentpunkte, wie sich die Vergleichsgröße verändert hat. Für eine **Stichprobe** nach § 558d Abs 2 S 2 sind wesentlich weniger Daten als für die Neuerstellung eines Mietspiegels erforderlich.[19] Aber auch die Ziehung der Stichproben muss wissenschaftlichen Grundsätzen genügen (s § 558d Abs 1) und deshalb möglichst **repräsentativ** sein, weil nur dann ermittelt werden kann, wie sich das Mietpreisniveau in den einzelnen Teilmärkten entwickelt und möglicherweise verschoben hat. et.[20]

4. Vermutungswirkung
a) Gesetzliche Vermutung

8   Nach **§ 558d Abs 3** wird von einem (aktuellen) qualifizierten Mietspiegel **vermutet**, dass die in ihm bezeichneten Entgelte die ortsübliche Vergleichsmiete wiedergeben. Bei dieser Vermutung handelt es sich um eine **gesetzliche Vermutung** im Sinne des **§ 292 ZPO**.[21] Dies bedeutet, dass, sobald die **Ausgangstatsachen bewiesen** sind, das Vorliegen bestimmter weiterer Tatsachen kraft Gesetzes vermutet wird, so dass, um die Vermutung zu entkräften, der **volle Gegenbeweis** erforderlich ist. Sorgfältig zu beachten ist, dass die Anwendung der Vermutung danach voraussetzt, dass die Ausgangstatsachen und damit insbesondere das Vorliegen eines qualifizierten Mietspiegels tatsächlich bewiesen sind, so dass derjenige, gegen den die Vermutung streitet, im Mieterhöhungsverfahren z.B. der Mieter, sofern sich der Vermieter auf einen qualifizierten Mietspiegel beruft, jederzeit substantiiert die *Ausgangstatsachen bestreiten* kann, wodurch dann der Vermieter insbesondere zu dem schwierigen **Vollbeweis** gezwungen wird, dass ein etwa vorliegende Mietspiegel sämtliche Voraussetzungen eines qualifizierten Mietspiegels nach § 558d Abs 1 erfüllt.[22] Die Vermutungswirkung des § 558d Abs 3 wird dadurch deutlich **relativiert**.[23]

8a   Die Vermutungswirkung gilt entgegen dem insoweit missverständlichen Wortlaut des § 558d Abs 3 vom „Inkrafttreten" des qualifizierten Mietspiegels an für die Dauer von maximal vier Jahren, wobei sie in den letzten beiden Jahren zusätzlich von der Beachtung des § 558d Abs 2 abhängt (dazu o Rn 6f). Auf der Vermutungswirkung baut sodann wiederum die Mitteilungspflicht des Vermieters im Mieterhöhungsverlangen nach § 558a Abs 3 auf.

9   Vermutet wird nach § 558d Abs 3, dass die in dem qualifizierten Mietspiegel bezeichneten Entgelte die ortsübliche Vergleichsmiete wiedergeben, und zwar für diejenigen Wohnungen, deren Wohnwertmerkmale denen entsprechen, auf denen der Mietspiegel jeweils aufbaut. Weist der Mietspiegel wie üblich **Mietspannen** aus, so bezieht sich die Vermutung nicht etwa auf den **Mittelwert** der Spanne,[24] weil eben nach § 558d Abs 3 lediglich vermutet wird, dass die ortsübliche Vergleichsmiete irgendwo innerhalb der oft weitgespannten Spanne liegt (und nicht genau in deren Mitte).[25]

---

18 *Börstinghaus/Clar* Mietspiegel S 195; *Börstinghaus* NZM 2003, 377, 380f; *B Schmidt* WuM 2009, 23.
19 Ebenso *Lammel* § 558d Rn 26.
20 S *Staudinger* Rn 13.
21 S *Blank* PiG Bd 62 (2002) 17, 24ff; *Börstinghaus/Clar* Mietspiegel S 237ff; *Börstinghaus* NZM 2000, 1087, 1091f; 2002, 273; *Langenberg* WuM 2001, 523, 525.
22 S schon o Rn 5a; grdl BGH NJW 2013, 775 Tz 18 ff = NZM 2913, 338, 340 = WuM 2013, 110; *Börstinghaus/Clar* Mietspiegel Tz 504 ff (S 139 ff).
23 S auch u Rn 9a; ebenso ausdrücklich BGH NJW 2013, 775 Tz 20 = NZM 2913, 338, 340 = WuM 2013, 110.
24 So zB AG Dortmund NZM 2005, 258.
25 *Börstinghaus/Clar* Mietspiegel S 240.

Der BGH versteht bekanntlich unter der ortsüblichen Vergleichsmiete für den Regel- 9a
fall eine **Bandbreite** üblicher Mieten *innerhalb* der Spanne (§ 558 Rn 20 f), so dass es im
Mieterhöhungsverfahren die Aufgabe der Gerichte bleibt, innerhalb der (allein vermute-
ten) Spanne die tatsächliche Bandbreite der Einzelvergleichsmiete im Wege der **Schätzung nach § 287 ZPO** zu ermitteln, – wobei die Vermutung des § 558d Abs. 3 nicht weiter-
hilft, so dass sich im Ergebnis deren Bedeutung weiter relativiert (s schon oben Rn. 8). Die
üblicherweise den Mietspiegeln beigefügten **Orientierungshilfen** nehmen an der Vermutungswirkung *nicht* teil, schon, weil sie gewöhnlich von den Beteiligten einfach ausgehandelt werden.[26] Dasselbe gilt für sonstige dem Mietspiegel beigefügte „**Erläuterungen**", in
denen zB Zu- oder Abschläge von Mietspiegelwerten bei besonderen Vertragsgestaltungen
vorgesehen sind.[27] Dies hindert die Gerichte indessen nicht daran, die genannten Orientierungshilfen sowie sonstige Erläuterungen zu den Mietspiegeln im Rahmen des § 287 ZPO
bei der Ermittlung der Vergleichsmiete zu berücksichtigen.[28]

b) Anwendungsbereich. Der Anwendungsbereich der Vermutungswirkung des 10
§ 558d Abs 3 beschränkt sich auf **Verfahren**, in denen der Vermieter **nach § 558** die Zustimmung zur Erhöhung der Miete bis zur ortsüblichen Vergleichsmiete verlangt. In anderen
Verfahren ist für ihre Anwendung kein Raum. Wichtig ist das vor allem für Prozesse, in
denen es um die Anwendung des **§ 5 WiStG** geht.[29] Im Rahmen der Beweiswürdigung
kann aber auch hier das Gericht qualifizierten Mietspiegeln ein besonderes Gewicht bei
der Ermittlung der ortsüblichen Vergleichsmiete beilegen.

§ 558e

Mietdatenbank

**Eine Mietdatenbank ist eine zur Ermittlung der ortsüblichen Vergleichsmiete
fortlaufend geführte Sammlung von Mieten, die von der Gemeinde oder von Interessenvertretern der Vermieter und der Mieter gemeinsam geführt oder anerkannt
wird und aus der Auskünfte gegeben werden, die für einzelne Wohnungen einen
Schluss auf die ortsübliche Vergleichsmiete zulassen.**

Systematische Übersicht

1. Begriff —— 1
2. Auskünfte —— 4

3. Bedeutung —— 5

1. Begriff. § 558e regelt, welche Voraussetzungen sogenannte Mietdatenbanken 1
erfüllen müssen, damit Auskünfte derartiger Einrichtungen nach § 558a Abs 2 Nr 2 als
Begründungsmittel für Mieterhöhungsverlangen taugen (s schon o § 558a Rn 34). Nach
§ 558e ist dazu erforderlich, dass es sich bei der Mietdatenbank um eine zur Ermittlung

---

26 S KG NZM 2009, 544 = NJW-RR 2009, 1165; *Börstinghaus/Clar* Mietspiegel S 240f.
27 LG Bonn WuM 2009, 466.
28 KG NZM 2009, 544 = NJW-RR 2009, 1165; LG Berlin WuM 2003, 499; GE 2003, 1082; AG Dortmund NZM
2005, 258; AG Berlin-Neukölln GE 2003, 1023 f.; AG Berlin-Wedding GE 2003, 1084; weitergehend offenbar zu
Unrecht BGH WuM 2005, 394, 395 = NJW 2005, 2074 = NZM 2005, 498.
29 Anders *Blank* PiG Bd 62 (2002) 17, 24f.

Volker Emmerich

der ortsüblichen Vergleichsmiete fortlaufend geführte **Sammlung von Mieten** handelt, die von der **Gemeinde oder** von **Interessenvertretern** der Vermieter und Mieter **gemeinsam geführt oder anerkannt** wird und aus der **Auskünfte** gegeben werden, die ihrerseits für einzelne Wohnungen einen Schluss auf die ortsübliche Vergleichsmiete zulassen. Eine solche Mietdatenbank existierte bisher, soweit ersichtlich, lediglich eine Zeitlang in Hannover, spielt aber auch dort heute keine Rolle mehr, seit es einen Mietspiegel für Hannover gibt.[1] Als **Vorteil** dieser Datenbank wurde die Aktualität ihres Datenmaterials hervorgehoben, während als bisher nicht gelöste **Probleme** die mangelnde Repräsentativität der ausgewerteten Daten sowie die Berücksichtigung der Besonderheiten der einzelnen Wohnungen durch die an sich nötigen Zu- oder Abschläge galten (s u Rn 5).

2   Mietdatenbanken sind (im Zweifel gewerbliche) Einrichtungen, die (möglichst viele) **Daten** über lokale Mieten **sammeln**, diese Daten entsprechend den Vorgaben des § 558 Abs 2 ordnen und strukturieren, dh entsprechend den Wohnwertmerkmalen **gliedern sowie** schließlich durch die Ermittlung durchschnittlicher ortsüblicher Mieten **auswerten**. Voraussetzung ist, dass der Einrichtung in ausreichendem Maße (überprüfte) **repräsentative Werte** zur Verfügung stehen, wobei sich die Einrichtung mit Rücksicht auf § 558 Abs 2 *nicht* auf Neu- oder Wiedervermietungsmieten beschränken darf, sondern ein repräsentatives Verhältnis der Bestands- und der Neuabschlussmieten anstreben muss (s o § 558 Rn 15).

3   Hinzu kommen muss noch nach § 558e, dass die Mietdatenbank von einer **Gemeinde oder** von **Interessenvertretern** der Mieter *und* Vermieter gemeinsam **geführt oder anerkannt** wird. Ausreichend ist also auch die Führung der Mietdatenbank durch einen Dritten, insbesondere ein gewerbliches Unternehmen, in Verbindung mit der Anerkennung durch die Gemeinde *oder* durch Interessenvertreter der Mieter und Vermieter gemeinsam. Bei der **Anerkennung** handelt es sich ebenso wie in den Fällen der §§ 558c Abs 1 und 558d Abs 1 um eine Willenserklärung des Vertretungsorgans der Gemeinde oder der Interessenvertreter gemeinsam (s o § 558c Rn 8).

4   **2. Auskünfte.** Sind die genannten Voraussetzungen (o Rn 2f) erfüllt, so können **Auskünfte** der Mietdatenbank, die für einzelne Wohnungen einen Schluss auf die ortsübliche Vergleichsmiete zulassen, **(nur) als Begründungsmittel** nach § 558a Abs 2 Nr 2 verwandt werden (s o § 558a Rn 34). In welcher **Form** diese Auskünfte gegeben werden, ist nicht geregelt. In Betracht kommen wohl in erster Linie *anonymisierte* Hinweise auf Vergleichswohnungen, die Nennung eines *Mittelwerts* der gespeicherten Mieten für vergleichbare Wohnungen sowie eine aus diesem Datenmaterial abgeleitete *Spanne*, innerhalb derer sich dann (angeblich) die Miete für vergleichbare Wohnungen in der Gemeinde bewegen soll.[2] In jedem Fall muss die Auskunft so gestaltet werden, dass sie für einzelne Wohnungen einen **Schluss** auf die ortsübliche **Vergleichsmiete** zulässt (§ 558e). In der Auskunft müssen deshalb Daten genannt werden, die einen derartigen Schluss erlauben. Dazu gehören insbesondere Angaben über die Mietstruktur, über die der Auswertung zugrunde gelegten Wohnwertmerkmale und über die Zahl der jeweils ausgewerteten Daten. Als Form der Auskunft ist gemäß § 558a Abs 1 wenigstens Textform erforderlich. Die Kosten der Auskunft muss der Vermieter tragen. Die bloße Angabe einer Quadratmetermiete reicht in keinem Fall, weil solche Angabe keinen *Schluss* auf die ortsübliche Vergleichsmiete iSd

---

1 Wegen der Einzelheiten s *Blank* PiG Bd 62 (2002) 17, 31f; *Börstinghaus/Clar* Mietspiegel S 164; *Stöver* WuM 2002, 65 = NZM 2002, 279.
2 *Blank* PiG Bd 62 (2002) 17, 32; *Börstinghaus*, Miethöhe-Hdb. (2009) Kap 6 Rn 152ff; *Stöver* WuM 2002, 65 = NZM 2002, 279, 283f.

§ 558e zulässt; es sind vielmehr zusätzliche Informationen erforderlich, die einen ersten Eindruck von der Marktlage vermitteln, am besten in Gestalt von drei Vergleichswohnungen, – entsprechend § 558a Abs 2 Nr 4. Zugleich sollte die Auskunft aber zu der Angabe einer bestimmten Quadratmetermiete führen, um ihre Verwertbarkeit als Begründungsmittel sicherzustellen.

3. Bedeutung. Die Auskünfte von Mietdatenbanken (o Rn 4) haben allein Bedeutung 5 als **Begründungsmittel** für Mieterhöhungsverlangen (§ 558a Abs 2 Nr 2; s o § 558a Rn 34). Sie können dagegen **nicht** im Rechtsstreit als **Erkenntnismittel** für die Höhe der ortsüblichen Vergleichsmiete verwandt werden, da die Repräsentativität der ausgewerteten Daten nicht gewährleistet und auch nicht überprüfbar ist.[3]

§ 559
Mieterhöhung nach Modernisierungsmaßnahmen

(1) Hat der Vermieter Modernisierungsmaßnahmen im Sinne des § 555b Nummer 1, 3, 4, 5 oder 6 durchgeführt, so kann er die jährliche Miete um 11 Prozent der für die Wohnung aufgewendeten Kosten erhöhen.

(2) Kosten, die für Erhaltungsmaßnahmen erforderlich gewesen wären, gehören nicht zu den aufgewendeten Kosten nach Absatz 1; sie sind, soweit erforderlich, durch Schätzung zu ermitteln.

(3) Werden Modernisierungsmaßnahmen für mehrere Wohnungen durchgeführt, so sind die Kosten angemessen auf die einzelnen Wohnungen aufzuteilen.

(4) Die Mieterhöhung ist ausgeschlossen, soweit sie auch unter Berücksichtigung der voraussichtlichen künftigen Betriebskosten für den Mieter eine Härte bedeuten würde, die auch unter Würdigung der berechtigten Interessen des Vermieters nicht zu rechtfertigen ist. Eine Abwägung nach Satz 1 findet nicht statt, wenn
1. die Mietsache lediglich in einen Zustand versetzt wurde, der allgemein üblich ist,
2. die Modernisierungsmaßnahme aufgrund von Umständen durchgeführt wurde, die der Vermieter nicht zu vertreten hatte.

(5) Umstände, die eine Härte nach Absatz 4 Satz 1 begründen, sind nur zu berücksichtigen, wenn sie nach § 555d Absatz 3 bis 5 rechtzeitig mitgeteilt worden sind. Die Bestimmungen über die Ausschlussfrist nach Satz 1 sind nicht anzuwenden, wenn die tatsächliche Mieterhöhung die angekündigte um mehr als 10 Prozent übersteigt.

(6) Eine zum Nachteil des Mieters abweichende Vereinbarung ist unwirksam.

---

3 S o Rn 1; *Börstinghaus/Clar* Mietspiegel S 258; positiver dagegen *Blank* PiG Bd 62 (2002) 17, 32f; *Haber* NZM 2001, 305, 309; *Stöver* WuM 2002, 65 = NZM 2002, 279.

Volker Emmerich

I. Überblick

1 § 559 Abs 1 idF des Mietrechtsänderungsgesetzes von 2013 begründet ein **Recht des Vermieters zur einseitigen Mieterhöhung** (nur) bei Modernisierungsmaßnahmen im Sinne des § 555b Nr 1, 3, 4, 5 und 6, nicht also in den Fällen des § 555b Nr 2 und 7, und zwar durch die Bestimmung, dass der Vermieter in diesem Fall die jährliche Miete um 11% der für die Wohnung aufgewendeten Kosten erhöhen kann. Zu den für die Wohnung aufgewendeten Kosten im Sinne des § 559 Abs 1 gehören jedoch nicht die Kosten für Erhaltungsmaßnahmen, die gegebenenfalls zu schätzen sind (§ 559 Abs 2). Abs 3 der Vorschrift fügt hinzu, dass die Kosten angemessen auf die einzelnen Wohnungen aufzuteilen sind, wenn die Maßnahmen für mehrere Wohnungen durchgeführt wurden. Abs 4 S 1 des § 559 enthält sodann den zweiten Teil der früher einheitlich in § 554 Abs 2 S 3 aF geregelten Härteklausel unter Beschränkung auf die finanziellen Auswirkungen der Modernisierungsmaßnahme in Gestalt der Erhöhung der Miete sowie gegebenenfalls der Betriebskosten, sofern nicht einer der beiden Ausnahmetatbestände des § 559 Abs 4 S 2 eingreift. Abs 5 der Vorschrift überträgt schließlich noch die Regelung über die Ausschlussfrist für die Geltendmachung von Härtegründen in § 555d Abs 2–5 auf den zweiten in § 559 Abs 4 geregelten Teil der Härteklausel. **Zweck** der Regelung ist es, dem Vermieter einen **(finanziellen) Anreiz zur Durchführung von Wohnungsmodernisierungen** einschließlich neuerdings insbesondere der energetischen Modernisierungsmaßnahmen im Sinne des § 555b Nr 1 zu geben.

2 Modernisierungsmaßnahmen werden häufig in die dem Mieter überlassene Wohnung eingreifen und beeinträchtigen dann, wenn auch nur vorübergehend, den ihm vom Vermieter geschuldeten vertragsgemäßen Gebrauch (§ 535 Abs 1). In derartigen Fällen stellt sich zunächst die Frage nach der **Duldungspflicht** des Mieters. Diese Frage beurteilt sich – unabhängig von § 559 – ausschließlich nach **§ 555d** sowie gegebenenfalls nach § 242. Davon zu trennen ist die Frage, wann der Vermieter von Wohnraum wegen der von ihm durchgeführten Modernisierungsmaßnahmen die **Miete erhöhen** kann. Allein diese Frage beantwortet **§ 559**, wobei aus dem Zusammenhang der §§ 555d und 559 heute allgemein der Schluss gezogen wird, dass das Recht des Vermieters zur Mieterhöhung nach § 559 nur davon abhängt, dass der Mieter *zur Duldung* der fraglichen Maßnahmen nach § 555d *verpflichtet* war (**Duldungstheorie**).[1] Daraus folgt, dass der Vermieter im Falle von Modernisierungsmaßnahmen zumindest **in zwei Fällen** ohne weiters zur **Mieterhöhung** nach § 559 berechtigt ist, einmal wenn der Mieter den fraglichen Maßnahmen **zugestimmt** hat (§ 311 Abs 1), zum anderen, wenn der Mieter zur **Duldung** der Maßnahmen nach § 555d **verpflichtet** war, wozu für den Regelfall auch gehört, daß der Vermieter seiner **Ankündigungspflicht** aus § 555c fristgerecht nachgekommen ist. Die lange umstrittene Frage, wie

---

[1] OLG Hamm OLGZ 1981, 329 = NJW 1981, 1622; OLG Karlsruhe NJW 1984, 62.

die Rechtslage bei Verstößen des Vermieters gegen die Ankündigungspflicht aus § 555c zu beurteilen ist, hat erst im Jahr 2013 eine Regelung im Anschluss an die Rechtsprechung des BGH in dem neuen § 559b Abs 2 Nr 1 gefunden.

II. Anwendungsbereich

§ 559 gilt im Gegensatz zu § 555d allein für **Wohnraummietverhältnisse**, soweit 3 nicht einer der Ausnahmetatbestände des § 549 Abs 2 und 3 eingreift (s § 578 Abs 2). Keine Rolle spielt, ob der Vermieter die Modernisierungsmaßnahmen **freiwillig oder aufgrund behördlicher Anordnungen** vorgenommen hat. Eine **Übergangsvorschrift** findet sich in Art. 229 § 29 Abs 1 EGBGB von 2013. Eine Anwendung des § 559 ist **ausgeschlossen**, wenn die Parteien ausdrücklich oder konkludent etwas anderes vereinbart haben (§ 557 Abs 3). Eine Mieterhöhung nach § 559 ist ferner ausgeschlossen unter den Voraussetzungen des § 557a Abs 2 S 3, dh bei Vereinbarung einer Staffelmiete.

III. Wahlrecht des Vermieters

Nach der Durchführung von Modernisierungsmaßnahmen hat der Vermieter ein 4 Wahlrecht (s schon o § 558 Rn 25 ff). Er ist nicht etwa gezwungen, nach § 559 vorzugehen, sondern kann statt dessen auch, wie vor allem § 558 Abs 5 zeigt, den **Weg über § 558** wählen.[2] Die Rechtslage gestaltet sich dann unterschiedlich, je nachdem, welchen Weg der Vermieter wählt. Geht er nach **§ 559** vor, so ist er nicht an die Obergrenze der ortsüblichen Vergleichsmiete gebunden und braucht auch nicht die Kappungsgrenze zu beachten (§ 558 Abs 1 und 3). Führt jedoch diese Mieterhöhung (etwa wegen hoher Kürzungsbeträge nach § 559a) ausnahmsweise noch nicht bis zur Höhe der ortsüblichen Vergleichsmiete, so kann er **anschließend** immer noch die Miete nach **§ 558** bis zu diesem Niveau anheben, wobei freilich wiederum die genannten Kürzungsbeträge zu berücksichtigen sind (§ 558 Abs 5).[3] Als vergleichbar iS des § 558 Abs 1 sind dabei andere entsprechend **modernisierte Wohnungen** zu berücksichtigen, selbst wenn deren Miete gleichfalls zuvor nach § 559 erhöht wurde. Anders ist die Situation dagegen, wenn der Vermieter von vornherein nach **§ 558** vorgeht und als Vergleichsmaßstab die Miete **für andere** ebenso **modernisierte Wohnungen** wählt, weil es dann bei dieser Mieterhöhung sein Bewenden hat; eine anschließende nochmalige Erhöhung der schon erhöhten Miete durch Umlage der Modernisierungskosten nach **§ 559** ist **nicht möglich**.[4]

IV. Bauherr

Nach § 559 Abs 1 kommt eine Mieterhöhung nur in Betracht, wenn es gerade der „Ver- 5 mieter" war, der Modernisierungsmaßnahmen, dh die „baulichen Veränderungen" iS des § 555b Nr 1, 3, 4, 5 und 6 „durchgeführt" hat. **Vermieter und Bauherr** müssen mit anderen Worten grundsätzlich **identisch** sein. Für eine Mieterhöhung nach § 559 ist daher nur Raum, wenn die fraglichen Maßnahmen vom **Vermieter** (allein oder zusammen mit Dritten) **während der Mietzeit im eigenen Namen und auf eigene Rechnung in Auftrag gegeben** worden waren, wobei es natürlich keinen Unterschied macht, ob er die

---

2 Rechtsausschuß BT-Drucks 7/2368, 4; OLG Hamm NJW-RR 1993, 399 = WuM 1993, 106.
3 LG Berlin NZM 1999, 437 = WuM 1999, 465; GE 2003, 1210; 2011, 1162.
4 OLG Hamm NJW 1983, 289, 290 = ZMR 1983, 102; NJW-RR 1993, 399 = WuM 1993, 106; AG Osnabrück ZMR 1989, 340 = WuM 1989, 635; AG Köln WuM 1990, 520.

Volker Emmerich

Maßnahmen auch selbst durchführt oder von anderen für sich und auf seine Rechnung durchführen lässt, wie es bei Baumaßnahmen wohl die Regel sein dürfte.[5] Verstirbt der Vermieter vor oder nach Abschluss der baulichen Maßnahmen, so gehen seine Rechte aus § 559 nach § 1922 auf die **Erben** über.

6   Probleme ergeben sich aus der geschilderten Rechtslage (Rn 5) zunächst im Falle der **Veräußerung** des vermieteten Grundstücks **während oder nach Abschluss der Modernisierungsmaßnahmen.** Entgegen der früher hM hat das KG in diesem Fall dem **Erwerber** das **Recht zugebilligt,** selbst die Miete nach § 559 zu erhöhen, gleichgültig, ob die Maßnahme **vor oder nach** seinem **Eintritt** in den Mietvertrag abgeschlossen wurden, und zwar mit der Begründung, entscheidend für die Anwendung des § 559 sei nur, wer Eigentümer des durch die Modernisierungsmaßnahmen verbesserten Grundstücks sei.[6] Dieselben Regeln gelten in den sog **Umwandlungsfällen,** dh bei Modernisierungsmaßnahmen *vor Umwandlung* einer Wohnung in eine Eigentumswohnung und deren Veräußerung (str).

7   § 559 findet **keine Anwendung,** wenn die fraglichen Maßnahmen **von Dritten,** wenn auch letztlich auf Kosten des Vermieters **durchgeführt** werden. Wichtig ist dies vor allem für die **Erschließungskosten,** die zwar letztlich der Vermieter zu tragen hat, die er aber nach dem Gesagten (o Rn 5) **nicht** nach § 559 auf die Mieter **weiter abwälzen** kann.[7] **Modernisierungsmaßnahmen des Mieters** kann der Vermieter nicht zum Anlass von Mieterhöhungen nach § 559 nehmen. Das gilt selbst dann, wenn der Vermieter dem Mieter die Kosten erstattet, weil er allein dadurch nicht zum Bauherrn wird.[8]

V. Erhöhungsbetrag

8   **1. Jährliche Miete.** Nach § 559 Abs 1 *kann* der Vermieter nach Durchführung der Modernisierungsmaßnahmen (einseitig) die jährliche Miete um 11% der für die betreffende Wohnung aufgewandten Kosten erhöhen. Ausgenommen sind jedoch die Kosten, die (zum Zeitpunkt der Durchführung der Maßnahme ohnehin) für Erhaltungsmaßnahmen nach § 535 Abs 1 S. 2 erforderlich gewesen wären (§ 559 Abs 2). Sind die fraglichen Maßnahmen für mehrere Wohnungen durchgeführt worden, so sind die Kosten zuvor angemessen auf die einzelnen Wohnungen aufzuteilen (§ 559 Abs 2). In bestimmten Fällen sind jedoch die Kosten um verschiedene Kürzungsbeträge zu verringern (§ 559a). Die Folge ist, dass der Erhöhungsbetrag ein Teil der dem Vermieter geschuldeten Miete wird[9] und auch dann noch zu zahlen ist, wenn die Kosten der Modernisierung längst amortisiert sind. Die neue erhöhte Miete kann dann später nur noch einheitlich **nach § 558 erhöht** werden. – § 559 Abs 1 gestattet eine Erhöhung der **„jährlichen Miete"** um 11%. Gemeint ist damit nach allgemeiner Meinung der **zwölffache Betrag der zuletzt aktuell gezahlten Monatsmiete,** *nicht* die *Summe* der in den letzten zwölf Monaten vor der Mieterhöhung nach § 559 monatlich gezahlten Mieten (früher str).

---

5 BGH NJW 2006, 2185, 2186 Tz 11 = NZM 2006, 534; BayObLGZ 1981, 214 = NJW 1981, 2259 = WuM 1981, 208; OLG Hamm NJW 1983, 2331 = WuM 1983, 287; *Kinne* ZMR 2001, 868; 2003, 396, 397; *Sternel* NZM 2001, 1058, 1065.
6 KG NZM 2000, 652 =WuM 2000, 300; WuM 2000, 482 = NJW-RR 2001, 81.
7 OLG Hamm WuM 1983, 287 = NJW 1983, 2331; LG Hildesheim WuM 1985, 340; LG Lübeck WuM 1981, 44; *Kinne* ZMR 2001, 868; 2003, 396, 397.
8 AG Gelsenkirchen ZMR 1987, 340; *Sternel* PiG 16 [1984] 105, 118 f; **aA** *Mersson* DWW 2009, 122, 126.
9 BGH NJW 2008, 848 = NZM 2008, 124, 125 Tz 16 = WuM 2007, 707.

2. Berücksichtigungsfähige Kosten. Nach § 559 Abs 1 kann die jährliche Miete (Rn 8) **9**
nur um 11% der (tatsächlich) für die betreffende Wohnung aufgewandten Kosten erhöht
werden. Gemeint sind damit die tatsächlichen **Baukosten einschließlich der Baunebenkosten**, und zwar in ihrer Gesamtheit, die sich grundsätzlich aus einer Addition der Rechnungsbeträge der Bauhandwerker und des Architekten ergeben, während **Rabatte** und
Skonti, die der Vermieter erreicht hat, in Abzug zu bringen sind. Maßgebend ist nur, ob
die fraglichen Kosten **tatsächlich** durch Ausführung der betreffenden Maßnahmen **entstanden** sind. Die Werklohnforderung muss dagegen noch nicht fällig sein. Ebenso wenig
ist erforderlich, dass bereits die Endabrechnung vorliegt; notfalls muss sich der Vermieter
eine Nachforderung vorbehalten.[10] Zu den berücksichtigungsfähigen **Baunebenkosten**
gehören alle Kosten, die in adäquatem Zusammenhang mit Modernisierungmaßnahmen
stehen. **Beispiele** sind die Kosten einer behördlichen **Genehmigung** für die Durchführung
der Maßnahmen, die **Architekten-, Ingenieur- und Statikerkosten**, vorausgesetzt, dass
die Hinzuziehung eines Architekten, Ingenieurs oder Statikers nach Umfang und Schwierigkeit der Maßnahmen erforderlich war,[11] sowie die Kosten der Projektplanung. Weitere
Beispiele sind die Kosten der **Baustelleneinrichtung**, der Absperrung der Gehwege, des
Abdeckens der Dachflächen, der Gitternetze sowie der Aufstellung eines Gerüstes oder
der **Beseitigung von Schäden und Verunreinigungen**, die durch die Maßnahmen verursacht wurden.

3. Ausnahmen. Den Gegensatz zu den Baukosten bilden die Finanzierungs- und **10**
Kapitalbeschaffungskosten des Vermieters; sie werden durch den pauschalen 11%igen
Aufschlag auf die jährliche Miete abgegolten, der dem Vermieter auch dann verbleibt,
wenn die eigentlichen Baukosten längst durch die Mieterhöhung amortisiert sind.[12] *Nicht*
zu berücksichtigen sind ferner die Kosten, die durch die Beauftragung von **Schwarzarbeitern** entstehen, ebenso wenig ein etwaiger **Mietausfall**, den der Vermieter während
der Durchführung der Maßnahmen erleidet, sowie **Schadensersatzleistungen** des Vermieters aufgrund des § 536a. Umstritten ist die Behandlung des dem Mieter vom Vermieter
nach § 555d Abs 6 geschuldeten **Aufwendungsersatzes**. Überwiegend wurde bisher eine
Berücksichtigung dieser Kosten im Rahmen der vom Vermieter aufgewandten Kosten für
die Modernisierungsmaßnahme im Sinne des § 559 Abs 1 *abgelehnt*; diese Auffassung hat
indessen jedenfalls für Dekorationsschäden aus Anlass von Modernisierungsmaßnahmen
des Vermieters *nicht* die Billigung des **BGH** gefunden.[13]

VI. Erhaltungsmaßnahmen (§ 559 Abs 2)

Nach § 559 Abs 2 gehören Kosten, die für Erhaltungsmaßnahmen erforderlich gewesen **11**
wären, nicht zu den vom Vermieter für Modernisierungsmaßnahmen aufgewandten Kosten
im Sinne des § 559 Abs 1, so dass sie für den Zweck der Anwendung des § 559 Abs 1 aus den
Kosten der Modernisierungsmaßnahme herausgerechnet werden müssen, erforderlichenfalls im Wege der Schätzung. **Erhaltungsmaßnahmen** in diesem Sinne sind nach § 555a
Abs 1 die zur Instandhaltung oder zur Instandsetzung der Mietsache erforderlichen Maßnahmen, die nach § 535 Abs 1 S. 2 dem Vermieter obliegen und deren Kosten daher nicht

---

10 LG Berlin GE 2011, 951.
11 LG Berlin GE 2007, 985, 986; AG Köln WuM 1990, 226.
12 OLG Hamburg OLGZ 1981, 367 = NJW 1981, 2820; *Mersson* DWW 2009, 122, 128f.
13 BGH NJW 2011, 1499 Tz 15 f = NZM 2011, 358 = WuM 2011, 293; zust *Disput* NJW 2011, 3003; *Schläger* ZMR
2011, 623; zur Kritik s *Staudinger* Rn 20.

Volker Emmerich

auf dem Umweg über § 559 Abs 1 auf den Mieter abgewälzt werden dürfen. Die Frage wird vor allem akut, wenn Modernisierungsmaßnahmen mit Instandsetzungsmaßnahmen zusammentreffen. Man spricht dann von einer Instand- oder **Instandsetzungsmodernisierung.** Paradigmata sind die Ersetzung alter, verrotteter Fenster durch eine moderne Isolierverglasung sowie die Ersetzung alter Heizkessel durch moderne Niedrigtemperaturkessel. In diesen Fällen müssen die dem Vermieter entstandenen **Gesamtkosten**, notfalls im Wege der Schätzung (§ 287 Abs 2 ZPO), gemäß § 559 Abs 2 auf die Modernisierungs- und die Instandsetzungsmaßnahmen **aufgeteilt** werden. Im Rahmen des § 559 zu berücksichtigen ist **nur** der auf die **Modernisierungsmaßnahmen** entfallende Teil der Kosten. Soweit ihm das möglich ist, muss der Vermieter daher die **ersparten Erhaltungskosten** nach den aktuellen Stundensätzen und Materialkosten berechnen. Lediglich soweit ihm dies mit zumutbarem Aufwand nicht möglich ist, ist Raum für eine **Schätzung**, wobei übertriebene Anforderungen fehl am Platze sind (§ 287 ZPO; § 559 Abs 2).

12   § 559 Abs 2 gilt unstreitig für die **Kosten von Instandsetzungsmaßnahmen, die** im Augenblick der Vornahme der Modernisierungsmaßnahmen bereits **fällig waren**, einschließlich der sog **Sowiesokosten**, dh solcher Kosten, die wie zum Beispiel die Kosten eines Gerüstes, der Planen oder der Fangnetze bei Sanierung einer Fassade zwar nur einmal anfallen, aber auch bei Beschränkung der Maßnahmen auf eine bloße Instandsetzung angefallen wären.[14] Ist zwischen den Parteien streitig, ob im Rahmen des § 559 Abs 1 bestimmte Positionen berücksichtigungsfähig sind, so trägt der **Vermieter** die **Beweislast**.[15] Umstritten ist, ob das Gesagte (o Rn 22) auch für **fiktive zukünftige Reparaturkosten** gilt. Die Frage wird relevant, wenn der Vermieter alte, an sich noch brauchbare Anlagen durch *bessere* Anlagen ersetzt, wenn er zB alte, aber noch brauchbare Fenster durch moderne isolierverglaste Fenster ersetzt. Nach überwiegender Meinung **scheidet** in diesem Fall ein **Abzug** der ersparten fiktiven, zukünftigen Reparaturkosten **aus**.[16]

13   Der Vermieter muss nach Treu und Glauben Rücksicht auf die Interessen des Mieters nehmen (§§ 241 Abs 2, 242); ein Verstoß gegen diese Pflicht macht ihn ersatzpflichtig (§ 280 Abs 1). Das gilt auch bei der Durchführung von Modernisierungsmaßnahmen iS des § 555b, so dass der Vermieter bei der Auswahl der Handwerker und Materialien **wirtschaftlich vorgehen** muss. Ein **unnötiger Aufwand** verpflichtet ihn ebenso wie sonstige Maßnahmen, die zu **überflüssigen Kosten** führen, zum Schadensersatz, so dass er im Ergebnis diese Kosten nicht über § 559 auf den Mieter abwälzen darf (§§ 280, 249). Der Vermieter muss deshalb jeden „**unnötigen, unzweckmäßigen oder überhöhten Aufwand**" vermeiden.[17] **Luxusmaßnahmen** erfüllen auch aus diesem Grunde nicht den Tatbestand des § 559. Aus dem Gesagten darf *nicht* der Schluss gezogen werden, dass der Vermieter verpflichtet wäre, immer die *billigste Lösung* zu wählen oder die Maßnahmen vorher auszuschreiben. Er kann vielmehr durchaus **auch aufwendige Materialien oder Verfahren** wählen, sofern dies nur wirtschaftlich sinnvoll ist.[18]

---

14 BGH LM Nr 13 zu § 3 VermG [Bl 2] = WM 2001, 1346, 1347 = VIZ 2001, 441; OLG Hamm OLGZ 1981, 329 = NJW 1981, 1622 = WuM 1981, 129; OLG Hamburg WuM 1983, 13, 16 = ZMR 1981, 309; LG Görlitz WuM 1997, 228; LG Berlin GE 2003, 122, 123; 2013, 419; *Mersson* DWW 2009, 122, 126.
15 LG Braunschweig WuM 1990, 158; AG Neunkirchen WuM 1991, 560; AG Neumünster WuM 1992, 258; *Hinz* NZM 2013, 209, 223.
16 OLG Hamm OLGZ 1981, 329 = NJW 1981, 1622 = WuM 1981, 129; OLG Celle WuM 1981, 151; OLG Hamburg WuM 1983, 13, 16 = ZMR 1981, 309.
17 BGH NJW 2009, 839 Tz 19 = NZM 2009, 150; LG Hamburg WuM 1986, 344; *Mersson* DWW 2009, 122, 125.
18 LG Hamburg WuM 1986, 344.

VII. Umlageschlüssel

Nach § 559 Abs 1 dürfen auf den Mieter einer Wohnung nur die für seine Wohnung tat- 14
sächlich aufgewandten Modernisierungskosten umgelegt werden. Grundsätzlich müssen
deshalb die **Kosten nach Wohnungen aufgeschlüsselt** werden. Das ist unproblematisch,
wenn die Maßnahmen nur eine einzige oder mehrere getrennte Wohnungen betreffen.
Daneben gibt es jedoch auch Fälle, in denen von den Modernisierungsmaßnahmen von
vornherein gleichzeitig **mehrere oder** auch **alle Wohnungen** eines Hauses **betroffen**
werden. Für diesen Fall bestimmt § 559 Abs 3, dass die Kosten „angemessen" auf die einzelnen Wohnungen aufzuteilen sind. Der Vermieter muss die Aufteilung folglich **nach billigem Ermessen** vornehmen, das nur im Rahmen des § 315 von den Gerichten überprüft
werden kann. Der Vermieter verfügt insoweit über einen Ermessensspielraum, so dass jede
Lösung mit dem Gesetz vereinbar ist, die sachlich vertretbar ist und billigem Ermessen
entspricht (§§ 559 Abs 2, 315 Abs 3 S 1).

In der Mehrzahl der Fälle wird sich die Aufteilung der Kosten auf die einzelnen Woh- 15
nungen **nach** der **Wohnfläche** zu richten haben.[19] Es kommen jedoch **auch andere Kriterien** in Betracht, soweit sachlich vertretbar (Rn 18). Zwar wird in der Regel eine Aufteilung
der Kosten nach **Köpfen** auszuscheiden haben; wohl aber ist in geeigneten Fällen eine
Kostenverteilung nach der **Anzahl der Wohnungen** vorstellbar, etwa bei den Kosten für
die Herstellung eines Kabelanschlusses[20] sowie überhaupt bei sämtlichen Maßnahmen,
die den Wohnwert der einzelnen Wohnungen (ohne Rücksicht auf ihre Größe) gleichmäßig erhöhen wie zB die Anlage von Spielplätzen, Grünflächen oder Parkplätzen. Außerdem können (nicht müssen) die Kosten der **Wärmedämmung eines Daches** allein den
Dachgeschoßwohnungen auferlegt werden, da nur diese aus den fraglichen Maßnahmen
Nutzen ziehen.[21] Aus § 559 Abs 3 folgt ferner, dass an den Modernisierungskosten grundsätzlich **alle** betroffenen Wohnungen **gleichmäßig beteiligt** werden müssen, dass die
Kosten mit anderen Worten nicht etwa *nur* auf *einzelne* der betroffenen Mieter unter Scho-
nung der anderen umgelegt werden dürfen. Genauso wenig dürfen Kostenanteile, die von
zahlungsunfähigen Mietern nicht zu erlangen sind, zusätzlich den anderen aufgebürdet
werden.

VIII. Härteklausel

1. Finanzielle Härtegründe. Kennzeichnend für die neue Rechtslage aufgrund 16
des Mietrechtsänderungsgesetzes von 2013 ist nicht zuletzt die **Zweiteilung der Härtefallprüfung** aufgrund der §§ 555d Abs 2 und 559 Abs 4. Gemeint ist damit, dass die so
genannten **personalen Härtegründe** ebenso wie nach früherem Recht (§ 554 Abs 2 S 2
aF) bereits *vorweg* bei der Prüfung der Frage berücksichtigt werden, ob der Mieter die fraglichen Modernisierungsmaßnahmen überhaupt *dulden* muss (§ 555d Abs 2 S 1; s dazu o
§ 555d Rn 4ff), wobei jedoch – anders als früher (§ 554 Abs 2 S 3 aF) – die nach § 559 Abs 1
zu erwartende Mieterhöhung ebenso wie die voraussichtlichen künftigen Betriebskosten
außer Betracht bleiben (§ 555d Abs 2 S 2 HS 1). Die Prüfung dieser wirtschaftlichen oder
besser: **finanziellen Härtegründe** erfolgt vielmehr erst *nach der Durchführung* der Modernisierungsmaßnahme (s § 559 Abs 1: „Hat der Vermieter.... durchgeführt"). Voraussetzung ist, dass die Mieterhöhung unter Berücksichtigung der voraussichtlichen künftigen

---

19 LG Münster WuM 2010, 93; *Mersson* DWW 2009, 122, 129.
20 LG Frankfurt WuM 1983, 115; LG Stralsund WuM 1996, 229, 230.
21 AG Münster WuM 1997, 498; anders LG Münster WuM 2010, 93: Wohnfläche.

Volker Emmerich

Betriebskosten für den Mieter eine **Härte** bedeutete, die auch unter Würdigung der berechtigten Interessen des Vermieters nicht zu rechtfertigen ist (§ 559 Abs 4 S 1). In diesem Fall muss folglich der Mieter die Mieterhöhung zwar dulden (§ 555d), braucht aber keine Mieterhöhung zu befürchten (§ 559 Abs 2 S 1). Will der Vermieter nicht das Risiko eingehen, dass sich der Mieter noch nachträglich, dh *nach* Durchführung der Modernisierungsmaßnahmen auf finanzielle Härtegründe beruft, so kann er bereits vor Beginn der Maßnahme auf **Feststellung klagen**, dass er nach Abschluss der Maßnahme zur Mieterhöhung nach § 559 Abs 1 berechtigt ist (§ 253 ZPO). Eine **Ausnahme** von der Härtefallprüfung besteht dagegen unter den Voraussetzungen des § 559 Abs 4 S 2 Nr 1 und 2, wobei die Nr 1 der Vorschrift dem § 554 Abs 4 S 4 aF entspricht. Die Berücksichtigung finanzieller Härtegründe setzt voraus, dass die Gründe dem Vermieter binnen der **Ausschlussfrist** des § 555d Abs 3 mitgeteilt worden sind (§ 559 Abs 3 S 1, s o § 555d Rn 11ff).

17   Unter den Voraussetzungen des § 559 Abs 4 S 1 muss der Mieter die Modernisierungsmaßnahme zwar dulden (§ 555d), braucht aber keine Mieterhöhung zu befürchten, sofern diese nämlich unter Berücksichtigung der voraussichtlichen künftigen Betriebskosten (nur) für den Mieter eine Härte bedeutete, die auch unter Würdigung der berechtigten Interessen des Vermieters nicht zu rechtfertigen ist, wenn, anders gewendet, die Abwägung der Interessen (allein) der Vertragsparteien ergibt, dass die Mieterhöhung für den Mieter – als nicht zu rechtfertigende und damit unerträgliche oder **übermäßige Härte** - unzumutbar ist. Dies entspricht – unter Beschränkung auf die Abwägung der Interessen der Vertragsparteien – der früheren Rechtslage (§ 554 Abs 2 S 2 und 3 aF).

18   **Zweck** der Härteklausel des § 559 Abs 4 S 1 ist es in erster Linie, der Gefahr von **Luxusmodernisierungen** auf Kosten des Mieters zu begegnen.[22] Die Anwendung dieser Regelung wirft erhebliche **Probleme** auf, weil im Grunde – realistisch betrachtet – **alle Maßstäbe** dafür **fehlen**, um beurteilen zu können, wann **von wann ab** die **Mietbelastung** infolge einer Modernisierung für den Mieter **nicht mehr zumutbar** ist, da dies je nach den finanziellen Verhältnissen des Mieters ganz unterschiedlich zu beurteilen sein kann. Auszugehen ist bei der Prüfung auf jeden Fall von dem monatlichen **Nettoeinkommen** des Mieters; dieses ist sodann **in Vergleich** zu setzen auf der einen Seite **mit** der zukünftigen **Miete** aufgrund der Modernisierungsmaßnahmen (§ 559), auf der anderen Seite mit dem **Wert** der Modernisierungsmaßnahmen. Dabei muss auch berücksichtigt werden, ob der Mieter **Anspruch auf Wohngeld** hat, während es keine Rolle spielt, ob er diesen Anspruch tatsächlich geltend macht.[23] Entscheidend ist dann, ob dem Mieter (nach seiner individuellen Situation) von seinem Einkommen so viel verbleibt, dass er im wesentlichen an seinem **bisherigen Lebenszuschnitt festhalten** kann.[24]

19   Verschiedene Gerichte versuchen darüber hinaus, **objektive Grenzen für** die monatliche **Belastung** des Mieters zu entwickeln, bei deren Überschreitung die Pflicht des Mieters zur Duldung einer Mieterhöhung *immer* entfallen soll. Am häufigsten werden dabei Sätze in einer Größenordnung von **25 bis 30% des monatlichen Nettoeinkommens** des oder der Mieter **als Obergrenze** für die gerade noch zumutbare Mietbelastung genannt.[25] Eine Belastung von **20%** wird dagegen in der Regel als **tragbar** angesehen.[26] Diese Praxis ist

---

22 BGH NJW 2005, 2995, 2996 = NZM 2005, 697 = WuM 2005, 576; LG Berlin GE 2011, 483.
23 BGHZ 117, 217, 221 = NJW 1992, 1386; KG WuM 1982, 293 = ZMR 1992, 318; GE 2007, 907, 908; LG Berlin GE 2002, 930, 931; 2005, 1491, 1493.
24 KG GE 2007, 907, 908; LG Berlin WuM 2010, 88.
25 LG Berlin GE 2002, 930, 931; 2003, 1615, 1617; WuM 2010, 88; GE 2010, 912 f; *D Beyer* GE 2009, 944, 947; – dagegen aber LG Berlin GE 2011, 483.
26 LG Frankfurt WuM 1986, 312, 313; LG Berlin GE 1990, 497.

bedenklich, weil sie im Ergebnis auf die **Einführung einer weiteren Kappungsgrenze** in Modernisierungsfällen hinausläuft, die der Gesetzgeber seinerzeit bei Erlass des § 3 MHRG aF (= § 559) zwar erwogen, zuletzt aber ausdrücklich verworfen hatte. Entscheidend sind folglich immer die Umstände des Einzelfalls und damit die **jeweilige individuelle wirtschaftliche Situation** des Mieters bei Abwägung aller Umstände, während sich generelle Maßstäbe wohl kaum entwickeln lassen dürften.

2. **Ausnahmen. (1)** Die Härtefallprüfung hinsichtlich der Mieterhöhung entfällt nach **20**
§ 559 Abs 4 S 2 in zwei Fällen, nämlich zunächst, wenn die Mietsache lediglich in einen **Zustand** versetzt wird, der **allgemein üblich** ist (Nr 1 des § 559 Abs 4 S 2 = § 554 Abs 2 S 4 aF). Dadurch soll sichergestellt werden, dass wohnungswirtschaftlich sinnvolle Modernisierungen, dh eine **Anpassung an den „gängigen Standard"**, selbst dann möglich bleiben, wenn sie mit einer erheblichen Mietsteigerung verbunden sind, die für den einzelnen Mieter nicht mehr tragbar ist.[27] Maßstab ist deshalb der Zustand der Mietsache unmittelbar *vor Durchführung* der Modernisierungsmaßnahme, und zwar einschließlich vom *Mieter* selbst rechtmäßig, d.h. mit Zustimmung des Vermieters durchgeführter Modernisierungsmaßnahmen.[28] Auf dieser Basis ist sodann zu prüfen, ob durch die fragliche Modernisierungsmaßnahme die Mietsache lediglich noch ein Stück weiter als bisher dem allgemein üblichen Zustand angenähert wurde, so dass sie marktgängig bleibt. Der Begriff des allgemein üblichen Zustands wird von der Rechtsprechung **empirisch** (dh: nicht normativ) **interpretiert**.[29] Der Maßstab ist danach dem **Zustand** zu entnehmen, der bereits **bei zwei Dritteln der Wohnungen derselben Baualtersklasse** in derselben Region, dh im selben Bundesland tatsächlich erreicht *ist*.[30]

(2) Für die Anwendung der finanziellen Härtefallprüfung ist ferner nach **§ 559 Abs 4** **21**
S 2 Nr 2 kein Raum, wenn die Modernisierungsmaßnahme aufgrund von **Umständen** durchgeführt wurde, **die der Vermieter nicht zu vertreten** hatte. Das Gesetz nimmt damit Bezug auf **§ 555b Nr 6**, so dass wegen der Einzelheiten auf die Erläuterungen zu dieser Vorschrift verwiesen werden kann (§ 555b Rn 22). Das wichtigste Beispiel sind Nachrüstungspflichten aufgrund der **EnEV**.

3. **Ausschlussfrist.** § 559 Abs 5 S. 1 überträgt die Regelung des § 555d Abs 3–5 über **22**
die Ausschlussfrist, binnen derer Härtegründe geltend gemacht werden müssen, auf die wirtschaftlichen oder finanziellen Härtegründe im Sinne des § 559 Abs 4 S 1. Wegen der Einzelheiten ist auf die Ausführungen zu § 555d zu verweisen (§ 555d Rn 11ff). Zu beachten ist, dass ein auf die finanziellen Auswirkungen der Modernisierungsmaßnahme gestützter Härteeinwand (§ 559 Abs 4) ebenso wie persönliche Härteeinwände grundsätzlich nur möglich ist, wenn der Mieter den Einwand dem Vermieter binnen der Ausschlussfrist von maximal 2 Monaten nach Zugang der Modernisierungsankündigung gemäß § 555c mitgeteilt hat (§ 555d Abs 3 und 4 S 1 i.V.m. § 559 Abs 4 S 1). **Ausnahmen** gelten, wenn der Mieter ohne Verschulden an der Einhaltung der Ausschlussfrist gehindert war (§ 555d Abs 4, s o § 555d Rn 13), ferner bei einem Verstoß des Vermieters gegen seine Hinweispflicht aus § 555c Abs 2 (§ 555d Abs 5, s o § 555d Rn 13), sowie wenn die tatsächliche Mieterhöhung

---

27 BGH WuM 2012, 677 Tz 10; 2012, 678 Tz 10.
28 BGH WuM 2012, 677 Tz 8 ff = NZM 2013, 141 = ZMR 2012, 704; WuM 2012, 678 Tz 8 ff.
29 BGHZ 117, 217, 223 ff = NJW 1992, 1386; OLG Frankfurt WuM 1992, 421; LG Berlin GE 2003, 1615, 1617; 2005, 919.
30 Ebenso LG Berlin GE 2007, 720 f; 2010, 908; 2012, 486.

Volker Emmerich

aufgrund des § 559 Abs 1 die vom Vermieter nach § 555c Abs 1 Nr 3 angekündigte Mieterhöhung um mehr als 10 %, zB um 11 % übersteigt (§ 559 Abs 4 S 2).

IX. Abweichende Vereinbarungen

23   Vereinbarungen, die zum Nachteil des Mieters von § 559 abweichen, sind unwirksam (§ 559 Abs 6). Darunter fällt jede Vereinbarung, aufgrund derer der Vermieter unter gegenüber den §§ 559 bis 559b **erleichterten Voraussetzungen** die Kosten von Modernisierungsmaßnahmen auf den Mieter abwälzen kann. § 559 Abs 5 bedeutet, wie sich aus § 555f Nr 3 ergibt, **keine Einschränkung des § 311 Abs** 1, so dass sich die Parteien jederzeit ohne Rücksicht auf § 559 aus Anlass *konkreter* Modernisierungsmaßnahmen des Vermieters (s § 555f Rn 1f) über eine Mieterhöhung beliebigen Ausmaßes verständigen können; Grenzen ziehen hier nur die Wucherverbote des § 138 BGB, des § 5 WiStG und § 291 StGB.

24   Nach § 557 Abs 3 kann **§ 559 vertraglich ausgeschlossen** werden. Das kann ausdrücklich oder konkludent geschehen (§§ 133, 157). Verpflichtet sich zB der Vermieter **bereits im Mietvertrag** zur Vornahme bestimmter Modernisierungsmaßnahmen, so wird im Zweifel anzunehmen sein, dass damit zugleich eine Mieterhöhung nach § 559 ausgeschlossen wird, weil durch solche Vereinbarung allein der vom Vermieter von Anfang an geschuldete vertragsgemäße Zustand der Mietsache festgelegt wird. Eine **Ausschlussvereinbarung** kann sich im Einzelfall ferner aus der Vereinbarung einer Umsatzmiete in Verbindung mit einer Mindestmiete[31] oder aus der Leistung hoher Zuschüsse des Mieters zu den Baukosten des Vermieters ergeben (§§ 133, 157).

§ 559a

Anrechnung von Drittmitteln

[1] Kosten, die vom Mieter oder für diesen von einem Dritten übernommen oder die mit Zuschüssen aus öffentlichen Haushalten gedeckt werden, gehören nicht zu den aufgewendeten Kosten im Sinne des § 559.

[2] Werden die Kosten für die Modernisierungsmaßnahmen ganz oder teilweise durch zinsverbilligte oder zinslose Darlehen aus öffentlichen Haushalten gedeckt, so verringert sich der Erhöhungsbetrag nach § 559 um den Jahresbetrag der Zinsermäßigung. Dieser wird errechnet aus dem Unterschied zwischen dem ermäßigten Zinssatz und dem marktüblichen Zinssatz für den Ursprungsbetrag des Darlehens. Maßgebend ist der marktübliche Zinssatz für erstrangige Hypotheken zum Zeitpunkt der Beendigung der Modernisierungsmaßnahmen. Werden Zuschüsse oder Darlehen zur Deckung von laufenden Aufwendungen gewährt, so verringert sich der Erhöhungsbetrag um den Jahresbetrag des Zuschusses oder Darlehens.

[3] Ein Mieterdarlehen, eine Mietvorauszahlung oder eine von einem Dritten für den Mieter erbrachte Leistung für die Modernisierungsmaßnahmen stehen einem Darlehen aus öffentlichen Haushalten gleich. Mittel der Finanzierungsinstitute des Bundes oder eines Landes gelten als Mittel aus öffentlichen Haushalten.

---

31   BGH LM Nr 23 zu § 18 BMietG I = NJW 1969, 1383.

[4] Kann nicht festgestellt werden, in welcher Höhe Zuschüsse oder Darlehen für die einzelnen Wohnungen gewährt worden sind, so sind sie nach dem Verhältnis der für die einzelnen Wohnungen aufgewendeten Kosten aufzuteilen.

[5] Eine zum Nachteil des Mieters abweichende Vereinbarung ist unwirksam.

Schrifttum

Börstinghaus Miethöhe-Handbuch (Hdb) (2009) Kap 9 Rn 163ff; *Thomsen* Modernisierung von preisfreiem Wohnraum durch den Vermieter (1998), S 141ff.

Systematische Übersicht

1. Überblick. § 559a regelt die Anrechnung öffentlicher und privater Drittmittel im **1** Falle der Mieterhöhung nach § 559. Bei einer Mieterhöhung nach § 558 findet die Regelung des § 559a nach § 558 Abs 5 entsprechende Anwendung (wegen der Einzelheiten s deshalb auch schon o § 558 Rn 25ff). **Zweck** des § 559a ist es sicherzustellen, dass eine **Verbilligung** der Kosten des Vermieters durch öffentliche oder private Zuschüsse oder Darlehen letztlich dem **Mieter zugutekommt**, gleichgültig, ob der Vermieter die Miete nach einer mit Drittmitteln geförderten Modernisierung nach § 558 oder nach § 559 erhöht. Die ganze Regelung hat praktische Bedeutung vor allem für die öffentlichen Zuschüsse der Länder und der Gemeinden, durch die, insbesondere in Berlin und in den neuen Bundesländern, Modernisierungsmaßnahmen im Bestand angeregt und gefördert werden sollen. Die dafür maßgeblichen **Förderprogramme und Förderrichtlinien** weisen große Unterschiede auf, woraus sich erhebliche Probleme bei der Anwendung der §§ 558 Abs 5 und 559a ergeben. Das betrifft insbesondere die Frage der **Dauer der Anrechnung** von Drittmitteln sowie die Rechtslage im Falle einer **Veräußerung** des Grundstücks (s dazu schon o § 558 Rn 25a und 26a). *Keine* Anwendung findet § 559a dagegen bei Abschluss eines Mietvertrages mit einem **neuen Mieter**, so dass hier Vertragsfreiheit besteht (§ 311 Abs 1; s § 558 Rn 25a). Unanwendbar ist die Regelung wohl auch auf Entschädigungen nach § 177 Abs 4 BBauG sowie für Zuschüsse zu Instandsetzungsmaßnahmen im Gegensatz zu Modernisierungsmaßnahmen.[1] Die Regelung ist zugunsten des Mieters zwingend (§ 559a Abs 5).

2. Öffentliche Mittel

a) Anrechnungspflichtig sind nach § 559a Abs 1 und Abs 2 S 1 in erster Linie **Zuschüsse 2** aus öffentlichen Haushalten **sowie** zinsverbilligte oder zinslose **Darlehen aus öffentlichen Haushalten**, beide unter der Voraussetzung, dass sie dem Vermieter gerade zu dem Zweck gewährt werden, die Kosten der **Modernisierungsmaßnahmen** im Sinne des § 555b ganz oder teilweise zu decken. Bei Zuschüssen oder Darlehen mit anderer Zwecksetzung besteht keine Anrechnungspflicht.[2] Der **Darlehensbegriff** ist hier derselbe wie in § 488 (dazu u Rn 3). **Zuschüsse** aus öffentlichen Haushalten sind dagegen Zuwendungen aus öffentlichen Kassen zur Deckung der Investitionskosten des Vermieters.[3] Die Darlehen oder Zuschüsse stammen schließlich **aus öffentlichen Haushalten**, wenn sie **über den Haushalt einer Körperschaft** oder Anstalt des öffentlichen Rechts zur Verfügung gestellt

---

1 *Börstinghaus* Hdb Kap 9 Rn 167f.
2 LG Berlin GE 2002, 862.
3 S *Wüstefeld* WuM 2000, 283; *D Both* GE 2000, 102; *ders* NZM 2001, 78, 84f.

Volker Emmerich

werden. Gleich stehen Mittel der Finanzierungsinstitute des Bundes oder eines Landes (§ 559a Abs 3 S 2), wobei in erster Linie wohl an die KfW sowie (noch) an die Landesbanken zu denken ist. Keine Rolle spielt, ob die **Zuschüsse vor oder nach Durchführung** der baulichen Maßnahmen im Sinne des § 559 Abs 1 bewilligt oder ausgezahlt werden, da § 559a Abs 1 nicht zwischen diesen beiden Fallgestaltungen unterscheidet.[4] Hierher gehören deshalb vor allem die Mittel aus Wohnungsbauförderungs- und Stadtsanierungsprogrammen.[5]

3   **b)** Den Regelfall bilden heute wohl zinsverbilligte oder zinslose **Darlehen aus öffentlichen Haushalten** (o Rn 2). Bei ihnen richtet sich die Anrechnungspflicht nach § 559a Abs 2. Danach ist von dem gemäß § 559 Abs 1 berechneten **Erhöhungsbetrag** der (absolute) **Jahresbetrag der Zinsermäßigung abzuziehen,** der sich für den Ursprungsbetrag des Darlehens aus dem Unterschied zwischen dem vereinbarten und dem (höheren) marktüblichen Zinssatz für erststellige Hypotheken zum Zeitpunkt der Beendigung der Modernisierungsmaßnahmen ergibt (s im einzelnen § 23a der II. BV). Ebenso ist zu verfahren, wenn Zuschüsse oder **Darlehen** ausnahmsweise **zur Deckung der laufenden Aufwendungen** des Vermieters gewährt werden; der Erhöhungsbetrag verringert sich dann um den (absoluten) Jahresbetrag des Zuschusses oder Darlehens (S 4 des § 559a Abs 2). Wegen der komplizierten Einzelheiten der **Berechnung** kann auf die entsprechend anwendbaren §§ 18ff der II. BV zurückgegriffen werden, nach denen die laufenden Aufwendungen iSd § 559a Abs 2 S 4 sowohl die Kapitalkosten als auch die Bewirtschaftungskosten des Vermieters umfassen, jedoch ohne die Eigenkapitalkosten, die im Rahmen der §§ 559ff (anders als bei dem preisgebundenen Wohnraum) unberücksichtigt bleiben. Bei dem Ergebnis dieser Berechnung verbleibt es auch, wenn sich die Kapitalmarktzinsen im Verlaufe der Mietzeit ändern; maßgeblich ist gemäß § 559a Abs 2 S 3 allein die **Zinsdifferenz Im Augenblick der Berechnung** der **Mieterhöhung** (sog **Einfrierungsgrundsatz**).[6] **Anders** verhält es sich nur, wenn sich die öffentlichen Zuschüsse oder die Zinsvergünstigungen ihrerseits ändern, so dass in diesem Fall die Kürzungsbeträge gegebenenfalls jährlich neu berechnet werden müssen; akut wird das vor allem in Fällen einer **degressiven Förderung**.[7]

4   **3. Sonstige Mittel.** Nach § 559a Abs 1 gehören zu den aufgewendeten Kosten des Vermieters im Sinne des § 559 ferner **nicht** solche **Kosten, die vom Mieter oder** *für diesen* **von** einem **Dritten übernommen** werden. Gedacht ist hier in erster Linie an Mieterdarlehen, Mietvorauszahlungen und Leistungen, die von Dritten wie zB dem Arbeitgeber für den Mieter für die baulichen Maßnahmen erbracht werden. Auch derartige Kosten dürfen daher nicht in die Mieterhöhung nach § 559 einbezogen werden.

5   **4. Verteilung.** Wenn die Finanzierung für die einzelnen Wohnungen unterschiedlich erfolgt ist, muss auch der Erhöhungsbetrag für jede Wohnung gesondert berechnet werden. Deshalb ist es nötig, grundsätzlich für **jede einzelne Wohnung gesondert** festzustellen, wie hoch die jeweiligen Darlehen und Zuschüsse sind. Nur wenn sich dies nicht ermitteln lässt, sind die Kürzungsbeträge gemäß **§ 559 Abs 4 nach** dem Verhältnis der für die einzelnen Wohnungen aufgewandten **Kosten aufzuteilen.** In diesem Falle ist daher

---

4   *Wüstefeld* WuM 2000, 283; – **aM** *D Both* GE 2000, 102, 105f; *ders* NZM 2001, 78, 84.
5   *Börstinghaus* Hdb Kap 9 Rn 165.
6   *Börstinghaus* Hdb Kap 9 Rn 176ff; *Kinne* ZMR 2003, 396, 400; *Kunze/Tietzsch* WuM 2003, 423, 425ff; *Thomsen* Modernisierung, 142f.
7   *Börstinghaus* Hdb Kap 9 Rn 179; *Rup* ZMR 1977, 323.

für die Verteilung der Kürzungsbeträge derselbe **Maßstab wie bei** der **Aufteilung der Kosten** selbst auf die einzelnen Wohnungen anzuwenden (o § 559 Rn 23f).

§ 559b
Geltendmachung der Erhöhung, Wirkung der Erhöhungserklärung

[1] Die Mieterhöhung nach § 559 ist dem Mieter in Textform zu erklären. Die Erklärung ist nur wirksam, wenn in ihr die Erhöhung aufgrund der entstandenen Kosten berechnet und entsprechend den Voraussetzungen der §§ 559 und 559a erläutert wird. § 555c Absatz 3 gilt entsprechend.
[2] Der Mieter schuldet die erhöhte Miete mit Beginn des dritten Monats nach dem Zugang der Erklärung. Die Frist verlängert sich um sechs Monate, wenn
1. der Vermieter dem Mieter die Modernisierungsmaßnahmen nicht nach den Vorschriften des § 555c Absatz 1 und 3-5 angekündigt hat oder
2. die tatsächliche Mieterhöhung die angekündigte um mehr als 10 Prozent übersteigt.
[3] Eine zum Nachteil des Mieters abweichende Vereinbarung ist unwirksam.

Systematische Übersicht

I. Mieterhöhungserklärung —— 1
   1. Zeitpunkt —— 1
   2. Form —— 3
   3. Inhalt —— 5
II. Begründung —— 6
   1. Zweck —— 6
   2. Berechnung —— 7
   3. Erläuterung —— 9
III. Rechtsfolgen eines Verstoßes gegen § 559b
   Abs 1 —— 10
IV. Zeitpunkt der Mieterhöhung —— 12
V. Beweislast —— 15

I. Mieterhöhungserklärung

1. Zeitpunkt. Das Gesetz verleiht dem Vermieter in § 559 Abs 1 der Sache nach ein **1 Gestaltungsrecht**, da er nach Durchführung der in § 559 genannten Modernisierungsmaßnahmen iS des § 555b durch eine (einseitige) **Mieterhöhungserklärung** die vereinbarte Miete um einen bestimmten Betrag erhöhen kann, dessen Berechnung sich nach den §§ 559 und 559a richtet. Die Einzelheiten regelt **§ 559b** idF des Mietrechtsänderungsgesetzes vom 2013. Aus dieser Vorschrift ergibt sich in Verb mit § 559 Abs 1, dass der Vermieter die Miete wegen Modernisierungsmaßnahmen grundsätzlich erst **nach** deren „**Durchführung**" (s § 559 Abs 1 S 1), also erst dann erhöhen kann, wenn die Wohnung für den Mieter nach Abschluss der Modernisierungsmaßnahmen wieder in vollem Umfang nutzbar ist (vgl § 13 Abs 4 WoBindG).[1] Eine vorher abgegebene Erhöhungserklärung ist unwirksam, kann aber jederzeit nach Abschluss der Maßnahmen wiederholt werden.[2] Nur wenn die fragliche Maßnahme aus mehreren **selbständigen Gewerken** besteht, die der Mieter

---

1 LG Berlin ZMR 1990, 422; LG Karlsruhe WuM 2011, 680; *Börstinghaus* Hdb Kap 9 Rn 223ff; *Mersson* DWW 2009, 206, 211ff; *Sternel* NZM 2001, 1058, 1065; *Thomsen* Modernisierung, 128f.
2 Vgl BayObLG ZMR 1972, 26, 27 = WuM 1971, 151; OLG Hamburg WuM 1983, 13, 14; LG Berlin ZMR 1990, 422; LG Karlsruhe WuM 2011, 680.

     Volker Emmerich

getrennt nutzen kann, sind auch **mehrere getrennte Mieterhöhungserklärungen** für die einzelnen Gewerke möglich.[3] **Nicht** erforderlich ist, dass schon sämtliche Gewerke **bezahlt** sind. Sofern der Mieter die Höhe der entstandenen Kosten bestreitet, reicht es aus, wenn der Vermieter die Rechnungen vorlegt; ein Nachweis der Bezahlung ist nicht erforderlich.[4]

2   Jedoch müssen die **Gesamtkosten** bereits **feststehen**, weil nur auf ihrer Basis die Mieterhöhung nach den §§ 559 und 559a überhaupt berechnet werden kann. Eine Mieterhöhung scheidet mithin aus, wenn und solange die Gesamtkosten noch nicht beziffert werden können, etwa, weil die Schlussrechnungen der Handwerker und des Architekten noch ausstehen.[5] Die Frage ist streitig, insbesondere, weil die Ablehnung so genannter **Teilmieterhöhungen,** dh von Mieterhöhungen in mehreren Schritten, bei großen baulichen Maßnahmen zur Folge haben kann, dass der Vermieter zB trotz hoher Abschlagszahlungen entsprechend dem Baufortschritt **bis zum Abschluss** sämtlicher Baumaßnahmen **zuwarten** muss, bis er die Miete nach § 559 erhöhen kann.[6] Gleichwohl spricht *gegen* die Zulässigkeit von Teilmieterhöhungen, dass eine Mieterhöhungserklärung als Gestaltungserklärung **bedingungsfeindlich** ist und schon deshalb wohl kaum unter dem **Vorbehalt** späterer Nachforderungen bei Vorliegen der Schlussabrechnung abgegeben werden kann. Sobald aber die Gesamtkosten feststehen, hindert den Vermieter (natürlich) nichts daran, die Miete statt auf einmal in mehreren Schritten zu erhöhen, um den Mieter zu schonen.[7] Eine **Frist** für die Abgabe der Mieterhöhungserklärung besteht dagegen *nicht.* Wenn der Vermieter längere Zeit (mehrere Jahre) mit der Abgabe zuwartet, läuft er lediglich Gefahr, (unter engen Voraussetzungen) sein Erhöhungsrecht zu **verwirken.**[8]

3   **2. Form.** Die Mieterhöhungserklärung ist eine einseitige empfangsbedürftige Willenserklärung,[9] für die durch § 559b Abs 1 S 1 (mindestens, aber auch nur) **Textform (§ 126b)** vorgeschrieben ist.[10] Deshalb dürfte die Textform abweichend von **§ 550** selbst bei langfristigen Verträgen ausreichen.[11] Nur wenn diese diese Form nicht eingehalten wird, ist die Erklärung unwirksam (§ 125 Abs 1).[12] Bei einer **Mehrheit von Beteiligten** muss die Erklärung von allen Vermietern im Augenblick der Mieterhöhungserklärung abgegeben werden und sämtlichen Mietern in der vorgeschriebenen Form (§ 126b) zugehen (§ 130).[13] Da es sich bei der Mieterhöhungserklärung um eine einseitige rechtsgestaltende Willenserklärung handelt, kann eine formnichtige Erhöhungserklärung grundsätzlich **nicht in** einen

---

3 *Schmidt-Futterer/Börstinghaus* § 559b Rn 34ff; *Lammel* § 559b Rn 9f.

4 Rn 4; BGH WuM 2012, 285; LG Berlin GE 2011, 1161.

5 AG Albstadt ZMR 1991, 484 = NJW-RR 1991, 1482; *Börstinghaus* Hdb Kap 9 Rn 222; *Mersson* DWW 2009, 206, 211ff; *Schmidt-Futterer/Börstinghaus* § 559b Rn 36; *Sternel* PiG Bd 41 (1993) 45, 63; *ders* NZM 2001, 1058, 1066 = PiG Bd 62 (2002) 89, 115ff.

6 Deshalb aM LG Potsdam WuM 2001, 559; *Kinne* ZMR 2001, 868, 869; 2003, 396, 398; *Bub/Treier/Schultz* Hdb, Rn III 562; *Thomsen* Modernisierung, 129f.

7 *Kinne* ZMR 2003, 396, 399.

8 S LG Hamburg WuM 1989, 308; LG Stuttgart ZMR 1997, 29 Nr 8; LG Berlin MM 1993, 218; *Kinne* ZMR 2001, 868, 869; 2003, 396, 398f; *Thomsen* Modernisierung, 130, 154ff.

9 BGH NZM 2007, 514 Tz 14 = WuM 2007, 271.

10 Wegen der Einzelheiten s *Börstinghaus*, in: 10 Jahre Mietrechtsreformgesetz, 2011, S 377, 382f; *Kinne* ZMR 2001, 868, 869; 2003, 396, 398.

11 *Börstinghaus*, in: 10 Jahre Mietrechtsreformgesetz, 2011, S 377, 382f.

12 Rn 10 f; BGH LM Nr 26/27 zu § 18 1. BMietG = NJW 1970, 1078.

13 *Börstinghaus* Hdb Kap 9 Rn 194f; *Thomsen* Modernisierung, 127.

Antrag auf Abschluss eines Änderungsvertrages nach § 311 Abs 1 **umgedeutet** werden (§ 140; s Rn 11).[14]

Das Formerfordernis gilt für die **gesamte Mieterhöhungserklärung** einschließlich   4
ihrer Begründung und Erläuterung.[15] Die bloße **Bezugnahme auf andere Schriftstücke** wie insbesondere die Ankündigung nach § 555c genügt nicht dem Formerfordernis des § 559b Abs 1; solche Schriftstücke müssen vielmehr der Erhöhungserklärung in einer Weise **beigefügt** werden, dass sie **als deren Teile** erscheinen und von der Unterschrift des Vermieters gedeckt werden.[16] Das kann einmal durch feste körperliche Verbindung, ebensogut aber auch durch bloße Bezugnahme im Text der Erhöhungserklärung geschehen, immer vorausgesetzt, dass sich die Urkundeneinheit aus den Umständen deutlich ergibt.[17] Auch bei einer wirksamen Bezugnahme auf Anlagen muss aber die Erhöhungserklärung immer noch aus sich heraus verständlich bleiben und den Anforderungen des § 559b Abs 1 S 2 genügen; der Vermieter kann den Mieter nicht statt einer eigenen Berechnung und Erläuterung der Mieterhöhung einfach auf ein Konvolut von Anlagen verweisen.[18] Dagegen brauchen **Zahlungsbelege** und sonstige Unterlagen der Erhöhungserklärung nicht beigefügt zu werden. Es genügt, wenn sie in der Berechnung aufgeführt werden.[19] Daraus ergibt sich zugleich, dass der Mieter ein **Recht auf Einsicht** in die bei dem Vermieter liegenden Belege hat, weil er letztlich nur so die Berechtigung der Erhöhungserklärung überprüfen kann.[20] **Kopien** kann der Mieter dagegen nach Treu und Glauben nur in Ausnahmefällen auf eigene Kosten verlangen, wenn ihm anders eine Überprüfung nicht möglich ist.[21]

3. Inhalt. Die Erklärung des Vermieters muss auf die Erhöhung der Miete wegen der   5
Durchführung bestimmter baulicher Maßnahmen gerichtet sein, den Willen des Vermieters erkennen lassen, fortan eine bestimmte **höhere Miete als bisher zu fordern und** außerdem entsprechend § 559b Abs 1 S 2 **begründet** sein (u Rn 6ff). Dazu gehört vor allem, dass in der Mieterhöhungserklärung auch der auf den einzelnen Mieter entfallende monatliche **Erhöhungsbetrag** sowie die danach fortan zu zahlende höhere Miete genannt werden.[22] Entbehrlich ist dagegen die Angabe des **Zeitpunktes**, zu dem die Mieterhöhung wirksam wird, weil sich dieser bereits aus dem Gesetz (§ 559b Abs 2 S 1) ergibt (u Rn 12f).

II. Begründung

1. Zweck. Die Begründung des Mieterhöhungsverlangens setzt sich nach S 2 des   6
§ 559b Abs 1 aus **zwei Bestandteilen** zusammen. Erster Bestandteil ist die **Berechnung des** auf die betreffende Wohnung entfallenden **Erhöhungsbetrages** (u Rn 7f), zweiter Bestandteil die **Erläuterung** „entsprechend den Voraussetzungen der §§ 559 und 559a" (u Rn 9 f). Ergänzend verweist § 559b Abs 1 S 3 seit 2013 auf die (schwer verständliche)

---

14 S u Rn 16; BGH NZM 2007, 514 Tz 11 = WuM 2007, 271.

15 AG Greifswald WuM 1994, 379; *Mersson* DWW 2009, 122, 210.

16 S o § 550 Rn 13ff; LG Berlin NJW-RR 1999, 809; LG Erfurt NZM 2000, 277, 278; *Kinne* ZMR 2001, 868, 869; 2003, 396, 398; *Mersson* DWW 2009, 206, 210.

17 LG Berlin ZMR 1998, 775 = NJW-RR 1999, 809; LG Erfurt NZM 2000, 277, 278; AG Greifswald WuM 1994, 379; *Kinne* ZMR 2001, 868, 869; *Mersson* DWW 2009, 206, 210; im Einzelnen str.

18 *Mersson* DWW 2009, 206, 210.

19 LG Berlin GE 2007, 985; *Kinne* ZMR 2001, 868, 869; *Thomsen* Modernisierung 132, 152.

20 LG Hamburg WuM 1976, 236, 237.

21 S *Börstinghaus* Hdb Kap 9 Rn 208; *Mersson* DWW 2009, 206, 210.

22 BGH NZM 2007, 514 = WuM 2007, 271; *Börstinghaus* Hdb Kap 9 Rn 205.

Volker Emmerich

Vorschrift des § 555c Abs 3, nach der der Vermieter in der Modernisierungsankündigung für eine Maßnahme nach § 555b Nr 1 und 2 insbesondere hinsichtlich der energetischen Qualität von Bauteilen auf allgemein anerkannte Pauschalwerte Bezug nehmen kann (s dazu schon oben § 555c Rn 13).

6a   Welche Anforderungen sich an die Begründung des Erhöhungsverlangens ergeben, richtet sich nach dem **Zweck** der Begründung, dem Mieter eine Nachprüfung der (einseitigen!) Mieterhöhung des Vermieters zu ermöglichen.[23] Es genügt, wenn der Mieter den Grund der Mieterhöhung anhand der Erläuterungen des Vermieters „als **plausibel** nachvollziehen kann".[24] Dabei gilt. dass die Begründung umso **ausführlicher** sein muss, je umfangreicher die Modernisierungsmaßnahmen sind, während sie umso **knapper** ausfallen kann, je mehr der Mieter bereits über Art und Ausmaß der Arbeiten informiert ist, etwa, weil sie in seiner Wohnung unter seinen Augen durchgeführt wurden. Auch wenn der Mieter bereits in der Ankündigung nach § 555c sämtliche zur Beurteilung der Mieterhöhung erforderlichen Informationen erhalten hat, kann die Begründung des nachfolgenden Erhöhungsverlangens entsprechend kurz gefasst werden.[25] Die Einzelheiten sind streitig mit der Folge, dass die **Anforderungen** der Gerichte an die Ausführlichkeit der Begründung der Mieterhöhungserklärung sehr **unterschiedlich** sind.[26]

7   **2. Berechnung.** Nach § 559b Abs 1 S 2 ist die Mieterhöhungserklärung nur wirksam, wenn in ihr die vom Vermieter verlangte Erhöhung der Miete **berechnet** wird, und zwar gerade **aufgrund der** dem Vermieter tatsächlich entstandenen **Bau- und Baunebenkosten** abzüglich etwaiger darin enthaltener Instandsetzungskosten (o § 559 Rn 18ff). Die Berechnung des Erhöhungsbetrags muss folglich von den **Gesamtkosten** der Modernisierungsmaßnahmen ausgehen und diese auf die einzelnen, durchgeführten Maßnahmen **aufteilen.** Bestehen die Maßnahmen aus **unterschiedlichen Gewerken** wie zB Maurer-, Maler- oder Installationsarbeiten, so ist eine weitere Aufteilung der Kosten auf die einzelnen Gewerke nötig.[27] Es genügt aber, wenn die **Gesamtkosten der einzelnen Gewerke** genannt werden. Eine **weitere Aufschlüsselung** der Berechnung auf die einzelnen Handwerker ist im Regelfall nur nötig, wenn in den einzelnen Wohnungen unterschiedliche Maßnahmen oder Maßnahmen mit unterschiedlichen Kosten durchgeführt wurden oder wenn mit den Modernisierungsmaßnahmen Instandsetzungsmaßnahmen verbunden sind. Dann müssen zusätzlich der **Verteilungsschlüssel** sowie diejenigen Beträge angegeben werden, die konkret auf die Instandsetzungsmaßnahmen entfallen (Rn 8). Bei Modernisierungsmaßnahmen an **mehreren Häusern** müssen daher die Kosten außerdem auf die einzelnen Gebäude so weit aufgeschlüsselt werden, dass die Mieterhöhung für die Mieter der einzelnen Gebäude nachvollziehbar wird.[28] Abweichende Regeln gelten nur, wenn der Vermieter einen **Pauschalpreis** für die Einzelgewerke vereinbart hat, weil dann eine weitere Aufschlüsselung der Kosten nicht möglich ist; vielmehr genügt in diesem Fall

23 BGHZ 150, 277, 283ff = NJW 2002, 236; BGH GE 2004, 831 = WuM 2004, 154, 155; NJW-RR 2004, 658 = NZM 2004, 252; NJW 2006, 1126 = NZM 2006, 221 = WuM 2006, 157, 158 Tz 9; KG NJW-RR 2001, 588, 589 = NZM 2001, 104; LG Hamburg WuM 2009, 124.
24 So BGHZ 150, 277, 283ff = NJW 2002, 236; *Staudinger* Rn 10ff.
25 LG Berlin GE 2007, 1553, 1554.
26 S *Staudinger* Rn 10ff; *Börstinghaus* Hdb Kap 9 Rn 200ff; *Mersson* DWW 2009, 206, 208ff; *Thomsen* Modernisierung 131ff.
27 LG Berlin ZMR 2001, 277; LG Görlitz WuM 2001, 613; *Kinne* ZMR 2003, 396, 399.
28 LG Gera WuM 2000, 24, 25; LG Halle ZMR 2003, 35ff.

die Angabe der Aufteilung der Gesamtkosten auf die einzelnen Wohnungen.[29] Sachgerecht ermäßigte Anforderungen an die Begründung sind ferner nach Treu und Glauben (§§ 242 und 275) geboten, wenn es sich um umfangreiche **Totalsanierungen** oder **große Umbauten** handelt, bei denen keinem Vermieter mehr eine ins Detail gehende Begründung zugemutet werden kann.[30]

Wenn zugleich **Instandsetzungsmaßnahmen** durchgeführt wurden, müssen die **8** Kosten der Instandsetzungsmaßnahmen hervorgehoben werden, damit der Mieter sie besonders genau überprüfen kann.[31] Vor allem in diesem Punkt gehen die Auffassungen in Literatur und Rechtsprechung über die an die Berechnung (und Erläuterung) der Erhöhungserklärung zu stellenden Anforderungen weit auseinander. Häufig wird hier, um dem Mieter eine Überprüfung zu ermöglichen, eine **Vergleichsrechnung** oder sogar die ergänzende Vorlage eines Kostenvoranschlages nur für die (hypothetischen) Instandsetzungsmaßnahmen verlangt (Rn 9a). Damit dürfte jedoch die äußerste Grenze des Vertretbaren und dem Vermieter Zumutbaren erreicht sein (§ 242). Auf der anderen Seite genügen gewiss nicht pauschale Abschläge von den Gesamtkosten, weil nicht nachprüfbar. Lassen sich freilich die Maßnahmen rechnerisch nicht trennen, so muss auch die Angabe einer **Quote** genügen, die für die Instandsetzung von den Kosten abgezogen wurde, sofern nachvollziehbar erläutert.[32] Aus allen genannten Posten ist sodann der auf die einzelne Wohnung entfallende Mieterhöhungsbetrag in einer Weise abzuleiten, die für den Mieter (als Laien) nachvollziehbar (**plausibel**) ist.[33] Schließlich muss der Vermieter noch die **Finanzierung** der Maßnahmen erläutern, *sofern* nach § 559a **Kürzungsbeträge** in Betracht kommen, sonst hingegen nicht.[34] Genügt die Berechnung der Mieterhöhung in der Erhöhungserklärung nicht den geschilderten Anforderungen (o Rn 7), so ist sie grundsätzlich **unwirksam** (§ 559b Abs 1 iVm § 125 Abs 1; s u Rn 10).

3. Erläuterung. Neben der Berechnung der Erhöhung (o Rn 7f) ist nach § 559b Abs 1 **9** S 2 als zweiter Bestandteil der Begründung eine „Erläuterung" der Mieterhöhung „entsprechend den Voraussetzungen der §§ 559 und 559a" erforderlich. Zweck dieses zusätzlichen Begründungserfordernisses ist es, dem Mieter **plausibel** zu machen, **wieso** die einzelnen **Maßnahmen** des Vermieters überhaupt **Modernisierungmaßnahmen** iS des § 555b Nr 1 und Nr 3 bis 6 darstellen, die eine Mieterhöhung nach § 559 rechtfertigen.[35] Im Grundsatz muss folglich der Vermieter hinsichtlich jeder einzelnen baulichen Maßnahme, derentwegen er eine Mieterhöhung verlangt, im Einzelnen darlegen, **inwiefern** die fragliche Maßnahme die Tatbestandsmerkmale des **§ 555b erfüllt.**[36] Soweit sich bereits aus der Berechnung die Rechtsnatur der fraglichen Maßnahmen ergibt, ist jedoch naturgemäß eine gesonderte Erläuterung entbehrlich.

Das Ausmaß der danach erforderlichen Erläuterung ist besonders umstritten in den **9a** Fällen der Instandsetzungsmodernisierung sowie bei Maßnahmen der energetischen

---

29 LG Berlin GE 2009, 844.
30 S *Staudinger* Rn 13.
31 LG Hamburg WuM 2000, 195, 196; LG Gera WuM 2000, 196; LG Halle (Fn 26); LG Berlin GE 2003, 122, 123.
32 *Börstinghaus* Hdb Kap 9 Rn 216; *Mersson* DWW 2009, 206, 209.
33 S OLG München NJW 1995, 465, 466; KG NZM 2002, 211; WuM 2006, 450; LG Gera WuM 2000, 24f; 2000, 196; LG Berlin GE 2003, 122, 123; LG Potsdam WuM 2000, 553; LG Görlitz WuM 2001, 613; LG Leipzig NZM 2002, 941f; LG Halle ZMR 2003, 35ff; *Börstinghaus* NZM 1999, 881, 888f; *Staudinger* Rn 11f.
34 KG NZM 2002, 211.
35 S o Rn 6; BGH NJW-RR 2004, 658 = NZM 2004, 252; NJW 2006, 1126 = NZM 2006, 221 Tz 9; *Staudinger* Rn 14ff; *Börstinghaus* Hdb Kap 9 Rn 17ff; *Kinne* ZMR 2003, 396, 399; *Mersson* DWW 2009, 206, 207f.
36 BGH (vorige Fn); *Thomsen* Modernisierung, 133f.

Volker Emmerich

Modernisierung und der Reduzierung des Wasserverbrauchs im Sinne der Nrn 1 und 3 des § 555b, weshalb hier im Jahre 2013 durch den Verweis auf § 555c Abs 3 in § 559b 1 Abs S 3 für die Fälle der Nr 1 des § 555b hinsichtlich der energetischen Qualität von Bauteilen wie zB Fenstern die Bezugnahme auf allgemein anerkannte Pauschalwerte für bestimmte Erscheinungsformen solcher Bauteile zugelassen wurde, wobei die Gesetzesverfasser insbesondere eine Bekanntmachung des Bundesverkehrsministers von 2009 im Auge hatten.[37] Wichtig ist das vor allem, soweit bei dem Austausch von Fenstern die Angabe des Wärmedurchgangskoeffizienten gefordert wird (Rn 9b).

9b   In den Fällen der **Instandsetzungsmodernisierung** müssen deshalb dem Mieter genau die Abgrenzung der verschiedenen Maßnahmen und ihre jeweiligen Kosten, ggf. durch die Vorlage von Vergleichsrechnungen oder anhand besonderer Kostenvoranschläge für die Instandsetzungsmaßnahmen, erläutert werden.[38] Entsprechendes gilt für den **Verteilungsschlüssel**, wenn die Maßnahmen mehrere Wohnungen betreffen (§ 559 Abs 2).[39] Bei Maßnahmen der **energetischen Modernisierung und Wasserreduzierung** ist gleichfalls eine sorgfältige Begründung dafür erforderlich, wieso nach Meinung des Vermieters die fraglichen Maßnahmen zu einer nachhaltigen Energie- oder Wassereinsparung führen sollen, sofern dies nicht ohne weiteres ersichtlich ist.[40] Daraus darf indessen *nicht* der Schluss gezogen werden, bei Maßnahmen zur Einsparung von Heizenergie müsse der Mieterhöhungserklärung eine **Wärmebedarfsrechnung** für jede Wohnung beigefügt werden, weil damit der Vermieter schlicht überfordert würde (§ 275 Abs 2); es genügt vielmehr die gegenständliche **Beschreibung** der Maßnahmen *oder* die Angabe des alten und des neuen **Wärmedurchgangskoeffizienten**, um dem Mieter eine Plausibilitätsprüfung zu ermöglichen sowie, wenn auch dies nicht möglich oder nicht zumutbar ist, hinsichtlich der energetischen Qualität der Fenster die Bezugnahme auf allgemein anerkannte Pauschalwerte, soweit vorhanden (§ 559b Abs 1 S 3 i.V.m. § 555c Abs 3).[41] Ausreichend ist mithin die Mitteilung von Tatsachen, anhand derer auch für einen Laien überschlägig beurteilt werden kann, ob die fragliche Maßnahme eine nachhaltige Einsparung von Endenergie oder Wasser bewirkt. Dagegen braucht *nicht* angegeben zu werden, in welchem **Ausmaß** die fraglichen Maßnahmen zB zur Einsparung von Endenergie oder Wasser beitragen; soweit den Mieter dies interessiert, muss er sich notfalls der Hilfe von Sachverständigen bedienen.[42] Entscheidend ist immer nur, ob dem Mieter eine **Plausibilitätsprüfung** in dem genannten Sinne möglich ist (s o Rn 6).

III. Rechtsfolgen eines Verstoßes gegen § 559b Abs 1

10   Bei § 559b Abs 1 handelt es sich um eine **gesetzliche Formvorschrift**, so dass ein Verstoß gegen § 559b Abs 1 die Mieterhöhungserklärung **unwirksam** macht (§ 125 Abs 1; s o Rn 3). Anders als im Falle des § 558b Abs 3 sieht das Gesetz hier auch keine Heilungsmöglichkeit vor, so dass die Nichtigkeit **endgültig** ist.[43] Der Vermieter kann aber jederzeit die Erhöhungserklärung **wiederholen**, nur, dass sich dadurch gegebenenfalls der Zeit-

---

37 S o § 555c Rn 8; Begr. von 2012, S 20 (r Sp u); *Hinz* NZM 2013, 209, 227.

38 Rn 8; *Börstinghaus* Hdb Kap 9 Rn 216; *Mersson* DWW 2009, 206, 207.

39 *Börstinghaus* Hdb Kap 9 Rn 217.

40 KG GE 2006, 714; LG Berlin ZMR 2001, 277; *Sternel* NZM 2000, 1058, 1066f; *Kinne* ZMR 2003, 396, 399.

41 Rn 9a; BGHZ 150, 277, 283ff = NJW 2002, 2036; BGH NJW-RR 2004, 658 = NZM 2004, 252; WuM 2004, 154, 155; NJW 2006, 1126 = NZM 2006, 211 Tz 9f; KG WuM 2006, 450; *Both* NZM 2001, 78, 85; *Hinz* N ZM 2012, 209, 227; *Sternel* NZM 2001, 1058, 1067.

42 BGH NJW-RR 2004, 658 = NZM 2004, 252.

43 BGH NJW 2006, 1126 = NZM 2006, 221 Tz 11.

punkt, zu dem die Mieterhöhung in Kraft tritt, verschiebt (s § 559b Abs 2). Hat der Vermieter die Mieterhöhung **zu hoch** berechnet, so ist die Erklärung außerdem nur *insoweit* unwirksam, wie er eine über § 559 Abs 1 hinausgehende Erhöhung fordert, während sie im Übrigen wirksam bleibt.[44]

Die Nichtigkeit des Erhöhungsverlangens (o Rn 10) kann zur Folge haben, dass der **11** Mieter die bereits gezahlte, erhöhte Miete wieder **zurückfordern** kann (§ 812 Abs 1 S 1), jedenfalls, wenn der Mieter von Anfang an unter **Vorbehalt** gezahlt hat (§§ 812 Abs 1, 814).[45] Hat der Mieter dagegen keinen derartigen Vorbehalt gemacht, sondern die erhöhte Miete zunächst, gegebenenfalls sogar über längere Zeit, **anstandslos gezahlt**, so stellt sich die Frage, ob dadurch konkludent zwischen den Parteien ein entsprechender **Änderungsvertrag** zustande gekommen ist.[46] **Gegen** diese Annahme spricht indessen, dass der Vermieter mit dem Erhöhungsverlangen ein (vermeintliches) *einseitiges* Gestaltungsrecht in Anspruch nimmt, so dass in seiner **Erklärung kein Antrag** auf Abschluss eines Änderungsvertrages gesehen werden kann (s schon o Rn 3) mit der weiteren Folge, dass in der vorbehaltlosen Zahlung der geforderten höheren Miete durch den Mieter auch *nicht* die konkludente **Annahme** eines (überhaupt nicht vorliegenden) Antrags des Vermieters auf Vertragsänderung erblickt werden kann.[47]

IV. Zeitpunkt der Mieterhöhung

Im Falle der Wirksamkeit des Erhöhungsverlangens wird die **Miete von** dem **Beginn 12 des** auf die Erklärung folgenden **dritten Monats an** ohne weiteres, dh allein aufgrund der Gestaltungserklärung des Vermieters **erhöht** (§ 559b Abs 2 S 1). Maßgebend ist der Zugang des Erhöhungsverlangens beim Mieter (§ 130). Geht das Erhöhungsverlangen dem Mieter im Januar zu, so wird folglich die Miete vom 1. April ab erhöht. Die **Fälligkeit** der erhöhten Miete richtet sich nach dem Vertrag, hilfsweise nach § 556b Abs 1. Die genannte Frist (S 1 des § 559b Abs 2) **verlängert sich** nach S 2 des § 559b Abs 2 **in zwei Fällen um weitere sechs Monate**, erstens, wenn der Vermieter dem Mieter die Modernisierungsmaßnahme nicht nach den Vorschriften des § 555c Abs 1 und Abs 3 bis Abs 5 angekündigt hat (s § 559b Abs 2 S 2 Nr 1 idF von 2013), sowie zweitens, wenn die tatsächliche Mieterhöhung die angekündigte um mehr als 10 % übersteigt. In einem derartigen Fall tritt folglich in dem genannten Beispiel die Mieterhöhung erst zum 1. Oktober in Kraft (s § 188 Abs 2).

Die Regelung des § 559b Abs 2 S 2 Nr 1 und 2 geht auf das **Mietrechtsänderungsgesetz 13** von 2013 zurück. Ursprünglich hatte das Gesetz in § 559b Abs 2 S 2 neben der zu niedrigen Ankündigung der Mieterhöhung (jetzt Nr 2 des § 559b Abs 2 S 2) lediglich den Fall eines Verstoßes gegen die Mitteilungspflicht nach § 554 Abs 3 S 1 aF erfasst, so dass die Behandlung **anderer Verstöße** des Vermieters gegen die Mitteilungspflicht einschließlich der gänzlichen Unterlassung einer Mitteilung (oder jetzt: Ankündigung) umstritten waren.[48] Der **BGH** tendierte zuletzt deutlich dahin, sämtliche Verstöße gegen die Mitteilungspflicht einheitlich nach § 559b Abs 2 S 2 aF zu behandeln, so dass sich die Rechtsfolgen eines Verstoßes gegen die Mitteilungspflicht durchgängig auf eine **Fristverlängerung** beschränk-

---

44 So schon BGH LM Nr 13 zu § 18 BMietG I = MDR 1964, 142.
45 LG Dresden WuM 1998, 216, 218.
46 So früher BGH LM Nr 10 zu § 18 I. BMietG = NJW 1963, 205; WM 1964, 860 = JZ 1964, 557; ebenso heute noch LG Leipzig ZMR 1999, 767, 768f; GE 2001, 1671f; LG Berlin GE 2004, 1593; *Kinne* ZMR 2003, 396, 400.
47 BGH WuM 2005, 581, 582 = NZM 2005, 735; NZM 2007, 514 Tz 11 = WuM 2007, 271; s schon Rn 3.
48 S Voraufl Rn 13 f.

Volker Emmerich

ten.[49] Im Anschluss an diese Rechtsprechung ist jetzt ausdrücklich der Anwendungsbereich des § 559b durch die neue Vorschrift des Abs 2 S 2 Nr 1 des § 559b auf **alle Fälle eines Verstoßes** des Vermieters gegen seine **Ankündigungspflicht** aus § 555c erstreckt worden, d.h. auf die Fälle der gänzlichen Unterlassung einer Ankündigung, der Verspätung der Ankündigung sowie der Mängel der Ankündigung, wozu insbesondere auch das Fehlen jedes Hinweises auf die bevorstehende Mieterhöhung gehört.[50] In allen genannten Fällen beschränkt sich folglich jetzt die **Rechtsfolge** auf die Verlängerung der Frist des § 559b Abs 2 für das Inkrafttreten der Mieterhöhung um sechs Monate.

14   Anders ist die Rechtslage insbesondere in den beiden folgenden Fällen, einmal, wenn sich die Parteien aus Anlass einer Modernisierung über eine Mieterhöhung **einigen,** wozu sie jederzeit in der Lage sind (§§ 311 Abs 1 und 557 Abs 1), zum anderen, wenn sich der Mieter gegen die Modernisierungsmaßnahmen des Vermieters unter Berufung auf seine fehlende Duldungspflicht aus § 555d gewehrt hatte, sei es, dass er den Maßnahmen ausdrücklich (mündlich oder schriftlich) **widersprochen** hatte, sei es, dass er die Durchführung der Maßnahmen **behinderte**, indem er, insbesondere bei Maßnahmen der sogenannten Außenmodernisierung, eine Untersagungsverfügung beantragte.[51] In diesen Fällen bleibt es dabei, dass die Maßnahmen des Vermieters ihm gegenüber **rechtswidrig** sind, so dass der Vermieter, wenn er trotzdem die Maßnahmen durchführt, anschließend *nicht* nach § 559 gegen den Mieter vorgehen kann (str).

V. Beweislast

15   Die Beweislast für die Voraussetzungen des Erhöhungsrechts trifft im Rechtsstreit den **Vermieter**.[52] Lediglich, wenn der Mieter behauptet, der Vermieter habe zu Unrecht entgegen § 559a bestimmte **Kürzungsbeträge** nicht abgezogen, trägt er dafür die Beweislast. Freilich wird der Mieter in der Regel keine Kenntnis über anzurechnende Leistungen Dritter haben, so dass insoweit den Vermieter eine sekundäre Darlegungs- und Beweislast trifft, sobald der Mieter substantiiert unter Hinweis auf § 559a das Recht des Vermieters zur Mieterhöhung bestreitet.

§ 560

Veränderungen von Betriebskosten

[1] Bei einer Betriebskostenpauschale ist der Vermieter berechtigt, Erhöhungen der Betriebskosten durch Erklärung in Textform anteilig auf den Mieter umzulegen, soweit dies im Mietvertrag vereinbart ist. Die Erklärung ist nur wirksam, wenn in ihr der Grund für die Umlage bezeichnet und erläutert wird.

[2] Der Mieter schuldet den auf ihn entfallenden Teil der Umlage mit Beginn des auf die Erklärung folgenden übernächsten Monats. Soweit die Erklärung darauf beruht, dass sich die Betriebskosten rückwirkend erhöht haben, wirkt sie auf den

49 BGH NJW 2007, 3565 Tz 11 f = WuM 2007, 630 = NZM 2007, 882; WuM 2011, 225 Tz 10, 14; NJW 2011, 1220 Tz 10, 14 f = NZM 2011, 359 = WuM 2011, 225; LG Karlsruhe WuM 2011, 680; zustimmend *Börstinghaus* Hdb Kap 9 Rn 237; *Mersson* DWW 2009, 206, 212f.
50 Begr von 2012, S 25; *Hinz* NZM 2013, 209, 227.
51 S KG NJW-RR 1992, 1362 = WuM 1992, 514.
52 KG WuM 2006, 450; LG Bückeburg WuM 1992, 378; AG Wernigerode WuM 1995, 442.

Zeitpunkt der Erhöhung der Betriebskosten, höchstens jedoch auf den Beginn des der Erklärung vorausgehenden Kalenderjahres zurück, sofern der Vermieter die Erklärung innerhalb von drei Monaten nach Kenntnis von der Erhöhung abgibt.

[3] Ermäßigen sich die Betriebskosten, so ist eine Betriebskostenpauschale vom Zeitpunkt der Ermäßigung an entsprechend herabzusetzen. Die Ermäßigung ist dem Mieter unverzüglich mitzuteilen.

[4] Sind Betriebskostenvorauszahlungen vereinbart worden, so kann jede Vertragspartei nach einer Abrechnung durch Erklärung in Textform eine Anpassung auf eine angemessene Höhe vornehmen.

[5] Bei Veränderungen von Betriebskosten ist der Grundsatz der Wirtschaftlichkeit zu beachten.

[6] Eine zum Nachteil des Mieters abweichende Vereinbarung ist unwirksam.

Schrifttum:

Allgemeines Schrifttum zu Betriebskosten s bei § 556. *Blümmel* Nach der Explosion der Preise – Erhöhung der Vorschüsse für Heizung und Warmwasser, GE 2000, 1234; *Börstinghaus* Erhöhung der Betriebskostenvorauszahlungen, PiG 62 (2002), 201; *ders* Das Mietrechtsreformgesetz – Eine erste Stellungnahme aus der (gerichtlichen) Praxis, NZM 2000, 583; *Both* Die Anpassung von Betriebskostenvorauszahlungen, NZM 2009, 896; *Blank* Die Anpassung der Betriebskostenvorauszahlungen, NZM 2012, 217; *Bub* Die Erhöhung der Betriebskostenvorauszahlungen durch den Vermieter, NZM 2011, 644; *Eisenhardt* Die Angemessenheit der Anpassung von Betriebskostenvorauszahlungen gem. § 560 Abs 4 BGB, WuM 2011, 200; *Geissler* „In Textform" – was ist das?, NZM 2001, 689; *Hähnchen* Das Gesetz zur Anpassung der Formvorschriften des Privatrechts und anderer Vorschriften an den modernen Rechtsgeschäftsverkehr, NJW 2001, 2831; *Hinz* Außergerichtliche und prozessuale Darlegungspflichten bei Betriebskostenstreitigkeiten, NZM 2009, 97; *Juli-Heptner* Die Entwicklung der Rechtsprechung zur Mieterhöhung nach den §§ 558–560 BGB, ZfIR 2009, 74; *Kinne* Erhöhung der Betriebskostenpauschale, GE 2005, 1528; *Kraemer* Die Gesellschaft bürgerlichen Rechts als Partei gewerblicher Mietverträge, NZM 2002, 465 = WuM 2002, 459; *Mankowski* Textform und Formerfordernisse im Miet- und Wohnungseigentumsrecht, ZMR 2002, 481; *Nies* Fallstricke bei Abgabe von Willenserklärungen bei Personenmehrheit und Stellvertretung: Abmahnung, einseitige Willenserklärung, Mieterhöhung, NZM 1998, 221; *M J Schmid* Anpassung von Betriebskostenvorauszahlungen oder: Wenn der VIII. Zivilsenat des BGH glaubt, seine Rechtsprechung zu ändern, NZM 2012, 674; *ders* „Vorbereitungshandlungen" zur Herabsetzung der vereinbarten Betriebskostenpauschale, NZM 2012, 444; *ders* Mietnebenkosten bei Wohn- und Gewerberäumen, WuM 2001, 424; *ders* Beweislastfragen in Mietnebenkostenprozessen, ZMR 2009, 335; *Sonnenschein* Die Erhöhung der Vorauszahlungen auf Betriebskosten, NJW 1992, 265; *Sternel* Probleme des neuen Mietrechts (Teil I), ZMR 2001, 937; *Weitemeyer* Die Auswirkungen der Rechtsprechung des BGH zur Gesellschaft bürgerlichen Rechts auf deren Vermieterstellung, ZMR 2004, 153; *dies* Die Gesellschaft bürgerlichen Rechts als Vermieterin, in: Gedächtnisschrift Sonnenschein (2002) 431; *dies* Das Mieterhöhungsverfahren nach künftigem Recht, NZM 2001, 563 = WuM 2001, 171.

Jost Emmerich

I. Allgemeines

1   **1. Überblick.** Nach § 560 Abs 1 und 2 steht dem Vermieter das Recht zu, Erhöhungen der Betriebskosten durch Erklärung in Textform anteilig auf den Mieter umzulegen. Hierin liegt eine Ausnahmeregelung von den gesetzlichen Beschränkungen der Mieterhöhung durch § 557 Abs 3. Voraussetzungen sind, dass die Parteien eine Betriebskostenpauschale im Sinne des § 556 Abs 2 sowie ein Erhöhungsrecht vereinbart haben. Die Zahlung erhöhter Mietnebenkosten kann nach Abs 2 S 2 in begrenztem Umfang auch rückwirkend verlangt werden. Ermäßigen sich die Betriebskosten, so muss der Vermieter die Miete gem Abs 3 entsprechend herabsetzen. Haben die Parteien nach § 556 Abs 2 Vorauszahlungen und eine Nettomiete mit Abrechnung der tatsächlich entstandenen Kosten vereinbart oder hat der Vermieter dies nach § 556a Abs 2 für bestimmte Betriebskosten einseitig festlegt, besteht für die Regelungen des § 560 Abs 1 bis 3 kein Bedürfnis, weil alle Erhöhungen oder Ermäßigungen in die jährliche Abrechnung eingehen. Nach Abs 4 hat in diesem Fall aber jede Vertragspartei ein Gestaltungsrecht, nach einer Betriebskostenabrechnung die Höhe der Voraussetzungen anzupassen. Abs 5 verpflichtet den Vermieter zur Beachtung des Grundsatzes der Wirtschaftlichkeit. Die Bestimmungen des § 560 Abs 1 bis 3 gehen zurück auf den früheren § 4 Abs 2 bis 4 MHRG. Das Mietrechtsreformgesetz vom 19.6.2001[1] hat jedoch die Möglichkeit der Mieterhöhung auf Betriebskostenpauschalen beschränkt, während früher auch Inklusivmieten erhöht werden konnten (Rn 6). Entsprechend der früheren Rechtsprechung muss nach Abs 1 S 1 HS 2 im Mietvertrag ausdrücklich vereinbart sein, dass eine Betriebskostenpauschale erhöht werden kann (Rn 5 f). Mit Abs 4 wurde durch das Mietrechtsreformgesetz erstmals ein gesetzliches Recht zur Anpassung der Vorauszahlungen geschaffen, während das Recht zur Erhöhung der Vorauszahlungen vorher vertraglich vereinbart worden sein musste. Der Mieter hatte allerdings schon immer einen Anspruch auf Senkung der Vorauszahlungen auf einen angemessenen Betrag.

---

1 BGBl I 1149.

2. Sachlicher Anwendungsbereich. Die Vorschrift ist nach § 549 Abs 1 auf **Wohn-** **2**
raummietverhältnisse (§ 549 Rn 3ff) anwendbar, soweit diese nicht nach § 549 Abs 2 und
3 vom Anwendungsbereich des sozialen Mietrechts ausgenommen sind. Keine ausdrückliche Ausnahmeregelung besteht mehr für den vor dem Inkrafttreten des Mietrechtsreformgesetzes in § 10 Abs 3 Nr 1 MHRG von den Vorschriften über Mieterhöhungen und über
die Berechnung und Umlegung der Betriebskosten ausgenommenen **preisgebundenen**
Wohnraum. Mit der Umstellung der Mietbindung im geförderten Wohnungsbau von der
Kostenmiete auf vereinbarte Mietobergrenzen durch das WoFG vom 13.9.2001[2] gilt auch für
diese Wohnungen das Mieterhöhungsrecht des BGB mit Sondervorschriften (§ 557 Rn 5).
Die Geltung der Vorschriften über die Umlage von Betriebskosten nach den §§ 556, 556a,
560 ist in § 28 Abs 4 Nr 1 WoFG ausdrücklich angeordnet. Für **Geschäftsraummietverhält-**
nisse gilt die Vorschrift des § 560 nicht. Hier besteht im weiten Umfang Vertragsfreiheit,
so dass für die Annahme, die Vereinbarung der Zahlung von Vorauszahlungen auf die
Betriebskostenabrechnung begründet zugleich einen Anspruch auf Erhöhung der Vorauszahlungen[3], kein Raum ist.[4] Bei Mietverhältnissen über Geschäftsräume ist eine Mehrbelastungsklausel ohne die Einschränkungen der §§ 556, 560 wirksam.[5]

3. Übergangsregelung. Die Vorschrift des § 560 ist nach Art 11 Mietrechtsreformgesetz **3**
seit dem 1.9.2001 anwendbar. Das bedeutet nach allgemeinen Grundsätzen, dass sämtliche Neuregelungen auf die zu diesem Zeitpunkt abgeschlossenen Mietverträge anzuwenden sind (§ 549 Rn 2). Nach Art 2 Mietrechtsreformgesetz ist in Art 229 § 3 Abs 1 Nr 3 EGBGB
für die am 1.9.2001 bestehenden Mietverhältnisse eine Übergangsregelung getroffen. Ein
Mietverhältnis besteht im diesem Sinne, wenn der Vertrag geschlossen ist (§ 549 Rn 2). Im
Fall einer vor dem 1.9.2001 zugegangenen Erklärung über eine Betriebskostenänderung ist
§ 4 Abs 2 bis 4 MHRG anzuwenden. Außerdem sind nach Art 229 § 3 Abs 4 HS 1 EGBGB auch
nach diesem Datum zugegangene Erklärungen zur Erhöhung der Betriebskosten bei Bruttomieten noch zulässig, wenn im Mietvertrag ein Erhöhungsvorbehalt vereinbart worden
war. Die Rechtmäßigkeit dieser Mieterhöhungen ist dann entsprechend dem neuen Recht
nach § 560 Abs 1, 2, 5 und 6 über Mieterhöhungen bei Betriebskostenpauschalen zu beurteilen. Damit soll es ermöglicht werden, in Altverträgen die Erhöhung der Bruttomieten
durchzusetzen, um die Vermieter zu schützen, die etwa für einen bestimmten Altbaube-
stand in Berlin wegen weitgehender Mietbindungen gezwungen waren, Bruttomietver-
träge abzuschließen.[6] Das Gleiche gilt nach Art 229 § 3 Abs 4 HS 2 für Ermäßigungen von
Betriebskosten bei Bruttomieten.

II. Umlage erhöhter Betriebskosten (Abs 1 und 2)

1. Vereinbarte Mietstruktur. Die Regelungen des § 560 Abs 1 und 2 gestatten dem **4**
Vermieter, erhöhte Betriebskosten abweichend von dem in § 558 vorgeschriebenen Vergleichsmieteverfahren durch einseitige Erklärung in Textform auf den Mieter umzulegen.
Diese Bestimmungen greifen nicht ein, wenn der Mieter verpflichtet ist, die tatsächlich
entstandenen Betriebskosten zu übernehmen und eine Abrechnung nach § 556 Abs 3

---

2 BGBl I 2376.
3 So *Börstinghaus* PiG 62 (2002) 201, 205; *Blümmel* GE 2000, 1234; *Kinne* GE 1990, 1175.
4 OLG Rostock DWW 2008, 220; LG Celle DWW 1996, 192; *Blank/Börstinghaus* Miete Rn 29; *Sonnenschein*
NJW 1992, 265.
5 OLG Frankfurt aM NZM 2000, 243 = NJW-RR 2000, 377 mwN.
6 Ausschussbericht BT-Drucks 14/5663, 84.

Jost Emmerich

erfolgt. In diesem Fall ist ein Erhöhungsrecht des Vermieters überflüssig[7], es können dann nach Abs 4 die Betriebskostenvorauszahlungen angepasst werden. Ob durch die jahrelange Abrechnung über Betriebskosten und Leistung von Vorauszahlungen die ursprüngliche Vereinbarung einer Betriebskostenpauschale oder einer Inklusivmiete stillschweigend geändert worden ist, ist eine Frage der Auslegung.[8] Andererseits setzt auch das Erhöhungsrecht nach § 560 Abs 1 und 2 voraus, dass es sich überhaupt um umlegbare Betriebskosten handelt (§ 556 Rn 5 ff).

5   **2. Vereinbarung.** Das Recht des Vermieters zur Mieterhöhung nach § 560 Abs 1 und 2 muss im Mietvertrag vereinbart sein. Dies kann auch formularvertraglich erfolgen.[9] Zu pauschal formulierte sog **Mehrbelastungsklauseln** können jedoch aus mehreren Gründen unwirksam sein. Sie verstoßen gegen die in § 560 Abs 2 geregelten Voraussetzungen der rückwirkenden Erhöhung der Betriebskosten, wenn sie die rückwirkende Umlage vom Zeitpunkt der Entstehung der erhöhten Betriebskosten zulassen.[10] Zudem muss sich aus der Erhöhungsklausel genau ergeben, dass sie sich auf die vom Mieter übernommenen Betriebskosten und nicht auf in der Grundmiete enthaltenen Kosten[11] sowie auf nach § 556 grundsätzlich umlegbare Betriebskosten[12] bezieht. Dies gilt auch für die Erhöhung der Betriebskosten wegen der Einführung **neuer Betriebskostenarten.** Darüber hinaus ist es für die formularvertragliche Abwälzung neuer Betriebskosten nicht erforderlich, dass diese Kosten ohne den Willen des Vermieters entstanden sind oder ihre Neueinführung zwingend geboten ist.[13] Die Beachtung des allgemeinen Wirtschaftlichkeitsgrundsatzes reicht aus. Das Erhöhungsrecht kann zu Gunsten des Mieters **eingeschränkt** werden. Ist etwa eine Betriebskostenpauschale für verbrauchsabhängige Kosten vereinbart worden, kann die Auslegung ergeben, dass die Erhöhung der Pauschale nicht bei einer Steigerung des Verbrauchs, sondern erst bei einer Erhöhung der Preise zulässig ist.[14]

a) Inklusivmiete
6   **aa)** Auf der Grundlage der Vorgängervorschrift des § 4 Abs 2 MHRG konnte eine Brutto- bzw Inklusivmiete **ohne** einen **ausdrücklichen Erhöhungsvorbehalt** wegen gestiegener Betriebskosten nicht erhöht werden.[15] Die zuvor umstrittene Streitfrage wurde durch das Mietrechtsreformgesetz von 2001 geklärt. Der Vermieter kann seitdem nach § 560 Abs 1 S 1 nur noch bei der Vereinbarung einer **Betriebskostenpauschale** erhöhte Betriebskosten auf den Mieter umlegen, soweit dies im Mietvertrag vereinbart ist. Bei Brutto- oder Teilinklusivmieten ist diese Mieterhöhung selbst dann nicht zulässig, wenn ein Erhöhungsrecht vereinbart ist. Der Regierungsentwurf begründet diese aus Gründen der Vertragsfreiheit bedenkliche Beschränkung der Mieterhöhung auf Betriebskostenpauschalen damit, dass wegen der gesonderten Ausweisung der Betriebskosten für den Mieter ein Kostenelement erkennbar sei und er zumindest ungefähr abschätzen könne, welchen Kostenanteil die Betriebskosten im Verhältnis zur Grundmiete ausmachten. Bei einer Bruttomiete habe

---

7 OLG Karlsruhe WuM 1983, 257; LG Bochum WuM 1990, 522.
8 BGH NZM 2000, 961; LG Berlin GE 2008, 331, s auch § 556 Rn 34.
9 OLG Karlsruhe WuM 1993, 257.
10 BGH NJW 1993, 1061, 1062; NJW 2004, 1380; NZM 2004, 253; WuM 2004, 151; AG Charlottenburg MM 2005, 146; AG Wetzlar WuM 2001, 30.
11 BGH NJW 1993, 1061, 1062; NZM 2004, 253; WuM 2004, 151; LG Hamburg ZMR 1997, 358.
12 BGH NZM 2004, 253; WuM 2004, 151; LG Hamburg ZMR 1997, 358.
13 Vgl BGH NZM 2004, 253; WuM 2004, 151.
14 LG Berlin NZM 2000, 333; **aM** AG Hamburg WuM 1981, 9, 10; *Langenberg* ZMR 1982, 65, 67.
15 BGH NJW 2004, 1380; NZM 2004, 253.

er für eine entsprechende Kalkulation keinerlei Anhaltspunkte. In diesem Fall müsse der Vermieter die Miete nach dem Vergleichsmietenverfahren erhöhen.[16] Da die meisten Mietspiegel jedoch von Nettomieten ausgehen, erfordert dieses Vorgehen komplizierte Vergleichsrechnungen (Einzelheiten s Erläuterungen zu § 558).[17]

bb) Nach dem früheren § 7 Abs 3 und 4 GVW war für **ehemals preisgebundenen** 7 **Berliner Wohnraum** die Erhöhung der Inklusivmiete nach Wegfall der Preisbindung ausdrücklich zugelassen.[18] Auch nach Auslaufen der Regelung zum 31.12.1994 soll die Vorschrift weiterhin anwendbar sein.[19] Nach der eindeutigen gesetzlichen Regelung durch das Mietrechtsreformgesetz, wonach eine Erhöhung der Betriebskosten bei einer Inklusivmiete nicht mehr zulässig ist, ist auch für diesen Wohnraum eine Mieterhöhung jedoch ausgeschlossen.[20] Allerdings wurde eine Übergangsvorschrift geschaffen (Rn 3).

b) Betriebskostenpauschale
aa) Haben die Parteien eine Pauschale für alle oder bestimmte Betriebskosten ver- 8 einbart, wurde überwiegend davon ausgegangen, dass ohne die Vereinbarung eines Erhöhungsvorbehalts mit der Übernahme dieses festen Betrags durch den Mieter alle Kosten abgegolten und künftige Erhöhungen ausgeschlossen seien.[21] Diese Streitfrage hat der Gesetzgeber nach § 560 Abs 1 S 1 dadurch entschieden, dass das **Erhöhungrecht** im Mietvertrag vereinbart sein muss. Fehlt ein Erhöhungsvorbehalt in Altverträgen, ist eine Betriebskostenerhöhung daher weiterhin unzulässig. Da das Gesetz diesen Vorbehalt ausdrücklich zulässt, kann er auch in einem Formularvertrag vereinbart werden. Nicht erforderlich ist, dass die Vereinbarung ausschließlich bei Abschluss des Mietvertrags getroffen wird. Auch eine spätere einvernehmliche Änderung des Vertrags führt zu einer Regelung „im Mietvertrag" iS der Vorschrift.

bb) Die Vorauszahlungen auf Betriebskosten sind nach vereinzelt vertretener Auf- 9 fassung gem § 399 zweckgebundene Leistungen und damit nicht abtretbar und nach § 851 Abs 1 ZPO nicht pfändbar. Denn sie sind nicht Bestandteil der Grundmiete, sondern werden für bestimmte Betriebskosten gezahlt und sind ausschließlich zur Abgeltung dieser Kosten bestimmt (§ 556 Rn 47). Dies trifft auf eine Betriebskostenpauschale nicht in vollem Umfang zu, weil der Vermieter diesen Betrag, soweit er zur Deckung der Betriebskosten nicht erforderlich ist, auch zu anderen Zwecken einsetzen kann. Nach § 851b ZPO ist aber bei Betriebskostenpauschalen die **Pfändung** von Miet- und Pachtzinsen insoweit aufzuheben, als diese Einkünfte für den Schuldner zur laufenden Unterhaltung des Grundstücks notwendig sind. Dies gilt auch für eine Bruttomiete, bei der der Betriebskostenanteil nicht gesondert ausgeworfen ist.[22] Pfändungsschutz besteht nicht (§ 556 Rn 47).

---

16 Begr zum RegE BT-Drucks 14/4553, 59; krit *Derleder* NZM 2001, 170, 173; *Weitemeyer* NZM 2001, 563, 571.
17 Vgl BGH NJW 2004, 1380; NZM 2006, 101; NZM 2006, 864; NZM 2008, 848; KG GE 2005, 180; LG Berlin GE 2006, 579; *Schach* GE 2006, 548; *Paschke* GE 2006, 550; zur Mieterhöhung bei einer gegen die HeizKV verstoßenden Bruttowarmmiete BGH NZM 2006, 652.
18 BGH NJW 2004, 1380; NZM 2004, 253; *Emmerich/Sonnenschein* Miete, 6. Aufl (1991), § 7 GVW Rn 6.
19 LG Berlin GE 1997, 493; GE 2001, 1674; AG Tiergarten ZMR 1999, 29; *Bub/Treier/Schultz* III Rn 464; vgl auch KG GE 1997, 1097.
20 BGH NZM 2004, 253; WuM 2004, 151.
21 *Staudinger/Weitemeyer* (2011) Rn 15 mwN.
22 OLG Celle ZMR 1999, 687 m Anm *Lützenrath* mwN.

Jost Emmerich

3. Erhöhung der Betriebskosten

10   **a) Begriff der Betriebskosten.** Der Begriff der Betriebskosten wird nach § 556 Abs 1 (dort Rn 5 ff) festgelegt. Nur die dort genannten Kosten dürfen nach § 560 Abs 1 und 2 erhöht werden. Die Umlage der Betriebskosten auf den Mieter muss vertraglich vereinbart sein (Rn 4). Auch neu hinzutretende Betriebskostenarten sind zu berücksichtigen, wenn der Mieter nach dem Mietvertrag verpflichtet ist, diese Kosten zu tragen (Rn 5). Im Übrigen können nur die Betriebskosten erhöht werden, zu deren Übernahme der Mieter sich verpflichtet hat.

11   **b) Erhöhung des Gesamtbetrags der Betriebskosten.** Es muss eine Erhöhung der Betriebskosten eingetreten sein. Dies ist der Fall, wenn die gesamten Betriebskosten gegenüber der Zeit des Vertragsschlusses oder der letzten Erhöhung gestiegen sind. Es kommt nicht auf die Erhöhung einer einzelnen Betriebskostenart, sondern auf den Gesamtbetrag an.[23] Dies hat den Vorteil, dass anderweitige Ermäßigungen zunächst unabhängig von dem Verfahren nach § 560 Abs 1 und 2 unmittelbar verrechnet werden. Maßgebend ist ein Vergleich mit der letzten Festlegung der Miete nach § 556 oder § 560, dh einer Vereinbarung oder einseitigen Erhöhung. Bei neu zu errichtenden Räumen kann eine formularvertragliche Erhöhungsklausel unklar und nach § 305c Abs 1 unwirksam sein, wenn sich nicht feststellen lässt, ob bereits die erste Erhöhung der Grundsteuer bei Fertigstellung der Räume das Erhöhungsrecht auslöst.[24] Umgelegt werden kann nur der Erhöhungsbetrag, sonst würde es sich um eine Übernahme der tatsächlichen Betriebskosten nach § 556 Abs 3 handeln.[25] Anders als bei der Abrechnung über Vorauszahlungen nach § 556 können die verbrauchsabhängigen Kosten in kürzeren Abständen abgelesen werden.[26]

12   **c) Grund der Erhöhung der Betriebskosten.** Der Grund für die Erhöhung der Betriebskosten ist regelmäßig unerheblich. Er kann auf äußeren Umständen oder auf einer Entschließung des Vermieters beruhen. Die Betriebskosten müssen nicht unvermeidbar sein. Aus Abs 5 ergibt sich aber eine Grenze durch das Gebot der Wirtschaftlichkeit (Rn 41). Auf die Vorhersehbarkeit der Kosten kommt es ebenfalls nicht an. In Ausnahmefällen kann es jedoch nach Treu und Glauben geboten sein, auf zu erwartende erhebliche Erhöhungen der Betriebskosten kurz nach Abschluss des Mietvertrags schon bei Vertragsschluss hinzuweisen.[27] Das Gesetz enthält keinen Anhaltspunkt dafür, dass nur die Kostensteigerungen, die auf der allgemeinen wirtschaftlichen Entwicklung beruhen, erfasst werden. Die durch den Wegfall einer Grundsteuervergünstigung eintretende Kostensteigerung ist deshalb umlegbar.[28]

13   **d) Umlagemaßstab.** Dem Vermieter ist nach § 560 Abs 1 S 1 eine anteilige Umlage der Betriebskostenerhöhung auf den Mieter gestattet. Der Umlagemaßstab kann sich aus dem Gesetz oder den vertraglichen Bestimmungen ergeben. Obwohl auf § 556a nicht verwiesen wird und diese Vorschrift unmittelbar nur den Umlagemaßstab für die Abrechnung über

---

23 Begr zum RegE BT-Drucks 7/2011, 13; OLG Celle WuM 1990, 103, 109; LG Mannheim NZM 1999, 365; *Schmid* WuM 2001, 424, 425.
24 Vgl OLG Hamm ZMR 1986, 198.
25 LG Kiel WuM 1995, 546.
26 AM *Blank/Börstinghaus* Miete Rn 7, die auf einen Jahresrhythmus abstellen.
27 LG Berlin GE 1990, 1033; s auch § 556 Rn 43.
28 OLG Karlsruhe NJW 1981, 1051; AG Leverkusen NJW-RR 1994, 400; *Palandt/Weidenkaff* Rn 8.

Jost Emmerich

Betriebskosten regelt, sind die dort getroffenen Regelungen (§ 556 Rn 11ff) für die Umlage nach § 560 Abs 1 analog anwendbar.[29]

e) Verhältnis zu anderen Mieterhöhungen. Grundsätzlich können Mieterhöhun- **14** gen nach § 560 Abs 1 und anderen Vorschriften unabhängig voneinander geltend gemacht werden. Eine Betriebskostenpauschale kann nur unter den Voraussetzungen der Abs 1, 2 und 5 erhöht werden. Vereinbarungen über eine Index- oder Staffelmiete können sich nicht wirksam auf die Betriebskostenpauschale erstrecken. Diese kann auch nicht im Vergleichsmieteverfahren nach §§ 558 ff erhöht werden. Die verschiedenen Erhöhungsmöglichkeiten beschränken sich auch nicht gegenseitig.

4. Geltendmachung der Umlage
a) Erklärung in Textform. Die Umlage ist gem § 560 Abs 1 S 1 durch Erklärung des **15** Vermieters in Textform gegenüber dem Mieter geltend zu machen. Es handelt sich um eine einseitige, empfangsbedürftige Willenserklärung, die dem gesetzlichen Formerfordernis des § 126b genügen muss. Dazu ist neben der Verkörperung in einer Urkunde oder in anderer zur dauerhaften Wiedergabe in Schriftzeichen (Fax, E-mail) geeigneter Weise erforderlich, dass die Person des Erklärenden genannt und der Abschluss der Erklärung durch Nachbildung der Namensunterschrift oder anders erkennbar gemacht werden.[30] Nach der früheren Schriftform musste die Unterschrift des Vermieters das gesamte Erhöhungsverlangen decken, dh wenn Berechnungen der Betriebskosten beigefügt waren, mussten sie mit der Erhöhungserklärung eine Urkundeneinheit bilden.[31] Da nach der Textform die Schriftzeichen nicht mehr in einer Urkunde festgehalten werden müssen, dürften diese Voraussetzungen nicht mehr erforderlich sein.[32]

b) Personenmehrheit. Die Erklärung muss bei einer Mehrheit von Mietern an alle **16** Mieter gerichtet werden.[33] Dies gilt bei Ehegatten auch dann, wenn sie getrennt leben und einer von ihnen ohne einverständliche Aufhebung des mit ihm bestehenden Mietverhältnisses aus der Wohnung ausgezogen ist.[34] Stimmt der Vermieter der „Entlassung" des anderen Ehegatten aus dem Mietverhältnis zu, ist es dem verbleibenden Ehegatten nach Treu und Glauben verwehrt, sich gegen die nur an ihn gerichtete Mieterhöhung zu wenden.[35] Die Bevollmächtigung mehrerer Mieter untereinander ist auch in einem Formularvertrag wirksam.[36] Dies hat aber nur Bedeutung für den Zugang der Erklärung, sie muss daher gleichwohl an alle Mieter adressiert sein.[37] Mehrere Vermieter müssen die Mieterhö-

---

29 *Staudinger/Weitemeyer* (2011) Rn 20; **aM** *Schmidt-Futterer/Langenberg* Rn 28: „nachvollziehbarer Verteilerschlüssel".
30 Einzelheiten s *Geissler* NZM 2001, 689; *Hähnchen* NJW 2001, 2831; *Lammel* ZMR 2002, 333; *Mankowski* ZMR 2002, 481.
31 LG Berlin WuM 1995, 717. Zu den Anforderungen an die Urkundeneinheit bei Anlagen s BGH NJW 2003, 1248; NZM 2004, 253; WuM 2004, 151; NZM 2005, 61.
32 LG Potsdam WuM 2004, 671; so schon zu § 8 MHRG: LG Berlin NJW-RR 1997, 1505; **aM** AG Schöneberg NJWE-MietR 1997, 55; vgl zur Diskussion *Geissler* NZM 2001, 689; *Hähnchen* NJW 2001, 2381; *Lammel* ZMR 2002, 333; *Mankowski* ZMR 2002, 481.
33 OLG Celle OLGZ 1982, 254 = WuM 1982, 102; OLG Koblenz NJW 1984, 244; LG Berlin GE 1997, 1227; AG München NZM 2003, 394.
34 BayObLG WuM 1983, 107.
35 BGH NJW 2004, 1797.
36 BGH NJW 1997, 3437; OLG Schleswig NJW 1983, 1862.
37 AG München NZM 2003, 394.

hung gemeinsam erklären.[38] Ist Vermieterin eine rechtsfähige Gesellschaft bürgerlichen Rechts, muss diese die Erklärung abgeben.[39] Stellvertretung ist dann nach den allgemeinen Grundsätzen möglich. Zur Einhaltung der Schriftform ist aber zusätzlich erforderlich, dass die Stellvertretung aus der Urkunde erkennbar ist. Dies bereitet bei Personenmehrheiten besondere Probleme (s § 557a Rn 9). Für die Textform gelten dieselben Grundsätze, da es auch hier zum Schutz des Erklärungsempfängers erforderlich ist, dass der Vertretene aus der Urkunde erkennbar ist.[40]

17   **c) Inhalt der Erklärung.** Für den Inhalt der Erklärung verlangt § 560 Abs 1 S 2 als Wirksamkeitsvoraussetzung, dass der Grund für die Umlage bezeichnet und erläutert wird. Damit soll dem Mieter die Erhöhung der Miete in verständlicher Weise begründet werden, um ihm eine Nachprüfung zu ermöglichen. Angegeben werden müssen die Gesamthöhe der Kosten, die Veränderung als Differenz zwischen früheren und neuen Kosten[41] sowie der Umlagemaßstab mit Erläuterungen wie in einer Betriebskostenabrechnung,[42] wenn der Vermieter nicht den bisherigen Maßstab anwendet. Die Angabe eines bestimmten Prozentsatzes des genannten Gesamtbetrags reicht aus.[43] Die Aufstellung muss hinreichend aktuell sein. Sie darf auch die vorletzte Abrechnungsperiode betreffen.[44] Auch der Grund für die erhöhte Umlage ist unter Hinweis etwa auf eine die Kostensteigerung verursachende Stelle wie die Gemeinde oder die Stadtwerke und das Datum des Gebührenbescheids oder der Rechnung genau zu bezeichnen.[45] Werden zwei widersprüchliche Berechnungen mitgeteilt, ist die Erklärung formell unwirksam.[46] Befinden sich Wohn- und Gewerberäume in einer Wirtschaftseinheit, kann es erforderlich sein, den Verteilungsmaßstab zu erläutern.[47] Der Zeitpunkt, von dem an der Vermieter die erhöhte Miete verlangt, muss nicht angegeben werden, soweit sich der Zeitpunkt der Erhöhung unmittelbar aus § 560 Abs 2 S 1 ergibt. Eine rückwirkende Erhöhung nach Abs 2 S 2 setzt hingegen zur näheren Bestimmung entsprechende Angaben voraus. Um dem Mieter die Nachprüfung zu ermöglichen, ist ihm Einsicht in die Belege (§ 556 Rn 67ff) zu gestatten.

18   **d) Verstoß gegen das Erläuterungserfordernis.** Ein Verstoß gegen § 560 Abs 1 S 2 macht die Erhöhungserklärung des Vermieters unwirksam. Schreib- oder Rechenfehler beeinträchtigen die Wirksamkeit des gesamten Erhöhungsverlangens nicht, wenn sie vom Mieter ohne weiteres korrigierbar sind. Sie berühren die Wirksamkeit des Erhöhungsverlangens hinsichtlich des richtigen Teils nicht.[48] Die rügelose Zahlung eines rechtswidrig angeforderten Erhöhungsbetrags führt nicht zu einer Vereinbarung über die Mieterhöhung.[49] Der Mieter kann die auf ein formell unwirksames Erhöhungsverlangen hin geleis-

38 LG Marburg WuM 2001, 439 = NZM 2003, 394; *Nies* NZM 1998, 221.
39 LG Berlin NZM 2002, 780; AG Königstein NJW 2001, 1357; AG Tiergarten GE 2002, 670; vgl auch BGH NZM 2002, 786; **aM** KG GE 2001, 1131: auch Gesellschafter im eigenen Namen.
40 LG Berlin GE 2003, 1156; WuM 2003, 568; LG Hamburg NZM 2005, 255; vgl *Weitemeyer* NZG 2006, 10 mwN.
41 LG Berlin GE 1990, 1033; LG Kiel WuM 1995, 546; LG Köln WuM 1982, 301.
42 VerfGH Berlin WuM 2006, 300; LG Kiel WuM 1995, 546.
43 Begr zum RegE BT-Drucks 7/2011, 12.
44 BGH WuM 2011, 424 = NJW 2011, 2350 zur Erhöhung von Vorauszahlungen.
45 LG Berlin WuM 1995, 717; GE 1999, 575.
46 LG Berlin GE 1990, 1033.
47 VerfGH Berlin WuM 2006, 300; AG Charlottenburg GE 1995, 571; **aM** LG Berlin GE 1999, 1127; s § 556a Rn 28.
48 LG Berlin GE 1995, 941.
49 LG Itzehoe WuM 1980, 60; s auch § 557 Rn 4ff; **aM** LG Berlin GE 1995, 941; GE 2004, 1593.

teten Zahlungen nach § 812 Abs 1 S 1 Fall 1 herausverlangen.[50] Wird die Einsichtnahme in die Belege verweigert, steht dem Mieter anders als bei der Abrechnung nach § 556 Abs 3 (dort Rn 84) nur ein Zurückbehaltungsrecht hinsichtlich des erhöhten Betrags zu, das die Wirksamkeit und Fälligkeit der Erhöhung unberührt lässt.

5. Wirkungseintritt der Umlage (Abs 2)

a) Fälligkeit. Die Gestaltungserklärung, mit welcher der Vermieter eine Umlegung **19** erhöhter Betriebskosten geltend macht, wird gem § 130 Abs 1 mit dem Zugang beim Mieter wirksam. Bei einer Mehrheit von Mietern (Rn 16) muss die Erklärung allen Mietern zugehen. Davon zu unterscheiden ist der Zeitpunkt, von dem an die erhöhte Umlage fällig wird. Hierbei unterscheidet das Gesetz zwischen zukünftiger (Rn 20) und rückwirkender (Rn 21) Erhöhung der Betriebskosten. Die Umlage ist mangels abweichender Vereinbarung jeweils mit der Miete fällig.

b) Zukünftige Erhöhung. Bei einer zukünftigen Erhöhung schuldet der Mieter den **20** auf ihn entfallenden Teil der Umlage gem § 560 Abs 2 S 1 mit Beginn des auf die Erklärung folgenden übernächsten Monats an. Die frühere Differenzierung danach, ob die Erklärung vor oder nach dem Fünfzehnten eines Monats abgegeben wurde, wurde durch das Mietrechtsreformgesetz aus Gründen der Vereinfachung aufgegeben.[51] Eine Vereinbarung, dass der Zeitpunkt der Entstehung der höheren Betriebskosten maßgebend sein soll, ist nach § 560 Abs 6 unwirksam.[52] Eine Mieterhöhung ist auch nach Jahren noch möglich und ist ohne weiteres Umstandsmoment auch nicht verwirkt.[53] Sie kann nach Abs 2 S 1 nur für die Zukunft geltend gemacht werden. Für eine rückwirkende Erhöhung müssen die Voraussetzungen des Abs 2 S 2 vorliegen.

c) Rückwirkende Erhöhung. Bei einer rückwirkenden Erhöhung der Betriebskosten, **21** wie sie vor allem bei der Grundsteuer eintreten kann, lässt Abs 2 S 2 in begrenztem Umfang eine rückwirkende Überwälzung der Betriebskostenerhöhungen zu. Die Regelung ist nicht auf die Erhöhung der Vorauszahlungen im Fall der Abrechnung über die tatsächlichen Betriebskosten nach Abs 4 anwendbar (Rn 40). Ist der Mietvertrag bereits beendet, kann eine rückwirkende Erhöhung nicht mehr geltend gemacht werden.[54] Das Gleiche gilt für einen Zeitraum, während dessen das Mietverhältnis noch nicht bestanden hat.[55]

aa) Die Betriebskosten müssen sich **rückwirkend** erhöht haben. Die Erhöhung muss **22** auch gegenüber dem Vermieter rückwirkend erfolgt sein wie bspw. bei einer rückwirkenden Neufestsetzung der Grundsteuer.[56] Der Vermieter kann also nicht einfach im Nachhinein erhöhte Betriebskosten umlegen.[57]

bb) Der Vermieter muss seine Erklärung **innerhalb von drei Monaten nach Kennt-** **23** **nis** von der Erhöhung abgeben. Entgegen dem missverständlichen Gesetzeswortlaut kommt es nicht auf die Abgabe der Erklärung, sondern auf deren Zugang bei Mieter an,

---

50 § 557 Rn 37; vgl OLG Karlsruhe WuM 1986, 166.
51 Begr zum RegE BT-Drucks 14/4553, 59.
52 OLG Celle WuM 1990, 103, 108; OLG Frankfurt aM WuM 1992, 57, 62; LG Berlin GE 1996, 1247.
53 LG Berlin GE 1999, 111.
54 LG Frankfurt aM NZM 2002, 226.
55 OLG Frankfurt NZM 2000, 243; *Blank/Börstinghaus*, Miete Rn 12.
56 *Schmidt-Futterer/Langenberg* Rn 33.
57 AG Charlottenburg GE 1995, 571.

　　　　　　　　　　　　　　　　　　　Jost Emmerich

weil nur dann dessen Rechte gewahrt sind. Die Dreimonatsfrist beginnt mit der positiven Kenntnis des Vermieters von der Erhöhung. Hierfür trifft ihn die Beweislast.[58] Es kommt auf die Kenntnis von einer Erhöhung des Gesamtbetrags der Betriebskosten an, nicht der einzelnen Position.[59] Dies gilt allerdings nur, wenn der einzelne Erhöhungsbetrag wegen einer gleichzeitigen Senkung einer anderen Betriebskostenart nicht zu einer Erhöhung der gesamten Betriebskosten führt. Der Vermieter kann daher nicht bis zum Ablauf einer Abrechnungsperiode warten und die gesamten erhöhten Betriebskosten rückwirkend umlegen.[60] Ermäßigen sich die Betriebskosten gegenüber einer Erhöhung zeitlich versetzt, bleibt dem Vermieter nichts anderes übrig, als die Umlage jeweils zu erhöhen oder nach Abs 3 zu senken. Wird die Erhöhung der Betriebskosten durch einen Bescheid geltend gemacht, ist die Kenntnis dieses Verwaltungsakts entscheidend.[61] Legt der Vermieter gegen einen Gebührenbescheid Rechtsmittel ein, kommt es für die Kenntnis auf den Bescheid oder das Urteil an, durch den die Erhöhung endgültig festgelegt wird.[62] Unerheblich ist, ob der Vermieter schon vorher mit einer Erhöhung rechnete oder rechnen musste.[63]

24   **cc)** Die Rückwirkung der Umlage erstreckt sich auf den **Zeitraum**, für den der Vermieter die erhöhte Belastung rückwirkend zu tragen hat. Begrenzt ist dieser Zeitraum auf den Beginn des der Erklärung des Vermieters vorausgehenden Kalenderjahres. Entscheidend ist der Zugang der Erhöhungserklärung beim Mieter. Die Umlegung kann daher ausgeschlossen sein, wenn ein Gebühren- oder Steuerbescheid eine Erhöhung der Betriebskosten rückwirkend für mehr als ein Jahr bewirkt.

25   **dd)** Nach der **Beendigung des Mietverhältnisses** ist eine rückwirkend erhöhte Umlage auf den früheren Mieter ausgeschlossen, da der Mietvertrag als Grundlage für eine auf § 560 Abs 1 und 2 gestützte einseitige Änderung weggefallen ist.[64] Der neue Mieter kann ebenfalls nicht mit Betriebskosten belastet werden, die auf eine Zeit vor dem Abschluss seines Mietvertrags entfallen, sofern nicht eine entsprechende Vereinbarung getroffen wurde oder der neue Mieter Rechtsnachfolger des früheren ist.

26   **d) Umfang der Erhöhung.** Der Vermieter ist bei seinem Erhöhungsverlangen grundsätzlich nicht an die Obergrenze der ortsüblichen Vergleichsmiete gebunden. Die Grenze des § 291 StGB ist dagegen einzuhalten. Die Mieterhöhung nach § 560 Abs 1 und 2 wird auch begrenzt durch § 5 WiStG, wonach die Miete die ortsüblichen Entgelte nicht um mehr als 20 vH übersteigen darf.[65] Zwar sind nach dem in § 5 Abs 2 WiStG eingefügten S 2 solche Entgelte nicht unangemessen hoch, die zur Deckung der laufenden Aufwendungen des Vermieters erforderlich sind. Dies gilt aber nur, wenn das Entgelt insgesamt nicht in einem auffälligen Missverhältnis zu der Leistung des Vermieters steht, wovon man bei etwa 50 vH über der ortsüblichen Vergleichsmiete ausgehen kann. Eine Differenzierung danach, wie

---

58 LG Bonn WuM 1985, 373 (LS).
59 AG Charlottenburg GE 1990, 105.
60 **AM** AG Charlottenburg GE 1990, 105.
61 OLG Frankfurt aM ZMR 1983, 374, 376.
62 LG München I DWW 1978, 99 m Anm *Glock/Bub.*
63 AG Solingen WuM 1978, 112; **aM** LG Berlin GE 1990, 1033; s aber Rn 12.
64 *Schmidt-Futterer/Langenberg* Rn 35.
65 Vgl OLG Karlsruhe WuM 1983, 314 zu § 3; **aM** OLG Hamm NJW 1983, 1915 zu § 5 MHRG.

die Miete berechnet wird und auf welchen Gründen die Miethöhe beruht, nimmt die Vorschrift nicht vor. Daher ist § 5 WiStG bei einer Überschreitung der ortsüblichen Vergleichsmiete um 20 vH nur dann nicht erfüllt, wenn der Vermieter einwenden kann, die gesamte Miete sei zur Deckung seiner Aufwendungen erforderlich. Es reicht nicht aus, dass lediglich der Erhöhungsbetrag durch laufende Aufwendungen gedeckt ist.

III. Herabsetzung der Miete bei Ermäßigung der Betriebskosten (Abs 3)

1. Allgemeines. Die Regelung des § 560 Abs 3 verpflichtet den Vermieter, bei einer **27** Ermäßigung der Betriebskosten die Miete von diesem Zeitpunkt ab Ermäßigung dem Mieter unverzüglich mitzuteilen. Dieser Anspruch des Mieters greift nur in den Fällen ein, in denen der Mieter die Betriebskosten mit einem festen Betrag durch eine Betriebskostenpauschale übernommen hat. Die Miete wird nicht kraft Gesetzes gesenkt. Es bedarf einer Gestaltungserklärung des Vermieters, auf die der Mieter einen klagbaren Anspruch hat (Rn 34).

2. Ermäßigung der Betriebskosten. Der Begriff der Betriebskosten wird nach § 556 **28** Abs 1 festgelegt (§ 556 Rn 5ff). Nach § 560 Abs 3 S 1 muss eine Ermäßigung der Betriebskosten eingetreten sein. Dies ist der Fall, wenn die gesamten Betriebskosten gegenüber der Zeit des Vertragsabschlusses oder einer späteren Neufestsetzung nach § 560 Abs 1 und 2 gesunken sind. Entscheidend ist der Gesamtbetrag, nicht die einzelne Betriebskostenart.[66] Nur so ist gewährleistet, dass anderweitige Erhöhungen, die der Vermieter noch nicht nach Abs 1 überwälzt hat, zunächst verrechnet werden (Rn 10). Da es sich um eine Pauschale handelt, ist der Vermieter aber nicht verpflichtet, diese stets dann zu ermäßigen, wenn und soweit sie zur Kostendeckung nicht mehr erforderlich ist, gewisse Sicherheitszuschläge sind möglich.[67] Der Umlagemaßstab für die Ermäßigung bei einer Mehrzahl von Mietparteien entspricht den bei einer Erhöhung anzuwendenden Grundsätzen (Rn 13).

3. Mitteilung der Ermäßigung
a) Ermäßigung. Nach § 560 Abs 3 S 2 ist die Ermäßigung dem Mieter unverzüg- **29** lich mitzuteilen. Der Wortlaut der Vorschrift lässt offen, ob damit die Ermäßigung der Betriebskosten, die für den Vermieter eingetreten ist, oder die anteilige Herabsetzung der Miete gegenüber dem Mieter gemeint ist. Obwohl das Wort „Ermäßigung" in Abs 3 S 1 nur in Zusammenhang mit den Betriebskosten auf Seiten des Vermieters verwendet wird, während hinsichtlich der Miete von Herabsetzen die Rede ist, wird die Mitteilung des S 2 allgemein mit der Herabsetzungserklärung gleich gestellt, weil eine isolierte Mitteilung der Betriebskostenermäßigung ohne entsprechende Herabsetzung der Miete überflüssig ist.

b) Frist. Die Herabsetzung der Miete ist dem Mieter gegenüber unverzüglich, dh nach **30** § 121 Abs 1 S 1 ohne schuldhaftes Zögern, mitzuteilen, nachdem der Vermieter von der Ermäßigung der Betriebskosten Kenntnis erlangt hat. Auch nach Ablauf dieser Frist kann und muss der Vermieter jedoch die Miete bei einer Ermäßigung der Betriebskosten her-

---

66 Begr zum RegE BT-Drucks 7/2011, 13; *Schmidt-Futterer/Langenberg* Rn 40.
67 **AM** *Sternel* ZMR 2001, 937, 943.

absetzen, der Mieter kann dies verlangen. Anders als nach Abs 2 S 2 ist die Ermäßigungspflicht zeitlich unbegrenzt und wirkt auch zurück.[68]

31   **c) Form, Auskunftsanspruch des Mieters.** Eine Begründung und eine besondere Form sind für die Erklärung nicht vorgeschrieben. Dem Mieter ist jedoch ein auf § 242 zu stützender **Auskunftsanspruch** einzuräumen, an den sich ein Recht auf Einsicht in die Belege des Vermieters knüpft.[69] Der Auskunftsanspruch besteht nur, wenn sich konkrete Anhaltspunkte für eine Ermäßigung der Betriebskosten ergeben, weil der Vermieter gerade nicht zu einer Abrechnung verpflichtet ist.[70] Der Vermieter muss auch nicht die anfängliche Kalkulation offenlegen.[71]

4. Wirkungseintritt der Herabsetzung der Miete

32   **a) Zeitpunkt der Ermäßigung der Betriebskosten.** Die Herabsetzung der Miete beruht auf einer einseitigen, empfangsbedürftigen Willenserklärung des Vermieters, der Mitteilung des Abs 3 S 2. Diese Erklärung wird nach § 130 Abs 1 mit dem Zugang beim Mieter wirksam. Davon zu unterscheiden ist der Zeitpunkt, zu dem die Miete herabgesetzt wird. § 560 Abs 3 S 1 verpflichtet den Vermieter, die Miete vom Zeitpunkt der Ermäßigung der Betriebskosten ab, also auch rückwirkend,[72] entsprechend herabzusetzen. Diese Rückwirkung tritt nicht kraft Gesetzes ein, sondern setzt eine darauf gerichtete Willenserklärung des Vermieters voraus.[73] Gibt der Vermieter ausdrücklich ein von dem Eintritt der Ermäßigung der Betriebskosten abweichendes, späteres Datum an, ist zunächst nur dieses maßgebend. Allerdings ist der weitergehende Anspruch des Mieters dann nicht vollständig erfüllt.

33   **b) Anspruch auf Rückzahlung von Betriebskosten.** Der Mieter hat gem § 812 Abs 1 S 2 Fall 1 einen Bereicherungsanspruch auf Rückzahlung der zu viel entrichteten Betriebskosten, sobald die Miete durch die Gestaltungserklärung des Vermieters rückwirkend herabgesetzt worden ist. Der Anspruch kann sich nach § 818 Abs 1 auf die gezogenen Nutzungen erstrecken. Eine Berufung auf den Wegfall der Bereicherung nach § 818 Abs 3 scheidet bei Kenntnis des Vermieters von der Betriebskostenermäßigung und seiner Pflicht aus § 560 Abs 3 in entsprechender Anwendung der §§ 818 Abs 4, 819 aus, auch wenn der Rechtsgrund für die höheren Zahlungen des Mieters an sich noch besteht, solange eine Herabsetzungserklärung des Vermieters nicht wirksam geworden ist. Daneben hat der Mieter einen vertraglichen Anspruch auf Rückzahlung zu viel entrichteter Betriebskosten.

5. Verletzung der Pflicht zur Herabsetzung der Miete

34   **a) Erfüllungsanspruch.** Der Mieter hat nach § 560 Abs 3 S 1 einen Anspruch gegen den Vermieter, eine auf die Herabsetzung der Miete gerichtete Willenserklärung abzugeben. Hierfür spricht der Wortlaut des Gesetzes. Wenn die Miete „herabzusetzen" ist, ist eine Tätigkeit des Vermieters erforderlich. Der Mieter kann im Wege der Leistungsklage auf Erfüllung klagen. Daneben kann er gem § 315 Abs 3 S 2 Gestaltungsklage auf Bestimmung der ermäßigten Miete erheben. Zur Realisierung seiner Rechte ist dem Mieter in angemes-

---

68 LG Mannheim NZM 1999, 365.
69 *Herrlein/Kandelhard/Both* Rn 19; *Schmidt-Futterer/Langenberg* Rn 41.
70 BGH WuM 2011, 688 = NJW 2012, 303.
71 BGH WuM 2011, 688 = NJW 2012, 303.
72 LG Berlin GE 2004, 1396.
73 BayObLG NJW-RR 1996, 207; **aM** AG Schöneberg MM 2004, 222.

senen Zeitabständen jedenfalls bei konkreten Ansatzpunkten für eine Ermäßigung der Betriebskosten ein auf § 242 zu stützender Auskunftsanspruch einzuräumen (Rn 31).

b) Schadensersatzanspruch. Das Unterlassen oder die Verzögerung der Erfüllung 35 des Herabsetzungsanspruchs stellt eine Vertragsverletzung des Vermieters dar. Entsteht dem Mieter aus dieser Pflichtverletzung ein Schaden wie zB ein Zinsverlust, ist der Vermieter dem Mieter zum Ersatz des Schadens verpflichtet.[74]

IV. Anpassung der Vorauszahlungen (Abs 4)

1. Allgemeines. Seit der Mietrechtsreform von 2001 haben nach § 560 Abs 4 beide 36 Mietvertragsparteien das Recht, einseitig die Höhe der Vorauszahlungen anzupassen. Anders als bei der Erhöhung der Pauschale nach Abs 1 bedarf es keiner vertraglichen Vereinbarung eines Anpassungsrechtes. Mit der Anpassung der Höhe der Vorauszahlungen soll erreicht werden, dass diese den tatsächlichen Kosten möglichst nahe kommen, so dass weder der Mieter dem Vermieter durch zu hohe Vorauszahlungen ein zinsloses Darlehen gewährt noch der Vermieter angesichts zu niedriger Vorauszahlungen die Nebenkosten teilweise vorfinanzieren muss.[75]

2. Abrechnung. Voraussetzung für die Anpassung der Vorauszahlungen ist, dass eine 37 Abrechnung über Betriebskosten nach § 556 Abs 3 vorausgegangen ist. Ohne eine Abrechnung können die Vorauszahlungen daher nur einvernehmlich nach § 557 Abs 1 erhöht werden. Erstellt der Vermieter die Abrechnung trotz Fälligkeit nicht, kann der Mieter die Vorauszahlungen seinerseits nicht ändern.[76] Er kann aber vom Vermieter die Vornahme der Abrechnung verlangen, die Zahlung rückständiger Vorauszahlungen aus der vergangenen Abrechnungsperiode verweigern und die Vorauszahlungen der laufenden Abrechnungsperiode zurückbehalten (§ 556 Rn 87ff). Damit der Vermieter auf der Grundlage seiner Abrechnung eine Erhöhung der Vorauszahlungen verlangen kann, muss diese **formell und inhaltlich korrekt**[77] sein sowie **zu Nachforderungen führen.**[78] Auch die Abrechnung, die nicht das abgelaufene Wirtschaftsjahr, sondern das Jahr davor betrifft, kann Grundlage der Erhöhung der Vorauszahlung sein, wenn das unmittelbar zurückliegende Wirtschaftsjahr noch nicht abgerechnet wurde.[79] Die Nichteinhaltung der Abrechnungsfrist führt nur zu dem Verlust des Anspruchs auf eine Nachforderung, § 556 Abs 3 S 3. Die verfristete Abrechnung kann gleichwohl Grundlage einer Erhöhung der Vorauszahlungen sein.[80] Der Anspruch auf Anpassung der Vorauszahlungen wird von § 556 Abs 3 S 3 nicht ausgeschlossen. Weist die Abrechnung ein Guthaben aus, kann der Mieter – und auch der Vermieter – eine Herabsetzung der Vorauszahlungen vornehmen. Das gleiche gilt, wenn die Abrechnung zwar eine Nachforderung ausweist, aber inhaltliche Fehler hat, so dass nach einer Korrektur – auch durch den Mieter – tatsächlich ein Guthaben des Mieters besteht.[81]

---

74 *Schmidt-Futterer/Langenberg* Rn 43.
75 BGH WuM 2011, 424 = NJW 2011, 2350.
76 AG Charlottenburg MM 2005, 146.
77 BGH WuM 2012, 321 = NJW 2012, 2186; NZM 2010, 315; WuM 2010, 490.
78 LG Berlin NZM 2004, 339.
79 BGH WuM 2011, 424 = NJW 2011, 2350.
80 BGH WuM 2010, 490 = NJW 2011, 145.
81 BGH NJW 2013, 1595 = WuM 2013, 235 = NZM 2013, 357.

Jost Emmerich

38   **3. Erklärung.** Die Anpassung der Vorauszahlungen erfolgt durch eine einseitige, empfangsbedürftige Willenserklärung durch den Vermieter oder den Mieter. Es handelt sich um eine Gestaltungserklärung, mit deren Zugang bei der anderen Partei nach § 130 Abs 1 die Erklärung wirksam wird. In der Erklärung muss angegeben werden, dass eine Erhöhung oder Ermäßigung der Vorauszahlungen um einen bestimmten Betrag verlangt wird. Weiterhin muss der Zeitpunkt bestimmt werden, von dem an die geänderten Vorauszahlungen zu zahlen sind, weil das Gesetz insofern keine Regelung trifft (Rn 40). Eine weitere Erläuterungspflicht sieht das Gesetz nicht vor.[82] Die Erklärung muss jedoch auf eine konkrete Betriebskostenabrechnung Bezug nehmen. Mit der Betriebskostenabrechnung und dem in ihr ausgewiesenen und berechneten Nachforderungsbetrag liegt eine ausreichende und nachvollziehbare Begründung für die Erhöhung vor. Die Erklärung erfolgt in der **Textform** des § 126b (Rn 14). Eine bestimmte **Frist** ist für die Erklärung nicht vorgesehen. Doch macht sich der Vermieter eventuell gegenüber dem Mieter schadensersatzpflichtig, wenn er eine Abrechnung, die zu einer Herabsetzung der Vorauszahlungen führen kann, nicht innerhalb der Abrechnungsfrist erteilt (Zinsschaden; vgl Rn 35). Der Vermieter muss dem Mieter nicht innerhalb von drei Monaten nach Kenntnis die Erhöhung der Betriebskosten mitteilen, wie es nach Abs 2 S 2 für rückwirkende Erhöhungen von Betriebskostenpauschalen vorgeschrieben ist, weil der Mieter bei einer Abrechnung nach dem tatsächlichen Verbrauch mit Schwankungen bei den Betriebskosten rechnet.[83]

39   **4. Angemessenheit.** Die Höhe der geänderten Vorauszahlungen muss angemessen sein. Der Anpassungsbetrag ist grundsätzlich zu berechnen, indem die Nachforderung oder das Guthaben aus der Abrechnung durch zwölf geteilt werden. Es ist unzulässig, den Fehlbetrag auf die restlichen Monate zwischen der Erhöhungserklärung und dem Ablauf des laufenden Wirtschaftsjahres zu verteilen. Über das Zwölftel der Nachforderung hinaus können die Vorauszahlungen nur erhöht werden, wenn konkrete Umstände vorliegen, die bereits zu einer Erhöhung der Betriebskosten geführt haben oder voraussichtlich führen werden.[84] Ein unbegründeter, „abstrakter" Sicherheitszuschlag etwa für die allgemein zu erwartende Steigerung der Lebenskosten ist nicht zulässig.[85]

40   **5. Wirkungseintritt der Anpassung.** Das Gesetz hat nicht geregelt, ab welchem Zeitpunkt die veränderte Vorauszahlung zu leisten ist. Die Bestimmung dieses Zeitpunktes bleibt damit ebenfalls der Gestaltungserklärung der Mietvertragspartei überlassen. Da eine Abrechnung vorangehen muss, ist es anders als nach der bisherigen Rechtslage nicht mehr möglich, dass die Vorauszahlungen rückwirkend zum Beginn des Abrechnungszeitraums erhöht und dann in einem Betrag nachgefordert werden. Aus dem Erfordernis einer vorangehenden Abrechnung kann entnommen werden, dass die Erhöhung nur für die Zukunft zulässig ist.[86] Ist in der Erklärung ein Fälligkeitstermin nicht bestimmt, tritt die Fälligkeit nach § 271 im Zweifel sofort nach Wirksamwerden, also gem § 130 Abs 1 nach dem Zugang beim Mieter ein. Dabei wird die Auslegung der Umstände gem § 271 in der Regel ergeben, dass der nächste Fälligkeitstermin der Miete bzw der Vorauszahlungen aus-

---

82 *Schmidt-Futterer/Langenberg* Rn 46.
83 LG Bochum MDR 1990, 1016.
84 BGH NJW 2011, 3642 = WuM 2011, 686.
85 BGH NJW 2011, 3642 = WuM 2011, 686.
86 BGH NJW 2011, 2350 = WuM 2011, 424.

Jost Emmerich

schlaggebend ist. § 560 Abs 2 S 1 ist hierbei nicht analog anzuwenden.[87] Auch eine Überlegungs- oder Prüfungsfrist wird dem Mieter nicht zugebilligt.[88]

V. Grundsatz der Wirtschaftlichkeit (Abs 5)

Bei den in § 560 geregelten Veränderungen von Betriebskosten ist nach Abs 5 das **41** Gebot der Wirtschaftlichkeit zu beachten. Die Vorschrift korrespondiert mit dem Verweis auf den Grundsatz der Wirtschaftlichkeit in § 556 Abs 3 S 1 HS 2, der sich dem Wortlaut nach nur auf die Abrechnung bezieht. Der Grundsatz der Wirtschaftlichkeit ist aber nicht nur bei der Abrechnung und bei der Veränderung von Vorauszahlungen zu beachten. Vielmehr stellt er eine allgemeine Regel dar, wonach der Vermieter bei der Bewirtschaftung des Mietobjektes darauf zu achten hat, dass auf Mieter umlegbare Kosten nur in wirtschaftlich angemessener Höhe entstehen. Kosten für überflüssige oder unangemessen aufwendige Maßnahmen oder für solche, die durch eine Vernachlässigung der Mietsache verursacht wurden, sollen nicht auf den Mieter umgelegt werden können.[89] Maßstab ist letztlich, ob ein verständiger Vermieter die Kosten auch veranlasst hätte, wenn er sie selbst tragen müsste.[90]

Der Vermieter verletzt seine mietvertraglichen Pflichten, wenn er den Grundsatz der **42** Wirtschaftlichkeit nicht beachtet und deshalb zu hohe umlegbare Kosten entstehen.[91] Dem Mieter steht nach § 280 Abs 1 BGB grundsätzlich ein Schadensersatzanspruch gegen den Vermieter zu, der sich auf die Freihaltung des Mieters von den unnötigen Kosten richtet. Bei der Erhöhung der Pauschale oder der Vorauszahlungen führt die Regelung in Abs 5 dazu, dass die Erhöhung insoweit unwirksam ist, als sie auf Kostensteigerungen beruht, die durch die Missachtung des Grundsatzes der Wirtschaftlichkeit verursacht wurden.

VI. Abweichende Vereinbarungen (Abs 6)

Eine Vereinbarung, die zu Lasten des Mieters von den Bestimmungen des § 560 **43** abweicht, ist nach Abs 6 unwirksam. Nichtig ist insbesondere die Vereinbarung, dass der Zeitpunkt der Entstehung der höheren Betriebskosten entgegen Abs 2 S 2 für die Mieterhöhung maßgebend sein soll (Rn 23). Ebenso wenig darf entgegen Abs 2 vereinbart werden, dass erhöhte Betriebskosten ohne ein Erhöhungsverlangen geschuldet werden.[92] Wirksam sind nachträgliche einvernehmliche Umstellungen der Mietstruktur, etwa von einer Inklusivmiete in eine Nettomiete nebst Umlage der Betriebskosten, auch wenn damit, wie meist, eine Mieterhöhung verbunden ist, weil idR die Voraussetzungen des § 557 Abs 1 vorliegen. Zugunsten des Mieters kann von den Vorschriften des § 560 abgewichen werden. So kann die Frist des § 560 Abs 2 S 2 für die rückwirkende Geltendmachung gestiegener Betriebskosten zugunsten des Mieters verkürzt werden.[93] Das Recht zur Erhöhung der Vorauszahlungen kann ausgeschlossen oder beschränkt werden.[94] Rechnet der Vermieter über Vorauszahlungen jahrelang nicht ab, sind damit aber weder die zukünftige Abrechnung über die Betriebskosten noch die Erhöhung der Vorauszahlungen konkludent ausgeschlossen

87 *Blank/Börstinghaus*, Miete Rn 8; **aM** AG Köln ZMR 2004, 920.
88 AG Mannheim 27.2.2008 Az 8 C 552/06 Quelle Juris; **aM** Schmidt-Futterer/*Langenberg* Rn 53.
89 Ausschussbericht BT-Drucks 14/5663, 81; Einzelheiten s § 556 Rn 51ff.
90 Schmidt-Futterer/*Langenberg* Rn 75.
91 BGH WuM 2008, 29 = NZM 2008, 78.
92 OLG Frankfurt aM WuM 1992, 57, 62.
93 Vgl LG Hannover WuM 1984, 335.
94 *Schmid* MDR 2001, 1021.

oder verwirkt.[95] Es kann nicht vereinbart werden, dass Vorauszahlungen abweichend von Abs 4 im laufenden Wirtschaftsjahr angepasst werden dürfen, weil die Vorauszahlungen grundsätzlich eine Belastung für den Mieter darstellen, auch wenn sie sich im Einzelfall ermäßigen könnten.[96]

§ 561

Sonderkündigungsrecht des Mieters nach Mieterhöhung

[1] Macht der Vermieter eine Mieterhöhung nach § 558 oder § 559 geltend, so kann der Mieter bis zum Ablauf des zweiten Monats nach dem Zugang der Erklärung des Vermieters das Mietverhältnis außerordentlich zum Ablauf des übernächsten Monats kündigen. Kündigt der Mieter, so tritt die Mieterhöhung nicht ein.
[2] Eine zum Nachteil des Mieters abweichende Vereinbarung ist unwirksam.

Schrifttum

Artz Das Sonderkündigungsrecht des Mieters nach erfolgter Mieterhöhung gem. § 561 BGB, AIM 2004, 26; *Derleder* Zum Kündigungsrecht des Mieters nach einer Mieterhöhung, MDR 1976, 802; *Maciejewski* Die Sonderkündigungsrechte der Wohnraummieter, MM 2002, 3377; *Nies* Fallstricke bei der Ausübung des Sonderkündigungsrechts des Mieters gemäß § 9 I MHRG und bei fristloser bzw fristgerechter Kündigung des Vermieters wegen Mietzinsrückstands, NZM 1998, 398; *Schmidt-Futterer* Die Kündigung des Mieters wegen Mieterhöhung, WuM 1976, 65; *Scholz* Wohnraummodernisierung und Mieterhöhung. Teil 2: Die Mieterhöhungen; Sonderkündigungsrechte des Mieters, WuM 1995, 87, 94; *Weitemeyer* Das Mieterhöhungsverfahren nach künftigem Recht, NZM 2001, 563 = WuM 2001, 171.

I. Allgemeines

1   **1. Überblick.** Die Vorschrift räumt dem Mieter in Abs 1 ein vorzeitiges Kündigungsrecht gegenüber einer auf die Bestimmungen der §§ 558 oder 559 gestützten Mieterhöhung

---

95 LG Berlin GE 2009, 1556 = ZMR 2010, 115.
96 *Blank/Börstinghaus* Miete Rn 8; *Sternel* ZMR 2001, 937, 928.

des Vermieters ein. Es handelt sich um eine außerordentliche befristete Kündigung, für die abweichend von § 573c besondere Kündigungsfristen gelten. Kündigt der Mieter, so tritt die Mieterhöhung nicht ein, auch wenn der Kündigungstermin erst nach dem an sich vorgesehenen Wirkungseintritt der Mieterhöhung liegt. Abs 2 verbietet abweichende Vereinbarungen zu Lasten des Mieters. Die Vorschrift ist durch das **Mietrechtsreformgesetz** vom 19.6.2001[1] aus § 9 Abs 1 MHRG inhaltlich nahezu unverändert übernommen worden. Die bisher unterschiedlich langen Überlegungs- und Kündigungsfristen wurden vereinheitlicht.[2]

2. Sachlicher Anwendungsbereich. Die Vorschrift des § 561 ist nach § 549 Abs 1 auf **2** **Wohnraummietverhältnisse** (§ 549 Rn 3 ff) anwendbar, soweit diese nicht nach § 549 Abs 2 und 3 vom Anwendungsbereich des sozialen Mietrechts ausgenommen sind. Keine ausdrückliche Ausnahmeregelung besteht mehr für den vor dem Inkrafttreten des Mietrechtsreformgesetzes in § 10 Abs 3 Nr 1 MHRG von den Vorschriften über Mieterhöhungen ausgenommenen **preisgebundenen Wohnraum.** Soweit eine Preisbindung auf Grund der Vorschriften des sozialen Wohnungsbaus besteht, ergibt sich unmittelbar aus diesen Spezialvorschriften, dass und inwieweit andere Regelungen für die Mieterhöhung bestehen.[3] Dies gilt insbesondere für den preisgebundenen Wohnraum, der noch unter die entsprechende Regelung in § 11 WoBindG fällt. Mit der Umstellung der Mietbindung im geförderten Wohnungsbau von der Kostenmiete auf vereinbarte Mietobergrenzen durch das WoFG vom 13.9.2001[4] gilt auch für diese Wohnungen das Mieterhöhungsrecht des BGB. Für **Geschäftsraummietverhältnisse** gilt die Vorschrift des § 561 nicht.

3. Übergangsregelung. Die Vorschrift des § 561 ist nach Art 11 Mietrechtsreformgesetz **3** seit dem 1.9.2001 anwendbar. Das bedeutet nach allgemeinen Grundsätzen, dass sämtliche Neuregelungen auf die zu diesem Zeitpunkt abgeschlossenen Mietverträge anzuwenden sind (§ 549 Rn 2). Nach Art 2 Mietrechtsreformgesetz ist in Art 229 § 3 Abs 1 Nr 1 EGBGB für die am 1.9.2001 bestehenden Mietverhältnisse eine Übergangsregelung getroffen. Ein Mietverhältnis besteht im diesem Sinne, wenn der Vertrag geschlossen ist (§ 549 Rn 2). Im Fall einer vor dem 1.9.2001 zugegangenen Kündigung ist § 9 Abs 1 MHRG in der bis zu diesem Zeitpunkt geltenden Fassung anzuwenden.

II. Kündigungsrecht des Mieters (Abs 1)

1. Bedeutung. Das Kündigungsrecht des Mieters nach Abs 1 hat in der gerichtlichen **4** Praxis keine große Bedeutung erlangt. Ist das Angebot an Wohnraum knapp, wird der Mieter kaum von dem vorzeitigen Kündigungsrecht Gebrauch machen. Bei langfristigen Mietverhältnissen oder solchen mit einer langen Kündigungsfrist bietet das Kündigungsrecht des § 561 Abs 1 dem Mieter die Möglichkeit, sich frühzeitig aus dem Mietverhältnis zu lösen. Die Vorschrift gilt für befristete und unbefristete Mietverhältnisse in gleicher Weise.[5]

---

1 BGBl I 1149.
2 Begr zum RegE BT-Drucks 14/4553, 59.
3 Begr zum RegE BT-Drucks 14/4553, 52.
4 BGBl I 2376.
5 *Nies* NZM 1998, 398, 399; *Schmidt-Futterer* WuM 1976, 65.

Jost Emmerich

2. Voraussetzungen
a) Geltendmachung einer Mieterhöhung

5   **aa)** Der Vermieter muss eine **Mieterhöhung** nach § 558 oder nach § 559 geltend machen. Ausgenommen vom vorzeitigen Kündigungsrecht ist die Mieterhöhung nach § 560 wegen erhöhter Betriebskosten. Die Gesetzesbegründung geht davon aus, dass sich der Mieter diesen Kostenerhöhungen, die in aller Regel unabhängig vom einzelnen Mietobjekt regional auftreten, nicht durch einen Umzug entziehen kann.[6] Für die Erhöhung der Staffelmiete nach § 557a gilt ausschließlich § 557a Abs 3, der den Ausschluss des ordentlichen Kündigungsrechts des Mieters über eine Dauer von vier Jahren hinaus verbietet. Auf die Erhöhung einer Indexmiete nach § 557b findet die Vorschrift keine Anwendung (§ 557b Rn 23). Der Umfang der Mieterhöhung ist für das Kündigungsrecht unerheblich.

6   **bb)** Das Kündigungsrecht setzt voraus, dass der Vermieter eine Mieterhöhung **geltend macht.** Durch die Änderung des Wortlauts gegenüber der Vorgängervorschrift des § 9 Abs 1 MHRG soll damit die Streitfrage, ob das Kündigungsrecht ein wirksames Mieterhöhungsverlangen oder eine wirksame Mieterhöhungserklärung voraussetzt, im Sinne der bisher herrschenden Meinung entschieden werden.[7] Die ließ es ausreichen, dass der Vermieter eine Mieterhöhung tatsächlich verlangt, so dass es auf die Wirksamkeit der Erklärung nicht ankommt.[8] Die gesetzliche Regelung ist angebracht, weil es dem Mieter idR nicht möglich ist, die Wirksamkeit eines Mieterhöhungsverlangens innerhalb angemessener Zeit gerichtlich überprüfen zu lassen. Er wäre zu einer vorsorglichen Kündigung gezwungen, deren Wirksamkeit ihrerseits in der Schwebe bliebe und häufig nicht einmal bis zum Ablauf der Kündigungsfrist und dem an sich gebotenen Auszug des Mieters zu klären wäre. Diese Rechtsunsicherheit ist für den Mieter unzumutbar.[9] Einem missbräuchlichen Verhalten des Mieters, etwa wenn er kündigt, obwohl er weiß, dass das Mieterhöhungsverlangen unwirksam ist, ist wie bisher gem § 242 nach den Grundsätzen über die unzulässige Rechtsausübung zu begegnen.[10]

7   **cc)** Das Kündigungsrecht des Mieters entsteht frühestens mit **Zugang** einer entsprechenden Mieterhöhungserklärung des Vermieters nach § 130 Abs 1. Eine vorzeitig auf bloßen Verdacht hin abgegebene Kündigungserklärung ist wirkungslos.

8   **b) Ausschluss.** Ein Ausschluss des Kündigungsrechts ist anzunehmen, wenn der Mieter einem Mieterhöhungsverlangen des Vermieters nach § 558b Abs 1 oder § 557 Abs 1 zustimmt.[11] Entscheidend für den Ausschluss des Kündigungsrechts ist das aus § 242 herzuleitende Verbot widersprüchlichen Verhaltens, so dass der Mieter grundsätzlich an seine Zustimmung zur Mieterhöhung gebunden bleibt.[12] Allerdings kann seine Kündigungserklärung ggf in eine ordentliche Kündigung umgedeutet werden. Hat der Mieter zunächst gekündigt, erklärt er sich dann aber mit der Mieterhöhung einverstanden, können die Parteien den Eintritt der Rechtsfolgen der wirksam gewordenen Kündigung – also Beendigung des Mietverhältnisses und Wegfall der Mieterhöhung – nur einvernehmlich durch

---

6 Begr zum RegE BT-Drucks 7/2011, 13 (zu Art 3 § 7).
7 Begr zum RegE BT-Drucks 14/4553, 59.
8 S *Staudinger/Weitemeyer* (2011) Rn 9 mwN.
9 LG Gießen WuM 2000, 423.
10 LG Gießen aaO; AG Münsingen NZM 1998, 305; *Weitemeyer* NZM 2001, 563, 572 = WuM 2001, 171.
11 AG Solingen WuM 1982, 142 (LS); *Schmidt-Futterer/Börstinghaus* Rn 51.
12 *Schmidt-Futterer/Börstinghaus* Rn 51.

Jost Emmerich

Vertrag beseitigen. Dies gilt auch hinsichtlich des ursprünglich vorgesehenen Zeitpunktes für die Mieterhöhung. Gehen die Zustimmung zur Mieterhöhung und die Kündigung nach § 561 Abs 1 dem Vermieter gleichzeitig zu, sind beide Erklärungen wirksam.[13] Es steht dem Mieter im Rahmen der nach § 557 Abs 1 gewährten Privatautonomie frei, ein Angebot zur Erhöhung der Miete bis zum Ende des Mietverhältnisses abzugeben und dennoch das Sonderkündigungsrecht in Anspruch zu nehmen. Ein solches Verhalten ist nicht per se widersprüchlich und unwirksam, weil der Mieter aus Entgegenkommen bereit sein kann, bis zum Ablauf der Kündigungsfrist die erhöhte Miete zu zahlen. Stimmt der Mieter einer Mieterhöhung zum Teil zu, erhält der Vermieter sein Verlangen auf Mieterhöhung aber in vollem Umfang aufrecht, kann der Mieter uneingeschränkt nach § 561 Abs 1 kündigen.

c) Inhalt. Ein bestimmter Inhalt ist für die Kündigungserklärung des Mieters nicht **9** vorgeschrieben. Er braucht weder einen Kündigungsgrund[14] noch einen Kündigungstermin anzugeben, da sich die Fristen aus dem Gesetz ergeben. Wegen der Einheitlichkeit des Mietverhältnisses können mehrere Mieter nur gemeinsam kündigen.[15] Bei **Personenmehrheit** auf der Vermieterseite muss die Kündigung gegenüber allen Vermietern erklärt werden.[16]

d) Form. Die Kündigungserklärung des Mieters bedarf nach § 568 Abs 1 der Schrift- **10** form. Der Mieter muss das Kündigungsschreiben nach § 126 grundsätzlich eigenhändig durch Namensunterschrift unterzeichnen.[17] Bei Stellvertretung ist § 174[18] zu beachten.

e) Frist
aa) Die Fristen für eine Kündigung sind hinsichtlich der einzelnen Mieterhöhungs- **11** erklärungen durch die Mietrechtsreform von 2001 vereinheitlicht worden. Dabei ist zwischen der **Überlegungsfrist** zur Ausübung der Kündigung und der eigentlichen **Kündigungsfrist** bis zum Eintritt der Kündigungswirkungen (Rn 15) zu unterscheiden. Die Überlegungsfrist für den Mieter beträgt einheitlich, unabhängig von der Art der Mieterhöhung, mindestens zwei und höchstens drei Monate. Verlangt der Vermieter eine Mieterhöhung nach § 558 oder § 559, kann der Mieter bis zum Ablauf des zweiten Monats, der auf den Zugang des Erhöhungsverlangens folgt, für den Ablauf des übernächsten Monats kündigen. Daraus ergibt sich, dass dem Mieter die Überlegungsfrist des § 561 Abs 1 S 1 von mindestens zwei Monaten zur Ausübung der Kündigung erhalten bleibt. Innerhalb dieser Frist kann der Mieter überlegen, ob er dem Mieterhöhungsverlangen zustimmt oder nach § 561 kündigt. Da es für die Überlegungsfrist auf den Ablauf von zwei Kalendermonaten ankommt, verlängert sich diese Frist entsprechend, wenn das Mieterhöhungsverlangen im Laufe eines Monats zugeht. Auf ein zB am 10.2. zugegangenes Mieterhöhungsverlangen muss die Kündigungserklärung dem Vermieter spätestens am 30.4. zugehen. Die Kündigungsfrist selbst beträgt nochmals mindestens zwei Monate bis zum Ablauf des übernächsten Monats, dh bis zum 30.6. in dem Beispiel, so dass insgesamt mindestens eine Frist von vier Monaten besteht.[19]

---

13 **AM** *Barthelmess* § 9 MHRG Rn 10; *Beuermann* aaO.
14 AG Tempelhof-Kreuzberg WuM 2006, 452; *Schmidt-Futterer/Börstinghaus* Rn 33.
15 KG WuM 1985, 12, 14; s *Staudinger/Rolfs* (2011) § 542 Rn 12.
16 *Staudinger/Rolfs* (2011) § 542 Rn 9.
17 *Staudinger/Rolfs* (2011) § 568 Rn 14.
18 Einschränkend AG Spandau GE 2006, 1175; Einzelheiten s *Staudinger/Rolfs* (2011) § 542 Rn 27.
19 LG Bonn NJWE-MietR 1997, 221 mwN.

12   **bb)** Wenn das nach § 558 gestellte Mieterhöhungsverlangen dem Mieter vor Ablauf der einjährigen Sperrfrist des § 558 Abs 1 S 1 zugeht, fragt sich, bis wann der Mieter sein Sonderkündigungsrecht ausgeübt haben muss. Der BGH beurteilt **ein vorzeitiges Erhöhungsverlangen** wegen des systematischen Zusammenhangs des § 558 als unwirksam.[20] Der Mieter kann gleichwohl innerhalb der Frist des § 561 Abs 1 S 1 kündigen, weil auch ein unwirksames Mieterhöhungsverlangen das Kündigungsrecht des Mieters nach § 561 Abs 1 auslöst (Rn 6).

13   **cc)** Die **Berechnung der Fristen** richtet sich nach den Auslegungsvorschriften der §§ 187ff. Für ein **Fristversäumnis** bei Ausübung des Kündigungsrechts kommt es nicht darauf an, ob der Mieter ohne sein Verschulden verhindert war zu kündigen. Eine Wiedereinsetzung in den vorigen Stand ist nicht vorgesehen.[21] Der Mieter bleibt auf ein etwaiges ordentliches Kündigungsrecht angewiesen. Es spielt nach dem eindeutigen Gesetzeswortlaut keine Rolle, ob der Mieter zunächst den Ausgang eines Rechtsstreits um die Mieterhöhung abgewartet hat.[22]

14   **dd)** Der Mieter kann sich nicht mit einer durch die Wirksamkeit der Mieterhöhung bedingten Kündigung schützen, da eine solche **Bedingung** mit der Kündigung als einseitigem Gestaltungsrecht unvereinbar ist,[23] weil sie dann von der Wirksamkeit eines anderen Rechtsgeschäfts abhängig wäre. *Beuermann* lässt eine Kündigung unter der Bedingung zu, dass das Mieterhöhungsverlangen gültig ist, weil es sich um eine bei der Ausübung von Gestaltungsrechten zulässige Rechtsbedingung handele.[24] Diese Auffassung ist abzulehnen. Rechtsbedingungen sind nur solche rechtsgeschäftlichen Einschränkungen, die gesetzliche Voraussetzungen für das Zustandekommen und die Wirksamkeit des bedingten Rechtsgeschäfts wiederholen. Weil es die Parteien aus diesem Grund nicht in der Hand haben, das Rechtsgeschäft von der Rechtsbedingung abhängig zu machen, ist es unschädlich, diese Bedingungen Gestaltungsrechten hinzuzufügen.[25] Knüpft man aber die Wirksamkeit eines Rechtsgeschäfts an die eines anderen, deren Abhängigkeit gesetzlich nicht vorgesehen ist, handelt es sich nicht um eine Rechtsbedingung im obigen Sinne.

3. Rechtsfolgen

15   **a) Beendigung des Mietverhältnisses.** Die Vorschrift des § 561 räumt dem Mieter gegenüber dem Verlangen des Vermieters nach Erhöhung der Miete ein Recht zur **außerordentlichen befristeten Kündigung** des Mietverhältnisses ein. Die Kündigungsfrist richtet sich nicht nach § 573c, da § 561 Abs 1 insoweit eine Sonderregelung enthält. Kündigt der Mieter, endet das Mietverhältnis gem § 561 Abs 1 mit Ablauf des übernächsten Monats. Damit ist der Ablauf des zweiten vollen Kalendermonats nach dem letztmöglichen Kündigungstag gemeint, nicht nach dem Zugang der Kündigungserklärung beim Vermieter.[26] Die Kündigungsfrist beträgt also mindestens zwei Monate. Sie kann dementsprechend je nach Kündigungstag länger sein (Rn 11).

---

20 BGHZ 123, 37 = NJW 1993, 2109; AG Essen WuM 1992, 489.
21 *Schmidt-Futterer/Börstinghaus* Rn 43.
22 Str, s *Staudinger/Weitemeyer* (2011) Rn 18 mwN.
23 *Staudinger/Rolfs* (2011) § 542 Rn 87.
24 *Beuermann* § 9 MHRG Rn 11.
25 MünchKomm/*H P Westermann* (5. Aufl 2006) § 158 Rn 54 mwN.
26 LG Saarbrücken WuM 1993, 339; *Schmidt-Futterer/Börstinghaus* Rn 41.

b) Nichteintritt der Mieterhöhung. Neben der Beendigung des Mietverhältnisses **16** bewirkt die Kündigung des Mieters nach Abs 1 S 2, dass die Mieterhöhung nicht eintritt. Dies ist insoweit bedeutsam, als die Mieterhöhung an sich vor dem sich aus § 561 Abs 1 ergebenden Kündigungstermin eintreten würde. Der Mieter, der sich von dem Mietverhältnis lösen will, soll auch nicht mehr vorübergehend mit der Mieterhöhung belastet werden. Bei einer Mieterhöhung nach § 558 stimmen der Kündigungstermin nach § 561 Abs 1 S 2 und der Zeitpunkt einer gerichtlich erzwungenen Erhöhung nicht überein. Der Mieter kann also bis zum Ablauf des zweiten Monats nach dem letztmöglichen Kündigungstermin zum alten Mietpreis wohnen bleiben, selbst wenn er vor dem letztmöglichen Termin gekündigt hat.[27] Die Mieterhöhung tritt auch dann nicht ein, wenn sich der Mieter nicht ausdrücklich auf sein vorzeitiges Kündigungsrecht aus § 561 beruft, weil er zur Angabe eines bestimmten Kündigungsgrundes nicht gezwungen ist (Rn 9). Beruft er sich jedoch ausdrücklich auf andere Gründe und kündigt deshalb sogar zu einem anderen Termin, als es in § 561 vorgesehen ist, so handelt es sich nicht um eine vorzeitige Kündigung iS dieser Vorschrift. Die Mieterhöhung tritt dann zum gesetzlich vorgesehenen Zeitpunkt ein.[28]

c) Verhältnis zu anderen Kündigungsrechten des Mieters. Der Mieter kann die **17** Kündigung nach § 561 unabhängig von sonstigen Kündigungsrechten erklären, zB gem § 555e nach der Ankündigung einer Modernisierung. Eine auf andere Gründe gestützte Kündigung, die das Mietverhältnis vorher oder gleichzeitig beendet, bleibt unberührt, wenn der Mieter später von seinem Sonderkündigungsrecht aus § 561 Gebrauch macht.[29] Die Kündigung nach § 561 bewirkt in diesem Fall aber, dass für den Rest der Mietzeit die Mieterhöhung nicht eintritt.[30] Zwar geht die Kündigung nach § 561 ins Leere, wenn sie das Mietverhältnis gleichzeitig oder später beenden würde. § 561 Abs 1 S 2 ist in diesem Fall aber entsprechend anzuwenden, so dass die Miete auch für die Zwischenzeit nicht erhöht wird. Diese Möglichkeit ist für den Mieter auch deswegen bedeutsam, weil die anderweitige Beendigung des Mietverhältnisses durch Kündigung des Vermieters oder Mieters den Eintritt einer Mieterhöhung nach § 558 oder § 559 nicht verhindert.[31] Gemessen am Zweck dieser Vorschrift, den Mieter bis zum alsbaldigen Ende des Mietverhältnisses vor einer Mieterhöhung zu schützen, ist die Interessenlage nämlich dieselbe, wenn der Mieter bereits vorher aus anderem Grund gekündigt hat. Die Anwendung des § 561 Abs 1 S 2 setzt in diesem Fall lediglich voraus, dass der Mieter sich auf sein Sonderkündigungsrecht aus § 561 beruft, nicht dass er erneut nach § 561 kündigt. Wurde das Mietverhältnis vorher mit einer noch nicht abgelaufenen längeren Kündigungsfrist gekündigt, kann der Mieter unter den Voraussetzungen des § 561 erneut kündigen und das Mietverhältnis früher beenden.[32]

d) Vorenthaltung des Wohnraums und Fortsetzung des Gebrauchs. Hat der Mieter **18** das Mietverhältnis wirksam gekündigt, gibt er den Wohnraum nach Beendigung des Mietverhältnisses aber nicht zurück, so kann der Vermieter für die Dauer der **Vorenthaltung** nach § 546a eine Entschädigung verlangen, die die vereinbarte Miete oder die ortsübliche Vergleichsmiete umfasst. Da die Mieterhöhung infolge der Kündigung nach § 561 Abs 1

---

27 AG Münster WuM 1981, U 6 (LS).
28 *Schmidt-Futterer/Börstinghaus* Rn 49.
29 LG Wiesbaden WuM 1988, 265.
30 AG Frankfurt aM WuM 1989, 580; *Schmidt-Futterer/Börstinghaus* Rn 47.
31 LG Hamburg ZMR 2010, 363; **aM** AG Hamburg-Altona ZMR 2008, 542 f m abl Anm *Riecke*.
32 *Schmidt-Futterer/Börstinghaus* Rn 47.

Jost Emmerich

S 2 nicht wirksam geworden ist (Rn 16), ist die vereinbarte Miete nur der frühere Betrag.[33] Über die ortsübliche Vergleichsmiete kann der Vermieter jedoch wirtschaftlich das gleiche Ergebnis wie bei Fortbestand einer Mieterhöhung nach 558 erzielen.[34] Eine **Fortsetzung des Gebrauchs** nach Beendigung des Mietverhältnisses führt unter den Voraussetzungen des § 545 dazu, dass das Mietverhältnis als auf unbestimmte Zeit verlängert gilt. Es bleibt aber bei der früheren Miethöhe, da der Nichteintritt der Mieterhöhung infolge der Kündigung nach § 561 Abs 1 S 2 (Rn 16) durch die Fortsetzung des Gebrauchs nicht hinfällig wird. Allerdings tritt demzufolge auch die Sperrfrist des § 558b Abs 3 S 2 nicht ein, so dass der Vermieter die Mieterhöhung erneut verlangen kann. Damit ist zwar eine gewisse Verzögerung verbunden, die jedoch dem Gesetz entspricht. Das Verhalten des Mieters ist dabei nicht treuwidrig. Die Fortsetzung des Gebrauchs kann auf den verschiedenartigsten Gründen beruhen und der Vermieter kann der Fortsetzung gem § 545 BGB widersprechen. Treuwidrigkeit und damit der Eintritt der Mieterhöhung zum gesetzlich vorgesehenen Zeitpunkt sind auf die Fälle zu beschränken, in denen der Mieter schon bei der Kündigung die Absicht hat, nach Beendigung des Vertrags den Gebrauch fortzusetzen.

III. Abweichende Vereinbarungen (Abs 2)

19   Das Kündigungsrecht des Mieters aus § 561 kann vertraglich weder aufgehoben noch beschränkt werden. Die Parteien können nicht im Voraus vereinbaren, dass die Mieterhöhung trotz der Kündigung für die restliche Vertragszeit eintreten soll. Der Mieter kann dem Erhöhungsverlangen jedoch nachträglich zustimmen und dennoch nach § 561 kündigen (Rn 8). Die Kündigungsfrist des Abs 1 S 1 kann nicht verkürzt werden, weil es sich für den Mieter nachteilig auswirken kann, wenn er die Wohnung kurzfristig räumen muss.

---

33 AG Nidda WuM 1981, 105 (LS); *Schmidt-Futterer/Börstinghaus* Rn 49.
34 *Staudinger/Rolfs* (2011) § 546a Rn 49ff.

Kapitel 3

Pfandrecht des Vermieters

§ 562

Umfang des Vermieterpfandrechts

[1] Der Vermieter hat für seine Forderungen aus dem Mietverhältnis ein Pfandrecht an den eingebrachten Sachen des Mieters. Es erstreckt sich nicht auf die Sachen, die der Pfändung nicht unterliegen.
[2] Für künftige Entschädigungsforderungen und für die Miete für eine spätere Zeit als das laufende und das folgende Mietjahr kann das Pfandrecht nicht geltend gemacht werden.

Schrifttum

Bechtloff Gesetzliche Verwertungsrechte (2003), 224ff; *H Emmerich* Pfandrechtskonkurrenzen (1909); *Siber* Das gesetzliche Pfandrecht des Vermieters, des Verpächters und des Gastwirts (1900).

Volker Emmerich

I. Rechtsnatur

1   **1. Gesetzliches Pfandrecht.** Die §§ 562 bis 562d regeln das Vermieterpfandrecht. **Zweck** der Regelung ist die Sicherung der typischerweise als besonders gefährdet angesehenen Mietforderungen des Vermieters. Es handelt sich dabei um ein **gesetzliches besitzloses Pfandrecht,** auf das nach § 1257 die Vorschriften über das durch Rechtsgeschäft bestellte Pfandrecht entsprechende Anwendung finden, soweit sie nicht den unmittelbaren Besitz des Pfandgläubigers voraussetzen. **Anwendbar** sind danach insbesondere die **§§ 1222, 1227 bis 1250** (mit Ausnahme des § 1232 S 1) sowie die **§§ 1252, 1255 und 1256** (s u Rn 2ff), während für einen **gutgläubigen Erwerb** des Vermieterpfandrechts an nicht dem Mieter gehörenden Sachen kein Raum ist (§§ 936, 932).[1] Strafrechtlich wird das Vermieterpfandrecht durch **§ 289 StGB** geschützt, der als Schutzgesetz anerkannt ist (§ 823 Abs 2).[2] Der **Rang** des Vermieterpfandrechts richtet sich gemäß **§ 1209** nach dem **Zeitpunkt seiner Entstehung**, so dass das Vermieterpfandrecht später begründeten Rechten vorgeht.[3] Maßgeblicher **Zeitpunkt** ist der der **Einbringung** der Sachen (s Rn 3 ff), auch soweit das Pfandrecht des Vermieters künftige Forderungen aus dem Mietvertrag sichert; wichtig ist das vor allem in der Insolvenz des Mieters.[4] Trotz der besonderen Rechte, die das Gesetz in den §§ 562a und 562b dem Vermieter zum Schutze seines Pfandrechts ein-

---

1 Mot II 404f; BGHZ 34, 153, 154 = NJW 1961, 502; OLG Düsseldorf ZMR 1999, 474, 478.
2 BayObLGSt 1981, 50 = NJW 1981, 1745, 1746.
3 BGH LM Nr 1 zu § 559 BGB = WM 1957, 168; LM Nr 6 zu § 559 BGB = NJW 1986, 2426; OLG Frankfurt DGVZ 1975, 23; OLG Celle NJW 1968, 1139f.
4 Rn 2a; BGHZ 170, 196, 200 Tz 11 = NJW 2007, 1588; kritisch *Mitlehner* ZIP 2007, 804.

räumt, bleibt auch Raum für die Anwendbarkeit der **§§ 1227 und 1004**, so dass der Vermieter nach diesen Vorschriften ebenfalls gegen die Entfernung der seinem Pfandrecht unterliegenden Gegenstände vorgehen kann.[5] Das Vermieterpfandrecht geht dem **Wegnahmerecht** des Mieters aufgrund des § 539 Abs 2 vor.[6] Das Wegnahmerecht kann daher nur ausgeübt werden, wenn der Vermieter nicht sein Pfandrecht geltend macht.

2. Verwertung. Hat der Vermieter die Sachen des Mieters **in Besitz genommen**, so muss er sie **sorgfältig verwahren** (§ 1215).[7] Außerdem fehlt es dann an einer Vorenthaltung der Sache iS des § 546a.[8] Die **Befriedigung** des Vermieters aus den ihm haftenden Sachen des Mieters richtet sich nach den §§ 1228ff und erfolgt daher (nach Pfandreife) grundsätzlich **durch privatrechtlichen Verkauf**.[9] Ein besonderer Titel ist dafür nicht erforderlich, wohl aber **Besitz** des Vermieters. Folglich muss der Vermieter, wenn der Mieter ihm die fraglichen Sachen nicht freiwillig herausgibt, zunächst **Klage auf Herausgabe** der Sachen zum Zwecke des Verkaufs erheben (§ 1231).[10] Die Vollstreckung des Herausgabeurteils richtet sich dann nach den §§ 883 und 886 ZPO. 2

3. Zwangsvollstreckung. Das Vermieterpfandrecht hat eine Zeitlang eine (wenig angemessene) Rolle in der **Räumungsvollstreckung** nach § 885 ZPO gespielt, seitdem es sich eingebürgert hatte, die Räumungsvollstreckung auf die bloße Herausgabe der Räume zu beschränken, um die oft erheblichen Kosten der Aufbewahrung der Sachen des Schuldners zu sparen. Die Zulässigkeit dieser Vorgehensweise des Gläubigers bei der Vollstreckung eines Räumungsurteils gegen den Mieter war von Anfang an umstritten gewesen,[11] vom **BGH** aber letztlich aus zwei Gründen bejaht worden, einmal, weil den Gläubiger nichts hindere, ein Pfandrecht an allen Sachen des Mieters in Anspruch zu nehmen, während der Gerichtsvollzieher nicht zur Prüfung berechtigt sei, ob dies zutrifft oder ob einzelne Sachen unpfändbar sind (§ 562 Abs 1 S. 2), zum anderen, weil der Gläubiger seinen Vollstreckungsauftrag ohne weiteres entsprechend beschränken könne.[12] Die zweite Überlegung hat sich mittlerweile auch der Gesetzgeber zu eigen gemacht: Der neue **§ 885a ZPO**, der durch das Mietrechtsänderungsgesetz von 2013 in die ZPO eingefügt wurde, lässt jetzt ausdrücklich einen auf Herausgabe allein der gemieteten Räume beschränkten Vollstreckungsauftrag zu (§ 885a Abs. 1 ZPO). Der Geltendmachung des Vermieterpfandrechts an den Sachen des Mieters bedarf es dazu jetzt nicht mehr. Geht der Gläubiger auf diese Weise vor, so ist es dann seine Sache, wie er mit den in diesen Räumen befindlichen Sachen des Mieters verfährt. Er kann die Sachen jederzeit entfernen und muss sie dann verwahren, wobei er nur für Vorsatz und grobe Fahrlässigkeit haftet. Er kann die Sachen außerdem verwerten (§ 885a ZPO). Soweit ihm ein Pfandrecht zusteht, kann er auch nach den 2a

---

5 AG Baden-Baden WuM 1985, 123.

6 BGHZ 101, 37, 44ff = NJW 1987, 2861; *Weimar* ZMR 1967, 196.

7 BGH NJW 2006, 848 = NZM 206, 149 Tz 12ff; OLG Düsseldorf ZMR 1984, 383; 1989, 546; LG Lübeck NJW-RR 2010, 810 = NZM 2010, 439.

8 OLG Hamburg NJW-RR 1990, 86 = WuM 1990, 77; KG NZM 2005, 422 = WuM 2005, 348.

9 LG Mannheim WuM 1972, 200; 1978, 141 f.

10 OLG Frankfurt MDR 1975, 228; *Weimar* ZMR 1962, 65.

11 Kritisch insbes *N Fischer* WuM 2011, 403; *B Flatow* NJW 2006, 1396; 2006, 3274; *Sack* ZMR 2010, 493; positiver dagegen Schuschke NZM 2011, 685.

12 BGH NJW 2006, 848 = NZM 2006, 149 = WuM 2006, 50; NJW 2006, 3273 = WuM 2006, 580; NJW-RR 2009, 1384 = NZM 2009, 660 Tz 8 ff.

Volker Emmerich

§§ 1230 ff vorgehen, während er unpfändbare Sachen auf Verlangen des Mieters jederzeit wieder herauszugeben hat (§ 885a Abs. 5 ZPO).[13]

2b **4. Insolvenz.** In der Insolvenz des Mieters begründet das Vermieterpfandrecht nach § 50 Abs 1 InsO ein **Absonderungsrecht** sofern das **Pfandrecht** bereits **vor Eröffnung** des Verfahrens **entstanden** war, wobei es, wie gezeigt (Rn 1), auf den Zeitpunkt der Einbringung der Sachen des Mieters ankommt.[14] Eine **Einbringung** von Sachen **nach Eröffnung** des Verfahrens, sei es durch den Mieter, sei es durch den Verwalter, führt dagegen nicht mehr zur Entstehung eines Pfandrechts (§ 81 Abs 1 InsO).[15] Zu beachten bleiben die **Beschränkungen**, die sich für die Geltendmachung des Pfandrechts aus **§ 50 Abs 2 InsO** (s dazu u § 562d Rn 4) sowie aus **§ 562 Abs 1 S 2** ergeben. Der Vermieter kann deshalb, um Klarheit über den Umfang seines Pfandrechts zu erhalten, von dem Verwalter **Auskunft** über die seinem Pfandrecht tatsächlich unterliegenden Sachen des Mieters verlangen.[16] Die freihändige **Verwertung** der dem Vermieterpfandrecht unterliegenden Sachen ist nach Eröffnung des Verfahrens allein Sache des **Verwalters** (§ 166 Abs 1 InsO).[17] Das Pfandrecht setzt sich an dem vom Verwalter erzielten **Erlös** fort, solange dieser noch unterscheidbar in der Masse vorhanden ist;[18] andernfalls erwirbt der Vermieter ein **Ersatzabsonderungsrecht**. Der **Erlös** gebührt vorrangig dem Vermieter, soweit seine Mietforderungen durch das Pfandrecht gesichert waren. Jedoch zieht der Verwalter vorweg 9 % nebst Mehrwertsteuer für die Kosten der Verwertung ab (§§ 170, 171 InsO). Ein dann etwa noch verbleibender Betrag fällt in die Masse.

II. Voraussetzungen

3 **1. Sachen.** Dem Vermieterpfandrecht unterliegen nur die **eingebrachten pfändbaren Sachen des Mieters**, *nicht* dagegen Forderungen und sonstige *Rechte* (§ 562 Abs 1). Sachen sind nur körperliche Gegenstände im Sinne der §§ 90 und 90a. Bei **Wertpapieren** und ähnlichen Urkunden sollte man aus praktischen Gründen darauf abstellen, ob die betreffende Urkunde einen eigenen Vermögenswert besitzt.[19] Deshalb erwirbt der Vermieter zwar kein Pfandrecht an auf den Namen lautenden Schuldurkunden einschließlich der **Legitimationspapiere**, soweit in ihnen wie insbesondere bei **Sparbücher** (§ 808) ein bestimmter Gläubiger genannt ist,[20] wohl aber an **Inhaberpapieren** (§ 1293; vgl auch § 1084). Gleich zu behandeln sind die **indossablen Papiere**, vor allem also Wechsel und Schecks (vgl § 1293) sowie **Geld** einschließlich Banknoten.[21] Aus sozialen Gründen ist im zuletzt genannten Fall **§ 811 Nrn 3 und 8 ZPO** entsprechend anzuwenden (analog § 562 Abs 1 S 2). Sachen, die wie zB *Briefe*, Andenken oder Familienfotos keinen Vermögens-,

---

13 Wegen der Einzelheiten s die Begr von 2012, S 31 ff; den Ausschussbericht von 2012, S 34 f sowie *N Fischer* WuM 2011, 403, 407 f; *Hinz* NZM 2012, 777, 792 f; *Lehmann-Richter* NZM 2013, 260; *Schuschke* NZM 2011, 685, 687 f; *Fr Schwieren* ZMR 2911, 765.

14 S Rn 4, § 562a Rn 4, § 562d Rn 4; BGHZ 170, 196, 204f = NJW 2007, 1588 Tz 18f; s *Dahl* NZM 2008, 585; *Ehricke* in: FS Gerhardt (2004), S 191, 207ff; *ders* KTS 2004, 321; *Horst* ZMR 2007, 167; *Priebe* NZM 2011, 801, 803, 805.

15 Str für den Verwalter, s *Ehricke*, in: FS Gerhardt 191, 194 ff.; *ders* KTS 2004, 321, 325 ff.

16 BGH NJW-RR 2004, 772 = NZM 2004, 224, 225; OLG Dresden NZM 2012, 84 = ZMR 2012, 268; *Priebe* NZM 2011m 801, 805.

17 S schon RGZ 84, 68, 69 f; *Priebe* NZM 2010, 801, 803, 805.

18 RGZ 84, 68, 69 f.

19 Anders *Blank/Börstinghaus* § 562 Rn 12.

20 RGZ 10, 40; 20, 133, 135; 29, 297, 301; *Palandt/Weidenkaff* § 562 Rn 7.

21 RG SeuffBl 68 (1903) 244.

sondern nur einen **Affektions- oder Beweiswert** für den Mieter besitzen, sind gleichfalls nicht Gegenstand des Vermieterpfandrechts.[22]

2. Einbringung. Nächste Voraussetzung für die Entstehung des Vermieterpfandrechts 4 ist nach § 562 Abs 1 S 1, dass die fraglichen Sachen vom Mieter „eingebracht" worden sind und außerdem gerade dem Mieter gehören (dazu u Rn 7f). Unter der **Einbringung** von Sachen im Sinne des § 562 Abs 1 S 1 versteht man das **willentliche Hineinschaffen der Sachen** durch den Mieter in den durch das Mietverhältnis vermittelten Machtbereich des Vermieters.[23] Die Einbringung ist **Realakt.** Sie setzt deshalb nicht den Willen des Mieters voraus, an den Sachen, die er einbringt, ein Pfandrecht des Vermieters zu begründen. Daher sind auch etwaige Willensmängel des Mieters unbeachtlich.[24] Selbst **Geschäftsfähigkeit** des Mieters ist nach hM entbehrlich.[25] Die Einbringung fällt jedoch unter § 129 InsO und kann daher im Insolvenzverfahren angefochten werden.[26]

Die Einbringung muss von der bloßen **Einstellung** von Sachen ohne Zusammenhang 5 mit dem Mietverhältnis unterschieden werden, so dass durch die vorübergehende Verbringung einzelner Sachen auf das gemietete Grundstück kein Pfandrecht des Vermieters begründet wird.[27] Beispiele sind **Ansichts- oder Probesendungen** sowie nach hM auch die **Tageskasse.**[28] Dagegen gelten Sachen, die wie zB **Kraftfahrzeuge,** Arbeitsgeräte, Fahrräder oder Kinderwagen im Zusammenhang mit dem vertragsgemäßen Gebrauch auf dem vermieteten Grundstück abgestellt werden, als eingebracht.[29] Ebenso wenig spielt es eine Rolle, dass die Sache erst in den Mieträumen **hergestellt** wurde.[30]

Grundsätzlich ist die Einbringung **nur während des Laufs** eines gültigen Mietvertrages 6 möglich.[31] **Nach Beendigung** des Mietverhältnisses kann das Pfandrecht nicht mehr entstehen.[32] Bei **Mieterwechsel** wird überwiegend angenommen, dass die noch von dem alten Mieter eingebrachten Sachen nicht für die Schulden des neuen Mieters haften.[33] Anders verhält es sich dagegen, wenn der neue Mieter **neben dem bisherigen** in den Mietvertrag eintritt, weil beide Mieter dann im Zweifel **Gesamtschuldner** werden (§ 427).[34] Entsprechendes gilt schließlich, wenn der Nachfolger die Mietschulden seines Vorgängers übernimmt.[35]

3. Eigentum des Mieters. Das Vermieterpfandrecht entsteht nach § 562 Abs 1 **nur** 7 an den eingebrachten pfändbaren **Sachen gerade des Mieters.** Die Sachen müssen mit anderen Worten bei Einbringung **im Eigentum** des Mieters stehen, und zwar grundsätzlich gerade im Augenblick der Einbringung. An **Sachen Dritter** wird kein Pfandrecht begründet, auch nicht Kraft guten Glaubens (Rn 1) und auch nicht, wenn es sich bei den Dritten um **Angehörige** des Mieters handelt, solange diese nicht selbst Partei des Mietvertrages

---

22 *Palandt/Weidenkaff* § 562 Rn 7; *Lammel* § 562 Rn 11.
23 RGZ 132, 116, 118; OLG Frankfurt ZMR 2006, 609f; OLG Braunschweig OLGZ 1980, 239, 240; OLG Düsseldorf ZMR 1999, 474, 475.
24 *Palandt/Weidenkaff* § 562 Rn 6.
25 *Ehricke* in: FS Gerhardt 191, 193ff; *ders* KTS 2004, 321, 324f.
26 OLG Dresden NZM 2012, 84, 89 = ZMR 2012, 268; s Rn 2b.
27 OLG Düsseldorf ZMR 2000, 518, 521; *Ehricke* in: FS Gerhardt 191, 199ff.
28 OLG Braunschweig OLGZ 1980, 239, 240; *Ehricke* in FS Gerhardt 191, 200f; s auch § 562a S 2.
29 OLG Düsseldorf ZMR 2000, 518, 521; OLG Frankfurt ZMR 2006, 609f; LG Neuruppin NZM 2000, 962.
30 RGZ 132, 116, 118f.
31 *Lammel* § 562 Rn 21; **aM** *Ehricke* in: FS Gerhardt 191, 193 m Nachw.
32 OLG München MDR 1953, 551 Nr 408; **aM** *Ehricke* (vorige Fn).
33 OLG Hamburg OLGE 7 (1903 II), 462, 463.
34 § 540 Rn 23ff; BGH LM Nr 9 zu § 559 BGB (Bl 2 R) = NJW 1995, 1350.
35 BGH LM Nr 3 zu § 559 BGB (Bl 4R) = NJW 1965, 1475.

Volker Emmerich

sind (s u Rn 11). Hat der Mieter nur aufschiebend bedingtes Eigentum erworben (Paradigma: **Eigentumsvorbehalt**), so ist er noch nicht Eigentümer, so dass an der (vorerst) noch fremden Sache bei Einbringung kein Pfandrecht des Vermieters entstehen kann. Die Praxis billigt dem Vermieter jedoch zum Ausgleich ein **Pfandrecht an** dem **Anwartschaftsrecht** des Mieters zu, das ihm zumindest bei Bedingungseintritt den **Vorrang** vor in der Zwischenzeit begründeten Pfändungspfandrechten Dritter sichert.[36] Das gilt auch in der **Insolvenz** des Mieters, so dass der Vermieter mit Bedingungseintritt nach Insolvenzeröffnung immer noch ein Vermieterpfandrecht und damit ein Absonderungsrecht erwirbt.[37]

8   Aus dem Gesagten (o Rn) geben sich vor allem dann Schwierigkeiten, wenn das Vermieterpfandrecht mit einer **Sicherungsübereignung** zugunsten Dritter, zB einer Bank, zusammentrifft.[38] Eindeutig ist die Rechtslage hier nur, wenn die Sicherungsübereignung der fraglichen Gegenstände bereits **vor** ihrer **Einbringung** in die vermieteten Räume erfolgt war, weil dann der Mieter bei Einbringung der Sachen nicht mehr Eigentümer war, so dass dem Sicherungseigentümer unbedingt der Vorrang vor dem Vermieter gebührt.[39] Eindeutig ist die Rechtslage ferner, wenn die im Eigentum des Mieters stehenden Sachen erst **nach** ihrer **Einbringung** in die vermieteten Räume an einen Dritten zur Sicherheit **übereignet** werden, da der Dritte dann nur ein mit dem Vermieterpfandrecht belastetes Sicherungseigentum erwerben kann; ein gutgläubig lastenfreier Erwerb scheidet aus (§§ 936, 932).[40]

9   Zu Zweifeln gibt die Rechtslage daher letztlich nur Anlass, wenn bei unter Eigentumsvorbehalt erworbenen und zur Sicherheit an Dritte übereigneten Sachen die **Bedingung** erst **nach der Einbringung eintritt**. Paradigma (und allein relevanter Fall) ist die Sicherungsübereignung eines Warenlagers mit wechselndem Bestand. Während im Schrifttum für diesen Fall die (naheliegende) Annahme der **Gleichrangigkeit** von Vermieterpfandrecht und Sicherungseigentum des Dritten überwiegt,[41] hat sich der BGH für den **Vorrang des Vermieterpfandrechts** vor dem gegebenenfalls gleichzeitig entstehenden Sicherungseigentum eines Dritten entschieden.[42]

10   Steht dem Mieter nur **Miteigentum** zu, so soll nach hM das Pfandrecht entsprechend § 1258 an dem Miteigentumsanteil des Mieters entstehen.[43] Ist eine **OHG oder KG** Mieterin, so haften dem Vermieter dagegen wegen der weitgehenden Verselbständigung dieser Gesellschaften (§§ 124, 161 HGB) nur die zum Gesellschaftsvermögen gehörenden, von der Gesellschaft eingebrachten Sachen, nicht dagegen die Sachen der persönlich haftenden Gesellschafter.[44] Ebenso wird heute für die **BGB-Außengesellschaft** wegen ihrer Annäherung an die OHG zu entscheiden sein.[45]

11   **Sachen Dritter** haften dem Vermieter nach § 562 Abs 1 S 1 in keinem Fall.[46] Deshalb erwirbt der Vermieter **kein Pfandrecht** an den **Sachen der Angehörigen** des Mieters,

---

36 BGHZ 35, 85, 88f = NJW 1961, 1349; BGHZ 117, 200, 205f = NJW 1992, 1156; BGH LM Nr 3 zu § 559 BGB = NJW 1965, 1475; WM 1965, 1079, 1081; OLG Düsseldorf NZM 1998, 237 = NJW-RR 1998, 559; KG GE 2000, 675.
37 Rn 2b; *Ehricke* in: FS Gerhardt 191, 203 ff.
38 S *Staudinger* Rn 16ff.
39 *Fischer* JuS 1993, 542; *Weber/Rauscher* NJW 1988, 1571.
40 RG WarnR 1920 Nr 184 S 227, 228f; BGH NZM 2011, 275 Nr 2; OLG Düsseldorf NZM 1998, 237 = NJW-RR 1998, 559; ZMR 1999, 474, 479.
41 *Bub/Treier/v Martius* Hdb, Rn III 857; *Fischer* JuS 1983, 542, 544f; *Weber/Rauscher* NJW 1988, 1571, 1572f.
42 BGHZ 117, 200, 207 = NJW 1992, 1156; OLG Düsseldorf NZM 1998, 237 = NJW-RR 1998, 559; KG GE 2000, 675, 676; OLG Stuttgart NZM 2012, 26.
43 *Blank/Börstinghaus* § 562 Rn 13; *Palandt/Weidenkaff* § 562 Rn 7.
44 *Wolf/Eckert/Ball* Hdb Rn 753.
45 *Wolf/Eckert/Ball* Hdb Rn 753.
46 Mot II 404f; Prot II 205; S schon o Rn 1, 7.

sofern sie nicht als Mitmieter in den Mietvertrag einbezogen werden.[47] Ebenso wenig entsteht das Vermieterpfandrecht an den eigenen Sachen *des Vermieters* (§ 1256 Abs 2). **Erwerben Dritte** vom Mieter mit dem Vermieterpfandrecht belastete Sachen, so richtet sich die Frage eines **gutgläubigen lastenfreien Erwerbs** nach § 936. Jedoch handelt nach überwiegender Meinung grundsätzlich grob fahrlässig, wer sich auf einem gemieteten Grundstück bewegliche Sachen in Kenntnis dieser Umstände übereignen lässt, ohne sich bei dem Vermieter nach dessen Pfandrecht zu erkundigen.[48]

3. Unpfändbare Sachen. Aus sozialen Gründen sind die unpfändbaren Sachen des **12** Mieters aus dem Haftungsverband herausgenommen worden (§ 562 Abs 1 S 2). Welche Sachen dies sind, ergibt sich in erster Linie aus **§ 811, § 811c und § 812 ZPO.**[49] Bei der Wohnraummiete unterliegen danach dem Vermieterpfandrecht insbesondere nicht Radio, Fernsehgerät, Kühlschrank und Waschmaschine.[50] Für die Anwendung der §§ 811a und 865 ZPO ist dagegen im vorliegenden Zusammenhang kein Raum. Gegenstände, die zunächst unpfändbar waren, sind von dem Augenblick an dem Pfandrecht unterworfen, in dem die Unpfändbarkeit (während des Mietverhältnisses, nicht danach) entfällt.[51] Maßgebender **Zeitpunkt** für die Beurteilung der Unpfändbarkeit ist der der Geltendmachung des Pfandrechts.[52] Die ganze Regelung ist entsprechend ihrem Zweck **zwingend**, so dass sie auch nicht durch die rechtsgeschäftliche Begründung eines Zurückbehaltungsrechts des Vermieters an den unpfändbaren Sachen des Mieters umgangen werden kann.[53]

III. Gesicherte Forderungen

1. Forderungen aus dem Mietverhältnis. Durch das Vermieterpfandrecht werden **13** nach § 562 Abs 1 S 1 **nur** bereits **begründete Forderungen** des Vermieters **gerade aus dem fraglichen Mietverhältnis** gesichert, dh allein solche Forderungen, die sich aus dem Wesen des Mietverhältnisses als einer entgeltlichen Gebrauchsüberlassung ergeben,[54] Außerdem sind noch gemäß **§ 1210** Abs 1 S 1 gesichert die Ansprüche des Vermieters auf **Zinsen** sowie nach § 1210 Abs 2 die so genannten **Nebenkosten** des Vermieters als Pfandgläubiger einschließlich der Kosten der **Rechtsverfolgung** und des Pfandverkaufs, wozu zB auch die Kosten eines Kündigungsprozesses und der anschließenden Zwangsvollstreckung gehören.[55] **Beispiele** sind insbesondere die Mietforderung selbst sowie etwaige Ersatzansprüche des Vermieters wegen einer Beschädigung der Mietsache oder einer Verletzung der Anzeige- oder Rückgabepflicht durch den Mieter,[56] ferner der Anspruch des Vermieters auf Bezahlung der Kosten von Heizung oder Müllabfuhr,[57] der Anspruch auf

---

47 Rn 7, OLG Düsseldorf DWW 1987, 330.
48 BGH WM 1965, 701, 704; NJW-RR 2005, 1328 = NZM 2005, 665; NZM 2011, 275 Nr 2; OLG Jena GE 2006, 383, 385; dagegen ausführlich *Fehrenbach* NZM 2012, 1 (unter zutreffendem Hinweis auf die große Belastung des Rechtsverkehrs durch diese Praxis).
49 S im Einzelnen *Haase* JR 1971, 323.
50 LG Berlin NJW-RR 1992, 1038.
51 OLG München MDR 1953, 551 Nr 408.
52 OLG Jena GE 2006, 383.
53 LG Berlin GE 2011, 1310.
54 BGHZ 60, 22, 25 = NJW 1973, 238.
55 *Palandt/Weidenkaff* § 562 Rn 12; *Lammel* § 562 Rn 37.
56 BGHZ 60, 22, 24f = NJW 1973, 238; OLG Hamm NJW-RR 1994, 655, 656; OLG Düsseldorf ZMR 2000, 518, 520f = NZM 1998, 237.
57 BGHZ 60, 22, 25 = NJW 1973, 238; KG OLGE 27, 155 f.

Volker Emmerich

Leistung von Baukostenzuschüssen,[58] sowie noch seine Ansprüche aus § 546a oder eine Mietausfallforderung, etwa im Falle vorzeitiger Kündigung oder Vertragsaufhebung.[59] Dasselbe gilt – entgegen einer verbreiteten Meinung – für die Forderung des Vermieters auf Leistung einer Mietsicherheit im Sinne des § 551, weil die Abrede über die Leistung einer Mietsicherheit regelmäßig Bestandteil des Mietvertrages ist.[60] *Nicht* gesichert sind dagegen Forderungen des Vermieters aus sonstigen, selbstständigen Rechtsverhältnissen, zB aus einem dem Mieter vom Vermieter gewährten Darlehen.[61]

14   Bei **Vertragsverbindungen** werden nur die Forderungen aus dem Mietvertrag gesichert.[62] Bei **gemischten Verträgen** kommt es darauf an, ob das mietvertragliche Element überwiegt. Das ist zB anzunehmen, wenn der Zimmervermieter zusätzlich die Reinigung des Zimmers oder die Verpflegung des Mieters übernimmt und für alle diese Leistungen eine einheitliche Miete vereinbart wird.[63] Anders verhält es sich dagegen, sobald diese Leistungen eigenständig neben die Raumüberlassung treten. Forderungen aus **Bierlieferungsverträgen**[64] werden daher ebenso wenig durch das Vermieterpfandrecht gesichert wie etwa die Kosten der Rechtsverfolgung des Vermieters gegen einen Mietbürgen.[65] Umstritten ist, welche Folgerungen sich daraus für die Verträge über die Unterbringung von Pferden, die so genannten **Pferdeeinstellverträge,** ergeben. Obwohl solche Verträge gleichermaßen Elemente der Verwahrung wie der Miete enthalten, dürften doch auf sie die §§ 562ff zur Sicherung der Stallbetreiber wegen ihrer Forderungen gegen die Einsteller der Pferde anwendbar sei.[66] Reine Miete sind die Verträge über die entgeltliche Überlassung einer **Pferdebox**, so dass hier an dem Pfandrecht des Vermieters an dem eingestellten Pferd des Mieters kein Zweifel bestehen kann.

15   **2. Nicht künftige Entschädigungsforderungen.** Um eine übermäßige Sicherung des Gläubigers zu verhindern, bestimmt **Abs 2 des § 562**, dass für zwei Forderungsgruppen, nämlich für „künftige Entschädigungsforderungen" des Vermieters sowie für die Miete für eine spätere Zeit als das laufende und das folgende Mietjahr (dazu Rn 17), das Vermieterpfandrecht **nicht „geltend gemacht"** werden kann, dh nicht entsteht.[67] Mit den **künftigen Entschädigungsforderungen** sind solche **Ersatzansprüche** des Vermieters aus dem Mietvertrag gemeint, die jetzt, dh im Augenblick der Geltendmachung des Pfandrechts (s u Rn 16), **noch nicht liquide** sind, so dass sie noch nicht mit Erfolg eingeklagt werden können, weil ihre Entstehung noch von zukünftigen Ereignissen abhängt. Schadensersatzforderungen des Vermieters sind dagegen gesichert, wenn sie in dem fraglichen Zeitpunkt, dh bei Geltendmachung des Pfandrechts, bereits mit Erfolg eingeklagt werden könnten, und sei es auch nur durch Feststellungsklage, während sie nicht gesichert sind, wenn zB die Höhe des Schadens noch völlig ungewiss ist.[68] **Beispiele** für zukünftige Scha-

---

58 BGHZ 60, 22, 25 f = NJW 1973, 238; OLG Königsberg SeuffA 61 [1906] Nr 103.
59 RG Recht 1909 Nr 1985; BGH LM Nr 51 zu § 535 BGB = NJW 1972, 721.
60 S mit Nachw *Staudinger* Rn 27.
61 BGHZ 60, 22, 26 = NJW 1973, 238.
62 BGHZ 60, 22, 26ff = NJW 1973, 238.
63 BGHZ 60, 22, 25 = NJW 1973, 238.
64 RG JW 1905, 19 Nr 16; Recht 1909 Nr 3332.
65 *Palandt/Weidenkaff* § 562 Rn 12.
66 *Häublein* NJW 2009, 2982, 2986; anders die wohl überwiegende Meinung, zB OLG Brandenburg NJW-RR 2006, 1558.
67 Str, s *Staudinger* Rn 29.
68 RGZ 142, 201, 205f; BGH LM Nr 51 zu § 535 BGB (Bl 2 R) = NJW 1972, 721; OLG Hamm NJW-RR 1994, 655, 656; OLG Düsseldorf NZM 1998, 237 = ZMR 2000, 518, 520.

densersatzforderungen sind – trotz ihrer Verwandtschaft mit der Mietforderung – die Ansprüche des Vermieters wegen einer Vorenthaltung der Sache (§ 546a) sowie etwaige Mietausfallforderungen, insbesondere wegen einer vorzeitigen Auflösung des Vertrages.[69]

Maßgeblicher Zeitpunkt für die Frage, ob es sich um eine gegenwärtige oder zukünf- **16** tige Entschädigungsforderung handelt, ist der der **Geltendmachung** des Pfandrechts.[70] Dafür genügt jeder Vorgang, durch den der Vermieter sein gesetzliches Pfandrecht zur Geltung bringt. Beispiele sind die Verhinderung der Entfernung der Sachen, deren Inbesitznahme sowie die Erhebung der Klage auf Herausgabe der Sache oder auf vorzugsweise Befriedigung aufgrund des § 805 ZPO,[71] **nicht** dagegen die **Pfändung** der eingebrachten Sachen durch den Vermieter, durch die vielmehr ein neues selbständiges Pfändungspfandrecht des Vermieters begründet wird.[72] Durch § 562 Abs. 2 wird der Vermieter **nicht gehindert, für später entstandene Entschädigungsforderungen** sein Pfandrecht später **erneut geltend** zu machen,[73] nur, dass dann zwischenzeitlich begründete Pfändungspfandrechte Dritter den Vorrang haben.

3. Nicht künftige Mietforderungen. Das Pfandrecht kann nach § 562 Abs 2 ferner nicht **17** für **Mietforderungen für** eine **spätere Zeit als das laufende und das folgende Mietjahr** geltend gemacht werden. Dies bedeutet positiv gewendet, dass durch das Vermieterpfandrecht sowohl die Mietrückstände als auch die (noch gar nicht fälligen) Mietforderungen für das laufende und das folgende Mietjahr gesichert sind. **Maßgebender Zeitpunkt** für die Abgrenzung zwischen den Rückständen und den zukünftigen Mietforderungen ist wiederum der der Geltendmachung des Pfandrechts (s o Rn 16). Keine Rolle für die Abgrenzung spielt das Kalenderjahr, da das Gesetz in § 562 Abs 1 ausdrücklich auf das „Mietjahr" abstellt. Das erste **Mietjahr** beginnt mit dem Tag des Beginns des Mietverhältnisses, jedes spätere mit den diesem Tage entsprechenden Tagen der folgenden Jahre.[74]

IV. Haftung

Übt der Vermieter schuldhaft ein **unbegründetes Pfandrecht aus,** so macht er sich **18 ersatzpflichtig,** und zwar gleichermaßen aus Delikt (§ 823 Abs 1) wie aus Vertrag wegen Verletzung seiner Treupflicht (§§ 241 Abs 2, 280).[75] Ohne Rücksicht auf ein Verschulden des Vermieters hat der Mieter außerdem einen Anspruch auf **Herausgabe der Nutzungen,** wenn der Vermieter unbefugt die in Pfandbesitz genommenen Sachen des Mieters vermietet (§§ 812 Abs 1 S 1 Fall 2, 816 Abs 1 S 1 analog).[76] Aus dem entsprechend anwendbaren § 1214 Abs 2 ist zugleich zu folgern, dass die gezogenen Nutzungen auf die noch offenen Mietforderungen zu verrechnen sind.[77]

---

69 BGH LM Nr 51 zu § 535 BGB = NJW 1972, 721; OLG Düsseldorf ZMR 2000, 518, 520 = NZM 1998, 237.
70 OLG Hamm NJW-RR 1994, 655, 656; OLG Düsseldorf NZM 1998, 237, 238 = ZMR 2000, 518, 520.
71 RGZ 54, 301, 303; RG JW 1934, 403, 404; BGH LM Nr 51 zu § 535 BGB = NJW 1972, 721.
72 S *Staudinger* Rn 36.
73 BGH LM Nr 51 zu § 535 BGB = NJW 1972, 721; OLG Düsseldorf NZM 1998, 237, 238 = ZMR 2000, 518, 520.
74 *Niendorff* Mietrecht, 400f.
75 OLG Frankfurt WuM 1979, 191; NJW-RR 1996, 585; *J Wasmuth* ZMR 1989, 42.
76 OLG Frankfurt WuM 1979, 191; NJW-RR 1996, 585.
77 OLG Frankfurt WuM 1979, 191; anders OLG Düsseldorf MDR 1989, 546 Nr 58.

Volker Emmerich

V. Beweislast

19   Die Beweislast für die Entstehung des Pfandrechts trifft den **Vermieter**. Folglich muss der Vermieter auch beweisen, dass die Sachen dem Mieter gehören.[78] Bestreitet jedoch der Mieter sein **Eigentum** an solchen Sachen, die er bisher ständig wie eigene benutzt hat, so muss er im Einzelnen darlegen, aus welchen Gründen er gleichwohl kein Eigentum an diesen Sachen hat.[79] Außerdem obliegt dem **Mieter** die Beweislast für die **Unpfändbarkeit** einzelner vom Vermieter aufgrund seines Pfandrechts in Anspruch genommenen Sachen.[80] Die Vermutung des § 1006 kommt dem Vermieter nicht zugute, weil er nicht Besitzer ist.[81] Sobald aber der Vermieter die Sache aufgrund seines Sperrrechts (§ 562b) in **Besitz** genommen hat, ist es nunmehr Sache eines Dritten, der aufgrund seines angeblichen Eigentums Herausgabe der Sache vom Vermieter verlangt, sein Eigentum zu beweisen.[82] Behauptet er einen Verzicht des Vermieters auf sein Pfandrecht, so trägt er auch dafür die Beweislast.[83]

§ 562a
Erlöschen des Vermieterpfandrechts

Das Pfandrecht des Vermieters erlischt mit der Entfernung der Sachen von dem Grundstück, außer wenn diese ohne Wissen oder unter Widerspruch des Vermieters erfolgt. Der Vermieter kann nicht widersprechen, wenn sie den gewöhnlichen Lebensverhältnissen entspricht oder wenn die zurückbleibenden Sachen zur Sicherung des Vermieters offenbar ausreichen.

Systematische Übersicht

1   **1. Entfernung.** § 562a regelt in Ergänzung zu den allgemeinen Erlöschensgründen für Pfandrechte (s § 1257 in Verb insbesondere mit den §§ 1242 Abs 2 S 1, 1250, 1252, 1255 und 1256) einen weiteren **besonderen Erlöschensgrund** für das Vermieterpfandrecht durch die Bestimmung, dass dieses grundsätzlich mit der Entfernung der Sachen von dem Grundstück erlischt (Rn 1aff), **außer** wenn die Entfernung **ohne Wissen** *oder* unter **Widerspruch** des Vermieters erfolgt (S 1 des § 562a; Rn 5ff). S 2 der Vorschrift zieht jedoch diesem sogenannten Sperr- oder besser: **Widerspruchsrecht** des Vermieters verhältnismäßig enge Grenzen, um eine übermäßige Beschränkung des Mieters in seiner Lebensgestaltung durch das Vermieterpfandrecht zu verhindern (u Rn 7ff).

1a   Bei der **Entfernung** der dem Vermieterpfandrecht unterliegenden Sachen von dem vermieteten Grundstück handelt es sich um das **Gegenstück zur Einbringung** der Sachen, durch die nach § 560 Abs 1 S 1 das Pfandrecht des Vermieters begründet wird (s o § 562 Rn 3f).

---

78 BGH LM Nr 6 zu § 559 BGB = NJW 1986, 2426 = ZMR 1986, 232, 233ff; OLG Köln ZMR 1984, 281 = ZIP 1984, 89; KG NZM 2005, 422 = WuM 2005, 348, 349.
79 RGZ 146, 334; KG HRR 1935 Nr 1449.
80 BGH LM § 559 BGB Nr 6 = NJW 1986, 2426.
81 KG HRR 1935 Nr 1449.
82 KG OLGE 36 (1918 I), 60.
83 BGH NZM 2005, 665 = NJW-RR 2005, 1328.

Wie diese bildet sie daher einen bloßen **Realakt**, bei dem es allein auf den Erfolg, nicht dagegen auf den Willen und die Person der Beteiligten ankommt, so dass dafür **jede willentliche Wegschaffung** der eingebrachten Sachen durch den Mieter oder einen Dritten genügt, und sei es ein Dieb.[1] Geschäftsfähigkeit des Mieters ist nicht erforderlich.[2] Die Entfernung muss aber nach § 562a S 1 „**von dem Grundstück**" erfolgen. Gemeint ist damit (nur) die **Mietsache einschließlich der mitvermieteten Gebäude- und Grundstücksteile**, während die *nicht* mitvermieteten Gebäude- und Grundstücksteile *keinen* Bestandteil des „Grundstücks" im Sinne des § 562a S. 1 bilden (str). Das Vermieterpfandrecht erlischt folglich bereits, wenn die dem Pfandrecht unterliegenden Sachen aus den vermieteten Räumen entfernt werden, selbst wenn sie sich noch auf dem Grundstück des Vermieters befinden, außer wenn es sich dabei um mitvermietete Teile wie Treppen, Flure und Zugänge handelt.[3]

Umstritten ist die Rechtslage bei einer **bloß vorübergehenden Entfernung** der 2 Sachen. Paradigmata sind die **Ausfahrt mit** dem auf dem vermieteten Grundstück abgestellten **Kraftfahrzeug** sowie die vorübergehende Verbringung von Mietersachen zu einem Dritten, um sie reparieren zu lassen. Entgegen einer verbreiteten Meinung[4] geht in diesen Fällen mit der Entfernung der Sachen auch das Vermieterpfandrecht unter, weil das Gesetz in § 562a keinen Unterschied zwischen einer endgültigen und einer vorübergehenden Entfernung der Sachen macht, wofür ohnehin alle Kriterien fehlen. Das Pfandrecht wird jedoch mit Rückkehr der Sachen auf das Grundstück, zB mit der Einfahrt des Fahrzeugs in die Garage, erneut begründet.[5]

2. Pfändung. Eine **Entfernung** von Sachen des Mieters **kraft Hoheitsrechts**, insbe- 3 sondere also **durch** den **Gerichtsvollzieher**, fällt gleichfalls unter § 562a S 1, so dass dann das Vermieterpfandrecht erlischt, und zwar, ohne dass der Vermieter hier der Entfernung widersprechen könnte.[6] Der **Schutz** des Vermieters wird in diesen Fällen bereits ausreichend **durch § 805 ZPO** gewährleistet.

Gegenüber der Klage des Vermieters aus **§ 805 ZPO** steht auch dem **Pfändungsgläu-** 4 **biger** das **Verweisungsrecht** des § 562a S 2 zu (s u Rn 10). Der Vermieter kann dem Pfändungsgläubiger diese Einrede jedoch dadurch aus der Hand schlagen, dass er hinsichtlich der zurückgebliebenen Sachen auf sein Pfandrecht verzichtet (§ 1255 Abs 1).[7] Schwierige Fragen ergeben sich hier, wenn **von mehreren Gläubigern** des Mieters **unterschiedliche Mietersachen gepfändet** werden und sich der Vermieter entscheiden muss, gegenüber welchem Gläubiger er seinen Anspruch auf vorzugsweise Befriedigung geltend machen soll (§ 805 ZPO). Dem Prioritätsgrundsatz (§ 804 Abs 3 ZPO) dürfte es am meisten entsprechen, allein demjenigen Pfändungsgläubiger die Verweisungseinrede des § 562 S 2 zuzubilligen, der nachzuweisen vermag, dass im Augenblick seiner Pfändung die verbliebenen Sachen zur Sicherung des Vermieters offenbar noch ausreichten.[8] Einen Anspruch

---

1 RGZ 71, 418, 419; LG Mannheim ZIP 2003, 2374; *Ehricke* KTS 2004, 321, 324ff.
2 S *Mittelstein* Miete, 68ff; *Niendorff* Mietrecht, 403ff.
3 *Blank/Börstinghaus* § 562a Rn 4f; *Bub/Treier/v Martius* Hdb, Rn III 870; **aM** Prot II 207f; *Palandt/Weidenkaff* § 562a Rn 4.
4 LG Neuruppin NZM 2000, 92; *Bub/Treier/v Martius* Hdb, Rn III 871; *Schopp* NJW 1971, 1141; *Weimar* ZMR 1972, 295, 296.
5 OLG Karlsruhe NJW 1971, 624f; OLG Hamm MDR 1981, 407; *Bronsch* ZMR 1970, 1f; *Kohl* NJW 1971, 1733; *Noack* JurBüro 1975, 1305, 1306; *Trenk-Hintenberger* ZMR 1971, 329.
6 KG OLGE 19 (1909 II), 2f; 27 (1913 II), 175, 176; ebenso im Ergebnis BGHZ 27, 227, 231 = NJW 1958, 1282; BGH LM § 559 BGB = NJW 1986, 2420; **aM** OLG Frankfurt MDR 1975, 226; *Noack* JurBüro 1975, 1305.
7 BGHZ 27, 227, 234f = NJW 1958, 1282.
8 *Mittelstein*, Miete 606; *Niendorff*, Mietrecht 425; offengelassen in BGHZ 27, 227, 234 = NJW 1958, 1282.

auf vorzugsweise Befriedigung aus dem Erlös hat der Vermieter dann folglich gemäß § 805 ZPO nur gegen die anderen „nachrangigen" Pfändungsgläubiger. Bei einer **von** dem **Insolvenzverwalter** des Mieters **verfügten Entfernung** von Sachen erlischt das Vermieterpfandrecht gleichfalls nach § 562a S 1, ohne dass der Vermieter widersprechen könnte. Der Vermieter wird auch hier durch ein **Recht auf abgesonderte Befriedigung** in der Insolvenz des Mieters geschützt (§ 50 InsO).[9]

3. Widerspruchsrecht

5   **a) Ohne Wissen.** Trotz Entfernung der Sachen (o Rn 1a ff) bleibt das Pfandrecht bestehen, wenn die Entfernung entweder ohne Wissen des Vermieters *oder* unter dessen Widerspruch erfolgt (§ 562a S 1 HS 2; sogenanntes Sperr- oder Widerspruchsrecht des Vermieters, Rn 6). Die Entfernung der Sachen **ohne Wissen** des Vermieters setzt nicht Heimlichkeit der Entfernung voraus, sofern nur der Vermieter selbst von der Entfernung **nichts erfährt.**[10] Bei einer **Mehrzahl** von Vermietern ist schon die Kenntnis eines Einzigen von ihnen schädlich.[11] Maßgebender **Zeitpunkt** für die Kenntnis des Vermieters ist der der Entfernung der Sachen.[12] Grob fahrlässige Unkenntnis steht nicht gleich. Eine **Gegenausnahme** findet sich **in S 2 des § 562a,** sodass selbst bei fehlender Kenntnis des Vermieters von der Entfernung der Mietersachen das Pfandrecht doch erlischt, wenn der Vermieter (bei Kenntnis) nach S 2 des § 562a der Entfernung ohnehin nicht widersprechen könnte.[13]

6   **b) Widerspruch.** Erlangt der Vermieter von der Entfernung der Sachen des Mieters Kenntnis, so kann er sich sein Pfandrecht nur dadurch erhalten, dass er der Entfernung (sofort) widerspricht (§ 562a S 1 HS 2 Fall 2) und auch dies nur, wenn nicht einer der Ausnahmefälle des § 562a S 2 vorliegt (u Rn 7ff). Diese sogenannte Sperr- oder Widerspruchsrecht des Vermieters erstreckt sich auf **sämtliche Sachen** des Mieters, die nach § 562 seinem Pfandrecht unterliegen, einschließlich derjenigen, an denen dem Mieter lediglich ein Anwartschaftsrecht zusteht.[14] Zu seiner **Durchsetzung** hat ihm das Gesetz außerdem in § 562b ein (problematisches) **Selbsthilferecht** eingeräumt. Eine bestimmte **Form** ist für den Widerspruch *nicht* vorgeschrieben. Er kann sich deshalb auch aus den Umständen ergeben,[15] so dass in Ausnahmefällen sogar in der vorherigen Pfändung der Sachen seitens des Vermieters dessen Widerspruch gegen eine nachfolgende Entfernung der Sachen zu sehen sein kann.[16]

6a   Der Widerspruch muss sich auf einen bestimmten **(konkreten) Entfernungsfall** beziehen, sodass er grundsätzlich unmittelbar **vor oder während der Entfernung erklärt** werden muss. Ein *im Voraus*, zB im Mietvertrag erklärter allgemeiner Widerspruch ist ebenso wirkungslos wie die Erklärung erst nach Entfernung der Sachen (s § 562b).[17] Der Widerspruch muss **vom Vermieter ausgehen** und setzt als rechtsgeschäftsähnliche Handlung zumindest beschränkte Geschäftsfähigkeit des Vermieters voraus. Bei einer **Entfer-**

---

9 § 562 Rn 2a, § 562d Rn 4; BGH LM Nr 23/24 zu § 37 KO (Bl 8) = NJW 1995, 2783, 2787; OLG Düsseldorf NZM 2000, 336, 337; LG Mannheim ZIP 2003, 2374; *Ehricke* KTS 2004, 321, 325, 337.
10 *Werner* JR 1972, 235.
11 *Blank/Börstinghaus* § 562a Rn 8.
12 OLG Frankfurt ZMR 2006, 609, 610.
13 BGHZ 120, 368, 375 = NJW 1993, 1791; *Ehricke* KTS 2004, 321, 337; *Kohl* NJW 1971, 1733, 1734; **aM** *Werner* JR 1972, 235.
14 BGHZ 35, 85, 94 = NJW 1961, 1349.
15 *Ehricke* KTS 2004, 321, 326f.
16 OLG Frankfurt MDR 1975, 228.
17 *Ehricke* KTS 2004, 321, 326f; *Sternel* Mietrecht, Rn III 264.

nung durch Dritte muss der Widerspruch zur Rechtswahrung gleichermaßen gegenüber dem Dritten wie gegenüber dem Mieter erklärt werden.[18] **Entbehrlich**, weil unzumutbar, ist der Widerspruch gegenüber einem Räuber und in vergleichbaren Fällen (§ 242).[19]

4. Ausschlusstatbestände

a) Gewöhnliche Lebensverhältnisse. Der Vermieter hat nach § 562a S 2 zunächst **7** dann kein Widerspruchsrecht nach § 562a S 1 HS 2 Fall 2 (o Rn 5f), wenn die Entfernung den gewöhnlichen Lebensverhältnissen des Mieters entspricht. Denn jeder Vermieter muss beim Abschluss eines Mietvertrages mit derartigen Vorgängen rechnen, sodass er sich mit ihnen konkludent einverstanden erklärt. **Beispiele** sind die Mitnahme von Reiseutensilien bei Antritt einer Reise sowie die Verbringung reparaturbedürftiger Sachen in eine Werkstatt,[20] ferner die Benutzung von Fahrzeugen[21] und der Austausch abgenutzter oder die Veräußerung entbehrlich gewordener Sachen, *nicht* jedoch die Versteigerung des gesamten Hausrates oder das Fortschaffen der wertvollsten Möbel durch den Mieter morgens um fünf Uhr, selbst wenn dies nur zum Zweck der Ausbesserung der Möbel geschieht.[22]

Das Gesetz nannte ursprünglich als weiteren Fall, in dem dem Vermieter kein Wider- **8** spruchsrecht zustehen sollte, die **Entfernung** von Mietersachen **im regelmäßigen Betrieb des Geschäfts des Mieters** (§ 560 S 2 aF). Seit Streichung dieses Tatbestandes im Jahre 2001 muss dieser Fall bei der gewerblichen Miete gemäß § 578 Abs 1 gleichfalls unter die Entfernung entsprechend den gewöhnlichen Lebensverhältnissen (des Gewerbetreibenden) im Sinne des § 562a S 2 (o Rn 7) subsumiert werden.[23] **Grundgedanke** ist, dass bei einem Gewerbetreibenden die im regelmäßigen Betrieb seines Geschäfts entfernten Sachen in der Regel alsbald **wieder ersetzt** werden.[24] Deshalb führen zum Erlöschen des Pfandrechts des Vermieters nur solche Vorgänge, die **normalerweise zum Geschäftsbetrieb** des Mieters **gehören**, *nicht* dagegen Vorgänge, die aus dem üblichen Rahmen herausfallen und im Ergebnis eine Verringerung der Vermietersicherheit nach sich ziehen, insbesondere infolge der **Stilllegung** des Betriebs des Mieters.[25]

Das **Widerspruchsrecht** des Vermieters **entfällt** dementsprechend **zB** bei einer **9** Veräußerung von Waren, und zwar auch durch den Insolvenzverwalter m Rahmen der Fortführung des Geschäfts,[26] bei Ablieferung der auf dem Grundstück hergestellten Produkte, bei der täglichen Entfernung der Tageskasse,[27] bei der regelmäßigen Ausfahrt der Geschäftsfahrzeuge,[28] bei der Verbringung reparaturbedürftiger Sachen in eine Werkstatt sowie bei einem Landwirt im Falle des Verkaufs der reifen Feldfrüchte.[29] Auch ein üblicher Saisonschlussverkauf fällt noch unter die Ausnahme des § 562a S 2 BGB, **nicht** dagegen ein **Räumungsverkauf**,[30] ebensowenig eine Entfernung sämtlicher verwertbaren Sachen

---

18 *Schmidt-Futterer/Lammel* § 562a Rn 26; str.
19 *Blank/Börstinghaus* § 562a Rn 9; *Palandt/Weidenkaff* § 562a Rn 6.
20 Mot II 408.
21 OLG Hamm MDR 1981, 407; OLG Karlsruhe NJW 1971, 624.
22 RG Recht 1909 Nr 1672.
23 So ausdrücklich die Begr z RegE BT-Drucks 14/4553, S 40 (l Sp u); OLG Dresden NZM 2012, 84. 89.
24 BGH LM Nr 2 zu § 560 BGB = NJW 1963, 147; OLG Dresden NZM 2012, 84. 89; LG Mannheim ZIP 2003, 2374; *Ehricke* KTS 2004, 321, 328ff.
25 OLG Frankfurt ZMR 2006, 609, 610; OLG Dresden NZM 2012, 84. 89.
26 OLG Dresden NZM 2012, 84. 89; *Fehrenbach* NZM 2012, 1, 2.
27 OLG Braunschweig OLGZ 1980, 239 = MDR 1980, 203; LG Mannheim ZIP 2003, 2374.
28 OLG Hamm MDR 1981, 407.
29 BGHZ 120, 368, 370ff = NJW 1993, 1791; LG Braunschweig AgrarR 1992, 175.
30 OLG Dresden NZM 2012, 84. 89; LG Regensburg NJW-RR 1992, 717, 718.

Volker Emmerich

des Mieters durch dessen Gläubiger, weil die Folge ist, dass das Geschäft des Mieters zum Erliegen kommt.[31]

10   **b) Verweisungsrecht.** Der Vermieter kann nach § 562a S 2 Fall 2 der Entfernung von Mietersachen ferner nicht widersprechen, wenn die **zurückbleibenden Sachen** zu seiner Sicherung offenbar **ausreichen** (sog Verweisungsrecht), dh, wenn die zurückbleibenden Sachen einen solchen Wert besitzen, dass auch ohne genauere Prüfung oder Schätzung klar ist, dass der **Vermieter** durch sie **noch ausreichend gesichert** ist.[32] Hieran fehlt es bereits, wenn das Eigentum des Mieters an diesen Sachen zweifelhaft ist.[33] Das Verweisungsrecht steht nicht nur dem Mieter persönlich, sondern **auch** Dritten und insbesondere seinen **Gläubigern** zu, wenn der Vermieter nach § 805 ZPO vorgeht.[34]

11   **5. Beweislast.** Das Erlöschen des Vermieterpfandrechts durch die Entfernung der Sachen ist nach § 562a S 1 HS 1 der Regeltatbestand, von dem das Gesetz ausgeht. Deshalb trifft den **Mieter** die Beweislast für die **Entfernung** der Sachen, den **Vermieter** dagegen für das Vorliegen eines der **Ausnahmetatbestände** des § 562a S 1 HS 2, in denen das Pfandrecht fortbesteht.[35] Gelingt dem Vermieter dieser Beweis, so ist es wiederum Sache des Mieters oder eines Dritten, darzulegen und ggf zu beweisen, dass einer der Anschlusstatbestände des § 562a S 2 vorliegt Von diesen Grundsätzen ist auch im Falle des **§ 805 ZPO** auszugehen. Verlangt der **Vermieter** unter Berufung auf sein Pfandrecht vorzugsweise Befriedigung, so obliegt ihm die Beweislast für die Entstehung seines Pfandrechts und für die Forderungen, derentwegen er vorzugsweise Befriedigung verlangt.[36]

§ 562b

Selbsthilferecht, Herausgabeanspruch

[1] Der Vermieter darf die Entfernung der Sachen, die seinem Pfandrecht unterliegen, auch ohne Anrufen des Gerichts verhindern, soweit er berechtigt ist, der Entfernung zu widersprechen. Wenn der Mieter auszieht, darf der Vermieter diese Sachen in seinen Besitz nehmen.

[2] Sind die Sachen ohne Wissen oder unter Widerspruch des Vermieters entfernt worden, so kann er die Herausgabe zum Zwecke der Zurückschaffung auf das Grundstück und, wenn der Mieter ausgezogen ist, die Überlassung des Besitzes verlangen. Das Pfandrecht erlischt mit dem Ablauf eines Monats, nachdem der Vermieter von der Entfernung der Sachen Kenntnis erlangt hat, wenn er diesen Anspruch nicht vorher gerichtlich geltend gemacht hat.

---

31   BGH LM Nr 2 zu § 560 BGB = NJW 1963, 147; OLG Köln ZIP 1984, 89, 90; OLG Düsseldorf NZM 2000, 336, 337 = NZI 2000, 82f.

32   RGZ 71, 418, 420; RG WarnR 1913 Nr 359, S 423 = SeuffA 69 (1914) Nr 5 S 10.

33   RG HRR 1928 Nr 827; OLG Breslau JW 1930, 3244 = HRR 1930 Nr 284.

34   S o Rn 4; RGZ 71, 418, 419; BGHZ 27, 227, 230f = NJW 1958, 1282; *Bub/Treier/v Martius* Hdb, Rn III 885.

35   AG Köln WuM 1985, 123.

36   BGH LM Nr 6 zu § 559 BGB = NJW 1986, 2426, 2427.

1. Selbsthilferecht

a) Voraussetzungen. § 562b verleiht dem Vermieter zum Schutze seines Pfandrechts **1** ein besonders weitgehendes Selbsthilferecht. Der Vermieter darf danach die Entfernung der Sachen des Mieters, die seinem Pfandrecht unterliegen, auch ohne Anrufen des Gerichts verhindern, soweit er nach § 562a berechtigt ist, der Entfernung zu widersprechen (S 1 des § 562b Abs. 1). Sobald der Mieter auszieht, darf der Vermieter diese Sachen außerdem in seinen Besitz nehmen (S 2 § 562b Abs. 1). Sind die Sachen ohne sein Wissen oder unter seinem Widerspruch entfernt worden, so kann er überdies die Herausgabe der Sachen binnen einer Frist von einem Monat verlangen (§ 562b Abs. 2). Diese Regelung ist seinerzeit eingeführt worden, um dem Vermieter eine Möglichkeit zu geben, sich gegen das gefürchtete „Rücken" des Mieters zu schützen.[1] § 562b **baut** unmittelbar **auf § 562a auf.** Der Vermieter hat folglich kein Selbsthilferecht, wenn er nach § 562a auch kein Widerspruchsrecht hat.

b) Entfernung einzelner Sachen. Der Vermieter hat nach § 562b Abs 1 S. 1 ein Selbst- **2** hilferecht zunächst, wenn der Mieter dem Vermieterpfandrecht unterliegende Sachen entfernt. Das Selbsthilferecht **entsteht** erst, wenn der Mieter **mit der Entfernung** der dem Vermieterpfandrecht unterliegenden Sachen **begonnen** hat; die bloße Absicht des Mieters hierzu genügt nicht.[2] Aus § 562b Abs 1 ergibt sich insbesondere kein Recht des Vermieters zur Durchführung von Präventivmaßnahmen, etwa, wenn der Mieter einen Räumungsverkauf ankündigt.[3]

Das Recht besteht **nur so lange**, wie sich die Sachen **noch im Machtbereich** des **3** Vermieters, dh auf dem vermieteten Grundstück befinden. Spätestens sobald die Sachen die **Grundstücksgrenzen überschritten** haben, **erlischt** mit dem Pfandrecht des Vermieters (§ 562a S 1 HS 1) auch sein **Selbsthilferecht** aus § 562b Abs 1 S 1 (u Rn 5ff). Ein Recht zur **Nacheile** kann sich für den Vermieter nur unter engen Voraussetzungen aus **§ 229** ergeben. Davon abgesehen hat der Vermieter jetzt nur noch die Befugnisse des § 562b Abs 2.[4] **Ziel** der Maßnahmen des Vermieters darf es nur sein, das Verbleiben der fraglichen Sachen auf dem vermieteten Grundstück oder in den vermieteten Räumen sicherzustellen; ein Besitzrecht ergibt sich für den Vermieter, von dem Fall des § 562b Abs 1 S 2 abgesehen, aus seinem Selbsthilferecht nicht.[5]

Bei der Wahl seiner **Mittel** muss sich der Vermieter streng an den **Verhältnismäßig-** **4** **keitsgrundsatz** halten. Deshalb wird er sich im Regelfall zunächst darauf beschränken

---

1 Mot II 409; Prot II 208f.
2 OLG Düsseldorf ZMR 1983, 376, 377; OLG Celle ZMR 1994, 163, 164 = DWW 1994, 117; OLG Koblenz NJW-RR 2005, 1174 = NZM 2005, 784; LG Freiburg WuM 1997, 113, 114.
3 OLG Celle ZMR 1994, 163, 164 = DWW 1994, 117; OLG Koblenz NZM 2005, 784 = NJW-RR 2005, 1174; *Sternel*, Mietrecht Rn III 269.
4 *Weimar* ZMR 1960, 259, 260.
5 OLG Düsseldorf ZMR 1983, 376, 377.

müssen, der **Entfernung** zu **widersprechen** (§ 562a S 1 HS 2 Fall 2).[6] Bestreitet der Mieter das Pfandrecht des Vermieters, so muss der Vermieter dem Bestreiten nachgehen. Erst wenn danach kein begründeter Zweifel an seinem Pfandrecht besteht, darf er nunmehr, wenn der Mieter oder ein Dritter gleichwohl mit der Entfernung der Sache fortfahren, diese Personen an der **Entfernung hindern**, zB durch das Verschließen von Türen, durch das Auswechseln der Schlösser, wenn der Mieter unauffindbar ist,[7] oder durch ähnliche Maßnahmen.[8] Wenn auch dies nichts hilft, darf er den genannten Personen die **Sachen abnehmen**.[9] Wehren sie sich, so soll der Vermieter nunmehr nach hM, freilich nur in engsten Grenzen, seinerseits zur **Gewaltanwendung** befugt sein.[10] Dies erscheint jedoch untragbar. Jede **Überschreitung** des Selbsthilferechts macht den Vermieter **schadensersatzpflichtig** (§§ 280 Abs 1, 823) und gegebenenfalls sogar strafbar (§§ 223, 240, 253 StGB). Außerdem verliert er den Anspruch auf die Miete, wenn er unter Überschreitung seines Selbsthilferechts den Mieter an dem Mietgebrauch hindert (§§ 320, 536).[11]

5   **c) Auszug des Mieters.** Beschränkt sich der Mieter nicht darauf, nur einzelne Sachen von dem Grundstück oder aus den Räumen zu entfernen (dazu Rn 2ff), sondern **zieht er** insgesamt **aus**, so hat eine bloße Verhinderung der Entfernung einzelner Sachen keinen Sinn mehr. Deshalb gibt das Gesetz jetzt dem Vermieter (nur) für diesen Fall weitergehend die **Befugnis, die Sachen** in seinen **Besitz zu nehmen** (§ 562b Abs 1 S 2). Unter dem **Auszug** des Mieters ist die endgültige Aufgabe des Besitzes an dem gemieteten Grundstück oder den gemieteten Räumen durch den Mieter zu verstehen. Der Mieter muss, damit das Selbsthilferecht des Vermieters eingreifen kann, mit dieser Besitzaufgabe bereits tatsächlich **begonnen** haben.[12]

5a   Nimmt der Vermieter die Sachen des Mieters in **Besitz**, so erlangt er dieselbe Rechtsstellung wie der Inhaber eines rechtsgeschäftlich bestellten **Faustpfandrechts**, sodass er jetzt auch zur **Verwahrung** der Sachen verpflichtet ist (§ 1215);[13] außerdem kann er fortan nach den Vorschriften über die Geschäftsführung ohne Auftrag **Verwendungsersatz** verlangen (§ 1216). Gleichwohl kann er gewöhnlich, wenn er die Sachen in seinen Räumen verwahrt, kein Lagergeld fordern, weil die Voraussetzungen der §§ 677, 683, 670 in aller Regel nicht erfüllt sein werden. Wenn er die Sachen statt dessen in den Mieträumen verwahrt, kann er sich außerdem nicht darauf berufen, dass der Mieter ihm die Räume vorenthalte, so dass ihm auch kein Entschädigungsanspruch aus § 546a zusteht.[14]

2. Herausgabeanspruch nach Entfernung der Sachen
6   **a) Voraussetzungen, Auskunftsanspruch.** Das Selbsthilferecht des Vermieters endet spätestens, sobald die Sachen des Mieters die Grenzen des Grundstücks überschritten haben, weil in diesem Augenblick grundsätzlich auch sein Pfandrecht, von den Fällen

6 OLG München WuM 1989, 128, 132 = NJW-RR 1989, 1499; OLG Karlsruhe NZM 2005, 542.
7 LG Berlin GE 2013, 418.
8 OLG Karlsruhe NZM 2005, 542; OLG Koblenz NJW-RR 2005, 1174 = NZM 2005, 784; LG Regensburg WM 1992, 1678 = ZBB 1993, 170.
9 OLG München WuM 1989, 128, 132.
10 RG DJZ 1905, 555; JW 1908, 581 Nr 48; *Palandt/Weidenkaff* § 562b Rn 6.
11 OLG Karlsruhe NZM 2005, 542.
12 OLG München WuM 1989, 128, 132; LG Hamburg WuM 1977, 256f = ZMR 1978, 20, 21.
13 RG JW 1932, 42; BGH NJW-RR 2005, 1328 = NZM 2005, 665; zur Zwangsräumung von Wohnungen unter Belassung der Mietersachen in der Wohnung, weil der Vermieter daran sein Pfandrecht geltend macht (sog Berliner Modell), s o § 562 Rn 2.
14 LG Mannheim WuM 1978, 141, 142; *Sternel* Mietrecht, Rn III 270.

des § 562a S 1 HS 2 abgesehen, erlischt (s o Rn 3). So erklärt sich unmittelbar die Regelung des § 562b Abs 2, wonach der Vermieter jetzt nur noch **während** eines Zeitraumes von **einem Monat** von dem Besitzer **Herausgabe** verlangen kann, *vorausgesetzt*, dass die Sachen *ohne sein Wissen* oder unter seinem *Widerspruch* von dem Grundstück entfernt wurden, weil in diesem Fall nach § 562a S 1 sein Pfandrecht fortbesteht, aus dem sich unmittelbar nach den **§§ 1257 und 985** diese Befugnisse ergeben. § 562b Abs 2 modifiziert lediglich den Herausgabeanspruch des Vermieters aus den §§ 1227 und 985 in einzelnen Beziehungen, woraus vor allem folgt, dass es sich dabei um einen **dinglichen** Herausgabeanspruch handelt, der sich **auch gegen Dritte** richten kann. **Anspruchsberechtigt** ist der **Vermieter**. Hat der Vermieter die Mietforderung an einen Dritten abgetreten, so steht der Herausgabeanspruch diesem Dritten zu, der mit der Mietforderung das Pfandrecht erworben hat (§ 1250 Abs 1 S 1). **Anspruchsgegner** ist **jeder** unmittelbare oder mittelbare **Besitzer** der Sache, nicht nur der Mieter.[15] Zur Vorbereitung der Klage hat der Vermieter außerdem einen **Auskunftsanspruch**,[16] und zwar ebenfalls nicht nur gegen den Mieter, sondern zB auch gegen einen Dritten, der die Sache entfernt hat (§ 242).[17] Die Klage auf Auskunft kann mit der Herausgabeklage im Wege der **Stufenklage** nach § 254 ZPO verbunden werden.[18] Eine Durchsetzung des Auskunftsanspruchs im Wege der **einstweiligen Verfügung** wird überwiegend abgelehnt, weil mit solcher Verfügung das Ergebnis vorweggenommen würde.[19]

b) Herausgabe. Der Anspruch geht auf Herausgabe der Sache, wobei danach unter- 7 schieden wird, ob der Mieter bereits ausgezogen ist oder nicht. Im zweiten Fall, wenn also der Mieter noch **nicht ausgezogen** ist, kann der Vermieter nach § 562b Abs 2 S 1 **Fall 1** nur Herausgabe der Sache **zum Zwecke der Zurückschaffung** in das Grundstück oder in die Mieträume verlangen. Die Zurückschaffung ist Sache des Vermieters. Das Herausgabeurteil wird nach **§ 883 ZPO** vollstreckt. Sobald der Mieter jedoch **ausgezogen** ist, hat es keinen Sinn mehr, die Sachen auf das Grundstück oder in die Mieträume zurückzuschaffen. Deshalb kann der Vermieter jetzt **Herausgabe an sich** verlangen (§ 562b Abs 2 S 1 **Fall 2**). Der Vermieter erlangt dadurch dieselbe Rechtsstellung wie der Inhaber eines rechtsgeschäftlich bestellten Faustpfandrechts (o Rn 5). Unklar ist, ob der Anspruch des Vermieters aus § 562b Abs 2 S 1 auf Zurückschaffung und Besitzüberlassung mit dem Antrag auf Erlass einer **einstweiligen Verfügung** verfolgt werden kann. Das Problem rührt daher, dass hier die Verfügung bei Erfolg des Antrags zur endgültigen Erfüllung des Anspruchs führen kann.[20] Gleichwohl wird die Frage wohl überwiegend jedenfalls bei besonderer Dringlichkeit des Antrags bejaht.[21]

c) Frist. Nach § 562 Abs 2 S 2 erlischt in den genannten Fällen (o Rn 6f) das Pfandrecht, 8 wenn der Vermieter den Herausgabeanspruch nicht binnen eines Monats, nachdem er von der Entfernung der Sachen Kenntnis erlangt hat, gerichtlich geltend macht. Diese Frist ist eine **mareriellrechtliche Ausschlussfrist**, deren Berechnung sich nach den §§ 187 Abs 1, 188 Abs 2 richtet. Eine vertragliche Verlängerung der Frist ist nicht möglich. Die

---

15 KG OLGE 27, 156, 157; OLG Hamburg OLGE 22, 251; HansGZ 1927 Beibl 161, 162.
16 OLG Rostock WuM 2004, 471, 472; OLG Brandenburg GE 2007, 1316.
17 *Blank/Börstinghaus* § 562b Rn 19, 21; *Schmidt-Futterer/Lammel* § 562b Rn 24.
18 *Blank/Börstinghaus* § 562b Rn 24; *Schmidt-Futterer/Lammel* § 562b Rn 21.
19 Dagegen aber OLG Rostock WuM 2004, 471, 472; *Blank/Börstinghaus* § 562b Rn 21.
20 Deshalb ablehnend OLG Brandenburg GE 2007, 1316, 1317.
21 *Blank/Börstinghaus* § 562b Rn. 19; *Schmidt-Futterer/Lammel* § 562b Rn 32.

Volker Emmerich

Frist **beginnt** an dem Tag, an dem der Vermieter von der *Entfernung* bestimmter Sachen **Kenntnis** erlangt. Nur wenn der Mieter auszieht, genügt es, dass der Vermieter von diesem Tatbestand allgemeine Kenntnis erlangt. Keine Rolle spielt, ob der Vermieter außerdem weiß, **wo** sich die Sachen befinden und wer jetzt in ihrem Besitz hat.[22] Notfalls muss der Vermieter rechtzeitig **Auskunftsklage** erheben (o Rn 6; u Rn 9).

9   Zur Wahrung der Frist (o Rn 8) ist **„gerichtliche Geltendmachung" des Herausgabeanspruchs (gegen** den **Besitzer,** oben Rn 8) innerhalb der Ausschlussfrist erforderlich (§ 562b Abs 2 S 2). Der Begriff der Geltendmachung ist hier derselbe wie in § 562 Abs 2.[23] Folglich genügt für die Geltendmachung jedes Verhalten des Vermieters, durch das er sein **Pfandrecht vor Gericht „zur Geltung bringt",** dh jede Handlung des Vermieters, mit der er seinen Willen zur Aufrechterhaltung und Verfolgung seines Rechts deutlich nach außen betätigt, und zwar gerade in einem gerichtlichen Verfahren. Eine **Klageerhebung** ist dafür nicht unbedingt erforderlich;[24] vielmehr genügen auch der Antrag auf Erlass einer **einstweiligen Verfügung** auf Zurückschaffung der Sachen,[25] der Widerspruch gegen eine einstweilige Verfügung, durch die dem Vermieter (nach § 562a S 2) die Duldung der Wegschaffung aufgegeben worden ist,[26] sowie die Einreichung des Antrags auf Hinterlegung des Erlöses (§ 805 Abs 4 ZPO) beim Vollstreckungsgericht.[27] Zum Schutze des Vermieters sollte man außerdem die Erhebung der **Auskunftsklage** (o Rn 6) genügen lassen.[28] *Nicht* ausreichend ist dagegen die bloße **Pfändung** der Sachen des Mieters wegen einer Mietforderung, weil Vermieterpfandrecht und Pfändungspfandrecht nebeneinander bestehen können.[29] Ebenso wenig wahrt eine Klage gegen einen früheren Besitzer die Klagefrist des § 562b Abs 2 S 2 gegenüber dem jetzigen Besitzer.[30]

10   Nach hM führt zwar die **Versäumung der Monatsfrist** (o Rn 8) nach § 562b Abs 2 S 2 zum Erlöschen des Pfandrechts gegenüber jedermann; **unberührt** bleiben sollen jedoch deliktische und vertragliche **Schadensersatzansprüche sowie** etwaige **Bereicherungsansprüche** des Vermieters gegen den Mieter oder Dritte wegen einer rechtswidrigen und gegebenenfalls schuldhaften Verletzung des (früheren) Pfandrechts.[31] Dieser Meinung ist *nicht* zu folgen, weil sie zur Folge hätte, dass die Ausschlussfrist des § 562b Abs 2 S 2 praktisch jede Bedeutung einbüßte.[32]

11   **3. Zwangsvollstreckung.** § 562b ist ebenso wenig wie das Sperrrecht des § 562a auf die **Pfändung und Verwertung** der Mietersachen durch die Gläubiger des Mieters anwendbar (s schon o § 562a Rn 3). Der Vermieter ist stattdessen auf die Klage auf vorzugsweise Befriedigung aus **§ 805 ZPO** verwiesen, die *nicht* an die Ausschlussfrist des § 562a Abs 2 S 2 gebunden ist;[33] maßgebend sind allein die Vorschriften der ZPO, so dass die Klage bis zur Beendigung der Zwangsvollstreckung durch Auskehrung des Erlöses an den Gläubi-

---

22 OLG Hamburg OLGE 22, 251; *Blank/Börstinghaus* § 562b Rn 26.
23 S deshalb o § 562 Rn 16; KG JW 1933, 921 Nr 7.
24 KG OLGE 27, 156, 157; JW 1933, 921 Nr 7.
25 KG OLGE 20, 189, 190; 27, 156, 157.
26 KG OLGE 27, 156, 157.
27 KG JW 1933, 921 Nr 7; OLG Stettin OLGE 3, 357, 358; str.
28 S *Staudinger* Rn 20; str.
29 OLG Hamburg OLGE 22, 251; OLG Düsseldorf OLGE 17, 5; OLG Frankfurt Recht 1910 Nr 3746; *Hugo Emmerich* Pfandrechtskonkurrenzen, 462; **aM** KG OLGE 11, 311, 313.
30 OLG Hamburg HansGZ 1927 Beiblatt 161, 162.
31 RGZ 98, 345, 347; 119, 265; BGH ZMR 1965, 375, 379.
32 Ebenso *Blank/Börstinghaus* § 562b Rn 28; *Lammel* § 562b Rn 36; *Sternel* Mietrecht, Rn III 272.
33 OLG Hamburg OLGE 9, 298; KG OLGE 11, 311, 312; OLG Celle OLGE 19, 3f; *Lammel* § 562b Rn 33.

ger zulässig ist. Auf die Wegnahme der Mietersachen durch den **Insolvenzverwalter** ist § 562b gleichfalls *nicht* anwendbar.[34] Der Verwalter muss vielmehr das Absonderungsrecht des Vermieters von Amts wegen berücksichtigen.[35]

4. Beweislast. Besteht Streit über den Bestand und den Umfang des Selbsthilferechts **12** des Vermieters aus § 562b Abs 1, so obliegt dem **Vermieter** die Beweislast für die **Voraussetzungen des** von ihm in Anspruch genommenen **Rechts**. Macht der Vermieter den Herausgabeanspruch aus § 562b Abs 2 geltend, so muss er beweisen, dass ihm ein Pfandrecht an den fraglichen Sachen zusteht und dass sich der Beklagte bei Klageerhebung in deren Besitz befunden hat.[36] Wenn feststeht, dass die Sachen mit Wissen des Vermieters entfernt wurden, muss er ferner seinen Widerspruch beweisen. Demgegenüber kann der Beklagte einwenden, dass der Vermieter kein Recht zum Widerspruch hatte (§ 562a S 2) oder dass der Vermieter schon länger als einen Monat vor Klageerhebung Kenntnis von der Entfernung erlangt hatte (§ 562b Abs 2 S 2).

§ 562c
Abwendung des Pfandrechts durch Sicherheitsleistung

Der Mieter kann die Geltendmachung des Pfandrechts des Vermieters durch Sicherheitsleistung abwenden. Er kann jede einzelne Sache dadurch von dem Pfandrecht befreien, dass er in Höhe ihres Wertes Sicherheit leistet.

1. Überblick. § 562c regelt die Abwendung des Vermieterpfandrechts durch Sicher- **1** heitsleistung seitens des Mieters (oder eines Dritten). Die Abwendung ist danach **auf zwei** verschiedenen **Wegen** möglich. Der Mieter (oder auch ein Dritter) kann einmal, wenn der Vermieter sein Pfandrecht an Sachen des Mieters geltend macht, den Zugriff des Vermieters durch **Sicherheitsleistung in Höhe der** geltend gemachten **Forderung** des Vermieters abwenden (S 1 des § 562c; S u Rn 2f). Zum anderen kann der Mieter (oder ein Dritter) aber auch unabhängig davon jede einzelne Sache dadurch von dem Vermieterpfandrecht befreien, dass er **in Höhe des Wertes der** fraglichen **Sache** dem Vermieter Sicherheit leistet (§ 562c S 2; S u Rn 4). Die Sicherheitsleistung selbst richtet sich in beiden Fällen nach den §§ 232 bis 240 (s u Rn 5). **Praktische Bedeutung** hat das Abwendungsrecht des Mieters nur bei der gewerblichen Raummiete, vor allem bei Auszug des Mieters, wenn zwischen den Vertragsparteien noch Streit über die Berechtigung einzelner vom Vermieter erhobener Forderungen besteht. Die Regelung ist **zwingend**. Eine vertragliche Abänderung zum Nachteil des Mieters ist nicht möglich.

---

34 RG LZ 1914, 1045f; OLG Celle OLGE 19, 3; OLG Hamburg OLGE 21, 203, 204.
35 *Ehricke* KTS 2004, 321, 331ff.
36 *Blank/Börstinghaus* § 562b Rn 30.

Volker Emmerich

2   **2. Abwendung der Geltendmachung des Pfandrechts.** Nach § 562c S 1 kann der Mieter zunächst die **Geltendmachung** des Vermieterpfandrechts **insgesamt** (und nicht nur hinsichtlich einzelner Gegenstände) durch Sicherheitsleistung iS der §§ 232ff **abwenden.** Diese Befugnis wird heute allgemein **auch Dritten** zugebilligt, die durch die Ausübung des Vermieterpfandrechts in ihren Rechten beeinträchtigt werden können wie zB ein Pfändungsgläubiger oder ein Sicherungseigentümer.[1] Der Vermieter ist ihnen deshalb zur **Auskunft** über seine Forderungen verpflichtet.[2]

3   Die Abwendungsbefugnis entsteht, **sobald** der Vermieter sein **Pfandrecht geltend macht** (§ 562c S 1). Der Begriff ist hier derselbe wie in § 562 (s deshalb o § 562 Rn 16). **Beispiele** sind der Widerspruch gegen die Entfernung der Sachen (§ 562a S 1 HS 2), die Ausübung des Selbsthilferechts aufgrund des § 562b Abs 2 sowie das Verlangen auf Herausgabe der Sachen zwecks ihrer Verwertung (§§ 1228, 1231 S 1, 1257). Die **Höhe**, in der Sicherheit gemäß den §§ 232ff zu leisten ist (u Rn 5), richtet sich nach der Höhe der **Forderung**, derentwegen der Vermieter sein **Pfandrecht ausübt,** weil dem Vermieter überhaupt nur in dieser Höhe nach § 562 ein Pfandrecht an den Sachen des Mieters zusteht. Bleibt der Wert aller vom Mieter eingebrachten Sachen *hinter* der Höhe der Forderung des Vermieters zurück, so genügt eine Sicherheitsleistung **in Höhe lediglich des Wertes der Sachen** (§ 562c S 2).[3] Die **Wirkung** der Sicherheitsleistung besteht darin, dass das Pfandrecht nicht mehr geltend gemacht werden kann (S 1 des § 562c). Der Sache nach bedeutet dies, dass das **Pfandrecht erlischt,** so dass der Vermieter auch nicht mehr die Befugnisse aus den §§ 562a S 1 und 562b Abs 1 hat.

4   **3. Befreiung einzelner Sachen.** Der Mieter kann nach § 562c S 2 unabhängig von dem Abwendungsrecht durch Sicherheitsleistung in Höhe der geltend gemachten Vermieterforderung (o Rn 2f) **jede** einzelne **Sache und** damit auch **alle Sachen** zusammen (s o Rn 3) dadurch von dem Vermieterpfandrecht befreien, dass er **in Höhe ihres Wertes Sicherheit** leistet. Gemeint ist damit der Verkehrswert der Sachen. Die Wirkung der Sicherheitsleistung besteht wiederum gemäß § 562c S 2 in dem (endgültigen) Erlöschen des Pfandrechts an dem fraglichen Gegenstand oder auch an allen Sachen des Mieters (s o Rn 3).

5   **4. Sicherheitsleistung.** Die Art der Sicherheitsleistung richtet sich nach den **§§ 232 bis 240.** Gleichgültig ist, von wem die Sicherheit geleistet wird. Das kann anstelle des Mieters **auch** ein **Dritter** sein. Wird die geleistete Sicherheit ohne Verschulden des Mieters **unzureichend,** so muss sie ergänzt werden; oder es muss eine anderweitige Sicherheit geleistet werden (§ 240). Dagegen lebt nicht etwa das Pfandrecht des Vermieters an den befreiten Sachen (analog § 161 Abs 2) wieder auf, wenn der Mieter die Ergänzung oder die anderweitige Sicherheitsleistung unterlässt.[4]

---

1 BGH WM 1971, 1086, 1088.
2 BGH WM 1971, 1086, 1088.
3 S *Blank/Börstinghaus* § 562c Rn 3, 7; *Palandt/Weidenkaff* § 562c Rn 2.
4 *Mittelstein* Miete, 564; **aM** *Sternel* Mietrecht, Rn III 275.

§ 562d

Pfändung durch Dritte

Wird eine Sache, die dem Pfandrecht des Vermieters unterliegt, für einen anderen Gläubiger gepfändet, so kann diesem gegenüber das Pfandrecht nicht wegen der Miete für eine frühere Zeit als das letzte Jahr vor der Pfändung geltend gemacht werden.

1. § 562d regelt aus der Fülle möglicher Konkurrenzen zwischen dem Vermieterpfand- **1** recht und anderen Pfandrechten lediglich den einen Fall, dass mit dem **Vermieterpfandrecht** ein **nachträglich begründetes Pfändungspfandrecht** eines anderen Gläubigers des Mieters zusammentrifft. Eine entsprechende Vorschrift findet sich für die **Insolvenz** des Mieters in § 50 Abs 2 InsO (s o § 562 Rn 2a und u Rn 4). Die übrigen Konkurrenzfälle müssen nach dem auch hier gültigen **Prioritätsprinzip** gelöst werden (§§ 1257, 1209).

2. Gegen **eine Pfändung** der Mietersachen **durch andere Gläubiger** des Mieters **2** kann sich der Vermieter grundsätzlich nicht wehren (s o § 562a Rn 3, § 562b Rn 11). Anders verhält es sich nur, wenn der Vermieter die Mietersachen aufgrund seines Pfandrechts ausnahmsweise in Besitz genommen hat (§ 809 ZPO). Von diesem Sonderfall abgesehen, hat er weder das Widerspruchsrecht des § 562a S 1 noch das Selbsthilferecht des § 562b Abs 1. An die Stelle dieser Befugnisse tritt vielmehr sein **Recht auf vorzugsweise Befriedigung** aus dem Erlös der Sachen (**§ 805 ZPO**), freilich **beschränkt durch § 562d,** (nur) **soweit** es um **Mietrückstände** geht (Rn 3): Für diese kann zum Schutz der anderen Gläubiger des Mieters das Vermieterpfandrecht **nur** für das **letzte Jahr vor der Pfändung** geltend gemacht werden. Maßgebender **Zeitpunkt** ist der der Pfändung.[1] Der Anspruch auf vorzugsweise Befriedigung aus dem Erlös der Sachen besteht folglich nur hinsichtlich der Mietrückstände für die letzten 365 Tage vor der Pfändung, nicht dagegen für ältere Rückstände.[2]

Der Anwendungsbereich des § 562d beschränkt sich auf **rückständige „Miete".** **3** Gemeint sind damit nur die laufenden, periodisch wiederkehrenden Zahlungen des Mieters einschließlich der Betriebskostenvorauszahlungen und etwaiger Zuschläge. **Hinsichtlich** aller **anderen Forderungen** des Vermieters (nur) aus dem Mietvertrag bestehen **keine Beschränkungen,** so dass für diese Ansprüche das Recht aus § 805 ZPO vom Vermieter in vollem Umfang geltend gemacht werden kann. Maßgebender **Zeitpunkt** ist insoweit nicht der der Pfändung, sondern der der Geltendmachung des Pfandrechts.[3] Verbleibt aus dem Erlös nach Befriedigung der vorgehenden Ansprüche des Vermieters und der Ansprüche des Pfändungsgläubigers ein **Rest,** so hat der Vermieter auch darauf wegen seiner weiter zurückliegenden Mietforderungen einen Anspruch, weil sein Pfandrecht insoweit fortbesteht.[4]

3. In der **Insolvenz des Mieters** verwandelt sich das Vermieterpfandrecht in ein Recht **4** auf **abgesonderte Befriedigung** aus dem Erlös der Sachen (**§§ 50 Abs 2, 166ff InsO**).[5] Folglich ist hier ebenso wenig wie in der Einzelvollstreckung Raum für die Anwendung der

---

1 RGZ 34, 100, 102.
2 RGZ 34, 100, 102.
3 KG OLGE 11, 143, 144.
4 *Blank/Börstinghaus* § 562d Rn 4; *Lammel* § 562d Rn 14.
5 S schon o § 562 Rn 2a, § 562a Rn 4 sowie *Ehricke* KTS 2004, 321.

Volker Emmerich

§§ 562a und 562b; vielmehr kann und muss der Insolvenzverwalter die Sachen des Mieters verwerten. Der Vermieter ist dann auf seinen Anspruch auf vorzugsweise Befriedigung aus dem Erlös beschränkt. Sein Anspruch unterliegt aber den Beschränkungen des § 50 Abs 2 InsO, die im Wesentlichen denen des § 562d entsprechen.

Kapitel 4

Wechsel der Vertragsparteien

§ 563

Eintrittsrecht bei Tod des Mieters

[1] Der Ehegatte, der mit dem Mieter einen gemeinsamen Haushalt führt, tritt mit dem Tod des Mieters in das Mietverhältnis ein. Dasselbe gilt für den Lebenspartner.

[2] Leben in dem gemeinsamen Haushalt Kinder des Mieters, treten diese mit dem Tod des Mieters in das Mietverhältnis ein, wenn nicht der Ehegatte eintritt. Der Eintritt des Lebenspartners bleibt vom Eintritt der Kinder des Mieters unberührt. Andere Familienangehörige, die mit dem Mieter einen gemeinsamen Haushalt führen, treten mit dem Tod des Mieters in das Mietverhältnis ein, wenn nicht der Ehegatte oder der Lebenspartner eintritt. Dasselbe gilt für Personen, die mit dem Mieter einen auf Dauer angelegten gemeinsamen Haushalt führen.

[3] Erklären eingetretene Personen im Sinne des Absatzes 1 oder 2 innerhalb eines Monats, nachdem sie vom Tod des Mieters Kenntnis erlangt haben, dem Vermieter, dass sie das Mietverhältnis nicht fortsetzen wollen, gilt der Eintritt als nicht erfolgt. Für geschäftsunfähige oder in der Geschäftsfähigkeit beschränkte Personen gilt § 210 entsprechend. Sind mehrere Personen in das Mietverhältnis eingetreten, so kann jeder die Erklärung für sich abgeben.

[4] Der Vermieter kann das Mietverhältnis innerhalb eines Monats, nachdem er von dem endgültigen Eintritt in das Mietverhältnis Kenntnis erlangt hat, außerordentlich mit der gesetzlichen Frist kündigen, wenn in der Person des Eingetretenen ein wichtiger Grund vorliegt.

[5] Eine abweichende Vereinbarung zum Nachteil des Mieters oder solcher Personen, die nach Absatz 1 oder 2 eintrittsberechtigt sind, ist unwirksam.

Schrifttum

Achenbach Doppelt genäht hält besser, oder: Was wollen die Mietrechtsreformer mit den Regelungen zur Rechtsnachfolge in die Mieterstellung?, NZM 2000, 741; *Bosch* Bundesverfassungsgericht und nichteheliche Lebensgemeinschaft: Gleichbehandlung von Ehe und nichtehelichem Zusammenleben? Bemerkungen zum Beschluss vom 3.4.1990 (FamRZ 1990, 727 = NJW 1990, 1593), FamRZ 1991, 1; *Finger* Unverheiratetes Zusammenleben als Mieter, WuM 1982, 257; *Gather* Der Tod des Mieters bei gemeinschaftlicher Miete. Ehegatte setzt Vertrag fort, GE 2000, 715; *ders* Zeitmietvertrag, Tod des Mieters und Eintrittsrecht Dritter in den Wohnraummietvertrag, NZM 2001, 57; *Gernhuber* Ehe und Familie als Begriffe des Rechts, FamRZ 1981, 721; *Hartkopf* Nochmals: Eintritt in das Mietverhältnis durch nicht verwandte Mitbewohner, GW 1987, 312; *Hartmann* Tod des „Mieters", DWW 1997, 118; *Heinz* Mieteintritt des nichtehelichen Lebenspartners? – Der grundrechtliche Ehe- und Familienbegriff bei der Auslegung mietrechtlicher Vorschriften –, JR 1994, 89; *Hinkelmann* Problemfälle zum Sonderkündigungsrecht gegenüber Erben (§ 573d BGB), NZM 2002, 378; *Hinz* Wechsel des Vertragspartners auf der Mieterseite, ZMR 2002, 640; *Jacobs/Stüber* Eintritt des gleichgeschlechtlichen Lebenspartners in den Mietvertrag eines Verstorbenen, NZM 1998, 796; *Jendrek* Der Übergang von Mietwohnungen im Todesfall nach der Mietrechtsreform, ZEV 2002, 60; *Klas* Fortsetzung des Mietverhältnisses nach § 569a BGB und eheähnliche Lebensgemeinschaften, ZMR 1982, 289; *Langohr* Zur Wohnraumüberlassung an eheähnliche Lebensgemeinschaften, ZMR 1983, 222; *Löhnig* Veränderungen im Recht der Wohnraummiete durch das Lebenspartnerschaftsgesetz, FamRZ 2001, 891; *Lützenkirchen* Die Kündigung aus wichtigem Grund im Sinne von § 569a Abs 5 BGB, WuM 1990, 413; *ders* Die analog § 569a Abs 2 Satz 1 BGB eintrittsberechtigten Lebenspartner, WuM 1993, 373; *Meyer* Mietrechtsverhältnisse von Partnerschaften, NZM

2001, 829; *Porer* Das Rechtsinstitut der Sonderrechtsnachfolge im Mietrecht, NZM 2005, 488; *v Renesse* Ein rechtliches Dach für Wohn- und Lebensgemeinschaften!, ZRP 1996, 212; *Schildge* Die nichteheliche Lebensgemeinschaft im Mietrecht. Eine Darstellung der Rechtslage in der Bundesrepublik Deutschland und Österreich mit rechtsvergleichenden Aspekten (1986); *V Schmid* Die Familie in Artikel 6 des Grundgesetzes (1989); *Scholz* Nichteheliche Lebensgemeinschaft und Wohnungsmiete, NJW 1982, 1070; *Sonnenschein* Kündigung und Rechtsnachfolge, ZMR 1992, 417; *ders* Kündigungsprobleme bei Rechtsnachfolge, in: PiG Bd 37 (1993) 95; *Sternel* Der Tod des Mieters, ZMR 2004, 713; *Stintzing* Das Eintrittsrecht des nichtehelichen Lebenspartners gem § 569a II BGB – BGH, NJW 1993, 999, JuS 1994, 550; *Wenzel* Die Sondererbfolge in das Mietverhältnis gemäß § 569a BGB, ZMR 1993, 489; *Wlecke* Bestandsschutz an der gemieteten Ehewohnung (1995).

Systematische Übersicht

Alphabetische Übersicht

I. Allgemeines

Nach den allgemeinen erbrechtlichen Bestimmungen geht ein Mietverhältnis beim **1** Tode des Mieters im Wege der Gesamtrechtsnachfolge auf den Erben über (§ 1922 Abs 1, § 1967). Diese tritt aber nur ein, wenn keine Sonderrechtsnachfolge[1] der in §§ 563, 563a genannten Personen stattfindet. Die Vorschrift dient entsprechend den Zielen des sozialen Mietrechts dem Bestandsschutz von Mietverhältnissen über Wohnraum, der dem Ehegatten und sonstigen mit dem verstorbenen Mieter persönlich eng verbundenen Personen zugute kommen soll, unabhängig davon, ob sie dessen Erben sind.[2] Durch das Gesetz zur Beendigung der Diskriminierung gleichgeschlechtlicher Gemeinschaften vom 16.2.2001 (BGBl I 266) haben die Vorschriften der damaligen §§ 569ff gewichtige Änderungen erfahren: insbesondere werden seit dem 1.8.2001 Lebenspartner iSd § 1 LPartG (§ 563 Abs 1 S 2) und nichteheliche Lebensgemeinschaften (§ 563 Abs 2 S 4) von den Regelungen erfasst und im Bereich der Familienangehörigen wurde die Regelung weiter ausdifferenziert.

II. Voraussetzungen des Eintritts (Abs 1 und 2)

1. Allgemeine Voraussetzungen

a) Mietverhältnis. Entsprechend seiner systematischen Stellung muss es sich um **2** einen **Mietvertrag über Wohnraum** handeln. Ein bereits beendetes Mietverhältnis, aus dem sich nur noch Abwicklungspflichten ergeben, begründet kein Eintrittsrecht.[3] Ein Mietverhältnis, das vor dem 3.10.1990 in der ehemaligen DDR geschlossen worden ist, richtet sich gemäß Art 232 § 2 EGBGB von diesem Zeitpunkt an grundsätzlich nach den Vorschriften des BGB. Ist der Mieter erst später gestorben, bedarf es deshalb nicht mehr der schriftlichen Erklärung, die nach § 125 Abs 1 S 2 ZGB-DDR für den Eintritt der Familienangehörigen erforderlich war.[4]

b) Tod des Mieters. Der **Mieter** muss gestorben sein. Gleichbedeutend mit dem Tod **3** ist die Todeserklärung eines Verschollenen, da sie nach § 9 Abs 1 VerschG eine Todesvermutung begründet.[5] Die Regelung des § 563 ist nicht anwendbar, wenn alleiniger Mieter eine juristische Person ist, die infolge einer Auflösung oder Gesamtrechtsnachfolge untergeht. Die Beendigung einer juristischen Person ist dem Tod einer natürlichen Person nicht gleichzustellen.[6]

c) Mehrere Mieter. Haben mehrere Mieter den Vertrag abgeschlossen und stirbt einer **4** von ihnen, so gilt § 563a für die Fortsetzung des Mietverhältnisses, sofern es sich bei den anderen Mietern um nahe stehende Personen nach § 563 handelt (§ 563a Abs 1). War **nur eine Person iS des § 563 Mitmieter** neben dem Verstorbenen, wird das Mietverhältnis nach § 563a Abs 1 auch dann ausschließlich mit ihr fortgesetzt, wenn andere Personen iS des § 563 Abs 1, 2 in der Wohnung leben. Seit der Mietrechtsreform ergibt sich dies aus dem systematischen Zusammenhang sowie dem Zweck des § 563a als Sonderregelung.[7] Der Vorrang des § 563a führt dazu, dass im Rahmen dieser Vorschrift die differenzierte

---

1 BT-Drucks 14/4553, S 60.
2 *Soergel/Heintzmann* § 563 Rn 1.
3 *Gather* GE 2000, 310.
4 AG Berlin-Mitte GE 1995, 1349.
5 MünchKomm/*Häublein* § 563 Rn 6; NK-BGB/*Hinz* § 563 Rn 13.
6 OLG Braunschweig NZM 1999, 1054; *Blank/Börstinghaus/Blank* § 564 Rn 6.
7 *Palandt/Weidenkaff* § 563a Rn 3; **aM** *Löhnig* FamRZ 2001, 891, 894; *Schmidt-Futterer/Streyl* § 563 Rn 17.

Christian Rolfs

Reihenfolge des § 563 Abs 1, 2 keine Bedeutung hat. Daher kann auch ein sonstiger Familienangehöriger, der Mitmieter ist, den Ehegatten des Verstorbenen vom Eintritt nach § 563 ausschließen. Die Stellung der Familienangehörigen, die nicht Mitmieter sind, wird demnach durch die Erweiterung des Personenkreises in § 563a erheblich verschlechtert.[8] § 563a greift auch dann als eine verdrängende Sonderregelung ein, wenn mehrere Personen iS des § 563 Abs 1, 2 die Wohnung gemietet haben.[9]

5   Ist eine beliebige **andere Person, die nicht unter § 563 fällt**, Mitmieter, steht dem Ehegatten oder sonstigen Personen, die dem Mieter im Sinne des § 563 Abs 1, 2 nahe standen, ein Eintrittsrecht zu.[10] Der Schutz dieser Personen ist unabhängig davon geboten, ob der verstorbene Mieter allein oder neben anderen Personen Mietpartei war. Der Wortlaut des § 563 Abs 1 S 1, der vom „Tode des Mieters" spricht, schließt nicht aus, dass noch weitere Mieter vorhanden sind. Sind eine Person im Sinne des § 563 Abs 1 und 2 und eine andere Person Mitmieter, steht der Person im Sinne des § 563 ein Eintrittsrecht hinsichtlich des Anteils des verstorbenen Mieters zu.[11] § 563a greift nicht ein. § 563 ist auch anwendbar, wenn der Wohnraum von einer Personengesellschaft gemietet und von einem Gesellschafter bewohnt worden war, der gestorben ist.

2. Besondere Voraussetzungen

6   **a) Eintritt des Ehegatten in das Mietverhältnis (Abs 1 S 1).** § 563 Abs 1 S 1 regelt das Eintrittsrecht des Ehegatten des verstorbenen Mieters. Wer Ehegatte ist, richtet sich nach den Vorschriften des Eherechts. Diese Eigenschaft beginnt mit der standesamtlichen Eheschließung nach den §§ 1310ff und endet mit der Scheidung (§§ 1564ff, §§ 111ff, 121ff, 133ff FamFG) oder der Aufhebung (§§ 1313ff, §§ 111ff, 121ff, 132 FamFG) der Ehe. Bis zum Zeitpunkt der Rechtskraft des Urteils bleibt § 563 anwendbar und wird auch durch ein schwebendes Verfahren nicht ausgeschlossen, weil das Scheidungs- bzw Aufhebungsurteil die Ehe nur für die Zukunft aufzuheben vermag.[12] Der verstorbene Mieter muss mit dem Ehegatten in dem Wohnraum einen **gemeinsamen Haushalt** geführt haben. Dies setzt voraus, dass der Wohnraum für den Verstorbenen und den Ehegatten den Mittelpunkt der gemeinsamen Lebens- und Wirtschaftsführung gebildet hat.[13] Letztere ist auch gegeben, wenn nur einer der Ehegatten Einkünfte erzielt. Eine vorübergehende Trennung hebt den gemeinsamen Haushalt idR nicht auf.[14] Durch eine dauernde Trennung der Eheleute wird der gemeinsame Haushalt aufgegeben. Nicht erforderlich ist, dass Scheidungsklage erhoben wird. Auch wenn die Ehegatten räumlich getrennt dieselbe Wohnung beibehalten, kann der gemeinsame Haushalt aufgehoben sein.[15] Dabei handelt es sich um einen tatsächlichen Zustand, der auch innerhalb einer Wohnung bestehen kann.

7   **b) Eintritt des Lebenspartners in das Mietverhältnis (Abs 1 S 2).** Nach § 563 Abs 1 S 2 ist auch der Lebenspartner zum Eintritt in das Mietverhältnis berechtigt.[16] Die Vor-

---

8 *Sonnenschein* WuM 2000, 387, 405.
9 **AM** *Erman/Jendrek* § 563 Rn 4.
10 OLG Karlsruhe NJW 1990, 581; *Bub/Treier/Heile* Rn II 843; *Erman/Jendrek* § 563 Rn 7; MünchKomm/*Häublein* § 563 Rn 8.
11 *Blank/Börstinghaus/Blank* § 563a Rn 3.
12 *Prütting/Wegen/Weinreich/Riecke* § 563 Rn 7; *Schmid/Stangl* § 563 Rn 2.
13 LG Düsseldorf WuM 1987, 225; *Soergel/Heintzmann* § 563 Rn 6; *Palandt/Weidenkaff* § 563 Rn 11; **aM** *Blank/Börstinghaus/Blank* § 563 Rn 5.
14 *Gather* GE 2000, 310; *Schmid/Stangl* § 563 Rn 3.
15 *Blank/Börstinghaus/Blank* § 563 Rn 3; *Bub/Treier/Heile* Rn II 850.
16 *Meyer* NZM 2001, 829, 830.

Christian Rolfs

aussetzungen der Begründung der Lebenspartnerschaft ergeben sich aus § 1 LPartG, die Voraussetzungen ihrer Aufhebung aus den §§ 15ff LPartG. Im Gegensatz zu Eheleuten nach § 1553 geht das Gesetz bei Lebenspartnern in § 2 LPartG nicht ohne weiteres von der Führung eines gemeinsamen Haushaltes aus. Dies bedeutet, dass im Fall der Lebenspartnerschaft noch intensiver als bei der Ehe zu prüfen ist, ob tatsächlich ein gemeinsamer Haushalt der Lebenspartner vorliegt. Ansonsten gelten die Ausführungen zu Abs 1 S 1 entsprechend (Rn 6).

c) Eintritt der Kinder in das Mietverhältnis (Abs 2 S 1). Die Kinder des Mieters **8** sind ebenfalls als eigenständiger eintrittsberechtigter Personenkreis in § 563 aufgenommen. Kinder des Mieters sind die **leiblichen** ehelichen und nichtehelichen Kinder, sowie die nach §§ 1741ff, 1767ff **angenommenen Kinder.**[17] Pflegekinder sind dagegen keine Kinder im Sinne der Vorschrift, sie zählen aber zu den „anderen Familienangehörigen" iS von Abs 2 S 3 (vgl unten Rn 9). Die Kinder müssen im Haushalt des Mieters leben, dh sie müssen hier ihren Lebensmittelpunkt haben. Insoweit gilt das Gleiche wie für Ehegatten (Rn 6). Missverständlich an der geltenden Regelung ist, dass das Gesetz in § 563 Abs 2 S 1 davon ausgeht, dass die Kinder in der „gemeinsamen" Wohnung leben. Dass neben dem Mieter und seinen Kindern eine dritte Person in dem Haushalt leben muss, kann aber nicht Voraussetzung für das Eintrittsrecht der Kinder sein.[18] Vielmehr treten diese ohne Rücksicht darauf ein.

d) Eintritt anderer Familienangehöriger (Abs 2 S 3). Das Recht zum Eintritt in das **9** Mietverhältnis wird in § 563 Abs 2 S 3 auf einen oder mehrere andere **Familienangehörige** erstreckt, mit denen der verstorbene Mieter in dem Wohnraum einen gemeinsamen Haushalt geführt hatte. Das BGB enthält keine Begriffsbestimmung der Familienangehörigen. Im Allgemeinen wird der Begriff dem Zweck des § 563 folgend sehr weit interpretiert.[19] Dies ist gerechtfertigt durch das Ziel der Vorschrift, die Wohnung als Mittelpunkt der Lebens- und Wirtschaftsführung einer in besonderer Weise verbundenen Personengruppe zu erhalten. Dementsprechend umfasst der Begriff der anderen Familienangehörigen iS des § 563 in erster Linie Verwandte und Verschwägerte, ohne dass es auf einen bestimmten Grad der Verwandtschaft oder Schwägerschaft ankommt. Darüber hinaus werden häufig auch Pflegekinder zu den Familienangehörigen gezählt.[20] Das Eintrittsrecht steht den Familienangehörigen zu, mit denen der Mieter in dem Wohnraum einen gemeinsamen Haushalt geführt hat. Insoweit gelten im Wesentlichen die gleichen Grundsätze wie für die Haushaltszugehörigkeit des Ehegatten (Rn 6) oder der Kinder (Rn 8). Nimmt der Mieter einen Familienangehörigen in die Wohnung auf, indem er mit diesem ein Untermietverhältnis begründet, so kann ein solches Anzeichen gegen eine gemeinsame Lebens- und Wirtschaftsführung sprechen.[21]

---

17 NK-BGB/*Hinz* § 563 Rn 18; *Schmid/Stangl* § 563 Rn 14.
18 *Löhnig* FamRZ 2001, 891, 892.
19 BGHZ 121, 116, 119 = NJW 1993, 999; MünchKomm/*Häublein* § 563 Rn 13; NK-BGB/*Hinz* § 563 Rn 20; *Palandt/Weidenkaff* § 563 Rn 14; *Schmidt-Futterer/Streyl* § 563 Rn 33.
20 BGHZ 121, 116, 119 = NJW 1993, 999; OLG Saarbrücken NJW 1990, 1760; *Blank/Börstinghaus/Blank* § 563 Rn 44; MünchKomm/*Häublein* § 563 Rn 13.
21 LG Düsseldorf WuM 1978, 225.

Christian Rolfs

e) Eintritt sonstiger Personen (Abs 2 S 4)

10   **aa)** Durch das Gesetz zur Beendigung der Diskriminierung gleichgeschlechtlicher Gemeinschaften vom 16.2.2001 (BGBl I 266) hat der Gesetzgeber den eintrittsberechtigten Personenkreis wesentlich erweitert, indem jetzt zusätzlich Personen, die weder Familienangehörige noch Ehe- oder Lebenspartner sind, in das Mietverhältnis eintreten können.[22] Zugleich hat der Gesetzgeber damit auch deutlich gemacht, dass Partner einer nichtehelichen Lebensgemeinschaft grundsätzlich keine Familienangehörigen sind. Dagegen tritt der Verlobte, mit dem der Verstorbene bereits einen gemeinsamen Haushalt geführt hat, nach S 3 in das Mietverhältnis ein.

11   **bb)** Voraussetzung für einen Eintritt in das Mietverhältnis ist, dass die Person mit dem Mieter einen auf Dauer angelegten gemeinsamen Haushalt geführt hat. Eine analoge Anwendung der Vorschrift auf Personen, die zwar in der gleichen Wohnung wie der verstorbene Mieter gelebt, mit ihm aber keinen gemeinsamen Haushalt geführt haben, kommt nicht in Betracht.[23] Von der Regelung werden aber **sämtliche Beziehungen zwischen Personen** erfasst, ein irgendwie gearteter sexueller Hintergrund ist nicht erforderlich.[24] Die Vorschrift ist also nicht nur auf die nichteheliche Lebensgemeinschaft, sondern auch auf gleichgeschlechtliche Gemeinschaften außerhalb einer Lebenspartnerschaft und grundsätzlich auch auf Wohngemeinschaften anwendbar. Nach der Regierungsbegründung[25] sollte allerdings die Rechtsprechung des BGH zur nichtehelichen Lebensgemeinschaft[26] Maßstab sein.

12   **cc)** Es muss weiterhin ein **gemeinsamer Haushalt** bestehen. Insoweit existiert kein Unterschied zu dem gemeinsamen Haushalt von Familienangehörigen (Rn 9). Er muss „auf Dauer angelegt" sein. Nach der gesetzlichen Regelung ist dafür allein maßgeblich, wie lange der gemeinsame Haushalt nach der Vorstellung des Mieters und der anderen Personen bestehen sollte. Dadurch kann ein gemeinsamer Haushalt schon mit seiner Gründung „auf Dauer angelegt" sein. Hier ist die Praxis auf Indizien angewiesen. Für einen auf Dauer angelegten gemeinsamen Haushalt sprechen beispielsweise gemeinsame Freizeit- und Urlaubsplanung.[27] Wohngemeinschaften sind in aller Regel nicht „auf Dauer angelegt". Anders ist es bei Wohngemeinschaften älterer Menschen, die eine gemeinsame Wohnung unterhalten, um im Alter nicht isoliert zu sein und um sich gegenseitig helfen zu können.[28]

III. Rechtsfolgen

13   **1. Allgemeines.** Die in § 563 Abs 1, 2 genannten Personen treten mit dem Tode des Mieters in das Mietverhältnis über den Wohnraum ein. Es handelt sich um eine **Sonderrechtsnachfolge kraft Gesetzes**.[29] Diese Sonderrechtsnachfolge tritt unabhängig von der etwaigen Stellung des Eintretenden als Erbe ein. Der Eintretende tritt grundsätzlich

---

[22] Kritisch *Emmerich* NZM 2001, 777, 782f; *Hinz* WuM 2000, 455, 460.
[23] *Bamberger/Roth/Herrmann* § 563 Rn 10; **aM** *Blank/Börstinghaus/Blank* § 563 Rn 49f; *Hinkelmann* NZM 2002, 378, 379.
[24] *Erman/Jendrek* § 563 Rn 12; *Prütting/Wegen/Weinreich/Riecke* § 563 Rn 17.
[25] BT-Drucks 14/4553, S 61.
[26] BGHZ 121, 116, 119ff = NJW 1993, 999.
[27] LG Frankfurt/M WuM 1998, 666.
[28] BT-Drucks 14/4553, S 61; *Erman/Jendrek* § 563 Rn 12; *Grundmann* NJW 2001, 2497, 2502; **aM** LG München I NZM 2005, 336.
[29] BGHZ 36, 265, 268 = NJW 1962, 487; MünchKomm/*Häublein* § 563 Rn 18; *Palandt/Weidenkaff* § 563 Rn 1.

Christian Rolfs

in vollem Umfang in die Rechtsstellung des bisherigen Mieters ein.[30] Daher werden bei der Berechnung von Fristen, die an die Dauer des Mietverhältnisses anknüpfen (zB § 573c Abs 1 S 2, § 577a Abs 1, 2), die Zeiten der Überlassung an den verstorbenen Mieter und den Sonderrechtsnachfolger zusammengerechnet.[31] War das Mietverhältnis im Zeitpunkt des Todes des Mieters bereits gekündigt, wegen des Laufs der Kündigungsfrist aber noch nicht beendet, oder hatten die Parteien eine Aufhebung des Vertrags zu einem zukünftigen Zeitpunkt vereinbart, steht einem Eintritt des Haushaltsangehörigen für die restliche Vertragszeit nichts im Wege.[32] Er kann deshalb unter den Voraussetzungen der §§ 574ff der Kündigung widersprechen. Ist das Mietverhältnis beim Tod des Mieters bereits beendet, scheidet ein Eintritt aus (Rn 2). Eine Einschränkung von der unveränderten Fortsetzung des Mietverhältnisses ist aber zu machen, wenn es auf die Lebenszeit des verstorbenen Mieters abgeschlossen war. In diesem Fall wird das Mietverhältnis nur auf unbestimmte Zeit fortgesetzt, weil es sich sonst verewigen würde.[33]

2. Eintritt des Ehegatten in das Mietverhältnis (Abs 1 S 1). Der eingetretene Ehe- 14
gatte wird entweder Alleinmieter oder Mitmieter, wenn neben dem verstorbenen Mieter bereits eine andere Person Mitmieter war, sofern nicht § 563a zugunsten eines haushaltsangehörigen Mitmieters eingreift (Rn 4). Die Sonderrechtsnachfolge des Ehegatten schließt zugleich die Gesamtrechtsnachfolge eines (sonstigen) Erben und das Eintrittsrecht anderer Familienangehöriger aus.

3. Eintritt des Lebenspartners in das Mietverhältnis (Abs 1 S 2). Der Tatbestand 15
des Abs 1 S 1 ist in gleicher Weise auch auf den Lebenspartner anwendbar. Durch den Eintritt des Lebenspartners wird der Eintritt der Kinder aber im Gegensatz zu der Situation beim Eintritt des Ehegatten nicht gesperrt (Abs 2 S 1).

4. Eintritt der Kinder in das Mietverhältnis (Abs 2 S 1). Der Eintritt der Kinder in 16
das Mietverhältnis kann nur dadurch ausgeschlossen sein, dass der Ehegatte nach Abs 1 S 1 eintritt. Auch hierbei handelt es sich um eine Sonderrechtsnachfolge kraft Gesetzes, die das Mietverhältnis im Übrigen unberührt lässt (Rn 13). War das Mietverhältnis auf die Lebenszeit des verstorbenen Mieters abgeschlossen, wird es allerdings in ein Mietverhältnis auf unbestimmte Zeit umgewandelt (§ 542 Rn 62). Die Rechtsnachfolge wirkt auf den Zeitpunkt des Todes zurück, auch wenn zuvor der Ehegatte eingetreten war und erst später wirksam abgelehnt hat. Treten mehrere Kinder oder zusätzlich der Lebenspartner in das Mietverhältnis ein, so werden die Eintretenden zu gleichen Teilen Gesamtschuldner und Gesamthandgläubiger iS der §§ 421, 432 (vgl § 563b Rn 4ff).

5. Eintritt anderer Familienangehöriger und sonstiger Personen. Der Eintritt der 17
Familienmitglieder und sonstigen Personen steht unter dem Vorbehalt des Eintritts des Ehegatten oder des Lebenspartners, § 563 Abs 2 S 3 und 4. Für den Hauptanwendungsfall des Abs 2 S 4, die nichteheliche Lebensgemeinschaft, ist die Verweisung des Abs 2 S 4 auf Abs 2 S 3 HS 2 etwas missverständlich, da kaum ein auf Dauer angelegter gemeinsamer Haushalt denkbar ist, in dem auch der Ehegatte bzw Lebenspartner wohnt.[34] Daher ist

---

30 AG Hannover v. 18.11.2009 – 450 C 7115/09, WuM 2011, 563: Anspruch auf Rückzahlung der Kaution.
31 BGH NJW 2003, 3265; OLG Stuttgart NJW 1984, 875.
32 *Blank/Börstinghaus/Blank* § 563 Rn 17.
33 *Blank/Börstinghaus/Blank* § 563 Rn 18; *Staudinger/Rolfs* (2011) § 542 Rn 141.
34 *Herrlein/Kandelhard/Kandelhard/Schneider* § 563 Rn 15.

Christian Rolfs

diese Verweisung nur in den Fällen sinnvoll, in denen zB ältere Ehepaare sich entschließen, verwitwete Familienangehörige in den gemeinsamen Haushalt aufzunehmen.[35] Ist kein Ehegatte oder Lebenspartner vorhanden, treten die in S 3 und 4 genannten Personen neben den Kindern in das Mietverhältnis ein. Für die Rechtsbeziehungen gegenüber dem Vermieter gilt das oben (Rn 16) Gesagte.

6. Ablehnungsrecht der in Abs 1 und 2 genannten Personen (Abs 3)

18   **a) Allgemeines.** Jede Person iS des § 563 Abs 1 und 2 kann innerhalb eines Monats, nachdem sie von dem Tod des Mieters Kenntnis erlangt hat, dem Vermieter gegenüber erklären, dass sie das Mietverhältnis nicht fortsetzen will. Die Ablehnung ist eine **einseitige, empfangsbedürftige Willenserklärung**, die dem Vermieter nach den §§ 130ff zugehen muss. Sie ist nicht nach § 568 Abs 1 formbedürftig,[36] da es sich ihrer Rückwirkung wegen nicht um eine Kündigung handelt. Eine solche Erklärung des Ehegatten macht gleichzeitig den Weg frei für einen Eintritt sämtlicher in § 563 Abs 2 genannten Personen, die Erklärung des Lebenspartners ermöglicht den Eintritt der in § 563 Abs 2 S 3 und 4 genannten Personen.[37] Ist der Ehegatte (§ 1931) oder Lebenspartner (§ 10 LPartG) zugleich Erbe, so kann er sich dem Mietverhältnis letztlich nur durch außerordentliche Kündigung mit der gesetzlichen Frist nach § 564 S 2 oder durch Ausschlagung der Erbschaft nach § 1945 entziehen, da ihm die Erklärung nach § 562 Abs 3 allein dann nicht hilft.

19   **b) Ablehnungsfrist.** Die Ablehnungsfrist beträgt **einen Monat.** Sie beginnt frühestens mit dem Zeitpunkt, in dem die eintrittsberechtigte Person vom Tod des Mieters Kenntnis erlangt hat. Vermutungen oder Gerüchte reichen nicht aus.[38] Im Falle der Todeserklärung beginnt die Frist nicht vor der Rechtskraft des entsprechenden Beschlusses, frühestens aber mit dessen Kenntnisnahme durch die eintrittsberechtigte Person. Öffentliche Zustellung des Beschlusses ist hierfür kein Ersatz. Die Frist ist nach den §§ 186ff zu berechnen. Ist die eintrittsberechtigte Person geschäftsunfähig oder in der Geschäftsfähigkeit beschränkt, ohne einen gesetzlichen Vertreter zu haben, gilt nach § 563 Abs 3 S 2 die Regelung des § 210 entsprechend (vgl Rn 20). Da jeder Einzelne nach Abs 3 S 3 für sich ablehnungsberechtigt ist (Rn 21), kann bei mehreren Eintrittsberechtigten ein unterschiedlicher Fristablauf eintreten, wenn sie zu verschiedenen Zeitpunkten Kenntnis vom Tode des Mieters erlangt haben. Problematisch ist der Fall, dass der Ehegatte oder Lebenspartner erst kurz vor Ablauf der Monatsfrist eine Erklärung nach Abs 3 S 1 abgibt und dadurch andere Personen in das Mietverhältnis eintreten. Der Wortlaut des Gesetzes spricht dafür, dass dann auch für die Erklärung der anderen Personen einheitlich die Monatsfrist gilt, sodass sich die Frist für diese Personen erheblich verkürzen kann.[39] Wird die Ablehnungsfrist versäumt, kann die eingetretene Person ihren Eintritt in das Mietverhältnis nicht wegen Rechtsunkenntnis anfechten, da ein Irrtum hinsichtlich der gesetzlichen Sonderrechtsnachfolge keinen Anfechtungsgrund iS der §§ 119ff abgibt.[40] Auch eine Wiedereinsetzung in den vorigen Stand kommt nicht in Betracht.[41] Teilweise wird aber eine analoge Anwendung der Anfechtungsregeln bei Fristversäumung der erbrechtlichen

---

35 *Herrlein/Kandelhard/Kandelhard/Schneider* § 563 Rn 15.
36 *Schmid/Stangl* § 563 Rn 20; *Schmidt-Futterer/Streyl* § 563 Rn 57.
37 Anschaulich *Hartmann* DWW 1997, 118.
38 *Blank/Börstinghaus/Blank* § 563 Rn 53; *Hinz* ZMR 2002, 640, 643; *Lützenkirchen* Neue Mietrechtspraxis Rn 665; NK-BGB/*Hinz* § 563 Rn 36; *Prütting/Wegen/Weinreich/Riecke* § 563 Rn 25.
39 Vgl dazu *Staudinger/Rolfs* (2011) § 563 Rn 40f.
40 *Schmidt-Futterer/Streyl* § 563 Rn 61.
41 *Schmid/Stangl* § 563 Rn 21.

Ausschlagungsfrist (§ 1954) in Betracht gezogen.[42] Dem Mieter steht jedenfalls kein Recht zur außerordentlichen befristeten Kündigung nach § 564 S 2 zu, selbst wenn er zugleich Erbe des Mieters ist (§ 564 Rn 5).[43] Die fristgerechte Ablehnungserklärung hat nach Abs 1 S 1 die **Wirkung**, dass ein Eintritt in das Mietverhältnis als nicht erfolgt gilt. Damit wird die bereits vollzogene Sonderrechtsnachfolge rückwirkend (ex tunc) beseitigt.[44] Die in der Person des Ablehnenden begründeten Rechte und Pflichten aus dem Mietverhältnis erlöschen mit Rückwirkung auf den Zeitpunkt, in dem der Mieter gestorben ist. Damit wird ein Eintrittsrecht anderer Personen nach Abs 2 oder eine Gesamtrechtsnachfolge etwaiger Erben nach § 564 S 1 ermöglicht. Das Mietverhältnis wird nach § 564 S 1 erst dann mit dem Erben fortgesetzt, wenn sämtliche Personen, die nach Abs 1 und 2 in Betracht kommen, den Eintritt fristgerecht abgelehnt haben. Zwischen dem Vermieter und der ablehnenden Person kann sich ein bereicherungsrechtlicher Ausgleichsanspruch aus § 812 Abs 1 wegen der nunmehr rechtsgrundlosen Nutzung der Wohnung seit dem Tode des Mieters ergeben.[45] Der eintretende Familienangehörige oder sonst der Erbe kann nach § 285 die Abtretung dieses Anspruchs verlangen. Ein unmittelbarer Bereicherungsausgleich zwischen dem Ehegatten und dem Familienangehörigen oder Erben kommt wegen des Vorrangs der Leistungskondiktion des Vermieters nicht in Betracht.

c) Geschäftsunfähige und beschränkt Geschäftsfähige. § 563 Abs 3 S 2 verweist für **20** geschäftsunfähige oder in der Geschäftsfähigkeit beschränkte Personen auf § 210. Durch die Geschäftsunfähigkeit bzw beschränkte Geschäftsfähigkeit des Eintretenden wird der Fristablauf gehemmt. Die Frist wird nach § 210 Abs 1 S 2 nicht vor Ablauf eines Monats vollendet, nachdem der Ehegatte unbeschränkt geschäftsfähig geworden ist oder der Mangel der Vertretung aufgehört hat. Der in § 210 Abs 1 S 1 vorgesehene Aufschub der Vollendung der Frist um sechs Monate greift nicht ein, da die Ablehnungsfrist des § 563 Abs 3 S 1 nur einen Monat beträgt. Die entsprechende Anwendung des § 210 ist im Grunde überflüssig, da es für die Ausschlussfrist nur auf die Kenntnis desjenigen ankommt, der die Willenserklärung abzugeben hat, und das ist, solange die eintrittsberechtigte Person nicht selbst unbeschränkt geschäftsfähig ist, der Vertreter.

d) Teilbarkeit des Ablehnungsrechts (Abs 3 S 3). Den eintrittsberechtigten Perso- **21** nen steht das Recht zu, den Eintritt in das Mietverhältnis abzulehnen. Nach S 3 kann jede Person den Eintritt für sich ablehnen, das Recht muss also nicht gemeinsam ausgeübt werden. Die Frist des Abs 3 S 1 gilt damit auch für jeden Eintrittsberechtigten unabhängig von den anderen Eintrittsberechtigten.

7. Kündigungsrecht des Vermieters (Abs 4)
a) Erfordernis des wichtigen Grundes. Dem Vermieter steht nach § 563 Abs 4 ein **22** Recht zur außerordentlichen Kündigung mit der gesetzlichen Frist nach § 573d zu, wenn in der Person des Eingetretenen ein wichtiger Grund vorliegt. Der Begriff des **wichtigen Grundes** ist nicht in jedem Fall mit solchen Umständen gleichzusetzen, die an sich zur fristlosen Kündigung berechtigen würden. Vielmehr kommt es entscheidend darauf an, ob es dem Vermieter auf Grund der Umstände des Einzelfalls zugemutet werden kann,

---

42 *Lammel* ZMR 1/2004, S VII, VIII.
43 *Bub/Treier/Heile* Rn II 844.
44 *Bamberger/Roth/Herrmann* § 563 Rn 19; NK-BGB/*Hinz* § 563 Rn 39; *Soergel/Heintzmann* § 563 Rn 12.
45 *Sternel* ZMR 2004, 713, 717.

Christian Rolfs

das Mietverhältnis mit dem Eingetretenen fortzusetzen.[46] Die Umstände müssen in der Person des Eingetretenen begründet sein. Ein wichtiger Grund ist demnach anzunehmen, wenn der Eingetretene mit dem Vermieter oder anderen Mietern persönlich verfeindet ist[47] oder wenn die Gefahr besteht, dass diese Personen durch persönliche Eigenschaften, den Beruf oder die Lebensweise des Eingetretenen beeinträchtigt werden. So können die Dinge liegen, wenn der Mieter zehn bis zwölf Schülern an drei Tagen in der Woche in der Wohnung Gitarrenunterricht erteilt.[48] Anders als bei der Untervermietung[49] stellt die Zahlungsunfähigkeit des Eingetretenen im Rahmen des § 563 Abs 4 regelmäßig einen wichtigen Grund dar,[50] weil hier kein Hauptmieter vorhanden ist, der für die Miete haftet. Zu den in der Person liegenden Gründen zählt ferner, wenn die Wohnberechtigung für die öffentlich geförderte Wohnung fehlt.[51] Dass der eintretende Mieter drogenabhängig ist und bereits zu einer Strafhaft verurteilt wurde, rechtfertigt die Kündigung jedenfalls dann nicht, wenn er bereits mehrere Jahre in der Wohnung gelebt hat und sich in die dortige Gemeinschaft beanstandungsfrei eingefügt hatte.[52] Treten mehrere Personen in das Mietverhältnis ein, wird dem Vermieter nach hM ein Kündigungsrecht zugebilligt, auch wenn nur bei einem von ihnen ein wichtiger Grund vorliegt.[53] Das Kündigungsrecht ist aber ausgeschlossen, wenn ein Haushaltsangehöriger, in dessen Person ein wichtiger Grund gegeben ist, in ein bereits zwischen mehreren Personen bestehendes Mietverhältnis eintritt.[54] Eine Ausnahme ist nur dann zuzulassen, wenn vertraglich ein solches Kündigungsrecht vereinbart worden ist, das der Mitmieter und ebenso der eingetretene Familienangehörige gegen sich gelten lassen müssen.[55]

23   **b) Sonstige Voraussetzungen.** Für die Kündigung durch den Vermieter gelten die **allgemeinen Vorschriften** des Mietrechts. Die Kündigung ist bei mehreren eingetretenen Personen jedem Beteiligten gegenüber zu erklären[56]; sie kann aber nur einheitlich gegenüber allen Mietern erfolgen,[57] selbst wenn der Vermieter nur in Bezug auf Einzelne die Fortsetzung aus wichtigem Grund ablehnt.[58] Der Vermieter ist aber frei darin, mit einem oder einzelnen von ihnen anschließend einen neuen Mietvertrag abzuschließen.[59] Die Kündigungserklärung hat die Voraussetzungen des § 573d Abs 1 iV mit §§ 573, 573a zu erfüllen.

24   **c) Kündigung mit der gesetzlichen Frist.** Der Vermieter kann das Mietverhältnis unter Einhaltung der **gesetzlichen Frist** kündigen. Diese Frist ergibt sich aus § 573d Abs 2. Die Kündigung muss spätestens am dritten Werktag eines Kalendermonats für den Ablauf des übernächsten Monats wirksam werden. Bei Wohnungen nach § 549 Abs 2 S 2 ist die

---

46 NK-BGB/*Hinz* § 563 Rn 44; *Schmidt-Futterer/Streyl* § 563 Rn 68f.
47 *Prütting/Wegen/Weinreich/Riecke* § 563 Rn 29; *Schmid/Stangl* § 563 Rn 25.
48 BGH v. 4.10.2013 – VIII ZR 213/12, NJW 2013, 1806 (1806f).
49 *Staudinger/Emmerich* (2011) § 540 Rn 23.
50 *Bamberger/Roth/Herrmann* § 563 Rn 22; *Schmidt-Futterer/Streyl* § 563 Rn 69.
51 LG Koblenz WuM 1987, 201.
52 BGH WuM 2010, 431.
53 *Bub/Treier/Heile* Rn II 848; MünchKomm/*Häublein* § 563 Rn 28; *Palandt/Weidenkaff* § 563 Rn 23; differenzierend *Blank/Börstinghaus/Blank* § 563 Rn 65; **aM** *Sternel* ZMR 2004, 713, 717.
54 BGHZ 26, 102, 104 = NJW 1958, 421.
55 OLG Karlsruhe NJW 1990, 581.
56 *Staudinger/Rolfs* (2011) § 542 Rn 12.
57 *Staudinger/Rolfs* (2011) § 542 Rn 12.
58 *Blank/Börstinghaus/Blank* § 563 Rn 63; *Schmidt-Futterer/Streyl* § 563 Rn 70.
59 *Prütting/Wegen/Weinreich/Riecke* § 563 Rn 31; *Schmid/Stangl* § 563 Rn 24.

Kündigung abweichend davon am 15. zum Ende des jeweiligen Monats zulässig. Die Kündigung des Vermieters muss nach § 563 Abs 4 innerhalb eines Monats nach Kenntniserlangung von dem endgültigen Eintritt in das Mietverhältnis erfolgen. Dies setzt voraus, dass der Vermieter vom Tod des Mieters erfahren hat, er die Person des Sonderrechtsnachfolgers kennt und die Ablehnungsfrist nach § 563 Abs 3 S 1 abgelaufen ist.

d) Anwendung der Sozialklausel. Auf die außerordentliche Kündigung mit der **25** gesetzlichen Frist ist die Sozialklausel der §§ 574ff, § 549 Abs 2 entsprechend anzuwenden, was sich schon aus der systematischen Stellung der Vorschriften ergibt.[60]

IV. Unabdingbarkeit und abweichende Vereinbarungen (Abs 5)

§ 563 ist gemäß Abs 5 zugunsten des Mieters und der eintrittsberechtigten Personen **26** nach Abs 1 und 2 zwingend. Das Eintrittsrecht kann damit nicht etwa auf bestimmte Personen beschränkt werden. Eine Vereinbarung, nach der das Mietverhältnis mit dem Tode des Mieters enden soll, ist unwirksam, wenn damit das Eintrittsrecht ausgeschlossen würde.[61] Zugunsten des Mieters oder der Eintrittsberechtigten können aber unbeschränkt abweichende Vereinbarungen getroffen werden. Hinsichtlich der Sozialklausel sind die zwingenden Vorschriften der §§ 574ff einzuhalten.

V. Sonstige Rechtsfolgen

Das Eintrittsrecht der in § 563 Abs 1 u 2 genannten Personen ist Anknüpfungspunkt für **27** weitere gesetzliche Regelungen, wie zB § 577 Abs 4 und § 4 Abs 7 WoBindG.

§ 563a
Fortsetzung mit überlebenden Mietern

[1] Sind mehrere Personen im Sinne des § 563 gemeinsam Mieter, so wird das Mietverhältnis beim Tod eines Mieters mit den überlebenden Mietern fortgesetzt.
[2] Die überlebenden Mieter können das Mietverhältnis innerhalb eines Monats, nachdem sie vom Tod des Mieters Kenntnis erlangt haben, außerordentlich mit der gesetzlichen Frist kündigen.
[3] Eine abweichende Vereinbarung zum Nachteil der Mieter ist unwirksam.

---

60 *Blank/Börstinghaus/Blank* § 563 Rn 70.
61 LG Frankfurt/M WuM 1990, 82; MünchKomm/*Häublein* § 563 Rn 31; NK-BGB/*Hinz* § 563 Rn 53; *Sternel* ZMR 2004, 713, 714.

I. Allgemeines

1   Ebenso wie § 563 regelt auch § 563a einen Fall der Sonderrechtsnachfolge beim Tode eines Mieters. Die dem verstorbenen Mieter iS des § 563 Abs 1, 2 nahe stehende Person soll die Wohnung unabhängig davon allein erhalten bleiben, ob sie Erbe des Verstorbenen ist oder nicht. Auf Grund der Sonderrechtsnachfolge werden **etwaige Erben verdrängt**. Ebenso wird die Sonderrechtsnachfolge etwaiger anderer Familienangehöriger aus § 563 ausgeschlossen, da § 563a als Sonderregelung vorgeht (§ 563 Rn 4).

II. Voraussetzungen (Abs 1)

2   Die Personen iS des § 563 müssen Wohnraum[1] gemeinschaftlich gemietet haben. Die Regelung des § 563a geht davon aus, dass **ausschließlich Personen iS des § 563 Mitmieter** sind. Ist neben den Personen nach § 563 Abs 1 und 2 noch eine weitere Person Mitmieter, steht der überlebenden Person nach § 563 Abs 1 und 2 ein Eintrittsrecht in den Anteil des Verstorbenen zu (§ 563 Rn 5). Ein gemeinschaftliches Mietverhältnis zwischen Personen iS des § 563 Abs 1, 2 liegt vor, wenn beide als Mitmieter desselben Wohnraums berechtigt und verpflichtet sind. Dies setzt voraus, dass beide den Mietvertrag als Partei auf der Mieterseite abgeschlossen haben.[2] Allein die Unterschrift unter den Mietvertrag macht eine Person nicht ohne weiteres zur Vertragspartei, wenn am Beginn der Vertragsurkunde nur der Andere als Mieter genannt ist. Ebenso wenig ist die Annahme gerechtfertigt, dass eine im Rubrum aufgeführte Person, die die Urkunde nicht unterschrieben hat, im Zweifel nicht Partei geworden ist. Es kommt ganz auf die Umstände des Einzelfalls an (Vorbem 39 zu § 535). Allein durch die Aufnahme in die gemieteten Räume wird sie nicht Vertragspartei, selbst wenn der Vermieter nicht widerspricht.[3] Nach den Umständen des Einzelfalls kann in dem Verhalten der Parteien ein Beitritt zu dem Mietverhältnis durch stillschweigende Vertragsänderung liegen. Nach § 100 Abs 3 ZGB-DDR waren beide Ehegatten Mieter einer Wohnung, auch wenn nur ein Ehegatte den Vertrag abgeschlossen hatte. Die Geltung des BGB in den neuen Bundesländern nach Art 232 § 2 Abs 1 EGBGB hat an dieser Parteistellung, die kraft des früheren Gesetzes erworben worden ist, nichts geändert.[4] Wenn der Überlebende nicht Partei des Mietvertrags ist, kommt ein Eintrittsrecht aus § 563 Abs 1, 2 in Betracht (§ 563 Rn 6). Hinsichtlich des Todes des Mieters und des Erfordernisses des gemeinsamen Haushalts gilt das zu § 563 Gesagte (dort Rn 6, 8, 12).

III. Rechtsfolgen

3   **1. Fortsetzung des Mietverhältnisses.** Das Mietverhältnis wird nach § 563a Abs 1 mit dem überlebenden Mieter fortgesetzt. Hierdurch wird klargestellt, dass diese Person in ihrer Rechtsstellung als Mitmieter durch den Tod des anderen Mieters nicht beeinträchtigt wird. Darüber hinaus führt die Vorschrift materiell zu einer Sonderrechtsnachfolge kraft Gesetzes in den Anteil des verstorbenen Mieters an dem Mietverhältnis (§ 563 Rn 13). Der überlebende Mieter wird unabhängig von evtl vorhandenen weiteren Personen nach § 563 alleiniger Mieter, bei mehreren überlebenden Mietern, die Haushaltsangehörige iS des § 563 sind, werden diese gemeinsame Mieter. Im Übrigen wird das Mietverhältnis grund-

---

1   *Bamberger/Roth/Herrmann* § 563a Rn 2; *Blank/Börstinghaus/Blank* § 563a Rn 1.
2   *Blank/Börstinghaus/Blank* § 563a Rn 4; NK-BGB/*Hinz* § 563a Rn 5; *Schmidt-Futterer/Streyl* § 563a Rn 5.
3   *Schmid/Stangl* § 563a Rn 3.
4   LG Görlitz WuM 1995, 649; KreisG Cottbus WuM 1993, 665.

Christian Rolfs

sätzlich mit unverändertem Inhalt fortgesetzt. Dies schließt nicht aus, weiterhin zwischen den verschiedenen Anteilen zu unterscheiden, wenn hinsichtlich der früheren Mitmieter unterschiedliche Rechte und Pflichten bestanden haben. Die Dauer der Überlassung des Wohnraums, die nach § 573c Abs 1 S 2 für die Frist einer späteren Kündigung durch den Vermieter maßgebend ist, wird nach der längsten Besitzzeit berechnet, sodass dem überlebenden Mieter die Gesamtzeit zugute kommt.[5] Ist ausschließlich eine nicht in Abs 1 erwähnte Person Mitmieter und ist kein Haushaltsangehöriger iS des § 563 Abs 1, 2 vorhanden, setzt der Erbe das Mietverhältnis des Erblassers mit dem auf diesen entfallenden Anteil fort, §§ 1922, 1967 Abs 1, § 564 S 1. Der Erbe hat dann Anspruch auf Einräumung des entsprechenden Anteils an der Wohnung.

2. Kündigungsrecht des überlebenden Mieters (Abs 2). Den **überlebenden** **4 Mietern** steht nach § 563a Abs 2 ein Recht zur außerordentlichen Kündigung mit der gesetzlichen Frist zu, die sich aus § 573d Abs 1, 2 ergibt (§ 573d Rn 3, 8). Dies gilt auch und gerade dann, wenn das Mietverhältnis für eine bestimmte Zeit eingegangen (§ 575) oder ein Kündigungsausschluss vereinbart war.[6] Eines (weitergehenden) Kündigungsgrundes bedarf es nicht.[7] Die Kündigung kann nach § 563a Abs 2 nur innerhalb eines Monats nach Kenntnis vom Tod des Mieters erfolgen. Die Kündigung bedarf keiner Begründung. Eine fehlerhafte Begründung ist daher unschädlich.[8] Da die Kündigung nicht auf den Zeitpunkt des Todes des verstorbenen Mieters zurückwirkt, scheidet eine ersatzweise Nachfolge kraft Erbrechts aus, wenn der überlebende Mieter zugleich Erbe ist. Das Mietverhältnis ist endgültig beendet. Die überlebenden Mieter müssen das Kündigungsrecht gemeinsam ausüben. Die Frist zur Erklärung der Kündigung beginnt erst mit der Kenntnis des letzten Mieters vom Tod des Mitmieters.[9] Die überlebenden Mieter müssen sich dann innerhalb der Frist des Abs 2 darüber einigen, ob eine Kündigung erklärt werden soll oder nicht.

Dem **Vermieter** steht im Rahmen des § 563a Abs 2 kein außerordentliches Kündi- **5** gungsrecht zu.[10] Ihm bleibt grundsätzlich nur der Weg einer ordentlichen Kündigung mit den sich aus § 573c ergebenden Fristen, sofern es sich um ein unbefristetes Mietverhältnis handelt. Für die ordentliche Kündigung ist ein berechtigtes Interesse des Vermieters an der Beendigung des Mietverhältnisses iS des § 573 Abs 2 erforderlich.

IV. Abweichende Vereinbarungen

Nach Abs 3 ist eine abweichende Vereinbarung zum Nachteil der Mieter unwirksam. **6** Wegen der zwingenden Vorschriften über den Bestandsschutz ist es beispielsweise ausgeschlossen, das Mietverhältnis für den Fall des Todes eines Mieters insgesamt für beendet zu erklären, es sei denn, der Mieter hat gerade hieran ein besonderes Interesse, das dann auch im Einzelnen dokumentiert wird.[11] Uneingeschränkt möglich sind dagegen Vereinbarungen zugunsten der Mieter, wie etwa die vertragliche Verlängerung der Monatsfrist in Abs 2.

---

5 Vgl BGH NJW 2003, 3265.
6 *Schmid/Stangl* § 563a Rn 6.
7 *Blank/Börstinghaus/Blank* § 563a Rn 9; *Schmidt-Futterer/Streyl* § 563a Rn 11.
8 AG Wetzlar ZMR 2010, 375.
9 *Erman/Jendrek* § 563a Rn 3; NK-BGB/*Hinz* § 563a Rn 9.
10 MünchKomm/*Häublein* § 563a Rn 17; *Schmid/Stangl* § 563a Rn 9.
11 *Herrlein/Kandelhard/Kandelhard* § 563a Rn 7.

Christian Rolfs

§ 563b
Haftung bei Eintritt oder Fortsetzung

[1] Die Personen, die nach § 563 in das Mietverhältnis eingetreten sind oder mit denen es nach § 563a fortgesetzt wird, haften neben dem Erben für die bis zum Tod des Mieters entstandenen Verbindlichkeiten als Gesamtschuldner. Im Verhältnis zu diesen Personen haftet der Erbe allein, soweit nichts anderes bestimmt ist.

[2] Hat der Mieter die Miete für einen nach seinem Tod liegenden Zeitraum im Voraus entrichtet, sind die Personen, die nach § 563 in das Mietverhältnis eingetreten sind oder mit denen es nach § 563a fortgesetzt wird, verpflichtet, dem Erben dasjenige herauszugeben, was sie infolge der Vorausentrichtung der Miete ersparen oder erlangen.

[3] Der Vermieter kann, falls der verstorbene Mieter keine Sicherheit geleistet hat, von Personen, die nach § 563 in das Mietverhältnis eingetreten sind oder mit denen es nach § 563a fortgesetzt wird, nach Maßgabe des § 551 eine Sicherheitsleistung verlangen.

Systematische Übersicht

I. Haftung der eintretenden Personen für Erblasserschulden (Abs 1) —— 1	II. Ausgleich von Mietvorauszahlungen (Abs 2) —— 4
1. Haftung gegenüber dem Vermieter (Abs 1 S 1) —— 1	III. Leistung einer Sicherheit (Abs 3) —— 7
2. Haftung des Erben im Innenverhältnis (Abs 1 S 2) —— 2	IV. Abweichende Vereinbarungen —— 8

I. Haftung der eintretenden Personen für Erblasserschulden (Abs 1)

1   **1. Haftung gegenüber dem Vermieter (Abs 1 S 1).** Die gesetzliche Sonderrechtsnachfolge der in § 563 Abs 1 und 2, § 563a genannten Personen hat nach den allgemeinen Vorschriften zur Folge, dass der Eintretende als Schuldner für die Verbindlichkeiten aus dem Mietverhältnis einzustehen hat, die vom Zeitpunkt der Rechtsnachfolge an entstehen (§ 563 Rn 13). Abs 1 S 1 ordnet darüber hinaus eine **gesamtschuldnerische Haftung** dieser Personen neben dem Erben für die bis zum Tode des Mieters entstandenen Verbindlichkeiten an.[1] Die Haftung erstreckt sich auf die bis zum Tode des Mieters entstandenen Verbindlichkeiten aus dem Mietverhältnis. Hierzu gehören nicht nur rückständige Mieten, sondern auch sonstige Forderungen wie Umlagen, Betriebskosten, vom Mieter übernommene Schönheitsreparaturen und Schadensersatzforderungen, die noch nicht erfüllt sind.[2] Da die Verbindlichkeit auf dem Mietverhältnis beruhen muss, kommt als Gläubiger idR nur der Vermieter in Betracht. Eine Haftung gegenüber Dritten besteht nur, wenn der Vermieter seine Forderung nach § 398 abgetreten hat oder wenn der Dritte nach den Grundsätzen des Vertrags mit Schutzwirkung zugunsten Dritter selbst unmittelbar aus dem Mietvertrag berechtigt ist. Der Vermieter kann gemäß § 421 jeden der Schuldner nach seiner Wahl ganz oder zum Teil in Anspruch nehmen.[3] Nach Abs 1 S 2 haftet allerdings im Innenverhältnis zwischen den Personen nach §§ 563, 563a einerseits und dem Erben ande-

---

1 *Blank/Börstinghaus/Blank* § 563b Rn 2; *Erman/Jendrek* § 563b Rn 2; *Schmidt-Futterer/Streyl* § 563b Rn 1, 7.
2 *Schmid/Stangl* § 563b Rn 9; *Schmidt-Futterer/Streyl* § 563b Rn 5.
3 *Blank/Börstinghaus/Blank* § 563b Rn 2.

rerseits der Letztere allein.[4] Wer als Sonderrechtsnachfolger den Vermieter befriedigt hat, kann deshalb nach § 426 Abs 2 Ausgleich von dem Erben verlangen. Die Haftung aus Abs 1 S 1 ist davon abhängig, dass der **Eintritt in das Mietverhältnis** oder eine Fortsetzung nach § 563a stattgefunden hat.[5] Ist zwischen den Parteien keine gesamtschuldnerische Haftung vereinbart, entsteht diese auch nicht mit dem Tod eines Mieters, da § 563b dann ebenfalls zulässigerweise abbedungen ist.[6] Der Vermieter kann den Sonderrechtsnachfolger schon vor Ablauf der Ablehnungsfrist des § 563 Abs 3 S 1 in Anspruch nehmen. Im Einzelfall kann dem Eingetretenen aber eine auf § 242 zu stützende Einrede zustehen („dolo agit").

2. Haftung des Erben im Innenverhältnis (Abs 1 S 2). § 563b Abs 1 S 2 hat zur Folge, 2 dass der Erbe im Innenverhältnis mit den in §§ 563, 563a genannten Personen allein haftet.[7] Dies bedeutet aber nicht, dass der Erbe die gesamten Mietverbindlichkeiten aus der Zeit vor dem Erbfall zu begleichen hat. Wegen der Verpflichtung der Gesamtschuldner zu gleichen Teilen müssen nämlich die Mieter, mit denen das Mietverhältnis nach § 563a fortgesetzt wurde, den auf sie entfallenden Anteil selbst tragen. Daher ist zunächst immer zu fragen, welchen Anteil der Erblasser im Innenverhältnis der Mieter übernehmen sollte. Der Erbe schuldet den sich daraus ergebenden Betrag. Eine Haftung ist ausgeschlossen, wenn der Erblasser im Innenverhältnis ganz von der Haftung freigestellt war.[8] Ist von mehreren Miterben nur einer nach § 563 in das Mietverhältnis eingetreten oder hat es nach § 563a fortgesetzt und wird dieser von dem Vermieter in Anspruch genommen, so kann er gegen seine Miterben im Regresswege vorgehen. Dabei ist seine **Doppelstellung als Sonderrechtsnachfolger und als Miterbe** zu berücksichtigen.[9]

Ist von mehreren Personen nach §§ 563, 563a nur einer zugleich Miterbe, so kann er 3 aufgrund des Abs 1 S 2 von den anderen Familienangehörigen sofort voll auf Ausgleich in Anspruch genommen werden, ohne dass diese sich als ausgleichsberechtigte Gesamtschuldner die eigene Haftungsquote anrechnen lassen brauchen. Der in Anspruch genommene Erbe kann dann von seinen Miterben wiederum Ausgleich verlangen. Wenn alle Sonderrechtsnachfolger zugleich Miterben sind, ist der interne Ausgleich auf Grund der rechtlichen Doppelstellung sofort nur unter Berücksichtigung der erbrechtlichen Haftungsquoten möglich.

II. Ausgleich von Mietvorauszahlungen (Abs 2)

Hat der Mieter die Miete für einen nach seinem Tode liegenden Zeitpunkt im Voraus 4 entrichtet, so ist die Vorauszahlung auf die späteren Mietraten des Eingetretenen anzurechnen. Abs 2 schreibt deshalb vor, dass die in §§ 563, 563a genannten Personen dem Erben dasjenige herauszugeben haben, was sie infolge der Vorausentrichtung der Miete ersparen oder erlangen. Es muss eine **Mietvorauszahlung** des verstorbenen Mieters vorliegen, die im Zeitpunkt seines Todes noch nicht abgewohnt ist. Der Begriff der Mietvorauszahlung entspricht dem des § 547.[10]

---

4 *Blank/Börstinghaus/Blank* § 563b Rn 3.
5 *Blank/Börstinghaus/Blank* § 563b Rn 7.
6 *Palandt/Weidenkaff* § 563b Rn 1; zur Abdingbarkeit der Vorschrift s unten Rn 8.
7 *Blank/Börstinghaus/Blank* § 563b Rn 4; NK-BGB/*Hinz* § 563b Rn 6.
8 *Gather* NZM 2001, 57, 60; *Sonnenschein* WuM 2000, 387, 405.
9 Vgl RGZ 150, 344, 347f; *Schmid/Stangl* § 563b Rn 16.
10 *Schmidt-Futterer/Streyl* § 563b Rn 17; *Staudinger/Rolfs* (2011) § 547 Rn 4ff.

Christian Rolfs

5   Die **Verpflichtung zur Herausgabe** trifft denjenigen, der in das Mietverhältnis eingetreten ist oder mit dem es fortgesetzt wird.[11] Mehrere Pflichtige haften entsprechend Abs 1
S 1 als Gesamtschuldner.[12] Nach Abs 1 S 1 ist im Fall der Fortsetzung des Mietverhältnisses
zuerst der Anteil des Verstorbenen an der Vorauszahlung zu berechnen. Treten Kinder,
Familienangehörige oder sonstige Personen erst nach einer Ablehnung durch den Ehegatten bzw den Lebenspartner in das Mietverhältnis ein, haften sie der Rückwirkung des Eintritts wegen in vollem Umfang. Gläubiger des Anspruchs aus § 563b Abs 2 ist der Erbe. Ist
der Eingetretene zugleich Erbe, besteht die Verpflichtung auch dann, wenn noch weitere
Miterben vorhanden sind. Die Herausgabepflicht besteht ferner im Verhältnis mehrerer
Personen iS der §§ 563, 563a zueinander, wenn nicht alle zugleich Miterben sind oder wenn
die Erbquoten gegenüber den bei der Sonderrechtsnachfolge des §§ 563, 563a grundsätzlich gleichen Anteilen unterschiedlich sind.

6   Herauszugeben ist zum einen die **Ersparnis** des Eingetretenen. Der Anspruch des
Erben entsteht jeweils erst an dem einzelnen Fälligkeitstag in der Höhe, in der durch Verrechnung der Mietvorauszahlung die Ersparnis des Sonderrechtsnachfolgers eingetreten
ist. Dies setzt aber voraus, dass die einzelne Mietrate nach den Parteivereinbarungen
jeweils erst bei Fälligkeit durch Verrechnung getilgt sein soll. Ansonsten erspart der Eingetretene als Sonderrechtsnachfolger sofort den vollen Betrag. Zum anderen haben die
in §§ 563, 563a genannten Personen das **Erlangte** herauszugeben. Auf Grund der Sonderrechtsnachfolge in das Mietverhältnis unter Ausschluss des Erben stehen diesen Personen auch die Ansprüche aus § 547 hinsichtlich des noch nicht abgewohnten Teils einer
Mietvorauszahlung zu, wenn das Mietverhältnis später beendet wird.[13] Diese Ansprüche
haben sie dem Erben abzutreten oder die darauf erbrachten Leistungen des Vermieters
herauszugeben. Der Anspruch des Erben entsteht wie der zu Grunde liegende Anspruch
des Eingetretenen aus § 547 Abs 1 S 2 mit der Beendigung des Mietverhältnisses und ist
sofort fällig.[14] Haftung und Anspruch des Erben aus Abs 1 S 2 und Abs 2 stehen nach dem
Gesetz nicht in einem Abhängigkeitsverhältnis. Es kommt allenfalls eine Aufrechnung
durch den Eingetretenen gegen den Anspruch aus Abs 2 in Betracht.

III. Leistung einer Sicherheit (Abs 3)

7   Der Vermieter kann nach dem Tod des Mieters die Leistung einer Sicherheit von den
Haushaltsangehörigen nach §§ 563, 563a verlangen, falls mit dem verstorbenen Mieter
keine Mietsicherheit vereinbart war. Wie sich aus der systematischen Stellung des § 563b
ergibt, besteht dieser Anspruch jedoch trotz der für den Vermieter vergleichbaren Interessenlage nicht, wenn das Mietverhältnis nach § 564 mit dem oder den Erben fortgesetzt
wird.[15] Hatte der Mieter auf eine vereinbarte Mietsicherheit noch nicht geleistet, so liegt
eine Verbindlichkeit iS von Abs 1 vor. Der Vermieter hat einen Anspruch gegen die Haushaltsangehörigen (§§ 563, 563a) auf Abschluss einer entsprechenden Vereinbarung nach
§ 311 Abs 1.[16] Der Inhalt des Vertrages muss § 551 entsprechen.

---

11 *Erman/Jendrek* § 563b Rn 3.
12 *Bamberger/Roth/Herrmann* § 563b Rn 5.
13 *Blank/Börstinghaus/Blank* § 563b Rn 13f.
14 *Staudinger/Rolfs* (2011) § 547 Rn 23; **aM** *Schmid/Stangl* § 563b Rn 23.
15 *Hinz* ZMR 2002, 640, 645; *Schmid/Stangl* § 563b Rn 31.
16 *Bamberger/Roth/Herrmann* § 563b Rn 6; *Palandt/Weidenkaff* § 563b Rn 4; **aM** MünchKomm/*Häublein*
§ 563b Rn 16; *Schmid-Futterer/Streyl* § 563b Rn 13.

IV. Abweichende Vereinbarungen

Die Vorschrift ist im Gegensatz zu den §§ 563, 563a grundsätzlich abdingbar. Dies geht **8** aus Abs 1 S 2 explizit hervor, sodass es hier ohne weiteres zu einer für die Haushaltsangehörigen schlechteren Abweichung kommen kann.[17] Wenn Mitmieter iS des § 563a aufgrund der vertraglichen Vereinbarung nicht gesamtschuldnerisch haften, so ist mit einer solchen Klausel auch gleichzeitig § 563b zulässigerweise abbedungen. Abs 3 ist im Rahmen von § 551 abdingbar.[18]

§ 564
Fortsetzung des Mietverhältnisses mit dem Erben, außerordentliche Kündigung

Treten beim Tod des Mieters keine Personen im Sinne des § 563 in das Mietverhältnis ein oder wird es nicht mit ihnen nach § 563a fortgesetzt, so wird es mit dem Erben fortgesetzt. In diesem Fall ist sowohl der Erbe als auch der Vermieter berechtigt, das Mietverhältnis innerhalb eines Monats außerordentlich mit der gesetzlichen Frist zu kündigen, nachdem sie vom Tod des Mieters und davon Kenntnis erlangt haben, dass ein Eintritt in das Mietverhältnis oder dessen Fortsetzung nicht erfolgt sind.

Schrifttum

Alexander Die Kündigungsterminbestimmung nach § 569 I 2 BGB, NZM 1998, 253; *Behrens* Beteiligung mehrerer Mieter am Mietverhältnis (1989); *Eckert* Kündigung des Mietverhältnisses mit mehreren Mietern, in: Gedschr Sonnenschein (2003) 313; *Hablitzel* Zur Anwendbarkeit von § 564b BGB bei einer Kündigung nach § 569 BGB, ZMR 1984, 289; *Hinkelmann* Problemfälle zum Sonderkündigungsrecht gegenüber Erben (§ 573d BGB), NZM 2002, 378; *Jendrek* Der Übergang von Mietwohnungen im Todesfall nach der Mietrechtsreform, ZEV 2002, 60; *v Seldeneck* Rechtsprobleme beim Tode alleinwohnender Mieter, GE 1987, 654; *Sonnenschein* Kündigung und Rechtsnachfolge, ZMR 1992, 417; *ders* Kündigungsprobleme bei Rechtsnachfolge, in: PiG Bd 37 (1993) 95; *Stellwaag* Der erste zulässige Kündigungstermin nach dem Tode des Mieters, ZMR 1989, 407; *Sternel* Der Tod des Mieters, ZMR 2004, 713.

Systematische Übersicht

---

17 *Bamberger/Roth/Herrmann* § 563b Rn 7; *Schmid-Futterer/Streyl* § 563b Rn 17.
18 *Blank/Börstinghaus/Blank* § 563b Rn 27; NK-BGB/*Hinz* § 563b Rn 16.

Christian Rolfs

I. Allgemeines

1   Nach dem Tod des Mieters ist das Mietverhältnis nicht ohne weiteres beendet, sondern der Erbe tritt im Wege der Gesamtrechtsnachfolge nach den § 1922 Abs 1, § 1967 Abs 1 in die Rechte und Pflichten des Mieters ein.[1] In § 564 S 2 wird dem Erben und dem Vermieter jedoch ein Recht zur außerordentlichen Kündigung mit der gesetzlichen Frist nach § 573d eingeräumt. Die Kündigung ist nur innerhalb eines Monats nach Kenntnis vom Tod des Mieters und der Tatsache, dass kein Eintritt nach § 563 und keine Fortsetzung nach § 563a erfolgt ist, möglich. Die Vorschriften der **§§ 563, 563a haben** gegenüber § 564 S 1 **Vorrang**. Die Subsidiaritätsklausel des § 564 S 1 berücksichtigt die abweichende Regelung der §§ 563, 563a beim Eintrittsrecht der Haushaltsangehörigen und macht die Rangfolge für die Rechtsnachfolge deutlich.

II. Fortsetzung des Mietverhältnisses mit dem Erben (S 1)

2   **1. Voraussetzungen.** Zwischen dem Erblasser als Mieter und dem Vermieter muss ein **Mietverhältnis über Wohnraum** bestanden haben (§ 563 Rn 2). Für Mietverhältnisse über andere Sachen gilt allein § 580. Der Mieter muss **gestorben** sein (§ 563 Rn 3). Eine Anwendung auf andere Fälle ist nicht möglich (§ 563 Rn 3). Der Tod des Vermieters begründet dagegen kein Recht zur außerordentlichen Kündigung.[2] Das Mietverhältnis wird nach § 564 S 1 mit dem Erben fortgesetzt, wenn keine Haushaltsangehörigen in das Mietverhältnis nach § 563 Abs 1, 2 eintreten und auch niemand das Mietverhältnis nach § 563a fortsetzt. § 564 S 1 ist tatbestandlich nicht erfüllt, wenn eine Sonderrechtsnachfolge durch Eintritt des Ehegatten oder eines Familienangehörigen stattgefunden, der Vermieter das Mietverhältnis aber nach § 563 Abs 4 oder der Mitmieter nach § 563a Abs 2 gekündigt hat. Eine erbrechtliche Nachfolge kann dann nicht mehr eingreifen. Haben mehrere Mieter, die nicht unter §§ 563, 563a fallen, den Vertrag abgeschlossen und stirbt einer von ihnen, steht nach verbreiteter Auffassung grundsätzlich weder dem Vermieter noch dem Erben ein Kündigungsrecht zu, da das Mietverhältnis unteilbar ist und nur von allen oder gegenüber allen anderen Beteiligten gekündigt werden kann.[3] Anders ist es, wenn die Parteien entsprechende Vereinbarungen getroffen haben.[4] Zum anderen können die Parteien ein solches Recht auch dem Vermieter für den Fall des Todes eines der Mitmieter vertraglich zugestehen.

3   **2. Rechtsfolgen.** Die Rechtsfolgen bestehen zunächst in einer Fortsetzung des Mietverhältnisses mit dem Erben. Die **Fortsetzung** nach S 1 HS 3 bedeutet, dass der Erbe oder mehrere Erben, die eine Miterbengemeinschaft bilden, im Wege der Gesamtrechtsnachfolge in alle Rechte und Pflichten aus dem Mietverhältnis eintreten.[5] Die Fortsetzung beginnt mit dem Tode des Mieters. Haben die in § 563 genannten Personen schon Leistungen an den Vermieter erbracht, können sie diese nach der Ablehnung nach § 812 Abs 1 S 1 Alt 1 herausverlangen. In diesem Fall kann der Vermieter dann gegen den Erben vorgehen, der für alle Verbindlichkeiten aus dem Mietverhältnis haftet. Allerdings handelt es sich

---

1 *Herrlein/Kandelhard/Kandelhard* § 564 Rn 1.
2 *Erman/Jendrek* § 564 Rn 4; *Schmidt-Futterer/Streyl* § 564 Rn 1.
3 OLG Naumburg NZM 2002, 166; **aM** *Behrens* 261ff; *Blank/Börstinghaus/Blank* § 564 Rn 10; *Soergel/Heintzmann* § 564 Rn 3f.
4 RGZ 90, 328, 330f; OLG Hamburg JW 1938, 3038; OLG Karlsruhe WuM 1989, 610.
5 MünchKomm/*Häublein* § 564 Rn 6.

bei den nach dem Erbfall fällig gewordenen Mieten und ggf. den Kosten der Räumung jedenfalls dann um reine Nachlassverbindlichkeiten, wenn das Mietverhältnis innerhalb der in Abs 2 bestimmten Frist beendet wird.[6] Der Erbe kann seine Haftung dann nach den erbrechtlichen Bestimmungen auf den Nachlass beschränken und haftet mit seinem übrigen Privatvermögen nicht.

III. Kündigung des Mietverhältnisses (S 2)

1. Allgemeines. Nach S 2 steht sowohl dem Erben als auch dem Vermieter ein Recht 4 zur **außerordentlichen Kündigung mit der gesetzlichen Frist** zu, die sich aus § 573d Abs 1, 2 ergibt. Sie beträgt drei Monate abzüglich der Karenzzeit von drei Werktagen, mit Ausnahme der in § 549 Abs 2 Nr 2 genannten Wohnungen, für die die kürzere Frist des § 573d Abs 2 S 1 HS 2 gilt. Die Kündigung kann nur innerhalb eines Monats nach Kenntnis von dem Tod des Mieters und davon, dass ein Eintritt in das Mietverhältnis (§ 563 Abs 1, 2) oder eine Fortsetzung (§ 563a Abs 1) nicht stattgefunden hat, erfolgen.

2. Kündigung des Erben. Das Recht zur außerordentlichen befristeten Kündigung 5 des Mietverhältnisses steht dem Erben des Mieters zu. Eine Legitimation des Erben ist auch für einseitige Rechtsgeschäfte wie die Kündigung aus § 564 S 2 nicht vorgeschrieben.[7] Ist Nachlassverwaltung oder Testamentsvollstreckung angeordnet, steht das Kündigungsrecht nicht dem Erben, sondern nur dem Nachlassverwalter oder Testamentsvollstrecker zu.[8] Bei Nachlassinsolvenz (§§ 315ff InsO) ist nach § 80 Abs 1 InsO allein der Insolvenzverwalter zur Kündigung befugt. Hat der Mieter mehrere Erben hinterlassen, kann das Recht zur außerordentlichen Kündigung grundsätzlich nur von allen Erben gemeinsam ausgeübt werden.[9] Es genügt aber, wenn sie einen Miterben bevollmächtigen oder im Voraus in dessen Kündigung einwilligen. Außerdem können die Erben ein Mietverhältnis über eine zum Nachlass gehörende Sache gem § 2038 Abs 1 S 2 wirksam mit Stimmenmehrheit kündigen, wenn sich die Kündigung als Maßnahme der ordnungsgemäßen Verwaltung darstellt.[10] Das Kündigungsrecht des § 564 S 2 steht dem Erben auch dann zu, wenn er zuvor als Haushaltsangehöriger in das Mietverhältnis eingetreten war, den Eintritt aber fristgerecht abgelehnt hatte, da er eine Doppelstellung als Erbe und Eintrittsberechtigter iS des § 563 Abs 1 oder 2 innehat. Das Kündigungsrecht ist dagegen ausgeschlossen, wenn der Eintritt nach § 563 Abs 1 oder 2 endgültig vollzogen ist. Eine vor Ablauf der Frist des § 563 Abs 3 auf S 2 gestützte Kündigung des Erben, der zugleich eintrittsberechtigt ist, kann als Ablehnungserklärung und zugleich als außerordentliche Kündigung mit der gesetzlichen Frist gedeutet werden, wenn der Erbe den Wohnraum erkennbar noch eine beschränkte Zeit für die Dauer der Kündigungsfrist behalten will.

3. Kündigung des Vermieters. In gleicher Weise wie dem Erben steht dem Vermieter 6 ein Recht zur außerordentlichen Kündigung mit der gesetzlichen Frist zu. Handelt es sich um mehrere Vermieter, können sie von ihrem Kündigungsrecht nur einheitlich Gebrauch

---

6 BGH v. 23.1.2013 – VIII ZR 68/12, NJW 2013, 933; KG v. 9.1.2006 – 8 U 111/05, NJW 2006, 2561.
7 KG JW 1918, 517; MünchKomm/*Häublein* § 564 Rn 10; *Palandt/Weidenkaff* § 564 Rn 7; *Schmidt-Futterer/Streyl* § 564 Rn 9.
8 RGZ 74, 35, 36f; *Palandt/Weidenkaff* § 564 Rn 7; **aM** OLG Augsburg OLGE 17, 14.
9 *Palandt/Weidenkaff* § 564 Rn 7; *Schmidt-Futterer/Streyl* § 564 Rn 8; **aM** BGH LM Nr 1 zu § 2038 BGB.
10 BGHZ 183, 131, 138ff = NJW 2010, 765; vgl auch BGH NZM 2010, 741.

Christian Rolfs

machen.[11] Die Kündigung muss gegenüber dem Erben erklärt werden,[12] soweit nicht eine andere Person empfangszuständig ist (Rn 5). Handelt es sich um mehrere Erben, muss der Vermieter allen gegenüber kündigen. Dies gilt auch, wenn nur einer der Miterben die Mietsache in Gebrauch genommen, zB die Wohnung des Erblassers bezogen hat. Die allen Miterben gegenüber erforderliche Kündigung kann nur bei einer Empfangsvollmacht nach § 164 Abs 3 an den einzelnen Miterben gerichtet werden. Eine Erbauseinandersetzung kann aber in der Weise auszulegen sein, dass damit eine Empfangsvollmacht des Miterben verbunden ist, der die Mietsache allein übernehmen sollte. Eine vor Ablauf der Ablehnungsfrist ausgesprochene Kündigung des Vermieters kann nur auf § 563 Abs 4 gestützt werden und bedarf daher eines wichtigen Grundes, solange der Eintritt auf Grund des § 563 Abs 1 oder 2 noch fortbesteht.[13] Lehnt der Berechtigte anschließend ab und wird das Mietverhältnis daraufhin mit ihm in seiner Eigenschaft als Erbe fortgesetzt, so kann die Erklärung des Vermieters bei einem entsprechend erkennbaren Willen unabhängig vom Vorliegen eines wichtigen Grundes als Kündigung iS des § 564 S 2 aufrechterhalten werden. Sie wirkt zu demselben Termin, da der Eintritt nach § 563 Abs 3 rückwirkend als nicht erfolgt gilt. Die Kündigungsfrist ist deshalb nicht erst vom Zeitpunkt der Ablehnung an zu berechnen. Bei der Kündigung durch den Vermieter ist die Anwendung der §§ 573ff nach § 573d Abs 1, § 575a Abs 1 ausgeschlossen.[14] Die Sozialklausel (§§ 574 bis 574c, § 575a Abs 2) gilt aber.[15] Dies ergibt sich aus der systematischen Stellung der §§ 574ff und aus der eindeutigen Verweisung des § 575a Abs 2.

7 **4. Kündigungsfrist und Kündigungstermin.** Erbe und Vermieter sind berechtigt, das Mietverhältnis unter Einhaltung der gesetzlichen Frist zu kündigen. Diese Frist ergibt sich aus § 573d Abs 1, 2.[16] Die Monatsfrist des § 564 beginnt erst mit der Kenntnis von dem Umstand, dass niemand in das Mietverhältnis eingetreten ist oder es fortgesetzt hat. Das Gleiche gilt umgekehrt für den Erben. Die Frist beträgt daher vom Tod des Mieters an mindestens zwei Monate. Da die Kündigung das Mietverhältnis erst zum Kündigungstermin beendet, bleibt die Haftung des Erben für die bis dahin entstandenen Mietverbindlichkeiten unberührt. Die Kündigungsfrist ist nicht von der Annahme der Erbschaft abhängig. Die Kündigung ist schon dem vorläufigen Erben möglich.[17] Ebenso kann der Vermieter gegenüber dem vorläufigen Erben kündigen. Die Wirkung der Kündigung wird nach § 1959 Abs 2 und 3 durch eine spätere Ausschlagung der Erbschaft nicht in jedem Fall beeinträchtigt.

8 Stirbt der Mieter nach Abschluss des Mietvertrags, aber **vor Beginn der Mietzeit,** so ist es nach Sinn und Zweck des § 564 S 2 geboten, die außerordentliche Kündigung sofort zuzulassen. Deshalb kann der Kündigungstermin schon vor Beginn der Mietzeit liegen.[18] Entscheidend ist nur, dass die vertragliche Bindung bereits besteht und deshalb eine Lösung im Wege der außerordentlichen Kündigung notwendig ist. Haben die Parteien hie-

---

11 *Staudinger/Rolfs* (2011) § 542 Rn 14.
12 OLG Hamm WuM 1981, 263.
13 *Staudinger/Rolfs* (2011) § 563 Rn 48ff.
14 *Bamberger/Roth/Herrmann* § 564 Rn 4; *Blank/Börstinghaus/Blank* § 564 Rn 31; *Herrlein/Kandelhard/Kandelhard* § 564 Rn 3.
15 *Blank/Börstinghaus/Blank* § 564 Rn 32; *Palandt/Weidenkaff* § 564 Rn 9; *Schmidt-Futterer/Streyl* § 564 Rn 6.
16 *Bamberger/Roth/Herrmann* § 564 Rn 7.
17 *Erman/Jendrek* § 564 Rn 9.
18 KG OLGE 20, 191; *Blank/Börstinghaus/Blank* § 564 Rn 37.

rüber keine Vereinbarung getroffen, kann die Kündigungsfrist mit dem Zugang der Kündigungserklärung beginnen.[19]

IV. Abweichende Vereinbarungen

Die Subsidiaritätsklausel des S 1 ist insoweit **zwingender Natur,** als dies nach § 563 **9** Abs 5, § 563a Abs 3 für die dortigen Bestimmungen gilt (§ 563 Rn 26; § 563a Rn 6). Nach nahezu einhelliger Meinung ist die Regelung des S 2 dispositiv.[20] Sie steht im Interesse beider Parteien und ist deshalb jedenfalls abweichenden Individualvereinbarungen zugänglich. Dies gilt auch zulasten des Erben. Die Parteien können das außerordentliche Kündigungsrecht ganz oder für einen Vertragsteil ausschließen oder die Voraussetzungen für die eine oder für beide Parteien erleichtern oder verschärfen. Sie können auch eine andere Kündigungsfrist bestimmen, soweit hierzu im Rahmen des § 573d Abs 1, 2 Raum ist. Ein Teil des Schrifttums hält S 2 auch durch einen **Formularmietvertrag** für abdingbar. Ein Verstoß gegen § 307 Abs 2 Nr 1, Abs 1 sei nicht anzunehmen, da die Regelung nicht zum Leitbild der Miete gehöre.[21] Dem ist nicht zuzustimmen, da die wirtschaftlichen Belastungen für die Erben des Mieters unabsehbar sind, insbesondere wenn sie keinen Bedarf an der Mietsache haben, und auch für den Vermieter die Grundlage für eine weitere Fortführung des Mietverhältnisses entfallen kann.

§ 565

Gewerbliche Weitervermietung

[1] Soll der Mieter nach dem Mietvertrag den gemieteten Wohnraum gewerblich einem Dritten zu Wohnzwecken weitervermieten, so tritt der Vermieter bei der Beendigung des Mietverhältnisses in die Rechte und Pflichten aus dem Mietverhältnis zwischen dem Mieter und dem Dritten ein. Schließt der Vermieter erneut einen Mietvertrag zur gewerblichen Weitervermietung ab, so tritt der Mieter anstelle der bisherigen Vertragspartei in die Rechte und Pflichten aus dem Mietverhältnis mit dem Dritten ein.
[2] Die §§ 566a bis 566e gelten entsprechend.
[3] Eine zum Nachteil des Dritten abweichende Vereinbarung ist unwirksam.

---

19 BGHZ 73, 350, 353 = NJW 1979, 1288.
20 RGZ 74, 35, 37; OLG Hamburg OLGE 7, 464; OLG Hamburg OLGE 11, 314; *Bamberger/Roth/Herrmann* § 564 Rn 8; *Palandt/Weidenkaff* § 564 Rn 3; *Prütting/Wegen/Weinreich/Riecke* § 564 Rn 10.
21 *Blank/Börstinghaus/Blank* § 564 Rn 43; *Bub/Treier/Bub* Rn II 543.

Christian Rolfs/Volker Emmerich

1   **1. Anwendungsbereich.** Das Gesetz regelt in § 565 Abs 1 nach dem Vorbild des § 566 in zwei Fällen der gewerblichen Zwischenvermietung den **Eintritt des (Haupt-)Vermieters oder** eines neuen **Zwischenvermieters** (vom Gesetz als „Mieter" bezeichnet) in einen von dem ersten Zwischenvermieter abgeschlossenen Wohnraummietvertrag mit einem „Dritten", dem Untermieter, um diesem den Schutz des sozialen Wohnraummietrechts trotz der Einschaltung eines gewerblichen Zwischenvermieters zugutekommen zu lassen. Dadurch soll die Entstehung eines vertragslosen Zustandes bei Beendigung des Hauptmietvertrages verhindert werden.[1] **Voraussetzung** ist, dass der der Hauptmieter oder Zwischenvermieter (der „Mieter" in der Terminologie des Gesetzes) nach dem Mietvertrag mit dem Hauptvermieter (dem „Vermieter") den gemieteten Wohnraum gewerblich einem „Dritten" (dem Untermieter) zu Wohnzwecken weitervermieten soll. Die Anwendbarkeit des § 565 setzt mithin zweierlei voraus, zunächst, dass der **Zweck des Hauptmietvertrages** gerade darin besteht, die **angemieteten Räume als Wohnraum** iS des § 549 Abs 2 Nrn 1 und 2 und Abs 3 **weiterzuvermieten** (Rn 2), zum anderen, dass der „**Mieter**" **gewerblich** handelt (Rn 3).

2   Erste Voraussetzung der Anwendbarkeit des § 565 ist nach dem Gesagten (Rn 1), dass der **Zweck** des Hauptmietvertrages in der **Weitervermietung** der fraglichen Räume **zu Wohnzwecken** besteht. Es genügt, wenn sich dieser Zweck konkludent aus dem Vertrag ergibt. **Formbedürftig** ist die Zweckabrede nur im Falle des § 550. Bei **Mischmietverhältnissen** (Vorbem 10 zu § 535) kommt es darauf an, ob die mietrechtlichen Elemente überwiegen; bei **Heimverträgen** wird das häufig zu verneinen sein, so dass § 565 auf sie nicht angewandt werden kann, selbst wenn das Heim in gemieteten Räumen betrieben wird.[2] Bei der **Verfolgung anderer Zwecke**, insbesondere bei einer **Weitervermietung zu gewerblichen Zwecken**, ist gleichfalls kein Raum für die Anwendung des § 565, auch nicht, wenn der Hauptvermieter mit der Weitervermietung des Grundstücks an den Untermieter einverstanden gewesen war.[3] Ebenso ist zu entscheiden, wenn dem Dritten der Wohnraum nicht gerade aufgrund eines Wohnraummietvertrages, sondern aufgrund eines anderen Verhältnisses, zB als Sachleistung für Asylbewerber, überlassen wird.[4] Nicht erforderlich ist jedoch, dass dem Untermieter bei Beendigung der Zwischenvermietung die Wohnung bereits überlassen war.[5]

3   Zweite Voraussetzungen für die Anwendung des § 565 ist nach dessen Abs 1, dass der „**Mieter**", dh der Hauptmieter und Zwischenvermieter, **bei der Weitervermietung gewerblich handelt.** Gewerbliches Handeln setzt nach herkömmlichem Verständnis eine geschäftsmäßige, auf Dauer gerichtete Tätigkeit in *Gewinnerzielungsabsicht* oder doch jedenfalls im eigenen wirtschaftlichen Interesse voraus.[6] Daraus haben sich Probleme vor allem in solchen Fällen ergeben, in denen der Zwischenvermieter zwar geschäftsmäßig, jedoch nicht mit Gewinnerzielungsabsicht, sondern **primär zu anderen Zwecken** handelt, wobei in erster Linie an **gemeinnützige, mildtätige, karitative und fürsorgerische Zwecke** zu denken ist. **Beispiele** sind gemeinnützige und karitative Vereinigungen, die Wohnraum anmieten, um ihn an von ihnen betreute Personen weiterzuvermieten, sowie die Anmietung von Wohnraum durch Arbeitgeber zum Zwecke der Versorgung ihrer

---

1 BayObLGZ 1995, 289 = NJW-RR 1996, 76.
2 S o Vorbem 23 zu § 535; *Drasdo* NZM 2008, 665, 674.
3 *Kunze* NZM 2012, 740, 744 f; anders *Derleder* NZM 2009, 8, 12; *St Gregor* WuM 2008, 435, 437f.
4 BGH NZM 1999, 219 Nr 3.
5 *Blank* WuM 1993, 513, 514; *Palandt/Weidenkaff* § 565 Rn 4.
6 BGHZ 133, 142, 148 = NJW 1996, 2862; BayObLGZ 1995, 256 = NJW-RR 1996, 73; KG ZMR 2013, 108, 109; *Kunze* NZM 2012, 740; 745 ff.

Mitarbeiter mit Wohnraum. In diesen Fällen ist umstritten, ob Raum für eine entsprechende Anwendung des § 565 ist.[7] Nach der bisher **überwiegenden Meinung** ist oder war doch die Frage zu verneinen.[8] Die **Gegenmeinung** beruft sich vor allem auf Art 3 Abs 1 GG.[9] Nach wieder anderen soll nach unterschiedlichen Kriterien **differenziert** werden, um der je unterschiedlichen Interessenlage der Beteiligten gerecht werden zu können.[10]

Die **Rechtsprechung** ist uneinheitlich. Während früher die Ablehnung einer analo- 4 gen Anwendung des § 565 in den genannten Fällen (o Rn 3) überwog,[11] sind neuerdings gegenläufige Tendenzen unübersehbar, jedenfalls **bei Einschaltung gemeinnütziger Vereine** sowie in vergleichbaren Fällen.[12] Anders ist aber auf jeden Fall bei entgegenstehenden **überwiegenden Interessen des Vermieters** zu entscheiden. Zur Abgrenzung dieser eigenartigen Fälle wird z.T. auf eine besondere Nähebeziehung zwischen Untervermieter und Untermieter, zum Teil auf eine Analogie zu § 549 Abs 2 Nr 3 abgestellt.[13] – § 565 ist ferner analog anwendbar in den Fällen des **Rechtsmissbrauchs**, die dadurch gekennzeichnet sind, dass in einen Wohnraummietvertrag beliebige Dritte als Zwischenvermieter nur zu dem Zweck eingeschaltet werden, dem (Unter-)Mieter den Schutz des sozialen Wohnraummietrechts zu nehmen.[14] In der Praxis sind derartige Fälle indessen bisher nicht hervorgetreten.

2. Rechtsfolgen
a) Konstruktion. Das Gesetz ordnet in § 565 Abs 1 S 1 und S 2 in zwei Fällen den Eintritt 5 einer neuen Vertragspartei in den Wohnraummietvertrag mit dem Dritten, dem Untermieter ein. Als **Vorbild** für diese Regelung hat **§ 566** gedient. Daraus wird trotz der von § 566 Abs 1 abweichenden Formulierung des § 565 Abs 1 überwiegend der Schluss gezogen, dass sich der **Eintritt** der neuen Vertragspartei hier (ebenso wie in den Fällen des § 566) **durch Entstehung eines neuen Mietvertrages kraft Gesetzes** zwischen dem Hauptvermieter und dem neuen Zwischenvermieter oder dem Untermieter vollzieht,[15] *nicht* etwa im Wege einer vollständigen *Vertragsübernahme* durch die neuen Vertragsparteien.[16] Die Folge ist, dass es (ebenso wie in den Fällen des § 566) im Augenblick des Eintritts der neuen Vertragspartei, dh im Falle des § 565 Abs 1 S 1 bei Beendigung des Hauptmietvertrages und im Falle des § 565 Abs 1 S 2 bei Eintritt des neuen Zwischenvermieters, zu einer **Zäsur** dergestalt kommt, dass **alle** schon vorher **begründeten Rechte und Pflichten** aus dem Mietverhältnis weiterhin **zwischen den bisherigen Parteien** abzuwickeln sind (str). Auch schon entstandene Schadensersatzansprüche des Mieters richten sich daher weiter gegen die bisherige Vertragspartei, der gleichsam zum Ausgleich auch allein die Ansprüche auf

7 S im Einzelnen *Kunze* NZM 2012, 740, 747 ff mN..
8 *Franke/Geldmacher* ZMR 1993, 548, 554; *Gather* PiG Bd 52 (1997) 93, 104f; *Lammel* § 565 Rn 19; *Palandt/Weidenkaff* § 565 Rn 2.
9 *Beuermann* GE 1993, 1068, 1075; *Blank* WuM 1993, 574; *Blank/Börstinghaus* § 565 Rn 8; *St Gregor* WuM 2008, 435, 437f; *Pauly* ZMR 1997, 275, 277f.
10 S *Kunze* NZM 2012, 740, 748 f m Nachw.
11 BGHZ 133, 142, 148ff = NJW 1996, 2862; BayObLGZ 1995, 256 = NJW-RR 1996, 73; BayObLGZ 1995, 282 = NJW-RR 1996, 71; KG ZMR 2013, 108, 109 f; AG Wedding GE 2012, 207.
12 BGH NJW 2003, 3054 = NZM 2003, 759; LG Berlin GE 1993, 45; LG Duisburg NJW-RR 1997, 1169 = ZMR 1997, 355; ähnlich schon BayObLGZ 1995, 289 = NJW-RR 1996, 76; – dagegen aber wieder KG ZMR 2013, 108, 109 f; AG Wedding GE 2012, 207.
13 *Blank/Börstinghaus* Rn. 18; *Schmidt-Futterer/Blank* Rn 17.
14 *Gather* PiG Bd 52 (1997) 93, 104f.
15 S. mN *Kunze* NZM 2012, 740, 750 f.
16 So *Derleder* NZM 2009, 8, 12; *ders/Bartels* JZ 1997, 981, 985ff; offen gelassen in BGH NJW 2005, 2552, 2553 = NZM 2005, 538.

Mietrückstände zustehen.[17] Hinsichtlich der Abrechnung der Betriebskosten ist gleichfalls ebenso wie bei § 566 zu verfahren.[18] Nach Treu und Glauben ist der neue (Unter-)Vermieter ferner verpflichtet, den Untermieter umgehend über die neue Rechtslage zu **informieren**, widrigenfalls er sich ersatzpflichtig macht (§§ 241 Abs 2, 242 und 280 Abs 1), etwa, wenn der Mieter infolge seiner Unkenntnis über die Veränderung der Rechtslage an den falschen Vermieter zahlt (s im Übrigen § 566e und dazu u Rn 9).

6   **b) Fälle.** Der **erste Fall**, in dem es nach § 565 Abs 1 **S 1** zu dem Eintritt einer neuen Vertragspartei kommt, ist der, dass bei der gewerblichen Weiter- oder Zwischenvermietung der **Hauptmietvertrag** zwischen dem Vermieter und dem gewerblichen Zwischenvermieter **endet**. Keine Rolle spielt, aus welchem **Grund** es zur Beendigung des Hauptmietvertrages kommt. § 565 gilt daher zB auch bei einer Kündigung des Hauptmietvertrages nach § 57a ZVG,[19] oder wenn der Insolvenzverwalter über das Vermögen des Zwischenvermieters den Mietvertrag nach § 109 InsO kündigt. Im Falle eines Aufhebungsvertrages zwischen dem Hauptvermieter und dem gewerblichen Zwischenvermieter findet § 565 Abs 1 S 1 ebenfalls Anwendung.[20] Die Parteien können nichts anderes vereinbaren (§ 565 Abs 3; Rn 10).

7   Der **zweite Fall**, in dem § 565 Abs 1 **S 2** einen Wechsel der Vertragspartei anordnet, ist der, dass der **Vermieter** (nach Ausscheiden des ersten Zwischenvermieters) **erneut** einen **Mietvertrag mit** einem **gewerblichen Zwischenvermieter** abschließt. Das kann ein neuer Zwischenvermieter oder der bisherige sein. In jedem Fall **entsteht** mit Abschluss des neuen Hauptmietvertrages zwischen Hauptvermieter und zweitem gewerblichen Zwischenvermieter **zugleich** ein **neuer Untermietvertrag** mit dem Dritten, dem (bisherigen) Untermieter. Liegt zwischen der Beendigung des ersten Hauptmietvertrages und dem Abschluss eines neuen Hauptmietvertrages mit einem zweiten gewerblichen Zwischenvermieter eine **Zeitspanne**, so kommt es infolgedessen zu einem mehrfachen Wechsel des Vermieters.[21]

3. Entsprechende Anwendung der §§ 566a bis 566e

8   **a) § 566a.** Gemäß § 565 Abs 2 gelten die § 566a bis 566e in den beiden Fällen des § 565 Abs 1 (o Rn 7f) entsprechend. In Verbindung mit § 566a regelt § 565 Abs 2 folglich zunächst den Fall, dass der Untermieter an den (ersten) Zwischenvermieter eine **Sicherheit geleistet** hatte. Nach § 566a S 1 tritt in diesem Fall der Vermieter bzw der neue Zwischenvermieter (§ 565 Abs 1 S 1 und 2) in die durch die Sicherheit begründeten Rechte und Pflichten ein (s u § 556a Rn 5ff). Hatte der erste Zwischenvermieter die Sicherheit bereits ganz oder teilweise in Anspruch genommen, so kann der eintretende Vermieter oder Zwischenvermieter die Wiederauffüllung der Sicherheit, insbesondere also die Nachzahlung einer Barkaution verlangen. Aus § 566a S 2 folgt zugleich, dass der Mieter die Sicherheit in jedem Fall von dem eintretenden Vermieter oder Zwischenvermieter (s § 565 Abs 1 S 1 und 2) und hilfsweise von dem ersten Zwischenvermieter **zurückverlangen** kann, womit sich eine alte Streitfrage erledigt hat.[22]

---

17 **AM** *Lammel* § 565 Rn 24f.
18 § 566 Rn 36; anders *Derleder* NZM 2008, 9, 12.
19 LG Berlin GE 2009, 910.
20 *Gather* PiG Bd 52 (1997) 93, 98.
21 *Blank* WuM 1993, 574; *Blank/Börstinghaus* § 565 Rn 45.
22 LG Berlin GE 2009, 910.

b) §§ 566b bis 566e. Entsprechend anwendbar sind außerdem die § 566b bis 566d **9** über **Vorausverfügungen** des ersten Zwischenvermieters über die Miete sowie über **Rechtsgeschäfte** zwischen (erstem) Zwischenvermieter und Untermieter einschließlich der Tilgung der Miete. – Zeigt der **erste gewerbliche Zwischenvermieter dem Untermieter das Ende des Hauptmietvertrages** mit der Folge **an**, dass entweder der Hauptvermieter oder der neue Zwischenvermieter in den (Unter-)Mietvertrag eintritt, so kann der Untermieter gemäß **§ 566e** auf diese Mitteilung vertrauen und mit befreiender Wirkung an den ihm bezeichneten neuen Vertragspartner zahlen, selbst wenn dieser tatsächlich *nicht* in den Vertrag eingetreten sein sollte.[23]

4. Abweichende Vereinbarungen. Nach **§ 565 Abs 3** ist eine zum Nachteil des **10** Dritten, dh des Untermieters von § 565 abweichende Vereinbarung unwirksam. Durch eine **Vereinbarung zwischen Hauptvermieter und gewerblichem Zwischenvermieter** kann daher in den Fällen des § 565 Abs 1 (o Rn 6f) der Eintritt des Hauptvermieters oder des neuen gewerblichen Zwischenvermieters in den (Unter-)Mietvertrag zum Nachteil des Untermieters nicht verhindert werden. Ebenso wenig sind in dem **Untermietvertrag** Vereinbarungen möglich, durch die der Untermieter um die Vorteile der gesetzlichen Regelung in § 565 gebracht werden soll.[24] Beispiele sind die Vereinbarung, dass der Untermietvertrag auflösend bedingt durch den Bestand des Hauptmietvertrages ist (s § 572 Abs 2) oder dass der Untermietvertrag nur für die Zeit des Bestandes des Hauptmietvertrages gilt (§ 575). Auch zusätzliche Kündigungsrechte für den Hauptmieter und Zwischenvermieter bei Beendigung des Hauptmietvertrages widersprechen dem § 565 Abs 3. Vereinbarungen, durch die die **Rechtsstellung** des Untermieters **verbessert** wird, bleiben dagegen möglich. Der wichtigste Fall ist die Ersetzung der eigentümlichen Regelung des § 565 durch die vollständige Vertragsübernahme seitens des Vermieters oder des neuen Zwischenvermieters im Wege des Zusammenwirkens aller Beteiligten.[25]

§ 566
Kauf bricht nicht Miete

[1] Wird der vermietete Wohnraum nach der Überlassung an den Mieter von dem Vermieter an einen Dritten veräußert, so tritt der Erwerber anstelle des Vermieters in die sich während der Dauer seines Eigentums aus dem Mietverhältnis ergebenden Rechte und Pflichten ein.

[2] Erfüllt der Erwerber die Pflichten nicht, so haftet der Vermieter für den von dem Erwerber zu ersetzenden Schaden wie ein Bürge, der auf die Einrede der Vorausklage verzichtet hat. Erlangt der Mieter von dem Übergang des Eigentums durch Mitteilung des Vermieters Kenntnis, so wird der Vermieter von der Haftung befreit, wenn nicht der Mieter das Mietverhältnis zum ersten Termin kündigt, zu dem die Kündigung zulässig ist.

---

23 *Derleder/Bartels* JZ 1997, 981, 986f.
24 LG Darmstadt WuM 2003, 31.
25 S o Rn 5; LG Darmstadt WuM 2003, 31.

Volker Emmerich

Schrifttum

Dörner Dynamische Relativität (1985); *Dulckeit* Die Verdinglichung obligatorischer Rechte (1951); *Genius* Der Bestandsschutz des Mietverhältnisses in seiner historischen   bis zu den Naturrechtskodifikationen (1972); *Jüttner* Zur Geschichte des Grundsatzes „Kauf bricht nicht Miete" (1960); *Löning* Die Grundstücksmiete als dingliches Recht (1930); *v Stebut* Der soziale Schutz als Regelungsproblem des Vertragsrechts (1982); *Wolter* Mietrechtlicher Bestandsschutz (1984).

I. Grundgedanke, Zweck

Die §§ 566 Abs 1 und 578 bestimmen, dass im Falle der Veräußerung des vermieteten **1** Grundstücks nach dessen Überlassung an den Mieter der Erwerber anstelle des Vermieters in die sich während der Dauer seines Eigentums aus dem Mietverhältnis ergebenden Rechte und Pflichten eintritt. § 566 entspricht dem **§ 571 aF**, mit dem sich das BGB schließlich nach langen Auseinandersetzungen für den Grundsatz **„Kauf bricht nicht Miete"** und gegen den gemeinrechtlichen Grundsatz „Kauf bricht Miete" entschieden hatte. **Zweck** der der Regelung der §§ 566 bis 567b ist in erster Linie ein **Schutz des Mieters** gegen seine vorzeitige „Austreibung" infolge einer Veräußerung des vermieteten Grundstücks.[1] Die Vorschriften der §§ 566ff sind daher durchgängig als ausgesprochene Mieterschutzbestimmungen zu verstehen.[2]

Die **rechtliche Konstruktion** des durch § 566 angeordneten Eintritts des Erwerbers in **2** den Mietvertrag ist umstritten.[3] Häufig wird § 566, namentlich in Verbindung mit anderen in dieselbe Richtung weisenden Vorschriften, als Ausdruck einer zunehmenden **Verding-**

---

1 Mot II 383f; Prot II 137f.
2 BGHZ 107, 315, 119f = NJW 1989, 2053; BGHZ 141, 160, 167 = NJW 1999, 1857; BGHZ 141, 239, 247f = NJW 1999, 2177; BGH NJW 2003, 2987 = NZM 2003, 716, 717; NJW 2008, 2773 Tz 10 = NZM 2008, 726.
3 S *Dörner* Relativität, 357ff; *Emmerich* PiG Bd 37 (1993) 35, 38f; *Löning* Grundstücksmiete, 161ff; *Streyl* NZM 2010, 343.

Volker Emmerich

lichung der Miete interpretiert.[4] Nach überwiegender Meinung ordnet § 566 dagegen nur den **Eintritt des Erwerbers** in das Mietverhältnis **für die Dauer seines Eigentums** an Stelle des Veräußerers an. Es wird mit anderen Worten so angesehen, als ob im Augenblick des Eigentumsübergangs kraft Gesetzes in der Person des Erwerbers ein *neues* Mietverhältnis *entsteht*, freilich mit demselben Inhalt wie mit dem Veräußerer.[5] Die (wenig passende) Konsequenz dieser **Novationslösung** ist freilich die **Unanwendbarkeit der §§ 404ff,**[6] ohne deren entsprechende Anwendung tatsächlich häufig nicht auszukommen ist. Deshalb findet in jüngster Zeit das Verständnis des § 566 als Ausdruck eines auch sonst vorkommenden **Sukzessionsschutzes** zu Recht wieder wachsende Zustimmung.[7] § 566 wird mit anderen Worten als ein gesetzlich besonders geregelter Fall der **Rechtsnachfolge** im Sinne der §§ 398 und 412 verstanden, wodurch es möglich wird, in geeigneten Fällen insbesondere in Ergänzung zu den §§ 566a ff auf die **§§ 404 ff zurückzugreifen**, wozu auch die Rechtsprechung in bestimmten Fallgestaltungen immer wieder tendiert.[8] Dies zeigt zugleich, dass § 566 auch **nicht** im Sinne einer **Verdinglichung** der Grundstücksmiete interpretiert werden darf, so dass der Abschluss eines Mietvertrages selbst nach Überlassung des Grundstücks oder der Räume an den Mieter **keine Verfügung** darstellt. Insbesondere ein *gutgläubiger Erwerb* des Mietrechts vom Nichteigentümer nach den §§ 893 und 2367 kommt nicht in Betracht.[9] **§ 883 Abs 2** findet auf die Vermietung eines Grundstücks nach Bestellung einer Vormerkung gleichfalls *keine* Anwendung.[10]

II. Anwendungsbereich

3   **1. Grundstücksmiete.** Der unmittelbare Anwendungsbereich des § 566 ergibt sich im einzelnen aus den §§ 549, 566 Abs 1, 578 Abs 1 und 2, 578a Abs 1, 581 Abs 2 und 593b. Er umfasst danach insbesondere die **Vermietung und Verpachtung von Räumen, Grundstücken** und eingetragenen **Schiffen** einschließlich der Verträge über **Grundstücksteile** wie zB Außenwände oder Dächer von Gebäuden, etwa zur Anbringung von Reklameschriften oder Automaten.[11] § 566 gilt ferner entsprechend für die Veräußerung und Belastung von in die Luftfahrzeugrolle eingetragenen **Flugzeugen** (§ 98 Abs 2 des Gesetzes über Rechte an Luftfahrzeugen von 1959, BGBl I 57), von Eigenjagdbezirken (§ 14 BJagdG) und von Fischereirechten (vgl Art 69 EGBGB in Verb mit den landesrechtlichen Ausführungsvorschriften). Außerdem gehören hierher in der Regel Verträge über die **Ausbeutung von Bodenschätzen**, sofern das Schwergewicht des Vertrages auf der Fruchtgewinnung

---

4 *Börstinghaus* PiG Bd 70 (2005) 65, 66f = NZM 2004, 481; *Canaris* in: FS Flume Bd I (1978) 371, 392ff; *Dulckeit* Verdinglichung, 20, 64ff; *Otte* in: FS Wieacker (1978) 464; *Löning* (vorige Fn); *Wacke* in: FS Gernhuber (1993) 489, 516ff; *Wieling* in: Gedschr Sonnenschein, 201, 211ff.

5 RGZ 102, 177, 178; 103, 166, 167; BGHZ 53, 174, 179 = NJW 1970, 752; BGHZ 166, 125, 130f = NJW 2006, 1800, 1801; BGH NJW 2008, 2256 Tz 17 = NZM 2008, 519; NJW 2012, 3032 Tz 25 = NZM 2012, 681 = WuM 2012, 560, 562.

6 So BGHZ 166, 125, 131 Tz 15 = NJW 2006, 1800, 1801; BGH LM Nr 7 zu § 566 BGB (Bl 3) = NJW 1962, 1388.

7 *Derleder/Bartels* JZ 1997, 981, 983f; *Dörner*, Relativität, 357ff; *Dötsch* ZMR 2011, 257, 258 f; *ders* NZM 2012, 296, 297; *Emmerich* PiG Bd 37 (1993) 35, 38f; *ders*, in: 10 Jahre Mietrechtsreformgesetz (2011) 722; *Streyl* NZM 2010, 343, 346 ff; *Weitemeyer*, in: FS Blank (2006) 445, 453 ff.

8 BGH NJW-RR 2002, 730 = NZM 2002, 291; NJW 2012, 1881 Tz 15 ff = NZM 2012, 638 = WuM 2012, 325, 327 (für § 407).

9 RGZ 106, 109, 111f; 124, 325, 327; KG JW 1929, 2893, 2894 Nr 6; **aM** *Canaris* in: FS Flume I, 371, 392ff; *Wieling* in: Gedschr Sonnenschein, 201, 216f.

10 BGHZ 13, 1, 3ff = NJW 1954, 953; BGH LM Nr 13 zu § 883 BGB = MDR 1974, 919; *Otte* in: Gedschr Sonnenschein, 181, 182ff; **aM** *Wieling* das, 101, 116ff.

11 S o § 535 Rn 2 und u § 578 Rn 2f; OLG München NJW 1972, 1995f; NJW-RR 1992, 270.

durch den Berechtigten liegt wie insbesondere bei Verträgen über den Abbau von Kies, Bims oder Kohle.[12] Grundstücksmiete im Sinne der §§ 566 und 578 liegt dagegen **nicht** vor, wenn der Schwerpunkt des Vertragsverhältnisses in der **Gestattung des Betriebs eines Gewerbes** in den Räumen eines anderen besteht.[13] § 566 ist daher *nicht* anwendbar auf Automatenaufstellverträge,[14] auf die Gestattung des Betriebes einer Wechselstube oder einer Buchhandlung in Bahnhofsräumen oder in einer Hotelhalle,[15] auf Verträge, durch die ein Grundstückseigentümer einem Unternehmen das ausschließliche Recht einräumt, auf dem Grundstück eine Breitbandkabelanlage zu errichten, zu unterhalten und mit den Wohnungseigentümern Einzelanschlussverträge abzuschließen.[16] sowie auf die Überlassung eines Platzes in einer Markthalle zum Ausschank von Getränken.[17] § 566 findet ferner keine Anwendung auf **Untermietverträge** bei einem Wechsel des Hauptmieters und Untervermieters.[18] Genau deshalb enthält das Gesetz jetzt für einen Teil dieser Fälle eine Sonderregelung in § 565.

2. Erbbaurecht. Die §§ 566ff sind anwendbar, wenn der Erbbauberechtigte, der das **4** Grundstück vermietet oder verpachtet hatte, sein Recht **veräußert** oder dieses **erlischt** (§§ 11, 30, 38 ErbbauRG). Dasselbe gilt für die Versteigerung des Erbbaurechts (§§ 11, 24 ErbbauRG).[19] Die Auswirkungen der Bestellung eines Erbbaurechts auf einen **zuvor schon** vom Eigentümer abgeschlossenen Mietvertrag beurteilen sich dagegen nach § 567 S 1 (s u § 567 Rn 3f).

3. Nießbrauch. Eine Übertragung des Nießbrauchs ist nur unter den engen Voraus- **4a** setzungen des § 1059a möglich. Wird der Nießbrauch danach wirksam auf einen Dritten übertragen, so richtet sich der Eintritt dieses Dritten, des Erwerbers des Nießbrauchs, in einen vom Nießbraucher zuvor abgeschlossenen Mietvertrag nach **§ 1059d,** nach dem auf diesen Fall die §§ 566 bis 566e, 567a und 567b entsprechend anzuwenden sind. Diese Regelung gilt entsprechend, wenn der Mietvertrag bereits von dem Eigentümer abgeschlossen worden war und der Nießbraucher selbst erst mit Erwerb seines Rechts nach § 567 S 1 in den Mietvertrag eingetreten war (§ 567 Rn 5ff). Bei **Erlöschen** des Nießbrauchs sind dann folgerichtig gemäß **§ 1056** die Vorschriften der §§ 566ff wiederum anwendbar. Zum Schutz gegen die deshalb auf ihn übergehenden, möglicherweise langfristigen Miet- oder Pachtverträge hat das Gesetz freilich hier dem Eigentümer in **§ 1056 Abs 2** ein **Sonderkündigungsrecht** eingeräumt. Voraussetzung der Anwendung der §§ 1056 und 566 ist aber, dass dem Mieter das Grundstück bereits vor dem Erlöschen des Nießbrauchs übergeben wurde.[20] Die **Kündigungsfrist** ist im Falle des § 1056 Abs 2 die gesetzliche. Bei Wohnraummietverhältnissen müssen zusätzlich die **§§ 568 und 573** beachtet werden.[21] Die Kündigung ist erst **nach Erlöschen** des Nießbrauchs möglich. Eine vorher ausgesprochene

---

12 BGH LM Nr 28 zu § 198 BGB = NZM 2000, 240 = NJW-RR 2000, 647; LM Nr 3 zu § 584b BGB = NJW-RR 2000, 302.
13 BGH NJW 2002, 3322, 3325 = NZM 2002, 924.
14 BGHZ 47, 202, 204 = NJW 1967, 1414.
15 RGZ 108, 369; BGH (vorige Fn); LM Nr 11 zu § 581 BGB = JZ 1955, 47; NJW 2002, 3322, 3323 = NZM 2002, 924.
16 BGH NJW 2002, 3322, 3323 = NZM 2002, 924.
17 BGH LM Nr 31 zu § 581 BGB (Bl 3) = Warn 1967 Nr 250, S 564.
18 BGHZ 107, 315, 319 ff = NJW 1989, 2053.
19 BGH LM Nr 31 zu § 581 BGB = Warn 1967 Nr 250, S 564; LM Nr 9 zu § 289 BGB = NJW-RR 1992, 591.
20 BGHZ 109, 111, 113 = NJW 1990, 443; BGH NJW 2011, 61 = NZG 2010, 1421.
21 LG Münster WuM 1996, 37; AG Fürth WuM 2001, 599, 601.

Volker Emmerich

Kündigung ist unwirksam.[22] Kündigen kann bei Ende des Nießbrauchs zudem nur der Eigentümer, nicht dagegen ein späterer Erwerber des Grundstücks.[23] *Kein* Raum für die Anwendung des § 1056 Abs 2 ist dagegen zum Schutze des Mieters, wenn der Eigentümer **auch persönlich** an den Mietvertrag **gebunden** ist, z.B. weil er noch vor Bewlligung des Nießbrauchs den Mietvertrag seinerzeit selbst abgeschlossen hatte, weil er dem Mietvertrag persönlich beigetreten war oder weil er Alleinerbe des Vermieters ist.[24] – Mit § 1056 vergleichbare Regelungen enthalten schließlich noch **§ 2135** für den Eintritt des Nacherbfalles und **§ 30 ErbbauRG** für das Erlöschen des Erbbaurechts.

5   **4. Wohnungsrecht.** Bei **Erlöschen** eines Wohnungsrechts oder einer sonstigen Dienstbarkeit erlischt ein von dem Berechtigten zuvor noch abgeschlossener Mietvertrag (§ 1093 Abs 1 S 2 BGB, der nicht auf § 1056 verweist).[25] Auf die Bestellung eines Wohnungsrechts **nach Abschluss** eines Mietvertrages über dieselben Räume ist dagegen **§ 567 S 1**, in Ausnahmefällen auch § 567 S 2 anwendbar (s § 567 Rn 4).

6   **5. Wohnungseigentum.** Die Veräußerung vermieteter Eigentumswohnungen unterfällt unmittelbar dem § 566 (s §§ 1, 3 und 13 WEG). Der Erwerber einer vermieteten Eigentumswohnung tritt folglich in den Mietvertrag ein.[26] Probleme ergeben sich daraus nur, wenn an mitvermieteten Räumen oder Gebäudeteilen *gemeinschaftliches Eigentum* der Wohnungseigentümer besteht. In diesem Fall treten nicht etwa die anderen Wohnungseigentümer als Eigentümer der mitvermieteten Teile und Räume gleichfalls in den Mietvertrag ein,[27] vielmehr ist hier, um eine Vervielfältigung des Mietvertrages zu vermeiden, eine Einschränkung des § 566 geboten, sodass **alleiniger Vermieter** der **Erwerber der Eigentumswohnung** wird.[28] Anders ist die Rechtslage jedoch, wenn an den mitvermieteten Räumen **selbständiges Sondereigentum Dritter** begründet wird; in diesem Fall lässt es sich nicht vermeiden, dass die genannten Dritten ebenfalls nach § 566 in den Mietvertrag eintreten, zusammen mit dem Erwerber der Eigentumswohnung.[29] § 566 ist ferner anwendbar, wenn ein **Hausgrundstück gemäß § 8 WEG aufgeteilt** und das jeweilige Wohnungseigentum sodann an verschiedene Personen veräußert wird oder wenn das Grundstück an mehrere Erwerber unter Begründung von Teileigentum für die Erwerber veräußert wird.[30]

7   **6. Zwangsversteigerung; Zwangsverwaltung.** Für den Erwerb in der **Zwangsversteigerung** gelten allein die Sondervorschriften der **§§ 57ff ZVG**. Der **Ersteher** des Grundstücks **tritt** danach zwar in das Mietverhältnis ein (§ 57 ZVG iVm § 566 BGB), kann dieses jedoch **vorzeitig** mit gesetzlicher Frist nach § 57a ZVG **kündigen.**[31] Handelt es sich um

---

22 RGZ 106, 109, 114.
23 BGH NZM 2010, 474 Tz 13ff.
24 BGHZ 109, 111, 117 = NJW 1990, 443;L BGH NJW 2011, 61 = NZM 2011, 73 ; NZM 2012, 558 Tz 13 = WuM 2011, 690; str.
25 *Lammel* § 566 Rn 11; **aM** LG Gießen NJW 1957, 466.
26 S ausführlich *Staudinger* Rn 16ff.
27 So aber OLG Hamburg WuM 1996, 637; OLG Celle WuM 1996, 222; *Weitemeyer* NZM 1998, 169, 172ff; 1999, 111.
28 BGHZ 141, 239, 247f = NJW 1999, 2177; LG Bonn ZMR 2000, 830, 831; *Greiner* ZMR 2000, 832; ebenso die Begr zum RegE BT-Drucks 14/4553, S 63 (l Sp).
29 BGH NJW 2005, 3781 = NZM 2005, 941 (Parkplatz); LG Hamburg NZM 2000, 656f; *Blank/Börstinghaus* § 566 Rn 77.
30 OLG Celle OLGR 1998, 269; *Blank/Börstinghaus* § 566 Rn 30.
31 S BGH NZM 2008, 100 Tz 13f = NJW-RR 2008, 323; *Derleder* NJW 2008, 1189.

Wohnraummietverhältnisse, so muss der Ersteher freilich die Mieterschutzvorschriften der §§ 568 und 573 beachten.[32] Ebenso ist die Rechtslage bei einer Veräußerung des vermieteten Grundstücks durch den **Insolvenzverwalter** (§ 111 InsO). Der **Zwangsverwalter** ist dagegen an Mietverträge gebunden, die noch der Schuldner abgeschlossen hatte, sofern das Grundstück dem Mieter bereits überlassen war (§ 152 Abs 2 ZVG).[33] Der Verwalter tritt anders gewendet in die Mietverträge ein, so dass ihn fortan die **Rechte und Pflichten des Vermieters** treffen. Er kann namentlich wegen der Miete gegen den Mieter die Zwangsvollstreckung betreiben und gegebenenfalls den Mietvertrag kündigen sowie neue Mietverträge abschließen, in die nach Aufhebung der Zwangsverwaltung der Eigentümer seinerseits eintreten muss.[34] War das Grundstück untervermietet, so kann der Verwalter ferner nach Kündigung des Hauptmietvertrages von dem Untermieter die Herausgabe des Grundstücks verlangen (§ 546 Abs 2) und das Grundstück erneut vermieten.[35] Der Verwalter muss ferner über die **Betriebskosten** abrechnen (Rn 36). Wenn das Grundstück während der Zwangsverwaltung versteigert wird, gebühren die Mieteinnahmen ab Zuschlag dem Erwerber, der in den Mietvertrag eintritt.[36]

7. Entsprechende Anwendung. Jenseits der gesetzlich geregelten Fälle (o Rn 5ff), zu **8** denen nach den §§ 567 und 578 noch die Belastung des vermieteten Grundstücks mit dem Recht eines Dritten hinzukommt, scheidet eine entsprechende Anwendung des § 566 auf andere vergleichbare Fälle in der Regel aus.[37] Bei **gemischten Verträgen** kommt es für die Anwendbarkeit des § 566 in erster Linie darauf an, ob sie überwiegend Grundstücksmiete sind.[38] § 566 gilt deshalb idR nicht für Verträge über **Dienstwohnungen**, weil diese Verträge in erster Linie Dienstverträge sind.[39] § 566 findet ferner keine Anwendung auf die **Leihe**[40] sowie auf die Überlassung einer Wohnung durch einen Ehemann an seine Frau als Teil des Unterhalts.[41]

§ 566 Abs 1 regelt nur den Fall der **Veräußerung** des Grundstücks. Darunter fällt **9** unmittelbar nur die *rechtsgeschäftliche* Übertragung des Eigentums an einem Grundstück (Rn 26), so dass sich in Fällen des **gesetzlichen Eigentumserwerbs** nur die Frage einer entsprechenden Anwendung des § 566 stellen kann.[42] Die Rechtsprechung verfuhr in dieser Frage ursprünglich ausgesprochen **restriktiv**. Ausnahmen bildeten lediglich die Fälle der **Aufgabe und Aneignung** eines Grundstücks (§ 928) sowie der **Rückerstattung** eines Grundstücks aufgrund der alliierten Rückerstattungsgesetze (vgl auch § 17 Vermögensgesetz).[43] Diese restriktive Linie hat der **BGH** mittlerweile **aufgegeben**. Mit der Begründung, dass auch bei einem Eigentumswechsel kraft Gesetzes der Grundgedanke

32 BGHZ 84, 90, 100ff = NJW 1982, 1696; OLG Hamm ZMR 1994, 512, 513; s *Emmerich* PiG Bd 28 (1988) 145, 151f.
33 BGH NZM 2005, 700 = WuM 2005, 597; NZM 2006, 581, 582 Tz 11f = WuM 2006, 402; *J Reismann* WuM 1998, 387.
34 BAG NZM 2011,384 Tz 30 ff; LG Berlin WuM 1992, 9.
35 OLG Düsseldorf ZMR 2012, 436, 437; wegen der Kaution s u § 566a Rn. 4.
36 BGH NZM 2008, 100 Tz 13f = NJW-RR 2008, 323.
37 BGHZ 107, 315, 319 = NJW 1989, 2053; BGH LM Nr 26 zu § 571 BGB = NJW 1982, 221; LM Nr 22 zu § 986 BGB = NJW 2001, 2885; kritisch dazu *Schön* JZ 2001, 119.
38 BGH NJW 2002, 3322, 3323 = NZM 2002, 924.
39 *Mittelstein* Miete, 650; **aM** AG Schöneberg WuM 1979, 150; *Schön* JZ 2001, 119.
40 BGHZ 125, 293, 301 = NJW 1994, 3156; BGH LM Nr 7 zu § 571 BGB = NJW 1964, 765; OLG Köln NJW-RR 2000, 152, 153 = ZMR 1999, 758; KG GE 2002, 1059; **aM** *Schön* JZ 2001, 119.
41 BGH LM Nr 7 zu § 571 BGB = NJW 1964, 765; OLG München WuM 2001, 283, 284.
42 S *Streyl* ZMR 2008, 602.
43 RGZ 103, 166, 167f; BGHZ 11, 27, 34f = NJW 1954, 266; BGHZ 107, 315, 320 = NJW 1989, 2053.

des § 566 (Rn 1) dessen Anwendbarkeit zum Schutze des Mieters erfordere, hat er auf den gesetzlichen Erwerb des Eigentums an Grundstücken des Bundes durch die Bundesanstalt für Immobilienaufgaben **(BImA)** aufgrund des Gesetzes vom 9. Dezember 2004 (BGB I S 3235) § 566 entsprechend angewandt.[44] Ebenso zu beurteilen ist der Eigentumsübergang durch Umlegungsbeschluss.[45] Keine Bedeutung hat § 566 schließlich mehr in den früher vieldiskutierten Fällen des **Gesellschafterwechsels** bei einer Personengesellschaft in der Rolle des Vermieters, auch nicht bei einer BGB-Außengesellschaft wegen der weitgehenden Verselbstständigung dieser Gesellschaften (§ 14 Abs 2 BGB und § 124 HGB), die zur Folge hat, dass ein Gesellschafterwechsel heute als *gesellschaftsinterner* Vorgang zu verstehen ist, ohne Einfluss auf von der Gesellschaft im Außenverhältnis abgeschlossene Verträge (§ 540 Rn 28, 31 f). Wenn sich indessen eine Gesellschaft, in deren Eigentum sich ein Wohnhaus befindet, nach Aufteilung der Wohnungen in Wohnungseigentum durch Übertragung des Eigentums an den Wohnungen auf die einzelnen Gesellschafter auseinandersetzt, so ist sehr wohl Raum für die Anwendung des § 566, so dass die Gesellschafter in die Mietverträge über die einzelnen Wohnungen eintreten.[46]

III. Eigentum des Veräußerers

10   **1. Identitätserfordernis.** § 566 Abs 1 regelt (nur) den Fall der **Veräußerung** „des vermieteten Wohnraums" oder genauer: des Grundstücks, gerade **durch** den „**Vermieter**". Da Veräußerung Eigentumsübertragung bedeutet (u Rn 15f) und das Eigentum grundsätzlich nur der Eigentümer übertragen kann, folgt daraus für den Regelfall die Notwendigkeit der **Identität von Vermieter, Grundstückseigentümer und Veräußerer.**[47] Streitig ist der Zeitpunkt, zu dem diese Identität vorliegen muss. Nach früher überwiegender Meinung war maßgebender **Zeitpunkt** der **des Vertragsabschlusses**, weil nur dann das Vertrauen des Mieters auf Fortbestand des Mietvertrages bei späterer Veräußerung des Grundstücks schutzwürdig sei, so dass ein *nachträglicher Eigentumserwerb* des Vermieters (vor Veräußerung des Grundstücks) für die Anwendung des § 566 *nicht* ausreichen sollte.[48] Nach der Gegenmeinung, die neuerdings an Boden gewinnt, genügt es dagegen, wenn die Identität von Vermieter, Grundstückseigentümer und Veräußerer erst im Augenblick der **Veräußerung** vorliegt, wenn mit anderen Worten der Vermieter das Eigentum an dem Grundstücks erst im Laufe des Mietvertrags, aber noch vor dessen Veräußerung erworben hat.[49]

11   Für die Anwendung des § 566 Abs 1 ist nach dem Gesagten (Rn 10) nur Raum, wenn der oder die Vermieter tatsächlich mit dem oder den das Grundstück veräußernden Eigentümern identisch sind. Eine Anwendung des § 566 Abs 1 scheidet daher zB aus, wenn der **Leasingnehmer** (der nicht Eigentümer des Grundstücks ist) das Grundstück vermietet und anschließend dieses an den Leasinggeber zurückgibt[50] oder wenn Grundstückseigentümer eine GmbH ist, der Mietvertrag aber von dem alleinigen Gesellschaftergeschäftsfüh-

---

44 BGH NJW 2008, 2773 Tz 10f = NZM 2008, 726; NZM 2009, 513 Tz 1 = NJW-RR 2009, 948 s *Streyl* ZMR 2008, 602.

45 LG Münster WuM 1979, 221.

46 BGH NZM 2012, 150 Tz 14 ff = WuM 2012, 31, 32 f.

47 BGHZ 154, 171, 175 = NJW 2003, 2158; BGH NJW 2004, 657 = NZM 2004, 300; NZM 2010, 471 Tz 15 = NJW-RR 2010, 1095; NJW-RR 2010, 1319 Tz 13; NZM 2012, 150 Tz 12 = WuM 2012, 31.

48 OLG Köln ZMR 2001, 967; LG Stendal GE 2001, 925; *Börstinghaus* PiG Bd 70 (2005), 65, 69.

49 OLG Koblenz NZM 2006, 262; OLG Düsseldorf ZMR 2013, 276; *Grooterhorst/Burbula* NZM 2006, 246, 248f.

50 *Eckert*, in: FS Blank 129, 132.

rer abgeschlossen wurde.[51] Ebenso wenig reicht es für die Anwendung des § 566 aus, wenn zu Gunsten des veräußernden Vermieters im Augenblick der Veräußerung lediglich eine **Auflassungsvormerkung** im Grundbuch eingetragen ist.[52] Daran scheitert in der Regel auch eine Anwendung des § 566 in den Fällen der **Veräußerungsketten**, wenn einer der (nicht eingetragenen) Zwischenerwerber das Grundstück vermietet hatte.[53] Dagegen steht **Erbfolge** auf der Seite des Vermieters der Identität zwischen Vermieter, Grundstückseigentümer und Veräußerer nicht entgegen.[54] Die nötige Identität ist auch gegeben, wenn der **Käufer** eines Grundstücks dieses nach Eigentumserwerb vermietet, sodann aber wirksam **zurücktritt** (§ 437 Nr 2), so dass der Verkäufer dann an den von dem Käufer bereits abgeschlossenen Mietvertrag gebunden bleibt.[55]

2. Miteigentum. Im Falle von Miteigentum an dem vermieteten Grundstück ist die **12** Anwendung des § 566 nur unproblematisch, wenn die **vermietenden Miteigentümer gemeinsam** das Grundstück an einen Dritten **veräußern**. Ebenso ist es zu beurteilen, wenn der bisherige Alleineigentümer und Vermieter einen **Miteigentumsanteil** an einem Dritten veräußert; in diesem Fall tritt nach § 566 der Erwerber des Miteigentumsanteils *neben* dem Veräußerer in den Mietvertrag ein; beide Vermieter werden **Gesamtschuldner**.[56] Ebenso ist es zu beurteilen, wenn von mehreren Miteigentümern nur einer oder einzelne ihrer Anteile veräußern.[57] § 566 findet dagegen **keine Anwendung**, wenn **nur einer** von mehreren Miteigentümern das Grundstück **vermietet** hatte, aber alle Miteigentümer zusammen sodann das Grundstück veräußern.[58] Anders soll es sich freilich schon wieder verhalten, wenn die anderen Miteigentümer dem Vertragsabschluss **zugestimmt** hatten.[59]

3. Hausverwalter. Wird der Mietvertrag von einem **Dritten** abgeschlossen, der **nicht** **13** mit dem **Grundstückseigentümer** identisch ist, so ist nach dem Gesagten (o Rn 10f) für eine Anwendung des § 566 grundsätzlich kein Raum. Eine Ausnahme wird jedoch neuerdings häufig für den Fall gemacht, dass der Dritte vom Grundstückseigentümer zum Abschluss des Mietvertrages „**ermächtigt**" war. Paradigma ist der Vertragsabschluss mit dem im eigenen Namen handelnden **Hausverwalter**.[60] Hinter dieser Auffassung stehen letztlich (verständliche) Mieterschutzerwägungen, weshalb wohl auch der BGH dieser Auffassung zuneigt.[61] Ihr ist gleichwohl nicht zu folgen, da aus § 566 keine Verdinglichung der Miete gefolgert werden darf. Eine Anwendung des § 566 auf von einem Hausverwalter im eigenen Namen, abgeschlossene Mietverträge kommt daher nur in Betracht, wenn in der Ermächtigung **zugleich** – bei großzügiger Handhabung des § 164 Abs 2 – eine **Bevollmächtigung** des Hausverwalters gesehen werden kann.

---

51 BGH NJW-RR 2004, 657 = NZM 2004, 300; LG Frankfurt WuM 1999, 42; **aM** *Eisenhardt* WuM 1999, 20.
52 BGHZ 154, 171, 175 = NJW 2003, 2158.
53 BGHZ 154, 171, 175 = NJW 2003, 2158; str.
54 BayObLGZ 1981, 343 = NJW 1982, 451.
55 OLG Celle NZM 2000, 93; *Eckert*, in: FS Blank 129, 132; str.
56 BayObLGZ 1990, 329 = NJW-RR 1991, 651; LG Hamburg WuM 1994, 539f; 1997, 47; LG Marburg NZM 2003, 394; LG Köln WuM 2004, 614; *Blank/Börstinghaus* § 566 Rn 8–10.
57 BGH NZM 2012, 150 Tz 23 = WuM 2012, 31, 33.
58 BGH LM Nr 22 zu § 571 BGB = NJW 1974, 551; OLG Karlsruhe OLGZ 1981, 207 = NJW 1981, 1278 = WuM 1981, 179; OLG Düsseldorf ZMR 2008, 787; LG Berlin GE 1990, 823; 1991, 1041.
59 OLG Karlsruhe (vorige Fn); *Eckert*, in: FS Blank 129, 132; *Streyl* WuM 2008, 579; fraglich.
60 OLG Celle ZMR 2000, 284, 285; LG Berlin WuM 1994, 79 = NJW-RR 1994, 781; GE 1995, 759; LG Hamburg WuM 2001, 281; *Eckert*, in: FS Blank 129, 132; *Grooterhorst/Burbula* NZM 2006, 246, 249; *Streyl* WuM 2008, 579.
61 S BGH NJW-RR 2004, 657 = NZM 2004, 300; ähnlich wohl auch BVerfG ZMR 1996, 120, 121.

Volker Emmerich

14   **4. Mehrzahl von Erwerbern.** Wird das Grundstück an mehrere Personen veräußert, so ist das **Prinzip der „Einheit" des Mietvertrages** zu beachten, so dass die verschiedenen Erwerber gemeinsam in den Mietvertrag als Vermieter eintreten und daher insbesondere auch nur gemeinsam kündigen können.[62] Ebenso ist die Rechtslage im Falle der **Realteilung** eines Grundstücks und dessen anschließender Veräußerung an verschiedene Personen.[63] Die verschiedenen Vermieter bilden dann im Zweifel eine Bruchteilsgemeinschaft;[64] indessen wird das Kündigungsrecht des § 57a ZVG jedem Ersteher eines realen Teils der Mietfläche zugebilligt.[65] In dem eigenartigen Fall der **Vermietung mehrerer Grundstücke** desselben Eigentümers durch einen einheitlichen Vertrag und der anschließenden Veräußerung der Grundstücke an verschiedene Personen ist ebenfalls im Interesse des gebotenen Mieterschutzes nicht der so genannten Spaltungstheorie, sondern der **Einheitstheorie** zu folgen, die an der Einheitlichkeit des Mietverhältnisses festhält, so dass der Vertrag auch in Zukunft nur einheitlich von den verschiedenen jetzigen Vermietern gekündigt werden kann.[66]

IV. Veräußerung

15   **1. Begriff.** § 566 Abs 1 macht den Übergang des Mietverhältnisses auf den Erwerber von der „Veräußerung" des Grundstücks nach dessen Überlassung an den Mieter abhängig. Mit „Veräußerung" meint das Gesetz in § 566 Abs 1 die **rechtsgeschäftliche Übertragung des Eigentums** an dem vermieteten Grundstück (im Gegensatz zum gesetzlichen Erwerb, Rn 9). Der **maßgebliche Zeitpunkt** für die Anwendung des § 566 Abs 1 ist mithin der des **Übergangs des Eigentums** an dem Grundstück auf den Erwerber durch Auflassung und Eintragung im Grundbuch (§§ 873, 925), so dass der bloße Abschluss eines beliebigen Grundgeschäfts und insbesondere eines Kaufvertrages, die Übertragung des Eigenbesitzes oder die Eintragung einer Vormerkung für die Anwendung des § 566 Abs 1 nicht ausreichen.[67]

16   Die Anwendung des § 566 setzt ferner einen **gültigen Mietvertrag** voraus.[68] Ist der Mietvertrag von Anfang an **nichtig** oder wirksam angefochten, so ist kein Raum für die Anwendung des § 566. Anders beurteilt wird die Rechtslage im Ergebnis nur, wenn der Mietvertrag bereits vor dem Eigentumsübergang, zB infolge einer **Kündigung** des Veräußerers, wieder sein *Ende* gefunden hatte, der Mieter das Grundstück indessen noch nicht geräumt hat. Aus praktischen Gründen wird hier vielfach angenommen, dass der Erwerber dann in das bei Eigentumsübergang bestehende **Abwicklungsverhältnis** eintritt.[69] Entsprechendes gilt, wenn der Mietvertrag zwar nach den Abreden zwischen Veräußerer

---

62 OLG Celle WuM 1996, 222; LG Hamburg WuM 1988, 127; 1994, 539f; LG Wuppertal WuM 1996, 621; AG Pinneberg ZMR 2002, 835, 836.
63 RGZ 124, 195, 198f; BGH LM Nr 2 zu § 427 BGB = NJW 1973, 455; NJW 2005, 3781 = NZM 2005, 941; Bay ObLGZ 1990, 329 = NJW-RR 1991, 651; KG NZM 2012, 394.
64 BGH NJW 2005, 3781 = NZM 2005, 741.
65 KG NZM 2012, 394, 305.
66 BGH WuM 2012, 314 Tz 17 = ZMR 2012, 692, 693.
67 RGZ 84, 409, 411; BGH LM Nr 3 zu § 505 BGB (Bl 3 Rf) = NJW 1962, 1908; LM Nr 4 zu § 571 BGB = ZMR 1961, 327; LM Nr 30 zu § 571 BGB = NJW 1989, 451; OLG Celle NZM 2000, 93.
68 BGH NJW 2007, 1818 Tz 8 = NZM 2008, 441.
69 BGHZ 72, 147, 149f = NJW 1978, 2148; OLG Düsseldorf ZMR 2002, 589, 591; **aM** OLG Düsseldorf NJW-RR 1994, 1101; *Haase* JR 1979, 110.

und Mieter erst zu einem Zeitpunkt nach Eigentumsübergang beginnen sollte, das Grundstück dem Mieter aber schon **vorher** aufgrund des Vertrages **übergeben** wurde.[70]

2. Rechtslage vor Eigentumsübergang. Solange der Erwerber nicht Eigentümer ist, **17** bleibt Vermieter der Veräußerer (o Rn 15). Daraus ergeben sich Schwierigkeiten, wenn das Grundstück dem Erwerber bereits **vor** seiner **Eintragung** im Grundbuch **übergeben** wird, so dass auf ihn im Regelfall nach § 446 S 2 auch die Nutzungen und Lasten des Grundstücks übergehen. Gleichwohl ist in diesem Zeitraum eine Anwendung des § 566 noch **nicht** möglich, so dass der Mieter weiterhin grundsätzlich nur an den bisherigen Vermieter mit befreiender Wirkung zahlen kann. Allein der bisherige Vermieter kann außerdem eine **Mieterhöhung**, zB nach § 558, verlangen (s o § 558a Rn 5) oder kündigen, so dass eine bereits vom *Erwerber* ausgesprochene **Kündigung** unwirksam ist und auch nicht durch dessen späteren Eigentumserwerb geheilt wird.[71]

Um den geschilderten Schwierigkeiten (Rn 17) zu begegnen, können die Parteien, **18** freilich nur mit Zustimmung des Mieters (s o § 540 Rn 31), einen **vorzeitigen rechtsgeschäftlichen Übergang** des Mietverhältnisses auf den Erwerber vereinbaren, wobei die **Zustimmung** des Mieters durchaus auch konkludent, etwa durch freiwillige Zahlung an den Erwerber, erteilt werden kann.[72] In der Übertragung des Eigenbesitzes kann ferner die **Abtretung** der Mietansprüche liegen, die jederzeit möglich ist.[73]

Nicht möglich ist nach hM eine selbständige **Abtretung** des **Kündigungsrechts**,[74] **19** wohl aber die **Ermächtigung** des Erwerbers zur Ausübung des Kündigungsrechts des Veräußerers im eigenen Namen,[75] ebenso wie der Erwerber nach hM auch dazu ermächtigt werden kann, eine **Mieterhöhung** nach § 558 zu verlangen (s o § 558 Rn 6). Der Vermieter kann den Erwerber ferner schon vor dessen Eintragung im Grundbuch ermächtigen, **Modernisierungsmaßnahmen nach** § 555c im eigenen Namen anzukündigen und vom Mieter gemäß § 555d Duldung zu verlangen, im Rechtsstreit gegebenenfalls im Wege der gewillkürten Prozessstandschaft.[76] Nach wirksamer Kündigung kann der Erwerber außerdem vom Mieter **Herausgabe** der Mietsache verlangen, da der Herausgabeanspruch selbständig abtretbar ist.[77] Eine derartige umfassende Ermächtigung des Erwerbers in Verbindung mit der Abtretung der Vermieteransprüche ist insbesondere anzunehmen, wenn der Veräußerer mit dem Erwerber vereinbart, dass auf ihn „alle Rechte und Pflichten aus dem Mietvertrag" übergehen sollen (§§ 133, 157).[78]

V. Überlassung

Der Eintritt des Erwerbers in den Mietvertrag setzt nach § 566 Abs 1 schließlich noch **20** voraus, dass der Wohnraum (oder besser: das vermietete Grundstück) dem Mieter bei Eigentumsübergang (o Rn 15ff) bereits „überlassen" war. Veräußert der Vermieter das

---

70 BGHZ 42, 333, 340 = NJW 1964, 1851; BGHZ 62, 297, 301 = MDR 1974, 916.
71 OLG Hamm NJW-RR 1993, 273; LG Berlin ZMR 1996, 325, 326; s *Kinne* GE 1993, 880; 1997, 1288; *Scholz* ZMR 1988, 285.
72 S o § 540 Rn 31; OLG Celle NZM 2000, 93f; LG Berlin GR 2013, 268; *Eckert*, in: FS Blank (2006) 129, 134, 142f.
73 BGH NJW 2003, 2987 = NZM 2003, 716, 717.
74 LG Berlin ZMR 1996, 325, 326; *Kinne* GE 1993, 880; *G Scholz* ZMR 1988, 285.
75 So BGH LM Nr 43 zu § 185 BGB (Bl 3) = NJW 1998, 896; NJW 2002, 3389, 3391 = NZM 2002, 950.
76 BGH NJW 2008, 1218 Tz 13, 26ff = NZM 2008, 283; zustimmend *Horst* ZMR 2009, 655, 660.
77 BGH NJW 2002, 3389, 3391 = NZM 2002, 950; OLG Köln ZMR 2001, 967, 968.
78 BGH NJW 2002, 3389, 3391 = NZM 2002, 950.

Volker Emmerich

Grundstück schon **vor** dessen **Überlassung** an den Mieter, so kommt ein Eintritt des Erwerbers in den Mietvertrag nur unter den zusätzlichen Voraussetzungen des § 567a in Betracht. Durch das Erfordernis der Besitzüberlassung soll dem Erwerber ermöglicht werden, bereits an der **Besitzlage** abzulesen, in welche Mietverhältnisse er eintreten muss.[79] Unklar ist der **Zeitpunkt**, zu dem der Besitz des Mieters vorliegen muss. Angemessen dürfte es aber allein sein, auf den Augenblick des Abschlusses des der Veräußerung zu Grunde liegenden Kausalgeschäftes abzustellen. Für die Anwendung des § 566 ist folglich kein Raum (mehr), wenn der Mieter inzwischen die Sache an einen Dritten, zB an den Untermieter, weitergegeben oder dem Vermieter zurückgegeben oder den Besitz unfreiwillig verloren hatte.[80]

21   Zur Konkretisierung des Begriffs der Überlassung in § 566 Abs 1 ist an § 535 Abs 1 S 2 anzuknüpfen.[81] Im Regelfall wird danach zur Überlassung iS des § 566 die **Übergabe** der Mietsache an den Mieter **durch Verschaffung des unmittelbaren Besitzes** erforderlich sein (s im einzelnen § 535 Rn 7ff). Nicht ausreichend ist dagegen eine **einseitige Besitzergreifung** durch den Mieter.

22   Bei der Raummiete genügt für die Überlassung der Sache iSd § 566 grundsätzlich die Übergabe der Schlüssel an den Mieter.[82] Bei der Vermietung von **Wand- und Dachflächen** (o Rn 3) ist eine Überlassung des Mietobjekts dagegen schon anzunehmen, wenn der Vermieter dem Mieter die Flächen zugänglich macht,[83] während bei Verträgen über die Ausbeutung von **Bodenschätzen** (s o Rn 3) § 566 anwendbar ist, sobald der Mieter oder Pächter mit den ersten Bohrungen auf dem Grundstück begonnen hat.[84]

VI. Eintritt in die Vermieterstellung

23   **1. Überblick.** Nach § 566 Abs 1 tritt der Erwerber (unter den genannten Voraussetzungen, S o Rn 10–22) „an Stelle des Vermieters in die sich während der Dauer seines Eigentums aus dem Mietverhältnis ergebenden Rechte und Pflichten ein". Diese eigenartige Regelung bedeutet nach der überwiegend vertretenen so genannten Innovationslösung (Rn. 2), dass mit dem Eigentumswechsel in der Person des Erwerbers kraft Gesetzes ein *neues Mietverhältnis* mit dem Mieter entsteht, freilich mit demselben Inhalt wie das bisherige Mietverhältnis mit dem Veräußerer. Die notwendige Folge dieser Konstruktion ist, dass mit dem Eigentumswechsel in dem Mietverhältnis als Dauerschuldverhältnis eine **Zäsur** eintritt, sodass schon vorher begründete Rechte bei dem bisherigen Vermieter verbleiben, während später begründete Rechte aufgrund des *neuen* Mietvertrages dem Erwerber zustehen.[85] Oder anders gewendet: (nur) s**olange** der Erwerber **Eigentümer** ist, stehen ihm als **neuer Vertragspartei** auf der einen Seite die **Rechte** des Vermieters zu (u Rn 31f), während ihn andererseits auch die Pflichten des Vermieters treffen (u Rn 33f). Damit ist zugleich gesagt, dass der Erwerber den Mietvertrag in dem Zustand hinnehmen muss, in dem er sich im Augenblick des Eigentumswechsels befindet. Vorausgegangene **Änderungen und Ergänzungen des Vertrags** wirken daher auch für und gegen ihn, während nach

---

79 BGH NJW 2007, 1818 Tz 7 = NZM 2007, 441.
80 BGH NJW 2007, 1818 Tz 9 = NZM 2007, 441; WuM 2010, 165 Tz 21; OLG Köln ZMR 2003, 186, 187f.
81 BGHZ 65, 137, 139ff = NJW 1976, 105; BGH LM Nr 4 zu § 57c ZVG = NJW 1984, 579; LM Nr 31 zu § 571 BGB = NJW-RR 1989, 77.
82 *Sternel* Mietrecht, Rn I 52.
83 OLG Hamm MDR 1976, 143, 144.
84 RGZ 94, 279, 289f; BayObLGZ 1910, 280, 286, 288; **aM** RG JW 1919, 379 Nr 6.
85 BGH NZM 2005, 253 = WuM 2005, 201, 202; NJW 2012, 3032 Tz 32 = NZM 2012, 681 = WuM 2012, 560, 562; *Börstinghaus* PiG Bd 70 (2005) 65, 73ff.

Eigentumsübergang Vertragsänderungen wirksam nur noch mit dem Erwerber vereinbart werden können.[86] **Unerheblich** ist, ob der Erwerber **Kenntnis** von dem Mietverhältnis sowie gegebenenfalls von späteren Vertragsänderungen hatte, da sich sein „Eintritt" in den Mietvertrag unter den Voraussetzungen des § 566 Abs 1 **kraft Gesetzes** vollzieht. Der **Schutz** des Erwerbers gegen eine für ihn unerwartete und nicht gewollte Belastung mit auf ihn übergehenden Mietverhältnissen besteht in dem Erfordernis der Überlassung des Grundstücks an den Mieter vor dem Erwerb des Grundstücks, so dass er sich gegebenenfalls rechtzeitig informieren kann (o Rn 20).

2. Nur mietvertragliche Rechte und Pflichten. § 566 Abs 1 ordnet nur einen Über- **24** gang der Rechte und Pflichten gerade aus dem „Mietverhältnis" auf den Erwerber an. **Rechte und Pflichten aus sonstigen Abreden** der Parteien, mögen sie noch so eng mit dem Mietvertrag wirtschaftlich verbunden sein, gehen *nicht* auf den Erwerber über.[87] Die **Abgrenzung** bereitet häufig Schwierigkeiten. Die Rechtsprechung stellt meistens darauf ab, ob es sich um so genannte **typische Mietvertragsklauseln** handelt. Dazu sollen zwar auch „Zusatzvereinbarungen", die in einem „*unlösbaren Zusammenhang*" mit dem Mietvertrag stehen, gehören, *nicht* dagegen Vereinbarungen, die außerhalb des Mietverhältnisses stehen, die lediglich *aus Anlass* des Mietvertrages getroffen wurden oder *in wirtschaftlichem Zusammenhang* mit ihm stehen, und zwar selbst dann nicht, wenn sie als zusätzliche Vereinbarung im Mietvertrag geregelt sind.[88] Als „**typische Mietvertragsklauseln**" in diesem Sinne gelten insbesondere die Abreden hinsichtlich des Gegenstandes des Vertrages, hinsichtlich der Miete sowie der Überlassung und Rückgabe der Sache.[89] Dagegen sollen zB Abreden über die Überlassung eines Grundstücks als Kapitalersatz an eine Gesellschaft nicht dazu gehören und deshalb grundsätzlich nicht übergehen,[90] während die Rechtslage bei Abreden über eine Sicherheitsleistung oder *Kaution* des Mieters umstritten ist.[91] Dies macht deutlich, dass es sich bei den von der Rechtsprechung verwandten Kriterien um *gänzlich unbestimmte Begriffe* handelt, die keine genaue Abgrenzung erlauben. Stattdessen ist darauf abzustellen, dass § 566 Abs 1 ganz allgemein den Eintritt des Erwerbers in die sich während der Dauer seines Eigentums aus dem (jeweiligen) „Mietverhältnis" ergebenden Rechte und Pflichten anordnet. Allein entscheidend ist folglich, ob die fraglichen Rechte und Pflichten **auf dem Mietvertrag oder auf** einem **anderen**, rechtlich davon **getrennten Vertrag** zwischen den Parteien beruhen.[92]

Danach dürften **zB** im Regelfall auf den Erwerber **übergehen** eine Abrede über die **25** Verrechnung eines Mieterdarlehens mit der Miete,[93] die Verpflichtung des Mieters zur

---

86 S BGH LM Nr 33 zu § 535 BGB (Bl 3R) = NJW 1966, 1703; LM Nr 31a zu § 566 BGB = NJW 1998, 62; *Börstinghaus* PiG Bd 70 (2005) 65, 74; str.
87 BGHZ 141, 160, 166f = NJW 1999, 1857; BGHZ 166, 125, 130f Tz 15 = NJW 2006, 1800, 1801; BGH LM Nr 41 zu § 571 BGB = NJW 2000, 2346; NJW 2012, 3032 Tz 36 = NZM 2012, 681 = WuM 2012, 560, 562; *Emmerich* PiG Bd 37 (1993) 35, 42ff; *Derleder/Bartels* JZ 1997, 981, 984.
88 So BGHZ 166, 125, 130 f Tz 15 = NJW 2006, 1800; BGH, NJW 2012, 3032 Tz 36 = NZM 2012, 681 = WuM 2012, 560, 562.
89 RGZ 71, 404, 408; BGHZ 141, 160, 166 = NJW 1999, 1857; OLG Düsseldorf NZM 2008, 893, 894.
90 BGHZ 166, 125, 131ff = NJW 2006, 1800, 1801.
91 S Rn 25; gegen eine Anwendung des § 566 zunächst BGHZ 141, 160, 166 = NJW 1999, 1857; dann aber offen gelassen in BGH NZM 2010, 474, 476 Tz 24; für eine Anwendung des § 566 schließlich BGH, NJW 2012, 3032 Tz 28 ff = NZM 2012, 681 = WuM 2012, 560, 562; ebenso nur im Ergebnis LG Kiel NZM 2013, 231 = ZMR 2013, 195 (Analogie zu § 566a).
92 *Staudinger* Rn 40; *Emmerich* PiG Bd 37 (1993) 35, 42f; **aM** *Paschke/Oetker* NJW 1986, 3174; dagegen zutreffend *Riebandt-Korfmacher* WuM 1986, 127, 128.
93 RG JW 1939, 286, 287 Nr 14; s auch LG Berlin GE 2003, 591.

Volker Emmerich

Zahlung einer **Kaution** (s Rn 24), Durchführung von Schönheitsreparaturen oder sonstigen Reparaturen und zur Bezahlung der Betriebskosten sowie eine im Mietvertrag enthaltene Schiedsklausel.[94] Bei **Konkurrenzverboten** zu Lasten des Mieters für die Zeit nach Vertragsbeendigung hängt es von den Umständen ab, ob sie unter § 566 fallen oder nicht.[95] Vom Übergang **ausgeschlossen** sind dagegen zB Verpflichtungen des Vermieters bei Werkwohnungen, die ihre Grundlage letztlich in dem **Arbeitsverhältnis** und nicht in dem Mietverhältnis haben.[96]

26 **Verpflichtungen** des Vermieters **gegenüber Dritten** gehen ebenfalls nicht auf den Erwerber über, selbst wenn sie sich auf den Mietvertrag beziehen.[97] Das ist wichtig vor allem für Kündigungsbeschränkungen oder Preisbindungen zu Gunsten des Mieters in **Darlehensverträgen mit Dritten**, insbesondere im Rahmen der Förderung von Modernisierungsmaßnahmen seitens der öffentlichen Hand.[98] Auch für **Sicherheiten**, die **von einem Dritten** für den Mieter gestellt werden, hat § 566 keine Bedeutung.[99] Ebenso wenig ist der Erwerber schließlich an ein *Belegungsrecht* Dritter aufgrund eines Werkförderungsvertrages gebunden, selbst wenn dieses zugleich zum Bestandteil des Mietvertrags gemacht wurde.[100]

3. Gestaltungsrechte[101]

27 **a) Anfechtung.** Die von der hM befürwortete eigenartige Konstruktion des § 566 (o Rn 2, 23) führt insbesondere dann zu Schwierigkeiten, wenn eine der Parteien ein Gestaltungsrecht, zB ein Anfechtungs- oder Kündigungsrecht erlangt, dieses Recht vor Übergang des Eigentums jedoch nicht mehr ausgeübt hatte. Dann ist – bei dem üblichen Verständnis des § 566 Abs 1 (Rn 2, 23f) – offen, ob und gegebenenfalls von wem und gegenüber wem das Recht noch ausgeübt werden kann. Eine überzeugende Lösung für diese schwierigen Fälle ist bisher nicht gefunden worden, weshalb sich gerade hier das Verständnis des § 566 als gesetzlich geregelter Fall der **Rechtsnachfolge** bewährt, weil es dadurch möglich wird, von Fall zu Fall über § 412 die §§ 404 ff entsprechend anzuwenden (Rn 2). Bei der Anfechtung ist deshalb wie folgt zwischen der Anfechtung des Mieters und der des Vermieters zu unterscheiden: Soweit es um die **Anfechtung seitens des Mieters** geht, ist im Regelfall von einer Analogie zu **§ 404** auszugehen. **Anfechtungsgegner des Mieters** und damit gegebenenfalls auch ersatzpflichtig (s Rn 35) bleibt somit der ursprüngliche Vermieter, mit dem der Mieter den Vertrag abgeschlossen und der ihn zB getäuscht hatte.[102] Entfällt infolgedessen rückwirkend der Mietvertrag (§§ 119, 123, 142), so gilt freilich notwendig dasselbe auch für den Eintritt des Erwerbers. Konnte dagegen der **Vermieter** den Vertrag **anfechten**, so ist es nach Eintritt des Erwerbers nicht mehr interessengerecht, dem Vermieter allein die Entscheidung über die Beseitigung des Vertrages, an dem er nicht

94 BGH LM Nr 41 zu § 571 BGB = NJW 2000, 2346 = NZM 2000, 711.
95 Bejahend OLG Celle NJW-RR 1990, 974 = ZMR 1990, 414, 415.
96 LG Wiesbaden ZMR 2002, 278f.
97 BGHZ 48, 244, 246f = NJW 1967, 2258; BGHZ 141, 160, 169 = NJW 1999, 1857; BGH NJW 1998, 445 = LM Nr 35 zu § 571 BGB; LG Frankfurt/M ZMR 2013, 114.
98 S *Börstinghaus* PiG Bd 70 (2005) 65, 83ff.
99 BGHZ 141, 160, 168f = NJW 1999, 1857.
100 *Söllner* JZ 1968, 183.
101 S dazu zuletzt *Dötsch* ZMR 2011, 257; *Emmerich*, in: 10 Jahre Mietrechtsreformgesetz (2011) 722; *Streyl* NZM 2010, 343.
102 LG Frankfurt WuM 1980, 11f.

mehr beteiligt ist, zu überlassen. Vermieter und Erwerber können daher fortan **nur noch zusammen anfechten** (§ 242).[103]

b) Kündigung. Bei der Kündigungsproblematik bewährt sich gleichfalls das Verständ- **28** nis des § 566 als gesetzlicher Fall der Rechtsnachfolge des Erwerbers in das Mietverhältnis – mit der Folge der Anwendbarkeit hier insbesondere der **§§ 412 und 407**, wie mittlerweile auch in der Rechtsprechung des **BGH** anerkannt ist.[104] Dies zeigt sich insbesondere bei der **Kündigung des Mieters:** Insoweit folgt zunächst unmittelbar aus § 566 Abs 1, dass der **Mieter vor Eigentumsübergang** allein gegenüber dem Vermieter und danach nur gegenüber dem Erwerber kündigen kann. Eine Kündigung vor Eigentumsübergang gegenüber dem **Erwerber** (als vermeintlichem neuen Vermieter) kommt nur in Betracht, wenn der Vermieter dem Mieter den Eigentumswechsel **angezeigt** hatte (analog § 566e Abs 1).[105] Entgegengesetzt ist zu entscheiden, wenn der Mieter von der tatsächlich erfolgten Veräußerung **nichts erfährt**, so dass der Erwerber dann (analog § 407) eine gegenüber dem Vermieter ausgesprochene Kündigung gegen sich gelten lassen muss (o Rn 2), wie mittlerweile auch der BGH ausdrücklich anerkannt hat.[106] Hatte der Mieter schließlich bereits gegenüber dem Vermieter ein **außerordentliches Kündigungsrecht** erworben, indessen noch nicht ausgeübt, so kommt es darauf an, ob die Kündigungsvoraussetzungen jetzt bei Ausspruch der Kündigung gegenüber dem Erwerber noch erfüllt sind, wobei heute meistens zwischen so genannten personenbezogenen und sachbezogenen Gründen unterschieden wird.[107] Das Kündigungsrecht aus den §§ 543 Abs 2 Nr 1 und 569 Abs 1 wird danach in der Regel, weil sachbezogen, dem Mieter gegenüber dem Erwerber erhalten bleiben, während es für die Kündigung nach § 569 Abs 2 darauf ankommt, ob der Erwerber ebenfalls einen Kündigungsgrund gesetzt hat. Eine vom Mieter dem Vermieter bereits gesetzte Abhilfefrist läuft weiter (§ 543 Abs 3 S 1).

Hatte der bisherige **Vermieter bereits** vor Eigentumsübergang wirksam **gekündigt**, **29** so hat es dabei grundsätzlich sein Bewenden.[108] Probleme ergeben sich daraus freilich in den Fällen des § 573, in denen das Kündigungsrecht von dem Vorliegen eines **berechtigten Interesses** auf der Seite des kündigenden Vermieters abhängig ist. Paradigma ist die Kündigung wegen Eigenbedarfs nach § 573 Abs 2 Nr 2. In diesen eigenartigen Fällen wird heute überwiegend angenommen, dass die Kündigung ihre **Wirkung verliert**, wenn infolge der Veräußerung des Grundstücks das **berechtigte Interesse** des Vermieters an der Kündigung **entfällt**, wenn zB der Erwerber anders als der Veräußerer keinen Eigenbedarf geltend machen kann.[109] Anders dagegen, wenn der **Eigenbedarf** trotz Veräußerung des Grundstücks ausnahmsweise **fortbesteht**, weil sich zB der Veräußerer ein Wohnrecht vorbehalten hat oder weil das Grundstück an diejenigen Angehörigen veräußert wird, für

---

103 So *Mittelstein*, Miete 657; *Emmerich* (Fn 101) 724; str.

104 BGH NJW 2012, 1881 Tz 15–18 = NZM 2012, 638 = WuM 2012, 325, 327; *Emmerich* (Fn 101) 725 ff; *Weitemeyer*, in: FS Blank 445, 456ff.

105 LG Baden-Baden WuM 1988, 402; *Dörner* Relativität, 372; *Sonnenschein* PiG Bd 37 (1993) 95, 121; S u § 566 Rn 5.

106 BGH NJW 2012, 1881 Tz 15-18 = NZM 2012, 638 = WuM 2012, 325, 327; ebenso zuvor bereits analog § 566c LG Duisburg NJW-RR 1997, 1171 = ZMR 1997, 356, 357.

107 *Emmerich* (Fn 101) 725; *Sonnenschein* PiG Bd 37 (1993) 95, 121f.

108 LG München I WuM 1983, 262, 264f; LG Frankenthal WuM 1991, 350f; LG Berlin GE 1999, 110.

109 § 573 Rn 55; OLG Hamm NJW-RR 1992, 1164 = WuM 1992, 460; LG Frankenthal WuM 1991, 350, 351; LG Aachen WuM 1990, 27f; *Derleder* NJW 2008, 1189, 1191; *Emmerich* (Fn 101) 726; *Weitemeyer*, in: FS Blank 445, 450.

Volker Emmerich

die die Räume nach der Kündigung ohnehin bestimmt waren.[110] Entsprechendes gilt für die **Verwertungskündigung** nach § 573 Abs 2 Nr 3.[111] In **Umwandlungsfällen** läuft die Wartefrist des § 577a ab der ersten Veräußerung. Veräußert der Erwerber die Eigentumswohnung weiter, so tritt der Erwerber in diese Position ein, so dass zu seinen Gunsten die Wartefrist weiterläuft.[112] Dies alles macht im Grunde wiederum nur deutlich, dass es sich bei § 566 Abs 1 eben doch in Wirklichkeit um einen Fall der **Rechtsnachfolge** handelt.

30   Bloße **Kündigungslagen** fallen nicht unter § 566 Abs 1. Dies bedeutet, dass bereits entstandene, aber vom Vermieter noch nicht ausgeübte **Kündigungsrechte** als Gestaltungsrechte grundsätzlich **nicht** nach § 566 Abs 1 auf den Erwerber **übergehen**.[113] Das Kündigungsrecht **erlischt** folglich, wenn und weil es nicht rechtzeitig ausgeübt wurde.[114] Anders nur, wenn die Voraussetzungen des Kündigungsrechts wenigstens **teilweise in der Person des Erwerbers erfüllt** sind, wenn der Mieter zB bereits mit einer Mietrate gegenüber dem Veräußerer und sodann mit einer zweiten auch gegenüber dem Erwerber in Verzug gerät (s § 543 Abs 2 Nr 3).[115] In derartigen Fällen hilft allein das Verständnis des § 566 als Fall einer gesetzlich angeordneten Rechtsnachfolge in das Mietverhältnis weiter, da nur dieses Verständnis es erlaubt, das Mietverhältnis als das, was es ist, nämlich als *Einheit* in der Zeit zu behandeln.

31   **4. Ansprüche.** Mit dem Eigentumswechsel tritt nach hM (Rn 2, 23) in dem Mietverhältnis als Dauerschuldverhältnis eine Zäsur ein (o Rn 23). Alle schon **vorher begründeten** und **fälligen Ansprüche bleiben** bei dem bisherigen **Vermieter**. Sie gehen nicht etwa nach § 566 auf den Erwerber über, sondern können nach wie vor von dem bisherigen Vermieter geltend gemacht werden, während nach dem Eigentumswechsel entstehende oder fällig werdende Ansprüche aus dem (neuen) Mietverhältnis nach der überwiegend vertretenen Novationslösung allein dem Erwerber zustehen.[116] **Beispiele** sind in der Person des ursprünglichen Vermieters schon begründete Schadensersatzansprüche wegen Zahlungsverzugs[117] oder wegen unterlassener Schönheitsreparaturen[118] sowie sonstige fällige Ersatzansprüche, wobei grundsätzlich darauf abzustellen ist, wann der Schaden entstanden ist (§ 271).[119] Dies gilt auch für die Ansprüche auf die **Miete**, so dass diese grundsätzlich **entsprechend ihrer Fälligkeit** zwischen dem ursprünglichen Vermieter und dem Erwerber **aufzuteilen** sind,[120] nicht dagegen für Ansprüche auf eine Sicherheitsleistung oder Kaution, weil diese dazu bestimmt ist, gleichermaßen Ansprüche des Veräußerers wie des Erwerbers zu sichern.[121]

---

110   OLG Hamm NJW-RR 1992, 1164 = WuM 1992, 460; LG Frankenthal WuM 1991, 350, 351.
111   S *Börstinghaus* PiG 70 (2005) 65, 88f; *Schmidt-Futterer/Gather* § 566 Rn 47; *Sonnenschein* PiG 37 (1993) 95, 125 = ZMR 1992, 424 f.
112   BayObLGZ 1981, 343 = WuM 1982, 46, 47.
113   S *Dörner* Relativität, 366f; *Emmerich* (Fn 101) 727; *Sonnenschein* PiG Bd 37 (1993) 95, 125f.
114   KG OLGE 7, 466, str.
115   S OLG Hamm NJW-RR 1993, 273, 274; LG Duisburg ZMR 1988, 99, 100; *Börstinghaus* PiG Bd 70 (2005) 65, 87f; *Emmerich* (Fn 101) 727 f; **aM** LG Berlin GE 2005, 487, 489.
116   BGHZ 72, 147, 149f = NJW 1978, 2148; BGH LM Nr 30 zu § 571 BGB = NJW 1989, 451; NZM 2001, 158; NJW 2004, 851 = NZM 2004, 188; NZM 2005, 17; NJW 2012, 3032 Tz 32 = NZM 2012, 681 = WuM 2012, 560, 562.
117   BGH NJW 1964, 1024.
118   BGH LM Nr 30 zu § 571 BGB = NJW 1989, 451.
119   LG Berlin GE 1990, 823; 1991, 1041.
120   OLG Hamm NJW-RR 1994, 711f; *Schenkel* NZM 1999, 5.
121   So jedenfalls BGH NJW 2012, 3032 Tz 34 ff = NZM 2012, 681 = WuM 2012, 560, 562; dagegen o Rn 24f.

Hatte der Vermieter den Mietvertrag bereits wirksam gekündigt, so entsteht der **Her- 32 ausgabeanspruch** (§ 546), wenn die Kündigungsfrist bei Eigentumsübergang noch läuft, in der Person des **Erwerbers**.[122] War hingegen bei Eigentumsübergang die Kündigungsfrist bereits abgelaufen oder hatte der Vermieter wirksam fristlos gekündigt, so tritt der Erwerber in das dadurch begründete **Abwicklungsverhältnis** ein (s o Rn 17). Daraus ist der Schluss zu ziehen, dass in diesen Fällen der Herausgabeanspruch (§ 546) nach dem Eigentumsübergang dem Erwerber zusteht, der jedoch jederzeit den Veräußerer ermächtigen kann, für ihn weiter den Herausgabeanspruch gegen den Mieter zu verfolgen.[123]

VII. Insbesondere Vermieterpflichten

1. Fälligkeitsprinzip. Da der Erwerber an Stelle des Veräußerers in den Mietvertrag 33 als neuer Vermieter eintritt, treffen ihn **auch** die **Pflichten** des Vermieters aus dem Mietvertrag. Es kommt insoweit, jedenfalls nach hM (Rn 2, 23), zu derselben **Zäsur** in dem Mietverhältnis wie hinsichtlich der Vermieterrechte,[124] so dass sich alle, aber auch nur die **nach Eigentumsübergang fällig werdenden Ansprüche** des Mieters gegen den Erwerber richten (sog Fälligkeitsprinzip), eben, weil es nach hM (zu Unrecht) so anzusehen ist, als ob im Augenblick des Eigentumserwerbs in der Person des Erwerbers ein *neues* Mietverhältnis, freilich mit dem Inhalt des alten Mietverhältnisses, entsteht (sog Novationslösung, s Rn 2), und zwar für die Zeit seines Eigentums, nicht darüber hinaus.[125] Folglich ist (nur) der Erwerber nach § 535 Abs 1 vom Augenblick des Eigentumserwerbs an verpflichtet, dem Mieter den vertragsgemäßen **Gebrauch** der vermieteten Sache zu **gewähren**.[126] **Für Verstöße** gegen diese Pflicht **haftet er** ohne Rücksicht darauf, ob er die auf ihn übergehenden Pflichten überhaupt kannte.[127] Beispiele für (in aller Regel) übergehende Pflichten sind die Pflicht zur **Mängelbeseitigung** (§ 535 Abs 1 S 2), so dass der Mieter ein **Zurückbehaltungsrecht** wegen nicht beseitigter Mängel fortan nur noch gegen den Erwerber hat (§§ 320, 566), nicht mehr dagegen gegen den Veräußerer (o § 536 Rn 35), weiter die Haftung für das Fehlen zugesicherter Eigenschaften (§ 536 Abs 2), Vermieterpflichten, die sich aus der Ausübung eines Gestaltungsrechts des Mieters ergeben,[128] sowie die Zusage des Vermieters, dem Mieter **Konkurrenz** auf demselben Grundstück fernzuhalten.[129] Der Erwerber ist außerdem an eine von dem Veräußerer erklärte **Erlaubnis der Untervermietung** für den Einzelfall oder generell gebunden (§ 540).[130] Auch **mündliche Nebenabreden** binden – soweit wirksam (s § 550 S 2, s Rn 34) – den Erwerber ebenso wie Abreden über die **Vertragsbeendigung**[131] wie zB vertragliche Kündigungsbeschränkungen.[132]

Aufwendungsersatzansprüche aus den §§ 536a Abs 2 und 539 richten sich grund- 34 sätzlich gegen denjenigen, der im Augenblick der Vornahme der Verwendungen Vermieter war, weil sie mangels abweichender Abreden der Parteien nach § 271 Abs 1 in diesem

---

122 BGHZ 72, 147, 149f = NJW 1978, 2148.
123 BGHZ 72, 147, 148f = NJW 1978, 2148.
124 S o Rn 23f; BGH NZM 2005, 253 = WuM 2005, 201, 202; WuM 2006, 435f = NZM 2006, 696.
125 BGH NZM 2001, 158; NJW 2004, 851 = NZM 2004, 188; NZM 2005, 17; WuM 2006, 435f = NZM 2006, 696; NJW 2008, 2256 Tz 17 = NZM 2008, 519; OLG Düsseldorf NZM 2008, 893, 894.
126 RGZ 119, 353, 355; RG HRR 1933 Nr 1312.
127 BGH WuM 2006, 435 = NZM 2006, 696.
128 BGH LM Nr 1 zu § 578 BGB = WM 1966, 96.
129 RGZ 119, 353, 355f.
130 KG OLGE 20, 192, 193.
131 LG Hagen NJW 1960, 1468f; s *Staudinger* Rn 56.
132 AG München WuM 1996, 38.

Volker Emmerich

Augenblick auch fällig werden.[133] Bei **Schadensersatzansprüchen** des Mieters kommt es gleichfalls allein darauf an, wann sie nach § 271 Abs 1 fällig geworden sind.[134] Hatte der Vermieter zB den Mieter bei Vertragsabschluss **arglistig getäuscht**, so kann der bereits *geschädigte* Mieter nach Eigentumsübergang weiterhin allein vom bisherigen Vermieter, nicht vom Erwerber Schadensersatz verlangen.[135] Probleme ergeben sich jedoch, wenn sein Schaden ganz oder teilweise in die **Zeit des Erwerbers** fällt (so genannte gestreckte Schadenslagen). In derartigen Fällen ist streitig, ob sich die Ansprüche des Mieters auch dann gegen den **Erwerber** richten, wenn der Erwerber selbst den Schaden nicht zu vertreten hat, insbesondere weil die Schadensursache noch vor seinem Eintritt in den Mietvertrag von dem Veräußerer gelegt wurde. Zu Recht wird die Frage heute überwiegend bejaht,[136] – womit (wiederum) nur die gebotenen Folgerungen daraus gezogen werden, dass es sich bei § 566 eben nicht um einen Fall der Novation, sondern der Rechtsnachfolge handelt (Rn. 2). Folglich kann der Mieter, wenn zB der Vermieter bei Veräußerung des Grundstücks mit der Beseitigung von Mängeln in Verzug war, nach Eigentumsübergang vom **Erwerber** Schadensersatz verlangen, wenn jetzt erst sein Schaden eintritt;[137] außerdem kann er auch nur gegen diesen nach **§ 536a Abs 2 Nr 1** vorgehen und von ihm gegebenenfalls einen **Vorschuss** auf die Mängelbeseitigungskosten verlangen.[138] Das Gesagte gilt auch bei **anfänglichen Mängeln**, da der Mieter der Vorteile der Garantiehaftung des Vermieters für derartige Mängel nicht durch die Grundstücksveräußerung verlustig gehen darf.[139]

35   **Nicht gebunden** ist der Erwerber dagegen an Pflichten des ersten Vermieters und Veräußerers, die sich **aus anderen Verträgen** der Parteien oder aus **Verträgen mit Dritten** ergeben. Die Folge ist zB, dass **Vorverträge** zu Mietverträgen *nicht* auf den Erwerber übergehen.[140] Dasselbe gilt für die **Abrede der Beurkundung** eines zunächst formlos abgeschlossenen Mietvertrages, und zwar richtiger Meinung nach auch dann, wenn sich dabei um eine Nebenabrede zu den Mietvertrag handelt, weil bei einer Bindung des Erwerbers auch an derartige jederzeit formlos mögliche Abreden der Zweck der §§ 550 und 566 buchstäblich in sein Gegenteil verkehrt würde (str).[141]

36   **2. Betriebskosten.** Besondere Schwierigkeiten bereitet die Betriebskostenabrechnung im Falle des Eigentumswechsels, weil sich hier, jedenfalls auf dem Boden der hM (Rn 2, 31), keine Regel rein durchführen lässt, während bei der Annahme von Rechtsnachfolge durchaus angemessene Lösungen erreichbar sind.[142] Im Wesentlichen unstreitig ist allein die Behandlung bereits vor Eigentumsübergang **abgeschlossener Abrechnungs-**

---

133 BGH LM Nr 8 zu § 558 BGB = NJW 1965, 1225; LM Nr 29 zu § 571 BGB (Bl 2) = NJW 1988, 705; zur Verjährung s o § 548 Rn 20f.
134 BGH NJW 2005, 1187 = NZM 2005, 253 = WuM 2005, 201, 202 (l Sp); KG ZMR 2010, 183; *Derleder* NJW 2008, 1189. 1190; *Horst* ZMR 2009, 655, 659; *Streyl* NZM 2010, 343, 349.
135 S o Rn 27; LG Frankfurt WuM 1980, 11; *Mittelstein* Miete, 674; aM *Ronimi* WuM 1980, 1.
136 BGH NJW 2005, 1187 = NZM 2005, 253; *Derleder/Bartels* JZ 1997, 981, 985; *Streyl* NZM 2010, 343, 349; anders zB KG ZMR 2010, 182.
137 BGH NJW 2005, 1187 = WuM 2005, 243; *Derleder* NJW 2008, 1189; *Horst* ZMR 2009, 655, 659.
138 BGH NJW 2005, 1187 = WuM 2005, 243; LG Berlin NJW-RR 1990, 23.
139 S o § 536a Rn 4; BGHZ 49, 350, 352 = NJW 1968, 885; BGH Warn 1972 Nr 284, S 803, 804; LG Berlin GE 1992, 677.
140 BGH LM Nr 1 zu § 566 = NJW 1954, 71; LM Nr 6 zu § 566 BGB = ZMR 1962, 177; LM Nr 7 zu § 566 BGB = NJW 1962, 1388.
141 BGH LM Nr 7 zu § 566 BGB (Bl 3) = NJW 1962, 1388; str.
142 S *Derleder* NJW 2008, 1189; *ders* ZMR 2009, 8; *Horst* ZMR 2009, 655; *Langenberg* NZM 1999, 52; *Neumann* WuM 2012, 3; *Schenkel* NZM 1999, 5; *Schultz* ZMR 1990, 219 ; *Weitemeyer*, in: FS Blank (2006) 455.

perioden. Aus solchen Perioden etwa noch offene Ansprüche sind vor Eigentumsübergang fällig geworden und daher allein zwischen den *bisherigen* Vertragsparteien auszugleichen. Die Folge ist freilich, dass der Mieter gegenüber dem Erwerber weder ein Zurückbehaltungsrecht erlangt noch eine Aufrechnungsmöglichkeit mit etwaigen Erstattungsansprüchen hat.[143] Umstritten ist die Rechtslage dagegen, wenn zwar die Abrechnungsperiode noch **vor** Eigentumsübergang ihr Ende gefunden hatte, der **Abrechnungszeitraum** (nach § 556 Abs 3 S 1 grundsätzlich ein Jahr) bei Eigentumsübergang aber **noch nicht beendet** war, sondern erst während des Eigentums des Erwerbers ablief. Während teilweise auch hier das Fälligkeitsprinzip strikt angewandt wird,[144] geht die überwiegende Meinung davon aus, dass es in diesem Fall **Sache des Veräußerers**, des früheren Vermieters bleibt, mit dem Mieter **abzurechnen**, etwaige Nachzahlungen einzufordern und Überschüsse herauszuzahlen.[145] Anders ist indessen zu entscheiden, wenn der **Eigentumsübergang während einer Abrechnungsperiode** erfolgt. In diesem Fall müssen nicht etwa Veräußerer und Erwerber mit den Mieter jeweils für die Zeit ihres Eigentums abrechnen;[146] vielmehr trifft die Abrechnungspflicht einheitlich (allein) den **Erwerber**, eben als Rechtsnachfolger des Veräußerers.[147]

Das Gesagte gilt auch in der **Zwangsversteigerung**; den Ersteher in der Zwangs- **36a** versteigerung trifft keine weitergehende Abrechnungspflicht als sonst den Erwerber.[148] Lediglich in der **Zwangsverwaltung** wird angenommen, dass der Zwangsverwalter mit Rücksicht auf § 152 ZVG auch über den Zeitraum vor Anordnung der Zwangsverwaltung insgesamt abrechnen muss.[149] Er ist deshalb auch befugt, vom Schuldner noch vor Anordnung der Zwangsverwaltung selbst vereinnahmte Vorauszahlungen des Mieters von dem Schuldner herauszufordern, um sie gegebenenfalls nach Abrechnung dem Mieter erstatten zu können.[150] Vereinnahmt der Verwalter nach dem Zuschlag noch Vorauszahlungen des Mieters bis zu dem Zeitpunkt der Aufhebung der Zwangsverwaltung, so muss er dagegen die Vorauszahlungen an den Ersteher abführen, weil jetzt diesen die Abrechnungspflicht trifft.[151] Der Verwalter darf die Vorauszahlungen der Mieter zu keinem Zeitpunkt für die Bezahlung der Gläubiger verwenden, da es sich um treuhänderisch gebundene Leistungen des oder der Mieter handelt.[152] Nach dem Zuschlag darf er die erhaltenen Vorauszahlungen zwar immer noch mit den Betriebskosten verrechnen; reichen die Vorauszahlungen jedoch nicht zur Deckung der Betriebskosten aus, so hat der Verwalter jetzt nicht mehr einen Anspruch auf Aufwendungsersatz gegen den Ersteher.[153] Er bleibt aber zur Abrechnung über eine vor Beendigung seines Amtes abgeschlossene Abrechnungsperiode verpflichtet.[154]

---

143 S *Derleder* NZM 2009, 8, 10f; *Neumann* WuM 2012, 3 ff.
144 OLG Naumburg NZM 1998, 806; 6f; LG Berlin ZMR 1990, 218, 219; *Schenkel* NZM 1999, 5.
145 BGH LM Nr 5 zu § 16 VermG (Bl 2 Rf) = NZM 2001, 158; NJW 2004, 851 = NZM 2004, 188; NJW-RR 2005, 96 = NZM 2005, 17; NJW 2007, 1818 = NZM 2007, 441 Tz 13; *Derleder* NJW 2008, 1189, 1191; *ders* NZM 2009, 8, 9f; *Horst* ZMR 2009, 655, 658; *Langenberg* NZM 1999, 52, 58f; *Weitemeyer*, in: FS Blank 445, 450f.
146 So aber (beiläufig) OLG Düsseldorf NJW-RR 1994, 1101, 1102 = ZMR 1994, 364 = WuM 1994, 477, 478.
147 Ebenso BGH (Fn 147); *Langenberg* NZM 1999, 52, 58; *Schenkel* NZM 1999, 5; *Schultz* ZMR 1990, 219, 220.
148 BGH NZM 2008, 100 = NJW-RR 2008, 323 Tz 13ff; *Derleder* NZM 2009, 8, 12f.
149 BGH NZM 2003, 473 = WuM 2003, 390; NZM 2006, 581 = WuM 2006, 402f Tz 6, 10ff; NZM 2008, 100 Tz 13 ff = WuM 2007, 698; *Derleder* NJW 2008, 1189, 1192; *ders* NZM 2009, 8, 13.
150 BGH NZM 2008, 100 Tz 18 = WuM 2007, 698.
151 BGH NZM 2008, 100 Tz 14 ff= WuM 2007, 698; NZM 2012, 325 Tz 15 = NZI 2012, 255.
152 BGH NZM 2008, 100 Tz 21= WuM 2007, 698.
153 BGH NZM 2012, 325 Tz 13 ff = NZI 2012, 255.
154 LG Potsdam WuM 2001, 289; AG Köln WuM 2013, 109, 110.

Volker Emmerich

VIII. Abweichende Vereinbarungen

37   § 566 ist **nicht zwingend**, so dass selbst bei der Wohnraummiete abweichende Vereinbarungen möglich sind, freilich **nur durch Individualvereinbarungen**, dagegen nicht durch Formularvertrag, weil der Grundsatz „Kauf bricht nicht Miete" zum gesetzlichen Leitbild der Miete gehört (§ 307 Abs 2 Nr 1).[155] Zu beachten ist, dass auch in Individualvereinbarungen jede Abweichung von § 566 zum Nachteil des Mieters eines **Zusammenwirkens aller drei Beteiligten** bedarf. Zu denken ist hier vor allem an die Abrede, dass der Erwerber den Vertrag vollständig übernimmt, wodurch im Regelfall die Rechtslage für die Beteiligten deutlich vereinfacht wird (s § 540 Rn 55ff), während ohne Mitwirkung des Mieters allein durch eine Vereinbarung zwischen dem ursprünglichem **Vermieter und** dem **Erwerber** § 566 *nicht* ausgeschlossen werden kann.[156]

38   § 566 bezweckt in erster Linie den Schutz des Mieters (Rn 1). Deshalb wird verbreitet angenommen, auch ohne Mitwirkung des Erwerbers könnten **Vermieter und Mieter** für ihre Beziehungen die Anwendung des **§ 566 ausschließen**.[157] Diese Meinung ist jedoch problematisch, weil sie im Ergebnis auf einen unzulässigen Vertrag zu Lasten Dritter hinausläuft.[158] Möglich ist jedoch bei der gewerblichen Miete die Vereinbarung einer **auflösenden Bedingung für** den Fall der **Grundstücksveräußerung**, während bei der Wohnraummiete in diesem Fall § 572 Abs 2 zu beachten ist. Dies bedeutet, dass sich der Vermieter hier zwar gegenüber dem Mieter *nicht* auf die auflösende Bedingung berufen kann mit der Folge, dass der Mietvertrag fortbesteht und der Erwerber in diesen eintritt, der Mieter aber sich jederzeit auf den Standpunkt der auflösenden Bedingung stellen und dadurch seinerseits den Eintritt des Erwerbers verhindern kann.[159]

IX. Bürgenhaftung des Vermieters

39   Der **Vermieter** und Veräußerer **haftet** zum Schutze des Mieters nach § 566 Abs 2 S 1 **wie** ein selbstschuldnerischer **Bürge**, dh als Gesamtschuldner neben dem Erwerber (§ 773 Abs 1 Nr 1), **wenn** der **Erwerber** die auf ihn übergegangenen Verpflichtungen gegenüber dem Mieter (o Rn 33ff) nicht erfüllt und diesem deshalb zum **Schadensersatz verpflichtet** ist. Dasselbe gilt entsprechend, wenn der Erwerber schon kraft Gesetzes, zB aufgrund der §§ 536a Abs 2 und 539, oder aufgrund des Vertrages zu einer **Geldleistung** verpflichtet ist.[160]

40   Nach § 566 Abs 2 S 2 wird der Vermieter von seiner bürgenähnlichen Haftung (o Rn 39) **befreit, wenn** der Mieter von dem erfolgten Eigentumsübergang durch eine Mitteilung des (bisherigen) Vermieters **Kenntnis** erlangt **und** er darauf hin **nicht** das Mietverhältnis für den ersten zulässigen Termin **kündigt**. Die Mitteilung ist eine rechtsgeschäftsähnliche Handlung. Besondere Vorschriften hinsichtlich ihres Inhalts oder ihrer Form bestehen nicht. Erforderlich ist lediglich, dass die Mitteilung *nach* Eigentumsübergang erfolgt; eine vorherige Mitteilung ist wirkungslos.

41   Nach der Mitteilung muss sich der Mieter entscheiden, ob er das Mietverhältnis zum nächsten möglichen, ordentlichen Kündigungstermin kündigen will oder nicht. § 566 Abs 2 S 2 begründet **nicht** etwa ein **zusätzliches Kündigungsrecht** des Mieters, sondern

---

155 *Horst* ZMR 2009, 655, 657; *Sternel*, Mietrecht Rn I 73; str.
156 LG Köln WuM 1995, 151; AG Pinneberg ZMR 2002, 835, 836; *Börstinghaus* PiG Bd 70 (2005) 65, 72.
157 So *Palandt/Weidenkaff* § 566 Rn 5; *Wolf/Eckert/Ball* Hdb, Rn 1306.
158 Ebenso *Blank/Börstinghaus* § 566 Rn 15.
159 *Blank/Börstinghaus* § 566 Rn 83; *Sternel*, Mietrecht Rn I 73.
160 BGHZ 51, 273, 274f = NJW 1969, 417; *Söllner* JZ 1969, 634, 635.

geht von der ordentlichen Kündigungsmöglichkeit mit gesetzlicher Frist aus, so dass eine Haftungsbefreiung des Vermieters ausscheidet, wenn der Mietvertrag auf eine feste Zeit abgeschlossen ist. **Kündigt** der **Mieter** gegenüber dem Erwerber, so hat dies nicht etwa die Folge, dass rückwirkend die bürgenähnliche Haftung des Vermieters entfiele; sie bleibt vielmehr bis zum Ablauf der Kündigungsfrist bestehen. Nicht anders ist die Rechtslage im Ergebnis aber auch, wenn der Mieter **von** einer **Kündigung absieht**, da dann die bürgenähnliche Haftung des Vermieters ebenfalls erst mit dem Zeitpunkt erlischt, zu dem der Mieter frühestens ordentlich zu kündigen in der Lage war.[161]

X. Prozessuales

In Mietprozessen gilt das vermietete **Grundstück** als **im Streit befangene Sache** iS der §§ 265 und 325 ZPO.[162] Eine Veräußerung des vermieteten Grundstücks während des Mietprozesses hat deshalb auf den Prozess keinen Einfluss.[163] Der Veräußerer kann **Aktivprozesse** gegen den Mieter trotz Veräußerung des Grundstücks *während* des Rechtsstreits fortführen, während sich eine **Klage des Mieters** auf Mängelbeseitigung durch den Übergang des Eigentums auf den Erwerber und dessen Eintritt in das Mietverhältnis erledigt.[164] – Die **Voraussetzungen** für den Eintritt des Grundstückserwerbers in das Mietverhältnis muss derjenige **beweisen**, der sich auf den Eintritt des Erwerbers beruft. Ist dies der Erwerber, so muss er den lückenlosen Nachweis für seinen Eigentumserwerb vom Vermieter erbringen.[165] 42

§ 566a
Mietsicherheit

Hat der Mieter des veräußerten Wohnraums dem Vermieter für die Erfüllung seiner Verpflichtungen Sicherheit geleistet, so tritt der Erwerber in die dadurch begründeten Rechte und Pflichten ein. Kann bei Beendigung des Mietverhältnisses der Mieter die Sicherheit von dem Erwerber nicht erlangen, so ist der Vermieter weiterhin zur Rückgewähr verpflichtet.

Systematische Übersicht

1.	Überblick —— 1		4.	Vermieterpflichten —— 8
2.	Anwendungsbereich —— 3		5.	Abweichende Vereinbarungen —— 11
3.	Eintritt in die Vermieterrechte —— 6		6.	Beweislast —— 12

1. Überblick. § 566a (= § 572 aF) regelt das **Schicksal einer** vom Mieter dem Vermieter **bereits geleisteten Sicherheit** im Falle der Veräußerung des Grundstücks. Nach § 566a S 1 tritt in diesem Fall der Erwerber kraft Gesetzes in die durch die Sicherheitsleistung begründeten Rechte *und* Pflichten des Vermieters ein. S 2 der Vorschrift fügt hinzu, dass 1

---

161 *Bub/Treier/Heile* Hdb, Rn II 896; *Sternel* Mietrecht Rn I 72.
162 *Horst* ZMR 2009, 655, 661.
163 RGZ 55, 293, 294; 102, 177, 179ff; BGH WM 1965, 680.
164 *Horst* ZMR 2009, 655, 661.
165 LG Berlin GE 1984, 867.

Volker Emmerich

der Vermieter und Veräußerer gleichwohl weiterhin zur Rückgewähr der Sicherheit verpflichtet bleibt, wenn bei Beendigung des Mietverhältnisses der Mieter die Sicherheit von dem Erwerber nicht zu erlangen vermag. **Bezweckt** wird mit dieser Regelung ebenso wie schon mit § 566 ein umfassender **Mieterschutz**. Die Vorschrift des § 566a ergänzt außerdem den § 566, indem sie die Forthaftung des Vermieters und Veräußerers für die auf den Erwerber übergehenden Pflichten aus der Abrede über die Kaution gegenüber der Regel des § 566 Abs 2 verschärft. Hatte der Mieter bei Eigentumsübergang trotz vertraglicher Verpflichtung hierzu die Sicherheit jedoch noch nicht geleistet, so geht der **Anspruch** des Vermieters **auf Leistung** der Sicherheit gemäß § 566 Abs 1 als Teil der Vermieterrechte **auf den Erwerber** über (s § 566 Rn 24 f). Entgegen einer verbreiteten Meinung[1] gilt dies auch, wenn der Vermieter oder Veräußerer noch fällige Ansprüche gegen den Mieter hat, wegen derer er sich aus der Sicherheit befriedigen könnte.[2]

2   § 566a weicht in wichtigen Punkten zu Gunsten des Mieters von § 572 aF ab. Mangels einer speziellen **Übergangsregelung** bleibt es aber bei § 572 aF in den so genannten **Altfällen**, dh in Fällen, in denen Eigentumsübergang und Beendigung des Mietverhältnisses noch vor dem 1. September 2001 lagen.[3] Dies gilt auch in so genannten Veräußerungsketten, bei denen ein Teil des Erwerbsvorganges vor dem 1. September 2001 und ein Teil danach lag.[4] Dagegen ist von § 566a auszugehen, wenn das Eigentum an dem Grundstück nach dem 31. August 2001 übergegangen ist.

3   **2. Anwendungsbereich.** § 566a gilt für die Wohnraummiete (§ 549) sowie für die sonstige Grundstücks- und Raummiete (§ 578 Abs 1). Entsprechend anwendbar ist die Vorschrift außerdem in den Fällen des § 565 (§ 565 Abs 2 und dazu o § 565 Rn 10) sowie des § 567a. Aus dem Zusammenhang mit § 566 folgt ferner, dass die Anwendung der Vorschrift den **Eintritt** des Erwerbers **in den Mietvertrag** nach § 566 voraussetzt. Da der Grundstückserwerber auch in das **Abwicklungsverhältnis** nach Kündigung des Mietvertrages eintritt (o § 566 Rn 17, 22), ist § 566a in dieser Zeitspanne ebenfalls anwendbar, solange der Mieter noch im Besitz der Mietsache ist.[5] **Keine Anwendung** findet § 566a dagegen auf bloße **Guthaben** des Mieters, zB aufgrund der Abrechnung über Betriebskosten für frühere Zahlungsperioden,[6] sowie auf Fälle eines rechtsgeschäftlichen Vermieterwechsels.[7]

4   Nach **§ 57 ZVG** findet die Vorschrift des **§ 566a** ferner entsprechende Anwendung in der **Zwangsversteigerung**. Der Ersteher ist deshalb in jedem Fall zur **Rückzahlung** der Kaution verpflichtet und muss dies deshalb gegebenenfalls bei der Berechnung seines Gebots berücksichtigen.[8] Die Rückzahlungspflicht besteht selbst dann, wenn der frühere Vermieter die Kaution entgegen § 551 nicht von seinem Vermögen getrennt angelegt hatte

---

1 OLG Hamburg WuM 1997, 375; *Lützenkirchen* WuM 1998, 187, 190.
2 *Börstinghaus* PiG Bd 70 (2005) 65, 77f; *Derleder* NJW 2008, 1189, 1192; offen gelassen in BGH NJW 2012, 3032 Tz 35–38 = NZM 2012, 681 = WuM 2012, 560.
3 BGH NJW-RR 2005, 1032 = WuM 2005, 404, 405; NZM 2005, 907 = WuM 2005, 718; NZM 2006, 179; NZM 2009, 615 Tz 11ff; NZM 2012, 81 Tz 8 = WuM 2007, 472.
4 BGH NZM 2012, 81 Tz 9f = WuM 2007, 472; dagegen *Bister* NZM 2012, 446.
5 S BGH NJW 2007, 1818 Tz 9f = NZM 2007, 441; LG Berlin GE 2006, 1429; *Horst* ZMR 2009, 655, 657.
6 OLG Düsseldorf NJW-RR 1994, 1101, 1102 = WuM 1994, 477.
7 S o § 540 Rn 31; AG Oldenburg WuM 1988, 267; *Palandt/Weidenkaff* § 566a Rn 2; **aM** LG/AG Düsseldorf WuM 1989, 568; *Kandelhard* NZM 2001, 696, 703.
8 BGH NZM 2005, 907 = WuM 2005, 718.

und später insolvent geworden ist; das Insolvenzrisiko trägt mit anderen Worten der Ersteher.[9]

Besonderheiten gelten bei Anordnung der **Zwangsverwaltung,** weil § 152 Abs 2 ZVG, **4a** nach dem der Mietvertrag gegenüber dem Verwalter wirksam bleibt, nicht zugleich auf § 566a verweist.[10] Der Verwalter hat vielmehr sämtliche Rechte und Pflichten des Vermieters aus dem Mietvertrag zwar im eigenen Namen, aber letztlich für Rechnung des Vermieters auszuüben. Der Verwalter tritt daher auch in die Rechte und Pflichten des Vermieters aus der **Abrede über die Sicherheitsleistung** ein. Hervorzuheben ist die Pflicht zur **getrennten Anlage** der Sicherheitsleistung nach § 551 Abs 3 S 3, der der Verwalter somit noch nachkommen muss, wenn der Vermieter dies bisher nicht getan hatte.[11] Sofern der Mieter die Sicherheit, insbesondere die Barkaution noch **nicht geleistet** hat, ist es außerdem Aufgabe des Verwalters, diesen **Anspruch** gegen den Mieter **geltend zu machen** und anschließend für die ordnungsmäßige, dh dem § 551 entsprechende Anlage der Sicherheit zu sorgen.[12] Falls sich die Sicherheitsleistung dagegen noch im Vermögen des Vermieters befindet, muss der Verwalter **von dem Vermieter** ihre **Herausgabe** nach § 152 ZVG **verlangen.**[13] **Endet** das Mietverhältnis während der **Zwangsverwaltung** des Grundstücks, so ist der Verwalter, auch wenn er die Sicherheit vom Vermieter nicht erhalten hat, zur Abrechnung über die Sicherheit mit dem Mieter und zur **Herausgabe** des Überschusses verpflichtet.[14] Der Mieter kann von dem Verwalter außerdem **Auskunft** hinsichtlich der aus der Sicherheit gezogenen Zinsen verlangen.[15] Gerichtlich in Anspruch genommen werden kann der Verwalter nur, solange nicht die Zwangsverwaltung wieder aufgehoben ist. Eine **nach Aufhebung der Zwangsverwaltung** erhobene Klage gegen den Verwalter ist als unzulässig abzuweisen.[16]

In der **Insolvenz** des Vermieters ist kein Raum für eine Anwendung des § 566a, weil **5** der **Mietvertrag** gemäß § 108 Abs 1 S 1 InsO **fortbesteht,** so dass der Verwalter zur Erfüllung des Vertrages verpflichtet bleibt. Endet der Mietvertrag, so hat der Mieter ein **Aussonderungsrecht** (nur), wenn der Vermieter die (in der Praxis vorherrschende) Barkaution entsprechend § 551 von seinem Vermögen getrennt bei einer Bank auf einem treuhänderischen Konto angelegt hatte.[17] Anders ist die Rechtslage dagegen, wenn der Vermieter unter Verstoß gegen § 551 Abs 3 die Kaution **nicht** von seinem Vermögen **getrennt** auf einem Treuhandkonto angelegt hatte. Zwar erlangt der Mieter dann einen Schadensersatzanspruch gegen den Vermieter; jedoch stellt dieser eine bloße, meistens wertlose **Insolvenzforderungen** dar; ein Aussonderungsrecht besteht dagegen jetzt nicht mehr.[18] **Veräußert**

---

9 BGH NZM 2012, 344 Tz 6 ff = NJW 2012, 1353 = WuM 2012, 278.
10 S *Börstinghaus* PiG 70 (2005(65, 75ff; *Derleder* WuM 2002, 239, 243f; *Milger* NJW 2011, 1249, 12151 ff; *Slomian*, in: 10 Jahre Mietrechtsreformgesetz (2011) 468.
11 LG Lüneburg ZMR 2009, 687.
12 § 566 Rn 7; BGH WuM 2005, 460, 462 (r Sp unter 4b) = NJW-RR 2005, 1029: NZM 2008, 100 Tz 19 = WuM 2007, 698.
13 BGH NZM 2008, 100 Tz 19 = WuM 2007, 698; LG Köln WuM 1990, 500, 501 = NJW-RR 1991, 80.
14 BGH NJW 2003, 3342 = NZM 2003, 849, 850; NJW-RR 2005, 1032 = WuM 2005, 404; NJW-RR 2005, 1029 = WuM 2005, 460, 461; WuM 2005, 463; NZM 2008, 100 Tz 19 = WuM 2007, 698; sehr str, wie hier *Milger* NJW 2011, 1249, 12151 ff; dagegen scharf zB *Slomian*, in: 10 Jahre Mietrechtsreformgesetz (2011) 468, 471, 475 f mN.
15 BGH WuM 2005, 463.
16 BGH WuM 2005, 463 = NZM 2006, 312; NZM 2010, 698 Tz 11f = WuM 2010, 518.
17 S § 551 Rn 15; BGH NJW 2008, 1152 Tz 6, 8 = NZM 2008, 203; LG Berlin GE 2006, 1481.
18 BGH NJW 2008, 1152 Tz 7f = NZM 2008, 203; anders noch Voraufl Rn 3 mN.

Volker Emmerich

der Insolvenzverwalter das Grundstück (§ 111 InsO), so ist dagegen Raum für eine Anwendung des § 566a, so dass der Erwerber für die Rückzahlung der Kaution haftet.[19]

6   **3. Eintritt in die Vermieterrechte.** Nach § 566a S. 1 tritt der Grundstückserwerber, wenn der Mieter zuvor dem Vermieter und Veräußerer tatsächlich eine Sicherheit geleistet *hatte*, kraft Gesetzes, df ohne weiteres, automatisch in die dadurch begründeten Rechte ein. Dies bedeutet, dass mit Eigentumsübergang (§ 566 Abs 1) die **Rechte aus** der bereits **geleisteten Sicherheit** auf den Erwerber **übergehen**, wobei es keine Rolle spielt, ob die Sicherheit vom Mieter oder von einem Dritten geleistet wurde.[20] Einer **Zustimmung** des Mieters bedarf es grundsätzlich nicht; lediglich im Einzelfall kann es sich nach Treu und Glauben anders verhalten, wenn der Erwerber, z.B. im Falle der Verpfändung eines Bankguthabens, Zugriff auf die Kaution praktisch nur durch Freigabeerklärung des Mieters zu erlangen vermag (§ 242).[21] Welche **Rechte** der Erwerber nach § 566a an der bereits geleisteten Sicherheit des Mieters erlangt, hängt im Einzelfall von der Art der Sicherheit ab. Hatte der Mieter einen **Bürgen** gestellt, so erlangt der **Erwerber** folglich an Stelle des Vermieters die Rechte gegen den Bürgen aus der Bürgschaft,[22] so dass der *Veräußerer* wegen noch offener Forderungen den Bürgern fortan nicht mehr in Anspruch nehmen kann.[23] Im Falle einer **Sicherungsübereignung** wird der Erwerber außerdem kraft Gesetzes Eigentümer der zur Sicherheit übereigneten Sache.[24] Hatte der Mieter dem Vermieter eine **Barkaution** zur freien Verfügung geleistet, so erwirbt der Grundstückserwerber freilich lediglich einen *Anspruch* auf Auszahlung des vom Mieter geleisteten Betrages,[25] und zwar nebst Zinsen.[26] Im Falle der durch § 551 Abs 3 S 3 vorgeschriebenen Anlage einer Barkaution auf einem **Treuhandkonto** dürfte schließlich von einem Übergang der Berechtigung an dem Konto auf den Erwerber auszugehen sein.[27]

7   **Soweit der Erwerber Eigentümer** wird, kann er nach § 985 **vom Vermieter Herausgabe** der Sicherheit **verlangen**, wobei für Urkunden wie Sparbücher § 952 zu beachten ist. Daneben kommen vertragliche Herausgabeansprüche des Erwerbers gegen den Vermieter in Betracht.[28] Der Vermieter kann jedoch nach hM die Herausgabe der schon geleisteten Sicherheit **verweigern**, wenn er noch eigene offene Ansprüche aus dem Mietverhältnis gegen den Mieter hat und sich derentwegen aus der Sicherheit befriedigen will.[29] Der Erwerber kann dann aber gemäß § 566 Abs 1 vom Mieter **Wiederauffüllung** der Sicherheit verlangen.[30] Nach **Leistung** der Sicherheit seitens der Mieter hat dagegen der Erwerber keinen eigenen Anspruch auf Sicherheitsleistung mehr. Stattdessen steht nach hM jetzt

---

19 BGH NJW 2012, 1353 Tz 8 = NZM 2012, 344 = WuM 2012, 278.
20 S *Derleder* WuM 2002, 239, 243f.
21 BGH NZM 2012, 301 Tz 12 ff = WuM 2012, 21.
22 BGHZ 95, 88, 97f = NJW 1985, 2528; BGH NJW 1982, 875 = WM 1982, 148.
23 LG Bonn NJW-RR 1994, 357.
24 *Blank/Börstinghaus* § 566a Rn 9.
25 OLG Düsseldorf MDR 1983, 405; *Sick* ZMR 2011, 269, 271.
26 AG Pinneberg WuM 1981, 21.
27 OLG Düsseldorf NJW-RR 1997, 1170 = WuM 1997, 264; *Kraemer* NZM 2001, 736, 742; **aM** *Lammel* § 566a Rn 20; *Wolf/Eckert/Ball* Hdb, Rn 334.
28 RGZ 53, 247, 249; LG Bonn NZM 2005, 782.
29 OLG Hamburg ZMR 1997, 415 = WuM 1997, 375; OLG Frankfurt NJW-RR 1987, 786; GE 2011, 885; OLG Karlsruhe NJW-RR 1989, 267 = WuM 1989, 63; fraglich, s Rn 3.
30 *Blank/Börstinghaus* § 566a Rn 6; *Börstinghaus* PiG Bd 70 (2005) 65, 77.

dem Mieter aus dem Mietvertrag ein **Anspruch gegen den Vermieter auf Aushändigung** der geleisteten Sicherheit an den Erwerber zu.[31]

4. Vermieterpflichten. Anders als nach früherem Recht (§ 572 S 1 aF) tritt der Erwer- 8 ber nach Leistung der Sicherheit aufgrund des § 566a S 1 auch in die durch die Sicherheitsleistung begründeten Pflichten ein. Es geht dabei einmal um die **Pflichten hinsichtlich** der **Anlage und Verwaltung** der Sicherheitsleistung, die sich bei der Wohnraummiete insbesondere **aus § 551** ergeben, zum anderen um die **Rückgewährpflicht** hinsichtlich der Sicherheit nach Vertragsende und Ablauf der Abrechnungsperiode (s u Rn 9ff).

In § 566a geht das Gesetz davon aus, dass die **Rückgewährpflicht** hinsichtlich der vom 9 Mieter geleisteten Sicherheit **in erster Linie** den **Erwerber** trifft (S 1 des § 566a), während der Veräußerer nur **subsidiär** forthaftet (S 2 aaO). Die Art der **Rückgewähr** richtet sich nach der Art der Sicherheit. **Bürgschaften** erlöschen ohne weiteres (§ 767); jedoch bleibt der Erwerber zur Rückgabe einer etwaigen Bürgschaftsurkunde verpflichtet.[32] Auch das **Eigentum** an einer dem Vermieter zur Sicherheit übereigneten Sache fällt automatisch an den Mieter zurück. Ist eine **Kaution**, wie durch § 551 Abs 3 S 1 vorgeschrieben, auf einem Treuhandkonto angelegt, so beschränkt sich eine etwaige Rückgewährpflicht des Erwerbers auf eine Freigabeerklärung gegenüber der Bank (§ 242),[33] so dass sich der Sache nach der **Anwendungsbereich** der Rückgewährpflicht des Erwerbers auf die Leistung einer Kaution in dessen Vermögen sowie auf die Verpfändung von Sparguthaben und Wertpapieren beschränkt.[34] Voraussetzung ist natürlich, dass in diesem Augenblick die Rückgewährpflicht überhaupt noch besteht. Daran fehlt es vor allem, wenn der Veräußerer oder der Erwerber die Sicherheit ganz oder teilweise in Anspruch genommen und bisher keiner die Wiederauffüllung verlangt hatte (vgl § 417 Abs 1 S 1).[35]

In den genannten Fällen (o Rn 9) ist der **Erwerber zur Rückgewähr** der Sicherheit 10 selbst dann **verpflichtet,** wenn sie ihm vom Veräußerer und Vermieter *nicht* ausgehändigt wurde, bei einer Barkaution einschließlich der darauf entfallenden Zinsen (§§ 551 Abs 3, 566a S 1). **Daneben** ist gemäß § 566a S 2 der Vermieter und **Veräußerer (ebenfalls)** weiterhin zur Rückgewähr der Sicherheit verpflichtet, dies jedoch nur, wenn der Mieter bei Beendigung des Mietverhältnisses die Sicherheit von dem Erwerber nicht zu erlangen vermag. Dem Mieter muss sich folglich **zunächst** an den **Erwerber** als seinen gegenwärtigen Vertragspartner halten, solange dies nicht von vornherein aussichtslos erscheint, etwa weil Zwangsverwaltung angeordnet ist oder weil das Kautionskonto gepfändet wurde (vgl §§ 242 und 773).[36] Eine Klage gegen den Erwerber ist nicht in jedem Fall erforderlich; vielmehr **genügen zumutbare Anstrengungen** des Mieters bei der Inanspruchnahme des Erwerbers. Der Veräußerer wird nur **frei,** wenn der Mieter auf die Haftung des Veräußerers durch Individualvereinbarung verzichtet[37] oder wenn der Erwerber mit Zustimmung des Mieters wirksam die **Rückgewährpflicht vertraglich übernimmt.**[38]

---

31 Prot I 262; *Staudinger* Rn 12; OLG Karlsruhe NJW-RR 1989, 267 = WuM 1989, 63; OLG Frankfurt NJW-RR 1991, 1416 = WuM 1991, 484; LG Düsseldorf WuM 1992, 542; *Blank/Börstinghaus* § 566a Rn 5.
32 *Horst* ZMR 2009, 655, 657.
33 *Horst* ZMR 2009, 655, 657.
34 S Ausschussbericht BT-Drucks 14/5663, S 81 (r Sp); *Kraemer* NZM 2001, 736, 742.
35 OLG Frankfurt GE 2011, 885.
36 BGH NZM 2013, 230 Tz 19 = WuM 2013, 172; *Börstinghaus* PiG Bd 70 (2005) 65, 78; *Derleder* WuM 2002, 239, 243.
37 Rn 11; BGH NZM 2013, 230 Tz 17 f = WuM 2013, 172.
38 LG München I WuM 1992, 617, str.

Volker Emmerich

11　**5. Abweichende Vereinbarungen.** § 566a ist nicht zwingend, so dass abweichende Vereinbarungen möglich sind, indessen nicht allein durch Vermieter und Erwerber, sondern immer nur unter Mitwirkung des Mieters. Ebenso wenig ist es möglich, in Formularverträgen zum Nachteil des Mieters von § 566a abzuweichen.[39] Daran scheitert auch ein vom Vermieter für den Fall der Veräußerung des Grundstücks verlangter vorformulierter Verzicht des Mieters auf die Forthaftung des Veräußerers.[40]

12　**6. Beweislast.** Wenn der Erwerber vom Mieter **Leistung der Sicherheit** verlangt, muss er behaupten und beweisen, dass der Mieter aufgrund des Mietvertrages zur Leistung einer Sicherheit verpflichtet ist. Dagegen ist es Sache des Mieters, die bereits erfolgte Sicherheitsleistung zu beweisen. Verlangt der Mieter von dem Erwerber **Rückgewähr** der geleisteten Sicherheit, so muss er nach § 566a S 2 lediglich beweisen, dass er eine Sicherheit an den Veräußerer oder den Erwerber geleistet hat, während es Sache des Erwerbers ist, zu behaupten und gegebenenfalls zu beweisen, dass der Veräußerer die Sicherheit bereits ganz oder teilweise in Anspruch genommen hatte.[41] Will der Mieter stattdessen gegen den **Vermieter** vorgehen, so muss er beweisen, dass er die Sicherheit von dem Erwerber nicht mehr zu erlangen vermag (s Rn 10).

§ 566b
Vorausverfügung über die Miete

[1] Hat der Vermieter vor dem Übergang des Eigentums über die Miete verfügt, die auf die Zeit der Berechtigung des Erwerbers entfällt, so ist die Verfügung wirksam, soweit sie sich auf die Miete für den zur Zeit des Eigentumsübergangs laufenden Kalendermonat bezieht. Geht das Eigentum nach dem 15. Tag des Monats über, so ist die Verfügung auch wirksam, soweit sie sich auf die Miete für den folgenden Kalendermonat bezieht.
[2] Eine Verfügung über die Miete für eine spätere Zeit muss der Erwerber gegen sich gelten lassen, wenn er sie zur Zeit des Übergangs des Eigentums kennt.

Systematische Übersicht

1.	Überblick —— 1		3.	Insolvenz —— 4
2.	Zwangsversteigerung,		4.	Vorausverfügungen —— 5
	Zwangsverwaltung —— 2		5.	Abweichende Vereinbarungen —— 7

1　**1. Überblick.** § 566b regelt die Wirksamkeit von Vorausverfügungen des Vermieters über die Miete in der Zeit vor Übergang des Eigentums für die nachfolgende Zeit. Die Vorschrift baut auf § 566 auf, so dass sich sein Anwendungsbereich grundsätzlich mit dem des § 566 deckt (§ 578; S o § 566 Rn 5ff). Ebenso wie § 566 ist § 566b oder doch Abs 1 der

---

39 *Derleder* WuM 2002, 239, 243f; *Kraemer* NZM 2001, 736, 742.
40 Rn 10; BGH NZM 2013, 230 Tz 17 f = WuM 2013, 172.
41 BGH NZM 2013, 230 Tz 20 = WuM 2013, 172.

Vorschrift ferner in zahlreichen Fällen **entsprechend anwendbar.**[1] Hervorzuheben sind die **§§ 565, 1056 und 2135 sowie § 14 BJG.** Vergleichbare Regelungen mit entsprechender Zielsetzung finden sich noch an zahlreichen anderen Stellen der Rechtsordnung, insbesondere in den §§ 1124 und 1125 BGB sowie § 57b ZVG und § 110 InsO, aus denen sich insgesamt der **Grundgedanke** ableiten lässt, dass die **Wirksamkeit** von Vorausverfügungen über die Miete **unter dem Vorbehalt einer späteren Veräußerung** der Mietsache steht.[2] Dadurch soll zwar auch ein (begrenzter) **Schutz des Mieters** gegen eine Doppelzahlung, vor allem aber ein Schutz **des Grundstückserwerbers** gegen den Verlust der auf die Zeit seines Eigentums entfallenden Mietansprüche erreicht werden.[3] – **Keine Anwendung** findet § 566b dagegen bei **Verfügungen über Nebenrechte,** zB bei einem Verzicht des Vermieters auf eine Bürgschaft. Solche Verfügungen sind immer wirksam gegenüber dem Erwerber.[4] Ebenso wenig ist Raum für die Anwendung des § 566b bei **Bestellung eines Nießbrauchs** an dem Grundstück, da dies eine Verfügung über das Grundstück, nicht über die Miete ist (§ 567), sowie bei Verfügungen über den **Anteil an einer Gesellschaft,** die Grundstücke verwaltet, weil der Erwerber infolgedessen in die Gesellschaft (die Vermieterin ist und bleibt) eintritt, so dass er sich Vorausverfügungen der Gesellschaft über Mietforderungen in vollem Umfang zurechnen lassen muss.[5]

2. Zwangsversteigerung, Zwangsverwaltung. Nach **§ 56 S 2 ZVG** gebühren dem **2** Ersteher in der Zwangsversteigerung von dem Zuschlag an die Nutzungen des Grundstücks, während die Nutzungen für den vorausgehenden Zeitraum dem Vollstreckungsschuldner zustehen, sodass der Schuldner über diese vor Zuschlag noch verfügen kann. Die **Wirksamkeit solcher Vorausverfügungen** beurteilt sich dann gemäß **§ 57 ZVG** nach den §§ 566b S 1, 566c und 566d, jedoch mit dem Unterschied, dass hier an die Stelle des Eigentumsübergangs als des maßgeblichen Zeitpunkts der der **Beschlagnahme** des Grundstücks tritt (§ 57b Abs 1 S 1 ZVG). Dies bedeutet, dass Vorausverfügungen heute den Ersteher in der Regel nicht mehr belasten werden. Eine Ausnahme gilt jedoch, jedenfalls nach bisher hM, für **Baukostenzuschüsse** und gleichstehende Mieterleistungen aus dem Vermögen des Mieters, die vereinbarungsgemäß auf die Miete zu verrechnen sind: Wenn und soweit infolge dieser Mieterleistungen der Ersteher gleichfalls in den Genuss einer Wertsteigerung des Grundstücks kommt, ist die Abrede über die Anrechnung der Mieterleistungen auf die Miete auch ihm gegenüber wirksam.[6] Zu beachten ist, dass seit der Streichung des § 57c ZVG im Jahr 2006 umstritten ist, ob heute an dieser Praxis praeter legem noch festgehalten werden kann.[7]

Die **Zwangsverwaltung** erfasst im Gegensatz zur Zwangsversteigerung auch die **3** Miete und die Pacht (§§ 148 Abs 1 S 1, 21 Abs 2 ZVG). Die Wirksamkeit von **Vorausverfügungen des Vollstreckungsschuldners** richtet sich deshalb hier nicht nach den §§ 57, 57b ZVG, die allein für die Zwangsversteigerung gelten, sondern nach den **§§ 1124 und 1125,** sofern, wie in der Regel, ein Grundpfandgläubiger das Verfahren betreibt.[8] Die Regelung des § 1124 Abs 1 und 2 entspricht freilich im Kern der des § 566b Abs 1, so dass beide Vor-

---

1   S *Roquette* nach § 575 Rn 1ff; *Staudinger* Rn 2.
2   Prot II 146f; BGHZ 163, 201, 204f = NJW-RR 2005, 1466; BGH NJW 2007, 2919 Tz 27 = NZM 2007, 562, 563.
3   BGHZ 163, 201, 204f = NJW-RR 2005, 1466; *Streyl* NZM 2010, 343, 350 ff.
4   RGZ 151, 379.
5   BGHZ 140, 175, 182f = NJW 1999, 715, 717; BGHZ 146, 341, 345 = NJW 2001, 1056.
6   BGH LM Nr 3 zu § 57b ZVG = NJW 1959, 380; LM Nr 2 zu § 557a BGB = NJW 1970, 1124; NZM 2012, 301 Tz 10 ff, 17 = WuM 2012, 210; WuM 2012, 311 Tz 7 = NZM 2012, 303.
7   S *Dötsch* NZM 2012, 296; *Streyl* NZM 2010, 343, 353.
8   BGH NJW-RR 2003, 1308 = NZM 2003, 871; NJW 2007, 2919 Tz 21 = NZM 2007, 562.

Volker Emmerich

schriften grundsätzlich gleich auszulegen sind.[9] Wird das Verfahren dagegen von einem **anderen Gläubiger** betrieben (der nicht Grundpfandgläubiger ist), so ist der Verwalter an Vorausverfügungen des Vermieters **gebunden.**[10] Denn insoweit gelten keine mit den §§ 566b und 1124 Abs 2 vergleichbare Beschränkungen für die Wirksamkeit von Vorausverfügungen des Vermieters. Das ZVG beschränkt auch nicht die **Befugnis des Verwalters** zu Rechtsgeschäften über die Miete und die Pacht (§ 57b Abs 3 ZVG). Sie behalten daher nach Aufhebung des Verfahrens ebenfalls ihre Gültigkeit gegenüber dem Vermieter. Kommt es dagegen noch während der Zwangsverwaltung zur **Zwangsversteigerung** des Grundstücks, so richtet sich die Wirkung solcher Rechtsgeschäfte des Verwalters nach **den §§ 566b und 566c.**[11] Maßgebender Zeitpunkt ist nicht der der Beschlagnahme, sondern der des Zuschlags.[12]

4   **3. Insolvenz.** In der **Insolvenz des Vermieters** sind *dessen* Vorausverfügungen nach § 110 InsO (in Übereinstimmung mit § 566b Abs 1) grundsätzlich (nur) für den bei Insolvenzeröffnung laufenden Monat sowie bei einer Insolvenzeröffnung nach dem fünfzehnten Tag eines Monats auch für den folgenden Kalendermonat wirksam.[13] Vorausverfügungen für einen späteren Zeitraum sind dagegen ohne Wirkung gegen die Masse, so dass der Mieter gegebenenfalls nochmals zahlen muss, während der Zessionar im Ergebnis „das Nachsehen hat".[14] Der **Insolvenzverwalter** darf das Grundstück vermieten oder verpachten, sodass von ihm abgeschlossene Verträge nach Beendigung der Insolvenz den Gemeinschuldner binden.[15] Der Verwalter ist außerdem berechtigt, über die Miete und die Pacht im Voraus zu verfügen. Die Wirksamkeit dieser **Vorausverfügungen** gegenüber einem etwaigen Grundstückserwerber richtet sich (über § 110 InsO und § 57 ZVG) allein nach **§ 566b Abs 1**, während § 566b Abs 2 keine Anwendung findet.[16]

5   **4. Vorausverfügungen.** § 566b regelt die Wirksamkeit bestimmter Vorausverfügungen des Vermieters über die Miete für die Zeit nach Eigentumsübergang. Sein Anwendungsbereich muss vor allem von dem des § 566 und dem der §§ 566c und 566d abgegrenzt werden. Dabei ist von folgenden **Grundsätzen** auszugehen:[17] Die Wirksamkeit von **Vertragsänderungen** beurteilt sich ausschließlich **nach § 566,** sodass sie den in den Vertrag eintretenden Erwerber des Grundstücks binden, und zwar auch dann, wenn sie sich auf die Miete beziehen, wie etwa an dem Beispiel einer **Mieterhöhung** oder Mietherabsetzung abzulesen ist. § 566c betrifft demgegenüber allein solche Rechtsgeschäfte zwischen den Mietvertragsparteien mit Bezug auf die Mietforderung, die **nicht zugleich** eine über den Einzelfall hinausgehende **(dauernde) Vertragsänderung** enthalten; Beispiele sind die Erfüllung, Erfüllungssurrogate und Erfüllungsabreden im Einzelfall. Speziell für die **Aufrechnung des Mieters** bringt § 566d eine weitere Sondervorschrift (zu der davon sorgfältig zu trennenden Aufrechnung des Vermieters S sogleich). Als Anwendungsbereich des § 566b bleiben infolgedessen lediglich **einseitige Verfügungen des Vermieters** über

---

9   BGH NJW 2007, 2919 Tz 27 = NZM 2007, 562.
10 *Sternel,* Mietrecht Rn III 82; *Blank/Börstinghaus* § 566b Rn 7.
11 RG JW 1933, 1658; OLG Hamburg OLGE 20, 193.
12 OLG München BayZ 1907, 22; *Zeller/Stöber* ZVG, § 57b Rn 9.
13 S *Emmerich* PiG Bd 28 (1988) 145, 156; *Siegelmann* KTS 1968, 213.
14 So wörtlich BGHZ 163, 201, 206 = NJW-RR 2005, 1466.
15 *Mittelstein* Miete, 765.
16 BGH WM 1962, 901, 903; *Emmerich* PiG Bd 28 (1988) 145, 157; *Patzer* DWW 1975, 157, 158.
17 S *Emmerich* NZM 1999, 49; *Staudinger* Rn 10–16 mN zum Streitstand; anders zuletzt *Dötsch* NZM 2012, 296, 300; *Streyl* NZM 2010, 343, 352 f.

die Mietforderung vor Eigentumsübergang, deren Wirkungen zumindest teilweise in die Zeit nach Eigentumsübergang reichen; Paradigma ist die **Aufrechnung des Vermieters** (während die Aufrechnung des Mieters – wohlgemerkt – unter § 566c fällt). Gleich stehen Verfügungen des Vermieters über die Miete durch **Vertrag mit Dritten,** namentlich also die **Abtretung oder Verpfändung** der Mietforderung, sowie deren **Pfändung** seitens Dritter.[18]

Anders meistens die **Rechtsprechung:** Während das RG idR danach unterschied, 5a wann die fragliche Abrede getroffen wurde, bei Vertragsabschluss oder später,[19] stellt der **BGH** gewöhnlich darauf ab, wie die Miete **berechnet** wird. Geschieht dies **nach periodischen Zeitabschnitten,** so soll jede Vereinbarung über eine Vorauszahlung, *auch* wenn sie schon im *ursprünglichen* Mietvertrag enthalten ist, als Vorausverfügung iS des *§ 566c* durch Rechtsgeschäft zwischen Vermieter und Mieter zu behandeln sein, während Abreden über eine **Einmalmiete** (mangels „Periodizität" der Mietberechnung) ihre Wirksamkeit gegenüber dem Erwerber behalten sollen.[20] Dieser Rechtsprechung ist *nicht* zu folgen, weil sie mit der Betonung der Periodizität der Mietforderung als Abgrenzungskriterium auf ein Kriterium abstellt, das der gesetzlichen Regelung gänzlich fremd ist.

Vorausverfügungen in dem genannten Sinne (o Rn 5) behalten nach **§ 566b Abs 1** 6 grundsätzlich **nur für** den zur Zeit des Eigentumsüberganges **laufenden oder** den **nachfolgenden Kalendermonat** ihre **Wirksamkeit.** Dabei geht der Gesetzgeber offenkundig von dem Regelfall aus, dass die Miete nach Monaten berechnet wird. Wurden statt dessen der Berechnung der Miete ausnahmsweise **andere Zeitabschnitte,** zB Quartale oder Jahre, **zugrunde gelegt,** so muss die Quartals- oder Jahresmiete auf Monate umgerechnet werden, damit auf die dann entstehenden Teilbeträge § 566b entsprechend angewandt werden kann.[21] Nur **wenn** der Erwerber die Vorausverfügung zur Zeit des Eigentumsüberganges positiv **kannte,** bleiben Vorausverfügungen des Vermieters über die Miete nach **§ 566b Abs 2** (ausnahmsweise) **wirksam.** Sinn dieser Regelung ist es, den Beteiligten einen Weg zu eröffnen, ihre Rechte aufgrund einer Vorausverfügung über die Miete durch rechtzeitige Mitteilung der Vorausverfügung an den Erwerber vor Eigentumsübergang zu wahren.[22]

5. Abweichende Vereinbarungen. § 566b ist nicht zwingend. Jedoch kann in die 7 Rechte Dritter nicht ohne deren Zustimmung eingegriffen werden, sodass Vorausverfügungen **nur mit Zustimmung des Erwerbers** eine über den engen Rahmen des § 566b Abs 1 S 1 **hinausgehende Wirkung** verliehen werden kann (§ 566b Abs 2).[23] Soll dagegen die Wirkung von Vorausverfügungen noch über den Rahmen des § 566b Abs 1 hinaus eingeschränkt werden, so bedarf es hierzu der Zustimmung des Drittberechtigten, zB des Zessionars, sowie des Mieters. Abweichungen von § 566b durch Vermieterformularverträge sind nicht möglich (§ 307).[24]

---

18 Ebenso RGZ 58, 181; 59, 177, 179ff; 64, 415, 418; 76, 116, 118; OLG Hamm NJW-RR 1994, 711; KG ZMR 2005, 949, 950; *Bub/Treier/Heile* Hdb, Rn II 884; *Sternel* Mietrecht, Rn III 76ff; **aM** *Dedek* ZMR 1998, 679; *Wolf/Eckert/Ball* Hdb, Rn 1325f; S *Mylich* WM 2010, 1923.
19 S *Staudinger* Rn 14.
20 BGHZ 37, 346, 351ff = NJW 1962, 1860; BGHZ 137, 106, 111ff = NJW 1998, 595; BGH LM Nr 2 zu § 574 BGB = NJW 1967, 555; NJW-RR 2003, 1308 = NZG 2003, 971; NJW 2007, 2919 Tz 23f = NZM 2007, 562; OLG Düsseldorf ZMR 2004, 257; *Dedek* ZMR 1998, 679, 681f.
21 OLG Hamm NJW-RR 1989, 1421.
22 Prot II 146.
23 BGH NJW-RR 1996, 1230 = ZMR 1997, 282; OLG Posen OLGE 10, 170.
24 *Sternel* Mietrecht, Rn III 80.

Volker Emmerich

§ 566c
Vereinbarung zwischen Mieter und Vermieter über die Miete

**Ein Rechtsgeschäft, das zwischen dem Mieter und dem Vermieter über die Miet-
forderung vorgenommen wird, insbesondere die Entrichtung der Miete, ist dem
Erwerber gegenüber wirksam, soweit es sich nicht auf die Miete für eine spätere
Zeit als den Kalendermonat bezieht, in welchem der Mieter von dem Übergang des
Eigentums Kenntnis erlangt. Erlangt der Mieter die Kenntnis nach dem 15.Tag des
Monats, so ist das Rechtsgeschäft auch wirksam, soweit es sich auf die Miete für den
folgenden Kalendermonat bezieht. Ein Rechtsgeschäft, das nach dem Übergang des
Eigentums vorgenommen wird, ist jedoch unwirksam, wenn der Mieter bei der Vor-
nahme des Rechtsgeschäfts von dem Übergang des Eigentums Kenntnis hat.**

1　　**1. Zweck, Anwendungsbereich.** § 566c regelt die Wirksamkeit von Rechtsgeschäften
zwischen dem Mieter und dem Vermieter über die Mietforderung im Falle der Veräußerung
des Grundstücks durch die Bestimmung, dass solche Rechtsgeschäfte und insbesondere
die Entrichtung der Mieter dem Erwerber gegenüber *wirksam* sind, soweit sie sich nicht
auf die Miete für eine spätere Zeit als den Kalendermonat beziehen, in dem der Mieter
von dem Übergang des Eigentums Kenntnis erlangt, sowie gegebenenfalls noch für den
folgenden Monat (§ 566c S 1 und 2, Rn 3f). *Nach* Übergang des Eigentums vorgenommene
Rechtsgeschäfte sind dagegen *unwirksam*, wenn der Mieter bei der Vornahme des Rechtsgeschäfts von dem Übergang des Eigentums Kenntnis hatte (§ 566c S 3, Rn 5). § 566c ist
dem **§ 407** nachgebildet und **bezweckt** wie dieser einen **Sukzessionsschutz zugunsten
des Mieters** als des Schuldners der Miete in den Fällen des § 566, zugleich aber auch einen
Schutz des Erwerbers dagegen, dass er aufgrund des § 566 in den Mietvertrag eintreten
muss, ohne zum Ausgleich einen Anspruch auf die Miete zu erlangen. Der **Anwendungsbereich** des § 566c deckt sich mit dem des § 566b (s deshalb o § 566b Rn 1). Für eine vertragliche **Abänderung** des § 566c gilt gleichfalls dasselbe wie bei § 566b (s o § 566b Rn 7).

2　　§ 566c betrifft Rechtsgeschäfte zwischen Vermieter und Mieter über die Mietforderung
einschließlich insbesondere der Entrichtung der Miete (S 1 des § 566c). Wie schon ausgeführt (o § 566b Rn 5), sind damit grundsätzlich **nur solche Rechtsgeschäfte** zwischen
den Mietvertragsparteien über die Mietforderung gemeint, **die nicht zugleich** eine über
den Einzelfall hinausgehende, dh auf Dauer berechnete **Vertragsänderung** enthalten.[1]
Unter § 566c fallen daher außer der vom Gesetz selbst hervorgehobenen **Vorauszahlung**
der Miete[2] **zB** noch der **Erlass** der Mietforderung im Einzelfall (im Gegensatz zu deren
genereller Herabsetzung durch Vertragsänderung für einen längeren Zeitraum), weiter
die **Stundung** der Mietforderung im Einzelfall, die Annahme einer anderen Leistung an
Erfüllungs Statt oder erfüllungshalber, die Umwandlung der Mietforderung sowie der

---

1　Str, wie hier wohl BGH NJW 2012, 1881 Tz 14 = NZM 2012, 638　= WuM 2012, 325, 327; anders zuletzt *Dötsch*
NZM 2012, 296, 300; *Streyl* NZM 2010, 343, 353 f.
2　BGH LM Nr 33 zu § 535 BGB = NJW 1966, 1703.

Aufrechnungsvertrag,[3] *nicht* dagegen die Kündigung des Vertrages[4], die Enthaftungs-erklärung des Insolvenzverwalters nach § 109 InsO[5] oder die Ausübung eines Options-rechtes durch den Mieter (§ 407).[6] Bei vertragsmäßigen **Vorauszahlungen** der gesamten Miete oder eines erheblichen Teils davon kommt es nur darauf an, ob durch die fraglichen Abreden der Parteien der Vertrag geändert worden ist, wovon in diesen Fällen in der Regel auszugehen sein dürfte.[7] Auch der generelle „Verzicht" des Vermieters auf die Miete in dem Mietvertrag, so dass sich dieser der Sache nach in einen **Leihvertrag** verwandelt, fällt als Vertragsänderung allein unter § 566,[8] – wobei zu beachten ist, dass auf die Leihe (fortan) § 566 keine Anwendung (mehr) findet (§ 566 Rn 8).

2. Wirksamkeit. Bei **Rechtsgeschäften** im Sinne des § 566c (o Rn 2) in der Zeit **vor** 3 **Eigentumsübergang** richtet sich die Wirksamkeit allein nach den Sätzen 1 und 2 der Vor-schrift. Solche Rechtsgeschäfte bleiben folglich auch nach Eigentumsübergang **wirksam**, **solange** der Mieter **keine positive Kenntnis** von dem Eigentumsübergang und dem damit verbundenen Eintritt des Erwerbers in den Vertrag erlangt (Rn 5). Ihre Wirksamkeit endet erst mit Ablauf des Monats, in dem der Mieter Kenntnis von dem Eigentumsübergang erhält. Vom jeweils nächsten Monat an sind die fraglichen Rechtsgeschäfte dann **relativ**, **dh nur gegenüber dem Erwerber unwirksam**, so dass er vom Mieter erneut die Zahlung der Miete verlangen kann, während die Wirksamkeit des Rechtsgeschäfts gegenüber dem Veräußerer nicht berührt wird. Die Folge ist, dass der Veräußerer dem Mieter zum Scha-densersatz verpflichtet ist, wenn die gesetzliche Regelung des § 566c zur Folge hat, dass er im Ergebnis die Miete zweimal zahlen muss (§§ 280 Abs 1, 276).[9]

Wird das **Rechtsgeschäft** dagegen erst **nach Eigentumsübergang** zwischen dem 4 (nicht mehr berechtigten) Veräußerer und dem Mieter vorgenommen, so kommt es gemäß § 566c S 3 (im Anschluss an § 407 Abs 1) für die Wirksamkeit zunächst darauf an, ob der Mieter **bei Vornahme** des Rechtsgeschäfts **Kenntnis** von dem Eigentumsübergang hatte oder nicht. War dies der Fall, so bedarf der Mieter keines Schutzes, so dass das fragliche Rechtsgeschäft von Anfang an unwirksam ist (§ 566c S 3). Andernfalls gilt die Regelung der Sätze 1 und 2 der Vorschrift (o Rn 3). Behauptet der Erwerber mit Rücksicht auf die Kennt-nis des Mieters von dem Eigentumsübergang die Unwirksamkeit eines Rechtsgeschäfts zwischen Mieter und Vermieter, so trifft ihn die **Beweislast** für die Kenntnis des Mieters von dem Eigentumsübergang.[10]

3. Kenntnis des Mieters. Dem Mieter schadet in den genannten Fällen nach § 566c S 1 5 bis 3 (o Rn 3f) jeweils nur **positive Kenntnis** von dem Eigentumsübergang und dem damit verbundenen Eintritt des Erwerbers in den Mietvertrag. Grobe Fahrlässigkeit steht nicht gleich. Ebenso wenig reichen bloße Zweifel des Mieters an der fortbestehenden Berechti-gung seines Vermieters aus.[11] Aus welcher **Quelle** der Mieter die Kenntnis von dem Eigen-

---

3 BGH LM Nr 33 zu § 535 BGB = NJW 1966, 1703; OLG Celle ZMR 1978, 342 Nr 24; OLG Düsseldorf ZMR 1972, 376; LG Berlin GE 2008, 1428.
4 S o § 566 Rn 28ff; BGH NJW 2012, 1881 Tz 14 = NZM 2012, 638 = WuM 2012, 325, 327.
5 BGH NJW 2012, 1881 Tz 14 = NZM 2012, 638 = WuM 2012, 325, 327.
6 BGH NJW-RR 2002, 730 = NZM 2002, 291.
7 S o § 566b Rn 5f; **aM** *Dedek* ZMR 1998, 679, 681f. *Dötsch* NZM 2012, 296, 300; *Streyl* NZM 2010, 343, 353 f.
8 OLG Düsseldorf ZMR 2004, 257.
9 *Streyl* NMZM 2010, 343, 354.
10 LG Berlin GE 1996, 927.
11 LG Berlin GE 1996, 927.

Volker Emmerich

tumsübergang erlangt hat, ist unerheblich.[12] Insbesondere reicht auch eine Mitteilung des Erwerbers nach Übergang des Eigentums zur Auslösung der Rechtsfolgen des § 566c aus,[13] während eine Mitteilung des Vermieters vor Eigentumsübergang wirkungslos ist.[14] Ebenso wenig genügt die bloße Kenntnis vom Abschluss des der Veräußerung zugrunde liegenden Kausalgeschäftes, weil daraus nicht ohne weiteres auf den Eigentumsübergang geschlossen werden kann.[15]

§ 566d
Aufrechnung durch den Mieter

Soweit die Entrichtung der Miete an den Vermieter nach § 566c dem Erwerber gegenüber wirksam ist, kann der Mieter gegen die Mietforderung des Erwerbers eine ihm gegen den Vermieter zustehende Forderung aufrechnen. Die Aufrechnung ist ausgeschlossen, wenn der Mieter die Gegenforderung erworben hat, nachdem er von dem Übergang des Eigentums Kenntnis erlangt hat, oder wenn die Gegenforderung erst nach Erlangung der Kenntnis und später als die Miete fällig geworden ist.

Systematische Übersicht
1. Aufrechnung gegen die Mietforderung —— 1 | 2. Ausschlusstatbestände —— 4

1   **1. Aufrechnung gegen die Mietforderung.** § 566d (= § 575 aF) regelt die Frage, unter welchen Voraussetzungen der Mieter im Falle der Grundstücksveräußerung gegen Mietforderungen des Erwerbers immer noch mit Forderungen gegen den *Veräußerer*, seinen (ursprünglichen) Vermieter aufrechnen kann, obwohl es jetzt – nach Eintritt des Erwerbers in den Mietvertrag gem. § 566 – an sich an der Gegenseitigkeit der Forderungen als Voraussetzung einer Aufrechnung nach § 387 fehlt, durch Erweiterung des § 566c zu Gunsten des Mieters. Die Vorschrift ist dem § 406 nachgebildet. Ihr **Zweck** ist folglich ebenso wie der des § 406, dem Mieter eine einmal erworbene **Aufrechnungslage** selbst dann zu **erhalten**, wenn er noch vor Erklärung der Aufrechnung Kenntnis von dem Eigentumsübergang erlangt, so dass nach *§ 566c S 3* (der auf Kenntniserlangung seitens des Mieters abstellt) eine Aufrechnung *nicht* mehr möglich wäre. Entscheidend ist daher immer, **ob** für den Mieter bereits **vor Kenntniserlangung** eine als solche schutzwürdige **Aufrechnungslage bestanden** hatte.

2   § 566d baut ebenso wie die §§ 566b und 566c auf § 566 auf. Sein **Anwendungsbereich** deckt sich daher mit dem der genannten Vorschriften (s o § 566b Rn 1f). **Entsprechend anwendbar** ist die Vorschrift außerdem in den Fällen des § 565 BGB, des § 57 ZVG und des § 14 Abs 1 BJagdG. In der **Zwangsversteigerung** tritt jedoch nach § 57b Abs 1 ZVG in § 566d an die Stelle der Kenntnis des Mieters vom Eigentumsübergang seine Kenntnis von der Beschlagnahme des Grundstücks,[1] während in der **Zwangsverwaltung** anstelle des

---

12 *Mittelstein* Miete, 689.
13 AG Schöneberg GE 1992, 727.
14 AG Schöneberg GE 1992, 727; *Sternel* Mietrecht, Rn III 79.
15 LG Berlin WuM 1992, 439.

1 S o § 566b Rn 2ff; *Blank/Börstinghaus* § 566d Rn 8–11.

§ 566d die Regelung der §§ 1125 oder 406 maßgebend ist, je nachdem, ob das Verfahren von einem Grundpfandgläubiger oder einem sonstigen Gläubiger betrieben wird. In der **Insolvenz** des Vermieters wird § 566d schließlich durch § 110 Abs 3 InsO ersetzt.

Die **Forderungen** gegen den Veräußerer, **mit denen** der Mieter **aufrechnet**, die sog 3 **Aktiv- oder Gegenforderungen**, brauchen nicht auf dem Mietverhältnis zu beruhen.[2] Dagegen muss es sich bei der Forderung des Erwerbers, der sog **Passivforderung, gegen die** der Mieter **aufrechnen** will, um eine **Mietforderung des Erwerbers** aus dem Mietverhältnis handeln; gegen andere Forderungen des Erwerbers eröffnet § 566d keine zusätzliche Aufrechnungsmöglichkeit des Mieters. Die Aufrechnung muss außerdem gegenüber dem Erwerber **erklärt** werden, nicht gegenüber dem Vermieter. **Nicht** unter § 566d fallen die Berufung auf eine **Minderung** der Miete nach § 536 Abs 1 sowie die Ausübung eines **Zurückbehaltungsrechtes** (§§ 273, 320). § 566d hat außerdem keine Bedeutung für **Aufrechnungsvereinbarungen** zwischen Mieter und Veräußerer, deren Wirksamkeit sich allein nach § 566c richtet (§ 566c Rn 2). Der Erwerber, der mit Rücksicht auf die Kenntnis des Mieters die Unwirksamkeit der Aufrechnung behauptet, trägt die **Beweislast** für die Kenntnis des Mieters. Dagegen ist es Sache des Mieters, die übrigen Voraussetzungen seiner Aufrechnungsbefugnis zu beweisen.[3]

2. Ausschlusstatbestände

a) Die Aufrechnung des Mieters gegenüber dem Erwerber mit beliebigen Gegen- 4 forderungen gegen den Veräußerer und Vermieter (Rn 3) ist gemäß § 566d S 2 in Anlehnung an § 406 in zwei Fällen beschränkt, und zwar erstens, wenn der Mieter **nach dem Eigentumsübergang** eine (beliebige) **Forderung gegen** den **Vermieter erworben** hat, zB durch Abtretung seitens eines Dritten. In diesem (wohl ausgesprochen seltenen) Falle kann er mit der erworbenen Forderung immer noch gegenüber dem *Erwerber,* dh trotz jetzt fehlender Gegenseitigkeit der Forderungen, aufrechnen, **sofern** er nur **bei** dem **Erwerb** der Forderung gegen den Vermieter von dem Eigentumsübergang **keine** positive **Kenntnis** hatte **und** außerdem die erworbene Forderung spätestens im selben Augenblick wie die Mietforderung **fällig** wird. Die bloße Mitteilung von dem Abschluss des Grundgeschäftes steht nicht gleich.[4] Unter den genannten Voraussetzungen hatte er bei Kenntniserlangung bereits eine schutzwürdige Aufrechnungslage erworben, die ihm § 566d erhalten will, so dass er – abweichend von S 3 des § 566c – immer noch aufrechnen kann.

b) Ebenso verhält es sich in dem zweiten in § 566d S 2 geregelten Fall, der dadurch 5 gekennzeichnet ist, dass die **Gegenforderung** des Mieters gegen den Vermieter **bei Eigentumsübergang** wenigstens dem Grunde nach **bereits begründet** war. Mit solchen Forderungen kann der Mieter immer noch gegenüber dem Erwerber aufrechnen, selbst wenn sie erst nach dem Eigentumsübergang endgültig entstehen, **sofern** sie nur **nicht später** als die Mietforderung des Erwerbers **fällig** werden. Es genügt, wenn die beiden sich gegenüberstehenden Forderungen des Mieters und des Erwerbers gleichzeitig fällig werden.[5] Dagegen ist der Mieter, wenn seine Forderung *nach* der *Mietforderung* fällig wird, nicht mehr schutzwürdig, weil er hier verpflichtet war, die Miete zu bezahlen, bevor er überhaupt aufrechnen konnte.

---

2 LG Berlin WuM 1992, 439.
3 *Schmidt-Futterer/Gather* § 566d Rn 10.
4 LG Berlin WuM 1992, 439.
5 LG Stuttgart NJW 1977, 1885f.

Volker Emmerich

§ 566e
Mitteilung des Eigentumsübergangs durch den Vermieter

[1] Teilt der Vermieter dem Mieter mit, dass er das Eigentum an dem vermieteten Wohnraum auf einen Dritten übertragen hat, so muss er in Ansehung der Mietforderung dem Mieter gegenüber die mitgeteilte Übertragung gegen sich gelten lassen, auch wenn sie nicht erfolgt oder nicht wirksam ist.

[2] Die Mitteilung kann nur mit Zustimmung desjenigen zurückgenommen werden, der als der neue Eigentümer bezeichnet worden ist.

Systematische Übersicht
1. Zweck, Mitteilung —— 1
2. Wirkungen —— 4
3. Beweislast —— 7

1 **1. Zweck, Mitteilung.** § 566e (= § 576 aF) regelt die Wirkungen einer **Mitteilung des Vermieters über den Eigentumsübergang**, die sich später als *unrichtig* herausstellt, durch die Bestimmung, dass der Vermieter die dem Mieter mitgeteilte Übertragung des Eigentums (nur) in Ansehung der Mietforderung auch dann gegen sich gelten lassen muss, wenn die Übertragung des Eigentums tatsächlich nicht erfolgt oder unwirksam ist (S 1 des § 566e, Rn 2ff). S. 2 der Vorschrift fügt hinzu, dass die Mitteilung nur mit Zustimmung desjenigen zurückgenommen werden kann, der in der Mitteilung als neuer Eigentümer bezeichnet wurde (Rn 6). Vorbild der Regelung ist § 409. Mit ihr wird **bezweckt**, den Mieter in seinem Vertrauen auf die Richtigkeit einer Mitteilung des Vermieters über den erfolgten Eigentumsübergang zu schützen.[1] § 566e ergänzt insofern den § 566. Sein **Anwendungsbereich** deckt sich daher mit dem des § 566 (s o § 566 Rn 8ff). § 566c ist **entsprechend anwendbar** in den Fällen der §§ 565, 1056 und 2135, des § 37 WEG, des § 30 ErbbauVO und des § 14 BJagdG. Seine praktische Bedeutung scheint gering zu sein.

2 Die **Mitteilung** muss, um die Wirkungen des § 566e auszulösen, gerade **vom Vermieter ausgegangen** sein. Die Mitteilung eines **Dritten** genügt nur, wenn er vom Vermieter zur Mitteilung bevollmächtigt war. Das gilt auch für den Erwerber.[2] Legt der Erwerber jedoch dem Mieter auf dessen Verlangen hin einen **Grundbuchauszug** vor, so findet zum Schutze des Mieters **§ 893** entsprechende Anwendung, so dass der Mieter ebenso wie in den Fällen des § 566e fortan mit befreiender Wirkung an den Erwerber zahlen kann.[3]

3 Die Mitteilung ist bloße **Rechtshandlung,** keine Willenserklärung; sie wird aber in allen wesentlichen Beziehungen ebenso wie eine Willenserklärung behandelt; insbesondere setzt sie **Geschäftsfähigkeit** des Vermieters voraus[4] und wird erst mit **Zugang** beim Mieter wirksam (§ 130). Eine **Anfechtung** der Anzeige ist gleichfalls möglich.[5] **Inhaltlich** muss sich die Mitteilung auf die **bereits erfolgte Übertragung** des Eigentums an dem vermieteten Grundstück auf den genau bezeichneten Erwerber beziehen. Die bloße Mitteilung des Abschlusses eines Kausalgeschäftes genügt nicht.

4 **2. Wirkungen.** Nach § 566e Abs 1 beschränkt sich die Wirkung der Mitteilung darauf, dass der **Mieter den Erwerber** hinsichtlich der Zahlung der Miete **als** seinen neuen **Gläu-**

---

1 *Canaris* Die Vertrauenshaftung im deutschen Privatrecht (1971) 451ff.
2 *Dörner* Dynamische Relativität (1985) 372.
3 Prot II 147; LG Kaiserslautern WuM 1985, 229.
4 *Weimar* ZMR 1963, 2, 3.
5 *Canaris* Vertrauenshaftung, 451ff; *Weimar* ZMR 1963, 2, 3.

Volker Emmerich

biger behandeln darf, *nicht* muss, da der Mieter jederzeit auch auf den Schutz des § 566e verzichten kann, wenn ihm bekannt ist, dass das Eigentum tatsächlich nicht übergegangen ist.[6] Denn die wirkliche Rechtslage geht immer vor. Der Mieter *kann* sich aber auch auf die Mitteilung verlassen und mit befreiender Wirkung an den Erwerber zahlen (u Rn 5). Nach überwiegender Meinung gilt dies selbst dann, wenn dem Mieter **bekannt** ist, dass tatsächlich das Eigentum nicht übergegangen ist; eine Ausnahme kommt nur in Fällen des § 826 in Betracht.[7]

§ 556e Abs 1 beschränkt die Wirkung der Mitteilung auf die **Bezahlung** der Mietfor- 5 derung. Gleich stehen eine **Aufrechnung** des Mieters gegenüber dem Erwerber sowie die Vereinbarung eines **Erlasses.** Keine Wirkungen äußert die Mitteilung dagegen hinsichtlich der sonstigen Rechte und Pflichten der Parteien aus dem Vertrag. Daraus folgt vor allem, dass der Mieter sich bei der Vereinbarung von **Vertragsänderungen** nicht auf die Mitteilung verlassen kann,[8] wohl aber gegebenenfalls bei einer **Kündigung** gegenüber dem (angeblichen) Erwerber (s o § 566 Rn 28).

Nach § 566e Abs 2 kann der Vermieter die Mitteilung nur mit Zustimmung desjeni- 6 gen **zurücknehmen**, den er in der Mitteilung als den neuen Eigentümer bezeichnet hatte. Diese **Zustimmung** ist eine einseitige empfangsbedürftige Willenserklärung, die auch konkludent erfolgen kann.[9] Die Pflicht des in der Mitteilung als neuer Eigentümer bezeichneten Dritten zur Erteilung der Zustimmung ergibt sich bei fehlendem Eigentumserwerb aus **§ 812.** Solange aber dem Mieter die Zustimmung des Dritten nicht nachgewiesen worden ist, *kann* er die Mitteilung weiter als wirksam behandeln und mit befreiender Wirkung an den als neuen Eigentümer bezeichneten Dritten leisten (§ 566e Abs 1).[10] Aber er muss es natürlich nicht (Rn. 4).

3. Beweislast. Wenn der Mieter trotz der Mitteilung des Vermieters den Eigentumser- 7 werb seines angeblichen neuen Vermieters bestreitet, trifft nicht den Mieter die Beweislast; vielmehr muss der **Erwerber** den Eigentumsübergang auf ihn beweisen.[11] Dagegen trägt der **Mieter** die Beweislast für das Vorliegen einer wirksamen Mitteilung, wenn er sich auf § 566e Abs 1 beruft. Behauptet der Vermieter demgegenüber, er habe mit Zustimmung des Erwerbers die Mitteilung zurückgenommen (§ 566e Abs 2), so muss er die Zustimmung des Dritten beweisen.[12]

§ 567

Belastung des Wohnraums durch den Vermieter

Wird der vermietete Wohnraum nach der Überlassung an den Mieter von dem Vermieter mit dem Recht eines Dritten belastet, so sind die §§ 566 bis 566e entsprechend anzuwenden, wenn durch die Ausübung des Rechts dem Mieter der vertrags-

---

6 BGHZ 64, 117, 118ff = NJW 1975, 1160.
7 S u Rn 6; RGZ 126, 183, 185; RG JW 1926, 2529, 2530; LG Baden-Baden WuM 1988, 402, 403; *Dörner* Relativität, 373; einschränkend BGH WM 1955, 830; offengelassen in BGHZ 56, 339, 348 = NJW 1971, 1938; **aM** *Lammel* § 566e Rn 13; *Weimar* ZMR 1963, 2, 3.
8 **AM** *Dörner* Relativität, 372; *Schmidt-Futterer/Gather* § 566e Rn 8.
9 KG OLGE 18, 7.
10 S o Rn 4; RG JW 1926, 2529, 2530.
11 LG Kaiserslautern WuM 1985, 229.
12 RG JW 1926, 2529, 2530.

Volker Emmerich

gemäße Gebrauch entzogen wird. Wird der Mieter durch die Ausübung des Rechts in dem vertragsgemäßen Gebrauch beschränkt, so ist der Dritte dem Mieter gegenüber verpflichtet, die Ausübung zu unterlassen, soweit sie den vertragsgemäßen Gebrauch beeinträchtigen würde.

Systematische Übersicht

1   **1. Überblick.** § 567 (= § 577 aF) regelt die **Auswirkungen einer Belastung** des vermieteten Grundstücks **auf** zuvor vom Eigentümer abgeschlossene **Mietverträge.** Die Lösung besteht für den Regelfall in der entsprechenden Anwendung der **§§ 566 bis 566e** auf die Bestellung des dinglichen Rechts, sofern dem Mieter das Grundstück bereits vor der Bestellung des dinglichen Rechts überlassen war und durch dessen Ausübung dem Mieter der vertragsgemäße Gebrauch entzogen würde (§ 567 S 1). Der Sache nach wird damit der Miete unter den genannten Voraussetzungen der **Vorrang** von nachträglich bestellten dinglichen Rechten zugebilligt.[1] Es gilt insoweit eine Art „Prioritätsprinzip", und zwar auch insofern, als ein Mietvertrag ohne Wirkung gegenüber dem dinglich Berechtigten und insbesondere dem Nießbraucher ist, wenn die Bestellung des dinglichen Rechts dem Abschluss des Mietvertrages vorausgeht.[2]

2   Der **Anwendungsbereich** der §§ 567 und 578 beschränkt sich auf die **Belastung** des Grundstücks **mit dinglichen Rechten,** da bei einer **Bestellung bloßer obligatorischer Nutzungsrechte** an dem Grundstück von dessen „Belastung" iS des § 567 keine Rede sein kann.[3] Die wichtigsten **Beispiele** für dingliche Rechte, die unter § 567 S. 1 fallen, sind das Erbbaurecht (u Rn 3), das Wohnungsrecht des § 1093 (u Rn 4) und insbesondere der Nießbrauch (u Rn 5ff) sowie aus dem WEG noch das Dauerwohnrecht und das Dauernutzungsrecht (§ 31 WEG). **Nicht** hierher gehören dagegen **Grundpfandrechte,** da die Bestellung solcher Rechte ohne Einfluss auf vom Grundstückseigentümer abgeschlossene Mietverträge ist (s §§ 1123ff), während **Dienstbarkeiten** idR unter **S 2 des § 567** fallen (u Rn 10).

2. Erbbaurecht und Wohnungsrecht

3   **a)** Die Bestellung eines **Erbbaurechts** steht der Veräußerung des Grundstücks so nahe, dass die §§ 566 bis 566e auf diesen Vorgang grundsätzlich ohne Modifikationen angewandt werden können.[4] Der **Erbbauberechtigte tritt** folglich mit Entstehung seines Rechts durch Eintragung im Grundbuch **in den Mietvertrag ein.**[5] Die §§ 566ff sind außerdem, zum Teil unmittelbar, zum Teil entsprechend, anwendbar, wenn der **Erbbauberechtigte,** der das Grundstück vermietet oder verpachtet hatte, sein **Recht veräußert oder dieses erlischt** (§§ 11, 30, 38 ErbbauRG). Nach Erlöschen des Erbbaurechts fällt folglich der Mietvertrag an den Eigentümer zurück.

4   **b)** Bei nachträglicher Bestellung eines **Wohnungsrechtes** an den dem Mieter vermieteten Räumen **tritt** der **Wohnungsberechtigte** grundsätzlich **in den Mietvertrag ein**

---

1 S *Emmerich*, in: 10 Jahre Mietrechtsreformgesetz (2011) 729 f.
2 S Rn 5; zur Rechtslage bei Abschluss des Mietvertrages durch den dinglich Berechtigten und insbesondere durch den Nießbraucher s schon o § 566 Rn. 4.
3 BFHE 138, 242, 244; 156, 403, 405f = NJW 1989, 3175.
4 BGH LM Nr 31 zu § 581 BGB (Bl 2 Rf) = MDR 1968, 233 = Warn 1967 Nr 250, S 564.
5 OLG Hamm BlGBW 1982, 235, 236.

(§ 567 S 1 in Verbindung mit § 566 Abs 1), wodurch zugleich der Eigentümer aus der Vermieterstellung verdrängt wird, wenn das Wohnungsrecht im Wesentlichen dieselben Räume wie der Mietvertrag umfasst.[6] Erstreckt sich das Wohnungsrecht dagegen nur auf einen **Teil der** vermieteten **Räume**, so ist die sachgerechte Lösung allein die Anwendung des § 567 **S 2**.[7] Soweit der Wohnungsberechtigte in den Mietvertrag eintritt, gebührt ihm auch die **Miete**, selbst wenn ihm die Überlassung der Räume an Dritte an sich nicht gestattet war.[8]

Der **Wohnungsberechtigte kann** – bei entsprechender Gestattung – die Räume **4a** ebenfalls **vermieten** (s § 1092 Abs 1 S 2). **Erlischt** sodann das **Wohnungsrecht**, so endet auch der Mietvertrag, da § 1093 Abs 1 S 2 nicht auf § 1056 verweist. Anders verhält es sich jedoch, wenn der Mietvertrag bereits vor Bestellung des Wohnungsrechts abgeschlossen worden war. In diesem Fall war nämlich zunächst für die Dauer seines Rechts der Wohnungsberechtigte nach den §§ 567 S 1 und 566 Abs 1 in den Mietvertrag eingetreten, so dass bei Erlöschen des Rechts der Mietvertrag an den Eigentümer zurückfällt. Auf diesen Fall sind die §§ 566, 566a und 566b ff entsprechend anzuwenden.

3. Nießbrauch.[9] Der wichtigste Anwendungsfall des § 567 S 1 ist die **Bestellung 5** eines **Nießbrauchs an dem vermieteten Grundstück nach** dessen **Überlassung** an den Mieter. In diesem Falle tritt nach § 567 S 1 in Verbindung mit § 566 Abs 1 der Nießbraucher an Stelle des Eigentümers in den Mietvertrag mit Entstehung seines Rechts durch Eintragung im Grundbuch ein.[10] Der **Eintritt des Nießbrauchers** vollzieht sich **kraft Gesetzes**, so dass § 1822 keine Anwendung findet.[11] Unerheblich ist das der Nießbrauchbestellung zugrunde liegende Kausalverhältnis. Selbst wenn der Nießbrauch nur zu **Sicherungszwecken** bestellt wurde, bleibt es doch bei der Regelung der §§ 567 S 1 und 566 Abs 1.[12] Wird der Nießbrauch zugunsten **mehrerer Personen** bestellt, so treten sie zusammen als Vermieter in den Mietvertrag ein.[13] Bestellt dagegen der Vermieter **mehreren** Personen **nacheinander** einen Nießbrauch an dem vermieteten Grundstück, so geht der Mietvertrag nur auf den ersten und damit vorrangigen Nießbraucher über, während auf das Verhältnis des Mieters zu den nachrangigen Nießbrauchern § 567 S 2 entsprechend anzuwenden ist. Ein vom Eigentümer erst **nach Bestellung** des Nießbrauchs abgeschlossener Mietvertrag ist dagegen ohne Wirkung gegenüber dem Nießbraucher, so dass dieser von dem Mieter Räumung verlangen kann.[14]

Als **neuer Vermieter** ist der **Nießbraucher** zur **Erfüllung** des Vertrages durch **6** Gebrauchsüberlassung und Erhaltung der Sache verpflichtet (§§ 567 S 1, 566 Abs 1, 535).[15] Zum Ausgleich gebührt ihm auch die **Miete** vom Augenblick der Nießbrauchbestellung ab.[16] Aus diesem Grund kann auch **nur** der **Nießbraucher** (nach Begründung seines

6 BGHZ 59, 51, 53f = NJW 1972, 1416; AG Hamburg WuM 1997, 330; **aM** *Kollhosser* BB 1973, 820.
7 S u Rn 10; LG Bremen WuM 1990, 514; *Blank/Börstinghaus* § 567 Rn 12; offengelassen in BGHZ 59, 51, 54f = NJW 1972, 1416.
8 BGHZ 59, 51, 54f = NJW 1972, 1416.
9 S dazu im einzelnen *Emmerich*, in: 10 Jahre Mietrechtsreformgesetz (2011) 729 ff.
10 S OLG Hamm BlGBW 1982, 235, 236; LG Mannheim ZMR 1977, 284, 285; LG Nürnberg-Fürth Rechtspfleger 1991, 148f; LG Verden NJW-RR 2009, 1095 = ZMR 2010, 360; AG Hamburg WuM 1997, 330, 331.
11 BGH LM Nr 27 zu § 571 BGB = NJW 1983, 1780.
12 OLG Dresden SächsArch 2 (1907), 563, 564.
13 LG Verden NJW-RR 2009, 1095 = ZMR 2010, 360.
14 S schon o Rn 1; KG LZ 1917, 1011 Nr 15.
15 OLG Hamburg OLGE 33, 304, 305; LG Verden NJW-RR 2009, 1095 = ZMR 2010, 360; *Mittelstein* Miete, 704f.
16 RGZ 94, 279, 281f; 124, 325, 329; BGH LM Nr 14 zu § 535 BGB = NJW 1958, 380f; *Mittelstein* Miete, 703f.

Volker Emmerich

Rechts) eine **Erhöhung der Miete** nach § 558 verlangen.[17] Die weitere Folge des Eintritts des Nießbrauchers in den Mietvertrag ist die **Verdrängung des Eigentümers** aus dem Mietvertrage.[18] Nießbraucher wie Mieter können folglich ohne Mitwirkung des Vermieters **den Mietvertrag kündigen.** Beide können außerdem eine **Aufhebung oder Änderung** des Vertrages vereinbaren, auch mit Wirksamkeit für die Zeit nach Beendigung des Nießbrauchs.[19]

7   Die **Rechtsstellung des Eigentümers** beschränkt sich fortan auf seine bürgenähnliche Haftung aufgrund des § 566 Abs 2. Jedoch kommt hier eine Befreiung von dieser Haftung aufgrund des § 566 Abs 2 S 2 nicht in Betracht, da nach Erlöschen des Nießbrauchs der Mietvertrag an den Eigentümer zurückfällt.[20] Dagegen tritt, wenn der Eigentümer nach Vermietung des Grundstücks und nach dessen Überlassung an den Mieter das Grundstück veräußert und sich zugleich den **Nießbrauch vorbehält**, keine Änderung der Rechtslage ein, da der frühere Eigentümer jetzt als Nießbraucher Vermieter bleibt.[21] Erst bei Erlöschen des Nießbrauchs fällt analog § 1056 der Mietvertrag an den Grundstückserwerber. – Für den Fall des **Erlöschens** des **Nießbrauchs** ordnet **§ 1056 Abs 1** die entsprechende Anwendung der §§ 566ff an, nach dem Wortlaut des Gesetzes zwar nur für den Fall an, dass der *Nießbraucher* das Grundstück vermietet hatte. Nichts anderes kann jedoch gelten, wenn es zunächst der *Eigentümer* gewesen war, der das Grundstück vermietet hatte, und der Nießbraucher erst anschließend aufgrund der §§ 567 und 566 Abs 1 in den Mietvertrag eingetreten war.[22]

8   Nach § 567 S 1 sind auf die nachträgliche Bestellung eines Nießbrauchs durch den Eigentümer und Vermieter außerdem **die §§ 566b bis 566d** entsprechend anwendbar, so dass **Vorausverfügungen** des Vermieters und Eigentümers über die Miete dem Nießbraucher gegenüber nur im Rahmen des § 566b wirksam sind.[23] Weitergehende Vorausverfügungen des Vermieters sind als Verfügungen eines Nichtberechtigten unwirksam.[24] Außerdem kann der Nießbraucher, wenn jetzt noch die Mietforderungen durch Gläubiger des Vermieters gepfändet werden, nach § 771 ZPO intervenieren.[25] Eine Ausnahme gilt nur bei einer Pfändung der Mietforderungen gerade durch einen vorgehenden Hypothekengläubiger.[26]

9   Der **Nießbraucher kann** ohne weiteres **über** die **Mietforderungen**, die auf die Zeit seines Rechtes entfallen, durch Abtretung oder Verpfändung **verfügen**; auch eine Pfändung der Mietforderungen durch Gläubiger des Nießbrauchers ist während dieser Zeit möglich.[27] Im Rahmen des § 1124 sind derartige Verfügungen des Nießbrauchers auch

---

17 S LG Mannheim ZMR 1977, 284; LG Verden NJW-RR 2009, 1095 = ZMR 2010, 360.
18 *Blank/Börstinghaus* § 567 Rn 6; *Schmidt-Futterer/Gather* § 567 Rn 16; ebenso offenbar BGH LM Nr 14 zu § 535 BGB = NJW 1958, 380; str.
19 **AM** OLG Celle OLGE 33, 320.
20 *Blank/Börstinghaus* § 567 Rn 6; *Mittelstein* Miete, 705.
21 BGH LM Nr 27 zu § 571 BGB = NJW 1983, 1780; WuM 2005, 769, 770; BFHE 138, 242, 243; 156, 403, 405f = NJW 1989, 3175, 3176; OLG Frankfurt ZMR 1986, 356 = DWW 1986, 290; OLG Düsseldorf ZMR 2003, 570; ZMR 2009, 844: OLG Frankfurt DNotZ 2008, 846; LG Verden NJW-RR 2009, 1095 = ZMR 2010, 360; *Gehse* DNotZ 2009, 160.
22 KG OLGE 39, 240, 241; *Löning* Die Grundstücksmiete als dingliches Recht (1930) 178f; *Schmidt-Futterer/ Gather* § 567 Rn 14.
23 RGZ 94, 279, 281f; RG WarNr 1911 Nr 19 S 25; OLG Hamburg HansGZ 1916 Beibl 268; OLG Dresden OLGE 8, 399f; KG OLGE 14, 131.
24 OLG Hamburg OLGE 33, 319, 320.
25 OLG Dresden SächsArch 2 (1907), 563, 564; 3 (1908), 168, 169; 3 (1908), 584f; *Mittelstein* Miete, 704.
26 RGZ 81, 146, 149f; *Mittelstein* Miete, 704.
27 RG JW 1912, 870 Nr 29.

gegenüber einem vorrangigen Hypothekengläubiger wirksam.[28] Soweit sich dagegen die Verfügungen des Nießbrauchers auf die Zeit *nach* Erlöschen seines Rechts erstrecken, beurteilt sich ihre Wirksamkeit nach **§ 566b**; dasselbe gilt schließlich für Pfändungen der Mietforderungen gegenüber dem Nießbraucher.[29]

4. § 567 S 2. § 567 S 2 regelt den Fall, dass das Grundstück nach seiner Vermietung **10** und Überlassung an den Mieter mit einem dinglichen Recht belastet wird, durch dessen Ausübung das Gebrauchsrecht des Mieters (nur) *beeinträchtigt* (nicht verdrängt) würde. Zu denken ist hier in erster Linie an Grunddienstbarkeiten oder beschränkte persönliche **Dienstbarkeiten; Beispiele** sind die Bestellung eines Wohnungsrechts nur an einem Teil der Wohnung (s o Rn 4) sowie die Bestellung von Überfahrrechten, Rechten zur Verlegung von Leitungen und Rechten auf Entnahme von Bodenbestandteilen.[30] Nach § 567 S 2 kann dann **im Konfliktsfalle** der Mieter von dem Dienstbarkeitsberechtigten **Unterlassung der Ausübung** seines Rechtes **verlangen**; gegenüber dem Unterlassungsanspruch des Berechtigten hat er seinerseits eine persönliche Einrede (§§ 1004 Abs 2, 1027, 1090 Abs 2).[31] Außerdem kann er nach § 535 Abs 1 S 2 vom Vermieter Beseitigung der Störung verlangen. Weitere Rechte des Mieters ergeben sich insbesondere aus den §§ 536 Abs 3, 536a Abs 1 und 543 Abs 2 Nr 1, da es sich hier um einen nachträglichen **Rechtsmangel** handelt. – § 567 S 2 bedeutet *nicht*, dass der aus der Dienstbarkeit Berechtigte in den Mietvertrag *eintritt*.[32] Er muss vielmehr lediglich das vorgehende Gebrauchsrecht des Mieters respektieren. Auch die Mietforderung steht ihm nicht zu.

§ 567a
Veräußerung oder Belastung vor der Überlassung des Wohnraums

Hat vor der Überlassung des vermieteten Wohnraums an den Mieter der Vermieter den Wohnraum an einen Dritten veräußert oder mit einem Recht belastet, durch dessen Ausübung der vertragsgemäße Gebrauch dem Mieter entzogen oder beschränkt wird, so gilt das gleiche wie in den Fällen des § 566 Abs 1 und des § 567, wenn der Erwerber dem Vermieter gegenüber die Erfüllung der sich aus dem Mietverhältnis ergebenden Pflichten übernommen hat.

Systematische Übersicht

1.	Zweck, Anwendungsbereich —— 1		3.	Rechtsfolgen —— 4
2.	Voraussetzungen —— 3			

1. Zweck, Anwendungsbereich. § 567a (= § 578 aF) ermöglicht dem Vermieter in den **1** von den §§ 566 und 567 nicht erfassten Fällen der **Veräußerung** oder Belastung des vermieteten Grundstücks **nach Abschluss** eines Mietvertrages, aber **noch vor Überlassung** des Grundstücks an den Mieter der Haftung gegenüber dem Mieter wegen Nichterfüllung

---

28 OLG Dresden SächsArch 3 (1908), 584f.
29 OLG Dresden SeuffA 65 (1910) Nr 92, S 185, 186ff.
30 Protokolle II 162.
31 LG Bremen WuM 1990, 514; *Mittelstein* Miete, 706.
32 LG Bremen WuM 1990, 514; LG Nürnberg-Fürth Rechtspfleger 1991, 148f.

Volker Emmerich

durch Vereinbarung einer **Erfüllungsübernahme** mit dem Erwerber zu entgehen, und zwar durch die Bestimmung, dass im Falle der Erfüllungsübernahme zum Schutze des Mieters die §§ 566 Abs 1 und 567 entsprechend anwendbar sind[1] Erfasst wird jede Form der Veräußerung oder Belastung des Grundstücks im Sinne der §§ 566 und 567 (s o § 566 Rn 16f, § 567 Rn 1f). Die Rechtsfolge besteht in dem Eintritt des Erwerbers kraft Gesetzes in den Mietvertrag (Rn 4), und zwar – abweichend von § 415 Abs 1 S 1 – **ohne Zustimmung** des Mieters, worauf vor allem die eigenständige Bedeutung des § 567a beruht. **Praktische Bedeutung** scheint § 567a vor allem bei der Veräußerung bereits teilweise oder sogar ganz vermieteter Gebäude noch während der Planungs- oder Bauphase und damit eben noch vor Überlassung der vermieteten Räume an die Mieter zu habe.[2]

2   Die Vorschrift gilt für die Wohnraummiete, für die sonstige Grundstücks- und Raummiete (§ 578) sowie für Pacht- und Landpachtverhältnisse (§§ 581 Abs 2, 593b). Sie ist entsprechend **anwendbar** bei Veräußerung eines Eigenjagdbezirks (§ 14 Abs 1 S 1 BJagdG; vgl. außerdem § 11 ErbbauRG und § 31 WEG). **Ohne Erfüllungsübernahmen** des Erwerbers bleibt es dagegen in den von § 567a geregelten Fällen bei dem Satz „**Kauf bricht Miete**". Der Erwerber **tritt** folglich **nicht in vertragliche Beziehungen** zum Mieter; vielmehr kann er von ihm, wenn dieser nachträglich den Besitz des Grundstücks erlangen sollte, Räumung verlangen (§ 985).[3] Zum Schadensersatz ist er dem Mieter nur unter den engen Voraussetzungen des § 826 verpflichtet. Der Mieter muss sich stattdessen an seinen Vermieter halten, von dem er wegen des Vorliegens eines nachträglichen **Rechtsmangels** nach den §§ 536 Abs 3 und 536a Abs 1 Schadensersatz verlangen kann.[4] Außerdem kann er nach § 543 Abs 2 Nr 1 kündigen.

3   **2. Voraussetzungen.** § 567a ist den §§ 566 und 567 nachgebildet. *Erste* Voraussetzung des Eintritts des Erwerbers oder des sonstigen Berechtigten in den Mietvertrag ist folglich, dass der **Eigentümer**, der über das Grundstück im Wege der Veräußerung oder Belastung verfügt, **zugleich** der **Vermieter** ist.[5] *Zweite* Voraussetzung des Eintritts des Erwerbers oder des sonstigen Berechtigten in den Mietvertrag ist, dass er dem Vermieter gegenüber die Erfüllung der sich aus dem Mietverhältnis ergebenden Verpflichtungen übernommen hat (§ 567a). Diese **Erfüllungsübernahme** braucht nicht schon in dem der Veräußerung oder Belastung zugrundeliegenden Kausalgeschäft vereinbart zu werden, sondern kann diesem Vertrag auch nachfolgen. Selbst **nach Eigentumsübergang** oder Bestellung des dinglichen Rechts kann die Erfüllungsübernahme immer noch bis zum Beginn der Mietzeit vereinbart werden.[6] Der Erwerber tritt in diesem Fall rückwirkend in den noch nicht durch Überlassung der Mietsache vollzogenen Mietvertrag ein.[7] Eine besondere **Form** ist für die Erfüllungsübernahme **nicht** vorgeschrieben, so dass sie auch **konkludent**, zB durch Übergabe und Entgegennahme der Mieterlisten erklärt werden kann.[8] Eine **Anzeige** der Erfüllungsübernahme an den Mieter ist nicht erforderlich. Geht dagegen die Veräu-

---

1 S Protokolle Bd II S 162f.
2 *Eckert*, in: FS Blank (2006) 129, 138ff.
3 *Eckert*, in: FS Blank 129, 131.
4 OLG Köln OLGR 1992, 153.
5 BGHZ 154, 171, 175 = NJW 2003, 2158.
6 *Blank/Börstinghaus* § 578 Rn 6; *Schmidt-Futterer/Gather* § 567a Rn 6; *Sternel* Mieterecht, Rn I 56; **aM** *Mittelstein* Miete, 709.
7 *Blank/Börstinghaus* § 567a Rn 7; *Eckert*, in: FS Blank 129, 138.
8 BGH LM Nr 1 zu § 578 BGB = WM 1966, 96 = MDR 1966, 229; kritisch *Eckert*, in: FS Blank 129, 138ff.

ßerung oder Belastung des Grundstücks dem Abschluss des Mietvertrages voraus, so ist (natürlich) kein Raum für die Anwendung der §§ 566, 567 und 567a.

3. Rechtsfolgen. Die Erfüllungsübernahme hat zur Folge, dass der **Erwerber** im 4 Augenblick des Eigentumsübergangs sowie die sonstigen Berechtigten im Augenblick der Entstehung ihres Rechtes durch Eintragung im Grundbuch ebenso wie in den Fällen der §§ 566 Abs 1 und 567 S 1 ohne weiteres **kraft Gesetzes,** dh auch ohne Zustimmung des Mieters (o Rn 1), **in** die in diesem Augenblick **bestehenden Mietverhältnisse eintreten.**[9] Keine Rolle spielt, ob der Erwerber die Mietverhältnisse kannte.[10] Zum Ausgleich stehen ihm von dem genannten Zeitpunkt ab auch die **Mietforderungen** zu.[11] Der **Erfüllungsanspruch** des Mieters richtet sich jetzt gleichfalls nur noch gegen den Erwerber oder gegen die sonstigen Berechtigten. Für **Vorausverfügungen** des Eigentümers über die Miete gelten die §§ 566b bis 566d. Der bisherige Vermieter scheidet dagegen aus dem Mietverhältnis aus. Unberührt davon bleibt jedoch seine bürgenähnliche Haftung aufgrund des § 566 Abs 2.[12]

§ 567b
Weiterveräußerung oder Belastung durch Erwerber

Wird der vermietete Wohnraum von dem Erwerber weiterveräußert oder belastet, so sind § 566 Abs 1 und §§ 566a bis 567a entsprechend anzuwenden. Erfüllt der neue Erwerber die sich aus dem Mietverhältnis ergebenden Pflichten nicht, so haftet der Vermieter dem Mieter nach § 566 Abs 2.

1. § 567b S 1 (= § 579 aF) ordnet zum Schutze des Mieters die entsprechende Anwen- 1 dung des § 566 Abs 1 sowie der §§ 566a bis 567a an, wenn der (in den Vertrag eingetretene) Grundstückserwerber anschließend das Grundstück weiter veräußert oder belastet. Die Folge der entsprechenden **Anwendbarkeit des § 566 Abs 1 auf** den Fall der **Weiterveräußerung** ist, dass im Augenblick des Eigentumserwerbs seitens des Zweiterwerbers der **erste Erwerber** aus dem Mietvertrag wieder **ausscheidet** und **an seine Stelle** als Vermieter kraft Gesetzes der **Zweiterwerber** für die Dauer seines Eigentums **tritt.**[1] Ebenso zu beurteilen ist die Rechtslage im Ergebnis, wenn der erste Erwerber ein Erbbaurecht oder einen Nießbrauch bestellt **(§ 567 S 1** in Verb mit § 567b S 1).

2. Nach **§ 566a** in Verbindung mit den §§ 567b und 578 Abs 1 tritt der zweite Erwer- 2 ber mit Eigentumserwerb ferner in die **Rechte und Pflichten** ein, die sich **aus** einer vom Mieter geleisteten **Sicherheit** ergeben, wobei es keine Rolle spielt, ob der Mieter die Sicherheit dem ersten Vermieter oder dem Ersterwerber geleistet hatte. Folglich kann der zweite Erwerber von dem ersten Erwerber die **Aushändigung** einer schon geleisteten Sicherheit

---

9 S *Löning,* Die Grundstücksmiete als dingliches Recht (1930), 169ff.
10 BGH LM Nr 1 zu § 578 BGB = WM 1966, 96 = MDR 1966, 229.
11 KG OLGE 11, 144.
12 OLG Köln OLGR 1992, 153.

1 BGH LM Nr 31 zu § 571 BGB = NJW-RR 1989, 77.

verlangen. In jedem Fall haftet er auf die **Rückgewähr** der Sicherheit nach § 566a S 2; subsidiär haften neben ihm der erste Vermieter und der Ersterwerber.

3   **3.** Anwendbar ist im Falle der Weiterveräußerung nach § 567b S 1 außerdem **§ 567a.** Diese Vorschrift kann jedoch hier immer **nur** zum **Eintritt desjenigen** Grundstückserwerbers führen, **der** dem Veräußerer gegenüber die **Vermieterpflichten übernommen** hat, nicht jedoch zum Eintritt späterer Erwerber, die diese Pflichten nicht übernommen haben.[2]

4   **4. Nicht erwähnt** ist in § 567b S 1 der **§ 566 Abs 2.** Daraus folgt, dass den Zwischenerwerber im Falle der Weiterveräußerung des Grundstücks nicht die **bürgenähnliche Haftung** aus § 566 Abs 2 trifft, wenn der nächste Erwerber gegen die sich für ihn aus dem Mietverhältnis ergebenden Pflichten verstößt. Diese Haftung **trifft** vielmehr nach **§ 567b S 2** den **ersten Vermieter und Veräußerer,**[3] der sich freilich unter den Voraussetzungen des § 566 Abs 2 S 2 von seiner bürgenähnlichen Haftung wieder **befreien** kann. Daraus ergibt sich die Frage, wie die Rechtslage zu beurteilen ist, wenn anschließend das Grundstück weiterveräußert wird. Will man dann nicht generell die Forthaftung irgendeines der Beteiligten verneinen,[4] so bleibt nichts anderes übrig, als anzunehmen, dass dann eben – über den Wortlaut des Gesetzes hinaus – der **jeweiligen Veräußerer** die bürgenähnliche Haftung des Vermieters tragen muss.[5]

2 *Mittelstein* Miete, 712.
3 *Schmidt-Futterer/Gather* § 567b Rn 2.
4 So *Lammel* § 567b Rn 12f; *Mittelstein* Miete, 711.
5 *Leonhard* Schuldrecht B, 169; *Palandt/Weidenkaff* § 567b Rn 2.

Kapitel 5

Beendigung des Mietverhältnisses

Unterkapitel 1

Allgemeine Vorschriften

§ 568

Form und Inhalt der Kündigung

[1] Die Kündigung des Mietverhältnisses bedarf der schriftlichen Form.
[2] Der Vermieter soll den Mieter auf die Möglichkeit, die Form und die Frist des
Widerspruchs nach den §§ 574 bis 574b rechtzeitig hinweisen.

Schrifttum

Bachofer Die Rechtsgültigkeit der elektronischen Unterschrift, NJW-CoR 1993, 25; *Ebbing* Schriftform und E-Mail, CR 1996, 271; *Ebnet* Die Entwicklung des Telefax-Rechts seit 1992, JZ 1996, 507; *Eckert/Scalia* Formwahrung durch Telefax, DStR 1996, 1608; *Flatow* Typische Fehler bei der Kündigungserklärung, NZM 2004, 281; *Hähnchen* Das Gesetz zur Anpassung der Formvorschriften des Privatrechts und anderer Vorschriften an den modernen Rechtsgeschäftsverkehr, NJW 2001, 2831; *Heun* Elektronisch erstellte oder übermittelte Dokumente und Schriftform, CR 1995, 2; *Nassall* Schriftformerfordernisse im Wohnraummietrecht, MDR 1985, 893; *Rambach* Zweifelsfragen zur Belehrungspflicht des Vermieters bei Beendigung von Zeitmietverhältnissen, WuM 1991, 323; *Roßnagel* Das neue Recht elektronischer Signaturen, NJW 2001, 1817; *Schürmann* Wohnraumkündigung per Telefax – formungültig und dennoch fristwahrend, NJW 1992, 3005; *Spangenberg* Die Kündigung von Wohnraummiete im Prozess, MDR 1983, 807; *Sternel* Die Pflicht zur Begründung der Kündigung im Mietrecht, in: FS Seuß (1987) 281; *Tschentscher* Beweis und Schriftform bei Telefaxdokumenten, CR 1991, 141; *Ultsch* Zugangsprobleme bei elektronischen Willenserklärungen. Dargestellt am Beispiel der Electronic Mail, NJW 1997, 3007.

I.   Allgemeines

Die Vorschrift regelt als Teil des sozialen Mietrechts Einzelfragen der Kündigung **1** eines Mietverhältnisses über Wohnraum. Das Erfordernis der Schriftform nach Abs 1 soll mündlichen Kündigungen vorbeugen, die nur aus einer augenblicklichen Gefühlsreaktion heraus erklärt werden. Der in Form einer Soll-Vorschrift in Abs 2 vorgesehene Hinweis auf die Widerspruchsmöglichkeit soll dem rechtsunkundigen Mieter zu den Rechten verhelfen, die ihm aufgrund der §§ 574 bis 574b zustehen. Die in § 564a Abs 1 S 2 aF enthaltene Obliegenheit des Vermieters, die Kündigungsgründe zu nennen, ist entfallen, statt dessen regeln nun die §§ 573 Abs 3, 569 Abs 4 und 573d Abs 1 die Pflicht des Vermieters zur Angabe der Kündigungsgründe (§ 569 Rn 35, § 573 Rn 84ff).

André Haug

II. Schriftliche Kündigung (Abs 1)

1. Voraussetzungen

2   **a)** Nach Abs 1 bedarf die Kündigung des Mietverhältnisses – gemeint ist ein solches über Wohnraum, da die Vorschrift Teil des 2. Untertitels ist, der die Wohnraummiete zum Gegenstand hat (Vorbem 7ff zu § 535) – der schriftlichen Form. Unerheblich ist, ob der Wohnraum leer oder möbliert vermietet wird. Die vor Inkrafttreten des Mietrechtsreformgesetzes in § 564a Abs 3 aF vorgesehenen Ausnahmen von der Schriftform der Kündigung bspw für Wohnraum, der nur zu vorübergehendem Gebrauch vermietet ist oder Wohnraum, der Teil der vom Vermieter selbst bewohnten Wohnung ist und den der Vermieter ganz oder überwiegend mit Einrichtungsgegenständen auszustatten hat, sind weggefallen, so dass die Vorschrift nunmehr für alle Wohnraummietverhältnisse Gültigkeit beansprucht. Bei einem Mischmietverhältnis kommt es darauf an, ob der von den Parteien gewollte Schwerpunkt der Nutzung auf dem Wohnen liegt (Vorbem 10 zu § 535). Dies ist etwa bei einem einheitlichen Mietvertrag über Wohnraum nebst Garage der Fall. Die Vorschrift gilt auch für ein Untermietverhältnis, wenn der Vertragszweck im Wohnen des Mieters besteht. Im Hauptmietverhältnis kann es sich bei gewerblicher oder sonstiger Zwischenvermietung um Geschäftsraummiete handeln, die formlos zu kündigen ist.

3   **b)** Dem Formzwang unterliegt die **Kündigung** des Mietverhältnisses. Da Abs 1 anders als Abs 2 keine bestimmte Partei benennt, gilt die Vorschrift für beide Vertragsteile in gleicher Weise.[1] Der Formzwang umfasst alle Arten der Kündigung (§ 542 Rn 38). Es kommt deshalb nicht darauf an, ob das Mietverhältnis auf unbestimmte oder auf bestimmte Zeit abgeschlossen ist. So findet die Vorschrift bspw auch im Rahmen der außerordentlich befristeten Kündigung des § 575a Anwendung, auch wenn § 568 dort nicht erwähnt ist.[2] Der Formzwang erstreckt sich nicht auf andere Arten der Beendigung durch rechtsgeschäftliche Erklärungen (§ 542 Rn 67).

4   **c)** Die **schriftliche Form** ist nach § 126 Abs 1 gewahrt, wenn die Kündigungserklärung in einer Urkunde enthalten ist, die von dem Kündigenden eigenhändig durch Namensunterschrift oder mittels notariell beglaubigten Handzeichens unterzeichnet ist.

5   Eine **Urkunde** ist ein geschriebener Text auf einer festen Unterlage, die geeignet ist, die Schriftzeichen festzuhalten, und die in aller Regel, aber nicht notwendigerweise, aus Papier besteht. Der geschriebene Text muss den Kündigungswillen zum Inhalt haben, darüber hinaus braucht die Urkunde keine weiteren Erklärungen beinhalten. Für diesen Teil der Urkunde ist keine spezifische Form vorgeschrieben, so dass der Text handschriftlich, maschinenschriftlich, vorgedruckt oder auch vorgedruckt mit hand- oder maschinenschriftlichen Ergänzungen sein kann. Wird wegen des Erfordernisses der Begründung der Kündigung (§ 569 Rn 35, § 573 Rn 84ff) dieser eine Anlage beigefügt, aus der sich die Begründung ergeben soll, muss diese Anlage fest mit der Kündigungserklärung verbunden sein oder in der Kündigungserklärung ausdrücklich auf die Anlage Bezug genommen werden, ansonsten ist die Schriftform nicht gewahrt.[3]

6   Die Urkunde muss von dem Kündigenden **eigenhändig durch Namensunterschrift** oder mittels notariell beglaubigten Handzeichens unterzeichnet sein. Fehlt die Unter-

---

1 LG Wuppertal WuM 2005, 585; AG Gifhorn WuM 1992, 250.
2 *Hannemann*, NZM 1999, 585, 586.
3 LG Mannheim, NZM 2004, 255; AG Dortmund ZMR 2004, 115.

schrift, wird sie nicht durch die Unterschrift auf einer beigefügten Vollmachtsurkunde ersetzt.[4] Die zeitliche Reihenfolge von Text und Unterschrift ist ohne Belang. Die Unterschrift mit dem Familiennamen, wenigstens mit dem Teil eines Doppelnamens, oder bei Kaufleuten mit der Firma muss vom Aussteller grundsätzlich eigenhändig geleistet werden. Dies bedeutet, dass sich der Kündigende nicht einer anderen Person als Schreibhilfe bedienen kann, wenn sie seinen Namen nur niederschreibt und nicht Stellvertreter ist (Rn 9). Weiter folgt daraus, dass die Urkunde die eigenhändige Unterschrift des Kündigenden tragen muss.[5] Eine mechanisch hergestellte, insbesondere aufgedruckte oder durch Faksimilestempel geleistete Unterschrift reicht nicht aus.[6] Das Gleiche gilt für ein Telegramm[7] oder Fernschreiben, selbst wenn das Aufgabeformular handschriftlich unterzeichnet ist.[8] Ein Telefax oder Telebrief gibt zwar das Bild der Unterschrift wieder, ist aber nichts anderes als eine auf elektronischem Wege mechanisierte Vervielfältigung der Originalunterschrift und genügt deshalb nicht der Schriftform, weil die Echtheit der Unterschrift nicht gesichert ist.[9] Die Grundsätze, die zu prozessrechtlichen Erklärungen durch Telefax entwickelt worden sind,[10] lassen sich nicht auf materiell-rechtliche Willenserklärungen übertragen.[11] Der Vorschlag, den Zugang einer Kündigung durch Telefax wenigstens als fristwahrend anzuerkennen, wenn die formgültige Erklärung erst nach Ablauf der Kündigungsfrist zugeht,[12] steht nicht im Einklang mit dem Gesetz. Eben so wenig ist die Echtheit der Unterschrift beim Notepad gewährleistet, das die Kündigungserklärung samt Unterschrift speichert und über eine Datenleitung an ein Empfangsgerät übermittelt, wo Text und Unterschrift erstmalig ausgedruckt werden.[13] Das Gleiche ist bei einer E-Mail[14] anzunehmen, auch wenn sie durch Einfügen einer Unterschriftsdatei „unterschrieben" worden ist.[15] Nicht gewahrt ist die Schriftform auch bei Übersendung einer Kopie eines die Kündigung enthaltenden Schriftsatzes, der mittels EGVP eingereicht wurde.[16]

Die schriftliche Form kann nach §§ 126 Abs 3, 126a durch die **elektronische Form** 7 ersetzt werden. Das elektronische Dokument muss hierfür mit einer qualifizierten elektronischen Signatur nach dem SigG versehen werden, zudem muss der Aussteller der Erklärung seinen Namen hinzufügen.[17] Auch wenn sich das aus § 126a nicht ausdrücklich ergibt, soll die Verwendung der elektronischen Form davon abhängig sein, dass der Erklärungsempfänger damit einverstanden ist.[18]

---

4 AG Friedberg/Hessen WuM 1993, 48.

5 BayObLG NJW 1981, 2197, 2198.

6 AG Dortmund ZMR 1967, 15; *Flatow* NZM 2004, 281, 283.

7 AG Siegburg WuM 1993, 674.

8 BGHZ 24, 297 = NJW 1957, 1275.

9 BGHZ 121, 224, 229ff = NJW 1993, 1126; BGH NJW 1997, 3169; BGH NJW 2006, 2482; Bamberger/Roth/*Wöstmann* Rn 4; *Blank*/Börstinghaus/*Blank* Rn 11; *Eckert/Scalia* DStR 1996, 1608, 1609; **aM** AG Köln WuM 1992, 194; AG Hannover WuM 2000, 412.

10 BGHZ 87, 63 = NJW 1983, 1498; BGH NJW 1990, 188; GmS OGB BGHZ 144, 160, 162ff = NJW 2000, 2340.

11 BGHZ 121, 224, 229 = NJW 1993, 1126, 1127 m Anm *Vollkommer/Gleussner* JZ 1993, 1007; BGH NJW 2006, 2482; OLG Düsseldorf ZMR 2004, 508; *Heun* CR 1995, 2, 4; *Ebnet* NJW 1992, 2985, 2989; *Tschentscher* CR 1991, 141, 142f; **aM** OLG Düsseldorf NJW 1992, 1050; AG Schöneberg WuM 1985, 286.

12 *Ebnet* JZ 1996, 507, 513; *Schürmann* NJW 1992, 3005.

13 *Bachofer* NJW-CoR 1993, 25, 26; *Heun* CR 1995, 2, 5.

14 *Ultsch* NJW 1997, 3007.

15 AM *Ebbing* CR 1996, 271.

16 AG Wiesbaden v. 12.3.2013 – 92 C 4921/12, BeckRS 2013, 05009.

17 Zu den Einzelheiten einer „qualifizierten" Signatur vgl *Hähnchen* NJW 2001, 2831; *Rossnagel* NJW 2001, 1817ff.

18 BT-Drucks 14/4987, S 41; Palandt/*Ellenberger*, § 126a Rn 6; Staudinger/*Hertel* [2004] § 126a Rn 39.

André Haug

8   Nach § 126 Abs 4 wird die schriftliche Form durch die notarielle Beurkundung ersetzt, diese wiederum nach § 127a bei einem gerichtlichen Vergleich durch die Aufnahme der Erklärungen in ein nach den Vorschriften der ZPO errichtetes Protokoll. Es genügt nicht, dass die Kündigung im Verhandlungstermin zu Protokoll erklärt wird.[19]

9   Die Schriftform muss auch bei der Kündigung durch einen **Stellvertreter** erfüllt sein. Die Erteilung einer dahin gehenden Vollmacht ist nach § 167 Abs 2 grundsätzlich nicht formbedürftig.[20] Eine unwiderrufliche Vollmacht zur Kündigung unterliegt dem Formzwang, da sie den Vollmachtgeber endgültig bindet.[21] Das Offenkundigkeitsprinzip des § 164 Abs 1 ist auch dann zu wahren, wenn Vertreter und Vertretener namensgleich sind.[22] Ist die Offenkundigkeit gewahrt, kann der Vertreter die Kündigung mit dem eigenen Namen unterschreiben.[23] Er kann die Unterschrift auch mit dem Namen des Vertretenen leisten.[24] Der Schutz des Kündigungsempfängers wird dadurch gewährleistet, dass die Kündigung durch einen Bevollmächtigten nach § 174 S 1 unwirksam ist, wenn der Bevollmächtigte keine Vollmachtsurkunde vorlegt und der Empfänger die Kündigung aus diesem Grunde unverzüglich zurückweist (§ 542 Rn 8).[25] Vorzulegen ist das Original der Vollmachtsurkunde. Eine beglaubigte Abschrift,[26] eine Fotokopie[27] oder ein Telefax der Urkunde[28] ist unzureichend.

10   Durch das Erfordernis der Schriftform sind einer **Kündigung durch schlüssiges Verhalten** gewisse Grenzen gezogen. Eine solche Kündigung ist nur möglich, wenn das Verhalten dem Formerfordernis genügt. Die Kündigung durch Auszug aus der Wohnung ist deshalb nicht wirksam.[29] Dagegen ist es bei schriftlicher Klageerhebung und ähnlichen Rechtsakten möglich, die Form zu erfüllen, soweit die Erklärung durch Zugang beim Kündigungsempfänger wirksam wird.[30] Der Beklagte muss eindeutig erkennen können, dass neben der Klageerhebung als Prozesshandlung eine Kündigung als materiell-rechtliche Willenserklärung abgegeben werden soll. Ein weiteres Vorbringen in dem Rechtsstreit kann eine Kündigung darstellen, wenn die andere Partei hieraus unmissverständlich auf einen Kündigungswillen schließen kann.[31] Um den Formzwang zu erfüllen, ist die Zustellung einer vom Erklärenden unterzeichneten Abschrift des Schriftsatzes erforderlich. Durch beglaubigte Kopien wird die Schriftform nur gewahrt, wenn der Kündigende den Prozess als Rechtsanwalt selbst führt oder wenn er den Beglaubigungsvermerk als Prozessbevollmächtigter der kündigenden Partei auf der dem Gegner zugestellten Abschrift des Schriftsatzes unterschrieben hat.[32] Zu empfehlen ist, den entsprechenden Schriftsatz

---

19 LG Berlin ZMR 1982, 238; AG Braunschweig WuM 1990, 153; Bamberger/Roth/*Wöstmann* Rn 7; *Sternel* Mietrecht aktuell Rn 37; **aM** *Spangenberg* MDR 1983, 807, 808.
20 LG Wiesbaden WuM 1967, 184; Palandt/*Weidenkaff* Rn 7; *Schmidt-Futterer/Blank* Rn 14; **aM** AG Frankfurt/M ZMR 1969, 86.
21 OLG Karlsruhe NJW-RR 1986, 100; **aM** *Pergande* § 564a Anm 3.
22 AG Bergisch Gladbach WuM 1990, 345.
23 LG Wiesbaden WuM 1967, 184.
24 RGZ 74, 69; AG Bergisch Gladbach WuM 1990, 345.
25 LG Wiesbaden ZMR 1972, 81.
26 BGH NJW 1981, 1210.
27 AG Friedberg/Hessen WuM 1985, 267.
28 LG Berlin NJWE-MietR 1996, 220.
29 AG Coesfeld WuM 1986, 326.
30 BGH NJW-RR 1997, 203; BayObLG NJW 1981, 2197; OLG Hamm NJW-RR 1993, 273; LG Osnabrück WuM 1991, 690.
31 BGH ZMR 1957, 264; BayObLG NJW 1981, 2197; OLG Zweibrücken WuM 1981, 177; LG Düsseldorf WuM 1990, 505.
32 BGH NJW-RR 1997, 203; BayObLG NJW 1981, 2197; OLG Hamm NJW 1982, 452; OLG Zweibrücken WuM

nicht nur dem gegnerischen Prozessbevollmächtigten, sondern auch der Partei selbst zuzustellen.

2. Zugang. Die Kündigung muss dem zu Kündigenden zugegangen sein. Um den 11 Zugang der Kündigung nachweisen zu können, ist die Versendung per Einschreiben mit Rückschein angezeigt.

3. Rechtsfolgen. Ein Verstoß gegen den Formzwang macht die Kündigung nach § 125 12 S 1 nichtig. Die Nichtigkeit ist unheilbar. Die Kündigung muss unter Einhaltung etwaiger Kündigungsfristen wiederholt werden. Ein Formmangel kann nach § 242 ausnahmsweise unbeachtlich sein, wenn der Kündigungsempfänger in Kenntnis der Rechtslage den Kündigenden arglistig davon abgehalten hat, die schriftliche Form zu wahren, oder wenn er die mündlich ausgesprochene Kündigung schriftlich bestätigt hat, sich später aber auf den Formmangel beruft.[33] Ist der Empfänger trotz eines Formmangels mit der Beendigung des Mietverhältnisses einverstanden, kann ein Mietaufhebungsvertrag (§ 542 Rn 66) zustande kommen, der formlos wirksam ist.[34] Dies setzt voraus, dass der Kündigungsempfänger das Bewusstsein hat, mit seinem Einverständnis eine rechtsgeschäftliche Erklärung abzugeben. Beugt er sich der nichtigen Kündigung in der irrigen Annahme, diese sei wirksam, gibt er keine Willenserklärung ab.

III. Hinweis auf den Widerspruch nach §§ 574 bis 574b (Abs 2)

1. Voraussetzungen

a) Nach Abs 2 soll der Vermieter den Mieter auf die Möglichkeit, die Form und die 13 Frist des Widerspruchs nach §§ 574 bis 574b rechtzeitig hinweisen. Die Vorschrift betrifft den Hinweis auf den Widerspruch im Anschluss an eine **Kündigung**. Hiervon werden die ordentliche und die außerordentliche befristete Kündigung erfasst. Die Vorschrift gilt nicht für die außerordentliche fristlose Kündigung, bei der ein Widerspruchsrecht nach § 574 Abs 1 S 2 ausgeschlossen ist. Da dieser Ausschluss auch eingreift, wenn der Vermieter stattdessen den Weg der ordentlichen Kündigung wählt (§ 574 Rn 16), kann dann von der Hinweispflicht ebenfalls abgesehen werden. Bei Mietverhältnissen auf bestimmte Zeit gelten die §§ 574 bis 574c nur im Rahmen des § 575a, also wenn das Mietverhältnis, das auf bestimmte Zeit eingegangen ist, außerordentlich mit gesetzlicher Frist gekündigt werden kann. Bei einer solchen Kündigung entsprechend § 575a unterliegt der Vermieter mithin der Hinweispflicht, im Übrigen, also bei außerordentlicher fristloser Kündigung oder schlichtem Zeitablauf, hingegen nicht.

b) Ein Hinweis auf die **Möglichkeit des Widerspruchs** wird gegeben, wenn der Ver- 14 mieter den Mieter darüber unterrichtet, dass er der Kündigung widersprechen und eine Fortsetzung verlangen kann. Dabei brauchen nicht die Worte des Gesetzes verwendet zu werden. Es genügt, dass der Mieter über seine Rechte aus den §§ 574 bis 574b aufgeklärt wird. Handelt es sich um eine Mehrheit von Mietern, ist darauf hinzuweisen, dass der Widerspruch von allen Beteiligten zu erklären ist.[35] Über die einzelnen Voraussetzun-

---

1981, 177; LG Frankfurt/M WuM 1991, 104; Bamberger/Roth/*Wöstmann* Rn 7; *Nassall* MDR 1985, 893, 897; **aM** LG Hamburg WuM 1977, 184; LG Karlsruhe MDR 1978, 672.
33 AG Gifhorn WuM 1992, 250.
34 AG Gifhorn WuM 1992, 250.
35 AG Bergheim WuM 1996, 415; **aM** Staudinger/*Rolfs* [2010] Rn 28.

gen für eine Fortsetzung des Mietverhältnisses braucht der Mieter dagegen nicht belehrt zu werden. Es ist ausreichend, wenn der Vermieter im Kündigungsschreiben auf den auf der Rückseite abgedruckten Wortlaut der §§ 574 bis 574b hinweist.[36] Der bloße rückseitige Abdruck genügt nicht, weil dabei die Gefahr besteht, dass der Mieter dies übersieht.

15   c) Ein Hinweis auf **Form und Frist des Widerspruchs** ist erteilt, wenn der Mieter darauf aufmerksam gemacht wird, dass der Widerspruch nach § 574b Abs 1 der schriftlichen Form bedarf und dass die Erklärung nach § 574b Abs 2 spätestens zwei Monate vor der Beendigung des Mietverhältnisses dem Vermieter gegenüber zu erklären ist.

16   d) Der Hinweis soll so **rechtzeitig** erteilt werden, dass der Mieter für einen Widerspruch die Frist von zwei Monaten vor Beendigung des Mietverhältnisses aus § 574b Abs 2 wahren kann. Der Hinweis braucht also nicht schon im Kündigungsschreiben enthalten zu sein[37] und bedarf deshalb nicht der Schriftform. Ein mündlicher Hinweis genügt, hat allerdings ein Beweisrisiko zur Folge. Der Vermieter kann die Kündigung und den Hinweis auf den Widerspruch auch verbinden. Über die Rechtzeitigkeit des Hinweises finden sich im Gesetz keine näheren Angaben. Dem Mieter muss nach einer Kündigung genügend Zeit bleiben, Rechtsrat einzuholen, zu überlegen, den Widerspruch schriftlich abzufassen und ihn an den Vermieter zu übermitteln.[38] Sofern dies nicht gewährleistet ist, weil der Hinweis getrennt von der Kündigung erst kurz vor Ablauf der Widerspruchsfrist erteilt wird, ist er nicht rechtzeitig. Der Hinweis kann nicht im voraus erteilt werden, etwa schon im Mietvertrag oder vor Ausspruch der Kündigung,[39] sofern die Kündigung nicht gleichzeitig in Aussicht gestellt wird und ein enger zeitlicher Zusammenhang gewahrt ist.

17   **2. Rechtsfolgen.** Die Rechtsfolge eines Verstoßes ergibt sich nicht aus Abs 2, sondern besteht nach § 574b Abs 2 S 2 darin, dass der Mieter für die Erhebung des Widerspruchs nicht an die Frist von zwei Monaten vor Beendigung des Mietverhältnisses gebunden ist, sondern ihn noch im ersten Termin des Räumungsrechtsstreits erklären kann (dort Rn 6). Das Widerspruchsrecht darf in einem solchen Fall nicht durch eine Räumungsklage verkürzt werden, die noch vor Ablauf der Kündigungsfrist und sogar der Widerspruchsfrist erhoben wird. Eine solche Klage ist aufgrund der mündlichen Verhandlung, zu deren Termin der Widerspruch noch nicht erklärt zu werden brauchte, abzuweisen.[40]

IV. Abweichende Vereinbarungen

18   Im Gegensatz zu anderen Schutzvorschriften enthält § 568 keinen ausdrücklichen Hinweis auf die zwingende Natur seiner Regelung. Gleichwohl wird allgemein angenommen, dass die Parteien grundsätzlich keine abweichenden Vereinbarungen treffen können.[41] Dies ergibt sich für das Erfordernis der Schriftform nach Abs 1 daraus, dass gesetzliche Formvorschriften zwingend sind. Der Hinweis auf Möglichkeit, Form und Frist des Widerspruchs nach §§ 574 bis 574b ist mittelbar aufgrund des § 574b Abs 2 S 2 zwin-

---

36 LG Rottweil ZMR 1980, 183 m krit Anm *Glaser*.
37 OLG Hamm WuM 1991, 423, 425.
38 Bub/Treier/*Grapentin* Rn IV 21; *Schmidt-Futterer*/*Blank* Rn 25.
39 AG Hamburg-Altona MDR 1971, 138.
40 LG Kempten WuM 1993, 45.
41 Bamberger/Roth/*Wöstmann* Rn 16; *Blank*/Börstinghaus/*Blank*, Rn 3; Erman/*Lützenkirchen* Rn 1; Münch-Komm/*Häublein* Rn 11; *Schmidt-Futterer*/*Blank* Rn 5.

gend, weil eine zum Nachteil des Mieters abweichende Vereinbarung die dort genannte Rechtsfolgen nach sich ziehen würde.

Zwingend ausgeschlossen sind abweichende Vereinbarungen zum Nachteil des Mieters. Abweichungen zu seinen Gunsten sind möglich, soweit nicht wie beim Erfordernis der schriftlichen Form allgemeine Vorschriften entgegenstehen. In Formularverträgen darf die Kündigungserklärung nach § 309 Nr 13 nicht an eine strengere Form als die Schriftform oder an besondere Zugangserfordernisse gebunden werden. Eine dahin gehende Individualvereinbarung ist zulässig, da der Schutzzweck des Abs 1 nur darauf gerichtet ist, dem Mieter einen Mindeststandard für die Form der Kündigung zu sichern.[42]

§ 569

Außerordentliche fristlose Kündigung aus wichtigem Grund

[1] Ein wichtiger Grund im Sinne des § 543 Abs 1 liegt für den Mieter auch vor, wenn der gemietete Wohnraum so beschaffen ist, dass eine Benutzung mit einer erheblichen Gefährdung der Gesundheit verbunden ist. Dies gilt auch, wenn der Mieter die Gefahr bringende Beschaffenheit bei Vertragsschluss gekannt oder darauf verzichtet hat, die ihm wegen dieser Beschaffenheit zustehenden Rechte geltend zu machen.

[2] Ein wichtiger Grund im Sinne des § 543 Abs 1 liegt ferner vor, wenn eine Vertragspartei den Hausfrieden nachhaltig stört, so dass dem Kündigenden unter Berücksichtigung aller Umstände des Einzelfalls, insbesondere eines Verschuldens der Vertragsparteien, und unter Abwägung der beiderseitigen Interessen die Fortsetzung des Mietverhältnisses bis zum Ablauf der Kündigungsfrist oder bis zur sonstigen Beendigung des Mietverhältnisses nicht zugemutet werden kann.

[2a] Ein wichtiger Grund im Sinne des § 543 Absatz 1 liegt ferner vor, wenn der Mieter mit einer Sicherheitsleistung nach § 551 in Höhe eines Betrages in Verzug ist, der der zweifachen Monatsmiete entspricht. Die als Pauschale oder als Vorauszahlung ausgewiesenen Betriebskosten sind bei der Berechnung der Monatsmiete nach Satz 1 nicht zu berücksichtigen. Einer Abhilfefrist oder einer Abmahnung nach § 543 Absatz 3 Satz 1 bedarf es nicht. Absatz 3 Nummer 2 Satz 1 sowie § 543 Absatz 2 Satz 2 sind entsprechend anzuwenden.

[3] Ergänzend zu § 543 Abs 2 Satz 1 Nr 3 gilt:

1. Im Falle des § 543 Abs 2 Satz 1 Nr 3 Buchstabe a ist der rückständige Teil der Miete nur dann als nicht unerheblich anzusehen, wenn er die Miete für einen Monat übersteigt. Dies gilt nicht, wenn der Wohnraum nur zum vorübergehenden Gebrauch vermietet ist.

2. Die Kündigung wird auch dann unwirksam, wenn der Vermieter spätestens bis zum Ablauf von zwei Monaten nach Eintritt der Rechtshängigkeit des Räumungsanspruchs hinsichtlich der fälligen Miete und der fälligen Entschädigung nach § 546a Abs 1 befriedigt wird oder sich eine öffentliche Stelle zur Befriedigung verpflichtet. Dies gilt nicht, wenn der Kündigung vor nicht länger als zwei

---

42 *Franke* in: Fischer-Dieskau/Pergande/Schwender, Bd 6, Anm 9; MünchKomm/*Häublein* Rn 11; **aM** Palandt/*Weidenkaff* Rn 3.

André Haug/Volker Emmerich

Jahren bereits eine nach Satz 1 unwirksam gewordene Kündigung vorausgegangen ist.

3. Ist der Mieter rechtskräftig zur Zahlung einer erhöhten Miete nach den §§ 558 bis 560 verurteilt worden, so kann der Vermieter das Mietverhältnis wegen Zahlungsverzugs des Mieters nicht vor Ablauf von zwei Monaten nach rechtskräftiger Verurteilung kündigen, wenn nicht die Voraussetzungen der außerordentlichen fristlosen Kündigung schon wegen der bisher geschuldeten Miete erfüllt sind.

[4] Der zur Kündigung führende wichtige Grund ist in dem Kündigungsschreiben anzugeben.

[5] Eine Vereinbarung, die zum Nachteil des Mieters von den Absätzen 1 bis 3 dieser Vorschrift oder von § 543 abweicht, ist unwirksam. Ferner ist eine Vereinbarung unwirksam, nach der der Vermieter berechtigt sein soll, aus anderen als den im Gesetz zugelassenen Gründen außerordentlich fristlos zu kündigen.

I. Gesundheitsgefährdung

1. Zweck, Anwendungsbereich. § 569 Abs 1 regelt (im Anschluss an § 544 aF) durch **1** Verweis auf § 543 Abs 1 das Recht (nur) des Mieters zur fristlosen Kündigung, wenn die gemieteten Räume eine **gesundheitsgefährdende Beschaffenheit** aufweisen. Ergänzend zu berücksichtigen sind die Abs 4 und 5 der Vorschrift. § 569 Abs 1 gilt auch für die sonstige **Raummiete**, sofern die fraglichen Räume zum Aufenthalt von Menschen bestimmt sind (§ 578 Abs 2 S 2), insbesondere also für die gesamte Geschäftsraummiete, sowie für **Pacht- und Landpachtverhältnisse** (§§ 581 Abs 2, 594e Abs 1).

Zweck der Regelung ist vorrangig der im öffentlichen Interesse liegende **Schutz der 2 allgemeinen Volksgesundheit.**[1] **Geschützt** werden aus diesem Grunde auch nicht nur der Mieter, sondern ebenso seine **Angehörigen und Arbeitnehmer.**[2] § 569 Abs 1 schließt weder **andere Kündigungsrechte** des Mieters noch die **sonstigen Mieterrechte** aus.[3] Trotz Kündigung kann der Mieter daher weiterhin für die Vergangenheit **Minderung** geltend machen (§ 536) und **Schadensersatz** verlangen (§ 536a).[4] Sein Ersatzanspruch umfasst dann auch die ihm erst durch die Kündigung entstandenen Kosten, zB die Kosten

---

1 BGHZ 29, 289, 294f = NJW 1959, 1425; BGHZ 157, 233, 239 = NJW 2004, 848; *U Schumacher* WuM 2004, 311f; *Selk/Hankammer* NZM 2008, 65.
2 BGHZ 157, 233, 238 = NJW 2004, 848.
3 Anders nur *Kern* NZM 2007, 634, 637.
4 LG Saarbrücken WuM 1991, 91; NZM 1999, 411.

des Umzugs und einer teureren Ersatzwohnung.[5] Die Unterlassung oder Verzögerung einer an sich möglichen Kündigung nach § 569 Abs 1 kann jedoch nach den Umständen des Falles als mitwirkendes Verschulden des Mieters zu qualifizieren sein (§ 254).[6] – § 569 Abs 1 ist bei der Wohnraummiete zu Gunsten des Mieters **zwingend** (§ 569 Abs 5 S 1). Dasselbe wird man auch ohne ausdrückliche gesetzliche Anordnung für die sonstige Raummiete anzunehmen haben (§ 578 Abs 2 S 2).

3   **2. Geschützte Räume.** Der Mieter kann nach den §§ 569 Abs 1 und 578 Abs 2 S 2 nur dann fristlos kündigen, wenn gerade ein Wohnraum oder ein anderer zum Aufenthalt von Menschen bestimmter Raum von gesundheitsgefährdender Beschaffenheit ist. Ob ein derartiger Raum anzunehmen ist, beurteilt sich allein nach der vertraglichen **Zweckbestimmung** des Raumes, nicht nach seiner tatsächlichen Nutzung (s o Vorbem 8f zu § 535). **Wohnräume** iS des § 569 Abs 1 liegen folglich (nur) vor, wenn dafür geeignete Räume zu Wohnzwecken vermietet werden. Um einen **anderen zum Aufenthalt** von Menschen **bestimmten Raum** iS des § 578 Abs 2 S 2 handelt es sich dagegen, wenn darin nach dem Vertrag wenigstens *vorübergehend*, dh für einige Stunden, Menschen verweilen sollen.[7] Geschützt sind daher **zB** neben Wohnräumen auch gewerblich genutzte Räume[8] wie Büros, Lager, Werkstätten, Fabrikhallen, Spülküchen, Bier- und Weinkeller,[9] Tresorräume einer Bank mit Publikumsverkehr,[10] außerdem Viehställe sowie schließlich Heizungskeller.[11] **Nicht** hierher gehören dagegen bloße Verschläge in Kellern oder auf Böden[12] sowie zB Kühlräume.[13]

4   **3. Begriff, wichtiger Grund.** Nach § 569 Abs 1 S 1 liegt ein wichtiger Grund im Sinne des § 543 (unter anderem) vor, wenn die genannten Räume (o Rn 3) so beschaffen sind, dass ihre Benutzung mit einer **erheblichen Gefährdung der Gesundheit des Mieters** oder der anderen geschützten Personen (o Rn 2) verbunden ist. Eine **Gesundheitsschädigung** braucht noch *nicht* eingetreten zu sein.[14] Für die Anwendung des § 569 Abs 1 genügt es vielmehr, dass nach dem gegenwärtigen Stand der medizinischen Wissenschaft (u Rn 5) **ernsthaft**, dh unter Anlegung eines objektiven Maßstabs (u Rn 6) **zu besorgen** ist, dass mit der Benutzung der Räume in absehbarer Zeit für die geschützten Personen (o Rn 2) eine erhebliche **Gesundheitsgefährdung** im Sinne der Beeinträchtigung ihres körperlichen Wohlbefindens verbunden ist.[15] Die so verstandene Gesundheitsgefährdung muss außerdem **konkret**, dh nahe liegend sein, während die bloße **entfernte Möglichkeit** einer Gesundheitsschädigung keine Kündigung nach § 569 Abs 1 rechtfertigt.[16] Ebenso wenig reicht ein bloßes vorübergehendes **Unbehagen** z.B. durch eine vorübergehende, aber noch nicht gesundheitsgefährdende Überhitzung der Räume im Sommer aus.[17] Hinzu kommen

---

5 LG Mannheim WuM 1969, 41 = ZMR 1969, 171 Nr 19; LG Saarbrücken WuM 1991, 91.
6 RG Recht 1912 Nr 3050; WarnR 1916 Nr 133, S 213f.
7 OLG Koblenz NJW-RR 1992, 1228; KG GE 2004, 47; *Franke* ZMR 1999, 83, 87.
8 OLG Koblenz NJW-RR 1992, 1228; KG GE 2004, 47.
9 LG Berlin GE 1988, 733; *Franke* ZMR 1999, 83, 87.
10 RG Recht 1911 Nr 1909.
11 OLG Koblenz NJW-RR 1992, 1228; *Mittelstein* Miete, 336f.
12 *Franke* ZMR 1999, 83, 87; **aM** *Harsch* WuM 1989, 162.
13 *Lammel* § 569 Rn 11.
14 LG Saarbrücken WuM 1991, 91, 92; LG Lübeck NZM 1998, 190 = ZMR 1998, 433.
15 KG ZMR 2004, 513; OLG Brandenburg ZMR 2009, 190, 191; 2013, 151, 152; LG Lübeck ZMR 2002, 431, 432; *Franke* ZMR 1999, 83, 88f; *U Schumacher* WuM 2004, 311, 315; *Selk/Hankammer* NZM 2008, 65.
16 RGZ 88, 168; KG JW 1930, 2975; OLG Brandenburg ZMR 2013, 151, 152.
17 RGZ 51, 210, 211f; OLG Brandenburg ZMR 2013, 151, 152; LG Lübeck NZM 1998, 190 = ZMR 1998, 443.

muss schließlich noch, dass dem Mieter gerade wegen dieser erheblichen Gesundheitsgefährdung die **Fortsetzung** des Mietverhältnisses **nicht mehr zuzumuten** ist (s § 569 Abs 1 S 1 in Verb mit § 543 Abs 1), wovon jedoch im Regelfall auszugehen sein dürfte (str).

Maßgebender **Zeitpunkt** für die Beurteilung der Frage, ob eine erhebliche Gesund- 5 heitsgefährdung in dem genannten Sinne (o Rn 4) vorliegt, ist der des **Zugangs** der Kündigung (§ 130). Auszugehen ist daher von den in diesem Augenblick auf dem Gebiet der Gesundheitslehre herrschenden Anschauungen.[18] Wenn sich freilich der Umstand, von dem die Gefahr ausgeht, **kurzfristig beheben** lässt, soll nach hM eine fristlose Kündigung des Mieters in der Regel nach § 242 ausscheiden, **sofern** der Vermieter zur sofortigen **Abhilfe bereit** ist.[19] Diese Auffassung ist jedoch mit dem Zweck der gesetzlichen Regelung (Rn 2) unvereinbar und übersieht zudem, dass hier schon die entsprechende Anwendung des § 543 Abs 3 (Fristsetzung, s Rn 9) eine angemessene Lösung bietet. – Haftet die gesundheitsgefährdende Eigenschaft **nur einzelnen Räumen** einer Wohnung, nicht dagegen der ganzen Wohnung an, so kommt es darauf an, ob dadurch bereits die Benutzbarkeit der Wohnung *insgesamt* wesentlich beeinträchtigt wird.[20] Für eine *Teilkündigung* nur der betroffenen Räume ist grundsätzlich kein Raum.[21]

Nach durchaus hM ist bei der Beurteilung der Gesundheitsgefahr von einem **objek-** 6 **tiven Maßstab** auszugehen.[22] Abzustellen ist danach **nicht** auf eine etwaige **besondere Empfindlichkeit des einzelnen Mieters;** maßgebend sind vielmehr allein die **allgemeinen gesundheitlichen Anforderungen.**[23] Dadurch wird freilich die Berücksichtigung der **besonderen Verhältnisse** des **einzelnen Mietobjekts** sowie **einzelner Mieterkreise** nicht ausgeschlossen. Deshalb kommt es hier auch darauf an, ob die Räume zum dauernden oder nur zum vorübergehenden Aufenthalt von Menschen bestimmt sind, sowie, ob es sich um ältere oder jüngere Mieter oder um Mieter mit oder ohne Kinder handelt; lediglich die individuellen Verhältnisse des *einzelnen* Mieters sollen außer Betracht bleiben.[24] Die Folgerungen, die aus diesem objektiven Verständnis des § 569 Abs 1 bei Gesundheitsgefahren infolge von **Raum- und Umweltgiften** und insbesondere bei dem Auftreten von **Schimmelpilz** zu ziehen sind, sind jedoch umstritten und bisher nicht geklärt.[25] Der **BGH** will auf die Umstände des Einzelfalls abstellen und die Entscheidung letztlich von dem Ergebnis eines medizinischen Sachverständigengutachtens abhängig machen.[26] Das Problem rührt nicht zuletzt daher, dass es die hM bisher abgelehnt, die Anwendung des § 569 Abs 1 von den **individuellen Verhältnissen der einzelnen Mieter** abhängig zu machen. Für diese Einschränkung fehlt indessen jeder Grund. Auch Säuglinge oder Kranke verdienen den Schutz der Rechtsordnung durch die Anwendung des § 569 Abs 1.[27]

§ 569 Abs 1 S 2 stellt auf die gesundheitsgefährdende und deshalb Gefahr bringende 7 **„Beschaffenheit"** der geschützten **Räume** ab. Seine Anwendung setzt mithin voraus, dass die Gesundheitsgefährdung ihre Ursache gerade in einer den fraglichen Räumen

---

18 KG ZMR 2004, 513; LG Lübeck ZMR 1998, 433, 434 = NZM 1998, 190.
19 S u Rn 9 sowie OLG Düsseldorf WuM 2002, 267; OLG Hamburg WuM 2003, 144, 145; KG GE 2004, 47, 48; OLG Hamm NJW-RR 2005, 134, 135; OLG Naumburg WuM 2004, 144, 145; OLG Brandenburg ZMR 2009, 190, 191.
20 LG Berlin GE 1988, 733; OLG Celle NdsRpfl 1964, 154, 155 = MDR 1964, 924.
21 OLG Celle NdsRpfl 1964, 154, 155 = MDR 1964, 924, str.
22 OLG Brandenburg ZMR 2009, 190, 191; ZMR 2013, 151, 152; LG Berlin ZMR 2002, 752.
23 KG DR 1939, 642; LG Berlin NZM 1999, 614 = ZMR 1999, 27; ZMR 2002, 752; *Franke* ZMR 1999, 83.
24 LG Berlin ZMR 2002, 752; LG Lübeck ZMR 1998, 433, 434 = NZM 1998, 190; ZMR 2002, 431, 432.
25 S *Schläger* ZMR 2002, 85, 92 f; *Selk/Hankammer* NZM 2008, 65; *Streyl* WuM 2007, 365.
26 S u Rn 8; BGH NJW 2007, 2171 Tz 30 = NZM 2007, 439 = WuM 2007, 320.
27 *Selk/Hankammer* NZM 2008, 65, 68.

Volker Emmerich

anhaftenden, dauernden Eigenschaft hat.[28] Bedrohungen des Mieters durch Dritte oder auch Überfälle auf den Mieter werden daher nur selten unter § 569 Abs 1 zu subsumieren sein.[29]

8   **Beispiele** für eine Gesundheitsgefährdung iS des § 569 Abs 1 sind die Unbewohnbarkeit einer Wohnung nach einem Hochwasser,[30] die Schwärzung der Wohnung (sog **Fogging**),[31] ferner übermäßige Feuchtigkeit und **Schimmelbildung** in der Wohnung,[32] und zwar generell (anders die hM), von Bagatellfällen abgesehen (Rn 6), weiter ein erhebliches Auftreten von **Ungeziefer** oder **Mäusen,**[33] der Befall der Wohnung mit Kakerlaken,[34] sommerliche Raumtemperaturen von mehr als 35 Grad über längere Zeit hinweg[35], das dauernde Eindringen unerträglicher Gerüche oder Gase[36], der Ausfall der Brandschutzeinrichtungen in einem Möbellager[37], Öldämpfe in einer Wohnung[38] sowie in Ausnahmefällen auch schwere Mängel der Elektroinstallation[39]. Umstritten ist die Rechtslage im Falle einer gefährlichen **Summierung von Raumgiften,** insbesondere bei einer übermäßigen Formaldehyd-Konzentration in der Luft.[40] Die Rechtsprechung ist widersprüchlich. Nach dem gegenwärtigen Stand der Diskussion wird wohl eine Anwendung des § 569 Abs 1 nur bei einer deutlichen **Überschreitung** der nach der Gefahrstoffverordnung von 1986 (BGBl I 1470) **festgelegten Grenzwerte oder sonstiger** mittlerweile gesicherter **Erfahrungswerte** in Betracht kommen.[41] Ferner gehören hierher von Fall zu Fall noch eine gefährliche Beschaffenheit der **Zugänge,** insbesondere der Treppen,[42] ein übermäßiger **Lärm** der Mitmieter[43] sowie die fehlende Zufuhr von **Licht** und Luft. **Nicht** ausreichend sind dagegen der bloße Befall eines einzigen kleinen Raums einer großen Wohnung mit Schimmelpilz,[44] leicht zu behebende Mängel an der Elektroinstallation[45] oder ein gelegentliches Absinken der Temperaturen in den Räumen auf 16 bis 17 Grad[46] oder eine vorübergehende Überschreitung der Temperatur von 26° in Geschäftsräumen im Sommer.[47]

9   **4. Kündigung.** Liegen die Voraussetzungen der §§ 569 Abs 1 und 543 vor, so kann (nur) der Mieter (nicht der Vermieter) das Mietverhältnis fristlos kündigen. Eine **Fristsetzung** war nach früher hM idR nicht erforderlich,[48] während eine verbreitete Meinung hier heute

---

28   OLG Koblenz NJW-RR 1989, 1247 = WuM 1989, 509; LG Berlin GE 1999, 1426.
29   OLG Koblenz NJW-RR 1989, 1247 = WuM 1989, 509; LG Berlin GE 1999, 1426.
30   AG Regensburg WuM 1988, 361; AG Köln WuM 1997, 261.
31   LG Ellwangen WuM 2001, 554.
32   LG Berlin GE 2009, 45; *Schläger* ZMR 2002, 85, 92f.
33   LG Mannheim DWW 1976, 236f; LG Berlin GE 1997, 689.
34   LG Freiburg WuM 1986, 246.
35   OLG Düsseldorf NJW-RR 1998, 1307 = NZM 1998, 915; OLG Naumburg WuM 2003, 144, 145; NJW-RR 2004, 299; enger OLG Brandenburg ZMR 2013, 151, 152 (s Rn 8 am Ende).
36   RGZ 88, 168; LG Mannheim MDR 1969, 313 = WuM 1969, 41.
37   KG GE 2004, 47, 48.
38   LG Flensburg WuM 2003, 328.
39   OLG Hamm NJW-RR 2005, 134, 135.
40   S dazu *Franke* ZMR 1999, 83, 88f; *Langenberg* PiG Bd 35 (1992) 95, 100; *Schläger* ZMR 1998, 435; 2002, 85, 93f.
41   *Blank/Börstinghaus* § 569 Rn 11; *Schläger* ZMR 1998, 435; 2002, 85, 93f.
42   RG Gruchot 60 (1916), 664 = SeuffA 71 (1916) Nr 229 II S 400; OLG Brandenburg ZMR 2009, 190, 191.
43   RG JW 1906, 713; BGHZ 29, 289, 294ff = NJW 1959, 1425.
44   LG Berlin GE 2005, 37.
45   OLG Hamm NJW-RR 2005, 134, 135.
46   OLG Düsseldorf NZM 2001, 1125, 1126 = ZMR 2002, 46.
47   OLG Brandenburg ZMR 2013, 151, 152.
48   RG SeuffA 71 (1916) Nr 229, S 400; BGHZ 29, 289, 295 = NJW 1959, 1425.

§ 543 Abs 3 (unmittelbar oder entsprechend) anwenden will, da der wichtige Grund, dh die gesundheitsgefährende Beschaffenheit der Räume (§ 569 Abs 1 S 1), durchweg zugleich eine Pflichtverletzung iSd § 543 Abs 3 S 1 darstelle.[49] In der Mehrzahl der Fälle soll freilich eine **Fristsetzung** oder Abmahnung nach § 543 Abs 3 S 2 Nrn 1 und 2 doch wieder **entbehrlich** sein, außer wenn es sich um kurzfristig und leicht zu behebende Mängel handelt.[50] Diese Auffassung überzeugt nicht.[51] Sie widerspricht dem Wortlaut des § 569 Abs 1, der allein auf § 543 Abs 1 Bezug nimmt, sowie dem eindeutig auf eine Privilegierung des Mieters gerichteten Zweck der Vorschrift (Rn 2).

Der Mieter muss nicht sofort nach Auftreten des gesundheitsgefährdenden Zustandes **9a** kündigen, sondern kann eine angemessene **Überlegungsfrist** in Anspruch nehmen, deren Dauer von den Umständen des Einzelfalles abhängt (vgl § 314 Abs 3); nach Ablauf dieser Frist scheidet eine Kündigung dann aus.[52] Ebenso wenig muss er unbedingt fristlos kündigen, sondern kann die Kündigung auch ohne weiteres mit einer Frist aussprechen.[53] Für die Kündigung sind die **Formvorschriften** der §§ 568 Abs 1 und 569 Abs 4 zu beachten, so dass die **Begründung** erkennen lassen muss, welche Gesundheitsgefahren nach Meinung des Mieters bestehen, sowie, dass er seine Kündigung gerade darauf stützt.[54] Auch für die **Anzeigepflicht** des § 536c ist hier mit Rücksicht auf den Zweck der Regelung (oben Rn 2) grundsätzlich kein Raum, und zwar insbesondere dann nicht, wenn der gesundheitsgefährdende Mangel plötzlich und unerwartet auftritt;[55] anders mag zu entscheiden sein, wenn der Mangel nicht schwerwiegend ist und sich leicht beheben lässt oder wenn sich der Mangel erst langsam entwickelt.[56]

Die Kündigung wird zwar **nicht ausgeschlossen** unter den Voraussetzungen des **10** § 569 Abs 1 S 2, dh **bei Kenntnis** des Mieters von dem Mangel oder bei **Verzicht** auf die daraus resultierenden Rechte, **wohl aber** nach hM, **wenn** der Mieter den gesundheitsgefährdenden Zustand der geschützten Räume **selbst** schuldhaft **herbeigeführt** hat.[57] Dem ist indessen *nicht* zu folgen. Als Sanktion genügt vielmehr in derartigen Fällen vollauf die Schadensersatzpflicht des Mieters (§ 280 Abs 1).[58] Muss der Mieter wegen des gesundheitsgefährdenden Zustandes der Räume ausziehen, so greift ohnehin § 326 Abs 2 ein.

Die **Beweislast** für die Voraussetzungen des § 569 Abs 1 trägt der Mieter.[59] Wendet **10a** man entgegen der hier vertretenen Auffassung (Rn 9) auch den § 543 Abs 3 im Rahmen des § 569 Abs 1 an, so muss der Mieter außerdem – entgegen dem Zweck der Regelung (Rn 2) – die Beweislast für das Vorliegen eines der **Ausnahmetatbestände des § 543 Abs 3 S 2** tragen, in denen eine Fristsetzung oder Abmahnung entbehrlich ist.[60]

---

49 BGH NJW 2007, 2177 Tz 12 = NZM 2007, 439; WuM 2010, 352 Tz 3 = NZM 2011, 32; LG Stendal ZMR 2005, 624 = NZM 2005, 783.
50 OLG Naumburg WuM 2003, 144, 145; OLG Hamm NJW-RR 2005, 134, 135.
51 Ebenso KG GE 2004, 47, 48; *Blank/Börstinghaus* § 569 Rn 6; *Kern* NZM 2007, 434; *U Schumacher* WuM 2004, 311, 312f.
52 BGH WuM 2010, 352 Tz 2, 5 = NZM 2011, 32; LG Lübeck ZMR 2001, 282.
53 OLG Brandenburg ZMR 2009, 190, 191.
54 BGH WuM 2005, 584, 585; *Börstinghaus* in: FS Derleder (2005), 205, 218; *Flatow* NZM 2004, 281, 288.
55 OLG Brandenburg ZMR 2009, 190, 191.
56 OLG Hamburg OLGE 2, 382.
57 BGHZ 157, 233, 240 = NJW 2004, 848; LG Ellwangen WuM 2001, 544, 545; *Franke* ZMR 1999, 83, 89.
58 *Langenberg* PiG Bd 35 (1992) 95, 100; *Harsch* WuM 1989, 162, 163; *U Schumacher* WuM 2004, 311, 313.
59 LG Waldshut-Tiengen WuM 1989, 175; *Franke* ZMR 1999, 83, 89; *Harsch* WuM 1989, 162, 164; *U Schumacher* WuM 2004, 311, 315.
60 So in der Tat BGH NJW 2007, 2177 Tz 14 = NZM 2007, 439 = WuM 2007, 319, 320.

Volker Emmerich

II. Nachhaltige Störung des Hausfriedens

11   **1. Überblick.** Nach § 569 Abs 2 (= § 544a aF) kann ein wichtiger Grund im Sinne des § 543 Abs 1 ferner vorliegen, wenn eine Vertragspartei – das kann gleichermaßen der Mieter wie der Vermieter sein – den Hausfrieden nachhaltig stört, so dass dem Kündigenden unter Berücksichtigung aller Umstände des Einzelfalls, insbesondere eines Verschuldens der (dh beider) Vertragsparteien und unter Abwägung der beiderseitigen Interessen die Fortsetzung des Mietverhältnisses bis zum Ablauf der Kündigungsfrist oder bis zur sonstigen Beendigung des Mietverhältnisses nicht zugemutet werden kann. § 559 Abs 2 wiederholt insoweit § 543 Abs 1 S 2, wodurch klargestellt werden sollte, dass die **nachhaltige Störung des Hausfriedens** *allein* als Kündigungsgrund *nicht* ausreicht, vielmehr *zusätzlich* immer auch die Voraussetzungen des § 543 Abs 1 S 2 **(Unzumutbarkeit der Fortsetzung)** erfüllt sein müssen.[61] Der **Anwendungsbereich** des § 569 Abs 2 beschränkt sich auf die Wohnraummiete sowie die sonstige Raummiete im Gegensatz zur reinen Grundstücksmiete und der Fahrnismiete (§ 578 Abs 2 S 1).

12   Eine Partei, die wegen einer schuldhaften Störung des Hausfriedens durch die andere Partei den Mietvertrag nach § 569 Abs 2 fristlos kündigt, kann von der anderen **Schadensersatz** verlangen, und zwar auch für die Schäden, die erst durch die Kündigung entstehen (§§ 280 Abs 1, 249, 252, 314 Abs 4).[62] Der fristlos kündigende **Mieter** kann daher zB Ersatz der Umzugskosten und der Kosten für die Einrichtung der Ersatzräume sowie Ersatz einer etwaigen Mietdifferenz verlangen, wenn er jetzt eine höhere Miete als bisher bezahlen muss.[63] **Aufwendungsersatz** nach § 284 erhält der Mieter dagegen nur unter den zusätzlichen Voraussetzungen des § 282, die freilich hier in aller Regel erfüllt sein dürften.

13   **2. Begriff.** Voraussetzung des Kündigungsrechts nach § 569 Abs 2 in Verb mit § 543 Abs 1 ist eine **nachhaltige Störung des Hausfriedens**, die gerade zur Folge hat, dass dem Kündigenden die Fortsetzung des Mietverhältnisses nicht mehr zuzumuten ist. Mit dem **Hausfrieden** meint das Gesetz die **Erfordernisse gegenseitiger Rücksichtnahme**, die das Zusammenleben mehrerer Personen in einem Haus überhaupt erst erträglich machen.[64] Eine **Störung** des Hausfriedens liegt maW vor, wenn eine Mietpartei diese selbstverständlichen Gebote gegenseitiger Rücksichtnahme „nachhaltig" verletzt. Es muss sich dabei um **besonders schwerwiegende Vertragsverletzungen** handeln, wie der Vergleich mit § 573 Abs 2 Nr 1 sowie die Bezugnahme auf § 543 Abs 1 in § 569 Abs 2 zeigen, so dass geringfügige Störungen grundsätzlich nicht für die Anwendung des § 569 Abs 2 ausreichen (s im einzelnen Rn 14). Die Grenzziehung im Einzelnen richtet sich nach § 242 und § 241 Abs 2. Ein deutliches **Indiz** für eine schwerwiegende Störung des Hausfriedens ist ein **Minderungsrecht anderer Mieter**. Daraus folgt außerdem, dass kein Raum für die Anwendung des § 569 Abs 2 ist, wenn die anderen Beteiligten mit der „Störung" im Einzelfall oder generell **einverstanden** sind, zB mit den unvermeidlichen Störungen aus Anlass einer im Voraus angekündigten, großen Familienfeier. Ein Verhalten des Mieters, das **nicht** über die eigenen gemieteten Räumlichkeiten **hinausdringt**, stellt gleichfalls keine Störung des Hausfriedens, dh der Regeln des Zusammenlebens gerade *mit anderen* im selben Haus, dar. § 569 Abs 2 gibt dem Vermieter kein Recht zur Kontrolle des Verhal-

---

61 Rechtsauschuß BT-Drucks 14/5663 S 81 f.
62 BGH LM Nr 70 zu § 535 BGB = ZMR 1979, 351.
63 BGH LM Nr 4 zu § 554a BGB = ZMR 1974, 375; LM Nr 55 zu § 249 (Ha) BGB = NJW 2000, 2342, 2343f.
64 KG ZMR 2004, 261, 262; LG Lüneburg WuM 2005, 586; LG München I NZM 2013, 25 f; LG Berlin WuM 2003, 208, 209; *Kraemer* WuM 2001, 163, 170f.

tens des Mieters „in seinen vier Wänden".[65] Unbedenklich sind danach zB das Aufhängen von Bildern des Teufels, Hitlers oder Stalins in der Wohnung,[66] der übermäßige Alkoholgenuss des Mieters in der Wohnung[67] sowie die Überfüllung der Wohnung mit Abfall, selbst wenn davon schlechte Gerüche ausgehen,[68] solange davon der Mietsache oder Mitmietern keine Schäden drohen.[69]

Die Störung muss nach § 569 Abs 2 außerdem **„nachhaltig"** sein, wenn sie eine 14 Kündigung rechtfertigen soll. Gemeint ist damit in erster Linie, dass die Störung **schwer wiegend und andauernd** sein muss, so dass bloße **geringfügige** Störungen ebenso wenig wie kurze und **einmalige Störungen** zur Rechtfertigung einer fristlosen Kündigung ausreichen, vorausgesetzt freilich, dass keine Wiederholung droht.[70] Unter der Voraussetzung einer drohenden Wiederholung der Störung reicht dagegen ebenso wie im Falle besonderer Schwere des Verstoßes (ausnahmsweise) auch ein *einmaliger Vorgang* als Kündigungsgrund aus.[71]

§ 569 Abs 2 setzt nicht voraus, dass die Mietvertragsparteien **im selben Haus** wohnen. 15 Auch der **Vermieter**, der an einer anderen Stelle lebt, kann den Hausfrieden nachhaltig stören, indem er zB Reparaturen zur Unzeit durchführen lässt und dadurch die Ruhe der Mieter ohne Not erheblich beeinträchtigt.[72] Geht die Störung **von mehreren Mietern** aus wie zB bei lautstarken Streitigkeiten, so darf der Vermieter im Rahmen des § 569 Abs 2 nicht willkürlich einen Mieter herausgreifen und nur ihm kündigen; er muss vielmehr die Mieter bei der Anwendung des § 569 Abs 2 nach Möglichkeit gleich behandeln. In erster Linie ist folglich demjenigen Mieter zu kündigen, den die **Hauptverantwortung** an der Störung trifft.[73]

Nach § 569 Abs 2 ist bei der stets erforderlichen Abwägung der beiderseitigen Inte- 16 ressen „insbesondere" das **beiderseitige Verschulden** der Parteien zu berücksichtigen. Daraus folgt, dass eine fristlose Kündigung nach § 569 Abs 2 grundsätzlich nur in Betracht kommt, wenn der Kündigungsgegner die **Störung** im Sinne der §§ 276 bis 278 **zu vertreten** hat. In besonders gelagerten Ausnahmefällen, gekennzeichnet durch eine ungewöhnliche Schwere der Störung des Hausfriedens, ist jedoch eine fristlose Kündigung auch gegenüber **schuldunfähigen**, insbesondere geisteskranken **Personen** möglich.[74] Die unleugbaren Probleme, die mit der Unterbringung geisteskranker Menschen unvermeidlich verbunden sind, dürfen nicht einseitig auf den Vermieter oder die Mitmieter abgewälzt werden.

Für die Zurechnung des Verhaltens von Erfüllungsgehilfen gilt **§ 278**. Soweit es um die 17 Erhaltung des Hausfriedens geht, kommen jedoch als **Erfüllungsgehilfen des Mieters** nur solche Personen in Betracht, die zur Hausgemeinschaft gehören oder doch in besonders enger Beziehung zu ihr stehen. Erfüllungsgehilfen des Mieters von Wohnraum sind danach lediglich solche Personen, die nicht nur vorübergehend in die Wohnung aufge-

---

65 AG München ZMR 2009, 378, 379.
66 AG München ZMR 2009, 378, 379.
67 *Klimesch* ZMR 2009, 379.
68 AG München NZM 2003, 475.
69 *Klimesch* ZMR 2009, 379.
70 KG ZMR 2004, 261, 262; LG Lüneburg WuM 2005, 586, 587; LG München I NZM 2013, 25, 26; *Kraemer* WuM 2001, 163, 171; ebenso schon zu § 544a aF BGH LM Nr 4 zu § 554a BGB = ZMR 1974, 375, 377; LG Mannheim WuM 1974, 175f.
71 LG München I NZM 2013, 25.
72 *Palandt/Weidenkaff* § 569 Rn 13.
73 Vgl LG Duisburg WuM 1975, 209; AG Köln WuM 1994, 207f.
74 Ausschussbericht BT-Drucks 14/5663, S 82; LG Heidelberg NZM 2011, 692 f; *Kraemer* WuM 2001, 163, 171; str.

Volker Emmerich

nommen sind, in erster Linie also die Angehörigen des Mieters, der Ehegatte auch während eines Scheidungsverfahrens,[75] weiter zB die erwachsenen Söhne des Mieters[76] sowie Hausangestellte und der Untermieter (§ 540 Abs 3).[77] Bei der sonstigen Raummiete sind Erfüllungsgehilfen des Mieters dagegen vor allem seine in den Räumen tätigen Arbeitnehmer, während **Erfüllungsgehilfen des Vermieters** in erster Linie sein Hausverwalter und die von ihm beauftragten Handwerker sind.

3. Beispiele

18   **a) Belästigungen.** Die wichtigsten Fallgruppen, in denen nach den bisherigen Erfahrungen eine Anwendung des § 569 Abs 2 in Betracht kommt, sind (neben schwerwiegenden Verletzungen der Hausordnung in Mehrfamilienhäusern) ins Gewicht fallende Belästigungen des anderen Vertragsteils und Treuepflichtverletzungen (dazu u Rn 21). Bei den Belästigungen des anderen Vertragsteils ist vor allem an Beleidigungen und Verleumdungen des anderen Vertragsteils sowie daneben insbesondere noch an Tätlichkeiten gegen den anderen Vertragsteil oder gegen Mitmieter (Rn 19) sowie an die Verursachung übermäßigen Lärms zu denken (Rn 20). Der Hausfrieden wird in der Tat nachhaltig gestört wird, wenn der eine Teil den anderen sowie die diesem nahe stehenden Personen einschließlich der Mitarbeiter und Geschäftspartner in schwer wiegender und nicht zu entschuldigender Weise **beleidigt oder verleumdet**, vor allem, wenn dies wiederholt geschieht.[78] Einmalige Beleidigungen, Ausrutscher und selbst scharfe Bemerkungen im Rahmen einer beiderseits erregt geführten Auseinandersetzung genügen dagegen grundsätzlich nicht für eine fristlose Kündigung. Dasselbe gilt, wenn der andere Teil die fraglichen Bemerkungen geradezu provoziert hat.[79]

19   Schwerer noch als Beleidigungen (o Rn 18) wiegen meistens **Tätlichkeiten** gegen den anderen Vertragsteil oder gegen Mitmieter. Tätlichkeiten gegen den anderen **Vertragsteil** rechtfertigen daher in aller Regel eine fristlose Kündigung nach § 569 Abs 2, außer wenn es sich um vergleichsweise harmlose, einmalige Vorfälle handelt, deren Wiederholung nicht zu befürchten steht.[80] Gleich stehen Tätlichkeiten gegen **Mitmieter**, die zur Folge haben, dass die Polizei eingreifen muss,[81] gegen Mitarbeiter des Mieters,[82] gegen den Hausverwalter[83] oder unerwünschte Besucher. Ausreichend ist ferner grundsätzlich die **Drohung** mit Gewaltanwendung,[84] außer wenn die Drohung offenkundig nicht ernst gemeint ist.[85] Der Vermieter kann daher zB fristlos kündigen, wenn er oder der Hausverwalter vom Mieter mit einer Pistole, mit einem Messer, mit Geiselnahme oder mit Brandstiftung bedroht wird,[86] und zwar selbst dann, wenn der Täter geisteskrank ist (Rn 16).

---

75 AG Helmstedt WuM 1989, 569.
76 LG Köln ZMR 1977, 332, 333.
77 LG Bamberg WuM 1974, 197, 199.
78 OLG München ZMR 1996, 557, 558; AG/LG Stuttgart WuM 1997, 492; AG Borken WuM 2000, 189; *Bierbaum/Stöckel* GE 1999, 1162.
79 LG Berlin GE 1990, 357; LG Münster WuM 1991, 688; LG Aachen WuM 2002, 427; AG Köln WuM 2006, 522; AG Tempelhof-Kreuzberg GE 2010, 697.
80 LG Berlin GE 2001, 1673; 2008, 1052.
81 LG Hamburg NJW-RR 2006, 296 = WuM 2005, 768 = NZM 2006, 377.
82 LG Berlin GE 2008, 871.
83 LG Köln WuM 1981, 233; LG Berlin GE 2000, 539; **aM** zB LG Bonn WuM 1994, 73f; enger auch LG Hamburg ZMR 2009, 450.
84 LG Berlin GE 1991, 933.
85 LG Berlin GE 2000, 541, 542.
86 LG Mannheim DWW 1976, 237 = ZMR 1977, 80; LG München I NZM 2013, 25 f; AG Köln WuM 2000, 356.

Volker Emmerich

Schwer wiegende und anhaltende Belästigungen des anderen Teils durch **Lärm** 20
können gleichfalls unter § 569 Abs 2 fallen. Beispiele sind die wiederholte Störung der Mitmieter zur Nachtzeit durch grundlose Lärmentwicklung[87] sowie die Störung des Vermieters
durch den vom Mieter verbotenerweise gehaltenen Hund.[88] **Weitere** hierher gehörende
Beispiele sind die Verursachung eines unerträglichen **Gestanks** in der Wohnung durch
die Vermüllung der Wohnung[89] oder durch die Haltung einer Vielzahl von Tieren[90] sowie
wiederholte schwere Wasserschäden in einer Wohnung.[91]

b) Treuepflichtverletzung. Der Hausfrieden kann außerdem dadurch gestört werden, 21
dass eine Partei schwerwiegend **gegen** ihre **Leistungstreuepflicht verstößt** und dadurch
das Zusammenleben der Parteien in einem Haus erheblich erschwert (s § 241 Abs 2). Die
wichtigste Erscheinungsform ist die grundlose **Erfüllungsverweigerung** einer Partei,[92] zB
die Weigerung des Vermieters, seine Pflicht zur Mängelbeseitigung zu erfüllen.[93] Ebenso
zu behandeln sind **Täuschungsversuche** einer Partei, insbesondere, wenn zugleich die
Voraussetzungen des § 123 erfüllt sind,[94] zB die mehrfache Übervorteilung des Mieters
durch den Vermieter bei den Betriebskosten.[95] Eine Treuepflichtverletzung stellen außerdem **grundlose Strafanzeigen** gegen den anderen Teil wegen erheblicher Delikte dar.[96]

4. Kündigung. Die Kündigung setzt nach **§ 543 Abs 3** grundsätzlich eine vorherige 22
Fristsetzung oder Abmahnung voraus,[97] sofern nicht im Einzelfall einer der Ausnahmetatbestände des § 543 Abs 3 S 2 eingreift.[98] Für die **Form** und die **Begründung** der Kündigung sind die §§ 568 Abs 1 und 569 Abs 4 zu beachten (s u Rn 35ff). Eine besondere **Frist**
ist für die Ausübung des Kündigungsrechts nicht vorgeschrieben, so dass die Kündigung
nicht etwa sofort nach der Störung des Hausfriedens ausgesprochen werden muss. Die
Kündigung darf auf der anderen Seite aber auch **nicht unangemessen verzögert** werden
(s § 314 Abs 3), da andernfalls bereits aus dem eigenen Verhalten des Kündigungsberechtigten folgt, dass ihm die Fortsetzung des Vertrages trotz der Vertragsverletzung zuzumuten ist. Jedenfalls drei bis vier Monate nach der Vertragsverletzung ist die Kündigung
deshalb in der Regel verspätet, das Kündigungsrecht daher **verwirkt**.[99]

---

87 AG Köln WuM 1977, 29; AG Ebersberg WuM 1980, 235.
88 AG Potsdam NZM 2002, 735.
89 AG Münster/W WuM 2012, 372.
90 LG Berlin NJW-RR 1997, 395; AG Neustadt a. RbG WuM 1998, 666 = NZM 1999, 308, 309.
91 AG Görlitz WuM 1994, 668.
92 BGH LM Nr 70 zu § 535 BGB = ZMR 1979, 351; OLG Köln NJW-RR 1987, 593, 594.
93 OLG Frankfurt WuM 1980, 133; AG Duisburg WuM 1980, 131.
94 OLG Hamburg ZMR 1997, 352 = WuM 1997, 216; LG Nürnberg-Fürth NZM 2000, 384; *Emmerich* PiG Bd 55
(1998) 39, 52f = NZM 1998, 692.
95 LG Gießen WuM 1996, 767f.
96 BVerfG WuM 2002, 22, 23 = NZM 2002, 61; LG Frankfurt NJW-RR 1994, 143; AG/LG Bonn WuM 1998, 486,
488; LG Wiesbaden WuM 1995, 707f.
97 LG Berlin WuM 2003, 208, 209.
98 LG Berlin GE 2008, 1052.
99 BGH LM Nr 42 zu § 242 (Cd) BGB = NJW-RR 1988, 77; WM 1983, 660, 661 (6 Monate); OLG München ZMR
1996, 487, 490; GE 2001, 768; OLG Köln ZMR 2000, 459, 461; LG Berlin WuM 2003, 208, 210; s im Übrigen o
Rn 9f.

Volker Emmerich

III. Kautionsverzug[100]

22a **1. Überblick.** Durch das Mietrechtsänderungsgesetz von 2013 ist in § 569 ein neuer Abs 2a eingefügt worden, der das außerordentliche Kündigungsrecht des Vermieters bei Verzug des Mieters mit der Leistung einer Sicherheit iS des § 551 regelt. Nach S 1 der Vorschrift liegt ein wichtiger Grund im Sinne des § 543 Abs 1 vor, wenn der Mieter mit einer Sicherheitsleistung nach § 551 in Höhe eines Betrages in Verzug ist, der der zweifachen Monatsmiete entspricht, wobei nach § 569 Abs 2a S 2 die als Pauschale oder als Vorauszahlungen ausgewiesenen Betriebskosten bei der Berechnung der Monatsmiete nicht zu berücksichtigen sind (s Rn 22c f). S 3 der Vorschrift fügt hinzu, dass es für die Kündigung weder einer Abhilfefrist noch einer Abmahnung nach § 543 Abs 3 S 1 bedarf. Jedoch finden zum Schutze des Mieters nach § 569 Abs 2a S 4 das Nachholrecht des § 569 Abs 3 Nr 2 sowie der Kündigungsausschluss des § 543 Abs 2 S 2 bei Befriedigung des Vermieters vor Zugang der Kündigung bei dem Mieter entsprechender Anwendung (Rn 22f). Durch diese Regelung des Kündigungsrechts des Vermieters bei Verzug des Mieters mit der Sicherheitsleistung sollte die zuvor hinsichtlich des Kündigungsrechts des Vermieters bestehende Rechtsunsicherheit beseitigt werden (s § 543 Rn 44); zugleich sollte dem Vermieter eine bessere Handhabe als bisher gegen Mieter verliehen werden, die sich bereits bei Mietbeginn ihren vertraglichen Zahlungspflichten entziehen.[101] Während der Gesetzesberatungen ist der Entwurf vor allem wegen des Verzichts auf eine vorherige Abmahnung seitens des Vermieters kritisiert worden.[102] Jedoch hat die Bundesregierung an der Vorschrift festgehalten.

22b **2. Anwendungsbereich.** Der Anwendungsbereich des § 569 Abs 2a beschränkt sich auf **Wohnraummietverhältnisse** (s § 578 Abs 2 S 1). Die Vorschrift erfasst außerdem auch nur den Fall, dass der Mieter gerade mit einer Sicherheitsleistung iS des § 551 in Höhe eines Betrages in Verzug ist, der der zweifachen Monatsmiete entspricht, wobei als Pauschale oder als Vorauszahlungen ausgewiesenen Betriebskosten bei der Berechnung der Monatsmiete nicht zu berücksichtigen sind (§ 569 Abs 2 S 1 und 2), so dass auf die **Nettomiete oder** die **Teilinklusivmiete** – je nach der Vereinbarung der Parteien – abzustellen ist. Diese Regelung knüpft offenkundig an die Vorschrift des § 551 Abs 2 idF von 2013 an, die freilich allein für die Barkaution gilt, nicht dagegen für sonstige Sicherheitsleistungen wie etwa die Bürgschaft eines Dritten. Daraus wird überwiegend der Schluss gezogen, dass sich der Anwendungsbereich des § 569 Abs 2a ebenfalls auf **Barkautionen** (einschließlich der Verpfändung oder der Abtretung von Forderungen aus Sparguthaben) beschränkt, während es bei Verzug des Mieters mit einer anderen Sicherheitsleistung wie zB mit der Beibringung einer Bürgschaft Dritter bei der schon immer gegebenen Anwendbarkeit der Generalklausel des § 543 Abs 1 verbleibt.[103]

22c **3. Voraussetzungen.** Das besondere Kündigungsrecht des Vermieters aufgrund des § 569 Abs 2a setzt vor allem voraus, dass der Mieter mit der Leistung einer Barkaution in Höhe eines Betrages in **Verzug** ist, der der zweifachen Netto- oder Teilinklusivmiete entspricht (s Rn 22b). Die **Voraussetzungen** des Verzugs ergeben sich aus § 286. Voraussetzungen des Verzugs sind danach grundsätzlich die Fälligkeit der Leistung, eine Mahnung des Gläubigers und das Vertretenmüssen des Schuldners, auf das es jedoch bei Geldschul-

---

100 S dazu die Begr zum RegE, BT-Drucks 17/10485, 25 f; *Häublein*, in: 10 Jahre Mietrechtsreformgesetz (2011) 461; *Hinz* NZM 2012, 777; *Horst* DWW 2012, 162; *Jost Emmerich* WuM 2013, 323; *Wiek* WuM 2013, 195
101 Begr zum RegE, BT-Drucks 17/10485, 25 (r Sp u).
102 BRat, Stellungnahme (vorige Fn) 41 (l Sp 2. Abs); s dazu *Hinz* NZM 2012, 777, 788 f.
103 *J. Emmerich* WuM 2013, 323, 325; *Wiek* WuM 2013, 195, 198.

den nicht ankommt (§ 286 Abs 1 S 1 und Abs 4). Außerdem ist unter den Voraussetzungen des § 286 Abs 2 auch eine Mahnung entbehrlich (s dazu schon o § 543 Rn 34 f). Die **Fälligkeit** der einzelnen Teilzahlungen der Barkaution richtet sich nach § 551 Abs 2 S 2 und 3 (s dazu o § 551 Rn 8 ff), so dass eine zusätzliche Mahnung tatsächlich grundsätzlich entbehrlich ist (§ 286 Abs 2). Eindeutig ist das jedenfalls, wenn die Fälligkeit der Mietraten im Mietvertrag geregelt ist, während man bei Fehlen solcher Regelung hinsichtlich der ersten bei Übergabe der Wohnung zu zahlenden Rate zweifeln kann;[104] indessen erscheint dies mit Rücksicht auf die kalendermäßige Bestimmung der 2. Rate formalistisch.[105]

Im Ergebnis setzt somit das Kündigungsrecht des Vermieters nach § 569 Abs 2a lediglich voraus, dass bei Fälligkeit der zweiten Mietrate nach § 556b Abs 1 der Rückstand der Barkaution zwei Netto- oder Teilinklusivmieten beträgt (§§ 551 Abs 2 S 3, 569 Abs 2a S 1 und 2). Ist der **Rückstand geringer**, so entsteht das Kündigungsrecht des Vermieters erst später, nämlich dann, wenn der Rückstand bei Fälligkeit einer Mietrate mindestens 2 Netto- oder Teilinklusivmieten beträgt.[106] Wenn die vereinbarte Höhe der Barkaution ohnehin niedriger als der Betrag von zwei Monatsmieten ist, hat der Vermieter überhaupt kein Kündigungsrecht bei Zahlungsverzug des Mieters nach § 569 Abs 2a,[107] wohl aber möglicherweise nach anderen Vorschriften (s Rn 22h).   **22d**

Nach überwiegender Meinung kann der Vermieter auch während des Bestandes des Mietverhältnisses wegen offener Forderungen gegen den Mieter im Wege der Aufrechnung auf die Kaution zugreifen und anschließend von dem Mieter **Wiederauffüllung** der Kaution verlangen (s § 551 Rn 24). Kommt der Mieter daraufhin mit der Zahlung eines Betrages in **Verzug**, der zwei Monatsmieten entspricht, so kann der Vermieter an sich nach § 569 Abs 2a S 1 kündigen. Nach den Vorstellungen der Gesetzesverfasser soll indessen § 569 Abs 2a auf den fraglichen Fall keine Anwendung finden.[108] Obwohl diese Auffassung im Gesetzestext keinen Ausdruck gefunden hat, wird sie doch im Schrifttum mit Rücksicht auf den Zweck der Regelung (Rn. 22a) gebilligt.[109]   **22e**

Die Kündigung setzt **keine Abmahnung oder Fristsetzung** voraus (§ 569 Abs 2 S 3, Rn 22a), muss aber nach § 569 Abs 4 begründet werden. Für die **Begründung** reicht es aus, dass in dem Kündigungsschreiben (§ 568 Abs 1) der Kautionsverzug als Kündigungsgrund genannt und der Rückstand beziffert wird (Rn 35 ff). Für die **Kündigungsfrist** gilt § 314 Abs 3 (§ 543 Rn 61, str).   **22f**

4. Ausnahmen. Die Kündigung des Vermieters wegen Kautionsverzugs des Mieters ist gemäß § 569 Abs 2a S 4 in zwei Fällen **ausgeschlossen**, einmal gemäß § 543 Abs 2 S 2, wenn der Vermieter „**vorher**", dh noch vor Zugang der Kündigung des Vermieters bei dem Mieter, wegen des Rückstandes auf die Sicherheitsleistung **befriedigt** wird; erforderlich ist hier die vollständige Befriedigung des Vermieters hinsichtlich *aller* Rückstände, auch auf die Miete, durch Zahlung, durch Aufrechnung oder durch Leistung an Erfüllung Statt (s § 543 Rn 40). Die Kündigung wird ferner *nachträglich* unwirksam, wenn der Mieter oder eine öffentliche Stelle von dem **Nachholrecht** des § 569 Abs 3 Nr 2 in Bezug auf die rückständige Kaution Gebrauch macht, indem der rückständige Betrag bis zum Ablauf von zwei Monaten nach Rechtshängigkeit des Räumungsanspruchs noch bezahlt wird   **22g**

---

104 So *Wiek* WuM 2013, 195, 197.
105 Ebenso offenbar *Hinz* NZM 2012, 777, 788.
106 *J Emmerich* WuM 2013, 323.
107 *J Emmerich* WuM 2013, 323; *Wiek* WuM 2013, 195, 198.
108 Begr aaO 25 (r Sp u).
109 *Wiek* WuM 2013, 195, 199.

Volker Emmerich

(s u Rn 35 ff). Die Kündigung kann schließlich ebenso wie sonst unter zusätzlichen Voraussetzungen noch gegen Treu und Glauben verstoßen, zB wenn der Vermieter den Mieter zunächst selbst durch die Forderung einer *überhöhten* Kaution von der Zahlung abgehalten hatte (§ 242, s § 543 Rn 39 f).

22h **5. Konkurrenzen.** Nach dem Willen der Gesetzesverfasser soll § 569 Abs 2a eine „abschließende" Regelung der Kündigung des Vermieters aus wichtigem Grund wegen Kautionsverzugs enthalten.[110] Daraus wird vorbereitet der Schluss gezogen, dass die genannte Vorschrift für ihren Anwendungsbereich die Generalklausel des § 543 Abs 1 verdrängt.[111] Möglich bleibt jedoch ebenso wie in vergleichbaren Fällen immer noch eine **ordentliche Kündigung** nach § 573 Abs 2 Nr 1.[112] Unberührt bleiben außerdem Schadensersatzansprüche des Vermieters wegen des Zahlungsverzugs des Mieters (§§ 314 Abs 4, 280 Abs 2 und 286, s § 543 Rn 27 f).

IV. Zahlungsverzug

23 § 569 Abs 3 regelt drei Fragen, die speziell **bei der Wohnraummiete** (§ 549 Abs 1 bis 3) mit der Kündigung des Vermieters wegen Zahlungsverzugs des Mieters nach § 543 Abs 2 Nr 3 zusammenhängen (s o § 543 Rn 26ff). Auf die sonstige Raummiete findet diese Regelung als ausgesprochene **Mieterschutzvorschrift** keine, auch keine entsprechende Anwendung (s § 578 Abs 2). Nach **§ 543 Abs 2 Nr 3 lit a** kann der Vermieter wegen eines Zahlungsverzugs des Mieters fristlos kündigen, wenn der Mieter für zwei aufeinander folgende Termine mit der Entrichtung der Miete oder eines nicht unerheblichen Teils der Miete in Verzug ist (s o § 543 Rn 29f). Ergänzend hierzu bestimmt § 569 Abs 3 Nr 1 S 1, dass der **rückständige Teil** der Miete bei der Wohnraummiete nur dann als **nicht unerheblich** anzusehen ist, **wenn** er die **Miete für einen Monat übersteigt**.

24 Entscheidend ist die *Gesamthöhe* der Rückstände, nicht deren Höhe bezogen auf die einzelnen Termine (s o § 543 Rn 33). Bei der Berechnung der Höhe der Rückstände ist von der **Höhe** der Miete **bei Zugang** der Kündigung auszugehen, und zwar einschließlich etwaiger Vorauszahlungen auf die Betriebskosten oder Betriebskostenpauschalen.[113] § 569 Abs 3 Nr 1 ist **zwingend** (§ 569 Abs 5 S 1). An seiner Maßgeblichkeit ändert es daher auch nichts, wenn die Parteien eine andere als eine monatliche Mietzahlung vereinbart haben.[114] **Keine Anwendung** findet diese Regelung nach S 2 des § 569 Abs 3 Nr 2 lediglich dann, wenn der Wohnraum **nur zum vorübergehendem Gebrauch** vermietet ist. Der Begriff ist hier derselbe wie in § 549 Abs 2 Nr 1 (wegen der Einzelheiten s deshalb o § 549 Rn 9 ff).

V. Nachholrecht des Mieters

25 **1. Anwendungsbereich.** Nach **§ 569 Abs 3 Nr 2 S 1** wird die Kündigung wegen Zahlungsverzugs (nur) bei der Wohnraummiete unwirksam, wenn der Vermieter spätestens **bis zum Ablauf einer Schonfrist von zwei Monaten nach** Eintritt der **Rechtshängigkeit** des Räumungsanspruchs hinsichtlich der fälligen Miete und der fälligen Entschädigung nach § 546a Abs 1 **befriedigt** wird *oder* eine öffentliche Stelle sich zur Befriedigung ver-

---

110 Begr aaO 25 (r Sp u).
111 *J Emmerich* WuM 2013, 323; *Hinz* NZM 2012, 777, 789; *Wiek* WuM 2013, 195, 199 f.
112 *Hinz* NZM 2012, 777, 789, str.
113 BVerfG WuM 1992, 668; LG Osnabrück WuM 1988, 268.
114 BVerfG/LG Wuppertal WuM 1992, 668.

pflichtet (s u Rn 29f). Durch diese Sonderregelung soll nach Möglichkeit eine Obdachlosigkeit von Wohnraummietern verhindert werden. Die Rechtsprechung beschränkt deshalb ihren Anwendungsbereich strikt auf den geregelten Fall, während eine **entsprechende Anwendung** in anderen Fällen **abgelehnt** wird. Das gilt gleichermaßen für die Kündigung des Vermieters nach **§ 543 Abs 1** wegen ständiger unpünktlicher Zahlungsweise (s o § 543 Rn 43f) wie für die ordentliche Kündigung nach **§ 573 Abs 2 Nr 1** wegen schuldhafter Vertragsverletzung durch unregelmäßige oder unpünktliche Zahlung.[115] Die Folge ist, dass § 569 Abs 3 Nr 2 in der Praxis weithin seine Bedeutung verloren hat, da heute eine Kündigung wegen Zahlungsverzugs des Mieters (§ 543 Abs 2 Nr 3) in der Regel hilfsweise zugleich auf § 573 Abs 2 Nr 1 gestützt wird, – womit dem Nachholrecht des Mieters der Boden entzogen wird. Deshalb trifft die geschilderte Praxis des BGH nach wie vor auf **Kritik**.[116] Eine Übertragung der Schonfrist auf die gewerbliche Miete ist ebenfalls nicht möglich.[117]

2. Dauer. Die **Schonfrist endet** nach § 569 Abs 3 Nr 2 S 1 „spätestens" zwei Monaten **26** nach Eintritt der Rechtshängigkeit des Räumungsanspruchs des Vermieters durch Zustellung einer ordnungsgemäßen Räumungsklage (§ 253 ZPO). Über den **Beginn** der Schonfrist ist damit nichts gesagt. Er fällt folglich (mangels abweichender Regelung in § 569 Abs 3 Nr 2) mit dem Wirksamwerden der Kündigung durch deren **Zugang** beim Mieter zusammen, so dass die Schonfrist, wenn zwischen dem Zugang der Kündigung bei dem Mieter und der Zustellung der Klage längere Zeit vergeht, durchaus auch erheblich **länger als zwei Monate** dauern kann. Bei einer Mehrheit von Mietern kommt es auf die Zustellung der Klage an den letzten Mieter an.[118] Die **Berechnung** der Frist richtet sich nach den §§ 187, 188 und 193. Sie wird von den genannten Endzeitpunkt ab rückwärts gerechnet. Die Schonfrist des § 569 Abs 3 Nr 3 kommt dem Mieter nach dem Gesagten auch zugute, wenn er (oder eine öffentliche Stelle) den Vermieter bereits in der **vorausgehenden Zeitspanne** zwischen **Kündigung und Rechtshängigkeit** des Räumungsanspruchs befriedigt.[119] Die Folge ist freilich, dass durch eine Befriedigung des Gläubigers in dieser Zeitspanne gleichfalls die einmalige Heilungsmöglichkeit binnen zweier Jahre nach § 569 Abs 3 Nr 2 S 2 verbraucht wird.[120]

3. Voraussetzungen. Die Unwirksamkeit der Kündigung aufgrund einer rechtzeitigen **27** Befriedigung des Vermieters setzt voraus, dass er binnen der Schonfrist (o Rn 26) **(nur) hinsichtlich aller** bis zum Augenblick der Befriedigung aufgelaufenen **Rückstände an Miete und an Nutzungsentschädigung** nach § 546a Abs 1 **befriedigt** wird.[121] Die Heilung tritt nicht ein, wenn noch Rückstände übrig bleiben, mögen sie auch für sich genommen noch so geringfügig sein.[122] Für die **Rechtzeitigkeit** der Zahlung des Mieters genügte

---

115 S u § 573 Rn 19ff; BGH NZM 2005, 334 = WuM 2005, 250; NJW 2010, 3020 Tz 24 = WuM 2010, 571; NJW 2013, 159 Tz 28 = NZM 2013, 20 = WuM 2012, 682; *Schuschke*, in: 10 Jahre Mietrechtsreformgesetz (2011) 735, 736, 739; *Wetekamp*, in: FS Blank (2006) 459, 469, 472.

116 LG Berlin GE 2004, 237; *Blank/Börstinghaus* § 569 Rn 61; *Blank* WuM 2005, 252; 2008, 91; ders, in: 10 Jahre Mietrechtsreformgesetz (2011) 257, 263 f; *Häublein* ZMR 2005, 1, 7f,.

117 BGH LM Nr 42 zu § 242 (Cd) BGB = NJW-RR 1988, 77; OLG Stuttgart NJW-RR 1991, 1487 = WuM 1991, 526 = ZMR 1991, 429; OLG Karlsruhe NJW-RR 1993, 79 = ZMR 1992, 488.

118 AG Hamburg WuM 1985, 263f.

119 Begr zum RegE BT-Drucks 14/4553, S 64 (r Sp o).

120 Rn 31; KG WuM 1984, 93; LG Detmold WuM 2006, 527; AG Dortmund WuM 2003, 273, 274 = ZMR 2003, 579.

121 BGH NJW-RR 2005, 217 = WuM 2004, 547, 549; *Schuschke*, in: 10 Jahre Mietrechtsreformgesetz (2011) 735, 736 f.

122 BGH (vorige Fn); ZMR 1971, 27, 28; LG Hamburg WuM 2001, 80; *Schuschke*, in: 10 Jahre Mietrechtsreformgesetz (2011) 735, 736 f.

Volker Emmerich

nach bisher hM die Vornahme der Leistungshandlung innerhalb der Frist.[123] Daran kann mit Rücksicht auf die Rechtsprechung des EuGH nicht festgehalten werden (§ 543 Rn 34). Ausreichend ist grundsätzlich auch eine Zahlung des Mieters unter **Vorbehalt**, jedenfalls, wenn es sich nur um einen so genannten einfachen Vorbehalt handelt, durch den der Mieter lediglich die Anwendung des § 814 auf seine Zahlung ausschließen will.[124] Die Befriedigung des Vermieters ist ferner durch **Aufrechnung** des Mieters mit beliebigen Gegenforderungen des Mieters möglich.[125]

27a **Sonstige Ansprüche** des Vermieters, zB auf Schadensersatz, auf Nachzahlung von Betriebskosten oder auf Erstattung der Prozesskosten aus dem vorausgegangenen Räumungsprozess (§ 91 ZPO) bleiben außer Betracht;[126] ihretwegen kann der Vermieter die Zahlung allein der Miete ebenso wenig wie die Zahlung der Miete in einzelnen Raten als unzulässige Teilleistungen zurückweisen; **§ 266** findet insoweit **keine Anwendung**.[127] Weist der Vermieter die Teilzahlung des Mieters nach § 367 Abs 2 zurück, so ändert dies nichts an der Anwendbarkeit des § 569 Abs 3 Nr 2 S 1 (§§ 162 Abs 2, 242).[128]

28 **4. Rechtsfolgen.** Die rechtzeitige Befriedigung des Gläubigers während der Schonfrist hat nach § 569 Abs 3 Nr 2 S 1 zur **Folge**, dass die zunächst wirksame **Kündigung wieder unwirksam** wird; das Mietverhältnis lebt mit andern Worten kraft Gesetzes wieder auf, und zwar wohl *rückwirkend*.[129] § 569 Abs 3 Nr 2 S 1 enthält mit anderen Worten eine gesetzliche **Fiktion**, die zur Folge hat, dass das Mietverhältnis als **ununterbrochen** und unverändert **fortbestehend** gilt. Damit ist zugleich gesagt, dass der Vermieter auch weiterhin aufgrund des fortbestehenden Mietvertrages wegen des Zahlungsverzugs des Mieters Schadensersatz verlangen kann (§ 314 Abs 4).[130]

29 **5. Öffentliche Stelle.** Der Befriedigung des Vermieters durch den Mieter (o Rn 25f) steht es nach § 569 Abs 3 Nr 2 S 1 gleich, wenn sich eine **öffentliche Stelle während der Schonfrist** von zwei Monaten nach Rechtshängigkeit des Räumungsanspruchs zur Befriedigung des Vermieters hinsichtlich der fälligen Miete *und* Entschädigung (§ 546a Abs 1) **verpflichtet. Öffentliche Stellen** in diesem Sinne sind neben den Trägern der Sozialhilfe (nach § 96 BSHG die kreisfreien Städte und die Landkreise) und den Wohngeldbehörden alle juristischen Personen des öffentlichen Rechts, nicht dagegen – entgegen der wohl hM – (private) karitative Verbände.[131] Für die Anwendung des § 569 Abs 3 Nr 2 S 1 **genügt** die wirksame **Begründung der Zahlungsverpflichtung** einer der genannten öffentlichen Stellen gegenüber dem **Vermieter** binnen der Schonfrist, so dass der Vermieter **einen eigenen Anspruch** gegen die öffentliche Stelle erwirbt.[132] Die Verpflichtung braucht sich **nur** auf die **fällige Miete und** die fällige **Entschädigung** nach § 546a Abs 1 S 1 zu erstre-

123 LG Aachen WuM 1993, 348; LG Heidelberg WuM 1995, 485; *Blank/Börstinghaus* § 569 Rn 38.
124 BGH NJW 2007, 1269 Tz 19ff; WuM 2009, 57 Tz 5f; *Staudinger* Rn 42.
125 *Wetekamp*, in: FS Blank (2006) 459, 463.
126 BGH NJW 2010, 3020 Tz 20ff = WuM 2010, 571, 573; *Wetekamp*, in: FS Blank (2006) 459, 462.
127 *R Weber* ZMR 1992, 41, 42f; *Schmidt-Futterer/Blank* § 569 Rn 38.
128 LG Berlin MDR 1989, 357 Nr 52; *Schmidt-Futterer/Blank* (vorige Fn); *R Weber* ZMR 1992, 40, 47f; **aM** *N Schneider* MDR 1991, 591; *Palandt/Weidenkaff* § 569 Rn 19.
129 BGH LM Nr 1 zu § 31a MSchG = NJW 1960, 2093; NJW 2007, 1591 Tz 13 = ZMR 2007, 348; KG WuM 1984, 93; BayVerfGH NZM 2013, 267, 268.
130 *Schuschke*, in: 10 Jahre Mietrechtsreformgesetz (2011) 735, 738.
131 *Lammel* § 569 Rn 37; **aM** *Blank/Börstinghaus* § 569 Rn 41; *Wetekamp*, in: FS Blank (2006) 459, 463.
132 BayObLGZ 1994, 247 = NJW 1995, 338 = WuM 1994, 598; AG/LG Köln WuM 1997, 215; *Schuschke*, in: 10 Jahre Mietrechtsreformgesetz (2011) 735, 737 f.

cken, **nicht** dagegen auf andere Vermieterforderungen und insbesondere *nicht* auf die *zukünftige Miete*, wenn sie die Wirkungen des § 569 Abs 3 Nr 2 S 1 auslösen soll. Von den Übernahmeerklärungen der Sozialämter müssen daher sorgfältig vor allem die **Mietgarantien** nach den §§ 11 und 12 BSHG unterschieden werden, die sich auf die *laufenden* Mieten beziehen und öffentlich-rechtlich qualifiziert werden.[133]

In welcher **Form** die öffentliche Stelle die Verpflichtung gegenüber dem Vermieter 30 übernimmt, bleibt gleich. In Betracht kommen sowohl ein Vertrag zwischen der öffentlichen Stelle und dem Vermieter wie ein Vertrag zwischen der öffentlichen Stelle und dem Mieter zugunsten des Vermieters (§ 328). In der Praxis spricht man meistens von **Übernahmeerklärungen**, insbesondere der Sozialämter,[134] in der Regel auf der Grundlage des § 15a BSHG durch Schuldmitübernahme, Schuldbeitritt oder selbstschuldnerische Bürgschaft nach den §§ 329, 765 und 773 Abs 1 Nr 1 BGB.[135] Voraussetzung ist, dass die Übernahmeerklärung **klar und eindeutig** ist, **vorbehaltlos** abgegeben wird und die **gesamten Rückstände** (nur) an fälliger Miete und fälliger Entschädigung des Vermieters nach § 546a Abs 1 umfasst, wenn sie die Wirkungen des § 569 Abs 3 Nr 2 S 1 auslösen soll.[136] Erklärungen der öffentlichen Stelle **unter Vorbehalten** oder Bedingungen führen nicht zur Heilung der Kündigung nach § 569 Abs 3 Nr 2 S 1.[137] Fehler und Versehen des Sozialamtes bei der Ausstellung der Übernahmeerklärung gehen zu Lasten des Mieters, nicht des Vermieters.[138] Eine wirksame Übernahmeerklärung kann der Vermieter nicht zurückweisen; sie führt vielmehr in jedem Fall gemäß § 569 Abs 3 Nr 2 S 1 zur Unwirksamkeit der Kündigung (§ 162 Abs 2).[139]

6. Ausnahme. Nach Satz 2 des § 569 Abs 3 Nr 2 steht dem Mieter die Schonfrist (o Rn 25, 31 29ff) nicht zu, wenn der Kündigung vor nicht länger als zwei Jahren (vor der Kündigung) **schon einmal** eine nach Satz 1 aaO (o Rn 25ff) **unwirksam gewordene Kündigung vorausgegangen** ist. Die Rechtswohltat der Schonfrist kommt also dem Wohnraummieter *innerhalb von zwei Jahren nur einmal* zugute.[140] Die **Frist** ist vom jeweiligen **Beginn der Schonfrist**, dh vom Zugang der zweiten Kündigung bei dem Mieter (Rn 26) ab **zurückzurechnen**, wobei es im Falle einer Mehrzahl von Mietern auf den Zugang der Kündigung bei dem letzten Mieter ankommt.[141] Zu prüfen ist sodann, ob innerhalb dieser Zweijahresfrist dem Mieter schon einmal eine Kündigung des Vermieters wegen Zahlungsverzugs nach § 543 Abs 2 Nr 3 zugegangen war, die nach § 569 Abs 3 Nr 2 S 1 nachträglich unwirksam wurde. Das ist auch der Fall, wenn der Mieter den Vermieter (nach Zugang der Kündigung) noch vor Rechtshängigkeit der Klage befriedigt hatte (Rn 26). Bei Satz 2 des § 569 Abs 3 Nr 2 handelt es sich um eine eng auszulegende Ausnahmevorschrift, deren **Anwendungsbereich** sich streng auf die geregelten Fälle beschränkt,[142] so dass ihre **entsprechende Anwendung** in anderen vergleichbaren Fallgestaltungen grundsätzlich ausscheidet (mit der Folge, dass dem Mieter die Rechtswohltat der Schonfrist verbleibt). Das gilt insbeson-

---

133 BVerwGE 96, 71 = NJW 1994, 2968, 2969f; OVG Münster WuM 2001, 119.
134 BayObLGZ 1994, 247 = NJW 1995, 338; LG Berlin GE 1997, 1467.
135 BVerwGE 94, 229 = NJW 1994, 1169.
136 BVerwGE 94, 229 = NJW 1994, 1169, 1170; *Blank/Börstinghaus* § 569 Rn 44f.
137 BVerwGE 94, 229 = NJW 1994, 1169; LG Essen NJW-RR 1997, 335 = ZMR 1996, 663, 664; LG München I NZM 2004, 66.
138 AG Neuß WuM 1991, 688; s BGH NJW 2007, 428 = NZM 2007, 35, 36 Tz 15ff.
139 BVerwGE 94, 229 = NJW 1994, 1169; LG Berlin GE 1993, 157.
140 LG Stuttgart ZMR 1985, 128.
141 AG Hamburg WuM 1985, 263.
142 LG Mannheim WuM 1986, 250.

Volker Emmerich

dere für eine Fortsetzung des Vertrags nach § 545 oder eine sonstige konkludente Vertragsverlängerung, ebenso aber auch, wenn die erste Kündigung aus anderen Gründen bereits unwirksam war.[143]

VI. Sperrfrist nach Mieterhöhungen (§ 569 Abs 3 Nr 3)

32   **1. Anwendungsbereich.** Nach § 569 Abs 3 Nr 3 (= § 9 Abs 2 MHRG aF) kann der Vermieter, wenn der Mieter rechtskräftig zur Zahlung einer erhöhten Miete nach den §§ 558 bis 560 verurteilt worden ist, das Mietverhältnis wegen Zahlungsverzugs des Mieters nicht vor Ablauf von zwei Monaten nach rechtskräftiger Verurteilung kündigen, wenn nicht die Voraussetzungen der außerordentlichen fristlosen Kündigung schon wegen der bisher geschuldeten Miete erfüllt sind. **Zweck** der eigenartigen Regelung ist es, dem Mieter in den genannten Fällen zu ermöglichen, sich während eines Rechtsstreits gegen die Mieterhöhung zu wehren, ohne befürchten zu müssen, im Falle des Verlustes des Prozesses sofort mit Rücksicht auf die in diesem Fall während der unvermeidlichen Dauer des Rechtsstreits aufgelaufenen Zahlungsrückstände mit einer Kündigung nach § 543 Abs 2 Nr 3 konfrontiert zu werden. Statt von einer Kündigungssperrfrist ist deshalb hier häufig auch ungenau von einer **Schonfrist** zu Gunsten des Mieters die Rede.[144]

32a   Der **Anwendungsbereich** der Vorschrift ist umstritten. Man muss deshalb zwischen den beiden in § 569 Abs 3 Nr 3 geregelten **Fällen** unterscheiden. Der erste Fall betrifft **Mieterhöhungen nach § 558** (zu den §§ 559 und 560 s u Rn 33). Die Anwendung des § 569 Abs 3 Nr 3 wirft bei § 558 deshalb Probleme auf, weil der Mieter in diesem Fall überhaupt nicht zur Zahlung einer erhöhten Miete verurteilt wird (worauf das Gesetz seinem Wortlaut nach in § 569 Abs 3 Nr 3 allein abstellt), sondern gemäß den §§ 558 Abs 1 S 1 und 558b lediglich zur **Zustimmung zu** einer vom Vermieter verlangten **Vertragsänderung** durch Erhöhung der Miete (s o § 558b Rn 19). Welche Folgerungen daraus zu ziehen sind, ist umstritten. Nach überwiegender Meinung handelt es sich indessen um ein bloßes, durch die komplizierte Entstehungsgeschichte der Vorschrift bedingtes Redaktionsversehen, so dass die **Kündigungssperrfrist** in den Fällen des § 558 bereits **durch** die **Verurteilung** des Mieters **zur Zustimmung** nach § 558b Abs 2 ausgelöst wird.[145] Der Vermieter kann folglich den Mieter zwar unmittelbar nach Rechtskraft des Zustimmungsurteils durch Mahnung in Verzug setzen (§§ 286, 558, 558b), wegen Zahlungsverzugs des Mieters dann jedoch erst nach Ablauf der Sperrfrist von zwei Monaten nach Rechtskraft des Urteils kündigen (§§ 543 Abs 2 Nr 3, 569 Abs 3 Nr 3).[146] Dem Mieter soll dadurch die Gelegenheit gegeben werden, sich auf die zusätzliche Belastung aufgrund des Urteils einzustellen. Mit Rücksicht auf diesen eng begrenzten **Zweck** ist umstritten, ob die Regelung auch in anderen Fällen **entsprechend anwendbar** ist, wobei insbesondere an eine fristlose Kündigung des Vermieters wegen ständiger **unpünktlicher Zahlung** nach **§ 543 Abs 1** sowie eine ordentliche **Kündigung** des Vermieters **nach § 543 Abs 2 Nr 1** wegen einer nicht unerheblichen schuldhaften Vertragsverletzung durch einen Zahlungsverzug zu denken ist. Entgegen einer verbreiteten Meinung, die vor allem in dem zuletzt genannten Fall zur Vermeidung von Wertungswidersprüchen für die entsprechende Anwendbarkeit des § 569 Abs 3 Nr 3

143 LG Wiesbaden WM 2012, 623 f.
144 S BGH NJW 2005, 2310 = NZM 2005, 496.
145 BGH NZM 2005, 582 = WuM 2005, 458, 459; NJW 2005, 2310 = NZM 2005, 496.
146 BGH NJW 2005, 2310 = NZM 2005, 496; NJW 2013, 159 Tz 29 = NZM 2013, 20, 22 = WuM 2012, 682.

eintritt,[147] lehnt der **BGH** doch solche Analogie mit Rücksicht auf den Ausnahmecharakter der Vorschrift ab.[148] Auch für eine Anwendung auf den preisgebundenen Wohnraum (s § 10 WoBindG) sieht der BGH keinen Raum.[149]

Der zweite in § 569 Abs 3 Nr 3 geregelte Fall umfasst die **einseitigen Mieterhöhun-** 33 **gen** des Vermieters nach einer **Modernisierung** aufgrund des **§ 559** sowie der **Betriebskostenpauschale** nach **§ 560 Abs 1 und** der Betriebskostenvorauszahlungen nach **§ 560 Abs 4.** In diesen Fällen ist gleichfalls umstritten, welche Bedeutung die Bezugnahme des § 569 Abs 3 Nr 3 auf die genannten Vorschriften hat. Richtiger Meinung nach bedeutet die Regelung **nicht** etwa, wie zT angenommen,[150] dass eine Kündigung des Vermieters aufgrund des § 543 Abs 2 Nr 3 wegen Zahlungsverzugs des Mieters in jedem Fall eine rechtskräftige **Verurteilung** des Mieters zur Zahlung der erhöhten Miete aufgrund der genannten Vorschriften voraussetzte.[151] Die Vorschrift besagt vielmehr lediglich, dass, **wenn** sich der **Mieter** gegen die (einseitige) Mieterhöhung des Vermieters aufgrund der §§ 559 oder 560 **wehrt und** der **Vermieter** darauf hin **Zahlungsklage** gegen den Mieter **erhebt,** dem letzteren **nach Rechtskraft** des Urteils die **Sperrfrist** zusteht, eben, um dem Mieter eine Rechtsverteidigung zu ermöglichen, ohne Gefahr zu laufen, bei Verlust des Prozesses *sofort* eine Kündigung des Vermieters nach § 543 Abs 2 Nr 3 zu riskieren (Rn 32).[152]

Solche Kündigung bleibt dagegen möglich, wenn sich der Mieter *nicht* gegen die Miet- 33a erhöhung **wehrt,** aber auch *nicht* die erhöhte Miete **zahlt,** weil der Mieter dann *nicht* des zusätzlichen Schutzes durch eine besondere Sperrfrist bedarf. Oder anders gewendet: Die rechtskräftige Verurteilung des Mieters zur Zahlung ist nach § 569 Abs 3 Nr 3 nur Voraussetzung der **Sperrfrist,** *nicht* aber generell Voraussetzung einer **Kündigung** nach § 543 Abs 2 Nr 3 wegen Zahlungsverzugs. Noch unklar ist bisher die Rechtslage **während des Rechtsstreits** und damit *vor rechtskräftiger Verurteilung* des Mieters.[153] Nach dem Zweck der ganzen Regelung dürfte aber davon auszugehen sein, dass vor Rechtskraft des Urteils eine Kündigung jedenfalls nicht auf erst *während* des Rechtsstreits aufgelaufenen Rückstände gestützt werden kann.[154] Kommt es zum Rechtsstreit, so muss der Vermieter vielmehr mit seiner Kündigung wegen der neuen jetzt auflaufenden Rückstände die Rechtskraft des Urteils abwarten, damit der Mieter überhaupt in den Genuss der Rechtswohltat des § 569 Abs 3 Nr 3 gelangen kann (s auch u Rn 34 am Ende). Die Regelung findet dagegen in der Tat keine Anwendung, wenn der Mieter der Mieterhöhung **zustimmt,** und sei es auch in einem Prozessvergleich, er aber trotzdem nicht zahlt.[155] Für eine Kündigung des Vermieters nach den **§§ 543 Abs 1 und 573 Abs 2 Nr 1** gilt das bereits Gesagte (Rn 32a). Ebenso ist die Rechtslage schließlich bei Mieterhöhungen aufgrund der **§§ 557a und 557b.**

---

147 ZB LG Berlin GE 2012, 548; *Blank* in: 10 Jahre Mietrechtsreformgesetz (2011) 2; ders NZM 2013, 104, 106 f; dagegen z.B. zuletzt *Hinz* ZMR 2012, 842, 847 f.
148 BGH NJW 2013, 159 Tz 27 ff = NZM 2013, 20 = WuM 2012, 682.
149 BGH NJW 2012, 2270 Tz 16 ff = NZM 2012, 529 = WuM 2012, 440; NJW 2013, 159 Tz 29 = NZM 2013, 20 = WuM 2012, 682.
150 So LG München I WuM 1979, 16, 17; LG Berlin ZMR 1989, 305 = MDR 1989, 822; AG Altena WuM 1988, 25; *M Schmid* WuM 1982, 199.
151 BGH NJW 2012, 3089 Tz 18 ff = NZM 3012, 676 = WuM 2012, 497; NJW 2013, 159 Tz 29 = NZM 2013, 20 = WuM 2012, 682.
152 BGH NJW 2012, 3089 Tz 20 = NZM 3012, 676 = WuM 2012, 497; LG Berlin GE 2012, 548; *Blank/Börstinghaus* § 569 Rn 66.
153 Dazu ausführlich *Hinz* ZMR 2012, 841, 844 ff.
154 Unklar BGH NZM 2012, 676, 677 Tz 20 = NJW 2012, 3089 = WuM 2012, 497 = ZMR 2012, 853.
155 OLG Hamm NJW-RR 1992, 340 = WuM 1992, 54, 55; *Lammel* § 569 Rn 45f; *Palandt/Weidenkaff* § 569 Rn 21; **aM** AG Altena WuM 1988, 25; *M Schmid* WuM 1982, 199.

Volker Emmerich

34 **2. Rechtsfolgen.** In den genannten Fällen (o Rn 32a bis 33a) wird gemäß § 569 Abs 3 Nr 3 durch die rechtskräftige Verurteilung des Mieters aufgrund der §§ 558 (558b), 559 oder 560 eine **Sperrfrist von zwei Monaten ab formeller Rechtskraft** des Urteils ausgelöst, innerhalb derer dem Mieter **nicht** wegen (neuen) Zahlungsverzugs aufgrund der während des Rechtsstreits aufgelaufenen Rückstände fristlos nach § 543 Abs 2 Nr 3 **gekündigt** werden darf. Die **formelle Rechtskraft** tritt nach § 705 ZPO und § 19 EGZPO mit Ablauf der Fristen für die ordentlichen Rechtsmittel Berufung, Revision, Einspruch (bei einem Versäumnisurteil) und Rüge nach § 321a ZPO ein, sofern kein Rechtsmittel eingelegt wird. Mit ihrer Verkündigung werden rechtskräftig nur die Revisionsurteile des BGH. Bei sämtlichen anderen Urteilen beginnt die Sperrfrist dagegen erst nach Ablauf der Rechtsmittelfrist zu laufen. Die Fristberechnung richtet sich gemäß § 222 ZPO nach den §§ 187, 188 und 193 BGB. Eine **während** der **Sperrfrist** ausgesprochene **Kündigung** aufgrund des § 543 Abs 2 Nr 3 ist **unwirksam** und wird auch nicht durch den Ablauf der Schonfrist geheilt, sondern muss gegebenenfalls wiederholt werden (§ 134).[156] Von § 569 Abs 3 Nr 3 **unberührt bleibt** die Möglichkeit einer **Kündigung** des Vermieters **wegen Zahlungsverzugs** des Mieters aufgrund von Mietrückständen **ohne Berücksichtigung der Mieterhöhung** aufgrund der §§ 558, 559 oder 560 (§ 569 Abs 3 Nr 3 Hs 2) oder aus anderen Gründen als gerade wegen Zahlungsverzugs (s auch Rn 33a).

VII. Begründung

35 **1. Anwendungsbereich.** Nach § 569 Abs 4 ist (nur) bei der Wohnraummiete (s §§ 549, 578 Abs 2) der zur Kündigung führende wichtige Grund im Falle einer außerordentlichen fristlosen Kündigung nach § 543 in dem Kündigungsschreiben (§ 568 Abs 1) anzugeben. **Vorbild** der Regelung war § 573 Abs 3 (s dazu im Einzelnen u § 573 Rn 84ff). **Bezweckt** wurde mit der Einführung eines Begründungserfordernisses für die außerordentliche fristlose Kündigung bei der Wohnraummiete in erster Linie ein zusätzlicher **Schutz des Mieters**, dem durch das Erfordernis der Begründung der Kündigung die etwaige Rechtsverteidigung erleichtert werden sollte. Der **Anwendungsbereich** des § 569 Abs 4 beschränkt sich indessen nicht auf außerordentliche fristlose Kündigungen des Vermieters, sondern umfasst bei der Wohnraummiete jede Form einer Kündigung aus wichtigem Grund des Vermieters *oder* des Mieters nach § 569 oder § 543.[157] Für die **gewerbliche Miete** gilt § 569 Abs 4 jedenfalls nicht unmittelbar (§ 578 Abs 2). Jedoch folgt auch bei der gewerblichen Miete aus den §§ 241 Abs 2 und 242, dass eine außerordentliche Kündigung aus wichtigem Grunde grundsätzlich begründet werden muss, um dem anderen Teil eine Gelegenheit zur Abwehr zu eröffnen.[158]

35a **2. Anforderungen an die Begründung.** § 569 Abs 4 bedeutet, dass in den genannten Fällen (Rn. 35) in dem Kündigungsschreiben (s § 568 Abs 1 in Verb mit § 126) der **Kündigungsgrund** grundsätzlich so weit **konkretisiert** werden muss, dass der andere Teil erkennen kann, wegen welcher Vorgänge oder Vorfälle ihm konkret gekündigt wird, damit er die Berechtigung der Kündigung und die Chancen einer Rechtsverteidigung gegen sie einigermaßen abzuschätzen vermag. Die Beschreibung muss mit anderen Worten nach Zeit, Ort und Gegenstand so *konkret* sein, dass der **Kündigungsgrund** eindeutig von mög-

---

156 S *Kraemer* NZM 2001, 553, 561 = WuM 2001, 163.
157 BGH WuM 2005, 584, 585; *Börstinghaus* in: FS Derleder 205, 206f.
158 *Sternel*, in: 10 Jahre Mietrechtsreformgesetz (2011) 745, 749.

Volker Emmerich

lichen anderen Gründen abgegrenzt, dh **individualisiert** werden kann.[159] Für die Kündigung des Vermieters **wegen Zahlungsverzugs des Mieters** nach § 543 Abs 2 Nr 3 und § 569 Abs 3 wurde daraus früher vielfach der Schluss gezogen, man müsse zwischen so genannten einfachen und schwierigen oder komplexen Fällen unterscheiden, wobei ein **einfacher Fall** nur angenommen werden sollte, wenn der Mieter die Miete alleine zahlt, wenn es in der Zwischenzeit nicht zu Mietänderungen gekommen ist und wenn sich die Rückstände auf die letzten Monate beschränken.[160] In diesen Fällen genügt es nach allgemeiner Meinung zur Begründung einer Kündigung des Vermieters wegen Zahlungsverzugs auf jeden Fall, wenn der Vermieter in dem Kündigungsschreiben den Zahlungsverzug als **Grund benennt** und **den Gesamtbetrag der rückständigen Miete beziffert**, während die Angabe weiterer Einzelheiten entbehrlich ist.[161] Wesentlich weitergehende Anforderungen an die Begründung der Kündigung waren dagegen früher vielfach in so genannten **schwierigen oder komplexen Fällen** gestellt worden.[162] Dagegen reicht es nach Meinung des **BGH** auch in schwierigen oder komplexen Fällen vollauf aus, wenn der Mieter lediglich zu erkennen vermag, von **welchen Rückständen** der Vermieter bei der Kündigung ausgegangen ist, und dass er diese Rückstände zum **Anlass** einer Kündigung genommen hat; eine **fehlerhafte Berechnung** ist gleichfalls unschädlich, wenn auch bei zutreffender Berechnung der Rückstände immer noch ein Kündigungsgrund vorliegt.[163] Für den Fall der fristlosen Kündigung wegen **Gesundheitsgefährdung** nach § 569 Abs 1 genügt es gleichfalls, wenn die Begründung lediglich erkennen lässt, welche Gesundheitsgefahren in den Augen des Mieters bestehen, und dass er seine Kündigung darauf stützt.[164]

In den **anderen Fällen einer fristlosen Kündigung** des Mieters oder des Vermieters **36** aus wichtigem Grunde nach den §§ 543 und 569 ist hingegen daran festzuhalten, dass der jeweils zum Anlass der fristlosen Kündigung genommene **wichtige Grund** in dem Kündigungsschreiben so genau **nach Ort, Zeit und Gegenstand beschrieben** werden muss, dass der andere Teil ohne weiteres zu erkennen vermag, was ihm jeweils vorgeworfen wird. Handelt es sich um eine **Vielzahl** von Vertragsverletzungen des einen Teils, so müssen diese jeweils im Einzelnen benannt werden; sie können nicht einfach unter Schlagworten zusammengefasst werden, da andernfalls der Zweck des § 569 Abs 4 nicht erreicht werden könnte, dem anderen Teil die Rechtsverteidigung zu ermöglichen.[165]

3. Rechtsfolgen. § 569 Abs 4 ist eine besondere **Formvorschrift**, sodass ein Verstoß **37** gegen ihn in Gestalt einer fehlenden oder mangelhaften Begründung der außerordentlichen fristlosen Kündigung zu deren Nichtigkeit führt (§ 125 Abs 1).[166] Eine **Heilung** des Mangels der Begründung der Kündigung durch Nachschieben einer ordnungsgemäßen Begründung im Rechtsstreit ist nicht möglich.[167] Dagegen wird ein **Nachschieben neuer Kündigungsgründe** im Rechtsstreit nach einer ordnungsgemäß begründeten Kündigung

---

159 *Börstinghaus* in: FS Derleder 205, 212ff; *Gellwitzki* WuM 2003, 612; 2004, 181; *Flatow* NZM 2004, 281, 285ff; *Häublein* ZMR 2005, 1, 8.

160 ZB LG Dortmund NZM 2004, 189; *Börstinghaus* in: FS Derleder 205, 213ff.

161 BGH NJW 2004, 850 = NZM 2004, 187; NZM 2004, 699 = WuM 2004, 489; WuM 2006, 193, 195f Tz 21 = NJW 2006, 1585 = NZM 2006, 338; NJW 2010, 3015 Tz 27 = NZM 2010, 548.

162 S *Börstinghaus* in: FS Derleder 205, 213ff; *Gellwitzki* WuM 2004, 181; *Flatow* NZM 2004, 281, 286f.

163 BGH NJW 2010, 3015 Tz 37 = NZM 2010, 548; WuM 2010, 740 Tz 10 = NZM 2011, 34.

164 S o Rn 9; BGH WuM 2005, 584, 585; *Börstinghaus* in: FS Derleder 205, 217ff.

165 LG Stuttgart WuM 2006, 523, 524; AG Bernau ZMR 2010, 198.

166 BGH NJW 2004, 850 = NZM 2004, 187; WuM 2005, 584, 885; *Sternel*, in: 10 Jahre Mietrechtsreformgesetz (2011) 745, 747 f.

167 *Sternel* ZMR 2002, 1, 4.

überwiegend für zulässig gehalten, weil § 569 Abs 4 keine dem § 573 Abs 3 S 2 entsprechende Vorschrift enthält.[168] Für die Kündigung gilt das **Schriftformerfordernis** des § 568 Abs 1, sodass auch die Begründung den Formerfordernissen des § 126 Abs 1 genügen muss.[169] Im Einzelfall kann jedoch die Bezugnahme auf eine frühere Abmahnung genügen, vorausgesetzt, dass diese den Kündigungsgrund bereits hinreichend konkretisiert hat und die Bezugnahme eindeutig ist, sofern in der Zwischenzeit keine Änderung eingetreten ist.[170]

37a   Umstritten ist, ob § 569 Abs 4 **abdingbar** ist, da § 569 Abs 5 nicht auf § 569 Abs 4 Bezug nimmt. Mit Rücksicht auf den Zweck der Regelung (Rn. 35) kann jedenfalls für den **Vermieter** das Begründungserfordernis weder durch Individualvereinbarung noch durch Formularvertrag abgemildert oder gar erlassen werden.[171] Anders mag zu Gunsten des Mieters und generell bei der gewerblichen Miete zu entscheiden sein.

VI. Abweichende Vereinbarungen

38   Nach **S 1** des § 569 Abs 5 darf die Regelung der außerordentlichen fristlosen Kündigung in den §§ 543 *und* 569 Abs 1 bis 3 nicht zum Nachteil des Mieters verschärft oder abgeändert werden. **Weder** dürfen also vertraglich die **Kündigungsgründe des Mieters** über § 543 Abs 1 und Abs 2 Nr 1 sowie § 569 Abs 1 und 2 hinaus **beschränkt** werden; **noch** ist es zulässig, vertraglich zum Nachteil des Mieters neue außerordentliche **Kündigungsgründe des Vermieters** über § 543 Abs 1 und Abs 2 Nrn 2 und 3 in Verbindung mit § 569 Abs 2 und 3 hinaus einzuführen, wie **S 2** der Vorschrift nochmals aus Gründen der Klarstellung wiederholt. Das Gesagte gilt auch für eine Einschränkung der Heilungsmöglichkeit nach § 569 Abs 3 Nr 2.[172] Der Anwendungsbereich dieser Regelung beschränkt sich auf Mietverträge über Wohnraum im Sinne des § 549 Abs 1 bis 3 (§ 578 Abs 2). Jedoch sind auch bei Mietverträgen über **sonstige Räume** die Abs 1 und 2 des § 569 nach ihrem Sinn und Zweck als zwingend anzusehen.[173] **Zulässig** sind dagegen Regelungen, durch die der **Mieter begünstigt** wird, zB durch die Einführung neuer außerordentlicher Kündigungsgründe für den Mieter *oder* durch die Einschränkung der außerordentlichen Kündigungsgründe des Vermieters über das Gesetz hinaus (s auch o Rn 37).

VII. Prozessuales

39   Aus der **Schonfrist** von zwei Monaten, die das Gesetz im Falle der Kündigung des Vermieters wegen Zahlungsverzugs des Mieters dem Mieter bei der Wohnraummiete nach Klageerhebung in § 569 Abs 3 Nr 2 einräumt, darf nicht der Schluss gezogen werden, dass das Gericht das Sozialamt von der Klage benachrichtigen[174] und vor Erlass eines Urteils den **Ablauf** der Schonfrist abwarten müsste.[175] Es ist vielmehr allein Sache des Mieters, eine öffentliche Stelle ausfindig zu machen, die während der Schonfrist die Verpflichtung

---

168 AG Lichtenberg NJW-RR 2003, 542 = NZM 2003, 153; *Sternel* (vorige Fn); **aM** *Gellwitzki* WuM 2003, 612, 616.
169 *Gellwitzki* (vorige Fn); *Flatow* NZM 2004, 281, 283ff.
170 BVerfG NJW 1992, 1877, 1878; 1992, 2752 Nr 4.
171 *Sternel*, in: 10 Jahre Mietrechtsreformgesetz (2011) 745, 747 f.
172 BGH LM Nr 15 zu § 9 (Ci) AGBG (Bl 1 R) = NJW 1989, 1673.
173 Ebenso schon für § 554a aF BGHZ 118, 351, 355 = NJW 1992, 2628.
174 *Schuschke*, in: 10 Jahre Mietrechtsreformgesetz (2011) 735, 741 f.
175 *Schuschke*, in: 10 Jahre Mietrechtsreformgesetz (2011) 735, 741 f; *R Weber* ZMR 1992, 41, 48; **aM** *Sternel* Mietrecht, Rn IV 424 (S 1265); *Hiendl* NJW 1964, 1946.

Volker Emmerich

zur Befriedigung des Vermieters übernimmt. Deshalb kann auch ein **Versäumnisurteil** während des Laufs der Schonfrist des § 569 Abs 3 Nr 2 ergehen.[176] Ebenso wenig ist das Gericht verpflichtet, dem Mieter, gegebenenfalls durch **Vertagung** nach § 227 Abs 1 S 1 ZPO, noch eine rechtzeitige Zahlung während der laufenden Schonfrist zu ermöglichen.[177] Dagegen muss das Gericht die Sperrfrist des § 569 Abs 3 Nr 3 von Amts wegen beachten.

Wenn der Mieter erst nach Erhebung der Räumungsklage während der **Schonfrist** des 40 § 569 Abs 3 Nr 2 den Vermieter befriedigt, bleibt dem Vermieter in der Regel nichts anderes übrig, als den Rechtsstreit für erledigt zu erklären. Schließt sich der Mieter der **Erledigungserklärung** an, so ist nur noch über die Kosten zu entscheiden, die dann im Regelfall der Mieter zu tragen haben wird (§ 91a ZPO).[178] Anders aber, wenn der Vermieter wie häufig zugleich hilfsweise die **ordentliche Kündigung** nach § 573 Abs 2 Nr 1 erklärt hatte; in diesem Fall ist der Rechtsstreit durch die Zahlung des Mieters nicht erledigt, sondern auf Verlangen des Vermieters fortzusetzen.[179] War bereits **vor Ablauf** der Schonfrist ein **Räumungsurteil** ergangen (s o Rn 39), so ändert auch dies nichts an der fortbestehenden Möglichkeit des Mieters, der Kündigung noch nachträglich nach § 569 Abs 3 Nr 2 S 1 die Wirksamkeit zu nehmen, indem er den Vermieter befriedigt oder die Verpflichtungserklärung einer öffentlichen Stelle beibringt. In diesem Falle muss der Vermieter auf alle Rechte aus dem schon ergangenen Urteil verzichten; andernfalls kann der Mieter Berufung oder Einspruch einlegen oder **Vollstreckungsabwehrklage** (§ 767 ZPO) erheben mit der Folge, dass dann der Vermieter die Kosten tragen muss (§ 91 ZPO).[180] § 767 Abs 2 ZPO steht nach Sinn und Zweck der Regelung nicht entgegen. **Prozesskostenhilfe** wird dem Mieter in der Regel versagt, wenn er diese lediglich beantragt, um von seinem Nachholrecht während der Schonfrist Gebrauch machen zu können (§ 114 ZPO).[181]

§ 570
Ausschluss des Zurückbehaltungsrechts

Dem Mieter steht kein Zurückbehaltungsrecht gegen den Rückgabeanspruch des Vermieters zu.

Systematische Übersicht

---

176 LG Hamburg NJW-RR 2003, 1231; WuM 2003, 275f; LG Köln NZM 2004, 65; 2004, 66; LG Berlin GE 2004, 1395; **aM** OLG Hamburg ZMR 1988, 225, 256 = WuM 1989, 139; *Sternel* (vorige Fn).
177 **AM** *Blank/Börstinghaus* § 569 Rn 55 m Nachw.
178 LG Bochum WuM 1989, 411; *Schuschke*, in: 10 Jahre Mietrechtsreformgesetz (2011) 735, 743.
179 *Schuschke*, in: 10 Jahre Mietrechtsreformgesetz (2011) 735, 744.
180 LG Hamburg NJW-RR 2003, 1231 = WuM 2003, 275, 276; *Hiendl* NJW 1964, 1946; *Schuschke*, in: 10 Jahre Mietrechtsreformgesetz (2011) 735, 742; **aM** *R Weber* ZMR 1992, 41, 48f.
181 LG Aachen NJW-RR 1993, 829; *Blank/Börstinghaus* § 569 Rn 60; *Schuschke*, in: 10 Jahre Mietrechtsreformgesetz (2011) 735, 740 f.

Volker Emmerich/André Haug

I. Allgemeines

1   Die Vorschrift regelt den Ausschluss des Zurückbehaltungsrechts des Mieters gegen den Rückgabeanspruch des Vermieters. Der Zweck der Vorschrift ist es, zu verhindern, dass dem Vermieter die Nutzung des wertvollen Wohnraumes nur wegen einer geringen Forderung des Mieters verwehrt wird.

II. Ausschluss des Zurückbehaltungsrechts

2   **1. Zurückbehaltungsrecht im Allgemeinen.** Hat der Mieter bei **Beendigung** des Mietverhältnisses Ansprüche gegen den Vermieter, die auf dem Mietverhältnis beruhen, kann er gegenüber dessen Rückgabeanspruch nach § 546 Abs 1 grundsätzlich ein Zurückbehaltungsrecht nach § 273 geltend machen. Hierfür kommen vor allem Schadensersatz- und Verwendungsersatzansprüche in Betracht. Bei Verwendungen kann außerdem § 1000 eingreifen. Diese Zurückbehaltungsrechte gelten uneingeschränkt bei der Miete beweglicher Sachen. Ein formularmäßiger Ausschluss ist unter den Voraussetzungen des § 309 Nr 2b) unwirksam.

3   **2. Ausschluss.** Dem Mieter von Wohnraum und auf Grund der Verweisung auf § 570 in § 578 auch dem Mieter von Grundstücken und Räumen, die keine Wohnräume sind, steht wegen seiner Ansprüche gegen den Vermieter ein Zurückbehaltungsrecht nicht zu. Der **Anwendungsbereich** erstreckt sich auf die Bestandteile des Grundstücks. Aus der Entstehungsgeschichte[1] folgt, dass der Ausschluss des Zurückbehaltungsrechts eine eng auszulegende Sondervorschrift ist, die grundsätzlich keiner ausdehnenden Auslegung zugänglich ist.[2] Dies gilt unstreitig im Verhältnis zu Ansprüchen auf Herausgabe beweglicher Sachen. Die Vorschrift ist auch dann nicht entsprechend anzuwenden, wenn der Herausgabeanspruch auf Eigentum gestützt wird und keine Anspruchskonkurrenz mit § 546 Abs 1 besteht.[3] Der Ausschluss gilt für alle **vertraglichen Ansprüche** des Mieters wie Verwendungsersatz, etwa Kosten für die Anfertigung von Hausschlüsseln,[4] Rückzahlung nicht abgewohnter Mieterdarlehen und Baukostenzuschüsse,[5] Entschädigung für vorzeitige Kündigung,[6] Rückzahlung einer Kaution[7] sowie bei deliktischen Ansprüchen auf Schadensersatz. Die Höhe der Ansprüche des Mieters ist unbeachtlich. Die Berufung des Vermieters auf einen Ausschluss des Zurückbehaltungsrechts gegenüber einem Schadensersatzanspruch des Mieters aus vorsätzlicher unerlaubter Handlung kann eine nach § 242 unzulässige Rechtsausübung sein.[8] Die Vorschrift ist nicht zwingend, so dass die Parteien eine **abweichende Vereinbarung** treffen können.[9]

---

1 Prot II 189.
2 *Erman/Lützenkirchen* Rn 3; MünchKomm/*Häublein* Rn 2; *Schmidt-Futterer/Streyl* Rn 5.
3 RGZ 85, 133, 137; BGHZ 41, 341, 347 = NJW 1964, 1791, 1793; BGH LM Nr 1 zu § 556 BGB = MDR 1960, 482; Bamberger/Roth/*Wöstmann* Rn 4; *Schmidt-Futterer/Streyl* Rn 5.
4 LG Wuppertal WuM 1986, 316.
5 LG Köln MDR 1955, 170.
6 RGZ 108, 137.
7 *Schmidt-Futterer/Streyl* Rn 6.
8 RGZ 160, 88, 91f.
9 BGH NZM 2003, 314; MünchKomm/*Häublein* Rn 4.

André Haug

§ 571

Weiterer Schadensersatz bei verspäteter Rückgabe von Wohnraum

[1] Gibt der Mieter den gemieteten Wohnraum nach Beendigung des Mietverhältnisses nicht zurück, so kann der Vermieter einen weiteren Schaden im Sinne des § 546a Abs 2 nur geltend machen, wenn die Rückgabe infolge von Umständen unterblieben ist, die der Mieter zu vertreten hat. Der Schaden ist nur insoweit zu ersetzen, als die Billigkeit eine Schadloshaltung erfordert. Dies gilt nicht, wenn der Mieter gekündigt hat.

[2] Wird dem Mieter nach § 721 oder § 794a der Zivilprozessordnung eine Räumungsfrist gewährt, so ist er für die Zeit von der Beendigung des Mietverhältnisses bis zum Ablauf der Räumungsfrist zum Ersatz eines weiteren Schadens nicht verpflichtet.

[3] Eine zum Nachteil des Mieters abweichende Vereinbarung ist unwirksam.

Schrifttum

Achenbach Effektive Zeitmietverträge durch Änderung des Vollstreckungsrechts in der Mietrechtsreform, NZM 2001, 61; *Blank* Mietrechtsreform im Rechtsausschuss, NZM 2001, 167; *Gather* Die Schadensersatzansprüche des Vermieters, DWW 1990, 322; *Greiner* Direktansprüche zwischen Eigentümer und Untermieter?, ZMR 1998, 403; *Horst* Selbsthilfemöglichkeiten bei der Abwicklung beendeter Mietverhältnisse, NZM 1998, 139; *K Müller* Das Benutzungsverhältnis zwischen Vermieter und Mieter nach Gewährung einer Räumungsfrist gemäß § 721 ZPO, MDR 1971, 253; *MJ Schmid* Die Erbringung von Nebenleistungen durch den Vermieter, DWW 1986, 140.

Systematische Übersicht

I. Allgemeines

Mit dieser allein für Wohnraummietverhältnisse geltenden Vorschrift wird für den **1** Vermieter im Falle der nicht oder nicht rechtzeitig erfolgten Rückgabe der gemieteten Sache durch den Mieter nach Beendigung des Mietverhältnisses die Möglichkeit, über den Anspruch auf Fortentrichtung der vereinbarten bzw ortsüblichen Miete (§ 546a Abs 1) hinaus weitergehende Schadensersatzansprüche geltend zu machen, stark eingeschränkt. Dies aus sozialen Gründen: Es soll sichergestellt werden, dass sich der Mieter nicht durch die Sorge vor Schadensersatzansprüchen davon abhalten lässt, unter Berufung auf die §§ 574ff eine Fortsetzung des Mietverhältnisses zu verlangen oder eine Räumungsfrist zu begehren.

II. Weitergehender Schadensersatz (Abs 1)

1. Allgemeine Grundsätze. Nach § 546a Abs 2 ist es nicht ausgeschlossen, dass der **2** Vermieter über die Nutzungsentschädigung hinaus einen **weiteren Schaden** geltend macht. Ein solcher Schaden könnte beispielsweise darin bestehen, dass der Vermieter durch die Vorenthaltung erst später eine höhere Miete verlangen kann. Um dieser Gefahr

André Haug

der Inanspruchnahme zu entgehen, müsste der Mieter auf seine Rechte, zB das Verlangen auf Gewährung einer Räumungsfrist, verzichten. Damit der Mieter seine Rechte wahrnehmen kann, ohne der Gefahr von Schadensersatzansprüchen ausgesetzt zu sein, schränkt § 571 die Schadensersatzpflicht des Mieters erheblich ein. Ansprüche auf Schadensersatz des Vermieters, die nicht auf die Vorenthaltung zurückzuführen sind, etwa solche wegen Beschädigung der Mietsache, werden indes von der Regelung nicht erfasst; hierfür haftet der Mieter nach allgemeinen Grundsätzen.[1]

3 **2. Verschulden des Mieters.** Der Vermieter von Wohnraum kann einen weiteren Schaden nur geltend machen, wenn die Rückgabe infolge von Umständen unterblieben ist, die der Mieter nach den §§ 276, 278 zu vertreten hat. Die Umstände sind nicht zu vertreten, wenn eine Härte iSd § 574 Abs 1 vorliegt, weil der Mieter angemessenen Ersatzwohnraum nicht zu zumutbaren Bedingungen erlangen kann oder ein Zwischenumzug unzumutbar ist.[2] Das Gleiche gilt, wenn die Rückgabe wegen einer Erkrankung unterbleibt oder wenn sich der Umzug aus Gründen verzögert, die eine gerichtliche Räumungsfrist gerechtfertigt hätten.[3] Die nicht fristgerechte Räumung ist auch dann nicht verschuldet, wenn der Mieter den Ausgang eines Rechtsstreits über die Unzulässigkeit der Zwangsvollstreckung abwarten durfte.[4] Die Beweislast dafür, dass ihn kein Verschulden an der verspäteten Rückgabe trifft, obliegt dem Mieter.[5]

3. Billigkeitserwägungen
4 **a)** Nach Abs 1 S 2 ist der Mieter nur insoweit zum Schadensersatz verpflichtet, als den Umständen nach die **Billigkeit** eine Schadloshaltung des Vermieters erfordert. Solche Umstände können darin liegen, dass der Mieter in Kenntnis eines zukünftigen Eigenbedarfs des Vermieters ein befristetes Mietverhältnis eingeht.[6] Unbillig kann es dagegen sein, wenn der Vermieter einen hohen Gewinn ersetzt haben will, der ihm aus einem gescheiterten Verkauf des Mietobjekts entgangen ist. Aufgrund einer Abwägung aller Umstände ist der Umfang des Ersatzes zu bestimmen. Das Ergebnis der Abwägung kann darin bestehen, dass ein Schadensersatzanspruch ganz ausgeschlossen ist.[7]

5 **b)** Ist das Mietverhältnis durch eine **Kündigung des Mieters** beendet worden, können nach Abs 1 S 3 Schadensersatzansprüche des Vermieters nicht aufgrund von Billigkeitserwägungen eingeschränkt oder ausgeschlossen werden. Die Regelung bezieht sich nur auf die Billigkeitsklausel, lässt also das Erfordernis des Verschuldens unberührt.[8] Wird das Mietverhältnis einvernehmlich aufgehoben, greift Abs 1 S 3 nicht ein.[9]

4. Räumungsfrist durch Vollstreckungsschutz (Abs 2)
6 **a)** Über die Nutzungsentschädigung hinausgehende Schadensersatzansprüche sind nach Abs 2 ausgeschlossen. Die **Anwendbarkeit** der Vorschrift setzt voraus, dass dem Mieter nach § 721 oder § 794a ZPO eine gerichtliche Räumungsfrist gewährt worden ist.

---

1 *Staudinger/Rolfs* (2011) Rn 3.
2 LG Münster ZMR 1972, 279; AG Hagen WuM 1966, 116.
3 LG Hamburg WuM 1996, 341.
4 AG Schwäbisch Gmünd WuM 1991, 347.
5 *Palandt/Weidenkaff* Rn 4.
6 LG Siegen WuM 1990, 208.
7 LG München II ZMR 1987, 96.
8 AG Kassel WuM 1971, 13.
9 *Blank*/Börstinghaus/*Blank* Rn 5; MünchKomm/Häublein Rn 8.

Sie gilt nicht bei Vollstreckungsschutz nach § 765a ZPO, einstweiliger Einstellung der Zwangsvollstreckung nach § 732 ZPO und bei vertraglicher, insbesondere vergleichsweise vereinbarter oder auch einseitig vom Vermieter bewilligter Räumungsfrist.[10] Wie sich aus der Stellung des Abs 1 S 3 (Rn 5) ergibt, greift der Ausschluss nach Abs 2 auch bei einer Kündigung des Mieters ein. Der Gesetzgeber hielt es für ungerechtfertigt, den Mieter für solche Verzugsschäden haften zu lassen, die während einer gerichtlich gewährten Räumungsfrist eintreten. Daraus wird deutlich, dass nur der Ersatz des Vorenthaltungsschadens ausgeschlossen wird. Weitergehende Ersatzansprüche wegen Beschädigung oder Verschlechterung der Mietsache bleiben unberührt.[11] Eine analoge Anwendung des Abs 2 auf Schadensersatzansprüche des Hauptvermieters gegen den Untermieter ist mangels einer Gesetzeslücke abzulehnen, auch wenn die Interessenlage vergleichbar ist.[12]

b) Der **Zeitraum**, für den die Geltendmachung eines weiteren Schadens ausgeschlos- 7 sen wird, reicht von der Beendigung des Mietverhältnisses[13] über den Beginn bis zum Ablauf der Räumungsfrist. Wird die Frist verlängert, wird auch die Zeit für den Ausschluss des Schadensersatzanspruchs ausgeweitet. Der Ausschluss wird nicht dadurch berührt, dass zunächst eine Räumungsfrist gewährt wurde, diese Entscheidung jedoch später durch das Rechtsmittelgericht aufgehoben wird. Der Schutz des Mieters dauert dann bis zur Zustellung der aufhebenden Entscheidung.[14]

III. Abweichende Vereinbarungen (Abs 3)

Nach Abs 3 können keine Vereinbarungen getroffen werden, die zum Nachteil des 8 Mieters von den Einschränkungen oder dem Ausschluss weitergehenden Schadensersatzes nach Abs 1 oder 2 abweichen. So ist eine Vereinbarung unzulässig, durch die eine vom Verschulden unabhängige Schadensersatzpflicht wegen Vorenthaltung der Mietsache begründet werden soll.[15] Das Gleiche gilt für einen Verzicht auf die Berücksichtigung von Billigkeitserwägungen oder auf den Ausschluss der Schadensersatzpflicht bei Gewährung einer gerichtlichen Räumungsfrist.

§ 572

Vereinbartes Rücktrittsrecht; Mietverhältnis unter auflösender Bedingung

[1] Auf eine Vereinbarung, nach der der Vermieter berechtigt sein soll, nach Überlassung des Wohnraums an den Mieter vom Vertrag zurückzutreten, kann der Vermieter sich nicht berufen.

[2] Ferner kann der Vermieter sich nicht auf eine Vereinbarung berufen, nach der das Mietverhältnis zum Nachteil des Mieters auflösend bedingt ist.

---

10 LG Ellwangen WuM 1992, 247.
11 Bamberger/Roth/*Wöstmann* Rn 5; *Schmidt-Futterer/Streyl* Rn 13; *K Müller* MDR 1971, 253, 257.
12 LG Kiel WuM 1995, 540; *Schmidt-Futterer/Streyl* Rn 3; **aM** LG Stuttgart NJW-RR 1990, 654.
13 LG München II ZMR 1987, 96, 97.
14 LG Siegen WuM 1990, 208.
15 LG Mannheim ZMR 1967, 310.

André Haug

Schrifttum

Lechner Aktuelle Probleme des Mietrechts, ZMR 1982, 166.

Systematische Übersicht

I. Allgemeines —— 1
II. Rücktrittsrecht (Abs 1) —— 2

III. Mietverhältnis unter auflösender Bedingung
(Abs 2) —— 3

I. Allgemeines

1 Gemäß § 572 Abs 1 kann sich der Vermieter nach Überlassung des Wohnraums an den Mieter nicht mehr auf ein vereinbartes Rücktrittsrecht berufen. Er kann sich auch entsprechend Abs 2 nicht auf eine Vereinbarung stützen, nach der das Mietverhältnis zum Nachteil des Mieters auflösend bedingt ist.

Zweck der Vorschrift ist der Schutz des Mieters vor der Umgehung der Kündigungsschutzvorschriften durch vertraglich vereinbarte Rücktrittsrechte oder die Vereinbarung einer auflösenden Bedingung. Während § 570a aF auch noch zugunsten des Mieters vereinbarte Rücktrittsrechte den Kündigungsvorschriften unterwarf, ist jetzt klargestellt, dass nur zu Ungunsten des Mieters die Vereinbarung eines Rücktrittsrechts für die Zeit nach Überlassung der Wohnung unzulässig ist.

Die Beschränkungen des § 572 gelten auch für die in § 549 Abs 2 und 3 genannten Mietverhältnisse, da die Bestimmung dort nicht genannt wird. Angesichts des Zwecks der Vorschrift – Schutz vor Umgehung der Kündigungsvorschriften – ist das nicht nachvollziehbar, weil im Rahmen der dort genannten Mietverhältnisse der Kündigungsschutz schon kraft Gesetzes ganz oder annähernd aufgehoben ist.

II. Rücktrittsrecht (Abs 1)

2 § 572 Abs 1 betrifft nur die Zeit nach Überlassung des Wohnraums, also nach Überlassung des unmittelbaren Besitzes an dem Mietgegenstand. Vorher kann ein vertraglich vereinbartes Rücktrittsrecht ausgeübt werden. Hat sich beispielsweise der Mieter zur Zahlung eines Baukostenzuschusses innerhalb einer bestimmten Frist verpflichtet, kann nach Ablauf der Frist bei Nichtleistung des Zuschusses der Vermieter zurücktreten.

Nach Überlassung des Wohnraums scheidet, wie auch schon nach bisherigem Recht ein vereinbartes Rücktrittsrecht für den Vermieter aus, dieser bleibt auf sein Kündigungsrecht verwiesen (vgl §§ 573ff). Ein Rücktrittsrecht des Mieters kann hingegen anders als nach früherem Recht vereinbart werden.

Gesetzliche Rücktrittsrechte werden von § 572 Abs 1 nicht berührt.[1] Solche treten aber weitgehend, wenn nicht völlig hinter das Kündigungsrecht aus wichtigem Grund zurück.[2]

III. Mietverhältnis unter auflösender Bedingung (Abs 2)

3 Mit Bedingung ist hier eine rechtsgeschäftliche Bestimmung gemeint, durch die das Ende des Mietverhältnisses nach § 158 Abs 2 vom Eintritt eines zukünftigen, ungewissen Ereignisses abhängig gemacht wird. Es können Ereignisse beliebiger Art zum Gegenstand

---

1 *Palandt/Weidenkaff* Rn 3.
2 BGHZ 50, 312, 315 = NJW 1969, 37; *Bub/Treier/Grapentin* Rn IV 255.

der Bedingung gemacht werden, auch wenn der Eintritt der Bedingung vom Willen der Parteien abhängt. Haben die Parteien eines Untermietvertrages vereinbart, dass ihr Vertragsverhältnis bei Beendigung des Hauptmietverhältnisses enden soll, greift § 572 Abs 2 ebenfalls ein.[3] Die auflösende Bedingung ist von der **Befristung** zu unterscheiden. Unterscheidungskriterium ist, dass im Falle der Befristung das Ereignis nach den Vorstellungen der Parteien bei Vertragsabschluss sicher eintreten wird, während bei der auflösenden Bedingung hierüber Zweifel bestehen.[4]

Tritt die auflösende Bedingung ein, kann sich nach § 572 Abs 2 nur der Mieter auf die **Beendigung** des Mietverhältnisses berufen, der Vermieter ist wie im Fall des Abs 1 auf die Kündigungsregelungen der §§ 573ff zu verweisen.

Fraglich ist, ob vor Eintritt der auflösenden Bedingung das Mietverhältnis ordentlich kündbar ist. Teilweise wird die Ansicht vertreten, vor Bedingungseintritt sei das Mietverhältnis als auf bestimmte Zeit abgeschlossenes Mietverhältnis anzusehen.[5] Nach anderer Auffassung wird die Frage der Kündbarkeit vor Bedingungseintritt davon abhängig gemacht, was die Parteien bei Vertragsschluss vereinbart hatten, ob etwa in der Vereinbarung der auflösenden Bedingung ein Verzicht auf das Kündigungsrecht zu sehen ist.[6] Schließlich wird die Auffassung vertreten, Mietverträge unter auflösender Bedingung seien wie Verträge auf unbestimmte Zeit zu behandeln und damit ordentlich kündbar.[7] Für zuletzt genannte Ansicht spricht, dass die Vereinbarung eines befristeten Vertrages nur noch unter den engen Voraussetzungen des § 575 möglich ist und außerdem aus den §§ 550 Abs 1 und 575 Abs 1 Satz 2 zu entnehmen ist, dass im Zweifel ein auf unbestimmte Zeit abgeschlossener Mietvertrag vereinbart sein soll und damit das Kündigungsrecht besteht. Allerdings wird man mit der vermittelnden Meinung davon ausgehen müssen, dass ein Verzicht auf das Kündigungsrecht vor Bedingungseintritt vorliegt, wenn das aus dem Vertrag eindeutig hervorgeht.

Aus dem Wortlaut von Abs 2 geht im Gegensatz zu Abs 1 nicht eindeutig hervor, ob der Vermieter sich auf den Eintritt der auflösenden Bedingung vor Überlassung des Wohnraums berufen kann. Aus der Verknüpfung des Abs 2 mit Abs 1 durch das Wort „ferner" kann jedoch geschlossen werden, dass auch Abs 2 erst nach Überlassung des Wohnraums an den Mieter zur Anwendung kommt.[8]

---

3 LG Osnabrück WuM 1994, 24.
4 *Bork* Allgemeiner Teil des Bürgerlichen Gesetzbuchs [2. Aufl 2006] Rn 1255.
5 *Roquette* § 565a Rn 10.
6 *Blank/Börstinghaus/Blank* Rn 13.
7 *Palandt/Weidenkaff* Rn 5.
8 *Staudinger/Rolfs* [2011] Rn 13.

André Haug

Unterkapitel 2

Mietverhältnisse auf unbestimmte Zeit

§ 573

Ordentliche Kündigung des Vermieters

[1] Der Vermieter kann nur kündigen, wenn er ein berechtigtes Interesse an der Beendigung des Mietverhältnisses hat. Die Kündigung zum Zwecke der Mieterhöhung ist ausgeschlossen.

[2] Ein berechtigtes Interesse des Vermieters an der Beendigung des Mietverhältnisses liegt insbesondere vor, wenn

1. der Mieter seine vertraglichen Pflichten schuldhaft nicht unerheblich verletzt hat,
2. der Vermieter die Räume als Wohnung für sich, seine Familienangehörigen oder Angehörige seines Haushalts benötigt oder
3. der Vermieter durch die Fortsetzung des Mietverhältnisses an einer angemessenen wirtschaftlichen Verwertung des Grundstücks gehindert und dadurch erhebliche Nachteile erleiden würde; die Möglichkeit, durch eine anderweitige Vermietung als Wohnraum eine höhere Miete zu erzielen, bleibt außer Betracht; der Vermieter kann sich auch nicht darauf berufen, dass er die Mieträume im Zusammenhang mit einer beabsichtigten oder nach Überlassung an den Mieter erfolgten Begründung von Wohnungseigentum veräußern will.

[3] Die Gründe für ein berechtigtes Interesse des Vermieters sind in dem Kündigungsschreiben anzugeben. Andere Gründe werden nur berücksichtigt, soweit sie nachträglich entstanden sind.

[4] Eine zum Nachteil des Mieters abweichende Vereinbarung ist unwirksam.

Schrifttum

Asper Ordentliche und fristlose Kündigung von Wohnraummietverhältnissen aufgrund Zahlungsverzugs, WuM 1996, 315; *J Barthelmess/M Barthelmess* Zur Interessenabwägung im Rahmen berechtigter Interessen iSv § 564b BGB. Zum Widerspruch zwischen dem RE des BGH v 20.1.88 und dem Beschl des BVerfG v 18.1.88, ZMR 1988, 211; *Beuermann* Fristlose und vorsorglich erklärte fristgerechte Kündigung wegen Zahlungsverzugs, WuM 1997, 151; *Bierbaum/Stöckel* Was man sich als Vermieter so alles bieten lassen muss, GE 1999, 1162; *Blank* Die ordentliche Kündigung bei Zahlungsverzug des Mieters, NZM 2013, 104; *ders* Der Kündigungstatbestand des Eigenbedarfs nach dem Urteil des Bundesverfassungsgerichts vom 14.2.1989, WuM 1989, 157; *ders* Die Modernisierung von Wohnraum, ZMR 1981, 321, 323; *ders* Das Gebot der Rücksichtnahme nach § 241 Abs 2 BGB im Mietrecht, ZGS 2004, 104; *ders* Der Wegfall des Eigenbedarfs nach Ablauf der Kündigungsfrist, NJW 2006, 739; *Brinkmann* Zahlungsrückstände des Wohnraummieters als Kündigungsgrund (1995); *Buchmann* Zur Wirksamkeit der hilfsweisen ordentlichen Kündigung bei fristloser Kündigung gem. § 554 BGB nach Befriedigung des Vermieters oder Übernahmeerklärung innerhalb der Monatsfrist nach Klagezustellung, WuM 1996, 78; *Bultmann* Gleichbehandlung der „Mieter" in genossenschaftlichen Wohnungsunternehmen, GE 2000, 314; *Burow* Die Eigenbedarfskündigung nach § 564b Abs 2 Nr 2 BGB. Eine juristische und ökonomische Analyse (1997); *Depenheuer* Der Mieter als Eigentümer? Anmerkungen zum Beschluß des BVerfG vom 26.5.1993, NJW 1993, 2035, NJW 1993, 2561; *Derleder* Der Mieter als Eigentümer – Zum Beschluß des BVerfG vom 26. Mai 1993, WM 1993, 377 –, WuM 1993, 514; *Disput/Hübner* Lockerung der Voraussetzungen einer Verwertungskündigung durch die Urteile des BGH vom 28.1.2009?, ZMR 2009, 665; *Drasdo* Die Zukunft der Abrißkündigung, NZM 2007, 305; *Eichelbaum* Eigenbedarfskündigung: Auch für den Stiefsohn?, GE 1989, 919; *Eisenhardt* Die Pflicht des Vermieters, dem Mieter eine nach Ausspruch der Eigenbedarfskündigung freiwerdende Alternativwohnung anzubieten, WuM 1997, 476; *Eisenschmid* Die Eigenbedarfskündigung

André Haug

im Spiegel der Rechtsprechung des Bundesverfassungsgerichts und des Bundesgerichtshofes, WuM 1990, 129; *Emmerich* Der Mieter als Eigentümer von Gerichts wegen – Das Bundesverfassungsgericht, das Mietrecht und das Eigentum –, in: FS Gitter (1995) 241; *Feindl* Die Begründung der Eigenbedarfskündigung in der mietrechtlichen Praxis, NZM 2013, 7; *Finger* Umwandlung von Eigentumswohnungen und Kündigung wegen Eigenbedarfs – zugleich Anmerkung zu BVerfG WM 1992, 416 und 417 sowie OLG Frankfurt WM 1992, 421 –, WuM 1992, 508; *ders* Verfassungsschutz des Mieters aus Art 14 Abs 1 Satz 1 GG? Zu BVerfG, Beschluß vom 26.5.1993 – 1 BvR 208/93 –, ZMR 1993, 405, ZMR 1993, 545; *Fischer* Die Abmahnung vor Kündigung bei Vertragsverletzung des Mieters, WuM 2008, 251; *Flatow* Typische Fehler bei der Kündigungserklärung, NZM 2004, 281; *Franke* Besitzrecht des Mieters an der Wohnung als Eigentum iS von Art 14 I GG?, DWW 1993, 281; *ders* Zahlungsverzug und ordentliche Kündigung – zugleich ein Beitrag zu den Rechtsentscheiden des OLG Oldenburg vom 18.7.1991, ZMR 1991, 427 und des OLG Stuttgart vom 28.8.1991, ZMR 1991, 429 –, ZMR 1992, 81; Gru*newald* Vermietung durch Personengesellschaften und Eigenbedarf, NJW 2009, 3486; *Harke* Eigenbedarf bei Personengesellschaften, ZMR 2002, 405; *Häublein* Alternativwohnungen im Eigenbedarfsrecht – Zeitlicher Umfang nachwirkender Vermieterpflichten, NZM 2003, 970; *Henschel* Eigentumsgewährleistung und Mieterschutz, NJW 1989, 937; *Hinz* Schadensersatz bei unberechtigter Kündigung, WuM 2009, 331; *ders* Unberechtigte Eigenbedarfskündigung: Wiederherstellung von Besitz- und Mietrechten, WuM 2010, 207; *H Honsell* Privatautonomie und Wohnungsmiete, AcP 186 (1986) 115; *Ibler* Die Eigentumsdogmatik und die Inhalts- und Schrankenbestimmungen iSv Art 14 Abs 1 S 2 GG im Mietrecht, AcP 97 (1997) 197; *Kappus* Alternativwohnungen im Eigenbedarfsrecht – Fass zu, Fass auf?, NZM 2003, 657; *Kinne* Kündigung wegen fehlender wirtschaftlicher Verwertung, GE 1998, 468; *ders* Schadensersatz wegen unberechtigter Eigenbedarfskündigung, GE 1995, 523; *Lammel* Die Rechtsprechung des BVerfG zur Eigenbedarfskündigung, NJW 1994, 3320; *Lange* Mietbesitz als Verfassungseigentum – Konsequenzen aus der Rechtsprechung des BVerfG für die Anwendung einfachen Rechts, ZMR 2004, 881; *Langenberg* Zur fristlosen Kündigung wegen unpünktlicher Mietzahlung, WuM 1990, 3; *Looff* Abmahnerfordernis bei der Kündigung nach § 573 Abs 2 Nr 1 BGB, ZMR 2008, 680; *Meincke* Mietbesitz als Eigentum – Die Entscheidung BVerfGE 89, 1 aus zivilrechtlicher Sicht, in: FS Friauf (1996) 427; *ders* Mietrecht und Verfassungsrecht, WuM 1994, 581; *v Mutius* Eigentum verpflichtet – was bleibt vom Recht?, ZMR 1989, 121; *Oetker* Der selbstverursachte Eigenbedarf als berechtigtes Interesse für eine ordentliche Kündigung des Wohnraummietverhältnisses nach § 564b Abs 2 Nr 2 BGB, ZMR 1984, 77; *Ostermann* Vorgetäuschter Eigenbedarf – Zum Mißbrauch des Kündigungsrechts ach § 564b Abs 2 Nr 2 BGB, WuM 1992, 342; *Paschke* Die „Eigenbedarfskündigung" im Modell der Wohnraummietrechtsordnung – Anm zum Beschl des BGH v 20.1.88 – VIII ARZ 4/87 – in ZMR 88, 130, ZMR 1988, 164; *Pfeifer* Risiko: Kündigung trotz fehlenden Eigenbedarfs, GE 1998, 342; *Röder* Das betriebliche Wohnungswesen im Spannungsfeld von Betriebsverfassungsrecht und Wohnungsmietrecht (1983); *Roellecke* Das Mietrecht des BVerfG. Kritik einer Argumentationsfigur, NJW 1992, 1649; *ders* Mietwohnungsbesitz als Eigentum. Eine Folgenabschätzung, JZ 1995, 74; *Roth* Genossenschaftsausschluss als berechtigtes Kündigungsinteresse – wohnbedarfsabhängig?, NZM 2004, 129; *Rüthers* Ein Grundrecht auf Wohnung durch die Hintertür?, NJW 1993, 2587; *Schläger* Die Abmahnung im Wohnraummietrecht, ZMR 1991, 41; *Scholl* Nochmals: Zahlungsverzug und ordentliche Kündigung – Anmerkung zu den Rechtsentscheiden des OLG Stuttgart vom 28.8.1991 (WM 1991, 526) und des OLG Karlsruhe vom 19.8.1992 (WM 1992, 517) zu der Frage der Anwendbarkeit des § 554 Abs 2 Nr 2 BGB auf die wegen Zahlungsverzugs erklärte ordentliche Kündigung nach § 564b Abs 2 Nr 1 BGB –, WuM 1993, 99; *Scholz* Kündigung nach Vermieterwechsel. Zur Frage, inwieweit der Erwerber nach Veräußerung des Grundstücks die Kündigung eines Mietverhältnisses auf Umstände stützen kann, die vor dem Eigentumsübergang eingetreten sind, WuM 1983, 279; *Schopp* Die Eigenbedarfskündigung in der Wohnraummiete (§ 564b Abs 1 u 2 Nr 2) im Lichte der einschlägigen Entscheidungen des BVerfG und des BGH, DWW 1989, 98; *Schönleber* Kündigung wegen Hinderung angemessener wirtschaftlicher Verwertung, NZM 1998, 601; *Schwab* Interessenabwägung bei Kündigung einer Mietwohnung wegen Überbelegung, ZMR 1984, 115; *Seier* Der Kündigungsbetrug. Zum Schutz der Wohnraummiete aus zivil- und strafrechtlicher Sicht (1989); *ders* Der Pflichtverstoß des Vermieters bei fahrlässig unberechtigter Kündigung von Mietverhältnissen, ZMR 1978, 34; *Sonnenschein* Kündigung und Rechtsnachfolge, ZMR 1992, 417; *ders* Kündigungsprobleme bei Rechtsnachfolge, in: PiG, Bd 37 (1992) 95; *ders* Die Rechtsprechung des Bundesverfassungsgerichts zum Mietrecht, NJW 1993, 161; *ders* Von der Wohnraummiete über die Geschäftsraummiete zur Pacht – und zurück, in: FS Seuß (1987) 253; *ders* Der gespaltene Wohnungsmarkt und die Fehlbeleger als Nutznießer des Sozialstaats, in: FS Mestmäcker (1996) 1063; *Steinig* Eigenbedarfskündigung: Für welche Personen kann sie ausgesprochen werden?, GE 1996, 1206; *Sternel* Die Pflicht zur Begründung der Kündigung im Mietrecht, in: FS Seuß (1987) 281; *Timme* Vermieters Reaktionspflichten nach Wegfall des Eigenbedarfs, NZM 2006, 249; *Wetekamp* Bericht; Kündigung des Mietvertrags, NZM 1999, 485; *Wiek* Anbietpflicht des Vermieters gegenüber einem wegen Eigenbedarfs gekündigten Mieter, DWW 2003, 297; *ders* Eigenbedarf von Gesellschaften, WuM 2009, 491; *Zipperer* Schadensersatzpflicht des rechtmäßig kündigenden Vermieters? – Fortschreibung des Rechtsentscheids des OLG Hamm vom 31.1.1984 (WM 1984, 9ff), WuM 1985, 135.

André Haug

I. Allgemeines

1. Überblick. Die Vorschrift regelt als zentrale Norm des sozialen Mietrechts den Kündi- 1
gungsschutz von Mietverhältnissen über Wohnraum. Dieser Schutz besteht darin, dass der
Vermieter ein solches Mietverhältnis durch ordentliche oder außerordentliche Kündigung
mit gesetzlicher Frist (§§ 573d und 575a verweisen auf § 573) nach Abs 1 nur beenden kann,
wenn er ein berechtigtes Interesse hat. Damit sind Kündigungsgründe gemeint, die in Abs 2
beispielhaft aufgezählt sind. Als berechtigte Interessen werden nach Abs 3 grundsätzlich
nur die Gründe berücksichtigt, die in dem Kündigungsschreiben angegeben sind. Ausnahmen vom Kündigungsschutz gelten nach § 573a für die Vermietung von Einliegerwohnungen in dem vom Vermieter selbst bewohnten Wohngebäude oder innerhalb seiner Wohnung
sowie nach § 549 Abs 2 und 3 bei den dort genannten Mietverhältnissen. Nach Abs 4 kann
zum Nachteil des Mieters von der Regelung nicht abgewichen werden. Die Regelung ist im
Jahre 1971 mit einigen Abweichungen als Art 1 § 1 WKSchG I vom 25.11.1971[1] erlassen worden.
Mit Wirkung vom 1.1.1975 ist der Kündigungsschutz auf Dauer als § 564b aF in das BGB übernommen worden.[2] Durch die Mietrechtsreform 2001 wurde § 564b aF in vier Vorschriften
aufgeteilt, § 564b Abs 1, Abs 2 Nr 1, Nr 2 S 1, Nr 3 und Abs 3 wurden zu § 573. Inhaltliche
Veränderungen gingen mit dieser Neuaufteilung nicht einher. Zu beachten ist, dass gemäß
Art 232 § 2 Abs 1 EGBGB die Kündigung zum Zwecke der wirtschaftlichen Verwertung (§ 573
Abs 2 Nr 3) bei einem Mietvertrag über eine im Beitrittsgebiet gelegene Wohnung, der vor
dem 3. Oktober 1990 abgeschlossen worden ist, auf Dauer ausgeschlossen ist.[3]

---

1 BGBl I, 1839.
2 Art 1 Nr 1 WKSchG II vom 18.12.1974 (BGBl I, 3603).
3 *Stellwaag* DWW 1999, 376; *Schönleber* NZM 1998, 601, 607.

     André Haug

2 **2. Bedeutung der Vorschrift.** Die Erforderlichkeit eines Kündigungsschutzes wurde ursprünglich aus den Marktverhältnissen in Gebieten mit besonderem Wohnungsbedarf hergeleitet und sollte dementsprechend begrenzt werden. Schon im Gesetzgebungsverfahren des WKSchG I wurde jedoch davon abgesehen, den örtlichen Anwendungsbereich einzuschränken. Auch bei der späteren Übernahme in das BGB wurde betont, dass der Schutz des Mieters unabhängig davon erforderlich sei, ob die Lage auf dem Wohnungsmarkt ausgeglichen sei. Ziel des Kündigungsschutzes ist es hiernach, den vertragstreuen Mieter vor einer ohne beachtliche Gründe ausgesprochenen Kündigung und dem damit verbundenen Verlust seiner Wohnung zu schützen. Die Wohnung als Mittelpunkt der Lebensführung soll dem Mieter grundsätzlich erhalten bleiben. Die daraus folgende Einschränkung der Vermieterrechte ist nur durch die Sozialpflichtigkeit des Eigentums aus Art 14 Abs 2 GG zu rechtfertigen. Sie findet hieran zugleich ihre Grenze. Eine durch die soziale Funktion nicht gebotene Begrenzung privatrechtlicher Befugnisse kann nicht auf Art 14 Abs 2 GG gestützt werden. Dies hat nicht nur der Gesetzgeber zu beachten. Es gilt in gleicher Weise für die praktische Anwendung des § 573.[4] Hiernach ist es mit der Eigentumsgarantie des Art 14 Abs 1 S 1 GG zu vereinbaren, dass der Gesetzgeber das Kündigungsrecht in § 573 Abs 1 Nr 2 von Eigenbedarf als einem berechtigten Interesse an der Beendigung des Mietverhältnisses abhängig gemacht hat.[5] In gleicher Weise ist es verfassungsgemäß, wenn das Kündigungsrecht des Vermieters nach Abs 2 Nr 3 voraussetzt, dass ihn die Fortsetzung des Mietverhältnisses an einer angemessenen wirtschaftlichen Verwertung des Grundstücks hindert.[6] Auch bei der verfahrensmäßigen Geltendmachung von Kündigungsgründen ist der Eigentumsschutz zu beachten.[7] Damit sind dem von den Instanzgerichten zum Teil überzogenen Mieterschutz Grenzen gesetzt worden. Auf der anderen Seite hat das BVerfG mit seiner Entscheidung, das Besitzrecht des Mieters sei Eigentum im Sinne des Art 14 GG, dem Spannungsfeld von Eigentum, Vertragsfreiheit und Sozialpflichtigkeit eine neue Dimension hinzugefügt.[8] Wegen ihrer besonderen Bedeutung hat die Entscheidung eine lebhafte Diskussion ausgelöst.[9] Sie beeinflusst die Praxis in erheblicher Weise.[10]

II. Voraussetzungen

1. Mietverhältnis über Wohnraum

3 **a) Wohnraummiete.** Der Kündigungsschutz gilt nur bei einem Mietverhältnis über Wohnraum (Vorbem 6 zu § 535). Vertragsgegenstand müssen Räume sein, die nach dem von den Parteien vereinbarten Zweck zum Wohnen bestimmt sind.[11] Deshalb werden auch Geschäftsräume erfasst, die zu Wohnzwecken vermietet werden, selbst wenn dies baurechtswidrig ist.[12] Das Gleiche gilt für die Miete eines Dachbodens, den der Mieter zur

---

4 *v Mutius* ZMR 1989, 121.
5 BVerfGE 68, 361 = NJW 1985, 2633; BVerfGE 79, 292 = NJW 1989, 970; BVerfG NJW 1988, 1075.
6 BVerfGE 79, 283 = NJW 1989, 972.
7 BVerfG NJW 1988, 2725, 2726; NJW 1992,105; NJW 1992, 1877, 1878; NJW 1992, 2411, 2412, hierzu *Finger* WuM 1992, 508; NJW 1992, 2752; vgl *Eisenschmid* WuM 1990, 129; *Henschel* NJW 1989, 937; *Lammel* NJW 1994, 3320; *Meincke* WuM 1994, 581; *Roellecke* NJW 1992, 1649; *Sonnenschein* NJW 1993, 161, 166ff.
8 BVerfGE 89, 1 = NJW 1993, 2035; bestätigt zuletzt durch BVerfG NZM 2004, 186.
9 *Depenheuer* NJW 1993, 2561; *Derleder* WuM 1993, 514; *Emmerich* in: FS Gitter 241; *ders* in: FS Mestmäcker 989; *Finger* ZMR 1993, 545; *Franke* DWW 1993, 281; *Ibler* AcP 97 (1997) 565; *Meincke* in: FS Friauf 427; *Roellecke* JZ 1995, 74; *Rüthers* NJW 1993, 2587; *Sternel* MDR 1993, 729.
10 BVerfG NJW 1994, 41; BVerfG NZM 2004, 186 mit Bespr *Lange* ZMR 2004, 881; VerfG Bbg WuM 1994, 366; VerfGH Berlin GE 2003, 736; LG Lüneburg WuM 1995, 708.
11 OLG Celle ZMR 1999, 469; OLG Düsseldorf NZM 2002, 739; OLG Frankfurt aM ZMR 2009, 198.
12 LG Koblenz WuM 1984, 132.

Wohnung ausbauen kann.[13] Ist der Vertragszweck bei Abschluss des Mietvertrags noch offen geblieben, kann er später durch die einvernehmliche Nutzung als Wohnraum[14] oder Geschäftsraum[15] bestimmt werden. Räume, die sowohl gewerblich, als auch zu Wohnzwecken genutzt werden, gelten als überwiegend gewerblich genutzt, wenn der Mieter durch die Ausübung des Geschäfts seinen Lebensunterhalt bestreitet.[16] Auf Wohnräume im Sinne von § 549 Abs 2 und 3 ist § 573 nicht anzuwenden.[17]

b) Gestuftes Mietverhältnis. Bei einem gestuften Mietverhältnis stellt sich die Frage,   4 ob und inwieweit dem Untermieter ein Bestandsschutz zugutekommt. Im **Ausgangspunkt** hat der Gesetzgeber diesen Schutz an eine unmittelbare mietvertragliche Beziehung zwischen den Parteien gebunden. Der Untermieter genießt deshalb gegenüber seinem Untervermieter Kündigungsschutz,[18] soweit das Untermietverhältnis nicht nach § 549 Abs 2, Abs 3 vollständig oder wie bei Einliegerwohnraum nach § 573a teilweise dem Schutz entzogen ist. Im Hauptmietverhältnis handelt es sich dagegen um geschäftliche Miete, wenn der Zweck dieses Vertrags nicht darin besteht, dem Hauptmieter die eigene Benutzung der Wohnung zu ermöglichen.[19] Dies gilt auch, wenn die Person, die den Wohnraum nutzen soll, im Mietvertrag namentlich aufgeführt wird.[20] Im Verhältnis zwischen Hauptmieter und Untermieter gibt es nach der ursprünglichen Konzeption des Gesetzes keinen Schutz. Dieser Mangel wurde in den Fällen der **gewerblichen Zwischenvermietung** zunehmend als unbefriedigend und nicht mehr hinnehmbar kritisiert, was zunächst zu Ersatzlösungen über den Einwand des Rechtsmissbrauchs nach § 242[21] und anderen im Schrifttum entwickelten Konstruktionen führte. Das BVerfG hielt die Missbrauchslösung für unzureichend und nahm einen Verstoß gegen Art 3 Abs 1 GG an, wenn einem Mieter, der Wohnraum in Kenntnis der Eigentumsverhältnisse von einem gewerblichen Zwischenvermieter und nicht unmittelbar vom Eigentümer gemietet hatte, der Schutz versagt wurde.[22] Diese Entscheidung hat den Gesetzgeber veranlasst, den Kündigungsschutz bei gewerblicher Zwischenvermietung in § 549a aF, § 565 nF gesetzlich zu regeln.

Die Fälle der **schlichten Zwischenvermietung oder typischen Untermiete**, in   5 denen der Untervermieter nicht die Merkmale der Gewerblichkeit erfüllt, werden von § 565 nicht unmittelbar erfasst. Der BGH[23] hat offengelassen, ob eine analoge Anwendung in Betracht kommt. Das hängt ganz von den Umständen des Einzelfalls ab, wird aber in aller Regel daran scheitern, dass die Interessenlage nicht vergleichbar ist. Dies hat zur Folge, dass der Herausgabeanspruch des Hauptvermieters aus § 546 Abs 2 nach Beendigung des Hauptmietverhältnisses grundsätzlich uneingeschränkt gegen den Untermieter durch-

---

13 AG Charlottenburg GE 1990, 377.
14 LG Essen WuM 1990, 506 m Anm *Franke*.
15 OLG Köln WuM 1996, 266.
16 OLG Saarbrücken v. 21.6. 2012 – 8 U 451/11-122, MDR 2012, 1335.
17 *Staudinger/Weitemeyer* [2011] § 549 Rn 22.
18 MünchKomm/*Häublein* Rn 16; *Schmidt-Futterer/Blank* Rn 9.
19 BGHZ 94, 11 = NJW 1985, 1772; BGH WM 1982, 1390, 1392; NJW 1996, 2862, 2863; BayObLG WuM 1995, 645; OLG Hamburg NZM 1998, 758; OLG Braunschweig WuM 1984, 237 m Anm *Eickhoff* WuM 1984, 271, *Eckert* WuM 1984, 273; OLG Karlsruhe NJW 1984, 313; OLG Stuttgart NJW 1985, 1966; WuM 1993, 386; LG Hamburg WuM 1992, 479; *Sonnenschein* in: FS Seuß 253; *Staudinger/Rolfs* [2011] § 546 Rn 78 ff.
20 AG Frankfurt/M DWW 1991, 26.
21 BGHZ 84, 90 = NJW 1982, 1696 m Anm *Haase* JR 1982, 456; BGHZ 114, 96 = NJW 1991, 1815 m Anm *Matthies* JR 1992, 105.
22 BVerfGE 84, 197 = NJW 1991, 2272.
23 BGHZ 133, 142, 149 mwN = NJW 1996, 2862, 2863 = LM Nr 1 zu § 549a BGB m Anm *Fritz*.

André Haug

greift und ein etwaiger Bestandsschutz nur mit dem herkömmlichen Instrumentarium, insbesondere mit dem Einwand des Rechtsmissbrauchs aus § 242 zu erreichen ist.[24]

6   Anders ist die Problematik bei der **Untervermietung einzelner Teile der gemieteten Wohnräume.** Der vertragsmäßige Gebrauch liegt in der eigenen Nutzung als Wohnraum durch den Mieter und teilweise in der Weitervermietung. Das Hauptmietverhältnis ist daher grundsätzlich ein Mietverhältnis über Wohnraum. Wird der größere Teil des Mietobjekts weitervermietet, könnte nach den zu Mischmietverhältnissen entwickelten Grundsätzen auf den Schwerpunkt des Vertrags abgestellt werden.[25] Diese Beurteilung wird dem Schutzbedürfnis des Hauptmieters nicht gerecht, weil das ganze Mietobjekt unter Einbeziehung des Hauptmieters zum Wohnen bestimmt ist. Dies rechtfertigt es, das Hauptmietverhältnis unabhängig von der Größe des untervermieteten Teils als Wohnraummiete zu beurteilen. Dies ist bei der Vermietung eines Hauses an einen Hauptmieter anzunehmen, wenn der Vertragszweck darin besteht, eine Wohngemeinschaft mit wechselnden Mitgliedern als Untermietern zu bilden.[26] Die gleiche Beurteilung ist geboten, wenn der Hauptmieter ein Gebäude mit mehreren Wohnungen mietet, von denen er eine selbst bewohnt, während er die übrigen mit Erlaubnis des Hauptvermieters untervermietet.[27] Entscheidend ist, ob nach dem Parteiwillen der Vertragszweck im Hauptmietverhältnis auf das eigene Wohnen des Mieters oder auf die Untervermietung gerichtet ist.[28]

7   **c) Pacht und ähnliche Nutzungsverhältnisse.** Auf die Pacht, Leihe und ähnliche Nutzungsverhältnisse sind die §§ 573ff grundsätzlich nicht anwendbar.[29] Da die mietrechtlichen Vorschriften für die Pacht nach § 581 Abs 2 entsprechend anzuwenden sind, ist der Kündigungsschutz nach den für ein Mischmietverhältnis maßgebenden Grundsätzen aber nur ausgeschlossen, wenn die Pächterwohnung gegenüber dem sonstigen Anteil des Pachtgegenstandes zurücktritt oder nicht wenigstens gleichwertig ist. Ebenso wenig liegt Wohnraummiete vor, wenn ein unbebautes Grundstück vermietet wird und der Mieter hierauf ein Wohngebäude errichtet, das als Scheinbestandteil im Sinne des § 95 in seinem Eigentum steht und nicht in den Mietvertrag einbezogen ist.[30]

8   **2. Kündigung des Vermieters.** Die Regelungen der §§ 573, 573a, 573b und 577a betreffen grundsätzlich nur die Kündigung durch den Vermieter. Grundsätzlich sind nur die Parteien berechtigt zu kündigen. Es kommt darauf an, dass der Kündigende im Zeitpunkt der Abgabe und des Zugangs der Erklärung die Stellung des Vermieters einnimmt. Allein aus seiner Person ist es zu beurteilen, ob ein berechtigtes Interesse an der Beendigung des Mietverhältnisses besteht. Hieraus ergeben sich erhebliche Probleme bei einem Parteiwechsel, insbesondere in den Fällen der Veräußerung des Grundstücks nach § 566 und einer Rechtsnachfolge kraft Gesetzes wie § 1922 oder aufgrund einer Vertragsübernahme.[31] Auszugehen ist von der Grundregel, dass derjenige, der noch nicht die Rechtsstellung des Vermieters einnimmt, nicht kündigen kann. Da das Kündigungsrecht zudem davon abhängt, dass ein Kündigungsgrund besteht, treten weitere Probleme hinzu. Deshalb

---

24   BGHZ 133, 142, 149 = NJW 1996, 2862, 2863; BayObLG WuM 1995, 638; WuM 1995, 642; WuM 1995, 645; OLG Stuttgart WuM 1993, 386; **aM** KG GE 1996, 49.
25   LG Hamburg NJW-RR 1986, 441.
26   AG Essen WuM 1987, 83.
27   OLG Stuttgart NJW 1986, 322.
28   *Sonnenschein* in: FS Seuß 253, 266.
29   *Erman/Lützenkirchen* Rn 4.
30   BGHZ 92, 70 = NJW 1984, 2878 m Anm *Haase* JR 1985, 60, *Sonnenschein* JZ 1985, 45.
31   *Staudinger/Rolfs* [2011] § 542 Rn 23 ff.

ist im Einzelnen zu unterscheiden, ob die Kündigung vor oder nach dem Parteiwechsel erklärt und ob sie auf Gründe gestützt wird, die in der Person des Vorgängers oder des Nachfolgers auf der Vermieterseite erfüllt sind.[32]

a) Ordentliche Kündigung. In erster Linie fällt ein Mietverhältnis, das auf unbe- **9** stimmte Zeit eingegangen ist und durch ordentliche Kündigung beendet werden soll, in den Anwendungsbereich des § 573. Die Beweislast für die Kündbarkeit und somit dafür, dass keine feste Mietzeit bestimmt ist, trägt der kündigende Vermieter.[33]

b) Außerordentliche Kündigung mit gesetzlicher Frist. In gleicher Weise ist die **10** Vorschrift gemäß § 575a auf die **außerordentliche Kündigung mit gesetzlicher Frist** eines Mietverhältnisses anwendbar, das gemäß § 575 auf bestimmte Zeit abgeschlossen ist und dessen vertragliche Dauer noch nicht abgelaufen ist. Die außerordentliche Kündigung mit gesetzlicher Frist kommt ferner gemäß § 573d für ein Mietverhältnis in Betracht, bei dem die ordentliche Kündigung vertraglich oder gesetzlich für eine gewisse Zeit ausgeschlossen ist oder für das nach § 573c Abs 1 S 2 oder nach dem Vertrag eine längere als die normale gesetzliche Frist maßgebend ist. Das Gesetz unterscheidet nicht zwischen den einzelnen Kündigungsarten.[34] Würde die außerordentliche Kündigung mit gesetzlicher Frist ohne berechtigtes Interesse zugelassen, käme dem vertragstreuen Mieter nur ein lückenhafter Kündigungsschutz zugute. In dieser Beschränkung des außerordentlichen Kündigungsrechts liegt kein Verfassungsverstoß.[35]

c) Außerordentliche fristlose Kündigung. Die außerordentliche fristlose Kündigung **11** fällt nicht unter § 573. Der Bestandsschutz soll nicht solchen Mietern zugutekommen, die in schwer wiegender Weise gegen ihre vertraglichen Pflichten verstoßen. Das ergibt sich mittelbar aus Abs 2 Nr 1.

d) Sonderfälle. Bei einem Mietverhältnis über Wohnraum kann sich der Vermieter **12** gemäß § 572 Abs 2 nicht auf eine Vereinbarung berufen, wonach das Mietverhältnis zum Nachteil des Mieters auflösend bedingt ist. Es ist daher nach § 573 zu kündigen. Auch auf ein vereinbartes Rücktrittsrecht kann sich der Vermieter von Wohnraum nach dessen Überlassung an den Mieter nicht mehr berufen. Der Rücktritt ist daher wie eine Kündigung zu behandeln, also an §§ 573ff zu messen. Wird das Rücktrittsrecht vor der Überlassung ausgeübt, besteht kein Bedürfnis für einen Bestandsschutz. Das gesetzliche Rücktrittsrecht wird nur vor Überlassung des Wohnraums relevant. Eine Anwendung der §§ 573ff kommt nicht in Betracht, da ein Bestandsschutz nicht erforderlich ist. Nach der Überlassung wird das gesetzliche Rücktrittsrecht durch das Recht zur fristlosen Kündigung gemäß § 569 verdrängt, so dass insoweit auch §§ 573ff ausscheiden.

e) Beendigung aufgrund sonstiger Umstände. Der Mietaufhebungsvertrag[36] wird **13** von § 573 grundsätzlich nicht erfasst. Ebenso wenig ist die Vorschrift auf die Anfechtung,

---

32 *Scholz* WuM 1983, 279; *Sonnenschein* ZMR 1992, 417.
33 LG Aachen NJW-RR 1990, 1163.
34 BGHZ 84, 90, 100f = NJW 1982, 1696; OLG Hamm WuM 1994, 520; OLG Karlsruhe WuM 1990, 60; LG Duisburg WuM 1994, 369; LG Münster WuM 1996, 37; AG Tempelhof-Kreuzberg GE 1995, 499; *Erman/Lützenkirchen* Rn 5; MünchKomm/*Häublein* Rn 26; **aM** OLG Hamm WuM 1996, 752; LG Nürnberg-Fürth WuM 1985, 228; *Hablitzel* ZMR 1984, 289.
35 BVerfG ZMR 1989, 410.
36 *Staudinger/Rolfs* [2011] § 542 Rn 156ff.

André Haug

die Störung der Geschäftsgrundlage und auf das Erlöschen eines Dauerwohnrechts oder Dauernutzungsrechts anwendbar.

3. Berechtigtes Interesse des Vermieters an der Beendigung des Mietverhältnisses
a) Allgemeines

14   **aa)** Abs 1 macht die Kündigung des Vermieters davon abhängig, dass er ein berechtigtes Interesse an der Beendigung des Mietverhältnisses hat. Der **Begriff des berechtigten Interesses** wird im Gesetz nicht näher erläutert. Die Entstehungsgeschichte und der sachliche Zusammenhang mit den Vorschriften der §§ 574ff zeigen, dass mit den Interessen die Gründe gemeint sind, die auf Seiten des Vermieters vorliegen. Der Mieter kann ohne Grund ordentlich kündigen.

15   **bb)** Der Kreis möglicher Kündigungsgründe wird dadurch eingeschränkt, dass es sich um berechtigte Interessen handeln muss. Die Prüfung verlagert sich entscheidend auf die Berechtigung der Gründe, die den Vermieter zu einer Kündigung bewogen haben. Dieser Begriff wird vom Gesetz nicht allgemein bestimmt, so dass bei seiner Auslegung auf die geltende Rechts- und Sozialordnung abzustellen ist. Dabei ist in besonderem Maße die Wertordnung der Grundrechte zu berücksichtigen.[37] Da eine vermietete Wohnung in einem sozialen Bezug und einer sozialen Funktion steht, unterliegt sie nach Art 14 GG dem Postulat einer am Gemeinwohl orientierten Nutzung. Dies umfasst das Gebot, Rücksicht auf die Belange des Mieters zu nehmen. An die Voraussetzungen für eine Kündigung sind deshalb strenge Anforderungen zu stellen.[38] Auf der anderen Seite steht die verfassungsrechtlich garantierte Eigentumsfreiheit, der in gleicher Weise wie dem Gebot einer sozial gerechten Eigentumsordnung Rechnung zu tragen ist. Der Ausschluss einer willkürlichen, ohne beachtliche Gründe veranlassten Kündigung ist verfassungsrechtlich aber nicht zu beanstanden, weil eine derartige Ausübung von Eigentümerbefugnissen im Hinblick auf die soziale Bedeutung der Wohnung für den Mieter keinen Schutz durch die Verfassung genießt.[39] Dagegen rechtfertigt die Sozialpflichtigkeit des Eigentums keine Begrenzung privatrechtlicher Befugnisse, die durch die soziale Funktion der Wohnung nicht geboten ist.[40] Der Eigentümer kann grundsätzlich allein darüber bestimmen, welchen Wohnbedarf er für sich und den begünstigten Personenkreis geltend machen will.[41] Hierfür reichen vernünftige und nachvollziehbare Gründe aus.[42] Vorschriften über den Kündigungsschutz dürfen nicht in die Substanz des Eigentums eingreifen, indem sie Privatnützigkeit und Verfügungsbefugnis wirtschaftlich ihres Sinns entleeren.[43]

16   **cc)** Als berechtigte Interessen des Vermieters sind nach Abs 2 „insbesondere" die schuldhafte Verletzung vertraglicher Verpflichtungen durch den Mieter in Nr 1, Eigenbedarf des Vermieters nach Nr 2 und die Hinderung angemessener wirtschaftlicher Verwertung nach Nr 3 anzusehen. Damit enthält das Gesetz eine **beispielhafte Aufzählung** gesetzlicher Kündigungsgründe.[44]

---

37   BGHZ 92, 213, 219 = NJW 1985, 130, 131; BGHZ 179, 289, 293 = NJW 2009, 1200.
38   BayObLG WuM 1983, 129.
39   BVerfGE 68, 361, 371 = NJW 1985, 2633, 2634.
40   BVerfGE 37, 132, 140f = NJW 1974, 1499 m Anm *Fehl* NJW 1974, 1939.
41   BVerfGE 68, 361, 372f = NJW 1985, 2633, 2634; BVerfG NJW 1988, 1075 m Anm *Schulte* JZ 1988, 611.
42   BVerfGE 79, 292 = NJW 1989, 970; BGHZ 103, 91 = NJW 1988, 904 m Anm *Schulte* JZ 1988, 611.
43   BVerfGE 79, 283 = NJW 1989, 972.
44   OLG Stuttgart WuM 1991, 330; WuM 1991, 379.

André Haug

b) Keine Kündigung zum Zweck der Mieterhöhung (Abs 1 S 2). Nach Abs 1 S 2 ist **17** die Kündigung eines Mietverhältnisses über Wohnraum zum Zwecke der Mieterhöhung ausgeschlossen. Gemeint sind allein **Änderungskündigungen** des Vermieters mit dem Ziel der Mieterhöhung, nicht hingegen sonstige ordentliche oder außerordentliche Kündigungen des Vermieters.[45] Das Verbot des Abs 1 S 2 greift folglich nur ein, wenn das (überwiegende) Motiv des Vermieters für seine Kündigung die Erhöhung der Miete ist. Die Beweislast hierfür trägt der Mieter.[46] Wenn jedoch der Vermieter zunächst vergeblich eine Mieterhöhung durchzusetzen versucht hatte und erst im Anschluss hieran nach § 573 kündigt, spricht eine **Vermutung** für das Vorliegen eines Verstoßes gegen Abs 1 S 2.[47]

Abs 1 S 2 stellt ein gesetzliches Verbot iSd § 134 BGB dar, so dass eine dagegen versto- **18** ßende Kündigung nichtig ist. Dasselbe gilt für etwaige **Umgehungsgeschäfte** wie zB die zeitliche Befristung der Geltungsdauer (nur) der Vereinbarung über die Miethöhe.[48] Die bloße Drohung mit einer Änderungskündigung ist gleichfalls unzulässig.[49]

4. Kündigungsgründe iSv Abs 2
a) Nicht unerhebliche, schuldhafte Verletzung vertraglicher Verpflichtungen durch den Mieter (Abs 2 Nr 1)

aa) Allgemeines. Der Vermieter hat nach § 573 Abs 2 Nr 1 ein berechtigtes Interesse, **19** wenn der Mieter seine vertraglichen Verpflichtungen schuldhaft nicht unerheblich verletzt hat. Dies ist der Fall, wenn Gründe vorliegen, die an sich zur fristlosen Kündigung nach § 543 Abs 2 S 1 Nr 2 berechtigen würden. Wählt der Vermieter stattdessen die ordentliche Kündigung, hat er ein berechtigtes Interesse im Sinne des Abs 2 Nr 1.[50] Das Gleiche gilt bei schuldhaften Vertragsverletzungen von geringerer Bedeutung, die kein Recht zur fristlosen Kündigung geben, aber dennoch nicht unerheblich sind. Die Wahlmöglichkeit zwischen fristloser und ordentlicher Kündigung führt allerdings zu einer Reihe von Problemen, weil sich die Tatbestandsmerkmale nicht decken und damit die Frage auftritt, inwieweit Merkmale der einen Kündigungsnorm auf die andere übertragbar sind.[51] So ist vor der ordentlichen Kündigung nach § 573 Abs 2 Nr 1 grundsätzlich keine Abmahnung erforderlich.[52] Für den Zahlungsverzug gilt nichts anderes.[53] Nur ausnahmsweise kann eine Abmahnung erforderlich sein, zB wenn der Vermieter das von ihm jahrelang geduldete vertragswidrige Verhalten des Mieters nicht mehr hinnehmen will.[54] Bei der außerordentlichen fristlosen Kündigung ist gemäß § 543 Abs 2 S 1 Nr 1 und Abs 3 stets eine Abmahnung der Pflichtverletzung erforderlich. Auf jeden Fall muss der Vermieter klarstellen, ob er fristgemäß oder fristlos kündigt.[55] Im Übrigen steht die Kündigung aus Abs 2 Nr 1 unter dem Vorbehalt des § 242. Sie ist missbräuchlich und damit unwirksam wenn die Umstände

---

45 MünchKomm/*Häublein* Rn 36.
46 *Blank/Börstinghaus/Blank* Rn 227; MünchKomm/*Häublein* Rn 37; *Schmidt-Futterer/Blank* Rn 280.
47 LG Osnabrück WuM 1973, 63; LG Köln WuM 1974, 9; LG Mannheim MDR 1989, 381; **aM** *Staudinger/Rolfs* [2011] Rn 28; *Schmidt-Futterer/Blank* Rn 279.
48 AG Frankfurt WuM 1996, 556.
49 AG Köln WuM 1988, 167.
50 BGH NJW 2006, 1585.
51 *Honsell* AcP 186 (1986) 115, 141; *Lammel* BlGBW 1982, 165, 166.
52 BGH NJW 2008, 508 mit zust Bespr Fischer WuM 2008, 251, 252f; Anm Rave ZMR 2008, 199 u krit Anm Blank WuM 2008, 91; OLG Oldenburg NJW-RR 1992, 79; *Schläger* ZMR 1991, 41, 47; *Palandt/Weidenkaff* Rn 13; **aM** LG Düsseldorf DWW 1989, 393; LG Itzehoe WuM 1992, 608; LG Lüneburg WuM 1995, 708; AG Köln WuM 1991, 577; *Blank/Börstinghaus/Blank* Rn 13.
53 BGH NJW 2008, 508; vgl auch BGH NZM 2009, 314; **aM** LG Berlin ZMR 2009, 285.
54 AG Pinneberg NZM 2009, 432.
55 LG Wiesbaden WuM 1998, 284.

ergeben, dass mit ihr in Wirklichkeit eine Mieterhöhung durchgesetzt werden soll.[56] Das Kündigungsrecht kann auch verwirkt werden.[57]

20   **bb) Tatbestandsmerkmale.** Der Mieter muss eine **Verletzungshandlung** begangen haben, die einen Verstoß gegen seine vertraglichen Pflichten bedeutet. Sie kann in einem Tun oder Unterlassen bestehen. Gleichzustellen ist eine Handlung durch Personen, für deren Verhalten der Mieter nach § 278 oder § 540 Abs 2 einzustehen hat. Es kann sich um Haupt- oder Nebenpflichten handeln. Unerheblich ist, ob sich die Pflicht aus dem Gesetz oder als besondere Vereinbarung aus dem Mietvertrag ergibt. Der verfassungsrechtliche Schutz des Mieters aus Art 13, 14 Abs 1 GG ist dabei jedoch zu berücksichtigen.[58] Eine bloße Verdachtskündigung kommt nicht in Betracht.[59] So verletzt der Mieter den Vertrag, wenn er die vereinbarte Mietkaution nicht entrichtet[60] oder der Verfügungsmöglichkeit des Vermieters entzieht.[61] Eine beharrliche Weigerung, erforderliche **Schönheitsreparaturen** auszuführen, kann einen Kündigungsgrund bilden,[62] sofern sich die Wohnung in einem nicht mehr ordentlichen Zustand befindet und die Gefahr von Substanzschäden besteht.[63] Eingriffe in die Substanz der Mietsache stellen eine schwere Vertragsverletzung dar.[64] Das Gleiche gilt für die Verletzung der Pflicht aus § 536c, Mängel der Mietsache anzuzeigen,[65] oder der vertraglich übernommenen Pflicht, das Treppenhaus zu reinigen,[66] eine Hausmeistertätigkeit auszuüben[67] oder die Wohnung im Winter auch dann zu heizen, wenn sie nicht ständig bewohnt wird.[68] Auch die hartnäckige Weigerung des Mieters zur notwendigen Kooperation bei der Bewirtschaftung des Mietobjekts rechtfertigt eine ordentliche Kündigung.[69] **Unterlassungspflichten** werden verletzt, wenn der Mieter in gesetz- oder vertragswidriger Weise tätig wird, zB die Wohnung ganz oder teilweise ohne Erlaubnis des Vermieters untervermietet[70] oder abredewidrig Haustiere hält,[71] die Schäden verursachen.[72] Zahlungsverzug, der eine fristlose Kündigung nach §§ 543 Abs 2 S 1 Nr 3, S 2 und 3, 569 Abs 3 Nr 1 und 2 rechtfertigt, ist zugleich eine Vertragsverletzung iS des § 573 Abs 2 Nr 1.[73] Auch unterhalb der für die fristlose Kündigung geltenden Grenze des § 543 Abs 2 Nr 3 ist eine ordentliche Kündigung wegen Zahlungsverzugs möglich, wenn der Mietrückstand jedenfalls eine Monatsmiete übersteigt und die Verzugsdauer mindestens einen Monat

---

56 LG Mannheim ZMR 1989, 381.

57 LG Düsseldorf WuM 1990, 74; vgl auch BGH NJW 2005, 2775 zur fristlosen Kündigung.

58 BVerfG NZM 2004, 186.

59 *Blank/Börstinghaus/Blank* Rn 11; **aM** AG Lichtenberg NJW-RR 2003, 442.

60 AG Berlin-Neukölln GE 2008, 1431.

61 LG Itzehoe WuM 1992, 608.

62 LG Hamburg WuM 1984, 85.

63 LG Münster WuM 1991, 33; AG Düsseldorf WuM 1990, 149; AG Ellwangen WuM 1991, 104; MünchKomm/ *Häublein* Rn 56.

64 LG Berlin v. 3.9.2012 – 67 S 514/11, WuM 2012, 624; LG Kassel v. 5.5.2011 – 1 S 432/10, FD-MietR 2011, 325686.

65 LG Düsseldorf DWW 1988, 117.

66 AG Frankfurt/M-Hoechst WuM 1988, 153; AG Hamburg-Blankenese WuM 1998, 286; AG Wiesbaden WuM 2000, 190.

67 AG Regensburg WuM 1989, 381.

68 LG Hagen ZMR 2008, 972.

69 AG Hamburg ZMR 2001, 625.

70 BGH v. 2.2.2011, VIII ZR 74/10, NJW 2011, 1065; BayObLG WuM 1995, 378, 379.

71 LG Berlin v. 18.5.2012 – 63 S 421/11, BeckRS 2012, 15235; AG Friedberg/Hessen WuM 1993, 398; AG Neustadt a Rbge NZM 1999, 308; **aM** LG Offenburg WuM 1998, 285.

72 LG Oldenburg NJWE-MietR 1996, 31=WuM 1998, 316.

73 BGH NJW 2006, 1585; BGH NJW 2008, 508; LG Düsseldorf DWW 1993, 104.

beträgt.[74] § 569 Abs 3 findet keine entsprechende Anwendung.[75] Die Beeinträchtigung des Eigentums des Vermieters außerhalb der Mietsache, etwa durch Parken eines Autos auf dem nicht mitvermieteten Grundstück, ist keine Vertragsverletzung.[76] Beleidigungen des Vermieters durch den Mieter können Vertragsverletzungen sein.[77] Die Verweigerung des Zutritts zur Wohnung reicht allein jedoch nicht aus.[78] Anders als bei der außerordentlichen Kündigung kann die ordentliche Kündigung auch auf einige Zeit zurückliegende Vorgänge gestützt werden, solange noch ein zeitgerechter Zusammenhang mit dem letzten Vorfall besteht.[79]

Der Mieter muss seine vertraglichen Pflichten **nicht unerheblich** verletzt haben. 21 Damit wird weniger als eine erhebliche Vertragsverletzung iSd §§ 543 Abs 2 S 1 Nr 2, 569, aber mehr als eine unerhebliche Verletzung vorausgesetzt.[80] Die Pflichtverletzung, nicht das Verschulden,[81] muss von einigem Gewicht sein, braucht aber nicht so weit zu gehen, dass dem Vermieter eine Fortsetzung des Mietverhältnisses nicht zugemutet werden kann.[82] Ein solches Gewicht wird der einmaligen Vertragsverletzung nicht beigemessen, wenn sich der Mieter im Mieterhöhungsprozess grundlos auf § 5 WiStG beruft,[83] wenn er den Vermieter beleidigt[84] und selbst wenn er einen Wohnungsbrand durch einen Fön verursacht.[85] Unerheblich sind die gelegentliche Verweigerung des Zutritts zur Wohnung gegenüber Handwerkern[86] oder Kaufinteressenten[87] sowie das Abstellen von Getränkekisten im Treppenhaus,[88] das Unterlassen der Treppenhausreinigung[89] oder die gewerbliche Nutzung eines Zimmers der Wohnung als Büro ohne die mietvertraglich erforderliche schriftliche Erlaubnis des Vermieters.[90] Geringfügige Verstöße können durch ständige Wiederholung einen erheblichen Umfang gewinnen.[91]

Die Pflichtverletzung muss **schuldhaft** iSd § 276 begangen worden sein. Bei zweifel- 22 hafter Rechtslage kann ein Verschulden ausscheiden.[92] Der Mieter handelt bei einer unerlaubten Gebrauchsüberlassung an Dritte nicht allein deshalb schuldlos, weil er nach § 553 Abs 1 einen Anspruch gegen den Vermieter auf die Erlaubnis hat.[93] Für das Verschulden seiner gesetzlichen Vertreter oder Erfüllungsgehilfen hat er nach § 278 in gleichem Umfang einzustehen wie für eigenes Verschulden.[94] Teilweise wird versucht, § 278 auszuschalten,

---

74 BGH v. 10.10.2012 – VIII ZR 107/12, NZM 2013, 20; Staudinger/*Rolfs* [2011] Rn 47.
75 BGH v. 10.10.2012 – VIII ZR 107/12, NZM 2013, 20; BGH NZM 2005, 334.
76 AG Landstuhl NJW-RR 1994, 205.
77 LG Hamburg NZM 1999, 304.
78 LG Berlin NZM 2001, 40; vgl dazu auch HamburgNZM 2004, 186; aM LG Oldenburg v. 3.8.2012 – 6 S 75/12, BeckRS 2012, 24849.
79 LG Berlin ZMR 2000, 529.
80 *Schmid/Gahn* Rn 17.
81 *Palandt/Weidenkaff* Rn 15; **aM** *Schmidt-Futterer/Blank* Rn 19.
82 OLG Oldenburg WuM 1991, 467, 468.
83 AG Reutlingen WuM 1991, 98.
84 LG Münster WuM 1991, 688.
85 LG Wuppertal WuM 1992, 370.
86 LG Mannheim WuM 1987, 320.
87 AG Erkelenz WuM 1986, 251.
88 LG Hamburg WuM 1989, 22; LG Lüneburg WuM 1995, 706.
89 AG Wiesbaden NZM 2001, 334.
90 AG Regensburg WuM 1991, 678.
91 AG Itzehoe WuM 1979, 266.
92 LG Hagen WuM 1988, 58.
93 BayObLG WuM 1995, 378, 380.
94 BGH NJW 2007, 428; LG Berlin GE 2000, 126; MünchKomm/*Häublein* Rn 63; *Schmid/Gahn* Rn 18; **aM** KG NZM 2000, 905; AG Hamburg ZMR 2003, 581.

André Haug

indem eigenes Verschulden für erforderlich erklärt wird.[95] Über das hinzunehmende Maß hinausgehende Lärmbelästigungen durch Kinder sind dann keine schuldhafte Vertragsverletzung, wenn die Eltern erfolgversprechende Abhilfemaßnahmen getroffen hatten.[96] Überlässt der Mieter den Gebrauch einem Dritten, hat er nach § 540 Abs 2 auch ein dem Dritten anzulastendes Verschulden zu vertreten.[97] Bei Schuldunfähigkeit des Mieters oder seines Erfüllungsgehilfen ist das berechtigte Interesse nicht aus Abs 2 Nr 1 herzuleiten, sondern kann auf Unzumutbarkeit als sonstigen Grund gestützt werden.[98]

23   Die **Darlegungs- und Beweislast** hinsichtlich der Verletzungshandlung und ihrer Erheblichkeit trifft den Vermieter.[99] Für das Verschulden richtet sie sich nach dem jeweiligen Gefahrenkreis.[100]

24   **cc) Einzelfälle.** Bei **Zahlungsverzug** mit der Entrichtung der Miete hat der Vermieter ein berechtigtes Interesse an der Beendigung des Mietverhältnisses durch ordentliche Kündigung, wenn zugleich die Voraussetzungen des § 543 Abs 2 S 1 Nr 3, Abs 2 S 2 und 3, 569 Abs 3 Nr 1 und 2 für eine fristlose Kündigung vorliegen.[101] Eine Pflichtverletzung ist auch zu bejahen, wenn diese Voraussetzungen im Einzelnen nicht erfüllt sind. Entscheidend ist dann, ob sie nicht unerheblich ist.[102] Aus § 569 Abs 3 Nr 1 ist zu entnehmen, dass ein Rückstand als nicht unerheblich anzusehen ist, wenn er die Miete für einen Monat übersteigt. Im Rahmen des § 573 kann nichts anderes gelten.[103] Deshalb sollte bei der üblichen monatlichen Zahlungsweise davon ausgegangen werden, dass auch die Dauer des Zahlungsverzugs einen Monat überschreiten muss.[104] Geringfügige wiederholte Überschreitungen des Zahlungstermins bis zu einer Woche sind unerheblich.[105] Unabhängig von den Voraussetzungen der §§ 543, 569 wird bei ständig unpünktlicher Zahlung ein Recht zur ordentlichen Kündigung begründet.[106]

25   Als **Gegenstand** des Zahlungsverzugs kommen nicht nur die Miete und die Betriebskosten[107] in Betracht. Auch der Verzug mit einer Kaution,[108] Mietvorauszahlung, einem Mieterdarlehen, Baukostenzuschuss oder mit Schadensersatz wird erfasst, sofern diese Verpflichtungen auf dem Mietvertrag beruhen.[109] Da Abs 2 Nr 1 Verschulden voraussetzt (Rn 22), muss der Zahlungsverzug durch Vorsatz oder Fahrlässigkeit eingetreten sein. Die Verschuldensvermutung des § 286 Abs 4 greift ein. Geht der Mieter aufgrund eines entschuldbaren Rechts- oder Tatsachenirrtums nach sorgfältiger Prüfung und sachgemäßer Beratung davon aus, zur Zahlung nicht verpflichtet zu sein,[110] etwa bei einer Minderung der Miete, die sich erst nach einer gerichtlichen Beweisaufnahme als unberechtigt

---

95 KG NJW 1998, 2455 = NZM 1998, 110 = WuM 1998, 85 zu § 554a.
96 LG Regensburg NZM 1999, 220.
97 LG Berlin NJWE-MietR 1996, 7.
98 AG Freiburg WuM 1993, 125.
99 LG Aachen DWW 1991, 116.
100 *Palandt/Weidenkaff* Rn 22.
101 BGH NJW 2006, 1585; BGH NJW 2007, 428; BGH NJW 2008, 3210; *Blank/Börstinghaus/Blank* Rn 22.
102 LG Wiesbaden NZM 2003, 713; *Asper* WuM 1996, 315; *Beuermann* WuM 1997, 151; *Buchmann* WuM 1996, 78; *Franke* ZMR 1992, 81; *Langenberg* WuM 1990, 3; *Scholl* WuM 1993, 99; MünchKomm/*Häublein* Rn 57.
103 BGH v. 10.10.2012 – VIII ZR 107/12, NZM 2013, 20; Staudinger/*Rolfs* [2011] Rn 47.
104 BGH v. 10.10.2012 – VIII ZR 107/12, NZM 2013, 20; *Schmid/Gahn* Rn 22.
105 LG München I WuM 1990, 550; WuM 1991, 346; AG Köln WuM 1990, 78.
106 OLG Oldenburg WuM 1991, 467; LG Köln WuM 1990, 154; LG München I WuM 1991, 346.
107 OLG Koblenz NJW 1984, 2369, 2370; LG Kleve WuM 1996, 37; AG Geldern WuM 1996, 37.
108 OLG Celle NZM 1998, 265; OLG München NZM 2000, 908.
109 *Schmid* DWW 1982, 77, 84.
110 LG Berlin NZM 2000, 329.

erweist,[111] oder einer dem Grunde nach berechtigten, aber rechtsirrig zu hohen Minderung der Miete,[112] ist die Kündigung unberechtigt.

Die nach den allgemeinen Vorschriften für die Zukunft mögliche **Heilung des Verzugs** 26 ist auf den Eintritt der Rechtsfolgen einer wirksam gewordenen ordentlichen Kündigung ohne Einfluss, auch wenn der rückständige Betrag vor Ablauf der Kündigungsfrist gezahlt wird.[113] Die abweichende Auffassung, die eine entsprechende Anwendung des § 569 Abs 3 Nr 2 befürwortet,[114] berücksichtigt nicht, dass das Nachholungsrecht in dieser Vorschrift gerechtfertigt ist, weil der Zahlungsverzug ohne individuelles Verschulden eintreten kann. Die in der verspäteten Mietzahlung liegende Pflichtverletzung kann nicht durch bloße nachträgliche Zahlung wieder geheilt werden.[115] Im Rahmen des § 573 Abs 2 Nr 1, der tatbestandlich Verschulden voraussetzt, ist ein solches Recht überflüssig.

Ein **vertragswidriger Gebrauch** begründet ein berechtigtes Interesse für eine ordent- 27 liche Kündigung, wenn die Voraussetzungen für eine fristlose Kündigung nach § 543 Abs 2 S 1 Nr 2, Abs 3 erfüllt sind. Für § 573 Abs 2 Nr 1 reichen geringere Verstöße aus, sofern sie nicht unerheblich sind. Im Regelfall ist vom Vermieter eine Abmahnung des vertragswidrigen Gebrauchs zu verlangen.[116] Der Mieter verletzt den Vertrag, wenn er die Nutzungsart entgegen dem vereinbarten Zweck einseitig ändert, die Wohnung oder die sonstigen Grundstücks- und Gebäudeteile vernachlässigt oder in die Bausubstanz eingreift.[117] Ob die Meinungsäußerung durch das Anbringen von Plakaten in den Fenstern einen vertragswidrigen Gebrauch darstellt, ist eine Frage des Einzelfalls.[118] Setzt der Mieter trotz Abmahnung eine unerlaubte Tierhaltung fort, kann der Vermieter kündigen, sofern diese wirksam vereinbart wurde.[119]

Eine besondere Form des vertragswidrigen Gebrauchs ist die **unerlaubte Überlas-** 28 **sung der Wohnung an Dritte**, insbesondere durch Untervermietung. Sie ist in aller Regel eine erhebliche Vertragsverletzung, ohne dass es noch einer besonderen Feststellung der Rechtsbeeinträchtigung bedarf.[120] Da § 540 nur die Gebrauchsüberlassung an Dritte von einer Erlaubnis des Vermieters abhängig macht, scheidet die Überlassung an Personen, die nicht Dritte sind, beispielsweise Ehegatten, Kinder, nächste Angehörige oder auch Hausbedienstete, als Vertragsverletzung aus.[121] Dies setzt voraus, dass der Mieter selbst die Wohnung bewohnt.[122] Nimmt der Mieter einen Dritten auf, ohne die Erlaubnis des Vermieters einzuholen, beseitigt § 553 Abs 1 nicht die Vertragsverletzung, weil der Anspruch nicht schon die Erlaubnis ersetzt.[123] Die Vertragsverletzung wird in diesem Fall häufig als

---

111 LG Köln WuM 1976, 145.
112 LG Berlin GE 2009, 1126.
113 BGH NZM 2005, 334 m Anm *Schläger* ZMR 2005, 359; BGH NJW 2007, 428; BGH NJW 2008, 508; KG GE 2008, 1327; OLG Karlsruhe WuM 1992, 517; OLG Stuttgart WuM 1991, 526; *Beuermann* WuM 1997, 151; *Nies* NZM 1998, 398, 400; *Schmid* DWW 1982, 77, 84; Bub/Treier/*Grapentin* Rn IV 64; *Palandt/Weidenkaff* Rn 16.
114 LG Augsburg WuM 1987, 388; LG Mannheim WuM 1992, 300; LG Berlin GE 2004, 237; AG Pinneberg ZMR 2003, 850; *Blank* WuM 2005, 252f; *Franke* ZMR 1992, 81; MünchKomm/*Häublein* Rn 61; *Schmidt-Futterer/ Blank* § 569 Rn 65; *Scholl* WuM 1993, 99.
115 BGH NZM 2005, 334; BGH NJW 2006, 1585; LG Berlin GE 2010, 913; LG Hamburg ZMR 2010, 117.
116 LG Heidelberg WuM 1994, 681; einschr AG Bad Homburg WuM 1994, 327.
117 LG Berlin MDR 1988, 146; LG Berlin GE 2004, 1394.
118 BayObLG NJW 1984, 496; AG Stuttgart-Bad Cannstatt WuM 1991, 28.
119 LG Berlin GE 1999, 46; MünchKomm/*Häublein* Rn 56.
120 BGH NJW 1985, 2527 m krit Anm *Lammel* WuM 1986, 8; OLG Frankfurt/M WuM 1988, 395; LG Berlin NZM 1999, 71.
121 *Staudinger/Emmerich* [2011] § 540 Rn 4.
122 LG Berlin GE 1995, 569; WuM 1995, 38; LG Cottbus WuM 1995, 38; AG Frankfurt/M WuM 1995, 396; AG Zwickau WuM 1996, 409.
123 BayObLG WuM 1991, 18, 19; WuM 1995, 378, 380.

André Haug

unerheblich beurteilt.[124] Ist eine befristete Erlaubnis abgelaufen, wird die fortbestehende Gebrauchsüberlassung an den Dritten nicht ohne weiteres vertragswidrig.[125]

29   In einer **Überbelegung der Wohnung**, die durch die wachsende Kinderzahl oder den Zuzug von Kindern eingetreten ist, kann kein vertragswidriger Gebrauch gesehen werden, wenn keine oder den Vermieter nur unerheblich beeinträchtigende Auswirkungen festzustellen sind.[126] Im Einzelfall kommt eine Kündigung aus sonstigen Gründen in Betracht.[127] Wenn der Vermieter bereits bei Vertragsschluss eine Überbelegung hinnimmt, kann er nach Vergrößerung der Familie um ein Kind nicht ohne weiteres mit dieser Begründung kündigen.[128] Im Übrigen berechtigt eine Überbelegung erst dann zur Kündigung, wenn Substanzschäden,[129] andere Vermögenseinbußen durch übermäßige Inanspruchnahme sonstiger Vermieterleistungen oder die Belästigung von Mitbewohnern zu befürchten sind. Öffentlich-rechtliche Bestimmungen spielen keine Rolle.[130] Entscheidend sind die Verhältnisse des Einzelfalls.[131]

30   **Belästigungen** des Vermieters und seiner Haushaltsangehörigen oder anderer Mieter können eine ordentliche Kündigung rechtfertigen. Hierzu gehören Gewalttätigkeiten,[132] Beleidigungen,[133] sofern es sich nicht um eine einmalige Entgleisung handelt,[134] und andere Straftaten. Ferner begründen Störungen des Hausfriedens[135] und Verstöße gegen die Hausordnung sowie Beeinträchtigungen durch übermäßiges Klavierspielen,[136] Lärm,[137] Geruch[138] oder Schmutz[139] bei entsprechendem Gewicht ein Kündigungsrecht. Normaler Kinderlärm ist hinzunehmen.[140] Auch im Übrigen hängt die Toleranzgrenze bei Lärmbelästigung auf der Grundlage eines objektiven Maßstabs[141] von der Zusammensetzung des Mieterkreises und den Wohnverhältnissen im Einzelnen ab.[142]

b) Eigenbedarf des Vermieters (Abs 2 Nr 2)

31   **aa) Allgemeines.** Als **berechtigtes Interesse des Vermieters** ist es nach § 573 Abs 2 Nr 2 anzusehen, wenn er die Räume als Wohnung für sich, seine Familienangehörigen oder Angehörige seines Haushalts benötigt. Bei der Prüfung des Eigenbedarfs hat das Gericht nicht nur die vom Vermieter geltend gemachten Tatsachen zu berücksichtigen, sondern aufgrund einer umfassenden Würdigung aller Umstände des Einzelfalls zu ent-

---

124 LG Kassel NJW-RR 1987, 1495; LG Köln WuM 1991, 548; LG München WuM 1991, 548.
125 LG Stuttgart WuM 1992, 122.
126 BVerfG NJW 1994, 41; BGHZ 123, 233 = NJW 1993, 2528; OLG Hamm WuM 1993, 30; LG Köln WuM 1992, 299.
127 OLG Hamm NJW 1983, 48; LG Darmstadt WuM 1987, 393; *Schwab* ZMR 1984, 115.
128 LG Bonn WuM 1990, 345.
129 LG Mönchengladbach ZMR 1991, 110; LG München I WuM 1983, 22.
130 AG Hanau WuM 1997, 556.
131 LG Kempten NJW-RR 1996, 264 = WuM 1997, 371; AG Nürnberg WuM 1991, 690.
132 LG Berlin GE 2008, 1052; AG Brühl WuM 2008, 596.
133 LG Leipzig NZM 2002, 247; LG Stuttgart u AG Stuttgart-Bad Cannstatt WuM 1997, 492; AG Coburg ZMR 2009, 373.
134 LG Leipzig NZM 2002, 247; LG Stuttgart u AG Stuttgart-Bad Cannstatt WuM 1997, 492.
135 LG Hamburg NZM 2006, 377 zu § 543.
136 LG Düsseldorf DWW 1989, 393.
137 MünchKomm/*Häublein* Rn 56.
138 LG Köln WuM 1984, 55; AG Brandenburg/Havel GE 2001, 1134.
139 LG Bamberg WuM 1974, 197.
140 LG Wuppertal WuM 2008, 563; AG Aachen WuM 1975, 38.
141 LG Stuttgart WuM 1998, 316.
142 LG Oldenburg WuM 1983, 317.

André Haug

scheiden, ob er ein vernünftiges, billigenswertes Interesse hat, die Wohnung zurückzubekommen.[143] Hierbei kann es sich um objektive Tatsachen handeln, wenn ein Wohnungsbedarf auf äußeren Ereignissen wie der Kündigung einer anderen Wohnung durch den Vermieter, Vergrößerung der Familie oder Krankheit beruht. Der Eigenbedarf kann seine Ursache auch in subjektiven Tatsachen wie einem Willensentschluss finden, die beanspruchte Wohnung selbst zu nutzen. Das Gericht muss solchen inneren Tatsachen nachgehen, will es nicht gegen den Anspruch auf rechtliches Gehör aus Art 103 Abs 1 GG verstoßen.[144] Innere Tatsachen müssen nicht durch Hilfstatsachen substantiiert werden.[145] Werden Tatsachen bestritten, sind die Gründe vom Gericht unter Einschluss der inneren Tatsachen umfassend zu würdigen.[146] Die tatsächlichen und rechtlichen Gründe, die das Gericht an dem geltend gemachten Eigenbedarf zweifeln lassen, müssen nachvollziehbar und vertretbar sein.[147] Das Interesse des Vermieters muss nicht sofort zu befriedigen sein. Es reicht aus, wenn der Eigenbedarf erst nach der Kündigung eintritt und zu diesem späteren Zeitpunkt gekündigt wird.[148] In jedem Fall muss ein schon bei der Kündigung konkretes Interesse des Vermieters an der künftigen Rückgabe der Räume bestehen.[149] Eine Kündigung auf Vorrat ist unwirksam.[150] Eine solche unwirksame Kündigung ist auch gegeben, wenn der Vermieter Eigenbedarf vorsorglich an mehreren Wohnungen geltend macht.[151]

Die konkreten **Gegeninteressen des Mieters** entfalten erst bei der Prüfung der 32 Sozialklausel des § 574 Rechtswirkungen.[152] Seine Interessen werden, auch soweit sie grundrechtlich geschützt sind, dort angemessen und ausreichend berücksichtigt.[153] Dies schließt nicht aus, die Berechtigung der Interessen des Vermieters an einem generellen Interesse des Mieters auf Beibehaltung der Wohnung zu messen, da es im Gesetz schon in dem unterschiedlichen personalen Bezug der Kündigung wegen Eigenbedarfs oder wegen Hinderung angemessener wirtschaftlicher Verwertung angelegt ist und damit die Sozialpflichtigkeit des Eigentums in verschiedenem Maße bestimmt.[154]

Das **Recht zur Kündigung und die Vermieterstellung** hängen unmittelbar zusam- 33 men. Grundsätzlich kann nur der Vermieter mit seinen Gründen kündigen. Er kann sich allerdings nach § 164 vertreten lassen oder einen Dritten, etwa den künftigen Erwerber des Grundstücks zur Kündigung ermächtigen. Der Kündigungsgrund ist aber aus der Person des Vermieters, nicht des Ermächtigten zu beurteilen. Bei einer Rechtsnachfolge muss das berechtigte Interesse in der Person des Nachfolgers fortbestehen. Der Erwerber eines Grundstücks kann sich wegen § 566 erst mit der Eintragung in das Grundbuch auf Eigenbedarf berufen.[155] War Eigenbedarf des früheren Vermieters zu bejahen, verliert dessen Kün-

---

143 OLG Karlsruhe NJW 1983, 579; AG Schöneberg WuM 1992, 19.
144 BVerfG NJW 1990, 3259, 3260; NJW 1993, 2165, 2166.
145 BVerfG NJW 1995, 1480, 1481.
146 BVerfG WuM 1995, 140; VerfGH Berlin ZMR 2001, 87.
147 BVerfG WuM 2002, 19.
148 BayObLG NJW 1982, 1159.
149 OLG Karlsruhe WuM 1976, 99; LG Berlin GE 1990, 537; LG Gießen WuM 1989, 384.
150 BVerfG NJW 1990, 3259 m Anm *Kremer* WuM 1990, 481; LG Essen WuM 1991, 494; AG Freiburg WuM 1991, 105; AG Saarlouis WuM 1995, 173; MünchKomm/*Häublein* Rn 39, 68.
151 LG Köln WuM 1991, 590.
152 BVerfGE 79, 292, 303 = NJW 1989, 970, 971; BGHZ 103, 91 = NJW 1988, 904; *Barthelmess/Barthelmess* ZMR 1988, 211; *Finger* ZMR 1988, 401; **aM** BVerfG NJW 1988, 1075, 1076; offengelassen von BVerfG NJW 1988, 2233.
153 BVerfG NJW 1995, 1480, 1481.
154 BVerfGE 79, 283, 289 = NJW 1989, 972, 973.
155 LG Ellwangen WuM 1991, 489; LG Hamburg WuM 1993, 48; LG Münster WuM 1991, 105; KreisG Potsdam WuM 1994, 523.

André Haug

digung nach § 242 ihre Wirkung, wenn das Grundstück vor der Beendigung des Mietverhältnisses veräußert wird und damit das Erlangungsinteresse des Veräußerers fortfällt.[156] Dies gilt nicht, wenn Eigenbedarf für einen Familienangehörigen geltend gemacht worden ist, an den die Wohnung nach Ausspruch der Kündigung veräußert wird.[157]

34   Die **Darlegungs- und Beweislast** für den Eigenbedarf trägt der Vermieter.[158] Dies gilt grundsätzlich auch für innere Tatsachen. Kündigt der Vermieter kurze Zeit nach einem erfolglosen Mieterhöhungsverlangen, sind an den Beweis des Kündigungsgrundes besonders strenge Anforderungen zu stellen.[159] Werden die für den Eigenbedarf geltend gemachten Gründe vom Mieter bestritten, sind sie vom Gericht einschließlich der inneren Tatsachen umfassend zu würdigen.[160] Ein Bestreiten des Mieters mit Nichtwissen reicht aber nicht aus.[161] Wird der Eigennutzungswille nicht innerhalb der nach den Umständen des Einzelfalls erforderlichen Zeit realisiert, so kann seine Ernsthaftigkeit von den Fachgerichten als indiziell widerlegt angesehen werden.[162]

35   Das Kündigungsrecht wegen Eigenbedarfs kann **gesetzlichen oder vertraglichen Beschränkungen** unterliegen. So wird die Kündigung des Erwerbers der in eine Eigentumswohnung umgewandelten Mietwohnung nach § 577a unter bestimmten Voraussetzungen einer Wartefrist von drei oder bis zu zehn Jahren unterworfen. Ist die Kündigung vertraglich ausgeschlossen, kommt auch eine Eigenbedarfskündigung nicht in Betracht. Der Ausschluss kann sich auf Eigenbedarf beschränken.

36   **bb) Tatbestandsmerkmale im Einzelnen.** Zu dem Personenkreis, für den Eigenbedarf geltend gemacht werden kann, gehört in erster Linie der **Vermieter**. Nach Abs 2 Nr 2 muss er die Räume als Wohnung für sich benötigen. Ist der Vermieter eine Einzelperson, sind seine persönlichen Bedürfnisse hinsichtlich des gekündigten Wohnraums maßgebend. Er muss die Absicht haben, die Räume selbst zu beziehen, sei es allein, sei es zusammen mit den schon bisher zu seinem Haushalt gehörenden oder auch neu aufzunehmenden Personen. Wenn der Vermieter berechtigt wegen Eigenbedarfs für sich selbst gekündigt hat, dann aber den Selbstnutzungswunsch aufgibt und die Wohnung einem Familienangehörigen überlässt, stellt sich die Frage, ob die Kündigung wirksam bleibt oder ob der Vermieter dem inzwischen ausgezogenen Mieter zum Schadensersatz verpflichtet ist.[163] Dies ist auf der Grundlage des § 573 Abs 3 S 2 zu entscheiden, so dass die Auswechslung des Kündigungsgrundes durch Nachschieben eines nachträglich entstandenen Grundes zulässig ist. Hat der Grundstückseigentümer den Mietvertrag nicht selbst abgeschlossen, sondern ein Verwalter im eigenen Namen, ist nur der Letztere Vermieter. Ein Eigenbedarf des Grundstückseigentümers kommt nur als berechtigtes Interesse des kündigenden Verwalters aus sonstigen Gründen in Betracht.

37   Handelt es sich um eine **Mehrheit von Vermietern** in Bruchteils- oder Gesamthandsgemeinschaft, reicht es ohne Rücksicht auf die Höhe der einzelnen Beteiligung aus, wenn

---

156 LG Duisburg WuM 1991, 497; LG Essen WuM 1990, 27; LG Freiburg WuM 1991, 172; LG Hamburg WuM 1997, 680; LG Osnabrück WuM 1990, 81.
157 OLG Hamm WuM 1992, 460; LG Karlsruhe WuM 1990, 353; *Sonnenschein* ZMR 1992, 417, 424.
158 LG Hamburg ZMR 2004, 39; LG Hagen ZMR 1998, 637; LG Kaiserslautern WuM 1989, 299; LG Karlsruhe ZMR 1989, 427; LG Mannheim WuM 1991, 692; LG Osnabrück WuM 1990, 21; AG Wiesbaden WuM 1991, 490.
159 LG Köln WuM 1995, 109.
160 BVerfG WuM 1995, 140.
161 AG Potsdam GE 2001, 929.
162 BVerfG ZMR 2002, 181.
163 LG Braunschweig WuM 1995, 185; LG Münster WuM 1995, 171.

der Eigenbedarf nur für einen der Vermieter besteht.[164] Personenhandelsgesellschaften schließen den Mietvertrag nach § 124 Abs 1 HGB zwar unter ihrer Firma ab. Daraus kann jedoch nicht geschlossen werden, eine Personengesellschaft, die ein Unternehmen zum Gegenstand habe, könne schon begrifflich keinen Eigenbedarf haben, wie es vereinzelt vertreten wird.[165] Dies ist eine formale Betrachtung, weil ohnehin nur der Wohnbedarf der Gesellschafter in Frage kommt. Dies gilt auch für die Gesellschaft bürgerlichen Rechts unabhängig von der Frage einer Teilrechtsfähigkeit. Deshalb ist grundsätzlich auch zuzulassen, dass Eigenbedarf für einen Gesellschafter geltend gemacht wird.[166] Kündigen muss die Gesamtheit der Gesellschafter, vertreten durch die Geschäftsführer.

Eine **juristische Person**, die als Vermieterin Bedarf an Wohnungen für ihre Gesell- **38** schafter oder Arbeitnehmer hat, kann sich nicht auf Eigenbedarf berufen, da sie die Räume nicht als Wohnung „für sich" benötigt.[167] Ein Eigenbedarf kann deshalb auch nicht hinsichtlich eines relativ engen Kreises von Personen mit Organstellung[168] oder von Gesellschaftern bestehen. Eine Kündigung wegen betriebsbedingten Wohnungsbedarfs kommt aus sonstigen Gründen in Betracht.[169]

Nach Abs 2 Nr 2 S 1 hat der Vermieter ein berechtigtes Interesse, wenn er die Räume **39** als Wohnung für seine **Familienangehörigen** benötigt. Eigenständige Bedeutung hat der Eigenbedarf für Familienangehörige nur, wenn diese Person nicht zum Haushalt des Vermieters gehört, und die zu kündigende Wohnung allein oder zusammen mit ihren eigenen Haushaltsangehörigen beziehen soll.[170] Denn wenn der Vermieter selbst eine größere Wohnung benötigt, handelt es sich um seinen eigenen Bedarf, während das Merkmal des Haushaltsangehörigen erfüllt ist, wenn die zu kündigende Wohnung von einer Person bezogen werden soll, die bisher zum Haushalt des Vermieters gehört. Handelt es sich um eine Mehrheit von Vermietern, genügt es, wenn die Eigenschaft als Familienangehöriger zu einem von ihnen besteht.[171] Der **Begriff der Familienangehörigen** ergibt sich nicht unmittelbar aus § 573. Auch an anderer Stelle bestimmt das BGB den Begriff nicht. Gewisse Anhaltspunkte können § 383 Abs 1 Nr 1 bis 3 ZPO und § 52 Abs 1 Nr 1 bis 3 StPO über das Zeugnisverweigerungsrecht naher Angehöriger entnommen werden.[172] Näher liegt es, von einem individuellen Interesse auszugehen.

Im Einzelnen gehört zum **engeren Kreis der Familienangehörigen** zunächst der **40** Ehegatte. Insofern stellt sich das Problem eines vom Vermieter gesonderten Eigenbedarfs nur, wenn sich die Eheleute trennen wollen.[173] Für den geschiedenen Ehegatten, der bereits getrennt lebt, kann der Vermieter keinen Eigenbedarf hinsichtlich einer neuen Wohnung geltend machen, da weder der Begriff des Haushaltsangehörigen noch der des Familien-

---

164 OLG Karlsruhe NJW 1990, 3278]; LG Hamburg DWW 1991, 189; LG Karlsruhe WuM 1982, 209; LG Wuppertal WuM 1989, 386; LG Berlin NZM 2001, 583 [LS]; MünchKomm/*Häublein* Rn 67; *Palandt/Weidenkaff* Rn 26; *Schmidt-Futterer/Blank* Rn 45.
165 LG Karlsruhe WuM 1985, 148; AG Rendsburg WuM 1996, 544; *Harke* ZMR 2002, 405.
166 BGH NJW 2007, 2845 m krit Anm Häublein NJW 2007, 2847ff; BGH NJW 2009, 2738 m Bespr Wiek WuM 2009, 491; **aM** Grunewald NJW 2009, 3486; Häublein WuM 2010, 391, 399f.
167 BGH v. 15.12.2010 – VIII ZR 210/10, NJW 2011, 993; BayObLG WuM 1981, 32, 35; AG Bergheim WuM 1985, 147; AG Köln WuM 1988, 161; *Blank/Börstinghaus/Blank* Rn 38; *Palandt/Weidenkaff* Rn 26; Grunewald NJW 2009, 3486.
168 LG Wuppertal WuM 1994, 686.
169 LG Berlin GE 1999, 506; *Schmid/Gahn* Rn 9.
170 LG Potsdam GE 2005, 187; AG Springe WuM 1991, 554.
171 LG Karlsruhe WuM 1980, 209 m abl Anm *Röchling*; **aM** AG Rendsburg WuM 1996, 544.
172 BGH NJW 2010, 1290; OLG Braunschweig WuM 1993, 731.
173 LG Berlin WuM 1989, 301; LG Dortmund WuM 1989, 632; LG Frankfurt/M NJW-RR 1996, 396; LG Köln WuM 1997, 48.

André Haug

angehörigen erfüllt ist.[174] Leben die Ehegatten getrennt, ohne bereits geschieden zu sein, ist der Begriff des Familienangehörigen nach wie vor erfüllt. Die Kinder des Vermieters sind unstreitig seine Familienangehörigen.[175] Unerheblich ist, ob Sohn oder Tochter mit ihrem Ehegatten, Verlobten oder Lebensgefährten die Wohnung beziehen sollen. Stiefkinder werden ebenfalls zu den Familienangehörigen gezählt.[176] Unproblematisch ist die Anerkennung der Eltern des Vermieters als Familienangehörige.[177] Enkel gehören noch zu den engsten Verwandten.[178] Das Gleiche gilt für die Großeltern.[179] Auch Stiefenkel werden als Familienangehörige anerkannt.[180]

41   Einen **weiteren Kreis von Familienangehörigen** bilden Verwandte des Vermieters in der Seitenlinie und Verschwägerte. Geschwister werden ohne besondere Voraussetzungen als Familienangehörige angesehen.[181] Gleiches gilt für Nichten und Neffen.[182] Für Großnichten und Großneffen und für Vettern und Cousinen wird hingegen verlangt, dass ein enger sozialer Kontakt besteht, der den Vermieter wenigstens moralisch verpflichtet, für eine Wohnung zu sorgen.[183] Eigenbedarf für Onkel und Tante wurde teils generell verneint,[184] teils aber bejaht, wenn ein enger persönlicher Kontakt besteht.[185] Bei Zugrundelegung des Verwandtschaftsbegriffs der § 383 Abs 1 Nr 3 ZPO, § 52 Abs 1 Nr 3 StPO[186] wird man Eigenbedarf uneingeschränkt bejahen müssen. Für die Schwiegereltern Eigenbedarf geltend zu machen, wird ohne weitere Voraussetzungen zugelassen.[187] Umstritten ist die Beurteilung von Schwager und Schwägerin, die teilweise ohne weiteres dem begünstigten Personenkreis zugerechnet werden,[188] teilweise nur unter den besonderen Voraussetzungen des sozialen Kontakts.[189] Vereinzelt werden Schwager und Schwägerin auch generell ausgeklammert.[190] Eine klare Grenze ist wenigstens dadurch zu ziehen, dass alle Personen, die mit dem Vermieter nicht verwandt oder verschwägert sind, ohne Rücksicht auf etwaige moralische Verpflichtungen ausgenommen werden. Sonst verliert das Tatbestandsmerkmal der Familienangehörigkeit jede eigenständige Funktion. Auszuscheiden sind deshalb nichteheliche Lebensgefährten, deren Kinder,[191] Patenkinder des Vermie-

---

174 AG Hamburg WuM 1996, 39; AG Köln NJW-RR 1988, 1485.
175 OLG Karlsruhe NJW 1982, 889 m Anm *Schwab* DWW 1983, 172; LG Berlin GE 2000, 59; LG Aachen WuM 1992, 613; LG Mosbach WuM 1992, 18; LG München I WuM 1994, 538; LG Oldenburg WuM 1996, 220.
176 LG Aschaffenburg DWW 1989, 363; LG Hamburg NJW-RR 1997, 1440 = WuM 1997, 177; AG Oldenburg WuM 1990, 512; *Eichelbaum* GE 1989, 919.
177 KG NZM 1998, 712 = GE 1998, 1023; LG Aachen WuM 1989, 250.
178 LG Mannheim DWW 1994, 51; NJW-RR 1994, 656; AG Nürnberg WuM 1991, 39.
179 *Steinig* GE 1996, 1206.
180 LG Stuttgart WuM 1993, 352.
181 BGH NJW 2003, 2604; BayObLG WuM 1984, 14; OLG Oldenburg WuM 1993, 386; LG Hamburg WuM 1991, 38; LG Heidelberg DWW 1991, 244.
182 BGH NJW 2010, 1290; AG Ludwigsburg WuM 1990, 391.
183 OLG Braunschweig WuM 1993, 731; LG Wiesbaden NJW-RR 1995, 782; AG Warstein WuM 1996, 547.
184 AG Dortmund WuM 1993, 615.
185 AG Frankfurt/M WuM 1991, 108.
186 BGH NJW 2010, 1290.
187 LG Köln WuM 1994, 541; LG Mainz WuM 1991, 554; AG Springe WuM 1991, 554.
188 LG Hamburg WuM 1994, 210.
189 LG Freiburg WuM 1993, 126; LG Mainz WuM 1991, 554; AG Solingen WuM 1994, 685; offengelassen von OLG Oldenburg WuM 1993, 386.
190 AG Springe WuM 1991, 554.
191 AG Winsen/Luhe WuM 1994, 432; **aM** zum Eigenbedarf zugunsten der Eltern des Lebensgefährten in einem besonderen Ausnahmefall LG Lübeck WuM 1999, 336.

ters[192] und seine Pflegekinder. Solche Personen können nur als Haushaltsangehörige eine Kündigung wegen Eigenbedarfs rechtfertigen.

Nach § 573 Abs 2 Nr 2 hat der Vermieter ferner ein berechtigtes Interesse, wenn er die **42** Räume als Wohnung für die zu seinem Haushalt gehörenden Personen benötigt. Unter den **Begriff der Haushaltsangehörigen** fallen alle Personen, die schon seit längerer Zeit und auf Dauer in den Haushalt des Vermieters aufgenommen sind und in enger Hausgemeinschaft mit ihm leben.[193] Dazu gehören der Ehegatte, Kinder, sonstige Familienangehörige, der Lebenspartner und der Partner einer nichtehelichen Lebensgemeinschaft,[194] Haushaltshilfen und Pflegepersonen. Das Gleiche gilt für Freunde, Auszubildende, Gesellen in Handwerksbetrieben und Gehilfen in der Landwirtschaft. Der Mitbewohner in einer Wohngemeinschaft ohne gemeinsame Haushaltsführung ist kein Haushaltsangehöriger.[195] Ebenso wenig können die wechselnden Mitglieder einer Glaubensgemeinschaft hierzu gerechnet werden.[196] Der Wohnungsbedarf kann darin zum Ausdruck kommen, dass der Vermieter für sich und die zu seinem Haushalt gehörenden Personen zusammen eine größere Wohnung benötigt. Dann handelt es sich um einen eigenen Bedarf des Vermieters. Ein nur durch Haushaltsangehörige begründeter Bedarf besteht, wenn der Vermieter die zu klein gewordene Wohnung beibehalten will und Haushaltsangehörige in die zu kündigende Wohnung umziehen sollen.[197]

Da für den Eigenbedarf auch mit einiger Sicherheit eintretende künftige Umstände in **43** Betracht kommen, kann ein Wohnungsbedarf berücksichtigt werden, der erst durch die Aufnahme eines neuen Haushaltsangehörigen entsteht.[198] In der Praxis werden auch die Fälle als Kündigung wegen Eigenbedarfs für einen Haushaltsangehörigen behandelt, in denen die vorgesehene Pflegeperson oder Haushaltshilfe die zu kündigende Wohnung allein beziehen soll und nur in unmittelbarer Nähe zum Vermieter, meist in demselben Haus, wohnen soll.[199] Solche Personen gehören jedoch nicht zum Haushalt des Vermieters, wenn sie in der abgesonderten Wohnung einen eigenen Haushalt führen. Gleichwohl kann auch bei getrennter Haushaltsführung der Pflege- oder Hilfsperson ein berechtigtes Interesse hinsichtlich der bereitzustellenden Wohnung anerkannt werden, wenn der Vermieter die Unterstützung durch eine solche Person benötigt. Dann aber handelt es sich nicht um Eigenbedarf, sondern um ein berechtigtes Interesse aus sonstigen Gründen.[200] Die Kündigung ist auch begründet, wenn der Vermieter die beanspruchte Wohnung selbst beziehen will, um seine bisherige Wohnung der Pflegeperson zu überlassen.[201] Bei einer langen Kündigungsfrist braucht die Hilfsperson im Zeitpunkt der Kündigung noch nicht namentlich bekannt zu sein.[202] Die Aufnahme muss aber ernsthaft beabsichtigt werden.[203]

---

192 AG Waiblingen WuM 1994, 542.
193 *Schmidt-Futterer/Blank* Rn 51; *Steinig* GE 1996, 1206, 1208.
194 Bub/Treier/*Grapentin* Rn IV 67.
195 LG Wuppertal WuM 1994, 545; AG Wuppertal WuM 1994, 543.
196 AG Köln WuM 1994, 211.
197 AG Schöneberg NJW-RR 1997, 1503.
198 BayObLG NJW 1982, 1159.
199 BVerfG NZM 2000, 456; BayObLG NJW 1982, 1159; LG Potsdam WuM 2006, 44; LG Ellwangen NJWE-MietR 1996, 124; LG Kiel DWW 1992, 85; LG Saarbrücken WuM 1992, 690; AG Miesbach WuM 1993, 615; AG Münster WuM 2000, 190.
200 *Schmidt-Futterer/Blank* Rn 53.
201 LG Karlsruhe DWW 1990, 238.
202 OLG Hamm WuM 1986, 269; LG Potsdam WuM 2006, 44; LG Ellwangen NJWE-MietR 1996, 124; LG Frankenthal/Pfalz WuM 1990, 79; LG Hamburg WuM 1990, 302; LG Karlsruhe DWW 1990, 238; AG Münster WuM 1992, 250.
203 LG Kiel WuM 1990, 22.

André Haug

44   Der Vermieter muss die Räume als **Wohnung** für sich oder den begünstigten Personenkreis benötigen. Die Räume müssen überwiegend zu privaten Wohnzwecken in Anspruch genommen werden.[204] Soll die Wohnung überwiegend oder ganz für gewerbliche Zwecke genutzt werden, kommt eine Kündigung nach § 573 Abs 1 S 1 in Betracht, wenn der Nutzungswunsch nachvollziehbar und vernünftig ist.[205] Der Vermieter muss die ganze Wohnung benötigen. Das Gesetz eröffnet außer der Teilkündigung von Nebenräumen und Grundstücksteilen nach § 573b keine Möglichkeit, nur einen Teilbedarf an einer Wohnung geltend zu machen.[206] In dieser Beschränkung liegt kein Verstoß gegen Art 14 GG.[207] Eine Kündigung wegen Eigenbedarfs, die sich bei einem einheitlichen Mietvertrag allein auf die mitvermietete Garage bezieht, ist deshalb nicht gerechtfertigt.[208] Ebenso wenig fällt die Teilkündigung einer unbebauten Fläche des im Übrigen mit einem vermieteten Ein-Familien-Haus bebauten Grundstücks unter Abs 2 Nr 2, da es sich nicht um die Kündigung von Wohnräumen handelt.[209] Unschädlich ist, wenn der gekündigte Wohnraum allein den Bedarf nicht befriedigt, sondern mit angrenzenden Dachzimmern[210] oder weiteren Wohnräumen[211] zu einer einheitlichen Wohnung zusammengefasst werden soll.

45   Der Vermieter muss die Räume **benötigen**. Für die Auslegung dieses Tatbestandsmerkmals hat sich nach einer langjährigen Entwicklung die Auffassung durchgesetzt, die Absicht des Vermieters, in den vermieteten Räumen selbst zu wohnen oder eine der begünstigten Personen wohnen zu lassen, reiche aus, wenn er hierfür vernünftige und nachvollziehbare Gründe habe.[212] Diese Formel hat Eingang in die Entscheidungen der Instanzgerichte gefunden und ist vom BVerfG bestätigt worden.[213] Der Vermieter hat grundsätzlich allein darüber zu bestimmen, welchen Wohnbedarf er für sich und den begünstigten Personenkreis geltend machen will.[214] Eine bisher unzureichende Unterbringung ist nicht erforderlich.[215] Neben der ohnehin gebotenen Prüfung,[216] ob ein Missbrauch des Kündigungsrechts vorliegt, hat das Gericht auch die Vernünftigkeit und Nachvollziehbarkeit der Gründe zu untersuchen.[217]

46   Ein **wohnbezogener Bedarf** ist als vernünftiger und nachvollziehbarer Grund anzuerkennen, wenn die vom Vermieter selbst gemietete Wohnung gekündigt worden ist,[218] wenn der Vermieter oder eine der begünstigten Personen in einer anderen Wohnung unzureichend[219] oder zu teuer untergebracht ist oder wenn sie als ausreisewillige Spätaus-

---

204 LG Stuttgart WuM 1993, 740; LG Wiesbaden WuM 1990, 510; AG Schöneberg WuM 1992, 19.
205 BGH v. 26.9.2012 – VIII ZR 330 /11, NJW 2013, 225; BGH v. 5.10.2005 – VIII ZR 127/05, NJW 2005, 3782.
206 LG Mannheim WuM 1997, 104; **aM** OLG Karlsruhe NJW-RR 1997, 711 = WuM 1997, 202 m krit Anm *Wiek* WuM 1997, 654; LG Baden-Baden DWW 1992, 214; LG München I WuM 1990, 211 m Anm *Scholz*.
207 BVerfGE 89, 237 = NJW 1994, 308.
208 LG Köln WuM 1992, 264.
209   AM LG Duisburg NJW-RR 1996, 718.
210 LG Kiel WuM 1992, 691.
211 BVerfG NJW 1992, 1675; WuM 1994, 129; LG Frankfurt/M DWW 1992, 116.
212 BGH NJW 2005, 3782; BGHZ 103, 91 = NJW 1988, 904 m Anm *Schulte* JZ 1988, 611, hierzu *Paschke* ZMR 1988, 164; OLG Zweibrücken DWW 1987, 230.
213 BVerfGE 79, 292 = NJW 1989, 970.
214 BVerfGE 68, 361, 372f = NJW 1985, 2633,2634; BVerfG NJW 1988, 1075 m Anm *Schulte* JZ 1988, 611; LG Gießen WuM 1988, 289 m Anm *Kremer*, hierzu BVerfG WuM 1989, 409.
215 BGHZ 103, 91, 96f = NJW 1988, 904f.
216 BVerfG WuM 1991, 145; WuM 1991, 146; LG München I WuM 1990, 346.
217 BVerfG NJW 1989, 3007; AG Lobenstein WuM 1999, 337.
218 AG Coesfeld DWW 1989, 230; *Blank/Börstinghaus/Blank* Rn 89.
219 BVerfG WuM 1994, 126; LG Berlin GE 1990, 101; LG Gießen WuM 1994, 684; LG Köln WuM 1992, 542 m Anm *Sommerfeld*; LG Mannheim DWW 1995, 113; AG Mannheim DWW 1997, 76.

siedler noch im Ausland leben.[220] Ein berechtigtes Interesse liegt vor, wenn der Vermieter wegen seiner Heirat, Vergrößerung der Familie,[221] wegen des Wunsches nach getrennten Schlafzimmern,[222] der Einrichtung eigener Schlafräume[223] oder Aufenthaltsräume[224] für die Kinder, der Aufnahme eines Haushaltsangehörigen[225] oder wegen des längerfristigen Besuchs von Kindern und Enkelkindern[226] eine größere Wohnung benötigt. Ebenso besteht Bedarf, wenn der Vermieter einen Teil seiner Wohnräume nur über das Treppenhaus erreichen kann und deshalb seine Wohnung mit der nebenanliegenden vermieteten Wohnung zusammenlegen will.[227] Ein berechtigtes Interesse ist bei dem Wunsch erwachsener Kinder gegeben, einen eigenen Haushalt zu gründen.[228] Ein Wohnbedarf des unverheirateten Kindes ist auch zu berücksichtigen, wenn er durch das Zusammenleben in nichtehelicher Lebensgemeinschaft hervorgerufen wird.[229] Im Hinblick auf den höheren Bedarf müssen Tatsachen für eine substantielle, beständige menschliche Beziehung vorgetragen werden.[230] Entscheidend ist aber nicht der Wille des Familienangehörigen, sondern der des Vermieters, der den Bedarf des Angehörigen zu einem eigenen macht.[231] Abgesehen von Extremfällen[232] darf das Gericht grundsätzlich nicht den Erziehungsplan der Eltern in Frage stellen[233] oder seine Vorstellungen an die Stelle der Lebensplanung des Vermieters setzen.[234] Es gehört zum Recht auf freie Entfaltung der Persönlichkeit, den Wohnbedarf nach seinen eigenen Vorstellungen zu bestimmen, also auch einzuschränken.[235] Der Vermieter kann deshalb nach dem Tod des Ehegatten[236] oder dem Wegzug von Familienangehörigen[237] ein berechtigtes Interesse haben, die kleinere Wohnung zu beziehen. Hinzu kommen dürfen wirtschaftliche Gründe, um die größere Wohnung mit Gewinn zu vermieten.[238]

Ein berechtigtes Interesse kann sich aus **persönlichen Gründen** ergeben. Wer eine Eigentumswohnung erwirbt, um darin selbst zu wohnen, weil er „Herr seiner eigenen vier Wände" sein will, gestaltet sein Leben vernünftig und nachvollziehbar. Er darf von den Gerichten mit seinem Wunsch nach Eigennutzung nicht mit der Begründung zurückgewiesen werden, er sei bisher schon ausreichend untergebracht.[239] Der Vermieter braucht sich von den Gerichten nicht vorschreiben zu lassen, er könne den beanspruchten Wohnbedarf

47

---

220 AG Warendorf WuM 1996, 546.
221 LG Berlin GE 1990, 543; LG Mannheim DWW 1994, 51; LG Mainz NJWE-MietR 1996, 152.
222 BVerfG NJW 1992, 2878; AG Sinzig NZM 1999, 760.
223 LG Hamburg WuM 1991, 38.
224 LG Heilbronn NJW-RR 1993, 1232.
225 BVerfG NJW 1994, 994.
226 LG Hamburg WuM 1994, 683.
227 BVerfG WuM 1994, 129.
228 BGHZ 103, 91, 100 = NJW 1988, 904, 905 m Anm *Schulte* JZ 1988, 611; LG Berlin GE 1990, 493; AG Hamburg-Barmbek ZMR 2005, 202; AG Darmstadt WuM 1993, 350; AG Köln WuM 1997, 495.
229 BVerfG NJW 1995, 1480; OLG Karlsruhe NJW 1982, 889 m Anm *Schwab* DWW 1983, 172; LG Berlin WuM 1990, 510; LG München I WuM 1994, 538.
230 LG Aachen WuM 1990, 301; LG Frankfurt/M NJW 1990, 3277, hierzu BVerfG NJW 1990, 3259.
231 BayObLG WuM 1986, 271.
232 LG Hannover WuM 1991, 491; AG Köln WuM 1994, 209.
233 LG Hamburg WuM 1991, 38.
234 BVerfGE 79, 292, 306 = NJW 1989, 970, 971.
235 BVerfG NJW 1992, 1220; *Blank/Börstinghaus/Blank* Rn 94.
236 BVerfG NJW 1992, 105.
237 LG Braunschweig NJW-RR 1993, 400.
238 BVerfG NJW 1992, 105; AG Freiburg WuM 1991, 686.
239 BVerfG NJW 1994, 309; OLG Köln ZMR 2004, 33; LG Hamburg ZMR 2006, 285; LG Mainz NJWE-MietR 1996, 152.

André Haug

dadurch beschränken, dass er eine Puppensammlung außerhalb der Wohnung in Kästen verpackt lagere.[240] Zwingender noch als solche Ziele der persönlichen Lebensplanung sind gesundheitliche Gründe. So ist Eigenbedarf begründet, wenn die im oberen Stockwerk gelegene Wohnung für den Vermieter nach einem Schlaganfall[241] oder wegen einer sonstigen erheblichen Verschlechterung seines Gesundheitszustandes zu beschwerlich ist.[242] Das Gleiche gilt, wenn er wegen gesundheitlicher Behinderungen[243] oder zwecks Arbeitsentlastung in die vermietete kleinere Wohnung ziehen will.[244] Die Kündigung ist ferner berechtigt, wenn der in einem Altersheim lebende Vermieter in das eigene Haus ziehen möchte, um sich von der dort wohnende Tochter und einer in den Haushalt aufzunehmenden Pflegerin betreuen zu lassen.[245]

48 **Berufliche Gründe** können eine Kündigung wegen Eigenbedarfs rechtfertigen, wenn der Vermieter die Wohnung benötigt, weil er an diesem Ort einen neuen Arbeitsplatz gefunden hat[246] oder weil hierfür eine konkrete Aussicht besteht.[247] Es kann sich grundsätzlich um einen berufsbedingten Zweitwohnsitz handeln.[248] Eigenbedarf ist gegeben, wenn der Vermieter seine Familie am Ort der Beschäftigung zusammenführen will.[249] Ebenso begründet die Aufnahme eines Studiums Eigenbedarf.[250] Ferner ist ein Kündigungsgrund gegeben, wenn der Weg zur Arbeit verkürzt wird.[251] Eigenbedarf wurde anerkannt, weil der Vermieter Wohn- und Arbeitsstätte im selben Haus und gleichzeitig aus beruflichen Gründen eine repräsentative Wohnung haben wollte.[252]

49 Eigenbedarf kann aus **wirtschaftlichen Gründen** anzuerkennen sein, wenn die Miete, die der Vermieter für die zu eigenen Wohnzwecken gemietete Wohnung zu zahlen hat, höher ist als der aus seiner vermieteten Wohnung erzielte Ertrag.[253] Das Gleiche ist anzunehmen, wenn der Vermieter seine eigene bisherige Wohnung Gewinn bringend vermieten will und deshalb die zu kündigende Wohnung beansprucht[254] oder wenn er einfach aus Kostengründen eine kleinere Wohnung bevorzugt.[255] Der Wunsch, mietfrei zu wohnen, wurde nicht als vernünftig anerkannt, weil wegen der höheren Einnahmen aus der Vermietung gegenüber den eigenen Mietzahlungen keine Belastung festzustellen war.[256] Dies ist zweifelhaft, da es allein Sache des Vermieters ist, seine wirtschaftlichen Dispositionen zu treffen.

50 Berechtigter Eigenbedarf ist nur gegeben, wenn die Wohnung die **tatsächliche und rechtliche Eignung** aufweist, die Nutzungswünsche des Vermieters zu erfüllen. Erweist sich die Wohnung nach objektiven Merkmalen wegen ihrer Lage in einem oberen Stockwerk oder ihrer unzureichenden Größe als ungeeignet, ist die Geltendmachung von

---

240 BVerfG NJW 1994, 994.
241 AG Stuttgart WuM 1989, 297.
242 LG Karlsruhe DWW 1995, 145; AG Pforzheim DWW 1995, 144.
243 LG Wuppertal WuM 1989, 386.
244 LG Hamburg WuM 1989, 387.
245 BVerfGE 68, 361, 374 = NJW 1985, 2633, 2635.
246 LG Berlin NJW-RR 1995, 783; LG Hamburg WuM 1990, 118.
247 BVerfG NJW 1993, 2166; LG Bonn WuM 1994, 209.
248 LG Hamburg WuM 1994, 431; AG Köln WuM 1994, 25; MünchKomm/*Häublein* Rn 69.
249 AG Ludwigshafen WuM 1989, 415; AG Münster WuM 1989, 379.
250 LG Hamburg WuM 1989, 572; AG München NJW-RR 1989, 572.
251 LG Hamburg NJW-RR 1994, 204; LG Stuttgart WuM 1991, 106.
252 BVerfG NJW 1994, 2605.
253 BVerfG NJW 1994, 310; LG Düsseldorf WuM 1989, 387; LG München I WuM 1988, 365.
254 BVerfG NJW 1992, 105; LG Wuppertal WuM 1989, 386.
255 LG Frankfurt/M WuM 1990, 347; LG Münster WuM 1990, 304.
256 LG Potsdam GE 1998, 431.

Eigenbedarf unberechtigt.[257] Soll die objektive Eignung erst durch Umbaumaßnahmen hergestellt werden, braucht die Baugenehmigung im Zeitpunkt der Kündigung noch nicht vorzuliegen.[258] Der geltend gemachte Eigenbedarf muss auch in rechtlicher Hinsicht verwirklicht werden können. Möchte der Vermieter zwei übereinander liegende Wohnungen zusammenlegen und diese selber nutzen, ist es für den Eigenbedarf an der einen Wohnung ohne Belang, dass hinsichtlich der anderen Wohnung der Nutzungswunsch wegen eines anhängigen Räumungsverfahrens noch nicht realisierbar ist.[259]

Eigenbedarf ist grundsätzlich nur berechtigt, wenn er von einiger Dauer sein wird. Ist **51** lediglich eine **vorübergehende Nutzung** beabsichtigt, wird die Wohnung im Allgemeinen nicht zum Lebensmittelpunkt des Nutzers.[260] Eigenbedarf kann deshalb nicht für eine Wohnung auf Probe,[261] kurzfristige Aufenthalte[262] oder als Übergangslösung für wenige Monate geltend gemacht werden.[263] Teilweise wird auf weniger als ein Jahr[264] oder sogar auf weniger als drei Jahre abgestellt.[265]

Wenn die Interessen des Vermieters unter dem Gesichtspunkt vernünftiger und **52** nachvollziehbarer Gründe weitgehend berücksichtigt werden, bedeutet dies keineswegs, dass der Mieter schutzlos ist.[266] Liegt **Rechtsmissbrauch** vor, wird die Geltendmachung von Eigenbedarf ausgeschlossen. Hiervon werden die Fälle erfasst, in denen der Tatbestand des Eigenbedarfs erfüllt ist, seine Geltendmachung aber nach § 242 gegen Treu und Glauben verstößt. Die Darlegungs- und Beweislast für diesen Einwand trägt der Mieter.[267] Davon zu unterscheiden ist der nur vorgeschobene Eigenbedarf, weil bereits der Tatbestand nicht gegeben ist.[268] Das Gericht muss sämtlichen Gesichtspunkten nachgehen, die Zweifel an der Ernsthaftigkeit des Selbstnutzungswunsches begründen.[269]

Erfüllt die Kündigung den Tatbestand des Eigenbedarfs, kann sie dennoch wegen **53** Rechtsmissbrauchs nach § 242 als unwirksam zu beurteilen sein, wenn die **Gründe schon bei Abschluss des Mietvertrags** vorgelegen haben.[270] Der Vermieter setzt sich mit seinem eigenen Verhalten in Widerspruch, wenn er ein Mietverhältnis auf unbestimmte Zeit abschließt, obwohl er entweder bereits fest entschlossen ist oder zumindest erwägt, die Wohnung selbst in Gebrauch zu nehmen oder Familienangehörigen zu überlassen. § 575 eröffnet bei beabsichtigter Eigennutzung die Möglichkeit, ein Mietverhältnis auf bestimmte Zeit abzuschließen.[271] Deshalb wird eine Kündigung für unwirksam erklärt, wenn der Eigenbedarf im Zeitpunkt des Vertragsschlusses vorhersehbar war, weil die Eheschließung des Vermieters unmittelbar bevorstand[272] oder weil er heranwachsende Kinder[273]

---

257 OLG Karlsruhe WuM 1983, 9; LG Frankfurt/M WuM 1989, 246.
258 OLG Frankfurt/M NJW 1992, 2300; LG Hamburg ZMR 2010, 528; *Schmidt-Futterer/Blank* Rn 63.
259 BVerfG WuM 1999, 381.
260 BayObLG WuM 1993, 252, 254.
261 LG Waldshut-Tiengen WuM 1978, 5.
262 LG Karlsruhe WuM 1991, 272.
263 LG Osnabrück WuM 1980, 207 (LS).
264 LG Landau/Pfalz WuM 1993, 678.
265 LG München I WuM 1993, 677; AG Köln WuM 1992, 250.
266 BVerfGE 79, 292, 305 = NJW 1989, 970, 971.
267 *Blank/Börstinghaus/Blank* Rn 122; MünchKomm/*Häublein* Rn 77; **aM** LG Göttingen WuM 1990, 351.
268 LG Aachen WuM 1995, 164; LG Braunschweig WuM 1995, 185; LG Karlsruhe WuM 1991, 272; LG Mosbach WuM 1992, 18; AG Betzdorf WuM 1995, 172.
269 BVerfGE 79, 292, 305 = NJW 1989, 970; BVerfG NJW 1993, 2165; BVerfG WuM 1995, 140.
270 MünchKomm/*Häublein* Rn 79; *Schmid/Gahn* Rn 38; **aM** *Blank* ZGS 2004, 104.
271 BVerfGE 79, 292, 308 = NJW 1989, 970, 972; LG Berlin NZM 1998, 433.
272 LG Trier NJW-RR 1992, 718.
273 LG Gießen WuM 1996, 416; LG Hamburg WuM 1993, 50; WuM 1993, 677; LG Paderborn WuM 1994, 331.

André Haug

oder schon erwachsene Kinder[274] hat, die einen eigenen Haushalt gründen wollen. Als rechtsmissbräuchlich wurde eine Kündigung beurteilt, weil der Vermieter eine berufliche Veränderung nicht im Voraus bedacht habe[275] oder weil der Abschluss eines unbefristeten Mietverhältnisses schlechthin das Vertrauen auf einen gewissen Bestand begründe.[276] Allein aus dem Abschluss eines unbefristeten Mietverhältnisses kann jedoch kein Vertrauenstatbestand abgeleitet werden. Dies zeigt schon die gesetzliche Kündigungsfrist des § 573c Abs 1 S 1 von drei Monaten. Um einen Missbrauch bejahen zu können, kommt es allein darauf an, ob der Grund für den Eigenbedarf bei Abschluss des nunmehr zu kündigenden Vertrags nach Zeit und Umständen konkret vorgelegen hat. Nicht ausreichend ist also, dass der Eigenbedarf zwar kurze Zeit nach Abschluss des Mietvertrags entsteht, bei Abschluss des Mietvertrages aber noch nicht absehbar war.[277] Da der Vertrauensgrundsatz nur bei mangelnder Aufklärung des Mieters eingreifen kann, muss es genügen, dass der Vermieter die Absicht der zukünftigen Eigennutzung spätestens bei Vertragsschluss offenbart.[278] Dies setzt in Analogie zu § 575 Abs 1 eine schriftliche Mitteilung des Vermieters voraus.

54 Eine Kündigung ist ferner rechtsmissbräuchlich, wenn der Vermieter einen **weit überhöhten Wohnbedarf** geltend macht.[279] Dies wurde angenommen, weil er eine Wohnung mit vier Zimmern einmal wöchentlich für eine Übernachtung nutzen wollte.[280] Ebenso wurde überhöhter Wohnbedarf bejaht, wenn dem allein stehenden,[281] in der Berufsausbildung befindlichen Familienangehörigen eine Wohnung mit vier Zimmern[282] oder ein Ein-Familien-Haus überlassen werden sollte.[283] Verneint wurde überhöhter Wohnbedarf bei einer vierköpfigen Familie, die mit den Großeltern in ein Wohnhaus mit 432qm Wohnfläche einziehen wollte[284] und bei einem Ehepaar mit konkretem Kinderwunsch, das eine 280 qm große Wohnung beziehen wollte.[285] Demgegenüber ist zu berücksichtigen, dass selbst die unentgeltliche Überlassung zu den aus dem Eigentum fließenden Rechten gehört.[286] So findet sich in anderen Entscheidung zu Recht eine großzügigere Beurteilung.[287] Dabei ist zu bedenken, dass die Kündigung nicht auf einen Teil der Wohnung beschränkt werden kann.[288] Selbst wenn die beanspruchte Wohnung in Anbetracht der Personenzahl zunächst zu groß sein sollte, ist die Kündigung nicht rechtsmissbräuchlich, wenn sich die Zahl der Bewohner in absehbarer Zeit vergrößern wird.[289]

55 Ist der Tatbestand des Eigenbedarfs im Zeitpunkt des Zugangs der Kündigung erfüllt, ist die Erklärung wirksam. Ein **Wegfall des Eigenbedarfs** vor Ablauf der Kündigungsfrist

---

274 LG Berlin NZM 1998, 619; LG Karlsruhe WuM 1988, 276.
275 LG Berlin NJW-RR 1993, 661; vgl auch LG Ravensburg WuM 2003, 332; AG Gießen ZMR 2004, 823.
276 LG Arnsberg WuM 1994, 540; LG Heidelberg WuM 1991, 270.
277 BGH v. 20.3.2013 – VIII ZR 233/12, NJW 2013, 1596.
278 LG Berlin GE 1990, 493; LG Heidelberg WuM 1991, 270; LG Lübeck WuM 1993, 613; LG Paderborn WuM 1994, 331.
279 BVerfGE 79, 292, 305 = NJW 1989, 970, 971; BVerfG NJW 1988, 1075, 1076; NJW 1993, 1637, 1638; *Blank* WuM 1989, 157, 159; MünchKomm/*Häublein* Rn 73.
280 LG Berlin NJW-RR 1997, 74.
281 LG Kiel WuM 1991, 492.
282 LG Frankfurt/M NJW 1990, 3277, hierzu BVerfG NJW 1990, 3259 m Anm *Kremer* WuM 1990, 481; LG München I WuM 1990, 352.
283 AG Bonn WuM 1990, 214.
284 LG Hamburg ZMR 2004, 39.
285 AG Hamburg ZMR 2010, 453.
286 LG Köln WuM 1995, 110.
287 BVerfG NJW 1994, 995; NJW 1994, 2605; NJW 1995, 1480; LG Aachen WuM 1992, 613.
288 BVerfGE 89, 237 = NJW 1994, 308.
289 BVerfG NJW 1993, 1637; LG Berlin ZMR 1989, 425; LG Kassel WuM 1989, 416.

André Haug

führt aber zu einer nach § 242 unzulässigen Rechtsausübung, wenn der Vermieter an der Kündigung festhält.[290] Solange der Mieter noch nicht ausgezogen ist, muss der Vermieter ihn darüber aufklären, dass sein Eigenbedarf weggefallen ist.[291] Diese Pflicht entfällt, wenn der Mieter ebenfalls gekündigt hat.[292] Teilweise wird vertreten, dass ein Wegfall des Eigenbedarfs über den Ablauf der Kündigungsfrist hinaus zu berücksichtigen sei, wenn er vor Eintritt der Rechtskraft eines Räumungsurteils oder dem Ablauf einer rechtskräftig ausgesprochenen Räumungsfrist eintrete.[293] Andere meinen, dass sich der Mieter mit einer Vollstreckungsgegenklage nach § 767 ZPO wehren könne, wenn der Eigenbedarf erst nach Abschluss des Räumungsrechtsstreits wegfalle.[294] Dies entspricht der Meinung des BVerfG zu einer während des Räumungsrechtsstreits frei gewordenen Alternativwohnung,[295] steht aber im Widerspruch zur Dogmatik des BGB, nach der es für die Erfüllung des Kündigungstatbestands nur auf den Zeitpunkt ankommt, in dem die Erklärung durch Zugang wirksam wird. Diese Auffassung könnte den Mieter auch gerade dazu verleiten, die Räumung zu verzögern, bis der Eigenbedarf entfallen ist. Die vertraglichen Pflichten des Vermieters enden mit dem Ablauf der Kündigungsfrist, gleichzeitig endet das Besitzrecht des Mieters.[296] Deshalb ist weder die Kündigung unwirksam, noch kann der Mieter Neuabschluss des Mietvertrages verlangen, wenn zB die Person, wegen der Eigenbedarf geltend gemacht wurde, nach Ablauf der Kündigungsfrist verstirbt.[297]

Eine weitere Fallgruppe wird dadurch gekennzeichnet, dass eine oder mehrere freie **56** Wohnungen als **Alternativobjekte für den Vermieter** in Frage kommen. Dies wird durch entsprechende Auskunftspflichten untermauert.[298] Wenn das Alternativobjekt bereits im Zeitpunkt der Kündigung frei ist und den Wohnbedarf in gleicher Weise befriedigen kann, ist der Tatbestand des Eigenbedarfs nicht erfüllt. Der Missbrauchsfall tritt erst ein, wenn nach Ausspruch der Kündigung eine andere Wohnung frei wird, der Vermieter aber an der zunächst wirksamen Kündigung festhält und darüber hinaus die andere Wohnung weitervermietet.[299] Der Vermieter darf auf die Alternativwohnung verwiesen werden, wenn sein Wohnbedarf darin ohne wesentliche Abstriche zu verwirklichen ist.[300] Als treuwidrig wird die Kündigung auch beurteilt, wenn Eigenbedarf für einen Angehörigen geltend gemacht wird, der Vermieter[301] oder der Angehörige aber zuvor in Kenntnis des zukünftigen Eigenbedarfs eine ihm gehörende freie Wohnung vermietet hat.[302] Ebenso wird eine in absehbarer Zeit frei werdende Wohnung des Vermieters berücksichtigt.[303] Dies gilt auch bei Weitervermietung einer erst während des Räumungsrechtsstreits frei gewordenen Wohnung,[304]

---

290 BGH NJW 2006, 220; LG Hamburg WuM 1997, 680; LG Hannover WuM 1990, 305; LG Kiel WuM 1991, 108; LG Osnabrück WuM 1990, 81; LG Siegen WuM 1992, 147.
291 BayObLG NJW 1987, 1654; LG Hamburg WuM 1995, 168; LG Köln DWW 1990, 210.
292 AG Sinzig DWW 1991, 25.
293 OLG Karlsruhe NJW-RR 1994, 80; OLG Köln WuM 1994, 212; *Timme* NZM 2006, 249.
294 LG Heidelberg WuM 1992, 30; LG Siegen WuM 1992, 147; AG Bonn WuM 1991, 495.
295 BVerfGE 83, 82 = NJW 1991, 157; BVerfG NJW 1991, 2273.
296 BGH NJW 2006, 220; dazu *Blank* NJW 2006, 739ff; bestätigt durch BVerfG NJW 2006, 2033.
297 BGH NJW 2007, 2845 m Anm Müller WuM 2007, 579f.
298 LG Berlin WuM 1994, 75; LG Mannheim NJW 1992, 2492; LG Mönchengladbach WuM 1995, 186; AG Hamburg WuM 1995, 109.
299 BVerfGE 83, 82 = NJW 1991, 157; LG Berlin WuM 1990, 25; LG Duisburg WuM 1992, 20; LG Nürnberg-Fürth WuM 1991, 40.
300 BVerfG NJW 1991, 158.
301 AG Hamburg-Altona WuM 1994, 383.
302 LG Hannover WuM 1992, 488.
303 BVerfGE 83, 82 = NJW 1991, 157; LG Berlin NJW-RR 1992, 336.
304 BVerfG NJW 1991, 2273; LG Münster NJW-RR 1991, 846.

André Haug

weicht allerdings bedenklich von der Dogmatik der Rechtsgeschäftslehre ab und führt zu einer reinen Billigkeitsrechtsprechung. Jedenfalls eine nach Schluss der letzten mündlichen Verhandlung frei werdende Wohnung kann unberücksichtigt bleiben.[305] Die Kündigung ist trotz eines Alternativobjekts nicht rechtsmissbräuchlich, wenn der Vermieter vernünftige und nachvollziehbare Gründe hat, gerade die vermietete Wohnung in Anspruch zu nehmen.[306] Als vernünftiger Grund wird es angesehen, wenn die vermietete Wohnung dem tatsächlichen Bedarf besser gerecht wird, weil die Alternativwohnung zu groß[307] oder zu klein ist.[308] Auf eine gewerblich genutzte Ferienwohnung braucht sich der Vermieter nicht verweisen zu lassen, wenn er sich entschlossen hat, weitere Immobilien gewerblich zu nutzen und so die finanzielle Grundlage für seine eigenverantwortliche Lebensgrundlage zu schaffen.[309] Unerheblich ist deshalb auch, ob der Vermieter im Rahmen seiner gewerblichen Tätigkeit wiederholt Mietwohnungen in Eigentumswohnungen umgewandelt und verkauft hat.[310]

57　　Die Kündigung wegen Eigenbedarfs wird für rechtsmissbräuchlich gehalten, wenn die freie Wohnung aus nachvollziehbaren Gründen zwar für den Vermieter ausscheidet, aber als **Alternativobjekt für den Mieter** in Betracht kommt und ihm vom Vermieter nicht angeboten wird.[311] Dies wird auf die bisherige, frei werdende Wohnung des Vermieters ausgedehnt.[312] Allerdings hat der BGH die Anbietpflicht beschränkt auf im selben Haus oder derselben Wohnanlage liegende Wohnungen und eine Erstreckung auf jede andere dem Vermieter zur Verfügung stehende Wohnungen ausgeschlossen.[313] Von der bis zum Ablauf der Kündigungsfrist[314] und nicht bis zum rechtskräftigen Abschluss des Räumungsrechtsstreits[315] oder gar des Auszugs[316] bestehenden Anbietpflicht wird nur unter besonderen Umständen wegen Unzumutbarkeit abgesehen.[317] Teilweise wird sie auch generell verneint.[318] Das BVerfG hat die Frage einer Anbietungspflicht bisher offen gelassen.[319] Es betont, dass die Gerichte die Entscheidung des Vermieters grundsätzlich hinzunehmen hätten, wie er über die Nutzung seines sonstigen Eigentums verfügt habe. Eine Anbietungspflicht kann deshalb allenfalls für Wohnungen erwogen werden, die frei stehen und die der Vermieter ohnehin zu vermieten beabsichtigt.[320]

58　　Eine Kündigung kann rechtsmissbräuchlich sein, wenn sie auf einem **selbst herbeigeführten Eigenbedarf** beruht. So wurde Eigenbedarf, den der Vermieter durch Verkauf

---

305 BVerfG WuM 1991, 465.
306 BVerfGE 79, 292, 305 = NJW 1989, 970, 971.
307 AG Mannheim DWW 1991, 221.
308 BVerfG NJW 1994, 995; OLG Düsseldorf WuM 1993, 49; LG Bochum WuM 1994, 473.
309 BVerfGE 81, 29, 34 = NJW 1990, 309, 310; BVerfG NJW 1994, 435, 436.
310 LG Dortmund NJW-RR 1989, 1499.
311 BGH NJW 2003, 2604; OLG Karlsruhe WuM 1993, 105; LG Hamburg ZMR 2003, 265; LG Berlin GE 2002, 400; LG Köln ZMR 2001, 897; LG Wuppertal WuM 1998, 599; LG Mannheim WuM1996, 475; LG Münster WuM 1991, 691; LG Osnabrück WuM 1998, 318; *Eisenhardt* WuM 1997, 476.
312 LG Nürnberg-Fürth WuM 1991, 110.
313 BGH NJW 2003, 2604 m Bspr *Häublein* NZM 2003, 970; *Kappus* NZM 2003, 657; *Wiek* DWW 2003, 297.
314 BGH NJW 2003, 2604; LG Berlin GE 2004, 1527; LG Köln WuM 1994, 212; MünchKomm/*Häublein* Rn 80.
315 So LG Frankfurt aM NZM 2002, 938; LG Hamburg ZMR 2005, 127.
316 So *Blank* ZGS 2004, 104.
317 OLG Karlsruhe WuM 1993, 105; LG Karlsruhe WuM 1991, 41; LG Mannheim NJW-RR 1997, 332; LG Regensburg WuM 1991, 109.
318 LG Baden-Baden DWW 1992, 214; LG Frankenthal/Pfalz WuM 1990, 79.
319 BVerfGE 79, 292, 308 = NJW 1989, 970, 972; BVerfGE 85, 214, 217f = NJW 1992, 1220, 1221; BVerfG NJW 1994, 435, 436.
320 Vgl auch BGH NJW 2009, 1141; Bamberger/Roth/*Hannappel* Rn 70.

seiner eigenen Wohnung[321] oder durch Kauf eines vermieteten Hauses[322] herbeigeführt hatte, als unzureichend beurteilt. Es kommt jedoch nicht entscheidend auf Verursachung oder Verschulden des Eigenbedarfs an, sondern auf das Merkmal der Treuwidrigkeit im Verhältnis zu dem betroffenen Mieter. Das Kündigungsrecht darf dem Vermieter nicht allein deshalb versagt werden, weil er den Bedarfsgrund willentlich herbeigeführt hat.[323] Hierdurch würde die Befugnis missachtet, sein Leben unter Gebrauch seines Eigentums so einzurichten, wie er dies für richtig hält.[324] Deshalb ist es nicht treuwidrig, wenn der Vermieter den Eigenbedarf durch Heirat, Kinder oder die Aufnahme von Familienange-hörigen verursacht.[325] Ebenso wenig steht es einer Kündigung entgegen, dass er das Haus gekauft hat, obwohl er in einer anderen Wohnung ausreichend untergebracht ist, aber für die Inanspruchnahme vernünftige und nachvollziehbare Gründe hat. Die Kündigung ist begründet, wenn die Wohnung genutzt werden soll, damit die Vermieter getrennt leben können.[326] Ebenso ist der durch eine eigene Kündigung verursachte Eigenbedarf berech-tigt, wenn der Vermieter eine Wohnung in dem ihm gehörenden Haus beziehen will, weil er sich dort von einer Pflegeperson betreuen lassen kann.[327] Das Gleiche gilt, wenn der Vermieter das Haus, in dem er wohnt, veräußert und wegen seiner Räumungspflicht Eigen-bedarf herbeiführt.[328] Dagegen kann es treuwidrig sein, wenn er den Grund für den Eigen-bedarf gesetzt hat, um einen unbequemen Mieter loszuwerden,[329] wenn er ihn dadurch verursacht, dass er in Kenntnis oder Erwartung der Trennung von dem Ehegatten seine bisherige Wohnung umbaut und damit für die Befriedigung seines eigenen Wohnbedarfs ungeeignet macht[330] oder wenn der Bedarf vorhersehbar war, der Vermieter aber eine freie Wohnung verkauft und dadurch erst den Eigenbedarf herbeiführt.[331]

Nach verbreiteter Auffassung steht es dem Vermieter frei, welchem von **mehreren** 59 **Mietern** er kündigt.[332] Um Belange unbeteiligter Mieter nicht in Rechtsstreitigkeiten anderer Parteien einzubeziehen, kann der Vermieter nicht darauf verwiesen werden, er solle den Mietvertrag mit einem anderen Mieter kündigen. Er kann zwischen mehreren Mietern für die Kündigung aber nur frei auswählen, wenn er jede dieser Wohnungen in gleicher Weise benötigt.[333] Die unterschiedliche Miete mehrerer Wohnungen darf bei der Auswahl keine Rolle spielen, weil es um die Eignung der Wohnung für den Wohnbedarf des Vermieters geht, nicht aber um die Optimierung seiner Einnahmen.[334]

---

321 LG Augsburg WuM 1984, 227; LG Köln WuM 1997, 560.
322 AG Friedberg/Hessen WuM 1980, 228.
323 *Oetker* ZMR 1984, 77, 78.
324 BVerfGE 79, 292, 305 = NJW 1989, 970, 971.
325 *Staudinger/Rolfs* [2011] Rn 137.
326 BVerfG NJW 1992, 3032; LG Dortmund WuM 1989, 632.
327 BVerfGE 68, 361, 374 = NJW 1985, 2633, 2635.
328 LG Münster WuM 1990, 304; **aM** LG Köln WuM 1997, 560.
329 AG Stuttgart WuM 1989, 248.
330 BVerfG NJW 1992, 3032, 3033.
331 LG Berlin NJWE-MietR 1997, 7.
332 BGHZ 126, 357, 366 = NJW 1994, 2542, 2544; OLG Düsseldorf WuM 1993, 49; LG Siegen WuM 1990, 23; einschr LG Hannover WuM 1990, 305; WuM 1991, 346; LG Köln WuM 1991, 590; *Blank/Börstinghaus/Blank* Rn 104; *Schopp* ZMR 1975, 97, 100.
333 LG Augsburg WuM 1986, 318.
334 LG Heidelberg WuM 1992, 612.

André Haug

c) Hinderung angemessener wirtschaftlicher Verwertung des Grundstücks (Abs 2 Nr 3)

60   **aa) Allgemeines.** Ein berechtigtes Interesse ist nach Abs 2 Nr 3 HS 1 gegeben, wenn der Vermieter durch die Fortsetzung des Mietverhältnisses an einer angemessenen **wirtschaftlichen Verwertung** des Grundstücks gehindert und dadurch erhebliche Nachteile erleiden würde. Dadurch soll die Wirtschaftlichkeit des Haus- und Grundbesitzes gesichert werden. Die Regelung ist mit der Eigentumsgarantie des Art 14 Abs 1 S 1 GG vereinbar.[335] Der ursprünglich für die neuen Bundesländer angeordnete Ausschluss dieses Kündigungsrechts nach Art 232 § 2 Abs 2 EGBGB besteht seit dem 1.5.2004 nicht mehr.[336] Für die Verwertungskündigung muss ein **konkretes Interesse des Vermieters** bestehen.[337] Dies bedeutet nicht, dass der Vermieter bereits eine bestimmte Maßnahme in die Wege geleitet haben muss. Es genügt, wenn im Zeitpunkt des Zugangs der Kündigung mit einiger Sicherheit festgestellt werden kann, dass er die beabsichtigte Verwertung nach dem Ende des Mietverhältnisses alsbald verwirklichen will und kann.[338]

61   Das **Recht zur Verwertungskündigung und die Vermieterstellung** hängen unmittelbar zusammen. Deshalb kann grundsätzlich nur der Vermieter kündigen. Er kann sich nach § 164 vertreten lassen oder einen Dritten ermächtigen. Auf die Verwertungsinteressen anderer Personen wie des Ehegatten[339] oder eines zukünftigen Grundstückserwerbers[340] kommt es nicht an. Der Erwerber kann erst kündigen, wenn er nach § 566 Abs 1 die Stellung des Vermieters erlangt hat. Der Zwischenvermieter ist nicht zur Veräußerung des Grundstücks und deshalb auch nicht zu einer darauf gestützten Verwertungskündigung befugt.[341] Soll die Verwertung nicht durch den Vermieter, sondern durch den Eigentümer erfolgen, kann dem Vermieter aus sonstigen Gründen ein Kündigungsrecht zustehen.

62   Die **Darlegungs- und Beweislast** für die Voraussetzungen einer Verwertungskündigung trifft den Vermieter.[342]

63   **bb) Tatbestandsmerkmale im Einzelnen (Abs 2 Nr 3 HS 1).** Durch ein bestehendes Mietverhältnis muss die **wirtschaftliche Verwertung** des Grundstücks betroffen sein. Hierzu gehört in erster Linie der Verkauf.[343] Die weitere Vermietung als Wohnraum mit dem Ziel, höhere Mieteinnahmen zu erzielen, scheidet nach Abs 2 Nr 3 HS 2 aus. Möglich ist eine Vermietung oder Verpachtung zu gewerblichen[344] oder freiberuflichen Zwecken oder an eine Behörde. Eine wirtschaftliche Verwertung kann auch in der Bestellung dinglicher Rechte liegen, wie etwa Nießbrauch, Dauerwohnrecht oder Erbbauwohnrecht. Ausgeschlossen ist nach Abs 2 Nr 3 HS 3 die Begründung von Wohnungseigentum zum Zwecke der Veräußerung. Umbau- und Sanierungsmaßnahmen können als wirtschaftliche Verwertung zu beurteilen sein,[345] auch wenn das Gebäude anschließend wieder zu Wohnzwecken

---

335 BVerfGE 79, 283 = NJW 1989, 972; BGHZ 179, 289, 293 = NJW 2009, 1200.
336 BGBl 2004 I 478.
337 MünchKomm/*Häublein* Rn 85.
338 BayObLG WuM 1993, 660, 661.
339 LG Ellwangen WuM 1991, 273.
340 LG Freiburg WuM 1991, 172.
341 LG Stuttgart WuM 1991, 199.
342 BayObLG NJW 1984, 372; LG Freiburg WuM 1991, 172; LG Flensburg WuM 2000, 80.
343 BVerfGE 79, 283, 290 = NJW 1989, 972, 973; BVerfG NJW 1992, 361; NJW 1998, 2662 = NZM 1998, 618; LG Bad Kreuznach WuM 1991, 179; LG Frankenthal/Pfalz WuM 1991, 181; LG Hamburg WuM 1991, 187; WuM 1992, 22; LG Krefeld WuM 2010, 302; LG München I WuM 1992, 374; LG Trier WuM 1991, 273; *Kinne* GE 1998, 468.
344 AG Uelzen WuM 1997, 374.
345 LG Wiesbaden NZM 1998, 263.

André Haug

mit höheren Mieteinnahmen verwendet werden soll.[346] Dies ist anzunehmen, wenn eine Großwohnung in mehrere Kleinwohnungen umgebaut werden soll[347] oder wenn bei der Modernisierung eines Altbaus mit sanitären Räumen die zu kündigende Wohnung durch den Umbau wegfallen soll.[348] Ebenso können der vollständige Abbruch des Gebäudes und der Neubau einer Wohnanlage eine wirtschaftliche Verwertung darstellen.[349] Dieses Ziel kann schließlich auch damit verfolgt werden, dass der Vermieter die Räume für den Betrieb seines eigenen Unternehmens verwenden will.[350]

Der Vermieter muss an der wirtschaftlichen Verwertung des **Grundstücks** gehindert 64 sein. Aus dieser Formulierung des Gesetzes wird teilweise der Schluss gezogen, die Verwertungsmaßnahme müsse das gesamte Grundstück betreffen und dürfe sich nicht auf Teile desselben beschränken.[351] Hiergegen sprechen die Systematik und der Zweck des Gesetzes.[352] Die wirtschaftliche Verwertung kann sich deshalb auf einen Teil des Grundstücks beschränken.[353] Andererseits ist es ausreichend, wenn die Verwertung des Grundstücks Teil einer Gesamtmaßnahme ist, die sich auf mehrere Grundstücke erstreckt.

Die wirtschaftliche Verwertung muss **angemessen** sein. Der Begriff der Angemessen- 65 heit ergibt sich aus den Grundsätzen, die allgemein für die Anerkennung als berechtigtes Interesse gelten. Da Privatnützigkeit und Verfügungsbefugnis den Kern des Eigentumsrechts ausmachen, ist eine Verwertung des Grundstücks im Wege des Verkaufs grundsätzlich als angemessen zu beurteilen.[354] Teilweise wird zusätzlich verlangt, der Verkauf müsse wirtschaftlich sinnvoll sein[355] oder sei jedenfalls dann angemessen, wenn mit dem Verkaufserlös neuer Wohnraum beschafft werden solle.[356] Der Verwendungszweck hinsichtlich des Erlöses ist jedoch unerheblich,[357] da eine dahingehende Bestimmung allein dem Eigentümer obliegt. Der Verkauf muss nicht zwingend erforderlich sein.[358] Im Einklang mit den zu § 573 Abs 2 Nr 2 entwickelten Grundsätzen ist lediglich vorauszusetzen, dass die Verwertung von vernünftigen und nachvollziehbaren Gründen getragen wird.[359] Das Kündigungsrecht entfällt nicht, weil der Eigentümer das Grundstück in vermietetem Zustand erworben hat.[360] Die Nutzung für das eigene Unternehmen oder die Vermietung für geschäftliche Zwecke kann angemessen sein, wenn das Grundstück nach Lage und

---

346 LG Aachen WuM 1991, 167; LG Arnsberg WuM 1992, 21; LG Freiburg WuM 1991, 172; LG Nürnberg-Fürth WuM 1991, 176; *Beuermann* ZMR 1979, 97, 98; *Blank* ZMR 1981, 321, 323; einschr LG Frankfurt/M NJW-RR 1996, 266; **aM** AG München BlGBW 1985, 41.
347 LG Bonn ZMR 1992, 114; LG Hamburg NJW 1989, 2699.
348 BayObLG NJW 1984, 372 m krit Anm *Degen* WuM 1984, 18; LG Düsseldorf DWW 1991, 338.
349 BGHZ 179, 289, 292 = NJW 2009, 1200; BayObLG WuM 1993, 660; LG Kiel GE 2008, 1427; LG Mannheim NZM 2004, 256; AG Köln WuM 1991, 170; AG Königstein/Ts WuM 1991, 171; AG Regensburg WuM 1991, 177.
350 LG Berlin NJW-RR 1992, 1231; LG Osnabrück WuM 1994, 214; AG Bergheim WuM 1991, 164; AG Bruchsal NJW-RR 1992, 844; AG Neumünster WuM 1991, 165.
351 LG Augsburg WuM 1992, 614; AG Neumünster WuM 1991, 165; offengelassen von BVerfG NJW 1992, 105.
352 *Staudinger/Rolfs* [2011] Rn 149.
353 *Palandt/Weidenkaff* Rn 35.
354 BVerfGE 79, 283, 290 = NJW 1989, 972, 973; LG Kiel GE 2008, 1427.
355 LG Trier WuM 1991, 273.
356 LG Frankenthal/Pfalz WuM 1991, 181; LG München I WuM 1991, 193; LG Stuttgart WuM 1991, 198.
357 LG Düsseldorf NJW-RR 1992, 522.
358 BVerfG NJW 1991, 3270; LG Stuttgart DWW 1995, 143; **aM** LG Duisburg WuM 1991, 497; LG Köln WuM 1992, 132.
359 LG Hamburg WuM 1991, 185; WuM 1991, 186; LG Kiel WuM 1993, 52.
360 OLG Koblenz WuM 1989, 164; LG Berlin NJW-RR 1997, 10; einschr LG Berlin WuM 1995, 111; LG Freiburg WuM 1991, 183.

André Haug

Beschaffenheit hierzu prädestiniert ist. Eine Grenze besteht bei rein spekulativer Verwertung[361] oder bei Abwälzung wirtschaftlicher Risiken auf den Mieter.[362]

66   Eine **Zweckentfremdung** von Wohnraum ist grundsätzlich nur angemessen, wenn örtlich ein ausreichendes Wohnungsangebot besteht.[363] Sie darf nicht gegen ein öffentlich-rechtliches Verbot verstoßen. Die Kündigung ist deshalb unwirksam, wenn die Zweckentfremdungsgenehmigung noch nicht erteilt ist.[364] Da die Wirksamkeitsvoraussetzungen im Zeitpunkt des Zugangs der Kündigung vorliegen müssen, wird eine unwirksame Kündigung nicht durch spätere Erteilung rückwirkend geheilt,[365] obwohl der Genehmigung öffentlich-rechtlich Rückwirkung beigemessen wird.[366] Aus der Genehmigung als solcher kann noch kein berechtigtes Interesse hergeleitet werden.[367] Will der Eigentümer zwei selbständige Wohnungen zusammenlegen, unterliegt diese Maßnahme nicht dem Zweckentfremdungsverbot, so dass die Kündigung auch ohne Genehmigung wirksam ist.[368]

67   Die gleichen Erwägungen gelten für den Abbruch von Gebäuden, wenn dies der Sanierung dient oder wenn baufällige Häuser durch modernen Ansprüchen genügende Bauten ersetzt werden sollen. Die Abbruchgenehmigung allein begründet kein berechtigtes Interesse.[369] Es müssen anerkennenswerte wirtschaftliche Gründe hinzu kommen. Im Gegensatz zur Zweckentfremdungsgenehmigung ist eine Abbruchgenehmigung ebenso wenig wie eine Baugenehmigung Wirksamkeitsvoraussetzung für eine Kündigung.[370]

68   Die Fortsetzung des Mietverhältnisses muss ein **Hindernis** für die Verwertung darstellen. Es muss Kausalität iSd Adäquanztheorie vorliegen.[371] Das Mietverhältnis braucht die Verwertung nicht vollständig auszuschließen.[372] Es reicht, wenn das Grundstück nur unangemessen verwertet werden könnte, so dass ein Verkauf als wirtschaftlich sinnlos erscheint und der Kündigungsschutz damit zum faktischen Verkaufshindernis wird.[373] Ein Hindernis liegt deshalb nicht vor, wenn der Vermieter die Maßnahmen ohne Kündigung treffen kann, selbst wenn die Wohnung hierbei vorübergehend unbenutzbar sein sollte.[374] Dies gilt etwa, wenn die Unrentabilität durch Modernisierung aufgrund der Duldungspflicht des Mieters aus § 554 Abs 2 bis 5[375] oder durch Mieterhöhungen nach den §§ 558ff beseitigt werden kann.[376] Die Kündigung ist deshalb nur berechtigt, wenn die Sanierung oder Modernisierung bei fortbestehendem Mietverhältnis unmöglich wäre.[377] Sie ist auch

---

361 LG Augsburg WuM 1992, 614; LG Hamburg WuM 1991, 696; LG Wiesbaden WuM 1993, 195.
362 LG Frankenthal/Pfalz WuM 1992, 488; LG Köln WuM 1992, 132; LG Mosbach WuM 1991, 191.
363 AG Völklingen MDR 1973, 677.
364 OLG Frankfurt/M NJW 1992, 2300, 2301; OLG Hamburg NJW 1981, 2308; LG Düsseldorf DWW 1993, 103; LG München II WuM 1997, 115.
365 OLG Hamburg NJW 1981, 2308; LG Berlin ZMR 1991, 346; *Blank/Börstinghaus/Blank* Rn 127; **aM** LG Mannheim NZM 2004, 256; BezG Cottbus WuM 1992, 301, 303.
366 OVG Münster NJW 1982, 1771.
367 BVerwGE 95, 341, 361 = NJW 1995, 542, 546.
368 BVerfG NJW 1992, 1675; **aM** LG Frankfurt/M DWW 1992, 116.
369 LG Berlin WuM 1989, 254; AG Freiburg WuM 1992, 193; AG Regensburg WuM 1991, 177.
370 BayObLG NJW-RR 1994, 78 = WuM 1994, 660; LG München I WuM 1992, 612; **aM** LG Berlin ZMR 1991, 346; AG Düsseldorf WuM 1991, 168; offen lassend BGHZ 179, 289, 293 = NJW 2009, 1200.
371 LG Bonn ZMR 1992, 114.
372 LG Wiesbaden WuM 2007, 201.
373 BVerfGE 79, 283, 291 = NJW 1989, 972, 973; BVerfG NJW 1991, 3270, 3271; NJW 1992, 361, 362; OLG Stuttgart WuM 2005, 658; LG Krefeld WuM 2010, 302.
374 LG Augsburg WuM 1992, 614.
375 LG Koblenz WuM 1990, 211; LG Nürnberg-Fürth WuM 1991, 176; AG Dortmund NJW-RR 1992, 521; AG Essen ZMR 1997, 423.
376 LG Kiel WuM 1993, 52.
377 LG Frankenthal/Pfalz WuM 1991, 171; LG Stuttgart WuM 1991, 178.

André Haug

nicht allein deswegen begründet, weil sich ein unvermietetes Haus besser verkaufen lässt.[378] Macht ein bestehendes Mietverhältnis das Haus unverkäuflich[379] oder lässt es sich deshalb nicht so günstig verkaufen,[380] ist ein Hindernis gegeben. Dies muss der Vermieter nachweisen.[381] Als unzureichend werden Verkaufsbemühungen durch eine einzige erfolglose Anzeige[382] oder unter Beschränkung auf die regionale Presse angesehen.[383]

Der Vermieter müsste durch die Fortsetzung des Mietverhältnisses erhebliche **Nach-** **teile** erleiden. Die Nachteile können darauf beruhen, dass das Mietverhältnis die wirtschaftliche Verwertung des Grundstücks ausschließt oder dass es sie zwar zulässt, aber nur mit einem unangemessenen Ergebnis. Die Nachteile können sich daraus ergeben, dass das Grundstück nicht nutzungsfähig ist oder dass die objektive Nutzungsmöglichkeit wegen des eingesetzten Kapitals zu geringe Einnahmen oder zu hohe Aufwendungen mit sich bringt.[384] Der Vermieter muss vor einer Kündigung versuchen, die Rendite durch geeignete Maßnahmen zu verbessern,[385] insbesondere durch eine Mieterhöhung. Auf die Verwertung anderer Vermögensobjekte darf er nicht verwiesen werden.[386] Auch der geringere Verkaufserlös führt zu einer Einbuße.[387] Keine Rolle spielt die Frage, ob der Vermieter das Grundstück bereits in vermietetem Zustand erworben hat.[388] Der Wechsel in der Eigentümer-/Vermieterstellung hat keine Auswirkungen auf die Kündigungsvoraussetzungen des § 573 Abs 2 Nr 3, weil die Verbesserung der kündigungsrechtlichen Situation des Mieters kein Ziel des § 566 ist.[389] Nachteilig kann es sein, wenn durch das Mietverhältnis verhindert wird, dass der Vermieter diese Wohnung bezieht und er mit seiner bisherigen Wohnung höhere Mieteinnahmen erzielt[390] oder dass er sein Unternehmen ausweitet.[391] Ebenso kann für den Vermieter ein Nachteil daraus erwachsen, dass er bestehende Kredite nicht ablösen kann,[392] den Neubau eines Hauses durch Aufnahme von Krediten finanzieren muss[393] oder öffentliche Fördermittel verliert.[394] Anstelle wirtschaftlicher Nachteile kommen solche persönlicher Natur in Betracht.

Die Nachteile müssen **erheblich** sein. Ihr Gewicht lässt sich nur im Einzelfall unter Berücksichtigung der persönlichen und wirtschaftlichen Verhältnisse des Vermieters entscheiden.[395] Ob ein Nachteil zumutbar ist, dh ob er noch nicht erheblich ist, muss im Hinblick auf die Sozialpflichtigkeit des Eigentums beurteilt werden. Die Einbußen dürfen keinen Umfang annehmen, der die Nachteile weit übersteigt, die dem Mieter durch den

69

70

---

378 LG Darmstadt WuM 1987, 320; LG Mainz WuM 1987, 394.
379 LG Düsseldorf NJW-RR 1992, 522; AG Hannover WuM 1991, 188; AG Stuttgart-Bad Canstatt WuM 1991, 200; AG Tempelhof-Kreuzberg WuM 1991, 200.
380 LG Trier WuM 1991, 273; AG Stuttgart WuM 1991, 198.
381 OLG Stuttgart WuM 2005, 658; LG Hamburg WuM 1991, 186; WuM 1992, 22; LG Mosbach WuM 1991, 191.
382 LG Frankfurt/M WuM 1991, 182.
383 LG Stuttgart WuM 1994, 686.
384 AG Schöneberg GE 1990, 1087.
385 LG Kleve WuM 1988, 276.
386 LG Osnabrück ZMR 1988, 232; **aM** LG Mosbach WuM 1991, 191.
387 BVerfGE 79, 283, 291 = NJW 1989, 972, 973.
388 So noch die Vorauflage.
389 BGHZ 179, 289, 296 = NJW 2009, 1200; *Rolfs/Schlüter* JZ 2009, 693, 695f.
390 BVerfG NJW 1992, 105.
391 LG Osnabrück WuM 1994, 214; AG Neumünster WuM 1991, 165; **aM** AG Rotenburg/Wümme WuM 1991, 196.
392 BVerfG NJW 1992, 105.
393 LG Düsseldorf WuM 1991, 593; NJW-RR 1992, 522; LG Stuttgart WuM 1991, 198; LG Trier WuM 1991, 273.
394 LG Freiburg WuM 1991, 172.
395 BGHZ 179, 289, 294 = NJW 2009, 1200; LG Wiesbaden WuM 2007, 201; AG Tempelhof- Kreuzberg WuM 1991, 200; MünchKomm/*Häublein* Rn 90; *Schmidt-Futterer/Blank* Rn 170.

André Haug

Verlust der Wohnung entstehen.[396] Die Erheblichkeit und damit die Zumutbarkeit sind also nicht nach rein objektiven Maßstäben zu bewerten. Erzielt der Vermieter eine angemessene Rendite, erleidet er keinen Nachteil, auch wenn er nach einer Kündigung einen noch höheren Mietzins erzielen könnte.[397] Ein erheblicher Nachteil liegt nicht vor, wenn eine niedrige Rendite nach einer Kündigung durch Umbaumaßnahmen nur geringfügig gesteigert werden könnte.[398] Andererseits darf die Vorschrift nicht auf einen drohenden Existenzverlust beschränkt werden. Auch Vermögenseinbußen, die die wirtschaftliche Existenz nicht ernsthaft in Frage stellen, sind von Verfassungs wegen zu beachten.[399] Die Frage, ob ein Mindererlös beim Verkauf als erheblicher Nachteil zu beurteilen ist, lässt sich nur im Einzelfall beantworten. Dementsprechend uneinheitlich sind die Entscheidungen der Gerichte.[400] Teilweise wird mit unbestimmten Angaben,[401] mit wechselnden Prozentzahlen[402] oder mit absoluten Zahlen argumentiert.[403] Auf der anderen Seite finden sich Entscheidungen, die einen bei fortbestehendem Mietverhältnis ungünstigeren Verkauf allgemein als eine angemessene wirtschaftliche Verwertung einstufen, vor allem wenn der Verkaufserlös immer noch höher ist als der Einkaufspreis[404] oder als der Wert im Zeitpunkt einer früheren Schenkung.[405] Das BVerfG hat anerkannt, dass der Vermieter in seinem Eigentumsrecht nach Art 14 Abs 1 GG verletzt sein kann, wenn ein beabsichtigter Verkauf als wirtschaftlich sinnlos erscheinen müsse und sich der mietrechtliche Kündigungsschutz als faktisches Verkaufshindernis darstelle. Ein solcher Fall könne anzunehmen sein, wenn nicht nur die Differenz der Kaufpreise in vermietetem und in unvermietetem Zustand „ganz erheblich" sei, sondern auch wesentlich unter den für die Wohnung erbrachten Aufwendungen liege.[406]

71   Die Verwertungskündigung ist nach § 242 aufgrund eines **Rechtsmissbrauchs** unwirksam, wenn der Vermieter bereits bei Abschluss des Mietvertrags den Verkauf des sanierungsbedürftigen Hauses plant und dies dem Mieter verschweigt,[407] wenn andere vernünftige Gründe für den Verkauf bei Vertragsschluss bestehen[408] oder wenn der Nachteil schon in diesem Zeitpunkt vorliegt[409] oder abzusehen ist.[410] Das Gleiche ist anzunehmen, wenn der Vermieter Umbaupläne hat und nicht den von § 575 vorgesehenen Weg eines Zeitmietvertrages wählt. Rechtsmissbrauch liegt vor, wenn das Verwertungsinteresse später wegfällt und der Vermieter trotzdem an der Kündigung festhält. Der Wegfall ist, anders als nach der früher herrschenden Meinung,[411] nicht bis zum Termin der letzten mündlichen Verhandlung oder bis in das Vollstreckungsverfahren hinein, sondern wie bei

---

396 BVerfGE 79, 283, 290 = NJW 1989, 972, 973.
397 AG Hamburg WuM 1979, 54.
398 LG Bonn WuM 1987, 225; ZMR 1992, 114.
399 BVerfGE 79, 283, 291 = NJW 1989, 972, 973.
400 *Staudinger/Rolfs* [2011] Rn 168 mwN.
401 LG Karlsruhe ZMR 1987, 469; LG Köln WuM 1992, 132.
402 LG Hamburg WuM 1991, 185; WuM 1991, 186; LG Mainz ZMR 1986, 14; LG Stuttgart WuM 1991, 201; LG Traunstein WuM 1989, 420; AG Hamburg ZMR 2005, 796.
403 BVerfG NJW 1992, 361; NJW 1992, 2752; NJW 1992, 3270; LG Düsseldorf WuM 1991, 593.
404 LG Gießen WuM 1994, 688; LG Lübeck WuM 1993, 616.
405 BVerfG NJW 1992, 361, 362; LG Köln WuM 1996, 39.
406 BVerfG NZM 2004, 134.
407 AG Münster WuM 1993, 616.
408 LG Mannheim ZMR 1995, 315; AG Hannover WuM 1991, 187.
409 AG Lübeck WuM 1994, 542; AG Miesbach WuM 1992, 251; einschr BVerfG NJW 1998, 2662 = NZM 1998, 618.
410 LG Hamburg WuM 1992, 615.
411 LG Frankenthal/Pfalz WuM 1991, 350.

der Eigenbedarfskündigung[412] nur bis zum Ablauf der Kündigungsfrist zu berücksichtigen. Nach verbreiteter Auffassung wirkt eine Verwertungskündigung des bisherigen Vermieters nicht über den Zeitpunkt hinaus, in dem ein Grundstückserwerber als neuer Eigentümer in das Grundbuch eingetragen wird.[413]

cc) Ausgeschlossene Gründe (Abs 2 Nr 3 HS 2 und 3). Nach § 573 Abs 2 Nr 3 HS 2 **72** bleibt die Möglichkeit außer Betracht, im Falle einer **anderweitigen Vermietung als Wohnraum eine höhere Miete** zu erzielen. Der Vermieter soll das in den §§ 558ff vorgeschriebene Verfahren nicht durch Kündigung und Neuabschluss mit einem anderen Mieter umgehen können. Aufgrund des Gesetzeszwecks ist hierzu auch die gewerbliche Zwischenvermietung zu zählen, da die Vermietung „als Wohnraum" erfolgt, auch wenn das Hauptmietverhältnis geschäftlichen Charakter hat. Nicht erfasst wird eine Neuvermietung, nachdem der Vermieter eine große Wohnung in mehrere kleine Wohnungen oder Appartements umgebaut hat,[414] weil dann nicht die bisherige Wohnung weitervermietet wird. Ebenso wenig ist die Kündigung ausgeschlossen, wenn umgekehrt durch Sanierung und Zusammenlegung von Kleinwohnungen zu Großwohnungen eine Ertragssteigerung zu erwarten ist.[415] Der Ausschlussgrund greift aber ein, wenn bisher einzeln vermietete Wohnräume ohne weitere Umbaumaßnahmen zusammen als einheitliche Wohnung vermietet werden sollen.[416]

Nach Abs 3 Nr 3 HS 3 kann sich der Vermieter nicht darauf berufen, dass er die **73** Mieträume im Zusammenhang mit einer beabsichtigten oder nach Überlassung an den Mieter erfolgten **Begründung von Wohnungseigentum** veräußern will. Damit soll verhindert werden, dass die Kündigungsbeschränkung des § 577a vom Veräußerer zugunsten des Erwerbers umgangen wird. Die Regelung ist auch anwendbar, wenn das Verfahren zur Begründung des Wohnungseigentums bereits vor der Überlassung an den Mieter eingeleitet worden war.[417] Eine analoge Anwendung der Vorschrift dann, wenn der Vermieter ein Wohngebäude zum Zwecke des Abrisses freikündigt und das dann neu errichtete Gebäude in Eigentumswohnungen aufzuteilen beabsichtigt, kommt nicht in Betracht.[418]

d) Sonstige Gründe
aa) Allgemeines. In § 573 Abs 2 werden die als berechtigte Interessen anzuerkennen- **74** den Kündigungsgründe nicht abschließend aufgezählt. Andere Gründe müssen ein ähnliches Gewicht haben wie die gesetzlich aufgeführten Fälle.[419]

bb) Betriebsbedarf im weiteren Sinne. Betriebsbedarf kann jede Organisation **75** haben, die eine vermietete Wohnung einem ihrer Angehörigen zur Verfügung stellen will.[420] Auf den gewerblichen Charakter kommt es nicht an. Hauptanwendungsfall ist

---

412 BGH NJW 2006, 220; s oben Rn 55.
413 LG Duisburg WuM 1991, 497; LG Münster WuM 1991, 194; LG Siegen WuM 1991, 197.
414 *Palandt/Weidenkaff* Rn 35; **aM** LG Düsseldorf WuM 1981, 162; AG Dortmund WuM 1984, 55.
415 LG Berlin GE 1989, 311.
416 LG Braunschweig WuM 1991, 202.
417 LG Duisburg NJW-RR 1989, 1166.
418 BGHZ 179, 289, 297f = NJW 2009, 1200.
419 BGH NZM 2007, 639; BGH NZM 2007, 681; KG NJW 1981, 1048; OLG Stuttgart WuM 1991, 330; Münch-Komm/*Häublein* Rn 34.
420 LG Berlin NZM 1999, 800.

André Haug

die Inanspruchnahme einer **Werkwohnung** (§§ 576ff).[421] In diesen Fällen besteht ein berechtigtes Interesse, wenn das Dienstverhältnis beendet wird und der Vermieter den Wohnraum für andere Bedienstete benötigt. Dabei macht es keinen Unterschied, ob der Dienstberechtigte selbst Vermieter ist oder ob ihm ein Belegungsrecht an werksfremden Werkswohnungen zusteht.[422] Das Dienstverhältnis mit dem Wohnungsinhaber braucht im Zeitpunkt der Kündigung des Mietverhältnisses noch nicht beendet zu sein. Es reicht aus, wenn dies mit Sicherheit bevorsteht. Andererseits genügt es nicht, dass das Dienstverhältnis beendet ist. Hinzu kommen müssen vernünftige und nachvollziehbare Gründe für die Inanspruchnahme der Wohnung.[423] Dies ist der Fall, wenn sich Arbeitnehmer um eine frei werdende Wohnung beworben haben und zumindest einer bereit ist, in die zu kündigende Wohnung einzuziehen.[424] Vernünftig und nachvollziehbar ist der Grund, dass wegen der Sicherung des Betriebsgeländes ständig eine Person anwesend sein muss.[425] Einem betriebsfremden Mieter kann der Vermieter nur kündigen, wenn er ein nachweisbares und billigenswertes Interesse hat, dass gerade diese Wohnung einem bestimmten Arbeitnehmer zur Verfügung gestellt wird. Hier wird teilweise ein gesteigerter Betriebsbedarf[426] oder eine Schlüsselkraft für den Betrieb vorausgesetzt.[427] Es genügt nicht, dass der Bezug der Wohnung durch den Arbeitnehmer lediglich den Betriebsablauf erleichtert.[428] Ein Kündigungsgrund besteht aber, wenn es objektiv notwendig ist, einen Hausmeister unterzubringen.[429]

76   Die Kündigung einer Werkmietwohnung ist nach § 87 Abs 1 Nr 9 BetrVerfG und § 75 Abs 2 Nr 2 BPersVertrG an die **Zustimmung des Betriebsrats oder Personalrats** gebunden. Es handelt sich um eine Voraussetzung, die im Zeitpunkt der Kündigung vorliegen muss. Der Mangel wird nicht durch spätere Genehmigung geheilt.[430] Ist die Zustimmung erteilt, wird sie aber nicht schriftlich vorgelegt, kann der Mieter die Kündigung nach den §§ 182 Abs 3, 111 S 2 und 3 unverzüglich zurückweisen, sofern der Betriebsrat ihn nicht von der Zustimmung unterrichtet hat. Die zurückgewiesene Kündigung wird unwirksam und muss wiederholt werden. Umstritten ist, ob das Mitbestimmungsrecht nur so lange besteht, wie das Arbeitsverhältnis nicht beendet ist,[431] oder ob es darüber hinausgeht.[432] Da diese Streitfrage ein eher arbeitsrechtliches als mietrechtliches Problem betrifft, soll der im Arbeitsrecht herrschenden Meinung gefolgt werden, die eine Mitbestimmungspflicht jedenfalls dann bejaht, wenn die Werkmietwohnungen aus einem einheitlichen Bestand ohne feste Zuordnung an die vom Betriebsrat repräsentierten und an die nicht repräsentierten Mitglieder der Belegschaft vergeben werden.

77   Die Geltendmachung von Betriebsbedarf kann wegen **Rechtsmissbrauchs** gegen § 242 verstoßen. Dies gilt etwa, wenn die Gründe für die betriebliche Inanspruchnahme

---

421 *Röder* 218ff.
422 LG Darmstadt WuM 1991, 268; LG München I WuM 1990, 153; MünchKomm/*Häublein* Rn 39.
423 BGH NZM 2007, 639; BGH NZM 2007, 681; LG Berlin WuM 1991, 697; AG Görlitz WuM 1994, 268.
424 LG Köln WuM 2000, 358; KreisG Cottbus WuM 1994, 68; LG München I WuM 1990, 153; LG Stuttgart WuM 1990, 20; WuM 1992, 25.
425 BVerfG WuM 1991, 464; LG Stade WuM 1991, 464.
426 OLG Stuttgart WuM 1991, 330; WuM 1993, 338; LG Frankfurt/M NJW-RR 1992, 1230; LG Hamburg WuM 1994, 208.
427 LG Berlin WuM 1996, 145; AG Bad Hersfeld WuM 1992, 17; weitergehend LG Wuppertal WuM 1994, 686.
428 LG Berlin ZMR 1997, 472; LG Stuttgart WuM 1994, 470.
429 LG Berlin GE 1996, 129; LG Freiburg WuM 1992, 437; LG Heidelberg WuM 1993, 678; LG Regensburg WuM 1998, 160; LG Wiesbaden WuM 1996, 543.
430 LG Aachen ZMR 1984, 280.
431 OLG Frankfurt/M WuM 1992, 525; LG Ulm WuM 1979, 244; *Richardi*, BetrVerfG (7. Aufl 1998) § 87 Rn 760.
432 BAG AP Nr 7 zu § 87 BetrVerfG 1972 (Werkmietwohnungen) = DB 1993, 740.

der Wohnräume schon bei Abschluss des Mietvertrags bestanden haben oder vorsehbar waren. Für diese Fälle stellt § 575 Abs 1 das befristete Mietverhältnis zur Verfügung. Ist der Betriebsbedarf nach der Kündigung, aber vor Auszug des Mieters weggefallen, greift ebenfalls § 242 ein.[433] Verfügt der Dienstberechtigte über eine Alternativwohnung, muss er diese anbieten. Anderenfalls ist es rechtsmissbräuchlich, an der Kündigung festzuhalten.[434]

Bei der **Aufnahme einer Hilfsperson in den Haushalt** des Vermieters wird im Allge- 78 meinen unter dem Gesichtspunkt des Eigenbedarfs nicht unterschieden, ob der Vermieter deshalb eine größere Wohnung benötigt oder ob in die zu kündigende Wohnung nur die Hilfsperson mit ihrer Familie einziehen soll. Im letzteren Fall kann sich das berechtigte Interesse nur aus einem dem Betriebsbedarf vergleichbaren Grund ergeben. Die Hilfsperson soll den Vermieter in seinem Haushalt oder bei seiner notwendigen Pflege unterstützen und muss deshalb in seiner räumlichen Nähe leben. Die Kündigung ist nach § 242 rechtsmissbräuchlich, wenn die Gründe für die Inanspruchnahme einer Hilfsperson schon bei Abschluss des Vertrags mit dem zu kündigenden Mieter vorlagen[435] oder wenn der Vermieter über ein Alternativobjekt für die Hilfsperson verfügt.[436]

Betriebsbedarf ist für eine **Genossenschaftswohnung** anzuerkennen, wenn der 79 Wohnungsinhaber aus der Genossenschaft ausscheidet und die Wohnung für einen anderen Genossen benötigt wird[437] und zwar auch, wenn das Ausscheiden unfreiwillig erfolgt ist.[438] Die fehlende Mitgliedschaft rechtfertigt die Kündigung nicht, wenn kein konkreter Bedarf für andere Genossen besteht.[439] Die Kündigung ist auch dann nicht berechtigt, wenn der Mieter schon den Beitritt zu der Genossenschaft erklärt hat[440] oder hierzu bereit ist.[441] Ebenso wenig ist die nur gelegentliche Nutzung ein Kündigungsgrund, da der Mieter nicht verpflichtet ist, die Wohnung zu nutzen,[442] selbst wenn er in einem Pflegeheim lebt, die Wohnung aber nach einer noch nicht absehbaren Zeit wieder regelmäßig nutzen will.[443] Die Unterbelegung mit einem Genossen, der gemäß § 563 Abs 2 nach dem Tode des Mieters in das Mietverhältnis eingetreten ist, rechtfertigt selbst bei Bedarf für andere Genossen keine Kündigung.[444] Dagegen ist es berechtigt, dass die Genossenschaft das Mietverhältnis über eine nachträglich erheblich unterbelegte Wohnung in der Absicht kündigt, sie an eine größere Familie mit entsprechendem Wohnbedarf zu vermieten.[445]

cc) Öffentliches Interesse. Ein besonderes Problem der Wohnungspolitik ist die 80 **fehlbelegte Sozialwohnung.**[446] Wird die Wohnung entgegen § 4 Abs 2 S 1 WoBindG einem Mieter überlassen, der keine gültige Bescheinigung über die Wohnberechtigung übergibt und der auch nach Bezug der Wohnung keine Bescheinigung nachreichen kann,

433 LG Berlin ZMR 1997, 472.
434 LG Aachen DWW 1990, 305; LG Berlin WuM 1995, 41; GE 1997, 243.
435 LG Kiel DWW 1992, 85; LG Mainz WuM 1991, 554; LG Trier WuM 1990, 349.
436 AG Münster WuM 1992, 250.
437 LG Berlin GE 2003, 395; LG Hamburg WuM 1988, 430.
438 BGH NZM 2004, 25; **aM** *Roth* NZM 2004, 129.
439 MünchKomm/*Häublein* Rn 42.
440 LG Bremen WuM 1975, 149.
441 LG Köln WuM 1994, 23.
442 LG Köln WuM 1991, 589; LG München I NJW-RR 1989, 915.
443 AG Bielefeld WuM 1994, 22.
444 OLG Karlsruhe NJW 1984, 2584; offengelassen von LG Köln WuM 1994, 23.
445 OLG Stuttgart WuM 1991, 379; LG Köln WuM 1994, 23; LG Tübingen WuM 1991, 157; *Lützenkirchen* WuM 1994, 5, 8.
446 *Sonnenschein* in: FS Mestmäcker 1063.

André Haug

weil sein Einkommen die maßgeblichen Grenzen überschreitet, billigt die überwiegende Auffassung dem Vermieter im öffentlichen Interesse ein Kündigungsrecht zu.[447] Die fehlende Wohnberechtigung allein kann die Kündigung nicht rechtfertigen.[448] Es muss ein konkreter Bedarf bestehen, indem die zuständige Stelle nach § 4 Abs 8 WoBindG verlangt, das Mietverhältnis zu kündigen und die Wohnung einem Wohnberechtigten zu überlassen.[449] Auch die Gefahr wirtschaftlicher Nachteile für den Vermieter durch Strafzinsen oder Entzug der öffentlichen Darlehensmittel nach § 25 WoBindG reicht aus.[450] Auf die Kenntnis des Mieters hinsichtlich der Wohnungsbindung kommt es nicht an.[451] Unerheblich ist auch, ob der Vermieter bei Abschluss des Mietvertrags von der fehlenden Wohnberechtigung wusste.[452] Fällt diese erst nach Abschluss des Vertrags weg, bietet § 573 keine Grundlage für eine Kündigung,[453] auch wenn der Vermieter selbst wohnberechtigt ist.[454]

81   Öffentliche Interessen allein begründen kein berechtigtes Interesse. Dies gilt etwa für ein Bauvorhaben, das die Errichtung eines Mehrzweckgebäudes mit Parkplätzen, Geschäftsräumen und Wohnungen[455] oder eines Altenwohnheims zum Gegenstand hat.[456] Es bedarf eines Umschlags auf die privatrechtliche Ebene.[457] Dies ist der Fall, wenn die Kündigung zur **Erfüllung öffentlich-rechtlicher Pflichten** des Vermieters erforderlich ist. Am deutlichsten wird dies bei einer Identität von Vermieter und öffentlicher Körperschaft. So kann eine Gemeinde zur Kündigung berechtigt sein, um Räume für den Unterricht der Feuerwehr sowie für kulturelle und soziale Zwecke bereit zu stellen[458] oder um Obdachlose sowie Asylbewerber zu versorgen, falls für den zu kündigenden Mieter Ersatzraum zur Verfügung steht.[459] Das Gleiche ist anzunehmen, wenn eine Gemeinde Teile der Verwaltung unterbringen will,[460] wenn sie den Kindergarten erweitern muss[461] oder wenn sie den Abriss eines Hauses plant um eine zur Verkehrsberuhigung erforderliche Straßenführung zu ermöglichen.[462] Auch ein privater Vermieter kann ein berechtigtes Interesse haben, um öffentlich-rechtliche Pflichten zu erfüllen. Dies gilt etwa, wenn die Ordnungsbehörde eine Verfügung gegen ihn erlässt, nach der das Haus wegen Einsturzgefahr abzureißen[463] oder eine behördlich nicht genehmigte Benutzung zu Wohnzwecken aufzugeben ist.[464]

82   **dd) Unzumutbarkeit.** Der Vermieter hat ein berechtigtes Interesse, wenn es unzumutbar ist, den Vertrag weiter fortzusetzen, so etwa bei schuldlosen Vertragsverletzungen

---

447   OLG Hamm NJW 1982, 2563 mwN; AG Köln WuM 1983, 192; **aM** LG Köln MDR 1976, 143.
448   LG Arnsberg WuM 1978, 9; AG Köln WuM 1985, 202; **aM** LG Berlin GE 1990, 541.
449   LG Hamburg WuM 1980, 265; AG Schöneberg GE 1990, 319; **aM** LG Münster WuM 1979, 246.
450   OLG Hamm NJW 1982, 2563; LG Köln WuM 1992, 487; **aM** AG Leverkusen WuM 1985, 154; einschr BayObLG WuM 1985, 283 m krit Anm *Dostall*.
451   LG Düsseldorf WuM 1978, 30.
452   LG Berlin GE 1990, 541.
453   AG Lüdenscheid WuM 1990, 553.
454   LG Tübingen WuM 1996, 545.
455   OLG Frankfurt/M NJW 1981, 1277.
456   LG Freiburg WuM 1991, 172.
457   LG Freiburg WuM 1991, 172; LG Tübingen WuM 1991, 157.
458   BayObLG NJW 1981, 580.
459   BayObLG NJW 1972, 685; LG Gießen WuM 2004, 208; LG Kiel WuM 1992, 129; AG Göttingen NJW 1992, 3044.
460   LG Bad Kreuznach WuM 1990, 298; LG Hamburg NJW-RR 1991, 649.
461   AG Neustadt/Rbge NJW-RR 1996, 397.
462   LG Bochum WuM 1989, 242.
463   LG Freiburg WuM 1991, 172; AG Regensburg WuM 1991, 177.
464   LG Freiburg WuM 1991, 172; AG Schöneberg NJW-RR 1997, 76; **aM** LG Aachen WuM 1991, 167; LG Hamburg WuM 1992, 129; WuM 1994, 432; LG Stuttgart WuM 1992, 487.

durch den Mieter.[465] Aus Abs 2 Nr 1 als Leitbild ergibt sich, dass dem schuldlosen Vertragsverstoß ein ähnliches Gewicht wie einem schuldhaften zukommen muss. Dies ist bei wiederholter, krankheitsbedingter Störung durch Lärm und andere Belästigungen[466] oder bei wiederholtem, durch schuldlosen Geldmangel verursachten Zahlungsverzug anzunehmen.[467] Die Kündigung kann aus religiösen Gründen eines kirchlichen Vermieters berechtigt sein.[468]

ee) Andere Gründe. Ein berechtigtes Kündigungsinteresse aus anderen Gründen **83** kann vorliegen, wenn ihnen ein ähnliches Gewicht beizumessen ist wie den gesetzlichen Beispielen. Dies gilt für die Kündigung durch einen Verwalter, der die Wohnung im eigenen Namen vermietet hat.[469] Tritt ein berechtigtes Interesse wie Eigenbedarf oder Hinderung angemessener wirtschaftlicher Verwertung in der Person des Eigentümers ein, ist auch ein Kündigungsinteresse des Verwalters zu bejahen. Auf der Grundlage des Verwaltervertrags wird das Interesse des Eigentümers zu einem eigenen Interesse des Verwalters. Der Zwischenvermieter, der Haupt- und Untermietverhältnisse im eigenen Interesse begründet, ist dem reinen Verwalter nicht gleichzustellen. Er kann deshalb nicht das Verwertungsinteresse des Hauptvermieters als eigenes geltend machen.[470] Ebenso wenig wird ein berechtigtes Interesse des Zwischenvermieters an der Beendigung des Untermietverhältnisses allein dadurch begründet, dass das Hauptmietverhältnis beendet wird.[471] Eine Überbelegung der Wohnung durch eine wachsende Kinderzahl, die nicht als vertragswidriger Gebrauch zu beurteilen ist, kann als sonstiger Grund die Kündigung rechtfertigen.[472] Ebenso kann ein Benötigen der Wohnung für gewerbliche Zwecke unter Berücksichtigung der nach Art 12 Abs 1 GG geschützten Berufsfreiheit eine Kündigung rechtfertigen, wenn die Nutzungsabsicht vernünftig und nachvollziehbar ist.[473]

5. Angabe der Kündigungsgründe im Kündigungsschreiben (Abs 3)
a) Allgemeines. Als berechtigte Interessen des Vermieters werden nach Abs 3 nur die **84** Gründe berücksichtigt, die in dem Kündigungsschreiben angegeben sind, soweit sie nicht nachträglich entstanden sind.[474] Diese Vorschrift hat einen doppelten **Regelungsinhalt**. Zum einen wird die Angabe der Gründe in dem Kündigungsschreiben zur Voraussetzung für die Wirksamkeit der Kündigung bestimmt. Zum anderen wird zugelassen, die Kündigung ausnahmsweise mit nachträglich entstandenen Interessen zu begründen. Wie ausführlich die Gründe anzugeben sind, muss vom Zweck der Vorschrift her bestimmt werden. Dieser Zweck besteht darin, dass der Mieter zum frühest möglichen Zeitpunkt Klarheit über seine Rechtsposition erlangt und so in die Lage versetzt wird, rechtzeitig alles Erforderliche zur Wahrung seiner Interessen zu veranlassen. Darüber hinaus soll die Begrün-

---

465 MünchKomm/*Häublein* Rn 49.
466 LG Dresden WuM 1994, 377; AG Freiburg WuM 1993, 125.
467 *Palandt/Weidenkaff* Rn 40.
468 OLG Hamm NJW 1992, 513, 515.
469 **aM** *Blank/Börstinghaus/Blank* Rn 171.
470 LG Stuttgart WuM 1991, 199.
471 BGH NJW 1996, 1886, 1887; OLG Stuttgart WuM 1993, 386; LG Berlin GE 1996, 739; LG Köln WuM 1995, 709; LG Osnabrück WuM 1994, 24.
472 OLG Hamm NJW 1983, 48; LG Darmstadt WuM 1987, 393.
473 BGH v. 26.3.2012 – VIII ZR 330/11, NJW 2013, 22; BGH v. 5.10.2005 – VIII ZR 127/05, NJW 2005, 3782.
474 *Nassall* MDR 1985, 893, 897; *Sternel* in: FS Seuß 281.

André Haug

dungspflicht den Vermieter zwingen, sich selbst über die Rechtslage klar zu werden.[475] Dies bedeutet, dass der Vermieter sämtliche Kündigungsgründe angeben muss, auf die er sich stützen will.[476] Er darf sich nicht darauf beschränken, den Gesetzestext wiederzugeben.[477] Der einzelne Grund muss so genau bezeichnet werden, dass er identifiziert und von anderen Gründen unterschieden werden kann[478] und dass der Mieter seine Rechtsverteidigung darauf einstellen kann.[479] Da es ihm nur bei ausreichender Kenntnis der Tatsachen möglich ist, die Erfolgsaussichten zu beurteilen, ist der Kündigungsgrund nicht lediglich schlagwortartig anzugeben, sondern ausreichend durch tatsächliche Angaben zu untermauern. Liegen die Gründe in der Sphäre des Mieters sind an die Begründung geringere Anforderungen zu stellen, liegen sie hingegen in der Sphäre des Vermieters, ist eine detaillierte Darstellung des Sachverhalts erforderlich.[480] Die Kündigung muss erkennen lassen, dass sie von vernünftigen und nachvollziehbaren Gründen getragen wird.[481]

85   Im Hinblick auf die **verfassungsrechtlichen Grundlagen** bestehen keine Bedenken gegen Abs 3 und seine Auslegung, die Kündigungsgründe konkret und für den Mieter nachvollziehbar darzulegen.[482] Es dürfen aber keine zu hohen Anforderungen an den Umfang der anzugebenden Tatsachen gestellt werden,[483] so dass es dem Vermieter in einer der Eigentumsgarantie widersprechenden Weise erschwert würde, seine Interessen zu verfolgen.[484] Dies ist der Fall, wenn die Gerichte etwa eine wiederholte Kündigung für unzureichend erklären, weil sie keine eigene Begründung enthalte, obwohl sie sich ausdrücklich auf die in einem früheren Kündigungsschreiben genannten Gründe bezieht und seitdem keine Änderungen eingetreten sind.[485] Auch wenn dem Mieter die Familienverhältnisse des Vermieters bekannt sind[486] oder wenn ihm der Vermieter die Gründe schon vorher mündlich[487] oder anderweitig schriftlich[488] mitgeteilt hat, ist eine spezifizierte Angabe im Kündigungsschreiben nicht entbehrlich.[489] Handelt es sich um zwei Vermieter, die mit gesonderten Erklärungen gemeinsam kündigen, reicht es aus, wenn die Gründe im ersten Schreiben angegeben sind und im zweiten Schreiben darauf Bezug genommen wird.[490] Die Begründungspflicht findet ihre Grenzen in dem Grundrecht des Vermieters auf informationelle Selbstbestimmung.[491]

---

475 Begr zum RegE eines MRVerbG BT-Drucks VI/1549, 7, 8; Begr zum RegE eines WKSchG II BT-Drucks 7/2011, 8; BGH NJW 2007, 2845.
476 LG Hamburg WuM 1993, 679.
477 LG Berlin GE 1995, 313; LG Darmstadt WuM 1986, 339.
478 BayObLG WuM 1985, 50; LG München I WuM 1989, 296.
479 LG Hamburg WuM 1993, 679; AG Coesfeld WuM 1989, 298.
480 BGH NJW 2004, 850; BGH NZM 2010, 548.
481 LG Hamburg WuM 1988, 275.
482 BVerfG WuM 1989, 483; ZMR 1991, 418 m Anm *Schopp* ZMR 1991, 415.
483 BVerfG NJW 1998, 2662; BGH NJW 2006, 1585; BGH NZM 2010, 400; AG Pinneberg ZMR 2003, 199; MünchKomm/*Häublein* Rn 95 f.
484 BVerfGE 85, 219 = NJW 1992, 1379; BVerfG NJW 1992, 1877 m Anm *Haase* JR 1992, 371; NJW 1992, 2411; NJW 1998, 2662 = NZM 1998, 618; LG Oldenburg WuM 1996, 220.
485 BVerfG NJW 1992, 1877; LG Hamburg WuM 1993, 48.
486 LG Freiburg WuM 1990, 300.
487 LG Detmold WuM 1990, 301; AG Saarlouis WuM 1995, 173.
488 AG Friedberg/Hessen WuM 1983, 237 (LS).
489 BGH v. 6.7.2011 – VIII ZR 317/10, NZM 2011, 706; BayObLG NJW 1981, 2197; LG Gießen WuM 1990, 301.
490 LG Limburg NJW-RR 1991, 138.
491 *Staudinger/Rolfs* [2011] Rn 220.

b) Anforderungen an die Angabe der Kündigungsgründe im Einzelnen
aa) Verletzung vertraglicher Verpflichtungen durch den Mieter. Wenn der Ver- **86** mieter die Kündigung nach Abs 2 Nr 1 auf Vertragsverletzungen stützt, müssen im Kündigungsschreiben die Verstöße ihrer Art nach genannt werden, die Darlegung konkreter Vorgänge nach Zahl, Dauer und Zeitpunkt kann im Räumungsrechtsstreit nachgeschoben werden.[492] Auch die Frage der Erheblichkeit ist durch einen Tatsachenvortrag auszufüllen. Es genügt nicht, dass die Kündigung lediglich auf ein Abmahnschreiben Bezug nimmt, weil Kündigungsgrund erst die nach der Abmahnung liegende Vertragsverletzung ist.[493] Im Falle des Zahlungsverzugs ist vom Vermieter zu verlangen, die Zahlungseingänge der einzelnen Monate aufzuführen.[494]

bb) Eigenbedarf des Vermieters. Bei der Kündigung wegen Eigenbedarfs nach Abs 2 **87** Nr 2 muss der Vermieter konkrete Angaben über die Gründe und die berechtigten Personen machen.[495] Unzureichend ist die pauschale Aussage, er benötige die Wohnung dringend für die eigene Nutzung[496] und bewohne nur eine wesentlich kleinere Wohnung als der Mieter,[497] ihm sei von seinem eigenen Vermieter gekündigt worden,[498] wenn er nur von Eigenbedarf spricht[499] oder wenn er nicht erkennen lässt, ob er die Wohnung lediglich als Zweitwohnsitz nutzen will.[500] Teilweise wird verlangt, die Personen müssten mit Namen benannt werden.[501] Es genügt jedoch eine allgemeine Bezeichnung, wenn die Person identifizierbar ist und ihre Zugehörigkeit zu dem berechtigten Personenkreis festgestellt werden kann.[502] Stützt sich der Vermieter auf einen wohnbezogenen Bedarf, müssen die bisherigen Wohnverhältnisse und der Grund für die Inanspruchnahme der Wohnung angegeben werden.[503] Soll die Wohnung wegen der Trennung des Vermieters von seinem Ehegatten in Anspruch genommen werden, muss die Trennungsabsicht schlüssig dargelegt werden.[504] Die Angaben brauchen nicht jede Einzelheit zu umfassen.[505] Will der Vermieter seine bisherigen Wohnverhältnisse verbessern, muss er dies darlegen.[506] Wenn berufliche Gründe eine Kündigung rechtfertigen sollen, müssen sie im Kündigungsschreiben konkret dargelegt werden.[507] Teilweise wird verlangt, der Vermieter müsse weiteren Grundbesitz

---

492 BGH NJW 2004, 850; *Staudinger*/Rolfs [2011] Rn 205f; **aM** (konkrete Darlegung bereits in der Kündigung) LG Berlin GE 2010, 548; LG München I NZM 2003, 850; AG Dortmund NZM 2003, 596; *Blank/Börstinghaus/Blank* Rn 180.
493 LG Bonn WuM 1992, 18.
494 BGH NJW 2006, 1585; BGH NZM 2010, 548; LG Hamburg WuM 2007, 710; **aM** LG Berlin GE 2006, 782; ausführlich *Flatow* NZM 2004, 281.
495 BGH NZM 2010, 400; BayObLG NJW 1981, 2197; WuM 1985, 50; OLG Karlsruhe WuM 1989, 124; LG Göttingen WuM 1990, 331; LG Hamburg ZMR 2001, 895; LG Köln WuM 1990, 155; LG Mannheim ZMR 1990, 19; *Flatow* NZM 2004, 281.
496 LG Berlin WuM 1988, 401; LG Detmold WuM 1990, 301; **aM** OLG Köln WuM 2003, 465; dazu *Schumacher* WuM 2003, 554.
497 LG Mannheim WuM 1996, 707.
498 LG München I WuM 1996, 770; LG Stuttgart NJW-RR 1996, 1036.
499 LG Hamburg WuM 1989, 385; AG Münster WuM 1989, 413.
500 LG München I NZM 2002, 340.
501 LG Hamburg WuM 1993, 50; LG Berlin ZMR 1999, 32; *Wetekamp* NZM 1999, 488.
502 LG Bochum WuM 1993, 540; LG München I WuM 1990, 213; LG Oldenburg WuM 1996, 220.
503 BVerfG NJW 1992, 1379; KG NZM 1998, 712 = GE 1998, 1023; LG Berlin GE 1995, 315; GE 1995, 313; LG Mannheim NJW-RR 1994, 656; AG Berlin-Tempelhof-Kreuzberg v. 13.12.2011 – 9 C 128/11, NZM 2012, 965.
504 LG Köln WuM 1997, 48.
505 BVerfG NJW 1994, 310; AG Freiburg WuM 1993, 402.
506 BVerfG WuM 1995, 142; LG Essen WuM 1995, 142.
507 LG Berlin NJW-RR 1995, 783; LG Bonn WuM 1994, 209.

André Haug

offen legen und begründen, warum der Eigenbedarf nicht dort befriedigt werden könne.[508] Dies ist abzulehnen, da es hierauf nicht ankommt, so lange kein freies oder in absehbarer Zeit frei werdendes Alternativobjekt zur Verfügung steht.[509]

88   **cc) Hinderung angemessener wirtschaftlicher Verwertung.** Bei der Verwertungskündigung nach Abs 2 Nr 3 muss der Vermieter die vorgesehene Art der Verwertung, mögliche Vertragspartner, Gründe für die drohende Hinderung und die daraus entstehenden erheblichen Nachteile angeben.[510] Er darf sich nicht auf pauschale Angaben beschränken.[511] Wenn sich der Vermieter darauf stützt, das Grundstück erbringe keine angemessene Rendite und er wolle deshalb die Art der Nutzung ändern, muss er tatsächliche Angaben machen, die einen Renditevergleich ermöglichen.[512] Begründet er die Kündigung damit, das Mietverhältnis sei ein Hindernis für den Verkauf, muss er seine Verkaufsbemühungen und deren Erfolglosigkeit darlegen, ohne dass hieran überhöhte Anforderungen zu stellen sind.[513] Ist das Grundstück nur zu einem geringeren Kaufpreis verwertbar, wird eine Vergleichsrechnung über den Preis in vermietetem und unvermietetem Zustand verlangt.[514] In die Vergleichsrechnung muss eingehen, ob der Vermieter das Grundstück bereits in vermietetem Zustand günstiger erworben hat.[515] Sollen Sanierungsmaßnahmen stattfinden, muss er Art und Umfang der beabsichtigten Bauarbeiten angeben[516] und begründen, warum die Sanierung des Hauses nur in geräumtem Zustand möglich ist.[517] Hierzu kann es erforderlich sein, eine vergleichende Berechnung der Sanierungskosten mit und ohne Räumung des Hauses sowie der Ertragsänderung aufzustellen.[518] Sind betriebliche Gründe maßgebend, muss der Vermieter darlegen, welche Veränderungen im Betrieb erforderlich machen, die Betriebsräume auszuweiten.[519]

89   **dd) Sonstige Gründe.** Wenn der Vermieter wegen Betriebsbedarf kündigt, muss er darlegen, dass die Wohnung für einen anderen Betriebsangehörigen benötigt wird.[520] Der bloße Hinweis auf Betriebsbedarf genügt nicht.[521] Ein bestimmter Bewerber braucht nicht benannt zu werden, wenn eine Bewerberliste geführt wird.[522] Wird die Wohnung von einem betriebsfremden Mieter bewohnt, werden erhöhte Anforderungen gestellt, etwa die Bedarfsperson zu benennen und die betrieblichen Gründe näher zu erläutern.[523] Die Kün-

---

508   LG München I NZM 2003, 20; LG Bielefeld WuM 1993, 539; LG Mannheim DWW 1995, 113; AG Hamburg WuM 1995, 109; AG Waiblingen WuM 1995, 589.
509   LG München I WuM 1996, 38.
510   LG Darmstadt WuM 1986, 339; LG Frankfurt/M DWW 1988, 324 m Anm *Schulz*.
511   LG Berlin GE 1995, 497; WuM 1996, 770; LG Köln WuM 1991, 190; LG Mannheim WuM 1991, 695; AG Aachen WuM 2010, 37.
512   LG Aachen WuM 1991, 495; LG Arnsberg WuM 1992, 21; LG Berlin WuM 2009, 466; LG Frankfurt/M NJW-RR 1996, 266; LG Hamburg WuM 1992, 22; LG Kiel WuM 1992, 691.
513   BVerfG NJW 1998, 2662 = NZM 1998, 618; NJW-RR 1998, 1231 = NZM 1998, 619 = WuM 1998, 465; LG Bielefeld WuM 1997, 267; LG Duisburg WuM 1991, 497; LG Freiburg WuM 1991, 592; LG Stuttgart WuM 1994, 686.
514   BVerfG NJW 1992, 2411; LG Berlin GE 1995, 497; LG Braunschweig WuM 1991, 694; LG Dortmund WuM 1992, 23; LG Hamburg WuM 1992, 22; LG Kiel WuM 1994, 283; WuM 1995, 169.
515   LG Berlin NJW-RR 1997, 10.
516   LG Düsseldorf DWW 1991, 338; *Blank/Börstinghaus/Blank* Rn 185.
517   LG Bonn ZMR 1992, 114; LG Freiburg WuM 1991, 175; LG Karlsruhe WuM 1991, 168.
518   LG Nürnberg-Fürth WuM 1991, 176; LG Wiesbaden WuM 1997, 496.
519   LG Berlin NJW-RR 1992, 1231; LG Osnabrück WuM 1994, 214.
520   LG Berlin WuM 1991, 697; GE 1996, 129; AG Görlitz WuM 1994, 268.
521   OLG Stuttgart WuM 1986, 132.
522   LG München I WuM 1990, 153.
523   LG Hamburg WuM 1994, 208; LG Stuttgart WuM 1992, 25.

digung wegen eines öffentlichen Interesses muss erkennen lassen, warum ein Umschlag auf die privatrechtliche Ebene anzunehmen ist.[524] Bestimmte Personen, die als Asylbewerber untergebracht werden sollen, brauchen nicht benannt zu werden.[525] Beruft sich der Vermieter auf eine bauordnungsrechtlich unzulässige Nutzung, muss er die hierfür maßgebenden Gründe darlegen.[526]

c) Nachschieben von Kündigungsgründen
aa) Anfänglich bestehende Gründe. Grundsätzlich muss der Kündigungsgrund vor- **90** liegen, wenn die Erklärung durch Zugang wirksam wird.[527] Deshalb ist es ausgeschlossen, eine unwirksame Kündigung dadurch zu heilen, dass eine materiell unzureichende Begründung ergänzt oder dass andere Gründe nachgeschoben werden.[528] Diese Auslegung steht mit dem Zweck in Einklang, dem Mieter zum frühest möglichen Zeitpunkt Klarheit über seine Rechtsposition zu verschaffen.[529]

bb) Nachträglich entstandene Gründe. Ausnahmsweise sind nach Abs 3 S 2 nicht **91** im Kündigungsschreiben angegebene Gründe zu berücksichtigen, wenn sie nachträglich entstanden sind. Ein Kündigungsgrund ist spätestens dann entstanden, wenn der Vorgang abgeschlossen ist, aus dem der Vermieter sein Kündigungsrecht herleitet. Bei Vertragsverletzungen ist das Ende der Verletzungshandlung maßgebend. Der Eigenbedarf wird durch objektive und subjektive Momente geprägt. Entscheidend ist die objektive Bedarfslage, da sich der Vermieter sonst regelmäßig auf die Ausnahmeregelung berufen könnte. Anders kann es sein, wenn sich die Bedarfslage nachträglich verschärft. Für die Verwertungskündigung kommt es darauf an, ob eine bestimmte Maßnahme durch einen nicht notwendig endgültigen Entschluss des Vermieters geplant ist. Die Berücksichtigung eines nachträglich entstandenen Kündigungsgrundes hängt nicht von der Gleichartigkeit mit einem schon früher vorliegenden Grund ab.[530] Die Bedeutung des Abs 3 S 2 besteht darin, dass die Wirksamkeit einer Kündigung durch das Nachschieben eines später entstandenen Grundes erhalten bleibt, wenn der im Kündigungsschreiben angegebene, tragende Grund fortgefallen ist.[531] Das Gesetz schreibt nicht vor, dass hierbei die schriftliche Form eingehalten werden muss.

III. Schadensersatz wegen unberechtigter Kündigung

1. Allgemeines. Ist die Kündigung nach §§ 573ff unberechtigt und damit unwirksam, **92** können sich für den Mieter Ersatzansprüche ergeben.[532] Hierfür kommen mit der Pflicht-

---

524 LG Freiburg WuM 1991, 172, 175.
525 AG Göttingen NJW 1992, 3044.
526 AG Schöneberg NJW-RR 1997, 76.
527 *Staudinger/Rolfs* [2011] § 542 Rn 5, 81ff.
528 OLG Zweibrücken WuM 1981, 177; LG Aachen WuM 1991, 495; LG Düsseldorf WuM 1990, 505; LG Göttingen WuM 1990, 351; LG Aachen WuM 1991, 495; LG Hamburg WuM 1989, 256; LG Koblenz WuM 1990, 509; AG Bernau WuM 2009, 126.
529 BVerfG WuM 1993, 235, 236.
530 *Erman/Lützenkirchen* Rn 55; zweifelnd *Palandt/Weidenkaff* Rn 51; differenzierend: *Schmidt-Futterer/Blank* Rn 255ff; **aM** LG Düsseldorf WuM 1992, 130; LG Heidelberg WuM 1992, 30; *Jendrek* Rn 34.
531 *Kinne* GE 1995, 523; *Ostermann* WuM 1992, 342; *Pfeifer* GE 1998, 342; *Schmid* DWW 1984, 203; *Schopp* MDR 1977, 198; *Seier*, Der Kündigungsbetrug (1989); *ders* ZMR 1978, 34; *Sternel* MDR 1976, 265; *Zipperer* WuM 1985, 135.
532 BGHZ 89, 296 = NJW 1984, 1028; BGH NZM 1998, 718; BGH NJW 2005, 2395 m Anm *Teichmann* JZ 2006, 155; BGH NJW 2009, 2059; BGH NJW 2010, 1068 m Besp *Hinz* WuM 2010, 207ff.

André Haug

verletzung gemäß § 280 Abs 1 und der unerlaubten Handlung mehrere Anspruchsgrundlagen in Betracht. Wenn der Vermieter nach einer Kündigung den Eigenbedarf oder die wirtschaftliche Verwertung nicht verwirklicht, sondern die Wohnung erneut an Dritte vermietet, steht dem Mieter nach § 242 ein Auskunftsanspruch über die Gründe zu.[533] Der Abschluss eines Mietaufhebungsvertrages aufgrund einer unwirksamen Kündigung beseitigt nicht deren Ursächlichkeit für den Schaden.[534] Ersatzansprüche können aber nach dem Inhalt des Vertrags oder aufgrund eines Räumungsvergleichs ausgeschlossen sein.[535] Die Verjährung richtet sich nach den für die einzelnen Anspruchsgrundlagen maßgebenden Vorschriften. Die kurze Verjährungsfrist des § 548 Abs 1 greift nicht ein.[536]

2. Anspruchsgrundlagen

93   **a)** Eine unwirksame Kündigung kann einen Schadensersatzanspruch wegen **Pflichtverletzung** gemäß § 280 Abs 1 auslösen. Der Vermieter hat nach § 241 Abs 2 alles zu unterlassen, was den Mieter schädigen kann. Er darf deshalb nicht bewusst wahrheitswidrig einen Kündigungsgrund vorschieben, um die Räumung der Wohnung zu veranlassen. Anderenfalls macht er sich schadensersatzpflichtig.[537] Das Gleiche gilt, wenn der Vermieter die unberechtigte Kündigung nur fahrlässig ausgesprochen hat.[538] Dabei macht es entgegen einer verbreiteten Auffassung[539] keinen Unterschied, ob er fahrlässig unzutreffende Tatsachen behauptet, ob die Angaben unvollständig sind[540] oder ob er den Sachverhalt wahrheitsgemäß angibt und daraus fahrlässig den falschen Schluss zieht, die Kündigung sei begründet.[541] Auch die Kündigung aufgrund eines schuldhaften Rechtsirrtums ist eine Pflichtverletzung.[542] Fällt der Kündigungsgrund später weg, muss der Vermieter den Mieter darauf hinweisen.[543] Die Hinweispflicht besteht nach bisher herrschender Meinung nicht mehr nach Rechtskraft des Räumungsurteils,[544] sofern kein Missbrauchsfall vorliegt,[545] oder nach Räumung durch den Mieter.[546] Allerdings hat der BGH in seiner Entscheidung zur Anbietpflicht[547] zutreffend darauf hingewiesen, dass vertragliche Pflichten (hier nach § 241 Abs 2) mit der Beendigung des Mietverhältnisses entfallen, so dass mit diesem Zeitpunkt auch die Hinweispflicht entfiele.

---

533 LG München I WuM 1986, 219; WuM 1986, 220; AG Buxtehude WuM 1993, 405; AG Wuppertal WuM 1995, 185; **aM** LG München II WuM 1986, 220 m Anm *Zimmermann*.
534 BayObLG NJW 1982, 2003; OLG Frankfurt/M WuM 1994, 600; OLG Karlsruhe NJW 1982, 54; LG Berlin GE 1996, 1487.
535 *Staudinger/Rolfs* [2011] Rn 228 mwN.
536 LG Bielefeld WuM 1985, 120; LG Mannheim WuM 1991, 693.
537 BGH NJW 2010, 1068; LG Ellwangen NJWE-MietR 1996, 124; LG Karlsruhe WuM 1991, 272; LG Saarbrücken WuM 1989, 251; AG Mannheim v. 23.3.2012 – 9 C 452/11, FD-MietR 2012, 331235; Schönleber NZM 1998, 601, 603.
538 LG Essen WuM 1991, 494; LG Mannheim WuM 1995, 711; LG Tübingen WuM 1991, 494.
539 OLG Hamm NJW 1984, 1044; LG Heidelberg DWW 1990, 151; LG Koblenz WuM 1990, 512; LG Mannheim WuM 1995, 710.
540 LG Düsseldorf DWW 1996, 280; **aM** LG Kiel WuM 1995, 169.
541 BGH NJW 2009, 2059; LG Kiel NJW 1975, 1973 m Anm *Fehl*; LG Waldshut-Tiengen WuM 1978, 5.
542 BGHZ 89, 296, 301 = NJW 1984, 1028, 1029; BGH NJW 1988, 1268; BGH NZM 1998, 718; *Blank/Börstinghaus/Blank* Rn 73.
543 BayObLG NJW 1987, 1654; OLG Karlsruhe NJW 1982, 54; LG Bochum NJWE-MietR 1997, 50; LG Hamburg WuM 1995, 168; LG Siegen WuM 1992, 147; LG Stuttgart WuM 1991, 41; AG Dortmund NZM 1999, 120.
544 LG Köln WuM 1984, 248; AG Düsseldorf DWW 1997, 156.
545 BVerfG WuM 1991, 247.
546 OLG Karlsruhe NJW 1982, 54; LG Berlin ZMR 1988, 387.
547 BGH NJW 2003, 2604.

André Haug

b) Eine unwirksame Kündigung kann zu Schadensersatzansprüchen aus **unerlaub-** 94
ter Handlung führen.[548] Wird der Kündigungsgrund bewusst wahrheitswidrig vorgespiegelt, kann darin eine sittenwidrige vorsätzliche Schädigung im Sinne des § 826 liegen.[549]
Das Gleiche gilt für die Zwangsvollstreckung aus einem erschlichenen Räumungstitel.[550]
Außerdem kommt ein Anspruch aus § 823 Abs 2 iVm § 263 StGB in Betracht, wenn in der
unberechtigten Kündigung und ihrer Durchsetzung ein Betrug liegt.[551] Darüber hinaus ist
§ 573 als Schutzgesetz iS des § 823 Abs 2 anzusehen.[552]

3. Umfang des zu ersetzenden Schadens

a) Der vom Vermieter zu ersetzende Schaden umfasst nach den §§ 249ff die **gesamte** 95
Vermögenseinbuße, die dem Mieter adäquat kausal entstanden ist.[553] In erster Linie ist
der Schadensersatzanspruch auf Wiedereinräumung des Besitzes gerichtet.[554] Zu ersetzen sind die Kosten der Rechtsverteidigung, die dem Mieter durch die Beauftragung eines
Rechtsanwalts,[555] eines Detektivs[556] und durch den Räumungsrechtsstreit entstehen,[557]
sowie der Verlust noch nicht abgewohnter Investitionen.[558] Wesentlich umfangreicher
sind in der Regel die Schäden im Zusammenhang mit der neuen Wohnung. Dies beginnt
mit den Kosten der Wohnungssuche für Makler und Inserate.[559] Die Umzugskosten sind zu
ersetzen.[560] Ersatzfähig sind ferner die Anfangsrenovierung,[561] die Anschaffung bestimmter neuer Einrichtungsgegenstände[562] und die Übernahme gebrauchten Mobiliars,[563]
Montage- und Umbaukosten für die Einrichtung sowie Ummeldung und Anschluss des
Telefons.[564] Schließlich ist der Unterschiedsbetrag zur höheren neuen Miete bei Vergleichbarkeit mit der bisherigen Wohnung[565] und der Betriebskosten[566] zu berücksichtigen.
Der Anspruch auf den Mietunterschied wird nur sukzessive entsprechend den jeweiligen
Mehrbeträgen fällig.[567] Der Ersatz der höheren Miete kann bis zu dem Zeitpunkt verlangt
werden, zu dem der Vermieter das Mietverhältnis durch eine berechtigte Kündigung hätte

---

548 *Schmid* DWW 1984, 203; *Seier* 221ff, 341ff.
549 OLG Celle OLGZ 1979, 64; OLG Karlsruhe WuM 1976, 99, 101; LG Aachen WuM 1987, 394.
550 LG Düsseldorf WuM 1995, 186; LG Mönchengladbach WuM 1995, 186.
551 OLG Zweibrücken ZMR 1983, 237 m Anm *Reichert* ZMR 1983, 307; LG Düsseldorf DWW 1996, 55; AG
Stuttgart-Bad Cannstatt WuM 1992, 252; MünchKomm/*Häublein* Rn 103.
552 OLG Karlsruhe WuM 1976, 99, 101; LG Düsseldorf ZMR 1976, 281; AG Waldshut-Tiengen WuM 1977, 115;
aM OLG Hamm NJW 1984, 1044, hierzu *Zipperer* WuM 1985, 135; LG Heidelberg DWW 1990, 151; offengelassen
von LG Gießen WuM 1995, 163.
553 LG Hamburg NZM 1998, 263.
554 LG Bonn WuM 1988, 402; LG Hamburg WuM 2008, 92.
555 AG Hamburg-Wandsbek NJW-RR 1991, 973; AG Waldbröl WuM 1993, 121; MünchKomm/*Häublein* Rn 109.
556 AG Hamburg WuM 1997, 220; *Schmidt-Futterer/Blank* Rn 85.
557 LG Karlsruhe DWW 1995, 145; AG Hildesheim WuM 1995, 179; AG Nürnberg WuM 1995, 180; AG Pforzheim DWW 1995, 144.
558 OLG Karlsruhe WuM 1976, 99, 101.
559 BGH NJW 2010, 1068; LG Düsseldorf DWW 1996, 280; LG Karlsruhe DWW 1995, 145; LG Stuttgart WuM
1991, 41.
560 LG Düsseldorf DWW 1996, 280; LG Hamburg WuM 1995, 175; LG Karlsruhe DWW 1995, 145; LG Stuttgart
WuM 1991, 41.
561 LG Düsseldorf DWW 1996, 280; LG Karlsruhe WuM 1991, 272.
562 LG Karlsruhe DWW 1992, 22.
563 AG Siegen WuM 1995, 167.
564 LG Karlsruhe WuM 1991, 272; DWW 1995, 145.
565 LG Potsdam WuM 2002, 243; LG Berlin ZMR 1988, 387; LG Darmstadt WuM 1995, 165; LG Wuppertal
WuM 1997, 681; *Sternel* MDR 1976, 265, 269.
566 AG Saarlouis WuM 1995, 173.
567 LG Saarbrücken WuM 1992, 20.

André Haug

beenden können.[568] Eine Entscheidung des Gerichts nach freier Überzeugung aufgrund des § 287 ZPO, die sich nur an der gesetzlichen oder vertraglichen Kündigungsfrist orientiert, wird dem Interesse des Mieters nicht gerecht.

96   **b)** Der Umfang des zu ersetzenden Schadens kann nach § 254 bei einem **Mitverschulden** einzuschränken sein. Bevor der Mieter die Wohnung räumt, muss er prüfen, ob die Gründe stichhaltig sind, die der Vermieter angegeben hat,[569] und ob eine Rechtsverteidigung Erfolg verspricht.[570] Es ist ihm zumutbar, sachverständigen Rechtsrat einzuholen.[571] Auf einen Rechtsstreit braucht er es nicht ankommen zu lassen.[572] Hat der Vermieter den Kündigungsgrund arglistig vorgespiegelt, kann ein etwaiges Mitverschulden des Mieters in der Regel unberücksichtigt bleiben. Erkennt der Mieter die formelle Unwirksamkeit, hat aber keine Veranlassung die materielle Berechtigung der Kündigung in Zweifel zu ziehen, trifft ihn kein Mitverschulden.[573]

97   **4. Darlegungs- und Beweislast.** Grundsätzlich muss der Mieter darlegen und beweisen, dass die Voraussetzungen für einen Schadensersatzanspruch erfüllt sind.[574] Anhaltspunkte für eine schädigende Handlung des Vermieters können sich aus seinem Verhalten nach Auszug des Mieters ergeben, insbesondere aus einer Verwendung der Wohnräume, die von den in der Kündigung angegebenen Gründen abweicht. Dies führt zu einer Beweiserleichterung für den Mieter iS eines Beweises des ersten Anscheins.[575] Je nach den Umständen sind hohe Anforderungen an den Rechtfertigungsversuch des Vermieters zu stellen.[576] Im Rahmen des Schadensersatzanspruches nach § 280 kommt dem Mieter die Beweislastumkehr des § 280 Abs 1 S 2 zu.[577]

IV. Abweichende Vereinbarungen

98   Nach Abs 4 ist eine zum Nachteil des Mieters abweichende Vereinbarung unwirksam. Es ist deshalb unzulässig, vertraglich zu bestimmen, dass ein Mischmietverhältnis mit nicht überwiegender gewerblicher Nutzung dem Gewerberaummietrecht zugeordnet wird,[578] dass der Vermieter generell ohne ein berechtigtes Interesse kündigen darf oder dass die Voraussetzungen des Abs 2 zu Lasten des Mieters eingeschränkt werden. Die Parteien können eine Wohnung nicht unter der Bedingung vermieten, dass sie zurückzugeben ist, wenn sie als Werkwohnung benötigt wird.[579] Auch die Vereinbarung sonstiger Kündigungsgründe, die dem gesetzlichen Leitbild nicht entsprechen, ist unzulässig.[580]

---

568   LG Köln WuM 1992, 14.
569   AG Aschaffenburg WuM 1984, 249; AG Saarlouis WuM 1995, 173; **aM** LG Kassel WuM 1987, 85.
570   LG Bochum NJWE-MietR 1997, 50; LG Kassel WuM 1989, 392.
571   OLG Karlsruhe Justiz 1976, 126, 127.
572   BGHZ 89, 296, 307 = NJW 1984, 1028, 1031; LG Mannheim WuM 1995, 711; LG Mosbach WuM 1992, 192; **aM** LG Tübingen WuM 1980, 248.
573   BGH NJW 2009, 2059.
574   BGH NJW 2005, 2395; LG Berlin GE 1996, 1487; LG Hamburg ZMR 2007, 787; LG Köln WuM 1995, 172.
575   LG Limburg WuM 1991, 111; LG Mannheim WuM 1995, 710; LG Saarbrücken WuM 1992, 20; LG Stuttgart WuM 1998, 30.
576   BVerfG NJW 1997, 2377; LG Bochum NJWE-MietR 1997, 50; LG Gießen ZMR 1996, 327.
577   MünchKomm/*Häublein* Rn 112.
578   LG Frankfurt/M WuM 1992, 112; LG Hamburg WuM 1988, 406; *Blank/Börstinghaus/Blank* Rn 229.
579   LG Landau/Pfalz WuM 1995, 146.
580   LG Osnabrück WuM 1990, 346.

Das Gleiche gilt von Vereinbarungen, in denen die Angabe von Gründen im Kündigungs-schreiben für überflüssig erklärt wird.

Wirksam sind individualvertragliche Vereinbarungen, die zugunsten des Mieters von **99** § 573 abweichen. Das Kündigungsrecht kann für bestimmte Gründe ganz ausgeschlossen werden.[581] Es kann wie in den Nutzungsverträgen der Wohnungsbaugenossenschaften, auf besondere Ausnahmefälle beschränkt werden. Hierdurch wird der Erwerber ebenfalls gebunden.[582] Möglich ist auch ein Kündigungsausschluss für gewisse Zeit. Der Abschluss eines Mietaufhebungsvertrages wird grundsätzlich ebenfalls nicht ausgeschlossen.[583]

§ 573a
Erleichterte Kündigung des Vermieters

[1] Ein Mietverhältnis über eine Wohnung in einem vom Vermieter selbst bewohnten Gebäude mit nicht mehr als zwei Wohnungen kann der Vermieter auch kündigen, ohne dass es eines berechtigten Interesses im Sinne des § 573 bedarf. Die Kündigungsfrist verlängert sich in diesem Fall um drei Monate.
[2] Abs 1 gilt entsprechend für Wohnraum innerhalb der vom Vermieter selbst bewohnten Wohnung, sofern der Wohnraum nicht nach § 549 Abs 2 Nr 2 vom Mie-terschutz ausgenommen ist.
[3] In dem Kündigungsschreiben ist anzugeben, dass die Kündigung auf die Vor-aussetzungen des Abs 1 oder 2 gestützt wird.
[4] Eine zum Nachteil des Mieters abweichende Vereinbarung ist unwirksam.

Schrifttum

Sonnenschein Die erleichterte Kündigung von Einliegerwohnraum, NZM 2000, 1; *ders* Beendigung und Fortsetzung des Mietverhältnisses über Wohnraum in der Mietrechtsreform, WuM 2000, 387; *Skrobek* Probleme im Anwendungsbereich des § 573a BGB (erleichterte Kündigung in einem vom Vermieter selbst bewohnten Gebäude), ZMR 2007, 511.

I. Allgemeines

§ 573a regelt Ausnahmen vom Kündigungsschutz nach § 573. Nach Abs 1 kann der **1** Vermieter einer Wohnung, die in dem von ihm selbst bewohnten Gebäude mit nicht mehr als zwei Wohnungen liegt, ohne Kündigungsgrund kündigen. Die Kündigungsfrist soll sich

---

581 BGH NJW 2007, 1742; LG Düsseldorf DWW 1992, 245; AG Charlottenburg GE 2005, 1499; AG Neuss DWW 1992, 244; Gundlach ZMR 1983, 218, 221.
582 BGH NJW 2007, 1742; OLG Karlsruhe WuM 1985, 77; LG Hannover WuM 1991, 349; AG Marburg WuM 1990, 551 m Anm *Donner;* AG Trier WuM 1992, 612.
583 *Blank/Börstinghaus/Blank* Rn 235; MünchKomm/*Häublein* Rn 29.

André Haug

hierbei nach Abs 1 S 2 um drei Monate verlängern. Gleiches gilt nach Abs 2 für Wohnraum innerhalb der vom Vermieter bewohnten Wohnung, wenn nicht bereits § 549 Abs 2 Nr 2 greift. Im Kündigungsschreiben muss gemäß Abs 3 angegeben werden, dass die Kündigung auf die Voraussetzungen des Abs 1 oder 2 gestützt wird. Zum Nachteil des Mieters darf entsprechend Abs 4 von diesen Vorschriften nicht abgewichen werden.

2   Die Vorschrift bezweckt, die Kündigung wegen des engen Zusammenlebens der Parteien zu erleichtern. Hiergegen bestehen keine verfassungsrechtlichen Bedenken.[1]

II. Voraussetzungen

1. Einliegerwohnung (Abs 1)

3   **a)** Es muss sich um ein **Mietverhältnis über eine Wohnung** handeln. Der Begriff der Wohnung ist nicht mit dem vom Gesetz sonst verwendeten Begriff des Wohnraums identisch, sondern geht darüber hinaus.[2] Die Wohnung ist eine selbständige, räumlich und wirtschaftlich gesonderte Wohneinheit, die eine eigenständige Haushaltsführung ermöglicht.[3] Dazu sind eine eigene Küche oder Kochgelegenheit,[4] wenigstens mit den nötigen Anschlüssen,[5] Wasserversorgung, Ausguss[6] und Toilette erforderlich.[7] Ein in sich abgeschlossener Bereich ist nicht notwendig.[8] Maßgebend ist die Verkehrsanschauung.[9]

4   **b)** Die Wohnung muss in einem **Gebäude** liegen. Darunter fallen auch im Übrigen gewerblich genutzte Gebäude.

5   **c)** Das Gebäude muss **vom Vermieter selbst bewohnt** sein. Das braucht nicht der Eigentümer zu sein.[10] Die Vorschrift greift auch ein, wenn von mehreren Vermietern nur einer in dem Gebäude wohnt. Der Vermieter muss dort seinen Lebensmittelpunkt haben.[11] Er braucht sich nicht ständig darin aufzuhalten,[12] muss aber einen so intensiven Wohngebrauch ausüben, dass die Gefahr gegenseitiger Beeinträchtigungen besteht.[13] Das hängt von den Räumlichkeiten im Einzelfall ab.[14] Nicht ausreichend ist die Nutzung zu gewerblichen oder freiberuflichen Zwecken bspw. als Arzt- oder Anwaltspraxis.[15] Die Vorschrift ist auch anwendbar, wenn der Vermieter erst später als der Mieter eingezogen ist.[16] Zieht der Vermieter vor Beendigung des Mietverhältnisses aus, ist die Berufung auf eine bereits

---

1 BVerfG WuM 1994, 520.
2 *Sonnenschein* NZM 2000, 1, 2.
3 LG Aachen WuM 1993, 616; LG Bonn WuM 1992, 24; *Schmid* BlGBW 1985, 241, 242.
4 LG Kempten WuM 1994, 254.
5 LG Braunschweig WuM 1985, 64.
6 LG Lübeck WuM 1992, 616; AG Miesbach WuM 2003, 91.
7 LG Bochum WuM 1984, 133; LG Essen WuM 1977, 206.
8 LG Bonn WuM 1992, 24; LG Essen WuM 1977, 206; LG Köln WuM 1980, 180; BezG Halle WuM 1992, 305; AG Rostock DWW 1993, 142.
9 LG Hamburg WuM 1994, 215.
10 *Sonnenschein* NZM 2000, 1, 3.
11 LG Berlin NJW-RR 1991, 1227; AG Walsrode WuM 1992, 616; **aM** AG Halle/Saalkreis WuM 1995, 43.
12 LG Berlin WuM 1980, 134; LG Hamburg WuM 1983, 23; AG Hamburg-Blankenese WuM 1991, 112.
13 LG Wuppertal WuM 1990, 156.
14 AG Arnsberg DWW 1988, 182.
15 AG Hamburg WuM 2007, 710.
16 BayObLG WuM 1991, 249; OLG Karlsruhe WuM 1992, 49; OLG Koblenz WuM 1981, 204; *Lammel* BlGBW 1982, 165.

ausgesprochene Kündigung nach § 242 treuwidrig.[17] Das Gleiche ist anzunehmen, wenn er nach Ausspruch der Kündigung stirbt oder das Grundstück veräußert und die Erben bzw. der Erwerber nicht in dem Haus wohnen[18] sowie dann, wenn der Vermieter in der Absicht kündigt, nach der Räumung durch den Mieter ebenfalls auszuziehen, um das Haus als leer stehend veräußern zu können,[19] oder er das Haus nach dem Auszug abreißen lassen will.[20]

Nach § 573a Abs 1 S 1 darf das Gebäude **nicht mehr als zwei Wohnungen** aufweisen. **6** Ob darüber hinaus noch Geschäftsräume vorhanden sind, ist unerheblich. Die Vermietung von weiteren Einzelräumen in geringer Zahl, die nicht zu einer Wohnung zusammengeschlossen sind,[21] oder deren Nutzung durch den Vermieter selbst[22] schließt die Anwendbarkeit des § 573a nicht aus.[23] Befindet sich indes im Keller- oder Dachgeschoss eine jederzeit beheizbare dritte Wohnung oder ist in dem Haus eine vom Vermieter selbst genutzte Einliegerwohnung vorhanden[24], ist die Vorschrift unanwendbar. § 573a greift hingegen ein, wenn der Mieter in einem Haus mit drei Wohnungen eine weitere Wohnung hinzugemietet und beide Wohnungen miteinander verbunden hat. Das Gleiche ist anzunehmen, wenn der Vermieter zwei Wohnungen für sich zu einem einheitlichen Wohnbereich zusammenfasst.[25] Bleiben die beiden Wohnungen baulich aber völlig selbständig, handelt es sich nach wie vor um ein Drei-Familien-Haus.[26] Unerheblich ist, dass die Parteien keine Gelegenheit haben, in dem Gebäude zusammenzutreffen.[27] Auf zwei Doppelhaushälften oder nebeneinander liegende Reihenhäuser[28] ist die Vorschrift nicht anwendbar. Dagegen findet § 573a Anwendung, wenn das Haus zwar getrennte Eingänge hat, also Vermieter und Mieter typischerweise nicht aufeinander treffen, es sich aber um nur ein Gebäude handelt.[29] Maßgebend für die bauliche Gestaltung sind die Verhältnisse zur Zeit der Kündigung,[30] der BGH will dagegen offenbar auf den Abschluss des Mietvertrages abstellen.[31]

2. Wohnraum innerhalb der vom Vermieter bewohnten Wohnung (Abs 2). Nach **7** § 573a gilt die erleichterte Kündigung entsprechend für Mietverhältnisse über **Wohnraum innerhalb der vom Vermieter selbst bewohnten Wohnung**, sofern das Mietverhältnis nicht nach § 549 Abs 3 vom Anwendungsbereich des § 573 ausgeschlossen ist.[32] Erfasst werden Leerzimmer und nicht überwiegend vom Vermieter mit Einrichtungsgegenständen auszustattende Räume, die nicht zu nur vorübergehendem Gebrauch an Einzelpersonen oder Familien vermietet sind. Ferner zählen hierzu möblierte Wohnräume, die zum dauernden Gebrauch für eine Familie überlassen sind. Zwischen den beiden Wohn-

---

17 LG Braunschweig WuM 1991, 202.
18 OLG Karlsruhe WuM 1993, 405; LG Karlsruhe WuM 1989, 257; *Sonnenschein* ZMR 1992, 417, 422f.
19 LG Stuttgart WuM 2007, 75; LG Duisburg NZM 2005, 216.
20 LG Mannheim, NJW-RR 2004, 731.
21 AG Heidelberg WuM 1983, 144.
22 AG Karlsruhe DWW 1990, 212.
23 **AM** LG Düsseldorf WuM 1978, 53; AG Hamburg-Bergedorf v. 10.1.2012 – 409 C 146/10, BeckRS 2012, 87073.
24 BGH v. 17.11.2010 – VIII ZR 90/10, NJW-RR 2011, 158.
25 LG Aachen WuM 1993, 616; LG Memmingen NJW-RR 1992, 523.
26 OLG Frankfurt/M WuM 1982, 15; AG Bochum WuM 1992, 132; **aM** LG Saarbrücken ZMR 2007, 540.
27 OLG Saarbrücken WuM 1992 520; AG Hamburg WuM 1996, 547.
28 LG Berlin v. 8.12.2009 – 65 T 153/09, GE 2011, 823; LG Hannover WuM 1979, 78; AG Dortmund WuM 1990, 355; *Schmidt-Futterer/Blank* Rn 11; differenzierend MünchKomm/*Häublein* Rn 9.
29 BGH NZM 2008, 682; LG Osnabrück WuM 1991, 555; **aM** LG Kleve WuM 1992, 437.
30 LG Berlin GE 1999, 507; MünchKomm/*Häublein* Rn 3; Bamberger/Roth/*Hannappel* Rn 21.
31 BGH NZM 2008, 682.
32 *Sonnenschein* NZM 2000, 1, 6ff.

bereichen muss ein so enger Zusammenhang bestehen, dass der vermietete Wohnraum objektiv als Teil der Vermieterwohnung erscheint und ein besonders enges räumliches Zusammenleben der Parteien die Folge ist. Unzureichend ist es, wenn der Mieter einen separat zugänglichen Einzelraum bewohnt. Handelt es sich um ein Ein-Familien-Haus, sind solche Einzelräume immer Teil der Vermieterwohnung.[33] Die Regelung gilt auch für Wohnraum innerhalb der Vermieterwohnung, die in einem Mehr-Familien-Haus[34] oder in einem ansonsten geschäftlich genutzten Gebäude liegt.

III. Rechtsfolgen

8   **a)** Die Kündigung ist nach § 573a Abs 1 S 1 oder Abs 2 wirksam, auch wenn der Vermieter kein berechtigtes Interesse im Sinne von § 573 hat.

9   **b)** Nach § 573a Abs 1 S 2 verlängert sich die **Kündigungsfrist** für den Vermieter um drei Monate. Maßgebend ist die Frist, die sich aus § 573c Abs 1 und 2 oder bei abweichenden Vereinbarungen aus dem Vertrag ergibt.

10   **c)** Nach § 573a Abs 3 ist in dem **Kündigungsschreiben** anzugeben, dass die Kündigung auf die Voraussetzungen des Abs 1 oder Abs 2 gestützt wird. Dies ist Voraussetzung für die Wirksamkeit der erleichterten Kündigung.[35] Die damit bezweckte Klarstellung ist gegeben, wenn der Vermieter ausdrücklich auf sein Sonderkündigungsrecht hinweist und die verlängerte Frist angibt.[36] Sie kann sich auch aus den Umständen ergeben.

11   **d)** Hat der Vermieter ein berechtigtes Interesse an der Kündigung, steht ihm ein **Wahlrecht** zu, ob er unter den Voraussetzungen des § 573 mit normaler Kündigungsfrist oder nach § 573a mit verlängerter Frist kündigt.[37] Aus der Erklärung muss hervorgehen, ob und wie er sein Wahlrecht ausübt.[38] Auch wenn der Vermieter Kündigungsgründe angibt, ist die Anwendung des § 573a nicht ausgeschlossen. Die einmal getroffene Wahl ist nicht bindend, so dass er sich bei einer erneuten Erklärung anders entscheiden kann.[39] Zulässig ist eine Kündigung in der Weise, dass er sich primär auf die Kündigung nach § 573 und hilfsweise auf sein Sonderkündigungsrecht nach § 573a stützt oder dass er die umgekehrte Reihenfolge wählt.[40] Hat sich der Vermieter ausdrücklich nur auf § 573a berufen, ist ein Wechsel zur Kündigung nach § 573 mit derselben Erklärung nicht mehr möglich.[41]

12   **e)** Aus der systematischen Stellung im gemeinsamen Abschnitt „Mietverhältnisse auf unbestimmte Zeit" ergibt sich, dass § 574 auf die Kündigung nach § 573a anwendbar ist.[42] Der Vermieter ist im Gegensatz zur früheren Rechtslage aber nicht mehr gehalten, seine Interessen bereits im Kündigungsschreiben geltend zu machen, da § 574 Abs 3 auf eine

---

33 **AM** AG Königswinter WuM 1994, 689.
34 KG NJW 1981, 2470; LG Berlin ZMR 1980, 339.
35 LG Braunschweig WuM 1991, 202; *Sonnenschein* WuM 2000, 387, 391.
36 AG Karlsruhe DWW 1990, 212.
37 AG Dortmund DWW 1993, 238; AG Waiblingen WuM 1979, 123; *Sonnenschein* NZM 2000, 1, 7f.
38 LG Landau/Pfalz WuM 1986, 144.
39 OLG Karlsruhe NJW 1982, 391.
40 OLG Hamburg NJW 1983, 182; LG Kiel DWW 1992, 85; LG Oldenburg WuM 1986, 118; LG Wiesbaden WuM 1981, 162.
41 AG Rostock DWW 1993, 142.
42 *Blank/Börstinghaus/Blank* Rn 3.

nach § 573a ohne Begründung mögliche Kündigung keine Anwendung findet.[43] Im Rahmen einer Interessenabwägung ist die objektive Zerrüttung des Mietverhältnisses auf Vermieterseite zu berücksichtigen.[44]

IV. Abweichende Vereinbarungen

Nach § 573a Abs 4 ist eine zum Nachteil des Mieters abweichende Vereinbarung **13** **unwirksam.** Unzulässig wäre daher beispielsweise eine Ausdehnung des Sonderkündigungsrechts auf gesetzlich nicht vorgesehene Fälle oder eine Verkürzung der Kündigungsfrist des § 573a Abs 1 S 1. Abweichungen zugunsten des Mieters sind zulässig, insbesondere kann der Vermieter auf sein Sonderkündigungsrecht verzichten.[45]

§ 573b
Teilkündigung des Vermieters

[1] Der Vermieter kann nicht zum Wohnen bestimmte Nebenräume oder Teile eines Grundstücks ohne ein berechtigtes Interesse im Sinne des § 573 kündigen, wenn er die Kündigung auf diese Räume oder Grundstücksteile beschränkt und sie dazu verwenden will,
1. Wohnraum zum Zwecke der Vermietung zu schaffen oder
2. den neu zu schaffenden und den vorhandenen Wohnraum mit Nebenräumen oder Grundstücksteilen auszustatten.
[2] Die Kündigung ist spätestens am dritten Werktag eines Kalendermonats zum Ablauf des übernächsten Monats zulässig.
[3] Verzögert sich der Beginn der Bauarbeiten, so kann der Mieter eine Verlängerung des Mietverhältnisses um einen entsprechenden Zeitraum verlangen.
[4] Der Mieter kann eine angemessene Senkung der Miete verlangen.
[5] Eine zum Nachteil des Mieters abweichende Vereinbarung ist unwirksam.

Schrifttum

Gramlich Gesetzesänderungen im Mietrecht, NJW 1990, 2611; *Johann* Zur angemessenen Herabsetzung der Miete bei der Teilkündigung gem § 564b II Nr 4 BGB, NJW 1991, 1100; *Schilling* Neue Wohnungen durch neues Mietrecht. Zu Art 3 und 4 des Wohnungsbau-Erleichterungsgesetzes vom 17.5.1990 – WoBauErlG – (BGBl I S 926), ZMR 1990, 281; *Sonnenschein* Beendigung und Fortsetzung des Mietverhältnisses über Wohnraum in der Mietrechtsreform, WuM 2000, 387; *Sonnentag* Zur Begründungsbedürftigkeit einer Teilkündigung, ZMR 2006, 19.

---

43 *Staudinger/Rolfs* [2010] Rn 23.
44 AG Alsfeld NJW-RR 1992, 339.
45 OLG Karlsruhe WuM 1985, 77; LG Berlin WuM 1991, 498; *Schmidt-Futterer/Blank* Rn 6.

André Haug

I. Allgemeines

1   Auch § 573b stellt einen Ausnahmetatbestand zu § 573 dar. Dem Vermieter wird ein Kündigungsrecht für Nebenräume oder Teile eines Grundstücks eingeräumt, wenn er diese entweder gemäß Abs 1 Nr 1 zur Schaffung von Wohnraum zum Zwecke der Vermietung oder gemäß Abs 1 Nr 2 zur Ausstattung bereits vorhandenen oder neu zu schaffenden Wohnraums mit Nebenräumen oder Grundstücksteilen verwenden will. Die Kündigung kann am dritten Werktag zum Ablauf des übernächsten Kalendermonats erfolgen. Nach Abs 3 ist der Mieter berechtigt, eine Verlängerung des Mietverhältnisses zu verlangen, wenn sich der Beginn der Bauarbeiten verzögert. Abs 4 sieht eine angemessene Senkung der Miete als Ausgleich für den Verlust der Nebenräume oder Grundstücksteile vor.

2   Zweck der Vorschrift ist, dass in Anbetracht der starken Nachfrage auf dem Wohnungsmarkt zusätzlicher Wohnraum aus dem Bestand zur Verfügung gestellt werden kann. Hierbei ist in erster Linie an den Ausbau von Dachgeschossen und Kellerräumen gedacht. Es soll sichergestellt werden, dass die Kündigung auf einzelne Räume erstreckt werden kann, weil dem Ausbau von Dachgeschossen zu Wohnraum oft im Wege stand, dass diese Räume den Mietern als Nebenräume überlassen worden waren.

3   Die Vorschrift ist aus § 564b Abs 2 Nr 4 aF hervorgegangen, stellt aber nunmehr ein Sonderkündigungsrecht dar. § 564b Abs 2 Nr 4 aF gestaltete das Kündigungsrecht des Vermieters noch als ordentliche Kündigung mit berechtigtem Interesse aus.

II. Voraussetzungen der Teilkündigung

4   Die Vorschrift betrifft nur die Teilkündigung durch den **Vermieter**. Der Mieter kann sich nicht auf diesem Wege von überflüssig gewordenen Räumen oder anderen Grundstücksteilen trennen.

5   Gegenstand der Teilkündigung können nicht zum Wohnen bestimmte **Nebenräume** sein. Sie brauchen sich nicht in demselben Gebäude wie die Wohnung des Mieters zu befinden. Die Räume dürften nicht zu dem Zweck überlassen sein, bewohnt zu werden. Eine vertragswidrige Nutzung als Wohnraum steht der Kündigung nicht entgegen. Nutzt ein Mieter einen zu Wohnzwecken überlassenen Raum vertragswidrig als Nebenraum, scheidet eine Teilkündigung aus. Darüber hinaus kann die Kündigung **Teile eines Grundstücks** betreffen. Der ursprünglich auf den Ausbau von Nebenräumen beschränkte Tatbestand ist ausgedehnt worden, um die Erweiterung durch Aufstockung des Gebäudes oder durch Anbau zuzulassen und darüber hinaus zu ermöglichen, Baulücken durch selbständige Gebäude zu schließen. Es kommt nicht darauf an, ob die für den Anbau in Anspruch genommenen Teile des Grundstücks bebaut oder unbebaut sind. Es kann sich um Schuppen oder Garagen sowie um Stellplätze für Kraftfahrzeuge, Gartenflächen[1] oder Spiel-

---

[1] LG Berlin GE 1997, 859; LG Berlin NZM 1998, 328; LG Berlin ZMR 2002, 118.

plätze handeln. Auszuscheiden sind Wintergärten oder Terrassen, da sie üblicherweise zum Wohnen genutzt werden.[2]

Das Gesetz lässt zwei verschiedene **Verwendungszwecke** zu. In § 573b Abs 1 Nr 1 **6** wird vorausgesetzt, dass der Vermieter die Nebenräume oder Teile des Grundstücks dazu verwenden will, **Wohnraum zum Zwecke der Vermietung** zu schaffen. Diese Absicht muss konkret sein,[3] ohne dass bereits genaue Baupläne oder eine Baugenehmigung vorliegen müssen. Der Ausbau muss in einer baurechtlich zulässigen Weise beabsichtigt sein.[4] Die Baugenehmigung muss deshalb spätestens in dem Zeitpunkt vorliegen, in dem das Mietverhältnis enden soll.[5] Ist die Genehmigung noch nicht erteilt, verzögert sich der Beginn der Bauarbeiten, so dass der Mieter nach § 573b Abs 3 eine Verlängerung des Mietverhältnisses um einen entsprechenden Zeitraum verlangen kann. Teilweise wird verlangt, es müsse eine vollständige neue Wohnung geschaffen werden, während andere genügen lassen, dass eine Wohnung vergrößert wird.[6] Da der Gesetzeswortlaut insoweit offen ist, kann die Vergrößerung einer Wohnung ausreichen, weil der Wohnungsmarkt auch hierdurch entlastet wird. Der Umbau der Nebenräume in reine Geschäftsräume oder in Räume zu überwiegend geschäftlicher Verwendung scheidet als Kündigungsgrund aus. Da als Nutzung der neu zu schaffenden Wohnräume nur eine Vermietung zugelassen ist, scheiden eine Eigennutzung durch den Vermieter und eine Veräußerung des Grundstücks oder der neuen Räume als Eigentumswohnung aus. Umstritten ist, ob die Vorschrift anwendbar ist, wenn der Vermieter die neuen Wohnräume selbst beziehen und dafür seine bisherige Wohnung vermieten will. Dies wird teilweise in ausdehnender Auslegung für möglich gehalten,[7] überwiegend aber aufgrund einer Analogie bejaht.[8] Die analoge Anwendung verstößt nach Meinung des BVerfG[9] nicht gegen die Verfassung. Dem steht die wortgetreue Auslegung gegenüber, die das Recht zur Teilkündigung auf den Zweck der Vermietung beschränkt.[10] Auch diese Meinung steht mit der Verfassung in Einklang.[11] Die engere Auslegung ist vorzugswürdig, da es an einer Gesetzeslücke fehlt, nachdem der Gesetzgeber in Kenntnis der Streitfrage das Merkmal zum Zwecke der Vermietung bei der Neufassung durch das MietRÄndG 4 von 1993 nicht gestrichen hat.

In § 573b Abs 1 Nr 2 wird die Teilkündigung zu dem Zweck zugelassen, den **neu zu 7 schaffenden und den vorhandenen Wohnraum mit Nebenräumen und Grundstücksteilen auszustatten**. Bei der Neuverteilung sollen die alten und die neuen Wohnungen berücksichtigt werden. Der Vermieter muss hierüber auf der Grundlage des § 315 nach billigem Ermessen entscheiden. Er kann die Nebenräume oder Grundstücksteile seinen Mietern auch zur gemeinschaftlichen Nutzung zuteilen. Auf dieser Grundlage können Gemeinschaftseinrichtungen, wie etwa ein Fahrstuhl, in das Haus eingebaut werden.[12]

---

2 *Schilling* 71; *Schmid/Gahn* Rn 5.
3 LG Berlin NZM 1998, 328; AG Hamburg WuM 1994, 433.
4 LG Berlin NZM 1998, 328; *Gather* DWW 1990, 190, 196.
5 *Schilling* 71f; *ders* ZMR 1990, 281, 283; vgl auch AG Hamburg WuM 1998, 348.
6 *Bub/Treier/Grapentin* Rn IV 84a; MünchKomm/*Häublein* Rn 6; *Schilling* ZMR 1990, 281, 283.
7 LG Duisburg NJW-RR 1996, 718.
8 LG Marburg DWW 1992, 116; AG Marburg DWW 1991, 220; *Bub/Treier/Grapentin* Rn IV 84a; *Palandt/Weidenkaff* Rn 4.
9 BVerfG NJW 1992, 1498.
10 LG Stuttgart WuM 1992, 24; MünchKomm/*Häublein* Rn 10; *Erman/Lützenkirchen* Rn 9; *Schilling* ZMR 1990, 281, 283.
11 BVerfG NJW 1992, 494.
12 **AM** AG München WuM 1995, 112.

André Haug

III. Rechtsfolgen

8   **1. Recht zur Teilkündigung.** Der Vermieter hat das **Recht zur teilweisen Beendigung** des Mietverhältnisses. Damit wird nicht nur die Zulässigkeit der Teilkündigung abweichend von den allgemeinen Regeln begründet,[13] sondern gleichzeitig ein Sonderkündigungsrecht festgelegt. Darüber hinaus wird dem Vermieter die Möglichkeit eröffnet, Teile der Mietsache anderweitig unter die bisherigen und die neuen Mieter zu verteilen. Stehen auf der Vermieterseite mehrere Personen, müssen sie das Kündigungsrecht gemeinsam ausüben. Dies ist zu beachten, wenn Wohnungseigentum begründet sowie Wohnung und Nebenräume verschiedenen Eigentümern zugewiesen worden sind.[14] Erforderlich ist stets, dass das **Mietverhältnis kündbar** ist, so dass bei Zeitmietverträgen oder Verträgen mit Kündigungsausschluss das Kündigungsrecht nicht besteht. Die Sozialklausel kommt zur Anwendung. Nach § 573b Abs 1 muss der Vermieter die Kündigung im Kündigungsschreiben ausdrücklich auf die Nebenräume oder Grundstücksteile beschränken.

9   **2. Kündigungsfrist.** § 573b Abs 2 bestimmt, dass die Kündigung spätestens am dritten Werktag eines Kalendermonats für den Ablauf des übernächsten Monats zulässig ist. Dies entspricht der für den Regelfall in § 573c Abs 1 S 1 bestimmten Frist. Einem einheitlichen Baubeginn kann allerdings die Sozialklausel entgegenstehen, wenn sich der Mieter gegenüber der Teilkündigung auf § 574 beruft.

10   **3. Verzögerung der Bauarbeiten.** Wenn sich der Beginn der Bauarbeiten verzögert, kann der Mieter nach § 573b Abs 3 eine **Verlängerung des Mietverhältnisses** um einen entsprechenden Zeitraum verlangen. Dies entspricht § 575 Abs 3 S 1. Daraus ergibt sich, dass mit der Verlängerung eine bestimmte Zeit gemeint ist. Diese Befristung richtet sich danach, in welchem Zeitpunkt die Bauabsichten des Vermieters voraussichtlich zu verwirklichen sind. Da nunmehr hinsichtlich der gekündigten Nebenräume oder Grundstücksteile ein befristetes Mietverhältnis vorliegt, ist eine erneute Kündigung nicht erforderlich.[15]

11   **4. Senkung der Miete.** Soweit die Teilkündigung durchgreift, kann der Mieter nach § 573b Abs 4 eine angemessene **Senkung der Miete** verlangen. Die Angemessenheit ist nach dem Miet- oder Nutzwert der gekündigten Räume oder Grundstücksteile zu bemessen.[16] Im Übrigen kann auf die für eine Minderung des Mietzinses nach § 536 maßgebenden Grundsätze zurückgegriffen werden. Von der Senkung werden auch Betriebskosten erfasst, soweit sie auf die Nebenräume entfallen.[17] Der Mietzins wird nicht kraft Gesetzes gesenkt.[18] Der Mieter hat einen Anspruch auf Abschluss eines Änderungsvertrages. Die Wirksamkeit der Kündigung hängt hiervon nicht ab.

---

13 *Staudinger/Rolfs* [2011] § 542 Rn 92ff.
14 OLG Celle WuM 1996, 222.
15 *Gramlich* NJW 1990, 2611, 2612.
16 AG Hamburg WuM 1993, 616; AG Walsrode WuM 1992, 616.
17 *Johann* NJW 1991, 1100.
18 *Schmidt-Futterer/Blank* Rn 20; MünchKomm/*Häublein* Rn 17.

André Haug

IV. Angabe der Kündigungsgründe im Kündigungsschreiben

1. Erforderlichkeit. Der Begründungszwang ergab sich bis zur Mietrechtsreform 2001 **12** daraus, dass die Gründe für eine Teilkündigung ein berechtigtes Interesse im Sinne von § 564b Abs 2 aF darstellten und gemäß § 564b Abs 3 aF nur solche Gründe als berechtigtes Interesse anerkannt wurden, die im Kündigungsschreiben genannt wurden. Nach neuem Recht ist die Teilkündigung in einer selbständigen Vorschrift geregelt, also gerade nicht mehr als ein Fall eines berechtigten Interesses anzusehen, sondern stellt eine Ausnahme zu § 573 dar. Teilweise wird unter Hinweis darauf, dass eine unbeabsichtigte Regelungslücke gegeben sei, von einer entsprechenden Anwendung des Begründungszwangs des § 573 Abs 3 S 1 ausgegangen.[19] Dagegen spricht, dass in § 573a, der ebenfalls eine Ausnahme zu § 573 darstellt, ein Hinweiszwang in Abs 3 enthalten ist, was gegen eine Regelungslücke und damit gegen die Zulässigkeit einer Analogie spricht. Auch aus dem Widerspruchsrecht des Mieters nach §§ 574 ff ergibt sich für den Vermieter keine Obliegenheit zur Begründung, da § 574 Abs 3 auf Kündigungen nach § 573b keine Anwendung findet, der Vermieter also seine Interessen an der Teilkündigung auch erst zu einem späteren Zeitpunkt offenbaren kann. Mit Rücksicht auf die oben genannte Auffassung, die eine Regelungslücke annimmt, ist die Angabe der Gründe für die Teilkündigung zu empfehlen.

2. Anforderungen an die Angabe der Kündigungsgründe. Die betroffenen Teile der **13** Mietsache sind zur sicheren Identifizierung so genau wie möglich zu bezeichnen. Damit genügt der Vermieter den formellen Anforderungen an die Kündigung, da eine Begründungspflicht nicht besteht.[20] Wenn jedoch mit der Gegenmeinung von Begründungspflicht ausgegangen wird, muss der Verwendungszweck durch Angabe konkreter Bauabsichten und der zukünftigen Vermietung dargelegt werden.[21] Die Zulässigkeit der geplanten Maßnahme muss nicht dargelegt werden, sie ist Wirksamkeitserfordernis für die Kündigung.

V. Abweichende Vereinbarungen

Nach § 573b Abs 5 ist eine **zum Nachteil des Mieters** abweichende Vereinbarung **14** unwirksam. Da für den Mieter nicht nachteilig, ist ein Ausschluss des Rechts des Vermieters zur Teilkündigung oder eine Beschränkung möglich.

§ 573c
Fristen der ordentlichen Kündigung

[1] Die Kündigung ist spätestens am dritten Werktag eines Kalendermonats zum Ablauf des übernächsten Monats zulässig. Die Kündigungsfrist für den Vermieter verlängert sich nach fünf und acht Jahren seit der Überlassung des Wohnraums um jeweils drei Monate.
[2] Bei Wohnraum, der nur zum vorübergehenden Gebrauch vermietet worden ist, kann eine kürzere Kündigungsfrist vereinbart werden.

---

19 AG Frankfurt aM ZMR 2005, 794; *Schmidt-Futterer/Blank* Rn 18; *Sonnentag* ZMR 2006, 19ff; ähnlich *Sonnenschein* WuM 2000, 387, 391, der einen Begründungszwang unmittelbar aus § 573b Abs 1 entnimmt.
20 Rn 12.
21 AG Hamburg WuM 1994, 433; *Schilling* 72.

André Haug

[3] Bei Wohnraum nach § 549 Abs 2 Nr 2 ist die Kündigung spätestens am 15. eines Monats zum Ablauf dieses Monats zulässig.
[4] Eine zum Nachteil des Mieters von Abs 1 oder 3 abweichende Vereinbarung ist unwirksam.

Schrifttum

Börstinghaus Die Kündigungsfristen der Mietrechtsreform, NZM 2002, 49; *ders* Kündigungsrechtsausschlussvereinbarungen in der Wohnraummiete, NJW 2009, 1391; *Emmerich* Mietrechtsreform 2000, DWW 2000, 143; *Grundmann* Die Mietrechtsreform, NJW 2001, 2497; *Horst* Fortbestand vorformulierter Altvertragskündigungsfristen, NZM 2002, 897; *ders* Fortbestand mietvertraglicher Alt-Kündigungsfristen, NJW 2003, 2720; *Jansen* Das Übergangsrecht der Mietrechtsreform, NJW 2001, 3151; *Koch* Juristische Methodik und Gestaltungswille des (Miet-)Gesetzgebers, NZM 2004, 14; *Lützenkirchen* Neues Mietrecht – neue Probleme, MDR 2001, 1385; *Muhle* Neue Kündigungsfristen und ihre Anwendung auf alte Mietverträge, GE 2002, 310; *Rips* Verkürzte Fristen für die Mieterkündigung: Appell an den Gesetzgeber zur klarstellenden Nachbesserung des Mietrechtsreformgesetzes, WuM 2002, 135; *Rolfs/Barg* Fristen zur Kündigung von Altmietverträgen, NZM 2006, 83; *Schach* Wann greift die Dreimonatsfrist, wann nicht?, GE 2003, 1250; *Schickedanz* Das möblierte Zimmer im Mieterschutzrecht, BlGBW 1980, 166; *Sonnenschein* Kündigung, Ablauf der Mietzeit, Aufhebungsvertrag und sonstige Beendigungstatbestände des Mietverhältnisses, in: PiG Bd 26 (1987) 45; *ders* Kündigung und Rechtsnachfolge, ZMR 1992, 417; *ders* Kündigungsprobleme bei Rechtsnachfolge, in: PiG Bd 37 (1993) 95; *ders* Kündigungsschutz als Vermietungshemmnis, in: PiG Bd 33 (1991) 95; *Steins*, Die neue kurze Kündigungsfrist des § 573c BGB – auch für alte Mietverträge?, WuM 2001, 583; *Wegener* Kündigung und Kündigungsfristen bei noch nicht vollzogenem Mietverhältnis, WuM 1989, 405; *Weimar* Die Kündigungsfristen bei Wohnungswechsel im selben Haus, WuM 1969, 36; *Wiek* Die verlängerte Kündigungsfrist des Vermieters für Altmietverträge nach einer Überlassungsdauer von 10 Jahren, WuM 2007, 51; *ders* Die Berechnung der Vierjahresfrist für einen formularmäßigen Kündigungsausschluss, WuM 2010, 405.

André Haug

I. Allgemeines

Mit der Vorschrift werden die Kündigungsfristen für die ordentliche Kündigung von **1**
Mietverhältnissen über Wohnraum geregelt. Grundsätzlich ist die Kündigung nach Abs 1
S 1 spätestens am dritten Werktag eines Kalendermonats zum Ablauf des übernächsten
Monats zu erklären. Für den Vermieter wird in Abhängigkeit zur Mietzeit die Frist nach
Abs 2 verlängert. Andere Fristen können bei Wohnraum, der nur zum vorübergehenden
Gebrauch vermietet worden ist, vereinbart werden. Ein Mietverhältnis über möblierten
Wohnraum innerhalb der vom Vermieter bewohnten Wohnung, der nicht für eine Familie
zum dauernden Gebrauch überlassen wurde (§ 549 Abs 2 Nr 2) ist zum 15. eines Monats
zum Ablauf dieses Monats zu kündigen. Von den Abs 1 und 3 kann zum Nachteil des
Mieters nach Abs 4 nicht abgewichen werden.

Durch die gesetzlichen Kündigungsfristen soll den Parteien nach Zugang der Kündi- **2**
gungserklärung bis Ende des Mietverhältnisses eine angemessene Vorbereitungszeit eingeräumt werden, damit der Mieter sich Ersatz beschaffen und der Vermieter einen neuen
Mieter suchen kann. Das asymmetrische Kündigungsrecht – die Kündigungsfristen verlängern sich nach fünf bzw acht Jahren Mietdauer nur noch für den Vermieter um jeweils
drei Monate – trägt dem veränderten Wohnverhalten der Mieter Rechnung. Nach § 565
Abs 2 S 2 aF verlängerte sich die Kündigungsfrist auch für den Mieter. Eine Kündigungsfrist von neun oder gar zwölf Monaten stellte jedoch für einen Mieter, der beispielsweise
durch einen Arbeitsplatzwechsel auch den Wohnort wechseln musste, als großes Problem
dar. Problematisch war auch der Umzug alter Menschen in ein Pflegeheim. Die von der
Rechtsprechung entwickelte Lösungsmöglichkeit durch Nachmieterstellung[1] befriedigte
nur bedingt. Das asymmetrische Kündigungsrecht verstößt nicht gegen Art 3 GG.[2] Auch im
Arbeitsvertragsrecht gibt es beispielsweise unterschiedliche Kündigungsfristen.

II. Fristberechnung

1. Kündigungstag

a) Die Kündigungsfristen sind aufgrund des § 186 nach den Auslegungsvorschriften **3**
der §§ 187ff zu berechnen. In § 573c wird jeweils festgelegt, an welchem Tag zu kündigen ist. Das ist der Kündigungstag, an dem die Kündigungserklärung durch **Zugang** beim
Empfänger wirksam werden muss. Wenn der Mietvertrag abgeschlossen ist, kann die Kün-

---

1 LG Hamburg WuM 1988, 125; AG Calw NZM 2001, 96; AG Recklinghausen WuM 1996, 409.
2 *Emmerich* DWW 2000, 143.

André Haug

digung schon vor dem tatsächlichen Vollzug des Vertrags erklärt werden.[3] Wann in diesem Fall die Kündigungsfrist beginnt, hängt von den Vereinbarungen der Parteien ab. Anderenfalls beginnt die Frist mit dem Zugang der Kündigungserklärung, nicht erst in dem Zeitpunkt, in dem das Mietverhältnis in Vollzug gesetzt worden ist.[4]

4   **b)** Problematisch ist der **Einfluss des § 193 auf den Kündigungstag.** Die Kündigungserklärung kann grundsätzlich an jedem beliebigen Wochentag abgegeben und durch Zugang wirksam werden.[5] Aus § 193 ergibt sich, dass ein Termin, an dem eine Willenserklärung abzugeben ist, auf den nächsten Werktag verlegt wird. Im Interesse der Rechtssicherheit und der Rechtsklarheit ist jedoch an dem Grundsatz festzuhalten, dass eine Kündigungsfrist dem Gekündigten als Mindestfrist ungeschmälert erhalten bleiben muss, wenn der Kündigungstag nicht genau benannt ist, so dass § 193 unanwendbar ist. Auch bei der Kündigung am 15. eines Monats nach Abs 3 ist kein bestimmter Wochentag vorgeschrieben. Der Kündigungstag wird nicht auf einen späteren Tag verlegt, weil dies zu einer nicht vorgesehenen Verkürzung der Kündigungsfrist führen würde. Ist die Kündigung nach den einzelnen Bestimmungen des § 573c spätestens an einem bestimmten Werktag vorgeschrieben, verkürzt das Gesetz selbst die maßgebende Frist. Fällt etwa der Monatsanfang auf einen Sonntag, ist im Hinblick auf Abs 1 S 1 der dritte Werktag erst der vierte Tag des Monats. Zu den Werktagen gehört weder der Sonntag noch ein am Erklärungsort staatlich anerkannter allgemeiner Feiertag.[6] In Bezug auf den Samstag ist zu differenzieren: Er ist grundsätzlich ein Werktag, so dass er zu berücksichtigen ist, wenn er als erster oder zweiter Werktag in den Lauf der Frist fällt.[7] Fällt indessen der dritte Werktag auf einen Samstag, endet nach § 193 an diesem Tag die Frist nicht, sondern erst am nächsten Werktag.[8]

5   **2. Kündigungstermin.** Der Kündigungstermin ist der Tag, zu dem die Kündigung das **Mietverhältnis beendet.** Das Mietverhältnis endet mit Ablauf des Kündigungstermins. Unerheblich ist, ob dieser Tag auf einen Samstag, einen Sonn- oder Feiertag fällt.[9] § 193 ist aber für die Rückgabepflicht des Mieters bedeutsam.[10] In der Kündigungserklärung braucht **kein bestimmter Kündigungstermin angegeben zu werden.** Sie wird zum nächst zulässigen Termin wirksam. Das Gleiche gilt, wenn die für den angegebenen Termin einzuhaltende Frist versäumt ist, der Kündigende das Mietverhältnis aber auf jeden Fall beenden will und dieser Wille dem anderen Vertragsteil genügend erkennbar ist.[11] Die Kündigung mit Angabe eines falschen Termins ist deshalb nicht ohne weiteres unwirksam.[12] Gibt der Mieter die Mietsache schon vor dem Kündigungstermin zurück,

---

3 BGHZ 73, 350, 352 = NJW 1979, 1288; BGHZ 99, 54, 60 = NJW 1987, 948; *Bub/Treier/Grapentin* Rn IV 47; MünchKomm/*Bieber* § 542 Rn 11; *Palandt/Weidenkaff* Rn 6; *Wegener* WuM 1989, 405.
4 *Schmid/Gahn* Rn 5; **aM** *Haase* JR 1979, 415; *Lenhard* DWW 1980, 166.
5 BGHZ 162, 175, 179f = NJW 2005, 1354.
6 *Palandt/Ellenberger* § 193 Rn 6.
7 BGH NJW 2005, 2154; LG Aachen WuM 2004, 32; *Palandt/Weidenkaff* Rn 10; aA *Blank/Börstinghaus/ Blank* Rn 6; MünchKomm/*Häublein* Rn 12; *Schmidt-Futterer/Blank* Rn 8.
8 BGH NJW 2005, 2154; *Palandt/Weidenkaff* Rn 10.
9 BGHZ 162, 175, 179f = NJW 2005, 1354; *Blank/Börstinghaus/Blank* Rn 7.
10 *Staudinger/Rolfs* [2011] § 546 Rn 31.
11 OLG Frankfurt/M NJW-RR 1990, 337; OLG Hamburg OLGE 36, 64; LG Bonn WuM 1993, 464; LG Karlsruhe DWW 1990, 238; LG Köln WuM 1993, 541; ebenso BAG AP Nr 55 zu § 4 KSchG 1969 = NZA 2006, 791.
12 **AM** LG Göttingen WuM 1991, 266.

André Haug

bleibt er grundsätzlich verpflichtet, den Mietzins bis zum Ende der Mietzeit zu entrichten.[13] Kündigt er irrtümlich zum falschen Termin, ist der Vermieter nach § 242 verpflichtet, ihn darauf hinzuweisen.[14] Der andere Vertragsteil kann sich mit einer nicht fristgemäßen Kündigung einverstanden erklären, so dass das Mietverhältnis durch einen Aufhebungsvertrag vorzeitig beendet wird.

3. Kündigungsfrist. Zwischen dem Kündigungstag und dem Kündigungstermin liegt **6** die Kündigungsfrist. Sie ist in § 573c nicht nach bestimmten Zeitabschnitten bemessen, sondern ergibt sich aus dem zeitlichen Abstand zwischen Kündigungstag und Kündigungstermin.

III. Kündigungsfristen im Regelfall (Abs 1)

1. Gegenstand. Bei einem Mietverhältnis über Wohnraum ist die Kündigung nach **7** Abs 1 grundsätzlich spätestens am dritten Werktag eines Kalendermonats für den Ablauf des übernächsten Monats zulässig. Dieser Bestimmung unterliegen auch Mischmietverhältnisse, sofern der Wohnraumanteil überwiegt oder dem Anteil der Geschäftsräume zumindest gleichwertig ist. Ebenso werden Untermietverhältnisse erfasst. Ein Wohnraummietverhältnis wird nicht dadurch dem Anwendungsbereich des § 573c entzogen, dass der Mieter die Räume abredewidrig zu anderen Zwecken nutzt. Auch Mietverhältnisse über möblierten Wohnraum fallen unter Abs 1, soweit nicht die Sonderregelung des Abs 3 eingreift.[15] Das Gleiche gilt für den Mietvertrag über ein Hotelzimmer, wenn die Überlassung des Raumes primär dazu dient, das Wohnbedürfnis des Mieters zu befriedigen, und nicht nur ein vorübergehender Zweck vorliegt. Unerheblich ist, ob in einem solchen Fall das Sozialamt die Kosten trägt.[16] Bei Werkmietwohnungen kann die ordentliche Kündigung anstelle des § 573c auf § 576 Abs 1 gestützt werden.

2. Kündigungsfrist. Die Kündigungsfrist beträgt drei Monate, abzüglich der Karenz- **8** zeit von drei Werktagen. Der Sonntag und ein am Erklärungsort staatlich anerkannter allgemeiner Feiertag werden für die Karenzzeit nicht mitgezählt, dadurch kann sich die Kündigungsfrist weiter verkürzen. Mitgezählt wird hingegen der Samstag. Fällt allerdings der letzte Tag der Karenzzeit auf einen der genannten Tage, also einschließlich Samstag, endet die Frist erst am nächsten Werktag.[17]

3. Verlängerung der Kündigungsfrist für den Vermieter. Die Kündigungsfrist **ver-** **9** **längert sich** für den Vermieter nach Abs 1 S 2 um jeweils drei Monate, wenn bestimmte Zeiten seit der Überlassung des Wohnraums verstrichen sind. Nach fünfjähriger Dauer wird die Kündigungsfrist von drei auf sechs Monate ausgedehnt und nach achtjähriger Dauer auf neun Monate. Hiervon ist jeweils die Karenzzeit von drei Werktagen abzuziehen. Unter den Voraussetzungen des § 573a kann der Vermieter ein Mietverhältnis über eine Wohnung in einem von ihm selbst bewohnten Wohngebäude oder über Wohnraum innerhalb der von ihm selbst bewohnten Wohnung ohne berechtigtes Interesse kündigen.

---

13 AG Wuppertal DWW 1988, 84; **aM** AG Dortmund WuM 1988, 300.
14 Vgl LG Rottweil WuM 1989, 182.
15 Krit *Schickedanz* BlGBW 1980, 166.
16 LG Bonn WuM 1990, 505.
17 BGH NJW 2005, 2154; AG Düsseldorf ZMR 2008, 538.

André Haug

In diesen Fällen verlängert sich die Kündigungsfrist, die sich aus § 573c ergibt, um weitere drei Monate.

10   **a)** Die Kündigungsfrist verlängert sich aufgrund des Abs 1 S 2 nach Maßgabe des Zeitraums, der seit der **Überlassung** des Wohnraums verstrichen ist. Die Mietsache ist überlassen, wenn der Vermieter seine Pflicht aus § 535 Abs 1 S 2 erfüllt hat. Hierfür ist im Regelfall Besitzverschaffung erforderlich.[18] Der Mieter muss den Wohnraum vertragsgemäß in Gebrauch nehmen können. Wird zunächst der Mietvertrag abgeschlossen und erlangt der Mieter dabei die tatsächliche Gewalt und somit nach § 854 Abs 1 den Besitz an dem Wohnraum, ist er ihm überlassen, ohne dass es darauf ankommt, wann der Mieter einzieht. Wird der Wohnraum schon vor Abschluss des Vertrages überlassen, ist dieser frühere Zeitpunkt maßgebend.[19] Unerheblich ist, auf welchem Rechtsgrund die Besitzübertragung zunächst beruhte.[20]

11   **b)** Der Vermieter muss den Besitz **freiwillig** übertragen, so dass eine eigenmächtige Besitzergreifung durch den späteren Mieter unzureichend ist. Nicht anzurechnen ist ferner eine Besitzzeit, die wie bei der Einweisung Obdachloser[21] auf öffentlich-rechtlichen Vorschriften beruht.[22] Ebenso wenig wird der Besitz bei einer Hausbesetzung freiwillig übertragen. Selbst wenn der Vermieter in diesen Fällen mit dem Bewohner später einen Mietvertrag abschließt, rechnet die Dauer der Überlassung erst seit dem Vertragsschluss.

12   **c)** Fraglich ist, wie sich eine **Änderung der rechtlichen oder tatsächlichen Verhältnisse** auswirkt, die für die Überlassung des Wohnraums maßgebend waren. Da es für den Zeitpunkt der Überlassung nicht auf den Abschluss des Mietvertrags ankommt, sind Änderungen hinsichtlich des Vertrags für die Berechnung des Überlassungszeitraums grundsätzlich bedeutungslos, wenn die Parteien unter Aufhebung des bisherigen Vertrages einen neuen Mietvertrag abschließen.[23] Dabei spielt es keine Rolle, ob der neue Mietvertrag in seinen Vertragsbedingungen einen anderen Inhalt bekommt. Unmaßgeblich ist ebenso, wenn der ursprüngliche Vertrag nicht aufgehoben, sondern nur inhaltlich geändert wird. Das Gleiche gilt, wenn sich das Mietverhältnis aufgrund gesetzlicher oder vertraglicher Bestimmungen auf unbestimmte Zeit verlängert.[24]

13   Ein **Parteiwechsel** berührt den Bestand des Mietverhältnisses grundsätzlich nicht und verändert damit auch nicht die Dauer der Überlassung. Deshalb kann bei einem **Mieterwechsel** dem neuen Mieter nach Eintritt in ein bestehendes Mietverhältnis die Besitzzeit seines Vorgängers angerechnet werden, wenn die Identität des Mietverhältnisses gewahrt bleibt, also Rechtsnachfolge auf Seiten des Mieters vorliegt.[25] Dieser Fall kann sich bei rechtsgeschäftlicher Vertragsübernahme durch den Mieter oder bei gesetzlicher Rechtsnachfolge aufgrund der §§ 563, 1922 ergeben. Unabhängig von einer Rechtsnachfolge ist diejenige Zeit mit zu berücksichtigen, die der Mieter aufgrund des Mietvertrages seines früheren Ehegatten in der Wohnung verbracht hat,[26] wenn er nach der Trennung in

---

18 BGHZ 65, 137, 139f = NJW 1976, 105; BGH WuM 1989, 229.
19 LG Zwickau WuM 1998, 158.
20 OLG Stuttgart NJW 1984, 875; *Bub/Treier/Grapentin* Rn IV 58; *Schmidt-Futterer/Blank* Rn 12.
21 Dazu OVG Lüneburg NJW 2010, 1094; OVG Greifswald NJW 2010, 1096.
22 *Bub/Treier/Grapentin* Rn IV 58; *Schmidt-Futterer/Blank* Rn 12.
23 LG Düsseldorf WuM 1973, 186; LG Göttingen WuM 1991, 266; *Weimar* WuM 1969, 36, 37.
24 *Weimar* WuM 1969, 36, 37.
25 *Bub/Treier/Grapentin* Rn IV 59; *Soergel/Heintzmann* Rn 4; **aM** MünchKomm/*Häublein* Rn 8.
26 OLG Stuttgart NJW 1984, 875.

der Wohnung geblieben ist und einen neuen Mietvertrag abgeschlossen hat. Im Rahmen des § 563a kommt dem überlebenden Mitmieter im Sinne des § 563 schon als Vertragspartei seine eigene Besitzzeit zugute. War die Besitzzeit des verstorbenen Mieters aber länger, so muss sie dem Überlebenden angerechnet werden, da er im Rahmen des § 563a nicht schlechter stehen darf als bei der Sonderrechtsnachfolge nach § 563. Ebenso wenig wird die Dauer der Überlassung durch einen **Vermieterwechsel** beeinträchtigt. Dies gilt nicht nur bei Erbfolge nach § 1922 oder bei Vertragsübernahme, sondern auch unabhängig von einer Rechtsnachfolge bei einem Eintritt in das Mietverhältnis nach § 566 oder § 565 Abs 1 und ebenso, wenn bei einer schlichten Zwischenvermietung der Kündigungsschutz unmittelbar zwischen Hauptvermieter und Untermieter eingreift.[27] Auch im Übrigen ist anzunehmen, dass dem Mieter die Besitzzeit anzurechnen ist, die er zunächst als Untermieter in der Wohnung verbracht hat, wenn er später mit dem Vermieter ein Hauptmietverhältnis abschließt und die Mietsache identisch ist.[28]

Eine **Unterbrechung der Besitzzeit** ist unschädlich, wenn es sich nur um eine vorü- **14** bergehende Besitzaufgabe handelt, das Mietverhältnis aber im Übrigen fortbesteht. Dies gilt beispielsweise, wenn ein Student den Wohnraum während der Semesterferien vollständig räumt und ihn dem Vermieter für diese Zeit zu anderweitiger Nutzung überlässt. Ist der Mieter nur vorübergehend in der Ausübung der tatsächlichen Gewalt verhindert, wird der Besitz nach § 856 Abs 2 nicht beendet.

Nach einem **Wohnungswechsel innerhalb des Hauses** wird teilweise nur auf die **15** Besitzzeit der letzten, nunmehr zu kündigenden Wohnung abgestellt.[29] Nach anderer Auffassung soll die gesamte Mietzeit in dem Haus maßgebend sein.[30] Teilweise wird zugelassen, die gesamte Wohnzeit in einem Hause dann zu berücksichtigen, wenn der Mieter seine Wohnung auf Wunsch und im Interesse des Vermieters gewechselt habe.[31] Nach dem Wortlaut des Gesetzes kommt es auf die Überlassung „des" Wohnraums an. Damit kann nur der zu kündigende Wohnraum gemeint sein. Um das rechtspolitisch erwünschte Ergebnis einer Anrechnung früherer Wohnzeiten zu erzielen, liegt es nahe, im Einzelfall auf eine ergänzende Vertragsauslegung abzustellen, wenn die Parteien insoweit keine ausdrücklichen Vereinbarungen treffen.[32] Hiernach wird in der Regel bei einem Wohnungswechsel in demselben Haus oder in der unmittelbaren Nachbarschaft eine Anrechnung früherer Wohnzeiten anzunehmen sein.

Für die **Berechnung des Überlassungszeitraums** ist die Zeit zwischen dem Beginn **16** der Überlassung des Wohnraums und dem Zugang der Kündigungserklärung maßgebend, nicht aber der Kündigungstermin, zu dem das Mietverhältnis beendet werden soll.[33] Dies ergibt sich aus der Formulierung des Gesetzes, dass sich die Kündigungsfrist erst dann verlängert, wenn „seit" der Überlassung ein bestimmter Zeitraum verstrichen ist.

---

27 LG Freiburg WuM 1993, 126; *Staudinger/Rolfs* [2010] § 546 Rn 84 f.
28 AG Hagen WuM 1969, 167; *Bodié* WuM 1965, 37, 38; *Bub/Treier/Grapentin* Rn IV 59; **aM** *Erman/Lützenkirchen* Rn 8.
29 LG Aachen WuM 1971, 60; AG Hamburg-Harburg MDR 1970, 240; *Bub/Treier/Grapentin* Rn IV 59.
30 LG Bonn WuM 1987, 322; LG Nürnberg-Fürth WuM 1991, 40; *Palandt/Weidenkaff* Rn 11; *Schmidt-Futterer/Blank* Rn 14; wohl auch MünchKomm/*Häublein* Rn 8.
31 LG Aachen WuM 1971, 60; AG Kassel WuM 1965, 152; AG Kerpen WuM 1994, 77; *Weimar* WuM 1969, 36, 37.
32 *Bub/Treier/Grapentin* Rn IV 59.
33 LG Koblenz Glaser ES 1 Nr 539; AG Hamburg-Harburg MDR 1970, 240; *Blank/Börstinghaus/Blank* Rn 10; *Soergel/Heintzmann* Rn 4; **aM** AG Lüdinghausen WuM 1985, 267.

André Haug

IV. Mietverhältnis zum vorübergehenden Gebrauch (Abs 2)

17   Nach § 573c Abs 2 ist eine Vereinbarung, die auch den Vermieter zur Kündigung unter Einhaltung einer kürzeren Frist berechtigen soll, im Interesse des Mieterschutzes nur dann wirksam, wenn der Wohnraum zu nur vorübergehendem Gebrauch vermietet ist. Ob das der Fall ist, richtet sich in erster Linie nach dem vereinbarten Vertragszweck[34] und kann durch entsprechende Vertragsklauseln klargestellt werden. Solche Klauseln können jedoch nicht greifen, wenn durch das Mietverhältnis der auf Dauer angelegte allgemeine Wohnbedarf des Mieters befriedigt werden soll. Eine Vermietung zu nur vorübergehendem Gebrauch setzt nicht voraus, dass der Vertrag von vornherein befristet ist. Es genügt, dass er vereinbarungsgemäß nur für eine kürzere, aus den gesamten Umständen annähernd bestimmbare Zeitspanne gelten soll.[35]

V. Mietverhältnis über möblierten Wohnraum in der Wohnung des Vermieters (Abs 3)

18   **1. Gegenstand.** Bei einem Mietverhältnis über Wohnraum, den der Vermieter ganz oder überwiegend mit Einrichtungsgegenständen auszustatten hat und der Teil der vom Vermieter selbst bewohnten Wohnung, jedoch nicht zum dauernden Gebrauch für eine Familie oder mit Personen überlassen ist, mit denen der Mieter einen auf Dauer angelegten gemeinsamen Haushalt führt, gelten nach § 573c Abs 3 abweichend von der Grundregel des Abs 1 kürzere Kündigungsfristen. Die Kündigung ist jeweils bis spätestens zum 15. eines Monats zum Ablauf dieses Monats möglich.

19   **2. Voraussetzungen des § 549 Abs 2 Nr 2.** Die Pflicht, den Wohnraum ganz oder überwiegend mit Einrichtungsgegenständen auszustatten, muss sich aus dem Mietvertrag ergeben. Sie kann von Anfang an bestehen oder durch Vertragsänderung später begründet werden. Umgekehrt kann die Pflicht zur Möblierung nachträglich aufgehoben werden, so dass nunmehr Abs 1 eingreift. Überwiegend auszustatten ist der Wohnraum, wenn der Vermieter nach Zahl und wirtschaftlicher Bedeutung mehr als die Hälfte der bei voller Möblierung benötigten Einrichtungsgegenstände zu stellen hat. Das Schwergewicht liegt dabei auf der wirtschaftlichen Bedeutung. Zu den Einrichtungsgegenständen gehören die für eine normale Ausstattung erforderlichen Möbel sowie Herd, Spüle, Beleuchtungskörper, Teppiche, Bettzeug und Bilder. Auch fest eingebaute Gegenstände wie sanitäre Einrichtungen und Einbaumöbel sind zu berücksichtigen. Da es nur auf die Pflicht des Vermieters ankommt, die Räume auszustatten, ist nicht entscheidend, ob die tatsächlich zur Verfügung gestellten Gegenstände mangelhaft sind. Die Miete eines Leerzimmers fällt nicht deshalb unter Abs 3, weil der Mieter im Rahmen einer Wohngemeinschaft ein möbliertes Zimmer mitbenutzen darf.

20   Der Wohnraum muss **Teil der vom Vermieter selbst bewohnten Wohnung** sein. Es muss ein enger räumlicher und wirtschaftlich-funktionaler Zusammenhang bestehen.[36] Dies ist der Fall, wenn dem Mieter ein oder mehrere einzelne, in sich nicht im Sinne von § 3 Abs 2 WEG abgeschlossene Räume innerhalb der Wohnung des Vermieters überlassen werden. Dabei macht es keinen Unterschied, ob es sich um eine Etagenwohnung oder um ein Einfamilien-Haus handelt. Erfasst wird auch Wohnraum wie Mansarden, Souterrain-

---

34 *Staudinger/Weitemeyer* [2010] § 549 Rn 22.
35 LG Dortmund WuM 1966, 189.
36 AG Halle/Westf WuM 1983, 144; AG Königswinter WuM 1994, 689.

räume oder vom Treppenhaus separat zugängliche Räume, die außerhalb der Wohnung des Vermieters liegen, aber mit dessen Wohnbereich wegen der gemeinschaftlichen Benutzung von Küche, Bad oder Toilette einen räumlichen Zusammenhang aufweisen, oder die im Bereich der vom Vermieter regelmäßig aufgesuchten Wirtschaftsräume liegen.[37] Unzureichend ist es, wenn die Parteien in verschiedenen Stockwerken des Gebäudes wohnen und nur im Treppenhaus zusammentreffen können[38] oder wenn sie zwar auf derselben Etage wohnen, das Zimmer aber einen eigenen Eingang vom Treppenhaus hat, selbst wenn eine mit Möbeln zugestellte Verbindungstür zur Wohnung des Vermieters vorhanden ist.[39] Unerheblich ist, ob der Vermieter Eigentümer oder Mieter seiner Wohnung ist.

Der Wohnraum darf dem Mieter **nicht zum dauernden Gebrauch mit seiner Familie** 21 **oder mit Personen** überlassen sein, mit denen er einen auf Dauer angelegten gemeinsamen Haushalt führt. Das Gesetz spricht von einem auf Dauer angelegten gemeinsamen Haushalt, darin kommt zum Ausdruck, dass der Wohnraum den Mittelpunkt der gemeinsamen Lebensführung bildet. Deshalb ist es angebracht, das Mietverhältnis den längeren Kündigungsfristen des Abs 1 zu unterstellen, wenn der Mieter den Wohnraum mit seinem Ehegatten, seinen Kindern, Eltern oder seinem Lebenspartner bewohnt.

VI. Kündigungsfristen bei Mischverträgen

Zahlreiche Verträge enthalten mietrechtliche Elemente, da die Miete die Grundform 22 der entgeltlichen Gebrauchsüberlassung darstellt. Ohne vertragliche Vereinbarungen der Parteien über Kündigung und Kündigungsfristen stellt sich die Frage der Anwendbarkeit der §§ 573c, 580a. Für die rechtliche Behandlung typengemischter Verträge ist zunächst vom ausdrücklichen oder mutmaßlichen Parteiwillen auszugehen.[40] Ist es im Einzelfall nicht möglich, jede Leistung gesondert dem Recht des jeweiligen Vertragstyps zu unterstellen, sind diejenigen Vorschriften maßgebend, die für den rechtlichen oder wirtschaftlichen Schwerpunkt des Vertrags gelten.[41] Insbesondere dann, wenn das mietrechtliche Element die Grundlage für die Ausübung aller weiteren Rechte aus dem Vertrag bildet, sind die Kündigungsvorschriften des Mietrechts einheitlich auf den gesamten Vertrag anzuwenden.

Beim Beherbergungsvertrag liegt das Schwergewicht auf dem mietvertraglichen 23 Element. Üblicherweise handelt es sich um einen Zeitmietvertrag, wird die Laufzeit indes nicht bestimmt, kann Abs 3 nur dann eingreifen, wenn wie in einer Privatpension Wohnraum vermietet ist, der Teil der vom Vermieter selbst bewohnten Wohnung ist. Alle anderen Beherbergungsverträge unterliegen somit der Regelung des Abs 1, was wegen der langen Kündigungsfristen zu unangemessenen Ergebnissen führt. Im Wege der ergänzenden Vertragsauslegung wird von kürzeren Kündigungsfristen entsprechend § 573c Abs 3 auszugehen sein. Selbstverständlich bleibt den Parteien auch die einvernehmliche Aufhebung des Vertrags. Wohnheimverträge mit einem Alters-, Arbeiter-, Jugend- oder Studentenheim sind Wohnraummietverhältnisse, für die § 573c Abs 1 gilt.

---

37 AG Tübingen WuM 1988, 59.
38 AG Konstanz WuM 1989, 573.
39 LG Detmold NJW-RR 1991, 77.
40 *Stoffels* Gesetzlich nicht geregelte Schuldverträge [2001], S 192ff.
41 BGHZ 2, 331, 333 = NJW 1951, 705; BGH NJW 1981, 341; NJW 1995, 324.

André Haug

VII. Abweichende Vereinbarungen (Abs 4)

24   Nach § 573c Abs 4 kann zum Nachteil des Mieters von den Abs 1 und 3 nicht abgewichen werden. Vertragliche Vereinbarungen weichen dann zum Nachteil des Mieters vom Gesetz ab, wenn sie die Kündigungsfristen gegenüber § 573c verkürzen.[42] Unwirksam sind auch Vereinbarungen, die den Überlassungszeitraum, der zur Erreichung der verlängerten Kündigungsfristen des Abs 1 S 2 erforderlich ist, verlängern. In Bezug auf eine Kündigung des Mieters ist eine vertragliche Verlängerung der in § 573c Abs 1 und 3 genannten Fristen unzulässig, weil durch Abs 4 dessen Mobilitätsinteresse geschützt ist.

25   Als Übergangsregelung zur Mietrechtsreform 2001 bestimmte Art 229 § 3 Abs 10 EGBGB aF, dass die Regelung des Abs 4 nicht auf solche Verträge anwendbar ist, in denen vor dem 1.9.2001 wirksam Kündigungsfristen vereinbart worden waren. Da es auf den Zeitpunkt des Vertragsabschlusses ankommt, ist die Übergangsregelung auch einschlägig, wenn seinerzeit ein befristeter Mietvertrag abgeschlossen wurde, der sich bei Ausbleiben einer Kündigung jeweils um einen bestimmten Zeitraum verlängert.[43] Wirksam blieben also Vertragsklauseln, die die früheren gesetzlichen Kündigungsfristen inhaltlich übernommen haben oder in denen in zulässiger Weise von ihnen abgewichen wurde. Fraglich war, ob als solche vertragliche Vereinbarung im Sinne von Art 229 § 3 Abs 10 EGBGB aF auch Klauseln in Altverträgen anzusehen waren, die die vor Inkrafttreten des MietrechtsreformG geltenden gesetzlichen Kündigungsfristen lediglich wörtlich wiedergegeben haben. Wurde im Mietvertrag lediglich auf die „gesetzlichen Vorschriften" verwiesen, galten ab 1.9.2001 die Regelungen des § 573c nF[44], und zwar auch dann, wenn die frühere gesetzliche Regelung beispielsweise im Anhang zum Mietvertrag auf dem Vertragsformular oder als Fußnote mit abgedruckt war.[45] Umstritten war, ob das auch für den Fall galt, dass der vor dem 1.9.2001 geltende Text des § 565 Abs 2 aF in der Vertragsurkunde selbst, gleich ob vorformuliert oder individuell ausgehandelt, wörtlich oder sinngemäß wiedergegeben wurde.[46] Der BGH entschied die Frage zu Recht dahingehend, dass eine „vertragliche Vereinbarung" über die Kündigungsfristen iS des Art 229 § 3 Abs 10 EGBGB aF auch dann vorliege, wenn in einer Formularklausel die früheren gesetzlichen Kündigungsfristen wörtlich oder sinngemäß wiedergegeben wurden.[47] Diese Entscheidung wurde insbesondere rechtspolitisch stark kritisiert, der Gesetzgeber ergänzte auf die Entscheidung hin Art 229 § 3 Abs 10 EGBGB um einen zweiten Satz mit folgendem Wortlaut:" Für Kündigungen, die ab dem 1. Juni 2005 zugehen, gilt dies nicht, wenn die Kündigungsfristen des § 565 Abs 2 Satz 1 und 2 des Bürgerlichen Gesetzbuchs in der bis zum 1. September 2001 geltenden Fassung durch Allgemeine Geschäftsbedingungen vereinbart worden sind".[48] Nunmehr ist also zu differenzieren: Ist der Mietvertrag vor dem 1.9.2001 abgeschlossen worden und wurden individualvertraglich die seinerzeit geltenden Kündigungsfristen des § 565 aF vereinbart,

---

42   Vgl auch BGH NJW-RR 2003, 130.

43   BGH NJW 2008, 1661; BGH NJW 2007, 2760.

44   BGH NZM 2006, 12.

45   BGH NJW 2006, 1867 für den Fall, dass in der Fußnote der „zurzeit" gültige Gesetzestext abgedruckt war; LG Berlin GE 2004, 889, AG Wedding WuM 2004, 491; *Rolfs/Barg* NZM 2006, 83; *Börstinghaus* NZM 2002, 49, 51; *Horst* NJW 2003, 2720, 2721; *Schach* GE 2003, 1250, 1251; **aM** BGH NJW 2004, 1447; BGH WuM 2004, 27 bei fehlender „zurzeit"-Einschränkung.

46   Für die Annahme einer Vereinbarung: LG Berlin NZM 2002, 907; LG Berlin WuM 2002, 611; LG Berlin GE 2002, 1628; LG Leipzig WuM 2002, 608; LG Itzehoe WuM 2002, 612; *Börstinghaus* NZM 2002, 49ff; *Horst* NZM 2002, 897, 898ff; *Lützenkirchen* MDR 2001, 1385, 1391; *Stangl* GE 2002, 1114, 1118.

47   BGHZ 155, 178, 182ff = NJW 2003, 2739 m Anm *Börstinghaus* NZM 2003, 658ff u Bspr *Koch* NZM 2004, 1; ebenso BGH NZM 2007, 327.

48   BGBl 2005 I 1425.

gelten diese fort. Wurden die Kündigungsfristen seinerzeit hingegen formularvertraglich vereinbart, sind sie wirksam nur, soweit sie mit § 573c nF vereinbar sind, insbesondere also dem Mieter auch bei langjährigem Bestand des Mietverhältnisses die Kündigung mit dreimonatiger Frist ermöglichen.[49] Dies gilt allerdings wegen § 573c Abs 4 nF, der nur Vereinbarungen zum Nachteil des Mieters untersagt, nicht für die Kündigung des Vermieters. Wenn die von den Parteien seinerzeit vereinbarten Fristen denen des § 565 Abs 2 S 2 aF entsprechen, kann sich daher nach einer Überlassungsdauer von zehn Jahren die Kündigungsfrist des Vermieters auf 12 Monate verlängern, auch wenn § 573c Abs 1 S 2 nF dies nicht mehr vorsieht.[50] Die gesetzliche Regelung greift zwar in die seinerzeit rechtmäßig ausgeübte Privatautonomie der Vertragspartner ein, wirkt aber nur für die Zukunft und stellt daher lediglich eine verfassungsrechtlich zulässige unechte Rückwirkung dar.[51]

§ 573d
Außerordentliche Kündigung mit gesetzlicher Frist

[1] Kann ein Mietverhältnis außerordentlich mit der gesetzlichen Frist gekündigt werden, so gelten mit Ausnahme der Kündigung gegenüber Erben des Mieters nach § 564 die §§ 573 und 573a entsprechend.
[2] Die Kündigung ist spätestens am dritten Werktag eines Kalendermonats zum Ablauf des übernächsten Monats zulässig, bei Wohnraum nach § 549 Abs 2 Nr 2 spätestens am 15. eines Monats zum Ablauf dieses Monats (gesetzliche Frist). § 573a Abs 1 S 2 findet keine Anwendung.
[3] Eine zum Nachteil des Mieters abweichende Vereinbarung ist unwirksam.

Schrifttum

Derleder Zeitmiete und zeitlicher Kündigungsausschluss im neuen Mietrecht, NZM 2001, 649; *Derckx* Vereinbarungen über den Kündigungsausschluss im neuen Mietrecht, NZM 2001, 826; *Eckert*, Neues im Insolvenzrecht der Wohnraummiete, NZM 2001, 260; *Hinkelmann* Problemfälle zum Sonderkündigungsrecht gegenüber Erben (§ 573d BGB), NZM 2002, 378; *Schultz* Kündigungsfrist bei Sonderkündigungsrechten, NZM 1999, 651; *Sonnenschein* Kündigung, Ablauf der Mietzeit, Aufhebungsvertrag und sonstige Beendigungstatbestände des Mietverhältnisses, in: PiG Bd 26 (1987) 45.

Systematische Übersicht

---

49 *Rolfs/Barg* NZM 2006, 83, 85f.
50 BGH NJW 2008, 1661; AG Aschaffenburg WuM 2007, 460; vgl auch *Wiek* WuM 2007, 51ff.
51 Vgl BVerfGE 69, 272, 309; BVerfGE 101, 239, 263 = NJW 2000, 413.

André Haug

I. Allgemeines

1   In § 573d wird die außerordentliche Kündigung mit gesetzlicher Frist von Mietverhältnissen über Wohnraum auf unbestimmte Zeit geregelt. Durch den Verweis auf §§ 573, 573a wird für die außerordentliche Vermieterkündigung deutlich, dass ein Kündigungsgrund vorliegen muss, es sei denn, die Kündigung wird gegenüber den Erben des Mieters ausgesprochen. Die Fristen für die außerordentliche Kündigung sind zunächst dieselben wie die für die ordentliche Kündigung nach § 573c. Eine Verlängerung der Kündigungsfristen zu Lasten des Vermieters je nach Dauer der Überlassung ist indes nicht vorgesehen, ein Verweis auf § 573c Abs 1 S 2 ist nicht erfolgt. Zu Lasten des Mieters kann von den Abs 1 und 2 nicht abgewichen werden.

2   Die Vorschrift bezweckt, dass auch bei der außerordentlichen Kündigung zwischen Kündigungserklärung und Ende des Mietverhältnisses eine angemessene Vorbereitungszeit liegt, damit für den Mieter Zeit zur Ersatzbeschaffung und für den Vermieter Zeit zur Nachmietersuche verbleibt.

II. Voraussetzungen der außerordentlichen Kündigung mit gesetzlicher Frist (Abs 1)

3   **1. Außerordentliches Kündigungsrecht des Mieters.** Der Mieter kann ein Mietverhältnis, das mangels Zeitablauf nicht ordentlich gekündigt werden kann, mit der gesetzlichen Frist kündigen, wenn das gesetzlich so bestimmt ist. Im Rahmen von Mietverhältnissen auf unbestimmte Zeit spielt die außerordentliche Kündigung mit gesetzlicher Frist gemäß § 573d nach der Mietrechtsreform 2001 keine große Rolle mehr, da nunmehr ein solches Mietverhältnis unabhängig von der Dauer der Überlassung mit dreimonatiger Frist gekündigt werden kann. Das außerordentliche Kündigungsrecht findet aber auch bei befristeten Mietverhältnissen Anwendung, wo es dem Mieter, der zur ordentlichen Kündigung nicht berechtigt ist, anderweitig nicht möglich ist, sich einseitig vorzeitig von dem Vertrag zu lösen.[1] Folgende Vorschriften vermitteln dem Mieter ein außerordentliches Kündigungsrecht: § 540 Abs 1 (Verweigerung der Erlaubnis zur Untervermietung); § 544 S 1 (Mietvertrag über mehr als 30 Jahre); § 555e Abs 1 (Modernisierungsmaßnahmen); § 563a Abs 2 (Tod eines Mitmieters); § 564 (Kündigungsrecht der Erben bei Tod des Mieters). Auf das außerordentliche Kündigungsrecht des Mieters anlässlich einer Mieterhöhung gemäß § 558 oder § 559 findet § 573d keine Anwendung, die hier geltende gesetzliche Kündigungsfrist regelt § 561.

4   **2. Außerordentliches Kündigungsrecht des Vermieters.** Da § 573c Abs 1 S 2 für die Vermieterkündigung bei Mietverhältnissen auf unbestimmte Zeit gestaffelte Kündigungsfristen vorsieht, spielt § 573d hier eine größere Rolle. Die folgenden Vorschriften vermitteln dem Vermieter bzw. dem Eigentümer oder Erwerber ein außerordentliches Kündigungsrecht: § 544 S 1 (Mietvertrag über mehr als 30 Jahre); § 563 Abs 4 (Eintritt von Familienangehörigen in das Mietverhältnis bei Tod des Mieters); § 564 (Tod des Mieters); § 1056 Abs 2 (Kündigungsrecht des Eigentümers bei Vermietung durch den Nießbraucher über die Dauer des Nießbrauchs hinaus); § 2135 (Kündigungsrecht des Nacherben bei Vermietung durch Vorerben über die Dauer der Vorerbschaft hinaus); § 30 Abs 2 ErbbVO (Kündigungsrecht des Grundstückseigentümers bei Erlöschen des Erbbaurechts); § 57a ZVG

---

1 *Staudinger/Rolfs* [2011] § 542 Rn 146.

(Kündigungsrecht des Erstehers in der Zwangsversteigerung); §§ 31 Abs 3, 37 Abs 3 S 2 WEG (Kündigungsrecht des Erwerbers eines Dauernutzungsrechts oder Dauerwohnrechts in der Zwangsvollstreckung).

Durch den Verweis auf §§ 573, 573a ergibt sich, dass insbesondere gemäß § 573 Abs 1 **5** und 2 **Kündigungsgründe** vorliegen müssen und die Formalien der Kündigungserklärung nach § 573 Abs 3 eingehalten werden müssen. Zudem ist die **Sozialklausel** der §§ 574 bis 574c zu beachten.[2] Das ergibt sich aus der systematischen Stellung der §§ 574ff hinter § 573d. Die Kündigungserklärung sollte daher den Hinweis auf das Widerspruchsrecht des Mieters nach § 574 enthalten.

Auf die Kündigung gegenüber dem **Erben** des Mieters nach § 564 finden die Kündi- **6** gungsschutzregeln der §§ 573, 573a keine Anwendung.[3] Die Anwendung der Sozialklausel kommt zwar in Betracht, sie wird jedoch eher selten tatsächlich greifen.

Auf die in **§ 549 Abs 2 und 3** genannten Mietverhältnisse ist § 573d Abs 1 nicht **7** anwendbar, diese können daher ohne Angabe von Kündigungsgründen und ohne Widerspruchsrecht gekündigt werden.[4]

III. Kündigungsfristen (Abs 2)

Die Kündigung ist spätestens am dritten Werktag eines Kalendermonats zum Ablauf **8** des übernächsten Monats zulässig. Bei Mietverhältnissen über Wohnraum nach § 549 Abs 2 Nr 2 kann die Kündigung spätestens am 15. eines Monats zum Ende dieses Monats ausgesprochen werden. Eine Staffelung der Kündigungsfristen findet auch für den Vermieter nicht statt.[5] Was die Frist, innerhalb derer das außerordentliche Kündigungsrecht ausgeübt werden kann angeht, sind die einzelnen das Kündigungsrecht vermittelnden Vorschriften heranzuziehen.

IV. Abweichende Vereinbarungen (Abs 3)

Zum Nachteil des Mieters kann von den Abs 1 und 2 nicht abgewichen werden, bei- **9** spielsweise durch Einschränkung des Erfordernisses des berechtigten Interesses (Abs 1) oder die Anwendbarkeit der Sozialklausel (Abs 2). Abweichungen zugunsten des Mieters wie beispielsweise die Verkürzung der Kündigungsfristen für den Mieter, sind möglich.

§ 574
Widerspruch des Mieters gegen die Kündigung

[1] Der Mieter kann der Kündigung des Vermieters widersprechen und von ihm die Fortsetzung des Mietverhältnisses verlangen, wenn die Beendigung des Mietverhältnisses für den Mieter, seine Familie oder einen anderen Angehörigen seines Haushalts eine Härte bedeuten würde, die auch unter Würdigung der berechtigten Interessen des Vermieters nicht zu rechtfertigen ist. Dies gilt nicht, wenn ein Grund vorliegt, der den Vermieter zur außerordentlichen fristlosen Kündigung berechtigt.

---

2 *Blank*/Börstinghaus/*Blank* Rn 8; MünchKomm/*Häublein* Rn 7.
3 *Blank*/*Börstinghaus*/*Blank* Rn 9.
4 *Palandt*/*Weidenkaff* Rn 4, 7.
5 *Blank*/*Börstinghaus*/*Blank* Rn 10.

André Haug/Christian Rolfs

[2] Eine Härte liegt auch vor, wenn angemessener Ersatzwohnraum zu zumutbaren Bedingungen nicht beschafft werden kann.

[3] Bei der Würdigung der berechtigten Interessen des Vermieters werden nur die in dem Kündigungsschreiben nach § 573 Abs 3 angegebenen Gründe berücksichtigt, außer wenn die Gründe nachträglich entstanden sind.

[4] Eine zum Nachteil des Mieters abweichende Vereinbarung ist unwirksam.

Schrifttum

Adomeit Der reiche Mieter – eine Kritik an der Unabdingbarkeit des Mieterschutzes, NJW 1981, 2168; *Bärmann* Historische Bedeutung und Entwicklung des Kündigungsschutzes im Mietrecht, in: PiG Bd 26 (1987) 11; *Becker* Gestaltungsrecht und Gestaltungsgrund, AcP 188 (1988) 24; *Clasen* Das novellierte Mietrecht, BlGBW 1981, 101; *Derleder* Die stille Erosion des Mieterschutzes, DuR 1986, 39; *ders* Ist der gesetzliche Kündigungsschutz unverzichtbar?, in: PiG Bd 26 (1987) 27; *ders* Der Kündigungsschutz des Wohnraummieters bei Einschaltung eines Zwischenvermieters, WuM 1991, 641; *Eckert* Neues im Insolvenzrecht der Wohnraummiete, NZM 2001, 260; *Franke* Die Sozialklausel (§ 556a BGB) im Spannungsfeld zwischen Kündigung und Bestandsinteresse, ZMR 1993, 93; *Gather* Die Beendigung des Wohnraummietvertrages in der höchst- und obergerichtlichen Rechtsprechung, DWW 1991, 162; *ders* Die Neuregelungen des WohnungsbauErleichterungsgesetzes, DWW 1990, 190; *ders* Sozialklausel (§§ 556a bis 556c), Räumungsschutz (§§ 721, 794a ZPO) und Vollstreckungsschutz (§ 765a ZPO), DWW 1995, 5; *Henschel* Eigentumsgewährleistung und Mieterschutz, NJW 1989, 937; *Karst* Auswirkungen des § 556a BGB auf die Zulässigkeit einer Klage auf künftige Räumung gem § 259 ZPO, ZMR 1988, 453; *Lammel* Die Zukunft des sozialen Mietrechts, JZ 1986, 832; *Mitzkus* Zur Reichweite wohnraummietrechtlicher Schutzbestimmungen, ZMR 1982, 197; *Nies* Fallstricke im Mietprozess: Kündigungswiderspruch, stillschweigende Vertragsfortsetzung, Fortsetzungsverlangen, NZM 1998, 18; *Otto* Das WohnungsbauerleichterungsG: Die Änderungen zum 1. Juni 1990, GE 1990, 514; *Rambach* Zweifelsfragen zur Belehrungspflicht des Vermieters bei Beendigung von Zeitmietverhältnissen, WuM 1991, 323; *Schilling* Neue Wohnungen durch neues Mietrecht, ZMR 1990, 281; *v Schoenebeck* Das Widerspruchsrecht nach der Sozialklausel. Eine Übersicht, WuM 1980, 213; *Schopp* Der Bestandsschutz bei außerordentlicher fristgerechter Kündigung von Wohnraummietverhältnissen durch den Vermieter, ZMR 1980, 97; *Schüren* Mietrechtlicher Kündigungsschutz für Wohngemeinschaften, JZ 1989, 358; *Sonnenschein* Kündigungsschutz als Vermietungshemmnis, in: PiG Bd 33 (1991) 95; *ders* Die Stellung des Vermieters im System des Kündigungsschutzes, ZfgWBay 1990, 513; *ders* Von der Wohnraummiete über die Geschäftsraummiete zur Pacht – und zurück, in: FS Seuß (1987) 253; *ders* Die erleichterte Kündigung von Einliegerwohnraum, NZM 2000, 1; *v Stebut* Der soziale Schutz als Regelungsproblem des Vertragsrechts. Die Schutzbedürftigkeit von Arbeitnehmern und Wohnungsmietern (1982); *Sternel* Die Beendigung des Wohnraummietverhältnisses – Ein Überblick über die Rechtsentwicklung unter besonderer Berücksichtigung der Rechtsentscheide, ZMR 1988, 201; *Strunz* Die Sozialklausel im Mietrecht, BlGBW 1984, 112; *Wetekamp* Neue Bedeutung für die Sozialklausel der §§ 556a–c BGB?, DWW 1990, 102; *Wolter* Mietrechtlicher Bestandsschutz (1984); *Zimmermann* Kündigungsschutz für Zweitwohnungen und Wochenendhäuser, WuM 1989, 1.

Christian Rolfs

I. Allgemeines

1   Mit Wirkung zum 1.9.2001 hat das MietRRG den überlangen § 556a in drei Vorschriften (§§ 574 bis 574b) aufgeteilt und zugleich den Anwendungsbereich leicht (namentlich hinsichtlich Wohnraum in Ferienwohnungen in Ferienhausgebieten) modifiziert. Außerdem sind nunmehr neben Interessen des Mieters und seiner Familie auch diejenigen der „anderen Angehörigen" des Mieters zu berücksichtigen, was namentlich auf eingetragene Lebenspartnerschaften zielt.

II. Voraussetzungen

1. Mietverhältnis

2   **a)** Der Kündigungswiderspruch des Mieters setzt voraus, dass es sich um ein Mietverhältnis über Wohnraum[1] handelt, das vertragsmäßig durch eine Kündigung des Vermieters beendet werden kann. Hierfür kommt grundsätzlich nur ein **Mietverhältnis auf unbestimmte Zeit** in Betracht.[2] Ist das Mietverhältnis auf bestimmte Zeit eingegangen, richtet sich ein Anspruch des Mieters auf Fortsetzung nach § 575 Abs 3, wenn der Befristungsgrund erst später als bei Vertragsabschluss vorausgesehen oder überhaupt nicht eintritt. Ein Mietverhältnis mit Verlängerungsklausel fällt unter § 574 und nicht unter § 575. Für Werkmietwohnungen gelten nach § 576a gewisse Einschränkungen bei Anwendung der Sozialklausel, die den besonderen Belangen des Dienstberechtigten Rechnung tragen.

3   **b)** Der Widerspruch des Mieters richtet sich gegen die Kündigung durch den Vermieter, setzt mit dem Mietverhältnis also eine unmittelbare Vertragsbeziehung zwischen den Parteien voraus. Dies wirft bei **gestuften Mietverhältnissen** Probleme hinsichtlich der Anwendbarkeit der Sozialklausel auf. Zwischen dem Untermieter von Wohnraum und seinem Untervermieter besteht die erforderliche unmittelbare Vertragsbeziehung, sodass § 574 ohne weiteres anzuwenden ist, soweit nicht einer der Ausnahmetatbestände des § 549 Abs 2 eingreift.

2. Wohnraum

4   **a)** Die Sozialklausel gilt nur bei einem **Mietverhältnis über Wohnraum,** nicht dagegen bei der Gewerberaummiete.[3] Ob es sich um Wohnraummiete handelt, richtet sich nach der vertraglichen Zweckbestimmung durch die Parteien.[4] Da der Gesetzgeber den Kündigungsschutz nicht davon abhängig gemacht hat, wie intensiv der Mieter den Wohn-

---

1 NK-BGB/*Hinz* § 574 Rn 3; *Staudinger/Weitemeyer* (2011) § 549 Rn 15ff.
2 *Bamberger/Roth/Hannappel* § 574 Rn 6; *Prütting/Wegen/Weinreich/Riecke* § 574 Rn 1.
3 OLG Stuttgart NZM 2000, 95.
4 Einzelheiten bei *Staudinger/Emmerich* (2011) Vorbem 24ff zu § 535.

raum nutzt, kann auch das Mietverhältnis über eine Zweitwohnung, die nur zeitweise, aber immer wieder den Mittelpunkt der Lebensführung bildet, von § 574 erfasst werden, soweit kein Fall des § 549 Abs 2 eingreift.[5] Auf formale Voraussetzungen wie die Einhaltung melderechtlicher Bestimmungen kann es nicht ankommen, da dies ein Fremdkörper im System des mietrechtlichen Kündigungsschutzes wäre.[6] Die Eigenschaft als Zweitwohnung kann aber bei der Frage eine Rolle spielen, ob die Beendigung des Mietverhältnisses für den Mieter eine ungerechtfertigte Härte bedeuten würde.

b) Die Beurteilung als Mietverhältnis über Wohnraum wird nicht ohne weiteres **5** dadurch beeinträchtigt, dass der Mieter in der Wohnung seinen Beruf ausübt oder gewerblicher Heimarbeit nachgeht. Werden die Grenzen der beruflichen Mitbenutzung jedoch überschritten, indem der beruflichen oder gewerblichen Nutzung ein eigenständiges Gewicht neben dem Wohnzweck zukommt, bedarf es einer entsprechenden Vereinbarung der Parteien. Der Vertragszweck ist auf ein **Mischmietverhältnis** gerichtet, wenn durch einen einheitlichen Vertrag Wohnräume und sonstige Räume vermietet werden (Vor § 535 Rn 10).

3. Kein Wohnraum iS von § 549 Abs 2. Bei den in § 549 Abs 2 genannten Arten von **6** Mietverhältnissen[7] ist die Anwendung der Sozialklausel der §§ 574 bis 547c ausdrücklich ausgeschlossen. Dabei handelt es sich um dieselben Mietverhältnisse, bei denen die ordentliche Kündigung des Vermieters ohne die Beschränkungen des § 573, also ohne dass er eines berechtigten Interesses bedürfte, jederzeit unter Einhaltung der gesetzlichen oder vertraglich vereinbarten Kündigungsfristen zulässig ist. Ein eingeschränkter Beendigungsschutz besteht demgegenüber bei einem Mietverhältnis über eine Wohnung in einem vom Vermieter selbst bewohnten Wohngebäude mit nicht mehr als zwei Wohnungen, weil die Kündigung nach § 573a Abs 1 zwar ohne berechtigtes Interesse des Vermieters, aber nur mit verlängerter Kündigungsfrist zulässig ist, dem Mieter aber das Recht zum Widerspruch aus § 574 Abs 1 zusteht (Rn 34). Umgekehrt ist bei einem Mietverhältnis über Wohnraum, der Teil eines Studenten- oder Jugendwohnheims ist, die Kündigung nach § 549 Abs 3 ohne ein berechtigtes Interesse des Vermieters zulässig, wogegen dem Mieter aber das Recht zum Widerspruch zusteht, weil § 549 Abs 3 die §§ 574 bis 574c nicht erwähnt. Ein eingeschränkter Schutz besteht unter den Voraussetzungen des § 576a auch bei der Kündigung einer **Werkmietwohnung**. Alle anderen Mietverhältnisse über Wohnraum genießen vollen Kündigungsschutz, weil für die Wirksamkeit der Kündigung nach § 573 Abs 1 ein berechtigtes Interesse des Vermieters erforderlich ist und außerdem der Mieter der Kündigung nach den §§ 574 bis 574b widersprechen kann.

4. Kündigung des Vermieters
a) Das Widerspruchsrecht des Mieters aus § 574 setzt die Beendigung des Mietverhält- **7** nisses durch Kündigung seitens des Vermieters voraus. Es muss eine **wirksame vermieterseitige Kündigung** vorliegen,[8] insbesondere muss die Form des § 568 eingehalten und

---

5 OLG Hamburg WuM 1992, 634; LG Hanau MDR 1980, 849; LG Lübeck WuM 1989, 632; AG Miesbach WuM 1989, 241; *Haake* NJW 1985, 2935; *Zimmermann* WuM 1989, 1; **aM** LG Braunschweig ZMR 1980, 184; LG Braunschweig ZMR 1980, 340.
6 **AM** *Haake* NJW 1985, 2935.
7 Zu ihren Voraussetzungen im Einzelnen *Staudinger/Weitemeyer* (2011) § 549 Rn 22ff.
8 *Blank/Börstinghaus/Blank* § 574 Rn 16; MünchKomm/*Häublein* § 574 Rn 8; *Soergel/Heintzmann* § 574 Rn 3.

Christian Rolfs

ein Kündigungsgrund aus §§ 573, 573b gegeben sein. Die Kündigung darf nicht aus anderen Gründen unwirksam sein, insbesondere nicht wegen unzureichender Begründung nach § 573 Abs 3, da es sonst keines Widerspruchs und keiner Verlängerung des Mietverhältnisses bedarf.

8   Lange Zeit umstritten war die Frage, ob das Widerspruchsrecht auch dann besteht, wenn der Vermieter eine **außerordentliche befristete Kündigung** (§ 573d) erklärt hat.[9] Durch die Streichung des Erfordernisses der „vertragsmäßigen" Beendigung und der ausdrücklichen Beschränkung des Abs 1 S 2 auf die außerordentliche fristlose Kündigung ist nunmehr – auch nach dem erklärten Willen des Gesetzgebers[10] – ausdrücklich klargestellt, dass die Sozialklausel auch bei der außerordentlichen Kündigung mit gesetzlicher Frist gilt.[11] Sie ist auch dann anwendbar, wenn der Insolvenzverwalter in der Insolvenz des Vermieters die Wohnräume veräußert und der Erwerber von seinem Sonderkündigungsrecht aus § 111 InsO Gebrauch macht.[12]

9   Nicht ganz unzweifelhaft ist dagegen die Anwendung der Sozialklausel auf den **Rücktritt**, der wegen § 572 Abs 1 allerdings nur insoweit zulässig ist, als er vor der Überlassung des Wohnraums an den Mieter erklärt wird. Sowohl der Wortlaut von § 574, der sich ausdrücklich nur auf die vermieterseitige Kündigung bezieht, als auch der Zweck des Widerspruchsrechts sprechen eher gegen die Erstreckung der Norm auf den Rücktritt des Vermieters, weil dieser vor der Überlassung des Wohnraums an den Mieter regelmäßig schon deshalb keine Härte bedeuten kann, weil die Wohnung dann noch nicht den Mittelpunkt der Lebensführung bildet.

10   Eine **Anfechtung** des Mietvertrages durch den Vermieter nach den §§ 119, 123, 142 wegen Irrtums, arglistiger Täuschung oder widerrechtlicher Drohung ist gleichfalls keine Kündigung und löst demzufolge das Widerspruchsrecht des § 574 ebenfalls nicht aus. Einer Analogie stehen rechtssystematische Bedenken entgegen.[13] Eine Anfechtung durch den Mieter scheidet zur Begründung des Widerspruchsrechts ohnehin aus, da er das Mietverhältnis wie bei einer eigenen Kündigung kraft seines Willensentschlusses beendet, ohne dass es auf den Anfechtungsgrund ankommt.

11   Eine **Eigenkündigung des Mieters** berechtigt den Mieter nicht, die Fortsetzung des Mietverhältnisses nach § 574 zu verlangen. Die Sozialklausel begründet kein Reuerecht gegenüber einer voreiligen eigenen Kündigung. Allerdings ist nur eine solche Kündigung des Mieters unbeachtlich, die das Mietverhältnis rechtlich beendet hat. Treffen Kündigungen des Mieters und des Vermieters zusammen, ist entscheidend, auf welcher Kündigung das Ende des Mietverhältnisses beruht. Hat der Vermieter eine ordentliche Kündigung ausgesprochen, kündigt aber der Mieter fristlos während des Laufs der Kündigungsfrist, wird die Sozialklausel unanwendbar. Ein bereits vorher eingelegter Widerspruch gegen die Kündigung des Vermieters wird wirkungs- und bedeutungslos.[14] Haben beide Parteien ordentlich gekündigt, greift § 574 ein, wenn die Kündigung des Vermieters das Mietverhältnis zu einem früheren Zeitpunkt beendet. Fällt der Kündigungstermin für beide Kündigungen zusammen, ist davon auszugehen, dass diejenige Kündigung das Mietverhältnis beendet, die zeitlich früher durch Zugang wirksam geworden ist und damit die Beendi-

---

9   Vgl BGHZ 84, 90, 100f = NJW 1982, 1696.
10   BT-Drucks 14/4553, S 68.
11   *Bamberger/Roth/Hannappel* § 574 Rn 7; *Herrlein/Kandelhard/Herrlein* § 574 Rn 2; MünchKomm/*Häublein* § 574 Rn 8; **aM** *Schmid/Schmid* § 574 Rn 14.
12   BT-Drucks 12/2443, S 148; *Börstinghaus* NZM 2000, 326, 328; *Nerlich/Römermann/Balthasar* § 111 InsO Rn 8.
13   *Bamberger/Roth/Hannappel* § 574 Rn 8; *Schmidt-Futterer/Blank* § 574 Rn 19.
14   LG Stuttgart ZMR 1979, 274 m abl Anm *Buchholz-Duffner*.

Christian Rolfs

gung des Mietverhältnisses verursacht hat. Allerdings kann ein widersprüchliches Verhalten des Mieters darin liegen, dass er sich trotz seiner Kündigung noch auf einen zuvor gegen die zeitlich frühere Kündigung des Vermieters erhobenen Widerspruch beruft. Auch ein **Aufhebungsvertrag** fällt nicht unter die Sozialklausel.[15]

b) Das Widerspruchsrecht ist gemäß § 574 Abs 1 S 2 ausgeschlossen, wenn ein Grund **12** vorliegt, der den Vermieter zur **außerordentlichen fristlosen Kündigung** berechtigt. Dabei stellt § 574 Abs 1 S 2 nicht darauf ab, ob der Vermieter aus einem der in den §§ 543, 569 genannten Gründe tatsächlich außerordentlich gekündigt hat. Vielmehr genügt es, dass der Vermieter im Zeitpunkt des Zugangs der Kündigungserklärung[16] **objektiv berechtigt** war, die fristlose Kündigung zu erklären. Hat er gleichwohl lediglich fristgerecht gekündigt, ändert dies an seiner objektiven Berechtigung zur außerordentlichen Beendigung des Mietverhältnisses nichts, sodass dem Mieter das Widerspruchsrecht dann nicht zusteht. Der rücksichtsvolle Vermieter soll dadurch keinen Nachteil erleiden.[17] Es kommt nicht darauf an, dass zwischen der ordentlichen Kündigung und dem Grund zur fristlosen Kündigung ein ursächlicher Zusammenhang besteht. Demgegenüber schließen Vertragsverletzungen, die keinen Grund zur fristlosen Kündigung darstellen, wie etwa ein ungehöriges Verhalten des Mieters,[18] das Widerspruchsrecht nicht aus. Die Sozialklausel ist in solchen Fällen deshalb anwendbar. Unabhängig von der Frage, ob der Vermieter eine ordentliche oder eine außerordentliche fristlose Kündigung ausspricht, ist zu beachten, dass der Ausschluss des Kündigungswiderspruchs nicht durch den Vollstreckungsschutz nach § 765a ZPO unterlaufen wird.[19]

5. Ungerechtfertigte Härte für den Mieter, seine Familie oder einen Haushaltsangehörigen (Abs 1 S 1)

a) Allgemeines. Die Beendigung des Mietverhältnisses muss für den Mieter, seine **13** Familie oder einen anderen Angehörigen seines Haushalts eine ungerechtfertigte Härte bedeuten. Mit diesem sozialen Schutz des Mieters und seiner Familie vor einem Verlust der gemieteten Wohnung trägt das Gesetz auch dem Schutzauftrag aus Art 6 Abs 1 GG Rechnung,[20] geht aber schon hinsichtlich des Personenkreises über das verfassungsrechtlich Erforderliche hinaus. Bei Mietverhältnissen über Wohnraum können, anders als bei sonstigen Schuldverhältnissen, Härten besonderer Art auftreten. **Ziel** der Sozialklausel ist es, etwaige durch eine Beendigung des Mietverhältnisses auftretende soziale Notstände von dem Mieter und seiner Familie möglichst abzuwenden.[21] Aus dem Ziel, soziale Notstände abzuwenden, ist zu schließen, dass mit ungerechtfertigter Härte nicht die üblichen mit einem Umzug verbundenen Beschwernisse wie Wohnungssuche, Umzugskosten, Arbeitsaufwand und dgl gemeint sind.[22] Das Gesetz verlangt nicht, dass ein einzelner bestimmter Härtegrund dieses Gewicht erreicht. Liegen mehrere Gründe nebeneinander

---

15 *Blank/Börstinghaus/Blank* § 574 Rn 15; *Palandt/Weidenkaff* § 574 Rn 3.
16 Insoweit **aM** AG Lörrach v. 24.5.2012 – 4 C 50/12, WuM 2012, 565 m krit Anm *Blank*: auch zu einem späteren Zeitpunkt.
17 AG Burgsteinfurt WuM 1975, 37; *Blank/Börstinghaus/Blank* § 574 Rn 12; **aM** *Weimar* NJW 1963, 2111, 2112.
18 LG Siegen WuM 1982, 27 (LS).
19 BVerfGE 52, 214, 219ff = NJW 1979, 2607.
20 BVerfG NJW 1995, 1480.
21 Ausschussbericht, zu BT-Drucks III/1850, S 9.
22 LG Kassel DWW 1964, 363; AG Düren WuM 1964, 138; AG Hamburg-Blankenese ZMR 1970, 211; AG Osnabrück WuM 1965, 45; *Erman/Jendrek* § 574 Rn 6.

Christian Rolfs

vor, die jeder allein unzureichend wären, so können sie insgesamt doch zu einer ungerechtfertigten Härte führen.[23]

14   Die eine Härte begründenden Umstände können **vorübergehender oder dauernder Natur** sein.[24] Im letzteren Fall ist der Mieter besonders schutzbedürftig, sodass eine dahin gehende Einschränkung dem Zweck der Sozialklausel zuwiderlaufen würde.[25] Maßgebend für das Bestehen einer Härte ist grundsätzlich der **Zeitpunkt**, in dem der Widerspruch durch Zugang beim Vermieter wirksam wird. Der Härtegrund muss bis zum Kündigungstermin fortbestehen, zu dem die Kündigung das Mietverhältnis beenden würde. Kommt es darüber hinaus zu einem Rechtsstreit, ist der Zeitpunkt der letzten mündlichen Verhandlung entscheidend.[26] Fällt in der Zwischenzeit ein Härtegrund weg, kann er nicht mehr zugunsten des Mieters berücksichtigt werden.[27]

15   Die Beendigung des Mietverhältnisses muss für den Mieter, seine Familie oder einen anderen Angehörigen seines Haushalts eine Härte bedeuten. **Mieter** ist derjenige, der den Vertrag als Partei abgeschlossen hat. Das Gesetz begrenzt den Kreis der **Familie** nicht weiter, sodass hierzu alle Familienangehörigen gezählt werden können, die in derselben Wohnung wie der Mieter wohnen.[28] Ein bestimmter Grad der Verwandtschaft oder Schwägerschaft ist nicht erforderlich.[29] Eine Begrenzung auf den engsten Familienkreis wie die Ehefrau und Kinder lässt sich dem Gesetz nicht entnehmen. Auch solche Familienangehörige können betroffen sein, die in der Wohnung des Mieters einen eigenen Haushalt führen. Anders als in den §§ 563, 563a wird die Führung eines gemeinsamen Haushalts vom Gesetz hier nicht vorausgesetzt. **Andere Angehörige des Haushalts** sind Personen, die – ohne zur Familie des Mieters zu gehören – mit ihm eine Lebensgemeinschaft führen, die über eine bloße Haushalts- und Wirtschaftsgemeinschaft hinausgeht. Damit sind neben dem Partner einer nichtehelichen Lebensgemeinschaft oder eingetragenen Lebenspartnerschaft auch andere Personen gemeint, die mit dem Mieter einen auf Dauer angelegten gemeinsamen Haushalt führen.[30]

16   Haben **Mitmieter** den Mietvertrag abgeschlossen, so genügt eine Härte in der Person eines einzelnen Mieters, um den Anspruch auf Fortsetzung des Mietverhältnisses zu begründen.[31] Hierzu reicht der Widerspruch des betroffenen Mieters aus.[32] Dieser Mieter kann aber nicht verlangen, dass das Mietverhältnis allein mit ihm fortgesetzt wird. Dies ergibt sich auf der Grundlage der §§ 425, 432 aus der Natur des Mietverhältnisses über eine unteilbare Leistung, bei dem der betroffene Mieter nur einen Anspruch auf Fortsetzung mit allen Mietern geltend machen kann. Handelt es sich bei den Mitmietern um Eheleute, Familienmitglieder oder andere Haushaltsangehörige, so können entweder beide[33] oder nur der nicht betroffene Mitmieter widersprechen, weil der Härtegrund in der Person eines Angehörigen genügt.

23 LG Lübeck WuM 1993, 613.
24 MünchKomm/*Häublein* § 574 Rn 9; NK-BGB/*Hinz* § 574 Rn 7.
25 OLG Stuttgart NJW 1969, 1070; *Schmidt-Futterer/Blank* § 574 Rn 20.
26 *Soergel/Heintzmann* § 574 Rn 6.
27 LG Oldenburg DWW 1991, 240.
28 LG Koblenz WuM 1991, 267.
29 LG Stuttgart WuM 1998, 598 (Großcousine); *Blank/Börstinghaus/Blank* § 574 Rn 22.
30 *Eisenschmid* WuM 2001, 215, 216; *Kinne* GE 2001, 1181, 1882; **aM** *Sternel* NZM 2001, 1058, 1061.
31 LG Bochum ZMR 2007, 452.
32 *Blank/Börstinghaus/Blank* § 574 Rn 22; MünchKomm/*Häublein* § 574 Rn 9; *Soergel/Heintzmann* § 574 Rn 7.
33 AG München WuM 1989, 378.

Im Allgemeinen kann sich der Hauptmieter gegenüber einer Kündigung des Hauptver- **17**
mieters nicht auf eine Härte in der Person des **Untermieters** berufen. Davon ist auch auszugehen, wenn es sich um eine Wohngemeinschaft mit wechselnden Mitgliedern handelt,
wenn und soweit zwischen dem Hauptmieter und seinem Untermieter kein einem „Haushaltsangehörigen" vergleichbares persönliches Verhältnis besteht.[34] Dem Untermieter
selbst stehen im Verhältnis zum Hauptvermieter Rechte aus § 574 nur zu, falls die Besonderheiten des Bestandsschutzes insoweit erfüllt sind.[35] Ohne weiteres anwendbar ist die
Vorschrift dagegen im Rahmen des Untermietverhältnisses.[36]

b) Einzelfälle
aa) Umstände im Zusammenhang mit der bisherigen Wohnung. Der Verlust **18**
besonderer **finanzieller Aufwendungen,** die der Mieter in Erwartung einer längeren
Mietdauer auf die Wohnung gemacht hat, kann eine Härte begründen, wenn die bisherige
Mietzeit in keinem angemessenen Verhältnis zur Höhe der Aufwendungen steht.[37] Hierbei
kann es sich um Instandsetzungsarbeiten, bauliche Veränderungen, Baukostenzuschüsse
und Einrichtungen iS des § 539 Abs 2 handeln, mit denen der Mieter die Mietsache versehen hat. Unerheblich ist, ob die Aufwendungen notwendig, nützlich oder überflüssig
waren.[38] Vorauszusetzen ist aber, dass sie mit dem ausdrücklichen oder stillschweigenden
Einverständnis des Vermieters erbracht worden sind,[39] da der Mieter sonst die Wohnung
durch hohe Investitionen für eine längere Zeit unkündbar machen könnte.[40] Schönheitsreparaturen sind nur zu berücksichtigen, wenn das Mietverhältnis lediglich kurze Zeit
gedauert hat,[41] insbesondere wenn der Mieter eine unrenovierte Wohnung übernommen
hat und nach fünf Monaten schon die Kündigung erhält.[42] Eine Härte ist ausgeschlossen,
wenn der Vermieter die Aufwendungen angemessen erstattet, wenn sie als abgewohnt zu
gelten haben[43] oder wenn sie im Rahmen des Üblichen liegen.[44] Vereinbaren die Parteien
kein längerfristiges Mietverhältnis, fallen Investitionen des Mieters ohnehin in seinen
Risikobereich, sodass eine Härte bei frühzeitiger Beendigung nicht gegeben sein kann.[45]
Ebenso gehen Investitionen in das Mobiliar, mit dem die Wohnung eingerichtet wird,
allein zu Lasten des Mieters, auch wenn die Möbel wie eine Kücheneinrichtung maßge-
recht eingepasst worden sind.[46]

Die bisherige **Wohndauer** genügt für sich allein nicht, um eine Härte zu begründen.[47] **19**
Dies gilt auch bei einer Kündigung nach langer Mietzeit.[48] Diesem Merkmal hat der Gesetz-

---

34 LG Freiburg WuM 1990, 152.
35 *Staudinger/Rolfs* (2011), § 546 Rn 78ff.
36 AG Darmstadt WuM 1971, 12.
37 OLG Frankfurt/M WuM 1971, 168; OLG Karlsruhe NJW 1971, 1182; LG Aachen BlGBW 1973, 58; LG Berlin
ZMR 1989, 425; LG Essen ZMR 1966, 214; LG Hamburg WuM 1989, 571; LG Köln WuM 1972, 144; LG Mainz WuM
1970, 101; LG Münster NJW 1964, 2306.
38 OLG Frankfurt/M WuM 1971, 168.
39 OLG Karlsruhe NJW 1971, 1182; AG Velbert WuM 1988, 430.
40 LG Mainz ZMR 1986, 14.
41 LG Mannheim DWW 1985, 182.
42 LG Kiel WuM 1992, 690; *Schmid/Schmid* § 574 Rn 20.
43 LG Berlin WuM 1990, 510; LG Berlin WuM 1991, 498; LG Karlsruhe ZMR 1987, 469; AG Düsseldorf WuM
1989, 301; AG Karlsruhe DWW 1988, 49; AG Velbert WuM 1988, 430.
44 LG Düsseldorf WuM 1989, 414.
45 AG Schorndorf WuM 1989, 20.
46 LG Hannover WuM 1989, 302; AG Dortmund DWW 1991, 28.
47 LG Bochum ZMR 2007, 452; *Bamberger/Roth/Hannappel* § 574 Rn 15.
48 OLG Karlsruhe NJW 1970, 1746; LG Bremen WuM 2003, 333; AG Hamburg-Altona ZMR 1971, 31; AG
München DWW 1966, 296.

Christian Rolfs

geber schon durch die unterschiedliche Länge der Kündigungsfristen in § 573c Abs 1 S 2 Rechnung getragen. Jüngeren Mietern kann es eher zugemutet werden, die Wohngegend zu wechseln.[49] Hat sich der Mieter nach der Kündigung um eine Ersatzwohnung bemüht, kann allein aus diesem Verhalten nicht auf seine Bereitschaft geschlossen werden, in eine ihm bisher nicht vertraute Umgebung umzuziehen.[50] Nicht ausreichend ist der Umstand, dass der Vermieter eines als für unbestimmte Zeit geschlossenen Mietverhältnisses dem Mieter bei der Überlassung des Wohnraums eine lange, sichere Mietdauer versprochen hat, dann aber seine Willensrichtung ohne erhebliche Anlässe seitens des Mieters ändert und kündigt.[51] Auch ohne besondere aufwändige Investitionen des Mieters in die Wohnung kann in der Beendigung des Mietverhältnisses nach nur vierwöchiger Dauer eine Härte gesehen werden.[52] Der bloße Wunsch des Mieters, noch länger in der Wohnung zu verbleiben, reicht nicht aus.[53] Der Erhalt der Familienwohnung bei zurzeit getrennt lebenden Eheleuten ist hingegen anerkannt worden.[54]

20 Die Möglichkeit, dem Mieter eine **gerichtliche Räumungsfrist** nach § 721 oder § 794a ZPO zu gewähren, ist für die Frage, ob durch die Kündigung eine Härte eintritt, unerheblich.[55] Die Möglichkeit, eine Räumungsfrist zu gewähren, schließt es nicht aus, eine Härte anzunehmen. Eine Ausnahme ist auch dann nicht angebracht, wenn ein Umzug in eine Ersatzwohnung in absehbarer Zeit bevorsteht.[56] Dadurch würden die Parteien auf den Prozessweg gedrängt, während die Sozialklausel in § 574a Abs 2 S 1 grundsätzlich von einer gütlichen Einigung ausgeht.

21 Wenn der Mieter mit der bisherigen Wohnung **besondere finanzielle Vorteile** verliert, weil er dort Gelegenheit zur Untervermietung oder zu sonstigem Nebenerwerb hatte, so liegt darin idR keine Härte.[57] Ein gewerbliches Interesse des Mieters ist auf keinen Fall zu berücksichtigen, wenn die Wohnung nicht für Gewerbezwecke vermietet ist.[58] Führt die Kündigung jedoch zu einem Eingriff in die beruflichen Verhältnisse des Mieters, weil er zulässigerweise in der Wohnung ein Gewerbe ausübt und seinen Kundenstamm zu verlieren droht, so kann darin eine Härte liegen.[59] Das Gleiche ist anzunehmen, wenn Nebeneinnahmen zum Lebensunterhalt des Mieters erforderlich sind und nicht nur dazu dienen, die Miete für die an sich zu große Wohnung aufzubringen. Eine Härte kann vom Mieter aber nicht damit begründet werden, er müsse die große Wohnung behalten, um darin Erbschaftsgegenstände unterzubringen, für die sonst kein Platz ist.[60] Eine günstige Miethöhe vermag in aller Regel gleichfalls kein berechtigtes Interesse des Mieters zu begründen. Nur wenn die Vermögenseinbuße im Falle des Wohnungsverlustes eine außergewöhnliche Höhe erreicht, kann die Beendigung des Mietverhältnisses für den Mieter eine Härte darstellen, die auch unter Berücksichtigung der berechtigten Interessen des Vermieters nicht zu rechtfertigen ist.[61]

---

49 AG Castrop-Rauxel DWW 1988, 215.
50 **AM** AG Oldenburg WuM 1980, 226.
51 OLG Karlsruhe NJW 1971, 1182.
52 AG Arnsberg DWW 1988, 182.
53 AG Detmold DWW 1988, 216.
54 AG Winsen/Luhe WuM 1994, 430.
55 OLG Oldenburg ZMR 1970, 329; OLG Stuttgart NJW 1969, 240; LG Darmstadt WuM 1972, 31; LG Hamburg WuM 1990, 118; LG Stuttgart WuM 1991, 347; **aM** LG Mannheim WuM 1967, 63.
56 Zweifelnd *Blank/Börstinghaus/Blank* § 574 Rn 30; **aM** AG Langen WuM 1981, U 20 (LS).
57 BayObLG NJW 1970, 1748; LG Wiesbaden ZMR 1966, 302; AG Köln MDR 1973, 139.
58 LG Frankenthal/Pfalz WuM 1990, 79.
59 OLG Köln NJW 1968, 1834; *Schmidt-Futterer* MDR 1969, 96, 97.
60 LG Koblenz WuM 1987, 201.
61 VerfGH Berlin NZM 2003, 593.

Christian Rolfs

bb) Persönliche Umstände. Hohes Alter des Mieters führt für sich allein nicht zu einer 22
Härte.[62] In aller Regel stellt sich das Problem nicht in dieser isolierten Form. Es kommen
vielmehr noch andere Umstände wie Krankheit,[63] Gebrechen, Pflegebedürftigkeit,[64]
finanzielle Not, Verwurzelung in der Umgebung aufgrund langer Mietdauer oder wegen
des Alters erschwerte Ersatzraumbeschaffung hinzu, die bei einem Mieter hohen Alters
dann eher zu einer ungerechtfertigten Härte führen können als bei jüngeren Mietern.[65]
Der Mieter braucht sich nicht auf eine Unterbringung in einem Alters- oder Pflegeheim
verweisen zu lassen.[66]

Krankheit und Gebrechen können unabhängig vom Alter des Mieters einen Härte- 23
grund darstellen.[67] Eine Härte ist anzuerkennen, wenn sich die Krankheit erschwerend
auf die Beschaffung von Ersatzwohnraum auswirkt. Dies ist in der Weise möglich, dass die
Krankheit den Mieter an der Wohnungssuche hindert[68] oder dass sie potentielle Vermieter
vom Abschluss eines Vertrags abhält.[69] Eine Härte kann auch dann gegeben sein, wenn
dem Mieter ein Umzug objektiv unzumutbar ist, weil dies nachteilige Auswirkungen auf
Krankheitsverlauf und Genesung haben,[70] beispielsweise der mit dem Umzug verbundene
Umgebungswechsel bei einem Autisten zu Verhaltensregression und erheblichem subjek-
tivem Leid führen würde.[71] Die Auswirkungen müssen jedoch nicht so erheblich sein, dass
schwere seelische Schäden oder gar der Tod drohen,[72] auch wenn in der Rechtsprechung
solche Fälle vorkommen.[73] Andererseits kann selbst eine Suizidgefahr den Vermieter bei
konkret bestehendem und nachgewiesenem Eigenbedarf jedenfalls dann nicht auf Dauer
von der Nutzung seines Eigentums ausschließen, wenn die Gefahr mit ärztlicher Hilfe
beherrschbar erscheint.[74] Entscheidend für das Gewicht und die Bedeutung einer Krankheit ist nicht der äußere Eindruck, sondern der durch ein ärztliches Attest nachgewiesene
tatsächliche Zustand.[75] Der Mieter darf sich im Streitfall diesem Nachweis nicht entziehen, sonst wird er beweisfällig.[76] Es ist vom Mieter zu erwarten, dass er sich in zumutbarer Weise bemüht, das Krankheitsrisiko zu vermindern und damit zu einem Wegfall des
Härtegrundes beizutragen.[77] Dies kann bei der Interessenabwägung (Rn 45f) und bei der

---

62 LG Berlin v. 29.8.2011 – 67 S 15/09, ZMR 2012, 15; LG Bochum ZMR 2007, 452; LG Koblenz WuM 1991,
267; AG Bayreuth WuM 1991, 180; AG Remscheid WuM 1989, 388; *Schmid/Schmid* § 574 Rn 16; **aM** AG Hanau
WuM 1989, 239.
63 KG GE 2004, 752.
64 LG Frankfurt/M v. 23.8.2011 – 2-11 S 110/11, NZM 2011, 774; LG München I v. 17.8.2012 – 14 S 6026/12, ZMR
2013, 198; LG Wuppertal WuM 1995, 654.
65 OLG Karlsruhe NJW 1970, 1746; LG Bochum NZM 1999, 902; LG Bonn WuM 1990, 151; LG Düsseldorf
WuM 1991, 36; LG Hamburg DWW 1991, 189; LG Koblenz WuM 1990, 20; LG Köln WuM 1993, 675; LG Stuttgart
WuM 1993, 46; AG Witten ZMR 2007, 43.
66 OLG Karlsruhe NJW 1970, 1746; MünchKomm/*Häublein* § 574 Rn 15; *Soergel/Heintzmann* § 574 Rn 13.
67 BGH NZM 2005, 143; LG Kassel MDR 1965, 831; *Bamberger/Roth/Hannappel* § 574 Rn 17.
68 LG Mannheim WuM 1970, 61; LG Saarbrücken WuM 1992, 690; AG Regensburg WuM 1989, 381.
69 LG Kassel WuM 1989, 416; LG Hamburg NJW 1997, 2761 (AIDS-Erkrankung); AG Köln WuM 1990, 348;
AG Stuttgart WuM 1989, 297.
70 LG Aurich WuM 1992, 609; LG Braunschweig WuM 1990, 152; LG Düsseldorf WuM 1991, 36.
71 LG Aachen WuM 2006, 692.
72 AG Köln WuM 1977, 29; AG Miesbach WuM 1979, 190.
73 LG Braunschweig WuM 1990, 152; LG Oldenburg WuM 1991, 346; AG München WuM 1989, 378.
74 LG Bonn NZM 2000, 331; vgl aber BVerfG NZM 1998, 21; BVerfG NZM 1998, 431, BVerfG NZM 2001, 951;
BVerfG NZM 2005, 657; BGH NJW 2005, 1859; BGH NJW 2006, 505; BGH NJW 2006, 508; OLG Jena NZM 2000,
839 u LG Mainz NZM 1998, 403 zum Vollstreckungsschutz nach § 765a ZPO.
75 LG Berlin GE 1990, 493.
76 LG Hamburg NJW-RR 1994, 204.
77 BVerfG WuM 1993, 172; LG Aurich WuM 1992, 609.

Christian Rolfs

Bemessung der Dauer einer Fortsetzung des Mietverhältnisses (§ 574a Rn 8ff) berücksichtigt werden.

24 **Schwangerschaft** der Mieterin oder einer Familienangehörigen ist im Hinblick auf die erschwerte Beschaffung von Ersatzraum und wegen der mit einem Umzug verbundenen körperlichen und psychischen Strapazen ein Härtegrund, dem durch eine angemessene Verlängerung des Mietverhältnisses über den Zeitpunkt der Entbindung hinaus Rechnung zu tragen ist.[78]

25 **Kinderreichtum** kann ein Härtegrund sein.[79] Aus den Begründungen ergibt sich allerdings, dass die Härte weniger dem Kinderreichtum als solchem entnommen wird als vielmehr den Schwierigkeiten bei der Beschaffung von Ersatzraum.[80] Damit lässt sich der Härtegrund idR unmittelbar auf § 574 Abs 2 stützen und setzt folglich voraus, dass der Mieter seiner Pflicht zur Ersatzraumbeschaffung nachgekommen ist (Rn 30).

26 **Geringes Einkommen und schlechte wirtschaftliche Verhältnisse** können zu einem Härtegrund führen.[81] Auch hier ergibt sich die Härte nicht aus dem Einkommen und den wirtschaftlichen Verhältnissen als solchen. Daher kann der Fortsetzungsanspruch zB nicht allein darauf gestützt werden, dass der Mieter seinen Lebensunterhalt mit Arbeitslosengeld II („Hartz IV") bestreitet.[82] Entscheidend ist vielmehr ein Zusammenwirken mit anderen Umständen wie Alter, Krankheit und vor allem Schwierigkeiten bei der Ersatzraumbeschaffung.[83] Im letzteren Fall kommt es also darauf an, dass der Mieter seiner Pflicht nachgekommen ist, sich um die Beschaffung von Ersatzraum zu bemühen (Rn 30). Fraglich ist, ob bei der Feststellung der finanziellen Belastbarkeit des Mieters Einkommen und Vermögen aller im Haushalt lebenden Angehörigen zu berücksichtigen sind. Dies kann nur insoweit angenommen werden, als die bisherige Wohnung und die als angemessen vorausgesetzte Ersatzwohnung auf die Wohnbedürfnisse der gesamten Familie bzw Lebensgemeinschaft zugeschnitten sind (Rn 29). Reichen das eigene Einkommen und Vermögen des Mieters aber nicht einmal aus, um die Miete für eine nur den persönlichen Bedarf deckende Ersatzwohnung zu bezahlen, so ist eine Berücksichtigung fremden Einkommens und Vermögens ungerechtfertigt, weil dies unter Umständen zur Anrechnung einer gesetzlich nicht bestehenden Unterhaltpflicht führen würde. Da § 574 nicht nur die Belange wirtschaftlich schwacher Mieter schützt, schließt ein höheres Einkommen seine Anwendung grundsätzlich nicht aus.[84]

27 Wird die **Berufsausübung oder Ausbildung** des Mieters oder seiner Familienangehörigen durch die Beendigung des Mietverhältnisses erschwert, kann dies eine Härte bedeuten. Entscheidend ist die Frage der Ersatzraumbeschaffung (Rn 29ff). Zu beachten ist, dass die Sozialklausel nur dazu dient, dem Mieter die Wohnung zu erhalten, nicht aber die Verfolgung wirtschaftlicher Interessen zu begünstigen.[85] Die Ausbildung wird erschwert, wenn durch Wohnungssuche oder Wohnungswechsel ein bevorstehendes

---

78 LG Dortmund NJW 1965, 2204; LG Stuttgart WuM 1991, 347; AG Aachen MDR 1966, 55; AG Velbert WuM 1970, 79; *Erman/Jendrek* § 574 Rn 8.

79 LG Heidelberg DWW 1991, 244; LG Trier WuM 1991, 273; LG Wuppertal WuM 1968, 109; AG Stuttgart WuM 1991, 103; **aM** LG Braunschweig NJW 1964, 1028; LG Hagen ZMR 1965, 140.

80 AG Köln WuM 1997, 495; *Schmidt-Futterer/Blank* § 574 Rn 60.

81 LG Berlin GE 1990, 493; LG Mannheim ZMR 1974, 337; LG Wuppertal WuM 1970, 186; **aM** LG Karlsruhe DWW 1972, 201.

82 AG Aschaffenburg WuM 2007, 460.

83 *Blank/Börstinghaus/Blank* § 574 Rn 28.

84 LG Essen ZMR 1966, 330; LG Kassel WuM 1966, 76; **aM** AG Augsburg DWW 1966, 297.

85 LG Köln WuM 1992, 542; AG Köln MDR 1973, 139.

Examen gefährdet,[86] die Anfertigung einer Dissertation verzögert[87] oder eine bis zum Schulabschluss nur noch kurzfristige Umschulung erforderlich wird.[88] Ein Schulwechsel und damit verbundene längere Schulwege müssen in Kauf genommen werden.[89] Ebensowenig stellt der Verlust eines Kindergartenplatzes trotz der Schwierigkeiten, einen solchen Platz zu bekommen, eine Härte iS des § 574 Abs 1 S 1 dar.[90]

In der Praxis werden häufig noch **sonstige Gründe** vorgebracht, um eine Fortsetzung **28** des Mietverhältnisses zu erreichen. Sportliche Ambitionen des Mieters, die durch eine mit der Beendigung des Mietverhältnisses verbundene Beschaffung von Ersatzwohnraum gestört werden, unterfallen auch dann nicht dem Schutzzweck der Sozialklausel, wenn der Mieter seine Teilnahme als Sportler an den Olympischen Spielen vorbereitet.[91] Anders kann die Rechtslage bei einem Berufssportler nach den Grundsätzen zu beurteilen sein, die für die Erschwerung der Berufsausübung oder Ausbildung entwickelt worden sind (Rn 27). Ebenso sind der mit einem Wohnungswechsel verbundene Verlust eines politischen Mandats und die Änderung der Telefonnummer hinzunehmen.[92]

cc) Umstände im Zusammenhang mit der Beschaffung einer neuen Wohnung **29** (Abs 2).

Das Fehlen angemessenen Ersatzwohnraums bildet immer eine Härte, macht also in jedem Fall eine Abwägung mit den Interessen des Vermieters erforderlich.[93] Eine Ersatzwohnung ist **angemessen,** wenn sie im Vergleich zu der bisherigen Wohnung den Bedürfnissen des Mieters entspricht und vom Preis her für ihn tragbar ist. Eine bestimmte Belastungsgrenze, etwa in Höhe eines festen Prozentsatzes des Einkommens, kann nicht angenommen werden, da es hierfür keine gesetzliche Grundlage gibt.[94] Der Mieter muss daher in diesem Rahmen auch eine höhere Miete als die bisher gezahlte hinnehmen.[95] Leben im Haushalt des Mieters Angehörige mit eigenem Einkommen, so ist die Suche auch auf solchen Ersatzwohnraum zu erstrecken, der nur durch das Haushaltseinkommen finanziert werden kann.[96] Hat der Mieter ein überdurchschnittliches Einkommen, ist es ihm zuzumuten, angemessenen Ersatzwohnraum auch zu einer überdurchschnittlich hohen Miete anzumieten.[97] Die Angemessenheit einer Ersatzwohnung setzt nicht voraus, dass sie der bisherigen Wohnung vollkommen entspricht. Gewisse Verbesserungen oder Verschlechterungen,[98] verbunden mit einer Änderung der Miethöhe,[99] sind hinzunehmen.[100] So kann es zum Ausschluss einer Härte ausreichen, wenn der Vermieter von zwei an denselben Mieter vermieteten Wohnungen nur eine kündigt, die andere aber trotz der verringerten Wohnfläche immer noch ausreicht[101] oder wenn er dem Mieter im Tausch-

---

86 LG Aachen WuM 1986, 252; AG Lübeck WuM 1989, 413; AG Bonn WuM 1991, 100.
87 LG Mainz WuM 1970, 101; AG Tübingen WuM 1989, 240 (LS).
88 AG Dortmund NZM 2004, 499; *Göckmann* NJW 1963, 2109, 2110; *Weimar* NJW 1963, 2111.
89 LG Hamburg WuM 1991, 38; LG Saarbrücken WuM 1992, 690; LG Siegen WuM 1989, 389; *Bamberger/ Roth/Hannappel* § 574 Rn 20; MünchKomm/*Häublein* § 574 Rn 17; *Schmid/Schmid* § 574 Rn 11.
90 AG Neumünster WuM 1989, 298 (LS).
91 LG Bonn WuM 1992, 610.
92 LG Hamburg WuM 1990, 118.
93 BT-Drucks VI/1549, S 6.
94 *Bub/Treier/Grapentin* Rn IV 108.
95 MünchKomm/*Häublein* § 574 Rn 12.
96 LG Stuttgart WuM 1990, 20.
97 AG Ebersberg WuM 1981, U 20 (LS).
98 LG Hamburg WuM 1990, 118.
99 LG Bremen WuM 2003, 333; AG Coesfeld DWW 1989, 230.
100 *Blank/Börstinghaus/Blank* § 574 Rn 34.
101 LG Stuttgart WuM 1989, 249; AG Hamburg WuM 1992, 373.

Christian Rolfs

wege eine geeignete Ersatzwohnung anbietet.[102] Anderweitiger Ersatzwohnraum ist auch dann angemessen, wenn er eine geringere, aber immer noch ausreichende Wohnfläche aufweist.[103] Der Mieter braucht sich allerdings nicht auf eine Obdachlosenunterkunft,[104] eine Behelfsunterkunft[105] oder auf die Unterbringung in einem Alters- oder Pflegeheim verweisen zu lassen.[106]

30   Eine Härte liegt nur vor, wenn der Ersatzwohnraum „nicht beschafft werden kann". Aus diesem Gesetzeswortlaut ist zu schließen, dass sich der **Mieter um eine Ersatzwohnung zu bemühen hat**. Es handelt sich um eine Obliegenheit,[107] die den Mieter sofort nach einer wirksamen Kündigung trifft[108] und nicht erst nach Erlass eines Räumungsurteils,[109] es sei denn, dass er aus anderen Gründen auf den Erfolg seines Widerspruchs vertrauen darf.[110] Er genügt dieser Obliegenheit nur, wenn er alle ihm persönlich und wirtschaftlich zumutbaren, also auch mit finanziellen Opfern verbundenen Schritte unternimmt oder sich der Hilfe von Verwandten und Bekannten bedient,[111] eine Ersatzwohnung zu beschaffen.[112] Hierzu ist es notfalls erforderlich, mehrere Zeitungsinserate aufzugeben oder jeweils nach den finanziellen Verhältnissen auch Makler einzuschalten.[113] Bisher erfolglose Bemühungen rechtfertigen nicht die Annahme, dass überhaupt kein Ersatz beschafft werden kann.[114] Bloße Schwierigkeiten bei der Beschaffung genügen nach dem Gesetz nicht, um eine Härte zu begründen. So entbinden amtliche Auskünfte[115] oder die allgemeine Lage auf dem Wohnungsmarkt den Mieter nicht davon, sich trotzdem zu bemühen, sodass diese Situation allein noch keinen Härtegrund darstellt.[116] Die Obliegenheit des Mieters kann nicht durch die Feststellung des Gerichts ersetzt werden, es herrsche eine Mangellage auf dem Wohnungsmarkt. Das Gesetz lässt offen, wie intensiv und wie lange sich der Mieter um Ersatzwohnraum bemühen muss. Dies ist nur im Einzelfall unter dem Gesichtspunkt der Zumutbarkeit zu entscheiden. Ein gehbehinderter Mieter, der die Fortsetzung des Mietverhältnisses über eine Wohnung im Obergeschoss verlangt, kann aber nicht geltend machen, für ihn sei nur Ersatzwohnraum im Erdgeschoss angemessen.[117] Im Übrigen können erhebliche gesundheitliche Beschwerden des Mieters seine Obliegenheit zur Ersatzraumbeschaffung begrenzen.[118] Der Mieter muss darlegen und im Streitfall beweisen, dass er sich in ausreichender Weise bemüht hat, Ersatzwohnraum zu

---

102   OLG Karlsruhe NJW 1971, 1746; LG Waldshut-Tiengen WuM 1993, 349; AG Köln WuM 1989, 250.
103   LG Freiburg WuM 1990, 152.
104   AG Burgsteinfurt WuM 1965, 28.
105   AG Hannover WuM 1991, 553.
106   OLG Karlsruhe NJW 1970, 1746; LG Mannheim WuM 1971, 58; LG Wuppertal WuM 1964, 155; AG Köln WuM 1973, 252.
107   MünchKomm/*Häublein* § 574 Rn 13.
108   LG Karlsruhe DWW 1990, 238; LG München I WuM 1990, 153; AG Münster WuM 1998, 731; *Schmid/Schmid* § 574 Rn 12.
109   LG Landau/Pfalz ZMR 1992, 396.
110   LG Regensburg WuM 1983, 141.
111   AG Remscheid WuM 1989, 388; *Soergel/Heintzmann* § 574 Rn 9.
112   AG Bochum WuM 1980, 226; AG Coesfeld DWW 1989, 230.
113   LG Aachen WuM 1985, 265 (LS); LG Karlsruhe DWW 1990, 238; LG Stuttgart WuM 1991, 198; AG Dortmund DWW 1991, 28.
114   AG Stuttgart WuM 1989, 414.
115   LG Berlin GE 1990, 543.
116   LG Berlin GE 1990, 491; LG Berlin GE 1990, 1039; LG Düsseldorf ZMR 1991, 178 (LS); LG Karlsruhe DWW 1992, 22; LG Mannheim DWW 1993, 140.
117   AG Dortmund DWW 1993, 238.
118   AG Landau NJW 1993, 2249.

beschaffen,[119] so etwa durch substantiierte Ausführungen in seinem Widerspruch oder durch die Vorlage von Rechnungen über seine Wohnungssuche.[120]

Die normalen **Umzugskosten** sind vom Mieter hinzunehmen.[121] Auch sonstige finan- **31** zielle Opfer wie Maklergebühren, Renovierungskosten und dgl können grundsätzlich nicht zugunsten des Mieters berücksichtigt werden.[122]

Ein **Zwischenumzug** kann für den Mieter eine Härte bedeuten, wenn er wegen einer **32** bevorstehenden Wohnsitzveränderung,[123] der Fertigstellung eines Wohnungsneubaus,[124] einer durch den Auszug der Kinder zu erwartenden Verkleinerung der Familie,[125] eines beabsichtigten Umzugs in ein Seniorenwohnheim[126] oder einer Renovierung der vorgesehenen Wohnung ohnehin in absehbarer Zeit ausgezogen wäre. Dabei kann von etwa ein bis zwei Jahren ausgegangen werden.[127] Ein vorläufiger Umzug ist unzumutbar, wenn der Mieter Ersatzwohnraum gefunden hat, der aber erst in zwei Monaten zur Verfügung steht.[128] Dem Mieter kann ein Zwischenumzug aber zugemutet werden, wenn der Zeitpunkt der Fertigstellung eines Hauses noch nicht absehbar ist[129] oder wenn er sich über den zunächst angenommenen Termin hinaus deutlich verzögert.[130]

6. Keine berechtigten Interessen des Vermieters
a) Allgemeines

aa) Gegenüber den Härtegründen für den Mieter sind aufseiten des Vermieters dessen **33** berechtigte Interessen an einer Beendigung des Mietverhältnisses durch Kündigung zu berücksichtigen. Dies sind bei der Kündigung eines Mietverhältnisses über Wohnraum grundsätzlich die gleichen Interessen, die nach § 573 Abs 1, 2 für die Wirksamkeit der Kündigung erforderlich sind. Mangelt es bereits daran, kommt es auf die Sozialklausel nicht mehr an. Im Übrigen dürfen nach § 574 Abs 3 bei der Würdigung der berechtigten Interessen des Vermieters nur solche Gründe berücksichtigt werden, die in dem **Kündigungsschreiben** nach § 573 Abs 3 angegeben sind.[131] Darüber hinaus kommen nur solche Gründe in Betracht, die nachträglich, dh nach Abgabe der Kündigungserklärung entstanden sind.

bb) Handelt es sich um ein Mietverhältnis über eine Wohnung in einem vom Vermie- **34** ter selbst bewohnten **Wohngebäude mit nicht mehr als zwei Wohnungen**, ist die Kündigung des Vermieters nach § 573a Abs 1 auch dann wirksam, wenn ihm bei der Kündigung keine berechtigten Interessen zur Seite stehen oder wenn er sich nicht darauf beruft. Es

---

119 LG Bonn WuM 1992, 16; LG Heidelberg DWW 1991, 244; LG Mannheim DWW 1993, 140; LG Stuttgart WuM 1991, 198; LG Stuttgart WuM 1991, 347; AG Köln WuM 1990, 77.

120 LG Freiburg WuM 1993, 402; AG Freiburg WuM 1993, 402.

121 LG Düsseldorf WuM 1989, 414; AG Gelsenkirchen-Buer DWW 1988, 326; AG Schorndorf WuM 1989, 20.

122 *Erman/Jendrek* § 574 Rn 9; *Hans* DWW 1968, 10, 12; *Voelskow* DB 1968, 115, 117; **aM** *Glaser* MDR 1968, 280, 282.

123 LG Mannheim WuM 1976, 269; LG Mannheim WuM 1981, 234; AG Hannover WuM 1970, 41; AG Tübingen ZMR 1986, 60 (LS); AG Tübingen WuM 1989, 240 (LS).

124 OLG Karlsruhe NJW 1970, 1746; LG Stuttgart WuM 1991, 589; AG Bochum WuM 1979, 256; AG Dortmund WuM 2004, 210; AG Münster WuM 1978, 51; AG Neubrandenburg WuM 1994, 374.

125 LG Lübeck WuM 1988, 269.

126 LG Köln NJW-RR 1997, 1098.

127 AG Dortmund-Hörde DWW 1966, 279; AG Tübingen ZMR 1986, 60 (LS).

128 LG Wiesbaden WuM 1988, 269.

129 LG Köln ZMR 1976, 148; **aM** AG Celle NdsRpfl 1968, 230.

130 LG Kaiserslautern WuM 1970, 202; AG Flensburg WuM 1971, 154.

131 *Bamberger/Roth/Hannappel* § 574 Rn 23; NK-BGB/*Hinz* § 574 Rn 23.

Christian Rolfs

kommt deshalb für die Wirksamkeit der Kündigung nicht darauf an, dass der Vermieter die zugrunde liegenden Umstände in dem Kündigungsschreiben angibt. Durch diese Sonderregelung einer erleichterten Kündigung, die in der besonderen Wohnsituation begründet ist, werden indessen die weitergehenden Schutzrechte des Mieters nicht berührt.[132] Um im Rahmen des § 574 die Interessen des Vermieters berücksichtigen zu können und damit ein Widerspruchsrecht des Mieters auszuschließen, kommt es darauf an, dass sich der Vermieter überhaupt auf berechtigte Interessen berufen kann. Dabei sind auch solche Interessen zu berücksichtigen, die im Rahmen des § 573 Abs 1, 2 keinen Kündigungsgrund darstellen würden.[133]

35   **cc)** Nach § 573b Abs 1 kann der Vermieter auch ohne ein berechtigtes Interesse eine Teilkündigung hinsichtlich nicht zum Wohnen bestimmter Nebenräume oder von Teilen eines Grundstücks, die er dazu verwenden will, Wohnraum zum Zwecke der Vermietung zu schaffen oder den neu zu schaffenden und den vorhandenen Wohnraum mit Nebenräumen und Grundstücksteilen auszustatten, erklären. Auch insoweit ist die Sozialklausel anwendbar, da weitergehende Schutzrechte des Mieters unberührt bleiben. Die Zulassung der Teilkündigung bezweckt, dass zusätzlicher Wohnraum aus dem Bestand zur Verfügung gestellt werden kann. Da bei der Teilkündigung von Nebenräumen oder Grundstücksteilen kein primäres Wohninteresse des Mieters betroffen ist, auf der anderen Seite hinter dem Kündigungsinteresse des Vermieters das öffentliche Interesse an der Schaffung von neuem Wohnraum steht, fällt in diesen Sonderfällen die Interessenabwägung in aller Regel zugunsten des Vermieters aus.

36   **dd)** Die Interessen des Vermieters an einer Beendigung des Mietverhältnisses müssen sich aus **konkreten Umständen** ergeben.[134] Berechtigt sind die Interessen des Vermieters, wenn sie mit der Rechts- und Sozialordnung in Einklang stehen, also vom Gerechtigkeitsgedanken her vertretbar sind. Hierbei ist die neuere Rechtsprechung zu § 573 Abs 2 zu berücksichtigen, die den Schutz des Eigentums wesentlich stärker betont als früher.[135] Die beiderseitigen Interessen sind als grundsätzlich gleichwertig in die Abwägung einzubringen, ohne dass einer Partei von vornherein ein Vorrang zukommt.[136] Ebenso wenig folgt aus der Anerkennung des Besitzrechts des Mieters als Eigentum iS des Art 14 GG durch das BVerfG, dass das Bestandsinteresse des Mieters in jedem Fall vorgeht.[137]

b) Einzelfälle

37   **aa)** Zu den berechtigten Interessen des Vermieters gehören nach § 573 Abs 2 Nr 1 **erhebliche, schuldhafte Pflichtverletzungen** des Mieters. In Betracht kommen etwa Zahlungsverzug nach § 543 Abs 2 S 1 Nr 3, vertragswidriger Gebrauch nach § 543 Abs 2, insbesondere unbefugte Untervermietung, eine Störung des Hausfriedens sowie Belästigungen des Vermieters. Zu beachten ist allerdings, dass diese Gründe nicht ein Gewicht erreichen dürfen, das eine fristlose Kündigung durch den Vermieter rechtfertigen würde,

---

132 OLG Hamm NJW 1992, 1969; AG Bergisch Gladbach WuM 1994, 22; *Sonnenschein* NZM 2000, 1, 7.
133 *Schmidt-Futterer/Blank* § 574 Rn 63.
134 AG Remscheid-Lennep MDR 1968, 500.
135 BVerfGE 79, 283, 289ff = NJW 1989, 972; BVerfGE 79, 292, 301ff = NJW 1989, 970; BGHZ 103, 91, 96ff = NJW 1988, 904.
136 LG Koblenz WuM 1991, 267; *Schmidt-Futterer/Blank* § 574 Rn 64.
137 BVerfGE 89, 1, 8f = NJW 1993, 2035.

weil dann eine Fortsetzung des Mietverhältnisses nach § 574 Abs 1 S 2 ausscheidet und es einer Interessenabwägung nicht bedarf.

bb) Eigenbedarf des Vermieters kann nach § 573 Abs 2 Nr 2 ein berechtigtes Interesse **38** an einer Beendigung des Mietverhältnisses begründen.[138] Dabei sind nicht nur die eigenen Interessen des Vermieters zu berücksichtigen, der etwa wegen seiner Hilfsbedürftigkeit darauf angewiesen ist, eine Pflegeperson in seine Wohnung aufzunehmen. Es kommt auch auf den Wohnbedarf für die zum Haushalt des Vermieters gehörenden Personen oder für seine Angehörigen an.[139] Zu berücksichtigen ist auch die Dringlichkeit des Eigenbedarfs.[140] Bei der Würdigung kann es eine Rolle spielen, ob der Vermieter den Eigenbedarf mutwillig[141] oder vorschnell und unbedacht herbeigeführt hat.[142] Das Eigenbedarfsinteresse des Vermieters tritt auch zurück, wenn er eine während des Laufs der Kündigungsfrist frei werdende Wohnung im Hause an einen anderen Interessenten vermietet hat,[143] soweit diese Fälle nicht bereits durch eine Beurteilung der Kündigung als rechtsmissbräuchlich und unwirksam gelöst werden,[144] ferner, wenn es zumutbar ist, dass ein lediger Familienangehöriger, für den Eigenbedarf geltend gemacht wird, noch eine gewisse Zeit in der elterlichen Wohnung bleibt[145] oder wenn angenommen werden kann, dass es jüngeren Familienangehörigen, für die Eigenbedarf geltend gemacht wird, leichter fallen wird als den alten Mietern, eine andere Wohnung zu finden.[146] Steht der Vermieter vor der Wahl, welchem von mehreren Mietern er wegen Eigenbedarfs kündigen soll, richtet sich die Wirksamkeit der Kündigung nach § 573 Abs 2 Nr 2. Ist hinsichtlich der vorgenommenen Kündigung ein berechtigtes Interesse zu verneinen, so ist die Kündigung unwirksam. Auf § 574 kommt es dann nicht an. Ist die Kündigung aber wirksam, kann bei der Sozialklausel im Rahmen der Interessenabwägung noch zu berücksichtigen sein, ob der Eigenbedarf durch Inanspruchnahme einer anderen Wohnung hätte gedeckt werden können.[147]

Zweifelhaft ist, welche Bedeutung dem Verhältnis zwischen dem Zeitpunkt des Eigen- **39** tumserwerbs des Vermieters und der **Dauer des Mietverhältnisses** zukommt. Im Rahmen des § 573 ist eine generelle Wartezeit des Erwerbers eines Mietshauses nicht mehr anzuerkennen, da der Gesetzgeber dem Zeitmoment in § 573c Abs 2 durch eine Staffelung der Kündigungsfristen Rechnung getragen hat. Zu weit geht es allerdings, dem Grundstückserwerber eine Berufung auf Eigenbedarf idR erst dann zu gestatten, wenn eine gewisse Zeit verstrichen ist, zB drei Jahre nach dem Eigentumserwerb. Eigenbedarf bildet grundsätzlich ohne diese Einschränkung ein berechtigtes Interesse, das nur in einer am Einzelfall orientierten Interessenabwägung hinter dem Schutzbedürfnis des Mieters zurückzutreten hat. Dabei kommt es vor allem auf die Dringlichkeit des Eigenbedarfs an. Eine generelle Wartezeit für den Erwerber einer vermieteten Wohnung kann deshalb auch im Rahmen

---

138 BVerfG NZM 1999, 659; BGH NZM 2005, 143; AG Aachen ZMR 1964, 308; AG Hagen ZMR 1964, 308.
139 LG Frankfurt/M v. 23.8.2011 – 2-11 S 110/11, NZM 2011, 774; LG Freiburg WuM 1990, 152; AG Münster WuM 1988, 364; *Weimar* WuM 1968, 426, 427.
140 BVerfG NZM 1999, 659; BayVerfGH NJW 1993, 518; AG Hannover WuM 1991, 553; AG Hamburg WuM 1983, 237 (LS).
141 LG Freiburg WuM 1990, 209.
142 AG Oldenburg WuM 1983, 151 (LS).
143 LG Hannover WuM 1991, 346; LG Wuppertal WuM 1970, 133; AG München WuM 1970, 23.
144 BVerfGE 79, 292, 305 = NJW 1989, 970; BVerfG NJW 1991, 2273.
145 AG Bochum WuM 1980, 226.
146 AG Landau NJW 1993, 2249.
147 LG Hannover WuM 1990, 305; LG Siegen WuM 1990, 23; AG Heilbronn WuM 1991, 102; AG Krefeld NJW 1978, 1265.

Christian Rolfs

des § 574 nicht anerkannt werden. Jedenfalls darf dem Erwerber nicht zum Nachteil gereichen, dass er nicht unmittelbar nach dem Erwerb eine Kündigung ausspricht und die Räumung durchzusetzen versucht, sondern über längere Zeit erst noch längere Fahrtzeiten zur Arbeitsstätte hinnimmt.[148]

40   **cc)** Ein berechtigtes Interesse des Vermieters liegt nach § 573 Abs 2 Nr 3 vor, wenn er durch die Fortsetzung des Mietverhältnisses an einer **angemessenen wirtschaftlichen Verwertung** des Grundstücks gehindert und dadurch erhebliche Nachteile erleiden würde. Eine anderweitige wirtschaftliche Verwertung ist gegeben, wenn der Vermieter das Grundstück verkaufen, zu Geschäftszwecken vermieten oder verpachten, ein großes soziales Bauvorhaben durchführen[149] oder auch das Gebäude abreißen will.[150] So kann das Interesse des Vermieters an einer Beendigung des Mietverhältnisses berechtigt sein, wenn er aus existentiellen Gründen auf den Verkaufserlös angewiesen ist, die Verkaufsverhandlungen aber daran scheitern oder dadurch beeinträchtigt werden, dass die Wohnung noch vermietet ist.[151] Auch insoweit bedarf es jedoch einer Abwägung der Interessen. Die Möglichkeit, eine höhere Miete durch anderweitige Vermietung als Wohnraum zu erzielen, bildet nach § 573 Abs 2 Nr 3 ebenso wenig ein berechtigtes Interesse des Vermieters wie ein rechtlich nicht bindendes Versprechen des Vermieters gegenüber einem anderen Mieter, diesem demnächst die Wohnung des gekündigten Mieters zur Verfügung zu stellen.[152]

41   **dd)** Neben den in § 573 Abs 2 nicht abschließend aufgezählten Fällen eines berechtigten Interesses des Vermieters kommen **sonstige Gründe** in Betracht, die auch im Rahmen des § 574 zu berücksichtigen sind. Dies gilt für Betriebsbedarf im weiteren Sinne wie etwa der Inanspruchnahme der Wohnung durch einen Bauverein für seine Mitglieder, während § 576a für Werkmietwohnungen eine Sonderregelung enthält, ferner für öffentliche Interessen, die bei den von Anfang an fehlbelegten Sozialwohnungen, bei Sanierungsmaßnahmen oder bei einer Inanspruchnahme des Wohnraums unmittelbar zur Erfüllung öffentlich-rechtlicher Pflichten zugunsten des Vermieters ins Gewicht fallen. Ein Mietverhältnis über Wohnraum in **Studenten- oder Jugendwohnheimen** kann nach § 549 Abs 3 ohne ein berechtigtes Interesse iS des § 573 gekündigt werden. Gleichwohl bleibt die Sozialklausel anwendbar, da § 574 nicht zu den in § 549 Abs 3 ausgenommenen Vorschriften zählt. Bei der Interessenabwägung ist aufseiten des Vermieters das in solchen Heimen weitgehend übliche Rotationsprinzip zu berücksichtigen, weil ein öffentliches Interesse daran besteht, dass derartiger Wohnraum auf die Bewerber angemessen verteilt wird.[153] Andererseits können gerade hier ein kurz bevorstehendes Examen oder die erhebliche Verzögerung der Anfertigung einer Dissertation zugunsten des Mieters ins Gewicht fallen (s oben Rn 27). Ein berechtigtes Interesse des Vermieters kann auch bei Unzumutbarkeit einer weiteren Fortsetzung des Mietverhältnisses berücksichtigt werden.

---

148   BVerfG NZM 1999, 659.
149   LG Köln WuM 1976, 163 m zust Anm *Weimar.*
150   AG Düsseldorf WuM 1991, 168.
151   OLG Karlsruhe NJW 1971, 1182; LG Traunstein WuM 1989, 420; LG Trier WuM 1991, 273; AG Bayreuth WuM 1991, 180.
152   OLG Karlsruhe NJW 1970, 1746; LG Mannheim WuM 1971, 58.
153   LG Aachen WuM 1986, 252; LG Dortmund WuM 1982, 276.

Christian Rolfs

c) Ausgeschlossene Interessen (Abs 3)

aa) Die vorgenannten Interessen des Vermieters an der Beendigung des Mietverhält- **42** nisses werden jedoch nur insoweit berücksichtigt, als sie im Kündigungsschreiben nach § 573 Abs 3 angegeben worden sind, es sei denn, dass die Gründe nachträglich entstanden sind. Der Zweck dieser Bestimmung besteht – wie derjenige des § 573 Abs 3 – darin, dass der Mieter so früh wie möglich Klarheit über seine Rechtsposition erlangen und so in die Lage versetzt werden soll, rechtzeitig alles Erforderliche zur Wahrung seiner Interessen zu veranlassen. Zudem soll der Vermieter sich selbst über die Rechtslage und die Aussichten des von ihm beabsichtigten Schrittes klar werden.[154] Er muss also alle Kündigungsgründe angeben, auf die er die Kündigung und die im Rahmen des § 574 vorzunehmende Interessenabwägung stützen will.[155]

bb) § 574 Abs 3 findet keine Anwendung auf Kündigungen nach § 573a und § 573b, die **43** der Begründung gar nicht bedürfen.[156] Damit weicht das Gesetz von der bis zur Mietrechtsreform geltenden Rechtslage ab.[157]

cc) Für den Umfang der Begründungspflicht und die Geltendmachung nachträglich **44** entstandener Gründe gelten die Bemerkungen zu § 573 Abs 3 entsprechend (§ 573 Rn 84ff).

7. Interessenabwägung

a) Die Härte, die für den Mieter oder seine Familie in der vertragsmäßigen Beendigung **45** des Mietverhältnisses liegt, darf nach § 574 Abs 1 auch unter Würdigung der berechtigten Interessen des Vermieters nicht zu rechtfertigen sein. Damit sind die im konkreten Einzelfall bestehenden Härtegründe gegen die berechtigten Interessen des Vermieters an einer Beendigung des Mietverhältnisses abzuwägen. Dies ist dem Tatrichter vorbehalten und hängt von einer **Würdigung des gesamten Sachverhalts** ab,[158] soweit die Einbeziehung der maßgebenden Umstände nicht aus prozessualen oder materiell-rechtlichen Gründen ausgeschlossen ist.[159] Eine unterschiedliche Gewichtung kann sich nicht nur aus der Bedeutung der jeweils vorgebrachten Tatsachen ergeben, sondern auch aus verfassungsrechtlichen Vorgaben, etwa dem Verhältnis von Eigentumsgarantie und dem Recht auf körperliche Unversehrtheit.[160] Deshalb kann die Interessenabwägung verfassungsrechtlich überprüft werden.[161]

b) Voraussetzung für einen erfolgreichen Widerspruch des Mieters ist es, dass bei **46** der erforderlichen Abwägung die Härtegründe auf seiner Seite die Interessen des Vermieters überwiegen. Bei der **Abwägung** ist zu berücksichtigen, ob der Mieter bereits beim Abschluss des Vertrags die späteren Härtegründe kannte.[162] Das Widerspruchsrecht besteht nicht, wenn den Interessen des Vermieters das Übergewicht zukommt. Stehen sich

---

154 BT-Drucks VI/1549, S 7f; BT-Drucks 7/2011, S 8.
155 Vgl LG Hamburg WuM 1993, 679.
156 BT-Drucks 14/4553, S 69; *Erman/Jendrek* § 574 Rn 11; MünchKomm/*Häublein* § 574 Rn 24; *Schmidt-Futterer/Blank* § 573a Rn 37.
157 OLG Hamm NJW 1992, 1969; *Sonnenschein* NJW 1998, 2172, 2188.
158 BayObLG WuM 1984, 9.
159 BayVerfGH NJW 1993, 518.
160 LG Oldenburg WuM 1991, 346.
161 BVerfG WuM 1993, 172; BVerfG NJW-RR 1993, 1358; BVerfG WuM 1994, 257.
162 AG Bad Homburg WuM 1989, 303.

Christian Rolfs

dessen Interessen und die Härtegründe aufseiten des Mieters gleichgewichtig gegenüber, so ist das Widerspruchsrecht ebenfalls ausgeschlossen.[163]

III. Rechtsfolgen

47   Als Rechtsfolge ist in § 574 Abs 1 S 1 bestimmt, dass der Mieter der Kündigung widersprechen und die Fortsetzung des Mietverhältnisses verlangen kann. Nach ebenso verbreiteter wie zutreffender Auffassung handelt es sich bei dem Widerspruch und Fortsetzungsverlangen um eine **einheitliche Willenserklärung**, deren Bestandteile nicht getrennt voneinander bestehen können.[164]

IV. Unabdingbarkeit (Abs 4)

48   Die Sozialklausel ist kraft ausdrücklicher gesetzlicher Anordnung in § 574 Abs 4 einseitig **zwingendes Recht**. Der Mieter kann deshalb nicht schon bei Vertragsschluss auf sein Widerspruchsrecht verzichten.[165] Das Gleiche gilt für spätere Vertragsänderungen vor Entstehung eines Widerspruchsrechts. Ist das Widerspruchsrecht aber nach einer Kündigung des Vermieters entstanden, kann der Mieter tatsächlich und deshalb auch rechtlich auf die Geltendmachung verzichten oder die Wirkungen eines bereits ausgeübten Widerspruchs durch Erlassvertrag aufheben.[166]

49   Sowohl aus dem Wortlaut als auch aus dem mieterschützenden Zweck der Vorschrift ist jedoch der Schluss gerechtfertigt, dass abweichende Vereinbarungen der Parteien **zulässig** sind, soweit sie sich **zugunsten des Mieters** auswirken.

§ 574a
Fortsetzung des Mietverhältnisses nach Widerspruch

[1] Im Falle des § 574 kann der Mieter verlangen, dass das Mietverhältnis so lange fortgesetzt wird, wie dies unter Berücksichtigung aller Umstände angemessen ist. Ist dem Vermieter nicht zuzumuten, das Mietverhältnis zu den bisherigen Vertragsbedingungen fortzusetzen, so kann der Mieter nur verlangen, dass es unter einer angemessenen Änderung der Bedingungen fortgesetzt wird.

[2] Kommt keine Einigung zustande, so werden die Fortsetzung des Mietverhältnisses, deren Dauer sowie die Bedingungen, zu denen es fortgesetzt wird, durch Urteil bestimmt. Ist ungewiss, wann voraussichtlich die Umstände wegfallen, auf Grund derer die Beendigung des Mietverhältnisses eine Härte bedeutet, so kann bestimmt werden, dass das Mietverhältnis auf unbestimmte Zeit fortgesetzt wird.

[3] Eine zum Nachteil des Mieters abweichende Vereinbarung ist unwirksam.

---

163 LG Berlin WuM 1990, 504; LG Berlin GE 1995, 429; LG Hamburg NJW 1997, 2761; LG Hannover WuM 1990, 609; AG Coesfeld DWW 1989, 230; MünchKomm/*Häublein* § 574 Rn 22; *Soergel/Heintzmann* § 574 Rn 19.
164 *Blank/Börstinghaus/Blank* § 574a Rn 2; *Hoffmann* NJW 1966, 486, 487; *Palandt/Weidenkaff* § 574b Rn 2.
165 AG Bochum WuM 1979, 256.
166 *Schmidt-Futterer/Blank* § 574 Rn 66.

I. Wirkung des Widerspruchs

Der Widerspruch des Mieters hat keine rechtsgestaltende Wirkung, die automatisch **1** zur Unwirksamkeit der Kündigung führen würde.[1] Es ist deshalb nicht angebracht, in dem Widerspruch ein Gestaltungsrecht zu sehen, das zur schwebenden Unwirksamkeit der Kündigung führt.[2] Ein wirksamer Widerspruch begründet nach § 574 Abs 1 S 1 nur einen **Anspruch auf Fortsetzung des Mietverhältnisses.** Dieser Anspruch wird nach § 574a Abs 2 S 1 im Wege der Einigung der Parteien oder durch Gerichtsurteil erfüllt. Durch den Widerspruch wird zwar ein Schwebezustand ausgelöst. Dabei handelt es sich jedoch nicht um eine schwebende Unwirksamkeit, sondern um den zwischen jeder Begründung und Erfüllung eines Anspruchs bestehenden Zustand. Die Ungewissheit resultiert allein aus dem nicht mit Sicherheit vorauszusehenden Prozessausgang.[3]

Einigen sich die Parteien erst nach Ablauf der Kündigungsfrist oder ergeht erst dann **2** ein Urteil auf Fortsetzung, wird das Mietverhältnis zwischenzeitlich beendet, sodass sich die Rechte und Pflichten der Parteien zunächst nach den §§ 546, 546a, 570, 571 richten. Die Beendigung des Mietverhältnisses und damit auch die Anwendung der vorgenannten Vorschriften werden jedoch durch die Fortsetzung des Mietverhältnisses **rückwirkend** beseitigt. Es handelt sich auch in diesem Fall nicht um einen Neuabschluss.[4]

II. Anspruch auf Fortsetzung des Mietverhältnisses

1. Einigung der Parteien (Abs 1 S 1). Das Gesetz geht davon aus, dass sich die Parteien **3** über die Fortsetzung des Mietverhältnisses meist gütlich einigen werden.[5] Der Anspruch des Mieters ist auf **Abgabe einer Willenserklärung** durch den Vermieter gerichtet. Das Fortsetzungsverlangen bildet somit ein Vertragsangebot, zu dessen Annahme der Vermieter verpflichtet ist. Die Einigung ist ein **Vertrag**, der den bisherigen Mietvertrag nach § 311 ändert.

Fraglich ist, ob eine solche Änderung nach § 550 **formbedürftig** ist, wenn der Vertrag **4** für bestimmte und längere Zeit als ein Jahr fortbestehen soll. Die Frage ist zu bejahen, da ein Vorrang der Sozialklausel gegenüber § 550 nicht erkennbar ist[6] und von einer Erschwerung der Einigung durch Einhaltung der Schriftform kaum die Rede sein kann. Bei einer Einigung im Wege des Prozessvergleichs ist die Form aufgrund § 126 Abs 4, § 127a gewahrt.

---

1 *Fischer* ZMR 1960, 225; *Häusler* DWW 1968, 4, 6; *Hoffmann* NJW 1966, 486, 487; *Prütting/Wegen/Weinreich/Riecke* § 574a Rn 2.

2 OLG Karlsruhe NJW 1973, 1001; **aM** LG Braunschweig WuM 1972, 127; LG Wiesbaden WuM 1972, 162; AG Kassel WuM 1972, 96; *Hiendl* NJW 1965, 2190.

3 *Blank/Börstinghaus/Blank* § 574a Rn 10.

4 MünchKomm/*Häublein* § 574a Rn 4; *Schmidt-Futterer/Blank* § 574a Rn 24.

5 Ausschussbericht, zu BT-Drucks III/1850, S 9.

6 *Bamberger/Roth/Hannappel* § 574a Rn 8; *Bub/Treier/Grapentin* Rn IV 117; MünchKomm/*Häublein* § 574a Rn 6.

Christian Rolfs

5   **2. Fortsetzungsurteil (Abs 2 S 1).** Wenn sich die Parteien nicht einigen, ergeht nach § 574a Abs 2 S 1 iV mit § 308a ZPO im Rahmen eines vom Vermieter angestrengten **Räumungsprozesses oder aufgrund einer Fortsetzungsklage,** die der Mieter erhoben hat, ein gerichtliches Urteil über die Fortsetzung des Mietverhältnisses. Eines gesonderten Antrages des Mieters, das Mietverhältnis fortzusetzen, bedarf es wegen § 308a ZPO nicht.[7] Vielmehr hat das Gericht, wenn es den Widerspruch für begründet hält, von Amts wegen auszusprechen, für welche Dauer und unter welchen Änderungen der Vertragsbedingungen das Mietverhältnis fortgesetzt wird. Gleichwohl besteht gegenüber der Räumungsklage für eine auf § 574 gestützte Widerklage des Mieters ein Rechtsschutzbedürfnis, wie sich aus dem Wortlaut von § 308a ZPO („auch ohne Antrag") unmittelbar ergibt.[8] Umgekehrt kann der Vermieter jedoch gegenüber der selbständig zulässigen Fortsetzungsklage des Mieters[9] nach § 33 ZPO Widerklage auf Räumung erheben.[10] Hierdurch entfällt aber nicht nachträglich das Rechtsschutzbedürfnis für die Fortsetzungsklage des Mieters.

6   Den Mieter trifft die **Beweislast** für die Härtegründe, den Vermieter für seine berechtigten Interessen und für Gründe, die eine fristlose Kündigung rechtfertigen und damit den Anspruch des Mieters auf Fortsetzung des Mietverhältnisses ausschließen.[11]

3. Dauer und sonstiger Inhalt des fortgesetzten Mietverhältnisses

7   **a)** Soweit die Parteien eine **Einigung** erzielen, können sie im Rahmen der Vertragsfreiheit auch die Dauer und die sonstige inhaltliche Ausgestaltung des fortgesetzten Mietverhältnisses regeln. Sie können das Mietverhältnis auf bestimmte oder auf unbestimmte Zeit fortsetzen, die Miete, Nebenleistungspflichten und sonstige Vertragsbedingungen ändern.

8   **b)** Können sich die Parteien nicht einigen, wird durch **Gerichtsurteil** über die Dauer sowie über die Bedingungen entschieden, nach denen das Mietverhältnis fortgesetzt wird.

9   **aa)** Hinsichtlich der Dauer kommt deshalb grundsätzlich nur eine **Fortsetzung auf bestimmte Zeit** in Betracht, wenn abzusehen ist, bis zu welchem Zeitpunkt die Härtegründe in der Person des Mieters oder seiner Familie weggefallen sein werden oder wann den Interessen des Mieters ein Übergewicht zukommen wird. Es geht also um Umstände vorübergehender Natur.[12] Im Einzelnen handhabt die Rechtsprechung den ihr insoweit eingeräumten Gestaltungsspielraum recht unterschiedlich.[13] Gegenüber einer von vornherein allzu langen Befristung ist zu bedenken, dass § 574c unter bestimmten Voraussetzungen eine weitere Fortsetzung zulässt, was einer etwaigen Änderung der Interessenlage in der Zwischenzeit besser gerecht werden kann.

10   Mit der Einführung des damaligen § 556a Abs 3 S 2 aF (heute § 574a Abs 2 S 2) durch das MietRÄndG 3 ist die Möglichkeit geschaffen worden, das Mietverhältnis durch Urteil auch **auf unbestimmte Zeit** fortzusetzen, wenn ungewiss ist, wann die Härtegründe für den Mieter oder seine Familie voraussichtlich wegfallen werden. Im Regelfall soll es

---

7 *Bamberger/Roth/Hannappel* § 574a Rn 17.
8 NK-BGB/*Hinz* § 574a Rn 12; *Thomas/Putzo/Reichold* § 308a ZPO Rn 8; *Zöller/Vollkommer* § 308a ZPO Rn 2f; **aM** *Schmidt-Futterer/Blank* § 574a Rn 19.
9 *Palandt/Weidenkaff* § 574a Rn 6; *Pergande* NJW 1964, 1925, 1934.
10 *Blank/Börstinghaus/Blank* § 574a Rn 20; *Palandt/Weidenkaff* § 574a Rn 6.
11 AG Düren WuM 1989, 240 (LS).
12 OLG Stuttgart NJW 1969, 1070.
13 Einzelheiten bei *Staudinger/Rolfs* (2011), § 574a Rn 15.

aber dabei bleiben, dass das Gericht die Fortsetzung nur auf bestimmte Zeit anordnet.[14] Umstände, die eine Fortsetzung auf unbestimmte Zeit rechtfertigen, sind vor allem hohes Alter, Gebrechlichkeit, Schwerbehinderung und unabsehbare Dauer einer Erkrankung.[15] Vielfach wird für die Fortsetzung auf unbestimmte Zeit neben Alter und Krankheit auf die Verwurzelung in der Wohngegend aufgrund langer Mietdauer[16] oder auf die alters- und krankheitsbedingten Schwierigkeiten der Ersatzwohnraumbeschaffung abgestellt.[17] Auch Krankheit allein dient zur Rechtfertigung einer unbefristeten Fortsetzung.[18] Die Schwierigkeiten der Ersatzraumbeschaffung rechtfertigen nicht ohne weiteres eine Fortsetzung auf unbestimmte Zeit.[19] Sind die Voraussetzungen für eine Fortsetzung auf unbestimmte Zeit an sich gegeben, so ist das Gericht doch an einen Antrag des Mieters gebunden, das Mietverhältnis auf bestimmte Zeit fortzusetzen. Der Mieter kann es aber nach § 308a Abs 1 ZPO auch ohne eigenen Antrag dem Gericht überlassen, ob es die Fortsetzung auf bestimmte oder auf unbestimmte Zeit anordnet.

Eine Fortsetzung des Mietverhältnisses auf **Lebenszeit** ist vereinzelt von der Recht- **11** sprechung für zulässig gehalten worden.[20] Dem ist jedoch zu widersprechen. Eine Fortsetzung auf Lebenszeit kann nicht mit derjenigen auf unbestimmte Zeit gleich gesetzt werden und ist deshalb jedenfalls durch Urteil außerhalb einer Einigung der Parteien unzulässig.[21]

bb) Eine **Änderung der Vertragsbedingungen** durch das Gericht ist möglich, wenn **12** die Parteien sich insoweit nicht einigen können und dem Vermieter nicht zuzumuten ist, das Mietverhältnis unter den bisher geltenden Bedingungen fortzusetzen. In diesem Fall kann der Mieter nach § 574a Abs 1 S 2 nur verlangen, dass das Mietverhältnis unter einer angemessenen Änderung der Bedingungen fortgesetzt wird. Ein dahin gehender Sachantrag des Vermieters im Prozess ist nicht erforderlich. Das Gericht kann nach § 308a Abs 1 ZPO von Amts wegen entscheiden[22] oder nach § 139 ZPO dahin wirken, dass sachdienliche Anträge gestellt werden. Allerdings muss das Gericht den Inhalt der Vertragsänderung selbst ausurteilen und darf ihn nicht der näheren Bestimmung der Parteien überlassen.[23]

Ob eine Fortsetzung unter den bisher geltenden Vertragsbedingungen für den Vermie- **13** ter unzumutbar ist, richtet sich im Einzelfall nach einer **Abwägung der beiderseitigen Interessen.** Als unzumutbar ist die Fortsetzung zu beurteilen, wenn unter Berücksichtigung aller Umstände wie vor allem der Entwicklung der örtlichen Vergleichsmieten, der vertraglichen Pflichten der Parteien und ihres bisherigen Verhaltens das vertragliche

---

14 Ausschussbericht, zu BT-Drucks V/2317, S 2; OLG Hamm NJW 1992, 1969; LG Hannover WuM 1994, 430; AG Witten ZMR 2007, 43; MünchKomm/*Häublein* § 574a Rn 12; *Soergel/Heintzmann* § 574a Rn 5.
15 LG Berlin v. 4.5.2010 – 65 S 352/09, ZMR 2010, 962 m abl Anm *Häublein* ZMR 2010, 964 f; LG Bonn WuM 1990, 151; LG Essen NZM 1999, 954; LG Koblenz WuM 1991, 267; LG Stuttgart WuM 1993, 46; *Neuner* NJW 2000, 1822, 1832.
16 LG Berlin ZMR 2010, 962 (dagegen zutreffend *Häublein* ZMR 2010, 964f); LG Bonn WuM 1990, 151; LG Essen NZM 1999, 954; LG Hamburg DWW 1991, 189; AG Heidenheim WuM 1992, 436; AG Landau NJW 1993, 2249; AG Witten ZMR 2007, 43.
17 AG Stuttgart WuM 1989, 297.
18 LG Düsseldorf WuM 1969, 91; LG Düsseldorf MDR 1970, 55; LG Freiburg WuM 1992, 436; LG Hagen WuM 1991, 103.
19 AG Stuttgart WuM 1991, 103.
20 LG Essen WuM 1971, 24; LG Wiesbaden WuM 1968, 200; AG Wiesbaden WuM 1967, 8; AG Wiesbaden WuM 1967, 9.
21 OLG Stuttgart NJW 1969, 1070; LG Kassel WuM 1989, 416; LG Lübeck WuM 1994, 22; AG Bayreuth WuM 1991, 180; *Bub/Treier/Grapentin* Rn IV 118; *Schmid/Schmid* § 574a Rn 5.
22 MünchKomm/*Häublein* § 574a Rn 7, 9; *Soergel/Heintzmann* § 574a Rn 5.
23 **AM** LG Heidelberg WuM 1995, 682.

Christian Rolfs

Gleichgewicht erheblich gestört und der Vermieter dadurch übermäßig belastet wird, sodass auch bei objektiver Betrachtung ein Neuabschluss zu den bisherigen Vertragsbedingungen nicht in Betracht kommt. Ziel muss es sein, das Gleichgewicht der vertraglichen Rechte und Pflichten wiederherzustellen, wobei die besonderen Interessen beider Parteien an einer Beendigung bzw Aufrechterhaltung des Mietverhältnisses zu berücksichtigen sind.

14   Dies gilt im Einzelnen in erster Linie für eine **Anpassung der Miete** an die ortsübliche Vergleichsmiete.[24] Die Anpassung der Miete ist nicht davon abhängig, dass die formellen und materiellen Voraussetzungen der §§ 558ff eingehalten werden. Die Regelung der Sozialklausel ist demgegenüber vorrangig.[25]

15   **Sonstige Vertragspflichten** des Mieters wie die Übernahme von Schönheits- und anderen Reparaturen, Gehwegreinigung und Gartenpflege können in angemessenem Umfang angepasst werden. Dabei ist aber die Einschränkung zu machen, dass neue Pflichten dem Mieter nur dann auferlegt werden dürfen, wenn sie sich im Rahmen allgemein üblicher vertraglicher Pflichten halten.

16   Die Änderung des Vertragsinhalts kann sich auf einzelne Räume erstrecken, so vor allem bei Eigenbedarf des Vermieters.[26] Dem Mieter muss jedoch stets eine **abgeschlossene Wohnung verbleiben**, wenn er eine solche gemietet hat.[27] Dementsprechend kann das Gericht nur den Verzicht des Mieters auf die Mitbenutzung einzelner Gemeinschaftsräume[28] oder die Herausgabe von Bodenräumen etc anordnen,[29] wenn der Vermieter seinen Bedarf hilfsweise durch den Ausbau dieser Räume decken kann. Ebenso kann das Gericht bestimmen, dass einzelne Wohnräume herausgegeben werden, wenn sie vom Mieter nicht benötigt werden und sich ohne weiteres abtrennen lassen.[30]

III. Unabdingbarkeit (Abs 3)

17   Die Regelungen über die Fortsetzung des Mietverhältnisses nach einem Widerspruch des Mieters sind nicht zum Nachteil des Mieters abdingbar, Abs 3.

§ 574b

Form und Frist des Widerspruchs

[1] Der Widerspruch des Mieters gegen die Kündigung ist schriftlich zu erklären. Auf Verlangen des Vermieters soll der Mieter über die Gründe des Widerspruchs unverzüglich Auskunft erteilen.
[2] Der Vermieter kann die Fortsetzung des Mietverhältnisses ablehnen, wenn der Mieter ihm den Widerspruch nicht spätestens zwei Monate vor der Beendigung des Mietverhältnisses erklärt hat. Hat der Vermieter nicht rechtzeitig vor Ablauf der

---

24 LG Mannheim ZMR 1977, 30; MünchKomm/*Häublein* § 574a Rn 7.
25 LG Mannheim ZMR 1977, 30; MünchKomm/*Häublein* § 574a Rn 7; *Weimar* ZMR 1978, 325, 327; **aM** AG Hamburg-Altona WuM 1973, 242; AG Heidenheim WuM 1992, 436.
26 *Fischer-Dieskau* u a/*Franke* § 574a Anm 3.5.
27 *Schmidt-Futterer/Blank* § 574a Rn 16.
28 AG Bad Schwartau WuM 1986, 216.
29 LG Hamburg WuM 1987, 223.
30 Vgl LG Mannheim NJW 1965, 2203.

Widerspruchsfrist auf die Möglichkeit des Widerspruchs sowie auf dessen Form und Frist hingewiesen, so kann der Mieter den Widerspruch noch im ersten Termin des Räumungsrechtsstreits erklären.

[3] Eine zum Nachteil des Mieters abweichende Vereinbarung ist unwirksam.

Systematische Übersicht

I. Widerspruchserklärung

1. Rechtsgeschäftliche Grundlagen. Der Widerspruch ist eine **einseitige, emp-** 1 **fangsbedürftige Willenserklärung,** die durch Zugang beim Vermieter oder seinem Vertreter nach den §§ 130 bis 132 wirksam wird. **Vertretung** ist bei der Abgabe der Widerspruchserklärung zulässig.[1] Dabei ist zu beachten, dass der Vermieter den Widerspruch nach § 174 zurückweisen kann, wenn keine Vollmachtsurkunde vorgelegt wird.

Für den **Inhalt** des Widerspruchs genügt der erkennbare Wille des Mieters, die Been- 2 digung des Mietverhältnisses nicht gegen sich gelten zu lassen. Die Begriffe „Widerspruch" oder „Fortsetzung des Mietverhältnisses" brauchen nicht ausdrücklich verwendet zu werden.[2] Eine Begründung ist nicht erforderlich.[3] Auf Verlangen des Vermieters soll der Mieter nach § 574b Abs 1 S 2 allerdings unverzüglich Auskunft über die Gründe des Widerspruchs erteilen. Außer Kostennachteilen im Räumungsprozess, die sich aus § 93b Abs 2 ZPO ergeben, sind an die Verletzung dieser Sollvorschrift durch den Mieter jedoch keine Sanktionen geknüpft.[4] Der Mieter kann früher oder auch später entstandene Härtegründe nachschieben, auch wenn bereits ein Räumungsrechtsstreit anhängig ist.[5] Hinsichtlich der Begründung des Widerspruchs besteht kein Formzwang.[6] Der Mieter braucht in der Erklärung, mit der er der Kündigung widerspricht und die Fortsetzung des Mietverhältnisses verlangt, nicht anzugeben, für welche Zeit das Mietverhältnis fortgesetzt werden soll.[7]

2. Form (Abs 1). Nach § 574b Abs 1 bedarf die Erklärung des Mieters, mit der er der 3 Kündigung widerspricht, der **schriftlichen Form.** Wenn § 574b nur den Widerspruch, nicht aber das Fortsetzungsverlangen erwähnt, so ist dies unbeachtlich, weil beides ein und dieselbe Willenserklärung (vgl § 574 Rn 47), im Widerspruch also ipso iure das Fortsetzungsverlangen enthalten ist und umgekehrt. Im Übrigen gelten die §§ 126ff.

3. Frist; Ablehnungsrecht des Vermieters (Abs 2)

a) Eine **Frist** für die Erklärung ist in § 574b Abs 2 bestimmt. Hierbei handelt es sich 4 nicht um eine Ausschlussfrist, sondern um eine der Verjährungsregelung vergleichbare Frist, deren Versäumung nur beachtet wird, wenn sie vom Vermieter als Einrede geltend

---

1 *Palandt/Weidenkaff* § 574b Rn 3; *Prütting/Wegen/Weinreich/Riecke* § 574b Rn 2.
2 LG Berlin WuM 1991, 498; LG Flensburg SchlHAnz 1966, 42.
3 *Fischer-Dieskau* u a/*Franke* § 574b Anm 3.1.
4 *Fischer-Dieskau* u a/*Franke* § 574a Anm 3.4.
5 LG Wiesbaden WuM 1988, 269.
6 MünchKomm/*Häublein* § 574b Rn 6; *Schmid/Schmid* § 574b Rn 7; *Soergel/Heintzmann* § 574b Rn 6.
7 AG Fürth WuM 1966, 41; *Bamberger/Roth/Hannappel* § 574b Rn 4; *Hoffmann* WuM 1963, 161, 163; **aM** *Burkhardt* BB 1963, 907, 910; *Kunkel* NJW 1965, 799, 801.

Christian Rolfs

gemacht wird.[8] Vor Ablauf der Frist ist der Mieter nicht dazu verpflichtet, dem Vermieter zu erklären, ob er der Kündigung widersprechen wird,[9] selbst wenn der Vermieter hiernach fragt.[10]

5   **b)** Nach § 574b Abs 2 kann der Vermieter die Fortsetzung des Mietverhältnisses ablehnen, wenn der Mieter den Widerspruch nicht spätestens zwei Monate vor der Beendigung des Mietverhältnisses dem Vermieter gegenüber erklärt hat. Diese Frist gilt einheitlich bei allen Kündigungsfristen des § 573c. **Karenzzeiten** sind nicht vorgesehen. Für die Fristberechnung gelten die §§ 186ff. Maßgebend für die Einhaltung der Frist ist der Zugang des Widerspruchs.[11]

6   **c)** Der Mieter kann den Widerspruch nach § 574b Abs 2 S 2 noch im **ersten Termin des Räumungsrechtsstreits** erklären, wenn der Vermieter ihn nicht rechtzeitig vor Ablauf der Widerspruchsfrist nach § 568 Abs 2 auf die Möglichkeit des Widerspruchs und dessen Form und Frist hingewiesen hat. Rechtzeitig ist der Hinweis nur, wenn er dem Mieter angemessene Zeit vor Ablauf der Widerspruchsfrist zugeht, sodass ihm noch genügend Zeit zur Einholung von Rechtsrat, Überlegung, Abfassung des Widerspruchs und dessen Übermittlung an den Vermieter verbleibt (näher § 568 Rn 16). Die Hinweispflicht des Vermieters ist unverzichtbar und kann nicht im Voraus erfüllt werden.[12]

7   Fraglich ist, ob mit dem **ersten Termin** des Räumungsrechtsstreits der **Gütetermin** (§ 278 Abs 2 ZPO) oder die erste mündliche Verhandlung (Haupttermin bzw früher erster Termin, vgl § 272 Abs 2, §§ 275, 279 Abs 2 ZPO) gemeint ist. Der Gesetzgeber hat eine ausdrückliche Klarstellung bei der Reform der ZPO zum 1.1.2002[13] insoweit unterlassen. Zu berücksichtigen ist einerseits, dass § 574b Abs 2 S 2 die Widerspruchsfrist bei unterlassener Belehrung des Vermieters deshalb bis zum ersten Termin des Räumungsrechtsstreits verlängert, weil der Mieter dann möglicherweise zu diesem Zeitpunkt erstmals durch gerichtlichen Hinweis nach § 139 ZPO von seinem Widerspruchsrecht erfährt.[14] Andererseits ist dieser Hinweis zwar gemäß § 139 Abs 4 S 1 ZPO so früh wie möglich zu erteilen, gleichwohl kann es im Interesse einer sachgerechten Prozessleitung geboten sein, ihn im Gütetermin noch zu unterlassen, um die dort vorrangige gütliche Einigung der Parteien nicht zu gefährden.[15] Da es folglich nicht verfahrensfehlerhaft sein kann, den gerichtlichen Hinweis auf Existenz und Inhalt des Widerspruchsrechts erst im Haupttermin bzw frühen ersten Termin zu erteilen, muss das Widerspruchsrecht des Mieters auch bis zu diesem Zeitpunkt bestehen. „Erster Termin" iS von § 574b Abs 2 S 2 ist folglich nicht die Güteverhandlung, sondern der erste Haupttermin bzw frühe erste Termin.[16]

8   Ist einem **Versäumnisurteil** ein schriftliches Vorverfahren, aber keine mündliche Verhandlung vorausgegangen, so kann der Widerspruch noch im ersten Termin zur mündlichen Verhandlung über den Einspruch gegen das Versäumnisurteil erklärt werden.[17] Das Erfordernis der Schriftform nach § 574b Abs 1 S 1 (Rn 3) gilt auch für den im ersten

---

8   AG Recklinghausen WuM 1964, 53; **aM** *Hiendl* NJW 1965, 2190, 2191.
9   AG Neuss DWW 1990, 279.
10 OLG Karlsruhe NJW 1984, 2953.
11 MünchKomm/*Häublein* § 574b Rn 7; *Soergel/Heintzmann* § 574b Rn 3.
12 *Blank/Börstinghaus/Blank* § 568 Rn 23.
13 BGBl 2001 I S 1887, geänd 3138.
14 Vgl *Schmidt-Futterer* WuM 1968, 37, 40; *Voelskow* DB 1968, 115, 121.
15 Vgl *Zöller/Greger* § 139 ZPO Rn 11.
16 *Soergel/Heintzmann* § 574b Rn 3; **aM** MünchKomm/*Häublein* § 574b Rn 8.
17 LG Düsseldorf WuM 1992, 371; **aM** *Bub/Treier/Grapentin* Rn IV 114.

Christian Rolfs

Termin des Räumungsrechtsstreits erklärten Widerspruch, da das Gesetz insoweit keine Ausnahme vorsieht.[18] Auf der Grundlage der Prozessvollmacht wird die Zustellung durch den Anwalt der Form gerecht, wenn es sich um eine beglaubigte Kopie handelt und der Widersprechende den Prozess als Rechtsanwalt selbst führt oder wenn er als Prozessbevollmächtigter des Mieters den Beglaubigungsvermerk auf der dem Vermieter oder seinem Vertreter zugestellten Abschrift des Schriftsatzes unterschrieben hat, wie es von der Rechtsprechung zur Schriftform der Kündigung nach § 568 angenommen wird.[19] Ein gerichtliches Protokoll ersetzt die Form nach § 126 Abs 3, § 127a nur bei einem Prozessvergleich.

d) Vom Gesetz nicht geregelt ist der Fall, dass sich die Härtegründe erst **nach Ablauf** **9** **der Widerspruchsfrist** ergeben haben. Teilweise wird versucht, diese Lücke dadurch zu schließen, dass dem Mieter extra legem das Recht eingeräumt wird, auch in diesen Fällen noch bis zum ersten Termin zu widersprechen, ohne dem Vermieter zugleich das Ablehnungsrecht nach Abs 2 S 1 zu gewähren.[20] Dem kann jedoch nicht beigetreten werden. Dem Mieter kann dann – wenn er nicht vorsorglich widersprochen hatte – nur noch durch Gewährung einer gerichtlichen Räumungsfrist nach § 721 oder § 794a ZPO geholfen werden.

e) Ein vorsorglicher oder zu früh erklärter Widerspruch birgt allerdings das Risiko, **10** dass der Vermieter **Klage auf zukünftige Räumung** erhebt, weil er iS der §§ 257, 259 ZPO die Besorgnis begründen kann, dass der Mieter die Wohnung nicht bei Ablauf der Kündigungsfrist räumen wird.[21] Eine derartige Besorgnis ist freilich nicht schon dann gerechtfertigt, wenn der Mieter lediglich auf Schwierigkeiten bei der Ersatzwohnraumbeschaffung hinweist[22] oder die Kündigungserklärung nur aus formalen Gründen zurückweist.[23] Erklärt er allerdings definitiv, dass er die Kündigung für unberechtigt hält und nicht ausziehen werde, kann der Vermieter nach §§ 257, 259 ZPO vorgehen.[24]

II. Unabdingbarkeit (Abs 3)

§ 574b kann nicht zu Lasten des Mieters vertraglich abbedungen werden, Abs 3. **11**

§ 574c

Weitere Fortsetzung des Mietverhältnisses bei unvorhergesehenen Umständen

[1] Ist aufgrund der §§ 574 bis 574b durch Einigung oder Urteil bestimmt worden, dass das Mietverhältnis auf bestimmte Zeit fortgesetzt wird, so kann der Mieter dessen weitere Fortsetzung nur verlangen, wenn dies durch eine wesentliche Änderung der Umstände gerechtfertigt ist oder wenn Umstände nicht eingetreten sind,

---

18 **AM** *Bub/Treier/Grapentin* Rn IV 114.
19 BGH WuM 1987, 209; OLG Hamm NJW 1982, 452; OLG Zweibrücken WuM 1981, 177; vgl auch LG Braunschweig NJW 1964, 1028.
20 *Blank/Börstinghaus/Blank* § 574b Rn 12.
21 *Nies* NZM 1998, 18, 18.
22 LG Köln NJW-RR 1996, 778; AG Fritzlar WuM 1998, 606.
23 LG Berlin GE 1997, 429.
24 LG Berlin NZM 1999, 71; *Achenbach* NZM 2001, 61, 62.

Christian Rolfs

deren vorgesehener Eintritt für die Zeitdauer der Fortsetzung bestimmend gewesen war.

[2] Kündigt der Vermieter ein Mietverhältnis, dessen Fortsetzung auf unbestimmte Zeit durch Urteil bestimmt worden ist, so kann der Mieter der Kündigung widersprechen und vom Vermieter verlangen, das Mietverhältnis auf unbestimmte Zeit fortzusetzen. Haben sich die Umstände verändert, die für die Fortsetzung bestimmend gewesen waren, so kann der Mieter eine Fortsetzung des Mietverhältnisses nur nach § 574 verlangen; unerhebliche Veränderungen bleiben außer Betracht.

[3] Eine zum Nachteil des Mieters abweichende Vereinbarung ist unwirksam.

I. Wiederholte Verlängerung des auf bestimmte Zeit fortgesetzten Mietverhältnisses (Abs 1)

1. Voraussetzungen

1   **a) Allgemeines.** Die Regelung des § 574c ermöglicht die wiederholte Verlängerung eines Mietverhältnisses über Wohnraum auf Verlangen des Mieters. Sie ist anzuwenden, wenn das Mietverhältnis aufgrund der §§ 574 bis 574b bereits früher fortgesetzt worden ist. Ist das Mietverhältnis daraufhin **auf bestimmte Zeit verlängert** worden, greift § 574c Abs 1 ein. Dabei ist es zunächst generell erforderlich, dass die nunmehr fristgemäße Beendigung des Mietverhältnisses für den Mieter, seine Familie oder seine Haushaltsangehörigen wiederum eine Härte bedeutet (§ 574 Rn 13ff), die auch unter Würdigung der berechtigten Interessen des Vermieters (§ 574 Rn 33ff) nicht zu rechtfertigen ist. Bei der erforderlichen Interessenabwägung (§ 574 Rn 45f) kommt es grundsätzlich auf die Umstände an, die im Zeitpunkt der Einigung oder der gerichtlichen Entscheidung über eine erneute Fortsetzung vorliegen.[1] Der Anspruch auf Fortsetzung des Mietverhältnisses wird gegenüber den §§ 574 bis 574b dadurch eingeschränkt, dass eine der beiden folgenden weiteren Voraussetzungen erfüllt sein muss.

---

1 *Blank/Börstinghaus/Blank* § 574c Rn 9.

:

b) Wesentliche Änderung der Umstände. Die weitere Fortsetzung des Mietver- 2
hältnisses kann nach § 574c Abs 1 Alt 1 „durch eine wesentliche Änderung der Umstände
gerechtfertigt" sein. Mit dieser **Einschränkung** soll sichergestellt werden, dass ein befristet verlängertes Mietverhältnis nicht aufgrund derselben Umstände, die schon für die erste
Verlängerung maßgebend waren, noch weiter fortgesetzt wird.

Eine **Änderung der Umstände aufseiten des Mieters** liegt zum einen vor, wenn er 3
sich auf neue Tatsachen berufen kann, die nach der vorausgegangenen Verlängerung eingetreten sind. Diese neuen Tatsachen müssen die Beendigung des auf bestimmte Zeit fortgesetzten Mietverhältnisses als ungerechtfertigte Härte für den Mieter oder seine Familie
erscheinen lassen. Einer Änderung der Umstände ist es gleichzusetzen, wenn die Gründe,
auf die der Mieter seinen Anspruch auf erneute Fortsetzung des Mietverhältnisses stützt,
zwar schon zur Zeit der früheren Fortsetzung vorlagen, aber nicht geltend gemacht oder
bei der Entscheidung nicht berücksichtigt worden waren.[2] Die spätere Berücksichtigung
des schon früher vorliegenden Umstandes ist dadurch gerechtfertigt, dass er nicht in die
Entscheidung über die Verlängerung eingegangen ist und deshalb bei der Bemessung der
Frist keine Rolle gespielt hat.

Die Änderung der Umstände muss im Verhältnis zu den bei der früheren Entschei- 4
dung über die Fortsetzung des Mietverhältnisses maßgebenden Gründen **wesentlich** sein.
Dies ist anzunehmen, wenn den neuen oder den noch nicht berücksichtigten Tatsachen
ein selbständiges Gewicht beizumessen ist, sodass sie eine neue Interessenabwägung
rechtfertigen.[3]

c) Nichteintritt erwarteter Umstände. Ein Nichteintritt erwarteter Umstände ist zB 5
anzunehmen, wenn das Mietverhältnis wegen einer Erkrankung des Mieters auf bestimmte
Zeit verlängert worden ist, wider Erwarten nach Ablauf der entsprechend bemessenen Zeit
die Gesundheit aber noch nicht wiederhergestellt ist. Die Fertigstellung einer in Aussicht
genommenen Ersatzwohnung kann sich verzögern. Ein ohnehin vorgesehener Wohnungswechsel oder die Bemühungen um eine Ersatzwohnung können scheitern.[4] Dabei handelt
es sich um Umstände, deren erwarteter Eintritt die Härtegründe aufseiten des Mieters,
seiner Familie oder seiner Haushaltsangehörigen und damit ein Erfordernis der Sozialklausel entfallen lassen hätte.[5]

d) Ausschluss der Berufung auf die Änderung oder den Nichteintritt von 6
Umständen. Die Parteien des Mietverhältnisses können sich entsprechend den in § 162
zum Ausdruck kommenden Grundsätzen nicht auf Umstände berufen, deren Eintritt oder
Nichteintritt eine von ihnen wider Treu und Glauben herbeigeführt oder verhindert hat.[6]

2. Rechtsfolgen. Der Mieter kann die Fortsetzung des Mietverhältnisses nur nach den 7
Vorschriften der §§ 574 bis 574b verlangen. Aus dem Zusammenhang zu §§ 574 bis 574b
ergibt sich, dass die Geltendmachung des Anspruchs daran gebunden ist, dass **Frist und**

---

2 *Bamberger/Roth/Hannappel* § 574c Rn 6; *Blank/Börstinghaus/Blank* § 574c Rn 5; MünchKomm/*Häublein* § 574c Rn 5; *Soergel/Heintzmann* § 574c Rn 2; **aM** NK-BGB/*Hinz* § 574c Rn 4.
3 *Schmidt-Futterer/Blank* § 574c Rn 6.
4 Ausschussbericht, zu BT-Drucks V/2317, S 3; *Bamberger/Roth/Hannappel* § 574c Rn 7; *Blank/Börstinghaus/Blank* § 574c Rn 6; *Kunkel* BlGBW 1965, 21, 23.
5 LG Lübeck WuM 1994, 22; LG Mannheim WuM 1975, 213.
6 Ausschussbericht, zu BT-Drucks V/2317, S 4; *Häusler* DWW 1968, 50; *Hoffmann* DWW 1968, 44, 46; MünchKomm/*Häublein* § 574c Rn 6; *Schmid/Schmid* § 574c Rn 5; *Schmidt-Futterer/Blank* § 574c Rn 7; *Voelskow* DB 1968, 115, 120.

Christian Rolfs

Form eingehalten werden (§ 574b Rn 3ff)[7]. Der Mieter muss seinen Anspruch nach § 574b Abs 2 spätestens zwei Monate vor der erneuten Beendigung des fortgesetzten Mietverhältnisses unter Einhaltung der Schriftform des § 126 geltend machen.[8] Auch § 574b Abs 2 S 2 ist entsprechend anzuwenden. Der Mieter kann deshalb seinen Anspruch auf erneute Fortsetzung bei Wahrung der Schriftform noch im ersten Termin des Räumungsrechtsstreits geltend machen, wenn ihn der Vermieter nicht rechtzeitig vor Ablauf der Zweimonatsfrist nach sinngemäßer Maßgabe des § 568 Abs 2 auf die Möglichkeit sowie Form und Frist eines erneuten Fortsetzungsverlangens hingewiesen hat.

8   Für den **Inhalt des Fortsetzungsverlangens, seine Erfüllung und die inhaltliche Gestaltung** des erneut fortgesetzten Mietverhältnisses gilt das Gleiche wie im Fall des § 574. In aller Regel wird eine erneute Fortsetzung auf bestimmte Zeit in Betracht kommen. Möglich ist aber auch eine weitere Fortsetzung auf unbestimmte Zeit.[9] Die sonstigen Vertragsbedingungen können ebenfalls erneut geändert werden.

II. Wiederholte Verlängerung des auf unbestimmte Zeit fortgesetzten Mietverhältnisses

9   **1. Fortgesetztes Mietverhältnis aufgrund einer Einigung.** Im Gesetz fehlt eine ausdrückliche Regelung der Frage, ob ein Mietverhältnis über Wohnraum erneut verlängert werden kann, das aufgrund einer **Einigung** der Parteien nach den §§ 574 bis 574b auf unbestimmte Zeit fortgesetzt worden ist, durch eine spätere Kündigung des Vermieters aber wiederum beendet wird. Bei der wiederholten Verlängerung des zunächst durch Einigung auf unbestimmte Zeit fortgesetzten Mietverhältnisses ist auf § 574 abzustellen.[10] Dies entspricht der Situation, von der die Regelung des § 574 allgemein ausgeht, dass nämlich ein unbefristetes Mietverhältnis durch Kündigung endet. Dem Mieter bleibt auf der Grundlage dieser Auffassung allerdings die Möglichkeit verschlossen, der Kündigung unter den erleichterten Voraussetzungen des § 574c Abs 2 zu widersprechen (Rn 14f). Diese Erleichterung ist aber gerade durch die Besonderheit eines durch Urteil auf unbestimmte Zeit verlängerten Mietverhältnisses gerechtfertigt, in dessen Folgen der Vermieter nicht ohne weiteres wieder durch Kündigung eingreifen soll.

10   Ein Mietverhältnis ist auch dann durch Einigung auf unbestimmte Zeit verlängert, wenn die Parteien dies im Wege eines **Prozessvergleichs** vereinbart haben. Für eine erneute Fortsetzung gilt deshalb § 574.[11] Kommt im Rahmen eines Prozesses ein Urteil auf unbefristete Fortsetzung in Betracht, so hat das Gericht einen rechtsunkundigen Mieter vor Abschluss eines Prozessvergleichs nach § 139 ZPO darauf hinzuweisen, dass dadurch seine Rechtsstellung gegenüber § 574c Abs 2 beeinträchtigt werden kann.

11   Wenn ein Mietverhältnis nach dem Ablauf der Mietzeit durch **Fortsetzung des Gebrauchs** gemäß § 545 kraft Gesetzes als auf unbestimmte Zeit verlängert gilt und der Vermieter nunmehr kündigt, so ist auf jeden Fall § 574 anzuwenden. Dabei ist es unerheblich, ob sich der Mieter gegenüber der früheren Beendigung schon einmal auf die Sozialklausel berufen hatte. Das Mietverhältnis ist im Fall des § 545 nicht durch Einigung der Parteien, sondern kraft gesetzlicher Fiktion auf unbestimmte Zeit fortgesetzt worden. Bei

---

7 MünchKomm/*Häublein* § 574c Rn 7; NK-BGB/*Hinz* § 574c Rn 10; **aM** *Palandt/Weidenkaff* § 574c Rn 10.

8 Ausschussbericht, zu BT-Drucks V/2317, S 3; **aM** *Blank/Börstinghaus/Blank* § 574c Rn 10; *Hoffmann* DWW 1968, 44, 46.

9 OLG Stuttgart NJW 1969, 1070; LG Mannheim WuM 1975, 213.

10 *Palandt/Weidenkaff* § 574c Rn 7.

11 *Schmidt-Futterer/Blank* § 574c Rn 14.

der späteren Kündigung stellt sich deshalb nicht die Frage einer erneuten, sondern die einer erstmaligen Fortsetzung aufgrund der Sozialklausel.

Im Übrigen gelten für die wiederholte Verlängerung des schon früher durch Einigung 12 der Parteien auf unbestimmte Zeit fortgesetzten Mietverhältnisses die **Voraussetzungen der § 574 bis § 574b**.

2. Fortgesetztes Mietverhältnis aufgrund eines Urteils (Abs 2)

a) Allgemeines. Wenn der Vermieter ein Mietverhältnis über Wohnraum kündigt, 13 dessen Fortsetzung auf unbestimmte Zeit nach § 574a Abs 2 S 2 durch Urteil bestimmt worden ist, so greift § 574c Abs 2 ein. Der Vermieter kann ein solches Mietverhältnis an sich jederzeit unter Einhaltung der gesetzlichen Kündigungsfrist kündigen und dadurch die Anordnung des Gerichts, mit der dem Mieter die Wohnung für eine längere, nicht von vornherein begrenzte Dauer erhalten werden soll, unterlaufen. Zum Schutz des Mieters wird durch § 574c Abs 2 sichergestellt, dass ein durch Urteil auf unbestimmte Zeit fortgesetztes Mietverhältnis nicht eher endet, als bis sich die bei der gerichtlichen Entscheidung zugrunde gelegten Verhältnisse nicht unerheblich geändert haben.[12]

b) Voraussetzungen

aa) Unveränderte Umstände (Abs 2 S 1). Haben sich die Umstände, die für eine 14 unbefristete Fortsetzung des Mietverhältnisses durch Urteil bestimmend waren, nicht verändert, so kann der Mieter nach § 574c Abs 2 S 1 der Kündigung ohne weiteres **widersprechen** und vom Vermieter verlangen, das Mietverhältnis weiterhin auf unbestimmte Zeit fortzusetzen. Eine unerhebliche Veränderung bleibt nach § 574c Abs 2 S 2 HS 2 außer Betracht, sodass der Widerspruch auch in diesem Fall von keinen weiteren Voraussetzungen abhängig ist. Es kommt auf die Umstände an, die der gerichtlichen Entscheidung als maßgeblich zugrunde gelegen haben. Der Mieter braucht nicht darzulegen und zu beweisen, dass die erneute Beendigung des Mietverhältnisses für ihn oder seine Familie eine ungerechtfertigte Härte bedeutet.[13]

In § 574c Abs 2 S 1 wird nicht ausdrücklich auf die formellen Voraussetzungen des 15 § 574b verwiesen. Daraus ist früher vielfach geschlossen worden, dass der Widerspruch des Mieters an keine **Form und Frist** gebunden sei. Dem Hauptargument, dass in Abs 2 im Gegensatz zu Abs 1 eine Verweisung auf die Widerspruchsregelung fehle, ist jedoch der Boden entzogen worden, seitdem im Zuge des MietRRG 2001 auch in Abs 1 der Hinweis auf die dem § 556a aF entsprechenden Vorschriften der §§ 574 bis 574b entfallen sind. Seit dem 1.9.2001 ist daher in formeller Hinsicht eine einheitliche Handhabung der aus § 574c resultierenden Widerspruchsrechte geboten, die angesichts des systematischen Zusammenhangs der Vorschrift nur dahin gehen kann, dass auch der auf § 574c gestützte Widerspruch die Form und Frist des § 574b wahren muss.[14]

bb) Veränderte Umstände (Abs 2 S 2). Wenn sich die **Umstände,** die für eine unbe- 16 fristete Fortsetzung des Mietverhältnisses durch Urteil bestimmend waren, erheblich geändert haben, so kann der Mieter eine erneute Fortsetzung des Mietverhältnisses nur nach § 574 verlangen. Dabei ist nicht nur auf die Umstände abzustellen, die der früheren Entscheidung zugrunde gelegen haben. Es kommt auch nicht nur darauf an, ob sich

---

12 Ausschussbericht, zu BT-Drucks V/2317, S 3.
13 Ausschussbericht, zu BT-Drucks V/2317, S 3; MünchKomm/*Häublein* § 574c Rn 10.
14 MünchKomm/*Häublein* § 574c Rn 7; *Soergel/Heintzmann* § 574c Rn 3; **aM** *Blank/Börstinghaus/Blank* § 574c Rn 10; *Palandt/Weidenkaff* § 574c Rn 10.

Christian Rolfs

die Härtegründe aufseiten des Mieters oder seiner Familie geändert haben. Entscheidend ist vielmehr ein Vergleich der gesamten Sachlage zur Zeit der früheren und der nunmehr anstehenden Entscheidung. Dies bedeutet, dass der Wegfall oder die Milderung früherer Härtegründe ebenso zu berücksichtigen ist wie der Hinzutritt neuer Härtegründe für den Mieter oder seine Familie. In gleicher Weise ist es von Bedeutung, ob sich die berechtigten Interessen des Vermieters an einer Beendigung des Mietverhältnisses geändert haben.[15]

17   Zunächst muss der Vermieter darlegen und ggf beweisen, dass sich die maßgebenden Umstände erheblich zuungunsten des Mieters **geändert** haben. Dies gilt auch für die Härtegründe aufseiten des Mieters.[16] Demgegenüber hat der Mieter darzulegen und zu beweisen, dass es für ihn oder seine Familie gleichwohl eine ungerechtfertigte Härte bedeutet, wenn das Mietverhältnis auch unter den geänderten Umständen beendet wird.[17]

18   Die Änderung der Umstände muss **erheblich** sein. Dies wird sich idR erst bei der erforderlichen Interessenabwägung zeigen. Die maßgebenden Umstände müssen sich in einer Weise geändert haben, dass die Interessenabwägung nunmehr ein anderes Ergebnis rechtfertigt. Eine Beendigung des Mietverhältnisses kann der Mieter dann nur noch verhindern, wenn er sich auf neue Härtegründe beruft, die das Ergebnis wiederum zu seinen Gunsten beeinflussen.

19   **cc) Ausschluss der Berufung auf unveränderte oder veränderte Umstände.** Für die Beurteilung im Rahmen des § 574c Abs 2 ist der in § 162 zum Ausdruck kommende Grundsatz zu beachten, dass die Mietparteien sich nicht auf Umstände berufen können, deren Eintritt oder Nichteintritt eine von ihnen wider Treu und Glauben herbeigeführt oder verhindert hat.[18]

20   **c) Rechtsfolgen.** Haben sich die maßgebenden Umstände **nicht oder nur unerheblich geändert,** so kann der Mieter einer Kündigung nach § 574c Abs 2 S 1 widersprechen und die Fortsetzung des Mietverhältnisses auf unbestimmte Zeit verlangen. Er hat dabei Form und Frist des § 574b zu wahren. Eine Änderung der Vertragsbedingungen ist auch unter den Voraussetzungen des § 574a Abs 1 S 2 nicht möglich; sie kommt nur bei einer erheblichen Änderung der Umstände (Abs 2 S 2) in Betracht.[19]

21   Haben sich die maßgebenden Umstände **erheblich geändert,** so kommt eine weitere Fortsetzung des Mietverhältnisses nur nach § 574 in Betracht. Sind die Voraussetzungen dieser Vorschrift erfüllt, kann der Mieter der Kündigung widersprechen und vom Vermieter verlangen, das Mietverhältnis auf **bestimmte oder unbestimmte Zeit** fortzusetzen.[20] Dabei hat er Form und Frist zu wahren. Im Übrigen gelten die Ausführungen zu den §§ 574 bis 574b entsprechend.

III. Unabdingbarkeit (Abs 3)

22   § 574c ist nicht zum Nachteil des Mieters abdingbar, Abs 3.

---

15 *Blank/Börstinghaus/Blank* § 574c Rn 19; *Erman/Jendrek* § 574c Rn 6.
16 Ausschussbericht, zu BT-Drucks V/2317, S 3; OLG Stuttgart NJW 1969, 1070; *Hans* DWW 1968, 55, 57; *Häusler* DWW 1968, 50.
17 Ausschussbericht, zu BT-Drucks V/2317, S 3.
18 Ausschussbericht, zu BT-Drucks V/2317, S 4; *Schmidt-Futterer/Blank* § 574c Rn 20.
19 Zweifelnd *Palandt/Weidenkaff* § 574c Rn 9 aE.
20 OLG Stuttgart NJW 1969, 1070.

Unterkapitel 3

Mietverhältnisse auf bestimmte Zeit

§ 575

Zeitmietvertrag

[1] Ein Mietverhältnis kann auf bestimmte Zeit eingegangen werden, wenn der Vermieter nach Ablauf der Mietzeit

1. die Räume als Wohnung für sich, seine Familienangehörigen oder Angehörige seines Haushalts nutzen will,

2. in zulässiger Weise die Räume beseitigen oder so wesentlich verändern oder instand setzen will, dass die Maßnahmen durch eine Fortsetzung des Mietverhältnisses erheblich erschwert würden, oder

3. die Räume an einen zur Dienstleistung Verpflichteten vermieten will

und er dem Mieter den Grund der Befristung bei Vertragsschluss schriftlich mitteilt. Anderenfalls gilt das Mietverhältnis als auf unbestimmte Zeit abgeschlossen.

[2] Der Mieter kann vom Vermieter frühestens vier Monate vor Ablauf der Befristung verlangen, dass dieser ihm binnen eines Monats mitteilt, ob der Befristungsgrund noch besteht. Erfolgt die Mitteilung später, so kann der Mieter eine Verlängerung des Mietverhältnisses um den Zeitraum der Verspätung verlangen.

[3] Tritt der Grund der Befristung erst später ein, so kann der Mieter eine Verlängerung des Mietverhältnisses um einen entsprechenden Zeitraum verlangen. Entfällt der Grund, so kann der Mieter eine Verlängerung auf unbestimmte Zeit verlangen. Die Beweislast für den Eintritt des Befristungsgrundes und die Dauer der Verzögerung trifft den Vermieter.

[4] Eine zum Nachteil des Mieters abweichende Vereinbarung ist unwirksam.

Schrifttum

Achenbach Effektive Zeitmietverträge durch Änderung des Vollstreckungsrechts, NZM 2001, 61; *Derckx* Vereinbarungen über den Kündigungsausschluss im neuen Mietrecht, NZM 2001, 826; *Derleder* Zeitmiete und zeitlicher Kündigungsausschluss im neuen Mietrecht, NZM 2001, 649; *ders* Der sichere Weg der Vertragspraxis bei der Vereinbarung von Mietbegrenzungen und Kündigungsausschlüssen, NZM 2001, 1025; *ders* Der Kündigungsverzicht des Wohnraummieters, NZM 2004, 247; *Feuerlein* Die Kündigung des Mietvertrags und Zeitmietverträge nach neuem Recht, GE 2001, 970; *ders* Nichts Neues beim Zeitmietvertrag?, WuM 2001, 371; *Fischer* Zulässigkeit eines befristeten Kündigungsausschlusses bei Wohnraummietverträgen?, WuM 2004, 123; *Gather* Neuregelung des Zeitmietvertrages: Wegfall des einfachen Zeitmietverhältnisses und Kompensation durch Kündigungsausschluss, DWW 2011, 204; *ders* Die Neuregelungen des Wohnungsbau-Erleichterungsgesetzes, DWW 1990, 190, 197; *ders* Der Zeitmietvertrag über Wohnraum, DWW 1991, 69; *ders* Der neue Zeitmietvertrag ein Danaergeschenk, GE 2002, 516; *ders* Zeitmietvertrag, Tod des Mieters und Eintrittsrecht Dritter in den Wohnraummietvertrag, NZM 2001, 57; *ders* Der Zeitmietvertrag über Wohnraum, DWW 1999, 173; *Hannemann* Im Überblick: Risiken des Zeitmietvertrags bei der Wohnraummiete, NZM 1999, 585; *Hinz* Kündigungsverzicht und „Mindestmietzeit" bei der Wohnraummiete, WuM 2004, 126; *ders* Der befristete Mietvertrag vor und nach der Mietrechtsreform, WuM 2009, 79; *Kandelhard* Zur Wirksamkeit von Kündigungsausschlüssen, WuM 2004, 129; *Röder* Der Abschluss von Zeitmietverträgen und die Duldungsverpflichtung des Mieters bei Wohnungsmodernisierungen, NJW 1983, 2665; *Sonnenschein* Kündigung und Rechtsnachfolge, ZMR 1992, 417; *ders* Kündigungsschutz als Vermietungshemmnis, in: PiG Bd 33 (1991) 95, 113; *Timme* Verzicht des Mieters auf gesetzliches Kündigungsrecht, NJW 2004, 1639; *Wiek* Zeitliche Schranken für einen Kündigungsverzicht des Mieters einer Wohnung, WuM 2005, 369.

André Haug

I. Allgemeines

Die Vorschrift regelt die Zulässigkeit befristeter Wohnraummietverhältnisse und deren **1** ausnahmsweise Fortsetzung nach Ablauf der vereinbarten Mietzeit. Sie ist durch die Mietrechtsreform 2001 völlig neu gestaltet worden. Ein Mietvertrag kann wirksam nur befristet werden, wenn auf Vermieterseite ein in Abs 1 S 1 bezeichneter sachlicher Grund gegeben ist und dieser dem Mieter schriftlich mitgeteilt wird. Anderenfalls kommt ein unbefristetes Mietverhältnis zustande, Abs 1 S 2. Frühestens vier Monate vor Ablauf des befristeten Mietverhältnisses kann der Mieter vom Vermieter Auskunft verlangen, ob der Befristungsgrund noch gegeben ist (Abs 2 S 1). Die Auskunft des Vermieters ist fristgebunden, im Fall des Eintritts einer Verzögerung verlängert sich das Mietverhältnis ebenso, wie wenn der Befristungsgrund erst später als ursprünglich vorgesehen eintritt. Entfällt hingegen der ursprünglich gegebene Befristungsgrund, kann der Mieter eine Verlängerung auf unbestimmte Zeit verlangen (Abs 3 S 2).

§ 575 hat gemeinsam mit § 575a nach dem MietRRG § 564c aF abgelöst. Im Rahmen **2** des § 564c aF war zu unterscheiden zwischen einem sog „einfachen" und einem sog „qualifizierten" Zeitmietvertrag. Beim einfachen Zeitmietvertrag hatte der Mieter einen Anspruch auf Verlängerung des befristeten Mietverhältnisses, den der Mieter spätestens zwei Monate vor Beendigung schriftlich geltend zu machen hatte. Der Verlängerungsanspruch war ausgeschlossen, wenn der Vermieter ein berechtigtes Interesse an der Beendigung des Mietverhältnisses hatte. Im Rahmen eines „qualifizierten" Zeitmietvertrages war der Verlängerungsanspruch des Mieters auch dann ausgeschlossen, wenn der Vermieter den Mieter schon bei Vertragsschluss schriftlich darüber unterrichtet hatte, dass das Mietverhältnis wegen beabsichtigter späterer Eigennutzung, bestimmter Baumaßnahmen oder im Hinblick auf künftigen Betriebsbedarf nicht verlängerbar sei (§ 564c Abs 2 aF). Dieser Ausschluss des Verlängerungsanspruchs im Rahmen des qualifizierten Zeitmietvertrages war darüber hinaus an die Bedingung geknüpft, dass das Mietverhältnis auf nicht mehr als fünf Jahre abgeschlossen wurde. Der Gesetzgeber verfolgt nunmehr den Zweck, befristete Mietverhältnisse über Wohnraum im Interesse einer größeren Rechtssicherheit stark einzuschränken, indem eine Befristung nur noch bei Vorliegen eines sachlichen Grundes möglich ist. Der „einfache" Zeitmietvertrag ist also weggefallen.[1] Die in Abs 1 S 1 normierten sachlichen Gründe sind dabei größtenteils identisch mit denjenigen, die früher zum Ausschluss des Verlängerungsanspruchs des Mieters geführt haben. Eine zeitliche Beschränkung wie früher im Rahmen des qualifizierten Zeitmietvertrages auf fünf Jahre, existiert nicht mehr. Mit der Neuregelung soll dem Vermieter die Möglichkeit eingeräumt werden, Wohnraum, der beispielsweise nach absehbarer Zeit selbst genutzt werden soll, auf angemessene Zeit zu vermieten ohne befürchten zu müssen, dass die Absicht der Eigennutzung nicht verwirklicht werden kann. Eine Benachteiligung des Mieters durch Wegfall des einfachen Zeitmietvertrages dürfte deshalb nicht gegeben sein, weil zum einen vielen Mietern der Verlängerungsanspruch nach altem Recht ohnehin nicht bekannt war und weiterhin die Möglichkeit besteht, das Recht zur ordentlichen Kündigung für eine gewisse Zeit auszuschließen.

3   Nach der Übergangsvorschrift des Art 229 § 3 Abs 3 EGBGB gelten die Regeln der §§ 564c iVm § 564b sowie die §§ 556a bis 556c, 565a Abs 1 und § 570 in der zu diesem Zeitpunkt bestehenden Fassung weiter für am 1.9.2001 bestehende befristete Mietverhältnisse. In bestehende Zeitmietverträge greift das MietRRG also nicht ein. Für vor dem 1.9.2001 geschlossene Zeitmietverträge gibt es beispielsweise weiterhin einen Anspruch auf Verlängerung des Mietvertrags nach § 564c Abs 1 S 1.[2] Ein **Mietverhältnis besteht** im Sinne des Art 229 § 3 Abs 3 EGBGB, wenn der Mietvertrag zu diesem Zeitpunkt bereits geschlossen war.[3] Ein Abstellen auf den Vollzug durch Beginn des Mietverhältnisses würde den Grundsätzen der Rechtssicherheit und des Vertrauensschutzes widersprechen,[4] da in abgeschlossene Verträge eingegriffen werden würde.

II. Zulässigkeit des befristeten Mietverhältnisses

4   **1. Begriff des befristeten Mietverhältnisses.** Da die Vorschrift im zweiten Untertitel angesiedelt ist, setzt ihre Anwendung ein **Mietverhältnis über Wohnraum** voraus. Auf bestimmte Zeit ist das Mietverhältnis dann eingegangen, wenn das Ende der Mietzeit **kalendermäßig bestimmt oder bestimmbar** ist.[5] Das kann auch durch spätere Änderung des ursprünglich unbefristeten Mietvertrages geschehen.[6] Wird bei einem auf längere Zeit als ein Jahr geschlossenen Mietvertrag die Formvorschrift des § 550 S 1 nicht beachtet, gilt der Vertrag als auf unbestimmte Zeit geschlossen und es gilt die Kündigungsregelung des § 573. Bestehen Zweifel, ob ein befristeter oder unbefristeter Vertrag geschlossen wurde, ist von einem unbefristeten Vertrag auszugehen.[7] Nach hM gilt § 575 nicht für Mietverhältnisse, die durch **richterlichen Gestaltungsakt** befristet wurden.[8] Gleiches gilt, wenn ein Mietverhältnis aufgrund der Sozialklausel nach § 574a Abs 2 durch Gerichtsurteil auf bestimmte Zeit verlängert wird.[9] Mietverhältnisse, die mit einer Ver-

---

1 BT-Drucks 14/4553, S 69; *Blank*/Börstinghaus/*Blank* Rn 2; *Gather*, NZM 2001, 57; krit hierzu *ders* GE 2002, 516.
2 Vgl zur alten Rechtslage *Staudinger/Sonnenschein* [1997] § 564c Rn 7ff.
3 BT-Drucks 14/4553, S 75; *Bösche* WuM 2001, 367, 369; *Gather* DWW 2001, 192, 201; *Jansen* NJW 2001, 3151, 3153.
4 BGH NZM 2006, 927; AG Nordhorn NZM 2002, 654; *Gather* DWW 2001, 192, 201.
5 *Hannemann* NZM 1999, 585, 586; *Staudinger/Rolfs* [2011] § 542 Rn 136.
6 BayObLG NJW-RR 1990, 17; *Palandt/Weidenkaff* Rn 2.
7 OLG Köln NZM 1999, 1142.
8 BayObLG NJW 1973, 2295, 2298; *Gather* DWW 1999, 173, 174; MünchKomm/*Häublein* Rn 13; *Soergel/ Heintzmann* Rn 2.
9 LG Siegen NJW-RR 1991, 1113; MünchKomm/*Häublein* Rn 13.

längerungsklausel derart versehen sind, dass sich das Mietverhältnis auf unbestimmte Zeit verlängert, wenn es nach Ablauf der Mietzeit nicht ordentlich gekündigt wird, sind rechtlich als unbefristetes Mietverhältnis zu werten, da sie nicht allein durch Zeitablauf enden.[10] Ebenfalls nicht anwendbar ist § 575 wegen § 572 Abs 2 auf Mietverhältnisse, die unter einer **auflösenden Bedingung** stehen.

Ein befristetes Mietverhältnis ist hingegen anzunehmen, wenn der Mietvertrag einen 5 Mieter berechtigt, das Mietverhältnis durch einseitige Erklärung fortzusetzen **(Options-recht)**. Hier ist von einer Befristung auszugehen, weil das Mietverhältnis grundsätzlich durch Zeitablauf endet.

Umstritten war, ob nach Wegfall des „einfachen" Zeitmietvertrags für die Vertrags- 6 parteien die Möglichkeit besteht, das **Recht zur ordentlichen Kündigung für eine gewisse Zeit auszuschließen**. Dies wurde teilweise als Verstoß gegen den Schutzzweck des § 573c Abs 1 S 1, Abs 4[11] bzw eine Umgehung des § 575 angesehen[12] und allenfalls von der Möglichkeit eines befristeten Ausschlusses des ordentlichen Kündigungsrechts auf Vermieterseite ausgegangen.[13] Dem hat sich der BGH indessen nicht angeschlossen, da § 573c lediglich die Kündigungsfristen, nicht aber die Frage eines Ausschlusses des Kündigungsrechts regelt.[14] Für welche Dauer individualvertraglich die Kündigung längstens ausgeschlossen werden kann, ist noch nicht abschließend geklärt. Der BGH anerkennt ohne weiteres einen Zeitraum von 60 Monaten.[15] Die Grenze zur Sittenwidrigkeit dürfte bei acht bis zehn Jahren liegen.[16] Bei Formularmietverträgen wird vertreten, ein Kündigungsausschluss stelle einen Verstoß gegen § 307 Abs 1 S 1 BGB dar.[17] Ein stetes ordentliches Kündigungsrecht des Mieters stellt aber, wie § 575 zeigt, gerade keinen wesentlichen Grundgedanken des Mietrechts dar.[18] Mit § 307 unvereinbar sind nur einseitige[19] oder unverhältnismäßig lange Bindungen von mehr als vier Jahren,[20] nicht aber solche von bis zu vier Jahren einschließlich für beide Vertragspartner.[21] Wie bei § 557a Abs 3 rechnet der Vierjahreszeitraum ab Vertragsschluss und bis zu dem Zeitpunkt, zu dem der Mieter den Vertrag erstmals beenden kann.[22] Ein in Unkenntnis der neuen Rechtslage geschlossener „einfacher" Zeitmietvertrag kann aber in einen unbefristeten Mietvertrag mit befristetem Kündigungsausschluss umgedeutet werden.[23]

---

10 LG Nürnberg-Fürth WuM 2005, 790; *Blank*/Börstinghaus/*Blank* Rn 85.
11 *Derleder* NZM 2001, 649, 652ff.
12 *Gather* NZM 2001, 57, 58.
13 *Emmerich* NZM 2001, 777, 783; *Feuerlein* WuM 2001, 371, 372; *Gather* DWW 2001, 192, 200.
14 BGH NJW 2004, 1448 m Anm Derleder NZM 2004, 247; *Fischer* WuM 2004, 123; *Häublein* ZMR 2004, 252; *Hinz* WuM 2004, 126; *Kandelhard* WuM 2004, 129; *Timme* NJW 2004, 1639; OLG Brandenburg ZMR 2004, 745; AG Frankfurt aM NZM 2005, 339.
15 BGH NJW 2004, 1448.
16 *Staudinger/Rolfs* [2011] § 573c Rn 50; ähnlich MünchKomm/*Häublein* § 573c Rn 20.
17 *Gather* NZM 2001, 57, 58; **aM** *Derckx* NZM 2001, 826.
18 Vgl *Staudinger/Rolfs* [2011] § 542 Rn 62 ff.
19 LG Duisburg NZM 2003, 354.
20 BGH NJW 2005, 1574 mit Bspr *Wiek* WuM 2005, 369; BGH NJW 2006, 1059 mit Bspr *Wiek* WuM 2006, 154 ff; AG Gießen WuM 2006, 196; aM *Börstinghaus* GE 2006, 898, 899 f.
21 BGH NJW 2006, 1059; BGH NJW 2006, 385.
22 BGH v. 8.12.2010 – VIII ZR 86/10, NJW 2011, 597; *Schmidt- Futterer/Blank* Rn 86; MünchKomm/*Häublein* § 573c Rn 21.
23 *Gather* GE 2002, 516, 517; MünchKomm/*Häublein* Rn 12.

André Haug

2. Zulässigkeit des befristeten Mietverhältnisses

7   **a) Allgemeines.** Eine Befristung des Mietverhältnisses darf nur noch vereinbart werden, wenn ein in § 575 Abs 1 S 1 Nr 1–3 aufgeführter sachlicher Grund gegeben ist.[24] Die dort genannten Gründe sollen dem Vermieter ermöglichen, den Wohnraum nach Beendigung des Mietverhältnisses einer anderweitigen Nutzung zuzuführen. Ausgenommen sind Mietverhältnisse nach § 549 Abs 2 und 3, die jederzeit befristet werden dürfen.[25] Einen nach § 575 Abs 1 S 1 erforderlichen Befristungsgrund muss der Vermieter dem Mieter gegenüber schriftlich mitteilen, Abs 1 S 1 HS 2.

b) Die sachlichen Gründe nach Abs 1 S 1 Nr 1–3

8   **aa) Allgemeines.** Bei den in § 575 Abs 1 S 1 aufgezählten drei Befristungsgründen handelt es sich um eine abschließende Aufzählung.[26] Sie können nebeneinander bestehen und daher auch hilfsweise genannt werden.[27] Das wird durch die Verwendung des Wortes „will" in Abs 1 S 1 deutlich, denn damit wird auf ein subjektives Tatbestandsmerkmal abgestellt.

9   **bb) Eigennutzung (Nr 1).** Eine Befristung ist nach Abs 1 S 1 Nr 1 möglich, wenn der Vermieter nach Ablauf der Mietzeit die Räume als Wohnung **für sich, seine Familienangehörigen oder Angehörige seines Haushalts** nutzen will. Das entspricht der bisherigen Regelung in § 564c Abs 2 Nr 2 lit a.[28] Ausreichend ist, dass einer von mehreren Vermietern diese Absicht hat. Im Gegensatz zur Eigenbedarfskündigung nach § 573 Abs 2 Nr 2 ist nicht erforderlich, dass der Vermieter die Räume *benötigt*.[29] Ausreichend ist vielmehr, dass er den Willen hat, sie selbst oder durch ihm nahe stehende Personen zu nutzen. Damit ist indes trotz der sprachlichen Differenzierung kein nennenswerter Unterschied verbunden, denn auch im Rahmen der Eigenbedarfskündigung sind vernünftige und nachvollziehbare Gründe allgemein als ausreichend anerkannt. Die Anforderungen an die Kündigung und den wirksamen Abschluss eines Zeitmietvertrages unterscheiden sich nur noch durch die Aktualität und Konkretisierung der Gründe, die bei § 573 mit Zugang der Kündigungserklärung vorliegen müssen,[30] bei § 575 dagegen schon bei Vertragsschluss, wenn auch nur in der durch die Prognoseentscheidung des Vermieters abgeschwächten Form.

10   Der **begünstigte Personenkreis** stimmt mit dem in § 573 Abs 2 Nr 2 genannten Personenkreis überein (§ 573 Rn 36ff). Die Zugehörigkeit zu diesem Personenkreis muss bei Vertragsschluss schon vorliegen,[31] was sich aus der Mitteilungspflicht des Abs 1 S 1 HS 2 ergibt. Bei mehreren Vermietern genügt es, dass die Zugehörigkeit zu dem Personenkreis im Verhältnis zu einem von ihnen gegeben ist. Juristische Personen haben keinen Eigenbedarf.[32] Sie können sich aber auf die weiteren Alternativen nach Nr 2 und 3 stützen.

---

24 *Derleder* NZM 2001, 649, 656.
25 *Feuerlein* GE 2001, 970; *Gather* NZM 2001, 57, 58.
26 MünchKomm/*Häublein* Rn 15.
27 *Bub/Treier/Grapentin* Rn IV 270; *Feuerlein* GE 2001, 970, 971; *Hannemann* NZM 1999, 585, 595; *Schmidt-Futterer/Blank* Rn 7.
28 *Sonnenschein* WuM 2000, 387, 403.
29 *Gather* DWW 1999, 173, 176.
30 *Staudinger/Rolfs* [2011] § 542 Rn 5, 81.
31 *Blank*/Börstinghaus/*Blank* Rn 12.
32 LG Berlin NZM 2001, 852; *Beuermann* GE 1998, 398, 399.

Der Vermieter muss die Räume als **Wohnung** nutzen wollen,[33] wobei die Absicht 11
zur Nutzung als Zweit- oder Ferienwohnung nach dem Zweck des Gesetzes ausreichen
kann. Die beabsichtigte Nutzung muss auf vernünftigen und nachvollziehbaren Gründen
beruhen.

cc) Baumaßnahmen (Nr 2). Ein Zeitmietvertrag kann nach Nr 2 geschlossen werden, 12
wenn der Vermieter nach Ablauf der Mietzeit in zulässiger Weise die Räume beseitigen
oder so wesentlich verändern oder instand setzen will, dass die Maßnahmen durch eine
Fortsetzung des Mietverhältnisses erheblich erschwert würden. Diese Regelung dient dem
Ziel, dem Vermieter das Risiko einer Kündigung eines unbefristeten Mietverhältnisses zu
nehmen, wenn er in absehbarer Zeit konkrete Baumaßnahmen beabsichtigt.

Mit der **Beseitigung** der Räume ist ein Abriss gemeint. Der Gesetzgeber ging von 13
einem vollständigen Abriss aus.[34] Ein derart schwer wiegender Eingriff in den Vertragsgegenstand ist auch bei einer teilweisen Beseitigung anzunehmen, durch die der Umfang
oder die Zahl der überlassenen Räume eingeschränkt wird. Aus diesem Grund wird teilweise angenommen, eine Mietsache werde immer dann beseitigt, wenn sie nach der
Baumaßnahme nicht mehr in ihrer ursprünglichen räumlichen Gestalt vorhanden sei.
Daraus wird der Schluss gezogen, dass dieser Fallgruppe auch die Aufteilung einer großen
Wohnung in mehrere kleine zuzuordnen sei.[35] Dieser Auffassung ist nicht zu folgen, da das
Gesetz der Beseitigung der Räume die wesentliche Veränderung gegenüberstellt. Nur bei
einer vollständigen Beseitigung muss das Mietverhältnis naturgemäß beendet werden.[36]

Die zweite Gruppe von Baumaßnahmen umfasst eine so **wesentliche Veränderung** 14
oder Instandsetzung der Räume, dass die Maßnahmen durch eine Fortsetzung des Mietverhältnisses erheblich erschwert würden. Die Gesetzesbegründung zu § 564c aF nennt als
Beispiele, dass bei der Modernisierung eines Gebäudes jeweils zwei kleine Wohnungen zu
einer größeren vereinigt oder dass morsche Holzdecken ersetzt werden.[37] Neben Maßnahmen, die nur bei leerer Wohnung[38] durchführbar sind, sollen auch bauliche Änderungen
möglich sein, bei denen die Duldung durch den Mieter nicht ohne weiteres gewährleistet
ist. Dazu zählt beispielsweise die Einrichtung eines Bades in einem Raum, der bisher zu
anderen Zwecken benutzt wurde.[39] Gemeint sind also mit der Veränderung der Mieträume
Ausbauten, Umbauten oder eine sonstige Modernisierung. Hierzu gehören Maßnahmen
im Sinne des § 555b zur Verbesserung der Räume oder sonstiger Teile des Gebäudes, zur
Einsparung von Heizenergie oder Wasser, etwa die Modernisierung eines Bades und der
Einbau einer Zentralheizung[40] sowie Maßnahmen, durch die neuer Wohnraum geschaf-
fen wird. Neben der Veränderung steht die **Instandsetzung** der Räume. Hierunter ist die
Beseitigung vorhandener Mängel oder Schäden im Sinne des § 555a zu verstehen.

Die geplante Veränderung oder Instandsetzung muss so wesentlich sein, dass die 15
Maßnahmen durch eine Fortsetzung des Mietverhältnisses **erheblich erschwert** würden.
Wie sich aus der Satzstellung ergibt, bezieht sich die erhebliche Erschwerung nicht auf
die Beseitigung der Räume, sondern nur auf die Veränderung oder Instandsetzung. Das

---

33 *Hannemann* NZM 1999, 585, 595.
34 BT-Drucks 9/2079, S 15.
35 *Schmidt-Futterer/Blank* Rn 14.
36 AG Freiburg WuM 1992, 193.
37 BT-Drucks 9/2079, S 14.
38 LG Berlin GE 1999, 110, 111.
39 BT-Drucks 9/2079, S 14.
40 LG Hamburg WuM 1992, 375; AG Wuppertal WuM 1994, 543; differenzierend *Schmidt-Futterer/Blank*
Rn 15.

André Haug

Erfordernis ist deshalb nicht gleichzusetzen mit der Unmöglichkeit, die Maßnahme bei fortbestehendem Mietverhältnis auszuführen, auch wenn dies der schwerwiegendste Fall ist. Eine Veränderung oder Instandsetzung ist wesentlich, wenn sie von einigem Gewicht ist, insbesondere über unbedeutende oder kleinere Arbeiten hinausgeht. Die Maßnahme wird erheblich erschwert, wenn sie bei fortbestehendem Mietverhältnis aus tatsächlichen oder rechtlichen Gründen überhaupt nicht oder nur unter solchen Umständen möglich wäre, die für den Mieter oder den Vermieter eine außergewöhnliche Belastung darstellen würden. In erster Linie kommen Maßnahmen in Betracht, die der Mieter nach § 555d Abs 2 S 1 nicht zu dulden braucht, so dass ihre Vornahme rechtlich unmöglich wäre. Auf der anderen Seite schließt eine Duldungspflicht des Mieters eine erhebliche Erschwerung nicht aus, falls die Baumaßnahmen nur umständlicher und damit teurer durchzuführen wären, wenn der Mieter in der Wohnung bleiben würde.[41]

16   Der Vermieter muss die Absicht haben, die Baumaßnahmen **in zulässiger Weise** durchzuführen. Dieses Erfordernis umfasst sowohl die Beseitigung als auch die Veränderung oder Instandsetzung der Räume. In beiden Fallgruppen kann es deshalb auf eine öffentlich-rechtliche Genehmigung zum Abbruch, zur Errichtung, Änderung oder zur Zweckentfremdung eines Gebäudes ankommen.[42] Das Vorhaben muss genehmigungsfähig sein. Die Genehmigung muss allerdings bei Vertragsschluss noch nicht vorliegen.[43] Die Zulässigkeit hängt nicht davon ab, ob die beabsichtigte Baumaßnahme wirtschaftlich sinnvoll ist oder ob der Vermieter erhebliche Nachteile im Sinne des § 573 Abs 2 Nr 3 erleiden würde, wenn die Maßnahme unterbleibt.[44] Wirtschaftliche Entscheidungen hat allein der Vermieter zu treffen.

17   **dd) Betriebsbedarf bei Werkmietwohnungen (Nr 3).** Ein weiterer Befristungsgrund ist nach Nr 3 gegeben, wenn der Vermieter die Räume an einen zur Dienstleistung Verpflichteten vermieten will. Mit der Vorschrift soll der Bau von Werkwohnungen gefördert werden, indem solche Wohnungen aufgrund von Zeitmietverträgen für andere Mitarbeiter verfügbar gehalten werden können.

18   Bei diesem Befristungsgrund hat das MietRRG 2001 eine Änderung der früheren Rechtslage bewirkt. Nach § 564c Abs 2 S 1 Nr 2 lit c aF waren nur Wohnungen betroffen, die schon mit Rücksicht auf das Bestehen eines Dienstverhältnisses vermietet worden waren. Das spielt nach der Neufassung keine Rolle mehr.[45] Es kann sich nun auch um Wohnungen handeln, die bisher nicht als Werkwohnungen vermietet worden waren. Denkbar ist also, dass ein befristeter Mietvertrag mit einem Werksfremden geschlossen wird, wenn die Wohnung nach Ablauf des Mietvertrages an einen Werksangehörigen vermietet werden soll.[46] Die Verwendungsabsicht muss auf künftigen Betriebsbedarf gerichtet sein, indem die Räume später einem Arbeitnehmer überlassen werden sollen. Unerheblich ist, ob der neue Mietvertrag wiederum befristet oder ob er unbefristet abgeschlossen werden soll. Der Vermieter muss nicht zugleich Dienstberechtigter des Arbeitnehmers sein, wenn dem Dienstberechtigten ein Belegungsrecht zusteht.[47] Aus dem Erfordernis der Vermietung folgt, dass **Werkdienstwohnungen**, bei denen der Dienstvertrag die alleinige Grundlage

---

41 *Gather* DWW 2001, 192, 201; *Schmidt-Futterer/Blank* Rn 15.
42 BT-Drucks 9/2079, S 15.
43 *Bub/Treier/Grapentin* Rn IV 270; MünchKomm/*Häublein* Rn 19; *Schmidt-Futterer/Blank* Rn 13.
44 BT-Drucks 9/2079, S 15.
45 *Blank*/Börstinghaus/*Blank* Rn 19.
46 BT-Drucks 14/4553, S 70.
47 *Schilling* 77.

für die Überlassung der Wohnung bildet, von der Regelung nicht erfasst werden. Soll die Wohnung also später als Werkdienstwohnung genutzt werden, ist der Abschluss eines befristeten Mietvertrages nicht möglich.

c) Schriftliche Mitteilung des Befristungsgrundes (Abs 1 S 1 HS 2)

aa) Nach § 575 Abs 1 S 1 HS 2 setzt eine wirksame Befristung des Mietvertrages voraus, 19 dass der Vermieter dem Mieter den Grund der Befristung bei Vertragsschluss schriftlich mitteilt. Die Bestimmung dient dem Zweck, Zweifel über die besondere Verwendungsabsicht des Vermieters auszuschließen.[48] Der Mieter soll wissen, aus welchem Grund der Mietvertrag zu dem vereinbarten Zeitpunkt enden soll.[49] Daraus folgt für den **Inhalt der Mitteilung im Allgemeinen,** dass der Vermieter konkrete Angaben machen muss. Eine Wiederholung des Gesetzeswortlauts genügt nicht.[50] In machen Entscheidungen zu § 564c Abs 2 S 1 HS 2 aF hieß es, an die Mitteilung seien „strenge" Anforderungen zu stellen.[51] Andere Entscheidungen verlangten mit „erheblichen" Anforderungen anscheinend etwas weniger.[52] Teilweise wurde gefordert, die Angaben des Vermieters müssten so konkret sein, dass der Mieter ihre Rechtserheblichkeit und ihren Wahrheitsgehalt überprüfen könne.[53] Nach der Gesetzesbegründung zu § 575 muss der Vermieter „einen konkreten Lebenssachverhalt darlegen, der eine Unterscheidung von anderen Interessen und eine spätere Überprüfung ermöglicht".[54]

bb) Das bedeutet im Einzelnen, dass bei beabsichtigter **Eigennutzung** noch keine 20 bestimmte Person namentlich benannt werden muss. Der Vermieter kann mehrere Möglichkeiten offen lassen, sofern nur alle Personen zu dem begünstigten Kreis gehören. Die Angabe einer bestimmten Personengruppe reicht aus.[55] Die schlagwortartige Begründung mit Eigenbedarf oder die einfache Berufung auf familiäre Gründe ist zu unbestimmt. Eigennutzung und Abriss können nebeneinander als beabsichtigte Verwendung mitgeteilt werden.[56] Bei der Mitteilung von **Baumaßnahmen** kann die Absicht, die Räume zu beseitigen, klar und eindeutig ohne weitere Erläuterungen mitgeteilt werden.[57] Die Begriffe der wesentlichen Veränderung oder Instandsetzung sind für sich allein nicht hinreichend bestimmt, zumal die Mitteilungspflicht das weitere Erfordernis umfasst, dass die Maßnahmen durch eine Fortsetzung des Mietverhältnisses erheblich erschwert würden.[58] Die Wiederholung des Gesetzestextes oder schlagwortartige Angaben wie Modernisierung[59] oder grundlegender Umbau[60] genügen ebenso wenig wie die Angabe, die Wohnung würde keinen Strom und kein Wasser mehr haben.[61] Der Vermieter muss nähere Angaben über

---

48 BT-Drucks 9/2079, S 15.
49 BT-Drucks 14/4553, S 70.
50 BT-Drucks 14/4553, S 70; *Feuerlein* GE 2001, 970, 972.
51 LG München I WuM 1994, 543; AG Freiburg WuM 1992, 193.
52 LG Berlin GE 1990, 1037; LG Berlin GE 1996, 127.
53 LG Hamburg WuM 1992, 375, 376.
54 BT-Drucks 14/4553, S 70.
55 *Bub/Treier/Grapentin* Rn IV 272; MünchKomm/*Häublein* Rn 25; *Schmidt-Futterer/Blank* Rn 24; **aM** Herrlein/*Kandelhard/Kandelhard* Rn 23.
56 LG Stuttgart WuM 1994, 690.
57 BGH NJW 2007, 2177; AG Freiburg WuM 1992, 193; *Schmidt-Futterer/Blank* Rn 25.
58 LG Hamburg WuM 1992, 375, 376; AG Freiburg WuM 1972, 193; *Bub/Treier/Grapentin* Rn IV 272; *Schmidt-Futterer/Blank* Rn 25; *Soergel/Heintzmann* Rn 10.
59 LG Berlin GE 1990, 1037.
60 LG Hamburg WuM 1992, 375.
61 AG Köln WuM 1992, 616.

André Haug

die Art der Baumaßnahmen sowie darüber machen, inwieweit sie sich auf die Räume des Mieters erstrecken.[62] Fertige Baupläne oder auch nur Entwürfe brauchen noch nicht vorzuliegen. Abriss, Veränderung oder Instandsetzung können alternativ nebeneinander gestellt werden, wenn sich der Vermieter die Entscheidung bis zur Beendigung des Mietverhältnisses vorbehalten will, weil beispielsweise erst dann der Zustand des Gebäudes oder die finanziellen Möglichkeiten abschließend beurteilt werden können.[63] Stützt sich der Vermieter auf Betriebsbedarf, muss er dem Mieter mitteilen, dass er die Räume nach Ablauf des Mietverhältnisses an einen zur Dienstleistung Verpflichteten vermieten will. Der Arbeitnehmer muss als späterer Mieter noch nicht namentlich benannt werden. Auch seine dienstliche Stellung braucht nicht angegeben zu werden. Alternativ kann sich die Mitteilung auf eine andere Art der Verwendung erstrecken.

21   **cc)** Der Vermieter muss dem Mieter die Verwendungsabsicht bei Vertragsschluss mitteilen. Ein genauer **Zeitpunkt** wird damit nicht bestimmt. Dies bedeutet, dass die Mitteilung nicht in den Mietvertrag aufgenommen werden muss. Ein gesondertes Schreiben reicht aus.[64] Da die Mitteilung eine geschäftsähnliche Handlung darstellt, auf die die Vorschriften über Willenserklärungen entsprechend anzuwenden sind, muss sie dem Mieter nach den §§ 130 ff zugehen. Ein Zugang nach Abschluss des Vertrages ist zu spät. Hat der Vermieter seine Verwendungsabsicht schon vor dem Vertragsschluss mitgeteilt, genügt ein zeitlicher Zusammenhang.

22   **dd)** Der Vermieter muss die Verwendungsabsicht schriftlich mitteilen. Damit ist die **schriftliche Form** des § 126 vorgeschrieben. Die Mitteilung muss vom Vermieter eigenhändig durch Namensunterschrift oder mittels notariell beglaubigten Handzeichens unterzeichnet werden. Ist sie im schriftlichen Mietvertrag enthalten, wird die Form erfüllt. Eine selbständige Mitteilung, die neben einem schriftlichen Mietvertrag erfolgt oder die bei einem nach § 550 formlos möglichen Zeitmietvertrag von höchstens einem Jahr ohnehin notwendig ist, muss eigenhändig unterschrieben sein. Vertretung ist zulässig, ohne dass es darauf ankommt, ob die Mitteilung und die Vertragserklärung von derselben Person stammen. Nach § 126 Abs 3 kann die Schriftform auch durch die **elektronische Form** nach § 126a ersetzt werden, wenn sich aus dem Gesetz nichts anderes ergibt. Das ist hier nicht der Fall, so dass auch die elektronische Form nach § 126a zulässig ist. Wegen der Probleme, den Zeitpunkt des Zugangs der elektronischen Mitteilung zu bestimmen und nachzuweisen, sollte hiervon jedoch kein Gebrauch gemacht werden, denn wenn der Mietvertrag vor Zugang der elektronischen Mitteilung über die Befristung geschlossen wird, ist nach Abs 1 S 2 ein unbefristeter Vertrag zustande gekommen.

3. Rechtsfolgen (Abs 1 S 2)

23   **a)** Ein unter den Voraussetzungen des Abs 1 S 1 geschlossenes Mietverhältnis endet nach § 542 Abs 2 HS 1 mit Ablauf der Zeit, für die es eingegangen ist. Die ordentliche Kündigung ist während der Laufzeit des Vertrages regelmäßig ausgeschlossen.[65] Eine Fortsetzung des Mietverhältnisses kann nur noch unter den Voraussetzungen der Abs 2 und 3 verlangt werden. Die Anwendung der Regeln des sozialen Mietrechts bei der Beendigung des Mietverhältnisses ist damit ausgeschlossen. Dies deshalb, damit die sonst bestehende

---

62 LG Berlin GE 1990, 1037.
63 Herrlein/*Kandelhard/Kandelhard* Rn 24.
64 *Feuerlein* GE 2001, 970, 972; *Hannemann* NZM 1999, 585, 597; MünchKomm/*Häublein* Rn 24.
65 *Staudinger/Rolfs* [2011] § 542 Rn 136, 146.

André Haug

Unsicherheit über den Zeitpunkt der Beendigung vermieden wird und der Eigentümer daher nicht gezwungen ist, den Wohnraum leer stehen zu lassen.[66] Sind die Voraussetzungen des Abs 1 S 1 nicht erfüllt, ist ein unbefristetes Mietverhältnis gegeben, § 575 Abs 1 S 2. Das kann für den Mieter vorteilhaft, aber auch nachteilig sein. Denn dann besteht nicht nur für ihn,[67] sondern auch für den Vermieter die Möglichkeit der ordentlichen Kündigung.

b) Um die Unsicherheit für den Vermieter, wann er die Wohnräume am Ende des Miet- **24** verhältnisses tatsächlich zurück erhält zu vermeiden, die gegeben wäre, wenn sich der Mieter uneingeschränkt auf die prozessrechtlichen Instrumente des Räumungsschutzes berufen könnte, wird in § 721 Abs 7 und § 794a Abs 5 ZPO ein **Ausschluss der Gewährung einer Räumungsfrist** bestimmt. Handelt es sich also um ein Mietverhältnis im Sinne des § 575, kann das Gericht dem Mieter weder in einem Räumungsurteil, noch in einem gerichtlichen Räumungsvergleich eine Räumungsfrist gewähren. Der Vermieter selbst kann dem Mieter indes eine außergerichtliche Räumungsfrist bewilligen. Auch die allgemeine Härteklausel des § 765a ZPO kann Anwendung finden.[68]

c) Auch wird die Verlängerung des Mietverhältnisses durch die Fortsetzung des **25** Gebrauchs nach § 545 S 1 in § 575 nicht ausgeschlossen. Das Mietverhältnis kann sich also auf unbestimmte Zeit verlängern, wenn der Mieter nach Ablauf der Mietzeit den Gebrauch der Räume fortsetzt und der Vermieter oder der Mieter ihren entgegenstehenden Willen nicht innerhalb von zwei Wochen dem anderen Teil gegenüber erklären. Es gilt dann der Kündigungsschutz nach den §§ 573ff, §§ 574–574c.

III. Ansprüche auf Fortsetzung des Mietverhältnisses (Abs 2 und 3)

1. Allgemeines. Die Absätze 2 und 3 sind aus dem früheren § 564c Abs 2 S 2 aF her- **26** vorgegangen. Diese Vorschrift betraf den Fall, dass sich die vom Vermieter beabsichtigte Verwendung ohne dessen Verschulden verzögert oder er nicht spätestens drei Monate vor Ablauf der Mietzeit mitteilte, dass die Verwendungsabsicht noch besteht. In diesem Fall konnte der Mieter die Verlängerung des Mietverhältnisses um einen entsprechenden Zeitraum verlangen. Auch Abs 2 und 3 nF führen zu einem **Anspruch des Mieters auf Fortsetzung des Mietverhältnisses**, und zwar im Fall des Abs 2 S 2 und Abs 3 S 1 auf bestimmte, im Fall des Abs 3 S 2 auf unbestimmte Zeit. Der Verlängerungsanspruch nach Abs 2 S 2 entsteht, wenn der Mieter nach Abs 2 S 1 von seinem Auskunftsanspruch hinsichtlich des Fortbestehens des Befristungsgrundes Gebrauch gemacht hat und der Vermieter diesen Anspruch nicht fristgemäß durch die entsprechende Mitteilung erfüllt hat. Nach Abs 3 S 1 kann eine Verlängerung beansprucht werden, wenn entgegen der bei Abschluss des Mietvertrags angestellten Prognose der Grund für die Befristung erst später eintritt, beispielsweise weil ein Kind des Vermieters erst später als angenommen die Wohnung benötigt. In Abs 3 S 2 ist ein Anspruch auf unbefristete Verlängerung enthalten, wenn die ursprünglich beabsichtigte Verwendung überhaupt nicht mehr realisiert werden kann. Die Beweislast regelt Abs 3 S 3 zum Nachteil des Vermieters. Bei sämtlichen Erklärungen nach den Abs 2 und 3 ist auf beiden Vertragsseiten **Vertretung zulässig**. Der Mieter kann seine Rechte aus den Abs 2 und 3 ohne Einschränkungen auch gegenüber dem Zwangsverwalter

---

66 BT-Drucks 9/2079, S 15; BT-Drucks 14/4553, S 69.
67 BGH NJW 2004, 1103.
68 *Gather* NZM 2001, 57, 58; *ders* DWW 2001, 192, 200.

André Haug

des Vermieters geltend machen. Wird das Mietverhältnis nicht durch Zeitablauf, sondern durch außerordentliche Kündigung des Vermieters nach § 543 oder § 575a beendet, finden die Vorschriften der Abs 2 und 3 keine Anwendung.

2. Fortsetzungsverlangen nach Abs 2
a) Anspruch auf Mitteilung des Befristungsgrundes (S 1)

27   **aa) Allgemeines.** Der Mieter hat nach Abs 2 S 1 Anspruch auf Auskunft über den Fortbestand des Befristungsgrundes. Der Anspruch kann frühestens vier Monate vor dem vereinbarten Ende des Mietvertrags geltend gemacht werden. In der Literatur wird diskutiert, ob dem Mieter der Auskunftsanspruch nicht auch schon früher zustehen muss.[69] Dies dann, wenn der Befristungsgrund lange vor Ablauf des Mietverhältnisses wegfällt. Zwar ist ein solcher Fall in Abs 3 S 2 dahingehend geregelt, dass der Mieter einen Anspruch auf Verlängerung des Mietverhältnisses auf unbestimmte Zeit erhält. Dennoch sei die Befristung trotz Wegfalls des Befristungsgrundes für den Mieter nachteilig. Zwar wird man davon ausgehen müssen, dass in einem solchen Fall des Wegfalls oder des späteren als vorgesehenen Eintretens des Befristungsgrundes der Vermieter dies auch ohne entsprechendes Auskunftsverlangen gemäß § 241 Abs 2 ungefragt dem Mieter mitzuteilen hat. Damit ergibt sich aber keine automatische Entfristung des Mietverhältnisses,[70] vielmehr hat der Mieter die Wahl, ob er an der ursprünglichen Befristung festhält oder den Anspruch nach Abs 3 S 1 bzw 2 geltend macht. Letzteres könnte für den Mieter auch nachteilig sein, da dann auch der Vermieter ordentlich kündigen könnte.[71] Zu berücksichtigen ist auch, dass sich beide Vertragsparteien und damit auch der Mieter bewusst für die vereinbarte Mietzeit gebunden haben. Im Hinblick auf Abs 3 S 2 besteht auch keine Regelungslücke.[72]

28   **bb) Der Anspruch nach S 1.** Der Mieter hat nach S 1 einen Auskunftsanspruch gegen den Vermieter auf Mitteilung, ob der Befristungsgrund noch besteht. Für die Geltendmachung des Anspruchs ist keine **Form** vorgeschrieben, was im Hinblick darauf, dass die Geltendmachung des Anspruchs die Mitteilungspflicht des Vermieters innerhalb eines Monats auslöst, problematisch ist. Und die unbefangene Frage des Mieters, ob beispielsweise der Sohn noch studieren möchte, kann diese Frist in Gang setzen. Allerdings bedarf die Mitteilung des Vermieters über das Fortbestehen des Befristungsgrundes im Unterschied zu § 564c Abs 2 S 2 aF ebenfalls keiner Form mehr.[73] Es ist im Hinblick auf die Beweissituation jedenfalls beiden Parteien zu empfehlen, die Schriftform zu wahren und eine Übermittlungsart zu wählen, die den Nachweis des Zugangs ermöglicht.[74]

29   Der Auskunftsanspruch nach Abs 2 S 1 kann **frühestens vier Monate** vor dem vereinbarten Ende der Befristung geltend gemacht werden. Für die Fristberechnung gelten die §§ 187ff. Ein verfrühtes Auskunftsverlangen wird in ein solches zum zulässigen Termin umzudeuten sein.[75] Das Auskunftsverlangen muss jedenfalls mehr als einen Monat vor Ende des Mietverhältnisses erhoben werden. Denn der Vermieter hat in jedem Fall einen Monat Zeit für die Auskunftserteilung. Wird der Auskunftsanspruch weniger als einen Monat vor Ende des Mietverhältnisses geltend gemacht, ist bei Ablauf der Monatsfrist das

---

69   Herrlein/*Kandelhard/Kandelhard* Rn 27f.
70   BGH NJW 2007, 2177.
71   BGH NJW 2004, 1103.
72   Vgl *Staudinger/Rolfs* [2011] Rn 53.
73   *Nies* NZM 2001, 176, 179.
74   *Palandt/Weidenkaff* Rn 10.
75   *Blank*/Börstinghaus/*Blank* Rn 34.

Mietverhältnis bereits gemäß § 542 Abs 2 beendet und es kann keine Auskunft mehr verlangt werden.[76]

b) Rechtsfolgen. Kommt der Vermieter dem Auskunftsverlangen nicht rechtzeitig **30** nach, ist Rechtsfolge des Auskunftsanspruchs der **Anspruch auf Verlängerung des Mietverhältnisses** nach Abs 2 S 2. Der Vermieter erfüllt seine Auskunftsverpflichtung, wenn er dem Mieter innerhalb der einmonatigen Frist nach Geltendmachung des Auskunftsanspruchs mitteilt, ob der Befristungsgrund noch besteht. Ist er nach Auskunft des Vermieters weggefallen, kommt der Anspruch nach Abs 3 S 2 in Betracht. Besteht der Befristungsgrund unverändert fort, so endet das Mietverhältnis zu dem vereinbarten Zeitpunkt.

Über den **Inhalt der Mitteilung**, dass der Befristungsgrund noch besteht, trifft das **31** Gesetz keine Aussage. Ein bloßes „ja" genügt jedenfalls nicht. Der Vermieter muss dem Mieter mitteilen, dass seine Verwendungsabsicht noch besteht. Damit wird Bezug genommen auf die Absicht der Verwendung, die der Vermieter dem Mieter bei Vertragsschluss mitgeteilt hat. Ist der Vermieter nach wie vor entschlossen, diese Verwendung zu verwirklichen, besteht die Verwendungsabsicht noch. Der Vermieter kann nicht von einer früher mitgeteilten Absicht zu einer anderen Verwendung wechseln, auch wenn sie an sich unter Abs 1 S 1 Nr 1–3 fallen würde.[77] Ein unzulässiger Wechsel der Verwendungsabsicht bedeutet einen Wegfall des Befristungsgrundes, der zu einem Anspruch nach Abs 3 S 2 führt. Hat sich der Vermieter in der Mitteilung bei Vertragsschluss zulässigerweise Alternativen offengehalten, liegt kein unzulässiger Wechsel der Verwendungsabsicht vor.[78] Die Parteien können auch im Wege der einvernehmlichen Vertragsänderung eine neue Verwendungsabsicht für maßgeblich erklären. Ein Verstoß gegen Abs 4 ist hierin nicht zu sehen, da der Mieter den sonst gegebenen Verlängerungsanspruch aus Abs 3 S 2 auch nicht geltend machen muss. Auch in zeitlicher Hinsicht gilt die Anknüpfung an die Verwendungsabsicht bei Vertragsabschluss, dh dass sich das Vorhaben des Vermieters nicht aus welchen Gründen auch immer verzögert. Die Mitteilung muss jedenfalls nun inhaltlich auch präziser sein als die frühere Mitteilung, da der Mieter jetzt prüfen können muss, ob der Befristungsgrund eintreten wird oder er etwa Fortsetzung verlangen kann. Bei beabsichtigter Eigennutzung ist nun eine bestimmte Person zu benennen, die zu dem begünstigten Personenkreis gehört, wenn der Name und die genaue familiäre Beziehung zu dem Vermieter früher offen geblieben war. Bei Baumaßnahmen ist mitzuteilen, ob inzwischen die erforderliche Genehmigung vorliegt oder ob wenigstens vor Ablauf der Mietzeit damit zu rechnen ist.[79] Genügte die frühere Mitteilung schon diesen Anforderungen, reicht eine einfache Bezugnahme aus.[80]

Schwierigkeiten ergeben sich bezüglich der Identität der Verwendungsabsicht bei **32** einem **Vermieterwechsel**. Grundsätzlich geht die gesamte Rechtsstellung aus dem Mietverhältnis auf den neuen Vermieter über. Übernimmt dieser die früher mitgeteilte Verwendungsabsicht des bisherigen Vermieters, besteht der vom vorigen Vermieter angegebene sachliche Grund weiterhin.[81] Im Falle der beabsichtigten Eigennutzung ergeben sich indes Probleme. War eine Nutzung durch die zum Haushalt des früheren Vermieters gehören-

---

76 *Blank*/Börstinghaus/*Blank* Rn 35.
77 AllgM; BT-Drucks 14/4553, S 71; *Blank*/Börstinghaus/*Blank* Rn 46; *Lützenkirchen* Neue Mietrechtspraxis Rn 412; *Schmidt-Futterer/Blank* Rn 42.
78 LG Stuttgart WuM 1994, 690.
79 LG Köln WuM 2000, 330.
80 *Schmidt-Futterer/Blank* Rn 41.
81 LG Berlin GE 1999, 110.

André Haug

den Personen oder seine Familienangehörigen beabsichtigt, kommt es darauf an, ob das gleiche Verhältnis zu dem neuen Vermieter besteht. Ansonsten ist diese Nutzungsabsicht entfallen, da sie nicht mehr zu verwirklichen ist. Die Absicht, bestimmte Baumaßnahmen auszuführen, kann vom Grundstückserwerber übernommen werden.[82] Das Gleiche gilt für den zukünftigen Betriebsbedarf bei einer Werkmietwohnung, wenn der Grundstückserwerber zugleich der Betriebsinhaber ist.

33   Der Vermieter muss eine **Frist** von einem Monat nach Geltendmachung des Auskunftsanspruchs des Mieters einhalten, um dem Mieter mitzuteilen, dass seine Verwendungsabsicht noch besteht. Maßgebend für die Wahrung der Frist ist der Zugang beim Mieter nach § 130.[83] Für die Fristberechnung gelten §§ 187ff.

34   **c) Anspruch auf Fortsetzung des Mietvertrages (Abs 2 S 2).** Teilt der Vermieter dem Mieter nicht innerhalb eines Monats nach Zugang des Auskunftsanspruches mit, dass seine Verwendungsabsicht noch besteht, kann der Mieter nach § 575 Abs 2 S 2 eine Verlängerung des Mietverhältnisses um einen entsprechenden Zeitraum verlangen. Allein dieses Versäumnis des Vermieters soll dem Mieter keinen Anspruch auf unbefristete Fortsetzung einräumen.

35   Was den **Inhalt** der Erklärung des Mieters angeht, so genügt sein erkennbarer Wille, das Mietverhältnis über den Endtermin hinaus fortzusetzen. Die Angabe von Gründen ist ebenso wenig erforderlich wie der Gebrauch des Wortes „Fortsetzung". Die Willenserklärung des Mieters stellt in rechtlicher Hinsicht ein Antrag im Sinne des § 145 auf Abschluss eines Vertrages zur Fortsetzung des Mietverhältnisses dar.[84] Unter den Voraussetzungen des Abs 2 S 2 hat der Mieter einen *Anspruch* auf den Vertragsabschluss. Gleichwohl ist seine Erklärung als Vertragsantrag ein konstitutives Element, auf das auch dann nicht verzichtet werden kann, wenn der Vermieter schon vorher abgelehnt hat, den Vertrag fortzusetzen.[85]

36   Der Anspruch wird durch eine Vertragsänderung erfüllt. Das erfordert **übereinstimmende Willenserklärung** der Parteien. Der Anspruch des Mieters ist auf Abgabe einer entsprechenden Willenserklärung des Vermieters gerichtet und muss gegebenenfalls im Wege der Leistungsklage geltend gemacht werden. Die befristete Verlängerung kommt in Betracht, wenn die ansonsten ordnungsgemäße Mitteilung dem Mieter nicht innerhalb eines Monats nach dem Auskunftsverlangen zugegangen ist. Dann kann entsprechend der Verspätung Verlängerung verlangt werden, so dass dem Mieter immer der Zeitraum zwischen Mitteilung und Beendigung des Mietverhältnisses verbleibt, den er bei fristgemäßer Mitteilung zur Verfügung gehabt hätte. Weiter kommt eine befristete Verlängerung in Betracht, wenn ihm die Mitteilung zwar fristgemäß zugeht, diese aber inhaltlich fehlerhaft ist. Dann ist der Zeitraum der Verlängerung danach zu bemessen, wann der Vermieter eine zwar nunmehr verspätete, inhaltlich dann aber ordnungsgemäße Mitteilung nachholt.

37   Die Zustimmung des Vermieters kann **ausdrücklich oder durch schlüssiges Verhalten** geschehen.[86] Sie verlängert das Mietverhältnis für den Zeitraum der Verspätung, lässt aber die übrigen bisherigen Vertragsbedingungen unberührt. Die Annahme durch den Vermieter ist auch nach Ablauf der vertraglich vorgesehenen Mietzeit möglich,[87] die Fortsetzung knüpft in jedem Fall an den vorgesehenen Endtermin an.

---

82 *Bub/Treier/Grapentin* Rn IV 273; *Schmidt-Futterer/Blank* Rn 64a.
83 *Nies* NZM 1998, 18, 19.
84 LG Köln WuM 1999, 218, 219; *Hannemann* NZM 1999, 585, 592; *Blank*/Börstinghaus/*Blank* Rn 55.
85 LG Karlsruhe DWW 1990, 178.
86 LG Köln WuM 1999, 218, 219.
87 *Palandt/Weidenkaff* Rn 18.

André Haug

Auch im Rahmen des § 575 gilt die Vorschrift des § 545, die eine Verlängerung des **38** Mietverhältnisses auf unbestimmte Zeit vorsieht, wenn der Mieter den Gebrauch der Mietsache nach Ablauf der Mietzeit fortsetzt und keine der Parteien ihren entgegenstehenden Willen innerhalb einer Frist von zwei Wochen gegenüber dem anderen Vertragsteil erklärt. Verlangt der Mieter also unberechtigt die Fortsetzung des Mietverhältnisses, darf der Vermieter hierauf nicht untätig bleiben, da anderenfalls nach Vertragsende die Gefahr einer Vertragsverlängerung nach § 545 besteht. Eine Ablehnung des unberechtigten Fortsetzungsverlangens ist gleichzeitig als Widerspruch im Sinne des § 545 anzusehen.[88]

Schwierig zu beurteilen ist der Fall, dass die ordnungsgemäße Mitteilung nicht vor **39** dem vertraglich vereinbarten Ende der Mietzeit nachgeholt wird oder wenn jegliche Mitteilung unterbleibt. Nach der Gesetzesbegründung kann der Vermieter die Mitteilung nicht beliebig weit hinausschieben. Lässt er den Termin der vertragsgemäßen Beendigung ohne Mitteilung verstreichen, gelte das Mietverhältnis nach § 545 als auf unbestimmte Zeit verlängert, offen bleibt dabei, was gelten soll, wenn der Vermieter fristgerecht widerspricht, damit aber nicht zugleich die Voraussetzungen einer Mitteilung über den Fortbestand seiner Verwendungsabsicht erfüllt. Der Verlängerungsanspruch des Mieters entsteht nach Abs 2 S 2 erst, wenn eine (verspätete) Mitteilung nach Abs 2 S 1 erfolgt ist. In der Unterlassung der Mitteilung ist eine Pflichtverletzung nach § 280 Abs 1 zu sehen, so dass bei schuldhaftem Versäumnis der Mitteilung dem Mieter ein Schadensersatzanspruch zusteht. Dieser Anspruch ist auf Wiederherstellung des Zustands gerichtet, der bei fristgemäßer Mitteilung des Vermieters bestanden hätte. Der Mieter kann also seinen Anspruch aus Abs 3 S 2 geltend machen, wenn die Verwendungsabsicht des Vermieters nicht mehr besteht, wofür das Unterlassen der Mitteilung ein Hinweis ist. Besteht hingegen die Verwendungsabsicht trotz der unterlassenen Mitteilung noch, kann der Mieter eine Fortsetzung des Mietverhältnisses um einen der Verzögerung entsprechenden Zeitraum nach Abs 2 S 2 verlangen.

3. Fortsetzungsverlangen nach Abs 3
a) Allgemeines. Tritt bei einem ursprünglich wirksam befristeten Mietvertrag der **40** Grund für die Befristung erst später oder gar nicht ein, kann der Mieter die Verlängerung des Mietverhältnisses um den entsprechenden Zeitraum der Verzögerung verlangen (Abs 3 S 1). Im Fall des völligen Wegfalls führt das nach Abs 3 S 2 zu einem unbefristeten Mietvertrag.

b) Der Anspruch nach Abs 3 S 1. Tritt der Grund für die Befristung erst später ein, ist **41** für den Mieter der Anspruch nach Abs 3 S 1 gegeben. Der Mieter kann die Verlängerung des Mietverhältnisses um den entsprechenden Zeitraum verlangen. Er kann selbstverständlich aber auch ausziehen.[89] Ein späteres Eintreten des Grundes ist gegeben, wenn der Vermieter seine Absicht nicht unmittelbar nach Ablauf der Mietzeit verwirklicht. Hierbei ist zu berücksichtigen, dass eine gewisse Zeit der Vorbereitung erforderlich ist. Die Abgrenzung, wann noch von üblicher Vorbereitung und wann von Verzögerung zu sprechen ist, ist eine Frage des Einzelfalls. Entgegen § 564c Abs 2 S 2 aF kommt es nicht mehr darauf an, dass die Verzögerung ohne Verschulden eingetreten sein muss. Entscheidend ist rein objektiv, dass das den Befristungsgrund bildende Vorhaben erst später durchgeführt wird.[90] Abs 3 bestimmt keine Verpflichtung des Vermieters, die spätere Verwirklichung der Maßnahme

---

88 Vgl BayObLG NJW 1981, 2759.
89 *Blank*/Börstinghaus/*Blank* Rn 50.
90 MünchKomm/*Häublein* Rn 30; *Schmidt-Futterer/Blank* Rn 47.

　　　　　　　　　　　　　　　　　　　　　　　　　André Haug

dem Mieter mitzuteilen. Üblicherweise wird diese Mitteilung schon in der Antwort auf das Auskunftsverlangen nach Abs 2 S 1 enthalten sein. Zwingend ist das aber nicht. Dann ergibt sich die Abgabe einer Mitteilung über die Verzögerung als vertragliche Nebenpflicht aus § 241 Abs 2, weil der Mieter seine Rechte aus Abs 3 S 1 sonst nicht wahrnehmen könnte.[91]

42   Als **Rechtsfolge** bestimmt Abs 3 S 1, dass der Mieter eine Verlängerung des Mietverhältnisses um einen entsprechenden Zeitraum verlangen kann, wenn sich die vom Vermieter beabsichtigte Verwendung der Räume verzögert. Der Anspruch ist darauf gerichtet, dass das Mietverhältnis um eine bestimmte Zeit verlängert wird. Für die Geltendmachung des Anspruchs und seine Erfüllung durch Abschluss eines Änderungsvertrages gilt das Gleiche wie bei einer nicht fristgemäßen oder sonst nicht ordnungsgemäßen Mitteilung über den Fortbestand der Verwendungsabsicht. Der Zeitraum der Verlängerung ist gegebenenfalls zu schätzen. Erweist sich der geschätzte Zeitraum als zu kurz, ist dem Mieter ein Anspruch auf weitere Verlängerung einzuräumen.

43   Für die Geltendmachung des Anspruchs auf befristete Fortsetzung des Mietverhältnisses ist keine Frist vorgeschrieben. Der Mieter kann den Anspruch also auch noch am letzten Tag der Vertragslaufzeit geltend machen, wenn sich die Verzögerung erst dann herausstellt oder der Mieter hiervon erfährt. Erfährt der Mieter erst nach Ablauf der Mietzeit von der bereits vorher feststehenden Verzögerung, muss der Mieter auf Grundlage eines Schadensersatzanspruchs aus § 280 Abs 1 – der Vermieter hat gegen seine vertragliche Nebenpflicht verstoßen, dem Mieter die Verzögerung rechtzeitig mitzuteilen- verlangen, dass das Mietverhältnis wieder begründet und auf bestimmte Zeit verlängert wird.

44   **c) Der Anspruch nach Abs 3 S 2.** Nach Abs 3 S 2 kann der Mieter die unbefristete Verlängerung des Mietvertrages verlangen, wenn der Grund für die Befristung vollständig weggefallen ist. Grundsätzlich gilt auch hier das zu Abs 3 S 1 Gesagte entsprechend. Insbesondere trifft den Vermieter auch hier die Pflicht, den Entfall des Befristungsgrundes mitzuteilen und bei Nichterfüllung dieser Verpflichtung im Falle des Vertragsendes Schadensersatz nach § 280 Abs 1 zu leisten. Auch hier gibt es keine Erfordernisse bezüglich Form oder Frist für die Geltendmachung des Anspruchs.

45   **Rechtsfolge** ist ein Anspruch auf Vereinbarung eines unbefristeten Mietverhältnisses. Das zu Abs 3 S 1 und Abs 2 S 2 Gesagte gilt entsprechend. Nach der Geltendmachung des Anspruchs können die Parteien auch abweichend vereinbaren, dass das Mietverhältnis sich auf bestimmte Zeit verlängern soll. Das verstößt nicht gegen Abs 4, weil der Mieter – nach Geltendmachung des Anspruchs – ebenso gut ganz darauf verzichten könnte. Die Formvorschrift des § 550 ist in diesem Fall zu beachten. Der Anspruch muss gegebenenfalls mit der Leistungsklage verfolgt werden. Die Vollstreckung erfolgt nach § 894 ZPO. Nach Vertragsänderung gelten ausschließlich die Regelungen über unbefristete Mietverhältnisse einschließlich der Vorschriften des sozialen Mietrechts hinsichtlich der Kündigung des Vermieters.

46   **d) Darlegungs- und Beweislast (Abs 3 S 3).** In Abweichung vom allgemeinen Grundsatz, dass jede Partei das Vorliegen der ihr günstigen Normen darzulegen und zu beweisen hat, bestimmt § 575 Abs 3 S 3, dass der Vermieter die Beweislast für den Eintritt des Befristungsgrundes und die Dauer der Verzögerung trägt. Das ist sachgerecht, weil die Ansprüche des Mieters vom alleinigen Willen des Vermieters abhängen können, wie zum Beispiel die Entscheidung, die geplante Maßnahme erst später durchzuführen.

---

91 MünchKomm/*Häublein* Rn 32; **aM** *Schmidt-Futterer/Blank* Rn 49.

André Haug

4. Gerichtliche Geltendmachung. Unter den Voraussetzungen der Abs 2 und 3 steht **47**
dem Mieter ein materiellrechtlicher Anspruch auf Fortsetzung des Mietverhältnisses zu,
der vom Vermieter durch Abgabe einer entsprechenden Willenserklärung zu erfüllen ist.
Das kann im Wege der **Leistungsklage** erzwungen werden. Mit der Rechtskraft eines der
Klage stattgebenden Urteils gilt die Willenserklärung nach § 894 ZPO als abgegeben.[92] Sie
wirkt auf den vertraglich an sich vorgesehenen Endtermin zurück.[93] Nach herrschender
Meinung muss der Mieter seinen Anspruch auf Fortsetzung des Mietverhältnisses gegenüber einer Räumungsklage des Vermieters durch **Widerklage** geltend machen, die unter
den Voraussetzungen des § 533 ZPO noch im Berufungsverfahren erhoben werden kann.[94]

IV. Rechtsfolgen bei unberechtigtem Abschluss eines befristeten Mietvertrags

Es können sich die gleichen Probleme ergeben, wie bei einer nach § 573 unberechtig- **48**
ten Kündigung des Vermieters. Hat der Vermieter dem Mieter bei Abschluss des Vertrages
eine nicht bestehende Verwendungsabsicht vorgespiegelt oder es unterlassen, den Mieter
über den Wegfall der Absicht oder die Verzögerung der Verwendung vor Räumung der
Wohnung zu unterrichten, können sich Schadensersatzansprüche aus Pflichtverletzung
(§§ 280 Abs 1 und 3, 282, 311 Abs 2 Nr 1) und unerlaubter Handlung nach § 823 Abs 1 und 2
sowie § 826 ergeben. Wenn der Mieter noch nicht geräumt hat, kann der Schadensersatzanspruch auf befristete oder unbefristete Verlängerung des Mietverhältnisses sowie auf
Ersatz der nunmehr überflüssigen Kosten für die Suche einer Ersatzwohnung gerichtet
sein. Da im Hinblick auf § 575 Abs 1 S 2 in diesem Fall ein unbefristetes Mietverhältnis
zustande gekommen ist, kann der Mieter das Mietverhältnis auch jederzeit unter Einhaltung der Frist des § 573c Abs 1 S 1 kündigen.

V. Darlegungs- und Beweislast

Entsprechend den allgemeinen Grundsätzen hat der Vermieter sämtliche Vorausset- **49**
zungen darzulegen und im Streitfall zu beweisen, die den wirksamen Abschluss eines
befristeten Mietvertrages zu begründen geeignet sind. Der Mieter hat hingegen grundsätzlich darzulegen und zu beweisen, dass die Voraussetzungen der Abs 2 und 3 für eine
befristete oder unbefristete Verlängerung des Mietverhältnisses erfüllt sind. Gleiches gilt,
wenn die befristete oder unbefristete Verlängerung im Wege eines Schadensersatzanspruches geltend gemacht wird. Hiervon bildet Abs 3 Satz 3, der die Beweislastverteilung
abweichend zu Lasten des Vermieters regelt, eine Ausnahme.

VI. Abweichende Vereinbarungen (Abs 4)

Abweichende Vereinbarungen zum Nachteil des Mieters sind nach § 575 Abs 4 unzu- **50**
lässig. Daraus folgt, dass alle bei Vertragsschluss getroffenen Vereinbarungen der Parteien unwirksam sind, durch die die Möglichkeit befristeter Mietverträge gegenüber Abs 1
ausgeweitet werden soll. Für den Fall, dass die Befristung auf keine Befristungsgründe
gestützt werden kann, sieht § 575 Abs 1 S 2 die spezielle Rechtsfolge eines dann unbefris-

---

92 *Hannemann* NZM 1999, 585, 593.
93 *Palandt/Weidenkaff* Rn 22; *Gather* DWW 1999, 173, 175.
94 LG Berlin GE 1999, 649; LG Berlin NZM 2000, 333; LG Bonn MDR 1976, 495; LG Kaiserslautern ZMR
1975, 306, 307; LG München I ZMR 1974, 49, 50; LG Regensburg WuM 1992, 194; *Bub/Treier/Grapentin* Rn IV
265; *Röder* NJW 1983, 2665, 2669; *Schmidt-Futterer/Blank* Rn 60.

André Haug

teten Mietverhältnisses vor. Ausgeschlossen ist der Verzicht auf die schriftliche Mitteilung des Befristungsgrundes ebenso wie die Beschränkung der Rechte des Mieters auf Auskunft und eine befristete oder unbefristete Verlängerung des Mietverhältnisses nach Abs 2 und 3. Unzulässig ist auch die Vereinbarung einer längeren Frist für die Mitteilung des Vermieters nach Abs 2 S 1. Zusätzliche Voraussetzungen für die Ansprüche des Mieters nach Abs 2 und 3 können nicht ausbedungen werden. Zulässig sind alle Vereinbarungen, die nicht zum Nachteil des Mieters von der gesetzlichen Regelung abweichen, also eine Verbesserung der Rechtsstellung des Mieters bedeuten. Möglich ist beispielsweise eine Verkürzung der Monatsfrist für die Mitteilung des Vermieters nach Abs 2 S 1. Es kann auch vertraglich vereinbart werden, dass als sachlicher Grund für die Befristung allein die später beabsichtigte Nutzung durch eine namentlich genannte Person gelten soll. Das Verbot abweichender Vereinbarungen erfasst auch Vertragsänderung, schließt diese aber nicht grundsätzlich aus. Vereinbarungen, die auch bei einem Neuabschluss zulässig wären, sind zulässig wie beispielsweise die Auswechslung der Verwendungsabsicht.

§ 575a
Außerordentliche Kündigung mit der gesetzlichen Frist

[1] Kann ein Mietverhältnis, das auf bestimmte Zeit eingegangen ist, außerordentlich mit der gesetzlichen Frist gekündigt werden, so gelten mit Ausnahme der Kündigung gegenüber dem Erben des Mieters nach § 564 die §§ 573 und 573a entsprechend.
[2] Die §§ 574 bis 574c gelten entsprechend mit der Maßgabe, dass die Fortsetzung des Mietverhältnisses höchstens bis zum vertraglich bestimmten Zeitpunkt der Beendigung verlangt werden kann.
[3] Die Kündigung ist spätestens am dritten Werktag eines Kalendermonats zum Ablauf des übernächsten Monats zulässig, bei Wohnraum nach § 549 Abs 2 Nr 2 spätestens am 15. eines Monats zum Ablauf dieses Monats (gesetzliche Frist). § 573a Abs 1 Satz 2 findet keine Anwendung.
[4] Eine zum Nachteil des Mieters abweichende Vereinbarung ist unwirksam.

I. Allgemeines

1   Die Vorschrift regelt die außerordentliche Kündigung mit gesetzlicher Frist im Bereich der befristeten Wohnraummietverhältnisse. Nach Abs 1 sind insoweit, mit Ausnahme der Kündigung des Vermieters gegenüber dem Erben nach § 564, die Vorschriften der §§ 573, 573a anwendbar. Ebenfalls anwendbar ist die Sozialklausel der §§ 574 bis 574c, wobei die Fortsetzung des Mietverhältnisses nur bis zum vertraglich vorgesehenen Beendigungszeitpunkt verlangt werden kann, § 575a Abs 2. Die Kündigungsfrist ist in Abs 3 entsprechend § 573d geregelt.

§ 575a ist durch die Mietrechtsreform 2001 neu eingeführt worden, lediglich der Rege- **2** lungsgehalt des § 575a Abs 3 war auch bisher schon in § 565 Abs 5 aF vorhanden.

Zunächst wird in Abs 1 klargestellt, dass auch befristete Mietverhältnisse mit der **3** gesetzlichen Frist gekündigt werden können und werden die hierfür geltenden Voraussetzungen und Fristen bestimmt. Dabei wird nicht selbst ein Kündigungsrecht statuiert, vielmehr ist die Vorschrift nur anwendbar, wenn eine andere Norm die außerordentliche Kündigung mit gesetzlicher Frist zulässt. Mit Abs 1 und der darin enthaltenen Verweisung auf §§ 573, 573a wird die bisher herrschende Meinung Gesetz, dass der Vermieter bei der außerordentlichen Kündigung mit der gesetzlichen Frist eines berechtigten Interesses bedarf.

II. Anwendbarkeit der §§ 573, 573a auf das außerordentliche Kündigungsrecht (Abs 1)

1. Allgemeines. Aus der systematischen Stellung im Untertitel 2 ergib sich, dass ein **4** Mietverhältnis über Wohnraum vorliegen muss. Dieses muss befristet sein.[1] Ferner muss eine Norm die außerordentliche Kündigung mit der gesetzlichen Frist zulassen. Hierfür kommen in Betracht die §§ 540 Abs 1, 544, 555e Abs 1, 563 Abs 4, 563a Abs 2, 564, 580, 1056 Abs 2, 2135 sowie § 30 Abs 2 S 2 ErbbauRVO, § 109 Abs 1 S 1 InsO, § 111 InsO und § 57a ZVG.

2. Kündigungsrecht des Mieters. Da bei befristeten Mietverträgen regelmäßig die **5** ordentliche Kündigung ausgeschlossen ist,[2] ist das außerordentliche Kündigungsrecht des Mieters hier von besonderer Bedeutung. Der Mieter kann sich häufig nur unter den Voraussetzungen des § 575a vom Mietvertrag lösen. Wegen der Spezialregelung in § 561 findet § 575a beim Mieterhöhungsverlangen des Vermieters keine Anwendung.[3]

3. Kündigungsrecht des Vermieters. Der Verweis in Abs 1 auf §§ 573, 573a stellt klar, **6** dass der Vermieter regelmäßig eines berechtigten Interesses nach § 573 bedarf.[4] Auch § 573a findet uneingeschränkt Anwendung für Mietwohnungen, die in einem vom Vermieter selbst bewohnten Gebäude mit nicht mehr als zwei Wohnungen liegen.

Eine Ausnahme besteht ausweislich der gesetzlichen Regelung in Abs 1 für die außer- **7** ordentliche Kündigung mit gesetzlicher Frist gegenüber dem Erben nach § 564. Damit setzt sich die Regelung in § 575a in Widerspruch zur früheren – allerdings zum Teil massiv kritisierten – Rechtsprechung.[5]

III. Anwendung der Sozialklausel (Abs 2)

Die Anwendbarkeit der Sozialklausel für die außerordentliche Kündigung mit der **8** gesetzlichen Frist seitens des Vermieters, die bisher schon von der Rechtsprechung des BGH[6] und der überwiegenden Ansicht der Literatur[7] befürwortet wurde, ist nun in Abs 2 geregelt. Eine Einschränkung ist jedoch insofern enthalten, als die Fortsetzung des Miet-

---

1 § 575 Rn 4; *Staudinger/Rolfs* [2011] § 542 Rn 136ff.
2 *Staudinger/Rolfs* [2011] § 542 Rn 136, 146.
3 § 573d Rn 3.
4 *Sonnenschein* WuM 2000, 387, 399.
5 BGHZ 135, 68, 89 = NJW 1997, 1695; OLG Hamburg DWW 1983, 307; zur Kritik: *Canaris* ZIP 1997, 1507f; *Foerste* JZ 1997, 732f.
6 BGHZ 84, 90, 100 = NJW 1982, 1696.
7 *Staudinger/Sonnenschein* [1995] § 556a Rn 21; *Soergel/Heintzmann* [1998] § 556a Rn 5.

André Haug

verhältnisses nur bis zum vertraglich vereinbarten Beendigungszeitpunkt verlangt werden kann.

IV. Kündigungsfristen (Abs 3)

9   Die Kündigungsfristen entsprechen vollumfänglich denen des § 573d, so dass auf das dort Ausgeführte verwiesen werden kann.[8] Zu beachten ist, dass die auf § 575a verweisenden Normen die Kündigungsfristen teilweise abweichend regeln, wie beispielsweise § 555e Abs 1.[9]

V. Abweichende Vereinbarung (Abs 4)

10   Abweichende Vereinbarungen zum Nachteil des Mieters sind – ebenso wie bei § 573d Abs 3 – unwirksam. Das bedeutet, dass die Kündigungsfristen zwar für den Mieter, nicht aber für den Vermieter verkürzt werden dürfen. Auch das Erfordernis des berechtigten Interesses (Abs 1) und die Anwendbarkeit der Sozialklausel (Abs 2) dürfen nicht eingeschränkt werden.

---

8 § 573d Rn 8.
9 *Staudinger/Emmerich* [2011] § 554 Rn 55.

André Haug

Unterkapitel 4

Werkwohnungen

§ 576

Fristen der ordentlichen Kündigung bei Werkmietwohnungen

[1] Ist Wohnraum mit Rücksicht auf das Bestehen eines Dienstverhältnisses vermietet, so kann der Vermieter nach Beendigung des Dienstverhältnisses abweichend von § 573c Abs 1 Satz 2 mit folgenden Fristen kündigen:
1. bei Wohnraum, der dem Mieter weniger als zehn Jahre überlassen war, spätestens am dritten Werktag eines Kalendermonats zum Ablauf des übernächsten Monats, wenn der Wohnraum für einen anderen zur Dienstleistung Verpflichteten benötigt wird;
2. spätestens am dritten Werktag eines Kalendermonats zum Ablauf dieses Monats, wenn das Dienstverhältnis seiner Art nach die Überlassung von Wohnraum erfordert hat, der in unmittelbarer Beziehung oder Nähe zur Arbeitsstätte steht, und der Wohnraum aus dem gleichen Grund für einen anderen zur Dienstleistung Verpflichteten benötigt wird.

[2] Eine zum Nachteil des Mieters abweichende Vereinbarung ist unwirksam.

§ 576a

Besonderheiten des Widerspruchrechts bei Werkmietwohnungen

[1] Bei der Anwendung der §§ 574 bis 574c auf Werkmietwohnungen sind auch die Belange des Dienstberechtigten zu berücksichtigen.

[2] Die §§ 574 bis 574c gelten nicht, wenn
1. der Vermieter nach § 576 Abs 1 Nr 2 gekündigt hat;
2. der Mieter das Dienstverhältnis gelöst hat, ohne dass ihm von dem Dienstberechtigten gesetzlich begründeter Anlass dazu gegeben war, oder der Mieter durch sein Verhalten dem Dienstberechtigten gesetzlich begründeten Anlass zur Auflösung des Dienstverhältnisses gegeben hat.

[3] Eine zum Nachteil des Mieters abweichende Vereinbarung ist unwirksam.

§ 576b

Entsprechende Geltung des Mietrechts bei Werkdienstwohnungen

[1] Ist Wohnraum im Rahmen eines Dienstverhältnisses überlassen, so gelten für die Beendigung des Rechtsverhältnisses hinsichtlich des Wohnraums die Vorschriften über Mietverhältnisse entsprechend, wenn der zur Dienstleistung Verpflichtete den Wohnraum ganz oder überwiegend mit Einrichtungsgegenständen ausgestattet hat oder in dem Wohnraum mit seiner Familie oder Personen lebt, mit denen er einen auf Dauer angelegten gemeinsamen Haushalt führt.

[2] Eine zum Nachteil des Mieters abweichende Vereinbarung ist unwirksam.

André Haug

Schrifttum

Buch Die Kündigung von Werkwohnungen, NZM 2000, 167; *Gassner* Rechtsanwendung beim doppeltypischen Vertrag am Beispiel der Werkdienstwohnung, AcP Bd 186 (1986) 325; *Häring* Das Recht der Werks- und Dienstwohnungen, GE 1986, 418; *Jung* Wohnraummietvertrag mit Dienstleistungspflicht des Mieters, ZMR 1989, 363; *Kleffmann* Der Kündigungsgrund des Betriebsbedarfs bei Fortbestehen des Dienstverhältnisses mit einem Ehegatten, ZMR 1982, 131; *Nassall* Zum Einwand des Rechtsmißbrauchs beim Räumungsverlangen nach § 556 Abs 3 BGB, ZMR 1984, 182; *Röder* Das betriebliche Wohnungswesen im Spannungsfeld von Betriebsverfassungsrecht und Wohnungsmietrecht (1983); *Schmidt-Futterer/Blank* Die Werkdienstwohnung nach neuem Recht, BB 1976, 1033.

I. Allgemeines

In den §§ 576 bis 576b werden Sondervorschriften für die Kündigung von Werkwoh- **1** nungen aufgestellt, deren Überlassung rechtlich mit einem Dienst- oder Arbeitsverhältnis verknüpft ist. Mit den in §§ 576, 576a eingeräumten Erleichterungen für die Kündigung einer Werkmietwohnung soll dem Vermieter ermöglicht werden, nach Beendigung des Dienstverhältnisses auch das Mietverhältnis schneller zu beenden, als es nach den §§ 573c, 574ff zulässig ist. Die Vorschriften dienen damit als Ausnahme von den sonstigen Regelungen des sozialen Mietrechts in erster Linie den Interessen des Vermieters. Damit wirken sie sich zugleich zugunsten der nachfolgenden Arbeitnehmer aus und fördern so die Mobilität. § 576b bezweckt auch den Schutz des anderen Vertragsteils, indem Werkdienstwohnungen unter bestimmten Voraussetzungen den mietrechtlichen Vorschriften unterstellt werden.

II. Geltungsbereich

1. Werkmietwohnungen

a) Der unmittelbare Geltungsbereich der §§ 576ff beschränkt sich auf Werkmietwoh- **2** nungen. Nach der Begriffsbestimmung des § 576 ist damit Wohnraum gemeint, der mit Rücksicht auf das Bestehen eines Dienstverhältnisses vermietet ist. Kennzeichnend ist, dass neben einem Dienstvertrag ein selbständiger Mietvertrag besteht, beide Rechtsverhältnisse aber in besonderer Weise miteinander verknüpft sind. Ein **Dienstvertrag** ist ein schuldrechtlicher gegenseitiger Vertrag, durch den sich der eine Teil zur Leistung der versprochenen Dienste, der andere Teil zur Leistung der versprochenen Vergütung verpflichtet. Abweichend von § 611 ist für den Begriff iSd § 576 maßgebend, dass unselbständige, weisungsgebundene Arbeitsleistungen geschuldet werden. Es muss sich um ein Rechtsverhältnis privatrechtlicher Natur handeln. Hierzu gehört auch ein Arbeitsverhältnis im öffentlichen Dienst, das mit Arbeitern oder Angestellten auf privatrechtlicher Grundlage abgeschlossen wird. Ein Dienstverhältnis von Beamten, Richtern und Soldaten kann nicht Grundlage für die Überlassung einer Werkmietwohnung sein, da hierfür die öffentlich-rechtlichen Vorschriften über Dienstwohnungen maßgebend sind.[1] Auf die Art der zu leistenden Dienste kommt es nicht an. Sie können sich auf einfachste Hilfsarbeiten beschränken oder qualifizierte Leistungen umfassen. Auch Dienste höherer Art wie bei angestellten Ärzten, Juristen oder leitenden Angestellten werden in einem Abhängigkeitsverhältnis erbracht. Jede abhängige Tätigkeit in einem beliebigen Berufszweig, sei es in einem Gewerbebetrieb, in der Land- oder Forstwirtschaft,[2] einem freiberuflichen Unternehmen oder in einem Privathaushalt, wird erfasst. Da das Gesetz hinsichtlich des Umfangs der zu leistenden Dienste keine bestimmten Anforderungen stellt, kommt es auf den ständigen oder erheblichen Einsatz der Arbeitskraft des Dienstverpflichteten oder die Höhe der Vergütung nicht an.[3] Ob das Dienstverhältnis den Haupt- oder Nebenberuf des Mieters darstellt, ist unerheblich. Deshalb kann auch die geringfügige Tätigkeit als Hausmeister oder die Mithilfe im Haushalt des Vermieters zur Annahme einer Werkmietwohnung führen. Zu beachten ist aber, dass vor allem eine gelegentliche Mithilfe allein auf dem Mietvertrag beruhen kann und als Teil des Entgelts für die Raumüberlassung zu beurteilen ist.[4] Es fehlt dann an einem selbständigen Dienstverhältnis.

3   **b)** Neben dem Dienstverhältnis muss ein **Mietverhältnis über Wohnraum** bestehen (§ 549 Rn 3ff). Es kann sich um eine vollständige Wohnung, aber auch um einen Wohnheimplatz[5] oder sonstige Einzelräume handeln, die Wohnzwecken dienen. Dienstverpflichteter und Mieter müssen identisch sein. Weitere Personen können als akzessorische Mitmieter den Mietvertrag abschließen. Sie können selbst in einem Dienstverhältnis zu demselben Dienstberechtigten stehen, etwa ein Arbeitnehmerehepaar.[6] Andererseits brauchen Dienstberechtigter und Vermieter nicht dieselbe Person zu sein, wie sich aus der insoweit neutralen Fassung des § 576 ergibt. Auf dieser Grundlage lassen sich werkseigene und werksfremde Werkmietwohnungen unterscheiden.[7] Im ersteren Fall ist der Dienstberechtigte zugleich der Vermieter. Bei werksfremden Werkmietwohnungen hat der Dienstberechtigte gegenüber dem personenverschiedenen Vermieter ein Wohnungsbelegungsrecht, das auf einem Werkförderungsvertrag beruht.[8]

4   **c)** Kennzeichnend ist die besondere **Verknüpfung zwischen Dienstverhältnis und Mietverhältnis**. § 576 bringt dies dadurch zum Ausdruck, dass der Wohnraum „mit Rücksicht auf das Bestehen eines Dienstverhältnisses vermietet" sein muss. Dienstleistung und Vermietung müssen Teile eines einheitlichen Rechtsgeschäfts sein, was aber keine ausdrücklichen Vereinbarungen voraussetzt. Es genügt, dass das Dienstverhältnis Geschäftsgrundlage für den Mietvertrag ist.[9] Dies setzt voraus, dass der Vermieter bei Abschluss des Vertrags eine entsprechende Mitteilung macht oder dass dieser Wille für den Mieter

---

1 BGH LM Nr 9 zu § 71 GVG; AG Grevenbroich NJW 1990, 1305; AG Berlin-Schöneberg WuM 1990, 282; MünchKomm/*Artz* § 576 Rn 5; *Palandt/Weidenkaff* Vorbem v §§ 576–576b Rn 1.
2 LG Kiel WuM 1986, 218.
3 LG Köln ZMR 1996, 666; LG Berlin WuM 1991, 697; MünchKomm/*Artz* § 576 Rn 4; *Schmidt-Futterer/ Blank* Vor § 576 Rn 3; **aM** LG Aachen MDR 1991, 542; AG Regensburg WuM 1989, 381.
4 LG Aachen WuM 1989, 382, 383; krit *Jung* ZMR 1989, 363.
5 BAGE 64, 75 = WuM 1990, 391.
6 LG Ulm WuM 1979, 244.
7 *Röder* 53.
8 *Staudinger/Emmerich* [2011] Vorbem 54 zu § 535.
9 LG Berlin WuM 1991, 697.

aus den gesamten Umständen erkennbar ist.[10] Das Dienstverhältnis muss nicht schon bei Abschluss des Mietvertrags bestehen. Es genügt, wenn beide Verträge gleichzeitig abgeschlossen werden oder wenn der bevorstehende Abschluss eines Dienstvertrags als Geschäftsgrundlage in den Mietvertrag eingeht. Kommt zunächst ein normaler Mietvertrag zustande und geht der Mieter erst später und unvorhergesehen ein Dienstverhältnis zu dem Vermieter ein, wird die Wohnung allein dadurch nicht zur Werkwohnung.[11] Die Parteien können das Dienstverhältnis nachträglich nicht mehr durch eine ausdrückliche Vereinbarung zur Geschäftsgrundlage des Mietvertrags machen, weil der Mieter dadurch seine Rechte entgegen den zwingenden §§ 573c Abs 4, 574 Abs 4, 574a Abs 3 verkürzen würde. Das Gleiche gilt, wenn das Dienstverhältnis schon vor Abschluss des Mietvertrags begründet worden ist und dem Wohnraum erst später durch einen einseitigen Hinweis des Vermieters[12] oder durch besondere Vereinbarungen der Charakter einer Werkmietwohnung gegeben werden soll. Es bleibt den Parteien nur die Möglichkeit, den ursprünglichen Mietvertrag aufzuheben und durch einen neuen Vertrag über eine Werkmietwohnung zu ersetzen. Der Grund für die Vermietung des Wohnraums braucht nicht ausschließlich darin zu liegen, dass ein Dienstverhältnis mit dem Mieter besteht. Auch andere Gründe können maßgebend sein, sofern das Dienstverhältnis den entscheidenden Anlass bildet.[13]

2. Werkdienstwohnungen

a) Eine Werkdienstwohnung ist nach § 576b Wohnraum, der im Rahmen eines Dienst- **5** verhältnisses überlassen ist. Kennzeichnend ist, dass nicht ein Dienst- und ein Mietvertrag nebeneinander bestehen, sondern dass der **Dienstvertrag als Rechtsgrundlage** für die Überlassung des Wohnraums dient, wobei diese Überlassung Teil der Vergütung für die geleisteten Dienste ist.[14] Es kommt nicht darauf an, ob insoweit eine offene oder verdeckte Anrechnung stattfindet. Solange das Arbeitsverhältnis besteht, sind die §§ 535ff auf die Rechte und Pflichten hinsichtlich der Raumnutzung entsprechend anwendbar.[15] Die Beendigung richtet sich grundsätzlich nach Dienstvertragsrecht, da dieser Vertrag im Vordergrund steht. Es ist deshalb nicht möglich, die Verpflichtung, die Wohnung zu benutzen, durch Teilkündigung zu beenden, da es sich um einen unselbständigen Bestandteil des Dienstvertrags handelt.[16] Mietrecht ist insoweit nach § 576b nur unter bestimmten Voraussetzungen anwendbar (Rn 29 ff).

b) Der Begriff des **Dienstverhältnisses** iSd § 576b ist mit dem des § 576 identisch **6** (Rn 2). Bestandteil des Dienstvertrags ist die Überlassung des Wohnraums. Als Beispiele sind Verträge zu nennen, in deren Rahmen Wohnungen an Hausmeister einer Wohnanlage oder eines Unternehmens, an landwirtschaftliche Arbeiter und an Angestellte von Unter-

---

10 LG Aachen WuM 1985, 149; AG Darmstadt WuM 1985, 153; *Röder* 51; *Schmidt-Futterer/Blank* Vor § 576 Rn 5.
11 AG Hamburg WuM 1985, 152.
12 AG Darmstadt WuM 1985, 153.
13 *Erman/Lützenkirchen* § 576 Rn 4; *Schmidt-Futterer/Blank* Vor § 576 Rn 5.
14 BAG AP Nr 16 zu § 2 ArbGG 1979 = WuM 1990, 391; BAG AP Nr 3 zu § 565e BGB = WuM 1990, 284; *Bub/Treier/Grapentin* Rn IV 132; *Buch* NZM 2000, 167; *Gassner* AcP Bd 186 (1986) 325, 327ff; *Röder* 55; MünchKomm/*Artz* § 576b Rn 3; *Schmidt-Futterer/Blank* § 576b Rn 8; *dies* BB 1976, 1033.
15 *Palandt/Weidenkaff* Vorbem v §§ 576–576b Rn 10.
16 BAG AP Nr 3 zu § 565e BGB = WuM 1990, 284; *Bub/Treier/Grapentin* Rn IV 132; *Schmidt-Futterer/Blank* § 576b Rn 18.

André Haug

nehmen, Krankenhäusern oder Heimen überlassen werden.[17] Bei den Hausmeisterwohnungen sind die Gestaltungen so vielfältig, dass es auf den Einzelfall ankommt.

7 **c)** Da die Überlassung des Wohnraums Teil des Dienstvertrags ist, kommt eine solche Vertragsgestaltung nur bei **Identität der Parteien** in Betracht. Dies bedeutet nicht, dass der Dienstberechtigte zugleich Eigentümer der Werkdienstwohnung sein muss. Es lassen sich werkseigene und werksfremde Werkdienstwohnungen unterscheiden (Rn 3).

8 **d)** Der **Zeitpunkt**, in dem die Eigenschaft als Werkdienstwohnung begründet wird, ist im Gesetz nicht geregelt. Da der Dienstvertrag die Rechtsgrundlage für die Raumüberlassung bildet, wird er idR vor oder spätestens zusammen mit der Überlassung der Wohnräume abgeschlossen. Es reicht aus, wenn der Abschluss des Dienstvertrags unmittelbar bevorsteht, weil die vorgezogene Überlassung der Räume in dem späteren Vertragsschluss ihre Rechtsgrundlage findet.

III. Kündigung von Werkmietwohnungen (§ 576)

1. Voraussetzungen im Allgemeinen
9 **a) Mietverhältnis über eine Werkmietwohnung.** Das Sonderkündigungsrecht des § 576 setzt ein auf unbestimmte Zeit abgeschlossenes Mietverhältnis über eine Werkmietwohnung voraus (Rn 2ff). Auf die Art des Wohnraums und die in § 573c getroffenen Unterscheidungen kommt es nicht an. Ist der Wohnraum an einen betriebsfremden Mieter überlassen, handelt es sich nicht um eine Werkmietwohnung,[18] so dass § 576 nicht eingreift, auch wenn Betriebsbedarf vorliegt.

10 **b) Mietverhältnis auf unbestimmte Zeit.** Das Mietverhältnis muss auf unbestimmte Zeit eingegangen sein. Das ergibt sich zwar aus § 576 im Gegensatz zu § 565b aF nicht mehr unmittelbar, da aber § 576 die ordentlichen Kündigungsfristen modifiziert, die nur für Mietverhältnisse auf unbestimmte Zeit gelten, setzt auch § 576 ein Mietverhältnis auf unbestimmte Zeit voraus. Ein solches liegt vor, wenn die Dauer der Mietzeit im Vertrag nicht genau bestimmt und aufgrund des Vertragsinhalts nicht hinreichend fest bestimmbar ist, so dass es einer Kündigung bedarf, um das Mietverhältnis zu beenden. Hierzu zählt auch ein Mietverhältnis mit Verlängerungsklausel, das auf bestimmte Zeit eingegangen ist, sich mangels Kündigung aber verlängert. Dabei kommt es nicht darauf an, dass die Verlängerung aufgrund der Vertragsklausel auf unbestimmte Zeit eintritt.[19] Auch wenn sich das Mietverhältnis einmalig oder mehrfach um eine bestimmte Zeit verlängern soll, ist die gesamte Mietzeit nicht von Anfang an festgelegt. Auf unbestimmte Zeit eingegangen ist wegen § 572 Abs 2 ein Mietverhältnis, das unter einer auflösenden Bedingung steht, etwa der Beendigung des Dienstverhältnisses.[20] Das Gleiche gilt für ein Mietverhältnis, bei dem die Parteien die ordentliche Kündigung für eine bestimmte Zeit vertraglich ausgeschlossen haben.[21] Ein auf bestimmte Zeit eingegangenes Mietverhältnis fällt nicht unter § 576.

---

17 *Schmidt-Futterer/Blank* § 576b Rn 6.
18 OLG Stuttgart WuM 1991, 330.
19 AM *Palandt/Weidenkaff* § 576 Rn 2.
20 LG Aachen WuM 1985, 149.
21 *Staudinger/Rolfs* [2011] § 576 Rn 28.

c) Beendigung des Dienstverhältnisses. Das Dienstverhältnis mit der Person des 11 Mieters muss beendet sein. Vor Beendigung gelten die allgemeinen Vorschriften der §§ 568, 573ff, 577a. Stehen mehrere Personen als Mitmieter, wie etwa ein Arbeitnehmerehepaar, in einem Dienstverhältnis zu demselben Dienstberechtigten und sind beide Dienstverhältnisse mit dem Mietverhältnis in der für eine Werkmietwohnung vorausgesetzten Weise verbunden (Rn 4), reicht es nicht aus, wenn das Dienstverhältnis mit einem der Ehegatten beendet ist.[22] Stand nur einer der Mitmieter in einem Dienstverhältnis, das beendet worden ist, kann das Mietverhältnis gegenüber allen Mitmietern nach § 576 gekündigt werden. Entscheidend ist die rechtlich wirksame Beendigung des Dienstverhältnisses, nicht die tatsächliche Aufgabe der Arbeit.[23] Im Übrigen ist entscheidend, dass die Kündigungserklärung nach der Beendigung des Dienstverhältnisses durch Zugang wirksam wird.[24] Dies ergibt sich aus der Formulierung des § 576 Abs 1 Hs 1, die Kündigung sei „nach Beendigung des Dienstverhältnisses" zulässig. Damit ist der Kündigungstag gemeint. Die Erklärung kann also schon vor der Beendigung des Dienstverhältnisses abgegeben werden. Geht sie vorher zu, so sind die Kündigungsfristen des § 573c maßgebend.[25] Die unberechtigt auf § 576 gestützte Erklärung ist nicht unwirksam, sondern wirkt wie im Normalfall einer zum angegebenen Zeitpunkt verspäteten Kündigung auf den nächsten ordentlichen Termin, wenn der Vermieter das Mietverhältnis auf jeden Fall beenden will und dieser Wille dem Mieter erkennbar ist. Die umstrittene Frage, ob die Kündigung nach Beendigung des Dienstverhältnisses noch aufgrund des § 87 Abs 1 Nr 9 BetrVerfG oder des § 75 Abs 2 Nr 2 BPersVertrG der Mitbestimmung unterliegt, ist entgegen der für das Mietrecht teilweise vertretenen Meinung[26] mit der Gegenansicht[27] und der im Arbeitsrecht vorherrschenden Auffassung zu bejahen.[28]

2. Besondere Voraussetzungen und Rechtsfolgen

a) Allgemeines. § 576 Abs 1 räumt dem Vermieter einer Werkmietwohnung nach Been- 12 digung des Dienstverhältnisses ein Sonderkündigungsrecht ein. Es handelt sich um eine ordentliche, nicht um eine außerordentliche befristete Kündigung. Hierfür gelten aber grundsätzlich kürzere Kündigungsfristen, als sie sich aus § 573c ergeben.[29] In den Voraussetzungen unterscheidet die Vorschrift zwischen gewöhnlichen Werkmietwohnungen der Nr 1 und funktionsgebundenen Werkmietwohnungen der Nr 2.

b) Gewöhnliche Werkmietwohnung (§ 576 Abs 1 Nr 1)

aa) Das auf § 576 Abs 1 Nr 1 gestützte Sonderkündigungsrecht setzt in seinem **Tat-** 13 **bestand** über die allgemeinen Merkmale (Rn 9ff) hinaus voraus, dass es sich um eine gewöhnliche Werkmietwohnung handelt. Im Gegensatz zu der besonders engen Verknüpfung, die § 576 Abs 1 Nr 2 verlangt, erschöpft sich die Funktion dieser Wohnung darin, dass der Dienstverpflichtete mit Rücksicht auf das Arbeitsverhältnis darin wohnt.[30] Der Wohnraum muss weniger als zehn Jahre überlassen sein. Wenn das Mietverhältnis zehn Jahre gedauert hat, soll darauf verzichtet werden, die Kündigungsfrist zu verkürzen. Dann

---

22 LG Ulm WuM 1979, 244; *Bub/Treier/Grapentin* Rn IV 88; diff *Kleffmann* ZMR 1982, 131.
23 MünchKomm/*Artz* § 576 Rn 8; *Schmidt-Futterer/Blank* § 576 Rn 4; **aM** LG Essen ZMR 1966, 148.
24 LG Kiel WuM 1978, 32.
25 *Staudinger/Rolfs* [2011] § 576 Rn 31.
26 OLG Frankfurt/M WuM 1992, 525; Bub/Treier/*Grapentin* Rn IV 88; *Palandt/Weidenkaff* § 576 Rn 3.
27 *Schmidt-Futterer/Blank* Vor § 576 Rn 13.
28 *Staudinger/Rolfs* [2011] § 576 Rn 23ff.
29 MünchKomm/*Artz* § 576 Rn 8; *Palandt/Weidenkaff* § 576 Rn 3.
30 *Palandt/Weidenkaff* § 576 Rn 4; *Schmidt-Futterer/Blank* § 576 Rn 9.

André Haug

gelten die Fristen des § 573c Abs 1 S 2.[31] Dadurch wird kraft Gesetzes die Verknüpfung von Dienst- und Mietverhältnis gelöst.[32] Entscheidend ist nicht der Abschluss des Mietvertrags, sondern der Tag der Besitzübertragung (§ 573c Rn 10). Das Ende des Überlassungszeitraums wird nicht durch die Abgabe der Kündigungserklärung bestimmt. Maßgebend ist der Tag des Zugangs (§ 573c Rn 3).

14   Die Kündigung des Vermieters ist nach § 576 Abs 1 Nr 1 spätestens am dritten Werktag eines Kalendermonats für den Ablauf des übernächsten Monats zulässig, wenn der Wohnraum für einen anderen zur Dienstleistung Verpflichteten benötigt wird. Damit wird **Betriebsbedarf** vorausgesetzt, der zugleich ein berechtigtes Interesse iSd § 573 Abs 1 S 1 darstellt. Das Bestehen eines Kündigungsgrundes ist gleichzeitig Voraussetzung dafür, dass die Kündigungsfrist verkürzt wird.

15   **bb)** Die **Kündigungsfrist** bei der gewöhnlichen Werkmietwohnung hängt von der Art des Betriebsbedarfs und zudem von dem Zeitpunkt ab, in dem das Mietverhältnis abgeschlossen worden ist. Stützt der Vermieter die Kündigung auf Betriebsbedarf (Rn 14), ist sie nach § 576 Abs 1 Nr 1 spätestens am dritten Werktag eines Kalendermonats für den Ablauf des übernächsten Monats zulässig. Damit beträgt die Kündigungsfrist drei Monate, abzüglich der Karenzzeit von drei Werktagen. Der Sonntag und ein am Erklärungsort staatlich anerkannter Feiertag werden nach § 193 nicht mitgezählt, der Samstag nur dann nicht, wenn der letzte Tag der Frist auf ihn fällt.[33] Dies entspricht der Frist, die nach § 573c Abs 1 S 1 bei einer Überlassung des Wohnraums bis zu fünf Jahren maßgebend ist. Verkürzt wird die Frist erst bei einem Mietverhältnis mit einer fünf- bis zehnjährigen Dauer, weil dann nach § 573c Abs 1 S 2 die auf sechs oder neun Monate verlängerte Frist maßgebend wäre. Nach verbreiteter Meinung muss die Kündigung in einem engen zeitlichen Zusammenhang mit dem Ende des Dienstverhältnisses erklärt werden.[34] Diese Einschränkung findet im Gesetz keine Stütze. Anders als etwa in §§ 563 Abs 4, 563a Abs 2 ist in § 576 gerade keine Überlegungsfrist oder sonstige zeitliche Einschränkung des Kündigungsrechts, wie beispielsweise früher in §§ 569a Abs 5 S 1, 569a Abs 6 S 2, 569b S 3 aF nur für den ersten zulässigen Termin, enthalten. Das Erfordernis des engen zeitlichen Zusammenhangs widerspricht sogar dem Zweck des Gesetzes. Wird das Kündigungsrecht erst durch den Betriebsbedarf begründet, ist es im Interesse des Vermieters geboten, dieses Recht nach dem Ende des Dienstverhältnisses so lange bestehen zu lassen, bis ein Betriebsbedarf gegeben ist.[35]

c) Funktionsgebundene Werkmietwohnung (§ 576 Abs 1 Nr 2)

16   **aa)** Nach § 576 Abs 1 Nr 2 ist eine Kündigung des Vermieters spätestens am dritten Werktag eines Kalendermonats für den Ablauf dieses Monats zulässig. Für den **Tatbestand** ist über die allgemeinen Merkmale (Rn 9ff) hinaus erforderlich, dass es sich um eine funktionsgebundene Werkmietwohnung handelt. Anders als nach § 576 Abs 1 Nr 1 (Rn 13) endet das Sonderkündigungsrecht nicht nach zehnjähriger Überlassung des Wohnraums.

---

31 AG Köln WuM 1985, 154; AG Wermelskirchen WuM 1980, 249.
32 LG Kiel WuM 1986, 218.
33 *Staudinger/Rolfs* [2011] § 573c Rn 10ff.
34 LG Aachen WuM 1985, 149; LG Bochum WuM 1992, 438; *Häring* GE 1986, 418; *Nassall* ZMR 1984, 182; *Röder* 239.
35 LG Stuttgart DWW 1991, 112; *Blank/Börstinghaus/Blank* § 576 Rn 7; *Palandt/Weidenkaff* § 576 Rn 3; *Bub/Treier/Grapentin* Rn IV 128.

Eine funktionsgebundene Werkmietwohnung setzt voraus, dass das Dienstverhält- 17
nis seiner Art nach die Überlassung des Wohnraums, der in unmittelbarer Beziehung
oder Nähe zur Stätte der Dienstleistung steht, erfordert hat. Damit schreibt das Gesetz
einen **sachlichen und räumlichen Zusammenhang** zwischen Dienstverhältnis und
Wohnraumüberlassung vor. Entscheidend ist die besonders enge Verknüpfung der
beiden Rechtsverhältnisse.[36] Hierfür sind die Art der geleisteten Dienste und die Lage der
Wohnung maßgebend. Die Wohnung muss in unmittelbarer Nähe zur Stätte der Dienstleistung liegen. Außerdem muss die besondere Art der Tätigkeit ein Wohnen in unmittelbarer
Nähe des Betriebs erfordern.[37] Als Beispiele sind Wohnungen für Pförtner, Hausmeister,[38]
Betriebsfeuerwehr, Klinikarzt, Pflegepersonal in Krankenhäusern oder Landarbeiter[39] zu
nennen.

Der Wohnraum muss **aus dem gleichen Grunde für einen anderen zur Dienstleis-** 18
tung Verpflichteten benötigt werden. Es ist erforderlich, dass die Art der Dienstleistungen es notwendig macht, einen anderen Arbeitnehmer in der Wohnung, also in Ortsnähe,
unterzubringen.[40] Unschädlich ist, dass der Vermieter die Dienste in der Zwischenzeit
von einem gewerblichen Unternehmen verrichten lässt.[41] Der neue Mieter braucht nicht
namentlich benannt zu werden.[42] Er muss nicht der Nachfolger des ausgeschiedenen
Mieters am Arbeitsplatz sein.[43] Dies ist aus der Formulierung der Vorschrift nicht zu
schließen. Die Dringlichkeit ergibt sich aus dem Funktionszusammenhang zwischen der
Wohnung und den zu leistenden Diensten.

bb) Die Kündigung der funktionsgebundenen Werkmietwohnung ist nach § 576 Abs 1 19
Nr 2 spätestens am dritten Werktag eines Kalendermonats für den Ablauf dieses Monats
zulässig. Damit wird die **Kündigungsfrist** auf weniger als einen Monat verkürzt.

IV. Besonderheiten des Widerspruchsrechts bei Werkmietwohnungen (§ 576a)

1. Berücksichtigung der Belange des Dienstberechtigten (§ 576a Abs 1)

a) Nach § 576a Abs 1 sind bei der Anwendung der §§ 574 bis 574c auch die Belange 20
des Dienstberechtigten zu berücksichtigen. Der **Geltungsbereich** der Vorschrift orientiert
sich an dem des § 574, die Vorschrift gilt also nicht bei Zeitmietverträgen (§ 575) und bei
Wohnungen nach § 549 Abs 2. Es kommt nicht darauf an, ob der Vermieter von seinem
Sonderkündigungsrecht aus § 576 Gebrauch gemacht oder ob er nach § 573c gekündigt hat.

b) Die Berücksichtigung der Belange des Dienstberechtigten bedeutet, dass bei einer 21
Identität von Vermieter und Dienstberechtigtem, also bei den werkseigenen Werkmietwohnungen (Rn 3), die **Interessen des Kündigenden** nicht nur in seiner Eigenschaft
als Vermieter, sondern auch als Arbeitgeber zu berücksichtigen sind. Bei werksfremden
Werkmietwohnungen (Rn 3) ist es möglich, in die Interessenabwägung zwischen den Parteien des Mietvertrags auf Seiten des Vermieters die Belange Dritter einzubeziehen. Die

---

36 LG Berlin GE 1990, 313.
37 LG Osnabrück WuM 1977, 9.
38 LG Berlin GE 1989, 511; GE 1990, 313; AG Schöneberg GE 1990, 1095.
39 LG Kiel WuM 1986, 218.
40 LG Osnabrück WuM 1977, 9.
41 AG Schöneberg GE 1990, 1095.
42 LG Köln ZMR 1996, 666; LG Berlin GE 1997, 243.
43 *Blank/Börstinghaus/Blank* § 576 Rn 15; MünchKomm/*Artz* § 576 Rn 9; *Palandt/Weidenkaff* § 576 Rn 8;
aM *Häring* GE 1986, 418, 419.

André Haug

Interessen des Dienstberechtigten bestehen darin, dass er die Werkwohnung für einen anderen Arbeitnehmer benötigt. Persönliche Belange des Mieters müssen zurücktreten.[44] Ein betriebliches Interesse ist ebenfalls anzunehmen, wenn der Wohnraum zu gewerblichen Zwecken, etwa zu einer Betriebserweiterung, verwendet werden soll, auch wenn dies keine auf § 576 gestützte Kündigung rechtfertigt.

2. Ausschluss der Sozialklausel (§ 576a Abs 2)

22   **a) Sonderkündigung funktionsgebundener Werkmietwohnungen (§ 576a Abs 2 Nr 1).** Nach § 576a Abs 2 Nr 1 gelten die §§ 574 bis 574c nicht, wenn der Vermieter das Mietverhältnis über eine funktionsgebundene Werkmietwohnung (Rn 17) nach § 576 Abs 1 Nr 2 gekündigt hat. Der enge Funktionszusammenhang und der darauf beruhende Betriebsbedarf machen es erforderlich, dass die Wohnung nach der Beendigung des Dienstverhältnisses alsbald frei wird. Kündigt der Vermieter nach § 573c, bleibt dem Mieter das Widerspruchsrecht erhalten.[45] Unerheblich ist in diesem Fall, ob dem Vermieter ein Sonderkündigungsrecht zustand und er nur aus Entgegenkommen die längere Kündigungsfrist gewählt hat.

23   **b) Auflösung des Dienstverhältnisses auf Veranlassung des Mieters (§ 576a Abs 2 Nr 2 HS 1).** Nach § 576a Abs 2 Nr 2 HS 1 gelten die §§ 574 bis 574c unabhängig von der Art der Werkmietwohnung nicht, wenn der **Mieter das Dienstverhältnis gelöst** hat, ohne dass ihm von dem Dienstberechtigten gesetzlich begründeter Anlass gegeben war. Hierfür kommen neben der ordentlichen und der außerordentlichen Kündigung insbesondere eine Anfechtung und ein Aufhebungsvertrag in Betracht.[46]

24   Der Dienstberechtigte darf dem Mieter **keinen gesetzlich begründeten Anlass** gegeben haben, das Dienstverhältnis zu lösen. Ein solcher Anlass liegt vor, wenn der Dienstberechtigte nach § 626 einen wichtigen Grund zur fristlosen Kündigung des Dienstverhältnisses durch den Dienstverpflichteten, den Mieter, gesetzt hat.[47] Darüber hinaus kann ein gesetzlich begründeter Anlass auch ohne wichtigen Grund zur fristlosen Kündigung gegeben sein, wenn der Mieter aufgrund schuldhaften, rechtswidrigen Verhaltens des Vermieters einen gesetzlichen oder wichtigen Kündigungsgrund hatte und dieses Verhalten für die Auflösung des Dienstverhältnisses kausal war. Entscheidend kommt es auf ein vorwerfbares Verhalten des Vermieters bzw Dienstberechtigten an.[48]

25   Die **Rechtsfolge** des § 576a Abs 2 Nr 2 HS 1 besteht in einem Ausschluss der Sozialklausel. Es kommt nicht darauf an, ob die Kündigung des Vermieters auf § 573c oder auf § 576 gestützt wird.[49]

26   **c) Auflösung des Dienstverhältnisses durch den Dienstberechtigten (§ 576a Abs 2 Nr 2 HS 2).** Nach § 576a Abs 2 Nr 2 HS 2 gelten die §§ 574 bis 574c unabhängig von der Art der Werkmietwohnung nicht, wenn der Mieter durch sein Verhalten dem Dienstberechtigten gesetzlich begründeten Anlass zur Auflösung des Dienstverhältnisses gegeben hat. Anders als nach HS 1 muss der **Dienstberechtigte das Dienstverhältnis gelöst** haben.

---

44   AG Oberhausen WuM 1973, 164.
45   *Bub/Treier/Grapentin* Rn IV 131; *Schmidt-Futterer/Blank* § 576a Rn 4.
46   *Blank/Börstinghaus/Blank* § 576a Rn 6; MünchKomm/*Artz* § 576a Rn 7; *Bub/Treier/Grapentin* Rn IV 131.
47   *Bub/Treier/Grapentin* Rn IV 131; *Palandt/Weidenkaff* § 576a Rn 5.
48   BAG AP Nr 4 zu § 20 MietSchG = ZMR 1958, 165, 166; LAG Hamm ZMR 1965, 87.
49   LG Aachen WuM 1985, 149.

Eine bestimmte Art der Auflösung ist nicht vorgeschrieben. Dienstberechtigter und Vermieter brauchen nicht identisch zu sein.

Der Mieter muss durch sein Verhalten einen **gesetzlich begründeten Anlass** gegeben 27 haben. In erster Linie kommt ein wichtiger Grund zur fristlosen Kündigung iSd § 626 Abs 1 in Betracht. Minder schwere Gründe genügen, wenn sie im Verhalten des Arbeitnehmers liegen und die Kündigung deshalb nicht nach § 1 Abs 2 S 1 1. Alt KSchG als sozial ungerechtfertigt erscheinen lassen.[50]

Die **Rechtsfolge** besteht in einem Ausschluss der Sozialklausel, wenn das Mietver- 28 hältnis durch ordentliche Kündigung des Vermieters oder durch Zeitablauf beendet wird.

V. Anwendung des Mietrechts auf Werkdienstwohnungen (§ 576b)

1. Voraussetzungen

a) Auf eine **Werkdienstwohnung** sind mietrechtliche Regelungen nur unter den 29 Voraussetzungen des § 576b anwendbar. Hierzu gehört jeder Wohnraum, der im Rahmen eines Dienstverhältnisses überlassen ist (Rn 5ff). Unerheblich ist, ob die Merkmale einer vollständigen Wohnung gegeben sind. Erfasst wird auch Wohnraum, der nach den Bestimmungen des Dienstverhältnisses zu nur vorübergehendem Gebrauch überlassen ist.

b) Der zur Dienstleistung Verpflichtete muss den Wohnraum ganz oder überwiegend 30 **mit Einrichtungsgegenständen ausgestattet** haben. Ob er den Wohnraum allein oder zusammen mit anderen Personen nutzt, ist unerheblich.[51] Zu den Einrichtungsgegenständen gehören die für eine normale Ausstattung erforderlichen Möbel sowie Herd, Spüle, Beleuchtungskörper, Teppiche, Bettzeug, Bilder. Für den Umfang kommt es auf die tatsächlich vorhandene Ausstattung bei Beendigung des Dienstverhältnisses an. Die Eigentumsverhältnisse sind unerheblich, soweit die Gegenstände nicht vom Dienstberechtigten oder bei werksfremden Werkdienstwohnungen vom Vermieter stammen.

c) Alternativ kommt in Betracht, dass der zur Dienstleistung Verpflichtete in dem 31 Wohnraum **mit seiner Familie oder mit Personen lebt, mit denen er einen auf Dauer angelegten gemeinsamen Haushalt** führt. In diesem Fall ist unerheblich, wer den Wohnraum mit Einrichtungsgegenständen ausgestattet hat. Der Begriff der Familie umfasst Ehepaare, auch wenn sie kinderlos sind, Kinder und Pflegekinder, Verwandte und Verschwägerte, ohne dass es auf einen bestimmten Grad der Verwandtschaft oder Schwägerschaft ankommt. Durch die Mietrechtsreform 2001 wurde die Vorschrift um Personen erweitert, die mit dem Dienstverpflichteten einen auf Dauer angelegten gemeinsamen Haushalt führen, so dass sie nunmehr auch für uneheliche Lebensgemeinschaften und – unabhängig von einer Verpartnerung – gleichgeschlechtliche Lebensgemeinschaften gilt.[52] Der Dienstverpflichtete führt in dem Wohnraum einen eigenen Haushalt, wenn dort der Mittelpunkt seiner Lebens- und Wirtschaftsführung liegt.

2. Rechtsfolgen

a) Als Rechtsfolge ist bestimmt, dass für die Beendigung des Rechtsverhältnisses hin- 32 sichtlich des Wohnraums die Vorschriften über die Miete entsprechend gelten. Wenn der **Dienstvertrag auf bestimmte Zeit** abgeschlossen ist, endet das Rechtsverhältnis über

---

50 *Bub/Treier/Grapentin* Rn IV 131; *Schmidt-Futterer/Blank* § 576a Rn 7; *Palandt/Weidenkaff* § 576a Rn 5.
51 *Erman/Lützenkirchen* § 576b Rn 5.
52 *Blank/Börstinghaus/Blank* § 576b Rn 12.

André Haug

den Wohnraum nach § 542 Abs 2 durch Zeitablauf zusammen mit dem Dienstverhältnis. Die entsprechende Anwendbarkeit der mietrechtlichen Vorschriften hat zur Folge, dass es zur Fortsetzung des Mietverhältnis nach § 545 kommen kann. Im Fall des Todes des Dienstverpflichteten kann § 563 eingreifen.

33   **b)** Bei einem **Dienstvertrag auf unbestimmte Zeit** endet das Rechtsverhältnis über den Wohnraum nicht mit der Beendigung des Dienstverhältnisses. Es ist erforderlich, dieses Rechtsverhältnis nach den mietrechtlichen Vorschriften gesondert zu beenden.

34   **aa)** Solange das Rechtsverhältnis über den Wohnraum nicht beendet ist, besteht zwischen den Parteien ein **gesetzliches Schuldverhältnis.**[53] Der Wohnungsinhaber hat über das Ende des Dienstverhältnisses hinaus einen Anspruch auf weitere Überlassung des Wohnraums. Dem entspricht seine Pflicht, ein Nutzungsentgelt zu entrichten. Es handelt sich um ein Abwicklungsverhältnis, das im Anschluss an die Beendigung des Dienstverhältnisses entsteht. Deshalb ist das Nutzungsentgelt nach dem Teil der früheren Tätigkeitsvergütung zu bestimmen, der für die Überlassung der Wohnung angerechnet worden ist.[54] War hierfür in dem Dienstvertrag kein bestimmter Betrag ausgewiesen, ist entsprechend § 571 Abs 1 S 1 HS 2 das ortsübliche Entgelt für vergleichbare Werkdienstwohnungen maßgebend.[55]

35   **bb)** Die **Beendigung** des Rechtsverhältnisses hinsichtlich des Wohnraums setzt idR eine Kündigung voraus. Steht einer Partei kein Recht zur außerordentlichen Kündigung zu, ist eine ordentliche Kündigung erforderlich. Die Kündigungserklärung bedarf nach § 568 Abs 1 der schriftlichen Form. Die Kündigungsfrist des § 573c Abs 1 muss der Kündigende grundsätzlich einhalten. Für die Verlängerung der Kündigungsfrist für die Vermieterkündigung nach § 573c Abs 1 S 2 kommt es auf die Dauer der Überlassung des Wohnraums an, die sich nicht nach dem Dienstverhältnis richtet, sondern unabhängig vom Rechtsgrund nach der tatsächlichen Besitzdauer. Die auf § 573c gestützte Kündigung kann schon erklärt werden, solange das Dienstverhältnis noch besteht, um das gesamte Rechtsverhältnis zu demselben Zeitpunkt zu beenden.[56] Die entsprechende Geltung mietrechtlicher Vorschriften bedeutet, dass auch die Bestimmungen über Werkmietwohnungen eingreifen können. Der Verfügungsberechtigte kann die Kündigung deshalb auf § 576 stützen, um die Kündigungsfrist abzukürzen. Die Sonderkündigung ist erst nach der Beendigung des Dienstverhältnisses möglich. Für die ordentliche Kündigung ist ein Kündigungsgrund iSd § 573 erforderlich, soweit nicht der Ausnahmetatbestand des § 549 Abs 2 Nr 1 für Wohnraum zu nur vorübergehendem Gebrach vorliegt. Als Kündigungsgrund kommt in erster Linie Betriebsbedarf in Betracht (§ 573 Rn 75ff). Dieser muss konkret bestehen und kann nicht schon bei Vertragsabschluss formularvertraglich geregelt werden.[57] Auch die anderen Gründe des § 573 und die erleichterte Kündigung nach § 573a können gegeben sein. Die Gründe sind nach § 573 Abs 3 und § 568 Abs 2 in dem Kündigungsschreiben anzugeben (§ 573 Rn 84ff). Die Anwendbarkeit der Sozialklausel der §§ 574 bis 574c ist gegeben, wenn der Verfügungsberechtigte seine Kündigung auf § 573c gestützt hat. Da aber auch § 576a

---

53 MünchKomm/*Artz* § 576b Rn 5; *Schmidt-Futterer/Blank* § 576b Rn 22.
54 LG Hamburg WuM 1991, 550; *Bub/Treier/Grapentin* Rn IV 132; *Schmidt-Futterer/Blank* § 576b Rn 22; dies BB 1976, 1033, 1034.
55 *Schmidt-Futterer/Blank* § 576b Rn 22.
56 *Röder* 263; *Schmidt-Futterer/Blank* § 576b Rn 18.
57 AG Schöneberg NZM 2010, 123.

für Werkdienstwohnungen entsprechend gilt, ist die Sozialklausel nur nach Maßgabe des Abs 1 dieser Bestimmung anwendbar oder in den Fällen des Abs 2 ganz ausgeschlossen. § 545 kann anzuwenden sein.

cc) Die Parteien können während des Bestehens oder nach dem Ende des Dienstver- **36** hältnisses einen **Mietvertrag** über die Wohnung abschließen. Damit werden alle mietrechtlichen Vorschriften unmittelbar anwendbar. Der Mietvertrag kann durch konkludentes Verhalten zustande kommen, das auf beiden Seiten von einem rechtsgeschäftlichen Willen getragen wird. Es genügt nicht, dass der Verfügungsberechtigte nach Beendigung des Dienstverhältnisses längere Zeit keinen Gebrauch von seinem Kündigungsrecht macht und das Nutzungsentgelt entgegennimmt. Dies ist nichts anderes als ein Vollzug des gesetzlichen Schuldverhältnisses (Rn 34).

VI. Abweichende Vereinbarungen

Nach den jeweils übereinstimmenden Regelungen in den §§ 576 Abs 2, 576a Abs 3 **37** und 576b Abs 2 sind abweichende Vereinbarungen zum Nachteil des Mieters unwirksam. Abweichungen zugunsten des Mieters sind hingegen möglich. So können die Parteien beispielsweise die Anwendbarkeit des § 576a Abs 2 vertraglich ausschließen, so dass die Sozialklausel uneingeschränkt anwendbar bleibt.[58]

VII. Gerichtliche Zuständigkeiten

1. Werkmietwohnung. Für den Rechtsstreit über eine Werkmietwohnung ist nach **38** § 23 Nr 2a) GVG, § 29a Abs 1 ZPO ausschließlich das Amtsgericht, in dessen Bezirk sich die Räume befinden, sachlich und örtlich zuständig.[59] Diese Regelung ist zwingend. Das Amtsgericht ist auch zuständig, wenn die Kündigung des Mietverhältnisses mitbestimmungspflichtig ist.[60] Wird im Rahmen eines Werkförderungsvertrags (Rn 3) zwischen dem Darlehensgeber und dem Bauherrn ein Mietvertrag über Wohnungen abgeschlossen, die der Bauherr errichten soll und der Darlehensgeber an seine Bediensteten untervermieten will, handelt es sich nicht um einen Mietvertrag über Wohnraum iSd § 29a ZPO, sondern um ein geschäftliches Mietverhältnis.[61]

2. Werkdienstwohnung. Da nach § 576b die Vorschriften über die Miete entspre- **39** chend gelten, gehört ein Rechtsstreit, der im Zusammenhang mit der Beendigung des Rechtsverhältnisses über den Wohnraum steht, nach § 23 Nr 2a) GVG, § 29a Abs 1 ZPO in die ausschließliche Zuständigkeit des Amtsgerichts.[62] Das gesetzliche Schuldverhältnis über die Werkdienstwohnung ist solchen Mietstreitigkeiten unter den Voraussetzungen des § 576b in jeder Hinsicht gleichzustellen. Die ausschließliche Zuständigkeit gilt nach § 29a Abs 2 ZPO nicht, wenn es sich um Wohnraum der in § 549 Abs 2 Nr 1 bis 3 genannten Art handelt. Ist der Tatbestand des § 576b nicht erfüllt, bleibt es bei der Zuständigkeit des Arbeitsgerichts.[63]

---

58 *Staudinger/Rolfs* [2011] § 576 Rn 46.
59 OLG Hamburg DWW 1990, 235; *Schmid/Riecke* § 576 Rn 29ff.
60 BAG AP Nr 16 zu § 2 ArbGG 1979 = WuM 1990, 391.
61 BGH NJW 1981, 1377; **aM** LG Aachen NJW-RR 1988, 914.
62 LG Detmold WuM 1969, 28; AG Garmisch ZMR 1972, 117, 118; *Schmidt-Futterer/Blank* Vor § 576 Rn 2.
63 *Staudinger/Rolfs* [2011] § 576b Rn 28.

André Haug

Kapitel 6

Besonderheiten bei der Bildung von Wohnungseigentum an vermieteten Wohnungen

§ 577

Vorkaufsrecht des Mieters

[1] Werden vermietete Wohnräume, an denen nach der Überlassung an den Mieter Wohnungseigentum begründet worden ist oder begründet werden soll, an einen Dritten verkauft, so ist der Mieter zum Vorkauf berechtigt. Dies gilt nicht, wenn der Vermieter die Wohnräume an einen Familienangehörigen oder an einen Angehörigen seines Haushalts verkauft. Soweit sich nicht aus den nachfolgenden Absätzen etwas anderes ergibt, finden auf das Vorkaufsrecht die Vorschriften über den Vorkauf Anwendung.

[2] Die Mitteilung des Verkäufers oder des Dritten über den Inhalt des Kaufvertrags ist mit einer Unterrichtung des Mieters über sein Vorkaufsrecht zu verbinden.

[3] Die Ausübung des Vorkaufsrechts erfolgt durch schriftliche Erklärung des Mieters gegenüber dem Verkäufer.

[4] Stirbt der Mieter, so geht das Vorkaufsrecht auf diejenigen über, die in das Mietverhältnis nach § 563 Abs 1 oder 2 eintreten.

[5] Eine zum Nachteil des Mieters abweichende Vereinbarung ist unwirksam.

Schrifttum

Beuermann Vorkaufsrecht des Mieters nach Umwandlung, GE 1993, 951; *Blank* Das Vierte Mietrechtsänderungsgesetz. Teil 2: Die Änderungen des Bürgerlichen Gesetzbuchs und des Heimgesetzes, WuM 1993, 573; *Brambring* Das Vorkaufsrecht des Mieters nach § 570b BGB in der notariellen Praxis, ZAP 1993, 965; *Bub* Das 4. Mietrechtsänderungsgesetz, NJW 1993, 2897; *ders* Das vertragliche Vorkaufsrecht des Mieters, NZM 2000, 1092; *Bundschuh* Vorkaufsrechte des Mieters – ein rechtlicher Stolperstein, ZMR 2001, 324; *Commichau* Das Mietervorkaufsrecht in Fällen mieterseitiger Kündigung, NJW 1995, 1010; *Derleder* Mietervorkaufsrecht und Eigentümerverwertungsinteresse, in: PiG Bd 49 (1996) 169; *ders* Mietervorkaufsrecht und Eigentümerverwertungsinteresse, NJW 1996, 2817; *Franke/Geldmacher* Die Neuregelungen im Mietrecht durch das 4. Mietrechtsänderungsgesetz (4. MRÄG) – Änderungen des BGB, ZMR 1993, 548; *Fuchs* Rechtsfragen des gesetzlichen Vorkaufsrechts gem § 570b BGB, GE 1998, 396; *Hammen* Ist die Ausübung des Vorkaufsrechts aus § 570b formbedürftig?, DNotZ 1997, 543; *Heintz* Vorkaufsrecht des Mieters, 1998; *Langhein* Das neue Vorkaufsrecht des Mieters bei Umwandlung – Kautelarjuristische Konsequenzen –, DNotZ 1993, 650; *Lüder* Vorsicht Vorkaufsrecht – Rechtsfragen der Praxis zu § 570b BGB, GE 1998, 1076; *Maciejewski* Das Vorkaufsrecht des Mieters nach Umwandlung gemäß § 570b BGB. Hinweise für Mieter, MM 1994, 137; *Otto* Neue Regelungen für Vermieter und Mieter, ZMR 1994, 52; *Sarnighausen* Formfreie Ausübung des Vorkaufsrechts nach § 505 I BGB im Hinblick auf Grundstückskaufverträge, NJW 1998, 37; *Schilling/Meyer* Neues Mietrecht 1993 – Eine Zwischenbilanz, ZMR 1994, 497; *Schlemminger* Risiken bei Vorkaufsrechtsklauseln in Miet- und Pachtverträgen, NZM 1999, 890; *Schmidt* Das neue Vorkaufsrecht bei der Umwandlung in Eigentumswohnungen, DWW 1994, 65; *ders* Die Nichtausübung des Mietervorkaufsrechts nach § 570b BGB, ZNotP 1998, 218; *Sternel* Übergang des Mietverhältnisses bei Begründung und Veräußerung von Wohnungseigentum, MDR 1997, 315; *Wirth* Probleme des Mietervorkaufsrechts nach § 570b BGB.

Christian Rolfs

Systematische Übersicht

Alphabetische Übersicht

Christian Rolfs

I. Allgemeines

Die Vorschrift räumt dem Mieter von Wohnraum in Abs 1 S 1 ein **persönliches Vor-** 1
kaufsrecht ein, wenn die Wohnräume, an denen nach der Überlassung an den Mieter
Wohnungseigentum begründet worden ist oder begründet werden soll, an einen Dritten
verkauft werden. Nach § 577 Abs 1 S 2 ist der Mieter nicht zum Vorkauf berechtigt, wenn der
Vermieter die Wohnräume an einen Familienangehörigen oder einen Angehörigen seines
Haushalts verkauft. Stirbt der Mieter, so geht das Vorkaufsrecht nach Abs 4 auf den- oder
diejenigen Personen über, die in das Mietverhältnis nach § 563 Abs 1 oder 2 eintreten. Diese
Regelung weicht von § 473 S 1 ab, nach dem das Vorkaufsrecht grundsätzlich nicht auf die
Erben des Berechtigten übergeht. Die Vorschrift bezweckt, den Mieter dagegen zu schützen, dass er im Zusammenhang mit einer Umwandlung aus seiner Wohnung verdrängt
wird.[1] Dieser Schutz wurde bei den nicht öffentlich geförderten und den bindungsfrei
gewordenen Wohnungen für nicht weniger dringlich gehalten als bei Sozialwohnungen.[2]

II. Voraussetzungen (Abs 1)

1. Mietverhältnis über Wohnraum

a) Nach § 577 Abs 1 S 1 ist der Mieter zum Vorkauf berechtigt, wenn **vermietete Wohn-** 2
räume, an denen nach der Überlassung an den Mieter Wohnungseigentum begründet
worden ist oder begründet werden soll, an einen Dritten verkauft werden. Das Gesetz
spricht zwar nur von vermieteten Wohnräumen. In aller Regel werden aber außer den
Wohnräumen Nebenräume wie Keller und Dachboden sowie Gemeinschaftsräume wie
Treppenhaus, Waschküche und Trockenboden mitvermietet. Gemeint ist daher, dass ein
Mietverhältnis über Wohnraum bestehen muss. Dies hängt davon ab, ob Vertragsgegenstand Räume sind, die nach dem von den Parteien vertraglich vereinbarten Zweck zum
Wohnen bestimmt sind. Dauernutzungsverträge mit Wohnungsbaugenossenschaften
begründen ein Mietverhältnis über Wohnraum. Bei einem Mischmietverhältnis kommt es
darauf an, ob der von den Parteien gewollte Schwerpunkt der Nutzung auf dem Wohnen

---

1 *Nies* NZM 1998, 179, 180.
2 BT-Drucks 12/3254, S 40.

Christian Rolfs

liegt.[3] Dies kann im Einzelfall bei einem einheitlichen Mietvertrag über Wohn- und Geschäftsräume anzunehmen sein, ist aber regelmäßig zu bejahen, wenn Wohnräume nebst Garage zusammen vermietet werden oder wenn die Garage später in den Wohnraummietvertrag einbezogen wird. Ein rechtlich selbständiger Mietvertrag über eine Garage fällt nicht unter § 577.[4] Bei den in § 549 Abs 2 und Abs 3 genannten Wohnräumen besteht das Vorkaufsrecht nicht. Andersartige Gebrauchsüberlassungsverträge wie Pacht und Leihe fallen ebenfalls nicht unter die Vorschrift.

3   **b)** Fraglich ist, ob ein **Untermietverhältnis** von § 577 geschützt wird. Der Wortlaut ist insoweit offen, da in Abs 1 S 1 von vermieteten Wohnräumen und vom Mieter die Rede ist, der zum Vorkauf berechtigt sein soll. Hat der Hauptmieter die Räume auch zu eigenen Wohnzwecken angemietet, kann nur er ein Vorkaufsrecht haben. Handelt es sich hingegen um einen Fall der gewerblichen oder schlichten Zwischenvermietung, so kann das Untermietverhältnis Grundlage für ein Vorkaufsrecht des Untermieters bilden.[5]

4   **2. Überlassung an den Mieter.** Das Vorkaufsrecht setzt voraus, dass an den vermieteten Wohnräumen nach der Überlassung an den Mieter Wohnungseigentum begründet worden ist oder begründet werden soll. Ähnlich wie bei der Wartefrist für eine Kündigung des Erwerbers nach § 577a Abs 1 geht das Gesetz von einer **bestimmten zeitlichen Reihenfolge der einzelnen Vorgänge** aus. Nur derjenige Mieter ist schutzbedürftig, dem die Wohnräume schon überlassen worden sind, bevor der Eigentümer die Umwandlung in eine Eigentumswohnung vollendet.[6] Die bereits bei der Überlassung bestehende Umwandlungsabsicht des Vermieters schließt das Vorkaufsrecht des Mieters demgegenüber nicht aus,[7] es sei denn, dass sich diese Absicht bereits in einer hinreichenden Darstellung des künftigen Wohnungseigentums im Kaufvertrag oder in einer zur Eintragung ins Wohnungsgrundbuch eingereichten Teilungserklärung konkretisiert hat.[8] Die Wohnräume sind dem Mieter überlassen, wenn er in die Lage versetzt ist, sie vertragsgemäß in Gebrauch zu nehmen. Dies fällt idR mit der Verschaffung des Besitzes zusammen. Es kommt nicht darauf an, ob der Mieter die Räume schon bezogen hat. Bereits der Besitz begründet seine Schutzbedürftigkeit. Unerheblich ist, ob das Mietverhältnis im Zeitpunkt der Überlassung schon begründet war. Da die Überlassung der Wohnräume und das Bestehen eines Mietverhältnisses genügen, die tatsächliche Nutzung durch den Mieter aber nicht entscheidend ist, steht das Vorkaufsrecht auch einem Mieter zu, der die Räume nicht mehr bewohnt, weil er etwa wegen der Scheidung von seinem Ehegatten ausgezogen, aber Partei des Mietverhältnisses geblieben ist.[9] Ausreichend ist es auch, dass der Mieter zum Zeitpunkt der Begründung des Wohnungseigentums als Angehöriger in der Wohnung lebte und mit dem Tod des Mieters nach § 563 in das Mietverhältnis eingetreten ist (Abs 4).[10]

---

3 Vorbem 10 zu § 535.
4 *Brambring* ZAP 1993, 995, 996; *Wirth* NZM 1998, 390.
5 Ausführlich *Staudinger/Rolfs* (2011) § 577 Rn 11ff.
6 MünchKomm/*Häublein* § 577 Rn 6; *Soergel/Heintzmann* § 577 Rn 3.
7 *Herrlein/Kandelhard/Kandelhard* § 577 Rn 7; *Schmidt-Futterer/Blank* § 577 Rn 8; **aM** *Schmid/Riecke* § 577 Rn 39.
8 MünchKomm/*Häublein* § 577 Rn 7.
9 LG Köln NJW-RR 1995, 1354.
10 BGH NJW 2003, 3265.

3. Begründung von Wohnungseigentum

a) Das Gesetz räumt dem Mieter ein Vorkaufsrecht ein, wenn ein Umwandlungsfall 5 vorliegt. Der Umwandlungsfall wird in passiver Form so umschrieben, dass an den vermieteten Wohnräumen nach der Überlassung an den Mieter Wohnungseigentum begründet worden ist oder begründet werden soll. Angesichts der neutral gehaltenen Satzfassung bleibt die **Person des Umwandelnden** offen. Damit setzt § 577 nicht voraus, dass der Vermieter das Wohnungseigentum begründet oder zu begründen beabsichtigt. Erfasst werden deshalb ferner die in praktischer Hinsicht bedeutenden Fälle, in denen der Vermieter und der Eigentümer oder der Vermieter, Eigentümer und Umwandler nicht identisch sind.[11]

b) In § 577 Abs 1 werden zwei **Arten von Umwandlungsfällen** unterschieden, in 6 denen ein Vorkaufsrecht des Mieters entstehen kann. Es muss sich um vermietete Wohnräume handeln, an denen nach der Überlassung an den Mieter Wohnungseigentum begründet worden ist oder begründet werden soll. Damit stehen die vollzogene und die nur beabsichtigte Umwandlung als gleichrangige Alternativen nebeneinander.

aa) Die **vollzogene Umwandlung** setzt voraus, dass das Wohnungseigentum begrün- 7 det worden ist. Wohnungseigentum wird nach § 2 WEG durch die vertragliche Einräumung von Sondereigentum oder durch Teilung begründet. Die Umwandlung wird in beiden Alternativen durch Eintragung wirksam.

bb) Die Alternative der **beabsichtigten Umwandlung** lässt es zu, den Verkauf einer 8 Eigentumswohnung, die als Rechtsgegenstand noch nicht vorhanden ist, zum Anknüpfungspunkt für ein Vorkaufsrecht des Mieters zu bestimmen.[12] Damit stellt sich für § 577 Abs 1 die Frage, wie bestimmt die Absicht des Vermieters oder Eigentümers sein muss, wenn Wohnungseigentum begründet werden soll. Auszugehen ist davon, dass die rein innerliche **Absicht**, Wohnungseigentum zu begründen, als Grundlage für ein Vorkaufsrecht des Mieters unzureichend ist, auch wenn das Wohngebäude verkauft wird. Eine solche Absicht ist beim Verkäufer unerheblich, beim Käufer dagegen rechtlich nicht fassbar.[13] Ein Teil des Schrifttums hält bloße Vorbereitungshandlungen für ausreichend. Jede eindeutige Äußerung der Umwandlungsabsicht müsse genügen.[14] Teilweise wird für eine Konkretisierung der Umwandlungsabsicht aber verlangt, das Verfahren zur Begründung von Wohnungseigentum müsse bereits eingeleitet sein.[15] Zur Lösung des Problems ist bei dem entscheidenden Rechtsakt des Verkaufs an einen Dritten anzusetzen. Aus den Materialien zu den früheren §§ 2a, 2b WoBindG[16] ist zu erkennen, dass die Mitteilungspflicht über die beabsichtigte Veräußerung einer Mietwohnung, die in eine Eigentumswohnung umgewandelt werden soll, auch dann besteht, wenn zunächst andere rechtsgeschäftliche Gestaltungsformen wie die Begründung von Miteigentum gewählt werden und erst dann Wohnungseigentum geschaffen wird. Wenn dies der entscheidende Veräußerungsakt ist, muss es auch für das Vorkaufsrecht des § 577 genügen, dass die Umwandlungsabsicht in

---

11 *Langhein* DNotZ 1993, 650, 658f.
12 *Bub* NZM 2000, 1092, 1093; *Schilling/Meyer* ZMR 1994, 497, 503.
13 *Schmidt* DWW 1994, 65, 70.
14 *Beuermann* GE 1993, 951, 952; *Derleder* in: PiG 49 (1996) 169, 176; *Herrlein/Kandelhard/Kandelhard* § 577 Rn 8; MünchKomm/*Häublein* § 577 Rn 7; *Palandt/Weidenkaff* § 577 Rn 3; **aM** *Langhein* DNotZ 1993, 650, 655; NK-BGB/*Hinz* § 577 Rn 12; *Schmidt* DWW 1994, 65, 70.
15 AG Frankfurt/M NJW 1995, 1034 m Anm *Langhein* Rpfleger 1995, 351; *Bub* NZM 2000, 1092, 1093; *Langhein* DNotZ 1993, 650, 655; *Schmidt* DWW 1994, 65, 72.
16 Ausschussbericht BT-Drucks 8/3403, S 40.

Christian Rolfs

einer **beliebigen äußeren Form konkretisiert** worden ist. Wird ein mit mehreren Mietwohnungen bebautes Grundstück als Ganzes verkauft, entsteht das Recht zur Ausübung des Vorkaufsrechts jedoch nur, wenn die vom vorkaufsberechtigten Mieter bewohnte Wohnung als Teilobjekt des Gesamtvertrags so bestimmt ist, dass sie in Verbindung mit einem Miteigentumsanteil an dem Grundstück rechtlich selbständiger Gegenstand eines Kaufvertrags sein könnte.[17]

9   **c)** Für den **Zeitpunkt der Umwandlung** ist § 577 Abs 1 zu entnehmen, dass das Wohnungseigentum nach der Überlassung der Wohnräume an den Mieter begründet worden ist oder begründet werden soll. Das Gesetz legt damit eine bestimmte zeitliche Reihenfolge der einzelnen Vorgänge zugrunde, an deren Ende der Verkauf der Wohnräume an einen Dritten steht (Rn 11ff). Die Rechtslage ist insoweit eindeutig, als die Räume dem Mieter überlassen worden sein müssen, bevor das Wohnungseigentum nach den §§ 3, 4 oder § 8 WEG begründet worden ist. Zu Recht wird dem Mieter auch in dem Fall ein Vorkaufsrecht zuerkannt, wenn das Verfahren zur Begründung von Wohnungseigentum bereits eingeleitet oder die Umwandlungsabsicht in anderer Weise verlautbart worden war, bevor ihm die Räume überlassen worden sind, das Grundbuchverfahren aber erst später abgeschlossen worden ist. Die Alternativen der vollzogenen und der beabsichtigten Umwandlung stehen gleichrangig nebeneinander.[18] Dabei macht es keinen Unterschied, ob der Mieter Kenntnis von der beabsichtigten oder schon eingeleiteten Umwandlung der Räume in Wohnungseigentum hat und dennoch den Mietvertrag abschließt.[19]

10   **d)** Nach Auffassung des BGH findet die Vorschrift auch bei der **Realteilung von vermieteten Reihenhäusern eines Gesamtgrundstücks** (zumindest entsprechende) Anwendung. Die Interessenlage bei der Realteilung sei mit derjenigen bei einer Umwandlung von Wohnungseigentum im Wesentlichen gleich. Aus der Sicht des Mieters mache es keinen Unterschied, ob das von ihm gemietete Reihenhaus in Wohnungseigentum umgewandelt oder durch reale Teilung Bestandteil eines selbständigen Grundstücks werde. In beiden Fällen stehe dem Mieter nach einem Verkauf ein neuer Vermieter gegenüber, der sich – soweit die sonstigen Voraussetzungen gegeben sind – auf Eigenbedarf berufen könne. Auch das Interesse des Mieters, durch Ausübung eines Vorkaufsrechts selbst Eigentümer zu werden, sei im Falle einer Realteilung nicht geringer als im Falle einer Umwandlung in Wohnungseigentum.[20] Im Schrifttum wird die **entsprechende Anwendung** nach dem Schutzzweck der Norm auf die Bestellung und den Verkauf eines Wohnungserbbaurechts iS des § 30 WEG befürwortet.[21] Ebenso müsste das Dauerwohnrecht des § 31 WEG erfasst werden.[22] Dem kann nicht gefolgt werden, da § 577 Abs 1 nach seinem eindeutigen Wortlaut nur die Begründung von Wohnungseigentum betrifft und der Charakter als Sonderregelung dagegen spricht, ihn ausdehnend auszulegen oder entsprechend anzuwenden.

---

17 BayObLG WuM 1992, 351; *Schilling/Meyer* ZMR 1994, 497, 503.
18 AG Frankfurt/M NJW 1995, 1034 m Anm *Langhein* Rpfleger 1995, 351; *Beuermann* GE 1993, 951, 952; *Brambring* ZAP 1993, 965, 966; *Schilling/Meyer* ZMR 1994, 497, 503f; **aM** *Langhein* DNotZ 1993, 650, 656; *Wirth* NZM 1998, 390, 392.
19 **AM** *Commichau* NJW 1995, 1010, 1011; *Langhein* DNotZ 1993, 650, 656f.
20 BVerfG v. 4.4.2011 – 1 BvR 1803/08, NJW 2011, 1723; BGH NJW 2008, 2257; BGH NJW 2010, 3571.
21 *Blank* WuM 1993, 573, 577; *ders* in *Blank/Börstinghaus* § 577 Rn 14; *Brambring* ZAP 1993, 965, 966; *Maciejewski* MM 1994, 137, 138.
22 Offen geblieben bei *Schmidt* DWW 1994, 65, 70.

Christian Rolfs   918

4. Verkauf an einen Dritten

a) Der Mieter ist zum Vorkauf berechtigt, wenn die vermieteten Wohnräume an einen **11** Dritten verkauft werden. **Gegenstand des Kaufvertrags** sind die „vermieteten Wohnräume". Der Wortlaut des § 577 Abs 1 ist aber insoweit ungenau, als das bestehende oder das noch zu bildende Wohnungseigentum verkauft werden muss. Wohnungseigentum ist nach § 1 Abs 2 WEG das Sondereigentum an einer Wohnung iV mit dem Miteigentumsanteil an dem gemeinschaftlichen Eigentum, zu dem es gehört.

aa) Der **Einzelverkauf** der bereits in eine Eigentumswohnung umgewandelten **12** Mieträume wirft keine besonderen Probleme auf, den Vertragsgegenstand zu bestimmen. Stimmt der Zuschnitt der Wohnung nicht mit dem Aufteilungsplan überein, bedarf es der Auslegung, ob Verkaufsgegenstand die Wohnung in ihrem grundbuchrechtlichen Bestand ist oder ob – was die Regel sein dürfte – die Wohnung in ihrem baulichen Bestand Vertragsgegenstand ist und das Grundbuch berichtigt werden muss.[23] Das Vorkaufsrecht umfasst auch Nebenräume, an denen selbständiges Teileigentum gebildet worden ist, wenn sie in den Kaufvertrag mit dem Dritten einbezogen worden sind.[24] Sind die Mieträume noch nicht umgewandelt, genügt es, wenn die zu verkaufenden Wohnräume, die nicht zu Wohnzwecken dienenden Räume und der Anteil am gemeinschaftlichen Eigentum so genau bezeichnet werden, dass hieraus ein Erfüllungsanspruch aus § 433 Abs 1 S 1 abgeleitet werden kann.[25]

bb) Bei einem **Gesamtverkauf** mehrerer Eigentumswohnungen oder des ganzen **13** Grundstücks erstreckt sich das Vorkaufsrecht des Mieters nur auf die von ihm bewohnte Wohnung.[26] Ist die Umwandlung bereits erfolgt, liegt der Gegenstand des Vorkaufsrechts als Teil des gesamten Kaufvertrags nach Maßgabe der sachenrechtlichen Bestimmung der einzelnen Eigentumswohnung fest. Ist das Wohnungseigentum noch nicht begründet worden, muss die vom vorkaufsberechtigten Mieter bewohnte Wohnung als Teilobjekt des Gesamtkaufvertrags so hinreichend bestimmt sein, dass sie iV mit einem Miteigentumsanteil an dem Grundstück der rechtlich selbständige Gegenstand eines wirksamen Kaufvertrags sein kann.[27] Vorauszusetzen ist aber, dass eine konkrete Umwandlungsabsicht besteht (Rn 8). Allein der Verkauf eines Mehrfamilienhauses begründet deshalb kein Vorkaufsrecht sämtlicher Mieter.[28] Soll das Haus an mehrere Miteigentümer verkauft werden und wird jedem eine bestimmte Wohnung mit der Maßgabe zugewiesen, dass er allein zur Nutzung berechtigt ist und dass anschließend Wohnungseigentum gebildet werden soll, so handelt es sich um einen Vorkaufsfall hinsichtlich des Miteigentumsanteils, der die entsprechende Anwendung des § 577 rechtfertigt.[29]

b) Zwischen dem Verkäufer und dem Dritten muss ein wirksamer **Kaufvertrag 14** zustande kommen. Dritter ist jede natürliche oder juristische Person, die nicht zugleich Partei des Mietvertrags ist. Von einem Kaufvertrag ist die Veräußerung zu unterscheiden. Wird ein im Miteigentum mehrerer Personen stehendes Grundstück in Wohnungseigen-

---

23 KG ZMR 2010, 705.
24 *Brambring* ZAP 1993, 965, 968; *Schmidt-Futterer/Blank* § 577 Rn 12; *Soergel/Heintzmann* § 577 Rn 5.
25 Weitere Einzelheiten bei *Staudinger/Rolfs* (2011) § 577 Rn 29f.
26 Vgl BGHZ 168, 152, 156ff = NJW-RR 2006, 1449; BGH NJW 2007, 2699.
27 BayObLG WuM 1992, 351; *Erman/Jendrek* § 577 Rn 3; *Schmidt-Futterer/Blank* § 577 Rn 16.
28 *Blank* WuM 1993, 573, 578; *Schilling/Meyer* ZMR 1994, 497, 503; *Schmidt* DWW 1994, 65, 70.
29 *Blank* WuM 1993, 573, 578; *Maciejewski* MM 1994, 137, 138.

Christian Rolfs

tum aufgeteilt und wird das Sondereigentum den einzelnen Miteigentümern übertragen, so liegt kein Kaufvertrag und damit kein Vorkaufsfall vor.[30] Das Vorkaufsrecht ist nach § 471 ausgeschlossen, wenn der Verkauf im Wege der Zwangsvollstreckung[31] oder aus einer Insolvenzmasse erfolgt, um den staatlichen Gläubigerschutz bei solchen Maßnahmen nicht zu beeinträchtigen (Rn 31).[32] Der Kaufvertrag muss in formeller und materieller Hinsicht wirksam sein. Die notarielle Form nach § 311b Abs 1 S 1 muss erfüllt sein. Es müssen ferner alle erforderlichen Genehmigungen vorliegen.[33] Hierzu gehören sowohl öffentlich-rechtliche als auch privatrechtliche Genehmigungen, so etwa bei Abschluss des Kaufvertrags durch einen Vertreter vorbehaltlich der Genehmigung des Eigentümers[34] oder bei einer aufgrund der Gemeinschaftsordnung iV mit der Grundbucheintragung nach § 12 Abs 3 WEG erforderlichen Zustimmung durch den Verwalter.[35] Solange ein anfechtbarer Kaufvertrag nicht angefochten ist, bleibt das Vorkaufsrecht bestehen. Wird die Anfechtung vor Ausübung des Vorkaufsrechts erklärt, entfällt mit dem Kaufvertrag nach § 142 Abs 1 auch das Recht des Mieters. Wird der Kaufvertrag erst angefochten, nachdem der Mieter sein Vorkaufsrecht ausgeübt hat, soll das Vorkaufsrecht aufrechtzuerhalten sein, wenn die Anfechtungsgründe allein in der Person des Drittkäufers liegen.

15   c) Im **Zeitpunkt des Abschlusses des Kaufvertrags** muss ein Mietverhältnis bestehen. Da als weitere Voraussetzung hinzutreten muss, dass das Wohnungseigentum nach der Überlassung an den Mieter (Rn 4) begründet worden ist oder begründet werden soll (Rn 5ff), können sich aus der zeitlichen Reihenfolge der einzelnen Vorgänge verschiedene Konstellationen mit unterschiedlicher Auswirkung ergeben. Das Vorkaufsrecht kann nur bei einem Verkauf nach Abschluss eines Mietvertrags entstehen. Dies setzt voraus, dass der Mietvertrag durch übereinstimmende Willenserklärungen aller Beteiligten zustande gekommen ist. Der Zeitpunkt des Vertragsschlusses und der Zeitpunkt, in dem das Mietverhältnis nach dem Vertrag beginnen soll, fallen jedoch regelmäßig auseinander. Wiederum zu einem anderen Zeitpunkt können die Räume überlassen worden sein. Die Überlassung spielt nur im Verhältnis zur Begründung des Wohnungseigentums eine Rolle (Rn 9). Vermietet sind die Wohnräume deshalb vom Abschluss des Mietvertrags an bis zur Beendigung des Mietverhältnisses.[36] Dies bedeutet, dass dem Mieter das Vorkaufsrecht zusteht, wenn der Kaufvertrag abgeschlossen wird, bevor das Mietverhältnis durch Zeitablauf[37] oder vor Ablauf der Kündigungsfrist endet.[38] Das Gesetz bietet auch keinen Anhaltspunkt, beim unbefristeten Mietverhältnis danach zu unterscheiden, ob der Mieter selbst gekündigt hat und ob er dabei Kenntnis von der beabsichtigten oder schon vollzogenen Umwandlung hatte.[39] Ist der Mieter hiernach vor Beendigung des Mietverhältnisses zum Vorkauf berechtigt geworden, soll er das Recht nach teilweise vertretener Ansicht auch nach dessen Ende noch ausüben können, solange die Frist des § 469 Abs 2 S 1 läuft.[40] Sinn und Zweck der Vorschrift sprechen jedoch dagegen, einer Person, die nicht mehr

---

30 *Blank* WuM 1993, 573, 578; *Maciejewski* MM 1994, 137, 138.
31 AG Frankfurt/M NJW 1995, 1034 m Anm *Langhein* Rpfleger 1995, 351; MünchKomm/*Häublein* § 577 Rn 9.
32 *Bamberger/Roth/Hannappel* § 577 Rn 13.
33 BGH NJW 2010, 3774; *Staudinger/Mader* (2004) § 463 Rn 30.
34 Vgl BayObLG WuM 1994, 289.
35 *Maciejewski* MM 1994, 137, 138; *Schmidt* DWW 1994, 65, 68.
36 *Schilling* 90f.
37 *Schilling* 91.
38 *Schilling* 91; *Wirth* NZM 1998, 390, 391; **aM** *Brambring* ZAP 1993, 965, 967.
39 *Soergel/Heintzmann* § 577 Rn 14; **aM** *Bub/Treier/Reinstorf* Rn II 896c; *Commichau* NJW 1995, 1010, 1011.
40 Vgl *Schilling* 94; *Sonnenschein* NJW 1980, 2055, 2058.

Mieter und möglicherweise bereits ausgezogen ist, noch die Ausübung des Vorkaufsrechts zu gestatten.[41] Wird der Kaufvertrag nach dem Ende des Mietverhältnisses abgeschlossen, liegen aber Gründe vor, die nach §§ 545, 575, 574ff oder durch Vereinbarung zu einer Verlängerung des Mietverhältnisses führen, so ist der Mieter zum Vorkauf berechtigt. Unerheblich ist, ob der die Verlängerung begründende Rechtsakt zeitlich nach dem Abschluss des Kaufvertrags stattfindet, sofern nur das Mietverhältnis mit Rückwirkung im unmittelbaren Anschluss an das bereits eingetretene Ende fortgesetzt wird.

d) Das Vorkaufsrecht des Mieters besteht nur, wenn es sich um den **ersten Verkauf** 16 der Wohnung seit ihrer Überlassung an den Mieter handelt.[42] Der Verbrauch des Vorkaufsrechts durch den ersten Vorkaufsfall nach der Umwandlung folgt aus dem Zweck des Gesetzes, den Mieter dagegen zu schützen, dass er infolge der Umwandlung aus seiner Wohnung verdrängt wird. Allerdings besteht das Vorkaufsrecht ab der zweiten Veräußerung – vorbehaltlich des Einwands einer rechtsmissbräuchlichen Gestaltung des zeitlichen Ablaufs durch den Eigentümer (§ 242)[43] – selbst dann nicht mehr, wenn es beim ersten Mal nicht ausgeübt werden konnte, weil beispielsweise die erste Eigentumsübertragung im Wege der Zwangsvollstreckung erfolgte, die Wohnung an einen Familien- oder Haushaltsangehörigen verkauft wurde (Abs 1 S 2) oder die Ermittlung des anteiligen Preises, der für die dem Vorkaufsrecht unterfallende Eigentumswohnung zu zahlen ist, für den Mieter schwierig gewesen wäre.[44] Entsprechend diesem Normzweck sieht der BGH das Vorkaufsrecht auch dann als ausgeschlossen an, wenn der **erste Verkauf noch vor dem 1.9.1993** erfolgt war.[45] Damit wird zwar dem Mieter entgegen der Zielrichtung des § 577 die Möglichkeit, die gemietete Eigentumswohnung zu erwerben, letztlich verwehrt, weil beim ersten Verkauf der gesetzliche Anspruch noch nicht und beim zweiten Verkauf nicht mehr bestand. Angesichts der Übergangsregelung des Art 6 Abs 4 des MietRÄndG 4,[46] der die Anwendung des Vorkaufsrechts auf Verkaufsfälle vor dem 1.9.1993 ausschließt, kann der Auffassung des BGH aber im Ergebnis beigetreten werden.[47]

5. Ausschluss des Vorkaufsrechts (Abs 1 S 2)

a) Nach Abs 1 S 2 ist der Mieter nicht zum Vorkauf berechtigt, wenn der Vermieter die 17 Wohnräume an einen Familienangehörigen oder an einen Angehörigen seines Haushalts verkauft. Der Grund liegt darin, dass dem Gesetzgeber das Interesse des Vermieters als vorrangig erschien, die Wohnräume an eine bestimmte, ihm nahe stehende Person verkaufen zu können.[48] Diese Einschränkung des Mieterschutzes entspricht dem verminderten Bestandsschutz des Mietverhältnisses bei der Kündigung wegen Eigenbedarfs nach § 573 Abs 2 Nr 2. Es handelt sich um denselben **begünstigten Personenkreis.**

b) Umstritten ist, ob das Vorkaufsrecht bei einem Verkauf der Wohnräume an einen 18 Familien- oder Haushaltsangehörigen nur dann ausgeschlossen wird, wenn zugleich der

---

41 *Erman/Jendrek* § 577 Rn 2; *Schilling* 94.
42 BGHZ 167, 58, 61ff = NJW 2006, 1869; BGH NJW 2007, 2699; *Bamberger/Roth/Hannappel* § 577 Rn 18; NK-BGB/*Hinz* § 577 Rn 20; *Schmidt-Futterer/Blank* § 577 Rn 49; *Soergel/Heintzmann* § 577 Rn 10.
43 Vgl BGHZ 115, 335, 340 = NJW 1992, 236.
44 BGH NJW 2007, 2699.
45 BGHZ 167, 58, 61ff = NJW 2006, 1869.
46 BGBl 1993 I 1257.
47 Ebenso *Brambring* ZAP 1993, 965, 967; **aM** LG Oldenburg WuM 1997, 436; AG Charlottenburg NZM 1999, 22.
48 BT-Drucks 12/3254, S 40.

Christian Rolfs

Grund für eine Kündigung wegen Eigenbedarfs nach § 573 Abs 2 Nr 2 erfüllt ist oder ob kein Kündigungsgrund zu bestehen braucht[49] und die begünstigte Person nicht einmal beabsichtigt, die Wohnräume selbst zu nutzen. Der Mieter soll davor geschützt werden, nach einer Umwandlung durch den Verkauf aus seiner Wohnung verdrängt zu werden. Der Gesetzgeber hat jedoch das Interesse des Vermieters, die Wohnung an eine bestimmte Person aus dem Kreis der Begünstigten verkaufen zu können, als vorrangig eingestuft.[50] Es kommt deshalb nicht auf den Vorrang von Nutzungsinteressen, sondern von Vermögensinteressen an. Ein Kündigungsgrund iSv § 573 Abs 2 Nr 2 muss also nicht gleichzeitig bestehen.

19   **c)** Nach dem Wortlaut des Abs 1 S 2 ist das Vorkaufsrecht ausgeschlossen, wenn der Vermieter die Wohnräume an eine der begünstigten Personen verkauft. Damit stellt sich die Frage, ob das Vorkaufsrecht und ebenso sein Ausschluss eine **Identität des Vermieters und Verkäufers** voraussetzen. In den Kündigungsfällen wird dem Verwalter als Vermieter ein berechtigtes Kündigungsinteresse aus sonstigen Gründen zugestanden, um den Eigentümer nicht zu benachteiligen (§ 573 Rn 83). Aus den gleichen Gründen ist es geboten, das Vorkaufsrecht des Mieters nach § 577 Abs 1 S 2 auszuschließen,[51] wenn Vermieter und Verkäufer nicht identisch sind, der Käufer aber im Verhältnis zum Verkäufer oder Eigentümer ein Familien- oder Haushaltsangehöriger ist.

III. Rechtsfolgen

1. Vorkaufsrecht des Mieters

20   **a) Berechtigung des Mieters.** Der Mieter ist nach Abs 1 S 1 zum Vorkauf berechtigt, wenn die vermieteten Wohnräume an einen Dritten verkauft werden. Dem Mieter wird kraft Gesetzes ein persönliches, schuldrechtliches Vorkaufsrecht eingeräumt.[52] Beim gesetzlichen Vorkaufsrecht des § 577 sollte allein auf den Vorkaufsfall als Entstehungsakt und auf die Vorkaufserklärung als Ausübung eines dem Mieter zustehenden Gestaltungsrechts abgestellt werden. Letztere begründet den im Wege der **Vormerkung** sicherungsfähigen Anspruch. Mit der Umwandlung der vermieteten Räume in eine Eigentumswohnung ist ein etwaiges Vorkaufsrecht des Mieters jedoch schon latent angelegt. Damit stellt sich die Frage, ob die Eintragung einer Vormerkung nach § 883 Abs 1 S 2 zur Sicherung eines künftigen oder eines bedingten Anspruchs zulässig ist. Allein der Verkäufer hat es in der Hand, durch Abschluss des Kaufvertrags mit dem Dritten die Berechtigung des Mieters entstehen zu lassen. Dies ist als Grundlage einer Vormerkung unzureichend.[53] Selbst wenn der Vermieter die Vormerkung zugunsten des Mieters vor Abschluss eines Kaufvertrags mit einem Dritten bewilligt, kann sie wegen ihrer Akzessorietät mangels eines künftigen Anspruchs noch nicht entstehen.[54] Dies ist nach überwiegender Ansicht erst möglich, wenn der Mieter sein Vorkaufsrecht ausgeübt hat;[55] teilweise wird es aber auch für ausreichend gehalten, dass der Kaufvertrag mit dem Dritten abgeschlossen ist.[56] Hat der Dritte

---

49 *Bub* NJW 1993, 2897, 2902; *Palandt/Weidenkaff* § 577 Rn 5; offen gelassen von BGH NJW 2007, 2699.
50 BT-Drucks 12/3254, S 40.
51 MünchKomm/*Häublein* § 577 Rn 14.
52 *Schmid/Riecke* § 577 Rn 1.
53 *Staudinger/Gursky* (2008) § 883 Rn 182ff.
54 **AM** *Langhein* DNotZ 1993, 650, 665 Fn 65; *ders* Rpfleger 1995, 351f.
55 *Blank/Börstinghaus/Blank* § 577 Rn 73; *Palandt/Weidenkaff* § 577 Rn 6.
56 *Beuermann* GE 1993, 951, 953f.

in diesem Vertrag zugesagt, dem vorkaufsberechtigten Mieter Gelegenheit zu geben, sein Vorkaufsrecht auszuüben, so ist darin ein Vertrag zugunsten Dritter zu sehen.

b) Anwendbare Vorschriften. § 577 Abs 1 S 3 verweist hinsichtlich der weiteren 21 Rechtsfolgen auf die Vorschriften über den Vorkauf (§§ 463ff), soweit sich aus den Abs 2 bis 4 des § 577 keine abweichende Regelung ergibt.

c) Mitteilung über den Vorkaufsfall und Unterrichtung des Mieters über sein Vorkaufsrecht (Abs 2)
aa) Nach Abs 2 ist die Mitteilung des Verkäufers oder des Dritten über den Inhalt des 22 Kaufvertrages mit einer Unterrichtung des Mieters über sein Vorkaufsrecht zu verbinden. Der Verpflichtete hat dem Mieter den Inhalt des mit dem Dritten geschlossenen Vertrags unverzüglich mitzuteilen.[57] Haben mehrere Mieter den Vertrag abgeschlossen, sind die Erklärungen an alle zu richten.[58] Die Mitteilung des Verpflichteten wird durch die Mitteilung des Dritten ersetzt (§ 469 Abs 1 S 2).

bb) Aus der Verweisung auf § 469 Abs 1 ergeben sich im Einzelnen Folgerungen für 23 **Form, Frist und Inhalt** der Mitteilung. Sie ist eine reine Wissenserklärung, für die das Gesetz keine bestimmte Form vorschreibt.[59] Dem Mieter ist der Inhalt des Kaufvertrags **richtig und vollständig** mitzuteilen.[60] Es empfiehlt sich für den Erklärenden, zur Beweissicherung eine schriftliche Erklärung und förmliche Zustellung zu wählen.[61] Sie ist unverzüglich, also nach Maßgabe des § 121 Abs 1 S 1 ohne schuldhaftes Zögern zu erklären. Da die Mitteilung die Frist zur Ausübung des Vorkaufsrechts auslöst, braucht sie erst abgegeben zu werden, wenn der Kaufvertrag mit etwaigen behördlichen Genehmigungen wirksam zustande gekommen ist. Da nach § 464 Abs 2 mit der Ausübung des Vorkaufsrechts der Kaufvertrag mit dem Mieter unter den Bestimmungen zustande kommt, die Verkäufer und Dritter vereinbart haben, ist der gesamte richtige und vollständige Inhalt mitzuteilen.[62]

cc) Die Mitteilung ist nach Abs 2 mit einer **Unterrichtung des Mieters über sein** 24 **Vorkaufsrecht** zu verbinden. Dies umfasst die Belehrung darüber, dass er einen eigenen Vertrag zu den Bestimmungen des inhaltlich mitgeteilten oder beigefügten Kaufvertrags abschließen kann, welche Vorschriften er dabei beachten muss, und dass mit der Ausübung des Vorkaufsrechts nach § 464 Abs 2 der Kauf zwischen dem Mieter und dem Verkäufer unter den Bestimmungen zustande kommt, die der Verkäufer mit dem Dritten vereinbart hat.[63] Es wird nicht vorausgesetzt, dass beide Erklärungen dem Mieter unbedingt in demselben Zeitpunkt zugehen müssen.[64]

---

57 Vgl BGH NJW 1973, 1365; BGH NJW 1994, 315; BGH WuM 2003, 281.
58 *Palandt/Weidenkaff* § 577 Rn 6; *Schmidt* DWW 1994, 65, 69; *Schmidt-Futterer/Blank* § 577 Rn 42.
59 *Soergel/Heintzmann* § 577 Rn 12; *Staudinger/Mader* (2004) § 469 Rn 9.
60 RGZ 170, 208, 213; BGHZ 168, 152, 156 = NJW-RR 2006, 1449; OLG Celle WuM 2008, 292.
61 *Schmidt* DWW 1994, 65, 69.
62 RGZ 170, 208, 213; BGHZ 168, 152, 156 = NJW-RR 2006, 1449; OLG Celle WuM 2008, 292.
63 MünchKomm/*Häublein* § 577 Rn 18; *Schilling* 94; *Schmidt* DWW 1994, 65, 69; einschränkend *Blank/Börstinghaus/Blank* § 577 Rn 37.
64 *Blank/Börstinghaus/Blank* § 577 Rn 42.

Christian Rolfs

d) Ausübung des Vorkaufsrechts (Abs 3)

25 **aa)** Nach § 464 Abs 1 wird das Vorkaufsrecht durch Erklärung gegenüber dem Verpflichteten ausgeübt. Es handelt sich um eine **empfangsbedürftige Willenserklärung** des Mieters.[65] Sie muss dem Verkäufer als dem Vorkaufsverpflichteten zugehen. Dies gilt auch, wenn der Verkäufer und der Vermieter nicht dieselbe Person sind oder wenn der Dritte oder der Notar den Mieter über den Verkauf informiert hat.[66] Schuldner des Vorkaufsanspruchs ist der Vermieter, und zwar auch dann, wenn die gemietete Wohnung unter Zwangsverwaltung steht.[67] Die Zwangsverwaltung entzieht dem Vermieter nicht das Eigentum, sondern lediglich die Verwaltung und Benutzung des Grundstücks.[68] Die Verfügungsbefugnis verbleibt dagegen auch nach angeordneter Zwangsverwaltung beim Schuldner, lediglich beschränkt durch das mit der Beschlagnahme verbundene relative Veräußerungsverbot zugunsten des die Zwangsvollstreckung betreibenden Gläubigers. Der Zwangsverwalter kann daher weder die Auflassung erklären noch die Grundbucheintragung einer Verfügung über das Grundstück beantragen oder bewilligen. Bei einer Mehrheit von Verkäufern sind alle Personen notwendige Adressaten.[69] Wegen der Rechtswirkungen, die nach § 464 Abs 2 durch die Erklärung ausgelöst werden (Rn 29), ist sie als Gestaltungserklärung einzuordnen und deshalb ebenso bedingungsfeindlich wie unwiderruflich.[70]

26 **bb)** Abweichend von § 464 Abs 1 S 2 bestimmt § 577 Abs 3, dass die Ausübung des Vorkaufsrechts durch **schriftliche Erklärung** des Mieters gegenüber dem Verkäufer erfolgt. Damit hat der Gesetzgeber die vor der Mietrechtsreform 2001 streitig diskutierte Frage, ob die Vorkaufsausübung formlos,[71] im Wege der notariellen Beurkundung[72] oder in anderer Form auszuüben ist, entschieden. Schriftliche Erklärung iS von § 577 Abs 3 bedeutet Wahrung der Schriftform des § 126.

27 **cc)** Nach § 469 Abs 2 S 1 kann das Vorkaufsrecht nur **bis zum Ablauf von zwei Monaten** nach dem Empfang der Mitteilung ausgeübt werden. Diese Vorschrift ist auf das Vorkaufsrecht des Mieters entsprechend anwendbar. Die Bestimmung des § 469 Abs 2 S 1 ist in der Weise zu ergänzen, dass die Frist erst beginnt, wenn der Mieter nach Maßgabe des § 577 Abs 2 auch über sein Vorkaufsrecht unterrichtet worden ist (Rn 24). Die Mitteilung und die Unterrichtung müssen inhaltlich den gesetzlichen Anforderungen entsprechen (Rn 22f). Anderenfalls wird die Frist nicht in Gang gesetzt.[73] Sie beginnt ebenfalls nicht zu laufen, wenn Mitteilung und Unterrichtung nicht sämtlichen Mietern zugegangen sind, die das Vorkaufsrecht nur gemeinsam ausüben können (s Rn 28).[74] Die Frist ist nach § 187 Abs 1, § 188 Abs 2 und 3 zu berechnen. Sie ist eine Ausschlussfrist, sodass das Vorkaufs-

---

65 *Bub* NZM 2000, 1092, 1097; *Blank/Börstinghaus/Blank* § 577 Rn 51; *Schmid/Riecke* § 577 Rn 23.
66 *Schmid/Riecke* § 577 Rn 22.
67 BGH NJW 2009, 1076.
68 BGH NZM 2005, 596.
69 *Schmidt-Futterer/Blank* § 577 Rn 47.
70 *Bub* NZM 2000, 1092, 1097.
71 BGHZ 144, 357, 360ff = NJW 2000, 2665 mit krit Anm *Bundschuh* ZMR 2001, 324, 327; BGH NZM 2005, 779; OLG Düsseldorf NZM 1998, 1001; OLG München NZM 1999, 797; *Derleder* in: PiG 49 (1996) 169, 174; *Maciejewski* MM 1994, 137, 138; *Schilling* 94.
72 *Beuermann* GE 1993, 951, 952; *Hammen* DNotZ 1997, 543; *Schmid* MittBayNot 1994, 285, 286.
73 *Franke/Geldmacher* ZMR 1993, 548, 555.
74 **AM** *Schmid* DWW 1994, 65, 69.

recht nach Fristablauf ersatzlos untergeht.[75] Entscheidend ist der rechtzeitige Zugang der Erklärung beim Verkäufer. Die Frist wird durch Übersendung eines abgeänderten Kaufvertrags mit verringertem Kaufpreis erneut in Gang gesetzt.[76]

dd) Steht das Vorkaufsrecht **mehreren Mietern** gemeinschaftlich zu, kann es nach **28** dem entsprechend anzuwendenden § 472 S 1 nur im Ganzen ausgeübt werden.[77] Übt einer der Mieter sein Vorkaufsrecht nicht aus, so sind die übrigen nach § 472 S 2 berechtigt, das Vorkaufsrecht im Ganzen auszuüben. Handelt es sich um eine Gesamthand, so hat die Ausübung des Vorkaufsrechts eine gesamthänderische Bindung zur Folge. Dies muss sich nicht notwendig auf die Erfüllung erstrecken, sodass es möglich ist, mit der Auflassung und Eintragung Miteigentum nach Bruchteilen entstehen zu lassen.[78]

e) Wirkung
aa) Mit der Ausübung des Vorkaufsrechts kommt nach § 464 Abs 2 ein **Kaufvertrag** **29** **zwischen Mieter und Verkäufer** unter den Bestimmungen zustande, die der Verkäufer mit dem Dritten vereinbart hat.[79] Dies gilt für die Höhe des Kaufpreises ebenso wie für alle anderen Vertragsbedingungen.[80] Nebenabreden, die den Drittkäufer belasten, wie etwa die Übernahme der Vertragskosten oder eines Maklerlohns, treffen nunmehr den Mieter.[81] Er hat gegen den Verkäufer einen Erfüllungsanspruch aus § 433 Abs 1. Der Vertrag des Verkäufers mit dem Dritten bleibt von der Ausübung des Vorkaufsrechts durch den Mieter grundsätzlich unberührt (Rn 33).

bb) Bei einem **Gesamtverkauf** mehrerer Eigentumswohnungen oder des ganzen **30** Grundstücks ist der Mieter nur hinsichtlich der von ihm gemieteten Wohn- und Nebenräume zum Vorkauf berechtigt (Rn 13). Der Vertragsinhalt, der in dem Kaufvertrag über das Gesamtobjekt mit dem Dritten vereinbart ist, ist dem Teilverkauf an den Mieter anzupassen. Dies gilt vor allem für den Kaufpreis.[82] Da die einzelnen Wohnungen einen unterschiedlichen Wert haben, kommt es nicht auf einen durchschnittlichen Quadratmeterpreis oder einen dem Miteigentumsanteil entsprechenden Bruchteil des Gesamtpreises an, sondern auf den wirklichen Wert der einzelnen Wohnung.[83]

2. Verbrauch des Vorkaufsrechts. Da das Vorkaufsrecht dem Mieter nur für den **31** ersten Vorkaufsfall zusteht (Rn 16), lebt es bei einem **weiteren Verkauf** der Wohnung nicht wieder auf.[84] Durch Tausch oder Schenkung, die kein Vorkaufsrecht auslösen, wird das Recht des Mieters nicht verbraucht, sodass es frühestens bei einem Verkauf durch den neuen Eigentümer entsteht.[85] Anders liegen die Dinge jedoch, wenn der erste Verkauf nach

---

75 MünchKomm/*Häublein* § 577 Rn 19.
76 OLG Karlsruhe WuM 1996, 325 m Anm *Blank*.
77 Vgl BGH NZM 2005, 779; *Erman/Jendrek* § 577 Rn 5.
78 *Schmidt* DWW 1994, 65, 67f.
79 MünchKomm/*Häublein* § 577 Rn 18; NK-BGB/*Hinz* § 577 Rn 37; *Schmid/Riecke* § 577 Rn 17; *Schmidt* DWW 1994, 65, 69; einschränkend *Blank/Börstinghaus/Blank* § 577 Rn 43.
80 BGH WuM 2003, 281; BGH WuM 2004, 211; *Soergel/Heintzmann* § 577 Rn 17.
81 OLG Düsseldorf MDR 1999, 800; *Lüder* GE 1998, 1076, 1081; *Staudinger/Mader* (2004) § 464 Rn 19ff; **aM** OLG Celle NJW-RR 1996, 629.
82 Vgl BGH NJW 2007, 2699.
83 *Brambring* ZAP 1993, 965, 967; vgl BGH LM Nr 1 zu § 508 BGB; *Staudinger/Mader* (2004) § 467 Rn 3.
84 BGHZ 141, 194, 197ff = NJW 1999, 2044; *Langhein* DNotZ 1993, 650, 662; *Lüder* GE 1998, 1076, 1081; *Schmidt* DWW 1994, 65, 67.
85 *Maciejewski* MM 1994, 137, 138; *Schmidt-Futterer/Blank* § 577 Rn 51.

Christian Rolfs

§ 471 deshalb kein Vorkaufsrecht ausgelöst hat, weil er im Wege der Zwangsvollstreckung[86] oder aus der Insolvenzmasse erfolgt ist.[87] In derartigen Fällen bleibt der Mieter nur durch die Kündigungssperre des § 577a BGB auf Zeit vor einer Verdrängung aus der gemieteten Wohnung geschützt.[88] Da § 577 nach Art 6 Abs 4 MietRÄndG 4 nicht anzuwenden ist, wenn der Kaufvertrag mit dem Dritten vor dem 1.9.1993 abgeschlossen worden ist, wird das Vorkaufsrecht kraft Gesetzes für den ersten Verkauf nach der Umwandlung ausgeschlossen. Es kann nach dem Zweck des § 577 auch dann nicht mehr entstehen, wenn ein weiterer Verkauf nach diesem Stichtag stattfindet.[89]

32   **3. Übergang des Vorkaufsrechts auf eintrittsberechtigte Personen (Abs 4).** Abweichend von § 473 S 1 bestimmt § 577 Abs 4, dass im Falle des Todes des Mieters das Vorkaufsrecht auf den- oder diejenigen Personen übergeht, die in das Mietverhältnis nach § 563 Abs 1 oder 2 eintreten. Hierfür kommen der Ehegatte, der Lebenspartner, die Kinder, andere Familienangehörige des Mieters und Personen, die mit ihm bis zu seinem Tod einen auf Dauer angelegten gemeinsamen Haushalt geführt haben, in Betracht. Das Vorkaufsrecht steht nur demjenigen zu, der ein Eintrittsrecht nach § 563 Abs 1 oder 2 hat und auch hiervon Gebrauch macht. Tritt keine der nach § 563 berechtigten Personen in das Mietverhältnis ein, fällt das Vorkaufsrecht abweichend von dem Recht auf Fortsetzung des Mietverhältnisses aus § 564 S 1 nicht ersatzweise an den Erben des Mieters. Die Regelung des Abs 4 ist unanwendbar, wenn der Mieter stirbt, nachdem die zweimonatige Frist des § 469 Abs 2 S 1 abgelaufen ist. Da das Vorkaufsrecht verbraucht ist, steht es den Sondernachfolgern des Mieters auch bei einem weiteren Verkauf nicht mehr zu. Ist der Mieter vor der Umwandlung verstorben und sind die nach § 563 berechtigten Personen in das Mietverhältnis eingetreten, so braucht nicht auf Abs 4 zurückgegriffen zu werden, weil diesen Sondernachfolgern das Vorkaufsrecht schon aufgrund des Abs 1 S 1 zusteht. Das Gleiche gilt für den Erben, auf den das Mietverhältnis vor der Umwandlung übergeht.

33   **4. Sonstige Folgen.** Übt der Mieter sein Vorkaufsrecht aus, bleibt der Kaufvertrag zwischen dem Verkäufer und dem Dritten hiervon unberührt. Der Verkäufer sieht sich also zwei **gleichwertigen Ansprüchen** aus § 433 Abs 1 ausgesetzt. Erfüllt er dem einen Teil gegenüber, kann der andere Teil gegen ihn die Rechte aus § 437 geltend machen, insbesondere also **Schadensersatz** verlangen.[90] Deshalb wird in der Praxis empfohlen, den Kaufvertrag mit dem Dritten unter einen Rücktrittsvorbehalt für den Verkäufer oder eine auflösende Bedingung zu stellen, falls der Mieter sein Vorkaufsrecht ausüben sollte. Das Vorkaufsrecht selbst kann hierdurch nach § 465 nicht verhindert werden.[91]

IV. Abweichende Vereinbarungen (Abs 5)

34   **1. Unzulässigkeit.** Nach Abs 5 ist eine zum Nachteil des Mieters abweichende Vereinbarung unwirksam. Eindeutig sind damit die vorhergehenden Abs 1 bis 4 gemeint. Da die §§ 463 bis 473 über Abs 1 S 3 anzuwenden sind, soweit § 577 nicht etwas anderes bestimmt,

---

86   AG Frankfurt/M NJW 1995, 1034 m Anm Langhein Rpfleger 1995, 351; MünchKomm/*Häublein* § 577 Rn 9.
87   BGHZ 141, 194, 200ff = NJW 1999, 2044; *Schmid/Riecke* § 577 Rn 42f.
88   Vgl BayObLG WuM 1992, 1615.
89   BGHZ 167, 58, 61f = NJW 2006, 1869.
90   *Langhein* DNotZ 1993, 650, 665.
91   *Brambring* ZAP 1993, 965, 971; *Langhein* 668.

kann auch von diesen Vorschriften nicht zum Nachteil des Mieters abgewichen werden.[92] Hieraus ergibt sich, dass das Vorkaufsrecht nicht schon im Mietvertrag ausgeschlossen werden kann.[93] Das Gleiche gilt für einen späteren Vertrag mit dem Vermieter oder einem Kaufinteressenten, durch den das Vorkaufsrecht ausgeschlossen oder ein Verzicht des Mieters vereinbart werden soll, bevor das Vorkaufsrecht durch Abschluss des Kaufvertrags mit dem Dritten entstanden ist.[94] Ein unwirksamer Verzicht auf das Vorkaufsrecht liegt auch darin, dass die Parteien des Mietvertrags entgegen § 465 zulassen, dass der Kaufvertrag mit dem Dritten davon abhängig gemacht wird, dass das Vorkaufsrecht nicht ausgeübt wird oder dass der Verkäufer zurücktreten und damit das ausgeübte Vorkaufsrecht vernichten kann.

2. Zulässigkeit. Zulässig ist es, für den Mieter vorteilhafte Regelungen gegenüber den **35** gesetzlichen Vorschriften zu vereinbaren. So kann etwa bestimmt werden, dass das Vorkaufsrecht generell übertragbar und vererblich sein soll, zumal § 473 S 1 HS 2 selbst eine solche Bestimmung gestattet. Die Parteien können für die Mitteilung und Unterrichtung eine Form vorschreiben und dem Mieter eine längere als die zweimonatige Frist des § 469 Abs 2 S 1 einräumen, um sein Vorkaufsrecht auszuüben.[95] Nachträgliche Vereinbarungen zum Nachteil des Mieters sind wirksam, weil der Schutzzweck des Gesetzes nicht so weit geht, den Mieter an einem Vorkaufsrecht festzuhalten, auf das er keinen Wert legt. Nach Mitteilung über den Inhalt des Kaufvertrages und Unterrichtung des Mieters über das Vorkaufsrecht kann daher ein Erlassvertrag geschlossen werden.[96]

§ 577a
Kündigungsbeschränkung bei Wohnungsumwandlung

[1] Ist an vermieteten Wohnräumen nach der Überlassung an den Mieter Wohnungseigentum begründet und das Wohnungseigentum veräußert worden, so kann sich ein Erwerber auf berechtigte Interessen im Sinne des § 573 Abs 2 Nr 2 oder 3 erst nach Ablauf von drei Jahren seit der Veräußerung berufen.

[1a] Die Kündigungsbeschränkung nach Absatz 1 gilt entsprechend, wenn vermieteter Wohnraum nach der Überlassung an den Mieter

1. an eine Personengesellschaft oder an mehrere Erwerber veräußert worden ist oder

2. zu Gunsten einer Personengesellschaft oder mehrerer Erwerber mit einem Recht belastet worden ist, durch dessen Ausübung dem Mieter der vertragsgemäße Gebrauch entzogen wird.

Satz 1 ist nicht anzuwenden, wenn die Gesellschafter oder Erwerber derselben Familie oder demselben Haushalt angehören oder vor Überlassung des Wohnraums an den Mieter Wohnungseigentum begründet worden ist.

---

92 *Bub/Treier/Reinstorf* Rn II 896c; *Schilling* 95.
93 *Blank/Börstinghaus/Blank* § 577 Rn 75; *Wirth* NZM 1998, 390, 394.
94 *Blank* WuM 1993, 573, 580; *ders* in: *Blank/Börstinghaus* § 577 Rn 80; **aM** AG München WuM 1996, 38.
95 *Blank/Börstinghaus/Blank* § 577 Rn 75 aE.
96 *Blank* WuM 1993, 573, 577; *Derleder* NJW 1996, 2817, 2820; MünchKomm/*Häublein* § 577 Rn 23; *Schilling/Meyer* ZMR 1994, 497, 504.

Christian Rolfs

[2] Die Frist nach Absatz 1 oder nach Absatz 1a beträgt bis zu zehn Jahre, wenn die ausreichende Versorgung der Bevölkerung mit Mietwohnungen zu angemessenen Bedingungen in einer Gemeinde oder einem Teil einer Gemeinde besonders gefährdet ist und diese Gebiete nach Satz 2 bestimmt sind. Die Landesregierungen werden ermächtigt, diese Gebiete und die Frist nach Satz 1 durch Rechtsverordnung für die Dauer von jeweils höchstens zehn Jahren zu bestimmen.

[2a] Wird nach einer Veräußerung oder Belastung im Sinne des Absatzes 1a Wohnungseigentum begründet, so beginnt die Frist, innerhalb der eine Kündigung nach § 573 Absatz 2 Nummer 2 oder 3 ausgeschlossen ist, bereits mit der Veräußerung oder Belastung nach Absatz 1a.

[3] Eine zum Nachteil des Mieters abweichende Vereinbarung ist unwirksam.

Schrifttum

Beuermann Die Umwandlungsfalle – wer wird Vermieter einer Eigentumswohnung?, WuM 1995, 5; *ders* Ablauf der Sperrfrist für eine Eigenbedarfskündigung, GE 2008, 1533; *Blank* Mieterschutz bei Umwandlung von Miet- in Eigentumswohnungen, PiG Bd 18 (1985) 87; *Börstinghaus* Die Kündigung von Mietverträgen über Eigentumswohnungen. Eine Darstellung der geänderten gesetzlichen Bestimmungen, WuM 1991, 419; *Bruns* Kündigungssperre bei Umwandlung in Wohnungseigentum – § 577a BGB in neuem Gewande, ZMR 2012, 933; *Durst/Lattinovic* Eingeschränkte Kündigungsmöglichkeiten für vermietete Eigentumswohnungen, NZM 1999, 207; *Finger* Umwandlung von Eigentumswohnungen und Kündigung wegen Eigenbedarfs – zugleich Anmerkung zu BVerfG WM 1992, 416 und 417 sowie OLG Frankfurt WM 1992, 421 –, WuM 1992, 508; *Flatow* Mietrechtsänderungsgesetz 2013, NJW 2013, 1185; *Fleindl* Das geplante Mietrechtsreformgesetz – Ein Überblick über die wesentlichen Änderungen, NZM 2012, 57; *Franke* Die Übergangsvorschriften des neuen Mietrechts, ZMR 2001, 951 *Gather* Die Beendigung des Wohnraummietvertrages in der höchst- und obergerichtlichen Rechtsprechung, DWW 1991, 162; *ders* Der Wechsel des Vermieters. Ein Überblick über die Rechtslage, DWW 1992, 37; *Gütter/Killisch* Die Folgen der Umwandlungen von Miet- in Eigentumswohnungen, WuM 1992, 455; *Karl* Gilt die Sperrklausel des § 564b Abs 2 Nr 2 Satz 2 BGB, falls mehrere Miteigentümer Wohnungseigentum nach § 3 WEG begründen?, ZMR 1991, 288; *Hinz* Mietrechtsänderung im Rechtsausschuss, NZM 2012, 777; *Klühs* Erwerbermodelle vor dem Aus? – Neufassung des § 577a BGB durch das geplante Mietrechtsreformgesetz, RNotZ 2012, 555; *Lechner* Analoge Anwendung der Sperrklausel des § 564b II Nr 2 BGB, WuM 1982, 36; *Lützenkirchen* Anmerkung zum Urteil des LG Köln vom 23.2.2012 – 1 S 125/11, ZMR 2012, 446; *Nebeling/Bispinck* Kündigungsschranken bei Umwandlung als Paradebeispiel einseitigen Interessenausgleichs im Mietrecht, NZM 2001, 610; *M J Schmid* Mietrechtliche Probleme nach Begründung und Veräußerung von Wohnungseigentum – Zugleich Besprechung von BayObLG WM 1982, 46; WuM 1982, 34; *ders* Die Vermietung von Eigentumswohnungen, BlGBW 1982, 41; *Schulz* Kündigung eines Mietverhältnisses wegen Eigenbedarfs nach Erwerb einer vermieteten Eigentumswohnung. Zum Anwendungsbereich des § 564b Abs 2 Ziff 2 Satz 2 BGB, DWW 1982, 10; *Sternel* Zum Kündigungsgrund „Eigenbedarf", WuM 1987, 339; *Voelskow* Überzogener Mieterschutz bei der Umwandlung von Miet- in Eigentumswohnungen, in: FS Bärmann u Weitnauer (1990) 685; *ders* Berlin: Zur Verlängerung der Sperrfrist bei Umwandlung von Miet- in Eigentumswohnungen, GE 1996, 24; *Zimmermann* Zum Mieterschutz bei Umwandlungen – Anmerkung zum Rechtsentscheid des BGH vom 6.7.1994 –, WuM 1995, 81.

I. Allgemeines

§ 577a gehört zu den wesentlichen Kündigungsschutzvorschriften im BGB für Miet- **1** verhältnisse über Wohnraum, indem er über den Schutz der §§ 573, 574 hinaus Einschränkungen des Kündigungsrechts wegen Eigenbedarfs und Hinderung angemessener wirtschaftlicher Verwertung aufstellt. Mit dem **MietRRG** wurde das frühere Konzept der Kombination einer bundeseinheitlichen Mindestkündigungssperrfrist mit einer weitergehenden Verordnungsermächtigung der Landesregierungen beibehalten. Das **MietRÄndG** hat mit der Einfügung der Abs 1a und 2a zum 1.5.2013 Schutzlücken im mietrechtlichen Kündigungsschutz geschlossen.

II. Wartefrist nach der Begründung von Wohnungseigentum (Abs 1)

1. Voraussetzungen. Ist an den vermieteten Wohnräumen nach der Überlassung **2** an den Mieter Wohnungseigentum begründet und das Wohnungseigentum veräußert worden, so kann sich der Erwerber nach § 577a Abs 1 auf berechtigte Interessen iS des § 573 Abs 2 Nr 2 und 3 nicht vor Ablauf von drei Jahren seit der Veräußerung an ihn berufen. Die **Voraussetzungen,** unter denen eine Wartefrist für die Kündigung des Erwerbers wegen Eigenbedarfs oder Hinderung wirtschaftlicher Verwertung eingreift, beruhen auf einem komplizierten Zusammenspiel einzelner Tatbestandsmerkmale. Damit wird ein weit reichender, aber keineswegs lückenloser Mieterschutz erreicht.[1]

a) Zunächst muss die Wohnung an den Mieter **überlassen** worden sein. Das setzt **3** die Begründung eines Mietverhältnisses voraus. Auf welche Weise das Mietverhältnis zustande gekommen ist, ist ohne Belang. Auch ein Vertragseintritt nach § 563 BGB genügt,[2] nicht aber, dass die Räume im Zeitpunkt der Begründung des Wohnungseigentums aufgrund eines anderen Rechtsverhältnisses genutzt wurden.[3] Erforderlich für die **Überlassung** ist ferner, dass der Mieter in die Lage versetzt worden ist, die Wohnräume vertragsgemäß in Gebrauch zu nehmen.[4] Dies fällt idR mit der Besitzverschaffung zusammen. Es kommt nicht darauf an, ob der Mieter die Wohnung tatsächlich bezogen hat. Schon der Besitz begründet die Schutzbedürftigkeit. Er muss aber bereits vor der Umwandlung erlangt worden sein.[5] Ein **Umwandlungsfall** setzt voraus, dass nach der Überlassung der Wohnung an den Mieter Wohnungseigentum begründet worden ist. Das Wohnungseigentum kann nach § 2 WEG durch die vertragliche Einräumung von Sondereigentum oder durch Teilung begründet werden. Eine Umwandlung ist entsprechend dem Schutzzweck der Regelung auch anzunehmen, wenn bereits bestehendes Wohnungseigentum in neue Einheiten weiter aufgeteilt wird.[6] Auch die Realteilung eines mit Reihenhäusern bebauten Grundstücks steht der Umwandlung gleich.[7]

---

1 *Blank* in: PiG 18 (1985) 87; *Gather* DWW 1992, 37, 43; *Lechner* WuM 1982, 36ff; *Sternel* WuM 1987, 339, 343; *Voelskow* in: FS Bärmann u Weitnauer (1990) 685, 686ff; *Zimmermann* WuM 1995, 81ff.
2 BGH NJW 2003, 3265; *Palandt/Weidenkaff* § 577a Rn 3.
3 BGH NJW 2003, 3265.
4 *Bamberger/Roth/Hannappel* § 577a Rn 6.
5 *Schmidt-Futterer/Blank* § 577a Rn 7f.
6 LG Mönchengladbach ZMR 1990, 460.
7 RegE MietRÄndG BT-Drucks 17/10485, S 26; BGH NJW 2008, 2257; BGH NJW 2010, 3571.

Christian Rolfs

4   **b)** Die **Veräußerung** findet nach den §§ 873, 925 statt. Die Teilung des Grundstücks nach § 8 WEG als solche ist noch keine Veräußerung.[8] Der Veräußerer braucht nicht mit der Person identisch zu sein, die das Wohnungseigentum begründet hat, so etwa bei Erbfolge. Auch die Übertragung von Wohnungseigentum vermächtnishalber ist als Veräußerungsfall anzusehen.[9] Veräußert der Vermieter das Grundstück an einen Haushalts- oder Familienangehörigen, greift für die Kündigung durch einen solchen Erwerber die Wartefrist ebenfalls ein, weil es in Abs 1 anders als in Abs 1a und in § 577 keinen Vorbehalt zugunsten dieses Personenkreises gibt. Hat der Vermieter aber selbst noch vor der Veräußerung wegen Eigenbedarfs für den Familien- oder Haushaltsangehörigen gekündigt, so wirkt diese Kündigung fort.[10]

5   **c)** Das Gesetz geht von einer bestimmten **zeitlichen Reihenfolge** der einzelnen Vorgänge aus. Zunächst muss die Wohnung an den Mieter oder seinen Rechtsvorgänger[11] überlassen worden sein. Danach muss Wohnungseigentum begründet und veräußert worden sein.[12] Die Begründung von Wohnungseigentum ohne anschließende Veräußerung setzt keine Wartefrist in Lauf. Die Vorschrift greift auch nicht ein, wenn jemand eine leer stehende Eigentumswohnung erwirbt, dann vermietet und anschließend weiterveräußert, wenn also die Begründung des Wohnungseigentums zeitlich vor der Überlassung an den Mieter liegt.[13] Das Gleiche gilt, wenn ein Untermieter nach der Umwandlung mit dem Eigentümer einen Hauptmietvertrag abschließt und dieser später die Wohnung veräußert.[14] Ein Schutz des Mieters ist dagegen geboten, wenn das Verfahren zur Begründung des Wohnungseigentums bereits vor Überlassung der Wohnung eingeleitet war, aber erst später durch die Grundbucheintragung abgeschlossen worden ist.[15]

6   **d)** Das Zusammenspiel der einzelnen Merkmale des § 577a Abs 1 hat eine Reihe von **Ausnahmen aus tatbestandlichen Gründen** zur Folge. So greift die Wartefrist nicht ein, wenn das ganze Grundstück an einen einzelnen Erwerber veräußert wird, der anschließend eine der Wohnungen für sich in Anspruch nimmt, oder wenn die Aufteilung in Wohnungseigentum zeitlich mit der Zuweisung von Sondereigentum in einem Rechtsakt verbunden wird.[16] Eine gesonderte Veräußerung findet jedoch statt, wenn sämtliche Bruchteilseigentümer erst später einem Miteigentümer durch Auflassung und Eintragung das alleinige Wohnungseigentum an einer bestimmten vermieteten Wohnung übertragen.[17]

7   **2. Rechtsfolge.** Die **Rechtsfolge** des § 577a Abs 1 besteht darin, dass sich der Erwerber auf berechtigte Interessen iS des § 573 Abs 2 Nr 2 oder 3 erst nach Ablauf von drei Jahren seit der Veräußerung an ihn berufen kann. Deshalb ist erst nach diesem Zeitpunkt eine Kündigung zulässig, die auf einen dieser Gründe gestützt wird. Es kommt nicht auf die Abgabe der Erklärung, sondern auf den Zugang an. Unzulässig ist es dementsprechend,

---

8   AG Hamburg WuM 1991, 349.
9   BayObLG NZM 2001, 747.
10   OLG Hamm WuM 1992, 460; LG Karlsruhe WuM 1990, 353.
11   BGH NJW 2003, 3265.
12   BGH NJW 2009, 2738; *Durst/Lattinovic* NZM 1999, 207, 208; MünchKomm/*Häublein* § 577a Rn 4.
13   LG Berlin GE 1990, 1039; LG Berlin GE 1995, 495.
14   LG Frankfurt/M WuM 1997, 561; *Bamberger/Roth/Hannappel* § 577a Rn 12.
15   LG Duisburg NJW-RR 1989, 1166; AG Hamburg WuM 1991, 349; *Bub/Treier/Grapentin* Rn IV 76b; *Schmid* BlGBW 1982, 41, 43; **aM** AG Weinheim DWW 1975, 189.
16   BGHZ 126, 357, 363ff = NJW 1994, 2542; KG WuM 1987, 138; **aM** BayObLG WuM 1994, 189.
17   BayObLG NJW 1982, 451; LG München I WuM 1991, 591; *Blank* in: PiG 18 (1985) 87, 101.

Christian Rolfs

noch während der laufenden Drei-Jahres-Frist zu deren Ablauf hin zu kündigen.[18] Zulässig bleiben demgegenüber Kündigungen, die sich auf § 573 Abs 1, Abs 2 Nr 1, § 573a oder § 573b stützen (unten Rn 15). Eine unwirksame Kündigung kann eine Schadensersatzpflicht aus § 280 nach sich ziehen.[19] Die **Wartefrist** von drei Jahren nach § 577a Abs 1 **beginnt,** wenn die Veräußerung des Wohnungseigentums durch Einigung und Eintragung nach den §§ 873, 925 wirksam geworden ist.[20] Das Ende der Frist ist nach § 188 Abs 2 zu bestimmen. Bei einer mehrfachen Veräußerung nach einer Umwandlung lassen Sinn und Zweck der Vorschrift es zu, dem Erwerber, der kündigen will, die in der Person seiner Rechtsvorgänger abgelaufene Wartefrist anzurechnen.[21] Der Mieter soll eine dreijährige Schonfrist haben. Darauf kann er sich bereits nach der ersten Veräußerung einstellen.

III. Veräußerung an eine Personenmehrheit (Abs 1a)

Der mit Wirkung zum 1.5.2013 durch das MietRÄndG eingefügte Abs 1a schließt eine **8** **Lücke im mietrechtlichen Kündigungsschutz.**[22] Ohne diese Vorschrift fand § 577a keine Anwendung bei der Umwandlung von Miet- in Eigentumswohnungen nach dem sog. „Münchener Modell".[23] Dieses ist dadurch geprägt, dass eine Personengesellschaft ein Mietshaus in der Absicht erwirbt, ihren Mitgliedern die Nutzung der Wohnungen zu ermöglichen und die Wohnungen in Eigentumswohnungen umzuwandeln. Noch vor der Umwandlung kündigt die Gesellschaft einem oder mehreren Mietern wegen Eigenbedarfs der Gesellschafter. So hatte der BGH die Anwendung des Abs 1 abgelehnt, wenn der Bauträger Interessenten für eine Wohnung (nicht für einen Gesellschaftsanteil) geworben und mit ihnen eine Gesellschaft bürgerlichen Rechts gegründet hatte, in der bestimmte Wohnungen einzelnen Gesellschaftern schuldrechtlich mit dem Hinweis darauf zugewiesen wurden, dass eine Aufteilung in Wohnungseigentum erfolgen werde, sodann das Objekt durch die Gesellschaft erworben, die Kündigung wegen Eigenbedarfs des Gesellschafters in Bezug auf die ihm schuldrechtlich zugewiesene Wohnung ausgesprochen und das Objekt saniert wurde, um nach Erteilung der Abgeschlossenheitsbescheinigung und Aufteilung des Anwesens nach dem WEG die Gesellschaft im Wege der Veräußerung des Wohnungseigentums von der Gesellschaft an die einzelnen Interessenten auseinanderzusetzen.[24]

Zur Überzeugung des Gesetzgebers wurde durch derartige Gestaltungen der in § 577a **9** BGB verankerte Schutz vor Eigenbedarfskündigungen nach Umwandlung in Wohneigentum ausgehebelt.[25] Daher wurde in Abs 1a Nr 1 nunmehr die Verknüpfung der Kündigungssperrfrist mit der vorherigen Umwandlung in Wohnungseigentum aufgegeben und stattdessen tatbestandlich auf den **Erwerb durch die Erwerbermehrheit** abgestellt.[26] Somit löst bereits der Erwerb des vermieteten Wohnraums die Kündigungssperrfrist nach Abs 1

---

18 BGH NJW 2003, 3265; OLG Hamm NJW 1981, 584; *Bamberger/Roth/Hannappel* § 577a Rn 15; **aM** LG München I WuM 1979, 124; *Schmid* WuM 1982, 34, 35.

19 *Lützenkirchen* ZMR 2012, 446; **aM** LG Köln v. 23.2.2012 – 1 S 125/11, ZMR 2012, 445.

20 LG München I WuM 1979, 124; AG München WuM 1993, 740; AG Stuttgart WuM 1999, 462.

21 BT-Drucks 14/4553, S 73; BayObLG NJW 1982, 451; LG Mainz NJWE-MietR 1996, 152; **aM** AG Tiergarten GE 1997, 1535; *Schmid* WuM 1982, 34, 35.

22 RegE MietRÄndG BT-Drucks 17/10485, S 16; *Hinz* NZM 2012, 777, 789.

23 BGH v. 27.6.2007 – VIII ZR 271/06, NJW 2007, 2845; *Fleindl* NZM 2012, 57, 62.

24 ZB BGH v. 16.7.2009 – VIII ZR 231/08, NJW 2009, 2738.

25 Vgl RegE MietRÄndG BT-Drucks 17/10485, S 16.

26 *Klühs* RNotZ 2012, 555, 560.

Christian Rolfs

aus.[27] Zur Verhinderung einer Umgehung durch andere rechtliche Konstruktionen wie zB die Bestellung eines **Erbbaurechts**[28] greift die Sperrfrist gemäß Abs 1a S 1 Nr 2 auch im Fall der Belastung eines Grundstücks mit einem dinglichen Recht, durch dessen Ausübung dem Mieter der vertragsgemäße Gebrauch entzogen würde (§ 567 S 1).

10   **Abs 1a S 2** sieht zum einen **Ausnahmen** für bestimmte Personengruppen vor, bei denen aufgrund der engen personalen Bindung ein legitimes Interesse an der zeitnahen Geltendmachung des Eigenbedarfs vorliegt, hinter welches das Schutzinteresse des Mieters zurücktritt.[29] Das Begriffspaar der „Familien- und Haushaltsangehörigen" ist § 573 Abs 2 Nr 2 nachgebildet, sodass bei der Auslegung der Vorschrift auf die hierzu ergangene Rechtsprechung zurückzugreifen ist.[30] Zum anderen wird klargestellt, dass S 1 mangels Schutzbedürftigkeit des Mieters nicht in Konstellationen greift, bei denen bereits vor Überlassung an den Mieter Wohnungseigentum begründet wurde.

IV. Erweiterte Wartefrist (Abs 2)

11   Nach Abs 2 kann die dreijährige Wartefrist zum Schutz des Mieters in Umwandlungsfällen unter bestimmten Voraussetzungen auf bis zu zehn Jahre erweitert werden. Damit können die Landesregierungen nach Abs 2 S 2 entsprechend einer von ihnen vorzunehmenden Prognose hinsichtlich der voraussichtlichen Dauer der besonderen Gefährdung eine **Sperrfrist von bis zu zehn Jahren** festlegen. Dabei haben sie insbesondere auch den mit der Sperrfrist verbundenen Eingriff in das Eigentumsrecht des Käufers zu berücksichtigen. Die Geltungsdauer der Verordnung ist auf zehn Jahre beschränkt.[31]

12   Die Verordnungsermächtigung ist nach § 577a Abs 2 S 1 beschränkt auf Gemeinden oder Teile einer Gemeinde, in denen die **ausreichende Versorgung der Bevölkerung mit Mietwohnungen zu angemessenen Bedingungen besonders gefährdet** ist.[32] Die Formulierung des Gesetzes entspricht im Wesentlichen dem umstrittenen Begriff, den Art 6 § 1 Abs 1 S 1 MRVerbG für das Verbot der Zweckentfremdung von Wohnraum verwendet.[33] Die Wohnungsversorgung ist dann besonders gefährdet, wenn eine akute Notlage besteht, die es für den gekündigten Mieter als nahezu aussichtslos erscheinen lässt, Ersatzwohnraum zu finden. Ob eine ausreichende Versorgung mit Mietwohnungen vorliegt, entscheidet allein die Landesregierung unter Berücksichtigung der von der verwaltungsgerichtlichen Rechtsprechung entwickelten Maßstäbe.[34]

13   Aufgrund der Ermächtigung des § 577a Abs 2 haben mehrere Länder Rechtsverordnungen erlassen: **Bayern** WoGeV v 13.12.2007 (BayGVBl 2007, 192) – Fristablauf: 31.3.2017; **Berlin** VO v 13.8.2013 (GVBl 2013, 488) – Fristablauf: 30.9.2023; **Hamburg** VO v 27.1.2004 (GVBl 2004, 30) – Fristablauf: 31.1.2014; **Hessen** KündBGebVO v 21.7.2004 (GVBl 2004 I 262), geänd durch VO vom 18.12.2009 (GVBl 2009 I 768) – Fristablauf: 31.12.2014; **Nordrhein-Westfalen** KSpVO NRW v 24.1.2012 (GVBl 2012, 82) – Fristablauf: 31.12.2021 (außer Kraft zwischen dem 1.1.2007 und dem 9.2.2012). Inzwischen **außer Kraft** ist die Verord-

---

27   RegE MietRÄndG BT-Drucks 17/10485, S 26; *Fleindl* NZM 2012, 57, 62.
28   Vgl RegE MietRÄndG BT-Drucks 17/10485, S 26.
29   Vgl RegE MietRÄndG BT-Drucks 17/10485, S 26.
30   RegE MietRÄndG BT-Drucks 17/10485, S 26.
31   BT-Drucks 14/4553, S 73.
32   *Börstinghaus* WuM 1991, 419, 420; *Gramlich* NJW 1990, 2611, 2613; *Voelskow* GE 1996, 24.
33   BVerwG NJW 1983, 2893; *Bub/Treier/von Brunn* Rn II 6ff.
34   Vgl BVerfGE 38, 348, 368 = NJW 1975, 727; BVerwG NZM 1999, 815; OVG Frankfurt/O NZM 1998, 315.

nung des Landes **Baden-Württemberg** 2. KSchErwVO v 11.12.2001 (GBl 2001, 686)[35] – außer Kraft seit 31.12.2006.

V. Fristbeginn (Abs 2a)

Abs 2a stellt klar, dass eine nach Fristbeginn gemäß Abs 1a erfolgte Umwandlung **14** in Wohnungseigentum keinen erneuten Lauf der Sperrfrist zur Folge hat. Ein zweifacher Fristlauf wäre in den Fällen der einem Erwerb nach Abs 1a nachfolgenden Begründung von Wohneigentum unangemessen, da sich das Verdrängungsrisiko für den Mieter mit dem Erwerb bzw Belastung der mit Mietwohnraum bebauten Liegenschaft bereits realisiert hat und durch eine spätere Begründung von Wohneigentum nicht erhöht wird.[36]

VI. Anwendbarkeit der Wartefrist auf andere Kündigungsgründe

Von der Wartefrist werden nur Kündigungen wegen Eigenbedarfs und der Hinderung **15** wirtschaftlicher Verwertung in den gesetzlich bestimmten Umwandlungsfällen erfasst. Kündigungen aus anderen Gründen, namentlich der Generalklausel des § 573 Abs 1, bleiben unberührt.[37] Ebenso zulässig bleiben auf § 573a oder § 573b gestützte Kündigungen, für die der Vermieter keines Kündigungsgrundes bedarf.[38] Deshalb scheidet eine analoge Anwendung selbst in den Fällen des Betriebsbedarfs aus, die dem Eigenbedarf im Grunde weitgehend entsprechen, aber doch eine andere Zielrichtung aufweisen.

VII. Abweichende Vereinbarungen

Nach § 577a Abs 3 ist eine zum Nachteil des Mieters abweichende Vereinbarung **16** unwirksam. Vereinbarungen, nach denen die gesetzliche bzw die durch Rechtsverordnung festgelegte Wartefrist für einen oder beide Kündigungsgründe aufgehoben oder verkürzt wird, sind also unzulässig. Eine Verlängerung der Wartefrist ist aber möglich.

VIII. Übergangsregelung zum MietRÄndG 2013

Die Abs 1a und 2a sind am 1.5.2013 ohne Übergangsregelung in Kraft getreten (Art 9 **17** Abs 1 MietRÄndG).

---

35 Dazu AG Mannheim WuM 2005, 467.
36 RegE MietRÄndG BT-Drucks 17/10485, S 26.
37 BGH NJW 2009, 1808; *Herrlein/Kandelhard/Herrlein* § 577a Rn 5, krit *Häublein* WuM 2010, 391, 403f.
38 BGH NJW 2010, 3571.

Christian Rolfs

Untertitel 3

Mietverhältnisse über andere Sachen

§ 578

Mietverhältnisse über Grundstücke und Räume

[1] Auf Mietverhältnisse über Grundstücke sind die Vorschriften der §§ 550, 562 bis 562d, 566 bis 567b sowie § 570 entsprechend anzuwenden.

[2] Auf Mietverhältnisse über Räume, die keine Wohnräume sind, sind die in Absatz 1 genannten Vorschriften sowie § 552 Abs 1, § 555a Absatz 1 bis 3, § 555b, § 555c Absatz 1 bis 4, § 555d Absatz 1 bis 6, § 555e Absatz 1 und 2, § 555f und § 569 Abs 2 entsprechend anzuwenden. § 556c Absatz 1 und 2 sowie die aufgrund des § 556c Absatz 3 erlassene Rechtsverordnung sind entsprechend anzuwenden, abweichende Vereinbarungen sind zulässig. Sind die Räume zum Aufenthalt von Menschen bestimmt, so gilt außerdem § 569 Abs 1 entsprechend.

Systematische Übersicht

1. Grundstücksmiete. Die Vorschrift des § 578 regelt, welche Vorschriften über die 1 Wohnraummiete iSd §§ 549ff auf die Grundstücksmiete und die sonstige Raummiete anwendbar sind. Die geltende Fassung des § 578 Abs 2 beruht auf dem **Mietrechtsänderungsgesetz** von 2013. Mit der Änderung wurde bezweckt, die genannte Vorschrift an die Ersetzung des § 554 durch die neuen §§ 555a ff sowie an den neuen § 556c anzupassen.[1] Die Folge ist freilich, dass die Vorschrift, die der Sache nach den Anwendungsbereich des Mietrechts des BGB bei der **Gewerbe- oder Geschäftsraummiete** regelt, noch unübersichtlicher als bisher schon geworden ist.[2] **§ 578 Abs 1** bestimmt zunächst, dass auf die Grundstücksmiete die §§ 550, 562 bis 562d, 566 bis 567 und 570 anwendbar sind. **Grundstücksmiete** in diesem Sinne – als Oberbegriff für die Gewerbe- oder Geschäftsraummiete – sind Mietverträge, die sich auf ein Grundstück, auf Teile eines Grundstücks oder auf mehrere Grundstücke beziehen.[3] Unter einem **Grundstück** versteht man einen abgegrenzten Teil der Erdoberfläche, der im Grundbuch unter einer besonderen Nummer eingetragen ist, während als **Grundstücksteile** alle rechtlich unselbständigen Teilflächen, Hauswände und Dachflächen sowie die Räume in den auf dem Grundstück errichteten Gebäuden gelten (u Rn 2). Die Vermietung von **Wand- und Dachflächen** zur Anbringung von Automaten oder für Reklamezwecke ist daher Grundstücksmiete,[4] während ein Vertrag, durch den ein Grundstückseigentümer einem Dritten das ausschließliche Recht zur **Anbringung von Plakaten** an seinen Gebäuden einräumt, Rechtspacht ist.[5] Bei der sog **Platzmiete** handelt es sich dagegen im Grunde um einen nicht geregelten atypischen Gebrauchsüberlassungsvertrag (s o § 566 Rn 7f). Grundstücksmiete sind danach **zB** die

---

1 S die Begr von 2012, BT-Drucks 17/10485, S 26 f.
2 Berechtigte Kritik bei *Fritz*, in: 10 Jahre Mietrechtsreformgesetz (2011) 844 f.
3 *St Gregor* WuM 2008, 435.
4 RGZ 140, 99, 102; BGH LM Nr 172 zu § 1 UWG (Bl 2 Rf) = NJW 1967, 46; LM Nr 16 zu Art 14 (Cc) GG = NJW 1965, 1912; LM Nr 1 zu § 554 BGB = NJW 1959, 766; WM 1973, 694 = ZMR 1973, 378.
5 RG JW 1913, 1113; DJ 1934, 837; BGH NJW 1952, 620; OLG Frankfurt WuW/E OLG 245, 247.

Volker Emmerich

Überlassung eines Grundstücks als Spielplatz gegen Entgelt,[6] die Vermietung einer Teilfläche als Campingplatz,[7] die Vermietung eines Bootsstegs als Lageplatz für Schiffe,[8] die entgeltliche Überlassung eines Grundstücks als Lagerplatz[9] sowie die Vermietung eines Grundstücksstreifens zur Aufstellung von Reklametafeln.[10]

2   **2. Raummiete.** § 578 Abs 2 stellt der Grundstücksmiete (Rn 1) Mietverhältnisse über Räume, die keine Wohnräume sind, gleich. Gemeint ist damit in erster Linie die Gewerbe- oder **Geschäftsraummiete** (Rn. 1). Das Gesetz unterscheidet dabei weiter danach, ob die fraglichen Räume zum Aufenthalt von Menschen bestimmt sind oder nicht (S 1 und 2 des § 578 Abs 2). Auch wenn es hieran fehlt, finden doch nach **S 1 und 2 des § 578 Abs 2** zusätzlich die §§ 552 Abs 1, § 555a Abs 1 bis 3, § 555b, § 555c Abs 1 bis 4, § 555d Abs 1 bis 6, § 555e Abs 1 und 2, § 555f, § 556c und 569 Abs 2 Anwendung. Sind die Räume zum **Aufenthalt von Menschen** bestimmt, so ist auch § 569 Abs 1 anwendbar. Ergänzend zu berücksichtigen ist ferner § 579 Abs 2, der für die **Fälligkeit** der Miete bei der Geschäftsraummiete auf § 556b Abs 1 verweist. In der Aufzählung fehlen dagegen zB die §§ 551, 553, 554a und 556, so dass im einzelnen umstritten ist, wieweit die genannten Vorschriften von Fall zu Fall ebenfalls entsprechend auf die Geschäftsraummiete angewandt werden können.[11]

2a   Unter einem **Raum wird** in diesem Zusammenhang überwiegend ein allseits umschlossener Teil eines festen Gebäudes verstanden, der so groß ist, dass sich ein Mensch darin aufhalten kann.[12] **Keine Räume** sind folglich Naturgebilde wie **Höhlen oder Felsenkammern**, außer wenn sie durch bauliche Maßnahmen in Räume, zB in Lagerräume oder Keller, verwandelt wurden.[13] Als **Gebäude** gilt jedes unbewegliche, mit dem Erdboden fest verbundene Bauwerk, das zum Aufenthalt von Menschen bestimmt und geeignet ist.[14] Darauf beruht es zB, dass die Vermietung von Schrankfächern und **Tresoren** keine Raum-, sondern Fahrnismiete ist (s o Vorbem 25 zu § 535). Raummiete ist ebenso wenig die Vermietung einzelner **Räume in beweglichen Sachen** wie Schiffen (s aber § 578a), Wohnwagen und Eisenbahnwagen.[15] Deshalb stellt die Vermietung von Restaurationsräumen in einem Schiff Fahrnismiete und nicht Grundstücksmiete dar; dasselbe gilt für Verträge über die Überlassung eines jederzeit demontierbaren und an anderer Stelle wieder aufbaubaren Holzhauses.[16] Werden freilich Räume in beweglichen Sachen und insbesondere in Schiffen zu **Wohnzwecken** vermietet, wie es durchaus vorkommt, so dürften die wichtigsten Mieterschutzvorschriften des Wohnraummietrechts doch entsprechend anwendbar sein.[17] Raummiete ist ferner die Vermietung von Räumen in Gebäuden, die nur nach § 95 als bewegliche Sachen behandelt werden, sofern nur das Gebäude fest mit dem Erdboden verbunden ist.[18]

---

6 RG JW 1929, 3287f.
7 LG Verden VersR 1976, 299; *Gaisbauer* VersR 1977, 144.
8 *St Gregor* WuM 2008, 435.
9 RG JW 1926, 574.
10 OLG Hamm MDR 1976, 143.
11 S im einzelnen *Fritz*, in: 10 Jahre Mietrechtsreformgesetz (2011) 844 ff; zu § 551 s § 551 Rn 35 f.
12 S schon o Vor § 535 Rn 8f; *Blank/Börstinghaus* § 578 Rn 7; noch weiter *St Gregor* WuM 2008, 435, 436.
13 *Schmidt-Futterer/Blank* Rn 8; anders aber *St Gregor* WuM 2008, 435, 437.
14 *Schmidt-Futterer/Blank* § 578 Rn 8.
15 Mot II, 404.
16 OLG Kiel OLGE 12, 69, 70 = SeuffA 61 (1906) Nr 78, S 136; OLG Düsseldorf WM 1992, 111; LG Bochum ZMR 1975, 334, 335; *Friemel* MDR 1975, 71.
17 S *Staudinger* Rn 6; *St Gregor* WuM; 2008, 435, 436.
18 OLG Kiel OLGE 12, 69, 70 = SeuffA 61 (1906) Nr 78, S 136; KG JW 1928, 2545f; LG Bochum ZMR 1975, 334, 335.

3. Wohnraummiete. Einen Sonderfall der Raummiete (o Rn 2) bildet die wichtige **3** Wohnraummiete des § 549. Unter **Wohnraum** versteht man Einzelräume und Wohnungen, die zum privaten Aufenthalt von Menschen bestimmt sind (s o Vor § 535 Rn 8f). Damit ist gemeint, dass die fraglichen Räume nach der **Zweckbestimmung** der Parteien dem Mieter ganz oder teilweise, vorübergehend oder auf Dauer als Lebensmittelpunkt und insbesondere **als Schlafgelegenheit** dienen müssen.

§ 578a
Mietverhältnisse über eingetragene Schiffe

[1] Die Vorschriften der §§ 566, 566a, 566e bis 567b gelten im Falle der Veräußerung oder Belastung eines im Schiffsregister eingetragenen Schiffs entsprechend.

[2] Eine Verfügung, die der Vermieter vor dem Übergang des Eigentums über die Miete getroffen hat, die auf die Zeit der Berechtigung des Erwerbers entfällt, ist dem Erwerber gegenüber wirksam. Das gleiche gilt für ein Rechtsgeschäft, das zwischen dem Mieter und dem Vermieter über die Mietforderung vorgenommen wird, insbesondere die Entrichtung der Miete; ein Rechtsgeschäft, das nach dem Übergang des Eigentums vorgenommen wird, ist jedoch unwirksam, wenn der Mieter bei der Vornahme des Rechtsgeschäfts von dem Übergang des Eigentums Kenntnis hat. § 566d gilt entsprechend.

§ 578a zieht die Folgerungen aus dem Umstand, dass durch das SchiffsRG von 1940 **1** (RGBl I S 1499) im See- oder Binnenschiffsregister eingetragene Schiffe in einzelnen Beziehungen (nicht generell) **Grundstücken gleichgestellt** wurden. Der Anwendungsbereich des § 578a beschränkt sich folgerichtig auf im See- oder Binnenschiffsregister **eingetragene Schiffe.** Andere Schiffe werden auch weiterhin als bewegliche Sachen behandelt. Zu den eingetragenen Schiffen zählen ferner nicht Schiffsdocks.[1] § 578a ist entsprechend anwendbar auf **Flugzeuge,** sofern sie in die Luftfahrzeugrolle eingetragen sind (§ 98 Abs 2 des Gesetzes über Rechte an Luftfahrzeugen vom 26.2.1959).[2] Keine Mietverträge, sondern Frachtverträge sind dagegen **Charterverträge** einschließlich der sogenannten Zeitcharter.[3]

Mietverträge über eingetragene Schiffe und Flugzeuge (o Rn 1) sind an sich Mietver- **2** träge über bewegliche Sachen, gehören also zur **Fahrnismiete** (s o § 578 Rn 1). Hiervon macht § 580a Abs 1 nur in einzelnen Beziehungen eine **Ausnahme,** indem er anordnet, dass auf solche Fahrnismietverträge **bestimmte Vorschriften über die Grundstücksmiete Anwendung** finden sollen. Im Übrigen bleibt es aber bei der Maßgeblichkeit der Regeln über die Fahrnismiete. Vorausgesetzt ist dabei außerdem, dass der Mietvertrag das **ganze Schiff oder Flugzeug** zum Gegenstand hat. Mietverträge über einzelne Räume oder Plätze in Schiffen oder Flugzeugen bleiben – ohne Rücksicht auf § 578a – reine Fahrnismiete (s o § 578 Rn 2a).

Nach § 578a Abs 1 sind auf Mietverträge über eingetragene Schiffe und Flugzeuge **3** (o Rn 1) die **§§ 566, 566a und 566e bis 567d** entsprechend anzuwenden. Der Erwerber eines Schiffs oder Flugzeugs tritt folglich in zuvor abgeschlossene Mietverträge ein (§ 566).

---

1 BGHZ 32, 76, 90 = NJW 1960, 1105.
2 BGBl I 57; dazu *Schölermann/Schmid-Burgk* WM 1990, 1137, 1145 f; *Schwenk* BB 1970, 282.
3 BGH WM 1986, 26; *Argyriadis* MDR 1958, 728; *Schwenk* BB 1970, 282.

Volker Emmerich

Besonderheiten gelten nach § 578a Abs 2 S 1 für **Vorausverfügungen:** Sie sind über die §§ 566b bis 566c hinaus **generell wirksam**, wenn sie **vor Übergang** des Eigentums vorgenommen wurden. Vorausverfügungen durch Rechtsgeschäfte zwischen Vermieter und Mieter, insbesondere also Vorauszahlungen der Miete, sind **ferner** auch noch **nach Eigentumsübergang** mit Wirkung gegen den Erwerber möglich, sofern der Mieter bei Vornahme des Geschäfts keine Kenntnis von dem Eigentumsübergang hatte (§ 578a Abs 2 S 2 HS 2). Im selben Rahmen kann der Mieter dann auch weiterhin mit Forderungen gegen den Vermieter selbst nach Kenntniserlangung gegenüber dem Erwerber aufrechnen (§§ 578a Abs 2 S 3, 566d).

§ 579
Fälligkeit der Miete

[1] Die Miete für ein Grundstück, ein im Schiffsregister eingetragenes Schiff und für bewegliche Sachen ist am Ende der Mietzeit zu entrichten. Ist die Miete nach Zeitabschnitten bemessen, so ist sie nach Ablauf der einzelnen Zeitabschnitte zu entrichten. Die Miete für ein Grundstück ist, sofern sie nicht nach kürzeren Zeitabschnitten bemessen ist, jeweils nach Ablauf eines Kalendervierteljahres am ersten Werktag des folgenden Monats zu entrichten.
[2] Für Mietverhältnisse über Räume gilt § 556b Abs 1 entsprechend.

1 **1. Fälligkeit der Miete.** § 579 regelt die Fälligkeit der Miete bei der Grundstücksmiete (s dazu o § 578 Rn 2f), bei der Miete eines im Schiffsregister eingetragenen Schiffes (s dazu o § 578a Rn 1f) sowie bei der Miete beweglicher Sachen, der so genannten Fahrnismiete. Für diese drei Fälle hat der Gesetzgeber von 2001 an der herkömmlichen Regelung festgehalten, dass es grundsätzlich der **Vermieter** ist, den die **Vorleistungspflicht** trifft (s § 551 aF). **Aufgegeben** wurde die Vorleistungspflicht des Vermieters dagegen für die **Wohnraummiete** (s § 556b Abs 1) sowie durch § 579 Abs 2 für die **sonstige Raummiete**, insbesondere also für die gewerbliche Miete. Für die Gewerbe- oder **Geschäftsraummiete** ist folglich jetzt ebenso wie bei der Wohnraummiete grundsätzlich von der *Vorleistungspflicht* des Mieters auszugehen (§ 579 Abs 2 i.V.m. § 556b Abs 1), wobei diese Regelung hier indessen kein zwingendes Recht ist. Infolge der grundsätzlichen Vorleistungspflicht des Mieters hat die umstrittene Frage, wann der Mieter rechtzeitig gezahlt hat, heute auch für die Geschäftsraummiete große praktische Bedeutung erlangt.[1]

1a Eine spezielle **Übergangsregelung** für die Frage der Fälligkeit der Miete findet sich in Art 229 § 3 Abs 1 Nr 7 EGBGB. Danach bleibt § 551 aF hinsichtlich der Fälligkeit der Miete auf die am 1. September 2001 bestehenden Mietverhältnisse anwendbar.[2] Aus der unterschiedlichen Regelung der §§ 579 und 556b können sich, wenn die Parteien (ausnahmsweise) die Frage der Fälligkeit der Miete nicht vertraglich geregelt haben, **Abgrenzungsschwierig-**

---

1 S o § 543 Rn 34 f sowie zB *Eisenhardt* WuM 2011, 408; *Herresthal* NZM 2011, 833, 840 f.
2 *Gellwitzki* WuM 2001, 373, 379.

keiten etwa bei der Vermietung eines Grundstücks zusammen mit den darauf befindlichen Gebäuden ergeben. Je nachdem, auf welchem Vertragsbestandteil der **Schwerpunkt** liegt, ist dann entweder von der Regel des § 579 Abs 1 oder von der des § 556b Abs 1 in Verbindung mit § 579 Abs 2 auszugehen.[3]

§ 579 Abs 1 **S 1** bestimmt zunächst, dass die **Miete** für ein Grundstück, für ein im 2 Schiffsregister eingetragenes Schiff und für bewegliche Sachen grundsätzlich **am Ende der Mietzeit** zu entrichten ist. Gemeint ist damit der Fall der so genannten **Einmalmiete**, bei der folglich der Vermieter (vorbehaltlich des § 579 Abs 1 S 3 für die Grundstücksmiete, Rn 3) nach der gesetzlichen Regel für die gesamte Mietzeit vorleistungspflichtig ist, sofern die Parteien nichts anderes vereinbart haben (Rn 4). Die Miete ist dann am *letzten* Tag der Mietzeit und nicht erst am folgenden Tag zu entrichten.[4] Wenn dagegen die **Miete nach** einzelnen **Zeitabschnitten** (Tage, Wochen, Monate, Vierteljahre oder Jahre) **bemessen** ist, so ist sie gemäß **§ 579 Abs 1 S 2** grundsätzlich erst **nach Ablauf** der einzelnen Zeitabschnitte fällig (soweit nicht die Sonderregelung der S 3 des § 579 Abs 1 für die Grundstücksmiete eingreift, s u Rn 3). Im Falle einer Bemessung der Miete nach Wochen tritt folglich die Fälligkeit am ersten Werktage der folgenden Woche ein (§ 193).[5] Dasselbe gilt entsprechend für die Monats- und die Jahresmiete, wobei auf die Mietwoche, den Mietmonat oder das Mietjahr, nicht dagegen auf die Kalenderwoche, den Kalendermonat oder das Kalenderjahr abzustellen ist.[6]

2. Besonderheiten bei langfristigen Grundstückmietverträgen. Besonderhei- 3 ten gelten nach § 579 Abs 1 **S 3** für Mietverträge über Grundstücke iS des § 578 Abs 1, bei denen die Parteien eine **Einmalmiete** vereinbart haben (Rn 2) *oder* bei denen der **Bemessungszeitraum** für die Miete mindestens ein **Vierteljahr** beträgt. (Nur) in diesen Fällen ist nach **S 3 des § 579 Abs 1** die Miete im Zweifel nach Ablauf eines *Kalender*vierteljahres am ersten Werktag (§ 193) des folgenden Monats (Januar, April, Juli und Oktober) zu zahlen ist, und zwar selbst dann, wenn die Mietzeit während eines Quartals beginnt.[7] Ist die Miete dagegen nach kürzeren Fristen als einem Vierteljahr bemessen, zB nach **Monaten oder Wochen**, so bleibt es bei der Regel des S 2 des § 579 Abs 1, so dass die Miete nach Ablauf der einzelnen Zeitabschnitte (Wochen oder Monate) fällig wird.[8]

3. Abweichende Vereinbarungen. § 579 ist nicht zwingend, so dass die Parteien 4 abweichende Vereinbarungen treffen können, und zwar auch durch Formularvertrag.[9] In Betracht kommen vor allem **Vorfälligkeits-, Vorleistungs-** oder **Vorauszahlungsklauseln**, die allgemein als unbedenklich angesehen werden.[10] Anders als bei der Wohnraummiete[11] gilt bei der gewerblichen Raum-, Grundstücks- und Fahrnismiete auch die **Kombination** einer Vorauszahlungsklausel **mit** solchen **Klauseln** als unbedenklich, **durch die** (im Rahmen des § 309 Nr 3) die **Aufrechnungsbefugnis** des Mieters ausgeschlossen oder **eingeschränkt** wird, da dem Mieter dadurch nicht die Möglichkeit genommen wird, auf seine Gegenansprüche eine Klage gegen den Vermieter zu stützen

---

3 *Gellwitzki* WuM 2001, 373, 376f.
4 *Blank* WuM 1995, 567; *Gellwitzki* WuM 2001, 573, 575.
5 S dazu *Meist* ZMR 1999, 801;.
6 *Blank* WuM 1995, 567; *Gellwitzki* WuM 2001, 573, 575; *Blank/Börstinghaus* § 579 Rn 3.
7 Mot II 398ff.
8 S o Rn 2 ; *Blank* WuM 1995, 375, 376.
9 S die Begr z RegE BT-Drucks 14/4553, S 74 (r Sp).
10 BGHZ 127, 245, 249f = NJW 1995, 254; BayObLGZ 1993, 212 = NJW-RR 1993, 1097.
11 S BGHZ 127, 245, 249f = NJW 1995, 254.

Volker Emmerich

und nach rechtskräftiger Feststellung seiner Ansprüche aufzurechnen.[12] Darüber hinaus kann der Mieter wohl auch mit unbestrittenen und mit **sofort liquiden Forderungen** selbst bei der gewerblichen Raummiete grundsätzlich immer aufrechnen (§§ 138, 242, 307, 309 Nr 3, 310 Abs 1 S 2).[13] Bei der **Wohnraummiete** sind die weitergehenden Beschränkungen derartiger Klauseln aufgrund der §§ 536 Abs 4 und 556b Abs 2 zu beachten (s § 536 Rn 41, § 556b Rn 9ff).[14]

§ 580
Außerordentliche Kündigung bei Tod des Mieters

Stirbt der Mieter, so ist sowohl der Erbe als auch der Vermieter berechtigt, das Mietverhältnis innerhalb eines Monats, nachdem sie vom Tod des Mieters Kenntnis erlangt haben, außerordentlich mit der gesetzlichen Frist zu kündigen.

Schrifttum

Sonnenschein Kündigung und Rechtsnachfolge, ZMR 1992, 417; *ders* Kündigungsprobleme bei Rechtsnachfolge, in PiG Bd 37 (1993) 95; vgl im Übrigen Schrifttum zu § 564.

Systematische Übersicht

I. Allgemeines

1   Der Tod des Mieters beendet das Mietverhältnis nicht ohne weiteres, da der Erbe nach §§ 1922, 1967 Abs 1 in das Mietverhältnis eintritt. § 580 trägt dem Umstand Rechnung, dass wegen der veränderten Verhältnisse sowohl beim Vermieter als auch beim Erben das Interesse bestehen kann, das Mietverhältnis zu beenden, sei es, weil dem Vermieter der Erbe nicht vertrauenswürdig genug ist, sei es, weil der Erbe persönlich der Sache nicht bedarf, und räumt beiden Seiten ein außerordentliches Kündigungsrecht ein.

II. Voraussetzungen

2   Die Voraussetzungen des § 580 gleichen in weiten Teilen denen des § 564. Die nachfolgenden Bemerkungen beschränken sich daher auf die Abweichungen von § 580 gegenüber § 564. Im Übrigen gelten die Ausführungen zu § 564 entsprechend.

---

[12] BGH NJW 2011, 2201 Tz 14 ff = NZM 2011, 579 = WuM 2011, 418; NZM 2012, 22 Tz 12 = WuM 2011, 674; WuM 2011, 676 Tz3; OLG Düsseldorf ZMR 1999, 23, 24; NZM 2002, 953; *Blank* WuM 1995, 567, 571f; *Gellwitzki* WuM 2001, 373, 379ff.
[13] *Derleder* WuM 2007, 599, 604.
[14] *Derleder* WuM 2007, 599, 605ff.

1. Mietverhältnis. Es muss sich um ein Mietverhältnis handeln, das kein Mietverhält- **3** nis über Wohnraum ist. Ob auch ein Leasingvertrag erfasst wird, ist umstritten.[1] Es spielt keine Rolle, ob das Mietverhältnis befristet oder unbefristet ist.

2. Sonstige Voraussetzungen. Der **Mieter** muss gestorben (vgl § 563 Rn 3) und beerbt **4** worden sein. Die Todesursache ist irrelevant. Selbstmord steht dem Kündigungsrecht nicht entgegen.[2] Stirbt einer von mehreren Mietern, so ist umstritten, ob dem Vermieter und den Erben in diesem Fall ein Kündigungsrecht zusteht (vgl § 564 Rn 4).[3] Teilweise wird angenommen, dass ein Kündigungsrecht in diesem Falle stets, teilweise, dass es nur dann bestehe, wenn die Beteiligung des verstorbenen Mieters von entscheidender Bedeutung und dies dem Vermieter bekannt und von ihm gebilligt war.[4] Die Beendigung einer juristischen Person im Wege der Auflösung steht dem Tod einer natürlichen Person für § 580 nicht gleich. Mit dem Ende der juristischen Person wird grundsätzlich das von ihr abgeschlossene Mietverhältnis beendet,[5] soweit nicht Sonderregelungen, zB des UmwG, etwas anderes bestimmen. § 580 ist deshalb auf juristische Personen als Mieter generell nicht anwendbar.[6] Dies gilt auch, wenn ihr gesetzlicher Vertreter oder ein anderes Organ stirbt. Selbst bei Einmann-Gesellschaften mit einer natürlichen Person als Anteilseigner ist keine Ausnahme geboten.

III. Rechtsfolgen

Da es bei der Miete über Sachen, die keinen Wohnraum darstellen, keinen Eintritt **5** oder Fortsetzung des Mietverhältnisses wie bei §§ 563, 563a gibt, wird das Mietverhältnis hier in jedem Fall mit dem Erben fortgesetzt. Dem Erben des Mieters und dem Vermieter wird durch diese Vorschrift ein Recht zur außerordentlichen Kündigung mit der gesetzlichen Frist eingeräumt (§ 564 Rn 4). Das Recht zur außerordentlichen befristeten Kündigung des Mietverhältnisses steht zunächst dem Erben des Mieters zu. Wer Erbe ist, richtet sich nach den §§ 1922ff. Der Vorlage des Erbscheins oder einer anderen Legitimation bedarf es nicht. Mehrere Erben müssen die Kündigung gemeinsam erklären.[7] Das Kündigungsrecht des Erben aus § 580 wird nicht dadurch ausgeschlossen, dass er ein geerbtes Handelsgeschäft unter der bisherigen Firma fortführt und nach den §§ 25, 27 HGB für die Geschäftsverbindlichkeiten unbeschränkt haftet.[8] Ein Kündigungsrecht anderer Personen im Wege der Analogie kommt nicht in Betracht.[9] In gleicher Weise wie dem Erben steht dem Vermieter ein Recht zur außerordentlichen befristeten Kündigung zu. Handelt es sich um mehrere Vermieter, können sie von ihrem Kündigungsrecht nur einheitlich Gebrauch

---

1 Bejahend LG Gießen NJW 1986, 2116; verneinend *Staudinger/Stoffels* (2004) Leasing Rn 349.
2 *Bamberger/Roth/Herrmann* § 580 Rn 4; *Blank/Börstinghaus/Blank* § 585 Rn 3; *Schmid/Gahn* § 580 Rn 3; vgl BGH NJW-RR 1991, 75.
3 *Blank/Börstinghaus/Blank* § 580 Rn 6ff; *Eckert*, in: Gedschr Sonnenschein (2003) 313, 316ff; *Fischer-Dieskau* u a/*Franke* § 580 Anm 4.1.
4 *Bamberger/Roth/Herrmann* § 580 Rn 5; *Schmid/Gahn* § 580 Rn 7f.
5 RG HRR 1942, Nr 257.
6 *Blank/Börstinghaus/Blank* § 580 Rn 4; *Brandner* NJW 1960, 127, 128; MünchKomm/*Artz* § 580 Rn 2; NK-BGB/*Klein-Blenkers* § 580a Rn 10; *Prütting/Wegen/Weinreich/Schmid/Riecke* § 580 Rn 2; *Schmid/Gahn* § 580 Rn 4; *Soergel/Heintzmann* § 580 Rn 3.
7 *Bamberger/Roth/Herrmann* § 580 Rn 7; *Blank/Börstinghaus/Blank* § 580 Rn 17; *Schmid/Gahn* § 580 Rn 12.
8 RGZ 130, 52, 52f.
9 OLG Naumburg NZM 2002, 166; MünchKomm/*Artz* § 580 Rn 2.

Christian Rolfs

machen (§ 564 Rn 6). Die Kündigung muss gegenüber dem Erben erklärt werden,[10] soweit nicht eine andere Person empfangszuständig ist.

6   Erbe und Vermieter sind berechtigt, das Mietverhältnis unter Einhaltung der gesetzlichen Frist zu kündigen. Diese Frist ergibt sich aus § 580a Abs 4. Sie richtet sich nach der Art der Mietsache und gilt für beide Seiten in gleicher Weise. Die Frist beginnt mit der Kenntnis von dem Tod des Mieters (§ 564 Rn 7). Darauf, ob dem Erben seine Rechtsstellung bewusst ist oder ob er irrtümlich einen anderen für den Erben hält, kommt es jedenfalls dann, wenn er nicht alles Zumutbare zur Aufklärung der Sach- und Rechtslage unternommen hat, nicht an.[11]

IV. Abweichende Vereinbarungen

7   Bei § 580 handelt es sich nicht um zwingendes Recht (§ 564 Rn 9),[12] sodass von dieser Vorschrift auch zum Nachteil des Mieters abgewichen werden kann. Dies entspricht für Leasing der üblichen Vertragsgestaltung,[13] sodass sich die Frage, ob § 580 auf Leasingverträge überhaupt Anwendung findet (oben Rn 3), im Regelfall nicht stellt. Haben die Parteien des Leasingvertrages ausnahmsweise keine ausdrückliche Regelung getroffen, ist zu erwägen, ob sie § 580 konkludent abbedungen haben.[14] In Formularverträgen darf keine den Vertragspartner des Verwenders unangemessen benachteiligende Vereinbarung getroffen werden (§ 307 Abs 1). Ein solcher Fall kann zu besorgen sein, wenn das außerordentliche Kündigungsrecht mit der gesetzlichen Frist einseitig nur zu Lasten des Vertragspartners (idR des Mieters) ausgeschlossen wird oder wenn dem Mieter und seinem Erben die Untervermietung versagt ist, obwohl das Mietverhältnis ordentlich für längere Zeit nicht kündbar ist.[15]

§ 580a

Kündigungsfristen

[1] Bei einem Mietverhältnis über Grundstücke, über Räume, die keine Geschäftsräume sind, ist die ordentliche Kündigung zulässig,
1. **wenn die Miete nach Tagen bemessen ist, an jedem Tag zum Ablauf des folgenden Tages;**
2. **wenn die Miete nach Wochen bemessen ist, spätestens am ersten Werktag einer Woche zum Ablauf des folgenden Sonnabends;**
3. **wenn die Miete nach Monaten oder längeren Zeitabschnitten bemessen ist, spätestens am dritten Werktag eines Kalendermonats zum Ablauf des übernächsten Monats, bei einem Mietverhältnis über gewerblich genutzte unbebaute Grundstücke jedoch nur zum Ablauf eines Kalendervierteljahrs.**

---

10   OLG Hamm WuM 1981, 263; *Erman/Jendrek* § 580 Rn 3.
11   *Erman/Jendrek* § 580 Rn 4; *Schmid/Gahn* § 580 Rn 15.
12   *Blank/Börstinghaus/Blank* § 580 Rn 4; MünchKomm/*Artz* § 580 Rn 3; *Soergel/Heintzmann* § 580 Rn 9.
13   *Staudinger/Stoffels* (2004) Leasing Rn 349.
14   *Staudinger/Stoffels* (2004) Leasing Rn 349.
15   *Blank/Börstinghaus/Blank* § 580 Rn 36; *Schmid/Gahn* § 580 Rn 18.

[2] Bei einem Mietverhältnis über Geschäftsräume ist die ordentliche Kündigung spätestens am dritten Werktag eines Kalendervierteljahrs zum Ablauf des nächsten Kalendervierteljahrs zulässig.

[3] Bei einem Mietverhältnis über bewegliche Sachen ist die ordentliche Kündigung zulässig,

1. **wenn die Miete nach Tagen bemessen ist, an jedem Tag zum Ablauf des folgenden Tages;**
2. **wenn die Miete nach längeren Zeitabschnitten bemessen ist, spätestens am dritten Tag vor dem Tag, mit dessen Ablauf das Mietverhältnis enden soll.**

[4] Absatz 1 Nr. 3, Absatz 2 und 3 Nr. 2 sind auch anzuwenden, wenn ein Mietverhältnis außerordentlich mit der gesetzlichen Frist gekündigt werden kann.

Schrifttum

Bub Gewerberaummietvertrag und AGB-Gesetz, NZM 1998, 789, *Eckstein* Zur Anwendung des AGB-Gesetzes auf kündbare Leasingverträge, BB 1986, 2144; *Gather* Ausgewählte Fragen der Mietvertragsgestaltung, DWW 1992, 353; *ders* Die Beendigung des Mietverhältnisses über Gewerberaum, DWW 1998, 193; *Holtfester* Die Kündigung des gewerblichen Mietverhältnisses, MDR 2000, 421; *Krull* § 565 Abs 5 BGB – Ein Redaktionsversehen?, ZMR 1998, 125; *Leo* Mietgestaltung im Gewerberaummietvertrag, MDR 2004, 259; *Müller/Wollmann* Gewerbebetriebe und Mietrecht. Standortsicherung oder Verdrängung? Eine rechtstatsächliche Untersuchung zur Kündigungsfrist bei Geschäftsraummieten (1990); *Otto* Die Beendigung des Gewerbemietverhältnisses, GE 1984, 550; *ders* Mietvertragliche Regelungen über die Beendigung eines Geschäftsraummietverhältnisses, DWW 1984, 63; *Rademacher* Vertragsgestaltung im Gewerberaummietrecht, MDR 2000, 57; *Salje* Verletzung der Rückgabepflicht als Rechtsproblem beim „Verleih" von Videofilmkassetten, DB 1983, 2453; *Scheffler* Können in AGB feste Kündigungstermine für Dauerschuldverhältnisse wirksam vereinbart werden?, MDR 1982, 20; *Schultz* Das Mietrecht in den neuen Bundesländern unter Berücksichtigung der Regelungen im Einigungsvertrag, ZMR 1990, 441; *ders* Kündigungsfrist bei Sonderkündigungsrechten, NZM 1999, 651; *Sonnenschein* Kündigung, Ablauf der Mietzeit, Aufhebungsvertrag und sonstige Beendigungstatbestände des Mietverhältnisses, in: PiG Bd 26 (1987) 45; *Wegener* Kündigung und Kündigungsfristen bei noch nicht vollzogenem Mietverhältnis, WuM 1989, 405; *Weyland* Automatenaufstellung – Vertrag, Besitz, Zwangsvollstreckung (1989).

Christian Rolfs

I. Allgemeines

1   Die Vorschrift betrifft die Kündigungsfristen der ordentlichen Kündigung und der außerordentlichen Kündigung mit gesetzlicher Frist von Mietverhältnissen mit Ausnahme der Mietverhältnisse über Wohnraum, deren Kündigungsfristen in § 573c geregelt sind. Zweck gesetzlicher Kündigungsfristen ist es, den Parteien zwischen dem Zugang der Kündigungserklärung und dem Ende des Mietverhältnisses eine angemessene Vorbereitungszeit einzuräumen. Durch das Änderungsgesetz von 1993 wurde die Kündigungsfrist für Mietverhältnisse über Geschäftsräume verlängert. Dem Mieter soll hierdurch ein **ausreichender zeitlicher Handlungsspielraum** eingeräumt werden, um im Falle einer Kündigung angemessene Ersatzräume an einem geeigneten Standort zu suchen, seine Kundschaft auf die Ortsveränderung hinzuweisen und für den neuen Standort zu werben.[1]

II. Geltungsbereich

2   Die Vorschrift regelt die **gesetzlichen Kündigungsfristen bei Mietverhältnissen**. Sie unterscheidet im Einzelnen nach der Art der Mietsache und gilt im Wesentlichen für die ordentliche und nach Maßgabe des Abs 4 für die außerordentliche Kündigung mit gesetzlicher Frist. Damit werden primär Mietverhältnisse erfasst, die auf unbestimmte Zeit eingegangen sind. Mietverhältnisse auf bestimmte Zeit fallen nur dann unter die Vorschrift, wenn die Zulässigkeit der ordentlichen Kündigung ausdrücklich vereinbart worden ist oder es sich um eine außerordentliche Kündigung mit gesetzlicher Frist handelt.[2] Gewerbliche Mietverhältnisse auf bestimmte Zeit, die sich aufgrund einer Verlängerungsklausel um eine bestimmte Zeit verlängern, unterliegen nicht der Regelung des § 580a.[3] Verlängert sich ein solches Mietverhältnis dagegen auf unbestimmte Zeit, muss es mit den Fristen des § 580a gekündigt werden. Nach § 581 Abs 2 ist § 580a auf die Pacht entsprechend anzuwenden, soweit nicht die §§ 584, 594a und andere gesetzliche Vorschriften als Sonderregelung vorgehen. Die Regelung des § 580a gilt für Mieter und Vermieter in gleicher Weise.[4] Dies entspricht an sich dem Zweck der Vorschrift, beiden Parteien vor einer Beendigung des Mietverhältnisses eine angemessene Vorbereitungszeit einzuräumen (Rn 1).

---

1 *Erman/Jendrek* § 580a Rn 5.
2 *Schmid/Gahn* § 580a Rn 2.
3 OLG Düsseldorf DWW 1993, 101.
4 LG Hannover ZMR 1968, 204; LG Mannheim WuM 1987, 395.

Christian Rolfs

III. Fristberechnung

1. Kündigungstag. Die einzelnen Kündigungsfristen sind aufgrund des § 186 nach **3** den Auslegungsvorschriften der §§ 187ff zu berechnen (§ 573c Rn 3). Im Einzelnen finden sich im Gesetz unterschiedliche Bestimmungen für den Kündigungstag. In § 580a Abs 1 Nr 1 und Abs 3 Nr 1 und 2 ist schlechthin von einem „Tag" die Rede. In Abs 1 Nr 2 und 3 und Abs 2 wird auf einen „Werktag" (§ 573c Rn 4) abgestellt. Problematisch ist der Einfluss des § 193 auf die Bestimmung des Kündigungstags. Diese Vorschrift schließt es grundsätzlich nicht aus, dass der Kündigende seine Erklärung an einem **Sonn- oder Feiertag** abgibt, da er nur begünstigt werden soll. § 193 hat auch nicht zur Folge, dass eine Kündigungserklärung, die dem Empfänger an einem solchen Tag tatsächlich zugeht, rechtlich noch nicht zugegangen ist und dass an die Stelle dieses Tags der nächste Werktag tritt. Die Kündigungserklärung kann deshalb an jedem beliebigen Wochentag wirksam werden. Im Übrigen ist zu differenzieren: Der Sonnabend ist als Werktag zu berücksichtigen, wenn er in den Lauf der Frist fällt. Beginnt die Frist – wie in den Fällen des Abs 1 Nr 3 möglich – dagegen an einem Sonnabend, braucht dem anderen Teil die Kündigung erst am darauf folgenden Werktag, unbeschadet möglicher Feiertage also erst am Montag, zuzugehen.[5]

2. Kündigungstermin. Der Kündigungstermin ist der Tag, zu dem die Kündigung **4** das **Mietverhältnis beendet**. Die Kündigungstermine ergeben sich aus den einzelnen Bestimmungen des § 580a. Das Mietverhältnis endet mit Ablauf des Kündigungstermins. Unerheblich ist, ob dieser Tag auf einen Sonnabend, einen Sonn- oder Feiertag fällt. Das Mietverhältnis verlängert sich nicht nach § 193, da diese Vorschrift allein auf den Ablauf einer Frist nicht anwendbar ist. Sie ist nur für etwaige Leistungspflichten der Parteien von Bedeutung, die sich aus der Beendigung des Mietverhältnisses ergeben, so zB für die Rückgabepflicht des Mieters.[6] Die Kündigungserklärung braucht keine Angabe eines bestimmten Kündigungstermins zu enthalten. Sie wird in diesem Fall zum nächsten zulässigen Termin wirksam (§ 573c Rn 5).

3. Kündigungsfrist. Zwischen dem Kündigungstag und dem Kündigungstermin liegt **5** die Kündigungsfrist. Sie ist in § 580a abweichend von den sonstigen Vorschriften des BGB über Fristen nicht nach bestimmten Zeitabschnitten bemessen, sondern ergibt sich nur mittelbar aus dem zeitlichen Abstand zwischen Kündigungstag und Kündigungstermin.

IV. Kündigungsfristen bei Mietverhältnissen über Grundstücke und Räume (Abs 1)

1. Gegenstand

a) Die Kündigungsfristen des § 580a Abs 1 richten sich danach, für welche Zeitabschnitte **6** die Miete nach dem Vertrag bemessen ist. Die Regelung des § 580a Abs 1 gilt nur für Mietverträge, die eine der genannten Mietsachen zum Gegenstand haben. Dies sind zunächst **Grundstücke.** Darunter versteht man iS des BGB einen abgegrenzten Teil der Erdoberfläche, der im Grundbuch unter einer bestimmten Nummer eingetragen ist.[7] Abgrenzungsprobleme ergeben sich bei bebauten Grundstücken. Da Abs 2 für die Kündigung von Geschäftsräumen

---

5 BGH NJW 2005, 2154.
6 *Erman/Jendrek* § 580a Rn 3; *Staudinger/Rolfs* (2011) § 546 Rn 31.
7 *Palandt/Ellenberger* Überbl v § 90 Rn 3; *Prütting/Wegen/Weinreich/Riecke* § 580a Rn 8; *Schmidt-Futterer/Blank* § 580a Rn 2.

Christian Rolfs

und § 573c für die von Wohnraum andere Fristen als für die Kündigung von Grundstücken vorsehen, verbleiben für den Grundstücksbegriff damit im Wesentlichen nur unbebaute Grundstücke und solche mit einem Bauwerk, bei dem das Merkmal des Raumes nicht erfüllt ist. Unter Abs 1 fällt auch die Vermietung von Teilen eines Grundstücks wie etwa die Vermietung des Grund und Bodens sowie die Vermietung eines Verkaufs- oder Ausstellungsstandes auf einem Platz oder in einer Halle. Zum anderen liegt Grundstücksmiete vor, wenn Teile eines Gebäudes und damit des wesentlichen Bestandteils eines Grundstücks wie Schaufenster, Ausstellungskästen sowie Wandflächen für Reklamezwecke oder zur Anbringung von Automaten vermietet werden und diese Teile nicht unter den Begriff des Raumes fallen. Maßgebend für die Frage, ob Gegenstand des Mietvertrags ein Grundstück ist, sind die vertraglichen Vereinbarungen. Handelt es sich hiernach um Grundstücksmiete, so sind die Kündigungsvorschriften über Wohnraum auch dann nicht anwendbar, wenn der Mieter auf dem Grundstück ein Wohngebäude[8] oder ein gewerblichen Zwecken dienendes Gebäude[9] errichtet hat, das nach § 95 Scheinbestandteil ist.

7   **b)** Weiterhin gehören die Räume zu den in Abs 1 genannten Mietsachen. Ein **Raum** ist ein allseits umschlossener Teil eines festen Gebäudes, der so groß ist, dass sich ein Mensch darin aufhalten kann.[10] Unter den Begriff des Gebäudes fallen alle unbeweglichen, mit dem Erdboden fest verbundenen Bauwerke, die zum Aufenthalt von Menschen bestimmt und geeignet sind. Die Vermietung von Räumen in beweglichen Sachen wie Wohnwagen, Gerätewagen, Eisenbahnwagen oder Schiffen, ausgenommen die von § 556 HGB erfassten Schiffe, fällt unter Abs 3 (Rn 17).[11] Ein Mietverhältnis über Räume iS des Abs 1 liegt vor, wenn ein ganzes Gebäude oder Innenräume von Gebäuden zu anderen als Geschäfts- oder Wohnzwecken vermietet sind. Hierzu gehören etwa privat genutzte Garagen, die nicht durch einen einheitlichen Mietvertrag mit der Wohnung verbunden sind,[12] ferner Lagerräume, Schuppen, Werkstätten, in denen der Mieter ein Hobby ausübt, Sporthallen oder Vortragssäle, die von nichtwirtschaftlichen Vereinen ohne Geschäftsbetrieb gemietet werden.[13] Keine Räume sind dagegen Plätze oder Stände in Räumen (Rn 6), sonstige Gebäudeteile ohne Raumcharakter wie eine Veranda, Dachterrasse oder ein Balkon sowie bewegliche Sachen und deren Innenräume (Rn 7, 17). Für die Abgrenzung von der Wohnraum- oder Geschäftsraummiete sind auch hier die Parteivereinbarungen maßgebend, aus denen sich die Zweckbestimmung der Räume ergibt. Ein Mietverhältnis über Wohnraum liegt nur vor, wenn die vermieteten Räume nach dem Zweck des Vertrags zum Wohnen bestimmt sind.

8   **c)** Von der Kündigungsregelung des Abs 1 waren bis zum 25.4.2013 auch im Schiffsregister eingetragene **Schiffe** erfasst, die Kündigung von nicht eingetragenen Schiffen unterlag der für bewegliche Sachen maßgebenden Regelung des Abs 3. Eine Sonderregelung über die Kündigung eines Schiffsmietvertrages ist nunmehr in § 556 HGB verankert. Aufgegeben wurde die Differenzierung zwischen im Schiffsregister eingetragenen und nicht eingetragenen Schiffen. Anwendbar ist die Sonderregelung gemäß § 553 Abs 3 S 1 HGB nur, wenn das Schiff zum Erwerb durch Seefahrt genutzt werden soll.[14] Fehlt es hieran, zB

---

8 BGHZ 92, 70, 75f = NJW 1984, 2878 m Anm *Sonnenschein* JZ 1985, 45; LG Mannheim MDR 1971, 223.
9 BGHZ 131, 368, 370 = NJW 1996, 916.
10 *Herrlein/Kandelhard/Kandelhard* § 580a Rn 2.
11 *Bamberger/Roth/Herrmann* § 580a Rn 15.2.
12 LG Mannheim WuM 1974, 73; AG Wesel WuM 1991, 348; AG Wuppertal WuM 1996, 548; MünchKomm/ *Artz* § 580a Rn 4.
13 *Bamberger/Roth/Herrmann* § 580a Rn 15.1.
14 Vgl BT-Drucks 17/10309, S 116f.

Christian Rolfs

bei der Anmietung einer im Mittelmeer gelegenen Segelyacht zu Urlaubszwecken, greifen gemäß Art 2 Abs 1 EGHGB die Vorschriften des Bürgerlichen Gesetzbuchs.[15] In dem Fall ist die Kündigungsregel des Abs 3 (Rn 17) anwendbar.

2. Kündigungsfristen. Im Einzelnen hängen die Kündigungsfristen des § 580a Abs 1 **9** davon ab, für welche Zeitabschnitte die Miete nach den vertraglichen Vereinbarungen der Parteien bemessen ist. Im Mietvertrag müssen die Parteien bestimmen, ob der angegebene Betrag als Tages-, Wochen- oder Monatsmiete gelten soll oder ob noch längere Zeitabschnitte wie Quartale oder Jahre zugrunde gelegt werden. Die Bemessung der Miete ist nicht mit der Zahlungsweise identisch. Eine nach Tagen bemessene Miete kann etwa wöchentlich oder eine nach Jahren bemessene Miete in monatlichen Teilbeträgen zu entrichten sein. Für die Kündigungsfrist ist nicht die vereinbarte Zahlungsweise, sondern nur die Bemessung der Miete entscheidend.[16]

Im Einzelnen ergibt sich aus Abs 1 Nr 1, dass das Mietverhältnis an jedem Tag für **10** den Ablauf des folgenden Tages gekündigt werden kann, wenn die Miete **nach Tagen** bemessen ist. Die Kündigungsfrist beträgt also mindestens 24 Stunden. § 193 ist für die Fristberechnung unerheblich, sodass die Kündigung an jedem beliebigen Tag der Woche wirksam werden kann.[17] Ist die Miete **nach Wochen** bemessen, so kann nach Abs 1 Nr 2 spätestens am ersten Werktag einer Woche für den Ablauf des folgenden Sonnabends gekündigt werden. Die Kündigung muss also spätestens am Montag wirksam werden. Damit beträgt die Kündigungsfrist in der Regel mindestens fünf Tage. Fällt der Montag auf einen am Erklärungsort staatlich anerkannten allgemeinen Feiertag, ist erst der Dienstag der erste Werktag der Woche. Das Gesetz selbst verkürzt die Kündigungsfrist, indem es den „ersten Werktag" für maßgeblich erklärt (§ 573c Rn 4). Ist die Miete **nach Monaten oder längeren Zeitabschnitten** bemessen, muss die Kündigung nach Abs 1 Nr 3 HS 1 spätestens am dritten Werktag eines Kalendermonats für den Ablauf des übernächsten Monats wirksam werden. Die Kündigungsfrist beträgt damit mindestens drei Monate, abzüglich der Karenzzeit von drei Werktagen. Für diese Karenzzeit werden ein Sonntag und ein am Erklärungsort staatlich anerkannter allgemeiner Feiertag nicht mitgezählt, ein Sonnabend nur dann nicht, wenn er auf den letzten Tag der Frist fällt.[18]

Ein Mietverhältnis über **gewerblich genutzte unbebaute Grundstücke** muss spä- **11** testens am dritten Werktag eines Kalendermonats gekündigt werden, wenn die Miete nach Monaten oder längeren Zeitabschnitten bemessen ist (Rn 10). Die Kündigung kann nach Abs 1 Nr 3 HS 2 nur für den Ablauf eines Kalendervierteljahres erklärt werden. Der Begriff der „gewerblichen Nutzung" ist bei unbebauten Grundstücken kein anderer als bei Geschäftsräumen (Rn 13). Er umfasst auch freiberufliche, landwirtschaftliche und gärtnerische Tätigkeiten. Gewerblich ist jede Tätigkeit, die auf Erwerb gerichtet ist, ohne dass die Absicht der Gewinnerzielung entscheidend wäre. Der Mietvertrag über ein unbebautes Grundstück, der es dem Mieter gestattet, selbst Geschäftsräume zu errichten, die nicht Gegenstand des Vertrags werden, fällt ebenfalls unter die Regelung, was nicht unproblematisch ist, weil die Nutzung der Geschäftsräume damit entgegen der sechsmonatigen Kündigungsfrist des Abs 2 mit einer nur dreimonatigen Frist beendet werden kann. Hier können aber längere Kündigungsfristen vereinbart werden (Rn 12).

---

15 BT-Drucks 17/10309, S 116.
16 RGZ 64, 270, 272; MünchKomm/*Artz* § 580a Rn 5; *Prütting/Wegen/Weinreich/Riecke* § 580a Rn 11; *Schmidt-Futterer/Blank* § 580a Rn 7; *Soergel/Heintzmann* § 580a Rn 4.
17 *Blank/Börstinghaus/Blank* § 580a Rn 8.
18 BGH NJW 2005, 2154.

Christian Rolfs

12 **3. Abweichende Vereinbarungen.** Die Kündigungsvorschriften des Abs 1 sind **abdingbar.** Die Parteien können längere oder kürzere Kündigungsfristen vereinbaren. Dabei können sie andere Kündigungstage und -termine bestimmen, das Mietverhältnis vor allem im Hinblick auf Nr 3 HS 2 abweichend vom Ablauf eines Kalendervierteljahres enden lassen. Möglich ist es auch, eine nur nach gewissen Zeitabschnitten bemessene Kündigungsfrist festzulegen, ohne dass der Kündigungstermin wie in Nr 2 und 3 von vornherein durch den Ablauf eines bestimmten Wochentags oder durch das Monatsende bzw Ende eines Kalendervierteljahres festgelegt ist. Die Parteien können selbst in einem Formularvertrag für beide Vertragsteile unterschiedlich lange Kündigungsfristen vereinbaren, ohne gegen § 307 BGB zu verstoßen,[19] müssen aber § 309 Nr 9 lit c beachten.

V. Kündigungsfrist bei Mietverhältnissen über Geschäftsräume (Abs 2)

13 **1. Gegenstand.** Gemäß § 580a Abs 2 muss bei einem Mietverhältnis über Geschäftsräume spätestens am dritten Werktag eines Kalendervierteljahres für den Ablauf des nächsten Kalendervierteljahres gekündigt werden. Zur Bestimmung des Begriffs „Geschäftsraum" ist auszugehen vom Begriff des **Raumes** (Rn 7). Dieser Begriff ist in gleicher Weise Grundtatbestandsmerkmal für die Wohn- und die Geschäftsraummiete, bildet aber in Abs 1 zugleich eine eigenständige Kategorie für die Regelung der Kündigungsfristen. Er ist abzugrenzen von Räumen in beweglichen Sachen, für die Abs 3 maßgebend ist (Rn 17). Vertragsgegenstand kann auch der Teil eines Raumes sein, sofern ihm im Hinblick auf den Geschäftsbetrieb selbständige Bedeutung zukommt, wie etwa bei Verkaufsständen in größeren Räumen.

14 Es handelt sich um ein Mietverhältnis über Geschäftsräume, wenn der Raum **geschäftlichen Zwecken** dient, wobei der von den Parteien vereinbarte Vertragszweck entscheidend ist. Unter Geschäftszweck ist im weitesten Sinne jeder Erwerbszweck zu verstehen. Der Erwerbszweck kann durch eine gewerbliche, freiberufliche und jede andere Berufstätigkeit auch nicht selbständiger Art verfolgt werden. Die Weitervermietung als solche kann auch Erwerbszwecken des Mieters dienen. Einen Anhaltspunkt bieten die bauliche Anlage und Ausstattung der Räume. **Im Einzelnen** kommen hiernach für geschäftliche Zwecke Fabrikgebäude, Häuser mit Läden und Büros, Gaststätten, Reparaturwerkstätten, Lager- und Vorratsräume, Kanzlei- und Praxisräume, Säle für Versammlungen, Unterricht und Ausstellungen sowie geschäftlich genutzte Garagen und sonstige Nebenräume in Betracht,[20] nicht aber privat genutzte Garagen.[21] Die Geschäftsraummiete ist von der Grundstücks- (Rn 6) und der Wohnraummiete (Rn 7) abzugrenzen.

15 **2. Kündigungsfrist.** Die Kündigung des Mietverhältnisses über Geschäftsräume ist spätestens am dritten Werktag eines Kalendervierteljahres für den Ablauf des nächsten Kalendervierteljahres zulässig. Die Kündigungsfrist beträgt damit mindestens sechs Monate abzüglich der Karenzzeit von drei Werktagen.[22] Ein Sonntag und ein am Erklärungsort staatlich anerkannter allgemeiner Feiertag werden für die Karenzzeit nicht mitgezählt, ein Sonnabend nur dann nicht, wenn er auf den letzten Tag der Frist fällt. Insoweit gilt das Gleiche wie für die Raummiete nach Abs 1 Nr 3 (Rn 10).

---

19 OLG Hamburg DWW 1991, 307; OLG Hamm ZMR 1988, 386; einschränkend *Bamberger/Roth/Herrmann* § 580a Rn 28.
20 *Schilling* 84; *Schmidt-Futterer/Blank* § 580a Rn 14.
21 AG Wuppertal WuM 1996, 548; s o Rn 7.
22 *Soergel/Heintzmann* § 580a Rn 6.

3. Abweichende Vereinbarungen. Die Regelung des Abs 2 ist **abdingbar**. Die Par- 16
teien können die gesetzliche Kündigungsfrist in ihrem Vertrag verlängern oder verkürzen,
grundsätzlich auch zugunsten oder zulasten des einen oder des anderen Vertragsteils.[23]
Selbst in einem Formularmietvertrag liegt darin nicht ohne weiteres ein Verstoß gegen
§ 307.[24] Die Parteien können einen vom Gesetz abweichenden Kündigungstag oder Kündigungstermin bestimmen, sodass das Mietverhältnis nicht mit dem Ablauf eines Kalendervierteljahrs enden muss. Zu beachten ist aber § 309 Nr 9 lit c.[25] Gegen § 307 wird verstoßen,
wenn sich der Verwender des Vertragsformulars vorbehält, das Mietverhältnis mit sechs-
monatiger Frist zu kündigen, während sein Vertragspartner langfristig gebunden ist[26] oder
wenn die Kündigungsfrist auf Null reduziert wird, sodass jederzeit eine ordentliche, aber
fristlose Kündigung möglich wäre.[27]

VI. Kündigungsfristen bei Mietverhältnissen über bewegliche Sachen (Abs 3)

1. Gegenstand. Bei einem Mietverhältnis über bewegliche Sachen ist nach § 580a 17
Abs 3 die Bemessung der Miete für die Kündigungsfrist maßgebend. Bewegliche Sachen
sind alle **körperlichen Gegenstände** iS des § 90, die keine Grundstücksbestandteile sind.
Scheinbestandteile nach § 95 und Grundstückszubehör nach § 97 sind bewegliche Sachen.
Als Gegenstand der Vermietung kommen vor allem Kraftfahrzeuge, Wohnwagen, Anhän-
ger, Motorräder, Fahrräder, Segel- und Motorboote, Sportausrüstungen, Strandkörbe,
Wäsche, Apparate für Telekommunikation, EDV-Anlagen, Fernseher, Videorecorder,
DVDs, Festplattenrecorder, Garten- und Baugeräte sowie Handwerkszeug in Betracht.[28]
Größere Schiffe fallen ebenfalls unter die beweglichen Sachen, wenn sie nicht von der
Sonderregelung des § 556 HGB erfasst werden (Rn 8). Für die Miete von Tieren gilt Abs 3
nach § 90a entsprechend.[29]

2. Kündigungsfristen. Bei einem Mietverhältnis über bewegliche Sachen ist die Kün- 18
digung nach Abs 3 Nr 1 an jedem Tag für den Ablauf des folgenden Tages zulässig, wenn
die Miete nach Tagen bemessen ist. Die Kündigungsfrist beträgt in diesem Fall **mindestens 24 Stunden**. Bei der Bemessung der Miete nach längeren Zeitabschnitten muss die
Kündigung nach Abs 3 Nr 2 spätestens am dritten Tag vor dem Tag durch Zugang wirksam
werden, mit dessen Ablauf das Mietverhältnis endigen soll. Die Kündigungsfrist beträgt
damit mindestens drei Tage. In beiden Fällen ist § 193 für die Fristberechnung unerheblich.[30] Der Kündigungstag braucht nach dem Gesetz nicht auf einen Werktag zu fallen.
Die Kündigung kann mithin an jedem beliebigen Tag der Woche wirksam werden und das
Mietverhältnis entsprechend der vorgeschriebenen Frist zu jedem beliebigen Tag beenden.

3. Abweichende Vereinbarungen. Die Kündigungsvorschriften für ein Mietverhält- 19
nis über bewegliche Sachen sind ohne Einschränkungen **abdingbar**.[31] Hiervon wird ins-

---

23 BGH NJW-RR 2000, 1108; BGH NJW 2001, 3480.
24 BGH NJW 2001, 3480; OLG Hamburg DWW 1991, 307; OLG Hamm ZMR 1988, 386.
25 *Scheffler* MDR 1982, 20.
26 OLG Hamburg DWW 1991, 307; OLG Hamm ZMR 1988, 386.
27 *Bub* NZM 1998, 789, 795.
28 MünchKomm/*Artz* § 580a Rn 9.
29 *Palandt/Weidenkaff* § 580a Rn 17; *Prütting/Wegen/Weinreich/Riecke* § 580a Rn 15.
30 *Palandt/Weidenkaff* § 580a Rn 17; *Schmidt-Futterer/Blank* § 580a Rn 16.
31 Vgl *Blank/Börstinghaus/Blank* § 580a Rn 20.

Christian Rolfs

besondere für die Miete von Kraftfahrzeugen, Videokassetten[32], DVDs und Fernsprechnebenstellenanlagen Gebrauch gemacht. Da bei der Miete beweglicher Sachen in aller Regel Vertragsformulare verwendet werden, sind die Vorschriften der §§ 305ff zu beachten. Ein Verstoß führt nach § 306 Abs 1 und 2 nur zur Unwirksamkeit der betreffenden Klausel, sodass an deren Stelle die gesetzlichen Kündigungsfristen des § 580a Abs 3 treten.[33]

VII. Außerordentliche Kündigung mit gesetzlicher Frist (Abs 4)

20   **1. Anwendungsbereich.** In Abs 1 bis 3 werden die Fristen für die ordentliche Kündigung eines Mietverhältnisses geregelt. Demgegenüber betrifft Abs 4 die außerordentliche Kündigung unter Einhaltung der gesetzlichen Frist. Es handelt sich um eine Reihe gesetzlich abschließend geregelter Fälle (§ 542 Rn 42). Der Anwendungsbereich ist dadurch gekennzeichnet, dass eine oder beide Parteien das Recht erhalten, sich durch außerordentliche befristete Kündigung vom Vertrag zu lösen. Dies ist bedeutsam für ein auf **bestimmte Zeit abgeschlossenes Mietverhältnis**, dessen Gesamtdauer noch nicht abgelaufen ist, ferner für ein Mietverhältnis auf unbestimmte Zeit, bei dem die ordentliche Kündigung aus bestimmten Gründen vertraglich oder gesetzlich für eine gewisse Zeit ausgeschlossen ist (§ 542 Rn 42).

21   **2. Kündigungsfristen.** In § 580a Abs 4 wird bestimmt, dass Abs 1 Nr 3, Abs 2 und Abs 3 Nr 2 auch anzuwenden sind, wenn ein Mietverhältnis außerordentlich mit der gesetzlichen Frist gekündigt werden kann. Mit der gesetzlichen Frist sind nicht sämtliche Fristen der Abs 1 bis 3 gemeint. In Abs 4 wird der Begriff der gesetzlichen Frist unabhängig von der Bemessung der Miete grundsätzlich auf die **jeweils längste Frist der vorangehenden Kündigungsregelungen** beschränkt. Hiernach ist die außerordentliche Kündigung mit gesetzlicher Frist bei einem Mietverhältnis über Grundstücke oder Räume nach Maßgabe des Abs 1 Nr 3 spätestens am dritten Werktag eines Kalendermonats für den Ablauf des übernächsten Monats zulässig, bei einem Mietverhältnis über gewerblich genutzte unbebaute Grundstücke jedoch nur für den Ablauf eines Kalendervierteljahres (Rn 11). Für die Kündigung von Geschäftsräumen ist in Abs 2 nur eine Frist vorgesehen, die gemäß Abs 4 auch für die außerordentliche Kündigung mit gesetzlicher Frist gilt. Damit ist durch den Gesetzgeber die frühere Streitfrage entschieden worden, ob bei der Geschäftsraummiete die gesetzliche Kündigungsfrist bei der außerordentlichen Kündigung drei oder sechs Monate beträgt.[34] Die Kündigung eines Mietverhältnisses über bewegliche Sachen ist nach Abs 3 Nr 2 spätestens am dritten Tag vor dem Tag möglich, mit dessen Ablauf das Mietverhältnis endigen soll (Rn 17f).

22   **3. Abweichende Vereinbarungen.** Da die Regelungen der Abs 1 bis 3 nicht zwingend sind (Rn 12, 16, 19), können die Parteien die Fristen für die außerordentliche Kündigung durch abweichende Vereinbarungen **anderweitig festlegen**. Voraussetzung ist, dass sich die Einhaltung der gesetzlichen Fristen nicht aus der zwingenden Natur der Vorschrift ergibt, auf die sich das außerordentliche Kündigungsrecht gründet. Ferner kommt es darauf an, ob abweichende Vereinbarungen schlechthin oder nur bei nachteiliger Auswirkung auf eine bestimmte Partei ausgeschlossen sind.

---

32 *Salje* DB 1983, 2453.
33 OLG Köln NJW 1994, 1483.
34 Vgl zum früheren Streitstand BGH NJW 2002, 2562 mwN; KG GE 2001, 551; OLG Düsseldorf NZM 2001, 749; OLG Hamm NZM 2000, 658; LG Kiel NJW-RR 1995, 585; *Schultz* NZM 1999, 651.

Allgemeines Gleichbehandlungsgesetz (AGG) vom 14. August 2006 (BGBl I S 1897) zuletzt geändert durch Gesetz vom 3. April 2013 (BGBl I S 610)

– Auszug –

Abschnitt 1

Allgemeiner Teil

§ 1

Ziel des Gesetzes

Ziel des Gesetzes ist, Benachteiligungen aus Gründen der Rasse oder wegen der ethnischen Herkunft, des Geschlechts, der Religion oder Weltanschauung, einer Behinderung, des Alters oder der sexuellen Identität zu verhindern oder zu beseitigen.

Schrifttum

Adomeit/Mohr Kommentar zum Allgemeinen Gleichbehandlungsgesetz (2. Aufl 2011); *Armbrüster* Antidiskriminierungsgesetz – Ein neuer Anlauf, ZRP 2005, 41; *Bauer/Göpfert/Krieger* Allgemeines Gleichbehandlungsgesetz (3. Aufl 2011); *Däubler/Bertzbach* Allgemeines Gleichbehandlungsgesetz (2. Aufl 2008); *Gaier/Wendtland* Allgemeines Gleichbehandlungsgesetz (2006); *Hey* Kommentar zum AGG (2009); *Kocher/Laskoswki/Schiek* Allgemeines Gleichbehandlungsgesetz (2007); *Leible/Schlachter* Diskriminierungsschutz durch Privatrecht (2006); *Meinel/Heyn/Herms* Allgemeines Gleichbehandlungsgesetz (2. Aufl 2010); *Rolfs* Allgemeine Gleichbehandlung im Mietrecht, NJW 2007, 1489; *Schlachter* Wege zur Gleichberechtigung (1993); *Schleusener/Suckow/Voigt* Allgemeines Gleichbehandlungsgesetz (4. Aufl 2013); *Wendeling-Schröder/Stein* Allgemeines Gleichbehandlungsgesetz (2008); *Wiedemann/Thüsing* Fragen zum Entwurf eines zivilrechtlichen Anti-Diskriminierungsgesetzes, DB 2002, 463; *Zorn* Die Auswirkungen des AGG bei der Stellung eines Nachmieters durch den Mieter, WuM 2006, 591.

I. Allgemeines

Das AGG setzt vier Richtlinien der EU in nationales Recht um: Die **RL 2000/43/EG** des Rates vom 29.6.2000 zur Anwendung des Gleichbehandlungsgrundsatzes ohne Unterschied der Rasse oder der ethnischen Herkunft,[1] die **RL 2000/78/EG** des Rates vom 27.11.2000 zur Festlegung eines allgemeinen Rahmens für die Verwirklichung der 1

---

[1] ABl EG Nr L 180, S 22.

Christian Rolfs

Gleichbehandlung in Beschäftigung und Beruf,[2] die **RL 2002/73/EG** des Europäischen Parlaments und des Rates vom 23.9.2002 zur Änderung der RL 76/207/EWG zur Verwirklichung des Grundsatzes der Gleichbehandlung von Männern und Frauen hinsichtlich des Zugangs zur Beschäftigung, zur Berufsbildung und zum beruflichen Aufstieg sowie in Bezug auf die Arbeitsbedingungen[3] sowie die **RL 2004/113/EG** des Rates vom 13.12.2004 zur Verwirklichung des Grundsatzes der Gleichbehandlung von Männern und Frauen beim Zugang zu und bei der Versorgung mit Gütern und Dienstleistungen.[4] Die Richtlinien beruhen ihrerseits entweder auf Art 13 EG (jetzt: Art 19 AEUV), der den Rat ermächtigt, geeignete Vorkehrungen zu treffen, um Diskriminierungen aus Gründen des Geschlechts, der Rasse, der ethnischen Herkunft, der Religion oder der Weltanschauung, einer Behinderung, des Alters oder der sexuellen Ausrichtung zu bekämpfen, oder auf Art 141 Abs 3 EG (jetzt: Art 157 Abs 3 AEUV) zur Konkretisierung des Grundsatzes des gleichen Entgelts für Frauen und Männer.

2   Das AGG ist nach langer politischer Debatte und zwei gescheiterten Vorentwürfen[5] am 18.8.2006 in Kraft getreten. Es **bricht mit der liberalen**, vom Grundsatz der Privatautonomie beherrschten **Tradition des BGB** und fordert nunmehr auch im Privatrechtsverkehr ein „politisch korrektes" Verhalten, das den Abschluss und den Inhalt von Verträgen sowie die Ausübung von Rechten nicht von der Existenz oder Abstinenz bestimmter persönlicher Merkmale des Vertragspartners abhängig macht.

3   Ursprünglich sollten sowohl im Bürgerlichen Recht als auch im Arbeitsrecht Benachteiligungen aus allen in § 1 AGG genannten Gründen unzulässig sein.[6] Im Rechtsausschuss des Deutschen Bundestages hat sich dann aber die Überzeugung durchgesetzt, auf das Verbot der Benachteiligung wegen der Weltanschauung im dritten Abschnitt des Gesetzes zu verzichten,[7] sodass die „Klammerfunktion" des § 1 AGG verloren gegangen ist.

II. Umfang des Benachteiligungsschutzes

4   **1.** Bei der Umsetzung der in Rn 1 genannten Richtlinien hat der deutsche Gesetzgeber einen Teil der Spielräume, die die Richtlinien ihm lassen, genutzt, um einen **abgestuften Benachteiligungsschutz** zu verwirklichen, der nach verschiedenen in § 1 AGG genannten Merkmalen, der Art des Vermieters (und – wenn auch nicht ausdrücklich – der vermieteten Sache) und der Nähe oder des Vertrauens der Vertragspartner und ihrer Angehörigen zueinander differenziert.[8]

5   **2.** Außerdem statuiert das Gesetz an verschiedenen Stellen **Ausnahmen** vom Schutz vor Benachteiligungen. Soweit für das Mietrecht von Interesse, handelt es sich um: **(1)** Mietverhältnisse, bei denen ein **besonderes Nähe- oder Vertrauensverhältnis** der Parteien oder ihrer Angehörigen begründet wird (§ 19 Abs 5 S 1 AGG). Dies kann insbesondere der Fall sein, wenn die Parteien oder ihre Angehörigen Wohnraum auf demselben Grundstück

---

2 ABl EG Nr L 303, S 16.

3 ABl EG Nr L 269, S 15.

4 ABl EG Nr L 373, S 37.

5 Der RefE DB 2002, 470ff (dazu *Wiedemann/Thüsing* DB 2002, 463ff) wurde nicht in das Gesetzgebungsverfahren eingebracht; der 2. Entwurf (BT-Drucks 15/4536) fiel bei der vorzeitigen Auflösung des 15. Deutschen Bundestages der Diskontinuität zum Opfer.

6 Regierungsentwurf, BT-Drucks 16/1780.

7 BT-Drucks 16/2022, S 13.

8 Näher § 19 AGG Rn 20ff.

nutzen (§ 19 Abs 5 S 2 AGG).⁹ **(2)** Bei der Vermietung von Wohnraum ist nach § 19 Abs 3 AGG eine unterschiedliche Behandlung im Hinblick auf die Schaffung und Erhaltung **sozial stabiler Bewohnerstrukturen** und ausgewogener Siedlungsstrukturen sowie ausgeglichener wirtschaftlicher, sozialer und kultureller Verhältnisse zulässig.¹⁰ Diese Ausnahme ist jedoch von der RL 2000/43/EG nicht gedeckt und muss daher richtlinienkonform auf die Differenzierungsgründe Geschlecht, Religion, Behinderung, Alter und sexuelle Identität beschränkt werden. **(3)** Zulässig ist schließlich eine unterschiedliche Behandlung, wenn sie durch geeignete und angemessene Maßnahmen **bestehende Nachteile** wegen eines in § 1 genannten Grundes verhindert oder **auszugleichen versucht** (§ 5 AGG).

III. Rechtfertigungen von Benachteiligungen

Benachteiligungen mit Ausnahme solcher wegen der Rasse oder der ethnischen Herkunft können gerechtfertigt sein, wenn für die unterschiedliche Behandlung ein sachlicher Grund besteht (§ 20 AGG).¹¹ Mittelbare Benachteiligungen können zusätzlich auch dadurch gerechtfertigt sein, dass die betreffenden Vorschriften, Kriterien oder Verfahren durch ein rechtmäßiges Ziel sachlich gerechtfertigt und die Mittel zur Erreichung dieses Ziels angemessen und erforderlich sind (§ 3 Abs 2 HS 2 AGG).¹² **6**

§ 2
Anwendungsbereich

(1) Benachteiligungen aus einem in § 1 genannten Grund sind nach Maßgabe dieses Gesetzes unzulässig in Bezug auf:

1. **die Bedingungen, einschließlich Auswahlkriterien und Einstellungsbedingungen, für den Zugang zu unselbstständiger und selbstständiger Erwerbstätigkeit, unabhängig von Tätigkeitsfeld und beruflicher Position, sowie für den beruflichen Aufstieg,**
2. **die Beschäftigungs- und Arbeitsbedingungen einschließlich Arbeitsentgelt und Entlassungsbedingungen, insbesondere in individual- und kollektivrechtlichen Vereinbarungen und Maßnahmen bei der Durchführung und Beendigung eines Beschäftigungsverhältnisses sowie beim beruflichen Aufstieg,**
3. **den Zugang zu allen Formen und allen Ebenen der Berufsberatung, der Berufsbildung einschließlich der Berufsausbildung, der beruflichen Weiterbildung und der Umschulung sowie der praktischen Berufserfahrung,**
4. **die Mitgliedschaft und Mitwirkung in einer Beschäftigten- oder Arbeitgebervereinigung oder einer Vereinigung, deren Mitglieder einer bestimmten Berufsgruppe angehören, einschließlich der Inanspruchnahme der Leistungen solcher Vereinigungen,**
5. **den Sozialschutz, einschließlich der sozialen Sicherheit und der Gesundheitsdienste,**

---

9 Dazu § 19 AGG Rn 35ff.
10 Dazu § 19 AGG Rn 39f.
11 Dazu § 20 AGG Rn 3ff.
12 Dazu § 3 AGG Rn 10f.

Christian Rolfs

6. **die sozialen Vergünstigungen,**
7. **die Bildung,**
8. **den Zugang zu und die Versorgung mit Gütern und Dienstleistungen, die der Öffentlichkeit zur Verfügung stehen, einschließlich von Wohnraum.**

(2) **Für Leistungen nach dem Sozialgesetzbuch gelten § 33c des Ersten Buches Sozialgesetzbuch und § 19a des Vierten Buches Sozialgesetzbuch. Für die betriebliche Altersvorsorge gilt das Betriebsrentengesetz.**

(3) **Die Geltung sonstiger Benachteiligungsverbote oder Gebote der Gleichbehandlung wird durch dieses Gesetz nicht berührt. Dies gilt auch für öffentlich-rechtliche Vorschriften, die dem Schutz bestimmter Personengruppen dienen.**

(4) **Für Kündigungen gelten ausschließlich die Bestimmungen zum allgemeinen und besonderen Kündigungsschutz.**

Schrifttum

Derleder Vertragsanbahnung und Vertragsabschluss über Mietwohnungen und die Diskriminierungsverbote des AGG, NZM 2007, 625; *Eisenschmid* Europäischer Verbraucherschutz: Allgemeines Gleichbehandlungsgesetz, WuM 2006, 475; *Gaier/Wendtland* Allgemeines Gleichbehandlungsgesetz (2006); *Hinz* Allgemeines Gleichbehandlungsgesetz – Überlegungen zur Umsetzung in der mietrechtlichen Praxis, ZMR 2006, 742 und 826; *Maier-Reimer* Das Allgemeine Gleichbehandlungsgesetz im Zivilrechtsverkehr, NJW 2006, 2577; *Rolfs* Allgemeine Gleichbehandlung im Mietrecht, NJW 2007, 1489; *Schmidt-Räntsch* EG-Diskriminierungsverbote im deutschen Mietrecht, in: FS Blank (2006), 381; *ders* Auswirkungen des Allgemeinen Gleichbehandlungsgesetzes auf das Mietrecht, NZM 2007, 6; *Thüsing* Richtlinienkonforme Auslegung und unmittelbare Geltung von EG-Richtlinien im Anti-Diskriminierungsrecht, NJW 2003, 3441; *Zorn* Die Auswirkungen des AGG bei der Stellung eines Nachmieters durch den Mieter, WuM 2006, 591. Vgl auch zu § 1 AGG.

I. Allgemeines

1   Die Vorschrift umschreibt den sachlichen Anwendungsbereich des Gesetzes. Für das Mietrecht ist in Abs 1 allein Nr 8, der Zugang zu und die Versorgung mit Gütern und Dienstleistungen, die der Öffentlichkeit zur Verfügung stehen, einschließlich von Wohnraum, von Bedeutung.

II. Mietrechtlicher Anwendungsbereich

2   **1.** In wörtlicher Übereinstimmung mit Art 3 Abs 1 lit h RL 2000/43/EG eröffnet § 2 Abs 1 Nr 8 den sachlichen Anwendungsbereich des AGG auch für das Mietrecht einschließlich des Wohnraummietrechts. „**Güter**" sind, wie der zweite Halbsatz klarstellt, nicht nur bewegliche Sachen (Waren), sondern auch Immobilien.[1] Damit gehen RL und Gesetz trotz ihrer Anlehnung an den Sprachgebrauch des Vertrages über die Arbeitsweise der Europäischen Union im Rahmen der Warenverkehrsfreiheit (Art 28ff AEUV)[2] über diese Grundfreiheit hinaus. Erfasst ist also die Ver- und Anmietung beweglicher Sachen ebenso wie

---

1 *Meinel/Heyn/Herms* § 2 AGG Rn 52.
2 Vgl *Bauer/Göpfert/Krieger* § 2 AGG Rn 41.

diejenige von Schiffen, Wohn-, Geschäfts- und sonstigen Räumen sowie Grundstücken. Das Gleiche gilt für der Miete ähnliche Verträge wie das Leasing [3] sowie die Pacht.

2. **„Zugang"** und **„Versorgung"** erfassen nicht nur den Abschluss des Vertrages und **3** seinen Bestand, sondern auch alle Rechtsgeschäfte und Realakte im Zuge seiner Durchführung. Dies stellt § 19 Abs 1 AGG nochmals klar.

3. Eine Einschränkung erfahren die Benachteiligungsverbote dadurch, dass sie nur **4** dann zu beachten sind, wenn die Güter oder Dienstleistungen **„der Öffentlichkeit zur Verfügung stehen"**. Nach **hM** werden dadurch alle Leistungen erfasst, die öffentlich zum Vertragsschluss angeboten werden, zB durch Annoncen in Tageszeitungen, Veröffentlichungen im Internet, vermittels eines Maklers, aber auch durch örtlich nur begrenzt wahrnehmbare Offerten wie Aushänge.[4] Unerheblich ist, ob der Anbietende bereits eine rechtlich bindende Offerte iS des § 145 BGB abgibt oder lediglich zur Abgabe eines Angebotes auffordert (invitatio ad offerendum).[5] Ob er Unternehmer (§ 14 BGB) oder Verbraucher (§ 13 BGB) ist, ist ebenfalls unerheblich; entscheidend ist lediglich, dass das Angebot über die Privatsphäre des Anbieters hinausgelangt ist.[6] Davon **aM** wollen § 2 Abs 1 Nr 8 AGG in einem engeren Sinne interpretieren und entweder auf Massengeschäfte iS von § 19 Abs 1 AGG[7], auf Leistungen von Unternehmern iS von § 14 BGB[8] oder auf solche Verträge beschränken, bei denen der Anbieter die Leistung mehrfach erbringen kann.[9] Sie geraten jedoch teilweise mit der RL 2000/43/EG, die eine Beschränkung auf Verträge eines Unternehmers nicht kennt, teilweise mit § 19 Abs 5 S 1 AGG in Konflikt, der das zivilrechtliche Benachteiligungsverbot nur bei einem besonderen Nähe- oder Vertrauensverhältnis nicht zur Anwendung gelangen lässt.

Nicht der Öffentlichkeit zur Verfügung steht die Vermietung einer Wohnung oder **5** einer sonstigen Sache, wenn der Vermieter sie nur gezielt einem bestimmten Personenkreis persönlich anbietet, zB nur an Verwandte und Freunde vermietet.[10] Dasselbe gilt, wenn der Mieter sich schon beim Vermieter gemeldet hat, bevor dieser eine Annonce oder dgl geschaltet hatte, weil ihm beispielsweise vom Vormieter das Freiwerden der Wohnung mitgeteilt worden war.[11]

III. Keine Ausnahme für Kündigungen

Für Kündigungen sollen nach § 2 Abs 4 AGG ausschließlich die Bestimmungen zum **6** allgemeinen und besonderen Kündigungsschutz Anwendung finden. Unabhängig davon, dass diese Einschränkung mit Unionsrecht ohnehin unvereinbar ist[12], ist sie für das Miet-

---

3 BT-Drucks 16/1780, S 32; *Palandt/Ellenberger* § 2 AGG Rn 9.

4 *Eisenschmid* WuM 2006, 475, 477; *Hinz* ZMR 2006, 742, 743; *Palandt/Ellenberger* § 2 AGG Rn 9; *Schmidt-Futterer/Blank* Vor § 535 BGB Rn 178; *Schmidt-Räntsch* in: FS Blank (2006), 381, 390; *ders* NZM 2007, 6, 10; *Wendeling-Schröder/Stein* § 2 AGG Rn 26; *Zorn* WuM 2006, 591, 592.

5 *Derleder* NZM 2007, 625, 628.

6 BT-Drucks 16/1780, S 32; *Erman/Armbrüster/Belling* § 2 AGG Rn 28; *Gaier/Wendtland* Rn 31.

7 *Maier-Reimer* NJW 2006, 2577, 2580; dagegen zu Recht *Schmidt-Räntsch* NZM 2007, 6, 9.

8 *Stork* Das Antidiskriminierungsrecht der EU und seine Umsetzung in das deutsche Zivilrecht (2006), 126, 265.

9 *Thüsing* NJW 2003, 3441, 3442.

10 *Rolfs* NJW 2007, 1489, 1490.

11 *Hinz* ZMR 2006, 742, 743; *Zorn* WuM 2006, 591, 592.

12 Vgl BAG AP Nr 182 zu § 1 KSchG 1969 Betriebsbedingte Kündigung = NZA 2008, 361.

Christian Rolfs

recht ohne Bedeutung, da sie ausweislich der amtlichen Begründung[13] lediglich die Kündigung von Arbeitsverhältnissen, nicht aber diejenige bürgerlich-rechtlicher Vertragsverhältnisse erfassen soll.

§ 3
Begriffsbestimmungen

(1) Eine unmittelbare Benachteiligung liegt vor, wenn eine Person wegen eines in § 1 genannten Grundes eine weniger günstige Behandlung erfährt, als eine andere Person in einer vergleichbaren Situation erfährt, erfahren hat oder erfahren würde. Eine unmittelbare Benachteiligung wegen des Geschlechts liegt in Bezug auf § 2 Abs. 1 Nr. 1 bis 4 auch im Falle einer ungünstigeren Behandlung einer Frau wegen Schwangerschaft oder Mutterschaft vor.

(2) Eine mittelbare Benachteiligung liegt vor, wenn dem Anschein nach neutrale Vorschriften, Kriterien oder Verfahren Personen wegen eines in § 1 genannten Grundes gegenüber anderen Personen in besonderer Weise benachteiligen können, es sei denn, die betreffenden Vorschriften, Kriterien oder Verfahren sind durch ein rechtmäßiges Ziel sachlich gerechtfertigt und die Mittel sind zur Erreichung dieses Ziels angemessen und erforderlich.

(3) Eine Belästigung ist eine Benachteiligung, wenn unerwünschte Verhaltensweisen, die mit einem in § 1 genannten Grund in Zusammenhang stehen, bezwecken oder bewirken, dass die Würde der betreffenden Person verletzt und ein von Einschüchterungen, Anfeindungen, Erniedrigungen, Entwürdigungen oder Beleidigungen gekennzeichnetes Umfeld geschaffen wird.

(4) Eine sexuelle Belästigung ist eine Benachteiligung in Bezug auf § 2 Abs. 1 Nr. 1 bis 4, wenn ein unerwünschtes, sexuell bestimmtes Verhalten, wozu auch unerwünschte sexuelle Handlungen und Aufforderungen zu diesen, sexuell bestimmte körperliche Berührungen, Bemerkungen sexuellen Inhalts sowie unerwünschtes Zeigen und sichtbares Anbringen von pornographischen Darstellungen gehören, bezweckt oder bewirkt, dass die Würde der betreffenden Person verletzt wird, insbesondere wenn ein von Einschüchterungen, Anfeindungen, Erniedrigungen, Entwürdigungen oder Beleidigungen gekennzeichnetes Umfeld geschaffen wird.

(5) Die Anweisung zur Benachteiligung einer Person aus einem in § 1 genannten Grund gilt als Benachteiligung. Eine solche Anweisung liegt in Bezug auf § 2 Abs. 1 Nr. 1 bis 4 insbesondere vor, wenn jemand eine Person zu einem Verhalten bestimmt, das einen Beschäftigten oder eine Beschäftigte wegen eines in § 1 genannten Grundes benachteiligt oder benachteiligen kann.

Schrifttum

Annuß Das Allgemeine Gleichbehandlungsgesetz im Arbeitsrecht, BB 2006, 1629; *Derleder/Sabetta* Die Umsetzung eines Diskriminierungsverbots im Wohnraummietrecht, WuM 2005, 3; *Hinz* Allgemeines Gleichbehandlungsgesetz – Überlegungen zur Umsetzung in der mietrechtlichen Praxis, ZMR 2006, 742 und 826; *Maier-Reimer* Das Allgemeine Gleichbehandlungsgesetz im Zivilrechtsverkehr, NJW 2006, 2577; *Rolfs* Allgemeine Gleichbehandlung im Mietrecht, NJW 2007, 1489; *Schiek* Gleichbehandlungsrichtlinien der EU –

---

13 BT-Drucks 16/2022, S 12.

Umsetzung im deutschen Arbeitsrecht, NZA 2004, 873; *Schiess Rütimann* Vertragsverweigerung gegenüber ausländischen Mietinteressenten, WuM 2006, 12; *Schmidt-Räntsch* Auswirkungen des Allgemeinen Gleichbehandlungsgesetzes auf das Mietrecht, NZM 2007, 6; *Thüsing* Das Arbeitsrecht der Zukunft? – Die deutsche Umsetzung der Anti-Diskriminierungsrichtlinien im internationalen Vergleich, NZA Beil 22/2004, S 3. Vgl auch zu § 1 AGG.

I. Allgemeines

Das Gesetz differenziert zwischen **Benachteiligung** und unzulässiger Benachteili- **1** gung (nach herkömmlicher, vom Gesetz aber bewusst vermiedener Terminologie: **Diskriminierung**): Benachteiligung ist eine Ungleichbehandlung; nur wenn sie nicht gerechtfertigt (vgl § 3 Abs 2 HS 2, § 20 AGG) oder als positive Maßnahme (§ 5 AGG) gestattet ist, wird sie zur Diskriminierung.

In Übereinstimmung mit den zugrunde liegenden EG-Richtlinien (§ 1 AGG Rn 1) nennt **2** § 3 fünf verschiedene Formen der Benachteiligung: Die unmittelbare (Abs 1) und die mittelbare Benachteiligung (Abs 2), die Belästigung (Abs 3), die sexuelle Belästigung (Abs 4) und die Anweisung zur Benachteiligung (Abs 5).

II. Benachteiligung

1. Begriff. Benachteiligung ist sowohl die Vorenthaltung von Vorteilen[1] als auch **3** die Zufügung von Nachteilen. Ob eine Vereinbarung oder Maßnahme in diesem Sinne nachteilig ist, kann nur durch den Vergleich festgestellt werden, ob der Betreffende eine weniger günstige Behandlung erfährt, als eine andere Person in einer vergleichbaren Situation erfährt, erfahren hat oder erfahren würde.[2] In Betracht kommen namentlich die Versagung des Vertragsabschlusses und die Kündigung, aber auch Maßnahmen im bestehenden Vertragsverhältnis, zB die Versagung der Erlaubnis zur Untervermietung an eine bestimmte Person. Ein Verschulden, gar eine Benachteiligungsabsicht, ist nicht erforderlich.[3] Es genügt die **objektive Ungleichbehandlung**, die in den Fällen des § 3 Abs 1 und 3 AGG aber „wegen" eines der in § 1 AGG genannten Merkmale und damit in dessen Kenntnis erfolgen muss.[4]

2. Formen. § 3 AGG enthält **Legaldefinitionen** der möglichen Benachteiligungsfor- **4** men. Sie orientieren sich an der arbeitsrechtlichen Rechtsprechung oder sind wörtlich den zugrundeliegenden EG-Richtlinien entnommen.

---

1 BAG AP Nr 8 zu § 612a BGB = NZA 2002, 1389; BAG AP Nr 100 zu § 615 BGB = NZA 2003, 1139.
2 *Rolfs* NJW 2007, 1489, 1491.
3 *Maier-Reimer* NJW 2006, 2577, 2579; *Schmidt-Räntsch* NZM 2007, 6, 12.
4 *Palandt/Ellenberger* § 1 AGG Rn 11.

                                                     Christian Rolfs

5   **a) Unmittelbare Benachteiligung (Abs 1).** Eine unmittelbare Benachteiligung **liegt vor**, wenn eine Person weniger günstig behandelt wird als eine andere Person in einer vergleichbaren Situation. Ausreichend ist es, wenn eine hinreichend konkrete Erstbegehungs- oder Wiederholungsgefahr hinsichtlich einer Ungleichbehandlung besteht.[5] Bei der unmittelbaren Benachteiligung erfolgt die Unterscheidung gerade *wegen* eines nach § 19 Abs 1 AGG verbotenen Differenzierungsmerkmals. **Beispiele** sind die Vermietung einer Wohnung nur an „alleinstehende Frauen über 40" (unmittelbare Diskriminierung wegen des Geschlechts und wegen des Alters) oder „nicht an Muslime" (unmittelbare Diskriminierung wegen der Religion).

6   **Keine unmittelbare Benachteiligung** ist dagegen zu besorgen, wenn die Differenzierung aus anderen als den in § 19 Abs 1 AGG genannten Kriterien erfolgt. Weiß der Vermieter zB, dass ein bestimmter Mietinteressent im Rahmen anderer Mietverhältnisse auffällig geworden ist, also etwa seine Miete oder die Betriebskosten nicht pünktlich entrichtet, häufig Lärm verursacht, Streit mit seinen Mitmietern angezettelt oder beim Auszug Unrat hinterlassen hat, darf er ihn auch dann ablehnen, wenn der Betreffende Träger eines geschützten Merkmals, also beispielsweise behindert ist.[6]

b) Mittelbare Benachteiligung (Abs 2)

7   **aa)** Eine mittelbare Benachteiligung ist zu besorgen, wenn dem Anschein nach neutrale Vorschriften, Kriterien oder Verfahren dazu führen, dass Personen gegenüber anderen Personen in besonderer Weise benachteiligt werden. Dies gilt nicht, wenn die unterschiedliche Behandlung durch ein rechtmäßiges Ziel sachlich gerechtfertigt ist und die Mittel zur Erreichung dieses Ziels angemessen und erforderlich sind. Hier ergibt sich die Diskriminierung erst *als Folge* einer nach *wertneutralen Kriterien* getroffenen Unterscheidung. Wichtigstes **Beispiel** dürfte die Unterscheidung nach der **Staatsangehörigkeit** sein, etwa die Vermietung nur an Deutsche. Die Staatsangehörigkeit ist nämlich für sich betrachtet kein unzulässiges Differenzierungsmerkmal, da sie in § 19 Abs 1 AGG nicht erwähnt ist.[7] Sie führt aber zu einer jedenfalls *mittelbaren Benachteiligung* ausländischer Personen wegen der ethnischen Herkunft und/oder der Rasse,[8] je nach den Umständen kann sogar eine *unmittelbare Benachteiligung* anzunehmen sein.[9]

8   **Keine mittelbare Benachteiligung** liegt dagegen zB vor, wenn der Vermieter nach der Reihenfolge des Eingangs der Bewerbungen vorgeht, vornehmlich an Mieter vermietet, die zur Vereinbarung eines befristeten Kündigungsausschlusses[10] bereit sind, nur Mietinteressenten berücksichtigt, deren Arbeitseinkommen einen bestimmten Betrag überschreitet oder (nur) bei finanziell schwachen Personen eine Mietsicherheit verlangt. Unabhängig davon, dass es sich insoweit auch um rechtmäßige Ziele handelt,[11] liegt schon keine statistisch nachweisbare überdurchschnittliche Betroffenheit von Trägern eines nach § 19 Abs 1 AGG geschützten Merkmals vor.[12]

---

5 BT-Drucks 16/1780, S 32.
6 *Hinz* ZMR 2006, 742, 745.
7 *Hinz* ZMR 2006, 742, 744.
8 *Palandt/Ellenberger* § 1 AGG Rn 2.
9 Näher § 19 AGG Rn 8ff.
10 Zur Wirksamkeit derartiger Vereinbarungen BGH NJW 2004, 1448; zu Formularverträgen BGH NJW 2005, 1574; BGH NJW 2006, 1056; BGH NZM 2006, 579.
11 *Hinz* ZMR 2006, 742, 745; *Schiess Rütimann* WuM 2006, 12, 14.
12 AG Kiel v. 11.8.2011 – 108 C 24/11, ZMR 2012, 201.

bb) Die unterschiedliche Betroffenheit der beiden Gruppen muss durch einen **statis- 9 tischen Vergleich** festgestellt werden. Zu vergleichen ist die Gruppe derjenigen, die durch die Verwendung des zu überprüfenden Kriteriums belastet wird, mit der Gruppe derer, die durch es begünstigt oder jedenfalls nicht belastet wird. Erforderlich ist, dass die erste Gruppe **signifikant stärker** betroffen ist.[13] Auf eine exakte Zahlenrelation hat sich die Rechtsprechung bislang nicht festgelegt. Ausreichend ist die konkrete Gefahr, dass eine Gruppe benachteiligt werden könnte. Ob damit zugleich gemeint ist, dass der Nachweis einer statistischen Benachteiligung im konkreten Einzelfall nicht mehr geführt werden muss, ist streitig.[14]

cc) Eine mittelbare Benachteiligung scheidet bereits tatbestandlich aus, wenn ein **10 rechtfertigender Grund** vorliegt. Erforderlich ist, dass die unterschiedliche Behandlung einem wirklichen Bedürfnis des Anbieters dient, für die Erreichung seiner Ziele geeignet und nach den Grundsätzen der Verhältnismäßigkeit erforderlich ist. Für einen solchen sachlichen Grund reichen jedoch **unspezifische Behauptungen** zB über die geringere finanzielle Leistungsfähigkeit von Ausländern oder den häufigeren Besuch von Verwandten nicht aus.[15] Dasselbe gilt für tatsächliche oder vermeintliche **negative Vorerfahrungen**. Es widerspräche dem Ziel des AGG eklatant, wenn eine Benachteiligung dadurch gerechtfertigt werden könnte, dass andere Träger eines verbotenen Differenzierungsmerkmals in der Vergangenheit Anlass zu Auseinandersetzungen gegeben haben.[16]

Dagegen ist die Größe der Familie ein zulässiges Differenzierungskriterium jedenfalls **11** im Verhältnis zur Größe der vermieteten Wohnung, ihrer Quadratmeterzahl und der Zahl der Zimmer, ohne dass die strengen Anforderungen an eine Kündigung wegen Überbelegung[17] erfüllt sein müssten. Aber auch der Wunsch des Vermieters nach Vermeidung von Lärm ist anzuerkennen.[18]

c) Belästigung und sexuelle Belästigung (Abs 3 und 4)

aa) Eine Belästigung gilt als Benachteiligung, wenn unerwünschte Verhaltensweisen **12** bezwecken oder bewirken, dass die Würde der betroffenen Person verletzt wird und ein von Einschüchterungen, Anfeindungen, Erniedrigungen, Entwürdigungen oder Beleidigungen gekennzeichnetes Umfeld entsteht. Hier geht es um einen **Angriff** auf die **Persönlichkeit** des Betroffenen. Einmalige Angriffe genügen jedoch noch nicht, da ein feindliches Umfeld nur bei einem kontinuierlichen Handeln entstehen kann.

bb) Eine sexuelle Belästigung gilt als Benachteiligung, wenn unerwünschtes, **sexuell 13 bestimmtes Verhalten** eine Verletzung der Würde bezweckt oder bewirkt, insbesondere wenn ein von Einschüchterungen, Anfeindungen, Erniedrigungen, Entwürdigungen oder Beleidigungen gekennzeichnetes Umfeld geschaffen wird. Sie ist für das Mietrecht schon deshalb ohne Belang, weil Abs 4 sie nur im Rahmen von § 2 Abs 1 Nr 1 bis 4, also nur im Arbeitsrecht, untersagt.

---

13 EuGH Slg 1997, I-5253 = NJW 1998, 2961; EuGH Slg 1997, I-5289 = NZA 1997, 1221; EuGH Slg 2004, I-9247 = NZA 2004, 1325; EuGH Slg 2005, I-1789 = NZA 2005, 807.
14 Bejahend *Schiek* NZA 2004, 873, 875; verneinend *Thüsing* NZA Beil 22/2004, S 3, 6f.
15 Vgl BAG AP Nr 7 zu § 1 BetrAVG Gleichberechtigung = NZA 1990, 778.
16 *Hinz* ZMR 2006, 742, 745; **aM** *Derleder/Sabetta* WuM 2005, 3, 6f.
17 Vgl *Staudinger/Rolfs* (2011), § 573 BGB Rn 59.
18 Vgl *Derleder/Sabetta* WuM 2005, 3, 7f.

Christian Rolfs

14   **d) Anweisung zur Benachteiligung (Abs 5).** Auch die Anweisung zur Benachteiligung einer Person aus einer der in § 19 Abs 1 genannten Gründe gilt bereits als Benachteiligung. „Anweisung" in diesem Sinne meint nicht nur die Ausübung des arbeitgeberseitigen Direktionsrechts,[19] etwa wenn der Geschäftsführer eines Großvermieters seine Angestellten auffordert, Wohnungen nicht mehr an bestimmte Personengruppen zu vermieten.[20] Vielmehr genügt jede Ausnutzung eines Weisungsverhältnisses, aufgrund dessen der „Anweisende" vom „Angewiesenen" aus rechtlichen Gründen ein bestimmtes Verhalten verlangen kann,[21] zB im Rahmen eines Maklervertrages. Ob die angewiesene Handlung tatsächlich ausgeführt worden ist oder ob der Anweisende sich über die Verbotswidrigkeit der Handlung bewusst war, ist unerheblich.[22] **Eigenständige Bedeutung** hat Abs 5 freilich nur, wenn der Angewiesene sich über die Anweisung hinwegsetzt und auf die eingeforderte Benachteiligung verzichtet, weil der Anweisende anderenfalls schon über § 3 Abs 1 bis 4 AGG iV mit § 278 BGB einstandspflichtig ist.

§ 4
Unterschiedliche Behandlung wegen mehrerer Gründe

Erfolgt eine unterschiedliche Behandlung wegen mehrerer der in § 1 genannten Gründe, so kann diese unterschiedliche Behandlung nach den §§ 8 bis 10 und 20 nur gerechtfertigt werden, wenn sich die Rechtfertigung auf alle diese Gründe erstreckt, derentwegen die unterschiedliche Behandlung erfolgt.

1   Eine Benachteiligung kann gleichzeitig aus mehreren Gründen (zB wegen des Geschlechts und des Alters) erfolgen. Sie ist dann nur gerechtfertigt, wenn der Betreffende sich in Bezug auf beide bzw alle Benachteiligungen auf Rechtfertigungsgründe berufen kann. Als solche kommen aber nicht nur die in § 4 genannten §§ 8 bis 10 und 20, sondern auch die Ausnahmevorschrift des § 5 sowie im Falle mittelbarer Benachteiligung § 3 Abs 2 HS 2 in Betracht.

§ 5
Positive Maßnahmen

Ungeachtet der in den §§ 8 bis 10 sowie in § 20 benannten Gründe ist eine unterschiedliche Behandlung auch zulässig, wenn durch geeignete und angemessene Maßnahmen bestehende Nachteile wegen eines in § 1 genannten Grundes verhindert oder ausgeglichen werden sollen.

---

19 *Staudinger/Richardi* (2011) § 611 BGB Rn 450ff.
20 So aber *Bauer/Göpfert/Krieger* § 3 AGG Rn 64.
21 *Annuß* BB 2006, 1629, 1632; noch weitergehend *Palandt/Ellenberger* § 3 AGG Rn 7 („jede Aufforderung").
22 BT-Drucks 16/1780, S 33.

Schrifttum

Derleder Vertragsanbahnung und Vertragsabschluss über Mietwohnungen und die Diskriminierungsverbote des AGG, NZM 2007, 625.

In Übereinstimmung mit den EG-Richtlinien gestattet § 5 eine unterschiedliche **1** Behandlung wegen der in § 1 genannten Gründe, wenn dies dem Nachteilsausgleich dient.[1] So darf die Vermietung behindertengerechter Wohnräume auf Mieter beschränkt werden, die über körperliche Einschränkungen verfügen.

---

1 *Derleder* NZM 2007, 625, 628.

Christian Rolfs

Abschnitt 3

Schutz vor Benachteiligung im Zivilrechtsverkehr

§ 19

Zivilrechtliches Benachteiligungsverbot

(1) Eine Benachteiligung aus Gründen der Rasse oder wegen der ethnischen Herkunft, wegen des Geschlechts, der Religion, einer Behinderung, des Alters oder der sexuellen Identität bei der Begründung, Durchführung und Beendigung zivilrechtlicher Schuldverhältnisse, die
1. typischerweise ohne Ansehen der Person zu vergleichbaren Bedingungen in einer Vielzahl von Fällen zustande kommen (Massengeschäfte) oder bei denen das Ansehen der Person nach der Art des Schuldverhältnisses eine nachrangige Bedeutung hat und die zu vergleichbaren Bedingungen in einer Vielzahl von Fällen zustande kommen oder
2. eine privatrechtliche Versicherung zum Gegenstand haben,
ist unzulässig.

(2) Eine Benachteiligung aus Gründen der Rasse oder wegen der ethnischen Herkunft ist darüber hinaus auch bei der Begründung, Durchführung und Beendigung sonstiger zivilrechtlicher Schuldverhältnisse im Sinne des § 2 Abs. 1 Nr. 5 bis 8 unzulässig.

(3) Bei der Vermietung von Wohnraum ist eine unterschiedliche Behandlung im Hinblick auf die Schaffung und Erhaltung sozial stabiler Bewohnerstrukturen und ausgewogener Siedlungsstrukturen sowie ausgeglichener wirtschaftlicher, sozialer und kultureller Verhältnisse zulässig.

(4) Die Vorschriften dieses Abschnitts finden keine Anwendung auf familien- und erbrechtliche Schuldverhältnisse.

(5) Die Vorschriften dieses Abschnitts finden keine Anwendung auf zivilrechtliche Schuldverhältnisse, bei denen ein besonderes Nähe- oder Vertrauensverhältnis der Parteien oder ihrer Angehörigen begründet wird. Bei Mietverhältnissen kann dies insbesondere der Fall sein, wenn die Parteien oder ihre Angehörigen Wohnraum auf demselben Grundstück nutzen. Die Vermietung von Wohnraum zum nicht nur vorübergehenden Gebrauch ist in der Regel kein Geschäft im Sinne des Absatzes 1 Nr. 1, wenn der Vermieter insgesamt nicht mehr als 50 Wohnungen vermietet.

Schrifttum

Annuß Das Allgemeine Gleichbehandlungsgesetz im Arbeitsrecht, BB 2006, 1629; *Armbrüster* Antidiskriminierungsgesetz – Ein neuer Anlauf, ZRP 2005, 41; *Derleder* Vertragsanbahnung und Vertragsabschluss über Mietwohnungen und die Diskriminierungsverbote des AGG, NZM 2007, 625; *ders* Interkulturelle Konflikte in Wohnanlagen, NZM 2008, 505; *ders/Sabetta* Die Umsetzung eines Diskriminierungsverbots im Wohnraummietrecht, WuM 2005, 3; *Eisenschmid* Europäischer Verbraucherschutz: Allgemeines Gleichbehandlungsgesetz, WuM 2006, 475; *Gaier/Wendtland* Allgemeines Gleichbehandlungsgesetz (2006); *Hanau* Das Allgemeine Gleichbehandlungsgesetz (arbeitsrechtlicher Teil) zwischen Bagatellisierung und Dramatisierung, ZIP 2006, 2189; *Hinz* Allgemeines Gleichbehandlungsgesetz – Überlegungen zur Umsetzung in der mietrechtlichen Praxis, ZMR 2006, 742 und 826; *Krüger* Intersexualität im Recht, StAZ 2006, 260; *Looschelders* Diskriminierung und Schutz vor Diskriminierung im Privatrecht, JZ 2012, 105; *Lützenkirchen* Wohnraummiete: Die Geltung des Allgemeinen Benachteiligungsverbots (AGG), MietRB 2006, 249; *Maier-Reimer* Das Allgemeine Gleichbehandlungsgesetz im Zivilrechtsverkehr, NJW 2006, 2577; *Metzger* Die Bedeutung des

Allgemeinen Gleichbehandlungsgesetzes (AGG) für die Vermietungspraxis der Wohnungswirtschaft, WuM 2007, 47; *Rolfs* Allgemeine Gleichbehandlung im Mietrecht, NJW 2007, 1489; *Rolfs/Paschke* Die Pflichten des Arbeitgebers und Rechte schwerbehinderter Arbeitnehmer nach § 81 SGB IX, BB 2002, 1260; *Schiess Rütimann* Vertragsverweigerung gegenüber ausländischen Mietinteressenten, WuM 2006, 12; *Schmidt-Räntsch* EG-Diskriminierungsverbote im deutschen Mietrecht, in: FS Blank (2006), 381; *ders* Auswirkungen des Allgemeinen Gleichbehandlungsgesetzes auf das Mietrecht, NZM 2007, 6; *Schwab* Schranken der Vertragsfreiheit durch die Antidiskriminierungsrichtlinien und ihre Umsetzung in Deutschland, DNotZ 2006, 649; *Wagner/Potsch,* Haftung für Diskriminierungsschäden nach dem Allgemeinen Gleichbehandlungsgesetz, JZ 2006, 1085; *Warnecke* Das Allgemeine Gleichbehandlungsgesetz (AGG), DWW 2006, 268; *Welti* Das neue SGB IX – Recht der Rehabilitation und Teilhabe behinderter Menschen, NJW 2002, 2210. Vgl auch zu § 1 AGG.

Systematische Übersicht

Alphabetische Übersicht

        Christian Rolfs

I. Allgemeines

1   § 19 AGG ist die Zentralnorm des AGG für den bürgerlich-rechtlichen Rechtsverkehr. Sie untersagt ungerechtfertigte Ungleichbehandlungen aus Gründen der **Rasse** und der **ethnischen Herkunft** bei allen Mietverhältnissen; wegen des **Geschlechts**, der **Religion**, einer **Behinderung**, des **Alters** oder der **sexuellen Identität** dagegen grundsätzlich nur bei der Vermietung von beweglichen Sachen, Grundstücken, Schiffen, Gewerbe- und sonstigen Räumen, während die Differenzierung nach diesen Kriterien bei der Vermietung von Wohnraum in der Regel nur untersagt ist, wenn der Wohnraum nur zum vorübergehenden Gebrauch oder von einem Vermieter mit mehr als 50 Wohnungen vermietet wird.

2   Eine **Ausnahme** vom Differenzierungsverbot statuiert Abs 5 S 1 und 2 für Mietverhältnisse, bei denen ein besonderes Nähe- oder Vertrauensverhältnis zwischen den Vertragspartnern oder ihren Angehörigen begründet wird, was insbesondere bei gemeinsamer Nutzung von Wohnraum auf demselben Grundstück der Fall sein kann. Außerdem ist nach Abs 3 bei der Vermietung von Wohnraum eine unterschiedliche Behandlung im Hinblick auf die Schaffung und Erhaltung sozial stabiler Bewohnerstrukturen und ausgewogener Siedlungsstrukturen sowie ausgeglichener wirtschaftlicher, sozialer und kultureller Verhältnisse zulässig.

II. Verbotene Differenzierungsmerkmale (Abs 1)

1. Allgemeines

3   **a)** Obwohl gemeinschaftsrechtlich durch die RL 2000/43/EG und die RL 2004/113/EG für den Privatrechtsverkehr (bislang) lediglich Differenzierungen wegen des Geschlechts, der Rasse und der ethnischen Herkunft untersagt sind,[1] erweitert § 19 Abs 1 AGG das Verbot der Benachteiligung auch auf die anderen (gemeinschaftsrechtlich nur für das Arbeitsrecht vorgegebenen) Merkmale des § 1 AGG mit Ausnahme desjenigen der Weltanschauung.[2] Die Aufzählung ist **abschließend** und darf grundsätzlich nicht durch Analogien erweitert werden.[3]

4   **b)** Erfolgt die Benachteiligung unmittelbar (§ 3 Abs 1 AGG) oder im Wege der Belästigung (§ 3 Abs 3 AGG) muss das nach § 19 Abs 1 AGG untersagte Differenzierungsmerkmal beim Benachteiligten **objektiv vorliegen.** Der bloße Wille zur Benachteiligung gegenüber einer hierzu objektiv ungeeigneten Person (zB vermeintliche Diskriminierung wegen der Behinderung gegenüber einer im Rollstuhl sitzenden Person, die in Wahrheit lediglich temporär infolge eines Unfalls auf den Rollstuhl angewiesen ist) führt nicht zu Ansprüchen nach § 21 AGG, wie sich im Umkehrschluss aus dem nur für das Arbeitsrecht geltenden § 7 Abs 1 HS 2 AGG ergibt.[4]

---

1 *Derleder* NZM 2007, 625, 626.
2 Dazu Rn 16.
3 EuGH Slg 2006, I-6467 = NZA 2006, 839.
4 *Wagner/Potsch* JZ 2006, 1085, 1097.

c) Das Differenzierungsmerkmal muss nicht zwingend in der **Person des Vertrags-** 5
partners vorliegen. § 19 AGG entfaltet entsprechend § 328 BGB Schutzwirkung zugunsten
Dritter.[5] Der Tatbestand der Benachteiligung kann daher zB auch dann erfüllt sein, wenn
der Abschluss eines Mietvertrages wegen der Rasse oder einer Behinderung des **Ehepart-**
ners des Mieters oder einer sonstigen Person, die vom Mietinteressenten in die Wohnung
aufgenommen werden soll, verweigert wird. Nach Überzeugung des EuGH soll in derartigen Fällen sogar eine unmittelbare Diskriminierung anzunehmen sein.[6]

2. Rasse. Der Begriff der Rasse ist unklar, weil sowohl der europäische als auch der 6
nationale Gesetzgeber ausdrücklich betonen, dass eine Anerkennung der Existenz verschiedener menschlicher Rassen mit seiner Verwendung gerade nicht beabsichtigt sei.[7] Er
wird daher lediglich verwendet, um Handlungen zu begegnen, die **rassistisch motiviert**,
also von der Annahme getragen sind, dass es solche Rassen gebe. Eine exakte Definition
erscheint aber entbehrlich, weil Benachteiligungen wegen der Rasse wohl stets zugleich
entweder solche wegen der ethnischen Herkunft („Neger") oder wegen der Religion
(„Jude") sind.

3. Ethnische Herkunft
a) Die ethnische Herkunft bezeichnet die **Zugehörigkeit zu einer Menschengruppe**, 7
die kulturell, sozial, historisch und genetisch durch Hautfarbe, Sprache, Abstammung,
nationalen Ursprung, Physiognomie und Volkstum eine Einheit bildet. Sie kann durch
(vermeintlich) objektive Merkmale wie Haut- oder Haarfarbe, Form der Augen, Nasen oder
Lippen,[8] aber auch durch die Abstammung, den nationalen Ursprung, das „Volkstum"
gekennzeichnet sein.[9] Ob schon die Herkunft aus einem bestimmten Bundesland (etwa
Bayern oder Sachsen), einem Teil von ihm (Ostfriesland) oder einer Gruppe von Ländern
(Beitrittsgebiet) ausreicht, ist streitig, aber wohl zu verneinen.[10]

b) Differenzierungen **wegen der Staatsangehörigkeit** sind unterschiedlich zu beur- 8
teilen:

aa) Stellt der Benachteiligende **tatsächlich** auf die Staatsangehörigkeit ab, liegt darin 9
jedenfalls kein *unmittelbarer Verstoß* (§ 3 Abs 1 AGG) gegen das Benachteiligungsverbot
des § 19 AGG. Jedoch liegt eine *mittelbare Benachteiligung* wegen der ethnischen Herkunft
iS von § 3 Abs 2 AGG besonders nahe, weil Angehörige eines bestimmten Staates typischerweise (wenn auch nicht zwingend) durch ihre Abstammung, ihren nationalen Ursprung
usw in diesem Staat geprägt sind. Allerdings kann eine solche mittelbare Benachteiligung
dadurch gerechtfertigt sein, dass sie ein rechtmäßiges Ziel verfolgt und zur Erreichung
dieses Ziels angemessen und erforderlich ist. So liegen die Dinge **beispielsweise**, wenn
der Vermieter von Ausländern aus dem Nicht-EU-Ausland stets den Nachweis einer Auf-
enthaltsgenehmigung fordert, um häufige Mieterwechsel zu vermeiden.

---

5 *Palandt/Grüneberg* Einf § 19 AGG Rn 4.
6 EuGH Slg 2008, I-5603 = NJW 2008, 2763.
7 Erwägungsgrund 6 der RL 2000/43/EG; BT-Drucks 16/1780, S 30.
8 *Bauer/Göpfert/Krieger* § 1 AGG Rn 19.
9 Vgl *Warnecke* DWW 2006, 268, 269.
10 ArbG Stuttgart NZA-RR 2010, 344: „Ossi"; *Derleder* NZM 2007, 625, 629; **aM** *Bauer/Göpfert/Krieger* § 1 AGG
Rn 23; *Palandt/Ellenberger* § 1 AGG Rn 2.

Christian Rolfs

10   **bb)** Häufig wird aber bei Benachteiligungen **nur scheinbar** auf die Staatsangehörigkeit Bezug genommen, tatsächlich aber die ethnische Herkunft gemeint. So wird eine Diskriminierung von „Ausländern" häufig nicht mit ihrer (tatsächlichen oder vermeintlichen) fremden Staatsangehörigkeit, sondern mit ihrer ausländischen *ethnischen Herkunft* zusammenhängen,[11] was seinen Ausdruck darin findet, dass die Ungleichbehandlung auch nach einem Erwerb der deutschen Staatsangehörigkeit fortdauert oder fortdauern würde. Hier liegt eine unmittelbare Benachteiligung iS von § 3 Abs 1 AGG vor, für die es keine Rechtfertigung gibt.

11   **c)** Differenzierungen wegen der ethnischen Herkunft werden häufig auch auf andere Weise **mittelbar bewirkt.** So können die Dinge zB liegen, wenn ein Vermieter den Vertragsabschluss wegen der *hohen Anzahl von Kindern,* der *häufigen Besuche durch andere Familienmitglieder* oder der *Vermeidung des Anspruchs auf Installation einer Parabolantenne* ablehnt.[12] Zwar können Kinderreichtum, häufige Besuche durch Mitglieder einer Großfamilie oder der Wunsch nach Empfang ausländischer Fernsehsender in gleicher Weise bei Deutschen wie bei Ausländern bestehen, jedoch sind diese Merkmale bei Personen mit fremder ethnischer Herkunft statistisch weit häufiger vertreten als bei Personen ohne Migrationshintergrund. Grundsätzlich stellt eine darauf gestützte Vertragsversagung daher eine mittelbare Benachteiligung iS von § 3 Abs 2 AGG dar. Der Vermieter darf sich nicht darauf zurückziehen, dass er Ausländer nicht als Person, sondern „nur" wegen ihrer Lebensart ablehnt.[13]

12   **Keine ungerechtfertigte Benachteiligung** stellen dagegen Kriterien wie die *finanzielle Leistungsfähigkeit,* ein *gesicherter Arbeitsplatz* und die *Möglichkeit der sprachlichen Verständigung* durch Mindestkenntnisse der deutschen Sprache dar. In Bezug auf die beiden erstgenannten Merkmale ist schon fraglich, ob sich der statistische Nachweis führen lässt, dass Deutsche sie deutlich häufiger erfüllen als Personen fremder Ethnien. Jedenfalls aber handelt es sich um iS von § 3 Abs 2 HS 2 AGG sachlich gerechtfertigte, weil angemessene und erforderliche Differenzierungskriterien zur Erreichung des rechtmäßigen Ziels der möglichst dauerhaften Leistungsfähigkeit des Mieters. Gerechtfertigt ist auch das letztgenannte Kriterium, allerdings nur insoweit, als an den Mieter keine überzogenen Anforderungen gestellt werden. Er muss nur in der Lage sein, schriftliche und mündliche Erklärungen des Vermieters in **deutscher Sprache,** zB die Hausordnung, Betriebskostenabrechnungen und eine etwaige Abmahnung oder Kündigung zu verstehen. Mehr ist (auch iS von § 3 Abs 2 HS 2 AGG) nicht erforderlich. Der Vermieter – auch ein Großvermieter[14] – braucht sich aber nicht darauf verweisen zu lassen, er könne die Kommunikation ja über Familienmitglieder oder Bekannte des Mieters führen, die der deutschen Sprache mächtig sind.[15]

13   **4. Geschlecht.** Das Geschlecht meint das **biologische Geschlecht,** d.h. männlich, weiblich, Transsexualität,[16] Zweigeschlechtlichkeit.

---

11 *Bauer/Göpfert/Krieger* § 1 AGG Rn 24.
12 Vgl *Hinz* ZMR 2006, 742, 744; *Schiess Rütimann* WuM 2006, 12, 13; *Schmidt-Räntsch* NZM 2007, 6, 12f.
13 *Hinz* ZMR 2006, 742, 744; *Rolfs* NJW 2007, 1489, 1491.
14 Insoweit **aM** *Hinz* ZMR 2006, 742, 745.
15 *Rolfs* NJW 2007, 1489, 1492.
16 EuGH Slg 1996, I-2143 = NJW 1996, 2421; *Schmidt-Futterer/Blank* Vor § 535 BGB Rn 197; **aM** *Palandt/Ellenberger* § 1 AGG Rn 3: sexuelle Identität.

5. Religion

a) Der Religion liegt die **Gewissheit über bestimmte Aussagen zum Weltganzen** sowie 14
zur Natur und dem Wesen des Menschen, seinem Zweck und seiner Herkunft zugrunde. Sie
bestimmt die Ziele des Menschen, spricht in ihrem Kern seine Persönlichkeit an und erklärt
auf eine umfassende Weise den Sinn der Welt und des menschlichen Lebens.[17] Bezugspunkt
der Religion ist eine überweltliche Macht, mit der der einzelne Gläubige durch Gebete, Medi-
tationen oder religiöse Übungen verbunden sein kann.[18] Unerheblich ist, ob es sich um den
Glauben einer anerkannten Religionsgemeinschaft handelt oder nicht.

Die **Religionszugehörigkeit** mag für den Vermieter insbesondere insoweit von Inte- 15
resse sein, als er Konflikte der Angehörigen verschiedener Religionsgemeinschaften in
einem Haus vermeiden und/oder das extensive Feiern (nicht-christlicher) religiöser Feste
im Haus verhindern will. Da § 20 Abs 1 Nr 1 AGG Benachteiligungen nur gestattet, wenn
sie sich gegen den Störer richten,[19] kann das Ziel der Konfliktvermeidung nur insoweit
berücksichtigt werden, als gerade der abgelehnte Mietinteressent (zB wegen seiner fanati-
schen religiösen Haltung)[20] Auseinandersetzungen herbeizuführen droht. Ob das Ziel der
Vermeidung von Lärm im Haus nur mittelbare Diskriminierungen,[21] oder – wie hier – auch
unmittelbare Benachteiligungen rechtfertigt, ist wegen des engen Wortlauts von § 20 Abs 1
AGG unsicher. Man wird es im Ergebnis aber anerkennen müssen, weil die von häufigem
Lärm ausgehende Beeinträchtigung der Wohnqualität vergleichbares Gewicht wie die Verhütung von Schäden und die Vermeidung von Gefahren (§ 20 Abs 1 Nr 1 AGG) hat.

b) Im Gegensatz zur Religion findet sich das in § 1 AGG ebenfalls genannte Merkmal 16
der **Weltanschauung** im dritten Abschnitt des Gesetzes gar nicht und bleibt damit für den
bürgerlichen Rechtsverkehr einschließlich des Mietrechts (anders als für das vom zweiten
Abschnitt des Gesetzes betroffene Arbeitsrecht) ohne Belang. Zwar ist der Begriff der „Weltanschauung" ausweislich der amtlichen Begründung[22] eng zu verstehen als eine mit der
Person des Menschen verbundene Gewissheit über bestimmte Aussagen zum Weltganzen sowie zur Herkunft und zum Ziel menschlichen Lebens, die auf gedankliche Systeme
ohne Beziehungen zu Gott, das Jenseits oder andere transzendente Bezüge beschränkt ist.
Gleichwohl wollte der Gesetzgeber der Gefahr begegnen, dass zB Anhänger rechtsradikalen
Gedankenguts versuchen, sich Zugang zu Geschäften zu verschaffen, die ihnen aus anerken-
nenswerten Gründen verweigert werden.[23] Das ist ihm auch gelungen.[24] Die Rechtsprechung
lässt sogar eine auf § 123 BGB gestützte Anfechtung zu, wenn der Mieter den Vermieter vor
Vertragsabschluss nicht darüber aufklärt, dass sein Warensortiment politische Extremisten
anzieht.[25] Ein Konflikt mit dem Gemeinschaftsrecht entsteht dadurch nicht, da dieses für
den bürgerlichen Rechtsverkehr ohnehin nur Benachteiligungen wegen des Geschlechts (RL
2004/113/EG), der Rasse und der ethnischen Herkunft (RL 2000/43/EG) untersagt.

---

17 BVerfGE 105, 279, 293 = NJW 2002, 2626; BVerwGE 90, 112, 115 = NJW 1992, 2496; *Jarass/Pieroth* Art 4 GG
Rn 8.
18 *Bauer/Göpfert/Krieger* § 1 AGG Rn 29.
19 § 20 AGG Rn 5.
20 *Hinz* ZMR 2006, 742, 746.
21 Dazu § 3 AGG Rn 6.
22 BT-Drucks 16/2022, S 13.
23 BT-Drucks 16/2022, S 13.
24 BGH v. 9.3.2012 – V ZR 115/11, NJW 2012, 1725 m Anm *Mörsdorf* JZ 2012, 688: NPD-Vorsitzender im Well-
nesshotel.
25 BGH NJW 2010, 3362; BGH NZM 2010, 788; KG NZM 2009, 784; OLG Naumburg ZMR 2009, 914; LG Berlin
ZMR 2009, 121; LG Magdeburg ZMR 2008, 461.

Christian Rolfs

17   **6. Behinderung.** Eine Behinderung ist eine **Einschränkung einer körperlichen Funktion,** der geistigen Fähigkeiten oder der seelischen Gesundheit des Menschen im Vergleich zu dem für sein Lebensalter typischen Zustand von wahrscheinlich längerer Dauer (länger als sechs Monate), die die Teilhabe des Betreffenden am Leben in der Gesellschaft beeinträchtigt.[26] Nicht erforderlich ist eine Schwerbehinderung iS von § 2 Abs 2 SGB IX,[27] schon gar nicht die förmliche Anerkennung der Behinderung durch eine Behörde etc. Eine bloße – wenn auch voraussichtlich über sechs Monate andauernde – **Krankheit** ist keine Behinderung.[28] Der Anspruch des behinderten Mieters auf Zustimmung des Vermieters zum barrierefreien Umbau der Wohnung und des Zugangs zu ihr (§ 554a BGB) rechtfertigt es nicht, den Vertragsabschluss mit behinderten Mietern abzulehnen,[29] zumal die bereits zu diesem Zeitpunkt bestehende Behinderung im Rahmen der Interessenabwägung (§ 554a Abs 1 S 2 BGB) zugunsten des Vermieters zu berücksichtigen ist.[30]

18   **7. Alter.** Mit dem **Alter** ist das biologische Lebensalter gemeint, es werden also – wie sich mittelbar aus § 10 S 3 Nr 2 AGG ergibt – sowohl **junge** als auch **alte** Menschen vom Benachteiligungsverbot erfasst.[31] Die Über- oder Unterschreitung einer bestimmten Altersstufe ist nicht erforderlich, sodass durch die Statuierung einer jeglichen Altersgrenze Benachteiligungen zu besorgen sind.

19   **8. Sexuelle Identität.** Im Gegensatz zum Geschlecht meint sexuelle Identität die **sexuelle Veranlagung und Ausrichtung,** zB heterosexuell, homosexuell, bisexuell.[32] Nicht geschützt sind dagegen sexuelle Praktiken oder ein bestimmtes sexuelles Verhalten,[33] schon gar nicht anormale sexuelle Neigungen wie Pädophilie, Sodomie oder Nekrophilie.[34]

III. Sachlicher Anwendungsbereich

20   **1. Überblick.** Der sachliche Anwendungsbereich des Gesetzes ergibt sich aus § 2 Abs 1 Nr 8 und § 19 AGG. Soweit Mietverhältnisse betroffen sind, ist er **abgestuft:**

21   **a)** Wegen des **Geschlechts,** der **Religion,** einer **Behinderung,** des **Alters** oder der **sexuellen Identität** besteht das Benachteiligungsverbot nur, wenn das Schuldverhältnis typischerweise ohne Ansehen der Person zu vergleichbaren Bedingungen in einer Vielzahl von Fällen zustande kommt (Massengeschäft) oder wenn das Ansehen der Person nach der Art des Schuldverhältnisses eine nachrangige Bedeutung hat und Verträge zu vergleichbaren Bedingungen in einer Vielzahl von Fällen zustande kommen (§ 19 Abs 1 Nr 1 AGG). Hier muss man unterscheiden: Die Miete **beweglicher Sachen** sowie von Hotelzimmern,

---

26 EuGH Slg 2006, I-6467 = NZA 2006, 839; *Gaier/Wendtland* Rn 71; *Kossens/von der Heide/Maaß/Götz* § 2 SGB IX Rn 6; *Neumann/Pahlen/Majerski-Pahlen* § 2 SGB IX Rn 6ff; *Welti* NJW 2001, 2210, 2211.
27 *Bauer/Göpfert/Krieger* § 1 AGG Rn 39; *Rolfs/Paschke* BB 2002, 1260, 1261; *Wendeling-Schröder/Stein* § 1 AGG Rn 45.
28 EuGH Slg 2006, I-6467 = NZA 2006, 839.
29 *Hinz* ZMR 2006, 742, 746.
30 *Staudinger/Rolfs* (2011) § 554a Rn 13.
31 BT-Drucks 16/1780, S 31; EuGH v. 19.1.2010 – C-555/07, Slg 2010, I-365 = NJW 2010, 427; BAG v. 25.2.2010 – 6 AZR 911/08, AP Nr. 3 zu § 3 AGG = NZA 2010, 561; *Gaier/Wendtland* Rn 74; *Hanau* ZIP 2006, 2189, 2190; *Hinz* ZMR 2006, 742, 746.
32 *Krüger* StAZ 2006, 260.
33 **AM** *Annuß* BB 2006, 1629, 1630f.
34 *Palandt/Ellenberger* § 1 AGG Rn 10.

Christian Rolfs

Ferienwohnungen oder Ähnlichem ist in aller Regel ein Massengeschäft im vorgenannten Sinne, während Mietverträge über **Wohnraum** typischerweise *in Ansehung* der Person des Vertragspartners geschlossen werden, weil der Vermieter sich von der Person seines künftigen Mieters einen persönlichen Eindruck verschafft.[35] Das Verbot der Benachteiligung aus den genannten Gründen bleibt daher auf die Vermietung von Wohnraum zum nur vorübergehenden Gebrauch (§ 19 Abs 5 S 3 AGG, § 549 Abs 2 Nr 1 BGB)[36] und in der Regel auf Vermieter, die mehr als 50 Wohnungen vermieten (§ 19 Abs 5 S 3 AGG), beschränkt.

b) Auch „Kleinvermietern" von Wohnraum untersagt ist dagegen die Benachteiligung **22** aus Gründen der **Rasse** und der **ethnischen Herkunft**. Dies steht in Übereinstimmung mit der RL 2000/43/EG, die wegen dieser Differenzierungsmerkmale eine Beschränkung auf Massengeschäfte nicht kennt.

2. Massengeschäfte (Abs 1 Nr 1 Alt 1). Die von Abs 1 Nr 1 Alt 1 verwendete Defini- **23** tion des Begriffs der Massengeschäfte lehnt sich an die Richtlinie zur Verwirklichung des Grundsatzes der Gleichbehandlung von Männern und Frauen beim Zugang zu und bei der Versorgung mit Gütern und Dienstleistungen an. Ihr Geltungsbereich erfasst „alle Personen, die Güter und Dienstleistungen bereitstellen, die der Öffentlichkeit ohne Ansehen der Person zur Verfügung stehen, und zwar in öffentlichen und privaten Bereichen, einschließlich öffentlicher Stellen, und die außerhalb des Bereichs des Privat- und Familienlebens und der in diesem Kontext stattfindenden Transaktionen angeboten werden" (Art 3 Abs 1 RL 2004/113/EG).

a) Der Vertrag muss **typischerweise ohne Ansehen der Person** abgeschlossen **24** werden[37]. Dieses Merkmal ist nur dann erfüllt, wenn der Anbieter des Gutes oder der Dienstleistung grundsätzlich mit jedermann zu kontrahieren bereit ist und nur in einzelnen, atypischen Fällen den Vertragsabschluss ablehnt (etwa gegenüber Obdachlosen oder vergleichbar offenkundig nicht zur Erbringung der geschuldeten Gegenleistung Fähigen). Es dürfte jedenfalls immer dann vorliegen, wenn im Rahmen der Stellvertretung (§ 164 BGB) die Ausnahme des „Geschäfts für den, den es angeht" vom Offenheitsgrundsatz einschlägig ist.[38] Derartige **Bargeschäfte des täglichen Lebens** beschränken sich im Mietrecht im Wesentlichen auf die Vermietung beweglicher Sachen wie Baumaschinen, Pkw,[39] Fahrräder, Strandkörbe,[40] DVDs, Videokassetten etc.[41]

b) Der Vertrag muss zudem **in einer Vielzahl von Fällen** zustande kommen. Ent- **25** scheidend ist hier die Sicht des Anbieters der Leistung, weil er Adressat des Benachteiligungsverbots ist.[42] Regelmäßig werden nur Unternehmer (§ 14 BGB) Verträge in einer Vielzahl von Fällen abschließen.[43] Wann eine solche „Vielzahl" angenommen werden kann, ist zweifelhaft. § 19 Abs 5 S 3 AGG legt den Schluss nahe, dass ein Massengeschäft nur vor-

---

35 *Hinz* ZMR 2006, 742, 743.
36 Dazu näher Rn 31.
37 Dazu kritisch *Looschelders* JZ 2012, 105, 108.
38 Vgl BGHZ 114, 74, 79 = NJW 1991, 2283; BGHZ 154, 276, 279 = NJW-RR 2003, 921; *Erman/Palm* § 164 BGB Rn 9.
39 *Palandt/Grüneberg* § 19 AGG Rn 2.
40 *Schmidt-Räntsch* NZM 2007, 6, 10.
41 *Rolfs* NJW 2007, 1489, 1489; *Schmidt-Räntsch* NZM 2007, 6, 10.
42 BT-Drucks 16/1780, S 41.
43 *Wagner/Potsch* JZ 2006, 1085, 1097.

Christian Rolfs

liegt, wenn der Vermieter mehr als 50 Gegenstände vermietet.[44] Darauf kann es aber letztlich nicht ankommen, denn diese Sondervorschrift gilt nur für die Wohnraummiete und deren typischerweise auf lange Dauer angelegten Vertragsverhältnisse. Demgegenüber ist im Rahmen des AGB-Rechts anerkannt, dass eine „Vielzahl von Verträgen" (§ 305 Abs 1 BGB) schon bei der dreimaligen Verwendung einer Vertragsbedingung anzunehmen ist.[45] Ausreichend dürfte es daher jedenfalls sein, wenn der Vermieter nur einen oder einige wenige Gegenstände (zB ein Spezialgerät), diese aber häufig (weil jeweils nur für kurze Dauer) vermietet.

26   **c)** Schließlich muss der Vertrag typischerweise **zu vergleichbaren Bedingungen** abgeschlossen werden. Diese Voraussetzung hat in der Regel keine eigenständige Bedeutung, weil derjenige, der Verträge ohne Ansehen der Person in einer Vielzahl von Fällen abschließt, dies zumeist auch zu vergleichbaren Bedingungen tut. Unerheblich ist es jedenfalls, wenn einzelne Vertragspartner aufgrund ihres Verhandlungsgeschicks in der Lage sind, günstigere als die üblichen Konditionen zu erstreiten.[46]

3. Massengeschäften ähnliche Geschäfte

27   **a) Begriff (Abs 1 Nr 1 Alt 2).** Massengeschäften gleich gestellt sind Geschäfte, bei denen das Ansehen der Person nach der Art des Schuldverhältnisses eine nachrangige Bedeutung hat und die zu vergleichbaren Bedingungen in einer Vielzahl von Fällen zustande kommen. Die zweite und dritte Tatbestandsvoraussetzung ist mit der 1. Alternative deckungsgleich; der Unterschied besteht also allein darin, dass der Vertrag zwar nicht „ohne Ansehen der Person" zustande kommt, das Ansehen der Person aber von nachrangiger Bedeutung ist. Dies kann insbesondere die **Vermietung von Wohn- oder Geschäftsräumen** betreffen: Zwar werden Mietverträge über Wohnraum typischerweise in Ansehung der Person geschlossen, weil sich der Vermieter vor Abschluss des Vertrages einen persönlichen Eindruck von seinem Vertragspartner und ggf dessen Familie verschafft. Der Gesetzgeber geht aber zu Recht davon aus, dass mit einer steigenden Anzahl zu vermietender Wohnungen das Ansehen der Mietinteressenten für den Vermieter von nachlassender Bedeutung ist.[47]

28   **b) Vermutung gegen ein dem Massengeschäft ähnliches Geschäft (Abs 5 S 3).** Aus Gründen der Rechtssicherheit und Rechtsklarheit stellt **Abs 5 S 3** eine **Vermutung gegen das Vorliegen eines einem Massengeschäft ähnlichen Geschäfts** auf, wenn der Vermieter von Wohnraum zum nicht nur vorübergehenden Gebrauch insgesamt nicht mehr als 50 Wohnungen vermietet. Damit ist zugleich klargestellt, dass die Verneinung eines persönlichen Nähe- oder Vertrauensverhältnisses iS von Abs 5 S 1 und 2 nicht bereits zur Annahme eines Massengeschäfts führt.[48] Ob diese Vermutung allerdings mit der RL 2000/43/EG vereinbar ist, erscheint zweifelhaft.[49]

---

44   Dahin tendierend *Bauer/Göpfert/Krieger* § 19 AGG Rn 7.
45   BGH NJW 1998, 2286; BGH NJW 2002, 138; BGHZ 150, 226, 230 = NJW 2002, 2470; BAG AP Nr 3 zu § 308 BGB = NZA 2006, 746; *Stoffels* AGB-Recht (2. Aufl 2009), Rn 128; *Ulmer/Brandner/Hensen/Ulmer/Habersack* § 305 BGB Rn 25a.
46   BT-Drucks 16/1780, S 41f; *Palandt/Grüneberg* § 19 AGG Rn 2.
47   BT-Drucks 16/1780, S 42; *Schmidt-Räntsch* NZM 2007, 6, 10; **aM** *Warnecke* DWW 2006, 268, 271.
48   BT-Drucks 16/2022, S 13.
49   *Wagner/Potsch* JZ 2006, 1085, 1098.

aa) Voraussetzung der Vermutung ist, dass der Vermieter nicht mehr als 50 Woh- 29
nungen vermietet. „Vermieter" ist diejenige natürliche oder juristische Person, die Partei
des Mietvertrages ist. Ob sie zugleich Eigentümerin der Mietwohnungen ist, ist unerheblich.[50] Ebenso kommt es nicht darauf an, ob aktuell mehr als 50 Wohnungen vermietet
sind oder nicht. Ein Vermieter, der über eine entsprechend hohe Anzahl von Mietwohnungen verfügt, derzeit aber mit einer höheren Leerstandsrate kämpft, kann sich nicht auf
die Vermutung berufen.[51] Nicht zu berücksichtigen sind allerdings Wohnungen, die der
Vermieter Angehörigen oder vergleichbaren Personen kostenlos auf Zeit überlassen hat,
weil eine derartige Gebrauchsüberlassung keine Vermietung darstellt.[52]

Die Zwischenschaltung eines **Verwalters,** der mehr als 50 Wohnungen verwaltet, 30
führt für einen Vermieter, der selbst diese Schwelle nicht überschreitet, nicht zur Begründung der Vermutung eines dem Massengeschäft ähnlichen Geschäfts.[53] Der Gesetzgeber
stellt nur auf den Vermieter ab, nicht auf sonstige Personen. Allerdings kann ein Benachteiligter die Vermutung, das Ansehen der Person sei nur von untergeordneter Bedeutung,
sehr leicht erschüttern, wenn der Vermieter seine potenziellen Vertragspartner gar nicht
selbst in Augenschein nimmt, sondern dies einem gewerblich handelnden Dritten überlässt.[54]

Erforderlich ist ferner, dass die bis zu 50 Wohnungen **nicht nur zum vorübergehen-** 31
den Gebrauch vermietet werden. Der Begriff ist derselbe wie in § 549 Abs 2 Nr 1 BGB, er
erfasst Wohnraum, der zeitlich eng beschränkt und aus besonderem Anlass nur kurzfristig
überlassen wird.[55] Typische Beispiele sind die Vermietung von Hotelzimmern, Privatunterkünften oder Ferienhäusern und -wohnungen an Feriengäste.[56] In diesen Fällen hat
das Ansehen des Mieters wegen der nur kurzfristigen Überlassung typischerweise auch
dann keine größere Bedeutung, wenn der Vermieter nur bis zu 50 Wohnungen vermietet,
sodass eine Vermutung gegen ein dem Massengeschäft ähnliches Geschäft nicht gerechtfertigt wäre. Hat der Vermieter **sowohl Wohnungen zum vorübergehenden als auch**
zum längerfristigen Gebrauch, müssen diese getrennt gezählt und betrachtet werden.

bb) Rechtsfolge ist die Begründung der Vermutung, dass das Ansehen der Person des 32
konkreten Mieters für den Vermieter nicht ohne oder nicht nur von nachrangiger Bedeutung ist. Der kleine oder mittelgroße Vermieter ist dann berechtigt, nach dem Geschlecht,
der Religion, einer Behinderung, des Alters oder der sexuellen Identität zu differenzieren,
ohne dass er dafür eines sachlichen Grundes bedarf. Benachteiligungen aus Gründen der
Rasse oder wegen der **ethnischen Herkunft** bleiben aber auch ihm untersagt (Abs 2).[57]

Die Vermutung ist **widerlegbar,** und zwar für beide Parteien.[58] Der Mieter, der von 33
einem Vermieter mit bis zu 50 Wohnungen benachteiligt worden ist, kann den Nachweis
führen, dass die Vermietung für diesen Vermieter doch ein dem Massengeschäft ähnliches Geschäft ist. So können die Dinge zB liegen, wenn zwei Eheleute jeweils als rechtlich
eigenständige Vermieter auftreten, tatsächlich aber ihren größeren Wohnungsbestand
gemeinsam verwalten, oder wenn mehrere GmbHs mit jeweils nicht mehr als 50 Mietwoh-

---

50 *Rolfs* NJW 2007, 1489, 1490.
51 *Hinz* ZMR 2006, 826, 827; ähnlich *Lützenkirchen* MietRB 2006, 249.
52 **AM** *Lützenkirchen* MietRB 2006, 249, 250.
53 *Lützenkirchen* MietRB 2006, 249, 250; **aM** *Börstinghaus* MietPrax-Aktuell, D II.
54 Ähnlich wohl *Hinz* ZMR 2006, 826, 827.
55 Näher § 549 BGB Rn 9.
56 OLG Hamburg MDR 1993, 43.
57 *Hinz* ZMR 2006, 826; *Rolfs* NJW 2007, 1489, 1490.
58 BT-Drucks 16/2022, S 13; *Hinz* ZMR 2006, 826, 827.

Christian Rolfs

nungen über identische Gesellschafter verfügen. Umgekehrt kann auch ein Großvermieter mit mehr als 50 Wohnungen nachweisen, dass das Ansehen seiner Mieter für ihn nicht nur nachrangige Bedeutung hat.[59]

34   **4. Öffentliche Vermietung außerhalb von Massengeschäften (Abs 2).** Hat das **Ansehen der Person nicht nur nachrangige Bedeutung,** wird der Abschluss des Vertrages aber iS von § 2 Abs 1 Nr 8 AGG öffentlich angeboten,[60] braucht der Vermieter nur das Verbot der Benachteiligung wegen der Rasse und der ethnischen Herkunft zu beachten, Abs 2.

IV. Ausnahmen vom sachlichen Anwendungsbereich

1. Besonderes Nähe- oder Vertrauensverhältnis (Abs 5 S 1 und 2)

35   **a)** Die Benachteiligungsverbote – und zwar alle – sollen nach Abs 5 S 1 keine Anwendung auf zivilrechtliche Schuldverhältnisse finden, bei denen ein besonderes Nähe- oder Vertrauensverhältnis der Parteien oder ihrer Angehörigen begründet wird. Die **Vereinbarkeit** dieser Ausnahme **mit dem Unionsrecht ist zweifelhaft.**[61] Sie stützt sich auf den 4. Erwägungsgrund zur RL 2000/43/EG, der betont, es sei „wichtig, dass diese Grundrechte und Grundfreiheiten, einschließlich der Vereinigungsfreiheit, geachtet werden. Ferner ist es wichtig, dass im Zusammenhang mit dem Zugang zu und der Versorgung mit Gütern und Dienstleistungen der Schutz der Privatsphäre und des Familienlebens sowie der in diesem Kontext getätigten Geschäfte gewahrt bleibt".[62] Allerdings haben diese Erwägungen im Text der Richtlinie keinen Ausdruck gefunden, sodass sie wohl nur zu deren Auslegung herangezogen werden dürfen. Wo die Richtlinie aber keinen Auslegungsspielraum eröffnet, kann es auf die Erwägungsgründe nicht ankommen.[63]

36   **b)** Ein besonderes Nähe- und Vertrauensverhältnis iS von Abs 5 S 1 erfordert eine Beziehung, die über das hinausgeht, was ohnehin jedem Schuldverhältnis an persönlichem Kontakt zugrunde liegt. Es bedarf einer **engen Bindung,** die entweder einen **starken Bezug zum Privatbereich der beteiligten Personen** beinhaltet oder aufgrund ihrer Eigenart auf dem besonderen familiären oder vergleichbaren Vertrauen der Parteien zueinander beruht.[64] Dies ist beispielsweise der Fall, wenn es sich um ein für die durch das Benachteiligungsverbot verpflichtete Person besonders bedeutendes Geschäft handelt oder wenn der Vertrag besonders engen oder lang andauernden Kontakt der Vertragspartner mit sich bringen würde.[65] Bei der **Vermietung beweglicher Sachen** ist die Anwendung dieser Ausnahmevorschrift kaum vorstellbar. Handelt es sich nämlich um einen Gegenstand, zu dem der Vermieter eine besondere persönliche Beziehung hat (zB zu einem Tier oder einem Erbstück), wird seine Anmietung in aller Regel schon nicht „der Öffentlichkeit zur Verfügung stehen" und daher wegen § 2 Abs 1 Nr 8 AGG schon nicht dem sachlichen Anwendungsbereich des Gesetzes unterliegen. Bei der **Vermietung von Grundstücken, Geschäftsräumen oder sonstigen Räumen** kann sich die Nähebeziehung der Parteien

---

59 Dies betonend *Schmidt-Futterer/Blank* Vor § 535 BGB Rn 183a.
60 Dazu § 2 AGG Rn 4f.
61 *Armbrüster* ZRP 2005, 41, 42; rechtspolitische Kritik auch bei *Eisenschmid* WuM 2006, 475, 478; keine Bedenken dagegen bei *Schmidt-Räntsch* NZM 2007, 6, 11.
62 Vgl auch den 3. Erwägungsgrund der RL 2004/113/EG.
63 Vgl auch *Schmidt-Räntsch* in: FS Blank (2006), 381, 390.
64 *Bauer/Göpfert/Krieger* § 19 AGG Rn 18.
65 BT-Drucks 16/1780, S 43.

zB daraus ergeben, dass sie unmittelbare Nachbarn sind oder die Nutzung des vermieteten Objekts auf andere Weise Auswirkungen auf die Lebensführung des Vermieters hat.[66]

Maßgebende **Personen** sind sowohl auf Vermieter- als auch auf Mieterseite die Ver- 37 tragspartner und ihre Angehörigen. Fraglich ist, ob bei der Ver- oder Anmietung durch eine juristische Person auch ihre Gesellschafter und deren Angehörige zu berücksichtigen sind; im Hinblick auf die ohnehin zweifelhafte Unionsrechtskonformität sollte dies zu verneinen sein. **Angehörige** sind dieselben Personen, für die nach § 573 Abs 2 Nr 2 BGB als Familienangehörige Eigenbedarf geltend gemacht werden kann.[67] Dazu gehören neben der oder dem Verlobten, dem Ehegatten oder eingetragenen Lebenspartner stets die Verwandten in gerader Linie (Großeltern, Eltern, Kinder, Enkel), die Verschwägerten sowie in der Seitenlinie die Verwandten bis zum dritten Grade und die Verschwägerten bis zum zweiten Grade.[68] Zu näheren Einzelheiten siehe § 573 BGB Rn 39ff.

c) Ein besonderes Nähe- oder Vertrauensverhältnis kann nach Abs 5 S 2 **bei der Ver-** 38 **mietung von Wohnraum** namentlich dadurch begründet sein, dass die Parteien oder ihre Angehörigen Wohnraum auf demselben Grundstück nutzen. Nahezu tägliche Begegnungen der Vertragsparteien erscheinen dann unvermeidbar. Die Vorschrift begründet eine **Vermutung**, die vom Benachteiligten widerlegt werden kann. „Dasselbe Grundstück" ist nicht dasjenige, das im Bestandsverzeichnis des Grundbuchs unter derselben Nummer eingetragen ist, sondern dasjenige, das durch seine Lage, Bebauung und natürliche oder künstliche Abgrenzung in der Realität als Einheit erscheint.[69] Eine Bewohnung des gleichen Gebäudes iS von § 573a BGB ist nicht erforderlich.[70] Für eine Widerlegung der Vermutung können zB die Größe des Grundstücks und die konkreten baulichen Verhältnisse streiten.[71] Beide Parteien oder ihre Angehörigen müssen Teile des Grundstücks für sich *als Wohnraum* nutzen. Eine Nutzung als Gewerberaum reicht zur Begründung der Vermutung nicht, kann aber nach *Abs 5 S 1* gleichwohl zu einem Näheverhältnis führen.

2. Schaffung oder Erhaltung sozial stabiler Bewohnerstrukturen usw (Abs 3). Ent- 39 sprechend den allgemeinen **Grundsätzen der Wohnungsbauförderung**, sozial stabile Bewohnerstrukturen, ausgewogene Siedlungsstrukturen sowie ausgeglichene wirtschaftliche, soziale und kulturelle Verhältnisse zu schaffen und zu erhalten (§ 6 Abs 1 Nr 3 und 4 WoFG) statuiert Abs 3 eine generelle Ausnahme von den Benachteiligungsverboten des Abs 1 zur Erreichung dieser Ziele. Nach Wortlaut und systematischer Stellung soll es sich nicht um einen Rechtfertigungsgrund, sondern um eine „Klarstellung" des sachlichen Anwendungsbereichs handeln.[72] Die Vereinbarkeit mit der RL 2000/43/EG und der RL 2004/113/EG ist aber mehr als zweifelhaft, da diese Richtlinien keine entsprechende Einschränkung kennen.[73] Es spricht daher einiges dafür, Abs 3 nur dann nicht auf Benachteiligungen wegen der Rasse, der ethnischen Herkunft und des Geschlechts anzuwenden, wenn es sich bei der gezielten Vermietung an bestimmte Personen oder Personengruppen um „positive Maßnahmen" iS von § 5 AGG (die auch Art 5 RL 2000/78/EG und Art 6 RL

---

66 Vgl *Schmidt-Räntsch* NZM 2007, 6, 11.
67 *Palandt/Grüneberg* § 19 AGG Rn 8; *Schmidt-Futterer/Blank* Vor § 535 BGB Rn 200.
68 BGH v. 27.1.2010 – VIII ZR 159/09, BGHZ 184, 138, 145f = NJW 2010, 1290.
69 *Gaier/Wendtland* Rn 48; *Hinz* ZMR 2006, 826, 828.
70 *Hinz* ZMR 2006, 826, 828; **aM** *Maier-Reimer* NJW 2006, 2577, 2581.
71 *Bauer/Göpfert/Krieger* § 19 AGG Rn 20.
72 *Maier-Reimer* NJW 2006, 2577, 2580.
73 *Börstinghaus* MietPrax-Aktuell, E I; *Eisenschmid* WuM 2006, 475, 477f; *Gaier/Wendtland* Rn 127; *Palandt/Grüneberg* § 19 AGG Rn 6; *Schmidt-Räntsch* in: FS Blank (2006), 381, 392.

Christian Rolfs

2004/113/EG gestatten) handelt,[74] obgleich jedenfalls mit den ersten beiden Einschränkungen das Ziel der Vorschrift weitgehend verfehlt zu werden droht.

40   Die genannten **Strukturziele** können nur von Großvermietern, die mit ihren Miethäusern ganze Straßen oder sogar Stadtviertel dominieren, erreicht werden, sodass die Ausnahme des Abs 3 allein für sie einschlägig sein kann.[75] Sie setzen zudem voraus, dass die Unternehmen ein schlüssiges Integrationskonzept erarbeitet haben, das sie mit der benachteiligenden Auswahl ihrer Mieter verfolgen.[76]

V. Verbotene Differenzierungen

41   Der Schutz vor Benachteiligungen besteht „bei der Begründung, Durchführung und Beendigung", also in allen Stadien des Schuldverhältnisses **von der Vertragsanbahnung bis zu seiner Nachwirkung.**

42   **1. Bei der Vertragsanbahnung.** Die Benachteiligungsverbote des Abs 1 sind schon bei der Anbahnung des Vertrages zu beachten. Sie verbieten dem Vermieter nicht, seine Annoncen nur auf bestimmte Art und Weise bekannt zu machen und damit gezielt einen bestimmten Kundenkreis anzusprechen. Es steht ihm frei, nur in Tageszeitungen mit „gehobenem" Niveau zu inserieren oder nur Chiffreanzeigen zu schalten, weil darin keine – auch keine mittelbare – Benachteiligung wegen einer der in Abs 1 genannten Gründe liegt. Zwar verpflichtet das AGG nicht dazu, mit finanziellem Aufwand Behinderten einen barrierefreien Zugang zu ermöglichen,[77] zumal § 554a BGB die entsprechenden Kosten eindeutig dem Mieter aufbürdet,[78] allerdings kann eine **gezielte Verhinderung geschäftlicher Kontakte** mit bestimmten Personengruppen einen Verstoß gegen das Benachteiligungsverbot darstellen.[79]

43   **2. Beim Vertragsabschluss.** Die größte praktische Bedeutung kommt den Benachteiligungsverboten beim Abschluss des Mietvertrages zu. Hier ist zunächst nochmals darauf hinzuweisen, dass das Verbot der Diskriminierung wegen der Rasse und der ethnischen Herkunft unbeschadet der Abs 3 und 5 von *allen*, die Diskriminierungsverbote wegen der übrigen Merkmale dagegen nur bei Massen- und massenähnlichen Geschäften (Abs 1 Nr 1), in der Regel also nur von Großvermietern (Abs 5 S 3), beachtet zu werden brauchen.[80]

44   **Unzulässig** ist es, nach den Kriterien des Abs 1 unmittelbar oder mittelbar ohne sachlich gerechtfertigten Grund (§ 20) zu differenzieren. Eine ablehnende Haltung gegenüber **Ausländern** kann eine (weil formal an die Staatsangehörigkeit anknüpfende) mittelbare, aber auch eine (weil in Wahrheit eben nicht an die Staatsangehörigkeit, sondern an die ethnische Herkunft anknüpfende) unmittelbare Benachteiligung (§ 3 Abs 2 bzw Abs 1 AGG) sein.[81] Bei der Ablehnung fremdländischer, zB türkischer, Mietinteressenten liegt zudem eine mittelbare Benachteiligung wegen der Religion nahe.

45   **Zulässig** sind Differenzierungen in den Fällen des Abs 3 (oben Rn 39f), des Abs 5 S 1 und 2 (oben Rn 35ff), als positive Maßnahmen nach § 5 sowie mit sachlich gerechtfertigtem

---

74 *Hinz* ZMR 2006, 826, 828; *Metzger* WuM 2007, 47, 49.
75 *Bauer/Göpfert/Krieger* § 19 AGG Rn 14.
76 *Bauer/Göpfert/Krieger* § 19 AGG Rn 14; *Eisenschmid* WuM 2006, 475, 478; *Warnecke* DWW 2006, 268, 272.
77 *Palandt/Ellenberger* § 1 AGG Rn 8.
78 § 554a BGB Rn 12.
79 *Schwab* DNotZ 2006, 649, 659.
80 Näher oben Rn 27ff.
81 Oben Rn 8ff.

Christian Rolfs

Grund (§ 20, in den Fällen mittelbarer Benachteiligung auch § 3 Abs 2 HS 2 AGG). In den meisten Fällen dürfte der Streit um die sachliche Rechtfertigung der Benachteiligung im Vordergrund stehen.[82]

3. Bei der Durchführung des Vertrages. Demgegenüber treten bei der Durchfüh- 46 rung des Mietvertrages wohl nur selten Probleme auf, die ihre Ursache in einem der in Abs 1 genannten Kriterien finden. Die **Erlaubnis zur Untervermietung** darf nicht aus einem der in Abs 1 genannten Gründen untersagt werden, und zwar weder in Bezug auf die Person des Hauptmieters noch diejenige des Untermieters und seiner Angehörigen. Unzulässig ist es auch, wenn der Vermieter bei **Mieterhöhungen** diskriminiert und diese nur gegenüber bestimmten Personengruppen oder ihnen gegenüber stärker als gegenüber anderen vornimmt, selbst wenn er sich dabei in dem nach § 558 BGB erlaubten Rahmen hält.[83] Auf die umfangreiche Rechtsprechung zum Recht des Mieters, unter bestimmten Voraussetzungen eine **Parabolantenne** zum Empfang muttersprachlicher Programme zu installieren, sei hingewiesen.[84] Der Vermieter darf seinen Anspruch auf Beseitigung solcher Antennen nicht herausgreifend, gegenüber einzelnen Mietern (zB Ausländern) verfolgen. Zur schlüssigen Darlegung muss er vielmehr in ausreichendem Maße vortragen, auch gegen die übrigen Mieter den Beseitigungsanspruch zu haben und zu verfolgen.[85]

4. Bei der Vertragsbeendigung. Eine **Kündigung** des Mietvertrages aus einem dis- 47 kriminierenden Motiv verstößt gegen ein gesetzliches Verbot und ist daher unwirksam (§ 134 BGB), und zwar selbst dann, wenn der Vermieter nach den Bestimmungen des BGB entweder gar keinen Kündigungsgrund braucht[86] (wie bei der ordentlichen Kündigung des Mietverhältnisses über andere Sachen als Wohnräume) oder ihm ein solcher zwar zusteht, das Kündigungsmotiv aber in einer nach Abs 1 geschützten persönlichen Eigenschaft des Mieters liegt. Dabei kann die *Vermutung* einer ungerechtfertigten Benachteiligung dadurch begründet sein, dass der Vermieter bei bestimmten Mietern, zB Ausländern, Zahlungsverzug sofort zum Anlass einer ordentlichen oder außerordentlichen Kündigung nimmt, während er bei anderen erstaunlichen Langmut an den Tag legt.[87] Zur Darlegungs- und Beweislast in diesen Fällen siehe § 22.

Kündigt der Vermieter wegen **Eigenbedarfs,** so darf er grundsätzlich frei wählen, 48 welche der geeigneten vermieteten Wohnungen er beziehen möchte.[88] Der Vermieter muss aber nicht nur vernünftige und nachvollziehbare Gründe für die Inanspruchnahme der gekündigten Wohnung haben, er darf bei seiner Auswahl zudem nicht gegen § 19 AGG verstoßen.[89] Andernfalls verstößt die Kündigung gegen ein gesetzliches Verbot und ist damit nichtig (§ 134 BGB).[90]

Beim Abschluss eines **Aufhebungsvertrages** wird die Frage der Stellung eines akzep- 49 tablen Nachmieters im Vordergrund stehen. Die Frage der Zumutbarkeit des Nachmieters für den Vermieter ist nach Auffassung des BGH aufgrund einer Würdigung aller Umstände

---

82 Näher § 20 AGG Rn 3ff.
83 *Hinz* ZMR 2006, 826, 829.
84 Nachweise bei § 535 BGB Rn 25; *Schmidt-Futterer/Eisenschmid* § 535 BGB Rn 468ff.
85 BVerfG NZM 2007, 125.
86 Vgl BAG AP Nr 9 zu § 242 BGB Kündigung = NZA 1994, 1080.
87 *Hinz* ZMR 2006, 826, 829; *Schmidt-Räntsch* NZM 2007, 6, 15.
88 BGHZ 126, 357, 366 = NJW 1994, 2542; OLG Düsseldorf WuM 1993, 49; *Blank/Börstinghaus/Blank* § 573 BGB Rn 93; MünchKomm/*Häublein* § 573 BGB Rn 70; *Staudinger/Rolfs* (2011) § 573 BGB Rn 140.
89 *Staudinger/Rolfs* (2011) § 573 BGB Rn 141.
90 *Hinz* ZMR 2006, 826, 829.

Christian Rolfs

des Einzelfalles zu beantworten,[91] dabei darf der Vermieter allerdings keine Ablehnungsgründe geltend machen, die zu einer ungerechtfertigten Benachteiligung des Mietinteressenten führen würden.[92]

§ 20
Zulässige unterschiedliche Behandlung

(1) Eine Verletzung des Benachteiligungsverbots ist nicht gegeben, wenn für eine unterschiedliche Behandlung wegen der Religion, einer Behinderung, des Alters, der sexuellen Identität oder des Geschlechts ein sachlicher Grund vorliegt. Das kann insbesondere der Fall sein, wenn die unterschiedliche Behandlung
1. **der Vermeidung von Gefahren, der Verhütung von Schäden oder anderen Zwecken vergleichbarer Art dient,**
2. **dem Bedürfnis nach Schutz der Intimsphäre oder der persönlichen Sicherheit Rechnung trägt,**
3. **besondere Vorteile gewährt und ein Interesse an der Durchsetzung der Gleichbehandlung fehlt,**
4. **an die Religion eines Menschen anknüpft und im Hinblick auf die Ausübung der Religionsfreiheit oder auf das Selbstbestimmungsrecht der Religionsgemeinschaften, der ihnen zugeordneten Einrichtungen ohne Rücksicht auf ihre Rechtsform sowie der Vereinigungen, die sich die gemeinschaftliche Pflege einer Religion zur Aufgabe machen, unter Beachtung des jeweiligen Selbstverständnisses gerechtfertigt ist.**
(2) Kosten im Zusammenhang mit Schwangerschaft und Mutterschaft dürfen auf keinen Fall zu unterschiedlichen Prämien oder Leistungen führen. Eine unterschiedliche Behandlung wegen der Religion, einer Behinderung, des Alters oder der sexuellen Identität ist im Falle des § 19 Abs. 1 Nr. 2 nur zulässig, wenn diese auf anerkannten Prinzipien risikoadäquater Kalkulation beruht, insbesondere auf einer versicherungsmathematisch ermittelten Risikobewertung unter Heranziehung statistischer Erhebungen.

Schrifttum

Derleder Vertragsanbahnung und Vertragsabschluss über Mietwohnungen und die Diskriminierungsverbote des AGG, NZM 2007, 625; *ders/Sabetta* Die Umsetzung eines Diskriminierungsverbots im Wohnraummietrecht, WuM 2005, 3; *Hinz* Allgemeines Gleichbehandlungsgesetz – Überlegungen zur Umsetzung in der mietrechtlichen Praxis, ZMR 2006, 742 und 826; *Kühner* Das Recht auf Zugang zu Gaststätten und das Verbot der Rassendiskriminierung, NJW 1986, 1397; *Lohse* „Türken ist der Zutritt verboten" – Volksverhetzung durch Zugangsverweigerung, NJW 1985, 1677; *Looschelders* Diskriminierung und Schutz vor Diskriminierung im Privatrecht, JZ 2012, 105; *Maier-Reimer* Das Allgemeine Gleichbehandlungsgesetz im Zivilrechtsverkehr, NJW 2006, 2577; *Rolfs* Allgemeine Gleichbehandlung im Mietrecht, NJW 2007, 1489; *Schiess Rütimann* Vertragsver-

---

91 BGH NJW 2003, 1246; vgl ferner OLG Düsseldorf WuM 1995, 391; OLG Hamburg DWW 1987, 71; OLG Hamm WuM 1995, 577; OLG Karlsruhe NJW 1981, 1741; OLG München NJW-RR 1995, 393; OLG München NZM 2003, 23; OLG Oldenburg WuM 1981, 125; OLG Oldenburg WuM 1982, 124; *Kandelhard* NZM 2004, 846, 847f.
92 *Derleder* NZM 2007, 625, 630; übersehen von *Schmidt-Futterer/Blank* Nach § 542 BGB Rn 19, der es zulassen will, dass der Vermieter nur an bestimmte Bevölkerungsgruppen, zB ältere Ehepaare vermietet (und damit sowohl wegen des Alters als auch wegen der sexuellen Ausrichtung diskriminiert, was nur Kleinvermietern mit bis zu 50 Wohnungen gestattet ist).

weigerung gegenüber ausländischen Mietinteressenten, WuM 2006, 12; *Schmidt-Räntsch* Auswirkungen des Allgemeinen Gleichbehandlungsgesetzes auf das Mietrecht, NZM 2007, 6. Vgl auch zu § 1 AGG.

I. Allgemeines

Die Vorschrift eröffnet die Möglichkeit einer **sachlichen Rechtfertigung** der Benach- **1** teiligung und nennt **exemplarisch Gründe**. Für das Mietrecht ist allein Abs 1 von Belang; Abs 2 betrifft nur Versicherungsverträge.

Gerechtfertigt sein können nur Verstöße gegen das Verbot der Benachteiligung **2** wegen der Religion, einer Behinderung, des Alters, der sexuellen Identität oder des Geschlechts. Für Benachteiligungen wegen der Rasse oder der ethnischen Herkunft gibt es demgegenüber (außer in den Fällen nur mittelbarer Diskriminierungen nach § 3 Abs 2 HS 2 AGG) in Übereinstimmung mit der RL 2000/78/EG keine Rechtfertigung.

II. Sachliche Gründe (Abs 1)

Die sachliche Rechtfertigung einer Benachteiligung kann sich aus der Art des Schuld- **3** verhältnisses, aus Umständen in den Sphären des Vermieters oder des Mieters ergeben.[1] Ein sachlicher Grund erfordert, dass der Handelnde ein nachvollziehbares und nicht offensichtlich willkürliches Ziel mit der Ungleichbehandlung verfolgt.[2] Die in den Nrn 1 bis 4 genannten Gründe sind nur exemplarisch, aber nicht abschließend. Sie sind aber bei der Anerkennung anderer Gründe insoweit zu berücksichtigen, als diese ein vergleichbar erhebliches Gewicht aufweisen müssen.[3]

Fraglich ist, inwieweit auch **wirtschaftliche Interessen** berücksichtigungsfähig **4** sind. So mag ein Vermieter Sorge haben, dass er bei der Vermietung an bestimmte Personen den Marktwert seiner übrigen im Haus gelegenen Wohnungen schmälert und damit bei deren Wiedervermietung geringere Mieten zu erzielen vermag, uU kann er sogar befürchten, dass einzelne Mieter ausziehen.[4] Nach einer in der Literatur vertretenen Auffassung stellen solche Erwägungen einen Rechtfertigungsgrund dar, wenn zB bei Einzug eines Ausländers ernsthaft zu erwarten ist, dass andere Mieter das Mietverhältnis über ansonsten schwer vermietbare Wohnungen kündigen.[5] Dem kann jedoch nicht beigetreten werden. Ziel des AGG ist es, Diskriminierungen insgesamt zu unterbinden. Der Vermieter kann sich daher nicht darauf berufen, dass nicht er, sondern ein Teil seiner Mieter Rassisten etc sind,[6] zumal gerade wegen der Rasse und der ethnischen Herkunft eine Rechtfertigung der Benachteiligung nach § 20 AGG ohnehin nicht in Betracht kommt (Rn 2). Dement-

---

1 *Palandt/Grüneberg* § 20 AGG Rn 2.
2 *Maier-Reimer* NJW 2006, 2577, 2581.
3 Vgl auch § 19 AGG Rn 15.
4 *Hinz* ZMR 2006, 742, 745.
5 *Derleder* NZM 2007, 625, 632; *Derleder/Sabetta* WuM 2005, 3, 7f.
6 *Hinz* ZMR 2006, 742, 745; *Rolfs* NJW 2007, 1489, 1493; *Schiess Rütimann* WuM 2006, 12, 14.

Christian Rolfs

sprechend ist auch im Arbeitsrecht anerkannt, dass der Arbeitgeber Stellenbewerber nicht wegen der Erwartungshaltung seiner Kunden benachteiligen darf.[7]

5 **1. Vermeidung von Gefahren (Nr 1).** Abs 1 Nr 1 rechtfertigt eine unterschiedliche Behandlung zur Vermeidung von Gefahren, Verhütung von Schäden oder zu anderen Zwecken vergleichbarer Art. Die getroffene Maßnahme muss zur Erreichung des Ziels geeignet und erforderlich sein, wobei dem Vermieter wegen der **notwendigen Prognose** ein gewisser Einschätzungsspielraum zuzugestehen ist.[8] Allerdings muss sich die Maßnahme gegen den **potenziellen Störer** (zB den Mietinteressenten, der eine fanatische religiöse Haltung erkennen lässt)[9] richten, die Benachteiligung Dritter ist unzulässig.[10] Der Abschluss eines Mietvertrages darf daher nicht mit der Begründung verweigert werden, es drohten Auseinandersetzungen mit anderen Mietern, die *von diesen* ausgehen könnten. Zudem ist zu berücksichtigen, dass *behinderte Mieter* nach § 554a BGB Anspruch auf Zustimmung zum barrierefreien Umbau der Wohnung und des Zugangs zu ihr haben. Damit stehen zu ihren Gunsten mildere Mittel als die Verweigerung des Vertragsabschlusses zur Verfügung, um ihnen einen gefahrlosen Zugang zu ihrer Wohnung zu ermöglichen.

6 **2. Besonderes Schutzbedürfnis (Nr 2).** Das sachlich gerechtfertigte Interesse nach dem Schutz der Intimsphäre oder der persönlichen Sicherheit dürfte im Mietrecht keine eigenständige Bedeutung erlangen, da in den einschlägigen Fällen (etwa der Untervermietung eines Zimmers in der vom Vermieter selbst bewohnten Wohnung) schon der sachliche Anwendungsbereich des Benachteiligungsverbots wegen des besonderen Nähe- oder Vertrauensverhältnisses der Parteien oder ihrer Angehörigen zueinander (§ 19 Abs 5 S 1 AGG), insbesondere des Bewohnens desselben Grundstücks (§ 19 Abs 5 S 2 AGG) gar nicht eröffnet ist.

7 **3. Gewährung besonderer Vorteile (Nr 3).** Nr 3 erfasst diejenigen Fälle, in denen Personen wegen einer Behinderung, der Religion, des Alters, der sexuellen Identität oder des Geschlechts ein besonderer Vorteil gewährt wird. Mit dieser Bevorzugung – meist wird es sich um Preisnachlässe oder andere Sonderkonditionen bei der Anbahnung, Durchführung oder Beendigung von Massengeschäften handeln – ist notwendigerweise eine Benachteiligung aller anderen verbunden. Hier besteht nach Auffassung des Gesetzgebers kein Anlass, den Grundsatz der Gleichbehandlung durchzusetzen.[11] Die gewährten Vergünstigungen reagierten nämlich entweder darauf, dass bestimmte Gruppen typischerweise weniger leistungsfähig sind, oder die Vergünstigungen bezweckten die gezielte Ansprache von Kundenkreisen, die der Anbieter anlocken möchte. Diese Maßnahmen seien also nicht diskriminierend, sondern im Gegenteil sozial erwünscht bzw Bestandteil einer auf Wettbewerb beruhenden Wirtschaft. **Beispielsweise** kann ein Vermieter von Videokassetten, DVDs etc für junge Kunden, die typischerweise noch Schüler oder Studenten sind und über kein oder nur ein geringes Einkommen verfügen, günstigere Mietpreise offerieren als für andere Mieter, auch wenn darin eine Benachteiligung wegen des Alters liegt.

---

7 EuGH Slg 2008, I-5187 = NJW 2008, 2767; BVerfG NZA 2003, 959; BAG AP Nr 44 zu § 1 KSchG 1969 Verhaltensbedingte Kündigung = NZA 2003, 483.
8 *Palandt/Grüneberg* § 20 AGG Rn 3.
9 *Hinz* ZMR 2006, 742, 746.
10 *Lohse* NJW 1985, 1677, 1680; *Kühner* NJW 1986, 1397, 1400f.
11 BT-Drucks 16/1780, S 44.

Nicht gerechtfertigt ist es allerdings, wenn die Gewährung gezielter Vorteile dazu 8
dient, eine diskriminierende Verhaltensweise bei Massengeschäften nur zu tarnen. Das
wäre etwa bei einer Preisgestaltung denkbar, bei der das regulär geforderte Entgelt weit
über dem Marktpreis liegt, sodass es dem Anbietenden im Ergebnis nur darum geht, den
Kundenkreis auf diejenigen Personen zu beschränken, die Adressaten der „besonderen
Vorteile" (tatsächlich aber des Normalpreises) sind.[12]

4. Vermietung durch Religionsgemeinschaften (Nr 4). Der Rechtfertigungsgrund 9
des Abs 1 Nr 4 betrifft nur Religionsgemeinschaften (Art 140 GG iV mit Art 137 Abs 3 WRV),
die ihnen zugeordneten Einrichtungen ohne Rücksicht auf ihre Rechtsform (zB Caritas,
Diakonie) sowie die Vereinigungen, die sich die gemeinschaftliche Pflege einer Religion
zur Aufgabe machen.[13] Sie sind berechtigt, an die **Religion** eines Menschen anzuknüpfen,
wenn dies im Hinblick auf die Ausübung der Religionsfreiheit oder ihr Selbstbestimmungsrecht unter Beachtung des jeweiligen Selbstverständnisses gerechtfertigt ist. Zu beachten
ist, dass Nr 4 nur Differenzierungen wegen der Religion gestattet, eine Benachteiligung
aus anderen Gründen (zB wegen des Geschlechts oder der sexuellen Ausrichtung) ermöglicht die Vorschrift selbst dann nicht, wenn das Selbstverständnis der Gemeinschaft eine
Differenzierung gebietet.

§ 21

Ansprüche

**(1) Der Benachteiligte kann bei einem Verstoß gegen das Benachteiligungsver-
bot unbeschadet weiterer Ansprüche die Beseitigung der Beeinträchtigung verlangen. Sind weitere Beeinträchtigungen zu besorgen, so kann er auf Unterlassung
klagen.**
**(2) Bei einer Verletzung des Benachteiligungsverbots ist der Benachteiligende
verpflichtet, den hierdurch entstandenen Schaden zu ersetzen. Dies gilt nicht, wenn
der Benachteiligende die Pflichtverletzung nicht zu vertreten hat. Wegen eines
Schadens, der nicht Vermögensschaden ist, kann der Benachteiligte eine angemessene Entschädigung in Geld verlangen.**
(3) Ansprüche aus unerlaubter Handlung bleiben unberührt.
**(4) Auf eine Vereinbarung, die von dem Benachteiligungsverbot abweicht, kann
sich der Benachteiligende nicht berufen.**
**(5) Ein Anspruch nach den Absätzen 1 und 2 muss innerhalb einer Frist von zwei
Monaten geltend gemacht werden. Nach Ablauf der Frist kann der Anspruch nur
geltend gemacht werden, wenn der Benachteiligte ohne Verschulden an der Einhaltung der Frist verhindert war.**

Schrifttum

Armbrüster Antidiskriminierungsgesetz – Ein neuer Anlauf, ZRP 2005, 41; *ders* Bedeutung des Allgemeinen Gleichbehandlungsgesetzes für private Versicherungsverträge, VersR 2006, 1297; *Birnbaum* Haus-

---

12 BT-Drucks 16/1780, S 44.
13 Vgl dazu BVerfGE 46, 73, 85f = NJW 1978, 581; BVerfGE 53, 366, 391 = NJW 1980, 1895; BVerfGE 57, 220, 242
= NJW 1981, 1829; BVerfGE 70, 138, 162 = NJW 1986, 367.

Christian Rolfs

meister diskriminiert bei Wohnungsbesichtigung: Vermieter hätte anstelle des Verwalters gehaftet, GE 2009, 761; *Derleder* Vertragsanbahnung und Vertragsabschluss über Mietwohnungen und die Diskriminierungsverbote des AGG, NZM 2007, 625; *ders* Gleichbehandlung im Abseits des Wohnungsmarkts, NZM 2009, 310; *ders/Sabetta* Die Umsetzung eines Diskriminierungsverbots im Wohnraummietrecht, WuM 2005, 3; *Gaier/Wendtland* Allgemeines Gleichbehandlungsgesetz (2006); *Hinz* Allgemeines Gleichbehandlungsgesetz – Überlegungen zur Umsetzung in der mietrechtlichen Praxis, ZMR 2006, 742 und 826; *Leible/Schlachter* Diskriminierungsschutz durch Privatrecht (2006); *Maier-Reimer* Das Allgemeine Gleichbehandlungsgesetz im Zivilrechtsverkehr, NJW 2006, 2577; *Rolfs* Allgemeine Gleichbehandlung im Mietrecht, NJW 2007, 1489; *Schmidt-Räntsch* Auswirkungen des Allgemeinen Gleichbehandlungsgesetzes auf das Mietrecht, NZM 2007, 6; *Thüsing/von Hoff* Vertragsschluss als Folgenbeseitigung: Kontrahierungszwang im zivilrechtlichen Teil des Allgemeinen Gleichbehandlungsgesetzes, NJW 2007, 21; *Wagner/Potsch* Haftung für Diskriminierungsschäden nach dem Allgemeinen Gleichbehandlungsgesetz, JZ 2006, 1085; *Warnecke* Das Allgemeine Gleichbehandlungsgesetz (AGG), DWW 2006, 268; *ders* Anspruchsgegner eines Schadensersatzanspruches nach dem AGG, WuM 2009, 391; *Zorn* Die Auswirkungen des AGG bei der Stellung eines Nachmieters durch den Mieter, WuM 2006, 591. Vgl auch zu § 1 AGG.

Systematische Übersicht

I. Allgemeines

1   Das Gesetz räumt dem ungerechtfertigt Benachteiligten verschiedenartige privatrechtliche Ansprüche ein. An die erste Stelle stellt es in Abs 1 S 1 den **Anspruch auf Beseitigung der Benachteiligung**. Sind weitere Beeinträchtigungen zu besorgen, so kann der Benachteiligte auch auf **Unterlassung** klagen (Abs 1 S 2). Zudem kann der Ersatz des **materiellen** und des **immateriellen Schadens** beansprucht werden (Abs 2), Letzterer sogar dann, wenn der Schuldner die Benachteiligung nicht zu vertreten hat. Unter den allgemeinen Voraussetzungen der §§ 823ff BGB kann der Geschädigte zudem Schadensersatz wegen unerlaubter Handlung beanspruchen (Abs 3). Abs 5 statuiert schließlich eine **Ausschlussfrist** von zwei Monaten für die Geltendmachung der Ansprüche aus Abs 1 und 2.

II. Beseitigung der Beeinträchtigung (Abs 1 S 1)

2   Der Benachteiligte kann die Beseitigung der Beeinträchtigung **für die Zukunft** verlangen. Abs 1 S 1 räumt ihm demgegenüber keinen Anspruch auf Herstellung des fiktiven Zustandes ein, der ohne die Diskriminierung bestünde, auch wenn sich dies hier – anders als im arbeitsrechtlichen Teil des Gesetzes (§ 15 Abs 6 AGG) – nicht unmittelbar aus dem Wortlaut des Gesetzes ergibt. Ein derartiger Herstellungsanspruch einschließlich eines **Kontrahierungszwangs** (Anspruch auf Abgabe der auf den Vertragsabschluss gerichteten Willenserklärung) kann daher nur nach Maßgabe der Abs 2 oder 3 verlangt werden.[1]

---

1 *Gaier/Wendtland* Rn 191ff; *Maier-Reimer* NJW 2006, 2577, 2582; *Palandt/Grüneberg* § 21 AGG Rn 3; *Schmidt-Futterer/Blank* Vor § 535 BGB Rn 222; **aM** *Bauer/Göpfert/Krieger* § 21 AGG Rn 6; *Schmidt-Räntsch* NZM 2007, 6, 13; *Thüsing/von Hoff* NJW 2007, 21ff; *Wagner/Potsch* JZ 2006, 1085, 1098; *Warnecke* DWW 2006, 268, 273f.

Voraussetzung des Anspruchs ist lediglich ein objektiver Verstoß des Schuldners 3
gegen das Benachteiligungsverbot des § 19 AGG, auf sein Verschulden oder Vertretenmüssen kommt es – wie bei § 1004 BGB – nicht an.[2] Der Anspruch besteht aber nicht, wenn die Benachteiligung außerhalb des sachlichen Anwendungsbereichs des Gesetzes erfolgte oder sie nach § 3 Abs 2 HS 2 oder § 20 AGG gerechtfertigt war.

III. Unterlassung (Abs 1 S 2)

Entsprechend § 1004 BGB hat der ohne sachliche Rechtfertigung Benachteiligte einen 4
Anspruch auf Unterlassung zukünftiger Diskriminierungen, wenn solche drohen. Über den Wortlaut von Abs 1 S 2 hinaus genügt schon eine **Erstbegehungsgefahr**, eine Wiederholungsgefahr ist nicht erforderlich. Allerdings begründet ein bereits erfolgter Eingriff die Vermutung, dass die Gefahr der Wiederholung besteht.

IV. Ersatz materieller Schäden (Abs 2 S 1 und 2, Abs 3)

1. Für den Ersatz materieller Schäden trifft Abs 2 S 1 eine eng an § 280 Abs 1 BGB 5
angelehnte Regelung.[3] Die dort zur Entstehung des Schadens, zum Ursachenzusammenhang zwischen Verstoß und Schaden sowie die im Rahmen der §§ 249ff BGB geltenden Regeln zur Höhe des Schadens finden daher (entsprechende) Anwendung. Anders als bei § 280 BGB bedarf es allerdings für den Anspruch aus § 19 AGG keines (bestehenden oder beabsichtigten) Schuldverhältnisses. Anspruchsgegner kann daher nicht nur der Vermieter selbst sein, sondern auch derjenige, der dem Mieter oder Mietinteressenten gegenüber aufgetreten ist und ihn benachteiligt hat (zB Makler, Hausverwalter, Hausmeister)[4]. Der Anspruch besteht nur, wenn der Schuldner die Pflichtverletzung **zu vertreten hat**. Dies wird – wie nach § 280 Abs 1 S 2 BGB – allerdings vermutet, wenn die objektive Pflichtverletzung feststeht. Das Verschulden seines gesetzlichen Vertreters oder eines Erfüllungsgehilfen muss der Schuldner sich nach § 278 BGB zurechnen lassen,[5] das Fehlverhalten eines Organmitglieds einer juristischen Person wird dieser nach § 31 BGB zugerechnet.

Fraglich ist, ob der **Mieter**, der einen Nach- oder Ersatzmieter sucht, **Erfüllungsge-** 6
hilfe des Vermieters ist. Wäre dies zu bejahen, müsste sich der Vermieter Diskriminierungen durch den Mieter zurechnen lassen, selbst Schadensersatz leisten und könnte allenfalls Regress bei dem Mieter nehmen. Im Schrifttum wird diesbezüglich die Auffassung vertreten, der Mieter werde bei der Nachmietersuche quasi wie ein Makler des Vermieters tätig.[6] Dem kann indessen nicht beigetreten werden. Unabhängig davon, ob die Parteien bereits im Mietvertrag eine Ersatzmieterklausel vereinbart haben oder ob dies nicht der Fall ist, wird der Mieter *in einer eigenen Angelegenheit* tätig. Er erfüllt mit der Stellung eines geeigneten Nachmieters eine *ihm obliegende* Voraussetzung zur Geltendmachung des vertraglichen oder gesetzlichen Anspruchs auf Abschluss des von ihm begehrten Mietaufhebungsvertrages. Benachteiligungen durch ihn muss sich der Vermieter daher nicht zurech-

---

2 *Palandt/Grüneberg* § 21 AGG Rn 3.
3 *Schmidt-Räntsch* NZM 2007, 6, 13.
4 *Derleder* NZM 2007, 625, 630; *ders* NZM 2009, 310, 311f; *Warnecke* WuM 2009, 391f; offen gelassen von OLG Köln NJW 2010, 1676; **aM** LG Aachen NZM 2009, 318.
5 BT-Drucks 16/1780, S 38; BAG AP Nr 23 zu § 611a BGB = NZA 2004, 540; *Birnbaum* GE 2009, 761.
6 *Zorn* WuM 2006, 591, 592.

nen lassen.[7] Zum Fall der Diskriminierung durch den Vermieter selbst, der einen an sich geeigneten Nachmieter unter Verstoß gegen § 19 Abs 1 AGG ablehnt, siehe Rn 11.

7   **2.** Da die Vorschriften über unerlaubte Handlungen (§§ 823ff BGB) unberührt bleiben, wie Abs 3 klarstellt, kann der Benachteiligte auch nach diesen Vorschriften Schadensersatz beanspruchen.[8] Allerdings stellt § 19 AGG kein Schutzgesetz iS von § 823 Abs 2 BGB dar,[9] sodass Ansprüche nur dann bestehen, wenn sich die Benachteiligung zugleich als eine Verletzung des **allgemeinen Persönlichkeitsrechts** als eines nach § 823 Abs 1 BGB geschützten „sonstigen Rechts" darstellt.[10] Voraussetzung ist zudem, dass der Schuldner die unerlaubte Handlung selbst verschuldet hat, was vom Benachteiligten darzulegen und zu beweisen ist.

8   Gegen den **Geschäftsherrn** eines **Verrichtungsgehilfen** können deliktische Ansprüche nach Maßgabe von § 831 BGB bestehen,[11] allerdings kann der Geschäftsherr den Exkulpationsbeweis führen, dass er den Gehilfen ordnungsgemäß ausgewählt und überwacht hat (§ 831 Abs 1 S 2 BGB).

9   **3.** Da § 249 Abs 1 BGB den **Grundsatz der Naturalrestitution** statuiert, stellt sich die Frage, ob der Benachteiligte als Schadensersatz Anspruch auf Abschluss des ihm verwehrten Vertrages haben kann. Sie ist hier – anders als im Rahmen von Abs 1 S 1 (oben Rn 2) – grundsätzlich zu bejahen.[12] Der **Schaden** des zu Unrecht Benachteiligten kann nämlich darin bestehen, dass ein Vertrag nicht zustande gekommen ist, sodass der Benachteiligende aus § 19 Abs 2 AGG iV mit § 249 Abs 1 BGB einem **Kontrahierungszwang** unterliegt.

10   Allerdings ergeben sich aus § 275 BGB **Grenzen** dieses Anspruchs: Besteht die Benachteiligung in der verweigerten **Eingehung eines Mietverhältnisses,** kommt eine Verurteilung des Vermieters zur Abgabe der auf den Vertragsabschluss gerichteten Willenserklärung nur in Betracht, wenn ihm die Vermietung des Objekts noch möglich ist.[13] So werden die Dinge regelmäßig bei der Vermietung beweglicher Sachen liegen, über die der Vermieter mehrfach verfügt. Bei der Vermietung von Räumen einschließlich Wohnräumen sowie von Grundstücken scheidet ein Kontrahierungszwang dagegen aus, wenn die Immobilie bereits an einen anderen Interessenten vermietet worden ist. Der Benachteiligte ist dann auf Schadensersatz in Geld (§ 251 Abs 1 BGB) verwiesen. Unerheblich ist, ob der Vermieter über ein (freies) vergleichbares Objekt, zB über eine ähnliche Wohnung auf einer anderen Etage oder im Nachbarhaus verfügt. Der Abschluss eines solchen Mietvertrages kann im Wege des Schadensersatzes nicht beansprucht werden. Hier muss der Benachteiligte ggf zuwarten, bis der Vermieter diese Wohnung öffentlich anbietet (§ 2 Abs 1 Nr 8 AGG), um dann – uU im Verfahren der einstweiligen Verfügung – Unterlassung der Vermietung an einen Dritten (Abs 1 S 2) und Vermietung an sich selbst zu verlangen.

11   Einfacher liegen die Dinge, wenn der Vermieter dem **Abschluss eines Aufhebungsvertrages** nicht zugestimmt hat, weil er den oder die vom Mieter gestellten Nachmieter

---

7 *Rolfs* NJW 2007, 1489, 1493.
8 Vgl OLG Köln NJW 2010, 1676: Verletzung des allgemeinen Persönlichkeitsrechts durch Bezeichnung des Mietinteressenten als „Neger, äh Schwarzafrikaner".
9 *Bauer/Göpfert/Krieger* § 21 AGG Rn 14, § 7 AGG Rn 7; **aM** *Gaier/Wendtland* Rn 241; *Maier-Reimer* NJW 2006, 2577, 2582.
10 *Bauer/Göpfert/Krieger* § 15 AGG Rn 66.
11 OLG Köln NJW 2010, 1676.
12 *Derleder/Sabetta* WuM 2005, 3, 6; *Maier-Reimer* NJW 2006, 2577, 2582; **aM** *Börstinghaus* MietPrax-Aktuell, G II 1; *Looschelders* JZ 2012, 105, 111.
13 *Schmidt-Räntsch* NZM 2007, 6, 14; *Thüsing/von Hoff* NJW 2007, 21, 24f; *Wagner/Potsch* JZ 2006, 1085, 1098.

Christian Rolfs

unter Verstoß gegen § 19 AGG nicht akzeptiert hat. Hier steht § 275 BGB der Verurteilung des Vermieters zur Abgabe der auf den Aufhebungsvertrag gerichteten Willenserklärung nicht entgegen.

V. Entschädigung für immaterielle Beeinträchtigungen (Abs 2 S 3, Abs 3)

1. Abs 2 S 3 normiert einen **verschuldensunabhängigen**[14] **Entschädigungsan-** 12 **spruch** für Benachteiligungen aus einem der in § 19 Abs 1 AGG genannten Gründe. **Voraussetzung** ist lediglich der objektive Verstoß gegen das Benachteiligungsverbot (§§ 3, 19 Abs 1) ohne sachliche Rechtfertigung (§ 3 Abs 2 HS 2, § 20) im sachlichen Geltungsbereich des Gesetzes (§ 2 Abs 1 Nr 8, § 19 Abs 3 und 5 AGG), der keine positive Maßnahme iS von § 5 AGG darstellt. Die Statuierung eines Verschuldenserfordernisses als Anspruchsvoraussetzung wäre mit der RL 2000/78/EG nicht vereinbar,[15] allerdings ist das Maß des Verschuldens bei der Höhe der Entschädigung zu berücksichtigen. Wie bei den Ansprüchen auf materiellen Schadensersatz[16] können auch hier sowohl der Vermieter als auch seine Hilfspersonen passivlegitimiert sein.

Die Entschädigung muss **angemessen** sein, dh dem Benachteiligten Genugtuung für 13 die zugefügte Herab- oder Zurücksetzung verschaffen.[17] Sie ist außerdem so zu bemessen, dass sie als Sanktion „wirksam, verhältnismäßig und abschreckend" (Art 15 RL 2000/78/EG, Art 14 RL 2004/113/EG) neuen Diskriminierungen vorbeugt.

2. In Anspruchskonkurrenz hierzu kann bei schwerwiegenden Benachteiligungen, die 14 das allgemeine Persönlichkeitsrecht und damit ein iS von § 823 Abs 1 BGB absolut geschütztes Recht des Gläubigers verletzen, billige Entschädigung in Geld gefordert werden (§ 253 Abs 2 BGB). Allerdings setzt dieser Anspruch **Verschulden** des Benachteiligenden voraus, das vom Gläubiger darzulegen und zu beweisen ist.

VI. Ausschlussfrist (Abs 5) und Verjährung

1. Die Ausschlussfrist des Abs 5 soll dem Schuldner die alsbaldige Prüfung der Berech- 15 tigung des Anspruchs ermöglichen sowie Rechtssicherheit und Rechtsklarheit schaffen. Sie gilt nur für die Ansprüche aus Abs 1 und 2 (nicht aber für deliktische Ansprüche aus §§ 823ff BGB) und ist von Amts wegen zu beachten.[18] Die **Frist beginnt** mit der Entstehung des Anspruchs, sie **dauert zwei Monate.** Der erste Tag zählt nicht mit (§ 187 Abs 1 BGB).

Die Frist darf ausnahmsweise überschritten werden, wenn der Gläubiger an ihrer Ein- 16 haltung ohne ein Verschulden verhindert war (Abs 5 S 2). So können die Dinge zB liegen, wenn er erkrankt oder der Schuldner unbekannt verzogen war und zunächst sein Aufent-

---

14 *Bauer/Göpfert/Krieger* § 21 AGG Rn 12; *Leible/Schlachter/Busche* S 176; *Rolfs* NJW 2007, 1489, 1494; *Wagner/Potsch* JZ 2006, 1085, 1098; **aM** *Armbrüster* VersR 2006, 1297, 1303; *Palandt/Grüneberg* § 21 AGG Rn 6; *Schmidt-Futterer/Blank* Vor § 535 BGB Rn 224.
15 Vgl EuGH Slg 1990, I-3941 = NJW 1991, 628; EuGH Slg 1997, I-2195 = NJW 1997, 1839.
16 Oben Rn 5.
17 BT-Drucks 16/1780, S 46.
18 *Schmidt-Futterer/Blank* Vor § 535 BGB Rn 230.

Christian Rolfs

halt ermittelt werden musste.[19] Die Geltendmachung ist dann unverzüglich (§ 121 Abs 1 BGB) nachzuholen, sobald das Hindernis beseitigt ist.[20]

17   Die **Geltendmachung** des Anspruchs ist eine **geschäftsähnliche Handlung,** auf die die Vorschriften über Willenserklärungen entsprechende Anwendung finden. Sie bedarf **keiner Form** und muss nicht notwendig durch den Benachteiligten persönlich erfolgen. Stellvertretung ist zulässig, allerdings findet § 174 BGB Anwendung. Eine Frist für die Erhebung der Klage besteht nicht.[21]

18   **2.** Die Ansprüche nach § 21 AGG **verjähren** gemäß §§ 195, 199 BGB in **drei Jahren** zum Jahresende.

---

19 *Palandt/Grüneberg* § 21 AGG Rn 8.
20 *Gaier/Wendtland* Rn 252; **aM** *Bauer/Göpfert/Krieger* § 21 AGG Rn 16; *Maier-Reimer* NJW 2006, 2577, 2582: innerhalb von 2 Monaten.
21 *Hinz* ZMR 2006, 826, 832.

Abschnitt 4

Rechtsschutz

§ 22

Beweislast

Wenn im Streitfall die eine Partei Indizien beweist, die eine Benachteiligung wegen eines in § 1 genannten Grundes vermuten lassen, trägt die andere Partei die Beweislast dafür, dass kein Verstoß gegen die Bestimmungen zum Schutz vor Benachteiligung vorgelegen hat.

Schrifttum

Bergwitz Die neue EG-Richtlinie zur Beweislast bei geschlechtsbedingter Diskriminierung, DB 1999, 94; *Birnbaum* Öffentliche Äußerungen und Diskriminierung, GE 2008, 1305; *Derleder* Vertragsanbahnung und Vertragsabschluss über Mietwohnungen und die Diskriminierungsverbote des AGG, NZM 2007, 625; *Hinz* Allgemeines Gleichbehandlungsgesetz – Überlegungen zur Umsetzung in der mietrechtlichen Praxis, ZMR 2006, 742 und 826; *Prütting* Die Beweislast im Arbeitsrecht, RdA 1999, 107; *Schlachter* Wege zur Gleichberechtigung (1993); *von Steinau-Steinrück/Schneider/Wagner* Der Entwurf eines Antidiskriminierungsgesetzes: Ein Beitrag zur Kultur der Antidiskriminierung?, NZA 2005, 28. Vgl auch zu § 1 AGG.

I. Allgemeines

Die Vorschrift trifft eine von den allgemeinen Regeln abweichende Bestimmung zur **1 Darlegungs- und Beweislast** bei behaupteter Benachteiligung: Der Gläubiger muss nur Indizien vortragen und ggf beweisen, die eine Benachteiligung vermuten lassen, um vom Schuldner den Vollbeweis des Gegenteils einfordern zu können.

II. Verteilung der Darlegungs- und Beweislast

1. Darlegungs- und Beweislast des Gläubigers

a) Der Benachteiligte muss Indizien darlegen und im Streitfall beweisen, die eine **2** Benachteiligung wegen eines in § 19 Abs 1 AGG genannten Grundes vermuten lassen. Der Wortlaut der Vorschrift, der nur auf § 1 AGG Bezug nimmt, ist zu weit gefasst, nachdem im Gesetzgebungsverfahren im dritten Abschnitt des Gesetzes das Verbot der Benachteiligung aus Gründen der Weltanschauung gestrichen wurde.[1]

b) § 22 AGG bezieht sich zudem nur auf den Benachteiligungsgrund. Der Gläubiger muss **3** also im Streitfall den **Vollbeweis** hinsichtlich aller übrigen Voraussetzungen des Anspruchs

---

1 Vgl § 1 AGG Rn 3.

Christian Rolfs

führen: Er muss nachweisen, dass er Träger eines durch § 19 Abs 1 AGG geschützten Merkmals, also zB behindert, ist. Er muss nachweisen, dass er mit dem Schuldner in geschäftlichen Kontakt getreten ist, dazu gehört auch der Beweis des Zugangs seiner Offerte.[2] Die volle Darlegungs- und Beweislast trifft ihn auch hinsichtlich der Voraussetzungen des § 2 Abs 1 Nr 8 AGG und, wenn er eine Verletzung des Verbots der Benachteiligung wegen des Geschlechts, der Religion, einer Behinderung, des Alters oder der sexuellen Identität geltend macht, derjenigen des § 19 Abs 1 Nr 1 AGG. In den Fällen der § 20 Abs 3 AGG, §§ 823ff BGB muss er das Verschulden des Schuldners darlegen und im Streitfall beweisen, und, wenn er den Ersatz materieller Schäden begehrt, auch die Höhe des Schadens.

4   **c)** Nur **Indizien** zu beweisen braucht er dagegen hinsichtlich des **Benachteiligungsgrundes**, also der Tatsache der Benachteiligung aus den in § 19 Abs 1 AGG genannten Gründen. § 22 AGG lässt die Beweisverteilung auch insoweit zunächst unberührt, er senkt nur das Beweismaß.[3] Verlangt ist lediglich eine Darlegung, die eine ungerechtfertigte Benachteiligung als wahrscheinlich erscheinen lässt. Es handelt es sich nicht um eine Vermutungsregelung iS des § 292 ZPO.[4] Die Vorschrift ist vielmehr so zu verstehen, dass der Gläubiger eine Beweislast des Schuldners dadurch herbeiführen kann, dass er Hilfstatsachen darlegt und ordnungsgemäß unter Beweis stellt, die eine Benachteiligung aus den in § 19 Abs 1 AGG genannten Gründen vermuten lassen. Hierzu genügt die Überzeugung des Gerichts von der **überwiegenden Wahrscheinlichkeit** für die Kausalität zwischen der Existenz des Merkmals und dem Nachteil.[5] Solche Vermutungstatsachen können in Äußerungen des Schuldners (auch solchen ohne konkreten Bezug zu einem bestimmten Mieter)[6] bzw anderen Verfahrenshandlungen begründet sein, die die Annahme einer Benachteiligung nahe legen.[7] Es genügen Indizien, die aus einem regelhaft geübten Verhalten auf eine solchermaßen motivierte Entscheidung schließen lassen.[8] Bloße **statistische Angaben**, beispielsweise dergestalt, dass unter den Vertragspartnern des Vermieters bestimmte Bevölkerungsgruppen deutlich unterrepräsentiert sind, genügen als Indiz für deren Diskriminierung nicht.[9]

5   **Im Einzelnen** bezieht sich die Absenkung des Beweismaßes auf die Kenntnis des Schuldners von dem Vorliegen einer nach § 19 Abs 1 AGG geschützten besonderen persönlichen Eigenschaft des Gläubigers, auf die Benachteiligung als solche (also die Tatbestandsmerkmale des § 3 AGG) sowie auf die Kausalität zwischen der Kenntnis des Gläubigers und der Benachteiligung. Bei einer behaupteten mittelbaren Benachteiligung muss der Gläubiger auch die Nichtexistenz der (dort tatbestandsausschließenden) Rechtfertigungsgründe des § 3 Abs 2 HS 2 AGG darlegen und beweisen,[10] allerdings insoweit zusätzlich mit den für den Beweis aller negativen Tatsachen geltenden Erleichterungen.[11] Wer

---

2   *Palandt/Grüneberg* § 22 AGG Rn 2.
3   Vgl BAG AP Nr 7 zu § 81 SGB IX = NZA 2005, 870 zur Diskriminierung wegen einer Behinderung.
4   Vgl BAG AP Nr 23 zu § 611a BGB = NJW 2004, 2112 zur Diskriminierung wegen des Geschlechts.
5   BAG AP Nr 23 zu § 611a BGB = NJW 2004, 2112; BAG AP Nr 7 zu § 81 SGB IX = NZA 2005, 870.
6   Vgl EuGH Slg 2008, I-5187 = NJW 2008, 2767; *Birnbaum* GE 2008, 1305.
7   BVerfGE 89, 276, 287 = NJW 1994, 647.
8   *Schlachter* Wege zur Gleichberechtigung (1993), 406.
9   Vgl BAG NZA 2011, 93; ebenso *Derleder* NZM 2007, 625, 627.
10   *von Steinau-Steinrück/Schneider/Wagner* NZA 2005, 28, 31.
11   Vgl BGH NJW 1985, 1774; BGHZ 101, 49, 55 = NJW 1987, 2235; BGH NJW-RR 1993, 746; *Thomas/Putzo/ Reichold* Vorbem § 284 ZPO Rn 18; *Zöller/Greger* Vor § 284 ZPO Rn 24.

Christian Rolfs

bei der Begründung eines Mietverhältnisses nicht berücksichtigt worden ist, hat keinen Anspruch darauf, dass der Vermieter ihm mitteilt, an wen er die Wohnung vermietet hat.[12]

2. Darlegungs- und Beweislast des Schuldners. Ist die Benachteiligung nach diesen **6** Grundsätzen überwiegend wahrscheinlich, muss nunmehr der Schuldner den vollen Beweis führen, dass die Benachteiligung aus rechtlich zulässigen Gründen erfolgte.[13] Er trägt die volle Darlegungs- und Beweislast für alle **Ausnahmen vom Benachteiligungsverbot**, also zB für die beabsichtigte Schaffung sozial stabiler Besiedlungsstrukturen (§ 19 Abs 3 AGG) oder die Durchführung einer „positiven Maßnahme" iS von § 5 AGG. Er trägt sie ferner für alle **Rechtfertigungsgründe** des § 20 AGG, also zB dafür, dass bei einer Vermietung an den Gläubiger von diesem Gefahren auszugehen drohten.[14] Schließlich ist es an ihm, sich von der Vermutung schuldhaften Handelns (§ 21 Abs 2 S 2 AGG) zu entlasten. Nicht bei ihm, sondern bei dem anderen Teil liegt dagegen die Darlegungs- und Beweislast für die Nichtexistenz eines die mittelbare Diskriminierung nach § 3 Abs 2 HS 2 AGG rechtfertigenden Grundes (Rn 5).

Schließlich kann der Beklagte **den Indizienbeweis widerlegen,** indem er zB nach- **7** weist, dass er von der Religionszugehörigkeit des vermeintlich Benachteiligten gar keine Kenntnis hatte, dass seine Entscheidung, an einen anderen Mietinteressenten zu vermieten, auf diskriminierungsfreien Erwägungen (zB dessen größerer finanzieller Leistungsfähigkeit) beruhte, oder dass der Kläger seine Ansprüche **in missbräuchlicher Absicht** verfolgt (sog „AGG-Hopper").[15]

§ 23
Unterstützung durch Antidiskriminierungsverbände

(1) Antidiskriminierungsverbände sind Personenzusammenschlüsse, die nicht gewerbsmäßig und nicht nur vorübergehend entsprechend ihrer Satzung die besonderen Interessen von benachteiligten Personen oder Personengruppen nach Maßgabe von § 1 wahrnehmen. Die Befugnisse nach den Absätzen 2 bis 4 stehen ihnen zu, wenn sie mindestens 75 Mitglieder haben oder einen Zusammenschluss aus mindestens sieben Verbänden bilden.

(2) Antidiskriminierungsverbände sind befugt, im Rahmen ihres Satzungszwecks in gerichtlichen Verfahren als Beistände Benachteiligter in der Verhandlung aufzutreten. Im Übrigen bleiben die Vorschriften der Verfahrensordnungen, insbesondere diejenigen, nach denen Beiständen weiterer Vortrag untersagt werden kann, unberührt.

(3) Antidiskriminierungsverbänden ist im Rahmen ihres Satzungszwecks die Besorgung von Rechtsangelegenheiten Benachteiligter gestattet.

(4) Besondere Klagerechte und Vertretungsbefugnisse von Verbänden zu Gunsten von behinderten Menschen bleiben unberührt.

---

12 Vgl EuGH v. 19.4.2012 – C-415/10, NJW 2012, 2497 m Anm *Kock.*
13 *Bergwitz* DB 1999, 94, 98; *Prütting* RdA 1999, 107, 111.
14 *Hinz* ZMR 2006, 742, 746.
15 Vgl BAG AP Nr 16 zu § 611a BGB = NZA 1999, 371; LAG Berlin NZA-RR 2005, 124.

Christian Rolfs

Abschnitt 7

Schlussvorschriften

§ 31

Unabdingbarkeit

Von den Vorschriften dieses Gesetzes kann nicht zu Ungunsten der geschützten Personen abgewichen werden.

§ 32

Schlussbestimmung

Soweit in diesem Gesetz nicht Abweichendes bestimmt ist, gelten die allgemeinen Bestimmungen.

§ 33

Übergangsbestimmungen

(1) Bei Benachteiligungen nach den §§ 611a, 611b und 612 Abs. 3 des Bürgerlichen Gesetzbuchs oder sexuellen Belästigungen nach dem Beschäftigtenschutzgesetz ist das vor dem 18. August 2006 maßgebliche Recht anzuwenden.

(2) Bei Benachteiligungen aus Gründen der Rasse oder wegen der ethnischen Herkunft sind die §§ 19 bis 21 nicht auf Schuldverhältnisse anzuwenden, die vor dem 18. August 2006 begründet worden sind. Satz 1 gilt nicht für spätere Änderungen von Dauerschuldverhältnissen.

(3) Bei Benachteiligungen wegen des Geschlechts, der Religion, einer Behinderung, des Alters oder der sexuellen Identität sind die §§ 19 bis 21 nicht auf Schuldverhältnisse anzuwenden, die vor dem 1. Dezember 2006 begründet worden sind. Satz 1 gilt nicht für spätere Änderungen von Dauerschuldverhältnissen.

(4) Auf Schuldverhältnisse, die eine privatrechtliche Versicherung zum Gegenstand haben, ist § 19 Abs. 1 nicht anzuwenden, wenn diese vor dem 22. Dezember 2007 begründet worden sind. Satz 1 gilt nicht für spätere Änderungen solcher Schuldverhältnisse.

(5) Bei Versicherungsverhältnissen, die vor dem 21. Dezember 2012 begründet werden, ist eine unterschiedliche Behandlung wegen des Geschlechts im Falle des § 19 Absatz 1 Nummer 2 bei den Prämien oder Leistungen nur zulässig, wenn dessen Berücksichtigung bei einer auf relevanten und genauen versicherungsmathematischen und statistischen Daten beruhenden Risikobewertung ein bestimmender Faktor ist. Kosten im Zusammenhang mit Schwangerschaft und Mutterschaft dürfen auf keinen Fall zu unterschiedlichen Prämien oder Leistungen führen.

1 Diskriminierungen wegen der **Rasse** oder der **ethnischen Herkunft** sind vom Tage des Inkrafttretens des Gesetzes, also vom 18.8.2006 an, untersagt (Abs 2 S 1). Ungerechtfertigte Benachteiligungen wegen des **Geschlechts,** der **Religion,** einer **Behinderung,** des **Alters** oder der **sexuellen Identität** sind dagegen erst vom 1.12.2006 an unzulässig (Abs 3 S 1). Dies gilt jeweils auch für Mietverhältnisse, die an den genannten Tagen bereits bestanden (Abs 2 S 2 und Abs 3 S 2).

Anhänge

Einführungsgesetz zum Bürgerlichen Gesetzbuch

Fünfter Teil

Übergangsvorschriften aus Anlass jüngerer Änderungen
des Bürgerlichen Gesetzbuchs und dieses Einführungsgesetzes

Artikel 229. Weitere Überleitungsvorschriften

§ 3 Übergangsvorschriften zum Gesetz zur Neugliederung, Vereinfachung und Reform des Mietrechts vom 19. Juni 2001

[1] Auf ein am 1. September 2001 bestehendes Mietverhältnis oder Pachtverhältnis sind

1. im Falle einer vor dem 1. September 2001 zugegangenen Kündigung § 554 Abs. 2 Nr. 2, §§ 565, 565c Satz 1 Nr. 1b, § 565d Abs. 2, § 570 des Bürgerlichen Gesetzbuchs sowie § 9 Abs. 1 des Gesetzes zur Regelung der Miethöhe jeweils in der bis zu diesem Zeitpunkt geltenden Fassung anzuwenden;

2. im Falle eines vor dem 1. September 2001 zugegangenen Mieterhöhungsverlangens oder einer vor diesem Zeitpunkt zugegangenen Mieterhöhungserklärung die §§ 2, 3, 5, 7, 11 bis 13, 15 und 16 des Gesetzes zur Regelung der Miethöhe in der bis zu diesem Zeitpunkt geltenden Fassung anzuwenden; darüber hinaus richten sich auch nach dem in Satz 1 genannten Zeitpunkt Mieterhöhungen nach § 7 Abs. 1 bis 3 des Gesetzes zur Regelung der Miethöhe in der bis zu diesem Zeitpunkt geltenden Fassung, soweit es sich um Mietverhältnisse im Sinne des § 7 Abs. 1 jenes Gesetzes handelt;

3. im Falle einer vor dem 1. September 2001 zugegangenen Erklärung über eine Betriebskostenänderung § 4 Abs. 2 bis 4 des Gesetzes zur Regelung der Miethöhe in der bis zu diesem Zeitpunkt geltenden Fassung anzuwenden;

4. im Falle einer vor dem 1. September 2001 zugegangenen Erklärung über die Abrechnung von Betriebskosten § 4 Abs. 5 Satz 1 Nr. 2 und § 14 des Gesetzes zur Regelung der Miethöhe in der bis zu diesem Zeitpunkt geltenden Fassung anzuwenden;

5. im Falle des Todes des Mieters oder Pächters die §§ 569 bis 569b, 570b Abs. 3 und § 594d Abs. 1 des Bürgerlichen Gesetzbuchs in der bis zum 1. September 2001 geltenden Fassung anzuwenden, wenn der Mieter oder Pächter vor diesem Zeitpunkt verstorben ist, im Falle der Vermieterkündigung eines Mietverhältnisses über Wohnraum gegenüber dem Erben jedoch nur, wenn auch die Kündigungserklärung dem Erben vor diesem Zeitpunkt zugegangen ist;

6. im Falle einer vor dem 1. September 2001 zugegangenen Mitteilung über die Durchführung von Modernisierungsmaßnahmen § 541b des Bürgerlichen Gesetzbuchs in der bis zu diesem Zeitpunkt geltenden Fassung anzuwenden;

7. hinsichtlich der Fälligkeit § 551 des Bürgerlichen Gesetzbuchs in der bis zum 1. September 2001 geltenden Fassung anzuwenden.

[2] Ein am 1. September 2001 bestehendes Mietverhältnis im Sinne des § 564b Abs. 4 Nr. 2 oder Abs. 7 Nr. 4 des Bürgerlichen Gesetzbuchs in der bis zum 1. Sep-

tember 2001 geltenden Fassung kann noch bis zum 31. August 2006 nach § 564b des Bürgerlichen Gesetzbuchs in der vorstehend genannten Fassung gekündigt werden.

[3] Auf ein am 1. September 2001 bestehendes Mietverhältnis auf bestimmte Zeit sind § 564c in Verbindung mit § 564b sowie die §§ 556a bis 556c, 565a Abs. 1 und § 570 des Bürgerlichen Gesetzbuchs in der bis zu diesem Zeitpunkt geltenden Fassung anzuwenden.

[4] Auf ein am 1. September 2001 bestehendes Mietverhältnis, bei dem die Betriebskosten ganz oder teilweise in der Miete enthalten sind, ist wegen Erhöhungen der Betriebskosten § 560 Abs. 1, 2, 5 und 6 des Bürgerlichen Gesetzbuchs entsprechend anzuwenden, soweit im Mietvertrag vereinbart ist, dass der Mieter Erhöhungen der Betriebskosten zu tragen hat; bei Ermäßigungen der Betriebskosten gilt § 560 Abs. 3 des Bürgerlichen Gesetzbuchs entsprechend.

[5] Auf einen Mietspiegel, der vor dem 1. September 2001 unter Voraussetzungen erstellt worden ist, die § 558d Abs. 1 und 2 des Bürgerlichen Gesetzbuchs entsprechen, sind die Vorschriften über den qualifizierten Mietspiegel anzuwenden, wenn die Gemeinde ihn nach dem 1. September 2001 als solchen veröffentlicht hat. War der Mietspiegel vor diesem Zeitpunkt bereits veröffentlicht worden, so ist es ausreichend, wenn die Gemeinde ihn später öffentlich als qualifizierten Mietspiegel bezeichnet hat. In jedem Fall sind § 558a Abs. 3 und § 558d Abs. 3 des Bürgerlichen Gesetzbuchs nicht anzuwenden auf Mieterhöhungsverlangen, die dem Mieter vor dieser Veröffentlichung zugegangen sind.

[6] Auf vermieteten Wohnraum, der sich in einem Gebiet befindet, das aufgrund

1. des § 564b Abs. 2 Nr. 2, auch in Verbindung mit Nr. 3, des Bürgerlichen Gesetzbuchs in der bis zum 1. September 2001 geltenden Fassung oder

2. des Gesetzes über eine Sozialklausel in Gebieten mit gefährdeter Wohnungsversorgung vom 22. April 1993 (BGBl. I S. 466, 487)

bestimmt ist, sind die am 31. August 2001 geltenden vorstehend genannten Bestimmungen über Beschränkungen des Kündigungsrechts des Vermieters bis zum 31. August 2004 weiter anzuwenden. Ein am 1. September 2001 bereits verstrichener Teil einer Frist nach den vorstehend genannten Bestimmungen wird auf die Frist nach § 577a des Bürgerlichen Gesetzbuchs angerechnet. § 577a des Bürgerlichen Gesetzbuchs ist jedoch nicht anzuwenden im Falle einer Kündigung des Erwerbers nach § 573 Abs. 2 Nr. 3 jenes Gesetzes, wenn die Veräußerung vor dem 1. September 2001 erfolgt ist und sich die veräußerte Wohnung nicht in einem nach Satz 1 bezeichneten Gebiet befindet.

[7] § 548 Abs. 3 des Bürgerlichen Gesetzbuchs ist nicht anzuwenden, wenn das selbständige Beweisverfahren vor dem 1. September 2001 beantragt worden ist.

[8] § 551 Abs. 3 Satz 1 des Bürgerlichen Gesetzbuchs ist nicht anzuwenden, wenn die Verzinsung vor dem 1. Januar 1983 durch Vertrag ausgeschlossen worden ist.

[9] § 556 Abs. 3 Satz 2 bis 6 und § 556a Abs. 1 des Bürgerlichen Gesetzbuchs sind nicht anzuwenden auf Abrechnungszeiträume, die vor dem 1. September 2001 beendet waren.

[10] § 573c Abs. 4 des Bürgerlichen Gesetzbuchs ist nicht anzuwenden, wenn die Kündigungsfristen vor dem 1. September 2001 durch Vertrag vereinbart worden sind. Für Kündigungen, die ab dem 1. Juni 2005 zugehen, gilt dies nicht, wenn die Kündigungsfristen des § 565 Abs. 2 Satz 1 und 2 des Bürgerlichen Gesetzbuchs in der bis zum 1. September 2001 geltenden Fassung durch Allgemeine Geschäftsbedingungen vereinbart worden sind.

[11] Nicht unangemessen hoch im Sinn des § 5 des Wirtschaftsstrafgesetzes 1954 sind Entgelte für Wohnraum im Sinn des § 11 Abs. 2 des Gesetzes zur Regelung der Miethöhe in der bis zum 31. August 2001 geltenden Fassung, die

1. bis zum 31. Dezember 1997 nach § 3 oder § 13 des Gesetzes zur Regelung der Miethöhe in der bis zum 31. August 2001 geltenden Fassung geändert oder nach § 13 in Verbindung mit § 17 jenes Gesetzes in der bis zum 31. August 2001 geltenden Fassung vereinbart oder

2. bei der Wiedervermietung in einer der Nummer 1 entsprechenden Höhe vereinbart

worden sind. Für Zwecke des Satzes 1 bleiben die hier genannten Bestimmungen weiterhin anwendbar.

Sechster Teil

Inkrafttreten und Übergangsrecht aus Anlass der Einführung des Bürgerlichen Gesetzbuchs und dieses Einführungsgesetzes in dem in Artikel 3 des Einigungsvertrages genannten Gebiet

Artikel 232. Zweites Buch. Recht der Schuldverhältnisse

§ 2 Mietverträge

Mietverhältnisse aufgrund von Verträgen, die vor dem Wirksamwerden des Beitritts geschlossen worden sind, richten sich von diesem Zeitpunkt an nach den Vorschriften des Bürgerlichen Gesetzbuchs.

Wirtschaftsstrafgesetz

1. Abschnitt

Ahndung von Zuwiderhandlungen im Bereich des Wirtschaftsrechts

§ 5 Mietpreisüberhöhung

[1] Ordnungswidrig handelt, wer vorsätzlich oder leichtfertig für die Vermietung von Räumen zum Wohnen oder damit verbundene Nebenleistungen unangemessen hohe Entgelte fordert, sich versprechen lässt oder annimmt.

[2] Unangemessen hoch sind Entgelte, die infolge der Ausnutzung eines geringen Angebots an vergleichbaren Räumen die üblichen Entgelte um mehr als 20 vom

Hundert übersteigen, die in der Gemeinde oder in vergleichbaren Gemeinden für die Vermietung von Räumen vergleichbarer Art, Größe, Ausstattung, Beschaffenheit und Lage oder damit verbundene Nebenleistungen in den letzten vier Jahren vereinbart oder, von Erhöhungen der Betriebskosten abgesehen, geändert worden sind. Nicht unangemessen hoch sind Entgelte, die zur Deckung der laufenden Aufwendungen des Vermieters erforderlich sind, sofern sie unter Zugrundelegung der nach Satz 1 maßgeblichen Entgelte nicht in einem auffälligen Missverhältnis zu der Leistung des Vermieters stehen.

[3] Die Ordnungswidrigkeit kann mit einer Geldbuße bis zu fünfzigtausend Euro geahndet werden.

Sachregister

Halbfette Zahlen ohne Zusatz bezeichnen die Paragraphen des BGB, halbfette Zahlen mit Zusatz bezeichnen die Paragraphen des jeweiligen Gesetzes. Magere Zahlen und Buchstaben bezeichnen die Randnummern der Kommentierung.